梅新林 俞樟华 钟晨音 王锐 潘德宝 撰

中国现代学术编年

第二卷 （1918—1922）

华东师范大学出版社·上海

华东师范大学出版社六点分社　策划

浙江省哲学社会科学重点研究基地"浙江工业大学浙江学术文化研究中心"重大项目

目　录

凡 例

一、《中国现代学术编年》(以下简称《编年》)是一部以编年体著录中国现代学术发展历程与成果的集成性之作,同时兼具工具书的检索功能。

二、《编年》起于 1911 年,迄于 1949 年,在时间上与《中国学术编年》相衔接和贯通。

三、《编年》共分 12 卷,约 1800 万字,收录 10 万余位学者,8 万余部学术著作,5 万余篇学术论文。

四、《编年》具有自己独特而鲜明的学术追求,重点关注本时段学术主流特色与学术发展趋势两个方面,重在揭示以下四大规律:

1. 注重中国学术史的宏观发展演变历程,以见各代学术盛衰规律;

2. 注重学术流派的源起、形成、鼎盛及至解体历程,以见学术流派的兴替规律;

3. 注重学术群体的区域流向、移位、承变历程,以见学术中心的迁移规律;

4. 注重中外学术的冲突、交流与融合历程,以见跨文化的学术传通规律。

五、《编年》综合吸取历代史书与各种学术编年之长而加以融通之,率先采用一种新的编撰体例,由学术背景、学术活动、学术论文、学术著作、学者生卒、学术评述六大栏目构成,同时在各栏目适当处加按语,合之为七大板块。若遇跨类,则以"互见法"于相应栏目分录之。

六、《编年》中的"学术背景"栏目以事件进程为序著录,着重反映深刻影响中国学术史发展进程的重大文化政策以及政治、经济、军事、外交诸方面的重大事件,重点突显中西交融与新旧转型的时空特征,以考察学术演变的特定时代背景及其对学术思潮、治学风尚的影响。

七、《编年》中的"学术活动"栏目以人物兴替为序著录,着重记述学者治学经历、师承关系和学术交流活动,以明学术渊源之所自、学术创见之所成、学术流派之脉络以及不同流派之间的争鸣、兴替轨迹。其中学者仕历与学术思想和学术活动之演变关系密切,故多予著录。人物兴替以空间流向为板块,以学坛领袖为中心,以学术大师为主角,以代际交替为序列,有时遇相关或相近活动则一并著录之。

八、《编年》中的"学术论文"栏目以论文刊载时间为序著录,着重记述具有代表性的学术论文,兼录奏疏、序跋、书信以及译文等等。鉴于 5 万余篇学术论文的海量文献,故而按照学术论文发表的刊物为序编排。

九、《编年》中的"学术著作"栏目以著述类型为序著录,着重记述具有代表性的学术著作,包括纂辑、校勘、评点、注释、考证、译著等等。鉴于 8 万余部学术著作的海量文献,故而分为往代著述、时人自著、译著以及编译四种类型,其中往代著述以时代为序,时人自著以类别为序,译著以国别为序,编译以未署名的著作列于最后。

十、《编年》中的"学者生卒"栏目以卒年生年为序著录,又分卒年、生年两小栏。其中卒年栏著录学者姓名、生年、字号、籍贯以及代表性的重要著述,凡特别重要人物,略述其一生主要成就、贡献与地位、传记资料及后人的简单评价。

十一、《编年》中的"学术评述"栏目,以上述文献著录为基础,再就每年的学术活动与成果以及发展趋势加以简要归纳和揭示,犹如揭示各代学术发展的"纲目",以此与以上各栏目的"按语"组合起来,即相当于一部简明学术史。

十二、《编年》采用正文加按语的形式著录。按语的主要内容是:

1. 价值评判。即对学术价值以及对学术之影响进行评价,直接评价或引用前人成说皆可。

2. 原委概述。对其缘起、过程、流变、结果、影响诸方面作一概要论述。

3. 补充说明。即对其具体内容以及相关背景材料再作扼要说明。

4. 史料存真。即录下比较珍贵的史料或略为可取的异说,裨人参考。

5. 考辨论断。对于异说或有争论者,略加考辨并尽量作出断论,或择取其中一说。

"按语"犹如揭示各代学术发展的"纲目",更具学术史评述的容量与特点。

十三、《编年》采用公元纪年,配之以民国与干支年号。凡因农历与公历差异产生年份出入问题,以公历为准。鉴于公元纪年始于1912年,此前的1911年以两者兼录作为过渡。无法确切考定月、日者,用"是年""是月"标之。凡在系年上有分歧而难以断定者,取一通行说法著录之,另以按语录以他说。

十四、《编年》所涉及的地名,以民国行政区划为据,一般不注今地名。

十五、《编年》以文集、目录(图书与报刊目录)、年谱、年鉴、传记、日记、笔记、回忆录等为主要材料依据,同时也重点参考了相关学案、编年以及学术史论著。所录文献,引文标注所出,以示征信;其他材料,限于体例,未能一一注明所出。

十六、《编年》充分借鉴和吸取了学界前辈同仁的诸多学术成果,包括文集、目录、索引、年谱、年鉴、传记、日记、笔记、回忆录、评述、学案、编年以及相关学术史论著等,除了部分见于《前言》以及有关条目"按语"之外,主要载于最后所列"征引与参考文献",包括著作与论文两个方面。征引与参考文献的著录顺序:先著作,后论文,按拼音先后排序。

十七、《编年》根据一以贯之的统一要求与体例格式进行编写,但根据学术发展演变的实际情况或有变通处理,力求达到规范与变通的有机结合。

1918 年　民国七年　戊午

一、学术背景

1月1日,华侨学生会在上海北浙江路南洋商业公学召开成立大会,推举伍廷芳、杨晟、海外华商黄仲涵、张鸿南、李兴濂为名誉会长,谢碧田为会长,李登辉为副会长,以"养成完全人格,唤起爱国思想,联络感情,实行互助主义"为宗旨。

1月30日,冯国璋下令讨伐西南地区。

是月,《新青年》从第4卷第1号起改用白话文,采用新式标点符号,刊登一些新诗,这对革命思想的传播和文学创作的发展起着重要的作用。

按:在《新青年》的影响下,白话文成为一些进步出版刊物的出版语言。在1919至1920年间,全国大、中、小学生的报刊约有400多种,都采用白话文刊行。

2月9日,教育部颁布《酌留欧美官费学额选派学习美术音乐等科》,规定部派留学名额预留4名用于派遣人员学习美术、音乐等科。

2月17日,冯国璋以代理大总统名义公布《国会组织法》和《参议员选举法》《众议员选举法》。

3月5日,孙中山电召蒋介石。接到孙中山电召,蒋介石由上海到广州。此为孙中山首次启用蒋介石。

3月7日,王揖唐、曾毓隽、王印川、郑成瞻等人为操纵国会选举,组织安福俱乐部。

3月20日,《劳动》月刊在上海创刊,吴稚晖主编,由无政府主义者创办。

3月23日,段祺瑞再次成为国务总理,组织第三次内阁。

是日,孙中山发布《护法之役告友邦书》,申明不承认"北京非法政府违背约法而与各国缔结之一切契约的借款及其他责任"。

3月29日,段祺瑞第三次内阁正式成立:国务总理段祺瑞,外交总长陆征祥,内务总长钱能训,交通总长兼财政总长曹汝霖陆军总长段芝贵,海军总长刘冠雄,司法总长朱深,教育总长傅增湘,农商总长田文烈。

是日,北洋政府教育总长傅增湘签署发布《学术审定会条例》,将学术评定会改为学术审定会。

按:《条例》规定由教育总长延聘或派充学术审定会会员若干人并指定会长。其审定范围是:哲学及文学上之著述;科学上之著述及发明;艺术上之著述及发明。并对学术著述和学术发明作出了比较明确的规定。《条例》规定,以下情况不得认为是学术著述:一、翻译著作;二、编辑其他作者的著作;三、由三人以上纂辑成书;四、剿袭他人的著作;五、初等教育、中等教育及与其程度相当的教书、教师或学生参考书;六、通俗教育用书(即普及读物)及讲演集;七、记录表册及报告说明书。以下情况不得认为是学术发明:一、无正确的学术根据及说明;二、学术原理或应用无独特价值;三、发明程序不明或发明事项未完成;四、偶然发现(即未得到重复验证);五、他人已经发明者。(中国第二历史档案馆编《中华民国史档案资料汇编》第三辑教育,江苏古籍出版社1991年版)

4月10日,广东非常国会通过《中华民国军政府组织大纲修正案》,决定改组军政府,改元帅制为总裁合议制。

4月15日,北平美术学校成立。

4月18日,毛泽东在湖南长沙师范学校组织新民学会。

4月20日,教育部召开全国高等师范学校校长会议,决定高等师范学校附设国语讲习科。

4月22日,段祺瑞在汉口召集大规模军事会议,布置对南方军队的作战计划。

4月27日,内务部通咨河南省长,禁止中外人员于北邙山一带挖掘古物。

是月,中国留美学生组建中国工程学会,选举陈体诚为会长,张贻志为副会长,罗英为书记,刘树杞为会计,侯德榜、李铿等6人为董事。新职员自5月1日起执行职务,5月5日董事部举行第一次会议。学会通过"中国工程学会总章",规定以"联络各项工程人才,协助提倡中国工程事业,及研究工程学之应用"为宗旨,会员分为"会员""仲会员"及"名誉会员"三种。

5月4日,广州非常国会会议强行通过《修正军政府组织法案》,改大元帅为元帅制,排斥孙中山的领导。

是日,孙中山即向非常国会提出辞呈,并发表大元帅辞职通电。

按:孙中山在电文中回顾护法以来的艰难历程,愤然指出:"顾吾国之大患,莫大于武人之争雄,南与北如一丘之貉。虽号称护法之省,亦莫肯俯首于法律及民意之下。……"

5月5日,中国留日学生在东京举行抗议游行,反对订立《中日共同防敌军事协定》。

5月16日,日本陆军少将斋藤季治郎与段祺瑞政府代表靳云鹏,在北京秘密签订《中日陆军共同防敌军事协定》。19日又签订《中日海军共同防敌军事协定》。

5月20日,国会非常会议选举孙中山、岑春煊、陆荣廷、唐继尧、伍廷芳、唐绍仪、林葆怿7人为总裁。但得票最高的孙中山拒不就任,唐绍仪亦未就职。

是日,孙中山辞去大元帅职务,乘船离开广州赴上海。护法运动宣告失败。

5月21日,北京大学、北京高师等校2000余人赴总统府请愿,要求废止本月16日签订的《中日共同防敌协定》。

5月25日,孙中山抵上海,居法租界内。

5月30日,中日互换《中日共同防敌军事协定》。

6月5日,军政府政务会议推举岑春煊担任主席总裁。改组后的军政府完全由桂、滇军阀及其附庸政学会所控制,护法成为空名。

6月30日,王光祈等发起筹组少年中国学会。

按:次年7月1日正式成立。

7月5日,7位当选总裁的其中5人伍廷芳、唐继尧、陆荣廷、岑春煊、林葆怿在广州就任军政府总裁,宣布中华民国军政府组成。

是日,教育部指令以《北京美术学校规则》为筹备案,规定北京美术学校的教学安排、学科设置、课程时间及修业年限、入学资格、学费情况、奖惩措施等内容。

7月26日,内务部通咨山东省长,严查不法商贩盗售四面刻佛古石。

7月31日,教育部通咨《各省限制留学外国学生与外人结婚文》,禁止官费生与外国人结婚,否则停止官费。

是月,孙中山致电列宁和苏维埃政府,宣称"中国革命党对贵国革命党所进行的艰苦斗争表示十分钦佩,并愿中俄两党团结共同斗争"。

按:8月1日,列宁委托苏俄外交人民委员齐契林复函孙中山,对孙中山致电表示感谢,希望并肩战斗。

是月,中华职业教育社在上海举办全国职业学校成绩展览会。

8月3日,北京教育部决定,每年选派若干大学教授出国进修,是为中国教师留学之始。

8月5日,北京政府公布《法律适用条例》。

8月12日,段祺瑞为抵制广州的国会非常会议而组织新国会,史称"安福国会"。是日,冯国璋、段祺瑞通电辞职。

8月21日,国会非常会议推岑春煊为主席总裁,并推岑春煊为内务部长、伍廷芳为外交部长、唐绍仪为财政部长、莫荣新为陆军部长、孙中山为交通部长、李烈钧为参谋总长。

是月,开明书店在上海创立。

9月2日,教育部通咨《留日官自费奖励章程》,对成绩优秀、表现良好的官自费生给予奖励。

9月4日,徐世昌被北方的"安福国会"选为大总统。

10月9日,段祺瑞辞去国务总理职,专任参战督办。

10月14日,北京大学新闻研究会成立,蔡元培校长任会长,徐宝璜、邵飘萍任学会导师,以"灌输新闻知识,培育新闻人才"为宗旨。

按:是为中国历史上第一个专门以新闻为研究内容的学术团体。1919年2月改名为北京大学新闻学研究会,宗旨改为"研究新闻学理,增长新闻经验,以谋新闻事业之发展"。研究会所创办的《新闻周刊》,是当时唯一传播新闻学知识的报刊,也是中国最早采用横排式的报刊。

是日,教育部召开全国中学校长会议,重点研究中学课程设置问题。

10月20日,学生救国会在北京大学组织《国民》杂志社。

10月24日,教育部通告《赴美自费留学生取具保证书及请领自费留学证书布告附保证书格式》,规定自费赴欧美留学生应填写《自费留学保证书》,并对保证书格式加以限定,加强对自费生的管理工作。

11月11日,第一次世界大战停战。北京各学校欢庆协约国胜利。和平期成会在北京开会,蔡元培任主席,要求南北各派代表一人召开对等的和平会议。

11月16日,大总统徐世昌发表停战令。广州军政府响应南北双方停战。

11月23日,教育部颁布《教育部令第七五号》,正式公布注音字母,这是近代以来官方颁布的第一个文字改革方案。

按:《注音字母表》共列声母二十四个,介母三个,韵母十二个。是为我国第一个由政府公布的法定拼音方案,有利于国语的统一。

12月1日,北京政府参加欧洲和会专使陆征祥启程赴欧,讨论第一次世界大战之战后问题。

12月7日,教育部公布《分科规则》,其中社会教育司第一科掌管博物馆、美术馆、调查及搜集古物等事项。

12月13日,段祺瑞第三次内阁因新国会(安福国会)成立而结束。

12月22日,由江苏教育会、北京大学等联合组织的中华新教育共进社创立,以直接输入东西洋学术,使我国固有之文化受新潮之刺激,而加速其进化率为宗旨,出版《新教育》月刊、《新教育丛书》。

12月30日,孙中山完成《建国方略》三部曲中的《孙文学说》,后编为《建国方略之一:心理建设》,并作《自序》。

按:《孙文学说》又名《知难行易的学说》,旨在从心理建设角度论述"知难行易"的哲学思想,后编为《建国方略之一:心理建设》。是日孙中山所作《自序》曰:

文奔走国事三十余年,毕生学力尽萃于斯,精诚无间,百折不回,满清之威力所不能屈,穷途之困苦所不能挠。吾志所向,一往无前,愈挫愈奋,再接再厉,用能鼓动风潮,造成时势。卒赖全国人心之倾向,仁人志士之赞襄,乃得推覆专制,创建共和。本可从此继进,实行革命党所抱持之三民主义、五权宪法,与夫《革命方略》所规定之种种建设宏模,则必能乘时一跃而登中国于富强之域,跻斯民于安乐之天也。

不图革命初成,党人即起异议,谓予所主张者理想太高,不适中国之用;众口铄金,一时风靡,同志之士亦悉惑焉。是以予为民国总统时之主张,反不若为革命领袖时之有效而见之施行矣。此革命之建设所以无成,而破坏之后国事更因之以日非也。夫去一满洲之专制,转生出无数强盗之专制,其为毒之烈,较前尤甚。于是而民愈不聊生矣!溯夫吾党革命之初心,本以救国救种为志,欲出斯民于水火之中,而登之衽席之上也。今乃反令之陷水益深,蹈火益热,与革命初衷大相违背者,此固予之德薄无以化格同侪,予之能鲜不足驾驭群众,有以致之也。然而,吾党之士,于革命宗旨、革命方略亦难免有信仰不笃、奉行不力之咎也,而其所以然者,非尽关乎功成利达而移心,实多以思想错误而懈志也。

此思想之错误为何? 即"知之非艰,行之惟艰"之说也。此说始于傅说对武丁之言,由是数千年来深中于中国之人心,已成牢不可破矣。故予之建设计划,一一皆为此说所打消也。呜呼!此说者予生平之最大敌也,其威力当万倍于满清。夫满清之威力,不过只能杀吾人之身耳,而不能夺吾人之志也。乃此敌之威力,则不惟能夺吾人之志,且足以迷亿兆人之心也。是故当满清之世,予之主张革命也,犹能日起有功,进行不已;惟自民国成立之日,则予之主张建设,反致半筹莫展,一败涂地。吾三十年来精诚无间之心几为之冰消瓦解,百折不回之志几为之槁木死灰者,此也。可畏哉此敌! 可恨哉此敌! 兵法有云:"攻心为上。"是吾党之建国计划,即受此心中之打击者也。

夫国者人之积也,人者心之器也,而国事者一人群心理之现象也。是故政治之隆污,系乎人心之振靡。吾心信其可行,则移山填海之难,终有成功之日;吾心信其不可行,则反掌折枝之易,亦无收效之期也。心之为用大矣哉!夫心也者,万事之本源也。满清之颠覆者,此心成之也;民国之建设者,此心败之也。

夫革命党之心理,于成功之始,则被"知之非艰,行之惟艰"之说所奴,而视吾策为空言,遂放弃建设之责任。如是则以后之建设责任,非革命党所得而专也。迨夫民国成立之后,则建设之责任当为国民所共负矣,七年来,建设事业进行,而国事则日形纠纷,人民则日增痛苦。午夜思维,不胜痛心疾首!夫民国之建设事业,实不容一刻视为缓图者也。

国民! 国民! 究成何心? 不能乎? 不行乎? 不知乎? 吾知其非不能也,不行也;亦非不行也,不知也。倘能知之,则建设事业亦不过如反掌折枝耳。回顾当年,予所耳提面命而传授于革命党员,而被河汉为理想空言者,至今观之,适为世界潮流之需要,而亦当为民国建设之资材也。乃拟笔之于书,名曰《建国方略》,以为国民所取法焉。

然尚有踌躇审顾者,则恐今日国人社会心理,年前之党人社会心理也,依然有此"知之非艰,行之惟艰"之大敌横梗于其中,则其以吾之计划为理想空言而见拒也,亦若是而已矣。故先作学说,以破此心理之大敌,而出国人之思想于迷津,庶几吾之建国方略,或不致再被国人视为理想空谈也。

　　夫如是,乃能万众一心,急起直追,以我五千年文明优秀之民族,应世界之潮流,而建设一政治最修明、人民最安乐之国家,为民所有、为民所治、为民所享者也。则其成功,必较革命之破坏事业为尤速、尤易也。

　　　　　　　　　　　　　　　　　　　　　　　　时民国七年十二月三十日孙文自序于上海

　　是年,北洋政府下令取消中华佛教会。

　　是年,《学灯》《法政学报》《京报》《农业专门学校丛刊》《北京学生》《体育季刊》《微言》《北京高等师范学校周刊》《烟酒杂志》《交通研究会研究报告》《益闻摘录》《京兆财政汇刊》《道德浅言》《统计月刊》《乐群杂志》《救国日报》《复旦季刊》《同济》《励志》《日新杂志》《学社丛书》《基督教出版界》《卫生报》《虞美人》《劳动》《体育周报》《大战事报》《中国与南洋》《正谊》《戊午杂志》《沪江月》《美术》《上海图画美术学校杂志》《中华美术报》《世界画报》《小说季报》《小说俱乐部》《湘潮》《端风》《春柳》、《哲学会刊》《江苏水利协会杂志》《江苏省农会月刊》《江苏教育公报》《虞社》《浙江青年团月刊》《农业浅说》《教育月报》《江西实业公报》《新声》《武昌高等师范学校数理学会杂志》《生物学杂志》《广东省会学生联合会月报》《军政府公报》《博济》《济生》《岭南季刊》《岭南农学会年报》《培英杂志》《惟民周刊》《暨南杂志》《戊午周报》《救国日刊》《安徽教育》《来复》《山西教育公报》《贵州学生联合》《吉林教育公报》《黑龙江实业公报》《教育报》《华锋》《学正学报》《商业晚报》等报刊创刊。

二、学术活动

　　蔡元培1月19日在北京大学发起组织进德会,发表《进德会旨趣书》。6月1日,进德会选举评议员和纠察员,陈独秀、蔡元培、夏浮筠、王建祖、温宗禹、章士钊、王宠惠、沈尹默、刘师培、傅斯年、罗家伦、陈宝锷等职员、教员、学生被选为北京大学进德会评议员,郑阳和、李大钊、李辛白、章味三、胡适、钱玄同、马寅初、陈大齐、李石曾、康白情、陈宝书等职员、教员、学生任纠察员。

　　按:蔡元培《进德会旨趣书》曰:今人恒言:西方尚公德,而东方尚私德,又以为能尽公德,则私德之出入,曾不足措意。是误会也。吾人既为社会之一分子,分子之腐败,不能无影响于全体。如疾疫然,其传染之广,往往出人意表。昔仪狄作酒,禹饮而甘之,曰:"后世必有以酒亡其国者。"遂疏仪狄而绝旨酒。司马迁曰:"夏之亡也以妹喜,殷之亡也以妲己。"纣反沉于酒而楚以败。拿破仑惑于色而普鲁士之军国主义以萌。私德不修,祸及社会,诸如此类,不可胜数。又如吾国五六年来,政治界实业界之腐败,达于极端。而祸变纷乘,浸至亡国者,宁非由于少数当局骄奢淫逸之余,不得已而出奇策以自救,遂不惜以国家为牺牲与?《易》曰:"善不积,不足以成名;恶不积,不足以灭身;勿以小善为无益而弗为也;勿以小恶为无伤而为之。"鄙人二十年前,鉴于吾国谈社会主义者之因以自便,名为提倡,实增阻力,因言"唯于交际之间一介不苟者,夫然后可以言共产;又唯男女之间一毫不苟者,夫然后可以言废婚姻。"(见《民国野史》乙编《蔡孑民事略》)正此意也。民国元年,吴稚晖、李石曾、汪精卫诸君,发起进德会于上海。会员别为三等:持不赌、不嫖、不娶妾三戒者,为甲等会员;加以不作官吏、不吸烟、不饮酒三戒,为乙等会员;又加以不作议员、不食肉,为丙等会员。当时论者颇以不作官吏不作议员二条为疑。然题名入会为甲等会员者踵相接矣。未几,鄙人以事由海道北行,同行者三十余人,李汪二君亦与焉。舟中或提议进德会事,自李汪二君外,同行者率皆当时之官吏若议员一,群以官吏议员两戒为不便。乃去此两戒,别组会,即以同舟之三十余人为发起人,而宋遁初君提议名为"六不会",众赞成之一。又同时发起"社会改良社",所揭著者凡三十六条,第一曰不狎妓,第二曰不置婢妾,第十九曰不赌博,第二十九条曰戒除伤生耗财之嗜好,犹六不会意也。

其后为政潮所激荡,“六不会”若“社会改良社”之发起人,次第星散,未及进行。而进德会之新分子,则闲见于上海之报纸焉。北京自袁政府时代,买收议员,运动帝制,攫全国之公款,用之如泥沙,无所顾惜,则狂赌狂嫖,一方面驱于侥幸之心,一方面且用为钻营之术。谬种流传,迄今未已。鄙人归国以后,先至江浙各省,见夫教育实业各界,凡崭然现头角者,几无不以嫖赌为应酬之具,心窃伤之。比抵北京,此风尤甚。尤可骇者,往昔浑浊之世,必有一部分之清流,与敝俗奋斗,如东汉之党人,南宋之道学,明季之东林。风雨如晦,鸡鸣不已。而今则众浊独清之士,亦且踽踽独行,不敢集同志以矫末俗,洵千古未有之现象也。曾于南洋公学同学会(中央公园)及译学馆校友会(江西会馆)中,提议以嫖赌娶妾三戒编入会章,闻者未之注意也。其后见社会实进会规则,有此三戒,而雍君所发起之社会改良会,则专以此三者为条件。吾道不孤,助以张目。惜其影响偏于一隅。既承乏北京大学,常欲以南洋同学会、译学馆校友会所提议而未行者,试之于此两千人之社会。会一年来鞅掌于大体之改革,未遑及此。今改组之议,业已实行。而内部各方面之组织:若研究所,若教授会之属;体育会,书画研究会之属;银行,消费公社之属,皆次第进行。而进德会之问题,遂亦应时势之要求,而不能不从事矣。会中戒律,如嫖赌娶妾三事,无中外,无新旧,莫不认为不德,悬为厉禁,谁曰不然。官吏议员二戒,在普通社会或以为疑,而大学则当然有此(法科毕业生例外)。教育者专门之业,学问者终身之事。委身学校而萦情部院,用志不纷之谓何?且或在学生时代,营营于文官考试,律师资格,而要求提前保送,此其躁进与科举时代之通关节何异?言之可为痛心!古谚曰:“人不婚宦,情欲失半。”加特力教之神父,佛教之僧侣,例不婚娶;西洋大学问家,亦有持独身主义者:不婚尚可,不宦何难?至于烟、酒、肉食三戒,其贻害之大,虽不及嫖赌娶妾,其纷心之重,亦不及官吏议员,然而卫生味道之乐,亦恒受其障碍,故并存之。春秋三世之义,治起于衰乱之中,用心尚粗粗,及历升平而至太平,用心乃深而详,故崇仁义讥二名。今仿其例而重定进德会之等第如左:

甲种会员不嫖、不赌、不娶妾。

乙种会员于前三戒外,加不作官吏、不作议员二戒。

丙种会员于前五戒外,加不吸烟、不饮酒、不食肉三戒。

入会之条件:

一、题名于册,并注明愿为某种议员。

二、凡题名入会之人,次第布诸日刊。

三、本会不咎既往。传曰:“人谁无过,过而能改,善莫大焉。”袁了凡曰:“从前种种,譬如昨日死;以后种种,譬如今日生。”凡本会会员,入会以前之行为,本会均不过问。(如已娶之妾亦听之。)同会诸人,均不得引以为口实。唯入会以后,于所认定之戒律有犯者罚之。

四、本会俟成立以后,当公定罚章,并举纠察员若干人执行之。

入会之效用:

一、可以绳己。谚曰:“从善如登,从恶如崩。”吾国人在乡里多谨饬,而一到都会租界,则有放荡者;欧美人在本国多谨饬,而一到外国,则亦有放荡者。社会之制裁,有及有不及也。今以本会制裁之,庶不至于自放。

二、可以谢人。欧美之学者、官吏、商人,均视嫖、赌、娶妾为畏途;偶有犯者,均讳莫如深。而我则狎妓征优,文人以为韵事;看竹寻芳,公然著之柬帖。官吏商贾,且以是为联络感情之一端。苟非画定范围,每苦无以谢人。今以本会为范围,则人有以是等相嬲者,径行拒绝,亦不致有伤感情。

三、可以止谤。语曰:止谤莫如自修。吾北京大学之被谤也久矣。两院一堂也,探艳团也,某某等公寓之赌窟也,俸坤角也,浮艳剧评花丛趣事之策源地也,皆指一种之团体而言之。其他攻讦个人者,更不可以搂指计。果其无之,则礼义不愆,何恤于人言。然请本校同人一一自问,种种之谤,即有言之已甚者,其皆无因而至耶?既有此因,则正赖有此谤以提撕吾人,否则沦胥以铺耳!不去其因而求弭谤,犹急行而避影也。其又何益?今以本会为保障,苟人人能守会约,则谤因既灭,不弭谤而自弭。其或未灭,则造因之范围愈狭,而求之不难尽多数之力以灭之,岂无望耶?

蔡元培2月1日以北大校长名义刊出“征集全国近世歌谣启事”。20日,与北京各国立高等学校校长发起组织学术讲演会,以"唤起国人研究学术之兴趣"。27日,《北京大学日刊》发布"进德会"人员名单。其中甲种会员 45 人:陈独秀、王建祖、温宗禹、陈廷均、刘家骏、吴匡时、何炳松、关应麟、沈尹默、石鸿翥、张善扬、俞同奎、陈世璋、鲍璞、王季绪、陈怀、马裕藻、王星拱、朱宗莱、马衡、陈映璜、王启常、辜鸿铭、张相文、贺之才、费家禄、陈长乐、杨敏曾、钱稻孙、康宝忠、陈大齐、魏友枋、张大椿、胡适、林损、马叙伦、朱希祖、沈兼士、章士钊、黄振声、马寅初、王宠惠、罗文幹、何尚平、童学琦;乙种会员 3 人:崔适、钱玄同、陈守真。3 月 5 日,以国史编纂处处长名义,向教育部报送国史编纂计划。春,华法教育会在北京创设法文高等专修馆,推蔡元培兼任馆长。李石曾、彭济群等所拟章程,经蔡元培修改颁布;蔡元培召集孔德学校教务评议会全体评议员及部分教员举行新教育研究会议,讨论改革教科书问题。

按:顾兆麐、何尚平、朱希祖、张申府、徐悲鸿、马裕藻、钱玄同、沈兼士、陈大齐、姚书诚、沈尹默、钱秣陵、胡适、李石曾、丁绪贤、孙继等先后发表意见,蔡元培归结为教育之根本问题、教授资料、教科书之形式、各科联络问题等四个问题。蔡元培亲自记录每个人的发言要点,记录手稿长达四千余字。

蔡元培 5 月 11 日与马寅初、陶孟和、王建祖、胡钧、林损、王荫泰、朱锡龄、徐崇钦、陈怀、张孝栘、屠振鹏、黄振声、余棨昌、伦哲如、左德敏、王启常等联名发起在北京大学法科建立苑圃,刊登募捐启事。17 日,蔡元培应清华学校国情考察会之请,前往该校,作关于中国教育现状的讲演。18 日,敦请音乐名家王心葵到校演奏古乐,听众 1000 余人。会后,蔡元培留王心葵在北大晚餐,邀音乐家卫西琴、词曲教授吴梅及胡适等作陪。21 日,因北大学生要到北洋政府请愿,反对中日一个军事协定,蔡元培在劝说不成的情况下,当天请求辞职,此为蔡元培第二次辞北京大学校长之职。28 日下午 4 时,北大进德会在文科第一教室开成立大会,蔡元培致开会词,继由李石曾、朱一鹗、丁绪宝、何以庄等会员演说,最后蔡元培"申明进德之名,非谓能守会规即为有德。德者,积极进行之事;而本会条件,皆消极之事,非即以是为德,乃谓入德者当有此戒律,即孟子人有不为而后可以有为之义也"。30、31 日,蔡元培在天津中华书局"直隶全省小学会议欢迎会"上的讲演《新教育与旧教育之歧点》连载于《北京大学日刊》。6 月 1 日,北大进德会之评议员、纠察员选举票,至本月 1 日始检毕,3 日公告于《北京大学日刊》,蔡元培以 212 票最高票当选为进德会评议员。

按:评议员当选者:蔡元培、王建祖、温宗禹、夏元璋、陈独秀(职员 5 人),章士钊、王宠惠、沈尹默、刘师培(教员 4 人),傅斯年、石志仁、傅汝霖、萧纯锦、罗家伦、陈宝锷、高月彩等(学生 16 人);纠察员当选者:郑阳和、李大钊、李辛白、章味三等(职员 11 人)胡适、钱玄同、马寅初、陈大齐、李石曾等(教员 8 人),康白情、苏甲荣、朱一鹗、廖书仓、陈邦济、顾名、陈宝书等(学生 31 人)。

蔡元培 6 月 18 日与李石曾、陈任中、齐宗康、张谨、孙壮、彭济群等发起为留法俭学会各学校募款演义务戏,撰发"缘起",订立"简章"。参与义务演唱者有梅兰芳、姜妙香、陈德霖、韩世昌、白云亭等名伶。20 日,蔡元培主持国史编纂处的会议,屠寄、张相文、叶浩吾、刘师培、王书衡、沈兼士、童亦韩、徐以愁、蒯耕崖、孙贻棫、邓文如、文讷等人到会。先传阅征集股及纂辑股汇编各研究员的工作报告,继讨论此后进行方法,商定暑假期间,仿各机关例,放假半日,午前仍照常治事。25 日,蔡元培出席戊戌京师大学堂同学会,并发表演说。26 日,蔡元培为《国立北京大学分科戊午同年录》撰写序文。

按:《国立北京大学分科戊午同年录序》曰:"中华民国七年,国立北京大学毕业诸君汇刻题名录,以为纪念。以本年二月十一日以后为旧历戊午岁,乃题为戊午同年录,余惟同年录之名,盖起于科举时代,冠以干支,亦当时之习惯也。顾科举者,间数岁一举行之,非永久之机关。而科举中式之同年,其素不相识者,恒居大多数也。然而,既为同年,则岁时集会,休戚相关,往往历久而不渝。盖人类互助之性,不能无所托,以表现同年者,亦其表现之一机会也。今本校毕业之同年,既有永久机关之母校以为基,而同年诸君,率皆朝夕聚首,互有讲习之关系,近者三、四年,远者六、七年矣。其情感之挚,必视科举时代之同年为倍徙,可无疑也。"

蔡元培6月29日主持召开北大进德会评议员、纠察员的会议。7月4日,国立六校(北大、高师、法专、医专、农专、工专)拟公建西山精舍,议定简章,由蔡元培领衔呈请教育部立案。9日,蔡元培与章士钊、张元济、夏元瑮、陈独秀、王长信、胡适出席《北京大学丛书》编译茶话会。8月3日,蔡元培为胡适《中国哲学史大纲》作序,充分肯定该书在证明的方法、扼要的手段、平等的眼光、系统的研究这四点上突破。27日,又为徐宝璜《新闻学大意》作序。

按:《中国哲学史大纲》原是胡适留学美国哥伦比亚大学时的博士论文《中国古代哲学方法之进化史》,1917年据此编成在北京大学教授中国哲学史的讲义,至1919年10月1日由商务印书馆出版。蔡元培《中国哲学史大纲序》,认为该书有四点突破:第一是证明的方法;第二是扼要的手段;第三是平等的眼光;第四是系统的研究。又谓"我只盼望适之先生努力进行,由上古而中古,而近代,编成一部完全的《中国哲学史大纲》。我们三千年来一半断烂、一半庞杂的哲学界,理出一个头绪来,给我们一种研究本国哲学史的门径,那真是我们的幸福了"。

按:徐宝璜《新闻学大意》为我国第一部新闻学著作,原是作者在北京大学教课的讲稿,经多次修改而成,完稿于1918年暑期,蔡元培于8月21日为其作《新闻学大意序》,称之为"在我国新闻界实为破天荒之作"。次年12月1日由北京大学新闻学研究会出版。

蔡元培8月16日再次召开新教育研究会议,讨论教育改革要点,沈尹默、胡适、朱希祖、马裕藻、钱玄同、刘半农、钱秣陵、姚书城、丁绪宝、吕一成、陈大齐、王继根、张申府、顾兆麐、陈独秀、蒋梦麟等出席。17日,蔡元培与李石曾提出《创办世界图书馆议》,刊载于本日《北京大学日刊》。9月20日,蔡元培在北京大学开学式上发表演说,强调"大学为纯粹研究学问之机关,不可视为养成资格之所,亦不可视为贩卖知识之所。学者当有研究学问之兴趣,尤当养成学问家之人格"。接着,文科学长陈独秀、教授俞同奎、陶孟和、徐宝璜、新聘法国讲师杜伯斯古相继演说。

蔡元培9月22日为李亦轩《中国币制统一论》撰写序文。23日,蔡元培为黄右昌所撰《罗马法》作序。30日,蔡元培召集各学长、各研究所主任开会,议定出版《北京大学月刊》,由各研究所主任任分门编辑,而每册总编辑则由各研究所主任轮流担任,以姓之笔画为次第,规定明年各月总编辑如下:朱希祖、俞同奎、马寅初、胡适、秦汾、陈启修、陶孟和、张大椿、黄右昌。临时增刊的总编辑,由蔡校长任之。10月10日,蔡元培出席《国民杂志》社成立会,并发表演说。同日,由中法学务联合会发起组织的中法协进公会,"专为讨论中法协进之各项事业而设,尤以学务、实业为重"。邀集中法两国人士在江西会馆举行大会,讨论"中法两国学术之比较""中法两国实业之比较与教育""华工与两国实业"等问题,蔡元培致开会词。

按:蔡元培开会词刊于1918年10月31日《北京大学日刊》。10月27日会议继续举行。

蔡元培与贝熙业、陈世璋、李石曾、周象贤、陈鹏等人于10月14日发起组织北京大学卫生学会,以促进本校职员及学生公共卫生及个人卫生为宗旨。同日,北京大学新闻学研究会成立,以"灌输新闻知识,培养新闻人才"为宗旨,蔡元培任会长,徐宝璜、邵飘萍为导师。蔡元培在成立大会上发表演说,论及我国近代新闻的发展和新闻道德等问题。20日,蔡元培因北京大学学生许德珩、邓中夏等发起的《国民杂志》社在北京南池子欧美同学会会所召开正式成立大会,与北京大学教授徐宝璜和著名报人邵飘萍等出席并发表演说。蔡元培提出报刊必须清楚"三弊"的原则和要求。

按:《国民杂志》社为北京大学学生救国会组织,由北京大学学生许德珩、邓中夏、周炳林、谢绍敏、张国焘、段锡朋等人发起成立,以"增进国民人格,灌输国民常识,研究学术,提倡国货"为宗旨。是日社员80余人到会。北京大学学生许德珩担任大会主席,报告筹备经过,会议讨论、修改了章程。北京大学文科学生邓中夏、许德珩、周炳林等人当选为编辑员;谢绍敏为调查股主任,张国焘任总务股干事,段锡朋任评议部议长。次年创办《国民》杂志。

按:蔡元培在演说中强调办报要"拯国家于危亡",促进"实业发达,学术修明,发扬国光,提高国民道德",这就必须清除"三弊":(1)"内容无价值,犹旗质之不坚也";(2)"内容善矣,而文笔晦涩,编次凌杂,不能使读者知其真意之所在";(3)"内容及形式均善矣,而或参以过当之言论,激起反动,或加以卑猥之小品,若广告,以迎合一部分恶劣之心理,则亦犹国旗之污损"。唯有"去此三弊,则杂志始为完善,而有以副诸君救国之本意"。蔡元培又为《国民杂志》作序,明确提出办报的"三要务"——正确、纯洁和博大,以此纠正报刊的"三弊"。

蔡元培10月23日与熊希龄、张謇等人发起组织"和平期成会"。同日,《北京大学日刊》通告北大教授评议会选举结果,各本、预科均以得票最多之二人当选评议员,为胡适、陈大齐、沈尹默、马裕藻、秦汾、俞同奎、胡濬济、沈士远、马寅初、黄振声、朱锡龄、韩述祖、孙瑞林、何杰等14人。11月10日,《北京大学月刊》正式创刊,此为刊登全校师生的研究论文和学术稿件的全校性学术刊物,首开中国大学学报之先河。蔡元培撰写《北京大学月刊发刊词》,提出"大学者,'囊括大典,网罗众家'之学府也",再次阐述学术自由、兼容并包的办学方针。

按:《北京大学月刊发刊词》后刊于1919年1月出版的《北京大学月刊》第1卷第1号,曰:

北京大学之设立,既二十年于兹,向者自规程而外,别无何等印刷品流布于人间。自去年有《日刊》,而全校同人始有联络感情、交换意见之机关,且亦借以报告吾校现状于全国教育界。顾《日刊》篇幅无多,且半为本校通告所占,不能载长篇学说,于是有《月刊》之计划。

以吾校设备之不完全,教员之忙于授课,而且或于授课以外,兼任别种机关之职务,则夫《月刊》取材之难,可以想见。然而吾校必发行《月刊》者,有三要点焉:

一曰尽吾校同人所能尽之责任。所谓大学者,非仅为多数学生按时授课,造成一毕业生之资格而已也,实以是为共同研究学术之机关。研究也者,非徒输入欧化,而必于欧化之中为更进之发明;非徒保存国粹,而必以科学方法,揭国粹之真相。虽曰吾校实验室、图书馆等,缺略不俱;而外界学会、工场之属,无可取资,求有所新发明,其难固倍蓰于欧美学者。然十六七世纪以前,欧洲学者,其所凭借,有以逾于吾人乎?即吾国周、秦学者,其所凭借,有以逾于吾人乎?苟吾人不以此自馁,利用此简单之设备、短少之时间,以从事于研究,要必有几许之新义,可以贡献于吾国之学者,若世界之学者。使无月刊以发表之,则将并此少许之贡献,而靳而不与,吾人之愧歉当何如耶?

二曰破学生专己守残之陋见。吾国学子,承举子、文人之旧习,虽有少数高才生知以科学为单纯之目的,而大多数或以学校为科举,但能教室听讲,年考及格,有取得毕业证书之资格,则他无所求;或以学校为书院,媛媛姝姝,守一先生之言,而排斥其他。于是治文学者,恒蔑视科学,而不知近世文学,全以科学为基础;治一国文学者,恒不肯兼涉他国,不知文学之进步,亦有资于比较;治自然科学者,局守一门,而不肯稍涉哲学,而不知哲学即科学之归宿,其中如自然哲学一部,尤为科学家所需要;治哲学者,以能读古书为足用,不耐烦于科学之实验,而不知哲学之基础不外科学,即最超然之玄学,亦不能与科学全无关系。有《月刊》以网罗各方面之学说,庶学者读之,而于专精之余,旁涉种种有关系之学理,庶有以祛其褊狭之意见,而且对于同校之教员及学生,皆有交换知识之机会,而不至于隔阂矣。

三曰释校外学者之怀疑。大学者,"囊括大典,网罗众家"之学府也。《礼记》《中庸》曰:"万物并育而不相害,道并行而不相悖。"足以形容之。如人身然,官体之有左右也,呼吸之有出入也,骨肉之有刚柔也。若相反而实相成。各国大学,哲学之唯心论与唯物论,文学、美术之理想派与写实派,计学之干涉论与放任论,伦理学之动机论与功利论,宇宙论之乐天观与厌世观,常樊然并峙于其中,此思想自由之通则,而大学之所以为大也。吾国承数千年学术专制之积习,常好以见闻所及,持一孔之论。闻吾校有近世文学一科,兼治宋、元以后之小说、曲本,则以为排斥旧文学,而不知周、秦、两汉文学,六朝文学,唐、宋文学,其讲座固在也;闻吾校之伦理学用欧、美学说,则以为废弃国粹,而不知哲学门中,于周、秦诸子,宋、元道学,固亦为专精之研究也;闻吾校延聘讲师,讲佛学相宗,则以为提倡佛教,而不知此不过印度哲学之一支,借以资心理学、论理学之印证,而初无与于宗教,并不破思想自由之原则也。论者知其一而不知其二,则深以为怪。今有《月刊》以宣布各方面之意见,则校外读者,当亦能知吾校兼容并收之主义,而不至以一道同风之旧见相绳矣。

以上三者,皆吾校所以发行《月刊》之本意也。至《月刊》之内容,是否能副此希望,则在吾校同人之自勉,而静俟读者之批判而已。

蔡元培11月15日为熊十力所撰《心书》作序。16日,蔡元培在北京大学于天安门前举行的讲演大会上发表演说,提出"此后的世界,全是劳工的世界"。11月27日,该演说稿以《劳工神圣》为题发表于《北京大学日刊》第260号。

按:1918年11月11日,持续了4年多的第一次世界大战以协约国的胜利而告终,大战的胜利充分激发了跻身于战胜国之列的中国上至政府、下到庶民的士气和精神。11月14、15、16日,北大放假3天,在天安门外举行演讲大会,庆祝第一次世界大战协约国的胜利。28、29、30日又在中央公园(今中山公园)举行演讲大会。发表演讲的有蔡元培、陈独秀、李大钊等。11月15、16日,北京60多所大、中、小学校3万余名学生为庆祝协约国胜利举行盛大集会游行,北京大学在天安门前举行针对民众的演讲大会,由蔡元培、陈独秀、胡适、马寅初、陈启修、丁文江等11人轮流登台讲演。这是北大之社会责任与影响的典型案例。

蔡元培、陈独秀、胡适、钱玄同、李大钊等指导并帮助北京大学进步学会组织的新潮社于12月3日在北大红楼一楼东北角紧邻李大钊办公室的活动室里宣告成立。傅斯年与同学罗家伦、俞平伯、杨振声、顾颉刚、汪敬熙、毛准、康白情等组织发起,并编辑《新潮》月刊,蔡元培题写刊名。

按:新潮社由罗家伦、傅斯年、杨振声、顾颉刚、康白情、徐彦之、汪敬熙等人创办,主要编辑先后有傅斯年、罗家伦、周作人、毛子水、顾颉刚、陈达材、孙伏园等。李大钊和鲁迅也曾为其写稿,给予支持。1918年12月13日,《北京大学日刊》刊登了《新潮杂志社启事》,曰:"同人等集合同趣组成一月刊杂志,定名曰《新潮》。专以介绍西洋近代思潮,批评中国现代学术上、社会上各问题为职司。不取庸言,不为无主义之文辞。成立方始,切待匡正,同学诸君如肯赐以指教,最为欢迎!"启事还公布了首批21名社员的名单,后增至40多人。据周策纵的《五四运动的发展》(香港《明报月刊》第71号,1971年11月)一文记载,名单如下:傅斯年、罗家伦、顾颉刚、康白情、毛准(子水)、江绍原(源)、汪敬熙、吴康、何思源、李荣第(小峰)、俞平伯、郭希汾(绍虞)、孙福源(伏园)、孙福熙(春台)、张松年(申府)、谭鸣谦(平山)、高尚德(君宇)、杨振声(金甫)、刘秉麟(南垓)、孟寿椿、冯友兰、朱自清、高元(承元)、潘家洵(戒泉)。它以在中国实行"文艺复兴"为宗旨,主张"去遗传的科举思想,进于现世的科学思想;去主观的武断思想,进于客观的怀疑思想;为未来社会之人,不为现在社会之人;造成战胜社会之人格,不为社会所战胜之人格"(《新潮发刊旨趣书》)。"五四"运动后,该刊逐渐成为实用主义和各种资产阶级改良主义的论坛。共出12期,1922年停刊。新潮社还编有《新潮丛书》和《文艺丛书》。

蔡元培12月7日与国内教育界人士共同提出《请各国退还庚款供推广教育意见书》。9日,与熊希龄、汪大燮、梅尔思(英国)、顾临(美国)等发起组织协约国国民协会,以增进协约各国与中国之情谊及互谋扶助为目的。25日,与王宠惠、王建祖、黄右昌、易宗夔、景耀月、周家彦、左德敏、邹宗孟等发起组织国民制宪倡导会,发表宣言。31 日,撰写《科学社征募基金启》,后被选为中国科学社董事长。是年,蔡元培与吴稚晖、李石曾、金曾澄、黄尊生、区声白、伍大光、陆式楷书等发起创设中国世界语学院,拟具筹办计划草案及捐款条例,撰发劝捐启。(以上参见高平叔编著《蔡元培年谱长编》,人民教育出版社 1996 年版;王世儒编撰《蔡元培先生年谱》,北京大学出版社 1998 年版)

傅增湘继续任教育总长。1 月 14 日,傅增湘于熙宝臣斋中见影宋精钞本《元和郡县图志四十卷》,存 34 卷,记其行款、藏印。2 月 9 日,教育部颁布《酌留欧美官费学额选派学习美术音乐等科》,规定部派留学名额预留 4 名用于派遣人员学习美术、音乐等科。3 月 29日,段祺瑞第三次内阁正式成立,教育总长仍为傅增湘。春,由孙伯恒介绍调合,傅增湘以4500 金另加李卓吾《焚书》,从严文介之子手中购入北宋本《乐府诗集》,此书为双鉴楼总集之牟冕。4 月 20 日,教育部召开全国高等师范学校校长会议,决定高等师范学校附设国语讲习科。6 月 20 日,傅增湘于京馆会晤张元济。24 日,张元济来访。30 日,与张元济偕往方家胡同图书馆看书。7 月 5 日,教育部指令以《北京美术学校规则》为筹备案,规定北京美术学校的教学安排、学科设置、课程时间及修业年限、入学资格、学费情况、奖惩措施等内容。31 日,教育部通咨《各省限制留学外国学生与外人结婚文》,禁止官费生与外国人结婚,否则停止官费。8 月 3 日,教育部决定,每年选派若干大学教授出国进修,是为中国教师留学之始。傅增湘答应徐悲鸿留法没在这次名单中,为此,徐悲鸿写信指责教育总长傅增湘言而无信。9 月 2 日,教育部通咨《留日官自费奖励章程》,对成绩优秀、表现良好的官自费生给予奖励。秋,因蔡元培资助,徐悲鸿得以赴法国留学。

傅增湘 10 月被新任大总统徐世昌聘为总统府顾问。10 月 24 日,教育部通告《赴美自费留学生取具保证书及请领自费留学证书布告付保证书式》,规定自费赴欧美留学生应填写《自费留学保证书》,并对保证书格式加以限定,加强对自费生的管理工作。11 月 23 日,教育部以教育总长傅增湘的名义,颁布《教育部令第七五号》,正式公布 1913 年读音统一会议制定的注音字母表,共 39 个字母。此为我国第一个由政府公布的法定拼音方案,有利于国语的统一。后张元济就此事致信傅增湘讨论。12 月 6 日,张元济致信傅增湘:教育部颁布读音统一会所定注音字母,应统一规定某字注某母,否则会乱。22 日,张元济致信感谢,教育部《注音字典》交商务馆印行。是年,教育部制定并公布《学术审定会条例》,将学术评定会改为学术审定会。《条例》规定由教育总长延聘或派充学术审定会会员若干人并指定会长。其审定范围是:哲学及文学上之著述;科学上之著述及发明;艺术上之著述及发明。并对学术著述和学术发明作出了比较明确的规定;傅增湘买宅北京西四石老娘胡同 7 号,取苏东坡诗"万人如海一身藏"之诗意,自号藏园居士,储书之处名为藏园。是年,傅增湘邀请王小航主持国语统一会,王小航以年老相辞。(参见孙英爱《傅增湘年谱》,河北大学硕士学位论文,2012 年;高平叔编著《蔡元培年谱长编》,人民教育出版社 1996 年版)

陈独秀 1 月初召集《新青年》编辑部会议,决定改为同人刊物,成立编委会,宣布"本志自第四卷第一号起,投稿章程业已取消,所有撰译,悉由编辑部同人,公同担任""采取集议制度,每出一期,就开一次编辑会,商定下一期的稿件"。鲁迅也应邀参加了会议,在会上第一次认识刚刚加入编辑部的李大钊。15 日,陈独秀在《新青年》第 4 卷第 1 号发表与读者刘延陵讨论"自由恋爱"问题的信。16 日,陈独秀与沈尹默、周作人、王星拱、朱家骅等人向校评议会提出组织大学俱乐部、划分大学区域、制定教员制服等议案。19 日,加入蔡元培在北京大学发起组织的"进德会"。同月,发表《美术革命——答吕澂来信》,提出"美术革命"的主张与方向。2月15日,发表《人生真义》一文。27日,《北京大学日刊》发布进德会人员名单,陈独秀为甲种会员。

　　按:从7月(第5卷第1号)开始,《新青年》采取轮流编辑办法,由陈独秀、胡适、李大钊、钱玄同、高一涵、沈尹默等6人轮流主持编辑工作,陆续加入撰稿者有鲁迅、周作人、张慰慈、陶孟和、王星拱、刘半农等,陈独秀仍是总负责。这个办法为以后李大钊、陈独秀等人利用《新青年》这块阵地,举起"打倒孔家店"旗帜、宣传马克思主义创造了条件。

　　陈独秀3月15日发表《驳康有为〈共和平议〉》一文,并策划在《新青年》上发表钱玄同与刘半农写的"双簧信"——《给新青年编者的一封信》和《复王敬轩》。4月15日,陈独秀发表与钱玄同讨论中国今后文学的通信。5月15日,发表《有鬼论质疑》一文及答汤尔和关于学术思想问题的通信。6月3日,《北京大学日刊》报道"进德会"选举评议员、纠察员事,陈独秀以152票当选为"进德会"评议员。12日,任北京大学入学试验委员会副主任,主任为蔡元培。15日,发表与张穆子、基督徒及崇拜王敬轩者讨论新文学与中国旧戏、讨论学理之自由权等问题的信。7月15日,发表《今日中国之政治问题》,提出国人彻底觉悟、急谋改革的三点主张。文中主要针对杜亚泉《迷乱之现代人心》的观点进行反驳,明确提出全盘西化论,表示"所谓新者无他,即外来之西洋文化也;所谓旧者无他,即中国固有之文化也……两者根本相违,绝无折中之余地""若是决计革新,一切都应该采用西洋的新法子,不必拿什么国粹、国情等鬼话来捣乱"。

　　陈独秀8月15日发表《偶像破坏论》呼吁"宗教上、政治上、道德上,自古相传的虚荣、欺人不合理的信仰,都算是偶像,都应该破坏"!9月15日,发表《质问〈东方杂志〉记者——〈东方杂志〉与复辟问题》一文,再对杜亚泉等进行严厉抨击。25日,参加北京大学编译处会议,议定由陈独秀、胡适代表该处办理加入"法文学社",筹划法文名著翻译事项。10月15日,发表与胡适联名复易宗夔的信,不同意其所谓的文学革命只限于提倡"言文一致"而不必推翻孔学、改革伦理、破坏古文的主张。秋,支持傅斯年等北大学生创办《新潮》杂志。11月15、16日,陈独秀在天安门外举行演讲,庆祝第一次世界大战协约国的胜利。27日下午,在文科学长办公室,召集《每周评论》创刊会议。参加者有李大钊、高一涵、高承元、张申府、周作人等。会议公推陈独秀为书记及编辑,其他人为撰述,决定发行所在骡马市米市胡同79号,编辑所在沙滩北京大学新楼文科学长办公室。后来胡适、彭一湖、张慰慈等人参加。陈独秀12月出任北京大学附设国史馆编纂处编纂股主任,编纂股的任务是编纂辑要中国通史,拟定纂辑条例,审定稿件等事项,又任《北京大学日刊》编辑。同月14日,给周作人写信,告知《每周评论》已获准组办,已决定本月21日出版,要求他和鲁迅向该刊文艺时评栏投稿。15日,《新青年》第5卷第6号"通信"栏发表署名"爱真"的来信,批评《新青年》"每号中,几乎必有几句'骂人'的话。我读了,心中实在疑惑得狠。《新青年》是提倡新道德——伦理改革——新文学——文学革命——和新思想——改良国民思想——的,难道'骂人'是新道德新文学和新思想中,所应有的么?"陈独秀答道:"尊函来劝本志不要'骂人',感谢之至。'骂人'本是恶俗,本志同人自当有则改之,无则加勉,以答足下的盛意。但是到了辩论真理的时候,本志同人大半气量狭小,性情直率,就不免声色俱厉;宁肯旁人骂我们是暴徒是流氓,却不愿意装出那绅士的腔调,出言吞吐,至使是非不明于天下。"22日,陈独秀、李大钊发起的《每周评论》在北京创刊,由《每周评论》社发行。该刊被视为《新青年》杂志的姊妹刊,以发表时事评论、文学创作和评论为主。陈独秀在所撰《发刊词》提出《每周评论》的宗旨就是"主张公理、反对强权",主要撰稿人有胡适、周作人、高一涵、王光祈、张申府、彭一湖等。第1期至第25期由陈独秀主编,表现了鲜明的反帝反封建的"民主"主义倾向。以后各期由胡适主编,改变了刊物的方向,取消了革命的政治内容。

按:陈独秀《发刊词》刊于《每周评论》第1号,曰:"自从德国打了败仗,'公理战胜强权',这句话几乎成了人人的口头禅。列位要晓得什么是公理,什么是强权呢?简单说起来,凡合乎平等自由的,就是公理;倚仗自家强力,侵害他人平等自由的,就是强权。德国倚仗着他的学问好,兵力强,专门侵害各国的平等自由,如今他打得大败,稍微懂得点公理的协约国,居然打胜了。这就叫做'公理战胜强权'。这'公理战胜强权'的结果,世界各国的人,都应该明白,无论对内对外,强权是靠不住的,公理是万万不能不讲的了。美国大总统威尔逊屡次的演说,都是光明正大,可算得现在世界上第一个好人。他说的话很多,其中顶要紧的是两主义:第一不许各国拿强权来侵害他们的平等自由。第二不许各国政府拿强权来侵害百姓的平等自由。这两个主义,不正是讲公理不讲强权吗?我所以说他是世界上第一个好人。我们发行这《每周评论》的宗旨,也就是'主张公理,反对强权'八个大字,只希望以后强权不战胜公理,便是人类万岁!本报万岁!"(参见唐宝林、林茂生《陈独秀年谱》,上海人民出版社1988年版;张旭、车树异编著《林纾年谱长编:1852—1924》,福建教育出版社2014年版)

胡适1月底自绩溪回到北京。同月,《新青年》改组为同人刊物,成立编委会。由陈独秀、胡适、李大钊、钱玄同、高一涵、沈尹默6人轮流主持编辑工作。其他陆续加入撰稿者有周树人、周作人、张慰慈、陶孟和、王星拱、刘复等。2月25日,胡适在《北京大学日刊》上发表《介绍成美学会》一文,说明他与该校会计课职员郑阳和发起成立的成美学会的宗旨"在于捐集基金,以津贴可以成才而无力求学之学生"。蔡元培、章士钊、王景春等列名为赞成人。同日,《月刊》登载该学会的《缘起》和《组织章程》以及第一批捐款名单。27日,《北京大学日刊》发布进德会人员名单,胡适为甲种会员。3月15日,胡适在北大文科研究所讲演《论短篇小说》,后发表于《新青年》第4卷第5号。4月15日,胡适在《新青年》第4卷第4期号发表《建设的文学革命论》,提出"国语的文学,文学的国语"是新文学建设的"唯一宗旨"。"有了国语的文学,方才可有文学的国语。有了文学的国语,我们的国语才可算得真正的国语",同时批评国人所译西书大多不得其法,并提出几则方法。在文末带上一笔,算是对林纾的"回敬":"用古文译书,必失原文的好处。如林琴南的'其女珠,其母下之',早成笑柄,且不必论。"至此,"文学革命"与"国语统一"合而为一,史称"双潮合一"。此文还就新文学的创造问题提出了一些在当时可称"卓见"的主张,是胡适在文学革命运动中最受人重视的一篇文章。郑振铎《中国新文学大系·论争集导言》诩之为"文学革命的最堂皇的宣言"。

按:朱德发《"国语的文学"与"文学的国语"——新探胡适倡导新文学的宗旨观》(《山东社会科学》,2012年第9期)鉴于近百年学术研究尚未以科学的思维对其丰盈内涵作出详解,试图对胡氏新文学建设的宗旨观的内涵及其相互关系进行新的探索,认为"国语的文学,文学的国语"是胡适于1918年提出的建设中国新文学的"唯一宗旨"观,国语文学与白话文学在胡氏表述中是同义语,但实质上是有区别的;而要理解国语文学的内涵,必须弄清白话、国语、方言这三个关键词的趋同性与差异性。胡适对建设何种形态新文学作出了这样的理性设计,即分为"工具""方法""创造"相互关联的三个逻辑步骤,只是对"工具"(白话为利器)、"方法"(具体技艺)作出详解,而"创造"则从略了;至于"国语的文学"与"文学的国语"之间的辩证关系,胡适着重强调了后者。这样的"唯一宗旨"观,实际上成了国语运动与新文学运动并驾齐驱的理论旗帜和实践纲领。

胡适5月8日致函陶孟和,谈他病中读《苔丝》后的感想。6月,《新青年》第4卷第6号

"易卜生专号"出版，胡适发表《易卜生主义》，强调发展个性和个人才能的思想。7 月，胡适在《新青年》第 5 卷第 1 号发表《贞操问题》，认为贞操问题是男女双方互相对待的一种态度、一种道德规范，不能单独要求女子守贞，指责腐儒作文劝人作烈女是"罪等于故意杀人"，而北洋政府的《褒扬条例》鼓励女人自杀殉夫，是"野蛮残忍的法律"。8 月 3 日，胡适所著教授中国哲学史的讲义《中国哲学史大纲》由蔡元培作序，认为在证明的方法、扼要的手段、平等的眼光、系统的研究四个方面取得了重要突破。19 日，胡适致信张醪子（即张原载），就其所发表的反对改良戏剧、废唱用白文章提出批评。10 月，胡适在《新青年》第 5 卷第 4 期发表《文学进化观念与戏剧改良》，认为"文学乃是人类生活状态的一种记载，人类生活随时代变迁，故文学也随时代变迁，故一代有一代的文学"。他建议要改良中国旧剧，当注意吸收西洋戏剧中悲剧的观念和文学经济的原则。所谓"文学经济"，就是在表现手法上追求最高的效果。10 月 23 日，《北京大学日刊》通告北大教授评议会选举结果，胡适、陈大齐、沈尹默、马裕藻、秦汾、俞同奎、胡濬济、沈士远、马寅初、黄振声、朱锡龄、韩述祖、孙瑞林、何杰等 14 人当选评议员。11 月 22 日，胡适应天津南开学校的邀请，前往演说。次日访谒梁启超于其津寓，二人自此开始在学问上直接切磋问难。

　　按：此为两人第一次见面。胡适一向很敬重梁启超，视为学术前辈和文化革新的先驱。事前曾特请徐振飞先致函作介绍，又于 20 日专修一函申达敬意。信中说，因 11 月 22 日"将来天津南开学校演说，拟留津一日，甚思假此机会趋谒先生。一以慰生平渴思之怀，一以便面承先生关于墨学之教诲，倘蒙赐观所集墨学材料，尤所感谢"。（参见《梁启超年谱长编》，上海人民出版社 1983 年版）

胡适 11 月 25 日携眷回绩溪奔母丧。其间，说服亲友，对丧礼做了一些改革。后撰成《先母行述》及《我对于丧礼的改革》两文。同月，第一次世界大战结束。北京进步人士在天安门前组织演说大会。蔡元培、李大钊、陶孟和等均有演说。胡适也有演说，题为《武力解决与解决武力》，强调欧战的结局不是武力解决的功效，而是解决武力的功效。27 日，与陈独秀、李大钊等创刊《每周评论》，并答应担任撰稿人。是年，胡适任北京大学评议会评议员，《北大月刊》编辑，并仍任哲学研究所主任，英文科教授会主任。执教中国名学、小说、英文高等修辞学、中国哲学史大纲、西洋哲学史大纲等课程。（以上参见耿云志《胡适年谱》，四川人民出版社 1989 年版；胡颂平编《胡适之先生年谱长编初稿》，台北联经出版事业公司 1984 年版）

章士钊 1 月辞北京大学图书馆主任兼职，向蔡元培校长举荐受青年学生敬仰的李大钊继任图书馆主任。同月 19 日，章士钊参加蔡元培组织的北京大学进德会，为甲种会员。2 月 19 日，章士钊与胡适、梁漱溟等参加在校长室召开的哲学部教员讲师会。此时章士钊在北大专心从事教学，讲授逻辑学课曾轰动一时。高承元得到章士钊的帮助注册后，始能进教室听课。

　　按：据旁听者高承元在北京大学百年校庆时回忆："七年（1918）先生讲逻辑于北京大学，时承之肄业于北京法政专门学校兼为北大旁听生，闻讯喜出望外，趋往则门户为塞，坐无隙地，盖海内自有讲学以来，未有之盛也。翌日，乃易大教室，可容四五百人，拥挤如故，学校执事者乃使人到教室户外检听讲证以限之。当时习尚，尝闻学生有注册而不受课者，未注册而争入教室受课，则未之前，有之，自先生讲学始。"

章士钊 2 月为方便李大钊进行马列主义传播，搞革命活动，向校方推荐他担任图书馆主任兼经济学教授，自己不再任北京大学图书馆主任。同月 25 日，胡适、郑阳和发起"成美学会"，章士钊与蔡元培、王景春等列名为赞成人。27 日，《北京大学日刊》发布进德会人员名单，章士钊为甲种会员。3 月 26 日下午，章士钊在北大研究所演讲逻辑学说史。是月，章士钊南下上海，代表北京大学编译处与商务印书馆签订出书合同。合同规定，北大编译处每年为商务印书馆提供 200 万字左右的著作或译著,由商务印书馆负责出版,并规定了版税、版式等方面的有关事宜。春,冯友兰去北大校长室向章士钊请教有关《墨经》的问题。4月 9 日下午,章士钊在北大研究所演讲逻辑学说史。13 日,章士钊赴总商会出席商务股东年会,与郑孝胥、高凤池、鲍咸昌、叶景葵、张元济、高梦旦、郭秉文、张謇、俞寿臣、梁启超等11 人被年会选举为新一届董事。16 日下午,章士钊在北大研究所演讲逻辑学说史。23 日下午,章士钊在北大研究所演讲逻辑学说史。5 月,孙中山向非常国会辞去海陆军大元帅职,旋赴日本。军政府改为总裁制,有总裁 7 人,岑春煊为主席总裁,章士钊南下为秘书长。

按:是月,南方桂系军阀排挤孙中山去职,改组了广州护法军政府,岑春煊为总裁。岑春煊上台后,急电召章士钊南下,而且章士钊还未到就在报上公布,委他为秘书长。章士钊在北京得知后,进退两难:假如不去,感到对不起岑春煊;如果南下就任,又有违搞学术的心愿,且怕北洋政府从中作梗,不肯放行。经过一番思索后,还是决定南下。

章士钊 5 月 7 日下午在北大研究所演讲逻辑学说史。14 日下午,在北大研究所演讲逻辑学说史。26 日上午,在西城手帕胡同教育部会场讲演伦理学。28 日下午,在北大研究所演讲逻辑学说史。29 日下午,在北大研究所演讲逻辑学说史。6 月 2 日,在西城手帕胡同教育部会场讲演论理学。3 日,《北京大学日刊》报道进德会选举评议员、纠察员事,章士钊得 111 票,被选为进德会评议员。4 日下午,在北大研究所演讲逻辑学说史。9 日,在西城手帕胡同教育部会场讲演伦理学。26 日,张元济访章士钊、蔡元培、屠寄等。同月,杨昌济因章士钊推荐,应蔡元培之邀,出任北京大学伦理学教授,与先到该校讲授逻辑学的章士钊相遇,"同任讲席一年"。7 月 9 日,章士钊出席《北京大学丛书》编译茶话会,到会的有张元济、蔡元培、夏元瑮、陈独秀、王长信、胡适。12 月 28 日,章士钊在北京大学二十周年纪念会上发表题为《进化与调和》的讲演,大力提倡调和精神。(以上参见袁景华《章士钊先生年谱》,吉林人民出版社 2001 年版)

李大钊 1 月初开始任北京大学图书馆主任。20 日,加入蔡元培发起的进德会,为甲种会员。同月,《新青年》由陈独秀个人主编改为同人刊物,李大钊加入《新青年》编辑部,同时加入编辑部的还有鲁迅、钱玄同、刘半农等。约于此时,李大钊与鲁迅相识。

按:据鲁迅后来回忆:"我最初看见守常先生的时候,是在独秀先生邀去商量怎样进行《新青年》的集会上,这样就算认识了。不知道他其时是否已是共产主义者。总之,给我的印象是很好的:诚实、谦和,不多说话。《新青年》的同人中,虽然也很有喜欢明争暗斗、扶植自己势力的人,但他一直到后来,绝对的不是。"(《南腔北调集·〈守常全集〉题记》)

李大钊 2 月 18 日与李辛白等发起成立北京大学"公余法文夜校",并刊登启事与简章。3 月 4 日,李大钊在《北京大学日刊》上发表《致北京大学日刊记者书》。4 月 15 日,李大钊在《新青年》第 4 卷第 4 号上发表《今》,论述了"过去""现在"和"将来"的关系,指出"无限的'过去'都以'现在'为归宿,无数的'未来'都以'现在'为渊源"。告诫青年:"我以为世间最可宝贵的就是'今',最易丧失的也是'今'。"我们要"爱今""惜今",以为世间和后代造功德。18 日,李大钊在《法政学报》第 2 期上发表《强力》(致高元君)。5 月 15 日,李大钊在《新青年》第 4 卷第 5 号上发表《新的!旧的!》。6 月 3 日,《北京大学日刊》公布进德会选举评议员、纠察员结果,李大钊以 61 票当选为纠察员。5 日下午 2 时,李大钊在北大文科第一教室参加进德会评议员、纠察员会议,此次讨论会还议定本会刊行杂志一种,大约每季一出,定名为《北京大学进德会杂志》。当即推定沈尹默、钱玄同、李大钊、康白情 4 人为编辑。30日,李大钊等发起的少年中国学会筹备会议在北京召开,会议商定的规约是:"振作少年精神,研究真实学说,发展社会事业,转移末世风气。"并决定设立临时编辑部,推举李大钊为编辑主任。7月1日,李大钊在《言治季刊》第3册上发表《法俄革命之比较观》一文。同期发表的还有李大钊《调和之法则》《东西文明根本之异点》《胡适"美国的妇人"跋》《强力与自由政治》(答高元君)《雪地冰天两少年》等文。

按:《法俄革命之比较观》针对当时关于俄国十月革命的混乱报道和种种疑虑,对比18世纪法国革命和20世纪俄国革命的不同,阐述了俄国革命的本质及其对世界将会产生的影响,指出"俄罗斯之革命是20世纪初期之革命,是立于社会主义上之革命,是社会的革命而并著世界的革命之采色","时代之精神不同,革命之性质自异,故迥非可同日而语"。这是中国人民正确认识十月革命的第一篇文章,在新生苏维埃政权还处在国内外敌人夹攻中的困难形势下,李大钊这种认识,不仅需要有非凡的勇气,而且还需要有卓越的见地。这表明,李大钊此时已开始接受马克思主义,用新的目光来观察世界了。

按:《东西文明根本之异点》认为东西文明根本不同之点在于,东洋文明主静,西洋文明主动,两者"实为世界进步之二大机轴,如车之两轮,鸟之双翼"。

李大钊7月9日下午应约出席本校编译会茶话会,欢迎商务印书馆经理张元济,并参与商定蔡元培和李石曾提出的创办世界图书馆事。9月25日午后3时,李大钊出席在校长室召开的编译处会议,到会者还有陈独秀等共13人。10月,北大图书馆迁往新址——北京沙滩大街路北四层的红砖大楼,即北大第一院。同月15日,李大钊在《新青年》第5卷第5号发表《庶民的胜利》和《布尔什维主义的胜利》二文,介绍和评论十月革命,为中国最早的马列主义文献之一。前文强调我们庆祝,不是为那一国或那一国的一部分人庆祝,而是为全世界的庶民庆祝,不是为打败德国人庆祝,而是为打败世界的军国主义庆祝;后文热烈欢呼十月革命的胜利,认为这是民主主义的胜利,是布尔什维的胜利,是世界劳工阶级的胜利。指出:"试看将来的环球,必是赤旗的世界!"11月,李大钊在北京大学发起组织中国第一个组织马克思主义研究会,取名为"马尔克斯研究会"。

按:这两篇文章表明,李大钊在这个时期已经具备了初步的马克思主义观点,开始运用无产阶级的宇宙观作为观察国家命运的工具,开始了他由民主主义者向马克思主义者的转变。

按:关于"马尔克斯研究会",学界对此有不同说法,参与发起的高一涵在《回忆"五四"时期的李大钊同志》(载《五四运动回忆录》)一文中对此记述道:"五四运动前不到半年,守常(李大钊)在北京大学组织了一个马克思主义的学会。我们不是用马克思,而是用马尔克斯这个名字,为的是欺骗警察。他们回去报告,上司一听研究马尔克斯,认为这是研究人口论的,也就不来干涉了。这个学会,先是公开的;后来就秘密起来。它的对内活动是研究马克思学说,对外则是举办一些讲演会。"

李大钊10月20日应邀担任新成立的《国民杂志》社指导。11月27日,李大钊与陈独秀、张申府、高一涵、高承元、张崧年、周作人等在北大文科学长室议定创刊《每周评论》。李大钊在《每周评论》上共发表文章55篇,用马克思主义观点对重大政治问题发表评论。同月底,李大钊在中央公园庆祝协约国胜利大会上发表《庶民的胜利》的演说。12月3日,《新潮》杂志社成立,李大钊应聘为顾问。

按:一说李大钊于1918年11月15、16日在天安门前为庆祝协约国胜利举行的演讲大会发表演说,有误。11月27日《北京大学日刊》头版头条刊载《本校特别启事》,谓"本月28日至30日为庆祝协约国战胜日期,本校拟于每日下午开演说大会(地点在中央公园内外,俟择定后再行通告),各科教职员及学生有愿出席演说者,望即选定演题,通知文牍处,以便先行刊印,散布听众"。以后,《北京大学日刊》于12月3—24日,共发表了七人的演说词。其中12月5日刊载了陶孟和的《欧战后之政治》,并标明"陶履恭教授在中央公园之演说";12月6日刊载了《庶民的胜利》,并标明"李大钊主任在中央公园之演说"。(参见朱乔森、黄真《关于〈庶民的胜利〉的发表和〈Bolshevism的胜利〉的写作》,1980年8月15日《历史研究》

第 4 期)李大钊发表《庶民的胜利》的演说则应在中央公园,时间在 11 月 27—30 日间。李大钊《庶民的胜利》的演讲稿刊于 12 月 6 日《北京大学日刊》,并标明为《李大钊主任在中央公园之演说》。(以上参见朱文通主编《李大钊年谱长编》,中国社会科学出版社 2009 年版;高大同《高一涵先生年谱》,上海文化出版社 2011 年版)

高一涵 1 月 15 日在《新青年》第 4 卷第 1 号发表《近世三大政治思想之变迁》,提出以"西人政治思想之变迁,以为吾国政治思想变迁之引导"。3 月 15 日,在《新青年》第 4 卷第 3 号发表《读弥尔的自由论》。18 日,高一涵与胡适一起迁至南池子缎库胡同 8 号。9 月 25 日午后 3 时,北大编译处在校长室开会,高一涵、刘叔雅、马寅初、陶孟植、胡适之、王抚五(星拱)、程秋甫、李石曾、李大钊、陈百年、朱揆庵、宋春舫、陈独秀等与会,讨论担任译著者及书名事宜,有高一涵所译书名及与张慰慈同编的《西方政治哲学史》书名,此外教职员诸君如有担任编译者,请开列书名,送交编译员高一涵收存。(9 月 27 日《北京大学日刊》本校纪事报道)10 月 15 日,高一涵在《新青年》第 5 卷第 4 期上发表《皖江见闻记》。11 月 15—17 日,蔡元培为庆祝第一次世界大战"公理战胜",在中央公园(现中山公园)和天安门前组织演讲会,一连讲了 3 天,李大钊、蔡元培、胡适等人发表了演讲,高一涵也登台演讲。

按:此为高一涵初次登台演讲,据高一涵(《回忆"五四"时期的李大钊同志》,载《五四运动回忆录》)回忆,当时面对众多的听众,虽然心里很紧张,两腿直打颤,但还是硬坚持讲完。

高一涵 11 月 27 日在北大文科学长室议参与创刊《每周评论》,由陈独秀召集,李大钊、张申府、高一涵、高承元等与会,高一涵任撰述。冬,高一涵参与李大钊在北大组织的马克思主义研究团体——"马尔克斯主义研究会",成为我国早期马克思主义在中国的传播者之一。12 月 15 日,高一涵在《新青年》第 5 卷第 6 号上发表《非"君师主义"》,批判"天地君亲师"的传统观念。

按:高一涵为陈独秀创办《新青年》最得力的助手与撰稿人,所撰《共和国家青年之自觉》《非"君师主义"》等,为当时青年争相传阅,爱不释手。郑学稼《陈独秀传》曰:"在《新青年》阵营中,尤其是在创刊伊始,除了陈独秀,发表文章最多、分量最重的当属高一涵,当属陈独秀最为重要的助手,地位仅次于陈。"(参见高大同《高一涵先生年谱》,上海文化出版社 2011 年版;张玲《被"遮蔽"的启蒙——解读"五四"时期的高一涵》,《天府新论》2016 年第 2 期)

陶孟和 1 月在《新青年》第 4 卷第 1 号反驳《女子问题》。2 月,在《新青年》第 4 卷第 2 号反驳《新青年之新道德》。同月,陶孟和在致陈独秀的信中从"理论之言语学、民族心理、世界语之功用"三个方面对世界语提出了疑义,认为言语是"一种民族所藉以发表心理传达心理之具也",并不认同陈、钱的"语言如器械"、"文字者,不过一种记号"的说法,认为言语是"最能表示民族之特质也",一民族有一民族的言语,"各有其自然嬗变之历史"。陈独秀认为世界语与世界主义互为因果,将来世界必趋于大同,"所谓民族心理,所谓国民性"终归消失趋于一致,陶孟和则认为,"所谓大同者,利益相同而已(Identity of interest),今日之科学界已无国界,而异日之利益,已无国界",世界大同是"不同之统一,而非一致之统一"。3 月,陶孟和与张祖荫在《新青年》第 4 卷第 3 号发表《社会调查》,第一次向中国读者介绍了社会调查的目的、方法和实质,并将社会调查的意义概括为两点:辨识文明传统中有益的部分、寻求社会"改良"的方法。陶孟和一系列社会思想的基础是社会的整体性与关系性,首先是个体对社会的责任为社会改良提供了起点,"社会改良"毋庸置疑是陶孟和思想的重要组成部分。4 月,陶孟和的观点遭到北京大学世界语讲师孙国璋的反驳。陶孟和则坚定自己的观点,重申自己的看法:"绝对的不信世界语可以通用,世界语与世界统一有因果之关系，不信世界语为人类之语言"，并认为对于世界语的功用，"在今日文明诸邦，已过讨论之时代，吾辈今犹以宝贵之光阴，讨论此垂死之假言语，这正是中国文化思想后于欧美之一种表象"，并对钱玄同的"外国语难学"说予以批评，认为是"教授者之不得法耳，未曾学过外国语者，不能示以外国语中之新天地也"。5 月，陶孟和在《新青年》第 5 卷第 5 号反驳《欧战以后的政治》。

　　按：有关世界语的论争。这场论争最初主要在《新青年》编辑成员陈独秀、钱玄同与陶孟和之间展开，由于三人都不精通世界语，争论的焦点并不是在世界语的学理层面，而在于对言语的定位。陶孟和重视言语的历史渊源或者说是言语的文化性，认为言语是人类各民族文化的一部分，也是各民族形成及产生的特质。（参见暴玉谨《陶孟和的早期活动及思想研究（1887—1926）》，河北大学硕士学位论文，2011年；张正涛、王利平《陶孟和：从士人改良到整体性的社会科学》，《中国社会科学报》2023 年 1 月 31 日）

　　孙国璋（又名苕仲）时任北京大学世界语讲师，与北京大学哲学系学生区声白的加入世界语的论争。4 月，孙国璋在《新青年》第 4 卷第 4 号《通信・论 Esperanto》中对陶孟和、陈独秀、钱玄同的观点逐一进行了评论，尤其是陶孟和的观点予以反驳。孙国璋积极倡导世界语，是以"倡导世界语为己任的"。但他的加入却使此次争论发生变化，开始超出同人范围内的争论，争论的焦点也由精神理念的探讨为主转变为以事实的辩驳为主。孙国璋以世界语大会《宣言》、莎士比亚之名著《哈姆雷特》的世界语译本及战时法意两国采用世界语所写的蓝皮书反驳陶，以证明世界语的功用"昭彰不可疑惑"。至此，有关世界语的论争达到高潮。8 月，区声白在《新青年》第 5 卷第 2 号《通信・论 Esperanto》对于陶孟和的看法予以反驳，认为世界语为"一种新学问，非具有新思想之新青年必不赞成"；同时针对陶孟和所说的"未曾学过外国语者，不能示以外国语中之新天地"，反驳陶"自己不懂世界语，便不配反对世界语"。区声白的参与及质问，使这场争论渐偏离了先前讨论的问题的精神主旨。陈独秀、陶孟和与钱玄同在最后也只是重申自己此前的本意和主旨。陈独秀指出，世界语的争论已脱离出以前争论的主旨，认为"诸君讨论世界语，每每出于问题自身以外，不于 Esperanto 内容价值上下评判"，而是"说闲话，闹闲气"，而没再多议。而钱玄同最后也提到"此数次的争论，确乎有点无谓"。

　　按：暴玉谨《陶孟和的早期活动及思想研究（1887—1926）》（河北大学硕士学位论文，2011 年）对此总结道："最后由胡适建议结束这场争论。此前对于这场争论，胡适一直保持沉默，持中立态度。但在世界语讲师孙国璋加入后，胡适的态度也渐明朗。胡适在最后的跋语中认为，孙国璋所举的反对陶孟和的例子与世界语是否通行的问题没有关系。可看出，胡适从心理上是赞同陶孟和的。世界语争论结束时，钱玄同的附言也明确提到，'适之先生对于 Esperanto，也是不甚赞成的，（此非德之言，适之先生自己曾经向我说过）'。1918 年 10 月，胡适在给朱我农的信中也曾明确说道：'我对于世界语和 Esperanto 两个问题，虽然不曾加入《新青年》里的讨论，但我心里是很赞成陶孟和先生的议论的。'五卷二号中，钱玄同附言也明确《新青年》其他同人们的意见，指出刘半农、鲁迅、沈尹默等人也不反对提倡世界语。因而对于 Esperanto，《新青年》同仁内部无意中分成了以陶孟和、胡适为代表的反对派和以陈独秀、钱玄同为代表的赞成派。这场争论是《新青年》创刊以来同人内部第一次公开的争论，虽然团体内部没有明显分化，但从中可看出留学身份对于个人群体意识认同的影响。在《新青年》团体中只有陶孟和和胡适有留学欧美的经历，其余各人大都留学日本，相似的留学经历所营造的身份意识，使两人在现实思想的认同方面更容易达成一致。此后胡适也曾提到'孟和是北京大学的教授，又是《新青年》杂志的社员，新青年是一个小团体，其中只有孟和和我是曾在英美留学的，在许多问题上我们两人的看法比较最接近。'可见，《新青年》的同人中在思想契合自由聚集的同时，也因文化教育背景和经历的缘故，也有内部心理的认同和分化的倾向。但这种分化倾向在世界语的争论方面是轻微的，也是君子'和而不同'的态度。《新青年》其他同人的态度虽然与陶孟和、胡适的态度不一致,但并没有影响他们之间对于《新青年》整体主旨的认同。"(参见暴玉谨《陶孟和的早期活动及思想研究(1887—1926)》,河北大学硕士学位论文,2011年;张正涛、王利平《陶孟和:从士人改良到整体性的社会科学》,《中国社会科学报》2023年1月31日)

钱玄同继续兼任北大与北高师教授。1月4日,访马叙伦,未遇。13日,马叙伦回访钱玄同。15日,因《新青年》编辑部由上海迁至北京,编辑部改组,钱玄同参与编辑工作。同日,从《新青年》第4卷第1号起,全用白话做文章,又使用了新式标点符号。2月9日,钱玄同访问鲁迅。27日,《北京大学日刊》发布进德会人员名单,钱玄同为乙种会员。3月15日,钱玄同化名王敬轩在《新青年》第4卷第3号上发表《文学革命之反响》一文,故为反对立场,大放厥词;然后由刘半农化名作《复王敬轩书》加以反驳,批评林纾以古文翻译西洋小说,以便将新文化运动的讨论引向深入。

按:钱玄同集中旧文人攻击新文学的种种论调而成的《王敬轩君来信》及刘半农对之进行批驳的复信,此即新文学史上著名的"王敬轩双簧信"。钱玄同托名"王敬轩",以旧派文人的口吻写了一封致《新青年》编者的信,信中对林纾充满褒扬之辞,并对《新青年》做出批评。王敬轩的来信模仿林纾的崇拜者的口吻,说:"林先生为当代文豪,善能以唐代小说之神韵,迻译外洋小说。所叙者,皆西人之事也,而用笔措词,全是国文风度,使阅者几忘其为西事,是岂寻常文人所能企及;而贵报乃以'不通'相诋,是真出人意外。……噫!贵报休矣!林先生渊懿之古文,则目为不通;周君(周作人)塞涩之译笔,则为之登载,真所谓弃周鼎而宝康瓠者矣。林先生所译小说,无虑百种,不特译笔雅健,即所定书名,亦往往斟酌尽善尽美,如云《吟边燕语》,云《香钩情眼》,此可谓有句皆香,无字不艳。"随后,刘半农对此信作出答复,逐一反驳,极尽刻薄:"林先生所译的小说,若以看'闲书'的眼光去看他,亦尚在不必攻击之列;因为他所译的'哈氏丛书'之类,比到《眉语》《莺花》杂志,总还'差胜一筹',我们何必苦苦的'凿他背皮'。若要用文学的眼光去评论他,那就要说句老实话:便是林先生的著作,由'无虑百种'进而为'无虑千种',还是半点儿文学的意味也没有!何以呢?因为他所译的书:——第一是原稿选择得不精,往往把外国极没有价值的著作,也译了出来;真正的好著作,却未尝——或者是没有程度——过问;先生所说的'弃周鼎而宝康瓠者',正是林先生译书的绝妙评语。第二是谬误太多,把译本和原文对照,删的删,改的改,'精神全失,面目皆非'……林先生遇到文笔塞涩,不能达出原文精奥之处,也信笔删改,闹得笑话百出。以上两层,因为先生不懂西文,即使把原本译本,写了出来对照比较,恐怕先生还是不懂,只得'一笔表过不提';待将来记者等有了空,另外做出一篇《林译小说正误记》来,'以为知者道'。……第三层是林先生之所以能成其为'当代文豪',先生之所以崇拜林先生,都因为他'能以唐代小说之神韵,迻译外洋小说';不知这件事,实在是林先生最大的病根……当知译书与著书不同,著书以本身为主体,译书应以原本为主体;所以译书的文笔,只能把本国文字去凑就外国文,决不能把外国文字的意义神韵硬改了来凑就本国文。"刘半农在信中还挖苦王敬轩:"先生如此拥戴林先生,北京的一班'捧角家',洵视先生有愧色矣!……这'香钩情眼',本来是刁刘氏的伎俩;外国小说虽然也有淫荡的,恐怕还未必把这等肉麻字样来做书名;果然如此,则刁刘氏在天之灵,免不了轻展秋波,微微笑曰:'吾道其西!'况且外国女人并不缠脚,'钩'于何有?而'钩'之香与不香,尤非林先生所能知道。""双簧信"发表后,立即产生了强烈反响。

按:鲁迅《忆刘半农君》称赞这"双簧信"的表演是一场"大仗"。他说,现在看起来,自然是琐屑得很,但那是十多年前,单是提倡新式标点,就会有一群人"若丧考妣",恨不得"食肉寝皮"的时候,所以的确是"大仗"。

6月15日,《新青年》第4卷第6号"通信"栏刊载署名"南丰美以美会基督徒悔"的来信,信中批评钱玄同道:"余所望于钱君者,不赞成则可,谩骂则失之。如'选学妖孽,桐城谬种',是不免无涵蓄,非所以训导我青年者。"钱玄同在答复中就这种批评进行反驳:"至于'桐城派'与'选学家',其为有害文学之毒菌,更烈于八股试贴,及淫书秽画。……此等文章,除了谩骂,更有何术?"同一栏目中还有一位具名"崇拜王敬轩先生者"写信质问《新青年》编辑:"王先生之崇论宏议,鄙人极为佩服;贵志记者对于王君的议论,肆口侮骂,自由讨论学理,固应又是乎?"陈独秀在回信中则说:对于妄人"闭眼胡说,则唯有痛骂之一法"。

钱玄同在8月出版的《新青年》第5卷第2号"通信"栏中以记者名义表示希望鲁迅也能参加世界语的讨论。10月21日,钱玄同访周作人,云《新青年》自下年起,由李大钊、陈独秀、胡适、沈尹默、钱玄同、高一涵等人轮流值编,每人负责一期编务。11月26日,钱玄同致函陈独秀、刘半农、胡适、沈尹默、陶孟和等《新青年》同人,商谈该杂志排版、印刷等问题。是年,教育部正式公布注音字母,吴稚晖所编《国音字典》是根据民国二年教育部读音统一会全国代表和专家多数表决的字音注的音。陈懋治受教育部委托邀请钱玄同、吴稚晖、黎锦熙、王璞、马裕藻在其家里审查修订,此为我国确立国语字音标准之始。是年,钱玄同在北大初教授音韵学课程,编成两大册《音韵学讲义》,后由北大排印出版,为高等学校汉语音韵学教材的滥觞,也是钱氏语言学的代表作。是年,钱玄同在为《北京高等师范学校十周纪念录》所作序文中说:"希望本校同人从今以后,对于过去的,决然食弃,不要顾恋,对于未来的,努力前进,不可迟疑。进!进!前进!"

> 按:《文字学音篇》之古代音韵基本上采用黄侃之说。钱玄同自谓"与季刚己酉年订交,至今二十有六载,平日固性情不合,时有违言。惟民国四五年间商量音韵,最为契合"。(参见曹述敬《钱玄同年谱》,齐鲁书社1986年版;徐瑞岳编《刘半农年谱》,中国矿业大学出版社1989年版;鲁迅博物馆、鲁迅研究室编《鲁迅年谱》,人民文学出版社1981年版;张菊香、张铁荣主编《周作人年谱》,南开大学出版社1985年版;郦千明《沈尹默年谱》,上海书画出版社2018年版;司马朝军、王文晖《黄侃年谱》,湖北人民出版社2005年版;北京师范大学校史编写组编《北京师范大学校史》,北京师范大学出版社1982年版)

刘半农1月15日开始参与《新青年》编辑工作。同日,在《新青年》第4卷第1号发表《应用文之教授》、两首新诗《相隔一层纸》和《题女儿小惠周岁日造像》以及与钱玄同的通信《新文学与今韵问题》,首次在署名上改"半侬"为"半农",表示了和旧文学一刀两断的决心。18日,出席北京大学国文门研究所第三次小说科研究会,并在会上做了题为《通俗小说之积极教训与消极教训》的演讲,后刊于同年7月15日《太平洋》杂志第1卷第10期(署名刘复)。同在1月,刘半农和沈尹默议论征集歌谣事。2月1日,刘半农、周作人、俞平伯、袁振英、崔龙文、傅斯年等出席北京大学国文门研究所第四次小说科研究会。同日,与沈尹默、周作人、沈兼士、钱玄同在《北京大学日刊》发表《北京大学征集全国近世歌谣简章》,负责来稿之初次审定并编辑"汇编"。2月10日除夕,刘半农赴鲁迅寓所拜访。3月15日,刘半农在《新青年》第4卷第3号上发表《复王敬轩书》,与钱玄同展开文学革命的"双簧"辩论。

刘半农3月15日下午在北京大学国文门研究所演讲小说。3月29日下午,刘半农出席北京大学文科国文门研究所小说科第五次研究会,并在会上做了题为《中国之下等小说》的演讲。4月5日晚上,刘半农与钱玄同共往鲁迅寓所造访。19日下午,刘半农出席北京大学文科国文门研究所小说科第六次研究会。从该日起至5月3日止,刘半农与周启明、胡适一起在北京大学国文研究所教授小说。5月,北京大学上报教育部,请派半农去欧洲学习语言学。后因工作关系,决定暂缓派一年。同月15日,刘半农在《新青年》第4卷第5号上发表杂文《斥灵学丛志》,痛斥俞复、陆费逵等人在上海设"盛德坛"扶乩,组织"灵学会",刊行《灵学丛志》,宣扬迷信和复古,认为他们不过是"奸民作伪,用以欺人自利"而已。17日下午,刘半农与周启明、胡适在北京大学国文研究所讲演小说。20日,刘半农完成了选编近世歌谣的工作。即日起,直至1919年5月22日,连续在《北京大学日刊》上发表了他编订、注释的歌谣148首,开创了中国现代民歌搜集、研究的新局面。6月15日,刘半农在《新青年》第4卷第6期上发表书信《新文学及中国旧剧》。7月30日,加入蔡元培等人在北京大学发起的进德会。同日,在《北京大学日刊》上发表《越谚序录》(署名刘复)。31日下午,刘半农赴鲁迅寓所造访。8月6日下午,刘半农与钱玄同共访鲁迅,后又致书鲁迅。11月15日,刘半农在《新青华》第5卷第5号发表杂文《作揖主义》。19日,在《北京大学日刊》上发表《刘复启事》,征求胡以鲁先生《言语学》改订完善本。25日,刘半农在《北京大学日刊》第258号上发表《答罗家伦书》论歌谣。12月7日,刘半农在《北京大学日刊》上发表《刘复启事》,征订江阴南书院刊行之《清经解续编》和《南菁丛书》。15日,刘半农为沈尹默代编的《新青年》第5卷第6号出刊。22日,刘半农设宴于东安市场中兴茶楼,邀请鲁迅、周作人、徐悲鸿、钱袜陵、沈士远、沈尹默、钱玄同共8人同饮,晚10时方散,后徐悲鸿赠画。(以上参见徐瑞岳编《刘半农年谱》,中国矿业大学出版社1989年版;曹波、万兵《刘半农小说著译学术年谱(1913—1920)》,《广西社会科学》2020年第1期)

鲁迅1月4日致许寿裳信中对教育界之腐败困顿,深表不满,并对《新青年》的命运,表示关切。同日,购得《殷虚书契考释》1册,《殷虚书契待问编》1册。2月10日除夕,刘半农造访鲁迅与周作人。4月2日,鲁迅作短篇小说《狂人日记》,刊载于5月15日《新青年》第4卷第5号,为国内首次发表白话小说。

按:《狂人日记》收录在鲁迅的短篇小说集《呐喊》中。它是中国第一部现代白话文小说。内容大致是以一个"狂人"的所见所闻,指出中国文化的朽坏。《狂人日记》在近代中国的文学历史上,是一座里程碑,开创了中国新文学的革命现实主义传统。

鲁迅是春赴国子监西花厅整理"大内档案"。7月5日,致信钱玄同,反对北京大学教授刘师培提倡国粹,以对抗《新青年》传播的新思潮。20日,所撰《我之节烈观》刊于《新青年》第5卷第2号,署名唐俟。29日,得钱玄同持赠《新青年》第4卷第6号"易卜生号"10册。11月4日,所撰《渡河与引路》刊于《新青年》第5卷第5号,署名唐俟,系以和钱玄同通信的形式,就《新青年》关于世界语的讨论和《新青年》的内容及编辑方向发表意见。冬,作小说《孔乙己》。是年,以文言译尼采《察罗堵斯德罗绪言》一至三节(之后以白话译全)。(参见鲁迅博物馆、鲁迅研究室编《鲁迅年谱》,人民文学出版社1981年版;蒙树宏编著《鲁迅年谱稿》,广西师范大学出版社1988年版;曹聚仁《鲁迅年谱》,生活·读书·新知三联书店2011年版;张菊香、张铁荣主编《周作人年谱》,南开大学出版社1985年版)

周作人1月7日开始编写《罗马文学史》。23日,参加北京大学的进德会,为乙种会员。2月1日,《北京大学日刊》发表《北京大学征集歌谣简章》,宣布由刘半农、沈尹默、周作人负责编辑,钱玄同、沈兼士考订方言。之后两个月,收到歌谣1100余则,并曾在《北京大学日刊》上选载了148首。10日,为旧历除夕,刘半农来访。4月19日,在北京大学文科研究所小说研究会上讲演《日本近三十年小说之发达》。

按:周作人的演讲稿随后在7月5日《新青年》第5卷第1号上发表,署名周作人。文章略述了日本此前30年间小说变迁的概况,并将中国近年来新小说的发展与日本进行了比较,他说:"中国现时小说情形,仿佛明治十七八年时的样子,所以目下切要办法,也便是提倡翻译及研究外国著作。"

周作人5月15日发表《读武者小路君所作〈一个青年的梦〉》及所译日本作家与谢野晶子的《贞操论》,均载《新青年》第4卷第5号,署名周作人。20日,访陈独秀。6月7日,整理所编写的希腊、罗马、中古至18世纪的文学史讲义,合为《欧洲文学史》。8月18日,周作人致信胡适,谓他与鲁迅所译的"《域外小说集》系'复古时代'所作,故今日视之,甚不快意"。

又说:"表现思想自以白话为正宗! 有时觉得古文别有佳处,然此恐系习惯之故。吾辈所懂只有俗语,如见文言,必先将原文一一改译俗语,方才了解。俗语与文言的短长,就在直接与间接这件事。"9 月 16 日,周作人至北京大学,访蔡元培,交进德会愿书。10 月 15 日,所撰《论歌谣事——致半农》刊于《北京大学日刊》第 227 号,署名周作人。21 日,钱玄同来访。同月,《欧洲文学史》作为北京大学丛书之三,由商务印书馆刊印出版。11 月 1 日,作致玄同信《论中国旧戏之应废》,刊于 11 月 15 日《新青年》第 5 卷第 5 号,署名周作人。8 日,作答张寿朋的信《文学改良与孔教》,刊于 12 月 15 日《新青年》第 5 卷第 6 号。27 日下午,往北京大学参加会议,商议出刊《每周评论》的事宜,参加会议的人有陈独秀、李守常、胡适之等人。12 月 7 日,撰《人的文学》。

　　按:当时鉴于宣传新文化运动的刊物《新青年》系月刊,且不能按时每月出刊,《新青年》同人商量再办一个周刊,仍由《新青年》同人主持,即《每周评论》。原定在 12 月 14 日出刊,后延至 12 月 22 日出第 1 号。

　　按:周作人先将《人的文学》寄给陈独秀,拟发表于《每周评论》,后得陈独秀 12 月 14 日复信云:"大著《人的文学》做得极好,唯此种材料以载月刊为宜,拟登入《新青年》……"后载 12 月 15 日《新青年》第 5 卷第 6 号。文中提出应该提倡"人的文学",认为在中国"人的问题,从来未经解决",所以"如今第一步先从人说起","从新要发见'人',去'辟人荒'","希望从文学上起首,提倡一点人道主义思想","用这人道主义为本,对于人生诸问题,加以记录研究的文字,便谓之人的文学",在提倡新文学,抨击封建思想、封建文学方面,起到了一定的积极作用,在当时产生过较大的影响。

　　周作人 12 月 20 日所撰《平民的文学》刊于次年 1 月 19 日《每周评论》第 5 号,署名仲密。是年,周作人出任北京大学文科(文学院)教授,开设希腊罗马文学史、欧洲文学史、近代散文、佛教文学等课程,并创办北京大学东方语言文学系,出任首任系主任。(以上参见张菊香、张铁荣主编《周作人年谱》,南开大学出版社 1985 年版;耿云志《胡适年谱》,四川人民出版社 1989 年版)

　　朱希祖 1 月 16 日与沈尹默、刘复、程演生、钱玄同、周作人、王星拱、马裕藻、刘文典、陶履恭、陈独秀、朱宗莱、朱家骅、陈百年等 14 人共同提出《拟请(一)组织大学俱乐部、(二)划分大学区域、(三)制定教员学生制服案》。2 月 27 日,《北京大学日刊》发布进德会人员名单,朱希祖为甲种会员。3 月 6 日下午 3—4 时,在国文研究所讲演中国文学史。春,参加蔡元培发起组织的教育研究会,讨论修改教科书,改文言为白话等问题。4 月,胡适发表《建设的文学革命论》,在章门弟子中引起了较大的共鸣,朱希祖开始明确表态度支持白话文。

　　按:陈以爱《中国现代学术研究机构的兴起——以北大研究所国学门为中心的探讨》(江西教育出版社 2002 年版)认为,当时朱希祖之所以明确表态支持白话文,实与 1918 年 4 月胡适在《新青年》发表的一篇文章《建设的文学革命论》中,把文学革命与国语统一运动挂钩,有着密切的关系。这是因为在《建设的文学革命论》中,胡适喊出了"国语的文学,文学的国语"这一口号,指出建立标准国语的方法,必须先用活的语言来做白话文学;而文学革命就是替中国创造出一种国语的文学。就北大文科的情形来说,当时一批太炎弟子,像朱希祖、马裕藻、钱玄同、周作人等几位,全都是国语运动的热心分子。在《建设的文学革命论》发表后,这些国语运动的倡导者,果然都对文学革命表现出积极支持的态度。而当 1919 年 4 月国语统一筹备会召开时,胡适和刘复(半农)两位文学革命的急先锋,乃与蔡元培、朱希祖、马裕藻、钱玄同、周作人一同列名该会会员而代表北大参加会议,显示出国语运动与文学革命阵营确已出现合流的趋势。

　　朱希祖 6 月初,参加北京大学入学试验委员会,蔡元培为会长,陈独秀为副会长,朱希祖为国文科之命题及阅卷委员。7 月 1 日,在《尚志》第 1 卷第 9 号发表《文章封域论》。9

日,朱希祖参加蔡元培召集的座谈会,先与商务印书馆张元济商谈编纂教科书等事,后与会人员共同倡议发起成立"世界图书馆"。8月1日,朱希祖在《尚志》第1卷第10号发表《论文字起源与集字成文之理》。9月1日,朱希祖在《尚志》第1卷第11号发表《论古人的言文合一》。14日,《北京大学日刊》公布本学期课程表,朱希祖于中国文学门任"古代文学史(上古至建安)"(必修),于英国文学门、法国文学门任"中国文学史大纲"(选修)。28日,《北京大学日刊》刊登《北京大学出版部广告》,其中刊有朱希祖《文学史要略》,定价0.34元。30日,朱希祖作为国文学研究所主任出席蔡元培召集的北京大学各学长及研究所主任会议,讨论两事:一、组织研究所联合会事;二、编辑《北京大学月刊》事。第一事议决暂缓;第二事议决自1919年1月起,编辑发行《北京大学月刊》,第一期归朱希祖总编。10月1日,朱希祖在《尚志》第1卷第12号发表《论译异域书籍与本国文学之关系》。11月12日,朱希祖发布《文科国文学研究所启事》,请该所研究员报送各自研究科目。12月1日,朱希祖在《尚志》第1卷第12号发表《论古人述作不同》。9日,朱希祖于《北京大学日刊》发布《文科国文学研究所启事》,邀集所中研究同人于12月14日开会,商讨研究所"进行方法"。是年,据周作人日记所记,多有与朱希祖交往事。(以上参见朱元曙、朱乐川《朱希祖先生年谱长编》,中华书局2013年版)

马寅初2月27日在《北京大学日刊》发布的进德会人员名单中为甲种会员。3月,马寅初任法科经济门研究所主任,兼经济、商学门主任。5月17日,《北京大学日刊》刊登《马寅初教授论法科应废止毕业生论文》。6月3日,《北京大学日刊》报道进德会选举评议员、纠察员事,马寅初被推为纠察员,后改为评议员。7月,北京大学学生成立消费公社,马寅初等3人被推选为消费公社图书部的监理员。10月,北京大学首倡教授评议会,实行教授治校的方针。同月23日,《北京大学日刊》通告北大评议会选举结果,马寅初被推选为教授评议会评议员。11月15—16日,为庆祝第一次世界大战结束,马寅初在天安门前发表演讲《中国之希望在于劳动者》。是年,马寅初参加旅美学会组织。(参见彭华《马寅初年谱简编》,《淮阴师范学院学报》2005年第1期)

马叙伦2月27日由《北京大学日刊》公布为进德会甲种会员。4月12日,《北京大学日刊》布告,马叙伦开课为二程学说。6月,北大文科哲学门第二次毕业摄影,包括教职员蔡元培、陈独秀、马叙伦、梁漱溟、陈汉章、陈映璜等8人,学生冯友兰等13人。所著《古书疑义举例札迻》付印。同月29日,上海商务印书馆董事张元济来访。

按:《古书疑义举例校录》序曰:"德清先生《古书疑义举例》,发蒙百代,梯梁来学,固悬之日月而不刊者也。讽籀所及,小有怀陈,爰记札端,以待商兑,敢方著粪,非比续貂;兹从迻录,付之梓人。一九一八年六月,叙伦谨识。"(收入《古书疑义举例五种》,中华书局1956年版)

马叙伦9月5日访余绍宋。9月14日,《北京大学日刊》报道,马叙伦担任的中国哲学科目包括道家哲学与宋明理学。9月,所著《庄子札记》出版;《唐写本经释文残卷校语补正》两部捐赠校图书馆。10月7日,《读书小记》始刊于《北京大学日刊》,随后至12月连续刊载。21日,《北京大学日刊》报道,马叙伦担任的哲学研究所科目有诸子考订学。12月3日,《马夷初启事》刊于《北京大学日刊》。(参见卢礼阳《马叙伦年谱》,浙江古籍出版社2021年版)

马裕藻参与蔡元培、李石曾、马隅卿、马衡、沈尹默、沈兼士、钱玄同、陈大齐、沈士远等发起创办的孔德学校2月开学。同月27日,《北京大学日刊》公布进德会人员名单,马裕藻与弟马衡皆为甲种会员。春,出席蔡元培召集孔德学校教务评议会全体评议员及部分教员举行的新教育研究会议,讨论改革教科书问题。6月初,马裕藻为北京大学组织入学试验委员会文理法国文科命题及阅卷委员,会长为蔡元培,副会长为陈独秀。10月23日,《北京大学日刊》通告北大教授评议会选举结果,马裕藻以8票当选,至1926年连续8年续任,直接参与了北大各种政策、章程的制定乃至学科的废立,并鼎力支持蔡元培在"五四"新文化运动的时代洪流中,以北大为舞台掀起的一场破旧立新的革命。11月25日,马裕藻等人以章太炎"纽韵文"方案为基础而提出的"国音字母"方案——《注音字母》终由北洋政府教育部正式颁行全国,成为我国第一套官方公布的拼音方案。12月26日晚,吴稚晖、刘半农、陈百年、钱玄同、马叔平、鲁迅、周作人等共访北京东板桥马裕藻寓舍,饭后归。

按:1913年2月15日至5月22日,民国临时政府教育部为统一国语读音,在北京召开国语读音统一会,章门弟子、皆精于语言文字等小学马裕藻与朱希祖二人被公推为浙江省代表赴京与会。会议期间,经过反复酝酿讨论,决定接受马裕藻、朱希祖、许寿裳、钱稻孙和部员周树人(鲁迅)等的提议,将会议审音用的"记音字母"作为正式字母通过。这套字母共38个字母,其中15个采自1908年章炳麟"皆取古文篆籀迳省之形"制订的《纽文·韵文》,可见马裕藻等人提出的这套"记音字母"方案实际上是以章太炎的"纽韵文"方案为基础,然后博采众长、兼顾各方而成。由于拼注的是国音,所以又叫"国音字母"。方案通过后,又曾议决《国音推行方法》七条。后因政局变动和保守势力的反对竟被无端搁置五年之久,直到1918年11月25日,北洋政府教育部才将《注音字母》正式颁行全国。

按:马衡为马裕藻四弟,1917年,经马裕藻推荐,先在北京大学国史编纂处任征集员,1920年被聘为北京大学历史学系讲师。1922年后,先后任北京大学国文系讲师、历史学系教授兼国学门导师、考古研究室主任、故官博物院院长,主要致力于金石学研究,为中国近代考古学的先驱者和奠基者之一。马裕藻还有五弟马鉴,先后任燕京大学国文系主任、燕京大学图书馆委员会主席,对图书馆建设卓有贡献。七弟马准,曾任北京大学教授,讲授文字学和目录学,同期曾在北大国学门下设的歌谣研究会和风俗调查会工作,以民间风俗研究见长。九弟马廉,曾任北平孔德学校总教务长,北平师范大学教授,北京大学教授。1926年鲁迅先生南下之后,在北大主讲明清小说。宁波马氏五兄弟号称"五马",与绍兴"三周"(周树人、周作人、周建人)、吴兴"三沈"(沈尹默、沈兼士、沈士远)一同闻名于北京教育界、学术界和文化界。(以上参见徐瑞岳编《刘半农年谱》,中国矿业大学出版社1989年版;张菊香、张铁荣主编《周作人年谱》,南开大学出版社1985年版;高平叔编著《蔡元培年谱长编》,人民教育出版社1996年版;陈洁《注音字母的统一与章门弟子进京》,《北京青年报》2015年8月11日)

沈尹默1月15日在《新青年》第4卷第1号发表新诗《鸽子》《人力车夫》和《月夜》。1月16日,北京大学公布由沈尹默、刘半农、程演生、钱玄同等14名教授提出的组织大学俱乐部、划分大学区域、制定教员学生制服等三项议案。1月19日,北京大学公布学科教授会主任名单,沈尹默为国文学教授会主任。同日,遇钱玄同。21日,钱玄同来访。2月1日,北京大学发布《北京大学征集全国近世歌谣简章》,指定沈尹默为此次征集工作主任,并负责编辑《中国近世歌谣选粹》。14日,参加《北京学日刊》编辑部第一次会议。16日,沈尹默与刘半农同访周作人。2月27日,《北京大学日刊》公布进德会人员名单,沈尹默与沈兼士皆为甲种会员。3月20日,北京大学法研究社发布下周一举办沈尹默用笔方法讲座的通告,邀请该社社员参加。4月12日,周作人来访。春,沈尹默参加由蔡元培发起组织的新教育研究会议,讨论教育之根本问题等,并在会上发言。

按:据高平叔编著《蔡元培年谱长编》(人民教育出版社1996年版)载,是年春,蔡元培召集孔德学校教务评议会全体评议员及部分教员举行新教育研究会议,讨论改革教科书问题,顾兆麐、何尚平、朱希祖、张申府、徐悲鸿、马裕藻、钱玄同、沈兼士、陈大齐、姚书诚、沈尹默、钱秣陵、胡适、李石曾、丁绪贤、孙继等先后发表意见,蔡先生归结说:"今日所讨论者,约有四问题:(一)教育之根本问题,(二)教授资料,(三)教科书之形式,(四)各科联络问题。"蔡先生主持此次会议时,亲自记录每个人的发言要点。这份记录手稿长达 4000 余字,见高平叔编《蔡元培全集》第 3 卷。

沈尹默 5 月 27 日出席北京大学研究所主任会议。28 日,出席北京大学进德会成立大会。6 月 1 日,进德会选举评议员、纠察员事,沈尹默以 49 票当选为进德会评议员,见于 6 月 3 日《北京大学日刊》报道。19 日,周作人来访,又接刘半农函。27 日,上海商务印书馆总经理张元济来访,听取沈尹默对小学教科书之意见。29 日,出席北大进德会选举评议员、纠察员第一次会议,与李大钊、钱玄同、康白情 4 人被推定为即将刊行的北京大学进德会杂志编辑员。7 月 9 日下午,与商务印书馆总经理张元济商谈编纂教科书等事宜,后参加蔡元培召集的座谈会,与会人共同倡议发起成立世界图书馆。14 日,胡适致朱经农信,谈及沈尹默的新诗,赞赏有加。9 月 10 日,鲁迅来访。10 月 23 日,《北京大学日刊》通告北大教授评议会选举结果,沈尹默与沈士远皆在列,沈尹默以 24 票当选。12 月 22 日,赴刘半农东安市场中兴茶楼晚宴,同席有鲁迅、周作人、徐悲鸿、沈士远等。(参见郦千明《沈尹默年谱》,上海书画出版社 2018 年版)

沈兼士仍在北大任教。2 月 1 日,北京大学发布《北京大学征集全国近世歌谣简章》,指定沈兼士负责考订方言。15 日,沈兼士在《新青年》第 4 卷第 2 号发表《新文学与新字典》,讨论新文学与字典编纂问题。2 月 27 日,北京大学发布进德会会员名单,沈兼士为甲种会员。春,参加由蔡元培发起组织的新教育研究会讨论修订教科书问题会议,并在会上发言。6 月 20 日,参加北大国史编纂处会议,传阅征集股及纂辑股所汇录的报告,讨论今后工作进行方法。25 日,所拟《征集方言之办法》,由北京大学正式公布。9 月 15 日,在《新青年》第 5 卷第 3 号发表新诗《真》。10 月 15 日,在《新青年》第 5 卷第 4 号发表新诗《香山早起作,寄城里的朋友们》。12 月 15 日,在《新青年》第 5 卷第 6 号发表《山中杂诗二首》。(参见郦千明、汪素梅《沈兼士年谱简编》,《湖州师范学院学报》2021 年第 3 期)

梁漱溟在北大哲学系继续讲授印度哲学,开始思考东西方文化研究。10 月 4 日,在《北京大学日刊》上刊登启事,征求有志于研究东方学术者,曰:“顾吾校自蔡先生并主讲诸先生皆深味乎欧化,而无味乎东方文化,由是倡为东方学者,尚未有闻。漱溟切志出世、不欲为学问之研究,留一二年为研究东方学者发其端。”之后在北大的哲学研究所开了一个孔子哲学研究会,不久因父亲辞世,丁父艰而中途搁置。是年,《新青年》杂志第 6 卷第 1 号发表陈仲甫(独秀)和陶孟和评论梁老先生(巨川)自杀之事的文章各一篇,梁漱溟阅后即撰写《答陈仲甫先生书》,亦发表在《新青年》上,就自杀是不是个人行为,是不是道德,有没有罪等问题展开讨论。梁漱溟在文中还较为详细地记述了老父亲前后二十年的变化以及为什么会自杀等情况。又在北京印行《印度哲学概论》第一、二两篇。(参见李庭渊、阎秉华编著《梁漱溟年谱》,商务印书馆 2018 年版)

刘师培 1 月 18 日加入蔡元培在北京大学发起组织的进德会。春,与屠寄、钱恂、张相文、叶瀚、沈兼士、周作人等续任国史馆纂辑处纂辑员。2 月,教育部批准了国史编纂处报送的国史编纂略例,刘师培负责通史部政治史长编之“志”和文明史长编之“风俗”。4 月,北京大学举行建校二十周年纪念活动并发行《纪念册》,刘师培为《纪念册》题词。6 月 3 日,《北京大学日刊》报道进德会选举评议员、纠察员事,刘师培以 37 票当选为进德会评议员。20 日,刘师培在国史编纂处会议上提的编纂报告,一是文明史风俗类,预定长编 6 册,已编纂长编 3 册;二是政治史志预定长编 12 册,已编长编 4 册。是年,刘师培担任的研究科目调整为经学、史传、中世文学史、诸子四科。夏,欲恢复《国粹学报》《国粹汇编》,未成。秋,承担“中古文学史”“中国文学”课程,并任文科研究所国文门“经学”“史传”“中世文学史”“诸子”

四个研究方向的指导教师。(参见陈奇编《刘师培年谱长编》,贵州人民出版社 2007 年版;黄锦君《刘师培生平学术年谱简编》,《儒藏论坛》2009 年第 1 辑;王学典《20 世纪史学编年(1900—1949)》,商务印书馆 2014 年版)

黄侃仍在北京大学任教授。3 月 21 日,俞平伯还来郑文焯校本《清真词》。22 日下午,俞平伯来访。10 月,黄侃作《读尧典》。11 月 13 日,章炳麟与吴承仕书,有论黄侃辈与桐城诸子争辩骈散。是年,黄侃撰《广韵声势及对转表》《谈添盍帖分四部说》,后发表于《制言》第 8 期。(参见司马朝军、王文晖《黄侃年谱》,湖北人民出版社 2005 年版)

辜鸿铭继续在北京大学主讲英国文学。6 月,杜亚泉主编的《东方杂志》从日本译载《中西文明之评判》一文,对 1915 年辜鸿铭用英文出版的《中国人的精神》(即《春秋大义》)一书在西方引起的反响进行报道和评论,同时表达用儒家传统"统整"现代西方文明的意向。9 月,陈独秀作文诘质,指责杜亚泉与主张复辟的辜鸿铭为"同志"。杜亚泉也为此进行了辩难。中西文化论战在《东方杂志》和《新青年》两大阵营之间拉开了公开交战的帷幕。(参见黄兴涛编《中国近代思想家文库·辜鸿铭卷》附录《辜鸿铭年谱简编》,中国人民大学出版社 2015 年版)

刘文典 1 月 2 日赴陈独秀宴,与钱玄同等谈《红楼梦》、庄老之学。5 日,《北京大学日刊》刊登"理科学长告白",刘文典担任国文教授。6 日,《北京大学日刊》刊登"文预科第二学期课程表",刘文典担任模范文教授。9 日,《北京大学日刊》刊登"国文研究所课程时间表",刘文典仍教授文学史。16—17 日,据《北京大学日刊》记载,刘文典与陈独秀、刘半农、周作人等人提请北大组织大学俱乐部,划分大学区域,制定教院学生校服,获得批准。2 月 15 日,刘文典在《新青年》第 4 卷第 2 号上发表译作《柏格森之哲学》。译文前后均有作者按语,认为此文最能体现柏格森"直觉哲学"的要义。25 日,胡适与郑阳和等人在北大发起成美学会,募集资金资助贫困学子,刘文典积极参与,共捐助票洋 40 元。26 日,《北京大学日刊》刊登"国文研究所布告",刘文典担任国文所文学史课程教员。3 月 30 日,刘文典在北京大学国文研究所讲演《文学史》。4 月 12 日,《北京大学日刊》刊登"文预科第三学期课程表",刘文典担任第二年级模范文教员。5 月 4 日,刘文典在北京大学国文研究所讲演《文学史》。6 月 1 日,刘文典在北京大学国文研究所讲演《文学史》。29 日,刘文典在北京大学国文研究所讲演《文学史》。8 月 15 日,《新青年》第 5 卷第 2 号刊登易乙玄《答陈独秀先生〈有鬼论质疑〉》及刘文典回应之作《难易乙玄君》,掀起"灵学"讨论大战。刘文典《难易乙玄君》前有小序:"陈独秀先生作《有鬼论质疑》,易乙玄君驳之,辨而无征,有乖笃喻,爰作此文,聊欲薄易子之稽疑云尔。叔雅识。"刘文典这一文章,成为批驳"灵学"经典之作。9 月 25 日,刘文典出席北京大学编译处会议,担任多项著作编译任务,商议与中国科学社合作事宜,赞成蔡元培相关提议。12 月 5 日,《新青年》第 5 卷第 6 号"通信"栏目刊登读者"张寿朋"来信《文学改良与孔教》,其中对刘文典所译《柏格森之哲学》一文提出质疑。(参见章玉政编著《刘文典年谱》,安徽大学出版社 2011 年版)

王宠惠在北京大学兼职讲授比较法律。2 月 27 日,《北京大学日刊》发布进德会人员名单,王宠惠为甲种会员。6 月 3 日,《北京大学日刊》报道进德会选举评议员、纠察员事。王宠惠以 81 票当选为进德会评议员。7 月,担任法律编查会会长。随后,法律编查会扩充为修订法律馆,王宠惠和董康共同担任修订法律馆总裁,将清末以来刑法各案合并修正,主导编写了《刑法第二次修正案》。10 月 18 日,王宠惠、张君劢等组织"国际研究社",敦请协约国在远东的名流分任有关欧战的讲演,"期于增进国人之欧战知识及世界观念"。假北大法科大讲堂举行,预定讲演 12 次。

按:第一次由英国海德爵士(Sir S. Head)讲《国际大同盟》(胡适口译)。第二次由美国韦罗贝博士(Dr. W. W. Willoughby)讲《协约国与普鲁士之政治思想》(陶孟和口译),第三次由蔡元培讲演《大战与哲学》、叶景莘讲《欧战之目的及和平之基础》。

王宠惠与熊希龄、蔡元培等10月23日发起和平期成会,痛陈危急的社会形势,倡言和平统一。12月9日,王宠惠与蔡元培、汪大燮等发起组织协约国国民协会。25日,王宠惠与蔡元培、景耀月等人发起组织国民制宪倡导会,倡言宪法为国家"存立发达之基础",制定宪法为息南北之争维护和平的第一要务。以熊希龄、蔡元培和王宠惠等人在政学两界的声望和地位,国民制宪倡导会发起制宪的号召,在国内产生了较大的影响,有力地推动了近代中国的宪政建构。巴黎和会期间,王宠惠与蔡元培、汪大燮、林长民等人倡导成立的国民外交协会给中国代表团发去通电,坚决要求废除不平等条约,收回德国原在山东侵夺的一切权益,维护国家主权。(参见张仁善《王宠惠先生年谱》,载张仁善编《王宠惠法学文集》,法律出版社2008年版;高平叔编著《蔡元培年谱长编》,人民教育出版社1996年版)

杨昌济上半年任一师修身课教员。4月,新民学会成立,学会章程鲜明地反映出杨昌济的思想影响,《新民学会会务报告》指出,学会产生的原因之一,就是"诸人大都系杨怀中先生的学生,与闻杨怀中先生的绪论,作成一种奋斗的和向上的人生观,新民学会乃从此产生了"。6月(农历端午节后),杨昌济因章士钊推荐、应蔡元培之邀,携家赴北京。出任北京大学伦理学教授,教哲学系必修课"伦理学"、选修课"伦理学史",与先到该校讲授逻辑学的章士钊相遇,"同任讲席一年"。去京前,将前所写关于创办湖南省立大学的呈文改写成《论湖南创设省立大学之必要》一文。当时赴法勤工俭学进入高潮,蔡和森、萧子升、毛泽东等先后来到北京。杨昌济介绍萧子升任李石曾秘书,介绍毛泽东进北大图书馆工作,并协助湖南赴法留学生筹措经费。9月15日,在《新青年》第5卷第3号发表译著《结婚论》。11月,所译《西洋伦理学史》上卷由北京大学出版部出版。(参见王兴国《杨昌济年谱》,载王兴国《杨昌济的生平及思想》,湖南人民出版社1981年版;袁景华编《章士钊先生年谱》,吉林人民出版社2001年版)

徐宝璜编著的《新闻学》8月由商务印书馆出版,这是中国第一部新闻学著作。10月,徐宝璜与蔡元培发起成立北京大学新闻学研究会,被推为副会长、新闻学导师和会刊《新闻周刊》编辑主任,并代蔡元培负责处理日常事务,定期为会员讲授新闻学基本知识。徐宝璜也是最先在国内开设新闻学课程的大学教授,主张报纸应具有独立的社会地位,应代表国民提出建议和要求。(参见高平叔编著《蔡元培年谱长编》,人民教育出版社1996年版;吴永贵《民国图书出版史编年:1912—1949》,社会科学文献出版社2018年版)

邵飘萍7月在北京创办新闻编译社。10月14日,蔡元培等发起的北京大学新闻学研究会成立。15日,邵飘萍创办《京报》,自任社长。邵飘萍在《创刊词》中声明"必使政府听命于正当民意之前,是即本报之所作为也!"10月20日,北京大学学生救国会《国民杂志》社成立,邵飘萍任顾问,李大钊任指导,邓中夏任编辑。11月3日,邵飘萍被蔡元培聘为北京大学新闻学研究会导师,讲授《新闻学总论》,发行《新闻周刊》,首先采用汉字横排印刷。

按:邵飘萍系北大新闻研究会主要负责人之一。创办新闻学研究会并担任导师,授课之目的,邵飘萍自谓:"区区之意,欲为未来之新闻界开一生面。"积极倡导注重实践练习,注意研究实际问题。认为"新闻之学,期于应用,尤贵在多创鉴经验。对于原理及方法,各有心得与发则。故书者,死物也,只能助初学者开道以前进,不宜于纸上求剑请刻舟"。新闻学研究会的诸多学员,后来成为"五四"新文化运动的骨干。一些骨干学员如毛泽东、罗章龙、高君宇、谭平山等,后来成为共产党的早期党员或党的领导人。故该会可称为新闻兼革命之摇篮。

按:邵飘萍在演说中述及他和蔡先生接触的经过:"前年为《申报》通信事来京,偶因华工问题,得与蔡校长谈论,极钦服其为人。本〔去〕年之冬,窃以我国新闻事业之不振,良由新闻界人才缺乏之故,不揣冒昧,特致书蔡校长,陈本校应设新闻研究一门,……蔡校长答书,多承奖饰,本校新闻研究之课程,自是遂有添设之望,不禁狂喜!"(参见郭佐唐《邵飘萍年谱》,《浙江师范大学学报》1986年第4期;高平叔编著《蔡元培年谱长编》,人民教育出版社1996年版)

陈大齐仍任北京大学心理学教授。5月,在《新青年》第4卷第5号发表《辟"灵学"》一文,对当时上海出现的以"灵学"为招牌的设坛扶乩的迷信活动,进行了揭露批判。作者依据心理学原理指出在沙盘上的书写,若非有意作为,就是出于扶乩者的下意识动作,并非真有"灵体"降临。更指出所谓"通灵"的人,都是使用诈术作伪,不能当作神秘力量的证明。鲁迅在《偶感》中给予充分的肯定。10月23日,《北京大学日刊》通告北大教授评议会选举结果,陈大齐以18票当选评议员。是年,陈大齐在自己多年教学讲义的基础上撰写完成《心理学大纲》一书,是为中国第一本大学心理学教科书;陈大齐还对北京高小女生进行问卷调查,结合225名女学生的问答数据进行统计,并就调查目的、调查方法和统计方法,撰写论文《北京高小女生道德意识之调查》,成为国内最早期的心理学研究报告,这次调查活动也成为中国第一次现代意义上的儿童心理学调查研究。(参见周进华《经师人师——陈大齐传》,商务印书馆1986年版;陈绍蕃《我的父亲陈大齐》,载浙江省政协文史委编《浙江文史资料选辑》第43辑,浙江人民出版社1990年版;华钰《浅谈陈大齐对我国近现代心理学发展的影响》,《兰台世界》2015年第7期)

蒋维乔向北京大学校长蔡元培建议在北京大学哲学系开设唯识课,为我国大学有佛学课之始。此后一些重要的文科大学里开始讲授佛学课程,如邓伯诚、张克诚、许季平、梁漱溟、汤用彤、周叔迦、胡适、熊十力等,均先后在北京大学开讲印度哲学和佛教哲学以及佛教史课程。(参见于凌波《中国近现代佛教人物志》,宗教文化出版社1995年版)

章鸿钊是年秋在北京大学地质学系任教,讲授矿物学。地质教育事业从地质研究所结束后,自此开始复兴,之后南京中央大学、北京清华大学、广州中山大学陆续开设了地质学系,地质专业人才辈出。是年,在《农商公报》发表《石炭纪略》一文,表达了对我国矿业现状的忧虑,并以此告知国人。(参见冯晔、马翠凤《章鸿钊年表》,中国地质图书馆编《第三届地学文献学术研讨会暨纪念章鸿钊学术思想研讨会论文集》,地质出版社2016年版)

钟观光2月任北京大学理预科副教授,专门负责植物标本的采集工作兼植物学实习课和讲授植物学,随后带领采集人员一行5人赴福建、广东、广西、云南、贵州采集博物标本,3月途经上海,商务印书馆"拟托其附采一份"。12日晚,商务印书馆张元济特约杜亚泉、庄伯俞与钟观光在一家春餐馆商议,钟观光"亦允办"。张元济即征求蔡元培同意。3月22日,张元济接蔡元培来信,允认托钟观光附收集博物标本事。5月,钟观光一行到厦门,搜集各礁石之间的海产、藻类标本,种类和数量十分可观。6月4日,钟观光自福建旅途致函蔡元培,报告收集博物标本情况。

按:钟观光函刊于1918年6月4日《北京大学日刊》,略谓:"兹将(五月)五号以前所采植物、与十号以前所采动物分装三木箱,先由商务书馆转寄尊处,其标本名称,俱已编号分类,写成目次,封入木箱中,以便照对。如有欠缺,希即时示悉,容弟查察,庶彼此接洽,不致久后错误。(植物查对甚易。动物多以药液浸置,其肢体脆弱者,又以布片包裹,查对较难,或暂置不对亦可。内一小铁箱,贮藏海产杂品,乃以酒精浸置,最易泄气,阅后仍希焊密)……"

钟观光一行8月登广州白云山、鼎湖山,又赴新街韶关间采集,发现了马鞭草科新属。

当时钟观光与正在岭南大学农科系作学术演讲的菲律宾马尼拉科学院院长E. D. 默里尔博士(Merill)结识。10月,本来计划去罗浮山,因股匪猖獗,围城烧掠,无奈转登飞来峡,出香山县又转至阳春、阳江。12月,返广州,赁房于黄沙,置在岭南大学对面,便于整理标本,并常与岭南大学农科学长格洛费(Groff)一起研讨。

按:默里尔为了表示对钟观光的纪念,1932年将这种"马鞭草科"植物定名为"钟君木属"(Tsoongia ax-illariflrra merrill),即:似荆或假紫珠。(参见陈锦正、钟任建《中国近代植物学的开拓者——钟观光(1868—1940)》,中国科学院植物研究所资料;高平叔编著《蔡元培年谱长编》,人民教育出版社1996年版)

徐悲鸿是春经华林介绍认识蔡元培,蔡元培随即聘徐为北大画法研究会的导师,该会由蔡元培、来焕文、陈邦济等创立。画会还聘请著名书画家陈师曾、贝季美、冯汉书、贺良朴、汤定之、吴法鼎、李毅士、郑锦、胡佩衡等为艺术指导。此外,还聘比利时著名油画家盖达斯为油画导师。蔡元培并请徐任孔德学校教务评议会评议员,兼在孔德学校教课。秋,因蔡元培资助,徐悲鸿得以赴法国留学。

按:在蔡元培的提倡和推动下,北京大学成立的各种社团有27个,如进德会、新闻研究会、哲学研究会、国文学会、历史学会、国民社、新潮社、平民教育研究会、马克思主义研究会、社会主义研究会、马克思学说研究会、国故月刊社、孔子研究会、数理学会、书法研究会、画法研究会、音乐研究会、美学会、技击地、体育会、地质学会、静坐社、北大教职员会、消费社和学生银行等。

按:据徐悲鸿《悲鸿自述》(《良友》画报第46期,1931年4月)曰:"蜀人傅增湘先生沉叔长教育,余以(罗)瘦公介绍谒之部中,……颇蒙青视,言:'此时惜欧战未平,先生可少待,有机缘必不遗先生。'……旋闻教育部派遣赴欧留学生仅朱家骅、刘半农两人,余乃函责傅沉叔食言,……无法转圜。幸蔡先生为致函傅先生,先生答曰:'可'。"(参见李松编著《徐悲鸿年谱》,人民美术出版社1985年版;高平叔编著《蔡元培年谱长编》,人民教育出版社1996年版)

陈中凡1月响应蔡元培校长号召,加入进德会,为乙种会员。陈中凡入会后,对于自己择认之戒条,信守不渝。2月,仍在预科补习班教国文。3月,当选为北大哲学会干事。春,国史馆划归北大,改称国史编纂处。蔡校长兼处长,下设征集、纂辑两股。陈中凡奉调为纂辑员。4月,获陈汉章教授解答信及蔡校长复信各一。8月,应聘兼任北京女子师范国文专修科教员。10月,北大《国民》杂志社成立,陈中凡为编辑股干事。是年,得乡友陶然信,附寄老、庄、墨及商君书札记四种,以为商榷之资,并嘱向刘申叔等当世方闻请益。得教员许丹三信,俱关研讨佛学事。(参见姚柯夫编著《陈中凡年谱》,书目文献出版社1989年版)

张申府上半年仍教补习班。被选为出国进修的四个毕业生之一,并指定修习图书馆专业,但因款项问题最终未能成行。暑假后,教预科课程——逻辑,采用杜威《我们怎么想》("HOW WE THINK")作课本,但不受学生欢迎。改任图书馆工作,为北大图书馆登录室负责人。暑假,因北大图书馆主任回乡入山小休,张申府代李大钊管理图书馆。下半年,张申府参加《新青年》编委会。冬,在北大图书馆主任室,与李大钊、陈独秀闲谈中,认为《新青年》月刊已不足以应付当时的形势需要,商议决定再办一个周刊,即《每周评论》。11月27日下午,陈独秀在文科学长办公室召集《每周评论》创刊会议,张申府与李大钊、高一涵、高承元、周作人等出席。12月22日,《每周评论》正式创刊,张申府与李大钊共同负责《每周评论》的校印工作。

按:据张申府回忆:"十二月二十一日,第一号编好,当夜就由李大钊与我,同到宣外大街印刷地点(即北京《晨报》所在地)从事校对,直到深夜四点,校完印好,二人各携一张,欢喜地走回宣内西单各人的寓所……"(参见郭一曲《张申府年谱简编》,载郭一曲《现代中国新文化的探索——张申府思想研究》,广

东人民出版社 2002 年版；朱文通主编《李大钊年谱长编》，中国社会科学出版社 2009 年版）

　　蔡和森是春同毛泽东沿洞庭湖南岸和东岸，经湘阴、岳阳、平江、浏阳，游历半个多月，了解社会情况，途中还详细商谈组织新民学会问题。4 月 14 日，在长沙岳麓山刘家台子自己家里举行"新民学会"成立大会，萧子升、萧三、何叔衡、陈赞周、毛泽东、邹鼎丞、张芝圃、蔡林彬（和森）、邹蕴真、陈书农、周明谛、叶兆桢、罗章龙等到会。会议通过由毛泽东、邹鼎丞起草的《新民学会章程》，规定学会宗旨是"革新学术，砥砺品行，改良人心风俗"，并规定会规 5 条：一不虚伪，二不懒惰，三不浪费，四不赌博，五不狎妓，推选萧子升为总干事，毛泽东、陈书农为干事。6 月下旬，何叔衡、萧子升、萧三、陈赞周、周惇元（周世钊）、蔡和森、毛泽东、邹鼎丞、张昆弟、陈书农、李和笙（李维汉）等在湖南一师附属小学参加新民学会会议，讨论会友"向外发展"问题。会议认为留法勤工俭学有必要，应尽力进行，推举蔡和森、萧子升"专负进行之责"。25 日，蔡和森受"新民学会"委托，抵京组织赴法勤工俭学事宜。经杨昌济介绍与李石曾、蔡元培接洽后，认为留法勤工俭学"颇有可为"，即函告萧子升、毛泽东、陈赞周、邹鼎丞等从事邀集志愿留法的同志。30 日，蔡和森致信毛泽东，谓杨昌济师颇希望毛泽东入北京大学；又谓北京大学校长蔡元培"正谋网罗海内人才"，"吾三人有进大学之必要，进后有兼事之必要，可大可久之基，或者在此"。希望毛泽东与萧子升讨论研究，决定行止。7 月，蔡和森致信毛泽东促其尽快赴京。（参见中共中央文献研究室编撰、逄先知主编《毛泽东年谱（1893—1949）》，人民出版社、中央文献出版社 1993 年版）

　　按：新民学会是萧子升、蔡和森、毛泽东等根据《礼记》所云"大学之道，在明明德，亲民，在止于至善"，于 1918 年 4 月 14 日在长沙组织的进步团体，宗旨是"改造中国与世界"，由萧瑜任总干事。新民学会是我国在俄国十月革命以后成立的影响最大的革命团体之一，它是湖南省反帝反封建的核心组织。

　　毛泽东 4 月 14 日出席在长沙岳麓山刘家台子蔡和森家召开的"新民学会"成立大会，与陈书农为干事。不久，因总干事萧子升去法国，会务由毛泽东主持。同月，毛泽东等新民学会会员在长沙北门外平浪宫聚餐，为罗章龙去日本留学饯行。6 月，毛泽东在湖南省立第一师范学校毕业。8 月 15 日，毛泽东与萧子升、罗学瓒、罗章龙、陈赞周等 20 多名准备赴法勤工俭学的青年离开长沙，去往北京。19 日，与罗学瓒等一行到达北京，此为毛泽东首次进京。随后经杨昌济协助联系，蔡元培、李石曾同意为湖南青年先办三处留法预备班，分设在北京大学与河北保定、蠡县。以后又在长辛店铁路机车车辆厂开办半工半读的留法预备班。

　　按：杨昌济是应北京大学校长蔡元培之邀，来北大任伦理学教授的。杨昌济在长沙任教时，弟子数千，尤欣赏毛泽东、蔡和森。《杨昌济先生传》称："先生自精研中国经、史、性理诸学数十年之后，又继续在日、英二国苦学九年之久，对于中国学术源流，政治风俗，了如指掌；加以本身之存养省察，事事物物，无不加以详密之分析. 而后出之语言，发之为文章，经师人师，备诸一身，以故来学之士，一受其熏陶，无不顿改旧时之宇宙观，如饮醇胶，受其影响。"（黄兴国编《杨昌济文集》，湖南教育出版社 1983 年版）

　　毛泽东 9 月 8 日在北京湘乡会馆同黎锦熙等会面，谈治学问题。10 月 6 日，与蔡和森、萧子升到保定，迎接由陈赞周、邹鼎丞带领的第二批准备赴法勤工俭学的 30 多位湖南青年。10 日，毛泽东送蔡和森等 30 多位留法预备班学员去蠡县布里村。随后与萧子升返回北京，统筹勤工俭学事宜。10 月，毛泽东经杨昌济介绍，认识北京大学图书馆主任李大钊，并征得蔡元培同意，被安排在图书馆当助理员，自此常到李大钊处请教，读到一些传播马克思主义的书刊，并参加李大钊组织的研讨各种新思潮的学生活动。其间，曾与在京的新民学会会员，邀请蔡元培、陶孟和、胡适分别在北大文科大楼谈话，主要谈论学术和人生问题。

又与北大学生朱谦之讨论无政府主义及其在中国的前景。冬,毛泽东到北京长辛店铁路机车车辆工厂调查。

按:据《西行漫记》载,毛泽东在同美国作家埃德加·斯诺谈话中曾回忆道:"我在北大当图书馆助理员的时候,在李大钊手下,很快地发展,走到马克思主义的路上。"(参见中共中央文献研究室编撰、逄先知主编《毛泽东年谱(1893—1949)》,人民出版社、中央文献出版社1993年版;朱文通主编《李大钊年谱长编》,中国社会科学出版社2009年版)

傅斯年1月15日以"北京大学文科学生"的身份在《新青年》第4卷第1号的"读者论坛"发表《文学革命新申义》,就旧文人将文学革命"斥为邪说"的做法进行反驳,从道义和学理上为胡适、陈独秀等人倡导的文学革命提供声援和支持。2月15日,在《新青年》第4卷第2号发表《文言合一草议》,对废文言而用白话的主张深信不疑,以为"文言合一"合乎中国语言文化发展的必然趋势,白话优于文言,不是新文学倡导者的凭空杜撰,而是中国文化发展的必然结果。在胡适、陈独秀、刘半农等人讨论的基础上,傅斯年提出"文言合一"的方案,以为文言、白话都应该分别优劣,取其优而弃其劣,然后再归于合一,建构一种新的语言文字体系。他的具体办法是:对白话,取其质,取其简,取其切合近世人情,取其活泼饶有生趣;对文言,取其文,取其繁,取其名词剖析毫厘,取其静状充盈物量。简言之,就是以白话为本,而取文言所特有者,补苴罅漏,以成统一之器,重新建构一种新的语言形态。4月15日,在《新青年》第4卷第4号发表《中国学术思想界之基本误谬》,批判中国学术思想界的7种谬误。

按:《中国学术思想界之基本误谬》说:"欲知历来以及现在中国学术思想界之状况何若,亦惟有深察此弊之安在,然后得其实相也。至于此种误谬,果为何物,非作者之陋所能尽量举答。故就一时觉察所及,说谈数端,与同趣者共商榷焉。一、中国学术,以学为单位者至少,以人为单位者转多,前者谓之科学,后者谓之家学;家学者,所以学人,非所以学学也。历来号称学派者,无虑数百:其名其实,皆以人为基本,绝少以学科之分别,而分宗派者。纵有以学科不同,而立宗派,犹是以人为本,以学隶之,未尝以学为本,以人隶之。弟子之于师,私淑者之于前修,必尽其师或前修之所学,求其具体。师所不学,弟子亦不学;师学数科,弟子亦学数科;师学文学,则但就师所习之文学而学之,师外之文学不学也;师学玄学,则但就师所习之玄学而学之,师外之玄学不学也。无论何种学派,数传之后,必至黯然寡色,枯槁以死。""二、中国学人,不以个性之存在,而以为人奴隶为其神圣之天职。……质而言之,中国学术思想界,不认有小己之存在,不许为个性之发展。""三、中国学人,不认时间之存在,不察形势之转移。每立一说,必谓行于百世,通于古今。持论不同,望空而谈,思想不宜放之无涯之域。""四、中国学人,每不解计学上分工原理。……分工之理不明,流毒无有际涯。""五、中国学人,好谈致用,其结果乃至一无所用。""六、凡治学术,必有用以为学之器;学之得失,惟器之良劣足赖。""七、吾又见中国学术思想界中,实有一种无形而有形之空洞间架,到处应用。在政治上,固此空洞架子也;在学问上,犹此空洞架子也;在文章上,犹此空洞架子也;在宗教上,犹此空洞架子也;在艺术上,犹此空洞架子也。于是千篇一面,一同而无不同;惟其到处可合,故无处能切合也。此病所中,重形式而不管精神,有排场而不顾实在;中国人所想所行,皆此类矣。上来所说,中国学术思想界根本上受病诸端,乃一时感觉所及,率尔写出,未遑为系统之研究,举一遗万,在所不免。然余有敢于自信者,则此类病痼,确为中国学术界所具有,非余轻薄旧遗,醉心殊学,妄立恶名,以厚诬之者。余尤深察此种病魔之势力,实足以主宰思想界,而主宰之结果,则贻害于无穷。"(黄振萍、李凌己编《傅斯年学术文化随笔》,中国青年出版社2001年版)

傅斯年4月17—23日在《北京大学日刊》连载《中国历史分期之研究》。8月,傅斯年致蔡元培校长长信,详论哲学门隶属文科之流弊,请分文预科为两类:一为哲学门设者,一为文学、史学门设者。其哲学门预科之课程、与教授之范围及方法,应与文学、史学门预科,异其旨趣。8月19日,蔡元培接此函后写了一段案语,对傅斯年的意见作了辨析,后发表于10月8日的《北京大学日刊》。

　　按:傅斯年致蔡元培校长关于"哲学隶属文科之流弊"的信函提出,中国人研治哲学者恒以历史为材料,西洋人则以自然科学为材料,而从哲学历史发展来看,每当自然科学进步时,哲学即随之进步,所以主张将哲学归并理科。蔡元培案语曰:"傅君以哲学门隶属文科为不当,诚然。然组入理科,则所谓文科者,不益将使人视为空虚之府乎?治哲学者,不得不根据科学,即文学、史学,亦莫不然。不特文学、史学近皆用科学的研究方法也,文学必根据于心理学及美学等,今之实验心理学及实验美学,皆可属于理科者也。史学必根据于地质学、地文学、人类学等,是数者,皆属于理科者也。如哲学可并入理科,则文、史亦然。如以理科之名,仅足为自然科学之代表,不足以包文学,则哲学之玄学,亦决非理科所能包也。至于分设文、哲、理三科,则彼此错综之处更多。以上两法,似皆不如破除文、理两科之界限,而合组为大学本科之为适当也。"蔡元培在上述批复中指出,不论是治哲学、文学,还是史学,都应该根据科学,用科学的研究法。如果哲学并入理科,则文学史学似都应归入,则文科将不复存在。与其归并,不如破除文理两科之界限而合组为大学本科之道。傅蔡二人的讨论反映出了中国学人在中国学术分科化和科学主义冲击下面临的困惑。(参见王学典《20世纪史学编年(1900—1949)》,商务印书馆2014年版)

　　傅斯年10月15日在《新青年》第5卷第4号发表《戏剧改良各面观》《再论戏剧改良》。11月,在《新潮》第1卷第1号上发表《人生问题发端》。12月,与罗家伦、俞平伯、毛准等组织新潮社,创办《新潮》月刊,提倡新文化,影响颇广,从而成为北大学生会领袖之一。(参见欧阳哲生主编《傅斯年全集》第七卷附录《傅斯年先生年谱简编》,湖南教育出版社2003年版;韩复智《傅斯年先生年谱》,《台大历史学报》1996年第20期)

　　顾颉刚因妻子病重而失眠,休学在家。4月,顾颉刚参观文华殿书画,续记《文华殿所见书画》。5月下旬,始在《北京大学日刊》上得读歌谣选。因北大教授刘半农、沈尹默等提倡写白话诗,欲在本国文化中找出它的传统并有所借鉴,故注意到歌谣。此事自始即得蔡元培校长大力支持。2月,北大始征集歌谣。刘、沈二君任编辑,后又有周作人加入,钱玄同、沈兼士任考订方言。5月20日起,刘半农所编之歌谣选在《北京大学日刊》上陆续发表。8月1日夜,妻子吴徵兰病逝,年30。丧事毕,随父到杭游散数日。12月,参加北京大学同学傅斯年等发起成立的新潮社,为首批社员。同月,顾颉刚为《新潮》作《对于旧家庭的感想》,指出中国旧家庭中毒害、禁锢人们头脑者,是三种主义:名分主义、习俗主义、运命主义。(参见顾潮编著《顾颉刚年谱》,中国社会科学出版社1993年版)

　　罗家伦6月在《新青年》第4卷第6期"易卜生专号"发表与胡适合译的易卜生名著《娜拉》。秋,在蔡元培、胡适、陈独秀的支持下,罗家伦与傅斯年、汪敬熙、江绍元、俞平伯、顾颉刚等筹组新潮社,发行《新潮》杂志,并邀请胡适做他们的顾问。以"新潮"为杂志的中文名称即为罗家伦的提议。是年,北京大学附设国史编纂处,由校长蔡元培主持,受邀协助其工作。(参见张晓京编《中国近代思想家文库·罗家伦卷》附录《罗家伦年谱简编》,中国人民大学出版社2015年版)

　　俞平伯2月1日参加北京大学文科国文门研究所第四次小说研究会,听周作人讲授《俄国之问题小说》,并在会上认定自己的研究项目为"唐人小说六种"。5月,俞平伯的第一首新诗《春水》和鲁迅的小说《狂人日记》一起刊登在《新青年》上,成为中国白话诗创作的先驱者之一。12月,与同学傅斯年、罗家伦等人发起成立新潮社,被推举为该社干事部书记、《新潮》杂志编辑。是年,开始和任教于江苏吴县第五高等小学校的叶圣陶书信往来。(参见孙玉蓉编《俞平伯年谱》,天津人民出版社2006年版)

冯友兰1月24日晚7时在校长室出席哲学门研究所第二次月会,听陶孟和讲《心理学应用方面之发展》,陈大齐、韩述祖、梁漱溟、谷源瑞、胡春林、王德隆、陈中凡、黄建中、张崧年、李光宇等教员出席。3月,冯友兰与陈中凡、黄建中、姜绍祖、孙本文、黄文弼、胡鸣盛、李相因、陆焕、谷源瑞、陆达节、李光宇、嵇文甫发起组织北京大学哲学会,以商榷东西诸家哲学,瀹启新知为宗旨,会址在二道桥哲学门研究所内。4日晚7时,在理科第七教室出席成立会,讨论哲学会简章,到会20人。5月21日上午,冯友兰参加北京大学全体学生集会,抗议北洋军阀政府国务总理段祺瑞与日本缔结《中日陆军共同防敌军事协定》《中日海军共同防敌军事协定》,不顾校长蔡元培的劝阻,前往总统府请愿。

按:请愿途中秩序井然。至目的地后,学生派代表数人进总统府交涉。北洋军阀政府总统冯国璋接见代表,将协定各条诵读一遍,并作解释后,学生整队返校。

冯友兰6月18—20日与国文门三年级同学胡吉甫、王倬汉、计然、李宗裕,哲学门三年级同学孙本文、李相因,理科同学贾念曾、高维岳等一起乘毕业考试余暇,至后四库京师公立第四中学、郎家胡同京师公立第一中学、正志中学、求实中学及石驸马大街北京女子师范学校参观。参观完毕后,受上述诸同学委托,撰《参观北京中等学校记》,刊于6月25—28日《北京大学日刊》。6月底,冯友兰自北京大学哲学门毕业,任载坤毕业于北京女子师范学校。同月30日,两人返回河南开封,于暑期结婚。秋,冯友兰任教于河南第一工业学校。(参见蔡仲德《冯友兰先生年谱长编》,中华书局2014年版)

许德珩继续就读于北京大学国文学门。5月,北京段祺瑞政府与日本签订《共同防敌军事协定》,引起北京各大学学生的强烈反对。同月15日,许德珩与邓中夏、高君宇等同学到火车站迎接因抗议《中日共同防敌军事协定》签订而愤然罢课回国的"留日学生救国团"先遣队李达、阮湘、黄日葵、王希天四人由天津来京,并将留日学生安顿在湖南会馆歇宿。16日,与邓中夏、高君宇等同学到湖南会馆看望罢学回国的"留日学生救国团"先遣队的李达、阮湘、黄日葵、王希天等人,一起商讨在京、津、沪等地发起反对签订《中日共同防敌军事协定》的斗争对策,决定先在北京发起群众性的反日爱国斗争。20日,与邓中夏等在校内接待回访的李达、阮湘、王希天等留日学生,进一步商讨反日爱国斗争对策。晚,与邓中夏、高君宇等赴北京大学西斋饭厅,主持召开北京各高等院校学生代表大会,请留日学生代表在会上发表演说,控诉日本的侵略罪行,坚决主张废除卖国的《中日共同防敌军事协定》。会上一致议决联络其他各校举行一次大规模的北京学界爱国请愿活动,要求政府拒绝在中日密约上签字,公布密约全文,并派人同北京高等师范、北京高等工业专门学校、法政专门学校等校学生组织联络,共同行动,翌日派代表赴总统府请愿。许德珩被推为代表之一向总统徐世昌上交请愿书。6月,经李大钊介绍加入少年中国学会,还参与发起组织学生救国会。7月,受学生救国会委派南下联络,先后到达天津、济南、武汉、九江、南京、上海等地,结识了张太雷、马千里、恽代英、林伯渠、邵力子、史量才等人。10月20日,国民杂志社在北京大学成立,得到李大钊、陈独秀、蔡元培等人的支持。许德珩参加爱国杂志《国民》的创办工作,任编辑委员会委员。(参见冯资荣、何培香编著《邓中夏年谱》,中国文史出版社2014年版)

邓中夏等发起的北京大学消费公社1月8日获蔡元培校长批复同意成立,并拨给房屋,在北京景山东街40号设售品所。1月,杨昌济应聘到北京大学哲学系任教。邓中夏时常利用周末的时间到豆腐池胡同杨宅请教有关哲学问题。3月30日,出席在景山东街40号举行的消费公社成立大会。会上通过《消费公社社章》,组建董事部与监事部,分别选举董事和监事各七人，候补董事和候补监事各三人。5月，与许德珩等参与抗议签订《中日共同防敌军事协定》的反日爱国斗争。7月后，邓中夏在李大钊先生的帮助下，多方搜集资料，对俄国十月革命的经验加以研究，很快得出中国革命必须"走俄国人的路"的结论，他对同学许宝驹说："只有接受列宁、马克思主义，走苏俄的道路，中国人民才能得救"。8月19日，毛泽东与罗学瓒、张昆弟、肖子升等为赴法勤工俭学到达北京，寓景山东街三眼井吉安所左巷七号的一所四合院中，邓中夏多次去看望老朋友毛泽东，常在一起聚会，交流读书心得，商讨中国社会改造诸问题，还一道开展社会调查，并不时去看望杨昌济。暑假，邓中夏与几个同学一道赴日本进行考察和游历。10月20日，与李大钊、许德珩、高君宇、黄日葵等赴北池子骑河楼路南"欧美同学会"，出席《国民》杂志社成立大会。冬，与毛泽东、王光祈、李璜、陈愚生、赵世炎、易克嶷等人聚会米市胡同便宜坊烤鸭店，李大钊以烤鸭宴请少中学会在京会员。宴毕，邓中夏作《即席留别》诗一首。（参见冯资荣、何培香编著《邓中夏年谱》，中国文史出版社2014年版）

黄文山仍在北京大学就读。5月，在实社《自由录》第2集以凌霜为笔名发表《非是非篇》《少见多怪之时事新报》《嘉利福禄特连女士之生平及其著述》《克鲁泡特金之进化论》等文章，及译作《组织论》《近代科学》《爱国主义与政府》。同月，在《新青年》第4卷第5号以凌霜为笔名发表《德意志哲学家尼采的宗教》。6月，在《劳动杂志》第1卷第4号、第5号以凌霜为笔名发表《工读主义之希望》《工厂与田庄》（译著）。12月，在《华铎》第1卷第16号以凌霜为笔名发表《近代思潮》（译著）。（参见赵立彬编《中国近代思想家文库·黄文山卷》及附录《黄文山年谱简编》，中国人民大学出版社2013年版）

陶希圣预科结业，升入北大法科（后改称法学院）法律门（后改称法律系）一年级，专攻日俄法学，兼学欧美法学，涉猎法理学、法哲学。（参见陈峰编《中国近代思想家文库·陶希圣卷》及附录《陶希圣年谱简编》，中国人民大学出版社2015年版）

孙伏园投考大学未被录取。秋，与弟孙福熙一起到北京，经周作人介绍并经文科学长陈独秀准许到北京大学旁听。并在北大图书馆馆长李大钊手下当助理，半工半读。（参见张菊香、张铁荣主编《周作人年谱》，南开大学出版社1985年版）

周诒春校长1月4日以力微任重，劳顿成疾，愿让贤能为由向外交部辞职，其辞职的背景是被人控告"妄糜巨款，营私害公"，虽经部中查明系子虚乌有，但周诒春的辞职被批准。6日，美国驻华公使以未曾征得其同意为由，反对北京政府教育部任命的清华学校校长范源濂到校任职。7日，副校长赵国材亦请辞职，部令挽留，继又命其暂时代理校长。18日，周诒春离开清华学校。离校时，全体师生拍照纪念，学生穿制服擎枪致敬。2月14日，职业演讲推行到全体高等科各年级学生。同日，举行第一次演讲，由华尔科博士讲《择业》，以后将有教育、农业、工业、建筑等方面各种演讲。4月15日，外交部任命外交部参事秘书张煜全为清华学校校长。5月17日，北京大学校长蔡元培为本校国情考察会演讲，题为《中国教育之现状》。6月14日，本校第六次毕业典礼在体育馆举行，外交总长陆征祥、美国驻华公使芮恩施等出席。

张煜全7月1日到校就任清华学校校长。张煜全曾任清华第一届董事会的董事，他来清华主要是"养病"。担任一年校长，病假半年以上，极少与学生见面。当时就读于清华的闻一多将曾画了一张漫画讽刺这位多病而不理校务的校长，说他是"垂床听政"。9月27日，张煜全在中等科作《伦理概要》的演说，讲述了道德分个人的道德和社会的道德。个人的道德分节欲、勇、智三个方面,社会的道德分仁和敬两个方面。同月,《清华周刊》编辑部改组,崔学攸任总编辑。10月30日,外交部令公布修改后的《清华学校董事会章程》。同月,外交部、教育部会订《清华游美毕业生回国安置办法》:毕业生回国后应亲赴清华学校报到,学校汇报外交部,由教育部派员会同外交部员考核,认为可分送相当之机关练习任用者,酌予分别咨送。是年,根据西学部一个美国教师的建议,清华采用了美国密苏里等大学的计分制,称为"科学计分法"或"等数计分法"。这种计分法的主要内容是把学生成绩分成六等,即超、上、中、下、末(及格)、不列。

按:据当时清华的一位学生后来回忆说:这六等的评给有着一定的比例,一班一百个学生中,"中"的当然最多,上下次之,超和末、不列最少,各占百分之五。一次考试,或年终考绩,一班之中、总得有几个幸运的"超",几个倒霉的"劣"(末等、不列等),而不问成绩好的学生真好到什么程度,和坏的学生真坏到什么程度。换言之,这种评分法认定成绩只是一个相对的东西,而并无绝对的标准;因此,无论它对一般学生有多大激励的作用,对根柢差而学习能力一时还难以赶上的学生,总是个打击,无论他如何用功,总归是个"劣",终于要被淘汰!学校采取的这种办法,一方面使学生出洋后具有与美国同年级的学生相当的水平,另一方面也造成了很高的淘汰率。(参见清华大学校史研究室编《清华大学一百年》,清华大学出版社2011年版;清华大学校史编写组编著《清华大学校史稿》,中华书局出版社1981年版)

林语堂继续任教于清华学校,并担任《清华周刊》指导教师(顾问),关心文学革命,并着手从事语言学方面的研究工作。1月,林语堂所撰《汉字索引制》刊于《清华学报》第3卷第2期,正文后附《首笔表》。2月15日,林语堂所撰《汉字索引制说明》载《新青年》1918年第4卷第2期,正文后附蔡元培与钱玄同各自撰写的一篇序言。4月15日,林语堂所撰《论汉字索引制及西洋文学》载《新青年》1918年第4卷第4期的"通信"栏目。5月,林语堂所撰《分类成语辞书编纂法》载《清华学报》第3卷第6期。

按:《论汉字索引制及西洋文学》目录标注:"论《汉字索引制》及西洋文学。林玉堂附钱玄同答书。"正文题名为《论汉字索引制及西洋文学》。这其实是林语堂于"一九一八三月二日"(1918年3月2日)写给钱玄同的一封信,信末署名"林玉堂"。信后附钱玄同写于"13, Maito, 1918"(1918年3月13日)的简短回复。另,林语堂在1918年4月9日致胡适的英文信中提到:"我要谢谢你帮我润饰了我的白话,因为我知道我的白话需要经过润饰。然而,我还是很惊讶,我第一次尝试所写的白话居然可以公开露面。那封信是我第一次用白话写的。这跟我学习了多年的晦涩的文理多么的不同啊!而我却非常踌躇不敢把它公诸于世!"可见,《论汉字索引制及西洋文学》经过了胡适的润饰。(参见郑锦怀《林语堂学术年谱》,厦门大学出版社2018年版)

梅贻琦1918年3月起作连续讲演《工程事业》,分土木、机械、开矿、电机等题。同月,讲演《近世之运输》。10月,被公举为教员学术研究会书记。12月11日,学校召开社会服务团各机关全体大会,选举梅贻琦为团正。(参见黄延复、钟秀斌《清华校长梅贻琦》,九州出版社2011年版;清华大学校史研究室编《清华大学一百年》,清华大学出版社2011年版;)

袁同礼时任清华学校图书馆馆长。2月6日,北大图书馆在《北京大学日刊》致谢先生赠书:"项承清华学校图书馆袁同礼先生惠赠欧格非《周末喜先生事略》(英文)一本,除编号存馆外,特此通告,并以志谢。"3月15日,袁同礼接待李大钊等率领的北大图书馆职员,参观清华学校图书馆。10月,李大钊来函,赠《国际法论》,同意与清华进行书籍交换事宜。函曰:"守和先生:承赐各件及手示均悉。拙译《国际法论》呈上一册,捐赠贵馆,并乞指正。交换书籍已按单检齐,俟法科将书送到,即汇呈尊处。敝馆所欲借阅之书,容后函告。诸蒙垂爱,感何可言!以后请教正之处正多,惟进而益之。匆上。即请公安。弟大钊顿首。"12月

28 日,北京图书馆协会在北京大学举行正式成立大会,有 20 余所学校图书馆代表参加,袁同礼当选为会长,李大钊当选为中文书记。(参见张光润《袁同礼先生年谱初编(1895—1965)》,载张光润《袁同礼研究(1895—1949)》,华东师范大学博士学位论文,2018 年;清华大学校史研究室编《清华大学一百年》,清华大学出版社 2011 年版)

闻一多 1 月暂停阅《汉书》,改阅《史记》,并随时做札记。又,阅毕黎庶昌选《续古文辞类纂》,该书 28 卷。2 月 9 日,开学典礼。开始读姚鼐选《古文辞类纂》,全书 75 卷,选战国至清代古人辞赋,依文体分论辩、序跋、奏议、书说、赠序、诏令、传状、碑志、杂记、箴铭、颂赞、辞赋、哀祭 13 类。书首序目论及各类文体特点及义例。9 月,升入清华学校高等科二年级。同月,闻一多的堂兄闻亦传考入清华学校高等科一年级(即 1922 级),与潘光旦、时昭瀛等同级。上年 9 月,闻一多的堂弟闻亦齐考入清华学校中等科一年级(即 1924 级),与高士其、汤佩松、王造时、杨世恩等同级。清华遂有“闻氏三兄弟”之称。11 月 14 日,闻一多与清华同学赴天安门参加畿辅学界庆祝第一次世界大战协约国胜利之集会。(参见闻黎明编著《闻一多年谱》,群言出版社 2014 年版)

陈宝泉继续任北京高等师范校长。北高师规定,学生要毕业,除毕业考试外,还要就教育一科提交论文,“以此评判诸生平素对教育上之心得”。教育论文题目由学校各位教育教员拟就,在校周报、周刊上公布,学生自由选择题目,发表意见。论文优劣与毕业分数直接挂钩。陈宝泉校长尤为关注国外教育发展动向,并及时向北高师学生传达,同时经常请刚从国外回来的各界名流到校讲演国外教育情形,目的是让北高师的学生不仅了解国内教育问题概况,知晓国外教育大势亦途径多样。10 月,请刚从日本调查教育归国的彭型百讲演《日本教育情形》。11 月,德育部特别讲演会请北京青年会总干事艾德敷讲演《欧战与道德》。是年,陈宝泉在《北京高等师范学校报告》中提及关于教育专攻科的培养目标和教授内容:“此科之设在输入德国教育学说,以振起国人教育思想。故科目以德语及教育为主,聘德人梅约翰为教员。”

按:教育专攻科毕业,并没有因其专学教育而区别对待,跟其他各部科毕业生一样,也要从教务课公布的论文题中选择题目。1918 年的题目如下:(1)考各国教育方针之成例,有智力、实利、德性、军国民等主义同时并举,必分别轻重以为施行先后缓急之据,就吾国今日之国情而论,宜采如何之方针? 并述其采用之理由;(2)欧美文明各国之学校教育关于普通学科之教授方法,无不以实用为主,其管理训练各法亦无一不注重实际,故出校后既少生计困难之事实,又于社会无隔膜之虞。吾国今日普通教育之教授方法趋重于实用者尚少,宜如何改良? 俾得毕业后于实际生活有相当之知识技能,其管理训练各法亦多未臻完善,宜养成如何习惯并用如何养成之法始得适合于社会? (3)教育学之基础;(4)国民学校各教科之真价值;(5)论教育者之修养;(6)由欧战之影响论定吾国教育今后之方针;(7)童子军发达之历史与组织方法;(8)问训练有自由与干涉二主义之不同,究以何者为优? 试引证东西各国之学说而详论之;(9)日本维新教育历史与本国维新教育历史之得失;(10)述二十世纪教育之趋势并批评其得失;(11)英美德法师范教育沿革比较论;(12)女学发达与否实与一国之强弱有密切之关系论。(参见北京师范大学校史编写组编《北京师范大学校史》,北京师范大学出版社 1982 年版;张小丽《北高师教育专攻科的历史境遇》,《教育学报》2010 年第 4 期)

黎锦熙促成教育部成立国语统一筹备会,始任常驻干事,常到全国各地巡视调查国语讲习情况,并亲自讲学,推行国语。又创制注音字母草体,促成教育部公布注音字母及常用汉字的标准读音。始任北京市完全科师范学校“国语”及“新文学”课的教员,后至 1927 年停止。8 月,从湖南“一师”毕业后的毛泽东来到北京,组织湖南青年赴法留学一事。9 月 8

日,毛泽东来访,彼此在北京湘乡会馆会面,谈治学问题。12月29日,黎锦熙在家接待毛泽东来访,毛泽东谈办报和世界问题。是年,印出《国语学讲义》石印线装本,次年正式出版。(参见黎泽渝《黎锦熙先生年谱》,《汉字文化》1995年第2期;中共中央文献研究室编撰《毛泽东年谱(1893—1949)》,中央文献出版社2002年版)

何炳松同时任教于北京高等师范学校与北京大学。2月,何炳松与陈独秀等同时加入蔡元培发起成立的北大进德会,为甲种会员。9月,何炳松改任史学系讲师,担任文本科西洋史等课程。是年,何炳松任北高师史地部代教务主任。与在北京办《京报》的邵飘萍及北大、北高师的同仁傅东华、张耀翔、胡适、吴梅等常相过从。(参见房鑫亮《忠信笃敬:何炳松传》,浙江人民出版社2006年版)

老舍继续就读于北京师范学校。6月,在北京师范学校本科第一部第四班以品学兼优成绩毕业。7月18日,京师学务局委派老舍为京师公立第17高等小学校兼国民学校校长,校址在内城左区方家胡同(即今方家胡同小学)。(参见甘海岚编《老舍年谱》,书目文献出版社1989年版)

杨秀峰继续就读于北京高等师范本科史地部。夏,杨秀峰申请休学一年,筹划学习费用。于是利用暑假机会,参加家乡杨团堡职业学校组织的"通俗讲演团",在附近几个乡镇的国民学校讲演。在20多天的时间里,杨秀峰痛陈封建统治和列强侵华对中国的危害,用言简意赅的词句唤起国人觉醒。他的演讲深受听众欢迎。秋,杨秀峰到迁安县师范讲习所任教,开始了教学生涯。在讲授化学课中的分子结构时,学生反映不好理解。杨秀峰特意去天津,找到在直隶省工业试验所工作的叔父杨十三,借了一套进行氯化试验的器皿,当堂给学生们做试验,这样的方法在当地很新奇,深受学生们的欢迎。不幸的是,在一次做化学试验时发生爆炸,导致杨秀峰的耳道受伤。(参见贾晓明《杨秀峰在北京高等师范学校》,《人民政协报》2012年4月14日)

周予同就读于北京高等师范学校国文部。4月25日,与数理部学生匡互生、刘薰宇等同学发起组织"同言社",讨论社会、人生、教育等问题。(参见成棣《周予同先生年谱》,载上海社会科学院《传统中国研究集刊》编辑委员会编《传统中国研究集刊》第20辑,上海社会科学院出版社2019年版)

常乃惪继续就读于北京高等师范学校。3月,因夫人在家卒于产难,追闻噩耗,震悼失神,急入京师图书馆读佛学典籍,以定其心。然后沉酣于佛法,自谓"并不是因为悼亡的刺激才去学佛,但是学佛救了我免得在突然的打击下变成悲观颓废的人"。此后一二年,时与妻子寄冥书。5月,因中日军事协定以及日本警察的镇压,留日学生大批回国,引发北大、高师、高工、法专、医专、农专、中大等校学生2000多人的游行请愿。尽管请愿未得结果,但北京学生成立了学生救国会,联络全国各地学生加入,并拟在10月正式出版《国民杂志》,但因故推延至次年1月出版。该杂志不宣传白话文,注重反军阀和抗日的政治运动。常乃惪为国民杂志社社员之一。(参见顾友谷《常乃德学术思想述评》及附录《常乃德先生年谱》,云南大学出版社2013年版)

王光祈继续就读于中国大学。6月30日,与曾琦、周太玄、雷宝菁、张梦九、陈愚生等6人在北京城南的岳云别墅召开会议。因受意大利革命家马志尼创造"少年意大利"和梁启超名作《少年中国说》的启发,决定将社团定名为"少年中国学会"。列名发起人为李大钊和以上6人。会议公推王光祈为筹备处主任兼会计,周无(太玄)为文牍,李大钊为临时编译部主任。委托王光祈起草学会规约,组织筹备处,筹备期为一年。(参见韩立文、毕兴编《王光祈

年谱》,人民音乐出版社1987年版)

林纾继续任职于北京正志学校。1月25日至11月25日,与陈家麟据英文转译俄国托尔斯泰原著小说《恨缕情丝》连载于《小说月报》第9卷第1—11号。次年4月上海商务印书馆以单行本印行。2月,与王庆通合译法国小仲马原著小说《鹦鹉缘》前编、续编各2卷由上海商务印书馆出版。4—5月间,一些议员愤于"丁巳复辟"提出削减优待清室条件,林纾即以"六十七岁老民"名义《上众参两议院议员书》,投书参、众两院,曲意为"少帝"宣统复辟事开脱,力争"百凡如旧,一切从优"。5月,与王庆通合译法国小仲马原著小说《鹦鹉缘》三编2卷由上海商务印书馆出版。8月,与王庆通合译比利时恩海贡斯翁士(Hendrick Conscience)原著小说《孝友镜》2卷由上海商务印书馆出版,林纾撰有《译余小识》一篇;与王庆通合译法国丹来安与俄国华伊尔合著小说《金台春梦录》2卷由上海商务印书馆出版。10月,徐世昌经皖系操纵的安福国会选举为总统。徐任大总统后倡导"文治",组织晚晴诗社。林纾、樊增祥同为"晚晴诗社"成员,常以诗会友。

林纾10月受聘为上海中华编译社印行的《文学讲义》撰述人,并在11月的重订本第2期"附录"部分发表《与本社社长论讲义书》《再与本社社长论讲义书》《螺江太保七十寿文》,均署林纾。其中《与本社社长论讲义书》一文提及自己在北大与章(太炎)门弟子不合的一些具体情形,信中未公开点章氏之名,而以□□□隐之。信中的"□□"二字,应指"太炎"或"炳麟"无疑,而"沈君",很可能是沈兼士。同月,林纾因古文讲演会需要选评出古文集《古文辞类纂选本》前五卷,由上海商务印书馆出版。《古文辞类纂》系桐城派古文家姚鼐选评的古文集,选录自战国到清代文章,不收经子史传和诗赋,共分13类,每类前有序言,述该文体特点和源流。林纾在姚鼐此本基础上,又"慎择其优,加以详评",遂成《古文辞类纂选本》,"每篇之上,所点醒处,均古人之脉络筋节。或断或续,或伏或应,一经指示,读者豁然"。《选本》共10卷10册,分为论说、序跋、章表、书说、赠序、传状、箴铭、杂记、辞赋、哀祭11类,收古文181篇。林纾在所作《序》中慨叹道:"文运之盛衰,关国运也。"在他的眼中,清末中国的文章真可谓衰微已极。"宋明之末,尚有作者;而前清之末,作者属谁?"因此,挽救古文的颓势,不仅意在中兴中国文学,而且含有中兴中国国运的抱负大义。同在10月,林纾所著《畏庐笔记》10月由上海商务印书馆出版;与陈器同合译英国赖其镗女士原著小说《痴郎幻影》3卷由上海商务印书馆出版。

林纾11月24日七谒崇陵,并作诗志哀。同月,与陈家麟合译英国巴克雷(Florence Louisa Barclay)原著小说《玫瑰花》(前编)2卷由上海商务印书馆出版;与陈家麟合译俄国托尔斯泰原著小说《现身说法》上中下三册由上海商务印书馆出版。12月30日,《送正志学校诸生毕业归里序》刊于《公言报》,《序》中说:"古未有恃才艺足以治天下者。故孔子言艺,必先之以志道,据德、依仁,然后游艺。……今诸生毕四年之力,颇闻古圣人之道,且略窥西人治艺之樊矣。或有挟资以西游者。吾又甚愿其勿右西人之艺而左吾道也。"林纾《畏庐三集》中"理耕课读图记"有云:"余既罢正志学校讲学,退而卖画于长安市上,就余受六法者可十数人。"说明林纾还专门开班讲授六法。12月,自编小说集《畏庐短篇小说》由上海普通图书馆出版。是年,作《史记讲义》《文章流别》《文学史》,均发表于中华编译社发行的《文学讲义》上,具体期次未详。据张俊才考订,以上三篇均据是年10月《文学讲义》第2期重订本上海中华编译社广告录存。因此其文当在10月之前问世。(参见张旭、车树异编著《林纾年谱长编:1852—1924》,福建教育出版社2014年版)

姚永朴与弟姚永概及林纾在北京正志中学任教。姚永概时为正志学校教务长。林纾、姚永概又任上海中华编译社《文学杂志》的主要撰述人。

按:《文学杂志》由苦海余生编辑,撰述人还有郑孝胥、马其昶、姚永概、陈衍等 24 人。

刘海澜继续任汇文大学校长。北方教会四大学决计合并,组成委员会。四大学包括:圣道宗北派美以美会在北京所设汇文大学、公理宗与长老宗合办通州协和大学(前身为潞河书院)、卫理公会在北京所办协和大学及协和神学院,校址在盔甲厂。教职员 19 人。三年大学本科和三年大学预科之学生 75 人。暂由前汇文大学校长刘海澜代理校长。6 月,三位院长 Corbett、Tayler、Wolferz 组成委员会准备开课。后来经激烈争鸣,命名为燕京大学。(参见张玮瑛、王百强、钱辛波主编《燕京大学史稿》,北京人民中国出版社 2000 年版)

许地山在汇文大学就学。其间,曾与张锡三同寝室。书籍堆积屋,名其室为"面壁斋",以示专心读书。他喜蓄长发,留山羊式短须,常穿自行设计的长仅及膝、对襟而不翻领的褐色棉布大衫。常伏案书写人多不识之印度梵文。当时华北旱灾,学生们生活很苦,每天三次窝窝头。他不大吃菜,光顾蘸糖(此为广东、福建、台湾一举人的习俗)。同学因而谑称其为"三怪"。还有的同学戏称之为"许真人""莎士比亚"。然而接触以后,方知其学习刻苦,见多识广,能诗善文,葛然可亲。许地山与燕大同学瞿贡英、北京铁路管理学校的郑振铎、北京俄文专修馆的瞿秋白、耿济之等人结识,志趣相投,常聚在一起读书交谈。曾向郑振铎介绍泰戈尔,并鼓励他翻译《新月集》。(参见周俟松、王盛《许地山年表》,《世界华文文学论坛》1992 年第 2 期)

瞿秋白继续在北洋政府外交部设立的俄文专修馆就学,阅读大量新书刊,接触进步思想,重点研究卢梭、狄德罗等资产阶级启蒙思想家的著作,进而研读倍倍尔的《妇女与社会主义》,以及《共产党宣言》等马克思主义的著作。开始怀疑和否定原有的观察社会问题和人生问题的唯心主义世界观,思考和探索新的救世与人生之路。(参见周永祥《瞿秋白年谱新编》,学林出版社 1992 年版)

郑振铎考入北京铁路管理学校,录取为高等科乙班(英文班)。是年,在铁路管理学校读书之余,爱好文学与史学,开始接触国外社会学和俄国文学(英译本),并与瞿秋白、耿济之等人相识。开始接受十月革命后新思潮的洗礼。(参见陈福康《郑振铎年谱》(修订本),上海外语教育出版社 2009 年版)

丁文江继续任地质调查所所长兼地质股股长。8 月,丁文江实地调查研究了在陕西、河南两省交界处位于黄河的三门滩周围的地质情况。由三门向上约 9 里处,他发现一个有意义的剖面:最上为黄土;中为砾石层;下为砂层;最底为泥砂层,其中含双壳动物化石。后来,这种地层被定名为三门系。丁文江也成了地层学界公认的"三门系"的创立者。12 月 14 日,丁文江因决定随梁启超赴欧洲考察,遂将其所任地质调查所所长一职交翁文灏代理。28 日,梁启超偕同蒋百里、刘子楷、张君劢、杨鼎甫 5 人在上海登上日本横滨丸南行,开始了旅欧计划。因船位不足,丁文江、徐新六两人向东经太平洋、大西洋而去。是年,丁文江曾对山东峄县煤田作详细研究,作有地质图,规定钻采地点,其图说皆未印行。(参见宋广波编《中国近代思想家文库·丁文江卷》及附录《丁文江年谱简编》,中国人民大学出版社 2014 年版;欧阳哲生主编《丁文江文集·第七卷》附编《丁文江先生年谱》,湖南教育出版社 2008 年版)

翁文灏继续主持农商部地质调查所。5 月,奉农商部派赴直隶滦县、卢龙、迁安、抚宁一带调查金属矿产。9 月,参与处理奉天弓长岭铁矿案,撰《辽阳本溪间铁矿矿权意见书》。同月,在《农商公报》第 4 卷第 9 期上发表《铜矿纪要》。10 月,与地质调查所调查员梁津赴察哈尔调查地质矿产,归撰《察哈尔宣化县属太阳沟铁矿报告》。调查完成后,翁文灏先将大略情形先行绘具图说呈送农商部备考在案,并将所采集矿样交工业试验所化验分析。12 月12 日,调任代理矿政司第一科长。14 日,因丁文江随梁启超赴欧洲考察,兼代地质调查所所长职务。冬,撰《锑矿纪要》,述中国及世界锑矿要略。是年,与丁文江等详细商议地质调查所出版刊物事宜。翁文灏与丁文江商定,拟将地质学刊物分为两大类:一为长篇专著,名为《地质专报》,不定期出版;二为短篇报告,合订成册,名为《地质汇报》,计划为定期出版物,一年出数册。但丁文江本着科学成果发表宜慎重的宗旨,坚持公开出版应极为审慎,宁迟勿滥,故上述刊物本年未能出版。(参见李学通《翁文灏年谱》,山东教育出版社 2005 年版)

蓝公武继续任北京《国民公报》社长、《晨报》董事。基于对国内现状的不满与世界新潮流的刺激,蓝公武越来越注意到新思潮的力量,力图顺应世界潮流对《国民公报》内容"大加改良"。7 月,蓝公武与张君劢、张东荪商议,"论中国前途,常以为必经思想革命一阶级",主张"言论应期诸久远,不可徒着眼于一时",希望从具体、一时的政治讨论转向被认为更根本的思想界。有意思的是,与胡适从文学改良入手相似,他们虽意在思想革命,但"所心摹力追者,则为德之文学大家勾堆、雪雷"。10 月 21 日,《国民公报》停刊两旬后复刊,蓝公武在复刊旨趣中提到今后"所持主义",其中第三条针对当时思想界,认为思想界"至今日萎靡极矣",具体表现为"上自耆老,下逮青年,无不以淫佚为风流,以狂放为脱略,乃至卑贱苟污、肆行无惮。即志趣高远者,亦惟厌生避世,自适其志,世风如此,国安不亡",所以"欲以绵力,挽兹狂澜。凡所论述,对于政教艺术誓有以革今日之陋俗,而使吾国思想界,辟一新境界焉"。此复刊词虽为"毋忘"所作,但大致也能代表主笔蓝公武的想法。将淫佚、狂放、厌生避世的世风与亡国相连,体现的恰是中国传统的眼光,提示出从政治转向思想界,未必全是新的趋势,可能也暗含着旧的路径。蓝公武就声称《国民公报》"归依了这劳动神圣的主义"。

蓝公武在《国民公报》复刊数日后,趁新年之际,撰写《本报之新宣言》,开宗明义,要"竭其微弱之智力,以当改革之大任",并在"毋忘"复刊词基础上细化他们"所信之主张",共 10条,前七条仍着眼于政治制度,延续了蓝公武民初以来的政治主张,后三条分别为"发达实业及教育,以改善国民之经济及精神之生活""革新思潮,破坏一切之因袭权威""确立民本主义之精神,绝灭一切特权"。这些主张侧重精神、教育,呈现一种新的趋向,正如《国民公报》广告所说,一面"促政治之改进",一面"谋思想之革新",实际上应对着国内"以言学术,则尚未萌芽;以言政治,则日事内乱"的困局。随着宗旨的革新,《国民公报》亦对版面进行了调整,试图将第二张尤其是第五版改造成介绍新思想的园地,在该版增加"社说""专论""欧战史料"等栏目,介绍一战及世界知识,正是落实其"对于世界大势,及各国政情,采访务求迅速,记载务求详尽"之"主义"的体现。复刊后的《国民公报》面向青年的意图明显,以革新政教艺术等方面的陋俗为己任,正与《新青年》同人之主张暗合。《国民公报》更在《新青年》《新潮》上投放广告。投放广告这一行为本身就显示主办者清楚地了解报纸改良以后将与《新青年》《新潮》有着更多相似之处,面对同样的读者群。11 月开始,梁启超在该报开设"讲坛"专栏,最初设想是"专为青年修养而设""不谈政治",希望与青年"结文字因缘",开"讲论道德、商榷学问之风"。同月 13 日,蓝公武在《国民公报》上发表《世界大革命》一文,对俄国十月革命作了正面的评论。这是中国较早报道和以同情态度评论十月革命的文章之一。此后,蓝公武对俄国十月革命和布尔什维克主义进行了比较深入的研究。12 月 5 日起,该报创设"世界革命潮流"专栏,开始登载《无政府主义领袖俄人科洛朴秃金自叙传》。(参见周月峰《响应与批评:五四运动前蓝公武与〈新青年〉同人的互动》,《中共党史研究》2021年第6期)

张澜2月16日与刘存厚、徐孝刚、钟体道等四川军政要员致电北京政府、各省督军、省长、省议会及广州孙中山先生,表示为"促进大局和平",愿"与西南各省一致进行拥护约法"。2月19日,因滇黔联军即将攻入成都,张澜暂离任退出成都,并致电北京政府,然后北上。5月2日,抵北京。3日午后3时,入府进谒总统、国务总理,面陈川省军事,筹商收复川局办法。9月11日,张澜与梁启超、蒲殿俊等310人和汤化龙生前友好组成"汤公治丧事务所",主任为黎元洪。12月22日,张澜趁南北军阀准备和谈之际,发表《告川人书》,要求滇黔军撤出川境。同月,北京《晨钟报》改组为《晨报》继续出版。蒲殿俊任社长,张澜任常务董事,主持报社实际工作。(参见谢增寿编著《张澜年谱》,群言出版社2013年版)

梁济时任民政部员外郎。10月31日,在《留属袁冯林周彭五兄书》中说:"弟虽寡交,亦尚有亲爱尊敬之数十人,散在四方,骤然备举,如秦绍观、胡荩荪、林墨青、严范孙、韩补庵、林次煌、张卿五、王镜铭、李秀瑜、沈子封、王酌升、林琴南、唐春亭诸位先生,倘垂问询,即由五公请其参观,以资证鉴。纸短情长,尚有多事未了。"11月7日,梁济因隐忧国事,投净业湖自杀,林纾挽之曰:"不忍偷生,李怀麓无此勇决;居然蹈海,鲁仲连尚属空言。"梁死后,溥仪谥其"贞端"。(参见张旭、车树昪编著《林纾年谱长编:1852—1924》,福建教育出版社2014年版)

董康与王宠惠共同主持修订《第二次刑法修正案》,明确指出"以旧草案偏重理想,乃凭事实为修正之标准。刑法废徒刑等差,伤害罪详分细目,强盗外并著抢夺之条,盖采暹罗及意大利新制,其实皆旧律之精神也",即《第一次刑法修正案》过于理想化,因此在第二次修正过程中更注重本国现实。此即可见董康产生了较为明显的酌复旧制之意图,但是尚未形成完整观点,仍然停留在较为感性的认知上。(参见刘舟祺《"知新—温故":董康后期立法改革思想新论》,《近代史研究》2020年第4期)

高步瀛继续任教育部社会教育司司长。冬,与吴梅等北京地区曲友成立赏音曲社。主要成员有赵子敬、吴承仕等人。在《小说月报》第9卷第12号发表《张味鲈续春灯话序》。高步瀛为张味鲈所作的《续春灯话序》类似于灯谜性质,每句隐一药名,药名共计142,间有用别名者,仍将正名夹注,并加括弧以别之。如"苑之品题"隐"雌黄""商量旧学"隐"白前""七月下旬"隐"麻黄"等。(参见赵成杰《高步瀛学术年谱简编》,载王京州编《河北近现代学者年谱辑要》,国家图书馆出版社2017年版)

吴承仕与微生物研究所所长庞敦敏、首善医院院长方石山、京师第一模范监狱典狱长王元增以及溥仪的兄弟溥侗、陆润庠之子陆麟仲等人组成了昆曲研究会。在研究会中,吴承仕弦歌高唱,喜笑怒骂,借古讽时,抨击北洋军阀政府的腐败无能。撰成《与黄侃论声律书》手稿。又致书章炳麟,请求老师书写条幅。章氏手书"为学日益,如道日损",作为对学生的勉励。铭条幅一直挂于吴承仕居室中,成为他治学道路上的座右铭。撰成《与黄侃论声律书》手稿。(参见庄华峰编纂《吴承仕研究资料集》,黄山书社19090年版)

杨度3月15日因北洋政府以"时事多艰,人才难得"为由,对洪宪祸首和张勋复辟案犯一律实行特赦,被解除其通缉令。4月26日,杨度由天津抵达北京,学佛参禅,提出"无我主义"的新佛教论。5月1日,杨度晋谒大总统冯国璋,对解除其通缉令表示谢意。(参见左玉河编《中国近代思想家文库·杨度卷》及附录《杨度年谱简编》,中国人民大学出版社2014年版)

缪荃孙续任清史馆总纂,返京部署清史编纂工作,主张先拟目归卷,以时代为段落,择人分任:柯劭忞、金兆蕃、奭良任国初;缪荃孙、吴士鉴任顺康;金兆蕃独任雍乾;夏孙桐、朱

师辙任嘉道；王树枏任咸同；马其昶、金兆丰任光宣。(缪荃孙撰《艺风老人年谱》,钞本)

边守靖、安迪生、张宝泉等人10月27日在北京发起成立全国和平联合会,以"联合全国法定团体,促进南北和平统一"为宗旨。

陈步东、吴绍兰、吴锦珊等人1月发起成立全国工业总会,以"联络全国工界,振兴全国工业"为宗旨。胡子靖、杨昌济、黎锦熙等8月29日在北京熊希龄公馆发起筹备成立华法教育会湖南分会。议决先起草章程、函稿,拟向侨工局函借,部分解决赴法学生的经费问题。

萨君陆等人11月24日在北京发起组织旅京华侨学会。

林长民为会长的亚洲文明协会12月1日在北京成立,以研究世界事情,促进亚洲文明为宗旨。

刘鸿声继谭鑫培任北京正乐育化会会长。

戴志骞等人3月与中华教育改进社联合创办北京图书馆协会。

李石曾任北京法文专修馆副馆长并亲自授课。

老舍北京师范学校毕业后,任北京公立第17高等小学校教师兼国民学校校长。(参见甘海岚编撰《老舍年谱》,书目文献出版社1989年版)

成舍我任《益世报》编辑,8月进北京大学中国文学系学习。

郭有守考入北京大学法科,颇得校长蔡元培的赏识。

任中敏考入北京大学国文系,得到曲学大师吴梅赏识,遂专攻词曲。

王统照考入北京中国大学预科。

陈岱孙考入清华学校高等科学习。

荣跃先考入北京蒙藏学校学习。

梅兰芳在北京《顺天时报》评选京剧新秀活动中,被评为男伶大王,刘喜奎被评为坤伶大王,尚小云被评为童伶大王。

尚小云在北京自组"重庆社",不断排演新剧目,他首创演出的有《卓文君》《林四娘》《秦良玉》《墨黛》《双阳公主》《摩登伽女》《相思寨》《青城十九侠》《虎乳飞仙传》《红绡》《峨嵋剑》等。是年,尚小云与杨小楼、高庆奎、荀慧生、李顺亭等合演《楚汉争》前后本、《别宫祭江》《女起解》《武家坡》等戏。

荀慧生在北京加入喜群社,与梅兰芳、程继先合演《虹霓关》,始专演京剧。

叶恭绰是春与在京佛教居士蒯若木、蒋维乔、江味农、徐蔚如等发起讲经会,推徐蔚如南下宁波观宗寺,迎谛闲法师入京讲经。3月,谛闲进京,在江西会馆讲《圆觉经》,7月讲经圆满。叶恭绰以北方佛法不振,希请谛闲留在北京办一佛学院,培育弘法人才。谛闲将观宗寺附设的佛学研究社改组为"观宗学社",自任主讲,扩大招生名额,培育人才。同月24日,叶恭绰与张元济谈买敦煌石室写经之事。8月12日,张元济来访,与叶恭绰谈印《清代学者象传》第一辑事。12月,叶恭绰赴欧考察,蔡元培与陈独秀等设宴饯行。17日,北大举行创立21周年纪念会,会场悬挂画法、书法研究会会员作品100余件。教育部总长、次长及夏元瑮以及叶恭绰等先后发演说。

按:叶恭绰提议在北京办一佛学院,谛闲始以观宗寺工程未了而辞谢,叶恭绰与蒯若木居士各赠香仪一千银元,其他居士亦各有馈赠。谛闲以此款,将观宗寺附设的佛学研究社改组为"观宗学社"。后如倓虚、常惺、仁山、宝静、戒尘、妙真诸师,都毕业于观宗学社,而弘法于中国各地。

按:1918 年 12 月 14 日《北京大学日刊》载蔡元培与陈独秀、王建祖、温宗禹联名发致北大教职员函曰:"本年一月三日,本校同人曾在桃李园举行恳亲会一次。第二次拟在……本月十七日午后六时、仍在桃李园举行,并为将赴欧、美之夏浮筠学长、杜伯斯古、李石曾、张君劢、冯千里、徐振飞、徐悲鸿诸讲师,及旧同学叶玉甫先生饯行。"叶玉甫即叶恭绰。(参见于凌波《中国近现代佛教人物志》,宗教文化出版社 1995 年版;高平叔编著《蔡元培年谱长编》,人民教育出版社 1996 年版;杨雨瑶《叶恭绰先生艺文年谱》,《艺术工作》2019 年第 1 期)

章炳麟 1 月 10 日至巴县,到邹容祠凭吊。11 日,致电孙中山,告以旅途情况。春,在重庆等地讲学。5 月,见护法已无可为,遂由四川经湖北,入湖南,有诗纪行。10 月 11 日,辗转回到上海。11 月,北洋政府教育部公布 1913 年拟定的注音字母,注音字母采自章炳麟。月底,发表长信,历述自己为唐继尧等参议的经过,揭露"西南与北方者,一丘之貉而已"。同月 13 日,章炳麟与吴承仕书,有论新文学、旧文学之争以及黄侃辈与桐城诸子争辩骈散。是年,汪太冲编《太炎外纪》出版。12 月,章炳麟为友人欧阳竟无创办的支那内学院撰《支那内学院缘起》。是年,汪太冲编《太炎外纪》出版。

按:《太炎外纪》于是年 11 月初版,1924 年 2 月再版,为较早评述章氏的传记,分"治经时代之太炎""论文时代之太炎""《时务报》中之太炎""排满思想之太炎""著作《訄书》之太炎""《苏报》时代之太炎""《民报》时代之太炎""讲学生活之太炎""比辑方言之太炎""革命时代之太炎""政治生涯之太炎""筹边专使之太炎""沪上结婚之太炎""幽囚北京之太炎""哀思亡女之太炎""恢复自由之太炎""太炎人物之批评""太炎逸事之鳞爪""丙午到日之演说"等节,但过于简略,观点亦较为陈腐。(以上参见姚奠中、董国炎《章太炎学术年谱》,山西古籍出版社 1996 年版;汤志钧编《章太炎年谱长编(增订本)》,中华书局 2013 年版;王小红《章太炎学术年谱》,《儒藏论坛》2009 年第 1 辑;王学典《20 世纪史学编年(1900—1949)》,商务印书馆 2014 年版;司马朝军、王文晖《黄侃年谱》,湖北人民出版社 2005 年版)

王国维 1 月因经济支绌,欲为蒋孟蘋编藏书目,致函与罗振玉商量;校录日本古写本及敦煌唐写本《尚书孔传》。同月,北京大学校长蔡元培拟聘王国维为教授,讲授中国文学,于上年冬请罗振玉为之介绍。王国维曾商于沈曾植,沈曾植"谓其可允,其如有研究或著述事嘱托,可以应命",但王国维终以"我辈乃永抱悲观者,则殊觉无谓"婉辞不就,与北京大学失之交臂;柯绍忞命其次子昌泗受业于王国维。是月 21 日至 2 月 1 日,校《方言》。2 月中旬,王国维在上海哈园古物研究会认识高邮王氏后人王丹铭,见其所藏乾嘉学者致王念孙、王引之父子书札,共 60 余封,皆商讨学术,无泛泛酬应语。22 日,着手校《净土三部经音义》杨本与罗振玉藏本。3 月中旬,以大徐《说文》音再校《唐韵》反切,乃拟重订《唐韵校记》。4 月,以罗振玉藏宋刻本《一切经音义》校孙星衍校刊本,并作跋。是春,自去年冬来上海的日本友人铃木虎雄离沪返国,铃木虎雄留沪半年期间,王国维常与其相过从。

按:铃木《追忆王君静安》曰:"君归上海后,暂时音信稍疏。大正六年(1917 年)末,我因留学中国来上海,居住半年,在此期间,复得与君相往还,当时君语我,正从事古音韵学的研究,而君亦用意于史学,此由君之闲谈中而知之。君于人,推许甚少,然对于寓居上海的沈曾植,君独推许其学识既博且高。我某日被君拉去往访沈氏,临辞,氏以近作诗钞《痎叟乙稿》相赠,归而读之,其文辞颇多难解之处,交游诸家称呼皆用匿名,余困甚,诉之君,君很亲切的对匿名——替余注释其真实姓名。……君更欲介绍我于朱祖谋氏,适以归期甚迫,未能实现,至今犹以为憾。朱氏为当代词学名家,与君为忘年交,而辈份则在君上。君于朱氏,关于词,立足点不同,朱氏以南宋为主,君则重北宋,其事君亦不讳而直言之,盖互以他山之石订交也。君之词集曰《人间》,我幸得借读君之亲笔本,亦有活字印本,于活字本上,君自注记删存,我尚未知两者出入如何?"

王国维 5 月以日本富冈谦藏覆宋陈道人本《释名》校毕氏疏证本。又以日本小岛知足手写颜本《急就篇》校王应麟补注本。6 月 20 日，复取《流沙坠简》校之。同月，撰成唐写本《唐韵校记》并辑《唐韵佚文》，又作《匈奴相邦印跋》。7 月上旬，校陈辑本《仓颉篇》。22 日，为罗振玉《雪堂校刊群书叙录》作序。9 月 2 日，再校《方言》。20 日，《仓颉篇》重辑本写毕，并作序。同月，刘翰怡约孙益庵介绍王国维为之续撰《续皇朝文献通考》；作《释环玦》《释珏释朋》《释礼》等；以江阴缪荃孙藏大德平水本《尔雅注》，以校崇文书局本。10 月，校松江本《急就篇》，并作序。11 月，撰《随庵吉金图序》。12 月，改定前所撰《唐韵别考》《音学余说》，合为《续声韵考》，以补戴氏《声韵考》。2 日，为友人徐乃昌撰《随庵吉金图序》。同月，改定前所撰《唐韵别考》《音学余说》二书，合为《续声韵考》，以补戴氏《声韵考》，以托沈曾植作序，然沈氏序未作，而原稿被沈氏遗落。是年，王国维兼任上海仓圣明智大学教授。

按：王国维《雪堂校刊群书叙录序》曰："近世学术之盛，不得不归诸刊书者之功。……先生校刊之书，多至数百种，于其殊尤者，皆有叙录。戊午夏日，集为二卷，别行于世。案先生之书，其有功于学术最大者，曰《殷墟书契》前后编，曰《流沙坠简》，曰《鸣沙石室古佚书》及《鸣沙石室古籍丛残》。此四者之一，已足敌孔壁汲冢之所出。"（罗振玉《雪堂校刊群书叙录》）（以上参见赵万里《王静安先生年谱》，清华国学研究院《国学论丛》第 1 卷第 3 号，1928 年；陈鸿祥《王国维年谱》，齐鲁书社 1991 年版；袁英光、刘寅生《王国维年谱长编（1877—1927）》，天津人民出版社 1996 年版）

沈曾植 1 月 1 日接待王国维来访，劝其应蔡元培之聘，赴北京大学任教授。2 月 14 日，王国维来长谈。3 月 2 日，沈曾植在寓所为胡嗣瑗、陈曾寿饯行，郑孝胥、沈瑜庆在座。5 月 5 日，沈曾植返沪。春，日本铃木虎雄由王国维之介访沈曾植。9 月 3 日，罗振亚致沈曾植，并嘱人转交《日本佛教全书》。10 月 8 日，沈曾植致函金蓉镜，论诗之旨概见于此，札末附论古韵，亦有见地。

沈曾植 11 月 11 日接待刘承干、康有为来访。17 日，刘承干来函，求题写《嘉业堂丛书》封面。27 日，罗振玉赠沈曾植《密宗发达史》。同月，沈曾植新居与陈衍寓所密迩，二人唱和颇多。新居既号谷隐，陈衍为作《谷隐记》。12 月，欧阳渐于金陵刻经处研究部设支那内学院筹备处，沈曾植作《支那内学院缘起》。同月 19 日，王国维来，乞公序其《声韵续考》。

按：12 月 21 日《王国维致罗振玉札》曰："近日改定《唐韵别考》《音学余说》二种为《声韵续考》一卷，以补东原先生之书，得约三十余叶，写成后拟属寐叟作序，此事乃所乐为，前日曾谈及，盖去年已有此约也。"（以上参见许全胜《沈曾植年谱长编》，中华书局 2007 年版）

柳亚子 1 月辑成《孙竹丹烈士遗事》及《陈勒生烈士遗集》，各缀以叙跋，排印行世。5 月 2 日，访叶楚伧、王玄穆于周庄。是年，柳亚子因对南社内部产生分裂深感失望，辞去南社主任一职，政治上倾向新民主主义革命。（参见柳无忌、柳无非编《柳亚子先生文集》，上海人民出版社 1986 年版）

戴季陶 3 月陪蒋介石往汕头陈炯明总司令部就职。4 月，被任命为护法军政府外交部次长。5 月 21 日，随孙中山离穗赴沪，途经台湾岛、日本。28 日，由日本抵沪。（参见桑兵、朱凤林编《中国近代思想家文库·戴季陶卷》附录《戴季陶年谱简编》，中国人民大学出版社 2015 年版）

胡汉民 3 月代表粤方参加"护法各省联合会议"。5 月，护法军政府改选，孙中山辞大元帅职，胡汉民随孙中山到上海。12 月，胡汉民受孙中山委派，担任南北议和代表。（参见陈红民、方勇编《中国近代思想家文库·胡汉民卷》及附录《胡汉民年谱简编》，中国人民大学出版社 2015 年版）

张东荪主办的《时事新报》注意介绍西方各种新的社会和哲学学说。1 月 1 日，所译柏格森著《创化论》始在上海《时事新报》上连载三个月之久，在思想文化界产生了重大影响。

2月，汤化龙为张东荪翻译的《创化论》作序。3月4日，张东荪在上海创办《时事新报》副刊《学灯》，旨在大力介绍西方各种新思潮，所撰《学灯宣言》刊于创刊号。

　　按：《学灯》是上海《时事新报》副刊，张东荪、匡僧、俞颂华、郭虞棠、李石岑、郑振铎、柯一岑、徐六几、郭梦良等历任主编。张东荪《学灯宣言》刊于1918年3月4日《时事新报》，论其办刊宗旨曰："一曰借以促进教育，灌输文化；二曰屏门户之见，广商权之资；三曰非为本报同人撰论之用，乃为社会学子立说之地。"

　　张东荪9月30日在《学灯》上发表《本栏之提倡》，明确提出"于教育主义，提倡道德感化之人格主义，以为职业教育之实用主义之辅助"等七项主张。秋，张东荪与梁启超、蒋百里、张君劢等人发起成立学术团体——新学会，其宗旨是想从学术思想上谋根本的改造，以为新中国的基础。最初的参加者有梁启超、张东荪、张君劢、蒋方震、郭虞裳、余颂华等约20人。张东荪在《新学会宣言书》中，对该会情况及该杂志的性质和内容作了说明。

　　按：《新学会宣言书》曰："我们现在创办这个'新学会'，就是抱定上文所说的两层意思。第一，我们现在承认国家的革新是没有取巧的捷径的，是必须经过那条思想革新的大路的。第二，我们承认学术思想的革新有一条捷径，那条捷径就是研究欧美先进国几百年来积聚所得的最后的结果，就是本会简章所说的'研究世界新思潮新学说'。我们的希望是研究世界最新的思潮，最新的学说，用来作为我们研究中国种种问题的参考材料，再尽我们的能力把这种学说传播出去，使全国的人都添无数参考印证的材料，使中华民国的思想有一些革新的动机，使中华民国的新生命有一个坚固的基础。"

　　张东荪12月14日在《时事新报》副刊《学灯》上发表《新与旧》，阐述其输入新文化而不破坏旧文化的宗旨。26日，梁启超游欧前在上海与张东荪等研究系骨干会晤，商讨今后努力方向。从此，梁启超、张东荪等研究系正式告别了政治活动，开始致力于文化事业和文化运动。

　　按：张东荪《新与旧》曰："我们若认定中国今天既需要新道德、新思想、新文艺，我们就该尽量充分的把它输入，不要与那旧道德、旧思想、旧文艺挑战，因为它自然而然会消灭的。"他认为这种看法才是符合"新陈代谢"的道理的。在他看来，进行新文化运动，只需要单纯地输入新的思想，而不必去碰旧的思想，新思想进来多了，旧思想自己就会消灭。即积极努力于介绍和输入西方各种新思潮，但却不主张对旧思想进行攻击，极力回避新旧文化的冲突。这是张东荪对待中西文化的基本态度。这种态度贯穿其所办《学灯》的始终。

　　按：梁启超（《欧游心影录》，《饮冰室合集·专集》之二十三，中华书局1989年版）对此回忆说："是晚我们和张东荪、黄溯初谈了一个通宵，着实将从前迷梦的政治活动忏悔一番，相约以后决然舍弃，要从思想界尽些微力，这一席话要算我们朋辈中换了一个新生命了。"（参见左玉河编《张东荪年谱》，群言出版社2014年版）

　　杜亚泉继续任商务印书馆《东方杂志》主编。在《东方杂志》第15卷第1号发表《推测中国社会将来之变迁》。2月，在《东方杂志》第15卷第2号发表《茅盾之调和》《政治上纷扰之原因》。同月，孔庆来、吴德亮、李祥麟、杜亚泉等13位学者编辑的《植物学大辞典》由商务印书馆出版。全书搜罗植物学名术语18000余条，内容插图，计1002枚。书末附中文、英文、日文索引，布面金字，精制一厚册。3月，在《东方杂志》第15卷第3号发表《死之哲学》。4月，在《东方杂志》第15卷第4号发表《迷乱的现代人心》，文中继续倡导"东西方文明调和论"（又称"新旧调和论"），重点讨论了国是之丧失、精神界之破产、政治界之强有力主义、教育界之实用主义、迷途中之救济五个问题，将中国危机归结为"现代人心"而不是传统，这一前提最为关键。在这一前提之下，列出四个方面作为中国现代危机的征兆，即"国是之丧失""精神界之破产""政治界之强有力主义"与"教育界之实用主义"。作者批评西洋文明在我国产生的一些不良影响,认为要救济中国,绝不能完全依靠西洋文明,而在"统整吾固有之文明,其本有系统者则明了之,其间有错出者则修整之。一面尽力输入西洋学说,使其融于吾国固有文明之中。西洋之断片的文明,如满地散钱,以吾固有文明为绳索,一以贯之。今日西洋之种种主义主张,骤闻之,似有与吾固有文明绝相凿枘者,然会而通之,则其主义主张,往往为吾固有文明之一局部扩大而精详之者也。吾固有文明之特长,即在于统整,且经数千年之久未受若何之摧毁,已示世人以文明统整之可以成功。今后果能融合西洋思想以统整世界之文明,则非特吾人之自身得赖以救济,全世界之救济亦在于是。"

　　按:作者最后批评"今日之主义主张者,盖苦于固有文明之统整,不能肆其竞争权利寻求奢侈之伎俩,乃假托于西洋思想以扰乱之。此即孙叔敖之所谓群非,不利于国是之存在,而陷吾人于迷乱者。吾人若望救济于此等主义主张,是犹望魔鬼之接引以入天堂也。魔鬼乎!魔鬼乎!汝其速灭。"

　　杜亚泉6月在《东方杂志》第15卷第6号刊出平佚译自日本《东亚之光》杂志的《中西文明之评判》和钱智修的论文《功利主义与学术》。前文介绍辜鸿铭于第一次世界大战前后在欧洲发表的《中国对于欧洲思想之精神与战争之血路》等文。后文针对当时学术界在对待传统文化和引进西方文化中出现的一些偏颇现象,肯定中国传统文化而批评西方文化的缺陷,支持杜亚泉的观点。7月,在《东方杂志》第15卷第7号发表《中国之新生命》,提出:"欲知中国之新生命在于何处,统括之不出两途:一、发生新势力,以排除旧势力;二、调整旧势力,以形成新势力。"8月,在《东方杂志》第15卷第8号发表《国家主义之考虑》《国文典式例》。9月,陈独秀在《新青年》第5卷第3号发表《质问〈东方杂志〉记者——〈东方杂志〉与复辟问题》一文,对上述三文提出尖锐的质疑与批评,于是引发"东西文明论战"。10月,在《东方杂志》第15卷第10号发表《对于未来世界之准备如何?》《教育之指导》。12月,杜亚泉在《东方杂志》第15卷12号发表《答〈新青年〉杂志记者之质问》,《言论势力失坠之原因》。前文对陈独秀在9月《新青年》第5卷第3号发表《质问〈东方杂志〉记者——〈东方杂志〉与复辟问题》予以回驳,《东方杂志》与《新青年》两大阵营进入直接激烈交锋时期。

　　按:汪晖《文化与政治的变奏——战争、革命与1910年代的"思想战"》(《中国社会科学》2009年第4期)就此"东西文明论战"作了如下分析:

　　陈独秀在他质问《东方杂志》的第一篇檄文中举了三篇文章,即刊载于第十五卷第六号上、由平佚译自日本《东亚之光》杂志的《中西文明之评判》和钱智修的论文《功利主义与学术》,以及刊载于同卷第四号上的伧父的论文《迷乱之现代人心》。杜亚泉的论文是将中国政治危机置于文明问题的脉络中进行表述的一个典范,而陈独秀对于这篇文章的批判也最为全面和尖锐。那么,杜亚泉的新旧调和论为什么会成为引发"东西文明论战"的关键文本呢?这篇文章的标题将中国危机归结为"现代人心"而不是传统,这一前提最为关键。在这一前提之下,杜亚泉列出四个方面作为中国现代危机的征兆,即"国是之丧失""精神界之破产""政治界之强有力主义"与"教育界之实用主义",而这四个方面环环相扣,有着相互衍生关系,其中"国是之丧失"最具根源性。所谓"国是之丧失"指"现代思想,其发展而失其统一,就分化言,可谓之进步,就统整言,则为退步无疑",实际上暗指议会政治、多党竞争与言论自由或者受制于局部利益,或者为争论而争论,莫衷一是,集众意而不能形成公意。这是现代民主政治的危机。"精神界之破产"指现代人沉浸于"物质的生活中,不遑他顾,本无主义主张之可言",而少数所谓"有主义有主张者,亦无非为竞争权利与寻求奢侈之手段方便上偶然假托",即现代的"主义"均为物质利益的直接呈现,"主义"本身缺乏超越的性质,而只是投机的手段,从而根本无法构成公意。由于是非与公意的衰落,"政治界之强有力主义"亦即强权政治应运而生。中国的"秦始皇主义"、欧洲的"德意志主义"与共和时代的强人政治其实正是众议纷纭、天下无道的产物。与上述各个方面相互呼应的,是"教育界之实用主义"——实用主义教育背弃重视精神生活和生活价值的古典传统,而将教育完全"埋没于物质生活之中""以实用为教育之主义,犹之以生活为生活之主义,亦为无主义之主义而已。"

上述现象几乎为当时各派知识人所同认,区别在于杜亚泉将这些现象归结为"迷乱之现代人心",而陈独秀将之视为传统中国的旧病复发。按照杜亚泉的诊断,中国的现代病灶是重"分化"而缺"统整"、重"物质"而无"精神"、重"实用"而无"价值",政治上的强人政治恰恰是这一现代病的产物。要想治疗这一疾病,不能依靠输入西洋文明,原因在于西洋文明本身"方自陷于混乱矛盾之中,而亟亟有待于救济",西方思想本是希腊与希伯来两个传统的混合,缺乏内在的统一性。因此,"救济之道,在统整吾固有之文明,其本有系统者明了之,其间有错出者则修整之"。总之,必须以擅长统整之中国文明会通、汲取西方文明,"今后果能融合西洋思想以统整世界之文明,则非特吾人之自身得赖以救济,全世界之救济亦在于是。"换言之,一切输入中国的"主义"都在加速中国分化瓦解和中国精神领域的迷乱无宗,一切解救之道均在于立足中国文明的"统整"工作。

如果将杜亚泉视为文明中心问题的"统整"与"分化"置于他对欧洲战争与共和危机的分析之中,我们不难发现其与集权与分权、大一统与分裂、传统政体与共和、清议与言论自由等各个层次的政治判断之间有着紧密的联系。不同之处在于:这些二元范畴基本上是对现象的归纳,而"统整"与"分化"的范畴却更为抽象和普遍。杜亚泉在此基础上概括中西文明的不同取向,其以新/旧和东/西为杠杆形成的文明调和论的政治指向是十分清晰的。陈独秀对此一口气问了七个问题:1.中国文明究竟是在儒家统一前为盛还是统一后为盛? 2.中国文明统一于儒术还是包含多种学术? 3.统一的欧洲中世纪与竞争性的现代西方何为优劣? 4.在输入西方学术之前中国精神界是否已经破产? 5.在共和条件下保存君道臣节名教纲常是否"谋叛共和"? 6."以中国此时无强力者"为憾的作者是否曾对洪宪时代"称快"? 7.古代精神生活是否即纲常名教,西洋物质文明是否也有精神文明? 这些追问用语尖锐,除了第六条有些勉强外,其他各条均直点要害。

在欧洲战争、俄国革命与现代资本主义的普遍危机之下,"东西文明论战"说到底是一场如何判断现代危机及中国未来道路的大争论。无论其枝蔓伸向何方,这一争论最终取决于开创这一道路的主体究竟是谁。在《中国之新生命》一文中,杜亚泉说:

欲知中国之新生命在于何处,统括之不出两途:一、发生新势力以排除旧势力;二、调整旧势力以形成新势力。世界诸国,如法如美,以前者得新生命;如日如德以后者得新生命也。夫新势力之发生甚难,……旧势力之排除更非易易……故求便利,计效益,自以调整新旧势力形成新势力为最宜。

《东方杂志》对于世界局势和中国困境的描述没有任何其他杂志能及,但它恰恰未能回答由谁来"调整新旧势力以形成新势力"? 政客、党人、官僚、学士——沉陷于"迷乱"之中,我们能够期待他们通过自我修养立地成佛吗? "自觉"的钟声没有在他们心头响起,谁又能够敲给他们听呢? 我认为《新青年》与《东方杂志》的分歧不能全然置于东/西、新/旧概念之下加以说明:它们都批判18、19世纪的"旧文明"(从政治模式到经济形态),都拥抱20世纪的"新文明"(社会主义),但政治取舍各不相同。更为清晰的差别在于:《青年杂志》开宗明义,从"青年"问题开始,也即将一代新人的创造作为政治变迁和社会变迁的路径,它与《东方杂志》所共享的旧轨道已然终结的历史意识在这里转化为一种"青春的哲学"。在"文明调和论"的框架下,东西文明、新旧思想被置于一种客观的结构之中,杜亚泉仔细地勾画去取的方法,却无法说明由谁来对之进行汲取与调和,使之陷于一种"无主体的方法论循环",而"新文化运动"以"运动"界定"文化",以"文化"创造"运动",它所召唤的是一个运动的主体,以及这个运动主体的政治。它对传统的激烈批判与对新政治主体的召唤完全一致。杜亚泉相信新政治只能产生于既定的历史与文明,而《新青年》却认为新政治只能产生于与历史的断裂。当杜亚泉从《东方杂志》黯然退场的时刻,"五四"学生运动的声浪仍在中国上空回荡,一种新的政治当真就要登场了——这个新政治是从对政治的拒绝中、在"思想战"的硝烟之中产生的。文化和伦理居于新政治的核心。这是现代中国的第一轮"文化与政治的变奏",我们将在"短促的二十世纪"一再听到它的回响。(参见陈镱文、亢小玉、姚远《杜亚泉先生年谱(1912—1933)》,《西北大学学报》(自然科学版)2008年第6期;周月峰编《中国近代思想家文库·杜亚泉卷》及附录《杜亚泉年谱简编》,中国人民大学出版社2014年版;吴永贵《民国图书出版史编年:1912—1949》,社会科学文

献出版社 2018 年版)

杨杏佛、任鸿隽 10 月 26 日从美归国抵达上海。至此，中国科学社的骨干多已陆续归国。中国科学社总社设于南京高等师范学校，而《科学》刊物编辑部还设在上海。10 月 29 日，与中国环球学生会创办人及主持者朱少屏谈效率主义及《科学》编辑办法。晚，与胡明复、胡刚复、朱贡三等人议论对付《科学》稿件日少的努力办法。30 日，持朱少屏名片访美国人毕角勃以谋到银行工作事。看到毕食勃手下华人，办事情形不管洋奴，"因念他日若为银行之薄记员亦不过此中一人耳，为之毛骨悚然。"当日杨之岳父也劝他："能为中国人办事自较为西人执役优也。"主张他去汉冶萍煤铁公司。杨起始对去汉冶萍公司下属的汉阳铁厂很犹豫，主要考虑离家远不便照顾父母。但考虑再三后决定："与其为西人狗则远就亦不得已也。"31 日，与任鸿隽、朱少屏一同前往参加黄兴逝世两周年纪念会。会上遇章大炎、戴季陶、张继等。会后作《归国》一诗。11 月 1 日，与任鸿隽一起拜访章太炎，请他为科学社募捐发起启事。2 日，孙科往访杨杏佛，因杨赴汉冶萍公司未遇。晚上与任鸿隽、胡明复同赴中国环球学生会作科学演讲，杨杏佛演讲《个人效率主义》。5 日下午，拜访张继，纵谈中国人心消极应用乐观主义来改进，张继称赞了《科学》月刊。辞张继后往莫利哀路访孙中山，未遇。

杨杏佛 11 月 8 日晚饭后冒雨至南洋商校演讲《科学的工商管理法》。结束后赴永安公司与任鸿隽、周仁、吴项伯、王小徐等共商在沪办实业之事。杨杏佛认为："为中国计此事实视至汉阳依人作嫁者为优，况工厂经理为吾素所专习之科，会计不过附习。为学问计亦以在沪为是。至从《科学》杂志着想更无待言说矣。"27 日，与林学衡谈中国实业问题。杨杏佛认为：中国今日以办实业为名者皆持政治势力作后盾，以平民办实业能得效者绝为鲜见。12 月 2 日，因自筹办厂尚未头绪，杨决定先到汉冶萍公司任职。公司聘其为汉阳铁厂会计处成本科长，月薪 150 元。12 日，抵达南京。13 日，参观河海工程学校、南京高等师范学校，游鸡鸣寺、莫愁湖。见莫愁湖中一老渔翁在及腹深水中高歌捕鱼，毫无寒意，感触颇深：老子知足之说影响之大可见一斑。"安贫耐苦世当吾国农工，然中国实业乏进取精神亦未始非影响于此。"晚，在邹秉文家出席中国科学社董事会宴会，席终谈《科学》编辑事，推定钱崇澍为总编辑，胡先骕、王琎为副编辑，杨仍为编辑部长。是年，在《科学》上发表的文章明显减少，仅《科学的管理法在中国之应用》《卫生谈》《实业难》三篇。(参见许为民《杨杏佛年谱》，《中国科技史料》1991 年第 2 期)

任鸿隽 11 月 3 日在上海写信给胡适，谈他读《新青年》引起的一些想法，仍坚持认为胡适等的"白话诗(无体无韵)绝不能称之为诗"，并对胡适、钱玄同在驳斥反对言论时，把八股、专制、发辫、小脚等等都扯进来，颇不谓然。尤不赞成钱氏文章常作骂人语。认为"第一，要洗涤此种黑脑筋，须先灌输外国的文学思想，从事谩骂是无益的。第二，谩骂是文人一种最坏的习惯，应当阻遏，不应当提倡"。12 月 7 日，与杨杏佛、邹秉文、胡明复、朱少屏等人议科学社筹款事，决定：(一)上海筹款自明年三月一日开始；(二)用分团法筹款；(三)在三月前各人竭力先向各方募集。(参见赵慧芝《任鸿隽年谱》，《中国科技史杂志》1989 年第 3 期；樊洪业、潘涛、王勇忠编《中国近代思想家文库·任鸿隽卷》附录《任鸿隽年谱简编》，中国人民大学出版社 2015 年版；耿云志《胡适年谱》，四川人民出版社 1989 年版；许为民《杨杏佛年谱》，《中国科技史料》1991 年第 2 期)

易乙玄、愈复、陆费逵等受过西方科学教育的知识分子和杨光熙、杨璹等江湖术士合流而成"灵学派"，其基本理论为"有鬼论"，即认为鬼是真实存在的，只是不能靠普遍的感觉来认识，换而言之，认识鬼界事物不能靠感觉，而要靠"灵力"，因为鬼属于另一个物质世界的精神世界。5 月 15 日,陈独秀在《新青年》第 4 卷第 5 号发表《有鬼论质疑》,向当时甚嚣尘上的"灵学派"发起强攻。8 月 15 日,《新青年》第 5 卷第 2 号刊登易乙玄《答陈独秀先生〈有鬼论质疑〉》及刘文典回应之作《难易乙玄君》,将"灵学"大论战推向高潮。刘文结尾这样写道:"呜呼!八表同昏,天地既闭,国人对现世界绝望灰心,乃相率而逃于鬼。有鬼做鬼编而报资不收冥镪之杂志,有荀、墨降灵而诗文能作近体之乩坛,害之所极,足以阻科学之进步,堕民族之精神。此士君子所不可忽视,谋国者所当深省者也。韩非子曰:'用时日事鬼神,信卜筮,而好祭祀者,可亡也。'前者吾国亡征毕备,唯未有此。今既具焉,亡其无日矣!"

　　按:朱文华《陈独秀评传》(辽宁大学出版社 1990 年版)云:当年追随陈独秀参加批判"灵学"的,还有刘叔雅、陈大齐、王星拱、钱玄同、刘半农、鲁迅和易白沙等人。但是,除了刘叔雅之外,其他人对"灵学"的批判,或指出"灵学"没有科学依据,或通过对"灵学"活动的破绽作审查而加以否定,或以先秦诸子的朴素的无鬼论来批判"灵学"的"有鬼论",因而远没有像陈独秀那样把对"灵学"的批判上升到严格的哲学层次。(参见章玉政编著《刘文典年谱》,安徽大学出版社 2011 年版)

　　黄炎培 1 月 8 日为暨南大学事,赴南京。2 月 7 日,黄炎培作《民国六年之职业教育》一文,发表于《教育与职业》月刊第 4 期。3 月 9 日,黄炎培上书总统黎元洪、教育总长傅岳棻,报告职教社活动情况。12 日,黄炎培开始写《东南洋之新教育》。5 月 5 日,中华职业教育社假江苏省教育会举行第一周年年会。黄炎培致《年会词》,阐述职业教育之三大目的,并报告一年来之成就及今后之愿望,决定设立一职业学校,以为职业教育之试验点。6 月 15 日,中华职业学校校舍行奠基式。16 日,黄炎培偕职业教育社总书记蒋梦麟离沪赴东三省调查教育状况。19 日,黄炎培抵京,访教育总长傅岳棻。当晚,胡适邀饮于中央公园。8 月 10 日,黄炎培自东北返抵北京。20 日,中华职业学校开学,设机械、家具、钮扣、珐琅四科,为中国教育史上第一所用"职业学校"命名的历史名校。12 月 25 日,黄炎培离沪,乘法轮斯芬号赴南洋英、荷属各地考察教育。船上遇李石曾,因谈及职业教育诸问题。作《与李石曾君论职业教育》一文,载《教育与职业》第 13 期。(参见许汉三编《黄炎培年谱》,文史资料出版社 1985 年版;余子侠编《中国近代思想家文库·黄炎培卷》及附录《黄炎培年谱简编》,中国人民大学出版社 2015 年版)

　　蒋梦麟 1 月在《教育杂志》第 10 卷第 1 期发表《高等学术为教育之基础》《历史教授革新之研究》。前文提出"凡研究较深者,皆得称之曰高等学术。不博通乎此,则不可以研究教育""有真学术,而后始有真教育,有真学问家,而后始有真教育家。吾国自有史以来,学问之堕落,于今为甚。今不先讲学术,而望有大教育家出,是终不可能也。无大教育家出,而欲解决中国教育之根本问题,是亦终不可能也"。后文为革除传统历史教育之弊,针锋相对地提出了自己的革新主张。同月,在《教育与职业》1918 年第 3 期发表《配司泰洛齐生辰凯善西泰奈工业教育之演说》。2 月,在《教育杂志》第 10 卷第 2 期发表《过渡时代之思想与教育》,提出"中国之教育,当与近世之精神相谋而并进。泥古之教育,为过渡时代以前之教育,不可行矣。消极破坏之教育,而无积极之进行者,为过渡时代之教育,可暂而不可久。若为今日之教育图长久计,当取中国之国粹,调和世界近世之精神,定标准,立问题,通新陈交换之理,察社会要需,采适当之方法以推行之"。4 月,在《教育杂志》第 10 卷第 4 期发表《个人之价值与教育之关系》。同月,在《教育与职业》第 5 期发表《英国之工业与其所受美德两国之影响》《读英国裴特来氏〈战后之教育〉有感》。夏,黄炎培等人创立并由其主持中华职业教育社,蒋梦麟应邀任专职书记。

　　蒋梦麟 6 月陪黄炎培赴东三省调查教育状况,辞商务印书馆编辑。同月,蒋梦麟在《教育杂志》第10卷第6期发表《进化社会的人格教育》。12月22日,由蒋梦麟等倡议、江苏省教育会等教育团体出面的"中华新教育社"在上海江苏省教育会举行成立大会,其宗旨是:"直接输入东西洋学术,使我国固有之文化受新潮之刺激,而加速其进化率。"蒋梦麟任主任,该社号称联合了江苏省教育会、北京大学、南京高等师范学校、暨南学校、中华职业教育社这国中"五大教育机关"。北大由校长蔡元培函托黄炎培代表,其他成立会代表均系沪、宁重要文教组织的骨干成员,也是江苏省教育会的活跃会员。可见此次成立会,实为江苏省教育会所"承包",一省教育会自身人员的聚集,却因该会强大的"联络"能力,而具有了代表"全国"教育界锐意求新的意味。(参见马勇、黄令坦编《中国近代思想家文库·蒋梦麟卷》附录《蒋梦麟年谱简编》,中国人民大学出版社2015年版;徐佳贵《东南与国都之间——蒋梦麟与新文化运动的初兴》,《华东师范大学学报》2022年第1期)

李登辉继续任复旦公学校长。1月1日,华侨学生会在上海成立,宗旨为"联络华侨学生,相亲相爱,不沾染上海社会恶习,以期学成后为国效力",谢碧田、李登辉任正副会长。23日,为筹建新校园,李登辉乘三岛丸启程赴南洋(印尼、新加坡等地)向华侨募捐。校长一职由校董唐露园代理。半年间,李登辉在南洋共募金折合银元15000元。这笔钱来自何处,至今仍是个未知数。在巴达维亚,李登辉曾与著名的印尼华人、《新报》创办人洪渊源进行长时间晤谈。6月,李登辉从南洋募捐归来。10月10日,美国大学联合会会长安鲁尔来复旦大学赠会旗,李登辉致谢辞。沪江大学校长魏馥兰、美国驻沪副领事即席演说。秋,部分学生发起成立戊午阅书社,每人捐洋两元购置书籍,自主管理,由此形成了复旦大学图书馆的雏形。此举得到过学校当局的认可与鼓励。冬,李登辉校长为在江湾置地,即以复旦大学校长的身份赴南洋各地向华侨募捐。当时南洋侨胞景慕李登辉盛名,都愿意把自家孩子送过来读书,因而李登辉校长很快在南洋募得巨资。次年回国后,就开始在江湾购地,以另辟校址,从而奠定日后复旦校园之基础。是年,复旦全体加入美国红十字会。(参见钱益民《李登辉传》及附录四《李登辉年谱简编》,复旦大学出版社2005年版;《复旦大学百年志》编纂委员会编《复旦大学百年志:1905—2005》,复旦大学出版社2005年版)

唐文治1月致函教育部次长袁希涛,就上海工业专门学校改预科为专科一年级,合专科三年为四年事,请其大力支持。3月8日,铁路管理科正式开办。9日,交通部发布第六十号指令,对唐文治、章宗元等均给予本部名誉奖章。6月1日,唐文治派学生杜定友赴菲律宾学习图书馆学,为即将建成的图书馆培养专门人才。7月,唐文治编《许文肃公外集》《许文肃公日记》成。

按:唐文治搜辑许景澄奏疏、函稿,外交总长陆征祥为许景澄旧时部属,嘱编辑《外集》。唐文治托嘉兴籍南洋毕业生王永礼于许氏亲戚处访求搜集,共成五卷,又日记、书札各一卷,并作"序",请陆征祥印行。1918年,北洋政府外交部在陆征祥的主持下,印行《许文肃公遗稿》十二卷,计奏疏三卷、公牍一卷、函牍五卷、电报一卷、杂著一卷、附录一卷。与之同函尚有《许文肃公外集》五卷、《许文肃公日记》一卷,均题盛沅编辑,于1920年印行。《外集》卷首有唐文治、陆征祥、盛沅的序。

唐文治8月组织教员李颂韩、黄世祚、黄宗干、邹登泰等人编《中学国文新读本》成,并作序。9月7日,唐文治致大总统徐世昌电,"万恳以民心为政本,天下幸甚!"10月1日为孔子诞辰日,上海工业专门学校举行祀孔礼,由唐文治主祭。14日,奉大总统令,授予唐文治二等大绶嘉禾章。冬,唐文治编《十三经提纲》中《易》《书》《诗》《三礼》成。并续作《易微言》二篇。(参见刘桂秋《唐文治年谱长编》,上海交通大学出版社2020年版)

刘海粟仍任上海图画美术学校校长,是年春,蔡元培为上海美专题写"闳约深美"。4

月,刘海粟起草《野外写生团规则》,亲率师生 15 人赴杭州西湖写生,作画时"聚为观者,途之为塞",成为一件新闻见于各大报刊。返校后师生举办写生作品展 200 多幅,参观者络绎不绝。是年,刘海粟到北京大学讲学,并举办第一次个人画展。10 月 6 日,刘海粟在上海召开江苏省教育会美术研究会成立大会,沈恩孚为会长,刘海粟为副会长,选举黄炎培、张聿光等 12 人为评议员,丁悚、王济远等 12 人为编辑。蔡元培去信表示赞助,会议立即推举蔡元培为特别会员。同月,刘海粟等人在上海创办上海图画美术学校校刊《美术》杂志,由上海图画美术学校编辑出版,刘海粟撰《发刊词》。

按:《发刊词》说:"愿本杂志发刊后,四方宏博,意本此志,抒为宏论,有以表彰图画之效用,使全国士风咸能以高尚之学术,发扬国光,增进世界文明事业,与欧美各国竞进颉颃,俾美术前途隆隆炎炎兮如旭日之光,蓬蓬勃勃兮如阳春之景。"(参见袁志煌、陈祖恩编著《刘海粟年谱》,上海人民出版社 1992 年版)

张山雷在上海嘉定襄助业师朱阆仙创办黄墙中医学校。由朱阆仙出资筹建,并委张山雷拟订教学规划,纂辑讲义并执教。是为我国最早的中医学校,开嘉定县中医办校之先河。四方前来就读者七八十人,两年后停办。

傅球、庞醒跃 8 月在上海创办东亚体育专门学校。初名私立上海东亚体育专科学校。设两年制本科。招收中学毕业生。课程分基础与专业两部分,专业课又分理论与术科两部分,分别开设国文、英文、教育学、心理学等,人体生理解剖学、运动生理学、人体测量学、卫生学、运动(力)学、体育史、体育原理、体育行政、体育统计学等和田径、体操、球术、武术、游泳。

胡小石 1 月应邀到李瑞清家当塾师,一方面教其弟侄经学、小学及诗文,一方面又师从李瑞清。李瑞清乃江西临川著名藏书世家,碑版拓本甚富,胡小石于此耳濡目染三载,受益良多。初夏,胡小石曾患病回宁十多日,病愈,又回沪寓李氏家中。此间,与胡小石父同年中举的嘉兴前辈沈曾植常过从李瑞清,胡小石遂执同乡礼拜师于沈,学帖学及金石文字学。其时晚清老宿像郑大鹤、徐积余、刘聚卿、王静安、曾农髯等都流寓沪上,各出其平日所藏的金石书画、甲骨,相与观摩讨论。胡小石交游其间,得闻绪论,遂由碑版、法帖上溯金、石、甲骨刻辞。往往继李瑞清所作题跋后自书心得,著成《金石蕃锦集》二册,由震亚书局出版石印本。(参见谢建华《胡小石先生年表(1888—1962 年)》,载《胡小石文史论丛》,南京大学出版社 2008 年版)

陈望道 3 月从东洋大学退学。5 月,在《学艺》杂志第 1 卷第 3 号发表《标点之革新》,提倡运用西文标点于中文。

按:陈望道的《标点之革新》主张使用新式标点,这是在刊物上公开提倡使用新式标点符号的先声。(参见《陈望道先生纪念集》附录邓明以原编陈光磊增订《陈望道先生生平年表》;复旦大学语言研究室《陈望道著译编述目录》,复旦大学出版社 2006 年版)

张元济 1 月 3 日向沈曾植借到《朱子论语集注》手稿。4 日,徐珂编《清稗类抄》初稿,声明送与商务,不受酬。9 日,《申报》广告,商务印书馆出版发行教科书。12 日,《申报》广告,商务印书馆发行新编第十一版《大英百科全书》。同日,张元济为涵芬楼买入《广四十家小说》。19 日,蒋维乔来信,劝译印《佛学词典》。同月,张元济主编《戊戌六君子遗集》由商务印书馆出版,收入谭嗣同《寥天一阁文》《莽苍苍斋诗》《远遗堂集外文》,林旭《晚翠轩集》,杨锐《说经堂诗草》,刘光第《介白堂诗集》,杨深秀《雪虚声堂诗钞》《杨漪春侍御奏稿》,康广仁《康幼博茂才遗稿》。2 月 4 日,康有为收到张元济赠《戊戌六君子遗集》,来信道谢。10 日,张元济查多种辞典进展情况,指示《汉英辞典》《植物学大辞典》《动物学大辞典》《植物名实图考》应速出,《物理化学辞典》《英语分类辞典》应速编,《日用百科全书》宜速排。同日,撰明隆庆五年叶恭焕手钞本《负暄野录》跋。3月1日,胡适寄到《庄子哲学浅释》稿。11日,傅增湘来信商印《道藏》。4月3日,缪荃孙赠《后三唐人集》《缪氏考古录》《雍堂旧话》。13日,商务印书馆举行股东会。公推郑苏裁君为议长,董事张元济报告六年营业情形。14日,《申报》广告,商务印书馆预约发行影印宋百衲本《资治通鉴》。15日,张元济致高凤池书,辞商务印书馆经理职。18日,赠缪荃孙《涵芬楼秘笈》第四集一部。

　　张元济6月20日10时半抵京。22日晨,访伍光建、高而谦、蔡元培、王宠惠、林纾,下午,访陈筱庄、王峄山、郑际唐。23日上午,访丁澄如、汪大燮、朱小汀、金兆蕃、孙宝琦、夏循珀、董康、宝熙、力胜、张君劢、张公权等,午后访卢涧泉、孙荫亭、夏曾佑、邵伯纲、蒋维乔、王搏沙、熊希龄、严复等。24日午后,到北京分馆借车,访汤尔和、林绍年、汪建斋、沈曾桐、方甘士、陈仲骞、曾刚甫等。同日,送沈曾桐《涵芬楼秘笈》四集。25日,访伍连德、叶瀚等。27日,晤李石曾,访李盛铎、金巩伯、沈尹默、刘崇杰、庄思缄、陈独秀、俞阶青等。28日,访林长民、吴尚之、钱恂、王叔鲁、袁观澜等。29日,访戴螺舱、董懋堂、沈钧儒、马叙伦、徐新六、许溯伊等。30日,访徐世昌、蒋百里、陈汉第、朱希祖、郭小麓等;曾刚甫、汪大燮、林长民、贾果伯、朱小汀等来访。晚饭后至京华书局,晤张廷先。7月1日,访曾叔度、邓邦述、钱阶平等。2日上午,访许吕肖、熊希龄、林万里、严球、蒋维乔、胡石城、王搏沙、萧秋恕、林宰平等;下午访胡文甫、汪大燮、伍光建、陈汉第、胡适。晚饭后,冒广生来访。8日,蔡元培来谈大学教员及兼任外边教授者,拟就现有教科书先行改良,问本馆能否接受照改。9日,蔡元培约谈世界图书馆、编通俗教育书、改订本版教科书三事。同日,在北京大学晤朱希祖。10日晨,夏曾佑来访,谈续编《中国历史》事。11日,返回上海。20日,张元济北上抵京,再访、政、学名流。22—24日,往访刘崇杰、伍连德、张君劢、蔡元培、董康、孙宝琦、辜鸿铭、庄思缄、宝熙、王宠惠、林长民、蒋性甫、史康侯、冯公度及北京大学陈独秀、胡适、夏浮筠、秦景阳、沈尹默、朱希祖、曾霁生、王克敏、叶恭绰、袁观澜、陈宝琛、蒋维乔等,并辞行。12月18日,高凤谦拟改《四部举要》为《四部丛刻》。(参见张人凤、柳和城编著《张元济年谱长编》,上海交通大学出版社2011年版)

　　郑孝胥继续任商务印书馆董事。据《郑孝胥日记》载,郑孝胥年初不甘于丁巳复辟旋起旋灭,与胡嗣瑗等清遗民中的复辟派试图联络、借力军阀陆荣廷,再图复辟。3月6日,郑孝胥"得康长素书,得林琴南书,皆致唁"。7日,郑孝胥"复林琴南书,求作《淞江鸥伍图》,寄稚辛转交"。4月13日午后3时,赴上会议选举郑孝胥、高凤池、鲍咸昌、叶景葵、张元济、章士钊、高凤谦、郭秉文、张謇、俞寿丞、梁启超11人为新一届董事,谭海秋、王仙华、李文奎为监察人。20日,郑孝胥在《日记》中记有:"林敦民来,以琴南所画《沧海归帆图》求题,适有客,未见。"7月3日,郑孝胥为林敦民题《沧海归帆图》。(参见周增光《丁巳复辟中的逊清皇室与清遗民——兼论民初复辟行为的生存空间》,《史林》2022年第3期;张旭、车树异编著《林纾年谱长编:1852—1924》,福建教育出版社2014年版)

　　夏敬观仍任商务印书馆涵芬楼撰述。2月2日,夏敬观赴商务印书馆董事会,与张元济、高凤池、李宣龚、陈叔通、杨公亮等议湘票事。4月3日,夏敬观启程赴京,在京与冒广生、汤涤、吴用威游北京极乐寺,赏海棠。5月15日,陈三立自南京来,居上海旅馆,先生往访。5月16日,夏敬观赴郑孝胥邀宴于会宾楼,同席有陈三立、陈曾寿、王聘三、刘洙源、胡琴初、陈方恪、李宣龚、余肇康、冯煦等。11月10日,夏敬观偕吴昌硕、汪康年、袁思亮、周庆云等同游半淞园赏菊,遇郑孝胥父子。29日晚,夏敬观代张元济宴请陈僖宇、章行严、谭大武、许君于古渝轩。12月,商务印书馆董事会商讨印《四库举要》(后改名为《四部丛刊》)事,由夏敬观与郑孝胥、唐晏(元素)、高凤谦、张元济、陈承泽(慎侯)、江翰经(伯训)等酌定书目。(参见陈谊《夏敬观年谱》,黄山书社2007年版)

胡愈之仍任商务印书馆《东方杂志》编辑。1月15日,在《东方杂志》第15卷第1号上发表《战争与世界古迹之破坏》《外人在华投资之利益》《交通发达与文明之关系》《梦中心灵之交通》等文。2月15日,在《东方杂志》第15卷第2号上发表《世界饥馑史》《拉丁亚美利加诸国与战事之关系》《美国造船业之发达》《战时食物问题》等文。3月15日,在《东方杂志》第15卷第3号上发表《世界饥馑史(续)》《美国妇女选举权运动之成功》《欧美新闻事业概况》《银之小史》《变迁》《坦克大炮》等文。4月15日,在《东方杂志》第15卷第4号上发表《欧美新闻事业概况(续)》《最近造船术之两大发明》等文。(参见朱顺佐、金普森《胡愈之传》及附录《胡愈之生平大事年表》,杭州大学出版社1991年版)

茅盾继续任职于上海商务印书馆编译所。1月5日,在《学生杂志》第5卷第1号发表《一九一八年之学生》,文中云"欧战局势多变",而中国"则自鼎革以还,忽焉六载,根本大法,至今未决,海内蜩螗,刻无宁晷,虚度岁月,暗损利权"。大声呼吁学生"翻然觉悟,革新洗肠,投袂以起"。并对学生提出"革新思想""创造文明""奋斗主义"三点希望。同日,在《学生杂志》第5卷第1号发表与泽民合译美国洛赛尔·彭特(Russell Bond)所著的科学小说《两月中之建筑谭》。4月,在《学生杂志》第5卷第4号发表《〈履人传·乔治·福克思〉论》序跋,认为乔治·福克思因"饮酒上寿"为破清教徒的戒律而弃家出走,和托尔斯泰"出身贵族"而"坚持社会党之均产之说",晚年"与家人抵牾而逃亡",都是伟人的严格自律精神之体现。(参见唐金海、刘长鼎主编《茅盾年谱》,山西高校联合出版社1996年版)

郑贞文年初继续就读于日本东北帝国大学,参与中华学艺社活动。因绝大多数社员反对北洋军阀段祺瑞与日本军阀缔结中日军事协定,郑贞文辍学回国,组织救国团,中华学艺社社务停顿。后应上海商务印书馆编译所所长张元济之聘,到该所任编辑。(参见林华光《一代鸿儒的历史贡献——编译家、教育家、科学家郑贞文》,《炎黄纵横》2018年第1期)

陆费逵继续任中华书局总经理。1月9日,《申报》广告,中华书局出版发行教科书。2月18日,《申报》广告,中华书局民国七年春季开学最廉价最适用之教科书。7月13日,中华书局与维华银团签订三年期贷款造货合同。9月3日,中华书局沈颐去教育部任职,函周支山:"朵山月前北行,局中已与订一局外编辑之特约,专任修订新式中学教科书及新式国民学校秋季国文教授书,按月致送银洋五十元。自九月份起,由尊处按月照送,取回亲笔收据向总局转账。"秋,陆费逵与人组织灵学会,设盛德坛,提倡振兴佛教,主张以佛教为"精神教育"。11月14日,《申报》载消息,觉社研究佛学:沪、汉、京、津间研究佛学者,为昌明佛学,开悟人心起见,取自觉、觉他、觉行、圆满之义,创立觉社,广征同志,以研究佛学,讲演佛理,编印佛书,流通佛经,在沪假中华书局附设觉社出版部,印行太虚法师所著《楞严经》《论道学论衡》及编印《觉社丛书》,按季出版,并请太虚法师赴汉皋讲宣佛乘,组织汉口觉社,设立佛学研究会于圆照寺。近闻黎黄陂等复有请太虚法师,赴京津以开觉社讲经会之议,沪土诸沙门等,以沪上发动在先,不应落后,乃由西门外白云观侧西林庵住持谷云,商同觉社诸人,即以西林庵为觉社在上海建立地,同时即附设佛学研究所、佛书编译所、佛典流通处、佛经阅览处,请太虚法师主持一切,将为中华佛教发展于世界之起点云。12月23日,中华书局制定简明规则 10 条,监察处章程 19 条,均自下年 1 月 1 日起施行。是年,周瘦鹃因中华书局改组而脱离该社。其《瘦鹃短篇小说》由中华书局出版。(参见吴永贵《民国图书出版史编年:1912—1949》,社会科学文献出版社 2018 年版)

吕思勉继续任上海中华书局编辑。3 月,所撰《论国人读书力减退之原因》发表于上海《时事新报》。后又相继发表《职业教育之真际》《学风变迁之原因》及对《佛学易解》《北美瑜珈学说》两书的介绍。以上均为吕思勉早期的文章。秋,为赴沈阳高等师范学校任教,辞去了中华书局的编辑职务,后因故而未能成行。(参见李永圻、张耕华编撰《吕思勉先生年谱长编》,上海古籍出版社 2012 年版)

徐枕亚因与《小说丛报》社发生意见分歧脱离该刊,自办清华书局。6 月 17 日,《申报》载:"清华书局开幕纪念,廉价一月:《雪鸿泪史》《玉梨魂》《余之妻》《双鬟记》《枕亚浪墨》《浪墨续集》《天啸残墨》《谐文大观》《镜中人》,上列各书现归本局经理,小说丛报社并无发售。兹值开幕伊始,特廉价一月,以答阅者。批发对折,零售六折。自阴历五月初五日起至六月初五日止,决不展期,请速批购,幸勿错过。"8 月,徐枕亚主编《小说季刊》正式出版发行。(参见吴永贵《民国图书出版史编年:1912—1949》,社会科学文献出版社 2018 年版)

苦海余生(刘锦江)编《小说俱乐部》月刊 1 月于上海创刊,中华编译所发行,消闲书室出版,仅出 1 期。8 月,上海中华编译社杂志发行《文学杂志》,"以诱进天下学者",学习古文。由苦海余生(刘锦江)编辑,林纾与郑孝胥、马其昶、姚永概、陈衍等 24 人任撰述。9 月,中华编译社发行《文学常识》,由苦海余生(刘锦江)任总纂,林纾、陈衍、胡寄尘、樊增祥、易顺鼎等 9 人为撰述。

按:9 月,苦海余生(刘锦江)在《论小说》中说:"琴南说部译者为多,然非尽人可读也。……恳为而言琴南之小说非尽人可读也? 琴南之小说,不止凌唐、宋,俯视元、明,抑且上追汉、魏。后生小子,甫能识丁,令其阅高古之文字,有不昏欲睡者乎? 故曰琴南之小说非尽人可读。……琴南说部译者为多,然非尽人可读也。他人译说部,常为原本所泥;而琴南不拘于西文,去其赘而补其不足,是译书之第一要诀也。否则中西文字不同,直笔译之,谓能尽善尽美耶? 琴南知此,故视其说部,一篇到底,有线索有意境,直如为文,匪不尽心力而为之,欲其不享盛名,得乎?"(参见张旭、车树异编著《林纾年谱长编:1852—1924》,福建教育出版社 2014 年版)

梁冰弦、刘石心、郑佩刚等 3 月在上海创办《劳动》月刊,吴稚晖、李石曾、黄凌霜、华林、梁冰弦等主要撰稿。

曾琦、张梦九主笔的《救国日报》7 月在上海创刊。

太虚 1 月住宁波观音寺,集东游之诗文、游记,编《东瀛采真录》。以徒弟乘戒去台湾中学林肄业之便,携去由灵泉寺印行。春,应了老之请,出任普陀山前寺知众。8 月,太虚偕昱山、元白等出普陀,游天童、育王,至宝严寺谒奘老。随后与元白等抵沪,与章炳麟、王一亭、蒋作宾、刘仁航(灵华)等在上海发起创立觉社,主张佛化觉世,推蒋作宾任社长以资号召,开始宏扬佛法之新运动。太虚时寓爱多亚路,与章炳麟也是庐为邻,因时相过从。9 月,所著《道学论衡》及《楞严经摄论》由中华书局出版。

按:《道学论衡》乃编集普陀所作(教育新见、哲学正观、订天演宗、破神执论、译著略辨、佛法导论)六种而成。

太虚 10 月应李隐尘(开佐)、陈性白等请,往汉口。8 日,于杨子街寄庐(王国琛家)开讲《大乘起信论》,并编出《大乘起信论略释》,此为太虚弘化武汉之始。11 月,太虚《整理僧伽制度论》开始发表。又主编《觉社丛书》创刊,并宣布《觉社意趣之概要》《觉社丛书出版之宣言》。12月1日,觉社假(李佳白)尚贤堂,由太虚与章炳麟、王与楫等,开佛教讲习会。

按:《觉社丛书出版之宣言》曰:"人间何世?非亚美欧洲诸强国,皆已卷入战祸,各出其全力以苦相抵抗之世乎?民国何日,非南北争斗,……惟一派团体为旗帜,惟个人权利为标准之日乎?铁弹纷射,火焰横飞,赤血成海,白骨参天。加之以水旱之灾,疫疠之浸;所余锋镝疾苦之残生,农泣于野,商困于廛,士无立达之图,工隳精勤之业。哀哀四民,芸芸亿丑,遂相率而流入乎苟生偷活,穷滥无耻之途。不然,则醇酒妇人,嬉笑怒骂,聊以卒岁,聊以纾死。又不然,则远游肥通,海蹈山埋,广朱穆绝交之篇,著嵇康养生之论。又不然,则疑神见鬼,惑己迷人,妖祥杂兴,怪异纷乘(指同善社等)。持世者阿修罗,生存者地狱、饿鬼、畜生,其高者则厌人弃世而独进乎天。嗟嗟!人道几希乎息矣!吾侪何心,乃独皈三宝尊,发四誓愿,以自觉、觉他、觉行圆满之道倡乎!盖将以示如来藏,清人心之源;宏菩萨乘正人道之本也!

当此事变繁剧,思潮复杂之世,征之西洋他教遗言,理乖趣谬,既不足以应人智之要求,轨范人事。征之东洋李孔诸论,亦无力制裁摄持乎人类之心行矣!于是互偏标榜,竞从宗尚,挺荆棘于大道,宝瓦砾为奇珍。晚近更由物质文明之反动,见异思迁,出水入火,播弄精魂,繁兴变怪,要皆未改转其颠倒迷妄之想也。乌乎!菩提所缘,缘苦众生,诸佛菩萨悲愿同切;惟宏佛法,能顺佛心。非一推我佛无上正等正觉之教,平等流入大地人类之心中,转大法轮,咸令自觉;立人之极,建佛之因。……乘斯机缘,建斯觉社,固将宏纲异道,普悟群情,非以徒厌世间独求解脱也。故本社当修自觉行以回向真如,修觉他行以回向法界一切众生。"

按:太虚针对中外政局之苦迫,国内思潮之杂乱,发起此佛化觉世新运动。大师晚年自谓:"少壮的我,曾有拨一代之乱而致全世界于治的雄图,期以人的菩萨心行(无我大悲六度十善),造成人间净土;这是民十年以前的事。"(佛教之中国民族英雄史)所谓"非以徒厌世间独求解脱也",觉世救人之道,在乎"立人之极,建佛之因",以人乘阶梯佛乘,亦始终为太虚法师宏法之根本精神。(以上释印顺编著《太虚法师年谱》,宗教文化出版社1995年版)

张家树从康托尔培里法国耶稣会文学院、哲学院毕业后回国,任徐汇公学副监学兼法文、教理教员。

张謇1月作《军山气象台创办经过概况》《〈军山气象台报告书〉序》。4月13日,与郑孝胥、高凤池、鲍咸昌、叶景葵、张元济、章士钊、高凤谦、郭秉文、俞明颐、梁启超在商务印书馆于上海总商会举行的股东会议上被推为董事。8月21日,在江苏省教育会于上海举行的常会上被选为会长,黄炎培为副会长,沈恩孚、张世鎏、林文钧、庄俞、杨鄂联、吴家煦、刘海粟、蒋昂、陆裕柚、朱亮、卢寿篯、顾树森、陆规亮、邹楫、吴研因、范祥善为干事员。同月,所著《垦牧手牒》由翰墨林编译印书局印刷兼发行。9月8日,参与创办的中华职业教育学校于上海陆家浜迎薰路开学。

按:9月19日,弗雷德里克在美国《耶鲁评论》载《现代城市在中国》,云:南通"是一个可以作为一个现代成功的现实例子的地区,对整个中国来说,能带来强烈的影响","它成为进步中国人心中如同麦加这样的朝圣之地",乃至"一个新中国的证据已经立刻可以呈现"。(《首届张謇研究全国青年学术研讨会论文汇编》,扬州大学社会发展学院、扬州大学张謇研究所2016年承印,第384—385页)

张謇10月10日与黄炎培于《申报》载《江苏省教育会颂词》,祝贺《申报》馆新屋落成。11日,与叶恭绰在中华工程师学会于北京举行的第六届常年大会上被推为名誉会长,詹天佑为会长,邝景阳、华南圭为副会长。10月23日,与熊希龄、蔡元培、王宠惠、庄蕴宽、孙宝琦、周自齐、张一麐、王家襄、谷钟秀、丁世峄、徐佛苏、汪有龄、王克敏、梁善济、籍忠寅、王芝祥、汪贻书、王人文、由宗龙等人发起成立和平期成会,以促南北之统一,大局之和平。11月作《〈南通县教育状况〉序》。12月27日,往哈尔登饭店,参加主张国际税法平等会欢送梁启超一行会议,并致辞。同月与沈寿合拟《雪宦绣谱》完稿。(以上参见庄安正《张謇年谱长编(民国篇)》,上海交通大学出版社 2018 年版)

陈三立 2 月居金陵,为康有为题《九老图》。同月 28 日,姚永概过访,当晚陈三立招饮。5 月,至沪上哭吊瞿鸿禨,遂返金陵。10 月,朱祖谋、王乃徵、胡嗣瑗、陈曾寿等人至金陵探视。11 月,缪荃孙金陵过访。12 月,陈三立妻兄俞明震卒,偕俞明诗往杭州料理丧事,沪上访郑孝胥。12 月,读欧阳竟无《支那内学院简章》,作《支那内学院简章书后》。

按:陈三立《支那内学院简章书后》曰:"越十有余岁,居士高弟子宜黄欧阳君,复图建支那内学院,踵前规,恢而益备,以续居士未竟之志。余诵其科目简章,踊跃而歓歙。区区之怀,盖以为世变环转而靡持之者陷溺不出,无往而非阶乱造劫之具而已。谬冀进之悲智、清净之要道,涵泳人心,窥本真,淡嗜欲,淑其才而维其世业,挽穷无复之运会于百一,非侈导于生天作祖,为余所不测者也。余老矣,海内忧世宏济之君子,煦而董之,翼而成之,庶乎了此一大事。为因为果,俱不可思议。戊午冬月陈三立。"(参见李开军《陈三立年谱长编》,中华书局 2014 年版)

叶德辉 1 月 1 日夜于苏州寓舍将亲校《书目答问》赠书商杨寿祺。30 日,以《六书古微》复校底本送曹元忠,并跋。3 月初,至上海。3 日,于上海购得乾隆刻本《青蝼遗稿》,约同日作跋。4 日,作《致缪荃孙四七》。味其义,似已于王先谦去世后,接管长沙官方刻书资源残局。因资金不敷,以所藏传南宋道士葛长庚(白玉蟾)手书《道德经》册抵押与刘承幹,请缪荃孙中保,贷款票银一千两。4 月 13 日,于苏州清嘉坊泰仁里寓舍跋汲古阁本《校宋本公羊传注疏》。同月,跋抄本《藏山阁存稿》;约因朱锡梁以龙启瑞《古韵通说》相质,为作《龙启瑞古韵通说书后》。5 月 14 日,作《星命真原序》,跋《孝经大义》。6 月 17 日,跋明嘉靖刻本《纯正蒙求》。7 月某日,吴湖帆访叶德辉于苏州寓所。次日,叶德辉回访,又为吴湖帆藏吴大澂遗作题跋。约在苏州时,曾接待来访之日人后藤朝太郎。别后又有信致后藤,即《与日本后藤朝太郎论古篆书》。11 日前后,叶启鉴作《郋园读书志后序》,可知是书此时已基本编竣。

按:《序》略云:"大伯父吏部君(指叶德辉)收藏四十年,于宋元明抄外,尤好收国朝诸儒家塾精校精刊之本,兴之所至,每有题跋,夹于卷中。尚农(叶启倬)、习斋(叶启慕)两从兄先后抄呈,请授梓人。因命启鉴为之诠次。其中近刻多而宋元少者,大伯父恒言,各家藏书题跋、日记,于宋元佳处已详尽靡遗,虽有收藏,无庸置论。惟明刊近刻,他人所不措意者,宜亟亟为之表彰,此亦他日续修四库全书之蓝本也。"

叶德辉侄叶启元 8 月 1 日作《刻学山集书后》。4 日,叶德辉作《求古居宋本书目叙》。12 日、14 日,于苏州两跋明嘉靖刻本《岳麓书院图志》。15 日,为吴湖帆藏吴大澂遗作撰《两汉名人印考序》。约此时以后,叶德辉对《说文》前古文字遗迹之疑逐渐释然,并尝试利用古器物铭文演绎古文字递嬗。9 月 15 日,于上海旅寓跋万历本《湖湘校士录》。11 月 21 日,缪荃孙《书林清话序》定稿。后刊于叶德辉《书林清话》卷首。下旬,罗寿昌曾在上海与叶德辉商榷印刷出版事宜。约 12 月中旬,叶德辉回长沙。当时张敬尧为湖南督军,叶德辉曾与通信。张敬尧即请归长沙,许以省通志编纂局长。叶德辉归长沙与晤,婉拒编纂局长一职,而为侄叶启元谋得厘金局事。是年,编本年诗作为《还吴集·戊午》。《修辞鉴衡》2 卷、《求古居宋本书目》1 卷、《分干诗抄》4 卷发刊。(参见王逸明、李璞《叶德辉年谱》,学苑出版社 2012 年版)

郭秉文时任南京高等师范学校教务主任。3 月 21 日,江谦因病辞南京高等师范学校校长职,教育总长傅增湘批示由教务主任郭秉文代理校长。4 月,教育部普通司函令本校增设国文讲习所。同月 20 日,代理校长郭秉文参加教育部召开的高等师范学校校长会议。23

日,江苏省立各学校在本校运动场联合举行运动会。5月,陶行知任教育学主任教员。6月,本校增设教育专修科。9月,严济慈入本校理化部物理系学习,1923年毕业。12月,省教育厅函饬本校举办60县国语讲习科,学员由各县选派。是年,本校有教职员90多人,学生253人,毕业生80人,年经费25万余元。(参见南京大学高教研究所编《南京大学大事记1902—1988》,南京大学出版社1989年版)

陶行知3月因南京高师原教务主任郭秉文代理校长而代理教务主任。春末支持南京高师学生建立教育研究会,被推选为该会指导员。在成立大会上演讲《教育研究法》。4月,《试验主义之教育方法》刊于《金陵光》第9卷第4期。5月,南京高师成立教育专修科,被聘为该科主任。同月,在学校校务会议上主张将"教授法"改为"教学法",辩论后未获通过,故不接受教育专修科主任名义。11月3日,以中华职业教育社评议员和特约撰述员身份,在《教育与职业》上发表《生利主义之职业教育》,明确指出生活与教育不能分离的关系。(参见余子侠编《中国近代思想家文库·陶行知卷》及附录《陶行知年谱简编》,中国人民大学出版社2015年版;江苏省陶行知研究会、南京师范大学编《陶行知文集》下附录《陶行知生平年表》,江苏教育出版社2008年版)

胡先骕上半年仍在南昌任实业厅技术员。夏,受国立南京高等师范学校代理校长郭秉文聘请,任该校农林专修科教授。9月,只身往南京,任教于南京高等师范学校。自此之后,胡先骕终生从事科学教学和研究,未曾改变。刚到校时,郭秉文设宴于梅庵,欢迎新聘之教员,从此梅庵遂成胡先骕终生难忘之场所。同月,始与乡贤前辈、诗坛祭酒陈三立游,得到提携。秋,在南高与文科教授王瀣、柳诒徵过从亦密。12月13日,杨杏佛自上海往汉阳铁厂工作,途经南京,访问南京高等师范学校,与中国科学社同人谈《科学》杂志编辑人选事宜。(参见胡宗刚《胡先骕先生年谱长编》,江西教育出版社2007年版;沈卫威《学衡派编年文事》,南京大学出版社2015年版)

柳诒徵继续任教于南京高等师范学校,讲授"中国文明史"课程。9月26日,学生杨贤江始聆《中国文明史讲义》,认为柳老师学有根柢,擅长考据而论议尤创建,具特识。"谓文明发源于高山而发达在河流,既引地形先海后陆,先山后川之说,又引历史太古氏族先居山后移河之事实,以证其确实。又谓林烝为古酋长之称,以古时民居丘陵,以多林为贵,'烝'与'蒸'通,训作薪。古代就薪取火,非如今之易得,故宝之。今人则号取山人,犹是古人喜山居之遗意。孟子谓'得乎丘民而为天子',丘民即民之群居于山者也。以此证明先民居山,尤为确论。"(参见潘懋元等主编《杨贤江年谱长编》,光明日报出版社2005年版)

郑晓沧获哥伦比亚大学教育硕士学位。回国后,任南京高等师范及国立东南大学教育学教授。10月25日,学生杨贤江到由陶行知、郑晓沧二先生讲解的班上旁听。11月6日下午,杨贤江访郑晓沧先生,问教育书难字难句,兼询各种会话。蒙恳切指示,颇得益,甚感。(参见潘懋元等主编《杨贤江年谱长编》,光明日报出版社2005年版)

吴有训在刚从美国哈佛大学留学归来、任教于南京高等师范学校的青年学者胡刚复教授的指导下,对X射线研究产生浓厚兴趣。(参见徐文镐《吴有训年谱》,《中国科技史料》1997年第4期)

孙本文北京大学哲学系毕业后在南京高等师范学校附属中学任国文和哲学教员。

杨贤江继续就读于南京高等师范学校。10月30日,认为"文章之形式可分为畅达、精当、美妙、简明、稳健、清逸之六种。第一种,梁任公文属之;第二种,章太炎文属之;第三种,陈栩园、刘灵华之文属之;第四种,蔡孑民文属之;第五种之文,严几道文当之;第六种之文,尚未见其人焉(皆限近代文人)"。认为自己所作"近乎畅达,然无如梁之豪放",并认为"此派文不可再学。当取精当、美妙一流文字,药吾冗芜平枯之病焉"。是年,与武汉中华大学学生恽代英通讯,开始讨论改造社会的问题。(参见潘懋元等主编《杨贤江年谱长编》,光明日报出版社2005年版)

任鸿隽归国后,倾力筹划中国科学社,以期促进科学社事业的维持和发展。其间,多次造访孙中山,协助校读其所著《孙文学说》中的有关科学内容。其与同仁在美国创办的中国科学社的办事机构迁回国内,设总社于南京高等师范学校。任鸿隽与胡明复、赵元任、唐钺、周仁、竺可桢、邹秉文、孙洪芬、孙昌克、过探先、钱天鹤当选为中国科学社理事。11月7日,任鸿隽致蔡元培函刊于《北京大学日刊》第三版"通信"栏,原题为"科学社社长任君鸿隽致校长函",略谓:"前月二十六日由美抵沪,读先生致胡明复书,知北京大学编译处月助《科学》印刷费二百元,极感公谊。所示交换条件三件,科学社同人认为彼此交益,举无异议。关于调查书籍事务,已由鸿隽缄达在美分股委员会长陆君费执,嘱将从前已经着手调查之书籍名目重加厘定,未全者补之,不足者增之。期尽本年新出书籍为止,于半年以内汇齐寄交北京大学,以凭择购。至购书一事,本社去年曾与美国各书店交涉,援优待学界例,对于本社购书,特别减价已得允许者计十余家。北京大学购书,如在本社特约之书店内者,当然能享此种权利。""抑鸿隽尚有请者,此次大学编译处与科学社之助金,及其交换条件可否于《科学》杂志发表,敬祈示知。又本社现拟筹集基本金三万元,为设立事务所、图书室及维持杂志等用,拟请先生及范静生、胡敦复二先生为基金监察员,以取信于社会。先生当不推拒。募捐时,尤拟借重大力为之提倡,庶几登高一呼,应者必众。"12月7日,与杨杏佛、胡明复、邹秉文等商议为科学社筹款事,决定发起"五万元基金"募集活动,先后到上海、杭州、广州、南通、南京、武汉、成都、重庆等地进行演说,宣传科学,募集资金,并获得了孙中山、徐世昌、伍廷芳、马相伯、梁启超、张謇、蔡元培等各界人士的支持。12月底,为募集基金,赴广州走访岑春煊、伍廷芳、汪精卫等人。(参见赵慧芝《任鸿隽年谱》,《中国科技史杂志》1988年第2期;樊洪业、潘涛、王勇忠编《中国近代思想家文库·任鸿隽卷》附录《任鸿隽年谱简编》,中国人民大学出版社2014年版;耿云志《胡适年谱》,四川人民出版社1989年版)

叶圣陶在甪直吴县第五高等小学校执教。与在北京大学读书的顾颉刚、俞平伯等书信往来频繁,与王伯祥等组织甪直镇教育会,研究革命教育诸问题。帮助顾颉刚收集苏州民歌。1月,叶圣陶已经开始用白话写小说。夏,叶圣陶与王伯祥邀顾颉刚到甪直,共赏保圣寺古塑罗汉。叶圣陶和王伯祥鼓励顾颉刚精心研究。

　　按:顾颉刚认为罗汉是唐杨惠之所塑,呼吁募金修缮,于一九二三年得蔡元培、马叙伦等的支持,成立了保存甪直唐塑委员会,改建大殿,古塑得以保存。(参见商金林编《叶圣陶年谱》,江苏教育出版社1986年版)

钱穆继续任梅村镇县四高小教职。夏,七房桥五世同堂于四年遭火灾后,又遭回禄之灾,无屋可居,乃又迁家至荡口镇。为朝夕侍养母亲,乃辞梅村镇县四高小教职,回荡口镇鸿模学校任教。《论语文解》积年所写已成一书,邮寄上海商务印书馆出版,此为钱穆正式著书之第一部。(参见韩复智编著《钱穆先生学术年谱》,中央编译出版社2012年版)

朱亦松毕业于南京金陵大学,获文学学士学位。

须家桢9月在江苏宝山县创办私立中华体育学校。

朱士杰加入苏州美术学会,常与颜文梁、徐悲鸿等人研究绘画。

欧阳予倩在江苏南通组建伶工学社和更俗剧场,培养戏曲人才。(参见景李斌《欧阳予倩

年谱(1889—1962)》,中国戏剧出版社 2019 年版)

　　刘天华是夏从沈肇州先生学习琵琶。本年前后开始创作《病中吟》《月夜》《空山鸟语》等曲成初稿。(参见秦启明《刘天华年谱》,《艺苑》1987 年第 3 期;方立平编《刘天华年谱》,载《刘天华记忆与研究集成》,上海教育出版社 2009 年版)

　　欧阳竟无 11 月在金陵刻经处研究部设支那内学院筹备处,发布《支那内学院简章》。12 月,沈曾植作《支那内学院缘起》,陈三立作《支那内学院简章书后》。是年,吕澂应欧阳竟无之邀,回到金陵刻经处,协助其做内院的筹备工作。(参见徐清祥《欧阳竟无评传》及附录一《欧阳渐学术行年简表》,百花洲文艺出版社 2010 年版;徐清祥编《欧阳竟无先生学术年表》,载欧阳竟无《欧阳竟无内外学》,商务印书馆 2017 年版;杨剑锋《陈三立年谱简编》,《中国韵文学刊》2007 年第 1 期;李开军《陈三立年谱长编》,中华书局 2014 年版)

　　马一浮 2 月 18 日送彭逊之于虎跑定慧寺雍染出家。9 月,亲送李叔同到西湖灵隐寺受比丘戒。2 月 14 日,致书谢无量,随信附与蒋再唐论儒佛异同的书札。3 月,读蒋再唐撰《华严答记》而引发儒佛义的思考,并由此建构其"儒佛观"的思想框架。6 月 13 日,致书李叔同(音公居士),寄去《三藏法数》第四册、《天亲菩萨发菩提心论》二册、《劝发菩提心文》、《净土论》。12 月 22 日,作《重印姚氏〈古文辞类纂〉、王氏〈续古文辞类纂〉序》。是年,致书曹赤霞、彭逊之等论佛。(参见张雨晴《马一浮学术年谱整理(1911—1949)及其儒学践履活动研究》,贵州大学硕士学位论文,2019 年)

　　汪东 8 月在象山任知事,复函宁波旅沪同乡会,赞成其禁止运销烟土提议。9 月 19 日,卸任象山知事,其重修文庙之创议,未及兴工。10 月,转任於潜知事。秋,有《忆帝京》词寄黄侃,寄时在北京大学任教的同门黄侃。冬,在於潜知事任,尝偕临安知事李照忱游东西天日山。(参见薛玉坤《汪东年谱》,河南文艺出版社 2016 年版)

　　李叔同 2 月 18 日参加彭逊之的剃度仪式,受到感动而皈依为在家弟子,取名为演者,号弘一。8 月 19 日,在杭州虎跑寺剃度为僧。10 月,至灵隐寺受戒,马一浮前去探望,送其《灵峰昆尼事义集要》《宝华传戒正范》。后云游温州、新城贝山、普陀、厦门、泉州、漳州等地讲律,并从事佛学南山律的撰著。(参见张雨晴《马一浮学术年谱整理(1911—1949)及其儒学践履活动研究》,贵州大学硕士学位论文,2019 年)

　　夏衍在浙江省立甲种工业学校学习期间,参加关于反日爱国的讨论,结识浙江第一师范的俞秀松、宣中华、施存统等进步青年。(参见沈宁、沈旦华、沈芸编《夏衍全集·书信日记》,浙江文艺出版社 2005 年版)

　　常书鸿考入浙江省立甲种工业学校(浙江大学前身)预科,学习染织专业。

　　夏承焘毕业于浙江省立第十师范学校。

　　吴玉章 1 月受新任四川靖国各军总司令熊克武委派,作为四川代表出席广州军政府政务会议。2 月,吴玉章到达广州,晤孙中山等人。3 月 25 日,吴玉章出席上海华法教育会成立会议,与法国公立学校校长高博爱分任该会中、法方评议员,同时开办法文专修学校。3 月,四川华法教育分会成立,吴玉章任名誉赞助员;成都留法勤工俭学预备学校开办,任名誉校长。因所负责的华法教育会工作尚须交代,吴玉章复返北京。4 月中旬,吴玉章再赴上海,作为四川驻沪粤代表,在德兴里招待所设立办事处。同月,四川留法勤工俭学预备学校开学,共 4 班学生,有陈毅等 150 余人。5 月,吴玉章在上海支持反对《中日共同防敌军事协定》的"拒签亡国之约"运动并捐款。6 月,吴玉章至广州出席军政府政务会议。7 月初,吴玉章被军政府派往上海说服孙中山就职,遂至上海莫里哀路孙中山寓所,与在病榻上的孙中山交谈。

按：吴玉章向拒绝就任总裁的孙中山陈情说："我们作革命运动的人，不能脱离群众，也不能脱离政治舞台。现在他们不得已勉强表示与您合作，如您谢绝，正如他们所愿。他们还在假护法的招牌，群众还不知他们的坏处，故必同他们合作，以表示巩固反对北洋军阀的统一战线之苦心。"孙中山答应"可以派个代表去"。

吴玉章 7 月中旬返粤。9 月，吴玉章为在西南推动赴法勤工俭学，着手在广州筹办孔德学校，并在东南亚华侨中募集经费；致信李石曾，促他往南方和越南一行。10 月 11 日，李石曾来信力促北上。19 日，吴玉章与伍廷芳、岑春煊、汪精卫四人联合署名，致电北京，祝贺"中法学务联合会"与"协进公会"大会的召开。31 日，吴玉章联合各省各军代表，在政务会上提出组织外交调查会的动议，获政务会议通过。11 月，吴玉章任外交调查会副会长，会长伍廷芳。（参见刘文耀、杨世元《吴玉章年谱》，四川人民出版社 1998 年版）

廖平任成都高等师范教授。7 月初，归井研，为子孙分爨。19 日，廖平赴成都，复任国学学校校长。8 月，国学学校易名为公立四川国学专门学校。12 月，刊旧作《礼记识》2 卷、《易说》1 卷。撰成《伤寒古本订补》1 卷，辑《伤寒杂病论古本》18 卷。是年，为廖平学说五变时期，以六书、文字皆出孔子。（参见廖幼平编《廖季平年谱》，巴蜀书社 1985 年版）

董必武是春在成都，得知俄国十月革命消息后，写信给在日本的友人，探询情况，索取资料。3 月，应鄂西靖国军总司令蔡济民的邀请，和姚汝婴离成都，途经简阳、乐至、顺庆（今南充）、合川、重庆、万县等地，抵利川蔡济民部驻地。蔡济民留他们在总司令部任秘书职务，共谋反对北洋军阀的护法斗争。是年，济民经常在利川县教堂中借阅英文报纸，以浓厚兴趣阅读报上有关十月革命的新闻，对人民革命的胜利深感敬佩，新思想开始在头脑中激荡。（参见《董必武年谱》编辑组编《董必武年谱》，中央文献出版社 1991 年版）

吴虞 2 月 11 日校毕《爱智庐杂言诗录》。3 月 1 日，孙少荆请吴虞作《民治日报缘起》，吴虞为定其名曰《民知日刊》，并作《缘起》一文。5 月 16 日，省法政学堂校长熊小岩聘请吴虞出任教席，专任法制史，此为其被徐炯逐出教育界后首次复出讲席。10 月 21 日，收到吴之英讣告。10 月 26 日，吴虞作联挽吴之英。（参见朱玉、孙文周《吴虞年谱简编》，《吴虞诗词研究与整理》附录一，河南文艺出版社 2016 年版）

蒙文通在杨家沟修整一破庙开馆办学。盐亭三河乡人杨升庵，早年出入释老，颇遇异人，每得秘术，后幡然有悟于孔孟之道，一以宋明理学为归而尽弃其旧学，居笼子寨设馆授徒。蒙文通可能在本年前后曾就杨氏受学，故于丁卯年为杨所著《韬晦集》作序云："达受学于先生之门几十年矣。"（参见王承军《蒙文通先生年谱长编》，中华书局 2012 年版）

赵铁桥主持的《戊午周报》5 月 15 日在成都创刊，此为四川部分国民党人办的综合性刊物。该刊以针对时势、辨义哲理为主旨，设有撰述、评论、译述等 7 个栏目，重点登载政论、法律、教育等方面的文章，亦登载过蔡元培、汪精卫、胡适等社会名流的文章。主要撰稿人有鹤唳、剑鸣、鸿隽等。

按：《戊午周报》共出版 51 期，是研究民国初期四川问题的重要文献。

谢无量数次受北京大学校长蔡元培、文科学长陈独秀邀请往北京大学任教，然因正忙于与孙中山商量北伐事宜，并为中华书局编撰《中国大文学史》《诗学指南》《词学指南》《骈文指南》等书，故未克前往。其时，陈独秀、胡适等倡导白话文，提倡民主与科学，谢无量与钱玄同、高一涵、沈尹默、傅斯年、刘半农等积极响应，发表《文各有志》等多篇文章。10 月，谢无量《中国大文学史》由上海中华书局印行，吴兴王文濡撰序。此书是早年有影响的第一部由上古至清代的文学通史,初步建构起中国历代文学发展的历史进程,具有开创意义。

按:此书采用与黄人、曾毅《中国文学史》相同的分期法,即把中国文学史分作上古、中古、近古、近世四个时期,每个时期又以朝代为序,以每一时段典型作家或常见流派为中心与重点展开论述。全书共分五编,六十三章,一百六十节。范围扩及文学、经学、文字学、诸子哲学乃至史学和理学;体例上融流派、宗派、法律、纪事、杂评、叙传、总集七种体例为一体;论述上,远溯起始,述其源流,叙其盛衰,对作品,其人其事其作相结合;材料上,多引史传、笔记、文评、诗话等基本史料作为评价与立论的依据。堪称中国率先出版的一部体制庞大、内容广博的文学史。(参见刘长荣、何兴明编《谢无量年谱》《文教资料》2001年第3期;彭华《谢无量年谱》,载《儒藏论坛》第三辑,四川大学出版社2009年版;付祥喜《20世纪前期中国文学史写作编年研究》,北京师范大学出版社2013年版)

熊十力赴广州参加孙中山领导的护法运动,居广州半年之后,痛感党人绝无在身心上做工夫者,念党人竞权争利,革命终无善果,对政治、政党颇觉失望。护法运动失败后,遂脱离政界,慨然向学。6月,熊十力由广州经上海、庐山回德安,致力于儒佛两家的学术研究。在上海期间,与老友张纯一相过从。在匡庐题壁有"数荆湖过客,濂溪而后我重来"。秋,汇集1916年以来的笔札25则,编成《熊子真心书》,自印行世。11月15日,蔡元培为之序。

按:蔡元培《序》曰:"余创进德会于北京大学,熊子由远道贻书赞助,极声应气求之雅,余固已识熊子之志行所在矣。已而复以其笔札所遗,汇而录之曰《心书》者,邮寄相示……愈以知熊子之所得者至深且远,而非时流之逐于物欲者比也。自改革以还,纲维既决,而神奸之窃弄政柄者,又复挟其利禄威刑之具,投人类之劣根性以煽诱之,于是乎廉耻道丧,而人禽遂几于杂揉。……呜呼,'履霜坚冰至',是真人心世道之殷忧矣。今观熊子之学,贯通百家,融会儒佛,其究也,乃欲以老氏清净寡欲之旨,养其至大至刚之气,富哉言乎!遵斯道也以行,本淡泊明志之操,收宁静致远之效,庶几横流可挽,而大道亦无事乎他求矣。"(《心书》,1918年自印本)(参见蔡仁厚《熊十力先生学行年表》,明文书局1987年版;叶贤恩《天地间一个读书人——熊十力传》附录《熊十力年表》,湖北人民出版社2010年版;高平叔编著《蔡元培年谱长编》,人民教育出版社1996年版)

陈去病中秋前离杭泛海去粤,参加护法,抵广州任参议院秘书长等职。重过汕头潮阳县韩江,晤南社老友林一厂、谢良牧、邓尔雅等,作《重过韩江分赠》七首,分赠诸友。(参见俞前、殷安如《陈去病年谱简编》,吴江市政协学习和文史委员会编《吴江文史资料》第18辑)

陈垣自日本回国后住香港。是年编写《基督教史目录》。10月,与叶恭绰、郑洪年游大同云冈石窟,并撰写《记大同武州山石窟寺》;校勘《铎书》完毕,并撰《重刊铎书序》,撰写完成《休宁金声传》。(参见刘乃和、周少川、王明泽《陈垣年谱配图长编》,辽海出版社2000年版)

沈钧儒3月赴汉口、九江。4月初,抵上海,将母亲灵柩运至嘉兴安葬。4月中旬,全家南下,居苏州西美巷。6月25日晚,访鲁迅于其京寓。7月,全家迁居上海爱文义路(今北京西路)联珠里1451号。7月27日,选补为护法军政府参议院浙江省议员。31日,乘船经香港抵达广州。9月,参加广州基督教青年会,为普通会员。是年秋至次年春夏主要在广州,参加参议院活动,提出《劝于促进制宪办法第六条之研究》意见书,同时潜心研究佛经,学习英语。(参见沈谱、沈人骅编《沈钧儒年谱》,中国文史出版社1992年版)

廖平子为社长、冯报励为总编辑的《天声日报》5月于广州创刊。

容肇祖撰写短文、诗和笔记,刊登于广东高等师范高师杂志。(参见莞城图书馆编《容肇祖文集》(一)《自传》,齐鲁书社2013年版)

萧子升3月31日来湖南第一师范看望胞弟萧子暲,交阅毛泽东草拟的学会简章,建议学会命名为新民会。

李石岑刚从日本回国来到长沙,比他小一岁的毛泽东专门请他到湘江教授游泳技术。

毛泽东当时兴趣盎然写了"会当水击三千里，自信人生二百年"的诗句。李石岑曾著有《游泳新术》。

伍芋农、杨绩荪、陶菊隐 9 月在湖南长沙创办《湖南日报》。

曾宝荪 9 月 12 日与其堂弟曾约农在长沙城北浩园创办艺芳中学，并任校长。

按：曾宝荪为曾国藩的曾孙女，是个有点另类的奇女子：她本出自儒教理学家族，却入了基督教；既是诗学大家之女，却又考得伦敦大学理科学士学位，成为中国第一个理科女学士。

刘少奇因上年 10 月湖南陆军讲武堂解散，离开学校，回到家乡复习功课，准备报考大学。阅读《御批增补袁了凡纲鉴》和《御撰资治通鉴纲目》等历史书籍。（参见中共中央文献研究室编《刘少奇年谱（1898—1969）》，中央文献出版社 1996 年版）

张瑄继续任武昌高师校长。11 月，武昌高师举行开办 5 周年纪念活动，同时向教育部报告"本校现时状况及未来 5 年之计划"。这份记载张瑄校长当年雄心的报告已经遗失，但与这份报告一起上报的一份武昌高师校园平面图却能给我们一些启示。从这张图看，当时的学校规划得十分得体，教室、图书馆、宿舍、自习室以及其他生活设施已比较完善。学校的长远规划还有分年建造的"口"字型教学楼。借此机会，张瑄校长还主持制定了学校的徽章（校徽），并将"国立武昌高等师范学校"10 个字用银铂制成篆字体，以佩戴于校服的衣领两侧。学生在校均需着校服，每当全校学生集合后，校徽和领章银光闪闪，颇为壮观。是年，武昌高师在校执教员已增加到 33 人。新创刊的刊物有《国立武昌高师博物学会杂志》（季刊）、《新空气》、《国立武昌高师数理学会杂志》（半年刊）、《国立武昌高师同窗会志》、《国立武昌高师周报》。

按：当年武昌高师在校 33 名执教员名单与专业如下：陈锦章（教地质、矿物）、张锡周（教英语、西史）、黄际遇（教数学、物理）、吴景鸿（教伦理、论理）、姚明辉（教历史、地理）、华尔伟（教英语、德文）、顾文爱（教英语）、林立（教哲学、美学、英语）、竺可桢（教天文、气象、地理）、张珽（教植物）、王其澍（教动物）、艾华（教教育史、心理学）、王基荣（教化学）、方兴楚（教数学）、李芳柏（教物理）、陈辛恒（教英语）、王海铸（教动物）、孙璨（教教授法、教育）、吴竞（教英语）、钟正懋（教中国历史）、黄传霖（教体育）、张运鸿（教兵式操、体操）、王立敬（教普通操、体操、音乐）、童序埙（教国文）、李文藻（教国文）、黄福（教国文）、周毓文（教物理、矿物、日语）、曾公智（教农学）、曾韵松（教法制、经济）、谭骙（教伦理）、廖立勖（教注音字母、国语）、汪孔祁（教手工、国画）、王葆心（教国文）。（参见吴贻谷主编《武汉大学校史（1893—1993）》，武汉大学出版社 1993 年版）

竺可桢是年夏获哈佛大学博士学位。9 月 4 日，乘日本"皇后号"轮抵达上海，受到寰球中国学生会代表的欢迎。同船到达的还有郑晓沧等。回国前已应约就职于武昌高等师范学校。竺可桢回国时有两条路可选择，一是到中央观象台工作，一是到大学教书。当时的中央观象台规模很小，并未开展气象业务，故决计到大学教书。当时南京高等师范学校和武武昌高等师范学校同时相约，因为武高薪水较高，竺可桢就选择了武高。到校后，竺可桢在博物地学部主授地理，并在数学物理部毕业班讲授天文气象课。原用教材皆陈旧，即以主要精力按新观点试编讲义。平时经常参加校内博物学会、数理学会等的活动，作学术讲演；课外常带领学生旅行或参观实习。在校期间受业学生有辛树帜、章伯钧等。（参见李玉海编《竺可桢年谱简编》，气象出版社 2010 年版）

恽代英 6 月作《力行救国论》一文，指出"今日欲救国家，惟有力行二字"。"力行者，切实而勇猛之实行是也"。强调救国不在空谈，贵在力行。该文载于 1918 年 11 月《青年进步》第 17 册。7 月，以优异成绩毕业于中华大学，并留校任附中部主任。（参见刘辉编《中国近

代思想家文库·恽代英卷》附录《恽代英年谱简编》,中国人民大学出版社 2015 年版)

　　余家菊 4 月 27 日受恽代英之邀至武昌青年会,成立仁社,"以群策群力之功,达成己成人为之鹄"。6 月 18 日,中华大学校长陈时约先生、恽代英、冼震谈话,表达了希望他们留校工作之意。7 月 2 日,本科毕业。上午毕业典礼。下午 4 时至校,陈时校长正式聘请恽代英为中学部主任,余家菊为中学部学监,冼震为中学部教师。是年,继续在汉口民新小学兼英文夜课。(参见余子侠、郑刚编《中国近代思想家文库·余家菊卷》,中国人民大学出版社.2013 年版)

　　陈柱继续任广西省立梧州中学校长,为苏寓庸《丛桂山诗》作序。(参见张京华、王玉清《陈柱学术年谱》,《广西社会科学》2007 年第 2 期)

　　苏雪林初识毕业于北京女子师范的庐隐。5 月,安徽省教育行政会议期间,邀请教育界名流来安庆演讲,其中有刚从美国留学归来的陶行知先生,他为省立第一师范学校及省立第一女子师范学校作《师范生应有之观念》专题演讲。两校学生共同聆听了这位教育家的演讲。陶行知先生说:"教育为儿童需要之事业,教育为社会需要之事业,教育为师范生终生之事业。""教育能造文化,则能造人;能造人,则能造国。"这场重要的演讲,令当时的安徽教育界耳目一新,也对年轻的教员苏雪林产生了重大的影响,使她坚守了终生以教育为职志的信念。(参见沈晖编著《苏雪林年谱长编》,安徽文艺出版社 2017 年版)

　　王献唐回山东济南,任《山东日报》《山东商务日报》编辑。在《青年声》上发表小说《汪和鼎》。(参见张书学、李勇慧《王献唐年谱长编》,华东师范大学出版社 2017 年版)

　　赵太侔北京大学英文系毕业后,回济南任山东省立第一中学教师,并在省立第一师范兼英语课。

　　王拱璧 4 月受中国留日学生总会派遣回国,在济南、开封、上海等地开展抵制日货活动。

　　王尽美得知省城济南有官费学校可以报考,赴济南求学并考入山东省立第一师范读书。

　　吴稚晖在天津唐山路矿学校任国文教员。1 月,发表《致钱玄同君论注音字母书》,就汉语拼音主张与方案发表意见,谓"自三十年以来,外人之著作勿论外,国人之从事于此事者,有数十家,任择一家而用之,二五犹之一十均可合用;当日王小航、劳玉初两先生之所作,尤近适当"。3 月,在《劳动》第 1 卷第 1 号发表《论工党不兴由于工学不盛》。7 月,在《劳动杂志》第 1 卷第 5 号发表《机器促进大同说》。10 月,在《新青年》第 5 卷第 5 号发表《补救中国文字之方法若何?》。11 月,发表《海外中国大学末议》,助推青年学生赴英法等国留学。是年,所编《国音字典》出版。

　　按:1917 年 7 月,吴稚晖受邀编辑《国音字典》,按照读音统一会审定的国音汇编,并按《康熙字典》部首排列整理,编定 13700 余字,命名为《国音字典》,至是年出版。(参见金以林、马思宇编《中国近代思想家文库·吴稚晖卷》附录《吴稚晖年谱简编》,中国人民大学出版社 2015 年版)

　　张彭春任南开学校专门部主任兼代理校长。是年,张彭春主创的五幕剧《新村正》,更宣告"中国现代戏剧结束了它的萌芽期——文明新戏时期,而迈入了历史的新阶段"。

　　李涛痕 12 月在天津创办并主编《春柳》戏剧杂志,主要刊登有关新剧(话剧)和戏曲的评论及剧本。共出 8 期,次年 10 月终刊。

　　赵景深进天津南开中学,追随周恩来包围直隶省政府公署,并向天津警察厅长杨以德请愿。翻译《安徒生童话》(4 年后出版专集),是介绍安徒生作品到我国来的第一人。(参见赵易林编《赵景深的学术道路》,山西古籍出版社 2004 年版)

嵇文甫 6 月毕业于北京大学,在开封第一师范教中国文学。

董作宾毕业于河南南阳实单学校,考入河南育才馆,师从时经训学习商简。

张复生任社长兼主笔的《国际协报》8 月 1 日在吉林长春创刊。

范文澜经许寿裳介绍,到沈阳高等师范学校教课半年。下半年到河南汲县教中学,继续在此教书 3 年。(范文澜《中国通史简编》附录《范文澜先生学术年表》,商务印书馆 2010 年版)

梁启超 1 月 12 日接张君劢书,论发起松社的目的和功用。2 月,筹划出国游历。3 月,摒绝百事,专力于通史撰作,数月间成十余万言。7、8 月间,致书陈叔通,商松社开会和拟办杂志各事。至 8、9 月间,因通史著述过勤,致患呕血病甚久。9 月,通史之作遂搁笔,转而读佛书。

按:通史之成稿者有《太古及三代载记》(含《三苗九黎蚩尤考》《洪水考》《古代民百姓释义》)《纪夏殷王业》(含《论后代河流》《禹贡九州考》《又禹贡九州考》)《春秋载记》《战国载记》《志语言文学》《志三代宗教礼学》《列子批注》。

梁启超于 10 月 23 日与熊希龄等通电发起和平期成会后,各方多有接洽,但未参与。30 日,接袁思亮曾书,除论和平运动外,并劝先生乘时联合同志从事讲学事业。11 月 7 日,经徐振飞致书介绍始识胡适。20 日,接胡适书,论墨学并道求见之意。

按:胡适致梁启超书曰:"任公先生有道:秋初晤徐振飞先生,知拙著《墨家哲学》颇蒙先生嘉许,徐先生并言先生有墨学材料甚多,愿出以见示。适近作《墨辩新诂》,尚未脱稿,极思一见先生所集材料,惟彼时适先生有吐血之恙,故未敢通书左右,近闻贵恙已愈,又时于《国民公报》中奉读大著,知先生近来已复理文字旧业,适后日(十一月二十二日)将来天津南开学校演说,拟留津一日,甚思假此机会趋谒先生,一以慰生平渴思之怀,一以便面承先生关于墨学之教诲,倘蒙赐观所集墨学材料,尤所感谢。适亦知先生近为欧战和议问题操心,或未必有余暇接见生客,故乞振飞先生为之绍介,拟于二十三日(星期六)上午十一时趋访先生,作二十分钟之谈话,不知先生能许之否? 适到津后,当再以电话达尊宅,取进止。"(民国七年十一月二十日胡适《致任公先生书》)

梁启超 12 月筹划赴欧洲考察计划进展顺利,是月初旬与大总统徐世昌接洽数次,并与驻京各国公使周旋一切。23 日,偕蒋百里、丁文江、张君劢、刘子楷、徐振飞、杨鼎甫由北京启程。蒋百里负责军事问题。次日一早,在天津与刚从美国归来的严修、范源濂畅谈。26 日晚,与张东荪、黄溯初畅谈一通宵,"着实将从前迷梦的政治活动忏悔一番,相约以后决然舍弃,要从思想界尽些微力,这一席话要算我们朋辈中换了一个新生命了"。(《欧游心影录节录》)28 日,由上海启程赴欧游历。

按:梁启超赴欧洲考察时,了解到西方社会的许多问题和弊端。回国之后即宣扬西方文明已经破产,主张光大传统文化,用东方的"固有文明"来"拯救世界"。(以上参见丁文江、赵丰田编著《梁启超年谱长编》,上海人民出版社 2009 年版)

张君劢与蒋百里等人筹组纪念蔡松坡(蔡锷)的"松社"。10 月,旅日,回国后随梁启超与欧洲各国公使谈判关税自主及废除领事裁判权事宜。年末,与梁启超等自上海启程,出游欧洲。(参见李贵忠《张君劢年谱长编》,中国社会科学出版社 2016 年版;翁贺凯编《中国近代思想家文库·张君劢卷》附录《张君劢年谱简编》,中国人民大学出版社 2015 年版)

李四光继续就读于伯明翰大学。5 月,完成毕业论文《中国之地质》(英文)。作者在绪言中引证了中国古籍,以说明地球上重大的地质过程和地球内部的物理状态,早已为中国古代思想家所记述,诸如:"沧海桑田""火行于地"及水利、冶炼等有关地学方面的事件。对当代老一辈地质工作者的工作,李四光也是十分尊重的,他列举了二十几位西欧、日本和我国的地质学者的工作。他还谈了地质学的现状和自己的观感,提出:"今天,我们要求新兴一代的'黄帝'子孙,认识到自己肩负的责任,也许并非为时过晚。一方面,要为纯科学的发展而尽力;另一方面,要用得来的知识,直接或间接地去解决有关工业的问题。就地质学而言,需要的是发挥我们的聪明才智,去倾听和研读自然界早已为我们准备好了的'古树残叶的语声和古河道的瘰文'。"这篇绪言充分反映了李四光那种从实际出发,向大自然学习的科学实践思想和爱国激情。论文除绪言外全篇分为地形、地质概况和经济地质三个部分,其中以第二部分地质概况中的地层一章内容最为丰富,可见李四光早就重视地层学的研究工作。将该论文提交伯明翰大学地质系。6月,论文经伯明翰大学答辩通过,被授予自然科学硕士学位。李四光婉言谢绝伯明翰大学老师鲍尔敦等教授留他继续攻博士学位或介绍他去印度(印度当时还没有独立,是英国的殖民地)一矿山任地质工程师职的厚意,执意回国为祖国找矿。秋,李四光为了在回国之前获得一些广阔的实际地质知识,又到英国东部著名的锡矿山康为尔工作了一段时间。(参见马胜云、马兰编著《李四光年谱》,地质出版社 1999 年版)

晏阳初 6 月初在耶鲁大学毕业后,即束装搭乘军舰赴法国战场,参加青年会组织的为在法国战场充当劳工的近 20 万华工服务的行动。中旬,晏阳初抵达法国北部的布朗,开始教授华工识字,开展扫盲工作,此为中国平教运动海外之起源。晏阳初与华工共同起居,深刻认识到华工每日辛勤劳动 10 余小时的痛苦和能够获得知识的潜能,立志为"解除苦力之苦,开发苦力之力"奋斗终生。11 月,第一次世界大战结束,华工与英法军方的工作合同多未满期,且因交通工具不足,多滞留原地。于是开始推行另一计划,即手刻石印周报,帮助华工识字并使之开阔眼界。手写石印一周报,深受华工喜爱,与识字课本一样起到增加华工们知识的效应。是年,在法国战地,与华工相处一年,有两项珍贵的大发现。一是中国诚朴农民智慧高、能力强,只可惜缺乏读书求知的机会。二是中国高级知识分子,竟是这样愚昧无知,完全不认识自己多数同胞的"苦"与"力"! 因此,深感惭愧,矢志回美完成学业归国后,终生为苦难同胞服务,教他们识字读书,有扬眉吐气发扬才智的机会。(参见杜学元、郭明蓉、彭雪明《晏阳初年谱长编》,上海交通大学出版社 2017 年版;宋恩荣编《中国近代思想家文库·晏阳初卷》附录《晏阳初年谱简编》,中国人民大学出版社 2015 年版)

胡政之以《大公报》记者身份赴欧洲采访巴黎和会。11 月 13 日,在《大公报》"论评"发表《世界之新纪元》,对战后世界变化趋势抱有相当的希望。12 月 4 日,胡政之与顾维钧等代表同船而行。

按:《世界之新纪元》曰:"夫今次欧洲大战,语其动机复杂无伦:或出于英德之争霸,或出于民族之自卫,或欲于东北掌握君士但丁之主权,或欲于西南解决亚非之利加之命运。要皆有深远之目的,非一时冲动的行为。特自德国蹂躏比利时、滥用潜艇战以来,不惜牺牲公法人道,以谋展布一国之野心,手段既悖乎天理,反动乃起于人心。曩时开战之种种动机,从此悉为崇高之理法所掩。协约国所为苦战数年,卒能收最后之胜利者,即持此公道与人心为后盾耳。协约国人既投无量数牺牲,则战后之世界,必辟一精神界之新纪元。试观法国革命战争之后,自由平权之原则由是确立。此次战事,规模既大,牺牲尤多,则战争结果,自应有种种新主义之确立,如外交公开、民族自决、弱国保护等等,胥为大战之精神生产物,可以促进新文明。"(参见王咏梅《周太玄与胡政之采访巴黎和会期间的交往》,《兰州学刊》2019 年第 3 期)

林风眠赴法国留学,先后在第戎国立美术学院、巴黎国立学术学院学画,并与中国留学生组织海外艺术运动社。

李璜在北京参加少年中国学会,12月,赴法国巴黎大学和蒙他里尼大学留学。

张伯苓与范源濂、严修范为筹办南开大学遍游美国各地,考察多所私立大学的组织和实施。1月14日,在出席纽约举办的传教士招待会上演讲《为了中国的民主而奋斗》,后刊于美国《世界布道者评论》。3月20日,《北京导报》(*The Peking Leader*)报道张伯苓在哥伦比亚大学师范学院用英语演讲《中国新教育最要之目的,即为训练青年人以服务社会心》。5月19日,在纽约车站迎接前来美国考察教育的严修、范源濂、孙子文等人。22日,陪同严修、范源濂、孙子文参观林肯学校,拜访美国罗氏基金团主持教育者伯萃。31日,与严修、范源濂、孙子文、侯德榜等人会面,请巴克门(Bachman)谈美国学制。6月24日,收到哥伦比亚大学师范学院通知,再次给其1918年6月到1919年2月的荣誉奖学金。7月5日,严修与孙子文来张伯苓寓所,就教育等事"谈辩"许久。7日,商定从明天开始由张伯苓给严修讲课,主要讲授他在大学听课的内容。范源濂、张信天夫妇有时也会加入听讲。

张伯苓7月25日偕严修、范源濂访哥伦比亚大学师范学院教授克伯居(凯尔鲍德里)。26日,再访克伯居并听讲,后到师范学院孟禄博士办公室访谈。8月1日,张伯苓与严修往访孟禄博士,并观看毕业典礼。6日,约请沪江大学副校长梅裴理在皇家楼用餐,严修、范源濂作陪。8月25日,复函哥伦比亚大学师范学院院长罗素,因决定本年11月回国,婉谢学院继续提供下年度奖学金一事。29日,拜访原天津基督教青年会总干事韩慕儒。9月21日,见范源濂、侯德榜、金岳霖、张敬虞、傅葆琛、李思广、吴承洛等。30日,同严修、范源濂访顾维钧。10月8日,与朱家骅、严修、范源濂、孙子文同到纽约泰晤士报馆参观。9日,出席哥伦比亚大学师范学院中国留学生会会议,辞去会长一职,并致临别赠言。10日,出席哥伦比亚大学留学生举办的中华民国国庆纪念会。11月3日,与严修、范源濂到大中央旅馆答拜顾维钧公使。4日下午启行,中国驻美公使顾维钧和朱家骅、邓萃英、袁复礼等前来送行。6日,到达格林奈尔(Grinell)。晚上7时,在海雷克厅发表《中美关系》的演讲。7日下午,参观格林奈尔大学化学实验室、物理实验室、植物学实验室和藏书楼。晚上,格林奈尔大学举行晚餐会为中国教育家接风,校长瑞恩、教授查理斯·诺伯尔女士、梅希教授、亨瑞斯教授及6位女士作为主宾出席。11月8日中午,在下榻的莫罗旅馆举行答谢餐会,格林奈尔大学教授、中国留学生及该市著名人士共35人出席。张伯苓、怀特市长、诺伯尔教授分别致辞。21日,与范源濂、孙子文前往加利福尼亚大学。11月23日,张伯苓一行登"委内瑞拉"船,离开美国。12月20日,与严修、范源濂、张彭春商讨建立南开大学事宜。23日晚,抵达山海关,与严修、范源濂、张彭春等人再次讨论学校事宜。24日晨,返回天津,南开教职员、各界朋友及南开全校学生1000余人到车站欢迎。张伯苓与师生一起步行回校。下午,全校师生开欢迎大会,畅谈访美感想,并介绍美国科学技术发展情况,谈到美国社会民主情况,高呼"Democracy"。(参见龚克主编《张伯苓全集》第10卷附编《张伯苓年谱》,南开大学出版社2015年版)

严修4月3日由京出发,车当日过津,曹锐、范源濂、孙子文、赵幼梅诸亲友至车站送行。4月12日,在东京,周恩来来访,至上野公园看樱花。18日,在东京,孙子文、范源濂分别到达。晚,钱家治(时任教育部视学)、曾琦来见。19日,吴汉涛、周恩来、童启颜先后来访。20日,由东京至横滨,童启颜、吴汉涛、周恩来、陈钢、王慎颐等俱送至车站。登"亚细亚皇后"船赴美,同船者有范源濂、夏贻庭、吴勤训、张默君、孙凤藻、唐宝玥等。5月5日9时,抵美国西雅图,寓第二街华盛顿旅馆。19日,抵纽约,张伯苓及张信天夫妇来迎。继之考察各类学校。7月7日到纽约后,在纽约居四月,每晚听张伯苓讲教育,李广钊讲各种知识。其间,李建勋、郑宗海(晓沧)、李思广、侯德榜、张默君、郭云观、郝叔贤、刘廷芳、廖世承、任嗣达、汪懋祖、戴志骞、汤化龙、金岳霖、陈廷畅、邓萃英、朱家骅、颜任光、唐镜元、王文培、傅葆琛、王正廷、邓以蛰、鲍明黔、张耀翔、凌冰等来访。11月4日,严修偕范源濂、张伯苓自纽约首途归国。19日,严修往加利福尼亚大学访韦廉士及江亢虎。江亢虎不在校,未遇。20日,复往加利福尼亚大学访江亢虎。21日,严修偕范源濂、陈清华同访傅兰雅君。12月24日,车抵天津。30日,在北京徐世昌总统约10点半会见,谈话约一小时。(参见严修自订、高凌雯补、严仁曾增编、王承礼辑注、张平宇参校《严修年谱》,齐鲁书社1990年版)

顾维钧时任驻美公使,与外交总长陆征祥、南方政府代表王正廷、驻英公使施肇基、驻比公使魏宸组等5人受北洋政府派遣组成代表团出席巴黎和会。顾维钧因上年妻子唐宝玥在西班牙流感中不幸染病去世,一度想谢绝任命,但最终还是决定为国出使。行前,顾维钧专程拜访了美国总统威尔逊,威尔逊许诺愿意支持和帮助中国,这让顾维钧对即将开幕的和会多了一份信心和期望。12月4日,代表团由天津出发,然后绕道日本、美国,抵达巴黎,代表中国带着七项希望得到解决的问题在"巴黎和会"中能够得到国际社会的合理裁定和公平解决。(参见王咏梅《周太玄与胡政之采访巴黎和会期间的交往》,《兰州学刊》2019年第3期)

杨杏佛是年夏结束在哈佛大学商学院为时两年的研究生学业,获工商管理硕士学位。8月30日至9月2日,中国科学社第三次常年会与中国工程学会常年会在美国康乃耳大学联合举行。杨杏佛当选为科学社董事会函牍书记、司选委员。

10月,偕赵志道与任鸿隽等同乘日本轮"取访丸"离美回国。10月14日,夜深人静,在船上始写日记。日记卷首取篇名"慎言谨行",并作自序:"昨夜舟中不能成睡:既恨学不如人,须苦奋读书;又觉前途事业担子极重,小有失足贻误终生,益不能自静。继念万事皆在人为,若能自持,外界何能损益。然在黑暗社会,自持亦大不易,必心地时时明白乃不为物污。"表现出保持革命气节,不与黑暗社会同流合污的决心。22日,轮船上任鸿隽有鉴于归国后将分手,提议与杨杏佛"互道所短以代临别赠言",杨杏佛"深然之"。任鸿隽指出杨杏佛有出言常过实和时或纵言所不知之事两个毛病。当晚,杨杏佛反复自省平时言行,写道:"吾行事既定方针,则惟大局是虑,个人之利害毁誉往往不计,事后未尝不知因以招怨致谤。然念所谋者在大局,则小己之利害自当不顾,此吾行事之主义也。惟从远大着想,则此主义之疵病极多。初办事招人怨则于将来行事必多阻障,因小成而失大信也。他日大事不成,则于大局亦无益也。况当一事成败未分之前,一人毁之而有余,果竟不成则身败名裂,于大局仍无补。"决心"自今日始当慎言语谨行事,庶不负吾友"。10月26日,轮船晚8时到上海。(参见许为民《杨杏佛年谱》,《中国科技史料》1991年第2期)

任鸿隽是春于哥伦比亚大学毕业,获硕士学位。进一家法国实验室打工,积攒回国经费,于6月底辞职。同月6日,作《新文学问题之讨论》,刊于8月《新青年》第5卷第2号。文中就《新青年》第4号所载胡适《建设的文学革命论》发表看法,并提出建议。24日,致信胡适,告知回国后的计划,首先是用一年时间调查国内各方面的情形,然后选择可从事的事业。同月,在《留美学生季报》第5卷第2号发表《教会教育与留学生》。8月30日至9月2日,主持在绮色佳康奈尔大学召开的科学社第三次年会(与中国工程学会联合召开)。此后,随着董事会成员和社员陆续归国,科学社事务处也迁回国内。9月5日,任鸿隽致函胡适,担心《新青年》第4卷第3号上钱玄同、刘复半农化名论争恐有失《新青年》的信用。9—

10月,在《科学》第4卷第1—2期发表《发明与研究》。10月26日,任鸿隽与杨杏佛等乘海轮经日本归国抵上海。(参见赵慧芝《任鸿隽年谱》,《中国科技史杂志》1989年第3期;樊洪业、潘涛、王勇忠编《中国近代思想家文库·任鸿隽卷》附录《任鸿隽年谱简编》,中国人民大学出版社2015年版;耿云志《胡适年谱》,四川人民出版社1989年版)

竺可桢继续在哈佛大学攻读博士学位。2月,在The Geographical Review(地理季刊)上发表"Some Chinese Contributions to Meteorology"(中国对于气象学的贡献),是其最早涉足中国气象学史研究并向国际学术界介绍中国古代科技成就的文献。5月1日,完成博士论文A New Classification of the Typhoons of the Far East(远东台风的新分类)。该文后来发表在Monthly Weather Review上。一是以"Some New Facts About the Centers of Typhoons"(台风中心的某些新的事实)为题发表在Monthly Weather Review第46卷第9期;二是以"A New Classification of Typhoons of the Far East"(远东台风的新分类)为题发表在Monthly Weather Review第52卷第12期;三是以"The Place of Origin and Recurvature of Typhoons"(台风的源地与转向)为题发表在Monthly Weather Review第53卷第1期。发表时内容稍有修改。夏,获哈佛大学博士学位,结束在哈佛大学的学业。在哈佛的五年,给予竺可桢至深影响的是哈佛大学校长罗惠耳、前任校长伊里阿特以及一些知名教授,如天文家教授庇克灵、化学教授立且特、地理教授台维司、地质教授达米等。9月,在中国科学社于康奈尔大学举行的第三次年会上当选为副会计,因其任期未满,继续担任董事。(参见李玉海编《竺可桢年谱简编》,气象出版社2010年版)

赵元任上半年在哈佛大学继续做博士论文。因当时中国科学社骨干分子多数已从康奈尔大学转到哈佛大学,《科学》编辑部在美分部也从康奈尔大学迁到哈佛大学。4月中旬,任鸿隽由纽约来哈佛大学,与杨铨、赵元任等会商科学社事宜。5月27日,赵元任博士论文答辩,霍金教授(Willian E. Hocking)任答辩委员会主席,Henry M. Sheffer、R. F. A. Hoernle、Lanfeld、Mason、Troland等专家教授参加。5月,赵元任得知获得雪尔登旅行奖学金(Sheldon Travelling Fellowship),并决定接受,准备博士后赴各地考察进修。9月,《科学》总编辑杨铨回上海总部工作,行前将工作移交赵元任。(参见赵新那、黄培云编《赵元任年谱》,商务印书馆2001年版)

梅光迪继续在哈佛大学研究院师从新人文主义文学批评运动领袖白璧德教授,对胡适在国内发起的新文化运动极为不满。7月24日,致函胡适,曰:"嘱来北京教书,恨不能从命。一则今夏决不返国,二则向来绝无入京之望。至于明夏归去,亦不能即担教授之职,须在里中徜徉数月或半年,再出外游览数月,始可言就事。然亦决不作入京之想矣……闻足下已大倡Ibsen(易卜生)。足下所主张无弟赞一辞之余地,故年来已未敢再事哓哓。盖知无益也。西洋文学之优者多矣,而足下必取最近世,必取其代表近世文明最堪太息之一方面。足下向称头脑清楚之人,何至随波逐澜,以冒称人道主义派之文家,在今西洋最合时宜(popular or fashionable 故云),毫无分别眼光如是!"与此同时,梅光迪又在美国搜求同志、准备回国和胡适来一场全盘大战。夏,梅光迪通过清华校友施济元得知吴宓在弗吉尼亚大学就读,听说他颇有学问,便有意结识。这也是梅光迪在美国"招兵买马",打算和胡适对抗的第一步。当时梅光迪寓哈佛大学神学院宿舍,极幽静舒适。闻施君之言后,遂于8月初访吴宓,并邀吴宓至其宿舍,屡次作竟日谈。梅光迪慷慨流涕,极言我中国文化之可宝贵,历代圣贤、儒者思想之高深,中国旧礼俗、旧制度之优点,今彼胡适等所言所行之可痛恨。昔伍员自期"我能覆楚",申包胥曰:"我必复之。"我辈今者但当勉为中国文化之申包胥而已。吴宓十分感动,即表示:吴宓当勉力追随,愿效驰驱,如诸葛武侯之对刘先主"鞠躬尽瘁,死而后已"云云。此后一年中,梅光迪多与吴宓倾谈,因其师事哈佛大学法国文学及比较文学教授白璧德,受知甚深。遂为吴宓讲述白璧德教授及其知友穆尔 Paul Elmer More 之学说,立取两人所著之书借与吴宓阅读。又引吴宓至白璧德寓宅拜见白璧德教授,奉以为师。(参见眉睫《梅光迪年谱初稿》,海豚出版社 2017 年版;吴宓著、吴学昭整理《吴宓自编年谱:1894—1925》,生活·读书·新知三联书店 1995 版)

吴宓 6 月完成在弗吉尼亚大学一学年之学业,随后转入哈佛大学研究生院学习。其间,清华校友施济元曾告吴宓信息:清华公费生梅光迪 1911 年来美国,先在西北大学毕业,又在哈佛进修,治文学批评,造诣极深。彼原为胡适之同学好友,迨胡适始创立其"新文学"白话文之说,又作"新诗",梅君即公开步步反对,驳斥胡适无遗。今胡适在国内,与陈独秀联合,提倡并推进所谓"新文化运动"声势煊赫,不可一世。故梅君正在"招兵买马",到处搜求人才,联合同志,拟回国对胡适作一全盘之大战。按公(吴宓)之文学思想态度,正合于梅君之理想标准,彼必来求公也。8 月初,梅光迪主动访吴宓,又多次邀请吴宓到哈佛大学神学院自己宿舍竟日畅谈,吴宓不胜感动,当即表示"勉励追随,愿效驰骋"。又经梅光迪引荐,得以师从哈佛大学法国文学及比较文学教授白璧德,对于吴宓三年后随梅光迪创建"学衡派"产生重要影响。(参见吴宓著、吴学昭整理《吴宓自编年谱:1894—1925》,生活·读书·新知三联书店 1995 版)

汪懋祖是夏在美与梅光迪相遇,在反对新文化—新文学,反对旧道德、反对"实利主义"(实验主义)等问题上,两人意见一致,相约回国后与胡适再战。7 月 15 日,汪懋祖在《新青年》第 5 卷第 1 号上发表《致〈新青年〉的通信》,对《新青年》倡导新文学而又不许反对派"讨论是非"表示不满。为此胡适作《答汪懋祖》答复。(参见沈卫威《学衡派编年文事》,南京大学出版社 2015 年版)

陈鹤琴在哥伦比亚大学获教育硕士学位,又转入心理系,从伍特沃思教授,准备博士研究论文。是年,邀集留美爱国同学十余人组织"兄弟会",宗旨为"团结互助,振兴祖国"。该团体后在国内改名为"诚志社",前后参加者还有涂羽卿、刘廷芳、郭秉文、黄炎培、陶行知、廖世承、孟宪承等。(参见蔡怡曾、陈一鸣、陈一飞编《陈鹤琴生平年表》,载《陈鹤琴全集》第 6 卷,江苏教育出版社 2008 年版)

陈体诚、张贻志继续留学美国。4 月,陈体诚、张贻志等中国留美学生组建中国工程学会,选举陈体诚为会长,张贻志为副会长,罗英为书记,刘树杞为会计,侯德榜、李铿等六人为董事。新职员自 5 月 1 日起执行职务,5 月 5 日董事部举行第一次会议。学会通过"中国工程学会总章",规定以"联络各项工程人才,协助提倡中国工程事业,及研究工程学之应用"为宗旨,会员分为"会员""仲会员"及"名誉会员"三种。

朱家骅、陈大齐、周作人、邓萃英、杨荫榆教授等在蔡元培帮助下,以进修教授名义获北洋政府教育部公费留学,是为我国教授留学之始。8 月 14 日,自上海十六浦乘南京号轮启程,同船者还有李济、余青松、查良钊、张道宏、张歆海、程其保、董任坚、董修甲、叶企孙、熊正瑾、刘崇鋐、楼光来、萧叔玉、汤用彤、徐志摩、刘叔和、叶元龙、汪世铭等公费和自费生。杨荫榆赴美后进入哥伦比亚大学学习。

按:刘复(半农)原在此名单中,是年 5 月,北京大学上报教育部,请派半农去欧洲学习语言学。后因工作关系,决定暂缓派一年。7 月 16 日,教育部下达第 286 号训令,准其留校一年后再赴欧留学。(参见孙英爱《傅增湘年谱》,河北大学硕士学位论文,2012 年;徐瑞岳编《刘半农年谱》,中国矿业大学出版社

1989 年版)

汤用彤 8 月 14 日随同清华戊午级毕业生所乘“南京号”启程前往美国。9 月 4 日,经过 21 天的航海,抵达旧金山。15 日,吴芳吉收到汤用彤在出国前夕来函。汤用彤赞成他到东京留学的计划,但极力反对他去学艺术,力劝其改习新闻专业。同月,汤用彤在汉姆林大学注册入学,英文名用“Yung-Tung Tang”。同月 20 日,吴宓日记曰:“迭接汤、曹诸人来函,知先后抵校。”29 日,吴宓再记:“锡予近来函甚多,足见关切公私之意,甚为欣幸。”吴宓和吴芳吉日记中多次提到与汤用彤的信件往来。10 月,《汉姆林大学校友季刊》出版,其中有一则消息提及汤用彤与其清华同学程其保,皆由格雷戈里·沃尔科特教授的引荐而进入汉姆林大学。汤用彤在汉姆林大学读书甚勤,系统地学习了西方哲学史以及那个时代最前沿的心理学和生理学理论,写下了十篇关于哲学、普通心理学和发生心理学的课业论文。每次论文完成上交,均由指导教师加以仔细审阅和批改,论文成绩十分优秀,均在 95 分到 99 分之间。指导教师发还论文后,汤用彤将它们装订成 16 开本一大厚册,题名《1918—1919 年写于汉姆林大学的论文集》。(参见汤一介、赵建永编《中国近代思想家文库·汤用彤卷》及附录《汤用彤年谱简编》,中国人民大学出版社 2015 年版;赵建永撰《汤用彤先生编年事辑》,中华书局 2019 年版;沈卫威《学衡派编年文事》,南京大学出版社 2015 年版)

叶企孙 8 月 14 日从上海乘船赴美,入美国芝加哥大学学习,攻读物理学。在美国求学期间,他严其高尚人格,精其鉴别之卓识,采其优,而弃其劣,择彼所长,补己所短,在学业上取得优异成绩。(参见田彩凤《叶企孙先生年谱》,《清华大学学报》1998 年第 3 期)

徐志摩 8 月 14 日从上海启程赴美国,进入美国乌斯特的克拉克大学学习银行学,而后转入历史系,选读社会学、经济学、历史学等课程。

按:徐志摩就学十个月即告毕业,获学士学位,得一等荣誉奖。

李济清华学堂毕业后即被派往美国留学,在麻省克拉克大学攻读心理学和社会学专业。

陈寅恪春夏间仍侍父母居南京。11 月,得到江西官费的资助,由上海启程本拟赴德国,但因第一次欧战尚未完全结束,遂先赴美国,入哈佛大学。(参见蒋天枢辑《陈寅恪先生编年史辑》(增订本),上海古籍出版社 1997 年版)

张默君赴美国哥伦比亚大学攻读教育学,并历游欧美各国,考察社会和妇女教育。

孟宪承赴美国留学,在华盛顿大学攻读教育学。

吕碧城赴美国就读哥伦比亚大学,攻读文学与美术,兼为上海《时报》特约记者。

陈树人在加拿大从事党务工作,一度因“汤化龙案”被误系入狱。

罗振玉是年春因赈济旗人事宜由日本抵北京。4 月 29 日,蔡元培校长前往拜访叙旧,并正式邀请罗振玉、王国维来北大任教,罗对此次晤面颇感兴奋,于次日致函蔡元培表达谢意,但婉拒就职北京大学。6 月 4 日,罗振玉致函蔡元培,再述婉拒就职北京大学之意。

按:罗振玉致蔡元培信函其后刊载于 6 月 4 日《北京大学日刊》,曰:“鹤卿先生阁下:昨在春明,得亲麈教,十年之别,一朝握手,喜可知也。先生主持国学,领袖群伦,在昔济南遗老,存遗经于将绝之余,北海鸿儒,传圣学于炎刘之末,以今方古,先后同揆。弟忧患余生,饬巾待尽,乃承不弃,令备教员,闻命之余,益深愧惠,盖既槁之木,宜见弃于匠人;而舞下之材,忽见赏于君子,再次思维,惟有敬谢。加以东京还移匪易,又第四儿妇病瘵甚危,计欲送之返国,又虑中途或生意外,方寸乱劣,衰病为增。凡此情形,悉非虚饰,尚祈鉴宥,许以避贤。临颖主臣,言不尽意,此请著安,诸维照鉴。弟振玉再拜。”

罗振玉 7 月在日本编成《雪堂校刊群书叙录》2 卷。8 月,王国维于沪上识高邮王氏后人字丹铭者,见所藏乾嘉学者遗石曜(念孙)文简(引之)两世手简,共六十余通,皆商讨学术,无泛泛酬应语,以告罗振玉。罗振玉呕假付影印,署为《昭代经师手简》初二编,并作序。

按:《序》略曰:"(汪)庸夫先生论当世学术,经术则程戴,史学则钱邵,小学则段王,而以文章自许。品藻诸贤,洵为精当。(孙)季仇先生骈俪文字,根柢齐梁,当时之士,莫与抗手,而考证之事多疏。册中诸简,其有关史事者,如王兰陔(绍兰)中丞以李许斋(赓芸)方伯之狱被黜,谳是狱者,实为文简。今观兰陵致文简书,作于归田以后,情好敦洽,其虚心请益,不异弟子之与严师,此固兰陵之虚衷宏量,益见文简之至公无私。盖闽狱之兴,实由制府汪稼门志伊,稼门坚愎佞刻,其不能受同僚之规正可知。兰咳必谏而不见听,卒至为人分过而绝无怨尤。文简之于兰孩,亦不以夙好而屈法,两先生皆古之人也。至若《字林考逸》校于(臧)庸堂,端临遗书成于(宝应)朱氏;又如闽中绩学之士,因(陈)左海简牍得传其名字,海东之书舫,因(汪)孟慈之札,知其尝至吴中。凡是之类,并资多闻。"

罗振玉9月因有请编历代仕女画者,乃搜集旧藏为《廿家仕女画存》,始唐终清,为帧二十有九,而以刻丝二附焉。冬,罗振玉以事再入都,通过宝瑞臣之介,得高邮王氏手稿:石曜《群经字类》,原书5卷,佚前3卷;文简应制诗及读《文选》札记。岁末,撰成《万年少寿祺年谱》1卷。是年,又撰成《端忠敏公死事状》悼念端方。

按:罗振玉在叙述《端忠敏公死事状》缘由时说:"宣统辛亥冬,端忠敏公既殉难蜀中。当时议者犹或疑公性通脱,其仓皇遇变,殆未必夙具死志。余虽能知公,然无以为公解也。"(参见罗继祖《永丰乡人行年录(罗振玉年谱)》,江苏人民出版社1980年版)

李石岑与留日中国学生曾琦等在日本东京发起组织"华瀛通讯社";开始主编学术研究会之《民铎》杂志。主要撰稿者有朱谦之、杨昌济、郭绍虞、易家钺、严既澄、张东荪、黎锦熙、梁漱溟、耿继之、徐志摩、范寿康、樊仲云、黄卓、周予同、许兴凯、杨东莼等。

张静江因"讨袁之役"失败,遂往东京、巴黎,支持孙中山改组国民党为中华革命党,被任命为财政部长。是年,向孙中山推荐蒋介石担任上校作战科主任。

李达5月与黄日葵、龚德柏、阮湘等率领留日学生救国请愿团回国,抵达北京,并与北京大学邓中夏、许德珩等爱国学生领袖联络,共同发起抗议段祺瑞政府的示威请愿运动。6月,救国请愿失败后,回到日本东京,毅然放弃理科学习,专攻马克思主义。开始翻译郭泰(即荷兰社会民主党左派领袖格尔曼·果特)的《唯物史观解说》、柯祖基(即考茨基)的《马克思经济学说》和高畠素之(马克思《资本论》的日译者)的《社会问题总览》等介绍马克思主义的著作。(参见宋俭、宋景明编《中国近代思想家文库·李达卷》附录《李达年谱简编》,中国人民大学出版社2015年版)

周恩来2月11日春节时在日记中立下本年内的方针:"第一,想要想比现在还新的思想;第二,做要做现在最新的事情;第三,学要学离现在最近的学问。思想要自由,做事要实在,学问要真切。"同月,连续将在国内时看过的《新青年》杂志又仔细阅读一遍,对其中所宣传的排孔、独身、文学革命诸主义"极端的赞成"。4月23日,周恩来读新出版的《露西亚研究》杂志,从一篇论述俄国党派情况的文章中,了解到俄国社会民主党分过激派与温和派两派。5月初,北洋军阀政府和日本政府即将签订中日共同防敌军事协定的消息传出后,激起旅日中国留学生的强烈反对,周恩来积极投入抗议运动,参加各种集会,散发爱国传单。同月19日,周恩来参加旅日中国留学生的爱国团体——新中学会,并发表入会演说。10月17日,周恩来参加东京留日南开同学会庆祝校庆日集会,发表演说,并当选为该会副干事。俄国十月革命胜利的影响传到日本,周恩来开始接触马克思主义,先后阅读了幸德秋水的《社会主义神髓》、约翰·里德的《震动环球的十日》、河上肇的《贫乏物语》以及《新社会》《解放《改造》等杂志,同时也阅读了介绍无政府主义、基尔特社会主义、日本新村主义的文章。
(中央文献研究室《周恩来年谱1898—1976》,中央文献出版社1998年)

郭沫若5月16日为反对"中日共同防敌军事协定",开始参加罢课斗争,但因"有日本老婆",被一些人"归在汉奸之列"。7月3日,自第六高等学校毕业,参加毕业式。11日,为九州帝国大学医科大学免试录取由冈山转到福冈。8月下旬,偶遇尚在第五高等学校就读的张资平,一起到海边游泳,然后议论起国内文坛的现状,欲共同筹办同人纯文学杂志;介绍《早稻田文学》等日本文学杂志给张资平阅读,而对张资平约参加丙辰学社,表示"不愿即时加入"。9月下旬,成仿吾、陈君哲、徐诵明来访。冬,郭沫若开始解剖学实习。其间,触发了"最初的创作欲",写出小说《骷髅》,投寄上海《东方杂志》,未刊。(参见林甘泉、蔡震主编《郭沫若年谱长编》,中国社会科学出版社2017年版)

成仿吾5月参加留日学生界为反对段祺瑞和寺内签订的"中日军事协约"而掀起罢课高潮,并参加了反日宣传团。继之留日学生界又通过了全体回国的决议,成仿吾和留日学生一起返回上海。9月下旬至10月中旬,因同乡陈老先生要去日本福冈就医而一同渡日,在福冈与郭沫若在其住处会面,后经郭等人劝说,终于决心再往东京继续学业。(参见张傲卉、宋彬玉《成仿吾年谱》,《东北师范大学学报》1985年第5期)

郁达夫继续就读于名古屋第八高等学校法学部政治学科。7月16日,日记载:阅报悉"美国促日本出兵于西伯利亚",认为日兵"早晚将出兵于我国北境","则曩日缔结之中毋协约当然发生事变,我国之亡不出数年",而"南方政府尚极力运动分离"。他悲戚万端地说:"亡中国者中国人也。余一人虽然救国,亦安可得乎?"(参见陈其强《郁达夫年谱》,浙江大学出版社1989年版)

田汉10月30日在日本致信陈独秀,表示自己"亦夙有创造新文学之志","只是不能有何具体的方案"。后在杂志上得"见胡适先生新式诗,辄心焉向往"。写呈一首诗请陈氏斧正,"并望质之胡先生"。(参见耿云志《胡适年谱》,四川人民出版社1989年版)

王若飞3月与黄齐生等人一同到达日本,入日本明治大学学习。

郁达夫考入日本东京帝国大学经济学部。

穆木天毕业于天津南开中学后,赴日本留学。

陈大悲赴日本留学,专攻戏剧。

张大千与兄长张善孖赴日本留学,学习绘画与染织技术。

陈之佛赴日本东京美术学校工艺图案课学习,是第一个到日本学习工艺美术的留学生。

杜定友毕业于上海工业专门学校,同年赴菲律宾大学学习图书馆学。

陆是元1月8日以中国驻海参崴总领事再次致电外交部,要求中央果断调集军舰护侨,确保撤侨通道的畅通。

美国司徒雷登已在在南京神学院执教多年。当时北京汇文大学与协和大学两所教会大学达成妥协,决定合并,决定选聘一位与原来两校都没有关系的人担任校长,司徒雷登成为新校长的最佳人选。9月,合并后的学校致电南京,选司徒雷登为校长。12月,派人至南京聘司徒雷登为校长。(参见张玮瑛、王百强、钱辛波主编《燕京大学史稿》,北京人民中国出版社2000年版)

美国加利福尼亚大学教授吴伟士(C. W. Woodworth)是秋应邀来华,在南京先后作学术报告十余场,胡先骕译其报告《施行法律及应用寄生物防御害虫之问题》,刊于是年《科学》杂志第7期。后译出并刊载《科学》者尚有《应用石灰硫黄液以防除害虫之研究》《应用青酸盐以防除害虫之研究》。

按：胡先骕第一篇译文刊行时译者有识语刊于是年《科学》第4卷第17期，云："吴伟士教授为美国加利福尼亚大学农科昆虫学主任教授，研究发明甚多。今年春间来中国在金陵大学担任昆虫学讲席一年，创办育蚕科，各省来学者甚众。复提倡南京驱除蚊虫事业，历在江苏实业厅、南京高等师范学校、南京第一农业学校演说驱虫问题，热心毅力，令人钦佩。兹为在南京高等师范学校防御害虫十讲之一，内有数讲演为吴教授亲述其研究之经历，于焉可见其研究之精神与研究之方法，尤非泛泛之空论可比也。此十讲演将依次译载之。"（参见胡宗刚《胡先骕先生年谱长编》，江西教育出版社2007年版）

法国驻华公使柏卜（A. Boppe）6月10日偕同《巴黎时报》主笔杜伯斯古访问参观北京大学，北大特在文科第一教室举行欢迎会，蔡元培校长致开会词，柏卜及杜伯斯古先后发表演说，然后请王心葵演奏古乐。

按：蔡元培校长致开会词刊于1918年6月12、13、21日《北京大学日刊》，略曰："吾人为集思广益起见，对于各友邦之文化，无不欢迎，……而对于共和先进国中之法兰西，更绝对的欢迎。本校定于暑假后开法国文学一门，并于预科中招法文生；又与保定之育德中学、天津之孔德中学协商，均开中学法文班，以为卒业后升入本校之预备，皆吾人欢迎法国文化之计画也。今日承代表法兰西全国之公使柏卜先生惠临赐教，必于吾人输入法国文化之计画，增一强固之保证，吾人曷胜荣幸。……吾人既欢迎各友邦文化，则凡世界文化之重大问题，吾人皆有休戚相关之感情。……今日正值代表法国文化之诸名人在座，吾人不能不联想及于法国学术界最近之不幸事，……其最著者，为新孔德学派之狄尔干穆氏，新陆谟克派之生物学家洛当台克氏，裴尔纳尔派之生理学家达斯特氏，巴斯德学院之生物化学家伯尔特郎氏，法国学院之中国学家沙完氏，皆于学术界有重大的贡献，而于短时期间相继去世，岂非吾辈所至为关切者与！且伯尔特郎氏尝致力于中国生物学诸问题，并热心于华法教育事业；沙完氏曾留学中国，……前数月于巴黎大学开法华学会，……曾有演说，阐明中国儒术之优点，尤足引起吾人特殊之感情也。"最后，蔡元培校长向演讲者柏卜和杜伯斯古、翻译者柏良材和李石曾、古琴演奏者王心葵表示感谢，又说："顷闻杜先生之演讲，知最近写景文学之特色，在其对于一时特别之景象，而发生特别之感想，乃以至锐利之眼光把捉之，且以至精确之手笔写出之，使甲之景象决不与乙、丙、丁等景象相含混，使读者恍若置身于写此文学者之环境，而重视此种感想。……今闻王先生之所奏，若《春闺怨》《长门怨》等曲，恍若现女人身，而徘徊于静室之中；至《秋江夜泊》《潇湘水云》等曲，则又若逍遇于天水苍茫之中，而顿易其春日闺阁之感想；及《秋塞吟》，则又为悲壮苍凉之感想，虽同一秋景，而与夜泊江上者异趣。是亦犹文学家印象派与感想派之关系也。文学与音乐，虽表现之方法不同，而其性质之相通如此。吾人于是得由法国之文学，而推想法国美术之特色；且得由中国美术而推想中国文学之特色，于是由杜先生之演说与王先生之演奏，而法华文化之接近，更得一有力之证据矣。柏卜公使甚注意于战争中法华两国协同防敌之精神，而王先生最后之《将军令》，适足以形容之。……惟战争终有已时，而柏卜公使所谓太平事业无不以学术为基础。今日一堂之中，相与证明两国学术接近之点，其于两国文化促进密切之关系，岂偶然耶！"（参见高平叔编著《蔡元培年谱长编》，人民教育出版社1996年版）

日本主持三井会社中国研究室的今关寿麿来华，自此在北京十余年，每年巡游大江南北，先后与熊希龄、陈宝琛、金绍城、董康、陈三立、蔡元培、胡适、陈衡恪、康有为、黄侃、章炳麟、沈曾植、郑孝胥、李宣龚、吴昌硕、鲁迅、完颜景贤、梁启超、戴季陶、于右任、邹鲁等学者相识。（参见王学典《20世纪史学编年（1900—1949）》，商务印书馆2014年版）。

按：今关寿麿于1922年著书介绍中国现代学术界状况，分别概述中国南北中各地的新旧学派。1931年又据以扩展为专书《近代支那の学艺》（东京民友社），同年归国。

三、学术论文

高一涵《近世三大政治思想之变迁》刊于《新青年》第4卷第1号。

钱玄同《论注音字母》刊于《新青年》第 4 卷第 1 号。

陶履恭《女子问题》刊于《新青年》第 4 卷第 1 号。

胡适《归国杂感》刊于《新青年》第 4 卷第 1 号。

刘半侬《应用文之教授》刊于《新青年》第 4 卷第 1 号。

陈独秀《科学与基督教(续三卷六号)》刊于《新青年》第 4 卷第 1 号。

傅斯年《文学革新申义》刊于《新青年》第 4 卷第 1 号。

罗家伦《青年学生》刊于《新青年》第 4 卷第 1 号。

陈独秀《人生真义》刊于《新青年》第 4 卷第 2 号。

陶履恭《新青年之新道德》刊于《新青年》第 4 卷第 2 号。

刘叔雅《柏格森之哲学》刊于《新青年》第 4 卷第 2 号。

周作人《古诗今译》刊于《新青年》第 4 卷第 2 号。

胡适《藏晖室札记》刊于《新青年》第 4 卷第 2 号。

吴敬恒《论旅欧俭学之情形及移家就学之生活》刊于《新青年》第 4 卷第 2 号。

傅斯年《文言合一草议》刊于《新青年》第 4 卷第 2 号。

陈独秀《驳康有为共和平议》刊于《新青年》第 4 卷第 3 号。

高一涵《读弥尔的自由论》刊于《新青年》第 4 卷第 3 号。

陶履恭、张祖荫《社会调查》刊于《新青年》第 4 卷第 3 号。

钱玄同《论注音字母(续第一号)》刊于《新青年》第 4 卷第 3 号。

胡适《旅京杂记》刊于《新青年》第 4 卷第 3 号。

王敬轩《文学革命之反响》刊于《新青年》第 4 卷第 3 号。

胡适《建设文学革命论》刊于《新青年》第 4 卷第 4 号。

傅斯年《中国学术思想界之基本误谬》刊于《新青年》第 4 卷第 4 号。

按:是文开头交代了写此文的重要缘由,是"三年以前,英国杂志名《十九世纪与其后》(The Nine-teenth Century and After)者,载一推论东方民性之文,……末节厚非东方文明,印吾心识上者,历久不灭"。虽然"当日拘于情感,深愤其狂悖",但"及今思之,东方思想界病中根本之说,昭信不诬。缩东方之范围,但就中国立论:西洋学术,何尝不多小误,要不如中国之远离根本,弥漫皆是。在西洋谬义日就减削,伐谬义之真理,日兴不已;在中国则因仍往贯,未见斩除,就令稍有斩除,新误谬又将代兴于无穷。……今欲起中国学术思想界于较高之境,惟有先除此谬,然后认此基本误谬以生一切误谬,可以'神遇而不以目视',欲探西洋学术思想界之真域,亦惟有先除此谬,然后有以相容;不致隔越。欲知历来以及现在中国学术思想界之状况何苦,亦惟有深察此弊之安在,然后得其实相也"。可见在傅斯年看来,中国学术思想界误谬的存在,不但影响中国学术思想界进入较高境界,如果"操中国思想界之基本误谬,以研西土近世之科学哲学文学,则西方学理,顿为东方误谬所同化,数年以来,'甚嚣尘上'之政论,无不借重于泰西学者之言,严格衡之,自少数明达积学者外,能解西洋学说真趣者几希。是其所思所言,与其所以誉诸简墨者,犹是帖括之遗腔,策论之思想,质而言之,犹是笼统之旧脑筋也。此笼统旧脑筋者,若干基本误谬活动之结果;凡此基本误谬,造成中国思想界之所以为中国思想界者也,亦所以区别中国思想界与西洋思想界者也。惟此基本误谬为中国思想界不良之特质,又为最有势力之特质,则欲澄清中国思想界:宜自去此基本误谬始。且惟此基本误谬分别中西思想界之根本精神,则欲收容西洋学术思想以为我用,宜先去此基本误谬,然后有以不相左耳"。

对于"中国学术思想界之基本误谬",是文指出以下七点:"一、中国学术,以学为单位者至少,以人为单位者转多。前者谓之科学,后者谓之家学;家学者,所以学人,非所以学学也";"二、中国学人,不认个性之存在,而以为人奴隶为其神圣之天职。每当辩论之会,辄引前代名家之言,以自矜重,以骇庸众,初不顾事理相违,言不相涉";"三、中国学人,不认时间之存在,不察形势之转移。每立一说,必谓行于百世,通于古今。持论不同,望空而谈,思想不宜放之无涯之域";"四、中国学人,每不解计学上分工原理(Division of labour),'各思以其道易天下'。殊类学术,皆一群之中,所不可少,交相为用,不容相非。……分工之理不明,流毒无有纪涯。……不知分工之理,误之诚不浅也";"五、中国学人,好谈致用,其结果乃至一无所用";"六、凡治学术,必有用以为学之器;学之得失,惟器之良劣足赖";"七、吾又见中国学术思想界中,实有一种无形而有形之空洞间架,到处应用"。是文所指出的中国学术思想界的七条误谬,尽管是一家之言,且有矫枉过正之嫌,但其中关于学术研究的个性、创造性、学术研究领域及分工、学术研究功利性、学术研究形式主义的阐述,对至今的中国学术思想界仍有一定的借鉴意义。

钱玄同《中国今后之文字问题》刊于《新青年》第4卷第4号。

按:是文发表在《新青年》第4卷第4号"通信"栏中,并"附陈独秀答书及胡适跋语"。是文开头就阐明了其对废除"汉文"的鲜明态度:"独秀先生:先生前此著论,力主推翻孔学,改革伦理以为倘不从伦理问题根本上解决,那就这块共和招牌一定挂不长久。玄同对于先生这个主张,认为救现在中国的唯一办法。然因此又想到一事:则欲废孔学,不可不先废汉文;欲驱除一般人之幼稚的野蛮的顽固的思想,尤不可不先废汉文。"之所以要废除"汉文",是文阐述了以下理由:"中国文字,衍形不衍声,以致辨认书写,极不容易,音读极难正确","二千年来所谓学问、所谓道德、所谓政治,无非推衍孔二先生一家之学说。所谓《四库全书》者,除晚周几部非儒家的子书外,其余则十分之八都是教忠教孝之书","所以二千年来用汉字写的书籍,无论那一部,打开一看,不到半页,必有发昏做梦的话。此等书籍,若使知识正确、头脑清晰的人看了,自然不至堕其玄中;若令初学之童子读之,必致终身蒙其大害而不可救药","中国文字,论其字形,则非拼音而为象形文字之末流,不便于识,不便于写;论其字义,则意义含糊,文法极不精密;论其在今日学问上之应用,则新理、新事、新物之名词,一无所有;论其过去之历史,则千分之九百九十九为记载孔门学说及道教妖言之记号。此种文字,断断不能适用于二十世纪之新时代","再大胆宣言道:欲使中国不亡,欲使中国民族为二十世纪文明之民族,必以废孔学、灭道教为根本之解决;而废记载孔门学说及道教妖言之汉文,尤为根本解决之根本解决"。钱玄同是文的观点一方面反映了新文化运动的激进性,同时也表明了其对中国传统文化全盘否定的态度。

胡适《论短篇小说》刊于《新青年》第4卷第5号。

凌霜《德意志哲学家尼采的宗教》刊于《新青年》第4卷第5号。

叶渊《社会调查参内乡》刊于《新青年》第4卷第5号。

李大钊《新的旧的》刊于《新青年》第4卷第5号。

蔡元培《读周春岳君〈大学改制之商榷〉》刊于《新青年》第4卷第5号。

胡适《易卜生主义》刊于《新青年》第4卷第6号。

陈独秀《今日中国之政治问题》刊于《新青年》第5卷第1号。

胡适《贞操问题》刊于《新青年》第5卷第1号。

易白沙《诸子无鬼论》刊于《新青年》第5卷第1号。

周作人《日本近三十年小说之发达》刊于《新青年》第5卷第1号。

邓萃英《动的新教授论》刊于《新青年》第5卷第1号。

蔡元培《新教育与旧教育之歧点》刊于《新青年》第5卷第1号。

胡适《藏晖室札记(续前)》刊于《新青年》第5卷第1号。

陈独秀《偶像破坏论》刊于《新青年》第5卷第2号。

唐俟《我之节烈观》刊于《新青年》第5卷第2号。

易乙玄《答陈独秀先生〈有鬼论质疑〉》刊于《新青年》第5卷第2号。

吴敬恒《机器促进大同说》刊于《新青年》第5卷第2号。

华林《社会与妇女解放问题》刊于《新青年》第5卷第2号

威斯达马克著,杨昌济译《结婚论》刊于《新青年》第5卷第3号。

陈独秀《质问东方杂志记者》刊于《新青年》第5卷第3号。

胡适《藏晖室札记(续)》刊于《新青年》第5卷第3号。

邓萃英《动的新教授(续第一号)》刊于《新青年》第5卷第3号。

胡适《文学进化观念与戏剧改良》刊于《新青年》第5卷第4号。

傅斯年《戏剧改良各面观》刊于《新青年》第5卷第4号。

傅斯年《再论戏剧改良》刊于《新青年》第5卷第4号。

李大钊《庶民的胜利》刊于《新青年》第5卷第5号。

按:1918年10月15日,李大钊在《新青年》第5卷第5号发表《庶民的胜利》和《布尔什维主义的胜利》二文,可以说是中国最早的马列主义文献。该期《新青年》共发表了"关于欧战的演说三篇":分别是蔡元培《劳工神圣》、陶孟和《欧战以后的政治》,以及李大钊《庶民的胜利》。(关于《庶民的胜利》时间及地点的问题,详见朱乔森、黄真《关于〈庶民的胜利〉的发表和〈Bolshevism 的胜利〉的写作》,载《历史研究》,1980年第4期)

李大钊《Bolshevism 的胜利》刊于《新青年》第5卷第5号。

蔡元培《劳工圣神》刊于《新青年》第5卷第5号。

陶履恭《欧战以后的政治》刊于《新青年》第5卷第5号。

陈独秀《克林德碑》刊于《新青年》第5卷第5号。

蔡元培《欧战与哲学》刊于《新青年》第5卷第5号。

吴敬恒《补救中国文学之方法若何?》刊于《新青年》第5卷第5号。

蔡元培《德国分科中学之说明》刊于《新青年》第5卷第5号。

刘半农《作揖主义》刊于《新青年》第5卷第5号。

周作人《人的文学》刊于《新青年》第5卷第6号。

张耀翔《论吾国父母之专横》刊于《新青年》第5卷第6号。

缉齐《对于今日学校之批评》刊于《新青年》第5卷第6号。

胡景磻《假面具揭开论》刊于《新青年》第5卷第6号。

国史编纂处征集股的启事开始刊于《北京大学日刊》第81号。

陈汉章《中国历代大学学制述》连载于《北京大学日刊》第94—108号。

胡适关于短篇小说的演讲辞刊于《北京大学日刊》第98号。

傅斯年《中国历史分期之研究》连载于《北京大学日刊》第113—118号。

按:此文对中国历史教科书多模仿日本桑原骘藏《东洋史要》(后改名《支那史要》)的分期之行为表示不满和批评,提出应重新确立分期标准。

傅斯年致校长蔡元培关于"哲学隶属文科之流弊"的信函刊于《北京大学日刊》第22号。

李文权《再说玩具》刊于《中国实业杂志》第9年第1期。

李文权《日本玩具近年输出史》刊于《中国实业杂志》第9年第1期。

铁《日本之玩具贸易》刊于《中国实业杂志》第9年第1期。

责《伦敦之玩具界》刊于《中国实业杂志》第9年第1期。

责《美国之玩具界》刊于《中国实业杂志》第9年第1期。

稚晖《论工党不兴由于工学不盛》刊于《劳动杂志》第1卷第1号。

心译《托尔斯泰之劳动主义》刊于《劳动杂志》第 1 卷第 1 号。

劳人《欧战与劳动者》刊于《劳动杂志》第 1 卷第 1 号。

[日]秋保安治著,君实译《美国之劳动界》刊于《劳动杂志》第 1 卷第 1 号。

陈独秀《人生真义》刊于《劳动杂志》第 1 卷第 1 号。

吴敬恒《论旅欧俭学之情形及移家就学之生活(未完)》刊于《劳动杂志》第 1 卷第 1 号。

劳人《劳动教育》刊于《劳动杂志》第 1 卷第 2 号。

一纯《俄国过激派施行之政略》刊于《劳动杂志》第 1 卷第 2 号。

劳人《十九世纪欧美劳动党之主张》刊于《劳动杂志》第 1 卷第 2 号。

雷沛鸿《工读主义与教育普及》刊于《劳动杂志》第 1 卷第 2 号。

Edward Krehbiel 著,君实译《国家主义之根本的批评》刊于《劳动杂志》第 1 卷第 2 号。

吴敬恒《论旅欧俭学之情形及移家就学之生活(续)》刊于《劳动杂志》第 1 卷第 2 号。

小秀《劳动与掠夺》刊于《劳动杂志》第 1 卷第 3 号。

良心《劳动者之职业病》刊于《劳动杂志》第 1 卷第 3 号。

劳人《俄国社会党派系及其机关报》刊于《劳动杂志》第 1 卷第 3 号。

心译《托洛斯基自述(Leon Trotzky)》刊于《劳动杂志》第 1 卷第 3 号。

真风《东亚劳动同盟之动机》刊于《劳动杂志》第 1 卷第 4 号。

凌霜《工读主义进行之希望》刊于《劳动杂志》第 1 卷第 4 号。

劳人《为盛倡职业教育者进一解》刊于《劳动杂志》第 1 卷第 4 号。

华林《乡村教育》刊于《劳动杂志》第 1 卷第 4 号。

[俄]克鲁泡特金著,凌霜译《工厂与田庄》刊于《劳动杂志》第 1 卷第 4 号。

劳人《俄国革命之两要人》刊于《劳动杂志》第 1 卷第 4 号。

剑秋《俄国农民解放与其结果》刊于《劳动杂志》第 1 卷第 5 号。

抱真《英国劳动运动之新机》刊于《劳动杂志》第 1 卷第 5 号。

[俄]克鲁泡特金著,凌霜译《工厂与田庄(续)》刊于《劳动杂志》第 1 卷第 5 号。

稚晖《机器促进大同说》刊于《劳动杂志》第 1 卷第 5 号。

家菊《论乡村图书馆》刊于《劳动杂志》第 1 卷第 5 号。

剑农《民国统一问题·篇二》刊于《太平洋》第 1 卷第 9 号。

鲠生《总统与战争》刊于《太平洋》第 1 卷第 9 号。

端六《中国币制改革论·篇四》刊于《太平洋》第 1 卷第 9 号。

鲠生《对德宣战与条约》刊于《太平洋》第 1 卷第 9 号。

端六《中外汇兑论》刊于《太平洋》第 1 卷第 9 号。

朱文黼《中国预备收回领事裁判权之机会》刊于《太平洋》第 1 卷第 9 号。

松子《英国上院之改造》刊于《太平洋》第 1 卷第 9 号。

端六《英国战时公债》刊于《太平洋》第 1 卷第 9 号。

松子《德国宰相之更迭》刊于《太平洋》第 1 卷第 9 号。

松子《协商侧军事统一之先声》刊于《太平洋》第 1 卷第 9 号。

松子《法国外交总长之更迭》刊于《太平洋》第 1 卷第 9 号。

松子《法国内阁更迭》刊于《太平洋》第 1 卷第 9 号。

鲠生《分权与美制》刊于《太平洋》第 1 卷第 9 号。

端六《卫士林支那货币论》刊于《太平洋》第 1 卷第 9 号。

复庵《所得税制》刊于《太平洋》第 1 卷第 9 号。

周春岳《大学改制之商榷》刊于《太平洋》第 1 卷第 9 号。

按：针对蔡元培所提出的"大学改制"议案，周春岳一方面肯定其重要性："大学教育之振兴，本为当务之急。吾人对于此次改制之举，具有无限同情，特关于改革之方案。"但另一方面，对于此改革议案，其有不同意见，是文曰："一国教育由小学而中学而大学，有连接之关系者，故立学制，必具系统，以言改革，必察全体。今吾国教育制度之全体，果称完全而不应改革乎，仅改大学制度，而不通盘筹算学制全体。""夫大学而设预科，以授预备教育，果为得计乎。以予之所知，则英德法诸国大学，未闻设有所谓预科。日本今仅私立大学有此，而官立大学皆无此制，近年来大学改革，盛倡于日本，有主废高等而于大学设预科者，其议极少赞同。"此外，还提出了其对大学改制的看法："大学改制，同时须改良中学。中学年限，至少当为六年，俾普通学科根底深厚，可以进受大学教育。……如是则大学尽可不设预科。而竭全力以从事于高等专门学术之发达。凡为大学，仍当以包有各项分科，形成综合体制为原则。单科独立大学之认可，仅可偶然作为例外。但各分科不必定由一大学之中，一切从新举办。即由固有之各项高等专门学校，择优改进，并属大学作为分科可矣。复次大学分科年限，不必一律定为四年，须视各科学术之性质，需要研究时日之长短，分别酌定。例如医科无妨多至五年，至少亦非四年不为劝，商科则三年似已可以竣事是也。"对于是文的意见，蔡元培在《新青年》第 4 卷第 5 号专门刊发《读周春岳君〈大学改制之商榷〉》一文予以了回应。

S. R. S.《女子之自觉》刊于《太平洋》第 1 卷第 9 号。

痴煌《教育》刊于《太平洋》第 1 卷第 9 号。

幕靖《中日亲善之里面》刊于《太平洋》第 1 卷第 9 号。

守常《Pan……ism 之失败与 Democracy 之胜利》刊于《太平洋》第 1 卷第 10 号。

雪艇《诘地方政府(一)》刊于《太平洋》第 1 卷第 10 号。

彭蠡《民主主义与社会主义趋势》刊于《太平洋》第 1 卷第 10 号。

鲠生《新发见之日俄密约》刊于《太平洋》第 1 卷第 10 号。

端六《世界通货之膨胀》刊于《太平洋》第 1 卷第 10 号。

鲠生《宗主权论》刊于《太平洋》第 1 卷第 10 号。

沧海《英美德三国首领议和条件之表示》刊于《太平洋》第 1 卷第 10 号。

沧海《俄德和约》刊于《太平洋》第 1 卷第 10 号。

松子《英国上院与女子参政权》刊于《太平洋》第 1 卷第 10 号。

松子《英国参谋总长之更迭》刊于《太平洋》第 1 卷第 10 号。

松子《法国前总理凯若被捕》刊于《太平洋》第 1 卷第 10 号。

松子《协商国联军总司令之任命》刊于《太平洋》第 1 卷第 10 号。

皓白《波斯之新局面》刊于《太平洋》第 1 卷第 10 号。

端六《卫士林支那货币论》刊于《太平洋》第 1 卷第 10 号。

松子《第二院问题》刊于《太平洋》第 1 卷第 10 号。

劫余生《祝亡之声》刊于《太平洋》第 1 卷第 10 号。

有心人《救亡之声》刊于《太平洋》第 1 卷第 10 号。

李寅恭《爱国》刊于《太平洋》第 1 卷第 10 号。

李张绍南《扶持女德之无望》刊于《太平洋》第 1 卷第 10 号。

陈宗岳《中日亲善》刊于《太平洋》第 1 卷第 10 号。

石、冕《欧战中之社会状况·其二》刊于《太平洋》第 1 卷第 10 号。

蔡元培《读周春岳君〈大学改制之商榷〉》刊于《太平洋》第 1 卷第 10 号。

刘复《通俗小说之积极教训与消极教训》刊于《太平洋》第 1 卷第 10 号。

伧父《推测中国社会将来之变迁》刊于《东方杂志》第 15 卷第 1 号。

李书华《敬告留学生与教育当局》刊于《东方杂志》第 15 卷第 1 号。

高劳《劳动争议之解决方法》刊于《东方杂志》第 15 卷第 1 号。

愈之《战争与世界古迹之破坏》刊于《东方杂志》第 15 卷第 1 号。

君实《全世界之煤铁》刊于《东方杂志》第 15 卷第 1 号。

愈之《外人在华投资之利益》刊于《东方杂志》第 15 卷第 1 号。

愈之《交通发达与文明之关系》刊于《东方杂志》第 15 卷第 1 号。

高劳《英国之富源》刊于《东方杂志》第 15 卷第 1 号。

愈之《梦中心灵之交通》刊于《东方杂志》第 15 卷第 1 号。

陈恒《元也里可温考》刊于《东方杂志》第 15 卷第 1 号。

萨君陆《欧洲中新知识》刊于《东方杂志》第 15 卷第 1 号。

高劳《矛盾之调和》刊于《东方杂志》第 15 卷第 2 号。

伧父《政治上纷扰之原因》刊于《东方杂志》第 15 卷第 2 号。

愈之《世界饥馑史》刊于《东方杂志》第 15 卷第 2 号。

愈之《拉丁亚美利加诸国与战事之关系》刊于《东方杂志》第 15 卷第 2 号。

高劳《论移民海外之利害》刊于《东方杂志》第 15 卷第 2 号。

君实《日美协商性质之今昔观》刊于《东方杂志》第 15 卷第 2 号。

君实《俄国现在之政党》刊于《东方杂志》第 15 卷第 2 号。

君实《博物馆之历史》刊于《东方杂志》第 15 卷第 2 号。

君实《解剖学及心理学上气质之研究》刊于《东方杂志》第 15 卷第 2 号。

樊炳清《进化与进步》刊于《东方杂志》第 15 卷第 3 号。

高劳《北美合众国之人口状态》刊于《东方杂志》第 15 卷第 3 号。

愈之《美国妇女选举权运动之成功》刊于《东方杂志》第 15 卷第 3 号。

君实《劳动者失业保险制度》刊于《东方杂志》第 15 卷第 3 号。

愈之《欧美新闻事业概况》刊于《东方杂志》第 15 卷第 3 号。

愈之《银之小史》刊于《东方杂志》第 15 卷第 3 号。

愈之《印度之美术及其近代美术思想之变迁》刊于《东方杂志》第 15 卷第 3 号。

君实《国家主义之根本的批评》刊于《东方杂志》第 15 卷第 3 号。

易白沙的《中国古代社会钩沉》刊于《东方杂志》第 15 卷第 3 号。

伧父《迷乱之现代人心》刊于《东方杂志》第 15 卷第 4 号。

罗罗《中国财政状况》刊于《东方杂志》第 15 卷第 4 号。

高劳《日本之对华政策及两国之关系》刊于《东方杂志》第 15 卷第 4 号。

君实《德国开战之原因》刊于《东方杂志》第 15 卷第 4 号。

君实《俄国社会主义运动之变迁》刊于《东方杂志》第 15 卷第 4 号。

罗罗《今日之马丁路德》刊于《东方杂志》第 15 卷第 4 号。

高劳《印度之宗教》刊于《东方杂志》第 15 卷第 4 号。

绍俊良《答白亮君中国速记学之将来》刊于《东方杂志》第 15 卷第 4 号。

茅以升《中国圆周率略史》转载于《东方杂志》第 15 卷第 4 号。

高劳《金权与兵权》刊于《东方杂志》第 15 卷第 5 号。

高劳《中国财政之观察》刊于《东方杂志》第 15 卷第 5 号。

洪家秀《俄国形势之概要》刊于《东方杂志》第 15 卷第 5 号。

张宏祥《欧战战费之概要》刊于《东方杂志》第 15 卷第 5 号。

君实《乌克兰问题之开展》刊于《东方杂志》第 15 卷第 5 号。

江学辉《美国对于中日移民之政策》刊于《东方杂志》第 15 卷第 5 号。

钱智修《功利主义与学术》刊于《东方杂志》第 15 卷第 6 号。

按：针对当时学术界在对待传统文化和引进西方文化中出现的一些偏颇现象，钱智修是文指出："吾国自与西洋文明相触接，其最占势力者，厥维功利主义(Utilitarianism)。功利主义之评判美恶，以适于实用与否为标准。故国人于一切有形无形之事物，亦以适于实用与否为弃取。""功利主义无学术，其所谓学术，则一高资厚禄之敲门砖也。盖此时之社会，于一切文化制度，已看穿后壁，只赤条条地剩一个穿衣吃饭之目的而已。夫以功利主义之流弊，而至举国之人群以穿衣吃饭为唯一目的，殆亦非边沁(Bentham)、约翰·穆勒(John Mill)辈主唱此主义时所及料着欤。"是文关于功利主义对中国学术危害的具体表现进行了深入的阐述："1.功利主义之最害学术者，则以应用为学术之目的，而不以学术为学术之目的是也。吾国人富于实现思想，故旧学中本有通经致用之一派，所谓禹贡治水、春秋折狱、三百篇当谏书者，即此派思想之代表也"；"2.功利主义之论学术，既以应用为前提矣。然学无论精神，物质，及其既造高深之境，未有不偏于理论而与应用之前提不合者：于是通俗主义，平凡主义，弥漫于学界，而高深之学，遂为世所大戒"；"3.功利主义以最大多数为万事之标准，故其论学术之效用，既以多数人之享受为衡，其评学术之优劣，亦以多数人之意见为断：此亦足以挫真才之气，而阻厄学术之进步者也"；"4.功利主义之最大多数说，其弊在绝圣弃智，使学术界无领袖人材"；"5.功利主义既以偏重多数面变为势利主义，于是国人之于学术必推尊欧美，或以欧美为师承之日本，而本国儒先之说，皆弁髦而土苴之"。

沈庆利先生认为："钱智修《功利主义与学术》一文，作为刊载于《东方杂志》并与杜亚泉相呼应的文章，其文化观点自然与杜氏颇为接近。……钱智修的这篇文章，自有其超越一时一地之文化论争的特殊意义在，那就是它击中了数千年中国传统文化的一个根本性要害；功利主义、势利主义的盛行。"(详见沈庆利《〈功利主义与学术〉主持人语》，载《长城》2003 年第 5 期，第 4 页。)

高劳《论中日提携》刊于《东方杂志》第 15 卷第 6 号。

罗罗《战后重建理想都市之计划》刊于《东方杂志》第 15 卷第 6 号。

罗罗《华工赴欧之实况》刊于《东方杂志》第 15 卷第 6 号。

罗罗《亚尔萨斯劳伦问题》刊于《东方杂志》第 15 卷第 6 号。

罗罗《现世界之太古遗民》刊于《东方杂志》第 15 卷第 6 号。

平佚《中西文明之评判》刊于《东方杂志》第 15 卷第 6 号。

伧父《中国之新生命》刊于《东方杂志》第 15 卷第 7 号。

君实《最近美国政治上之进化》刊于《东方杂志》第 15 卷第 7 号。

君实《中国边疆之危险》刊于《东方杂志》第 15 卷第 7 号。

君实《大战争与社会问题》刊于《东方杂志》第 15 卷第 7 号。

高劳《罗马灭亡之经济考察》刊于《东方杂志》第 15 卷第 7 号。

罗罗《南斯拉夫民族之独立运动》刊于《东方杂志》第 15 卷第 7 号。

罗罗《中华民族体质之研究》刊于《东方杂志》第 15 卷第 7 号。

罗罗《日本之人口问题》刊于《东方杂志》第 15 卷第 7 号。

罗罗《近世人类学》刊于《东方杂志》第 15 卷第 7 号。

伧父《劳动主义》刊于《东方杂志》第 15 卷第 8 号。

高劳《国家主义之考虑》刊于《东方杂志》第 15 卷第 8 号。

罗罗《煤矿与世界之霸权》刊于《东方杂志》第 15 卷第 8 号。

谢婴白《俄法革命异同论》刊于《东方杂志》第 15 卷第 8 号。

君实《红十字事业与战争》刊于《东方杂志》第 15 卷第 8 号。

君实《朝鲜之民族性》刊于《东方杂志》第 15 卷第 8 号。

君实《德国之政变与媾和思潮》刊于《东方杂志》第 15 卷第 8 号。

罗家伦《美日在华之商业》刊于《东方杂志》第 15 卷第 8 号。

君实《马尔桑斯人口论价值之失坠》刊于《东方杂志》第 15 卷第 8 号。

胡先骕《中国西部植物志》刊于《东方杂志》第 15 卷第 8 号。

伧父《欧战延长之原因及与我国之关系》刊于《东方杂志》第 15 卷第 9 号。

君实《战争之建设》刊于《东方杂志》第 15 卷第 9 号。

君实《俄国之土地分给问题》刊于《东方杂志》第 15 卷第 9 号。

罗罗《战争与黑种人》刊于《东方杂志》第 15 卷第 9 号。

君实《大战与性的道德之破坏》刊于《东方杂志》第 15 卷第 9 号。

刘少少《哲理学说与伦理学说》刊于《东方杂志》第 15 卷第 9 号。

罗罗《心灵研究之进境》刊于《东方杂志》第 15 卷第 9 号。

徐宝璜《新闻学大意》刊于《东方杂志》第 15 卷第 9 号。

罗罗《科学事业宜国际联合进行论》刊于《东方杂志》第 15 卷第 9 号。

伧父《对于未来世界之准备如何》刊于《东方杂志》第 15 卷第 10 号。

高劳《满蒙经济大要》刊于《东方杂志》第 15 卷第 10 号。

君实《捷克民族与战局之关系》刊于《东方杂志》第 15 卷第 10 号。

高劳《日本米风潮中之日人言论》刊于《东方杂志》第 15 卷第 10 号。

君实《犹太人之未来》刊于《东方杂志》第 15 卷第 10 号。

鲁贻《旧战国与新战国》刊于《东方杂志》第 15 卷第 10 号。

罗罗《德国殖民地问题》刊于《东方杂志》第 15 卷第 10 号。

刘少少《儒家之两大法学派》刊于《东方杂志》第 15 卷第 10 号。

张纯一《基督教与佛学》刊于《东方杂志》第 15 卷第 10 号。

甄绍燊《中国刑法之沿革》刊于《东方杂志》第 15 卷第 10 号。

抑庵《科学精义》刊于《东方杂志》第 15 卷第 10 号。

高劳《新亚细亚主义》刊于《东方杂志》第 15 卷第 11 号。

君实《美人之爱国运动》刊于《东方杂志》第 15 卷第 11 号。

高劳《战后之美国移民问题》刊于《东方杂志》第 15 卷第 11 号。

罗罗《马来人种考略》刊于《东方杂志》第 15 卷第 11 号。

陈友琴《越南华侨教育考察记》刊于《东方杂志》第 15 卷第 11 号。

胡适《庄子哲学浅释》刊于《东方杂志》第 15 卷第 11 号。

罗罗《傀儡剧之复兴》刊于《东方杂志》第 15 卷第 11 期。

高劳《言论势力失坠之原因》刊于《东方杂志》第 15 卷第 12 号。

陈启天《平和之究竟》刊于《东方杂志》第 15 卷第 12 号。

伧父《答新青年杂志记者之质问》刊于《东方杂志》第 15 卷第 12 号。

君实《现代文明与都市计划》刊于《东方杂志》第 15 卷第 12 号。

高劳《欧洲大战与中国历史之比较》刊于《东方杂志》第 15 卷第 12 号。

罗罗《英国政治上之大改革》刊于《东方杂志》第 15 卷第 12 号。

罗罗《美国与战后之远东商业》刊于《东方杂志》第 15 卷第 12 号。

罗家伦《解除武装之新均势》刊于《东方杂志》第 15 卷第 12 号。

罗罗《陀斯妥夫斯基之文学与俄国革命之心理》刊于《东方杂志》第 15 卷第 12 号。

胡宗瑗《敬告实施女子职业教育者》刊于《妇女杂志》第 4 卷第 1 号。

冼震《家庭快乐论》刊于《妇女杂志》第 4 卷第 1 号。

鸳湖寄生《养蜂谈》刊于《妇女杂志》第 4 卷第 1 号。

西神《说检尿》刊于《妇女杂志》第 4 卷第 1 号。

[丹麦]米勒著,李德晋译《妇女十五分钟体操》刊于《妇女杂志》第 4 卷第 1 号。

綵葬《家庭日记与家训》刊于《妇女杂志》第 4 卷第 1 号。

王傅英《新胎教》刊于《妇女杂志》第 4 卷第 1 号。

魏寿铺《观察儿童之个性法》刊于《妇女杂志》第 4 卷第 1 号。

[日]山田铁藏著,西神译《妇人安眠之研究》刊于《妇女杂志》第 4 卷第 1 号。

[日]原胤照著,乌傅溱译《不良少年者母亲之罪》刊于《妇女杂志》第 4 卷第 1 号。

Mrs. Christine Frederick 著,曹杨廉荫译《治家之经验谈》刊于《妇女杂志》第 4 卷第 1 号。

日本临时军事调查委员会著,西神译《欧战与各交战国妇人之真相》刊于《妇女杂志》第 4 卷第 1 号。

翟宣颖《土耳其闺乘》刊于《妇女杂志》第 4 卷第 1 号。

Natale De Bosory 著,天风、无我译《俄国未来之妇女》刊于《妇女杂志》第 4 卷第 1 号。

徐蕴真《秋灯励学图记》刊于《妇女杂志》第 4 卷第 1 号。

边书怡《燕太子丹遣荆轲入秦论》刊于《妇女杂志》第 4 卷第 1 号。

王菊如《卜式输财助边论》刊于《妇女杂志》第 4 卷第 1 号。

许绍芬《木兰代父从军论》刊于《妇女杂志》第 4 卷第 1 号。

王静琬《秦始皇焚书坑儒论》刊于《妇女杂志》第 4 卷第 1 号。

胡瑞兰《益友损友解》刊于《妇女杂志》第 4 卷第 1 号。

张和埂《夫妇称谓私议》刊于《妇女杂志》第 4 卷第 4 号。

集庭《女子活动说》刊于《妇女杂志》第 4 卷第 4 号。

江顾沁芝《永远适用之星期表》刊于《妇女杂志》第 4 卷第 4 号。

宗良《手之美观法》刊于《妇女杂志》第 4 卷第 4 号。

殿芳女士《各动物之护身妙法》刊于《妇女杂志》第 4 卷第 4 号。

李德晋《妇女十五分钟体操(续)》刊于《妇女杂志》第 4 卷第 4 号。

恽代英《儿童问题之解决(续)》刊于《妇女杂志》第 4 卷第 4 号。

宗良《儿童与居室之关系》刊于《妇女杂志》第 4 卷第 4 号。

西神《欧战与各交战国妇人之真相(续)》刊于《妇女杂志》第 4 卷第 4 号。

金薇《说书无逸》刊于《妇女杂志》第 4 卷第 4 号。

马仁常《人必如何而后能独立说》刊于《妇女杂志》第 4 卷第 4 号。

钱瑞秋《独立与合群》刊于《妇女杂志》第 4 卷第 4 号。

朱洁华《独立与合群(其二)》刊于《妇女杂志》第 4 卷第 4 号。

洗震《儿童自尊之养成》刊于《妇女杂志》第 4 卷第 7 号。

王傅英《影戏》刊于《妇女杂志》第 4 卷第 7 号。

奠邑《活动影片之幻景及其制法》刊于《妇女杂志》第 4 卷第 7 号。

宗良《改良儿童习惯之原则》刊于《妇女杂志》第 4 卷第 7 号。

庐效彭《物价腾贵与家庭养鸡》刊于《妇女杂志》第 4 卷第 7 号。

叔子《妇人之卫生》刊于《妇女杂志》第 4 卷第 7 号。

刘云舫译《家庭看护法(续)》刊于《妇女杂志》第 4 卷第 7 号。

庐效彭《儿童读书之选择法》刊于《妇女杂志》第 4 卷第 7 号。

怀桂琛《欧战声中妇女界之轶闻》刊于《妇女杂志》第 4 卷第 7 号。

西神译《欧战与个交战国妇人之真相(续)》刊于《妇女杂志》第 4 卷第 7 号。

童秀华《孔孟言无所用心及放心之异同》刊于《妇女杂志》第 4 卷第 7 号。

徐韫真《止谤莫若自修论》刊于《妇女杂志》第 4 卷第 7 号。

宗良《世界的母职》刊于《妇女杂志》第 4 卷第 8 号。

江学辉《女权平议》刊于《妇女杂志》第 4 卷第 8 号。

刘滋生《论中国今日婚姻之改良》刊于《妇女杂志》第 4 卷第 8 号。

汪集庭《母教业谈(续)》刊于《妇女杂志》第 4 卷第 8 号。

刘云舫《家庭看护学(续)》刊于《妇女杂志》第 4 卷第 8 号。

叔子《妇人之卫生(续)》刊于《妇女杂志》第 4 卷第 8 号。

西神《欧美女学生之夏季生活》刊于《妇女杂志》第 4 卷第 8 号。

韦西《理想中之家庭(续)》刊于《妇女杂志》第 4 卷第 8 号。

钱越英《论学艺会之主旨》刊于《妇女杂志》第 4 卷第 8 号。

桑应震《女子教育之见解》刊于《妇女杂志》第 4 卷第 8 号。

金薇《说吕刑》刊于《妇女杂志》第 4 卷第 8 号。

段凝《卫文公通商卫工论》刊于《妇女杂志》第 4 卷第 8 号。

辛梅《家庭悲剧之主因》刊于《妇女杂志》第 4 卷第 9 号。

宗良《世界之母职》刊于《妇女杂志》第 4 卷第 9 号。

李德晋《妇女十五分钟体操(续)》刊于《妇女杂志》第 4 卷第 9 号。

[美]Physicll Cultuo 著,洗震译《死病之救济法》刊于《妇女杂志》第 4 卷第 9 号。

西神《欧战与各交战国妇人之真相(续)》刊于《妇女杂志》第 4 卷第 9 号。

汪集庭《自然教育之浅说》刊于《妇女杂志》第 4 卷第 9 号。

孙礼钰《论殉葬之非》刊于《妇女杂志》第 4 卷第 9 号。

方婉琴《韩信以千金保漂母论》刊于《妇女杂志》第 4 卷第 9 号。

张守圭《秦并天下文字异形李斯始奏同论论》刊于《妇女杂志》第 4 卷第 9 号。

沈心香《说蠢》刊于《妇女杂志》第 4 卷第 9 号。

亶父《闺秀诗话(续)》刊于《妇女杂志》第 4 卷第 9 号。

胡宗瑗《论女子职业教育与道德教育之关系》刊于《妇女杂志》第4卷第10号。

辛梅《家庭教育浅谈》刊于《妇女杂志》第4卷第10号。

李德晋《妇女十五分钟之体操(续)》刊于《妇女杂志》第4卷第10号。

[日]伊藤著,庐效彭译《美国家庭可供取法之优点》刊于《妇女杂志》第4卷第10号。

Alma Mater著,江学辉译《纪美国哥女学校之内容》刊于《妇女杂志》第4卷第10号。

张万安《虞允文采石便宜胜金人论》刊于《妇女杂志》第4卷第10号。

张万安《学然后知不足论》刊于《妇女杂志》第4卷第10号。

张万安《知子莫若父知臣莫若君论》刊于《妇女杂志》第4卷第10号。

张万安《汉高帝戮丁公论》刊于《妇女杂志》第4卷第10号。

康白情《读王君卓民大学不宜男女同校论商兑》刊于《妇女杂志》第4卷第11号。

寿白《衣服之卫生学的研究》刊于《妇女杂志》第4卷第11号。

西神《意大利之女学生》刊于《妇女杂志》第4卷第11号。

艾著《世界之大势与妇人之活动》刊于《妇女杂志》第4卷第11号。

西神《欧战与各交战国妇人之真相(续)》刊于《妇女杂志》第4卷第11号。

赵凌云《学力为人生第二天秉说》刊于《妇女杂志》第4卷第11号。

王玉淑《论漆室女热心国事》刊于《妇女杂志》第4卷第11号。

闵瑶缉《读书台乘凉记》刊于《妇女杂志》第4卷第11号。

孙熙育《女学生之责任》刊于《妇女杂志》第4卷第11号。

王卓民《吾国大学尚不宜男女同校商兑之驳译》刊于《妇女杂志》第4卷第12号。

李德晋《妇女十五分钟之体操(续)》刊于《妇女杂志》第4卷第12号。

艾著《废物利用与家庭生活》刊于《妇女杂志》第4卷第12号。

西神《欧战与各交战国妇人之真相(续)》刊于《妇女杂志》第4卷第12号。

闵瑶缉《女子修养谈》刊于《妇女杂志》第4卷第12号。

朱元善《勤作教育再提倡》刊于《教育杂志》第10卷第1期。

庄俞《本社十年之回顾》刊于《教育杂志》第10卷第1期。

黄炎培《我国图强所必要之训育方针》刊于《教育杂志》第10卷第1期。

蒋梦麟《高等学术为教育之基础》刊于《教育杂志》第10卷第1期。

按:是文认为:"自十九世纪科学发达以来,西洋学术,莫不以科学方法为基础;即形而上学,亦以此为利器。至今日一切学问,不能与科学脱离关系;教育学亦然。故今日之教育,科学的教育也。舍科学的方法而言教育,是凿空也,是幻想也。幻想凿空,不得谓二十世纪之学术。""复杂之科学,既有赖乎他种科学;教育学之有赖乎高等学术也明矣。……教育学不能离他科学而独立;则其有赖乎高等学术也更明矣。"因此,要研究教育,成为教育家,必须博通高等学术,"以西洋而论,大教育家中如亚里士多德、马丁路德、福禄培、斯宾塞诸子,何一非大学问家? 以吾国而论,大教育家中如孟子、荀子、程明道、伊川、陆象山、朱晦庵、胡安定、王阳明诸子,何一非大儒? 即以现今西洋社会而论,彼握教育枢纽者,谁非为人所信仰之学问家? 其教育院中之学子,何一非兼长他学? 有真学术,而后始有真教育,有真学问家,而后始有真教育家。吾国自有史以来,学问之堕落,于今为甚。今不先讲学术,而望有大教育家出,是终不可能也。"

贾丰臻《一年来教育之过去帐》刊于《教育杂志》第10卷第1期。

天民《今后之学校》刊于《教育杂志》第10卷第1期。

天民《研究各科教授之先决问题》刊于《教育杂志》第10卷第1期。

贾丰臻《修身教授革新之研究》刊于《教育杂志》第10卷第1期。

范祥善《国文教授革新之研究》刊于《教育杂志》第 10 卷第 1 期。

俞子夷《算术教授革新之研究》刊于《教育杂志》第 10 卷第 1 期。

蒋梦麟《历史教授革新之研究》刊于《教育杂志》第 10 卷第 1 期。

陈文钟《地理教授革新之研究》刊于《教育杂志》第 10 卷第 1 期。

顾型《理科教授革新之研究》刊于《教育杂志》第 10 卷第 1 期。

顾树森《图画教授革新之研究》刊于《教育杂志》第 10 卷第 1 期。

太玄《体操教授革新之研究》刊于《教育杂志》第 10 卷第 1 期。

又玄《唱歌教授革新之研究》刊于《教育杂志》第 10 卷第 1 期。

杨鄂联《家事教授革新之研究》刊于《教育杂志》第 10 卷第 1 期。

朱元善《教育者研究态度之革新》刊于《教育杂志》第 10 卷第 1 期。

太玄《心理检查法》刊于《教育杂志》第 10 卷第 1 期。

太玄《美国职业指导问题》刊于《教育杂志》第 10 卷第 1 期。

蒋梦麟《过渡时代之思想与教育之关系》刊于《教育杂志》第 10 卷第 2 期。

贾丰臻《教育宜保存国粹》刊于《教育杂志》第 10 卷第 2 期。

天民《教育学之性质》刊于《教育杂志》第 10 卷第 2 期。

太玄《心理检查法》刊于《教育杂志》第 10 卷第 2 期。

太玄《分团式算术练习问题》刊于《教育杂志》第 10 卷第 2 期。

天民《教育事业简捷法之研究》刊于《教育杂志》第 10 卷第 2 期。

贾丰臻《日本工业教育家手岛精一之历史》刊于《教育杂志》第 10 卷第 2 期。

太玄《美国职业指导问题》刊于《教育杂志》第 10 卷第 2 期。

蒋维乔《考察菲律宾教育记》刊于《教育杂志》第 10 卷第 2 期。

汤中《教育谈片》刊于《教育杂志》第 10 卷第 2 期。

贾丰臻《吾校之真相》刊于《教育杂志》第 10 卷第 2 期。

天笑《科学者之家庭》刊于《教育杂志》第 10 卷第 2 期。

贾丰臻《说女子职业教育之必要》刊于《教育杂志》第 10 卷第 3 期。

吴研因《识字教授之商榷》刊于《教育杂志》第 10 卷第 3 期。

天民《今后之学校》刊于《教育杂志》第 10 卷第 3 期。

太玄《心理检查法》刊于《教育杂志》第 10 卷第 3 期。

太玄《学校家庭联络法》刊于《教育杂志》第 10 卷第 3 期。

天民《手工教授之新研究》刊于《教育杂志》第 10 卷第 3 期。

贾丰臻《日本工业教育家手岛精一之历史》刊于《教育杂志》第 10 卷第 3 期。

天民《技能科教授之调查》刊于《教育杂志》第 10 卷第 3 期。

蒋维乔《考察菲律宾教育记》刊于《教育杂志》第 10 卷第 3 期。

卢殿虎《茅亭讲学刍议》刊于《教育杂志》第 10 卷第 3 期。

陆规亮《东京第一高等学校寮事记》刊于《教育杂志》第 10 卷第 3 期。

天笑《科学者之家庭》刊于《教育杂志》第 10 卷第 3 期。

蒋梦麟《个人之价值与教育之关系》刊于《教育杂志》第 10 卷第 4 期。

余箴《勤作教育之一解》刊于《教育杂志》第 10 卷第 4 期。

天民《今后之学校》刊于《教育杂志》第 10 卷第 4 期。

天心《大脑之教育》刊于《教育杂志》第 10 卷第 4 期。

太玄《心理检查法》刊于《教育杂志》第 10 卷第 4 期。

太玄《公民的训练法》刊于《教育杂志》第 10 卷第 4 期。

天民《唱歌教授之新潮流》刊于《教育杂志》第 10 卷第 4 期。

贾丰臻《日本工业教育家手岛精一之历史》刊于《教育杂志》第 10 卷第 4 期。

天民《技能科教授之调查》刊于《教育杂志》第 10 卷第 4 期。

蒋维乔《考察菲律宾教育记》刊于《教育杂志》第 10 卷第 4 期。

汤中《教育谈片》刊于《教育杂志》第 10 卷第 4 期。

张士一《留美教育杂碎》刊于《教育杂志》第 10 卷第 4 期。

天笑《科学者之家庭》刊于《教育杂志》第 10 卷第 4 期。

黎锦熙《国语研究调查之进行计划书》刊于《教育杂志》第 10 卷第 4 期。

天民《教育之三要素》刊于《教育杂志》第 10 卷第 7 期。

蒋梦麟《战后之教育》刊于《教育杂志》第 10 卷第 7 期。

天心《新尚知主义》刊于《教育杂志》第 10 卷第 7 期。

天民《职业适任之心理学的研究》刊于《教育杂志》第 10 卷第 7 期。

太玄《小学手工教授之研究》刊于《教育杂志》第 10 卷第 7 期。

太玄《手工科教室之设备》刊于《教育杂志》第 10 卷第 7 期。

贾丰臻《日本工业教育家手岛精一之历史》刊于《教育杂志》第 10 卷第 7 期。

天民《美国职业指导问题》刊于《教育杂志》第 10 卷第 7 期。

陆规亮《朋辈教育谈》刊于《教育杂志》第 10 卷第 7 期。

李金藻《儿童玩具谈》刊于《教育杂志》第 10 卷第 7 期。

天民《中学校亟须改革之点》刊于《教育杂志》第 10 卷第 9 期。

贾丰臻《教育之新趋势》刊于《教育杂志》第 10 卷第 9 期。

天民《加里公立学校》刊于《教育杂志》第 10 卷第 9 期。

天民《儿童游戏与人类学之意义》刊于《教育杂志》第 10 卷第 9 期。

天心《分团式动的教育法之实际》刊于《教育杂志》第 10 卷第 9 期。

太玄《有价值之笔述法》刊于《教育杂志》第 10 卷第 9 期。

朱鼎元《儿童缺席之研究》刊于《教育杂志》第 10 卷第 9 期。

太玄《德国统一学校问题》刊于《教育杂志》第 10 卷第 9 期。

太玄《初等一年特别教室之必要》刊于《教育杂志》第 10 卷第 9 期。

佛如《师范学校中学校学生实习理化之要目》刊于《教育杂志》第 10 卷第 9 期。

蒋梦麟《世界大战后吾国教育之注重点》刊于《教育杂志》第 10 卷第 10 期。

天心《图书馆主义之教育》刊于《教育杂志》第 10 卷第 10 期。

蒋梦麟《战后之教育》刊于《教育杂志》第 10 卷第 10 期。

天心《英国功利说之梗概》刊于《教育杂志》第 10 卷第 10 期。

天心《分团式动的教育法之实际》刊于《教育杂志》第 10 卷第 10 期。

太玄《理科教授之观察及实验》刊于《教育杂志》第 10 卷第 10 期。

桂绍烈《图画与手工之联络》刊于《教育杂志》第 10 卷第 10 期。

太玄《美国之学校运动场》刊于《教育杂志》第 10 卷第 10 期。

贾观仁《中等学校理化学教授法改良意见书》刊于《教育杂志》第 10 卷第 10 期。

周由庐《中学教员增能问题》刊于《教育杂志》第 10 卷第 10 期。

幻龙《告新大总统》刊于《教育杂志》第 10 卷第 11 期。

贾丰臻《请政府以历行教育为政策》刊于《教育杂志》第 10 卷第 11 期。

天心《实效教育论》刊于《教育杂志》第 10 卷第 11 期。

天心《英国功利说之梗概》刊于《教育杂志》第 10 卷第 11 期。

太玄《考察画教授法》刊于《教育杂志》第 10 卷第 11 期。

太玄《室外图画教授之主张》刊于《教育杂志》第 10 卷第 11 期。

天心《图案之研究》刊于《教育杂志》第 10 卷第 11 期。

太玄《美国之学校运动场》刊于《教育杂志》第 10 卷第 11 期。

贾丰臻《和平后之教育》刊于《教育杂志》第 10 卷第 12 期。

贾丰臻《国民体育不振之故》刊于《教育杂志》第 10 卷第 12 期。

费揽澄《职业教育之商榷》刊于《教育杂志》第 10 卷第 12 期。

蒋梦麟《战后之教育》刊于《教育杂志》第 10 卷第 12 期。

太玄《计算力调查法》刊于《教育杂志》第 10 卷第 12 期。

天心《初学年算术教授与手指之使用》刊于《教育杂志》第 10 卷第 12 期。

陆士寅《测量学生算术能力之一法》刊于《教育杂志》第 10 卷第 12 期。

天民《地理教授之研究》刊于《教育杂志》第 10 卷第 12 期。

太玄《最新之欧洲地理教材——美国之学校运动场》刊于《教育杂志》第 10 卷第 12 期。

四、学术著作

（宋）苏轼书《（清宫藏）东坡春帖子词墨宝》由上海有正书局刊行。

（明）倪元璐绘《倪鸿宝山水画石册》由上海神州国光社刊行。

（清）李流芳绘《李檀园兰花册》由上海神州国光社刊行。

（清）改琦绘《改七芗人物山水花果册》由上海神州国光社刊行。

（清）禹之鼎绘《禹之鼎人物真迹》由上海商务印书馆刊行。

（清）深山编著《暗室灯》刊行。

《（清宫藏）宋宣和六鹤图》由上海有正书局刊行。

江琼编《新本经学讲义》由上海商务印书馆刊行。

按：是书分绪论、群经之名称、群经之缘起、经学之传授及字法、历代经学之异同及盛衰、古今经学流派之大别、治经之程序及方法等七部分。

钱穆著《论语文解》由上海商务印书馆刊行。

吴汝纶著《四书评点》4 卷刊行。

陈长蘅著《进化之真相》刊行。

易崐著《原道》由湖北汉口中亚印书馆刊行。

鲁云奇著《一百名人家政史》由上海中华图书集成公司刊行。

陈大齐著《心理学大纲》由上海商务印书馆刊行。

按:此书是中国第一本大学心理学教科书,较准确而全面地概括介绍了当时西方科学心理学的丰富内容和最新成就。

康有为著《书镜》(原名《广艺舟双楫》)由上海长兴书局刊行。

熊十力著《熊子真心书》自行刊行,蔡元培作序。

徐蔚如集印老文稿《印光法师文钞》发行。

杨嘉椿著《(新休)心理学讲义》由上海商务印书馆刊行。

达文社编《命理易知》由上海文明书局刊行。

达文社编《相法易知》由上海文明书局刊行。

会稽山人编《催眠术讲义》由上海商务印书馆刊行。

丁成勋编《切梦刀》(上下册)由上海艺学社刊行。

丁福保编注《佛经精华录笺注》由上海医学书局刊行。

李西满、杨若望编《师范简言》由河北献县张家庄胜世堂刊行。

刘赖孟多著《默想全书》(6册)由河北献县天主堂刊行。

孟亚丰索述《功劳至保》由河北献县张家庄胜世堂刊行

谢洪赉著《圣德管窥》由上海青年协会书报部刊行。

天笑生编《新社会(共和国宣讲书)》(第4集)由上海商务印书馆刊行。

天笑生编《新社会(共和国宣讲书)》(第5集)由上海商务印书馆刊行。

陈长蘅著《中国人口论》由上海商务印书馆刊行。

按:此书是最早论及我国人口的专门著作,也是我国使用统计图表讨论社会问题的第一部著作。该书认为:"凡人口已稠之国,其人民财富之增加恒与其人口密度之增加成反比例,即人口愈密,财富愈难增加。中国今日民贫之一最大原因厥为人民孳生太繁,地力有限,生育无限,以有限供无限则殆,生计憔悴岂偶然哉! 今日明达之士故云务科学、兴实业、开财源矣,然而人民生育苟不减低,则人口之增加恒速于财富之增加,虽实业兴,财源辟,民人将贫困如故。""是以吾国今日之黑暗现象多以贫字为其胚胎。我同胞贫穷之原因甚多,生育太繁,乃其最大之一因,故迟婚减育,实救贫最要之一术也。"陈长蘅还专门研究了中国的婚姻改良,主张晚婚少育、一夫一妻、制定婚姻法等。

王葆鋆著《政治学》由著者刊行。

王道编,吴贯因校阅《中国地方制度之沿革》由北京内务部编译处刊行。

惠民公司报告《华工赴法》刊行。

林竟著《新疆纪略》由天山学会刊行。

陈箓著《蒙事随笔》由著者刊行。

黄攻素著《外交危言》由上海泰东图书局刊行。

梁济著《桂林梁巨川先生敬告世人书》由编者刊行。

杜定友编《童子军日记》由上海商务印书馆刊行。

中华全国童子军协会编《童子军规律》由上海商务印书馆刊行。

熊绍堃著述《英国政要》由个人刊行。

周龙光编辑,吴贯因校阅《英国之政党》由北京内务部编译处刊行。

刘世长著《中华新法治国论》由上海中华书局刊行。

曹恭翊编著《法治通史》(立法)由北京共和印刷局刊行。

曹恭翊编著《法治通史》(行政)由北京共和印刷局刊行。

曹恭翊编著《法治通史》(代议)由北京共和印刷局刊行。

内务部警政司编《现行警察例规》由北京编者刊行。

饶景星编《阵中要务必携》由北京武学书局刊行。

魁尼西著《一排至一旅野外演习战术散开与展开之研究》由北京武学书局刊行。

饶景星编《小部队野战勤务实施》由北京饶景星刊行。

饶景星编《骑兵战术》由北京武学书局刊行。

徐梦诚著《炮兵战斗指挥法》北京武学书局刊行。

曹锁编《直隶地理兵要说略》刊行。

孙毓修编《潜航艇》由上海商务印书馆刊行。

饶景星改订《机关枪射击指挥学》由北京武学书局刊行。

农商部参事厅编《农商法规汇编》由北京农商部刊行。

兰社学术研究会编《经济调查目录》由北京编者刊行。

章宗元著《计学家言》由天津经济学会刊行。

按:是书分用财、生财、交易、泉币、专论、通商、分财、理财8编,论述个人持家生财之道及有关经济理论。

叶建柏编《美国工商发达史》由上海商务印书馆刊行。

凌道扬编《森林要览》由上海商务印书馆刊行。

交通部编《运输会议纪事录》由编者刊行。

交通部统计科编《民国元年交通部同国际图表汇编》由编者刊行。

交通丛报社编辑处编《交通类编》甲集(上中下册)由编者刊行。

交通总务厅育才科编《交通部特殊教育沿革史》由编者刊行。

交通部铁路联运事务处编《中日联运第六次会议协定书》由编者刊行。

按:会议于1918年在日本东京召开。

铁路同人教育会编《铁路同人教育会章程》由编者刊行。

张鸿藻著《中国铁路现势纪要》由北京中华全国铁路协会刊行。

按:是书论述已筑成的国有、民办及外人营造之铁路的历史、资本、线路、营业状况、轨制、车辆等情况,另对拟筑铁路及以筑和拟筑的轻便铁路也有概要说明。卷首有汤化龙、程明超序及凡例。

交通部铁路联运事务处编《中华国有铁路联运第一至第六次会议记录》由编者刊行。

交通部路政司编查科编《交通部直辖各铁路民国五年兴革事项表》由编者刊行。

张国栋著《商业政策讲义》由山西晋新书社刊行。

华文祺编《新式贩卖术》由上海商务印书馆刊行。

按:是书为商业丛书之一。

汪筱谢编《商业组织法》由上海商务印书馆刊行。

按:是书为商业小丛书之一。

陈汉杰著《最近中国财政与借款》由上海民铎杂志社刊行。

胡翔云著《中国盐务最近状况》由北京求志学社刊行。

李芳著《中国币制统一论》由北京大学刊行。

谢善诒编《银行论》由上海苏新书社刊行。

申报馆编《申报馆纪念册》由上海申报馆刊行。

包天笑编《考察日本新闻记略》由上海商务印书馆刊行。

周石僧编著《国声集》由上海梅溪学生营业所刊行,有自序。

乐嘉藻著《中国瓷器研究表》由天津教育图书局印书处刊行。

留庵编纂《中国雕版源流考》由上海商务印书馆刊行。

天津博物院筹备处编《天津博物院陈列品说明书》(第1辑历史部——掌故类、科举类、纪念类)由编者刊行。

姜丹书编《美术史参考书》由上海商务印书馆刊行。

文明书局编《新魔术》由上海文明书局、中华书局刊行。

刘达著,苦海余生编辑《戏剧大观》第1集由上海交通图书馆刊行,有朱天目、陈白虚、罗亮等序。

孙毓修编纂《活动影戏》(常识谈话第8册)由上海商务印书馆刊行。

张华瑊、李许频韵编《女子刺绣教科书》(女子中学校及师范学校用)由上海商务印书馆刊行。

周剑云编辑《鞠部丛刊》(上下册)由上海交通图书馆刊行,有自序。

施咏湘编《剪纸图说》由上海商务印书馆刊行,有自序。

梦菊居士重修《梨园原》由个人刊行,有梦菊居士、秋原居士、锡庵居士、胥园居士序。

商务印书馆编《进行曲》由上海商务印书馆刊行。

韩定生编纂,陈宝泉、王言纶校订《(新体)教育学讲义》由上海商务印书馆刊行。

黄炎培编著《东南洋之新教育》由上海商务印书馆刊行。

张华年编纂《新体教育史讲义》由上海商务印书馆刊行。

陈文钟等编《实验分团教授法》由上海商务印书馆刊行。

全国教育会联合会编《全国教育会联合会会务纪要》由编者刊行

通俗教育研究会编《通俗教育研究会第三次报告书》由北京编者刊行。

直隶教育厅编《直隶教育统计图表》(中华民国七年)由编者刊行。

吉林省教育厅编《吉林第二次省教育行政会议录》由编者刊行。

黑龙江教育厅编《黑龙江地方教育概略》由编者刊行。

江苏省教育厅编《江苏第三次省教育行政会议汇录》(江苏教育公报临时增刊)由编者刊行。

京师学务局编《京师地方教育处所一览》由北京编者刊行。

曹鸿年编《考察日韩江浙教育笔记》由北洋印刷局刊行。

张恭、陈青莲编,浣溪学社学术组主编《大学入门》由杭州浣溪学社刊行委员会刊行。

李步青、路孝植编《考察日本实业补习教育纪要》由上海商务印书馆刊行。

国民体育社编,[美]麦克乐订正《篮球》(体育小丛书)由上海商务印书馆刊行。

沈镜清、奚萃光编著《体操游戏》由上海商务印书馆刊行。

精武体育会编《精武》由编者刊行。

按:是书收该会章程、宣言、精武会之概况即创办人霍元甲遗像遗事。

陆师通、陆同一编《北拳汇编》(国术丛书)由上海商务印书馆刊行,有刘张钦序。

郭粹亚、金一明著《石头拳术秘诀》由上海中华书局刊行。

王怀琪编《(订正)八段锦》由上海商务印书馆刊行。

赵连和、陈铁生编著《达摩剑》(技击丛书)由上海商务印书馆刊行。

沈恩孚著《注音字母发音部位图标·文字学要旨》由江苏省教育会刊行。

廖宇春编《修正注音字母并确定国音音标草案》由编者刊行。

杨誉龙等编,陆费逵、戴克敦参订《实用大字典》由上海中华书局刊行。

按:此书以《中华大字典》为蓝本,加以增删补遗和正误。收字以普通实用为主。按部首编排。

薛凤昌、钱基博等著《戊午暑期国文讲义汇刊》由江苏省立第三师范学校刊行。

曾彝进著《新式旗语》由北京注音字母书报社刊行。

北京官话研究会社编《官话捷诀》(上下册)由广东广州共和新书局刊行。

怀恩光编《官话初阶》由上海广学书局刊行。

商务印书馆编译所编纂《公文书程式举例》由上海商务印书馆刊行。

铁冷编著《交际全书补编》由上海崇新书局刊行。

张谔、沈彬主编《(新式)英华双解词典》由上海中华书局刊行。

张谔、沈彬主编《(新式)英华词典》由上海中华书局刊行。

沈彬编《(袖珍新式)英华学生字典》由上海中华书局刊行。

沈彬编《(新制)英文法》(第1—4册)由上海中华书局刊行。

凌望超编《法语初步》由上海商务印书馆刊行。

李玉汶编,伍光建等校订《汉英新辞典》由上海商务印书馆刊行。

邝富灼、甘永龙编《汉释英文杂记》(第2集)由上海商务印书馆刊行。

程演生编选《模范文选》由北京大学出版部刊行。

陈篆编《法文文牍程式》由上海商务印书馆刊行。

《华侨不求人信札》由广东广州华兴书局刊行。

姚永朴、姚永概编《历朝经世文钞》6卷、《国文初学读本》2卷、《旧闻随笔》4卷、《论语解注合编》11卷刊行。

林纾从姚鼐《古文辞类纂》中编选的《古文辞类纂选本》前5卷由上海商务印书馆刊行,并作序,共收作品52篇。

按:林纾《古文辞类纂选本序》曰:"故先取前辈选本,采其尤佳者,加以详细之评语。然精粹之选本,实无如桐城姚先生之《古文辞类纂》一书。吾友赵尧生称之为姚氏学,似不屑于姚选。吾则谓总集固属网罗放佚,删汰繁芜者。试问李昉扈蒙徐铉等奉敕所编《文苑英华》一千卷,能家有其书否? 即有之,能自鉴别,揭取其菁华否? 其下若姚铉之《唐文粹》,亦一百卷,然去取之权,乃留段文昌之平淮西碑而黜昌黎,是亦狃当日之俗论耳。吕祖谦之《宋文鉴》,识者颇讥其党同伐异之私。苏天爵之编《元文类》,而姚牧庵马祖常文,极修长不节,惟虞柏生较近前贤轨范耳。至程敏政之《明文衡》九十八卷,虽列方正学,颇病其入选之芜杂。至于《三国文类》,则世无传本,不可考也。鄙意总集之选,顾不易易。必其人能文,深知文中之甘苦,而又能言其甘苦者。则每篇之上,所点醒处,均古人之脉络筋节。或断或续,或伏或应,一经指示,读者豁然。斯善矣。若加以繁缛之词,盲称瞎赞,虽填满书眉,均属搔不着痒,与读者何补? 惜抱生平于文深矣,且倾心于昌黎。而纾谓昌黎之《送齐皞下第序》,匠心独运,开后生小子无数法门,而惜抱竟不列选。甚哉,操选政之难也! 今鄙人不更自选,但就惜抱所已选者慎择其尤,加以详评,将来自编为一集,名曰《姚刻〈古文辞类纂〉选本》。敬与会中诸君子商量其当否,兹特言其缘起如此。闽县林纾识。"(载1918年10月商务印书馆印行的《〈古文辞类纂〉选本》第1卷。现据1949年4月世界书局版《春觉斋著述记》收录)

谢无量编《中国大文学史》由上海中华书局刊行,王文儒作序。

按:是书分10卷,分别叙述上古(太古至秦)、中古(汉魏南北朝)、近古(唐宋元明)、近世(清)的文学发展历史。书中第一编就把小说列为平民文学——文言俗语诸体均属之。其中第三章平民文学:"匹夫匹妇之歌谣,怨叹感讽,出于自然。先有国风是平民思想言行,春秋以后,平民文学几乎绝迹,宋元之间复有平民文学之萌动,词曲小说属之。自清末废科举,百姓也关心国家之兴衰存亡,逐步打破官方语言,平民文学,殆将日盛。"说明人人关心国事,平民文学才趋向发达和普及。谢无量这一理论,受到学界的普遍好评,鲁迅、蔡元培、章士钊均认为创举,为新文化(白话)运动砸开了铁门。报纸、杂志、教科书都予以肯定和阐述。(参见刘长荣、何兴明编《谢无量年谱》,载《文教资料》2001年第3期)

刘哲庐编《文学常识》由上海中华编译社刊行。

谢无量编著《诗学指南》由上海中华书局刊行。

谢无量著《词学指南》由上海中华书局刊行。

谢无量著《骈文指南》由上海中华书局刊行。

按:是书分骈文通论、骈文体格及变迁论2章。

周作人著,北京大学编译会审定《欧洲文学史》由上海商务印书馆刊行。

按:周作人在1918年6月7日整理编写的希腊、罗马、中古至18世纪的文学史讲义,合为《欧洲文学史》,然后由商务印书馆刊行。这些讲义都曾经过鲁迅的修改。

林纾著《畏庐短篇小说》由上海普通图书馆刊行。

按:此书选自《践卓翁小说》,共收笔记小说22篇。

林纾著《官场新现形记》(原名《巾帼阳秋》)由上海普通图书馆刊行,署名林琴南。

黄兆藻著《慨予诗文抄》刊行。

许国英编纂《清鉴易知录》刊行。

上海文明书店编辑《清鉴辑览》(又名《注释清鉴辑览》)28卷刊行。

傅幼圃著《中国痛史》由上海泰东书局、上海新华书局、上海百新公司刊行。

驻粤滇军总司令部督办粤赣湘边防军务署参谋处编《滇军在粤死事录》由编者刊行。

民铎杂志社编《新国耻》(民铎杂志社临时刊行)由上海编者刊行。

景耀月增修《景耀月解决国局意见》刊行。

孙毓修编《苏秦》由上海商务印书馆刊行。

孙毓修著《张良》由上海商务印书馆刊行。

孙毓修编《马援》由上海商务印书馆刊行。

孙毓修编《陶渊明》由上海商务印书馆刊行。

孙毓修编《朱子》由上海商务印书馆刊行。

张穆撰、缪荃孙校补《顾亭林先生年谱》1卷附校补1卷嘉业堂丛书本刊行。

杨公道著《年羹尧轶事》由上海大华书局刊行。

杨公道编《曾文正轶事》由上海大华书局刊行。

杨公道编《左宗棠轶事》由上海两友轩出版。

杨公道编《李鸿章轶事》由上海大华书局刊行。

杨公道著《彭玉麟轶事》由上海大华书局刊行。

仲子著《徐世昌》由上海崇文书局刊行。

汪太冲编《章太炎外纪》由北京文史出版社刊行。

黄敬仲(原题沃丘仲子)著《近代名人小传》由上海崇文书局刊行。

饶景星著《白话军人模范》由北京武学书局刊行。

刘石麞编《李桂芬别传》由北京宣元阁刊行。

梅社编《梅兰芳》由编者刊行。

钱智修编《苏格拉底》由上海商务印书馆刊行。

孙毓修编《德谟士》由上海商务印书馆刊行。

钱智修编《克林威尔》由上海商务印书馆刊行。

钱智修著《林肯》由上海商务印书馆刊行。

钱智修编《达尔文》由上海商务印书馆刊行。

李泰棻编《西洋大历史》(下卷)由北京编者刊行。

叶景莘著《欧战之目的及和局之基础》由国际研究社刊行。

孔廷璋等著《中华地理全志》由上海中华书局刊行。

李燕编《道清铁路旅行指南》由河南焦作道清铁路监督局刊行。

徐寿卿编《金陵杂志》(一名《游览指南针》)由江苏南京共和书局刊行。

陈嘉言著《东游考察日记》由编者刊行。

余日章著《南游记略》由上海青年协会书报部刊行。

王瀛洲编《漫游志异》上下编由交通图书馆刊行。

林有壬编《南洋实地调查录》由上海商务印书馆刊行。

透视出版社编《美国新面目》由编者刊行。

林传甲著《大中华江苏省地理志》由上海商务印书馆刊行。

林传甲总纂《大中华浙江省地理志》由浙江印刷公司刊行。

武昌亚新地学社编《湖北图》由编者刊行。

江北运河工程局测绘《丹阳县城厢图》刊行。

武同举绘制《江苏江北水道图》由绘者刊行。

［日］户水宽人等著,何燏时、汪兆铭译述《法制经济通论》由上海商务印书馆刊行。

［日］美浓部达吉著,毕原、张步先译《选举法纲要》由北京内务部编译处刊行。

［日］仓石忠一郎著,王廷愈译《战术学教程讲授录》刊行。

［日］小川文雄著,絜宫斋主人译《台球矩矱》由译者刊行,有王灿、译者序。

［日］忽滑谷快天著,刘仁航译《(养气炼心)北美瑜伽学说》由上海商务印书馆刊行。

［日］桑木严翼等著,刘仁航编译《记忆力增进法(名家实验)》由上海乐天修养馆刊行。

［日］铃木美山著,蒋维乔译《长寿哲学》由上海商务印书馆刊行。

按:是书作者曾设立健全哲学馆,传授"哲学治疗法",本书即其讲义。作者认为生病者乃违反天然法则所致,遂讲述道理治疗疾病。全书分 12 章:健全之原理,宇宙论,神者何,物质与精神,心灵界之自然法,宗教及道德,社会,疾病,医药,人间论,应用长寿学(即哲理治疗法),信仰治疗法。

［日］小寺谦吉著,百城书舍译《大亚细亚主义论》由东京百城书舍刊行。

［英］高林士著,汪胡桢译《中国矿业论》由著者刊行。

［英］韦燕编著《铁路职务揽要》由上海商务印书馆刊行。

［英］阿特琴孙·休兹著,张亚良译述《童子军自由车队训练法》由上海商务印书馆刊行。

［英］慕安得烈编,(英)瑞思义译意,许家惺述文《祈祷学》由上海广学会刊行。

[英]翟辅民译《圣光日引》(晚课)由广西梧州道宣书局刊行。

[英]奥斯登著,常觉、觉迷、天虚我生译述《桑狄克侦探案》由上海中华书局刊行。

[英]迭更司著,常觉、小蝶译《旅行笑史》(上下册)由上海中华书局刊行。

[英]亨利瓦特夫人著,范彦矧编译《孤露佳人》(上下册)由上海商务印书馆刊行。

[英]亨利瓦特夫人著,范况、徐尔康译述《孤露佳人续编》(上下册)由上海商务印书馆刊行。

[英]巴克雷著,林纾、陈家麟译《玫瑰花》由上海商务印书馆刊行。

[英]唐格腊司著,刘半农译《帐中说法》由上海中华书局刊行。

[英]赖其锃著,林纾、陈嚣译《痴郎幻影》由上海商务印书馆刊行。

[英]陈施利著,林纾、陈家麟译《牡贼情丝记》由上海商务印书馆刊行。

[英]参恩著,林纾、陈家麟译《桃大王因果录》由上海商务印书馆刊行。

[美]桑戴克著,[美]何乐益译《教育学》(根据于最新心理学)由上海广学会刊行,有季理斐序。

[美]杜威著,刘经庶(原题刘伯明)译《思维术》由江苏南京高等师范学校刊行。

按:是书以现代逻辑为指导说明思维的产生与构成,以及如何进行思维等。分3篇:练思之问题,提出何谓思想,练思之重要性及心理训练之目的与方法等;逻辑大旨,论述了逻辑上概念判断、推理、具体与抽象、经验与科学的思维等;练思,包括动作与练思、语言文字与练思、教学与练思等。

[美]福斯特(原题富斯脱)著,胡贻榖译《决断力与人格》由上海中华基督教青年协会书报部刊行。

[美]艾迪著,青年协会书报部重译《何谓基督教》由上海中华基督教青年会全国协会刊行。

[美]富司迪著,谢洪赉、金邦平、史九成译《祈祷发微》由上海青年协会书报部刊行。

[美]马士著,赵紫宸译《灵障篇》由上海青年协会书报部刊行。

[美]波尔敦夫人著,高君珊编译《近世泰西列女传》由上海商务印书馆刊行。

按:是书包含了H.B.斯托、H.H.杰克逊、E.弗莱、L.莫特、马格丽特·奥索利、L.M.奥尔科特、玛丽·莱昂、H.C.霍斯默、R.博纳尔、E.B.布朗宁、E.T.巴特勒、南丁格尔、布拉西等19名妇女的小传。

[美]爱伦浦著,常觉、觉迷、天虚我生译《杜宾侦探案》由上海中华书局刊行。

[美]亚赛李芙著,丁宗一、陈坚译述《鱼雷》由上海中华书局刊行。

[法]茂米尼著《默祷释义》由河北献县张家庄胜世堂刊行。

[法]勒朋著,杜师业重译《革命心理》(上下册)由上海商务印书馆刊行。

[法]大仲马著,张祝龄、何德荣译《国手》(世界秘史)由上海广文书局刊行。

[法]小仲马著,林纾、王庆通译《鹦鹉缘》(上下册)由上海商务印书馆刊行。

[法]小仲马著,林纾、王庆通译《鹦鹉缘续编》(上下册)由上海商务印书馆刊行。

[法]小仲马著,林纾、王庆通译《鹦鹉缘三编》(上下册)由上海商务印书馆刊行。

[法]玛利瑟·勒勃朗著,常觉、觉迷译《亚森罗蘋奇案》由上海中华书局刊行。

[法]玛利瑟·勒勃朗著,常觉、觉迷译《水晶瓶子塞》由上海中华书局刊行。

[法]丹米安、华伊尔著,林纾、王庆通译《金台春梦录》(上下册)由上海商务印书馆刊行。

[法]朱保高比著,陆善祥译《红茶花》由上海振民出版社刊行。

［德］施米德著，P. Ch. Ming 译《孝女有福》由河北献县张家庄天主堂刊行。

［俄］托尔斯泰著，林纾、陈家麟译《现身说法》由上海商务印书馆刊行。

［瑞典］卡塞尔著，陈灿译《德意志之战时经济》刊行。

［比利时］恩海贡斯翁士著，林纾、王庆通译《孝友镜》由上海商务印书馆刊行。

M. Wayne 著，胡宪生译《炸药千磅》（英汉合璧小说丛刊第 1 种）由上海商务印书馆刊行。

［挪威］安德森著，陈家麟、陈大镫译《十之九》由上海中华书局刊行。

［挪威］Ibsen 著，陈嘏译《傀儡家庭》由上海商务印书馆刊行。

J. F. Dwyer 著，胡宪生译《勿雷岛居小传》（英汉合璧小说丛刊）由上海商务印书馆刊行。

S. Stall 著，李荣春译《小讲台》由上海广学会刊行。

周瘦鹃译述《冰天艳影》由上海中华书局刊行。

周瘦鹃译述《翻云覆雨录》由上海中华书局刊行。

苗仰山著，杜席珍译《数圣芳标》由河北献县张家庄胜世堂刊行。

圣母会士译辑《圣母要理简要》由上海土山湾印书馆刊行，有译者序。

柯盛等编译《色欲世界》由上海弘文馆刊行。

中国童子军协会编译《童子军初步》由上海商务印书馆刊行。

蒋梦麟译述《美国总统威尔逊参战演说》由上海商务印书馆刊行。

张步先译《各国选举法撮要》由北京内务编译处刊行。

商务印书馆编译所编《日俄战纪全书》由上海商务印书馆刊行。

张景孟编译《邮苑珍闻》由上海五洲邮票社刊行。

汪筱谢编译《商业组织管理法》（上下册）由上海商务印书馆刊行。

按：是书为商业丛书之一。

裘错、吴继皋译注《麦皋莱约翰生行述译注》由上海商务印书馆刊行。

胡宪生译《有志竟成》（英汉合璧小说丛刊第 4 种）由上海商务印书馆刊行。

《公祷文》（附诗篇）刊行。

《教会纲例》（节本）刊行。

《圣心王家问答》由西湾子双爱堂刊行。

《司铎默想宝书》（卷 2）由山东兖州天主堂刊行。

《司铎默想宝书》（卷 3）由山东兖州天主堂刊行。

《四史圣经》由河北献县胜世堂刊行。

《显感利冥录》刊行。

《一目了然》由救世堂出版。

《宗教问题初谈》刊行。

五、学者生卒

林豪（1831—1918）。豪字卓人，号次逋，福建马巷厅金门人。1859 年举人。1862 年移居台湾台北。曾为澎湖文石书院主讲。晚年归金门。著有《东瀛纪事》《诵清堂文集》《诵清堂诗集》等,修撰《淡水厅志》及《澎湖厅志》。

吴獬(1841—1918)。獬字凤笙,一字凤苏,湖南临湘人。1889年中进士。历任广西来宾、荔浦知县,沅州府学教授,荔浦正谊、沅州敦仁、衡阳石鼓、研经、岳阳金鹗、通城青阳、临湘莼湖等书院主讲,湖南省高等师范学校教师。1903年与人创办岳郡联中,并任校长。著有《不易心堂集》3卷、《一法通》3卷。

王祖畬(1842—1918)。祖畬字岁三,号漱山,一号紫翔,晚号溪山老农,江苏太仓人。1883年进士。曾任河南汤阴知县。三后仁安道、尊道、瀛洲娄东、学海书院讲席。著有《春秋经传考释》《溪山老农文集》《太仓州志稿》《镇洋县志稿》等。自编有《溪山老农年谱》2卷,续编1卷,附录1卷。

张德彝(1847—1918)。德彝原名张德明,字在初,汉军镶黄旗,入关后世居北京。1862年求学京师同文馆,1865年经总理各国事务衙门大考,被奏保为八品官。1868年随总理衙门章京志刚使团赴欧美访问,充任译员,后相继从崇厚、郭嵩焘等出国任翻译。一生8次出国,曾目击巴黎公社革命,撰写《三述奇》记述有关法兰西内战和普法战争的情形。另著有《航海述奇》《欧美环游记》《随使德国记》《使英日记》《使法杂记》《使英杂记》等。

瞿鸿禨(1850—1918)。鸿禨字子玖,号止庵,晚号西岩老人,湖南善化人。1871年进士,授编修。光绪初年,大考名列第一,擢为侍讲学士。1897年升为内阁学士。先后出任福建、广西乡试考官及河南、浙江、四川、江苏四省学政。后任工部尚书、军机大臣、政务处大臣、外务部尚书。又代徐郁为内阁协办大学士。以忤西太后意罢归。辛亥后寓上海。著有《汉书笺释》1卷、《汴辖日记》1卷、《浙辖日记》1卷、《回銮跸路考略》1卷、《圣德纪略》1卷、《直庐纪略》1卷、《恩遇纪略》1卷、《旧闻纪略》1卷、《止庵自订年谱》1卷、《止庵札记》《止庵杂著》《止庵诗文集》《瞿文慎公诗选》等。事迹见陈三立《诰授光禄大夫协办大学士外务部尚书军机大臣善化瞿文慎公墓志铭》(《散原精舍文集》卷10,上海中华书局1949年版)。

> 按:刘声木《桐城文学渊源考》卷7曰:"师事周寿昌、郭嵩焘,受古文法。工诗、古文词,练习掌故。撰《瞿文慎公试诗选》四卷。""郭嵩焘主讲城南书院,鸿禨从之游,文字多所点定。鸿禨自谓得力最多。"

汪凤藻(1851—1918)。凤藻字云章,江苏元和人。同文馆英文班毕业生。1883年授翰林院庶吉士。1891年7月以翰林院编修赏二品顶戴署理驻日钦使。1892年7月正式任为驻日钦使。曾为译书纂修官,撰有英文语法书《文法举隅》1册,并译《万国公法》《英文文法》《政治经济学》等书。

高鸿裁(1852—1918)。鸿裁字翰生,山东潍县人。嗜好金石,精于古印,与王懿荣、陈介祺、罗振玉、孙葆田等为文字交。曾参校《山东通志》,任史馆编修。家有藏书8万余卷。著有《齐鲁遗书十八种》《历代志铭征存》《齐鲁古印攈补》1卷。

何威凤(1853—1918)。威凤字翰伯,号东阁、藻篁,别号七癖、梅芬、顾双、药嫦、药道人、盟石主人,贵州省清镇市人。1885年乡试中举。入京会试不中,遂入南学攻读。晚年主讲贵阳正本书院(俗称北书院),并以书画糊口。书法以楷、隶、行见长,尤精于楷书与汉隶对联。绘画最为人称道者是画凤。著有《何东阁诗草》《唉芋轩诗文稿》《了我轩诗文集》。

龙璋(1854—1918)。璋字研仙,号甓勤,湖南攸县人。光绪年间举人。历任如皋、上元、泰兴、江宁知县,致力教育事业,曾创办如皋新式小学及旅宁中学等。对长沙明德、经正学堂也颇多资助。曾为黄兴等筹组华兴会谋起义帮助甚多。1907年弃官归里后,仍致力教育和兴办实业,先后参与创办瓷业、铁路诸学堂,以及汽船公司、开济、利济轮船公司,并组织商船公会、农会等。辛亥革命后任湖南交通司司长,旋改西路巡按使。1913年参与湖南的反袁独立活动。工书法。

江春霖(1855—1918)。春霖字仲默,一字仲然,号杏村,晚号梅阳山人,福建莆田人。1894年进士,历任翰林院检讨、武英殿纂修、国史馆协修,官至新疆道,兼署辽沈、河南、四川、江南道监察御史。1910年被罢官归里。从此致力于公益事业,任修筑韩坝海堤、萩芦溪大桥等董事。著有《江侍御奏议》《梅阳山人诗文集》《江春霖文集》等。

严遨(1855—1918)。遨原名祖馨,字德舆,后更字雁峰,号贲园,陕西渭南人。入尊经书院,投学于王闿运门下。后弃仕从商,经营盐业于成都,成为巨富。1894年入京,以巨款购进大批古书,装运四川。途经西安时,遇张氏藏书大量出售,又重金全部收进。建书楼三楹,名为"贲园书库"。藏书中,对方志收藏颇全,中医古籍亦有不少秘本。著有《贲园诗抄》等。

郑文焯(1856—1918)。文焯字俊臣,一字叔问,号小坡、叔问,别号瘦碧、冷红词客,晚号大鹤山人,奉天铁岭汉军正白旗人。1875年举人。官至内阁中书。长于金石、书画、医学、音律,其词功力深厚。与王鹏运、况周颐、朱祖谋并称清季四大家。著有《大鹤山房全集》。载正诚撰有《郑叔问先生年谱》。

沈瑜庆(1858—1918)。瑜庆字志雨,号爱苍、涛园,福建侯官人。沈葆桢第四子。1885年中举人,会试落第,以恩荫签分刑部广西司行走。因李鸿章推荐,为江南水师学堂会办。翌年升为江南水师学堂总办。1894年因两江总督张之洞聘,任督署总文案兼总筹防局营务处。1898年戊戌变法失败,其女婿林旭被杀。1901年秋任淮扬兵备道,任上兴办学堂。1905年因得罪袁世凯,被调任山西按察使,旋移广东按察使。是年倡议重修西湖宛在堂,以祀明以来诗人,并捐千金为倡。1909年冬为云南布政使。1911年调河南布政使,未上任,升贵州巡抚。后引疾去官,到上海当寓公,与清朝遗老瞿鸿禨、樊增祥、沈曾植等结诗社名"超社"。1915年受聘为福建通志局总纂修。著有《涛园诗集》。

汪笑侬(1858—1918)。笑侬本名德克俊(又作德克津、德克金),字俊清,又字润田;后更名僻,号仰天,别号竹天农人,满族人。1879年举人。后潜心于曲,决心业伶。光绪中叶至上海,以王清波艺名初演于丹桂茶园,后入春仙茶园。1904年与陈去病、柳亚子等联合创办我国第一个戏剧杂志《二十世纪大舞台》。1910年被聘为戏剧改良所所长。1912年在天津任正乐育化会副会长及戏剧改良社社长。其创作及改编、整理之剧目约30种。创作剧本有《哭祖庙》《受禅台》《瓜种兰因》《纪母骂殿》《长乐老》《孝妇羹》《采茶奇案》《苦旅行》《缕金箱》等。改编、整理剧目有《党人碑》《马前泼水》《马嵬驿》《琵琶泪》《博浪锥》《易水寒》《洗耳记》《桃花扇》(以上据昆曲剧本改编);《战蚩尤》《左慈戏曹》《骂毛延寿》《骂阎罗》《骂安禄山》《骂王朗》《张松献图》《空城计》《煤山恨》《完璧归赵》《排王赞》《喜封侯》《将相和》(以上据京剧旧本改编)等。

按:李雯《汪笑侬戏曲研究》说:"汪笑侬以自己的创作推动了京剧改良,为京剧走向巅峰期打下了扎实的基础。这个时期有许多新作品出现,但能够搬演于舞台并流传后世,为后人提供规范的作品很少。汪笑侬剧作甚丰,内容上多采昆曲为蓝本,兼弋、秦、徽、汉,改之为二簧,丰富了京剧剧目。作品风格鲜明,多为重建传统伦理道德,揭露权奸误国的题材。这种题材特点也是京剧改良运动的重点,正是时代风云在作品中的投影。另外,长期舞台演出的经历使汪笑侬特别注意剧作的舞台性,从题材选择、情节结构、人物塑造以及曲词、念白等方面都做了很好的尝试,为京剧发展至顶峰打下了良好基础。汪笑侬的戏曲创作是可以作为京剧成熟期的一种规范来进行学习和分析的,可惜当时及其后的评论很少就此方面作出评价,其实也从侧面反映出一直以来戏曲评论的某些缺失。"(华东师范大学硕士学位论文,2009 年)

梁鼎芬(1859—1918)。鼎芬字星海,心海,号节庵,谥号文忠,广东番禺人。1880 年进士,任编修,中法战争时曾疏劾李鸿章,被以妄劾罪,降太常寺司乐。罢归后,历任丰湖、端溪书院院长。张之洞督粤设广雅书局,聘为首任院长。

杨吉廷(1859—1918)。吉廷,四川邛崃人。性喜川剧,曾拜川剧著名鼓师向崇山为师,成为专业鼓师。1914 年加入三庆会,任首席鼓师。又能编写川剧。所编剧本有《春芜记》《龙门山》《出棠邑》《八阵图》,整理、改编剧目有《意中缘》《风筝误》及全本《孝琵琶》。

陶鸿庆(1859—1918)。鸿庆字瘝石,号艮斋,江苏盐城人。1879 年举人,后屡试不第,曾任本县教育会、自治会会长。著有《读礼质疑》《左传别疏》《读通鉴札记》《读诸子札记》25卷等。

俞明震(1860—1918)。明震字恪士,号觚庵,浙江山阴人。鲁迅老师。1890 年进士,改庶吉士,散馆,授刑部主事。历任厘捐总局局长、甘肃省学台、藩台、南京江南水师学堂督办等职,官至甘肃提学使。入民国,为肃政史,谢病归。著有《觚庵集》《觚庵诗存》《觚庵漫笔》《台湾八日记》等。

唐宗海(1862—1918)。宗海字容川,四川彭县人。1889 年中三甲第 35 名进士,授礼部主事,并应诏为慈禧太后治病。嗣后,迁居京、沪、粤等地,以行医为业。为中医七大派"中西医汇通派"创始人之一。著有《血证论》8 卷、《中西汇通医经精义》(又名《中西医判》《中西医解》《中西医学入门》)2 卷、《本草问答》2 卷、《伤寒论浅注补正》7 卷、《金匮要略浅注补正》9 卷,此五书合称"中西汇通医书五种"。另有《医学一见能》4 卷,《痢症三字诀》《医易通论》《医易详解》各 1 卷,以及《医柄》《六经方证中西通解》等。

杨万庆(1863—1918)。万庆,山东潍县人。出身年画世家,能画善刻,尤善绘制年画,为清末杨家埠木版年画能手。

马良弼(1867—1918)。良弼字梦丞,号柳堂,甘肃定西市安定区人。清末保送入京朝考,录为一等,授知县签分四川。被成都玉昆将军聘为幕府,参赞军机。曾积极参加、支持四川"保路运动"。民国成立后,相约李镜清(临洮人)同返甘肃,共同主筹陇事。后当选为国会参议员,并多次参加国会两院会议。总统大选期间,投票支持孙中山南下护法,因积劳成疾,逝于北京。诗文、书法俱佳,尤对汉隶用功最勤,所书隶书,既有前期碑刻古拙之姿,又具后期方正纵横、含蓄柔美之致。著有《齐家要范》。

丁三在(1880—1918)。三在一名三厄,字善之,号不识,浙江钱塘县人,后居上海。杭州著名藏书楼"八千卷楼"主人丁申之孙。西泠印社早期社员、南社社员。濡染家风,精于版本目录之学。曾与其兄丁辅之独资设立杭州图书局,经营刻书刊印业务。因嫌当时流行的宋体铅字轮廓呆板,印成书刊不很雅观,遂广征宋版书籍,亲自仿写,刻制活字,命名为"聚珍仿宋"。辑有《聚珍仿宋版各式样张》。

苏曼殊(1884—1918)。曼殊原名子毂,号元瑛、玄瑛,法名博经,法号曼殊,世称曼殊上人,广东香山人,生于日本横滨。1889 年随嫡母黄氏回广东香山,1895 年到上海从西班牙人罗弼、庄湘博士学英文。1898 年入日本横滨大同学校学习。1902 年入青年会。1903 年入成城学校,学习陆军技术,并改名苏湜。加入军国民教育会。后回上海,旋至苏州吴中公学讲学。同年 10 月任上海《国民日报》翻译。年底赴广东惠州一佛庙落发为僧。1904 年到香港,易名子谷,号为曼殊。是年至 1911 年辛亥革命前,先后游历广州、香港、上海、长沙、杭州、南京、芜湖、日本、爪哇、泰国、斯里兰卡等。其间参与华兴会、光复会,又参与《民报》和《天义报》事务,参加亚洲和亲会,翻译外国作品,发表系列反清文章。1912 年回到上海,任《太平洋报》主笔,参加南社。"二次革命"失败后,流亡日本,参与《民国》杂志编务工作,同时研究佛学,专攻三论宗。1918 年 2 月病逝于广慈医院。民国初年曾公开撰文反对袁世凯称帝。著有《苏曼殊全集》。

　　按:1918 年 5 月 2 日,由叶楚伧主编的中国国民党机关报《民国日报》,以显著的位置,刊登《曼殊上人恒化记》,其曰:"曼殊上人苏元瑛,工文词,长绘事,能举中西文学、美术,而沟通之;其道德尤极高尚。年来,慨政局纷扰,社会隳落,常思至罗马考察彼都美术,而郁郁多病,卒未成行。自去夏复胃病大作,时缠绵病榻。迭入某某数医院疗治,间获小瘳,然不久辄增剧,至昨日午后四时,竟恒化于广慈医院。"

　　陈耿夫(？—1918)。耿夫原名友亭,广东南海人。早年赴越南谋生。1907 年参加同盟会,任同盟会越南海防分会书记。1909 年到香港任《中国日报》记者。1910 年在广州创办《人权报》,宣传民主革命。辛亥革命后,任《民谊》杂志编辑。二次革命后,在香港创办《现象报》,宣传反袁斗争。1916 年回广州创办《民主报》。1918 年因披露桂系军阀莫荣新祸害广东的罪行,被莫秘密枪杀。

　　王学锦(？—1918)。学锦字厚庵,山东黄县人。1904 年留学日本。回国后在家乡创办育英学校。1906 年与王叔鹤在本县发起成立教育会,任副会长。1907 年与李召南成立劝学所,任县视学。1910 年任省咨议局议员。1912 年任山东国民党理事,发起自治促进会。1918 年补选为众议院议员。

　　江轻舟(—1959)、姚克佑(—1967)、萧也牧(—1970)、马可(—1976)、郑律成(—1976)、卢绳(—1977)、穆旦(—1977)、刘文清(—1980)、周又光(—1984)、米谷(—1986)、俞林(—1986)、陈旭麓(—1988)、倪海曙(—1988)、李光禧(—1989)、马茂元(—1989)、顾兰君(—1989)、姜庆湘(—1990)、李端严(—1990)、刘知侠(—1991)、钟朋(—1991)、哈华(—1992)、徐灵(—1992)、束为(—1994)、陈素真(—1995)、张志公(—1997)、刘乃和(—1998)、迟世恭(—1999)、胡绳(—2000)、黄仁宇(—2000)、王若望(—2001)、徐静波(—2004)、蔡其矫(—2007)、蒋学模(—2008)、吴传钧(—2009)、李慕良(—2010)、娄师白(—2010)、陶大镛(—2010)、周汝昌(—2012)、南怀瑾(—2012)、郑永慧(—2012)、张瑞芳(—2012)、安岗(—2013)、胡庆钧(—2015)、梅可望(—2016)生。

六、学术评述

　　本年度处于文学革命与五四运动的过渡节点,其间的重大历史事件是北京政府与南方非常国会的南北对峙。2 月 17 日,冯国璋以代理大总统名义公布《国会组织法》和《参议员选举法》《众议员选举法》。3 月 7 日,王揖唐、曾毓隽、王印川、郑成瞻等人为操纵国会选举,组织安福俱乐部。3 月 23 日,孙中山发布《护法之役告友邦书》,申明不承认"北京非法政府违背约法而与各国缔结之一切契约的借款及其他责任"。29 日,段祺瑞第三次内阁正式成立。5 月 16 日,日本陆军少将斋藤季治郎与段祺瑞政府代表靳云鹏,在北京秘密签订《中日陆军共同防敌军事协定》。19 日又签订《中日海军共同防敌军事协定》。5 月 21 日,北京大学、北京高师等校 2000 余人赴总统府请愿,要求废止本月 16 日签订的《中日陆军共同防敌军事协定》。另一方面，广东非常国会已被西南军阀及国民党右派议员所操纵。4 月 10 日，通过《中华民国军政府组织大纲修正案》，决定改组军政府，改元帅制为总裁合议制，排挤孙中山。5 月 4 日，广东非常国会通过《修正军政府组织法案》，改大元帅制为总裁制。20 日，国会非常会议选举孙中山、岑春煊、陆荣廷、唐继尧、伍廷芳、唐绍仪、林葆怿 7 人为总裁。同日，孙中山辞去大元帅职务，乘船离开广州赴上海。护法运动宣告失败。6 月 5 日，军政府政务会议推举岑春煊担任主席总裁。改组后的军政府完全由桂、滇军阀及其附庸政学会所控制，护法成为空名。9 月 4 日，徐世昌被北方的新国会选为大总统。11 月 11 日，第一次世界大战停战，和平期成会在北京开会成立，蔡元培任主席，要求南北各派代表一人召开对等的和平会议。16 日，大总统徐世昌发表停战令，广州军政府响应南北双方停战。12 月 30 日，孙中山撰成《孙文学说》，其《建国方略》至此完成第二部曲。上述对本年度的政局与学术都曾产生多方面的影响。

在此南北对峙的动荡年代，国家层面的文化教育建设与发展深受制约。相关重要法规和政策主要有：3 月 29 日，教育总长傅增湘签署发布《学术审定会条例》，将学术评定会改为学术审定会。《条例》规定由教育总长延聘或派充学术审定会会员若干人并指定会长。其审定范围是：哲学及文学上之著述；科学上之著述及发明；艺术上之著述及发明。并对学术著述和学术发明作出了比较明确的规定。4 月 20 日，教育部召开全国高等师范学校校长会议，决定高等师范学校附设国语讲习科。8 月 3 日，教育部决定，每年选派若干大学教授出国进修，是为中国教师留学之始。9 月 2 日，教育部通咨《留日官自费奖励章程》，对成绩优秀、表现良好的官自费生给予奖励。11 月 23 日，教育部颁布《教育部令第七五号》，正式公布注音字母，这是近代以来官方颁布的第一个文字改革方案。以上教育部陆续出台的相关法规与政策对本年度学术产生了直接影响。

延续上年趋势，本年度依然呈现为京沪双轴心以及各省、海外四大板块结构。在北京轴心中，蔡元培继续以北大校长推进北京大学改革与建设，进而影响全国学界与政界，并为五四新文化运动的到来作铺垫。先从北大内部来看，蔡元培率先于 1 月 19 日在北京大学发起组织进德会，发表《进德会旨趣书》，这是力图将北大建成全国道德高地与楷模。而至 9 月 20 日，蔡元培在北京大学开学式上发表演说，强调"大学为纯粹研究学问之机关，不可视为养成资格之所，亦不可视为贩卖知识之所。学者当有研究学问之兴趣，尤当养成学问家之人格"。11 月 10 日，蔡元培撰写《北京大学月刊发刊词》，提出"大学者，'囊括大典，网罗众家'之学府也"，再次阐述学术自由、兼容并包的办学方针。这是为北京大学学术使命定调。其间先发起成立北京大学新闻学研究会、北京大学卫生学会，创办《北京大学月刊》，刊出"征集全国近世歌谣启事"，以国史编纂处处长名义向教育部报送国史编纂计划，与北京各国立高等学校校长发起组织学术讲演会，以"唤起国人研究学术之兴趣"，筹划《北京大学丛书》编译，指导、支持与帮助北京大学进步学会组织的"国民杂志"社与新潮社，以及分别为胡适《中国哲学史大纲》、徐宝璜《新闻学大意》作序等等。对外的重要活动包括发起成立"和平期成会"、协约国国民协会、国民制宪倡导会，提出《请各国退还庚款供推广教育意见书》，撰写《科学社征募基金启》，发起创设中国世界语学院等。蔡元培还于 5 月 21 日因北大学生要到北洋政府请愿，反对中日一个军事协定，在劝说不成的情况下，当天请求辞职，此为蔡元培第二次辞北京大学校长之职；又于 11 月 14—16 日为庆祝第一次世界大战协约国的胜利，决定北大放假三天，在天安门外举行演讲大会。16 日，蔡元培在天安门前发表题为《劳工神圣》的演说,提出"此后的世界,全是劳工的世界"。在此,蔡元培一人兼任着北大校长、学界领袖与社会灯塔的三重使命。与此相呼应,陈独秀也承担着北大文科学长、《新青年》主编以及文学革命主将的三重角色。就在新年1月,陈独秀将《新青年》改组为同人刊物,成立编委会,采取轮流编辑办法,由陈独秀、胡适、李大钊、钱玄同、高一涵、沈尹默等6人轮流主持编辑工作,陆续加入的撰稿者有鲁迅、周作人、张慰慈、陶孟和、王星拱、刘复等,陈独秀仍是总负责。于是以陈独秀为中心,以《新青年》为阵地,汇聚了一大批文学革命的志同道合者,连续发表了一系列主张文学革命与文化批判的论文,并策划在《新青年》上发表钱玄同与刘半农写的"双簧信"——《给新青年编者的一封信》和《复王敬轩》,以便将新文化运动的讨论引向深入。随着《新青年》杂志的影响越来越广,陈独秀、胡适、李大钊、高一涵、刘半农、钱玄同、鲁迅、周作人等人继续撰文,宣传文学革命,提倡白话文,抨击孔子与儒家。4月2日,鲁迅所作短篇小说《狂人日记》刊载于5月15日《新青年》杂志第4卷第5号,为国内首次发表白话小说,不但是中国现代小说史上的里程碑事件,更极大地推动了反传统主义的流行。由此以后,"吃人"成为了人们对旧礼教、旧道德的主要印象。"救救孩子"成为一代又一代知识分子投身反思传统运动中的主要精神动力。民国学界长期以来反传统之风盛行,一定程度上与鲁迅这篇小说,以及他撰写于同时期的大量杂文相关。由此开辟了以文学作品进行文化批判的新战场。到了年底,陈独秀又与李大钊、胡适、高一涵、高承元、张申府、周作人等创办了《每周评论》,陈独秀在所撰《发刊词》中提出《每周评论》的宗旨就是"主张公理、反对强权",与《新青年》相互呼应,其中李大钊经章士钊向蔡元培力荐,受聘为北京大学图书馆主任,然后加入《新青年》杂志编辑部,并与陈独秀等创办《每周评论》,又与高一涵、杨匏安、李德等人在北京大学成立了"马克思主义学说研究会",还在中央公园庆祝协约国胜利大会上发表《庶民的胜利》的演说,公开称赞俄国十月革命的历史意义,成为在我国传播马克思主义的先驱。这是"南陈北李"的最早组合。作为北京大学文科学长,陈独秀在学科建设、学术研究以及汇聚人才等方面也同样作出了重要贡献,胡适与刘师培即是由他向蔡元培校长举荐而被聘为北大文科教授的。胡适自被聘为北大文科教授之后,教授中国哲学史课程,将其留学美国哥伦比亚大学时的博士论文《中国古代哲学方法之进化史》编写为《中国哲学史大纲》讲义。蔡元培为之作序,认为该书有四点突破:第一是证明的方法;第二是扼要的手段;第三是平等的眼光;第四是系统的研究。值得一提的是胡适与梁启超两代学术界领袖的学术交谊,先是胡适致函梁启超,谓"甚思假此机会趋谒先生,一以慰平生渴思之怀,一以便面承先生关于墨家之教诲,倘蒙赐观所集'墨学'材料,尤所感谢";然后至11月23日,胡适借赴南开讲学之机访问梁启超,自此二人开始在学问上直接切磋问难。尤为令人欣喜的是北京大学在读学生的快速成长,诸如傅斯年、俞平伯、许德珩、顾颉刚、冯友兰等都已崭露头角。而来自湖南的毛泽东、蔡和森等因筹划赴法勤工俭学相继赴京。毛泽东经杨昌济介绍,认识北京大学图书馆主任李大钊,并征得蔡元培同意,被安排在图书馆当助理员,自此常到李大钊处请教,读到一些传播马克思主义的书刊,并参加李大钊组织的研讨各种新思潮的活动。尽管当时的毛泽东、蔡和森从在湖南长沙创办"新民学会"到北京筹划赴法勤工俭学,并未引起太多人的注意,但这一经历却深深影响了中国与世界的历史进程。至于其他高校,与北大的差距在继续拉大。尤其是清华仍在外务部的官僚掌控之下,殊为可惜。

上海轴心中,依然以章炳麟、王国维为学坛领袖。章炳麟5月见护法已无可为,遂由四川经湖北,入湖南,至 10 月 11 日辗转回到上海。11 月,北洋政府教育部把 1913 年拟定的注音字母公布,注音字母采自章炳麟。月底,章炳麟发表长信,历述自己为唐继尧等参议的经过,揭露"西南与北方者,一丘之貉而已"。同月 13 日,章炳麟与吴承仕书,有论新文学、旧文学之争以及黄侃辈与桐城诸子争辩骈散。12 月,章炳麟为友人欧阳竟无创办的支那内学院撰《支那内学院缘起》。王国维在上海继续潜心校勘古籍经典,并兼任上海仓圣明智大学教授。颇为遗憾的是 1 月 1 日沈曾植在与来访的王国维交流中,劝其应蔡元培之聘,赴北京大学任教授,王国维未予应允,因而错失了王国维与北大双赢的难得机会。其他值得重点关注的是:杜亚泉主编的《东方杂志》与《新青年》的南北论争的继续;转向思想文化研究的张东荪主办的《时事新报》注意介绍西方各种新的社会和哲学学说,确立"输入新文化而不破坏旧文化"的折中路线(详下文);杨杏佛、任鸿隽 10 月 26 日从美归国抵达上海。至此,中国科学社的骨干多已陆续归国。中国科学社总社设于南京高等师范学校,而《科学》刊物编辑部还设在上海。再看教育界,理论方面由黄炎培、蒋梦麟引领。12 月 22 日,由蒋梦麟等倡议、江苏省教育会等教育团体出面的"中华新教育社"在上海江苏省教育会举行成立大会,其宗旨是:"直接输入东西洋学术,使我国固有之文化受新潮之刺激,而加速其进化率。"蒋梦麟任主任,该社号称联合了江苏省教育会、北京大学、南京高等师范学校、暨南学校、中华职业教育社这国中"五大教育机关"。北大由校长蔡元培函托黄炎培代表,其他代表均系沪、宁重要文教组织的骨干成员,也是江苏省教育会的活跃会员。高校中,李登辉继续任复旦公学校长。年初与年末,李登辉校长两次赴南洋向华侨募得巨资。次年回国后,就开始在江湾购地,以另辟校址,从而奠定日后复旦校园之基础。唐文治继续任上海工业专门学校校长。在出版界,尤其令人惊叹的是张元济是年 6 月 20 日、9 月 20 日两次赴京遍访学政两界名流。在当时交通与通讯极不发达的情况下,张元济在京遍访学政两界名流范围之广、人数之众、效率之高,真是匪夷所思。

各省板块中,以江浙、广东、两湖为三大中心,江苏依然延续着张謇立足南通、联通京沪与全国的总体格局。8 月 21 日,张謇在江苏省教育会在上海举行的常会上被选为会长,黄炎培为副会长。10 月 11 日,与叶恭绰在中华工程师学会于北京举行的第六届常年大会上被推为名誉会长,詹天佑为会长,邝景阳、华南圭为副会长。23 日,与熊希龄、蔡元培、王宠惠等发起成立和平期成会,以促南北之统一,大局之和平。郭秉文时任南京高等师范学校教务主任。3 月 21 日,江谦因病辞南京高等师范学校校长职,教育总长傅增湘批示由教务主任郭秉文代理校长。陶行知 3 月因南京高师原教务主任郭秉文代理校长而代理教务主任。11 月 3 日,在《教育与职业》上发表《生利主义之职业教育》,明确指出生活与教育不能分离的关系。陶行知新的教育思想初步形成。当时任教于南高师的还有柳诒徵、胡先骕、郑晓沧、吴有训、孙本文等名家,一时人才济济。任鸿隽归国后,倾力筹划科学社总社设于南京高等师范学校,以期促进科学社事业的维持和发展,也为南高师增添了学术分量。此外,浙江李叔同 8 月 19 日在杭州虎跑寺剃度为僧,在当时曾产生较大反响。在广东,谢无量数次受北京大学校长蔡元培、文科学长陈独秀邀请往北京大学任教,然因正忙与孙中山商量北伐事宜,并为中华书局编撰《中国大文学史》《诗学指南》《词学指南》《骈文指南》等书,故未克前往。熊十力赴广州参加孙中山领导的护法运动,居广州半年多。护法运动失败后,遂脱离政界,离开广州,返回德安,致力于儒佛两家的学术研究。在两湖,张瑄继续任武昌高师校长。11 月,武昌高师举行了开办 5 周年纪念活动,同时向教育部报告"本校现时状况及未来 5 年之计划"。是年,武昌高师在校执教员已增加到 33 人,竺可桢是年夏获哈佛大学博士学位后归国加盟武昌高师。新创刊的刊物有《国立武昌高师博物学会杂志》(季刊)、《新空气》、《国立武昌高师数理学会杂志》(半年刊)、《国立武昌高师同窗会志》、《国立武昌高师周报》。

海外板块中,"出"的方面,大致以美、欧、日为三大重心。在欧洲,最为引人注目的是 12 月梁启超偕蒋百里、丁文江、张君劢、刘子楷、徐振飞、杨鼎甫赴欧游历考察,遍游英、法、德、荷兰、意大利、瑞士等国,此行对梁启超的思想转变产生重要影响,回国之后即宣扬西方文明已经破产,主张光大传统文化,用东方的"固有文明"来"拯救世界"。此外,晏阳初 6 月中旬抵达法国北部的布朗,开始教授华工识字,开展扫盲工作,此为中国平教运动海外之起源。晏阳初在法国战地与华工相处一年后,矢志终生为苦难同胞服务,教他们识字读书,享有扬眉吐气发扬才智的机会。在美国,张伯苓与范源濂、严修范为筹办南开大学遍游美国各地,考察多所私立大学的组织和实施,为次年正式创办南开大学做好了充分的准备。朱家骅、陈大齐、周作人、邓萃英、杨荫榆教授等在蔡元培帮助下,以进修教授名义获北洋政府教育部公费留学,是为我国教授留学之始。8 月 14 日,自上海十六浦乘南京号轮启程,同船者还有李济、余青松、查良钊、张道宏、张歆海、程其保、董任坚、董修甲、叶企孙、熊正瑾、刘崇鋐、楼光来、萧叔玉、汤用彤、徐志摩、刘叔和、叶元龙、汪世铭等公费和自费生。当时中国在美国的留学生中有两个重要组织,一是由任鸿隽、赵元任、杨杏佛等发起的中国科学社。二是刚于 4 月组建的中国工程学会,选举陈体诚为会长,张贻志为副会长,罗英为书记,刘树杞为会计,侯德榜、李铿等 6 人为董事。5 月 5 日,董事部举行第一次会议。学会通过"中国工程学会总章",规定以"联络各项工程人才,协助提倡中国工程事业,及研究工程学之应用"为宗旨,会员分为"会员""仲会员"及"名誉会员"三种。8 月 30 日至 9 月 2 日,中国科学社第三次常年会与中国工程学会常年会在美国康乃耳大学联合举行。任鸿隽主持会议,继续当选为董事会主席。此后,中国科学社董事会成员和社员陆续归国,科学社事务处也迁回国内。在日本,罗振玉是年春因赈济旗人事宜由日本抵北京。4 月 29 日,蔡元培校长前往拜访叙旧,并正式邀请罗振玉、王国维来北大任教,罗对此次晤面颇感兴奋,于次日致函蔡元培表达谢意,但婉拒就职北京大学。6 月 4 日,罗振玉致函蔡元培,再述婉拒就职北京大学之意。此与王国维婉拒北京大学聘任同样令人遗憾。另有李石岑与留日中国学生曾琦等在日本东京发起组织"华瀛通讯社",开始主编"学术研究会"之《民铎》杂志。主要撰稿者有朱谦之、杨昌济、郭绍虞、易家钺、严既澄、张东荪、黎锦熙、梁漱溟、耿继之、徐志摩、范寿康、樊仲云、黄卓、周予同、许兴凯、杨东荪等。周恩来继续在日本留学。5 月 19 日,周恩来参加旅日中国留学生的爱国团体——新中学会,并发表入会演说。10 月后,俄国十月革命胜利的影响传到日本,周恩来开始接触马克思主义,先后阅读了幸德秋水的《社会主义神髓》、约翰·里德的《震动环球的十日》、河上肇的《贫乏物语》以及《新社会》《解放》《改造》等杂志,同时也阅读了介绍无政府主义、基尔特社会主义、日本新村主义的文章。李达 6 月在救国请愿失败后,回到日本东京,毅然放弃理科学习,专攻马克思主义,开始翻译郭泰(即荷兰社会民主党左派领袖格尔曼·果特)的《唯物史观解说》、柯祖基(即考茨基)的《马克思经济学说》和高畠素之(马克思《资本论》的日译者)的《社会问题总览》等介绍马克思主义的著作。至于"进"的方面,主要有:美国司徒雷登已在南京神学院执教多年。当时北京汇文大学与协和大学两所教会大学达成妥协,决定合并,选聘一位与原来两校都没有关系的人担任校长，司徒雷登出任校长；日本主持三井会社中国研究室的今关寿麿来华，自此在北京十余年，每年巡游大江南北，先后与熊希龄、陈宝琛、金绍城、董康、陈三立、蔡元培、胡适、陈衡恪、康有为、黄侃、章炳麟、沈曾植、郑孝胥、李宣龚、吴昌硕、鲁迅、完颜景贤、梁启超、戴季陶、于右任、邹鲁等学者相识。

本年度学术文化的中心主题就是"文学革命"，其领袖就是陈独秀、胡适，旗帜与阵地就是《新青年》，其间的重大变化是主编制转向同仁轮编制。随着作者队伍的迅速扩大，传播空间的空前拓展，《新青年》所载内容也发生了相应的变化。

首先，无论是陈独秀、胡适还是《新青年》的其他核心成员，都旨在围绕和凸显"文学革命"这一中心主题。相关论文主要有：陈独秀《美术革命——答吕澂来信》，胡适《建设的文学革命论》《文学进化观念与戏剧改良》《论短篇小说》，钱玄同《给新青年编者的一封信》《文学革命之反响》《论注音字母》《中国今后之文字问题》，刘半农《复王敬轩书》，周作人《文学改良与孔教》《人的文学》《平民的文学》，吴敬恒《补救中国文学之方法若何？》，傅斯年《文学革新申义》《文言合一草议》《戏剧改良各面观》《再论戏剧改良》等。在上述继续宣传文学革命的诸文中，开始重点关注戏剧、小说等文体问题，大力倡导戏剧改良。胡适《文学进化观念与戏剧改良》认为"文学乃是人类生活状态的一种记载，人类生活随时代变迁，故文学也随时代变迁，故一代有一代的文学"，因而建议，要改良中国旧剧，当注意吸收西洋戏剧中悲剧的观念和文学经济的原则。为了推进戏剧改良，《新青年》还在6月15日出版的第4卷第6号出版"易卜生号"，刊出胡适《易卜生主义》、袁振英《易卜生传》及罗家伦等人所译易卜生剧本《娜拉》《国民之敌》等。

其次，比较关注"文学革命"与"国语统一"关系问题，积极主张"双潮合一"。胡适《建设的文学革命论》，提出文学革命的基本目标是要建设"国语的文学，文学的国语"，认为"有了国语的文学，方才可有文学的国语。有了文学的国语，我们的国语才可算得真正的国语"。至此，"文学革命"与"国语统一"合而为一，史称"双潮合一"。钱玄同《论注音字母》《中国今后之文字问题》与傅斯年《文言合一草议》等文也对此发表了自己的意见。傅斯年《文言合一草议》在胡适、陈独秀、刘半农等人讨论的基础上提出"文言合一"的方案，以为文言、白话都应该分别优劣，取其优而弃其劣，然后再归于合一，建构一种新的语言文字体系。与此相呼应，任教于清华大学的林语堂关心文学革命，并着手从事语言学方面的研究工作，先后发表《论汉字索引制及西洋文学》《汉字索引制说明》《分类成语辞书编纂》等文；陈望道在上海先后发表《标点之革新》《新式标点的用法》《标点论之二·标点之类别》等论文，主张使用新式标点，推动新式标点的使用和普及，这是在刊物上公开提倡使用新式标点符号的先声。可见拼音与标点问题亦与文学革命直接相关联。

最后，《新青年》还力图从"文学革命"拓展至"文化启蒙"，广泛论及学术、教育、文化、道德等问题。陈独秀、周作人、张寿朋、刘叔雅曾在12月15日出版的《新青年》第5卷第6号"通信"栏中讨论文学改良与孔教问题。诸位同仁所发表的其他论文主要有：陈独秀《人生真义》《驳康有为〈共和平议〉》《有鬼论质疑》《今日中国之政治问题》《偶像破坏论》，胡适《贞操问题》，李大钊《新的旧的》，高一涵《近世三大政治思想之变迁》《共和国家青年之自觉》《读弥尔的自由论》《非"君师主义"》，易白沙《诸子无鬼论》，傅斯年《中国学术思想界之基本误谬》，罗家伦《青年学生》，唐俟（鲁迅）《我之节烈观》，陶履恭《新青年之新道德》，蔡元培《新教育与旧教育之歧点》《读周春岳君〈大学改制之商榷〉》《劳工圣神》，李大钊《庶民的胜利》《Bolshevism 的胜利》等。其中李大钊《庶民的胜利》《Bolshevism 的胜利》以及稍前发表于《言治》季刊第 3 号的《法俄革命之比较观》，同为中国现代史上具有重要历史意义的早期马克思主义文献，对传播马克思主义方面发挥了重要作用。另谢婴白有《俄法革命异同论》刊于《东方杂志》第 15 卷第 8 号，可与李大钊《法俄革命之比较观》相参看。同样，《新青年》也发表了一些侧重于学术研究而非思想批判的论文，诸如蔡元培《读周春岳君〈大学改制之商榷〉》《欧战与哲学》《德国分科中学之说明》，刘叔雅《柏格森之哲学》，凌霜《德意志哲学家尼采的宗教》，周作人《日本近三十年小说之发达》等。《新青年》的从"文学革命"到"文化启蒙"，正契合并预示了五四新文化运动高潮的到来。

　　由《新青年》引发的外部论争或讨论，在与《新青年》"京沪之争"中形成显隐两大阵地。显性阵地是杜亚泉主编的《东方杂志》。诚然，《新青年》与《东方杂志》并非完全是两军对垒，水火不容，胡适即有《庄子哲学浅释》刊于《东方杂志》第 15 卷第 11 号，易白沙也有《中国古代社会钩沉》刊于《东方杂志》第 3 号。但彼此毕竟在理念与宗旨上迥然不同。杜亚泉4 月在上海《东方杂志》第 15 卷第 4 号发表《迷乱的现代人心》，批评西洋文明在我国产生的一些不良影响，认为要救济中国，绝不能完全依靠西洋文明，而在"统整吾固有之文明，其本有系统者则明之，其间有错出者则修正之"。6 月，杜亚泉在《东方杂志》第 15 卷第 6 号刊出平佚译自日本《东亚之光》杂志的《中西文明之评判》和钱智修的论文《功利主义与学术》。前文对 1915 年辜鸿铭用英文出版的《中国人的精神》（即《春秋大义》）一书在西方引起的反响进行报道和评论，同时表达用儒家传统"统整"现代西方文明的意向。后文针对当时学术界在对待传统文化和引进西方文化中出现的一些偏颇现象，肯定中国传统文化而批评西方文化的缺陷，支持杜亚泉的观点。7 月 15 日，陈独秀在《新青年》第 5 卷第 1 号发表《今日中国之政治问题》，主要针对杜亚泉《迷乱之现代人心》的观点进行反驳，明确提出全盘西化的三点主张。至此，中西文化论战在《东方杂志》和《新青年》两大阵营之间拉开了公开交战的帷幕。同月，杜亚泉在《东方杂志》第 15 卷第 7 号发表《中国之新生命》，提出："欲知中国之新生命在于何处，统括之不出两途：一、发生新势力，以排除旧势力；二、调整旧势力，以形成新势力。"然后到了 9 月，彼此进而发生了直接的碰撞。9 月 15 日，陈独秀发表《质问〈东方杂志〉记者——〈东方杂志〉与复辟问题》一文，再对杜亚泉等进行严厉抨击。12 月，杜亚泉在《东方杂志》第 15 卷第 12 号发表《答〈新青年〉杂志记者之质问》，对陈独秀在 9 月《新青年》第 5 卷第 3 号发表的《质问〈东方杂志〉记者——〈东方杂志〉与复辟问题》一文予以回驳。汪晖《文化与政治的变奏——战争、革命与 1910 年代的"思想战"》（《中国社会科学》2009 年第 4 期）就此"东西文明论战"作了如下分析：《东方杂志》对于世界局势和中国困境的描述没有任何其他杂志能及，但它恰恰未能回答由谁来"调整新旧势力以形成新势力"。政客、党人、官僚、学士一一沉陷于"迷乱"之中，我们能够期待他们通过自我修养立地成佛吗？"自觉"的钟声没有在他们心头响起，谁又能够敲给他们听呢？《新青年》与《东方杂志》的分歧不能全然置于东/西、新/旧概念之下加以说明：它们都批判 18、19 世纪的"旧文明"（从政治模式到经济形态），都拥抱 20 世纪的"新文明"（社会主义），但政治取舍各不相同。更为清晰的差别在于：《青年杂志》开宗明义，从"青年"问题开始，也即将一代新人的创造作为政治变迁和社会变迁的路径，它与《东方杂志》所共享的旧轨道已然终结的历史意识在这里转化为一种"青春的哲学"。在"文明调和论"的框架下，东西文明、新旧思想被置于一种客观的结构之中，杜亚泉仔细地勾画去取的方法，却无法说明由谁来对之进行汲取与调和，使之陷于一种"无主体的方法论循环",而"新文化运动"以"运动"界定"文化",以"文化"创造"运动",它所召唤的是一个运动的主体,以及这个运动主体的政治。它对传统的激烈批判与对新政治主体的召唤完全一致。杜亚泉相信新政治只能产生于既定的历史与文明,而《新青年》却认为新政治只能产生于与历史的断裂。当杜亚泉从《东方杂志》黯然退场的时刻,"五四"学生运动的声浪仍在中国上空回荡,一种新的政治当真就要登场了——这个新政治是从对政治的拒绝中、在"思想战"的硝烟之中产生的。文化和伦理居于新政治的核心。这是现代中国的第一轮"文化与政治的变奏",我们将在"短促的二十世纪"一再听到它的回响。

隐性阵地即是张东荪主编的《时事新报》。1月1日起,张东荪所译柏格森著《创化论》在上海《时事新报》上连载三个月之久,在思想文化界产生重大影响。2月,汤化龙为张东荪翻译的《创化论》作序。3月4日,张东荪在上海创办《时事新报》副刊《学灯》,旨在大力介绍西方各种新思潮,所撰《学灯宣言》刊于创刊号。张东荪在《学灯宣言》中论其办刊宗旨时曰:"一曰借以促进教育,灌输文化;二曰屏门户之见,广商权之资;三曰非为本报同人撰论之用,乃为社会学子立说之地。"9月30日,张东荪在《学灯》上发表《本栏之提倡》,明确提出"于教育主义,提倡道德感化之人格主义,以为职业教育之实用主义之辅助"等七项主张。秋,张东荪与梁启超、蒋百里、张君劢等人发起成立学术团体——新学会,其宗旨是想从学术思想上谋根本的改造,以为新中国的基础。最初的参加者有梁启超、张东荪、张君劢、蒋方震、郭虞裳、余颂华等约20人。张东荪在《新学会宣言书》中指出:"我们现在创办这个'新学会',就是抱定上文所说的两层意思。第一,我们现在承认国家的革新是没有取巧的捷径的,是必须经过那条思想革新的大路的。第二,我们承认学术思想的革新有一条捷径,那条捷径就是研究欧美先进国几百年来积聚所得的最后的结果,就是本会简章所说的'研究世界新思潮新学说'。我们的希望是研究世界最新的思潮,最新的学说,用来作为我们研究中国种种问题的参考材料,再尽我们的能力把这种学说传播出去,使全国的人都添无数参考印证的材料,使中华民国的思想有一些革新的动机,使中华民国的新生命有一个坚固的基础。"12月14日,张东荪在《时事新报》副刊《学灯》上发表《新与旧》,阐述其输入新文化而不破坏旧文化的宗旨:"我们若认定中国今天既需要新道德、新思想、新文艺,我们就该尽量充分的把他输入,不要与那旧道德、旧思想、旧文艺挑战,因为他自然而然会消灭的。"他认为这种看法才是符合"新陈代谢"的道理的。在他看来,进行新文化运动,只需要单纯地输入新的思想,而不必去碰旧的思想,新思想进来多了,旧思想自己就会消灭。即积极努力于介绍和输入西方各种新思潮,但却不主张对旧思想进行攻击,极力回避新旧文化的冲突。这是张东荪对待中西文化的基本态度。这种态度贯穿其所办《学灯》的始终。26日,梁启超游欧前在上海与张东荪等研究系骨干会晤,商讨今后努力方向。从此,梁启超、张东荪等研究系正式告别了政治活动,开始致力于文化事业和文化运动。据梁启超《欧游心影录》回忆说:"是晚我们和张东荪、黄溯初谈了一个通宵,着实将从前迷梦的政治活动忏悔一番,相约以后决然舍弃,要从思想界尽些微力,这一席话要算我们朋辈中换了一个新生命了。"由此可见,《时事新报》副刊《学灯》不仅仅代表张东荪的观点,其背后是一个梁启超、张君劢、蒋方震、郭虞裳、余颂华等组成的强大的政学合一的文化学术团体。由此联系梁启超偕蒋百里、丁文江、张君劢、刘子楷、徐振飞、杨鼎甫赴欧游历考察,回国之后即宣扬西方文明已经破产,主张光大传统文化,用东方的"固有文明"来"拯救世界",则张东荪主编的《时事新报》

副刊《学灯》及其所载系列文章,实际上也与《东方杂志》一样,是对《新青年》激进的中西文化观的矫正。

当然,由《新青年》引发的外部论争或讨论并不限于《东方杂志》与《时事新报》。一方面是来自旧阵营的以林纾为代表。林纾10月因古文讲演会需要选评出古文集《古文辞类纂选本》前五卷,由上海商务印书馆出版。《古文辞类纂》系桐城派古文家姚鼐选评的古文集,选录自战国到清代文章,不收经子史传和诗赋,共分13类,每类前有序言,述该文体特点和源流。林纾在所作《序》中慨叹道:"文运之盛衰,关国运也。"在他的眼中,清末中国的文章真可谓衰微已极。"宋明之末,尚有作者;而前清之末,作者属谁?"因此,挽救古文的颓势,不仅意在中兴中国文学,而且含有中兴中国国运的抱负大义。其实亦即对《新青年》的回应和反击。另一方面,则是以梅光迪为代表的留学同道的批评与反击。当时梅光迪继续在哈佛大学研究院师从新人文主义文学批评运动领袖白璧德教授,对胡适在国内发起的新文化运动极为不满,然后在美国搜求同志、准备回国和胡适来一场全盘大战。结果通过清华校友施济元结识在弗吉尼亚大学就读的吴宓,后又与汪懋祖相遇,彼此在反对新文化—新文学,反对旧道德、反对"实利主义"(实验主义)等问题上达成一致,相约回国后与胡适再战。此外,陈独秀还与上海易乙玄、愈复、陆费逵、杨光熙、杨璐等"灵学派"开展了另外一场论争,当年追随陈独秀参加批判"灵学"的有刘文典、陈大齐、王星拱、钱玄同、刘半农、鲁迅和易白沙等人。由此可见陈独秀、胡适以及《新青年》需要面对来自内外各个方面的严峻挑战。

就聚焦于相关重要学术论题而言,上文已多有涉及。其他尚有:傅斯年《中国学术思想界之基本误谬》(《新青年》第4卷第4期),高一涵《非"君师主义"》(《新青年》第5卷第6期),君实《国家主义之根本的批评》(《东方杂志》第15卷第3号),罗罗《近世人类学》(《东方杂志》第15卷第7号),陈大齐著《心理学大纲》(上海商务印书馆),陈长蘅著《中国人口论》(上海商务印书馆),杜亚泉《欧洲大战与中国历史之比较》(《东方杂志》第15卷第12号)和《罗马灭亡之经济考察》(《东方杂志》第15卷第7号),周春岳《大学改制之商榷》(《太平洋》第1卷第9期),蔡元培《新教育与旧教育之歧点》(《新青年》第5卷第1期),蒋梦麟《高等学术为教育之基础》《历史教授革新之研究》(《教育杂志》第10卷第1期)和《过渡时代之思想与教育之关系》(《教育杂志》第10卷第2期),黎锦熙《国语研究调查之进行计划书》(《教育杂志》第10卷第4期),范祥善《国文教授革新之研究》(《教育杂志》第10卷第1期),陈恒《元也里可温考》(《东方杂志》第15卷第1号),陈文钟《地理教授革新之研究》(《教育杂志》第10卷第1期),黄炎培《我国图强所必要之训育方针》(《教育杂志》第10卷第1期),罗罗《陀斯妥夫斯基之文学与俄国革命之心理》(《东方杂志》第15卷第12号)和《战后重建理想都市之计划》(《东方杂志》第15卷第6号),愈之《交通发达与文明之关系》(《东方杂志》第15卷第1号)和《世界饥馑史》(《东方杂志》第15卷第2号),徐宝璜《新闻学大意》(《东方杂志》第15卷第9号),甄绍燊《中国刑法之沿革》(《东方杂志》第15卷第10号),君实《俄国社会主义运动之变迁》(《东方杂志》第15卷第4号),吴敬恒《补救中国文学之方法若何?》(《新青年》第5卷第5期),谢无量编《中国大文学史》(上海中华书局),周作人著《欧洲文学史》(上海商务印书馆),等等。傅斯年《中国学术思想界之基本误谬》批判中国学术思想界的七种谬误,文中所指出的中国学术思想界的七条误谬,尽管是一家之言,且有矫枉过正之嫌,但其中关于学术研究个性、学术研究的创造性、学术研究领域及学术分工、学术研究功利性、学术研究形式主义的阐述，至今对中国学术思想界仍有一定的借鉴意义。高一涵《非"君师主义"》批判"天地君亲师"的传统观念。陈大齐《心理学大纲》为中国第一本大学心理学教科书，比较准确而全面地概括介绍了当时西方科学心理学的丰富内容和最新成就。陈长蘅《中国人口论》为第一部讨论我国人口的专门著作，也是我国使用统计图表讨论社会问题的第一本书。徐宝璜《新闻学大意》又名《新闻学》，代表了当时我国新闻学研究新水平。刘著良所译美国史密斯的《教育社会学导言》，为教育社会学引入中国之始。蒋梦麟《高等学术为教育之基础》提出要研究教育，成为教育家，必须博通高等学术。谢无量《中国大文学史》分别叙述上古（太古至秦）、中古（汉魏南北朝）、近古（唐宋元明）、近世（清）的文学发展历史，为早年有影响的第一部由上古至清代的文学通史。周作人《欧洲文学史》由作者所编写的希腊、罗马、中古至18世纪的文学史讲义结集而成，为国内第一部欧洲文学史。此外，《东方杂志》在9月15日出版的第15卷第9号发表《教育部通俗教育研究会劝告小说家勿再编写黑幕一类小说函稿》之后，宋云彬于同年10月致函《新青年》编辑钱玄同，痛斥黑幕小说。此后《新青年》《小说月报》等刊物纷纷刊文批判黑幕派小说。

　　至于学术史方面的论著主要有：傅斯年《中国历史分期之研究》（《北京大学日刊》第113号），陈汉章《中国历代大学学制述》（《北京大学日刊》第94号），君实《博物馆之历史》（《东方杂志》第15卷第2号），留庵编纂《中国雕版源流考》（上海商务印书馆），茅以升《中国圆周率略史》（《东方杂志》第15卷第4号），高一涵《近世三大政治思想之变迁》（《新青年》第4卷1期），愈之《印度之美术及其近代美术思想之变迁》（《东方杂志》第15卷第3号），贾丰臻《一年来教育之过去帐》（《教育杂志》第10卷第1期），汪太冲编《章太炎外纪》（北京文史出版社）等等。傅斯年《中国历史分期之研究》对中国历史教科书多模仿日本桑原骘藏《东洋史要》（后改名《支那史要》）的分期之行为表示不满和批评，提出应重新确立分期标准。高一涵《近世三大政治思想之变迁》提出以"西人政治思想之变迁，以为吾国政治思想变迁之引导"。（以上参见本书"学术背景""学术活动""学术著作""学者生卒"栏所引文献与出处，以及章恒忠、王亚夫主编《中国学术界大事记（1919—1985）》，上海社会科学出版社1988年版；王学典《20世纪史学编年（1900—1949）》，商务印书馆2014年版；付喜祥《20世纪前期中国文学史写作编年史》，北京师范大学出版社2013年版；中国大百科全书总编辑委员会编《中国大百科全书·考古学》，中国大百科全书出版社2002年版；王学珍等编《北京大学纪事（1898—1997）》，北京大学出版社1998年版；清华大学校史研究室编《清华大学一百年》，清华大学出版社2011年版；北京师范大学党委办公室、北京师范大学校长办公室《北京师范大学纪事》，北京师范大学出版社2012年版；南京大学高教研究所编《南京大学大事记（1902—1988）》，南京大学出版社1989年版；沈卫威编《学衡派编年文事》，南京大学出版社2015年版；吴永贵《国民出版史编年：1912—1949》，社会科学文献出版社2018年版；汪晖《文化与政治的变奏——战争、革命与1910年代的"思想战"》，《中国社会科学》2009年第4期；陈镱文、亢小玉、姚远《杜亚泉先生年谱（1912—1933）》，《西北大学学报（自然科学版）》2008年第6期；周月峰编《中国近代思想家文库·杜亚泉卷》及附录《杜亚泉年谱简编》，中国人民大学出版社2014年版；章玉政编著《刘文典年谱》，安徽大学出版社2011年版；徐佳贵《东南与国都之间——蒋梦麟与新文化运动的初兴》，《华东师范大学学报》2022年第1期；左玉河编著《张东荪年谱》，群言出版社2013年版；张黎敏《〈时事新报·学灯〉：文化传播与文学生长》，华东师范大学博士学位论文，2009年；左玉河《上海：五四新文化运动不容忽视的另一个中心——以五四时期张东荪在上海的文化活动为例》，《安徽大学学报（哲学社会科学版）》2013年第1期）

1919 年　民国八年　己未

一、学术背景

1月1日,《新潮》月刊、《国民杂志》月刊在北京创刊。

按:《新潮》月刊为新潮社社刊,由傅斯年、顾颉刚、罗家伦、潘介泉、毛子水等学生创办,得到蔡元培、陈独秀、胡适、钱玄同、李大钊等师长的指导与支持,胡适为顾问,校长蔡元培题写刊名。该刊旨在介绍西洋近代思潮,批评中国现代学术上、社会上各种问题,大力提倡白话文和学术思想解放,反抗传统礼教,宣传文学革命、伦理革命,提倡个性解放、妇女解放,向传统文化发起攻击。

按:《国民杂志》为国民杂志社社刊,由北京大学学生许德珩、邓中夏、周炳琳、谢绍敏、张国焘、段锡朋等创办,得到蔡元培、李大钊等的指导与支持,蔡元培为作《民国杂志序》。《国民杂志》最初是用文言文发表文章,五四以后改为白话文。该刊旨在增进国民人格,灌输国民常识,研究学术,提倡国货,进行反帝爱国宣传,有力地推动了当时青年的思想解放和意识更新,传播了马克思主义。《国民杂志》第5期上发表李泽彰所译《共产党宣言》的前半部,此为《共产党宣言》介绍到中国来的第一个译本。12月12日,李大钊在《国民杂志》上发表《再论新亚细亚主义》一文,指出"我们应该信赖民族自觉的力量,去解决一切纠纷,不可再蹈从前'以夷制夷'的覆辙",主张"新亚细亚主义是为反抗日本的大亚细亚主义的……我们因为受日本大亚细亚的压迫,我们才扬起新亚细亚主义的大旗,为亚洲民族解放的运动",强调"就是不要震于日本的军国主义、资本主义的势力,轻视弱小民族和那军国主义、资本主义下的民众势力"。

1月11日,北京政府钱能训内阁改组,陆征祥任外交总长,傅增湘任教育总长,曹汝霖任交通总长。

是日,教育部核准京师图书馆改订的《藏书流布暂行规则》。

1月17日,万国禁烟会在上海开会,销毁沪上已收买的大批烟土。

1月18日,第一次世界大战的战胜国(协约国)和战败国(同盟国)27国在巴黎凡尔赛宫召开和平会议,中国代表陆征祥、顾维钧、王正廷、施肇基、魏宸组等5人以战胜国身份出席会议,提出废除外国在中国的势力范围、撤退外国在中国的军队和取消"二十一条"等正义要求。

1月20日,《进化》杂志在北京创刊,由以平社、民声社、实社、群社合并而成的无政府主义团体进化社主办,编辑《进化丛书》,以"介绍科学真理,传播人道主义,促进人类进化"为宗旨。主要成员有:佩刚、志道、凌霜、克水、声白。

按:民声社、实社、群社、平社等无政府主义团体为了整顿力量,扩大宣传,在北京合并成为进化社。该社继承中国无政府主义者刘师复的衣钵,明确表示:"今去先生(指刘师复)资志不眠之期已有5周岁矣,而'进化'适联合民声社、群社、实社、平社诸团体,以公布于世,盖思所以继先生之志而致来日之希望也。"以"鼓吹无政府主义、工团主义及联合主义,以指导人群进化"为宗旨。极力宣扬克鲁泡特金的互助论,认为"互助"是"进化"的要素,提倡"各尽所能,各取所需"的"互助"生活。"五四"运动后,该社被军阀政府查封。

按:《进化》杂志作为北京进化社的社刊,以"介绍科学真理,传播人道主义,促进人类进化"为宗旨,重在宣传克鲁泡特金的进化论,提倡"各尽所能,各求所需"的互助生活。黄凌霜在《进化》第1卷第1期上刊发的《〈进化〉杂志宣言》,对此有很好的说明,全文如下:

"进化"这两个字,现在社会上、报纸上,常常有人说的。但是进化的定义究竟是怎么样呢?我们既然用这两个字来标示这本杂志,"开宗明义",也应该将他的定义和道理说个明白,给大家晓得进化的趋势才是呀。

如今的进化论和从前的创造论是相反的。大学教授苏里曾为进化论下一个定义说:"进化是宇宙和有机体的机械的进行程序,而用物理来说明他的自然历史。"这个宇宙的系统,初始是由很小的物质一步一步自然发生来的。现在我们所见的现象,就是这种物理进程的结果,进化论不外将他的始原和历史,说得明白些就是了。

就"进化史"来看,从前倡进化的人物是很多的。我们不必一一去理会他,但说影响于二十世纪最大的,就算达尔文的《原种论》了(一八九五年出版)。在达尔文之前,法国有必丰、陆谟克都说物类由环境如何,以为变化。又与达尔文同时证明人类与猿猴同出一原的人,有华拉土,这种学说出世的时候,那教会用死力来反对,但是空想的东西,无论怎么样总不能够敌得实验的学理,所以后来滑头的教徒,就用《默示录》来调和进化论了。

达尔文的学说,不但可以说明那物理和人类的现象,就那社会制度,我们也可以应用"顺应性"来将他完全改变咧。但是我们第一要声明的就是:斯宾塞、赫胥黎诸人所说达尔文"生存竞争"的道理都是误会的多。斯宾塞以为不独是动物的种别互相凌竞以求生存(例如豺狼之捕食野兔,飞鸟之以昆虫为食料等),就一种内的各个生物也有猛烈的竞争。其实这种现象没有如此之甚。据达尔文的意思,不过想用这种道理证明新种的发生以"天择"为最重要就是了。后来他作《人种由来论》,说物理中的单位"同情性"越深越有生存的机会,而后裔也越多。由此可见,他已将"物竞天择,适者生存"的观念完全改变了。

一八七九年,动物学家嘉司黎搜集许多事料,证明物种的向上进化、"互助公例",比那"互竞公例",还较重要些。有一位克鲁泡特金是地理学家,也是著名的无政府党,因此搜集许多动物上的事料和历史上互助的证据,作了一本《互助论》(一九〇七年出版),证明互助在生物社会的利益是很大的。他说:"动物团结而成社会,最弱的虫鸟和哺乳类都可借社会的保护,抵拒强权。生产养育,不须过劳,并可托庇社会,随时安居。故互助不但为反抗天然界的敌力和他种侵害的利器,也可算是向上进化的好工具。"

巴黎大学生物学教授戴拉尔著《进化论》,就用这种学说来做结论。斯宾塞说:社会进化和生物进化是一样道理。我们如今要将"互助"的公理传播到社会上去,使人人晓得他、实行他。这就是我们"进化"杂志的志愿了。

人类知识的进步,是由神学迷信时期进到玄学幻想时期,又由玄学幻想时期进到科学实验时期。这二十世纪的世界,果属哪一个时期呢?我们看见自然科学的发达,就不能不说这个世界已经进步到第三个时期了。所以康德解释道德,用些什么"必然命令"的玄谈;黑智儿的论理学,说些什么"由相对以至绝对"的"三演法"和那形而上学家的"辩证法",我们一概谢绝。我们研究"道德""政治""经济""宗教"和"社会",都用着自然学的"归纳的演绎"法。与那自然学家研究"天文""生物"的问题,取同一的态度。我们所得的断案,若是他人不用这种方法来批评,而只说些"笼统""不合逻辑"的鬼话(如说无政府主义是"邪说",说社会主义是"洪水猛兽",或用些艰涩词句自饰浅陋之类)来辱骂我们,我们就"厉兵秣马",与他们宣战,看哪个得最后的胜利,这就是我们《进化》杂志的态度了。

社会是机体的总称。各种机体,各尽所能,各取所需,求便于他的类,"人"要费较少的工夫,造成较多的幸福。由此可定人类社会发展的标准,由较不高尚而至于较高尚。这是为全世界人类造幸福的目的。

所以社会进化,要讨论的问题,就是那一种制度最适合于某种情形的社会,怎么样才能够增进人类幸福的总数和发展他的质量呢?近世无政府主义就是昌明这个公理。公理既明,我们更要实行革命,才能达到公理的目的。什么叫做革命呢?革命这个名词,西文叫做 Revolution,Re 就是"更"的意思,Evolution 就是"进化"的意思,合起来看,革命"更进化"的意思就罢了。虽然,我们所主张的革命,和那不关痛痒的革命,大不相同,譬如说:协约国战胜德奥,社会上何尝不说公理战胜强权呢?但是我们意中的强权,不惟是德奥的军国主义,和尼采的"超人"主义,现在社会的政治、宗教、法律、资本家,阻止人类全体的自由的幸乐,使他不能实现,都是强权的,我们应该"百尺竿头,更进一步",从根本上将他们扫除。(全世界革命)由平民自己去行那"互助"的生活(各尽所能,各取所需),这才算进化的公理(无政府,无私产),完全战胜强权呀!这就是我们《进化》杂志的主张了。

赫胥黎说得好:"若是现在知识的进步,不能够将多数人类堕落的情形,从根本上求个改变,我就敢大胆说一句:快请那慈悲的彗星,将这地球用尽一扫,使我们同归于尽罢了!"这一段话,我也十分赞成,不晓得守旧派的心理是怎么样呢?虽然,阅者不要误会,我们并不是叔本华厌世主义的人物,我们也不是"乌托邦"的梦想家。我们所主张的公理,是实验的,快要实行的。我们试分析那世界思潮的趋势,是否与我们的倾向相吻合呢?英国有一位社会学家叫做奇的著了一部《社会进化论》,他的引言就说:社会主义现在渐渐变了人类的信仰,这种信仰,也渐渐到了实现的地步,不是从前的空想了。又有那法国学者鹿华利做了一篇《共产主义》,也说道:从前你们是贵族和专制人物的奴隶,现在你们快要自由了,独立了。所以我们《进化》杂志"慨然以促进此种景况自任",诸君呀!你们既晓得"互助"是进化的要素,岂不应该和我们分担这个责任么?(一九一九年一月十日,载《进化》第1卷第1号)

1月23日,北京政府教育部批准组织全国中学联合会。

1月27日,巴黎和会在讨论德国殖民地处理时,英、法、美三国不顾中国代表申辩,将日本所提出的将德国在中国山东一切特权无条件转让日本的要求写于条文中。

是日,教育部指令第182号核准京师图书馆与商务印书馆所订《印书免费契约》。

按:该契约第一条即规定:"京师图书馆为亟欲流布藏书,以期提倡学术、促进国家文化起见,故特许商务印书馆免纳《藏书流布暂行规则》第三条之费额,得随时请求印行所收藏之书。"(北京图书馆业务研究委员会编《北京图书馆馆史资料汇编:1909—1949》,书目文献出版社1992年版)

是月,江苏省教育会、北京大学、南京高师暨南学校、中华职业教育社发起组织中华新教育共进社,编译各种新书。

2月5日,山东旅京人士组织外交后援会,力争收回青岛。山东议会致电巴黎和会代表:"青岛问题务请坚持,万勿退让,鲁民全体誓以死力待。"

2月7日,北京《晨报》第七版改组,由李大钊负责编辑,此后开始发表介绍马克思主义和苏联十月革命的文章。

2月9日,北京各大专学校学生一万多人致电巴黎和会中方代表必须保护国权。

2月12日,国际联盟同志会在北京大学法科大讲堂举行成立大会,通过该会章程及宣言书,与会者达1000多人,推举蔡元培、汪大燮、熊希龄、张謇、王宠惠、梁启超、严修、李盛铎为理事,梁启超为理事长,林长民为总务干事。会后将会议通过的九条决议电巴黎顾维钧专使及在欧的梁启超,请其设法在巴黎和会上提议。

2月15日,万国新闻记者俱乐部在北京成立,推举《京津时报》社长汪立元为会长。

2月16日,中国国民外交协会在北京正式成立,推举熊希龄、汪大燮、梁启超、林长民、范源濂、蔡元培、王宠惠、严修、张謇、庄蕴宽10人为理事。

按:2月21日,中国国民外交协会通电发表七点外交主张:"一、促进国际联盟之实行;二、撤废势力范围并订定实行方法;三、废弃一切不平等条约及以威迫利诱或秘密缔结之条约、合同及其他国际文件;

四、定期撤去领事裁判权;五、力争关税自由;六、取消庚子赔款余额;七、收回租界地域,改为公共通商。"作为中国近代第一个全国性的国民外交团体,国民外交协会成立之后先是积极配合中国代表团在巴黎和会的外交努力,后又对"五四"运动的发生及中国政府拒签《对德和约》产生了重要影响,并且为最终在华盛顿会议期间收回山东主权做出了重要贡献。

2月19日,北大新闻学研究会举行改组大会,以研究新闻学理、增长新闻经验、以谋新闻事业之发展为宗旨,毛泽东、陈公博、杨立诚、缪金源、李吴桢、徐恭典、姜绍谟、谭鸣谦(平山)等20余人与会,推举蔡元培为正会长,徐宝璜为副会长,曹杰、陈公博为干事。

2月20日,南北和平会议在上海开幕。北京政府派朱启钤为总代表;广东政府以唐绍仪为总代表。但因意见难以统一,和谈破裂。

2月28日,南北和平五次会议召开,和谈陷于僵局。

3月2日,各国共产党第一次世界代表大会在莫斯科开幕,大会宣布成立第三国际(共产国际)。中国旅俄华工联合会主席刘绍周等应邀出席成立大会。

是日,国民外交后援会在广东省议会召开干事会成立会,由宋汝梅任临时主席,选举林森当选正会长,陈勉畲、吴景濂、宋汝梅、褚辅成等4人为副会长。干事会设总务、文牍、交际、会计、演讲、编译6个部。会上通过的会章规定:本会以中华民国国民协助欧洲议和代表、取消一切不平等之条约及密约,以维持正谊保卫国家为宗旨,定名为"中华民国国民外交后援会"。

3月6日,正在欧洲考察的梁启超致电北京政府总统外交委员会委员长汪大燮、事务长林长民,告知他从和会上获知的段祺瑞与日本借款和山东问题。

3月12日,北京政府公布《女子高等师范学校规程》。

3月15日,北京政府于中央公园举行"公理战胜"纪念牌坊开工典礼。

3月18日,北洋政府安福系喉舌《公言报》发表《请看北京学界思潮变迁之近状》,认为"以前大学讲坛,为桐城派古文家所占领者,迄于民国,章太炎学派代之以兴",北京大学校长蔡元培致函批驳。

3月20日,刘师培、梁漱溟、黄侃等发起的《国故》月刊创刊,由北京大学文科编辑出版,以"昌明中国固有之学术"为宗旨。刘师培任总编,梁漱溟、陈汉章、马叙伦等为特别编辑。

按:北京大学国故社先于1月26日成立,由北京大学教授黄侃、刘师培等发起,代表了"五四运动"前后的复古守旧势力。至此又创办《国故》月刊,遭新文化运动冲击,至9月20日出至第4期后停刊。

3月26日,教育调查会在北京成立,为北洋政府教育部负责调查、审议全国重要教育事项的咨询机构,下设教育行政、普通教育、师范教育、高等教育、社会教育、实业教育6个调查股,以为教育总长提供咨询,并将重要教育事项直接建议于教育总长为主要任务。首届会长为范源濂,副会长为蔡元培。

按:3月10日,北京政府教育部聘请蔡元培、范源濂、陈宝泉、蒋梦麟、王宠惠、吴稚晖等19人,并指派部员沈步洲、张继煦等9人为教育调查会会员。

是月,教育部颁布《全国教育计划书》,全篇分为甲、乙、丙三部分,甲属于普通教育者,乙属于专门教育者,丙属于社会教育者,在法规上再次重申发展社会教育的重要性。

按:《全国教育计划书》说:教育为立国根本,关系重要,无待缕述。际兹欧战告终,世界各国咸尊重公法公理,以企图世界之永久和平。但和平方法虽不一端,要以国无不教之民为最要原素;我中国将与世界文明各邦致力于和平事业,必以求教育之猛进为入手办法。唯是教育之发展,必赖有大宗经费以济其用;吾国农工商业方在幼稚,国家岁入本属不丰,益以民国缔造,地方秩序,未能一律安谧,复继续前清之一切债权,遂令司农仰屋,日不暇给。缘经济之拮据,致教育之停顿,瞻顾靡骋,无可讳言。现在图内国之治安以求统一之效,应世界之趋势以固和平之基,振兴教育,缓无可缓。举中央教育行政上之重要设施列举于下,计关于普通教育者八项,关于专门教育者十项,关于社会教育者九项,冀与热心教诸君子一相商榷;果能筹集款项,纲举目张,则各地方教育之策进,即不啻操券求之矣。

甲　属于普通教育者(略)

乙　属于专门教育者(略)

丙　属于社会教育者:

一、图书馆　图书馆之启导学术,其功用等于学校,现在国立图书馆规模简陋,不能购储各国典籍,亟应大加整理扩充,并拟择国中交通便利文化兴盛之地,分别建设,以资观览。

二、建设博物馆　中国文化流传最久,历代留遗之古器,足资学术之参考、文化之表征者,不胜枚举;兹拟就高等师范区域内筹设是项博物馆,搜集有关学术文化之物品,以供庋设而资研求,并酌各地方情形添设各种特殊博物馆。

三、通俗讲演所之扩充及补助　讲演所所以输入一般国民之普通知识,收效极宏,拟就京师原有之讲演所加以扩充,于各省区之讲演所予以补助。

四、筹设美术馆　美感教育极关重要,中国美术馆尚付缺如,亟宜筹款设立,并办理提倡美术事宜。

五、筹设教育动植物园　各国动植物园之设,予国民以直接观察之知识,吾国尚付缺如,亟宜筹款设置。

六、提倡文艺音乐演剧　普通社会,不予以高尚之娱乐,则无以增高其思想,陶养其品性;文艺音乐演剧皆人民娱乐之所寄,惟宜力趋于高尚者,故是项事业亟宜提倡或补助之。

七、提倡公众体育　吾国讲求体育,只限于学校,未免偏枯,宜仿各国成例,筹设公众体育场,所以图国民体育之发展。

八、制造通俗教育用具　幻灯活动影片,于启导社会有最良之功用,其他如图画玩具及通俗教育用器械标本等,其需款较巨者,应由国家筹款设立制造所;如私人设立,并酌量补助。

九、译印东西文书籍　于学术文艺二类中,择其必要者译印,以供校外教育之用。以上普通、专门、社会教育三端,征诸各国之先例,考诸吾国之现情,均属根本要图,亟待举办。至普通教育项下补助初等教育,以期教育之普及,尤属根本中之根本,不容稍缓者。敬具概略,惟热心教育之君子幸察鉴之。(《教育杂志》1919年第11卷第3号)

3月23日,北京大学平民教育讲演团成立,为中国五四运动时期北京大学进步学生组织,得到李大钊的指导。总干事邓中夏,参加者有邓中夏、黄日葵、高君宇、朱自清、许德珩、杨钟健等。

4月3日,北京政府电饬各省,注意取缔"俄国过激党派"。

4月6日,《每周评论》第16号刊载舍译的《共产党宣言》的第二章《无产者和共产党人》。

4月8日,南北代表开始新的谈判,南方代表提出取消中日军事协定及裁撤参战军、停止参战借款、恢复旧国会等议题,遭北方代表反对。

4月11日,全国和平联合会在上海讨论山东问题,力争收回青岛。

4月12日,巴黎和会讨论山东问题,日本坚持继承德国在山东的权利,并以退出和会为要挟。

4月16日,北京政府教育部公布注音字母次序表。

4月20日,山东济南演武厅召开国民请愿大会,到会10多万人,声讨日本帝国主义霸占青岛、山东和北洋军阀政府出卖山东主权的罪行,提出"外争青岛,内惩国贼""废除非法的卖国条约"等口号,成为全国五四运动的先声。

4月21日,国语统一筹备委员会在北京召开成立大会,教育部指定张一麐为国语统一筹备会会长,吴稚晖、袁希涛为副会长。

按:国语统一筹备委员会是教育部的附设机关,以筹备国语统一事项及推行方法为宗旨。会议议决拟请教育部推行国语教育办法案、注音字母案和颁行新式标点符号案。筹备会会员先后共有172人,大致汇集了三方面的力量:一是由教育部指派的如黎锦熙、陈懋治、沈颐、李步青、陆基、朱文熊、钱稻孙等;二是由部辖学校推选的钱玄同、胡适、刘半农、周作人、马裕藻;三是由会中陆续聘请的赵元任、汪怡、蔡元培、白镇瀛、萧家霖、曾彝进、孙世庆、方毅、沈兼士、黎锦晖、许地山、林语堂、王璞等。其中胡适、钱玄同、马裕藻、刘半农、周作人、朱希祖等有志于语文改革的一批文学改革家发挥了关键作用。

4月23日,北京政府改北京女子师范学校为北京女子高等师范学校。

4月24日,梁启超从巴黎致电国民外交协会:"对德国事,闻将以青岛直接交日本,因日使力争结果,英法为所动。吾若认此,不啻加绳自缚,请警告政府及国民,严责各全权(代表),万勿署名,以示决心。"

4月28日,上海《时事新报》副刊《学灯》以社会主义为题发起征文。

4月30日,巴黎和会召开英美法三国会议,日本代表应邀出席,议决德国在山东之权利概让日本,且明确规定于对德和约中。

是月,山东各界推派代表前往欧洲,直接向中国专使及巴黎和会请愿。

是月,四川《国民公报》连载《近世社会主义鼻祖马克思之奋斗生涯》,介绍马克思生平及其奋斗经历。

5月1日,英国代表将巴黎和会关于山东问题的决议通知中国代表,中国代表抗议巴黎会议割山东权利给日本。中国谈判代表、外交总长陆征祥密电北京政府,报告中国外交在巴黎和会失败的消息,并称如不签约,则对撤废领事裁判权、取消庚子赔款、关税自主及赔偿损失等等有所不利。

5月2日,北京政府国务总理钱能训密电命令代表团签约。消息传出,外交委员会事务长、国民外交协会理事林长民在《晨报》发表《外交警报敬告国人》,证实巴黎和会中国外交失败消息,呼吁"山东亡矣,国将不国矣,愿合四万万众誓死图之"。同日,北京大学校长蔡元培在北京大学饭厅召集傅斯年、许德珩等北京大学学生代表100余人,通报外交失败消息。

按:何思源《五四运动回忆》载蔡元培校长"在北京大学饭厅召集学生班长和代表一百余人开会。他讲述了巴黎和会上帝国主义互相勾结,牺牲中国主权的情况,指出这是国家存亡的关键时刻,号召大家奋起救国。我参加了这次会,听了他的讲话,心情非常激动"。(载北京市政协《文史资料选编》第4辑,北京出版社1979年版)

5月3日凌晨,北洋政府外交委员会委员长汪大燮夜访蔡元培家,告知北京政府国务总理已经密电中国代表在丧权辱国的《巴黎和约》山东条款上签字,并说"学生不可不有点表示"。

按:胡适1929年1月16日日记载汪大燮连夜去看蔡元培,"告以此时形势,说学生不可不有点表示。蔡赞成其说,故四日有大游行,遂有打赵家楼的事"。

同日,北京各界紧急磋商对策。下午4时,以林长民为首的北京国民外交协会召开会议商讨阻止政府签约,议决5月7日在中央公园召开国民大会,并电全国各省各团体同日举行。同日,北京大学校长蔡元培召集北大教职员开会,商议对待学生爱国行动的问题,议决对学生的行动不加拦阻;又以北京欧美同学会总干事的身份,和副总干事王宠惠、叶景莘

3人联名致电中国首席代表陆征祥,劝告他切勿在含有丧权辱国条款的《凡尔赛和约》上签字。晚9时,蔡元培校长召集新潮社的段锡朋、傅斯年、罗家伦、康白情以及国民社的许德珩等人转告巴黎和会信息,随后北大学生在北河沿北大法科礼堂召开学生大会,并约请北京13所中等以上学校代表参加,大会决定于4日(星期天)齐集天安门举行示威游行,同时通电各省于5月7日举行全国游行示威运动。

按:叶景莘《五四运动何以爆发于民八之五月四日》载,5月3日凌晨,林长民到外交委员会报告,汪大燮焦急,叶景莘提议"北大学生亦在反对借款与签约,何不将消息通知蔡孑民先生"。汪大燮即命驾马车到东堂子胡同蔡先生处。当晚九点左右,蔡先生召集北大学生代表去谈,其中有段锡朋、罗家伦、傅斯年、康白情诸先生。次日,北大学生游行,而"五四运动"爆发了。(载天津《大公报》1948年5月4日)

按:唐伟《蔡先生与五四运动》:"蔡先生已知同学决计游行请愿,即召学生会干事狄福鼎等,嘱其转告同学,途中须严守秩序。"

5月4日,北京爆发以学生为主体并得到全国工人、商界大力支持的反帝爱国的"五四运动"。上午10时,北京各校学生代表在法政专门学校召开碰头会,商定了游行路线。一些准备以暴力行动惩办国贼的学生写下遗书。许德珩、罗家伦受北京学生联合会的委托,分别起草《北京学生界宣言》(《五四宣言》文言篇、白话篇)。

按:许德珩《北京学生界宣言》(《五四宣言》文言篇)全文如下:呜呼国民!我最亲最爱最敬佩最有血性之同胞!我等含冤受辱,忍痛被垢,于日本人之密约危险,以及朝夕企祷之山东问题,青岛归还问题,今已有由五国公管,降而为中日直接交涉之提议矣。噩耗传来,黯天无色。夫和议正开,我等所希望所庆祝者,岂不曰世界上有正义、有人道、有公理。归还青岛,取消中日密约、军事协定,以及其他不平等之条约,公理也,即正义也。背公理而逞强权,将我之土地由五国公管,侪我于战败国如德奥之列,非公理、非正义也。今又显然背弃,山东问题,由我与日本直接交涉。夫日本,虎狼也,既能以一纸空文,窃掠我二十一条之美利,则我与之交涉,简言之,是断送耳,是亡青岛耳,是亡山东耳。夫山东北扼燕晋,南拱鄂宁,当京汉、津浦两路之冲,实南北之咽喉关键。山东亡,是中国亡矣!我同胞处此大地,有此山河,岂能目睹此强暴之欺凌我、压迫我、奴隶我、牛马我、而不作万死一生之呼救乎?法之于亚鲁撒、劳连两州也,曰:"不得之,毋宁死。"朝鲜之谋独立也,曰:"不独立,毋宁死。"夫至于国家存亡,土地割裂,问题吃紧之时,而其民犹不能下一大决心,作最后之愤救者,则是二十世纪之贱种,无可语于人类者矣。我同胞有不忍于奴隶牛马之痛苦,极欲奔救之者乎?则开国民大会,露天演讲,通电坚持,为今日之要着。至有甘心卖国,肆意通奸者,则最后之对付,手枪炸弹是赖矣。危机一发,幸共图之。

按:罗家伦《北京学界全体宣言》(《五四宣言》白话篇)全文如下:

现在日本在国际和会,要求并吞青岛,管理山东一切权力,就要成功了,他们的外交,大胜利了。我们的外交,大失败了。山东大势一去,就是破坏中国的领土。中国的领土破坏,中国就要亡了。所以我们学界,今天排队到各公使馆去,要求各国出来维持公理。务望全国农工商各界,一律起来,设法开国民大会,外争主权,内除国贼。中国存亡,在此一举。今与全国同胞立下两个信条:

一、中国的土地,可以征服,而不可以断送。

二、中国的人民,可以杀戮,而不可以低头。

国亡了,同胞起来呀!

5月4日下午1时半,北京大学、高等师范、政法专门学校、中国大学、朝阳大学、工业专门学校、医学专门学校、汇文大学、警官学校、铁路管理学校、税务学校、国民大学等北京13所学校的学生3000余人,齐集天安门前举行示威,现场悬挂北大学生书写的"还我青岛"血书,学生高喊"外争国权,内惩国贼""废除二十一条""抵制日货"等口号,主张拒绝在巴黎和约上签字,要求惩办北洋军阀政府的亲日派官僚曹汝霖、章宗祥、陆宗舆。游行队伍先至东交民巷西口时受到巡捕阻拦,遂推举代表请求会见四国公使被拒。因见使馆区不能通过,便转向赵家楼曹汝霖的住宅,结果发生火烧赵家楼,痛打章宗祥。北京政府派军警镇压,捕去学生32人。警察赶赴现场镇压,抓捕学生。

按:梁启超在发表于1921年的《辛亥革命之意义与十年双十节之乐观》中这样概括五四时期中国人的自觉:"五四运动体现了国民在两个方面的自觉:第一,觉得凡不是中国人都没有权来管中国的事。第二,觉得凡是中国人都有权来管中国的事。第一种是民族建国的精神,第二种是民主的精神。"(《梁启超全集》第6集,北京出版社1999年版)

按:许寿裳《台湾需要一个新的五四运动》说:"五四运动是扫除我国数千年来的封建余毒,创造一个提倡民主、发扬科学的新文化运动,可说是我国现代史中最重要的划时代、开新纪元的时期,虽然它的目标至今还没有完全达到,可是我国的新生命从此诞生,新建设从此开始,它的价值异常重大。我们台湾也需要有一个新的五四运动,把以往所受的日本毒素全部肃清,同时提倡民主,发扬科学,于五四时代的运动目标以外,还要提倡实践道德,发扬民族主义。"(黄英哲、许雪姬、杨彦杰主编《台湾省编译馆档案》,福建教育出版社2010年版)

5月4日晚,北大学生齐集法科大礼堂开会,蔡元培校长邀请法律专家王宠惠商议研讨营救白天在天安门广场游行示威被捕同学的法律手续;北京政府国务总理钱能训在其私宅召集内阁紧急会议,筹商对付学生办法,有主格杀者、主捕系者、主不理者、主独办蔡元培校长者、主解散北大者等,议决命教育总长傅增湘责令蔡元培校长召回学生,不准游行及干涉政治。傅增湘立即回部电话告知蔡元培校长,并请到部商讨善后事项,蔡元培校长回复:"学生爱国运动,我不忍制止",随即挂断电话,亦未赴教部。

5月5日,北京中等以上学校实行总罢课,清华学生宣布"从今日起与各校一致行动"。下午2时,北京14所高校校长在北大开会,商谈营救被捕学生,会议声明"虽致北京教职员全体罢职亦所不惜",同时推举由蔡元培等7校长组成校长代表团先赴警察厅要求释放学生,总监吴炳湘推说捕人出自国务院命令,释放非有院令不可。校长团又往教育部,教育总长傅增湘未到部。校长团再去国务院及总统府,钱能训、徐世昌均托词不见。同日至次日,北京总商会为学生被捕事开紧急会议,决以实力赞助学生。

是日,孙中山立即指示上海《民国日报》总编辑邵力子:"《民国日报》要大力宣传报道北京学生开展的反帝爱国运动,立即组织发动上海学生起来响应,首先是复旦大学。"

是日,北京《晨报》副刊开辟"马克思研究"专栏,纪念马克思诞辰101年。

5月6日,14所高校校长继续在北大开会。午后,蔡元培率校长等再赴教育部,教育总长傅增湘允向钱能训商洽。晚间,又率校长团与警察总监吴炳湘交涉和争辩,愿以身家保释被捕学生。北京警察厅总监吴炳湘提出保释被捕学生的两个条件:一是明日不准学生参加国民大会;二是各校学生明日起一律上课。蔡元培校长等当即承诺这些要求。国民外交协会汪大燮、林长民、王宠惠等也具呈保释。晚10点左右,蔡元培校长又召集罗家伦等学生代表到校长室,商议次日学生停止罢课,北洋政府保证释放被捕学生。同日,北京中等以上学校学生联合会成立;贵州省议会电请置卖国贼于极刑。

5月7日,五四运动迅速向各地扩展。由北京女师发起,北京各女校代表集会,议商救国方法,呼吁全国女界同胞奋起救国;上海60多个团体举行国民大会;天津、济南、太原、长沙、吉林、南京、广州、武汉、南昌等城市群众也先后集会声援北京爱国学生;东京留日中国学生集队向英、美、法、俄、意各国公使馆呈书,要求将胶州湾直接交还中国。北京政府迫于压力,释放全部被捕学生,北大学生复课。上午北京各高校各备汽车前往警察厅,迎接被捕获释的同学。10时一齐到达北大,然后各自回归本校。蔡元培校长和北大全体师生齐集红楼文科门外,列队欢迎。

5月8日,蔡元培校长鉴于段祺瑞亲信徐树铮"安福系"必欲去他而后快,为保护北大、保护学生、免激矛盾,决定"引咎"辞职,于是向大总统徐世昌、教育总长傅增湘递送辞呈,申明辞去北京大学校长职务。同日,北京政府连续发出三道命令:查办北大校长、由警察厅将已释学生送法庭惩办、整饬学风,其中查办北大校长令因傅增湘拒绝副署而未能发出;安福系决定撤蔡元培校长职,提议由政府任命林纾或马其昶为北京大学校长。

按:蔡元培辞北京大学校长函载于1919年5月17日《北京大学日刊》,曰:"元培自任国立北京大学校长以来,奉职无状,久思引退。适近日本校全体学生又以爱国热诚,激而为骚扰之举动,约束无方,本当即行辞职,徒以少数学生被拘警署,其他学生不忍以全体之咎归诸少数,终日皇皇,不能上课,本校秩序,极难维持,不欲轻卸责任,重滋罪戾。今被拘各生业已保释,全体学生均照常上课,兹事业已告一段落。元培若再尸位本校,不特内疚无穷,亦大有累于大总统暨教育总长知人之明。谨竭诚呈请辞职,并已即日离校。一切校务,暂请温宗禹学长代行。敬请大总统简任贤者,刻期接任,实为公便。"

5月9日,北大校长蔡元培愤然离职出京,到达天津。同日,北京议会部分议员弹劾曹汝霖;上海各学校全部罢课;南京、无锡、松江、兰陵等地及巴黎华人均开国耻纪念大会。

是日,孙中山同岑春煊、伍廷芳等六总裁联名致电徐世昌,希望政府能"洞明因果,识别善恶,宜为平情之处置,庶服天下之人心"。

5月10日,蔡元培校长发布《告北大同学诸君》,明确表示:"仆深信诸君本月四日之举,纯出于爱国之热诚。仆亦国民之一,岂有不满诸君之理! 惟在校言校,为国立大学校长者,当然引咎辞职。"北京各校在北大开会,迅速发起挽蔡元培留任的活动,北大全体教职员工推举马叙伦、马寅初、李大钊、康宝忠、徐宝璜、王星拱、沈士远等赴教育部,谒见教育总长傅增湘,请其设法挽留蔡元培校长;北大全体学生派出代表赴津挽回蔡校长,复至致电上海唐绍仪,请加以挽留,并致电上海《时报》转各报、各省教育会、各团体,告以蔡元培先生辞职离京,群情惶惑,恐酿大变;北京中等以上学校学生联合会决定各校推出代表一人,一起到天津挽留蔡校长;武汉学生联合会成立。

5月11日,《每周评论》第21号开辟"山东问题专号",报道山东问题交涉经过,对日外交失败和秘密外交的罪恶,并及时总结经验,指导运动的发展。陈独秀在专号上发表《对日外交的根本罪恶》,指出斗争的矛头应指向卖国政府,而不要仅仅局限于曹、章、陆几个卖国贼。同日,外交委员会事务长、国民外交协会理事林长民受教育部委请抵达天津劝留蔡元培并商谈大学善后事宜,北京各高校派往天津挽留蔡元培的代表27人也到达天津;北京各大专学校教职联合会成立;上海各校代表集会复旦大学,成立上海学生联合会,申明要"联合全国青年学生之能力,唤起国民之爱国心,用切实方法,挽救危亡",复旦学生何葆仁被推为上海学联会长。

5月12日,山东济宁学界展开爱国活动,并成立学界联合会。

5月13日,南北议和再次破裂,南北双方议和代表均提出辞职。

是日,北京各大专校长向政府集体递交辞呈,以此支持蔡元培,表明共进退的坚定决心。

5月14日,大总统徐世昌迫以舆论的强大压力,签署慰留蔡元培的命令,谓"该校长殚心教育,任职有年。值兹整饬学风,妥筹善后,该校长职责所在,亟待认真擘理,挽济艰难。所请解职之处,着无庸议。"同日,天津学生联合会正式成立。

5月15日,徐世昌大总统下令免去傅增湘教育总长之职,由教育次长袁希涛接任;上海学生联合会发表宣言,强烈要求维持蔡元培校长与大学尊严。同日,湖南省议会、教育会、农会、总商会致电巴黎和会中外代表,坚决要求青岛由德国直接交还,并嘱中国代表勿擅行签字。

按:上海学生联合会宣言刊于1919年5月15日上海《民国日报》,曰:"蔡先生文章道德,中外推崇。自长大学,全国学界,始有发皇振厉之气。乃一、二顽冥奸倭之徒,竟不容思想界有一线生机,竟不容世界潮流有分输入。夫蔡先生去,则大学虽存犹死,大学死则从此中国之学术思想,尽入一、二有权威者掌握之中,而学界前途遂堕于万劫不复之境。岂惟蔡先生一人、北京大学一校之关系,中华将来之文明,实将于此决其运命。"

是日,《新中国》月刊在北京创刊,由《新中国》杂志社编辑、发行,其发刊词号召"人人以造新中国为己任"。主要撰稿人有蔡元培、胡适、章士钊、张东荪、张君劢、邵力子、高一涵、刘文典、瞿秋白、郑振铎、邵飘萍、朱自清等。

按:《新中国》月刊创刊之时,正是巴黎和会召开期间,巴黎和会自然成为创刊号的主题。无论和会进程、中国代表团提案,还是商榷结果、国内各地的抗议,月刊都有充分的反映,并提出了"废约"的主张。月刊还提出,"山东为中国文化所肇始,乃中国人民之圣地",绝不能放弃领土主权,必须废除中日密约,惩办订立密约的祸首;领事裁判权是一种极不公平的涉外法权,必须革除;要求收回失去的关税主权、筑路权等等。是年12月15日出版第1卷第8号所载郑振铎译列宁《俄国的政党和无产阶级的任务》部分译文,为目前所见列宁著作之最早中译文。1920年8月15日出至第2卷第8号停刊。

5月16日上午11时,蔡元培乘火车离津南下。同日,北京国立各高校校长陈宝泉、洪镕、金邦正、汤尔和联名来电,称"公去留关系极大,万勿坚辞,为吾道留一生机。泉等现以时局艰难,暂出维持现状,仍视公为去留"。北京各高校职教员联合会举代表谒教育部次长商酌挽留蔡元培校长,随后又派代表往杭州挽留蔡校长。

5月17日午后1时,蔡元培到浦口,渡江至南京。晚,抵达上海。同日,京津学生代表团10人在上海各报刊登广告,查访蔡先生的行踪;武汉学生联合会成立。

5月18日,北京学生5千余人举行大会,追悼五四运动中遭曹汝霖卫兵殴打吐血致死的北京大学学生郭钦光。

5月19日,北京各专门以上18所学校25000名学生再次总罢课,开展演讲、抵制日货、发行爱国日刊等活动,组织"护鲁义勇队",并发表《罢课宣言》及《上大总统书》,提出六项要求:(1)对于青岛问题出不签字之决心,以固国土;(2)惩办曹汝霖、章宗祥、陆宗舆等,以除国贼;(3)力挽傅、蔡诸公回职,打消以田应璜长教育之议,以维教育;(4)撤废警备学生明令,以重人权;(5)向日政府严重抗议,释被拘学生,重惩日警,以重国权;(6)恢复南北和议,速谋国内统一,以期一致对外。

按:其中核心诉求有三:中国不在巴黎和约上签字;罢免曹汝霖、陆宗舆、章宗祥;蔡元培复职北大校长。

5月20日,蔡元培发致总统、总理、教育总长电,谓:"奉大总统指令慰留,不胜愧悚。学生举动,逾越常轨,元培当任其咎。政府果曲谅学生爱国愚诚,宽其既往,以慰舆情;元培亦何敢不勉任维持,共图补救。谨陈下悃,伫候明示。"国务院、教育部先后来电慰留。同日,各中学学生也一律罢课;各校学生组织"救国十人团",在北京城区和昌平、长辛店、保定等地开展讲演活动;抵制日货;出版《五七》日刊;组织护鲁义勇队,进行军事训练。

是日,孙中山将是春定稿的《孙文学说》卷一《行易知难》付印,后编为《建国方略》之一,题名《心理建设》。

5月21日,蔡元培离沪,午刻抵达杭州,在杭会见北京学生代表方豪及天津、上海学生代表杨、朱诸君。同日,上海《新闻报》刊载山东第5师全体士兵1万零80名敬告全国同胞电,呼吁全国一致共御外侮,速除国贼。

5月23日,北京政府制定并公布《审理无约国人民民刑诉讼章程》;北京警察厅查封学生联合会刊物《五七》日刊。

5月24日,北京专门以上各校教职员联合会又来电,极盼蔡元培校长早日返校,以安群情。同日,北京警察厅以北京《益世报》转载山东第5师全体士兵告全国同胞电为由予以封闭,并逮捕该报主编。

5月25日,徐世昌大总统下达命令,禁止集会、游行、演说、散布传单,令文要求"着责成京外该管文武长官剀切晓谕,严密稽察,如再有前项事情,务当悉力制止。其不服制止者,应即依法逮办,以遏乱萌"。同日,天津女界爱国同志会成立。

5月26日,蔡元培鉴于北京政府的慰留并无诚意,发出复电,谓:"北京国务总理、教育总长钧鉴:号电敬悉。卧病故乡,未能北上。"同日,上海中等以上男女学校学生全体罢课,在公共体育场召开万人大会,举行罢课宣誓:吾人期合全国国民之能力,挽救危亡,死生之义,义不返顾。大会以后举行环街游行。随后,济南、保定、苏州、南京、武汉等地学生相继罢课。

是日,罗家伦的《五四运动的精神》一文在《每周评论》第23期上发表,"五四运动"一词之使用以此文为滥觞。

5月28日,孙中山发表《护法宣言》,主张恢复旧国会。

是日,湖南学生联合会在长沙成立。

5月29日,孙中山接见许德珩、黄日葵等北京学生代表,听取他们对北京学生运动及北洋军阀政府罪行的汇报,对他们"抚慰有加,表示同情和支持学界的斗争"。

6月1日,政府查禁联合会。同日,武汉学生走出校门去街头讲演,遭军警阻击,学生受伤多人,造成"六一"大惨案。

6月3日,北京学生反对北京政府为曹汝霖、章宗祥、陆宗舆辩护,举行大规模街头演讲,当日170多名学生被捕。

6月4日,北京学生上街演讲人数倍增,当日700多名学生被捕;北京15校女生1000多人结队到总统府请愿;上海、天津学生联合会分别急电全国,援救北京被捕学生。

6月5日,上海工人开始罢工,要求释放学生,罢免曹、章、陆,各地工人纷纷响应;上海商人罢市,声援学生运动;南京、宁波、厦门、芜湖、苏州、常州、镇江、无锡、扬州等地也陆续罢市。在全国各大城市罢课、罢工、罢市声援北京学生的爱国运动的压力下,被监禁的学生获释。

是日,教育总长袁希涛辞职引退,徐世昌大总统任命傅岳棻为教育次长,主持部务。

是日,北京政府内阁会议,决议准北京大学校长蔡元培辞职,以胡仁源继任。

6月6日,徐世昌发布大总统令,任命胡仁源署北京大学校长。同日晚,北京大学学生召开全体大会,一致反对政府任命胡仁源为校长的决定,议决一是推举代表谒胡仁源,警劝其万勿来校;二是上书总统,请收回成命。

6月7日下午1时,北大教职员200余人召开全体紧急大会,公推黄右昌教授为主席,一致决议不承认胡仁源为北京大学校长,同时一致通过决议以评议会、教授会之联合会,选举一人暂代校务,一面要求政府催蔡校长即来。同日,全国学生联合会筹备处由上海致电北京总统府、国务院及教育部,称本会决议誓不承认胡仁源为北大校长。

6月8日,戴季陶、沈玄庐、孙棣三等主编的《星期评论》在上海创刊,由中华革命党主办,以独立的精神、批判的态度,提倡新文化、宣传社会主义、激励工人运动,尤以研究和介绍世界和中国的劳动运动获得盛名,与《每周评论》被誉为"舆论界两颗明星",又与《每周评论》《湘江评论》《新文化》并称宣传新文化的"四大周刊"。

按:该刊尤其重视劳动问题,1920年"五一"节还出版了"劳动纪念号",同时还介绍了马克思的政治经济学说和阶级斗争理论,宣传全体人民一律平等的思想。1920年6月出至54期停刊。

6月10日,天津工人酝酿大罢工,天津总商会急电北京政府。在全国罢课、罢工、罢市以及社会舆论的持续强大联合压力下被迫让步,徐世昌大总统下令免去交通总长曹汝霖、驻日公使章宗祥、币制局总裁陆宗舆的职务。

6月11日,徐世昌大总统咨参众两院请求辞职,未被接受。同日,北京中等以上学校职教员联合会递送徐世昌、钱能训呈文,请求切实挽留北京大学校长蔡元培以次各校校长,恢复教育原状,并恳请大总统俯予收回胡仁源署北京大学校长成命,以免滋生事端,而维教育;陈独秀起草《北京市民宣言》,向北京政府提出取消中日密约等5项要求,并走上街头,散发《宣言》,在"新世界"游艺场被暗探逮捕入狱。

6月12日,全国和平联合会致电北京总统府、国务院、教育部,谓"政府平息此次风潮,出以诚意,似当坚持到底,挽留蔡君,不应另委他员,致发生种种误会,而使教育前途陷于危险",要求收回成命,以平士气,而挽危局。

6月13日,徐世昌批准钱能训辞职,令财政总长龚心湛兼代内阁总理;徐世昌任安福系核心人物徐树铮为西北筹边使,次日又令其兼西北边防总司令。

6月15日,蔡元培决计辞职以保全北大,亦想借此机会摆脱行政事务,专心研究学术,同时为了辞谢北大师生和京、津、沪等地学生为挽留他而奔波跋涉,于是发布《不愿再任北京大学校长的宣言》,表示"我绝对不能再作不自由的大学校长:思想自由,是世界大学的通例",以此表明自己的坚决态度。因弟蔡元康劝阻,这篇宣言未曾公开发表。

按:蔡元培《不愿再任北京大学校长的宣言》曰:

(一) 我绝对不能再作那政府任命的校长:为了北京大学校长是简任职,是半官僚性质,便生出那许多官僚的关系,哪里用呈,哪里用咨,天天有一大堆无聊的照例的公牍。要是稍微破点例,就要呈请教育部,候他批准。什么大学文、理科叫做本科的问题,文、理合办的问题,选科制的问题,甚至小到法科暂省学长的问题,附设中学的问题,都要经那拘文牵义的部员来斟酌。甚而部里还常常派了什么一知半解的部员来视察,他报告了,还要发几个训令来训饬几句。我是个痛恶官僚的人,能甘心仰这些官僚的鼻息么? 我将进北京大学的时候,没有想到这一层,所以两年有半,天天受这个苦痛。现在苦痛受足了,好容易脱离了,难道还肯投入进去么?

(二) 我绝对不能再作不自由的大学校长:思想自由,是世界大学的通例。德意志帝政时代,是世界著名开明专制的国度,他的大学何等自由。那美、英等国,更不必说了。北京大学,向来受旧思想的拘束,是很不自由的。我进去了,想稍稍开点风气,请了几个比较的有点新思想的人,提倡点新的学理,发布点新的印刷品,用世界的新思想来比较,用我的理想来批评,还算是半新的。在新的一方面偶有点儿沾沾自喜的,我还觉得好笑。哪知道旧的一方面,看了这点半新的,就算"洪水猛兽"一样了。又不能用正当的辩论法来辩论,鬼鬼祟祟,想借着强权来干涉了,于是教育部来干涉了,国务院来干涉了,甚而什么参议院也来干涉了,世界哪有这种不自由的大学么?还要我去充这种大学的校长么?

(三)我绝对不能再到北京的学校任校长:北京是个臭虫窠(这是民国元年袁项城所送的徽号,所以他那时候虽不肯到南京去,却有移政府到南苑去的计划)。无论何等高尚的人物,无论何等高尚的事业,一到北京,便都染了点臭虫的气味。我已经染了两年有半了,好容易逃到故乡的西湖、鉴湖,把那个臭气味淘洗净了。难道还要我再作逐臭之夫,再去尝尝这气味么?

(四)我想有人见了我这一段的话,一定要把"我不入地狱,谁入地狱"的话来劝勉我。但是我现在实在没有到佛说这句话的时候的程度,所以只好谨谢不敏了。

6月16日,中华民国学生联合总会在上海大东旅社召开成立大会,出版《全国学生联合会日刊》,北京代表段锡朋任会长,上海代表何葆仁任副会长。

6月17日,教育部发布第245号训令,称署北京大学校长胡仁源现经调部办事,所有校务,仍由工科学长温宗禹代理。同日,国务院、教育部来电请蔡元培北上履职;山东各界代表自本日起连续在省议会开会,议组请愿团去京。

6月18日,天津各界联合会成立。

6月20日晨,山东请愿团赴京,至新华门上请愿书。同日,蔡元培鉴于徐世昌任胡署北大校长之令尚未撤销,安福系仍在策划"迎胡拒蔡",发出复国务院、教育部电,仍拒绝复职。

6月22日,全国和平联合会通电全国,历数安福系祸国殃民罪行。

6月23日,徐世昌大总统会见山东各界代表,表示政府已电令中国全权代表陆征祥从缓签字。同日,南京欧美同学会与上海欧美同学会联名发出要求拒签《巴黎和约》的通电。

6月27日,北京学、商两界代表300余人,求见徐世昌,请勿签字。

6月28日,原定巴黎和约在凡尔赛宫签字,中国代表团驻地被留学生包围。中国代表团以陆征祥为首,包括代表顾维钧、王正廷、施肇基、魏宸组等代表拒绝出席,以抗议中国作为战胜国却遭受的严重不公平对待,并发出拒绝在巴黎和约上签字并辞去代表职务的电报给徐世昌,并通电各与会国家,说明拒绝签约的理由。

是月,上海《民国日报》增辟《觉悟》副刊,由邵力子主编,旨在宣传新文化,介绍俄国十月革命,传播马克思主义,批判基尔特社会主义和无政府主义,为当时四大副刊之一。

按:设有评论、讲演、译述、诗歌、小说、通讯、随感录等栏目,1931年12月31日停刊。

7月1日,北洋系的吴佩孚、王承斌、肖耀南、冯玉祥,湘系的谭延闿、鲁涤平,桂系的谭浩明、韦荣昌,黔系的王文华等60多名军人将领联名发表通电,反对巴黎会议割山东青岛权利给日本,宣称"军人卫国,责无旁贷,共和后盾,愿效前驱"(《中华民国史档案资料丛刊·五四爱国运动档案资料》,中国社会科学出版社1980年版)。

是日,李大钊、王光祈、陈愚生、张尚龄、周太玄、曾琦、雷宝菁7人等发起的少年中国学会在北京成立,王光祈为主席,以"本科学的精神,为社会的活动,以创造少年中国"为宗旨,以奋斗、实践、坚忍、俭朴为信条,出版《少年中国月刊》《少年世界》和《星期日周刊》以及《少年中国学会丛书》32种等。

按:少年中国学会总会设在北京,全国各地及巴黎、东京、纽约等地设有分会。

7月4日,安福系众议院议员克希克图发表《恢复民国元年大学学制意见书》,准备提交安福国会通过,企图破坏蔡元培校长在北京大学的改革,胡适、傅斯年分别撰发《论大学学制》《安福部要破坏大学了》予以批驳。

7月7日,旅沪山东协会发出通电,历数安福国会卖国罪行。

7月8日开始,天津、云南、四川、安徽、江西等地各团体和全国学生联合会亦先后发出通电,要求封禁安福俱乐部。

7月9日,蔡元培应各方敦请复电教育次长傅岳棻,同意留任北大校长。又致电上海全国学生联合会、北京中等以上学校学生联合会、北京大学学生干事部声称:"重以各方面责望之殷,似不容坚持初志。"同日,北京各界13个团体代表召开北京各界联合会成立大会;湖南各界联合会成立。

7月14日,毛泽东在湖南创办《湘江评论》,任主编,撰写的《创刊宣言》刊载于创刊号,指出:"世界什么问题最大? 吃饭问题最大。什么力量最强? 民众联合的力量最强。"第2、3、4期发表毛泽东的著名论文《民众大联合》。

按:毛泽东为《湘江评论》撰写《创刊宣言》曰:自"世界革命"的呼声大倡,"人类解放"的运动猛进,从前吾人所不置疑的问题,所不遽取的方法,多所畏缩的说话,于今都要一改旧观,不疑者疑,不取者取,多畏缩者不畏缩了。这种潮流,任是什么力量,不能阻住,任是什么人物,不能不受它的软化。

世界什么问题最大? 吃饭问题最大。什么力量最强? 民众联合的力量最强。什么不要怕? 天不要怕、鬼不要怕、死人不要怕、官僚不要怕、军阀不要怕、资本家不要怕。

自文艺复兴,思想解放,"人类应如何生活"成了一个绝大的问题。从这个问题,加以研究,就得了"应该那样生活""不应该这样生活"的结论。一些学者倡之,大多民众和之,就成功或将要成功许多方面的改革。

见于宗教方面为"宗教改革",结果得了信教自由。见于文学方面,由贵族的文学、古典的文学、死形的文学,变为平民的文学、现代的文学、有生命的文学。见于政治方面,由独裁政治,变为代议政治,由有限的选举,变为没限制的选举。见于社会方面,由少数阶级专制的黑暗社会,变为全体人民自由发展的光明社会。见于教育方面,为平民教育主义。见于经济方面,为劳获平均主义。见于思想方面,为实验主义。见于国际方面,为国际同盟。

各种改革,一言蔽之,"由强权得自由"而已。各种对抗强权的根本主义,为"平民主义"(德莫克拉希,一作民本主义、民主主义、庶民主义)。宗教的强权、文学的强权、政治的强权、社会的强权、教育的强权、经济的强权、思想的强权、国际的强权,丝毫没有存在的余地,都要借平民主义的高呼,将它打倒。

如何打倒的方法,则有二说,一急烈的,一温和的。两样方法,我们应有一番选择。(一)我们承认强权者都是人,都是我们的同类。滥用强权,是他们不自觉的误谬与不幸,是旧社会旧思想传染他们遗害他们。(二)用强权打倒强权,结果仍然得到强权,不但自相矛盾,并且毫无效力。欧洲的"同盟""协约"战争,我国的"南""北"战争,都是这一类。所以我们的见解,在学术方面,主张彻底研究,不受一切传说和迷信的束缚,要寻着什么是真理。在对人的方面,主张群众联合,向强权者为持续的"忠告运动",实行"呼声革命"——面包的呼声、自由的呼声、平等的呼声——"无血革命",不主张起大搅乱,行那没效果的"炸弹革命""有血革命"。

国际的强权,迫上了我们的眉睫,就是日本。罢课、罢市、罢工、排货,种种运动,就是直接间接对付强权日本有效的方法。

至于湘江,乃地球上东半球东方的一条江。它的水很清,它的流很长。住在这江上和它邻近的民众,浑浑噩噩,世界上的事情,很少懂得。他们没有有组织的社会,人人自营散处,只知有最狭的一己,和最短的一时;共同生活,久远观念,多半未曾梦见。他们的政治,没有合意和彻底的解决,只知道私争。他们被外界的大潮卷急了,也办了些教育,却无甚效力;一班官僚式教育家,死死盘踞,把学校当监狱,待学生如囚徒。他们的产业没有开发。他们之中也有一些有用人才,在各国各地方学好了学问和艺术。但没有给他们用武的余地,闭锁一个洞庭湖,将他轻轻挡住。他们的部落思想又很厉害,实行湖南饭湖南人吃的主义,教育界实业界不能多容纳异材。他们的脑子贫弱而又腐败,有增益改良的必要,没人提倡。他们正在求学的青年很多,很有为,没人用有效的方法,将种种有益的新知识新技术启导他们。咳! 湘江,湘江! 你真枉存于地球上。

时机到了！世界的大潮卷得更急了！洞庭湖的闸门动了，且开了！浩浩荡荡的新思潮业以奔腾澎湃于湘江两岸了！顺它的生,逆它的死。如何承受它？如何传播它？如何研究它？如何施行它？这是我们全体湘人最切最要的大问题,即是《湘江》出世最切最要的大任务。(参见中共中央文献研究室编《毛泽东年谱(1893—1949)》,中央文献出版社 2002 年版)

7月 15 日,蔡元培在杭州晤学生代表段锡朋、李吴桢,提出"读书不忘救国,救国不忘读书"。

按:段锡朋时任全国学生联合会主席,据其所著《回忆》载:"巴黎和会中国拒绝签约以后,我代表同学去杭州迎接先生回校,在一个小巷子小屋子里见着先生。……先生以为五四运动过去了,大家要知道真正的救国,单靠爱国的感情是不够的,必须秉此感情以求理智的发展,去发挥真正的爱国力量。'读书不忘救国,救国不忘读书,'这是先生诏示的名词。"(载 1940 年 3 月 24 日重庆《中央日报》)

是日,少年中国学会总会的机关刊物《少年中国》在北京创刊。

按:李大钊曾任《少年中国月刊》编辑主任,刊登有关自然科学、文学、社会学和哲学的论著和译文,1924 年 5 月停刊。

7月 21 日,蔡元培致全国学生联合会电,谓:"五四以来,学界牺牲极大。现在六条要求,均有相当解决。务望通电全国学生诸君,一律上课,以慰国民之望。"

是日,周恩来在天津创办《天津学生联合会报》,任主编,撰写的社论《革心！革新!》刊载于创刊号,明确提出改造社会、改造思想的口号。

按:1919 年 9 月 22 日,当局以所谓"于公共安宁秩序,显有妨害"的罪名将其查禁。经周恩来等人据理力争,《天津学生联合会报》又于同年 10 月 7 日复刊。

7月 22 日,全国学生联合会发布《终止罢课宣言》,宣布终止罢课。

7月 23 日,蔡元培发表《告北大学生暨全国学生书》,充分肯定学生"五四"以来的贡献和价值,"为唤醒全国国民爱国心起见,不惜牺牲神圣之学术,以从事于救国之运动",又指出国民永久觉醒非一时之功,勉励学生扩充知识,"树吾国新文化之基础,而参加于世界学术之林者,皆将有赖于诸君"。

按:蔡元培《告北大学生暨全国学生书》曰:诸君自五月四日以来,为唤醒全国国民爱国心起见,不惜牺牲神圣之学术,以从事于救国之运动。全国国民,既动于诸君之热诚,而不敢自外,急起直追,各尽其一分子之责任。即当局亦了然于爱国心之可以救国,而容纳国民之要求。在诸君唤醒国民之任务,至矣尽矣,无以复加矣！社会上感于诸君唤醒之力,不能为筌蹄之忘,于是开会发电,无在不愿与诸君为连带之关系,此人情之常,无可非难。然诸君自身,岂亦愿永羁于此等连带关系之中,而忘其所牺牲之重任乎？世界进化,实由分工,凡事之成,必资预备。即以提倡国货而言,贩卖固其要务,然必有制造货品之工厂,与培植原料之农场,以开其源。若驱工厂农场之人材,而悉从事于贩卖,其破产也,可立而待。诸君自思,在培植制造时代乎？抑在贩卖时代乎？我国输入欧化,六十年矣,始而造兵,继而练军,继而变法,最后乃始知教育之必要。其言教育也,始而专门技术,继而普通学校,最后乃始知纯粹科学之必要。吾国人口号四万万,当此教育万能、科学万能时代,得受普通教育者,百分之几,得受纯粹科学教育者,万分之几。诸君以环境之适宜,而有受教育之机会,且有研究纯粹科学之机会,所以树吾国新文化之基础,而参加于世界学术之林者,皆将有赖于诸君。诸君之责任,何等重大。今乃为参加大多数国民政治运动之故,而绝对牺牲之乎？

抑诸君或以唤醒同胞之任务,尚未可认为完成,不能不再为若干日之经营,此亦非无理由。然以仆所观察,一时之唤醒,技止此矣,无可复加。若令为永久之觉醒,则非有以扩充其知识,高尚其志趣,纯洁其品性,必难幸致。自大学之平民讲演,夜班教授,以至于小学之童子军,及其他学生界种种对于社会之服务,固常为一般国民之知识,若志趣,若品性,各有所尽力矣。苟能应机扩充,持久不息,影响所及,未可限量。而其要点,尤在注意自己之知识,若志趣,若品性,使有左右逢源之学力,而养成模范人物之资格,则推寻本始,仍不能不以研究学问为第一责任也。

且政治问题,因缘复杂,今日见一问题,以为至重要矣,进而求之,犹有重要于此者。自甲而乙,又自乙而丙丁,以至癸子等等,互相关联。故政客生涯,死而后已。今诸君有见于甲乙之相联,以为毕甲不足,毕乙而后可,岂知乙以下之相联而起者,曾无已时。若与之上下驰逐,则夸父逐日,愚公移山,永无蹞踬满志之一日,可以断言。此次世界大战,德法诸国,均有存亡关系,罄全国胜兵之人,为最后之奋斗,平日男子职业,大多数已由妇女补充,而自小学以至大学,维持如故。学生已及兵役年限者,间或提前数月毕业,而未闻全国学生,均告奋勇,舍其学业,而从事于军队,若职业之补充,岂彼等爱国心不及诸君耶? 愿诸君思之。

仆自出京,预备杜门译书,重以卧病,遂屏外缘。乃近有"恢复五四以前教育原状"之呼声,各方面遂纷加责备,迫以复出,仆遂不能不加以考虑。夫所谓"教育原状"者,宁有外于诸君专研学术之状况乎? 使诸君果已抱有恢复原状之决心,则往者不谏,来者可追,仆为教育前途起见,虽力疾从公,亦义不容辞。读诸君十日三电,均以"力学报国"为言,勤勤恳恳,实获我心。自今以后,愿与诸君共同尽瘁学术,使大学为最高文化中心,定吾国文明前途百年大计。诸君与仆等,当共负其责焉。

7月25日,苏俄政府向中国人民及南北政府发出《俄罗斯苏维埃联邦社会主义共和国对中国人民和中国南北政府的宣言》(即《第一次对华宣言》),重申"宣布废除与日本、中国和以前各协约国所缔结的一切秘密条约"。

按:这个宣言于1920年4月间在中国报刊上公开发表。

7月30日,大总统徐世昌令,免胡仁源北京大学校长之职。

8月1日,孙中山指派朱执信、廖仲恺在上海创办《建设》杂志,为中华革命党(10月改为中国国民党)主办,亚东图书馆印行,胡汉民、朱执信等编辑,撰稿人有朱执信、廖仲恺、戴季陶、胡汉民、汪兆铭、吴敬恒、李煜瀛、林云陔等。孙中山为《建设杂志》作《发刊词》。

按:孙文《发刊词》曰:"我中华民国,以世界至大之民族,而拥世界最大之富源,曾感受世界最进化之潮流,已举行现代最文明之革命,遂使数千年一脉相传之专制,为之推翻,有史以来未有之民国,为之成立;然而八年以来,国际地位犹未能与列强并驾,而国内犹是官僚舞弊,武人专横,政客捣乱,人民流离者,何也? 以革命破坏之后,而不能建设也。所以不能者,以不知其道也。吾党同志有见于此,故发刊《建设杂志》,以鼓吹建设之思潮,展明建设之原理,冀广传吾党建设之主义,成为国民之常识,使人人知道建设为今日之需要,使人人知道建设为易行之事功,由是万众一心以赴之,而建设一世界最富强最快乐之国家,为民所有,为民所治,为民所享者,此《建设杂志》之目的也。兹当发刊之始,予乐而为之祝曰:建设成功! 中华民国之建设,迅速成功!"

按:《建设》杂志的一项重要内容是介绍和研究马克思主义,促进了马克思主义在中国的传播。

是日,孙中山所著《实业计划》从《建设》创刊号起开始连载,这是一份全面快速进行经济建设的纲领,提出了发展中国经济的远景规划。《建国方略》三书至此全部告竣。

按:是年2月,孙中山完成《实业计划》部分英文初稿,3月发表于《远东时报》以及中文版《民国日报》。自8月1日在《建设》创刊号起开始连载后,《实业计划》的英文版和中文版相继在国内出版,1922年英文版也在美国出版。

按:《实业计划》亦名《国际共同发展实业计划》,由朱执信、廖仲恺等译成汉语。全书包括自序、篇首、六大计划和结论等几个组成部分,反映了孙中山关于中国国民经济近代化的宏伟理想和具体规划。六大计划中,第一至第三计划为海港建设计划,主张在中国沿海修建三个深水港,即位于渤海湾青河、滦河口之间的北方大港、位于东海杭州湾乍浦、澉浦之间的东方大港和位于南海珠江口外的南方大港;第四计划是铁路建设计划,主张按中央、东南、西北、东北、高原五大铁路系统修建十万英里铁路,组成遍布全国的铁路网,并以三大海港、五大铁路系统为中心建立遍布全国的水陆交通运输体系;第五计划是生产计划,主张发展食、衣、住、行、印刷等基本生活资料;第六计划则是矿产开采计划,主张煤、铁、石油和其他矿藏并设置采矿、冶金等设备制造厂结论部分总述实现实业计划对改变中国落后面貌和促进世界文明的作用,呼吁"国际资本家为共同经济利益"予以协助。由上可见,孙中山一方面重申和阐述了其以前关于振兴实业以求中国独立富强的思想,把实业建设看作"兴国之要图""救亡之急务";另一方面又对改善人民生活十分关心,强调中国的经济建设应以"救穷"为急务,通过发展实业来使"民生畅遂"。(参见李时岳《〈实业计划〉和孙中山的社会主义》,《汕头大学学报》1987年第1期)

按:孙中山英文本《实业计划自序》落款:"中华民国十年四月二十五日孙文序于广州";中文本《实业计划自序》落款:"民国十年十月十日 孙文序于粤京"。

8月6日,安福系愤恨蔡元培校长决定复职,以"思孟"署名撰发《息邪》的长文,自8月6日至13日连载于安福系喉舌《公言报》,对蔡元培校长以及北大新派教授造谣污蔑,进行人身攻击。

按:《息邪》又名《北京大学铸鼎录》,分《引言》《蔡元培传》《沈尹默传》《陈独秀传》《胡适传》《钱玄同传》《徐宝璜、刘复合传》等。

8月14日,北京中华博物协会举办的博物展览会开幕。

8月19—21日,《南京学生联合会会刊》发表张闻天的《社会问题》,其中摘译了《共产党宣言》中的十大措施。

8月24日,《新生活》周刊在北京创刊,蔡元培、李大钊、陈独秀、胡适等曾为其撰稿。

按:该刊与北京大学关系密切,1921年停刊。

8月29日,欧美同学会全国总会在上海四川路青年会举行成立大会,上海、北京、天津、南京、广州、杭州、湖南、福建、香港、唐山等各地代表参加,唐绍仪夫妇、孙中山夫妇以及余日章、吴稚晖、张继、伍朝枢、李登辉、曹云祥、薛仙舟、牛惠霖、刘大钧、陈光甫、蔡增基等亲临会场。会上决定成立中华欧美同学总会,通过中华欧美同学会章程24条,选举蔡元培为会长,余日章、王宠惠为副会长。

8月30日,徐世昌总统令,准国务总理龚心湛呈报,将原附设于北京大学文科中国史学门的国史编纂处,改由北京国务院接受办理。

是日,《每周评论》出自第37期被北京政府封禁。

9月1日,安福系拟议由蒋智由任北京大学校长。

是日,张东荪、俞颂华主编的《解放与改造》半月刊在上海创刊;北京高师附中学生赵世炎等发起成立少年学会。

9月2日,蔡元培致电蒋智由,希望蒋智由能接任北京大学校长。

是日,北京政府内务部通电各省,申令查禁《工人宝鉴》等7种无政府主义刊物。

9月3日,蒋智由复电蔡元培,表明绝不就任北京大学校长一职。

9月7日,北大学生全体致电蔡元培,谓"月来生等痛念国危,非学术无以济变,故苦心维持大学,静待公归。现同学俱已到齐,请即日北上,以餍众望。否则政府、学生均陷难境"。

9月10日下午,蔡元培离开杭州返京。12日午夜抵达北京。

9月14日,安福系机关报《公言报》对蔡元培进行危词恫吓,污蔑"蔡元培氏自长北大以来,引用非人,败坏士习,有目共睹。蔡氏夙隶国民党,比年复借教育家之美名,实行灌输社会革命、无政府等等邪说,阴为破坏举动,而己则肥遁鸣高,聚群不逞之徒为之羽翼"。

9月16日,天津觉悟社成立,以"本着反省、实行、持久、奋斗、活泼、愉快、牺牲、创造、批评、互助的精神,求适应于‘人’的生活——做学生方面的‘思想改造’事业"为宗旨,主要成员有周恩来、邓颖超、郭隆真、郑季清等21人。

9月20日上午9时,北大全体学生数千人在法科大礼堂举行欢迎蔡元培校长回校大会,由张国焘主持,方豪致长篇欢迎词,最后结语是:"今日之欢迎先生,非感情的,非虚伪的,乃欢迎国家新文化,国立大学之新纪元,学生等之新生命,先生必能满足其要求,俾有以贡献于世界。"蔡元培校长作答词。10时,北大全体教职员举行欢迎蔡校长回校的大会,公推马叙伦为主席,致欢迎词,谓:"今天欢迎蔡校长有二种意思:一为欢迎校长之回校;二为欢迎蔡先生这个人。蔡先生学问道德之高尚,世所公认。今又回校,这是我们极诚意欢迎的。"蔡元培校长作答词。9月21日下午,北京中等以上学校教职员联合会举行欢迎北大蔡元培校长及各专门学校校长茶话会,由康宝忠主席,姚憾、沈士远致欢迎词。蔡元培校长作答词。

9月24日,徐世昌大总统准代国务总理龚心湛辞职,令陆军总长靳云鹏代国务总理。

9月25日,蔡元培校长具呈教育部,报告回校任职。至此,蔡元培辞北京大学校长职风潮宣告结束。

9月27日,上海各界联合会成立。

是月,《新青年》第6卷第5号出版"马克思主义研究专号",刊载李大钊的《我的马克思主义观》(附简译的《哲学的贫困》《共产党宣言》部分章节、《〈政治经济学〉导言》)等文,开始系统地介绍马克思主义的三个组成部分:唯物史观、政治经济学和科学社会主义。

按:《新青年》第6卷第5号由李大钊负责编辑,本在5月发刊,因为五四运动的发生而延期至9月出版。同期发表了顾兆熊的《马克思学说》、起明译的《俄国革命之哲学的基础》、刘秉麟的《马克思传略》、凌霜的《马克思学说批评》、陈启修的《马克思的唯物史观与贞操问题》、渊泉的《马克思的唯物史观》和《马克思奋斗的生涯》、克水的《巴枯宁传略》等。

10月10日,孙中山改组中华革命党为中国国民党,公布规约32条,"以巩固共和,实行三民主义为宗旨",孙中山任总理。

是日,北京、天津学生利用庆祝共和纪念日,广泛展开"劳工神圣""推翻专制""打倒军阀"等新思想宣传。

是日,全国教育会联合会在太原召开第五届年会,通过《请废止教育宗旨宣布教育本义案》,指出新教育的真正含义不是"应如何教人",而是"人应如何教",公开提倡儿童本位教育。会议认为军国民主义已不合乎教育潮流,随即提出并通过《改革学校体育方案》,方案中规定:学校体育课中减少兵操时间、增加体育时间、注意生理卫生与体育原理方面的学习、注意女子体育等。

10月14日,蒙古王公联名呈请北京政府取消自治,恢复前清旧制,实现五族共和。

10月15日,北京国立六高校联合成立欧美留学通信社,由蔡元培校长领衔,会同高师、法专、医专、工专、农专等校长,呈请教育部核准备案,旨在帮助欧美留学生搜集本国材料,供其在外国教授指导下深研中国问题。

10月17日,南开学校15周年纪念日之际,宣布南开大学正式成立,分文、理、商三科,张伯苓任校长。

10月18日,孙中山在上海寰球中国学生会发表《救国之急务》之演说,说:"今次学生运动,不过因激而兴,而于此甚短之期收绝伦之巨果,可知结合者即强也。"

10月20日晚7时,北京大学与教育部、尚志学会、新学会在中央公园来今雨轩联合举行晚餐会,庆贺来华讲学的杜威博士60寿辰,公推王宠惠主席,蔡元培校长、尚志学会代表林长民、新学会代表梁伯强先后致词,最后请杜威演说,至11时结束。

10月25日,北京《唯一日报》编辑主任兼发行人陈树勋因在9月22日发表《日本之危机》一文,被京师地方审判刑事第一庭以"诋毁日皇,实属不敬"罪而罚金400元。

是月,北京政府总统徐世昌举行秋丁祀孔,下令各机关团体于孔子生日放假庆祝。

11月1日,北京《国民杂志》第2卷第1号发表李泽彰的《马克思和昂格斯共产党宣言》,摘译《共产党宣言》的部分内容。同日,郑振铎、王统照等编辑的《曙光》杂志在北京创刊。

11月5日,北京政府任命靳云鹏为国务总理。

11月10日,全国各界联合会在上海召开成立大会,通过《成立大会宣言》,以发展民主,促进民治,拥护国权为宗旨。

11月11日晚7时,北京大学音乐研究会举行同乐会,到会千人以上,由哈门、李文华、王心葵、陈仲子、赵丽莲等演奏中西各种乐器,蔡元培校长致开会词。

是日至12月4日,广东《中华新报》连载杨匏安的《马克斯主义(一称科学的社会主义)》。

11月16日,日本帝国主义挑起福州事件,在福州的日本侨民数十人持械寻衅,与福州市民发生流血冲突,死伤8人,其中多为学生,史称"闽案"。

11月28日,福建督军兼省长李厚基宣布福州紧急戒严。

11月29日,北京男女3万人集会天安门,声讨日本帝国主义在福州暴行。上海、广州和北京等地学生、各地社会团体纷纷集会游行,声讨日帝暴行,并提出解决闽事主张。

是月,上海《建设杂志》连载考茨基的《马克思〈资本论〉解说》。

12月1日,全国学联就闽案电各地学联,请"每日多派学生游行演说"。

是日,《新青年》发表《本志宣言》。

按:宣言曰:本志具体主张,从来未曾完全发表。社员各人持论,也往往不能尽同。读者诸君或不免怀疑,社会上颇因此发生误会。现当第七卷开始,敢将全体社员的共同意见,明白宣布。就是后来加入的社员,也共同担负此次宣言的责任。但"读者言论"一栏,乃为容纳社外异议而设,不在此例。

我们相信世界上的军阀主义和金力主义,已经造了无数罪恶,现在是应该抛弃的了。

我们相信世界上各国政治上、道德上、经济上因袭的旧观念中,有许多阻碍进化而且不合情理的部分。我们想求社会化,不得不打破"天经地义""自古如斯"的成见:决计一面抛弃此等旧观念,一面综合前代贤哲、当代贤哲和我们的自己所想的,创造政治上、道德上、经济上的新观念,树立新时代的精神,适应新社会的环境。

我们理想的新时代新社会,是诚实的、进步的、积极的、自由的、平等的、创造的、美的、善的、和平的、相爱互助的、劳动而愉快的、全社会幸福的。希望那虚伪的、保守的、消极的、束缚的、阶级的、因袭的、丑的、恶的、战争的、轧轹不安的、懒惰而烦闷的、少数幸福的现象,渐渐减少,至于消灭。

我们新社会的新青年,当然尊重劳动;但应该随各人的才能兴趣,把劳动放在自由愉快艺术美化的地位,不应该把一件神圣的东西当作维持衣食的条件。

我们相信人类道德的进步,应该扩张到本能(即侵略性及占有心)以上的生活;所以对于世界上各种民族,都应该表示友爱互助的情谊。但是对于侵略主义、占有主义的军阀、财阀,不得不以敌意相待。

我们主张的是民众运动社会改造,和过去及现在各派政党,绝对断绝关系。

我们虽不迷信政治万能,但承认政治是一种重要的公共生活。而且相信真的民主政治,必会把政权分配到人民全体,就是有限制,也是拿有无职业做为标准,不拿有无财产做标准;这种政治,确是造成新时代一种必经的过程,发展新社会一种有用的工具。至于政党,我们也承认是运用政治应有的方法;但对于一切拥护少数人私利或一阶级利益,眼中没有全社会幸福的政党,永远不忍加入。

我们相信政治、道德、科学、艺术、宗教、教育,都应该以现在及将来社会生活进步的实际需要为中心。

我们因为要创造新时代新社会生活进步所需要的文学道德,便不得不抛弃因袭的文学道德中不适用的部分。

我们相信尊重自然科学实验哲学,破除迷信妄想,是我们现在社会进化的必要条件。

我们相信尊重女子的人格和权利,已经是现在社会生活进步的实际需要;并且希望他们个人自己对于社会责任有彻底的觉悟。

我们因为要实验我们是主张,森严我们的壁垒,宁欢迎有意识有信仰的反对,不欢迎无意识无信仰的随声附和。但反对的方面没有充分理由说服我们以前,我们理当大胆宣传我们的主张,出于决断的态度;不取乡愿的、紊乱是非的、助长惰性的、阻碍进化的没有自己立脚地的调和论调;不取虚无的、不着边际的、没有信仰的、没有主张的、超实际的、无结果的绝对怀疑主义。

12月4日,徐世昌准教育部呈请,令仿照《新唐书》《新五代史》前例,将柯劭忞著《新元史》列入正史。

12月6日,湖南长沙学生联合会开始罢课,驱逐张敬尧的活动开始。

12月7日,北京各界10万人在天安门前开国民大会,声援"闽案"受害者,声讨日帝的暴行。

12月15日,北京各学校教职员宣布罢教、罢工,要求以现金发薪。

12月18日,湖南请愿团到北京,要求北京政府罢免督军张敬尧。

12月21日,蔡元培与陈独秀、胡适、周作人、顾孟余、李大钊、陶孟和、王星拱、张申府、徐彦之、罗家伦、王光祈等联名发起成立工读互助团,以本互助的精神,实行半工半读为宗旨,以帮助北京的青年,实行半工半读主义。

12月29日,周恩来主编的《觉悟》杂志在天津创刊。

12月31日,北京市小学以上各学校教职员要求以现金发薪罢课,实行罢教、罢工,发表宣言,蔡元培与各大专校长一同辞职。经北京政府次第答复,于次年1月12日复课。

是月,北京大学评议会通过《国立北京大学内部组织试行章程》,增设教务会议、行政会议和总务处分别管理学校的学术、行政及其他事务,构建了以评议会、行政会议、教务会议和总务处四个机构为核心的管理体系。

是年,北京大学"废科改门为系",完成了大学学科的现代化转型。

是年,燕京大学成立,这是美国在中国创办的基督教高等学校,由协和大学、汇文大学等校组合而成,司徒登雷为第一任校长。

是年,《湘江评论》《少年中国》《星期评论》《新潮》《国故》《国民杂志》《建设杂志》《湖州公报》《自强报》《新国华报》《小日报》《数理化杂志》《博物杂志》《解放与改造》《新生活》《曙光》《平民教育》《新社会》《时事旬刊》《通俗医事月刊》《新中国》《工读》《鸿闻拔萃》《工学》《少年》《光明》《国际联盟同志会丛刊》《侨学杂志》《理化杂志》《北京大学月刊》《新中国人》《文艺会刊》《中国大学学报》《世界大势概要》《北京大学数理杂志》《新闻周刊》《理化杂志》《清华学校癸亥级刊》《教育丛刊》《川局促进会会刊》《善报》《税专季报》《司法部民事统计年报》《上海学生联合会日刊》《上海学生联合会通俗丛刊》《南洋周刊》《新群》《痛言月刊》《三廉月刊》《觉书》《干报》《民讽》《黑潮》《上海女界联合会旬报》《民心》《全国公民和平协助会周刊》《福音钟》《校会事业丛刊》《学生事业丛刊》《铁路救亡汇刊》《测绘学报》《中国实业新报》《中华工业月报》《中华工程师学会会报》《华商纱厂联合会》《实业旬报》《嘤声杂志》《正报》《粤声》《新教育》《晶报》《广益杂志》《广肇周报》《小说丛报》《文学杂志》《新湖南》《湖南》《女界钟》《湖南教育月刊》《天问》《株萍铁路管理局月报》《湖南教育》《岳麓周刊》《明德周刊》《长群周刊》《南开日刊》《天津学生联合会报》《醒世周刊》《导言半月刊》《又新周刊》《教育》《少年社会》《南京学生联合会日刊》《东吴学报》《五七》《中华农学会会报》《江苏实业月志》《教育研究报告》《农业教育会刊》《江苏省立育蚕试验所汇刊》《新学生杂志》《教育潮》《杭州学生联合会报》《浙江新潮》《新乡人》《浙江省立第一师范学校校友会十日刊》《之江潮声》《药报》《报国工业会会刊》《上虞教育杂志》《南昌学生联合会周刊》《寸铁》《警告》《白话周刊》《向上》《学生周刊》《武汉中学周刊》《武昌高等师范学校周报》《湖北省农会报》《山东省立一师学生周刊》《民风》《群言》《广东省会学生联合会丛刊》《青年维德会报》《光华卫生报》《粤省商团月报》《西风》《广东教育会季刊》《福世》《三日刊》《救国晨报》《救国旬报》《闽星》《星期日》《四川学生潮》《四川农会会报》《新空气》《直觉》《云南学生爱国会周刊》《滇潮》《云南实业改进会季刊》《秦劫痛话》《中华红十字会西安分会杂志》《春晓学社季报》《安徽省教育会季报》《教育月报》《山西军事杂志》《心声》《白话文成绩周刊》《贵州政报》《旅欧周刊》《华侨商报》《解放与改造》《少年中国月刊》《宗华英文周报》《地质汇报》《湖南教育》等报刊创刊。

二、学术活动

蔡元培、陈独秀、胡适、李大钊等予以指导和支持的《新潮》月刊1月1日在北京大学创刊,确定了批评的精神、科学的主义与革新的文词三大"原素",由新潮社主办,为北京大学的第一个学生社团刊物,与《新青年》相呼应。蔡元培题写"新潮"刊名,傅斯年、罗家伦、周作人等先后任主编,该刊的编辑和撰稿者主要有顾颉刚、俞平伯、叶圣陶、张崧年、朱自清、冯友兰、周作人、孙伏园、杨振声、康白情、潘家洵等。

蔡元培、李大钊、杨昌济等予以指导和支持的《国民》杂志于1月1日在北京大学创刊,为北京大学的另一个学生社团刊物,与《新青年》《新潮》相呼应。1月20日,蔡元培为《国民》杂志撰写序文,许德珩、邓中夏、黄日葵、黄建中、朱一鹗、段锡朋、张国焘、陈中凡、周炳琳等任编辑,《京报》主笔邵飘萍和画家徐悲鸿被邀请为顾问。

按:蔡元培《民国杂志序》曰:《国民杂志》者,北京学生所印行也。学生唯一之义务在求学,胡以牺牲其求学之时间与心力,而从事于普通国民之业务,以营此杂志? 曰:迫于爱国之心,不得已也。向使学生而外之国民,均能爱国,而尽力救国之事业,使为学者专心求学,学成而后有以大效于国,诚学生之幸也。而我国大多数之国民,方漠然于吾国之安危,若与己无关,而一部分有力者乃日以椓丧国家为务,其能知国家主义而竭诚以保护之者,至少数耳。求能助此少数爱国家,唤醒无意识之大多数国民,抵制椓丧国家之行为,非学生而谁? 乌呼! 学生之牺牲其时间与心力,以营此救国之杂志,诚不得已也。学生既不得已而出此杂志,则所出杂志之务有以副学生之人格,其要有三:一曰正确。有一事焉,为吾人之所预期者相迎合,则乍接而辄认为真;又有一事焉,与吾人之所预期者相抗拒,则屡闻尚疑其伪,此心理上普通作用也。言论家往往好凭借此等作用以造成群众心理,有因数十字电讯而酿成绝大风潮者。当其时,无不成如火如荼之观,乃事实大明,而狂热顿熄,言论家之信用荡然矣。故爱国不可不有热诚,而救国之计画,则必持以冷静之头脑,必灼见于事实之不诬而始下判断,则正确之谓也。二曰纯洁。救国者艰苦之业也。

墨翟而生勤而死薄,勾践卧薪而尝胆,范仲淹先天下之忧而忧后天下之乐而乐,断未有溺情于耳目之娱,侈靡之习,而可以言救国者。近来我国杂志往往一部分为痛哭流涕长太息之治安策,而一部分则杂以侧艳之诗文、恋爱之小说,是一方面欲增进国民之人格,而一方面则转以陷溺之也。愿《国民杂志》慎勿以无聊之词章充篇幅。三曰博大。积小群而为大群,小群之利害,必以不与大群之利害相抵触者为标准。家,群之小者也,不能不以国家之利害为标准,故有利于家而又有利于国,或无害于国者,行之,苟有利于家而有害于国,则绝对不可行,此人人所知也。以一国比于世界,则亦为较小之群,故为国家计,亦当有利于国而又有利于世界,或无害于世界者为标准。而所谓国民者,亦同时为全世界人类之一分子,苟倡绝对的国家主义,而置人道主义于不顾,则虽以德意志之强而不免于失败,况其他乎?顾《国民杂志》勿提倡绝端利己的爱国主义。以上三者,皆关于内容者也。至于《国民杂志》社之进行,最所希望者,曰有恒。《国民杂志》之酝酿已历半年,卒底于成,不能不佩社员之毅力。自此以前,尚为一鼓作气之时期。若前数期出版社以后,渐渐驰其责无旁贷之决心,则此后之困难,正不弱于酝酿时期。愿社员永保此朝气,进行不怠,则于诸君唤起国民之初心,始为无负也。是为序。

　　蔡元培1月7日刊登《蔡元培启事》,就《北京大学月刊》版式问题征询本校教授、讲师意见,并征求稿件。9日,与张相文为编纂《国史前编》上书孙中山,提出“拟自南京政府取消之日止,上溯清世秘密诸党会,仿司马公《通鉴》外纪之例,辑为一书,名曰《国史前编》,所以示民国开创如斯其难也”,并征询孙中山对清世秘密会党的意见。孙中山复函强调“信史”的编纂要求,并表示不赞成“革命原起”始自秘密会党之说,各秘密会党不可混入民国史,当另编秘密会党史。同日,蔡元培、范源濂、叶恭绰、沈步洲被教育部推荐为比利时路凡图书馆万国委员会委员。18日,蔡元培公布“退款兴学会”简章,函请北大全体教员加入为会员。21日,蔡元培主持国史编纂处会议,到会员50人。就“史学讲演会”条例,逐条讨论,修正通过。同日,蔡元培与张相文复函孙中山论秘密会党,并“恳就大著中所述关于《革命缘起》一章,先行抄示,庶乎先睹为快,得以略识指归也”。25日,蔡元培领衔具呈总统、国务总理及教育总长,检送退款兴学会的简章及意见书,请其转电我国出席巴黎和会代表“竭力赞助,以期达到目的”。同日,蔡元培、张相文、叶浩吾、童亦韩、黄侃、吴梅、邓之诚、李大钊、胡适等联名发起组织学余俱乐部,以联络感情、商兑学术为主旨。当即选举蔡先生为正部长,叶浩吾为副部长,徐宝璜、左翼苍、马裕藻等为文牍、庶务、会计。至5月蔡元培因校务太忙而声明脱离俱乐部。29日,蔡元培致函黄郛,评介其所著《欧战之教训与中国之将来》一书。30日,为重修《新昌县志》撰写序文。是月,蔡元培发表《哲学与科学》一文,阐述哲学与科学关系之发展。是月,蔡元培以北京大学音乐会为基础成立北京大学音乐研究会,任会长,以“研究音乐,陶养性情”为宗旨。次年修改章程时改为“研究音乐,发展美育”为宗旨。

　　蔡元培、汪大燮、熊希龄、张謇、王宠惠、林长民2月12日发起的国际联盟同志会在北京大学法科大讲堂举行成立大会,推定蔡元培、汪大燮、熊希龄、张謇、王宠惠、梁启超、严修、李盛铎为理事,梁启超为理事长,林长民为总务干事。胡适、陶孟和、叶景莘、董显龙、曾宗鉴、蓝公武等为干事。16日,蔡元培、熊希龄、汪大燮、梁启超、林长民、范源濂、王宠惠、严修、张謇、庄蕴宽等10人任国民外交协会理事。17日,蔡元培接黑龙江省女子职业学校校长苏轶尘函,言欲为扩张女子职业教育募捐,即将此信及该校增设专修科募捐公启函请北大教职员及学生酌量自愿予以捐助。19日,蔡元培出席北京大学新闻学研究会的改组大会,发表演说。到会的有毛泽东、陈公博、杨立诚、缪金源、李吴桢、徐恭典、姜绍谟、谭平山等20余人,选举蔡元培为会长,徐宝璜为副会长,曹杰、陈公博为干事,通过《北京大学新闻学研究会简章》10条。23日,国民外交协会在中央公园社稷殿前殿举行讲演大会,由熊希龄主席,蔡元培作《自他均利的外交》的讲演。26日,蔡元培代表北京大学为"著作人",与代表上海商务印书馆为"发行人"的张元济签订《北京大学月刊》出版合同。

蔡元培3月1日主持北大评议会,通过《文理科教务处组织法》,决定文理合并,不设学长,而设一教务长以统辖教务,将于暑假后实行。该决议意味着暑期之后陈独秀不再担任文科学长而为一名普通教授。10日,蔡元培、范源濂、陈宝泉、蒋梦麟、王宠惠、吴稚晖等19人被北京教育部聘为教育调查会会员。15日,蔡元培在北京青年会为贫儿院举行的募捐大会上发表《贫儿院与贫儿教育的关系》的演说,言及"美国大教育家杜威博士,不久要来中国"。18日,北洋政府"安福系"喉舌《公言报》发表《请看北京学界思潮变迁之近状》与林纾《致蔡鹤卿太史书》,批评新文化运动"唯陈胡等对于新文学之提倡,不第旧文学一笔抹杀,而且绝对的菲弃旧道德,毁斥伦常,诋排孔孟,并且有主张废国语而以法兰西文字为国语之议,其卤莽灭裂,实亦太过";又指责蔡元培在北京大学的改革是"覆孔孟,铲伦常""尽废古书,行用土语为文字""施趋怪走奇之教育"。

按:是年2至3月间,由文学革命问题引发的思想文化领域及不同政治阵营的斗争尖锐日趋激烈。2月17日,林纾在上海《新申报》发表小说《荆生》,影射攻击新文化运动的领袖陈独秀、胡适、钱玄同。3月19至23日,林纾在《新申报》上又发表一篇小说《妖梦》,于陈、胡等人之外,更攻及蔡元培。3月18日,北京《公言报》同时登出林纾致蔡元培的公函和蔡元培的复函,林纾在《公函》中指出北大教员有两大罪状:一是"覆孔孟,铲伦常";二是倡白话,"行用土语为文字";指责蔡元培"凭位分势力而施趋怪走奇之教育",要他改弦易辙,"为国民端其趋向"。而在北京大学内部,则有刘师培等3月20日在北京大学办起《国故月刊》,宣扬旧文化、旧道德。而由学术引发政治角力,"安福系"阵营开始暗中活动弹劾教育总长,撤换北京大学校长,社会上亦盛传陈独秀、胡适等被驱出北大,甚至有被逮捕的谣言。此外,在京的外国传教士也加入了对新文化运动的攻击,诋之为"无政府,无家庭,无上帝"的"三无主义"。(见胡适《从私立学校说到燕京大学》,《独立评论》第108号)对此,李大钊、胡适、蔡元培相继开展有力的反击。(参见耿云志《胡适年谱》,四川人民出版社1989年版)

按:《公言报》所刊《请看北京学界思潮变迁之近状》曰:北京大学之新旧学派……北京近日教育虽不甚发达,而大学教师各人所鼓吹之各种学说,则五花八门,颇有足纪者。国立北京大学自蔡孑民任校长后,气象为之一变,尤以文科为甚。文科学长陈独秀氏以新派首领自居,平昔主张新文学甚力。教员中与陈氏沆瀣一气者,有胡适、钱玄同、刘半农、沈尹默等,学生闻风兴起,服膺师说,张大其辞者,亦不乏人。其主张,以为文学须顺应世界思潮之趋势,若吾中国历代相传者,乃为雕琢的阿谀的贵族文学,陈腐的铺张的古典文学,迂晦的艰涩的山林文学,应根本推翻,代以平民的抒情的国民文学,新鲜的立诚的写实文学,明了的通俗的社会文学,此文学革命之主旨也。自胡适氏主讲文科哲学门后,旗鼓大张,新文学之思潮亦澎湃而不可遏,既前后抒其议论于《新青年》杂志,而于其所教授之哲学讲义,亦且改用白话文体裁。近又由其同派之学生,组织一种杂志曰"新潮"者,以张皇其学说。

《新潮》之外,更有《每周评论》之印刷物发行,其思想议论之所及,不仅反对旧派文学,冀收摧残廓清之功,即于社会所传留之思想,亦直接间接发见其不适合之点,而加以抨击。盖以人类社会之组织,与文学本有密切之关系,人类之思想更为文学实质之所存,既反对旧文学,自不能不反对旧思想也。顾同时与之对峙者,有旧文学一派。旧派中以刘师培氏为之首,其他如黄侃、马叙伦等,则与刘氏结合,互为声援者也。加以国史馆之耆老先生,如屠敬山、张相文之流,亦复深表同情于刘、黄。刘、黄之学,以研究音韵《说文》训诂为一切学问之根,以综博考据讲究古代制度,接迹汉代经史之轨,文章则重视八代而轻唐宋,目介甫、子瞻为浅陋寡学。其于清代所谓桐城派之古文家则深致不满,谓彼辈学无所根,而徒斤斤于声调,更借文以载道之说,假义理为文章之面具,殊不值通人一笑。

从前大学讲坛,为桐城派古文家所占领者,迄入民国,章太炎学派代之以兴。在姚叔节、林琴南辈,目击刘、黄诸后生之皋比坐拥,已不免有文艺衰微之感。然若视新文学派之所主张,当更认为怪诞不经,以为其祸之及于人群，直无异于洪水猛兽。转顾太炎新派，反若涂轨之犹能接近矣。顷者刘、黄诸氏以陈、胡等与学生结合，有种种印刷物发行也，乃亦组织一种杂志曰《国故》，组织之名义出于学生，而主笔政之健将，教员实居其多数。盖学生中固亦分新旧两派，而各主其师说者也。二派杂志旗鼓相当，互相争辩，当然有裨于文化，第不言忘其辩论之范围，纯任意气，各以恶声相报复耳。

至于介乎二派者，则有海盐朱希祖氏。朱亦太炎之高足弟子也，邃有国学，且明于世界文学进化之途径，故于旧文学之外，兼冀组织新文学。惟彼之所谓新者，非脱却旧之范围，盖其手段不在于破坏，而在于改良。以记者之愚，似觉朱氏之主张较为适当也。

日前喧传教育部有训令达大学，令其将陈、钱、胡三氏辞退。但经记者之详细调查，则知尚无其事。唯陈、胡等对于新文学之提倡，不第旧文学一笔抹杀，而且绝对的菲弃旧道德，毁斥伦常，诋排孔孟，并且有主张废国语而以法兰西文字为国语之议，其卤莽灭裂，实亦太过。顷林琴南氏有致蔡孑民一书，洋洋千言，于学界前途深致悲悯。兹将原书刊布于下，读者可以知近日学风变迁之剧烈矣。

按：林纾《致蔡鹤卿太史书》（即《林琴南致蔡孑民书》）全文如下：

鹤卿先生太史足下：与公别十余年，壬子始一把晤，匆匆八年，未通音问，至为歉仄。辱赐书以遗民刘应秋先生遗著，嘱为题辞。书未梓行，无从拜读，能否乞赵君作一短简事略见示，当谨撰跋尾归之。呜呼！明室敦气节，故亡国时殉烈者众，而夏峰、梨洲、亭林、杨园、二曲诸老，均脱身斧钺，其不死，幸也。我公崇尚新学，乃亦垂念逋播之臣，足见名教之孤悬，不绝如缕，实望我公为之保全而护惜之，至慰！至慰！

虽然，尤有望于公者。大学为全国师表，五常之所系属。近者外间谣诼纷集，我公必有所闻，即弟亦不无疑信。或者有恶阔茸之徒，因生过激之论，不知救世之道，必度人所能行，补偏之言，必使人以可信。若尽反常轨，侈为不经之谈，则毒粥既陈，旁有烂肠之鼠，明燎宵举，下有聚死之虫。何者？趋甘就热，不中其度，则未有不毙者。方今人心衰斁，已在无可救挽之时，更侈奇创之谈，用以哗众，少年多半失学，利其便己，未有不糜沸鼟至而附和之者，而中国之命，如属丝矣。晚清之末造，慨世者恒曰："去科举，停资格，废八股，斩豚尾，复天足，逐满人，扑专制，整军备，则中国必强"。今百凡皆遂矣，强又安在？于是更进一解，必覆孔孟、铲伦常为快。呜呼！因童子之羸困，不求良医，乃迫责其二亲之有隐瘵，逐之，而童子可以日就肥泽，有是理耶？外国不知孔孟，然崇仁，仗义，矢信，尚智，守礼，五常之道，未尝悖也，而又济之以勇。弟不解西文，积十九年之笔述，成译著一百二十三种，都一千二百万言，实未见中有违忤五常之语，何时贤乃有此叛亲蔑伦之论，此其得诸西人乎？抑别有所受耶？

我公心右汉族，当在杭州时。间关避祸，与夫人同茹辛苦，而宗旨不变，勇士也。方公行时，弟与陈叔通惋惜公行，未及一送。申、伍异趣，各行其是。今公为民国宣力，弟仍清室举人，交情固在，不能视为冰炭，故辱公寓书，殷殷于刘先生序跋，实隐示明清之季，各有遗民，其志均不可夺也。弟年垂七十，富贵功名，前三十年视若弃灰，今笃老，尚抱守残缺，至死不易其操。前年梁任公倡马、班革命之说，弟闻之失笑。任公非劣，何为作此媚世之言？马、班之书，读者几人？殆不革而自革，何劳任公费此神力？

若云死文字有碍生学术，则科学不用古文，古文亦无碍科学。英之迭更，累斥希腊、腊丁、罗马之文为死物，而至今仍存者，迭更虽躬负盛名，固不能用私心以蔑古，矧吾国人，尚有何人如迭更耶？须知天下之理，不能就便而夺常，亦不能取快而滋弊。使伯夷、叔齐生于今日，则万无济变之方。孔子为"圣之时"，时乎井田封建，则孔子必能使井田封建一无流弊；时乎潜艇飞机，则孔子必能使潜艇飞机不妄杀人，所以名为时中之圣。时者，与时不悖也。卫灵问陈，孔子行；陈恒弑君，孔子讨。用兵与不用兵，亦正决之以时耳。今必曰天下之弱，弱于孔子，然则天下之强，宜莫强于威廉。以柏灵一隅，抵抗全球，皆败衄无措，直可为万世英雄之祖。且其文治武功，科学商务，下及工艺，无一不冠欧洲，胡为恢恢为荷兰之寓公？若云成败不可以论英雄，则又何能以积弱归罪孔子？彼庄周之书，最摈孔子者也，然《人间世》一篇，又盛推孔子。所谓"人间世"者，不能离人而立之谓。其托颜回，托叶公子高之问难孔子，陈以接人处世之道，则庄周亦未尝不近人情而忤孔子。乃世士不能博辩为千载以上之庄周，竟咆哮为千载以下之桓魋，抑何其可笑也。

且天下惟有真学术、真道德，始足独树一帜，使人景从。若尽废古书，行用土语为文字，则都下引车卖浆之徒所操之语,按之皆有文法,不类闽、广人为无文法之啁啾。据此则凡京津之稗贩,均可用为教授矣。若《水浒》《红楼》,皆白话之圣,并足为教科之书,不知《水浒》中辞吻,多采岳珂之《金陀粹篇》《红楼》亦不止为一人手笔,作者均博极群书之人。总之,非读破万卷,不能为古文,亦并不能为白话。若化古子之言为白话演说,亦未尝不是。按《说文》:演,长流也,亦有延之、广之之义。法当以短演长,不能以古子之长,演为白话之短。且使人读古子者,须读其原书耶? 抑凭讲师之二三语即算为古子? 若读原书,则又不能全废古文矣。矧于古子之外,尚以《说文》讲授。《说文》之学,非俗书也,当参以古籀,证以钟鼎之文。试思用籀篆可化为白话耶? 果以籀篆之文,杂之白话之中,是引汉唐之环、燕,与村妇谈心,陈商周之俎豆,为野老聚饮,类乎不类? 弟,闽人也,南蛮䏶舌,亦愿习中原之语言,脱授我者以中原之语言,仍令我为䏶舌之闽语,可乎? 盖存国粹而授《说文》可以,以《说文》为客,以白话为主,不可也。

乃近来尤有所谓新道德者,斥父母为自感情欲,于已无恩。此语曾一见之随园文中。仆方以为拟于不伦,斥袁枚为狂谬,不图竟有用为讲学者。人头畜鸣,辩不屑辩,置之可也。彼又云:武曌为圣王,卓文君为名媛,此亦拾李卓吾之余唾。卓吾有禽兽行,故发是言;李穆堂又拾其余唾,尊严嵩为忠臣。今试问二李之名,学生能举之否? 同为埃灭,何苦增兹口舌? 可悲也!

大凡为士林表率,须圆通广大,据中而立,方能率由无弊。若凭位分势利,而施趋怪走奇之教育,则惟穆罕默德左执刀而右传教,始可如其愿望。今全国父老,以子弟托公,愿公留意,以守常是。况天下溺矣,藩镇之祸,迩在眉睫,而又成为南北美之争。我公为南士所推,宜痛哭流涕助成和局,使民生有所苏息,乃以清风亮节之躬,而使议者纷纷集,甚为我公惜之。

此书上后,可以不必示复,惟静盼好音,为国民端其趋向,故人老悖,甚有幸焉。愚直之言,万死! 万死! 林纾顿首。

蔡元培3月18日作《答林君琴南函》,刊于3月21日《北京大学日刊》上。再以《致〈公言报〉函并附答林琴南君函》刊于4月1日《公言报》,反驳林纾对北京大学及新文化运动的指责,并申明办理北京大学的两种主张:一是"对于学说,仿世界各大学通例,循'思想自由'原则,取兼容并包主义";二是"对于教员,以学诣为主""其在校外之言动,悉听自由,本校从不过问,亦不能代负责任""夫人才至为难得,若求全责备,则学校殆难成立",并表示此方针绝不会因有人反对而改变,这一复信对新思潮的发展和传播很有影响。

按:《致〈公言报〉函》内容如下:

《公言报》记者足下:读本月十八日贵报,有《请看北京大学思潮变迁之近状》一则,其中有林琴甫君致鄙人一函。虽原函称"不必示复",而鄙人为表示北京大学真相起见,不能不有所辨正。谨以答林君函抄奉,请为照载。又,贵报称"陈、胡等绝对的菲弃旧道德,毁斥伦常,诋排孔、孟",大约即以林君之函为据,鄙人已于致林君函辨明之。惟所云"主张废国语而以法兰西文字为国语之议",何所据而云然? 请示复。

蔡元培《答林零南君函》如下:

琴南先生左右:于本月十八日《公言报》中,得读惠书,索刘应秋先生事略。忆第一次奉函时,曾抄奉赵君原函,恐未达览,特再抄一通奉上,如荷题词,甚幸。(赵体孟原函附后)公书语长心重,深以外间谣诼纷集为北京大学惜,甚感。惟谣诼必非实录,公爱大学,为之辨正可也。今据此纷集之谣诼。而加以责备,将使耳食之徒,益信谣诼为实录,岂公爱大学之本意乎? 原公之所责备者,不外两点:一曰"覆孔、孟,铲伦常",二曰"尽废古书,行用土语为文字"。请分别论之。

对于第一点,当先为两种考察:(甲)北京大学教员,曾有以"覆孔、孟,铲伦常"教授学生者乎? (乙)北京大学教授,曾有于学校以外,发表其"覆孔、孟,铲伦常"之言论者乎?

请先察"覆孔、孟"之说。大学讲义涉及孔孟者,惟哲学门中之中国哲学史。已出版者,为胡适之君之《中国上古哲学史大纲》,请详阅一过,果有"覆孔、孟"之说乎? 特别讲演之出版者,有崔怀瑾君之《论语足征记》《春秋复始》。哲学研究会中,有梁漱溟君提出"孔子与孟子异同"问题,与胡默青君提出"孔于伦理学之研究"问题,尊孔者多矣,宁曰覆孔?

　　若大学教员于学校以外自由发表意见，与学校无涉，本可置之不论。今姑进一步而考察之，则推《新青年》杂志中，偶有对于孔子学说之批评，然亦对于孔教会等托孔子学说以攻击新学说者而发，初非直接与孔子为敌也。公不云乎？"时乎井田封建，则孔子必能使井田封建一无流弊，时乎潜艇飞机，则孔子必能使潜艇飞机不妄杀人，卫灵问陈，孔子行。陈恒弑君，孔子讨。用兵与不用兵，亦正决之以时耳"。使在今日，有拘泥孔子之说，必复地方制度为封建；必以兵车易潜艇飞机：闻俄人之死其皇，德人之逐其皇，而曰必讨之，岂非昧于"时"之义，为孔子之罪人，而吾辈所当排斥之者耶？次察"铲伦常"之说。常有五：仁、义、礼、智、信，公既言之矣。伦亦有五：君臣、父子、兄弟、夫妇、朋友。其中君臣一伦，不适于民国，可不论。其他父子有亲，兄弟相友(或曰长幼有序)，夫妇有别，朋友有信，在中学以下修身教科书中，详哉言之。大学之伦理学涉此者不多，然从未有以父子相夷，兄弟相阋，夫妇无别，朋友不信，教授学生者。大学尚无女学生，则所注意者，自偏于男子之节操。近年于教科以外，组织一进德会，其中基本戒约有不嫖、不娶妾两条。不嫖之戒，决不背于古代之伦理。不娶妾一条，则且视孔、孟之说为尤严矣。至于五常，则伦理学中之言仁爱，言自由，言秩序，戒欺诈，而一切科学皆为增进知识之需，宁有铲之之理欤？

　　若谓大学教员曾于学校以外发表其"铲伦常"之主义乎？则试问有谁何教员，曾于何书、何杂志，为父子相夷、兄弟相阋、夫妇无别、朋友不信之主张者？曾于何书、何杂志为不仁、不义、不智、不信及无礼之主张者？公所举"斥父母为自感情欲、于己无恩"，谓随园文中有之，弟则忆《后汉书·孔融传》路粹枉状奏融有曰："前与白衣祢衡跌荡放言，云：父之于子，当有何亲？论其本意，实为情欲发耳；子之于母，亦复奚为？譬如寄物瓶中，出则离矣。"孔融、祢衡并不以是损其声价，而路粹则何如者？且公能指出谁何教员，曾于何书、何杂志，述路粹或随园之语，而表其极端赞成之意者？且弟亦从不闻有谁何教员，崇拜李贽其人而愿拾其唾余者。所谓"武曌为圣王，卓文君为贤媛"，何为曾述斯语，以号于众，公能证明之欤？

　　对于第二点。当先为三种考察：(甲)北京大学是否已尽废古文而专用白话？(乙)白话果是否能达古书之义？(丙)大学少数教员所提倡之白话的文字，是否与引车卖浆者所操之语相等？请先察"北京大学是否已尽废古文而专用白话？"大学预科中，有国文一课，所据为课本者，曰模范文，曰学术文，皆古文也。其每月中练习之文，皆文言也。本科中有中国文学史、西洋文学史、中国古代文学、中古文学、近世文学；又本科、预科皆有文字学，其编成讲义而付印者，皆文言也。《北京大学月刊》中，亦多文言之作。所可指为白话体者，惟胡适之君之《中国古代哲学史大纲》，而其中所引古书，多属原文，非皆白话也。

　　次考察"白话是否能达古书之义？"大学教员所编之讲义，固皆文言矣。而上讲坛后，决不能以背诵讲义塞责，必有赖于白话之讲演，岂讲演之语，必皆编为文言而后可欤？吾辈少时，读《四书集注》《十三经注疏》，使塾师不以白话讲演之，而编为类似集注，类似注疏之文言以相授，吾辈岂能解乎？若谓白话不足以讲《说文》，讲古籍，讲钟鼎之文，则岂于讲坛上当背诵徐氏《说文解字系传》、郭氏《汗简》、薛氏《钟鼎款识》之文，或编为类此之文言而后可，必不容以白话讲演之欤？

　　又次考察"大学少数教员所提倡之白话的文字，是否与引车卖浆者所操之语相等？"白话与文言，形式不同而已，内容一也。《天演论》《法意》《原富》等，原文皆白话也，而严幼陵君译为文言；少仲马、迭更司、哈德等所著小说，皆白话也，而公译为文言。公能谓公及严君之所译，高出于原本乎？若内容浅薄，则学校招考时之试卷，普通日刊之论说，尽有不值一读者，能胜于白话乎？且不特引车卖浆之徒而已，清代目不识丁之宗室，其能说漂亮之京话，与《红楼梦》中宝玉、黛玉相埒，其言果有价值欤？热读《水浒》《红楼梦》之小说家，能于《续水浒传》《红楼复梦》等书以外，为科学、哲学之讲演欤？公谓"《水浒》《红楼》作者，均博极群书之人，总之非读破万卷，不能为古文，亦并不能为白话"。诚然，诚然。北京大学教员中，善作白话文者，为胡适之、钱玄同、周启孟诸君。公何以证知为非博极群书，非能作古文，而仅以白话文藏拙者？胡君家世汉学，其旧作古文，虽不多见，然即其所作《中国哲学史大纲》言之，其了解古书之眼光，不让刊清代乾嘉学者。钱君所作之文字学讲义、学术文通论，皆大雅之文言。周君所译之《城外小说》，则文笔之古奥，非浅学者所能解。然则公何宽于《水浒》《红楼》之作者，而苛于同时之胡、钱、周诸君耶？

　　至于弟在大学，则有两种主张如下：

　　(一)对于学说，仿世界各大学通例，循"思想自由"原则，取兼容并包主义，与公所提出之"圆通广大"

四字,颇不相背也。无论为何种学派,苟其言之成理,持之有故,尚不达自然淘汰之运命者,虽彼此相反,而悉听其自由发展。此义已于《月刊》之发刊词言之,抄奉一览。

(二)对于教员,以学诣为主。在校讲授,以无背于第一种之主张为界限。其在校外之言动,悉听自由,本校从不过问,亦不能代负责任。例如复辟主义,民国所排斥也,本校教员中,有拖长辫而持复辟论者,以其所授为英国文学,与政治无涉,则听之。筹安会之发起人,清议所指为罪人者也,本校教员中有其人,以其所授为古代文学,与政治无涉,则听之。嫖、赌、娶妾等事,本校进德会所戒也,教员中间有喜作侧艳之诗词,以纳妾、狎妓为韵事,以赌为消遣者,苟其功课不荒,并不诱学生而与之堕落,则姑听之。夫人才至为难得,若求全责备,则学校殆难成立。且公私之间,自存天然界限。譬如公曾译有《茶花女》《迦茵小传》《红礁画桨录》等小说,而亦曾在各学校讲授古文及伦理学,使有人诋公为以此等小说体裁讲文学,以狎妓、奸通,争有妇之夫讲伦理者,宁值一笑欤? 然则革新一派,即偶有过激之论,苟于校课无涉,亦何必强以其责任归之于学校耶? 此复,并候著棋。

蔡元培3月19日致《神州日报》,为北京大学文科学长陈独秀近有辞职之说辟谣,指出"陈学长并无辞职之事""文理合并不设学长,而设一教务长以统辖教务,曾由学长及教授主任会议定(陈学长亦在座),经评议会通过,定于暑假后实行",非"下学期之说"。22日,马寅初遭母丧,蔡元培与朱希祖、沈尹默、郑寿仁、胡适、徐宝璜等联名刊登启事,为其向本校同人征收赙仪。26日,蔡元培召集胡适、沈尹默等"关系诸君"到北京医专校长汤尔和西式客厅举行小型会议,商讨陈独秀去留之事。蔡元培本不愿撤陈独秀的文科学长职,但汤尔和以所传陈嫖妓之流言,猛烈攻击陈独秀"私德太坏",蔡元培因此所动,决定撤去陈独秀学长之职。同日,蔡元培在教育调查会举行成立大会上被公举为副会长,会长为范源濂。随后通过民国教育应以"养成健全人格,发展共和精神"为教育的提案,并于当年10月呈报教育部请求采择实施。29日,蔡元培在天津青年会作《欧战后之教育问题》的演讲。4月2日,蔡元培复函教育总长傅增湘,重申"兼容并包"的办学宗旨。5日,蔡元培与王宠惠、范源濂发出通电,为在正在游历欧洲的梁启超辟谣,谓"梁赴欧后,迭次来电报告,并主张山东问题为国家保卫主权,语至激昂。闻其著书演说,极动各国视听。何至有此无根之谣? 愿我国人熟察,不可自相惊扰"。8日,蔡元培主持召开文理两科各教授会主任及政治经济门主任的会议,秦汾、俞同奎、沈尹默、陈启修、陈大齐、贺之才、何育杰、胡适等与会,陈独秀因事请假南归。会议决定提前实施《文理科教务处组织法》,调整北京大学管理体制,废除学长制,设教务长统管教学科研,设总务长统管行政庶务,陈独秀的文科学长职无形取消。经从11位教授会主任中推举,马寅初当选教务长。19日晚7时,北京大学音乐研究会承办了北大历史上的首次音乐会,蔡元培为主席,与会者达1000多人。24日,蔡元培在北京高等师范学校修养会讲演《科学之修养》。

按:教育调查会通过的教育提案中"所谓健全人格者,当具下列条件:一、私德为立身之本,公德为服务社会国家之本。二、人生所必需之知识技能。三、强健活泼的体格。四、优美和乐之感情。所谓共和精神者:一、发挥平民主义,俾人人知民治为立国之本。二、养成公民自治习惯,俾人人能负社会国家之责任"。(1919年教育调查会《教育宗旨研究案》,朱有瓛编《中国近代学制史料》第三辑(上册),华东师范大学出版社1990年版)

按:北京大学《文理科教务处组织法》于是年3月1日经北大评议会通过,原定暑假后实行。因陈独秀去留问题提前实施。

蔡元培5月2日在北京大学饭厅召集学生班长和代表100余人开会,讲述巴黎和会将对中国不利信息。3日,蔡元培通知新潮社的傅斯年、罗家伦、康白情、段锡朋以及国民社的许德珩等北大学生代表,北京政府国务总理已密电中国代表在丧权辱国的《巴黎和约》山东条款上签字。又召集北大教职员开会,商议对待学生爱国行动的问题。4 日下午,北京大学、北京高等师范学校与中国大学等 13 校代表 3000 多名学生代表冲破军警阻挠,云集天安门举行集会和游行示威,痛打章宗祥,火烧赵家楼,五四运动由此爆发。当晚,蔡元培邀请法律专家王宠惠商议研讨营救白天在天安门广场游行示威被捕同学的法律手续。是日,蔡元培一直未离校,亦未进食。5 日下午 2 时,蔡元培与北京 14 所高校校长在北大开会,商谈营救被捕学生,会议声明"虽致北京教职员全体罢职亦在所不惜",蔡元培更愿以一人抵罪。6 日,14 所高校校长继续在北大开会,蔡元培等再赴教育部商洽,又率领校长团与警察总监吴炳湘交涉,愿以身家保释被捕学生。当晚,蔡元培又召集罗家伦等学生代表,商议次日学生停止罢课,北洋政府保证释放被捕学生。7 日,蔡元培率全校师生员工齐集红楼文科门外,列队欢迎 20 位获释学生,并致词慰勉。8 日,蔡元培向大总统徐世昌、教育总长傅增湘递送辞呈,申明辞去北京大学校长职务,此为蔡元培第三次辞北京大学校长之职。9 日,蔡元培刊发"蔡元培辞北大校长职出京启事",悄悄离京,到达天津;接护法国会参议院议长林森自广州发来一电,谓"学生为收回国土,愤激击贼,被捕多人,公愿以身代,仁者用心,令人感泣。讨贼得罪,是非倒置,何以立国!……被捕学生已否释放?务恳电复,以慰人心"。10 日,蔡元培校长发布《告北大同学诸君》。16 日上午 11 时,蔡元培乘火车离津南下。17 日午后 1 时,蔡元培到浦口,渡江至南京,当晚抵达上海。18 日午前,蒋梦麟、黄任之、沈信卿、赵厚生来,商发一电于总统、总理、教育总长。19 日,邓春兰给北大校长蔡元培上书,"请求大学开放女禁"。

　　按:此书在北京《晨报》、上海《民国日报》等报纸上发表后,立即引起很大反响,诸多名流纷纷公开表示支持。陈独秀、李大钊、胡适等给报刊撰文,表示支持妇女解放、支持男女同校。蔡元培在答上海《中华新报》旅京记者问时说:"大学之开女禁问题,稽诸欧美各国,无不男女并收。如北京大学明年招生时,倘有程度相合之女学生,尽可报考,如程度及格,亦可录取也。"

　　蔡元培 20 日致总统、总理、教育总长电,再次表明辞北京大学校长职之态度。21 日,蔡元培离开上海,午时抵达杭州,在杭会见北京学生代表方豪及天津、上海学生代表杨、朱诸君。6 月 5 日,蔡元始译摩曼氏《现代美学》及齐融安氏《别格逊哲学》。15 日,蔡元培发布《不愿再任北京大学校长的宣言》,表示"我绝对不能再作不自由的大学校长:思想自由,是世界大学的通例",以此表明自己的坚决态度。18 日,教育次长傅岳棻致电蔡元培,并派其秘书赴杭州请蔡元培北上。19 日,蔡元培阅孙中山于本年 5 月 20 日新出版《孙文学说》。20 日,蔡元培复国务院和傅岳棻电,再次坚辞北大校长之职。26 日,教育次长傅岳棻致电在杭州隐居的蔡元培,不接受辞呈,同时专门派教育部秘书徐鸿宝抵杭劝说,以表挽留诚意。同日,蔡元培在杭州会晤北大教师沈尹默、学生代表狄福鼎、李吴桢。28 日,会晤教育部秘书徐鸿宝,又再次会晤学生代表狄福鼎、李吴桢。同日,由蒋梦麟代蔡元培复胡适函,回应胡适所怪两件事:一是"他替我打算的五年、十年的计画,不应忽然一抛";二是"手里订了五年、七年的契约同杜威的事,忽然一抛,是对他不住。但弟想是他错怪了。"29 日,汤尔和来晤,并共进午餐。30 日,再晤汤尔和、沈尹默等。是月,蔡元培开始筹划刊印李慈铭《越缦堂日记》,并与商务印书馆和浙江公会商谈印刷事宜。

　　蔡元培 7 月 4 日晤李璧臣,允为复勘《越缦堂日记》。5 日,复胡适 6 月 22 日来信所说"六件已经解决",谓胡适信中所言"十件事,有六件已经解决,……后面没有解决的四件事,请先生照原约办事"。9 日,应各方敦请并听取汤尔和建议后复电教育次长傅岳棻,同意留任北大校长。同日,致全国学生联合会、北京中等以上学校学生联合会、北京大学学生干事部电,谓"仆出京以后,宿疾屡发,本拟借此息肩。乃叠接函电,并由方(豪)、杨(兴复)、朱(家桢)、许(德珩)、蒋(元龙)、李(梧桢)、熊(梦飞)、狄(福鼎)诸君代表,备述诸君雅意;重以各方面责望之殷,已不容坚持初志。惟深望诸君亦能推爱仆之心,有所觉悟;否则教育前途必生障碍。非特仆难辞咎,诸君亦与有责焉。"14日,蔡元培与汤尔和、蒋梦麟共进晚餐,决请蒋梦麟代理北京大学校长。15日,再晤汤尔和、蒋梦麟,又晤学生代表段锡朋、李吴桢,提出"读书不忘救国,救国不忘读书"。21日,蔡元培致全国学生联合会电,谓"务望通电全国学生诸君,一律上课,以慰国民之望。"7月22日午后,晤陶知行,相与谈中学改革策及南京高师改大学事。23日,蔡元培发表启事,以蒋梦麟为其代表先行赴北大理事。又发表《告北大学生暨全国学生书》,充分肯定学生"五四"以来的贡献和价值,指出国民永久觉醒非一时之功,勉励学生扩充知识,"树吾国新文化之基础,而参加于世界学术之林者,皆将有赖于诸君"。27日,接北大评议会、教授会有电:"蒋君代表公来,同人至为欢迎。一切事宜,已与会商进行。痊复仍乞速驾,以慰群望。"

　　蔡元培8月1日致函时任江西省教厅长许寿裳,为北大毕业生陈剑翛、许德珩商请江西公费资助赴欧游学事。9日,因马叙伦函催速即北上,蔡元培复函谓"弟既不能与北大脱离关系,本宜如来示所揭,早日北行。惟胃病未痊,尚不堪舟车之劳;而代理蒋君到校以后,内之教职员与学生均表欢迎,外之教育部以正式公牍承认,正可以盘根错节,试其利器。"23日,因王景岐、陈映璜、何炳松、王荫泰、张福运、周象贤、胡文耀、何基鸿、梁漱溟、陈介、李傥、王兼善等60位讲师于8月7日发来一函反映暑假期内讲师薪水未暇顾及问题,蔡元培复函作出解释,谓此与评议会通过之案不相容,恐是传闻之误。28日,蔡元培撰《叔父燕山府君家传》。29日,蔡元培出席欧美同学会全国总会在上海举行的成立大会,被选为会长,余日璋、王宠惠为副会长。会后,曹云祥等专程到杭州面请蔡元培接受会长的推选,蔡元培考虑到自己长居北京,建议由在沪的副会长余日章代行会长职务。是月,蔡元培应北大新潮社之请,为编印《蔡孑民先生言行录》一书而撰写《传略》(上),迄于1918年,分为"家世及其幼年时代""旧学时代""委身教育时代""运动革命时代""游学时代""教育总长时代""第二游学时代""大学校长时代"八个部分。同月,蔡元培为浙江公会起草函稿,催刊印《越缦堂日记》的赞助人缴纳垫印费。

　　蔡元培9月10日下午离开杭州返京,12日午夜抵达北京。13日,教育部代理部务的次长傅岳棻至蔡元培住宅访晤,先道萦维之意,后商及此后对于学校之进行事宜。20日上午9时,北大全体学生数千人在法科大礼堂举行欢迎蔡元培校长回校大会。10时,北大全体教职员举行欢迎蔡校长回校的大会。蔡元培校长皆作答词。11时,北大举行本学年开学礼,蔡元培校长主席,发表演说,着重阐明"大学并不是贩卖毕业的机关,也不是灌输固定知识的机关,而是研究学理的机关。所以,大学的学生并不是熬资格,也不是硬记教员讲义,是在教员指导之下,自动的研究学问的。为要达上文所说的目的,所以延聘教员,不但是求有学问的,还要求于学问上很有研究的兴趣,并能引起学生的研究兴趣的。"下午,北京中等以上学校教职员联合会举行欢迎北大蔡元培校长及各专门学校校长茶话会,蔡元培校长皆作答词。25日,蔡元培校长具呈教育部,报告回校任职。至此,蔡元培辞北京大学校长职风潮宣告结束。26日,蔡元培与马寅初、李大钊、钱玄同、朱希祖、刘半农、沈尹默、沈兼士、陈大齐等20人具名在《北京大学日刊》发表启事,为北京大学教授,病逝的章门弟子朱蓬仙(宗莱)征收赙仪。

　　蔡元培10月15日领衔会同北京国立六高校校长,联合成立欧美留学通信社,通过《欧美留学生通信社简章》,旨在帮助欧美留学生搜集本国材料,供其在外国教授指导下深研中国问题。16 日,蔡元培出席北京大学新闻学研究会举行的第一次研究期满式,将"听讲一年"的证书发给陈公博、区声白、谭平山、黄欣、翟俊千、曹杰、杨亮功、章韫胎、缪金源等 23 人,将"听讲半年"的证书发给毛泽东、李吴桢、徐恭典、姜绍谟、来焕文、杨立诚、常惠、梁颖文、高尚德等 32 人,并作训词。27 日,为法国季特原著、陶乐勤翻译的《政治经济学》撰写序言。11 日晚 7 时,北京大学音乐研究会举行同乐会,蔡元培校长致开会词。同日,蔡元培撰《体育周报周年纪念祝词》。15 日,蔡元培为徐宝璜的著述《新闻学大意》题签、作序,称"在我国新闻界实为'破天荒'之作"。17 日,蔡元培在北京女子高等学校发表演说《国文之将来》,认定白话与文言之争,"白话派一定占优胜"。

　　蔡元培 12 月 1 日在《晨报副刊》发表《文化运动不要忘了美育》一文。7 日,蔡元培将日前在北京女子师范学校所作《义务与权利》演讲词加以改订。8 日,为吴稚晖寄来所作《海外中国大学末议》一文撰跋。10 日,蔡元培与熊希龄、张一麐、王芝祥、董康、梅光羲、梅光远、蒋维乔、徐文蔚、刘崇佑、庄蕴宽、林志钧等 34 人发起创设北京刻经处。13 日,复谢楚桢函,表示完全赞同在北大实行男女同校。在少年中国学会发表《工学互助团的大希望》演说。20 日,蔡元培阅读鲁迅和周作人所译日本武者的一些著作后,作《读武者小路实笃的著作有感》。21 日,蔡元培、陈独秀、胡适、周作人、顾孟余、李大钊、陶孟和、王星拱、张申府、徐彦之、罗家伦、王光祈等联名发起组织工读互助团,帮助北京青年实行半工半读。25 日,蔡元培主持北京孔德学校二周年纪念会,发表演说。31 日,北京教育界出现风潮,广大教职员与教育部发生冲突,全体停止职务,蔡元培作为校长第四次辞职。(以上参见高平叔编著《蔡元培年谱长编》,人民教育出版社 1996 年版;王世儒编撰《蔡元培先生年谱》,北京大学出版社 1998 年版)

　　傅增湘继续任教育总长。1 月 11 日,北京政府钱能训内阁改组,傅增湘仍为教育总长。27 日,教育部指令第 182 号核准京师图书馆与商务印书馆所订《印书免费契约》。2 月 2 日,傅增湘观明刊本《管子二十四卷》,考《瞿氏书目》所纪宋本异同,断此本从宋本出。2 月 17 日,教育部派出的第一批留法勤工俭学的学生,由上海启程赴法。26 日,致信蔡元培,就北大学生出版《新潮》所引来的时论纠纷,甚冀执事和在校诸君一扬榷之。3 月 26 日,北洋政府教育部负责调查、审议全国重要教育事项的咨询机构教育调查会在北京成立,下设教育行政、普通教育、师范教育、高等教育、社会教育、实业教育 6 个调查股,以为教育总长提供咨询,并将重要教育事项直接建议于教育总长为主要任务。同月,教育部颁布《全国教育计划书》,在法规上再次重申发展社会教育的重要性。4 月 2 日,蔡元培复信傅增湘,谓"大学兼容并包之旨,实为国学发展之资。正赖大德如公,为之消弭局外失实之言。元培亦必勉励诸生,为学问之竞进,不为逾越轨物之行也"。6 日,北京政府教育部公布《注音字母音类次序表》。21 日,国语统一筹备委员会在北京召开成立大会,教育部指定张一麐为国语统一筹备会会长,吴稚晖、袁希涛为副会长。5 月 4 日,北京政府教育部训令直辖各学校、京师学务局、北京私立专门以上各校:严整学风,"对于学生当严尽管理之责,其有不遵约束者,应即立予开除,不得姑宽,以敦士习而重校规。"教育部同时咨行内务部、交通部、税务处请转行所辖学校。同月 4、5 两日,总理钱能训召集全体阁员都在其宅举行紧急会议,傅增湘反对建议解散北大与罢免北大校长蔡元培,钱能训十分发急地问傅:"这也不行,那也不行,难道蔡元培死了,北大要停办不成?"11 日晚,傅增湘因反对北洋政府解散北京大学、镇压学生和拒签罢免蔡元培北京大学校长的命令,遭到安福系的责难,无奈中亦仿蔡元培愤而离部出走,由次长袁希涛暂时代行教育部部务。14日,北京政府大总统徐世昌令:"京外各校学生务各安心向学,毋得干预政治"。并责成教育部、各省省长、教育厅长"随时告诫,切实约束,其有不率训诫纠众滋事者,查明斥退"。15日,徐世昌大总统下令免去傅增湘其教育总长之职,由袁希涛代理部务。6月1日,北京政府大总统徐世昌令教育部、各省省长、教育厅:"督饬各校职员约束诸生一律上课","其联合会,义勇队等项名目,尤应切实查禁,纠众滋事扰及公安者仍依前令办理"。5日,主持部务的教育次长袁希涛辞职引退。徐世昌大总统任命傅嶽棻为教育次长,主持部务。(参见孙英爱《傅增湘年谱》,河北大学硕士学位论文,2012年;中央教育科学研究所编《中国现代教育大事记1919—1949》,教育科学出版社1988年版)

　　傅嶽棻6月5日由徐世昌大总统任为教育次长,主持部务。6日,北京政府大总统徐世昌任命胡仁源署北京大学校长。17日,教育部发布第245号训令,称署北京大学校长胡仁源现经调部办事,所有校务,仍由工科学长温宗禹代理。同日,国务院、教育部来电请蔡元培北上履职;山东各界代表自本日起连续在省议会开会,议组请愿团去京。8月28日,北京政府教育部布告:各校教职员凯切开导学生,务须安心求学,遵守校规。同月,北京政府教育部批准山西国民学校试用山西省国民教科书审编委员会编的《白话通俗国文教科书》。9月11日,北京政府教育部训令告诫各学校职教员务尽教育之职责。训令提出"四责"。一责"以校务之整理导生徒以自治,以自身之修养范生徒之行动";二责"常与生徒接近共负训练之责,训练之方应注意于生徒之品性意识与共同动作施教之法,重在以科学发擿其思想能力,以美感变化其精神状态";三责与学生详晰讲述国内国际之大事,"不至为一时之客感与外诱所动摇";四责"对于生徒务在导以耐勤劳守纪律之习惯"。10月10日,全国教育会联合会在太原召开第五届年会,通过《请废止教育宗旨宣布教育本义案》,指出新教育的真正含义不是"应如何教人",而是"人应如何教",公开提倡儿童本位教育。会议认为军国民主义已不合乎教育潮流,随即提出并通过《改革学校体育方案》。11月18日,北京政府教育部公布《修正教育会规程》共5章19条。《规程》第1章"通则"规定:"教育会以研究教育事项,发展地方教育为目的。""教育会之名称以其设立区域定之。""教育会为讲求学术,促进文化,得设各项研究会及讲演讲习等会。""教育会得以会员决议事项建议于教育厅。""教育会得处理教育官厅委任事务。""教育会不得干涉教育行政及教育以外之事。"《规程》对会员、职员、经费等分专章作了具体规定。12月4日,徐世昌准教育部呈请,令仿照《新唐书》《新五代史》前例,将柯劭忞著《新元史》列入正史。15日,北京各校教职员要求薪修概发现金一事未获满意答复,发表宣言:决定自本日起,停止职务。23日,发表第二次宣言提出:一、请政府即日撤换现任教育次长代理部务傅嶽棻。二、政府任命教育当局时(教育总次长、教育厅长)须尊重教育界之趋向,选择富有教育上之知识与能力者,俾教育得以独立,不受政潮之影响。三、请明令急速、切实筹集全国教育基金。四、请明令在基金未筹足以前,指定确实款项(如关税、盐税余款等类)为教育经常费及预备费,经指定后,不得挪移减少。五、学校经费,自本年十二月起,概发现金,于每月初旬作一次发讫。此次罢教历时27日。(参见中央教育科学研究所编《中国现代教育大事记1919—1949》,教育科学出版社1988年版)

　　王宠惠4月5日与蔡元培、范源濂发出通电,为正在游历欧洲的梁启超辟谣。5月3日,王宠惠以北京欧美同学会总干事的身份,和副总干事王宠惠、叶景莘三人联名致电中国首席代表陆征祥,劝告陆切勿在含有丧权辱国条款的《凡尔赛和约》上签字。4日晚,北大学生齐集法科大礼堂开会,蔡元培邀同法律专家王宠惠与会,研讨营救被捕同学的法律手续。

是年,王宠惠《刑法第二次修正案》编成,提交议院,但未经提交国会议决颁行。(参见张仁善《王宠惠先生年谱》,载《王宠惠法学文集》,法律出版社2008年版;高平叔编著《蔡元培年谱长编》,人民教育出版社1996年版)

蒋梦麟年初以美国哥伦比亚大学博士资格,被蔡元培校长聘为北大教育系教授。2月1日,蒋梦麟与黄炎培、陶行知等在上海创办《新教育》,以"养成健全之人格,创造进化之社会"为宗旨,提倡平民教育,极力宣传他的美国老师杜威的平民教育学说。4月30日,与胡适等在上海码头迎接杜威。5月初,陪同胡适拜访孙中山,讨论"行易知难"及"建国大纲"等话题。近几年来与余日章等人协助孙中山撰写《实业计划》等。5月9日,蔡元培离开北大,宣布辞职,进一步激发了学潮。12日,蒋梦麟与胡适一起陪同杜威拜访孙中山。22日,致信胡适说:假如北大不幸在这次运动中被解散,他们江苏教育会欢迎北大新派教授南下上海。24日,蒋梦麟致函蔡元培,谓杜威可留华一年,已得哥伦比亚大学复电同意。6月6日,蒋梦麟被推举为上海商学工报联合会临时干事。16日,蒋梦麟出席在上海召开的全国学生联合会成立大会,并以来宾身份发表演说。28日,蒋梦麟代蔡元培校长复胡适函,解释胡适错怪的两件事。7月3日,蒋梦麟致函蔡元培校长,并附去广西省议会、北京教育会各一电,以及《新教育》杜威号。7日,蒋梦麟致函蔡元培校长,并附去胡适之函,言北大英文教科书尚未定,消费公社因无人垫款,不肯往定。又英文教员亦不足。9日,蔡元培复电教育总长傅增湘,宣布放弃辞职以平息动荡。13日,蒋梦麟由沪到杭,约见蔡元培校长。14日,蒋梦麟陪蔡元培校长游花坞,蔡校长作七绝六首。同日晚,蒋梦麟、汤尔和与蔡元培校长共进晚餐,决请蒋梦麟代表至校办事。15日,蒋梦麟与汤尔和再见蔡元培校长。16日,蒋梦麟与汤尔和又见蔡元培校长。同日,蒋梦麟离上海返京。21日晚,蒋梦麟受蔡元培委托与北大学生代表张国焘一起乘火车北上到京,致函蔡元培校长。谓"今晚九时半到京,寓医校。即晚十时半,适之、夷初、士远三君来谈校事,约定明日下午五时开教职员干事会。……明晨赴教育部谒傅次长"。23日,蔡元培校长在《北京大学日刊》刊登致北大教职员的启事,谓"今请蒋梦麟教授代表,已以公事图章交与蒋教授。嗣后一切公牍,均由蒋教授代为签行。校中事务,请诸君均与蒋教授接洽办理。特此奉布"。上午10时,北大学生举行欢迎蒋梦麟的大会。蒋梦麟备述蔡校长之近况与其振兴教育之大计,说明他仅代表蔡先生个人,非代表北京大学校长,仅为蔡先生之监印者。8月9日,北大公布教育部第306号训令,称"今特请本校教授蒋梦麟君代表主持校务,已将公事图章交与蒋君,一切公牍,均由蒋君代为签行"。9月,蔡元培恢复校长职务,蒋梦麟担任教育学教授兼总务长。同月,北京大学设立高等补习学校,董事会由蒋梦麟、胡适、马寅初等人组成。10月14日,蒋梦麟在《晨报》发表《新旧与调和》,对于章士钊的调和论提出批评。(参见马勇、黄令坦编《中国近代思想家文库·蒋梦麟卷》附录《蒋梦麟年谱简编》,中国人民大学出版社2015年版)

陈独秀1月15日负责主编的《新青年》第6卷第1号出版,将轮流编辑的办法公布于众,本年度(第6卷)各期轮流编辑的名单是:第1号陈独秀、第2号钱玄同、第3号高一涵、第4号胡适、第5号李大钊、第6号沈尹默。本期刊载陈独秀《本志罪案之答辩书》,高倡"只有德先生、赛先生可以救治中国政治上、道德上、学术上、思想上的一切黑暗"。

按:唐宝林、林茂生《陈独秀年谱》(上海人民出版社1988年版)注:《本杂志第六卷分期编辑表》刊于《新青年》第6卷第1号。当时编辑部成员除上述六人外,还有鲁迅、周作人、刘半农等十几人,自然都有参与轮流编辑的资格。因为本年只出六期,故只列了六人名单,有人就据此断定只此六人参与轮流编辑,似不确。周作人1918年10月21日日记,说钱玄同告诉他,参加明年分期编辑的有十二人:陈独秀、胡适、陶孟和、李大钊、高一涵、钱玄同、沈尹默、沈兼士、刘半农、周慰慈、陈百年、傅××。有的可能在1918年总编辑过,有的则计划安排在以后。沈尹默在《鲁迅生活中的一节》一文(《文艺月报》1956年第10期)中也讲到,参加轮流编辑的有鲁迅兄弟。周作人讲的轮流名单中,虽无他自己,却有刘半农。原定沈尹默编的第6号,沈请刘半农、钱玄同代编。

按:陈独秀《本志罪案之答辩书》曰:"本志经过三年,发行已满三十册;所说的都是极平常的话,社会上却大惊小怪,八面非难,那旧人物是不用说了,就是呱呱叫的青年学生,也把《新青年》看作一种邪说、怪物,离经叛道的异端,非圣无法的叛逆。本志同人,实在是惭愧得很;对于吾国革新的希望,不禁抱了无限悲观。

社会上非难本志的人,约分两种:一是爱护本志的,一是反对本志的。这第一种人对于本志的主张,原有几分赞成;惟看见本志上偶然指斥那世界公认的废物,便不必细说理由,措词又未装出绅士的腔调,恐怕本志因此在社会上减了信用。象这种反对,本志同人是应该感谢他们的好意。

这第二种人对于本志的主张,是根本上立在反对的地位了。他们所非难本志的,无非是破坏孔教,破坏礼法,破坏国粹,破坏贞节,破坏旧伦理(忠、孝、节、义),破坏旧艺术(中国戏),破坏旧宗教(鬼神),破坏旧文学,破坏旧政治(特权人治),这几条罪案。

这几条罪案,本社同人当然直认不讳。但是追本溯源,本志同人本来无罪,只因为拥护那德莫克拉西(Democracy)和赛因斯(Science)两位先生,才犯了这几条滔天的大罪。要拥护那德先生,便不得不反对孔教、礼法、贞节、旧伦理、旧政治。要拥护那赛先生,便不得不反对旧艺术、旧宗教。要拥护德先生又要拥护赛先生,便不得不反对国粹和旧文学。大家平心细想,本志除了拥护德、赛两先生之外,还有别项罪案没有呢?若是没有,请你们不用专门非难本志,要有气力、有胆量来反对德、赛两先生,才算是好汉,才算是根本的办法。

社会上最反对的,是钱玄同先生废汉文的主张。钱先生是中国文字音韵学的专家,岂不知道语言文字自然进化的道理(我以为只有这一个理由可以反对钱先生)他只因为自古以来汉文的书籍,几乎每本、每页、每行,都带着反对德、赛两先生的臭味;又碰着许多老少汉学大家,开口一个国粹,闭口一个古说,不啻声明汉学是德、赛两先生天造地设的对头;他愤极了才发出这种激切的议论,象钱先生这种'用石条压驼背'的医法,本志同人多半是不大赞成的;但是社会上有一班人,因此怒骂他,讥笑他,却不肯发表意见和他辩驳,这又是什么道理呢?难道你们能断定汉文是永远没有废去的日子吗?

西洋人因为拥护德、赛两先生,闹了多少事,流了多少血,德、赛两先生才渐渐从黑暗中把他们救出,引到光明世界。我们现在认定,只有这两位先生可以救治中国政治上、道德上、学术上、思想上一切的黑暗。若因为拥护这两位先生,一切政府的压迫,社会的攻击笑骂,就是断头流血,都不推辞。此时正是我们中国用德先生的意思废了君主第八年的开始,所以我要写出本志得罪社会的原由,布告天下。"

陈独秀主编《每周评论》前25期。1月19日,陈独秀在《每周评论》第5号发表《除三害》(署名只眼),提出"除军阀、除官僚、除政客"的口号。其中第17、19号集中登载各报有关新旧思潮的言论,促进了新文化运动更广泛的开展。2月15日,在《新青年》第6卷第2号刊登《再质问〈东方杂志〉记者》,文中反问杜亚泉此前回应的文明统整说,但杜亚泉此次未再回应。至此,陈独秀和杜亚泉之间的关于东西文化论战暂告一段落。

按:2月15日,《新青年》编辑部发表启事:"近来外面的人往往把《新青年》和北京大学混为一谈,因此发生种种无谓的谣言。现在我们特别声明:《新青年》编辑和做文章的人虽然有几个在大学做教员,但是这个杂志完全是私人的组织;我们的议论完全归我们自己负责,和北京大学毫不相干。"

陈独秀3月因北京一些报刊刊登其在八大胡同"因争风抓伤某妓女下部"的不雅新闻,备受各方攻击。3月10日,胡适致函《北京大学日刊》辟谣。16日,陈独秀在《每周评论》第13号发表《关于北京大学的谣言》,指出国政党因为反对《新青年》,便对北京大学造谣,因为《新青年》反对孔教和旧文学,抨击林琴南及《神州日报》通讯记者张厚载,"决不拿出自己的知识本领来正正堂堂的争辩,总喜欢用'倚靠权势'、'暗地造谣'两种武器"。同期《每周评论》"通讯"栏还刊发了化名"二古"的《评林㧑庐最近所撰〈荆生〉短篇小说》,作者自称中学教员。该文对《荆生》小说中原本虚构的故事情节进行逐段索隐和点评，说林纾这篇小说"其结构之平直，文法之舛谬，字句之欠妥，在在可指。林先生号为能文章者，乃竟一至于斯耶！殊非鄙人梦想所料及者矣"。而就在本期《每周评论》出版之时，林纾的《妖梦》正寄往《新申报》发排，刊于 19 日至 23 日的"蠡叟丛谈"中，双方终成乱战。

　　按：陈独秀《关于北京大学的谣言》全文如下：迷顽可怜的国故党，看见《新青年》杂志里面，有几篇大学教习做的文章，他们因为反对《新青年》，便对大学造了种种谣言，其实连影儿也没有。这种谣言传的很远，大家都信以为真，因此北京、上海各报，也就加了许多批评。

　　上海《时事新报》说道："今以出版物之关系，而国立之大学教员被驱逐，则思想自由何在？学说自由何在？以堂堂一国学术精华所萃之学府，无端遭此侮辱，吾不遑为陈、胡诸君惜，吾不禁为吾国学术前途危。愿全国学界对于此事速加以确实调查，而谋取以对付之方法，毋使庄严神圣之教育机关，永被此暗无天日之虐待也。"

　　上海《中华新报》说道："北京大学教授陈独秀等创文学革命之论，那般老腐败怕威信失坠，饭碗打破，遂拼命为轨道外的反对，利用他狗屁不值人家一钱的权力，要想用'驱逐'二字吓人。这本来是他们的人格问题，真不值污我这枝笔。"

　　《中华新报》又说道："北京非首善之区乎？大学校非所谓神圣之学府乎？今之当局者非以文治号召中外者乎？其待士也如此。呜呼！我有以知其前途矣。"

　　《中华新报》又说道："自此事之起，舆论界及一般新教育界，当然义愤之极，以为这是辱没了学者，四君等当然不能受此奇耻。惟记者以为究竟是谁的耻辱？与其曰受者之耻辱，毋宁曰施者之耻辱，与其曰四君等之耻辱，毋宁曰中国全体民族之耻辱。"

　　上海《民国日报》说道："自蔡子民君长北京大学而后，残清腐败，始扫地以尽，而其出版品如《新青年》《新潮》等，尤于举世简陋自封之中，独开中国学术思想之新纪元。举国学者，方奔赴弗遑，作同声之应，以相发挥光大，培国家之大本，立学术之宏基，不图发轫方始，主其事者之数人，竟为恶政治势力所摈，而遂弃此大学以去也。"

　　北京《晨报》说道："思想自由，讲学自由，尤属神圣不可侵犯之事，安得以强力遏抑？稍文明之国家，当不至有此怪谬之事实。故连日每有所闻，未敢据以登载。嗣经详细调查，知此说实绝无影响。不过因顽旧者流，疾视新派，又不能光明磊落在学理上相为辩争，故造此流言，聊且快意而已。"

　　北京《国民公报》说道："今日之新思想，实有一种不可遏抑之潜势力。必欲逆此势力而与之抗，徒然增一番新旧之冲突而已。……昧者不察，对于新者，嫉之若仇。果使旧思想在今日有可以存之理由，记者亦将是认之，而无如其否也。记者往常读书，常怀一疑问，即孔、孟之言，何以不许人有是否于其间？昔日之帝王实以是术愚民，今而后非其时矣。"

　　对于新思想存在的价值，和政府不当干涉言论思想的理由，上海、北京各报都说得很痛快，无须我再说。而且政府并没有干涉，更不必"无的放矢"了。但是对于国故党造谣的心理，我却有点感想。

　　这感想是什么呢？就是中国人有"倚靠权势""暗地造谣"两种恶根性。对待反对派，决不拿出自己的知识本领来正正堂堂的争辩，总喜欢用"倚靠权势""暗地造谣"两种武器。民国八年以来的政象，除了这两种恶根性流行以外，还有别样正当的政治活动吗？此次迷顽可怜的国故党，对于大学创造谣言，也就是这两种恶根性的表现。

　　这班国故党中，现在我们知道的，只有《新申报》里"荆生"的著者林琴南和《神州日报》的通信记者张厚载两人。林琴南怀恨《新青年》，就因为他们反对孔教和旧文学。其实林琴南所作的笔记和所译的小说，在真正旧文学家看起来，也就不旧不雅了。他所崇拜所希望的那位伟丈夫荆生，正是孔夫子不愿会见的阳货一流人物。这两件事，要请林先生拿出良心来仔细思量！

　　张厚载因为旧戏问题，和《新青年》反对，这事尽可从容辩论，不必藉传播谣言来中伤异己。若说是无心传播，试问身为大学学生，对于本校的新闻，还要闭着眼睛说梦话，做那"无聊的通信"（这是张厚载对胡适君谢罪信里的话，见十日《北京大学日刊》），岂不失了新闻记者的资格吗？若说是有心传播，更要发生人格问题了!

《新青年》所讨论的,不过是文学,孔教,戏剧,守节,扶乩,这几个很平常问题,并不算什么新奇的议论,以后世界新思想的潮流,将要涌到中国来的很多。我盼望大家只可据理争辩,不用那"倚靠权势""暗地造谣"两种武器才好。

陈独秀 3 月 16 日参加北京大学学余俱乐部成立大会,并成为会员。19 日,蔡元培发表《致神州日报函》,为陈独秀"辞职"等事辟谣。26 日晚,蔡元培在北京医专校长汤尔和博士家中的西式客厅和汤尔和、沈尹默、马叙伦开会讨论北大文科学长陈独秀的去留问题。最后决定免去陈的文科学长职务,但仍聘为教授,并由校方给假一年。陈独秀卸职后,仍编辑《新青年》与《每周评论》,直到 1920 年初离开北大转赴上海。30 日,陈独秀在《每周评论》第 15 号撰文《林纾的留声机》,披露说:"林纾本来想藉重武力压倒新派的人,哪晓得他的伟丈夫不替他做主。他恼羞成怒,听说他又去运动他同乡的国会议员,在国会提出弹劾案,来弹劾教育总长和北京大学校长。"4 月 6 日,陈独秀署名"只眼"在《每周评论》第 16 号发表《婢学夫人》一文,对林纾在《腐解》中以孟轲、韩愈自居以及其他言论进行抨击。其中说道:"林琴南排斥新思想,乃是想学孟轲辟杨墨、韩愈辟佛老。林老先生要晓得:如今虽有一部分人说孟轲、韩愈是圣贤,而杨墨佛老却仍然有许多人尊重;孟轲、韩愈的价值,正因为辟杨墨佛老减色不少。况且学问文章不及孟、韩的人,更不必婢学夫人了。"8 日,蔡元培召集文理科教授会议,决定提前实行文理科教务处组织法,废除学长制,原文科学长陈独秀、理科学长秦汾改聘为教授,陈独秀以请假一年名义离开北大。

按:4 月 10 日,《北京大学日刊》公开刊登《大学本科教务处成立纪事》:"理科学长秦汾君因已被任为教育部司长,故辞去代理学长之职。适文科学长陈独秀君亦因事请假南归。校长特于本月八日召集文理两科各教授会主任及政治经济门主任会议。是日到会者为秦汾、俞同奎、沈尹默、陈启修、陈大齐、贺之才、何育杰、胡适八人。"

陈独秀 4 月 13 日署名"只眼"在《每周评论》第 17 号"随感录"中发表了一则《林琴南很可佩服》,针对林纾的"认错"回应道:"林琴南写信给各报馆,承认他自己骂人的错处,像这样勇于改过,倒很可佩服。但是他那热心卫道、宗圣明伦和拥护古文的理由,必须要解释得十分详细明白,大家才能够相信咧!"20 日,发表《二十世纪俄罗斯的革命》,认为它是人类社会变动和进化的大关键。5 月 7 日,陈独秀致函胡适,通报北京"五四"情形及各方面的反映。11 日,发表《对日外交的根本罪恶——造成这根本罪恶的人是谁?》,指出国民斗争的矛头应该指向卖国政府,而不要仅仅局限于曹、章、陆等几个卖国贼。18 日,发表《为山东问题敬告各方面》,指出万万不能把山东问题当做山东一省人的存亡问题,号召全体国民起来救亡。6 月 9 日,陈独秀起草《北京市民宣言》。10 日,陈独秀拿着《北京市民宣言》传单,到中央公园(即今北京中山公园)等地散发。11 日晚,陈独秀将《北京市民宣言》塞满西装口袋,爬上新世界屋顶花园,向下一层露台上看电影者散发时,被守在屋顶花园里的暗探逮捕。

按:《北京市民宣言》宣称:中国民族乃酷爱和平之民族,今虽备受内外不可忍受之压迫,仍本斯旨,对于政府提出最后最低之要求如下:1. 对日外交,不抛弃山东省及经济上之权利,并取消民国四年、七年两次密约;2. 免除徐树铮、曹汝霖、陆宗舆、章宗祥、段芝贵、王怀庆六人官职,并驱逐出京;3. 取消步军统领及警备司令部两机关;4. 北京保安队改由市民组织;5. 市民需有绝对集会、言论自由权。我市民仍希望和平方法达此目的,倘政府不愿和平,不完全听从市民之希望,我等学生、商人、劳工、军人等,惟直接行动,以图根本之改造。特此宣言,敬求内外士女谅解斯旨。

按:陈独秀被捕,引起全国震惊,对政府之反动更引起全国各界爱国人士愤怒,纷纷发电、致函北京政府各有关方面,要求释放。在陈被捕后的两周内,有北京学生会、上海工业协会、江苏教育会、学商界及和平联合会各省公会、国民大会上海干事会、北京中等以上学生联合会、中国工业协会、全国学生联合会等纷纷致电致函北京政府有关部门,强烈要求释放陈独秀。章太炎、章士钊等人都致电营救。北京大学、民国大学、中国大学等刘师培、马裕藻、马叙伦、程演生、王星拱、马寅初等几十位教授,联名致函京师警察厅,"查陈独秀此次行动果如报纸所载诚不免有越轨之嫌,然原其用心无非激于书生爱国之愚悃〔憫〕,夙仰钧厅维持地方向主息事宁人,商学各界钦感同深,可否于陈独秀宽其既往,以示国家爱护士类曲予裁成……俯准将陈独秀交保省释。"

按:7月13日《每周评论》(第30号)发表李辛白的诗《怀陈独秀》以及署名"赤"的随感录《入狱——革新》,称"陈独秀在中国现在的革新事业里,要算是一个最干净的健将。他也被囚了,不知今后中国的革新事业更当何如"。

陈独秀经多方营救于9月16日下午4时出狱。同日,北大校内评议会乘蔡元培出走,正式批准陈独秀辞去文科学长之职,陈独秀转而被聘为国史馆编纂。21日,李大钊发表白话诗《欢迎仲甫出狱》。10月5日下午,在胡适寓所召集《新青年》编辑部会议,决定《新青年》自第7卷第1号起,由陈独秀一人来编。12日,陈独秀参加欧美同学会成立周年纪念会并致词,高度评价"五四"运动;又出席少年中国学会欢迎许德珩、陈宝锷赴欧勤工俭学的茶话会。11月1日,《新青年》第6卷第6号因陈独秀被捕拖延四个月后出版,重新发表李大钊《欢迎独秀出狱》及刘半农《D—!》诗,赞扬陈独秀对权威的反抗。2日,陈独秀撰《实行民治的基础》,主张中国的民治。10日,刘师培病逝,陈独秀主持丧事,在参加葬礼时对陈中凡说:"校中现已形成派别,我的改组计划已经实现,我要离开北大了。"自此谢绝蔡元培校长聘其史学系教授的邀请,开始专心从事社会运动。15日,陈独秀作《答半农的D—!诗》,感激诸位在自己入狱期间对自己的支持和称道,认为生死苦难都不足道,"重大问题"在于"创造"。22日,发表《论"的"底用法》。30日,出席北京学界在女子高等师范学校召开李超女士追悼大会并发表演说。12月1日,在《新青年》第7卷第1号发表《新青年》"本志宣言"。

陈独秀12月4日晚与沈尹默兄弟、马寅初、周作人等人在东兴楼饭庄设宴,为刘半农、潘力山饯行。11日,陈独秀发表《对于国民大会的感想》。17日晚,陈独秀与李大钊、钱玄同、周作人等人,参加"新潮社"在香厂浣花春举行的聚会。12月31日,为日本武者小路实笃著《与支那未知的友人》一文作附记。同月,陈独秀发表在《新青年》第7卷第1号《随感录》栏里,发表了《调和论与旧道德》短文,批评章士钊新旧调和论是错误的,认为新旧调和"是思想文化史上的自然现象",不是思想文化本身新旧比较的实质,意味着陈独秀为了捍卫和发展新文化运动,不得不与昔日的好友章士钊分道扬镳。是月,广东军政府政务会议通过陈炯明的倡议,决定拨款一百万元创办西南大学,委托章士钊、汪精卫为筹备员。章士钊、汪精卫又邀蔡元培、吴稚晖、陈独秀加入,章士钊致电陈独秀,请其来粤共同担任,并又函托蔡元培促陈独秀上道。陈独秀复电章士钊,答应担任,约先行至沪,然后转轮赴粤。章士钊拟不日赴沪,与陈独秀会见。陈独秀又与蔡元培、李大钊等人发起成立北京工读互助团。冬,陈独秀支持恽代英在武昌创办的"利群书社"和翌年7月毛泽东在长沙创办的"文化书社",分别为这两个书社向亚东图书馆作了三百元营业额的担保。(以上参见唐宝林、林茂生《陈独秀年谱》,上海人民出版社1988年版;袁景华编《章士钊先生年谱》,吉林人民出版社2001年版;张旭、车树异编著《林纾年谱长编:1852—1924》,福建教育出版社2014年版)

胡适与蔡元培、陈独秀、李大钊等予以直接帮助的《新潮》杂志1月1日正式创刊,由北大学生傅斯年、罗家伦等发起创办,成为《新青年》最重要的姊妹刊物。新潮社的主要成员因受胡适的影响,逐步成为新文化运动中的右翼力量。15 日,《新青年》发布第 6 卷分期编辑表,胡适负责编辑第 4 号。2 月,著《墨辩与别墨》《老子传略》;所著《中国哲学史大纲》上卷出版,以开创中国哲学史研究新范式而引起学界轰动。

按:上年 8 月 3 日,蔡元培为《中国哲学史大纲》作序,称此书有四大长处:一、证明的方法;二、扼要的手段;三、平等的眼光,四、系统的研究。同时"盼望适之先生努力进行,由上古而中古,而近代,编成一部完全的《中国哲学史大纲》。我们三千年来一半断烂、一半庞杂的哲学界,理出一个头绪来,给我们一种研究本国哲学史的门径,那真是我们的幸福了"。但这一愿望一直未能实现。《中国哲学史大纲》的开创性意义和价值在于:第一,依靠可信的材料初步建立起一种古代哲学史的系统。从前在北大讲哲学史的人,要从伏羲讲起,把大量的神话传说做为哲学史的材料,缺乏起码的科学性。第二,抓住哲学方法作为主轴,考察各家学说的得失及其演变进化之迹。所以后来蔡元培又在《五十年来中国之哲学》(上海《申报》馆 1923 年版)称之为"第一部新的哲学史"。《中国哲学史大纲》出版后,在学术界影响很大,不到两个月即再版,到 1922 年 8 月已出至第八版。当时大部分学者对此书持欢迎和肯定态度,除了蔡元培以外,吴虞称许此书"最精详"。(《吴虞日记》1921 年 6 月 29 日条)余家菊认为"全书异常精采。……最使家菊不能不说的就是先生所用的研究方法"。(1919 年 4 月 1 日给胡适的信)但胡汉民、章炳麟、陈寅恪等则多有批评,就在《中国哲学史大纲》出版的当年 10 月,胡汉民(署名汉民)在《建设》第 1 卷第 3 号发表的《中国哲学史之唯物的研究》中,以唯物史观对胡适《中国哲学史大纲》中的"时势说"提出批评。章炳麟在给胡适的一封信中,他指出讲庄子时,把他的"万物皆种也,以不同形相禅",解作物种由来的进化论思想,乃是"断章取义"。40 年后,胡适在台湾重印此书时,自己承认了这一点。(见《中国古代思想史自序》台北版)陈寅恪在冯友兰《中国哲学史》上、下册两书出版的审查报告中也曾针对胡适《中国哲学史大纲·导言》所标榜的"评判的态度""系统的整理""审定史料的真伪"更是一一加以针砭。此外,梁启超则总体上也很称赏作者的"敏锐的观察力,致密的组织力,大胆的创造力",但同时也有批评,认为此书"讲墨子、荀子最好,讲孔子、庄子最不好。总说一句,凡关于知识论方面,到处发现石破天惊的伟论,凡关于宇宙观、人生观方面,什有九很浅薄或谬误"。(《饮冰室合集·文集》三十八,第 51、60 页)

按:《墨辩与别墨》《老子传略》后收入《古史辨》第四册。

胡适 3 月 10 日鉴于由文学革命问题引发的思想文化领域的斗争尖锐激烈以及有关种种谣传,在《北京大学日刊》上发表致编辑主任的一封信予以辟谣,谓:"这两个星期以来,外面发一种谣言,说文科陈学长及胡适等四人,被政府干涉,驱逐出校,并有逮捕的话,并说陈学长已逃至天津。这个谣言愈传愈远,竟由北京电传到上海各报,惹起了许多人的注意。这事乃是全无根据的谣言,今将我写给《神州日报》通信员、本校学生张厚载君的信和张君的回信送登《日刊》以释群疑。"15 日,胡适所作戏剧《终身大事》刊于《新青年》第 6 卷第 3 期。26 日,鉴于校内外攻击陈独秀的言论日趋激烈,蔡元培于是日夜召集胡适、汤尔和、沈尹默等在北京医专校长汤尔和家举行小型会议,商讨陈独秀去留之事。当时蔡元培还不肯即去陈独秀,只以汤尔和、沈尹默诸人,对陈独秀的私德攻击甚力,而蔡元培正在主持进德会,不得已而决定撤消陈独秀的文科学长职务。4 月 8 日,胡适出席蔡元培主持召开的文理两科各教授会主任及政治经济门主任的会议,讨论提前实行文理科教务处组织法,决定改科为系,撤消各科学长,设教务长,马寅初担任第一任教务长。陈独秀自行免去北京大学文科学长之职,以请"长假"名义离校。

按:胡适对 3 月 26 日晚会议的结果一直耿耿于怀,为陈独秀抱不平。时隔 16 年后,胡适于 1935 年 12 月 23 日致函汤尔和曰:"此夜之会,先生记之甚略,然独秀因此离去北大,以后中国共产党的创立及后来国中思想的左倾,《新青年》的分化,北大自由主义的变弱,皆起于此夜之会。独秀在北大,颇受我与孟和(英美派)的影响,故不致十分左倾。独秀离开北大之后,渐渐脱离自由主义者的立场,就更左倾了。此夜之会,虽有尹默、夷初在后面捣鬼,然子民先生最敬重先生,是夜先生之议论风生,不但决定北大的命运,实开后来十余年的政治与思想的分野。此会之重要,也许不是这十六年的短历史所能论定。可惜先生不曾详记,但有月日可考,亦是史料了。"五天后,即12月28日,胡适又致函汤尔和曰:"八年(1919)的事,我当时全无记载。三月廿六夜之会上,蔡先生颇不愿于那时去独秀,先生力言其私德太坏,彼时蔡先生还是进德会的提倡者,故颇为尊议所动。我当时所诧怪者,当时小报所记,道路所传,都是无稽之谈,而学界领袖乃视为事实,视为铁证,岂不可怪?嫖妓是独秀和浮筠都干的事,而'挖伤某妓之下体'是谁见来?及今思之,岂值一口虞?当时外人借私行为攻击独秀,明明是攻击北大的新思潮的几个领袖的一种手段,而先生们亦不能把私行为与公行为分开,适堕好人术中了。当时我颇疑心尹默等几个反复小人造成一个攻击独秀的局面,而先生不察,就做了他们的'发言人'了。"汤复函不以为然,说"陈君当然为不羁之才,岂能安于教授生活,即非八年之事,亦必脱蹒而去"。胡适又复函反驳说,"独秀终须去北大,也许是事实。但若无三月廿六日夜的事,独秀尽管仍须因五月十一夜的事被捕,至少蔡、汤两公不会使我感觉他们因'头巾见解'和'小报流言'而放逐一个有主张的'不羁之才'了"。

胡适3月间得知美国杜威博士在日本东京帝国大学讲演,遂与蔡元培、陶知行等商定,以北京大学、尚志学会、新学会和南京高等师范等几个团体的名义,邀请正在日本游历讲演的杜威来中国讲学,由正在日本的郭秉文、陶孟和两人同杜威具体协商。3月28日,《北京大学日刊》刊载杜威博士从日本写给胡适的信,信中对邀请他来中国讲学非常高兴。只要两方大学商妥,在中国住一年是很愿意的。4月,胡适在教育部会场作《实验主义》的演讲,对美国流行的实用主义思潮作出系统介绍,着重介绍了杜威的"实验主义",后载于《新青年》第6卷第4号。同月21日,国语统一筹备委员会在北京召开成立大会,北京大学马裕藻、周作人、朱希祖、刘复(半农)、钱玄同、胡适六教授皆为国语统一筹备委员会委员,会议期间联名向大会提交《国语统一进行方法的议案》,提出"编辑国语辞典、编辑国语文法、改编小学课本、编辑国语会话书"四件事。又提交《请颁行新式标点符号议案》,要求政府颁布通行新式标点,大会议决通过。25日,"国语统一筹备会"成立会闭幕。同月,在《北京大学月刊》第1卷第4号上发表《国语统一进行方法的议案》。30日,杜威携夫人抵达上海,胡适、蒋梦麟、陶行知三位留学哥伦比亚大学的杜威弟子到码头接,送入沧洲别墅居住。杜威在华作巡回演讲,胡适陪同杜威前往各地讲学,兼任翻译。5月2日,胡适在设于上海的江苏教育会演讲,介绍杜威思想梗概。留沪期间,胡适与蒋梦麟一起会见了孙中山。7日,胡适在上海参加国民大会游行。同日,陈独秀来函简要告知"五四"当日北京的实际情形。8日,胡适离沪返京,蔡元培已辞职离京,校事暂交原工科学长温宗禹署理,并公推王建祖、胡适、沈尹默组成委员会襄同温氏代行校务。

　　按:是时盛传政府当局要解散北京大学。蒋梦麟、黄炎培等人曾设想,如倡导新文化运动的北京大学果然保不住,即请北大新派教授都到南方,努力办好一个东南大学,作为新教育的重镇,而把北大让给旧派人去搞。这种显有退避之意的办法为一部分激进的北大师生所不能接受,遂罢其议。

胡适参与创办的《新中国》月刊5月出版,胡适在创刊号上发表翻译的契诃夫小说《一件美术品》和与陶孟和合译的《国际联盟组织法》。6月6日,北洋政府下令任命胡仁源接任北京大学校长,遭到进步师生的极力反对。是时胡适以他的发展北大的规划,及杜威讲学聘约事,由于蔡元培离校均告搁置,颇不愉快,对校事取不愿与闻的消极态度。10日,张申府致函胡适,希望他挺身而出,极力维持。22日,胡适致函已经提交辞呈的蔡元培校长,谓"十件事,有六件已经解决",信中对蔡元培走后校事无妥人负责的状况颇流露不满意的情绪,甚至想"决计不干"。28日,蒋梦麟在致胡适的信上颇致慰解。7月5日,蔡元培亲自复函胡适,劝胡不要因为杜威讲演任译述而辞去大学的事。

按:蔡元培谓"弟出京的时候,有许多事,没有机会与先生接洽一番,累先生种种为难,实在抱歉得很。手书中十件事,有六件已经解决;……后面没有解决的四件事,请先生照原约办事,弟负完全责任"。

胡适6月8日在《每周评论》第25号发表随感录《爱情与痛苦》,说:"《每周评论》第二十五号里,我的朋友陈独秀引我的话'爱情的代价是痛苦,爱情的方法是要忍得住痛苦'。他又加上一句评语道:'我看不但爱情如此,爱国爱公理也都如此。'这几句话出版后的第三日,他就被北京军警捉去了,现在已有半个多月,他还在警察厅里。我们对他要说的话是:'爱国爱公理的报酬是痛苦,爱国爱公理的条件是要忍得住痛苦。'"11日,陈独秀被当局逮捕,胡适特作《威权》一诗表达他的愤慨(见《尝试集》),并从第26号起接办陈独秀主编的《每周评论》,自此改变杂志的办刊方向。29日,胡适在《每周评论》第28号上发表《欢迎我们的兄弟——〈星期评论〉》,介绍戴季陶等所办的刊物《星期评论》。

按:胡适接管《每周评论》后,改变了杂志的办刊方向。第26号取消原刊头而代以"杜威演讲录"五个特大号字,并从此期起,取消了《国内大事述评》《国外大事述评》等栏目,停发了反映当时政治斗争的评论文摘和报道。当该刊37号付印时,被当局查封。

按:《星期评论》是"五四"时期的重要期刊,是年6月8日,由戴季陶、沈玄庐等创办,当时与陈独秀、李大钊等人创办的《每周评论》齐名,被时人誉为"舆论界中最亮的两颗明星"。后来又与《每周评论》《湘江评论》《星期日》一起,并称宣传新文化的"四大周刊"。

胡适7月9日针对是月4日安福系众议院议员克希克图发表《恢复民国元年大学学制意见书》以及旨在破坏蔡元培在北京大学改革的企图,在《民国日报》发表《论大学学制》一文予以批驳。19日,廖仲恺致函胡适,转达孙中山的意思,谓"我国无成文的语法,孙先生以为先生宜急编此书,以竟文学革命之大业,且以裨益教育"。7月20日,胡适在《每周评论》第31号发表《多研究些问题,少谈些主义》一文,根据实用主义哲学观点阐发社会改良的政治主张,随即收到李大钊等的驳难,从而引发"问题与主义"论战,由此导致新文化阵营的大分化。

按:《多研究些问题,少谈些主义》曰:"第一,空谈好听的'主义',是极容易的事,是阿猫阿狗都能做的事,是鹦鹉和留声机器都能做的事。第二,空谈外来进口的'主义',是没有什么用处的。一切主义都是某时某地的有心人,对于那时那地的社会需要的救济方法。我们不去实地研究我们现在的社会需要,单会高谈某某主义,好比医生单记得许多汤头歌诀,不去研究病人的症候,如何能有用呢? 第三,偏向纸上的'主义',是很危险的。这种口头禅很容易被无耻政客利用来做种种害人的事。欧洲政客和资本家利用国家主义的流毒,都是人所共知的。现在中国的政客,又要利用某种某种主义来欺人了。罗兰夫人说,'自由自由,天下多少罪恶,都是借你的名做出的!'一切好听的主义,都有这种危险。这三条合起来看,可以看出'主义'的性质。凡'主义'都是应时势而起的。某种社会,到了某时代,受了某种的影响,呈现某种不满意的现状。于是有一些有心人观察这种现象,想出某种救济的法子。这是'主义'的缘起。主义初起时,大都是一种救时的具体主张。后来这种主张传播出去,传播的人要图简便,使用一两个字来代表这种具体的主张,所以叫他做'某某主义'。主张成了主义,便由具体的计划,变成一个抽象的名词。'主义'的弱点和危险,就在这里。因为世间没有一个抽象名词能把某人某派的具体主张都包括在里面。比如'社会主义'一个名词,马克思的社会主义,和王揖唐的社会主义不同;你的社会主义,和我的社会主义不同;决不是这一个抽象名词所能包括。你谈你的社会主义,我谈我的社会主义,王揖唐又谈他的社会主义,同用一个名词,中间也许隔开七八个世纪,也许隔开两三万里路,然而你和我和王揖唐都可自称社会主义家,都可用这一个抽象名词来骗人。这不是'主义'的大缺点和大危险吗? ……更进一步说:'请你们多多研究这个问题如何解决,那个问题如何解决,不要高谈这种主义如何新奇,那种主义如何奥妙。'现在中国应该赶紧解决的问题,真多得很。从人力车夫的生计问题,到大总统的权限问题;从卖淫问题到卖官卖国问题从解散安福部问题到加入国际联盟问题;从女子解放问题到男子解放问题……哪一个不是火烧眉毛紧急问题?我们不去研究人力车夫的生计,却去高谈社会主义;不去研究女子如何解放,家庭制度如何救正,却去高谈公妻主义和自由恋爱;不去研究安福部如何解散,不去研究南北问题如何解决,却去高谈无政府主义;我们还要得意扬扬夸口道,'我们所谈的是根本解决'。老实说罢,这是自欺欺人的梦话,这是中国思想界破产的铁证,这是中国社会改良的死刑宣告!为什么谈主义的人那么多,为什么研究问题的人那么少呢?这都由于一个懒字。懒的定义是避难就易。研究问题是极困难的事,高谈主义是极容易的事。比如研究安福部如何解散,研究南北和议如何解决,这都是要费工夫,挖心血,收集材料,征求意见,考察情形,还要冒险吃苦,方才可以得一种解决的意见。又没有成例可援,又没有黄梨洲、柏拉图的话可引,又没有《大英百科全书》可查,全凭研究考察的工夫:这岂不是难事吗?高谈'无政府主义'便不同了。买一两本实社《自由录》,看一两本西文无政府主义的小册子,再翻一翻《大英百科全书》,便可以高谈无忌了:这岂不是极容易的事吗?高谈主义,不研究问题的人,只是畏难求易,只是懒。凡是有价值的思想,都是从这个那个具体的问题下手的。先研究了问题的种种方面的种种的事实,看看究竟病在何处,这是思想的第一步工夫。然后根据于一生经验学问,提出种种解决的方法,提出种种医病的丹方,这是思想的第二步工夫。然后用一生的经验学问,加上想象的能力,推想每一种假定的解决法,该有什么样的效果推想这种效果是否真能解决眼前这个困难问题。推想的结果,拣定一种假定的解决,认为我的主张,这是思想的第三步工夫。凡是有价值的主张,都是先经过这三步工夫来的。不如此,不算舆论家,只可算是抄书手。读者不要误会我的意思。我并不是劝人不研究一切学说和一切'主义'。学理是我们研究问题的一种工具。没有学理做工具,就如同王阳明对着竹子痴坐,妄想'格物',那是做不到的事。种种学说和主义,我们都应该研究。有了许多学理做材料,见了具体的问题,方才能寻出一个解决的方法。但是我希望中国的舆论家,把一切'主义'摆在脑背后,做参考资料,不要挂在嘴上做招牌,不要叫一知半解的人拾了这半生不熟的主义,去做口头禅。'主义'的大危险,就是能使人心满意足,自以为寻着包医百病的'根本解决',从此用不着费心力去研究这个那个具体问题的解决法了。"

胡适8月24日在《每周评论》第36号上为文介绍《湘江评论》与《星期日》。又在8月24日、31日出版的《每周评论》第36号、第37号上连续发表《三论问题与主义》《四论问题与主义》两文,回答蓝志先、李大钊两人的批评,并提出在输入有关主义、学理时应当注意产生此种主义、学理的时势背景,论主的生平,以及该主义、学说曾经发生的效果。在《四论问题与主义》中,他批评马克思主义的阶级斗争学说养成"阶级的仇恨心""使社会上本来应该互助而且可以互助的两种大势力成为两座对垒的敌营……使历史上演出许多不须有的惨剧"。

按:关于胡适挑起这次论争的动机,实与其不满当时马克思主义思想的快速传播密切相关,胡适在1922年6月18日《努力周报》第7期发表文章说:"1919年6月中,独秀被捕,我接办《每周评论》,方才有不能不谈政治的感觉。那时正当安福部极盛的时代,上海的分赃和会还不曾散伙。然而国内的'新'分子闭口不谈具体的政治问题,却高谈什么无政府主义与马克思主义。我看不过了,忍不住了,——因为我是一个实验主义的信徒,——于是发愤要想谈政治。我在《每周评论》第31号里提出我的政论的导言,叫做《多研究些问题,少谈些主义》。"

按:8月31日,《每周评论》出至37号被北洋军阀政府封闭。9月1日,胡适为《每周评论》被封事,与虞春汀去见警察厅总监吴炳湘,吴炳湘劝其不要办《每周评论》了,要办报,可以另起报名,胡适答应。十六年后胡适追记:"此事是这样解决的:我与虞春汀同去见吴炳湘,谈了一会,他劝我不要办《每周评论》了,要办报,可以另起报名。我答应了。此事就完了。"(《胡适钞汤尔和日记并跋》,见《胡适来往书信选》(中),第288页)

胡适 8 月 16 日作《论国故学》。同月,胡适撰《清代汉学家的科学方法》第一至第六章,认为科学方法"是演绎和归纳互相为用的",清代的"朴学"(包括文字学、训诂学、校勘学和考订学等)是用科学方法,确有科学精神,并总结和归纳了清代汉学家的七种科学方法,后刊于是年 11 月《北京大学月刊》第 1 卷第 5 号。

按:本年度胡适此文并未写完,其《附记》曰:"此篇第一至第六章是民国八年八月作的;第七章是九年春间作的;第八章是十年十一月作的。相隔日久,中间定有不贯串之处。将来有暇时,当细细修正。"即至 1920 年春和 1921 年 11 月分别续完,并于结集时改篇名为《清代学者的治学方法》。在完结章(八)中说:"我想上文举的例很可以使读者懂得清代学者的治学方法了。他们用的方法,总括起来,只是两点:(1)大胆的假设,(2)小心的求证。假设不大胆,不能有新发明。证据不充足,不能使人信仰。"胡适首次将清代汉学家的科学方法简要而浅显地归纳为"大胆的假设,小心的求证",在学界产生重大影响,但时间要推迟到 1921 年 11 月完结章(八)刊出之后。后收入《胡适文存》时作者作了修改。

胡适 9 月 16—23 日在《北京大学日刊》上发表《尝试集自序》(后又刊于《新青年》第 6 卷第 5 期)。其中详细谈到他怎样不顾友朋的反对,立意创作白话诗的经过。并说这本诗集是他三年来做白话诗的"试验报告"。认为"无论试验的成绩如何",《尝试集》"至少有一件事可以贡献给大家""就是这本诗所代表的'实验的精神'"。10 月 5 日下午,陈独秀在胡适寓所召集同人讨论《新青年》第 7 卷第 1 号以后之办法,议定仍归陈独秀一人编辑,会后在胡适家中吃晚饭。10 日,胡适在《星期评论》双十节纪念号上发表《谈新诗》,认为伴随着文学革命运动而出现的诗体的解放,白话诗登上文坛,是"辛亥革命以来的一件大事"。

按:胡适强调诗体的解放对于诗的内容的革新所具有的重要性。文中对白话新诗的音韵问题,提出了自己的主张。认为新诗废弃旧格律以后,"诗的音节全靠两个重要分子:一是语气的自然节奏,二是每句内部所用字的自然和谐。至于句末的韵脚,句中的平仄,都是不重要的事"。这个主张对于新诗的成立与发展具有重要作用。所以后来朱自清说,胡适的《谈新诗》"差不多成为新诗创作和批评的金科玉律了"。(《中国新文学大系·诗集导言》)

胡适 10 月在《少年中国》第 1 卷第 4 期发表《大学开女禁的问题》,主张先在北大收女学生旁听,作为试验和过渡,并论根本的办法应当改革女子教育,使与大学教育衔接起来。同月,开始代理北大教务长。11 月 29 日,胡适执笔对是年 4 月提交的《请颁行新式标点符号议案》修改完毕,继续以北京大学马裕藻、周作人、朱希祖、刘半农、钱玄同、胡适六教授联名向教育部提交《请颁行新式标点符号议案》(修正案),希望教育部把这几种标点符号颁行全国,学校、报馆、印刷所、书店都采用,以省读书人的脑力,以谋教育的普及。此为次年 1920 年 2 月北洋政府教育部发布第 53 号训令——《通令采用新式标点符号文》批准这一议案奠定了良好基础。

按:《请颁行新式标点符号议案》(修正案)落款:"八年(1919)十一月二十九日夜修正胡适",曰:

本议案所谓"标点符号",含有两层意义:一是"点"的符号,一是"标"的符号。"点"即是点断,凡用来点断文句,使人明白句中各部分在文法上的位置和交互的关系的,都属于"点的符号",又可叫做"句读符号"。下条所举的句号,点号,冒号,分号四种属于此类。"标"即是标记。凡用来标记词句的性质种类的,都属于"标的符号"。如问号是表示疑问的性质的,引号是表示某部分是引语的,私名号是表示某名词是私名的,旧有"文字符号""句读符号"等名称,总不能包括这两项意义,故采用高元先生《论新标点之用法》一篇(《法政学报》第八期),所用"标点"两字,定名为"标点符号"。……因此我们想请教育部把这几种标点符号颁行全国,使全国的学校都用符号帮助教授;使全国的报馆渐渐采用符号,以便读者;使全国的印刷所和书店早日造就出一班能排印符号的工人,渐渐的把一切书籍都用符号排印,以省读书人的脑力,以谋教育的普及。这是我们的希望。

提议人：马裕藻　周作人　朱希祖　刘复(半农)　钱玄同　胡适

按：《请颁行新式标点符号议案》(修正案)由胡适执笔,是因为胡适不仅极力倡导新文化与白话文运动,而且在新式标点符号方面先行作了思考与实践。早在1915年8月2日为《科学》杂志写的《论句读及文字符号》,胡适就对标点符号等做了很细密的思考与探索,积极提倡新式标点符号,在学术界引发了一场激烈的争论。受此影响,《科学》杂志就是最早采用新式标点符号的,之后《新青年》《太平洋》《新潮》《每周评论》《北京法政学报》等刊物都采用了新式标点,北大出版的"大学丛书",也多用标点,乃至老牌的《东方杂志》也有全用标点的文章。

按：新式标点符号是五四新文化运动的重要方面,也是五四新文化运动的重要成果。参照张培源编著《标点符号趣话》、袁晖等著《汉语标点符号流变史》写成的《标点符号来历:1919年北大六教授提〈请颁行新式标点符号议案〉》(《北京日报》2017年4月5日)作了如下梳理:

我国现在通用的标点符号,是在我国古代的"句读""圈点"等标点和符号的基础上,再引进西方国家的一些标点符号,经过百余年的使用改造融合而成的。

1840年的鸦片战争打开了中国的大门,也打开了中国人的眼界。"开眼看世界"的中国人提出"师夷之长技以制夷"的主张,即学习外国的技术,以对付外国的侵略。要学习,先得了解。西洋标点便在这个时候传入中国。

清末的外交官张德彝,是我国第一个介绍西方标点符号的人。张德彝祖籍福建,汉军镶黄旗人,同文馆英文班学生,曾先后八次出国游历,每次都留下一部以"述奇"为名的日记体裁的闻见录。同文馆是清政府为培养洋务人才而设置的一所近代外语学校。张德彝随浦安臣使团出使欧美,1868—1869年写出《再述奇》(今名《欧美环游记》)记述了他在美、英、法三国的社会和文化方面的见闻。其中有一段对西洋标点符号的叙述,是我们见到的最早介绍西洋标点的文字。

在中国第一个使用新式标点符号著书立说的人,是资产阶级启蒙思想家严复。严复深受西方文化的影响,也很了解中西文化的某些差异。1904年,他在所著的《英文汉诂》一书中,第一次使用了一些新式标点符号,这对中国语言文学的发展,有着十分重大的意义。而大张旗鼓地号召在社会上推广使用标点符号,是和"五四"新文化运动紧密联系在一起的。

《新青年》在新文化运动中,倡导了以反对文言、提倡白话为主要内容的书面语革新运动,有不少文章、书信提到了使用标点的问题,开展了使用新式标点的讨论,在社会上,尤其是知识界产生了深远的影响。1917年5月,刘半农在《新青年》上发表了《我之文字改良观》,提出了在文章中使用新式标点符号的主张。《新青年》杂志作为新文化运动的"喉舌",自创刊之日起,一直坚持使用新式标点符号。

作为新文化运动领袖之一的胡适,对新式标点符号的创制实施也发挥了重要作用。在美留学期间,胡适曾先后担任《学生英文月报》《留美学生季报》等刊物的主编,同时还进行了一些学术著述。1914—1916年他曾在日记中多次记下自己对创制新式标点符号的设想,这些日记先在友人中传阅,后来收入《藏晖室札记》。1915年8月,胡适应《科学》杂志之约,作《论句读及文字符号》一文,"凡三昼夜始成,约一万字",全面阐述了他对句读及文字符号的理论思考,并且进行了符号的实际创制。1918年胡适在写作《中国哲学史大纲》时,对这套符号进行增删改易,使之成为我国第一部国家颁行的标点符号方案的雏形。

1919年4月,北京大学马裕藻、周作人、朱希祖、刘复、钱玄同、胡适六教授,联名向国语统一筹备会第一次大会提交《请颁行新式标点符号议案》,大会议决通过。1920年2月,北洋政府教育部发布第53号训令——《通令采用新式标点符号文》,批准了这一议案。训令指出,议案内容"远仿古昔之成规,近采世界之通则,足资文字上辨析义蕴、辅助理解之用",并转发所属各校"傅备采用"。

议案的颁布,标志着新式标点由个人提倡走向国家推行,走向法治,这极大地推动了标点的使用和普及。上世纪20年代,除在白话文中继续推广使用新式标点外,还出版了一批古典名著的新式标点本。如上海亚东图书馆出版了汪原放标点的《水浒》《儒林外史》《红楼梦》。标点古书迅速形成风气,新式标点一时成了时尚。正如陈望道在《新式标点》一文中所说:"新式标点现今算是一件时式的东西了,一部旧书,单加几个标点便可以赚钱了！时代底进步，真快啊！从前胡适之在《科学》、陈望道在《学艺》、高元在《法政学报》、项衡方在《东方》一类杂志上劝用新式标点的话，早已是日本女人手里的'劝女人放足歌'了！"

胡适10月30日在《新潮》第2卷第1号发表《论国故学——答毛子水》，回应毛子水5月1日刊于《新潮》第1卷第5号的《国故和科学的精神》，由此进一步推动了有关"国故"的论争。自11月起，胡适与廖仲恺、胡汉民、朱执信等就古代井田制有无的问题展开争论。12月1日，胡适在《新青年》第7卷第1号发表《新思潮的意义》，提出新文化运动纲领，即"研究问题，输入学理，整理国故，再造文明"，由此揭櫫整理国故运动的大旗，标志着"整理国故"学术运动的正式启动。

按：胡适《新思潮的意义》说："我们对于旧有的学术思想，积极的只有一个主张，——就是'整理国故'。整理就是从乱七八糟里面寻出一个条理脉络来；从无头无脑里面寻出一个前因后果来；从胡说谬解里面寻出一个真意义来；从武断迷信里面寻出一个真价值来。为什么要整理呢？因为古代的学术思想向来没有条理，没有头绪，没有系统，故第一步是条理系统的整理。因为前人研究古书，很少有历史进化的眼光的，故从来不讲究一种学术的渊源，一种思想的前因后果，所以第二步是要寻出每种学术思想怎样发生，发生之后有什么影响效果。因为前人读古书，除极少数学者以外，大都是以讹传讹的谬说……第三步是要用科学的方法，作精确的考证，把古人的意义弄得明白清楚。因为前人对于古代的学术思想，有种种武断的成见，有种种可笑的迷信……第四步是综合前三步的研究，各家都还他一个本来真面目，各家都还他一个真价值。"（《胡适文集》第2册）

按：所谓"整理国故运动"，就是"胡适等人在新文化运动中发起的、以中国传统文化为研究对象的一场学术文化运动。它影响广泛、构成复杂，但就其中坚主体而言，无疑是那些具有较深传统学术素养的新文化派学者。他们先后创设了一系列专门机构与团体，有意识、有计划、有组织地开展了'整理国故'的各种实践。他们遵循'研究问题、输入学理、整理国故、再造文明'的思想理路，主张立足于'评判的态度''重新估定一切价值'，从中国传统文化中寻出中西文明的结合点"（卢毅《"整理国故运动"与中国现代学术转型》，北京师范大学博士论文，2003年）。这场运动起于1920年前后，前后持续了近20年的时间，对于整个民国学术尤其是传统学术的发展产生了非常巨大的影响。

胡适12月撰《国语文法概论》。同月13日，北京各高等学校代表会议为反对教育部欠薪不发现，决定罢教。胡适因坚决反对罢教，遭到各校代表反对后，于12月17日辞去北大教务长职。是年，胡适与蒋梦麟、马寅初、马叙伦、沈尹默、温宗禹、朱希祖、贺之才等17人当选为北京大学评议员，兼任大学出版委员会委员长，同时受聘兼任北京女子高等师范及中国大学哲学教授；参与发起工读互助团；参加在北京的各同人士中爱好文学者的联合组织文友会，其经常活动为读书与讲演。又著《中古哲学史讲义》（至王充而止）；所译《短篇小说》第一集出版。（以上参见耿云志《胡适年谱》，四川人民出版社1989年版；胡颂平编《胡适之先生年谱长编初稿》，台北联经出版事业公司1984年版）

李大钊1月5日在《每周评论》第3号上发表《新纪元》一文，指出第一次世界大战和俄国革命以及德奥革命的血好比作一场大洪水，洗出一个新纪元来。这个新纪元是世界革命的新纪元，是人类觉醒的新纪元。15日，据《新青年》发布本杂志第6卷分期编辑表，李大钊负责编辑第5期。26日，李大钊在《每周评论》第6号发表《兴三利》（署名赤），提出"培养进取、有为、肯牺牲、负责任的少年专门而博闻学者；实行科学教育，遵守科学法的态度；创办种种真正绝对的民主事业，成立真正绝对的民本制度，务令人世确是人的人世，不再是帝王、军阀的人世，不再是官僚政客的人世，不再是资本家、财主的人世"。是月，李大钊当选为北京大学教职员会组织大纲起草员，参加临时委员会。

李大钊2月支持《晨报》实行改革，在第7版增加"自由论坛"和"译丛"两栏，成为拥护新文化运动和宣传社会主义的园地。李大钊先后发表《战后之世界潮流》《青年与农村》《现代青年活动的方向》等论述新思潮及社会问题的文章。3月9日,针对林纾2月17日在上海《新申报》发表小说《荆生》影射攻击新文化运动的领袖陈独秀、胡适、钱玄同,《每周评论》第12号转载了林纾《荆生》全文,李大钊发表《新旧思潮之激战》一文,对林纾文言小说《荆生》影射攻击《新青年》的谬论进行驳斥。16日,《每周评论》第13号组织文章对《荆生》逐段评点批判。至第17、19号特意增出《对于新旧思潮的舆论》的"特别附录",摘编北京、上海、四川、浙江等地十余家报纸上谴责林琴南的文章,歌颂了新文化运动和各种新思想,遂使林琴南成为新文化运动的众矢之的。

按:《新旧思潮之激战》批评林纾是"鬼鬼祟祟的,想用道理以外的势力,来铲除这刚一萌动的新机(指新文化运动)",声称:"我正告那些顽旧鬼祟、抱着腐败思想的人:你们应该本着你们所信的道理,光明磊落的出来同这新派思想家辩驳、讨论。公众比一个人的聪明质量广、方面多,总可以判断出来谁是谁非。你们若是对于公众失败,那就当真要有个自觉才是。若是公众袒右你们,哪个能够推倒你们?你们若是不知道这个道理,总是隐在人家的背后,想抱着那位伟丈夫的大腿,拿强暴的势力压倒你们所反对的人,替你们出出气,或是作篇鬼话妄想的小说快快口,造段谣言宽宽心,那真是极无聊的举动。须知中国今日若如果自真正觉醒的青年,断不怕你们那伟丈夫的摧残;你们的伟丈夫,也断不能摧残这些年青的精神。"又说:"当年俄罗斯的暴虐政府,也不知用尽多少残忍的心性,杀戮多少青年的志士,那知道这些青年牺牲的血,都是培植革命自由花的肥料;那些暗沉沉的监狱,都是这些青年运动奔劳的休息所;那暴横政府的压制却为他们增加一层革命的新趣味。直到今日这样滔滔滚滚的新潮,一决不可复遏,不知道那些当年摧残青年、压制思想的伟丈夫哪里去了。我很盼望我们中国真正的新思想家或旧思想家,对于这种事实,都有一种觉悟。"

按:是年4月13日《每周评论》第17号《对于新旧思潮的舆论》之"特别附录"头条"警告守旧党"(署名"渊泉",录《晨报》)写道:"学问独立,思想自由,为吾人类社会最有权威之两大信条,有敢蹂躏之者,吾侪认为学术界之大敌,思想界之蟊贼,必尽吾侪之力,与之奋战苦斗,以拥护之。在昔帝王专制时代,往往因个人之爱憎,滥用权力,压迫思想。然其结果,反动愈烈,卒莫之何。试问今日何时,旧派乃欲以专制手段,阻遏世界潮流,多见其不自量耳!"

李大钊5月1日帮助《晨报》副刊出版"劳动节纪念专号",是为中国报纸上第一次纪念劳动人民的节日。李大钊发表《五一节May Day杂感》一文。5日,李大钊协助陈溥贤在《晨报》开辟了"马克思研究"专栏,将相关研究成果资料结集出版。15日,李大钊负责编辑《新青年》第6卷第5号,刊出"马克思主义思想研究专号",集中发表了一批宣传马克思主义的文章。6月11日,陈独秀被捕,李大钊避难南京。8月17日,李大钊在《每周评论》第35号发表《再论问题与主义》,从理论和实际两方面批评了胡适的立场,明确声明他自己是喜欢谈谈布尔什维克主义的,认为俄国革命的榜样足可证明马克思主义历史观的正确,以此回应"问题与主义"的论战。

按:《再论问题与主义》曰:适之先生:我出京的时候,读了先生在本报31号发表的那篇论文,题目是《多研究些问题,少谈些主义》,就发生了一些感想。其中有的或可与先生的主张互相发明,有的是我们对社会的告白。现在把他一一写出,请先生指正!

一、"主义"与"问题"。我觉得"问题"与"主义",有不能十分分离的关系。因为一个社会问题的解决,必须靠着社会上多数人共同的运动。那么我们要想解决一个问题,应该设法使他成了社会上多数人共同的问题。要想使一个社会问题,成了社会上多数人共同的问题,应该使这社会上可以共同解决这个那个社会问题的多数人,先有一个共同趋向的理想、主义,作他们实验自己生活上满意不满意的尺度(即是一种工具)。那共同感觉生活上不满意的事实,才能一个一个的成了社会问题,才有解决的希望。不然,你尽管研究你的社会问题,社会上多数人,却一点不生关系。那个社会问题,是仍然永没有解决的希望;那个社会问题的研究,也仍然是不能影响于实际。所以我们的社会运动,一方面固然要研究实际的问题,一方面也要宣传理想的主义。这是交相为用的,这是并行不悖的。不过谈主义的人,高谈却没有甚么不可,也须求一个实验。这个实验,无论失败与成功,在人类的精神里,终能留下个很大的痕影,永久不能消减。从前信奉英国的 Owen 的主义的人,和信奉法国 Fourier 的主义的人,在美洲新大陆上都组织过一种新村落、新团体。最近日本武者小路氏等,在那日向地方,也组织了一个"新村"。这都是世人指为空想家的实验,都是他们的实际运动中最有兴味的事实,都是他们同志中的有志者或继承者集合起来组织一个团体在那里实现他们所理想的社会组织,作一个关于理想社会的标本,使一般人由此知道这新社会的生活可以希望,以求实现世界的改造的计划。Owen 派与 Fourier 派在美洲的运动,虽然因为离开了多数人民去传播他们的理想,就像在那没有深厚土壤的地方撒布种子的一样,归于失败了。而 Noyes 作《美国社会主义史》却批评他们说,Owen 主义的新村落,Fourier 主义的新团体,差不多生下来就死掉了。现在人都把他们忘了。可是社会主义的精神,永远存留在国民生命之中。如今在那几百万不曾参加他们的实验生活,又不 Owen 主义者,又不是 Fourier 主义者,只是没有理论的社会主义者,只信社会有科学的及道德的改造的可能的人人中,还有方在待晓的一个希望,犹尚俨存。这日向的"新村",有许多点像那在美洲新大陆上已成旧梦的新村。而日本的学者及社会,却很注意。河上肇博士说:"他们的企图中所含的社会改造的精神,也可以作方在待晓的一个希望,永存在人人心中。"最近本社仲密先生自日本来信也说:"此次东行在日向颇觉愉快。"可见就是这种高谈的理想,只要能寻一个地方去实验,不把他作了纸上的空谈,也能发生些工具的效用,也会在人类社会中有相当的价值。不论高揭什么主义,只要你肯竭力向实际运动的方面努力去作,都是对的,都是有效果的。这一点我的意见稍与先生不同,但也承认我们最近发表的言论,偏于纸上空谈的多,涉及实际问题的少,以后誓向实际的方面去作。这是读先生那篇论文后发生的觉悟。

大凡一个主义,都有理想与实用两面。例如民主主义的理想,不论在那一国,大致都很相同。把这个理想适用到实际的政治上去,那就因时、因所、因事的性质情形,有些不同。社会主义,亦复如是。他那互助友谊的精神,不论是科学派、空想派,都拿他来作基础。把这个精神适用到实际的方法上去,又都不同。我们只要把这个那个的主义,拿来作工具,用以为实际的运动,他会因时、因所、因事的性质情形生一种适应环境的变化。在清朝时,我们可用民主主义作工具去推翻爱亲觉罗家的皇统。在今日,我们也可以用他作工具,去推翻那军阀的势力。在别的资本主义盛行的国家,他们可以用社会主义作工具去打倒资本阶级。在我们这不事生产的官僚强盗横行的国家,我们也可以用他作工具,去驱除这一班不劳而生的官僚强盗。一个社会主义者,为使他的主义在世界上发生一些影响,必须要研究怎么可以把他的理想尽量应用于环绕着他的实境。所以现代的社会主义,包含着许多把他的精神变作实际的形式使合于现在需要的企图。这可以证明主义的本性,原有适应实际的可能性,不过被专事空谈的人用了,就变成空的罢了。那么,先生所说主义的危险,只怕不是主义的本身带来的,是空谈他的人给他的。

二、假冒牌号的危险。一个学者一旦成名,他的著作恒至不为人读,而其学说却如通货一样,因为不断的流通传播,渐渐磨灭,乃至发行人的形象、印章,都难分清。亚丹斯密史留下了一部书,人人都称赞他,却没有人读他。马查士留下了一部书,没有一个人读他,大家却都来滥用他。英人邦纳(Bonar)氏早已发过这种感慨。况在今日群众运动的时代,这个主义,那个主义多半是群众运动的隐语、旗帜,多半带着些招牌的性质。既然带着招牌的性质,就难免招假冒牌号的危险。王麻子的刀剪,得了群众的赞许,就有旺麻子等来混他的招牌;王正大的茶叶得了群众的照顾,就有汪正大等来混他的招牌。今日社会主义的名辞,很在社会上流行,就有安福派的社会主义,跟着发现。这种假冒招牌的现象,讨厌诚然讨厌,危险诚然危险,淆乱真实也诚然淆乱真实。可是这种现象,正如中山先生所云新开荒的时候,有些杂草毒草,夹杂在善良的谷物花草里长出,也是当然应有的现象。王麻子不能因为旺麻子等也来卖刀剪,就闭了他的剪铺。王正大不能因为汪正大等也来贩茶叶,就歇了他的茶庄。开荒的人,不能因为长了杂草毒草,就并善良的谷物花草一齐都收拾了。我们又何能因为安福派也来讲社会主义,就停止了我们正义的宣传!

因为有了假冒牌号的人，我们愈发应该一面宣传我们的主义，一面就种种问题研究实用的方法，好去本着主义作实际的运动，免得阿猫、阿狗、鹦鹉、留声机来混我们骗大家。

三、所谓过激主义。《新青年》和《每周评论》的同人，谈俄国的布尔扎维主义的议论很少。仲甫先生和先生等的思想运动、文学运动，据日本《日日新闻》的批评，且说是支那民主主义的正统思想。一方要与旧式的顽迷思想奋战，一方要防遏俄国布尔扎维主义的潮流。我可以自白，我是喜欢谈谈布尔扎维主义的。当那举世若狂庆祝协约国战胜的时候，我就作了一篇《Bolshevism 的胜利》的论文，登在《新青年》上。当时听说孟和先生因为对于布尔扎维克不满意，对于我的对于布尔扎维克的态度也很不满意(孟和先生欧游归来，思想有无变动，此时不敢断定)。或者因为我这篇论文，给《新青年》的同人惹出了麻烦，仲甫先生今犹幽闭狱中，而先生又横被过激党的诬名，这真是我的罪过了。不过我总觉得布尔扎维主义的流行，实在是世界文化上的一大变动。我们应该研究他，介绍他，把他的实象昭布在人类社会，不可一味听信人家为他们造的谣言，就拿凶暴残忍的话抹煞他们的一切。所以一听人说他们实行"妇女国有"，就按情理断定是人家给他们造的谣言。后来看见美国"New Republic"登出此事的原委，知道这话果然是种谣言，原是布尔扎维克政府给俄国某城的无政府党人造的。以后辗转传讹，人又给他们加上了。最近有了慰慈先生在本报发表的俄国的新宪法、土地法、婚姻法等几篇论文，很可以供我们研究俄事的参考，更可以证明妇女国有的话全然无根了。后来又听人说他们把克鲁泡脱金氏枪毙了，又疑这话也是谣言。据近来欧美各报的消息，克氏在莫斯科附近安然无恙。在我们这盲目的社会，他们哪里知道 Bolshevism 是什么东西，这个名辞怎么解释！不过因为迷信资本主义、军国主义的日本人把他译作过激主义，他们看"过激"这两个字很带着些危险，所以顺手拿来，乱给人戴。看见先生们的文学改革论，激烈一点，他们就说先生是过激党。看见章太炎、孙伯兰的政治论，激烈一点，他们又说这两位先生是过激党。这个口吻是根据我们四千年先圣先贤道统的薪传。那"杨子为我，是无君也。墨子兼爱，是无父也。无父无君，是禽兽也"的逻辑，就是他们唯一的经典。现在就没有"过激党"这个新名辞，他们也不难把那旧武器拿出来攻击我们。什么"邪说异端"哪，"洪水猛兽"哪，也都可以给我们随便戴上。若说这是谈主义的不是，我们就谈贞操问题，他们又来说我们主张处女应该与人私通。我们译了一篇社会问题的小说，他们又来说我们提倡私生子可以杀他父母。在这种浅薄无知的社会里，发言论事，简直是万难，东也不是，西也不是。我们惟有一面认定我们的主义，用他作材料，作工具，以为实际的运动；一面宣传我们的主义，使社会上多数人都能用他作材料，作工具，以解决具体的社会问题。那些猫、狗、鹦鹉、留声机，尽管任他们在旁边乱响，过激主义哪，洪水猛兽哪，邪说异端哪，尽管任他们乱给我们作头衔，哪有闲工夫去理他！

四、根本解决。"根本解决"这个话，很容易使人闲却了现在不去努力，这实在是一个危险。但这也不可一概而论。若在有组织有生机的社会，一切机能都很敏活，只要你有一个工具，就有你使用他的机会，马上就可以用这工具作起工来。若在没有组织没有生机的社会，一切机能，都已闭止，任你有什么工具，都没有你使用他作工的机会。这个时候，恐怕必须有一个根本解决，才有把一个一个的具体问题都解决了的希望。就以俄国而论，罗曼诺夫家没有颠覆，经济组织没有改造以前，一切问题，丝毫不能解决。今则全部解决了。依马克思的唯物史观，社会上法律、政治、伦理等精神的构造，都是表面的构造。他的下面，有经济的构造作他们一切的基础。经济组织一有变动，他们都跟着变动。换一句话说，就是经济问题的解决，是根本解决。经济问题一旦解决，什么政治问题、法律问题、家族制度问题、女子解放问题、工人解放问题，都可以解决。可是专取这唯物史观(又称历史的唯物主义)的第一说，只信这经济的变动是必然的，是不能免的，而于他的第二说，就是阶级竞争说，了不注意，丝毫不去用这个学理作工具，为工人联合的实际运动，那经济的革命，恐怕永远不能实现，就能实现，也不知迟了多少时期。有许多马克思派的社会主义者，很吃了这个观念的亏。天天只是在群众里传布那集产制必然的降临的福音，结果除去等着集产制必然的成熟以外，一点的预备也没有作，这实在是现在各国社会党遭了很大危机的主要原因。我们应该承认：遇着时机，因着情形，或须取一个根本解决的方法，而在根本解决以前，还须有相当的准备活动才是。

以上拉杂写来，有的和先生的意见完全相同，有的稍相差异，已经占了很多的篇幅了。如有未当，请赐指教。以后再谈吧。李大钊寄自昌黎五峰，1919年8月17日《每周评论》第35号。

李大钊9月21日发表白话诗《欢迎仲甫出狱》，赞扬陈独秀"什么监狱什么死，都不能屈服了你"，欢呼"我们现在有了很多的化身，同时奋起，好象花草的种子，被风吹散在遍地"。同月，李大钊于5月负责编辑的《新青年》第6卷第5号"马克思主义研究号"因五四运动延迟至9月出版，李大钊在本期《新青年》刊载《我的马克思主义观》，至11月第6卷第6号连载，为中国学者系统地介绍、分析马克思的学说的开山之作，是马克思主义在近代中国传播史上具有里程碑意义的历史文献。是年，李大钊作《物质和精神》《物质变动和道德变动》《由经济上解释中国近代思想变动的原因》等文宣传马克思主义；又作《过激派的引起》《新旧思潮之激战》《阶级竞争与互助》等文。

李大钊12月针对朋友章士钊《新时代之青年》一文中的"物质上开新之局，或急于复旧，而道德上复旧之必要甚于开新"的论调，在《新潮》第2卷第2号发表《物质变动与道德变动》一文，运用历史唯物主义进行了剖析和批评，指出道德的性质和状况必然与经济的性质与发展程度相适应，经济变动是道德变动的根本原因。物质开新之后，要求有适应于新物质的新道德，新旧道德调和论是错误的。同月，李大钊以北京大学图书馆主任身份参加北京高等师范学校图书馆二周年纪念会时指出："图书馆和教育有密切的关系，和社会教育更有关系，添设图书馆专科或简易的传习所，使管理图书的都有图书馆教育的知识，这是关系中国图书馆前途的事情，也是关系到中国教育前途的事情。"是冬，仍在北大图书馆做图书登录工作的张申府随李大钊参加共产主义小组初期的组建工作。（以上参见朱文通主编《李大钊年谱长编》，中国社会科学出版社2009年版；耿云志《胡适年谱》，四川人民出版社1989年版；袁景华编《章士钊先生年谱》，吉林人民出版社2001年版；陈源蒸、张树华、毕世栋编《中国图书馆百年纪事：1840—2000》，北京图书馆出版社2004年版；郭一曲《张申府年谱简编》，载郭一曲《现代中国新文化的探索——张申府思想研究》，广东人民出版社2002年版；张旭、车树异编著《林纾年谱长编：1852—1924》，福建教育出版社2014年版）

高一涵据1月15日《新青年》发布的本杂志第6卷分期编辑表，负责编辑第3号。同日，高一涵在《新青年》第6卷第1期上发表《和平会议的根本错误》，从五个方面论及和平会议的根本错误；又在《每周评论》第4期发表《甚么叫做"国民治宪"》一文。1月26日，高一涵在《每周评论》第6期发表《真真费解的"国民大会"》（社论）。2月23日，高一涵在《每周评论》第10期发表《我的戏剧革命观》。3月10日，鲁迅将《孔乙己》手稿与致高一涵信函托周作人面交先生。15日，高一涵在《新青年》第6卷第3号发表《斯宾塞尔的政治哲学》介绍斯宾塞尔时代的政治思潮、斯宾塞尔的思想来源及政治哲学主张。20日，高一涵与李大钊、程演生、陈独秀、徐宝璜、胡适在《北京大学日刊》上发表启事，为李辛白父丧征集赙仪。4月15日，高一涵载《新青年》第6卷第4号所译日本吉野作造所著的《选举权理论上的根据》一文。胡适在同期发表新体诗《一涵》。

按：《一涵》诗曰："一涵！月亮正在你的房子上，正照在我的窗子上。你想我如何能读书，如何能把我的心关在这几张纸上！"

高一涵5月1日在《新青年》第6卷第5号上发表《老子的政治哲学》，对老子时代的政治社会情形、老子政治哲学的根本观念、老子理想中的国家进行了探讨。4日，北京爆发爱国学生运动。当晚，高一涵与陈独秀谈五四当日所见，陈独秀授意写文记之。6日，高一涵在《晨报》发表《市民运动的研究》，认为五月四日，北京发生的"完全是市民的运动，并不单是学生运动，……自由的国家，平民的政治，这个潮流无论哪一国皆免不掉的。顺着走可以步步进化,逆着走必定激成革命的大祸,无论如何总没有一个人能按过他的"。11日,高一涵在《晨报》发表《学生事件和国家法律问题》,针对梁漱溟《论学生事件》一文要学生"到检察厅自首,判什么罪情愿领受"的主张提出质疑。同日,高一涵在《每周评论》第21期山东问题专刊上发表《青岛交涉失败史》。18日,高一涵在《每周评论》第22期山东问题专刊上发表《青岛问题在欧会中经过的情形》《签字不签字的害处》。6月1日,高一涵在《每周评论》第24期发表《关于胶州和约的修正意见(社论)》。4日,高一涵与马寅初、胡适、刘复(半农)在《北京大学日刊》登载致全校教职员诸君函,通告于当日下午2时在理科大讲堂特开教职员全体紧急大会,磋商营救教职员及学生多人被拘办法。

> 按:函曰:"六月三日下午一时,本校法科被军警围占,教职员及学生多人被拘在内。公议于四日下午二时在理科大讲堂特开教职员全体紧急大会,磋商办法。伏希惠临,不胜迫切。专此。敬颂公祺。林损、陈怀、沈尹默、林辛、陈大齐、周作人、钱玄同、沈士远、朱希祖、马叙伦、马裕藻、康宝忠、黄人望、马寅初、刘复、胡适、高一涵、张祖训、俞同奎、贺之才公启。"

高一涵6月10日下午与陈独秀等人到中央公园散发《北京市民宣言》的传单。11日晚,陈独秀在"新世界"游艺场因散发《北京市民宣言》传单被捕后,高一涵曾电章士钊呼吁营救,并积极参加皖籍和各界人士的营救活动。23日,胡适在六味斋招待高一涵与周作人、李大钊等12人,商议陈独秀被捕后《每周评论》善后事。7月6日,高一涵在《每周评论》第29期发表时评《崭新的共和国家》。3日,在《每周评论》第33期发表《民众运动的目的》,以"民众运动的目的"这一新的视角对"五四运动"加以分析。31日,高一涵在《每周评论》第37期四论问题与主义上,发表《中日怎样才能够亲善》。9月20日起,杜威在北京大学法科大礼堂连续演讲《社会哲学与政治哲学》共16次,演讲由胡适口译,高一涵笔记,《晨报》逐日登载。尔后《新青年》亦刊登。24日,高一涵在《北京大学日刊》连载《互助论大意》,至29日载完,详细介绍克鲁泡特金互助论学说的要点。11月5日,高一涵在《太平洋》第2卷第1号上发表《俄国新宪法的根本原理》引用俄国新宪法相关条款,驳斥对十月革命后俄国的种种误解。12月1日,高一涵在《新青年》第7卷第1号上发表《杜威博士讲演录:社会哲学与政治哲学》译记稿。5日,高一涵在《太平洋》第2卷第2号上发表《万国联盟与主权》。20日,胡适在浣花春设宴请客,为高一涵、王征访日送行。27日上午8时半,高一涵乘坐由北京开往奉天的火车,起程赴日本。31日,由奉天(沈阳)出发到釜山。(以上参见高大同《高一涵先生年谱》,上海文化出版社2011年版)

马叙伦所著《读书小记》1月7日、16日继续发表于《北京大学日刊》。8日,在《北京大学日刊》发表《马夷初启事》,通知预订的学生领取《庄子义证》。10日,马叙伦列名陈大齐领衔的《哲学研究会启事》。11日,《新潮》杂志创刊号发表国文系傅斯年《马叙伦著〈庄子札记〉》。18—21日,马叙伦在《北京大学日刊》发表《释〈新潮〉中评〈庄子札记〉》,回应傅斯年的批评。

> 按:《钱玄同日记》1月11日载:"大学学生所办之《新潮》第一册已出版,中以傅孟真(斯年)、罗志希(家伦)两君之文为最有精彩,傅评马夷初之《庄子札记》,罗评林琴南之译小说,都说得很对。"

马叙伦参与发起的北大哲学研究会1月25日成立,以"研究东西诸家哲学,钥启新知"为宗旨,杨昌济、陶履恭、梁漱溟、胡适、陈公博皆为发起人。26日,刘师培等发起的国故月刊社在文科教授刘师培私宅开成立会,通过章程十三条,与朱希祖、康宝忠、梁漱溟、孟寿椿、伍一比诸人被推定为编辑。所载文章全用文言,一律直排,不施标点。2月14—26日,马叙伦所著《清史零拾》连载于《北京大学日刊》附张。27日,所著《读书续记》发表于《北京大学日刊》,至5月12日卷第一结束。3月20日,所著《列子伪书考》发表于《国故月刊》创刊号。25日,与蔡元培、汤尔和、沈尹默商谈北大校务,同意汤尔和以"私德太坏"为由撤陈独秀文科学长一职的主张。同月,所著《列子伪书考》《庄子札记》《六书疏证》托旧同事天台褚传诰寄与黄岩杨定孚,请求作序,为杨定孚所婉拒。

按:孙公达,名宣,瑞安人,时任北大校长室秘书。2月,杨定孚复孙公达书称:"得马彝初书,以东浙灵光见推,寄书数种,挽为作序。知系吾甥嘘拂,感愧无似。不知去冬受寒腰痛以后,委顿无聊,不耐思索。渠所作《列子伪书考》与仲容及鄙见同。《庄子札记》多引佛书,精微处素未研究。《六书疏证》博引贯通,固为绝作,但前儒注许已多,恐不免为纪文达所诮。(中略)马君书本由天台褚九云来,邮寄恐有失误,拟俟同县北上者带还也。马信似同在大学堂,究竟如何,详示遵照。"4月30日,杨定孚致函孙公达,不拟为马书稿作序,托同县徐云甫(北京亚东印刷所掌柜)返京之时归还,台州丛书一部也托徐带赠马。4月,杨定孚致孙公达书(朔)略称:"马彝初书代交(亦托徐带)。据愚见治《说文》书已众,攻内典者亦离,以渠才力,似可不须鄙人佛头着粪也。"(谢作拳、陈伟欢编注《瑞安孙家往来信札集》,浙江大学出版社12017年版)

马叙伦所著《列子伪书考》(续)《说文解字六书疏证序》4月20日刊于《国故月刊》第2期。5月10日,马叙伦与马寅初、李大钊等八教授代表北大教职员赴教育部请愿,表示蔡元培不留任,"即一致总辞职"。下午1时,北大全体教职员推举代表马叙伦、马寅初、李大钊、康宝忠、徐宝璜、王星拱、沈士远等齐赴教育部,谒见傅总长,请其设法挽留。13日,马叙伦等9位代表各校教职员联合会再去总统府请愿。6月4日下午,马叙伦等去"临时监狱"探望被捕学生,为避军警监视,以文言演说,慰问学生。10日,北京中等以上学校教职员联合会在北大文科举行成立大会,马叙伦当选为联合会书记,主席为康宝忠。24日,马叙伦与康宝忠致电蔡元培,劝其勿再辞职。28日,马叙伦致函蔡元培,促其"北行"。7月初,马叙伦致函逗留杭州的汤尔和,嘱其面促蔡速发打消辞意的电报。18日,马叙伦致电汤尔和,敦促蔡元培复任。21日,马叙伦到医专访蔡元培私人代表蒋梦麟,商谈北大校务。将蒋梦麟代理校务启事油印分送同事,并张贴校内。评议会随后聘蒋为教育学教授、总务长。25日,教育部第六六号令:准北京大学蔡校长函,合即令蒋梦麟代表蔡校长主持校务。28日,马叙伦致函蔡元培。8月9日,蔡元培复函马叙伦,对其五四以后"苦心维持"北大表示"不胜钦佩",并申述不能及早北行的因由。9月12日,蔡元培病愈后北上抵京,照常供职。20日上午10时,北大全体教职员举行欢迎蔡校长回校的大会,公推马叙伦为主席,并致欢迎词。

按:马叙伦欢迎词刊于9月22日《北京大学日刊》,略谓:"今天欢迎蔡校长有二种意思,一为欢迎校长之回校,二为欢迎蔡先生这个人。蔡先生学问道德之高尚,世所公认。今又回校,这是我们极诚意欢迎的"。

马叙伦所著《读书小记再续》9月20日刊于《国故月刊》第4期。同月17日至10月29日,所著《读书续记》第二卷刊于《北京大学日刊》。24日,钱玄同读马叙伦《修辞学讲义》。10月23日,应蔡元培之约赴桃李园,胡适、马寅初、严修等在座。25日,马叙伦与胡适、蒋梦麟、俞同奎、马寅初、陶履恭等12教授当选校评议员。同月30日至次年2月7日,所著《读书续记》第三卷刊于《北京大学日刊》。11月1日,继任北京小学以上学校教职员联合会总务干事兼主席。22日,在北大、法专、高师、朝阳、中国大学等五校联合举行的康宝忠追悼会上演说,主祭蔡元培。12月6日,马叙伦列名蒋梦麟领衔的北大《组织委员会报告校长书》。9日,马叙伦受任北大预算委员会委员、聘任委员会委员、庶务委员会委员长。13日,马叙伦在北大第三院礼堂向教职员报告与教育次长交涉发薪的经过。年底的一天晚上,马叙伦忽然得到北京政府当晚要逮捕陈独秀消息,便通过电话让邻近的沈士远教授向暂住东城脚下福建司胡同刘文典教授家中的陈独秀报警,结果得以躲过一劫。是年,讲授老庄哲学,康白情迟到,予以批评,康不仅不接受,而且狡辩,同班同学陈公博不以为然。

按:陈公博回忆:"康氏当时是新潮社的活跃分子,我看见他这样的诡辩,不由对新潮没有好感。既对康先生不满,自然不愿引为同列加入新潮,更没有替《新潮》写过文章了。"(石源华《陈公博这个人》,上海人民出版社1997年版;参见卢礼阳《马叙伦年谱》,浙江古籍出版社2021年版)

马寅初1月15日在《北京大学月刊》第1卷第1、3期发表《银行之真诠》。3月1日,被北大评议会公推为审计委员会委员。5日,出席北京大学审计委员会第一次会议,当选审计委员会委员长。22日,因母亲病故,回乡治丧。4月8日,马寅初当选北大教务长。胡适对此次竞选教务长未果,一生引以为憾,日记中多次提及。16日,正式出任北京大学教务长。《北京大学呈教育总长函》呈教育部:"本校文理两科现因谋教务上之改良起见,拟自本学期起实行归并计划,不设学长,于各门教授会主任中按年选举一人为教务长,以期兼筹并顾而免参差之弊。本月八日开会选举,经济教授会主任、法科教授马寅初当选为教务长。除于校内公布外,理合呈请钧部鉴核备案。谨呈教育总长。"15日,在《北京大学月刊》第1卷第4号发表《战时之物价与货币》《大战前欧美各国之不换货币与我国的金钞》。18日下午,出席北大编译会事务所会议,审查编译会稿件。晚,于北大法科教授会事务室主持召开经济门教员会议。5月10日,"五四运动"爆发后,当局拘捕北大学生,校长蔡元培愤而辞职离京。下午1时,北大全体教职员所举代表马叙伦、马寅初、李大钊、康宝忠、徐宝璜、王星拱、沈士远等赴教育部,面见傅增湘总长,请其设法挽留蔡元培校长。同月,蔡元培校长离任,"五四运动"愈演愈烈,先生以教务长身份参与主持北大日常事务,以维护学生利益、同情学生行动之态度与当局周旋,应对社会复杂局面。又与吴宗慈、李芳、王彦祖等法科43教员联名启事,呼吁全校教职员精诚团结,以求事件顺利解决。6月3日、4日,军阀当局逮捕北大等校学生约800人,关押在北河沿北大三院。4日下午,北京大学召开全体教职员和学生大会,推选马寅初、马叙伦、沈尹默等20人为代表,与北洋政府交涉,要求释放被押学生。

马寅初6月7日偕同理校务之工科学长温宗禹于红楼召集紧急会议,200多教职员出席。先生代表学校表态:"我们必须向政府公开声明并正告胡仁源,现在学界公意认为,欲恢复五月四日以前教育界原状,非各校校长一律复职,尤非北京大学蔡校长真能复职不可。所以目前蔡校长复职与否,既非北京大学一校问题,也非蔡元培个人问题,而是影响北京学界全体的原则问题。"会议推举马寅初、马叙伦、康宝忠、李大钊、徐宝璜、王星拱、沈士远等8人为代表,往教育部请愿面陈挽蔡决心。如蔡不留任,北大教员将一体辞职。15日,北大教授陈独秀因11日散发《北京市民宣言》被捕入狱。先生偕刘师培、马叙伦、何炳松等联络北京大学、北京高师、北京医学专门学校等九所高校44人及新华商业专门学校、私立毓英中学等7所学校29人,联名致信京师警察厅吴炳湘,要求保释陈独秀。17日,递交辞教务长函。9月12日夜,蔡元培抵达北京。13日上午,蒋梦麟、马寅初、胡适等先后上门拜访,议决北大于9月20日正式开学。

马寅初10月24日致蔡元培校长再次恳辞教务长职。10月25日,北京大学教授评议会改选,到会68人,胡适、俞同奎、蒋梦麟、马寅初、陶履恭、马叙伦、陈大齐、张大椿、沈尹默、温宗禹、何育杰、朱希祖、贺之才、马裕藻、黄振声15教授当选评议员。27日,因病请假,教务长职交胡适代理。11月5日,北京大学评议会召开第一次常会,议决设立组织委员会,协助校长调查策划大学内部组织事务。蒋梦麟、马寅初、胡适、俞同奎、陶履恭、顾兆熊、马叙伦、陈世璋、沈士远等当选组织委员会委员。9日,马寅初出任北大审计委员会委员长、聘任委员会委员、入学实验委员会委员长等。12月14日,组织召开北京教职员罢课会议,被推为总务干事。15日,代表联合会面见教育部次长及国务总理协商欠薪事未果。遂全市罢课,各校代表聚北京大学,讨论商议,争相演讲,"北京大学教员中如马寅初、马叙伦、陈大齐尤为愤激"。16日,因教育部对教师欠薪事尚无答复,各校继续罢课,各校代表至北京美术学校继续开会,商议对策,一致决定:"继续前进,以达到目的之日为止。"17日,北京大学成立22周年纪念会,继蔡元培校长报告后演讲:"上次周年纪念仅可称为预备之时代,今次周年,一切较形发达。统计此一年中,堪为纪念者,当首推言论自由一端。缘前此学生出外演讲,动受非法之干涉,近来演讲已得自由,社会前途实蒙无量之福。惟此言论自由现仅学生一部分得之,其利益仍犹未宏大,吾人当努力扩充此自由于一般社会。"言毕,美国杜威博士演讲《大学与民治国家舆论之关系》。(参见徐斌、马大成编著《马寅初年谱长编》,商务印书馆2012年版)

钱玄同1月7日午后到北大。同日《日记》载:"午后到大学,半农、尹默都在那里,听说蔡先生已经回京了。关于所说'整顿文科'的事,蔡先生之意以为,他们如其好好的来说,自然有个商量,或者竟实行去冬新定的大学改革计划,废除学长让独秀做教授。如其他们竟以无道行之,则等他下上谕革我。到那时候,当将两年来办学之情形和革我的理由撰成英法德文通告世界文明国。这个办法我想很不错。"15日,据《新青年》发布本杂志第六卷分期编辑表,钱玄同负责编辑第2期。同日,在《新青年》第6卷第1号发表《恭贺新禧》一文的《附记》《用自己的话,写成自己的文章》《成语和譬喻有可用与不可用两种》《新文体》《黑幕书问题》《中国文字与世界语》《横行与标点》以及通信(与陈望道)等。所编辑的《什么话?》提到"林纾著《古文讲义》,其中有曰:'余尝笑前有震川似屈于王何而不为王何所屈。后有惜抱似屈于阳湖而亦不为阳湖所屈。似文字固有正宗,在近道,不在炫才。桐城在清之季年,不为人排,今乃欲以汉魏之僵体转欲排之,误矣。'按,欲以……转欲……在一句里如此做法,不知是'桐城义法'不是?"23日,钱玄同在日记中提及,他和沈尹默都赞同到半农研究小说和戏剧。30日,钱玄同致信鲁迅、周作人。同月,《北大月刊》第1卷第1期载有《北京大学征集全国近世歌谣简章》,钱玄同和北大其他教授参与组织征集全国近世歌谣的活动,其中的负责征集人有的名字。

按:后来钱玄同曾和顾颉刚合作注《吴歌》的音,和周作人合作注《越谚》的音。

钱玄同2月作《致胡适书》,批评胡适"对于千年积腐的旧社会,未免太同他周旋了"。劝胡适"平日对外的议论,很该旗帜鲜明,不必和那些腐臭的人去周旋"。同月,在《新青年》第6卷第2号发表《世界语》《世界语与现代思潮》《姚叔节之孔经谈》《文学革命与文法》《对于文学改革之意见》《斥"大同是孔子发明的,民权议院是孟子发明的,飞机电机都是'古已有之'"的一类谬论》《英文"She"字译法之商榷》《中国人对身体构造和疾病的说法不合生理学》。同月15日,在《新青年》第6卷第2号发表《什么话?》,其中提到:"八年一月三十日的北京《新民报》载林纾的《送正志学校诸生毕业归里序》,通篇皆妙不可言。兹择其尤妙之语记出几句:'古未有恃才艺足以治天下者。''然西人之高于般翟胡奋万数? 至欲以巧捷杀人之器制御天下,而卒覆灭其身与国者,由其不德仁之云,而惟艺之尚也。''夫艺之精者,盖出一人之神智,以省天下之力作。''夫彼方用其神化之艺以求死,而吾又从而效其劣陋者,冀以自立。余不悲其愚,悲其舍生而图死也。''古所道者,必尽人之可循生道也。(此二句文理欠通,不知有误字否。)知其非是不生,则艺中有道;即务极其神化,而吾道亦匪所不在。'又此文末尾署曰:'戊午年十二月二十三日,闽县林纾书于讲堂。'我看了'书于讲堂'四字,因想起有一天看见邮务局里有一封'无从投递'之信,信面写道:'寄北京宣武门外八角琉璃井交家严大人手拆。'"3 月 10 日,钱玄同在《北京高等师范学校周刊》上发表文章,提出"施行教育不可迎合旧社会"的主张,认为:"教育是教人研求真理的,不是教人做古人的奴隶的,教育是教人高尚人格的,不是教人于禄的。教育是改良社会的,不是迎合社会的。"同月,在《新青年》第 6 卷第 3 号发表随感录:《谈作诗词文章应表达真义不要只求摹拟古人》,不点名地批评了黄侃《北海怀古》的遗老口吻与复辟之意。

　　按:黄侃《西平乐·北海怀古》如下:晚经至蛛桥,见团城以北,宫观渐荒,岸柳渚荷,无复生意。西风乍过,鬐箓吹愁。因和梦窗《西湖先贤堂词》韵,以写感今伤往之怀。

　　故国颓阳,坏官芳草,秋燕似客谁依? 笳咽严城,漏停高阁,何年翠辇重归? 看殿角孤云覆苑,林梢轻烟漾晚,疏灯数点,波间替却余晖。还爱西山暮色,苍萃处,散影入杨丝。

　　坠梧晋井,漂花暗水,一夕西风,人事潜移。空漫想,楼延宝月,桥压金鳌,剩有深苔碎蟀,丛竹残萤,犹伴惊鸦认旧枝。凭吊废兴,铜盘再徙,沧海三尘,树老台平,划尽琼华,孤蓬更逐沙飞。

　　按:钱玄同批评黄侃《北海怀古》词中的头几句话:"故国颓阳,坏官芳草,秋燕似客谁依? 笳咽严城,漏停高阁,何年翠辇重归?"认为"故国颓阳"句像"遗老"的口吻,"何年翠辇重归?"句似乎有希望复辟的意思;于是编辑人员就怀疑这词的作者是"遗老""遗少"一流人物。钱玄同说,他却知道词的作者是同盟会里的老革命党。词的作者所以写了这些词语,是因为旧的词里曾经有这些词语,这是摹拟古人填词的结果,并不表示作者的真心实意。黄侃看了大怒,骂《新青年》的编辑连词都看不通。

　　钱玄同 4 月 21 日出席国语统一筹备委员会在北京召开的成立大会,与马裕藻、周作人、朱希祖、刘复(半农)、胡适 6 教授联名向大会提交《国语统一进行方法的议案》与《请颁行新式标点符号议案》,大会议决通过。6 月,钱玄同在《新青年》第 6 卷第 6 号发表《关于新文学问题的讨论》《写白话与用国音》《论中国当用世界公历纪年》《请看姚名炜的〈三从义〉和〈妇顺说〉》《同音字之当改与白话文之经济》《中文改横行问题》以及通信(与陈大齐)。同月 11 日,陈独秀被逮捕,钱玄同与《新青年》杂志社同人前往探监。8 月间,安福系军阀主办的《公言报》上发表署名"思孟"《息邪——北京大学铸鼎录》,对以《新青年》为代表的新文化阵营加以恶意的中伤和无耻的攻击,并给蔡元培、沈尹默、陈独秀,胡适、钱玄同、徐宝璜和刘半农都作了"传"。鲁迅、钱玄同、胡适、孙伏园等在孙伏园编辑的北京《国民公报》专栏《寸铁》向《息邪》进行了反击。钱玄同署名"异",在《寸铁》上发表了 12 篇短小的杂感(8 月 13 日两篇,8 月 14 日 4 篇,8 月 16 日 6 篇)。11 月 1 日,钱玄同到天津"觉悟社"社员处谈话,研究白话文学问题,周恩来主编的《觉悟》刊物中《三个半月的"觉悟社"》一文中对此有记载。29 日夜,胡适执笔对是年 4 月提交的《请颁行新式标点符号议案》修改完毕,仍以北京大学马裕藻、周作人、朱希祖、刘半农、钱玄同、胡适 6 教授联名向教育部提交《请颁行新式标点符号议案》(修正案)。12 月 1 日,钱玄同在《晨报副刊》发表《我现在对于"的"字用法底意见》。是年,在《北大研究所国学门月刊》第 1 卷第 1 期发表《中国文字形体变迁讨论》;在《北京高等师范学校周刊》第 62、63 号发表《施行教育不可迎合旧社会》;在《北京高等师范学校周刊》第 70 期发表《文学革新杂谈(一)》。

（参见曹述敬《钱玄同年谱》，齐鲁书社 1986 年版；郦千明《沈尹默年谱》，上海书画出版社 2018 年版；北京师范大学校史编写组编《北京师范大学校史》，北京师范大学出版社 1982 年版；张旭、车树异编著《林纾年谱长编：1852—1924》，福建教育出版社 2014 年版）

刘半农 1 月 4 日致书鲁迅。7 日夜，刘半农与钱玄同共访鲁迅。12 日下午，刘半农访鲁迅。15 日，刘半农在《新青年》第 6 卷第 1 期发表《什么话》，辑录了四段日常生活中的所见所闻，嘲讽了"读经教员"、鼓吹复辟的教员、盲目自大的教员和尊称徐世昌为"大总统"的教员。24 日晚，刘半农访鲁迅。25 日，北京大学推刘复（半农）、朱希祖、马裕藻、胡适之、钱玄同、周作人为"国语统一筹备会"会员。同月，刘半农在《北京大学月刊》第 1 卷第 2 号上发表《居庸关刻石辨文》。3 月 9 日，刘半农在北京大学学术讲演会上做《歌谣之科学的研究》报告。29 日晚，刘半农、鲁迅、陈百年、刘叔雅、朱逷先、沈士远、沈尹默、钱玄同、马裕藻等人，饮宴于北京前门外西车站一饭店，为周作人赴日饯行。4 月 15 日，刘半农在《太平洋》第 1 卷第 11 号上发表译自 Rollo Peters 原著的《哲学家》。21 日，刘半农出席国语统一筹备委员会在北京召开成立大会，并与马裕藻、周作人、朱希祖、钱玄同、胡适六教授联名向大会提交《国语统一进行方法的议案》与《请颁行新式标点符号议案》，大会议决通过。6 月 3 日下午，刘半农与周作人、陈百年、王星拱等人赶到北大三院，慰问被捕学生，他们自称是北大代表，但在入口处，却遭到军警拒绝。4 日，刘半农作为北京大学教授会干事负责人，执笔起草了《致本校全体教职员诸君函》，定于 4 日下午 2 时在理科大讲堂特开教职员全体紧急大会，以声援和营救被捕学生，由其和钱玄同、沈尹默等 20 人具名，发表在本日《北京大学日刊》。下午 2 时，刘半农出席北大教职员全体紧急大会，商讨救援被捕的学生。5 日，刘半农出席北大教授临时会议，为该会干事负责人，讨论挽留蔡元培继续担任北大校长职务和应付"六三"紧急事件诸事宜。7 月 5 日晚，刘半农往访鲁迅。20 日，北京大学举行新生入学试验，刘半农担任国文阅卷委员。8 月，刘半农回江阴，途中在锡澄运河上从船夫口中采录了《江阴船歌》20 首，月底返北京。10 月 15 日，刘半农与钱玄同、周作人，沈尹默等 11 人出席北京大学国文研究所研究会，讨论语典总编辑沈兼士提出的《语典编撰大旨》。11 月 10 日，刘半农在《新青年》第 6 卷第 6 期上发表新诗《D—！》，同期还发表了李大钊诗作《欢迎独秀出狱》。

按：刘半农新诗《D—！》就陈独秀被捕一事怒斥凶残的敌人，鼓励自己的战友，向封建军阀的刺刀和监狱发出了勇敢的挑战：

威权幽禁了你，
还没有幽禁了我
更幽禁不了无数的同志，
无数的后来兄弟。
记着！这都是一个"人"身上的五官百体。
Y.——说过：
"只须世界上留得一颗橘子的子，
就不怕他天天喫橘子的肉，
剥橘子的皮！"……

刘半农 11 月 10 日晚往访鲁迅。23 日下午，刘半农与沈尹默、陈百年、朱逷先、钱稻荪、马裕藻同访鲁迅。29 日夜，由胡适执笔对《请颁行新式标点符号案》修改完毕，仍以马裕藻、周作人、朱希祖、刘半农、钱玄同、胡适北大六教授联名向教育部提交《请颁行新式标点符号案》(修正案)。12月1日,刘半农因准备赴欧留学,即日起停授文法课。4日,朱希祖、周作人、陈大齐、马裕藻等设宴,为刘半农、沈尹默等出国考察饯行,同席有陈独秀,马叙伦、沈尹默、沈士远等。8日,撰《中国文法通论·序》。17日上午,北京大学在法科大礼堂召开校庆22周年纪念会,行将赴欧留学的刘半农登台演讲,向全校师生作临别赠言。后《留别北大学生的演说》刊载于12月20日北京《晨报·副刊》。是年,刘半农兼任北京高等师范学校本科教席;所著《中国文法通论》由北大出版组印行。

按:《中国文法通论》原是作者在北大任教时的讲义,是年由北大出版组印行后,次年8月改由群益书社出版,至1939年8月再由昆明中华书局重排发行。作者自谓"这部书的立意……不是讲的文法本身,是要在讲文法之前,把许多当然的先决问题,剖剔得明白。"他认为在取别种文法做本国文法的参证时,应该研究"他们为什么要如此? 我们为什么能如此? 为什么不能如此?"全书以先秦古文为主要研究对象,兼收了若干现代汉语例证;研究方法则模仿斯威特的《新英语语法》。作者首先对文法究竟是什么,文法研究的范围,文法研究的方法做了说明,接着以主要篇幅论述了词的分类、词与词的搭配关系、句子的结构与分类,企图以此"建造一个研究中国文法的骨骼来"。但是,正如作者所说,该书是一部"通论",没有进行详细周密的讨论。1924年,该书出版增补第四版时,作者在附言中提出,研究语法不应象《马氏文通》那样只研究先秦古文,应当以现代通行文言文为主,同时研究现代口语。

按:在"五四"新文化运动中,一些语法学者接受西方语言学理论的影响,不满意当时机械地模仿西洋语法的研究方法,企图推翻《马氏文通》的体系。这些语法学者被人称作"革新派",以区别于不更动马氏格局而仅略加改革的"修正派"。《中国文法通论》便是"革新派"的主要著作之一,也是现代中国文法的经典之作。(以上参见徐瑞岳编《刘半农年谱》,中国矿业大学出版社1989年版;郦千明《沈尹默年谱》,上海书画出版社2018年版)

鲁迅 1月15日在《新青年》第6卷第1号发表《随感录·四十一》:《我愿中国青年都只是向上走,不必理会这冷笑和暗箭》,署名唐俟,文中结尾写道:"愿中国青年都摆脱冷气,只是向上走,不必听自暴自弃者流的话。能做事的做事,能发声的发声。有一分热,发一分光,就令萤火一般,也可以在黑暗里发一点光,不必等候炬火。"2月12日,鲁迅与周作人同往南湾子欧美同学会,为陶孟和赴欧洲饯行,参加者20多人。3月11—14日,所撰小说《狂人日记》转载于《晨报》第七版。26日,所作小说《孔乙己》刊于《新青年》第6卷第4号。30日,鲁迅在《每周评论》第15号发表了三则《随感录》,其一《敬告遗老》干脆开除了林纾等一干人的民国"国籍":"自称清室举人的林纾,近来大发议论,要维护中华民国的名教纲常。这本可由他'自语',于我无涉。但看他气闹哄哄,很是可怜。所以有一句话奉劝:'你老既不是敝国的人,何苦来多管闲事,多淘闲气。近来公理战胜,小国都主张民族自决,就是东邻的强国,也屡次宣言不干涉中国的内政。你老人家可以省事一点,安安静静的做个寓公,不要再干涉敝国的事情罢。'"4月15日,鲁迅在《新青年》第6卷第4号发表了短篇小说《孔乙己》,其篇末有一《附记》云:"这一篇很拙的小说,还是去年冬天做成的。那时的意思,单是描写社会上的或一种生活,请读者看看,并没有别的深意,但用活字排印了发表,却已在这时候,——便是忽然有人用了小说盛行人身攻击的时候。大抵著者走入暗路,每每能引读者的思想跟他堕落:以为小说是一件泼秽水的器具,里面糟蹋的是谁。这实在是一件极可叹可怜的事。所以我在此声明,免得发生猜度,害了读者的人格。"这实际上是基于2、3月间林纾在上海《新申报》上发表《荆生》《妖梦》的影射手段而发的。19日,鲁迅致信周作人,信中说道:"新旧冲突事,已见于路透电,大有化为'世界的'之意。""新旧冲突事"是指3月18日林纾在《公言报》发表《致蔡鹤卿太史书》和蔡元培不久后以《答林琴南书》一文予以反驳的事件。这一争论,当时路透社曾予报道。25日,所撰小说《药》刊于《新青年》第6卷第5号。

鲁迅5月4日下午接待孙伏园来访,云本日上午的示威游行情况。同月,针对林纾《致蔡鹤卿书》斥白话文为"白话鄙俚浅陋,不值识者一哂之者也"的说法,鲁迅托名"唐俟"在《新青年》第6卷第5号"随感录"栏发表了《现在的屠杀者》,以讽刺的文字反驳道:"却只能在呻吟古文时,显出高古品格;一到讲话,便依然是'鄙俚浅陋'的白话了。四万万中国人嘴里发出来的声音,竟至总共'不值一哂',真是可怜煞人。"是文其实对林纾等人进行了批驳。其中说林纾等人"明明是现代人,吸着现在的空气,却偏要勒派腐朽的名教,僵死的语言,侮辱尽现将来在,这都是'现在的屠杀者'。杀了'现在',也便杀了'将来'—是子孙的时代"。6月19日,鲁迅至第一舞台观看胡适编剧、北大学生演出的话剧《终身大事》等,以为北京中等以上学校学生联合会筹募经费。6、7月间,作小说《明天》,后收入《呐喊》。8月2日,应孙伏园约稿,开始译日本武者小路实笃的剧作《一个青年的梦》,并作《〈一个青年的梦〉译者序》。8月6—13日,守旧派文人化名思孟在《公言报》连载《息邪——北京大学铸鼎录》,对新文化运动及其倡导者进行诬蔑和人身攻击。同月12日,鲁迅(署名黄棘)在《国民公报》"寸铁"栏发文予以驳斥。10月,鲁迅作《我们现在怎样做父亲》,后收入《坟》。11月1日,所撰《随感录·六十一》之《不满》和《随感录·六十六》之《生命的路》刊于《新青年》第6卷第6号。

按:《生命的路》以在斗争中发展的观点,说明"生命的路是进步的,总是沿着无限的精神三角形的斜面向上走",无论出现什么阻碍,它"总是踏了这些铁蒺藜向前进",指出:"什么是路? 就是从没路的地方践踏出来的,从只有荆棘的地方开辟出来的。"

鲁迅11月21日与周作人全家移居八道湾宅。24日,作《〈一个青年的梦〉译者序二》,署名迅。12月1日,所撰《一件小事》刊于本日《晨报周年纪念增刊》。同日,离京返绍,经天津、上海、杭州,4日晚抵绍兴。10日,教育部筹设国歌研究会,鲁迅等被派为本会干事,先行筹备一切事务。24日,举家北上,行前少年时代的朋友章运水前来送行。29日,回到北京。(以上参见鲁迅博物馆、鲁迅研究室编《鲁迅年谱》,人民文学出版社1981年版;蒙树宏编著《鲁迅年谱稿》,广西师范大学出版社1988年版;曹聚仁《鲁迅年谱》,生活·读书·新知三联书店2011年版;张菊香、张铁荣主编《周作人年谱》,南开大学出版社1985年版)

周作人1月12日所撰论黑幕小说的《论黑幕》刊于《每周评论》第4期以及2月15日《新青年》第6卷第2号。文中将林纾的《技击余闻》以及其他诸人之书视为清末民初泛滥一时的武侠小说之滥觞。他说:"到了袁洪宪时代,上下都讲复古……于是《玉梨魂》派的艳情小说,《技击余闻》派的笔记小说,大大的流行。"15日,所译丹麦作家安徒生的童话《卖火柴的女儿》刊于《新青年》第6卷第1号。19日,周作人在《每周评论》第5号发表《平民文学》一文,他将传统的旧文学概括为"贵族的文学",认为"平民的文学"恰是反其道而行之的。其两者间的区别并非说"这种文学是专做给贵族或平民看,专讲贵族或平民的生活,或是贵族或平民自己做的",而主要是指"文学的精神的区别,指它普遍与否,真挚与否"。平民文学应以通俗的白话语体描写人民大众生活的真实情状,真实地反映"世间普通男女的悲欢成败",描写大多数人的"真挚的思想与事实"。2月2日,所撰《中国小说里的男女问题》刊于《每周评论》第7期,署名仲密。文中论述了中国"问题小说"中所提出的男女问题,称赞《红楼梦》是"中国问题小说的代表"。15日,所撰《再论黑幕》刊于《新青年》第6卷第2号,署名仲密。23日,所撰《祖先崇拜》刊于《每周评论》第10期,署名仲密。24日,致函北京大学国史编纂处,申请辞去编纂员兼职。3月2日,周作人在《每周评论》第11期发表《思想革命》。

按:文中指出:"文学革命的文字改革是第一步,思想改革是第二步,却比第一步更为重要""如果是单变文字不变思想的改革""怎能算是文学革命的完全胜利呢"?周作人提出了思想革命这个重要课题是他在文学革命理论建树上的重要贡献。

周作人3月6日接蔡元培校长信,托代觅德文书籍。15日,所撰《日本新村》刊于《新青年》第6卷第3号,介绍日本九州"第一新村",宣传创造无政府、无剥削、无强权、无体脑对立的理想社会,并组织"新村北京支部"。31日,所译英国作家Angelo. S. Rapport的《俄国革命之哲学的基础》刊于4月、5月《新青年》第6卷第4、5号,署名起明。4月21日,周作人出席国语统一筹备委员会在北京召开成立大会,并与马裕藻、朱希祖、刘半农、钱玄同、胡适六教授联名向大会提交《国语统一进行方法的议案》与《请颁行新式标点符号议案》,大会议决通过。9月8日,访李大钊。18日,至箭竿胡同访问前一日出狱的陈独秀。10月1日下午,周作人到胡适寓所,列席讨论《新青年》的编辑问题,决定自第7卷开始由陈独秀一人编辑,先前由陈独秀、胡适之、李大钊、刘半农、钱玄同和陶孟和等轮流编辑制度至此结束。11月29日夜,由胡适执笔对《请颁行新式标点符号案》修改完毕,仍以马裕藻、周作人、朱希祖、刘半农、钱玄同、胡适北大六教授联名向教育部提交《请颁行新式标点符号案》(修正案)。12月4日,至东兴楼为即将赴法国留学的刘半农等二人饯行,参加者有陈独秀、朱遏先、陈百年、马幼渔等11人。10日,至李大钊处,参与成立工读互助团事。并与顾兆熊、李大钊、蔡元培、陈独秀、胡适、陶履恭、程演生、王星拱、高一涵、张松年、李辛白、孟寿椿、徐彦之、陈溥贤、罗家伦、王光祈等人联名发表《工读互助团募款启事》,载《新青年》第7卷第2号。17日,往香厂浣花春赴新潮社会,参加者陈独秀、李大钊、傅斯年、罗家伦、徐彦之、俞平伯、孟寿椿等人。是年,周作人与李大钊结谊。(以上参见张菊香、张铁荣主编《周作人年谱》,南开大学出版社1985年版;唐宝林、林茂生《陈独秀年谱》,上海人民出版社1988年版;张旭、车树异编著《林纾年谱长编:1852—1924》,福建教育出版社2014年版)

沈尹默1月1日上午参加北大书法研究会举办的徐悲鸿赴法国留学欢送会。11日,沈尹默访钱玄同,后在马裕藻处看马衡收藏的魏碑,再遇来访的钱玄同。15日,《新青年》发布第6卷分期编辑表,沈尹默负责编辑第6期。21日,沈尹默与周作人同赴史学讲演会。25日,沈尹默与蔡元培、李大钊、胡适、马裕藻、朱希祖等共33人发起成立北京大学学余俱乐部。2月5日,周作人和刘半农来访,取走《新青年》5本。12日,沈尹默赴西车站京汉路食堂午餐,同席有陈大齐、周作人、钱玄同、朱希祖、刘半农、马裕藻、许介之等。3月16日,北京大学召开学余俱乐部成立大会,沈尹默与黄侃当选为文牍干事。19日,沈尹默、鲁迅、周作人、陈大齐、刘文典、沈士远、朱希祖、刘半农、钱玄同、马裕藻等在前门外西车站会餐。3月26日晚,沈尹默应蔡元培校长召集,出席在汤尔和西式客厅的小型会议,商议北大文科学长陈独秀的去留问题。4月1日,《新潮》第1卷第4号刊登《蔡校长致公言报函并附答林琴南君函》,谈及北京大学文科近况及陈独秀、沈尹默等人。8日,沈尹默参加由蔡元培召集的北大文理两科各教授会主任及政治、经济门主任会议,讨论决定文理科教务处组织法提前实行等事项。

按:沈尹默《我和北大》(1966年1月)所论《评议会做的几件事》曰:

评论会成立以后,我忘了是哪一年,提出设立教务长,胡适毛遂自荐,要做教务长,而为理科教员所反对。理科反对文科的人当教务长,主要是反对胡适。因为胡适到北大只一年多,神气十足,张牙舞爪,任何人都不在他眼中。当时反对胡适最力的是理科天文学教授秦景阳(秦汾)。我们和蔡先生商量,决定提名马寅初为候选人。当时,理科提出俞同奎,文科提出陈大齐,法科提出马寅初,这三个候选人势均力敌,在评论会选举时,主席蔡先生投马寅初一票,马得以当选为北大第一任教务长。为什么蔡先生同意以马寅初当教务长呢?一则是理科反对文科的人出来当教务长,我们为了免去无谓之争端,就提出以法科的人来担任;二则是马寅初本来是北大教员会的领导人。不知为什么,他得罪了北京中学界,中学教员很不满意他,而教员会和北京学界的关系密切,因此,我们商量,教员会改推康宝忠和马叙伦领导,马寅初则失之东隅,收之桑榆,当了第一任教务长。

评论会选出马寅初为教务长后,胡适找我说:"我在什么地方都喜欢做第一人,这次第一任教务长我要做,是你们出了主意,不要我做,我很不满意。"我答曰:"你不满意也只好算了,我有什么法子呢。"

沈尹默 4月18日在北京大学公布的教育部训令中,与夏元瑮等获办理学务有功人员勋章。5月9日,蔡元培在当局及其他种种压力下被迫离京,不知行踪。北大评议会决定派沈尹默、马裕藻、徐森玉等到杭州去找汤尔和,目的是迎蔡返京。13日晚,沈尹默参加北京大学评议会和教授主任会联席会议,商量蔡元培离校后维持学校的办法。25日,沈尹默与胡适致电蔡元培,谓"学潮惟公来可收拾,群望公来"。27日,蔡元培致胡适合、沈尹默以及陈宝泉、汤尔和、洪镕、金邦正等人电,称身体不适,未能北上。6月4日,沈尹默与胡适、马寅初、马叙伦、马裕藻等共20人,致北大全体教职员函,开会磋商营救逮捕学生办法。10日,胡适作《读沈尹默的旧诗词》,讨论诗词题。22日,北京各校教职员联合会、学生联合会、北大全体师生推派代表沈尹默、马裕藻、狄福鼎、李吴桢和教育部秘书徐鸿宝,以及北京大专校长团代表汤尔和等相继到杭,劝促蔡元培校长打消辞意,回京复职。

按:沈尹默《我和北大》(1966年1月)所论《蔡元培的走和蒋梦麟的来》曰:

五四运动结束后,蔡先生离京,不知何往,北大评议会议决,派我和马裕藻(幼渔)、徐森玉(时任职北大图书馆)、狄膺(学生代表)到杭州去找汤尔和,目的是迎蔡先生回来。汤尔和因北京各学校在五四运动中罢课,即回杭州。我们不知蔡先生的行踪,但肯定汤尔和是一定知道的,因此,直诣杭州。

到杭州后,先由我一个人去找汤尔和。我一到门口,尔和就迎出来,说:"我昨天就知道你来了,蒋竹庄从北京来电报说:'某某阴谋家到杭州来了,你要注意!'"我听了也不答腔,先问他蔡先生在何处,他说:"我明天陪你去看蔡先生。"

翌日,尔和偕我到西湖上某庄子(大约是刘庄),见到蔡先生,正在谈话时,尔和走开了(打电话之类的事),蔡先生对我说:"很奇怪,尔和昨天来告诉我,你们来了,要我回去,但尔和劝我不要回去。我说,不回去怎么办呢?他说要蒋梦麟代替我去做校长,你说奇怪不奇怪?"蔡接着讲:"我对尔和说,当初评议会通过办教育系,要梦麟来,任之大吵,你现在要梦麟代我当校长,要通过任之才行。尔和说:任之昨天在杭州,现在到厦门讲学去了,不必告诉他了。"蔡先生又说:"你说怪不怪,当初不同意,现在连讲都不必和他讲了。"

总之,蔡先生就答应了。蔡先生对汤尔和如此信任,任其摆弄,我始终不解其故。和蔡见面后,尔和要我们回北京说:"蔡先生可以回来,但暂时不能来,由蒋梦麟代理。"北大诸人亦不知其故,就此了事。

沈尹默 7月12日与马裕藻、钱玄同、刘文典、朱希祖等被北京大学公布为入学试验委员会国文阅卷委员。26日,汤尔和致函蔡元培,谈及沈尹默反封蒋梦麟进北大事。9月15日,沈尹默与钱玄同、沈士远、马裕藻商量《学术文选》印刷事宜。25日,沈尹默因眼病须就医,在《北京大学日刊》发布启事,请朱希祖代理国文教授会主任职务。10月15日,沈尹默与马裕藻、周作人、刘半农、钱玄同、沈兼士、朱希祖等共11人参加北大国文学研究所会议,讨论编纂语典方法。25日,北京大学公布评议会评议员选举结果,沈尹默当选。12月3日,北京大学评议会开常会,议决组织委员会报告、国文教授会主任沈尹默教授赴日本考察等案。17 日上午 10 时,沈尹默出席北京大学在北河沿法科大礼堂举行的学校成立 22 周年纪念会,并发表临别赠言。

按:刘半农赴法为教授留学项目,沈尹默原拟去日本进修,后因故未成行。(参见郦千明《沈尹默年谱》,上海书画出版社 2018 年版)

沈兼士 1 月 14 日撰成《文字学之革新研究(字形部)》,后刊于《北京大学月刊》第 1 卷第 2 号。10 月 6 日,参加北京大学国文教授会议,讨论修订教员会事项。15 日,与马裕藻、周作人、刘半农、钱玄同、沈尹默、朱希祖等共 11 人,参加北京大学国文学研究所会议,讨论编纂语典方法问题。20 日,作致钱玄同信,讨论《文论集要》与《模范文选》的分工,认为前者是作文章的基本定理,后者是应用这个定理所作的范文。主张两者合为一编,可以互相参照。10 月 31 日及 11 月 1 日、3 日、4 日,在《北京大学日刊》连载《儿童公育》一文。鼓吹儿童公育的社会作用,认为儿童教育应从家庭中脱离出来,完全推向社会,成立一个“儿童小社会”,它是“处理新世界一切问题之锁钥”。又从机构设置、教养人才、经费来源等诸多方面,提出具体的设想。文章最后总结说:“欲解决社会一切问题非先解决妇人问题不可;欲解决妇人问题,非先解决家族问题不可;欲解决家族问题,非先解决儿童问题不可。解决儿童问题之惟一良法,曰‘儿童公育’。”11 月 1 日,在《新青年》第 6 卷第 6 号发表新诗《“有趣”和“怕”》《春意》和《寄生虫》。19 日,在《晨报》发表《我对于“的”字问题的意见》。

按:清末民初,面对内忧外患的时局,包括沈兼士在内的一部分思想激进的知识分子主张放弃各亲其亲、各子其子的传统社会模式,设想建立一个无家庭、无夫妇、无父子的大同社会,即儿童出生之后,交由公立机构抚养和教育。这样,父母只需生育,而无抚养和教育的责任。他们相信这有助于实现教育平等和社会的根本改造,有助于妇女走出家庭。不过,这一主张忽视了儿童自身的要求和人类对亲情的基本需求,遭到另一部分人的激烈反对,从而引发一场关于儿童公育的争论。(参见郦千明、汪素梅《沈兼士年谱简编》,《湖州师范学院学报》2021 年第 3 期)

朱希祖 1 月在《北京大学月刊》第 1 卷第 1 号发表《驳中国先有苗种后有汉种说》《文学论》两文。后文主要从“文学之所以与其他学科并立,具有独立之资格”进行立论与界说,具有先锋意义。又在《尚志》第 2 卷第 2 号表《论文章中训诂音韵音变迁》。同月 11 日,朱希祖致信周作人,为《北京大学月刊》第 2 期向周催稿。25 日,与蔡元培、吴梅、李大到、胡适、马衡、马裕藻、黄侃、沈尹默等 33 人发起组织“学余俱乐部”。同日,周作人赠自著《欧洲文学史》一部。2 月,朱希祖在《北京大学月刊》第 1 卷第 2 号发表《研究孔子之文艺思想及其影响》《论 Religion 之译名》。3 月,朱希祖在《北京大学月刊》第 1 卷第 3 号发表《整理中国最古书籍之方法论》。同月 4 日,民国政府发布大总统令,授予朱希祖四等嘉禾勋章。22 日,与蔡元培、沈尹默、郑寿仁、胡适、徐宝璜等联名刊登启事,为马寅初母丧募集赙仪。26 日,朱希祖与刘师培、黄侃、陈汉章、马叙伦、梁漱溟等支持学生成立《国故》月刊社,被聘为编辑。29 日,朱希祖与鲁迅、周作人、陈百年、刘文典、沈士远、沈尹默、刘半农、钱玄同、马裕藻等人于前门外西车宴叙。同日,朱希祖发布《朱希祖启事》,婉拒编辑之职。

按:《朱希祖启事》载于 1919 年 1 月 29 日《北京大学日刊》,曰:“《国故》月刊编辑部诸位先生左右:前日薛君祥绥、杨君湜生言《国故》月刊事,希祖赞成斯举,以为可以发扬国华。惟推希祖为编辑,则因所任校事甚忙,无力兼顾,未表同意。故当日开成立会时,未造刘宅,甚为抱歉。今日遇马夷初先生,亦曾表白辞意。因希祖担任国文研究所及大学月刊编辑,加以校中讲义尚未编了,已觉顾此失彼,再任《国故》编辑,实觉力所不逮。与其挂名尸职,不如先自告退为愈。敬请贵月刊出版时,勿加入贱名为幸。区区之意,伏祈原宥。敬颂著安! 弟朱希祖再拜一月二十八日。”1 月 30 日,《国故》月刊编辑部发布启事,表示尊重朱希祖辞去编辑之职的意愿。

朱希祖 4 月在《新青年》第 6 卷第 4 号发表《白话文的价值》《非"折中派的文学"》两文。同月 21 日,出席国语统一筹备委员会在北京召开成立大会,与马裕藻、周作人、刘半农、钱玄同、胡适北大六教授联名向国语统一筹备会第一次大会提交《国语统一进行方法的议案》《请颁行新式标点符号议案》,大会议决通过。6 月 4 日,朱希祖与胡适、马寅初、马叙伦、马裕藻、沈士远、高一涵、康宝忠、刘半农、周作人、钱玄同、陈百年等 20 人作《致本校全体教职员诸君函》,请全体教职员当日下午开会,磋商救援被捕师生办法,以谋解决。7 月 12 日,朱希祖为本、预科国文与中国历史出题及阅卷委员。9 月 25 日,因沈尹默眼疾就医,由朱希祖开始代理国文教授会主任,即中国文学系主任。10 月 6 日,朱希祖主持国文教授会,讨论组织教员会之事项。15 日,朱希祖至北大国文学研究所开会,讨论编纂语典方法。25 日,北京大学全体教授举行 1919—1920 学年度评议会评议员选举,朱希祖当选为评议员。11 月 23 日中午,朱希祖在草场大坑 21 号新宅与陈百年、沈尹默、钱稻孙、刘半农、马裕藻、周作人等宴叙,宴后同至八道湾 11 号鲁迅与周作人新居参观。29 日夜,胡适对《请颁行新式标点符号议案》修改完毕,仍以马裕藻、周作人、朱希祖、刘复(半农)、钱玄同、胡适北大六教授联名向教育部提交《请颁行新式标点符号议案》(修正案)。同月,朱希祖在《新青年》第 6 卷第 6 号发表《文艺的进化》。12 月,朱希祖在北京高师《教育丛刊》第一集发表所译日本生田春月原作的《西洋诗的趋向》。同月 10 日,朱希祖因蔡元培校长举荐并经选举,正式接替病逝的康宝忠出任北京大学史学系主任,仍兼任北京大学中国文学系代理主任。20 日,朱希祖作《敬告新的青年》,刊于次年 2 月《新青年》第 7 卷第 3 号。是年至次年,朱希祖在北京大学史学系开设"史学史"课程,编为《中国史学概论》讲义(后称《中国史学通论》)。

按:王爱卫《朱希祖的史学史研究及其〈中国史学通论〉》(《德州学院学报》2016 年第 5 期)认为《中国史学通论》是民国时期著名的史学家朱希祖在北大史学系讲授史学史的讲稿,也是目前所知的最早的中国史学史讲义。他从建设新史学的需要出发,对中国古代史学进行了系统的反思,既广引诸家之说,又提出自己的创见,有力地促进了中国史学的现代化。尤其是在推动中国史学史学科的创立方面,朱希祖居有筚路蓝缕之功。将史学史作为一门课程设置足以表明:朱希祖已有了明确的史学史意识,并且认为史学史完全可以成为一门独立的学科。由此,我们可以将"史学史"概念提出的时间追溯到 1919 年。朱希祖是目前我们所知的最早提出"史学史"的史家,他的《中国史学通论》应该是最早的中国史学史讲义。在反思和追溯史学史学科的起源时,史家们基本一致地认为:明确提出中国史学史学科的是梁启超,他在 1927 年的《中国历史研究法补编》中,阐述了对撰写中国史学史的看法。的确,梁启超倡导建立史学史学科的影响是非常巨大的。他最早设计了史学史学科体系的框架,在他的号召和引导下,多部体现其设想的史学史论著如雨后春笋般纷纷出现,史学史遂发展成为一门生机勃勃的学科。但梁启超是否受到了朱希祖的启发呢?他提出史学史的做法时,朱希祖在北京大学开设史学史(或中国史学概论)课已经七八年了,在当时的学术交流非常频繁的情况下,梁氏对朱希祖的史学史课程不可能一无所知。抛开这一问题,仅就他所提出中国史学史研究的基本内容来看,"史官;史家;史学的成立与发展;最近史学的趋势"等 4 个方面,朱希祖大都已经进行了初步探讨。由于处于学科初创阶段,他没有像梁氏那样从理论上加以阐发,也没有给史学史提出清晰的研究轮廓。不过,单从时间上看,朱希祖对中国史学史学科的提出和创立就居功甚伟。(以上参见朱元曙、朱乐川《朱希祖先生年谱长编》,中华书局 2013 年版)

马裕藻 1 月 25 日为蔡元培发起组织的学余俱乐部会计。2 月 25 日,马裕藻与朱希祖、胡适、钱玄同、周作人、刘半农被北大推选为"国语统一筹备会"会员。3 月 29 日,马裕藻与鲁迅、周作人、朱希祖、陈百年、刘文典、沈士远、沈尹默、刘半农、钱玄同等人于前门外西车宴叙。4 月 21 日,出席国语统一筹备委员会在北京召开成立大会,与周作人、朱希祖、刘半农、钱玄同、胡适北大六教授联名向国语统一筹备会第一次大会提交《国语统一进行方法的议案》《请颁行新式标点符号议案》，马裕藻居于刘教授联名提案之首，大会议决通过。6月4日，马裕藻与胡适、马寅初、马叙伦、朱希祖、沈士远、高一涵、康宝忠、刘半农、周作人、钱玄同、陈百年等20人联名发表《致本校全体教职员诸君函》，请全体教职员当日下午开会，磋商救援被捕师生办法。22日，北京各校教职员联合会、学生联合会、北大全体师生推派代表沈尹默、马裕藻、狄福鼎、李吴桢和教育部秘书徐鸿宝，北京大专校长团代表汤尔和等到杭，劝促蔡先生打消辞意，回京复职。28日，蔡元培进城晤马裕藻、徐鸿宝、李吴桢、狄福鼎，谈北上复职之事。30日，蔡元培进城，晤汤尔和、沈尹默，又晤马裕藻、徐鸿宝等。7月12日，马裕藻为国文出题及阅卷委员。9月25日，马裕藻与蔡元培、刘半农、沈尹默、钱玄同、刘文典、马寅初、李大钊、沈士远、陈百年、马叙伦、康宝忠等20人发布启事，为章门弟子朱宗莱教授征募赙仪。10月6日，马裕藻与马叙伦、沈尹默、周作人、马寅初、沈士远、李大钊、刘文典、徐宝璜等18人为筹备双十节纪念发表《启事》。11月23日，马裕藻与陈百年、沈尹默、钱稻孙、刘半农、周作人等出席朱希祖在草场大坑21号的新宅宴叙，宴后同至八道湾11号鲁迅与周作人新居参观。29日夜，胡适对《请颁行新式标点符号议案》修改完毕，随后仍以马裕藻、周作人、朱希祖、刘复(半农)、钱玄同、胡适北大6教授联名向教育部提交《请颁行新式标点符号议案》(修正案)，仍以马裕藻为联名提案之首。(以上参见高平叔编著《蔡元培年谱长编》，人民教育出版社1996年版；朱元曙、朱乐川《朱希祖先生年谱长编》，中华书局2013年版)

刘文典所译德国著名哲学家海克尔(又译赫凯尔)《灵异论》一文2月15日刊于《新青年》第6卷第2号上。此文是作者为《新青年》最后撰译的文字，摘自海克尔《生命之不可思议》一书。同月，胡适《中国哲学史大纲》(上卷)由商务印书馆出版，由蔡元培作序。刘文典对此书评价颇高："这部书的价值，实在可以算得是中国近代一部Epoch making的书，就是西洋人著西洋哲学史，也只有德国的Windelband和美国的Thilly两位名家的书著得和他一样好。"

按：刘文典《怎样叫做中西学术之沟通》刊于10月15日《新中国》第1卷第6号，文中还说："我尤喜欢的就是他这书的第一篇里的几句话：'我所用的比较参证的材料，便是西洋的哲学。但我虽用西洋哲学作参考资料，并不以为中国古代也有某种学说，便可以自夸自喜。做历史的人，千万不可存一毫主观的成见，须知东西的学术思想的互相印证、互相发明，至多不过可以见得人类的官能心理大概相同，故遇着大同小异的境地时势，便会产出大同小异的思想学派。东家所有，西家所无，只因为时势境地不同，西家未必不如东家，东家也不配夸炫于西家。何况东西所同有，谁也不配夸张自豪。'这是何等的胸襟、何等的识见！我看他有这样的学问、识见，就劝他再用几年的心力，做一部需要最切的、西洋学者都还想不到的、做不到的'比较哲学史'，把世界各系的古文明，做个大大的比较研究。我以为除了这种研究之外，再没有什么中西学术的沟通了。"

刘文典与鲁迅、周作人、陈百年、朱希祖、沈士远、沈尹默、刘半农、钱玄同、马幼渔等10位学者教授3月29日在交通部"西车站食堂"聚会。这是目前史料中关于先生与鲁迅交往的最早记录。5月4日，"五四"运动爆发。刘文典与马叙伦、马寅初值班守夜，支持大学生，积极参与调解。15日，《新中国》杂志创刊，刘文典成为其重要作者。6月15日，刘文典译作《生命论》开始在《新中国》杂志上连载，后来结集成书，名为《生命之不可思议》。同一期上，刊载刘文典译文《人类之将来》，译自日本丘浅次郎博士《进化与人生》一书。7月12日，《北京大学日刊》刊出北大"入学试验委员会阅卷委员名录"，刘文典列名国文组。8月，在北京香山碧云寺继续翻译德国哲学家海克尔的名作《生命之不可思议》。在此期间，从罗家伦

(字志希)处获知海克尔逝世消息。9月,陈独秀出狱后,仍有被捕危险,遂藏匿于刘文典家中,直到1920年1月在李大钊掩护下离开北京,到达上海。10月15日,在《新中国》杂志头条发表《怎样叫做中西学术之沟通》,阐明比较研究的学术新思想,署名"刘叔雅"。文中重点批评了中国学人学术研究中的"盲目尊大"现象,最后为中西学术沟通指明路径。

按:文中说:"要有那好学深思之士,具有综观世界各系文明的眼光,去了好虚体面的客气,晓得了近世科学的方法、性质、价值,明白了学术之历史的发达路径,把中西学术作个比较的研究,求两系文明的化合,这倒是学界一种绝大的胜业,要照这样的沟通,中国的玄学、心学、政治哲学、人生哲学,可以和西洋学术沟通的处所多着哩。"(参见章玉政编著《刘文典年谱》,安徽大学出版社2011年版)

刘师培与黄侃等1月26日在刘师培宅内正式成立《国故》月刊社,社址设在汉花园北京大学文科大楼三层33号。初由俞士镇、薛祥绥、杨湜生、张煊慨然于国学沦夷,欲发起学报,以图挽救,以昌明中国固有之学术为宗旨,与《新潮》进行论战。刘师培、黄侃被推为该刊总编辑,陈汉章、朱希祖、马叙伦、屠孝亮、梁漱溟、康宝忠等教师6人,陈中凡、张煊等学生10人为编辑。

按:《国故》月刊社《本社记事录》:"岁初,俞士镇、薛祥绥、杨湜生、张煊慨然于国学沦夷,欲发起学报,以图挽救。遂定期于张煊处讨论一次并草定简章数条,决定首谒教员征求同意,次向校长陈述。嗣谒诸教员皆蒙赞允,同学加入者甚夥,遂谒校长,请助经费。校长允与垫办,俟社中经费充裕时,再行偿还。次日用发起人二十人名义上校长函请款,支领开办费三百元,本社遂以成立矣。"《国故》月刊社相关组织与人员如下:

编辑部:
总编辑:刘师培、黄侃
特别编辑:陈汉章、马叙伦、康宝忠、吴梅、黄节、屠孝是、林损、陈中凡
编辑:张煊、薛祥绥、俞士镇、许本裕、赵健、王肇祥、孟寿椿、伍一比、马志衡、胡文豹
干事部:
总务主任:康宝忠
总务:杨是生、王自治、孙延果、顾名
庶务:刘翰章、王保黄、姚鋆、陈琳
文牍:区文雄、楼巍、罗常培、张介庥

刘师培2月20日函告陈中凡,盛赞其所"掇拾"陈玉澍《尔雅释例》及所著《马公墓志铭》。3月18日,《公言报》刊登《请看北京学界思潮变迁之近状》,称《国故》月刊社之成立是与反对旧派文学之《新潮》相对垒,并言《国故》"组织之名义出于学生,而主笔政之健将,教员实居其多数"。24日,刘师培在《北京大学日刊》发表致《公言报》公开信,指明《公言报》所言不实,同时还刊登《国故月刊社致公言报函》,再次阐明了办刊的过程和宗旨,希望对方不要捕风捉影,萦惑观听。

按:刘师培写给《公言报》的声明信刊于《北京大学日刊》,曰:《公言报》主笔大鉴:读十八日贵报《北京学界思潮变迁》一则,多与事实不符。鄙人虽主大学讲席,然抱疾岁余,闭门谢客,于校中教员素鲜接洽,安有结合之事?又《国故》月刊由文科学员发起,虽以保存国粹为宗旨,亦非与《新潮》诸杂志互相争辩也。祈即查明更正,是为至荷。

按:《北京大学日刊》在发表此信的同时还刊登了《国故月刊社致公言报函》:主笔先生大鉴:阅本校日刊,得悉十八日贵报有论北京大学新旧学派一条,所云《国故》月刊情形与真象不符。特将敝社事实略为陈述,请详览焉。《国故》月刊纯由学生发起,其初议定简章,即送呈校长阅览,当蒙极端赞成,并允垫给经费,本社遂以成立。嗣以社中尽属同学,于稿件去取未便决定;又因同学才识简陋,恐贻陨越,箴规纠正,

端赖师资；故敦请本校教员及国史馆职员为总编辑及特别编辑，而社中编辑十人，则全为学生。由此以观，则学生为主体，教员亦不过负赞助上之职务耳。

刘师培所撰《毛诗词例举要》（略本）3月20日始载于《国故月刊》第1期。同月，刘师培向国史馆编纂处提交《纂辑员刘师培报告书》。春，刘师培收黄侃为弟子。5月，所撰《搜集文章志材料方法》（自秦汉迄随）《音论序赞》刊于《国故月刊》第3期，《名原序》始载于《国故月刊》第3期。6月，《像尽意论》《中庸说》《籀顾述林序》载《国故月刊》第4期。同月11日，陈独秀因公开散发《北京市民宣言》而被捕，各社会团体、社会名流纷起救援。刘师培联合北京大学、民国大学、中国大学马裕藻、马叙伦、程演生、王星拱、马寅初等数十位教授，领衔致函京师警察厅，要求将其释放。9月，警察厅迫于舆论压力，释放陈独秀。同月初，刘师培就所授北京女子高等师范学校课程事致函陈中凡。11月20日，刘师培因肺结核病逝世于北京和平医院，年仅36岁，临终时说："我一生应当论学而不问政，只因早年一念之差，误了先人清德，而今悔之已晚。"妻何震精神失常。12月3日，北大师生祭奠刘师培仪式在妙光阁举行，由陈独秀主持丧事，中国文学系诸同学参与料理丧事，将刘师培遗著检齐，送交北大图书馆保存。是年发表于《国故月刊》之文尚有《毛诗词例举要》《蜀学祀文翁议》《屈君别碑》《礼经旧说考略》《退郢诗抄序》《王弼易略例明象篇补释自序》《吕玄屏江左卧游图序》《隐士秦郡墓志铭》《清故刑部尚书史公墓碑》等。

按：刘富曾《亡侄师培墓志铭》谓"大学校长蔡孑民先生经纪其丧。翌年二月，命门人刘君叔雅（文典）为之归槗扬州。"后葬城西开家坂。（参见陈奇编《刘师培年谱长编》，贵州人民出版社2007年版；黄锦君《刘师培生平学术年谱简编》，《儒藏论坛》2009年第1辑；司马朝军、王文晖《黄侃年谱》，湖北人民出版社2005年版；唐宝林、林茂生《陈独秀年谱》，上海人民出版社1988年版）

黄侃1月25日参与蔡元培发起组织的北京大学"学余俱乐部"。26日，黄侃与刘师培、陈汉章、马叙伦等积极支持俞士镇、薛祥绥、杨湜生、张煊等学生发起成立《国故》月刊社。同月，黄侃开始温习七经，并开始师事刘师培，因从刘师培传染肺病。2月13日，黄侃有《致陈中凡书》，推荐门人孙世扬担任北京师范女校国文教习。14日，黄侃自沙滩移居吉安所夹道。3月15日，钱玄同在《新青年》第6卷第3号上发表《随感录》，不点名地批评黄侃。黄侃见到此文，非常愤怒，骂为看词都看不通。20日，所撰《国故题辞》发表于《国故》第1期，黄侃将这期杂志寄给章炳麟。

按：《国故题辞》曰：昔者老聃，睹文胜之弊，著书示后，以为绝学无忧原伯鲁之徒盖习闻其说，遂曰可以不学，不学无害。闵马文忧之，著于传记，为世大戒。盖君子立言，不可不慎如此也。然学之兴废，在人世或云有命，则不谛周、秦之际，九流百家，蜂拥旁午，秦政、李斯，一旦焚《诗》《书》而坑儒士，道术由是遂亡。惟伏生、张苍、浮丘伯三数人者，抱残守缺于人间，卒延古学之一线。假使诸君子委废兴于天命，任典籍之散亡，则是文武之道终于坠地，六艺之传永绝萌芽。故曰人能弘道，岂虚言也！晚近三百年中，古学至盛。自顾、黄、惠、戴而还，辅弱扶微者多有，钩深致远者比肩。物盛则衰，以有今日。国乱俗坏，谗慝弘多。《诗》刺"具曰予圣"，《书》戒"侮昔无闻"，《传》讥"数典忘祖"，《孟子》轲"信师变学"，此皆古人已知之矣。夫化之文野，不以强弱判也；道之非韪，不以新旧殊也。或者伤国势之陵夷，见异物而思改，遂乃扫荡故言，诮为无用。虽意存矫枉，毋亦太过其直乎？《诗》曰："国虽靡止，或圣或否。民虽靡膴，或哲或谋。"诸夏虽衰老，成典刑，未尽丧也。有志之士，诚能振颓纲以绍前载，鼓芳风以扇游尘，识大识小，各尽尔能。宁过而存，毋过而废，则可以免绝学之忧，可以收藏书之绩。硕果不食，其在兹乎？是编之作，聊欲以讲习之勤，图商兑之庆。邦人诸友，庶几比意，同力求得废遗。《传》不云乎："斯文未丧，乐亦在其中矣。"

黄侃3月23日有《致陈中凡书》，寄《文心雕龙札记》，并谈《国故》出版情况。5月14日，黄侃肺疾新痊，重温七经。16日，黄侃表示与蔡元培校长同进退，谓："余与蔡孑民志不同,道不合,然蔡去,余亦决不愿留,因环顾中国,除蔡孑民外,亦无能用余之人。"载 5 月 16 日上海《时报》。9 月,素有"狂士"之称的黄侃因不满胡适发起新文化运动,且与北大"文科教授沈尹默等不协",愤而辞职离京。在回故乡武昌之前,黄侃专门拜访林纾,并执后生礼甚谨。后在诗册上题写过这样几句话:"侃以己未秋,初见先生(指林纾)于京师酒楼。时先生方腾书攻击妄庸子之居国学,而创邪说者,侃亦用是故,弃国学讲席南还。先生见侃,所以奖掖慰荐之良厚。每心佛自北来,必寄声重询,侃感焉。"黄侃行前又有《与友人书》,宣称"吾侪之责,不徒抱残守缺,必须启路通津"。

按:《与友人书》略谓:"即今国学衰苓,琦说充塞于域内。窃谓吾侪之责,不徒抱残守缺,必须启路通津。而孤响难彰,独弦不韵,然则丽泽讲习,宁可少乎? 此又弟所以喜与尊兄相聚之情也。伏想雅怀,当同鄙意。顷顷炎暑已往,西风送凉。现正检点家居,拟于日内奉母南下。虽此主者挽留甚切,无以弭弟思乡之情。且《传》不云乎:'色斯举矣。'兹遣门人奉此书于左右,聊致拳拳。至于频年别绪,非至亲觌光辉时不能倾泻也。"(参见司马朝军、王文晖《黄侃年谱》,湖北人民出版社 2005 年版;张旭、车树异编著《林纾年谱长编:1852—1924》,福建教育出版社 2014 年版)

吴承仕 3 月 20 日在北京大学出版的《国故月刊》第 1—3 期发表《王学杂论》,主要分析研究了先秦诸子迄至宋明诸儒的哲学思想发展及其自相矛盾之处,用与西方实证哲学及佛学思想相比较的方法,阐述王阳明理学思想的历史渊源及主要特征。章门弟子黄侃撰写《题辞》。章炳麟收到黄侃寄送的刊物,即函吴承仕:"季刚(即黄侃)寄来《国故月刊》,见足下辨王学数条甚是。"(参见庄华峰编纂《吴承仕研究资料集》,黄山书社 1990 年版)

辜鸿铭 6 月 5 日出席北大教授在红楼第二层临街的一间教室里召开的临时会议,重点商议挽留蔡元培校长,辜鸿铭也走上讲台,赞成挽留校长,理由是"校长是我们学校的皇帝,所以非得挽留不可"。7 月 12 日,辜鸿铭以英文发表《反对中国文学革命》一文。8 月 16 日,又以英文发表《留学生与文学革命——读写能力和教育》一文。当月,胡适在《每周评论》发表《辜鸿铭》,讥评他具有顽固而可笑的心态。12 月 12 日,张勋 65 岁生日时,辜鸿铭送一贺寿对联:"荷尽已无擎雨盖,菊残犹有傲霜枝。"(参见黄兴涛编《中国近代思想家文库·辜鸿铭卷》附录《辜鸿铭年谱简编》,中国人民大学出版社 2015 年版)

梁漱溟 3 月 15 日应清华学校科学社之请,在"高等科一四一号"作《佛学之研究》演讲。讲演之先,曾有书信致袁同礼讨论相关事宜。在五四运动发生后,梁漱溟在《国民公报》与《每周评论》上发表《论学生事件》一文,主张以法律的方式解决学潮问题,高一涵撰文对此提出质疑。因"五四"运动而有新文化运动,梁漱溟既倾心东方古人之学,在精神上自感受到一种压迫,必须在自己思想上求得解决,故而决定在北大哲学系演讲"东西文化及其哲学",提出再倡中国古人讲学之风与近代的社会运动结合为一的主张。

按:梁漱溟《纪念蔡元培先生》曰:"'五四'运动是新思潮运动、新文化运动,开辟这个运动的是陈独秀和胡适,刊物叫《新青年》。""我认为蔡元培先生萃集的各路人才中,陈独秀先生确是佼佼者。当时他是一员闯将,是影响最大,也是最能打开局面的人。……由'五四'而开端的新思潮、新文化运动,首先打开大局面的是陈独秀,他在这个阶段的历史功绩和作用,应该充分肯定。""胡适是从美国回来的,是当时北大最出风头的人物。他是新文化运动中提倡白话文的开创者之一,很有功绩,影响也很大。……但据我当时的交往,感到作为新文化运动之灵魂的新人生、新思想,在他身上并不完备,真正对于旧社会、旧道德的勇猛进攻,并引发开展,进而引导先进青年大刀阔斧前进的,应首推陈独秀、李大钊、周树人诸君。胡适之先生后来同他们分道扬镳,是情理之中的。"(《梁漱溟全集》第六卷,山东人民出版社 1993 年版,第 336 页)

按:梁漱溟《答胡评〈东西文化及其哲学〉》曰:"我在北大讲授印度哲学,与新潮流新思想相距甚远,我对新派人物的种种主张不赞同的甚多,但我并不反对提倡白话文。""胡适极端崇拜以至迷信西方文化,又不加分析地鄙薄我们固有的民族文化,提出过全盘西化的口号。""我们是不同的;的确根本不同。我知道我有我的精神,你们有你们的价值;凡成为一派思想的,均有其特殊面目、特殊精神。⋯⋯却是各人抱各自那一点去发挥,其对于社会的尽力,在最后的成功上还是相成的——正是相需的。我并不要打倒陈独秀、胡适之而后我才得成功。⋯⋯更进而言,不管他同不同,天下人自己都会找对的路。只怕不求,求则得之。不对也好,总会对的。"(梁漱溟《漱溟卅后文录》,《梁漱溟全集》第四卷,山东人民出版社1991年版,第749页)

梁漱溟是夏忽然接到熊十力从天津南开中学寄来的明信片,谓:"你写的《究元决疑论》,我读到了。你骂我的那些话都不错,希望有机会晤面仔细谈谈。"暑假,熊十力从天津至北京,住广济寺,梁漱溟与他"一见如故",彼此相交往即由此开端,从此常相过从谈学。熊十力离京时,介绍张难先与梁漱溟相识,以后彼此亦成了挚友。是年,著成《印度哲学概论》下半部,交商务印书馆出版,又发表《一个人的生活》(少年中国学会会务报告三期)和《答陈嘉蔼论因明书》两文。(参见刘定祥《梁漱溟著述年谱》,载《社会科学家》1989年第1期;李渊庭、阎秉华编著《梁漱溟先生年谱》,广西师范大学出版社2003年版;张光润《袁同礼先生年谱初编(1895—1965)》,载张光润《袁同礼研究(1895—1949)》,华东师范大学博士学位论文,2018年)

杨昌济继续任北京大学教授,教授"伦理学"和"伦理学史"。2月,杨昌济致书作为南方代表参加上海"南北和谈"的章士钊,试图通过教育的途径从低层做起,启蒙民众,开发民智,造成军阀政客无法存在的新的社会基础,以此来制止武人乱国与官场腐败。上半年,所译《西洋伦理学史》下卷和《伦理学之根本问题》,由北京大学出版部出版。在《国民》杂志第1卷第1期发表《告学生》一文,强调学贵力行,号召学生"能言人之所不敢言,能行人之所不敢行。"暑假,赴北京西山休养。10月1日,杨昌济致信胡适,以新学年的伦理学课,手中缺少参考的材料,拟以后随时求借有关书籍,并请代开一英文书目,并望转请杜威先生亦开一书目,以便嘱图书馆购备。冬,生病,初为胃病,继而浮肿。12月初,杨昌济进入北京德国医院,毛泽东第二次到北京,杨昌济在病中写信给章士钊,向他推荐毛泽东和蔡和森,说"二子海内人才,前程远大。君不言救国则已,救国必先重二子"。(参见王兴国《杨昌济年谱》,载王兴国《杨昌济的生平及思想》,湖南人民出版社1981年版;耿云志《胡适年谱》,四川人民出版社1989年版;袁景华编《章士钊先生年谱》,吉林人民出版社2001年版)

杜国庠7月学成回国,经李大钊介绍,应聘任北京大学讲师,还先后在其他几所大学兼课,讲授马克思主义政治经济学说等。杜国庠等创办丙辰学社亦迁入北京大学。(参见邱汉生《杜国庠传略》,《史学史研究》1984年第3期)

段锡朋、黄建中、朱一鹗、易克嶷、张国焘、邓中夏、陈中凡、周炳琳、许德珩等为主要负责人的《国民杂志》月刊1月1日在北京大学创刊。5月3日晚9时,段锡朋、罗家伦、傅斯年、康白情等被蔡元培校长召去转告巴黎和会不利信息,在当晚的北大三院礼堂召开北大全体学生大会上,段锡朋被推选本次大会主席,又被推举为4日天安门广场集会的主席。4日上午,段锡朋又联络各校在工专召开各校代表会议,布置下午的集会和游行。下午,曾阻止匡互生火烧赵家楼。5日,北京大学学生自治会成立,段锡朋当选会长。6月5日,段锡朋、罗家伦等作为北京学生的代表在上海参加各界代表联席会议,段锡朋在会上介绍了北京学生运动的情况,号召学生、工人和商人支持北京的学生运动,推动会议做出了罢学、罢工、罢市的决议。16日,全国学生联合会成立大会在上海召开,段锡朋主持了会议,并当选为全国学生联合会会长。7月15日,段锡朋与李昊桢在杭州拜访蔡元培校长,蔡校长提出

"读书不忘救国,救国不忘读书"。(参见彭明《五四运动史》,人民出版社1998年版)

傅斯年、罗家伦、徐彦之、康白情、杨振声、俞平伯、顾颉刚、潘家洵等所办的《新潮》杂志创刊号1月1日在北京大学出版,傅斯年兼《新潮》杂志主编。3月1日,傅斯年在《新潮》第1卷第3号发表《译书感言》一文,对年前胡适在《建设的文学革命论》的呼吁做了回应,提出四个应注意的方面:"(1)翻译一部书以前,先问这本书是否本身有价值,是否在同类之中算最好的。(2)翻译一部书以前,先问这本书是否到了翻译的地步了,是否还有应当较先翻译的。……"接着又列举了八条具体的建议,最后一条说:"专就译文学一部分而言,也是如此;'只译名家著作,不译第二流以下的著作。'这是胡适之先生在他的《建设的文学革命论》中(的)一条提议。"4月,傅斯年在《新潮》第1卷第4号上发表《清代学问的门径书几种》,认为研究清代学问的第一步门径书是江藩《汉学师承记》、方东树《汉学商兑》、陈澧《东塾读书记》;第二步门径书是顾炎武《日知录》《尚书古文疏证》、黄宗羲《明夷待访录》《颜民学记》、钱大昕《十驾斋养新录》、戴震《孟子字义疏证》《原善》《述学》《春秋公羊通义》、章学诚《文史通义》《古书疑义举例》、康有为《孔子改制考》《新学伪经考》《检论》。5月3日晚9点,傅斯年出席在北大法科大礼堂召开的学生大会,商讨次日游行事宜,被举为学生代表。4日上午10点,北京13所大学在国立法专召开筹备会议,傅斯年又与段锡朋一起被推选为会议主席,同时被推举为游行总指挥。4日下午,天安门大会结束之后,游行开始,傅斯年高举大旗走在了游行队伍的最前面。7月,傅斯年撰发《安福部要破坏大学了》的长文,连载于1919年7月16、17、19、20日北京《晨报》,从清大学学制的由来、民国元年大学制、民国元年至五年大学状况、蔡校长第一次改革大学的计画、文理科合并的理由,以及克希克图意见书并不成理由、安福部的用意等七个方面详加分析,旨在揭露安福系克希克图破坏大学学制的不良企图。10月30日,傅斯年在《新潮》第2卷第1号发表《〈新潮〉之回顾与前瞻》一文,回忆了本年度新旧思潮之"激战",对林纾的谈论语带调侃,对其进行指责道:"第三层是惹出了一个大波浪。有位'文通先',惯和北大过不去,非一次了。有一天拿着两本《新潮》、几本《新青年》送给地位最高的一个人看,加了许多非'圣乱经'、'洪水猛兽'、'邪说横行'的评语,怂恿这位地位最高的来处治北大和我们。这位地位最高的交给教育总长傅沅叔斟酌办理。接着就是所谓新参议院的张某要提查办蔡校长、弹劾傅总长的议案。接着就是林四娘运动他的伟丈夫。接着就是老头们啰皂当局、当局啰皂蔡先生。接着就是谣言大起。校内校外,各地报纸上,甚至辽远若广州,若成都,也成了报界批评的问题。谁晓得他们只会暗地里投入几个石子,骂上几声,啰鸣几回,再不来了。'这原不算大侮蔑,大侮蔑也须有胆力。'酿成这段事故,虽由于《新青年》记者,我们不过占一个小小部分,但是我们既也投入这个漩涡,不由得使我们气壮十倍,觉得此后的希望,随着艰难的无穷而无穷。"这里的"林四娘"当指林纾无疑。(参见韩复智《傅斯年先生年谱》,《台大历史学报》1996年第20期;彭明《五四运动史》,人民出版社1998年版;张旭、车树异编著《林纾年谱长编:1852—1924》,福建教育出版社2014年版)

罗家伦与傅斯年、康白情、杨振声、俞平伯、顾颉刚等发起的《新潮》杂志1月1日正式创刊。罗家伦在《新潮》创刊号上发表《今日中国之小说界》一文,借用外国学者的话对林纾进行了间接批判。针对国人所作的小说,罗家伦将其分为三派,主旨是表面繁荣,实则糟粕。"第一派是罪恶最深的黑幕派";"第二派的小说是滥调四六派";第三派比前两派稍好,所谓笔记派,"第一大毛病是无思想"。痛骂一番之后,笔锋转向他所谓的"外国人之中国人译外国小说观"。他引用的是美国驻华大使芮恩施(Paul Samuel Reinsch)的著作《远东思想政治潮流》(Intellectual and Political Currents in Far East,1911)里的言论,矛头直接指向林纾。他对林纾翻译小说进行了严厉的批评,尤其指责林译改变原作的西方思想。作者进而针对翻译工作者提出了四条意见:选择好材料,其实就是选择好的作品;其次是用白话翻译,因为西洋的好小说都是用白话写的,还举出林纾刚翻译的托尔斯泰的《社会声影录》,"里边竟然把俄国乡间穷得没有饭吃的农人夫妇,也架上了'幸托上帝之灵,尚有余食'的古文强调来",并且让"林先生你想一想看,这是小说,不是中学校的古文读本呢!"如果翻译者自己不懂西文,就请一位好的人来帮忙,不能囫囵吞枣,或者干脆舍弃掉一些难翻译的章节;最后一点则是不能更改原本的意思,加入中国的意思。最后他劝告林纾:"林先生,我们说什么总要说得像什么才是。设如我同林先生做一篇小传:'林先生竖着仁丹式的胡子,带着卡拉(collar),约着吕朋(ribbon),坐在苏花(sofa)上做桐城派的小说',先生以为然不以为然呢? 若先生'己所不欲',则请'勿施于人'!"不过,文中也提到"笔记派"小说中有"一支是技击的",并将《技击余闻》视为清末民初泛滥一时的武侠小说之滥觞。

罗家伦5月1日在《新潮》第1卷第5期发表《驳胡先骕君的中国文学改良论》一文。4日上午10点,罗家伦刚从城外的北京高等师范学校回到北大,准备和大家一起去天安门游行,同学狄福鼎推门而入,对他喊道:"今天的运动不能没有宣言,北京八校同学推我们北大起稿,你来执笔罢!"罗家伦就站在一张长桌旁,匆匆起草了《北京学界全体宣言》(《五四宣言》白话篇,文言篇由许德珩起草),提出了"外争国权,内除国贼"的口号。当游行队伍行至东交民巷遇阻,罗家伦与段锡朋、傅斯年、张国焘4人被推为代表,进入美国使馆请见公使。5月5日,北京大学以罢课通电各方,并组织营救被捕学生。为此,罗家伦奔走于学校、步兵统领衙门与警察厅之间,又积极寻求商界和报界的支持。26日,罗家伦在《每周评论》第23期"山东问题"专栏发表《"五四运动"的精神》,首次提出"五四运动"概念,认为"五四运动"孕育着三种真精神。

　　按:罗家伦《"五四运动"的精神》指出:"这次运动有三种真精神,关系中华民族存亡:(1)学生牺牲精神。青年学生奋空拳,扬白手,和黑暗势力相斗,这样的牺牲精神永不磨灭,真是再造中国的元素。(2)社会制裁精神。这次学生虽没有把卖国贼一个一个打死,但他们在社会上的偶像打破了! 以后的社会制裁更要多! (3)民族自决精神。这次学生不向政府,直接向公使团表示,是国中华民族对外自决的第一声。不求政府,直接惩办卖国贼,是对内自决的第一声。"(参见彭明《五四运动史》,人民出版社1998年版)

罗家伦与许德珩等6月16日以北京学生代表赴上海出席全国学生联合会成立大会。8月8日,罗家伦在作于5月3日《就当前课业问题给教务长及英文主任的信》罗列辜鸿铭四条"罪状"的基础上,又分别针对英文课和哲学课补写了两条建议:希望胡适代替辜讲授英文门三年级的英诗课程;希望胡适的老师杜威所开设的哲学课改为英文门课程,然后一并寄给时任北大教务长的马寅初和英文系主任胡适。9月,罗家伦受北大学生会委派,前往杭州迎接蔡元培校长返校。11月,傅斯年赴英国留学,罗家伦被推举为《新潮》杂志主编。12月21日,罗家伦参与蔡元培、陈独秀、胡适、周作人、顾孟余、李大钊、陶孟和、王星拱、张申府、徐彦之、王光祈等联名发起的组织工读互助团。冬,罗家伦遭北洋政府通缉,与张国焘南下上海,代表北京学生联合会参加全国学生联合会大会。在上海停留期间,罗家伦协助已成为全国学生联合会会长的段锡朋推进联合会的工作,并与其他几位学生代表拜谒了孙中山。同时,与廖仲恺、张继、戴季陶、朱执信等人都有接触。(参见刘维开《罗家伦先生年谱》,中国国民党中央委员会党史委员会1996版;张晓京编《中国近代思想家文库·罗家伦卷》附录《罗家伦年谱简编》,中国人民大学出版社2015年版)

　　许德珩 5 月 2 日从蔡元培校长口中得知北京政府已电令出席和会的中国代表在丧权辱国的"和约"上签字的消息,立即邀集在北大国民杂志社的各校代表,讨论应对办法。5 月 3 日晚,在北大三院礼堂召开北大全体学生大会发言。4 日,参与并领导北京反帝反封建的学生爱国运动,并受北京学生联合会的委托,起草《北京学生界宣言》(《五四宣言》文言篇,白话篇由罗家伦起草)。当日与 31 名学生一起被捕,5 月 7 日获释。6 月 16 日,全国学生联合会成立大会在上海举行,许德珩作为北京学生代表之一参加了成立大会,被任命为《全国学联日刊》主编。其间,与其他同学一起,拜访了正在上海的孙中山先生,晤谈三个小时。10 月,许德珩返回北京。同月 12 日上午 8 时,"北京大学平民教育讲演团"在理科校长室召开第二次团员大会,欢送团员许德珩、陈宝锷赴法国勤工俭学。会上讨论增订会章、讲演进行之方法及分组讲演之地点等项,并选举职员。下午 2 时,与陈独秀、李大钊、蓝公武及徐宝璜等赴南湾子欧美同学会,出席《国民》杂志周年纪念会暨欢送社员陈宝锷、许德珩赴法留学。纪念会由易克嶷主持,随后,陈独秀、李大钊、蓝公武、徐宝璜等相继演说。(参见彭明《五四运动史》,人民出版社 1998 年版;冯资荣、何培香编著《邓中夏年谱》,中国文史出版社 2014 年版)

　　方豪 5 月 3 日晚出席在北大三院礼堂召开北大全体学生大会。4 日上午 10 时,与国民社成员段锡朋、新潮社成员傅斯年等召集各校学生召开碰头会,商定游行路线。5 日 15 时,北京各校代表 3000 多人在北京大学法科大礼堂召开大会,方豪、段锡朋等在会上作了报告,会议决定成立北京中等以上学校学生联合会,方豪被推选为首任主席。7 日,方豪作为北京学生联合会全权代表,南下天津、上海、杭州、广州等地,沿途向群众宣传,发表演说,策动南方各省一致罢课、罢工、罢市,组织各地成立学生联合会。在上海,方豪与天津学联会代表杨兴亚、上海学联会代表何葆仁,拜会孙中山于其寓所,晤谈三个多小时,得到了孙先生的鼓励和指导。后又会同杨兴亚、何葆仁同赴广州,从事宣传和组织工作。9 月 20 日上午 9 时,北大全体学生数千人在法科大礼堂举行欢迎蔡元培校长回校大会,由张国焘主席,方豪致长篇而恳挚的欢迎词,最后说道:"今日之欢迎先生,非感情的非虚伪的,乃欢迎国家新文化,国立大学之新纪元,学生等之新生命,先生必能满足其要求,俾有以贡献于世界。"(参见彭明《五四运动史》,人民出版社 1998 年版)

　　张国焘 1 月在李大钊的指导下,与邓中夏、黄日葵、高尚德等组织"国民杂志社",出版《国民杂志》月刊,担任杂志社总务股干事,负责发行工作。在与任北图主任的李大钊开始来往的同时,与无政府主义者黄凌霜、区声白等也来往密切;还与"新潮社"的傅斯年等也经常来往,成为学生中的活跃分子。3 月,张国焘参加邓中夏等发起组织的"市民教育讲演团",主张从市民教育入手,进行社会改造。5 月 4 日,五四运动爆发,张国焘以极大的热情参加爱国学生队伍的活动,先后担任北大学生会干事、学生联合会讲演部部长。在五四运动中,他组织集会,发表演讲,显露了才干,是北大爱国学生运动的主要负责人之一。6 月中旬,全国学联在上海成立,张国焘作为北京学联代表参加了大会,被选举担任总务方面的工作。7 月初,陈独秀与北京学联的主要负责人先后被北京政府逮捕。张国焘从上海返回北京,参加营救陈独秀等人的活动。10 月,张国焘辞去北大学生会和学生联合会的职务,重理学业,转读哲学。参加邓中夏等所组织的"曦园"。12 月,张国焘为躲避警察的搜捕,秘密到上海。(参见盛仁学编《张国焘年谱及言论》,解放军出版社 1985 年版)

　　邓中夏 1 月 25 日下午 2 时 30 分赴北京大学文科第 4 教室,出席"哲学研究会"成立大会。27 日下午 3 时,赴东交民巷内北池子盔头作胡同地学会,出席"学余俱乐部"发起人会议。会上讨论修订章程,推选蔡元培、叶浩吾为学余俱乐部正副部长,徐伯轩等五人为临时干事,李大钊为庶务干事。2月1日,在《国民》月刊第1卷第2期发表《平和问题》《国防军之成立》《内阁问题》《欧洲和议吾国委员之派遣》等4篇文章。10日,接新民学会会员熊光楚由湖南来信,阅后给校长蔡元培先生上书。15日,蔡元培校长接到邓中夏的来信后,极表赞同,推荐发表在本日《北京大学日刊》上,标题为《邓康君致校长函》。19日,参加北京大学新闻学研究会改组大会,蔡元培在会上发表演说并被选为新闻学研究会会长。3月1日,在《国民》杂志第1卷第3期发表《中日新交涉》《国防军与日本》两篇文章。7日,与法科学生廖书仓等14人发起组织"北京大学平民教育讲演团","以增进平民知识、唤起平民之自觉心"为宗旨,"以教育普及与平等为目的,以露天讲演为方法","讲演分为定期与不定期两种"。同日,《北京大学日刊》头版刊出《征集团员启事》和《平民教育讲演团简章》。

按:征集启事曰:"盖闻教育之大别有二:一曰以人就学之教育,学校教育是也。一曰以学就人之教育,露天讲演,刊发出版物是也。共和国家以平民教育为基础。平民教育,普及教育也,平民教育也。学校教育,惟饶于资财者之子弟始得享受,而寒畯之子弟及迫于生计而中途失学者不与焉,未足语于平民教育。苟乏术以补救之,则人民智识必大相悬殊。社会上不平之景象必层见迭出。共和国体必根本动摇。补救之术维何,厥曰露天讲演、刊布出版物,亦即所以补助学校教育之所不及者也。顾以吾国平民识字者少,能阅印刷品出版物者,只限于少数人。欲期教育之普及与平等,自非从事讲演不为功。北京大学固以平民主义之大学为标准者也。平民主义之大学,注重平民主义之实施,故平民教育尚焉。同人等发起兹团,所以达此旨也。同学中热心平民教育者,愿兴起共襄斯举。"3月7日,《北京大学日刊》上刊登了相关消息:"本校学生邓康、廖书仓、张国焘等人发起组织了北大平民教育讲演团,以教育及平等为目的,以露天讲演为方法。"同时还全文刊发了《北京大学平民教育团征集团员启事》,该启事指出:教育一般分两类,一为"就学之教育",即学校教育;一为"就人之教育",即露天讲演等。学校教育只有有钱人家的子弟才得以享受,贫寒子弟迫于生计,则无力入学;人们受教育的机会"大相悬殊",这是"社会上不平等之现象"。为使贫苦民众也能受教育,"欲期教育之普及与平等",所以发起建立北大平民教育讲演团。

邓中夏、廖书仓、邓中夏、康白情、周炳琳等人发起的北京大学平民教育讲演团3月23日在马神庙理科校长室召开成立大会,到会有团员35人。临时主席廖书仓报告了讲演团的筹备情况,会上讨论修改讲演团简章和露天讲演办法,并选举讲演团职员,邓中夏、廖书仓当选为总干事,罗家伦、康白情为编辑干事,周炳琳为文牍干事,易克嶷为会计干事。大会通过讲演团简章,本团由"北京大学学生热心平民教育者组织之"。主要成员有高君宇、张国焘、黄日葵、许德珩、朱务善、吴汝明、李世璋、王光祈、俞平伯、杨钟健、朱自清等39人。讲演团以"教育普及"与"平等"为目标,用露天讲演和出版刊物的方式,征求志同道合、有热情的同学加入,共同致力于平民教育的推行,以弥补学校教育不足。29日,《北京大学日刊》刊布"平民教育讲演团"启事,公布41名团员分组名单:第一组主任王光祈,讲演员张国焘等9人;第二组主任陈宝锷,讲演员鲁士毅等9人;第三组主任朱一鹗,讲演员周长宪等9人;第四组主任丁肇青,讲演员刘炽昌等10人。邓中夏与许宝驹、易克嶷等9人分在第2组。30日,主持召开平民教育讲演团干事及各讲演组长会议,商讨外出演讲事宜。随后,率"北京大学平民教育讲演团"走出校门举办演讲会。

邓中夏5月2日闻知中国外交失败的消息,义愤填膺,下午当天与许德珩召集《国民》杂志社的各校代表在北京大学西斋饭厅开紧急会议,商讨对付办法。会上采纳了邓中夏与许德珩的临时提议,决定以《国民》杂志社名义,通告北京大学全体同学,于3日晚在法科礼堂举行全体学生大会,并邀请高师、工专、农专、法专等13所大中专学校代表参加。5月3

日晚7时,在北京大学法科礼堂以《国民》杂志社、北京大学平民教育讲演团负责人身份,与许德珩、廖书仓等人主持召开全体学生大会。4日下午1时,率北京大学学生游行队伍前往天安门广场,途中遇到北京政府教育部某次长和军警的阻拦,经与黄日葵等同学一道上前据理力争,终于突破阻拦,到达天安门广场。当晚,主持召开各学生社团负责人会议,商讨营救被捕学生事宜。会上决定成立"北京大学学生干事会",组织领导全校同学,与北洋政府斗争。干事会分设总务、文书、交际、纠察、讲演等股,邓中夏与黄日葵当选为文书股负责人,负责对外宣传联络、编辑出版《五七》小报。5日,率领"北京大学平民教育讲演团"上街开展讲演,邓中夏作了题为《青岛交涉失败之原因》的演讲。下午三时,出席在北京大学法科礼堂召开的各校学生代表联席会议,决定成立"北京中等以上学校学生联合会",统一领导全市学生的反帝爱国运动。会上委托北京大学和高等师范负责起草学联组织大纲。6日,"北京中等以上学校学生联合会"正式宣告成立,邓中夏与理科学生高君宇作为北京大学代表参加学联,并被选为学联干事会宣传股主任。后来又担任学联的总务干事。5月11日,率领"北京大学平民教育讲演团"分四组在东、南、西、北四城讲演所讲演,并再次作了题为《青岛交涉失败之原因》的讲演。6月3日,率领"北京大学平民教育讲演团"在前门箭楼下用桌子搭成临时讲台讲演,遭到军警的殴打而被捕。10日,在全国人民的一致强烈反对下,北洋军阀政府被迫释放"六三"被捕的学生。邓中夏等人回到学校。10月5日,出席《国民》杂志社全体大会,讨论修改《国民杂志社组织大纲》。19日,出席"少年中国学会"总会在北京嵩祝寺八号召开的会员大会,与会者有李大钊、王光祈等17人。会上选举执行部各股职员,邓中夏当选为庶务股主任。21日,介绍高君宇、杨钟健加入平民教育讲演团。10月26日,出席北京大学学生会评议部成立大会,邓中夏在会上当选为评议部评议员。同月,与左舜生等五人介绍杨贤江加入少年中国学会文科。12月18日,与北京大学湘籍学生十余人到北京火车站,迎接毛泽东率领的"湖南各界驱张请愿代表团"到达北京。(参见冯资荣、何培香编著《邓中夏年谱》,中国文史出版社2014年版;中国中共党史学会编《中国共产党历史系列辞典》,中共党史出版社、党建读物出版社2019年版)

毛泽东1月2日在京参加了北京大学哲学研究会,并旁听北大的课程。2月1日,在黎锦熙家同度春节。19日,出席北京大学新闻学研究会改组大会。3月12日,毛泽东因母亲病离京返乡。12月6日,毛泽东率领40人组成的驱张敬尧代表团离开长沙赴京。18日,抵达北京,邓中夏等十余人到车站迎接。22日,为揭露张敬尧的罪恶和宣传驱张运动,毛泽东与张百龄、罗宗翰等组织平民通信社,自任社长。27日,邓中夏陪同李大钊来到毛泽东住处看望湖南驱张代表团,并与毛泽东、杨开慧座谈,听取毛泽东关于湖南"驱张"运动的介绍,李大钊高度评价了毛泽东领导下的湖南革命运动。李大钊指出:一定要寻找真同志,成立扎扎实实地研究革命的团体。临走时,邓中夏把随身带来的介绍列宁和十月革命的中文书刊,全都送给毛泽东。29日,旅京湖南公民在南城烂缦胡同的湖南会馆召开驱张大会,到会者近千人,讨论联合驱张办法。会上议决七条,并成立了"旅京湖南各界委员会",作为驱张执行机关。参加这个委员会的有湖南绅界、政界、军界、工商界以及湘籍国会议员,形成了广泛的驱张阵线。会上,湘籍议员在驱张决心书上签名:"担负驱逐张敬尧完全责任,如不能达到目的,则全体辞职,以谢湘民"。同月,杨昌济病重,在北京德国医院治疗。毛泽东到医院探望。杨昌济给滞留上海的章士钊写信,向他推荐毛泽东蔡和蔡和森。(参见中共中央文献研究室编撰、逄先知主编《毛泽东年谱(1893—1949)》人民出版社、中央文献出版社1993年版;冯

资荣、何培香编著《邓中夏年谱》,中国文史出版社2014年版)

俞平伯4月参加邓中夏组织的平民教育讲演团;"五四运动"期间,参加北京大学学生会新闻组的活动;曾向吴梅问学,学唱昆曲。11月12日,与陈公博、江绍原、汪敬熙、黎锦熙、罗家伦、毛准等报名旁听杜威博士的特别演讲《思想之派别》,获北京大学哲学教授会的许可。12月,毕业于北京大学,获文学学士学位,准备赴英国留学。是年,在《新青年》第6卷第3号上发表《白话诗的三大条件》,认为白话诗创作须有三大条件,即:用字要精当,做句要雅洁,安章要完整;音节务求谐适,却不限定句末用韵;说理要深透,表情要切至,叙事要灵活。(参见孙玉蓉编《俞平伯年谱》,天津人民出版社2006年版)

汪敬熙与傅斯年、罗家伦、俞平伯等共同组织了新潮社,创办了《新潮》月刊,并接连在《新潮》月刊创刊号、第1卷第2期、第2卷第1期发表白话小说五篇,成为该刊早期作品最多的作者,同时也奠定了他在中国文学史上地位——中国最早的白话小说作者之一。鲁迅曾评价其"这样下去,创作很有希望"。"五四"运动前夕,汪敬熙在4月号的《新潮》发表根据皮尔斯伯里(Pillsbury)的《推理心理学》(Psychology of Reasoning)和杜威的《我们怎样思考》(How We Think)对"行为主义"(behavioralism)、"无意识"(the unconsciousness)、"知觉"(perception)和"欲望"(desires)等含义的解释。7月,汪敬熙北京大学经济系毕业。正值上海实业家穆藕初捐款5万银元给北京大学,作为留学奖励基金,并委托老朋友蔡元培遴选5名品学兼优的学生出国留学,以为国家造就栋梁之才,罗家伦、段锡朋、康白情、汪敬熙、周炳琳等五位学生被蔡元培、陶孟和、蒋梦麟、胡适等人选中推荐出国留学,曾被当时报纸称之为"五大臣出洋"。

按:次年,汪敬熙入美国约翰·霍普金斯大学医学院,由此转入一个新的科学领域,走上生理心理学、神经生物学研究之路。(参见吴永贵、王静《新潮社与〈新潮〉杂志(民国时期中小书局研究之一)》,《出版史料》2004年第2期)

毛子水5月在北京大学《新潮》第1卷第5号发表《国故和科学的精神》,又于10日在《新潮》第2卷第1号发表《驳〈新潮〉"国故和科学的精神"篇订误》,公开提出"国故"与"国故学"的观念,引发"国故和科学的精神"论争。(参见王学典《20世纪史学编年(1900—1949)》,商务印书馆2014年版)

顾颉刚1月4日对马叙伦《读书小记》很不以为然。22日,顾颉刚致函傅斯年,论《新潮》办刊意旨,又因傅斯年撰文批评马叙伦,劝其评骘人物应有所顾忌。

按:《顾颉刚日记》1月4日载:"凡小家文人,小家学者,都是为捷径成名一语所误。不知者要成名,必无捷径可言。马叙伦一辈人,做什么《读书小记》,什么《校勘记》,什么《疏证》,他自以为是一个大学者;他心里也不晓得学问是什么东西;不过他晓得有了名,受人恭敬,是很快乐的。这辈人的结果,只是个绝物,因其与经上题名的心理,是很相近的,所以聊想及之。此辈人举世皆是,实也不值得一提。"

按:《顾颉刚日记》1月22日载:"上午读《新潮》,写伯祥、孟真、子俊函。孟真函中,劝其现在处人篱下,应有顾忌;俟此后本社脱离学校独立时,始可畅快的说去。《易》曰,尺蠖之屈,以求申也。盖为其诋马叙伦、蒋维乔等。予视马、蒋等已成绝物,而吾辈则日有进境,绝不与彼辈立在平等地位。我辈只须将正理去发挥,自然日出而爝火息矣。即使不息,视已息者何异。"

顾颉刚1月读《诗经》,认为应揭穿汉代经师《诗经》之附会。同月,为《新潮》的"思想问题专号"而作《中国近来学术思想界的变迁观》,但专号因故未出。2月,开始收集歌谣。3、4月间,回杭省亲。五四运动爆发后,曾于5月9日致信傅斯年、罗家伦,劝其将风潮扩大。同月,与叶圣陶、王伯祥创办《自觉》周报。9月,回北京大学复学,并参与新潮社工作,同时介绍叶圣陶、王伯祥、郭绍虞加入新潮社。年底,到沪送傅斯年出国。(参见顾潮编《顾颉刚年谱(增订本)》,中华书局 2011 年版;卢礼阳《马叙伦年谱》,浙江古籍出版社 2021 年版)

郭绍虞因顾颉刚介绍,任北京《晨报》副刊的特约撰稿人,结识郑振铎,同时在北京大学哲学系作旁听生,并加入新潮社。11 月,所著《中国体育史》由商务印书馆出版,为第一部中国体育史专著,后由胡适推荐作为大学教材。12 月 1 日,在《晨报副镌》发表《马克思年表》,为第一篇有关马克思年谱简编,为当时马克思主义研究提供了珍贵的参考文献。是年,又发表《劳动起源问题》等文。(参见何旺生《郭绍虞学术年表》,《中国韵文学刊》2008 年第 1 期)

朱自清与北京大学哲学系同学杨晦、江绍原以及国文系同学许德珩、孙伏园等人参加五四运动,到天安门示威游行,5 月 6 日加入北京中等以上学校学生联合会。是年底,加入北京大学平民教育讲演团,参加北京大学校役夜班的教学工作,负责教授国文。(参见姜建、吴为公编著《朱自清年谱》,光明日报出版社 2010 年版)

孙伏园考入北京大学,加入文学团体新潮社。5 月 4 日下午,拜访鲁迅,鲁迅询问孙伏园上午参加天安门游行情况。12 日,访周作人,告诉陈独秀因在东安市场散发传单被警厅逮捕事;14 日,周作人与李辛白、王星拱等人以北京大学代表名义至警察厅访陈独秀,不得见。8 月 1 日,孙伏园以《国民公报》编辑再次拜访鲁迅,并向鲁迅约稿,鲁迅应允翻译《一个青年的梦》一直连载到停刊为止。(参见吕晓英《孙伏园评传》,中国社会科学出版社 2011 年版)

朱谦之参加北京学生的游行示威,并参加当时重要影响的《北京大学学生周刊》和宣传无政府思想的《奋斗》杂志的编辑工作。是年,撰《太极新图说》《政微书》《周秦诸子学统述》,发表于《新中国》杂志第 1、2 卷,其中第 2 卷为次年出版。(参见张国义《朱谦之先生学术年谱》,《世界宗教研究》2004 年第 3 期;黄夏年编《中国近代思想家文库·朱谦之卷》及附录《朱谦之学术年谱》,中国人民大学出版社 2015 年版)

杨钟健 3 月与陕西省在京进步同学组织旅京陕西学生联合会,积极参加爱国学生运动,并主编出版以暴露陕西黑暗为主要内容的油印刊物——《秦劫痛话》。这一刊物上的许多文章,曾为京、津、沪、汉报纸转载。6 月,参加在李大钊指导下,由邓中夏、许德珩、黄日葵等发起成立的北京大学平民教育讲演团。并作为北方学生代表赴沪活动。10 月,创办《共进》半月刊,同时加入“少年中国学会”。(参见王仰之《杨钟健年谱》,《西北大学学报(自然科学版)》1983 年第 2 期)

黄文山 1 月创办宣传无政府主义思想的《进化》杂志,并在《进化》第 1 卷第 1 号发表《本志宣言》和所译克鲁泡特金《无政府主义及其发展之历史》。《进化》杂志共出版 3 期。2 月,在《进化》第 1 卷第 2 号发表《师复主义》《改造社会的方法》《女子自由问题的研究》《评〈新潮〉杂志所谓今日世界之新潮》;在《新青年》第 6 卷第 2 号发表《世界语问题》《Esperanto 与现代思潮》,介绍了世界语的由来,并赞同将世界语列入学校课程。5 月,在《新青年》第 6 卷第 5 号名发表《马克思学说的批评》,从无政府主义的立场和观点,对马克思主义的经济论、唯物史观和《共产党宣言》中的政策主张提出评论。11 月,在《解放与改造》第 1 卷第 6 号发表《克鲁泡特金的道德观》,介绍了克鲁泡特金的无政府主义的道德观。(参见赵立彬编《中国近代思想家文库·黄文山卷》及附录《黄文山年谱简编》,中国人民大学出版社 2013 年版)

侯德封 9 月考入北京大学地质系,希望通过发展矿业使国家富强起来,以雪甲午战争以来中国人民所受之耻。同在北京大学地质系就读的还有赵亚曾、杨钟健、张席褆等。此为中国大学中地质系正式的第一班学生,后来在中国地质事业中发挥了重要作用。

罗常培 7 月从北京大学中文系毕业后,受五四运动的影响,感觉自己学的是旧文学,而又有对新知识的要求,迫切要求学习新知识。当时北京大学哲学系如日中天,为接受西方的学术思想和治学方法,决定在北京大学中国文学系毕业后,转入北大哲学系继续学习两年,逐步接受了西方的学术思想和治学方法,其治学方法深受实验逻辑"思维术"的影响。(参见《罗常培文集》编委会《罗常培年表》,载《罗常培文集》第 10 卷,山东教育出版社 2000 年版)

　　杨东莼 8 月 7 日顺利通过了北京大学的入学考试,进入北京大学预科一年级学习,参与了"五四运动",在学习古文的基础上,接受到了新文化运动的洗礼,并开始接触与接受马克思主义。(杨慎之《杨东莼传略(上、下)》,《广西师范大学学报》1991 年第 3—4 期)

　　张煜全继续任清华学校校长。3 月 6 日,《清华周刊》报道:本校白话文学研究会已于本周内成立。5 月 3 日,本日举行校庆纪念活动。上午 9 时开庆祝会,并举办展览会。来宾 2000 余人到校、其中有教育总长傅增湘,教育次长袁希涛,外交次长、代理总长陈篆,美国驻华公使芮恩施等。下午,举行体育馆命名仪式,命名为"罗斯福纪念体育馆",陈篆任大会主席,芮恩施发表演说,童子军表演军操,以及学生代表进行中英文演说。5 月 4 日,北京城内学生下午在天安门举行反帝爱国大示威的消息晚上传到清华园,高等科二年级学生闻一多抄录了岳飞的《满江红》词,贴在高等科饭厅门口。5 日,学校高等科和中等科科长召开全校各会社领袖会议、议决:(1)与北京学生取一致行动,坚持到底;(2)即以各会社领袖组织一临时机关,命名曰清华学生代表团;(3)派代表至北京,与各学校互通声气。下午,清华学生代表在北京大学三院礼堂召开的北京各大专学校学生集会上宣布:"我校僻处西郊,未及进城、从今日起与各校一致行动。"同日,在体育馆前召开全校大会,高呼"收复失地""废除 21 条"等口号,决定 6 日起罢课。7 日,清华学生代表团正式成立,顾德民任团长。9 日,清华同学在体育馆举行"国耻纪念会"。决议通电巴黎,要求中国代表拒绝在和约上签字。并宣誓:"口血未干,丹诚难泯,言犹在耳,忠岂忘心。中华民国八年五月九日,清华学校学生,从今以后,愿牺牲生命以保护中华民国人民、土地、主权,此誓。"宣誓后,在大操场焚烧了校内的日货。此后,北京各校代表应清华学生代表团邀请在清华工字厅开会,决定为进一步扩大"五四"运动,各校组织宣传队上街进行演讲活动。6 月 3—4 日,清华学生"救国十人团"和宣传队共 300 余人进城作反帝爱国演说,清华学生 130 余人被捕(北洋政府共逮捕学生 1000 余人)。5 日,清华全体学生出动进城宣传,被阻于西直门,准备就地宿营,不进城誓不回校,后得知当局表示释放被捕学生后才整队回校。8 日,清华同学代表和军乐队进城迎接被捕同学返校,并一起在总统府等地游行示威。16 日,清华学生代表闻一多等 4 人参加在上海召开的全国学生联合会成立大会。在此前后,清华学生代表还参加了北京学生代表团,先后到天津、上海、汉口等地扩大宣传"五四"运动。11 月 29 日,全校学生参加在天安门举行的北京 2 万余名学生声讨日本帝国主义残害福州人民的暴行大会,会后游行示威。(参见清华大学校史研究室编《清华大学一百年》,清华大学出版社 2011 年版;清华大学校史编写组编著《清华大学校史稿》,中华书局出版社 1981 年版)

　　林语堂继续任教于清华大学。4 月 21 日,北洋政府教育部成立国语统一筹备会,张一麐任会长,袁希涛与吴敬恒任副会长。其会员中既有教育部指派的黎锦熙、钱稻孙等人,也有部辖学校推选的钱玄同、胡适、刘复、周作人、马裕藻等人,更有国语统一筹备会自身陆续聘请的赵元任、蔡元培、黎锦晖、许地山、林语堂等人,前后共有 172 人。春夏之际,林语堂即将在清华学校服务满三年。他本以为自己可以获得官费奖学金赴美深造,但清华学校只同意给他每月 40 大洋的半官费奖学金,令其失望至极。于是,林语堂请胡适代向北京大学校长蔡元培说项,请其提供为期 3 年、每月 30 美元的留学津贴,学成归来后即赴北京大学服务。胡适与蔡元培商议,后者口头同意了林语堂的请求。不过,随着五四运动爆发,蔡元培于 1919 年 5 月 9 日提出辞职,当日便离开北京,南下上海、杭州。北京大学的运转出现混乱。胡适也因此未能及时地代林语堂订妥条款并履行有关手续。林语堂向美国哈佛大学比较文学研究所提交了入学申请,获得通过。6 月 26 日,中华民国政府内务部发布第 270号批令,向林玉堂(林语堂)提交的《汉字索引制》授予著作权。(参见郑锦怀《林语堂学术年谱》,厦门大学出版社 2018 年版)

　　袁同礼 6 月 13 日与王光祈、曾琦代表少年中国学会参与清华仁友会开恳请会,即参与该会筹备事宜。7 月 1 日,袁同礼出席在北京回回营陈宅举行的少年中国学会成立大会,与邓中夏、高君宇、毛泽东、杨钟健、周太玄、朱自清等为少年中国学会会员。15 日,李大钊来函,询问购书事,禀告营救陈独秀事无果。8 月 26 日,傅斯年来函,谈对五四的看法及出国打算。夏,梁漱溟复函,答教员留学事宜。11 月 29 日,李大钊来函,告教育部未准北京市图书馆协会立案。是年,梁漱溟来函,介绍梁焕彝到清华学校考察。(参见张光润《袁同礼先生年谱初编(1895—1965)》,载张光润《袁同礼研究(1895—1949)》,华东师范大学博士学位论文,2018 年)

　　罗隆基在清华学校参加"五四运动",被选为北京中等以上学生联合会执行委员兼宣传干事长。5 月 1 日,清华国语演说辩论会宣布成立,选定罗隆基、姚永励为正、副会长。12月 23 日,清华学生会举行成立大会。刘驭万、罗隆基分任评议部正、副主席,时昭泽、吴泽霖分任事部正、副主席。学生会成立大会时,张煜全令巡警予以干涉,还把电灯关掉。引起学生公愤,宣布罢课抗议。(参见清华大学校史研究室编《清华大学一百年》,清华大学出版社 2011 年版)

　　闻一多 1 月应清华学校游艺社社长罗发祖之请,任该社编辑部部长。2 月,任《清华学报》编辑。5 月 5 日,清华学校高、中两科科长及各级级长、各会社负责人共 57 人集会,讨论如何配合北京城里的爱国运动,闻一多以《清华学报》中文编辑和新剧社副社长身份参加会议,并担任临时书记,负责记录,并参与起草清华同学在五四运动中的最早记录《清华学生代表团开会记录》。9 月,闻一多与杨廷宝、方来等发起组织清华学校美术社。12 月中旬,清华学生会正式成立,闻一多被推举为辛酉级代表之一。(参见闻黎明编著《闻一多年谱》,群言出版社 2014 年版)

　　梁实秋在清华学校中等科四年级,五四运动爆发,参加清华学生运动,阅读大量新书刊,接受新思想影响。是年,朱湘入清华学校读书,在校期间参加闻一多、梁实秋等人组织的清华学社。(参见万直纯《梁实秋年谱》,《阜阳教育学院学报》1994 年第 3、4 期)

　　贺麟是秋以优秀成绩考入北京清华学堂,属中等科二年级,开始接受长达七年的正规高等教育。思想上受到梁启超、梁漱溟、吴宓等人的影响。9 月,所撰《新同学新校风》刊于《清华周刊》第 24 卷第 2 期,文章提倡忠孝、仁爱、信义、和平等"中国固有之美德"和孔孟"忠恕之道"。(参见彭华《贺麟年谱新编》,《淮阴师范学院学报》2006 年第 1 期)

　　汤尔和时任北京医专校长。3 月 26 日晚,蔡元培、胡适、沈尹默、马叙伦莅临其家,在西式客厅开会,商议北大文科学长陈独秀的去留问题,至深夜 12 时结束。次日,《汤尔和日记》手稿记录:"以大学事,蔡鹤公及关系诸君来会商,十二时客始散。"5 月 5 日下午 2 时,汤尔和出席蔡元培校长召集的十四所高校校长会议,商议营救被捕学生对策,然后参与由蔡元培校长、高师陈宝泉、农专金邦正、工专洪镕、中国大学姚憾组成的校长代表团,赴警察厅、教育部以及国务院、总统府交涉。6 日晚 10 时多,蔡元培、汤尔和等十四所高校校长到北大校长室召集方豪、罗家伦等学生代表,转告当日下午、晚上与教育部、警察厅交涉结果,要求明天复课。16日,北京国立各高校校长陈宝泉、汤尔和、洪镕、金邦正等联名致电蔡元培校长,谓"公去留关系极大,万勿坚辞,为吾道留一生机。泉等现以时局艰难,暂出维持现状,仍视公为去留"。27日,陈宝泉、汤尔和、洪镕、金邦正等接由蔡元培委托其弟蔡元康来电,坚持拒绝返京复职。6月3日,汤尔和致函蔡元培校长,有"来而不了,有损于公;来而即了,更增世忌"等语。29日,汤尔和在杭州与蔡元培校长共进午餐。30日,汤尔和与沈尹默在杭州拜访蔡元培校长。7月14日,在杭州与蔡元培、蒋梦麟共进晚餐,议决请蒋梦麟代理北京大学校长。15日,再与蒋梦麟拜访蔡元培校长。16日,再与蒋梦麟拜访蔡元培校长。19日,汤尔和接马叙伦及陈、洪、金、王四校长各电,转请均蔡元培校长速返北京。

高邃为主席,洪式间、鲍鉴清、陈友浩、高邃、董良民、梁铎、林几、陶祖荫、金荣贵、颜守民等10人为理事的艾酉学会,由北京医学专门学校的十余位毕业生发起成立,国立北京医学专门学校校长汤尔和任名誉会长。学会以联络感情,交换智识,灌输医事常识于社会为宗旨,发行《通俗医事月刊》。

陈宝泉继续任北京高等师范学校校长。在五四运动爆发以前,北京高师师生(主要是学生)的思想已经大大活跃起来。学生们热情地讨论教育上的自动主义,有人主张必须"扫除学生之束缚",提倡"自动教育","将学校一切应有之规则,一任学生自己维持之"。有人认为教育上的干涉主义和绝对放任主义都有弊病,而应当提倡"自律辅导主义"。有人提出了"劳动主义与教育"之间的关系问题,认为"求真知必于劳动中得之",主张"知工合一";认为劳动是"道德之母",在教育上如能实行劳动主义,"小且近者,生活容易,教育发展;大且远者,开平等自由之宝路,促大同世界之实现"。五四运动前,在北京高师的学生中"工读主义"思想已经很流行,"平民主义"教育思想也已流行。2月,学校学生发起成立工学会。4月,创办了平民学校。这些都是对旧思想旧制度和学校传统的封建管制方式的反抗。5月4日下午,"五四运动"爆发。在天安门前举行大会上,北京高等师范学校的学生高举校旗首先到达。他们打着一副白布写着的对联,联语是:"卖国求荣,早知曹瞒遗种用丈二长碑无字;倾心媚外,不期章惇徐孽死有头"。盖以历史上的奸邪暗喻北洋政府亲日卖国的曹汝霖(当时为交通总长,前为外交次长,卖国的"二十一条"就是他签字承认的)和章宗祥(当时为驻日公使),以及陆宗舆(当时是币制局总裁,曾任驻日公使)等。当天军警逮捕了留在后面的学生共32人。其中有高师学生陈宏勋、杨荃骏、初铭音、向大光、薛荣周、赵允则、唐英国、王德润等8人。7日,经过多方抗争,交涉,营救,并由陈宝泉校长出面作保,全体被捕学生终于获得释放。当高师被捕的学生回到学校时,同学们在校门口列队欢迎,校长陈宝泉也到门口参加了欢迎的队伍。他们一下汽车就被大家高举在肩头,簇拥着抬进学校大门,在风雨操场开了一个盛大的欢迎会。被捕同学返校后,校长陈宝泉考虑到他们的安全,防止再次被捕,也免于将来到社会上工作时遇到风险,亲自为他们改名。学生深深感激老校长对自己的爱护和支持。

陈宝泉校长与汤尔和等数人5月联名密电挽留蔡元培。五四运动发生后,北大校长蔡元培为了承担责任,辞去北大校长职务。当时教育界一致挽留,形成运动。9月19日,北京政府教育部令北京高等师范学校、北京女子高等师范学校附属小学联合组织教授研究会,将有关教育上之各种设施事件提出研究,以"吸纳世界最新学理加以试验为全国小学改进之先导"。10月,高师一部分在校学生和毕业生,为"研究宣传实施平民教育",成立了"平民教育社",同时出版社刊《平民教育》。11月,《工学》杂志创刊,旨在宣传"工学主义"或"工读主义"。这是高师学生中两大主要社团,他们所提倡的"工学主义"和"平民教育"思想,代表了当时高师学生的主要思想倾向,表明经过"五四运动"之后,高师学生的思想面貌起了划时代的变化。同月,陈宝泉校长由教育部派赴欧美考察教育,教育部派博物部教务主任陈映琪代理校长。

按:1920年陈宝泉归国后,调往教育部任普通教育司司长。

陈宝泉校长与北京女子高等师范学校校长毛邦伟所拟《教授研究会简章》11月7日获北京政府教育部批准。《简章》确定该会以教授理法,图施行于实际为宗旨,研究关于教材、教法、设备、儿童成绩、训育、体育及其他教授上应研究之事项。14日,为北京优级师范学堂独立建校开学的纪念日,也是北京高师的校庆日,学校废除学监制,成立学生自治会,将原由学校管训的许多事项,改由学生自治会办理,可以说是自动主义教育理论的体现。同时邀请蔡元培、蒋梦麟以及正在中国讲学的美国教育家杜威前来发表演说。12月,北京高等师范学校出版《教育丛刊》。该刊是高师教职员和学生以及毕业校友"共同研究教育,自由发表思想"的杂志。发表文章的主要内容是:一、批评本国当时教育的劣点,及调查各地教育的现状;二、介绍国外最新的教育学说;三、建议本国教育今后的各种革新的计划。(参见北京师范大学校史编写组编《北京师范大学校史》,北京师范大学出版社1982年版;中央教育科学研究所编《中国现代教育大事记1919—1949》,教育科学出版社1988年版)

刘建阳、赵民乐、庄尧年、张润之、杨荃骏5人为平民学校筹备组成员。开学之始,先于学校"学生会"成立的"校友会德育部"的同学们,基于大家对"平民教育之需要知道最真切",和"每当课外走到街头,在学校附近常常见到许多成群的失学儿童,过度着他们那蠢蛮无知的生活,便刺激得使人想到当时贵族教育制度之破产及将来我中华民族殁落之可怜"所提出的建议。3月间,德育部24名干事参加的会议上,决议设立平民学校,"收容附近因经济而失学的儿童,在高师课暇之余由同学拿出些时间来,去补救贫寒儿童知识的恐慌"。并确定了"实施平民教育,养成健全国民"的办校宗旨;推举刘建阳、赵民乐、庄尧年、张润之、杨荃骏五人为平校筹备员,开始进行筹备。4月20日,平民学校宣告正式成立,定名为"高等师范学校校友会德育部附设平民学校",成为当时中国由高校学生设立的第一所平民学校,也是当时中国最早的一所平民学校。据载,该校一无一定的经费。虽有时由师大及市教育局受些津贴,然为数极微,绝不足以办一个小学校的经费。第二是无一定的校址。全校千八百学生都是在师大及附属学校课毕以后借用空闲的教室上课。第是教职员都是名誉职,无报酬。自校务主任、教务主任、事务主任以至级任、科任教员,都是由师大同学公举来的。选举者以人才为标准,被选者以为公服务为责任,只有义务而无权利。因而被称为"三无学校",所需经费渠道来自向同学、教授募款,向当时的慈善机关募集衣服、鞋袜、毛巾等。北京高师对举办这一平民学校予以大力支持,在琉璃厂高师大门的北边,设置了一处对外开放的图书、报刊阅览室,并派职员、校工各一人负责日常工作。平民学校学生多了,就借附属小学北院的教室,趁附小学生不上课的时间上课,平民学校的经费,如办公用具,笔墨纸张,印刷讲义等费,全由高师供应。平民学校还有校歌,歌词是胡适作的,由高师教师萧友梅作谱。10月,刘建阳、徐名鸿、张鸿图等北京高等师范学校部分师生共同发起成立平民教育社,其宗旨是"研究宣传实施平民教育",先后邀请梁启超、梁漱溟、陶行知等学者演讲。同时创办平民教育社的社刊《平民教育》周刊,主张通过教育的革新和改良来改造社会,认为教育的改良是一切改良的根本;提出:"教国民人人都有独立人格的与平等思想的教育,就叫作平民教育。"在当时的社会背景下,社刊《平民教育》很受欢迎,其介绍杜威、孟禄、麦柯等国外教育家思想的文章刊印后"洛阳纸贵",加印数次。

按:是年2月,时任北京大学教育系教授蒋梦麟主编出版了《新教育》杂志,提倡平民教育,极力宣传他的美国老师杜威的平民教育学说。4月间,杜威博士来华,"他鼓吹他的平民教育的主张不遗余力,同时到处受到他的听众的热烈欢迎,因此当时中国思想界更是火上添油,越发表现了腾跃的气概"。从平民学校到平民教育社,都受到当时日益高涨的平民思想的影响。1924年下半年,因经费无着,平民教育社停止活动,平民学校则继续办理。(参见北京师范大学校史编写组编《北京师范大学校史》,北京师范大学出版社1982年版;宗绪盛《鲜为人知的国立北平师范大学平民学校》,《中华读书报》2016年11月9日;中央教育科学研究所编《中国现代教育大事记1919—1949》,教育科学出版社1988年版)

周予同年初将上年成立的"同言社"扩大为"健社"。2月,高师社团学生匡互生、周予同、刘熏宇、周馨、杨明轩等将"健社"改组为"工学会"。会员有50余人,其中有"校外会员十人"。这是一个在社会主义新思潮的影响下由一些较穷苦的学生组织起来的学习互助团体,参加这一团体的学生,大多数是对未来的社会抱着美好理想的青年。他们希望看到一个没有剥削和压迫的平等社会。他们认为改造社会必须打破劳心劳力的界限,所以提倡学生学会做工,并帮助劳动者求学,主张"作工与求学是人生两件大事",所以取名工学会。周馨所作《工学会旨趣书》指出:孟子说:"劳心者治人,劳力者治于人;治于人者食人,治人者食于人,天下之通义也。"这几句话,我们中国人从来把它看作天经地义的。但是到了现在,我们觉得孟子这话是毫无理由,绝对不能成立了,"我们发起这个工学会,就是要把工和学并立,作工的人一定要读书;读书的人一定要作工。绝对反对作工的人可以'目不识丁,蠢如鹿豕',读书的人可以'高其身价,坐享福禄,'一心想把我国数千年来'贵学贱工'的一种谬见一扫而空之"。又说:"'工'这个字,照广义说起来,劳心和劳力的事,都可包括,但是本会注意较强的点,还在劳力"。工学会的宗旨之一是"平时则互相研究各种学术,或建设教育事业;国有困难外交,则竭力以谋补救。"这说明工学会并不单纯是个学生学习互助团体,也不单纯是为研究学术、教育问题,同时还高度关注国家命运与外交问题,以期"为国民外交之后援"。

按:据刘熏宇《忆工学会》(中国社会科学院近代史研究所编,《五四运动回忆录》下册,中国社会科学出版社1979年版)回忆,该会有两个目的:"一是进行反帝反封建的活动,二是参加体力劳动。"因为是一个课余组织,成员仅十来人,又各自带"自由主义思想",故不能很好地开展活动。只有1919年春天在工学会内部成立的一个帮助大家劳动锻炼的石印组坚持下来,并在五四运动中承担了印刷传单的任务。

周予同4月20日在贫民学校宣告正式成立时发表演说,刊于5月5日《北京高等师范学校周刊》第69期,题为《贫民学校开学演说辞》。作者提出要有改造旧社会、打破阶级贫富差别的勇气:"我们现在办这个学校,不是快乐的事,乃是苦痛的事;不是荣耀的事,乃是羞耻的事;不是根本的解决,乃是救急的办法。诸君对这个学校决不可生感恩的感想,应当生正当义务的感想;不可生满足的感想,应当生不满足的感想。还有一层,我很希望诸君能在这个学校好好的念书。就出去以后,还应该一方面作工谋生活,一方面求一点高深的知识。将来联络我们同病相怜的人,对于社会做一种正当的要求,改造现在万恶的社会,打破后天贫富的阶级!咳!诸君的前途很大,诸君的责任很重,这个学校不过诸君的发轫点罢了。"显然,这篇《开学演说辞》的作者不只是要求贫民学校的学生要学习文化知识,而是在启发贫民子弟的阶级觉悟,鼓舞他们的革命斗志。5月3日晚,以工学会为主的高师学生在北京高师操场北端的西花厅里秘密集会,讨论巴黎和会上我国外交失败的对策,商议在次日游行之后,还要前往东城赵家楼胡同曹汝霖的住宅去示威。同日,刘庆平同学当场咬破手指写血书,表示反帝、反卖国贼的决心。周予同和匡互生都写了遗书。4日,周予同参加"五四"游行,并作为高师的代表之一,参与北京各校代表数十人举行的联合大会,发起"五四运动"。联合会议讨论了下午"游行示威"的具体计划,决定散发《北京学界全体宣言》,提出"外争主权,内除国贼"的政治口号。下午,参加"火烧赵家楼""痛打章宗祥"行动。其间,北京高师工学会的成员,对"五四运动"当天的爱国游行和火烧赵家楼的策动,并勇敢地带头参加都是起了重大作用。5日,周予同所撰《海王村记游诗序》刊于《学生杂志》第6卷第5号。约在此数日间,周予同结识郑振铎。暑期,周予同回到家乡温州,他与当时瑞安的进步青年金嵘轩、李笠等人组织知行社,在民众中开展教育活动。10月,《工学》月刊出版。同月,撰写《中国古代社会主义的思潮》。12月,笔录《蔡孑民先生莅本校国文部之演说》,发表于《北京高师教育丛刊》1919年第1集。(参见成棣《周予同先生年谱》,载上海社会科学院《传统中国研究集刊》编辑委员会编《传统中国研究集刊》第20辑,上海社会科学院出版社2019年版;北京师范大学校史编写组编《北京师范大学校史》,北京师范大学出版社1982年版;查晓英编《中国近代思想家文库·常乃惪卷》及附录《常乃惪年谱简编》,中国人民大学出版社2014年版)

　　匡互生5月3日参与了高师工学会的秘密集会。同日晚上和4日清晨,匡互生作为高师工学会的主要代表,联络到的各校志同道合的激烈分子20人左右,大多是属于高师的工学会和高工、北大的共学会等组织的。大家相约暴动,准备牺牲。有的还向亲密朋友托付后事。高师的匡互生和周予同都写了遗书。4日下午,发生了"火烧赵家楼""痛打章宗祥"等的壮举,高师的学生匡互生奋不顾身,冲在前列。正当前面浩浩荡荡的游行队伍被阻在墙外,不得其门而入,后面的群众又渐有涣散之势的时候,匡互生奋不顾身从西院墙外纵身跳上曹宅大门右侧一个小窗户台上,戳破铁丝网,扭弯几根铁条,一拳打碎玻璃,冲开窗户,从这仅能通过人身的小窗口,很困难地也很危险地爬进曹宅,接着又有四五个准备牺牲的同学爬了进去。宅内十几个全副武装的军警,早被外面群众的声势所吓坏。他们初见匡互生跳进去,有人还想搏斗,及至看见又跳进数人,他们便目瞪口呆,竟自动取下刺刀,退出枪弹,看着学生们把这卖国贼住宅笨蛋的大门打开。于是群众蜂拥而入。入门前已传说曹、章、陆3人正在曹家开会。但学生进入曹宅,到处搜寻,没见人影。匡互生在愤怒之下,于曹汝霖的卧室,取出火柴,把床帐子拉下一部分,加上纸头信件,便放起火来。这一举动被北大学生段锡朋所发觉,他跑来阻止说:"负不了这责任!"匡互生毅然回答:"谁要你负责任! 你也确实负不了责任。"点起的火,只烧了曹家东院几间房子,很快便被救灭。当大队军警开到,逮捕了留在后面的学生被掳的共32人,其中有高师学生8人。当晚,各校学生都召集全体大会,商讨对策。高师学生开会讨论营救被捕同学的办法时,国互生以为首先打进曾宅,点火的是他,不是被捕同学之罪,坚决要去"自首",换出32人,以免大家专从营救同学着想,放弃原来策动运动的目的。经工学会会员竭力劝阻才罢。后经多方抗争,交涉,营救,全体被捕学生于5月7日终于获得释放。(北京师范大学校史编写组编《北京师范大学校史》,北京师范大学出版社1982年版)

　　按:周予同《过去了的"五四"》(见《立达》1933年"追悼匡互生先生专号"):"四月末旬,上述的秘密团体的学生们已略有活动,打算做一次示威运动。五月三日的晚上,曾开了一次会议,议决用猛烈的方法惩警从前签字廿一条的当事者曹汝霖、陆宗舆、章宗祥。'会中匡互生态度激进,主张非暴动不可。学生们设法获得了章宗祥的照片,及铁器、煤油、火柴等物。活动原定于5月7日,因恐泄露,遂提前至5月4

日.'这消息当时异常秘密,除极少数学生外,大部分同学都是茫然的。"《"五四"的前夕》又云:"我们晓得同时在开会讨论这事件的只有北京大学一个和我们同性质的小团体。"《火烧赵家楼——五四杂忆》(《复旦学报》1979年第3期)指明此团体为北京高工、北京大学之共学会。1981年,郭志坤《三访晚年周予同》载,周予同接受采访时说:"5月3日又由'健社'改组为'工学会'。"《工学》1919年创刊号发表《会务纪要》,其中提到5月3日会议修改工学会总纲,谓"修改案录后本会于是日成立",可与周氏记忆相证。

　　常乃惪继续就读于北京高师,又是国民杂志社社员之一。2月,与本校同学徐名鸿、刘熏宇、周卫群、匡日休、向大光、杨荃骏、周予同、张石桥、陈荩民等人一起,组织工学会。五四运动期间,常乃惪和余家菊等人"参加北京学生会、干部组织,发动五四、六三两次风潮,促进全国学联会的成立"。"五四运动"发生之后,常乃惪加入由学生救国会改组而成的北京学生联合会,任该会教育组主任,并成为《国民杂志》编辑;工学会组织仍然存在,成员约定作一定时间的体力劳动,并创办了一种小型期刊《工学》。也有人说,工学会后来转变为平民教育社。10月,这个由高师部分教职员与学生联合发起的组织创办了《平民教育》杂志,常乃惪为成员之一。是年3月、11月,先后发表《建设论》《爱国为什么?》两文,提出与陈独秀不同的观点。(参见查晓英编《中国近代思想家文库·常乃惪卷》及附录《常乃惪年谱简编》,中国人民大学出版社2014年版)

　　赵世炎为高师附中四年级学生。5月5日,赵世炎在《北京高等师范学校周刊》第69期发表《工读主义与今日之中学毕业生》,提倡"工读主义"。文章开头就说:"工与读,两事也;欲得其兼,自不能不半工而半读"。他并提出问题说:"然工者既可读,读者亦何尝不可工?"他主张半工半读的实践"当自中学毕业生始"。他认为惟中学毕业后,始有半工半读之能力。9月,赵世炎等北京高等师范附中学生发起成立少年学会,以"发展个性知能,研究真实学术,以进取精神养成健全少年"为宗旨,出版《少年》半月刊,邀请李大钊、陈独秀等知名人士讲演。宗白华、陈启天参加少年中国学会。宗白华被少年中国学会选为评议员,并成为《少年中国》月刊的主要撰稿人。(参见姚仁隽《赵世炎传》,中共党史出版社1998年版;北京师范大学校史编写组编《北京师范大学校史》,北京师范大学出版社1982年版)

　　楚图南5、6月间响应北京"五四运动",参加昆明学生爱国活动。7月,中学毕业,通过了国立北京高等师范学校在昆明的初试。9月,由昆明经越南海防乘船到香港,经上海、天津到北京复试,考进北京高师史论部。(参见麻星甫编著《楚图南年谱》,群言出版社2008年版)

　　方还4月23日任北京女子高等师范学校校长。同日,《教育公报》称:教育部将直辖北京女子师范学堂改为北京女子高等师范学校,委方还为校长。女师既改为女高师,国文专修科改为国文部一年级。五四运动中,北京女子高等师范学校的学生由于受到学校和家长的阻挠,没有能够参加示威游行。女高师校长方还思想很顽固,认为学生上街游行是"不守本分",女学生上街游行,更是"伤风败俗""大逆不道"。他得到上司"不准学生闹事"的命令,就忠实的执行,亲自出马,千方百计地阻止学生们参加爱国运动,但是五四运动这股反帝反封建的潮流终于冲进了女子学校。6月2、3日,全市高等学校的学生都到街头宣传讲演,当女高师学生听到北京学生因在街头宣传讲演被掳了一两千人消息后,即开会商讨援助办法,决定上街游行、请愿。6月4日清晨,一支巨大的女学生的队伍浩浩荡荡地向总统府去请愿。方还校长得悉女学生破门而出,马上报告给了警察厅,但当时北洋政府已经不敢再捕学生。女高师学生还是沿途讲演,并到总统府去请愿。下午,女高师和附属女子中学的代表六七个人,各用手巾提了几千枚铜元,送到北大法科的临时监狱,接济被捕的男同学,并声明这些铜元都是临时捐集的,所以来不及换成银元。当时女高师是北京女校之首,她们的斗争起了带头作用。女高师学生冲出校门结队游行,参加政治斗争,是我国历史上的创举,也是中国女子自己解放自己取得平等权的第一声。7月,方还辞去校长职务,由毛邦伟任代理校长。11月4日,北京政府教育部批准北京女子高等师范学校所拟《学校职务规程》。《规程》对教务、学监、庶务三项作了明确细致的规定。7日,北京政府教育部批准北京女子高等师范学校校长毛邦伟所拟《教授研究会简章》。(参见北京师范大学校史编写组编《北京师范大学校史》,北京师范大学出版社1982年版;中央教育科学研究所编《中国现代教育大事记1919—1949》,教育科学出版社1988年版;尚达翔《冯沅君先生年谱》,《河南师大学报》1986年第4期)

　　陈中凡时任北大《国民》杂志社编辑股干事。1月,《国民》正式创刊,陈中凡任编委,并连续发表三篇文章,阐述老庄学说并悼念经学教授陈黼宸。与陶履恭、胡适等联名发表哲学会征求会务意见启事。蔡元培校长等数十人发起组织“学余俱乐部”,陈中凡列名其中。《国故》月刊社成立,陈中凡为编辑。史学讲演会启事,陈中凡列名参加通史组、学术组活动。3月,北大《国故》月刊创刊,总编辑为刘师培、黄侃。特别编辑:陈汉章、马叙伦、康宝忠、吴梅。编辑:陈中凡。陈中凡所著《诸子通谊》在该刊第1—5期连载。黄侃致陈中凡信,有云:“《国故》已出版,想已得观。初创颇难惬意,样式可谓杂志中最胜者已。”4月,接易培基信,为陈中凡拟撰之《葵园传》(王先谦传)提供资料,并向《国故》惠稿。5月,“五四运动”爆发。陈中凡激动女高师学生投入爱国运动的洪流,为此被一度解聘。8月,女高师校长易人,陈中凡复受聘,担任国文部主任兼教员。于是锐意改革,在9、10两个月内,连续发表《文科进行之方针》《学术思潮与教育主义之改进》两次演说,并于11月7日请来蔡元培演说《国文之未来》。8月6日,国文部女生李超因不满家庭包办婚姻终为封建礼教摧残至死。陈中凡撰文悼。冬,刘师培因病函请给假、借款,陈中凡悉为办理。11月,刘师培病卒。陈中凡参加治丧,料理善后,刘师培叔父刘富曾、刘显曾特函申谢。12月,接黄侃信,因夜读受寒,商挪动女校授课时间。(参见姚柯夫编著《陈中凡年谱》,书目文献出版社1989年版)

　　苏雪林上半年继续在安庆第一女师授预科国文。9月,阅报获悉:中华民国教育部将北京女子师范更名为北京女子高等师范,扩大规模,增设生物部、国画专修部、家事部,登报向全国招生。当时该校国文部由原校国文科直升,名额已足,不再招补。但强烈升学的野心,在苏雪林心中鼓荡。她央求徐方汉校长以学校名义,请求女高师容自己做一名旁听生。校方回执:名额满,不准。她再次请求徐校长修书一封,直接给女高师国文部主任陈中凡,请求通融收纳。带着校长这封信,她怀着“乘长风,破万里浪”的雄心壮志,只身来到北京。或许是陈中凡先生爱生怜才,竟然获准。同时获准进入该校国文部旁听的还有一位福建籍女生黄英,她就是一年前在安庆教书,后来成为知名女作家的庐隐女士。旁听半学期后,苏雪林与黄英各交了一篇文章,陈中凡先生批曰“文理优长”,言之校长,便将她们注册为正科生。10月1日,苏雪林以“灵芬女士”为笔名,在《晨报副刊》上发表政论文章《新生活里的妇女问题》,谈五四后妇女解放:“妇女应像男人一样,勇敢挣脱束缚,走出封建家庭,走向社会,自己解放自己。”11月30日,北京女高师礼堂举办“李超女士追悼会”,悼念本年8月16日受“封建家庭专制之苦,贫病交集而逝”的国文部女生李超。会场正中摆放李超短发、着深色衣裤学生装遗像,相框上方有蔡元培手书“不可夺志”的横幅。出席追悼会的除本校师生外,还有社会各界人士千余人,蔡元培、胡适、蒋梦麟、陈独秀、李大钊、梁漱溟、邓中夏等,皆发表演说。胡适先生撰写的《李超传》也在追悼会上散发。(参见沈晖编著《苏雪林年谱长编》安徽文艺出版社2017年版)

　　许地山继续在北京汇文大学就学。北京汇文大学与北通州协和大学合并,定名为北京燕京大学。许地山在燕京大学文学院就学。5月4日,"五四"运动爆发,许地山怀着满腔爱国热情积极投入,参加了声势浩大的集会和游行,并参加"火烧赵家楼"的义举。运动中,被推选为几所学校的学生代表。11月1日,《新社会》旬刊由北京某督教青年会所属"社会实进会"出版发行。编辑者为许地山、郑振铎、瞿秋白、耿济之、瞿世英等人。该刊是一本在五四运动直接影响下诞生的青年读书杂志,以"社会改造"为宗旨,反帝反封建,宣传民主和科学,颇受进步青年欢迎。是年,参加教育部读音统一筹备会;在缸瓦市之伦敦会基督教堂结识老舍。(参见周俟松、王盛《许地山年表》,《世界华文文学论坛》1992年第2期)

　　郑振铎6月3日因铁路管理学校学生运动提前放暑假,遂回到浙江温州参加爱国运动,介绍北京学生爱国运动的情况,发表演说,与陈仲陶等人发起组织救国讲演周刊社,创办《救国讲演周刊》。7月25日下午2时,郑振铎在母校浙江第十中学校礼堂参加"永嘉新学会"成立大会,以"培养德性、交换知识、促进思想之革新"为宗旨,是在五四运动影响下温州成立的第一个较大的新文化社团。10月21日,撰成《中国妇女解放问题》长文,后发表于1920年1月《新学报》第1期,为我国妇女解放运动早期重要论文之一。同月,郑振铎与瞿秋白、耿济之、瞿世英4人受北京基督教青年会的委托以北京社会实进社名义筹备创办《新社会》旬刊。29日,郑振铎在《时事新报·学灯》发表《〈新社会〉出版宣言》,代表了他们改造社会的纲领,当时杨昌济读到这宣言即作了详细的笔记。11月1日,《新社会》旬刊正式创刊。

　　按:郑振铎在《发刊词》(即《出版宣言》)中开门见山,高声疾呼:"中国社会的黑暗,是到了极点了!他的应该改造,是大家知道的了!"又在创刊号上发表新诗《我是少年》,抒发了自己具有"喷腾的热血和活泼进取的气象"的激情,表示了"不管它浊浪排空,狂飙肆虐,/我只向光明的所在,进前! 进前! 进前!"这是已知作者发表的第一首诗。该诗1920年由"新诗社"编入《新诗集》;1921年又由著名语言学家赵元任亲自朗诵并灌成唱片,还被谱上曲,广为传唱。

　　郑振铎11月9日一早与耿济之二人携《新社会》创刊号去箭竿胡同访问陈独秀,请教办刊物的方向和社会改革运动。陈独秀针对郑振铎与瞿秋白一起创办《新社会》旬刊,提出希望《新社会》办成给劳动界灌输新思潮的通俗报纸;社会改造运动要做切实的工作,不要说空话等等。郑振铎受到感动和启发,回来后即根据这次谈话内容撰成《我们今后的社会改造运动》。11日,《新社会》出版第2期后,北京、天津、唐山、上海、南京、苏州、杭州、温州及日本的销售代办处,第3期起又增加长沙,由此可见郑振铎他们的干劲和能力。12月8日,郑振铎在《时事新报·学灯》发表11月26日致张东荪信,讨论社会改造问题,并提议成立一个"宗旨趋向"相同的新文化期刊的联合机关。11日,《新社会》旬刊第5期发表宋介、耿济之等人讨论青年自杀问题的专论,郑振铎加了短序并也作了专论,希望有"新村的组织"出现。15日,郑振铎在《新中国》月刊第1卷第8期上发表李宁(列宁)在1917年4月初写的《俄罗斯之政党》以及《对于战争之解释》的译文,此为列宁最早被译成中文的著作之一。

　　按:该文今译收入中文第二版《列宁全集》第29卷,题为《俄国的政党和无产阶级的任务》。郑振铎在附记中说:"本文为尼古拉·李宁所著,载在1917年11、12月号的社会党机关报《阶级竞争》(The Class Struggle)中。法宁(Fauning)所编之《俄罗斯》(1918年出版)亦尝转载之。以下译文,即根据法宁所载者译出。"又说:"此篇所载,于各政党之内容,主张,及态度,皆极明确,而又要言不烦。关于世界问题之广义派主义(按,即布尔什维克主义)亦可因此略见一斑。文末所附《对于战争之解释》一篇(按,今译作《关于战争的决议》,亦收《列宁全集》第 29 卷)尤足见广义派之精神,实当今研究俄事者之最好的参考资料也。"
(参见陈福康《郑振铎年谱》,三晋出版社 2008 年版;唐宝林、林茂生《陈独秀年谱》,上海人民出版社 1988
年版)

瞿秋白为北京俄文专修馆学生会的负责人。五四运动爆发后,瞿秋白被推选为该校代表,参加 5 月 6 日正式成立的北京中等以上学校学生联合会(简称"北京学联"),担任北京学联的评议部议员,成为五四运动的领导者之一。瞿秋白又与邻近的学校代表郑振铎(铁路管理学校)、许地山和瞿菊农(汇文大学)等组成一个小组,经常在一起开会,进行爱国活动。6 月 3 日,瞿秋白被捕,8 日被释放。7 月 17 日,瞿秋白在北京《晨报》发表《不签字后之办法》,此为迄今发现的瞿秋白首次发表的文章。11 月 1 日,瞿秋白与郑振铎、耿济之等创办《新社会》旬刊,并在《新社会》旬刊创刊号上发表《欧洲大战与国民自解》,着重论述了中国在第一次世界大战后巴黎和会中失败的经验教训。11 日,瞿秋白在《新社会》第 2 号发表《中国知识阶级的家庭》。21 日,瞿秋白在《新社会》旬刊第 3 号发表《革新时机到了》,分析了世界进步形势和国内基本状况,指出传播新思想,批判封建旧道德的必要性和重要性,并进而提出了革新社会的具体意见。(参见周永祥《瞿秋白年谱新编》,学林出版社 1992 年版)

王光祈继续就读于北京中国大学专门部。7 月 1 日,与李大钊、曾琦、陈愚生、康白情、雷宝华、张尚龄、周元等人在北京回回营陈宅成立"少年中国学会",以"本科学的精神,为社会的活动,以创造少年中国"为宗旨,并定下奋斗、实践、坚忍、俭朴四条信约,王光祈为主席,邓中夏、袁同礼、高君宇、毛泽东、杨钟健、周太玄、朱自清等为会员。北京总会同时成立评议部、执行部、编译部,出版《少年中国》月刊和《少年世界》,经常在中央公园(今中山公园)来今雨轩和北大图书馆聚会,另在成都、南京等地设有分会。

按:少年中国学会的主要任务是:一、振作少年精神;二、研究真实学术;三、发展社会事业;四、转移末世风气。北京大学校长蔡元培曾预言:"现在各种集会中,我觉得最有希望的是少年中国学会。因为他的言论,他的行动,都质实的很,没有一点浮动与夸张的态度。"毛泽东、赵世炎、张闻天、恽代英等人都是王光祈先后推荐加入"少年中国学会"的。

王光祈编辑的《少年中国》第 8 期开始由李大钊、康白情、张申府、孟寿椿、黄日葵编辑,王光祈、曾琦、左舜生、恽代英、李璜等主要撰稿。

按:王光祈撰写《少年中国之创造》一文,阐述少年中国学会的奋斗目标、理想和方法。他说:"我是一位梦想大同世界的人。我将中国这个地方看做世界的一部分。""我理想中的少年中国,就是要使中国这个地方——人民的风俗、制度、学术、生活等等——适合于世界人类进化的潮流,而且配得上为大同世界的一部分。换一句话,这就是我对于改造世界的下手处。""我们要改造中国,便宜应该先从中国少年下手,有了新少年,然后少年中国的运动才能成功。现代哲学思潮的真挚注重人生问题,我们少年中国的少年,就注重人的生活问题。""实现少年中国主义的方法,简单说起来,要由我们一般青年与一般平民、劳农两界打成一气,且成为一种青年的国际运动。"(《少年中国》第 1 号,1919 年)

王光祈 12 月 4 日在北京《晨报》发表《城市中的新生活》,设想把有志脱离旧家庭、旧社会的青年组织起来,半工半读,过财产公有的集体新生活,以此为新社会的起点。年底,在陈独秀、蔡元培、李大钊等支持下,王光祈又创建"工读互助团"。

按:王光祈的倡议,得到当时名流的热烈支持,蔡元培、李大钊、陈独秀、胡适等社会名流纷纷捐款支持。是年 12 月 24 日,北京"工读互助团"率先成立,随后武汉、上海、南京、天津、广州、扬州等大城市纷纷响应,相继成立工读互助团。(参见韩立文、毕兴编《王光祈年谱》,人民音乐出版社 1987 年版;张光润《袁同礼先生年谱初编(1895—1965)》,载张光润《袁同礼研究(1895—1949)》,华东师范大学博士学位论文,2018 年)

　　刘少奇是夏奔赴北京,与华法教育会负责人李石曾等联系到留法预备班学习。9月,到河北保定育德中学附设的留法高等工艺预备班第三班半工半读,主要学习法文、机械学和木工、钳工、锻工、翻砂等技术。在这里可以看到《新青年》《每周评论》等进步刊物。老师和学生们还自办校刊,介绍国内形势,介绍俄国十月革命和俄国共产党(布尔什维克)的情况。这些对刘少奇都有很大的影响。(参见中共中央文献研究室编《刘少奇年谱(1898—1969)》,中央文献出版社1996年版)

　　老舍继续任京师公立第17高等小学校兼国民学校校长。五四运动爆发,为老舍创造了当作家的条件。老舍《五四给了我什么》谓"五四"给了我一个新的心灵,也给了我一个新的文学语言。下半年,老舍和荣英、刘耀曾、王峰等小学校长同被学务局派往江苏省考察小学教育。他们先后在南京、上海、吴县、无锡、南通等地,对27所各类小学校的编制、教授课程、训练、养护、教育研究、设备及校务分掌和讨论会等情况,作了细致考察。冬,与荣英、刘耀曾、王峰等人合写《参观苏省小学教育报告》。(参见甘海岚编《老舍年谱》,书目文献出版社1989年版)

　　林纾与北大新文学派矛盾激化。1月1日,《新潮》创刊号刊载罗家伦《今日中国之小说界》,文中借用外国学者的话对林纾进行批判。12日,周作人在《每周评论》第4号发表《论"黑幕"》,从武侠小说的溯源批评林纾的《技击余闻》。15日,钱玄同在《新青年》第6卷第1号上发表《什么话?》,讥讽林纾著《古文讲义》。2月12日,林纾为正志学校学生所撰《正志中学同学录序》刊于《公言报》。15日,《新青年》第6卷第2号有鲁迅编辑的"什么话",以林纾为主要攻击对象。同日,钱玄同在《新青年》第6卷第2号发表《什么话?》,讥讽林纾刊于1月30日北京《新民报》的《送正志学校诸生毕业归里序》文法不同。17—18日,在上海《新申报》上连载文言小说《荆生》,系由林纾在北大时期的法政系学生张厚载投寄并发表于《新申报》"蠡叟丛谈"专栏。小说影射攻击《新青年》编者,骂反对旧道德提倡白话文是"伤天害理"的"禽兽之言",幻想有军阀势力的"伟丈夫"出来禁压新文化运动。3月1日,《新潮》杂志主编傅斯年在《新潮》第1卷第3号发表《译书感言》一文,其中针对林纾翻译小说的批评。2日,《每周评论》第11号"随感录"栏有署名"独应"(周作人)的《旧党的罪恶》,其中谈到:"若利用政府权势,来压迫异己的新思潮,这乃是古今中外旧思想家的罪恶,这也就是他们历来失败的根原。至于够不上利用政府来压迫异己,只好造谣吓人,那更是卑劣无耻了。"自此日第11期起,《每周评论》对林纾的批判逐期加码,到3月30日第15期,几乎成了批驳林纾的专号。9日,《每周评论》第12号"杂录"栏刊发林纾的《荆生》,并配发了题为《想用强权压倒公理的表示》(录上海《新申报》)的记者按语,说:"甚至于有人想借用武人政治的威权来禁压这种鼓吹。前几天上海《新申报》上登出一篇古文家林纾的梦想小说,就是代表这种武力压制的政策的……那荆生自然是那《技击余闻》的著者自己了。"这样就将林纾与北洋政府联系在一起。同日,李大钊在《每周评论》上发表《新旧思潮之激战》一文,对林纾的谬论进行驳斥。16日,《每周评论》第13号载有陈独秀以"只眼"名发表《关于北京大学的谣言》,文中进而将荆生与徐树铮之流挂起钩来。

　　林纾3月18日出于对陈独秀为代表的《新青年》主张的不满,以《致蔡鹤卿太史书》为题,又以"清室举人"的身份写信给"为民国宣力"的蔡元培,刊于同北京《公言报》。21日,又被《北京大学日刊》转载,题为《致蔡鹤卿太史书》。信中以刻薄的语言对新文化运动进行指责,归结为两大罪状:一是"覆孔孟,铲伦常";二是倡白话,"行用土语为文字";指责蔡元培"凭位分势力而施趋怪走奇之教育"。要他改弦易辙,"为国民端其趋向"。并希望蔡元培能以主长北大的身份,约束他的属下文科学长陈独秀、教授钱玄同、刘半农等激进人物,"为士林表率,须圆通广大,据中而立",使教育回复传统轨道。同期《公言报》还刊出《请看北京学界思潮变迁之近状》,明确表达对新文化将"旧文学一笔抹杀,而且绝对的废弃旧道德"的强烈反对。19—23日,林纾在《新申报》"蠡叟丛谈"专栏发表短篇小说《妖梦》,再次攻击陈独秀、胡适、蔡元培,其主旨和《荆生》相同。21日,蔡元培在收到林纾的来信后,立刻撰写了《答林君琴南函》逐一进行反驳,与林纾的信发表在同一期《北京大学日刊》上。23日,《每周评论》第14号"通讯"有《曼殊致本刊编辑部诸君》一函,针对上期二古文中林纾文笔退化的议论,说这是由于他为多捞钱而粗制滥造的缘故。24日,《公言报》刊登了《北京学界思潮变迁现状再志》,将矛头直接指向"大学当局":"本报对于大学出版著作,其果能于文学界思想界,力求改良进步者,诚极端赞成,至若土苴经籍,唾弃伦常,是不啻自坏国家数千年之文明,拥太学之皋比者,岂宜有此丧心病狂之举动?"25日,林纾《林琴南再答蔡鹤卿书》,载《大公报》。文中林纾一方面向对方承认自己的错误,一方面又为影射小说进行辩护。30日,自《每周评论》载有"二古"那篇文章的第13期出版后,《新青年》同人给林纾寄去一份,因此换来林纾的一封短信,刊登在《每周评论》第15号"通讯"栏,信中认定"二古"就是《每周评论》的"大主笔"。同日,《每周评论》第15号发表陈独秀的《林纾的留声机》;鲁迅以"庚言"的署名在《每周评论》第15号发表了三则《随感录》,其一是《敬告遗老》,径直开除了林纾等一千人的民国"国籍"。同期《每周评论》"通讯"栏又登有贵兼、郑遂平来信,前者讥讽"清举人林纾,近来真是可怜。……我想该举人也是一个人类,已经活到七十岁,知识还是如此蒙昧,这真是他的不幸,所以说他真是可怜"。后者叙述被林纾主持的中华编译社函授部骗钱的经历。

　　按:3月至4月间,有署名"冬烘先生"的撰文《北京大学文字风潮解惑论》,说:"近日北京大学校长蔡鹤卿先生,纵使教员、学徒出《新潮》、《新青年》诸杂志,丑詈旧学,诋毁伦常,几欲捶击孔孟而后快。闻之者靡不震愕,多归罪蔡氏,以为孔孟罪人。此皆不知蔡氏用心之苦者。余以蔡鹤卿先生此举,实为我孔孟旧学大功臣也,先生学贯中西,博览兼综,深知中国今日学术士习病根所自来,且势岌岌可危,歧黄束手,不得已出此倒行逆施、以毒攻毒之法,冀挽既倒之狂澜,我故曰鹤卿先生别具苦心,不得已用此以毒攻毒之妙剂也。噫,此岂林琴南辈迂儒所能料及哉!"高平叔编《蔡元培年谱长编》(人民教育出版社1996年版)认为此文为辜鸿铭化名所作。

　　林纾3月公开承认骂人的不对。盖因《荆生》《妖梦》是由北大学生张厚载介绍到《新申报》上发表的,一时舆论大哗,一时群情激奋。北京大学遂以"在沪通讯,损坏校誉"为由,将离毕业仅数月的张厚载开除了学籍。林纾见连累了自己的学生,所以有此姿态。4月1日,《公言报》刊出《关于北京学界思潮之辩论》,冠冕堂皇地大谈报社立场之余,重点还在于自脱干系。同期同时刊出蔡元培《致〈公言报〉函并附答林琴南君函》,一一驳回了林纾的指责。同日,《新潮》第1卷第4号的"附录"部分刊出《蔡校长致〈公言报〉函并附答林琴南君函》。5日,林纾在《公言报》发表《腐解》一文,解释自己何以要不避"陈腐"之名,起而卫道。6日,陈独秀在《每周评论》第16号发表《婢学夫人》一文,对林纾在《腐解》中以孟轲、韩愈自居以及其他言论进行抨击。13日,《每周评论》第17号大幅度增扩版面,专载《对于新旧思潮的舆论》"特别附录",转载渊泉的《警告守旧党》(录《晨报》)、勿忘的《最近新旧思潮冲突之杂感》(录《国民公报》)、遗生的《最近之学术新潮》(录《北京新报》)、太上余生的《新旧思潮》(录《顺天时报》)、佚名的《酝酿中之教育总长弹劾案》(录《顺天时报》)、冷眼的《新思想不宜遏抑》(录《顺天时报》)、隐尘的《新旧思想冲突平议》(一)(录《民治日报》)、住的《新旧思潮平议》(二)(录《民治日报》)、仪湖的《林蔡评议》(录《民福报》)、蕴巢的《新旧之争》(录北京《益世报》)、佚名的《论大学教员被摈事》(录《民国日报》)、匡僧的《为驱逐大学教员事鸣不平》和《大学教育无恙》以及《威武不能屈》(录《时事新报》)、裴山的《新旧思潮之开始决断》(录《神州日报》)以及平平的《北京大学暗潮之感想》(录浙江《教育周报》第七年第五号)共计14人16篇声援新文化派、谴责林纾的文章,从中可以看出这期间对林纾批评几乎形成全国性的言论围剿。4月16日,《新申报》上登有一篇《北京特约通信——新旧思潮冲突之余波》。

　　林纾4月23日在《公言报》发表《劝孝白话道情》,借"老道"之口,对"报界纷纷骂老林,说他泥古不通今"作出回应。27日,《每周评论》第19号又扩充四版,继续以《对于新旧思潮的舆论》为题,转载佚名的《辟北京大学新旧思潮之说》(录北京《国民公报》)、佚名的《社会的醒觉之曙光》(录《顺天时报》)、鲁逊的《学界新思想之潮流》(录北京《唯一日报》)、遗生的《时势潮流中之新文学》和《规劝林琴南先生》(录北京《新报》)、蕴巢的《再论新旧之争》(录北京《益世报》)、翰芳的《学术与政治》(录北京《益世报》)、志拯的《思想革命中的北京大学》和《谁的耻辱?》(录上海《中华新报》)、际安的《遏止新思潮》(录上海《民国日报》)、因明的《对北京大学的愤言》(录成都《川报》)共计11篇声援新文化派的文章,再次对林纾进行舆论围剿。同月,《文艺丛报》创刊,石遗老人(陈衍)任编辑主任,苦海余生(刘锦江)任编辑,普通图书馆发行。创刊号上有署"林琴南"的评论文章《论古文白话之相消长》。文中坚持维护古文,论证古文、白话并行不悖的道理,强调废古文用白话亦正不知所谓古文,古文、白话似乎自古以来相辅相成,所谓古文者,其实就是白话的根柢,没有古文根柢,就不可能写出好的白话,能读书阅世,方能为文。如以虚枵之身,不特不能为古文,亦不能为白话。文中阐述了如下四个观点:其一,古文并非与政治、伦纪无关,但写作极难;其二,从发展势态看古文实已走向消亡;其三,古代优秀的白话作品皆以古文为根柢;其四,并非各种白话均可以用来作白话文学。其中有关白话文的论述,无疑是针对胡适而发。这是复古派文人向新文化运动的学术反击。

　　按:林纾《论古文白话之相消长》曰:

　　名曰古文,盖文艺中之一。似无关于政治,然有时国家之险夷,系彼一言,如陆宣公之制诰是也;无涉于伦纪,然有时足以动人忠孝之思,如李密之《陈情》、武侯之《出师表》是也。然不能至之于人人,即古人得一称心之作,亦不易睹。文之盛,莫如唐。然《全唐文》,余已阅至大半。四杰唯子安为腴厚,燕、许则貌为汉京,力学《典引》,而思力不及独孤,常州较有法而多懈,权文公则寝处必具衣冠矣。李白、萧颖士皆近六朝,然颖士之渊雅,似较李白为重,故李华终身长颖士也。其余李峤诸人,皆貌为虚枵。其中昌黎一出,觉日光霞采照耀四隅。柳州则珠玉琳琅,不能与之论价,于是废其下不观。以鄙意论之,晚唐之罗江东及皮、陆尚有作法,视初唐之陈子昂、张曲江滋味尚多。

　　至宋则学派兴而说理之文夥,以陈同甫之豪,叶冰心之高,亦稍染习气。苏氏父子、张文潜、晁无咎、黄鲁直、陆务观、秦淮海诸人,似人家分筑小国,一草一木各有位置,谓之包罗万有,众亦不敢信其诣力即能至是也。欧公不主博而主精,读书不如原父兄弟,而起讫作止得韩之真,且一改其壁垒;与荆公相较,荆公肖韩处多,犹杨西亭之逐石谷,终身仿佛石谷,终身不脱石谷窠臼矣。故宋文以欧为上,而独不近柳。曾子固似发源于更生,有时骨干坚卓处,乃能为柳。读此三数家文,以深潜之眼力观之,脉络筋节精细处,均似遵左氏、史公之法程,有时能变化而脱去之,斯其有本领矣。

元时如姚遂诸人以多为贵,且以野战为长。虞伯生较有先民矩矱,然少问津者。至明则两汉之途大辟,人人争趋,弃掷八家如刍狗。愚恒笑以为《品花宝鉴》学《红楼梦》者也。《红楼梦》多贵族手笔,而曹雪芹又司江南织造。上用之物匪不周悉。作《品花宝鉴》者,特一秀才,虽极写华公子之富,观其令厨娘煮粥,亲行命令,如某某之粉宜多宜寡,斟酌久之,如在《红楼梦》中,则一婢之口吻耳。须知汉时古书尚多,而国之气脉亦厚,所以子云、相如以鸿丽之笔,横绝一世,此即《红楼梦》中之写楼台衣服及饮食起居诸事一无寒俭之悲。明人之学汉但有猎略其字眼,谬装其音吐,假饰其步履,今试问汪伯玉诸人有一篇文字能使人涵泳不去手否?凤洲始懵而终悟,故晚年文字较清醒可人意,李沧溟则否。震川穷老尽气!但抱一《史记》,而于《史记》中尤精于《外戚传》,所以叙家庭琐事,入细入微。而赠序则无一篇可读者,由作寿序多,手腕过滑,故赠序近流走而不凝敛。

桐城诸家即奉震川为圭臬,惜抱能脱身自拔,望溪质而不灵,故木然有死气。曾文正尊姚初无一语及方也。但读惜抱之《泰山记》,即知为桐城之杰。而能承其法乳者,惟梅郎中及吴南屏。梅之山水游记,直趣柳州;林之幽雅处,仍是欧公家法。此等桐城派之文字,方不至恹恹如病人。实则文无所谓派,有提倡之人,人人咸从而靡,不察者,即指为派。余则但知其有佳文,并不分别其为派。恽子居、李申耆、张惠言三家,谓之读书种子则有余,谓足压倒桐城,吾亦不敢许诺。不过康乾之盛,文人辈出,亦关气运,然道咸以下,即寥寥矣。间有提倡者,才力亦薄,病在脱去八股而就古文,拘局如裹足之妇,一旦授以圆履,终欠自如,然犹知有古文之一道。至白话一兴,则喧天之闹,人人争撤古文之席,而代以白话。其始但行白话报。忆庚子客杭州,林万里、汪叔明创为《白话日报》,余为作白话道情,颇风行一时。已而予匆匆入都,此报遂停。沪上亦间有为白话相诘难者,从未闻尽弃古文行以白话者。今官文书及往来函札,何尝尽用古文?一读古文则人人瞠目,此古文一道,已属声消烬灭之秋,何必再用革除之力?

其曰废古文用白话者,亦正不知所谓古文也。但闻人言韩愈为古文大家,则骂之,此亦韩愈之报应。何以言之?《楞严》《华严》之奇妙,而文公并未寓目,大呼跳叫,以铙钹钟鼓为佛,而《楞严》《华严》之妙处,一不之管,一味痛骂为快,于是遂有此泯泯纷纷者,尾逐昌黎,骂之于千载之后。盖白话家之不知韩,犹韩之不知佛也。然今日斥白话家为不通,而白话家决不之服,明知口众我寡不必再辩,且古文一道,曲高而和少,宜宗白话者之不能知也。

昌黎与裴晋公,堂属也。晋公亦自命能文,其视昌黎之文恒以为怪。元遗之、白香山亦自命能文,乃平浅不如昌黎之道。道既不同,则不免腾其口说。故《淮西》一碑,听人引倒,而晋公并不一言。罗隐犹为石孝忠立传,似此碑之文字应仆而不留者。夫罗隐之古文尚窥篱樊,且不知昌黎,况晋公之文本与昌黎异趣,能信之耶?故白话家之骂昌黎,吾不一辩白。盖昌黎与书、赠序两门,其所谓神枢鬼藏,不可方物,孰能知之?吾读昌黎《与胡生书》及《送齐暤下第序》《送浮屠文畅师序》及《送廖道士序》,将近万遍,犹不释手,共中似有魔鬼弄我,正如今日包世杰君讥我为孔子之鬼引入死地者,确哉,确哉!盖古文之不能为普通文字,宜尊之为夏鼎商彝方称耳。其说则又不然,至道不得至文亦万不传。古文家固推昌黎,然亦有非昌黎而亦传者,如忠臣义士从血诚流出文字,则万古不可漫灭。坊本刻谢叠山《却聘书》,乃林西仲节本,原文冗长极矣,然不害为叠山文字。

总之,能读书阅世,方能为文。如以虚枵之身,不特不能为古文,亦并不能为白话。白话至《水浒》《红楼》二书,选者亦不为错。然其绘影绘声之笔,真得一'肖'字之诀。但以武松之鸳鸯楼言之:先置朴刀于厨次,此第一路安顿法也;其次登楼,所谓又开五指向前,右手执刀,即防楼上知状将物下掷,又指正所以备之也,此第二路之写真;登楼后,见两三枝灯烛,三数处月光,则窗开月入,人倦酒阑,专候二人之捷音,此第三路写法也;既杀三人,洒血书壁,踩扁酒器,然后下楼,于帘影模糊中杀人,刀钝莫入,写向月而视,凛凛有鬼气!及疾趋厨次取朴刀时,则倏忽骇怪,神态如生!此非《史记》而何?试问不读《史记》而作《水浒》,能状出尔许神情耶?

《史记·窦皇后传》叙窦广国兄弟家常琐语,处处人情;而《隋书·独孤氏传》曰苦桃姑云云,何尝非欲跨过《史记》?然不类矣。故冬烘先生言字须有根柢,即谓古文者,白话之根柢,无古文安有白话?近人创为白话一门,自炫其特见,不知林万里、汪叔明固已先汝而为矣。即如《红楼》一书,口吻之犀利,闻之悚然;而近人学之,所作之文字,乃又癃惾欲死。何也? 须知贾母之言趣而得要,凤姐之言辣而有权,宝钗之言驯而含伪,黛玉之言酸而带刻,探春之言简而理当,袭人之言贴而藏奸,晴雯之言憨而无理,赵姨娘之言贱而多怨,唯宝玉所言,纯出天真。作者守住定盘针,四面八方眼力都到,才能随地熨帖。今使尽以白话道之,吾恐浙江、安徽之白话,固不如直隶之佳也。实则此种教法,万无能成之理。吾辈已老,不能为正其非,悠悠百年,自有能辨之者,请诸君拭目俟之!

　　林纾7月继续在文学讲习会讲授古文,朱羲胄在听林纾讲古文时作有笔记。同月24日,严复回复熊纯如7月17日来信,谈及"文白合一"等事,其中力劝林纾不必跟小青年计较:"北京大学陈(陈独秀)、胡(胡适)诸教员主张文白合一,在京久已闻之,彼之为此,意谓西国然也。不知西国为此,乃以语言合之文字,而彼则反是,以文字合之语言。今夫文字语言之所以为优美者,以其名辞富有,著之手口,有以导达要妙精深之理想,状写奇异美丽之物态耳。……须知此事,全属天演,革命时代,学说万千,然而施之人间,优者自存,劣者自败,虽千陈独秀,万胡适、钱玄同,岂能劫持其柄,则亦如春鸟秋虫,听其自鸣自止可耳。林琴南辈与之较论,亦可笑也。"8月4日,《新申报》刊登"林琴南特别启示",特为当时盛传林纾鼓动议员弹劾北大校长蔡元培之言辟谣。9月13日、14日,林纾在《新申报》发表文言小说《某生》。小说以师生问答形式表露了自己对"五四"运动的看法,同时也流露出作者思想上存在着矛盾。12月12日,为光绪忌辰,林纾八谒崇陵。随后写下《谒陵礼成志悲》,表明坚守心中理想而悲愤难禁的心迹。(参见张旭、车树异编著《林纾年谱长编:1852—1924》,福建教育出版社2014年版)

　　严复在福州郎官巷家中养病。1月21日,因连日来为三子娶妻、自己做寿,操劳过度,病发几殆。26日,严复为陈之祥所著《西湖游记》撰序,论旅游的意义。5月下旬,由闽至沪,寓长发栈。6月6日,入上海红十字医院治病,似有好转。14日,严复向张元济借《王荆公诗注》一部八本,以及本年《小说月报》五册,最近小说七种。20日,严复复熊纯如书,谈及五四运动。

　　按:严复复熊纯如书曰:"咄咄学生,救国良苦! 顾中国之可救与否不可知,而他日决非此种学生所能济事者,则可决也。……者番上海罢市,非得欧美人默许,自无其事。而所以默许之者,亦因欧战以还,日本势力在远东过于膨胀,抵制日货,将以收回旧有商场,而暗中怂恿,以学生、康摆渡等为傀儡耳。"(《严复集》第三册,第695页)又谓"学生须劝其心勿向外为主,从古学生干预国政,自东汉太学,南宋陈东,皆无良好效果,况今日耶!"(《严复集》第三册,第696页)

　　严复5月得其四子严璿函告在唐山工业学校参加五四运动,并捐款五元,支援"五四"被捕学生,复函加以斥责,又对五四运动的支持者北京大学校长蔡元培颇有微词,谓其"人虽良士,亦与汪精卫、李石曾、王儒堂、章枚叔诸公同归于神经病一流而已,于世事不但无补,且有害也"。7月10日,严复致熊纯如书谈及中国代表在巴黎拒签和约时说"和约不签字,恐是有害无利"。7月,作《与熊纯如书》,以进化论评白话文运动,谓"林琴南辈与之较论,亦可笑也"。

　　按:见《严复集》中所录《严复日记》,曰:"北京大学陈、胡诸教员主张文白合一,在京久已闻之,彼之为此,意谓西国然也。不知西国为此,乃以语言合之文字,而彼则反是,以文字合之语言。今夫文字语言之所以为优美者,以其名辞富有,著之手口,有以导达要妙精深之理想,状写奇异美丽之物态耳。如刘勰云:'情在词外曰隐,状溢目前曰秀';梅圣俞云:'含不尽之意,见于言外,状难写之景,如在目前';又沈隐侯云:'相如工为形似之言,二班长于情理之说'。今试问欲为此者,将于文言求之乎? 抑于白话求之乎? 诗之善述情者,无若杜子美之《北征》;能状物者,无若韩吏部之《南山》。设用白话,则高者不过《水浒》《红楼梦》;下者将同戏曲中簧皮之脚本。就令以此教育,易于普及,而斛弃周鼎,宝此康瓤,正无如退化何耳。须知此事,全属天演,革命时代,学说万千,然而施之人间,优者自存,劣者自败,虽千陈独秀,万胡适、钱玄同,岂能劫持其柄,则亦如春鸟秋虫,听其自鸣自止可耳。林琴南辈与之较论,亦可笑也。"(《严复集》第三册,第699页)

严复7月24日复徐佛苏书,表示赞成其"南北分治"的主张。9月9日,郑孝胥来访。10月12日,自上海登轮赴天津;16日,由天津返京,转入协和医院诊疗。23日,严复复熊纯如书,对欧战后帝国主义列强展开激烈争夺的局势深感悲观失望。10月31日,严复拜访徐世昌大总统、吴炳湘总监,皆不遇。11月6日,严复被徐世昌任为总统府顾问。17日下午,严复应约会见徐世昌。12月15日,严复入协和医院。27日,严复出院,迁入东城大阮府胡同新寓,号"痛壁草堂"。(以上参见罗耀九主编《严复年谱新编》,鹭江出版社2004年版;孙应祥《严复年谱》,福建人民出版社2014年版)

马其昶在京将《抱润轩文集》寄给上海陈三立,请作序。陈三立《抱润轩文集序》(《抱润轩文集》卷首)曰:"马君通伯所为文,去今二十年间,余获而读之,前两岁,续成近百篇,自京师寄余,且督为之序,余又获而读之。"

丁文江10月自美返国。归国后,地质调查所的创办的《地质汇报》即将付梓,是为地质调查所专门著作正式出版之始。丁文江在创刊号上发表中文、英文序言各一篇。英文序言开首引用德国学者李希霍芬一语:"中国读书人专好安坐室内,不肯劳动身体,所以他种科学也许能在中国发展,但要中国人自做地一质调查,则希望甚少。"对李氏的看法,丁文江提出不同意见,以为"现在可以证明此说并不尽然,因为我们已有一班人登山涉水,不怕吃苦"。如北京至蔚县之行,即在严冬冒风踏雪为之,中国人在地质学上定当有所贡献。《地质汇报》创刊号还刊有丁文江与张景澄合撰的《蔚县、广灵、阳原三县煤田报告》,并附该文的英文摘要。是年,撰《哲嗣学与谱牒》(政治文章)连载于《改造》杂志。(参见欧阳哲生主编《丁文江文集》第七卷附编《丁文江先生年谱》,湖南教育出版社2008年版;宋广波编著《丁文江年谱》,黑龙江教育出版社2008年版;宋广波编《中国近代思想家文库·丁文江卷》,中国人民大学出版社2014年版)

翁文灏是年春因地质研究与中国史前考古学多有关联,从本年春开始翁文灏即嘱赴热河、奉天调查地质的调查所人员朱庭祐在调查地质之便,亦顺带留意人类遗迹的搜寻。朱庭祐果然发现了新石器时代的石斧等工具。此事引起安特生的注意。安特生遂将其薪俸捐出,转而用力从事此项工作,以后有安阳等处之发现。中国近代考古学由此发端。为经济调查会所撰《铁矿纪要》,连载于《农商公报》。该文详细记载世界及中国铁矿之成分、矿床生成、储量、生产情况、市场价格等,并提出中国发展铁矿的政策建议等。11月13日,农商部令,授予翁文灏四等嘉禾章。是年,因丁文江赴欧洲考察战后欧洲形势,仍代地质调查所所长职务,并开始在北京高等师范学校兼课,讲授博物、地质、矿石、古生物等。在任代理所长期间,全力推动中国地质学成果的出版工作。首先编辑了《地质汇报》第一号,刊载丁文江的《冀北煤田报告》,和其本人与曹树声合著的《绥远土默特旗地质报告》。又编辑了三种《地质专报》,即为翁文灏所著《中国矿产志略》、叶良辅的《北京西山地质志》和章鸿钊考究各种矿物之古今记载的《石雅》,并且印刷完竣。待丁文江返国审阅后,装订成书,正式出版。此为中国最早的地质科学刊物。翁文灏在地质调查所工作初期即致力于中国矿产的调查研究,其成果汇集为《中国矿产志略》出版。书中搜集、综合中外学者调查地质矿产的报告和有关中国矿产的记述,从地质、地史的角度,将全国各种有用矿物之矿床地质成因及产物产量、地理位置、交通条件、开采历史及目前状况,分类分区全面系统地节要介绍。这是中国第一部系统的矿产报告和矿业全书。书中并附有一张六百万分之一的着色中国地质约测图，也是为中国学者自己编制的第一张中国地质全图。(参见李学通《翁文灏年谱》，山东教育出版社 2005 年版)

章鸿钊是年夏撰写《中国北方有史后无犀象考》一文。秋，兼任农业大学矿物学讲师。冬，出版《三灵解》一书。(参见冯晔、马翠凤《章鸿钊年表》，中国地质图书馆编《第三届地学文献学术研讨会暨纪念章鸿钊学术思想研讨会论文集》，地质出版社 2016 年版)

吴稚晖主持国语统一筹备会(后改为国语推行委员会)，提出在国推行注音符号的任务、方案、办法。与李石曾等组织发起留法勤工俭学会，计划让学生一面打工，赚取学费，一面求学，获得新知。致函戴季陶，论做"兵官"(即军官)的问题，提出要做保卫公理、保家卫国的"兵官"，不做割据地盘、祸国殃民的军阀。(参见金以林、马思宇编《中国近代思想家文库·吴稚晖卷》附录《吴稚晖年谱简编》，中国人民大学出版社 2015 年版)

张澜 2 月 7 日配合李大钊对《晨报》副刊(第七版)进行改革，设立《自由论坛》，发表论述新思潮及社会问题的论文；设立《译丛》，多采用东西学者、名人之新作；设立《剧评》，采用"有高尚精神"的文章登载。这些栏目的设置，使该报明显倾向于新文化运动。此后，《晨报》经常发表有关马克思主义与俄国十月革命的文章。3 月以来，国内掀起留法勤工俭学热潮。川籍贫苦青年很多，筹款非常困难。负责组织西南地区赴法勤工俭学的吴玉章写信求助张澜，张澜与川汉铁路在京股东和董事商定，以"四川省长"名义会同教育总长傅增湘联名，商请交通部拨川汉铁路股款利息，一部分作为华法教育会基金，一部分借贷给川籍学生。先后有赵世炎、刘伯坚、陈毅、杨伯恺等大批川籍学生都曾得到张澜的支持。4 月 28 日，张澜在《晨报》"自由论坛"栏目发表《答梁乔山先生书》，讨论社会主义问题。

　　按：《答梁乔山先生书》表达了张澜对社会主义及实现社会主义途径的基本认识，以及他关于解决现实问题的基本见解。张澜获得了关于"社会主义"的初步认识后，非常兴奋，曾在文章中这样写道："正如五里雾中，忽得晨曦之照射，快何如也。"后来张澜回忆说："民国八年在北京时与湖南梁乔山晤谈，彼告我以集产主义与共产主义，我遂写文一篇刊于《晨报》，友人邵明叔见之，仓皇示儆我曰：'表方，你又来放火。'共产主义刊登报章以我此文为创始也。"

张澜 5 月在《晨报》以显著地位报道了五四运动爆发后各地爱国活动情况，6 日，该报发表了《为外交问题警告政府》的论评。7 日，《晨报》开辟"国耻纪念"专号，抨击政府的卖国行径，在社会上引起震动。8 月 12 日，受到张澜关注和支持的四川留法勤工俭学会赴法学生陈毅、陈文、罗世芬、刘述一、刘子华、罗南等 61 人在上海乘法船蓬南号赴法。(参见谢增寿编著《张澜年谱》，群言出版社 2013 年版)

曾琦继续在上海执笔于《救国日报》。五四运动爆发后，曾琦即由上海赶到北京，代表留日学生救国团慰问北京学生，并先后在北京大学和清华大学进行演讲，"于军警密布之中，发慷慨激昂之论"。7 月 26 日，曾琦致信胡适，盛称《多研究些问题，少谈些主义》一文，"对于现在空发议论而不切实的言论家痛下砭鞭"，表示"万分佩服"。同月，蓝志先在《国民公报》上发表《问题与主义》，对胡适的《多谈些问题，少谈些主义》进行批评，并着重从哲学的角度阐述了"主义"的重要性。10 月，曾琦得到上海《新闻报》旅欧通信员的聘任，来到法国巴黎，开始了他的留学生活。(参见康之园《曾琦国家主义思想研究》，首都师范大学出版社 2008 年版；耿云志编《胡适年谱》，福建教育出版社 2012 年版)

陈垣继续在交通部任职。2 月，赴上海、南京、杭州游览访书。同月，《记大同武州山石窟寺》(上半部分)刊于《东方杂志》第 16 卷第 2 号；《重刊铎书序》登载在《青年进步》第 20

册。3月,《记大同武州山石窟寺》(下半部分)刊于《东方杂志》第16卷第3号。同月,为金陵神学教授陈金镛《罪言》作序。4月,受英敛之之托,校勘《万松野人言善录》并作跋。5月,陈垣校勘并作序的《铎书》初版印行。同月校勘《灵言蠡勺》完毕,并撰写《重刊灵言蠡勺序》。6月,《万松野人言善录跋》刊于《青年进步》第24册。同月,《耶稣基督人子释义序》发表在《青年进步》第24册;《铎书》二版印行,有6月再识;梁士诒以增订再版《元也里可温考》见赠,题云:"民八五月廿八日,与季典弟游香山静宜园,于茶肆购此,深以吾道不孤,山陬捧简也。仍以赠援兄。"

陈垣7月撰写《浙西李之藻传》。同月,《罪言序》刊于《青年进步》第25册;《重刊灵言蠡勺序》刊于《青年进步》第25册。8月,《新会陈氏校印本灵言蠡勺》单行本印行。同月,陈垣作跋的《万松野人言善录》单行本印行;《铎书》三版印行;校勘《辩学遗牍》完毕,并撰写完成《辩学遗牍序》;校勘《大西利先生行迹》完毕,并撰写完成《大西利先生行迹识》。9月,为《吴渔山与王石谷书》作跋;《铎书》四版印行。10月,为英敛之再次印行《主制群征》(三版)作跋。同月,《浙西李之藻传》刊于《青年进步》第26册。11月,撰写完成《开封一赐乐业教考》(又称《开封一赐乐业考》)。全文共十二章,以碑拓图绘、扁额楹联及有关著述记载为材料,考证了犹太教在中国传布兴衰的情况,同时也考查了犹太民族来华及定居的历史。同月,《辩学遗牍序》刊于《青年进步》第27册。12月,《三版主制群征跋》刊于《青年进步》第28册上。同月,陈垣作跋的《主制群征》单行本印行。冬,由燕京大学校长司徒雷登主持受洗入基督教。是年,《记大同武州山石窟寺》单行本印行,与日本工学博士伊东忠太《支那山西云冈石窟寺》合订;陈垣作序的《辩学遗牍》单行本印行。陈垣题识的《大西利先生行迹》单行本印行;《浙西李之藻传》单行本印行;《大西利先生行迹》与《浙西李之藻传》二印本合订;《辩学遗牍》《浙西李之藻传》和《大西利先生行迹》三印本合订。(参见刘乃和、周少川、王明泽《陈垣年谱配图长编》,辽海出版社2000年版)

余嘉锡经柯邵忞介绍,从长沙赴京,馆于赵尔巽家,教授赵氏弟子,并参与《清史稿》的审阅,得以清史馆总纂柯劭忞为师。(参见王语欢《余嘉锡学术年谱》,黑龙江大学硕士学位论文,2013年)

黎锦晖参加蔡元培主办的北京大学音乐研究会,任中乐部通乐类"潇湘乐组"组长。同时任《平民周报》主编。

陈齐礼为社长的全国正义社8月10日在北京成立,以"扶持正义,拥护人道"为宗旨。

邝孙谋为会长、沙利文(美国)、杨豹灵为副会长的中美工程师协会11月22日在北京成立,以"增进工程学识,维持专门人才,使同人有互助之精神,中美有实行之亲善"为宗旨。

黄凌霜等1月20日在北京创办《进化》月刊,由进化社主办。在《新青年》第6卷第5号发表《马克思学说的批评》,对马克思学说的经济论、唯物史观、政策论作了曲解和批评。

吴贻芳毕业于金陵女子大学,赴北京女子高等师范学校任教。

林励儒任国立北京高等师范学校教授,教伦理学和教育学课程。

陆懋德任北京政法专科学校教授。

黄文弼进入北京大学研究所国学门,研习宋明理学。

按:黄文弼于1918年毕业于北京大学哲学系。

胡佩衡任北京大学画学研究会山水画导师、《湖社月刊》主编。

杨秀峰回到北京高等师范学校复学。

雷海宗转入清华学堂高等科学习。

周培源考入清华学校中等科。

谢国桢考入北京汇文学校大学预科。

庐隐入北京女子高等师范学校国文系学习。

熊佛西入燕京大学学习文学和教育,课余从事戏剧。

李苦禅入北京大学附设的勤工俭学会半工半读,同时在北大附设的业余书画法研究会,从徐悲鸿学习素描。

张宗载、宁达蕴等居士在北京发起成立佛化新青年会,得到太虚、蔡元培、梁启超、章炳麟、江亢虎、李佳白、庄士敦等人的支持。

　

康有为所著《大同书》甲乙两部4月在上海出版。7月,重印《物质救国论》。五四运动爆发后,康有为同情和支持学生的爱国热忱。5月6日,康有为发表《请诛国贼救学生电》,首谓"曹汝霖、章宗祥等力行卖国,以自刘其人民,断绝其国命久矣",继称"幸今学生发扬义愤,奉行天讨,以正曹汝霖、陆宗舆之罪。举国逖闻,莫不欢呼快心,诚自宋大学士陈东、欧阳澈以来稀有之盛举也",认为"学生此举,真可谓代表四万万之民意,代伸四万万之民权,以讨国贼者"。(参见康有为著、楼宇烈整理《康南海自编年谱》,中华书局1992年版;吴天任《康有为年谱》,广东人民出版社2018年版)

章炳麟1月19日作《致参众两院议员函》,以为"和战两穷,唯有速选总统以绝北人希望"。2月,在上海组织护法后援会,坚决反对同北洋军阀妥协和议。3月12日,上孙中山书,述对南北议和意见。20日,北京大学文科编辑《国故月刊》出版,以昌明中国固有之学术为宗旨,刘师培等撰文。五四运动爆发,章炳麟对学生爱国运动表示赞成,对北洋军阀卖国行为强烈反对。5月20日,章炳麟所撰《国语学草创序》刊于《国故月刊》第3期。夏,为刘成禺《洪宪纪事诗本事簿注》撰序。6月15日,在长沙《大公报》发表《章太炎大骂南方各总裁》。22日,章炳麟发电嘱请蔡元培救陈独秀。26日,作《致易培基书》,论湘中人物。10月,章炳麟作《支那内学院缘起》。12月4日,在寰球学生会发起讲演会,讲求学之道。

按:章炳麟作《支那内学院缘起》落款"民国八年十月章炳麟记",曰:自清之季,佛法不在缁衣,而流入居士长者间。以居士说佛法,得人则视苾刍为盛;不得则无绳格,亦易入于奇衰。是故遵道而行,昔之富郑公、张安道是矣。杂引他宗,迤入左道,今时裨贩言佛者是矣。

余素以先秦经法教,步骤不出孙卿、贾生,中遭忧患,而好治心之言。始窥大乘,终以慈氏、无著为主,每有所说,听者或洒然。晚更括囊无所宣发,盖不欲助伪者之焰。

友人欧阳竟无尝受业石埭杨居士,独精《瑜伽师地》,所学与余同。尝言:"唯识法相唐以来并为一宗,其实通局、大小殊焉。"余初惊怪其言,审思释然,谓其识足以独步千祀也。

竟无以佛法垂绝,而己所见深博出恒人上,不欲裹窜韫匮效师拳者所为,因发愿设支那内学院以启信解之士,由其道推之,必将异于苾刍颛固之伦,又不得与天磨奇说混淆可知也。世之变也,道术或时盛衰,而皆转趣翔实,诸游谈不根者为人所厌听久矣。自清世士大夫好言朴学,或失则琐,然诡诞私造者渐绝,转益确质,医方、工巧二明于是大著。佛法者可以质言,亦可以滑易谈也。然非质言,无以应今之机,此则唯识法相为易入。观世质文,固非苾刍所能知,亦非浮华之士所能与也。以竟无之辩才而行之以其坚苦之志,其庶几足以济变哉!若夫挹取玄智,转及萌俗,具体则为文、孔、老、庄,偏得则为横浦、象山、慈湖、阳明之侪,其以修己治人,所补益博,此固居士之所有事,而余颇尝涉其樊柢者也。(以上参见姚奠中、董国炎《章太炎学术年谱》,山西古籍出版社1996年版;汤志钧编《章太炎年谱长编(增订本)》,中华书局2013年版;王小红《章太炎学术简谱》,《儒藏论坛》2009年第1辑;王学典《20世纪史学编年(1900—

1949)》,商务印书馆 2014 年版)

王国维 1 月上旬撰《书尔雅郭注后》《书郭注方言后》(一、二)。11 日,撰《书郭注方言后》(三)。2 月,撰《殷墟书契》上卷释文毕,又撰《齐侯壶跋》《齐侯二壶跋》。3 月,撰《徐俟斋先生年谱》。30 日,挚友沈曾植 70 寿庆,王国维为撰《沈乙庵先生七十寿序》,纵论有清一代三百年学术之变迁,提炼和概括"三变论"。(参见王蘧常编《沈寐叟先生年谱》,上海商务印书馆 1938 年版;许全胜《沈曾植年谱长编》,华东师范大学博士学位论文,2004 年)

按:《沈乙庵先生七十寿序》曰:我朝三百年间,学术三变:国初一变也,乾嘉一变也,道咸以降一变也。顺康之世,天造草昧,学者多胜国遗老,离丧乱之后,志在经世,故多为致用之学,求之经、史,得其本原,一扫明代苟且破碎之习,而实学以兴。雍乾以后,纪纲既张,天下大定,士大夫得肆意稽古,不复视为经世之具,而经、史、小学专门之业兴焉。道咸以降,涂辙稍变,言经者及今文,考史者兼辽、金、元,治地理者逮四裔,务为前人所不为。虽承乾嘉专门之学,然亦逆睹世变,有国初诸老经世之志。故国初之学大,乾嘉之学精,道咸以降之学新。窃于其间得开创者三人焉:曰昆山顾先生,曰休宁戴先生,曰嘉定钱先生。国初之学,创于亭林;乾嘉之学,创于东原、竹汀;道咸以降之学,乃二派之合而稍偏至者,其开创者仍当于二派中求之焉。

盖尝论之,亭林之学,经世之学也,以经世为体,以经、史为用;东原、竹汀之学,经、史之学也,以经、史为体,而其所得往往裨于经世。盖一为开国时之学,一为全盛时之学,其涂术不同,亦时势使之然也。道咸以降,学者尚承乾嘉之风,然其时政治风俗已渐变于昔,国势亦稍稍不振,士大夫有忧之而不知所出,乃或托于先秦西汉之学,以图变革一切,然颇不循国初及乾嘉诸老为学之成法。其所陈夫古者,不必尽如古人之真,而其所以切今者,亦未必适中当世之弊。其言可以情感,而不能尽以理究。如龚璱人、魏默深之俦,其学在道咸后,虽不逮国初、乾嘉二派之盛,然为此二派之所不能摄。其逸而出此者,亦时势使之然也。今者时势又剧变矣,学术之必变,盖不待言。世之言学者辄伥伥无所归,顾莫不推嘉兴沈先生,以为亭林、东原、竹汀者俦也。

先生少年固已尽通国初及乾嘉诸家之说,中年治《辽》《金》《元》三史,治四裔地理,又为道咸以降之学,然一秉先正成法,无或逾越。其于人心、世道之污隆,政事之利病,必穷其原委,似国初诸老;其视经、史为独立之学,而益探其奥窔、拓其区宇,不让乾嘉诸先生;至于综览百家,旁及二氏,一以治经、史之法治之,则又为自来学者所未及。若夫缅想在昔,达观时变,有先知之哲,有不可解之情,知天而不任天,遗世而不忘世,如古圣哲之所感者,则仅以其一二见于歌诗,发为口说,言之不能以详。世所得而窥见者,其为学之方法而已。

夫学问之品类不同,而其方法则一。国初诸老用此以治经世之学,乾嘉诸老用之以治经、史之学,先生复广之以治一切诸学。趣博而旨约,识高而议平。其忧世之深,有过于龚、魏;而择术之慎,不后于戴、钱。学者得其片言,具其一体,犹足以名一家、立一说。其所以继承前哲者以此,其所以开创来学者亦以此。使后之学术变而不失其正鹄者,其必由先生之道矣。

窃又闻之,国家与学术为存亡。天而未厌中国也,必不亡其学术;天不欲亡中国之学术,则于学术所寄之人,必因而笃之。世变愈亟,则所以笃之者愈至。使伏生、浮邱伯辈,天不畀以期颐之寿,则《诗》《书》绝于秦火矣。既验于古,必验于今。其在《诗》曰:"乐只君子,邦君之基。乐只君子,万寿无期。"又曰:"乐只君子,邦家之光。乐只君子,万寿无疆。"若先生者,非所谓学术所寄者钦? 非所谓"邦家之基""邦家之光"者钦?

己未二月,先生年正七十,因书先生之学所以继往开来者,以寿先生,并使世人知先生。自兹以往,康强寿者,永永无疆者,固可由天之不亡中国学术卜之矣。(《王国维论学集》)

王国维是春末与眷自日本返国的罗振玉会于上海。5 月,王国维在上海为长子潜明娶妻,子妇为罗振玉三女孝纯。6 月,王国维读法人伯希和所撰《摩尼教考》,内所引九姓回鹘可汗碑文,与李文田《和林金石录本》不同,乃以嘉兴沈曾植所藏拉特禄夫《蒙古图志》中所载本以校李录。同月中旬,王国维欲以严九能文稿及信件交换罗振玉金文拓本兮田盘。7月,撰《音学五书跋》。8月17日,王国维致函罗振玉商撰《西胡考》。同月,王国维由沈曾植处抄得其所撰和林三唐碑跋全文,复以《蒙古图志》所载芯伽可汗碑校《和林金石录》,作《重校定和林金石录》1卷。撰《摩尼教流行中国考》一文。又据日人狩野直喜寄来其游欧时所录英国伦敦博物馆所藏敦煌残卷,因撰《敦煌石室碎金跋尾》等十数篇跋。9月,撰《西胡考》《西胡续考》。同月,译成法国伯希和讲演词《近日东方古言语学及史学上之发明与其结论》,并作附记。

　　按:王国维《附记》曰:"法国法兰西学院教授伯希和博士,世界东方语言文学并史学大家也。一千九百十一年冬,博士就学院中亚细亚语史学教授之职,开讲之日,实首说是篇,实举近年东方语学文学史学研究之成绩,而以一篇括之。次年八月,日本京都大学教授榊博士亮三郎译为日文,刊之《艺文杂志》,余读而善之。当光宣之际,余遇博士于京都,以为博士优于中学而已,比读此篇,乃知博士于亚洲诸国古今语无不深造,如敦煌以西迄于于阗,古代所用东伊兰语,即博士之所发见及创通者也。博士所获之中国古籍,吾友上虞罗参事即印行其大半,世当无不知博士名者。既而欧洲战事起,博士从军达达尼斯海峡,既而复有事西伯利亚,今春凯还,过沪,遇参事,剧谈,凡我辈所著新印之书,无不能举其名及其大略者。军旅之中,其笃学如此。呜呼,博士所以成就其学业者,岂偶然哉!今博士复归就教授之职,将来贡献于世界及东方学术者,或更相倍蓰于此。然博士就职演说,迄今虽经八年,我国人士殆未有见者,故为重译以饷学者。"

　　王国维8—9月撰《乐庵写书图序》。9—10月间,撰《已未广仓学会秋祀》,刊于《学术丛编》第19期。10—11月间,撰《高昌宁朔将军麹斌造寺碑跋》《书虞道园高昌王世勋碑后》。11月,王国维因脚气病发作赴天津罗振玉处养病。在津期间,王国维经罗振玉介绍与蒙古升允(字素庵)相见,后此人荐举王国维为逊帝溥仪南书房行走。11月12日,王国维病少痊愈,返抵上海。同月,撰成《校松江本〈急就篇〉》1卷。14日,《浙江通志》总纂沈曾植聘约至,与张尔田共同负责寓贤、掌故、杂记、仙释、封爵五门的撰述,后所撰《两浙古刊本考》及《乾隆浙江通志考异》均为志局而作。同月,撰《重辑仓颉篇》成,并作自序;清朝遗老之在沪者三十余人以梁节庵病逝设位公祭,王国维参加祭奠,并撰《赠太子少保特谥文忠梁公挽歌词》诗三首。秋,撰《西域井渠考》《唐李慈艺授勋告身跋》《北伯鼎跋》《于阗公主供养地藏菩萨画像跋》(又名《于阗公主供养地藏王菩萨画像跋》)《曹夫人绘观音菩萨像跋》(又名《绘观音菩萨像跋》)等。12月8日,以蒋氏密韵楼藏嘉靖徐氏刊本《周礼郑注》校《士礼居丛书》本。同月,以蒋氏藏嘉靖间复刊宋大字本《礼记》校崇文书局翻张敦仁复宋抚州本,又撰《九姓回鹘可汗碑跋及图记》,以补沈曾植和三唐碑跋文之所未备者。是年,王国维与费行简同教授于仓圣明智大学,每日皆相聚论学。(以上参见赵万里《王静安先生年谱》,清华国学研究院《国学论丛》1928年第1卷第3号;陈鸿祥《王国维年谱》,齐鲁书社1991年版;袁英光、刘寅生《王国维年谱长编(1877—1927)》,天津人民出版社1996年版)

　　沈曾植1月17日接待郑孝胥、王国维来访。2月19日,沈曾植招同人集海日楼,王秉恩、缪荃孙、朱祖谋、陈衍、杨锺羲、刘洙源、郑孝胥、王国维在座。3月30日,沈曾植70寿辰,同人往祝,计有:陈夔龙《寿沈子培同年七十》(《花近楼诗存四编》卷二《已未集》)、陈三立《乙奄七十生日寄祝兹篇》(《散原精舍诗续集》卷下)、金蓉镜《海日楼寿谦诗》(《澎湖遗老集》卷三)、樊增祥《乙庵先生七十寿序》。4月6日,沈曾植出游观花,张元济、陈衍、高梦旦、夏剑丞、李宣龚等同行。7月31日,沈曾植移居新闸路30号,门有"鸳湖沈寓"帖。9月23日,招同人宴集,郑孝胥、章梫、刘廷琛、吴郁生、朱祖谋、王乃征、李瑞清、胡嗣瑗在座。(以上

参见许全胜《沈曾植年谱长编》,中华书局 2007 年版)

章士钊 1 月 9 日与胡汉民、李曰垓、曾彦、郭椿森、刘光烈、王伯群、彭允彝、饶鸣銮、李述膺被广州军政府委派为南北议和代表,唐绍仪为议和总代表。20 日,章士钊、彭允彝、郭椿森、王伯群等南方和谈代表自香港起程赴上海。2 月 20 日,广州军政府与北京政府在上海举行南北"和平会议",试图通过政治谈判解决分歧、谋求统一,章士钊随唐绍仪赴沪出席会议。6 月 21 日,章士钊听闻陈独秀 6 月 11 日晚在北京新世界屋顶花园散发《北京市民宣言》的传单时被捕,即致电政要王克敏,谓陈君向以讲学为务,平生不含政治党派的臭味,此次虽因文字失当,亦何至遽兴大狱,视若囚犯,至断绝家常往来。且值学潮甫息之秋,讵可忽兴文网,重激众怒。甚为诸公所不取。要他转达警厅,立即释放陈独秀。23 日,章士钊致代总理龚心湛一函,请求释放陈独秀。

按:章士钊致代总理龚心湛函曰:"仙舟先生执事,久违矩教,结念为劳。兹有恳者,前北京大学文科学长陈君独秀,闻因牵涉传单之嫌,致被逮捕,迄今未释。其事实如何,远道未能详悉。惟念陈君平日,专以讲学为务。虽其提倡新思潮,想著书立说,或不无过甚之词,然范围实仅及于文字方面,决不含有政治臭味,则固皎然可征。方今国家多事,且值学潮甫息之后,讵可蹈腹诽之诛,师监谤之策,而愈激动人之心理耶?窃为诸公所不取。故就历史论,执政因文字小故而专与文人为难,致兴文字之狱。幸而胜之,是为不武,不胜,人心瓦解,政纽摧崩,虽有善者,莫之能挽。试观古今中外,每当文网最甚之秋,正其国运衰歇之候。以明末为殷鉴,可为寒心。今日谣诼萦兴,清流危惧,乃迭有此罪及文人之举,是真国家不详之象,天下大乱之基也。杜渐防微,用敢望诸当事。且陈君英姿挺秀,学贯中西。皖省地缩南北,每产材武之士,如斯学者,诚叹难能。执事平视同乡诸贤,谅有同感。远而一国,近而一省,育一人才,至为不易。又焉忍遽而残之耶?特专函奉达,请即饬警厅将陈君释放。钊与陈君总角旧交,同岑大学。于其人品行谊,知之甚深。敢保无他,愿为左证。"

章士钊 6 月 26 日将致王克敏电和致龚代总理函以"章行严请释陈独秀"为标题公布在北京《晨报》上。7 月 14 日,毛泽东在《湘江评论》创刊号的"东方大事述评"栏里发表《陈独秀之被捕及营救》一文。其中对章士钊出面营救陈独秀表示肯定。9 月 16 日,经北京全体学生、上海工业总工会以及章士钊、李大钊等各方面的全力营救,被北洋当局囚禁 83 天的陈独秀出狱。29 日,章士钊应邀在上海环球中国学生会以《新时代之青年》为题发表演说,系统阐释其新旧调和论之主张。

按:章士钊的演讲,后来收入陆翔编的《当代名人新演讲集》,广为流传。但在五四运动后,章士钊还公然提倡旧道德不可弃,而主张新与旧在逐渐的调和中求其发展,显然与当时的潮流不合拍,所以他的调和论一出,立即在学术界引起了争论,有反对的,有赞同的,双方撰文立说,互相辩难,于是展开了东西文化的论战。10 月 1 日,时任《时事新报》总编张东荪首先在该报发表《突变与潜变》,对调和论表示反对。10 月 14 日,时任《新教育》主编蒋梦麟在《晨报》发表《新旧与调和》,认为新旧之间是用不着调和派的。但《东方杂志》第 16 卷第 11 号发表伧父的《何谓新思想》、陈嘉异的《我之新思想调和观——为质张君东荪与章君新行严辩论而作》,对章士钊的观点表示支持。12 月,李大钊针对章士钊《新时代之青年》一文中的"物质上开新之局,或急于复旧,而道德上复旧之必要甚于开新"的论调,在《物质变动与道德变动》(《新潮》第 2 卷第 2 号)一文中,运用历史唯物主义进行了剖析和批评。陈独秀在《新青年》第 7 卷第 1 号《随感录》栏里,发表《调和论与旧道德》短文,也对章士钊等人的观点进行批判。

章士钊 11 月在广州向报界发表公开谈话,说明已经买好了去法国的船票,近期就要去欧洲留学,还说明了他退出政治漩涡回归学术的动因与出国的目的、计划。

按:章士钊声明:"愚自信于政治生涯最不相宜,个人生活,当发挥其所长,以愚粗有知识,能从此努力功讨,较之毫无素养者,或事半功倍,故愚决抛弃一切,重理旧业。且愚自今夏大病后,生死利害关头看得透破,觉今日以前有多少错误,今后非另辟一种新生活不可。起视吾国政治纷乱已极,至少非两三年不能寻着头绪,若仍埋藏于现在生活之中,混混沌沌过去,则上无成绩可言,而知识道德已不知堕落到若干地步,彼时学术界尚有余发言之余地耶?"章士钊计划用两年的时间,除来往行程三个月不计外,驻巴黎半年,柏林半年,伦敦三月,纽约半年,主要事情就是:1.调查第一次世界大战后欧美各国的"一切状况";2.拜访有名学者讨论真理;3.切实探索文学哲学政治经济之思潮;4、搜罗各邦之最新有名之著述。两年期满后,就约请欧美有志之士回国,以私人经营,借重国家之补助,办一大规模的编译局,"将欧美文化为全面的系统的介绍,并参以个人所得,俾国民思想受欧化之良果而不流于偏执"(参见邹小站著《章士钊传》,河南文艺出版社1999年版,第181页)

　　章士钊12月在上海收到因病重在北京德国医院住院的杨昌济的信,向他推荐毛泽东、蔡和森。同月,因广东军政府政务会议通过陈炯明的倡议创办西南大学,委托章士钊、汪精卫为筹备员。章士钊致电陈独秀,请其来粤共同担任,章士钊拟不日赴沪,与陈独秀会见。是月,章士钊在广州师范学校发表了题为《新思潮与调和》的讲演,继续鼓吹新旧调和。(以上参见袁景华编《章士钊先生年谱》,吉林人民出版社2001年版;唐宝林、林茂生《陈独秀年谱》,上海人民出版社1988年版)

　　张东荪在上海继续主持《时事新报》及其副刊《学灯》,将《学灯》办成与《民国日报》的《觉悟》副刊、《晨报》副刊并称的五四时期三大副刊之一。1月15日,张东荪在《时事新报》上发表《世界共同之一问题》,讨论防止"过激主义"在中国传播的问题。

　　按:所谓过激主义,指当时的"布尔什维主义"。张东荪以其对于西方思潮的敏感,意识到社会主义思潮必然要影响中国;他鼓吹社会主义,主要是为了"防遏过激主义";而防止之法,不是从正面阻止宣传社会主义学说,而是在中国介绍稳健的社会主义,即"过激主义之稳健化"。

　　张东荪1月就傅斯年、罗家伦等北大学生创办《新潮》杂志立即发表《新潮杂评》,对该刊输入新思潮的做法表示欢迎,希望它也能够像《学灯》那样,站在中立、稳妥的立场上,只做输入新思潮的工作,而不要像《新青年》那样向旧文化挑战。2月,傅斯年在《新潮》第1卷第2期上发表《破坏》一文,主张一方面输入新思想,一面破坏旧思想,并对张东荪只注意输入新思想与不破坏旧文化的观点进行了批评。傅斯年的批评,特别是骂张东荪的议论"竟是似是而非不通的很",激起张东荪的强烈不满,立即在《时事新报》上发表时评《破坏与建设是一不是二》,对傅斯年的观点进行反驳。3月1日,傅斯年在《新潮》第1卷第3期上发表《答〈时事新报〉记者》,再次很不客气地对张东荪进行批评。20日,张东荪在遭到傅斯年的痛骂后,仍坚持其"不骂不破坏论",拒绝与傅斯年进行过多的争论,仅在《时事新报》上发表《不骂主义之胜利》,坚持自己的观点。4月28日,张东荪在《学灯》上发表关于"社会主义"征文的启事,内容包括赞成说、反对说和译述三部分。

　　按:其后《学灯》所载有关"社会主义"长文有:《劳动与资本》(7月25日起转载《晨报》上的文章),《河上肇博士关于马克思之唯物史观的一考察》(12月6日起),《马克思的唯物史观》(河上肇,5月19日起),《社会主义之进化》(6月11日起),《马克司社会主义之理论的体系》(8月5日起)等,并发表刘秉麟(南陵)的《社会党泰斗马格斯之学说》(5月12、13、14日),《社会主义两大派之研究》(6月23、24日),《社会改良与社会主义》(7月7、8日)等文。

　　张东荪5月初在《时事新报》上发表《政治上怀疑论之价值》。春夏间,张东荪与游欧之梁启超、张君劢等人保持着密切联系,建议正在欧洲游历的梁启超、张君劢等人注意研究欧洲社会主义问题。6月17日,张东荪在《学灯》上刊发启事:"本栏特别欢迎关于(一)社会问题、(二)劳动问题、(三)产业组合、(四)妇女问题以及其他社会改良问题之著作与译稿,倘蒙见投,凡本报认为可登者,当尽先披露。"《学灯》除了重在介绍新思潮和讨论教育问题外,还特别注意讨论人们关心的社会、劳动、妇女等问题,经常刊出"妇女"及"妇女评论"两个专栏,颇受时人欢迎,因而迅速成为与《民国日报》的《觉悟》副刊、《晨报》副刊,并称为五四时期的三大副刊。9月1日,张东荪与俞颂华等人以"新学会"的名义在上海创办《解放与改造》杂志,张东荪在《解放与改造宣言》中揭示《解放与改造》的宗旨,即以"社会主义"这一"第三种文明""改造中国与世界"。

按:张东荪在发表于《解放与改造》创刊号的《第三种文明》中提出"第三种文明"的重要概念,提出人类的文明可以分做三个时期,第一期文明是宗教的文明;第二期文明是个人主义与国家主义的文明;第三种文明是社会主义与世界主义的文明。由于第一次世界大战,第二种文明破产了,国家主义与资本主义已到了末日,不可再维持下去。于是,"这第三种文明,因为大战的缘故,方才出芽"。全世界"依第三种文明的原则来改造",便成为世界历史发展的必然趋势。中国当务之急就是从事"文化运动"。具体而言就是"应该专从第三种文明去下培养工夫。要提倡互助的精神,要培植协同的性格,要养成自治的能力,要促通合群的道德"。顺应世界思潮发展的趋势,介绍社会主义学说,从事"文化运动",培植第三种文明的种子,成为张东荪努力的方向。

张东荪9月创刊《解放与改造》后相继撰写和发表了《罗塞尔的"政治理想"》《指导竞争与运动》《中国知识阶级的解放与改造》《奥斯氏社会主义与庶民主义》《头目制度与包办制度之打破》《为什么要讲社会主义》《妇女问题杂评》《青年之烦闷》《职业自由的要求》《评资本主义的办事方法》《利害冲突背后的人性观冲突》等,其中以12月1日刊载于《解放与改造》的长文《为什么要讲社会主义》最为著名。

按:张东荪此文发挥了《第三种文明》中的观点,较全面地阐述了他所介绍的社会主义的内容,认为社会主义是一种"新文明",他所以要在中国宣传社会主义,就是要顺应世界新文明发展的趋势。张东荪对马克思的社会主义作了自己的修正和发挥,提出了所谓"浑朴的社会主义"。他不满意马克思只注意社会物质生活上的改造的观点,认为社会主义的改造应该包括精神生活方面的改造在内。"因为单纯主张经济改造的社会主义一旦实行到实际上,便需要二个条件,一是非把个人的精神生活改造不可。二是非全地球的旧制度一齐推翻不可。"这样,社会主义便是从"唯物主义"移到"精神主义";从"一阶级主义"移到"全世界主义"。他断定:中国目前所采取的社会主义,便只能是一个"浑朴的趋向",而不能是具体的社会主义制度。可见,张东荪所宣传的社会主义,并不是马克思的社会主义,而是所谓"浑朴的社会主义"。这种"浑朴的社会主义",表面上对马克思主义的观点的修正,而实际上是一种温和型的社会主义。

张东荪10月1日在《时事新报》上发表《突变与潜变》,批评章士钊的新旧思想调和论。12日,张东荪在《时事新报》上发表《答章行严君》,继续批评章士钊的调和论。11月1日,张东荪在《解放与改造》第1卷第5号上发表《头目制度与包身制度之打破》。次日晚,陈独秀当晚撰完《实行民治的基础》一文(后刊《新青年》第7卷第1号)后,看到张东荪撰写的《头目制度与包身制度的打破》,深表赞赏。是年,张东荪翻译柏格森的名著《创化论》纳入"尚志学会"丛书,由上海商务印书馆出版。(以上参见左玉河编《张东荪年谱》,群言出版社2014年版;参见袁景华编《章士钊先生年谱》,吉林人民出版社2001年版)

杜亚泉2月未再对陈独秀《再质问〈东方杂志〉记者》(《新青年》第6卷第2号)一文作出回应,陈独秀和杜亚泉之间的关于东西文化论战至此暂告一段落。11月,杜亚泉在《东方杂志》第16卷第11号发表《何谓新思想》一文,与蒋梦麟辩论新旧思想问题,对章士钊的调和论表示支持,指出"推倒一切旧习惯"的反传统主张,实乃出自感性的盲目冲动,而非依据于理性的新思想。12月,杜亚泉在《东方杂志》第16卷第12号发表《论通俗文》,从语言与文学的角度批评新文化运动的两个重要分支即白话文运动和新文学运动,预示着一种以攻为守的策略转变。但因商务印书馆顾虑与当时彻底反传统的主流思潮相冲突会影响该馆的声誉及营业，竭力劝杜亚泉改变观点，停止反驳，并决定改换《东方杂志》主编人选，杜亚泉被迫辞去《东方杂志》主编之职，《东方杂志》自此退出与《新青年》的论争。（参见陈镱文、亢小玉、姚远《杜亚泉先生年谱(1912—1933)》，《西北大学学报（自然科学版）》2008 年第 6 期；袁景华编《章士钊先生年谱》，吉林人民出版社 2001 年版；陆小宁《迷途中的文化探索：论〈新青年〉与〈东方杂志〉的东西文化论争》，《中州学刊》2000 年第 3 期）

陈嘉异 11 月在《东方杂志》第 16 卷第 11 号发表《我之新思想调和观——为质张君东荪与章君新行严辩论而作》，列举了自然界的许多现象，力图证明"调和之功用本宇宙万有一切现象所不可须离者，否认调和是无异否认与宇宙之差别相"，对章士钊的调和论持赞同的态度，并反驳张东荪的批评。（参见袁景华编《章士钊先生年谱》，吉林人民出版社 2001 年版）

谢无量五四之后，积极支持新文化运动，常在《新青年》发表诗作，并开始用白话文为上海商务印书馆编写国学小册子数种，其中《平民文学之两大文豪》（收入《万有文库》时改名《马致远与罗贯中》）一书颇为鲁迅所称道；连同《楚词新论》《古代政治思想研究》三种为孙中山所赞赏。是年，常与在京的存古学堂校友王光祈通讯联系，支持鼓励其与李大钊、曾琦等发起组织"少年中国学会"，又在陈独秀、蔡元培、李大钊等支持下，又创建"工读互助团"。（参见刘长荣、何兴明编《谢无量年谱》，《文教资料》2001 年第 3 期；彭华《谢无量年谱》，《儒藏论坛》2009 年第 1 辑）

蒋智由 8 月 29 日接国务院总理龚心湛等电："北大校长昨议推公，府院欢迎，敦嘱劝驾，仙揆拟派专使敬迓前来，特先电达，盼使到日速驾。"9 月 2 日，蔡元培致函蒋智由，谓"政府拟请公任北大校长，为事择人，可为教育前途幸。在公不愿任此，自有苦心。……惟弟衰病侵寻，久思息肩，如公肯接办，……在弟实为欣幸。务祈惠然允任，幸勿固辞"。3 日，蒋智由鉴于北京政府安福系欲推其出任北京大学校长，以阻挡蔡元培的复职，复蔡元培函予以坚拒，附上《入山明志》以明其金石之志。6 日，《入山明志》广告载于北京《晨报》，称北洋政府将任他为北大校长，以代称病的蔡元培，蒋表示逃向山林，绝不就任。随后又将国务院及总理龚心湛等人给他的函、电交沪《民国日报》发表。（参见高平叔编著《蔡元培年谱长编》，人民教育出版社 1996 年版；王世儒编撰《蔡元培先生年谱》，北京大学出版社 1998 年版）

邵力子继续任《民国日报》总编辑。5 月 5 日晚，邵力子看到北京发来的有关学生示威游行的新闻电讯后，及时在《民国日报》上报道。6 日，邵力子电话向孙中山汇报北京学生运动情况，孙中山当即指示："《民国日报》要大力宣传报道北京学生开展的反帝爱国运动，立即组织发动上海的学生起来响应，首先是复旦大学。"邵力子手拿《民国日报》赶到复旦大学，自己打钟，在复旦大学学生自治会主席朱仲华的帮助下，紧急集合全校同学，亲自上台宣读报上的头条新闻。他慷慨激昂地鼓动说："北京学生有这样的爱国热忱，难道我们上海没有？"邵力子的讲话激起了复旦学生们的爱国热情，同学们当即决定筹备成立上海学生联合会，以领导上海学生响应北京学生的爱国运动。

按：邵力子晚年在《党成立前后的一些情况》一文中说："孙中山先生五四时在上海，对全国学生总会起了领导作用。我到各校演讲，也是按照孙中山先生的意思做的。"

邵力子主编、陈望道协助编辑的《民国日报》副刊《觉悟》6 月 16 日在上海创刊，编辑、撰述人员先后有邵力子、叶楚伧、沈玄庐、朱执信、蒋梦麟、高一涵、胡汉民、戴季陶、张乃人、马君武、汪精卫、曹聚仁、苏兆镶、张静庐、费哲民、吴稚晖、杨钟健、胡适、汉胄、周佛海、杨杏佛、夏丏尊等；施存统、李汉俊、陈望道、陈独秀、蔡元培、李大钊、张闻天、李达、沈雁冰、胡愈之、方志敏、王一夫、瞿秋白、郭沫若、恽代英、鲁迅、郑超麟、毛泽民、汪原放等也经常为《觉悟》撰稿。重在刊载反对封建主义、揭露军阀黑暗统治，提倡新文化、新思潮，主张妇女解放、男女平等，宣传和报道文化运动、学生运动、工人运动，以及介绍俄国革命与建设等方面的文章。（参见上海鲁迅纪念馆编《陈望道纪年集》，复旦大学出版社 2006 年版）

　　戴季陶 5 月 8 日与张继在上海举行记者招待会，揭露日本侵华政策，声援五四运动，并散发其所撰《告日本国民书》。6 月 8 日，与沈定一、孙棣三在上海创办《民国日报》副刊——《星期评论》，辟有记事、评论、小说、诗等栏目，主张以独立的精神、批判的态度，提倡新文化、宣传社会主义、激励工人运动。戴季陶任主编，朱执信、廖仲恺、李汉俊、康白情等主要撰稿。同月，戴季陶开始在《星期评论》撰文研究劳工问题。8 月 1 日，戴季陶与胡汉民、廖仲恺、朱执信等襄助在上海创办《建设》杂志，任编辑。12 月，举家迁往浙江吴兴。拜祭吴兴城外云巢山道士观，得法名"本轮"。是年与蒋介石、张静江在上海经营证券物品交易所。

　　按：《星期评论》在五四期间曾是与《新青年》齐名的致力于新文化运动及文学革命的重要阵地。曾被誉为"舆论界两颗明星"之一，与《每周评论》《湘江评论》《新文化》并称宣传新文化的"四大周刊"。（参见桑兵、朱凤林编《戴季陶年谱简编》，载《中国近代思想家文库·戴季陶卷》，中国人民大学出版社 2014 年版）

　　陈去病是春应邀参加广东籍南社社员蔡哲夫发起组织的禺楼雅集。其时，一批南社骨干都南来参加护法，而广东籍南社社员谢英伯、马小进等亦陆续回国，在粤社友猛增至百人以上。3 月 29 日，陈去病参与黄花岗殉难烈士 8 周年祭礼，归有《三月二十九日，有事于黄花岗，礼成有作，集玉溪生句六章》之作，缅怀先烈"积骸成莽阵云深"，怆然感慨不已。4 月 6 日，陈去病在广州编成《吴江陈氏褒扬录》上卷，并为之跋。秋，因病辞归，陈去病自粤抵沪，晤南社老友胡朴安等。11 月 27 日，陈去病在上海致函蔡元培，谈刘申叔后事，并问黄晦闻、陈独秀、马叙伦、刘三、吴梅五人安善。

　　按：陈去病函是年 12 月 5 日刊于《北京大学日刊》，曰："闻太炎云：申叔死矣。正惊访间，而《申报》亦复详列其事，为之懔丧不置！去病曩与申叔周旋江海，砥砺有年。虽中途契阔，而情谊相孚，未尝有几微之隙。顷闻溘逝，涕泪弥襟。逊清一朝，吾吴经史文学之传，首推亭林大师，而为之继者，厥惟阮伯元，颇能集其大成。申叔幼承家学，瓣香前哲，词章经术，兼容并包，实为当世所罕睹。盛年摧折，著作勘传。此固不第为乡国痛，且为我读书稚子深无穷之悲也。"（参见俞前、殷安如《陈去病年谱简编》，吴江市政协学习和文史委员会编《吴江文史资料》第 18 辑；高平叔编著《蔡元培年谱长编》，人民教育出版社 1996 年版；卢礼阳《马叙伦年谱》，浙江古籍出版社 2021 年版）

　　黄炎培 1 月 7 日抵新加坡，晤见侨商闽人陈嘉庚等。12 日，黄炎培在吉隆坡尊孔学校演说。5 月 15 日，徐世昌留蔡元培指令发布后，教育总长袁希涛密电黄炎培，请其劝促蔡元培返京复职。22 日，黄炎培与蒋梦麟自上海复胡适函，谓蔡元培现已离沪返乡，已允回校任职。28 日，黄炎培在中华职业教育社增设职业指导部。6 月 26 日，黄炎培应陈嘉庚邀请，至厦门商讨集美学校的教学问题及筹建大学事。7 月 8 日，黄炎培研究杜威的教育哲学并作详细笔记。同月，黄炎培代表职教社与上海十二团体组织教育促进团。8 月，黄炎培与上海留法俭学会组织"留法勤工俭学预备科"。9 月 23 日，黄炎培赴上海圣约翰四十周年纪念会，受名誉博士学位。（参见许汉三编《黄炎培年谱》，文史资料出版社 1985 年版）

　　蒋梦麟继续任江苏省教育会、北京大学、南京高师、暨南学校、中华职业教育社等五团体发起组织的中华新教育社主任。1 月，中华新教育社获教育部批准备案后改为"中华新教育共进社"，其宗旨是："直接输入东西洋学术，使我国固有之文化受新潮之刺激，而加速其进化率"。内设议事、编辑两部，社主任由议事部公举。编辑部计划编译书报，发行教育杂志和教育丛书。2月，《新教育》在上海创刊，蒋梦麟任主编，郭秉文、刘伯明、陶行知、朱进等任编辑。蒋梦麟在《教育杂志》第1期发表《和平与教育》《教育究竟做什么》，前文认为教育部当设种种方法，奖励学术，为全国倡；人民亦当结社研究，激发一般社会尊重学术之精神。后文续载于第1卷第2—4期。同期还刊载陶行知的《试验主义与教育》、刘经庶（刘伯明）的《试验的论理学》；第2期刊载沈恩孚的《杜威教育主义》、郑宗海的《杜威氏之教育主义》，后文比较全面地译介了杜威的教育思想。郑宗海翻译的《杜威氏之教育主义》一文，从"何为教育""何为学校""教育之材料""方法之性质""社会之进化学校"等五个方面，比较全面地译介了杜威的教育思想；第3期专门开辟"杜威专号"，刊出杜威的照片和"杜威先生传略"，以及胡适的《杜威哲学的根本观念》《杜威的道德哲学》、蒋梦麟的《杜威之伦理学》（伦理学和道德哲学）和刘经庶（刘伯明）的《杜威之论理学》、朱进的《教育与社会》，更加系统地论述了杜威的教育理论。把宣传介绍杜威教育思想推向高潮。4月30日下午，杜威等一行乘坐"熊野丸"号抵达上海，北京大学代表胡适、南高师代表陶行知、江苏省教育会代表蒋梦麟亲自到码头欢迎，并接到江苏省教育会招待寓沧州别墅下榻。11月，蒋梦麟在《新教育》1919年第2卷第3期发表《什么是教育的出产品？》。（参见马勇、黄令坦编《中国近代思想家文库·蒋梦麟卷》附录《蒋梦麟年谱简编》，中国人民大学出版社2015年版）

　　马相伯时任震旦大学董事长，仍居上海徐家汇土山湾。3月1日，马相伯致函陈垣函，云："顷自乡间回，始悉枉临未遇，歉甚。快读《铎言》，大序详博而赅，不识可图一晤否？"7月，马相伯为《浙西李之藻传》作序："独木不成林，独力不成事。……徐光启传，吾故友李问渔既辑于前。杨廷筠事，又有丁志林志之。独之藻事，《明史》与《杭州志》暗无所传. 而时人又未之载。其所译《寰有诠》、《名理探》至艰深，而措辞之妙，往往令读者忘其为译文，非博及群书曷克臻此！吾友陈援庵、心志于古，敏求而强记，既考天教之兴于元，复考天教之兴于明，异哉！即就之藻所著，钩其要而为之传。传由英君敛之寄读一过. 不禁报英君曰：吾与汝弗如也。惟其弗如，则所盼盼然期于陈君者，岂徒志古而已哉？"8月3日，马相伯致英敛之函，希望陈垣能重校《真福和德理传》。同月，《新会陈氏校印本灵言蠡勺》单行本印行，有马相伯序。11月6日，马相伯致函陈垣。是年，马相伯有意延聘陈垣为震旦大学教授，但遭法国神甫以压低薪金作梗而未果。马相伯致英敛之函谈及此事："援庵实可敬可爱。震旦西教习，率五六百元，延一华教习，虽一榜两榜，五十元亦不愿。"（参见刘乃和、周少川、王明泽《陈垣年谱配图长编》，辽海出版社2000年版）

　　李登辉继续任复旦大学校长。1月14日，由李登辉和美国红十字会会长卜舫济、拒土会总干事伍连德、江苏教育总会副会长黄炎培等21人署名，万国禁烟会执行部致函南北商会、各团体及中西各官绅，决定组织国民拒土会，限制鸦片和吗啡，除医药用途外，不得种销。17日，出席在上海青年会召开的万国禁烟会成立大会。万国禁烟会从事的焚烧烟土等活动，李登辉积极参与。春，以"中国国民外交后援会"会长名义，向海外发表通电，反对"巴黎和约"。5月，李登辉建议上海学生联合起来，组织一个全市性学生联合会，方足以应付未来。上海学生联合会成立，负责人多为复旦学生。学联会址设于寰球中国学生会。学联重要决策，多向李登辉和邵力子请示。上海学生联合会的名称，系根据李登辉所取 Shanghai Students' Union 翻译而来。同月，章益等因参加五四运动被圣约翰大学校长卜舫济开除，求学无门。受李登辉嘉勉，特准投考复旦。同时考入的还有伍蠡甫、江一平、荣独山等20余人。五四运动后，中国基督教出版机构中影响最大的机构广学会，开始聘请教会上层中国人担任董事,李登辉和余日章、郭秉文、张伯苓、刘廷芳等被聘为董事。8月,在李登辉、曹云祥等筹备下,欧美同学会全国大会于8月29日至31日在上海召开。北京、上海、杭州等地110名欧美同学与会。8月31日,中华欧美同学会成立,唐绍仪、孙中山、余日章等发表演说,会议推举蔡元培为会长,余日章、王宠惠为副会长。10月8日,应李登辉校长之邀,孙中山来寰球中国学生会作《救国之急务》的演讲。是年,复旦大学已经设有四科:文科(the School of Arts)、理科(the School of Science)、商科(the School of Commerce)和中国文学科(the School of Chinese Literature)。李登辉计划近期再增设教育科(the School of Pedagory)和农科(the School of Agriculture);李登辉在江湾购买土地已达60亩。建筑校舍费用预计为32万元,已经募集约8万元;圣约翰大学授予李登辉名誉文学博士学位。(参见钱益民《李登辉传》及附录四《李登辉年谱简编》,复旦大学出版社2005年版)

唐文治5月16日致电大总统:北京学潮群情愤激,近闻兵警看守学生,谣言纷起,上海学商界全体激昂,恐酿不测之祸,乞速定办法明白宣布,并速留傅部长、蔡校长妥为安,辑以弭祸患。6月,唐文治新编一批国文教材出版发行,包括《孝经新读本》一册、《大学新读本》一册、《论语新读本》四册、《孟子新读本》七册、《人格》一册,由苏州振新书社、无锡文华局出版。同时出版的还有李颂韩的《中学国文新读本》与《大学国文新读本》两种。10月10日,上海工业专门学校举行图书馆落成典礼。13日,奉大总统令,授予唐文治二等宝光嘉禾章。中旬,戴季陶到校发表题为《经济理论观》的演说。是年,唐文治编成《十三经提纲》中《春秋左氏》《公羊》《谷梁》三传、《论语》《孝经》《尔雅》《孟子》,合上年所编共分两卷。(参见刘桂秋《唐文治年谱长编》,上海交通大学出版社2020年版)

刘海粟继续任上海图画美术学校副校长。3月18日,上海图画美术学校请江苏省教育会会长沈恩孚作题为《美育之原理》演讲,谓:美与恶为对立名词,不能并立,恶去则美生。社会亦然,恶的社会不去,则美的社会不能产出。吾人均有改造社会之责,但恶的社会须以吾人美的思想与道德去改造之。4月23日,江苏省教育会美术研究会邀请日本画家石井柏亭莅会演讲《吾人为什么要学画》。首由副会长刘海粟致词:屡欲将关于改良美术之学说,敦请专家演讲,因未得机会,迟迟未果,今幸值石井道经上海,特邀请演讲,以资研究。5月24日,张聿光登报启事:于本学期辞卸上海图画美术学校校长之职。7月1日,刘海粟出任图画美术学校校长。8月26日,洋画展览会在寰球中国学生会举行,展出刘海粟、汪亚尘、江新、王济远、张邕、陈晓江等近百家水彩画、油画等五百余件。陈晓江之《庚子之役》最具特色。刘海粟《龙华春色》《农》《小贩》均模仿未来派,其《予之姊》及汪亚尘《静物》均仿后期印象派。画展至9月2日止。9月8日,图画美术学校聘东京美术学校毕业生江新为教务主任,聘医学学士陆露沙教授艺术解剖学,聘程虚白担任师范科主任。11日,图画美术学校举行始业式,首由新教务主任江新演讲中西画学之不同及西画之种种理法,次由丁悚演讲日本革新情形,继由汪亚尘演讲日本及法国美术之大概,并述东京美校教授图画之实况。9月28日,刘海粟与江新、丁悚、汪亚尘等在上海创办天马会。同月,与俞寄凡、陈国良、贺伯锐赴日本考察美术。是年,刘海粟响应蔡元培之号召,在美专招收女生,开中国男女同校之先河。

按:王思慧《刘海粟与民国时期美术社团关系之研究》(南京艺术学院硕士学位论文,2013年)认为,刘海粟发起组织的天马会担负起了现代中国新运动的启蒙之责,决心成为"文艺复兴时代之晨钟"。他们明确提出了自己的艺术信仰:"1.发挥人类之特性,涵养人类之美感;2.随着时代的进化,研究艺术;3.拿'美的态度'创作艺术,开拓艺术之社会,实现美的人生;4.反对保守的艺术、模仿的艺术;5.反对以游戏态度来玩赏艺术。"这个体现了艺术家自我觉醒的意识和自由研究的精神。1923年,该会举行大会,议定五项社务:"1.宣传东西洋近代美术之出品;2.通信或实地考察东西洋古今美术之系统及状况;3.编译关于美术之书籍;4.设研究所研究高深之艺术;5.提倡美术事业之发展,以陶养人格。"(参见袁志煌、陈祖恩《刘海粟年谱》,上海人民出版社1992年版;王震《20世纪上海美术年表》,上海书画出版社2005年版)

　　吴梦非、刘质平、丰子恺等6月创办上海专科师范学校,由吴梦非任校长,刘质平、丰子恺任教务主任,因三人均系李叔同的学生,颇为注重艺术教育。因经费不足,李叔同写了大量字画交吴梦非变卖后充作学校资金。7月4日,上海专科师范学校刊出招生广告,称:本校专授图画、音乐、手工三科,以养成中小学校专科教员,冀促进美育,辅助工艺为目的。先招普通师范科新生40名。学校仿德国学制,分普通师范、高等师范两部,以图画、手工、音乐为主科,以日本正则洋画讲义为主要参考教材,崇尚写实画风。先后开办7年,培养了中小学美术师资近800人,为中国第一所高等美术师范学校。

　　吴梦非、丰子恺等10月在上海专科师范学校创办不久,目睹新文化运动蓬勃发展的大好形势,联络本校和爱国女校的几位同志,发起成立了中华美育会,以联合当时全国的艺术工作者和大中小学教师,共同推进新艺术运动。11月19日,中华美育会成立于上海,由上海专科师范和爱国女学的教师吴梦非、刘质平、丰子恺、郭志因、孙咸德、傅彦长、李鸿梁、高旭(晓山)、萧蜕(退公)、胡怀琛(寄尘)等发起组织。姜丹书任驻会干事,后由吴梦非继任。其宗旨在联合全国艺术工作者和大中小学教师,共同推进艺术教育。会员遍布全国十余省,其中推选责任会员31人。另加陈子通组成美育杂社,出版《美育》杂志,作为该会的言论机关。12月16日,中华美育会向全国征求会员,称:本会同人鉴吾国艺术教育之沉寂,爰发起组织斯会,凡现任各学校图画、音乐、手工等科教员暨有志研究艺术教育者,不论男女皆得入会。(参见陈星《丰子恺年谱长编》,中国社会科学出版社2017年版;王震《20世纪上海美术年表》,上海书画出版社2005年版)

　　胡小石仍在上海李瑞清家当塾师,并师从沈曾植学帖学及金石文字学。1月,曾农髯(熙)为小石撰写了《胡小石先生鬻书直例》云:"阿梅有弟子胡小石,名光炜,嘉兴人也。随父官江宁,因家江宁。其为人孤峻绝物,苟非所与必面唾之,虽白刃在前不顾也。及观其事师敬友则循循然,有古人风。初居两江师范学校中专壹科学,及学既成,据几叹曰:此不过传声器耳,于我何与哉。乃遂日求两汉经师家言,以古学为己任,于三代金文疑字,多所发明。其为文,则陶铸诸子百家,自立新说,不敢苟同也。初为书师阿梅,于大小篆隶分,六朝今隶、草隶无不学。既而曰:山阴父子且各立门户。遂取流沙坠简及汉以来断碣荒碑,举世所弃者,穷竟其未发之蕴,而皆以孤峻横逸之气行之。髯尝语阿梅曰:小石书有万马突陈之势,犹能据辔从容,盖六朝之宋董也。或者曰:小石隘,其书矫。髯曰:其隘也,不可及也;其矫也,此其所以卓然能自立也。愿以告世之乞小石书者。己未一月,衡阳曾农髯熙。"(参见谢建华《胡小石先生年表(1888—1962年)》,载《胡小石文史论丛》南京大学出版社2008年版)

　　张闻天就读河海工程专门学校。6月23日,《南京学生联合会日刊》创刊,张闻天为该刊编辑科科员,重要撰稿人。此后在《南京学生联合会日刊》发表《"五七"后的经过及将来》《中华民国平民注意》《社会问题》等。9月21日,经考试被录取入上海留法勤工俭学预备科乙组。12月12日,在《时事新报·学灯》"通讯"栏中发表致该报主编张东荪的信,表示自己现在还不是到法国去的时候,"所以吾现在对于学问方面,尽力预备"。同月,脱离留法勤工俭学预备科,同刘英士合租一屋,攻读西方哲学书籍。又经左舜生、黄仲苏介绍,在上海参加少年中国学会。(参见张培森主编《张闻天年谱》,中共党史出版社2000版)

钱杏邨在中华工业专门学校土木工程系读书,参加五四运动。被选为学生代表,出席上海市学生代表大会。12月21日,被推选与邹韬奋一起参加学生会机关刊物《上海学生联合会日刊》编辑工作。27日,在安徽旅沪学生选举会上,被选担任学生会评议部委员。(参见钱厚祥编《阿英年谱》,载《新文学史料》2005年第11期、2006年第2期)

高凤池继续任商务印书馆总经理。1月25日,《申报》载,商务印书馆教科书广告,称教科书、教授案六大特色。3月18日,商务印书馆寄宿所同人为联络感情,交换知识起见,组织己未同乐会,内容分游艺、演讲等。4月20日,上海总商会就翻印美国课本事致函上海商务印书馆。21日,《申报》广告,商务印书馆《北京大学丛书》出版。包括:胡适《中国哲学史大纲》、陈大齐《心理学大纲》、周作人《欧洲文学史》、陈映璜《人类学》。23日,商务印书馆分呈教育、外交、农商三部。4月26日,商务印书馆召开股东年会,公推郑苏裁君为主席,先由董事张元济声明,高凤池因病未到,并报告七年分营业情形。5月,商务印书馆再呈三部,据约驳拒。同月15日,商务印书馆送上这件呈文以后,教育部批说:“呈悉,已据情转咨外交部查核办理,此批。”24日,农商部第六四六号批说:“呈悉,业经本部据情咨行内务部、外交部核办,合行批示遵照,此批。”6月9日,农商部第七〇五号批说:前据呈称洋商朦请版权恳转咨据约驳拒一案,当经本部据情咨请外交部核办,并批示在案。兹准覆称:此事现尚未准美使来部提及,除候美使提议,再行核办外,请查照等因。合行批示遵照,此批。9月6日,《申报》广告,商务印书馆新体国语教科书。是年,商务印书馆舒震东创制华文打字机;创制汉字与注音符号结合的铜模;始用美制米利印刷机;开始用机器雕刻字模。同年,商务印书馆影片部成立,这是上海最早的私营电影制片机构。

按:其前身是1917年开始兼拍电影的商务印书馆照相部,1918年,其又成立活动影戏部,1919年改名影片部。其先后拍摄《欧战祝胜游行》《上海龙华》《南京名胜》《西湖风景》等纪录片和梅兰芳的戏曲片以及教育片。1926年,改组为国光影片公司,1927年8月停业。(参见吴永贵《民国图书出版史编年:1912—1949》,社会科学文献出版社2018年版)

张元济2月26日代表“发行人”上海商务印书馆与“著作人”北京大学代表蔡元培签订《北京大学月刊》出版合同。3月14日,张元济约陈叔通、李拔可等详商滞销图书问题。经查历年商务印书馆滞销书60余万元,其中实用书30余万元,杂志11万余元。张元济提议以纸张升折和各分馆将滞销书九折销售等办法,弥补滞销图书损失。4月2日,商务印书馆已未同乐会,该馆经理张元济发表演说。8日,《申报》有报道:“四月二日晚开会,请该馆经理张菊生君演说《本馆之历史及将来之希望》。历史为资本组织进行之段,希望大致以贯彻二十年来普及教育、社会生计之二大目的为望,并劝同人苟能事而有恒,蠲除私见,则将来同人之希望无穷云。听者百余人,莫不动容。”14日,卢信恭交到《孙文学说》稿数卷与商务印书馆,提出两种印行办法:或商务印书馆出版,或由孙中山出资印制。高梦旦以为“恐有不便”。张元济亦主张“不如婉却”,“当往访信公(恭),并交还原稿,告以政府横暴,言论出版太不自由,敝处难与抗,只可从缓”。实则张元济回绝孙中山《孙文学说》的出版。

按:《孙文学说》后由中华书局所出版,但孙中山对此一直耿耿于怀,在1920年1月29日发表《致海外国民党同志函》的一文中指责“我国印刷机关,惟商务印书馆号称宏大,而其在营业上有垄断性质,固无论矣,且为保皇党之余孽所把持”。

张元济在五四新文化运动兴起之时,提出“喜新厌旧主义”。同月26日下午3时,张元济出席在商务印书馆印刷厂新建第三印刷所举行的民国八年股东常会,会议选举郑孝胥、高凤池、鲍咸昌、张元济、张謇、王显华、高凤谦、郭秉文、李宣龚、张桂华、王亨统为新一届董事,张葆初、叶景葵、金伯屏为监察人。5月19日,在上海拜访蔡元培。6月,张元济与蔡元培筹划刊印李慈铭《越缦堂日记》。7月3日,张元济致蔡元培弟蔡元康函,劝蔡元培勿再回京,其原因盖有数端:一是政权必归安福派,其专横无理,可以想见;二是所谓旧学家必依附攀援,大张旗鼓,恐难免文字之祸;三是学生气焰过盛,内容纷纠,甚难裁制,纳之轨范。7日,与高凤谦、鲍咸昌、包文德、谢燕堂商定印《四部丛刊》办法。16日,致傅增湘书,邀任《四部丛刊》发起人。31日,拟定影印《四部丛刊》校印办法。8月,与沈曾植、缪荃孙商《四部丛刊》书目事。12月,张元济与王秉恩、沈曾植、翁斌孙、严修、张謇、董康、罗振玉、叶德辉、齐耀琳、徐乃昌、张一麐、傅增湘、莫棠、邓邦述、袁思亮、陶湘、瞿启甲、蒋汝藻、刘承干、葛嗣浵、郑孝胥、叶景葵、夏敬观、孙毓修等25人撰定《印行〈四部丛刊〉启》,发起印行《四部丛刊》,由上海商务印书馆承印。是年,筹备出版《续古逸丛书》,编印《新体国语教科书》《国音字典》等书。

按:《印行〈四部丛刊〉启》曰:睹乔木而思故家,考文献而爱旧邦,知新温故,二者并重。自咸同以来,神州几经多故,旧籍日就沦亡;盖求书之难,国学之微,未有甚于此时者也。上海涵芬楼留意收藏,多蓄善本,同人怂恿景印,以资津逮;间有未备,复各出公私所储,恣其搜揽,得以风流阒寂之会,成此《四部丛刊》之刻,提挈宏纲,网罗巨帙,诚可云学海之巨观,书林之创举矣!觑缕陈之,有七善焉。汇刻群书,昉于南宋,后世踵之;顾其所收,类多小种,足备专门之流览,而非常人所必需;此之所收,皆四部之中家弦户诵之书,如布帛菽粟,四民不可一日缺者,其善一矣。明之《永乐大典》、清之《图书集成》,无所不包,诚为鸿博,而所收古书,悉经剪裁;此则仍存原本,其善二矣。书贵旧本,昔人明训,麻沙恶椠,安用流传;此则广事购借,类多秘帙,其善三矣。求书者,纵胸有晁、陈之学,冥心搜访,然其聚也非在一地,其得也不能同时;此则所求之本具于一编,省事省时,其善四矣。雕板之书,卷帙浩繁,藏之充栋,载之专车,平时翻阅,亦屡烦乎转换;此用石印,但略小其匡,而不并其叶,故册小而字大,册小则便庋藏,字大则能悦目,其善五矣。镂刻之本,时有后先,往往小大不齐,缥缃异色,以之插架,殊伤美观;此则版型纸色,觊若画一,列之清斋,实为精雅,其善六矣。夫书贵流通,流通之机在于廉价;此书搜罗宏富,计卷逾万,而议价不特视今时旧籍廉至倍蓰,即较市上新版亦减之再三。复行预约之法,分期交付,既可出书迅速,使读者先睹为快,亦便分年纳价,使购者举重若轻,其善七矣。自古艺林学海,奚止充栋汗牛,今兹所收,不无遗漏,假以岁月,更当择要嗣刊。至于别裁伪体,妙选佳椠,亦既盱衡时世之所宜,屡访通人而是正,未尝率尔以操觚,差可求谅于当世。邦人君子,或欲坐拥书城,或拟宏开邑馆,依此取求,庶有当焉。

王秉恩　沈曾植　翁斌孙　严修　张謇　董康　罗振玉　叶德辉　齐耀琳　徐乃昌　张一麐　傅增湘　莫棠　邓邦述　袁思亮　陶湘　瞿启甲　蒋汝藻　刘承幹　葛嗣澎　郑孝胥　叶景葵　夏敬观　孙毓修　张元济　同启

缪筱珊先生提倡最先,未观厥成,遽归道山,谨志于此,以不没其盛心。己未十月。

按:商务印书馆出版的《新体国语教科书》及其系列,是我国第一套系统的白话教科书,该书由庄适编纂、黎锦熙等校订。(参见张人凤、柳和城编著《张元济年谱长编》,上海交通大学出版社2011年版;王学典《20世纪史学编年(1900—1949)》,商务印书馆2014年版)

叶德辉1月编《郋园读书志》竣。春,叶德辉到上海,时张元济、夏敬观等始有出版《四部丛刊》之议。四月,叶德辉始参与《四部丛刊》之事,叶德辉力主重版本,取利市,为张元济采纳。7月,回苏州。8月,叶德辉偕张元济、孙毓修赴常熟铁琴铜剑楼观书,并与瞿启甲洽谈影印《四部丛刊》事。约10月中旬,回长沙。时张敬尧督湘,与叶德辉相契,叶德辉曾为其湘政辩护。在北京组织"旅京湘事维持会"。11月1日,缪荃孙卒,时德辉在长沙。编本年诗作为《还吴集·己未》。是年,所著《晋唐楷帖》《佳趣堂书目》《学山诗稿》10卷、《金虏海陵王荒淫》1卷刊行;再印《观古堂汇刻书》两集;再次汇印《观古堂书目丛刻》。(参见王维江、李鹭哲、黄田编《中国近代思想家文库·王先谦、叶德辉卷》及附录《叶德辉年谱简编》,中国人民大学出版社2015年版)

　　茅盾约于1月因读《新青年》而受启示,开始注意俄国文学,搜求这方面的书籍。2月5日,茅盾发所作《肖伯纳》(传记),连载于《学生杂志》第6卷第2—3号。4月5日,茅盾所作《托尔斯泰和今日之俄罗斯》(文论)连载于《学生杂志》第6卷第4—5号。7月,陆续发表《近代戏剧家传》(传记),刊于《学生杂志》第6卷第7—12号。8、9月间,茅盾受北京学生运动的影响,与夫人孔德沚、弟沈泽民以及同乡萧觉先、王会先(字敏台、李达妻兄)、程志和、严家淦等发起组织"桐乡青年社",出版不定期刊物《新乡人》(油印)和《新桐乡》(铅印)。10月,茅盾开始担任商务印书馆《四部丛刊》善本摄印底片的总校对。11月初,因商务印书馆身兼《小说月报》与《妇女杂志》主编王莼农之请,主持《小说月报》"小说新潮"栏,撰写《小说新潮栏宣言》和《新旧文学平议之评议》。约在上旬,又经王莼农约请,茅盾为其兼主编的《妇女杂志》撰写《妇女解放问题的建设方面》《解放的妇女与妇女的解放》等8篇政论。下半年,经郭绍虞介绍,茅盾结识了郑振铎、叶圣陶。年底,茅盾开始接触马克思主义。12月1日,茅盾在《解放与改造》第1卷第7号发表《罗塞尔〈到自由的几条拟径〉》。15日,茅盾在《解放与改造》第1卷第8号发表所译罗塞尔著《社会主义下的科学与艺术》。(参见唐金海、刘长鼎《茅盾年谱(上下)》,山西高校联合出版社1996年版)

　　李石岑自日本回国后,任上海商务印书馆编辑,并主编《民铎》杂志,以尼采"奋斗意志"或"灵的觉醒"为主导,使其成为当时新哲学思潮的刊物,同时发表各家论著,介绍其他哲学学派和政治、经济、文学、历史及自然科学等。5月,《民铎》第1卷第6号编发"现代思潮号",刊载李石岑《晚近哲学之新倾向》、李大钊《时论观:联治主义与世界组织》、薰南《社会主义之研究》、田汉《俄罗斯文学思潮之一瞥》等文。

　　按:《民铎》于1916年6月在日本东京创刊,初定为季刊,后又改为月刊、双月刊,由中国留日学生组织的"学术研究会"主办,以民主主义为主导。自1918年12月1日第1卷第5号起,迁至上海出版,宣称"本志今后之责任,纯以阐扬平民精神,介绍现代最新思潮为主",逐渐成为纯学术刊物。1931年1月停刊。《民铎》第1卷第6号刊发"现代思潮号"还刊有薰南的《美国宪法之由来及其特质》、杨昌济的《西洋伦理学史之摘录》、记者的《现代艺术界之趋势》、黎锦熙的《国语学之研究》、高一涵的《时论观:和平会议的根本错误》、衡一的《巴黎会议与世界平和》、钧的《我国讲和会议发言权与日本》、寿彭的《论巴黎和会宜重惩日本》、双眼的《时论观:我的国内和平意见》、问农的《新爱国论》、萧石君的《国际联盟之意义与吾人之希望》、张君劢的《时论观:印度自治之政况》、子政的《我国今后财政计划》等。

　　胡愈之仍就职于商务印书馆编译所,在上海参加声援五四运动的斗争。6月3日以后曾与商务印书馆工人一起参加罢工斗争。(参见朱顺佐、金普森《胡愈之传》及附录《胡愈之生平大事年表》,杭州大学出版社1991年版)

　　郑贞文任上海商务印书馆编译所理化部主任,负责主持化学及其他自然科学图书的编审工作。

　　陆费逵继续任中华书局局长。2月22日,中华书局设立美国函授学校总经理处,沈问梅兼主任,经理该校在中国函授事宜及发行英语留声机片。3月10日,中华书局在《申报》刊登启事,称中华书局成为美国政府认可的美国函授学校在华总经理。7月28日,《申报》广告,中华书局发售"新式小学教科书",教育部审定,提倡国货,预定四折。7月,中华书局译印《日本人之支那问题》,与商务印书馆涉讼于法庭。9月,中华书局总经理陆费逵前往南京、济南、天津、北京、石家庄、太原等地视察分局。10月23日,《申报》载:中华书局征集国内外游记启事。12月14日,中华书局召开第九次股东会。先由董事俞仲还致开会词,次公举李平书为议长,次报告营业账略及盈亏计算表,除开销付息及摊还债本外,尚略有余存,全数并入折除项目下,又公决修改章程,计30条,略有修正通过。选举董事陆费逵、俞仲还、范静生、李平书、吴镜元、沈问梅、汪幼安、戴懋哉、廉惠卿等9人,监察黄毅之、徐可亭二人。(参见吴永贵《民国图书出版史编年:1912—1949》,社会科学文献出版社2018年版)

汪孟邹继续任亚东图书馆总经理。年初,亚东图书馆因经销北京大学书籍而经济状况渐好,终于迁至五马路(广东路)棋盘街西首。3月21日,《申报》广告,亚东图书馆代售北京大学出版部书籍:购北京大学出版部书籍者鉴:北京大学出版部新书甚夥,全国风行。大学出版书籍素无折扣,今减售九折。5月7日,群益书社、亚东图书馆两家,在《申报》登出广告:我们两家书店因为要对于二十一款的国耻表示纪念,对于此次北京学生表示敬意,所以于五月九日停业一天云。10月,胡适翻译的《短篇小说》第一集,由亚东图书馆出版。(参见吴永贵《民国图书出版史编年:1912—1949》,社会科学文献出版社2018年版)

张静庐初春由宁波赴上海。五四运动后,参加上海热心商人杨瑞葆组织的救国十人团联合总会,参与上海罢工、请愿,负责创办《救国日报》。9月,张静庐作为上海的代表之一前往北京,先到天津各界联合会报到。当时有上海、南京、天津、烟台、青岛、济南、湖北等共七省市区代表到会,他们选择在天津法租界一个教堂的地下室开了几次秘密会议。三四天后,代表团在商议方案后正式出发前往北京。10月1日上午,请愿团一行人鱼贯地从中央公园向新华门总统府进发,抗议卖国政府,午夜12点被捕,在入狱48天后,张静庐等被释放。出狱后,因结识中国近代出版界的先辈赵南公而任职于泰东图书局,与"创造社"一起推动新文化运动。(参见张静庐自传《在出版界二十年》,上海书店1984年版;李永博《张静庐:失意青年的新生》,《新京报》2019年4月30日)

苦海余生(刘哲庐)负责编辑的《文学杂志》2月在上海创刊,蒋箸超校订,中华编译社主办兼发行,以"使学者酌新理而不泥于古,商旧学而有得于今"为宗旨,林纾与郑孝胥、马其昶、姚永概、陈衍、戴芝灵等人为撰述人和主要作者,陈衍题署刊名,出版仅一期即告停刊。

周瘦鹃5月受《申报》总主笔陈景韩之约,为《自由谈》特约撰述,在《自由谈》先后开辟"小说杂谈""影戏话"和"情书话"专栏。6月4日至9月28日,他以"五九生"为笔名,发表14篇文章,报道五四以后全国学生的爱国行动与上海商界罢市义举,并痛斥军阀政府镇压学生爱国运动的罪行。(参见范伯群、周全《周瘦鹃年谱》,载《新文学史料》2011年第1期)

俞颂华毕业于日本东京法政大学,回国后,任上海《时事新报》副刊《学灯》主编。

余大雄3月3日在上海创刊《晶报》。

顾健武、周铁侠等25人3月在上海发起成立中华工业协会。

何尚平在上海创设中国合众蚕桑改良会。

徐宗汉、王剑虹、高君曼、王会悟等在上海发起成立上海中华女界联合会,创办《妇女声》半月刊和平民学校,动员妇女争取平等地位,参加革命斗争。

王拱璧5月赴上海支援五四运动,并在病中写出《东游挥汗录》《河南人的当头大祸》等书。(参见王拱璧著,窦克武、胡位中整理《年谱简编》,载《王拱璧文集》,河南大学出版社2013年版)

吴志青、王一亭等人创立上海中华武术会,以研究和传习武术为宗旨。

胡朴安与汪子实在上海发起组织南社之分支"鸥社",每月雅集二次,参加者有王蓴农、胡寄尘、傅屯艮、潘兰史、徐仲可、陶小柳、汪兰皋、王大觉、孙小舫等。

俞希稷6月18日发起交通部工业专科学校铁道管理科、复旦大学商科、南洋商业专门学校、省立商业中学等四个学校的学生组成上海商业研究会，以研究商业学识为宗旨。

石井柏亭4月由欧洲返回日本途经上海，应时任研究会副会长的刘海粟之邀，在江苏省教育会美术研究会发表演讲。

葛学溥指导沪江大学学生对广东潮州凤凰村进行调查，写成《华南农村生活——家族主义的社会学》。

王蘧常在上海正式拜沈曾植为师，学习书法与文学、诗歌、历史等。（参见王蘧常编《沈寐叟先生年谱》，上海商务印书馆1938年版，许全胜《沈曾植年谱长编》，华东师范大学博士学位论文，2004年）

章次公就学于丁甘仁创办的上海中医专门学校，师事孟河名医丁甘仁及经方大家曹颖甫，又问学于国学大师章炳麟。

朱复戡从上海中法学堂毕业，通法语。由吴昌硕介绍加入"海上题襟馆金石书画会"，为最年轻的会员。

尚小云应上海天蟾舞台之约赴沪，与王瑶青、杨瑞亭、马连良、朱素云等演出《乾坤福寿镜》全本。同时加入福庆社，与龚云甫、谭小培、慈瑞全等常演《孝义节》《庆顶珠》等。

谭正璧考入设于上海的江苏省立第二师范学校。后因参加反帝爱国运动和揭露校方无理开除学生而被退学，回乡任家庭教师。

卜士奇入上海复旦大学旁听，参加工读互助团。

吴虞6月3日作《道家法家均反对旧道德说》，12日完毕，将此文双挂号寄陈独秀。6月23日，作《国文撰录·自序》。7月13日，《星期日》周报出版，编辑为孙少荆。16日，吴虞作《说图书馆》，与孙少荆送去。8月12日，吴虞作《学校教育和社会生活分离的谬误》，与孙少荆送去。21日，吴虞收到高一涵信，告知他的《道家法家均反对旧道德说》一文已编入《新青年》第5号内，恰好这一期是纲常名教号，所以欢迎得很。22日，曾慎言代表廖季平送来国学院本期关聘。8月29日，因读完鲁迅的《狂人日记》"不觉得发了许多感想"，遂作《吃人与礼教》，大力攻击"吃人的礼教"，与鲁迅《狂人日记》相呼应，后刊于11月1日《新青年》第6卷第6号。

按：《吃人与礼教》曰：我读《新青年》里鲁迅君的《狂人日记》，不觉得发了许多感想。我们中国人，最妙是一面会吃人，一面又能够讲礼教。吃人与礼教，本来是极相矛盾的事，然而他们在当时历史上，却认为并行不悖的，这真正是奇怪了！

《狂人日记》内说："我翻开历史一查，这历史每叶上都写着'仁义道德'几个字。仔细看了半夜，才从字缝里看出字来，满本都写着两个字，是'吃人'。"我觉得他这日记，把吃人的内容和仁义道德的表面看得清清楚楚。那些戴着礼教假面具吃人的滑头伎俩，都被他把黑幕揭破了。我现在试举几个例来证明他的说法：

（一）《左传》：僖公九年，"周襄王使宰孔赐齐侯胙，曰：'天子有事于文、武，使孔赐伯舅胙。'齐侯将下拜。孔曰：'且有后命：天子使孔曰，以伯舅耋老，加劳赐一级，无下拜！'对曰：'天威不违颜咫尺，小白余敢贪天子之命，无下拜？恐陨越于下，以遗天子羞。敢不下拜？'下拜，登受。"这是记襄王祭文王、武王之后，拿祭肉分给齐侯，说"齐侯年老，可以不必下拜，讲君臣的礼节"。齐侯听得襄王如此分付，便同管仲商量。管仲答道："照着襄王分付的话做去，不行旧礼，便成了为君不君，为臣不臣，那就是大乱的根本了"（《齐语》)。于是齐侯出去见客，便说道："天子如天，鉴察不远，威严常在颜面之前，不敢不拜。"据这样看来，齐侯是很讲礼教的。君君臣臣的纲常名教，就是关于小小的一块祭肉，也不能苟且。讲礼教的人到这步田地，也就尽够了。就是如今刻《近思录》《传习录》的老先生讲起礼教来，未必有这样的认真；齐侯真不愧为五霸之首了。然而我又考《韩非子》说道："易牙为君主味，君之所未尝食，唯人肉耳，易牙蒸其首子而进之。"《管子》说道："易牙以调和事公，公曰，'惟蒸婴儿之未尝'，于是蒸其首子，而献之公。"（戴子高《管子校正·治要》"首子"作"子首"，《韩子·难》篇同，今本误倒）你看齐侯一面讲礼教，尊周室，九合诸侯，不以兵车，葵丘大会说了多少"诛不孝，无以妾为妻，敬老慈幼"等等道德仁义的门面话；却是他不但是姑姊妹不嫁的就有七个人，而且是一位吃人肉的，岂不是怪事！好像如今讲礼学的人，家中淫盗都有，他反骂家庭不应该讲改革。表里相差，未免太远。然而他们这类人，在历史上，在社会上，都占了好位置，得了好名誉去了。所以奖励得历史上和社会上表面讲礼教，内容吃人肉的，一天比一天越发多了。

（二）就是汉高帝。《汉书》高帝二年，"汉王为义帝发丧，袒而大哭，哀临三日。发使告诸侯曰：'天下共立义帝，北面事之。今项羽放杀义帝江南，大逆无道。寡人亲为发丧，兵皆缟素，愿从诸侯王击楚之杀义帝者。'"高帝虽是大流氓出身，但他这样举动，是确守名教纲常，最重礼教的了。十二年，过鲁，以太牢祀孔子。孔二先生背时多年，自高帝用太牢加礼以后，后世祀孔的典礼，便成了极重大的定例。武帝以后，用他传下这个方法，越发尊崇孔学，罢黜百家，儒教遂统一中国。这崇儒尊孔的发起人，是要推高帝；儒教在中国专制了二千多年，也要推高帝为首功了。班固又恭维高帝道："天下既定，命萧何次律令，韩信申军法，张苍定章程，叔孙通制礼仪，陆贾造《新语》；虽日不暇给，规摹弘远矣。"据这样看来，汉高帝哭义帝，斩丁公，他把名教纲常看得非常重要。他晓得三纲之中，君臣一纲，关系自己的利害尤其吃紧，所以见得孔二先生说"君臣之义不可废"的话，他就立刻把从前未做皇帝时候"溺儒冠"的脾气改过，赶忙拿太牢去祀孔子，好借孔于种种尊君卑臣的说法来做护身符。他又制造许多律令礼仪来维持辅助，以期贯彻他那些名教纲常的主张。果然就传了四百年天下，骗了个"高皇帝"的尊号，史臣居然也就赞美他得天统了。却是我读《史记·项羽本纪》，说"项王与汉俱临广武而军，相守数月。当此时，彭越数反梁地，绝楚粮食。项王患之，为高俎，置太公其上，告汉王曰：'今不急下，吾烹太公！'汉王曰：'吾与项羽俱北面受命怀王，约为兄弟，吾翁即若翁，必欲烹而翁，幸分我一杯羹！'"汉王这样办法，幸而有位项伯在旁营救，说是"为天下者不顾家"，——就是说想得天下做皇帝的人，本来就不顾他老爹死活的。项王幸亏听了他的话，未杀太公。假如杀了，分一杯羹给汉王，那汉王岂不是以吃他老爹的肉为"幸"吗？又读《史记·黥布列传》说，"汉诛梁王彭越，醢之。盛其醢，遍赐诸侯。"这也可见当时以人为醢，不但皇帝吃人肉，还要遍给诸侯，尝尝人肉的滋味。怪不得《左传》记"析骸易子而食"；曾国藩《日记》载"洪杨之乱，江苏人肉卖九十文钱一斤，涨到一百三十文钱一斤"。原来我们中国吃人肉的风气，都是霸主之首、开国之君提倡下来的。你看高帝一面讲礼教，一面尊孔子，一面吃人肉，这类崇儒重道的礼教家，可怕不可怕呢！后来太公得上尊号做"太上皇"，没有弄到锅里去成了羹汤，真算是意外的侥幸呀！

（三）就是臧洪、张巡辈了。考《后汉书·臧洪传》："洪，中平末，弃官还家，太守张超请他做郡功曹。后来曹操围张超于雍丘，洪将赴其难，自以众弱，从袁绍请兵，袁绍不听，超城遂陷，张氏族灭，洪由是怨绍，绝不与通。绍兴兵围洪，城中粮尽，洪杀其爱妾，以食兵将，兵将咸流涕，无能仰视。"臧洪不过做张超的功曹，张超也不过是臧洪的郡将，就在三纲的道理说起来，也没有该死的名义。便有知己之感，也止可自己慷慨捐躯，以死报知己，就完事了。怎么自己想做义士，想身传图像，名垂后世，却把他人的生命拿来供自己的牺牲，杀死爱妾，以享兵将，把人当成狗屠呢？这样蹂躏人道，蔑视人格的东西，史家反称许他为"壮烈"，同人反亲慕他为"忠义"，真是是非颠倒，黑白混淆了。自臧洪留下这个榜样，后来有个张巡，也去摹仿他那篇文章：考《唐书·忠义传》，载"张巡守睢阳城，尹子奇攻围既久，城中粮尽，易子而食，析骸而爨。巡乃出其妾，对三军杀之，以飨军士，曰：'请公为国家戮力守城，一心无二。巡不能自割肌肤，以啖将士，岂可惜此妇人！'将士皆泣下，不忍食。巡强令食之。括城中妇人既尽，以男夫老小继之，所食人口二三万。许远亦杀奴僮以哺士卒。"（《新书》）臧洪杀妾，兵将都流涕，不能仰视；张巡杀妾，军士都不忍食。可见越是自命忠义的人，那吃人的胆子越大，臧洪、张巡被礼教驱迫，至于忠于一个郡将，保守一座城池，便闹到杀人吃人都不顾,甚至吃人上二三万口。仅仅他们一二人对于郡将,对于君主,在历史故纸堆中博得"忠义"二字,那成千累万无名的人,竟都被人白吃了!孔二先生的礼教讲到极点,就非杀人吃人不成功,真是惨酷极了。一部历史里面,讲道德、说仁义的人,时机一到,他就直接间接地都会吃起人肉来了。就是现在的人,或者也有没做过吃人的事;但他们想吃人,想咬你几口出气的心,总未必打扫得干干净净!

到了如今,我们应该觉悟!我们不是为君主而生的!不是为圣贤而生的!也不是为纲常礼教而生的!甚么"文节公"呀,"忠烈公"呀,都是那些吃人的人设的圈套,来诳骗我们的!我们如今应该明白了!吃人的就是讲礼教的!讲礼教的就是吃人的呀!

中华民国八年八月二十九日,吴虞又陵草于成都师今室。

吴虞11月5日被推为外校组织文艺讲演会会长,王叔驹为副会长。18日,过外校,与廖学章议决由学艺讲演会办一周刊,定名《学艺》,专言学艺及改良教育与社会,不涉政治范围。24日,过外校,议定办一周报,名曰《威克烈》。27日,李文煦代夏斧私送来省立第一中学关聘。12月3日,《威克烈》周刊之立案被批准。26日,吴虞作《说孝》。

按:吴虞因相继在《新青年》上发表《家族制度为专制主义之根据论》《吃人与礼教》《说孝》等文,猛烈抨击旧礼教和儒家学说,在"五四"时期产生重要影响,胡适称他为"中国思想界的清道夫""四川只手打倒孔家店的老英雄"。(参见朱玉、孙文周《吴虞年谱简编》,《吴虞诗词研究与整理》附录一,河南文艺出版社2016年版;高大同《高一涵先生年谱》,上海文化出版社2011年版)

吴玉章3月上旬赴上海。15日,在环球中国学生会召开的欢送首批89名勤工俭学生赴法的会上发表演说,期望各位"将来归国以贡献于吾国社会,必能为社会开一新纪元,其功业自不可限量"。吴玉章等发起和推动的留法勤工俭学运动,自此开始为中国革命和建设培养与造就了一批政治家、革命家、军事家、教育家、科学家。16日,吴玉章在华法教育会欢送首批勤工俭学生赴法的会上讲话。

按:吴玉章特别告诫赴法勤工俭学生:第一,不要以为欧洲是天堂一般的乐土;第二,不要以为一进欧洲学校就学得很高深的学问;第三,不要羡慕更而追求官费生或经费优裕的自费生的阔绰和挥霍,坚持俭学。

吴玉章3月17日到码头欢送勤工俭学生。首批留法勤工俭学生共82人,乘日轮"因幡丸"号赴法,于5月10日晨抵巴黎。29日,寰球中国学生会、留法俭学会和法国驻沪总领事开会欢送第二批留法勤工俭学生,吴玉章应邀出席并作演说。5月底,吴玉章复李石曾信,嘱其"号召在法国的留学同志反对签字于凡尔赛和约"。6月13日,吴玉章返回广东。夏,吴玉章支持梁冰弦在华南地区发展社会主义者同盟。10月底,吴玉章因被西南军阀排挤,退出军政府,回到成都。12月14日,吴玉章出席四川留法勤工俭学会举办的欢迎会。17日,吴玉章与吴虞长谈,谓"今日讲学,一当研究社会问题,从经济着手;一当研究家族问题,从婚姻着手"。因吴虞介绍,认识《星期日》主编孙少荆。22日,吴玉章应邀去《戊午日报》社演讲。会后,吴虞将吴玉章演讲词寄张东荪,以求广布。(参见刘文耀、杨世元《吴玉章年谱》,四川人民出版社1998年版)

廖平在国学专门学校任校长。3月17日晨,在寓剃头为风所乘,当晚病重。十日后饮食渐复,惟自是以后,言语塞涩,右手右足均拘挛。然仍不废著述,作字惟恃左手。与诸生讲说,则命孙宗泽书其稿于黑板,略说数语,听者不晓,则宗泽复为重述。8月,政府有延黄侃主校之说,国专学生刘慕山等,遂借事攻击廖平。廖平致书省署请辞,未许。乃悬牌不理校事。(参见廖幼平编《廖季平年谱》,巴蜀书社1985年版)

宋育仁因富顺县成立修志馆,被聘为修志馆监修,主持县志编撰。作有《春秋经世微》,

刊于《国故》第3期。(参见王东杰、陈阳编《中国近代思想家文库·宋育仁卷》附录《宋育仁年谱简编》,中国人民大学出版社2015年版)

蒙文通上半年居乡,下半年至成都,并任省立成都联中国文教师。11月20日,蒙文通师仪征刘师培因病去世。然刘氏民族学研究曾对蒙文通《古史甄微》产生了一定的影响。

按:路新生《刘师培的民族史研究及对蒙文通的影响》(《史学史研究》2005年第4期)云:

就《古史甄微》与刘师培《中国民族志》相互比勘,前者受到后者影响的痕迹同样了然可辨。对于中华民族的源起、其最初的民族成份构成以及中华民族在历史上的扩张与融合,这是《中国民族志》探讨的重点。在论及上古时期汉族迁徙的方向时刘师培指出,据少昊以前之"宅都",可知其时民族迁徙的线路是"由西向东迁者也"。蒙氏完全不同意刘师培的这一结论,指出,据《郊祀志》《帝王世纪》《水经注》《货殖列传》可知中国古代民族的迁徙是自东而西,"安见所谓自西而东者耶?"蒙氏又指出,据《史记·货殖列传》和《周易》的记载,知"泰族之生活为渔猎。"日本学者认为,"希腊文明之发生,以其国小多山,土地晓瘠,食物不丰,故多沿海行商于小亚细亚,欧式文明之源,实肇于此。"对比希腊与泰族,蒙氏指出,泰族之以渔猎为生,制约着泰族"自昔即往来于海上,此其有似于希腊,固甚显著。"据《汉书·地理志》可知"齐地负海舄卤,少五谷而人民寡,太公乃通渔盐之利而人物辐凑。鲁地狭民众,俗俭啬爱财趋商贾。""此视希腊之行商小亚细亚则何如?""若更观奉族东来,沿渤海经鲁而南走江、淮,由营州越海经鲁而西走太吴之墟,则泰族固亦航海经商之国民也,此又正似于希腊行商于沿海。"而据《汉书·地理志》:"唐魏之国,其民君子深思,小人俭陋。"蒙文通认为,中国的典籍透露出的讯息可以使得人们认识到"北方人民所资于天产之薄,颇似今日欧洲文明中心之日耳曼,"故"北方民族精神亦略类之。"刘氏特意强调:中国"文化的发生"乃"始于泰族",而泰族文化"又自昔以鲁地文化为最高,固不可谓非海道交通之力,而地理之有关于文明亦可见。"尽管蒙氏之论所要表达的是中华民族"自立"的自豪感,但这种依托于希腊、日耳曼民族而凸显中华民族与之相似的观点,骨子里却仍然透露出了"气短"的痕迹。当然,蒙氏之论与刘师培、章太炎等人的汉族西来说,其差别显而易见。因此,蒙氏对于"近儒"丹徒柳诒徵的"中国古代文化,起于山岳,无与河流"说,特别是对于"主中国民族西元论者",亦即刘师培、章太炎等人所谓的"古代文化自西而东"说皆不同意。认为他们的观点"皆与此篇(《古史甄微》)所究,旨趣不同者也。"

如此说来,是不是《古史甄微》对于刘师培就一无承袭之处呢?事实也不尽然。例如,刘氏《中国民族志》第二章"汉族之扩张及与苗族之关系"认为,上古时代自伏羲时"由游牧时代进而至土著时代","汉族人民殖民河滨,与苗族杂处"。《中国民族志》"汉族增势时代"又指出:"黄帝继神农之位,挟战胜余威,经营宇内,时与苗族相战争。盖五帝以前,苗族久为汉族一大敌"。刘师培的这一结论即为蒙文通所汲取。蒙氏认为,共工世为诸侯之强,自伏羲以来,下至伯禹,常为中国患。蒙、刘相异处则在于,刘师培将夷狄与汉族判若泾渭,蒙文通则指出,共工、苗族为炎帝后裔,"共工固姜姓炎帝之裔也"。又如《古史甄微》在论及上古少数民族的民族属性时所用的方法也与刘师培如出一辙。其谓:

《大戴礼》:"保虫之属三百六十,而圣人为之长。"此以人类出于偶虫,保盖古初之类人猿。《抱朴子·对俗》云:"猕猴寿八百岁变为猿,猿寿五百岁变为玃,玃千岁变为人形。"《吕览·察传》:"玃似母猴,母猴似人。"岂猿玃即所谓保虫者耶!保从人,固以保为人。羌为羊种,闽蛮为虫种,貉为豸种,玃犹、玃、狄为犬种,皆不得侪于人。焦侥、玃人皆从人,以西南民族有顺理之性也。夷从大为古文人,以夷俗仁,东方有君子之国也。书契本于黄族。自谓出于偶而圣人为之长,外此惟西南民族得侪于人,以炎族之有文化故也;东北民族亦得侪于人,以泰族之有文化故也。西戎被甲荷戈,盖亦以其为黄族同支,固亦人之徒也。足见上世民族即繁,而于中国文化,惟三族能共建之。

今按,蒙文通提到了"羌为羊种,闽蛮为虫种,貉为豸种,玃犹、玃、狄为犬种,焦侥、玃人皆从人",此种议论全然本之于刘师培。当然,蒙论虽然采取了和刘师培同样的方法论,即以训诂入手解释族称,但蒙氏加入了人猿同源的素材,并且贯穿于蒙文通自相发明的上古文明三民族或三地域说,揭示了炎、黄两族而外西南少数民族在创造中国上古文明过程中所起的积极作用。这就使得刘师培原先狭隘的"攘夷"之论

有了全新的意义。(参见王承军撰《蒙文通先生年谱长编》,中华书局2012年版)

李劼人等筹办"少年中国学会成都分会"。5月,北京爆发五四运动,成都各界也起而响应。6月15日,在李劼人主持下,少年中国学会成都分会正式成立,彭云生、周晓和、胡少襄、李思纯、何鲁之、穆济波、李晓舫等皆为少年中国学会会员。李劼人任分会书记。7月13日,少年中国学会成都分会主办《星期日》创刊,李劼人任主编。创刊宣言提出:"要人人自觉去创造光明的世界,坚决与老世界一切束缚的、掠夺的、残酷的有形制度,无形思想学说,以及旧社会中保守的、恶劣的、腐败的风俗习惯等宣告脱离关系。"该刊曾出"社会问题专号""妇女问题专号""劳动问题专号"。先后刊登过李大钊的《什么是新文学?》、陈独秀的《男子制与遗产制》等文,在成都有很大影响。同月,李璜从巴黎致信李劼人,邀其去巴黎协助"巴黎通讯社"编译工作。深思熟虑后,李劼人决定赴法勤工俭学。11月,李劼人在上海乘法国远东轮船公司邮船赴法。12月底,抵达法国马赛。(参见唐金海、张晓云《巴金年谱》,四川文艺出版社1989年版;王承军撰《蒙文通先生年谱长编》,中华书局2012年版)

巴金大哥6月从本城唯一代售新书报的华阳书报流通处大量购买宣传各种思想的新报刊:《新青年》《新潮》《每周评论》《星期评论》《少年中国》《少年世界》《北京大学学生周刊》《星期日》《学生潮》和《威克烈》等。每天晚上,巴金和大哥、三哥、六姐、香表哥等轮流阅读这些书报,讨论各种问题,时有热烈的争论。他们还组织过一个研究会。是年,巴金与上海的无政府主义者郑佩刚通信。第一次收到四川合江中学学生联合会负责人、学生运动活跃分子卢剑波询问有关世界语事宜的信,遂把世界语语音用英语的语音作注后寄卢剑波。(参见唐金海、张晓云《巴金年谱》,四川文艺出版社1989年版)

温少鹤在重庆参与建立留法勤工俭学会。曾任重庆《商务日报》社长。

章泯受五四新文化运动的影响,在四川成都"青柳剧社"演出进步戏剧。

张渲仍为武昌高师校长,继续重视校风、学风的建设。1月8日,武昌高师又制成校旗,《校旗说明》中说:"近日中外各学校,均有特别徽章旗帜,以表一校之精神,本校前制徽章,沿禹贡荆州厥贡羽毛齿革之文,又取楚世家鬻熊为文武师,中篆熊形,寓本校建鄂之意,此皆已经说明者也,今即用此式以制旗。古者旗亦名徽。《左传》曰:扬徽者,公徒也。故旗式与徽章一律。上垂交牙,乐器有崇牙树羽。节府有高牙大蠹,于幡帜尤其宜之。左右排六翿,取腾达也。黄为中色,依易巩用黄牛之革取其坚也。鬻熊以师道显,子熊绎始受封。兹会其意呈熊形者,斯干重男子之祥。渭水获名世之兆,取其嘉吉而雄武也。且古旗本画熊,《考工记》曰:熊旗六游是已。六羽亦似六游。中备四彩,而旗质用蓝,乃校中士友将来有青出于蓝之盼望。此本校旗式所取义也。"4月,张渲校长为武昌高师题写校训:朴诚勇。同月,武昌高师校歌作成。歌词曰:"乾坤清旷,师儒道光,国学建武昌。镜湖枕麓,屏城衬江,灵秀萃诸方。东西南朔,多士跄跄,教学益相彰。朴诚有勇,陶铸一堂,学盛国斯强。"这校训,这校歌,激励着高师一代又一代的师生去拼搏奋斗。5月11日,武昌高师等15所学校2000余人,不顾反动政府的戒严令,在文华大学集会,声援北京的学生运动。会议决定致电北京政府并欧洲"和会",发表爱国宣言书并通告全国。大会以后,高师等校学生代表讨论决定成立"武昌学生团",并于当晚起草《武昌学生团宣言》,次日在《大汉报》上发表。14日,"武昌学生团"在中华大学集会,决定改"武昌学生团"为"武汉学生联合会",这是武汉地区最早的学生联合会,武昌高师在其中发挥着骨干和中坚的作用。"六·一惨案"发生后,武昌高师举校痛哭,惨状难言。武汉各校校长也一齐前往省署,要求释放被捕学生。9月,教

育部委任谈锡恩接替张渲的校长职务。（参见吴贻谷主编《武汉大学校史（1893—1993）》，武汉大学出版社1993年版）

黄侃9月抵武昌后，有诗寄北京大学文科诸生。同月，任教于武昌高等师范学校。讲义有《说文略说》《声韵略说》《尔雅略说》三种。是年，与徐行可订交。又与门弟子孙世扬、曾缄等时相唱和。撰《释言》《燕蓟》等，所作《毛诗正韵赞》刊于北京《国民月刊》第1卷第2期；《广韵佚字》刊于《国故月刊》第4期；《文心雕龙夸饰篇评》刊于北京《新中国》第1卷第2号；《文心雕龙附会篇评》刊于北京《新中国》第1卷第3、4号。（参见司马朝军、王文晖《黄侃年谱》，湖北人民出版社2005年版）

恽代英时任中华大学中学部主任，与林育南在武汉领导五四运动。5月，恽代英撰写《四年五月七日之事》的爱国传单，与林育南等向民众散发。恽代英又起草《武昌学生团宣言书》《武汉中等以上学生致北京大总统国务院电》《呜呼青岛》《武汉中等以上学生放假留言》《学生实行提倡国货办法大纲》等传单和文件，成为武汉地区五四运动的实际领导人之一。6月17日，恽代英作《武汉学生联合会提出对于全国学生联合会意见书》。约在"五四"前后，恽代英连续有三封信给胡适。

按：此三信比较准确反映了当时恽代英在武汉领导五四运动的思考与实践，故有必要引录如下：

第一信约写于4月。信中报告此时正办一个中学、一个互助社。拟草《中学改制论》一篇，待文成后"要请教是正"。又拟为《新声报》写一篇《我们心目中的孔子》，"把孔子的好处发挥出来，把旧派不正的感情平下去。再把信孔子的人，把他的行为与孔子的道德比一比，看那些倚孔子以自重的人向哪儿藏身？"信中为中学四年级学生萧鸿举要求赴法勤工俭学事，请胡适予以帮助，自己愿做保人。信中还提出，恳请胡适赴沪迎接杜威北归时，过武昌停下来到中学来"作一天盘桓"。

第二信约写在5月上半月，胡适刚刚返京之际。信中再次为萧鸿举事请胡适向俭学会联系。谈到《新声报》曾蒙胡适作"介绍之语""外埠因此颇有向该社索阅《新声》者"。信中告"现北京法专与清华已有代表来校，谋联合全国学生，正在进行"。信中表示"蔡先生如可回北京，似宜力劝为国家为人类勉为其难""倘蔡先生与先生决不可留，亦请迁地仍以讲学为事。如此可以直接裨益后生，比闭户著书之生活有益多矣"。信中提出："代英每疑与旧势力不必过于直接作敌。一则所谓新人物不尽有完全之新修养。故旧势力即完全推倒，新人物仍无起而代之之能力。一则若用稍委曲之方法，旧势力既不生反感，虽全盘与之推翻亦不知觉。（如以孔子之道治自命为孔子之徒）比用直接方法成效远优。"最后说："未知假定此番新旧大决战后，设为旧势力战胜，上述方法，先生以为可供吾党之采取否？"

第三信，时间略晚，具体月份难以考定。信中首先说："湖北已往的学潮，先生想都看见过了。我虽因此多少受官厅的猜疑，现在似乎风波亦都过去了。现在中学同学在外活动的人还不少。……我不是信他们有力量为社会做事，亦不信我自己有力量。但彼此总是勉励的向前做，因为做事便是学习做事的法子。我们彼此勉励的三件事。是'互助''活动''实事求是'。现在同学渐渐信从了，同志渐渐多了。我相信善人应该做事，这是救中国，亦是救世界的唯一方法。"又说。"善人不能做事，或不肯做事，天下的事便都让不善人做了。善人要做事，要先有能力，先养势力。"但他说："学生的势力不配说是善势力。他们的根性同缺点，正同一般武人政客不相上下。这其中有两种原因：（一）有能力的人没有品格；（2）有品格的人不完全有能力。"现在的活动"是磨练有品格人的能力的机会"。此信中还恳请胡适为他所办的中学物色好的教员。

恽代英9月9日在致王光祈信中表示愿做少年中国学会会员。10月1日，加入少年中国学会。12月19日，作《共同生活的社会服务》，该文由恽代英等12人签名，后成为利群书社成立宣言。24日，作《驳不孝有三无后为大》一文，痛斥孟子所谓"不孝有三无后为大"。下旬，毛泽东率驱张（敬尧）代表团赴京请愿路过武汉，住武昌胡林翼路18号正在筹建中的利群书社内。在此后近半月时间里,毛泽东与恽代英、林育南等朝夕相处,畅谈革命理想,纵论天下大事。同月,作《怀疑论》,发表于1920年4月15日《少年中国》第1卷第10期。(参见刘辉编《中国近代思想家文库·恽代英卷》附录《恽代英年谱简编》,中国人民大学出版社2015年版;耿云志《胡适年谱》,四川人民出版社1989年版)

余家菊与恽代英同在中华大学。3月1日,《新声》半月刊创刊,余家菊为该刊撰写了热情洋溢的祝词:"各尽所能,各取所需,同心同德,振声百里。"3月9日,与恽代英商量发起演说会。其组织方法由先生取法青年会,会务由职教员主持,演说员分指定与志愿二种,演说题目由主持者宣布。4月,与恽代英共同讨论重订学制问题。暑假,已动辞职读书之念,因而卖掉海子口庄田三石余,以利息维家计。10月,少年中国学会的主要发起人和最早的组织者王光祈,由北京取道武汉往上海,实施发展会员计划。与恽代英等一道前往相见。12月19日,由恽代英拟稿,余家菊与恽代英、林育南、李书渠等11人联名的《共同生活的生活服务》,发表在《端风》第2号,它展示了武汉激进知识分子对工读互助运动的最初设想和看法。是年,领导学生创办刊物《共进》,与友人共办刊物《教育改进》,并在该刊物上发表《乡村教育的危机》,此文后为《中华教育界》第10卷第1期转载。在文中指出困扰乡村教育的五种原因:薪俸太薄;无高升的希望;无志同道合的乐趣;无应付社会的困难;缺少增进知识的兴味。该文乃"国中言乡村教育之第一文";参与创办利群书社。该团体以互助社为核心,同时日新社、健学会等团体的成员也参加,是武昌各进步团体的结晶。该社专门经销《共产党宣言》《阶级争斗》等著作和《新青年》等刊物,成为长江中下游传播马克思主义和新思想的重要阵地;撰就《教科书革命》,发表于《少年世界》第1卷第1期,受到时人关注,"被人目为切实而有办法"。文中鲜明地指出了现行教科书的弱点,呼吁大家起来合力做成教科书革命的事业。自五四运动爆发后,渐生离开中华大学附中之意。适杜威来华讲学,北京高等师范创设教育研究科,分配湖北考送一名学生,于是前往应考。(参见余子侠、郑刚编《中国近代思想家文库·余家菊卷》,中国人民大学出版社2013年版)

董必武2—5月受鄂西靖国军同事委托,离利川,途经武汉赴上海,向孙中山及各方面申诉蔡济民被杀案,最终无果。董必武感慨万千,开始思考探索着新的革命方法和道路。3月,湖北善后公会在上海成立,旅沪同乡公推董必武和张国恩驻会主持会务。其间,董必武结识了住在湖北善后公会对面、刚由日本帝国大学留学回国的李汉俊,逐渐认识了俄国革命和布尔什维克党,认识到"中国的独立,走孙中山的道路行不通,必须走列宁的道路"。5、6月间,董必武经常会晤湖北各界来上海的人士,又结识了来上海参观的陈潭秋,结下深厚友谊。8月,董必武回到武汉,和张国恩继续筹备办报。因筹款困难未成,随即和张国恩等着手筹办学校,决定校名为"私立武汉中学",聘请郭肇明为董事长,刘觉民为校长,董必武教国文,陈潭秋教英文。武汉中学的开学事宜于年底全部就绪。(参见《董必武年谱》编辑组编《董必武年谱》,中央文献出版社1991年版)

杨杏佛时任汉阳铁厂会计处副处长。1月5日,往访詹天佑,由詹天佑介绍加入中华工程师学会。2月16日,往武昌高等师范学校(今武汉大学前身)竺可桢处访问,并瞻仰张之洞词。3月20日,农历2月19日,杨杏佛归国后第一个生日。友人为之庆贺,他深感不安。4月8日,闻厂里同事言,厂方有另请人主持会计一说,并知有人正暗中加紧这一工作,很是忿然,原萌于心中的离职之念更为强烈。4月18日,任鸿隽由四川到汉阳看望杨,挚友分别5月相见,分外高兴。任离汉时,杨杏佛成送别诗一首,反映出在汉阳不得志心情。5月5—9日,五四运动爆发的消息传到武汉,杨杏佛极关心事态发展,每日从各种报章上了解事件情况。9日,看到报纸详细报道后,愤慨之极,找到武汉欧美同学会负责人,要求通电声援北京学生。但会中人员多数不关心此事,只同意在北大确要被解散时才发声援电。杨杏佛对此深感失望。5月14日,出席詹天佑葬礼。以后杨为国难方殷之际失去一位中国工业界伟人而撰文道:"以氏之学识经验,使充其能,所成就者又岂仅京张数百里之路已哉。乃频年干戈,政事不已,卒至赉志以殁,不能如史蒂文森、瓦特辈目睹所业跻国富强,此岂个人之不幸哉,吾为中国惜也。"(参见许为民《杨杏佛年谱》,《中国科技史料》1991年第2期)

马哲民在五四运动后回国,在上海参加马克思主义学会、中国社会主义青年团,并在武汉与陈潭秋创办中外通讯社。

施洋在五四运动爆发后,领导武汉律师联合会和学生联合会,发起组织湖北各界联合会,被推为副会长和赴京请愿代表团团长。同年赴上海,被选为全国各界联合会评议部长。

翦伯赞上半年继续就读于武昌商业专门学校读书。5月,五四运动爆发,积极参加本校和武汉地区的爱国集会活动和示威游行。7月,商专毕业,找不到工作。(参见张传玺《翦伯赞传》及附录张怡青《翦伯赞大事年表》,北京大学出版社1998年版)

徐特立与杨树达等6人3月30日在长沙洗心文社开讲之际,受聘担任讲员。同月,中国第一批、第二批留法勤工俭学学生分别于17日、31日启程赴法。5月28日,组织讲演团,赴乡镇演讲。同日,作为发起者之一,发起成立国货维持会。同月,五四反帝爱国运动爆发;长沙学生积极响应,举行国耻纪念游行大会,遭到张敬尧的武装干涉;湖南省学联成立,决定组织长沙各校总罢课。6月11日,与姜济寰、童彪、罗启瑞等在长沙县立师范学校发起召开长沙讲演团联合会成立会。长沙城中学以上学校各校长及学生代表参加,涉及学校有十四五所之多。会议决议成立总务部、编辑部、调查部三个部门,推举长沙县立师范学校校长邹希鲁为临时会长,徐特立为编辑部主任,陈画农为总务部主任,调查部主任由各校推举两名学生调查员,通过互选产生。长沙县知事姜济寰负责筹集经费。同日,联合会公开发布《长沙讲演团联合会简章》,组成50多个讲演团,经过统一训练,赴各县乡镇进行反帝爱国宣传,并开展抵制日货,惩罚奸商、洋奴和作恶之日本浪人的活动。15日,徐特立与湖南教育界名流陈润霖、朱剑凡、杨树达、何炳麟等15人发起成立健学会。健学会"由同志组合,以输入世界新思潮,共同研究,择要传播为宗旨",着力研究"改造社会""思想革新""妇女解放""民族自治"等问题,宣传世界新思潮。同日,长沙各乡教育界人士成立长沙各镇乡学友会,在长沙师范召开筹备会,将讲演作为该会一部分内容。下旬,决定赴法勤工俭学、筹集旅费后回乡告别妻儿。7月12日,与汤松作为湖南省教育会代表,参加湖南各公团联合会在湖南省教育会举行的成立大会。(参见《徐特立年谱》编纂委员会《徐特立年谱》,人民出版社2017年版)

毛泽东3月12日因母病离京返乡,途中经沪送留法勤工俭学学生出国。五四运动爆发后,毛泽东在长沙领导成立湖南学生联合会。7月14日,与萧三等创办《湘江评论》,周世钊应邀任《湘江评论》顾问。毛泽东在《本报启事》中"以宣传最新思潮为主旨",呼吁"世界革命""人类解放"。8月中旬,《湘江评论》被皖系军阀、时任湖南省省长的张敬尧查封。

按:创刊号刊载署名毛泽东的《湘江评论》创刊宣言,曰:"自'世界革命'的呼声大倡,'人类解放'的运动猛进,从前吾人所不置疑的问题,所不遽取的方法,多所畏缩的说话,于今都要一改旧观,不疑者疑,不取者取,多畏缩者不畏缩了。这种潮流,任是什么力量,不能阻住。任何什么人物,不能不受他的软化。

世界什么问题最大?吃饭问题最大。什么力量最强?民众联合的力量最强。什么不要怕?天不要怕,鬼不要怕,死人不要怕,官僚不要怕,军阀不要怕,资本家不要怕。自文艺复兴,思想解放,'人类应如何生活'？成了一个绝大的问题。从这个问题加以研究，就得了'应该那样生活''不应该这样生活'的结论。一些学者倡之，大多民众和之，就成功或将要成功许多方面的改革。

见于宗教方面为'宗教改革'，结果得了信教自由。见于文学方面，由贵族的文学，古典的文学，死形的文学，变为平民的文学，现代的文学，有生命的文学。见于政治方面，由独裁政治变为代议政治，由有限制的选举，变为没限制的选举。见于社会方面，由少数阶级专制的黑暗社会，变为全体人民自由发展的光明社会。见于教育方面，为平民教育主义。见于经济方面，为平民教育主义。见于思想方面，为实验主义。见于国际方面，为国际同盟。

各种改革，一言蔽之，'由强权得自由而已'。各种对抗强权的根本主义，为'平民主义'（德莫克拉西，一作民本主义，民主主义，庶民主义）。宗教的强权，文学的强权，政治的强权，社会的强权，教育的强权，经济的强权，思想的强权，国际的强权，丝毫没有存在的余地，都要借平民主义的高呼，将他打倒。

如何打倒的方法，则有二说，一急烈的，一温和的。两样方法，我们应有一番选择。（一）我们承认强权者都是人，都是我们的同类。滥用强权，是他们不自觉的误谬与不幸，是旧社会旧思想传染他们贻害他们。（二）用强权打倒强权，结果仍然得到强权，不但自相矛盾，并且毫无效力。欧洲的'同盟''协约'战争，我国的'南''北'战争，都是这一类。所以我们的见解，在学术方面，主张彻底研究，不受一切传说和迷信的束缚，要寻着什么是真理。在对人的方面，主张群众联合，向强权者为持续的'忠告运动'，实行'呼声革命'——面包的呼声，自由的呼声，平等的呼声—'无血革命'。不主张起大扰乱，行那没效果的'炸弹革命''有血革命'。

国际的强权，迫上了我们的眉睫，就是日本。罢课，罢市，罢工，排货，种种运动，就是直接间接对付强权日本有效的方法。

至于湘江，乃地球上东半球东方的一条江。他的水很清，他的流很长。住在这江上和他邻近的民族，浑浑噩噩，世界上事情，很少懂得。他们没有有组织的社会，人人自营散处，只知有最狭的一己，和最短的一时，共同生活，久远观念，多半未曾梦见。他们的政治，没有和意和彻底的解决，只知道私争。他们被外界的大潮卷急了，也办了些教育，却无甚效力。一班官僚式教育家，死死盘踞，把学校当监狱，待学生如囚徒。他们的产业没有开发。他们中也有一些有用人材，在各国各地方学好了学问和艺术，但没有给他们用武的余地。闭锁一个洞庭湖，将他们轻轻挡住。他们的部落思想又很厉害，实行湖南饭湖南人吃的主义，教育实业界不能多多容纳异材。他们的脑子贫弱而又腐败，有增益改良的必要，没有提倡。他们正在求学的青年，很多，很有为，没有用有效的方法，将种种有益的新知识新艺术启导他们。唉！湘江湘江！你真枉存在于地球上。

时机到了！世界的大潮卷得更急了！洞庭湖的闸门动了，且开了！浩浩荡荡的新思潮业已奔腾澎湃于湘江两岸了！顺他的生，逆他的死。如何承受他？如何传播他？如何研究他？如何施行他？是我们全体湘人最切最要的大问题，即是《湘江》出世最切最要的大任务。"（《湘江评论》创刊号，1919 年 7 月 14 日）

毛泽东 7 月 14 日在《湘江评论》创刊号的"东方大事述评"栏里，发表《陈独秀之被捕及营救》一文，称誉陈独秀是"思想界的明星"，说他被捕"无非是为着'赛因斯'和'德莫克拉西'"，并就章士钊出面营救陈独秀表示肯定。7 月 17 日，毛泽东撰文《健学会之成立及进行》，称赞健学会是思想界的创举，指出："东方的曙光，空谷的足音，我们正应拍掌欢迎，希望他可做'改造湖南'的张本。"7 月 21 日至 8 月 4 日，毛泽东在《湘江评论》第 2—4 号发表《民众的大联合》，胡适对《湘江评论》给予了具体的支持，曾将此文单独提出来予以赞扬。8 月，毛泽东在《湘江评论》被查封后，即投身编辑《新湖南》。该刊出版到第十期，又被张敬尧查封。

按：毛泽东《民众的大联合》说："我们中华民族原有伟大的能力！压迫愈深，反抗愈大，蓄之既久，其发必速，我敢说一句怪话，他日中华民族的改革，将较任何民族为彻底，中华民族的社会，将较任何民族为光明。中华民族的大联合，将较任何地域任何民族而先告成功，诸君！诸君！我们总要努力！"（《湘江评

论》第 2—4 号）

按：《新湖南》于是年 6 月 15 日创刊于长沙，由湖南湘雅医学专门学校（今湖南医学院）学生苏闰坡、龙毓莹等人组成的新湖南社主办，由龙毓莹、李启盘主编。出于对辛亥革命表示极端失望及其原因的分析，该刊提出改造社会之六大宗旨：铲除三纲之义与忠孝节烈的旧道德，提倡共和时代的新道德；反对重男轻女，提倡生活独立、男女平权；反对重士轻工，使人知生食分利之人为可耻；铲除阶级制度，提倡平民教育；灌输医学卫生常识，促进人类之幸福，减少人类之痛苦；改造封建家族制度，造就有用于国家社会的人材。自 1919 年 8 月第 7 期起由毛泽东主编后，继承《湘江评论》精神，每期都有政治评论，成为反对封建军阀，介绍革命思想的战斗性刊物。约出至第 10 期后被军阀张敬尧封禁。

毛泽东 9 月 1 日在长沙成立"问题研究会"，制订《问题研究会章程》，其中提出中国和世界的政治、经济、社会、教育和劳动等方面的大小问题一百四十多个。10 月 2 日，毛泽东与湖南教育界 1272 人联署发出公启，揭露张敬尧派其私党操纵改选并控制省教育会的内幕，反对张敬尧摧残教育事业。23 日，毛泽东寄邓中夏的《问题研究会章程》发表于《北京大学日刊》。11 月中旬，毛泽东、何叔衡、李思安、陶毅、周世钊、周敦祥、魏璧、陈书农、唐耀章、蒋竹如等新民学会会员在周南女校开会，修改会章，选举何叔衡、李思安为正副执行委员长，陶毅、周世钊、毛泽东、周敦祥、魏璧、陈书农、唐耀章、蒋竹如为评议员。12 月 4 日，毛泽东发动社会各界开展驱逐张敬尧运动，揭露张氏兄弟（张敬尧、张敬舜、张敬禹、张敬汤）的"虎、豹、豺、狼"罪行，指出"张毒不除，湖南无望"，并组织驱张请愿代表团分赴北京、上海、衡阳、郴州等地宣传。省学联决定实行总罢课，湖南各中等以上学校和部分小学 13000 余人罢课，并发布"张毒一日不去湘，学生一日不返校"的驱张宣言。（参见中共中央文献研究室编撰、逄先知主编《毛泽东年谱（1893—1949）》人民出版社、中央文献出版社 1993 年版；冯资荣、何培香编著《邓中夏年谱》，中国文史出版社 2014 年版；《徐特立年谱》编纂委员会《徐特立年谱》，人民出版社 2017 年版）

邓中夏 5 月 18 日代表"北京中等以上学校学生联合会"与倪品真一道乘火车南下湖南，向家乡人民宣传北京的五四运动，发动家乡父老声援北京学生的反帝爱国行动。23 日，到达长沙，经毛泽东安排在楚怡小学何叔衡处下榻。他向毛泽东、何叔衡等人详细介绍了北京五四运动的经过和此次南下湖南的目的和打算，希望湖南以新民学会为核心，发动湖南学生组织联合会，声援北京学生爱国运动。毛泽东听后，极表赞成。毛泽东连夜在湖南第一师范学校的后山操坪里召开了"新民学会"会员会议，决定 25 日上午在楚怡小学召开大会，请北京学联代表报告五四运动经过。25 日，出席毛泽东在楚怡小学主持召开的长沙各校学生代表联席会，经毛泽东介绍，与湖南一师的蒋竹如、湖南商专的易礼容、彭璜、湖南工专的柳敏、湘雅医学校的李振翮、周南女校的魏璧、劳启荣等 20 多个学生代表见面。邓中夏在会上详细报告了北京五四运动的经过，希望湖南学生组织起来实行总罢课，声援北京学生的反帝爱国斗争，通过共同战斗，实现惩办曹、章、陆三个卖国贼和拒绝在"巴黎和约"签字之要求。根据邓中夏的提议，湖南长沙各校学生代表当即作出三条决议：1、成立湖南省学生联合会，作为发动罢课和统一各校学生行动的领导机构；2、向全体学生传达北京学联代表的报告；3、俟省学联正式成立后，即实行同盟总罢课，声援北京学生。会上还研讨了学联的章程，邓中夏向代表们介绍了北京学联的章程和组织机构设置情况。27 日，湖南省学生联合会正式成立，随即宣布全省学校实行总罢课。同日，邓中夏告别毛泽东、何叔衡等友人，匆匆赶赴北京。（参见冯资荣、何培香编著《邓中夏年谱》，中国文史出版社 2014 年版）

谢觉哉继续主编湖南《宁乡旬刊》。4 月 13 日，谢觉哉在《日记》中记有："报载罗秋心致林琴南一书，深诋大学校新潮之倡行白话，持论大旨：1. 大西言文并不一致，特字为一致耳，彼邦文字简易尚难一致;2.西人重视古文学甚于我国;3.今患不识字之人多,不在能文之士多,迁怒文学是南辕而北辙;4.即谓白话行文可普及教育,此乃教育行政之事,大学校研究高深者专门者而及于此非其任务。蔡长斯校以来无时不挟西洋社会党派风以新潮自论。吾以为今之新潮莫大于物质文明,文明学校应于物质文明上有所发明,为工商业之辅助。蔡氏所学多半为唯心的科学,而又不专精者也。长校以来心物派之争论、白话派之争论,迄今已达极点,乃至欲将中国一线之文学糟粕而捣碎之。可哀也已。查倡白话诗白话文者始自上海某某杂志,某某杂志又祖自东洋一部分之留学生,彼辈中无所有又染日本不完全之文学,以为言文一致为世界学术之要端,三五无聊之青年倡之于前,大学校踵之于后。则惟有号召通达之士起而为振兴文学之事,持之不敝,毅而有恒,流风或可稍返乎。"(参见谢觉哉《谢觉哉日记》上册,人民文学出版社1984年版;张旭、车树昇编著《林纾年谱长编:1852—1924》,福建教育出版社2014年版)

易白沙从上海回到长沙,隐居在岳麓山下,专注于编写《帝王春秋》,深刻地揭露了历代帝王人祭、杀殉、弱民、媚外、虚伪、奢靡、愚暗、严刑、奖奸、多妻、多夫、悖逆这12个方面的恶行,同时认为袁世凯及北洋政府,与封建帝王是一丘之貉。孙中山称之为"从历史事实,唤起知识阶级诛锄民贼,可谓严于斧钺矣",并为该书题签推介。孙中山还两次致信,邀他相助革命宣传事业。(参见陈先初编《易白沙集》,湖南人民出版社2008年版)

叶德辉4月3日致书夏敬观,谈叶氏家刻其先人文集事,并言及星命之学。5月6日,叶德辉有书致夏敬观,谓"《四部丛刊》之举,有功前籍,津逮后人"。同月,叶德辉另有两书致夏敬观,建议辨别版本的优劣,研对书目的取舍,甚至还关心选题时《丛刊》销售的影响。9月21日,叶德辉致先生书,谈商务印书馆《四部丛刊》选印各朝诗集事。12月,商务印书馆《印行四部丛刊启》刊出,叶德辉为二十五人发起者之一。(参见陈谊《夏敬观年谱》,黄山书社2007年版)

陈润霖时任湖南省教育会会长,与周南女校校长朱剑帆、长沙师范校长徐特立等6月15日在长沙发起成立健学会。

按:毛泽东在《湘江评论》临时增刊1号上发表《健学会的成立及进行》,把健学会的出现比作"东方的曙光,空谷的足音"。

舒新城11月1日在湖南省立第一师范学校邀集一些志同道合的教育界人士,取公研究态度,以"研究我国教育应采之宗旨,介绍世界教育之思潮,批评旧教育之弊端,商榷新教育之建设"为宗旨,创办《湖南教育月刊》。

龙兼公在8月15日湖南长沙《大公报》"评论"上发表《报纸和舆论》,论述报纸与舆论的关系。

按:作者说:报纸和舆论的关系,"约可分作三种:(一)报纸创造舆论。(二)报纸代表舆论。(三)报纸改革舆论。第一项是舆论由报纸创造出来,换一句话说,便是报纸发表某种新思想新主张,得群众的赞同,渐渐制成了一种舆论。这种舆论是从来没有的,所以说是创造。第二项便是社会上有某种舆论,报纸于适当机会替他宣布出来,有时加以批评表示赞助的意思。报纸替舆论作喉舌,所以说是代表。第三项便是报纸认为某种舆论有错误或不妥当不适宜之处,把他纠正起来,结果居然告了成功。这个与创造的性质稍有不同,所以说是改革。"

沈钧儒1月下旬自广州返沪,回家过春节,并赴苏州等地。3月20日,经香港返广州。2月20日至5月13日,南北和议式开议至破裂。沈钧儒曾对南北和议提供建议,坚决主张不能乞求和平,不能牺牲护法原则。其间,与正在上海主办《中华新报》的张耀曾通信频繁。

当时张耀曾处境艰难。两人都反对安福系,信中对当时局势颇多焦虑。8月10日,参加广州路政研究会于东园召开之成立会。会议选举李根源为会长,冷遹、于右任为副会长,沈钧儒为编辑主任。11日,因孙中山于8月7日在上海通电辞总裁职,至军府商量挽留孙中山。(参见沈谱、沈人骅编《沈钧儒年谱》,中国文史出版社1992年版)

容肇祖受五四运动影响,积极参加学校组织的宣传队,到广东佛山、九江、大同等村镇,宣传爱国思想和抵制日货。(参见莞城图书馆编《容肇祖全集》(一)《自传》,齐鲁书社2013年版)

遍伍宪子去香港接办《共和日报》。

邱醒群、符经甫任总经理的《少年贵州日报》3月创刊于贵阳。

梁冰弦、刘石心、陈秋霖等主张无政府主义者12月1日应陈炯明之邀赴福建漳州创办《闽星》半周刊。

张謇1月13日致电徐世昌,谓"南方代表未即派出之故,实陕、闽进兵问题为梗,此而不决,殊难接近。如中央将陕、闽北军从事退让,和议之局不难成立,而鄙人亦可疏通有辞"。2月11日,在北京大学举行的争取国际联盟同志会成立会上与蔡元培、王宠惠、李盛铎、严修、熊希龄被推为理事,梁启超为理事长(汪大燮代理)。16日,在北京石虎胡同举行的国民外交协会成立会上被推为理事长,熊希龄、王宠惠、严修、林长民、范源濂、庄蕴宽、汪大燮、梁启超、蔡元培为理事。2月21日,与熊希龄、王宠惠、严修、林长民、范源濂、庄蕴宽致电各省议会、农工商会、教育会及各团体:国民外交协会成立,并发表"促进国际联盟之实行"主张。4月1日,筹建南通更俗剧场及西公园戏馆(小剧场),由薛毅担任筹建经理。8日,就巴黎和会与熊希龄、范源濂、林长民、王宠惠、庄蕴宽等致函在欧洲游历的梁启超,并奉上中、英文请愿文各一份。

按:致梁启超函曰:"此次巴黎和会,为正义人道昌明之会,尤吾国生存发展之机,我公鼓吹舆论,扶助实多,凡我国人,同深倾慕。""兹特奉上中、英文请愿文各一份,务恳鼎力主持,俾达目的,则我四万万同胞受赐于先生者,实无涯矣。"

张謇所创《公园日报》4月10日出版发行。4月12日,在天津北洋大学举行的中国矿学会成立大会上,被推为名誉会长,蔡元培、熊希龄、周学熙、唐文治、王揖唐、赵天麟等为名誉会员。4—5月间,嘱薛毅赴上海,邀欧阳予倩、查天影抵通于西公园小剧场连演《黛玉葬花》《宝蟾送酒》《馒头庵》,南通观众看了大开眼界,十分欣赏。其间张謇与欧阳氏晤谈,谓"实业可振兴经济,教育能启发民智,而戏曲不仅繁荣实业,而且补助教育之不足"。5月3日,嘱国民外交协会发布通电,定于本月7日二十一款签字之国耻纪念日,在北京中央公园开国民大会,正式宣言并要求政府训令专使坚持,如不能争回国权,宁愿退出和会,不得签字。21日,致电徐世昌,请迅电巴黎专使,严令决勿签字。27日,《晨报》载《张謇最近之主张——山东问题不可签字,安福派不可长教育》。同月,与朱庆澜、程龄荪、卢寿联等集资十万元,筹办中国影片制造股份有限公司。

按:公司在东公园造了玻璃摄影棚五间,并在上海仁记路百代公司内设办事处。卢寿联任经理兼导演,聘鲍庆甲任制片部主任,关文清任编导,顾肯夫任秘书兼编剧,另聘美国人哥尔今任摄影师,卜万苍为其助手。公司第一部影片名《四杰村》,后往美国纽约放映,反响不错。还拍摄《张季直先生的风采》《张謇游南通新市场》《倭子坟》《五山风景》《陈团长阅兵》《新南京》《国民外交游行大会》等新闻片与《饭桶》等滑稽片。上述影片在上海放映时,受到欢迎。1923年下半年,公司因资金困难停办。

张謇6月7日以通崇海泰商务总会、南通县农会、教育会会长名义致电徐世昌、钱能训,请将逮捕学生释放,以安学校,而靖民气。25日,在《时报》刊载《张謇敬告全国学生书》。

7月,在城西南筹建更俗剧场,仿上海九亩地新舞台剧场风格,孙杞任规划设计,欧阳予倩审定,上海邬松记建筑行承建。8月17日,致电祝贺中国科学社杭州年会召开。20日,在江苏省教育会在上海举行的常会上当选会长,黄炎培当选副会长,袁希涛、范祥善、章钦亮、杨鄂联、林文钧、李中一、卢寿篯、刘海粟、谭廉、蒋昂、邹楫、朱亮、沈恩孚、张世鎏、朱叔源、庄俞为干事员。同月,筹办南通农科大学。9月25日,贺更俗剧场落成。同月下旬至10月中旬,所建伶工学社于南公园落成,自任董事长。

按:张怡祖任伶工学社社长,梅兰芳任名誉社长,欧阳予倩任主任,主持教务。首批学生来自北京与南通,约60名。教师有吴我尊、查天影、薛瑶卿(昆剧)、赵桐珊(京剧)以及文蓉寿等多位名家。上午学戏,下午上文化课。举行开学礼时,张(謇)先生到社训话。

张謇9月所作《〈理论实用纺绩学〉序》刊于《华商季刊》创刊号。10月12日,与叶恭绰、权锦堂在中华工程师学会在北京举行的第七届常年大会上被推为名誉会长。31日,出席更俗剧场落成仪式,自任董事长,薛嘬、欧阳予倩分任前、后台经理。官绅商学各界先后莅临,冠盖骈阗,盛极一时。11月11日起,太虚应邀于观音禅院讲《法华经》。12月,与王秉思发布商务印书馆《印行四部丛刊启》,沈曾植、翁斌孙、严修、罗振玉、叶德辉、齐耀琳、徐乃昌、张一麐、傅增湘、莫棠、邓邦述、袁思亮、陶湘、蒋汝藻、郑孝胥、叶景葵、夏敬观、张元济等同具。

按:是年1月6日,张謇与受日本政府委托抵通调查的上冢司晤谈,同日稍后,上冢司云:"旅行者一出上海向北行,都会听到前农商部总长张謇的名字。而且一踏入他的故乡南通,就看到所有的事物都是以他为中心运动着的。"8月9日,《密勒氏评论报》在"中国名人录"栏目中,认为张謇是"中国杰出的实业领袖""经过数年的苦心经营,他已经成功地将他破落的故乡转变为一座现代化的工业城镇,在那儿,乞丐无处可寻,人们安居乐业"。(以上参见庄安正《张謇年谱长编(民国篇)》,上海交通大学出版社2018年版)

郭秉文继续任南京高等师范学校代理校长。春,扩充行政组织,设总务处、直属校长,分8部任事;此外,分教务、斋务、庶务三处,各设主任、分若干部任事。改国文部为文史部,改理化部为数理化部。2月26日,呈请江苏省督军署划分小营西北隅地,扩充为农场。4月14日,郭秉文等3人被授予嘉禾勋章5等。5月28日,南高师等21所大、中学校学生一致罢课。9月1日,江谦因病辞职,教育部正式任命郭秉文为南京高等师范学校校长。10月22日,校务会议成立。11月1日,学监主任陈容辞职,改聘刘伯明继任。19日,全国高等师范学校第二次联合会在本校梅庵举行,到会代表10人。提出各种提案,并为校内道路命名。12月1日,南高师学生主办的《少年社会》杂志创刊。是年,郭秉文在《新教育》先后发表《记欧美教育家谈话》《欧美教育资料》《美国全国道德教育会宣言》《战后欧美教育近况》等,又在《教育公报》第6卷第11期发表《郭博士报告战后欧美教育》。

按:南京高等师范学校文哲史地的著名教授有刘伯明、陶行知、郑晓沧、汤用彤、王伯沆、吴梅、吴宓、梅光迪、徐则陵、柳诒徵、竺可桢等。(参见郭秉文著、耿有权编《郭秉文教育文集》附录《郭秉文学术年谱》,东南大学出版社2018年版;南京大学高教研究所编《南京大学大事记1902—1988》,南京大学出版社1989年版;沈卫威《学衡派编年文事》,南京大学出版社2015年版)

陶行知1月参加由北京大学、南京高师、暨南学校、江苏省教育会、中华职业教育社共组的新教育改进社,并任该机关报《新教育》月刊的南京高师编辑代表。2月,陶行知发表《教学合一》,提出对教学改革的思想,同年在南京高师将全校各科的"教授法"改为"教学法",不久为全国教育界所采用。3月,陶行知与蔡元培、胡适等商定,以江苏教育会、北京大学、南京高等师范等5个文教团体的名义,联合邀请杜威来华讲学。4月21日,发表《第一流的教育家》,最先提出创造精神的教育思想,蒋梦麟称作为"教育界的福音"。5月9日,南京大、中学校学生5000多人在小营演武厅举行国耻纪念大会,响应"五四"运动,提出"力争收回青岛"等5项要求。陶行知在南京小营演武厅6千人大会上发表演说,痛斥袁世凯"二十一条"卖国条约。会后,上街游行示威。13日,由南高师发起,全市30多所大、中学校共组的南京学界联合会成立,应尚德、陶行知被选为正、副会长。9月,陶行知创办工学协助委员会。是月前后,陶行知发表《新教育》《试验主义与教育》《介绍杜威先生的教育学说》等文,广泛宣传杜威的实用主义教育思想。10月4日,陶行知被聘为南高师教务主任。后又兼任教育科主任暨教育系主任。17日,陶行知在第五次校务会议上提出女子旁听课案。
(参见江苏省陶行知研究会、南京师范大学编《陶行知文集》下附录《陶行知生平年表》,江苏教育出版社2008年版;王文岭撰《陶行知年谱长编》,四川教育出版社2012年版)

陈鹤琴继续在哥伦比亚大学师范学院攻读教育学博士学位。5月4日,国内五四运动爆发,深为爱国青年奋起救国之精神和"民主"与"科学"口号所鼓舞和启发。向国内申请延长学年报告未及时回复,决定放弃攻读博士学位,接受南京高等师范学校校长郭秉文之聘请回国执教。8月15日,乘船回到上海。回国后去杭州,应经亨颐之请参加中国科学社年会并在会上演讲。9月,任南京高等师范学校教育科心理学、儿童教育学教授。之后,与陶行知、郑晓沧、廖世承、陆志韦、俞子夷、涂羽卿等教授共倡新教育。为扫除学校暮气,建立有生气、有活力的校风,大力提倡课外活动,培养学生自治精神。参加校方成立的考试、演讲、暑期学校研究等委员会,并任游艺和制定校徽委员会主任。11月,在《新教育》杂志撰文《学生自治之结果种种》,介绍美国学校有关学生自治的学说及其实施效果。

杨贤江4月在《教育潮》第1卷第1期发表译作《现代教育主张与现代哲学》,译自美国《现代教育杂志》,收入《杨贤江全集》第6卷中。认为现代教育主张与现代哲学的关系是"皆为现代思潮之支流,两者为时代趋势所迫,自不能不相一致,而有共通之方向"。5月5日,在《学生杂志》第6卷第5号发表《论修养宜与教育并行》。9日,参加南京学生集会游行,支持"五四"反帝爱国运动。6月5日,在《学生杂志》第6卷第6号发表《理想之势力》。同月,在《教育潮》第1卷第2期发表译作《近代教育上之需要》,译自美国学者泰勒的《生长与教育》;在《教育潮》第1卷第2期发表译作《理科教授之目的》。7月5日,在《学生杂志》第6卷第7号发表《新教训》。6—9日,在《晨报》"译论"栏发表译作《社会问题之本质及其解决》,本文原作者是日本学者福岛耀三。8月,在《教育潮》第1卷第3期发表译作《勤作教育》;在《教育潮》第1卷第3期发表译作《游戏学校》,译自美国同月《初等教育》杂志。

杨贤江8月在《教育潮》第1卷第3期发表译作《汤申(Townsend)氏之美国教育哲学论》,译自美国《学校与社会》杂志。文中认为美国教育哲学可分为贵族的智力主义与平民的自然主义两大类型,并对美国教育哲学的变迁过程(即由贵族的智力主义过渡到平民的自然主义)和两种类型的区别进行了分析;认为美国当时流行的"实验主义"(即实用主义)乃为平民的自然主义,其代表人物赫尔和杜威虽"就表面观之,二人之性质大相径庭",然"至其根本,实相类同,故列为一派",即平民的自然主义。9月,在《教育潮》第1卷第4期发表译作《庶民之学校》。10月5日,在《学生杂志》第6卷第10号发表《学生与新思潮》。同月,由左舜生、邓中夏等介绍,参加"少年中国学会",结识一批进步青年。11月1日,"少年中国学会"南京分会成立被推选为分会书记。担任分会会刊《少年世界》编辑,负责"学术世界""劳动世界"等栏目。同日,通过《关于少年中国学会的意见》,刊于12月《少年中国》第1卷第6期。同月,在《教育潮》第1卷第5期发表译作《教育的改造》,译自美国7月《学校与社会》杂志。12月29日,在《少年社会》第1卷第5期发表《德谟克拉西果有缺点吗?》(参见潘懋元等主编《杨贤江年谱长编》,光明日报出版社2005年版;南京大学高教研究所编《南京大学大事记1902—1988》,南京大学出版社1989年版)

胡先骕1月作《天择学说发明家沃力斯传》,对沃氏其人及其进化学说,皆甚为推许。2月,在《东方杂志》发表《中国文学改良论》一文,对北京大学《新青年》之陈独秀、胡适等所倡导的白话文和文学革命,站在中国传统文化的立场上提出批评,阐明其文学改良之途径。5月1日,《新潮》第1卷第5期发表罗家伦《驳胡先骕君的中国文学改良论》一文。

按:胡先骕《中国文学改良论》说:"自陈独秀、胡适之创中国文学革命之说,而盲从者风靡一时。在陈、胡所言,固不无精到可采之处,然过于偏激,遂不免因噎废食之讥;而盲从者方为彼等外国毕业博士等头衔所震,遂以为所言者,在在合理,而视中国文学,果皆陈腐卑下不足取,而不惜尽情推翻之。殊不知彼等立言大有所蔽也,彼故作堆砌艰涩之文者,固以艰深以文其浅陋。而此等文学革命家,则以浅陋以文其浅陋,均一失也。而前者尚有先哲之规模,非后者毫无文学之价值者所可比焉。某不佞,亦曾留学外国,寝馈于英国文学,略知世界文学之源流,素怀改良文学之志,且与胡适君之意见,多所符合,独不敢为鲁莽灭裂之举,而以白话推倒文言耳。今试平心静气,以论文学之改良,读者或不以其头脑为陈腐,而不足以语此乎?……故欲创造新文学,必浸淫于古籍,尽得其精华,而遗其糟粕,乃能应时势之所趋,而创造一时之新文学。如斯始可望其成功。"

胡先骕8月15日在杭州出席中国科学社第四次年会。科学社每年举行年会,前三次均在美国举行,是时主要领导人皆已回国,即移至国内召开。共有30余人参加,竺可桢任会议主席。胡先骕报告《细胞与细胞间分裂之天演》,后刊于《科学》第5卷第1期。下午,召开第二次社务会议,到者18人,胡明复为主席。胡先骕提议先选举《科学》杂志编辑部部长1人、书记1人,副部长人选待美国消息,由董事会推举。选举结果:杨铨以15票当选正部长,胡先骕以14票当选书记。秋间,南京高等师范学校邹秉文与胡先骕商酌,大举采集四川、云南两省植物,嘱起草一《缘起》和拟一《办法》,征求北京大学、北京与沈阳两高等师范学校之同意,发起兹事。后有7所大学或专科学校、24所中学及商务印书馆愿为之赞助。筹得经费共15000余元。是年,任南京高等师范学院常设委员会之校景布置委员会主任,并任暑期学校研究委员会、工读协助研究委员会委员。(参见张大为等编《胡先骕文存》上卷,江西高校出版社1995年版;胡宗刚《胡先骕先生年谱长编》,江西教育出版社2007年版)

柳诒徵继续任教于南京高等师范学校。5月,率学生赴日本参观。冬,师缪荃孙去世,赴上海吊唁。是年,举家自镇江移居南京四牌楼,后迁至南仓巷。(参见孙文阁、张笑用编《中国近代思想家文库·张尔田、柳诒徵卷》附录《柳诒徵年谱简编》,中国人民大学出版社2015年版)

杨杏佛是年夏辞去汉阳铁厂会计处副处长之职,应聘任南京高等师范学校商科主任、经济学教授,开始了历时五载的数学生涯。8月15—19日,中国科学社第四次常年会在杭州浙江教育会举行。这是第一次在国内开常年会。杨在会上报告编辑部工作和董事会年度改选情况。会上继续当选为编辑部长、董事。(参见许为民《杨杏佛年谱》,《中国科技史料》1991第2期)

童季通继续任职于南高师。10月1日,童季通指导南京高等师范学校国文史地部学生成立地学研究会,共有会员67人,举龚励之为总干事。本学期南京高等师范学校"地学研究会"共组织五次学术演讲:10月14日,童季通演讲《地名之研究》。28日,柳诒徵演讲《人生地理学》。11月10日,童季通演讲《中国之旅行》。12月8日,黄任之演讲《南洋风土状况》。8日,陈苞荪演讲《斐列宾之现在与将来》。(参见沈卫威《学衡派编年文事》,南京大学出版社2015年版)

范希曾、胡焕庸、王子素、杨楷、陆鸿图、诸葛麒、唐兆祥、赵鉴光、景昌极、田耀章、王锡睿、阮真、盛奎修、罗会洋、何惟科、高国栋、余启铭、夏崇璞、刘文翮、徐震堮、钱堃新、方培智、孙士柟、黄英玮、诸晋生、王玉章、张廷休、姜子润、周光倬、仇良虎考入南京高等师范学校。

张其昀考入南京高等师范学校史地部,师从刘伯明、柳诒徵、竺可桢等人。

陈训慈考入南京高等师范学校文史地部。在校期间,加入史地研究会,担任总干事、书记、编辑等职,参与《史地学报》的创刊。

缪凤林考入南京高等师范学校史地部,与陈训慈、张其昀均为柳诒徵高足弟子。(参见沈卫威《学衡派编年文事》,南京大学出版社2015年版)

王庸考入南京高等师范学校文史地部。

吕思勉由谢观介绍,到上海商务印书馆任编辑,助谢利恒编辑《中国医学辞典》,撰其中的《中国医籍源流论》一篇,系统叙述中国古代医学典籍及其源流派别。后未收录《中国医学词典》,由谢利恒私人木刻印行少许册分送同行友人。夏,吕思勉撰有《医籍知津》及《论医》等文。8月至12月,由吴研因介绍在苏州省立第一师范学校任教。加入少中国学会。(参见李永圻、张耕华编撰《吕思勉先生年谱长编》,上海古籍出版社2012年版)

叶圣陶继续在甪直吴县第五高等小学校执教。1月,向《新潮》投稿。3月,由顾颉刚介绍加入新潮社。5月10日,加入苏州学界联合会。15日,在上海《时事新报》"时评"栏内发表《吾人近今的觉悟》,宣传"庶民主义"和"社会主义"。31日,加入苏州教职员联合会。冬,与王伯祥等创办《直声》文艺周刊,出数期停刊。是年,叶圣陶与日本作家武者小路实笃通信,关心"新村运动"。(参见商金林编《叶圣陶年谱》,江苏教育出版社1986年版)

颜文梁发起组织苏州美术赛画会,为我国现代美术史上第一个全国性的美术展览会。

钱穆继续任教于鸿模小学。秋,转任后宅镇泰伯市立第一初级小学校长之职。自印与朱怀天合撰诗集《二人集》。(参见韩复智编著《钱穆先生学术年谱》,中央编译出版社2012年版)

贝晋眉在江苏苏州创建禊集曲社,任社长。

朱东润回到江南,任江苏南通师范学校教师。

马宗霍应江苏女子师范之聘任教员。

钱穆改任江苏无锡后宅镇泰伯市立第一初级小学校长。

史良参加五四运动,曾任江苏常州市学生会副会长。

欧阳竟无南游滇,应唐蓂赓讲《维摩》《摄论》。北赴燕,为蒯若木讲唯识。稍稍得资助。春,欧阳竟无作成《杂集论述记叙》,叙《杂集论》内容要点和读书次第,更对唯识、法相分宗谈十义之别。(参见徐清祥《欧阳竟无评传》及附录一《欧阳渐学术行年简表》,百花洲文艺出版社2010年版;徐清祥编《欧阳竟无先生学术年表》,载欧阳竟无著《欧阳竟无内外学》,商务印书馆2017年版)

夏敬观4月1日与张元济、李宣龚同赴哈同、姬觉弥、王子良、章正邀宴。4月10日,夏敬观与张元济、李宣龚、高凤谦、陈衍等设筵公祝,为郑孝胥旧历三月十二日六十寿事。9月4日,张元济为商务印书馆印《四部丛刊》,向傅增湘借到《水心集》《庾子山集》《山海经》《西京杂记》《管子》《韩非子》《曹子建集》《元次山集》《中论》等九种书,均由夏敬观收集复勘。

11月27日,夏敬观与张元济邀叶德辉、郑幼波、黄幼希、孙星如、日本白岩龙平、须贺虎松于张宅中便酌,商借印岩崎所购皕宋楼书事。12月,商务印书馆《印行四部丛刊启》刊出,夏敬观等25人一同发起。同月4日,夏敬观告假赴京。6日,罢伍崇学,由夏敬观继任浙江教育厅长。(参见陈谊《夏敬观年谱》,黄山书社2007年版)

经亨颐继续任浙江第一师范学校校长。4月25日,浙江省教育会在经亨颐主持下,将《教育周刊》更名为《教育潮》,并扩大篇幅,改为月刊,以介绍世界教育思潮,批评中国教育弊端,讨论新教育建设为主旨。5月12日9时,在"五四运动"影响下,杭州全体中等以上学校学生3000余人,走上街头,举行示威游行。学生们一路喊着"废除二十一条""还我青岛,还我山东"等口号,气势雄壮。经亨颐、刘大白、陈望道、夏丏尊等上街演讲。当时杭州报刊称"经、刘、陈、夏"为"五四浙江四杰"。5月26日,经亨颐得悉省长齐耀珊将对学生采取镇压措施,晚上急招夏丏尊、刘大白等至其寓商讨应对办法,谈至11时始散。7月6日下午3时,经亨颐在寓所召集夏丏尊与王锡镛接洽校务,大致议定试行专任制;添聘国文教员、理化教员。夏丏尊、王锡镛作为校内中坚,少任教课。7日,经亨颐邀夏丏尊与王锡镛、朱听泉一起商谈试行专任制事宜。30日,经亨颐与夏丏尊同赴硖石,为学校添聘国文教员。8月10日,经亨颐至泰丰旅馆访陈望道后,顺便至湾井弄访夏丏尊,未遇。夏,刘大白是到浙一师任教。

经亨颐9月在浙江一师实施教育改革,提出"与时俱进"的办学方针。具体内容包括首倡学生自治、职员专任、改革国文教授及学科制等措施。在这场改革中,被称为"四大金刚"的陈望道、夏丏尊、刘大白和李次九四位语文教员贡献尤多,如反对旧文学、文言文,提倡新文学、白话文;反对盲目崇拜,提倡思想解放。"要明辨是非,反对权威,先生有不对的地方,学生应该批评,不批评的不是好学生;此外,还有反对尊孔读经,蔑视礼教反对封建专制主义,提倡自由平等思想。"等主张,使得一师的师生纷纷起来抵制"丁祭",并取消孔子诞辰休假的规定。同月,经亨颐和国文课主任夏丏尊决定,从该学年起,浙一师和附属小学国文科教师一律改用白话授课,同时采用注音字母,以便于普及白话文。10月10日,《浙江省立第一师范学校友会十日刊》创刊。由经亨颐、陈望道、夏丏尊、李次九和学生傅彬然、施存统、周伯棣、张维湛、魏金枝等以"校友会"名义创办。其目的除交流知识、联络感情外,尤重探讨教育思潮、教育学术及与教育有关的人生、社会、道德诸问题。共出13期。至1920年3月20日停刊。

按:同日,《浙江省立第一师范学校校友会十日刊》创刊号发表本校如下重要消息:

自从这个学年起,本校要想实现向来的主张,适应时势的要求,对于校务,颇有改革的地方,约略写出来请大家看看:

(一)试行"专任制"。这个制度,本校主张很久了,因为各方面有点障碍,难以实现。但是近年来,本校教职员中服务一个学校的,实在已占据了多数,唯没有专任的形式,却已得专任的精神,所以"毅然决然"把这个制度试行了。其中实施上的要旨在四项:

第一,专任职员,不得兼任他校的职务。

第二,专任职员,要协议校务,和校长共同负责。

第三,专任职员的职务,或充教授,或担事务,或二项兼任。

第四,照现行的预算经费,酌定专任职员的月收入,一律暂给七十元。(附)本学年专任职员的姓名(共计十六人,依姓氏笔数为顺):王赓三、朱听泉、李次九、吴暑辰、金咨甫、范允之、胡公冕、夏丏尊、姜敬庐、徐溥泉、袁心产、陈望道、陈纯人、刘大白、潘端甫、郑赓九。

（二）提倡白话文。改革我国的文字，教育上确已认为必要了；在本校地位上看起来，更觉不能不负提倡的责任。所以从这个学年起，本校和附属小学国文科的教授，一律改用白话。

（三）传授注音字母。要想普及白话文，先要灌输注音字母，这是人人知道的。本校国文教授陈望道君对于注音字母很有心得，所以特地请他到上海吴稚晖君处，再去研究一番。归来便传授附属小学全体教员和本校全体职员学生斋夫，成绩怎样，现在还没有把握。不过此番师生斋夫在同一教室做了暂时的同学，倒也是一桩很有趣味的事体咧！

经亨颐11月16日支持浙江第一师范学校学生成立学生自治会，负责学生的身体健康、研究学术、发表思想、涵养德性、食衣住、课外作业、社会服务、校内整洁、同学行为等11项内容。25日，浙江省教育厅厅长夏敬观派遣科员富光年到浙江一师查问《浙江新潮》问题，找陈望道、夏丏尊、刘大白、李次九四位国文教师询查国文课授课情况，又逐本逐页翻查了白话文的国文讲义和学生的作文簿。后又改派姓周的科长到校查问。12月，浙江省政府以"非孝、废孔、公妻、共产"的罪名对夏丏尊、陈望道、刘大白、李次九等四位国文教员加以撤职查办，经亨颐校长抵制不办，当局即调离经亨颐校长，浙江一师师生发表宣言，向当局提出抗议，遭到镇压，于是掀起"浙江一师风潮"。12月31日，刘大白写下了一首白话诗《红色的新年》。（参见董郁奎《经亨颐大事年表》，载董郁奎《一代师表：经亨颐传》，浙江人民出版社2007年版；葛晓燕、何家炜编著《夏丏尊年谱》，中国文史出版社2012年版；上海鲁迅纪念馆编《陈望道纪年集》，复旦大学出版社2006年版）

夏丏尊与刚从日本归国来浙江省立第一师范学校任教的陈望道以及刘大白、李次九等积极支持新文化运动。与刘大白、陈望道、李次九三位国文教员提倡新思想、新文化和改革语文教育，提倡教白话文和新文学作品，被称为"四大金刚"。2月24日，夏丏尊应经亨颐约，与戎菽畦赴校接洽日文讲习会事，后同往西悦来菜馆便酌。4月25日，江省教育会《教育周刊》更名为《教育潮》，夏丏尊为该刊编辑之一。在《教育潮》第1卷第1、2期上连载《教育的背景》一文。文中主张教学内容要"以境遇和时代为背景，与时俱进"。8月，翻译日本帆足理一郎《民本主义与教育》序文《杜威哲学概要》，刊于《教育潮》第1卷第3期。10月10日，参与《浙江省立第一师范学校友会十日刊》创刊。同日，与陈望道、刘大白、李次九及沈玄庐为《双十》半月刊提供经费支持。30日，在《校友会十日刊》第3号上发表《家族制度与都会》。文中说："近年以来，中国已入世界文明的旋涡；一切制度、习惯、思想、道德，从根本上都有点动摇起来。就中最成问题的就是家族制度。因为中国自国体改变以后，三纲当中已消灭了一纲，现在的制度、风俗、道德，完全立在家族制度上面；如果家族制度再一摇动，中国的旧文明、旧道德就要全体破产。这种现象自然很危险，至于好与不好，都是另外问题；因为这种现象自身有坚牢的根据，你就是说它不好，也没法反对。"

夏丏尊12月30日在《校友会十日刊》第9号上发表《一九一九年的回顾》。文中说："1919年，到今日为止，就要告终了！这一年的历史，在将来世界史上不知要占什么样的位置？这个问题就是历史家，恐怕一时也不容易下一个简单的猜测。世界史上最可纪念的事件大概要算'文艺复兴''宗教改革''法国革命'……这几件。这种事件可以纪念的理由并不在它事件的本身，是在它所发生出来的各方面的影响，因为事件本身是有空间与时间的限制的，它的影响是可以不受时间与空间的限制，可以继续、变形、随处发展的。1919年中所经过的事故，在政治、经济、社会、思想、生活各方面，都受着一种空前的刺激，而且这种刺激，无论哪一民族哪一国家，直接或间接的多少也都受着一点。是月，加入由李大钊、杜国庠等人组建的"丙辰学社"。（参见葛晓燕、何家炜《夏丏尊年谱》，中国文史出版社2012年版）

　　沈仲九4月25日任新创刊的《教育潮》主编,由浙江省教育会主办。该刊第1卷第1期封二上明记:"主干沈仲九"。编辑有余吾生、何竞明、胡孟嘉、袁心产、秦吉人、夏丏尊、张中虚、张萍青、冯季铭、经亨颐、刘大白、叶墨君、罗巛伯等人。沈仲九借助《教育潮》积极宣传杜威学说,大力推介民主主义教育,为杜威来华做舆论先导,并撰写了《德莫克拉西的教育》《怎么样对付新旧思想》《青年的自觉》等多篇文章。

　　按:《教育潮发刊词》曰:教育潮者,教育周报之蜕化了也。周报夙为浙江省教育会研究教育发表意见之机关。出版以来,为期已二百三十有五。岁二月,经评议会决议,改为月刊,乃易今名。自今伊始,将扩充其篇幅,变更其体例,刷新改进,以与全国教育界相见焉。虽然,曷为而以潮名乎?说者谓吾浙以潮名于世界,而潮之盛衰,又以月为其周期,改周报为月刊,而附以潮名,殆取义于斯乎?曰,唯唯,否否。使教育潮取义而止于斯,则涵义之容量,亦至浅狭矣,故斯说似矣而未尽也。然则曷为而以潮名乎?今夫潮之为物,有迁流递嬗之时间性,变化密移之空间性者也。日月合朔而子午再至,由是子至者渐迁流为丑,午至者渐迁流为未,以逮于望,而子午易位矣,迨合朔再逢,而望之午至者,又迁流而为子,子至者又迁流而午。吾人徒见其经一朔望,而子午至者二度焉,以为是固循环者也,而不知其间已经一昼夜之递嬗矣。后一合朔之子午至,决非逆转而回复其前一合朔之子午至也。此就其时间言,而有迁流递嬗之性者也。一线涛头,吾人知其来自海上矣,然不知其来自几万里外之海上也。其怒卷而来也,后涛促前涛之进,后涛复促后涛之进。前涛没而后涛兴,前涛抑而后涛扬。第二米突之涛,绝非第一米突之涛也;第三米突之涛,又绝非第二米突之涛也。如是后递移递进递化而为前涛,一辗转间,已不知其经若干之变化焉。此就其空间而言,而有变化密移之性者也。潮惟具此二性,故能刷新改进,永久持续其生命于不替。凡百事物之能永久持续其生命者,莫不持此二性之功能,潮特其著者也。而教育事业,亦乌能外是,故有其根据之学说焉,有其实行之法则矣,皆随时间之迁流,而不能不有所改革,依空间之变化,而不得不有所禀受者也。乃曩者吾国笃旧尊已者流,辄以为一学说也,可万事遵循而莫与易;一法则也,可百代沿袭而不必更,苟非故有之学说,不问其是非,而悉加抗拒;苟非固有之法则,不问其良窳,而咸施排斥焉,是以为学说与法则,皆无容刷新改进,而能永久持续其生命不替也。是不知一观夫潮,而能近取枇也,将欲取法乎潮,而为刷新改进之图,此教育潮之所由取义于潮者一。

　　抑潮之为物,有扫腐摧坚之势力,旧除布新之功用者也。万顷之淤,经其几回之冲激,可以瞬睹其汩没,千丈之堤,经其历年之摇撼,可以立见其倾颓,其势力之伟,莫之能御也。朝崩沙洲于东,而夕即卷沙以涨之于西。暮吞土屿于西,而晨即挟土以吐之于东。沧桑凌谷,常操平陂往复之威权,成往坏空,时演代谢去来之活剧。其功用之大,莫之于京也。惟知其势力之伟,故不宜为顽强之抗拒,而当与之顺应,惟知其功用之大,故不宜为淡漠之恝置,而当加以欢迎。虽然,是非特天然之潮流也,人事之潮流,亦何独不然。教育者,人群之所由进化,而一切人事之所由创造也。而谓可抗拒世界之新潮流,而不之顺应,恝置世界之新潮流,而不之欢迎乎?今者吾国教育界,其不知有世界新潮流者无论矣,乃有明知其将知至,而为顽强之抗拒者焉,是不知其势力之伟也;而为淡漠之恝置者焉,是不知其功用之大也。垒石于海口,而翼潮之不来,几何其不溃决哉?横舟于江心,而听潮之自上,几何其不复没哉?将欲利用夫潮,而为顺应欢迎之举,此教育潮之所由取义于潮者二。

　　由前二义,教育潮之所以名潮者著矣。教育潮之断宜取法夫潮也,亦甚明矣。虽然,何谓潮流乎?何谓世界之新潮流乎?教育与世界之新潮流,有何关系乎?教育界宜如何利用新潮流乎?此四问题者将以次明之。(一)何谓潮流?潮流者,群化演进之喻词也。群化之演进也。恒变动而不居,恒急进而无已。以其变动不居也,故喻之以流、以其急进无已也,故喻之以潮流。今试略举潮流之种类如下:(1)精神潮流——即一时代思想之集合;(2)时代潮流——即一时代世界大势之所趋;(3)社会潮流——即一社会之现状。大凡潮流之起,必以时代思想之总合,为之母因,因形成一时代之世界大势。即为世界大势所迫,而不得不排去一社会之旧现状,以改造新现状。质言之,即由精神潮流,而成时代潮流,因时代潮流,而改造社会潮流也。(二)何谓世界之新潮流?二十世纪之新潮流,人的潮流也。即基于以人为本位之思想,成为以人为本位之世界大势,排去一切不以人为本之就社会现状,而改造以人为本位之新社会现状之潮流也。今世界新潮流之趋势如何? 可得而略言焉。(1)政治废军国主义,重民本主义;(2)国际废均势主义,取联治主义;(3)经济废务财主义,取用财主义。军国主义,极端戕贼人性,而不以人为本位者也。民本主义,则以人民之福利为本,即以人为本位。均势主义,以强大之民族,压迫弱小之民族,而不以人为本位者也。联治主义,则虽为团体联合之组织,而仍许发展个性之自由,一任民族之自决,亦以人为本位。务财主义,视财富为一种目的,转以人类为介绍品,而纯由人类利用之,以达最高尚之目的,又以人为本位焉。统观此三者,无不以人为本位。然则今日世界之新潮流,非人的潮流乎?(三)教育与世界新潮流之关系教育者,有排去社会不合潮流之旧现状,而改造适合潮流之新现状之责任者也。故为教育学者,宜熟察今日之精神潮流时代潮流,而顺应之,欢迎之,以改造一社会之潮流焉。若军国主义均势主义已归淘汰,而犹提倡重武力,尚强权,物竞天择优胜劣败之学说;务财主义已遭识者之诋呵,而犹讲授认定财富为目的之科学,不几与垒石海口,横舟江心者等乎?(四)教育界宜如何利用新潮流? 教育之于世界新潮流,既又密切之关系矣。则顺应之欢迎之之道,不外禀受世界最新之学说,以革新其法则而已。改革奈何?曰主张人格教育,尚自动,尚自由,尚自治,尚自律而已。

综上四者,此教育潮之所为作也,此教育潮虽限于教育,而不得不兼顾于教育以外之精神潮流时代潮流社会潮流也,至文词则或文言,或国语,皆以明显为前提,而务为科学的合理之研究。思想则自由独立,而不受时代之统辖,不受国界之束缚,不受权力之压制,且以专一之音,足令听者生倦,故苟殊途而同归,不妨主张之各异,同人等窃愿于同一宗旨之下,而并存异说,以供教育界之研究焉。读者幸毋笑其多歧也。(参见吴念圣《沈仲九先生二三事》,《世纪》2020年第4期;葛晓燕、何家炜编著《夏丏尊年谱》,中国文史出版社2012年版)

陈望道7月毕业于日本中央大学法科,获法学士学位。同月,在五四运动感召下,留学毕业后即回国。9月,经沈仲九介绍,应浙江第一师范学校经亨颐校长之聘,任该校国文教员。是年,陈望道在《新青年》发表《横行与标点》(与钱玄同通信);在《时事新报》副刊《学灯》发表《点法答问》《扰乱与进化》《机器的结婚》《我之新旧战争观》《因袭的进化与开辟的进化》;在《教育潮》发表《致仲九(通信)》;在《民国日报》副刊《觉悟》发表《我很望天气早些冷》;又在《浙江省立第一师范学校校友会十日刊》发表《新式标点的用法》《浙江的一颗明星!》。(参见上海鲁迅纪念馆编《陈望道纪年集》,复旦大学出版社2006年版)

俞秀松、周伯棣等浙一师学生与省立第一中学学生查猛济、阮毅成、阮笃成,省立甲种工业学校学生夏衍、孙锦文、蔡经铭、杨志祥、倪维熊等10月10日创办《双十》半月刊。取名"双十"的目的旨在纪念辛亥革命。刊物的经费主要由陈望道、刘大白、夏丏尊、李次九及沈玄庐提供。11月1日,《双十》半月刊出版两期后,改为《浙江新潮》周刊,并成立《浙江新潮》社。12月2日,《浙江新潮》被北洋政府彻底查禁。该刊出版至第3期虽被迫停刊,影响却极为深远。陈独秀在第7卷第2号《新青年》上写了一篇题为《〈浙江新潮〉——〈少年〉》的随感录,对该刊给予高度评价。说《浙江新潮》的议论更彻底,"《非孝》和《攻击杭州四个报》(《之江日报》、《全浙公报》、《浙江民报》和《杭州学生联合会周刊》)那两篇文章,天真烂漫,十分可爱,断断不是乡愿派的绅士说得出来的。"陈独秀还说:"我祷告这班可爱可敬的小兄弟,就是报社封了,也要从别的方面发扬《少年》、《浙江新潮》的精神,永续和'穷困及黑暗'奋斗,万万不可中途挫折。"(参见葛晓燕、何家炜《夏丏尊年谱》,中国文史出版社2012年版)

施存统为浙一师学生,深受"四大金刚"的影响。9月,阅读《进化》《民声》《自由录》《近世科学与无政府主义》等书刊,对家庭、孝道和无政府主义有了新的认识。10月下旬,参与成立《浙江新潮》社。月底,由于受到母亲被父亲虐待而濒临死亡的刺激,开始撰写《非孝》一文。11月7日,在《浙江新潮》第2号发表《非孝》,呼吁以父母子女间之平等的爱代替不平等的"孝"。该文经夏丏尊审阅发表后,被当时的保守势力视为"洪水猛兽、大逆不道",归罪于校长经亨颐及"四大金刚"的改革。教育厅长找经亨颐谈话,责令经亨颐:"据本厅周科长查明,贵校教师陈望道、刘大白、夏丏尊、李次九等四人,所选国文讲义,全用白话,弃文言而不授,此乃与师范学校教授国文之要旨未尽符合。而此四人,又系不学无术之辈,所选教材,夹杂凑合,未免有思想中毒之弊。长此以往,势将使全校师生,堕入魔障。本厅责成贵校立即将此四人解职,并将学生施存统开除。"经亨颐断然拒绝执行省教育厅的"查办"指令。《浙江新潮》社遭省警署查封后,曾移上海出版第 3 期。(参见和民胜编著《施存统年谱》,商务印书馆 2019 年版;葛晓燕、何家炜《夏丏尊年谱》,中国文史出版社 2012 年版)

曹聚仁继续在浙一师就读。5 月,受"五四"运动影响,参加学潮。"非教"事件中,一师学生施存统在革命思想影响下,组织"新生"学会,出版《浙江新潮》周刊,并发表反对片面伦理的文章《非孝》,引起校内外乃至全国的辩论。同学凌独见创办了《独见》半月刊,大骂施存统,引起公愤。学生自治会组织法庭"公审"凌氏,曹为审判员之一。同月接待杜威先生到杭州讲演。秋,一师学生自治会成立。次年秋与范尧生主持自治会工作。(参见曹雷编订《曹聚仁年谱》,《上海文史资料选辑》2000 年第 1 期)

夏衍仍在浙江省立甲种工业学校就读。五四运动爆发,参加浙江学生运动,被选为杭州学生联合会代表。10 月,与俞秀松、蔡经铭、孙锦文、杨志祥、倪维熊等人在杭州发起成立《双十》半月刊社,11 月改为《浙江新潮》社。夏衍以"宰白"的笔名发表文章《随感录》,抨击当局的文化专制,得到陈独秀的赞赏。11 月初,夏衍经俞秀松和汪馥泉介绍,与夏丏尊初次见面。夏丏尊鼓励他们,要像北大学生一样地去冲破沉闷的空气。(参见沈宁、沈旦华、沈芸编《夏衍年表》,载《夏衍全集16》,浙江文艺出版社 2005 年版)

汪东 3 月 11 日三十生辰,有早衰之戚,赋《水调歌头》抒怀。同月,北京大学《国故》月刊创刊,以"昌明中国故有之学术"为宗旨,总编辑为刘师培与黄侃。创刊号中刊有江东《杂诗》一首。4 月,《国故》月刊第 2 期出版,刊有汪东《编华词序》及《万类》。8 月,卸任於潜知事,转任余杭知事。汪东知於潜日,颇有政声。(参见薛玉坤《汪东年谱》,河南文艺出版社 2016 年版)

竺可桢 8 月 15 日在杭州主持召开中国科学社第四次年会,杨铨被选为《科学》杂志编辑部部长,胡先骕为书记。任鸿隽、胡明复、赵元任、唐钺、邹秉文、孙洪芬、杨铨、裘维裕、金邦正、李协、李垕身当选为中国科学社理事。

马一浮 5 月为邵廉存撰《邵君家传》以载其家谱。又为永嘉朱晓岩撰《朱晓岩鬻画赞》,称其为"今之大画师",赞其"舍官而卖画,善能用其道"。是年,结识肇庵(安)法师。(参见张雨晴《马一浮学术年谱整理(1911—1949)及其儒学践履活动研究》,贵州大学硕士学位论文,2019 年)

褚传诰执教于浙江省第六中学,所编《文学蜜史》铅印本初版。此书原为作者在两广方言学堂主讲时所著。所谓"蜜史",据作者自述:"蜜史者何,取裴世期注三国志语也,而文网罗古今,足以自成一史,窃用其义,以名是编"。(参见付祥喜《20 世纪前期中国文学史写作编年研究》,北京师范大学出版社 2013 年版)

马公愚 7 月与郑振铎、高觉敷、姜琦等在浙江温州发起组织永嘉新学会,提出"改革旧思想,创立新思想"的主张。

王任叔在五四运动中,任宁波学生联合会秘书。

太虚 2 月 20 日赴上海觉社讲习部,假尚贤堂开讲二十唯识论,刘笠青、史裕如(一如)笔记,成《唯识二十颂讲要》。4 月 1 日,太虚于觉社开讲观无量寿经,及因明入正理论等。春，太虚作《唯物科学与唯识宗学》《中华民国国民道德与佛教》。5 月 7 日佛诞，太虚为黄葆苍、董慕舒、李锦章剃落于宁波归源庵。6 月进京，京中学者林宰平、梁漱溟、毕惠康、殷人庵、梁家义、范任卿、黎锦晖等先后来法源寺晤谈。胡适之曾约晤，大师告以宋明儒之语录体，创自唐之禅录。胡因而进为坛经及禅录之考究。夏，留日学生陈定远，愤日人挟弄喇嘛，回国筹设中国五族佛教联合会，以期蒙藏内向。适太虚在京，乃与道老、觉先参加，并请庄思缄（蕴宽）、夏仲膺（寿康）、汤铸新（芗铭）、胡子笏（瑞霖）、张仲仁（一麟）、王家襄等，共起提倡以资促成。9 月，张仲仁等发起己未讲经会，推庄蕴宽、夏寿康为会长，请太虚讲维摩诘经于象坊桥观音寺。11 月 5 日，太虚由天津南下抵南京。次日，礼杨仁老之塔，访欧阳竟无于支那内学院筹备处。7 日，至沪，即由费范九陪往南通。10 日，应张謇邀请，讲普门品于狼山观音院，凡三日。且游览名胜，参观建设事业。12 月，觉书五期出版，适太虚购得西湖南山之净梵院，从事潜修，乃商决结束沪之觉社，改《觉书》季刊为《海潮音》月刊，自此卓锡西湖，专心编辑。（以上释印顺编著《太虚法师年谱》，宗教文化出版社 1995 年版）

李光炯与桐城阮仲勉共同创办安徽芜湖私立职业学校。

王尽美为济南省立第一师范学生领袖，领导学生积极参加五四运动，并在斗争中结识了邓恩铭，从而成为挚友和战友。下半年，北京国立八所院校的学生会和外省的学生会建立了联系。王尽美作为山东学生会代表到北京，接触到李大钊等中国早期的马克思主义者，成为马克思学说研究会的外埠通讯会员。

邓恩铭在五四运动爆发后被选为学生自治会领导人兼出版部部长，主编校报，组织学生参加罢课运动。在学生运动期间与济南省立第一师范的学生领袖王尽美一见如故，成为亲密无间的革命战友。

王乐平发起组织齐鲁通信社，开办齐鲁报社，次年又以齐鲁通信社贩书部为基础，扩充组织齐鲁书社，专卖最新各种丛书杂志及教育用品，以介绍文化，增加人类的知识为宗旨。

王献唐在济南继续任《山东日报》《山东商务日报》编辑。5 月 16 日，济南各界开始抵制日货。驻济的《大东日报》《山东商务》《新齐鲁》《山东法报》《简报》《通俗白话报》《齐美报》等省城各报社开会，决定自 18 日起一律停登日本广告，均不代卖日本报纸。7 月，王献唐始作日记，因"治事无恒，旋写旋辍"。9 月，省警察厅以《山东日报》不将稿件送厅检查，"于戒严期内殊违警章"为由，将其封禁。（参见张书学、李勇慧撰《王献唐年谱长编》，华东师范大学出版社 2017 年版）

罗振玉是年春携家人从日本归国，先将京都净土寺寓宅捐献给日本京都大学，以作为影印日本所藏古写卷子本书籍的经费，托内藤、狩野两博士经理其事。定居天津后，在天津租下了 3 栋小楼，专门用于藏置书籍、文物。是年，举办京旗赈灾事务，又组织"东方学会"，提倡保护传统文化。

　　按：罗振玉在天津购置房产定居后，除了溥仪身边的清遗民外，周馥、张人骏、吕海寰等人在一战期间从青岛迁至天津，华世奎、荣庆、那桐等人亦曾在天津寓居。（参见罗继祖《永丰乡人行年录（罗振玉年谱）》，江苏人民出版社 1980 年版）

范源濂 1 月 3 日与张伯苓、严修、孙子文会商办南开大学事宜。1 月 9 日，范源濂与蔡元培、叶恭绰、沈步洲被教育部推选任比利时路凡图书馆万国委员会委员。3 月 10 日，范源濂、蔡元培、陈宝泉、蒋梦麟、王宠惠、吴稚晖等 19 人被教育部聘为教育调查会会员。26 日，该调查会开成立大会，公举范源濂为正会长，蔡元培为副会长。31 日，范源濂在北京中央公园与张伯苓、严修合请梁士诒、周自齐、曹汝霖,商议为筹建南开大学募捐事,以梁士诒为主,分任劝募。4 月 12 日,范源濂、张伯苓、严修与梁士诒、周自齐、曹汝霖会商为南开大学募捐具体办法。后又拜谒徐世昌总统。同日,范源濂又与张伯苓和教育部司长张继煦同赴太原,参观全国运动会,为私立南开大学募捐筹款。5 月,开始兴建南开大学校舍,拟订校章、规划系科和组织招生。9 月 25 日,举行大学开学典礼,范源濂在开学典礼上讲话。随后与严修等人一起当选为学校董事会董事。是年,范源濂组织尚志学社,邀美国学者杜威等来华讲学。(参见高平叔编著《蔡元培年谱长编》,人民教育出版社 1996 年版;龚克主编《张伯苓全集》第十卷附编《张伯苓年谱》,南开大学出版社 2015 年版)

　　张伯苓 1 月 3 日与严修、范源濂、孙子文会商办南开大学事宜。25 日,直隶教育厅在高等工业学校召集演讲会,张伯苓为各校教职员演讲《访美感想》,介绍美国物质和精神文明的进步。认为教育宗旨当本中国国情而定之,图救国之道,既须信民国,尤须信教育。31 日,张伯苓偕张彭春、华午晴、马千里赴北京,参观几所大学的新建筑,以为筹建南开大学的参考。2 月 4 日,张伯苓成立南开大学筹备课,张彭春任主任,负责规划校舍,草拟校章。6 日,张伯苓到美国驻华使馆会见美国公使,久谈。7 日,张伯苓与严修到北京教育部,拜见傅增湘总长,商询成立南开大学事宜。8 日,张伯苓到北京同蔡元培、胡适、陶孟和等讨论筹建南开大学事。13 日,张伯苓与梁启超、胡适、蔡元培、张謇、熊希龄、范源濂、梁士诒、林长民、王宠惠、陶孟和、金邦正等 47 人发表《国际联盟同志会缘起》,研究国际联盟各种问题,以促进其发展。14 日,张伯苓在南开学校始业式上谈办学宗旨和筹办南开大学的计划,尤其强调办民立大学的意义。2 月 19—20 日,张伯苓倡办本校教员教育研究会,交流教学经验,研究教育问题,介绍国外教育情况。出席会议的有本校教师及美国人路易斯(Louis)女士,并邀严修及天津教育界人士出席。

　　张伯苓 3 月 3 日在南开学校与严修商讨教育名词。5 日,张伯苓在修身班演讲,指出诸生来南开应该明了本校的精神,就是"理解"和"自由"。晚,教育研究会举办讲座,张伯苓讲《何为教育》,路易斯女士继讲《教育之调查》。10 日,张伯苓复函上海圣约翰大学卜舫济(F. L. Hawks Pott),"惊讶得知"获授名誉文学博士学位,认为这是"使我和这所对中国教育有着卓著贡献的学校联系在一起"的"绝佳的机会"。4 月 12 日,张伯苓偕严修、范源濂赴北京,与梁士诒、周自齐、曹汝霖会商为南开大学募捐具体办法。后又拜谒徐世昌总统。同日,张伯苓与严修、范源濂等同往北京西车站登车赴晋。14 日,第七届华北运动会在太原开幕,张伯苓任总裁判长。21 日下午,张伯苓登京津车回天津。25 日,召开南开校董会,严修、范源濂、孙子文等出席,张伯苓列席。28 日,张伯苓与严修抵南京,江苏督军李纯派代表来迎。晚,陶行知来访。30 日起,张伯苓参观南京高等师范、暨南学校、南京第一女子师范、第四师范、河海工程学校、金陵大学等。5 月 7 日,张伯苓以南开学校校长暨全体教职员学生名义致电徐世昌总统,电云"京师学生因爱国热诚,致有被逮之事,情有可原,吁请即为释放,以顺舆情"。12 日,张伯苓在直隶教育总会召开的追悼北京大学学生郭钦光大会上发表演讲。23 日,南开学校学生执行天津学生联合会一律罢课的决议,张伯苓"愤然出校"。28 日,张伯苓出席直隶教育厅厅长为制止学生罢课召集的天津各校校长特别会议。5 月 29 日,严修同黄郛访张伯苓,后看望从北京到津的胡适,讨论学生罢课事宜。

　　按:6 月 21 日,张伯苓与南开学校教职员及学生代表开谈话会,决定暑假后上课。严修对学生代表申明,希望学生拥护校长,使校务正常进行,否则他本人即与南开脱离关系。6 月 27 日,张伯苓在召集教员商讨期末考试会上,表示此次学生奔走呼号,纯系爱国之确证,其心可见,其志可钦。宣布期考一项准予免除。

张伯苓7月6日赴山西太原参加全国教育研究会会议。10日,张伯苓出席山西省学生联合会在山西大学举行的大会,在会上介绍北京学生运动情况,并作《中国前途之希望》演讲。29日,张伯苓在南开接待美国杜威博士夫妇。杜威往天津工业专门学校演讲《教授科学之方法》,张伯苓翻译。9月6日,张伯苓协同严修成立严氏女学中学班,并主持招生事宜,开始招收女学生,与北京大学同为中国最早招收女学生的大学。21日,严修邀请黄郛、范源濂、张伯苓、王章祐、周恩来、华芷舱、邓澄波等进晚餐,并请黄郛讲演。22日范源濂宴请聂云台,严修、张伯苓作陪。24日,张伯苓邀请余日章在南开学校教职员讲习会讲演《美国政党的派别及党纲》。9月25日,南开大学举行开学典礼,第一届新生共录取周恩来、马骏、张平群等96人,计文科49人,理科19人,商科28人。黎元洪、范源濂、严修、卢木斋、王章祐和天津各界名流出席。张伯苓演讲,谈创办大学的原因和大学生的责任担当,希望南开大学学生负起选举责任。10月,蒋梦麟由京返上海,过天津拜访张伯苓,并应邀在南开演讲。同月10日,天津各界数万人举行国庆庆祝大会,会后游行示威,遭到武装军警镇压。14日,张伯苓与严修、范源濂等会商劝学生上课、阻学生运动罢市事。16日,南开学校召开欢迎留欧同学大会,张伯苓出席演讲。27日,张伯苓乘车赴沈阳演讲,并考察教育,11月1日返津。同日,南开教职员成立时事研究会,张伯苓任主席。首请黄郛讲演《欧战和平会议之内容》,凌冰讲演《欧洲过激派》等。13日,张伯苓赴上海参加圣约翰大学四十周年纪念大会,被授予名誉文学博士学位。22日,张伯苓南开学校补祝第十五周年纪念会,并举行南开学校第十三次毕业式。同时召开南开大学成立纪念大会。张伯苓致开会辞,明确表示"个人应具固有之人格,学校亦当有独立校风"。12月4日,张伯苓委托周恩来在修身班上宣布张伯苓拟订南开学校改革草案和宣言。(参见龚克主编《张伯苓全集》第十卷附编《张伯苓年谱》,南开大学出版社2015年版)

严修2月4日往南开学校与张伯苓筹备南开大学事宜。7日,为南开大学立案事,到京拜访教育部见傅增湘总长、袁希涛次长。4月14日,严修与张伯苓赴山西太原出席第七届华北运动会。18日,在太原参观山西大学。27日,为南开大学筹款事,偕张伯苓由津赴宁。4月30日至5月3日,在南京,参观高等师范、农业学校、暨南学校、第一女子师范、第四师范、河海工程学校。9月25日,与张伯苓均等出席南开大学举行开学典礼,并摄影留念,周恩来立于最后一排。10月14日,撰《敬告南开学校学生书》,劝诫学生罢课。23日,在北京桃李园,赴蔡元培约,同坐蒯若木、傅佩青、胡适、马叙伦、马寅初等。(参见严修自订、高凌雯补、严仁曾增编、王承礼辑注、张平宇参校《严修年谱》,齐鲁书社1990年版)

周恩来3月得知南开学校即将创办大学部的消息后,决定回国学习。临行前,将自己十分喜爱的梁启超《自励》一诗,书赠考入日本早稻田大学的南开同学王朴山,并以《大江歌罢掉头东》一诗,书赠为他饯行的南开同学张鸿诰,在附言中表示:"返国图他兴。"4月5日归国途中,在京都停留时写《雨中岚山》等三首诗。中旬,由神户乘船离开日本,返回天津。五四运动爆发后,周恩来在天津全力参加运动。下旬,周恩来主编《天津学生联合会报》。7月12日,在《南开日刊》发表《〈天津学生联合会报〉发刊旨趣》。21日,《天津学生联合会报》正式创刊。

按:《〈天津学生联合会报〉发刊旨趣》宣布《会报》将"本'革心'同'革新'的精神立为主旨""本民主主义的精神发表一切主张""介绍现在最新思潮于社会""对于政府的政策有指导同监(督)的责任";对于社

会生活、各种学术进行"公允正确的批评"等。文章为天津各大报转载。

周恩来9月16日主持在草厂庵天津学联办公室召开的觉悟社成立大会，并起草觉悟社宣言，天津学生联合会与天津女界爱国会骨干成员谌志笃、马骏、潘世纶、谌伊勋（小岑）、郭隆真、刘清扬、李毅韬、邓文淑、张若茗等20人成为觉悟社第一批社员，大会决定出版《觉悟》杂志。觉悟社的宗旨是："本着反省、实行、持久、奋斗、活泼、愉快、牺牲、创造、批评、互助的精神，求适于'人'的生活。"21日，根据周恩来的提议，觉悟社邀请北京大学教授李大钊来天津讲演，指导觉悟社的活动。25日，周恩来出席南开学校大学部（稍后改为南开大学）的开学典礼，成为该部的第一届文科学生。10月10日，周恩来参与主持天津各界四五万人在南开大学操场举行的共和纪念会，为大会主席团成员之一。12月10日，由天津男女学生共同组成的天津中等以上学校学生联合会（新学联）成立，周恩来当选为执行科长。29日，根据觉悟社全体社员的讨论，周恩来执笔写成《"觉悟"的宣言》和《觉悟》两篇文章。（参见中央文献研究室《周恩来年谱1898—1976》，中央文献出版社1998年；李震瀛《三个半月的觉悟社》，《觉悟》第1期，1920年1月20日）

梅光迪获哈佛大学文学博士学位。11月，梅光迪归国，应聘南开大学，到达天津。《吴宓自编年谱》载："本年暑假，梅光迪君回国。就任天津私立南开大学英文系教授兼主任。校长张伯苓（名寿春）。然校政实由教务长（美国哥伦比亚大学博士）其弟张彭春（字仲述）处理。"（参见眉睫《梅光迪年谱初稿》，海豚出版社2017年版；沈卫威《学衡派编年文事》，南京大学出版社2015年版；吴宓著、吴学昭整理《吴宓自编年谱：1894—1925》，生活·读书·新知三联书店1995版）

熊十力在天津南开学校教国文。暑假，与梁漱溟初会于北平广济寺。（叶贤恩《熊十力年谱》，载叶贤恩著《熊十力传》，湖北人民出版社2010年版）

梅光迪获哈佛大学文学博士学位，11月，归国，应聘南开大学，到达天津。（参见沈卫威《学衡派编年文事》，南京大学出版社2015年版）

李震瀛为觉悟社骨干成员，任天津学生联合会干事，参加五四爱国学生运动。

郭隆真在五四运动中，倡议组织天津女界爱国同志会，两次赴京参加请愿运动，声援北京学生的爱国斗争。

刘清扬为会长的天津女界爱国同志会5月25日创立，以提倡国货，唤起女界之爱国心为宗旨。

张纯一在天津讲学传道。3月17日，张纯一致函陈垣，为所作《耶稣基督人子释义》索序。25日，张纯一致函陈垣，云："惠示并《铎书》、保安院尊序均读，极钦佩。寄沪函迄未转到，想必滞置东亚矣。中无要事，惟祈过津惠临赐序而已。弟拟下月五日午后乘二时许车赴都，因尚有友人之约，亦不敢过于方命。承召至感，届时定踵谒详求指教也。"4月初，张纯一自天津来访，陈垣对其所著《耶稣基督人子释义》小有补正，并为之作序，提出基督徒和佛教徒应该虚心研究对方经典，不作空洞的争辩。5月12日，张纯一函呈陈垣致谢。9月9日，张纯一致函陈垣，云："赐书敬领谢，诵《李之藻传》，颇起钦仰之思。余刻皆有功基督教，甚佩。拙作疵谬处敬祈斧正为祷。兹有恳者，《维摩诘经讲义》请逐日代领一份，汇齐掷下，无任感荷。又拙作《讲易举例》，近又改削一次，原六万余言，今存不过二万字。甚欲仿《灵言蠡勺》板纸印一千本，不知兄印各书如何计值？祈示知一切，可否饬该印局来函接洽也？"9月12日，陈垣复张纯一函，回答张9日来函中的询问，并为之联系在京印刷《讲易举例》。17日，张纯一致函陈垣，介绍自己在天津传道情况，对国内基督教现状深表不满。10月9日，张纯一致函陈垣，云："手示敬悉。《维摩讲义》亦收到，不胜感谢。如继讲《起信论》，仍祈代领，汇齐掷下，无任企祷。诵悉大著甚佩，如成书，敬祈赐读。日前在中华书局购王觉斯字帖，系赠道未先生，显见是西洋人传基督教者，因疑必是汤先生，以望道而未之见故。今知果然，可见一时之盛。"（参见刘乃和、周少川、王明泽《陈垣年谱配图长编》，辽海出版社 2000 年版）

丁福保、张锡纯、恽铁樵、冉雪峰、何廉臣等为名誉理事的山西太原中医改进研究会 1 月成立，以改进和提高中医中药学术为宗旨，出版《医学杂志》。

李泰棻离开北京高等师范学校，应聘至山西大学，任西史教授。

邓初民应聘任山西省政书总编辑，后任山西督军府秘书。

贾玉铭任华北神学院院长。

曹靖华在开封河南省立第二中学求学时，投身于五四运动，成立了"青年学会"，宗旨是反帝、反封建，争取妇女解放，要求男女平权，抵制日货，并积极组织学生上街宣传新文化，主张白话文，反对帝国主义等等，中心口号是"还我青岛"。成员不分省界、性别，凡同意该会宗旨者，均可入会。当年的蒋光赤是安徽芜湖中学的学生，宋若瑜是河南女师的学生，都是该会的成员。（参见冷柯、毛粹《曹靖华年谱简编》，《河南大学学报》1984 年第 5 期）

蒋光慈等在河南开封第二中学学生发起成立青年学会。

徐旭生回国，任河南开封第一师范学校、河南留学欧美预备学校教授。

韩儒林考入河南开封留学欧美预备学校。

孟森 4 月因弟昭常去世，赴东北料理后事，据旅途见闻撰《旅行松花江日记》，发表于《禹贡》杂志。（参见孟森《明清史讲义》下册《孟森先生学术年表》，商务印书馆 2011 年版）

于省吾毕业于辽宁沈阳国立高等师范。

徐树铮任边防总司令，设编书局，专以延揽耆宿，贾恩绂因梁式堂推荐任编书局编辑。

按：《思易草庐年谱》曰："梁式堂又荐余于徐树铮（字又铮）处，任编书局之编辑，月薪二百四十元。又铮时为边防总司令，设编书局，专以延揽耆宿，实亦无一功课，略同乾修，其中薪水以二百元为例，惟以师资同相持者乃增送四十元，余与姚叔节昆仲及王缙卿（指王树枏）、柯凤荪五人而已。"

诚静怡协助江长川成立中国内地布道会，在西南少数民族地区扩大基督教影响。

余日章仍任中华基督教青年会全国协会总干事。是年，出席纽约青年会干事会议。

梁启超与蒋百里、刘崇杰、丁文江、张君劢、徐新六、杨维新 6 人组成的考察团 1 月 6 日抵新加坡，历经槟榔屿、锡兰岛、红海、苏伊士运河、昔西里岛，2 月 11 日抵伦敦。18 日抵巴黎后，居两旬，始于 3 月 7 日出发，考察第一次世界大战南部旧战场。中旬，曾返巴黎一次，由巴黎致电汪大燮、林长民，报告和会上关于青岛问题的消息。4 月，继续考察北部战地。8 日，张謇等发起之国民外交协会，致书梁启超，请为该会代表，主持向巴黎和会请愿各事。月底，梁启超为青岛问题致国民外交协会一电，陈述对德国事，闻将以青岛直接交还，因日使力争，结果英、法为所动，吾若认此，不啻加绳自缚，请警告政府及国民严责各全权，万勿署名，以示决心。5 月中旬，复返巴黎，归途曾游卢梭故居。6 月，离开巴黎赴英国。7 日抵达伦敦，参观剑桥大学、牛津大学与莎士比亚故居，并在中英协会、英国文学会、英国自由党干部欢迎会上分别发表《中国国民特性》《中国之文艺复兴》《世界大战与中国》之演说。7 月 1 日，致电汪大燮、林长民，请转南北当局，速捐私见，以谋统一。同月，返回巴黎。参加法国国庆，其后继续游历比利时、荷兰、瑞士、意大利、德国等地。12 月 10 日起，游德国历时 1 月。（参见丁文江、赵丰田编著《梁启超年谱长编》，上海人民出版社 2009 年版）

　　张君劢1月与梁启超一行抵欧,是年主要参观巴黎和会,并在欧洲各国游历。1月1日,离开香港西行,在轮船上作《香港行政纪略》一文,刊于3月19日、20日、21日《时事新报》上。1月9日,经过马六甲海峡,对当地华侨非常关注,作《海外中华民族之前途》一文,刊于2月13日《时事新报》和2月25日《法政学报》第1卷第9期。2月13日,在《时事新报》上发表欧游随笔之一——《海外中华民族之前途》(英属马来群岛之观察)一文。附梁启超跋。16日,在伦敦写成《国际联盟条约(第一次草案)略释》一文。21日,拜访从德国来巴黎不久的时任中国驻德公使颜惠庆。25日,在国立北京法政学校《法政学报》第9期上发表《海外中华民族之前途》一文。3月6日,梁启超等利用和会休假之机对欧战的西部战地进行考察,持续了1个多月。此期间,张君劢代表中国人列席在伦敦召开的各国私立国际联盟研究会联合会。12日,在巴黎住所接待来访的颜惠庆和曹云祥。28日,在巴黎寓所写成《国际联盟成立记略》。4月初,致信徐志摩。从此时起到年底,接连致信给徐志摩,谈自己去美及为徐志摩接洽官费事。4月11日,在《时事新报》上发表译文《世界新共和国之宪法》一文。19日、20日、21日、22日,在《时事新报》上发表《国际大同盟条约略释》(附释文)。5月30日,在《法政学报》第11期(周年纪念期)上发表《国际联盟条约(第一次草案)略释》和《国际联盟条约第一次草案(张嘉森译)》。

　　张君劢6月7日随梁启超等返伦敦,寓居伦敦1月有余。17日,在剑桥蒲尔旅舍写成《记剑桥大学并及英国学风》一文,刊于7月29日、30日、31日《时事新报》上。7月3日,在《时事新报》上发表《中国在和会中所得之教训》(欧游随笔之七)。6日、7日、8日、9日,在《时事新报》上发表《巴黎和会中吾国外交之经过及其致败原因》(欧游随笔之八)一文。7月11日,在《新欧洲报》上著文评论中日关系与四大国委员会决议。19日、20日,在《时事新报》上发表《巴黎和会中吾国外交之经过及其致败原因续论》(欧游随笔之八)一文。夏秋间,张东荪两次写信给张君劢、蒋百里、刘子楷、徐振飞,请他们不可专注于巴黎和会问题,对于和会以外的问题,特别是社会主义问题应予以极大的注意。9月1日,新学会主办的《解放与改造》半月刊在上海创刊。主编及主要撰稿者为张东荪、俞颂华、梁启超、张君劢等。该刊自第3卷第1期起更名为《改造》,1922年9月15日第4卷第10期出版后停刊。10日,将所译《俄罗斯苏维埃联邦共和国宪法全文》寄交张东荪,并附致张东荪信。11月15日,在《解放与改造》第1卷第6期上发表。11月,在《解放与改造》发表《俄罗斯苏维埃联邦共和国宪法全文》,是为"苏维埃"一词在中文的滥觞。12月23日,在柏林拜望《魏玛宪法》主笔魏玛民国首任司法部长柏吕斯博士,并带回柏吕斯博士起草的《宪法初稿》及国民会议通过的定稿,随即译成中文。(参见李贵忠《张君劢年谱长编》,中国社会科学出版社,2016年版;翁贺凯编《中国近代思想家文库·张君劢卷》附录《张君劢年谱简编》,中国人民大学出版社2015年版)

　　丁文江、徐新六二人2月11日于伦敦迎接初抵欧洲的梁启超一行。梁启超旅法期间,丁文江和梁启超几乎朝夕相处:凡遇演讲,多由丁文江担任翻译。旅行之余,丁文江又教梁启超学习英文,并多次深谈。同月,在Far Eastern Review(《远东时报》)第15卷第2期发表"China's Mineral Resources"(《中国之矿产》)一文。所著"Report on the Geology of the Yangtze Valley Below Wuhu"(《扬子江下游的地质报告》)刊于Shanghai Habour Investigation(《上海港调查》)第1期。文中对长江下游的地层作了综合的分析。在阐述江南山岭的地质构造与秦岭、南岭地质构造之间的关系的同时,还探讨了它们各自的特殊结构和地壳运动的时代。此外,该文还对本地区地壳的升降、气候的变迁和河流的生成以及扬子江的出口、三角洲的形成和发展等问题发表了自己的见解。5月14日,丁文江在巴黎致函莫理循,谈到第一次世界大战后日本的经济后果远比想象的重要,而且肯定会影响中国之外的其他国家。在巴黎期间,丁文江曾到这里的科学院旁听。

丁文江5月15日离开巴黎,去诺曼底。同月,丁文江随梁启超参加巴黎和会期间,结识了参加和会的美国威尔逊总统的随行人员、美国威斯康星大学地质系主任利斯(C. K. Leith),"在进一步联系后,利斯表示对培养中国青年地质人才,愿予帮助。丁乃介绍其学生谢家荣、朱庭祜、谭锡畴、王竹泉先后去该系进修"。约7月间,丁文江离开梁启超的欧游团队,只身前往美国漫游。约8—10月间,丁文江在美国游历2个月,改变了过去对美国的看法。其间,受北大校长蔡元培之委托,聘请葛利普(A. W. Grabau)来北大地质系任教,并主持地质调查所古生物研究工作。秋,丁文渊受丁文江委托,到英国伦敦后,与丁燮林一起到英国东部的锡矿山康为尔(Cornwell)找李四光。见李四光后,谈了请李四光回国来北大任教之事。不久,李四光接受了北京大学校长蔡元培发给的聘书。(参见欧阳哲生主编《丁文江文集》第七卷附编《丁文江先生年谱》,湖南教育出版社2008年版;宋广波编著《丁文江年谱》,黑龙江教育出版社2008年版;宋广波编《中国近代思想家文库·丁文江卷》,中国人民大学出版社2014年版)

陶孟和参与发起的北大哲学研究会1月25日成立,以"研究东西诸家哲学,钥启新知"为宗旨。年初,陶孟和、郭秉文等以全国高等以上专门学校及各省教育会推举赴欧美考察。此次教育考察对中国的普通教育及高等教育改革产生了重大的影响,成为一战后中国知识界重新认识西方的一次重要活动。2月12日,鲁迅在日记中有简要记录:"向晚同往欧美同学会,系多人为陶孟和赴欧洲饯行,有三席,二十余人。夜归。"同月,陶孟和等人从北京出发,经过天津、山东、南京到达上海,从上海坐船启程。3月12日,陶孟和、郭秉文等到日本神户,在东京等地考察日本的普通教育、女子教育、补习教育、高等教育及高等师范教育。16日,陶孟和由日本寄信给胡适,告诉他去日途中及到日后,所遇人物皆极称赞《新青年》。郭秉文、陶孟和在途经日本期间,因杜威偕夫人、女儿刚好在日本游历、讲学,于是专门拜访,促成杜威来华讲学。17日,陶孟和、郭秉文等离开日本,途径美国夏威夷(檀香山),考察了当地的华侨社会及华侨教育。28日,杜威致信胡适提到"郭秉文博士同陶履恭教授前来看我,他们问我能否在中国住一年,作讲演的事。这个意思很(很)动听,只要能够两边的大学方面商量妥帖了,我也愿意做"。4月2日,陶孟和、郭秉文等到达美国本土,考察了美国的高等教育,并到美国加利福尼亚大学、芝加哥大学与北京大学及中国其他地方和机构派出的留美生丁绪宝、颜任光、雷沛鸿等进行了交流。

陶孟和、郭秉文等4月从美国到达英国,于5月到达法国。陶孟和特别注意为北京大学罗致人才,当时他在英国看中的李四光和丁燮林(丁西林)。年底,正在英国的陶孟和致信胡适,谈到李四光和丁燮林的情况,说他们是"不多觏之材,望与校长一商,如能得两君来吾校,则大佳矣"。后来,二人果然俱被蔡元培延聘至校,并且在各自领域做出了杰出的贡献。这次战后欧洲考察将陶孟和从心理上的期望和乐观心态跌入了"大大失望"的状态。途中所见到的西方国家现状和种种社会问题也对陶孟和的思想产生了重要的影响,使陶孟和开始寄望于中国本身,而不再是西方世界。12月1日,所撰《游欧之感想》刊于《新青年》第7卷第1号,文中对战后欧美国家的现状和各种社会问题进行了更为理性的分析,认为战后的欧洲仍是战时的欧洲,西欧国家战前战后的政治、经济、社会问题都涌了出来,西欧国家"正遇着一个大难关"。他主张社会的渐进改革,不赞成诉诸武力。在谈到欧美劳动问题时,陶孟和认为劳动问题是"欧美国家最重要的问题",也是"工业国家的生死问题"。劳动问题的焦点是劳动者向社会各阶级谋求他们相当的位置,以改良劳动者的劳动和生活状况,使劳动者共享人类所共有的物质和精神文明,而并不是阶级战争,像"马克斯党所说的,无产者向资产阶级宣战"。同时也不赞成"无产阶级和资产阶级"说,认为社会中除无产阶级和资产阶级外,还有劳心者和兼具资产者与劳动者的中等社会。(参见暴玉谨《陶孟和的早期活动及思想研究(1887—1926)》,河北大学硕士学位论文,2011年;智效民《中国社会学的奠基者——陶孟和》,《学术界》2002年第5期)

李四光毕业于英国伯明翰大学,获硕士学位。巴黎和会期间,随欧洲考察战后状况兼中国巴黎和会代表团顾问的考察团团员中国地质调查所所长丁文江,得知李四光在英国留学地质的情况后,特地找到李四光,说明中国迫切需要自己培养地质人才的问题,希望李四光回国到北京大学任教。之后,蔡元培校长接受了丁文江的建议:第一,请来李四光先生来北京大学地质系任教授,主讲岩石学等课;第二,北大与地质调查所合聘了美国古生物学家哥伦比亚大学教授葛利普先生(Amadeus William Grabau)到中国来一面在北大教古生物学,一面主持地质调查所的古生物学研究工作。李四光离开英国到法国、德国等地区考察地质,又从德国横跨法国、瑞士、意大利、奥地利的阿尔卑斯山登上了主峰勃朗峰考察冰川地质。秋末,李四光在柏林接到由伦敦转来的北京大学校长蔡元培的聘请电报。李四光从德国给刚从北京大学毕业到英国伦敦留学的傅斯年去信,询问北大的情形。李四光赴法、德考察结束后,回到英国伯明翰大学。冬初,李四光从傅斯年的回信中已了解到一些蔡元培校长整顿北京大学的情况,因此决定接受北大之聘,准备回国教书。李四光从伯明翰携行装到伦敦,会见了丁燮林(受聘北大物理系)、王世杰(受聘北大法律系),一道筹划回国。此时,留法勤工俭学同学会邀请李四光去作演讲,李四光应允,并及时赴法国巴黎,开始准备演讲稿。(参见马胜云、马兰编著《李四光年谱》,地质出版社1999年版)

蒋百里在欧洲各国考察,作《德国战败之诸因》,从历史、政略、战略上详加分析。开始研究瑞士的民兵制,关注寓兵于农问题,强调国防与经济一致、战斗条件与生活条件一致。(参见皮民勇、侯昂好编《中国近代思想家文库·蒋百里、杨杰卷》及附录《蒋百里年谱简编》,中国人民大学出版社2015年版)

罗文干1月以考察司法名义赴欧洲,重入四大律师公会之一的"内寺院"修完学业,在英国取得大律师资格。归国后,罗文干除继续担任修订法律馆的副总裁,还应好友蔡元培等人的盛邀,在北京大学和司法讲习所兼任法学教授。

叶恭绰在英国伦敦一个古玩店发现载有《小孙屠》《张协状元》《宦门子弟错立身》三种戏文的《永乐大典》卷13991,欣喜若狂,便用重金买下带回国内。12月至次年1月,托商务印书馆北京分馆经理孙壮(伯恒)致张元济函,估算影印四库全书的经费。张元济估价70余万元,总共12台印机,5年完成。

按:叶恭绰一直将《永乐大典》卷13991放在天津一家银行的保险柜里。至1931年,北京古今小品书籍印行会据此排印,题名《永乐大典戏文三种》。(参见杨雨瑶《叶恭绰先生艺文年谱》,《艺术工作》2019第1期)

钱昌照赴英国留学,就读于伦敦政治经济学院。

顾维钧1月23日抵巴黎。28日,针对日本政府以战胜国的身份接管战败国德国在中国山东一切权益的无理要求,顾维钧受命于危难,为此准备了《山东问题说帖》,代表中国政府就山东问题作了一次缜密细致、畅快淋漓的精彩发言,从历史、经济、文化各方面说明了山东是中国不可分割的一部分,力陈中国不能放弃孔夫子的诞生地山东,犹如基督徒不能放弃圣地耶路撒冷,有力地批驳了日本的无理要求,震撼了欧美代表,扭转了舆论形势。这次雄辩在中国外交史上地位非凡,是中国代表在国际讲坛上为自己国家的主权所作的一次成功演说。各国首脑纷纷向他表示祝贺,顾维钧在国内外一举成名。4 月,因西方分赃不均,意大利在争吵中退出了和会,日本借机要挟,几个大国最终决定牺牲中国的合法权益,先后向日本妥协,并强迫中国无条件接受。这一事件点燃了"五四运动"的火种。6 月 27 日夜,中国代表王正廷、顾维钧、魏宸组 3 人就是否在和约上签字举行彻夜会议,最后为"抵拒国际专制主义",临时决定不去参加签字仪式。

按:随团记者胡政之亲眼见证了那个历史性时刻,其《一九一九年六月二十八日与中国》(《大公报》1919 年 9 月 4 日第一张的"专件")作了如下记载:"会议代表席中,有两空位,即中国代表所应坐之处也。先是,我国代表签字与否,余于是日午前十时由巴黎出发,晤见专使顾维钧与岳秘书长昭烯时,尚未确定,盖犹希冀保留一层可以做到,即不作决绝之举;迨午后三时,代表座位犹虚,余等断其不来,遂与谢君东发,分告各国新闻记者,一时争相传告,遍于全场。有嗟叹者,有错愕者,亦有冷笑者。大抵法美两国人,怀惊诧叹服之感为多,英国人则多露轻蔑之色,至会场之中殊无何等印象。威尔逊的笑容,路易·乔治之蛮态,均无异于平日,惟克理孟梭颇有不悦之相,或者此倔强之老翁,以彼为能令举世大政治家对之低头,而不能压服一积弱之中国,引为深憾耶!日本新闻记者见中国代表不到,有故作冷静者,有来问余者,大抵是绝对想不到而已。散会以后,法美同业多拦住余等询问究竟,余等一一告之。有美人某君大呼'今日之中国真中国也。'有法人某君语余曰'此日本人之切腹也。'意谓,日本强压中国,乃日本之自杀政策也。""我国外交向讲屈服,今日之事,真足开外交史之新纪元……特默察世界大势,事变尚多,英法美一面组织国际公会,一面又组织三国防守同盟,可见国际公会之效力,在提倡组织者犹不相信,将来力量断然可想。即使真有价值,亦不过做到'强凌弱、众暴寡'六字,于中国决无益。欧美人惟尚物质主义与强权政策,今后战祸方兴未艾。吾望国人憬然猛省,将打电(东)交民巷哀求外交团,拉西洋制东洋,倚赖公理正义,依托国际公会,种种卑劣手段、消极思想,一概扫除。大家振刷精神,实力图强,须知我国今后,除亡国与兴国两途外,别无他路可走也。"(参见王咏梅《周太玄与胡政之采访巴黎和会期间的交往》,《兰州学刊》2019 年第 3 期)

胡政之 1 月 23 日与代表团同船抵巴黎。23—25 日,胡政之以新闻记者身份领取法国外交部发放的旁听证入平和会议旁听。当时各国记者云集,美、英国各有 200 多人,意大利有 100 多人,日本也有 30 多人,胡政之作为唯一的中国记者采访了第一次世界大战后战胜国举行的巴黎和会,此为中国记者第一次采访重大的国际事件,使他成为"采访国际新闻的先驱"。4 月 26 日,胡政之参加了在巴黎举行的宴会并演说。6 月 28 日,胡政之参加凡尔赛宫协约国代表与德国代表的和平条约签字仪式。同日,胡政之以中国报界名义向巴黎新闻界发表"声明",说明中国不能在对德和约上签字的理由。7 月 9 日,胡政之所撰《平和会议决定山东问题实记》载于《大公报》的"专件",指出"方欧战告终之时,国人习闻威尔逊总统之伟论,以为正义公道从此大伸,对于此次平和会议,抱无穷希望。迨吾人身临欧土,参列会场,目击强国专横武断之状,晓然于强权之势力,至今并未少杀,顿令前此所怀高洁之理想为之减退"。

按:从 1 月 25 日和会开幕到 6 月 28 日中国代表拒绝在和约上签字,胡政之发回 10 多封"巴黎专电"。每封专电,字数不一,但都言简意赅。从巴黎发出到《大公报》收到,费时 2—9 天不等。而《大公报》收到后,往往第二天就刊载在报纸的第一张上。至 9 月,《大公报》发表了 5 篇相关通讯。其中 3 篇冠名"巴黎特约通讯":《平和会议之光景》(4 月 20—24 日)、胡政之翻译的顾维钧用英文写的《中国代表为青岛问题向平和会议提出之说帖》(5 月 11—16 日)、《外交人物之写真》(5 月 17—18 日)。2 篇冠以"专件";《平和会议决定山东问题实纪》(7月9—12日)、《一九一九年六月二十八日与中国》(9月3—6日)。因为内容丰富,篇幅较长,都作连载。这些及时发回国内媒体的报道,对五四运动的爆发起到了推波助澜的作用。

按:另有周太玄于1919年3月底到达巴黎,被嘱咐为上海《新闻报》《申报》以及北京各报提供和会消息。他因法语程度有限,依靠李璜读报翻译与他听,他记录下来,加以编纂,油印出来,寄给京沪各报,大受欢迎。李璜曾多次进入凡尔赛宫采访,得着特殊消息,便回来与周太玄商量,用十字码电拍给《新闻报》,使之销路大增。(参见王咏梅《周太玄与胡政之采访巴黎和会期间的交往》,《兰州学刊》2019年第3期)

王世杰5月被旅欧同学会选为代表,会见中国出席巴黎和会的代表,陈述不可签约的主张。(参见薛毅《王世杰传》及附录《王世杰生平大事年表》,武汉大学出版社2010年版)

张竞生继续在法国里昂大学攻读博士学位,就读期间曾先后到英、德、荷、比、瑞士等国游历和考察。4月8日,其《关于卢梭古代教育起源理论之探讨》论文通过答辩,被授予博士学位。(参见张枫《张竞生博士年表及其性学术思想》,《韩山师专学报》1992年第1期)

徐悲鸿1月16日由京抵沪,准备出国事宜。住定后,首先拜访康有为,汇报在京情况,报告赴法留学的喜讯。3月17日,偕夫人蒋碧微随中国第一批留法勤工俭学学生欧阳钦等89人,乘日本货轮因幡丸启程赴法国。《申报》称:徐悲鸿为中国公派留学美术第一人。5月8日,抵达伦敦,受到中国留学生的接待,并由陈源陪同参观大英博物馆。见到各种艺术品和古代雕刻,再三赞叹。10日,渡英法海峡,转乘火车至法国巴黎。秋,入私立朱利安画院补习素描,起初不大习惯,经两个月的苦练,手法渐渐纯熟。课余到博物馆临摹名画以及研究法国美术界各派的异同与各家的精诣。纵观了提香、大卫、里贝拉、库尔贝、邦纳、罗朗史、达仰、弗拉孟、倍难尔、莱尔弥特、高而蒙等大师的作品。对提香之富丽、里贝拉之坚卓,都已有初步认识。(参见王震编著《徐悲鸿年谱长编》,上海画报出版社2006年版)

徐特立7月偕同17位学生,由长沙乘轮踏上赴法勤工俭学之程,前来送行的有毛泽东、何叔衡、熊瑾玎、陈凌增等人。经武汉转赴上海后,一时未能买到船票,滞留于沪。离湘前,因联合陈润霖、张孝敏、易培基、赵鸿钧、朱剑凡等校长带领教师索薪,并往返于城乡之间,向学生、教师和群众揭露张敬尧兄弟的罪恶,被张敬尧假以通匪罪名下令通缉。9月18日,通过姜济寰胞弟姜浚寰的关系,以一般客轮票的半价搭乘法国"波多斯"号货轮启碇离开上海。途中货轮失火,在越南西贡港停泊15天。其间,上岸参观华侨中学,并应校长之请讲演,题词"威震南关"。船停缅甸仰光时,应仰光一位大学校长邀请讲演,并题写"万里旅居巡市井,百年长计课儿孙"的对联。11月12日,到达法国马赛。在华法教育会主持人李石曾的安排下,入木兰公立中学法语学习班。20日,以湖南孤儿院院长名义,在北京《晨报》发表《致张敬尧的公开信》,历数"自北兵南来,劫杀淫掠,无所不至,老者弱者或流或亡,壮者少者生计陡绝,逼而为匪。然所谓匪者,实兵事制造成之,非吾湘固有之物"的种种事实。同月,应萧子升约请,撰写《留法老学生之自述》一文,在《华工杂志》发表,后被国内部分中小学校选入国文教材。

按:文章写道:"一般人都说年老者不能求学。年老的人多半在社会上有些权柄,倘若全不求学,社会上受害就不小……我今年四十三岁,不觉就到四十四、四十五,一混就六十岁来了。到了六十岁,还同四十三岁时一样无学问,这一十七年,岂不冤枉过了日子?这一十七年做的事情,岂不全无进步?到了六十岁时来悔,那就迟了,何不就从现在学起呢?"(参见《徐特立年谱》编纂委员会《徐特立年谱》,人民出版社2017年版)

徐特立等8人经武汉、上海赴法勤工俭学,毛泽东与何权衡、熊楚雄等人在长沙送别。(参见中共中央文献研究室编《毛泽东年谱(1893—1949)》,中央文献出版社2002年版)

萧子升1月6日离京赴沪,随李石曾赴法担任华法教育会秘书,协助处理有关勤工俭学事务,负责处理大战期间来法华工的教育问题。2月初,萧子升启程赴法勤工俭学,入巴黎大学攻读哲学和心理学。行前蔡和森委托他调查女子赴法事宜,此前,在北京女子高师学习法文的向警予,曾向蔡和森询问留法事宜。

　　按:萧子升是湖南青年参加赴法勤工俭学的主要组织者之一。(参见李永春编著《蔡和森年谱》,湘潭大学出版社2008年版)

蔡和森与萧三、陈绍林等人4月15日参加北京法文高等专修馆的开学典礼,萧三撰写的《留法勤工俭学预备学习之近况》的报道,发表于4月19日的《时事新报》。6月27日,蔡和森、唐灵运、陈绍林等与北京法文专修馆同学一起参加示威请愿活动。12月初,蔡和森在北京介绍刘清扬加入新民学会。12月25日,蔡和森与母亲葛健豪、妹妹蔡畅以及向警予、李志新、熊季光、萧淑良等一起在上海乘坐"央脱莱蓬"号法国邮船赴法勤工俭学。同月中旬,毛泽东从武汉绕道上海为赴法勤工俭学的蔡和森、向警予等送行,由于蔡和森等启程时间推迟,不能久待,即离上海去北京。(参见李永春编著《蔡和森年谱》,湘潭大学出版社2008年版;中共中央文献研究室编《毛泽东年谱(1893—1949)》,中央文献出版社2002年版)

向警予主张在大学设立男女共学的中学班。10月,与蔡畅、陶毅等人发起成立周南女子留法勤工俭学会。12月,在赴法国勤工俭学航行途中,与蔡和森开始发生恋爱关系。(参见李永春编著《蔡和森年谱》,湘潭大学出版社2008年版)

李富春等保定留法预备班同学5月初响应五四运动,推选4名代表到北京联络并参加天安门请愿,回校后在保定组织学生联合会,开展宣传、募捐活动。10月31日,李富春、李维汉、贺果等162人赴法国勤工俭学学生乘坐法轮"宝勒加"号从上海杨树浦码头出发,12月7日抵达巴黎。(参见李永春编著《蔡和森年谱》,湘潭大学出版社2008年版)

陈毅等人8月乘坐的法轮"湄南"号从上海出发赴法勤工俭学。

王若飞10月从日本回到上海,11月到法国巴黎勤工俭学。

何鲁之加入少年中国学会,同年秋,赴法国勤工俭学,入巴黎大学。

尹宽11月在高语罕帮助下赴法国勤工俭学。先后在日耳曼公学、木兰公学学习法文。

林蔚、欧阳钦等43名湖南籍赴法勤工俭学学生3月17日从上海起程。

李劼人加入少年中国学会成都分会。是年赴法勤工俭学。

李金发、陈乔年、陈延年赴法国勤工俭学。

赵元任在加州大学柏克莱分校师从阿当斯教授(George Adams)学习哲学史,师从卡卓瑞教授(Cajori)学习数学史等。4月5日,在斯丹福大学举行的由卡卓瑞教授主持的美国数学会年会上讲"Continuous mathematical induction"(连续数学归纳),但并未引起重视。在加州大学结识人类学专家克瑞博教授(Alfred Kroeber)、哲学家洛文伯教授(Loewenburg)、哲学家杜威教授(John Dewey)等名教授。杜威当时正在旧金山加州大学访问,与赵元任讨论赴华讲学事,并谈及他对胡适的印象。在加州半年,因学业成绩优异,各大学争相聘请。

　　按:哈佛大学贺恩莱教授(R. F. A. Hoernle)授予雪尔登奖学金(Shelton Fellowship),邀他回哈佛大学研究哲学。康奈尔大学尼柯司教授(E. L. Nicols)来信邀他回康奈尔大学教授物理。

赵元任3月24日接北京大学蔡元培校长、胡适及任鸿隽来信,要他到北京大学教授哲学,并答应准假一年,先到欧洲进修考察。4月,中国教育代表团到美,其中有汪精卫、蒋作宾、郭秉文、陶孟和等。郭秉文系南京高师校长,陶孟和为北京大学教授,都极力劝说赵元任到自己学校任教。经反复权衡,最后决定去康奈尔大学任物理讲师。其他邀请,皆婉言谢绝。6月中旬,赵元任回到母校康奈尔大学。20日,参加康奈尔大学建校五十周年大型庆典。下半年,赵元任在康奈尔大学音乐活动相当活跃,继续作曲,为中国民歌谱配和声,指挥中国学生歌咏团,从 Laura Bryant 小姐学声乐。(以上参见赵新那、黄培云编《赵元任年谱》,商务印书馆1998年版)

任鸿隽2月在北京获徐世昌总统捐助2000元,教育部总长傅增湘捐助1000元,合张謇所允,合计1万元。本年内先后到上海、南通、南京、北京、武汉、成都、重庆等地,考察国情;走访各界名人,为科学社募集基金。5月,到重庆,走亲访友,"连日在各学校、商会等处演说,鼓吹科学,颇受一般人欢迎"。6月,在四川省省长杨沧白的陪同下到成都拜见四川督军熊克武,进言建立本省钢铁工业基础。随即受委托草拟具体计划,并着手负责筹备建厂,邀请周仁担任总工程师。在川期间,任鸿隽赴各学校、商会演说,鼓吹科学,并向省长杨沧白建议仿美国州立大学模式设立四川大学,但因政局动荡,议案未能实现。6月,任鸿隽致函胡适,谈及北大欲聘正在美国的陈衡哲为史学教授事,似有迟疑,以为"大学的历史教习,请一位女的,终竟有些不妥"。10月,回到上海准备赴美考察。11月6日,任鸿隽在上海致函胡适,告梅光迪将于下班船归国,故迟数日再启程,并告梅氏决就教于南开,天津北京相隔不远,还望你们不再开仗才好。26日,又致函胡适,再次提及北大请陈衡哲任教的事,谓:"倘若大学有这种诚意,而且你想可以安安稳稳的办到,我到美国见了陈女士的时候,还可替你们劝驾呢。"同月24日,任鸿隽偕周仁乘船赴美,考察炼钢方法及采购有关设备。同时向自己喜欢了多年的陈衡哲求婚,于是两人在美国定下婚姻之约。(参见赵慧芝《任鸿隽年谱》,《中国科技史杂志》1989年第3期;樊洪业、潘涛、王勇忠编《中国近代思想家文库·任鸿隽卷》及附录《任鸿隽年谱简编》,中国人民大学出版社2015年版;耿云志《胡适年谱》,四川人民出版社1989年版)

江亢虎6月在陪同芝加哥大学社会学教授访问旧金山中华会馆及华人社团之后,深感在美华人百年来的历史和现状,文献资料散佚,未有专书可资依据,遂写信给旧金山总领馆的朱鼎言领事,建议总领馆、中华会馆及中华商会,组建"修志局",编写《美国华侨通志》,或《北美华侨通志》乃至《美洲华侨通志》。暑期,江亢虎再赴华盛顿美国国会图书馆,为此前回国为该馆收集的2000多部中国地方史志等,进行分类、编目。9月,江亢虎在《改良留美学生监督处说帖》里,就在美学习的留学生管理工作中的弊端,提出改进的意见。(参见汪佩伟编《中国近代思想家文库·江亢虎卷》及附录《江亢虎年谱简编》,中国人民大学出版社2015年版)

晏阳初1月创办《华工周报》,以滞留欧洲的几十万华工为对象,以"开通华工知识,辅助华工道德,联络华工感情"为宗旨。晏阳初先后发表《恭贺新年 三喜三思》《中国的王权》《和平会议》《革心》等多篇文章,砥砺滞留在异国的"苦力"同胞。通过华工教育,晏认识到"苦力"的"苦"与"苦力"的"力"。联想到国内四万万同胞,下定决心,回国后不做官不发财,抛弃一切荣华富贵,将毕生贡献给劳苦大众的教育事业,从事这种教育的革命,为劳苦大众提供受教育的机会。6月9日,晏阳初与蒋廷黻一同离法返美继续求学,入普林斯顿大学,改修历史学,以期明确政治经济演变的真正原因。(参见宋恩荣编《中国近代思想家文库·晏阳初卷》及附录《晏阳初年谱简编》,中国人民大学出版社2015年版)

林语堂4月21日为北洋政府教育部国语统一筹备会委员。春夏之际,林语堂向美国哈佛大学比较文学研究所提交了入学申请,获得通过。6月26日,中华民国政府内务部发布第270号批令,林语堂(林玉堂)提交的《汉字索引制》被授予著作权。秋,林语堂获北京大学校长蔡元培资助,偕妻子廖翠凤赴哈佛大学文学系留学,攻读硕士学位。同船有桂中枢、钱端升、钱昌祚、郝更生、吴南轩、樊逵羽等62位清华毕业生。9月18日,林语堂夫妇抵达哈佛大学,林语堂与吴宓会面。林语堂在哈佛大学比较文学研究所就读期间,师从伯利(Bliss Perry)、白璧德(Irving Babbitt)、泛雅葛门(Von Jagerman)等著名教授。当年撰写论文《批评论文中的词汇变迁》,得到美国著名教授伯利的赞赏,称此论文可以扩充为硕士论文。所撰英文文章"The Literary Revolution and What Is Literature"(《文学革命与什么是文学》)获得《中国留美学生月报》1919年11月征文比赛的第一名。(参见郑锦怀《林语堂学术年谱》,厦门大学出版社2018年版)

冯友兰1月与开封第二中学教师韩席卿等创办《心声》月刊,宣传新思想。主要成员有韩席卿、嵇文甫、魏烈臣、马戬武、王柄程(怡柯)、王芸青、冯友兰、徐旭生、徐侍峰等。5月,参加河南省教育厅选派留美学生考试。又致函《新潮》杂志社,对该刊5月1日第1卷第3号刊出的陈嘉蔼《因明浅说》提出质疑。6月,赴京参加教育部组织之选派留美学生考试复试,考取公费留学资格。在京期间,曾为选择留美学校事访胡适。又访《新潮》杂志社,遇傅斯年、罗家伦,原拟与陈嘉蔼面谈,未遇。9月,冯友兰由开封至上海,在沪购得再版的胡适《中国哲学史大纲》卷上一本,商务印书馆印行之《民国九年学校日记》一本。12月,冯友兰乘中国邮船公司南京号邮轮由上海抵达美国纽约,入哥伦比亚大学研究院哲学系,师从新实在论者孟大格和实用主义大师杜威。

按:冯友兰后来对此回顾和总结道:"我觉得在北大的三年收获很大。这三年可以分为两个阶段。在第一阶段,我开始知道,在八股文、试帖诗和策论之外,还有真正的学问,这就像是进入了一个新的天地。在第二阶段,我开始知道,于那个新天地之外,还有一个更新的天地。……这两个天地是有矛盾的,这是两种文化的矛盾。这个矛盾,贯穿于中国历史的近代和现代。……从1919年,我考上了公费留学,于同年冬到美国,次年初入哥伦比亚大学研究院哲学系当研究生。我是带着这个问题去的。也可以说是带着中国的实际去的。当时我想,现在有了一个继续学哲学的机会,要着重从哲学上解答这个问题。这就是我的哲学活动的开始。"(《全集》第一卷,第171—172页)(参见蔡仲德《冯友兰先生年谱长编》,中华书局2014年版)

陈寅恪是春入美国哈佛大学学梵文、希腊文等。3月26日,与吴宓相识,作《〈红楼梦新谈〉题词》一诗相赠。7月14日晚,陈寅恪与汤用彤随吴宓访问白璧德教授。8月31日,与吴宓谈中外历史。12月14日,与吴宓谈中外文化。(参见卞僧慧《陈寅恪先生年谱长编》,中华书局2010年版)

汤用彤1月25日作《中世纪神秘主义》(Mysticism in the Middle Ages)。4月8日,作《斯宾诺莎、洛克和康德之认识论》(Epistemology of Spinoza, Locke and Kant)。5月4日,"五四"爱国运动爆发。汤用彤与留美学生发表声援国内运动的宣言,藏中国国家博物馆。6月,汤用彤在汉姆林大学毕业后即转入哈佛大学,由吴宓接入哈佛,先借住在梅光迪的寓所。7月14日晚,吴宓与陈寅恪、汤用彤一同访问哈佛大学的白璧德教授。《吴宓日记》载:"午饭时,赴白师Prof. Babbitt宅,约定会晤时间。晚八时,偕陈寅恪君及锡予同往。白师及其夫人陪坐。谈至十一时半始归。白师述其往日为学之阅历,又与陈君究论佛理。夫人则以葡萄露及糕点进,以助清谈云。"9月15日,汤用彤和吴宓入住维尔德堂51号。在这栋楼里住过的学生成名者颇众,如前总统肯尼迪和联储主席伯南克。这里离赭山街上的陈寅恪住处仅数百米。16日,汤用彤正式在哈佛大学文理学院哲学系注册入学读研究生。一开学就选修了白璧德开设的"19世纪的浪漫主义运动"一课。28日,沃尔科特教授为汤用彤写推荐信。

汤用彤与吴宓等知友 10 月 4 日晚"会于陈君寅恪室中",欢送梅光迪首途归国,赴即将成立的南开大学英语系教员任。12 月 10 日,《吴宓日记》载:"锡予近读佛学之书,殊多进益。宓未遑涉猎也。偶见其中载佛语一则云:'学道之人,如牛负重车,行深泥中,只宜俯首前进,若一徘徊回顾,则陷溺遽深,而不可拯拔矣。'宓近来体验所得,确信此言之切要也。"29 日,《吴宓日记》载:"留美同人,大多志趣卑近,但求功名与温饱。而其治学,亦漫无宗旨,杂取浮遮。乃高明出群之士,如陈君寅恪之梵文,汤君锡予之佛学,张君鑫海之西洋文学,俞君大维之名学,洪君深之戏,则皆各有所专注。"吴宓对俞大维、陈寅恪、汤用彤与兰曼的关系记述道:"哈佛大学本有梵文、印度哲学及佛学一系,且有卓出之教授 Lanman 先生等,然众多不知,中国留学生自俞大维君始探寻、发见,而往受学焉。其后陈寅恪与汤用彤继之。"当时哈佛中国留学生中有"哈佛三杰"的说法,即陈寅恪、汤用彤和吴宓。此据李赋宁先生所讲。此外,"哈佛三杰"还有两说分别是:梅光迪、吴宓、汤用彤;俞大维、陈寅恪、汤用彤。

金岳霖继续在哥伦比亚大学习研究。先后听了邓宁(Dunning)、鲁宾逊(Robinson)、海斯·斯凯勒(Schuyler)、麦本(Mebain)、鲍威尔(Powell)、比尔德(Beard)、塞特(Sait)、穆尔(J. B. Moore)、门罗·史密斯(Munroe Smith)、塞利曼(Seligman)、吉丁斯(Giddings)、辛霍维奇(Simkhovitch)等教授的课程。也聆听了来自英国的三学者拉斯基(H. J. Ruski)、瓦拉斯(Y. Wallas)和巴克(Earnect Barker)在美国的讲学,并与之相识,建起了后来赴英游学的桥梁。开始对哲学发生兴趣。暑期,在纽约南道公司打工。(参见王中江编《中国近代思想家文库·金岳霖卷》及附录《金岳霖年谱简编》,中国人民大学出版社 2015 年版)

钱端升 5 月 5 日因参加五四爱国运动被捕,关在北京大学理科大楼,四天后获释。从清华学校毕业,获官费赴美留学。8 月 16 日,乘太平洋邮船公司之哥伦比亚号出发赴美。9 月,抵美,插入北达科他州立大学四年级攻读政治学。(参见孙宏云编《中国近代思想家文库·钱端升卷》及附录《钱端升年谱简编》,中国人民大学出版社 2014 年版)

汪懋祖在《留美学生季报》第 6 卷第 1 号上发表《送梅君光迪归康桥序》,说与梅光迪相识而成知音,且恨相见时晚,明确表示和梅光迪意见一致,反对新文化—新文学运动。

按:汪懋祖归国后,此序又刊 1922 年 4 月《学衡》第 4 期。(参见沈卫威《学衡派编年文事》,南京大学出版社 2015 年版)

张奚若在美国哥伦比亚大学攻读政治学。3 月 13 日,致函胡适,对《新青年》、新文化运动持批评的态度。

按:张奚若对胡适说,读过《新青年》《新潮》《每周评论》后,"是赞成,是反对,亦颇难言。盖自国中顽固不进步的一方想起来,便觉可喜,便觉应该赞成。然转念想到真正建设的手续上,又觉这些一知半解、不生不熟的议论,不但讨厌,简直危险""但因社会不能停滞不进,而且我们总是带有几分好新的偏向,故到底恐是赞成之意多于反对之意"。《新青年》等刊物的编者们,说话"有道理与无道理参半。因他们说话好持一种挑战的态度——漫骂更无论了——所以人家看了只记着无道理的,而忘却有道理的"。他说:"你老胡在他们这一党里要算是顶顽固了。"(参见耿云志《胡适年谱》,四川人民出版社 1989 年版)

朱经农 9 月 7 日由美国致信,告称:在美国留学界有关于胡适博士口试没有通过,而现在"冒充博士"的传言,希望胡适赶紧把博士论文印行,以息浮言。(参见耿云志《胡适年谱》,四川人民出版社 1989 年版)

洪业决心放弃神职,从事中国学术研究。撰写硕士论文《春秋左传与其对中国史学思想的影响》。同年于哥伦比亚大学美国联合神学研究院毕业。

陈达在美国主纂《留美学生季报》。（参见田彩凤《陈达先生年谱》，《清华大学学报》1995年第2期）

廖世承获勃朗大学哲学博士和教育心理学博士。

简又文入美国芝加哥大学研究院攻宗教学，获文学硕士学位。

赵太侔入美国哥伦比亚大学攻读西洋文学，继入该校研究院专攻西洋戏剧。

蒋廷黻入哥伦比亚大学，攻读近代历史。

洪深入哈佛大学专攻文学戏剧。

徐谟经外交特考，被选派驻美使馆实习。

朱亦松留学美国，入西北大学研究院社会学系。

林景润毕业于福建协和大学，获文学学士学位。旋赴美国留学。

张彭春赴美攻读哲学。

李达继续在日本留学。6月18、19日，在上海《民国日报》副刊《觉悟》上连续发表《什么叫社会主义？》和《社会主义的目的》两文，从经济史观的层面阐述了社会主义同共产主义、无政府主义的区别，指出"社会主义有两面最鲜明的旗帜，一面是救济经济上的不平均，一面是恢复人类真正平等的状态"，是中国最早公开发表的介绍科学社会主义的文章。6月24日，在上海《民国日报》副刊《觉悟》发表《陈独秀与新思想》。6月20日至7月3日，在上海《民国日报》副刊《觉悟》发表系列短文《战前欧洲社会党运动的情况》。10月，在《解放与改造》第1卷第3号发表《女子解放论》。从是年秋至次年夏回国之前，李达相继翻译了《唯物史观解说》《马克思经济学说》《社会问题总览》三部著作。（参见周可、汪信砚《李达年谱》，人民出版社2017年版；宋俭、宋景明编《中国近代思想家文库·李达卷》及附录《李达年谱简编》，中国人民大学出版社2015年版）

邵飘萍2月在京期间接待毛泽东多次来访。5月3日晚7时，北大学生集会，全城高校派代表参加。邵飘萍应邀参加，向到会者报告我国代表团在巴黎和会失败的经过和原因，并大声疾呼"北大是最高学府，应当挺身而出，把各校同学发动起来救亡图存，奋起抗争"。8月22日，段祺瑞下令查封《京报》，并行文全国通缉邵飘萍。邵飘萍化装成工人潜至丰台，转津赴沪，应日本大阪"朝日新闻社"之聘，被迫第二次亡命日本。在此时期，借助日文攻读《资本论大纲》《社会主义研究》《露国大革命》等宣传介绍马克思主义的著作。是年，邵飘萍发表《对俄外交政策》论文，刊载京、沪各报。（参见郭佐唐《邵飘萍年谱》，《浙江师范大学学报》1986年第4期）

刘海粟、俞寄凡、陈国良、贺伯锐9月应邀出席日本帝国美术院第一次美展开幕式，并考察日本美术，参观了帝国美术院第一回展览会、日本美术院第六回展览会、二科会第六回展览会、草土社第七回美术展览会、日本美术协会第六十一回展览会、东京女子美术学校为追悼故校长藤志津而举办的展览会、日本美术学院纪念展览会、第七次农商务省工艺展览会，又参观了东京美术学校、太平洋画会研究所、日本美术学校、日本美术研究所、京都高等工艺学校、川端画学校、东京高等师范学校图画手工科、京都市立美术工艺学校、京都绘画专门学校和关西美术院，详细考察了日本的美术教育。晤日本画家、艺术教育家藤岛武二、石井柏亭、纪叔雄、本野精吾、石井寅治、松本亦太郎、前田喜时等。事后刘海粟与就读于东京美术学校的汪亚尘合撰《日本之帝展》长文。（参见王震《20世纪上海美术年表》，上海书画出版社2005年版；袁志煌、陈祖恩《刘海粟年谱》，上海人民出版社1992年版）

郭沫若7月17日与同学徐诵明、刘先登、陈中、夏禹鼎、余霖、郭开贞、藕炳灵等在夏禹鼎寓所开会,目的是抗日,主要任务是搜集日本报刊上侵略中国的言论和资料,译成中文,油印后投寄国内各学校和报馆。郭沫若拟定成立宣言和社务纲要。9月上旬,郭沫若为夏社的活动开始订阅上海《时事新报》。从该报副刊《学灯》"新文艺"栏目中初次读到中国的白话诗。9、10月间,郭沫若读日本有岛武郎的《叛逆者》一书,接近了惠特曼的《草叶集》,受到其自由豪放诗风的影响。10月10日,郭沫若在上海《黑潮》月刊第1卷第2期发表《同文同种辨》;又在上海《黑潮》月刊第1卷第2期发表《抵制日货之究竟》。(参见林甘泉、蔡震主编《郭沫若年谱长编》,中国社会科学出版社2017年版)

田汉5月7日参加数百名中国留日学生围攻公使馆的活动。15日,长篇论文《俄罗斯文艺思潮之一瞥》连载于上海《民铎》第6—7期,为作者一段时期以来"研讨""近年来俄罗斯文学思潮"的成果。文中详细介绍和论述俄国作家的生平事迹和文学成就,提出"文艺者,山川风物思想感情之产物",并对国内"近年来除干戈扰攘专事政争而外,绝不闻学术上之战争"的局面表示不满,希望"新时代之教师学生""努力为学术奋斗,庶真能开新中国文艺复兴之基也"。(参见张向华《田汉年谱》,中国戏剧出版社1992年版)

成仿吾在上一年东渡途中所写的诗,在朋友中间传阅。是年,由张资平介绍,成仿吾和郁达夫相识,三人常常有论及办同人杂志的计划。此间又与郭沫若经常通信,交流诗作。

按:郭沫若在《创造十年》中谈到:"当我一九一九年与一九二〇年之交正猛烈地为作诗欲所袭迫的时候,我的诗是用复写纸眷录出来,一份寄给宗白华,一份便寄给吾仿。"(参见张傲卉、宋彬玉《成仿吾年谱》,《东北师大学报》1985年第5期)

张资平是年暑假考上东京理科大学,抵达东京,见到了郁达夫和成仿吾。在未见之前,郭沫若曾把成仿吾在东渡途中的诗抄来给他看,说成君真有诗的天才。(参见张傲卉、宋彬玉《成仿吾年谱》,《东北师大学报》1985年第5期)

姜丹书与丰子恺、刘质平等人共同发起组织中华美育会,并任《美育》杂志编辑。是年,赴日本、朝鲜考察教育。

梅兰芳4月4日赴日本演出。高庆奎随梅兰芳赴日本演出。

美国实验主义哲学家、思想家、教育家约翰·杜威应北京大学、江苏省教育会邀请来华讲学。4月30日午后,杜威偕其夫人爱丽司(Alice)与女儿罗茜(Lucy)抵达上海,胡适、蒋梦麟、陶行知到码头接,送入沧洲别墅居住。杜威在华讲学历时两年多,在胡适、蒋梦麟、陶行知等中国弟子的陪同下,先后到奉天、直隶、山西、山东、湖北、湖南、浙江、福建、广东等14个省和主要城市作了200多次讲演,宣传其平民主义教育思想。杜威提出平民主义教育有两个要素:一、发展个性的知能;二、养成协作的习惯。他认为"实施平民教育的宗旨是要个人受着切己的教育。实施平民教育的方法是要使学校生活真正是社会生活"。杜威提出的"教育即生活,学校即社会"的口号在我国教育界广为流传。其在北京的五种长期讲演录——《杜威五大讲演》在他离开中国前,曾再版10次。在当时掀起了一场杜威热。

按:杜威(1895—1952),美国哲学家、心理学家、教育学家、社会学家、实用主义主要代表之一,实用主义美学的创始人。是年,由胡适、蒋梦麟发起,北京大学、南京高等师范、江苏教育会和北京尚志学会邀请其来华讲学,由正在日本的郭秉文、陶孟和两人同杜威具体协商。是年3月28日,《北京大学日刊》登出杜威博士从日本写给胡适的信,信中对邀请他来中国讲学非常高兴,只要两方大学商妥,乐意在中国住一年。4月30日午后,杜威偕其妻女抵达上海。5月8日《北京大学日刊》载,5月3日胡适自上海发给蔡元培一函,略谓"杜威博士夫妇于三十日午到上海,蒋(梦麟)、陶(知行)与我三人在码头接他们,送入沧洲别墅居住。这几天请他们略略看看上海。昨晚上我在教育会讲演实验主义大旨,以为他明日讲演的导言。……五日他去杭州游玩,蒋梦麟陪去。……在杭州约住四、五日,只有一次讲演,回上海后,住一、二日,即往南京。大约三星期后,即来北京。哥仑比亚大学似尚无回电来,昨晚与梦麟商量,可否请先生商请教育部发一正式电去,电稿另纸录呈,请先生斟酌施行。……我送杜威先生行后,即回京,约星期三、四到京,请先生告知教务课,续假两日"。

　　按:杜威在中国居留的时间长达两年又两个月,足迹涉及奉天、直隶、山西、山东、江苏、江西、湖北、湖南、浙江、福建、广东等11个省市。从1919年6月8日起,先后在教育部礼堂、清华大学、北京高等师范学校等地作了16次社会与政治哲学讲演,16次教育哲学讲演,15次伦理学讲演,8次思维类型讲演,3次关于詹姆士、柏格森和罗素的讲演。这些讲演发表在《晨报》《新潮》等报刊上。后来这五大系列讲演还被汇编成《杜威五大讲演》,由北京晨报社出版,并在杜威离华之前重版了10次,在当时产生了轰动效应。杜威来华,使中国教育界掀起了宣传、介绍、运用实用主义教育理论的高潮。《教育杂志》《中华教育界》《新教育》《平民教育》等专业教育期刊成为宣传、介绍杜威实用主义教育的最佳媒介。

　　美国杜威10月20日正值六十寿辰,是日晚7时,北京大学与教育部、尚志新学会在中央公园来今雨轩联合举行晚餐会,庆贺来华讲学的杜威博士六十寿辰,公推王宠惠主席,蔡元培校长、尚志学会代表林长民、新学会代表梁伯强先后致词,最后请杜威演说,至11时结束。10—25日,全国教育会联合会在太原举行第五届年会,杜威应邀在年会上作了《教育上的试验态度》的演说。此后数年,我国教育上的若干实践,如新学制、学生自治制、设计教学、道尔顿制、选科制等,均受其平民教育思想的影响。(参见黎洁华《杜威在华活动年表(中)》,《华东师范大学学报(教育科学版)》1985年第2期;陈文彬《五四时期杜威来华讲学与中国知识界的反应》,复旦大学博士学位论文,2006年;中央教育科学研究所编《中国现代教育大事记1919—1949》,教育科学出版社1988年版)

　　美国司徒雷登1月31日抵京,当日即决定,在校址、校名与预科三问题未得相当解决之前,不敢受命。1月末2月初,司徒雷登北上之后三日,汇文、协和各派中西代表10人集议,公推司徒雷登为主席。经与双方晓以大义,皆为所动,乃讨论合组之步骤及方式。2月4日,司徒雷登建议组派一"超然之委员会,得全权断然处置各种问题"。非此,不肯就职。乃于次日返沪。随后司徒雷登晤诚静怡。诚静怡建议改组后之新校采用北京古名"燕京"。同月,司徒电告北京委员会,得复电,赞成此名。北京委员会敦请司徒雷登赴任,司徒雷登提出两条件:(1)校址不得坚持在盔甲厂;(2)须另聘人,为校方担任募款事宜。五四运动中,燕京学生为参加之主要份子,被捕入狱者数人,司徒向总统徐世昌提出请求,学生得释。夏,司徒携眷赴京,寄居美以美会友人家。四公会捐助二十余万开办费耗尽于盔甲厂。董事会不筹款,并否决司徒建议聘路思为副校长专司募捐事。司徒雷登愤而辞职,并电告美国托事部。董事会乃不得不聘路氏为副校长,赴美募款。司徒雷登专心整顿教务。其时本科男生不满百人。当时燕京大学学科设置有:农牧、美术、生物、国文、化学、经济、教育、英文、欧洲文学、地质及地理、历史、家政、新闻、制革、天算、音乐、哲学、物理、卫生、体育、政治、心理、社会、商业等。是年,司徒雷登与查尔斯·科贝特、博晨光共同制订校训"因真理、得自由、以服务"。(参见张玮瑛、王百强、钱辛波主编《燕京大学史稿》,北京人民中国出版社2000年版)

　　美国博士乐灵生3月30日应商务印书馆己未同乐会邀请,演讲《中国之希望》。4月8日,《申报》载:"三月三十日晚开会,到者七八十人,请美国博士乐灵生君演说《中国之希望》,略谓中国自古有最可宝贵之金科玉律三端:曰诚意,曰爱人,曰敬神。苟能发扬而光大之,中国前途实有无穷之希望云。词意恳挚,令人起敬。"(参见吴永贵《民国图书出版史编年:1912—1949》,社会科学文献出版社2018年版)

美国资本团代表施栋一行 12 月 26 日应上海商学交谊会余日章、聂云台、穆藕初、史量才、刘柏生、宋汉章、盛竹书、叶揆初、陈光甫、蒋梦麟、黄炎培等邀请出席在上海一品香旅社举行的欢迎茶话会,与会者有美国国务院秘书骆吟德、美国驻沪领事克银汉、孙中山夫妇、南洋荷属华侨代表韩希济、安徽茶业代表俞去尘、山西孔庸之,以及王一亭、穆湘瑶、沈信卿、朱体仁、莫子经等,余日章主持茶话会并致欢迎词。(参见 1919 年 12 月 27 日《申报》)。

法国伯希和 5 月 8 日自京来沪,约张元济至礼查饭店晚饭,托代购陈簠斋《金石录》及张石铭《择是居丛书》,并言欲购《道藏》及《四部丛刊》各一部。(参见张人凤、柳和城编著《张元济年谱长编》,上海交通大学出版社 2011 年版)

菲律宾议会议长奥思梅那及随行人员 10 月 15 日晚 6 时半应中华基督教青年会全国协会总干事余日章与上海各界代表人物陈辉德、穆湘玥、穆藕初、宋汉章、荣宗敬、郭秉文、黄炎培等邀请,出席上海一品香旅社欢迎宴会,与会者有孙中山与宋庆龄夫妇、李登辉夫妇、朱体仁夫妇、宋子文、郭标、郭乐、简照南、简玉阶、虞洽卿、朱葆三、陆伯鸿、朱志尧、吴蕴斋、张东荪、蒋梦麟、叶景葵、张菊生等 100 余人,余日章主持宴会并致欢迎词,奥思梅那议长作《菲律宾与中国之关系》的主题演说,孙中山先生在宴会上也作了演说。宴会至 11 时结束。(参见 1919 年 10 月 16 日的《申报》)

新加坡华侨陈嘉庚 5 月专程由南洋回祖国。7 月,于厦门发出《筹办福建厦门大学附设高等师范学校通告》。同月 13 日,在厦门陈氏宗祠邀请各界召开特别大会,报告筹办计划,宣布认捐开办费 100 万大洋,经常费 300 万大洋。校址选在厦门岛南端五老山麓古演武场,并获福建省督军先拨给四分之一供厦大建筑校舍之用。(参见洪永宏编著《厦门大学校史》,厦门大学出版社 1990 年版)

三、学术论文

陈独秀《本志罪案之答辩书》刊于《新青年》第 6 卷第 1 号。

高一涵《和平会议的根本错误》刊于《新青年》第 6 卷第 1 号。

陶履恭《论自杀》刊于《新青年》第 6 卷第 1 号。

知非《近代文学上戏剧之位置》刊于《新青年》第 6 卷第 1 号。

王星拱《未有人类以前之生物》刊于《新青年》第 6 卷第 1 号。

张寿镛《对于革新文学之意见》刊于《新青年》第 6 卷第 1 号。

胡适《不朽》刊于《新青年》第 6 卷第 2 号。

[德]赫克尔著,刘叔雅译《灵异论》刊于《新青年》第 6 卷第 2 号。

李大钊《战后之妇人问题》刊于《新青年》第 6 卷第 2 号。

陈独秀《再质问东方杂志记者》刊于《新青年》第 6 卷第 2 号。

仲密《论"黑幕"》刊于《新青年》第 6 卷第 2 号。

仲密《再论"黑幕"》刊于《新青年》第 6 卷第 2 号。

[美]高曼(EGoldman)著,震瀛译《近代戏剧论》刊于《新青年》第 6 卷第 2 号。

凌霜《世界语问题》刊于《新青年》第 6 卷第 2 号。

李次九《真正永久和平之根本问题》刊于《新青年》第 6 卷第 2 号。

任鸿隽《何为科学家》刊于《新青年》第 6 卷第 3 号。

高一涵《斯宾塞尔的政治哲学》刊于《新青年》第 6 卷第 3 号。

张崧年《男女问题》刊于《新青年》第 6 卷第 3 号。

彭啸殊《古迷》刊于《新青年》第 6 卷第 3 号。

胡适《实验主义》刊于《新青年》第 6 卷第 4 号。

朱希祖《白话文的价值》刊于《新青年》第 6 卷第 4 号。

［英］Angelo S. Rapport 著，起明译《俄国革命之哲学的基础（上）》刊于《新青年》第 6 卷第 4 号。

王光祈《工作与人生》刊于《新青年》第 6 卷第 4 号。

朱希祖《非"折中派的文学"》刊于《新青年》第 6 卷第 4 号。

［日］吉野作造著，高一涵译《选择权理论上的根据》刊于《新青年》第 6 卷第 4 号。

周建人《生物之起源》刊于《新青年》第 6 卷第 4 号。

仲密《思想革命》刊于《新青年》第 6 卷第 4 号。

杨潮声《男女社交公开》刊于《新青年》第 6 卷第 4 号。

顾兆熊《马克思学说》刊于《新青年》第 6 卷第 5 号。

凌霜《马克思学说批评》刊于《新青年》第 6 卷第 5 号。

［英］Angelo S. Rapport 著，起明译《俄国革命之哲学的基础（下）》刊于《新青年》第 6 卷第 5 号。

胡适《我为什么要做白话诗》刊于《新青年》第 6 卷第 5 号。

李大钊《我的马克思主义观》刊于《新青年》第 6 卷第 5—6 号。

按：李大钊分上下两篇发表的《我的马克思主义观》是中国人系统地介绍和分析马克思学说的开山之作，比较全面地介绍了马克思主义的唯物史观、经济学说和社会主义理论。

高一涵《老子的政治哲学》刊于《新青年》第 6 卷第 5 号。

唐俟《我们现在怎样做父亲》刊于《新青年》第 6 卷第 6 号。

沈兼士《儿童共育》刊于《新青年》第 6 卷第 6 号。

吴虞《吃人与礼教》刊于《新青年》第 6 卷第 6 号。

［日］厨川白村撰，朱希祖译《文艺的进化》刊于《新青年》第 6 卷第 6 号。

钱玄同《论中国当用世界公历纪年》刊于《新青年》第 6 卷第 6 号。

胡适《新思潮的意义》刊于《新青年》第 7 卷第 1 号。

按：是文首先指出，对于"新思潮"的解释，"比较最简单的解释要算我的朋友陈独秀先生所举出《新青年》两大罪案，——其实就是新思潮的两个罪案，——一是拥护德莫克拉西先生（民治主义），一是拥护赛因斯先生（科学）"。据胡适先生个人的观察，"新思潮的根本意义只是一种新态度。这种新态度可叫做'评判的态度'"。是文在肯定这一基本态度的基础上，对"新思潮"的手段、将来趋势、对旧文化的态度（整理国故）及目的做了更为系统的论述，是文的基本观点如下："新思潮的精神是一种评判的态度。新思潮的手段是研究问题与输入学理。新思潮的将来趋势，依我个人的私见看来，应该是注重研究人生社会的切要问题，应该于研究问题之中做介绍学理的事业。新思潮对于旧文化的态度，在消极一方面是反对盲从，是反对调和；在积极一方面，是用科学的方法来做整理的工夫。新思潮的唯一目的是什么呢？是再造文明。"

陈独秀《实行民治的基础》刊于《新青年》第 7 卷第 1 号。

王星拱《科学的起源和效果》刊于《新青年》第 7 卷第 1 号。

张崧年译《精神独立宣言》刊于《新青年》第 7 卷第 1 号。

陶履恭《游欧之感想》刊于《新青年》第 7 卷第 1 号。

潘力山《论新旧》刊于《新青年》第 7 卷第 1 号。

高一涵记《杜威博士讲演录》刊于《新青年》第 7 卷第 1 号。

李大钊《新旧思潮之激战》刊于《每周评论》第 12 号。

按：此文发表时署名守常。是文曰："宇宙的进化，全仗新旧二种思潮，互相挽进，互相推演，仿佛象两个轮子运着一辆车一样；又象一个鸟仗着两翼，向天空飞翔一般。我确信这两种思潮，都是人群进化必要的，缺一不可。我确信这两种思潮，都应该知道须和他反对的一方面并存同进，不可妄想灭尽反对的势力，以求独自横行的道理。我确信万一有一方面若存这种妄想，断断乎不能如愿，徒得一个与人无伤、适以自败的结果。我又确信这二种思潮，一面要有容人并存的雅量，一面更要有自信独守的坚操。……我正告那些顽旧鬼祟、抱着腐败思想的人：你们应该本着你们所信的道理，光明磊落的出来同这新派思想家辩驳、讨论。公众比一个人的聪明质量广、方面多，总可以判断出来谁是谁非。你们若是对于公众失败，那就当真要有个自觉才是。若是公众袒佑你们，那个能够推到你们？你们若是不知道这个道理，总是隐在人家的背后，想抱着那位伟丈夫的大腿，拿强暴的势力压倒你们所反对的人，替你们出出气，或是作篇鬼话妄想的小说快快口，造段谣言宽宽心，那真是极无聊的举动。须知中国今日如果有真正觉醒的青年，断不怕你们那伟丈夫的摧残；你们的伟丈夫，也断不能摧残这些青年的精神。当年俄罗斯的暴虐政府，也不知用尽多少残忍的心性，杀戮多少青年的志士，哪知道这些青年牺牲的血，都是培植革命自由花的肥料；那些暗沉沉的监狱，都是这些青年运动奔劳的休息所；那暴横政府的压制却为他们增加一层革命的新趣味。直到今日这样滔滔滚滚的新潮，一决不可复遏，不知道那些当年摧残青年、压制思想的伟丈夫哪里去了。我很盼望我们中国真正的新思想家或旧思想家，对于这种事实，都有一种觉悟。"

胡适《多研究些问题，少谈些"主义"》刊于《每周评论》第 31 号。

蓝公武《问题与主义》刊于《每周评论》第 33 号。

按：《问题与主义》最初载于 1919 年 7 月北京《国民公报》，发表时署名知非。《每周评论》第 33 号转载。是文曰："近日《每周评论》上，有一篇胡君适之的文章，劝人少讲主义，多研究问题，说得非常痛辟。吾们舆论界，从这篇文章里，得的益处一定不少。但是中国今日的思想界，混沌已极，是个'扶得东来西又倒'的东西。胡君这篇议论，恐怕会得一个意想外的结果。况且他的议论里头，太注重了实际的问题，把主义学理那一面的效果抹杀了一大半，也有些因噎废食的毛病。现在记者且把自己的意见，分几层写出来，就正胡君，并质之一般舆论界。"是文认为"问题与主义，并不是相反而不能并立的东西。现在且把问题、主义、方法三种相连的关系，归结到下列五点：（一）一种问题的实行方法，本有种种条款，有重要的，有不重要的，有联属的，有矛盾的。若无一贯的精神把他整齐贯串，如何能实行有效呢？这种一贯的精神，就是主义。故说主义是方法的标准趋向和态度。（二）问题愈大，性质愈复杂。一个问题，往往含有无数相反的可能性。其中自有最重要而为问题的中心一点，这最重要而为中心一点，在问题自身原为解决方法的标准，抽象出来，推行到他部分或是他种问题去，即是主义。（三）问题的抽象性，涵盖性，很有与主义相类的地方。往往同一事件，从受动这方面去看，是个问题，从能动这方面去看，就是主义。换一句话讲，问题有一贯的中心，是问题之中有主义；主义常待研究解决，是主义之中有问题：二者自不能截然区别的。（四）社会的环境不同，主义和问题的关系，也就不能一样。在文化运动进步不息的社会，主义常由问题而产生。因为在这种社会，一切事物都属能动性，常跟时代前进。偶有那不进的事物，立刻便引起一般人的注意，成为问题，有问题，便发生各种运动。从这运动中，便产生了若干主义，拿来做解决方法的实行标准。若是在那文化不进步的社会，一切事物，都成了固定性的习惯，则新问题的发生，须待主义的鼓吹成功，才能引人注意。因为这种社会，问题的发生，极不容易。非有一种强有力的主义鼓吹成熟，征服了旧习惯，则无论何种事物，都有一个天经地义的因袭势力支配在那里，有敢挟丝毫疑义的人，便是大逆不道。如何能拿来当一个问题，去讲求解决方法呢？故在不进步的社会，问题是全靠主义制造成的。（五）不论何种社会,凡是进到何种程度,文化必定渐渐化为固定性,发生停滞的现象。故必常常有少数天才有识的人,起来鼓吹新理想,促进社会的文化;这种新理想,在一般人渐渐首肯之时,即成为主义。由此主义,发生种种问题,试验又试验,当悬为未来的进行方针。而在旧习惯所支配的社会,自身不能发生新理想,则往往由他国输入富于新理想的主义,开拓出一个改革的基础来。"

毅(罗家伦)《五四运动精神》刊于《每周评论》第 23 号。

按:此文是罗家伦用"毅"的笔名发表的关于五四运动的论文。此文首先提出了"什么叫五四运动",是"五四运动"这一词最早的创始,并且指出了五四运动的三种真精神:"第一,学生牺牲的精神;第二,社会裁制的精神;第三,民族自决的精神。"罗家伦对五四运动精神的阐释,后来得到了胡适等人的认可。胡适在 1935 年 5 月出版的第 149 号《独立评论》刊发《纪念五四》一文,认为:"这篇文章发表在五四运动收到实际政治的效果之前,这里的三个评判是很公道的估计。"

李大钊《再论问题与主义》刊于《每周评论》第 35 号。

胡适《三论问题与主义》刊于《每周评论》第 36 号。

按:胡适《多研究些问题,多谈些主义》发表后,蓝公武、李大钊两先生做了长篇的文章就这个问题进行了讨论,是文可以看做是胡适对两位先生讨论文章的回应。

是文认为:"蓝君和李君的意思,有很相同的一点:他们都说主义是一个'共同趋向的理想'(李君的话),是'多数人共同行动的标准,或是对于某种问题的进行趋向或态度'(蓝君的话)。这种界说,和我原文所说的话,并没有冲突。我说,'主义初起时,大都是一种救时的具体主张。后来这种主张,传播出去,传播的人,要图简便,便用一两个字来代表这种具体的主张,所以叫他某某主义。主张成了主义,便由具体的计划,变成一个抽象的名词。'我所说的是主义的历史,他们所说的是主义的现在的作用。……蓝、李两君的误会,由于他们错解我所用的'具体'两个字。凡是可以指为这个或那个的,凡是关于个体的及特别的事物的,都是具体的。譬如俄国新宪法,主张把私人所有的土地,森林,矿产,水力,银行,收归国有;把制造和运输等事,归工人自己管理;无论何人,必须工作;一切遗产制度,完全废止;一切秘密的国际条约,完全无效:……这都是'具体的主张',现在世界各国,有一班'把耳朵当眼睛'的妄人,耳朵里听见一个'布尔什维克主义'的名词,或只是记得一个'过激主义'的名词,全不懂得这一个抽象名词所代表的是什么具体的主张,便大起恐慌,便出告示捉拿'过激党',便硬把'过激党'三个字套在某人某人的头上。这种妄人,脑筋里的主义,便是我所攻击的'抽象名词'的主义。我所说的'主义的危险',便是指这种危险。"

是文指出:"蓝君的第二个大误会,是把我所用的'抽象'两个字解错了。我所攻击的'抽象的主义',乃是指那些空空荡荡,没有具体的内容的全称名词。如现在官场所用的'过激主义',便是一例;如现在许多盲目文人心里的'文字革命'大恐慌,便是二例。蓝君误会我的意思,把'抽象'两个字,解作'理想',这便是大错了。理想不是抽象的,是想像的。譬如一个科学家,遇着一个困难的问题,他脑子里推想出几种解决方法,又把每种假设的解决所涵的结果,一一想象出来,这都是理想的。但这些理想的内容,都是一个个具体的想象,并不是抽象的。我那篇原文自始至终,不但不曾反对理想,并且极力恭维理想。我说:凡是有价值的思想,都是从这个那个具体的问题下手的。先研究了问题的种种方面的种种事实,看看究竟病在何处,这是思想的第一步工夫。然后根据于一生的经验学问,提出种种解决的方法,提出种种医病的丹方,这是思想的第二步工夫。然后用一生的经验学问,加上想象的能力,推想每一种假定的解决法,该有什么样的效果,推想这种效果,是否真能解决跟前这个困难问题。推想的结果,拣定一种假定的解决,认为我的主张,这是思想的第三步工夫。凡是有价值的主张,都是先经过这三步工夫来的。不如此,算不得舆论家,只可算是钞书手。……但是我所说的理想的作用,乃是这一种根据于具体事实和学问的创造的想象力,并不是那些钞袭现成的、抽象的、口头禅的主义。我所攻击的,也是这种不根据事实的,不从研究问题下手的钞袭成文的主义。蓝、李两君所辩护的主义,其实乃是那些抽象名词所代表的种种具体的主张(这个分别,请两君及一切读者,不要忘记了)。如此所说的主义,我并不曾轻视。……但是我们对于人类迷信抽象名词的弱点,该用什么方法去补救他呢? 我的答案是:多研究些具体的问题,少谈些抽象的主义。一切主义,一切学理,都该研究,但是只可认作一些假设的见解,不可认作天经地义的信条;只可认作参考印证的材料,不可奉为金科玉律的宗教;只可用作启发心思的工具,切不可用作蒙蔽聪明,停止思想的绝对真理。如此方才可以渐渐养成人类的创造的思想力,方才可以渐渐使人类有解决具体问题的能力,方才可以渐渐解放人类对于抽象名词的迷信。"

傅斯年《新潮发刊旨趣书》刊于《新潮》第1卷第1期。

按:《新潮》的刊出,是继《新青年》后,第二个宣传文学革命的刊物。关于创办《新潮》的动机和经过,以及所产生的影响,罗家伦先生有如下的自述:"民国七年,孟真和我还有好几位同学,抱着一股热忱,要为文学革命而奋斗。于是继新青年而起组织新潮社,编印新潮月刊,这是在这个时代中公开主张文学革命的第二个刊物。我们不但主张,而且实行澈底的以近代人的语言,来表达近代人的意想,所以全部用语体文而不登载文言文。我们主张文学主要的任务,是人生的表现与批评,应当着重从这方面去使文学美化和深切化,所以我们力持要发扬人的文学,而反对非人的与反人性的文学。我们主张学术思想的解放,打开以往传统的束缚,用科学方法来整理国故。我们推广这宗主张到传统的社会制度方面,而对固有的家族制度和社会习惯加以批评。……新潮的政治采色不浓,可是我们坚决主张民主,反封建、反侵略。我们主张我们民族的独立和自决。总而言之,我们深信时至今日,我们应当重定价值标准,在人的本位上,以科学的方法和哲学的态度,来把我们固有的文化,分别的重新估价。……新潮的第一卷第一期,复印到三版,销到一万三千册,以往也常在一万五千册左右,则声势不可谓不浩大。到民国八年上半年,文学革命运动已经扩大为新文化运动。等到五四运动的巨浪发生,更把他澎湃至全国的每一个角落,这股伟大的思潮,在许多方面很像是十八世纪后期由法国开始,以后弥漫到全欧的启明运动。"(罗家伦《元气淋漓的傅孟真》,载《逝者如斯集》,台北传记文学出版社1967年版,第169—170页。)

《新潮发刊旨趣书》全文如下:"新潮"者,北京大学学生集合同好撰辑之月刊杂志也。北京大学之生命已历二十一年,而学生之自动刊物,不幸迟至今日然后出版。向者吾校性质虽取法于外国大学,实与历史上所谓"国学"者一贯,未足列于世界大学之林;今日幸能脱弃旧型,入于轨道。向者吾校作用虽曰培植学业,而所成就者要不过一般社会服务之人,与学问之发展无与;今日幸能正其目的,以大学之正义为心。又向者吾校风气不能自别于一般社会,凡所培植皆适于今日社会之人也;今日幸能渐入世界潮流,欲为未来中国社会之先导。本此精神,循此途径,期之以十年,则今日之大学固来日中国一切新学术之策源地;而大学之思潮未必不可普遍中国,影响无量。同人等学业浅陋,逢此转移之会,虽不敢以此弘业妄自负荷,要当竭尽思力,勉为一二分之赞助;一则以吾校真精神喻于国人,二则为将来之真学者鼓动兴趣。同人等深惭不能自致于真学者之列,特发原为人作前驱而已。名曰"新潮",其义可知也。

今日出版界之职务,莫先于唤起国人对于本国学术之自觉心。今试问当代思想之潮流如何?中国在此思想潮流中位置如何?国人正复茫然昧然,未辨天之高地之厚也。其敢于自用者,竟谓本国学术可以离世界趋势而独立。夫学术原无所谓国别,更不以方土易其质性。今外中国于世界思想潮流,直不啻自绝于人世。既不于现在有所不满,自不能于未来者努力获求。长此因循,何时达旦?寻其所由,皆缘不辨西土文化之美隆如彼,又不察今日中国学术之枯槁如此;于人于己两无所知,因而不自觉其形秽。同人等以为国人所宜最先知者有四事:第一,今日世界文化至于若何阶级?第二,现代思潮本何趣[趋]向而行?第三,中国情状去现代思潮辽阔之度如何?第四,以何方学术纳中国于思潮之轨!持此四者刻刻在心,然后可云对于本国学术之地位有自觉心,然后可以渐渐导引此"块然独存"之中国同浴于世界文化之流也。此本志之第一责任也。

中国社会,形质极为奇异。西人观察者恒谓中国有群众而无社会,又谓中国社会为二千年前之初民宗法社会,不适于今日。寻其实际,此言是矣。盖中国人本无生活可言,更有何社会真义可说。若干恶劣习俗,若干无灵性的人生规律,桎梏行为,宰割心性,以造成所谓蚩蚩之氓;生活意趣,全无领略,犹之犬羊,于己身生死、地位、意义茫然未知。此真今日之大戚也。同人等深愿为不平之鸣,兼谈所以因革之方。虽学浅不足任此弘业,要不忍弃而弗论也。此本志之第二责任也。

群众对于学术无爱好心,其结果不特学术销沉而已,堕落民德为尤巨。不曾研诣学问之人恒昧于因果之关系;审理不了而后有苟且之行。又,学术者深入其中,自能率意而行,不为情牵。对于学术负有责任,则外物不足萦惑;以学业所得为辛劳疾苦莫大之酬,则一切牺牲尽可得精神上之酬偿。试观吾国宋明之季甚多独行之士;虽风俗堕落,政治沦胥,此若干"阿其所好"之人终不以众浊易其常节。又观西洋"Renaissance"与"Reformation"时代,学者奋力与世界魔力战,辛苦而不辞,死之而不悔。若是者岂真好苦恶乐,异乎人之情耶?彼能于真理真知灼见,故不为社会所征服,又以有学业鼓舞其气,故能称心而行,一往不返。中国群德堕落,苟且之行遍于国中。寻其来由:一则原于因果观念不明,不辨何者可为,何者不可为;二则原于缺乏培植"不破性质"之动力,国人不觉何者谓"称心为好"。此二者又皆本于群众对于学术无爱好心。同人不敏,窃愿鼓动学术上之兴趣。此本志之第三责任也。

本志同人皆今日学生,或两年前曾为学生者;对于今日一般同学,当然怀极厚之同情,挟无量之希望。观察实情,乃觉今日最危险者,无过于青年学生。迩者恶人模型、思想厉鬼,遍于国中,有心人深以为忧。然但能不传谬种,则此辈相将就木之日,即中国进于福利之年。无如若辈专意鼓簧,制造无量无恶魔子;子又生孙,孙又生子:长此不匮,真是殷忧。本志发愿协助中等学校之同学,力求精神上脱离此类感化。于修学立身之方法与径途,尽力研求,喻之于众,特辟"出版界评""故书新评"两栏,商榷读书之谊;此两栏中就书籍本身之价值批评者甚少,借以讨论读书之方法者甚多。其他更有专文论次。总期海内同学去遗传的科学思想,进于现世的科学思想;去主观的武断思想,进于客观的怀疑思想;为未来社会之人,不为现在社会之人;造成战胜社会之人格,不为社会所战胜之人格。同人浅陋,惟有本此希望奋勉而已。此本志之第四责任也。

本志主张,以为群众不宜消灭个性;故同人意旨,尽不必一致;但挟同一之希望,遵差近之径途,小节出入,所不能免者。若读者以"自相矛盾"见责,则同人不特不讳言之,且将引为荣幸。又本志以此批评为精神,不取乎"庸德之行,庸言之谨"。若读者以"不能持平"腾诮,则同人更所乐闻。

既以批评为精神,自不免有时与人立异,读者或易误会,兹声明其旨。立异之目的若仅在于立异而止,则此立异为无谓。如不以立异为,而在感化他人,但本能"哀矜勿喜"之情,虽言词快意为之,要亦无伤德义。同人等所以不讳讥评者,诚缘有所感动,不能自已于言。见人迷离,理宜促其自觉之心,以启其向上之路;非敢立异以为高。故凡能以学问为心者,莫不推诚相与;苟不至于不可救药,决不为不能容受之诮让。然而世有学问流于左道,而伪言伪旨足以惑人者,斯惟直发其复,以免他人重堕迷障。同人等皆是不经阅历之学生,气盛性直,但知"称心为好";既不愿顾此虑彼,尤恨世人多多顾虑者。读者想能体会兹意,鉴其狂简也。

本志虽曰发挥吾校真精神,然读者若竟以同人言论代表大学学生的思潮,又为过当。大学学生二千人,同人则不逾二十,略含私人集合之性质;所有言论由作者自负之,由社员共同负之,苟有急进之词,自是社中主张,断不可误以大学通身当之。

发刊伊始,诸待匡正,如承读者赐以指教,最所欢迎。将特辟通信一栏,专供社外人批评质询焉。"

傅斯年《人生问题发端》刊于《新潮》第1卷第1期。

罗家伦《今日之世界新潮》刊于《新潮》第1卷第1期。

傅斯年《去兵》刊于《新潮》第1卷第1期。

陈家蔼《新》刊于《新潮》第1卷第1期。

谭鸣谦《哲学对于科学宗教之关系论》刊于《新潮》第1卷第1期。

汪敬熙《雪夜》刊于《新潮》第1卷第1期。

徐彦之《逻辑者哲学之精》刊于《新潮》第1卷第1期。

叶绍钧、王钟麒《对于小学作文教授之意见》刊于《新潮》第1卷第1期。

汪敬熙《谁使为之》刊于《新潮》第1卷第1期。

志希《今日中国之小说界》刊于《新潮》第1卷第1期。

志希《今日中国之新闻界》刊于《新潮》第1卷第1期。

孟真《万恶之源》刊于《新潮》第 1 卷第 1 期。

孟真《社会革命——俄国式的革命》刊于《新潮》第 1 卷第 1 期。

孟真《王国维之宋元戏曲史》刊于《新潮》第 1 卷第 1 期。

孟真《马叙伦之庄子札记》刊于《新潮》第 1 卷第 1 期。

孟真《蒋维乔之论理学讲义》刊于《新潮》第 1 卷第 1 期。

孟真《清梁玉绳之史记志疑》刊于《新潮》第 1 卷第 1 期。

孟真《宋郭茂倩之乐府诗集》刊于《新潮》第 1 卷第 1 期。

孟真《英耶芳斯之科学原理》刊于《新潮》第 1 卷第 1 期。

蔡元培《大战与哲学》刊于《新潮》第 1 卷第 1 期。

李大钊《联治主义与世界组织》刊于《新潮》第 1 卷第 2 期。

顾诚吾《对于旧家庭的感想》刊于《新潮》第 1 卷第 2 期。

傅斯年《怎样做白话文》刊于《新潮》第 1 卷第 2 期。

罗家伦《什么是文学？——文学界说》刊于《新潮》第 1 卷第 2 期。

按：是文在归纳了各家的学说，总结了真文学都有的几种要素后，提出了对文学的界说："文学是人生的表现和批评，从最好的思想里写下来的，有想像，有情感，有体裁，有合于艺术的组织，集此众长，能使人类普遍心理，都觉得他是极明了极有趣的东西。"而以这种对真文学的界说比较中西文学的差别，是文认为："西洋文学是切于人生的，中国文学是见人生而远避的；西洋文学是为唤起人类同情的，而中国文学是为个人私自说法的；西洋文学是求真像的，而中国文学是说假话的；西洋文学是平民的天然的，中国文学是贵族的矫揉的；西洋文学是要发展个性的，中国文学是要同古人一个鼻子眼出气的。所以从艺术而论，中国文学却很有在博物院里的价值。就文学的体用特质而论，我们中国文学惭愧得多呢！"从文字的表面看，似乎罗家伦太过贬低悠久的中国文学，但其文末却有这样的表述："我还以为一个人自己的短处总还有改良的一日。若是自己只知道的好处，那真不可收拾呢！""若是我们真知道文学的真义，同中国文学的缺点，我想中国现在所需的是种什么文学，读者是可以不言而喻的了。"可见，这种对批评实则充满了对中国新文学改良和发展的企盼。

康白情《论中国之民族气质》刊于《新潮》第 1 卷第 2 期。

汪敬熙《一个勤学的学生》刊于《新潮》第 1 卷第 2 期。

叶绍钧《女子人格问题》刊于《新潮》第 1 卷第 2 期。

谭鸣谦《法理与伦理之本质区分论》刊于《新潮》第 1 卷第 2 期。

张崧年《砾广掇拾——"数之哲理"》刊于《新潮》第 1 卷第 2 期。

徐彦之译《逻辑漫谈》刊于《新潮》第 1 卷第 2 期。

傅斯年《中国文学史分期之研究》刊于《新潮》第 1 卷第 2 期。

吴康《吾国今日道德之根本问题》刊于《新潮》第 1 卷第 2 期。

斯宾塞著，吴康译《行为概论》刊于《新潮》第 1 卷第 2 期。

宋春舫《评新剧本新村正》刊于《新潮》第 1 卷第 2 期。

孟真《心气薄弱之中国人》刊于《新潮》第 1 卷第 2 期。

孟真《中国文艺界之病根》刊于《新潮》第 1 卷第 2 期。

孟真《自知与终身之事业》刊于《新潮》第 1 卷第 2 期。

孟真《社会一群众》刊于《新潮》第 1 卷第 2 期。

孟真《社会的信条》刊于《新潮》第 1 卷第 2 期。

孟真《破坏》刊于《新潮》第 1 卷第 2 期。

蔡元培《劳工神圣》刊于《新潮》第1卷第2期。

康白情《难思想律》刊于《新潮》第1卷第3期。

刘炳麟《经济学上之新学术》刊于《新潮》第1卷第3期。

陈达材《物质文明》刊于《新潮》第1卷第3期。

傅斯年《汉语改用拼音文字之初步谈》刊于《新潮》第1卷第3期。

陈家蔼《因明浅说》刊于《新潮》第1卷第3期。

杨振声《渔家》刊于《新潮》第1卷第3期。

罗家伦《是爱情还是痛苦》刊于《新潮》第1卷第3期。

傅斯年《答时事新闻记者》刊于《新潮》第1卷第3期。

傅斯年《译书感言》刊于《新潮》第1卷第3期。

俞平伯《打破中国神圣思想之一种主张》刊于《新潮》第1卷第3期。

孟真《朱勒的〈形式逻辑〉》刊于《新潮》第1卷第3期。

汪敬熙《什么是思想》刊于《新潮》第1卷第4期。

刘秉麟《分配问题》刊于《新潮》第1卷第4期。

谭鸣谦译《劳动问题之解决》刊于《新潮》第1卷第4期。

叶绍钧《今日中国之杂志界》刊于《新潮》第1卷第4期。

何思源《思想的真意》刊于《新潮》第1卷第4期。

陈达材《文学之性质》刊于《新潮》第1卷第4期。

按:此文对文学性质的界定,是把文学看做一种传达思想的工具。"人类之思想,不能离物质而传达;言语则有资于声浪,文学则有资于纸墨,举凡以动作而传示意思者,莫不有待于物质,其能离物质而以单纯精神感通,使相喻于无形者在催眠术家时或可行,然是否真无待于物质,尚属疑问。故人类之思想,普通言之,殆可谓不能离物质而传达。惟吾人传达思想之方,种类甚多,有用动作,有用言语,有用文学,皆思想先成于胸中,藉此种手段,感觉他人五官,使传达于脑也。夫文学之效用,比之言语动作,虽时间较久,空间较广,然由其为传达思想之媒介一点观之,殆无异致。由此言之,文学殆为传达思想之符号,除所载之思想外,最为无用之物。今试取一篇最著名之观之,其可见者,纸墨之形色耳,然其形色不及图画之美观;其可读者,虽有声调,然其声调则不及歌谱之自然;试问除作者所传示之思想外,尚有何价值可言乎? 字以撇画不同,而传达单简思想,文以字之排列不同而传达复杂思想皆为一种符号而已""文学既为一种传达思想之具,吾人对于文学所应采之途,可得言矣。""1. 文学之为用,当使作者完全发表其思想而无遗漏,阅者完全领略其思想而无误会""2. 文学之为用,当使作者之思想,普传于多数人,不可限于少数人""3. 文学之为用,当使作者以最少之劳力,而发表其思想,使阅者,以最少之劳力而领略之""4. 文学之为用,当使人生一种自然的有利的兴趣,不可使人生一种矫揉的有害的兴趣。""文学之性质,既如上所述;阅者执此以论旧文学与新文学之优劣,可以自为裁决,当不待著者之喋喋也"。

张崧年《砾广掇拾》刊于《新潮》第1卷第4期。

徐彦之译《哲学问题》刊于《新潮》第1卷第4期。

张厚载《生活独立》刊于《新潮》第1卷第4期。

高元《非秘密主义》刊于《新潮》第1卷第4期。

罗家伦《"出世?"》刊于《新潮》第1卷第4期。

傅斯年《一段疯话》刊于《新潮》第1卷第4期。

傅斯年《朝鲜独立运动之新教训》刊于《新潮》第1卷第4期。

穗庭《朝鲜独立运动感言》刊于《新潮》第1卷第4期。

傅斯年《诗经集传和诗序辩》刊于《新潮》第 1 卷第 4 期。

傅斯年《清代学问的门径书》刊于《新潮》第 1 卷第 4 期。

傅斯年《对于中国今日谈哲学者之感念》刊于《新潮》第 1 卷第 5 期。

毛子水《国故和科学的精神》刊于《新潮》第 1 卷第 5 期。

江绍原《最近代基督教义》刊于《新潮》第 1 卷第 5 期。

罗家伦《驳胡先骕君的中国文学改良论》刊于《新潮》第 1 卷第 5 期。

[日]堺利彦著，郭须静译《男女关系的进化》刊于《新潮》第 1 卷第 5 期。

谭鸣谦译《德谟克拉西之四面观》刊于《新潮》第 1 卷第 5 期。

俞平伯《我之道德观》刊于《新潮》第 1 卷第 5 期。

赫格尔著，吴康译《真理》刊于《新潮》第 1 卷第 5 期。

傅斯年《白话文学与心理的改革》刊于《新潮》第 1 卷第 5 期。

傅斯年《随感录》刊于《新潮》第 1 卷第 5 期。

吴景超《平等谈》刊于《新潮》第 1 卷第 5 期。

罗家伦《妇女解放》刊于《新潮》第 2 卷第 1 号。

陈达材《社会改制问题》刊于《新潮》第 2 卷第 1 号。

何思源《近世哲学的新方法》刊于《新潮》第 2 卷第 1 号。

毛子水《"驳新潮'国故和科学的精神'篇"订误》刊于《新潮》第 2 卷第 1 号。

郭绍虞《新村研究》刊于《新潮》第 2 卷第 1 号。

周作人《访日本新村记》刊于《新潮》第 2 卷第 1 号。

俞平伯《社会上对于新诗的各种心理观》刊于《新潮》第 2 卷第 1 号。

王钟麟《拟编高等小学史地教材的大纲》刊于《新潮》第 2 卷第 1 号。

志希《欢迎我们的兄弟牛津大学的新潮》刊于《新潮》第 2 卷第 1 号。

志希《古今中外派的学说》刊于《新潮》第 2 卷第 1 号。

志希《杜威博士的学校与社会》刊于《新潮》第 2 卷第 1 号。

志希《杜威博士的德育原理》刊于《新潮》第 2 卷第 1 号。

志希《少年中国月刊》刊于《新潮》第 2 卷第 1 号。

傅斯年《新潮之回顾与前瞻》刊于《新潮》第 2 卷第 1 号。

按：《新潮》于 1919 年元旦创刊发行，《新潮》第 2 卷第 1 号出版时间为 1919 年 10 月，是文不但是对《新潮》办刊缘起的说明、《新潮》办刊过程的回顾及反思，更为重要的是，其指出了《新潮》杂志的核心元素，即：批评的精神、科学的主义、革新的文词。

李大钊《物质变动与道德变动》刊于《新潮》第 2 卷第 2 号。

王星拱《科学的真实是客观的不是》刊于《新潮》第 2 卷第 2 号。

罗家伦《近代西洋思想自由的进化》刊于《新潮》第 2 卷第 2 号。

杜威讲，吴康、罗家伦记《思想的派别》刊于《新潮》第 2 卷第 2 号。

胡适《李超传》刊于《新潮》第 2 卷第 2 号。

江绍原《一回稀有的经验》刊于《新潮》第 2 卷第 2 号。

叶绍钧《小学教育的改造》刊于《新潮》第 2 卷第 2 号。

高元民《主政治与伦常主义》刊于《新潮》第 2 卷第 2 号。

吴康《人生问题》刊于《新潮》第 2 卷第 2 号。

志希《学术界的骗局》刊于《新潮》第 2 卷第 2 号。

志希《是青年自杀还是社会杀青年》刊于《新潮》第 2 卷第 2 号。

梦麟《北大学生林德扬君的自杀》刊于《新潮》第 2 卷第 2 号。

守常《青年厌世自杀问题》刊于《新潮》第 2 卷第 2 号。

徐彦之《心灵现象论》刊于《新潮》第 2 卷第 2 号。

志希《改造》刊于《新潮》第 2 卷第 2 号。

张崧年译《精神独立宣言》刊于《新潮》第 2 卷第 2 号。

按：《精神独立宣言》是由罗曼·罗兰主撰，并联合一些著名知识者共同发布的，宣言倡导知识者精神独立，呼吁其坚持真理与独立思考。《精神独立宣言》1919 年 3 月 26 日刊于法国《人道报》，张崧年自英译本转译，详注后载《新青年》第 7 卷第 1 号，后又参考其他英译校改，完善了注解后刊发在《新潮》第 2 卷第 2 号《附录》栏中。

蔡元培《发刊词》刊于《北京大学月刊》第 1 卷第 1 号。

按：《北京大学月刊》1919 年 1 月在北京创刊，是北京大学重要的学术刊物，内容以刊发最新最精的学术论文为主，间登有学术价值的译文。《发刊词》阐述了蔡元培对发行《北京大学月刊》的本意。

蔡元培《哲学与科学》刊于《北京大学月刊》第 1 卷第 1 号。

陈启修《国家改制与世界改制》刊于《北京大学月刊》第 1 卷第 1 号。

陈启修《庶民主义之研究》刊于《北京大学月刊》第 1 卷第 1 号。

陶履恭《军国主义》刊于《北京大学月刊》第 1 卷第 1 号。

朱希祖《文学论》刊于《北京大学月刊》第 1 卷第 1 号。

按：朱希祖《文学论》开篇即云：“吾国之论文学者，往往以文字为准，骈散有争，文辞有争，皆不离乎此域；而文学之所以与其他学科并立，具有独立之资格，极深之基础，与其巨大之作用，美妙之精神，则置而不论。故文学之观念，往往浑而不析，偏而不全。”然后主要论述了以下四个问题：（一）论文学须有独立之资格；（二）论文学须有极深之基础；（三）论文学须有巨大之作用；（四）论文学须有美妙之精神。作者在“论文学须有独立之资格”时特别反思“一年以来，吾国士大夫有倡言文学革命者，鄙人独倡言文学独立。革命者，破坏之事；独立者，建立之事。互相为用，盖有不可偏废者”，认为文学革命与文学独立互相为用，不可偏废。由此联系当时普遍延续的杂文学观，直至 1936 年才真正确立纯文学观，则朱希祖《文学论》无疑具有先锋意义。

马寅初《银行之真诠》刊于《北京大学月刊》第 1 卷第 1 号。

王仁辅《近世几何学概论》刊于《北京大学月刊》第 1 卷第 1 号。

丁绪贤《有机化学史》刊于《北京大学月刊》第 1 卷第 1 号。

钱玄同《中国文字形体变迁新论》刊于《北京大学月刊》第 1 卷第 1 号。

朱希祖《驳中国先有苗种后有汉种说》刊于《北京大学月刊》第 1 卷第 1 号。

朱希祖《研究孔子之文艺思想及其影响》刊于《北京大学月刊》第 1 卷第 2 号。

陈启修《护法及弄法之法理学的意义》刊于《北京大学月刊》第 1 卷第 2 号。

陈大齐《民族心理学之意义》刊于《北京大学月刊》第 1 卷第 2 号。

沈兼士《文字学之革新研究》刊于《北京大学月刊》第 1 卷第 2 号。

屠孝寔《宗教及神话之起源》刊于《北京大学月刊》第 1 卷第 2 号。

朱希祖《论 Religion 之译名》刊于《北京大学月刊》第 1 卷第 2 号。

江绍原《说明研究宗教学之紧要》刊于《北京大学月刊》第 1 卷第 2 号。

刘复《居庸刻石辨文》刊于《北京大学月刊》第 1 卷第 2 号。

毕善功《法律格言》刊于《北京大学月刊》第 1 卷第 2 号。

马寅初《中国之希望在于劳动者》刊于《北京大学月刊》第 1 卷第 3 号。

陈启修《从"北洋政策"到"西南政策"—从"军国主义"到"文化主义"》刊于《北京大学月刊》第 1 卷第 3 号。

陈达材《国家之性质》刊于《北京大学月刊》第 1 卷第 3 号。

朱希祖《整理中国最古书籍之方法论》刊于《北京大学月刊》第 1 卷第 3 号。

胡适《墨子小取篇新诂》刊于《北京大学月刊》第 1 卷第 3 号。

屠孝寔《三光为汉族最古之崇拜对象说》刊于《北京大学月刊》第 1 卷第 3 号。

左德敏《诉讼法上诸主义》刊于《北京大学月刊》第 1 卷第 3 号。

徐宝璜《新闻纸之社论》刊于《北京大学月刊》第 1 卷第 3 号。

李芳《原币》刊于《北京大学月刊》第 1 卷第 3 号。

俞同奎《今后研究化学之趋向》刊于《北京大学月刊》第 1 卷第 3 号。

李俨《中国数学源流考略》刊于《北京大学月刊》第 1 卷第 4 号。

陈大齐《北京高小女生道德意识之调查》刊于《北京大学月刊》第 1 卷第 4 号。

马寅初《大战前欧美各国之不换纸币与我国之京钞》刊于《北京大学月刊》第 1 卷第 4 号。

马寅初《战时之物价与纸币》刊于《北京大学月刊》第 1 卷第 4 号。

龚湘《我国收回领事裁判权问题与暹罗管理外人诉讼的现状》刊于《北京大学月刊》第 1 卷第 4 号。

李续祖《百年来化学发达史略》刊于《北京大学月刊》第 1 卷第 4 号。

江绍原《宗教与人生》刊于《北京大学月刊》第 1 卷第 4 号。

马寅初《不动产银行》刊于《北京大学月刊》第 1 卷第 5 号。

张庭英《国际联盟与中国今后之外交后援》刊于《北京大学月刊》第 1 卷第 5 号。

胡适《清代汉学家的科学方法》刊于《北京大学月刊》第 1 卷第 5 号。

王建祖《圣西门及经济集中主义》刊于《北京大学月刊》第 1 卷第 5 号。

梁国常《物理与化学之关系》刊于《北京大学月刊》第 1 卷第 5 号。

剑农《平和会议与国民》刊于《太平洋》第 1 卷第 11 号。

沧海《国际联合约章》刊于《太平洋》第 1 卷第 11 号。

鲠生《德意志政治学说之变迁》刊于《太平洋》第 1 卷第 11 号。

雪艇《诂地方政府(续)》刊于《太平洋》第 1 卷第 11 号。

松子《国际复本位制》刊于《太平洋》第 1 卷第 11 号。

端六《实业前途之曙光》刊于《太平洋》第 1 卷第 11 号。

胡适《墨家哲学》刊于《太平洋》第 1 卷第 11 号。

松子《英国之新选举法》刊于《太平洋》第 1 卷第 11 号。

崎冰《日本经济之研究》刊于《太平洋》第 1 卷第 11 号。

端六《卫士林支那货币论》刊于《太平洋》第 1 卷第 11 号。

T. B. Macaulay 原著,ENG 译《自由之果》刊于《太平洋》第 1 卷第 11 号。

刘复《中国之下等小说》刊于《太平洋》第 1 卷第 11 号。

Rollo Peters 原著,刘复译《哲学家》刊于《太平洋》第 1 卷第 11 号。

梁明致《对青年中国之恳请》刊于《太平洋》第 1 卷第 11 号。

孔昭铭《教育》刊于《太平洋》第 1 卷第 11 号。

孔涤庵《战争与奢侈》刊于《太平洋》第 1 卷第 11 号。

李寅恭《通国无路之中国》刊于《太平洋》第 1 卷第 11 号。

李寅恭《水灾后施散树苗之建议》刊于《太平洋》第 1 卷第 11 号。

沧海《学生运动与国民的责任》刊于《太平洋》第 1 卷第 12 号。

沧海《山东问题》刊于《太平洋》第 1 卷第 12 号。

沧海《意大利和议代表退出巴黎》刊于《太平洋》第 1 卷第 12 号。

松子《万国同盟约法草案》刊于《太平洋》第 1 卷第 12 号。

松子《女子与万国联盟》刊于《太平洋》第 1 卷第 12 号。

松子《巴黎议和大会》刊于《太平洋》第 1 卷第 12 号。

松子《匈牙利之政变》刊于《太平洋》第 1 卷第 12 号。

一湖《社会主义论》刊于《太平洋》第 1 卷第 12 号。

一湖《伦理与宗教》刊于《太平洋》第 1 卷第 12 号。

雪艇《诘地方政府》刊于《太平洋》第 1 卷第 12 号。

端六《实业教育与实业界之责任》刊于《太平洋》第 1 卷第 12 号。

鲠生《孟德斯鸠分权说》刊于《太平洋》第 1 卷第 12 号。

胡适《墨家哲学》刊于《太平洋》第 1 卷第 12 号。

鲠生译《法国行政裁判制》刊于《太平洋》第 1 卷第 12 号。

天赋《欧战后之余希望(续)》刊于《兵事杂志》第 57 期。

天赋《列国军情》刊于《兵事杂志》第 57 期。

祥云《美总统威尔逊在欧之演说》刊于《兵事杂志》第 57 期。

祥云《美国在西比利亚之活动》刊于《兵事杂志》第 57 期。

陈光誉《克虏伯炮准心法(续第五十五期)完》刊于《兵事杂志》第 57 期。

祥云《战时后方勤务(续)》刊于《兵事杂志》第 57 期。

祝康《夜间动作之研究(续)》刊于《兵事杂志》第 57 期。

祝康《欧战研究之所得(续)》刊于《兵事杂志》第 57 期。

杨乃青《辎重勤务研究录(续)》刊于《兵事杂志》第 57 期。

馨山《从欧战实验所得机关枪之新战术及新技术(续)》刊于《兵事杂志》第 57 期。

陈绍宽《英国航空之事业》刊于《兵事杂志》第 57 期。

哲筠《克虏伯式间接瞄准镜说明(续第五十四期)》刊于《兵事杂志》第 57 期。

吴钦泰《日俄战史(续)》刊于《兵事杂志》第 57 期。

初白《东蒙古之地理与交通》刊于《兵事杂志》第 57 期。

伧父《大战终结后国人之觉悟如何》刊于《东方杂志》第 16 卷第 1 号。

君实《战后之国际联盟》刊于《东方杂志》第 16 卷第 1 号。

高劳《中日之内国关税》刊于《东方杂志》第 16 卷第 1 号。

林任《开明专制主义之失败》刊于《东方杂志》第 16 卷第 1 号。

君实、罗罗《澳洲之孟禄主义》刊于《东方杂志》第 16 卷第 1 号。

陈长蘅《进化之真象》刊于《东方杂志》第 16 卷第 1 号。

罗罗《世界名剧谈》刊于《东方杂志》第 16 卷第 1 号。

高劳《欧战后中国所得之利益》刊于《东方杂志》第 16 卷第 2 号。

王水公《精神救济》刊于《东方杂志》第 16 卷第 2 号。

君实译《世界的中国问题与其解决法》刊于《东方杂志》第 16 卷第 2 号。

高劳《高加索之过去现在及将来》刊于《东方杂志》第 16 卷第 2 号。

君实《罗马尼亚之民族的领域》刊于《东方杂志》第 16 卷第 2 号。

罗罗《战争与美国之大学》刊于《东方杂志》第 16 卷第 2 号。

罗罗《英政府之印度自治计划》刊于《东方杂志》第 16 卷第 2 号。

罗罗《中国财政之将来》刊于《东方杂志》第 16 卷第 2 号。

贾士毅《米谷问题之商榷》刊于《东方杂志》第 16 卷第 3 号。

罗罗《太平洋之今昔观》刊于《东方杂志》第 16 卷第 3 号。

罗罗《中华民族起源考》刊于《东方杂志》第 16 卷第 3 号。

高劳《中国之糖业》刊于《东方杂志》第 16 卷第 3 号。

林任《西伯利亚之人种》刊于《东方杂志》第 16 卷第 3 号。

君实《美国海运界之过去现在及将来》刊于《东方杂志》第 16 卷第 3 号。

罗罗《英属亚美利加大联邦国论》刊于《东方杂志》第 16 卷第 3 号。

君实《英国劳动党与社会改造》刊于《东方杂志》第 16 卷第 3 号。

［日］吉村源太郎作，善斋译《英吉利国家统一策》刊于《东方杂志》第 16 卷第 3 号。

罗罗《大亚美利加主义之将来》刊于《东方杂志》第 16 卷第 3 号。

黄健中《原知》刊于《东方杂志》第 16 卷第 3 号。

伧父《中国政治革命不成就及社会革命不发生之原因》刊于《东方杂志》第 16 卷第 4 号。

罗罗《巴尔干问题之正当解决法》刊于《东方杂志》第 16 卷第 4 号。

胡学志译《瑞典与曷兰岛问题》刊于《东方杂志》第 16 卷第 4 号。

君实《俄罗斯文学之过去及将来》刊于《东方杂志》第 16 卷第 4 号。

罗罗《活动影戏发达之将来》刊于《东方杂志》第 16 卷第 4 号。

高劳《中国兴业之先决问题》刊于《东方杂志》第 16 卷第 5 号。

王璋《为今日报界进一言》刊于《东方杂志》第 16 卷第 5 号。

罗罗译《过激派之理想及其失败（译英国现代评论）》刊于《东方杂志》第 16 卷第 5 号。

君实译《日本政治之平民化（节译北美论报）》刊于《东方杂志》第 16 卷第 5 号。

君实《过激思想与其防止策》刊于《东方杂志》第 16 卷第 6 号。

罗罗《南斯拉夫问题》刊于《东方杂志》第 16 卷第 6 号。

高劳《中等阶级论》刊于《东方杂志》第 16 卷第 6 号。

善斋《德国之革命》刊于《东方杂志》第 16 卷第 6 号。

罗罗《帝国主义资本主义之日本》刊于《东方杂志》第 16 卷第 6 号。

君实《美国强制劳动之实行》刊于《东方杂志》第 16 卷第 6 号。

坚瓠《函授学校考》刊于《东方杂志》第 16 卷第 6 号。

罗罗《平和会议中之劳动问题》刊于《东方杂志》第 16 卷第 6 号。

高劳《中国之电话事业》刊于《东方杂志》第 16 卷第 6 号。

君实《古今大战之战费》刊于《东方杂志》第 16 卷第 6 号。

君实《生命之问题》刊于《东方杂志》第 16 卷第 6 号。

君实《白金小史》刊于《东方杂志》第 16 卷第 6 号。

顾绍衣《元素变迁之最新学说》刊于《东方杂志》第 16 卷第 6 号。

景藏《今后杂志界之职务》刊于《东方杂志》第 16 卷第 7 号。

君实译《俄国过激派统治之内容(译日本太阳杂志)》刊于《东方杂志》第 16 卷第 7 号。

君实译《产业组织之统一主义(译日本新时代杂志)》刊于《东方杂志》第 16 卷第 7 号。

叔才《自然征服论》刊于《东方杂志》第 16 卷第 8 号。

朱进《促国民自设平民银行》刊于《东方杂志》第 16 卷第 8 号。

罗罗《欧洲和会之结局》刊于《东方杂志》第 16 卷第 8 号。

罗罗《战后欧洲列国之新形势》刊于《东方杂志》第 16 卷第 8 号。

高劳《历史上之世界支配者》刊于《东方杂志》第 16 卷第 8 号。

高劳《美国之政治组织》刊于《东方杂志》第 16 卷第 8 号。

君实《一九一八年与世界之妇女》刊于《东方杂志》第 16 卷第 8 号。

君实《过激主义与民主主义之对抗》刊于《东方杂志》第 16 卷第 8 号。

伧父《新旧思想之折衷》刊于《东方杂志》第 16 卷第 9 号。

樊炳清《论知识之价值》刊于《东方杂志》第 16 卷第 9 号。

君实《英国之自由主义》刊于《东方杂志》第 16 卷第 9 号。

君实《民族势力伸展之三式》刊于《东方杂志》第 16 卷第 9 号。

罗罗《菲律宾独立之动机》刊于《东方杂志》第 16 卷第 9 号。

张舍我《亚美尼亚之复兴》刊于《东方杂志》第 16 卷第 9 号。

唐敬杲《朝鲜统治之现状》刊于《东方杂志》第 16 卷第 9 号。

罗罗《民族优劣之比较》刊于《东方杂志》第 16 卷第 9 号。

君实《社会主义之检讨》刊于《东方杂志》第 16 卷第 9 号。

程小青《幻术谈》刊于《东方杂志》第 16 卷第 9 号。

景藏《时代错误》刊于《东方杂志》第 16 卷第 10 号。

子直《中国在巴黎和会之失败》刊于《东方杂志》第 16 卷第 10 号。

罗罗《欧洲自由报纸对于和约之批评》刊于《东方杂志》第 16 卷第 10 号。

善斋《欧俄之真相》刊于《东方杂志》第 16 卷第 10 号。

罗罗《欧洲小国问题》刊于《东方杂志》第 16 卷第 10 号。

罗罗《日本之宪政》刊于《东方杂志》第 16 卷第 10 号。

轫初译《欧战时最快乐之民族》刊于《东方杂志》第 16 卷第 10 号。

伧父《何谓新思想》刊于《东方杂志》第 16 卷第 11 号。

陈嘉异《我之新旧思想调和观》刊于《东方杂志》第 16 卷第 11 号。

絧如《第二段之世界改造》刊于《东方杂志》第 16 卷第 11 号。

君实《世界两大势力下之日本》刊于《东方杂志》第 16 卷第 11 号。

杨昭悊《近世经济思想之变迁》刊于《东方杂志》第 16 卷第 11 号。

罗罗《回教之世界》刊于《东方杂志》第 16 卷第 11 号。

罗罗《日本从欧洲中所得之利益》刊于《东方杂志》第 16 卷第 11 号。

甘作霖《论洋行买办制之利害》刊于《东方杂志》第 16 卷第 11 号。

高劳《共济组织论》刊于《东方杂志》第 16 卷第 11 号。

衡如《实业的民治主义之试验》刊于《东方杂志》第 16 卷第 11 号。

乔峰《人种起源说》刊于《东方杂志》第 16 卷第 11 号。

景藏《我之新思想观》刊于《东方杂志》第 16 卷第 12 号。

伧父《论通俗文》刊于《东方杂志》第 16 卷第 12 号。

隐青《民族精神》刊于《东方杂志》第 16 卷第 12 号。

碌碌译《欧洲新旧主义之宣战》刊于《东方杂志》第 16 卷第 12 号。

[日]麻生久作,唐敬杲译《日本人之自反》刊于《东方杂志》第 16 卷第 12 号。

陈无我《国际同盟之悲观论》刊于《东方杂志》第 16 卷第 12 号。

观村《埃及与英国》刊于《东方杂志》第 16 卷第 12 号。

君实《来因共和国独立之失败》刊于《东方杂志》第 16 卷第 12 号。

君实《鄂穆斯克政府建设史》刊于《东方杂志》第 16 卷第 12 号。

君实《中国船业之现在及将来》刊于《东方杂志》第 16 卷第 12 号。

蠢材《猿与人》刊于《东方杂志》第 16 卷第 12 号。

村士《普及女子蚕业教育之意见》刊于《妇女杂志》第 5 卷第 1 号。

王卓民《吾国大学男女尚不宜同校商兑之驳议(续)》刊于《妇女杂志》第 5 卷第 1 号。

梦梅、采南《家庭工业》刊于《妇女杂志》第 5 卷第 1 号。

Mrs. Brady 原著,刘麟生译《我之仆婢问题观》刊于《妇女杂志》第 5 卷第 1 号。

程谷青《美国对于儿童之保护》刊于《妇女杂志》第 5 卷第 1 号。

西神《燃料之代用品与节省法》刊于《妇女杂志》第 5 卷第 1 号。

西神《美国妇人战时之节俭》刊于《妇女杂志》第 5 卷第 1 号。

尤梅、蔚南《我之日本妇人观》刊于《妇女杂志》第 5 卷第 1 号。

蒋绍中《开卷有益论》刊于《妇女杂志》第 5 卷第 1 号。

蒋绍朋《汉吕后唐武后异同论》刊于《妇女杂志》第 5 卷第 1 号。

波罗奢馆《独身主义之研究》刊于《妇女杂志》第 5 卷第 2 号。

胡宗瑗《女子心理之研究》刊于《妇女杂志》第 5 卷第 2 号。

寿白《植物之心理(续)》刊于《妇女杂志》第 5 卷第 2 号。

朱梦梅、王伯南《家庭工业(续)》刊于《妇女杂志》第 5 卷第 2 号。

宗良《儿童教育之要点》刊于《妇女杂志》第 5 卷第 2 号。

艾耆《欧洲宫闱秘史》刊于《妇女杂志》第 5 卷第 2 号。

袁念茹《爱伦干女史传》刊于《妇女杂志》第 5 卷第 2 号。

钱越英《代校长诰谕同学姊妹协力经营校园文》刊于《妇女杂志》第 5 卷第 2 号。

高秀英《韩信召辱己少年以为中尉论》刊于《妇女杂志》第 5 卷第 2 号。

丁世英《能自得师者择人之善而从之其不善者而改之说》刊于《妇女杂志》第 5 卷第 2 号。

李豫英《能自得师者择人之善而从之其不善者而改之说》刊于《妇女杂志》第 5 卷第 2 号。

广海《指环物语》刊于《妇女杂志》第 5 卷第 2 号。

习齐《谈象》刊于《妇女杂志》第5卷第2号。

归良箴《新年杂记》刊于《妇女杂志》第5卷第2号。

胡宗瑗《根本改造人种之问题》刊于《妇女杂志》第5卷第3号。

［英］萨利博士原著，谢九香译《饮料之研究》刊于《妇女杂志》第5卷第3号。

朱梦梅、王伯南《家庭工业(续)》刊于《妇女杂志》第5卷第3号。

君实《植物之种子》刊于《妇女杂志》第5卷第3号。

可齐《教育时期之女子》刊于《妇女杂志》第5卷第3号。

程谷青《瓶花之研究》刊于《妇女杂志》第5卷第3号。

艾著《适合结婚之体质》刊于《妇女杂志》第5卷第3号。

郑蠡《美人航空事业之大计画》刊于《妇女杂志》第5卷第3号。

翟宣颖《美国妇人之日本观》刊于《妇女杂志》第5卷第3号。

翟宣颖《共同教育论之辩护》刊于《妇女杂志》第5卷第3号。

丁锡纶《儿童用筷子的研究》刊于《妇女杂志》第5卷第3号。

郜光典《模范儿童》刊于《妇女杂志》第5卷第3号。

康白情《答难质论吾国大学尚不宜男女同校商兑之驳议》刊于《妇女杂志》第5卷第4号。

愈之《不可思议之魔方图》刊于《妇女杂志》第5卷第4号。

谢九香《饮料之研究(续)》刊于《妇女杂志》第5卷第4号。

朱梦梅、王伯南《家庭工业(续)》刊于《妇女杂志》第5卷第4号。

君实《植物之种子(续)》刊于《妇女杂志》第5卷第4号。

朱梦梅《菜食主义之研究》刊于《妇女杂志》第5卷第4号。

程谷青《儿童之喧噪问题》刊于《妇女杂志》第5卷第4号。

补拙《教授幼稚生练习字片法》刊于《妇女杂志》第5卷第4号。

李张绍南《为女童子军事敬告全国女校》刊于《妇女杂志》第5卷第4号。

翟宣颖《美国妇女之日本观(续)》刊于《妇女杂志》第5卷第4号。

左丹《家常事理问答》刊于《妇女杂志》第5卷第4号。

檗子《今妇人集》刊于《妇女杂志》第5卷第4号。

徐辛梅《家庭训育之重要及其实施法》刊于《妇女杂志》第5卷第5号。

张登仁作，宋国枢译《说女子教育》刊于《妇女杂志》第5卷第5号。

［日］小川剑三郎原著，雪村译《近视眼之由来及其注意》刊于《妇女杂志》第5卷第5号。

朱梦梅、王伯南《家庭工业(续)》刊于《妇女杂志》第5卷第5号。

［日］木下东作原著，宗良译《睡眠之新研究》刊于《妇女杂志》第5卷第5号。

季人《训儿童法》刊于《妇女杂志》第5卷第5号。

学辉《亚东女子自由之动机》刊于《妇女杂志》第5卷第5号。

吴左丹《家常事理问答(续)》刊于《妇女杂志》第5卷第5号。

汪袁怡《家常习俗考古》刊于《妇女杂志》第5卷第5号。

严琳《我国家族制度组织法之利弊》刊于《妇女杂志》第5卷第6号。

丁锡纶《教育儿童何为而用辅导主意乎》刊于《妇女杂志》第5卷第6号。

朱梦梅、王伯南《家庭工业(续)》刊于《妇女杂志》第5卷第6号。

君实《食物之成分及其任务》刊于《妇女杂志》第5卷第6号。

艾著《土耳其之妇人》刊于《妇女杂志》第5卷第6号。

唐贤元《参观盲童学校记》刊于《妇女杂志》第5卷第6号。

学辉《亚东女子自由之动机(续)》刊于《妇女杂志》第5卷第6号。

左丹《家常事理问答(续)》刊于《妇女杂志》第5卷第6号。

[日]速水猛原著,君实译《自医学观之良妻贤母主义》刊于《妇女杂志》第5卷第7号。

仪圣《论今日娶妾者之心理及所以禁之之道》刊于《妇女杂志》第5卷第7号。

缪程淑仪《妇女界园艺学之一种》刊于《妇女杂志》第5卷第7号。

君实《食物之成分及其任务(续)》刊于《妇女杂志》第5卷第7号。

朱梦梅、王伯南《家庭工业(续)》刊于《妇女杂志》第5卷第7号。

薛李毓珍《改良育蚕与女界之责任》刊于《妇女杂志》第5卷第7号。

艾著《敬告有低能儿之家庭》刊于《妇女杂志》第5卷第7号。

D. M. Garrard 原著,刘云舫译《新西兰岛之育儿政策》刊于《妇女杂志》第5卷第7号。

宋谷《记与安节妇会王氏创立女学校概略》刊于《妇女杂志》第5卷第7号。

李王采南《君子不重则不威试就女界阐明其说》刊于《妇女杂志》第5卷第7号。

左丹《家常事理问答(续)》刊于《妇女杂志》第5卷第7号。

君实《自医学观之良妻贤母主义(续)》刊于《妇女杂志》第5卷第8号。

朱梦梅、王伯南《家庭工业(续)》刊于《妇女杂志》第5卷第8号。

缪程淑仪《余之女界修养谈》刊于《妇女杂志》第5卷第8号。

何简斋《结婚主义果以何者为适当乎》刊于《妇女杂志》第5卷第9号。

艾著《德国近来之生活状况》刊于《妇女杂志》第5卷第9号。

李张绍南《妇女嗜烟之大罪恶》刊于《妇女杂志》第5卷第9号。

陈沅《论教育用奖品之利害》刊于《妇女杂志》第5卷第9号。

刘麟生《新文学与新女子》刊于《妇女杂志》第5卷第10号。

Alfred W. McCann 原著,刘凤生译《食品与儿童体育之关系》刊于《妇女杂志》第5卷第10号。

胡宗瑗《酒害之研究》刊于《妇女杂志》第5卷第10号。

光辉《新家庭之根本问题》刊于《妇女杂志》第5卷第10号。

谷青《威尔逊大总统之家庭教育》刊于《妇女杂志》第5卷第10号。

蔡苏娟《救国的注音字母》刊于《妇女杂志》第5卷第10号。

西神《讲和后世界将起若何之变化乎》刊于《妇女杂志》第5卷第10号。

佩韦《解放的妇女与妇女的解放》刊于《妇女杂志》第5卷第11号。

西神《不伤个性之英美两国之家庭教育》刊于《妇女杂志》第5卷第11号。

谢九香《美国儿童课外赚钱的方法》刊于《妇女杂志》第5卷第11号。

胡怀琛《新派诗说》刊于《妇女杂志》第5卷第11号。

谢九香《世界新智识》刊于《妇女杂志》第5卷第11号。

瑟庐《妇女之解放与改造》刊于《妇女杂志》第5卷第12号。

西神《难病之治疗法(续)》刊于《妇女杂志》第5卷第12号。

Dr. C. B. Davenport原著,董祝厘译《人种改良学之研究方法》刊于《妇女杂志》第5卷第12号。

泽民《世界女子参政运动考》刊于《妇女杂志》第5卷第12号。

胡怀琛《文学之神秘》刊于《妇女杂志》第5卷第12号。

剑农《宪法上的言论出版自由权》刊于《太平洋》第2卷第1号。

一湖《防止中国社会破灭策》刊于《太平洋》第2卷第1号。

高一涵《俄国新宪法的根本原理》刊于《太平洋》第2卷第1号。

刘经庶《人生观》刊于《太平洋》第2卷第1号。

鲧生《万国同盟之三大意义》刊于《太平洋》第2卷第1号。

松子《巴黎和约与美总统十四条》刊于《太平洋》第2卷第1号。

松子《法国女子参政权》刊于《太平洋》第2卷第1号。

胡适《一、多研究些问题少谈些主义》刊于《太平洋》第2卷第1号。

知非《二、问题与主义》刊于《太平洋》第2卷第1号。

李大钊《三、再论问题与主义》刊于《太平洋》第2卷第1号。

胡适《四、三论问题与主义》刊于《太平洋》第2卷第1号。

胡适《五、四论问题与主义》刊于《太平洋》第2卷第1号。

鲧生《万国联盟问题之历史的观察》刊于《太平洋》第2卷第2号。

雪艇《万国联盟约法评注》刊于《太平洋》第2卷第2号。

陶履恭《万国联盟及其当存在之理由》刊于《太平洋》第2卷第2号。

汪精卫《中国对于万国联盟之希望》刊于《太平洋》第2卷第2号。

高一涵《万国联盟与主权》刊于《太平洋》第2卷第2号。

鲧生《万国联盟与强制仲裁》刊于《太平洋》第2卷第2号。

皓白《经济上之万国联盟观》刊于《太平洋》第2卷第2号。

端六《国际劳动问题》刊于《太平洋》第2卷第2号。

赣父《万国联盟与中国农工商业之前途》刊于《太平洋》第2卷第2号。

一湖《国际联盟与社会主义》刊于《太平洋》第2卷第2号。

东荪《第三种文明》刊于《解放与改造》第1卷第1号。

按:《解放与改造》由北平新学会编辑出版,1919年9月创刊,是资产阶级改良派代表——研究系的政治理论刊物,主编张东荪、俞颂华。在创刊号上,张东荪亲自撰写创刊“宣言”,发表题为《第三种文明》的社论,并写了长篇读书杂录《罗塞尔的“政治政治理想”》,阐述了研究系的趋向及其所信奉的学说和主义,即要致力于社会的解放与改造,造就“第三种文明”。1920年9月第3卷起改名为《改造》(月刊),主编由梁启超担任。

南陔《工团主义之研究一》刊于《解放与改造》第1卷第1号。

东荪《罗塞尔的“政治理想”》刊于《解放与改造》第1卷第1号。

胡适《我为什么要做白话诗》刊于《解放与改造》第1卷第1号。

筑山醉翁《旧社会》刊于《解放与改造》第1卷第1号。

纵圆《体面商人》刊于《解放与改造》第1卷第1号。

[苏]李宁原著,金侣琴译《鲍尔雪维克之所要求与排斥》刊于《解放与改造》第1卷第1号。

筑山醉翁译《共同生活及寄生生活》刊于《解放与改造》第1卷第1号。

东荪《指导竞争与运动》刊于《解放与改造》第 1 卷第 2 号。

虞裳《说工会》刊于《解放与改造》第 1 卷第 2 号。

颂华《社会主义之批判》刊于《解放与改造》第 1 卷第 2 号。

颂华《生物学上之自爱主义他爱主义与种爱主义》刊于《解放与改造》第 1 卷第 2 号。

纵圆《商店学徒教育》刊于《解放与改造》第 1 卷第 2 号。

寿凡《劳动运动之伦理的指导》刊于《解放与改造》第 1 卷第 2 号。

超然、空空译《列宁与脱洛斯基之人物及其主义之实现》刊于《解放与改造》第 1 卷第 2 号。

公展《中国建设的计画》刊于《解放与改造》第 1 卷第 2 号。

君劢《平和会议中威尔逊之成功与失败》刊于《解放与改造》第 1 卷第 2 号。

东荪《中国知识阶级的解放与改造》刊于《解放与改造》第 1 卷第 3 号。

虞裳《基尔特社会主义 Guild Socialism》刊于《解放与改造》第 1 卷第 3 号。

东荪《奥斯的社会主义与庶民主义》刊于《解放与改造》第 1 卷第 3 号。

李鹤鸣《妇女解放论》刊于《解放与改造》第 1 卷第 3 号。

按：李达发表此文时署名"李鹤鸣"。是文分"一　绪论；二　女权不竞之由来；三　近代女子之女权运动；四　我国女子解放之条件；五　结论"。论述了"今世女权却极为衰落"的原因，欧美女子女权运动的动机及概况，指出了"我国女子解放"的 7 大条件："（一）男女共同教育；（二）婚姻制度之改善；（三）女子精神的独立；（四）女子经济的独立；（五）男女普通选举之实行；（六）家庭恶习之废止；（七）娼妓之禁绝。"在结论部分，是文指出："解放女子，并不是破坏家庭，不过使妇人加入共同生活，要他变为共同生产者的一员，完成社会的真价值。解放是对屈从说的，因为女子屈从男子，所以说女子要解放的。解放与自由成正比例的，有几分的解放，即有几分的自由。自由有两种意义，一为精神的自由，一为物质的自由。女子所以屈从男子的，因为精神上的自由被束缚的缘故。精神上的自由所以被束缚的，因为物质上的自由先被束缚的缘故。如今要将女子解放，须先使他恢复物质上的自由。女子物质的自由的欲望，到达了最高点的时候，那精神的自由的欲望，自然而然的勃发起来。那时真正的自由，方可完全实现。这样的，才可算作真正的女子解放。"

慕管《无事可做》刊于《解放与改造》第 1 卷第 3 号。

[日]米田庄太郎作，寿凡译《现代智识阶级运动与社会问题》刊于《解放与改造》第 1 卷第 3 号。

祝枕江《福利耶之社会主义》刊于《解放与改造》第 1 卷第 3 号。

程振基《英国劳动联合会之组织》刊于《解放与改造》第 1 卷第 3 号。

颂华《从个人本位到社会本位从利己主义到利他主义》刊于《解放与改造》第 1 卷第 4 号。

纵圆《世界那里就能和平？》刊于《解放与改造》第 1 卷第 4 号。

君劢《英国之将来》刊于《解放与改造》第 1 卷第 4 号。

赵紫宸《顽固的守旧》刊于《解放与改造》第 1 卷第 4 号。

蔼庐《欧美近代妇女解放运动（一）》刊于《解放与改造》第 1 卷第 4 号。

寿凡《俄国广义派之建议》刊于《解放与改造》第 1 卷第 4 号。

晨曦译《脱尔斯泰之泛劳动主义》刊于《解放与改造》第 1 卷第 4 号。

东荪《头目制度与包办制度的打破》刊于《解放与改造》第 1 卷第 5 号。

南陔《劳动问题与新结合主义》刊于《解放与改造》第 1 卷第 5 号。

颂华《康氏之社会的遗传与社会进化论》刊于《解放与改造》第 1 卷第 5 号。

君劢《英国政党现状及将来》刊于《解放与改造》第 1 卷第 5 号。

陈友琴《女子教育之革新》刊于《解放与改造》第 1 卷第 5 号。

邵爽秋《教育上适应之意义及其要素》刊于《解放与改造》第 1 卷第 5 号。

蔼庐《欧洲近代妇女解放运动(二)》刊于《解放与改造》第 1 卷第 5 号。

品今《劳动问题谈片》刊于《解放与改造》第 1 卷第 5 号。

梦麟《新旧与调和》刊于《解放与改造》第 1 卷第 5 号。

虞裳《废兵运动》刊于《解放与改造》第 1 卷第 6 号。

匡僧《什么叫解放？什么叫自由》刊于《解放与改造》第 1 卷第 6 号。

[俄]克鲁泡特金著,兼生译《克鲁泡特金的道德观》刊于《解放与改造》第 1 卷第 6 号。

君劢《俄罗斯苏维埃联邦共和国宪法全文》刊于《解放与改造》第 1 卷第 6 号。

赵紫宸《妾婢制度的因果和铲除的方法》刊于《解放与改造》第 1 卷第 6 号。

苏峰《无产阶级论》刊于《解放与改造》第 1 卷第 6 号。

雁冰《新偶像》刊于《解放与改造》第 1 卷第 6 号。

品今《社会革命之原因与历史的观察》刊于《解放与改造》第 1 卷第 6 号。

孔襄我《财产业是赃物的解释》刊于《解放与改造》第 1 卷第 6 号。

南陔《无政府主义之由来及无政府党各家之传略与学说》刊于《解放与改造》第 1 卷第 6 号。

纵圆《对待吾国"不劳而食"的阶级的办法》刊于《解放与改造》第 1 卷第 7 号。

东荪《我们为什么要讲社会主义》刊于《解放与改造》第 1 卷第 7 号。

周佛海《中国的阶级斗争》刊于《解放与改造》第 1 卷第 7 号。

舍我译《广义派与世界和平》刊于《解放与改造》第 1 卷第 7 号。

公展《俄罗斯之新法令三种》刊于《解放与改造》第 1 卷第 7 号。

雁冰《市场之蝇》刊于《解放与改造》第 1 卷第 7 号。

品今《随感录》刊于《解放与改造》第 1 卷第 7 号。

白华《为什么要爱国》刊于《解放与改造》第 1 卷第 7 号。

渊泉《日本最近的社会运动与文化运动》刊于《解放与改造》第 1 卷第 7 号。

东荪《妇女问题杂评》刊于《解放与改造》第 1 卷第 8 号。

延陵《近代的合作运动》刊于《解放与改造》第 1 卷第 8 号。

南陔《中国租税问题之研究》刊于《解放与改造》第 1 卷第 8 号。

罗塞尔作,雁冰译《社会主义下的科学与艺术》刊于《解放与改造》第 1 卷第 8 号。

献书《英国大学与劳工》刊于《解放与改造》第 1 卷第 8 号。

纵圆《妇女选举权之效果》刊于《解放与改造》第 1 卷第 8 号。

一峰《失业救济管见》刊于《解放与改造》第 1 卷第 8 号。

潜龙《我国妇人问题》刊于《解放与改造》第 1 卷第 8 号。

东荪《青年之烦闷》刊于《解放与改造》第 1 卷第 8 号。

陈宝泉《改革师范教育之意见》刊于《教育丛刊》第 1 卷第 1 集。

邓萃英《改革女学制度议》刊于《教育丛刊》第 1 卷第 1 集。

王文培《杜威博士对于实业教育之意见》刊于《教育丛刊》第 1 卷第 1 集。

何炳松《美国学制述略》刊于《教育丛刊》第1卷第1集。

陈兆蘅《教育与社会进化的关系》刊于《教育丛刊》第1卷第1集。

徐德嵘译《"德模克拉西"的沿革》刊于《教育丛刊》第1卷第1集。

钟道缵译《美国司多纳发得学校之新教育》刊于《教育丛刊》第1卷第1集。

赵迺传译《西哲小传》刊于《教育丛刊》第1卷第1集。

［日］吉田熊次作，陈兼善译《杜威讲演理科教授之目的》刊于《教育丛刊》第1卷第1集。

刘建阳译《杜威学校与社会之进步》刊于《教育丛刊》第1卷第1集。

夏宇众译《杜威教育学说之实地试验》刊于《教育丛刊》第1卷第1集。

熙初《美学浅说》刊于《教育丛刊》第1卷第1集。

朱希祖译《西洋诗的趋向》刊于《教育丛刊》第1卷第1集。

李蒸译《游戏之价值》刊于《教育丛刊》第1卷第1集。

周蘧笔记《蔡孑民先生莅本校国文部之演说》刊于《教育丛刊》第1卷第1集。

孙光策《章厥生先生国文教授杂记》刊于《教育丛刊》第1卷第1集。

夏宇众《中学国文科教授之商榷》刊于《教育丛刊》第1卷第1集。

程廷熙《初等数学教授之研究》刊于《教育丛刊》第1卷第1集。

陆光宇《历史教授革新论》刊于《教育丛刊》第1卷第1集。

卢成章《普通学校本国历史教授之研究》刊于《教育丛刊》第1卷第1集。

张大铄《历史学习法大要》刊于《教育丛刊》第1卷第1集。

张大铄《地理学习法大要》刊于《教育丛刊》第1卷第1集。

刘薰宇《河南第一师范学校概况》刊于《教育丛刊》第1卷第1集。

李树声《湖北郧山中学校概况》刊于《教育丛刊》第1卷第1集。

俞时鋐《广西省立第二中学校概况》刊于《教育丛刊》第1卷第1集。

郭世英《陕西省立女子师范学校现状之报告》刊于《教育丛刊》第1卷第1集。

郭世英《陕西私立成德中学校现状之报告》刊于《教育丛刊》第1卷第1集。

郑定谟《福建泉州调查报告》刊于《教育丛刊》第1卷第1集。

傅绍曾《望嘉丽调查记》刊于《教育丛刊》第1卷第1集。

夏宇众《编辑余谭》刊于《教育丛刊》第1卷第1集。

黄炎培《陈嘉庚毁家兴学记（转录新教育）》刊于《教育丛刊》第1卷第1集。

抱一《民国八年来之教育消息（转录申报）》刊于《教育丛刊》第1卷第1集。

朱元善《改造学风》刊于《教育杂志》第11卷第1期。

蒋梦麟《和平与教育》刊于《教育杂志》第11卷第1期。

等观《教育者与哲学》刊于《教育杂志》第11卷第1期。

天民《哲学之概念》刊于《教育杂志》第11卷第1期。

余中《何谓教育哲学》刊于《教育杂志》第11卷第1期。

卢箴《论创造力》刊于《教育杂志》第11卷第1期。

太玄《创造教育之方法》刊于《教育杂志》第11卷第1期。

静庵《儿童创造力养成之研究》刊于《教育杂志》第11卷第1期。

天民《团体教授个性之注意》刊于《教育杂志》第11卷第1期。

太玄《英国科学教育之改良》刊于《教育杂志》第 11 卷第 1 期。

蒋梦麟《个性主义与个人主义》刊于《教育杂志》第 11 卷第 2 期。

贾丰臻《吾国今后宜注意于社会教育》刊于《教育杂志》第 11 卷第 2 期。

顾泰来《学校增设读报科之商榷》刊于《教育杂志》第 11 卷第 2 期。

等观《教育者与哲学》刊于《教育杂志》第 11 卷第 2 期。

天民《哲学之概念》刊于《教育杂志》第 11 卷第 2 期。

范祥善《缀法教授之根本研究》刊于《教育杂志》第 11 卷第 2 期。

太玄《技能科教授之要谛》刊于《教育杂志》第 11 卷第 2 期。

太玄《法国教育之改革》刊于《教育杂志》第 11 卷第 2 期。

贾丰臻《教育上之玩具观》刊于《教育杂志》第 11 卷第 2 期。

蒋维乔《阎锡山督军治晋记》刊于《教育杂志》第 11 卷第 2 期。

许枬《中学校理化教授管见》刊于《教育杂志》第 11 卷第 2 期。

吴敬恒《论注音字母书》刊于《教育杂志》第 11 卷第 3 期。

范祥善《注音字母之效用及推广法》刊于《教育杂志》第 11 卷第 3 期。

云六《注音字母之研究》刊于《教育杂志》第 11 卷第 3 期。

天民《哲学之概念》刊于《教育杂志》第 11 卷第 3 期。

天民《自学主义教授法》刊于《教育杂志》第 11 卷第 3 期。

蒋昂《自学辅导之书法教授》刊于《教育杂志》第 11 卷第 3 期。

太玄《美国之教育改革》刊于《教育杂志》第 11 卷第 3 期。

杨嘉椿《校外教授之实施》刊于《教育杂志》第 11 卷第 3 期。

陆基《师范生小学教员都应练习白话文字》刊于《教育杂志》第 11 卷第 3 期。

贾丰臻《教育的人生观》刊于《教育杂志》第 11 卷第 4 期。

等观《世界新潮与教育》刊于《教育杂志》第 11 卷第 4 期。

天民《哲学之概念》刊于《教育杂志》第 11 卷第 4 期。

范祥善《缀法教授之根本研究》刊于《教育杂志》第 11 卷第 4 期。

天民《自学主义教授法》刊于《教育杂志》第 11 卷第 4 期。

太玄《美国之博物馆》刊于《教育杂志》第 11 卷第 4 期。

方毅《沪语注音字母会议始末》刊于《教育杂志》第 11 卷第 4 期。

贾丰臻《闽北代表提出扩充全国教育计画书赘言》刊于《教育杂志》第 11 卷第 5 期。

虞箴《小学教育之紧要问题》刊于《教育杂志》第 11 卷第 5 期。

真常《教育上之民主主义》刊于《教育杂志》第 11 卷第 5 期。

天民《哲学之概念》刊于《教育杂志》第 11 卷第 5 期。

太玄《劣等儿童教育之要领》刊于《教育杂志》第 11 卷第 5 期。

范祥善《缀法教授之根本研究》刊于《教育杂志》第 11 卷第 5 期。

太玄《新普鲁士之教育纲领》刊于《教育杂志》第 11 卷第 5 期。

太玄《法国之教育地方化问题》刊于《教育杂志》第 11 卷第 5 期。

贾丰臻《教育上之玩具观》刊于《教育杂志》第 11 卷第 5 期。

贾丰臻《少年中华》刊于《教育杂志》第 11 卷第 6 期。

幻龙《新教育谈》刊于《教育杂志》第 11 卷第 6 期。

桂东原《菲律宾大学法科教授麻鹿琴君演说词》刊于《教育杂志》第 11 卷第 6 期。

真常《教育上之民主主义》刊于《教育杂志》第 11 卷第 6 期。

天民《哲学之概念》刊于《教育杂志》第 11 卷第 6 期。

天民《小学儿童之偷盗》刊于《教育杂志》第 11 卷第 6 期。

太玄《地理教授与地理实习》刊于《教育杂志》第 11 卷第 6 期。

太玄《美国之博物馆》刊于《教育杂志》第 11 卷第 6 期。

贾丰臻《教育上之玩具观》刊于《教育杂志》第 11 卷第 6 期。

坚瓠《函授学校考》刊于《教育杂志》第 11 卷第 6 期。

庄俞《组织全国教员联合会》刊于《教育杂志》第 11 卷第 7 期。

研因《主持中等教育者今后之觉悟》刊于《教育杂志》第 11 卷第 7 期。

等观《教育家与批评的精神》刊于《教育杂志》第 11 卷第 7 期。

天民《哲学之概念》刊于《教育杂志》第 11 卷第 7 期。

张一香《我之国语教育观》刊于《教育杂志》第 11 卷第 7 期。

孙本文《中学校之读文教授》刊于《教育杂志》第 11 卷第 7 期。

太玄《注重自发问题之创造教育》刊于《教育杂志》第 11 卷第 7 期。

太玄《创作的手工教授》刊于《教育杂志》第 11 卷第 7 期。

范祥善《学潮后之教育问题》刊于《教育杂志》第 11 卷第 8 期。

隐青《今后教育者之新修养》刊于《教育杂志》第 11 卷第 8 期。

贾丰臻《今后之教育界》刊于《教育杂志》第 11 卷第 8 期。

等观《教育者与哲学》刊于《教育杂志》第 11 卷第 8 期。

天民《哲学之概念》刊于《教育杂志》第 11 卷第 8 期。

天民《现代个别指导之发达》刊于《教育杂志》第 11 卷第 8 期。

太玄《葛雷教授关于读法教授之研究》刊于《教育杂志》第 11 卷第 8 期。

太玄《创造教育与理科之观察实验实习》刊于《教育杂志》第 11 卷第 8 期。

孟宪承《教育的国际联盟》刊于《教育杂志》第 11 卷第 8 期。

坚瓠《中国西部之师范教育》刊于《教育杂志》第 11 卷第 8 期。

太玄《木工教授之必要》刊于《教育杂志》第 11 卷第 8 期。

傅彦长《小学校唱歌教授应注重音阶之练音》刊于《教育杂志》第 11 卷第 8 期。

贾丰臻《教育时话》刊于《教育杂志》第 11 卷第 9 期。

等观《何谓德谟克拉西》刊于《教育杂志》第 11 卷第 9 期。

天民《德谟克拉西之实体及其开展》刊于《教育杂志》第 11 卷第 9 期。

胡愈译《德谟克拉西之缺点》刊于《教育杂志》第 11 卷第 9 期。

木心《教育与德谟克拉西》刊于《教育杂志》第 11 卷第 9 期。

隐青《德谟克拉西教育之实施法》刊于《教育杂志》第 11 卷第 9 期。

天民《德谟克拉西与学校管理》刊于《教育杂志》第 11 卷第 9 期。

太玄《德谟克拉西与训练》刊于《教育杂志》第 11 卷第 9 期。

太玄《德谟克拉西与学校课程》刊于《教育杂志》第 11 卷第 9 期。

陈正绳《人权时代之教育》刊于《教育杂志》第 11 卷第 10 期。

等观《教育者之思想生活》刊于《教育杂志》第 11 卷第 10 期。

梁同《理想之教师》刊于《教育杂志》第 11 卷第 10 期。

天民《哲学之内容》刊于《教育杂志》第 11 卷第 10 期。

太玄《自由选题之指导法》刊于《教育杂志》第 11 卷第 10 期。

钱智修《问题教育法》刊于《教育杂志》第 11 卷第 10 期。

钱基博《高等小学国文试验成绩报告》刊于《教育杂志》第 11 卷第 10 期。

《本刊创设之用意》刊于《新教育》第 1 卷第 1 期。

按:1918 年 12 月,由北京大学、南京高等师范学校、暨南学校、江苏教育会、中华职业教育社等五大机构发起组织的中华新教育社宣告成立,1919 年 1 月获国民政府教育部批准备案后更名为中华新教育共进社。《新教育》杂志为中华新教育共进社机关刊物。《新教育》于 1919 年 2 月在上海创刊,至 1925 年 10 月停刊,历时近 7 年,是民国时期最为重要的教育杂志之一。

1919 年 2 月,《新教育》第 1 卷第 1 期的正文首页刊发了《本刊创设之用意》,该文虽在"评论"栏目,实则为《新教育》之发刊词,《新教育》之办刊宗旨透过这一短文得以清晰展现:"同人等察国内之情形,世界之大势,深信民国八年,实为新时代之新纪元。而欲求此新时代之发达,教育其基本也,爰集国中五大教育机关,组织新教育共进社。编辑丛书、月刊。盖欲在此新时代中,发健全进化之言论,播正当确凿之学说。当此世界鼎沸,思想革命之际,欲使国民知世界之大势,共同进行,一洗向日泄泄沓沓之习惯,以教育为方法,养成健全之个人,使国人能思、能言、能行,能担重大之责任。创造进化的社会,使国人能发达自由之精神,享受平等之机会,俾平民主义在亚东放奇光异彩,永久照耀世界而无疆。""发健全进化之言论,播正当确凿之学说""使国民知世界之大势""养成健全之个人""创造进化的社会",这些表述都十分清楚地显示了《新教育》杂志希望通过对世界先进言论的传播,以"教育为方法",促进中国民众觉醒、社会进步的办刊宗旨。

从编辑队伍看,《新新教育》办刊伊始,编辑部包含各倡办机关的代表,共有 20 多人。由蒋梦麟先生主编,通信记者为黄炎培,编译为徐甘棠,发行为沈肃文;同时还有各主办单位的编辑代表,分别为:北京大学的蔡元培、胡适、陶履恭,南京高等师范学校的郭秉文、刘经庶、陶行知、朱进,暨南学校的赵正平、姜琦,江苏省教育会的沈恩孚、贾丰臻,中华职业教育社的余日章、顾树森。从 1922 年第 4 卷第 2 期开始,陶行知先生任主编,编辑部设在东南大学教育科,编辑人员扩充到了 50 多人,这些人中除了国内知名教育家,还有 4 位外国教育家,共分 21 个组,具体名单为:(1)教育普通问题组:余日章、沈信卿、汪精卫、汪懋祖、孟宪承、徐甘棠、张伯苓、郭秉文、陈宝泉、刘廷芳、蒋梦麟、郑晓沧、罗世真;(2)教育哲学组:朱经农、汪懋祖、孟宪承、胡适、许崇清、刘伯明、蒋梦麟;(3)教育行政组:李建勋、袁观澜、陶行知、陈崇岳、黄炎培;(4)高等教育组:王伯秋、胡适、韦悫、郭秉文、蔡元培、蒋梦麟;(5)中等教育组:李应南、张见安、程锦章、廖世承;(6)初等教育组:吴研因、俞子夷、张伯苓、陆殿扬、杨卫玉、刘吴卓生;(7)职业教育组:王文培、过探先、黄炎培、顾荫亭、郭秉文;(8)师范教育组:金会澄、张见安、陶行知、贾丰臻、郑晓沧;(9)教育心理组:汪懋祖、凌冰、陆志韦、张耀祥、陈鹤琴、黄希声、廖世承、刘廷芳;(10)教材与教学法组:秉志、徐则陵、张准、张士一、郑晓沧;(11)体育组:麦克乐;(12)社会教育组:王伯秋、汪懋祖、陶孟和;(13)公民教育组:王伯秋、汪懋祖、程锦章;(14)外人在华经营教育组:刘廷芳;(15)女子教育组:张默君、刘吴卓生;(16)华侨教育组:赵厚生;(17)教育书目录选编组:洪有丰;(18)日本教育组:罗世真;(19)英国教育组:罗克士培;(20)法国教育组:郭敬中;(21)美国教育组:孟禄、徐则陵、露素。这份编辑名单,后来尽管有所调整(如从第 4 卷第 3 期开始谭仲逵加盟法国教育组,第 4 卷第 5 期简又文加入社会教育组),但总体上了还是稳定了相当长的时间。从这支编辑队伍的力量来看,当时《新教育》拥有当时中国几乎所有知名的提倡新教育的改革家、教育家,并有孟禄、麦克乐等国外教育大家。编辑队伍不但实力强大,而且人数众多,分工细致。由于这支编辑队伍中很多人具有欧美留学背景,所以在引介近代西方教育上具有较大的优势。

《新教育》在办刊过程中,由于种种原因,其主办机构、主编、编辑人员在不断变化中。曾任过《新教育》编辑干事的王西征先生,在《从新教育到新教育评论》(详见《新教育评论》1926 年第 3 卷第 1 期)一文中对《新教育》的发展历程做过一个系统的回顾:《新教育》的第一个时期(1919 年 2 月—1921 年 12 月)是从第 1 卷第 1 期到第 4 卷第 1 期。归新教育共进社办理,在江苏省教育会内发行,由蒋梦麟先生主编,编辑部包含各倡办机关的代表,共有 20 多人。第二时期(1922 年 1 月—1922 年 2 月)为第 4 卷第 2 期。由倡办的 6 个机构,加入东南大学,由经合组的新教育杂志社办理。当时蒋梦麟先生因为赴美出席华盛顿会议,所以改由陶行知先生任主编,编辑部设在东南大学教育科,编辑人员为国内知名的教育家 50 多人。第三时期(1922 年 2 月—1923 年 4 月),从第 4 卷第 3 期到第 6 卷第 4 期。由新教育共进社、新教育杂志社和实际教育调查社合并组成的中华教育改进社办理,改由商务印书馆发行,仍由陶行知先生主编。第四时期(1923 年 3 月—1925 年 1 月),从第 6 卷第 5 期到第 9 卷第 5 期。仍由中华教育改进社办理,商务印书馆发行,编辑部仍设东南大学教育科。因陶行知先生以全部时间就任中华教育改进社主任干事,遂改由徐则陵先生主编。后徐先生因事忙,从第 8 卷第 1 期起,又添聘夏承枫先生为常任编辑。第五时期(1925 年 2 月—1925 年 8 月)。从第 10 卷第 1 期到 11 卷第 1 期,仍由中华教育改进社办理,商务印书馆发行,由徐则陵、夏承枫两先生任主编。编辑部仍设东南大学教育科。惟编辑方面又经改组——与中国中等教育协进社,初等教育季刊社,体育季刊社分期编辑。第六时期(1925 年 9 月—1925 年 12 月),从第 11 卷第 2 期到第 5 期。仍由中华教育改进社办理,商务印书馆发行,合编机构也仍旧。编辑部由南京东大移归北京改进社,编辑部有陶行知、高仁山、查良钊、孟宪承、汪懋祖等人,由王西征任编辑干事。

　　蒋梦麟《教育究竟做什么》刊于《新教育》第 1 卷第 1 期。

　　蔡元培《教育之对待的发展》刊于《新教育》第 1 卷第 1 期。

　　陶知行《试验主义与新教育》刊于《新教育》第 1 卷第 1 期。

　　刘经庶《试验的论理学》刊于《新教育》第 1 卷第 1 期。

　　黄炎培《读中华民国最近教育统计》刊于《新教育》第 1 卷第 1 期。

　　《印度教育之成绩》刊于《新教育》第 1 卷第 1 期。

　　《俄国教育近况》刊于《新教育》第 1 卷第 1 期。

　　《英国工厂学徒之教育》刊于《新教育》第 1 卷第 1 期。

　　《美国军士撤退时之教育法》刊于《新教育》第 1 卷第 1 期。

　　《美国全国教育革新之基本计划》刊于《新教育》第 1 卷第 1 期。

　　《美国对于中国之友谊》刊于《新教育》第 1 卷第 1 期。

　　《美日两国之关系》刊于《新教育》第 1 卷第 1 期。

　　《世界大战史举要》刊于《新教育》第 1 卷第 1 期。

　　《俄国革命史之一剧》刊于《新教育》第 1 卷第 1 期。

　　《德国组织共和之难点》刊于《新教育》第 1 卷第 1 期。

　　《法国儿童记美国军士之言》刊于《新教育》第 1 卷第 1 期。

　　《山西教育计划》刊于《新教育》第 1 卷第 1 期。

　　《全国省教育会联合会议决案》刊于《新教育》第 1 卷第 1 期。

　　《南京高等师范学校概况》刊于《新教育》第 1 卷第 1 期。

　　蒋梦麟《今后世界教育之趋势》刊于《新教育》第 1 卷第 2 期。

　　蒋梦麟《英国教育之大宪章》刊于《新教育》第 1 卷第 2 期。

　　陶知行《普露士教育之基本改革》刊于《新教育》第 1 卷第 2 期。

　　郑宗海《杜威氏之教育主义》刊于《新教育》第 1 卷第 2 期。

　　孙本文《中学一二年生读书能力试验之统计》刊于《新教育》第 1 卷第 2 期。

姜琦《裴司塔洛齐传》刊于《新教育》第 1 卷第 2 期。

《中国儿童体格与智力之试验》刊于《新教育》第 1 卷第 2 期。

《算术思考力之试验法》刊于《新教育》第 1 卷第 2 期。

《英国学校中之议会》刊于《新教育》第 1 卷第 2 期。

《过激党之主义政策及历史》刊于《新教育》第 1 卷第 2 期。

巴臣《法国内阁总理克勒满沙》刊于《新教育》第 1 卷第 2 期。

胡适《杜威哲学的根本观念》刊于《新教育》第 1 卷第 3 期"杜威号"。

按:1919 年 4 月 30 日,美国著名哲学家、教育家杜威在结束日本的讲学后来到中国。在其后两年多的时间里,杜威访问考察了江苏、湖南、浙江等 10 多个省市,在华演讲更是达 200 余次。当时,他被国内资产阶级知识分子捧为"世界思想明星""教育新思潮之领袖",在教育界及社会引起了热烈反响。杜威之所以能来华讲学,是因为胡适、蒋梦麟、陶行知等一群杜威的学生听说他在日本讲学,便商请北京大学、南京高等师范、江苏教育会和北京尚志学会,筹集基金邀请杜威来华讲学,并分担全部费用。这些邀请者中,蒋梦麟是《新教育》的主编,北京大学、南京高等师范、江苏教育会是《新教育》的主办单位。并且《新教育》在 1919 年第 1 卷第 2 期就刊登了杜威的学生郑晓沧翻译的《杜威氏之教育主义》,接着《新教育》又在第 1 卷第 3 期"杜威号"上的"专论"栏中,集中刊发了胡适《杜威哲学的根本观念》、蒋梦麟《杜威之伦理学》等 9 篇介绍杜威教育思想的重要论文。从邀请杜威以及杜威来华前组织当时国内教育大家这么大规模地集中介绍杜威的教育思想,可以看出《新教育》杂志对宣传杜威思想的精心策划和组织。杜威来华后,《新教育》继续大量发表有关杜威的文章,成为介绍杜威教育思想的主要刊物。杜威本人《平民主义》《平民主义的教育》《平民教育的办法》《现代教育的趋势》《学生自治》《教员联合会》《何谓思想》等演讲和文章也陆续被翻译刊登在《新教育》上。如果说杜威"在近代中国的影响超过了任何一位西方教育家的话",那么《新教育》的精心组织和策划功不可没。

蒋梦麟《杜威之伦理学》刊于《新教育》第 1 卷第 3 期"杜威号"。

蒋梦麟《杜威之道德教育》刊于《新教育》第 1 卷第 3 期"杜威号"。

刘经庶《杜威之论理学》刊于《新教育》第 1 卷第 3 期"杜威号"。

胡适《杜威的教育哲学》刊于《新教育》第 1 卷第 3 期"杜威号"。

朱进《教育与社会》刊于《新教育》第 1 卷第 3 期"杜威号"。

姜琦《福禄倍传》刊于《新教育》第 1 卷第 3 期"杜威号"。

任鸿焦《爱理亚氏之近世教育倾向论》刊于《新教育》第 1 卷第 4 期。

姜琦《何谓新教育》刊于《新教育》第 1 卷第 4 期。

朱进《学者何以为世人所崇拜》刊于《新教育》第 1 卷第 4 期。

姜琦《教育上"德谟克拉西"之研究》刊于《新教育》第 1 卷第 4 期。

《美人倡设国际教育委员会》刊于《新教育》第 1 卷第 4 期。

吴普顿《公民良美习尚之量度法》刊于《新教育》第 1 卷第 4 期。

杜威《现代教育的趋势(涵庐记)》刊于《新教育》第 1 卷第 4 期。

美国公使《罗斯福之生平》刊于《新教育》第 1 卷第 4 期。

范静生《调查美国教育》刊于《新教育》第 1 卷第 4 期。

范静生《美国教育行政谭》刊于《新教育》第 1 卷第 4 期。

《暨南学校师范科之教育方针》刊于《新教育》第 1 卷第 4 期。

《复震旦大学院院长姚鎝唐(附来件)》刊于《新教育》第 1 卷第 4 期。

蒋梦麟《改变人生的态度》刊于《新教育》第1卷第5期。

按：是文将五四运动与欧洲文艺复兴相提并论，认为"这回五四运动，就是这解放的起点，改变你做人的态度，造成中国的文运复兴；解放情感，解放思想，要求人类本性的权利"。

姜琦《理科教育之目的》刊于《新教育》第1卷第5期。

黄炎培《陈嘉庚毁家兴学记》刊于《新教育》第1卷第5期。

苏颜《维尔氏之论教育》刊于《新教育》第1卷第5期。

芬尼《教育之最后目的》刊于《新教育》第1卷第5期。

巴克利《童子军与体育之关系》刊于《新教育》第1卷第5期。

《欧洲近世史教授法之讨究》刊于《新教育》第1卷第5期。

《记罗马尼亚农人名田事》刊于《新教育》第1卷第5期。

《巴黎和会中日两国之交涉》刊于《新教育》第1卷第5期。

张一麐《我之国语教育观》刊于《新教育》第1卷第5期。

朱镜宙《新加坡来函》刊于《新教育》第1卷第5期。

《湘雅医学专门学校概况》刊于《新教育》第1卷第5期。

《暨南学校商业科之教育方针》刊于《新教育》第1卷第5期。

陈嘉庚《福建私立集美学校校主陈嘉庚倡办厦门大学校附设高等师范学校演说词》刊于《新教育》第1卷第5期。

朱进《朱进为设立平民银行上中华职业教育社及江浙两省省教育会书（为设立平民银行事）》刊于《新教育》第1卷第5期。

蒋梦麟《托尔斯泰人生观》刊于《新教育》第2卷第1期。

陶履恭《德意志战时之教育改革》刊于《新教育》第2卷第1期。

蒋梦麟《新文化的怒潮》刊于《新教育》第2卷第1期。

黄炎培《减少授课时间与精选教材问题》刊于《新教育》第2卷第1期。

刘经庶《学生社会服务问题》刊于《新教育》第2卷第1期。

姜琦《德意志之平民主义的教育说》刊于《新教育》第2卷第1期。

凌冰《青年心理及教育青年之方针》刊于《新教育》第2卷第1期。

郭秉文《记欧美教育家谈话》刊于《新教育》第2卷第1期。

［哥伦比亚］普力作，甘棠译《哥伦比亚大学选录新生法》刊于《新教育》第2卷第1期。

刘经庶《学生社会服务之研究》刊于《新教育》第2卷第1期。

黄炎培《小学校用白话文的研究》刊于《新教育》第2卷第1期。

士刁华德作，甘棠译《百年来女子进化之创始者》刊于《新教育》第2卷第1期。

爱顿《战后美国教育问题》刊于《新教育》第2卷第1期。

郭秉文《欧美教育新资料》刊于《新教育》第2卷第1期。

士杜达德作，甘棠译《欧洲新国概略》刊于《新教育》第2卷第1期。

蒋梦麟《学潮后青年心理的态度及利导方法》刊于《新教育》第2卷第2期。

蒋梦麟《学生自治》刊于《新教育》第2卷第2期。

蔡元培《国文之将来》刊于《新教育》第2卷第2期。

卢维尔《论大学教育》刊于《新教育》第2卷第2期。

陶履恭《留学问题》刊于《新教育》第2卷第2期。

郭秉文《欧美教育资料》刊于《新教育》第 2 卷第 2 期。

派尔作,徐甘棠译《心理学中之教育目的》刊于《新教育》第 2 卷第 2 期。

卢西尔作,徐甘棠译《西比里亚革命时之学校管理法》刊于《新教育》第 2 卷第 2 期。

郭秉文《记欧美教育家谈话》刊于《新教育》第 2 卷第 2 期。

杜威《学生自治》刊于《新教育》第 2 卷第 2 期。

程时煃《大战后英法两国的义务补习教育》刊于《新教育》第 2 卷第 2 期。

徐甘棠译《和平会设立万国教育局之动机》刊于《新教育》第 2 卷第 2 期。

李兰作,徐甘棠译《女童子军之教育》刊于《新教育》第 2 卷第 2 期。

卢些尔作,徐甘棠译《美国组织全国教员会之动议》刊于《新教育》第 2 卷第 2 期。

[美]亚当氏作,徐甘棠译《视学员等第教员法》刊于《新教育》第 2 卷第 2 期。

爱理亚作,徐甘棠译《美国学校革新之意见》刊于《新教育》第 2 卷第 2 期。

陶知行《学生自治问题之研究》刊于《新教育》第 2 卷第 2 期。

希域作,徐甘棠译《师范校之教育史教授法》刊于《新教育》第 2 卷第 2 期。

徐甘棠译《法兰士论最近教育法》刊于《新教育》第 2 卷第 2 期。

[美]蝉姆士作,徐甘棠译《潜艇战役之真情》刊于《新教育》第 2 卷第 2 期。

徐甘棠译《媾和后之奥国》刊于《新教育》第 2 卷第 2 期。

郑晓沧《中小学校学生自治实施之计划》刊于《新教育》第 2 卷第 3 期。

陈鹤琴《学生自治之结果种种》刊于《新教育》第 2 卷第 3 期。

廖世承《关于学生自治的几个问题》刊于《新教育》第 2 卷第 3 期。

徐甘棠译《教员之道德法规》刊于《新教育》第 2 卷第 3 期。

蒋梦麟《什么是教育的出产品?》刊于《新教育》第 2 卷第 3 期。

徐甘棠译《西班牙之教育制度及状况》刊于《新教育》第 2 卷第 3 期。

汤尔和《学法政的人可以不懂些医学么?》刊于《新教育》第 2 卷第 3 期。

徐甘棠译《那威中小学之理科学程》刊于《新教育》第 2 卷第 3 期。

徐甘棠译《奥斯福之奇特学生》刊于《新教育》第 2 卷第 3 期。

徐甘棠译《发明新理为大学之职责》刊于《新教育》第 2 卷第 3 期。

徐甘棠译《教员结党之讨论》刊于《新教育》第 2 卷第 3 期。

郭秉文《欧美教育新资料》刊于《新教育》第 2 卷第 3 期。

徐甘棠译《将来之美国大学》刊于《新教育》第 2 卷第 3 期。

汪敬熙《英国的美术教育》刊于《新教育》第 2 卷第 3 期。

徐甘棠译《欧人分裂亚洲之现势》刊于《新教育》第 2 卷第 3 期。

郭秉文《战后欧美教育近况》刊于《新教育》第 2 卷第 4 期。

夏宇众《淑种学与教育》刊于《新教育》第 2 卷第 4 期。

蒋梦麟《社会运动与教育》刊于《新教育》第 2 卷第 4 期。

徐甘棠译《美国全国道德教育会宣言》刊于《新教育》第 2 卷第 4 期。

徐甘棠译《美国大学内弊发微》刊于《新教育》第 2 卷第 4 期。

徐甘棠译《法国士打拉士卜大学恢复法》刊于《新教育》第 2 卷第 4 期。

徐甘棠译《瑞典全国教员会状况》刊于《新教育》第 2 卷第 4 期。

徐甘棠译《教育界之怨声》刊于《新教育》第 2 卷第 4 期。

徐甘棠译《美国全国教育会会长泼力士登夫人传略》刊于《新教育》第 2 卷第 4 期。

徐甘棠译《学校成绩么匦通计法》刊于《新教育》第 2 卷第 4 期。

徐甘棠译《教员联合会》刊于《新教育》第 2 卷第 4 期。

郭任远《实际主义》刊于《新教育》第 2 卷第 4 期。

姜琦《最近日本教育概况》刊于《新教育》第 2 卷第 4 期。

王文培《美国战后教育状况》刊于《新教育》第 2 卷第 4 期。

汤尔和《现行学制根本改革的意见》刊于《新教育》第 2 卷第 4 期。

沈恩孚、庄俞《山西政治及教育调查录》刊于《新教育》第 2 卷第 4 期。

黄炎培、俞子夷、丁传商《小学校白话文教授的讨论》刊于《新教育》第 2 卷第 4 期。

徐甘棠《中欧之危急》刊于《新教育》第 2 卷第 4 期。

徐甘棠《欧战之财政损失》刊于《新教育》第 2 卷第 4 期。

宗之橛《说人生观》刊于《少年中国》第 1 卷第 1 期。

田汉《平民诗人惠特曼的百年祭》刊于《少年中国》第 1 卷第 1 期。

魏嗣銮《人类进化的各面观》刊于《少年中国》第 1 卷第 1 期。

左学训《中国家庭对于子女教育的根本错误》刊于《少年中国》第 1 卷第 1 期。

王光祈《少年中国之创造》刊于《少年中国》第 1 卷第 2 期。

魏嗣銮《科学之宗旨》刊于《少年中国》第 1 卷第 2 期。

左学训《优美愉快的家庭》刊于《少年中国》第 1 卷第 2 期。

宗白华《哲学杂述》刊于《少年中国》第 1 卷第 2 期。

黄仲苏《卖国的童子》刊于《少年中国》第 1 卷第 2 期。

田汉《秘密恋爱与公开恋爱》刊于《少年中国》第 1 卷第 2 期。

李大钊《"少年中国"的"少年运动"》刊于《少年中国》第 3 期。

魏嗣銮《科学之宗旨》刊于《少年中国》第 3 期。

宗之橛《说唯物派解释精神现象之谬误》刊于《少年中国》第 3 期。

魏嗣銮《人类进化的各面观》刊于《少年中国》第 3 期。

仲苏译《美的实现》刊于《少年中国》第 3 期。

田汉译《说尼采的"悲剧之发生"》刊于《少年中国》第 3 期。

康白情《社会》刊于《少年中国》第 3 期。

胡适《大学开女禁的问题》刊于《少年中国》第 4 期妇女号。

吴弱男女士《论中国家庭应该改组》刊于《少年中国》第 4 期妇女号。

王会吾女士《中国妇女问题—圈套—解放》刊于《少年中国》第 4 期妇女号。

邓春兰女士《我的妇女解放之计划同我个人进行之方法》刊于《少年中国》第 4 期妇女号。

黄蔼女士《模范家庭为社会进步的中心》刊于《少年中国》第 4 期妇女号。

潘绺秋女士《少年中国的女子应该怎样》刊于《少年中国》第 4 期妇女号。

M. R 女士《与本会会员论妇女问题书》刊于《少年中国》第 4 期妇女号。

宗之橛《中国青年的奋斗生活与创造生活》刊于《少年中国》第 1 卷第 5 期。

魏嗣銮《自然科学上思想的法则》刊于《少年中国》第 1 卷第 5 期。

黄玄《自我的问题》刊于《少年中国》第 1 卷第 5 期。

黄忏华《社会之历程及改进》刊于《少年中国》第 1 卷第 5 期。

王光祈《少年中国学会之精神及其进行计划》刊于《少年中国》第1卷第6期。

魏嗣銮《自然科学上思想的法则》刊于《少年中国》第1卷第6期。

宗白华《科学的唯物宇宙观》刊于《少年中国》第1卷第6期。

李思纯《国语问题的我见》刊于《少年中国》第1卷第6期。

王光祈《团体生活》刊于《少年中国》第1卷第6期。

李璜《旅欧随感录》刊于《少年中国》第1卷第6期。

康白情《一个社交问题》刊于《少年中国》第1卷第6期。

四、学术著作

（东晋）王羲之书《晋拓保母帖》由上海有正书局刊行。

（后秦）鸠摩罗什译《金刚经·法宝坛经合璧》刊行。

（北齐）颜之推著，（清）赵曦明注，（清）卢文弨补注《颜氏家训》由上海商务印书馆刊行。

（宋）苏轼书《（清内府藏）东坡居士养生论墨宝》由上海有正书局刊行。

（宋）赵佶绘《宣和临古十七家》由上海有正书局刊行。

（明）仇英绘，高野侯鉴定《仇实父画六家细楷册》由上海中华书局刊行。

（清）徐枋绘《徐俟斋吴山名胜十二图》由上海有正书局刊行。

江希张著，上海道德图书馆编《道德经白话解说》由上海道德图书馆刊行。

蒋梅笙编《庄子浅训》（上下册）由上海新民图书馆刊行。

胡适著《中国哲学史大纲》（卷上　古代哲学史）由上海商务印书馆刊行，蔡元培作序。

按：胡适认为哲学史的任务是明变、求因、评判。此书首先采用西方实验哲学的体系和方法，系统研究中国先秦哲学，"算是第一部新的哲学史"（蔡元培《五十年来中国之哲学》，高平叔编《蔡元培全集》第4卷，中华书局1984年版）。蔡元培在序中称此书有四大长处：一、证明的方法；二、扼要的手段；三、平等的眼光；四、系统的研究。此书基本上是以他的博士论文为基础，加上教学研究中的心得，发挥结撰而成。在中国，可以说是第一本借鉴西方的科学方法系统地整理中国古代哲学思想的著作。主要价值在于：第一，依靠可信的材料初步建立起一种古代哲学史的系统。从前在北大讲哲学史的人，其从伏羲讲起，把大量的神话传说作为哲学史的材料，缺乏起码的科学性。第二，抓住哲学方法作为主轴，考察各家学说的得失及其演变进化之迹。此书出版后，在学术界影响很大，不到两个月即再版，到1922年8月已出至第八版（耿云志编《胡适年谱》，福建教育出版社2012年版）。

胡适著《实验主义》由北京学术讲演会刊行。

康有为著《大同书》由上海长兴书局刊行。

孙文著《孙文学说》由上海华国印书局刊行。

冯智慧著《哲学概论》由广东高等师范学校学生贸易部刊行。

刘式经著《真美善论》出版。

梁漱溟著《印度哲学概论》由上海商务印书馆刊行。

按：是书第一篇印度各宗概略，包括绪论、诸宗概略、佛教概略、印度各宗与宗教、印度各宗与哲学5章；第二篇本体论，包括一元二元多元论、唯心唯物论、超神泛神无神论、因果一异有无论、有我无我论、空有论有性无性论6章；第三篇认识论，包括知识本源之问题、知识界限效力之问题、知识本质之问题、因明论4章；第四篇世间论，包括宇宙缘起之说明、人生之说明、我之假实有无问题、法之假实有无问题、修行解脱论 5 章。

陈王健著《英雄快览》由北京新社刊行部刊行。

陆费逵著《国民之修养》(第 1 编)由上海中华书局刊行。

按：是书论述国民的道德修养。全书分为修养论、论学、除国民盗性论 3 章。

陶觉编《格言类钞》(上中下册)由上海文明书局刊行。

杨钟钰辑《环球名人德育宝鉴》由上海刊行。

鲍方洲编《千里眼研究法》由上海商务印书馆刊行。

潜修居士、陶如山人编《神秘灵子术传授录》由神州学会刊行。

汪达摩著《唯心奇术(破天荒之秘密异书)》由上海东震图书公司刊行。

邵尔寅著《宇宙神秘大观》由天津著者刊行。

避世子著《未来观》由璇玑馆刊行。

范古农讲《弥勒菩萨圣迹·含佛开示录》由上海佛学书局刊行。

风萍生编《骨相学》由上海商务印书馆刊行。

觉社编《觉书》由上海编者刊行。

李友兰编著《师主篇》由河北献县胜世堂刊行。

灵学研究社编《天下第二奇书》(又名《死后之将来》)由上海灵社刊行。

灵学研究社编《天下第三奇书》(又名《灵魂世界》)由上海世界书局刊行。

文明书局编《卜筮易知》由上海文明书局刊行。

文明书局编《堪舆易知》(上下册)由上海文明书局刊行。

文明书局编《选吉易知》(上下册)由上海文明书局刊行。

张亦镜著《驳陈焕章博士说教之谬》由中华浸会书局刊行。

卢寿籛著《婚姻训》由上海中华书局刊行。

顾鸣盛编《男女婚姻宝鉴》由广文书局刊行。

天虚我生总纂《治家酬世全书》由上海崇文书局刊行。

上海进德会编《上海妓业问题(第 2 号)》由上海进德会刊行。

龙裔禧著《官学》由个人刊行。

黄郛著《欧战之教训与中国之将来》由上海中华书局刊行。

曾琦著《国体与青年》由北平少年中国学会刊行。

江苏省立第二师范学校编《江苏省立第二师范学校童子军实录》由上海编者刊行。

马造著《和平政治刍议》由北京著者刊行。

壮生编《中国历代法制大要》由上海崇文书局刊行。

夏勤、郁嶷编著《法学通论》由朝阳大学出版部刊行。

按：是书分国家论、法律论、权利论、法学论 4 编。论述法的产生、发展及主要内容。为学者提供纲领和阶梯，为一般人提供法学常识。

地方法令编审委员会编《山西单行法令汇编》由太原编者刊行。

何遂著《欧洲观战记》由北京武学书局刊行。

皮作琼著《兵工造林计划书》由农矿部林政司刊行。

胡春林著《选兵制度》由北京同文书局刊行。

戴作楫编著《应用战术录》由崇文印书馆刊行。

陆军部编《步兵野外勤务》由北京武学书馆刊行。

饶景星编《骑兵野外必携》由北京武学书局刊行。

饶景星编《骑兵操典详解》由北京武学书局刊行。

刘绍复著《人力炸弹专门学》由上海武学书局刊行。

康有为著《物质救国论》由上海长兴书局刊行。

李芳编述《经济原论》由北京大学出版部刊行。

刘秉麟编著《经济学原理》由上海商务印书馆刊行。

国务院战后经济调查会编《战后经济调查会第一次报告书》由编者刊行。

国务院战后经济调查会编《战后经济调查会第二次报告书》由编者刊行。

中国银行总管理处编《东三省经济调查录》由编者刊行。

黄士恒、萨君陆编译《能率增进法》由上海商务印书馆刊行。

季新益著《己未考察日本实业见闻录》刊行。

佟兆元著《考察日本林业记》刊行。

刘光藜编,吴贯因校阅《中国土木行政》由内政部编译处刊行。

交通部统计科编《交通部同国际图表汇编》由编者刊行。

交通部铁路联运事务处编《中日联运第七次会议协定书》由编者刊行。

按:会议于1919年在北京召开。

交通部铁路联运事务处编《中日联运规章汇览》由编者刊行。

中华铁路协会编《中华全国铁路协会规程》由编者刊行。

全国铁路协会编《铁路救亡汇刊》由编者刊行。

交通部铁路联运事务处编《中华国有铁路联运第七次会议记录》由编者刊行。

周剑云主编,郑鹧鸪校订《商业实用全书》由上海新民图书馆刊行。

大东书局编《商店学业指南》由编者刊行。

按:是书为青年商业丛书之一。

盛俊著《海关税务纪要》由财政部刊行。

朱进著《中国关税问题》由主张国际税法平等会刊行。

张玉琳著《国币刍议》由北京厂甸养拙斋刊行。

周葆銮编《中华银行史》由上海商务印书馆刊行。

孙德全编《银行揽要》(上下册)由上海商务印书馆刊行。

王峻著《书学史》由北京大学出版部刊行。

按:是书系中国第一部现代意义上的书法史著作。

徐宝璜著《新闻学》经四次修改由北京大学新闻学研究会刊行。

按:此是中国历史上的第一部新闻学专著。徐宝璜在《新闻学》自序说:"本书所言,取材于西籍者不少,然西籍中亦无完善之书,或为历史之记述,或为一方之研究。至能令人读之而窥全豹者,尚未一见也……自信所言,颇多为西方学者所未言及者。"邵飘萍在当时《京报》上评价为:"无此书,人且不知新闻为学,新闻要学。"蔡元培在该书序言中称其为"在我国新闻界实为破天荒之作"。

《名画目录》由上海有正书局刊行。

刘海粟编《画学真诠》(第1集铅笔画写生)由上海商务印书馆刊行。

陆旋编《(新体)铅笔画解说》由上海商务印书馆刊行。

须戒己编《图案教材》第 1 辑由上海商务印书馆刊行。

施咏湘编《续折纸图说》由上海商务印书馆刊行。

索树白编《进行舞蹈曲萃》由上海商务印书馆刊行。

蒋拙诚编著《道德教育论》由上海商务印书馆刊行。

经亨颐著《约法与教育》由天津著者刊行。

胡春林著《教育制度》（中华国本之研究 2）由北京同文印书局刊行。

教育部编《教育部行政纪要》（第 2 辑）由北京编者刊行。

教育部总务厅文书科编《教育法规汇编》由北京编者刊行。

吕云彪等编《分团教授精义》由上海商务印书馆刊行，有庄俞、朱亮序。

王光鸶编《视学纲要》由上海商务印书馆刊行，有袁希涛等人序。

汤中、蔡文森编《学校参观法》由上海商务印书馆刊行。

彭世芳、洪彦远报告《参观南满教育品展览会报告书》由北京教育部刊行。

教育部普通教育司编《各地方实施义务教育汇刊》由编者刊行。

山西省长公署统计处编《山西省第一次教育统计图表》（民国五年度）由编者刊行。

山西省长公署统计处编《山西省第二次教育统计图表》（民国六年度）由编者刊行。

广东全省教育委员会编《广东教育统计图表》（中华民国七年度）由编者刊行。

浙江省教育厅编《浙江省教育统计表》（中华民国七年度）由编者刊行。

江苏省教育厅编《江苏第四次省教育行政会议汇录》由编者刊行。

汪原渠编《江苏教育历年统计比较图表》由江苏省长公署第三科刊行。

兴化县劝学所编《兴化县学事年报》由江苏兴化编者刊行。

南汇县劝学所编《南汇县劝学所学事年报》由江苏南汇编者刊行。

嘉定县劝学所编《嘉定县学事年报》（民国七年度）由江苏嘉定编者刊行。

马鸣鸾编著《日本之教育》（日本研究丛书）由山西芮城刊行。

王光鸶著《小学校须知》（八年四月）由上海商务印书馆刊行，有袁希涛等序。

陈达编《自习主义教学法》由上海商务印书馆刊行。

徐宝仁编《单级管理法》（浙江小学教育研究会讲义）由上海中华书局刊行。

沈颐、顾旭侯编《现行小学法规诠释》（上下册）由上海商务印书馆刊行。

沈彭年编《小学教育法令大全》由上海商务印书馆刊行。

教育部普通司编《优良小学事汇第一辑》由上海商务印书馆刊行。

崔朝庆编，寿孝天、刘远尘校《算术问题详解》由上海商务印书馆刊行。

崔朝庆编《三角学问题详解》由上海商务印书馆刊行。

郭希汾编著《中国体育史》（史地小丛书）由上海商务印书馆刊行，有朱亮、范祥善、叶绍钧等人序。

陈铁生编《精武本纪》由上海精武体育会刊行，有孙中山、朱执信序文，胡汉民弁言。

精武体育会编辑《潭腿》（技击丛刊）由上海商务印书馆刊行，有吴敬恒等 4 人序。

上海精武体育会编《潭腿十二路全图》由上海商务印书馆刊行。

王怀琪、吴志青著《双人潭腿图说》由上海中华图书馆刊行。

李剑秋、黄方刚编《形意拳初步》由上海六合社刊行。

中华图书集成编辑所编辑《（真本）易筋经》由上海编者刊行。

马良编《中华新武术棍术科》由上海商务印书馆刊行,有段祺瑞、梁启超序。

中华图书集成编辑所编《象棋围棋新谱》由上海中华图书集成公司刊行。

刘半农著《中国文法通论》由上海群益书社刊行。

按:是书原系作者在北京大学任教时的讲义。在"五四"新文化运动中,一些语法学者接受西方语言学理论的影响,不满意当时机械地模仿西洋语法的研究方法,企图推翻《马氏文通》的体系。这些语法学者被人称作"革新派",以区别于不更动马氏格局而仅略加改革的"修正派"。《中国文法通论》便是"革新派"的主要著作之一。作者说:"这部书的立意……不是讲的文法本身,是要在讲文法之前,把许多当然的先决问题,剖剔得明白。"他认为在取别种文法做本国文法的参证时,应该研究"他们为什么要如此? 我们为什么能如此? 为什么不能如此?"全书以先秦古文为主要研究对象,兼收了若干现代汉语例证;研究方法则模仿斯威特的《新英语语法》。作者首先对文法究竟是什么,文法研究的范围,文法研究的方法做了说明。接着以主要篇幅论述了词的分类、词与词的搭配关系、句子的结构与分类,企图以此"建造一个研究中国文法的骨骼来"。(徐瑞岳编《刘半农年谱》,中国矿业大学出版社1989年版)

沉沉著《音韵学》由编者刊行。

按:此书分3篇。介绍著者创编的40个发音字母,27个摄韵字母及其应用,并叙述以此为基础的音韵系统体制。著者意欲改革文字,主张先研究音韵,以为造字取音之本。初版年月据著者写序时间。

范祥善编《国音浅说》由上海商务印书馆刊行。

李金藻编《注音字母教本》由天津教育学术编译社刊行。

王璞著《注音字母发音图说》由北京注音字母书报社刊行。

教育部读音统一会编《校改国音字典》由上海商务印书馆刊行。

按:1919年"读音统一会"为国音制定注音字母39个。从清李光地《音韵阐微》中选取较普通的字六千五百多个、科学上新制的字六千多个,以及《阐微》中所缺的字六百多个,共计一万三千多字,为其审订标准国音读法,注以注音字母并依《康熙字典》部首法编成《国音字典》。本书是其校改本。1919年版是校改本的订正本。书前有"教育部校正国音字典之通告",书末有"修正《国音字典》之说明"和"校改《国音字典》附识"。

黎锦熙编《国语学讲义》由上海商务印书馆刊行。

胡君复评选《小学作文入门》(第3集)由上海商务印书馆刊行。

王廷珏著《(增补)实用上海语》由上海美术工艺制版社刊行部刊行。

王楚香编,朱彦颎增订《中华应用文件大全》由上海中华书局刊行。

按:是书分文词、函牍、联语、幛额、帖式、契据等类。

汪怡著《中国新式速记术》(兼讲发音)由北京新式速记传习所刊行。

铁冷编著《交际全书补编》由藜青阁刊行。

沈彬编《(新式)英文学生百科全书》由上海中华书局刊行。

胡适等著《新式标点符号案》刊行。

胡怀琛著《国文课外讲义》由上海文艺丛报社刊行。

何实睿著《尺牍释例》由上海中华书局刊行。

葛祖兰著《(自修适用)日语汉译读本》由上海商务印书馆刊行。

方毅等编《(增订放大)实用学生字典》由上海商务印书馆刊行。

按:此书收单字一万三千多个,比原《学生字典》增五千余字。供小学生及一般识字者用。

方毅、马瀛编《(依新标准订正)国音学生字汇》由上海商务印书馆刊行。

解韬著《小说话》由上海中华书局刊行。

王蕴章等著《文艺全书》由上海崇文书局刊行。

冥飞等著《古今小说评林》由上海民权出版部刊行。

蒋瑞藻编《小说考证》(上中下册)由上海商务印书馆刊行。

邓狂言著《红楼梦释真》(第 2—4 册)由上海民权出版社刊行。

梁敬錞、林凯著《欧战全史》(上卷)由北平亚洲文明协会刊行。

李泰棻著《大战因果论》由北京宣元阁刊行。

杭海著《欧战中之强权与公理》由上海战闻社刊行。

《全国一致否认之二十一条件》由天津协成印刷局刊行。

李烈钧著,杨赓笙编订、孙璞襄辑《武宁文牍》由广东广州编译公司刊行。

温世霖著《段祺瑞乱政卖国记》刊行。

孙洪伊著《孙洪伊对于南北和议条件之宣言》刊行。

龚振黄编《青岛潮》由上海泰东图书局刊行。

觉迷编《上海罢市救亡史》由上海中华国货出品社刊行。

蔡晓舟、杨量工编《五四》由北京编者刊行。

丁訾盦编《学界风潮纪》由上海中华书局刊行。

海上闲人编《上海罢市实录》由上海公义社刊行。

陈万言著《西北种族史》由北京亚东制版印刷局刊行。

方正县志编纂委员会编《吉朴方正县志》由吉林方正县政府刊行。

孙毓修编《玄奘》由上海商务印书馆刊行。

沈宗元编《东坡逸事》由上海商务印书馆刊行。

杨公道编《金圣叹轶事》由两友轩刊行。

杨公道编《唐伯虎轶事》由两友轩刊行。

杨公道编《张文襄轶事》由上海大华书局刊行。

沃丘仲子著《当代名人小传》(上下册)由上海崇文书局刊行。

按:是书与《近代名人小传》为上、下编。本编分上、下两册,内收孙中山、袁世凯、唐绍仪、熊希龄等100余人小传。分元首、官僚、满蒙王公、武人、文人、政客、实业家、教育家、慈善家等类。所收人物小传均为民国初年人物。

雾里看花客著《真正老林黛玉》由上海民国图书馆刊行。

杨公道《随园老人轶事》由两支轩刊行。

大中华国民编《章宗祥》由上海爱国社刊行。

中华图书集成编《世界大战英雄史》由上海中华图书集成公司刊行。

程村居士著,程知耻校《柴窰考证》由上海中华书局刊行。

唐夔赓著《东南旅行记》由编者刊行。

株萍铁路管理局编《株萍铁路旅行指南》由上海编者刊行。

刘书勋等编《无锡指南》由江苏无锡编者刊行。

钱孙乡等编《无锡指南》由江苏无锡杂志社刊行。

龚栽卿等编《无锡日用游览指南》由江苏无锡编者刊行。

王拱璧笔记《东游挥汗录》由著者刊行。

侯鸿鉴著《南洋旅行记》由江苏无锡竞志女学校刊行。

许君远著《美游心影》由上海建中出版社刊行。

林传甲总纂《大中华京师地理志》由北京中国地学会刊行。

林传甲编《大中华京兆地理志》由北京武学书馆刊行。

林传甲总纂，李泰棻分册编纂《大中华山西省地理志》由上海商务印书馆刊行。

林传甲总纂，阮麟运分册编纂《大中华湖北省地理志》由京师中国地学会刊行。

林传甲著《大中华安徽省地理志》由安徽教育厅刊行。

林传甲纂《大中华福建省地理志》由京师中国地学会刊行。

广益书局编辑部编《中外名人演说录》（上下册）由上海广益书局刊行。

陈铎等编《日用百科全书》（上下册）由上海商务印书馆刊行。

来复报社编《大成节纪念号》由编者刊行。

苏海若主编《人生万事秘诀》（初集1—5卷）由明华书局刊行。

苏海若主编《人生万事秘诀》（初集6—16卷）由明华书局刊行。

唐真如编《秘术一千种》（下册）由上海泰东图书局刊行。

［日］浮田和民著，周宏业、罗普译《新道德论》由上海商务印书馆刊行。

［日］浮田和民著，陈重民译《政治道德论》由内务部编译处刊行。

按：是书分政治与道德的关系、普通道德与特殊道德，政治道德之意义、关于国体之道德、关于政体之道德、立宪的道德、立宪教育、立宪上之权利等8章，阐述政治道德的原则。

［日］中山龙次著，陆家鼐、权国恒等译《中国电政意见书》由北京亚东制版印刷所刊行。

［日］秋保治安著，熊崇煦译《职业技师养成法》由上海商务印书馆刊行。

［日］三泽隆茂著，W. T. O. 译《（理化应用）魔术实验法》（上下卷）由上海生计协会发行部刊行。

［日］实业之日本社著，中华书局编译所译《日本人之支那问题》由上海中华书局刊行。

［英］福开森著《限制宗教教育问题》刊行。

［英］涂尔腾著，梅益盛、哈志道译《基督道为真之证》由上海广学会刊行。

［英］威布夫妇著，吴源瀚、徐仁怡译《国民共济策》由北京内务部编译处刊行。

［英］彭孙比著，冯飞译，林凯校《十九世纪以来战争及和约》由北京亚洲文明协会刊行。

［英］罗仁斯著，莫安仁、王官鼎译《国际同盟论》由上海广学书局刊行。

［英］迭更司著，闻野鹤编译《鬼史》由上海东阜兄弟图书馆刊行。

［英］亨利瓦特夫人著，陈观奕译述《模范家庭》由上海商务印书馆刊行。

［英］亨利瓦特夫人著，陈观奕译述《模范家庭续编》（上下卷）由上海商务印书馆刊行。

［英］卡叩登著，林纾、陈家麟译《莲心藕缕缘》（上下卷）由上海商务印书馆刊行。

［英］哈葛德著，林纾、陈家麟译《铁匣头颅》（上下卷）由上海商务印书馆刊行。

［英］哈葛德著，林纾、陈家麟译《铁匣头颅续集》（上下卷）由上海商务印书馆刊行。

［英］柯南道尔著，悟痴生编译《女强盗》由上海大新图书馆刊行。

［英］巴克雷著，林纾、陈家麟译《玫瑰花续编》由上海商务印书馆刊行。

［英］威勒司著，孟宪承编纂《明眼人》由上海商务印书馆刊行。

［英］汤姆格伦著，何世枚译《再世为人》由上海商务印书馆刊行。

［英］哈尔克以纳著，赵尊岳译《罗京春梦影》由上海商务印书馆刊行。

［英］武英尼著，林纾、陈家麟译《鬼窟藏娇》由上海商务印书馆刊行。

［英］约克魁迭斯著，林纾、陈家麟译《西楼鬼语》由上海商务印书馆刊行。

［英］威廉·勒格柯司著，赵尊岳译《重臣倾国记》由上海商务印书馆刊行。

［英］卜拉德赍编著，魏鼎勋译述，顾果校订《童子军体操》由上海商务印书馆刊行。

［美］华盛顿著，孟宪成译《黑伟人》由上海商务印书馆刊行。

［美］弗老尉佗著，李澄雨译《荒村奇遇》由上海商务印书馆刊行。

［美］培德著，陈震泽、杨钧译《巴黎和会实录》由上海寰球书局刊行。

［美］富司迪著，谢乃壬译《祈祷发微总论》由上海青年协会书报部刊行。

［美］因大信译《旧约纲目》由广东广州美华浸会印书局刊行。

［美］韦罗璧，韦罗贝著，万兆芝译《中华宪法平议》由上海中华书局刊行。

［美］施塔福著《近世之竞争》由上海时兆报馆刊行。

［法］柏格森著，张东荪译《创化论》（上下册）由上海商务印书馆刊行，有汤化龙序。

按：黄见德说：“这个时期在中国传播柏格森哲学的学者中，主要代表要算李石岑、瞿世英、张东荪。他们有的以客观的介绍为主，并辅之以一定的评述；有的以评述为主，辅以一定的介绍；有的则着重纠正读者中对于柏格森的误解，以引导读者正确地领会柏格森哲学的实质。”（黄见德《西方哲学东渐史》，武汉出版社 1991 年版）

［法］孟司铎著《圣心临格》由河北献县张家庄刊行，有自序。

［法］茂米尼著《默祷释义》由河北献县张家庄胜世堂刊行。

［法］格尼爱尔等著，陆翔译《拿破仑外纪》由上海广文书局刊行。

［法］周鲁倭著，林纾、陈家麟译《情天异彩》由上海商务印书馆刊行。

［俄］克鲁泡特金著，凌霜编译《近世科学与无政府主义》由个人刊行。

［俄］托尔斯泰著，林纾等译《恨缕情丝》由上海商务印书馆刊行。

［挪威］艾香德著，李路得记述《约翰福音注解》由湖北汉口中华信义会书报部刊行。

［阿拉伯］木海默第著，李廷相译《天方大化历史》由北平清真书报社刊行。

古屋著，潘昌恒译《名数奇术》由神州催眠学会刊行。

吉拉德·克路特著，萧舜华、旧景仙译《师主篇》由河北献县张家庄刊行。

吉拉德·克路特著《师主篇》由河北献县张家庄刊行。

R. F. Cottrell 著《末世警钟》由上海时兆报馆刊行。

过耀根编译《近代思想》由上海商务印书馆刊行。

萧若瑟译《圣教史略》由河北献县张家庄胜世堂刊行。

李廷相译著《新译天方大化历史》由北平万全书局刊行。

梅益盛编译《穆罕默德传》由上海广学会刊行。

孟亚丰索述《宠爱至贵》由河北献县张家庄胜世堂刊行。

孟亚丰索述《宠佑至要》由河北献县天主堂刊行，有自序。

明嘉禄述《热心引》3 版由河北献县胜世堂刊行。

朱希圣译《可敬多明我哈维豪传》刊行。

作新社编译《国家学》由北京武学书馆刊行。

内务部编译处编译《政党论》由北京编译者刊行。

内务部编译处编译《欧战期间杂记—政治思潮纪》由北京编者刊行。

信臣译《日本警察法释义》由内务部编译处刊行。

姚鑫振编译《战后太平问题》由上海泰东图书局刊行,有孙文、戴季陶等序。

权国垣等译《日本国际货物联运规程汇编》由交通部铁路联运处刊行。

张亚良编译,商务印书馆编译所校订《童子军追踪术》由上海商务印书馆刊行。

胡宪生译《牧场秘史》(上下册)(英汉合璧小说丛刊第 9 种)由上海商务印书馆刊行。

林纾译著《十万园》1 卷刊行,署名林琴南,原作者及合译者不详。

周瘦鹃译述《井底埋香记》由上海国华书局刊行。

徐慧公编译《蜘蛛毒》由上海商务印书馆刊行。

徐慧公编译《四字狱》由上海商务印书馆刊行。

周瘦鹃编译《世界秘史》由上海中华图书集成公司刊行。

钱智修编译《拿破仑》由上海商务印书馆刊行。

《谋生捷径(官话)》由上海时兆报馆刊行。

《司铎默想宝书》(卷 4)由山东兖州天主堂刊行。

《五彩玫瑰经浅义》刊行。

《宗教圣史短篇传》(白话文)由上海土山湾印书馆刊行。

《宗徒行实》由河北献县张家庄胜世堂刊行。

五、学者生卒

吴受福(1840—1919)。受福字介兹,一作芥子,号晋仙,又作珊轩,晚号子梨、老芥、觉海小乘僧、带湖独叟,浙江嘉兴人。1879 年举人。曾任杭州诂经精舍学海堂监督,与俞樾、谭献相契。后主讲振秀、双山二书院。擅长诗词,书法擅篆隶行草,尤精于金石小学。著有《小钟字林集篆》《贞存先生遗墨》等。主编光绪《嘉兴县志》,续增《古禾杂识》。

缪素筠(1841—1919)。素筠名嘉蕙,字素筠,世称缪老太太,云南昆明人。自幼习书画,嫁给昆明人陈瑞并随夫到四川做官。其夫早死,遂在四川以卖画为生,据说由于其通文史,曾被西充县令聘掌书院。1889 年被选为女画家入宫,为慈禧太后代笔,称"女侍从"。曾教授女作家凌叔华作画。

朱孔彰(1842—1919)。孔彰原名孔阳,字仲我,又字仲武,晚自署圣和老人,江苏吴县人。1882 年举人。以治经受知于曾国藩,旋延为幕客。为刘坤一、冯煦聘修《两淮盐法志》《凤阳志》,兼主淮南书局、江楚编译局,协修《江南通志》。曾长蒙城书院,掌教安徽存古学堂。辛亥革命后,任清史馆编修。善书,著有《周易汉注》《春秋梁传汉注》《三朝闻见录》《中兴将帅别传》《说文粹》等。事迹见《碑传集补》卷五三。

丁谦(1843—1919)。谦字益甫,浙江仁和人。同治举人。1881 年任汤溪县教谕,旋改任象山县教谕。中法战争期间,因倡办团练加强海防有功,受赏五品衔。后升任处州府教谕,以年老未赴任,居家从事学术研究。专治我国边疆及邻国地理,兼攻金石之学。著有《蓬莱轩地理学丛书》(又名《浙江图书馆丛书》)。

按:丁谦一生致力于历史地理研究,他说"余幼嗜书,尤喜欢地舆之书。自乡举后奔走南北,得书约两万卷,中多有关地学者。近来风气渐开,学问一端,皆思实事求是,而图志之新出尤夥。余每先得之以为快。自是凡阅诸书,必按图校核,有所得,辄签记于眉间。"(《元秘史考证自跋》)丁谦一生研究的结晶为《蓬莱轩地理学丛书》。

查燕绪(1843—1919)。燕绪字翼甫,号亭,谥美,室名木渐斋,浙江海宁人。喜藏书,为其师张裕钊编印《濂亭文集》。曾在湖北志局任事,与叶昌炽友善。

刘人熙(1844—1919)。人熙字艮生,号蔚庐,学者称蔚庐先生,湖南浏阳人。早年就读长沙城南书院,1867年参加湖南乡试,取解元。1877年会试中进士,以主事用分工部屯田司行走。是年冬,联络湘京官,呈请祀王船山先生于两庑。1881年派充则例馆纂修,1887年派充会典馆纂修。1889年以襄办光绪帝大婚典礼改河南直隶州。1901年应江西巡抚李兴锐之聘,任江西大学堂总教习、课吏馆副馆长。1907年回湖南任中路师范学堂监督。同年湖南教育会成立,被推举为会长。1914年创办船山学社。后又发行《船山学报》,并筹建船山中小学校,船山专祠、船山大学和船山图书馆。1916年暂代湖南督军兼省长。1918年赴上海,被上海爱国人士推为策进永久和平会会长,与孙中山相往来。1919年4月病逝于上海。著有《蔚庐刘子诗集》《蔚庐亥子集》《蔚庐文稿》《蔚庐刘子文集》。

缪荃孙(1844—1919)。荃孙字炎之,一字筱珊,晚号艺风,世称艺风先生,江苏江阴人。1867年,四川乡试中举。1876年会试中进士,授翰林院编修。1887年应国史馆总裁潘文勤所请,续辑清史《儒林》《文苑》《循史》《孝友》《隐逸》等5传。1888年应江苏学政王先谦聘请,担任南菁书院院长。后去山东济南掌教泺源书院。1893年受张之洞之邀,重修《湖北通志》。1894年被聘掌钟山书院,兼领常州龙城书院。1901年,兼任江楚编译局总纂。翌年,任江南高等学堂监督。1907年应两江总督端方之聘,创办江南图书馆,出任总办(馆长)。著有《艺风堂经说》《艺风堂金石目》18卷、《艺风堂藏书记》8卷、《艺风堂藏书续记》8卷、《艺风堂读书记》《艺风堂随笔》《续碑传集》100卷、《五代方镇表》5卷、《孔北海年谱》1卷、《魏文公年谱》1卷、《韩翰林诗谱略》1卷、《补辑李忠毅公年谱》1卷、《江阴县志》《分地金石目》20卷、《国朝纪事本末》《辽文存》8卷、《常州词录》31卷、《艺风堂诗集》《碧香词》1卷、《皇清文汇》《旧德集》14卷等。事迹见夏孙桐《缪艺风先生行状》《晚晴簃诗汇》卷一七一。

按:刘声木《桐城文学渊源考》卷一一曰:"论文奉桐城文家为古文正宗,其古文亦沿用桐城义法。"

按:王亚生《缪荃孙文献学研究》说:"缪荃孙是清末民初的知名学者。他毕生致力于历史文献整理和中国传统学术,留下许多学术成果。从'实体'角度来看,这些成果可以分为:书籍与金石碑帖收藏、刊刻书籍、著述三个部分。他藏书最多时达二十万卷,金石碑帖一万二千多种;收藏书籍除购买外还通过相互借钞等途径,金石碑帖藏品也有很多实地拓取而来。他刊刻书籍包括在官方书局任职、代替和协助私人刻书,和完全以自己名义刻书等几种方式。他自著或参与编撰的著述多达二百余卷,多属于历史文献学领域的内容。缪荃孙的文献学理论思想,比较突出的有藏书、刻书、目录学、金石学等几个方面。他藏书思想的总体特色是藏以致用,因此他重视个人藏书的学术价值与流通,并积极主张公共图书馆收购私藏,重视藏书的编目工作。缪荃孙刻书最为重视丛书的刊刻,所刻丛书精选底本、工于校勘,由于他长期刻书,所以也留下一些对于印刷史的考证和对刻书经验的总结。"(华中师范大学硕士学位论文,2004年)

王宽(1848—1919)。宽字浩然,经名哈志·阿布杜·拉合曼,北京人。回族。王氏世代为北京牛街清真寺"剳付冠带住持"。王宽早年受叔祖王守谦阿訇所钟爱,后随沧州刘辑五阿訇学习。博通伊斯兰教经籍,精通阿拉伯文和《古兰经》,并出任各地教长。1906年赴麦加朝觐,顺访土耳其。次年回国后,大力提倡教育,宣传教旨,在牛街清真寺创办回文师范学堂,筹备设立清真第一两等小学堂。1912年发起组织中国回教俱进会,任副会长。1913年在今呼和浩特市发起组织俱进会分会。1914年在牛街创办第一家回民工厂"普慈"

工厂,开回民创办民族工业之先河。

何葆麟(1849—1919)。葆麟字寿臣,号悔庵,安徽南陵人。1894年进士。历任刑部主事、员外郎、邮传部佥事等。参与《清史》编撰。自编有《悔庵自订年谱》。

钱增祺(1851—1919)。增祺字孟符,号绍云。1882年进士。历任安徽庐江之怀宁县、山东博山、利津、济阳、兰山知县,督办黑龙江漠河等处金矿,奉天东边道、奉西路观察使等。著有《适斋文存》《〈史记〉正误》等。桥南老人(项士元)编有《钱绍云先生年谱》。

沈云沛(1854—1919)。云沛字雨人,又字雨辰,江苏海州人。1894年甲午恩科进士出身。点翰林院庶吉士。1896年翰林院散馆,授编修。历任农工商部右参议、农工商部左参议、农工商部右丞、署邮传部右侍郎、帮办资政院开办事务等。1911年闰六月任奕劻内阁弼德院顾问大臣。民国后任参政院参政。1915年9月1日与周家彦、马安良、蔡锷等请愿改变国体。9月19日梁士诒等组织“变更国体全国请愿联合会”,被推为会长。9月24日请愿团向参政院总请愿,反对召集国民会议解决国体。

费久大(1859—1919)。久大字铁臣,又字惕臣、榜名彝训,号当仁,别号玉虹词隐,玉虹老人,江苏常州人。费念慈之侄。1894年举人。湖北省候补知县。熟识周秦彝钟鼎金文。工书法,亦善填词。著有《玉虹楼卮言》《吊李姬诗》等。

詹天佑(1861—1919)。天佑字春诚,号达朝,原籍安徽婺源,生于广东南海。1872年以幼童留学美国,先后入威士哈吩小学、努哈吩中学学习。1878年考入耶鲁大学土木工程系,专习铁路工程。1881年回国,任福州船政局水师学堂教习。1882年任杨武舰驾驶官。1884年参加中法战争。1888年任中国铁路公司工程师,负责修建天津圣塘沽铁路。1902年任新易铁路总工程师。1905—1909年主持修建我国自建的第一条铁路——京张铁路。1912年任粤汉铁路会办,嗣任汉粤川铁路会办、督办。1916年获香港大学荣誉博士。有“中国铁路之父”“中国近代工程之父”之称。著有《铁路名词表》《京张铁路工程纪略》《华英之学院字汇》等。

按:茅以升《詹天佑先生为中国铁路建设奋斗的一生》说:“詹天佑是一位中国的杰出的工程师;也是一位热情的爱国主义者。在他从事铁路事业30年中,时时不能忘怀与外国侵略势力作斗争。坚持不依赖帝国主义的技术人员来建设京张线的决定;在主持川汉、粤汉铁路期间,他斥责了川汉线德籍总工程师雷纳污蔑中国工程师无能,并企图多聘德国工程师的阴谋;驳斥了粤汉线英籍工程师藐视中国法纪的拖延工期的行为。就是在1918年,他逝世前一年,也仍然是以祖国利益为重,带病参加‘协约国’在哈尔滨召开的所谓‘中东铁路监管委员会’,打击了美、日帝国主义利用十月革命以后苏联所宣布的放弃帝俄在华利益的政策,以攫取中东铁路北段的阴谋,直到旧病复发,回到汉口医治无效,为祖国贡献出最后的力量。”(《土木工程学报》1959年第5期)

徐维则(1867—1919)。维则字仲咫,号以愻,一作一孙,别号贻孙,浙江绍兴人。伯父徐树兰,父徐友兰,均是著名藏书家和学者。1889年与蔡元培为同科举人,家有“铸学斋”“述史楼”“熔经铸史斋”,藏书数万卷。刻印《会稽徐氏述史楼丛书》5种、《融经馆丛书》10种、《绍兴先正遗书》13种、《铸学斋丛书》20册。著有《东西学书录》。顾燮光于1902年增补该书后,成《增版东西学书录》。

丁宝铨(1869—1919)。宝铨字衡甫,号佩芬,一号默存,江西南昌人。先在京任职,由吏部主事考取军机章京,为文选司掌印,转补考功司员外,升补稽勋司郎中。八国联军入侵,随驾至西安,后又随驾回京,1902年外放广东惠潮嘉兵备道。又授山西冀宁道、山西按察使。升任山西布政使。1909年又升任山西巡抚。晚年寓居上海,1919年正月初八日被人暗杀。曾在山西积极办学，又长于书法，曾书四体三字经。辑有《傅青主先生年谱》。

时经训(1874—1919)。经训字志盦，河南通许县人。清朝拔贡。1905年毕业于京师大学堂师范科，返豫后任开封中学堂堂长，继任河南省立第二师范学校校长。1912年任河南高等学堂监督。同年10月被选为河南临时参议会议长。1913年任河南省教育会会长。著有《河南地志》《河南挑筋教碑考》等。

雷奋(1877—1919)。奋字继兴，又字子勤，江苏松江人。1900年在日本东京与杨廷栋等创办《译书汇编》月刊，任编辑兼发行人。后任《国民报》和《大陆报》编辑。1906年任预备立宪公会干事。1909年任省咨议局议员、资政院议员。1911年辛亥革命时，以江苏省代表身份参加武昌各省都督代表联合会会商组织临时政府事宜。北京政府时期，曾任江西省高等检察厅检察长、财政部参事等职。

朱宗莱(1881—1919)。宗莱字蓬仙，一字布宣，浙江海宁人。光绪末留学日本，回国后从事教育事业，筹建海宁州中学堂、正蒙女子学堂等。1904年与祝学豫等人组建海宁州教育会。又在居其昌等人赞助下，创办海宁州图书馆，藏书来源于他的私藏和安澜书院旧藏，又购置多种书籍，供人观览借用。不久复往日本早稻田大学研习文科，并加入孙中山领导的同盟会。回国后，兼任海宁州图书馆馆长，在馆内附设"金石保存处"。

刘师培(1884—1919)。师培字申叔，号左盦，江苏仪征人。1902年中举。1903年赴河南开封参加会试，失意而归。途经上海时结识章太炎、蔡元培等人，受其影响，由纯粹的经学研究转向反清革命，撰有《中国民约精义》，抵制专制。1904年任《警钟日报》主笔，发表《论孔教与中国政治无涉》《论中国并不保存国粹》等文章，提出孔学并非宗教。同年秋参加光复会。1905年初参与国学保存会的组织发起工作，编辑《国粹学报》。又与陈独秀一起主编《安徽俗话报》，共同发起组织岳王会，宣传排满思想。1907年应章太炎之邀赴东京，加入同盟会，任《民报》编辑。与妻子何震创办《天义报》《衡报》等刊物，反对民族革命，宣传无政府主义。同时与章太炎发生龃龉，回到上海。1909年入两江总督端方幕下，与革命派决裂。1910年被任命为两江总督署文案兼三江师范教习。1911年任参议官，随端方入川镇压保路运动，因此被捕。1912年在章太炎、蔡元培等多方努力下获释，之后任教于四川国学学校。1913年赴山西任阎锡山高等顾问，与南佩兰创办《国故钩沉》。1914年经阎锡山举荐赴北京，成为袁世凯帝制的鼓吹者。1915年与杨度、严复等人发起组织筹安会，提倡君政复古，先后发表《君政复古论》《联邦驳议》《告同盟会诸同志书》等文，为袁世凯称帝制造舆论。1916年被蔡元培聘为北京大学教授，主讲经史，反对新文化运动。1919年1月与黄侃、朱希祖、马叙伦、梁漱溟等成立《国故》月刊社，任《国故》月刊总编辑，成为国粹派。同年11月20日病逝于北京。后由其友人南桂馨出巨资，郑友渔、钱玄同等收集整理，共得刘师培著述74种共300多万字，编为《刘申叔先生遗书》(宁武南氏1936年校印本)，另有《左盦集》，为师培在光绪之前的著作原光绪刻本已佚，后由都中书肆集资重刻，扉页题"北京隆福寺修绠堂藏版"。

按：蔡元培《刘君申叔事略》(《刘申叔遗书》第1册)谓刘师培"所著书……凡关于论群经及小学者二十二种，论学术及文辞者十三种，群书校释二十四种，诗文集四种，读书记五种，学校教本六种。除诗文集外，率皆民元前九年以后十五年中所作，其勤敏可惊也。向使君委身学术，不为外缘所扰，以康强其身而尽瘁于著述，其所成就宁可限量？惜哉！"

按：刘富曾《亡侄师培墓志铭》(《刘申叔遗书》第1册)："二十余年游学以来，当代名公巨卿、耆儒硕学，行辈较长，多侄所当师事之人。而诸老先生咸爱其才，愿为忘年交。而侄益恂恂抑然持下，故人尤乐亲之。恩义绸缪，相依患难，骓其愉乐，恤其陵夷，救患分灾，扶危拯困，所谓生死肉骨，其大有庇于侄者，非惟知己，抑且感恩焉矣……辩口悬河，滔滔不穷。一名一物，精详考核，旁征博通，均能言其所以然。故讲席叠主，群弟子奉手受教，尊仰斗山，无不推崇申叔先生者，殆其教泽及人有不能忘者欤！"

按：尹炎武《刘师培外传》（《刘申叔遗书》第1册）："扬州学派盛于乾隆中叶，任、顾、贾、汪开之，焦、阮、钟、李、汪、黄继之，凌曙、刘文琪后起，而刘出于凌。师培晚出，席三世传经之业，门风之盛，与吴中三惠、九钱相望，而渊综广博，实龙有吴、皖两派之长，著述之盛，并世所罕见也。综其术业，说经则渊源家学，务征古说。""其斠正群书，则演高邮成法，由声音以明文字之通假，按词例以定文句之衍夺，而又广搜群籍，遍发类书，以审其同异而归于至当。"

按：陈中凡《仪征刘先生行述》（《刘申叔遗书》第1册）："清代经师治古文者，自高邮王氏父子以降，迄于定海黄氏、德清俞氏、瑞安孙氏，各揭厥识，匡微补缺，阐发宏多。若夫广征古说，足诤马、郑之违，且钳今师之口，则诸家未之或逮。故述造视前师为啬，而精当浸浸过之。信乎！研精覃思，持之有故者矣。""历检群籍，至于内典道藏，无不究宣。尝取老、庄、荀、董之书，雠正讹脱，独创新解，按文次列，成《老子斠补》二卷、《庄子斠补》一卷、《荀子斠补》四卷、《墨子拾补》二卷、《楚辞考异》八卷、《贾子新书斠补》三卷、《春秋繁露斠补》三卷。计所发正凡数百事，均王、洪、俞、孙之所未诠。盖先生每论定一说，必旁推交通，百思莫能或易，乃著简毕，其精审有如此。"（参见陈奇编《刘师培年谱长编》，贵州人民出版社2007年版）

按：钱玄同《刘申叔先生遗书序》曰："最近五十余年以来，为中国学术思想之革新时代。其中对于国故研究之新运动，进步最速，贡献最多，影响于社会政治思想文化者亦最巨。此新运动当分为两期：第一期始于民元前二十八年甲申（公元一八八四），第二期始于民国六年丁巳（一九一七）。第二期较第一期，研究之方法更为精密，研究之结论更为正确；以今兹方在进展之途中，且与本题无关，故不论。第一期之开始，值清政不纲，丧师蹙地，而标榜洛闽理学之伪儒，矜夸宋元椠刻之横通，方且高踞学界，风靡一世，所谓'天地闭，贤人隐'之时也；于是好学深思之硕彦，慷慨倜傥之奇材，嫉政治之腐败，痛学术之将沦，皆思出其邃密之旧学与夫深沉之新知，以启牖颛蒙，拯救危亡。在此黎明运动中最为卓特者，以余所论，得十二人，略以其言论著述发表之先后次之，为南海康君长素（有为），平阳宋君平子（衡），浏阳谭君壮飞（嗣同），新会梁君任公（启超），闽侯严君几道（复），杭县夏君穗卿（曾佑），先师余杭章公太炎（炳麟），瑞安孙君籀庼（诒让），绍兴蔡君孑民（元培），仪征刘君申叔（光汉），海宁王君静庵（国维），先师吴兴崔公觯甫（适）。此十二人者，或穷究历史社会之演变，或探索语言文字之本源，或论述前哲思想之异同，或阐演先秦道术之微言，或表彰南北剧曲之文章，或考辨上古文献之真赝，或绅绎商卜周彝之史值，或表彰节士义民之景行，或发抒经世致用之精义，或阐扬类族辨物之微旨，虽趋向有殊，持论多异，有壹志于学术之研究者，亦有怀抱经世之志愿而兼从事于政治之活动者，然皆能发抒心得，故创获极多。此黎明运动在当时之学术界，如雷雨作而百果草木皆甲坼方面广博，波澜壮阔，沾溉来学，实无穷极。

此黎明运动中之刘君，家传朴学，奕世载德，蕴蓄既富，思力又锐，在上列十二人中，年齿最稚：甲申（一八八四）为康君作《礼运注》之年，刘君甫于是年诞生；癸卯（一九〇三）为章公下狱之年，刘君始作《中国民约精义》及《攘书》时，章公《訄书》之改本将出版矣（《訄书》作于戊戌，改于庚子，至民国四年乙卯而再改，更名曰《检论》）。故刘君最初发表其著述之时，对于康、梁、严、夏、章、孙诸先生之作，皆尝博观而受其影响。刘君著述之时间，凡十七年，始民元前九年癸卯，迄民国八年己未（一九〇三——一九一九）。因前后见解之不同，可别为二期：癸卯至戊申（一九〇三——一九一八）凡六年为前期，己酉至己未（一九〇九——一九一九）凡十一年为后期。婷较言之，前期以实事求是为鹄，近于戴学，后期以竺信古义为鹄，近于惠学；又前期趋于革新，后期趋于循旧。

刘君著述所及，方面甚多，余所能言且认为最精要者有四事：一为论古今学术思想，二为论小学，三为论经学，四为校释群书。下文就此四事分别述之。在述刘君论古今学术思想之先，略说刘君之政治思想：自庚子（一九〇〇）以后，爱国志士愤清廷之辱国，汉族之无权，而南明巨儒黄梨洲先生抵排君主之论，王船山先生攘斥异族之文，蕴藏已二百余年者，至是复活，爱国志士读之，大受刺激，故颠覆清廷以建立民国之运动，实为彼时最重要之时代思潮。刘君于癸卯年（一九〇三）至上海，适值此思潮澎湃汹涌之时，刘君亦即加入此运动,于是续黄氏《明夷待访录》而作《中国民约精义》,续王氏《黄书》而作《攘书》。甲辰(一九〇四)与蔡孑民、林少泉(獬)诸君撰《警钟日报》,乙巳(一九〇五)与邓秋牧、黄晦闻诸君撰《国粹学报》,虽论古之作,亦频频及此二义。丁未(一九〇七)憙鲍敬言先生之说,主张废绝人治,与前此不同。此皆刘君前期之政治思想也。后期环境改变,倡君政复古之说,则与前期绝异矣。

刘君《论古今学术思想》之文,皆前期所作(后期之初自刻《左盦集》中间有论及者,皆系删剟前期之文所成,而不逮原文之精详,兹不复引。下文述小学及经学仿此)。专著有《国学发微》《周末学术史序》《两汉学术发微论》《汉宋学术异同论》《南北学派不同论》《攘书》《中国民约精义》诸书(后二种虽为刘君发挥其政治思想而作,然《攘书》后五篇乃专论古代学术思想者,《中国民约精义》所引皆贤哲贵民思想之材料),《左盦外集》卷八及卷九皆论学术思想之文,卷十七之《近儒学案序目《颜氏学案序》三篇,《东原学案序》,亦为论学术思想者,卷十八自《王艮传》至《戴望传》十六篇亦多与学术思想有关。刘君对于学术思想,最能综贯群书,推十合一,故精义极多。昔先师章公评梁君任公《论中国学术思想变迁之大势》曰:'真能洞见社会之沿革,种性之蕃变者',余于刘君诸作亦云然。上列诸作,自以《周秦学术史序》为最精;此文以外,则论古学原于宗教与由于实验,论古学出于史官,论孔学之真相,论六艺皆官书而孔门编订之为教科书,陈义并皆审谛。其推崇王阳明,王心斋及泰州学派诸杰,李卓吾、颜习斋及李恕谷、戴东原、章实斋、崔东壁、龚定盦、戴子高诸先生之学,尤为卓识。

刘君于声音训诂,最能观其会通。前期研究小学,揭櫫三义:一、就字音推求字义,其说出于黄扶孟、王石臞伯申父子、焦里堂、阮伯元、黄春谷诸先生而益加恢廓。《左盦外集》卷六《正名隅论》一篇发挥此义最为详尽,《小学发微补》及《中国文学教科书》第一册中亦及此义,而《外集》卷七《物名溯源》及《续补》论前儒误解物类之原因,骈词无定字释例诸篇及《尔雅虫名今释》一书,亦与此义有关。二、用中国文字证明社会学者所阐发古代社会之状况,《外集》卷六《论小学与社会学之关系》及《论中土文字有益于世界》两篇皆发挥此义,《小学发微补》中亦有言及者。三、用古语明今言,亦用今言通古语。《外集》卷十七《新方言序》中发挥此义,曾作札记三十余条,为先师章公采入其所纂《新方言》中(见章公自序)。此三义皆极精卓。以上为关于考古者。其关于应用者,刘君以为宜减省汉字点画,宜添造新字,宜改易不适用之旧训(说见《攘书正名篇》及《外集》卷六《中国文字流弊论》),宜提倡白话文(说见《论文杂记》及《外集》卷六《中国文字流弊论》),宜改用拼音字,宜统一国语(说见《读书随笔·音韵反切近于字母》一条),凡此数端,甚为切要,近二十年来均次第着手进行,刘君于三十年前已能见到,可谓先知先觉矣。至后期(在民国纪元以后)主张,则多与前期相反,亦揭三义:一、对于《说文》,主张墨守,毋稍违畔,《外集》卷十六答《四川国学学校诸生问说文书》中述说此义,与前期所见相反(前期所作之《正名隅论序》云:'以心得为主,虽或与旧说相戾,然剿说雷同之失庶几免矣。'又他文中亦有驳《说文》之语)。二、对于同音通用之字主张于《说文》中寻求本字,《外集》卷七《古本字考》及卷十六《答四川国学学校诸生问说文书》中皆言此义,而反对前期音近义通之说,且目同音通用之字为'讹迹'。三、对于新增事物,主张于《说文》中取义训相当之古字名之而反对添造新字新词,《外集》卷十六《答江炎书》言之,此与前期主张亦相反。至于改用拼音字之说,则前期之末作《论中土文字有益于世界》一文时已表示反对矣;卷十七《中国文字问题序》中又申言之。

刘君于经学,世皆谓其尊信古文,因其家传左氏之学已四世也(刘君之曾祖孟瞻先生,祖伯山先生,伯父恭甫先生,皆治左氏学)。此言固是,但刘君虽尊信古文之左氏,却并不屏斥今文之公羊。其前期之著述中,如《中国民约精义》第一篇,《攘书·夷异篇》《周末学术史序》之《社会学史序》及《哲理学史序》,皆引公羊之说而发挥其微旨;《左盦诗录》卷四之《读戴子高先生论语注》一诗,对于戴书大加赞扬(戴先生专以公羊之义诠释《论语》)可为刘君兼采公羊之证。刘君作《群经大义相通论》,谓'汉初经学,只有齐学鲁学之别耳。齐学详于典章而鲁学详于故训,齐学多属于今文而鲁学多属于古文。后世学者拘执一经之言,昧于旁推交通之义,其于古人治经之初法去之远矣。'(序)又谓'仅通一经,确守家法者,小儒之学也;旁通诸经,兼取其长者,通儒之学也。'(《公羊荀子相通考》)其作经学教科书,谓'大约古今说经之书,每书皆有可取处,要在以己意为折衷耳。'(第一册《序例》)由是观之,刘君于经学,虽偏重古文,实亦左右采获,不欲专己守残也。即以左氏学而论,刘君前期所作之《读左札记》及《司马迁左传义序例》(《外集》卷三)二文,皆能独抒心得,不袭陈言,实与墨守汉师家法者异撰。至刘君非难今文家之文则有三篇。一、《汉代古文学辩诬》(《外集》卷四)。驳廖君季平之《今古学考》及康君长素之《新学伪经考》(文中驳及宋于庭、魏默深、龚定盦三先生之说,因其为康说之先河也)。二、论孔子无改制之事(外集卷五),驳康君之《孔子改制考》。皆前期所作。三、非古虚上下篇,上篇驳(校者案,此处原缺数字),下篇驳廖君(案,此处原缺)。皆后期所作。缘刘君不反对今文经说,而反对今文家目古文经为伪造及孔子改制托古之说也。又刘君对于宋元明人之经说亦多反对,见汉宋学术异同论中之汉宋章句学异同论(刘君对于宋元明人经说亦非一笔抹杀,故异同论中又谓其'或义乖经旨而立说至精',《经学教科书》第一册《序例》中谓'宋明说经之书亦多自得之言')。但刘君释经亦有新义:如谓六经本官书而孔门编订之为教科书(见《国学发微》等),又如采拉古伯里氏释离卦之说,谓周易为古之字典,因即用其法释坤屯二卦,并略及巽乾坤震睽诸卦(见《小学发微补》等)。盖刘君前期解经,惠实事求是,惠阐发经中粹言,故虽偏重古文,偏重左氏,偏重汉儒经说,实亦不专以此自限也。逮及后期,竺信汉儒经说甚坚。观《中庸问答》(《外集》卷二,同卷又有《中庸说》一篇,义与此篇同)及《春秋原名》(《外集》卷三)二篇,即可得其梗概。专著中《礼经旧说》《西汉周官师说考》《周礼古注集疏》《春秋古经笺》《春秋左传时月日古例考至春秋左氏传例略》六种(案,此处原缺六字)。刘君论惠定宇之言曰:'确宗汉诂,所学以掇拾为主,扶植微学,笃信而不疑。'(见《外集》卷九《近儒学术统系论》)余谓取此数语以论上列诸书,最为恰当(案,原稿此处有空白,似未完。)。

刘君校释群书之著作,前后两期皆有之而后起占大多数。两期所用之方法全同,皆赓续卢抱经先生之《群书拾补》,王石臞先生之《读书杂志》,俞曲园先生之《诸子平议》,孙籀廎先生之《札迻》,匡旧训之违失,正传写之舛讹,覃思精研,期得至当。故书雅记之疑滞,得刘君之校释,发正益多矣。……刘君卒于民国八年(一九一九),卒后,余时殷盼有人刻其著作,彰其学术。越十有五年,至民国廿三年(一九三四),其挚友南君佩兰发大愿,出巨赀,为之刊行遗书全部,余闻而欢喜赞叹,莫可名状,谓南君此举真是无量功德。南君延郑君友渔任搜集校印之事,郑君商诸吴君晓芝,吴君以告黎君劭西,黎君者,余近廿年来审订国语及商量旧学之同志也,因介余与郑君晤谈。余于刘君后期著述,所知甚希,但能举敝匣所存刘君前期著述如干篇以报郑君。郑君又广为寻访,先后得刘君之从弟容季君及他人所藏者多种,盖刘君遗书滋多于是矣(详拙撰全书总目《后记》)。印刷之际,余仅比次《左盦外集》《左盦诗录》《左盦题跋》及各书之先后,写定目录,比附说明而已。至校勘之事,悉由郑君及其襄助诸君任之,余精神衰惫,头目眩瞀,愧未敢稍效绵薄也。民国廿六年为公元一九三七年岁在强围赤奋若三月卅一日疑古老人钱玄同序于北平寓庐之饼斋。"(刘师培《刘申叔先生遗书》,台湾大新书局1965年版)

按:任访秋《刘师培》说:"综观刘师培的一生,在政治与文学的关系上,给我们以极大的启发。他在政治上的表现,是由早年的革命,堕落成后期的反革命。而在革命的时期,不论其诗文以及学术论著,都代表了时代的精神,是前进的,而非倒退的。是解放的,而非保守的。是具有创造性的,而非因袭固陋,抱残守阙的。是敢于吸取外来的新事物的,而非拒外排外、闭关自守的。因而他的著作同作品能给当时社会以巨大的影响,产生了发聋振聩的启蒙作用。但到后期,由于政治上走上叛变的道路,于是一反往日之旧,逆历史潮流而动……所以刘氏的一生,在政治与文学上的表现,应该是后来者永远作为前车之鉴的。"(《任访秋文集·近代文学研究》,河南大学出版社2013年版)

丁国钧(?—1919)。国钧字秉衡,号秉衡居士,江苏常熟人。早年从师缪荃孙、黄以同等名师,精于校勘,所校之本,错误极少。家藏书颇富,曾收藏有宋刻《旧闻证误》,经傅增湘鉴赏后,定为宋活字本;劳格校正本《铁琴铜剑楼藏书目录》、严元照评点本《鲒埼亭集》等珍稀之本。藏书处有"荷香馆"。深研目录学,先后写有《补晋书艺文志》4卷,附录1卷,刊误1卷,印入《二十五史补编》。著有《荷香馆琐言》《补晋书艺文志》(《常熟丁氏丛书》)、《晋书校证》《晋书校文》《先儒言行录》等。

吴承德(—1949)、钱文彬(—1955)、姜燕(—1958)、柯刚(—1964)、蓝钰(—1966)、言慧珠(—1966)、李斛(—1975)、李少春(—1975)、郭小川(—1976)、张凡夫(—1979)、石鲁(—

1982)、叶侣梅(—1984)、张郉(—1986)、李梓盛(—1987)、熊新野(—1987)、钟惦斐(—1987)、陈迩冬(—1990)、陈光镒(—1991)、叶柏村(—1991)、秦牧(—1992)、邵宇(—1992)、冯牧(—1995)、吴孟复(—1995)、古元(—1996)、尹瘦石(—1998)、陈登科(—1998)、宋文治(—2000)、李焕之(—2000)、吴冷西(—2002)、刘九畴(—2002)、李战(—2006)、瞿希贤(—2008)、何满子(—2009)、吴冠中(—2010)、胡代光(—2012)、孙世铮(—2013)、戴林淹(—2014)、巫白慧(—2014)、严秀(—2015)、徐采栋(—2016)、李开信(—2016)生。

六、学术评述

本年度是五四运动爆发、新文化运动进入高潮之年。就在五四运动发生当月的5月26日,北京大学学生领袖罗家伦在《每周评论》第23期上发表《五四运动的精神》一文,"五四运动"一词之使用以此为滥觞。尤为可贵的是以北大为中心的北京高校青年学生群体不仅广泛参与了五四运动,而且义无反顾地走在五四运动前列,发挥了无可替代的先锋作用,所以从本质上说五四运动就是一场新旧对决的青年运动。统而言之,"五四运动"与"五四新文化运动"可以相互包容,甚至相互指称;但析而言之,彼此又有狭义与广义的明显区别。表面看来,五四运动直接缘于巴黎和会的失败;但追本溯源,五四运动既是当时特定历史时期经济、政治、思想文化诸因素综合作用的产物,也是近代中国经历长期的物质、思想准备基础上的必然结果,同时也必然广泛、深刻、持久影响于20世纪的思想文化以及社会各个领域的变革,是19—20世纪之交新旧文化转型与重建的分水岭,故而总称为五四新文化运动。由此可见,在五四运动与新文化运动之间存在着一定的分合关系。狭义的"五四运动"即指发生在1919年5月4日前后的爱国救亡运动;广义的"五四运动"则指1919年5月4日前后一段时期的新文学—文化启蒙运动,遂有学界所谓"救亡"与"启蒙"双重变奏之论题,同时又交织着与此息息相关的三个问题:一是南北问题,即孙中山与北洋军阀的矛盾。在五四爆发之前,南北问题成为政治斗争的核心问题;而当五四运动爆发之后,南北问题暂时退居次要地位。二是中西问题。中国以战胜国的身份却蒙受了战败国的屈辱,可见当时中国与西方列强之间的极不平等的真实地位,于是直接引发了五四运动。三是内外问题。五四运动开始酝酿于北大等高校,又是一次以爱国为主题的大规模学潮运动。然后从高校走向社会,由北京走向全国,从罢课罢教走向罢工罢市,进而演变为一场各界参与的"广场运动",一场举国响应的"社会运动"。包括蔡元培校长为保护北大、保护学生、免激矛盾,决定"引咎"辞职,也同样受到全社会的高度关注,成为五四运动成败的风向标。

由于巴黎和会上中国受到东西列强极不公正的待遇,丝毫没有体现出所谓一战战胜国的尊严,而美国总统威尔逊的政治许诺最终又流于空言,这让大多数中国知识分子对近代资本主义文明产生了一种极强的批判意识。他们开始寻找新的救国之路,马克思主义受到越来越多人的关注,在早期马克思主义传播史上形成第一个高潮,不少知识分子在流连于各种流行的主义与学说之后,开始坚信只有马克思主义才能真正救中国。这对民国学术的影响是不言而喻的。这里再简单补充一下当时深受学潮冲击的教育部所采取的相关对策与政策。先是1月11日北京政府钱能训内阁改组,傅增湘继续任教育总长。3月26日,教育调查会在北京成立,为北洋政府教育部负责调查、审议全国重要教育事项的咨询机构,下设教育行政、普通教育、师范教育、高等教育、社会教育、实业教育6个调查股,以为教育总长提供咨询,并将重要教育事项直接建议于教育总长为主要任务。首届会长为范源濂,副会长为蔡元培。同月,教育部颁布《全国教育计划书》,全篇分为甲、乙、丙三部分,甲属于普通教育者,乙属于专门教育者,丙属于社会教育者,在法规上再次重申发展社会教育的重要性。5月15日,徐世昌大总统下令免去傅增湘教育总长之职,由教育次长袁希涛接任。6月5日,教育总长袁希涛辞职引退,徐世昌大总统任命傅毓棻为教育次长,主持部务。9月25日,蔡元培校长具呈教育部,报告回校任职。至此,蔡元培辞北京大学校长职风潮宣告结束。10月10日,全国教育会联合会在太原召开第五届年会,通过《请废止教育宗旨宣布教育本义案》,指出新教育的真正含义不是"应如何教人",而是"人应如何教",公开提倡儿童本位教育。会议认为军国民主义已不合乎教育潮流,随即提出并通过《改革学校体育方案》,方案中规定:学校体育课中减少兵操时间、增加体育时间、注意生理卫生与体育原理方面的学习、注意女子体育等。12月4日,徐世昌准教育部呈请,令仿照《新唐书》《新五代史》前例,将柯劭忞著《新元史》列入正史。以上都对本年度学术产生直接或间接的影响。其中,作为五四新文化运动的重要方面,也是五四新文化运动的重要成果,新式标点符号研究与提案取得了重要进展。先是4月16日,教育部公布注音字母次序表。21日,国语统一筹备委员会在北京召开成立大会,教育部指定张一麐为国语统一筹备会会长,吴稚晖、袁希涛为副会长。筹备委员会先后共有172人,其中北大马裕藻、周作人、朱希祖、刘复(半农)、钱玄同、胡适6教授发挥了关键作用。会议期间,他们联名向大会提交《国语统一进行方法的议案》,提出"编辑国语辞典、编辑国语文法、改编小学课本、编辑国语会话书"四件事。又提交《请颁行新式标点符号议案》,要求政府颁布通行新式标点,大会议决通过。同月,《北京大学月刊》第1卷第4号发表《国语统一进行方法的议案》。然后11月29日,由胡适执笔的《请颁行新式标点符号议案》修改完毕,继仍以北京大学马裕藻、周作人、朱希祖、刘半农、钱玄同、胡适6教授联名向教育部提交《请颁行新式标点符号议案》(修正案),希望教育部"把这几种标点符号颁行全国,使全国的学校都用符号帮助教授;使全国的报馆渐渐采用符号,以便读者;使全国的印刷所和书店早日造就出一班能排印符号的工人,渐渐的把一切书籍都用符号排印,以省读书人的脑力,以谋教育的普及"。此为次年2月教育部发布第53号训令——《通令采用新式标点符号文》奠定了坚实基础,也有助于巩固五四新文学—文化运动的重要成果,因而与所有学者、所有学科以及所有论著息息相关、密不可分。

在延续此前的京沪双都以及各省、海外四大板块的总体格局中,北京轴心、北大主导以及蔡元培的学术领袖地位更为凸显。除了校内学术活动与校外社会活动之外,最为重要的是蔡元培直接发动和领导了五四运动以及不惜以辞职与北洋政府抗争,这两件大事又先后相继,并相互交织在一起。先是5月2日,蔡元培在北京大学饭厅召集学生班长和代表100余人开会,讲述巴黎和会将对中国不利的信息。5月3日凌晨,北洋政府外交委员会委员长汪大燮夜访蔡元培家,告知北京政府国务总理已经密电中国代表在丧权辱国的《巴黎和约》山东条款上签字,并说"学生不可不有点表示"。同日,蔡元培通知新潮社的傅斯年、罗家伦、康白情、段锡朋以及国民社的许德珩等北大学生代表,北京政府国务总理已密电中国代表在丧权辱国的《巴黎和约》山东条款上签字。又召集北大教职员开会,商议对待学生爱国行动的问题。4日下午,北京大学、北京高等师范学校与中国大学等13校代表3000多名学生代表冲破军警阻挠,云集天安门举行集会和游行示威,痛打章宗祥,火烧赵家楼,五四运动由此爆发。此后,蔡元培集中各方力量对被捕学生展开营救。同日晚,蔡元培邀请法律专家王宠惠商议研讨营救白天在天安门广场游行示威被捕同学的法律手续。5日下午2时,蔡元培与北京14所高校校长在北大开会,商谈营救被捕学生。6日,北京14所高校校长继续在北大开会,蔡元培等再赴教育部商洽,又率领校长团与警察总监吴炳湘交涉,愿以身家保释被捕学生。当晚,蔡元培又召集罗家伦等学生代表,商议次日学生停止罢课,北洋政府保证释放被捕学生。7日,蔡元培率全校师生员工齐集红楼文科门外,列队欢迎20位获释学生,并致词慰勉。蔡元培以辞职与北洋政府抗争则从5月8日开始,鉴于段祺瑞亲信徐树铮"安福系"必欲去其而后快,蔡元培为保护北大、保护学生、免激矛盾,决定"引咎"辞职,于是向大总统徐世昌、教育总长傅增湘递送辞呈,申明辞去北京大学校长职务,此为蔡元培第三次辞北京大学校长职。次日,蔡元培愤然离职,出京南下。此后引发全国学生罢课、工人罢工、商人罢市。其间,经过多方交涉博弈,至7月9日,蔡元培应各方敦请同意留任北大校长。21日,蔡元培致全国学生联合会电,谓"五四以来,学界牺牲极大。现在六条要求,均有相当解决。务望通电全国学生诸君,一律上课,以慰国民之望"。23日,蔡元培发表《告北大学生暨全国学生书》,充分肯定学生"五四"以来的贡献和价值,"为唤醒全国国民爱国心起见,不惜牺牲神圣之学术,以从事于救国之运动",又指出国民永久觉醒非一时之功,勉励学生扩充知识,"树吾国新文化之基础,而参加于世界学术之林者,皆将有赖于诸君"。9月10日下午,蔡元培离开杭州返京,12日午夜抵达北京。20日上午9时,北大全体学生数千人在法科大礼堂举行欢迎蔡元培校长回校大会。10时,北大全体教职员举行欢迎蔡校长回校的大会。21日下午,北京中等以上学校教职员联合会举行欢迎北大蔡元培校长及各专门学校校长茶话会,蔡元培校长皆作答词。蔡元培不惜以辞职与北洋政府抗争至此结束。在蔡元培的领导下,以北京大学为中心,以《新青年》为阵地,以北大师生为主体,团结全国学界、政界、商界,五四运动终于取得了伟大胜利。同时也形成了陈独秀、胡适、李大钊"三驾马车"组合。陈独秀自6月11日晚因在"新世界"游艺场散发向北京政府提出取消中日密约等5项要求的《北京市民宣言》被暗探逮捕入狱,至9月16日经北京全体学生、上海工业总工会以及章士钊、李大钊等各方面的全力营救被释出狱,则演绎了另一段惊心动魄的传奇。而尤为可贵的是北大与北高师青年学子冲在运动前线,走在时代前列,其中北大傅斯年、罗家伦、康白情、顾颉刚等"新潮社"成员与北大段锡朋、黄建中、张国焘、邓中夏、许德珩等"国民杂志社"成员发挥了尤为重要的作用。而北高师的"工学会"成员匡互生和周予同等则更为激进。与此同时,李大钊、王光祈、曾琦、陈愚生、康白情、雷宝华、张尚龄、周元等人7月1日在北京发起成立"少年中国学会",创办《少年中国》,以"本科学的精神,为社会的活动,以创造少年中国"为宗旨。学会成立评议部、执行部、编译部,分别以曾琦、王光祈、李大钊为主任。《少年中国》第8期开始由李大钊、康白情、张申府、孟寿椿、黄日葵编辑,王光祈、曾琦、左舜生、恽代英、李璜等主要撰稿。年底,在陈独秀、蔡元培、李大钊等支持下,王光祈又创建"工读互助团"。于是少年中国学会的成员开始逐渐走上政治、思想与学术的舞台。这其中既有著名的马克思主义者,也有宣扬国家主义的中国青年党党魁。不过当时彼此之间巨大的政治与学术分歧还未显现出来。但《少年中国》与上述《新潮》《国民杂志》以及毛泽东创办于湖南的《湘江评论》、周恩来创办于天津的《觉悟》等皆表明新一代青年知识分子开始主导中国未来政治、思想与学术的走向。本来,毛泽东就因与蔡和森、萧子升筹划赴法勤工俭学而于去年来京,因北京大学杨昌济教授的介绍进入北大图书馆工作,年初在京参加了北京大学哲学研究会,出席了北京大学新闻学研究会改组大会。4月因母亲病重返回长沙。12月6日,毛泽东率领40人组成的驱张敬尧代表团离开长沙赴京。同月,杨昌济给滞留上海的章士钊写信,向他推荐毛泽东和蔡和森,谓"二子海内人才,前程远大。君不言救国则已,救国必先重二子",由此可见杨昌济的非凡眼光。而就重在学术研究的组织与刊物而言,主要有:陶孟和、杨昌济、马叙伦等发起成立北京大学哲学研究会,宗旨是研究东西诸家哲学,论启新知;刘师培、梁漱溟、黄侃等发起创办《国故》月刊,以"昌明中国固有之学术"为宗旨。刘师培任总编,梁漱溟、陈汉章、马叙伦等为特别编辑,蔡元培、胡适、章士钊、张东荪、张君劢、邵力子、高一涵、刘文典、瞿秋白、郑振铎、邵飘萍、朱自清等为主要撰稿人的《新中国》月刊在北京创刊,由新中国杂志社编辑、发行,其发刊词号召"人人以造新中国为己任"。佩刚、志道、凌霜、克水、声白等创办的《进化》杂志,由以平社、民生社、实社、群社合并而成的无政府主义团体进化社主办,以"介绍科学真理,传播人道主义,促进人类进化"为宗旨。在此,不能不言及和感叹刘师培的英年早逝。刘师培尽管此时肺病日益严重,但依然笔耕不辍,同时还主导创办了《国故》月刊,参与了维护蔡元培校长、营救陈独秀等重要政治活动。11月20日,刘师培不幸病逝于北京和平医院,年仅36岁,临终时说:"我一生应当论学而不问政,只因早年一念之差,误了先人清德,而今悔之已晚。"12月3日,北大师生祭奠刘师培仪式在妙光阁举行,由陈独秀主持丧事,中国文学系诸同学参与料理丧事,将刘师培遗著检齐,送交北大图书馆保存。后由其友人南桂馨出巨资,郑友渔、钱玄同等收集整理,共得刘师培著述74种共300多万字,编为《刘申叔先生遗书》(宁武南氏1936年校印本),另有《左盦集》,原光绪刻本已佚,后由都中书肆集资重刻,扉页题"北京隆福寺修绠堂藏版"。蔡元培为撰《刘君申叔事略》(《刘申叔遗书》第1册),谓刘师培所著书"凡关于论群经及小学者二十二种,论学术及文辞者十三种,群书校释二十四种,诗文集四种,读书记五种,学校教本六种。除诗文集外,率皆民元前九年以后十五年中所作,其勤敏可惊也。向使君委身学术,不为外缘所扰,以康强其身而尽瘁于著述,其所成就宁可限量?惜哉!"

再就上海轴心观之,王国维继续潜心于学术研究,依然在上海引领学术前沿。但从学界到政界都对五四运动作出了积极的响应,比如康有为、章炳麟这两位元老级人物在五四运动爆发后,同情和支持学生的爱国热忱,对北洋军阀的卖国行为强烈反对,反映了二人与时俱进的可贵精神。康有为于5月6日发表《请诛国贼救学生电》,首谓"曹汝霖、章宗祥等力行卖国,以自刈其人民,断绝其国命久矣",继称"幸今学生发扬义愤,奉行天讨,以正曹汝霖、陆宗舆之罪。举国逖闻,莫不欢呼快心,诚自宋大学士陈东、欧阳澈以来之稀有之盛举也",认为"学生此举,其可谓代表四万万之民意,代伸四万万之民权,以讨国贼者"。章炳麟还于6月22日发电嘱请蔡元培救陈独秀。在此尤其要提到章士钊对陈独秀的营救。6月23日,章士钊致代总理龚心湛一函,请求释放陈独秀。9月16日,经北京全体学生、上海工业总工会以及章士钊、李大钊等各方面的全力营救,被北洋当局囚禁83天的陈独秀出狱。与此同时,章士钊、张东荪、杜亚泉等都参与了京沪之间有关中西文化的论争,足见当时上海思想界之活跃。当时除了杜亚泉继续主编《东方杂志》之外,又有张东荪在上海继续主持《时事新报》及其副刊《学灯》,将《学灯》办成与民国日报的《觉悟》副刊、《晨报》副刊并称的五四时期的三大副刊之一。9月1日,张东荪、俞颂华主编的《解放与改造》半月刊在上海创刊,发表了大量宣传西方各种社会主义思潮的文章,提出要"从唯物主义转到精神主义"。戴季陶、沈玄庐、孙棣三等主编的《星期评论》6月8日在上海创刊,由中华革命党主办,以独立的精神、批判的态度,提倡新文化、宣传社会主义、激励工人运动,尤以研究和介绍世界和中国的劳动运动获得盛名,与《每周评论》被誉为"舆论界两颗明星",又与《每周评论》《湘江评论》《新文化》并称宣传新文化的"四大周刊"。邵力子继续主编《民国日报》。6月16日,邵力子主编、陈望道协助编辑的《民国日报》副刊《觉悟》在上海创刊,重在刊载反对封建主义、揭露军阀黑暗统治,提倡新文化、新思潮,主张妇女解放、男女平等,宣传和报道文化运动、学生运动、工人运动,以及介绍俄国革命与建设等方面的文章。朱执信、廖仲恺8月1日受孙中山指派在上海创办《建设》杂志。该刊由中华革命党(10月改为中国国民党)主办,亚东图书馆印行,胡汉民、朱执信等编辑,撰稿人有朱执信、廖仲恺、戴季陶、胡汉民、汪兆铭、吴敬恒、李煜瀛、林云陔等。孙中山为《建设》杂志作《发刊词》。这些都是五四运动直接或间接激发与推动的结果。此外,还有蒋梦麟主编的《新教育》2月在上海创刊,该刊由江苏省教育会联合、南京高等师范学校等五团体发起创办,成为推动教育研究与发展的新阵地。在教育界,复旦大学李登辉校长鼎力支持学生参加五四运动,曾建议上海学生联合起来,组织一个全市性学生联合会,以应付未来。上海学生联合会成立,负责人多为复旦学生。学联重要决策,多向李登辉和邵力子请示。其间还有一个重要情节:5月5日晚,《民国日报》总编辑邵力子看到北京发来的有关学生示威游行的新闻电讯后,及时在《民国日报》上报道。6日,邵力子电话向孙中山汇报北京学生运动情况,孙中山当即指示:"《民国日报》要大力宣传报道北京学生开展的反帝爱国运动,立即组织发动上海的学生起来响应,首先是复旦大学。"邵力子手拿《民国日报》赶到复旦大学,自己打钟,在复旦大学学生自治会主席朱仲华的帮助下,紧急集合全校同学,亲自上台宣读报上的头条新闻。他慷慨激昂地鼓动说:"北京学生有这样的爱国热忱,难道我们上海没有?"邵力子的讲话激起了复旦学生们的爱国热情,同学们当即决定筹备成立上海学生联合会,以领导上海学生响应北京学生的爱国运动。同月,章益等因参加五四运动被圣约翰大学校长卜舫济开除,求学无门。受李登辉嘉勉,特准投考复旦。章益后来成长为复旦大学校长。在出版界,依然以商务印书馆与中华书局为"双子星座",张元济所在的上海商务印书馆更是发挥着学术出版与传播中心的作用。值得重点关注的是2月26日,张元济代表上海商务印书馆与北京大学代表蔡元培签订《北京大学月刊》出版合同。4月,张元济因顾虑政治问题回绝孙中山《孙文学说》的出版,遂使孙中山耿耿于怀。在五四新文化运动兴起之时,张元济提出"喜新厌旧主义",又与辞职南下的蔡元培保持密切关系。12月,张元济与王秉恩、沈曾植、严修、张謇、董康、罗振玉、叶德辉、徐乃昌、张一麐、傅增湘、蒋汝藻、刘承幹、郑孝胥、夏敬观、孙毓修等25人撰定《印行〈四部丛刊〉启》,开始印制超大型丛书《四部丛刊》。然而由于北京为五四运动的发源地,而且一直处于中心地位,上海轴心终究无法与其相提并论。

各省板块中,以四川、两湖、江浙、天津为四大高地。在四川,吴虞在《新青年》相继发表《家族制度为专制主义之根据论》《吃人与礼教》《说孝》等文,猛烈抨击旧礼教和儒家学说,在"五四"时期产生重要影响,胡适称他为"中国思想界的清道夫""四川只手打倒孔家店的老英雄";吴玉章在四川发起和推动留法勤工俭学运动。3月15日,首批89名勤工俭学生赴法,吴玉章在寰球中国学生会召开的欢送会上发表演说,期望各位"将来归国以贡献于吾国社会,必能为社会开一新纪元,其功业自不可限量",从而为中国革命和建设培养与造就一批政治家、革命家、军事家、教育家、科学家作出了重要贡献。在两湖,张渲仍为武昌高师校长,继续重视校风、学风的建设。5月11日,武昌高师等15所学校2000余人,不顾当局的戒严令,在文华大学集会,声援北京的学生运动。恽代英时任中华大学中学部主任,与林育南在武汉领导"五四"运动。约在"五四"前后,恽代英连续有三封信致胡适,比较及时而准确地反映了当时恽代英在武汉领导"五四"运动的思考与实践。5月18日,邓中夏代表北京中等以上学校学生联合会与倪品真一道乘火车南下湖南,向毛泽东、何叔衡等人详细介绍了北京"五四"运动的经过和此次南下湖南的目的和打算,希望湖南以新民学会为核心,发动湖南学生组织联合会,声援北京学生爱国运动。毛泽东听后,极表赞成,在长沙领导成立湖南学生联合会。7月,徐特立偕同17位学生,由长沙乘轮踏上赴法勤工俭学之程,毛泽东、何叔衡、陈凌增等前往送行。同月14日,毛泽东与萧三等创办《湘江评论》,周世钊应邀任《湘江评论》顾问。毛泽东在《本报启事》中"以宣传最新思潮为主旨",呼吁"世界革命""人类解放"。又在创刊号发表《陈独秀之被捕及营救》一文,称誉陈独秀是"思想界的明星",并就章士钊出面营救陈独秀表示肯定。8月中旬,《湘江评论》被皖系军阀、时任湖南省省长的张敬尧查封。易白沙从上海回到长沙,隐居在岳麓山下,专注于编写《帝王春秋》,认为袁世凯及北洋政府,与封建帝王是一丘之貉。孙中山称之为"从历史事实,唤起知识阶级诛锄民贼,可谓严于斧钺矣",并为该书题签推介。孙中山还两次致信,邀他相助革命宣传事业。在江浙,张謇"老当益壮",坚定支持"五四运动",反对卖国行为。7月20日,张謇在江苏省教育会在上海举行的常会上当选会长,黄炎培当选副会长,袁希涛、范祥善、刘海粟、谭廉、蒋昂、邹楫、朱亮、沈恩孚、张世鎏、朱叔源、庄俞等为干事员。陶行知2月发表《教学合一》,同年在南京高师将"教授法"改为"教学法",不久为全国教育界所采用。3月,陶行知与蔡元培、胡适等商定,以江苏教育会、北京大学、南京高等师范等5个文教团体的名义,联合邀请杜威来华讲学。4月21日,陶行知发表《第一流的教育家》,最先提出创造精神的教育思想,蒋梦麟称作为"教育界的福音"。5月9日,南京大、中学校学生5000多人在小营演武厅举行国耻纪念大会,响应"五四"运动,提出"力争收回青岛"等5项要求。陶行知在南京小营演武厅6000人大会上发表演说,痛斥袁世凯"二十一条"卖国条约。会后,上街游行示威。13日,由南高师发起,全市30多所大、中学校共组的南京学界联合会成立,应尚德、陶行知被选为正、副会长。经亨颐继续任浙江第一师范学校校长。5月12日9时,在"五四运动"影响下,杭州全体中等以上学校学生3000余人走上街头,举行示威游行。经亨颐、校长以及一师"四大金刚"刘大白、陈望道、夏丏尊、李次九等上街演讲。当时杭州报刊称"经、刘、陈、夏"为"五四浙江四杰"。施存统为浙一师学生,深受"四大金刚"的影响。10月底,由于受到母亲被父亲虐待而濒临死亡的刺激,开始撰写《非孝》一文。11月7日,在《浙江新潮》第2号发表《非孝》,呼吁以父母子女间之平等的爱代替不平等的"孝"。此文经夏丏尊审阅发表后,被当时的保守势力视为"洪水猛兽、大逆不道",归罪于校长经亨颐及"四大金刚"的改革。教育厅责成一师立即将陈望道、刘大白、夏丏尊、李次九4人解职,并将学生施存统开除。经亨颐断然拒绝执行省教育厅的"查办"指令。《浙江新潮》社遭省警署查封后,曾移上海出版第3期。在天津,既有罗振玉是年春携家人从日本归国,定居天津后,组织"东方学会",提倡保护传统文化,更有范源濂、张伯苓、严修积极筹划和推进创办南开大学,至9月25日举行大学开学典礼,录取了周恩来、马骏、张平群等第一届96名新生,黎元洪、范源濂、严修、卢木斋、王章祜和天津各界名流出席,张伯苓发表演讲,谈创办大学的原因和大学生的责任担当,希望南开大学学生负起选举责任;周恩来主编的《天津学生联合会报》7月21日创刊。9月16日,周恩来、邓颖超等天津学生联合会与天津女界爱国会骨干成员20

人组成觉悟社,出版《觉悟》杂志。还有熊十力在天津南开学校教国文。暑假,与梁漱溟初会于北平广济寺;梅光迪获哈佛大学文学博士学位,于11月归国,应聘南开大学,到达天津。

海外板块中,"出"的方面,依然以美、欧、日为三大重心,而以欧洲为冠。一是梁启超偕蒋百里、刘崇杰、丁文江、张君劢、徐新六、杨维新等人开始游历欧洲,并在中英协会、英国文学会、英国自由党干部欢迎会上分别发表《中国国民特性》《中国之文艺复兴》《世界大战与中国》之演说。在法国期间,梁启超尤为关注巴黎和会有关中国的信息。4月24日,梁启超从巴黎致电国民外交协会:"对德国事,闻将以青岛直接交日本,因日使力争结果,英法为所动。吾若认此,不啻加绳自缚,请警告政府及国民,严责各全权(代表),万勿署名,以示决心。"这是关乎中国荣辱、链接"五四运动"的特别重要的信息。巴黎和会期间,中国代表顾维钧针对日本政府以战胜国的身份接管战败国德国在中国山东一切权益的无理要求,代表中国政府就山东问题作了一次精彩发言,力陈中国不能放弃孔夫子的诞生地山东,犹如基督徒不能放弃圣地耶路撒冷,有力地批驳了日本的无理要求,震撼了欧美代表,扭转了舆论形势。这次雄辩在中国外交史上地位非凡,是中国代表在国际讲坛上为自己国家的主权所作的一次成功演说。4月,因西方分赃不均,意大利在争吵中退出了和会,日本借机要挟,几个大国最终决定牺牲中国的合法权益,先后向日本妥协,并强迫中国无条件接受。6月27日夜,中国代表王正廷、顾维钧、魏宸组3人就是否在和约上签字举行彻夜会议,最后为"抵拒国际专制主义",临时决定不去参加签字仪式。胡政之作为唯一的中国记者采访了第一次世界大战后战胜国举行的巴黎和会,此为中国记者第一次采访重大的国际事件,使他成为"采访国际新闻的先驱"。二是吴稚晖、李煜瀛等发起组织勤工俭学会,创办里昂中法大学并发起留法勤工俭学运动,呼吁中国青年到海外以半工半读方式留学。而吴玉章等则在国内极力推动,自3月15日首批89名勤工俭学生赴法后可谓络绎不绝。其中的杰出代表有徐特立、萧子升、蔡和森、李富春、李维汉、陈毅、王若飞、蔡畅、向警予等。尤其是年已42岁的徐特立7月偕同17位学生由长沙乘轮赴法勤工俭学,令人敬佩。在美国,当时赵元任继续在加州大学柏克莱留学,结识人类学专家克瑞博教授(Alfred Kroeber)、哲学家洛文伯教授(Loewenburg)、哲学家杜威教授(John Dewey)等名教授。杜威当时正在旧金山加州大学访问,与赵元任讨论赴华讲学事,并谈及他对胡适的印象。赵元任在加州半年,因学业成绩优异,各大学争相聘请。3月24日,赵元任接北京大学蔡元培校长、胡适及任鸿隽来信,要他到北京大学教授哲学,并答应准假一年,先到欧洲进修考察。4月,中国教育代表团到美,其中有汪精卫、蒋作宾、郭秉文、陶孟和等,都极力劝说赵元任到自己学校任教。江亢虎6月在陪同芝加哥大学社会学教授访问旧金山中华会馆及华人社团之后,深感在美华人百年来的历史和现状,文献资料散佚,未有专书可资依据,遂写信给旧金山总领馆的朱鼎言领事,建议总领馆、中华会馆及中华商会,组建修志局,编写《美国华侨通志》,或《北美华侨通志》乃至《美洲华侨通志》。暑期,江亢虎再赴华盛顿美国国会图书馆,为此前回国为该馆收集的两千多部中国地方史志等,进行分类、编目。晏阳初通过华工教育,认识到"苦力"的"苦"与"苦力"的"力"。联想到国内四万万同胞,下定决心,回国后不做官不发财,抛弃一切荣华富贵,将毕生贡献给劳苦大众的教育事业,从事这种教育的革命,为劳苦大众提供受教育的机会。冯友兰9月由开封至上海,在沪购得再版的胡适《中国哲学史大纲》卷上一本,商务印书馆印行之《民国九年学校日记》一本。12月,冯友兰乘中国邮船公司南京号邮轮由上海抵达美国纽约,入哥伦比亚大学研究院哲学系,师事新实在论者孟大格和实用主义大师杜威。此乃后来冯友兰著成《中国哲学史》这一经典名著之重要机缘。在日本,李达继续在日本留学,是年秋至次年夏回国之前,李达相继翻译了《唯物史观解说》《马克思经济学说》《社会问题总览》三部著作。邵飘萍再次流亡日本,借助日文攻读《资本论大纲》《社会主义研究》《露国大革命》等宣传介绍马克思主义的著作。"进"的方面,最重要是美国实验主义哲学家、思想家、教育家杜威4月30日来华讲学,历时两年多,在胡适、蒋梦麟、陶行知等中国弟子的陪同下,到达14个省和主要城市,作了200多次讲演,竭力宣传其实用主义教育思想,在当时掀起了一场杜威热。另有美国司徒雷登1月31日抵京,就任燕京大学校长。五四运动中,燕京学生积极响应和参与,被捕入狱者数人,司徒雷登向总统徐世昌提出请求,学生得释。是年,司徒雷登与查尔斯·科贝特、博晨光共同制订校训"因真理、得自由、以服务";法国伯希和完成他带走的敦煌文献目录,并编著《敦煌经卷图录》和《敦煌石窟图录》;新加坡华侨陈嘉庚5月专程由南洋回祖国。7月,于厦门发出《筹办福建厦门大学附设高等师范学校通告》。同月13日,在厦门陈氏宗祠邀请各界召开特别大会,报告筹办计划,宣布认捐开办费100万大洋,经常费300万大洋。校址选择在厦门岛南端五老山麓古演武场,并获福建省督军先拨给四分之一供厦大建筑校舍之用。

伴随"五四"新文化运动的勃兴与推进,新旧文化两大阵营、新文化阵营内部以及新文化阵营与东西文化调和派的分歧与论争日趋复杂、多元与激烈。由于旧文化阵营所依仗的是北洋政府尤其是向来敌视蔡元培的"安福系",因而以蔡元培为领袖的新文化阵营需直接面对学界与政界两条战线的斗争。

1."五四运动"及其精神的初步总结。根据商金林《几代人的"五四"(1919—1949)》(《新文学史料》2009年第3期)的梳理,就在五四运动爆发的5月,顾兆熊(孟馀)《一九一九年五月四日北京学生之示威运动与国民之精神的潮流》、罗家伦《"五四运动"的精神》、张东荪《"五四"精神之纵的持久性与横的扩张性》先后发表,是为最早出现的纪念和总结"五四运动"的三份重要文献。顾兆熊(孟馀)《一九一九年五月四日北京学生之示威运动与国民之精神的潮流》刊于5月9日《晨报》"评坛"栏,是目前所能见到的最早有关"五四"的文献资料。文中称5月4日的行动为"北京学生之示威运动与国民之精神的潮流",是铲除"旧秩序"与恶社会,建设新秩序、新社会的"示威运动";是反对"旧道德"("被动的道德"、"旧时之伪道德"),提倡"新道德"("主动的道德")的"示威运动";是"良善分子与恶劣分子"的"可贵"的"决斗",同时从这场运动展望国家的未来,对前途充满憧憬:"吾观此次学生之示威运动,似青年之精神的潮流,已有一种趋势。倘再输以详确之学说,教以真道德之实质与决斗之作用,则将来之社会,必可转病弱为强健也。"作者将5月4日的集会游行界定为"五月四日北京学生之示威运动",而所谓"运动"至少有以下两种涵义:(一)不是一时的心血来潮,(二)是为目标进行的努力和抗争。更为重要的是作者最早提出了"运动"这个概念,把集会游行示威、火烧赵家楼上升到"运动"的层面,这个"定性"充分表现了顾兆熊作为"五四"运动亲历者以及北大教授的敏锐和卓识。罗家伦《"五四运动"的精神》刊于5月26日《每周评论》第23号。此文的两大亮点:一是最早直接为"五四运动"命名。尽管《一九一九年五月四日北京学生之示威运动与国民之精神的潮流》最早提出了"运动"这个概念,但没有名之为"五四运动"。毫无疑问,"五四运动"较之"一九一九年五月四日北京学生之示威运动"的提法更响亮,更简洁,更好记,也能更准确更鲜明的为"五四运动"作出历史定位,此后"五四运动"这一概念经过了历史检验而一直沿用至今。二是"五四运动"精神的总结。罗家伦指出:"什么叫'五四运动'呢? 民国八年五月四日北京学生几千人因山东问题失败在政府高压的底线下,居然列队示威,作为正当民意的表示。这是中国学生的创举,是中国教育界的创举,也是中国国民的创举。"然后他将"五四运动"精神归结为"三种真精神,可以关系中国民族的存亡":一是"学生的牺牲精神";二是"社会裁制的精神";三是"民族自决的精神"。其中的核心意义与价值即是中国民族文化精神的觉醒。由此可见作为北大学生领袖的罗家伦基于"五四运动"的亲身实践而臻于的理性升华非他人之所及。张东荪《"五四"精神之纵的持久性与横的扩张性》刊于 5 月 27 日上海《时事新报》"时评"栏。此文最可贵之处是首次提出"五四精神"这一概念,或者说最早为"五四精神"命名,将"五四运动"精神概括为"雪耻除奸的精神",较之罗家伦的"五四运动"概念更加深化于"五四运动"的精神内核,充分体现了作为上海《时事新报》主编以及集政治活动家与哲学家于一身的张东荪对于"五四运动"认知的高度与深度。在此,还需补充一下当时担任"五四运动"游行总指挥的北大学生领袖傅斯年 10 月 30 日刊于《新潮》第 2 卷第 1 号的《〈新潮〉之回顾与前瞻》,此文将"五四精神"归结为"北大的精神",说:"五四运动过后,中国的社会趋向改变了。有觉悟的添了许多,就是那些不曾自己觉悟的,也被这几声霹雳,吓得清醒。北大的精神大发作。社会上对于北大的空气大改换。以后是社会改造运动的时代。我们在这个时候,处在这个地方,自然造成一种新生命。"这是从一个特定视角观察和总结"五四精神"。以上诸文,前后呼应,各有千秋。从顾文的"一九一九年五月四日北京学生之示威运动"到罗文的"五四运动",再到张文的"五四精神",恰好构成一个由外到内、由表及里、由浅而深的意义链、认知链、阐释链。从此,"五四运动"和"五四精神"这两个词镌入史册,"五四"两个字成了中国现代史上最神圣、最鲜明、最响亮的名词;"五四精神"成了中华民族极其宝贵的民族精神。

2. 关于新旧文化两大阵营的冲突与论争。旧文化阵营代表人物林纾先于 2 月 17 日在上海《新申报》发表文言小说《荆生》,影射攻击《新青年》编者,骂反对旧道德提倡白话文是"伤天害理"的"禽兽之言",幻想有军阀势力的"伟丈夫"出来禁压新文化运动。3 月 9 日,《每周评论》第 12 号转载了林纾《荆生》全文,李大钊发表《新旧思潮之激战》,对林纾文言小说《荆生》影射攻击《新青年》的谬论进行驳斥。16 日,《每周评论》第 13 号组织文章对《荆生》逐段评点批判。3 月 18 日,北洋政府"安福系"喉舌《公言报》同时发表《请看北京学界思潮变迁之近状》与林纾《致蔡鹤卿太史书》,提出北大教员有两大罪状:一是"覆孔孟,铲伦常";二是倡白话,"行用土语为文字";指责蔡元培"凭位分势利而施趋怪走奇之教育"。要他改弦易辙,"为国民端其趋向"。同日,蔡元培作《答林琴南君函》,刊于 3 月 21 日《北京大学日刊》。再以《致〈公言报〉函并附答林琴南君函》刊于 4 月 1 日《公言报》,一一驳回了林纾对北京大学及新文化运动的指责,并申明办理北京大学的两种主张:一是"对于学说,仿世界各大学通例,循'思想自由'原则,取兼容并包主义";二是"对于教员,以学诣为主""其在校外之言动,悉听自由,本校从不过问,亦不能代负责任""夫人才至为难得,若求全责备,则学校殆难成立"。复信对新文化运动的发展和传播产生重要影响。3 月 19—23 日,林纾又在《新申报》上发表小说《妖梦》,不仅攻击陈独秀、胡适,还攻击蔡元培。4 月,林纾在《文艺丛报》第 1 期上发表《论古文白话之相消长》,标志着复古派文人向新文化运动发起了正面的进攻。鉴此,陈独秀也先后发表《林纾的留声机器》《婢学夫人》等文对林纾攻击《新青年》予以痛击。同月,《每周评论》第 17、19 号特意增出《对于新旧思潮的舆论》的"特别附录",摘编北京、上海、四川、浙江等地十余家报纸上谴责林纾的文章,歌颂了新文化运动和各种新思想,遂使林纾成为新文化运动的众矢之的。8月6—13日,守旧派文人化名思孟在《公言报》连载《息邪——北京大学铸鼎录》,以为《新青年》同人作传的形式,分"序言""蔡元培传""沈尹默传""陈独秀传""胡适传""钱玄同传""徐宝璜刘复合传"七部分。其中说"蔡元培居德五年竟识字百余",陈独秀"不解西文",刘复、钱玄同"皆斗筲之才,不足比数",胡适"英文颇近清通,然识字不多"等,对新文化运动及其倡导者进行诬蔑和人身攻击,同样受到了鲁迅、刘半农、钱玄同、胡适、孙伏园等人的有力驳斥。同月12日,鲁迅(署名黄棘)在《国民公报》"寸铁"栏发文谓"有一个什么思孟做了一本什么息邪,尽他说,也只是革新派的人,从前没有本领罢了。没本领与邪,似乎相差还远,所以思孟虽然写出一个marks,也只是没本领,算不得邪。虽然做些鬼祟的事,也只是小邪,算不得大邪。"鲁迅还在《随感录五十七·现在的屠杀者》中直接称些复古派文人想用"朽腐的名教,僵死的语言"侮蔑尽现在,都是"现在的屠杀者""杀了'现在',也便杀了'将来'。——将来是子孙的时代"。总体而言,面对影响越来越大的新思潮,以林纾为代表的许多坚守传统之价值的老辈学者自然不忍坐视,起而攻之,但彼此的力量完全处于失衡状态,其结果是林纾的这封信非但没能改变许多趋新之人的立场,反而给予后者一个进一步批判传统的由头。蔡元培的回信,与其说是自我辩护,不如说借机进一步宣扬了新文化运动的许多基本理念。林蔡之间的这番往来,昭示着老辈学者的话语权越来越少,学术影响也在日益减弱。所以连日趋保守的严复也以进化论重新审视这场新文化运动,谓"须知此事,全属天演,革命时代,学说万千,然而施之人间,优者自存,劣者自败,虽千陈独秀,万胡适、钱玄同,岂能劫持其柄,则亦如春鸟秋虫,听其自鸣自止可耳。林琴南辈与之较论,亦可笑也。"(《严复集》第3册《与熊纯如书》)但不管如何,新文化运动的旗手陈独秀还是为此付出了沉重的代价。与此同时,李大钊在《每周评论》第24号发表《危险思想和言论自由》一文,抨击北平军阀政府摧残思想言论自由的罪行,张亦镜所著《驳陈焕章博士说教之谬》(中华浸会书局)与吴虞《吃人与礼教》(《新青年》第6卷第6号)等则透过守旧势力在抨击当局、批判尊孔战线上继续战斗。此外,身居海外的汪懋祖在《留美学生季报》第6卷第1号上发表《送梅君光迪归康桥序》,明确表示和梅光迪意见一致,反对新文化—新文学运动;张奚若3月13日在美国哥伦比亚大学致函胡适,对《新青年》、新文化运动持批评的态度。由此可见"五四"新文化运动受到了海内外不同阵营的抵制,但各自的立场、宗旨与背景却迥然有别。

3. 关于《新青年》与《东方杂志》论争的延续。2月15日,陈独秀在《新青年》第6卷第2号刊登《再质问〈东方杂志〉记者》,反问杜亚泉此前回应的文明统整说,但杜亚泉此次未再回应。陈独秀和杜亚泉之间关于东西文化的论战至此似乎暂告一段落,但其实不然。2月,国立南京高等师范学校农林专修科植物学教授胡先骕在《东方杂志》发表《中国文学改良论》一文,以中国传统文化的立场,批评陈独秀、胡适等倡导的白话文和文学革命过于偏激,而盲从者风靡一时,并以中西方文学之历史,阐明其文学改良之途径,认为"故欲创造新文学,必浸淫于古籍,尽得其精华,而遗其糟粕,乃能应时势之所趋,而创造一时之新文学,……故居今日而言创造新文学,必以古文学为根基,而发扬光大之,则前途当未可限量,否则徒自苦耳"。5月1日,罗家伦在《新潮》第1卷第5期发表《驳胡先骕君的中国文学改良论》,反驳胡先骕对胡适、陈独秀等人的攻击。12月,杜亚泉在《东方杂志》第16卷第12号发表《论通俗文》,从语言与文学的角度批评新文化运动的两个重要分支,即白话文运动和新文学运动,预示着一种以攻为守的策略转变。然而由于《东方杂志》主办单位商务印书馆顾虑与当时彻底反传统的主流思潮相冲突会影响该馆的声誉及营业,竭力劝杜亚泉改变观点,停止反驳,并决定改换《东方杂志》主编人选,杜亚泉被迫辞去《东方杂志》主编之职,《东方杂志》自此退出与《新青年》的论争,但在新文化阵营与调和派之间有关东西文化的论争则依然在延续。

4. 关于《新潮》与《时事新报》文化立场的论争。张东荪年初在上海继续主持《时事新报》及其副刊《学灯》,将《学灯》办成与民国日报的《觉悟》副刊、《晨报》副刊并称的五四时期的三大副刊。1月15日,张东荪在《时事新报》上发表《世界共同之一问题》,讨论防止"过激主义"在中国的传播问题。同月,张东荪就傅斯年、罗家伦等北大学生创办《新潮》杂志立即发表《新潮杂评》,对该刊输入新思潮的做法表示欢迎,希望它也能够像《学灯》那样,站在中立、稳妥的立场上,只做输入新思潮的工作,而不要像《新青年》那样向旧文化挑战。2月,傅斯年在《新潮》第1卷第2期上发表《破坏》一文,主张一方面输入新思想,一方面破坏旧思想,对张东荪只注意输入新思想与不破坏旧文化的观点进行了批评。傅斯年的批评,特别是骂张东荪的议论"竟是似是而非不通的很",激起张东荪的强烈不满,立即在《时事新报》上发表时评《破坏与建设是一不是二》,对傅斯年的观点进行反驳。3月1日,傅斯年在《新潮》第1卷第3期上发表《答〈时事新报〉记者》,再次很不客气地对张东荪进行批评。3月20日,张东荪在遭到傅斯年的痛骂后,仍坚持其"不骂不破坏论",拒绝与傅斯年进行过多的争论,仅在《时事新报》上发表《不骂主义之胜利》,坚持自己的观点。

5. 关于章士钊"新旧调和论"的论争。9月29日,章士钊应邀在上海寰球中国学生会以《新时代之青年》为题发表演说,系统阐释了其调和论之主张,一时广为流传。值此"五四运动"后,章士钊还公然提倡旧道德不可弃,而主张新与旧在逐渐的调和中求其发展,显然与当时的潮流不合拍,所以他的调和论一出,立即在学术界引起了争论,有反对的,有赞同的,双方撰文立说,互相辩难。10月1日,时任《时事新报》总编张东荪首先在该报发表《突变与潜变》,对调和论表示反对。10月12日,张东荪在《时事新报》上发表《答章行严君》,继续批评章士钊的调和论。14日,时任《新教育》主编蒋梦麟在《晨报》发表《新旧与调和》,认为新旧之间是用不着调和派的。但《东方杂志》第16卷第11号发表杜亚泉(伧父)的《何谓新思想》、陈嘉异的《我之新思想调和观——为质张君东荪与章君行严辩论而作》,对章士钊的观点表示支持。杜亚泉《何谓新思想》一文重点与蒋梦麟辩论新旧思想问题,指出"推倒一切旧习惯"的反传统主张,实乃出自感性的盲目冲动,而非依据于理性的新思想。陈嘉异《我之新思想调和观——为质张君东荪与章君行严辩论而作》列举了自然界的许多现象,力图证明"调和之功用本宇宙万有一切现象所不可须离者,否认调和是无异否认与宇宙之差别相",对章士钊的调和论持赞同的态度,并反驳张东荪的批评。12月,李大钊在《新潮》第2卷第2号发表《物质变动与道德变动》,文中针对章士钊《新时代之青年》一文中的"物质上开新之局,或急于复旧,而道德上复旧之必要甚于开新"的论调,运用历史唯物主义进行了剖析和批评。陈独秀则在《新青年》第7卷第1号《随感录》栏发表《调和论与旧道德》短文,也对章士钊等人的观点进行批判。同月,章士钊在广州师范学校发表了题为《新思潮与调和》的讲演,继续主张新旧调和。

6. 关于《新潮》与《国故》整理国故的论争。先是在1918年11月,北大学生傅斯年、罗家伦等在蔡元培、陈独秀、胡适等支持和帮助下,发起《新潮》社,旨在"唤起国人对于本国学术之自觉心"，并请胡适担任顾问。至本年元旦之日创办《新潮》月刊。1 月 26 日，北大学生俞士镇、薛祥绥、杨湜生、张煊等"慨然于国学沦夷欲发起学报以图挽救"，并得到刘师培与黄侃等支持，在刘师培宅内成立《国故》月刊社，以昌明中国固有之学术为宗旨，刘师培、黄侃被推为该刊总编辑，陈汉章、朱希祖、马叙伦、屠孝亮、梁漱溟、康宝忠等教师 6 人，陈中凡、张煊等学生 10 人为编辑。《新潮》与《国故》两阵对垒，旗鼓相当，互相争辩自然难免。3 月 18 日，《公言报》刊登《请看北京学界思潮变迁之近状》，称《国故》月刊社之成立是与反对旧派文学之《新潮》相对垒，并言《国故》"组织之名义出于学生，而主笔政之健将，教员实居其多数"。24 日，刘师培在《北京大学日刊》发表致《公言报》公开信，指明《公言报》所言不实，同时还刊登《国故月刊社致公言报函》，再次阐明了办刊的过程和宗旨，希望对方不要捕风捉影，萦惑观听。然后至 5 月 1 日，毛子水在北京大学《新潮》第 1 卷第 5 号发表《国故和科学的精神》，对《国故》的办刊旨趣提出了尖锐批评，认为近来提倡国故的人，"多不知道国故的性质，亦没有科学的精神。他们的研究国故，就是'抱残守缺'"，国故可以研究，但"必须具有'科学的精神'"。傅斯年还为此撰写了一段编者附识。同月，《国故》社编辑张煊也随即刊发了《驳〈新潮〉〈国故和科学的精神〉篇》，回应毛子水的批评。10 月 1 日，毛子水又在第 2 卷第 1 号上发表《〈驳"新潮""国故和科学的精神"篇〉订误》一文，公开提出"国故"与"国故学"的观念，并同时附录胡适 8 月 16 日《论国故学》一函，对张煊的观点再加批驳，由此引发"国故和科学的精神"论争。10 月 30 日，胡适在《新潮》第 2 卷第 1 号发表《论国故学——答毛子水》，回应毛子水 5 月 1 日刊于《新潮》第 1 卷第 5 号的《国故和科学的精神》，提出做学问不当先存"狭义的功利观念"，当存"为真理而真理"的态度，认为"现在整理国故的必要，实在很多，我们应当尽力指导'国故家'用科学的研究法去做国故的研究"，文中不无夸大"整理国故"的意义，甚至说"发明一个字的古义，与发现一颗恒星，都是一大功绩"。12 月 1 日，胡适在《新青年》第 7 卷第 1 号发表《新思潮的意义》，提出新文化运动纲领，归结为"研究问题，输入学理，整理国故，再造文明"十六字，其中"整理国故"作为"再造文明"的一个环节甚至是一个重要前提，因而也就成了新文化运动的一个必要的不可或缺的历史任务。就此而论，胡适《新思潮的意义》不仅标志着"整理国故"学术运动的正式启动，同时也预示着未来重要的学术路向。自此发端之后，"整理国故"学术运动前后持续了近 20 年的时间，对于整个民国学术尤其是传统学术的发展产生了非常巨大的影响。

7. 关于新文化阵营内部"问题与主义"的论争。胡适于 6 月 11 日陈独秀被捕后，自第 26 期起接替陈独秀主编《每周评论》，自此改变杂志的办刊方向，第 26 期取消原刊头而代以"杜威演讲录"五个特大号字，并从此起，取消"国内大事述评""国外大事述评"专栏，取消反映当时政治斗争的评论文摘和报道。7 月 20 日，胡适在《每周评论》第 31 号发表《多研究些问题，少谈些主义》一文，根据实用主义哲学观点阐发社会改良的政治主张，提出：第一，空谈好听的"主义"，是极容易的事；第二，空谈外来进口的"主义"，是没有什么用处的；第三，偏向纸上的"主义"，是很危险的。由此引发"问题与主义"论战。26 日，曾琦致信胡适，盛称《多研究些问题，少谈些主义》一文，"对于现在空发议论而不切实的言论家痛下砭鞭"，表示"万分佩服"（耿云志编《胡适年谱》，福建教育出版社 2012 年版）。同月，蓝志先在《国民公报》上发表《问题与主义》，对胡适的《多谈些问题，少谈些主义》进行批评。8 月 17 日，李大钊在《每周评论》第 35 号发表《再论问题与主义》批驳胡适，开启"问题与主义"的论战。同月 23 日、30 日，胡适在《每周评论》第 36 号、第 37 号上连续发表《三论问题与主义》《四论问题与主义》两文,回答蓝志先、李大钊两人的批评,并提出在输入有关主义、学理时,应当注意产生此种主义、学理的时势背景,论主的生平,以及该主义、学说曾经发生的效果。在《四论问题与主义》中,胡适批评马克思主义的阶级斗争学说养成"阶级的仇恨心","使社会上本来应该互助而且可以互助的两种大势力成为两座对垒的敌营……使历史上演出许多不须有的惨剧"。所以新文化阵营内部有关"问题与主义"的分歧与论争,归根到底是马克思主义与非马克思主义的论争。从李大钊1月5日在《每周评论》第3号上发表《新纪元》一文,指出第一次世界大战和俄国革命洗出一个新纪元来,到5月5日协助陈溥贤在《晨报》开辟"马克思研究"专栏,将相关研究成果资料结集出版,再到6月2日《新青年》出版"马克思研究专号",李大钊所撰《我的马克思主义观》连载于《新青年》第6卷第5—6号,成为中国学者第一次系统地介绍、分析马克思的学说的开山之作,经过"五四"新文化运动的洗礼,李大钊逐渐成为中国早期马克思主义的信仰者、研究者与传播者,原为新文化同一阵营的胡适与李大钊由此分道扬镳已经不可避免,而这场"问题与主义"的分歧与论争只是起到导火索与催化剂的作用。与此同时,还要关注一下有关社会主义的讨论和论争。继续在日本留学的李达6月18日、19日在上海《民国日报》副刊《觉悟》上连续发表《什么叫社会主义?》和《社会主义的目的》两文,从经济史观的层面阐述了社会主义同共产主义、无政府主义的区别,指出"社会主义有两面最鲜明的旗帜,一面是救济经济上的不平均,一面是恢复人类真正平等的状态",为中国最早公开发表的介绍科学社会主义的文章。而在国内,张东荪4月28日先在《学灯》上发表关于"社会主义"征文的启事,内容包括赞成说、反对说和译述三部分。9月1日,张东荪与俞颂华等人以"新学会"的名义在上海创办《解放与改造》杂志,张东荪在《解放与改造宣言》中揭示《解放与改造》的宗旨,即以"社会主义"这一"第三种文明""改造中国与世界"。然后发表了一系列有关"稳健的社会主义"的长文,尤以12月1日刊载于《解放与改造》的长文《为什么要讲社会主义》最为著名。由此引发次年的有关"社会主义"的论争。

8. 关于胡适《中国哲学史大纲》的论争。胡适《中国哲学史大纲》上卷2月由上海商务印书馆出版后,因开创中国哲学史研究新范式而引起学界轰动,仅两个月就再版,至1922年已出至第八版。从1916年陈黻宸《中国哲学史》讲义、谢无量《中国哲学史》的出版,至是年胡适《中国哲学史大纲》的问世,中国哲学史研究终于实现了现代转型。蔡元培除了为胡适此书作《序》推荐,称此书有四大长处:一、证明的方法;二、扼要的手段;三、平等的眼光;四、系统的研究,还在《五十年来中国之哲学》(上海《申报》馆1923年版)中称其为"第一部新的哲学史",但同时也引来了不少批评意见。胡汉民(署名汉民)在是年10月《建设》第1卷第3号发表的《中国哲学史之唯物的研究》,对胡适《中国哲学史大纲》中的"时势说"提出批评。文中针对胡适所论哲学史研究的目的在于"明变""求因"和"评判"以及"求因"三种:"(甲)个人才性不同,(乙)所处的时势不同,(丙)所受的思想学术不同",认为对哲学思想变迁而言,"个人才性"和"所受的思想学术"总比不上"时势"重要。"至于时势是什么力量造成的呢?求其最初原因,总在物质的关系。任是什么时势,不外是人类竞争的表现。"作者强调此文主旨即"是拿唯物历史观应用到中国哲学史上",去探究中国哲学激变的社会经济原因,以此彰显自己所持的"历史唯物观"在方法上的优越性,并可以矫正胡适方法论的凌空蹈虚之失。章炳麟阅胡适《中国哲学史大纲》后曾给胡适一封信,指出讲庄子时,把他的"万物皆种也,以不同形相禅",解作物种由来的进化论思想,乃是"断章取义"。40年后,胡适在台湾重印此书的自序中承认了这一点。其实,胡适《中国哲学史大纲》出版后一直热度不减,但也争议不断,甚至30年代陈寅恪、金岳霖在冯友兰的《中国哲学史》的审查报告中都有批评之言。金岳霖更是直言不讳地批评胡适,认为胡适的《中国哲学史大纲》就是根据一种哲学主张写出来的:"胡先生不知不觉间流露出来的成见,是多数美国人的成见。"

9.关于杜威的学术传播与讨论。美国实验主义哲学家杜威4月来华讲学之前,国内学界就开始预热,蒋梦麟主编的《新教育》月刊2月在上海创刊,同期就刊出了陶行知的《试验主义与教育》、刘经庶(刘伯明)的《试验的论理学》;3月出版的第2期刊载郑宗海(郑晓沧)的《杜威氏之教育主义》;4月出版的第3期专门开辟"杜威专号",刊出杜威的照片和"杜威先生传略",以及胡适的《杜威哲学的根本观念》《杜威的道德哲学》、蒋梦麟的《杜威之伦理学》(伦理学和道德哲学)和刘经庶(刘伯明)的《杜威之论理学》、朱进的《教育与社会》,把宣传介绍杜威教育思想推向高潮。杜威4月来华之后,更是在全国迅速掀起了一场杜威热。杜威提出平民主义教育有两个要素,即发展个性的知能和养成协作的习惯,认为"实施平民教育的宗旨是要个人受着切己的教育。实施平民教育的方法是要使学校生活真正是社会生活"。杜威提出的"教育即生活,学校即社会"的口号在我国教育界广为流传,反响强烈。总的来看,当时学界、媒介与杜威达成了良好的配合:一是杜威讲学内容的迅速刊布与出版,其中《杜威五大讲演》在他离开中国前,曾再版10次。二是杜威论著的翻译,如《教育丛刊》第1卷第1集刊出陈兼善译《杜威理科教授之目的》、刘建阳译《杜威学校与社会之进步》、夏宇众译《杜威教育学说之实地试验》。三是大量研究论文的问世。蒋梦麟主编的《新教育》除了在第1卷第3期专门刊出"杜威号"外,还在其他各期继续大量发表有关杜威的文章,成为介绍杜威教育思想的主要刊物。杜威本人《平民主义》《平民主义的教育》《平民教育的办法》《现代教育的趋势》《学生自治》《教员联合会》《何谓思想》等演讲和文章也陆续被翻译刊登在《新教育》上。如果说杜威"在近代中国的影响超过了任何一位西方教育家的话",那么《新教育》的精心组织和策划功不可没。此外,《教育杂志》第11卷第9期还集中刊出等观《何谓德谟克拉西》、天民《德谟克拉西之实体及其开展》、胡愈《德谟克拉西之缺点》、木心《教育与德谟克拉西》、隐青《德谟克拉西教育之实施法》、天民《德谟克拉西与学校管理》、太玄《德谟克拉西与训练》与《德谟克拉西与学校课程》等文,这是不是专号的专号,这些文章集中讨论杜威所倡导的平民主义理念,故与杜威讲学密切相关。

在五四新文化运动日趋高涨与分化之际,学界自然首先聚焦于思想批判,上述新旧文化阵营的多元论争即为不断推动思想批判的高涨而提供了强大动能,但同时也激发了较为纯粹的学术研究的兴盛,彼此起到相互促进的作用。这里再简要罗列一下有关聚焦重要学术论题的论著,主要有:樊炳清《论知识之价值》(《东方杂志》第16卷第9号),刘文典《怎样叫做中西学术之沟通》(《新中国》第1卷第6期),张崧年译《精神独立宣言》(《新潮》第2卷第2号),蔡元培《哲学与科学》(《北京大学月刊》第1卷第1号),张东荪《第三种文明》(《解放与改造》第1卷第1号),李鹤鸣《妇女解放论》(《解放与改造》第1卷第3号),胡适《清代汉学家的科学方法》(《北京大学月刊》第1卷第5期)和《中国哲学史大纲》上卷(上海商务印书馆)及《谈新诗》(《星期评论》"双十节纪念专号"),傅斯年《清代学问的门径书几种》(《新潮》第1卷第4号),朱希祖《整理中国最古书籍之方法论》(《北京大学月刊》第1卷第1号)和《研究孔子之文艺思想及其影响》(《北京大学月刊》第1卷第2号),何思源《近世哲学的新方法》(《新潮》第2卷第1号),梁漱溟《印度哲学概论》(上海商务印书馆),高一涵《老子的政治哲学》(《新青年》第 6 卷第 5 号),蔡元培《大战与哲学》(《新潮》第 1 卷第 1 号),屠孝寔《宗教及神话之起源》(《北京大学月刊》第 1 卷第 2 期),王国维《摩尼教流行中国考》(《亚洲学术》第 2 期),罗罗《中华民族起源考》(《东方杂志》第 16 卷第 3 号),陈大齐《民族心理学之意义》(《北京大学月刊》第 1 卷第 2 期),康白情《论中国之民族气质》(《新潮》第 1 卷第 2 号),徐宝璜《新闻学》(北京大学新闻学研究会),刘秉麟《经济学原理》(上海商务印书馆)和《经济学上之新学说》(《新潮》第 1 卷第 3 号),蒋梦麟《教育究竟做什么》(《新教育》第 1 卷第 1 期),余中《何谓教育哲学》(《教育杂志》第 11 卷第 1 期),黄侃《广韵逸字》(《国故》月刊第 4 期),黎锦熙《国语学之研究》(《民铎》第 6 期),钱玄同《中国文字形体变迁新论》(《北京大学月刊》第 1 卷第 1 期),沈兼士《文字学之革新研究》(《北京大学月刊》第 1 卷第 2 期),刘半农《中国文法通论》(上海群益书社),罗家伦《什么是文学?——文学界说》(《新潮》第 1 卷第 2 号),陈达材《文学之性质》(《新潮》第 1 卷第 4 号),朱希祖译[日]厨川白村《文艺的进化》(《新青年》第 6 卷第 6 期),刘师培《毛诗词例举要》(《国故》月刊第 1 期)和《搜集文章志材料方法》(《国故》月刊第 3 期)及《中庸说》(《国故》月刊第 4 期),俞平伯《社会上对于新诗的各种心理观》(《新潮》第 1 期),知非《近代文学上戏剧之位置》(《新青年》第 6 卷第 1 期),蒋瑞藻编《小说考证》上中下册(上海商务印书馆),何炳松编译《西洋史教授法之研究》(《北京大学日刊》第 461—469)。胡适的《清代汉学家的科学方法》先行发表第一至第六章,总结和归纳了清代汉学家的七种科学方法。然后于 1920—1921 年发表第七、八章,并在第八章重点总结"清儒之所谓汉学者,一名朴学,对于宋儒之理学而言,不外文字训诂校勘考订之学。而其治学之法,不外两事:曰'大胆的假说',曰'小心的求证'。假设不大胆,不能有新发明。证据不充足,不能使人信仰。此欧儒之所以治科学;而吾国惟治朴学者为得其意焉!"此中提出著名的"大胆的假设,小心的求证"的治学方法,在学界产生重大影响。梁漱溟《印度哲学概论》分"印度各宗概略""本体论""认识论""世间论"四篇,全面介绍了印度哲学各宗的思想及其与佛教的关系,开启了学院派研究的先河,是中国现代印度哲学研究的典范之作。徐宝璜《新闻学》历经四次修改而出版,为中国历史上的第一部新闻学专著,蔡元培在该书序言中称其为"在我国新闻界实为破天荒之作",邵飘萍在当时《京报》上评价道:"无此书,人且不知新闻为学,新闻要学。"刘半农《中国文法通论》首先对文法究竟是什么,文法研究的范围,文法研究的方法做了说明,然后主要论述了词的分类、词与词的搭配关系、句子的结构与分类,企图以此"建造一个研究中国文法的骨骼来"。

聚焦于学术史方面的论著主要有:朱希祖《中国史学概论》(讲义,后改为《中国史学通论》),傅斯年《中国文学史分期之研究》(《新潮》第 1 卷第 2 期),王国维《沈乙庵先生七十寿序》(《观堂集林·缀林》),王峻《书学史》(北京大学出版部),罗家伦《近代西洋思想自由的进化》(《新潮》第 2 卷第 2 号),李石岑《晚近哲学之新倾向》(《民铎》第 6 期),杨昭悊《近世经济思想之变迁》(《东方杂志》第 16 卷第 11 期),蒋梦麟《今后世界教育之趋势》(《新教育》第 1 卷第 2 期)。朱希祖《中国史学通论》为目前所知的最早的北京大学史学史讲稿,也是第一部中国史学史讲义,尤其是在推动中国史学史学科的创立方面具有筚路蓝缕之功。傅斯年《中国文学史分期之研究》提出了将中国文学史分为四期的新分期法:上古(从商末叶到战国末叶)、中古(从秦到初唐末)、近古(自盛唐之始至明中叶)、近代(自明弘嘉至今),其《清代学问的门径书几种》主张用"清代学问"比"汉学"和"朴学"称呼清代学术更合适,并将概括为四派五期,四派是朴学派、今文学派、理学派、浙东学派;五期是胚胎时期(从王应麟到焦竑）、发展时期（从顾炎武到江慎修）、极盛时期（钱大昕、戴震、段玉裁等人的时代）、再变时期（从孔众仲到俞曲园）、结束时期（代表人物是康有为和章太炎），也是此前文学史分段与范式的重构。王国维《沈乙庵先生七十寿序》系为同乡挚友沈曾植七十寿庆而作，纵论有清一代三百年学术之变迁，提炼和概括"三变论"，谓"我朝三百年间，学术三变：国初一变也，乾嘉一变也，道咸以降一变也。顺康之世，天造草昧，学者多胜国遗老，离丧乱之后，志在经世，故多为致用之学，求之经、史，得其本原，一扫明代苟且破碎之习，而实学以兴。雍乾以后，纪纲既张，天下大定，士大夫得肆意稽古，不复视为经世之具，而经、史、小学专门之业兴焉。道咸以降，涂辙稍变，言经者及今文，考史者兼辽、金、元，治地理者逮四裔，务为前人所不为。虽承乾嘉专门之学，然亦逆睹世变，有国初诸老经世之志。故国初之学大，乾嘉之学精，道咸以降之学新。"此虽寿文，实乃有清一代学术史论之作。（以上参见本书"学术背景""学术活动""学术著作""学者生卒"栏所引文献与出处，以及章恒忠、王亚夫主编《中国学术界大事记（1919—1985）》，上海社会科学出版社1988年版；王学典《20世纪史学编年（1900—1949）》，商务印书馆2014年版；付喜祥《20世纪前期中国文学史写作编年史》，北京师范大学出版社2013年版；中国大百科全书总编辑委员会编《中国大百科全书·考古学》，中国大百科全书出版社2002年版；王学珍等编《北京大学纪事（1898—1997）》，北京大学出版社1998年版；清华大学校史研究室编《清华大学一百年》，清华大学出版社2011年版；北京师范大学党委办公室、北京师范大学校长办公室《北京师范大学纪事》，北京师范大学出版社2012年版；南京大学高教研究所编《南京大学大事记（1902—1988）》，南京大学出版社1989年版；沈卫威编《学衡派编年文事》，南京大学出版社2015年版；吴永贵《国民出版史编年：1912—1949》，社会科学文献出版社2018年版；李向群《罗家伦——阐述五四运动目的及精神第一人》，《北京档案》2009年第4期；商金林《几代人的"五四"（1919—1949）》，《新文学史料》2009年第3期；左玉河《上海：五四新文化运动不容忽视的另一个中心——以五四时期张东荪在上的文化活动为例》，《安徽大学学报（哲学社会科学版）》2013年第1期；李丽《孙中山与五四运动》，《联合时报》2019年5月14日；王代莉《五四前后文化调和论研究——以杜亚泉和〈东方杂志〉为中心的考察》，中国社会科学院研究生院博士学位论文，2009年；王天根《五四前后北大学术纷争与胡适"整理国故"缘起》，《"近代中国与近代文化"学术研讨会》，2007年；陈来《启蒙批判与学术研究的双重变奏——整理国故运动中的胡适》，《清华大学学报（哲学社会科学版）》2010年第4期；吴民祥《"悖论"中的统一——蔡元培与学生运动的离合及其困顿调适》，《教育文化论坛》2020年第4期；庄森《〈新青年〉社团研究》，复旦大学博士后论文，2005年；朱文通《李大钊与近代中国社团》，河北师范大学博士学位论文，2013年；冯建军《杜威中国之行与南高师—东南大学教育学科的发展》，《东南大学学报（哲学社会科学版）》2019年第4期；许小青《首都迁移与"最高学府"之争——以北大、中央大为中心的探讨（1919—1937）》，中山大学博士后论文，2008年；戴薇《张东荪早期政治思想论略（1912—1922）》，厦门大学硕士学位论文，2008年；王爱卫《朱希祖的史学史研究及其〈中国史学通论〉》，《德州学院学报》2016年第5期；卢毅《"整理国故运动"与中国现代学术转型》，北京师范大学博士学位论文，2003年；卢毅《〈国故〉与〈新潮〉之争述评——兼论五四时期"整理国故运动"的兴起》，《人文杂志》2004年第1期；汪晖《文化与政治的变奏——战争、革命与1910年代的"思想战"》，《中国社会科学》2009年第4期；陈镱文、亢小玉、姚远《杜亚泉先生年谱（1912—1933）》，《西北大学学报（自然科学版）》2008年第6期；周月峰编《中国近代思想家文库·杜亚泉卷》及附录《杜亚泉年谱简编》，中国人民大学出版社2014年版）

1920 年　民国九年　庚申

一、学术背景

1月1日,国际联盟成立,地点设在瑞士日内瓦。

是日,《钱江评论》在杭州创刊。

1月11日,台湾新民会在日本东京成立。

1月12日,北洋政府教育部训令,废止小学教科书使用文言文,采用国语。

按:教育部通令说:"本部年来对于筹备统一国语一事,既积极进行,现在全国教育界舆论趋向,又咸以国民学校国文科宜改授国语为言,体察情形,提倡国语教育,实难再缓。兹定自本年秋季起,凡国民学校一、二年级先改国文为语体文,以期收言文一致之效……。"同年4月,教育部又规定截至1922年止,凡用文言文编的教科书一律废止,采用语体文(朱有瓛编《中国近代学制史料·第3辑》上册,华东师范大学出版社1990年版)。

按:胡适在《国语讲习所同学录序》中评价这一变革时说:"这一道命令,把中国教育的革新,至少提早了二十年。"(参见中央教育科学研究所编《中国现代教育大事记1919—1949》,教育科学出版社1988年版)

1月13日,广东军政府与北京的湖南籍国会议员均要求北京政府撤换湖南督军张敬尧。

1月24日,北洋政府教育次长傅岳棻以代理教育部总长名义,发布《教育部令第七号》,通令全国各国民学校先将一二年级的国文改为语体文。

按:《教育部令第七号》曰:据全国教育会联合会呈送该会议决《推行国语以期言文一致案》,请予采择施行;又据国语统一筹备会函请将小学国文科改授国语,迅予议行各等因到部。查吾国以文言分歧,影响所及,学校教育固感受进步迟滞之痛苦,即人事社会亦欠具统一精神之利器。若不急使言文一致,欲图文化之发展,其道无由。本部年来对于筹备统一国语一事,既积极进行,现在全国教育界舆论趋向,又咸以国民学校国文科宜改授国语为言;体察情形,提倡国语教育实难再缓。兹定自本年秋季起,凡国民学校一二年级,先改国文为语体文,以期收言文一致之效。

是月,上海《东方杂志》由月刊改为半月刊。

是月,国语统一筹备委员会举行第二次大会,成立国语辞典委员会,主持国语辞典的编纂工作。

2月2日,北洋政府教育部发布第53号训令——《通令采用新式标点符号文》,我国第一套法定的新式标点符号从此诞生。

按:这个文件先说明了使用标点符号的必要性,再列出各种符号,包括句号、点号、分号、冒号、问号、惊叹号、引号、破折号、删节号、夹注号、私名号、书名号共 12 种。颁行新式标点符号的议案(修正案)是由钱玄同、朱希祖、马裕藻、周作人、刘复、胡适等 6 人提出的。所提新式标点符号共 12 种,即:句号、点号、分号、冒号、问号、引号、惊叹号、破折号、删节号、夹注号、私名号、书名号。(参见中央教育科学研究所编《中国现代教育大事记 1919—1949》,教育科学出版社 1988 年版)

2 月 5 日,北京学生举行声援天津学生的游行。

2 月 7 日,苏俄在伊尔库茨克处死高尔察克,日、英、美等国干涉军纷纷撤出西伯利亚,中俄边界交通正式打开,为苏联、共产国际和中国革命的联系创造了条件。(参见唐宝林、林茂生《陈独秀年谱》,上海人民出版社 1988 年版)

2 月 18 日,北洋政府教育部令各省教育厅选派中学师范毕业生或现任小学教员 8 人,到京入国语讲习所讲习国语,以期收国语统一之效。(参见中央教育科学研究所编《中国现代教育大事记 1919—1949》,教育科学出版社 1988 年版)

2 月 24 日,全国各界联合会、中华民国学生联合会致电各国驻华公使,反对各国借款给北京政府。

2 月 27 日,北京大学首次招收女生,设女生旁听席,玉兰、溪祯、查晓圆 3 位女生入校旁听。

是月,国务院查禁"宣传过激主义"的书刊 83 种。

是月,《改造》杂志出《社会主义研究》特辑,引起关于社会主义理论的论战。

是月,上海《东方杂志》第 17 卷第 3 期在"科学杂俎"栏里,以题为《光线能被重力吸引之新说》对爱因斯坦及其相对论进行介绍。

3 月 1 日,中华民国全国各界联合会、中华民国全国学生联合会、上海各界联合会、上海学生联合会对各国发表宣言,反对日本贷款与北京政府。

3 月 15 日,北京政府教育部据全国教育会联合会决议咨各省区;蒙藏教育应注重国语。

3 月 19 日,北京政府大总统令教育部:将山西省所定推行义务教育办法通行各省区参照推行。

3 月 31 日,李大钊在北京大学秘密发起成立马克思学说研究会,至 1921 年 11 月公开,并由邓中夏、罗章龙、黄日葵、何孟雄、刘仁静等 19 名会员在 11 月 17 日《北京大学日刊》发表发起启事,曰:"本会叫做马克思学说研究会,以研究关于马克思派的著述为目的。"

是月,共产国际派远东局局长维经斯基一行来华,经与李大钊的深入交谈,对筹建中国共产党取得一致意见。

4 月 12 日,英国使馆参赞致函内务部,要求内务部饬属随时防禁《民声》等宣传过激主义的印刷物。

4 月 13 日,苏俄政府代表来华,北京政府不予接待,但因苏俄第一次对华宣言的影响,受到中国人民的热烈欢迎。(参见唐宝林、林茂生《陈独秀年谱》,上海人民出版社 1988 年版)

4 月 20 日,孔子第 77 代孙孔德成袭封衍圣公。

是月,苏联第一次对华宣言在中国报刊公开发表,引起巨大反响,全国 31 个社会团体发表谢电。(参见唐宝林、林茂生《陈独秀年谱》,上海人民出版社 1988 年版)

5 月 1 日,上海等地的先进知识分子和工人举行纪念"五一"国际劳动节活动。《新青年》第 7 卷第 6 号出版劳动节纪念专号。孙中山为《新青年》杂志劳动纪念号题"天下为公"四字。

5 月 5 日,全国报界联合会在广州召开第二次常会。

5 月 7 日,教育部将部编审处编译的专门介绍欧美、日本职工养成法的《职业技师养成法》一书送各省区,并请饬知各实业学校、实业场所及地方办学机关购阅,以资参考。(参见中央教育科学研究所编《中国现代教育大事记 1919—1949》,教育科学出版社 1988 年版)

5 月 12 日,北京政府教育部通咨各省区:在秋季始业前利用暑假就地开办国语讲习所,俾各小学校教员陆续入所讲习,以广造就而利语体文之推行。(参见中央教育科学研究所编《中国现代教育大事记 1919—1949》,教育科学出版社 1988 年版)

5 月 21—24 日,"国语统一筹备会"在北京召开大会,胡适为"国语统一筹备会"的大会主席,主持各项议案得以顺利通过。会议上推举张一麐为会长,袁希涛、吴敬恒为副会长。

是月,经李大钊介绍,共产国际派远东局局长维经斯基到上海会见陈独秀。会谈后,决定开始在上海筹备建党。

是月,上海马克思主义研究会成立,陈独秀为负责人,会员有李汉俊、邵力子、施存统、俞秀松、陈望道、沈雁冰、沈玄庐、李达、陈公培、沈仲久、刘太白、杨明斋、戴季陶、张东荪等人。

是月,瞿秋白等办的《新社会》旬刊被京师警察厅查封。随即出版的《人道》月刊只出一期,第 2 期未及出版即遭查封,接着出版的《批评》半月刊也遭查禁。

6 月 13 日,《四川学生潮》创刊,一再受到阻挠和查禁,多次停刊。

6 月 15 日,京师警察厅以《觉社新刊》主张改革社会、妇女解放、铲除阶级等,通令各地对该刊从严查禁。

6 月 20 日,陈独秀、李汉俊、俞秀松、施存统、陈公培等人开会商议,决定成立共产党组织,并初步定名为社会共产党,起草了党的纲领。党纲草案共有 10 条,其中包括运用劳工专政、生产合作等手段达到社会革命的目的。

按:此后不久,围绕着是用"社会党"还是用"共产党"命名的问题,陈独秀征求李大钊、张申府等的意见,李大钊主张定名为"共产党",陈独秀表示完全同意。

6 月 29 日,中国参加国际联盟,该联盟以凡尔赛和约签字国为主体。

7 月 8 日,江西《民报》以泄露军机罪遭查封。同一天,《江声日报》因报道"米谷涨价,民食恐慌",拒绝交出投稿人而被迫停刊。

7 月 9 日,段祺瑞在北京组织定国军总司令部,决定起兵讨伐曹锟、吴佩孚。

7 月 13 日,吴佩孚、张作霖宣布讨伐段祺瑞,双方在河北境内交战。

是日,天津《益世报》被禁止发行。

7 月 14 日,直皖战争爆发。

7 月 18 日,段祺瑞战败下野,直奉两系控制北京政府。

7 月 19 日,共产国际在莫斯科召开第二次代表大会,会议通过根据列宁的《民族和殖民地问题提纲(草案)》起草的决议,要求各国共产党支持民族和殖民地国家的民族民主运动。(参见唐宝林、林茂生《陈独秀年谱》,上海人民出版社 1988 年版)

7 月 22 日,湖南宣布自治,实行"湘人治湘"。

8 月 1 日,吴佩孚通电全国,主张召开国民大会,解决国是。

8 月 3 日,徐世昌下令解散安福俱乐部。

8 月 9 日,北京《公言报》因披露政坛内幕遭直系军阀查封,编辑汪世澄被捕。

8 月 11 日,北洋政府大总统徐世昌任命范源濂为教育总长。

8月15日，陈独秀等创办宣传马克思主义的《劳动界》周刊，当局以"煽惑劳动，主张过激"罪名予以查禁，并密令"缉拿查办"陈独秀等。

8月16日，第一次粤桂战争爆发。

8月16日至9月6日，北京的少年中国学会、人道社、曙光社、青年互助团与天津的觉悟社组织"改造联合"，通过《改造联合宣言》和《改造联合约章》，提出到民间去的口号。

8月20日，政学会在北京宣布解散。

8月22日，中国社会主义青年团在上海成立，俞秀松任书记。

是日，俄罗斯研究会在湖南长沙成立。

是月，经过酝酿和准备，上海的共产党早期组织"中国共产党"在上海法租界老渔阳里2号《新青年》编辑部正式成立。这是中国的第一个共产党组织，其成员主要是马克思主义研究会的骨干，陈独秀为书记。

按：1920年12月，陈独秀由上海赴广州后，李汉俊和李达先后代理过书记的职务。上海的共产党早期组织通过写信联系、派人指导或具体组织等方式，积极推动各地共产党早期组织的建立，实际上起着中国共产党发起组的作用。

是月，陈望道译完《共产党宣言》，陈独秀、李汉俊校，由上海社会主义研究社出版，此为第一个中文全译本，也是国内出版的第一部马克思主义经典论著。

按：当时在上海首次出版印刷1000本，很快售尽，当即刊行，仍然售空。

9月1日，《新青年》出版第8卷第1期，自此成为中国共产党上海发起组的公开机关刊物，大量登载介绍马克思主义及苏俄情况的文章。

9月15日，马千里等在天津创办的《新民意报》，曾连载周恩来在狱中写的《警厅拘留记》《检厅日录》，并发行单行本。

9月17日，湖南各报成立报界联合会，以争取新闻自由为中心目标。

9月27日，苏俄发布第二次对华宣言，重申第一次宣言的立场，表示深惜两国接近之延搁，希望早日缔结中苏友好条约。（参见唐宝林、林茂生《陈独秀年谱》，上海人民出版社1988年版）

9月30日，《星期评论》主编沈玄庐在上海《民国日报》副刊《觉悟》上以《答人问〈共产党宣言〉底发行所》为题公开复信读者，回答陈望道翻译的《共产党宣言》出版后的销售问题。

是月，中美合资创办的济南《大民主报》因在评论中批评军阀"惧外仇内"，经理和主笔被捕，经美方交涉才保释出来。

是月，中国工程学会第三次年会在美国举行。年会议决将总会移归国内，美国只保留分会，仍由留美的副会长、书记及会计维持。

10月3日，《劳动者》周刊在广州创刊。

10月4日，北京第一个共产主义小组成立，李大钊、陈独秀、张申府为发起人。

10月9日，徐世昌下令影印《四库全书》，由朱启钤督理相关事宜。

10月10日，湖南长沙各界人士万余人上街游行，要求召集人民宪法会议，实行湖南自治。

是日，恽代英在《东方杂志》第17卷第19、20号发表《英哲尔士论家庭的起源》，译编恩格斯对家庭的起源的论述。

10月12日至1921年7月11日，罗素应梁启超、北京大学等中国学术界的邀请来华讲学一年，给中国带来西方哲学思潮和现代科学、文化教育方面的思想和知识。

按：白秀英说："罗素的系列演讲，给当时渴求新科学、新知识的中国知识界带来了旱后甘霖，激发了中国知识分子对相对论和现代物理学的浓厚兴趣，也让当时西方最新的哲学知识、数学知识和相对论在中国的传播，缩短了这些学说在中国传播与世界的'时间差'，甚至在某些方面达到了与世界同步或'超前'传播的程度，对相对论在中国的传播起到推波助澜的重要作用。""罗素在中国的演讲以及由演讲引发的罗素热促成了国内'爱因斯坦热'，激发了国人邀请爱因斯坦访华以及了解和普及相对论的高潮。"（《相对论在中国的传播（1917—1949）》，西北大学博士学位论文，2013 年）北京大学师生还自发组成"罗素学说研究会"，罗素每周参加一次他们的英文讨论会，每两周参加一次他们的中文讨论会。

10 月 20 日，全国教育会联合会在江苏召开第六届年会，安徽、奉天、云南、福建四省教育提出议案，要求改革学制。

是月，北洋政府国务会议决定以虞舜的《卿云歌》为国歌。

11 月 7 日，中国共产党上海发起组创办的《共产党》月刊在上海出版，李达主编，新青年社供稿。

按：是为中国共产党成立初期创办的宣传马克思主义、进行党的基本知识教育的理论性的机关刊物，第一次打出"共产主义"的旗帜。

11 月 9 日，《中国国民党总章》公布，共 18 条。

11 月 11 日，北京政府教育部公布《修正教育调查会规程》16 条。

按：《规程》规定："教育调查会隶属于教育总长，以调查、审议教育上之重要事项为目的。""教育调查会对于教育总长之咨询应陈述意见。""教育调查会关于教育上之重要事项得建议于教育总长。"教育调查会会员。由教育总长在"曾任或现任高级教育行政职务具有教育上之经验者"或"有专门学识并于教育夙有研究者"中延聘或指派之。（参见中央教育科学研究所编《中国现代教育大事记 1919—1949》，教育科学出版社 1988 年版）

11 月 19 日，孙中山公布《中国国民党规约》，凡 6 章 30 条。

11 月 25 日，孙中山偕伍廷芳、唐绍仪等离沪去粤。

11 月 28 日，孙中山经香港抵广州。

11 月 29 日，孙中山、伍廷芳等通电宣布恢复军政府，并召开第一次政务会议。

是月，陈独秀主持上海共产党发起组起草《中国共产党宣言》。

是月，列宁接见北京政府派赴苏俄代表张斯麟，说中俄将团结一致，促使帝国主义灭亡。

是月，孙中山接受陈独秀建议在上海会见共产国际使者维经斯基。

12 月 5 日，北京《劳动音》周刊出版 5 期后遭查禁。

12 月 7 日，北洋政府国务会议批准在南京成立东南大学。系南京高等师范学校改制而成。

12 月 11 日，旅沪各省区自治联合会成立。

12 月 24 日，北洋政府教育部颁布《国音字典》，规定"嗣后教授字音，均以该书为准绳"。

12 月 26 日，星期通俗讲演会在上海召开成立大会，该会以利用星期日作通俗演讲，以启国民常识为宗旨。

12 月 31 日，北洋政府教育部公布《专门以上学校视察委员会规程》18 条。

按：该《规程》规定："专门以上学校视察委员会，隶属于教育总长，掌视察专门以上学校"；"视察委员会常任委员由教育总长指派部员充任之。"并对视察员在视察学校时之事项及应注意之点作了具体规定。次年 2 月 1 日，教育部公布《专门以上学校视察委员会视察细则》。（参见中央教育科学研究所编《中国现

代教育大事记 1919—1949》,教育科学出版社 1988 年版)

是月,《新青年》被上海巡捕房查封,后迁于广州,1921 年 1 月 1 日复刊。

是年,故宫博物院成立。

是年,上海平民学社成立,以研究合作主义,提倡平民教育,发展平民经济为宗旨。

是年,《共产党》《改造》《少年中国学会丛书》《人道》《北京大学学生周刊》《北京女高师觉社新刊》《醒农》《评论之评论》《奋斗》《音乐杂志》《平民》《新妇女》《秦钟》《平民导报》《同德医药》《科学世界》《自觉月刊》《新晓》《政论》《新人》《上海周刊》《华东教育》《青年生活》《大精神杂志》《铁路公报》《医药杂志》《家庭研究》《工商之友》《新韩青年》《新琼崖》《震坛》《新虞西》《批评》《黄种报》《新芬》《伙友》《解放画报》《图画时报》《美育》《滑稽》《湖南通俗日报》《湖南学生联合会周刊》《新潮》《长沙》《实业兴华报》《直隶实业月刊》《新民意报》《少年世界》《中华护士报》《妇女评论》《数理化》《宜兴评论》《北野杂志》《海潮音》《钱江评论》《浙江第一中学校学生自治会半月刊》《新学报》《浙人》《进修团团刊》《晨钟》《浙江第一师范十日刊》《学殖》《武汉星期评论》《新空气》《新湖北》《文华月刊》《协进》《实业兴华报》《励新》《灾民号》《齐大月刊》《外交月刊》《山东公立农业专门学校校友会杂志》《新学生》《南风》《人声》《兴华季报》《真光青年》《救国杂志》《新中国学社会刊》《自治》《福州乡师校刊》《半月》《威克烈》《新蜀报》《云南实业公报》《民觉日报》《均报》《新陇》《新安徽》《实业杂志》《青年》《河南留美学生年报》《锡江报》《留日高等工业学校同窗会志》《新报画刊》《机械》《苏岛教育月刊》《政学丛刊》《医药》《实业杂志》《教育周报》《广东群报》《伙友》《湘潭教育促进会会报》《香港晨报》《北京晚报》《长春日日新闻》《大同文化》等报刊创刊。

二、学术活动

蔡元培 1 月 1 日在上海《中华新报》发表蔡先生答复该报记者所提外交、教育问题的谈话。同日,在《时事新报》增刊发表《国外勤工俭学会与国内工学互助团》一文。同月 12 日,北京政府对教职员所提要求完全承认,教职员联合会遂发表回复职务宣言,蔡元培第四次辞职风潮终告结束。18 日上午 9 时,北大学生会所办平民夜校在法科大礼堂举行开学典礼,到 800 人,平民夜校师生代表、学生家长及来宾蔡元培、陈独秀相继演说。1 月 17 日,杨昌济病逝。20 日,蔡元培、马寅初、胡适、陶孟和等 4 人联名刊登"启事",向北京大学师生征集赙金。22 日,蔡元培、范源濂、章士钊、杨度、陈介、李煜、范锐、廖名缙、陈衡恪、胡元倓、熊崇煦等联名刊登启事,为杨昌济征集赙金。2 月 17 日,北大第一个女学生王兰获得许可,入哲学系一年级为旁听生,此为北京大学收取女生之嚆矢。

按:王兰旋于是年 3 月 31 日在《晨报》"论坛"栏发表《北大男女共校以前的我和以后的我》一文,抒发她的感想。据王昆仑《蔡孑民先生二三事》(《光明日报》1980 年 3 月 4 日)回忆:"北京大学从前没有女生。……那时,我姐姐(王兰)正因病失学在家,她很想进北大求学。我就去问蔡校长。蔡校长问我:'她敢来吗?'我说:'她敢。'蔡校长说:'可以让她来试试。'这样,她就进了北大,成了第一个女生。后来又有两个女生入学,这就开了男女同校的新风尚。以后,我的姐姐又带头剪了头发。"

按:又据《北京大学日刊》本年 3 月 11 日报道:"本校自允许女生入学以来,各处函询入学资格而欲来者,日必数起。其已经得许入学旁听者,文科有九人",并列出集体名单。在北大已招收女旁听生的情势下,北京教育部不得不予以批准,但着重指示:"务须格外慎重,以免发生弊端。"(北京《晨报》1920 年 4 月 16 日)

蔡元培2月26日因广州军政府政务会议通过西南大学组织大纲,与汪精卫、章士钊、李石曾、吴稚晖、黄炎培等被聘请筹办该大学。3月3日,蔡元培、秦汾、冯祖荀、俞同奎、何育杰、罗惠侨、温宗禹、周象贤、朱希祖、马叙伦、沈士远、蒋梦麟、叶志等联名刊登启事,为北京大学教授龚文凯逝世征集赙金。10日,蔡元培在《欧美同学会丛刊》创刊号发表所撰《发刊词》。

按:《发刊词》曰:"古之言竞争者,曰'知彼知己';言亲善者,曰'人之相知,贵相知心'。言知之不可不普且深也。而知之程度,见胜于闻,故曰'百闻不如一见',或曰'所见不逮所闻'。海通以来,缩五洲为一邱,虽以吾数千年闭关自大之中华,事事与欧美诸邦生密切关系,自一缕一针之细故,以至于政治风俗之大端,无不东鸣西应,速于邮命。以故欧美人之曾来吾国者,率皆分别调察,陈述意见,以报告于其国人,而为对待吾国之标准。其所生之效果,吾侪固熟睹之,而身受之矣。而我国各方面负责任者,乃尚多懵然于欧美之情势,遇事竭蹶,动失机宜,固由彼辈无集思广益之度量;而曾游欧美者,不以见闻所及,多方介绍,亦不得不分任其咎也。欧美同学归国者,渐逾千人,散居各地,势不能有所发展。近年北京、天津、上海有同学会之组织,去年更于上海为全国欧美同学会之组织,于是联络感情,交换知识,不复为曩昔之散漫,而服务社会之志愿,亦以群策群力之集中,而稍稍有所藉手。递于今兹,乃得以会员之所见,为此丛刊,本补牢顾尤之忧思,为负暄嗜芹之贡献,邦人君子,幸省览焉。"(全国欧美同学总会编印《欧美同学会丛刊》第1卷第1号,1920年3月10日)

蔡元培3月26日订定编印《世界丛书》的条例。27日,蔡元培、梁启超、张一麐、范源濂、梁善济、汤尔和、王家襄、汪大燮、孙宝琦、王式通等人联名致电浙江省省长齐耀珊,对浙江省第一师范学校更换经亨颐校长,师生惶惶之事表示关切。4月1日,蔡元培在《新青年》杂志发表《洪水与猛兽》一文,提出让新思潮自由发展,定会有利无害。同日,蔡元培召开并主持北大评议会会议,讨论李石曾提出的在法国里昂设立北京大学国外部一案,多数不赞成北大设国外部。另由胡适拟一议案为"本校赞成在里昂设立中国大学的计划,并请蔡校长及李石曾先生代表本校襄助筹款及一切进行事宜"。此案获得全体一致通过。15日,蔡元培在北京高等师范学校《教育与社会》杂志社成立会上的演说词刊于该刊创刊号。同月,蔡元培所撰《音乐杂志发刊词》刊于该刊创刊号。春,世界社在1917年原设的法文预备学校基础上,以西山碧云寺为校址筹办中法大学,蔡元培兼任中法大学校长,李石曾为董事长,吴稚晖等为校董。又北京高等师范学校请准设立教育研究科,聘请中外专家胡适、陈大齐、陶孟和、邓萃英、刘廷芳、余天休、傅铜、张耀翔、费特、杜威、杜威夫人等任教,蔡元培亦应聘兼任该校教授,讲授美学课程。5月4日,蔡元培应北京《晨报》本日"五四纪念增刊"之请而发表《去年五月四日以来的回顾与今后的希望》一文。

按:该文略曰:"去年五月四日,是学生界发生绝大变化的第一日。一转瞬间,已经过了一年了。我们回想,自去年五四运动以后,一般青年学生,抱着一种空前的奋斗精神,牺牲他们的宝贵的光阴,忍受多少的痛苦,作种种警觉国人的工夫。这些努力,已有成效可观。……但是学生界的运动,虽然得了这样的效果,他们的损失,却也不小。……全国五十万中学以上的学生,罢了一日课,减少了将来学术上的效能,当有几何? 要是从一到十日,到一月,他的损失,还好计算么? ……功效和损失比较起来,实在是损失的分量突过功效。依我看来,学生对于政治的运动,只是唤醒国民注意。他们运动所能收的效果,不过如此。现在一般社会也都知道政治问题的重要,到了必要的时候,他们也会对付的,不必要学生独担其任。现在学生方面最要紧的是专心研究学问。试问现在一切政治社会大问题,没有学问,怎样解决? ……我希望自这周年纪念日起,前程远大的学生,要彻底觉悟;以前的成效万不要引以为功,以前的损失也不必再作无益的愧悔。……打定主义。无论何等问题,决不再用自杀的罢课政策。专心增进学识,修养道德,锻炼身体。如有余暇,可以服务社会,担负指导平民的责任,预备将来解决中国的——现在不能解决的——大问题。这就是我对于今年五月四日以后学生界的希望了。"

蔡元培5月8日在《北京大学日刊》发表《战后之世界》一文。9日,清华学校、北京高师、北大举行三校学生联合演说竞赛会,蔡元培与丁家立、陈篆为评判员。26日,为浦薛凤的《白话唐人七绝百首》和沈尹默的《秋明室诗稿》作序。30日,蔡元培、张謇、范源濂、张元济、钱新之、史量才、余日章、蒋梦麟、黄炎培、沈恩孚等在中华职业教育社召开的第三届年会上被选为议事员(后改为评议员)。同月,蔡元培在《新潮》杂志发表《美术的起源》一文,将"美术"自觉区分广义美术和狭义美术。

按:《美术的起源》谈道:"美术有狭义的,广义的。狭义的,是专指建筑、造象(雕刻)、图画与工艺美术(包装饰品等)等。广义的,是于上列各种美术外,又包含文学、音乐、舞蹈等。西洋人著的美术史,用狭义;美学或美术学,用广义。"吕澎《20世纪中国艺术史》(北京大学出版社2007年版)认为:"这个定义将以后人们论及的美术范围作了事实上的界定。以后,不再有人将文学诗歌纳入'美术'的范围。"一定程度上体现了学科的自觉。

蔡元培6月4日下午4时因北大等校学生发起废止本学期考试的运动,召集全校各班班长集合于文科讲堂,恳切劝导,说明考试制度不能撤废的理由。6月7日,为胡钧所著《中国财政史讲义》撰序。9日,蔡元培为史学系叶浩吾教授所著《墨经诂义》撰发《介绍墨经诂义》一则。13日,蔡元培在国语讲习所演说。20日下午2时,中法协进公会第二次大会于在江西会馆举行开幕式,到中、法各机关代表及各界人士约千人,蔡元培任大会主席,致开会词,继由名誉主席、法国驻华公使柏卜及政界人物相继演说,梁启超是日特由西山赶回与会,发表题为《法国文化之特质与中法国民之互助》的长篇演说。约于同月,与丁文江(在君)商谈北大地质系的整顿。7月6日午后,蔡元培接英国哲学家罗素复电,谓"本年秋间或明年秋间,必可来华"讲学。

按:蔡元培与傅铜(佩青)教授日前联名致电邀请英国哲学家罗素来北大讲学,至此获罗素回复。

蔡元培7月17日为台湾留日学生团体"新民会"所办《台湾青年》杂志创刊号题字勖勉。23日,为李季所译《社会主义史》撰序。27日,蔡元培为宋教仁所撰《我之历史》撰序。30日,蔡元培批准公布评议会通过的北大《研究所简章》,将北京大学原有9个研究所调整重组为4个研究所,即国学研究所、外国文学研究所、社会科学研究所、自然科学研究所。研究所的研究科目与各系的教学科研挂钩。

按:《研究所简章》刊于1920年7月30日《北京大学日刊》,其要点有:

(一)仿德、美两国大学Seminar办法,为专攻一种专门知识之所。(二)暂分四门:①国学研究所(中国文学、历史、哲学)。②外国文学研究所(德、法、英、俄及其他外国文学)。③社会科学研究所(法律、政治、经济、外国历史、哲学)。④自然科学研究所(物理、化学、数学、地质学)。(三)不另设主任,课程列入各系内。(四)阅览室并入图书部。(五)各系学课有专门研究必要者,由教员指导学生研究,名曰某课研究,规定单位数。例如康德哲学研究、溶液电解状研究。(六)各种研究,在图书馆、试验室举行。(七)指导员授课时间,与授他课同样计算。(八)三年级以上学生及毕业生,均得择习研究课。

按:胡晓《蔡元培与北京大学研究所的创办》说:"经过蔡元培整合重组的四个研究所,国学研究所基础最好,实力最强,成绩也最为突出。1922年1月,研究所国学门正式成立,蔡元培兼任研究所国学门委员会委员长。国学门主任由沈兼士担任,导师除遴选哲学、中文、史学等西国学教授外,还聘请校外的王国维、陈垣、陈寅恪、罗振玉等著名学者,研究员有魏建功、罗庸、容庚、董作宾、郑天挺、张煦、段颐、冯淑兰、李正奋等数十人,研究科目分为哲学、文字学、文学、史学、考古学五大类,后发展成五个研究室。国学研究所还创办了《国学季刊》,成立了歌谣研究会、风俗调查会、方言调查会等研究团体。在蔡元培的大力扶持和精心培育下,国学研究所很快取得了一系列引人注目的研究成果,使北京大学不仅成为五四新

文化运动的摇篮,而且成为蜚声中外的全国国学研究中心。"(《中国社会科学报》2015年2月4日)

蔡元培、李大钊、沈士远、陈启修、黄右昌、罗文干、王文彬等8月20日发出启事,主张召开临时国民大会,解决目前切要事件,附有《临时国民大会提案》。31日,蔡元培代表北京大学向法国科学院院士、数学家班乐卫(Paul Painleve,又译为潘勒韦)与里昂大学校长儒班(Joubin)二人授以理学名誉博士学位,8月新任靳云鹏内阁教育总长范源濂及大专学校代表、法国公使馆人员、旅京法国各界人士等到会。此在北大实属创举,亦为中国大学以学位授予外国人之始。9月1日,班乐卫乘专车离开北京,前往天津,启程回国,蔡元培与北京政府外交总长颜惠庆等到车站送行。9月2日,蔡元培为敦请英国哲学家及政论家罗素来华讲学,经有关团体会商,发来通函,告知议决事项。

按:议决事项如下:(一)联合发起的团体为北京大学、北京高师、尚志学会、新学会、清华学校(未与会者,由蔡孑民先生通知)、中国公学、南京高师、江苏教育会(由蒋梦麟通知)、南开学校、法专(由陶孟和通知)。(二)预定经费二万元,由发起各团体分担。(三)推定赵元任、秦汾、傅铜、叶景莘、丁文江、陶孟和担任招待及翻译。(四)推定王星拱、程振基、张申府、余家菊、瞿世英担任记录及出版事宜。

蔡元培9月11日上午9时在北大举行第二十三年开学礼时致开会词,顾孟余教务长、蒋梦麟总务长相继致词,蔡元培又介绍新聘教授颜任光、任鸿隽、陈衡哲、谭熙鸿、燕树棠相继演说。原任教授胡适、陈启修亦有演说。同日,在德国访问的教育部次长袁希涛得知爱因斯坦因为反相对论的混乱而有离开德国的想法后,代表北京大学校长蔡元培邀请爱因斯坦访问中国,但爱因斯坦未接受邀请。9月16日,蔡元培与蒋梦麟、顾孟余、沈士远、李辛白、李大钊、马叙伦、俞同奎、马裕藻、朱希祖、黄右昌、罗文干、冯祖荀、胡适等发起北京大学赈灾会。10月1日,蔡元培为萨本栋译《画法几何学》撰序。

按:《画法几何学序》曰:"萨君本栋,勤敏好学,课余编译安顿利氏及亚斯利氏之《画法几何学》一书,文笔条达,义理显豁;虽未照原文全译,然删繁避晦,颇便初学。学者由是熟加研究,将见科学上、工程上之各种物体,表现于纵面、横面、侧面或截面等,已能纤悉无遗,而泰西之学术工艺,或借以广传于中土,是亦吾侪之所乐为介绍者也。"(萨译《画法几何学》,赵警寰抄录提供)

蔡元培10月10日撰《徐(锡麟)烈士祠堂碑记》。14日,《北京大学日刊》刊登本届评议会16人当选结果:陶履恭31票,顾孟余、蒋梦麟、俞同奎各30票,胡适29票,朱希祖26票,王星拱24票,陈启修23票,李大钊、马叙伦各20票,何育杰19票,陈世璋、沈士远、郑寿仁、冯祖荀、张大椿各18票。16日,蔡元培在《北京大学日刊》刊登启事,谓"元培出京在即,谨于十八日,以校长职务交与代理校长蒋梦麟教授。特此布闻"。17日,北大举行第二次授予名誉学位典礼,到全校师生及各大专学校代表、旅京美国各界人士等1000余人,蔡元培授予曾任美国威斯康星大学教授,前美国驻华公使芮恩施(Paul Reinsch)法学博士名誉学位,由美国公使馆参赞代表芮氏接受。又授予美国哥伦比亚大学教授杜威(John Dewey)哲学博士名誉学位,由杜威接受。20日,北大全体学生于下午3时在第三院大礼堂为蔡元培出国考察开会话别,蔡元培发表演说。10月中旬左右,蔡元培所撰《我的新生活观》《北京大学校旗图说》以及在北京高等师范学校讲演的《论国文的趋势及国文与外国语及科学的关系》、在《法政学报》周年纪念会上演说词、《在北京高等师范学校学生自治会演说词》相继发表,所著《蔡孑民先生言行录》上、下两册由北大新潮社编辑出版。

按:《蔡孑民先生言行录》收录口述传略1篇,论著84篇,附录3篇,论著分六类:第一类关于最重大普遍的问题;第二类关于教育;第三类关于北京大学;第四类关于中西文化的沟通;第五类为普通的问题;第六类为范围较小、关系较轻的问题。附录的第一篇为《华工学校讲义》,第二、三篇为大学改制的提案。

蔡元培10月24日应湖南省教育会所办"学术讲演会"之邀,由北京到达汉口,因华法教育会会务与湖北人士接洽,特在武汉逗留一天。与25日由南京抵汉的罗素相晤后,同往长沙。随后在遵道会、第一师范学校、省教育会坪、女子师范学校、周南女校等举行了40多场讲演,内容广泛涉及哲学、教育、社会改造、男女平等诸问题,一时间长沙城内听者如潮,正所谓"中外名人不期集合,诚吾湘得未曾有之盛会"。

按:蔡元培《自写年谱》曰:"湖南学者周鲠生、杨端六诸君乘杜威留京、罗素新自英来的机会,发起长沙讲演会,北京各校著名的教授都被邀,我也参与。那时谭君组庵(延闿)任湖南省长,招待我们。我讲了四次,都是关乎美学的(实际讲了十二次,其中有关美学的六次)。我曾把演〈说〉稿整理一过,载在《北京大学日刊》。"

蔡元培10月26日上午11时由汉口乘车到达长沙,同车来湘者有罗素与其女友勃勒克女士以及吴稚晖、张东荪、李石岑、杨端六、赵元任、傅铜等,湖南省教育会陈夙荒、朱剑凡等及各校代表70余人及北大同学欢迎团十余人到站欢迎。10月27日下午1时,蔡元培在明德学校讲演《美术的价值》。同日下午4时,在湖南省"学术讲演会"遵道会正会场讲演《何谓文化》。傍晚6时,湖南省教育会举行盛大欢宴会,该会会长陈夙荒致欢迎词后,杜威、罗素、杜威夫人、勃勒克女士、蔡元培、张继、吴稚晖、张东荪先后演说,末由湖南省长谭延闿致感谢之词。

按:蔡元培在《何谓文化》的讲演中,以"文化是人生发展的状况"立论,最后强调"以上将文化的内容,简单的说过了。尚有几句紧要的话,就是文化是要实现的,不是空口提倡的。文化是要各方面平均发展的,不是畸形的。文化是活的,是要时时进行的,不是死的,可以一时停滞的。所以要大家在各方面实地进行,而且时时刻刻的努力,这才可以当得文化运动的一句话。"《何谓文化》所持为广义的"文化",是早期界定与阐释文化的代表作之一,后经其在赴欧途中重加修改,发表于1921年2月14日《北京大学日刊》。

蔡元培10月29日与吴稚晖、张继、李石岑、杨端六、朱剑凡、方竹雅等出席湖南第一师范学校教职员关于教育问题座谈会。同日晚间8时,湖南省学生联合会举行欢迎来湘讲演名流的会,杜威夫妇、蔡元培、张继、张东荪、方竹雅等均出席,蔡元培、杜威及其夫人、张继、张东荪、舒新城、赵运文均有演说。30日傍晚6时,蔡元培出席湖南省农会、总商会、律师公会、实业协会等八团体举行的欢宴会,到80余人,杜威、杜威夫人、蔡元培、章炳麟、张继、李石岑、杨端六、朱剑凡、陈家鼐先后演说。31日,由谭延闿、黄一欧等陪同,蔡元培与杜威、章炳麟、吴稚晖等游览岳麓山,并瞻黄兴、蔡锷之墓。在岳麓工业专门学校进餐,蔡元培应邀演说。11月1日,蔡元培在正会场讲演《美学的进化》,认为"科学的美学,至今还没完全成立"。同日,在分会场讲演《美术与科学的关系》。2日,蔡元培在正会场讲演《美学的研究法》,将美术家方面的研究归纳为六种方法;将美术作品方面研究归纳为十种方法;将美的文化方面研究归纳为五种方法。同日下午6时,与章炳麟、张继、吴稚晖、杨端六、李石岑等乘专车前往醴陵,考察兵灾后状况及当地瓷器制造业。3日午后5时,醴陵各界假座遵道会,请蔡元培讲演《美化的都市》。11月4日上午,蔡元培与吴稚晖、杨端六一同登车赴长沙,即回北京。11月16日晚间8时,中法协进会在北京饭店公饯蔡元培及一同赴欧的罗文幹、汤尔和、陈大齐、张崧年(申府)、李光宇(阐初)等,到中法人士80余人,法国驻华公使柏卜向蔡元培致祝词,外交总长颜惠庆发表演说,蔡元培致答词。

按:法国驻华公使柏卜向蔡致祝词,略谓北京大学有二十余年之历史,蔡长校后,进步日速,今将往法,更大有裨两国文化之协进云云。外交总长颜惠庆演说,略谓蔡先生为吾国学界之明星,中外所共仰。

近来中法两国学者往还交通,此种国民外交尤要于官方外交,且亦新世界潮流之趋势云云。蔡元培答词略谓:"我们这次游欧,预定先到法国,必当于上列各事有所尽力,求副诸位的希望。我们又想到这回大战以后,欧洲各国学术上,必有一种特别的发展,……如新设的有一种工艺大学,给人半日作工、半日求学的机会。自由大学废除各种试验,人人可自由听讲,均是我们所要考察的。"

蔡元培11月22日晚间9时,由北京到达上海。23日晚间8时,北大旅沪同学会假座一品香西餐馆欢送蔡元培及随同赴法之张申府、李阐初、赴英之徐彦之等。马叙伦、汪精卫、吴稚晖、张继、沈信卿、穆藕初、胡明复及各报记者、在沪北大同学赴会,陈独秀主席,致欢送词,汤尔和演说,蔡元培致答词。

按:陈独秀致欢送词略谓:"蔡先生自任校务以来,竭力扩充,而各方之阻力亦日大,如安福俱乐部当权时,即无日不思与北大反对,蔡先生之精神力用之于对付反对者三分之二;用之于整理校务者,仅三分之一耳。"汤尔和演说,"希望今后蔡先生以两肩分负提倡文化、物质二重任"。蔡先生答词,"谓各省教育应以大学为中心,各大学必须有博物院、藏书楼、研究所。此二者亟欲细心考察。又比国现办劳工大学,俄国有自由大学,亦亟欲参考其办法。并勖各同学研究学术,辅助母校"。(上海《时报》1920年11月24日,上海《民国日报》1920年11月24日)

蔡元培一行11月24日午刻登法轮"高尔地埃"号离沪赴欧洲考察,张元济、胡汉民、吴稚晖、王正廷、钱新之、沈信卿等及北大旅沪同学会陈独秀、狄君武等数十人到码头送行。12月5日,蔡元培等乘"高尔地埃"号于清晨7时到达新加坡,南洋华侨、道南、端蒙等中学校长均到码头迎接。15日,蔡元培撰《榆荫山房诗稿及杂文》序。27日,蔡元培一行到达法国马赛。(以上参见高平叔编著《蔡元培年谱长编》,人民教育出版社1996年版;王世儒编撰《蔡元培先生年谱》,北京大学出版社1998年版)

傅嶽棻继续教育部次长,主持部务。1月8日,北京政府大总统徐世昌命令:维持教育经费。12日,北京政府教育部采纳1919年全国教育会联合会及国语统一筹备会的建议,训令各省区。全国各国民学校,自本年秋季起,先将一、二年级的国文改为语体文,"以期收言文一致之效"。此为我国学校废弃文言,采用国语之第一个法令。胡适在《国语讲习所同学录序》中评价这一变革时说:"这一道命令,把中国教育的革新,至少提早了二十年。"22日,北京政府教育部训令京师学务局、直辖各学校、北京私立专门以上学校:查禁学生排斥日货。24日,北京政府教育部公布修正《国民学校令》第13、15条,将"国文"均改为"国语":明确规定国民学校第一、二、三、四年级均学"语体文"。24日,教育次长傅嶽棻以代理教育部总长名义,发布《教育部令第七号》,通令全国各国民学校先将一二年级的国文改为语体文。同月,北京政府教育部发出通告:国民学校文言教科书分期作废,逐渐改用语体文。2月2日,北京政府教育部咨各省区:请将《新式标点符号》全案转发各校,俾资采用。6日,北京政府大总统令:从严整饬学风。令云:"凡有干纪构乱者,不论何项人等,一律依法惩处。"3月8日,北京政府教育部训令直辖学校:告诫学生遵重法纪。19日,北京政府教育部公布《教员许可状规程》11条。4月2日,北京政府教育部通令各省:订定分期筹办义务教育计划。5月12日,北京政府教育部通咨各省区:在秋季始业前利用暑假就地开办国语讲习所,俾各小学校教员陆续入所讲习,以广造就而利语体文之推行。7月6日,北京政府教育部咨各省区:分设国语统一筹备会。(参见中央教育科学研究所编《中国现代教育大事记1919—1949》,教育科学出版社1988年版)

范源濂8月11日被北京政府大总统徐世昌任命为教育总长。此为范源濂第三次出任教育总长。10月13日,北京政府教育部审定中华书局所制中华国音留声机片,为各学校学习国语之教科用品。该片共6片,12课,由王璞发音、黎锦熙审音。20日,全国教育会联合会在江苏召开第六届年会,安徽、奉天、云南、福建四省教育提出议案,要求改革学制。同月,北京政府教育部成立教育资料采集委员会,并于25日公布《教育资料采集委员会规程》。《规程》确定"本会应现在教育界之需要,采集各种教育资料,随时印行,借供参考。"采集范围暂定为教育史、教育行政、公民教育、女子教育、职业教育、科学教育。11月4日,北京政府教育部公布《修正管理留日学生事务规程》30条。废止1914年12月公布之《管理留日学生事务规程》。新《规程》规定:留日学生事务由教育总长委派监督管理之。《规程》对留学生之责送、毕业、考核、惩戒、学费、回国等作了规定。11日,北京政府教育部公布《修正教育调查会规程》16条。16日,北京政府教育部布告:外人设立高等以上学校,得授照《大学校令》、《专门学校令》以及大学专门学校各项规程办法呈部核办。12月14日,北京政府教育部布告:此次国家兴办所得税,已明令规定拨作振兴教育,提倡实业之用。18日,教育部又令各省教育厅:将征收所得税白话通告迅速印发省县,各讲演会及教育会、劝学所等"广为演劝"。24日,北京政府教育部颁布《国音字典》,规定"嗣后教授字音,沟以该书为准绳"。31日,北京政府教育部公布《专门以上学校视察委员会规程》18条。该《规程》规定:"专门以上学校视察委员会,隶属于教育总长,掌视察专门以上学校";"视察委员会常任会员由教育总长指派部员充任之。"并对视察员在视察学校时之事项及应注意之点作了具体规定。(参见中央教育科学研究所编《中国现代教育大事记1919—1949》,教育科学出版社1988年版)

胡适　1月1日在天津觉悟社讲演工读互助团的问题,提倡努力自修学业。3日,在天津学生联合会的学术讲演会讲《非个人主义的新生活》。旋应吴稚晖之请,到唐山路矿学堂讲演同一题目。1月5日,回到北京。15日,毛泽东来访,谈湖南事。同月,胡适在《建设》第2卷第1号发起井田制问题的讨论。

按:这场论争由1919年10月胡汉民(署名汉民)在《建设》第1卷第3、4号连载《中国哲学史之唯物的研究》一文引起,此文旨在以唯物史观通释中国哲学史,但其中涉及井田制的问题,所以开启了井田制辩论的先声。然后至1920年1月于《建设》第2卷第1号开辟专栏"井田制度有无之研究"加以讨论,一直持续至1920年5月结束,相关讨论文章共刊出4期,即《建设》第2卷第1号"井田制度有无之研究"发表《胡适之先生寄廖仲恺先生的信》《廖仲恺先生答胡适之先生的信》《胡适之先生答廖仲恺胡汉民先生的信》《胡汉民先生答胡适之先生的信》,《建设》第2卷第2号"井田制度有无之研究(二)"发表《适之先生再答汉民仲恺两先生书》《朱执信先生致胡适之先生书》,《建设》第2卷第5号"井田制度有无之研究(三)"发表季融五的文章,附胡汉民、朱执信后记各一则,《建设》第2卷第6号发表吕思勉的《论货币与井田》。1930年,上海华通书局综合各文编行《井田制度有无之研究》一书。双方关于井田制的核心观点即在于《建设》讨论所取的专题命名:"井田制度有无之研究",依据观点的不同,在《建设》上著文参与辩论的学者可分为两派:一派是取肯定态度的胡汉民、廖仲恺、朱执信和吕思勉。胡汉民说,井田法虽不可详考,总是土地私有权未发生的时代,共有共用土地的习惯之整顿方法。廖仲恺则假定井田制是"上古由游牧移到田园、由公有移到私有当中的一个过渡制度"。另一派是持否定意见的胡适、季融五。胡适从怀疑史料的真实性入手,其核心观点是认为井田制乃是孟子为"托古改制"而构建的乌托邦,汉代有心救世的学者,依据孟子的话,逐渐补添,演绎成井田论。胡适进而建立起"井田论沿革史"的假设,并谓:"井田论的史料沿革弄白了,一切无谓的争论都可以没有了。""古史辨"派的主将顾颉刚则从中受到另外的启示。他说:"适之先生在《建设》上发表的辩论井田的文字,方法正和《水浒》的考证一样,可见研究古史也尽可应用研究故事的方法。"这点明了其著名的"层累地造成古史说"的渊源所自。童书业即认为,"井田辨"是七大册《古史辨》的前驱,在"古史辨"中充满着胡适"井田辨"的精神。(参见王学典《20世纪史学编年(1900—1949)》,商务印书馆2014年版;陈峰《1920年井田制辩论:唯物史观派与史料派的初次交锋》,《文史哲》2003年第3期)

胡适接朱经农2月11日由美致信,商议归国就教于北京大学的事。自上年起,胡适常托赴海外的友人替北大物色新教员。陶孟和、任鸿隽于上年出国,曾多次写信报告访询人才的情况,如陶氏曾荐在英留学的李四光、丁西林等,任鸿隽则报告朱经农与唐钺等人在美的情况。这些人,后来都曾到北大任教。13日,高一涵从日本写信给胡适、陈独秀,报告日本新进人物对中国新文化运动的期待。3月2日,梅光迪致信胡适,继续对新思潮提出批评。此前胡适去天津演讲,曾与梅光迪有"数日之谈",虽然彼此消除了一些误会,但各自根本主张无所变更。3月21日,吴虞致信,介绍四川风气逐渐开通的情况。23日,罗家伦致信,告《晨报副刊》将出五四运动一周年纪念专号,请撰文。同月,胡适所著《尝试集》出版,对于开辟新诗的门径发挥了重要作用,但学界对此书毁誉交加。

　　按:大多数新派人物,特别是青年学生中的新文学爱好者自是十分欢迎。就连老辈的学者如梁启超读此书也十分兴奋,自谓"欢喜赞叹,得未曾有"。但反对新文学的人,都持否定态度。如胡先骕后来发表《评〈尝试集〉》,竟骂道:"胡君之《尝试集》,死文学也。……物之将死,必精神失其常度,言动出于常轨。胡君辈之诗之卤莽灭裂趋于极端,正其必死之征耳。"(《学衡》第1期)

胡适4月因教育部在北京举办国语讲习所,应邀讲课15次,后辑成《国语文学史》。5月4日,胡适与蒋梦麟在《晨报副刊》纪念五四专号上联名发表《我们对于学生的希望》,对五四期间学生运动的成绩评价说,它表现了青年的自动精神和对社会国家问题的关注;养成作文演说和组织的能力,取得团体生活的经验,促进了求知的欲望。但是认为学生不应继续使用罢课的方法。说罢课"是最不经济的方法,是下下策。屡用不已,是学生运动破产的表现"。同月,胡适作《国语讲习所同学录序》,指出"推行国语便是定国语标准的唯一方法"。5月21—24日,"国语统一筹备会"在北京召开大会,胡适为"国语统一筹备会"的大会主席,主持各项议案得以顺利通过。6月22日,林语堂致信,谈文学革命问题。24日,陶知行、蒋梦麟致信,告为留杜威在华多住一年的计划,南京、上海方面准合筹4000元。7月7日,岭南大学校长钟荣光致信,邀请胡适到岭大协助"擘画文科规模"并讲学。9日,毛泽东致函胡适,告知湖南自张敬尧走后,气象一新,教育界颇有蓬勃之象。希望将来湖南的事能借重胡适,等时机一到,即详细奉商。27日,著成《〈水浒传〉考证》。这是他第一篇重要的小说考证。

　　按:《〈水浒传〉考证》认为《水浒传》的成书,经历了长时间的演化过程:从民间的口传故事,到片断的、分散的许多戏本故事,最后形成连贯的长篇小说;又经过不同本子的流传,最后由托名施耐庵的人作成七十回本的《水浒传》,在文学技术上始达到较高的水准。他承认此书有鼓动反抗政府的思想,所以他说"《水浒传》的故事,乃是四百年来老百姓与文人发挥一肚皮宿怨的地方"。文章最多的笔墨是用在版本与作者有关情况的考证上。这是他从事小说考证最感兴趣的所在。

胡适7月底应邀到南京暑期学校讲学,有两题:(1)古语文法与白话文法之比较;(2)中国古代哲学史。8月1日,胡适与陶孟和、蒋梦麟、王征、张祖训、李大钊、高一涵等7人联名在《晨报》上发表《争自由的宣言》,是对民国的"假共和政治"尤其是民国新闻报律的反对和抗争。

　　按:《争自由的宣言》曰:"我们本不愿意谈实际的政治,但是政治却没有一时一刻不来妨害我们。自辛亥革命直到现在,已经有九个年头,这九年在假共和政治之下,经验了种种不自由的痛苦。……政治逼迫我们到这样无路可走的时候,我们便不得不起一种彻底觉悟:认定政治如果不由人民发动,断不会有真共和实现。但是,如果想使政治由人民发动,不得不先有养成国人自由思想,自由评判的真精神的空气。我们相信,人类自由的历史,没有一国不是人民费去一滴一滴的血汗换得来的,没有肯为自由而战的人民,绝不会有真正的自由出现。这几年来军阀政党胆敢这样横行,便是国民缺乏自由思想自由评判的真精神的表现。我们现在认定,有几种基本的最小限度的自由,是人民和社会生存的命脉,故把他郑重提出请我全国同胞起来力争。"宣言中提出,首先应当明确宣布废除妨碍实现这些"基本的最小限度的自由"的、由统治当局制定的诸如《警察条例》《出版法》《报纸条例》《管理印刷业条例》《予戒条例》等。在关乎"人民和社会生存的命脉"的自由中,最重要的就是言论、出版自由,然后是集会结社自由、书信秘密自由。

　　胡适接陈公博8月2日信,告称广东的空气与新文化决不相容,拟办《广东报》以开风气。请胡适、蒋梦麟撰文。并恳请胡适与杜威到广东讲学,以助开风气。9月3日,致函吴虞,对吴在川中多年与旧势力奋斗的精神美示敬意,并谓"自由有时可以发生流弊,但我们决不因为自由有流弊便不主张自由"。20日,在北京大学开学典礼上发表演说,题为《普及与提高》,说新文化运动流为"新名词运动",是一种浅薄的普及。主张北大师生应努力于"提高""创造文化""创造学术"云云。后来,陈独秀在《新青年》第8卷第4期上发表《随感录·提高与普及》,不赞成胡适的意见,提出大学既要提高,也要普及,"这两样自然是不能偏废";而眼前"不必急于提高",应"实实在在地整顿各科的基础学"。10月4日,胡适论及中国古文教材,其中说道:"小说如林琴南早年译的《茶花女》《黑奴吁天录》《战血余腥记》《撒克逊劫后英雄略》也可以读。琴南早年译笔还谨慎,不像现在的潦草。所以我说读了一部《茶花女》,比读了一部《古文辞类纂》还好。旧小说如《儒林外史》《官场现形记》《红楼梦》《西游记》《水浒》《二十年目睹之怪现状》《恨海》《九命奇冤》《文明小史》《七侠无义》,译本如正、续《侠隐记》、《法官秘史》。"20日,廖仲恺致信,为《建设》杂志求稿,并表示"最希望的是先生赶紧把中国白话的语法和修辞法的规则的系统的方法弄了出来,以应时代的要求。这大事业非先生未有别人能干的"。

　　胡适10月26日收到日本学者青木正儿寄赠《金冬心的艺术》与《品梅记》两书。11月11日,胡适复信给青木正儿,对所赠书表示谢意。20日,青木正儿致信说,读过《〈水浒传〉考证》"很佩服",寄赠《支那学》杂志第1—3号各3册,并请转送给周树人、周作人两先生。24日,顾颉刚致信,得知胡适计划编刊《国故丛书》,极为兴奋,自愿担任"伪书考"一类的编辑工作,并提出"伪书"名目不甚确,应列为"伪书疑书目"。自是月起,胡适就古书辨伪的问题与顾颉刚往复讨论。同月,胡适作《吴敬梓传》。12月15日,顾颉刚致信,提出要打破三皇五帝绵延4000年的历史统系,要"从四千年的历史跌到二千年的历史"的想法,胡适对此表示赞许,建议他从点读《伪书考》做起,辑录古来辨伪文字,刊行于世。19日,胡适与高一涵应邀为朝鲜《开辟》杂志新年号题词,胡适题:"祝《开辟》的发展"。高一涵题:"开辟:威权之敌。"胡适并复函称该杂志为"东方文学界之明星"。胡适和高一涵的祝词和复函一并影印刊登于《开辟》1921年新年号上。27日,胡适复陈独秀信,对同月16日陈独秀赴广州任教育委员长行前致信胡适与高一涵信中所回应"《新青年》色彩过于鲜明"的问题,提出三条办法:1.听《新青年》流为一种有特别色彩之杂志,而另创一个哲学文学杂志;2.将《新青年》编辑的事,自九卷一号移到北京来。由北京同人于九卷一号内发表一个新宣言,声明不谈政治;3.暂时停办。是年,李泰棻应胡适之邀,入北京大学预科讲授西史,初任讲师。(参见耿云志《胡适年谱》四川人民出版社1989年版;胡颂平编《胡适之先生年谱长编初稿》,台北联经出版事业公司1984年版;吴虞著、中国国家博物馆整理、荣孟源审校《吴虞日记》上册,四川人民出版社1984年版;高大同《高一涵先生年谱》,上海文化出版社2011年版;张旭、车树昇编著《林纾年谱长编:1852—1924》,福建教育出版社2014年版)

　　李大钊1月1日在《新青年》第7卷第2号上发表《由经济上解释中国近代思想变动的原因》,以历史唯物主义观点,深刻说明了近代新思想运动的原因。又在同期《新青年》上,与蔡元培、陈独秀等17人发表"工读互助团募款启事"。4日,李大钊在《星期日》周刊(社会问题号)发表《什么是新文学》,指出:"只用白话作文章,算不得新文学,只介绍点新学说、新事实,也算不得新文学""那宏深的思想、学理、坚信的主义,优美的文艺,博爱的精神就是新文学运动的土壤、根基"。同日,在《星期评论》第31期上发表《美利坚之宗教新村运动》,介绍了美国的宗教新村运动。20日,李大钊与马叙伦等发起组织"国立北京大学教职员会",并在《北京大学日刊》上发表启事,申明该会宗旨"在于本互助之精神,联络感情,交换知识,以补助大学之发展"。21日,李大钊出席北京大学教职员大会,并被指定为由11人组成的临时委员会委员,筹划有关事宜。同月,李大钊亲自陪同陈独秀,化装成下乡的商人,乘骡车出京转道天津经海路赴沪,两人在路上讨论了在中国建党的问题。

李大钊2月2日午后4时参加北大第三次总务会议,讨论与商务印书馆订购印刷机合同及改组《北京大学日刊》、确定各部的职权界限等问题。10日,李大钊等草拟的"北京大学教职员会组织大纲"刊于《北京大学日刊》,征求教职员的意见。同月,少年中国学会决定重组《少年中国》编辑部,李大钊继续负责编辑工作。3月,经与来华的共产国际远东局局长维经斯基深入交谈,对筹建中国共产党取得一致意见。不久,他介绍维经斯基到上海会见陈独秀,马迈耶夫则留在北京帮助筹备建党工作。同月31日,李大钊在北京大学秘密发起成立马克思学说研究会,以研究马克思派的著述为目的,主要成员有高崇焕、王有德、邓中夏、罗章龙、杨东莼、瞿秋白、何孟雄、朱务善、王有德、吴汝明、黄绍谷、王复生、黄日葵、李骏、杨人杞、李梅羹、吴容沧、刘仁静、范鸿劼、宋天放、范齐韩、荣跃先等。

按:马克思学说研究会这个组织到1921年11月才公开,并由邓中夏、罗章龙、黄日葵、何孟雄、刘仁静等19名会员在11月17日《北京大学日刊》发表发起启事,曰:"本会叫做马克思学说研究会,以研究关于马克思派的著述为目的""研究的方法分四项:(1)搜集马氏学说的德、英、法、日、中文各种图书;(2)讨论会;(3)讲演会;(4)编译刊印《马克思全集》和其他有关的论文"。由于马克思主义思想的广泛传播,一批具有初步共产主义思想的知识分子成长起来,他们迫切要求深入研究马克思主义学说,以为建立共产主义组织作准备。北京大学马克思学说研究会可谓中国最早传播和研究马克思主义的团体之一,即是北京共产主义小组的前身,它的主要成员以后都成为北京党组织最早的党员。该会对促进马克思主义在中国的传播,培养和造就中国早期的马克思主义者,发挥了至为重要的作用。

李大钊接陈独秀4月26日发自上海的信函,征询关于《新青年》编辑出版的意见。30日,所撰《亚细亚青年的光明运动》一文刊于8月15日出版的《少年中国》第2卷第2期,号召中国、朝鲜、日本的青年"打破种族和国家的界限,共同反对日本军国主义和世界的强权主义。"5月1日,李大钊在《新青年》第7卷第6号(劳动节纪念号)上发表《"五一"May Day运动史》。同日上午9时,李大钊出席在北大二院礼堂举行的纪念大会并发表讲话。会上散发了《五月一日北京劳工宣言》。7日下午4时,李大钊在北大总务处参加图书委员会。10日,在《北京大学日刊》公布了图书委员会第二次会议通过的"国立北京大学总务处图书部试行条例"。29日,李大钊在《北京大学日刊》以图书馆主任名义,发布进行彻底清查所有图书的通告。同月,陈独秀与共产国际代表会谈后,开始在上海筹备建党,就党的名称写信征求李大钊的意见:名为社会党还是叫共产党?李大钊当即明确回答:应叫共产党。

李大钊7月1日出席少年中国学会在北京顺治门外岳云别墅召开的周年纪念大会(第一次年会)。8日,北大评议会特别会全体通过,将图书馆主任改为教授,自此李大钊在北大担任教授兼图书馆主任。中旬,张国焘受李大钊委派赴沪与陈独秀商谈建党问题。8月1日,李大钊与蒋梦麟、高一涵、胡适等联名在《晨报》发表《争自由宣言》,强烈要求保障言论、出版、集会结社、书信秘密等自由,实行人身保护法和组织公民选举监督团。18日午后1时,李大钊出席五团体即少年中国学会、觉悟社、曙光社、青年互助团、人道社在北大图书馆召开的联络筹备会。后因彼此内部思想分歧,五大团体联合终究未能实现。20日,李大钊与蔡元培等13人联合发表启事,提倡临时国民大会,希望以此来解决国事中的重大问题,同时公布了"临时国民大会提案"。9月16日,李大钊与蔡元培等30人联名发表启事,发起组织北京大学赈灾会。

李大钊9月17日与陈启修等举办现代政治讲座,以介绍苏维埃俄国、世界各国工人运动及中国劳工运动的状况等。月底,张国焘自上海回到北京,向李大钊汇报与陈独秀联络经过。此后,李大钊多次与陈独秀通信,讨论建党中的各种问题。10月1日,据《北京大学日刊》报道,李大钊在北大史学系开设"唯物史观研究"课程,以后又开设"史学思想史""史学概论";在经济系开设"社会主义与社会运动";在法律系开设"社会主义",还在北京女子高等师范、朝阳大学、中国大学等校讲授"女权运动史""史学思想史""社会学""图书馆学"等课程,通过课堂教学向青年宣传马克思主义。14日,李大钊当选北京大学评议会评议员。同月,李大钊发起的北京共产党小组正式成立,最初成员有李大钊、张申府、张国焘、邓中夏、罗章龙、刘仁静、高尚德、何孟雄、缪伯英、范鸿劼、李骏等11人。11月7日,在李大钊的指导下,北京共产主义小组创办《劳动音》周刊,邓中夏、罗章龙、陈德荣等为编辑。

按:稍后陆续加入北京共产党小组的有:吴汝明、李韶九、江浩、邓培、史文彬、宋介、李梅羹、朱务善等。此外,无政府主义者黄凌霜、陈德荣、张伯根等人也曾参加这个小组,不久即退出。共产党小组经常开会的地点是李大钊的家里或办公室,成立会就是在他的办公室召开的。小组建立后,李大钊仍主要以合法的社会身份进行活动,扩大马克思主义和社会主义的宣传,加强对上层人士的工作。同年11月底定名为中共北京支部。

李大钊11月28日在少年中国学会于北大第一院第二教室举行的学术谈话会上,讲演"自然与人生"。同月,北京社会主义青年团宣告成立,在北大学生会办公室举行成立大会。12月1日,李大钊在《新青年》第8卷第4号上发表《唯物史观在现代史学上的价值》。2日,李大钊与何恩枢、徐其湘、陈学池、郭弼藩、陈顾远、费秉铎、鄢祥提、梅祖芬等人发起成立北京大学社会主义研究会。4日,在《北京大学日刊》公布北京大学社会主义研究会简章,以"集合信仰和有能力研究社会主义的同志,互助的来研究并传播社会主义思想"为宗旨,编印社会主义丛书,翻译社会主义研究集和发表社会主义论文。同月,陈独秀致函李大钊,征询是否应陈炯明之聘去广州任职的事,李大钊对此作了肯定的问答,认为陈独秀去广东领导教育工作,可以把新思潮带到广东去,同时又可以发起共产主义者的组织。是年,李大钊任北大教授后印发了《唯物史观》《史学思想史》等讲义,又作《原人社会于文字书契上之唯物的反映》。(以上参见朱文通主编《李大钊年谱长编》,中国社会科学出版社2009年版)

蒋梦麟3月31日兼任浙江第一师范学校校长,旋即推荐姜琦接任。3月,北大本教授治校之宗旨,组织评议会、行政会议、教务会议、总务处四大部。评议会司立法,行政会议司行政,教务会议司学术;总务处司事务。教务会议仿欧洲大学制,总务处仿美国市政制,评议会、行政会议,为北大首创。5月4日,蒋梦麟与胡适联名发表《我们对于学生的希望》,以为学生罢课是于敌无损,己却有很大损失,并养成依赖群众的恶心理、逃学的恶习气、无意识行为的恶习惯,是下下策。10月,再次代理北大校务。本年,对北大学科、课程设置进行改革,扩充文理两科,停办工科、商科,将原文、理、法等科改组为五个部。第一部:数学系、物理系、天文系;第二部:化学系、地质系、生物系;第三部:心理系、哲学系、教育系;第四部:中国语言文学系、英国语言文学系、法国语言文学系、德国语言文学系等;第五部:经济系、政治系、法律系、史地系。(参见马勇、黄令坦编《中国近代思想家文库·蒋梦麟卷》附录《蒋梦麟

年谱简编》，中国人民大学出版社2015年版）

高一涵继续在日本访问。1月1日，在《新青年》第7卷第2期上继续发表《杜威博士讲演录：社会哲学与政治哲学》译记稿。同期发表高一涵《对于"治安警察条例的批评"》。1月2日清早，高一涵从釜山上船，船行十小时到达下关后，乘火车前往东京。2月1日，高一涵在《新青年》第7卷第3期上继续发表《杜威博士讲演录：社会哲学与政治哲学》译记稿。13日，高一涵从日本写信给胡适、陈独秀，告知在中国留日学生会"统一纪念会"讲演，并报告《新青年》在日代派事以及日本新进人物对中国新文化运动的期待。4月1日，高一涵在《新青年》第7卷第5期上发表《罗素的社会哲学》。

按：胡适附注："这篇文章是高先生从东京寄来的。我同张崧年先生看了一遍，删去了一部分，因为路远，不能先得高先生的同意，故声明一句。"

高一涵4月4日在《广肇周报》第52期论坛上发表《八年来政治上的罪恶》。历数军阀政治造成八年不断的兵祸。5月1日，高一涵在《新青年》第7卷第6号五一劳动节专号上发表《日本近代劳动组织及运动》，对日本近代劳动组织的历史、现状、目的、劳动团体的运动等进行研讨。5日，经李大钊、胡适、吉野作造等运作，北大游日学生团康白情等一行5人到达东京，高一涵帮助接洽安排，并参与演说。7日，高一涵参加北大游日学生团与留日学生会联合在大丰町私立卫生会召开的"国耻日纪念会"，并在会上发表讲演。17日，北大游日团召开中日演说会，到会者中日人士各二三百人，高一涵发表《中日亲善之障碍》的演说，称中日亲善之障碍有三：一为帝国主义，二为狭义的国家主义，三为以中日亲善为手段，而图达他种目的。批评日本政府帝国主义和军国民主义教育，呼吁"吾人须竭力排除此三种障碍"。6月18日，高一涵从神户乘船回国，22日到天津后返京。8月1日，与胡适、陶孟和、蒋梦麟、李大钊等联名在《晨报》上发表《争自由的宣言》。8月，旅京皖事改进会在北京成立，以北大皖籍教职员为主，高一涵与程演生、蔡晓舟、杨亮功、李辛白、袁大化等17人是主要成员，其宗旨在驱逐安徽军阀，改进安徽政治整顿教育。10月，高一涵与胡适联名发电报致陈独秀，赞同教育部改任张继煦就任安徽教育厅长职。同月，高一涵编《欧洲政治思想小史》由中华书局出版。

按：京沪两地皖事改进会，是五四时期皖籍知识分子群体在省外最大最具代表性的团体。（参见高大同《高一涵先生年谱》，上海文化出版社2011年版）

陶孟和1月1日在《新青年》第7卷第2号发表《欧美劳动问题——1919年在欧洲时所见》，认为劳动问题根本上是"一个社会改造问题"。夏，因陈独秀将《新青年》移至上海，陶孟和致函陈独秀深表不满。陈独秀在随后的致胡适信中有"我对于孟和兄来信的事，无可无不可"之语。8月1日，陶孟和与胡适、蒋梦麟、王徵、张祖训、李大钊、高一涵等7人联名发表《争自由的宣言》，宣言说："我们本来不愿意谈实际的政治，但实际的政治，却没有一时一刻不来妨害我们。"17日，陶孟和直接向陈独秀、胡适提出募款重新创办一日报，编辑人员以《新青年》的知识分子群体为主，认为日报应"主张'稳健'为得可以经久。故须以空气为转移。"从中也可看出《新青年》同人内部已经对谈政治的态度已经产生了分歧。9月1日，陶孟和在《新青年》第8卷第1号发表《新历史》，此系作者在北京高师附属中学教育研究会的演讲辞，以"新历史"为题，指出旧史四点弊端，新史学产生与进化论、科学的关系，历史之用处，可见深受鲁滨逊《新史学》的影响，所以在向读者推荐研究历史应读之书中，以《新史学》英文本列为第一种。10月，陶孟和校（美）塞利格曼著，陈石孚译《经济史观》由商务印书馆出版。年底，陈独秀应陈炯明之邀赴粤筹办全省教育，《新青年》在上海的编辑工作交由陈望道等人负责。随着《新青年》的杂志色彩越来越"过于鲜明",陶孟和、钱玄同、高一涵等人的稿件也逐渐减少。同时胡适、陶孟和与陈独秀在政治上的分歧也逐渐加大,同时陈独秀也开始怀疑胡适与陶孟和的政治倾向:"南方颇传适之与孟和兄与研究系接近,且有恶评,此次高师事,南方对孟和颇冷淡,也就是这个原因,我盼望诸君宜注意此事"。此外,陈独秀还质问陶孟和,并提出"言尽于此"的话,两人的关系一度紧张。此后,陶孟和也再没有向《新青年》撰稿。(参见暴玉谨《陶孟和的早期活动及思想研究(1887—1926)》,河北大学硕士学位论文,2011年;王学典《20世纪史学编年(1900—1949)》,商务印书馆2014年版)

梁漱溟春初应少年中国学会邀请作"宗教问题讲演"。夏,梁启超、蒋百里由林宰平陪同到崇文门外缨子胡同梁漱溟住所访问,此为梁漱溟与梁启超、蒋百里彼此交往之始。暑期,梁漱溟到南京支那内学院访问欧阳竟无,并介绍熊十力到内院学习佛学。熊十力自此"问佛法于欧阳先生",一住三年。秋,梁漱溟在北京大学开始于课外作《东西文化及其哲学》讲演,不仅为"文化"给出了新的定义,并以此划分文化发展阶段,而且首创东西文化比较研究法,比较和阐释中、印、西方三大体系。演讲由陈政记录。是年,梁漱溟出版《唯识述义》第一册,由北大出版部印。

按:梁漱溟"东西文化及其哲学"演讲曰:"所谓一家文化不过是一个民族生活的种种方面。总括起来不外三方面:(一)精神生活方面,如宗教、哲学、科学、艺术等是。宗教、文艺是偏于情感的,哲学、科学是偏于理智的。(二)社会生活方面,我们对于周围的人——家族、朋友、社会、国家、世界——之间的生活方法都属于社会生活一方面,如社会组织、伦理习惯、政治制度及经济关系是。(三)物质生活方面,如饮食、起居种种享用,人类对于自然界求生存的各种是。我们人类的生活大致不外此三方面。""人类生活中所遇到的问题有三不同;人类生活中,所秉持的态度(即所以应付问题者)有三不同;因而人类文化有三期次第不同。第一问题是人对于'物'的问题,为当前之碍者即眼前面之自然界——此其性质上为我所可得到满足者。第二问题是人对于'人'的问题,为当前之碍者在所谓'他心'——此其性质上为得到满足与否不由我决定者。第三问题是人对于'自己'的问题,为当前之碍者乃还要在自己生命本身——此其性质上为绝对不能满足者。""虽人之感触问题,采取态度,初不必依其次第,亦不必适相当;而依其次第适当以进者,实为合乎天然顺序,得其常理。人类当第一问题之下,持第一态度走去,即成就得其第一期文化;而自然引入第二问题,转到第二态度,成就其第二期文化;又自然引入第三问题,转到第三态度,成就其第三期文化。以其所由树立盖从人类过去历史文化反复参证而得。""古希腊人之人生盖类属第一态度,其文化即发于此;古中国人之人生盖属第二态度,其文化即发于此;古印度人之人生盖属第三态度,其文化即发于此。总之,所谓世界三大系文化者,盖皆有其三不同之人生态度为根本。""质而言之,世界未来文化就是中国文化复兴。""人类生活只有三大根本态度……由三大根本态度演为各别不同的三大系文化。""无所谓谁家的好坏,都是对人类有很大的贡献。""人类文化之初都不能不走第一路,中国人自也这样,却他不待把这条路走完,便中途拐弯到第二路上来;把以后要走到的提前走了,成为人类文化的早熟。"

按:梁漱溟首创东西文化比较研究法,针对当时有人认为"东方化是未进的文化,西方化是既进的文化""未进文化大可不必提起,单采用既进的文化好了",以及中外人士中又有要将"东西文化调和融通,另开一种局面作为世界的新文化"论调,指出"全然不对"。梁漱溟说:"据我的看法,东方文化和西方文化都是世界的文化,中国为东方文化之发源地。""世界未来文化就是中国文化的复兴。"在此,梁漱溟第一次提出并阐明世界文化分三大体系:一个是西洋的,一个是中国的,一个是印度的;西洋是人对物,中国是人对人,印度是人对自己。然后引证中外著名学者的有关论述,阐明中国文化为人类的贡献。梁漱溟演讲时还提出再倡中国古人讲学之风与近代的社会运动结合为一的主张。

按:梁漱溟关于"东西文化及其哲学"讲演,首创东西文化比较研究法,比较和阐释中、印、西方三大体系,实际上也是对当时中西文化之争以及新文化运动的回应,大致与梁启超、张东荪等相呼应,成为中西文化之争第三期的代表人物。(参见李渊庭、阎秉华编著《梁漱溟年谱》,广西师范大学出版社2003年版)

　　鲁迅1月5日由刘半农提议任初拟《近代文艺丛书》编辑主任,重在介绍西方文艺作品和文艺理论,后因刘半农偕家眷往欧洲留学,丛书的出版计划遂未实现。26日下午,鲁迅赴国歌研究会。3月20日,鲁迅作《〈域外小说集〉序》,载1921年上海群益书社重印本《域外小说集》卷首,发表时署周作人名。4月17日,鲁迅受教育部指派,前往故宫午门清理德文图书。5月4日,鲁迅致信宋知方,对新文化运动中一些人"行不顾言"的倾向表示不满。6月26日午后,鲁迅与周作人赴北京大学出版部,得陈望道22日函以及寄赠的《共产党宣言》,鲁迅委托周作人回信,并把《域外小说集》寄赠作为答谢。8月2日,北京大学中国文学系主任马裕藻代表学校聘请鲁迅兼任北京大学讲师,教中国小说史略,王鲁彦曾听过此课。

　　按:蔡元培《我在教育界的经验》(载1937年12月《宇宙风》第55期)曰:"自陈独秀君来任学长,胡适之、刘半农、周豫才、周岂明诸君来任教员,而文学革命,思想自由的风气,遂大流行。"

　　鲁迅8月7日将其小说《风波》手稿寄交上海陈独秀,陈接信后当即复函,并望鲁迅与周作人"再做一篇在二号报上发表",又谓"玄同兄总是无信来,他何以如此无兴致?无兴致是我们不应该取的态度,我无论如何挫折,总觉得很有兴致"。10日,鲁迅译完德国尼采的《察拉图斯忒拉的序言》并作《译者附记》,载9月《新潮》第2卷第5期。26日,鲁迅受北京高等师范学校之聘,为该校讲师。次年1月开始讲课,教授《中国小说史略》,直到1926年8月离京赴闽止。11月9日,鲁迅将其小说《故乡》手稿寄给上海的陈独秀。12月14日,鲁迅致青木正儿信,感谢他"怀着同情和希望"对中国文学革命所作的"公正评论"。24日,鲁迅赴北京大学开始授课,直至1926年8月离开北京为止。先是自编讲义,讲授《中国小说史略》,后又以日本厨川白村的《苦闷的象征》为教材,讲授文艺理论。(参见鲁迅博物馆、鲁迅研究室编《鲁迅年谱》,人民文学出版社1981年版;蒙树宏编著《鲁迅年谱稿》,广西师范大学出版社1988年版;曹聚仁《鲁迅年谱》,生活·读书·新知三联书店2011年版;唐宝林、林茂生《陈独秀年谱》,上海人民出版社1988年版)

　　周作人1月6日应邀前往北平少年中国学会讲演,讲题为《新文学的要求》,提出新文学所要求的"就是个人以人类之一的资格,用艺术的方法表现个人的感情,代表人类的意志,有影响于人间生活幸福"的"人道主义的文学",或称"人生的文学",讲稿载1月8日《晨报·副刊》。同月7日,周作人赴工读互助团会议;收国语统一筹备会函,邀为语法编纂会委员。18日,周作人作《新村运动的解说——对胡适先生的演说》,回答胡适在《时事新报》上发表的《非个人主义的新生活》一文中对新村运动表示的质疑。后载1月24日《晨报》及1月26日《民国日报·觉悟》。24日,周作人应陈独秀函邀,赴工读互助团谈话会,并在会上讲演。30日,得刘半农27日自江阴快信,告与群益书社交涉出版《近代文艺丛书》所议的各项决定,请鲁迅为编辑主任,鲁迅、周作人、刘半农3人为基本社员。2月5日,周作人往教育部赴国语统一筹备会会议。7日,周作人收天津革命青年组织"觉悟社"寄赠的白话文宣传刊物《觉悟》一册。29日,赴工读互助团第一组会议。3月1日,周作人宣布新村北京支部正式成立,发表《新村北京支部启事》,载《新青年》第7卷第4号。

　　按:《启事》云:"本支部已于本年二月成立,由周作人君主持一切,凡有关于新村的各种事务,均请直接通信接洽。又如有欲往日向,实地考察村中情形者,本支部极愿介绍,并代办旅行的手续。支部地址及面会日期如下:北京西道门内八道湾十一号周作人宅。每星期五及星期日下午一时至五时。"

　　周作人3月11日接陈独秀致信,告群益书社关于重印《域外小说集》事。周作人开始校阅《域外小说集》,20日准备再版。28日,周作人发表《"工学主义"与新村的讨论》,载《工学》第1卷第5号。30日,周作人收到北京高等师范函,约自4月起去授课。31日,周作人陪同日本学者丸山昏迷往访北京大学校长蔡元培。4月7日,因当时周作人在新文学运动中名噪一时,他所介绍的"新村主义"在知识界和一些早期共产党人中也有一定影响,所以毛泽东前来拜访。28日,周作人去北京大学访李大钊并以新村介绍函交徐彦之。约于是月,周作人加入新潮社。5月1日,钱玄同致信周作人,商讨外国人名地名翻译的问题。11日,周作人去中央公园赴胡适约,议《新青年》第8卷以后如何编辑的问题。

　　按:陈独秀于4月26日写给在北京的《新青年》杂志同人李大钊、胡适、张申甫、钱玄同、顾孟余、陶孟和、陈百年、沈尹默、严慰慈、王星拱、朱逷先、周作人等12人的信中说:"《新青年》七卷六号稿已齐(计四百面),上海方面五月一日可以出版,以后拟如何办法,尚请公同讨论赐复:(1)是否接续出版?(2)倘续出,对发行部初次所定合同已满期,有无应与交涉的事?(3)编辑人问题:(一)由在京诸人轮流担任;(二)由在京一人担任;(三)由弟在沪担任。为时已迫,以上各条,请速赐复。"这次聚会,即对上述问题进行了磋商。

　　周作人5月31日应社会实进会约6月19日去作关于新村之讲演。6月5日,应蔡元培约,周作人为自进学校作校歌一首。8日,周作人得郑振铎当日信,请告知为社会实进会第四次讲演会讲演的题目,并约他为《人道》月刊撰写关于"新村"问题的文章。19日,周作人往北京青年会,为社会实进会讲演《新村的理想与实际》,并与郑振铎首次相见。26日,周作人得陈望道22日自上海来函,与陈望道始有书信往来。7月5日,得陈独秀、陈望道2日函。11日,周作人收北京女子高等师范学校聘书,聘请下学期去讲欧洲文学史,每周两小时。8月2日,郑振铎来访,赠《人道》月刊一本,并邀为《人道》月刊撰文。同月,新潮社举行第三次职员改选,周作人被选为主任编辑,并由他推定毛准、顾颉刚、陈达材、孙伏园为编辑,孟寿椿为主任干事,由他指定王星汉、孙伏园、高尚德、宗锡钧、李荣第(小峰)、郭绍虞为干事。是月,开始在北京女子高等师范学校兼课,讲授"欧洲文学史";与日本学者青木正儿结识。10月1日,周作人至青年会,赴郑振铎召开的关于《人道》月刊的会议,出席者共16人。17日作《罗素与国粹》,载10月19日《晨报·副刊》。

　　按:此文批评罗素来华后第一场演说中劝中国人"要保重国粹"的观点,说:"我们看中国的国民性里,除了尊王攘夷,换一个名称便是复古排外的思想以外,实在没有什么特别可以保存的地方。"

　　周作人10月26日往孙德学校讲演《儿童的文学》。28日,周作人往中央公园,参加新潮社常会。这次会上,周作人当选为主任编辑,并由周作人推定编辑4人:毛准、顾颉刚、陈达材、孙伏园。11月8日,周作人往北京师范学校参加纪念会并讲演《文学上的俄国与中国》。12日,周作人往北京大学,借图书馆主任室开会,商量筹备文学研究会事,会上推定由郑振铎起草会章。13日,周作人往北京协和医校讲演《文学上的俄国与中国》。21日,周作人作《翻译与批评》,载11月23日《晨报·副刊》。23日,钱玄同致信周作人,谈《诗经原始》一书。同日,周作人到东城万宝盖胡同耿济之家开会,研究组织"文学研究会"事,到会的有郑振铎、耿济之、许地山、蒋百里、郭绍虞、瞿世英、周作人共7人。会上被推举为"文学研究会宣言"的拟草人。28日,作《文学研究会宣言》,交孙伏园。

　　按:关于"文学研究会"发起之经过,据《文学研究会会务报告》(第一次)(载《小说月报》第12卷第2号,1921年2月10日)称:"1920年11月间,有本会的几个发起人,相信文学的重要,想发起出版一个文学杂志:以灌输文学常识,介绍世界文学,整顿中国旧文学并发表个人的创作。征求了好些人的同意。但因经济的关系,不能自己出版杂志。因想同上海各书局接洽,由我们编辑,归他们出版。当时商务印书馆的经理张菊生君和编辑主任高梦旦君适在京,我们遂同他们商议了一两次,要他们替我们出版这个杂志。他们以文学杂志与《小说月报》性质有些相似,只答应可以把《小说月报》改组,而没有允担任文学杂志的出版。我们自然不能赞成。当时就有几个人提议,不如先办一个文学会,由这个会出版这个杂志,一来可以基础更为稳固,二来同各书局也容易接洽。大家都非常的赞成。于是本会遂有发起的动机。"为筹备成立文学研究会,此后又于11月29日、12月4日、12月30日先后开会,通过会章、宣言,讨论入会者名单;并于1921年1月4日召开正式成立大会。由于周作人患病,后几次会均未参加。

按《文学研究会宣言》曰:"我们发起这个会,有三种意思,要请大家注意:一是联络感情。本来各种会章里,大抵都有这一项;但在今天文学界里,更有特别注意的必要。中国向来有文人相轻的风气;因此现在不但新旧两派不能协和,便是治新文学的人里面,也恐因了国别派别的主张,难免将来不生界限。所以我们发起本会,希望大家时常聚会,交换意见,可以互相理解,结成一个文学中心的团体。二是增进知识。研究一种学问,本不是一个人关了门可以成功的;至于中国的文学研究,在此刻正是开端,更非互相补助,不容易发达。整理旧文学的人,也需应用新的方法,研究新文学的人更是专靠外国的资料;但是一个人的见闻及经济力总是有限,而且此刻在中国要搜集外国的书籍,更不是容易的事。所以我们发起本会,希望渐渐造成一个公共的图书馆研究室及出版部,助成个人及国民文学的进步。三是建立著作公会的基础。将文艺当做高兴时的游戏或失意时的消遣的时候,现在已经过去了。我们相信文学是一种工作,而且又是与人生很切要的一种工作;治文学的人也,当以这事为他终生的事业,正同劳农一样。所以我们发起本会,希望不但成为普通的一个文学会,还是著作同业的联合的基本,谋文学工作的发达与巩固,这虽然是将来的事,但也是我们的一个重要的希望。因以上三个理由,我们所以发起本会,希望同志的人们赞成我们的意思,加入本会,赐以教诲,共策进行,幸甚。"此宣言先后刊载于1920年12月13日北京《晨报》、1920年12月1日上海《民国日报·觉悟》、1921年1月1日《新青年》第8卷第9号以及1921年1月10日《小说月报》第12卷第1号。并以周作人、朱希祖、耿济之、郑振铎、瞿世英、王统照、沈雁冰、蒋百里、叶绍钧、郭绍虞、孙伏园、许地山等12人的名义发起成立文学研究会。

周作人11月30日往燕京大学文学会讲演《圣书与中国文学》。12月14日,以沈兼士、钱玄同、周作人署名发表《发起歌谣研究会/征求会员》的启事,载《北京大学日刊》第767号。15日,周作人作致青木正儿信(日文),为周作人写给青木正儿的第一封信。约上半月,陈独秀致信李大钊、钱玄同、胡适、鲁迅、周作人等,说:"弟日内须赴广州,此间编辑事务已请陈望道先生办理,另外新加入编辑部者,为沈雁冰、李达、李汉俊三人。"16日,陈望道致信周作人,告知陈独秀明天动身往广东去,这里收稿(按指《新青年》)的事,暂由他课余兼任。17日,周作人作《新村的讨论》(答黄绍谷的信),解答黄绍谷对于新村的怀疑。18日,北京大学成立歌谣研究会,周作人与沈兼士共任主任。19日,周作人往少年中国学会讲演。22日,邓中夏交来周作人在少年中国学会的讲演稿,嘱阅。21日,周作人往高等师范学校工学会讲演。同日,周作人往北京大学赴歌谣研究会会议。(以上参见张菊香、张铁荣主编《周作人年谱》,南开大学出版社1985年版)

朱希祖1月1日在《时事新报》增刊发表《文学的感想》。20日,朱希祖列名发表《马叙伦等启事》,倡议组织北京大学教职员会。2月2日,《晨报》登载朱希祖1月20日于史学系学生谈话会上的讲话《史学绪论》。4日,朱希祖出席评议会常会,议决杨昌济、刘师培教授身后恤金问题等8事。3月3日,与蔡元培、秦汾等19人联名为本校教授兼数学门研究所教员龚文凯征求赠送启事。6日,朱希祖出席评议会特别会,讨论本年度学校预算、追认收回北大送往北洋大学学生案以及收回北大送往北洋大学学生开设新班、暑假以前送薪临时办法等议案。3月20日,北大教职员会正式成立,朱希祖以109票当选为委员。4月1日,朱希祖出席评议会常会,讨论李石曾提出的在法国里昂设立北京大学国外部等议案。13日,朱希祖不再兼任中国文学系代理主任。20日,朱希祖续任史学系主任。25日,参与与陈百年、钱玄同、马衡、马季明、马叙伦、沈士远、周作人等在东兴楼沈尹默赴日留学饯行。同月,朱希祖在《学艺杂志》第2卷第1号发表《论〈卿云歌〉不宜为国歌》。5月4日,朱希祖在《晨报副刊》1920年"五四纪念专号"以及《新教育》第2卷第5期发表《五四运动周年纪念感言》。12 日，朱希祖出席评议会例会，与马裕藻提出《本校教务会议及各系教授会应订定规则案》。6 月，朱希祖在《史地丛刊》第 1 卷第 1 号发表《史记本记起于黄帝说》。7 月 8 日，朱希祖出席评议会例会，讨论《研究所简章》等案。8 月 11 日，朱希祖致函胡适，谈聘陈衡哲至北大任教事。

按：朱希祖致胡适函曰：适之先生：昨接到你的信，始知陈衡哲女士已到南京讲演。他对于教西史的志愿，我已明白。"西洋上古史"和"史学通论"姑且不强他教。现拟请他教"西洋近百年史"，每星期三小时，如人数多，分为两班，用同样讲义教，须六小时，再请他在史学系研究课程中担任"欧亚交通史"二小时。前一种须编中文讲义，后一种缓编讲义，先行讲演，即至一年后再编成书亦可。"西洋中古史"和"西洋近世史"，已有人担任，中途不可更改。如陈女士愿意教，明年再商量吧。我的意思请和陈女士商量，如得同意，望速赐复。

朱希祖 9 月 9 日出席评议会特别会，讨论《教务会议提出史学系遇派学生出洋留学案》等案。10 月 14 日，朱希祖当选北京大学 1920—1921 学年度评议会评议员。16 日，北大评议会决议，朱希祖图书委员会委员。同月，朱希祖《中国文学史要略》线装铅印本初版，作为学生参考书。卷首有朱希祖撰写的《中国文学史要略叙》，简述此书成书时间、缘由及付印诸事。文末标示"民国九年十月朱希祖自叙"。全书无篇次、章节之分，将上古至清末文学分六期加以叙述。12 月 5 日，朱希祖与马裕藻访鲁迅。同月，参与筹备文学研究会。冬，置别业于积水潭北岸，负郭面湖，风景颇佳。（参见朱元曙、朱乐川《朱希祖先生年谱长编》，中华书局 2013 年版；付祥喜《20 世纪前期中国文学史写作编年研究》，北京师范大学出版社 2013 年版）

何炳松担任北大史学系"历史研究法"一课，以鲁滨逊《新史学》原本作教本，颇受学生欢迎。6 月 10 日，北京高等师范学校史地学会主办《史地丛刊》创刊，何炳松任编辑部主任，为撰《发刊词》，设定该刊的投稿标准是"以关于历史地理之范围为限，其能阐扬史地学理以活用于现实诸问题者尤所欢迎"。何炳松撰《发刊词》略曰："溯自达尔文（Darwin）人类进化之说兴，历史之观念大变"，"夫研究人类进化之陈迹者，史学家之责也；研究人类进化之现状者，地理家之责也。乃进化之说，不出诸史家之口，而出诸研究动物学之达尔文，与研究地质学之利爱尔，宁不可耻。抑有进者，自 19 世纪以来，社会科学，日新月异，而要以进化二字为宗。返观史地著述，犹是陈陈相因，以'明灯''殷鉴'诸旧说炫世人之耳目。一若研究历史地理之徒，不识进化二字之于意云何。岂非可异之事耶。"因而提出"研究历史者，当推求过去进化陈迹，以谋现在而测将来。研究地理者，当观察地理与文化之关系，以资借镜而谋改善。必也知己知彼，博古通今，然后史地之为义始明，史地之为用始著，而吾辈研究史地之责始尽。"

按：《史地丛刊》第 2 期出版后，因种种原因停顿多时。南高史地研究会深表惋惜，"北高《史地丛刊》，自《地学杂志》外，实导史地界定期刊物之先"。北高师史地学会与南高师史地学会甚为投契，双方互相交换会刊，"声应气求，志趣相合"。（参见王学典《20 世纪史学编年（1900—1949）》，商务印书馆 2014 年版；房鑫亮《忠信笃敬：何炳松传》，浙江人民出版社 2006 年版）

马叙伦 1 月 19 日与沈尹默等 90 人发起成立北京教职员公会。20 日，在《北京大学日刊》发表《马叙伦等启事》，倡议组织北京大学教职员会，商定于次日晚在第二院大礼堂集会讨论，发起者俞星枢、周象贤、林损、钱玄同、马裕藻、何炳松、孟寿椿、陶孟和、胡适、姚憾、沈兼士等 55 位。27 日，因家事南行，所有庶务委员会委员长事务已请朱锡龄暂为代理。3 月 3 日，与蔡元培、秦汾、朱希祖等 19 人联名为本校教授兼数学门研究所教员龚文凯征求赙赠启事。7 日，马叙伦受邀为北京大学教职员会"筹备选举委员"。21 日，马叙伦高票当选北京大学教职员会委员。

按：总有效票281张，马叙伦得票214张，列教员第四位。教员得票前三位，胡适248票、陶孟和226票、蒋梦麟224票；职员得票前三位，蔡元培246票、李大钊240票、李辛白237票。

马叙伦4月1日出席评议会常会，提出"评议会细则案"，会议逐条修正后通过。12日，蒋梦麟致胡适信，称"北大有兄及夷初在，我可放心"。7月8日，马叙伦在北大评议会上提出修正案，图书馆主任改为教授，获得通过。9月24日，马叙伦与李大钊、胡适、蔡元培、罗文幹等30人列名《北京大学赈灾会启事》。10月6日，《北京大学日刊》发表《马夷初启事》，称《庄子天下篇义证》存书已交校出版部。14日，《北京大学日刊》发表《蔡元培启事》，公布新一届评议会选举结果，陶履恭、马叙伦等16人当选。马叙伦并任组织委员会、预算委员会、聘任委员会委员，庶务委员会委员长。15日，马叙伦在《北京大学日刊》发表《北京大学研究所整理国学计划书》，提出从系统整理各类学术资料和研治传统学术两方面入手清理文化遗产的计划，并规定了搜集文献和文物古器实物材料的具体步骤方法。

按：《北京大学研究所整理国学计划书》提出，我国传统学术遗产虽丰，但以西方现代科学视之，不免有"浑沌紊乱之景象""故今日欲阐扬吾国固有之学术，其道尤要于先整理"。整理之法，当"取乾嘉诸老之成法，而益以科学之方法，更得科学之补助"，具体措施有派遣深通国学的学者、学生留学海外，有计划地整理"学术之材料"、搜集整理各种文献和考古实物等，方能推动学术事业的进步。

马叙伦10月16日出席北大评议员会议。11月23日晚，应北大旅沪同乡会之邀，在上海赴一品香西餐馆欢送蔡元培、张申府、李闻初一行赴法，徐彦之赴英。同席汪精卫、吴稚晖、张继、汤尔和、沈信卿、穆藕初、胡明复诸人，由陈独秀主席并致欢送词。12月3日，致函教职员会总主席姚憾（恨吾），以"精力俱疲，疑谤随集，眷彼前途，事未易艾"为由，声明辞去本校出席北京小学以上学校教职员联合会代表。5日，马叙伦致函"本校同事诸公"，针对第三院发现的匿名传单，逐节予以辩白，表示"立身素有本末，亦非该启之所能损也"。24日，《北京大学日刊》发表姚憾启事，公开"迭嘱挽留马夷初先生函件"，包括马联绪、周作人、蒋梦麟、李煜瀛、顾孟余、王星拱、陶孟和、黄节、李大钊、朱希祖、吴梅、刘毓盘、何炳松、刘三、吴梅等169人联名信。校评议会发表通告，不同意马辞去评议员之职。（参见卢礼阳《马叙伦年谱》，浙江古籍出版社2021年版；王学典《20世纪史学编年（1900—1949）》，商务印书馆2014年版）

马寅初1月15日致函蔡元培校长，辞去北京大学教务长职务。17日，北京大学教授杨昌济病逝，马寅初与蔡元培、毛泽东等人在报上联名刊登启事，为杨昌济葬礼征集赙金，安抚遗属。2月1日，在北京大学授讲《经济界之危险预防法》。23日，马寅初被推选为北大经济系主任、审计委员会委员长。3月23日接受浙江兴业银行董事长叶景揆邀请，出任浙江兴业银行总办事处顾问。4月1日，在《新青年》第7卷第4期（人口问题专号）发表《计算人口的数学》，介绍算术级数和几何级数计算人口之方法以及两种计算法各所缺陷。此文系马寅初最早关注人口问题之文章。6月11日，马寅初在《北京大学日刊》发布启事："鄙人因事出京，经济学系主任请黄伯希先生暂行代理。"23日，与黄世晖、郑阳和一起被选为北京大学总务会议会计组委员。27日，出席北大总务会议。28日，北大总务会议全体委员于第三院大礼堂集会畅叙，欢送蔡元培、陈百年、韩志勤赴欧洲考察教育。（参见徐斌、马大成编著《马寅初年谱长编》，商务印书馆2012年版）

马裕藻1月20日列名发表《马叙伦等启事》，倡议组织北京大学教职员会。2月4日，马裕藻出席评议会常会，议决杨昌济、刘师培教授身后恤金问题等8事。4月13日，经中国文学系教授会投票，马裕藻当选为国文系主任，任期达14年之久。18日，马裕藻与马衡、朱希祖、沈士远访鲁迅,鲁迅赠马衡新疆石刻拓片三种。25日,马裕藻与陈百年、钱玄同、朱希祖、马衡、马季明、马叙伦、沈士远、周作人等在东兴楼沈尹默赴日留学饯行。30日,马裕藻出席评议会例会,讨论陈寅恪借款1000元,将来于北大服务时扣还等案,议决通过,当时陈寅恪正在美国留学。5月10日晚,马裕藻、马叙伦、陈百年、朱希祖做东,邀周作人等人至香厂东方饭店宴叙。12日,马裕藻出席评议会例会,与朱希祖提出《本校教务会议及各系教授会应订定规则案》。7月8日,出席评议会例会,讨论《研究所简章》等案。下半年,北京大学国文系拟开设小说史课,马裕藻先请周作人担任,周作人答应下来,后觉不妥,便请鲁迅担任。8月2日,代表学校聘请鲁迅兼任北京大学讲师,教中国小说史略。9月16日,马裕藻参与蔡元培、李大剑、胡适、蒋梦麟、马叙伦、朱希祖等30人联名发起的"北京大学赈灾会",为北方灾民募捐。12月5日,马裕藻与朱希祖访鲁迅。是年,马裕藻还致力于弥合鲁迅与钱玄同、沈尹默和胡适、胡适与刘半农等之间的成见,调解新旧两派的关系。(以上参见鲁迅博物馆、鲁迅研究室编《鲁迅年谱》,人民文学出版社1981年版;参见朱元曙、朱乐川《朱希祖先生年谱长编》,中华书局2013年版;张菊香、张铁荣主编《周作人年谱》,南开大学出版社1985年版)

沈尹默1月19日与马叙伦等90人发起成立北京教职员公会。20日,沈尹默列名发表《马叙伦等启事》,倡议组织北京大学教职员会。3月21日,沈尹默当选北京大学教职员会委员。4月23日晚,赴钱稻孙宴,同席有鲁迅等人。25日晚,陈大齐、钱玄同、周作人于东兴楼设宴,为沈尹默赴日留学饯行,马衡、马季明、马叙伦、沈士远等出席。5月26日,蔡元培为沈尹默《秋明室诗稿》作序。28日,沈尹默参加北京大第九次评议会会议,讨论由教务会议提出的设立东方文学系案等事项。6月26日,沈尹默和北京大学同人宴集于城东金鱼胡同海军联欢社,出示生平述怀之作,马叙伦等唱和之,并命名为《金鱼唱和词》。7月8日,沈尹默出席评议会例会,讨论《研究所简章》等案。11月23日,沈尹默乘火车离京赴日本。27日,抵达日本京都,开始在京都大学进修学习。12月2日,沈尹默撰写启事,感谢北大同仁送行。(参见郦千明《沈尹默年谱》,上海书画出版社2018年版)

沈尹默、沈兼士、钱玄同、周作人接常维钧12月1日函,谈到《晨报》发表歌谣事,为了大家共同研究,"最好的是请你们几位出来提倡,组织一个研究会,名字就叫'北京大学歌谣研究会'""请顾颉刚先生们把他们采集的歌谣也都送给到我们会里"。(《北京大学日刊》第767号)14日,沈兼士、钱玄同、周作人在《北京大学日刊》第767号署名发表《发起歌谣研究会征求会员》的启事。启事说我们"决定发起一个歌谣研究会,请同学中有研究歌谣的兴味者自由加入,共谋进行。校外有热心的人,也可以由会员介绍入会"。12月18日,北京大学歌谣研究会正式成立,周作人与沈兼士共同担任主任。(参见张菊香、张铁荣主编《周作人年谱》,南开大学出版社1985年版;顾潮编《顾颉刚年谱(增订本)》,中华书局2011年版)

沈兼士1月1日在《新青年》第7卷第2号发表新诗《一个睡着过渡的人》。20日,与胡适、陈大齐、马裕藻、李大钊、马叙伦、周作人、马寅初、朱希祖等共55人,发起成立北京大学教职员会。8月8日,许德邻所编的《分类白话诗选》由上海崇文书局出版,内收沈兼士新诗《香山早起作,寄城里的朋友们》《春意》和《山中杂诗》3首。25日,撰成《研究文字学"形"和"义"的几个方法》,后发表于《北京大学月刊》第1卷第8号。此文认为文字学"形体",向来还没有人进行过系统的符合科学方法的研究,于是提出六个研究的方法:一、"造字原则"发生程叙和古代人类思想发展的关系;二、"造字原则"应用法的研究;三、字体最小分子的研究;四、"龟甲文"和《说文》"重文"的研究;五、中国文字之史学的研究(文字形体上的中国古代社会进化观);六、纵横两方面的训诂研究法。同月,撰成《造字原则发展之程叙说》,后收入《段砚斋杂文》。此文运用德国文化史学家蓝浦瑞喜提就社会心理的历史观,所拟人类思想发达的各个阶段,来考察中国造字原则发达的进程,认为六书原则的内容与之相契合。10月10日,撰成《文论集要叙》,后发表于《北京大学月刊》第1卷第8号。11月11日,撰成《〈广韵声系〉叙及凡例》,后发表于《北京大学月刊》第1卷第8号。此文概述编辑《广韵声系》的原因、方法及凡例等。12月13日,与钱玄同、周作人联合撰写《北京大学歌谣征集处启事》,发起组织歌谣研究会,征集会员,以便从事歌谣征集、汇编等工作。24日,北京大学教职员会总务会议主席姚憾在《北京大学日刊》刊登启事,内附北大同人挽留马叙伦继续担任教职员会主席职务,沈兼士列名其中。(参见郦千明、汪素梅《沈兼士年谱简编》,《湖州师范学院学报》2021年第3期)

刘文典译著《宇宙之谜》1月15日在《新中国》杂志第2卷第1号上开始连载,但不久后杂志停刊,连载中断。20日,与胡适、马叙伦、周作人等50余位教授发起成立北京大学教职员会,"筹谋本校全体的发展"。2月,受蔡元培等人委托,先生扶送刘师培灵柩归葬扬州。5月15日,在《新中国》杂志出版周年纪念号刊发《我的思想变迁史》一文,并附其身着西服照。同期刊有胡适、章士钊等名流文章。此文后经苏联著名汉学家瓦西里•米哈伊洛维奇•阿列克谢耶夫(中文名阿理克)译成俄文,刊于1925年第5卷汉学杂志《东方》上。8月6日,北京大学国文系主任马裕藻聘请鲁迅担任兼课讲师。此为鲁迅在北大任教之始。此间,刘文典与鲁迅偶有交往。11月,译著《进化与人生》由商务印书馆出版,后被收入蒋百里主编的共学社丛书之时代丛书,再版六次。此书系日本著名动物学家丘浅次郎的代表作之一。(参见章玉政编著《刘文典年谱》,安徽大学出版社2011年版)

任鸿隽是春在考察美国实业情况的同时,受胡适之托,在美国各地为北京大学物色人才。其间,与已在芝加哥大学研究院读硕士学位的陈衡哲重逢。夏,任鸿隽与陈衡哲一同从美国归国。任鸿隽决定采用先进的电炉法炼钢,购买摩尔电炉公司的电炉设备。但因四川政局发生变化,建厂计划被搁置,遂与周仁返回南京。8月15—21日,参加并主持在南京举行的科学社第五次年会,同时庆祝社所和图书馆的成立。22日,下午3时与陈衡哲在南京梅庵订婚,当晚邀胡适到鸡鸣寺的豁蒙楼用餐。后胡适以此作诗《我们三个朋友》发表于《新青年》杂志。9月,任鸿隽应蔡元培之聘,出任北京大学化学系教授,同时陈衡哲被聘为北京大学历史系教授,讲授"西洋近百年史""欧亚交通史",为北京大学也是中国第一位女教授。同月27日,任鸿隽与陈衡哲在北京大学举行婚礼。嗣后,受教育总长范源濂之委,兼任教育部专门教育司司长,不久即辞去北京大学教职。(参见赵慧芝《任鸿隽年谱》,《中国科技史杂志》1989年第3期;樊洪业、潘涛、王勇忠编《中国近代思想家文库•任鸿隽卷》附录《任鸿隽年谱简编》,中国人民大学出版社2015年版;耿云志《胡适年谱》,四川人民出版社1989年版)

李四光2月28日到中国留法勤工俭学同学会作题为《现代繁华与炭》的演讲,从三个方面讲述了繁华(发展工业)与炭(能源)的关系和我国丰富的煤矿资源以及新能源及其开发问题。春末,同伯明翰大学同学丁燮林、王世杰一道,从英国伦敦经法国巴黎、德国柏林、波兰华沙、苏联莫斯科、西伯利亚回国到达北京。与丁燮林、王世杰在东吉祥胡同,共同租用宿舍,住在一起。回湖北黄冈老家探望父母后,即返北京。此时学校正值期中,不便更替,因此暂时到农商部地质调查所工作。被农商部任命为科长,到该部地质调查所与所长丁文江、矿产股股长翁文灏、地质股股长章鸿钊等一起工作。秋末,到北京大学担任地质系教授,主讲岩石学、矿物学、地质测量及构造地质学等课程。10月10日,李四光支持地质系学生田奇隽、赵国宾、杨钟健等七人立志要为中国地质学的进步而努力,联名发起成立北京大学地质研究会。(参见马胜云、马兰编著《李四光年谱》,地质出版社1999年版)

辜鸿铭所著德文本《呐喊》一书在莱比锡正式出版。又在美国《纽约时报》的星期杂志上发表《没有文化的美国》(The Uncivilized United States)的论文,批评美国文学的时候说美国除了Edgar Allan Poe所著的Annabelle Lee之外,没有一首好诗。版面中间插入一个辜鸿铭的漫画像,穿着前清的顶戴朝服,后面拖了一根人辫子。是年,英国近现代著名小说家毛姆游历中国,为会见闻名西方世界的中国大儒辜鸿铭,几次托人说情,专程乘舢板逆长江而上到重庆拜访,听辜鸿铭讲解著作《春秋大义》。后在1922年所著《中国游记》中,以《在中国屏风上》为题,记载了他与这位儒者的会面。(参见罗家伦《回忆辜鸿铭先生》,《逝者如斯集》,商务印书馆2015年;黄兴涛编《中国近代思想家文库·辜鸿铭卷》附《辜鸿铭年谱简编》,中国人民大学出版社2015年版)

邵飘萍在日本继续从事新闻事业,又研究各国政治动态,以半月时间著成《综合研究各国社会思潮》及《新俄国之研究》二书,介绍马、恩学说,对马、恩推崇备至,认为马克思主义授劳动阶级以一极大之武器,十月革命在世界历史上是一新纪元。秋,邵飘萍从日本动身,途经朝鲜逗留一天后返国。9月20日,集资新建《京报》报馆于宣武门外魏染胡同,复刊《京报》愿望得以实现。是年,发表《避妊问题之研究》论文,认为人口应按计划控制生育,讲求优生,主张少生少死,少生多教。又在《东方杂志》发表《俄国新政府之过去、现在、未来》文章。(参见郭佐唐《邵飘萍年谱》,《浙江师范大学学报》1986年第4期)

杨昌济1月17日上午5时逝世于北京德国医院。22日,章士钊与毛泽东、蔡元培、范源濂、杨度、黎锦熙、朱剑凡等29人联名,为杨昌济教授病逝在《北京大学日刊》发表《启事》。23日,杨开智、杨开慧在《北京大学日刊》刊登《杨怀中教授逝世讣告》。同日,蔡元培、范源濂、杨度、章士钊、黎锦熙、毛泽东等29人,在《北京大学日刊》就杨昌济逝世发表《启事》,赞扬杨昌济"操行纯洁,笃志嗜学""雍容讲坛,寒暑相继,勤恳不倦,学生景从"。《启事》最后希望同人集资以抚恤其遗族。24日,蔡元培、马寅初、胡适、陶履恭等在《北京大学日刊》发表《启事》,号召北大教职员工及学生为杨昌济筹集赙金。25日,杨昌济在京生前友好、学生、亲属在法源寺举行追悼会。28日,《北京大学日刊》发表李肖聃《本校故教授杨怀中先生事迹》,对杨昌济的一生作了高度评价。2月4日,北京大学评议会决定,赠送杨昌济两月俸金,以抚恤其遗族。同月,杨昌济的灵柩由其子女杨开智、杨开慧和学生毛泽东、陈绍休护送回板仓故里安葬(毛泽东到武汉后,因事他去)。2—3月间,湖南《大公报》就杨昌济逝世发表许多纪念诗文、消息、启事;《湖南教育月刊》也发表了纪念文章。3月22日,杨昌济在湘生前友好刘宗向、曹典球、易培基、舒新城、李肖聃等100余人,在长沙兴汉门衡粹女校开会追悼杨昌济。(参见王兴国《杨昌济年谱》,载王兴国《杨昌济的生平及思想》,湖南人民出版社1981年版)

毛泽东1月4日在北京北长街九十九号平民通信社接待前来看望的黎锦熙。17日,杨昌济在北京病逝,毛泽东曾与杨开慧、杨开智一起守灵。22日,毛泽东同蔡元培、范源濂、章士钊、杨度、黎锦熙、朱剑凡等联名,在《北京大学日刊》刊发《启事》。18日,毛泽东同罗宗翰、彭璜等为反对张敬尧侵吞湘省米盐公款,向熊希龄等社会名流及上海潮南善后协会等团体发出快邮代电。同日,毛泽东同邓中夏和罗章龙等"辅社"成员在北京陶然亭聚会,讨论驱张问题。19日,湖南各界公民代表陈赞周、彭璜、毛泽东等给北京政府总统、国务总理的呈文在上海《民国日报》发表。同日,毛泽东与湖南省城各校教职员代表罗教铎、杨树达、朱剑帆、罗宗翰等联名呈文总统,要求撤惩张敬尧。28日,湖南公民、教职员、学生三代表团,为要求撤惩张敬尧,向北京政府作最后一次请愿,毛泽东以湖南公民代表团团长身份参加。同月,毛泽东经李大钊、王光祈等介绍,参加少年中国学会。

毛泽东等发起的旅京湖南学会2月15日成立,毛泽东被选为编纂干事。19日旧历除夕,毛泽东访黎锦熙,讨论文化运动方法等问题。3月5日,毛泽东与陈独秀、王光祈等联名在上海《申报》发表《上海工读互助团募捐启》,发起成立上海工读互助团,旨在实行"教育与职业合一、学问与生计合一"的理想生活,"使上海一般有新思想的青年男女,可以解除旧社会旧家庭种种经济上意志上的束缚,而另外产生一种新生活新组织,实行半工半读,互助协助"。10日,毛泽东在黎锦熙处进行长时间谈话,讨论社会解放与改造问题。上旬,毛泽东接到彭璜等为在上海组织的湖南改造促成会所拟的《湖南建设问题条件商榷》,即分发在京有关人士征求意见。12日,毛泽东致信黎锦熙,并附《湖南建设问题条件商榷》。14日,毛泽东写长信给周士钊,谈国内研究和出国研究的先后等问题。17日晚间,毛泽东到黎锦熙处,讨论湘事善后问题和近代哲学派别问题。26日,毛泽东印发同彭璜起草的《湖南改造促成会发起宣言》修订稿。4月1日、4日,毛泽东两次致信留法的萧子升,并寄送平民通信社稿件和《湖南改造促成会发起宣言》。上旬,毛泽东邀集湖南代表在景山东街中老胡同商讨结束在京驱张活动问题。毛泽东在北京组织驱张活动期间,同李大钊、邓中夏、罗章龙等有密切联系,用心阅读他们介绍的马克思主义的书刊,较多地受到马克思主义理论和俄国革命历史的影响。5月,张国焘、罗章龙到长辛店组织工人补习学校,开展对工人先进分子的马克思主义教育。(参见中共中央文献研究室编撰、逄先知主编《毛泽东年谱(1893—1949)》,人民出版社、中央文献出版社1993年版)

邓中夏1月3日主持北京学联在北大三院召开的大会,欢迎湖南赴京驱张请愿团的学生代表。同日,与毛泽东、王有德等人座谈,讨论驱张运动的具体方案。8日,代表"北京工读互助团"前往北京高等师范学校"工学会"。参观考察,并与匡互生等人就"工学结合"进行了交流。15日,邀请蔡元培校长到"少年中国学会"北京总会作题为《工学互助团的大希望》讲演。18日,与毛泽东、罗章龙、周长宪、易克嶷、匡互生等在京"辅仁学社",成员在陶然亭聚会,商讨驱张运动的下一步策略及赴俄勤工俭学等问题。19日,北京大学平民夜校在法科礼堂举行开学典礼。邓中夏与张国焘、刘仁静、朱务善等利用业余时间在该校兼课。21日,由缪伯英等人发起的"北京女子工读互助团"在北河沿成立。该团有成员8人,其中6人为湘籍女学生。邓中夏曾多次陪同毛泽东到"北京女子工读互助团"参观考察。28日晚,出席北京大学湖南同乡会临时会议,选举参加"旅京湖南学生联合会"的代表。邓中夏得7票,与周长宪、罗敦伟、苏清章等9人当选。2月,与李大钊、高君宇、黄日葵等人多次开会酝酿,决定组织马克思主义的研究团体,开展宣传和学习马克思主义的活动,为创建中国共产党作好思想上与干部上的准备。

邓中夏3月13日下午4时与李大钊、黄日葵等赴北京大学图书馆,出席少年中国学会北京总部常会,讨论组织丛书编译部、整顿《少年中国》月刊、改订每月一次例行常会日期等事项。邓中夏则专任《少年世界》月刊催稿、收稿人。14日上午9时,赴北大二院,主持在校长室召开的"平民教育讲演团"第三次团员大会,改选本团职员,邓中夏再次当选为本团总务干事。17 日晚 7 时半，在"平民教育讲演团"事务所，主持召开"平民教育讲演团"干事会，将团员重新分组。邓中夏与孟寿椿、康白情、罗家伦、黄日葵等 15 人在第二组。25 日，为筹备春假期内"农村讲演"及刊行《讲演录》等事，与杨钟健联名在《北京大学日刊》第 572 号刊出致朱自清、高尚德、周长宪等 12 名干事、讲演组长的信。31 日，与李大钊、黄日葵、高君宇等发起组织的"北京大学马克思学说研究会"正式成立。同月，与朱务善等率"北京大学平民教育讲演团"到卢沟桥、长辛店，通县等地并沿京汉铁路线南下去保定、石家庄的工厂、农村演讲，宣传马克思主义和俄国十月革命的胜利；与初到北京的进步青年恽代英、林育南会晤，并介绍与引导他们拜访李大钊，向他们热情宣传马克思主义学说。通过与邓中夏、李大钊的接触，恽代英、林育南受到很大启发，开始倾向马克思主义。不久，邓中夏介绍恽代英加入"少年中国学会"文科。4 月 3 日，北京大学春假。"平民教育讲演团"分成四组，举行第一次"乡村讲演会"。4 日，邓中夏带领杨钟健、杨真江等第二组团员乘火车到长辛店讲演。夜，在"曦园"起草《长辛店讲演组报告》。8 日，带领"平民教育讲演团"第二组再次来到长辛店讲演，受到铁工厂工人史文彬、陶善琮等人的热情接待。10 日，与刘仁静、高君宇、恽代英等出席少年中国学会北京总部在中央公园来今雨轩召开的常会，讨论"名人演讲会"及丛书编译部有关事项。北京大学在北大三院举行全体学生大会，欢迎方豪出狱返校。21 日，出席"少年中国学会"北京总部在北京大学法科礼堂举办的第一次"名人演讲大会"，李石曾应邀在会上作《中国少年与社会之新潮流》演讲。23 日，执笔起草的平民教育讲演团第二组讲演报告《长辛店讲演组报告》刊于《北京大学日刊》。28 日，与李大钊等赶赴火车站，送别"北京大学游日学生团"黄日葵、康白情、方豪、徐彦之、孟寿椿等 5 人赴日本旅游考察。

邓中夏 5 月 3 日带领"平民教育讲演团"第二组举行"城市讲演"，并作了题为《五月七日》的讲演。8 日下午 4 时，少年中国学会北京总部在北京大学图书馆召开常会，讨论筹办《少年中国》周年纪念号、实行"学术谈话会"、改良《少年中国》月刊、增加常会次数等事项。19 日晚，主持召开"平民教育讲演团"干事和各组书记员联席会议，决定组织"科学讲演组"，指定由潘元耿、杨钟健两人为筹备员。讲演所需仪器、标本等用具，向校方借用。22 日，出席少年中国学会北京总部常会，讨论筹备出版《少年中国》月刊周年纪念号、研究实行"学术谈话会"办法、改良月刊的具体办法等事项。6 月 22 日，出席蔡元培校长召开的"平民教育讲演团"与"平民夜校"联席会议。蔡元培在会上介绍了灯市口地方服务团，希望"平民教育讲演团"和"平民夜校"的教职员加入服务团，"共襄盛举"。7 月 1 日下午 1 时，与李大钊、王光祈、黄日葵、刘仁静等赴西山岳云别墅，出席"少年中国学会"北京总部召开的庆祝学会成立一周年纪念会。会上听取会议主席陈愚生报告学会一年来的会务工作情况，康白情报告访日观感以及与日本"新人会"接洽的情形。会上还采用"无记名连记投票法"进行了职员选举。邓中夏、李大钊、陈愚生等当选为学会评议会评议员，陈愚生、邓中夏当选为学会执行部正、副主任。因会议后陈愚生即将离京外出，会上决定邓中夏暂为代理执行部主任职务。7 月 21 日下午 1 时，主持在北京大学图书馆召开的"少年中国学会"北京总会常会，讨论修改学会规约及编辑《少年中国》月刊事项。会上决定"俟本届评议会正式成立后，即着手修改学会规约"。会上还讨论了月刊暑期编辑事务，决定由暑假留京会员担任《少年中国》月刊编务。同月，从北京大学国文门正式毕业，获文学学士学位。

邓中夏 8 月 16 日上午 9 时与李大钊赴陶然亭，出席"少年中国学会""人道社""曙光社""青年工读互助团""觉悟社"等团体联合召开的友谊联络茶话会，结识周恩来、邓颖超、刘清扬等人。李大钊在会上"提议各团标明本会主义之必要。盖主义不明,对内既不足以齐一,全体间此后似应有进一步的联络"。会上经充分讨论,决定一致实行"改造联合"。少年中国学会推举李大钊、张申府、陈愚生为代表,出席18日午后在北大通信图书馆召开的改造与联合筹备会。18日,"少年中国学会""人道社""曙光社""青年工读互助团""觉悟社"等五团体的代表在北京大学通讯图书馆召开联络筹备会。会议决定成立一个名为"改造联合"的组织,通过《改造联合宣言》和《改造联合约章》,宣布"本联合各地革新团体,本分工互助的精神,以实行社会改造",并提出"到民间去"的口号。19日上午,与李大钊等赴中央公园来今雨轩,出席"少年中国学会"北京总部举行的茶话会,招待出席陶然亭聚会的"觉悟社""人道社""曙光社""青年工读互助团"四团体代表,并在茶话会上就五团体实行"改造联合"作了发言。9月6日,《改造联合约章》草案第一次提出:集合在"改造"赤旗下的青年,要本着团结互助的精神,组织打破一切界限的联合,到群众中去,进行"农工组织之运动","妇女独立之促进","切切实实地做点事"。10日,《少年中国》发布"总会通告",公布评议会选举结果,邓中夏以18票当选本届评议员。一同当选为评议员的还有左舜生、余家菊、恽代英、苏甲荣、李大钊、陈愚生。16日,北京大学举行新学期开学仪式。为了从事革命工作的需要,他转入北京大学哲学系继续学习。18日下午,与李大钊、张申府、陈愚生、孟寿椿等出席在北京大学图书馆召开的"少年中国学会"北京总部常会。会上,王光祈当选为执行部主任,邓中夏当选为执行部副主任。

邓中夏9月中旬与李大钊、张国焘、张申府、罗章龙等在北京大学图书馆召开多次会议,创建中国共产党北京小组。会上决定创办《劳动音》杂志,办刊经费由李大钊从每月薪金中捐出80元大洋。27日,保定育德中学"文学研究会"成立。受"马克思学说研究会"委派,邓中夏负责与该会联系,向文学研究会宣传马克思学说。同日,因"曦园"成员杨亦曾、陈锡、刘克儒、肖镇湘等同时毕业,赴国外留学,"曦园"宣告自行解散。10月8日,在北京大学二院校长办公室主持召开"平民教育讲演团"秋季团员大会。因社会兼职过多,无暇顾及团内事务,邓中夏在会上提出辞去总务干事的请求,得到大会批准。25日下午,与李大钊、陈愚生、张申府、黄日葵、高君宇、苏甲荣等9人聚会北京大学图书馆,参加"少年中国学会"北京总部常会。会上就邀请名人到会演讲、整顿《少年中国》月刊广告和改订常会日期等事项进行了讨论,决定延请任叔永莅会演讲,委托左舜生与亚东书局接洽月刊广告事宜。10月,与张国焘、高君宇等人秘密筹备组织"社会主义青年团",并将自己草拟的北京社会主义青年团团章寄给湖南的毛泽东;因长辛店多次派人前来,邀请前往演讲及讲学,经与李大钊先生商议,决定在长辛店创办一所劳动补习学校。11月初,北京社会主义青年团正式成立。成立大会在北京大学学生会办公室举行,李大钊、邓中夏、高君宇、张国焘、黄日葵、刘仁静、何孟雄等40多人出席会议。会上选举高君宇为团的书记,选举邓中夏、刘仁静为编辑干事,负责团刊《先驱》的创办及编辑事务。7日,邓中夏主编的通俗刊物《劳动音》创刊号出版。28日,与李大钊、高君宇、刘仁静、缪伯英等赴北京大学第一院二教室,主持召开"少年中国学会"北京总部第一次"学术谈话会"。李大钊在会上作了《自然与人生》的演说。邓中夏在会上拟定"罗素、波拉克与中国婚姻问题"的讨论题,提交与会者展开讨论。讨论集中在"如何处置前妻",讨论结果有五:一、人道主义,不赞成离婚;二、赞成离婚;三、独身主义;四、离婚大同盟,定期离婚;五、给前妻"受相当之教育和技能,等她经济独立之后再说"。讨论历时四个多小时始散。月底,出席中国共产党北京小组全体党员大会,会上讨论了组织名称问题,决定正式命名为中国共产党北京小组,推选李大钊为小组书记,邓中夏负责学生与青年团的工作。

邓中夏 12 月 7 日与刘仁静、李梅羹、高君宇、范鸿劼等 19 人联名在《北京大学日刊》发出启事《对于图书馆办法建议案》,就本校图书馆图书借阅与管理制度存在的陈规陋习提出意见和建议。启事后还附有给学校评议会的一封长信,信中列举了图书管理种种不合理现象,并提出了改进意见,提请学校加强图书管理。同日,北京大学评议会召开临时会议,讨论邓中夏等 19 人《对于图书馆办法建议案》。19 日,受党组织委派,携张太雷、张国焘、杨人杞等乘火车去长辛店,与长辛店工人史文彬、陶善琮等人召开"长辛店劳动补习学校"筹备会议,共商补习学校开办事宜。会上通过《劳动补习学校简章》,确定开学日期为 1921 年元旦。晚,在北京大学二院主持"少年中国学会"北京总部第一次宗教问题演讲会,邀请陆志韦、周作人、刘伯明到会演讲宗教问题。并为周作人作演讲记录。是年,与罗章龙一道介绍刘仁静加入中国共产党北京小组;以通信方式,接收匡互生为马克思学说研究会会员。(参见冯资荣、何培香编著《邓中夏年谱》,中国文史出版社 2014 年版)

张国焘 1 月在上海与研究系的张东荪等以及国民党人胡汉民、汪精卫、戴季陶等常有接触。春,张国焘与上海的"中华全国工业联合协会"开始接触,并于 3 月初被聘为该协会的总干事。3 月,共产国际派代表马林来华,张国焘同李大钊、陈独秀等联系,帮助建立中国共产党。5 月,张国焘辞去"中华全国工业联合协会"总干事之职,返回北大,参加李大钊、邓中夏等于三月组织的"马克思学说研究会",并花很多时间在北大图书馆阅读社会主义的书籍。与李大钊交往更密切,热心学习与研究马克思主义。张国焘在北大图书馆多次参加共产国际代表威金斯基召集的座谈会,谈论了有关共产党人的基本信念,组织原则,共产国际成立的经过,俄国革命的情况,中国革命运动的发展等问题。7 月下旬,张国焘到上海会见陈独秀,议论了如何发起成立共产党的有关问题。8 月,陈独秀为准备建立中国共产党,在上海成立中国第一个共产主义小组。同月底,张国焘返回北京,与李大钊讨论发起成立北京共产主义小组事宜。10 月,张国焘在北大参加李大钊发起组织的北京共产主义小组,并在成立会上报告了关于同陈独秀等会谈的情况,负责进行建党的宣传与组织工作。同月底,与邓中夏、罗章龙、高尚德(君宝)等在北大发起成立北京社会主义青年团,并在成立大会上致开幕词。高尚德被选为第一任书记。11 月,张国焘与邓中夏等多次前往长辛店工人子弟学校与劳动补习学校。同月,张国焘在北京小组创办的《劳动界》第 15 期上发表《长辛店工人发起劳动补习学校》一文,介绍长辛店劳动补习学校创办情况。月底,北京共产主义小组通过决定改名为中国共产党北京支部,李大钊任书记,张国焘负责组织工作,主要从事职工运动,罗章龙负责宣传工作。(参见盛仁学编《张国焘年谱及言论》,解放军出版社 1985 年版)

杨东莼与邓中夏、罗章龙等人组织"北京大学平民教育讲演团",在中国劳动组合书记部的具体领导下,随邓中夏等深入长辛店铁路工人群众,举办劳动补习学校,广交工人朋友,宣传革命道理。3 月 31 日,参加李大钊领导的北京大学马克思学说研究会,进行传播马列主义的工作,成为 19 个发起人之一。是年,在《妇女杂志》第 3、4 期连载《产业合理化与妇女问题》。(杨慎之《杨东莼传略(上、下)》,《广西师范大学学报》1991 年第 3、4 期;杨金环《杨东莼学术思想研究》,华东师范大学硕士学位论文,2010 年)

杨钟健等筹办的《秦钟》月刊 1 月创刊。该刊由旅京陕西学生联合会主办,它比《秦劫痛话》前进了一步。其使命是:"(一)唤起陕人自觉心;(二)介绍新知识于陕西;(三)宣布陕西状况于外界。"它的出刊对反对陕西军阀和传播新文化,起了一定的推动作用。该刊出了6期即停刊。杨钟健曾先后在该刊上发表文章9篇。3月,与邓中夏一起,当选为北京大学平民教育讲演团总务干事,经常深入北京市内和通县、长辛店等地,进行宣传工作。10月,与陕籍北大同学刘天章、魏野畴、李子洲、刘含初等创办《共进》半月刊,由杨钟健和刘天章任主编。该刊宗旨是"提倡桑梓文化,改造陕西社会",杨钟健曾在这个刊物上发表过100多篇文章,揭发、鞭挞军阀官僚的剥削压迫,呼唤人民奋起,打倒军阀官僚的黑暗统治,争取解放。同时还经常选登共产党领导人李大钊、陈独秀和陕籍共产党人刘天章、魏野畴、李子洲、武止戈等人的文章。

按:后来,杨钟健在回忆它的历史作用时曾这样写道:"如果我们回忆,当二十世纪第一个十年的末期,主持陕西教育的人还主张向孔子叩头,此外女子缠足、男子留发等情况还存在,那么《共进》半月刊在灌输新知识、新思潮的作用就不能小估。如果我们回忆,当时陕西还没有一寸铁路,军阀象走马灯似的更替,每一个军阀又都穷凶极恶,而老百姓则处于苛捐杂税和土匪威胁之下,那末当时把实况宣布于外界,也就不是毫无意义的了。"(参见王仰之《杨钟健年谱》,载《西北大学学报(自然科学版)》1983年第2期)

朱自清2月6日在北京大学平民夜校教授会的文科教授主任选举中,获得次多票。3月,当选为北京大学平民教育讲演团第四组书记;与冯友兰、孙福熙一起加入新潮社。4月6日,与杨钟健等平民教育讲演团团员共8人进北京通县讲演,宣传共和国国民的义务与权利、国民应有的精神风貌、平等自由的社会理想、破除迷信解放自己的重要性等。18日,在城北京师公立第十讲演所作《我们为什么要求知识》讲演。5月2日,在城北京师公立第十讲演所作《我们为什么要纪念劳动节》讲演。同月,从北京大学哲学系毕业,获文学士学位。

按:1919年,蔡元培改革学制,由学年制改为学分制,规定本科学生学满八十个单位(以每周一学时计,学满一年为一单位)即可毕业,其中一半为必修课,一半为选修课。这给清寒学生提供了缩短时间、提前毕业的机会。朱自清学完规定学分,提前一年毕业。读大学期间,朱自清家境每况愈下,为他读书而负了不少债,妻子武钟谦也卖掉她陪嫁的首饰来补贴他的学习费用。(参见姜建、吴为公编著《朱自清年谱》,光明日报出版社2010年版)

罗家伦南下在上海停留期间,协助已成为全国学生联合会长的段锡朋推进联合会的工作。又与其他几位学生代表拜谒了孙中山,并与廖仲恺、张继、戴季陶、朱执信等人都有接触。年初,返回北京大学继续学业。春,杜威教授来华讲学,在北大作系列演讲。罗家伦和吴康担任笔记工作,将其演讲稿翻译整理后在《新潮》连载。5月1日,在《新潮》第2卷第4号上发表《一年来我们学生运动底成功失败和将来应取的方针》,全面总结了五四学生运动的得失,提出了今后的努力目标和实现途径。秋,经蔡元培校长推荐,得到实业家穆藕初奖学金资助,与段锡朋、汪敬熙、周炳琳、康白情等人赴美国留学。进入普林斯顿大学攻读历史、哲学。

罗家伦9月在《新潮》第2卷第5号发表《近代中国文学思想的变迁》一文。当时新文学运动尚在进行中,罗家伦率先把新文学置于中国文学史的发展流程中予以定位考察,从文学思想变迁的角度描述新文学的发生过程。作者的一个基本思路是:"文学的思想最足以代表时代的精神,因为文学的思想,也决不是无缘无故生出来的,必定有种人类的生活,做他的背景。"从这个思路出发,他认为同一时期的近代中国社会和文学的特征是对应的。他把近代中国社会分为四个时代(闭关时代、兵工时代、政法路矿时代、文化运动时代),每个时代都有与之对应的文学,分别是:尊华攘夷文学、策士文学、逻辑文学和国语文学。罗家伦叙述的重点,在于"文化运动时代"及"国语文学"。由于罗家伦在论述中贯穿了进化论史观,前三个时代自然成为第四个时代的铺垫,似乎它们的存在只为证明文化运动和国语文学的必然性。这种写作思路,被后来的新文学史写作吸收。可见此文虽然不是"文学史",却在许多方面为后来的新文学史写作作了准备。

　　按:罗家伦在叙述前三个时代时,贯穿了进化论史观。尽管罗家伦当时对进化论史观的认识还很模糊,而且他描述的文学演进线条过于简单,排斥了文学发展的复杂性、偶然性因素,但他运用进化论来解释新文学的发生,却是中国文学史写作中进化论文学史观的滥觞。罗家伦还强调社会变动对文学的影响,总结出新文化和新文学运动发生的四个原因:"第一是由于经济生活的改变";"第二是由于世界大战的影响";"第三是由于国内政治的失望";"第四是由于学术的接触渐进"。所谓"学术的接触渐进",主要指的是"留学生的加多了","所以首倡文学革命的不在研钻故纸的老先生,而在乎兼通西籍的新学者"。(参见张晓京编《中国近代思想家文库·罗家伦卷》及附录《罗家伦年谱简编》,中国人民大学出版社2015年版;付祥喜《20世纪前期中国文学史写作编年研究》,北京师范大学出版社2013年版)

　　顾颉刚4月迁至春台公寓,与郭绍虞同住。4月30日,应罗家伦邀,在《晨报·五四纪念号》发表《我们最要紧着手的两种运动》。5月5日,顾颉刚致函罗家伦谈整理国故的具体计划,期以二十年完成《世界文明史》《中国文明史》《中国书籍目录》三部书,第一件着手的事业应是《中国书籍目录》,有了这一部《书目》,才可以成一部《中国文明史》,有了一部完备的《中国文明史》,才可以做中西学术沟通的事业。7月,顾颉刚毕业于北京大学。9月10日,顾颉刚到北大图书馆就职。10月,整理所集吴歌,作《吴歌集录序》。秋,顾颉刚将所著《清代著述考》稿本送胡适,供其参考,胡适看后很欣赏,认为抓住了近三百年的学术研究的中心思想。11月24日,应胡适嘱,搜集姚际恒辨伪资料,标点《古今伪书考》,欲总结前人辨伪的成绩。12月8日,沈兼士致顾颉刚函刊于《北京大学日刊》,讨论《晨报》所刊歌谣的文字问题。沈兼士、魏建功又致顾颉刚。12日,顾颉刚复函沈兼士。16日,顾颉刚接周作人信,欲将顾颉刚所集吴歌作为歌谣研究会拟出的丛书之一。23日,顾颉刚出席歌谣研究会首次会议。同月,顾颉刚着手编辑《辨伪丛刊》,计划将明宋濂《诸子辨》、胡应麟《四部正讹》、清姚际恒《古今伪书考》三书编为《伪书三种》,并拟作《伪书考》跋文,将伪书所托时代、造伪书的时代、宣扬伪书者、辨伪书者、根据伪书而造成的历史事实列为五个表。是年,顾颉刚为作《伪书疑书目》及《中国目录书目》,集得许多材料。

　　按:顾颉刚认为此文如果能够做好"便是在中国史上起一个大革命——拿五千年的史,跌到二千年的史;自周以前,都拿他的根据揭破了,都不是'信史'"。胡适对此项工作予以支持,并认为"第五项尤其重要"。(参见顾潮编《顾颉刚年谱(增订本)》,中华书局2011年版;郑良树编《顾颉刚学术年谱简编》,中国友谊出版公司1984年版;王学典《20世纪史学编年(1900—1949)》,商务印书馆2014年版)

　　郭绍虞在北京大学哲学系旁听,并发奋学习英、日、德三种外文。由顾颉刚介绍,郭绍虞与叶圣陶加入新潮社,并为新潮社撰稿,郭绍虞被推为新潮社干部部的干事之一。1月,译述日本高山林次郎编撰《近世美学》;在北京《晨报》副刊发表《记录杜威讲演稿》。2月8日,在《小说月报》第12卷"俄国文学研究"专号(号外)发表《俄国美论及其文艺》。5月1日,在《新潮》第2卷第4号发表《从艺术上企图社会的改造》。6月20日起在《晨报》连载《艺术谈》。10月,瞿秋白以《晨报》莫斯科记者的身份派赴苏联,郭绍虞作新诗《流星》相赠,以抒惜别之情。11月,与茅盾、郑振铎、叶圣陶、王统照等人发起成立了"文学研究会",郭绍虞会员编号为6号。是年,《中国体育史》再版,社会反响很大,后被上海商务印书馆收入《万有文库》。(参见何旺生《郭绍虞学术年表》,《中国韵文学刊》2008年第1期)

　　朱谦之、易家钺、郭梦良1月4日在北京大学成立奋斗社,创办《奋斗》旬刊,宣传虚无主义。同月,朱谦之所著《现代思潮批评》由北京新中国杂志社出版,旨在批判实验主义、布尔什维主义、无政府主义、新庶民主义等流行思潮。1—2月,朱谦之在《新中国》杂志发表《虚无主义与老子》。入北大哲学系,受教于梁漱溟。在《北京大学学生周刊》上与黄凌霜论战。在该刊第13期发表《反抗考试的宣言》,为北大的"废考运动"推波助澜。又在第14期发表《劳动节的祝辞》,首次提出劳动人民神圣口号,主张"一切收回社会公有""劳动者要直接管理工场"。10月,朱谦之因参与无政府团体散发传单被捕入狱,在狱中喜看《传习录》《周易》和革命家的传记。入狱百余日,后经北京学生集会营救和全国各地声援才获释。(参见张国义《朱谦之先生学术年谱》,《世界宗教研究》2004年第3期;黄夏年编《中国近代思想家文库·朱谦之卷》附《朱谦之学术年谱》,中国人民大学出版社2015年版)

黄文山译罗素著《哲学问题》,与李季、沈雁冰合译了罗素著《到自由之路》,两书均由上海新青年社印行。在《北京大学学生周刊》各期以兼胜为笔名发表《批评朱谦之君的无政府共产主义批评》《批评朱谦之君的无政府共产主义批评(答朱君的再评无政府共产主义)》等文,为克鲁泡特金的无政府主义辩护。两人因论战而成为友人。黄文山其时正是《北京大学学生周刊》的编辑,他后将该刊的编辑工作托付给朱谦之。9—10月,加入北京的共产党小组。此时黄文山与早期中国共产党人过从甚密,在联络建立北京、广州的早期共产党组织过程中发挥过重要作用。10月,担任《劳动音》主编,此刊后为北京共产主义小组的机关刊物。在《劳动音》第1号以兼生为笔名发表《实际的劳动运动》,主张要以科学实验室的态度,开展劳动运动。11月,与其他5名无政府主义者退出共产党小组。退出《劳动音》的编辑工作。(参见赵立彬编《中国近代思想家文库·黄文山卷》及附录《黄文山年谱简编》,中国人民大学出版社2013年版)

张煜全年初继续任清华学校校长。1月15日,校长张煜全向外交部呈报筹设大学的工作计划,计划停办中等科,"而以办中等科之力量与经费,改办大学",并附《大学筹备委员会预定报告大旨》。28日,张煜全提请辞职。30日,外交部批准张煜全辞职,并委派罗忠诒为清华学校校长,被本校学生拒绝,未上任。2月5日,外交部修改《清华学校董事会章程》,将原10人董事会改组为3人,以外交部部员2人和美国驻京使馆馆员1人组成,并规定董事会对于"清华学校及游美监督处一切事务有协同校长管理之权","发生各项问题,得由董事会处理"。16日,清华学校董事会主席严鹤龄代理清华学校校长。同月,《清华一览》刊载学校《规章制度》,共13类90项:总务类有清华学校董事会章程、学生奖励规则、学生惩罚规则等9项,教务类有教员请假规程、高等科课程表、中等科课程表、科学的计分法等11项,斋务类有学生管理规则等13项,还有体育、招考、游学、会计等10类。4月24日,《清华周刊》报道,斋务长李庆阶已经辞职,学校委派李仲华继任。5月12日,该校农艺团在科学馆召开成立大会,选举孔繁祁为团长。农艺团于5月初发起,其宗旨是:(1)实验农艺;(2)提倡劳动。同月,校学生会评议部呈文校长并转外交部,提议取消学校章程中对于袁世凯嫡裔优待条例。6月,《清华周刊》增刊刊载《清华园人口调查》。清华园人口分布:教职员为118人(中国教员39人、职员60人,美国教员17人、职员2人),学生为665人(高等科387人、中等科278人),校役工警等为251人(校役85人,电灯厂工人16人,守卫处24人,厨房97人,花匠12人),其他服务人员144人,教职员家属及佣人71人,共计1249人。(参见清华大学校史研究室编《清华大学一百年》,清华大学出版社2011年版)

金邦正时任外交部参事。8月28日,外交部任命金邦正为清华学校校长。9月6日新学期开学,新任校长金邦正发表就职演说。在演说中谈学校改革计划:(1)各种学科并重;

(2)设立学生介绍部。同月,学校新聘教职员:王芳荃(任教务主任)、赵元任(授心理学、物理)、沈楚纫(授英文、翻译)、凌达扬(授英文、历史)、林兆棠(授英文)、祖竞生(授法文)、赵克诚(任副校医)、吴汉章(任图书助理)、余岱东(任图书助理)、林久明(任图书助理)、徐奠成(任图书助理)、孔敏中(任图书助理)、吴文惠(任图书助理)、顾人杰(任图书助理)、沈竹孙(任图书助理)等。聘美国教员:麦克洛斯(授德文)、卜路斯(授算学)、讷登(授历史)。10月,外交总长颜惠庆在清华学校预祝国庆盛典上发表演说。同月,学校书报社新到《马克思资本论入门》《共产党宣言》等书,《清华周刊》第 196 期刊登书目。11 月 6 日,学校政治学研究会举行第一次集会,选举谢文炳为书记,请金邦正、余日宣和沈楚纫担任顾问。20 日,学校农社召开成立大会。程绍迥当选会长。农社有社员 20 余人,拟开辟西园,从事乡村农事调查及演讲等。12 月 2 日,梁启超到校开始长期演讲,题为《中国学术小史》。10 日,校美司斯(The Muses)会举行成立大会,请梁启超发表演讲,题为《中国古代真善美之理论》。中国美术名家陈衡恪、吴新吾、江少鹣、刘雅农等 4 人发表演讲。11 日,校小说研究会召开成立会,研究会由高等科 7 名学生组成。(参见清华大学校史研究室编《清华大学一百年》,清华大学出版社 2011 年版)

赵元任上半年继续在康奈尔大学任教。接施赞元自华盛顿来函,谓清华学校严鹤龄博士来电,拟邀赵元任到清华教授数学。因美国大学教师聘约一般以一年为期,每年上半年学期结束前,教师都面临是否继续被聘问题,为此请教康奈尔大学 Ernest Merritt 教授。经商量,Merritt 教授告康奈尔大学可以准假一年。赵元任去国已近十年,很想回去,而且需要处理自己的包办婚约问题,便接受清华聘约,准备回国。7 月中旬,经过紧张准备,收拾完毕,离康奈尔大学乘火车赴旧金山,途经威斯康辛州的麦迪生市,访叶企孙。24 日下午 1 点12 分,在旧金山乘中国邮轮公司的尼罗号船(S. S. Nile)驶离羁留十年的美国。船经日本时,抓紧时间匆匆访问东京大学。8 月 17 日,到达离别整整十年的上海。由于清华学校尚未开学,赵元任抵上海后立即赶赴南京,参加中国科学社正在召开的第五届年会,并欢晤老同学挚友任鸿隽、杨杏佛以及三位胡先生(胡敦复、胡明复、胡适)等。会议期间作了一次有关太阳系的科普演讲。会后即回老家,在常州与苏州,除与家人叙话家常,着力申述解除包办婚约事,逐渐得到家人的谅解。

赵元任 9 月初北上。5 日,抵清华园,住学校西南角学务处一房内,梅贻琦(月涵)亦住此地,当晚初次会面。6 日,开始上课。教代数和英文两门课。教务长希望赵元任改教哲学与历史,经商量,赵元任决定改教心理学与物理学(与梅贻琦合开)。10 月初,心理学课只写了提纲,赵元任就被借去做罗素的翻译,只得请人代课。其间,继续热心于语言工作。9 月 11日,到胡适家喝茶,第一次会见了"国语研究会"的汪怡、钱玄同、黎锦熙等人,彼此一见如故,广泛深入地讨论中国语言问题。赵元任对他们研究问题既充分又彻底表示钦佩,发现他们有些想法竟与自己几年前的想法不谋而合,当时自己没敢提出来,担心太激进,别人接受不了,认为有这样的学者,中国语言大有希望。国语研究会的先生们当即表示希望能吸收赵元任为他们的一员。16 日,课后进城,拜访萧友梅。同日,参加挚友任鸿隽和陈衡哲的婚礼。17 日,接汪怡电话通知,入选教育部国语统一筹备会。18 日,第一次参加国语统一筹备会会议,黎锦熙、汪怡、钱玄同等先后到会,讨论语音标准、声调等问题一整天,直到六点多钟才散。不久,赵元任去上海迎接罗素。11 月初,回北京,与罗素同住遂安伯胡同 2 号。

赵元任下半年主要做罗素翻译。当时赵元任回国在南京参加中国科学社年会时,胡敦复、胡明复与胡适便透露,罗素(Bertrand Russell)不久即将来华讲学,梁启超、张东荪等进步党人拟请赵元任担任翻译。赵元任在清华开课不久,蒋百里就向清华学校金邦正校长接洽"借"赵元任担任罗素翻译事。由于学术界名流蔡元培、丁文江、陶孟和、秦景阳等都出面推动此事,因罗素讲学将涉及高等数学、逻辑学、哲学,他人很难胜任翻译工作,校长只得同意。赵元任请到王赓代课,便陪罗素到各地讲学去了。赵元任陪罗素讲学大约一年左右(1920年10月到1921年7月),辗转上海、杭州、南京、长沙、北京、保定等地(主要在北京)。当时美国著名哲学家杜威也在中国讲学,胡适担任翻译。当胡适因事不能出场翻译时也请元任代译。陪同罗素来华的勃拉克(Dora Black)女士的讲演多系妇女、社会改革等问题,也由赵元任翻译。

按:有关为罗素讲学翻译这段经历,赵元任于1972年曾撰写《With Bertrand Russell in China》一文介绍,发表在Russell杂志上。该文由王岷源教授译成中文,刊在商务印书馆出版的《英语世界》第6期,1982年11月号上。罗素在华讲演内容相当广泛,涉及哲学、社会改革、教育等方面。据《早年自传》介绍,在北京讲演多在北京大学三院以及顺治门外的师范大学校,听众多时达1500人。赵元任自谓,当好罗素的翻译确非易事;为难之处不在于讲演内容高深,在于罗素性情幽默,喜用诙谐双关语。例如,一次罗素讲哲学涉及唯物与唯心问题时,他开玩笑提出:"What is 'matter'? Never mind! What is 'mind'? It doesn't matter!"语虽简单,但巧妙双关,不但即席难以用中文译出,就是事后苦苦冥思,也难得到令人满意的中文翻译。当时,商务印书馆为配合罗素讲学,发行了《罗素月刊》,登载罗素演讲的中文翻译笔记稿,以及有关罗素学说,生平事迹等等。该刊启事写道:"名哲罗素,来华讲学;讲学社为发表他的讲演的记录起见,出这种月刊。这些记录除整理时参考多种其他记录外,并经赵元任先生鉴阅后才发表,故可定为信本;乞阅者注意。"在翻译工作的百忙中元任还参加了《罗素月刊》的审阅工作。(参见赵新那、黄培云编《赵元任年谱》,商务印书馆2001年版)

梅贻琦10月被选为校售品所经理。同月,担任修改校舍委员会委员、社会服务委员会委员、高等科英文文学辩论会委员、"西文部"编订课程委员会委员等。又被举为《清华学报》国文编辑。11月,升任童子军名誉军长。(参见黄延复、钟秀斌《清华校长梅贻琦》,九州出版社2011年版)

闻一多1月22日因《清华周刊》集稿部成立,暂定每两人负责编辑一期,与潘光旦合编第5期。3月中旬,与潘光旦、吴泽霖、闻亦传、刘聪强、孔繁祁成立"十社"。是春,闻一多任《清华学报》总编辑,旋因事辞职,校中一时未能再派,学报遂停顿。4月24日,闻一多在《清华周刊》第185期发表《旅客式的学生》,是对清华一部分只是等待出洋学生的一幅文字画像,认为这也应是清华改良的内容。9月,闻一多升入清华学校高等科四年级,仍任《清华学报》中文编辑。同月18日,闻一多当选为美术社书记。12月4日,闻一多与罗隆基邀请吴景超、周念诚、王造时、时昭瀛、谢文炳、梁思成、翟桓、何浩若、陈石孚、周兹绪等发起清华演讲记录团,专门负责记录来清华讲学的学术报告。(参见闻黎明编著《闻一多年谱》,群言出版社2014年版)

施滉、冀朝鼎、徐永瑛等组织的"唯真学会"是年春正式成立,系由1918年成立的"暑期修业团"改组,其宗旨是:"本互助和奋斗的精神,研究学术,改良社会,以求人类底真幸福"。他们接受劳工神圣思想,出版《唯真》刊物。1923年"唯真学会"内部又成立了"超桃"秘密核心组织(8人中有7人后来加入了共产党)。4月24日,施滉在《清华周刊》第185期上发表《学生对于社会应该怎么样》的文章,提出"学生应该为社会谋幸福"。5月1日,唯真学会为纪念世界劳工纪念日,油印200份《劳动声》,发给本校校及工人。(参见清华大学校史研究室编

《清华大学一百年》,清华大学出版社 2011 年版)

　　陈映璜继续任北京高等师范学校代理校长。1 月,北京高等师范学校经北京政府教育部核准开办教育研究科,本月举行入学试验。教育研究科以教授高深教育学术养成教育界专门人才为宗旨。招收高师和专门学校毕业生及大学三年级学生,学制二年。这是我国高等师范学校招收研究生的开始。学科有教育原理、教育史、教育制度、教授法、心理学、哲学、美学、社会学等。免收学费,毕业及格者给与教育学士学位。教师以本校教师为主,也聘请外校教师和在中国讲学的外国专家。计聘请了蔡元培、胡适、陈大齐、陶履恭、邓萃英、陈映璜、王文培、杨荫庆、刘廷芳、余天休、肖有梅、傅钢、张耀翔、张敬虞、李建勋、费特、丁恩、杜威、杜威夫人等,共 19 人。该校继教育研究科后又设数学及化学两个研究科。12 月,教育部派邓萃英代理北京高师校长。五四运动以后至是年,北京高师陆续增聘了黎锦熙、李建勋、林砺儒、高步瀛、张贻侗、张耀翔、查良钊等知名教授来校任教,鲁迅从是年先到北京高师任课,后来又分别在北京女高师和改大后的男女师大任课。(参见北京师范大学校史编写组编《北京师范大学校史》,北京师范大学出版社 1982 年版;中央教育科学研究所编《中国现代教育大事记 1919—1949》,教育科学出版社 1988 年版)

　　钱玄同 3 月在《新青年》第 7 卷第 3 期发表《减省汉字笔划》的提议。后又在《平民教育》第 16 号发表《汉字改良的第一步——减省笔画》。4 月 25 日,与周作人、陈大齐作东,在东兴楼为沈尹默赴日留学饯行,马衡、马季明、马叙伦、沈士远等出席。5 月 1 日,钱玄同致信周作人,商讨外国人名地名翻译的问题。9 月 1 日,钱玄同致信胡适,请教文学的界说。又问英语究竟是以何地语言为标准? 并望开示较好的逻辑学方面的书。12 日,钱玄同与马裕藻访沈尹默。19 日,钱玄同赴中央公园北大同人聚会,与会者有沈尹默、单不庵、马裕藻、沈士远、朱希祖。25 日,钱玄同作《致周作人函》,对于新文化论争反省道:"仔细想来,我们实在中孔老爹'学术思想专制'之毒太深,所以对于主张不同的论调,往往有孔老爹骂宰我,孟二哥骂杨、墨,骂盆成括之风。其实我们对于主张不同之论调,如其对方面所主张,也是二十世纪所可有,我们总该平心静气和他辩论。我近来很觉得要是拿骂王敬轩的态度来骂人,纵使所主张新到极点,终之不脱'圣人之徒'的恶习,所以颇惮于下笔撰文。"是年,钱玄同在教育部国语讲习所编有《国音沿革六讲》(排印本);为上海亚东图书馆出版加新式标点符号的《儒林外史》撰写《新叙》。(参见《钱玄同文集》第 6 卷,中国人民大学出版社 2000 年版;桑兵《民国学界的老辈(之二)》,《历史研究》2005 年第 6 期;曹述敬《钱玄同年谱》,齐鲁书社 1986 年版;郦千明《沈尹默年谱》,上海书画出版社 2018 年版;耿云志《胡适年谱》,四川人民出版社 1989 年版)

　　黎锦熙 1 月 4 日到北长街 99 号福佑寺,访在这里主办平民通讯社的毛泽东。是年,黎锦熙与同仁在北京开办第一届国语讲习所,并与沈朵山合作,将自己所撰《国文文法系统表》改编为《国语文法系统表草案》,之后又改为《国语文学》。始任北京高师国文系教授,并始创讲授"国语文法"课,旨在以白话文的语言规律为研究对象,回击当时国粹派所谓的"你们有新文学而无新文法"的谬论,捍卫五四新文化。经与钱玄同等一起努力,促使教育部在本年及以后几年改订了小学至初中的"国文科"为"国语科",以白话文取代文言文,并废除小学"读经"。兼任全国小学、初中白话文语法讲习会讲师及天津、保定、武昌、安庆、济南各讲习会国语讲师。从事文字改革,扫除文盲,改进语文教学运动,并调查江浙及天津等地小学国语教学情况。发表《国语文法表解草案》等论文。(参见黎泽渝《黎锦熙先生年谱》,《汉字文化》1995 年第 2 期)

　　张耀翔在北京高师教授心理学,创办了"心理实验室",这是我国最早的一个心理实验室。《北京高师教育丛刊》第1卷第4集上发表了他的《智慧测量》的论文报告。张耀翔又在《北京高师教育丛刊》第2卷第1集、第4集上发表了两篇关于"新法考试"的文章。他说："我不主张废止一切考试,因为得法的考试有他许多功用。我主张废止旧法考试,自然是因为旧法考试有他许多流弊,久为学者所诟病"。他说,他考察考试的痛苦,分为三个时期:第一为预备时期,死记的痛苦;第二为临考时搜肠索句,无病呻吟的痛苦(按旧法考试各科,除数学外,皆不免于作文,做旧法考试亦可谓之为文章体材的考试);第三为考试以后疑惧的痛苦,即不知所答合不合阅卷人之私意,阅卷人肯不肯予以及格的痛苦。张耀翔所主张的新法考试,除保存它的功用外,是能减去第一种痛苦之大半,完全免去第二、第三种痛苦的。他所公布的甲、乙两种"新法考试":如"辨真伪",即判断题目所提示的命题的内容,或表述的是非。如"再识",也是要求于几种答案中选择正确的,认出错误的。这在今天看来虽然极为普通,大家早在应用,而在当时确实不失为新的考试方法,引起了北京和各省学校的注意。(参见北京师范大学校史编写组编《北京师范大学校史》,北京师范大学出版社1982年版)

周予同3月在《北京高师教育丛刊》第2集发表《中学国文的教授》,此文系对胡适在北京高师附属中学国文研究部所作演讲之记录。4月,温州籍学生在京创办《瓯海新潮》杂志,介绍"新文化",致力改良地方。周予同出任主编,并于该刊第一期发表《国语文的价值》。6月,在《瓯海新潮》第1卷第3号发表《国语运动的历史》。秋,以北京高师国文部第一名毕业,任高师附中教员。8月,瑞安成立知行社,为发起人之一,以"研究地方情况,尽瘁公益事业,以图社会之进步"为宗旨。10月20日,与陈荩民、常乃惪等8人在《晨报》发表《生活改造的宣言》。(参见成棣《周予同先生年谱》,载上海社会科学院《传统中国研究集刊》编辑委员会编《传统中国研究集刊》第20辑,上海社会科学院出版社2019年版)

陈中凡继续任教于北京女高师。春,接黄侃信三,俱关于女高师教务事。6月,作女高师周年概况报告。秋,为叔父所著《尔雅释例》撰序。荐两江师范时同学胡小石前来任教。冬,为女高师国文部作一年来教学工作总结和今后计划的报告,由于理论联系实践,其中不乏经验之谈和大胆改革之设想。倘与前两次教学工作演讲一并参阅,至今仍有其可取之处。(参见姚柯夫编著《陈中凡年谱》,书目文献出版社1989年版)

胡小石是年春与两江师范学堂公共科届同学陈中凡初次相晤,很投缘,胡小石赠所著《金石蕃锦集》两册与之,并出示所作诗作数首,其中一首与友人江头小饮云:"十年骑马上京华,银烛歌楼人似花;今日江头黄篾舫,满天风雨听琵琶。"陈中凡叹其轶材秀出,非侪辈所能几及。9月,李瑞清病逝,胡小石与李瑞清同乡挚友曾熙共理李瑞清丧事,将其遗体安葬于南京城郊牛首山雪梅岭罗汉泉。11月,由陈中凡推荐,胡小石离开上海北上,受北京女子高等师范学校之聘,任教授兼国文部主任,教文学史、修辞学、诗歌选作等,兼部行政。(参见谢建华《胡小石先生年表(1888—1962年)》,载《胡小石文史论丛》南京大学出版社2008年版)

余家菊是年春入北京高等师范教育研究科学习,受教于杜威、陈宝泉、蔡元培、胡适、邓萃英等。同班同学有常道直、王卓然、薛鸿志、汪振华等。在此期间认识了李大钊、陈愚生、毛泽东、黄日葵、邓中夏、康白情、徐彦之等人。翻译了罗素的《社会改造原理》,由李大钊介绍在北京《晨报》发表,声誉鹊起,适逢罗素来华讲学于北京,由是此书畅销。同时还翻译了德国哲学家倭铿的《人生之意义与价值》,后由中华书局于1921年出版。夏,放暑假后南下归家,为族中所设自进小学授课。暑假将满,接左舜生函劝,应湖南省立第一师范之聘。8月,应聘湖南省立第一师范。校长易培基(寅村),同事有匡务逊、熊梦飞、舒新城、沈定九、夏丏尊、崔载扬、陈修平、毛泽东等,"皆俊彦之士,卓然有所建树"。北京高师校长陈宝泉特电嘱返校,而湖南省立第一师范亦坚留不放,并代为复电谢绝北京高师之邀。冬,又接陈宝泉电促往北京一行。由是辞去湖南省立第一师范的职务,返乡。是年,《农村生活彻底的观察》刊于《少年世界》第1卷第2期。文中对作者接触到的农村生活进行了分析,揭示出农村生活的艰难,并指出由此带来的一系列危机。《教师和学生间的交际问题》刊于《少年中国》第2卷第3期。文中指出师生间没有交际的关系,造成五大弊害:"养成冰冷的国民;养成变态的人生;阶级观念的巩固;事务上的障碍;个性的抹煞",并提出一系列改善的救济法。《儿童的道德性》刊于《中华教育界》第10卷第1期。文中指出儿童的道德与不道德均基于本能,如能将儿童的好奇心、偷逃、谎语等行为利用之、训练之,自可收好效果。(参见余子侠、郑刚编《中国近代思想家文库·余家菊卷》,中国人民大学出版社2013年版)

吴稚晖与李石曾、蔡元培共同创立北京中法大学,为创设法国里昂中法大学筹集资金。4月,亲赴法国考察大学校址。5月21—24日,"国语统一筹备会"在北京召开大会,会议推举张一麐为会长,袁希涛、吴敬恒为副会长。11月,在江苏第二师范学校演讲《国音问题与国语的文字问题》,并发表《国音问题专论》。编辑审定的《国音字典》由教育部向全国发行。是年,李石曾得到孙中山和广州政府的经济支持,在法国建立里昂中法大学。(参见金以林、马思宇编《中国近代思想家文库·吴稚晖卷》附录《吴稚晖年谱简编》,中国人民大学出版社2015年版)

许地山从燕京大学文学院毕业,获文学士学位。又入燕京大学神学院就学。5月1日,《新社会》旬刊出至第19期"劳动号"停刊。许地山在该刊发表文章9篇:《女子底服饰》《强奸》《帕拉图的共和国》《我对于译名为什么要用注音字母》《社会科学底研究法》《十九世纪两大社会学家底女子观》《劳动底究竟》《劳动底威仪》《"五一"与"五四"》。8月15日,许地由等人编辑的《人道》月刊创刊,但仅出1期。9月,华北女子协和大学并入燕京大学,学生有谢冰心等。11月间,北京文学界的朋友商量组织文学会,以《小说月报》为文学杂志的代用刊物,起草宣言,拟定会章,并在北京各报章杂志上广泛征求会员。在发起人讨论会员名单时,许地山、瞿世英推荐了谢冰心。在《燕京大学学刊》第1卷第3号上发表文章,题为《"五七"纪念与人类》。(参见周俟松、王盛《许地山年表》,《世界华文文学论坛》1992年第2期)

郑振铎1月1日于西石槽6号郑宅召开《新社会》编辑工作会议,讨论《新社会》旬刊的改革问题,耿济之、瞿秋白、瞿世英、许地山等出席,议决该刊须"注重社会学说的介绍,每期应有一篇社会研究的著作,由瞿世英、许地山、郑振铎三君担任"。21日,郑振铎在《新社会》旬刊第9期发表《再论我们今后的社会改造运动》。2月11日,郑振铎在《新社会》旬刊第11期发表重要论文《现在的社会改造运动》。2月21日、3月1日,郑振铎在《新社会》旬刊第12、13期发表《社会学略史》。3月20日,郑振铎为耿济之、沈颖等人翻译的《俄罗斯名家短篇小说第一集》作序,是迄今所知他最早的重要文学论文。

按:《俄罗斯名家短篇小说第一集》于7月由《新中国》杂志社出版,是我国最早的、而且直接从俄文翻译的俄国短篇小说选集。郑振铎、瞿秋白作序。郑振铎序指出俄罗斯文学的价值:一、"能见世界的近代的文学的真价";二、体现了"'真'的精神""是感情的直觉的表现""是国民性格,社会情况的写真";三、"是人的文学,是切于人生关系的文学,是人类的个性表现的文学";四、"是平民的文学";五、"独长于悲痛的描写,多凄苦的声音",是"悲剧的文学"。他认为介绍俄国文学是为了建设中国新文学。

郑振铎4月22日在《时事新报·学灯》发表致张东荪信,提到社会改造运动应该先从运动者本身的改造着想,并谈到打算大力介绍俄国文学。26日,郑振铎出席社会实进会职员会,会议通过瞿世英的提议:举办"讲演会",拟请各大学教授及社会学专家讲演社会问题、社会学原理及世界各国的社会问题。6月1日,在《新学报》第2期上发表重要论文《新文化运动者的精神与态度》,认为新文化运动者是运动的"原动力"。同期又发表《新文学运动者的精神与态度》《俄罗斯文学底特质与其略史》。

按:《俄罗斯文学底特质与其略史》认为俄罗斯文学的特质:一是"人道的福音""爱的福音",二是"悲苦的音调,灰色的色彩",三是"悔恨的灵的自忏",四是"平民的文学,国语的文学",五是"富有哲学的主义,多讨论社会问题,人生问题";对于其略史,分为启源时期、罗曼主义时期、写实主义时期和现代,并分别作了介绍;最后"希望红的俄罗斯产生出许多光明的,熊熊的文学大著作来!"文末提及田汉在《民铎杂志》上尚未载完的《俄罗斯文学思潮一瞥》,在此前后郑振铎曾给在日本的田汉去信,希望他能提供、介绍些有关俄国文学史的资料。

郑振铎6月13日晚7时在青年会出席社会实进会欢迎新董事茶话会,讨论了社会实进会工作情况及发展计划,通过刊行《人道》月刊等八项事宜,并计划把该会扩充成一个北京全体市民的社会服务机关。同月,郑振铎开始选译印度泰戈尔的诗集《偈檀伽利》。7月15日、8月15日,郑振铎在《新中国》月刊第2卷第7、8期上发表长篇论文《写实主义时代之俄罗斯文学》。8月5日,由原《新社会》同人编辑的《人道》月刊正式创刊。16日,周恩来率领天津觉悟社社员赴京,并函请人道社、曙光社、青年互助团、少年中国学会等四团体在陶然亭开茶话会。李大钊作为少年中国学会代表出席,提出各团体应"标明主义"的建议,郑振铎等约20人与会,此为郑振铎与周恩来、邓颖超的首次见面。18日下午,在李大钊提议下,觉悟社、曙光社、青年互助团、人道社、少年中国学会等五团体在北京大学通信图书馆召开代表会议,议决成立名为"改造联合"的联络组织。20日,郑振铎为耿济之翻译俄国托尔斯泰的《艺术论》作序。9月1日,郑振铎在《改造》第3卷第4期发表重要论文《俄国文学发达的原因与影响》。25日,郑振铎作《人的批评》一文,痛斥英美等帝国主义国家对社会主义俄国"闭着眼睛瞎批评"和他们对布尔什维克的诬蔑。10月1日,郑振铎在《新青年》第8卷第2号发表所译俄国高尔基《文学与现在的俄罗斯》一文。15日晚,郑振铎与瞿秋白、耿济之、许地山、王统照、郭绍虞等六七人在耿济之家,为瞿秋白即将去苏维埃俄国而聚会。16日一早,郑振铎与耿济之等送瞿秋白及其同行的俞颂华、李仲武上车。

按:郑振铎晚上即与耿济之二人写诗《追寄秋白、颂华、仲武》,表示"羡慕"他们"走向红光里去了""我们的心随着车轮转了"。诗发表于10月24日《时事新报·学灯》和25日《晨报》第五版。

郑振铎主编的《批评》半月刊10月29日创刊,附《民国日报》发行。创刊号上郑振铎发表《人的批评》。21日,蒋百里介绍郑振铎去找上海商务印书馆经理张元济、编辑主任高梦旦。次日,郑振铎即与耿济之两人去访张元济,可惜未遇。张元济、高梦旦分别于10月6日、10日抵京。9日,张元济曾访蒋百里,表示希望结识北京新文化运动风云大物,而蒋百里转达了郑振铎等人欲创办文学杂志的愿望。23日,郑振铎访张元济,张元济表示商务以印书馆方面坚持可以利用和改革旧有的《小说月报》,不愿接受新办的刊物,于是郑振铎等人转而决定先筹备成立一个文学会,以后再图另办刊物。26日,郑振铎为其主编的《俄国戏曲集》(共10种)写序。11月1日,郑振铎在《新青年》第8卷第3期上发表所译1916年12月号 The Open Court 刊载的罗素《自叙》,此文实乃一篇反战宣言。21日,郑振铎在《民国日报·批评》第3期发表重要论文《新的中国与新的世界》。

郑振铎11月23日下午于万宝盖胡同耿济之宅召集会议商议组织文学研究会事,周作人、耿济之、孙伏园等七人出席,会上推举周作人起草《文学研究会宣言》,郑振铎起草《文学研究会简章》。当时上海沈雁冰已来信,说商务印书馆要他担任《小说月报》主编,希望郑振铎等人寄稿。会上遂决定暂不出版文学杂志,而以改革后的《小说月报》代之。29 日,郑振铎借北京大学李大钊办公室(图书馆主任室)开会,筹备文学研究会成立事。12 月 4 日,郑振铎等人在北京万宝盖胡同耿济之家开会,讨论通过郑振铎起草的《文学研究会简章》、周作人起草的《文学研究会宣言》,决定以周作人、朱希祖、蒋百里、郑振铎、耿济之、瞿世英、郭绍虞、孙伏园、沈雁冰、叶圣陶、许地山、王统照等 12 人名义发起成立文学研究会。30 日,文学研究会在京发起人在耿济之家开会,通过两星期来报名参加者名单,并议决于 1921 年 1 月 4 日在北京中央公园来今雨轩召开正式成立大会以及会议议事程序。

按:《文学研究会宣言》阐述文学研究会的文学主张,认为:"将文艺当作高兴时的游戏或失意时的消遣的时候,现在已经过去了。我们相信文学是一种工作,而且又是于人生很切要的一种工作;治文学的人也当以这事为他终身的事业,正同劳农一样。"《文学研究会宣言》与《文学研究会简章》这两份文件后又发表于 1921 年 1 月 1 日《新青年》第 8 卷第 5 期和 1 月 10 日《小说月报》第 12 卷第 1 期及《民国日报·觉悟》等报刊上。该宣言曾请鲁迅审阅,郑振铎亦曾自告奋勇去信请鲁迅参加,但因鲁迅在教育部任职,受所谓"文官法"的约束不便参加。郑振铎还曾写信给在东京的田汉,邀田汉、郭沫若参加发起该会,但田汉没有将该信转给郭沫若,也没给郑振铎回信。郑振铎后来在 1958 年 5 月写的《关于"文学研究会"》(讲话提纲,未刊)中说"北大的一部分人没有加入(胡适、康白情等)",有可能当时他也曾邀请过他们参加。(参见陈福康《郑振铎年谱》(修订本),上海外语教育出版社 2009 年版)

瞿秋白 1 月 1 日与郑振铎、瞿世英、许地山出席北京社会实进会编辑部于西石槽 6 号郑宅召开的编辑工作会议,讨论《新社会》旬刊的改革问题。21 日,瞿秋白在《新社会》旬刊第 9 号发表《读〈美利坚之宗教新村运动〉》,叙述他学习李守常的《美利坚之宗教新村运动》一文的感想和对新村运动的研究,认为社会主义必将在全世界胜利。3 月,经李大钊的组织和指导,由北京大学学生邓中夏等人发起,在北京大学秘密创立"马克思学说研究会",该会经常在北京大学图书馆、北京青年会,或在瞿秋白的住所,秘密集会,学习和讨论问题。不久,瞿秋白也参加了这个研究会。同月 21 日,瞿秋白在《新社会》旬刊第 15 号发表《文化运动——新社会》。3 月 16 日,瞿秋白为《俄罗斯名家短篇小说集》撰序。

按:瞿秋白在《序》中热情颂扬俄国十月革命的国际影响,指出研究俄罗斯文学的必然性和重要性,认为"俄国布尔塞维克的赤色革命在政治上,经济上,社会上生出极大的变动,掀天动地,使全世界的思想都受他的影响。大家要追溯他的远因,考察他的文化,所以不知不觉全世界的视线都集于俄国,都集于俄国的文学"。序文中还论述了文学与社会的关系,指出:"文学只是社会的反映,文学家只是社会的喉舌。只有因社会的变动,而后影响于思想,因思想的变化,而后影响于文学。"

瞿秋白 4 月 13 日翻译德国倍倍尔著作《社会之社会化》,并在译文前写了译者的话。8 月 5 日,因《新社会》旬刊被查封,瞿秋白、郑振铎等人非常愤慨,表示要继续坚持斗争,并说服北京青年会,又创办了《人道》月刊。同月,参与李大钊提议倡导的觉悟社、曙光社、青年互助团、人道社、少年中国学会等五团体的改造联合工作。秋,瞿秋白与郑振铎、耿济之、许地山等人发起筹建文学研究会。10 月 1 日,瞿秋白在苏州《妇女评论》月刊第 2 卷第 2 期发表《无产阶级运动中之妇女问题》。同日,《人道》月刊编辑部在青年会召开会议,出席者共 26 人,周作人应邀参加。同月初,瞿秋白因即将去俄国,赴济南拜别父亲瞿世玮。15 日晚上,瞿秋白去北京饭店俄国远东共和国代表尤林处签出国护照。深夜回来后,又和前来送别的旧友耿济之、瞿菊农、郑振铎、郭绍虞、郭梦良、郭叔奇聚会话别。16 日清晨,瞿秋白与李宗武、俞颂华共 3 人一行到北京火车站,瞿纯白、瞿菊农、郑振铎、耿济之及其他亲友都到车站送行。18 日晨,瞿秋白在天津接到郑振铎、耿济之、瞿菊农分别从北京寄来的信,及所附的诗,当即复信。

> 按:五四运动以来的一系列社会活动,使瞿秋白的人生观和世界观渐渐发生变化,开始由激进的民主主义者向马克思主义者转变。他在后来所作《饿乡纪程》一书中回忆说:"从入北京到五四运动之前,共三年,是我最枯寂的生涯。朋友的交际可以说绝对的断绝。北京城里新官僚'民国'的生活使我受一重大的痛苦激刺。厌世观的哲学思想随着我这三年研究哲学的程度而增高。"但是"心灵现象起了变化。因研究国故感受兴趣,而有就今文学再生而为整理国故的志向;因研究佛学试解人生问题,而有就菩萨行而为佛教人间化的愿心"。伟大的五四运动使瞿秋白基本上摆脱了消极厌世避世的思想影响,开始倾向社会主义。他说:"五四运动陡然爆发,我于是卷入漩涡。孤寂的生活打破了。"五四运动使瞿秋白"更明白'社会'的意义""倏然一变而倾向于社会主义",而社会主义的讨论,常常引起他"无限的兴味"。创办《新社会》《人道》,又增加了他对社会的感受和了解。(参见周永祥《瞿秋白年谱新编》,学林出版社1992年版)

林纾继续主讲文学讲习会。1月6日,周作人在北平少年学会发表题为《新文学的要求》的讲演,其中批评了林纾这类翻译家,"用汉文一般样式",把外文作品变成"随意乱改的胡涂文",这种"抱定老本领旧思想"的译作,无非是"把外国异教的著作,都变作班马文章,孔孟道德"。他主张:"应当竭力保存原作的风气习惯语言条理,最好是逐字译,不得已也应逐句译,宁可'中不像中,西不像西',不必改头换面。"2月1日,《新青年》第7卷第3号开辟了"林纾与育德中学"的"通讯"栏,分别刊有臧玉海的《致陈独秀》和陈独秀的《复臧玉海》。4月17日,周作人在《〈点滴〉序》中说:"我从前翻译小说,很受林琴南先生的影响;一九〇六年往东京以后,听章太炎先生的讲论,又发生多少变化,一九〇九年出版的《域外小说集》,正是那一时期的结果。"4—5月间,文学讲习会结束,自1917年冬该会成立至今已三年,听讲者逾百人,有《林纾文学讲习会齿录》一册,著录听讲者姓名。5月11日,短篇小说集《蠡叟丛谭》初集,由上海《新申报》成记书局出版。

林纾5月31日大书"对天立誓,绝不口言人短"以身诫。10月4日,胡适论及中国古文教材,其中说道:"小说如林琴南早年译的《茶花女》、《黑奴吁天录》、《战血余腥记》、《撒克逊劫后英雄略》也可以读。琴南早年译笔还谨慎,不像现在的潦草。所以我说读了一部《茶花女》,比读了一部《古文辞类纂》还好。旧小说如《儒林外史》《官场现形记》《红楼梦》《西游记》《水浒》《二十年目睹之怪现状》《恨海》《九命奇冤》《文明小史》《七侠五义》,译本如正、续《侠隐记》《法官秘史》。"10月9日,张元济访胡适、蒋百里、沈子封、张阆声、严又陵、夏穗卿、冯公度、史康侯、蒋惺甫、林琴南、陈小庄。11月28日,胡祥木在致胡适的信中说:"吾国哀情小说自以林畏庐《茶花女》、吴趼人《恨海》为极盛。《恨海》以意胜,《茶花女》以词胜,后来诸家可与抗手者殊不多觏。晚近所作虽汗牛充栋,其文言体者类多流于怪僻生涩,坠入恶道,且有奢贱迷信(如《定夷》诸作,喜谈梦兆),矜眩诗文,词意相难者。"30日,为光绪忌辰,林纾九谒崇陵。先天晚上居少保梁鼎芬墓庐。时梁鼎芬已去世一年,人去庐空,林纾更是悲不自胜,提笔抒怀,写诗三首及《九谒崇陵记》一文记其事。是年,编小说集《蠡叟丛谈》,由上海成记书局出版。(参见张旭、车树异编著《林纾年谱长编:1852—1924》,福建教育出版社2014年版)

朱羲胄10月将1919年在文学讲习会上听林纾讲授古文之全部笔记分为通则、明体、籀诵、造作、衡鉴、周秦文评、汉魏文评、唐宋元明清文评、杂评、论诗词十类编排,计二百八十条,题为《文微》,这是林纾的又一部论述古文的著作,全书除"论诗词"外,其余部分都是论古文。其论文宗旨与《春觉斋论文》等一致,互为表里,可资参证。罗田王葆心在序中说:"兹编语文,其言千百,要可以一言蔽之,曰:有以立乎为文之先而已。"又说:"兹十篇所生,其前五篇所以明文事之纲领，其后五篇所以品文事之毛目。纲领所以范才，毛目所以广学，满合其要，足以上通刘舍人四十九篇之意，而会其神。"蕲春黄侃在书端《题辞》中云："自彦和以后，世非无谈文之专书，而统纪不明，伦类不析。求如是书之笼圈条贯者，盖已稀矣。三统循环，救文以忠；忠之敝，小人以野。今之为文，忠邪野邪，如彼泉流无沦胥以亡，世有达者，尚其知重是书哉！尚其知重是书哉！"对其理论性、系统性、条理性均评价极高。

　　按：朱羲胄于次年将《文微》交友人湖北黄冈陶子麟仿宋体字镌刻，历四年始成，至 1925 年 6 月刊行。（参见张旭、车树异编著《林纾年谱长编：1852—1924》，福建教育出版社 2014 年版）

　　陈宝琛仍为溥仪师。春，溥仪曾将中南海钓鱼台的"养源斋"作为私产给了他的老师作为别墅。陈宝琛在春秋佳日举行宴会，邀请名人学士燕集钓鱼台吟诗作画。后来，陈宝琛将 1920 年至 1921 年在宴会上集得的咏北京钓鱼台的诗词，以及其他时间文人墨客游钓鱼台的诗词统统汇集起来，又请清末名画家周愈画出钓鱼台的主要景观，即《养源斋图》和《潇碧轩图》，将此两图以及樊增祥、周树模、陈衡恪、林纾和裴维侒等 17 人的咏钓鱼台诗词共计 19 首合为一册，定名为《陈太傅钓鱼台赐庄图咏册》。（参见张旭、车树异编著《林纾年谱长编：1852—1924》，福建教育出版社 2014 年版）

　　金城、周肇祥、陈师曾等人 5 月发起成立"中国画学研究会"，以"精研古法，博采新知，先求根本之稳固，然后发展其本能"为宗旨，强调保存国画固有之精神，致力于中国绘画的研究。学会得到前任民国政府总统徐世昌的大力支持，批准将庚子赔款的一部分作为学会的专用经费。画会广泛吸收京津两地和河北地区画家，会员达数百多人，著名者除金城、陈师曾外，尚有姜筠、林纾、肖俊贤、余绍宋等人，并编印《艺林旬刊》《艺林月刊》，多次成功举办展览。（参见张旭、车树异编著《林纾年谱长编：1852—1924》，福建教育出版社 2014 年版）

　　丁文江与章鸿钊、翁文灏筹议兴建地质图书馆和地质陈列馆，呈准农商部会同矿政当局发起募捐，就兵马司 9 号隙地建筑新馆。大总统黎元洪捐款 1000 元，以朱启钤、艾森为代表的中兴煤矿、开滦矿务局等企业和个人相继捐款合计 39000 余元。7 月 23 日，丁文江被农商部任命为矿政司第四科科长兼地质调查所所长。8 月 15—22 日，丁文江在南京出席中国科学社第五次年会。9 月 1 日《申报》报道，丁文江等被推选为即将访华的英国哲学家罗素（Bertrand Russell）的翻译员。3 日，丁文江与翁文灏联名撰《矿政管见》呈文农商部总次长。22 日，丁文江被农商部任命为筹议赈灾临时委员会委员。9 月，丁文江为《中国地质学会志》作一英文序言。10 月 3 日下午，中国科学社北京社友会在欧美同学会集会，欢迎新到北京各社员，并讨论社务进行。丁文江出席了这次集会。11 月 7 日，丁文江在北京大学地质研究会演讲《扬子江下游最近之变迁·三江问题》。26 日，丁文江为出版《中国铁矿志》呈文农商部备案。12 月 9 日，丁文江致函美国纽约自然历史博物馆馆长奥斯朋（H. F. Osborn），对安竹斯在《亚细亚杂志》发表的文章提出抗议。是年，主要开发冀北宣化、龙关两地铁矿的龙烟公司成立，丁文江被聘为该公司董事。（参见宋广波编《中国近代思想家文库·丁文江卷》，中国人民大学出版社 2014 年版）

　　翁文灏 9 月 3 日与丁文江联名撰《矿政管见》呈文农商部总次长。文中就农商部总长下令征求矿政司人员对矿政意见事，从整理矿业法令、厉行矿业期限、变通矿区限制、组织辅助机关、提倡钢铁事业、奖励特有矿产和养成专门人才等七个方面，提出了近 2 万字的意见和建议，并附《修改矿业条例意见书》。10 月 3 日，在中国科学社北京社友会上当选为编辑分部委员。当时曾任留美学生总监的金邦正在北京筹设中国科学社北京社友会，推蔡元培为理事长。翁文灏亦于是时加入中国科学社。12月22日,出席北京大学地质学研究会全体师生茶话会,并在会上提出:当前最要紧的是就该提出问题,并进行研究、讨论。是年,发表《中国矿产区域论》;为北京大学矿科(经济地质)学生讲授"中国矿法纲要"。所做讲稿曾在《劝业丛报》刊载,未完而止;与丁文江及先后任矿政司长的邢端、林大闾等,商请中兴、开滦两煤矿公司代表朱启钤、奈森,共同发起向国内各大矿商及铁路局包括大总统黎元洪募捐,为地质调查所建筑地质图书馆和地质陈列馆捐款,以支持该所的地质调查与研究工作。地质调查所图书馆原只有三间平房,1919年丁文江借赴欧之机广泛搜罗欧美地质图籍万余册,但图书馆室隘莫容,而且原有的五间矿产陈列馆亦不敷使用。(参见李学通《翁文灏年谱》,山东教育出版社2005年版)

江亢虎是年春从报纸上看到徐树铮入蒙、促成外蒙撤治并回归祖国的消息,兴奋不已。3月,江亢虎在美国写信给西北筹边使兼西北边防军总司令徐树铮,请求徐能在外蒙给自己一个职位,在那里进行社会主义的试验,以报效国家。8月,江亢虎为原中国社会党党员陶乐勤所译《政治经济学》作序,高度赞扬马克思及其《资本论》。9月,江亢虎辞去在美国的工作,偕其继室、美籍华人卢岫霙回国定居,住北京海北寺街33号。归国后,至年底前,到全国八个省游历、讲学。

按:江亢虎全国八个省游历、讲学大致如下:10月,在江西作多场演讲。1日,在江西教育会讲演《教育者之责任》,论及教育者对于学术、学校、学生和社会的责任。2日,继续讲《求学与救国》。同日,由夫人卢岫霙用英语演讲《蒙铁梭利教育法》,江做口译。3日,在该会讲《社会改造说》,其基本内容为后来提出的新民主主义和新社会主义主张准备了腹稿。4日至5日,除在江西教育会先后演讲《中国文化在西洋之影响》和《西洋文化在中国之影响》之外,还在江西第一师范学校、江西女子师范、江西职业学校、江西心远中学、江西第一中学和江西义务女学发表演说,纵论普通教育、师范教育、女子教育和社会改造等。6日至7日,先后到江西匡庐中学、江西第二中学和江西农业专门学校演讲。8日,除了在江西法政专门学校、江西农商公宴席上演说外,还专门到江西青年会演说《宗教进化》。11月,在山西演讲。17日至20日共四天,在山西大学讲《社会主义之今昔》,包括社会主义的名词与通义、派别与纲领、主张之条目、实行之方法等四讲。其间,18日还在山西女师范演讲《女子在社会上之地位》,19日至20日在山西太原自省堂先后演讲《中国文化及于西方之影响》和《西方文化及于中国之影响》。20日,还在山西国民师范学校讲《教育之新趋势》。21日,除在太原文瀛湖公园演说《国民大会》外,还在山西法政学校讲《代议制之改良》。12月10日、24日,在湖广会馆发表演讲。此时,北洋军阀政府加强了对社会舆论和集会活动的控制,以防止俄国十月革命影响的传入,防止所谓"过激党"的活动。而回国后的江亢虎,四处游历讲学,包括在演讲中称颂苏维埃俄国、介绍马克思主义学说,这就引起了北洋军阀政府的高度注意和极其不满。警方一直没有放松对他的监控。12月10日、24日两次在湖广会馆的演说,都立马被侦探报告上峰,记录在案。

江亢虎12月致信国务总理靳云鹏,指出当时社会的乱象纷呈和政府的无计可施,并警告说:"窃恐大破产、大恐慌之来,即在若辈酣歌恒舞时也。"同时表示自己对国内外政策有所见解,愿意贡献。10月,刚成立的北京共产党早期组织在李大钊的办公室开会,欢迎江亢虎回国并表示希望同江合作,团结一致进行职工运动。但江在演说中表示,要在先去苏俄和欧洲考察后再定实际活动的方针。是年,江亢虎在为南通人李万里著《新银行论》所写的序言中,主张"银行当归公共经营,所有赢余当充公共事业之用";在《书古唐村》一文里,认为"新村运动者,理想社会主义之一术也";在《社会主义与新村》一文中,明确表示:"不佞个人始终主张世界社会主义,其实地进行,必以一国一省为初轫。"(参见汪佩伟编《中国近代思想家文库·江亢虎卷》及附录《江亢虎年谱简编》,中国人民大学出版社2015年版)

　　王宠惠出任北京政府大理院院长,兼北京法官刑法委员会会长,法理讨论会会长,发表《改良司法意见》。(参见张仁善《王宠惠先生年谱》,载王宠惠《王宠惠法学文集》,法律出版社2008年版)

　　叶恭绰时为总统府顾问。3月,叶恭绰有致大总统《阐扬文化条陈》,提出设立通儒院、储藏图书馆等8条建议。8月,叶恭绰任交通部总长。10月17日,中华工程师学会在北京举行第八届常年大会,叶恭绰与张謇、权锦堂被推为名誉会长。12月20日,叶恭绰命交通部次长徐世章领衔负责筹办交通大学事宜,交通部内的精英人才帮同筹办。

　　按:总统府顾问叶恭绰致大总统条陈(抄件)曰:为谨陈管见,仰祈钧鉴事:窃维吾华立国垂数千年,古代文明不在人后,自近百年间,皙种突兴,一日千里,吾犹自封故步,彼此相形,遂瞠乎后矣。骄慢自是,足召侮亡;苟且偷安,亦复无济,是宜淬厉精神,毅然奋发,尽力为新文化之运动,以求适合于世界之趋势。谨举数事,为大总统陈之。

　　一、通儒院宜亟设立也。查各国类有最高学府,慎选全国通儒,研求最高深之学术发表于世,以当继往开来之任。其资格皆极严重,位望皆极清高,学术皆极渊邃,于以导扬文化,启迪新知,关系殊非浅鲜。前此国人,曾有考文苑之建议,教育部有学术评定会之设立,意均略同。但窃意宜定其名为通儒院,其办法则略仿法之阿伽代末,厥额不得过一百名,廪给宜轻,资格宜严,名位宜尊,慎择通材,主持其事。以为旧文化之结束,新文化之始基,庶足一新耳目。

　　二、国立图书馆宜亟经营也。文明各国,皆有国立图书馆,往时吾国西清东阁之制,即同其旨。大抵规模宏阔,搜罗富有,管理精详,且分别部居,考古通今,各从其类。其完善殆为吾国所未梦见。吾国号称文化最古,而历代储藏图籍迄无妥当之法,致损失等于焚坑。比岁以来士不悦学,各地大抵不知文化为何物,消沉散毁,尤有文武道尽之虞。宇内藏书,非荡为烟尘,即贩随海舶,其保存遗失者亦未绝如缕,并无持久之策。再阅数载,恐收拾益难,是宜由公家经营一国立图书馆,搜求宇内稀有珍本,筑最新式之室藏焉,庶天下图籍有所归,而文化精神有所寄。其备普通阅览之图书需要尤亟,事当另筹。

　　三、《四库全书》宜速为影印流通也。有清类书之巨,莫巨于《图书集成》;丛书之巨,莫巨于《四库全书》。《图书集成》原有刊本,光绪间曾石印一次、又用铅字排印一次,故海内流布尚多。《四库全书》只传写本,分置七阁及翰林院。洪杨之役,文宗、文汇毁其二;英法联军之役,文源毁其一;庚子拳乱,翰林院又毁其一,于是所存者惟文渊、文溯、文津、文澜四部,文澜本已多散逸。文津、文溯两本,年前辇载来京,及今不图,恐此区区亦复难保。近日法国学院有商借全书之议,此书卷帙比《图书集成》不过十倍,从事影印非不可能。文津本仇校未精,间有讹谬,是宜速将文渊阁本由政府提倡,集资影印,以广其传,不独国内都会可各储一部,即东西各国孰不欢迎。发扬国光,莫此为盛。恭绰于此事已略有计画,须费虽巨,尚不十分困难。

　　四、各省公私藏书宜设法保存也。清初康熙二十五年始诏求遗书,内府所藏,至乾隆纂修四库时而大备。又前清各省书院等多有藏书,改革以还,弦诵久辍,窃取盗卖,复瓿当薪,均所难免,是宜通令保护。又,清初藏书之家,江浙最盛,数传而后,散佚渐多,海禁未通,辗转迁移尚在本土,今昔异势,东西海舶满载而去,高文典册,日即沦亡。是宜设法维持,苟有故家不能守其世业者,由中央政府或地方政府、自治团体等公为购买,用存国宝。

　　五、各省官局书板及印刷器物宜及时保管也。康熙乾隆两朝,官纂书籍极多,皆由武英殿刊板传布。道光而后,各省官书局出书亦夥,迭经扰乱,散失堪虞。又,各省通志及府、县志板存于各省旧府县学或旧府县署者,均有关地方文献,为比较切实有用之书,是宜通令及时检点,妥慎保存,或择要印行,或补其阙坏。又,释藏板片七万九千余块,今尚存京师柏林寺,道藏板片,亦存彰仪门外白云观,亦宜派员整理保管,毋使失坠。

　　六、旧内阁大库藏物及旧军机处档案宜速为清理保存也。清初,承明旧制,机务出纳悉由内阁,军事则付议政大臣。雍正间,西北西路用兵,始设军机处,自是机务及用兵,皆归军机大臣承旨,本章仍归内阁,内阁大库所存章奏文移,悉当代掌故,所在且多。历代遗存书籍典章,军机处廷寄谕旨,则事关机密,尤非外间所得闻,秘典遗文,往往而有,今情迁事过,无所忌讳,此等秘藏,应为表露,以资考证。现内阁大库旧物已归教育部保存,旧军机处档案尚在国务院中,日久疏虞,恐归散坏,是宜简派妥员,排比钩稽,以存一代文物典章之实。

七、往代散失典籍宜广为搜集也。隋牛弘请开献书之路,有秦以来,经籍五厄;明胡应麟《经籍会通》,又增唐以来五厄。吾国典籍,每随丧乱而散佚,历代皆然。宋末见存书籍,见于陈晁二家书目者,至明正统六年,文渊阁书目所载宋元巨帙,如《宋九朝纪事本末》《元经世大典》等,皆极关考证,明末亦不可得见其籍。《永乐大典》,存者虽经乾隆时之采录,然拳匪之乱,翰林院被毁,《永乐大典》及《四库存目》诸书均遭燔荡,救出者不过数千册而已。乾隆时各省采进书籍之存于武英殿者,亦因光绪初罹火,与聚珍板同毁,此亦书籍一大厄也。然江户之市,时有古逸之书。巴黎各都,每见敦煌之录,是宜按往代书目所有而今已不传者,设法悬购。并宜令驻外各使调查吾国散逸典籍之存于各国者,分别借出录副或照象刊行,务使固有之物得复见于吾土,庶足助长国人爱国之忱。

八、保存古物法规宜速拟草提交国会也。民国五年,内务部虽有《保存古物暂行办法》及《古物调查表》通咨各省。然有劝无诚,纯任自然。守土者视为具文,盗卖者依然如故。长此不已,无待金人入汴,而古物已东;不必德军破京,而仪器西去矣。是宜仿各国办法,制为法案,提交国会,议决公布。庶君子有怀刑之惧,估客无私运之虞。一面再赶设博物院一、二处,搜集保存,尚可存十一于千百。以上各端,皆不过就私虑所及,胪举大纲。至详细办法,头绪纷繁,倘蒙采择施行,再当细书上达。抑恭绰更有陈者,吾国文化虽古,然以向不表扬之故,致世界迄今不审吾之真相,徒以粗略之游记,隔膜之报章,挟私之言论,引为确据。遂致吾国在外人心目中,永侪野蛮之列,耻辱固已,害莫大焉。今日之策,一面应极力用各种方法,在世界上传播我国固有文明之真谛,一面应策励国民,努力于近世文明之改进,弗令世人,因藐视子孙,而兼轻祖父,以全我文明先进之价值,浸假再进,图东西文明之融化,为世界别开新纪元。此不得谓非我之大责任,倘承垂鉴及此积极进行,实世界文化之福,非只我国受其赐而已。至办理上列各事,有并不需费者,有需费无多者,有需费较巨者。一、二两项自可立见施行,其第三项比较为难,然苟上下同心,似亦非绝无办法。再前此国人希望各国交还庚予赔款,其预定用途尚无定准,窃意应将上列图书馆、博物院、及常年搜存图书古物费一并列入用途之内。事关文化,度国内外无不赞成,尚盼政府记注及之,以为进行基础。轻率上渎,敬冀裁察施行。谨呈。本府顾问叶恭绰谨呈。(《中华民国史档案资料汇编·文化》,江苏古籍出版1991年版)

柯劭忞以《元史》为底本,斟酌损益,重加编撰,前后历时三十年终于完成《新元史》的纂修。又因《新元史》之作,被日本东京帝国大学授予文学博士学衔。

按:《新元史》有本纪26卷、表7卷、志70卷、列传154卷,外附目录1卷。仿照纪传体正史体例,与《元史》相比,也有增删损益。在《本纪》中,旧史将元太祖以前史事混叙于《太祖本纪》中,《新元史》则专立《序纪》一卷叙之。改旧元史《顺帝纪》为《惠宗纪》,又新补入昭宗纪。在《表》中,合并旧史《宗室世系表》及《诸王表》为《宗室世系表》。在《志》中,分旧史《礼乐志》为《礼志》《乐志》,合旧史《祭祀志》《舆服志》为《舆服志》。在《列传》中,分旧史《儒学志》为《儒林》《文苑》二传,改旧史《良吏传》为《循吏传》《孝友传》为《笃行传》,删旧史《叛臣》《奸臣》《逆臣》三传,新增入《蛮夷传》。《新元史》或有照录旧史原文之处,但大部分由柯氏自撰,故新、旧二史体裁略有不同,而文字几乎全异。《新元史》成书较晚,吸取了前人元史著作之长,具有较高的学术价值:(1)参照西方史料,补漏正谬;(2)参照《元秘史》补订旧史;(3)参照《经世大典》增补旧史之阙;(4)参考元人文集以补旧史列传。该书也有一些缺漏之处,主要表现在:(1)同为一事,前后屡出;(2)译音无定,一字数译;(3)人名、地名、纪年、纪事、世系之误;(4)取舍删改不当;(5)史料不注出处。柯氏生活在清末民初的变革时代,《新元史》撰著于新文化运动勃兴之际,他仍固守旧思想、旧观念,体现出与时代思潮的隔膜。但时贤后学对《新元史》有不同的评价,王桐龄说:"二十四史之中以《元史》为最芜杂,搜集史料太草率,编辑时间太仓猝,后人欲纠正整理之者甚多……柯凤孙先生为吾国宿学,以四十余年之精力整理《元史》,根据《永乐大典》及金石文字与西方史料,对于旧史加以订正增补,删其繁乱,正其谬误,补其阙憾,使有元一代百余年间之事迹一一罗列,若指诸掌。"王森然评价《新元史》"详博周备,取舍有法"。王国维则对《新元史》持保留态度。萧一山《清代通史·清学者著述表》中说:"余曩在梁任公先生座次,逢王静安先生,谈及《新元史》书,均以未叙体例及取材为憾。"徐仲舒在《追忆王静安先生》中也说:"先生谓:《元史》乃明初宋濂诸人所修,体例初非不善,惟材料不甚完备耳。后来中外秘籍稍出,元代史料渐多,正可作一部新元史补正,以辅《元史》行世,初不必另造一史以掩原著也。"(参见王学典《20世纪史学编年(1900—1949)》,商务印书馆 2014 年版)

陈垣 5 月因政府拟用法国退还的庚子赔款影印文津阁本《四库全书》,接受委托主持全书的清点调查工作。6 月 15 日,开始对文津阁《四库全书》作全面清点,参与其事的有樊守执、杨韶、王若璧、李倬均、李宏业、张宗祥、王冷斋等人。8 月 22 日,清点工作全部完成。此次整理对其中每部书的册数、页数都做了清点和统计,列出书名、作者,并做索引。陈垣及叶恭绰等逐册清点,历时 3 月余,成《四库全书册数页数表》。全书计 3627 册。是年,陈垣参加梁士诒为会长的毛革改良会和蔡元培、蒋梦麟等被北京大学教授联名发起的救助华北灾民的赈灾活动;英敛之为陈垣书斋书写匾额"励耘书屋",上款为"圆庵先生属",下款署"万松野人"。

按:1921 年,教育部以文津阁本《四库全书》印成样书。1932 年,燕京大学图书馆引得编纂处完成《四库全书总目及未收书目引得》。(参见刘乃和、周少川、王明泽《陈垣年谱配图长编》,辽海出版社 2000 年版;王学典《20世纪史学编年(1900—1949)》,商务印书馆 2014 年版)

吴仕承搜检群书,辑录自汉末迄初唐百余家注音资料,依照《经籍纂诂》体例,编成《经籍旧音》25 卷,序录 1 卷,重在研讨魏晋南北朝文字音韵变迁,向为学界所注目。

按:吴承仕著成《经籍旧音》后,只愿刊板印行。但因工程过于浩大,耗资亦过于巨大,只得暂先将其中有所辨证的条目,抽出印成《经籍旧音辩证》。而《经籍旧音》一书,终究未能刊行。几十年后,出现在嘉德古籍拍卖目录之上,然已成残编。(参见庄华峰编纂《吴承仕研究资料集》,黄山书社 19090 年版)

许寿裳 12 月辞去江西省教育厅厅长,返回教育部任编审,编著《中国名人传》。是年,许寿裳曾问好友鲁迅的笔名"鲁迅"之意,鲁迅答复:一、母亲姓鲁(他的小说中常提到的鲁镇,是他母亲的老家);二、周鲁是同姓之国(鲁国第一个君王是周武王的弟弟周公旦,所以鲁国和周王朝君王都姓姬);三、取愚鲁而迅疾之意。(参见倪墨炎、陈九英编《许寿裳文集》下卷附录二《许寿裳先生年谱》,百家出版社 2003 年版)

老舍《参观苏省小学教育报告》1 月刊于《京师学务局教育行政月刊》第 1 卷第 3—5 号(1920 年 3 月载完)。9 月 30 日,京师学务局下达委任令,提升老舍为京师郊外北区劝学员。当时京师分内城左、右区,外城左、右区,郊外分东、西、南、北四区。区设有劝学事务所,掌握本区教育事务。是年,马叙伦等教授发起成立了北京教职员公会。公会领导机构分大、中、小学三部,各设委员 11 人。老舍以 216 票当选为小学部委员,列第五名。是年至1922 年间,老舍任京师公立北郊通俗教育讲演所所长。当时京师郊外四个学区各设有一个公立讲演所。(参见甘海岚编撰《老舍年谱》,书目文献出版社 1989 年版)

石学万、孔繁俊等 7 月 6 日发起成立北京专门以上学校体育公会,制订《简章》十二条,《缘起》,推定北大蔡元培、清华严鹤龄、北京高师陈映璜、法专王家驹、医专汤尔和、农专金邦正、燕京司徒雷登、美术学校郑锦等为赞成人。

按:《简章》与《缘起》载 7 月 6 日《北京大学日刊》。(参见高平叔编著《蔡元培年谱长编》,人民教育出版社 1996 年版)

王正廷出任北京外交部和约研究会会长。

袁乃宽、王敬芳等人 10 月 31 日在北京发起成立旅京河南自治促进社。

欧阳武、汪长禄等人11月在北京江西会馆发起成立江西自治促成会,以"联络同志,促成江西自治"为宗旨。

罗庸毕业于北京大学文科国学门。

姚从吾北京大学文科史学门毕业后,又考上北京大学文科研究所国学门研究生。

余上沅入北京大学英文系学习。

游国恩考入北京大学中文系预科。

谢国桢报考北京大学文科,未中。

周建人入北京大学旁听攻读哲学。

陆侃如入北京高等师范学校。

刘开渠考入北京美术专科学校。

赵紫宸发表"The Problem of Securing College Graduates for the Christian Ministry" "Christian Renaissance in China"《促进宗教革新的势力》《对于〈信经〉的我见》《新境对于基督教的祈向》等文章。(参见赵晓阳编《中国近代思想家文库1赵紫宸卷》及附录《赵紫宸年谱简编》,中国人民大学出版社2014年版)

陈独秀所撰《自杀论》刊于1月1日《新青年》第7卷第2号。5日,发表《欢迎湖南人底精神》,称赞毛泽东、邓中夏等湖南青年是"一班可爱可敬的青年"。18日,陈独秀与蔡元培一起到北大三院参加北大学生所组织的平民夜校开幕式,并发表演说,阐明平民主义及互助博爱主义。29日,陈独秀应西南大学筹办员汪精卫、章士钊之邀,抵达上海,亦任西南大学筹办员回,住法租界环龙路老渔阳里2号原柏文蔚的住宅。2月1日,发表《基督教与中国人》,主张对基督教一分为二,主张"把耶稣崇高的、伟大的人格和热烈的、深厚的情感",即"崇高的牺牲精神""伟大的宽恕精神""平等的博爱精神""培养在我们的血里"。同时发表与虞杏村、臧玉海、明慧讨论教育、林纾与育德中学、妇女选举权等问题。2日,乘"大通"轮由沪去汉。4日下午,抵汉口,住文华书院。5日,陈独秀应武汉学联文华学生协进会之邀,在文华学校演讲《社会改造的方法与信仰》。6日,陈独秀应文华书院孟校长邀请,参加该校毕业典礼,并发表演讲说。7日,陈独秀应汉口青年会会长彭厚斋邀请在武昌高等师范学校演讲《新教育的精神》。

按:《社会改造的方法与信仰》主张的社会改造方法是:一、打破阶级的制度,实行平民社会主义;二、打破继承制度,实行共同劳动工作;三、打破遗产制度,不使田地归私人传留享有,应归为社会的共产。信仰是,平等,劳动。《新教育的精神》主张教育要用新方法:一、教育要趋重社会;二、要注重启发的教育;三、要讲究实际运用。

陈独秀2月7日下午3时应邀参加堤口下段保安会召开的欢迎会,并发表演讲,希望武汉国民"尊重国家""考求生计""提倡国货而对于外交取一致行动""扩充实业以裕民生"。会后,又参加该保安会小范围的讨论会,谈及自治问题,主张武汉市参考美国城市的自治办法实行自治。晚7时,陈独秀应武昌学界周春煦、李慕琪、吴国干等宴请于普海楼,席间畅谈文字问题,主张中国文字实行"注音字母"。宴会毕,直去大智门乘车北上返京。为避北京政府再次拘捕,由李大钊、高一涵至车站接送陈独秀至王星拱家暂避,然后由李大钊护送其至津去沪。

按:据高一涵《李大钊同志护送陈独秀出险》回忆:陈独秀九月十六日被释放出狱后,并无真正的行动自由。但陈却未经许可去上海、武汉。当北京当局从武汉《国民新报》发现陈的演讲时,才知道他已不在北京。此时,北京政府派了警察在陈寓所北池子站岗,企图等陈一回到家再将他逮捕,但陈在返京抵西车站时,就有李大钊、高一涵把他接到王星拱家暂避。后有李大钊护送至天津,由天津乘船前往上海。"时当阴历年底,正是北京一带生意人前往各地收账的时候,李大钊同志雇了一辆骡车,从朝阳门出走南下,陈独秀头戴毡帽,身换王星拱家厨师的一件背心,油迹满衣,光着亮发,坐在车子里面,李大钊同志跨在车把上,携带几本账簿,印成店家红纸片子。沿途上住店一切交涉都由李大钊同志出面办理,不要陈独秀开口,恐怕漏出南方人口音。因此一路顺利到了天津,即购外国船票,让陈独秀坐船前往上海"。

　　陈独秀 2 月 12 日发表《我们为什么要做白话文》《强迫教育谈》。13 日,发表《国语谈》。19 日,陈独秀到达上海,并趁候船赴粤之际,发表谈话论改造广州社会,同时对汪精卫、章士钊、吴稚晖提出的西南大学设址上海租界及在巴黎办中国大学的主张表示绝对反对,认为若此即"失其独立性,办成以后,有何价值?"27 日,陈独秀参加全国各界联合会召开的上海工读互助团筹备会,王光祈、汪孟邹、张国焘、刘清扬、戴季陶、沈玄庐、彭璜等 20 余人到会参与发起。2—4 月,陈独秀在上海亚东图书馆暂居处,多次会见北京学生联合会代表罗家伦、许德珩、张国焘等人,宣传马克思主义,表示中国必须走俄国革命的道路,彻底推翻军阀主义。3 月 1 日,陈独秀发表《马尔塞斯人口论与中国人口问题》。11 日,陈独秀致函周作人,告"《新青年》七卷六号的出版日期是 5 月 1 日,正逢 May day 佳节,故决计做一本纪念号,请先生或译或述一篇托尔斯泰泛劳动主义,如何?"又极力敦促鲁迅从事小说写作:"我们很盼望豫才先生为《新青年》创作小说,请先生告许他。"20 日,陈独秀在青年会征求会员大会闭幕典礼上发表题为《新文化运动是什么》的演讲,强调新文化运动的精神是创造的精神。

　　按:《新文化运动是什么》提出"新文化运动是创造的,不是因袭的""一日无创造之精神,即一日不能继续发展新文化"。

　　陈独秀 4 月会见由北京到上海的毛泽东,讨论马克思主义及组织"改造湖南联盟"的计划;邀请陈望道参加《新青年》编辑部。同月 2 日,陈独秀在上海船务栈房工界联合会成立大会上演讲《劳动者的觉悟》。18 日午后 1 时,陈独秀参加由中华工业协会、中华工会总会,电器工界联合会、中华全国工界协进会、中华工业志成会、船务栈房工界联合会,药业友谊联合会代表发起的"世界劳动纪念大会"筹备会,提议当天大会定名为"世界劳动纪念大会",并发表《劳工旨要》的演讲,筹备会推陈独秀、汤松为筹备会的顾问。21 日,在中国公学演讲《五四运动的精神是什么》,称"五四运动"不同于过去爱国运动的"特有精神"有二:(一)直接行动。(二)牺牲的精神。

　　按:《五四运动的精神是什么》曰:如若有人问五四运动的精神是什么?大概的答词必然是爱国救国。我以为五四运动的发生,是受了日本和本国政府的两种压迫而成的,自然不能说不是爱国运动。但是我们的爱国运动,远史不必说,即以近代而论,前清末年,也曾发生过爱国运动,而且上海有爱国学社和爱国女学校。十年前就有标榜爱国主义的运动。何以社会上对于五四运动无论是赞美、反对或不满足,都有一种新的和前者爱国运动不同的感想呢?他们所以感想不同的缘故,是五四运动的精神,的确比前者爱国运动有不同的地方。这不同的地方,就是五四运动特有的精神。这种精神就是:(一)直接行动;(二)牺牲的精神。直接行动就是人民对于社会国家的黑暗,由人民直接行动,加以制裁,不诉诸法律,不利用特殊势力,不依赖代表。因为法律是强权的护符,特殊势力是民权的仇敌,代议员是欺骗者,决不能代表公众的意见。清末革命的时候,人人都以为从此安宁了,不料袁世凯秉政结果,反而不好。袁世凯死的时候,人人又以为从此可以安宁了,不料现在的段祺瑞、徐世昌执政,国事更加不好。这个时候,中国人因为对于各方面的失望,大有坐以待毙的现象。自从德国大败,俄国革命以后,世界上的人思想多一变。于是,中国人也受了两个教训:一是无论南北,凡军阀都不应当存在;一是人民有直接行动的希望。五四运动遂应运而生。一般工商界所以信仰学生,所以对于五四运动有新的和前次爱国运动不同的感想,就是因为学生运动是直接行动,不是依赖特殊势力和代议员的卑劣运动呵。中国人最大的病根,是人人都想用很小的努力牺牲,得很大的效果。这病不改,中国永远没有希望。社会上对于五四运动,与以前的爱国运动的感想不同,也是因为有无牺牲的精神的缘故。然而我以为五四运动的结果,还不甚好。为什么呢? 因为牺牲小而结果大,不是一种好现象。在青年的精神上说起来,必定要牺牲大而结果小,才是好现象。此时学生牺牲的精神,若是不如去年,而希望的结果,却还要比去年的大,那更不是好的现象了。以上这两种精神,就是五四运动重要的精神。我希望诸君努力发挥这两种精神,不但特殊势力和代议员不是好东西,就是工商界也不可依赖。不但工商界不可依赖,就是学界之中,都不可依赖。最后只有自己可靠,只好依赖自己。

陈独秀4月26日致函在京《新青年》杂志同人李大钊、胡适、张申甫、钱玄同、顾孟余、陶孟和、陈百年、沈尹默、严慰慈、王星拱、朱遏先、周作人12人,告知他们《新青年》第7卷第6号到5月1日即可出版,请商议杂志是否接续出版等问题。5月11日,胡适约请周作人等人商量陈独秀提出的若干问题。

按:陈独秀提出的三个问题是:一是否接续出版? 二是倘续出,对发行部初次所定合同已满期,有无应与交涉的事? 三是编辑人问题,有三种方案:由在京诸人轮流担任;由在京一人担任;由陈独秀在沪担任。

陈独秀5月1日与施存统、陈望道等人一起,参加上海澄衷中学举行的庆祝“五一”国际劳动节大会。同日,陈独秀负责主编《新青年》第7卷第6号“劳动节纪念号”,发表蔡元培“劳工神圣”的题词、孙中山“天下为公”的题词和李大钊的《“五一”运动史》、陈独秀的《上海厚生纱厂湖南女工问题》等。陈独秀在《上海厚生纱厂湖南女工问题》中论述资本主义社会危机,主张中国工业的发展不应“走欧美日本人的道路”,而应采用社会主义制度。5月,经李大钊介绍,共产国际派远东局局长维经斯基到上海会见陈独秀。陈独秀、李汉俊等发起在上海成立马克思主义研究会,并接受由北京李大钊介绍来的共产国际代表维经斯基建议,在上海发起组织中国共产党,草拟《党纲》,提出用劳农专政和生产合作为革命手段。

按:参加研究会的有陈独秀、李汉俊、陈望道、俞秀松、李季、戴季陶、沈玄庐、施存统、邵力子、陈公培、袁振英、沈雁冰、周佛海、刘大白、张东荪、沈仲九等人,主要活动为翻译和宣传马克思主义,并酝酿成立党组织。戴季陶不久退出。酝酿至8月,组织才臻于完备,成立了临时中央局,推陈独秀为书记。

陈独秀5月24日发表《我的解决中国政治的方针》。7月,陈独秀到沈雁冰处,约请沈参加创建共产党的活动,并请沈为《新青年》写点有关苏联的稿件,当场送给沈英文版《国际通讯》,上有苏联情况的资料,作为参考。同月7日,撰《〈水浒〉新叙》。8月,陈独秀、戴季陶(旋退出)、李汉俊、沈玄庐、陈望道、施存统、李达、俞秀松、陈公培、杨明斋、叶天底、袁振英、金家凤等人在上海发起成立中国共产党上海发起组,共产国际代表经斯基出席会议。会议推举陈独秀任书记,函约各地社会主义分子组织支部。

按:由于陈独秀在当时的声誉和交际较广,决定由他函约各地社会主义者组织支部。于是,他约李大钊在北京组织,通过王乐平约王尽美和邓恩铭在济南组织,约毛泽东在长沙组织,武汉组织除陈独秀派刘伯垂去外,李汉俊也去做了工作。这样,上海的组织事实上成了一个总部,各地组织是支部。组织名称开始叫“社会党”。后来,陈独秀致函李大钊和张申府,询问叫社会党,还是共产党? 李和张商量后明确回答:叫共产党。大约至九月定名“中国共产党”,决定以《新青年》为党的公开机关刊物外,另创办理论月刊《共产党》,作为秘密机关刊物,宣传马克思主义,报道国际工运和苏俄消息。此外,还决定成立“青年团”,筹备上海机器工会和纺织工会等。

陈独秀8月2日致函胡适,谓“我近来觉得中国人的思想,是万国虚无主义——原有的老子说、印度空观、欧洲形而上学及无政府主义——的总汇，世界无比，《新青年》以后应该对此病根下总攻击"。请胡适担任"攻击老子学说及形而上学的司令"。8月8日，陈独秀与来沪的胡适邀请各界领袖举行茶话会，商议胡适提出的"争自由""进行方法"。15日，陈独秀为中共上海发起组向工人进行宣传教育的通俗刊物《劳动界》创刊，撰《两个工人的疑问》，宣传"劳工神圣"。李汉俊、戴季陶、沈玄庐、陈望道、李震瀛、吴秀、李少穆、陈为人、袁笃实等编辑。

按：《劳动界》曾分4期连载《劳动歌》，是我国最早的《国际歌》译文。

陈独秀8月16日与孙希文、潘赞化、常恒芳、张鸿鼎、光明甫等15位旅沪皖人共同发起成立旅沪皖事改进会，以援应旅京皖事改进会提出的政治主张，支持和声援皖省革命运动为宗旨。22日，陈独秀在《劳动界》第2期上发表《真的工人团体》，号召觉悟的工人，赶快自己联合起来，组织真的工人团体。同日，陈独秀又致函周作人，谓"鲁迅兄做的小说，我实在五体投地的佩服"。同日，在陈独秀的倡议下，俞秀松、施存统、沈玄庐、陈望道、李汉俊、金家凤、袁振英和叶天底8人在上海法租界环龙路老渔阳里2号《新青年》编辑部成立"中国社会主义青年团"，外挂"外国语学社"牌子，以实行社会改造和宣传主义为宗旨，俞秀松为书记。陈独秀经常参加青年团领导机关会议，与各种假社会主义思潮进行斗争，指出"只有共产主义才是真正的社会主义"。同月，陈望道应陈独秀约请，译完《共产党宣言》，陈独秀、李汉俊校，由上海社会主义研究社出版。这是我国第一个中文全译本。

按：陈独秀当时向陈望道提供了《共产党宣言》英文版，《星期评论》也向陈望道提供了日文版《宣言》，陈望道即根据这两个版本的《宣言》进行中文翻译工作。

陈独秀9月1日成立新青年社，出版《新青年》第8卷第1号，并将编辑部回迁上海渔阳里2号陈独秀寓所，自此《新青年》成为中国共产党的机关刊物，系统地介绍马克思主义和苏联革命与建设的经验，批判各种反马克思主义的思潮。陈独秀又在《新青年》发表《谈政治》，对无政府主义进行反驳，拉开了马克思主义者对无政府主义批判的序幕。28日，陈独秀再函周作人，谓："豫才兄做的小说，实在有集拢来重印的价值，请你问他，倘若以为然，可就《新潮》《新青年》剪下，自加订正，寄来付印。"

按：后来鲁迅在《我怎么做起小说来》回忆道："但是《新青年》的编辑者，却一回一回的来催，催几回，我就做一篇。这里我必得纪念陈独秀先生，他是催促我做小说最着力的一个。"

陈独秀10月寄"中国社会主义青年团团章"给长沙毛泽东，湖南开始建团。同月1日，陈独秀发表随感录《学说与装饰品》，批驳有人说马克思的社会主义是"几十年前百年前底旧学说""此时已经不流行不时髦"的观点。2日，陈独秀续写《敬告广州青年》。3日上午，陈独秀与徐谦等人参加旅沪皖事改进会等筹备组举行的旅沪皖团体联席会议，并在会上发言，主张废督裁兵，筹划自治、整顿教育。同日，陈独秀筹办的《劳动者》在上海创刊，公告"《劳动者》是我们劳动界同人组织的，专门发表劳动界的意见及状况的"。10日，陈独秀在《民国日报》"双十节增刊"上发表《国庆纪念的价值》。

按：该文指出，西方的"共和政治"实际上是金力政治，所以共和底自由幸福多数人是没有分的。主张实际的多数幸福，只有社会主义政治。"社会主义要起来代替共和政治，也和当年共和政治起来代替封建制度一样，按诸新陈代谢底公例，都是不可逃的命运。""由封建而共和，由共和而社会主义，这是社会进化的一定轨道，中国也难以独异的。"而且中国由封建而社会主义，不必像"西欧共和政治经过长久的岁月"。为此，在"政治革命"同时，"必须经济革命"，创设社会的工业。

陈独秀10月25日修改汪原放所撰《〈儒林外史〉新叙》。秋，恽代英受陈独秀的委托，翻译了考茨基的《阶级斗争》一书。11月初,陈独秀接陈炯明电,请去粤主持教育,提倡新思想,发展新文化。陈独秀提出三条件:(一)教育独立,不受行政干涉。(二)以广东全省收入十分之一拨充教育经费。(三)行政措施,与教育所提倡之学说作同一趋势。陈炯明表示同意,陈独秀遂允赴粤。11月7日,陈独秀创刊中共上海发起组秘密的理论机关刊物《共产党》月刊,并写发刊词《短言》。

按:《短言》曰:经济的改造自然占人类改造之主要地位。吾人生产方法除资本主义及社会主义外,别无他途。资本主义在欧美已经由发达而倾于崩坏了,在中国才开始发达,而他的性质上必然的罪恶也照例扮演出来了。

代他而起的自然是社会主义的生产方法,俄罗斯正是这种方法最大的最新的试验场。意大利的社会党及英美共产党,也都想继俄而起开辟一个新的生产方法底试验场。

中国劳动者布满了全地球,一日夜二十四小时中太阳都照着我们工作。但是我们无论在本土或他国都没一个是独立生产者,都是向资本家卖力。我们在外国的劳动者固然是他们资本家底奴隶,在本土的劳动者也都是本国资本家底奴隶或是外国资本家底直接的间接的奴隶。要想把我们的同胞从奴隶境遇中完全救出,非由生产劳动者全体结合起来,用革命的手段打倒本国、外国一切资本阶级,跟着俄国的共产党一同试验新的生产方法不可。什么民主政治,什么代议政治,都是些资本家为自己阶级设立的,与劳动阶级无关。什么劳动者选议员到国会里去提出保护劳动底法案,这种话本是为资本家当走狗底议会派替资本家做说客来欺骗劳动者的。因为向老虎讨肉吃,向强盗商量发还赃物,这都是不可能的事。

我们要逃出奴隶的境遇,我们不可听议会派底欺骗,我们只有用阶级战争的手段,打倒一切资本阶级,从他们手抢夺来政权;并且用劳动专政的制度,拥护劳动者底政权,建设劳动者的国家以至于无国家,使资本阶级永远不至发生。无政府主义者诸君呀!你们本来也是反对资本主义反对私有财产制的,请你们不要将可宝贵的自由滥给资本阶级。一切生产工具都归无产劳动者所有,一切权都归劳动者执掌,这是我们的信条;你们若非甘心纵容那不肯从事生产劳动的资本家作恶,也应该是你们的信条。

陈独秀11月中旬建议维经斯基在上海拜会孙中山。孙中山表达了要把中国南方(广州)的斗争与俄国联系起来的急切愿望。19日,新近组织的安徽省教育改进团发表宣言,一致主张陈独秀为正会长,常藩侯为副会长;非此二人,誓不承认。21日,陈独秀发表《此时劳动运动的宗旨》。22日,蔡元培一行出国考察教育,途经上海,北大教授张崧年(张申府)因赴法任教而随同。在沪期间,陈独秀会见张崧年,为其写介绍信,邀其去法国任教时与赵世炎联系,在中国赴法勤工俭学学生中建党。23日,陈独秀与马寅初等人联名发出通告,定于当晚8时,北京大学旅沪同人在一品香饭馆举行欢送蔡元培校长的宴会,陈独秀在欢送会上致欢送词,谓自蔡任北大校长,有二事为同人亲见:(一)学说独立。(二)思想自由。今后仍希望保持此精神,一面弥补缺点。24日,陈独秀送蔡元培赴法,由码头乘拖轮直送至吴淞外轮上。28日,汪孟邹致函胡适,谓广州聘陈独秀为教育厅长,"他意似拟前去,不知兄已有所闻否"。是月,陈独秀主持上海共产党发起组起草了《中国共产党宣言》。

按:1920年11月23日在陈独秀主持下,上海共产主义小组起草了《中国共产党宣言》,《宣言》的正文分三个部分:(一)共产主义者的理想;(二)共产主义者的目的;(三)阶级斗争的最近状态。第一部分,阐明了无产阶级要建立一个没有经济剥削、没有政治压迫、没有阶级的共产主义社会。这就是共产主义者的理想,是党的最高纲领。第二部分阐明了共产主义者的目的是按照上述理想,"创造一个新的社会",为此,要引导无产阶级去向资产阶级斗争,并获得政权,像俄国1917年革命那样。第三部分阐明了阶级斗争必然导致无产阶级专政及无产阶级国际主义的原则。《中国共产党宣言》是中国共产党历史上第一宣言,是当时接纳临时党员的标准,也是全国建党的纲领性文件,表明中国共产党从开始建立起就严格遵循马克思列宁主义的原则。但《宣言》当时没有对外发表,只是作为内部收纳党员的标准。

《宣言》前面附有译者的说明,其曰:"亲爱的同志们! 这个《宣言》是中国共产党在去年十一月间决定的。这《宣言》的内容不过是关于共产主义原则的一部分,因此没有向外发表,不过以此为收纳党员之标准。这《宣言》之中文原稿不能在此地找到,所以兄弟把他从英文稿翻译出来。决定这《宣言》之时期既然有一年多了,当然到现在须要有修改和添补的地方。我很希望诸位同志把这个《宣言》仔细研究一番,因为每一个共产主义者都得要注意这种重要的文件——共产党宣言。并且会提出远东人民会议中国代表团中之共产主义者组讨论。讨论的结果,将要供中国共产党的参考和采纳。Chang 一九二一年十二月十日。"《宣言》正文如下:

1. 共产主义者的理想

A. 对于经济方面的见解:共产主义者主张将生产工具——机器工厂,原料,土地,交通机关等——收归社会共有,社会共用。要是生产工具收归共有共用了,私有财产和赁银制度就自然跟着消灭。社会上个人剥夺个人的现状也会绝对没有,因为造成剥夺的根源的东西——剩余价值——再也没有地方可以取得了。

B. 对于政治方面的见解:共产主义者主张废除政权,如同现在所有的国家机关和政府,是当然不能存在的。因为政权、军队和法庭是保护少数人的利益,压迫多数劳动群众的;在生产工具为少数人私有的时候,这是很必要的。要是私有财产和赁银制度都废除了,政权,军队和法庭当然就用不着了。

C. 对于社会方面的见解:共产主义者要使社会上只有一个阶级(就是没有阶级)——就是劳动群众的阶级。私有财产是现社会中一切特殊势力的根源,要是没有人能够聚集他的财产了,那就没有特殊阶级了。

2. 共产主义者的目的

共产主义者的目的是要按照共产主义者的理想,创造一个新的社会。但是要使我们的理想社会有实现之可能,第一步就得铲除现在的资本制度。要铲除资本制度,只有用强力打倒资本家的国家。劳动群众——无产阶级——的势力正在那里发展和团聚起来,这个势力是会使资本主义寿终正寝的。这种势力是在那里继续增长,这正是资本家的国家内部阶级冲突的结果。这个势力表现出来的方式,就是阶级争斗。

所以阶级争斗就是打倒资本主义的工具。阶级争斗从来就存在人类社会中间,不过已经改变了几次状态,因为这是以生产工具的发达为转移的。在封建国家的时候,阶级争斗也是一样的存在;但是与在资本家的国家下面的阶级争斗是有分别的,因为资本家的国家下面阶级争斗是格外紧迫,其势足以动摇全世界。这种势力的增长,日见坚实,终归会把资本主义铲除了去。这种争斗的增长,是历史的法则。

共产党的任务是要组织和集中这阶级争斗的势力,使那攻打资本主义的势力日增雄厚。

这一定要向工人、农人、兵士、水手和学生宣传,才成功的;目的是要组织一些大的产业组合,并联合成一个产业组合的总联合会,又要组织一个革命的无产阶级的政党——共产党。共产党将要引导革命的无产阶级去向资本家争斗,并要从资本家手里获得政权——这政权是维持资本家的国家的;并要将这政权放在工人和农人的手里,正如一九一七年俄国共产党所做的一样。

革命的无产阶级的产业组合定要用大罢工的方法,不断的扰乱资本家的国家,使劳动群众的敌人日趋软弱。要是到了可以从资本家手中夺得政权的最后争斗的时机,由共产党的号召,宣布总同盟罢工,这就是给资本制度一个致命的打击。

并且当了资本家被打倒了之后,这些产业组合就变成了共产主义的社会中主管经济生命的机关。

资本家政府的被推翻,和政权之转移于革命的无产阶级之手;这不过是共产党的目的之一部分,已告成功;但是共产党的任务是还没有完成,因为阶级争斗还是继续的,不过改换了一个方式罢了——这方式就是无产阶级专政。

3. 阶级斗争的最近状态

照现在看来,全世界可视为一个资本家的机关,所以一国的阶级争斗可使其他国家受同一的影响。

一九一七年十一月俄罗斯无产阶级革命胜利的结果,使俄罗斯的阶级斗争变作劳农专政的方式。所以在其他国家内的阶级斗争也日见紧迫,他的趋向是向着与俄罗斯的阶级斗争一样的方式——就是无产阶级专政。

俄罗斯的阶级斗争变成无产阶级专政的方式,并不是一种偶然的状态,这是人类社会发展中的自然状态。当着资本家正被打倒,开始创造一个共产主义的社会的时候,这种状态是自然的。在一定的时期,这种俄罗斯的政况是必然的,所以这种政况在各国也是会必然的。因为我们从生产和分配的方法上看起来,这些国家都是一样的——都是资本主义式的。

俄罗斯的无产阶级的专政仅仅表明全世界的无产阶级的势力和全世界的资本主义的势力斗争,现在在世界上有一部分已经战胜了。当着各国的无产阶级还在和资本主义斗争,还没有得到胜利的时候,我们设想俄罗斯在她领土之内,单独可以造成一个共产主义的国家,这是大错而特错的。俄罗斯的无产阶级既即时不能建立一个共产主义的国家,资本主义又已经推翻了,她便不得不保卫自己,抵抗国内外的仇敌,这是很显明的。所以只有实行无产阶级专政,才能达到抵抗国内外的仇敌的目的。这就是说要用一个阶级的力量来创造共产主义的社会,而这个阶级是要造成将来的世界,并受历史的使命,要成就这件事业。

再说罢,这并不是俄罗斯历史发展的特征,也是全世界历史发展的特征,而且这种阶级斗争的状态,世界上任何国家都得要经过的。

无产阶级专政的意义不过是说政权已经被革命的无产阶级获得了,但是决不是说,资本主义势力的余迹,如反对革命的势力,都已消灭了。也不是说推翻资本主义政权的结果,共产主义就很容易很简单的实现了。完全不是这么一回事,无产阶级专政的任务是一面继续用强力与资本主义的剩余势力作战,一面要用革命的办法造出许多共产主义的建设法,这种建设法是由无产阶级选出来的代表——最有阶级觉悟和革命精神的无产阶级中之一部分——所制定的。

一直等到全世界的资本家的势力都消灭了,生产事业也根据共产主义的原则开始活动了,那时候的无产阶级专政还要造出一条到共产主义的道路。(中央档案馆编《中国共产党第一次代表大会档案资料》(增订本),人民出版社1982年版)

按:毛泽东于1958年6月间从中共中央秘书局1958年6月3日编印的《党史资料汇编》第1号上读了这篇从英译稿译回中文的《中国共产党宣言》后,曾写了一段重要批语:“不提反帝反封建的民主革命,只提社会主义的革命,是空想的。作为社会主义革命的纲领则是基本正确的。但土地国有是不正确的。没有料到民族资本可以和平过渡。更没有料到革命形式不是总罢工,而是共产党领导的人民解放战争,基本上是农民战争。”这几句言简意赅的批语,既肯定了这份历史文献作为党的革命纲领“是基本正确的”,又指出它在革命阶段、土地纲领、对民族资产阶级的方针以及革命斗争主要形式这四个方面存在认识错误或不足。

按:北京无政府主义者黄凌霜等五人,因反对“无产阶级专政”和集中领导,组织纪律等,退出共产党。青年团员邓中夏、高尚德、何孟雄、缪伯英等人先后加入共产党。北京党组织扩大到十五人,被上海临时中央局正式命名为共产党北京支部,李大钊为书记,张国焘组织(主持职工运动),罗章龙宣传。陈独秀致函李大钊,对北京党组织九月以来的工作表示赞成,并及时将《共产党宣言》(陈望道译)、《共产党》月刊及其他小册子寄北京。双方通信中都表示要尽早召开中国共产党第一次全国代表大会。

陈独秀12月1日在《新青年》第8卷第4号上开辟“关于社会主义的讨论”专栏,刊出了讨论社会主义的文章和通信13篇。除了张东荪、李达、陈望道、邵力子4篇文章外,还有《正报》记者爱世先生的《“人的生活”训》,陈独秀致罗素先生的信,张东荪的《答高践四书》《长期忍耐》《再答颂华兄》《我们与他们》,杨端六的《与罗素的谈话》,张东荪致陈独秀的信,以及陈独秀复张东荪的信等,集中批判罗素及研究系张东荪、梁启超宣扬的“基尔特社会主义”,扩大了马克思主义的影响,马克思主义者与张东荪社会改良主义者关于社会主义的论战由此全面展开。12日，广东省省长陈炯明拟废教育厅，设大学委员，主办全省教育，电促陈独秀来粤主持，保证决以全省岁入十分之一以上为教育经费，无论如何，决不短发。中旬，陈独秀致信李大钊、钱玄同、胡适、鲁迅、周作人等，因将赴广州，《新青年》的编辑事务已请陈望道办理，另外新加入编辑部者，为沈雁冰、李达、李汉俊3人。16日，陈独秀致函胡适、高一涵，谓其今晚即上船赴粤，因《新青年》色彩过于鲜明，陈望道君亦主张稍改内容，以后仍以趋重哲学文学为是，但如此办法，非北京同人多做文章不可。17日晨，陈独秀乘轮船去粤，决定前曾致函各地党支部，征求意见。李大钊等人复函支持赴粤：一是可以将新文化和社会主义新思潮广泛的带到广东去；二是可以在那里发动共产主义者的组织。陈独秀行前把党的书记职务交给李汉俊，《共产党》主编任务交给李达，《新青年》交由陈望道主编。12月下旬，陈独秀所搭轮船中途停泊香港，李义宝、林昌炽、张仁道3人慕名特意到船上会见陈独秀，并携带《真善美》刊物呈给陈独秀，陈看后倍加赞许，鼓励3人组织马克思主义研究小组，深入钻研马克思主义的基本原理。3人听后回到李义宝家中即成立了马克思主义研究小组，后来成为香港青年团和共产党组织的创始人。29日，陈独秀抵广州，住大东酒店，提出未成年教育、成年教育、专门教育改革计划三大纲。（以上参见唐宝林、林茂生《陈独秀年谱》，上海人民出版社1988年版）

　　章士钊1月1日在《中华新报》发表《裁兵与造法》一文，主要对南北军政府提出评议。22日，章士钊与蔡元培、范源濂、杨度、黎锦熙、毛泽东、朱剑凡等29人联名，为杨昌济教授病逝在《北京大学日刊》发表《启示》。29日，西南大学筹办员汪精卫、章士钊邀陈独秀抵达上海，商谈在广州筹办西南大学。2月，章士钊随吴稚晖、李石曾、汪精卫去了一趟广州军政府，为吴稚晖筹办中法大学争取资金。3月5日，陈独秀接广州章士钊来电，谓西南大学大纲已经政务会议通过，校址设沪，日内章士钊与汪精卫来沪，嘱陈不必去粤。陈对校址设沪"极不满意"。22日，章士钊与吴稚晖偕李石曾到上海会见陈独秀，最后商定西南大学校址设在上海。因为粤局多变，章士钊断言粤中非十年不能安静。陈独秀表示，已征求孙中山的意见，"以为粤中办学，非先去蛮野人不可"，故"亦不拘执意见"，表示互相容纳，遂决定西南大学校址设上海同济原址。

　　按：章士钊对创办西南大学倾注了很大的热情，曾为西南大学提出了办学规划，认为西南大学的办学方针应当是：第一，保持"学术独立"；第二，把西南大学办成一个自身有着持续不断的辐射能量的"文化中心"。后因经费问题，办西南大学的计划就落空了。

　　章士钊6月接毛泽东来访请求帮助，因其为组织革命活动以及一部分同志去欧洲勤工俭学，急需一笔数额较大的款项，章士钊当即热情相助，发动社会各界名流捐款，共筹集两万银元全部交给毛泽东。8月8日下午，胡适在上海一品香开茶话会，陈独秀、张东荪、沈恩孚、胡汉民、章行严、叶楚伧及学生代表等参加，讨论"力争自由"问题。10月，孙中山联合唐继尧，迫使岑春煊下野。章士钊素以岑之智囊闻名，也被广州非常国会以附逆名义开除其参议员资格，随岑下台。10月25日，章士钊在《东方杂志》第17卷第20号上发表《名学他辨》研究墨经的文章，论述了先秦名学中的他辩和三物论式与西方逻辑中的三段论式以及因明的三支论式的相应关系。11月24日，致胡适函，此为对胡适所寄《墨经诠译》的回复。是年，章士钊将膝下三子拜在李大钊的门下，请李大钊教授政治课，李大钊每星期到章家授课二三次。由于家庭间来往频繁，李大钊将大女儿星华拜在章士钊妻子吴弱男名下为义女。（参见袁景华编《章士钊先生年谱》，吉林人民出版社2001年版）

　　朱调孙2月在上海《东方杂志》第17卷第4号发表《研究新旧思想调和之必要及其方法论》一文,既批判章士钊调和论者,又指责张东荪等反调和论者;既忠告守旧派对新文化、新思想不要一概排斥,要努力输入西洋"活的新思想",而后对这些新思想必须加以暂时的修正,又奉劝新派要认真研究昔日风驭中国至今仍旧存在的旧思想。

　　按:吴雁南、冯祖贻等主编《中国近代社会思潮(1840—1949)》第三卷(湖南教育出版社1998年版)说:"在'调和'与反'调和'的论战中,观点平稳,态度中立的亦不乏其人。朱调孙就认为,新旧思想间不可能由一条鸿沟隔绝,其间不可能没有接触关系;新真理的出现并不能证明其他一切真理都完全丧失了存在的价值。因此,他一方面'忠告'守旧派对新文化、新思想不要一概排斥,要努力输入西洋'活的新思想',而后对这些新思想必须加以暂时的修正;另一方面,他又奉劝新派要认真研究昔日风驭中国至今仍旧存在的旧思想。虽然朱也承认新旧思想因性质不同实际上无法调和,但为了避免新旧冲突,他主张有必要采取'调和之方法'。这样,朱氏既批判了章行严等调和论者,又指责了张东荪等反调和论者。对于是否存在东方文明与西方文明对峙的问题,当时也有人持否定观点。"(参见袁景华编《章士钊先生年谱》,吉林人民出版社2001年版)

　　常乃惪是年夏毕业于北京高师,留教高师附中。是年,在《国民》杂志第2卷第3号发表《东方文明与西方文明》,根据孔德人类文明三期论,驳斥东西文化不同类型说,强调东方文明即古代文明,西方文明即现代文明,而古代文明与现代文明之间绝对不能调和互补,因而主张"非走西方文明的路不可"。

　　按:吴雁南、冯祖贻等主编《中国近代社会思潮(1840—1949)》第三卷(湖南教育出版社1998年版)说:"《国民》杂志编辑常乃惪认为,世界文明是多元的,而不是二元的,因此,决不能把世界文明仅划为东方文明和西方文明两大类,也从来不存在这两种文明的对峙。东方文明事实上是古代文明,西方文明事实上是现代文明,而古代文明与现代文明之间绝对不能调和互补。为论证上述观点,常乃惪把人类历史分作神权、玄想、科学三个时期。就东西两种文明的性质而论,他认为,东方文明是第二期的文明,西方文明属第三期的文明。按照文明进化的趋势,文明已开始从第二期进到第三期,而不是相反。第三期文明之后将会有一个新的文明,但这绝不可能是东方文明。在他看来,中国固有文明'弊端'重重,'很欠完备',当'非走西方文明的路不可'。常乃惪在发表上述言论时,梁启超的《欧游心影录》也已与世人见面,所以他的批评一部分可能是针对梁启超的。"(参见顾友谷《常乃德学术思想述评》及附录《常乃德先生年谱》,云南大学出版社2013年版;袁景华编《章士钊先生年谱》,吉林人民出版社2001年版)

　　章炳麟所著《太炎教育谈》是春由四川观鉴庐刊行。4月,章炳麟以谭人凤卒于上海,前往悼念,撰《前长江巡阅使谭君墓志铭》。同月,章炳麟劝导川军熊克武与湘军谭延闿互为唇齿援,建立川湘同盟,是为倡导联省自治之先河。5月,章炳麟撰《宋教仁〈我之历史〉序》。6月,章炳麟热病大作,几死。同月,倡导建立各省自治同盟,后接受章士钊的建议,易自治同盟名为联省自治。9月至10月,章炳麟应谭延闿之邀至长沙,以联省自治说其人士,并劝说川军将领支持这一主张。11月,章炳麟在《益世报》发表《联省自治虚置政府议》,提出"联省自治,虚置政府议",主张建立联省制度。章炳麟由反对军阀割据逐渐转变为赞成军阀割据。是年,章炳麟撰《盐城陶小石遗书序》。(参见汤志钧编《章太炎年谱长编(增订本)》,中华书局2013年版;王小红《章太炎学术年谱》,《儒藏论坛》2009年第1辑)

　　王国维1月23日起以蒋氏密韵楼藏北宋刊《尔雅单疏》,校阮氏嘉庆江西刻本晋郭璞《尔雅注疏》,凡四日而毕。继又据《尔雅注疏》所引《方言》,以校戴氏疏证本,颇有异同,俱载于藏书志中。29日,陈邦怀敬慕王国维的学术成就,请王国维代购《殷先公先王考》《殷周制度论》等著作。2月,王国维继续代罗振玉收购书画。2月10日,因梁节庵死后家属的生活费用问题,王国维致书罗振玉相商。11日,江阴缪荃孙病卒于上海。王国维挽以联曰:

"朴学抱经传,钟山龙城,更喜百年开讲席;著录平津亚,图书金石,尚留二志重文林。"3、4月间,王国维撰《召鼎铭文生霸死霸跋》。春,王国维撰《周玉刀跋》。4月,王国维为密韵楼编撰藏书志。4月27日,王国维撰《顾刻广韵跋》。4、5月间,王国维代姬佛陀撰《仓圣明智大学章程序》。9月9日,为友人徐乃昌撰《随庵吉金文字序》。

> 按:序说:"甲骨文字出于安阳之小屯,福王王文敏公懿荣首得之,文敏殉国,悉归丹徒刘铁云观察鹗,铁云又续有所得,选其精者印行为《铁云藏龟》一书。嗣后安阳所出,多归上虞罗叔言参事,参事所藏凡二三万片,印于《殷虚书契前、后编》者,皆其选也。顾甲骨阅时既久,其质颇脆,非如吉金乐石可把玩摩挲者。余与刘罗二君皆至稔,然于其所藏,除《藏龟》《书契》二书所载及罗氏选拓数十册外,固未能尽览焉。丙辰、丁巳间,铁云所藏,一部归于英人哈同氏,余为编次考释之,始知铁云所藏之佳者,《藏龟》一书固未能尽之。又鄞县马君叔平赠余以京师大学及其所藏甲骨拓本千余片,其中文字颇有出于《藏龟》《书契》二书外者,益知殷虚遗物片骨只字皆足资考证,而刘、罗二家选印之举,盖出于不得已也。庚申秋日,积余先生复出所藏甲骨拓本见示,其中小半,参事已选入《殷虚书契后编》,然其中文字异体及卜辞之可资考证,而为参事所遗者,亦尚有之,此研究古文字及制度者,所不可不肄业及之也。且甲骨一经摹拓,便有损坏,先生此拓,其与实物同宝之。"

王国维9月26日撰《残宋本〈三国志〉跋》。10月9日,王国维撰《影宋本孟子音义跋》。11月10日,王国维撰《日本宽永本孔子家语跋》。是年,撰《释賸》《释辟》。又有与日本友人狩野直喜书,论世界局势变化。认为"世界新潮流倾洞澎湃,恐遂至天倾地折,然西方数百年功利之弊非是不足一扫荡,东方道德政治,或将大行于天下,此不足为浅见者道也"。(以上参见赵万里《王静安先生年谱》,清华国学研究院《国学论丛》第1卷第3号,1928年版;陈鸿祥《王国维年谱》,齐鲁书社1991年版;袁英光、刘寅生《王国维年谱长编(1877—1927)》,天津人民出版社1996年版)

沈曾植1月10日会王国维来谈梁鼎芬后事。14日,沈曾植在清凉寺公祭梁鼎芬。1月14日,沈曾植劝张元济将《西儒耳目资》印入《秘笈》。17日,沈曾植复函王国维,论重修《浙江通志》体例。

> 按:沈曾植复函曰:静安先生尊兄左右:接奉手书,瞬经再月,屡思作覆,畏难中止。病夫心理不完,大哲学家必能悬照也。晨起神思略清,覆读来书一过,粗略作答,幸希教示。旧志于前朝事实,诚多疏略,然如地理人物,补遗则易,经政各门,补遗则难。先事图维,苦无善法,不知公意若何? 姑举一事言之。如《南齐·陆慧晓传》中,有论西陵牛埭税一事,此于六朝赋税、東州彫劾具(俱)有关系,然其沿革颇不易言,其等比又不能具述,仅录旧文而无所阐发,亦不足餍阅者之心。谅公部署,必有精思,傥可先示数纸否? 若山川诸门,宋元旧志自可据所见者尽量补之。有征则详,无征盖阙,著之简端,标为义例,无不可也。如虑卷帙太繁,则去其与明志同者,更张太甚,似无此虑。列举六事,所谓读一省之志不可不知一省之事者,此固读书之士心所同然。常氏《华阳》,早开兹例,粤西前事,见许通人。第犹病其兵事偏详,他端未称。今拟仿史表例,为大事表,以举其纲;仿纪事本末,为大事录(此间分撰国朝大事表,前事表尚无担任者),以详其目。近代事如浙东义兵、湖州史案之类,前人记载,事迹蓁详,非有专篇,不能委备。以古准今,则袤甫、方腊之骚乱,建炎、德祐之播迁,皆以纪事本末体叙之,亦《国语》《越绝》之遗意也(以上月初书)。

> 学术源流,非一篇所能该举,儒林、文苑、理学诸传,或叙于前,或论于后,皆足以阐宗述绪,索隐表微。其显学钜儒,实有关于一代风气者,仍集其同气同声、门人弟子汇为专传,其传体仿竹汀先生所为学传例。铺陈学术,不厌加详,如竹垞、梨洲(相如、子云例),虽专卷不妨。至如绍兴古器、复斋收藏、书板书栅,尽可于杂识中分类收之。越密、剡纸、湖笔、绍酒,则叙诸土物产考叙之中。其畸零无归者,仍可归诸杂识。窃意如此等比。吾公心得最多,现在尽可著手杂识,将来物产考叙,仍烦大笔,稍加增损,即可入书,公意以为何如? 风俗别四礼、节物为两事(影响于释道附后类,火葬其一也),前后书之。其特别情形,古事如吃菜事魔,近事金钱会匪之类,别以专篇(在古为考,在今为记),不可以少数奸民遽诬全邑。海盐戏剧,似

亦入杂识,始得发挥尽致。吾意此杂识成,他日仍可单行,程度或与《梦溪笔谈》相当,不仅《中吴纪闻》而已。大雅君子,亦有乐于此乎?昨复奉后书,稽慢罪甚。努力书此,书不尽意。惟盼覆教,幸甚。肃请著安。曾植顿首。十一月廿七日。

沈曾植2月作《全拙庵温故录自序》。3月1日,王国维、郑孝胥来访。同月,日本京都以庚子赔款成立考古学校,聘沈曾植任事,沈曾植邀辜鸿铭相助;陈夔龙柬沈曾植并约同人重开逸社。4月7日,沈曾植赴逸社第一集,王秉恩、邹嘉来、余肇康、朱祖谋、王乃征、杨锺羲、章梫、胡嗣瑗、陈曾寿、陈夔麟赴会。5月7日,沈曾植赴逸社第二集。13日,沈曾植赴同人宴集,郑孝胥、吴昌硕、王秉恩、朱祖谋、况周仪、陈三立、梅兰芳等在座。6月5日,沈曾植赴逸社第三集。24日,王国维、谢凤孙、郑孝胥来访。7月21日,姚永朴、姚永概、刘承干来访。10月8日,沈曾植赴逸社第五集。12日,沈曾植与同人冯煦、王乃征、朱祖谋、杨锺羲、吴重熹、余肇康雅集。11月15日,沈曾植寓所于举行同人宴集,郑孝胥、刘体乾、徐乃昌、康有为、章梫、王国维、刘承干、杨锺羲应邀出席。同月,罗振玉为京旗募捐至沪,与沈曾植相见。(以上参见许全胜《沈曾植年谱长编》,中华书局2007年版)

张尔田与为刘承干刊行《章氏遗书》撰序,并代作刘承干序,刘承干《章氏遗书例言》谓"遗书之刊,其竭力怂恿者,则朱古微侍郎、张孟劬太守、孙隘堪广文也"。(参见孙文阁、张笑川编《中国近代思想家文库·张尔田、柳诒徵卷》及附录《张尔田年谱简编》,中国人民大学出版社2015年版)

张东荪在上海继续主持《时事新报》及其副刊《学灯》。1月23日,张东荪在《时事新报》发表《读"自觉与盲从"》,就梅光迪的《自觉与盲从》(刊《民心》周报第1卷第7期)公开表示抵制新文化运动中不良现象表明态度,认为梅光迪在《民心》上的文章与自己的看法"未尽相合",同时也表示出对梅部分支持的态度,认为说出了一定的真理,并赞同梅认为新思潮确实有浅陋一面的观点。张认为梅不是在"单调的反对新思潮",呼吁大家都来当新思潮的诤友,而不是媚友。

按:围绕着1919年底出现的《民心》这一个刊物,北大一派、研究系张东荪一派和后来的"学衡派"就在舆论场中展开了针锋相对的斗争。张东荪还是一贯秉持着稳健的思想理路来调和各派不同的意见。(参见沈卫威《学衡派编年文事》,南京大学出版社2015年版)

张东荪3月5日与从法国回到上海的梁启超等人进行了多次商谈,按照梁启超在欧洲时的设想和要求,张东荪参与了相关文化事业的兴办工作。同月,张东荪在《解放与改造》第2卷第5号上发表《改造要全体谐和》,集中阐发自己反对采取激进的革命方式的渐进改良主张。4月15日,张东荪在《解放与改造》发表《科学的平民化与学校的工厂化》,对社会主义者的民粹情结予以批评。同月,张东荪与梁启超、蒋方震、张君劢等人在北京石达子庙成立共学社,以培养新人才,宣传新文化,开拓新政治为宗旨,主要工作为编辑新书,奖励名著,出版杂志,选送留学生。蔡元培、王敬芳、蒋梦麟、蓝公武、赵元任、张謇、胡汝麟、张元济、张嘉璈、丁文江、梁济善等社会名流均在发起人之列。又成立评议会,徐新六、杨维新、吴统续、叶景莘、舒新城、杨适夷、陈敬第、傅铜等人为评议员。张东荪负责在上海吸收会员,并与梁启超以通信方式讨论《共学社章程》。

按:共学社成立的主要目的,是专门组织翻译国外各种新思潮的著作,尤以编译新书为共学社最大成就。经梁启超出面与商务印书馆主持人张元济接洽,商务印书馆负责印行的"共学社丛书",计分时代、教育、经济、通俗、文学、科学、哲学、哲人传记、史学、俄罗斯文学等十类,每类又包括许多种。据初步调查,1922年即出版40余种,总计当不下百余种。他们选书的标准,"以浅近简明为主",但"有特别需要之名著"，经过评议会决定者，亦可提请社员翻译出版。在社会学、哲学方面，出版了介绍克鲁泡特金的互助论、基尔特社会主义、马克思主义和无政府主义的书籍。

张东荪4、5月间参加了陈独秀召集的关于建立上海共产主义小组的秘密聚会。4月，共产国际代表维经斯基来华，先后与李大钊、陈独秀会晤，商讨建党问题。维经斯基有意让陈独秀、张东荪、沈玄庐、戴季陶等人出面，利用他们在上海思想文化界和新闻界的广泛影响，联络一批激进的鼓吹社会主义的青年，发起成立中国共产党。张东荪与陈独秀、李达、茅盾(沈雁冰)、周佛海等人保持了较好的关系，当陈独秀在上海筹备成立共产主义小组时，张东荪也被邀请参与。但张东荪认为中国远远不具备实行共产主义的条件，更没有实行马克思主义的社会基础，所以不赞同立即在中国建立共产党，进行社会主义的实际运动，因而与陈独秀等人产生较大分歧。经过几次秘密商谈后，张东荪便退出了建党的筹备工作。5月25日，张东荪致函梁启超讨论《解放与改造》改组问题。同月，张东荪与在欧洲的张君劢通信讨论基尔特社会主义。9月1日，梁启超与张东荪等人将《解放与改造》从第3卷第1号开始易名为《改造》，由蒋百里负责主编。在梁启超、张东荪、蒋百里等人集体讨论所定的《发刊词》中，公开申明要将社会主义的精神向"实际的方面"贯彻，积极宣传温和的社会主义，主张社会改良。此后，《改造》与陈独秀等马克思主义者的"社会主义论战"中，相继发表了张东荪、梁启超、蒋百里等人许多反驳马克思主义者的文章，成为积极鼓吹基尔特社会主义，成为研究系重要的舆论阵地。同月，张东荪与梁启超等人发起成立讲学社。

按：该社董事会主要由当时的社会名流、著名学者及与梁启超关系密切的原进步党人和研究系骨干组成，其中包括汪大燮、蔡元培、王宠惠、熊希龄、范源濂、蒋梦麟、王敬芳、张伯苓、严修、张謇、张元济、黄炎培、郭秉文、胡汝麟、林长民、陈小庄及梁启超等20多人。

张东荪接梁启超9月5日函，说明讲学社的宗旨是邀请西方学者来华讲学，每年一人。此时梁启超在天津，本打算来上海迎接罗素，但忙于写作《前清一代中国思想界之蜕变》，"一出游又恐中缀"，所以"决作罢矣"，便委托张东荪等人迎接罗素来华讲学。张东荪为此作了精心准备，特地聘请著名语言学家赵元任为翻译，并制定了罗素来华讲演的计划。9月，张东荪代理中国公学校长。至此，张东荪主持的《时事新报》社与任代任校长的中国公学，成为梁启超为首的研究系在上海的两个重要文化据点。10月，张东荪与蒋百里对中国公学的办学方针曾进行过认真讨论，确定办学方针。力图将中国公学办成与北京大学、东南大学鼎足而三的第一流大学。10月4日，英国著名哲学家罗素应讲学社的邀请来华演讲，张东荪负责接待。11月6日，张东荪回到上海后在《时事新报》上发表《由内地旅行而得之又一教训》的时评，表明张东荪的思想突然发生了转折，由大力宣传社会主义一下子变为发展实业，由大谈社会主义变为攻击社会主义，因而受到李达、陈望道、邵力子等马克思主义者的猛烈批评，由此引发了一场社会主义论战。

按：李达、陈望道、邵力子三人对张东荪的批评，表明了马克思主义者的立场，使他们与张东荪关于社会主义问题的分歧公开化。他们所以要对张东荪进行批评，旨在坚持社会主义宣传的必要性，坚持只有社会主义能够救中国。

张东荪11月致函高践四，集中阐述了中国贫困原因及其开发实业的主张。此后张东荪在《新青年》第8卷第4号发表《大家须切记罗素先生给我们的忠告》，一则补充说明他在上文中的意见，二则作为对李达、陈望道、邵力子等批评者的答复。12月15日，张东荪在《改造》第3卷第4号上发表了《现在与将来》的长文，以答复陈独秀等马克思主义者的批评和质问。该文的结论是：中国要发展实业必须采用资本主义方式，目前最急要的问题是如

何打倒军阀，发展实业。（以上参见左玉河编《张东荪年谱》，群言出版社2014年版）

蒋百里协助梁启超推行新文化运动，主持"共学社"丛书编译工作。主编《改造》杂志，在该刊发表《军国主义之衰亡与中国》《中国之新生命——军阀主义与立宪政治之衰亡》《代军阀而兴者谁》《新军法律草案释义》《世界军事大势与中国国情》《如何是义务民兵制》和《我的社会主义讨论》等文，批判军国主义，呼吁裁军，主张全国皆兵、全兵皆国、全国皆工，以反对侵略。（参见皮民勇、侯昂妤编《中国近代思想家文库·蒋百里、杨杰卷》及附录《蒋百里年谱简编》，中国人民大学出版社2015年版）

李石岑所撰《尼采思想之批判》、S. T. W.的《尼采学说之真价》、朱侣云的《超人和伟人》、符的《尼采之一生及其思想（M. A. Miigge著）》、刘文超的《自己与自身之人类（尼采原著）》、张叔丹的《查拉图斯特拉的绪言（尼采原著）》、白山的《尼采传》8月在上海《民铎》第2卷第1号"尼采号"发表。

胡汉民1月在《建设》发表《阶级与道德学说》。5月，在《建设》发表《从经济的基础观察家族制度》。（参见陈红民、方勇编《中国近代思想家文库·胡汉民卷》及附录《胡汉民年谱简编》，中国人民大学出版社2015年版）

戴季陶2月请邵力子致函陈望道，约请他为该刊翻译《共产党宣言》，并提供日文版《共产党宣言》给陈望道翻译，拟在《星期评论》发表。5月，戴季陶参加马克思主义研究会，不久参与筹建共产党与中国社会主义青年团的活动。11月，粤军克广州后，戴季陶随孙中山离沪赴穗。12月25日，戴季陶抵浙江奉化劝蒋介石赴粤，未遂愿。是年，张静江遵照孙中山之命到上海创办证券交易所，继续为革命筹措经费。戴季陶与张静江、蒋介石等共同经营交易所的投机生意。（参见桑兵、朱凤林编《中国近代思想家文库·戴季陶卷》附录《戴季陶年谱简编》，中国人民大学出版社2014年版）

邵力子2月致函陈望道，谓《星期评论》周刊主编戴季陶约请他为该刊翻译《共产党宣言》。5月，与陈独秀等人在上海发起建立马克思主义研究会。8月，转为中共党员并参加上海共产主义小组，系以国民党员特别身份跨党参加。11月8日，邵力子在《觉悟》上发表《再评东荪君〈又一教训〉》，除了批评张东荪的观点之外，明确提出了马克思主义者与张东荪分歧的关键问题："中国贫乏的原因在那里？谈论甚么社会主义等是否足为开发实业的障碍？"他不反对张东荪所说的"增加富力"与"开发实业"，而且也认为这是必要的，但认为问题的关键不在是否增加富力和开发实业，而在用什么方法去开发实业。邵力子对张东荪提出的用资本主义的方法开发实业的观点进行了激烈批评，说明只有社会主义方法开发实业后，才能使大家都能过上人的生活，否则只能造成更多的罪恶，指出："现在中国穷到极点，和谈论社会主义毫不相干，谈论社会主义者也正急欲救穷；这种很浅显的道理，我敢断定东荪君也是很清楚的。"（参见左玉河编《张东荪年谱》，群言出版社2014年版）

陈望道2月接邵力子函陈望道，谓《星期评论》周刊主编戴季陶约请他为该刊翻译《共产党宣言》。3月29日，陈望道在取得浙江一师风潮抗争胜利后辞职离校。4月，在义乌分水塘老家茅草房里依据日本文并参照英文本完成了《共产党宣言》全书的中文翻译。月底，陈望道应上海《星期评论》社编辑之邀到沪任职。到沪后，《星期评论》因故停刊，旋应陈独秀之请参加《新青年》的编辑工作。5月1日，陈望道偕同陈独秀、施存统等在上海澄衷中学发起纪念"五一"国际劳动节。5月至8月，与陈独秀、李汉俊、李达等筹建上海马克思主义研究会，组织上海共产主义小组，并酝酿发起成立中国共产党，为中国共产党上海发起组成员。6月17—20日,陈望道在《国民日报》副刊《觉悟》连载所译日本河上肇著《近世经济思想史论》的部分内容,题为《马克思底唯物史观》。22日陈望道致函鲁迅,并寄赠的《共产党宣言》,鲁迅收到后委托周作人回信,并把《域外小说集》寄赠作为答谢。8月,所译《共产党宣言》经陈独秀与李汉俊二人校阅,由上海社会主义研究社作为"社会主义研究小丛书第一种"出版发行,这是《共产党宣言》在我国的第一个中文全译本,也是国内出版的第一部马克思主义经典论著,当时在上海首次出版印刷1000本,很快售尽,当即刊行,仍然售空。

按:《共产党宣言》,又译《共产主义宣言》,是卡尔·马克思和弗里德里希·恩格斯为共产主义者同盟起草的纲领,国际共产主义运动第一个纲领性文献,马克思主义诞生的重要标志。由马克思执笔写成。1848年2月在伦敦第一次以单行本问世。宣言第一次全面系统地阐述了科学社会主义理论,指出共产主义运动已成为不可抗拒的历史潮流。毛泽东曾说:"记得我在一九二〇年第一次看了考茨基的《阶级斗争》、陈望道翻译的《共产党宣言》和一个英国人作的《社会主义史》,我才知道人类自有史以来就有阶级斗争,阶级斗争是社会发展的原动力,初步得到认识问题的方法论。"(中共中央文献研究室编《毛泽东农村调查文集》,人民出版社1982年版)

陈望道8月15日协助出版上海共产主义小组向工人群众进行马克思主义宣传教育的通俗性刊物《劳动界》,在该刊先后发表《平安》《真理底神》《女子问题和劳动问题》《劳动者唯一的"靠着"》等文章。22日,陈望道参与筹建的社会主义青年团正式成立。9月,陈望道应聘至复旦大学中文系任教,开设文法、修辞课程。同月,陈望道积极参与陈独秀将《新青年》改组为马克思主义研究会机关刊物的工作。同月起,陈望道在上海共产主义小组创办的外国语学社任课或演讲。11月7日,陈望道参与全国第一个以共产党命名的《共产党》月刊(李达主编)的创刊。同日,陈望道在《民国日报》副刊《觉悟》上发表《评东荪君底〈又一教训〉》,将张东荪的《我们为甚么要讲社会主义》与《又一教训》进行比较,用前者批评后者,对张东荪提出了一连串的质疑,认为张东荪的思想"转向"了,而《由内地旅行而得之又一教训》的时评"就是转向的宣言"。12月,陈独秀赴广东,陈望道负责《新青年》的编辑工作,继续努力将《新青年》办成为党的机关刊物。(参见上海鲁迅纪念馆编《陈望道纪年集》,复旦大学出版社2006年版;鲁迅博物馆、鲁迅研究室编《鲁迅年谱》,人民文学出版社1981年版)

李达5月在中国留日学界国耻纪念会上作了敦促中国政府承认苏俄劳农政府的报告。8月回国前,完成了对《唯物史观解说》《马克思经济学说》《社会问题总览》的翻译。8月,李达从东京回到上海,与陈独秀、李汉俊、俞秀松、陈望道等发起组织中国共产党,建立了党的上海发起组。9月,《新青年》从第8卷第1号开始,改为中国共产党上海发起组公开发行的机关刊物,李达参加该刊的编辑工作。11月7日,《共产党》月刊创刊,李达任主编,在该刊第1号发表《第三国际党(即国际共产党)大会的缘起》,详细介绍了共产国际成立的情况。同日,李达在上海《民国日报》副刊《觉悟》发表《张东荪现原形》,斥责张东荪是个"无主义无定见的人",只会"学时髦""说几句言不由衷的滑头话"。该文充满了对张东荪态度转变的愤恨和不满,对张东荪所谓增加富力、开发实业、使大家都过上人的生活的观点进行批评。但并没有太多的理论色彩,只是表明了马克思主义者的批评态度而已。28日,李达在《劳动界》第16号发表《劳动者与社会主义》。12月1日,李达在《新青年》第8卷第4号发表《劳工神圣颂》。7日,李达在《共产党》第2号发表《社会革命底商榷》。(参见周可、汪信砚《李达年谱》,人民出版社2017年版;左玉河编《张东荪年谱》,群言出版社2014年版)

施存统因上年深受母亲饱受父亲的打骂和虐待过早地离开人世的刺激,而于11月7日在《浙江新潮》第2期发表《非孝》一文,于是引起轰动的"一师风潮"。施存统与俞秀松等被迫离开学校。至是年1月初来到北京,参加北京工读互助组第一组。3月27日,施存统与俞秀松离开北京来到上海,找到曾在浙江一师任教的沈玄庐,经其介绍,任职于《星期评论》社。其间,遇到浙江一师"四大金刚"的陈望道与刘大白,结识了《星期评论》主编戴季陶与编辑沈仲九,以及思想活跃的李汉俊。当时《星期评论》与北京《每周评论》被誉为"舆论界中最亮的两颗明星"。4月初,经戴季陶介绍,施存统与《新青年》主编陈独秀有了进一步的交往。5月初,陈独秀在上海发起成立了"马克思主义研究会",其成员有陈独秀、施存统、俞秀松、杨明斋、戴季陶、李汉俊、沈玄庐、陈望道共8人,并由戴季陶负责起草了党纲,施存统、俞秀松、沈玄庐参与了党纲的讨论和修改。6月,陈独秀、施存统、俞秀松、李汉俊、陈公培5人在上海老渔阳里2号陈独秀寓所开会,决定成立共产党,并初步定名为社会共产党,此5人即是中国共产党历史上最早的5个党员。(参见何民胜《施复亮年谱》,商务印书馆2019年版)

杨明斋被派回当时日本人占领的海参崴,以华侨负责人的公开身份从事党的秘密工作。春,以维经斯基为代表的共产国际工作组到中国活动,杨明斋为小组成员,担任翻译和协调工作。4月,工作组抵达北京,杨明斋通过北京大学俄籍教授柏烈伟的介绍,先与李大钊会见,然后安排维经斯基与李大钊会谈,由杨明斋担任翻译。当李大钊了解了杨明斋的经历后,赞其"万里投荒,一身是胆",维经斯基与李大钊多次非常融洽的会谈取得了在中国建党的共同认识。在李大钊的主持下,维经斯基和杨明斋还在北京大学图书馆同罗章龙等一些进步青年进行了座谈,并向大家介绍和捐赠了《国际》《红旗》《国际通讯》《震撼世界的十天》等许多宣传十月革命的书刊。杨明斋进而积极地向维经斯基建议南下上海与陈独秀会晤,共产国际工作小组采纳了这个建议,决定马迈也夫留在北京继续工作,维经斯基和杨明斋等持李大钊的介绍信,起程赴上海。

杨明斋维陪同经斯基等人4月抵沪会见陈独秀,并与《新青年》《星期评论》、共学社等杂志、社团的许多负责人进行了会晤,认为中国已经具备建立共产党的条件,决定发起建立中国共产党。5月,杨明斋参与建立上海马克思主义研究会,并任负责人。随后又在上海渔洋里6号建立了"俄华通讯社",作为维经斯基等人的工作机构,杨明斋任社长,负责日常事务工作。一方面向《新青年》、上海《民国日报》等供稿,介绍十月革命的胜利和经验,苏俄和共产国际的情况、材料。另一方面把北京、上海报纸有关中国的重要消息译成俄文,用电报发往莫斯科,向苏俄报纸供稿。该社所发的第一篇稿件是7月初刊在上海《民国日报》的《远东俄国合作社情形》。8月中旬,杨明斋和陈独秀、李汉俊、李达、沈玄庐、陈望道、俞秀松、施存统等人成立共产党上海发起组,杨明斋也由俄共(布)党员转为中共党员,参与党的理论宣传和教学活动以及工会工作,并指导成立了上海社会主义青年团,俞秀松、李震瀛、叶天底、金家凤等8名青年为首批团员,俞秀松任书记。10月,杨明斋和陈独秀等人指导成立了党领导的第一个工会——上海机器工会,后又建立了工人游艺会,开展工人运动。杨明斋还陪同维金斯基往来于北京、上海、济南等地,推动各地共产党组织的建立。

杨明斋协助陈独秀参与决定将《新青年》杂志改为发起组织的机关刊物。《新青年》杂志自9月出版的第8卷第1号起,除了增加马克思列宁主义基本知识的宣传外,又在《新青年》第8卷第2—4号设立了"俄罗斯研究"专栏,先后发表了杨明斋的译著《苏维埃的平民教育》《俄国职工联合会发达史》《劳农政府召集经过情形》等文章,系统地介绍了苏俄的教育、工人运动及组织劳农议会和苏俄政府(苏维埃政府)及省、县、乡议会执行部的状况,宣传了马克思列宁主义。11月,杨明斋参与创办《共产党》月刊,并亲自撰稿,重点宣传马克思主义和十月革命的经验。

杨明斋 9 月创办于上海法租界霞飞路的上海外国语学社正式开学，主要培养准备赴俄学习的中国革命青年，学习俄文和马克思主义知识。杨明斋亲任社长并讲授俄语，俞秀松任外国语学社秘书。聘请由维经斯基的夫人库兹涅佐娃给讲俄语的读音和会话课，李达担任日语教师兼马克思主义理论课，李汉俊担任法语教师，李震瀛聘为英语教师，陈望道讲马克思主义理论课，同时讲授英语。刘少奇、罗亦农、何今亮、李启汉、李中、王一飞、谢文锦、韩慕涛（庄文慕）、许之桢、任弼时、肖劲光、曹靖华、任岳、周兆秋、胡士廉、陈启沃、梁柏台、彭述之、赵庆华、柯庆施（柯怪君）、周伯棣、傅大庆、曹平、蒋热血、韩平的、卜士奇、华林、蒋光慈、吴葆萼、董锄平等先后在此就学。杨明斋协助包惠僧选拔赴莫斯科优秀学员，安排分期分批赴社会主义革命的发源地莫斯科东方劳动者共产主义大学学习，其中如刘少奇、任弼时、肖劲光、罗亦农、任作民、何今亮、许之桢、曹靖华等，后来都成长为著名的无产阶级革命家。（参见中共中央党史研究室编写《中国共产党历史》（第一卷），中共党史出版社 2011 年版；余世诚、张升善编《杨明斋》，中共党史资料出版社 1988 年版）

毛泽东 4 月 11 日离北京去上海。5 月 5 日，到达上海。8 日，毛泽东同新民学会会员萧三、彭璜、李思安等，为欢送即将赴法的陈赞周等 6 位会员，在上海半淞园开送别会。又在沪新民学会会员讨论学会会务问题，包括"学会态度""学术研究""发刊会报""新会友入会""会友态度""不设分会"等，确定以"潜在务实，不务虚荣，不出风头"为学会态度；主张会员要多组织学术研讨会，以养成好的学风。议决吸收新会员的条件为：一纯洁，二诚恳，三奋斗，四服从真理。此次会议成为学会发展的一次重要转折。6 月 7 日，毛泽东致信黎锦熙，强调自学和博学。23 日，毛泽东以湖南改造促成会的名义复信湘籍老同盟会员、上海报人曾毅，提出改造湖南的主张。同月，毛泽东在上海《时事新报》发表《湘人为人格而战》《湖南人再进一步》《湖南人民的自决》；在上海期间，毛泽东同陈独秀讨论过组织湖南改造促成会的计划和自己读过的马克思主义书籍。毛泽东为组织革命活动以及一部分同志去欧洲勤工俭学，急需一笔数额较大的款项，在上海找章士钊帮助。章士钊当即热情相助，发动社会各界名流捐款，共筹集两万银元全部交给毛泽东。（参见中共中央文献研究室编撰、逢先知主编《毛泽东年谱（1893—1949）》，人民出版社、中央文献出版社 1993 年版）

包惠僧 2 月上旬在陈独秀前往武汉分别在武汉文华书院、武昌高等师范学校、武昌文华大学等校演讲《社会改造的方法与信仰》《新教育之精神》和《我们为什么要做白话文》之际，以记者身份，抱着崇敬的心情专程前往文华书院采访，与陈独秀有过两次谈话，对马克思主义产生了浓厚兴趣。随后与省立师范的校友陈潭秋见面时，大谈马克思主义学问，并爽快答应陈潭秋邀请其加入武汉共产主义研究小组的意见。8 月，陈独秀在上海发起成立共产党早期组织——中国共产主义小组，并给包括武汉在内的全国各地写信。包惠僧收到陈独秀的第一封来信，陈希望他和刘伯垂、陈潭秋等人一起创建武汉共产党组织。秋，在陈独秀的大力推动下，武汉共产党早期组织（一说武汉共产党临时支部）成立，主要成员是董必武、陈潭秋、包惠僧、郑凯卿、刘伯垂等，包惠僧任书记，陈潭秋负责组织工作，武汉共产主义研究小组成为党在武汉乃至湖北地区最早的组织。（参见徐光寿《包惠僧与陈独秀的终身友谊》，《党史纵览》2013 年第 4 期）

刘少奇 8 月从北京返回长沙。10 月，经长沙船山学社社长贺民范介绍加入中国社会主义青年团，并由贺民范和长沙俄罗斯研究会介绍去上海，进上海外国语学社留俄预备班。

刘少奇在这里学习俄文和马克思主义基本知识,也阅读《新青年》、《时事新报》副刊《学灯》、《民国日报》副刊《觉悟》等报刊,同时参加社会主义青年团组织的一些社会活动。(参见中共中央文献研究室编《刘少奇年谱(1898—1969)》,中央文献出版社1996年版)

林伯渠时任广东孙中山大元帅府参议的老同盟会员。12月到上海,经李大钊介绍,在渔阳里会见陈独秀,并多次交谈中国革命和共产主义理论问题。不久,由李大钊、陈独秀介绍,林伯渠加入共产党。(以上参见唐宝林、林茂生《陈独秀年谱》,上海人民出版社1988年版)

朱复戡4月为孙中山秘书杨苍白刻"杨庶堪印"印。6月,由张美翊介绍访李梅庵,学《流沙坠简》,写《大代华岳庙碑》《爨龙颜碑》《爨宝子碑》。7月,在戴季陶、张静江等人合股经营的"上海证券物品交易所"任场务科长。是冬,为戴季陶刻"季陶长寿"印。

沈钧儒年初仍居广州,参与国会及政学会的活动:与孙光庭等联名通电,对制宪问题提出意见。反对南、北国会合并制宪及废除新、旧国会另立国会制宪两种意见;在政学会"南关五十号"俱乐部讲话,强调政学会的团结及要求努力消除军府与国会间的紧张状态。又作《沪上归客谈》,并在多次通信中均表明自己对时局的看法以及坚持护法,反对安福系的态度。8月20日,与张耀曾、谷钟秀、文群等26人发表《政学会解散之宣言》。23日,军政府政务会议决定,任命先生为总检察厅检察长。9月7日,向司法部申请甄拔律师身份,并于次日缴律师证书费。为准备退出政界,执行律师职务。22日,领得军政府司法部发给的合格律师证书。10月23日,岑春煊通电宣布退职。24日,沈钧儒离开广州回到上海。回沪后,研读马克思的《资本论》,并以写作为生,著《家庭新论》论述家庭问题及社会问题。(参见沈谱、沈人骅编《沈钧儒年谱》,中国文史出版社1992年版)

黄炎培1月5日赴南通访晤张謇。2月7日,黄炎培为美国哥伦比亚大学教授荷金华甫所著《职业心理学》一书写介绍词。3月27日,黄炎培与暨南大学校长赵正平等筹设上海商科大学,被推为筹备处主任。29日,黄炎培主持商科大学筹备会会议,请陈独秀到会演说。5月5日,黄炎培在南京听美哲学家杜威讲《职业教育》问题。7日,黄炎培听杜威讲《世界进步标准》。6月18日,中华职业教育社议事员会改选,黄炎培继续当选为办事主任。9月27日,黄炎培至北京,为暨南学校迁沪并改大学事,偕蒋梦麟、郭秉文随蔡元培访教育总长范源濂。10月20日,黄炎培假一品香饭店招待本届教育联合会已到沪之代表,并请英哲学家罗素讲演。10月,由职业教育社调查近十年上海重要物价及工资变动表,以为研究社会经济及选择职业之参考;中华职业教育社组织农业教育研究会,推邹秉文为主席。11月1日,第六届全国教育会议在沪开会,黄炎培招待各代表参观中华职业学校,致欢迎词。(参见许汉三编《黄炎培年谱》,文史资料出版社1985年版)

晏阳初夏初当选为北美基督教中国学生会会长,完成硕士学业。7月,获兄长来信,得知母病,决定提前离美返国。8月14日,晏阳初回到上海,有感于不识字的同胞甚多,计划"除文盲,作新民",积极倡导平民教育运动,接任中华基督教青年会智育部平民教育科工作,以用科学方法研究问题解决问题,以实用目的制订教材进行教学为工作方针,其间,编制刊行了《平民千字科》等教材。秋,晏阳初赴济南、天津、北京、武昌、汉口、南京各地考察平民教育。(参见宋恩荣编《中国近代思想家文库·晏阳初卷》附录《晏阳初年谱简编》,中国人民大学出版社2015年版)

李登辉继续任复旦大学校长。6月,李登辉在江湾购得土地共计已达70亩,开始动工兴建校舍。当时上海市区与江湾之间,尚未通公路。从市区到江湾校址,只能乘淞沪铁路至江湾镇,再乘独轮手推车,行半小时,方能到达。校址周围,荒冢累累,极为荒凉。时人以为此蒿莱之地,不宜兴建黄宇,颇有非议者,而李不为所动,终成气象恢弘之学府,为日后杨浦成为沪上学术重镇奠定了基础。7 月 1 日,复旦大学举行毕业典礼,李登辉报告募捐建筑校舍成绩。计南洋兄弟烟草公司认捐 4 万余元,本校董事会及学生募得 6 万余元。为感谢募捐有功人员,李登辉赠王正廷博士银盾一座,奖励学生认捐第一的唐榴银爵一座。并给上届辩论大会优胜者瞿宣颖、服务社会最劳的何葆仁及各科成绩前三名发奖。唐少川、东吴大学校长葛兰姆等出席典礼。12 月 18 日下午 2 时,复旦大学在江湾新购土地举行新校园奠基礼。李登辉报告筹建新校园经过。校董王正廷、沪江大学校长魏馥兰、南洋兄弟烟草公司简实卿等来宾先后致词。

李登辉是年重订中英文《复旦大学章程》。李登辉任教科目有哲学、拉丁文学、法文、德文。大学部职员增至 10 人,教员增至 30 人。其中商科教员主要有薛仙舟、何活、胡汉民、戴季陶、叶楚伧、邵力子等担任国文等课。李登辉以校长兼任哲学等课教授,详细介绍美国哲学流派,并加以评析。本年秋季入学的胡健中曾说:"登辉先生当时以校长兼任教授,教余等哲学,对于今日举世侈谈之所谓实用主义 Pragmatism 阐释綦详,然不尽赞同。"李登辉收到美国哈佛大学、耶鲁大学、加利福尼亚大学、密歇根大学、华盛顿大学等大学来函:凡复旦大学毕业生,得有大学文凭者,可直接升入上述美国各院校有关系科深造,勿须再进行考试。鉴于美国哈佛大学、耶鲁大学开办教育系,李登辉在复旦试设教育科,以培养中小学师资。开课计划包括讲授"欧美东亚教育发展历史、教育学原理、教育学心理、英美德法日本诸国学校管理组织法、公众个人生理卫生、学生性情及教授法等"。是年起,开设专门的教育学课程,请汤松讲授教育史。与教育学密切相关的心理学与哲学,多年来一直由李登辉亲自任课。(参见钱益民《李登辉传》及附录四《李登辉年谱简编》,复旦大学出版社 2005 年版)

薛仙舟时为复旦大学大学部学长(相当于教务长)。是年,孙中山在其《地方自治开始实行法》中指出,地方自治团体应办各种合作业务,如农业合作、工业合作、交易合作、银行合作、保险合作等。薛仙舟在《平民》周刊上首次提出农村合作社的概念。

杨道腴、黄华表等复旦大学学生 4 月发起成立平民周刊社,出版《平民》周刊,以研究合作主义,提倡平民教育,发展平民经济为宗旨。

马寅初 7 月向北京大学请假一年,应邀去上海、杭州等地考察经济情况,发表演讲。上海华商证券交易所成立,马寅初被推为交易所董事。又与上海东南大学校长郭秉文商谈组建东南大学商科事宜。同月 17 日,马寅初会同聂云台、黄炎培、穆藕初、沈信卿、荣宗敬等50 余人发起组织中华劝工银行,在上海香港路筹备处召开创立大会,推举穆藕初为主席。10 月 19 日,在上海吴淞公学演讲《银行之根本问题》。同月,受聘上海吴淞公学教授,职责"经济演讲"与论文评述。11 月 10 日,致北京大学旅沪同人启事:"吾校蔡校长暨陈百年教授,将次自京过沪,往欧美考察教育,此举与校务改进,颇有关系。同人等拟俟蔡校长诸人到沪日,就西藏路一品香开会欢迎,并聚餐摄影,以联情谊。"20 日,在上海吴淞公学授讲《吾国恶币之影响》,共五讲。22 日,马寅初偕陈独秀等北大旅沪同人赴上海火车站迎接蔡元培一行。23 日,偕北京大学旅沪同人于西藏路一品香宴请蔡元培一行。24 日,上海银行公会公宴蔡元培。偕陈独秀、吴稚晖、汪精卫、汤尔和、穆藕初等十数人作陪。蔡元培演讲,合影留念。12 月 5 日,于上海出席全国银行公会联合会预备会。该会由上海银行公会发起,联合北京、天津、汉口、杭州、济南、蚌埠、广州等地金融机构,成立全国银行公会联合会,公推陈光甫、李馥荪、钱新之、马寅初、姚仲拔五君为筹备员。6 日,出席全国银行公会联合会预备会会务会议,订立章程等,规定每年举办会议一次。7日,出席全国银行公会联合会审查会。晚,为学界与商界联络,共图发展,偕徐玉书、赵晋卿、李孤帆、盛丕华等上海商学界50余人聚会上海一品香旅社,发起成立经济研究会,马寅初穆藕初、杨端六等当选理事。该会系国内成立最早专业经济学术研究团体。8日,出席全国银行公会联合会议。公推盛竹书主席具名分呈国务院、财政部,建议财政亟宜节流,内债亟宜整理,币制亟宜确定。同月,在吴淞公学授讲《中国的交易所》,共三讲。(参见徐斌、马大成编著《马寅初年谱长编》,商务印书馆2012年版)

刘海粟继续任上海图画美术学校校长。年初,上海图画美术学校再次改名为上海美术专科学校。3月13日,江苏省教育会图画手工展览会筹委会成立,推庄百俞、杨衡圭、顾荫亭、贾季英、朱叔源、黄乃穆为委员,刘海粟为主任。31日,《美术》第2卷第1号刊行。论述刊有刘海粟、汪亚尘《日本之帝展》,刘海粟《风景画的变迁》,唐集《作画要怎样才能有价值》《裸体画与裸体照片》《什么叫美感》,汪亚尘《图画教育底方针应该怎么样?》《近代绘画主义先驱者戈雅》《广告学上美人的研究》《评画家李超士》,周炎《绘画不能发展的障碍》,守桐《我对于写生的意见》,黄卓然《我国美术不能发达的缘故》等。15日,上海美术学校举行开学仪式。首由刘海粟报告一切,次由江颖年、丁慕琴相继演说。

刘海粟校长7月4日出席上海美术学校举行西洋画及普通师范科毕业式,并致词,次由来宾陈少白演讲《西洋亟宜提倡》,高剑父演讲《中西画之异同及变迁》,汪亚尘演说《画学上必要之点》。同月,上海美术学校始雇女子模特儿。9月6日,上海美术学校开学,其中西洋画科80余人,内有新招进女生19人,师范科30余人。首由刘海粟演说。一、男女同学问题;二、研究艺术应抱什么方针;三、学者自由。次由李超士、丁悚相继演说。7日,上海美术学校西洋画科二年甲级乙级男女插班生第一批名单为丁素贞、陈慧镶、史述、庞静娴、周凤兴、吴石兰、徐则安、郭情畅、刘慕慈、尤韵泉、陈慎宜、王桂珍、蒋佩琦、潘世秀、罗正壁、叶鼎荦、吴铁侯、楼侠、张恢华、凌寿岩、乌叔养、卞泰孙等。16日,上海美术学校调整人事。刘海粟辞去各项兼职,专于校务。由吕济任教务主任。汪亚尘为西画二年级主任。周淑静、李超士均任班主任。师范科由程虚白任主任。王济远为一年级甲班主任。同月,吕凤子被聘为上海美术学校教务主任,兼任美学及美术史讲师。(参见袁志煌、陈祖恩《刘海粟年谱》,上海人民出版社1992年版;王震《20世纪上海美术年表》,上海书画出版社2005年版)

吴梦非继续任上海专科师范学校校长。3月6日,上海专科师范学校为提高学生的艺术水平,支持学生组织艺术教育研究会、风景画研究会、漫画研究会、国画研究会、图案研究会、美术工艺研究会、图画研究会、篆刻研究会、书法研究会、玩具研究会等,并多次举办展览会,陈列会员作品,还邀请黄宾虹等名家莅会指导。3月下旬,美育杂志社成立。经通信投票选举,吴梦非以21票当选为总编辑,周湘以19票当选图画编辑主任,成员有刘海粟、丰子恺得4票、吴梦非、李鸿梁、周莲塘等。4月20日,《美育》(月刊)创刊,中华美育会美育杂志社出版发行,总编辑吴梦非,国画编辑主任周湘,音乐编辑主任刘质平,手工编辑主任姜丹书,文艺编辑主任欧阳予倩。该刊宗旨"是鼓吹艺术教育,改造枯寂的学校和社会,使各人都能够得到美的享乐"。本期刊有吴梦非《美育是什么?》(待续)、吕澂《说美意识的性质》、李鸿梁《国画教育的改造》、邢绍武《图画之内与吾人心理之关系》、丰子恺《画家之生命》、周湘《舞台背景画法》(未完)、《近世美术界小传》(未完)、姜丹书《化学的木材雕刻法》等人的美术论述文章。7月末,《美育》第四期出版,刊有吕凤子《凤子述印象派画》、吴梦非

《西洋绘画家之争点》、姜敬庐《日韩考察中关于美育材料之纪实》(续)、朱伺僧《篆刻》(续)、周玲苏《参观浙江学校成绩展览会图画成绩的意见》、吴梦非《图案讲话》(续)、俞寄凡《德谟克拉西的艺术》等人美术论述。(参见王震《20世纪上海美术年表》,上海书画出版社2005年版)

许敦谷学成毕业回国,任教于上海神州女校美术科和南京美专,并加入其弟许地山为发起人之一的"文学研究会"。又在上海商务印书馆为《儿童时代》《小朋友》《小说月报》等杂志绘制封面及插图,并在《小说月报》上发表"虫三乐队""本号内插画的说明"等文。

高凤池继续任商务印书馆总经理。1月3日,《申报》广告,商务印书馆涵芬楼收买旧书。3月26日,高凤池与张元济在总务处会议上,为买地与否发生冲突。随后又召开临时董事会决议此一项目,张无奈中主动放弃,也投了否决票。张元济感觉难以共事,也惟恐被人误会他与高凤池之间有权力之争,故而提出辞职。高凤池获知张元济提出辞职后,曾专门找过主持总务处工作的陈叔通。陈叔通直截了当地说:"你是总经理,你可以估量一下,如果能背得下来,那就听他(张元济)辞职,商务还搞商务的。"高凤池说:"事务方面还能勉强凑合一下,但社会文化界,我怎么能号召得了?"陈叔通又说:"从张的性格看,要他收回启事而复职,是不可能的。"陈叔通想了一个办法,让两人同时辞职,找第三方鲍咸昌来任总经理,两人都改任监理,这样两人还可以继续为商务发挥作用。这就是所谓"共退"。高凤池顾全大局,为了商务的发展,接受了陈叔通的两人共退的建议。张元济对商务也是"甚爱公司"放不下来,也不拒绝这个方案。4月6日,商务印书馆在《申报》刊登《世界丛书》审查委员名单及征稿广告:一、本丛书的目的在于输入世界文明史上有重要关系的学术思想。先从译书下手,若某项学术无适当的书可译,则延聘专门学者另编专书。二、无论是译是编,皆以白话为主(惟浅近文言亦可),一律用新式标点符号,以求明白精确。三、本丛书无编辑部,只设审查委员会,会员五人或七人(不必限定在一处)。四、审查委员会之职务:(甲)商定要编译的书目及先后次序;(乙)担任委托胜任的编译人分任各项书籍;(丙)每书成五千字以上时,得由审查委员会分任或转托人初读一次,以定编译人能否胜任此项书籍;(丁)书成后,审查委员或亲自审查或转托专家审查,审查之后由审查人署名负责,始付印;(戊)审查委员会除委托编译的书籍之外,随时亦可收受已成之稿,审查合格后,亦可作为丛书之一部。如系译稿,须与原本同时交与审查委员会。五、审查人(无论是否委员会中人),每审查一书,应得相当的酬报。六、每书的编费或译费,略依本书的难易为标准,分为两种办法:(甲)依旧稿办法,约以每十万字稿费三百元为率,其版权为发行人所有;(乙)依版税办法,以定价之百分之十至百分之二十为版税,其版权为著作人所有,遇需要时得先垫付版税若干。注意:国内学者有愿担任编译者,望将所编译之书名或已成稿件交北京大学第一院胡适之先生,或交上海商务印书馆。审查委员:蔡元培、蒋梦麟、陶孟和、胡适之。10日,商务印书馆特别董事会决议,鲍咸昌任商务总经理兼印刷所所长,高凤池、张元济两人改任监理,位在经理之上。11月,上海书业商会高凤池等为版权同盟事,致内务部呈。12月8日,上海书业商会又呈请拒绝参加国际版权同盟。(参见吴永贵《民国图书出版史编年:1912—1949》,社会科学文献出版社2018年版)

张元济年初发起重修《海盐张氏族谱》。1月2日,刘半农来,住新苏台旅馆,商谈其所著《普通文法》以及拟编《世界新文学丛书》出版事宜。5日,张元济致严复书,谓"《四部丛刊》拟译西名,俟贵体大瘥时再求核拟,此时正不必亟亟耳"。20日,商务与中华诉讼案上、下午第四、五次开庭。27日,商务与中华讼案第六次开庭。此案辩论是日终结。2月3日,商务董事会第237次会议。张元济分析上年营业减退原因,谓"现在各省自编教科书,又新思潮激进,已有新妇女、新学生、新教育出版。本馆不能一切迎合,故今年(按指旧历)书籍不免减退。因此应当注重印刷,力求进步,现在成绩不宜视为止境","人材实在缺乏,极宜留意。"3月5日,梁启超自法国返沪,张元济至码头迎接,邀宿张元济寓所。

按:据张元济《日记》载,事后有人问先生:"公与康有为是朋友,任公是师侄辈,以师叔而迎师侄,未免太过否?"先生答曰:"我为商务印书馆多得几部好文稿,为中国文化多出几部好书,并非以师叔地位去迎任公。"

张元济3月7日午在寓宴梁启超、徐新六,高凤谦、李宣龚、陈叔通、黄溯初、袁思亮、叶景葵、周善培作陪。8日,张元济与高凤谦谈,"拟设第二编译所,专办新事。以重薪聘胡适之,请其在京主持。每年约费三万元,试办一年。"11日午后,梁启超自通州回沪,仍宿张元济寓所。13日,梁启超至商务印书馆,与张元济等商编书事。3月26日,张元济因购地产事与商务印书馆总经理高凤池意见冲突,宣布辞经理职,同人挽留不果。27日,张元济约傅增湘、蒋汝藻、徐乃昌到涵芬楼观书。同月,张元济撰宋刊本《笺注陶渊明集》跋。4月10日,出席商务印书馆特别董事会,接受陈叔通的调停方案,张元济改任监理职。23日,梁启超来信,论及编辑新书事。又寄来函,约柏格森演讲事。同日,王揖唐、曹经沅、徐乃昌、李振唐来观涵芬楼藏书。24日,张元济核定代美国华盛顿图书馆所购志书。5月30日,张元济当选为中华职业教育社第二届议事员。6月,《四部丛刊》第一期书出版,计58种,338册。8月11日,张元济复蔡元培书,并附去罗家伦任馆外编译条件。9月,商务印书馆出版共学社译辑的"共学社丛书",分为"马克思研究""文学""史学""时代""社会""罗素""政治""教育"等17小类,共86册。同月28日,张元济约高凤池、鲍咸昌、谢燕堂、陈叔通、李宣龚、金伯平"讨论印《四库全书》事"。10月2日,张元济约高凤池、鲍咸昌、金伯平、李宣龚、陈叔通讨论承印《四库全书》之事。

张元济10月6日晚八时抵京。7日,张元济访傅增湘、王克敏、蒋维乔、王搏沙。8日,访张廷桂、王书衡、叶恭绰、颜惠庆、汪大燮、蔡元培、陈汉第。同日,张元济访叶恭绰,与谈印《四库全书》事。9日,张元济访胡适、蒋百里、沈曾桐、张宗祥、严复、夏曾佑、冯公度、史康侯、蒋惺甫、林纾、陈小庄。10日,陶湘、王少侯来访。张元济访徐新六、王少侯、俞阶青、孙宝琦、方甘士。11日,陈垣、戴螺舱、王搏沙等来访。14日午后二时,张元济应朱启钤、范源濂约,至北京图书馆看《四库全书》,遇王叔均、叶恭绰、徐端甫、陶湘。15日,张元济雇汽车访客,见刘崧生、杨赤玉、董康、陈宝琛、陈璧、曾述柴等。同日晚,张元济应范源濂之招,在任振彩处谈《四库全书》事。16日,陈宝琛约在福全馆午饭,同座有林开谟(贻书)、郑孝柽、严球、高凤谦。同日孙宝琦、张公权来访。19日,张元济往运群社,晤蔡元培、王幼山、王书衡等,商《越缦堂日记》出版费用事。同日,张元济至外交部,访颜惠庆。20日,《申报》载,总统徐世昌发布命令,派朱启钤管理印行《四库全书》事宜。由内务府主管朱启钤督办,并委派叶恭绰主领其事。叶恭绰安排朱启钤与陶湘、张元济展开磋商,商议印书事宜。按叶恭绰制定的印书计划,主张原样影印,印行100部,并拨款30万。由于北洋政府难以筹措足够费用,此次筹印的努力终付东流。

张元济10月21日访梁启超,梁言著有《有清文学变迁史》,拟交商务出版,与蒋百里《欧洲文艺复兴史》一起,列入《共学社丛书》。22日午后,张元济访北京大学,见蒋梦麟、朱希祖。同日,郑振铎、耿匡来访,适外出未遇。23日晨,郑振铎又来访。26日午前,张元济访颜惠庆、刘崇杰、邓邦述、陈汉第、胡适。30 日,张元济离京南返,与冒广生同车至镇江而别。11 月 10 日,海盐张氏宗祠建成,张元济将宗祠各种规则、建筑费、生财清账等汇集成册,名《张氏宗祠建筑征信录》,并为之撰写识语。13 日,海盐张氏宗祠落成,合族行始祭礼,张元济撰祭文。23 日晚,张元济上海一枝香饭店宴蔡元培、汤尔和。24 日晨 10 时,张元济至法公司码头送蔡元培行。25 日,张元济代严复购英文《世界地理》五本,寄北京。同月下旬,张元济与高凤谦商定改组《小说月报》。是月,《四部丛刊》出第二期书,共 61 种,366 册。12 月 9 日,致梁启超书,谈成立讲学社,定每年聘名哲一人来华讲演事宜。

按:在梁启超是年 3、4 月间与商务磋商聘请柏格森来华讲学时,傅铜建议聘罗素来华讲学,并进而建议成立一个由多所学校、文化学术团体结成的永久性专门社团。梁接纳此项建议,并先在北方进行活动,计划"组织一永久团体,名为讲学社,定每年聘名哲一人来华讲演"。举汪大燮、蔡元培等十二人为董事,尚拟邀严修、张謇、张元济。10 月 21,张元济访梁启超时,得悉此项计划,返沪后复以上述信件,曰:"在都握晤,南下后因事回里,还至沪上,又以座冗,有稽书问为歉。前奉书并《清代学术概论》大稿,已由叔通兄先行奉复,稿已付印矣。前面谈讲学社延聘欧、美名人来华演讲,属由敝馆岁助若干,所有演讲稿由敝馆出版各节,已与同人商定,均遵照尊意办理。自十年分起,每年岁助讲学社五千元,专为聘员来华讲演之用,三年为限,以后再另作计议。演讲稿既承交敝馆出版,仍照给讲学社版税。此次罗素讲稿即照此办法办理,另由编译所直接函商。柏格森如可来华,亦统由讲学社聘订,敝馆不另担承,以归画一。合即奉达,敬祈转致讲学社诸同人为荷。"(《全集》第 3 卷,参见张人凤、柳和城编著《张元济年谱长编》,上海交通大学出版社 2011 年版;吴永贵《民国图书出版史编年:1912—1949》,社会科学文献出版社 2018 年版)

茅盾 1 月 1 日在《时事新报·学灯》发表《我对于介绍西洋文学的意见》。5 日,茅盾在《妇女杂志》第 6 卷第 1 号发表所译 M. L. 戴维斯著《现在妇女所要求的是什么》。同日,在《学生杂志》第 7 卷第 1—4 号连载《尼采的学说》。10 日,茅盾在《东方杂志》第 17 卷第 1 号发表《现在文学家的责任是什么?》,提出"为人生"的文学主张,主张文学艺术的写实主义。

按:此为茅盾第一篇文学论文,提出了"文学是为表现人生而作的"观点,代表了茅盾关于文学的核心价值观,认为"自来一种新思想发生,一定先靠文学家做先锋队,借文学的描写手段和批评手段去'发聋振聩'。""中国现在正是新思潮勃发的时候,中国文学家应当有传播新思想的志愿,有表现正确的人生观在著作中的手段。""文学是为表现人生而作的。文学家所欲表现的人生,决不是一人一家的人生,乃是一社会一民族的人生。"现在文学家的责任是欲把德谟克拉西充满在文学界,使文学成为社会化,扫荡贵族文学的面目,放出平民文学的精神。并呼吁文学应是用"血"与"泪"写成的。

茅盾 1 月开始主持大型文学刊物《小说月报》"小说新潮栏"的编务工作。25 日,茅盾在《小说月报》第 11 卷第 1 号发表《新旧文学平议之评议》《俄国近代文学杂谈(上)》《小说新潮栏宣言》。后者为《小说月报》部分改革而作。同月,陈独秀抵上海,住在法租界环龙路渔阳里 2 号。为筹备在上海出版《新青年》,他约陈望道、李汉俊、李达、茅盾在渔阳里 2 号谈话,此为茅盾第一次会见陈独秀。2 月 4 日,茅盾在《时事新报·学灯》发表《对于系统的经济的介绍西洋文学底意见》。10 日,茅盾在《东方杂志》第 17 卷第 3 号发表《世界两大系的妇人运动和中国的妇人运动》以及所译 Jerome Davis 著《俄国人民及苏维埃政府》。13 日,张闻天来浙江乌镇,与茅盾兄弟一起过春节。25 日,茅盾在《小说月报》第 11 卷第 2 号发表《我们现在可以提倡表象主义的文学么?》《俄国近代文学杂谈》(下)。3 月,茅盾在《东方杂志》第 17 卷第 6、7 号发表《近代文学的反流——爱尔兰的新文学》。4 月,在《改造》第 3 卷第 4 号发表译作《托尔斯泰与文学》及《〈托尔斯泰与文学〉前记》(序跋)。7 月,陈独秀到茅盾处,约请其参加创建共产党小组的活动,并请为《新青年》写点有关苏联的稿件,当场送给英文版《国际通讯》,上有苏联情况的资料,作为参考。

　　按:7月陈独秀、李汉俊、李达、陈望道、沈玄卢、俞秀松等在上海成立共产主义小组。

　　茅盾7、8月间,应《时事新报》主编张东荪的邀请,代理《时事新报》二三个星期的主笔。8月5日,茅盾在《学生杂志》第7卷第8号发表《艺术的人生观》。9月5日,茅盾在《学生杂志》第7卷第9号发表《文学上的古典主义浪漫主义和写实主义》。15日,茅盾在《改造》第3卷第1号发表《为新文学研究者进一解》。25日,茅盾在《东方杂志》第17卷第18号发表《〈欧美新文学最近之趋势〉书后》。10月1日,茅盾在《新青年》第8卷第2号发表所译〔英〕罗素著《游俄之感想》及《〈游俄之感想〉译者按》(序跋)。同月,茅盾由李汉俊、李达介绍,正式参加上海共产党小组,开始正式参加无产阶级政治活动。11月1日,茅盾在《新青年》第8卷第3号发表所译〔美〕哈德曼著《罗素论苏维埃俄罗斯》。5日,茅盾在《学生杂志》第7卷第11号发表《精神主义与科学》。下旬,应商务印书馆编译所所长高梦旦之约,在会客室谈话,同意担任《小说月报》主编,致力于《小说月报》的革新,不仅译述西洋名家小说,介绍世界文学的潮流,更要创造中国的新文艺。

　　按:据茅盾《革新〈小说月报〉的前后》(《商务印书馆九十年》)回忆:"大约是十一月下旬,高梦旦约我在会客室谈话。高谈话大意如下:王莼农(按,王蕴章)辞职,《小说月报》与《妇女杂志》都要换主编,馆方以为我这一年来帮助这两个杂志革新,写了不少文章,现在拟请我担任这两个杂志的主编,问我有什么意见。""后来我才知道,张菊生和高梦旦十一月初旬到过北京,就和郑振铎他们见过面,郑等要求商务出版一个文学杂志,而由他们主编,张、高不愿出版新杂志,但表示可以改组《小说月报》,于是郑等就转而主张先成立一个文学会,然后再办刊物。张、高回上海后即选定我改组《小说月报》。"

　　茅盾11月接郑振铎复信,告知"文学研究会"在组织中。12月4日,茅盾被北京郑振铎等推选为"文学研究会"发起人之一。7日,茅盾应《共产党》月刊主编李达之约,在该刊上发表了一组译文,包括《共产主义是什么意思——美国共产党中央执行委员会宣言》《美国共产党党纲》《共产党国际联盟对美国IWW(世界工业劳动者同盟的简称)的恳请》《美国共产党宣言》等。15日,茅盾《改造》第3卷第4号发表《托尔斯泰的文学》。中旬,茅盾收到郑振铎寄来的"文学研究会"的宣言、简章、发起人名单,赶着发排于《小说月报》第12卷第1号。25日,《小说月报》发表《本月刊特别启事》1—5则(启事),其中《本月刊特别启事五》曰:"本月刊明年起更改体例,文学研究会诸先生允担任撰著敬到诸先生之台名如下:周作人、瞿世英、叶绍钧、耿济之、蒋百里、郭梦良、许地山、郭绍虞、冰心女士、郑振铎、明心、庐隐女士、孙伏园、王统照、沈雁冰。"31日,作《致周作人》(书信)主要谈关于如何适应中国的国情和时代的需要来翻译介绍外国文学的问题。同月,陈独秀应陈炯明之邀赴粤办教育,茅盾与李汉俊为其送行。(参见唐金海、刘长鼎主编《茅盾年谱》,山西高校联合出版社1996年版;唐宝林、林茂生《陈独秀年谱》,上海人民出版社1988年版)

　　胡愈之1月10日在《东方杂志》第17卷第1号上发表《近代文学上的写实主义》等。25日,在《东方杂志》第17卷第2号上发表《托尔斯泰的沙士比亚论》等。2月25日,在《东方杂志》第17卷第4号上发表《都介涅夫》等。9月10日,在《东方杂志》第17卷第17号上发表《建设者与破坏者》。25日,在《东方杂志》第17卷第18号上发表《吾国教育果堕落乎》《社会主义与自由主义》两文。10月10、25日,在《东方杂志》第17卷第19、20号上连载《罗素的新俄观》和《解放》两文。25日,在《东方杂志》第17卷第20号上发表《何谓自治》等。12月10日,在《东方杂志》第17卷第23号上发表《同情之价值》和译作《欲望的解剖(美国罗素著)》。25日,在《东方杂志》第17卷第24号上发表《国语之统系的研究与孤立的研究》

等文。同月，参与发起"文学研究会"。是年，主编上虞第一份铅印报纸《上虞声》。（参见朱顺佐、金普森《胡愈之传》及附录《胡愈之生平大事年表》，杭州大学出版社 1991 年版）

杜亚泉 2 月在《东方杂志》第 17 卷第 2 号转载了蒋梦麟的文章《何谓新思想》，杜亚泉在文后对其作了评论，针对蒋的"新思想是一个态度"的观点，杜亚泉不改其一贯主张，仍坚持用理性支配思想。11 月，杜亚泉针对余云岫在《学艺》第 2 卷第 4 号上的文章《科学的国产药物研究之第一步》，在该刊第 2 卷第 8 号发表了《中国医学的研究方法》反驳了余文的观点，主张中西医学融汇互补，反对尽弃传统医学，一味西化。是年，杜亚泉因被时人视为保守，被迫辞去上海商务印书馆《东方杂志》主编一职，专事理科书籍的编译。（参见陈镱文、亢小玉、姚远《杜亚泉先生年谱(1912—1933)》，《西北大学学报（自然科学版）》2008 年第 6 期）

杨端六从英国回国，任《东方杂志》编辑、上海商务印书馆会计科长等职。是夏，杨端六到长沙代表中国公学和北京大学等 4 团体陪同到中国讲学的美国哲学家约翰·杜威和英国哲学家伯兰特·罗素巡回演讲，并在长沙演讲"社会与社会主义""同业组织问题"和"介绍罗素其人——与罗素一夕谈"3 个专题。毛泽东当时是新民学会负责人兼任长沙《大公报》的特约记者，将杨端六的演讲记录下来，用"杨端六讲，毛泽东记"的署名，刊登在 1920 年 10 月 31 日长沙《大公报》的第十版上。

郑贞文、陈承泽等丙辰学社创办者在上海设立丙辰学社事务所，并将《学艺》杂志迁往上海，郑贞文、陈承泽任编辑主任。4 月，中华学艺社编印《学艺》杂志第 2 卷第 1 号由商务印书馆赞助出版。

按：郑贞文《我所知道的商务印书馆编译所》（《商务印书馆九十年》）有关于先生与中华学艺社关系的记述如下："中华学艺社是留日同学于 1916 年在东京创设的学术团体，原名'丙辰学社'，出有《学艺杂志》。1918 年，绝大多数社员因反对北洋军阀段祺瑞与日本军阀缔结中日军事协定，辍学归国，社务停顿。1920 年，在北京及上海的社友们推我为临时总干事，打算复兴社务。我当即和商务协商，将《学艺杂志》改为月刊，年出十册（暑期停两个月），由学艺社负责编辑供稿，归商务排印发行。学艺社不收稿费，亦不出印刷费，营业盈亏由商务负责。此事由张元济、高梦旦的支持定议成约。"（参见张人凤、柳和城编著《张元济年谱长编》，上海交通大学出版社 2011 年版）

陈布雷、谢六逸、周予同、李石岑、王云五、竺可桢、任鸿隽、陶孟和、顾颉刚等先后进上海商务印书馆工作。陈布雷到上海参加编译《韦氏大学字典》，旋任上海《商报》编辑主任。

陆费逵继续任中华书局局长。3 月 14 日，《申报》广告，中华书局出版"新教材教科书"《国语读本》。9 月 24 日，中华书局灌制的"中华国音留声机片"开始发售预约，预定价为 48 元。第一批造货 1000 套，1921 年 1 月底从巴黎运到上海，1921 年 2 月 3 日正式对外发售。在发售之前，提前预订者近 800 套。12 月 1 日，上海聚珍仿宋印书局并入中华书局后，迁至中华书局总厂。该书局 1920 年由丁辅之、丁善之兄弟两人创立，其创制的欧体聚珍仿宋活字（方体及长体夹注字两种），字体精整古雅，可与宋元刊媲美，并享有专利权。中华书局即用此宋版活字排印《四部备要》，以及代印外来诗文集。4 日，中华书局召开股东会。次日《申报》有报道："中华书局有限公司昨在该局总厂，开第十次股东常会，到者一万六千余权，公推俞仲还主席。首报告营业，本届（八年七月至九年六月）共一百一十余万元，较上届增三分之一。次报告账略，计盈余廿二万余元，除照章提法定公积、职员奖励并以官利还债外，结余七万余元，议决另项存列，暂行缓发，以资周转。股东高祁民提议，设金石流通保存处，议决精印流通，早已办理，购置保存须俟公司有余力时，再行举办。选举董事九人：王儒堂、俞仲还、周支山、陆费伯鸿、戴懋哉、汪幼安、吴镜渊、沈俊范、李平书当选。选举监察二人：徐可亭、黄毅之当选。最后开国音留声机片，声音宏亮，全场二百余人，均能听清，并参观全厂。"（参见吴永贵《民国图书出版史编年：1912—1949》，社会科学文献出版社2018年版）

左舜生入中华书局，任编辑主任，主编《少年中国》《少年中国学会丛书》，参与筹组少年中国学会。自此之后，开始辛亥革命研究。

汪孟邹继续任亚东图书馆总经理。3月，胡适的白话诗集《尝试集》由亚东图书馆出版，这是中国文学史上第一部新诗集。8月20日，新标点《水浒》由亚东图书馆出版。汪原放标点，陈独秀和胡适分别为之作《水浒叙》和《水浒传考证》。这是我国第一部用新式标点符号和分段进行整理的古典名著。12月1日，亚东图书馆相继出版了同一形式的《儒林外史》。4日，汪孟邹给胡适写信，首次请胡适为即将排印出版的《红楼梦》写序。因为此前胡适已撰写《水浒传考证》《吴敬梓传》，而《红楼梦》篇幅较巨，刊印成本太高，需要胡适的名人效应进行宣传。但胡适并未应允。11日，汪孟邹致函胡适，就作序之事再加说明和说服："所云红楼梦。共分三节，除怕有错误一节，由原放另行详达外，其怕滞销一节，有点与事实不符，炼业此近二十年，略有些经验，凡出版书籍，必须同类的至少有三五种，方可畅销，否则独木不成林，一定不行，不但毫无滞碍，且相得而益彰。儒林一号出版，销路不减水浒，且带销水浒不少，是其确证炼意。红楼销场将来必较水浒、儒林尚要加好。炼是一苦鬼，如果真无把握，决无如此冒险之理。此节请兄不必代为过虑。至吾兄因病不能做文，与红楼的材料最不好找，的是一个问题，使炼十分焦灼，但此事欲罢不能。一是告白早已大登特登，值问何时出版者非常之多，一是已排至八十余回，排版并纸版费近一千元之多，不但过缓势有不能，即今岁不卖预约，我的经济上亦将不许。现拟得吾兄许可后，即开始卖预约，至阴历年终截止，收回一千元的费，大约不难，阴历开正即行付印，二月初旬出版。炼意兄的病体虽未全好，但此叙至阴历正月底以前做好，并无妨碍，尚有三个月之时间，未识可以应许我否。此事关系亚东前途太大，请酌复，炼真无任感激也。"

汪孟邹在胡适勉强应允之后，于12月14日再次致函胡适，就作序之事再加说明："有正八十回本昨晚已快邮寄上，兄谓此种书卖预约不甚相宜，炼深以为是，故排印水浒时，拟卖预约，后即因此中止。但红楼卖预约，一是靠水浒、儒林的信用，因此二书排印校对舆论对之尚佳，二是红楼盼望早出版者较水浒、儒林尤著，来问的甚多，即卖预约，即有定期出版，盼望者较有着落，可以安慰。三是预约较特价尚要从廉，于买者亦殊经济，四是排版并纸版费已近一千元。纸张飞涨，年外更费，不得不办好若干刀，须巨款，年关之过，甚属为难，是以预约出于不得不行，但事实上亦尚可以行也。"19日，汪孟邹又致函胡适："红楼的叙是一定靠得住的，感甚，感甚，广告所载的是叙，届时如改为考证，不但无妨，且更好也。"此即次年胡适所撰《红楼梦考证》的来历，由此文奠定了新红学之大厦。

按：从是年开始，亚东图书馆相继出版了新式标点的10多种古典名著，开风气之先，时称"亚东版"。（参见吴永贵《民国图书出版史编年：1912—1949》，社会科学文献出版社2018年版）

陆凤竹集资创办中华印书馆。12月28日，《申报》载，陆凤竹集资创办中华印书馆："陆君凤竹，为提倡印刷业起见，待积资创办中华印书馆，总址设北泥城桥北边，屋宇业已落成。一办事处及第二工场，设于梅白克路福海里二弄，置有新式印机，闻陆君选择材料顺精，出品务求迅速云。"（参见吴永贵《民国图书出版史编年：1912—1949》，社会科学文献出版社2018年版）

张静庐在上海泰东图书局从事编辑出版工作，并主编《新的小说》。6月，张静庐《中国小说史大纲》由上海泰东书局初版。此书被列为新潮丛书（文学系）第2种，系作者拟写小说史五编系列之一的第一编《总论》,也是最早出版的中国小说史。全书分五卷:小说的定义与性质、小说的沿革、现代的小说思潮、小说的派别与种类、传奇与弹词略言。卷首分别有王无为、王靖、周剑云、蔡晓舟的序及作者自序。

按:次年3月经订正增删后再版,篇幅增加,改为十章,即"小说名称之由来""小说之由来""小说之定义诗赋与小说""小说之创始时期""小说之演进时期""小说之发达时期""欧美小说入华时期""现代小说之潮流""小说进化之历程""传奇与弹词略言"。其中第七章"欧美小说入华史"说:"人情好奇,见异思迁,中国小说大半叙述才子佳人,千篇一律,不足以餍其好奇之欲望,由是西洋小说便有乘时勃兴之机会。自林琴南译法人小仲马所著哀情小说《茶花女遗事》以后,辟小说未有之蹊径,打破才子佳人团圆式之结局;中国小说界大受其影响,由是国人皆从事于译述。……总之,林琴南译《茶花女遗事》以来,方引起国人译西洋小说之兴味,此为世人所公认者;不过进化如积薪,后来者居上而已。"(参见付祥喜《20世纪前期中国文学史写作编年研究》,北京师范大学出版社2013年版;张旭、车树昇编著《林纾年谱长编:1852—1924》,福建教育出版社2014年版)

戈公振6月9日首创《图画时报》。内容以反映中外大事为主,用道林纸铜版精印,深受读者欢迎。戈公振认为:"文义有深浅,而图画则尽人可阅;纪事有真伪,而图画则赤裸裸表出。盖图画先于文字,为人类天然爱好之物。虽村夫稚子,亦能引其兴趣而加以粗浅之品评。"他曾对戈绍龙说,《图画时报》是他的得意之作。《图画时报》的问世,使我国画报由"石印时代"跃入"铜版时代",为我国报纸增辟现代画刊之始。8月,由戈公振口述,黄寄萍笔录的《中国报界应有之觉悟》一文刊于《生活》周刊。文中指出:"中国的报纸实在太幼稚,环境也太可怜,但吾人既服务于新闻界,既以生命贡献于新闻事业,则不能不在无可如何之中去奋斗。"认为当时中国报界急需觉悟的有三点:1.毋竞争。2.要合作。3.勿安于环境。戈公振经常晚上到青年宫补习英语。因年龄比教师大而被讥为"八十岁学吹鼓手——颇不自量。"但他坚持学习,毫不自馁。《时报》馆新建中西结合的浮图式七层新楼,戈公振曾参与设计。(参见洪惟杰《戈公振年谱》,江苏人民出版社1990年版)

文元模在上海《学艺》第3期、第4期发表《现代自然科学之革命思潮》和《论现代科学革命者爱因斯泰因的新宇宙观》等论文,介绍爱因斯坦和庞加莱的科学观。

余云岫在《学艺》杂志上发表《科学的国产药物研究之第一步》一文,彻底否定中医理论,不久,杜亚泉即撰文《中国医学的研究方法》予以反驳。

恽铁樵辞去商务印书馆《小说月报》主编职务,正式挂牌行医,尤其擅长儿科。

周瘦鹃翻译的易卜生《社会柱石》剧本在《小说月报·小说新潮》上连载。5月被《申报》总经理史量才和总主笔陈景韩聘为《自由谈》副刊的主编。

李辛白编辑的《新生活》通俗刊物8月24日在北京创刊,蔡元培、陈独秀、李大钊、胡适都曾为之撰稿。

谭平山、谭植棠、陈公博等为主要撰稿的《政衡》杂志3月1日在上海创刊。

钟天赋、罗君雄、邓演存等人4月在上海发起成立新人社,出版《新人》月刊,同时编辑出版《新人丛书》。

胡祖舜、范鸿钧、张知本、曹亚伯、思补等为主要撰稿人的《新湖北》月刊9月20日在上海创刊,由旅沪湖北自治协会编辑出版。

按:《新湖北出版宣言》提出八项主张:1."主张省民自决";2."主张联邦共和";3."主张扫除一切之军阀官僚政治";4."主张直接选举制";5."主张打破一切不自然的恶习惯、恶风俗、恶制度及崇拜偶像之思想,破除现行婚姻家族不良制度及种种迷信";6."主张都市土地及大规模之生产事业概归公有";7."刷新湖北现行制造游民的奴隶教育";8."尊重约法上之自由权,但不承认一切法令之限制"(《新湖北》第1卷第1号,1920年9月20日)。

汪有龄任《公言报》社长。

胡霖任北京《新社会日报》总编辑,旋赴上海主持国闻通讯社。

杨荫杭在上海任《申报》副总编兼主笔。

沈祖荣创办文华大学图书馆。

郑觐文在上海创办大同乐会,参与者有卫仲乐、金祖礼、许光毅、陈天乐、秦鹏章等。

萧公权、朱应鹏、张聿光、陈抱一、倪贻德、鲁少飞等8月16日在上海创办晨光美术会,研究西洋美术,为近代中国西洋画坛一个组织化程度较高的艺术团体。

按:关于晨光美术会成立的具体时间,一般的美术史著述都认为是1921年。如《中国美术社团漫录》载"晨光美术会,一九二一年一月成立于上海";《中华民国三十六年美术年鉴》谓"辰光美术会创立于民国十年一月";《中国西画五十年1898—1949》说"1920年,由画家萧公权、汪英宾、谢列、朱应鹏、陆景兰等人发起,并于翌年1月正式成立"。蒋云柯《近代上海西画社团之改革先锋——晨光美术会的成立与兴起概述》(《文艺生活·下旬刊》2017年第9期)通过考证,认为这些说法都不准确,根据《申报》的记载,1920年8月16日的时候"晨光美术社"的发起人就举行了谈话会,内容如下:

晨光美术会昨日下午3时,假报界联合会开发起人谈话会,公推朱应鹏主席、汪英宾记录:

1. 先由主席发表组织该会之宗旨,略谓今日中国美术界旧的抱秘密主义,新的抱信仰自然主义,两者各趋极端,长此以往,中国美术前途实无希望,吾人有鉴于兹,故共同研究此会云云。

2. 通过章程。

3. 讨论该会之志趣。甲,使美术家晓得发挥个性,乙,使中国人明白东西洋美术的精义,丙,鼓励社会领会美的兴趣。

4. 选举暂时职员,编译部朱应鹏,干事部谢之光,美国通讯员萧公权。闻该会系男女公开,发起人中,已有陆景兰女士,担任征求女同志,不久并有美术杂志出版,该会通讯处,暂设上海爱文义路一千五百六十二号云。

从以上《申报》的当年报道可知,在这次会议上就推举了晨光美术会的主席以及相关职能部门的工作人员,阐发了该会宗旨,并通过了相关章程。因此我们可以认为,从1920年8月16日下午3时起,"晨光美术会"就已经诞生了。

此外,1921年2月18日的《申报》上也明确指出"晨光美术会"成立于"去年"(即1920年):"晨光美术会自去年发起以来,研究图画、书法、雕刻、金石、摄影等,近来会员渐形发达。"所以,准确地说,晨光美术会应该可以认定为成立于1920年8月16日。但此时的晨光美术会尚没有自己的会所,次年1月份方在西门方斜路崇庆里择定会所。不久之后,晨光美术会召开第二次"学术谈话会",张聿光、杨光骏、朱品谷、谢之光、张眉孙、胡旭光、朱应鹏、汪英宾等到会参加。会上汪君英宾作了"我们中国人要学的是那一种西洋画"的主题演讲。演讲指出研究西洋艺术需注意的几个要点,简要介绍了西洋绘画史的发展脉络以及几个重要的现代艺术流派,提出"中国人学西洋画,不可迷信主义,须从艺术根本研究,然后参以哲学心理学科学各种学理,始能发生一种新派也"。演讲结束后,大家围绕这一议题展开讨论并达成共识。这次会谈还进一步明确了该会的宗旨为:"抱牺牲精神,研究美术,鼓舞社会,主张艺术独立。"

张大千在上海拜曾熙为师学习书法,曾熙为他改名张爰。后经曾熙引见,又拜临川李瑞清为师研习书法。

梅兰芳5月应李宣龚邀请,来商务印书馆电影部拍摄戏曲片《春香闹学》(昆曲)、《天女散花》(京剧),张元济十分关注此事。《天女散花》假天蟾舞台开拍时,张元济亲自到场观看。(参见梅兰芳《我的电影生活》,中国电影出版社1984年版;张人凤、柳和城编著《张元济年谱长编》,上海交通大学出版社2011年版)

梁启超 1 月 9 日由德国返巴黎。行前在欧洲商定归国后办事方针：一为办中比贸易公司，二为办中比轮船公司，三为办月报及印刷所，四为办大学，五为派学生留学德国。17 日，梁启超由巴黎赴马赛。22 日，由马赛乘法国邮船归国。3 月 5 日，抵上海，应吴淞中国公学之邀，往该校发表演说，报告游欧心得与对国事见解。

按：梁启超此次演说以《梁任公在中国公学演说》载于 1920 年 3 月 15 日《申报》，略谓"此次游欧，为时短而历地多，故观察亦不甚透切，所带来之土产固不甚多，唯有一件可使精神大受影响者，即悲观之观念完全扫清是已。因此精神得以振作，换言之即将暮气一扫而空。此次游欧所得止此。何以能致此，则因观察欧洲百年来所以进步之故，而中国又何以效法彼邦而不能相似之故，鄙人对于此且有所感想。考欧洲所以致此者，乃因其社会上政治上固有基础，而自然发展以成者也。其固有基础与中国不同，故中国不能效法欧洲，在此百年中可谓在一种不自然之状态中，亦可谓在病的状态中，中国效法此种病态，故不能成功"。"总之吾人当将固有国民性发挥光大之，即以消极变为积极是也。如政治本为民本主义，惜其止在反对方面，不在组织方面，社会制度本为互助主义，亦惜止限于家庭方面，若变为积极，斯佳矣。鄙人自作此游，对于中国甚为乐观，兴会亦浓，且觉由消极变积极之动机，现已发端。诸君当知中国前途绝对无悲观，中国固有之基础亦最合世界新潮，但求各人高尚其人格，励进前往可也。以人格论，在现代以列宁为最，其刻苦之精神，其忠于主义之精神，最足以感化人，完全以人格感化全俄，故其主义能见实行。惟俄国国民极端与中国人之中庸性格不同，吾以为中国人亦非设法调和不可，即于思想当为彻底解放，而行为则当踏实，必自立在稳当之地位。学生诸君当人人有自任心，极力从培植能力方面着想，总须将自己发展到圆满，方可对于中国不必悲观，对于自己则设法养成高尚人格，则前途诚未可量也，云云。"

梁启超 3 月 19 日到京谒徐大总统报告欧游经过，再对友人发表关于山东问题的意见。又致函徐世昌，要求释放去年因五四运动被捕的学生。24 日晚，由京返归天津居处。自此之后的一年间，梁启超深感于欧洲的文艺复兴，对于国家问题和个人事业完全改变其旧日的方针和态度，决心放弃政治生涯，全力从事新文化运动，惟以全力从事于培植国民实际基础的教育事业，计是年所着手的事业有承办中国公学，组织共学社，发起讲学社，整顿《改造杂志》，发起中比贸易公司，和国民动议制宪运动等数事。蒋百里积极参与，成为梁氏最得力的助手，号称"智囊"。25 日，梁启超曾与梁令娴一书，告归国以来的经过情形。

按：梁启超致梁令娴函曰："吾以十二日（旧历正月）抵香港，敬谒祖父殡官，在港与诸亲故盘桓永日，旋即登舟，十五日抵沪，诸友来迎者颇众，馆于张菊生家，叔通、东荪、溯初屡作深谈。旋应张季直之招，往南通淹留三日，复返沪。沪上政客未接一人，最为快事。二十四日发沪，（在南京未下车）二十五日抵家，都中亲故来津相迓，旅舍为满，家中群童迎于新站，汝母迎于老站，是夕诸友在家为我洗尘，翌日为我介寿，将未成之新居权布筵席，主客熙熙，有如春酿。在家小憩后，以二十九日入都，向当道循例一周旋。初三日便返津，除最稔诸友共作饮食宴乐外，一切酬应皆谢绝，东海约宴亦谢之。然旬日以来，亦颇劳顿矣。每晚客散后，与汝母杂谈，动至夜分。返津两日来客稍稀，夕间辄与汝母对酌，微醺甚乐也。（久不御黄酒，归来开陈酿，至乐，但饮后觉不甚受用，数日后亦拟节之矣。）思成辈皆渐知向学，幼者亦益可爱，家庭中春气盎然，惟汝不在旁，美犹有憾耳。吾自欧游后，神气益发皇，决意在言论界有所积极主张，居北方不甚便，两月后决南下，在上海附近住，想汝亦必以为然也。汝在仰光病已数次，两孙亦常不适，当是水土所致。汝曹生长在较北之地，久居炎方，恐非所宜，早日宁家为妙。今年吾与汝母合成百岁，吾生日汝既未归，深望汝母生日时作一大团聚。汝来禀屡言明春必归，能早数月更慰老怀也。前书言中比公司事，顷股本咄嗟已满，不必复求林振宗矣。惟吾欲在上海办一大学，彼若有志能相助最善，（彼新房落成，礼物日内当即写送。）吾拟别作一英文书与言，汝谓何如？"（民国九年三月二十五日（旧二月六日）《与思顺书》）

梁启超 4 月与张元济、蒋百里、张东荪、王敬芸等人商谈译辑新书，筹办共学社，并为中比公司集股增股等事宜。春夏间，梁启超所著《欧游心影录》分别在《晨报》和《时事新报》上连载了 108 期和 107 期，声称西方物质文明破产，而中国文化优越，是调剂西方文化的良药，再次引发东西方文化的论战并与后来的"科学人生观问题"大论战相贯通。

按：张泓林《五四时期东西文化问题论战》（《中国社会科学报》2016 年 8 月 23 日）将五四时期东西文化问题论战概括为主张中西调和的文化保守派与主张西化、摒弃传统文化的激进派之间的冲突，并划分为三个阶段：

一是 1915 年至 1919 年"中西文化差异与优劣之争"。双方分别以《东方杂志》和《新青年》为主要阵地，对中西民族和文明的差异进行了比对分析，对中国传统文化及文明进行了抨击，对西方文明给予高度赞扬和推崇。主要代表人物有激进派的陈独秀、李大钊等人，文化保守派的杜亚泉、陈嘉异等人。这一时期，双方论战仅限于对中西文化差异与优劣的讨论，拉开了东西文化论战的帷幕。这种文化思想观引起以杜亚泉为代表的文化保守派的不满。作为《东方杂志》主编，杜亚泉曾在《论社会主义运动之趋势与吾人处世方针》一文中指出，应在中国传统文化基础上参考西方进行改革。随后，杜亚泉以"伧父"之名，在《东方杂志》发表《静的文明与动的文明》《战后东西文明之调和》《迷乱之现代人心》等文章，并刊登钱智修《功利主义与学术》、平佚翻译的《中西文明之评判》等文，公开向陈独秀及《新青年》发起挑战。这些文章都对西方文明表示不满，并提倡重新确立儒家思想对中西文化的"统整"。面对挑战，陈独秀作《质问〈东方杂志〉记者——〈东方杂志〉与复辟问题》一文（以下简称"陈文"），驳斥并质问杜亚泉的"统整"思想及用意。随后，杜亚泉发表《答〈新青年〉杂志记者之质问》（以下简称"杜文"），回答了陈文所有驳难，并坚持认为"君道臣节名教纲常"是文明发展的根本。次年，陈独秀再次撰文《再质问〈东方杂志〉记者》，继续驳斥杜文观点。其间，李大钊、傅斯年等人发文支持陈独秀，陈嘉异等则支持杜亚泉。李大钊在《东西文明根本之异点》中，利用杜文将中西文明分别概括为"动的文明"与"静的文明"的论述，得出恰与杜文相反的结论。这一时期，双方论战仅限于对中西文化差异与优劣的讨论，拉开了东西文化论战的帷幕。

二是 1919 年至 1920 年"东西文化调合之争"。主要代表人物有文化保守派的章士钊、杜亚泉、张东荪等人，激进派的陈独秀、蒋梦麟、罗家伦等人。1919 年秋起，章士钊在寰球中国学生会、上海、广州、杭州等地陆续发表演说，提出"中西新旧调和论"。随即，张东荪发表《突变与潜变》加以批评。几天后，章士钊撰《新思潮与调和》，对"调和"观点进行答辩。张东荪后又发文《答章行严君》，进一步驳斥章文。"中西新旧调和论"得到杜亚泉等人的响应。陈独秀、李大钊、蒋梦麟、罗家伦、毛子水等人则表示支持张东荪观点，反对"中西新旧调和论"。1919 年 10 月，蒋梦麟发表《新旧调和》一文，认为"调和"论违背社会进化。11 月，杜亚泉、陈嘉异、章行严等分别在《东方杂志》发文《新旧思想之折衷》《何谓新思想》《我之新旧思想调和观——为质张君东荪与章君行严辩论而作》《新时代之青年》等，表示新旧文化是互相杂糅而存，"新中有旧、旧中有新、即新即旧"，因而只能"尽力调和""调和"才是对待文化进步的正确态度。次月，陈独秀在《新青年》发表《调和论与旧道德》一文，驳斥章士钊等人对"旧道德"的提倡，认为应彻底革除"旧道德"。这一时期，论战的焦点围绕能否对东西文化进行调和而展开，双方较为深入地探讨了中、西、新、旧文化间的关系等问题。《新潮》《时事新报》《每周评论》《民铎》等报纸杂志也积极加入了此次论战，由此将论战推向高潮。

三是 20 世纪 20 年代的"如何对待中西文明之争"。主要代表人物有文化保守派的梁启超、梁漱溟、张东荪等人，激进派的胡适、郭沫若等人。1920 年初，从欧洲游学归来的梁启超在《晨报》连载《欧游心影录》，以自己在欧洲游学经历和欧洲人对东方文明的看法等为依据，表示我们应综合东方文明，吸取西方研究方法，构建新文化，拯救世界文明。同年底，梁漱溟《东西文化及其哲学》一书出版，指出东方文明才是拯救世界的唯一正确的"路向"。梁启超、梁漱溟对东方文化的推崇，得到以陈嘉异为代表的文化保守派的支持。他们纷纷发文，例如，陈嘉异的《东方文化与吾人之大任》、严既澄的《评〈东西文化及其哲学〉》、恶石的《评〈东西文化及其哲学〉》、梅光迪的《评提倡新文化者》以及柳诒徵的《中国文化西被之商榷》等，以论证梁启超、梁漱溟的观点，但遭到了胡适、吴稚晖、常乃惪等激进派的反驳。胡适在《读梁漱溟先生的〈东西文化及其哲学〉》一文中，反驳梁漱溟的"三种路向"说，并明确表示西方文化才是出路。这一时期，论战主要围绕东西文化的比较和对待西方文明的态度而展开,并涉及如何将东西文化融入具体现实实践中。

梁启超5月3日接张元济致函,商聘柏格森来华讲演与共学社编译垫款办法各事。7月24日,梁启超致梁伯祥、籍亮侪、黄溯初、蓝志先诸氏书,言为《时事新报》发电及发起国民制宪同志会事。30日,梁启超致梁伯祥、黄溯初书,商聘罗素来华讲学事。9月5日,梁启超致张东荪书,商筹办讲学社各事。

　　按:梁启超《致东荪兄书》曰:入京为讲演事,忽费半月,现所进行如下:一、组织一永久团体,名为讲学社,定每年聘名哲一人来华讲演。一、讲学社董事暂举定以下诸人,伯唐、子民、亮侪、秉三、仲仁、任公、静生、梦麟、搏沙、陈小庄(高师校长)、金仲蕃(清华校长)、张伯苓(南开校长),尚拟邀范孙、季直、菊生,尚未得本人同意,想必乐就也。一、经费政府每年补助二万元,以三年为期,此外零碎捐款亦已得万元有奇。一、赵君事数日前晤金仲蕃,已由同人公托之,想必允(此数日未晤金君当更促之)。一、罗素所乘之船,改期十月十二乃到沪。一、讲演或先在南举行最佳,搏沙日内到沪,面罄一切。一、中国公学教务长望公决任勿疑,经费顷方有某方面可以进行,容续报。其办法则公与百里所商讲座之说最妙。一、出版时请寄敝寓三份,别有两份,一寄仲策(京南长街),一寄小儿梁思成(清华学校)。

梁启超接张东荪5月15日函,商《解放与改造》杂志改名与编译新书各事。7月2日,蒋百里致函梁启超,商第1期杂志拟用新文化运动问题。30日,蒋百里致函梁启超,论《改造》杂志文章事。9月15日,梁启超决定变革《解放与改造》杂志的体裁和内容,自第3卷第1期起更名为《改造》,任主编,撰写《发刊词》。

　　按:《发刊词》曰:"同人以其所研究、所想念,最而布之,月出两册,名曰《解放与改造》,期与人以学识相切磋,心力相摩荡。既逾一年,今当赓续而扩充之,以名称贵省便故,更故《改造》,其精神则犹前志也。同人深自策厉,欲改良本刊,使常能与社会之进步相应,故体例组织,稍有以异乎前。每册分三大部门:(一)论著　同人一得之见,于此发表焉。其性质复分为二:(甲)主张　对于一问题有所确信,阐发而宣传之。(乙)研究　一问题未敢自信,则提出疑问,与国人公开讨论。(二)译述　专务介绍世界思潮。其体例:或将各短篇迻译原文,或将一名著摘撮梗概,或但译录,或加案语及解释。(三)记载　国内外重要问题发生,则追求原委,务为有系统的记述,以供留心时局者之参考。此外尤有附录两门:(一)文艺　以译述世界名文为主,所译务采各派名家代表杰作,且随时将作者及其作品在文学界之位置简明介绍,俾读者得明其系统。其本国古今文学,亦间下批评。(二)余载　同人随笔小品,及读者投稿入焉。其投稿中有以长篇商榷一问题者,同人认为有价值,则以入论著。以上各门,不必每册皆备,册中亦不必一一区别标题,但其组织梗概,总不越此。

本刊根本精神,曾读《解放与改造》者,当能知之。今当刷新改刊伊始,更为简单之宣言:一、本刊所鼓吹,在文化运动与政治运动相辅并行。二、本刊持论,务向实际的条理的方面,力求进步。本刊所主张,当以次续布,今且无事缕述。但其荦荦数要点,为同人所确信者,愿先揭橥以质诸国人:

(一)同人确信旧式的代议政治不宜于中国,故主张国民总须在法律上取得最后之自决权。(二)同人确信国家之组织,全以地方为基础,故主张中央权限当减到以对外维持统一之必要点为止。(三)同人确信地方自治当由自动,故主张各省乃至各县、各市,皆宜自动的制定根本法而自守之,国家须加以承认。(四)同人确信国民的结合,当由地方的与职业的双方骈进,故主张各种职业团体之改良及创设,刻不容缓。(五)同人确信社会生计上之不平等,实为争乱衰弱之原,故主张对于土地及工商业机会,宜力求分配平均之法。(六)同人确信生产事业不发达,国无以自存,故主张一面注重分配,一面仍力求不萎缩生产力且加增之。(七)同人确信军事上消极自卫主义为我国民特性,且适应世界新潮,故主张无设立国军之必要,但采兵民合一制度,以自图强立。(八)同人确信中国财政稍加整理,优足自给,故主张对于续借外债,无论在何种条件之下皆绝对排斥。(九)同人确信教育普及为一切民治之根本,而其实行则赖自治机关,故主张以地方根本法规定强迫教育。(十)同人确信劳作神圣为世界不可磨灭之公理,故主张以征工制度代征兵制度。(十一)同人确信思想统一为文明停顿之征兆,故对于世界有力之学说,无论是否为同人所信服，皆采无限制输入主义，待国人别择。(十二)同人确信浅薄笼统的文化输入，实国民进步之障，故对于所注重之学说当为忠实深刻的研究，以此自厉，并厉国人。(十三)同人确信中国文明实全人类极可宝贵之一部分遗产，故我国人对于先民有整顿发扬之责任，对于世界有参加贡献之责任。(十四)同人确信国家非人类最高团体，故无论何国人，皆当自觉为全人类一分子而负责任；故褊狭偏颇的旧爱国主义，不敢苟同。以上各节，为同人之公共信条，虽或未备，然大端固在是。同人将终身奉以周旋，本刊则出其所见以请益于国人也。其他尚不乏怀而未决之问题，即此诸信条中，当由何途而始能使理想现于实际，则亦多未敢自信，故欲借本刊为公开研究之一机关，冀国人之我诲焉。《诗》曰：'嘤其鸣矣，求其友声。'同人赋此，以俟君子矣。"(《改造》第3卷第1号，1920年9月15日)

梁启超10月4日与张东荪书商迎罗素事。开始撰写《清代学术概论》。18日，梁启超致胡适书，告以所著《清代学术概论》一书已脱稿，并欲对胡适所著《中国哲学大纲》提出批评意见。

按：1920年10月18日梁启超《与适之老兄书》曰："公前责以宜为今文学运动之记述，归即嘱稿，通论清代学术，正宜(拟)钞一副本，专乞公评骘。得百里书，知公已见矣。关于此问题资料，公所知当比我尤多，见解亦必多独到处，极欲得公一长函为之批评(亦以此要求百里)，既以裨益我，且使读者增一层兴味，若公病体未平复，则不敢请，倘可以从事笔墨，望弗吝教。超对于白话诗问题，稍有意见，顷正作一文，二三日内可成，亦欲与公上下其议论。对于公之《哲学史纲》，欲批评者甚多，稍闲当鼓勇致公一长函，但恐又似以此文下笔不能自休耳。"

梁启超是年冬在清华学校讲授国学，编为讲义《国学小史》，其中第二章"诸子总论"以《诸子考证及其勃兴之原因》为题刊载1921年11月《哲学》第4期。是年，梁启超又著《墨经校释》以及古代哲学方面的《老子哲学》《孔子》和《老孔墨以后学派概观》三文。又有著《中国佛教史》计划，先行撰成《印度史迹与佛教之关系》《佛教之初输入》《千五百年前之中国留学生》(一名《中国印度之交通》)《翻译文学与佛典》《佛教与西域》《佛典之翻译》《读异部宗轮论述记》《说四阿含》《说"六足""发智"》《说大毗婆沙》《读修行道地经》《那先比邱经书》(乙丑本《饮冰室文集》作《那先比邱经书后》)等12篇论文。(参见丁文江、赵丰田编著《梁启超年谱长编》，上海人民出版社2009年版)

罗振玉3月作《甲秀堂帖跋》。6月，购天津法租界秋山街地筑宅；以返国逾年所见古器之入市舶者日益众，合以往日所记，数逾二百，重辑《海外贞珉录》1卷。七夕，又据所藏所见宋元乘残藏经撰《宋元释藏刊本考》1卷。9月，新宅告成，名之曰"嘉乐里"。秋，柯凤荪抵津，与罗振玉议，鸠资二三千元，办京旗冬振，以京旗鼎革后无以资生，死亡枕藉，当道复不加顾恤也。罗振玉以为此但可缓须臾之死，所裨至微，不如宽筹款项，办一京旗生计维持会。是年，罗振玉自编次所作文字为甲乙丙丁四稿，计《雪窗漫稿》1卷，《雪堂校刊群书叙录》2卷，《金石文字跋尾》4卷，《书画跋尾》1卷，总名《永丰乡人稿》，付工刊板。又作《梦庵藏印序》。又王静安为蒋孟蘋藏书编目，书告其史部书极佳，远在丁氏之上，恐陆氏亦不能抗也。(参见罗继祖《永丰乡人行年录(罗振玉年谱)》，江苏人民出版社1980年版)

张伯苓1月2日在天津基督教青年会听杜威博士演讲《真假个人主义》。1月29日，天津学生联合会发动北洋大学、南开大学等20余所学校学生前往省公署请愿，酿成流血惨案。2月4日，南开教职员为抗议军警1月29日镇压学生，发表《南开教职员敬告各界书》。2月20日春节，张伯苓到天津警察厅看望被捕的周恩来等南开学生代表及各界代表。3月15日，南开中学学生贾某贴出"代表未释，暂不上课"的标语，张伯苓宣布将其开除，并令其立即离校，结果招致全体学生反对。17日学生开会议决学生全体退校，拟转入山西大学，或全体弹劾张伯苓等办法。张伯苓恐学生起大风潮，随即向严修及直隶省教育厅厅长商议对策。同月，张伯苓约请范源濂、严慈约、孙子文、李琴湘、蒋梦麟、王浚明、陶孟和、刘芸生、卞俶成等 9 人为南开大学校董。4 月 1 日，中华基督教青年会第八次全国代表大会在天津法租界维斯理堂召开欢迎代表会，一千数百人出席，首由会长张伯苓报告开会宗旨，继由黎元洪、张伯苓等演说。2 日，张伯苓在基督教青年会第八次全国大会上演讲《基督教对明日中国之贡献》。12 日，张伯苓受邀出席苏州城市基督教青年会筹办会并发表演讲。5 月，梁启超与张东荪等成立"共学社"，董事会有梁启超、张东荪、张君劢、蒋百里、蔡元培、张謇、张元济、熊希龄、范源濂、张伯苓、严修、林长民、张公权、丁文江等人。

张伯苓 6 月 13 日在南开大学召开董事会常会，范源濂、陶孟和、孙子文、李琴湘、卞俶成、王潜明、严慈约等到会。9 月 13 日，从本学期起南开大学添招女生。9 月 18 日，天津基督教青年会召开秋季大会，张伯苓报告开会宗旨，继由梁启超演讲。10 月 4 日，张伯苓出席新教育共进社第二年度第一次董事会议。13 日，张伯苓在南开高中集会介绍美国教育家达根博士（Dr. Dugan）来校演讲。讲题为《教育包含些什么》。24 日，张伯苓在南开大学、中学师生集会上就学校发展问题，阐述办学精神。11 月初，张伯苓应严修建议征求校董事意见，以"范孙奖学金"资助周恩来赴欧洲留学。11 月 7 日，南开校董会召开特别会，范源濂、严慈约、王溶明、孙子文、李琴湘、陶孟和、刘芸生、蒋梦麟、卞俶成和张伯苓出席，张伯苓报告李纯遗捐基本金 50 万元的处理方法及南开大学现在将来各科计划：大学本部文理两科、商科、矿科，女子部，职业部。将来大学分科为，大学文理科附设预科，矿科附设二年科，实科附设二年科。（参见龚克主编《张伯苓全集》第十卷附编《张伯苓年谱》，南开大学出版社 2015 年版）

严修是年载天津养病。10 月 4 日，李福景、周恩来来探望，严修陪话略久，坐不安帖。8 日，北京华法教育会给周恩来、李福景之赴法勤工俭学介绍信。16 日，为周恩来、李福景致信驻英公使顾少川。经严修与张伯苓校长商议，以及在南开校董会研究和征求部分有关人员的意见，同意派周恩来、李福景两人出国留学，并提供奖学金。11 月 7 日，周恩来、李福景由上海乘波尔多斯号赴法国留学。

按：埃德加·斯诺于解放后修改版《西行漫记》书中有载："周在欧洲时，他本人的经费支持者是南开大学一位创办人严修。与其他中国学生不同，周在法国时，除短期在雷诺厂研究劳动组织外，并未参加体力劳动。他从一位私人教师学习法语一年以后，即以全部时间从事政治活动。以后，周又对我说，当时有朋友提到，我用了严修的钱，却成为一个共产党人，严引用中国一句成语，'人各有志'。"

严修是年因病不出，且少会客，从而温读各书较多，其温故者有《庄子》《战国策》《通鉴》《续通鉴》《孔子家语》《唐书》《宋史》《杜工部诗集》《白香山诗集》《王渔洋诗集》《王渔洋年谱》及《王渔洋精华录》等，新读者有《世说新语补》《苕溪渔隐丛话》《天岳山馆文钞》《湘绮楼集》《东华录》《东华续录》《圣武记》《靖康传信录》《大清一统志》及《知不足斋丛书》等。又在家恒于晚间，请瞽者说子弟书或听话片解闷，并续注《广雅诗集》。（参见严修自订、高凌雯补、严仁曾增编、王承礼辑注、张平宇参校《严修年谱》，齐鲁书社 1990 年版）

周恩来担任主编的《觉悟》第 1 期 1 月 20 日出版。29 日，天津学生联合会发动北洋大学、南开大学等 20 余所学校学生，在周恩来率领下前往省公署请愿，遭军警血腥镇压。2 月6 日，周恩来、于方舟、郭隆真、张若名等 4 人被捕。其间，周恩来、马骏被南开大学开除，马千里、时子周也被迫辞去在学校担任的教职员职务。7 月 17 日，天津地方审判厅宣布"期满"释放马千里、周恩来、郭隆真等全体被拘代表。8 月初，周恩来主持觉悟社年会，在会上总结一年多来开展天津学生和各界救国运动的经验教训。会后，偕同觉悟社社员 11 人到北京。8月16日,觉悟社在陶然亭召开茶话会,邀请北京少年中国学会、青年工读互助团、曙光社、人道社等四个团体的代表共二十多人,商讨今后救国运动的方向问题。会上,刘清扬报告开会宗旨,邓文淑介绍觉悟社的组织经过和一年来的活动情况。周恩来对觉悟社提出的"改造联合"的主张作出说明,倡议与会各进步团体联合起来,共同进行挽救中国、改造社会的斗争,李大钊代表少年中国学会发言,提议各团体有标明主义之必要。会议决定由到会诸团体各推三名代表继续讨论联络问题。18日,少年中国学会、觉悟社等五个团体的代表在北京大学通讯图书馆召开联络筹备会。会议决定成立一个名为"改造联合"的组织,通过《改造联合宣言》和《改造联合约章》,宣布"本联合各地革新团体,本分工互助的精神,以实行社会改造",并提出"到民间去"的口号。同月,周恩来参加《新民意报》的筹备工作,对报纸的立场主张、内容材料、经营方式等,提出多项建议。(参见中央文献研究室《周恩来年谱1898—1976》,中央文献出版社1998年)

赵景深是夏读完中学一年级,因为无力继续深造读书,便设法投考不收费的天津棉业专门学校。加入邓颖超的"女星社";当邓颖超所编《醒世周刊》售报员,因成绩突出而得银牌奖。结识共产党员吕一鸣,为《益世报》编《新知识》副刊。(参见赵易林编《赵景深的学术道路》,山西古籍出版社2004年版)

张謇1月1日偕金泽荣、吕道象、方还、刘焕、欧阳予倩、张怡祖,于梅欧阁聚饮,吟诗唱和。7日,张謇邀黄炎培往省代用师范学校,作《五四学潮后之教育观》演说。13—23日,张謇连续观梅兰芳与欧阳予倩等于更俗剧场上演《葬花》《送酒》《游园惊梦》《千金一笑》《爱情之牺牲》《天女散花》《馒头庵》《苏三起解》《春香闹学》《木兰从军》《嫦娥奔月》等,通城为之倾倒。18日,张謇获徐世昌授一等大绶宝光嘉禾章。2月29日,张謇致函徐世昌、李思浩:闻允暂借江宁县城成贤街文德里官房作中国科学社社所与图书馆用途,该社尤望"改为永久管业"。科学社"全系研学问题,旨趣高尚。中外赞助者,前途之希望甚大"。3月7日,张謇邀梁启超、蒋方震、张嘉森抵南通。8日,张謇假座更俗剧场欢迎梁启超,到逾千人,推张啬庵为主席,演述欢迎词。梁启超答谢词毕,演说德皇与协约国战争始末情形。4月,张謇偕梁启超于北京建共学社,以"培养新人才,宣传新文化,开拓新政治"为宗旨,蔡元培、王敬芳、胡汝麟、张元济、蒋梦麟、蓝公武、赵元任、蹇念益、刘垣、张嘉璈、丁文江、梁善济、籍忠寅等参与发起。

按:1923年11月4日,共学社"将松社(即松坡图书馆)移至文化重心的北京",以松坡图书馆为活动场所。

张謇4月1日与黄炎培、沈恩孚等议商,定5月11日在南通开苏社成立会。23日,《时报》载《苏人发起苏社》,附《苏社缘起》与《苏社简章》。发起人有张謇、韩国钧、张一麐、段书云、王清穆、唐文治、黄以霖、钱崇固、沈恩孚、马士杰、黄炎培、仇继恒、刘垣、孟森、贾丰臻、鲍贵藻、穆湘玥、孙儆、荣宗铨、张怡祖、朱叔源、武同举、张相文、朱绍文、汪秉忠、胡允恭、吴兆曾、方还等。11日,张謇嘱张怡祖率社会各界往天生港,迎接抵通参加苏社成立大会来宾,本人亲往中公园迎候。外宾有美国驻沪领事代表、《密勒氏评论报》主编鲍威尔等。12日下午,张謇往更俗剧场,参加苏社成立大会,发表演说。

按:5月8日,《密勒氏评论报》在"社论"中称,江苏省"将成为另一个模范省",张謇"正组织苏社,期望借此成为构建模范省的重要一步""官员们总是懒惰且不负责任,有鉴于此,张謇发起了这一运动,推行自治"。

张謇5月27日邀蒋维乔往省代用师范学校,作《生理卫生方法》演说。5月29—30日,中华职业教育社在上海举行年会,张謇与黄炎培、沈恩孚、王正廷、聂云台、蒋梦麟、余日章、袁希涛、穆湘玥、郭秉文、蔡元培、张元济、贾丰臻、范源濂、朱少屏、史量才、朱叔源、庄俞、朱庆澜、杨廷栋、钱永铭、袁希洛、王震、宋汉章为议事员。6月5日,张謇嘱张怡祖等往天生港,迎候杜威携家眷,以及沈尹默、陈鹤琴、刘经庶、王纯焘乘"大德"轮抵南通。同日,张謇安排杜威等参观医学专门学校、省代用师范学校、县立女子师范学校、女红传习所、图书馆、第一养老院、五公园、省立第七中学、贫民工场等;张謇于濠南别业与杜威等晤谈,并设宴招待。邀杜威等往更俗剧场观欧阳予倩演剧。6日,张謇邀杜威于更俗剧场作《教育者之责任》演说,张謇致欢迎词,杜威致辞谓"南通者教育之源泉,吾尤望其成为世界教育之中心也"。下午,张謇安排杜威参观狼五山名胜、残废院、狼山盲哑学校、军山气象台等。7日上午,张謇邀杜威于更俗剧场作《社会进化问题》演说。8日,张謇邀杜威于唐家闸公园作《工业与教育之关系》演说。同日,张謇邀刘经庶往省代用师范学校,作《普及教育与社会进化之关系》演说。

张謇6月28日往更俗剧场,参加伶工学社第一次学生音乐演奏会,观赏学生"表演钢琴及跳舞诸艺暨各种昆剧、戏剧",另嘱欧阳予倩、赵桐珊、查天影等"奏演拿手好戏",主演《人面桃花》。8月24日,江苏省教育会在上海举行常会,张謇、黄炎培分别连任会长副会长,范祥善、濮豹文、杨鄂联、顾树森、刘海粟、王舜成、林文钧、陆裕柟、蒋昂、朱亮、谭廉、章慰高、沈恩孚、张世鎏、庄俞、汪家栋被推为干事员。9月,梁启超于北京创建的讲学社,张謇与汪大燮、蔡元培、王宠惠、熊希龄、张一麐、范源濂、蒋梦麟、王敬芳、金邦正、张伯苓、严修、张元济、黄炎培、郭秉文、陈宝泉、梁启超、胡汝麟、林长民、沈恩孚等被推为董事。同月18日,张謇出席苏社理事会临时会议,议商省长人选、地方制大纲草案、暂行自治大纲,以及长途汽车试办等。王清穆、黄以霖、马士杰、方还、穆湘玥、黄炎培、钱崇固、孙儆、张怡祖、孟森、金其堡、卢殿虎、张继高、金天翮、储南强、郑立三、朱叔源、贾丰臻、王汝圻、于定一、李瀛、蔡钧枢、朱绍文等与会。同月中下旬,张謇偕蔡元培、王正廷、蒋梦麟、沈恩孚、黄炎培、江谦、袁希涛、穆湘玥、郭秉文拟文呈教育部,建议将南京高等师范学校改办国立东南大学,并嘱郭、黄、蒋25日携《请草就南京建设国立大学理由书计画及预算书》赴京与教育总长范源濂洽谈。10月17日,中华工程师学会在北京举行第八届常年大会,张謇与叶恭绰、权锦堂被推为名誉会长,沈琪为会长,陈幌、颜德庆为副会长。12月25日,张謇于《申报》载《国立东南大学缘起》,蔡元培、江谦、王正廷、袁希涛、穆湘玥、蒋梦麟、郭秉文、沈恩孚、黄炎培等同具。是年,拟《孙征君(诒让)墓表》;为袁希涛、陈宝泉等《八年欧美考察教育团报告·美洲之部》题写书名,该书由商务印书馆出版。(以上参见庄安正《张謇年谱长编(民国篇)》,上海交通大学出版社2018年版)

郭秉文仍任南京高等师范校长。1月13日,变更学校组织系统。设校长办公处,以刘伯明为副主任,取消学监处;成立学生自治会;改庶务处为事务处;数理化部与文史地部合并建成文理科,下设:国文系、英文系、哲学系、历史系、地学系、数学系、物理系、化学系。2月4日,第八次校务会议讨论建筑图书馆和招收特别生议案。3月9日,至上海访张元济,商议问教育共进社如何意见、胡先骕赴四川等地调查并采集植物标本事以及拟设英文书研究会,索本版英文教科书三事。同日,出版《南高师日刊》。4月7日,郭秉文在南高师校务会议上正式提出建立东南大学的建议,与会者一致赞成。10日,郭秉文在校内组织"筹议请改本校为东南大学委员会",提名张子高、刘伯明、邹秉文、柳翼谋、杨杏佛、孙洪芬、王伯秋、陶行知、胡先骕、胡步曾、张士一、涂羽卿等为筹议南高为东南大学委员,主任为张子高。经过四次讨论,拟具了初步计划。12日,召开第十次校务会议,讨论招收女生案。21日,召开第十一次校务会议,讨论学生罢课、议决招收女生180名以及改大学名为东南大学等案。27日,郭秉文因不能脱离任教学校,不能来商务印书馆任职。张元济往访,郭秉文言清华相招,南京师范不能允,又拟办东南大学。张元济谓不妨先决,俟暑假后到馆,并望早定。6月2日,校务会议讨论通过招收特别生办法。29日,实行校内组织试行章程。7月,经北洋政府国务会议核准,于南高师临时费内划出8万余元,拨充东南大学筹备费。秋,实行选课制及学分制。南高师第一届女生(8名)入学,以英文教员李玛利为女生指导员。是为南高开放女禁之始。在国内同属首创。

郭秉文偕同黄炎培、蒋梦麟9月底赴京,约同蔡元培访教育部次长等人,商谈东南大学筹备事宜。中下旬,郭秉文与上海及各方人士接洽,得到了张謇、蔡元培等9人的赞助,于是10人联名向教育部提交《改定南京建立国立大学计划书致教育部文》,提出"拟就南京高等师范学校校址,及南洋劝业会旧址,建设南京大学,以宏造就"。22日午后4时,郭秉文校长在学校西操场召集全体教职员与学生合影。用意有二:其一是示之于海外华侨,以求赞助;其二是呈给教育部,为未来的国立东南大学张本。27日,张元济告高凤池速聘郭秉文入馆。10月10日,南高师派员参加在广州举行的全国教育会。20日,制订校务会议章程10条、细则17条。11月,教育部复张謇、郭秉文等议,以高师之教育、农、工、商四专修科改归大学,各本科仍由高师继续办理。东大成立时,遂以高师之工艺科为基础,建成工科,设机械工程系;以体育专修科、教育专修科建成教育科;农业专修科发展为农科;商业专修科则扩建为商科大学。12月6日,教育总长范源濂委任郭秉文为东南大学筹备员。7日,北洋政府国务会议通过建立东南大学案。此为东南大学正式诞生之日。15日,国立东南大学筹备处于南京成立,教育部决议就南京高等师范之一部,扩充建设东南大学,并委任南高校长郭秉文博士,兼任东南大学筹备员。东南大学筹备处下设8股:组织系统股、经济股、校地推广股、建筑股、校章编定股、公布股、招考学生股、购置股。期在三月内制定大纲。22、23日午前,张元济访郭秉文,均未晤。23日晚,张元济又偕高凤谦往访,晤谈约两刻,大致谓筹备东南大学期内恐不能骤行脱身,希望先帮忙,在沪之时常常赐教,筹办事毕,仍望能完全来公司办事。25日,郭秉文与张謇等在《申报》发表《国立东南大学缘起》。(参见南京大学高教研究所编《南京大学大事记1902—1988》,南京大学出版社1989年版;庄安正《张謇年谱长编(民国篇)》,上海交通大学出版社2018年版;胡宗刚《胡先骕先生年谱长编》,江西教育出版社2007年版;张人凤、柳和城编著《张元济年谱长编》,上海交通大学出版社2011年版;沈卫威《学衡派编年文事》,南京大学出版社2015年版)

陶行知继续任南京高师教务主任。4月6日,杜威由北京来南京讲学,历时三月,结束后赴沪,由陶行知陪同。同月,主持接待杜威到南京高师讲授"教育哲学""试验伦理学""哲学史"等课程。4月21日,在南京高师第十一次校务会议上报告"招收新生问题",强调"不论男女,均可录取",并规定了录取女生的名额。6月2日,在南京高师第十四次校务会议上提出《南京高等师范学校招收特别生办法》,并获通过。夏,陶行知在南高师举办第一次暑期学校,各省选送学员1300多人,讲习1个多月,以提高全国教育行政人员及中小学教师、科研及工作水平。为全国高等学校开办暑期学校之始。9月,促成南京高师首次招收女生。11月25日,在南京高师教育研究会上谈"教育厅长之产出问题",记录稿载次年3月《教育汇刊》第2卷第1集。(参见江苏省陶行知研究会、南京师范大学编《陶行知文集》下附录《陶行知生平年表》,江苏教育出版社 2008 年版;王文岭撰《陶行知年谱长编》,四川教育出版社 2012 年版;南京大学高教研究所编《南京大学大事记 1902—1988》,南京大学出版社 1989 年版)

杨杏佛继续任教于南京高师。秋,南京高师在全国首开"女禁",实行男女同校学习。杨坚决支持教务长陶行知的这一改革,招收了第一届 8 名女学生。11 月 7 日,中国科学社董事会议决成立董事会执行部,负责处理日常社务。杨杏佛与李协、杨孝道、孙洪芬、邹秉文为执行部成员。杨受命负责函牍、社务接洽、发布通告、编辑部等工作。是年,与上年合计,在《科学》上发表文章 4 篇:《詹天佑传》《托尔斯泰与科学》《科学与研究》《战后之科学研究》。(参见许为民《杨杏佛年谱》,《中国科技史料》1991 第 2 期)

胡先骕仍任职于南高师。3 月,南京高等师范学校拟与商务印书馆合作,往四川、云南采集植物标本,以胡先骕为领队。校长郭秉文赴上海与张元济谈洽。4 月 10 日,郭秉文校长提名胡先骕为筹议南高为东南大学委员会委员。20 日,筹议南高为东南大学委员会委员集于校长办公处会议室开会,讨论进行事宜。5 月底,在《公正周报》第 1 卷第 5 号发表《新文化之真相》,公开反对五四新文化运动。夏初,有北京之旅。归与王浩同行,由海路来沪。7 月底,启程赴浙江采集,先至杭州,欲于省政府开具护照,以利行程。9 月,在《东方杂志》第 17 卷第 18 期发表《欧美新文学最近之趋势》一文。作者因写实主义在中国盛行之现实,即述欧美近世小说发展的历史,以说明写实主义、自然主义终非文学之极致,要紧的是树立起"美术之价值也"。同月 7 日,《时事新报》新闻《南师未能通过女生旁听》一文记载,本月南高师曾为开女禁一事特开教务会议,但未能通过。原因是"某某新自美国归来之留学生反对尤力,结果连旁听都未得通过。"所谓"新自美国归来的留学生",或有可能是 1918 年 9 月才到南高师任教的胡先骕。秋间,将前在考察植物途中于天台山国清寺拍摄的梵文的写本一段,持之询问通晓梵文的陈寅恪。得悉此写本乃印度著名的戏曲《梭康特女拉》的一段。11 月,国立东南大学筹备处成立,农科筹备委员有竺可桢、原颂周、胡先骕、张巨伯、葛敬中、孙思麖、李秉芬、汪德彰、秉志,邹秉文任主任。(参见胡宗刚《胡先骕先生年谱长编》,江西教育出版社 2007 年版;沈卫威《学衡派编年文事》,南京大学出版社 2015 年版)

竺可桢 7—8 月应南高校长郭秉文之邀,自武昌高等师范学校转来南京,受聘为南高教授。在文史地部教气象学,同时兼在理化部教微积分和在农艺专修科教地质学。8 月 15—21 日,在南京出席中国科学社第五次年会。当选为司选委员,在会上宣读论文"杭州西湖生成的原因",后刊于《科学》。9 月,被南高文史地部史地研究会聘为指导员。同月,继续被推举为中国科学社编辑部编辑员。10 月 27 日晚,适值月蚀,在由南高史地研究会组织的演讲会上现场演讲月蚀。10 月前,被聘为中国科学社图书馆委员会委员。11 月,在南京与胡刚复、李仪祉三人主持中国科学社图书馆编制书目诸事。12 月 16 日,在南京为南高史地研究会演讲"彗星"。是年,应江苏省第一女子师范学校校长张默君之邀,到该校教授地理课;发表文章有《气象学发达之历史》《论夏季拨早钟点之利弊》《二童争日解》等。是年及以后,在东南大学地学系期间,曾教授地学通论、气象学、世界地理和世界气候等课程。其中地学通论,是地学系学生必修的一门主课,也是文理科各系共同的选修课。听讲者众多,几乎每年都开设。世界地理课因缺乏合适的教科书,指定陶孟和、杨文询编的《中外地理大全》暂代,在讲授中补充了大量包括气候、矿藏、动植物、人类学等方面新鲜的科学资料。

按:竺可桢毕业于美国哈佛大学,在上海与陈寅恪为复旦公学时"同桌读书的人";与胡适同届同船庚款留学美国,与梅光迪出国留学之前在上海复旦公学时即相识,到美国后与梅光迪还同住一宿舍一年。在 20 世纪 20、30 年代的东南学界,自李瑞清、沈曾植之后,"小学"章太炎、文学陈三立、史学柳诒徵,门徒众多,蔚然成风,各有气象。此三强联手,方可抗衡北方胡适派文人、学人。而竺可桢身份特殊,以科学救国、教育救国为己任,调和包容新旧,文理工并重,进而树立起自己高大的学术身影,开创中国气象学科,1936年4月始执掌浙江大学,振兴一所高校。抗战期间,"学衡派"成员聚集浙大,与他有直接的关联。(参见李玉海编《竺可桢年谱简编》,气象出版社2010年版;沈卫威《学衡派编年文事》,南京大学出版社2015年版)

陈鹤琴2月针对五四前后社会上热烈辩论的婚制问题,对青年婚姻问题进行研究,在江浙两省学生中进行社会调查,写成《学生婚姻问题之研究》调查报告。该文反对封建包办婚姻制,提出普及女子教育等改革婚姻制度的主张。春,在郭秉文、黄炎培、蒋梦麟、余日章发起成立的新教育共进社任英文秘书。与前来讲学的美国著名教育家杜威及其夫人、长女合影,参加合影的还有刘伯明、陆志韦、陶行知、郑晓沧、廖茂如、俞子夷等南高师师生。12月26日,长子一鸣出生。在妻子的配合下,将一鸣作为实验与研究儿童心理的对象,对其从出生起的身心发展进行跟踪观察和文字、摄影记录,共808天,并作系统的研究。(参见陈鹤琴《陈鹤琴全集》附录《陈鹤琴生平年表》,江苏教育出版社2008年版)

梅光迪1月中旬在《民心》周报第1卷第7期发表《自觉与盲从》,认为现在中国的文化阶段早已超越了改革物质文明的阶段,而居于精神文明改革的时代洪流中。在这个阶段,国内思想界领袖的变迁性压过了保守性,而在短促的时间内经历如许变迁,思想的浅陋是理势上的必然。此为梅光迪去年11月回国之后,公开表示对新文化运动中不良现象的抵制态度。3月2日,梅光迪致信胡适。批评"主张新潮之人""凡倡一说,动称世界趋势如是,为人人所必崇仰者。此新式之学术专制岂可行于今日之中国乎?"又批评"倡新潮者尤喜言近效""趋于极端之功利主义"。信中又说及学生运动与去北大任教事,谓"此间正商开课之事,尚无头绪。居此殊无聊。弟谓今之执政与今之学生皆为极端之黑暗(学生之黑暗,足下辈之'新圣人'不能辞其责焉)。政府无望,若学生长此不改,亦终无望耳。弟来北大授课事究竟为足下所欢迎否?弟朴诚人,决不愿挟朋友之情而强足下以所难。若足下真能容纳'异端',英文科真需人,则弟愿来,否则不必勉强也"。7月9日,应哈佛校友、南京高等师范学校文理学院主任刘伯明之邀,转往南京高等师范学校任教。

按:面对国内新文学运动的汹汹大势,吴宓、梅光迪等相约学成回国后与胡适、陈独秀等相对为垒,大战一场。当梅光迪于上年11月归国在南开任教后,胡适去天津演讲,曾与他有"数日之谈",虽各自"根本主张无所更变,然误会处似较前为少"。但各自对新文化的根本立场并无改变。(参见耿云志《胡适年谱》,四川人民出版社1989年版;沈卫威《学衡派编年文事》,南京大学出版社2015年版)

诸葛麒1月19日在南京高等师范学校"地学研究会"第二届年会上被选为任总干事,本届会员有73人。5月13日,地学研究会召开全体会员大会,根据地学与史学历来关系密切的特点,决定将"地学研究会"决定改为"史地学会",通过简章,以"研究史学、地学为宗旨",会务分讨论、演讲、调查、编辑等项,成员以文史地部学生为主,会后开始着手筹办会刊以及该会定期举办学术演讲。诸葛麒、陈训慈、胡焕庸、向达等先后担任总干事;张其昀、陈训慈、缪凤林、陆维钊等人相继担任总编辑或编辑主任;柳诒徵、竺可桢、白眉初、王毓湘、朱进之、梁启超、徐则陵、陈衡哲、顾泰来、萧纯锦、曾膺联、杜景辉等担任指导员。其中史学方面主要有柳诒徵、徐则陵、陈训慈、缪凤林等。(参见沈卫威《学衡派编年文事》,南京大学出版社2015年版;王学典《20世纪史学编年(1900—1949)》,商务印书馆2014年版)

陈训慈6月20日经"史地学会"下届职员改选接任总干事。本学期"史地学会"第一届职员(1920年5—6月)共组织两次学术演讲:5月18日,暨南大学教师姚明辉演讲《史地之研究》;6月12日,朱进之演讲《近代文化之起源》。11月8日,"史地学会"改选下届职员,以胡焕庸为总干事。"史地学会"第二届共组织学生4次地质学野外考察和7次学术演讲:10月11日,徐则陵演讲《史料之搜集》;10月27日,竺可桢演讲《月蚀》;11月3日,柳翼谋演讲《史之性质与目的》;11月29日,缪凤林演讲《历史与哲学》;胡焕庸演讲《纪元问题》;陈训慈演讲《何谓史》;12月16日,竺可桢演讲《彗星》。

按:史地研究会从第二届起,改由柳诒徵、徐则陵和竺可桢三人负责指导。以后逐步充实校内相关教师和国内学术名流,如白眉初、陈衡哲、曾膺联、萧叔絅、王毓湘、梁启超、顾泰来、杜景辉等。(参见沈卫威《学衡派编年文事》,南京大学出版社2015年版)

柳诒徵继续任教于南京高等师范学校,讲授文史地部国文及历史,主要有中国文化史、东亚各国史等课程,并逐日编写讲义。5月13日,文史地部学生成立史地研究会,被聘为研究会指导员,经常为研究会作学术讲演。夏,率领学生至北京参观,并东游泰山、曲阜。(参见孙文阁、张笑用编《中国近代思想家文库·张尔田、柳诒徵卷》附录《柳诒徵年谱简编》,中国人民大学出版社2015年版)

缪凤林时为南京高等师范学校二年级学生,师从柳诒徵。7月17日至8月3日,缪凤林在《时事新报·学灯》连载《评胡适〈中国哲学史大纲〉》。(参见沈卫威《学衡派编年文事》,南京大学出版社2015年版)

姚明辉时为暨南大学教授,5月15日应南京高等师范学校史地研究会邀请,到该校讲演《史地之研究》。

任鸿隽接张謇2月29日函,谓:"鄙人之意一再为请者,良以科学为一切事业之母。诸君子热忱毅力,为中国发此曙光,前途希望实大。"8月,中国科学社在南京召开第五次年会,并且在南京社所北楼成立了图书馆,任鸿隽、胡明复、赵元任、孙洪芬、郑宗海、郭秉文、杨铨、裘维裕、金邦正、李协、李垕身当选为中国科学社理事。(参见庄安正《张謇年谱长编(民国篇)》,上海交通大学出版社2018年版)

施肇曾和陆起12月发起创办无锡国学专修馆,敦请南洋大学校长唐文治为馆长。自此国学专修馆一直名师荟萃,学风淳厚。当时的老师有陈衍、金松岑、李审言、孙德谦、钱基博、顾实等;先后培养出唐兰、王蘧常、吴其昌等学者。(参见王学典《20世纪史学编年(1900—1949)》,商务印书馆2014年版)

唐文治3月21日于俭德储蓄会召开周年大会之际,与孙中山、钱新之、余日章、任筱珊等应邀出席会议,并作演说。3月,唐文治编《茹经堂奏疏》成,王清穆、王典章分别写序,唐文治撰自序。春,虞社在常熟成立,唐文治与章炳麟、陈衍、樊增祥、钱基博、钱振锽等都是虞社社员。4月29日,唐文治与潘祖谦、吴荫培、曹允源、费树蔚、尤先甲、杨寿楣、王一亭、周廷弼、庞元济、钱崇威、施则敬、刘锦藻、冯煦、邵松年等31名苏浙士绅致电大总统,请求停止征漕而浚治太湖。10月,唐文治因目疾,辞去上海工业专门学校校长职务,回无锡前西溪寓所休养。年底,应聘任无锡国学专修馆馆长。

按:唐文治任无锡国学专修馆馆长后,曾广聘专家学者如陈衍、金松岑、李详、孙德谦、钱基博、顾实、陈柱、陈鼎忠、朱文熊、章炳麟等到该馆兼课或作讲座。(参见刘桂秋《唐文治年谱长编》,上海交通大学出版社2020年版)

叶德辉1月在长沙。10月,返苏州。编本年诗作为《还吴集·庚申》。本年,有张敬尧保举德辉为湖南省长一事,德辉拒之。是年,所著《书林清话》10卷、《别刻结一庐书目》1卷刊行。(参见王维江、李鹭哲、黄田编《中国近代思想家文库·王先谦、叶德辉卷》及附录《叶德辉年谱简

编》，中国人民大学出版社 2015 年版）

钱基博任吴江丽则女子中学国文教员、江苏省立第三师范学校国文与经学教员及教务长。

叶圣陶在五高任教，始与冯雪峰、赵景深、徐玉诺、潘漠华通讯往来。5 月，加入苏州妇女问题讨论会，该会刊行《妇女评论》杂志，兼任该志驻甪直代派处之职。6 月 26 日，杜威偕同翻译扬郑君来苏州游览、演讲。叶圣陶前往听讲，并以苏州劝学所所长潘起鹏和教育会长龚鼎等人到车站欢迎杜威，以及在留园开欢迎会的场面为背景，写了小说《欢迎》。（参见商金林编《叶圣陶年谱》，江苏教育出版社 1986 年版）

俞鸥侣在江苏常熟创立虞社，社员有孙雄、宗威、陆宝树、杨无恙、樊增祥、杨圻、张茂炯、吴承烜、胡蕴、金鹤翔、张荣培等。先后有《虞社丛刊》《虞社丛书》《虞社菁华录》三种刊行。

卜凯应时任南京金陵大学农学院院长、康奈尔大学校友芮思娄的邀请，到南京金陵大学农学院任教，讲授农场管理学等课程。

陈焕镛从美国回国，经友人介绍，任南京金陵大学林学系教授，担任树木系和植物地理学课程。

刘国钧金陵大学毕业后，留在该校图书馆工作。

马宗霍任南京金陵大学附中教员。

唐圭璋在江苏省立第四师范学校毕业后，在六合县西门平民小学任教两年。

高阳毁家兴学，5 月 23 日创办私立无锡中学。

徐震在江苏常州创办正德国技学社，提倡武术、气功。

钱穆到杭州购书，得康有为《新学伪经考》，为以后写《刘向歆父子年谱》的张本。是年，在江苏无锡筹建县第一所校图书馆。

徐致章和蒋兆兰于江苏宜兴创立白雪词社，徐氏为社长，成员有程适、储凤瀛、储蕴华、徐德辉、储南强、任缘道等。

贺天健在无锡创办锡山书画会。

王蘧常携《爨龙颜碑》习作七纸，求正于沈曾植。时康有为在沈家作客，代为批改，并大加赞赏。是年入无锡国学专修馆，受教于唐文治。

唐兰入江苏无锡国学专修馆。

欧阳竟无正在筹备支那内学院。秋，经梁漱溟的介绍，熊十力入刻经处研究部学佛。（参见徐清祥《欧阳竟无评传》及附录一《欧阳渐学术行年简表》，百花洲文艺出版社 2010 年版；徐清祥编《欧阳竟无先生学术年表》，载欧阳竟无著《欧阳竟无内外学》，商务印书馆 2017 年版）

夏敬观继续任浙江省教育厅长。2 月 9 日，浙江省教育厅乘寒假多数学生回家之机，发布"调任第一师范学校校长经亨颐为浙江省视学"之令。此令实为免去经亨颐一师校长之职，经亨颐拒任，并于次日离校。新任校长拒聘陈望道、夏丏尊、刘大白、李次九四位教师。徐白民、宣中华等寒假留校学生立即发信，通知返乡同学提前回校，以"挽经护校"为号召，揭开"一师风潮"之序幕。23 日，与李宣龚、张元济邀宴于李宣龚宅中，至者有徐乃昌、李一琴、俞寿丞、袁思亮、谭道吾、叶撝初等。24 日，夏敬观致简郑孝胥，托聘罗一经为杭州师范教习。5 月 6 日晚，夏敬观赴张元济、李宣龚设宴于陶乐春，同至者陈三立、孙伯恒、陈叔通、高凤谦。（参见陈谊《夏敬观年谱》，黄山书社 2007 年版）

经亨颐年初仍任浙江一师校长。2 月 9 日，浙江省教育厅发布"调任第一师范学校校长经亨颐为浙江省视学"之令,由此引发"一师风潮"。15日,师生代表到教育厅责问厅长夏敬观,要求收回成命。斗争一直坚持到3月下旬。3月28日,杭州学联发动各校4000余名学生请愿游行,支援一师学生的斗争,遭到省长卫队阻拦和镇压,几十名学生被打伤,激起学生更大愤慨。当晚,杭州学联通电全国教育界、新闻界,请求社会舆论支持。同时呈文教育部和司法部,要求惩办镇压学生的凶手——省长齐耀珊和教育厅长夏敬观。但省公署反于3月29日派出500余名军警包围一师校园,企图以武力解散学校,将学生押回原籍。学生不畏强暴,与军警展开了面对面的斗争。4月8日,为答复学生代表的劝说挽留,夏丏尊、陈望道、刘大白发表了《浙一师国文教员为辞职事致学生书》,说明不便继续留任的理由。浙一师学生读了三教师致学生书后,以全体学生名义,印发了《浙一师全体学生致刘大白、陈望道、夏丏尊先生的信》,表示理解先生们的苦衷,希望这些新文化的先驱们离开一师后继续担负指导学生的责任。在整个风潮中,一师师生先后发表5篇宣言,呈递5次请愿书,得到全国各界和海外侨胞的声援和支持。最后,齐耀珊被迫接受学生提出的各项要求,下令撤退包围一师的军警,收回解散一师的成命,历时50余天的"一师风潮"终告结束。6月,"一师风潮"胜利后,浙江第一师范学校编印了《浙潮第一声》一书。对"一师风潮"以分序、纪事、文件、舆论等四个方面进行了全面记述。(参见董郁奎《一代师表:经亨颐传》,浙江人民出版社2007年版;葛晓燕、何家炜《夏丏尊年谱》,中国文史出版社2012年版)

　　夏丏尊1月10日在《校友会十日刊》第10号上发表由日本关宽之著、与黄集成合译的《儿童的游戏》上半部分。20日,在《校友会十日刊》第11号上发表《儿童的游戏》下半部分《游戏的时期和结论》。30日,作《原来如此!》,刊《校友会十日刊》第12号。同月,翻译法国莫泊桑的《爱》,刊《教育潮》第1卷第6期。4月8日,与陈望道、刘大白发表了《浙一师国文教员为辞职事致学生书》。7月6日,评论《学术上的良心》(读张东荪君创化论译本有感),刊《民国日报》《觉悟》副刊。(参见葛晓燕、何家炜《夏丏尊年谱》,中国文史出版社2012年版)

　　曹聚仁时任浙江一师学生自治会主席,"一师风潮"的组织宣传者之一。年初,"留经运动"——"非孝"事件在一师爆出,浙江省当局要追究责任,便据此撤了经子渊校长的职,附带要解除刘大白、陈望道、夏丏尊、李次九四位教师(都是新文化运动的中坚)的职务,受到了学生和进步教师的反对。这一新旧势力的较量,引起了一师学潮,并受到社会广泛关注。2月,曹聚仁以全体学生的名义写信给校长,表达他们内心的惊惶和期望。学生自治会议决了挽留夏丏尊等的议案,派曹聚仁和范尧生做代表出面挽留。3月,为"一师风潮"写作"新闻电讯",刊于3月30日《申报》《民国日报》等报的通电栏;"长篇通讯"刊于3月31日上述报纸"杭州特约通信"。(参见董郁奎《一代师表:经亨颐传》,浙江人民出版社2007年版;曹雷编订《曹聚仁年谱》,《上海文史资料选辑》2000年第1期)

　　朱自清是秋偕妻武钟谦、子迈先赴杭州浙江省立第一师范任国文教员。当时浙江一师掀起轰动全国的"留经运动",被称为"四大金刚"的四名国文教员刘大白、夏丏尊、陈望道、李次九以及拒不执行命令的校长经亨颐去职。经北京大学代理校长蒋梦麟调停,风潮终于平息。蒋梦麟并推荐朱自清、俞平伯、刘延陵去接替去职教师的工作。他们和另一位教师王祺,被学生称为"后四金刚",这是他一生服务于教育界的开始,此时前后与俞平伯相识订交。10月3日,作新诗《不足之感》。诗歌用太阳和烛光、大海和细流、摩云塔和塔下的徘徊者等意象的对比,表达了因自感不足而产生的惶惑情绪。11月16日,《自治底意义》刊于《浙江第一师范十日刊》学生自治会周年纪念号。28日,《〈越声〉发刊辞》刊于《越声》第1

号。《越声》为绍兴旅杭学生同乡会主办的一份小型报纸，宗旨在于"联络乡谊，交换知识"，表达绍兴旅杭学生对于家乡的关切和热心。此文便阐发了办这份报纸的上述目的。（参见姜建、吴为公编著《朱自清年谱》，光明日报出版社 2010 年版）

俞平伯 8 月 2 日自杭州动身经上海回北京探亲。3 日，到上海法租界环龙路渔阳里二号访陈独秀，并晤张国焘。9 月，经蒋梦麟推荐，到杭州浙江第一师范学校任教，结识了比自己大一岁而又低一年级的北京大学同学朱自清。日后，朱自清将自己手订的新诗集《不可集》给俞平伯看，两人共同探讨新诗的创作和发展，友谊也日渐加深。10 月 2 日晨，乘车赴沪，至北四川路伊文思书馆取书、购书。晚，至法租界环龙路渔阳里二号访陈独秀，未遇。3 日，返回杭州。22 日，致北京周作人信。11 月 1 日，收到周作人 10 月 27 日来信，即复信。5 日，作《做诗的一点经验》，刊于 12 月 1 日《新青年》月刊第 8 卷第 4 期。文中说："我很信好诗是没有物和我底分别的，是主观客观联合在笔下的。惭愧我没有这般的大才，只有心向着路上去学步，即以最近所做的而论，其中或还不免有旧诗词底作风。这是流露于不自觉的，我承认我自己底无力。"

俞平伯 11 月 16 日作《现行婚制底片面批评》，刊于 10 月 1 日《新潮》月刊第 3 卷第 1 期，署名平伯。文章批评以"男统"为中心的封建名教，针对当时不合理的婚姻制度，主张"用恋爱来代替单纯的性欲，完全发展人性来救偏枯的弊病"，并提出了五条具体办法。他认为实行的手段"只有改造社会制度和变更经济组织底状况。但根本底根本是多数人们真心底觉悟！万万人想望着的事，自然总有一天会实现的"。12 月 12 日，《从经验上所得做"诗"的教训》刊于《浙江第一师范十日刊》第 5 期。此为在浙江第一师范学校的演讲，由范尧深记录，经整理后发表。14 日，作《诗底自由和普遍》一文，针对当时新诗的发展和社会上对于新诗的种种误解，阐述了自己对于作诗的信念。15 日，应北大同学康白情之嘱，为他的新诗集《草儿》作序。（参见孙玉蓉编《俞平伯年谱》，天津人民出版社 2006 年版）

陈去病是春到杭州，主讲浙江法政学校。11 月 30 日，陈去病偕柳亚子、余十眉、郁佐皋、郁慎廉、蔡韶声、凌昭懿、许盥孚、范烟桥 8 人，踪元诗人杨维桢故事，泛舟分湖，谒陆行直祠，寻卿卿墓，过胜秀桥，返芦墟，谒杨忠文祠。次日，游陶冶禅院，瞻仰分湖先哲祠。12 月 3 日，陈去病与同行社友雅集西塘西园，当晚返杭。23—24 日，陈去病与柳亚子、王德钟、凌昭懿等19 人夜集周庄迷楼，作长夜之饮并相与唱和，事后陈去病将有关诗辑为《迷楼集》。（参见俞前、殷安如《陈去病年谱简编》，吴江市政协学习和文史委员会编《吴江文史资料》第十八辑）

高觉敷、郑振铎、姜琦等在浙江温州发起组织的永嘉新学会，1 月出刊《新学报》，宣传新思想、新文化。

按：姜琦《新学报发刊辞》（一名《永嘉学术史略》）说：永嘉处于歧海之滨，古称"泽国"，与中原大陆相隔绝，民俗尚质朴而就简陋，文化以阻塞而不难发达，故自无学术之可言。迨北宋时有王景山先生出而提倡理学，著有《儒志》一编，学者翕然之。是为永嘉有学术之始。当时伊洛诸儒未作，先生首先发明经蕴，不特可谓永嘉学术创祖；亦且可谓中国理学之导源矣。元丰间，乃有周行己、许景衡、蒋元中、沈躬行、刘安节、刘安上、戴述、赵霄、张辉诸先生起于其乡，一宗伊洛程氏之学，或亲炙焉，或私淑焉；故其教授乡里，学风为之丕振。世称之为元丰九先生。然溯其师法，虽皆出于伊洛，实则王景山先生之支流余裔也。绍兴末，伊洛之学稍息；郑伯熊、薛季宣、陈傅良、叶适诸先生复起而振之，益发挥先哲学术之精华，蔚成一家之说，世称之为"永嘉学派"。抑吾考永嘉之学，类皆通经学古，施于实用，有若于伊洛之外，别树一帜者；故又有"经制学派"之称。夫"经制学派"云者，别于"心性学派"之谓，亦诸先哲激于当时国势之不振空谈性理，无裨时艰，思昌明一种有用之学，以期补救国家于万一也。学风所播，从者披靡，可谓极一时之盛矣！惜宋末流风寝衰，无出而祖述之者，遂使二百年来之永嘉学术，不绝如线！至于有明浙中王守仁先生出，乃有所谓"姚江学派"者，先生以良知良能为主，创"知行合一"之说，与我"永嘉学派"以经制言事功者，实相符合。其再传弟子顾炎武先生著《日知录》一书，多采我永嘉叶适先生之语，颜元先生倡事物之实用，亦隐以"永嘉学派"为师法焉。惟从来论学统者，蔽于门之户见，不敢公言"姚江学派"为出于"永嘉学派"耳。以愚观之，二者皆发源于伊洛，其学风既相似，其规模之盛大又相同，故谓"姚江学派"渊源于"永嘉学派"可也；即谓明代为"永嘉学术复兴时代"亦无不可也。夫永嘉学术经王守仁先生绍述昌明之后，又得黄、顾、王、颜四先生发扬而光大之，学者多奉为治世圭臬！即东邻日本亦利用之，以树近代维新之伟业，其学说有裨于实用，概可想见。有清之季，永嘉人士，治此学者，寥寥无几，惟瑞安孙诒让先生辑《永嘉丛书》二百余种，尚足以使七百年来之永嘉学术，不至散轶，余殆专事拘墟无用之学，往往诋"永嘉学派"为一种功利之说而轻视之，此固未悉"永嘉学派"之精义也。夫"永嘉学派"之精义，在于即体即用，坐言可以起行，与近今美国之"实用主义"Pragmatism 若合符节。惟美国"实用主义"与永嘉"经制学派"，究而按之，微有不同之点。盖彼则注重组织新经验，以为书籍乃一种过去社会之陈物，不适用于今日者也，杜威Dewey 曰："经验不是一本老账簿，乃是一个有孕的妇人；乃是现在的里怀着将来的活动。"又曰："教育即是社会，功课即是生活。"观杜氏之言，实以现代社会为出发点，组织种种新经验，以谋适用于实际生活者也。此则虽不喜空谈玄妙，而重究心实用；然皆以通经学古为前提，采用古昔之礼乐制度而见之事功，所谓经制之学者，要不外乎周公所谓"三事""三物"之遗制而已。似仍不免陷于墨守成法之弊而无创造革新之举也。本会同人有鉴于此，以为今日世界思潮，日进不已，墨守成法，决不能适应于新时代之要求；因采取美国"实用主义"，以药我"永嘉学派"之病，特发斯刊，名曰"新学报"。收世界种种新智识，为集思广益之助；其于我永嘉诸先哲有用之学说，益发挥而表彰之，使新旧学术，融化于一炉，铸成一种学说以谋适用于今日实际生活也。凡我同人认定宗旨，取一致论调共同进行，异日不难有所谓"新永嘉学派"之出现，此不特本会同人所馨香私祝；当亦我先哲在天之灵所默鉴而欣慰者矣。(《新学报》1920 年第 1 期)

　　梅冷生在浙江永嘉牵头，联合郑姜门、吴性键、林默君、沈墨池、郑远夫等多人拟创建词社，恐重蹈明末东林、复社罹祸之覆辙，在瑞安薛钟斗建议下取名慎社。参与者有江步瀛、夏承焘、陈仲陶、李仲骞、陈纯白、严琴隐、陈竺同、宋慈抱、李雁晴、郑剑西、李孟楚、许达初等人。

　　刘承干在湖州南浔镇西南郊辟地 20 亩，靡金 12 万，在小莲庄鹧鸪溪畔建成藏书楼。

　　汪东在余杭知事任。尝集资修葺洞霄宫，又尝捐资重修西湖岳飞庙墓。(参见薛玉坤《汪东年谱》,河南文艺出版社 2016 年版)

　　沈玄庐与刘大白、俞秀松十一月在杭州创办"悟社"。

　　马一浮 2 月因倡印《印光法师文钞》的云雷居士之请，为撰《印光法师文钞序》。4 月 25日，马一浮致书曹赤霞，与之论学。7 月，马一浮为弘一法师题"旭光室"额，撰《旭光室记》。夏，马一浮撰《老子注》。10 月，马一浮应张妙因居士之请，撰《楞严正脉科会序》。同月，应龚未生之请，跋《秀水沈范亭手书门簿》。是年起，马一浮会优游于名山，息迹于泉林，广结佛教寺院方外之友，吟诗作书，修撰碑铭。结识高僧肇安、慧明、楚泉、月霞、印西、净慈、惠宗、了悟、万慧、广洽等。(参见释印顺编著《太虚法师年谱》,宗教文化出版社 1995 年版)

　　李叔同居玉泉寺，为《印光法师文钞》题词并序。6 月赴浙江新登贝山闭关，研究律学。7 月，李叔同出家两年后，接受原浙一师学生楼秋宾的邀请，将去富春江畔的新登贝山掩关。杭州知友集聚虎跑寺下院，为他设斋饯行。斋后，弘一法师在座间指着夏丏尊对大家说："我的出家，一半由于这位夏居士的助缘，此恩永不能忘！"临行前，李叔同书写"珍重"二字赠夏丏尊，上加跋曰："予居杭九年，与夏子丏尊交最竺(古同'笃')，今将如新城掩关，来日茫茫，未知何时再面。书是以贻，感慨系之矣。"8 月 4 日，弘一法师由他的师兄弘伞法师陪伴,前往新登贝山。夏丏尊、马一浮、堵申甫、姜丹书、范古农、李鸿梁、蔡冠洛等知友在钱塘江码头为其送行。8月9日,李叔同到新登后,致信夏丏尊,告知将掩关,希代为撰写玉泉居士吴建东所托之《杨溪尾惠济桥记》。(参见葛晓燕、何家炜《夏丏尊年谱》,中国文史出版社2012年版)

太虚1月10日作《太虚宣言》,述整理僧制之志愿。2月4日,太虚以欧阳竟无之支那内学院章程,有"非养成出家自利为宗旨"语,殊觉藐视僧伽,乃作"支那内学院文件摘疑",太虚与内院为法义之诤始此。2月,太虚筹划的《海潮音》正式创刊,发表《觉社宣言》,以"发扬大乘佛法真义,应导现代人心正思"为宗旨,随后被推举为西湖弥勒院及大佛寺住持。奘老、士老、大觉等,先后为之管理。

按:《海潮音》前身是《觉社丛书》,由太虚大师创办于杭州,每年1卷,每卷12期,第1卷由太虚大师亲自在杭州编辑,印刷与发行则在上海。武昌佛学院创办后,武汉成为《海潮音》最重要的编辑发行地之一。该刊是近代历时最久、影响最大、学术价值最高的佛教期刊,被誉为佛教的一面旗帜。

太虚4月以新近之思想学术,阐明唯识论,发挥唯识学之新精神,作"新的唯识论"。太虚卓锡西湖,时与康有为相往来,时多论评世学之作。

按:《论陈独秀自杀论》《昧鑫读书录》《论胡适之中国哲学史大纲上篇》《读梁漱溟君唯识学与佛学》《近代人生观的评判》。不满胡适之进化论的历史观念,责其抹煞个人之才性,不明佛法所说之心性。梁漱溟时有《唯识述义》公世,右空宗而抑唯识,太虚为论空与唯识,义本一致。于《佛藏择法眼图》评谓"梁君所言,仅齐三论显说;其密指者似在禅宗而未能达"。大师于《近代人生观之评判》云:"我以为:为人间的安乐计,则人本的、神本的人生观为较可。为理性的真实计,则物本的、我本的人生观为较可。至于现代适应上孰为最宜,则我以为四种皆有用,而皆当有需乎择去其迷谬偏蔽之处而已。"离佛法,则世学各有所是、各有所蔽;得佛法以抉择贯摄之,则各能得其当。太虚论衡世学,其方式每多如此。

太虚5月由陈性白来迎大师去武昌。21日,应隐尘、元白、李馥庭等邀请,于龙华寺开讲大乘起信论,手编《起信论别说》。鉴于当时国内政局日陷于纷扰割据,而俄国革命成功,共产思想日见流行,宣布停刊《僧制论》,发表《人工与佛学之新僧化》,又撰《唐代禅宗与社会思潮》,乃以"反信教的学术精神","反玄学的实证精神""反因袭的创化精神"等,说明禅宗与学术思潮。以"虚无主义的精神""布尔塞维克主义的精神""德谟克拉西主义的精神",说明禅林与社会思潮。于唐代禅者之风格,颇多深入独到之见。

太虚7月回沪。旋南下广州。8月,赴香港。10月,再至武昌。所撰作《论基督教已没有破坏和建设的必要》,载于《新佛教》第2卷第2期。11月24日,太虚于武昌讲经会授皈戒。李隐尘、李时谙、王森甫、满心如、陈性白、赵南山、皮剑农、萧觉天、杨显庆、孙文楼、刘东青等军政商学名流,执弟子礼者三十余人。武汉学佛之风,于是大盛。12月回杭州。(以上释印顺编著《太虚法师年谱》,宗教文化出版社1995年版)

毛泽东7月初离沪返湘,经过武汉,与利群书社创建入恽代英会见,商谈在长沙开办"文化书社"问题。4日,湖南省教职员联合会召开欢迎驱张代表大会。6、7日,长沙《大公报》以《湖南改造促成会对于"湖南改造"之主张》为题,连续发表毛泽东复曾毅书。7月7日,毛泽东到达长沙。9日,毛泽东致信胡适,询问在上海写给他的信收到没有,告以"湘自张去,气象一新,教育界颇有蓬勃之象"。20日,湖南学生联合会在长沙《大公报》发表《全体学生终止罢学宣言》。7月25日,毛泽东与在长沙的湘潭教育界人士,在长沙大公报馆开会,商讨湘潭教育改进问题。会议决定成立湘潭教育促进会,毛泽东被公推为四位筹备员之一,共同负责起草简章。27日,湘潭教育促进会成立,毛泽东当选促进会文牍干事。31

日,毛泽东拟出促进会宣言书。同日,长沙《大公报》发表毛泽东起草的《发起文化书社》。

> 按:参加文化书社的尚有赵运文、朱剑凡、李抱一、王正枢、匡日修、熊梦飞、张平子、杨绩荪、龙寿彝、彭璜、易礼容、朱让枬、林韵源、左礼振、吴锦纯、王季范、方维夏、仇鳌、王林苏、左学谦、左式民、任慕尧、何叔衡、吴毓珍、易培基、姜济寰、陶毅、唐吉杰、陈书农、郭开第、邹蕴真、潘实岑、熊瑾玎、刘驭皆、吴小山、贺民范等。毛泽东为书社撰写《发起文化书社》《文化书社组织大纲》《文化书社第一次营业报告》等文件,确定了文化书社的宗旨、目的和主要工作方法。文化书社经销店的书有《晨报丛书》《新青年丛书》《共学社丛书》《新文化丛书》《哲学丛书》《新潮丛书》《北京大学丛书》《岫庐公民丛书》《尚志学会丛书》《世界丛书》等。文化书社发行杂志50种,主要有《新青年》《改造》《新潮》《少年中国》《少年世界》《民铎》《科学》《太平洋》《评论之评论》《时事》《中华教育界》《音乐杂志》《美术》等。

毛泽东8月2日与文化书社其他发起人在楚怡小学开成立会,通过毛泽东起草的《文化书社组织大纲》。22日,姜济寰、易培基、方维夏、何叔衡等十余人在长沙县知事公署开会,发起组织俄罗斯研究会,会议指定何叔衡、毛泽东、彭璜、包道平为发起俄罗斯研究会筹备员。9月3日,毛泽东在长沙《大公报》新开辟的"湖南建设问题"专栏,发表《湖南建设问题的根本问题——湖南共和国》,坚持先分省自治后解决全国总建设的观点,提出分省建立共和国的主张。5日,毛泽东应湖南通俗报馆长何叔衡邀请,参加《通俗报》第一次编辑会议。15日,毛泽东参加在文化书社召开的俄罗斯研究会成立会,此为全国第一个俄罗斯研究会。与会者一致认为,"研究俄国学术精神及其事情,有十分必要,一班脑筋陈腐的人,盲目反对,是不中用的"。会议公推姜济寰为总务干事,毛泽东为书记干事,彭璜为会计干事并驻会接洽一切。会议决定派张丕宗赴京转赴俄国,郭开第在船山学社办俄文班。会议还讨论发行俄罗斯丛刊问题。

> 按:俄罗斯研究会的宗旨是研究俄罗斯的一切事情。主要工作是:1.在研究有得后,发行俄罗斯丛刊,作为传播信息,研究俄罗斯的园地;2.派人赴俄实地调查;3.提倡留俄勤工俭学。该研究会在宣传马克思主义,介绍俄国革命经验,酝酿建党思想,培养建党干部方面起到了积极的作用。

毛泽东9月在长沙《大公报》发表《打破没有基础的大中国建设许多的中国从湖南做起》《绝对赞成"湖南们罗主义"》《湖南受中国之累以历史及现状证明之》《"湖南自治运动"应该发起了》《释疑》《再说"促进的运动"》《"湘人治湘"与"湘人自治"》。10月5日,毛泽东与长沙《大公报》主编龙兼公等应邀参加各界合署发起的自治运动联席会议。龙兼公、毛泽东相继发言。5日、6日,毛泽东在长沙《大公报》发表由毛泽东、彭璜、龙兼公3人提出、377人签名(几天后增至436人)的《由"湖南革命政府"召集"湖南人民宪法会议"制定"湖南宪法"以建设"新湖南"之建议》。7日,毛泽东在长沙《大公报》发表《为湖南自治敬告长沙三十万市民》。8日,毛泽东出席在省教育会举行的关于召集湖南人民宪法会议的各界建议人四百余人大会,被公推为大会主席。10日,毛泽东在《学灯》的双十节增刊发表《反对统一》,反对南北军阀的和议与统一。26日,毛泽东受长沙《大公报》之聘请,为蔡元培、吴稚晖等人来湘讲演作记录,并将记录稿在《大公报》发表。11月中旬,毛泽东筹备成立社会主义青年团。25日,毛泽东复信旅居法国的向警予,谓"几个月来,已看透了。政治界暮气已深,腐败已甚,政治改良一途,可谓绝无希望。吾人惟有不理一切,另辟道路,另造环境一法"。同日,毛泽东复信在法国的欧阳泽,谈新民学会问题;复信罗章龙,强调湖南问题的解决,新民学会的结合,都要有明确的主义。同月,毛泽东应陈独秀函约,创建长沙共产主义组织,参加发起者还有何叔衡、彭璜、贺民范等。12月1日,毛泽东写长信给蔡和森,萧子升和其他在法会友,回答蔡和森、萧子升等提出的关于新民学会的方针、方法的意见,同意把新民学会宗旨重新定义为"改造中国和世界",赞同蔡和森提出的用俄国式的方法,组织共产党,实行无产阶级专政的主张,不同意萧子升等所主张的实行"温和的革命",以教育为工具的方法,表明自己接受马克思主义,走俄国十月革命的道路。冬,毛泽东同杨开慧结婚。(以上参见中共中央文献研究室编撰、逢先知主编《毛泽东年谱(1893—1949)》,人民出版社、中央文献出版社1993年版)

陈昌从北京学完国语注音回来,在第一师范附小教书。7月,参与发起创办文化书社。秋,陈昌受毛泽东委派,回到浏阳开办浏西文化书社。他选定母校金江高小为社址,除了推销各种进步书刊,陈昌还自己刻印进步书刊上的好文章,免费送给贫苦知识分子阅读。毛泽东知道后,肯定了书社的成绩,特地送给书社一副梨木刻字版。(参见王文隆《陈昌:毛泽东挚友兼助手》,《湖南日报》2021年6月18日)

何叔衡8月参与发起成立俄罗斯研究会,任通俗教育馆馆长,主办《湖南通俗报》,周世钊应邀任编辑,为该报撰写抨击时弊,宣扬新文化的文章。9月5日,何叔衡邀请毛泽东参加《湖南通俗报》第一次编辑会议。

任弼时8月参加毛泽东、何叔衡等组织的俄罗斯研究会,由俄罗斯研究会介绍,与萧劲光等人到上海共产主义小组创办的外国语学社学习俄语,并帮助《劳动界》和华俄通讯社做抄写校对之事。

夏丏尊是秋应湖南第一师范易培基校长之聘,赴该校任教。同时应聘的有周谷城、熊梦、匡互生、舒新城、孙俍工、沈仲九、余家菊、陈启天、张明纲、田汉、汪馥泉等。夏丏尊还结识了当时一起任教的刘薰宇,后共同在春晖中学及立达学园共事多年。在湖南一师,夏丏尊教第15班国文。当时毛泽东兼任22班国文教员,与夏丏尊共事。夏丏尊专心教学,没有参加新民学会等社团活动。北伐时,毛泽东曾对朋友说:"丏尊先生不了解政治,但对他的人格很崇敬。"10月25日上午10时,章太炎在湖南一师作题为《研究中国文学的途径》的演讲,夏丏尊为之记录。长沙《大公报》27、28两日刊出演讲稿全文。同时刊11月4日《民国日报》《觉悟》副刊。刊发时改题为《研究国学的途径》。27日,《读存统的"回首看二十二年来的我"》刊《民国日报》《觉悟》副刊。(参见葛晓燕、何家炜《夏丏尊年谱》,中国文史出版社2012年版)

匡互生任湖南第一师范教务主任,致力教育改革。匡互生与夏丏尊两人对提倡新文化运动的教育观点颇为接近,如推行选科制与能力分组,借此克服班级授课制度的弊病。(参见葛晓燕、何家炜《夏丏尊年谱》,中国文史出版社2012年版)

李剑农接受湖南省省长赵恒惕特聘,参加起草湖南省宪法。

庞人铨与黄爱发起组织湖南劳工会,任出版部主任,主张无政府主义。

董必武是夏指导武汉中学学生会创办《武汉中学周刊》,介绍新思想,发表反帝反封建、推动教育改革的文章。8月,董必武接李汉俊、刘伯垂从上海来信,告知上海共产主义小组的情况,并约董必武和张国恩在武汉成立共产主义组织。两人立即找陈潭秋筹建,随后又有赵子健、包惠僧等参。至秋季正式成立了共产主义研究小组(也称共产主义小组)。秋,经李汉俊介绍,接待由从上海来武汉协助共产主义小组开展活动的共产国际工作组俄国马迈耶夫夫妇,商议准备开设一所外国语学校,请马迈耶夫以教外文为掩护,进行革命活动,但此计划未能实现。冬,董必武组织马克思学说研究会,作为共产主义研究小组的公开活动阵地,同时吸收先进的知识分子研究马克思主义,为发展党的成员准备后备军。又邀请李汉俊到武汉中学作社会主义问题的讲演。(参见《董必武年谱》编辑组编《董必武年谱》,中央文

献出版社1991年版)

恽代英 1月因与中华大学校长陈时在办学方针及经费问题上产生矛盾,故与余家菊、陈启天等联袂辞职。2月1日,在武昌筹办的利群书社正式营业,该社带有工读互助的性质,同时也是武汉地区进步青年的联络站和武汉地区传播新思想的重要阵地,出版内部刊物《我们的》。骨干有林育南、李书渠、李求实、卢斌、廖焕星、项英、施洋等,与毛泽东创办的文化书社有密切的联系。2月,陈独秀应武汉文华大学校长邀请,来汉参加该校学生毕业典礼并发表演讲。在此期间会晤恽代英,并委托其翻译考茨基的《阶级争斗》一书。

按:秋季,恽代英翻译完成了考茨基的《阶级斗争》一书,至1921年1月由新青年社出版,对当时一些革命知识分子由民主主义转变到共产主义的世界观产生重要影响。

恽代英 3月应武汉学商联合会之请,与刘功辅共同起草湖北《平民教育社宣言书》,主张创办平民学校,普及教育。3月,赴北京参加少年中国学会活动。4月4日,与施洋等倡导的湖北教育平民社成立。10日,少年中国学会执行部举行会议,会上委托恽代英负责《少年中国学会丛书》的编译工作。22日,作《致少年中国学会同人》以及《致少年中国学会全体同志》两信。7月21日,与李大钊、杨贤江、左舜生等7人一同被推选为少年中国学会第二届评议员。7—9月,在《少年中国》第2卷第1期、第3期上连续发表《怎样创造少年中国?》一文,开始赞成暴力革命。9月20日,在《中华教育界》第10卷第3期上发表《编辑中学教科书的先决问题》一文。10月10日,在《时事新报》副刊《学灯》上发表《革命的价值》一文。10月10、25日,在《东方杂志》第17卷第19、20号上发表恩格斯的《家庭、私有制和国家的起源》中有关"家庭"的部分译文,并撰写《译者志》,首次向国人推荐该书。10月,在《互助》第1期上发表《未来之梦》,因文中仍幻想避免用革命手段推翻剥削阶级的统治,后来受到陈独秀的尖锐批评,这对促使恽代英等人的思想转变产生了很大影响。11月15日,在《少年中国》第2卷第5期上发表《论社会主义》一文,将社会主义分为个人主义的社会主义、国家主义的社会主义和社会主义的社会主义三类,认为新村主义和阶级革命运动都属于个人主义的社会主义,并提出"世界的未来,不应归于个人主义的无政府主义,乃应归于共存互助的社会主义"。同月,应安徽省立第四师范学校校长章伯钧之聘请,赴安徽宣城担任该校教务主任兼修身课与英文课教师,随读有李求实、吴华梓、刘茂祥等。(参见唐宝林、林茂生《陈独秀年谱》,上海人民出版社1988年版)

黄侃 11月10日撰《先师刘君小祥奠文》,祭奠乃师刘师培。是年,作《声韵通例》,首次提出了"本韵"(即"古本韵")"变韵"等术语,载《唯是学报》第1、2册,又见《东北大学周刊》第45号;作《与人论治小学书》,于是古音体系,始臻完善,界限严密,学者宗之。后载《唯是学报》第3册。

按:《声韵通例》主要说明声韵术语以及古今音变,声韵通转和反切的规律。在此文中首次提出了"本韵"(即"古本韵")"变韵"等术语:"凡韵但有正声者,读与古音同,是为本韵。""凡有变声,即为变韵。故古韵二十八,今韵二百六。"

按:徐复《黄季刚先生遗著初稿举要初稿》云:"按先生民元间,即已写定古声韵部分,即古韵二十八部,古声十九类,至是岁始行发表,于是古音体系,始臻完善,界限严密,学者宗之。"(《量守庐学记》第185页)(参见司马朝军、王文晖合撰《黄侃年谱》,湖北人民出版社2005年版)

韦棣华 3月在武昌文华大学设立图书科,培养图书馆专门人才,创办了我国第一个专门的图书馆学教育机构。

慈舟辅助了尘、戒尘在汉口九莲寺筹办华严大学。

陈公博、谭平山、谭植棠等人暑假于北京大学毕业后回到广东,进行革命活动,仍与陈独秀保持通信联系。10月20日,陈公博、谭平山、谭植棠等创办的《广东群报》出版,创刊号宣称办报宗旨是"专为宣传新文化的机关",目的"就是主张改造社会"。陈独秀又致书祝贺,并在《广东群报》创刊号上发表10月2日撰写的《敬告广州青年》。

按:陈公博、谭平山、谭植棠在筹办《广东群报》之际写信给陈独秀请求帮助和支持,陈独秀回信给予热情的鼓励,指出:"广东和广州是我国重要的省城,在历史上是革命的策源地,曾多次起过先驱作用,做出过重要的贡献,而今更应顺应历史潮流,发挥更大作用。"10月20日《广东群报》创刊时,陈独秀又致书祝贺,希望他们继承历史传统,激流勇进,以为民先驱的精神,肩负开启民智的重任,扫除旧社会一切陈规陋俗,决不随波逐流,做帝国主义列强和封建军阀资本家之应声虫。陈独秀在发表于《广东群报》创刊号的《敬告广州青年》一文中写道:"希望诸君讲求社会需要的科学,勿空废光阴于无用的浮夸的古典文学""希望诸君多多结合读书会或科学实验所,勿多发言论""希望诸君切切实实研究社会实际问题的解决方法,勿藏在空空的什么主义什么理想里面当造逋逃薮安乐窝""希望诸君做贫苦劳动者的朋友,勿为官僚资本家佣奴"。(参见唐宝林、林茂生《陈独秀年谱》,上海人民出版社1988年版)

朱执信继续在上海著述。6月,朱执信、廖仲恺受孙中山派遣赴漳州,敦促陈炯明率领粤军返粤,驱除桂系军阀。夏,孙中山与朱执信、廖仲恺等研究中小学教育及编纂教科书问题。8月,在漳州的粤军回师广州。朱执信返粤联络民军响应。9月,朱执信运动虎门炮台独立。同月21日,为调解虎门民军与降军的纠纷,不幸殉难。11月23日,孙中山致函郑占南,赞扬朱执信"为中国有数人才",认为朱执信于9月份在虎门遇难,使"我党失此长城"。(参见谷小水编《中国近代思想家文库·朱执信卷》附录《朱执信年谱简编》,中国人民大学出版社2015年版;张萍、张磊编《中国近代思想家文库·孙中山卷》附录《孙中山年谱简编》,中国人民大学出版社2015年版)

张竞生春学成归国,由潮籍议员兼省财政厅长邹鲁举荐担任潮汕当时最高学府金山中学校长,在从巴黎抵达广州期间,上书陈炯明,提倡避孕节育,被斥为"神经病"。冬,经多方力争,陈炯明才允为金山中学代理校长。(参见张枫《张竞生博士年表及其性学术思想》,《韩山师专学报》1992年第1期)

陈秋霖任广州《晨报》编辑,并为陈炯明在海丰创办《陆安日刊》。

焦易堂任北方军事特派员,随后又任广州孙中山大元帅府参议。

张澜8月22日因母王夫人在南充逝世,匆忙结束四川省长北京行署的工作,离京返四川原籍。途中对同行的学生任乃强分析时事,认为五四运动虽然全国响应,只算把舆论掀起,启发了科学民主思想;人民没有权力,仍然无法救国。人民陷于水深火热之中已久,无可依靠。传闻上海已有共产主义小组成立,按十月革命的道路设想,他认为不失为救国救民之道。他感到晏阳初、梁漱溟等提倡乡村建设,次第挽救革命,这种办法未尝不可取,但嫌太脆弱、太迂缓了。秋,致函熊克武,感谢来电唁慰,并与熊克武论四川自治。12月,徐世昌任命熊克武为四川省长,原任省长张澜开缺另候任用。年底,张澜邀请吴玉章赴南充,磋商四川政局的治理善后等事。(参见刘文耀、杨世元《吴玉章年谱》,四川人民出版社1998年版)

吴玉章1月初接受《星期日》周刊记者采访,谈南方军政府改组、南北议和、四川军民关系、如何发展实业和交通等问题。同月4日,《星期日》周刊发表《访青年福音使者吴玉章先生》一文。7日,吴玉章应吴虞约请赴外国语专门学校演讲。28日,吴玉章应邀出席成都商学联合会成立会议并演讲。会后,成都商学联合会发表宣言。2月上旬,吴玉章应吴虞之请,为其女吴楷将与王光祈一行赴法勤工俭学事,致李右曾信。5月,吴玉章迳接李石曾函电,催促速到北京商量赴法办学事,遂决定离川赴京。年底,吴玉章回到重庆,应四川自治期成会邓懋修等人之邀请,为之计划。又应张澜之邀赴南充,磋商四川政局的治理善后等事。(参见刘文耀、杨世元《吴玉章年谱》,四川人民出版社 1998 年版)

宋育仁因时任四川省长杨庶堪、督军熊克武会商出面成立四川通志局,与骆成骧、林思进等乡贤被聘为共商修纂通志事宜,宋育仁拟定有《征采纲要》十项,因兵事日亟而作废。为吴之英遗著《寿栎庐丛书》作序。(参见王东杰、陈阳编《中国近代思想家文库·宋育仁卷》附录《宋育仁年谱简编》,中国人民大学出版社 2015 年版)

吴虞 1 月 26 日将《说孝》一文寄《新青年》编辑部。3 月 4 日,成都商学联合会劝业会报社请吴虞任名誉主笔。17 日,《星期日》开会,推吴虞为常任编辑。21 日,吴虞致信胡适,介绍四川风气逐渐开通的情况。并告胡适为《星期日》"社会问题专号"寄的稿子已失落,希望他别录一通,以便补登。4 月 7 日,冯少襄交来《蜀名家词》请校,吴虞为校《东坡乐府》2 卷。8 日,吴虞校毕《东坡乐府》第 3 卷。6 月 2 日,吴虞著《国文撰录·上编》出版。9 月 3 日,胡适写信给吴虞,对吴在川中多年与旧势力奋斗的精神表示敬意。12 月 20 日,吴虞收到吴君毅来信,言北大有聘其教授文学之议,并嘱吴虞见信后速复。21 日,吴虞复信吴君毅,言模范文、学术文之类能讲,高深之学则不能胜任。(参见朱玉、孙文周《吴虞年谱简编》,《吴虞诗词研究与整理》附录一,河南文艺出版社 2016 年版;耿云志《胡适年谱》,四川人民出版社 1989 年版)

廖平在国学专门学校校长任。2 月,孙宗泽入法文专门学校肄业,先生阻之,不听。是年,撰《伍母郭孺人墓志铭》。(参见廖幼平编《廖季平年谱》,巴蜀书社 1985 年版)

蒙文通仍任教于省立成都联中,同时任教者有彭云生、吴虞、肖中仑、杨叔明、杨润六、曾道侯等,多为先生旧友。8 月 30 日,成都联中教职员会提议罢课。12 月 7 日,蒙文通欲辞联中教职。(参见王承军《蒙文通先生年谱长编》,中华书局 2012 年版)

陈小我主持四川重庆地区成立无政府主义的秘密组织适社,曾印行《红潮》《共产》等小册子,散发《适社的意趣和大纲》,重印《告少年》《安那其粹言》《极乐地》等。(参见唐金海、张晓云《巴金年谱》,四川文艺出版社 1989 年版)

巴金 5 月第一次读陈望道翻译的《共产党宣言》。8 月,与三哥考入四川成都外语专门学校。该校主持人廖举章对新文化运动很支持,以四川省"只手打倒孔家店的英雄"著称的吴虞也在外专执教。他们反对封建制度的新思想在青年学生中产生过较大的影响。12 月,收到一个未会面的朋友从上海寄来的俄克鲁泡特金著、真民节译小册子《告少年》,阅后终于被这本小册子征服了。同月,读完《告少年》后几天,给远在上海的新青年社的陈独秀写信。"这是我一生写的第一封信,我把我的全心灵都放在这里面,我像一个谦卑的孩子,我恳求他给我指一条路,我等着他来吩咐我怎样献出个人的一切。"(《我的幼年》)等了好久,没有回信,但并不灰心。(参见唐金海、张晓云《巴金年谱》,四川文艺出版社 1989 年版)

曹靖华发起成立的"青年学会"1 月 1 日出版《青年》半月刊,此为"五四"新文化运动中河南文坛学生节衣缩食,自办的刊物,共出 7 期,颇有影响。春,曹靖华被选为河南学生代表,赴上海出席全国第二届学生联合会代表大会。秋,曹靖华中学毕业后因无钱升学,不得已到上海谋生,在泰东图书局当校对。后经友人帮助,到安徽大通教小学。工余课外全力自学。(参见冷柯、毛粹《曹靖华年谱简编》,《河南大学学报》1984 年第 5 期)

阿英 10 月 17 日在上海中国共产主义小组的刊物《劳动界》上发表调查报告《南京胶皮车夫的状况》。是秋去合肥省立第二中学教书。(参见钱厚祥编《阿英年谱》,载《新文学史料》2005

年第 11 期、2006 年第 2 期）

　　袁玉冰等人 12 月将鄱阳湖社改名为江西改造社，出版《新江西》季刊和《青年声》周刊，宣传进步思想。

　　卢憨章应陈炯明之邀到福建漳州教授注音字母；其间他设计了一套厦、漳、泉方言的注音字母，呈请教育部承认。

　　容庚作《雕虫小言》载于《小说月报》，是为文字刊行之始。（参见容庚《颂斋自订年谱》，东莞市政协编《容庚容肇祖学记》，广东人民出版社 2004 年版）

　　容肇祖翻译莫泊桑的《余妻之墓》在上海《小说月报》发表。（参见莞城图书馆编《容肇祖全集》（一）《自传》，齐鲁书社 2013 年版）

　　赵藩任云南省图书馆馆长，编纂《云南丛书》等。

　　王尽美、邓恩铭等在山东济南发起成立马克思学说研究会，主要成员有王翔千、贾石亭、段子涵、马馥塘、王象午、王复元、鲁伯峻、王用章、王志坚、王纯碫、黄秀珍、明少华、方鸿俊等。研究会的活动主要是读书、讨论和参加一些政治活动。

　　按：马克思学说研究会于 1921 年 3 月被当局政府明令取缔。

　　王尽美、邓恩铭、王翔千等人 11 月 21 日在山东济南发起成立励新学会，以研究学理，促进文化为宗旨。出版《励新》半月刊。会员尚有于其惠、李法田、靳鸿训、王象午、王志坚、陈汝美、陈承豫、谢风举、王克捷、张世炎、吴隼、李祚周、崔万秋、赵震寰、王纯碫等。

　　王献唐在济南继续任《山东日报》《山东商务日报》记者。成《登假室日记》，始记《三禅室日记》。8 月 2 日，至商务印书馆购日本新潮社撰、过耀根编译《近代思想》，该书论述卢梭、尼采、施蒂纳、托尔斯泰、陀斯妥也夫斯基、易卜生、达尔文、左拉、福楼拜、詹姆士、柏格森、泰戈尔、罗曼·罗兰、倭铿等人的思想。9 月，成《登假室谭画》。10 月，在《上海时报·图画周刊》刊发，改名为《三禅室谭画》。（参见张书学、李勇慧撰《王献唐年谱长编》，华东师范大学出版社 2017 年版）

　　法尊到山西五台山出家，法名妙贵。

　　杨塑高中毕业，考入河北保定直隶省立农业专门学校留法预备班。

　　吕思勉 1 月至 1922 年 12 月在国立沈阳高等师范学校任教。5 月 27 日，吕思勉撰写《通信：论货币与井田》，原刊《建设》第 2 卷第 6 号。6 月 27 日，撰成《对于群众运动之感想》一文，后刊于 8 月 25 日出版的《东方杂志》第 17 卷第 16 号上。7—10 月，吕思勉与刘大绅、戴杰、于人瞕、王国元、吴俊升、范祥善、缪珩、田广生编《新法国语教科书》（1—6 册）由上海商务印书馆出版。8 月，吕思勉在《建设》杂志第 2 卷第 6 期发表《致廖仲恺、朱执信论学书》，以史学家的立场，参加当时关于井田制度的讨论。此为吕思勉第一次发表学术论文。

　　按：杨宽曾对这一场讨论及吕先生的论文作过这样的评述：一九二〇年这场井田制有无的辩论，发生在我不懂事的童年时期，这是我在读高中时期，读到了上海华通书局出版的《井田制度有无的研究》（一九三〇年出版）一书而知道的。……吕思勉发表给廖仲恺和朱执信的长信，支持廖仲恺的主张。……吕思勉特别着重批驳胡适这个"逐渐增补"而成"井田论沿革史"的假说，认为《公羊传》《穀梁传》和何休《公羊解诂》，虽然词有详略，而义无同异，正可见同祖一说，绝无逐渐增补之迹。又认为战国时代对于古书的解释，多靠师徒口说流传，孟子说"文王之圃方七十里""于传有之"，就是依据这种相传的口说，《孟子》和《公羊传》《尚书大传》所讲井田制有相同之处，也是由于同样依据相传的口说。这一解释是很有见地的。……当我看到这次辩论的资料时，还不是吕思勉的学生，但是在这个问题上，已经赞同他所支持的廖仲恺的见解和论证方法,并且赞同他的《白话本国史》中述及这个问题的观点,认为春秋战国之际社会大变迁,"共有财产的组织全坏,自由竞争的风气大开"。所谓"共有财产的组织全坏",包括贵族的宗族共有财产制度以及井田制度的破坏。通过这场论战,使我感到吕思勉《白话本国史》上所说的春秋战国之际社会有大变迁,是三代以前和秦汉以后的一大界线,是不错的,确是个必须首先解决的关键问题,我今后应该挑选这个问题进行踏实的、深入的探索。(杨宽《历史激流中的动荡和曲折—杨宽自传》,时报文化出版企业有限公司 1993 年 8 月版,第 59—62 页)

吕思勉 9 月 25 日在沈阳高师特别讲演会讲演《士之阶级》,就"仁""智""勇"三方面对中国士大夫阶级的评说,后经修改发表于《沈阳高师周刊》。10—11 月间,吕思勉与学生孙振甲曾多次书信往复讨论国语问题,后辑成《答振甲君》,刊于《沈阳高师周刊》上。是年,吕思勉发表论文尚有《新旧文学之研究》(原刊《沈阳高师周刊》)《读〈国语表解〉书后》(原刊《沈阳高师周刊》)《白话本国史序例》(后刊于《白话本国史》商务印书馆 1923 年版)。(以上参见李永圻、张耕华编撰《吕思勉先生年谱长编》,上海古籍出版社 2012 年版)

桑志华在甘肃庆阳发现了一件旧石器时代晚期的打制石器。8 月又发现两件。由此发现推翻了一些西方学者关于中国没有旧石器的说法。(参见王学典《20 世纪史学编年(1900—1949)》,商务印书馆 2014 年版)

刘半农 1 月初出席国语统一筹备会举行第二次大会,会议决定成立国语辞典委员会,被推举为国语辞典委员会委员。中旬,携夫人朱惠和长女小蕙从北京启程赴欧。20 日,赴欧途中抵上海。在上海曾做《言语之成立与存在》的演讲,并在上海《时事新报·学灯》上发表《言语之成立与存在》一文。27 日,在上海致书周作人,设想编《近代文艺丛书》,拟请鲁迅为编辑主任,后因故未能实现。下旬,出席了原在中华书局工作时一些老同事的欢送宴会。偶然出席《礼拜六》《游戏杂志》《紫罗兰》等刊物编辑和主要撰稿者的宴会,席间议论了"鸳鸯蝴蝶派"问题。2 月 7 日,刘半农自上海乘日轮"贺茂丸"号二等舱,携眷赴欧。3 月 17 日,刘半农抵达英国伦敦,进入伦敦大学学习,并在伦敦大学语音实验室工作。4 月 9 日,刘半农致书蔡元培,表述了自己的求学宗旨。5 月 24 日,刘半农在《北京大学日刊》第 615 号上发表《刘复教授自伦敦致蔡校长书》,阐述自己留学欧洲的行程、学习的计划,并问候北大同仁。7 月 28 日,刘半农在《北京大学日刊》第 671、672、673 号上连载《对于改良北京图书馆的意见》。8 月 9 日,刘半农在上海《时事新报·学灯》副刊发表《"她"字问题》,首创"她""他"二字,作为第三人称女性和无生物代词,同时也引发了争议。是年,刘半农入英国伦敦大学语音实验室工作;崇文版许德邻编《分类白话诗选》出版,刘半农为之序。(以上参见徐瑞岳编《刘半农年谱》,中国矿业大学出版社 1989 年版;曹波、万兵《刘半农小说著译学术年谱(1913—1920)》,《广西社会科学》2020 年第 1 期)

傅斯年是夏入伦敦大学大学院研读实验心理及生理,兼治数学。8 月 1 日,傅斯年自伦敦致信马裕藻、沈士远、沈尹默、周作人、钱玄同、朱遏先,谈对"泛留学"的意见,及在英情况,谓"近中温习化学、物理学、数学,兴味很浓,回想大学时六年,一误于预科乙部,再误于文科国文门,言之可叹"。10 月 30 日,《北京大学日刊》刊载傅斯年致蔡元培信,反思"北大此刻之讲学风气,从严格上说去,仍是议论的风气,而非讲学的风气。就是说,大学供给舆论者颇多,而供给学术者颇少",提出"愿先生此后于北大中科学之教授法与学者对于科学之兴趣上,加以注意"。傅斯年在至英国的第一年,帮助英国文学家威尔斯撰写《世界通史》(The Outline of History)中有关中国中古史的部分,此书于 1920 年出版后,洛阳纸贵,12

年内销售了150万本。(参见欧阳哲生主编《傅斯年全集》第七卷及附录《傅斯年先生年谱简编》,湖南教育出版社2003年版;韩复智《傅斯年先生年谱》,《台大历史学报》1996年第20期)

俞平伯1月3日晚,至上海新关码头上小火轮,许宝驹送上大船。4日清晨,乘船离开上海,与傅斯年等一起赴英国留学。在船上阅读英文书《大社会》。11日,在海行船上看《红楼梦》;给新潮社友罗家伦等人写信。26日,在海行船上夜读《西游记》。2月2日夜,与傅斯年在甲板上交谈。9日,在海行船上续看《红楼梦》,得以熟读《红楼梦》,并与傅斯年细谈《红楼梦》。

按:俞平伯后在《〈红楼梦辨〉引论》中回忆说:"孟真每以文学的眼光来批评他,时有妙论,我遂能深一层了解这书底意义、价值。但虽然如此,却还没有系统的研究底兴味。"

俞平伯2月22日抵达英国伦敦,由陈源等人接至中国留英学生会。3月4日,因英镑涨价,自费筹划尚有未周,俞平伯决定回国。6日上午,俞平伯在伦敦小住十三天后,乘日本邮船佐渡丸启程回国。在回国途中,将张惠言的《词选》读得很熟,这对他后来填词、讲词都很有帮助。14日晨,海行船抵达法国马赛,傅斯年从英国伦敦赶来送行。4月9日,在海行船上阅《儒林外史》。19日下午,海行船抵达上海。

按:1920年傅斯年致胡适信言及俞平伯回国之事,却有另一番理解,曰:平伯忽然于抵英两星期后回国。这真是再也预想不到的事。他走的很巧妙,我竟不知道。我很怕他是精神病,所以赶到马赛去截他。在马赛见了他,原来是想家,说他下船回英,不听,又没力量强制他下船,只好听他走罢。这真是我途中所最不快的一种经历。

一句话说,平伯是他的家庭把他害了。他有生以来这次上船是第一次离开家。他又中国文先生的毒不浅,无病呻吟的思想极多。他的性情又太孤僻,从来不和朋友商量,一味独断的。所以我竟不曾觉察出他的意思来,而不及预防。他到欧洲来,我实鼓吹之,竟成如此之结果,说不出如何难受呢!平伯人极诚重,性情最真挚,人又最聪明,偏偏一误于家庭,一成"大少爷",便不得了了;又误于国文,一成"文人",便脱离了这个真的世界而入一梦的世界。我自问我受国文的累已经不浅,把性情都变了些。如平伯者更可长叹。但望此后的青年学生,不再有这类现象就好了。

但平伯此次回国,未必就是一败涂地。"输入新知"的机会虽断,"整理国故"的机会未绝。旧文学的根据如他,在现在学生中颇不多。况且整理国故也是现在很重要的事。受国文先生毒的人虽然弄得"一身摇落",但不曾中国文先生毒的人对于国故的整理上定然有些隔膜的见解,不深入的考察,在教育尽变新式以后,整理国故的凭借更少。趁这倒运的时期,同这一般倒运的人,或者还可化成一种不磨灭的大事业。所以我写信劝平伯不要灰心,有暇还要多读西书,却专以整理中国文学为业。天地间的人和事业,本不是一概相量的,他果能于此有成,正何必羁绊在欧洲,每日想家去呢!

但有一件事要注意的。平伯回国,敢保其不坠落,但不敢保其不衰枯下去。当时有《新潮》一般人,尚可朝夕相共,现在大都毕业,零散了不少。如果先生们对他常常有所劝勉,有所导引,他受益当不少的,否则不免可虑。

还有一层:别人对他回国不免有些怀疑,以为回国后思想必生大变,这是不然的。他生意挫折,自是必然的结果,但没有这事。他之忽然回去,乃是一向潜伏在下心识界的"浮云人生观"之突然出现,恐怕还有些遗传的精神病症。这虽是很不好的现象,但于作成学问无妨。况且平伯是文学才,文学正赖这怪样成就。(参见孙玉蓉编《俞平伯年谱》,天津人民出版社2006年版;欧阳哲生主编《傅斯年全集》第七卷,湖南教育出版社2003年版)

徐特立1—7月在木兰公学习法文。1月5日,撰《法化工厂之中国苦学生》一文,介绍在法国拉荷涉化学工厂做工的53名勤工俭学学生艰苦的工作、生活和学习境况,赞赏他们的吃苦精神,认为如此吃苦有利于改变中国读书人的不良习气。25日,湖南《大公报》刊载

《徐懋恂由巴黎致湘学界书》一文,介绍赴法勤工俭学的情况以及法国的社会情况,最后呼吁:"特立极望我国多送学生来此游历,国家前途,乃有莫大之希望也!"同月,在寄自巴黎的信件中,痛斥民国外交被日本庖代,提倡国民外交。7月15日,离开木兰公学去里昂。8月30日,将所写《工读》一文寄给重任长沙县知事的老朋友姜济寰,就教育、警察、道路、森林、财政等诸多方面提出个人看法,力倡女子教育与植树造林。是年,多次致函姜济寰,从学校、工业、造林等诸多方面,介绍法国值得借鉴的经验,希望姜济寰在治理长沙时为民造福,其中部分信件以《国民外交》《工读》等名公开传世。至是年,赴法勤工俭学者共17批,其中有周恩来、蔡和森、赵世炎、陈延年、王若飞、邓小平、陈毅、李富春、聂荣臻、向警予、蔡畅、郭隆真、李维汉、李立三、徐特立、陈乔年、张昆弟、罗学瓒、何长工、萧三、傅钟、刘伯坚、熊雄、萧朴生、李卓然等。是年起,由于法国经济不景气,学生赖以维持学习和生计的勤工岗位难以寻觅。(参见《徐特立年谱》编纂委员会《徐特立年谱》,人民出版社2017年版)

　　张申府任北大讲师,讲授逻辑。在北大第三院大礼堂上课,听课学生达二三百人。春,参与陈独秀、李大钊负责的共产党组建工作,共产国际代表维金斯基会见陈独秀、李大钊、张申府3人。9月中旬,张申府因迎接英国学者罗素来华讲学,由北京到沪,住在法租界渔阳进里陈独秀家中,即中国共产党筹备时期的中央所在地,彼此谈论建党事,一致认为"既然组织起来了,就要发展,能入党的人最好都吸取到党内来"。下旬,张申府回京,把这意见告诉李大钊,旋即发展张国焘为北京支部的第三个党员。冬,张申府应里昂中法大学之聘,以蔡元培秘书的名义前往法国里昂大学教书。赴法途中,与同船赴法、在京已相识的刘清扬相知。而李煜瀛、吴稚晖等人在法国巴黎筹办了一所里昂中法大学,张申府应聘前往教逻辑。12月27日,张申府到达法国,受陈独秀、李大钊委托,旅欧期间负有在旅法华人中发展党员、建立组织的任务。(参见张申府《建党初期的一些情况》,载中国社会科学院现代史研究室编《"一大"前后》,人民出版社1980年版;郭一曲《中国现代新文化的探索——张申府思想研究》附录《张申府年谱简编》,广东人民出版社2002年版;中央文献研究室《周恩来年谱1898—1976》,中央文献出版社1998年版;唐宝林、林茂生《陈独秀年谱》,上海人民出版社1988年版)

　　蔡和森与萧子升接毛泽东4月1日和4日连续两信,并寄平民通信社稿件和《湖南改造促成会发起宣言》。5月28日,蔡和森复信说:"前见改造宣言,如能照行,甚善。"6月1日,蔡和森致彭璜、萧子璋的信中说道:"工读互助团此时谅已就绪。女子留法,最好是暑假起程赴法。"并建议彭璜久居上海,联络社会各界。7月,新民学会旅法会员在法国蒙达尔尼举行会议,提出以"改造中国与世界"为学会方针,但是对用什么方法达到"改造中国与世界"的目的,意见分歧。接受马克思列宁主义的有蔡和森等会员,主张组织共产党,走俄国式的革命道路;另一部分会员主张"温和的革命",用教育作工具。(参见李永春编《蔡和森年谱》,湘潭大学出版社2008年版;中共中央文献研究室编撰、逄先知主编《毛泽东年谱(1893—1949)》人民出版社、中央文献出版社1993年版)

　　许德珩为继续寻求救国救民的道路,赴法国勤工俭学,其致蔡元培函载于9月7日《北京大学日刊》,告知"大学同学,前后来此者,已达三十人左右。上月曾召集大会于巴黎,作北大在法同学会之筹备,已假公使馆罗怀君……及领事馆廖世勤君处为暂时通信机关,其任务为介绍欧洲思潮及名著于国内,报告国内学界及劳动界情形于国外,并招待以后来法同学。……正式会成立,总在暑假以后。留法学生会,亦急须组织"。(参见高平叔编著《蔡元培年谱长编》,人民教育出版社1996年版)

　　林文铮、林风眠、李金发、蔡和森、蔡畅等百余人1月31日乘邮轮抵达法国马赛港,开始勤工俭学的生活。他们在枫丹白露中学学习法文。

张昆弟、李维汉、李富春、罗学瓒、任理、贺果、张增益等人 2 月在法国组织"勤工俭学励进会"，简称"工学励进会"，以工学主义为指导。其宗旨为："在积极方面，想联络一般人共同做事，如储金、定书报、互相勉励，疾病救助，工学交互，及为将来别种建画之预备。在消极方面，可以免除孤独生涯之烦苦，及环境诱惑之堕落，及懒惰之预防等事"。成员以新民学会会员居多。

周恩来 10 月 8 日为进一步探求救国真理，经南开学校创办人严修推荐和资助，决定到资本主义的发源地——英国留学考察。行前，与天津《益世报》商定，作为该报驻欧记者，以撰写旅欧通讯所得稿费来维持旅欧期间的生活。12 日，周恩来到《新民意报》社辞行。11 月 7 日，周恩来由上海乘法国邮船"波尔多斯"号赴法国，是华法教育会组织的第十五届赴法勤工俭学生。24 日，周恩来在轮船航行到印度洋时，写成《〈检厅目录〉的例言》。到法国后，《检厅日录》全部脱稿，邮寄回天津，托马千里修正、补充，于次年春在天津《新民意报》上连续刊登。12 月 13 日抵达法国。（中央文献研究室《周恩来年谱 1898—1976》，中央文献出版社1998 年版）

邓希贤（小平）、冉钧等 84 位重庆留法预备学校毕业生年 8 月 28 日起程离渝东下。9月 11 日在上海乘轮船赴法勤工俭学。（中央文献研究室《周恩来年谱 1898—1976》，中央文献出版社 1998 年版）

王若飞是秋到蒙达尼胶鞋厂做工，并结识蔡和森等人，系统学习《共产党宣言》《社会主义从空想到科学的发展》等著作。

陈延年和陈乔年 1 月 28 日赴法国勤工俭学。

王世杰代表旅欧同学会先后赴比利时和意大利，出席国际联盟同志会。是年，博士论文《联邦宪法的分权问题》通过答辩，获得法学博士学位。（参见薛毅《王世杰传》及附录《王世杰生平大事年表》，武汉大学出版社 2010 年版）

林长民辞去司法总长。4 月，以中国国际联盟同志会驻欧代表的身份赴英国考察。林徽因随父游历欧洲，在伦敦受到房东女建筑师影响，立下攻读建筑学的志向。在此期间，她还结识在剑桥大学学习的诗人徐志摩，对新诗产生浓厚兴趣。

孟宪承赴英国伦敦大学研究院深造。

刘半农到英国伦敦大学的大学院学习实验语音学。

张家树赴英国学神学。

张君劢 1 月 1 日随梁启超在德国访问大哲学家、诺贝尔文学奖获得者倭伊铿，为其学问与人格魅力所打动，遂决定欧游结束后留在欧洲研习哲学，并自此开始重视从哲学上"探求一民族所以立国之最基本力量"。是年，主要居于德国耶拿，随倭氏学习哲学。又与法国著名哲学家伯格森缔交。所撰《德国革命论》《中国之前途：德国乎？俄国乎？》等多篇政论、通信刊于《解放与改造》。

按：《解放与改造》自 1920 年 9 月 15 日第 3 卷起更名为《改造》。（参见李贵忠《张君劢年谱长编》，中国社会科学出版社 2016 年版；翁贺凯编《中国近代思想家文库·张君劢卷》附录《张君劢年谱简编》，中国人民大学出版社 2015 年版）

王光祈赴德国留学，先学德文和政治经济学，并兼任《申报》《时事新报》和北京《晨报》的驻德特约记者。

宗白华受田汉等鼓励，赴德国留学，在法兰克福大学、柏林大学学习哲学、美学等课程。

李石岑接替宗白华编辑《学灯》杂志。

瞿秋白、俞颂华、李宗武 10 月以北京《晨报》特派记者身份访苏,中国驻莫斯科总领事陈广平、副领事刘雯、随习领事郑炎结伴同行。12 月 16 日,瞿秋白一行离开满洲里,进入俄境西伯利亚。18 日,瞿秋白一行抵达苏俄远东共和国的新都城——赤塔,赤塔共产党委员会赠给瞿秋白一行许多书籍杂志,如《俄罗斯共产主义党纲》(即《俄国共产党纲》)、共产国际机关刊物《共产国际》及《社会主义史》等。瞿秋白在苏写成《饿乡纪程》《赤都心史》等访苏见闻。(参见周永祥《瞿秋白年谱新编》,学林出版社 1992 年版)

罗亦农在陈独秀的启迪下,加入社会主义青年团。不久,经陈独秀推荐,由上海共产主义小组选派去苏俄学习。

林语堂 1 月所撰英文文章"Literary Revolution,Patriotism,and the Democratic Bias"(《文学革命、爱国主义与民主的偏见》)获得《中国留美学生月报》1920 年 1 月征文比赛的第一名。第二名的获得者是来自芝加哥大学的"S. K. Wei",其文章题为"The Immediate Political Problem in China"(《中国当下的政治问题》)。同月,林语堂与哥伦比亚大学的朱彬元和何杰才、伊利诺伊大学的余兆池(C. C. Yu)一同被留美中国学生联合会总理事会(General Council of the Chinese Students' Alliance)选为《中国留美学生月报》本学年第一学期的功勋编辑(Merit Editors)。2 月,林语堂所撰英文文章"The Literary Revolution and What Is Literature"(《文学革命与什么是文学》),刊于《中国留美学生月报》第 15 卷第 4 期)。4 月 13 日,林语堂在哈佛大学致信胡适,有论上海《民心》之反对新思潮并涉及胡适与梅光迪的分歧与论争。

按:林语堂函曰:"近来听见上海有出一种《民心》是反对新思潮的,是留美学生组织的,更是一大部分由哈佛造出的留学生组织的。这不知道真不真,我这边有朋友有那种印刊,我要借来看看。但是我知道哈佛是有点儿像阻止新思想的发原(源)。"当他读了胡适的《尝试集》自序后,认为梅光迪与胡适争论时所讲的许多问题都是哈佛大学白璧德教授的东西。白璧德这个人对近代的文学、美术,以及写实主义的东西,是无所不反对的。梅光迪师从白璧德研究几年,必然受到相应的影响。"况且这其中未尝没有一部分的道理在里边。比方说一样,我们心理总好像说最新近的东西便是最好的,这是明白站不住的地位。但是这却何必拿他来同白话文学做反对。我也同 Prof. Babbitt 谈过这件事,好像他对尔的地位的主张很有误会。我碰见梅先生只有一次,不知道他到底是甚么本意;看尔那一篇里他的信,摸不出来他所以反对白话文学的理由。本来我想白话文学既然有了这相配有意识的反对,必定是白话的幸福,因为这白话文,活文学的运动,一两人之外,□□说,大多数人的心理,有意识中却带了许多无意识的分子,怎么都没有一个明确的文学理想。但是现在我想有意识的反对是没有的东西;所以反对的,不是言不由心,便是见地不高明,理会不透彻,问题看不到底。……我看见尔《新潮》《新青年》的长篇大论,真不容易呀!"

林语堂 6 月在《中国留美学生月报》第 15 卷第 8 期发表英文文章"Literary Revolution, Patriotism,and the Democratic Bias"(《文学革命、爱国主义与民主的偏见》)。暑假,林语堂因各科成绩均为 A,系主任破例准许他不必再上课,就可获得硕士学位。但迫于经济压力,林语堂向基督教青年会申请到法国为华工服务,获得对方批准并提供旅费。林语堂将此计划告诉哈佛大学教务长,获准到巴黎大学修习一门莎士比亚戏剧课程,以补上他在哈佛大学尚未修够的学分。随后,林语堂偕妻子一同赴法国与德国交界的小镇乐魁索(Le Creusot)教中国劳工读书识字,同时自学法文与德文。但由于太忙,无法去巴黎大学上课。自 11 月起至 1921 年 6 月,林语堂担任《中国留美学生月报》第 16 卷第 1—8 期的助理编辑之一。(参见郑锦怀《林语堂学术年谱》,厦门大学出版社 2018 年版;沈卫威《学衡派编年文事》,南京大

学出版社 2015 年版）

　　吴宓继续就读于哈佛大学比较文学系。2 月 12 日,陈寅恪来谈中国白话文学及全国教育会等事。3 月,杨伯钦邀请吴宓回国到四川任教时,吴宓断然拒绝,表示回国后要就职于北京师范大学,居京师这所全国所瞻系的高校,好与新文学阵营交战。同月 4 日,吴宓在日记中记有:"宓归国后,必当符旧约,与梅君等,共办学报一种,以持正论而辟邪说。非居京,则不能与梅君等密迩,共相切磋;故不克追陪杨公,而径就北京之聘,至不得已也。"4 月 6日,吴宓在日记中记有:"我侪学问未成,而中国已亡不及待。又我侪以文学为专治之业,尚未升堂入室,而中国流毒已遍布。'白话文学'也,'写实主义'也,'易卜生'也,'解放'也,以及种种牛鬼蛇神,怪象毕呈。粪秽疮痂,视为美味,易牙伎俩,更何所施?"19 日,吴宓在日记中记有:"今之倡'新文学'者,岂其有眼无珠,不能确察切视,乃取西洋之疮痂狗粪,以进与中国之人。且曰,此山珍海错,汝若不甘之,是汝无舌。呜呼,安得利剑,斩此妖魔,以拨云雾而见天日耶!"30 日,吴宓在日记中记有:"编发《民心》稿件等。目今,沧海横流,豺狼当道。胡适、陈独秀之伦,盘踞京都,势焰熏天。专以推锄异已为事。宓将来至京,未知能否容身。出处进退,大费商量。能洁自保,犹为幸事。梅君即宓之前车也。"是年,吴宓获哈佛大学学士学位。（参见沈卫威《学衡派编年文事》,南京大学出版社 2015 年版）

　　罗家伦年初由上海返回北京大学继续学业。3 月 23 日,罗家伦致信胡适,告《晨报副刊》将出五四运动一周年纪念专号,请撰文。春,杜威教授来华讲学,在北大作系列演讲。罗家伦和吴康担任笔记工作,将其演讲稿翻译整理后在《新潮》连载。5 月 1 日,罗家伦为配合五四学运周年纪念,在《新潮》第 2 卷第 4 号上发表《一年来我们学生运动底成功失败和将来应取的方针》,全面总结了五四学生运动的得失,提出了今后的努力目标和实现途径,尤其对五四时期的"罢课""三番五次的请愿""一回两回的游街"作出了深刻的反省,且颇有微词。不久,他真就拿定主意"专门研究学问",去美国留学两年。秋,经蔡元培校长推荐,得到实业家穆藕初奖学金资助,与段锡朋、汪敬熙、周炳琳、康白情等人赴美国留学。进入普林斯顿大学攻读历史、哲学。（参见刘维开《罗家伦先生年谱》,中国国民党中央委员会党史委员会 1996 版;张晓京编《中国近代思想家文库·罗家伦卷》附录《罗家伦年谱简编》,中国人民大学出版社 1015年版;耿云志《胡适年谱》四川人民出版社 1989 年版）

　　冯友兰 1 月 1 日在纽约自学。22 日上午,冯友兰与张奚若往哥伦比亚大学研究生院入学处办理入学手续。23 日上午,冯友兰往哥伦比亚大学图书馆见 Coss 教授,商议选课事情。24 日,往见本科主任 Hank,获准修科学方法课;读杜威《思维术》。31 日,冯友兰与杨振声等同往哥伦比亚大学注册。2 月 5 日,冯友兰上科学要义、现代诗、历史课,大为失望,当晚决定改选:(一)哲学史,(二)美学,(三)形上学,(四)欧洲思想史。13 日晚,冯友兰参加学生会聚会,欢迎中国教育参观团,听教育部次长袁希涛等讲演。5 月 16 日,杨振声来,示以罗家伦信,知罗于《新潮》第 2 卷第 3 号表示请冯友兰加入新潮社。9 月 2 日,冯友兰思考中国哲学史之心得,认为中国哲学原始分为直觉派、分析派、折中派三大学派。11 月 30 日,冯友兰往旅馆见正在纽约访问的印度大诗人泰戈尔,请教关于东西文明比较问题。12 月 6日,冯友兰撰成《与印度泰戈尔谈话(东西文明之比较观)》,并寄给罗家伦。10 日,冯友兰得罗家伦复信,为《与印度泰戈尔谈话》写"再记"。31 日,冯友兰撰成《柏格森的哲学方法》。冬,撰成论文"Why China Has No Science——An Interpretation of the History and Consequences of Chinese Philosophy"（《为什么中国没有科学——对中国哲学的历史及其后果的一种解释》）。是年加入河南留美学会，并于学会主办之《河南留美学生年报》1920 年第 1 期发表《对于河南选派留学办法之意见》《中国的官气与美国的商气》；在纽约与段锡朋、罗家伦、周炳琳等交往。

　　按：冯友兰后来对此回顾道："在我去美国的时候，北京大学的'五大臣'也到美国了。……北大选出了五个人：段锡朋、罗家伦、周炳琳、康白情、汪敬熙。……段锡朋和周炳琳都在纽约上了哥伦比亚研究院。罗家伦上了普林斯顿大学研究院。两下距离不远，罗家伦一有空就到纽约来。"（《全集》第一卷，第 52 页）（参见蔡仲德《冯友兰先生年谱长编》，中华书局 2014 年版）

　　袁同礼 1 月 24 日在《寰球中国学生会周刊》刊出为该会征求会员消息，胡适即由袁氏征求入会。寰球中国学生会会址设在上海静安寺路。6 月 15 日，袁同礼致胡适函，介绍孟宪承，盼望代为说项，使他早日成功。8 月 23 日，袁同礼获哥伦比亚大学及清华、北大津贴，于是日搭乘中国邮船南京号，赴美进入哥大历史系插班本科三年级，两年读完学士学位。同船赴美的有叶公超，入哥大本科（历史系三年级）。9 月 11 日，袁同礼在横滨致胡适明信片。18 日，袁同礼致函蔡元培，报告在夏威夷情况，已代北大图书馆与夏威夷大学图书馆商图书交换事宜。

　　按：袁同礼致蔡元培函曰："孑民先生尊鉴：本月十一日，行经檀香山曾上一片，半月后谅达座右矣。是日登陆后，游览八小时，并参观夏威夷大学。该校成立仅二十载，原名 The College of Agricuture and Mechanic Arts of the Territory of Hawaü 后改 The College of Hawaü 今夏始改为大学名 University of Hawaü 由设立二科（一）College of Arts and Sciences（二）College of Applied Science. 晤大学校长 Dr. Arthur D. Dean，谓校中现设日文科，延日人某博士担任讲席，久有增设中文科之议，祇以延聘未周，迄无相当之人，竟致不克成立。言时引以为憾。同礼曾为其述母校近状，并谓北大为我国最高学府，各科讲座多系一时俊彦，如需中国教授目，可迳函奉商，先生必愿代为罗致也。埠中华侨约二万余人，不谙国情，不解国语，大半已隶美国籍，然其眷念宗邦之情，固历久而不衰也。此次同人抵埠时，各界代表开会欢迎，并派员招待，殷勤周至，敬爱犹如家人，殊令人感佩不置。因念先生倘能介绍校内一二淹通中西之学者前往担任教授，庶吾国固有之文化得以宣传，而华侨被其泽，感触自多，必将起而效力祖国，共图匡济焉。不识尊意如何？又晤该校图书馆主任 Miss Clark F. Hewenway，据称该馆成立已历数载，尚未藏有中国书籍，自当广为搜罗，以期完备。同礼允代致函母校，将各种出版物，寄赠一分，并请女士将该校印刷品运寄母校图书馆，藉资交换。先生接此信时，当可收到矣。兹将该校通讯处列后，请将校中出版物按期邮寄该校，无任盼切。今日抵旧金山，明后日拟参观加利福尼亚及斯丹佛两大学，及各公立图书馆，约月杪可抵纽约。此上。敬颂道安。九月十八日寄自旧金山。袁同礼谨上。守常先生同此。"

　　袁同礼 10 月 16 日自纽约致函蔡元培，报告读书计划及见闻。11 月，袁同礼在哥伦比亚大出席美国东方大学图书馆馆长举办的第八次年会，并发表演讲。12 月 9 日夜，袁同礼致函蒋梦麟、李大钊，以过渡时代眼光谈留学意见，谓听闻罗素已抵中国，并任教席，申请北大图书馆代表身份，以利在美代北大索购书刊，并寄美国图书馆协会（American Library Association）11 月份发布大会报告书一份（1919 年）。27—29 日，美国图书馆协会在芝加哥举办大会，寄送袁同礼大会报告书一份，并邀其参加。袁同礼函复以经济拮据，婉辞。是年，在《新潮》第 3 卷第 2 号发表英文论文《一九二〇年重要书籍表》（参见张光润《袁同礼先生年谱初编（1895—1965）》，载张光润《袁同礼研究（1895—1949）》，华东师范大学博士学位论文，2018 年）

　　朱经农 9 月 9 日自美致信胡适，要胡适"不可因有人批评就消磨了勇气，也不可因有人批评就赌气横行"。信中再次催他赶快刊布博士论文，以息浮言。（参见耿云志《胡适年谱》，四川人民出版社 1989 年版；胡颂平编《胡适之先生年谱长编初稿》，台北联经出版事业公司 1984 年版）

　　钱端升是年夏获北达科他州立大学文学学士学位。暑期，就读于密歇根大学政治系。

9月初,入哈佛大学研究院,主修政府学。所学各课属历史、政治和经济三系合成之科目,偶尔也旁听哈佛法学院某些课程。是年,发表论文"Are There Inherent Political Rights of Man"(《人的政治权利是天赋的吗?》)、"Freedom of Speech"(《言论自由》)、"The Rider Legislation"(《立法的附加条款》)。(参见孙宏云编《中国近代思想家文库·钱端升卷》及附录《钱端升年谱简编》,中国人民大学出版社2014年版)

金岳霖以"The Political Theory of Thomas Hill Green"(《T. H. 格林的政治学说》)之论文,获取政治学博士学位。9月,开始在华盛顿乔治城大学讲授中文。(参见王中江编《中国近代思想家文库·金岳霖卷》及附录《金岳霖年谱简编》,中国人民大学出版社2015年版)

段锡朋出国留学,先后入美国哥伦比亚大学、英国伦敦大学、法国巴黎大学、德国柏林大学学习。

张景钺清华学堂毕业后,到美国芝加哥大学植物学系学习。

陈达获美国哥伦比亚大学硕士学位。

张奚若获美国哥伦比亚大学政治学硕士学位。

李济入哈佛大学攻读人类学专业。

刘国钧赴美入威斯康星大学留学。

陈岱孙清华大学毕业后,留学美国,入威斯康星大学学习。

萧公权自清华毕业,入密苏里大学主修新闻。

董时进考入清华大学公费留学美国之专科,旋赴美国康奈尔大学专攻农业经济学。

吴经熊东吴大学法科毕业后,远赴美国留学。始入读美国密歇根大学法学院。

杨荫浏是年至1930年间从美国传教士郝路易女士学英文、钢琴和作曲,后又得到丁燮林博士帮助,学习音响学。

洪业毕业于纽约协和神学院,获神学学士学位。

康白情、徐彦之、孟寿椿、方豪、黄日葵等同学4月获马叙伦、李大钊、胡适、陈启修诸人支持组成北大游日学生团,前往日本调查大学学制,胡适为他们垫付旅费。同月28日启程,李大钊、邓中夏等赶赴火车站,送别"北京大学游日学生团"五人赴日本旅游考察。黄日葵、康白情、方豪、徐彦之、孟寿椿等组成"北京大学游日学生团"。5月5日,到达东京,在东京和京都等地与日本教授、学生、工人等进行座谈联欢。高一涵帮助接洽安排,并参与演说。7日,北大游日学生团与留日学生会联合在大丰町私立卫生会召开的"国耻日纪念会",高一涵在会上发表讲演。17日,在神田青年会举行了有数千人参加的演讲大会,高一涵和吉野分别作了演说,听者大受感动,是会为中日两国学生空前之盛会。6月14日归国。16日,"北京大学游日团"黄日葵、康白情、方豪、徐彦之、孟寿椿等五人结束在日本的游历,回到北京。19日下午4时,李大钊、邓中夏、王光祈等赴中央公园来今雨轩,出席少年中国学会北京总部常会,欢迎自日本归来的黄日葵、康白情、方豪、徐彦之、孟寿椿。会上讨论了筹备"少年中国学会"成立一周年纪念大会等项议题。

按:是年5月11日《北京大学日刊》载:"于前月底赴日,以一月为期。"又据《日刊》报道,方豪一行六月十六日由日本返国。方豪方豪系北大学生会评议部主席,据其《回忆五四运动》回忆:"自我出狱的当年五月间,在李大钊、马叙伦诸人先后恿怂之下,由母校派我和其他四位同学去日本各大都市考察劳工运动情况,以资借镜,为期三个月。"(《金华文史资料》第二辑,1986年12月)(参见参见朱文通主编《李大钊年谱长编》,中国社会科学出版社2009年版;冯资荣、何培香编著《邓中夏年谱》,中国文史出版社2014年版;高大同《高一涵先生年谱》,上海文化出版社2011年版;耿云志《胡适年谱》,四川人民出版社1989年版)

郭沫若1月20日在日本作诗《凤凰涅槃——一名〈菲尼克司的科美体〉》，发表于30日、31日上海《时事新报·学灯》。2月，郭沫若筹组"医学同志会"，并拟发行一医学杂志，后命名为《医海潮》；译成歌德《浮士德》第一部《献诗》。同月23日，所作《生命底文学》发表于上海《时事新报·学灯》。25日，郭沫若致信田寿昌，建议组织歌德研究会，翻译、介绍和研究歌德的名著。3月上旬，经田汉介绍，郭沫若与郑伯奇以通信方式相识。19日午前，田寿昌从东京专程来访，郭沫若与其初次相见。5月，郭沫若与田汉、宗白华的通信辑《三叶集》由上海亚东图书馆出版。郭沫若以所译《浮士德》中一节诗代序。

按：《三叶集》收录了与宗白华、田寿昌二人自本年1月至3月的通信20封，并附有三人分别作的序各一篇。

郭沫若19日接《时事新报》主笔张东荪来信，知其组织共学社，郭沫若打算介绍海外的名著，邀约翻译《浮士德》，随即复信，接受提议。10月10日，读到鲁迅小说《头发的故事》，觉得作者的"观察很深刻，笔调很简练，大有自然主义派的风味"，但"总有点和自己的趣味相反驳"。是年，郭沫若得成仿吾信，欲商量办刊物之事。赞成其对新文化运动现状的分析，及创刊同人杂志的建议。(参见林甘泉、蔡震主编《郭沫若年谱长编》，中国社会科学出版社2017年版)

成仿吾年初发表处女作《一个流浪人的新年》(小说)在友人间传阅，郁达夫、郑伯奇、郭沫若、陈君哲阅后在后面空白处写了评语或感想。是年，为酝酿出版纯文艺杂志，在东京成仿吾、郁达夫、张资平三人常常互相鼓励，相约把各自写好的文章拿出来互相评议，汇集相当数量的时候，即可以出版刊物；成仿吾又致函郭沫若，谈到"新文化运动已经闹了这么久，现在国内杂志的文艺，几乎把鼓吹的力都消尽了。我们若不急挽狂澜，将不仅那些老顽固和观望形势的人要嚣张起来，就是一班新进亦将自己怀疑起来了"。约在是年，郑振铎曾有一信寄至田汉处，邀田汉和郭沫若加入正在酝酿中的文学研究会，田汉没有将此信转寄给郭沫若，也未做答复。后来成仿吾在田汉处看到此信时，批评了田汉。(参见张傲卉、宋彬玉《成仿吾年谱》，《东北师大学报》1985年第5期)

施存统6月20日在戴季陶的资助下，从上海乘船到日本学习和养病。在日本东京，施存统经常与上海的陈独秀、李达保持通信联系，商讨建党的有关问题。陈独秀、李达还介绍施存统与在日本鹿儿岛第七高等学校读书的周佛海联系，建立中国共产党日本小组，即旅日共产主义小组，陈独秀指定施存统为该小组的负责人。其间，施存统在日本看到许多国内查禁的书籍，广泛涉猎马克思主义理论书籍，尤其受到日本共产主义研究者河上肇的巨大影响，马克思主义理论水平有了显著提高。所译《资本论大纲》和《社会进化论》等，深受读者赞赏。(参见何民胜《施复亮年谱》，商务印书馆2019年版)

张闻天1月负责少年中国学会刊物《少年世界》的校勘、出版事务，其间结识了《时事新报·学灯》的编辑宗白华，南洋公务电机系学生恽震、王崇植、吴保丰等"少中"会友，又与郁达夫等创造社成员发生了交往。1月8日，作评论《农村改造的发端》，发表于3月1日《少年世界》第1卷第3期。2月13日，在《时事新报·学灯》"通讯"栏中发表致张东荪的信，与他探讨人性问题。3月30日，参加上海"松社"组织的"踏青会"。参加这次春游活动的有王光祈、康白情、方维夏、沈泽民、宗白华、张国焘、王独清等，聚会中有不少人发表了激昂慷慨的爱国演说。5月9日，同郁达夫、沈泽民、汪馥泉及胞弟张健尔一起到上海黄浦江边码头送宗白华赴德国留学，临别前六人在轮船上合影留念。7月14日，与沈泽民一起赴日本留学,住东京小石川区大冢洼町町二十四番地松叶馆。在东京期间自修日文,读哲学、文学和社会科学书籍。8月31日,在东京茗荷谷町田汉寓所,与田汉、郑伯琦、沈泽民等畅谈通宵。10月3日,在东京会晤赴美途经日本北大学生、新诗人康白情。(参见张培森主编《张闻天年谱》,中共党史出版社2000版)

夏衍是夏在浙江省立甲种工业学校校友会刊上发表《泰兴染坊底调查》一文;从甲种工业学校毕业,成绩优秀,经校长许炳堃推荐,由学校以公费保送到日本深造。9月,抵东京,进预备补习学校。(参见沈宁、沈旦华、沈芸《夏衍全集·书信日记》,浙江文艺出版社2005年版)

何思敬以优秀成绩取得中国政府的官费生资格,进入日本东京帝国大学,攻读美学、德文和社会学。

彭康赴日本留学,入日本鹿儿岛第七高等学校。

英国著名哲学家伯特兰·阿瑟·威廉·罗素10月4日应讲学社的邀请来华演讲,梁启超令张东荪负责接待。13日,江苏省教育会、中华职业教育社、新教育共进社、中国公学、《时事新报》社、《申报》社和基督教救国会等七个团体,包括徐谦、陈独秀、杨端六、张东荪等数百人在上海为罗素设宴接风,盛况空前,张东荪对罗素来华抱有极大的期望,希望倾向温和的社会主义的罗素能够为中国指出一条光明的出路。15日,在上海中国公学作《社会改造原理》演讲,呼吁中国人在改造社会的过程中,应以助长每个社会个体的自由创造为社会改造的最高原则。21日,访问南京,受中国科学社之邀作《爱因斯坦引力新说》的演讲。下旬,张东荪陪同罗素先后在杭州、南京、长沙等地讲演。罗素在长沙时演讲《布尔什维克与世界政治》,认为社会主义优于资本主义,并终将代替资本主义制度。罗素既为苏俄布尔什维克的经济模式辩护,又批评了布尔什维克的政治体制。毛泽东当时也在座,对罗素演讲题目尤感兴趣,但听完之后颇为失望。他致函在法国勤工俭学的蔡和森:"理论上说得通,事实上做不到。"

按:是年11月至1921年,罗素主要在北京大学和保定等地游历、演讲,给中国人留下了五大学术系列演讲,即《哲学问题》《心之分析》《物的分析》《数学逻辑》和《社会结构学》。(参见左玉河编《张东荪年谱》,群言出版社2014年版)

美国著名哲学家、教育家、心理学家杜威继续在华各地讲学。4月22日,北京大学打电报给哥伦比亚大学请求该校批准杜威留校再任哲学教授一年。杜威夫人该日得哥伦比亚大学校长白特劳博士复电,允杜威续假一年。自此先后在江苏、上海、浙江、北京、湖南、湖北讲学。7月,北京大学请杜威下学期专任哲学及教育学教授,并请杜威的女儿杜威罗茜女士专任史学教授。8月1日,晨报社出版《杜威五大讲演》,即《社会哲学及政治哲学》《教育哲学》《思想之派别》《现代三大哲学家》与《伦理学》。10月25日,湖南省教育会于10月25日—11月4日举行盛大的讲演会。邀请国内外著名人士社威、罗素、蔡元培、章炳麟、胡适、张东荪、李石岑、吴稚晖、杨端六等人到湘讲演,以斯为盛。(参见黎洁华《杜威在华活动年表(中)》,《华东师范大学学报:教育科学版》1985年第2期;陈文彬《五四时期杜威来华讲学与中国知识界的反应》,复旦大学博士学位论文,2006年)

美国原哥伦比亚大学教授葛利普(A. W. Grabau)博士应丁文江之邀来华,担任地质调查所顾问技师兼北京大学地质系古生物学教授。当时中国地质学家一般都对古生物学不够专精,尤其是因对无脊椎动物缺少专学,所以地质时代不易精密鉴定。丁文江在欧美访问时,积极物色专才来补救这个缺点,于是在美国找到了曾任哥伦比亚大学古生物学教授的葛利普。

按：葛利普为德裔美国人，因在第一次世界大战时美国鼓励反德风气，甚至在科学著作中也禁止引用德国来源。这种特殊做法，引起葛利普的愤而辞职。丁文江遂商定请其来华，担任北京大学古生物教授，兼地质调查所顾问，月薪由双方机关各任半数。葛利普后对中国地质学特别是古生物学的发展做出重大贡献，许多青年学者都跟他做详细的无脊椎动物化石的专门研究，并做地史学中具体详细的分层定时工作。虽然葛利普对矿产并不看重，翁文灏也曾对他说，你只看重化石的研究，而完全不考查煤层和厚度和煤质的优劣，未免太偏了罢。但翁文灏认为"我们对于专门人才，必须用其专长，不可过于求全"。(参见李学通《翁文灏年谱》，山东教育出版社 2005 年版)

美国司徒雷登继续任燕京大学校长。春，华北协和女子大学正式加入燕京大学，为燕京大学文理科女校。该校校长麦美德博士(Dr. Luella Miner)任女校文理科科长。校址在灯市口佟府夹道。燕京大学分为三部：(1)文理科男校(在盔甲厂)；(2)文理科女校(在佟府夹道)；(3)神科，即宗教学院(在盔甲厂)秋，实行男女同校。当时与北京大学，仅两校如此。组建起畜牧专业。以后扩大为农学系，讲授农艺学、畜牧学、家禽饲养、乳品制作、园艺等各种学科。二十年代末据在华教会学校联合办学计划，这一系后转到金陵农学院。后又开设工业制革专业，请文森特负责。陈景唐(按即陕督陈树藩)将海淀勺园基地永远租给燕大，包括陈慎思堂、地基 380 亩。下半年购入校园主要部分，工程测量立即开始，并由大学的建筑师莫菲先生开始了校址建筑物的设计。司徒等人认为教师多不合格，尤其外籍教师水平太低，不能胜任，立意解决师资问题。并逐渐明确必须大力倚重中国学者，把学校办成中国文化特色的，为中国培养人才的大学。(参见张玮瑛、王百强、钱辛波主编《燕京大学史稿》，北京人民中国出版社 2000 年版)

美国著名植物家梅尔(Elmer Drew Merrill)来中国浙江、安徽等地进行植物采集，路过南京，与南京之中国植物学家相晤，从此建立起密切的学术来往。(参见胡宗刚《胡先骕先生年谱长编》，江西教育出版社 2007 年版)

法国前总理、现国会议员班乐卫 5 月来华，建议退还庚子赔款，影印《四库全书》，影印《四库全书》的庞大工程自此开始酝酿。当时徐世昌总统允许影印后，分赠法国总统及中国学院，并明令派朱启钤督办其事，又派陈垣往京师图书馆就文津阁书实地调查架函册页确数，以为入手办法。9 月 6 日班乐卫偕秘书波莱等来商务印书馆参观。张元济与李宣龚邀往李宅午餐。餐毕，张元济致欢迎词，李宣龚亦致词，班乐卫致答词，谈教育事。在座有中法实业银行行长李雍、法国商会会长高博爱、侨工局长苏永理、江苏教育会黄炎培等。8 日，张元济赴李雍宅，出席班乐卫晚宴。同席者有海军司令蓝建枢、上海护军使何丰林、交涉使许秋帆、上海县知事沈韫石，以及王正廷、张继、朱佩珍、李宣龚、席立功、宋汉章等。(参见王学典《20 世纪史学编年(1900—1949)》，商务印书馆 2014 年版；张人凤、柳和城编著《张元济年谱长编》，上海交通大学出版社 2011 年版)

共产国际派远东局局长维经斯基率共产党国际工作组马迈耶夫、萨赫雅诺娃 3 月来中国，杨明斋为小组成员，担任翻译和协调工作。经北大俄籍教授鲍立伟介绍与李大钊会见，研究在中国建立共产党组织等问题。李大钊曾组织欢迎会、讲演会，予以热情接待，并邀集进步人士举行座谈。不久，李大钊介绍维经斯基到上海会见陈独秀，马迈耶夫则留在北京帮助筹备建党工作。11 月中旬，维经斯基接受陈独秀建议，在上海拜会孙中山，孙中山表示要把中国南方(广州)的斗争与俄国联系起来的急切愿望。(参见朱文通主编《李大钊年谱长编》，中国社会科学出版社 2009 年版；唐宝林、林茂生《陈独秀年谱》，上海人民出版社 1988 年版)

新加坡华侨陈嘉庚是年春邀聘汪精卫出任厦大校长。嗣后，汪精卫因政务繁忙请辞。

8月,陈嘉庚赶赴上海,聘请蔡元培、黄炎培、汪精卫、郭秉文、余日章、李登辉、胡敦复、黄琬、叶渊、邓萃英等十人为筹备员。10月,召开私立厦门大学筹备委员会第一次会议,拟订《厦门大学组织大纲》,推举北京政府教育部参事、筹备员邓萃英为首任校长,聘请闽籍学者郑贞文为教务长,何公敢为总务长。12月,郑、何二人开始在集美办公。(参见洪永宏编著《厦门大学校史》,厦门大学出版社1990年版)

三、学术论文

陈独秀《自杀论》刊于《新青年》第7卷第2号。

高一涵《对于"治安警察条例"的批评》刊于《新青年》第7卷第2号。

张慰慈《美国城市自治的约章制度》刊于《新青年》第7卷第2号。

陶履恭《欧美劳动问题》刊于《新青年》第7卷第2号。

李大钊《由经济上解释中国近代思想变动的原因》刊于《新青年》第7卷第2号。

按:是文认为:"凡一时代,经济上若发生了变动,思想上也必发生变动。换句话说,就是经济的变动是思想变动的重要原因。现在只把中国现代思想变动的原因由经济上解释解释""中国以农业立国,在东洋诸农业本位国中,占很重要的位置,所以大家族制度在中国特别发达。原来家族团体一面是血统的结合,一面又是经济的结合。……中国的大家族制度,就是中国的农业经济组织,就是中国二千年来社会的基础构造。一切政治、法度、伦理、道德、学术、思想、风俗、习惯,都建筑在大家族制度上作他的表层构造。"随着时代的发展,西洋文明打进中国,西洋的工业经济压迫中国传统的农业经济。"中国的农业经济,既因受了重大的压迫而生动摇,那么首先崩颓粉碎的就是大家族制度了。中国的一切风俗、礼教、政法、伦理都以大家族制度为基础,而以孔子主义为其全结晶体。大家族制度既入了崩颓粉碎的运命,孔子主义也不能不跟着崩颓粉碎了。"

是文最后总结的论点是:第一,我们可以晓得孔子主义(就是中国人所谓纲常名教)并不是永久不变的真理。孔子或其他古人,只是一代哲人,决不是"万世师表"。他的学说所以能在中国行了二千余年,全是因为中国的农业经济,没有很大的变动,他的学说适宜于那样经济状况的缘故。现在经济上生了变动,他的学说,就根本动摇,因为他不能适应中国现代的生活,现代的社会。就有几个尊孔的信徒天天到曲阜去巡礼,天天戴上洪宪衣冠去祭孔,到处建筑些孔教堂,到处传布"子曰"的福音,也断断不能抵住经济变动的势力来维持他那"万世师表""至圣先师"的威灵了。第二,我们可以晓得中国的纲常、名教、伦理、道德,都是建立在大家族制上的东西。中国思想的变动就是家族制度崩坏的征候。第三,我们可以晓得中国今日在世界经济上实立于将为世界的无产阶级的地位。我们应该研究如何使世界的生产手段和生产机关同中国劳工发生关系。第四,我们可以正告那些钳制新思想的人,你们若是能够把现代的世界经济关系完全打破,再复古代闭关自守的生活,把欧洲的物质文明、动的文明,完全扫除,再复古代静止的生活,新思想自然不会发生。你们若是无奈何这新经济势力,那么只有听新思想自由流行,因为新思想是应经济的新状态、社会的新要求发生的,不是几个青年凭空造出来的。

周作人《新村的精神》刊于《新青年》第7卷第2号。

宋春舫《戈登格雷的傀儡剧场》刊于《新青年》第7卷第2号。

孟真《山东底一部分的农民状况大略记》刊于《新青年》第7卷第2号。

高一涵《杜威演讲》刊于《新青年》第7卷第2号。

胡适《国语的进化》刊于《新青年》第7卷第3号。

陈独秀《基督教与中国人》刊于《新青年》第7卷第3号。

高铦《洛书是什么》刊于《新青年》第7卷第3号。

张崧年《近代心理学》刊于《新青年》第7卷第3号。

朱希祖《敬告新的青年》刊于《新青年》第7卷第3号。

高一涵《杜威讲演录》刊于《新青年》第7卷第3号。

顾孟余《人口问题，社会问题的锁钥》刊于《新青年》第7卷第4号。

陶孟和《贫穷与人口问题》刊于《新青年》第7卷第4号。

陈独秀《马尔塞斯人口论与中国人口问题》刊于《新青年》第7卷第4号。

T.S.《人口论底学说变迁》刊于《新青年》第7卷第4号。

马寅初《计算人口的数学》刊于《新青年》第7卷第4号。

张崧年《罗素与人口问题》刊于《新青年》第7卷第4号。

严智钟《数要多，质要好》刊于《新青年》第7卷第4号。

彭一湖《论人口有增加于生活资料以上的恒常倾向》刊于《新青年》第7卷第4号。

顾孟余《中国人口论》刊于《新青年》第7卷第4号。

孙伏园记《杜威博士讲演录》刊于《新青年》第7卷第4号。

蔡元培《洪水与猛兽》刊于《新青年》第7卷第5号。

陈独秀《新文化运动是什么》刊于《新青年》第7卷第5号。

按：文章指出：理解新文化运动，有应该注意的三件事：一、新文化运动要注重团体的活动。美公使说中国人没有组织力，我以为缺乏公共心才没有组织力。忌妒独占的私欲心，人类都差不多，西洋人不比中国人特别好些；但是因为他们有维持团体的公共心牵制，所以才有点组织能力，不像中国人这样涣散。中国人最缺乏公共心，纯然是私欲心用事，所以遍政界、商界、工界、学界，没有十人以上不冲突、三五年不涣散的团体。最近学生运动里也发生了无数的内讧，和南北各派政争遥遥相映。新文化运动倘然不能发挥公共心，不能组织团体的活动，不能造成新集合力，终久是一场失败，或是效力极小。中国人所以缺乏公共心，全是因为家族主义太发达的缘故。有人说是个人主义妨碍了公共心，这却不对。半聋半瞎的八十衰翁，还要拼着老命做官发财，买田置地，简直是替儿孙做牛马，个人主义决不是这样。那卖国贪赃的民贼，也不尽为自己的享乐，有许多竟是省吃俭用的守财奴。所以我以为戕贼中国人公共心的不是个人主义，中国人底个人权利和社会公益，都做了家庭底牺牲品。"各人自扫门前雪，不管他人瓦上霜。"这两句话描写中国人家庭主义独盛、没有丝毫公共心，真算十足了。二、新文化运动要注重创造的精神。创造就是进化，世界上不断的进化只是不断的创造，离开创造便没有进化了。我们不但对于旧文化不满足，对于新文化也要不满足才好；不但对于东方文化不满足，对于西洋文化也要不满足才好；不满足才有创造的余地，我们尽可前无古人，却不可后无来者；我们固然希望我们胜过我们的父亲，我们更希望我们不如我们的儿子。三、新文化运动要影响到别的运动上面。新文化运动影响到军事上，最好能令战争止住；其次也要叫他做新文化运动底朋友，不是敌人。新文化运动影响到产业上，应该令劳动者觉悟他们自己的地位，令资本家要把劳动者当做同类的"人"看待，不要当做机器、牛马、奴隶看待。新文化运动影响到政治上，是要创造新的政治理想，不要受现实政治底羁绊。譬如中国底现实政治，什么护法，什么统一，都是一班没有饭吃的无聊政客在那里造谣生事，和人民生活、政治理想都无关系，不过是各派的政客拥着各派的军人争权夺利，好像狗争骨头一般罢了。他们的争夺是狗的运动。新文化运动是人的运动；我们只应该拿人的运动来轰散那狗的运动，不应该抛弃我们人的运动去加入他们狗的运动！

高一涵《罗素的社会哲学》刊于《新青年》第7卷第5号。

王星拱《什么是科学方法》刊于《新青年》第7卷第5号。

王星拱《奋斗主义之一个解释》刊于《新青年》第7卷第5号。

胡适《工读互助团问题》刊于《新青年》第7卷第5号。

李大钊《五一运动史》刊于《新青年》第7卷第6号。

T. O. I.《一九一九年巴黎的五一运动》刊于《新青年》第7卷第6号。

［俄］S. A. P. 著，O. S. 生译《职工同盟论》刊于《新青年》第7卷第6号。

刘秉麟《劳动问题是什么》刊于《新青年》第7卷第6号。

陈独秀《劳动者的觉悟》刊于《新青年》第7卷第6号。

张慰慈《美国劳动运动及组织》刊于《新青年》第7卷第6号。

高一涵《日本近代劳动组织及运动》刊于《新青年》第7卷第6号。

程振基《英国劳动组合及其最近的趋势》刊于《新青年》第7卷第6号。

陈独秀《谈政治》刊于《新青年》第8卷第1号。

按：是文表明了陈独秀对于政治的鲜明态度，虽说其在《我的解决中国政治方针》演说中曾表明："我们不是忽略了政治问题，是因为十八世纪以来的政治已破产，我们正要站在社会的基础上造成新的政治；我们不是不要宪法，是要在社会上造成自然需要新宪法底实质，凭空讨论形式的条文，是一件无益的事。"这一演说"可以表明我对于政治底态度，一方面固然不以绝口不谈政治为然，一方面也不愿意和一班拿行政或做官弄钱当作政治的先生们谈政治，换句话说，就是：你谈政治也罢，不谈政治也罢，除非逃在深山人迹绝对不到的地方，政治总会寻着你的；但我们要认真了解政治底价值是什么，决不是争权夺利的勾当可以冒牌的。以上的说话，虽然可表明我对于政治底态度，但是过于简单，没有说出充分的理由，而且不曾包含最近对于政治的见解，所以现在要详细谈一下。"是文所表达的最后结论是："我承认人类不能够脱离政治，但不承认行政及做官争地盘攘夺私的权利这等勾当可以冒充政治。我承认国家只能做工具不能做主义，古代以奴隶为财产的市民国家，中世纪以农奴为财产的封建诸侯国家，近代以劳动者为财产的资本家国家，都是所有者的国家，这种国家底政治法律，都是掠夺底工具，但我承认这工具有改造进化的可能性，不必根本废弃他，因为所有者的国家固必然造成罪恶，而所有者以外的国家却有成立的可能性。我虽然承认不必从根本上废弃国家，政治，法律，这个工具，却不承认现存的资产阶级（即掠夺阶级）的国家，政治，法律，有扫除社会罪恶的可能性。我承认用革命的手段建设劳动阶级（即生产阶级）的国家，创造那禁止对内对外一切掠夺的政治法律，为现代社会第一需要，后事如何，就不是我们所应该所能够包办的了。"

蔡元培《社会主义史序》刊于《新青年》第8卷第1号。

按：是文曰："西洋的社会主义，二十年前，才输入中国。一方面是留日学生从日本间接输入的，译有《近世社会主义》等书。一方面是留法学生从法国直接输入的，载在《新世纪》周刊上。后来有《心声》周刊简单的介绍一点。俄国广义派政府成立以后，介绍马克思学说的人多起来了，在日刊月刊中常常看见这一类的题目。但是切切实实，把欧洲社会主义发起以来一切经过的情形，叙述出来的，还没有。"蔡元培友人李君懋猷取英国辟司所增订的克卡朴《社会主义史》用白话译出，在蔡元培看来"可以算是最适当的书了"，是文即为此译本的序言。

胡适《中学国文的教授》刊于《新青年》第8卷第1号。

陶孟和《新历史》刊于《新青年》第8卷第1号。

陈独秀《对于时局的我见》刊于《新青年》第8卷第1号。

汉俊译《女子将来的地位》刊于《新青年》第8卷第1号。

张慰慈译《俄罗斯研究》刊于《新青年》第8卷第1号。

孙伏园记《杜威博士讲演录》刊于《新青年》第8卷第1号。

《俄罗斯研究》刊于《新青年》第8卷第1号。

张崧年《罗素》刊于《新青年》第8卷第2号。

［英］罗素著，张崧年译《梦与事实》刊于《新青年》第8卷第2号。

［英］罗素著，凌霜译《工作与报酬》刊于《新青年》第8卷第2号。

［英］罗素著，张崧年译《民主与革命》刊于《新青年》第 8 卷第 2 号。

［英］罗素著，雁冰译《游俄之感想》刊于《新青年》第 8 卷第 2 号。

［英］罗素著，张崧年译《哲学里的科学法》刊于《新青年》第 8 卷第 2 号。

陶履恭《六时间之劳动》刊于《新青年》第 8 卷第 2 号。

周建人《生存竞争与互动》刊于《新青年》第 8 卷第 2 号。

［俄］哥尔基著，郑振铎译《文学与现在的俄罗斯》刊于《新青年》第 8 卷第 2 号。

《俄罗斯研究》刊于《新青年》第 8 卷第 2 号。

王星拱《罗素的逻辑和宇宙观之概说》刊于《新青年》第 8 卷第 3 号。

［英］罗素著，李季译《能够造成的世界》刊于《新青年》第 8 卷第 3 号。

［英］罗素著，郑振铎译《自叙》刊于《新青年》第 8 卷第 3 号。

［英］罗素著，张崧年译《民主与革命（续前）》刊于《新青年》第 8 卷第 3 号。

雁冰译《罗素论苏维埃俄罗斯》刊于《新青年》第 8 卷第 3 号。

陈独秀《国庆纪念的价值》刊于《新青年》第 8 卷第 3 号。

［俄］杜洛斯基作，震瀛译《我们要从哪里做起》刊于《新青年》第 8 卷第 3 号。

《俄罗斯研究》刊于《新青年》第 8 卷第 3 号。

陈独秀《关于社会主义的讨论》刊于《新青年》第 8 卷第 4 号。

按：在《关于社会主义的讨论》中，陈独秀共辑了东荪先生《由内地旅行而得之又一教训》《正报》记者爱世先生《人的生活》、望道先生《评东荪君底〈又一教训〉》、力子先生的再评《东荪君底〈又一教训〉》、东荪先生《大家须切记罗素先生给我们的忠告》《独秀致罗素先生底信》、东荪先生《答高践四书》、东荪先生《长期的忍耐》、东荪先生《再答颂华兄》、东荪先生《他们与我们》、杨端六先生《与罗素的谈话》《东荪先生的致独秀底信》《独秀复东荪先生底信》这几篇文章。

李大钊《唯物史观在现代史学上的价值》刊于《新青年》第 8 卷第 4 号。

张慰慈《最近德国政治变迁》刊于《新青年》第 8 卷第 4 号。

H. M.《劳工神圣颂》刊于《新青年》第 8 卷第 4 号。

周作人《儿童的文学》刊于《新青年》第 8 卷第 4 号。

［美］杜威著，震瀛译《反动力怎样帮忙》刊于《新青年》第 8 卷第 4 号。

震瀛译《批评罗素论苏维埃俄罗斯》刊于《新青年》第 8 卷第 4 号。

袁振英译《罗素——一个失望的游客》刊于《新青年》第 8 卷第 4 号。

《俄罗斯研究》刊于《新青年》第 8 卷第 4 号。

陈达材《社会改制问题》刊于《新潮》第 2 卷第 1 期。

何思源《近世哲学的新方法》刊于《新潮》第 2 卷第 1 期。

江绍原《耶稣以前的基督》刊于《新潮》第 2 卷第 3 期。

叶麐《"无强权主义的根据"及"无强权的社会"略说》刊于《新潮》第 2 卷第 3 期。

胡适《非个人主义的新生活》刊于《新潮》第 2 卷第 3 期。

［美］杜威讲，吴康、罗家伦记《思想的派别》刊于《新潮》第 2 卷第 3 期。

朱自清《心理学的范围》刊于《新潮》第 2 卷第 3 期。

吴康《我的白话文学研究》刊于《新潮》第 2 卷第 3 期。

叶绍钧《职业与生计》刊于《新潮》第 2 卷第 3 期。

朱洪《女权与法律》刊于《新潮》第 2 卷第 3 期。

谭鸣谦《现代民治主义的精神》刊于《新潮》第 2 卷第 3 期。

［美］杜威讲，高尚德记《大学与舆论》刊于《新潮》第2卷第3期。

罗家伦《舆论的建设》刊于《新潮》第2卷第3期。

罗家伦《批评的研究——三W主义》刊于《新潮》第2卷第3期。

按：是文开始，罗家伦先生就对中国学术和社会发展提出了尖锐的批评，"中国的学术和社会，到现在真是沉闷极了！不特现在沉闷，简直可以说是二千年来，一脉相传，一点变更都没有，一点进步没有。"反观西洋文化，"除中古时代稍微停滞一个时期而外，从'新生世代'以后，则无刻不在进化之中，蓬蓬勃勃的发达，终究造成现代的文化，这是什么道理呢？"罗家伦先生认为，"创造西洋文化的要素，只有一件东西，就是'批评的精神'！近代的科学就是这批评的精神造成的，所以不鹜于陈言，不拘于故训，不迷信人，不迷信国，而纯粹取一种批评的态度；所以常常有新的事物可以发现，新的真理可以搜寻。"批评何以不产生于中国呢？也只有两种原因："1.中了政治专制的毒；2.中了思想专制的毒。"现在"中国的批评精神也稍微有点萌芽了！但是批评的方法怎样呢？"是文提出了从事批评的"三W主义"：我们批评第一步应当注意的就是"What"，就是"什么"？我们批评第二步应当注意就是"Why"，就是"为什么"？第三步应当注意的就是how就是"要怎么"？

孙伏园《海外中国大学为什么不成舆论》刊于《新潮》第2卷第3期。

汪敬熙《社会学方法论》刊于《新潮》第2卷第3期。

孙伏熙《美术与美育》刊于《新潮》第2卷第3期。

蔡元培《美术的起源》刊于《新潮》第2卷第4期。

何思源《社会学中的科学方法》刊于《新潮》第2卷第4期。

江绍原《耶稣以前的基督》刊于《新潮》第2卷第4期。

顾诚吾《对于旧家庭的感想》刊于《新潮》第2卷第4期。

郭绍虞《从艺术上企图社会的改造》刊于《新潮》第2卷第4期。

［美］杜威讲，吴康、罗家伦记《思想的派别》刊于《新潮》第2卷第4期。

汪敬熙《本能与无意识》刊于《新潮》第2卷第4期。

罗家伦《一年来我们学生运动底成功失败和将来应取的方针》刊于《新潮》第2卷第4期。

罗家伦《近代中国文学思想之变迁》刊于《新潮》第2卷第5期。

汪敬熙《心理学之最近的趋势》刊于《新潮》第2卷第5期。

顾诚吾《对于旧家庭的感想》刊于《新潮》第2卷第5期。

［美］杜威讲，吴康、罗家伦记《思想的派别》刊于《新潮》第2卷第5期。

［德］尼采作，唐俟译《察拉图斯忒拉的序言》刊于《新潮》第2卷第5期。

江绍原译《古佛教》刊于《新潮》第2卷第5期。

何思源《哲学与常识》刊于《新潮》第2卷第5期。

冯友兰《柏格森的哲学方法》刊于《新潮》第3卷第1期。

吴康《从思想改造到社会改造》刊于《新潮》第3卷第1期。

何思源《个人创造》刊于《新潮》第2卷第5期。

陈启修《国家之本质及其存在之理由》刊于《北京大学月刊》第1卷第6号。

陈启修《何谓法》刊于《北京大学月刊》第1卷第6号。

杨适夷《挽近社会之三种化》刊于《北京大学月刊》第1卷第6号。

陈启修《挽代之经济思潮与经济学派》刊于《北京大学月刊》第1卷第6号。

陈启修《国民经济之意义》刊于《北京大学月刊》第1卷第6号。

马寅初《有奖储蓄存款之害及其推算之方法》刊于《北京大学月刊》第 1 卷第 6 号。

丁绪贤《怎么样研究化学》刊于推北京大学月刊》第 1 卷第 6 号。

江绍原《大方广圆觉经的佛法》刊于《北京大学月刊》第 1 卷第 7 号。

马寅初《格来森法则(Gresham's Law)之研究》刊于《北京大学月刊》第 1 卷第 7 号。

戴岳《中国建筑材料发展史》刊于《北京大学月刊》第 1 卷第 7 号。

屠孝寔《论信仰之本质》刊于《北京大学月刊》第 1 卷第 7 号。

梁国常《有机化学命名刍议》刊于《北京大学月刊》第 1 卷第 7 号。

徐宝璜《舆论之研究》刊于《北京大学月刊》第 1 卷第 7 号。

徐宝璜、符九铭《发展吾国平民经济的方法之研究》刊于《北京大学月刊》第 1 卷第 7 号。

［美］杜威《历史和地理的意义》刊于《史地丛刊》第 1 卷第 1 期。

［美］杜威夫人《历史学之研究》刊于《史地丛刊》第 1 卷第 1 期。

吴相如《历史教授革新之意见》刊于《史地丛刊》第 1 卷第 1 期。

按：6 月 10 日北京高等师范学校史地学会主办《史地丛刊》创刊。但出版至第 2 期即停刊。

蔡元培《工学互助团的大希望》刊于《少年中国》第 1 卷第 7 期。

方珣《柏格森〈生之哲学〉》刊于《少年中国》第 1 卷第 7 期。

康启宇《生物互助论》刊于《少年中国》第 1 卷第 7 期。

魏嗣銮《空时释体》刊于《少年中国》第 1 卷第 7 期。

查谦《恢复哲学的必要》刊于《少年中国》第 1 卷第 7 期。

王光祈《工读互助团》刊于《少年中国》第 1 卷第 7 期。

田汉《诗人与劳动问题》刊于《少年中国》第 1 卷第 8 期。

周无《诗的将来》刊于《少年中国》第 1 卷第 8 期。

周作人《英国诗人勃来克的思想》刊于《少年中国》第 1 卷第 8 期。

黄仲苏译《太戈尔的诗十七首》刊于《少年中国》第 1 卷第 8 期。

易家钺《难道这也应该学父亲吗?》刊于《少年中国》第 1 卷第 8 期。

宗白华《新诗略谈》刊于《少年中国》第 1 卷第 8 期。

康白情《新诗底我见》刊于《少年中国》第 1 卷第 9 期。

田汉《诗人与劳动问题(续)》刊于《少年中国》第 1 卷第 9 期。

吴弱男女士《法比六大诗人》刊于《少年中国》第 1 卷第 9 期。

西曼《俄国诗豪朴思砳传》刊于《少年中国》第 1 卷第 9 期。

黄仲苏《太戈尔传》刊于《少年中国》第 1 卷第 9 期。

田汉《歌德诗中所表现的思想》刊于《少年中国》第 1 卷第 9 期。

恽代英《怀疑论》刊于《少年中国》第 1 卷第 10 号。

周无《中国妇女问题》刊于《少年中国》第 1 卷第 10 号。

易家钺《诗人梅德林》刊于《少年中国》第 1 卷第 10 号。

苏甲荣《近代心理学在社会问题上的关系》刊于《少年中国》第 1 卷第 10 号。

李诚译《个人与社会》刊于《少年中国》第 1 卷第 10 号。

岳卢译《教育的目的：他的来历和功用》刊于《少年中国》第 1 卷第 10 号。

易家钺《我对于孝的观念》刊于《少年中国》第 1 卷第 10 号。

刘国钧《新唯实主义发凡》刊于《少年中国》第 1 卷第 11 号。

方珣《唯实主义的生之哲学》刊于《少年中国》第 1 卷第 11 号。

查谦译《新唯实主义 The New Realism》刊于《少年中国》第 1 卷第 11 期。

查谦译《新唯实主义的认识》刊于《少年中国》第 1 卷第 11 期。

郑伯奇《新实在论的哲学》刊于《少年中国》第 1 卷第 11 期。

李思纯《汉字与今后的中国文字》刊于《少年中国》第 1 卷第 12 期。

郑伯奇《补充白话文的方法》刊于《少年中国》第 1 卷第 12 期。

陈启文《中学的国文问题》刊于《少年中国》第 1 卷第 12 期。

恽震《学生运动的根本研究》刊于《少年中国》第 1 卷第 12 期。

田汉《新罗曼主义及其他》刊于《少年中国》第 1 卷第 12 期。

恽代英《怎样创造少年中国?》刊于《少年中国》第 2 卷第 1 期。

刘国钧《罗素之当初和现在》刊于《少年中国》第 2 卷第 1 期。

余家菊《什么是革命的最好方法?》刊于《少年中国》第 2 卷第 1 期。

陈启天《中学的国文问题》刊于《少年中国》第 2 卷第 1 期。

魏嗣銮《当如何批判》刊于《少年中国》第 2 卷第 1 期。

李大钊《亚细亚青年的光明运动》刊于《少年中国》第 2 卷第 2 期。

陈启天《什么是新文化的真精神?》刊于《少年中国》第 2 卷第 2 期。

苏甲荣《庄子哲学》刊于《少年中国》第 2 卷第 2 期。

刘衡如《保守之心理》刊于《少年中国》第 2 卷第 2 期。

向警予《女子解放与改造的商榷》刊于《少年中国》第 2 卷第 2 期。

恽代英《怎样创造少年中国?(下)》刊于《少年中国》第 2 卷第 3 期。

余家菊《教师和学生间的交际问题》刊于《少年中国》第 2 卷第 3 期。

李小缘译《自托尔斯泰学说上的俄罗斯解释》刊于《少年中国》第 2 卷第 3 期。

王崇植《世界科学史大纲》刊于《少年中国》第 2 卷第 3 期。

李璜《法兰西一个学者的"进化"观》刊于《少年中国》第 2 卷第 4 期。

李璜《法兰西近代群学》刊于《少年中国》第 2 卷第 4 期。

周无《法兰西近世文学的趋势》刊于《少年中国》第 2 卷第 4 期。

华林《十九世纪法国之美术》刊于《少年中国》第 2 卷第 4 期。

段子燮《法兰西近世数学大家噶司同达布》刊于《少年中国》第 2 卷第 4 期。

何鲁之《法兰西国际社会学者若赫斯》刊于《少年中国》第 2 卷第 4 期。

李劼人《鲁渥的画》刊于《少年中国》第 2 卷第 4 期。

曾琦《法兰西文明特点的一斑》刊于《少年中国》第 2 卷第 4 期。

李思纯《旅法的断片思想》刊于《少年中国》第 2 卷第 4 期。

恽代英《论社会主义》刊于《少年中国》第 2 卷第 5 期。

罗世嶷《化学的改革同物质的新生活》刊于《少年中国》第 2 卷第 5 期。

苏甲荣《今后的文化运动——教育扩张》刊于《少年中国》第 2 卷第 5 期。

王崇植《世界科学史大纲》刊于《少年中国》第 2 卷第 5 期。

王光祈《旅欧杂感》刊于《少年中国》第 2 卷第 5 期。

李璜《留学评议》刊于《少年中国》第 2 卷第 6 期。

张梦九《旅法两周的感想》刊于《少年中国》第2卷第6期。

李思纯《诗体革新之形式及我的意见》刊于《少年中国》第2卷第6期。

杨贤江《美国学术界现在的趋势》刊于《少年世界》第1卷第1期。

C.L.生《日英美的罢工风潮》刊于《少年世界》第1卷第1期。

周炳琳《"五四"以后的北京学生》刊于《少年世界》第1卷第1期。

一民《天津学生最近之大活动》刊于《少年世界》第1卷第1期。

易家钺《日本学生界的黎明运动》刊于《少年世界》第1卷第1期。

徐彦之《北京大学》刊于《少年世界》第1卷第1期。

康白情《北京大学的学生》刊于《少年世界》第1卷第1期。

余家菊《教科书革命》刊于《少年世界》第1卷第1期。

沈怡《铁筋土与近代建筑世界》刊于《少年世界》第1卷第1期。

赤《"光明"运动》刊于《少年世界》第1卷第2期。

杨贤江《中国现有的学术团体》刊于《少年世界》第1卷第2期。

按：文章介绍了中国科学社和中国学群两个学术团体。其曰："中国科学社的创设，是在民国三年的夏天，发起的人，是几个留美学生。他们本意，原在发行《科学》杂志，以输入科学新知，提倡实业。赞成的人，得入股为社友。不到数月，居然得国内外同志几十人热心从事，草文输金，不遗余力，民国四年一月，遂有《科学》杂志产生。后来有人觉得以杂志为主、科学社为辅，不免本末倒置，因此提议改组科学社为学会，而以发行杂志为社中进行事业的一种。民国四年四月，遂由董事会以改组之事通告社员，征求意见，得大多数赞成。由董事会推胡明复、邹秉文、任鸿隽三人为《科学社总章》起草员。起草了后，由社员讨论斟酌以成最后之草案。定社名为中国科学社。那年十月十日，再由起草员以'新章'寄社员表决。十月二十五日全体赞成通过，于是中国科学社正式成立。民国六年三月，复呈请教育部立案，于三月九日得批允准，认为法人团体。""科学社的精神和前途。现在中国比较有力量、有价值的学术团体，不能不推中国科学社。因为据记者所晓得，他们有两种可以钦佩的精神：（一）当初发行《科学》杂志的时候，许多社员能就各人所得的官费节省出来，维持这杂志。后来虽则屡遇经济上的困难，几有不能继续的情形，但是他们终是竭力设法，维持下去。现在《科学》杂志是有雄厚的经济补助，基础狠是巩固，能不能出版，早已不成问题了。这都是他们肯牺牲、有毅力的结果，也就是第一点可以钦佩的地方。（二）科学社的成立，完全是出于研究学术、发达科学的动机，这是狠合学会根本的精神的。从前读书人的目的，终不外'升官''发财'；就是留学生当中，也尽多这样的人。但是科学社的发起人，能够'顾名思义'，把他们的心思，用在研究学问一方面，抱'以学问报国'（这句话是《立案原呈》中说的）的志愿，这不能不说是留学生极大的觉悟、极有价值的事业，这又是第二点可以钦佩的地方。他们既有这两种精神，所以我看他们的前途，也是狠有希望。现在我要贡献几句话，促他们的注意：（一）科学社的社员，应该专心于学问的研究，保持学会的精神。（二）科学社发行的杂志，最好分为两种：一种是通俗的，注重小工艺的制造方法和浅近的科学知识，使识字的人都能看、都能做。一种是专门的，注重高深的学理，以便高等专门学生和从事专门职业者的参考。这个就可由分股委员会担任。（三）多编译专门书籍。因为现在国内关于各种科学的参考书，狠少狠少。在高等程度的学生，外国文程度较高，或可直接参考外国书。最苦的就是中等程度的学生，他们外国文的程度，还不够看外国书，要想研究参考，就无从着手。所以我希望科学社赶快多编译点科学书籍，用廉价发卖，来救济一般学生'学问上的饥荒'。（四）设法成立研究所。因为现在我国学术界的地位，不但不能和西洋诸国并驾齐驱，就是比起日本来，也还觉不及。倘要振兴学术，发明学术，那就不能不设各科研究所，一方面图中国科学的发达，一方面和欧美学会通消息。这样于我国学术界的地位，才有增高的希望。我以为，科学社对于这件事，似乎应该多担负一点责任。总之，科学社在今日中国学界里头，不能不'首屈一指'。记者所希望的，就是要他们努力发挥学会的精神和事业，谋世界学术上的贡献，来增高我国学问界的地位。""中国学群这个学会，国人还没有十分晓得，因为他们的机关在法国，回国的群友极少，所以在国内很少活动。但是他们的宗旨和事业,都很合学会的精神,确有介绍的价值。不过,这里因为缺少参考品,不能作详细的介绍。"

杨贤江《美国和智利之交换教授》刊于《少年世界》第 1 卷第 2 期。

杨贤江《美国哥伦比亚大学之新课程》刊于《少年世界》第 1 卷第 2 期。

邰爽秋《国际劳工会议》刊于《少年世界》第 1 卷第 2 期。

黄日葵《日本之劳动运动》刊于《少年世界》第 1 卷第 2 期。

余家菊《农村生活彻底的观察》刊于《少年世界》第 1 卷第 2 期。

梁空《武汉工厂调查》刊于《少年世界》第 1 卷第 2 期。

日葵译《日本青年文化同盟之成立及其宣言》刊于《少年世界》第 1 卷第 2 期。

周炳琳《一九一九秋季开学后的北京学生界》刊于《少年世界》第 1 卷第 2 期。

章志《天津南开中学校》刊于《少年世界》第 1 卷第 2 期。

李贵诚《中等社会的联合问题》刊于《少年世界》第 1 卷第 2 期。

谢承训《洛士的华众心理》刊于《少年世界》第 1 卷第 2 期。

张崧年《科学里的一革命》刊于《少年世界》第 1 卷第 3 期。

方珣《美国群学会的年会》刊于《少年世界》第 1 卷第 3 期。

杨贤江《美国教育急救委员会的全国教育进行计划》刊于《少年世界》第 1 卷第 3 期。

倪文宙《波希微党 Bolshevik 之教育计划》刊于《少年世界》第 1 卷第 3 期。

林继庸《国立北洋大学》刊于《少年世界》第 1 卷第 3 期。

唐启宇《新时代的农人》刊于《少年世界》第 1 卷第 3 期。

张闻天《农村改造发端》刊于《少年世界》第 1 卷第 3 期。

郑尚廉《中国中瓷业》刊于《少年世界》第 1 卷第 3 期。

左训生《今日之马来半岛》刊于《少年世界》第 1 卷第 3 期。

郑忠富《荷属爪哇岛商务调查记》刊于《少年世界》第 1 卷第 3 期。

范静安《利用光线之电话》刊于《少年世界》第 1 卷第 3 期。

沈怡《理想的美术趋势》刊于《少年世界》第 1 卷第 3 期。

杨钟健《陕西社会现状之一斑》刊于《少年世界》第 1 卷第 3 期。

郑伯奇《与 S 君论日本学术界底现状》刊于《少年世界》第 1 卷第 3 期。

方珣《一九一九年之俄罗斯》刊于《少年世界》第 1 卷第 4 期。

刘国钧《欧战后美国哲学界思想的变迁》刊于《少年世界》第 1 卷第 4 期。

周炳琳《合众国国立研究会》刊于《少年世界》第 1 卷第 4 期。

查谦《亚里斯多德学会》刊于《少年世界》第 1 卷第 4 期。

谢承训《美国大学入学的心理试验之先声》刊于《少年世界》第 1 卷第 4 期。

黄日葵《最近英美的劳动运动》刊于《少年世界》第 1 卷第 4 期。

唐启宇《青年男女农业竞进团》刊于《少年世界》第 1 卷第 4 期。

沈泽民《河海工程专门学校》刊于《少年世界》第 1 卷第 4 期。

恽代英《敬告高等师范教职员及学生》刊于《少年世界》第 1 卷第 4 期。

魏嗣銮《数理与自然》刊于《少年世界》第 1 卷第 4 期。

汤腾汉《五四以来的南洋华侨》刊于《少年世界》第 1 卷第 4 期。

徐彦之《年假游济南杂记》刊于《少年世界》第 1 卷第 4 期。

钓叟《芜湖文化运动记》刊于《少年世界》第1卷第4期。

查谦《美国心理学会第二十八次当年大会》刊于《少年世界》第1卷第5期。

余家菊《北京高等师范废除考试制度的经过》刊于《少年世界》第1卷第5期。

邰爽秋《美国中学升学生择业心理之变迁》刊于《少年世界》第1卷第5期。

邵正祥《国立北京高等师范》刊于《少年世界》第1卷第5期。

徐彦之《俄国学生对世界学生的宣言》刊于《少年世界》第1卷第5期。

李大钊《"五一"May Day运动史》刊于《少年世界》第1卷第5期。

李劼人《法国Gronpment工厂写真》刊于《少年世界》第1卷第5期。

赖毓壎《农人与经济》刊于《少年世界》第1卷第5期。

徐彦之《年假游济南杂记》刊于《少年世界》第1卷第5期。

赵叔愚《新俄罗斯建设之初步》刊于《少年世界》第1卷第6期。

查谦《美国心理学会第二十八次当年大会》刊于《少年世界》第1卷第6期。

杨贤江《儿童年Children's year》刊于《少年世界》第1卷第6期。

王崇植《武汉工厂纪略》刊于《少年世界》第1卷第6期。

林刚《老山造林场》刊于《少年世界》第1卷第6期。

赵世炎《北京高等师范附属中学校》刊于《少年世界》第1卷第6期。

沈怡《天然石的种类与功用》刊于《少年世界》第1卷第6期。

徐彦之《年假游济南杂记》刊于《少年世界》第1卷第6期。

钓叟《芜湖文化运动记》刊于《少年世界》第1卷第6期。

坚瓠《本志之希望》刊于《东方杂志》第17卷第1号。

按：《东方杂志》创刊于1904年（清光绪三十年）3月，其创刊号登载《新出东方杂志简要章程》中的第一条就明确指出了其办刊宗旨："本杂志以启导国民，联络东亚为宗旨。"在办刊形式上则"略仿日本太阳报，英美两国而利费Review of Review体裁，除本社撰译论说，广释新闻外，并选录各种官民日报、旬报、七日报、双日报、每日报、名论要件以便检阅。"根据这些撰译、选录的文稿，《东方杂志》设立了"社说、谕旨、军事、外交、财政、实业、交通、商务、小说、丛谈、新书介绍"等专栏。可以说，《东方杂志》在办刊初期的"稿件来源多半是从中外各种报刊中选录、摘译"，因此这一时期《东方杂志》"实际上是一份具有'选报''文摘'性质的刊物"。不过由于其内容极为庞杂，"杂志"之名倒是名副其实。

1920年1月10日，钱智修以坚瓠为笔名，在《东方杂志》第17卷第1号上发表了《本志之希望》一文，指出"杂志界之职务""以言论为最重大"。"吾国之一线希望，唯在与社会自觉""故今后之言论，亦将以促社会之自觉者居大部分"。这篇《本志之希望》，可以说是《东方杂志》办刊宗旨的一大转变。为贯彻这一宗旨，在钱智修等人的主持下，刊物内容和栏目进行了新的调整，新栏目如"评论""世界新潮""科学杂俎""读者论坛""时论介绍"等开始出现；在内容上"关于现实问题的文字居先，关于学术思想的文字居后。"这种发展和演变，一方面显示了《东方杂志》为"顺应世界之潮流"在办刊宗旨及策略上的调整，另一方面也体现了《东方杂志》主办者在办刊过程中对杂志定位及出版事业价值的新理解。正如钱智修1923年在《本志的第二十年》中所说的："本志虽涵多方面的内容，但这并不是说我们预备做一个上下古今无所不包的杂拌。……我们所占着的时间，既然是被科学精神和民治主义两大潮流所支配的二十世纪，则我们估定一切言论和知识的价值，当然以对于这两大潮流的向背为标准""杂志的最大职务，是纪录现代的思想；是为欲追求世界智识而无暇阅读专书的人做一种简明的报告。"

景藏《主张与地位》刊于《东方杂志》第17卷第1号。

君实《国民之外交教育》刊于《东方杂志》第17卷第1号。

景藏《感情论》刊于《东方杂志》第17卷第1号。

罗罗《俄国之协济事业》刊于《东方杂志》第 17 卷第 1 号。

罗罗《一九一九年与世界大势》刊于《东方杂志》第 17 卷第 1 号。

昔尘《朝鲜文化史上之光辉》刊于《东方杂志》第 17 卷第 1 号。

愈之《近代文学上的写实主义》刊于《东方杂志》第 17 卷第 1 号。

心瞑《海格尔学说一斑》刊于《东方杂志》第 17 卷第 1 号。

罗罗《妇女地位之将来》刊于《东方杂志》第 17 卷第 1 号。

佩韦《现在文学家的责任是什么?》刊于《东方杂志》第 17 卷第 1 号。

陈独秀《实行民治主义之基础》刊于《东方杂志》第 17 卷第 1 号。

一湖《中国之经济社会与资本主义》刊于《东方杂志》第 17 卷第 1 号。

景藏《考试与选举》刊于《东方杂志》第 17 卷第 2 号。

徐广德《为吾国谈国际贸易者进一解》刊于《东方杂志》第 17 卷第 2 号。

欧阳孝纯《欧洲今后之均势》刊于《东方杂志》第 17 卷第 2 号。

陈朴《谦谟康德明我论》刊于《东方杂志》第 17 卷第 2 号。

雁冰《巴苦宁和无强权主义》刊于《东方杂志》第 17 卷第 2 号。

愈之《托尔斯泰的莎士比亚论》刊于《东方杂志》第 17 卷第 2 号。

叔远《注音字母一夕谈》刊于《东方杂志》第 17 卷第 2 号。

高瞻《论禁白话文》刊于《东方杂志》第 17 卷第 2 号。

罗罗《世界劳动运动之概况》刊于《东方杂志》第 17 卷第 3 号。

心瞑《俄国之真相及其将来》刊于《东方杂志》第 17 卷第 3 号。

雁冰《俄国人民及苏维埃政府》刊于《东方杂志》第 17 卷第 3 号。

杨荫樾《拉萨而与社会民治主义》刊于《东方杂志》第 17 卷第 3 号。

陆观村《人类进步之止境》刊于《东方杂志》第 17 卷第 3 号。

宋春舫《戏曲上德模克拉西之倾向》刊于《东方杂志》第 17 卷第 3 号。

夏资《崇俭论》刊于《东方杂志》第 17 卷第 4 号。

君实《欧美各国之改造问题》刊于《东方杂志》第 17 卷第 4 号。

陈无我《新城市与新国家》刊于《东方杂志》第 17 卷第 4 号。

心瞑《世界妇女运动之近状》刊于《东方杂志》第 17 卷第 4 号。

劳人《新组合主义之哲学》刊于《东方杂志》第 17 卷第 4 号。

昔尘《边悌之社会主义》刊于《东方杂志》第 17 卷第 4 号。

宋春舫《近代浪漫派戏剧之沿革》刊于《东方杂志》第 17 卷第 4 号。

朱调孙《研究新旧思想调和之必要及其方法论》刊于《东方杂志》第 17 卷第 4 号。

景藏《官员为职业说》刊于《东方杂志》第 17 卷第 5 号。

润卿《法国人口减少之危状》刊于《东方杂志》第 17 卷第 5 号。

心瞑《唯物论与唯物史观》刊于《东方杂志》第 17 卷第 5 号。

三无《法学的社会主义论》刊于《东方杂志》第 17 卷第 5 号。

澄叔《栗泊士美学大要》刊于《东方杂志》第 17 卷第 5 号。

朱调孙《学生自治与人格的发展》刊于《东方杂志》第 17 卷第 5 号。

程孝刚《今后新工业之方针》刊于《东方杂志》第 17 卷第 5 号。

徐民谋《通俗文与白话文》刊于《东方杂志》第 17 卷第 5 号。

昔尘《货币制度之将来》刊于《东方杂志》第 17 卷第 6 号。

三无《过德文理想社会论之研究》刊于《东方杂志》第 17 卷第 6 号。

何思源《日美将来太平洋之战争》刊于《东方杂志》第 17 卷第 6 号。

雁冰《近代文学的反流——爱尔兰的新文学》刊于《东方杂志》第 17 卷第 7 号。

罗罗《欧洲最近时局之解剖》刊于《东方杂志》第 17 卷第 7 号。

昔尘《英国劳动争议之真相》刊于《东方杂志》第 17 卷第 7 号。

延陵《德国工商业之将来》刊于《东方杂志》第 17 卷第 7 号。

昔尘《莫理斯之艺术观及劳动观》刊于《东方杂志》第 17 卷第 7 号。

罗罗《战争与道德》刊于《东方杂志》第 17 卷第 7 号。

罗罗《文学的催眠术》刊于《东方杂志》第 17 卷第 7 号。

华林《真善美与近代思潮》刊于《东方杂志》第 17 卷第 7 号。

甘乃光《经济思想活动中心之迁移》刊于《东方杂志》第 17 卷第 7 号。

竺可桢《论夏季拨早钟点之利弊》刊于《东方杂志》第 17 卷第 8 号。

顾润卿《第二次大战与德国》刊于《东方杂志》第 17 卷第 8 号。

心暝《亚美尼亚问题》刊于《东方杂志》第 17 卷第 8 号。

胡文棫《余值论》刊于《东方杂志》第 17 卷第 8 号。

谢六逸《社会改造运动与文艺》刊于《东方杂志》第 17 卷第 8 号。

宋春舫《小戏院的意义由来及现状》刊于《东方杂志》第 17 卷第 8 号。

蒋善国《我的新旧文学观》刊于《东方杂志》第 17 卷第 8 号。

景藏《吾国之阶级斗争》刊于《东方杂志》第 17 卷第 9 号。

徐广德《国民对于铁路问题应有之研究》刊于《东方杂志》第 17 卷第 9 号。

三无《劳动问题之根本观念及劳资协调策》刊于《东方杂志》第 17 卷第 9 号。

陈无我《美人之未来战争观》刊于《东方杂志》第 17 卷第 9 号。

劳人《战后之德国政策》刊于《东方杂志》第 17 卷第 9 号。

陈无我《辟自然回复论》刊于《东方杂志》第 17 卷第 9 号。

雁冰《未来社会之家庭》刊于《东方杂志》第 17 卷第 9 号。

邵振青《教育与社会及政治》刊于《东方杂志》第 17 卷第 10 号。

君实《最近世界海运业之大势》刊于《东方杂志》第 17 卷第 10 号。

延陵《空中事业新论》刊于《东方杂志》第 17 卷第 10 号。

心暝《近代生活侧面观》刊于《东方杂志》第 17 卷第 10 号。

三无《妇人职业问题之学说及批评》刊于《东方杂志》第 17 卷第 10 号。

国人《注音字母与万国音标》刊于《东方杂志》第 17 卷第 10 号。

戴岳《说美术之真价值及革新中国美术之根本之方法》刊于《东方杂志》第 17 卷第 10 号。

何思源《英法美民主政治之比较》刊于《东方杂志》第 17 卷第 11 号。

浦薛凤《日本与高丽》刊于《东方杂志》第 17 卷第 11 号。

侣琴《非洲的领土变动》刊于《东方杂志》第 17 卷第 11 号。

昔尘《社会主义之未来国家》刊于《东方杂志》第 17 卷第 11 号。

潘公展《英国的新村市》刊于《东方杂志》第 17 卷第 11 号。

尤孝标《危哉中国农业之将来》刊于《东方杂志》第 17 卷第 11 号。

景藏《民主国与社会主义》刊于《东方杂志》第 17 卷第 12 号。

昔尘《法国劳动总同盟之研究》刊于《东方杂志》第 17 卷第 12 号。

三无《克鲁泡特金主义之评论》刊于《东方杂志》第 17 卷第 12 号。

昔尘《现代文学上底新浪漫主义》刊于《东方杂志》第 17 卷第 12 号。

观村《欧洲新同盟论》刊于《东方杂志》第 17 卷第 13 号。

衡如译《中国劳工与美国实业之将来》刊于《东方杂志》第 17 卷第 13 号。

罗敦伟《我国学术思想的解放》刊于《东方杂志》第 17 卷第 13 号。

吴泽霖《服饰的研究》刊于《东方杂志》第 17 卷第 13 号。

邓文亢《中东铁路运命论》刊于《东方杂志》第 17 卷第 14 号。

陈无我《世界本位之铁路制度》刊于《东方杂志》第 17 卷第 14 号。

罗罗《劳农俄罗斯之改造状况》刊于《东方杂志》第 17 卷第 14 号。

杨端六《生产要素之科学的分析》刊于《东方杂志》第 17 卷第 14 号。

昔尘《韦勃和法屏社会主义》刊于《东方杂志》第 17 卷第 14 号。

杨端六《民食问题》刊于《东方杂志》第 17 卷第 15 号。

江绍原《生活艺术》刊于《东方杂志》第 17 卷第 15 号。

昔尘《柯尔和基尔特社会主义》刊于《东方杂志》第 17 卷第 15 号。

君实《性欲之科学》刊于《东方杂志》第 17 卷第 15 号。

君实《文化的国际主义》刊于《东方杂志》第 17 卷第 16 号。

端六《论企业阶级》刊于《东方杂志》第 17 卷第 16 号。

昔尘《中央欧罗巴之新形势》刊于《东方杂志》第 17 卷第 16 号。

冠生《法国人之法国现代文学批评》刊于《东方杂志》第 17 卷第 16 号。

恽代英《美国人对于早婚之意见》刊于《东方杂志》第 17 卷第 16 号。

杨端六《国民大会平议》刊于《东方杂志》第 17 卷第 17 号。

昔尘《议会政治之失望》刊于《东方杂志》第 17 卷第 17 号。

三无《新旧势力之强弱与文化转移期之关系》刊于《东方杂志》第 17 卷第 17 号。

雁冰《爱伦凯的母性论》刊于《东方杂志》第 17 卷第 17 号。

张毓桂译《文学与戏剧》刊于《东方杂志》第 17 卷第 17 号。

杨端六《养老年金议》刊于《东方杂志》第 17 卷第 18 号。

愈之《社会主义与自由主义》刊于《东方杂志》第 17 卷第 18 号。

君实《劳农共和国与理想社会》刊于《东方杂志》第 17 卷第 18 号。

周建人《善种学与其建立者》刊于《东方杂志》第 17 卷第 18 号。

雁冰《"欧美新文学最近之趋势"著后》刊于《东方杂志》第 17 卷第 18 号。

君实《新文化之内容》刊于《东方杂志》第 17 卷第 19 号。

坚瓠《文化运动之第二步》刊于《东方杂志》第 17 卷第 19 号。

昔尘《西班牙现势论》刊于《东方杂志》第 17 卷第 19 号。

愈之《罗素的新俄观》刊于《东方杂志》第 17 卷第 19 号。

恽代英《英哲尔士论家庭的起源》刊于《东方杂志》第 17 卷第 19 号。

若木《群众心理》刊于《东方杂志》第 17 卷第 19 号。

端六《罗素之哲学研究法》刊于《东方杂志》第 17 卷第 20 号。

罗罗《法国政制之变更》刊于《东方杂志》第 17 卷第 20 号。

杨端六《法律世界中之中国》刊于《东方杂志》第 17 卷第 20 号。

于树德《农荒预防与产业协济会》刊于《东方杂志》第 17 卷第 20—21 号。

秋桐《名学他辨》刊于《东方杂志》第 17 卷第 20 号。

杨端六《关册汉译正误》刊于《东方杂志》第 17 卷第 20 号。

潘公展《罗素论哲学问题》刊于《东方杂志》第 17 卷第 21 号。

君实《知识阶级对于劳动运动之地位》刊于《东方杂志》第 17 卷第 21 号。

李书华《科学定律与事实》刊于《东方杂志》第 17 卷第 21 号。

坚瓠《罗素之科学观》刊于《东方杂志》第 17 卷第 22 号。

昔尘《文化运动之分功》刊于《东方杂志》第 17 卷第 22 号。

罗罗《法兰西文化之危机》刊于《东方杂志》第 17 卷第 22 号。

杨端六《和罗素先生的谈话》刊于《东方杂志》第 17 卷第 22 号。

罗罗《世界经济之预测》刊于《东方杂志》第 17 卷第 22 号。

郑贤宗《财产问题发端》刊于《东方杂志》第 17 卷第 22 号。

冠生《二十世纪法国文坛之新鬼》刊于《东方杂志》第 17 卷第 22 号。

欧阳光《维也纳会议与巴黎会议之比较》刊于《东方杂志》第 17 卷第 22 号。

杨端六《社会组织之研究》刊于《东方杂志》第 17 卷第 23 号。

昔尘《欧洲列国之再兴》刊于《东方杂志》第 17 卷第 23 号。

说难《国语之统系的研究与孤立的研究》刊于《东方杂志》第 17 卷第 24 号。

昔尘《代议政治改善论》刊于《东方杂志》第 17 卷第 24 号。

陈敬《虚无主义的研究》刊于《东方杂志》第 17 卷第 24 号。

冠生《战后文学底新倾向——浪漫主义底复活》刊于《东方杂志》第 17 卷第 24 号。

佩韦《妇女解放问题的建设方面》刊于《妇女杂志》第 6 卷第 1 号。

雁冰《读少年中国妇女号》刊于《妇女杂志》第 6 卷第 1 号。

胡怀琛《释放婢女议》刊于《妇女杂志》第 6 卷第 1 号。

Margaret Liewelyn Davies 原著,四珍译《现在妇女所要求的是什么》刊于《妇女杂志》第 6 卷第 1 号。

双溪乡人《科学的救旱方法》刊于《妇女杂志》第 6 卷第 1 号。

缪程淑仪《新文体之一夕谈》刊于《妇女杂志》第 6 卷第 1 号。

董祝厘《人种改良学之研究方法》刊于《妇女杂志》第 6 卷第 1 号。

Lester F. Ward 原著,雁冰译《历史上的妇人》刊于《妇女杂志》第 6 卷第 1 号。

丁锡纶《儿童读物的研究》刊于《妇女杂志》第 6 卷第 1 号。

朱梦梅《本国产各种补剂之研究》刊于《妇女杂志》第 6 卷第 1 号。

佩韦《家庭与科学》刊于《妇女杂志》第 6 卷第 1 号。

佩韦《英国女子在工业上的情形》刊于《妇女杂志》第 6 卷第 1 号。

雁冰《男女社交公开问题管见》刊于《妇女杂志》第 6 卷第 2 号。

佩韦《评新妇女》刊于《妇女杂志》第 6 卷第 2 号。

炳文《婚姻自由》刊于《妇女杂志》第 6 卷第 2 号。

雁冰《欧洲妇女的结合》刊于《妇女杂志》第 6 卷第 2 号。

缪程淑仪《妇女新年之行乐法》刊于《妇女杂志》第 6 卷第 2 号。

佩韦《生物界之奇谭》刊于《妇女杂志》第 6 卷第 2 号。

成玉《点句法》刊于《妇女杂志》第 6 卷第 2 号。

庄泽宣《美国家事教育》刊于《妇女杂志》第 6 卷第 2 号。

谢九香《慈母的爱情》刊于《妇女杂志》第 6 卷第 2 号。

张虚生《"爱"之释义》刊于《妇女杂志》第 6 卷第 2 号。

雁冰《我们该怎样预备了去谈妇女解放问题》刊于《妇女杂志》第 6 卷第 3 号。

[日]永井柳太郎原著,瑟庐译《欧美妇女问题之新现象》刊于《妇女杂志》第 6 卷第 3 号。

胡怀琛《中西文字相同之研究》刊于《妇女杂志》第 6 卷第 3 号。

[美]矮德何女士原著,师蠡译《儿童与玩具之关系》刊于《妇女杂志》第 6 卷第 3 号。

魏冰心《我之婚姻谈》刊于《妇女杂志》第 6 卷第 3 号。

庄泽宣《美国家事教育(续)》刊于《妇女杂志》第 6 卷第 3 号。

君柔《家庭妇女的组织》刊于《妇女杂志》第 6 卷第 4 号。

彭季能《妇女职业指导》刊于《妇女杂志》第 6 卷第 4 号。

郑容孟齐《妇女经济独立问题》刊于《妇女杂志》第 6 卷第 4 号。

余裴山《我怎样去帮助我的小孩子在学校里面》刊于《妇女杂志》第 6 卷第 4 号。

雁冰《女子的觉悟》刊于《妇女杂志》第 6 卷第 4 号。

胡怀琛《女子当废除装饰》刊于《妇女杂志》第 6 卷第 4 号。

小青《新智囊百问》刊于《妇女杂志》第 6 卷第 4 号。

庄泽宣《美国家事教育(续)》刊于《妇女杂志》第 6 卷第 4 号。

吴兴《"美"之释义》刊于《妇女杂志》第 6 卷第 4 号。

Y.P.《家庭服务于经济独立》刊于《妇女杂志》第 6 卷第 5 号。

邵飘萍《避姙问题之研究》刊于《妇女杂志》第 6 卷第 5 号。

朴逖《读"新妇女"的感想》刊于《妇女杂志》第 6 卷第 5 号。

胡怀琛《科学观之诗谈》刊于《妇女杂志》第 6 卷第 5 号。

沈泽民《女子的觉悟(续)》刊于《妇女杂志》第 6 卷第 5 号。

丁叔言《对于儿童玩具的意见》刊于《妇女杂志》第 6 卷第 5 号。

李佩兰《解放后的妇女人格观》刊于《妇女杂志》第 6 卷第 5 号。

庄泽宣《美国家事教育(续)》刊于《妇女杂志》第 6 卷第 5 号。

李三无《现代结婚基础的缺陷和今后应取方针》刊于《妇女杂志》第 6 卷第 9 号。

胡怀琛《贞操问题》刊于《妇女杂志》第 6 卷第 9 号。

瑟庐《娼妓制度史考》刊于《妇女杂志》第 6 卷第 9 号。

胡怀琛《释婢问题答敌秋君》刊于《妇女杂志》第 6 卷第 9 号。

云舫《新妇女所应该的铲除几种劣根性》刊于《妇女杂志》第 6 卷第 9 号。

佩韦《妇女运动的造成》刊于《妇女杂志》第 6 卷第 9 号。

伍自培《我之妇女解放谈》刊于《妇女杂志》第 6 卷第 9 号。

庄泽宣《美国家事教育(续)》刊于《妇女杂志》第 6 卷第 9 号。

爱尔氏原著,刘凤生译《劳农俄罗斯之保护妇女儿童观》刊于《妇女杂志》第 6 卷第 9 号。

胡怀琛《女子职业问题》刊于《妇女杂志》第 6 卷第 10 号。

信庸《新妇女的人生观》刊于《妇女杂志》第 6 卷第 10 号。

瑟庐《近代思想家的性欲观与恋爱观》刊于《妇女杂志》第 6 卷第 10 号。

纪尔曼夫人原著,P. 生译《家庭生活与男女社交的自由》刊于《妇女杂志》第 6 卷第 10 号。

胡怀琛《译诗业谈》刊于《妇女杂志》第 6 卷第 10 号。

黄河济《新妇女应有的觉悟》刊于《妇女杂志》第 6 卷第 10 号。

缪程淑仪《妇女家庭养鸡的利益》刊于《妇女杂志》第 6 卷第 10 号。

庄泽宣《美国家事教育》刊于《妇女杂志》第 6 卷第 10 号。

胡怀琛《妇女与常识》刊于《妇女杂志》第 6 卷第 12 号。

李佩兰《读音统一中之我见》刊于《妇女杂志》第 6 卷第 12 号。

周迪斐《择婚标准》刊于《妇女杂志》第 6 卷第 12 号。

朱信庸《新诗的意义》刊于《妇女杂志》第 6 卷第 12 号。

小青《新智囊百问(续)》刊于《妇女杂志》第 6 卷第 12 号。

谷青《欧美妇人与社会事业》刊于《妇女杂志》第 6 卷第 12 号。

朱恢伯译《欧战后德国妇女之活动》刊于《妇女杂志》第 6 卷第 12 号。

张彭年《我之贞操观》刊于《妇女杂志》第 6 卷第 12 号。

胡怀琛《贞操问题答张彭年君》刊于《妇女杂志》第 6 卷第 12 号。

李剑农《幸福论》刊于《太平洋》第 2 卷第 3 号。

李凤亭《中国的问题》刊于《太平洋》第 2 卷第 3 号。

向复庵《卢梭政治学说之研究　篇一》刊于《太平洋》第 2 卷第 3 号。

张嘉禾《论所有权思想之变迁》刊于《太平洋》第 2 卷第 3 号。

彭一湖《国际劳动问题》刊于《太平洋》第 2 卷第 3 号。

邓劲《铁道与统一》刊于《太平洋》第 2 卷第 3 号。

杨端六《德国战败之一面观》刊于《太平洋》第 2 卷第 3 号。

郁嶷《同盟罢工论》刊于《太平洋》第 2 卷第 3 号。

张学奇《什么叫做发展实业》刊于《太平洋》第 2 卷第 3 号。

今非、剑农《对于改良文字的意见》刊于《太平洋》第 2 卷第 3 号。

彭一湖《防止中国社会破灭的第一治标法》刊于《太平洋》第 2 卷第 4 号。

杨端六《欧战后之国际金融》刊于《太平洋》第 2 卷第 4 号。

杨端六《欧战后之世界工业　上篇》刊于《太平洋》第 2 卷第 4 号。

刘彦《论新银行团与中国之利害》刊于《太平洋》第 2 卷第 4 号。

彭一湖《社会主义与新发明》刊于《太平洋》第 2 卷第 4 号。

沧海《柏拉图的国家起源论》刊于《太平洋》第 2 卷第 4 号。

张松年《政府与法律》刊于《太平洋》第 2 卷第 4 号。

鲠生《战前战后的国际政局》刊于《太平洋》第 2 卷第 5 号。

鲠生《对于万国联盟约法修正意见》刊于《太平洋》第 2 卷第 5 号。

杨端六《欧战后之世界工业　篇下》刊于《太平洋》第2卷第5号。

赤松《协商国终不与俄国现政府讲和耶》刊于《太平洋》第2卷第5号。

松子《德国女子与德国新宪法》刊于《太平洋》第2卷第5号。

春岳《法国新选举法》刊于《太平洋》第2卷第5号。

松子《法国新总统选举》刊于《太平洋》第2卷第5号。

松子《法英法美协约之命运》刊于《太平洋》第2卷第5号。

松子《爱兰新自治案》刊于《太平洋》第2卷第5号。

春岳《英国第一次女子议员》刊于《太平洋》第2卷第5号。

春岳《澳大利分裂运动与协商侧决议》刊于《太平洋》第2卷第5号。

鲠生《和局告成与万国联盟》刊于《太平洋》第2卷第5号。

端六《英美造船竞争》刊于《太平洋》第2卷第5号。

端六《国际劳动会议》刊于《太平洋》第2卷第5号。

仲鸣《法兰西近代之小说家》刊于《太平洋》第2卷第5号。

杨端六《归国杂感》刊于《太平洋》第2卷第6号。

陈承泽《我国人生哲学的谬误》刊于《太平洋》第2卷第6号。

周鲠生《战争与割地条约》刊于《太平洋》第2卷第6号。

梁龙《新银行团与中国》刊于《太平洋》第2卷第6号。

杨端六《世界通货之厄运》刊于《太平洋》第2卷第6号。

石公《德国反动失败之真相》刊于《太平洋》第2卷第6号。

杨端六《西南大学之经过》刊于《太平洋》第2卷第6号。

沧海《德意志新宪法评论》刊于《太平洋》第2卷第7号。

向复庵《卢梭政治学说之研究　篇二》刊于《太平洋》第2卷第7号。

杨端六《马克思学说评》刊于《太平洋》第2卷第7号。

李仲揆《现代繁华与炭》刊于《太平洋》第2卷第7号。

黄耀武《中美同盟与世界和平》刊于《太平洋》第2卷第7号。

张三眼《督军所主张的废督》刊于《太平洋》第2卷第7号。

说难《罪己令》刊于《太平洋》第2卷第7号。

杨端六《西南大学之经过　续前期》刊于《太平洋》第2卷第7号。

李剑农《争自由的要著》刊于《太平洋》第2卷第8号。

李凤亭《时代思潮的杂评》刊于《太平洋》第2卷第8号。

袁昌英《论女子留学的必要》刊于《太平洋》第2卷第8号。

杨端六《我国海关统计改良刍议》刊于《太平洋》第2卷第8号。

刘秉麟《中国租税史略》刊于《太平洋》第2卷第8—10号。

按:在是文正文之前,有杨端六先生的一段按语,从中可知,刘秉麟先生时任中国公学教务长,其对于经济财政学夙有精密的研究,"顷以所学译美国经济学者爱当士财政学大纲见示,拟委托商务印书馆代印出版"。刘秉麟先生因爱当士的书对于美国财政制度有详尽描述,而忽略东方的财政制度,"乃量为增减,并于卷末附以中国租税史略"。杨端六先生请示过刘秉麟先生后,将"此篇在《太平洋》杂志上发表,以供读者先睹为快"。

顾复《科学论》刊于《太平洋》第2卷第8号。

白华《学者的态度与精神》刊于《解放与改造》第2卷第1号。

佛海《物质生活上改造的方针》刊于《解放与改造》第2卷第1号。

筑山醉翁《社会主义简明史》刊于《解放与改造》第2卷第1号。

舒新城《自我的研究》刊于《解放与改造》第2卷第1号。

宗一《上海的劳工问题》刊于《解放与改造》第2卷第1号。

公展《俄国土地法》刊于《解放与改造》第2卷第1号。

雁冰《广义派政府下的教育》刊于《解放与改造》第2卷第1号。

超然《消费方面的社会改造》刊于《解放与改造》第2卷第1号。

东荪《职业自由的要求》刊于《解放与改造》第2卷第2号。

公展《社会主义的误解》刊于《解放与改造》第2卷第2号。

颂华《读罗塞尔的社会改造原理首末两节》刊于《解放与改造》第2卷第2号。

延陵《坟墓制度的改造》刊于《解放与改造》第2卷第2号。

侣琴《渥温的学说》刊于《解放与改造》第2卷第2号。

纵圆《国际劳工立法委员会》刊于《解放与改造》第2卷第2号。

宋介《社会学之科学态度》刊于《解放与改造》第2卷第2号。

唐松园《人种改良》刊于《解放与改造》第2卷第2号。

守常《由纵的组织向横的组织》刊于《解放与改造》第2卷第2号。

东荪《评资本主义的办事方法》刊于《解放与改造》第2卷第3号。

筑山醉翁《评工读主义》刊于《解放与改造》第2卷第3号。

君劢《德国革命论》刊于《解放与改造》第2卷第3号。

熊正理《罗塞尔论国家权力范围之标准》刊于《解放与改造》第2卷第3号。

陈真伯《伦理改造论》刊于《解放与改造》第2卷第3号。

寿凡《美国教员组合》刊于《解放与改造》第2卷第3号。

公展译《再建俄国的主动力》刊于《解放与改造》第2卷第3号。

陈开懋《法国原始的社会主义——圣西门》刊于《解放与改造》第2卷第3号。

献书《卢梭人类不平等之原由与基础论》刊于《解放与改造》第2卷第3号。

东荪《利害冲突背后的人性观冲突》刊于《解放与改造》第2卷第3号。

雁冰《评女子参政运动》刊于《解放与改造》第2卷第4号。

君劢《德国革命论》刊于《解放与改造》第2卷第4号。

颂华《柯蕾的〈社会的历程〉》刊于《解放与改造》第2卷第4号。

周佛海《教育的解放》刊于《解放与改造》第2卷第4号。

寿凡《英国劳动运动与三角同盟》刊于《解放与改造》第2卷第4号。

松涛《科学与德谟克拉西》刊于《解放与改造》第2卷第4号。

献书《卢梭人类不平等之原由与基础论》刊于《解放与改造》第2卷第4号。

苏一峰《盲人问题》刊于《解放与改造》第2卷第4号。

东荪《改造要全体谐和》刊于《解放与改造》第2卷第5号。

侣琴《农民解放与平民银行》刊于《解放与改造》第2卷第5号。

颂华《述爱尔和特氏论社会常态的与变态的改革之大意》刊于《解放与改造》第2卷第5号。

陈友琴《斯宾塞尔的女权观》刊于《解放与改造》第2卷第5号。

袁锡瑎《我国劳农问题的研究》刊于《解放与改造》第 2 卷第 5 号。

瞿秋白《托尔斯泰告妇女文》刊于《解放与改造》第 2 卷第 5 号。

瞿秋白《答论驳〈告妇女〉》刊于《解放与改造》第 2 卷第 5 号。

献书《卢梭人类不平等之原由与基础论》刊于《解放与改造》第 2 卷第 5 号。

姜琦《新文化运动和教育》刊于《解放与改造》第 2 卷第 5 号。

南陔《误会与澈底的研究》刊于《解放与改造》第 2 卷第 6 号。

延陵《颉德氏的社会哲学论述》刊于《解放与改造》第 2 卷第 6 号。

侣琴《建设中的苏维埃》刊于《解放与改造》第 2 卷第 6 号。

［日］室伏高信原著,佛海译《社会主义与劳动组合》刊于《解放与改造》第 2 卷第 6 号。

何培心《社会制度之经过与其将来》刊于《解放与改造》第 2 卷第 6 号。

澹庐《言论自由与国家》刊于《解放与改造》第 2 卷第 6 号。

李霁初《苏维脱共和国各方面的观察》刊于《解放与改造》第 2 卷第 6 号。

白华《青年烦闷之解救法》刊于《解放与改造》第 2 卷第 6 号。

品今《予之爱的协合观》刊于《解放与改造》第 2 卷第 7 号。

佛海《精神生活的改造》刊于《解放与改造》第 2 卷第 7 号。

雁冰《I. W. W. 的研究》刊于《解放与改造》第 2 卷第 7 号。

明权《国家之新意义》刊于《解放与改造》第 2 卷第 7 号。

恽震《爱国与国粹》刊于《解放与改造》第 2 卷第 7 号。

枕江《克鲁泡特金致丹麦新闻记者书》刊于《解放与改造》第 2 卷第 7 号。

枕江《论日本言论出版之不自由》刊于《解放与改造》第 2 卷第 7 号。

杨效春《社会化的教育》刊于《解放与改造》第 2 卷第 7 号。

东荪《科学的平民化与学校的工厂化》刊于《解放与改造》第 2 卷第 8 号。

颂华《颉德氏能力科学论述》刊于《解放与改造》第 2 卷第 8 号。

雁冰《I. W. W. 的研究》刊于《解放与改造》第 2 卷第 8 号。

君劢《德国宪法全文》刊于《解放与改造》第 2 卷第 8 号。

新城《怎样去改造武人思想》刊于《解放与改造》第 2 卷第 8 号。

颂华《个人对于旧势力的单独实现与对于新组织的社会化》刊于《解放与改造》第 2 卷第 9 号。

君劢《德国新共和宪法评(上篇)》刊于《解放与改造》第 2 卷第 9 号。

雁冰《I. W. W. 的研究(完)》刊于《解放与改造》第 2 卷第 9 号。

君劢《记法国总选举及总统选举》刊于《解放与改造》第 2 卷第 9 号。

绍虞《社会改造家传略》刊于《解放与改造》第 2 卷第 9 号。

明权《佃户的解放(一)》刊于《解放与改造》第 2 卷第 9 号。

［日］森户辰男著,枕江译《克鲁泡特金之社会思想研究》刊于《解放与改造》第 2 卷第 9—13 号。

按:彼得·阿列克谢耶维奇·克鲁泡特金是俄国革命家和地理学家,无政府主义的重要代表人物之一。无政府主义于 20 世纪初传入中国,五四运动后逐渐形成一股具有一定影响力的社会思潮。《解放与改造》及后来改版后《改造》,是民国时期译介和宣传无政府主义的重要阵地,先后发表和转载了多篇关于无政府主义的文章。从文章的来源看,一部分是译自英文,如第一卷第六号兼生翻译《克鲁泡特金的道德观》,另外一部分则是译自日文,是文原文就是日本东京大学教授森户辰男所著。译文前有一段译者所写的按语"日本森户氏因草克氏社会思想之研究而被逮捕入狱,今此问题已为三岛论坛上之焦点矣。然有识之士,莫不以摧残言论自由之政府为罪,而叹夫扶桑文化之不获与欧美并驰者非无因也。""克氏之论,一言以蔽之曰,拥自由伸正义而已。……兹译其原文,俾国人明森户氏之无罪,而知强权者之不知公理耳。"

　　颂华《从觉悟到自觉》刊于《解放与改造》第 2 卷第 10 号。

　　佛海《社会主义的性质》刊于《解放与改造》第 2 卷第 10 号。

　　延陵《廓尔的〈实业界的自治〉》刊于《解放与改造》第 2 卷第 10 号。

　　绍虞《社会改造家传略》刊于《解放与改造》第 2 卷第 10 号。

　　枕江《印度泰莪尔之物质文明与精神文明论》刊于《解放与改造》第 2 卷第 10 号。

　　佛海《工行社会主义之国家观》刊于《解放与改造》第 2 卷第 10 号。

　　献书《新军队之创建》刊于《解放与改造》第 2 卷第 10 号。

　　明权《佃户的解放(二)》刊于《解放与改造》第 2 卷第 10 号。

　　雁冰《组织劳动运动团体的我见》刊于《解放与改造》第 2 卷第 11 号。

　　君劢《德国新共和宪法评》刊于《解放与改造》第 2 卷第 11 号。

　　陈友琴《广义派学校的批评》刊于《解放与改造》第 2 卷第 11 号。

　　延陵《廓尔的〈实业界的自治〉(完)》刊于《解放与改造》第 2 卷第 11 号。

　　绍虞《社会改造家传略》刊于《解放与改造》第 2 卷第 11 号。

　　许文锵《学校和家庭》刊于《解放与改造》第 2 卷第 11 号。

　　福同《俄国之新教育制》刊于《解放与改造》第 2 卷第 11 号。

　　明权《劳动全酬权论》刊于《解放与改造》第 2 卷第 11 号。

　　陈敬《实际生活与理想生活》刊于《解放与改造》第 2 卷第 11 号。

　　侣琴《农村运动》刊于《解放与改造》第 2 卷第 12 号。

　　君劢《德国新共和宪法(完)》刊于《解放与改造》第 2 卷第 12 号。

　　陈开懋《德夫芝的〈协作的伦理〉》刊于《解放与改造》第 2 卷第 12 号。

　　绍虞《社会改造家传略》刊于《解放与改造》第 2 卷第 12 号。

　　献书《国家于农业上的扶助》刊于《解放与改造》第 2 卷第 12 号。

　　沈思岐《常熟底农民的地主》刊于《解放与改造》第 2 卷第 12 号。

　　明权《俄国产业组合法》刊于《解放与改造》第 2 卷第 12 号。

　　颂华《主义之科学的研究与集化分化之调和》刊于《解放与改造》第 2 卷第 13 号。

　　延陵《政治的魔梦》刊于《解放与改造》第 2 卷第 13 号。

　　延陵《福来德的"新国家"》刊于《解放与改造》第 2 卷第 13 号。

　　绍虞《社会改造家传略》刊于《解放与改造》第 2 卷第 13 号。

　　献书《基尔特主义的哲学原理》刊于《解放与改造》第 2 卷第 13 号。

　　明权《由集权向分权》刊于《解放与改造》第 2 卷第 13 号。

　　明权《社会理想之无治主义与国家》刊于《解放与改造》第 2 卷第 13 号。

　　鲲《社会主义最近之派别》刊于《解放与改造》第 2 卷第 13 号。

　　鲲《近代科学与先进社会》刊于《解放与改造》第 2 卷第 13 号。

　　君劢、东荪《中国之前途德国乎俄国乎?》刊于《解放与改造》第 2 卷第 14 号。

　　延陵《福来德的"新国家"(完)》刊于《解放与改造》第 2 卷第 14 号。

绍虞《社会改造家传略》刊于《解放与改造》第 2 卷第 14 号。

献书《苏维埃俄罗斯之文化事业与教育》刊于《解放与改造》第 2 卷第 14 号。

明权《社会主义之改造》刊于《解放与改造》第 2 卷第 14 号。

明权《基尔特组合员的社会》刊于《解放与改造》第 2 卷第 14 号。

明权译《战后德国保护妊产妇之设施》刊于《解放与改造》第 2 卷第 14 号。

白华《怎样使我们生活丰富》刊于《解放与改造》第 2 卷第 14 号。

白华《戏曲在文艺上的地位》刊于《解放与改造》第 2 卷第 14 号。

雁冰《评儿童公育》刊于《解放与改造》第 2 卷第 15 号。

颂华《儿童公育问题的我见》刊于《解放与改造》第 2 卷第 15 号。

胡先骕《欧美新文学最近之趋势》刊于《解放与改造》第 2 卷第 15 号。

绍虞《社会改造家传略》刊于《解放与改造》第 2 卷第 15 号。

福同《苏维埃俄国之妇女与儿童》刊于《解放与改造》第 2 卷第 15 号。

延陵《克鲁帕特金〈无治主义略说〉》刊于《解放与改造》第 2 卷第 15 号。

杨效春、恽代英《"儿童公育"的辩论》刊于《解放与改造》第 2 卷第 15 号。

枕江《克鲁泡特金之社会思想研究》刊于《解放与改造》第 2 卷第 15—16 号。

时中《创造的教育——教育化的社会》刊于《解放与改造》第 2 卷第 16 号。

郑贤宗《天才的发挥与工作的效率在社会主义下果然都要减退吗?》刊于《解放与改造》第 2 卷第 16 号。

葛承训《社会和学校》刊于《解放与改造》第 2 卷第 16 号。

绍虞《布尔罗维克的批评》刊于《解放与改造》第 2 卷第 16 号。

绍虞《社会改造家传苦厄(完)》刊于《解放与改造》第 2 卷第 16 号。

蔼庐《俄罗斯的政党》刊于《解放与改造》第 2 卷第 16 号。

福同《苏维埃劳工是否失却自由之正反两种意见》刊于《解放与改造》第 2 卷第 16 号。

枕江《日人德富苏峰访托尔斯泰记》刊于《解放与改造》第 2 卷第 16 号。

杨效春、恽代英《"儿童公育"的辩论》刊于《解放与改造》第 2 卷第 16 号。

大泉《铜器时代——本志标装图案的解说批评》刊于《改造》第 3 卷第 1 号。

按:《解放与改造》在第 2 卷第 16 号发布《本刊革新预告》:"本刊自出版以来,已及一年,兹为革新起见,从 9 月起扩充篇幅,增加著作者,同时改为月刊,改名《改造》并欢迎外稿。"故《解放与改造》从 1920 年 9 月起,改名为《改造》。

梁启超《政治运动之意义及价值》刊于《改造》第 3 卷第 1 号。

百里《军国主义之衰亡与中国》刊于《改造》第 3 卷第 1 号。

筑山《可爱的将来》刊于《改造》第 3 卷第 1 号。

寓公《新思潮我见》刊于《改造》第 3 卷第 1 号。

百里《新思潮之来源与背景》刊于《改造》第 3 卷第 1 号。

君左《社会改造与新思潮》刊于《改造》第 3 卷第 1 号。

刘耀藜《现代思潮之伦理基础》刊于《改造》第 3 卷第 1 号。

君劢《读星期六之俄国》刊于《改造》第 3 卷第 1 号。

一湖《宝雪维几的研究》刊于《改造》第 3 卷第 1 号。

献曝《老农说战记》刊于《改造》第 3 卷第 1 号。

罗易《谈外国文学之先决条件》刊于《改造》第 3 卷第 1 号。

雁冰《为新文学研究者进一解》刊于《改造》第 3 卷第 1 号。

梁启超《历史上中华国民事业之成败及今后革进之机运》刊于《改造》第 3 卷第 2 号。

蒋方震《中国之新生命》刊于《改造》第 3 卷第 2 号。

程铸新《罗素著的政治理想摘要》刊于《改造》第 3 卷第 2 号。

傅铜、程振基《罗素之向自由之路摘要》刊于《改造》第 3 卷第 2 号。

刘麟生《一九二〇年之俄国苏维埃政府》刊于《改造》第 3 卷第 2 号。

君劢《读星期六之俄国(续)》刊于《改造》第 3 卷第 2 号。

一岑《捷克斯拉夫共和国宪法全文》刊于《改造》第 3 卷第 2 号。

梁启超《前清一代中国新思想界之蜕变》刊于《改造》第 3 卷第 3 号。

蒋方震《代军阀二同者谁》刊于《改造》第 3 卷第 3 号。

蓝公武《废兵论》刊于《改造》第 3 卷第 3 号。

志公《废兵之研究》刊于《改造》第 3 卷第 3 号。

谢楚桢《中国的废兵与国际的废兵》刊于《改造》第 3 卷第 3 号。

彭一湖《再论裁兵》刊于《改造》第 3 卷第 3 号。

澹庐《社会主义的特质和趋向》刊于《改造》第 3 卷第 3 号。

天放《近代女社会改造家赔偿顾路蛮女士传及其思想》刊于《改造》第 3 卷第 3 号。

SY 生《一个灾民的谈话》刊于《改造》第 3 卷第 3 号。

梁启超《前清一代中国思想界之蜕变》刊于《改造》第 3 卷第 4 号。

东荪《现在与将来》刊于《改造》第 3 卷第 4 号。

按:是文在开头交代:俄写此文的原因:在听了罗素对于俄国革命评论的演讲后,作者在《时事新报》上撰写了一个时评,认为"暂不以社会主义赠中国,因为中国现在即实行社会主义必没好结果。……于是许多朋友,就写信来问我究竟是什么意思,我想一一答复很麻烦,不如做一篇文章罢。"而这篇文章就是"提出几个问题而求其解答""第一个问题是中国现状是甚么;第二个问题是从现状的潜伏趋势里推测未来呈现何状;第三个问题是我们的使命是什么。"是文最后的结论是:"我们要明白我们的使命是代绅商阶级而兴,或则军阀消灭后,求生不得的人已大部分吸收了以后,社会上免去伪劳动革命的内乱,社会主义的运动方可发生。"可能令张东荪先生没有想到的是,此文的发表引发了一系列的围绕"社会主义"的论战,此后《改造》第 3 卷第 6 号还特意刊发了"社会主义研究"专栏。

丁文江《哲嗣学与谱牒》刊于《改造》第 3 卷第 4—6 号。

霍俪白《自觉之真意义》刊于《改造》第 3 卷第 4 号。

百里《同一湖谈自治的一封信》刊于《改造》第 3 卷第 4 号。

振铎《自治运动的目的与方法》刊于《改造》第 3 卷第 4 号。

济之《自治运动与中国改造》刊于《改造》第 3 卷第 4 号。

谢楚桢《自治问题具体的研究》刊于《改造》第 3 卷第 4 号。

[德]伯伯尔原著,瞿秋白译《社会之社会化》刊于《改造》第 3 卷第 4 号。

郑振铎《俄国文学发达的原因与影响》刊于《改造》第 3 卷第 4 号。

雁冰《托尔斯泰的文学》刊于《改造》第 3 卷第 4 号。

张崧年《亚里斯多德学会不列颠心理学会和心社的联会》刊于《少年世界》第 1 卷第 1 期。

邓萃英《"教育宗旨"果可存在乎》刊于《教育丛刊》第 1 卷第 2 集。

杨荫庆《根性学说之研究》刊于《教育丛刊》第1卷第2集。

王文培《教育三大问题》刊于《教育丛刊》第1卷第2集。

程时煃《最近德国的平民教育与美国的军事教育》刊于《教育丛刊》第1卷第2集。

韩定生《论国民学校宜增设观察科》刊于《教育丛刊》第1卷第2集。

陈宝泉《游美笔记》刊于《教育丛刊》第1卷第2集。

何炳松《美国学制述略》刊于《教育丛刊》第1卷第2集。

赵迺抟译《什么是思想？（未完）》刊于《教育丛刊》第1卷第2集。

周学超译《论美育》刊于《教育丛刊》第1卷第2集。

李蒸译《体育与其他学科》刊于《教育丛刊》第1卷第2集。

周学超译《学校的社会组织》刊于《教育丛刊》第1卷第2集。

夏瑞璟、刘汝沨同译《职业教育问题的研究》刊于《教育丛刊》第1卷第2集。

俞锟译《职业教育与普通教育真实的关系》刊于《教育丛刊》第1卷第2集。

冯克书《考试问题之研究》刊于《教育丛刊》第1卷第2集。

梁绍先《理想中大战后教育新目的之研究》刊于《教育丛刊》第1卷第2集。

刘爽《男女共同教育的研究》刊于《教育丛刊》第1卷第2集。

夏瑞璟《发问的研究》刊于《教育丛刊》第1卷第2集。

王麟昌《美国小学校之家事教授》刊于《教育丛刊》第1卷第2集。

陆光宇《历史教授法革新论》刊于《教育丛刊》第1卷第2集。

夏宇众《中学国文科教授之商榷》刊于《教育丛刊》第1卷第2集。

程廷熙《初等数学教授之研究》刊于《教育丛刊》第1卷第2集。

傅绍会《马来人之文化》刊于《教育丛刊》第1卷第2集。

杜丕功《陕西省联合县立榆林中学校概况》刊于《教育丛刊》第1卷第2集。

王鸣冈《江苏省立第三中学校概况》刊于《教育丛刊》第1卷第2集。

汤尔和《现行学制根本改革意见》刊于《教育丛刊》第1卷第2集。

邓萃英《复高师同学论女子问题书》刊于《教育丛刊》第1卷第2集。

周漪笔记《中学国文的教授（胡适之先生在本校附属中学国文研究部讲演词）》刊于《教育丛刊》第1卷第2集。

邓萃英《教育与社会》刊于《教育丛刊》第1卷第3集。

韩定生《注音字母在国民学校教授之时期》刊于《教育丛刊》第1卷第3集。

杨荫庆《对于颜保良君"废止现在学校考试制度的意见"之批评》刊于《教育丛刊》第1卷第3集。

颜保良《废止国立高等师范学校预科制度的商榷》刊于《教育丛刊》第1卷第3集。

余家菊《我对于师范学校的希望》刊于《教育丛刊》第1卷第3集。

王文培《美国中学选科制及单位之规定法》刊于《教育丛刊》第1卷第3集。

何炳松《美国学制述略》刊于《教育丛刊》第1卷第3集。

邓萃英《现代教育思潮与教育行政方针》刊于《教育丛刊》第1卷第3集。

常道直《广义的教育》刊于《教育丛刊》第1卷第3集。

赵迺抟译《什么是思想》刊于《教育丛刊》第1卷第3集。

周学超译《教材的本质》刊于《教育丛刊》第1卷第3集。

李蒸译《美国专门学校中女子之体育》刊于《教育丛刊》第 1 卷第 3 集。

李蒸译《美国中学校之体育》刊于《教育丛刊》第 1 卷第 3 集。

李声堂译《社会即教育者》刊于《教育丛刊》第 1 卷第 3 集。

王麟昌《欧美露天学校略谈》刊于《教育丛刊》第 1 卷第 3 集。

冯克书译《爱米儿》刊于《教育丛刊》第 1 卷第 3 集。

杨荫庆《根性学说之研究》刊于《教育丛刊》第 1 卷第 3 集。

颜保良《人类战争之研究》刊于《教育丛刊》第 1 卷第 3 集。

吴相如《教育上个人主义和社会主义底研究》刊于《教育丛刊》第 1 卷第 3 集。

卢成章《中小学校地理教授之研究》刊于《教育丛刊》第 1 卷第 3 集。

陆光宇《历史教授革新论》刊于《教育丛刊》第 1 卷第 3 集。

夏宇众《中学国文科教授之商榷》刊于《教育丛刊》第 1 卷第 3 集。

濮承祝《山西省立第五师范学校八年度概况》刊于《教育丛刊》第 1 卷第 3 集。

万兆芝《解决留学问题之方法》刊于《教育丛刊》第 1 卷第 4 集。

刘以钟、邓萃英《美国中等教育革新案研究》刊于《教育丛刊》第 1 卷第 4 集。

张耀翔《智慧测量》刊于《教育丛刊》第 1 卷第 4 集。

陈宝泉、王文培《美国哈佛大学职业指道局设施的种种》刊于《教育丛刊》第 1 卷第 4 集。

何炳松译《美国大学选科制》刊于《教育丛刊》第 1 卷第 4 集。

何炳松译《美国大学教授法》刊于《教育丛刊》第 1 卷第 4 集。

夏宇众、叔衡同译《罗素哲学里的科学方法》刊于《教育丛刊》第 1 卷第 4 集。

李建勋《美国全国教育会第二次参观记》刊于《教育丛刊》第 1 卷第 4 集。

钟道缵译《美国司柏林斐尔达地方工读学校》刊于《教育丛刊》第 1 卷第 4 集。

杨荫庆《根性学说之研究》刊于《教育丛刊》第 1 卷第 4 集。

袁敦礼译《遗传学说的真诠》刊于《教育丛刊》第 1 卷第 4 集。

殷祖英《生物哲学与教育》刊于《教育丛刊》第 1 卷第 4 集。

常道直译《公民教育》刊于《教育丛刊》第 1 卷第 4 集。

张佐时译《杜威教育上的兴味与勉力》刊于《教育丛刊》第 1 卷第 4 集。

周学超《教育预拟》刊于《教育丛刊》第 1 卷第 4 集。

常乃惪《教授小识》刊于《教育丛刊》第 1 卷第 4 集。

冯克书译《爱米儿》刊于《教育丛刊》第 1 卷第 4 集。

樊树芬《北京扶轮第五国民学校概况》刊于《教育丛刊》第 1 卷第 4 集。

梅占魁《山东省立第四师范学校概况》刊于《教育丛刊》第 1 卷第 4 集。

姜维翰、徐懋秩《江西省立第七中学校八年度概况》刊于《教育丛刊》第 1 卷第 4 集。

朱隆勋《山西大同县调查报告》刊于《教育丛刊》第 1 卷第 4 集。

天民《文化运动和自动教育》刊于《教育杂志》第 12 卷第 1 期。

姜琦《自动主义的根本思想》刊于《教育杂志》第 12 卷第 1 期。

天民《教育思想上"自由"之观念》刊于《教育杂志》第 12 卷第 1 期。

太玄《美国之自动教育法》刊于《教育杂志》第 12 卷第 1 期。

隐青《实施自动教育的先决问题》刊于《教育杂志》第 12 卷第 1 期。

何仲英《教师怎样可以长进》刊于《教育杂志》第 12 卷第 1 期。

太玄《泰鄂尔之自然学园》刊于《教育杂志》第 12 卷第 1 期。

太玄《欧洲之新学校》刊于《教育杂志》第 12 卷第 1 期。

庄俞《山西教育调查记》刊于《教育杂志》第 12 卷第 1 期。

我一《提倡国语的难关怎样过渡呢》刊于《教育杂志》第 12 卷第 4 期。

方叔远《我之注意字母观》刊于《教育杂志》第 12 卷第 4 期。

云六《国音教授的研究》刊于《教育杂志》第 12 卷第 4 期。

范祥善《怎样教授国语》刊于《教育杂志》第 12 卷第 4 期。

何仲英《国语教授与虚字》刊于《教育杂志》第 12 卷第 4 期。

严圻《教学国音字母的商榷》刊于《教育杂志》第 12 卷第 4 期。

钱穆《研究白话文之两方面》刊于《教育杂志》第 12 卷第 4 期。

洪北平《新文谈》刊于《教育杂志》第 12 卷第 4 期。

裘德煌《我国学生柔弱的原因及救济的方法》刊于《新教育》第 2 卷第 5 期。

徐甘棠译《教授普通科学问题》刊于《新教育》第 2 卷第 5 期。

徐甘棠译《田农教育新时代》刊于《新教育》第 2 卷第 5 期。

徐甘棠《美国小学教员俸给概况》刊于《新教育》第 2 卷第 5 期。

徐甘棠《童子军教育》刊于《新教育》第 2 卷第 5 期。

徐甘棠《中学地理分科法》刊于《新教育》第 2 卷第 5 期。

郑秉文《改进吾国农业专门学校办法之商榷》刊于《新教育》第 2 卷第 5 期。

徐甘棠《英国教育近事三则》刊于《新教育》第 2 卷第 5 期。

王文培《美国战后培养师资之大计划》刊于《新教育》第 2 卷第 5 期。

徐甘棠《教育研究法之一》刊于《新教育》第 2 卷第 5 期。

杨寿珣《女子教育进步小史》刊于《新教育》第 2 卷第 5 期。

徐甘棠《伦理学及课室》刊于《新教育》第 2 卷第 5 期。

徐甘棠《英国教员会近事》刊于《新教育》第 2 卷第 5 期。

徐甘棠《感情之教育》刊于《新教育》第 2 卷第 5 期。

蔡元培《去年五月四日以来的回顾与今后的希望》刊于《新教育》第 2 卷第 5 期。

黄炎培《五四纪念敬告青年》刊于《新教育》第 2 卷第 5 期。

蒋梦麟、胡适《我们对于学生的希望》刊于《新教育》第 2 卷第 5 期。

陶孟和《评学生运动》刊于《新教育》第 2 卷第 5 期。

罗家伦《一年来我们运动底成功失败和将来应取的方针》刊于《新教育》第 2 卷第 5 期。

朱希祖《五四运动周年纪念感言》刊于《新教育》第 2 卷第 5 期。

穆藕初《实业界对于学生的希望》刊于《新教育》第 2 卷第 5 期。

徐甘棠《土耳其帝国之销亡》刊于《新教育》第 2 卷第 5 期。

徐甘棠《瓜分土耳其之秘约》刊于《新教育》第 2 卷第 5 期。

徐甘棠《亚洲三新国(附图)》刊于《新教育》第 2 卷第 5 期。

徐甘棠《和约中布加利亚之损失》刊于《新教育》第 2 卷第 5 期。

胡适《国语标准与国语》刊于《新教育》第 3 卷第 1 期。

陶履恭《俄国共产政府之教育法令》刊于《新教育》第 3 卷第 1 期。

徐甘棠译《大学教员之校外事业》刊于《新教育》第 3 卷第 1 期。

徐甘棠译《专门教授业之崩坏》刊于《新教育》第 3 卷第 1 期。

俞寄凡《欧美的手工教育》刊于《新教育》第 3 卷第 1 期。

邹秉文《吾国乙种农业学校之现状及改进方法》刊于《新教育》第 3 卷第 1 期。

徐甘棠译《小学校长与小学管理法》刊于《新教育》第 3 卷第 1 期。

徐甘棠译《大学教授宜精研学问》刊于《新教育》第 3 卷第 1 期。

徐甘棠译《新学校》刊于《新教育》第 3 卷第 1 期。

英士《美国底工读互助的学生》刊于《新教育》第 3 卷第 1 期。

刘伯明《何谓思想》刊于《新教育》第 3 卷第 1 期。

徐甘棠译《教育研究局之建设与职功》刊于《新教育》第 3 卷第 1 期。

徐甘棠译《潜智识之训导》刊于《新教育》第 3 卷第 1 期。

徐甘棠译《社会化之中学历史科》刊于《新教育》第 3 卷第 1 期。

徐甘棠译《教育名家士波尔丁》刊于《新教育》第 3 卷第 1 期。

徐甘棠译《企李夫伦之教育》刊于《新教育》第 3 卷第 1 期。

朱仲琴《国语教授的实况》刊于《新教育》第 3 卷第 1 期。

田庆生《小学教育之危机》刊于《新教育》第 3 卷第 1 期。

徐甘棠译《黑耶智国概况》刊于《新教育》第 3 卷第 1 期。

徐甘棠译《新俄罗斯国魂》刊于《新教育》第 3 卷第 1 期。

徐甘棠译《俄罗斯宗教革命》刊于《新教育》第 3 卷第 1 期。

徐甘棠译《俄教会及圣像》刊于《新教育》第 3 卷第 1 期。

陈鹤琴《儿童心理及教育儿童之方法》刊于《新教育》第 3 卷第 2 期。

苏甲荣《教育与社会之进步》刊于《新教育》第 3 卷第 2 期。

华超《赫尔伯脱福禄培尔与朱子王阳明教育学说之比较》刊于《新教育》第 3 卷第 2 期。

谭鸣谦《孔子教育学》刊于《新教育》第 3 卷第 2 期。

吴康《荀子教育学》刊于《新教育》第 3 卷第 2 期。

姜琦《学生自治的性质及其促进的条件》刊于《新教育》第 3 卷第 2 期。

徐甘棠译《教育全国之奇策》刊于《新教育》第 3 卷第 2 期。

徐甘棠译《德国大学之苦况》刊于《新教育》第 3 卷第 2 期。

徐甘棠译《小学校长常有之错误》刊于《新教育》第 3 卷第 2 期。

徐甘棠译《省立师范学校之专业科》刊于《新教育》第 3 卷第 2 期。

徐甘棠译《英国教育之状况》刊于《新教育》第 3 卷第 2 期。

徐甘棠译《劳农俄罗斯之再造》刊于《新教育》第 3 卷第 2 期。

徐甘棠译《俄共产政府之征兵法》刊于《新教育》第 3 卷第 2 期。

徐甘棠译《克虏伯炮厂之更变》刊于《新教育》第 3 卷第 2 期。

徐甘棠译《科学新谭》刊于《新教育》第 3 卷第 2 期。

徐甘棠译《化学家那比尔》刊于《新教育》第 3 卷第 2 期。

徐甘棠译《古利夫人》刊于《新教育》第 3 卷第 2 期。

沈性存译《俄国苏维埃政治下的教育》刊于《新教育》第 3 卷第 3 期。

邹秉文《对于吾国甲种农业学校宗旨办法之怀疑》刊于《新教育》第 3 卷第 3 期。

陈公博《我对于改造中学的意见》刊于《新教育》第 3 卷第 3 期。

刘英士译《个人化》刊于《新教育》第 3 卷第 3 期。

刘英士译《美国学校注意远东》刊于《新教育》第 3 卷第 3 期。

俞寄凡译《日本图书科手工科的新教育》刊于《新教育》第 3 卷第 3 期。

徐甘棠译《法兰西公民道德教育之教科书》刊于《新教育》第 3 卷第 3 期。

汪国庠《清代教育史述略》刊于《新教育》第 3 卷第 3 期。

刘英士译《美国国际教育会周年概况》刊于《新教育》第 3 卷第 3 期。

张明道《孟子的教育学说》刊于《新教育》第 3 卷第 3 期。

何炳松译《美国大学》刊于《新教育》第 3 卷第 3 期。

刘英士译《今日之教育思想》刊于《新教育》第 3 卷第 3 期。

徐甘棠译《战后之鲁温大学》刊于《新教育》第 3 卷第 3 期。

刘英士译《英国之大学公会》刊于《新教育》第 3 卷第 3 期。

刘英士译《英国小学中之气象学》刊于《新教育》第 3 卷第 3 期。

张士一《国语统一问题》刊于《新教育》第 3 卷第 4 期。

庄泽宣《哥伦比亚大学师范院及中国教育研究会》刊于《新教育》第 3 卷第 4 期。

黄溥《学校调查的主旨性质和实行》刊于《新教育》第 3 卷第 4 期。

马叙伦《北京大学研究所整理国学计划书》刊于《新教育》第 3 卷第 4 期。

按:1920 年 7 月 8 日,北大评议会通过了《研究所简章》,宣布拟成立国学研究所。10 月,作为筹建前奏,《国立北京大学研究所整理国学计划书》率先推出。在《北京大学研究所整理国学计划书》中,马叙伦开篇即提出:"阐扬吾国固有之学术,以期有所发明,正本校所应负之责任也。"是文在承认"吾国固有学术,率有浑沌紊乱之景象"后,提出了"征书、访书、购书、钞书、赠书、择有价值之著作汇编为丛书"等计划。

陈俶《余之幼稚园观》刊于《新教育》第 3 卷第 4 期。

苏甲荣《王阳明的教育学说》刊于《新教育》第 3 卷第 4 期。

吴稚晖、傅斯年《国内与国外求学问题》刊于《新教育》第 3 卷第 4 期。

徐甘棠译《美国新总统》刊于《新教育》第 3 卷第 4 期。

徐甘棠译《美国大政方针》刊于《新教育》第 3 卷第 4 期。

陈鹤琴《科学的考试法》刊于《新教育》第 3 卷第 5 期。

徐甘棠译《教员考绩法》刊于《新教育》第 3 卷第 5 期。

徐甘棠译《教育为社会进化之原子》刊于《新教育》第 3 卷第 5 期。

俞寄凡《欧美的手工教育》刊于《新教育》第 3 卷第 5 期。

刘振华《我国工业教育富采工读协作作意见书》刊于《新教育》第 3 卷第 5 期。

周铭三《国语的意义和他的势力》刊于《新教育》第 3 卷第 5 期。

中华卫生教育会《学校与学童之关系》刊于《新教育》第 3 卷第 5 期。

刘英士译《教育影片》刊于《新教育》第 3 卷第 5 期。

徐甘棠译《俄罗斯强迫劳工》刊于《新教育》第 3 卷第 5 期。

徐甘棠《学校卫生》刊于《新教育》第 3 卷第 5 期。

吟雪《极乐国土不是理想的是现实的》刊于《新佛教》第 1 卷第 1 号。

太虚《真常之人生》刊于《新佛教》第 1 卷第 1 号。

圆瑛《论心》刊于《新佛教》第 1 卷第 1 号。

圆瑛《楞严大纲》刊于《新佛教》第1卷第1号。

黎锦熙《维摩诘经纪闻跋》刊于《新佛教》第1卷第1号。

吟雪《信仰佛教的人数统计》刊于《新佛教》第1卷第1号。

陈建雷译《诸佛》刊于《新佛教》第1卷第1号。

竹林《佛教新辞源》刊于《新佛教》第1卷第1号。

善亮《新佛教的四面观》刊于《新佛教》第1卷第1号。

圆英《修行与看破》刊于《新佛教》第1卷第2号。

陈建雷《我对于佛教的怀疑》刊于《新佛教》第1卷第2号。

吟雪《佛化运动》刊于《新佛教》第1卷第2号。

吟雪《我之建设新佛教的主张》刊于《新佛教》第1卷第2号。

太虚《真常之人生》刊于《新佛教》第1卷第2号。

圆瑛《楞严大纲》刊于《新佛教》第1卷第2号。

黎锦熙《维摩诘经纪闻跋》刊于《新佛教》第1卷第2号。

吟雪译《世亲如实论》刊于《新佛教》第1卷第2号。

竹林《佛教新辞源》刊于《新佛教》第1卷第2号。

圆瑛《释疑》刊于《新佛教》第1卷第3号。

刘子通《人生的真面目是什么？》刊于《新佛教》第1卷第3号。

刘子通《对于新思潮的批评》刊于《新佛教》第1卷第3号。

陈建雷《大小乘佛教的人生观》刊于《新佛教》第1卷第3号。

陈建雷《俱舍论纲要》刊于《新佛教》第1卷第3号。

太虚《现知的逻辑发端》刊于《新佛教》第1卷第3号。

吟雪《怎样整顿普陀山？》刊于《新佛教》第1卷第3号。

陈建雷《大家何不费些精神去研究研究呢！》刊于《新佛教》第1卷第3号。

刘子通《评〈梁漱溟印度哲学概论〉》刊于《新佛教》第1卷第4号。

吟雪《可惜哉谛闲！可悲哉佛法》刊于《新佛教》第1卷第4号。

沈冰《非杀论的文学家》刊于《新佛教》第1卷第4号。

太虚《现知的逻辑发端》刊于《新佛教》第1卷第4号。

N.S译《朝鲜佛教徒之宣言》刊于《新佛教》第1卷第4号。

陈建雷《唉！美呀！这样的死》刊于《新佛教》第1卷第4号。

太虚《释迦牟尼纪念感言》刊于《新佛教》第1卷第5号。

竹林《说释迦牟尼纪念日》刊于《新佛教》第1卷第5号。

努力《释迦牟尼之出生》刊于《新佛教》第1卷第5号。

吟雪《释迦牟尼之学说》刊于《新佛教》第1卷第5号。

圆瑛《释迦牟尼纪念日之演说》刊于《新佛教》第1卷第5号。

吟雪《佛教创造者释加牟尼》刊于《新佛教》第1卷第5号。

努力《释迦牟尼之伦理学》刊于《新佛教》第1卷第5号。

若严《释迦牟尼之直观教授》刊于《新佛教》第1卷第5号。

竹林译《释迦牟尼之社会主义观》刊于《新佛教》第1卷第5号。

努力译《释迦牟尼赞》刊于《新佛教》第1卷第5号。

陈回《慈悲！唯一的释迦牟尼的慈悲》刊于《新佛教》第1卷第5号。

若严《无政府主义的释迦牟尼》刊于《新佛教》第1卷第5号。

N.S《释迦牟尼之妻——男女平权之始祖》刊于《新佛教》第1卷第5号。

徐大觉、吟雪答《释迦牟尼与耶稣》刊于《新佛教》第1卷第5号。

吟雪《可惜哉谛闲！可悲哉佛法》刊于《新佛教》第1卷第6号。

陈回《评中国佛教徒传教的态度并论宣传佛教的法子》刊于《新佛教》第1卷第6号。

圆瑛《什么是迷信?》刊于《新佛教》第1卷第6号。

竹林《什么是佛?》刊于《新佛教》第1卷第6号。

梁家义《释迦牟尼与人生问题》刊于《新佛教》第1卷第6号。

刘子通《形式论理的方法与学问》刊于《新佛教》第1卷第6号。

僧庆《佛教之新旧观》刊于《新佛教》第1卷第6号。

陈建雷《佛教美术概念》刊于《新佛教》第1卷第6号。

何舒《听善因法师口授法语略记》刊于《新佛教》第1卷第6号。

释太虚《新旧问题的根本解决》刊于《海潮音》第1期。

释太虚《整理僧伽制度论》刊于《海潮音》第1期。

黎锦熙《维摩结经纪闻》刊于《海潮音》第1期。

圆瑛《大乘起信论讲义》刊于《海潮音》第1期。

悲华《新青年自杀论的批评》刊于《海潮音》第1期。

太虚《与陈诵洛论墨子》刊于《海潮音》第1期。

笠居众生《论人心道心与佛学唯心之异同》刊于《海潮音》第1期。

释善因《致太虚法师书》刊于《海潮音》第1期。

殷人菴《一字金轮陀罗尼略辩》刊于《海潮音》第1期。

释善因《笠居众生漫录》刊于《海潮音》第1期。

太虚《一微尘剖出记》刊于《海潮音》第1期。

笠居众生《重新审决的人生问题》刊于《海潮音》第2期。

王弘愿《重刻龙舒净土文序又题词并序》刊于《海潮音》第2期。

黄恭佐《般若十八空论》刊于《海潮音》第2期。

黎锦熙《维摩诘经纪闻》刊于《海潮音》第2期。

圆瑛《大乘起信论讲义》刊于《海潮音》第2期。

太虚《缵日宗》刊于《海潮音》第2期。

王弘愿《复印光禅师函》刊于《海潮音》第2期。

南岳佛乘《山野葛藤》刊于《海潮音》第2期。

释月宾《楞严心理解摘录》刊于《海潮音》第2期。

太虚《一微尘剖出记》刊于《海潮音》第2期。

太虚《人工与佛学之新僧化》刊于《海潮音》第3期。

悲华《论胡适之中国哲学史大纲(上卷)》刊于《海潮音》第3期。

黎锦熙《维摩诘经纪闻》刊于《海潮音》第3期。

圆瑛《大乘起信论讲义》刊于《海潮音》第3期。

太虚《一微尘剖出记》刊于《海潮音》第3期。

僧度《梦莲生室读书记》刊于《海潮音》第 3 期。

悲华《近代人生观的评判》刊于《海潮音》第 4 期。

昭陵何舒记《善因法师答问》刊于《海潮音》第 4 期。

梁家义《佛学哲学比较论》刊于《海潮音》第 4 期。

圆瑛《大乘起信论讲义》刊于《海潮音》第 4 期。

释华山《金溪漫录》刊于《海潮音》第 4 期。

释善因《笠居众生愿文》刊于《海潮音》第 4 期。

太虚《新的唯识论》刊于《海潮音》第 5 期。

交芦子《百法明门论的宇宙观》刊于《海潮音》第 5 期。

张元钰《因明入正理论讲义》刊于《海潮音》第 5 期。

悲华《论梁漱溟唯识学与佛教》刊于《海潮音》第 5 期。

太虚《答净悟清信女书》刊于《海潮音》第 5 期。

太虚《一微尘剖出记》刊于《海潮音》第 5 期。

太虚《大乘起信论别说》刊于《海潮音》第 6 期。

罗正纬《佛学和人生应用必要的关系》刊于《海潮音》第 6 期。

梁家义《佛学与人生问题》刊于《海潮音》第 6 期。

太虚《答胡慧圆善女人书》刊于《海潮音》第 6 期。

释善因《笠居众生笔记》刊于《海潮音》第 6 期。

董清峻《佛来考》刊于《海潮音》第 6 期。

太虚《唐代禅宗与现代思潮》刊于《海潮音》第 7 期。

刘子充《圆觉会宗》刊于《海潮音》第 7 期。

僧度《克勤上人传》刊于《海潮音》第 7 期。

吟雪《三十唯识论之研究》刊于《海潮音》第 8 期。

刘子通《意识浅说》刊于《海潮音》第 8 期。

吟雪《密宗弘传史》刊于《海潮音》第 9 期。

王宏愿《复印光法师书》刊于《海潮音》第 9 期。

王宏愿《复程演德居士论魔书》刊于《海潮音》第 9 期。

四圆居士《与兴东居士论吕祖注讲金刚心经书》刊于《海潮音》第 9 期。

四圆居士《复俗了人觉如书》刊于《海潮音》第 9 期。

王师愈《评日本马田行启印度佛教史》刊于《海潮音》第 9 期。

四、学术著作

(蜀汉)诸葛亮著《未来预知术》由预知研究学会刊行。

(明)刘伯温著,太虚仙人注解《世界未来观》由中国奇术研究会刊行。

(明)赵本学注《赵注孙子十三篇》由北京武学书馆刊行。

(明)空空道人著,曲阿山人重订《象棋秘诀》(知己知彼 百战百胜)上海云记书局刊行。

(清)刘智著《天方典礼择要解》由马龙标刊行。

（清）皮锡瑞著《经学通论》（4 册）由上海商务印书馆刊行。

（清）费晓楼绘《费晓楼仕女册页》由上海国华书局刊行。

胡春林著《春秋之孔子》由北京大学刊行。

姚永朴著《论语述义》10 卷、《叙录》1 卷刊行。

孙振谓著《大学诠遗》由江西开智书局刊行。

胡适著《墨家哲学》由北京学术讲演会刊行。

黄憨樵著《我的道德观》由著者刊行。

秦凤翔编《芝兰室语》由编者刊行。

王世栋辑《文化新介绍（哲学）》由北京大学出版部刊行。

于传林编《人镜》（上下册）由上海中华书局刊行。

按：是书辑录古今中外名人的言语，分类编述，包括存心、养性、慎独、克己、励志、求学、自主、谨言、慎行、治家、接物、处世、做事、观人、用人、听言、为政、境遇、毁誉、功业、风气等 22 篇。

朱谦之著《现代思潮批评》由北平新中国杂志社刊行。

按：是书主要批判实验主义、布尔什维主义、无政府主义、新庶民主义等流行思潮。

梁漱溟著《唯识述义》（第 1 册）由财政部印刷局刊行。

梁漱溟著《唯识述义》由北京大学出版部刊行。

陈大齐著《迷信与心理》由北京大学出版部刊行。

宁尊三编《易明催眠法》由北京民生月刊社刊行。

世界催眠术研究会编《世界催眠术全书》（上下册）由编者刊行，有余萍客序。

汪达摩著《催眠术大全》（4 册）由上海东震图书公司刊行。

杨鄂联、朱锡钧编《女子心理学》由上海商务印书馆刊行，有黄炎培序。

陈晋贤著《人宜求识元本》由上海土山湾印书馆刊行。

凤萍生编《骨相学》由上海商务印书馆刊行。

江绍原著《乔答摩底死》由北京著者刊行。

李问渔著《玫瑰经义》由上海土山湾印书馆刊行。

沈宰熙编《修道说》刊行。

太虚讲，胡赓支、胡任支笔述《佛乘宗要论》由广东佛学社刊行。

王德隆著《基督教》由北京湘乡馆刊行。

谢颂羔主编《儿童读本》由上海广学会刊行。

许声炎编《闽南长老会八十年简史》由福建金井基督教堂刊行。

董渡始胎会编《董渡始胎会五十年大庆纪念》由上海编者刊行。

郑诚元编《园光灵验法》由上海文明书局刊行。

中华基督教青年会编《中华基督教青年会全国协会报告第八次全国大会书（民国九年四月一日至五日天津）》由天津编者刊行。

何海鸣著《中国社会政策》由北京华星印书社刊行。

按：是书除总论和结论外分 33 目。内容有社会政策的观念、意义，统计与调查，兴业与重农，兴业中的工商界，劳动管理机关与劳动团体；对劳动者、妇女、侨工的政策，劳动保护法；城市计划与改良农村，财产所有权与国有化，企业的统一政策；土地等各种税务政策；专利特权，购买与消费、银行、救贫、普选等政策。

　　王岫庐编《社会改造原理》由上海群益书社刊行。

　　按：是书包括生长之原理、国家、战争宛如一种制度、私有财产、结婚与人口问题、宗教与教会等8章。

　　邵振青编著，陶保霖校订《(综合研究)各国社会思潮》由上海商务印书馆刊行。

　　胡钧著《社会政策》由上海商务印书馆刊行。

　　冯自由著《社会主义与中国》由社会主义研究社刊行。

　　中国生计调查会编《中国各省秘密生涯》(中国无职业人生活问题)(上下册)由上海世界书局刊行。

　　高一涵编《欧洲政治思想小史》由上海中华书局刊行。

　　高政治、曹聚仁编辑《现代思潮》由杭州互助学社刊行。

　　云石编《妇女之百面观》(1—4册)由上海文艺编译社刊行。

　　冯飞编《女性论》由上海中华书局刊行。

　　按：是书乃新文化丛书之一。主要对妇女在社会生活中的地位、作用和妇女解放等问题进行研究。

　　飘萍吉人著《失业者问题》由京报馆刊行。

　　山西省公署统计处编《山西省第一次政治统计》由山西省公署统计处刊行。

　　四川省长公署政务厅内务科编《四川省内务统计报告书》由四川成都编者刊行。有序言。

　　穆湘玥著《豫西灾况查勘日记》刊行。

　　上海新学会社译述《协商及参战国与德国之和平条约》由译者刊行。

　　吴惠津著，钱江春译《世界战争与中国》由上海太平洋学社刊行。

　　汪精卫编《巴黎和议后之世界与中国》由上海个人刊行。

　　余晋龢编辑《国际联盟》由上海中华书局刊行。

　　黄郛著《战后之世界》由上海新中国建设学会刊行。

　　邵飘萍著《新俄国之研究》由日本大阪东瀛编译社刊行。

　　钱士青著《英制纲要》由上海商务印书馆刊行。

　　周剑云编《士演讲集》由上海新民图书馆刊行。

　　黄远庸著《远生遗著》由上海商务印书馆刊行。

　　张荣楣著《讲演集》刊行。

　　林文琴著《法学精义》由上海泰东图书局刊行。

　　按：除绪论外，分总论、各论两卷。总论包括法学论、国家论、法律论、权义论4篇；各论分国内私法、国际私法、国内公法、国际公法4篇。书前有张耀曾等人序。

　　瞿钺著《通俗法制经济》由吉林吉长日报社刊行。

　　按：是书包括法制和经济两部分。法制共11章，概述人、法、国家、物、权利义务，以及论述关于国家、社会、家庭、人和个人的法制；经济部分分12章，其中有"人与经济之关系源于欲望"等。

　　郁嶷著《中国法制史》由北京著者刊行。

　　按：是书1933年由北平朝阳大学出版部再版。全书分绪论和本论两部分，绪论共6章，概述中国法制的起源及其进化、中国法制史的定义及研究、中国法制进步迟缓的原因及中西法制的比较等；本论分5章，叙述唐虞三代至明代的法制历史。

　　何海鸣著《中国工兵政策》由北京华星印书社刊行。

廖宇春著《军区救国策》由北京武学书局刊行。

吴光杰编《德国军事调查记》由北京军学编辑局刊行。

谭家骏编《新战略及新战术》由北京武学书局刊行。

陆军部总务厅统计科编《陆军统计》刊行。

谭家骏编《步哨教育必携》由北京武学书局刊行。

杜双禄编《最新步兵教科全书》由北京武学书局刊行。

戴密著《火药学粹》由北京武学书局刊行。

钟赓言编著《经济原论》由北京朝阳大学刊行。

国务院编《经济丛编》第 1 册由编者刊行。

国务院编《经济丛编》第 2 册由编者刊行。

国务院编《经济丛编》第 3 册由编者刊行。

国务院编《经济丛编》第 4 册由编者刊行。

国务院编《经济丛编》第 5 册由编者刊行。

国务院编《经济丛编》第 6 册由编者刊行。

国务院战后经济调查会编《战后经济调查会第三次报告书》由编者刊行。

国务院战后经济调查会编《战后经济调查会第四次报告书》由编者刊行。

徐世昌著《欧战后之中国》（经济与教育）由中华书局刊行。

张竞立讲述《簿记学讲义》由亚东制版印刷局刊行。

直隶农业讲习所编《直隶农业讲习所农事调查报告书》由天津华新印刷局刊行。

胡焕宗编《湖北全省实业志》由湖北实业厅刊行。

江苏实业厅第三科编《江苏省纺织业状况》由上海商务印书馆刊行。

翁文灏、丁文江著《矿政管见》由著者刊行。

交通部铁路联运事务处编《第八次中日联运会议协定书》由编者刊行。

按：会议于 1920 年在东京召开。

交通部铁路运输会议编《中华国有铁路运输第二次会议记录》由编者刊行。

交通部审订铁路法规会编《铁路法规草案》由编者刊行。

交通部路政司编《中华国有铁路民国八年暨五年以来营业状况简略报告》由编者刊行。

王祖岐编，吴贯因校阅《铁路警察大意》由北京内务部编辑处刊行。

冯重熙编《福建护法区建筑公路计划书》刊行。

查利编《上海港口大全》由上海浚浦总局刊行。

冯农编《国际邮约》由军事委员会军事交通研究所刊行。

商业研究会编辑《商人万宝书》由上海大陆图书局刊行。

赵管侯编《中国关税论》由北京新社会月刊社刊行。

按：是书论述关税理论，中国之关税制度、机构、税法、积弊，与国际通商条约，主张收回税权和改革
税制。

胡文炳著《内国公债》由上海土山湾工艺局刊行。

胡钧著《中国财政史》由上海商务印书馆刊行。

费保彦等编《货币纲要》由法轮印书局刊行。

按：是书分两部分。"总论"阐述货币之产生、发展、职能、种类；"本论"分述铸币与纸币的性质、沿

革、流通、币制、货币本位等问题。附录:中国银行总检查员巴昔利整顿币制办法大纲驳议。

汪廷襄著《银行新论》由上海商务印书馆刊行。

按:是书作者根据在明德大学讲授银行学的讲义编成。内分11章,分别叙述银行学之原理、银行营业之资金及各项业务。

谢霖著《实用银行簿记》(上下册)由上海商务印书馆刊行。

尚学会编辑部编《文化新介绍》(文学)由山东济南尚学会刊行。

无锡县立图书馆编《无锡县立图书馆汇刊》由编者刊行。

郑韫三编纂《图书馆管理法》由著者刊行。

刘海粟编《日本新美术的新印象》由上海商务印书馆刊行。

缪子云著《(男女适用)装饰学》(第3集)由上海云记书局刊行。

王玉剑等撰述《(男女适用)装饰学》(第4集)由上海云记书局刊行。

吴恩淇编《幻术讲义》三编由江苏苏州幻术研究社刊行。

陈英戴制图《中华手工十字图案》(1—10集)由上海中华美术手工社刊行。有制图者自序及余琬等人序。

戴可敦编《五彩精图方字》(乙种)由上海商务印书馆刊行。

王崇杞编《(新法)国语唱歌集》由上海商务印书馆刊行。

刘达著《戏学大全》(附大鼓书)(上下册)由上海生生美术公司刊行,有李浩然、严独鹤、黄忏华、陈飞公等人的序及作者自序。

舒新城编《(心理原理)实用教育学》由上海商务印书馆刊行。

水楚琴讲《英法教育状况》由北京教育会刊行。

吕云彪等编《实验各科动的教育法》由上海商务印书馆刊行,有曾藻华序。

尹蕴清主稿,张籍桂撰稿《考察教育日记》由天津直隶教育印书处刊行。

汪以德著《视察日本教育日记》由上海中华书局刊行。

金殿勋编《学校设备用品述要》由上海商务印书馆刊行。

邹建章、邹仁达编《无锡泰伯市近三年间教育设施概况》由无锡刊行。

南汇县劝学所编《南汇县视学报告》(民国九年度)由江苏南汇编者刊行。

铜山县劝学所编《铜山县民国七年度学事年报》由江苏铜山编者刊行。

浙江省教育厅编《浙江省教育统计表》(中华民国八年度)由编者刊行。

浙江省教育厅编《浙江省教育统计表》(中华民国九年度)由编者刊行。

山西省长公署统计处编《山西省第一次学校系统以外教育统计》由编者刊行。

江苏省教育厅编《江苏六十县七年度教育概况表》由编者刊行。

江苏省长公署编《江苏县教育视察报告书》由编者刊行。

胡家祺编制《江苏省施行义务教育计划书》由江苏省教育厅刊行。

李夏声编《课外运动法》由上海商务印书馆刊行,书前有编者序。

范祥善等编《国民学校新法国文教授案》(1—4册)由上海商务印书馆刊行。

张承萌著《张承荫教育笔记记》由北京京师公立第一女子中学校刊行。

上海中西女塾编《中西女塾章程》由上海编者刊行。

上海务本中学自修社编辑部编《自修纪念册》由上海编者刊行。

上海县立务本女子中学校编《上海县立务本女子中学校第二届毕业纪念录》由上海编

者刊行。

聂中丞公学同学会编《聂中丞公学同学会年刊》由上海编者刊行。

上海启明女校编《启明女学校校友会杂志》（第1期）由上海编者刊行。

麦克乐、焦湘宗编《体育上肌肉动作应用表》由上海青年协会干事养成部刊行。

克罗密威廉著，王怀琪译《女子手巾体操》由上海商务印书馆刊行。

宋赓平编《剑法图说》（卷下）由上海大东书局刊行。

周烈编《剑术基本教练法》由上海中华书局刊行

王小峰编《圈球游戏》由上海商务印书馆刊行，有沈恩孚序。

王襄著《簠室殷契类纂》刊行。

按：是书乃甲骨学史上的第一部字汇。

朱毓魁选辑《国语文类选》（1—4册）由上海中华书局刊行。

按：是书选文都是发表在《新青年》《新潮》《每周评论》等报刊上的有关政治、哲学、教育、文学、经济各方面的论文，作者有李大钊、陈独秀、胡适等人。

张铁珊编《江阴国语讲习所汇刊》由江阴劝学所刊行。

按：内容包括江阴国语讲习所简章、大事记、教职学员通讯录等，并收《注音字母的读法》《推行国语经过的情形跟将来的希望》《小学校教授国音的商榷（另附表）》《我的国语教授的研究》等11篇有关国语问题的论文。书前有编者序；书后有何梅的跋。

张铁珊编《国音自习法》由上海新文学研究社刊行。

易作霖编《国音学讲义》由上海商务印书馆刊行。

杨树达编纂《中国语法纲要》由上海商务印书馆刊行。

按：是书分词类、名词的种类、名词的三位、代名词的三种、动词的四种等16章。是我国的一部关于现代汉语语法的著作，在语法史上有主要的意义。

王应伟著《实用国语文法》（上下册）由上海商务印书馆刊行。

王璞著《（最新）国语师范讲义》由北京注音字母书报社刊行。

王璞编《实用国语会话》由上海商务印书馆刊行。

王定一编《国音会话读本》由上海崇文书局刊行。

廖立勋编《实用国音学》由上海商务印书馆刊行。

黎均荃、陆衣言编辑《国音易解》由上海中华书局刊行。

方宾观编《国音教本》由上海商务印书馆刊行。

董文编《国音实习法》由上海中华书局刊行。

蔡晓舟著《国语组织法》由上海泰东图书局刊行。

陆衣言编《注音字母教授法》由上海中华书局刊行。

戴渭清编《国语虚字用法》由上海商务印书馆刊行。

董文等编，王璞读音《中华国音留声机片课本》由上海中华书局刊行。

许德邻编《（注音详解）国语学生字典》由上海崇文书局刊行。

按：此书有注音符号、反切、国语罗马字拼音三种注音，释义较详。按部首编排。书前有检字表。版权页书名题：《注音国语字典》。

王云五编著《王云五大辞典》由上海商务印书馆刊行。

黎均荃（锦晖）编《新教材教科书国语课本》由上海中华书局刊行。

杨喆编《作文类典》由上海中华书局刊行。

杨平编《新体白话信》由上海商务印书馆刊行。

求新编辑社编著《现行绅商公文举例》由上海大共和书局刊行。

求新编辑社编《(现行新制)绅商公文程式全书》由上海大共和书局刊行。

钱基博编著《语体文范》由无锡县公署三科发行刊行。

吕云彪、朱麟公编《白话文轨范》由上海大东书局刊行。

戴渭清、吕云彪、陆友白编著《白话文作法》由上海太平洋学社刊行。

陈浚介编《白话文文法纲要》由上海商务印书馆刊行。

方毅编著《白话字诂》由上海商务印书馆刊行。

李直编《语体文法》(小学教员检定丛刊)由上海中华书局刊行。

广益书局编《(新制分类、各界适用)酬世大全》由上海广益书局刊行。

费恕皆编著《交际新书全编》(上下卷)由上海群学书社刊行。

周越然编《英语模范读本》(第1—4册)由上海商务印书馆刊行。

张毓良编《(汉文译注)商业英语会话》由上海商务印书馆刊行。

张鹏云编《汉英大辞典》由上海岭南中学刊行。

严枚注释《苦儿暴富记》(初级英文丛书第8种)由上海中华书局刊行。

商务印书馆编译所编《正则德文读本》(卷1、2)由上海商务印书馆刊行。

商务印书馆编译所编《初级英语读本》(第2集)由上海商务印书馆刊行。

瞿侃、余云岫编《德华大字典》由上海商务印书馆刊行。

马君武编《德华字典》由上海中华书局刊行。

顾润卿著《华法要语注解》由上海商务印书馆刊行。

蔡达著《文学通义》由著者刊行。

王世栋选辑《新文学评论》(上下册)由上海新文化书社刊行。

按:是书选辑《新青年》《新潮》《新教育》等期刊在"五四"前后发表的有关新旧文学论争的文章20篇。作者有胡适、陈独秀、傅斯年、罗家伦、蔡孑民等。

戴渭清、吕云彪著《新文学研究法》(上下册)由上海新文学研究社刊行。

按:是书分上、下两册,共五编,旨在论述新文学的根本观念、新文学的实质研究和形式研究,以及新文学的种类与组织等。作者在自序中声明此书是"文学革命"的一个小结,意在系统、具体地论述总结新文学运动的理论主张,既是对新文学倡导者诸多观点的梳理,也为以后的文学道路指点方向。作者特别强调文学的形式和内容是不可两分的,新文学革命是兼顾形式、内容两方面的,"新文学是适应现代的文学"。本书的特色是在论述中惯于列举古今中外多家观点供读者比较,却并不对这些观点进行分析论证,也不发表作者自身的观点;另外,作者善于对各个问题从不同侧面分条论述,例证丰富,极尽翔实之能事。是书虽以新文学为研究对象,但其中仍然隐含着诸多传统文章学研究的痕迹,虽未明确表示试图将新文学纳入文章学研究的范畴,却也显示出了努力将新文学与中国系统学术联结在一起的研究趋向,其已有新文学理论草创阶段的雏形。(参见贺昌盛主编《中国现代文学基础理论与批评著译辑要(1912—1949)》,厦门大学出版社2009年版)

刘师培遗著《中国中古文学史讲义》由北京大学刊行。

张静庐著《中国小说史大纲》(第1编总论)由上海泰东图书局刊行。

胡适著《尝试集》由上海东亚图书馆刊行。

按:是为中国现代文学史上第一部白话诗集。胡先骕于1921年在《学衡》创刊号发表《评尝试集·尝试集之价值及其效用》一文,对胡适的白话诗集予以否定。1922年2月4日北京《晨报副刊》"杂感"栏发表式芬《〈评尝试集〉匡谬》一文,对胡先骕的文章进行反驳。1922年3月11日出版《时事新报·文学旬刊》第31期,发表郎损(沈雁冰)的《驳反对白话诗者》一文,反驳胡先骕《评〈尝试集〉》一文。该刊第33期刊载钱鹅湖的《驳郎损〈驳反对白话诗者〉》一文,为胡先骕辩解。

　　叶德辉《书林清话》由长沙叶氏观古堂刊行。

　　陈光尧著《谜语研究》由上海商务印书馆刊行。

　　易家钺著《西洋氏族制度研究》由上海商务印书馆刊行。

　　按:是书分氏族制度的起源、氏族的组织职务、希腊人的氏族、罗马人的氏族、其他民族的氏族、氏族制度的进化、氏族制度与家庭制度、氏族制度与国家制度等11章。

　　李泰棻著《欧战史要》由北京武学书局刊行。

　　唐继尧著《会泽督黔文牍》由云南督军署秘书厅刊行。

　　南海胤子编《安福祸国记》(上中篇)由编者刊行。

　　浊物著《安福大罪案》(上册)由信使编辑社刊行。

　　洪玉麟著《洪少画先生议案录》由著者刊行。

　　徐东藩著《山东问题与国际联盟》由山东外交协会刊行。

　　徐东藩著《抗争鲁案之文章》由上海山东外交协会江苏分会刊行。

　　连横(原题连雅堂)著《台湾通史》(36卷)(上中下册)由台北台湾通史社、重庆商务印书馆刊行。

　　胡春林著《益皋传箕四哲合传》由北京大学出版社部刊行。

　　林传甲纂评《中国历代名将事略》由北平武学书馆刊行。

　　白寿彝著《从政及讲学中的朱熹》由北平国立北平研究院出版课刊行。

　　胡适著《吴敬梓传》由上海亚东图书馆刊行。

　　黄花奴编著《英雄肝胆录》由上海国华书局刊行。

　　按:是书介绍史可法、郑成功、陈化龙、徐锡麟、熊巨山等人的生平事迹。

　　新潮社编《蔡孑民先生言行录》由北京大学出版部出版。

　　按:书中收录了蔡元培口述,其夫人之弟黄世晖记录的《蔡元培口述传略》,所记内容至1919年止。后收入1943年高叔平编《蔡孑民先生传略》。这是目前所能见到蔡元培传记的最可靠最重要的史料。

　　伍澄宇著《伍平一先生革命言行录》由香港阳明学会刊行。

　　杨公道编《吴梅村轶事》由两友轩刊行。

　　东鲁逸民编述《吴佩孚历史》由上海新民图书馆刊行。

　　黄敬仲编《段祺瑞》由上海世界书局刊行。

　　中央国史编辑社编《徐树铮正传》由中央国史编辑社刊行。

　　琴鹤仙馆编《为国为民之李纯》由上海民强书局刊行。

　　宋教仁《我之历史》由桃源三育乙种农校刊行。

　　夏庚复等著《夏侍郎年谱》刊行。

　　南北名人言行录丛书社编《叶夏声》由上海正谊社刊行。

　　芳吉著《梁乔山先生传》由上海中国公学刊行。

　　我佛山人编《李甘芳全史》由上海东亚书局刊行。

　　天啸著《李武宁出巡记》刊行。

　　袁振英编《易卜生传》由广东广州新学生社刊行。

　　陈镐基编《世界最新地图华英地名表》由上海商务印书馆刊行。

中华书局编《英华华英地名检查表》由上海编者刊行。

丁詧盦编著《世界改造分国图志》由上海中华书局刊行。

钱文选著《环球日记》由著者刊行。

瞿世镇编,吴拯寰校《中国地理问答》由上海三民公司刊行。

林传甲总纂,苏萃分册编纂《大中华直隶省地理志》由北京武学书馆刊行。

徐珂编《北京指南》由上海商务印书馆刊行。

朱镜宇著《南洋群岛》由上海商务印书馆刊行。

朱镜宇著《英属马来半岛》由上海大东书局刊行。

周希武著《玉树土司调查记》由上海商务印书馆刊行。

吴质生著《万寿山名胜核实录》由北京编者刊行。

袁书鼎编《曲阜游览指南》(初编)由济南济南教育图书社刊行。

南通友益俱乐部编《南通实业教育慈善风景》由编者刊行。

林修竹编《山东各县乡土调查》由山东省长公署教育科刊行。

谢开勋编《二十二年来之胶州湾》由上海中华书局刊行。

林传甲纂《大中华山东省地理志》由北京武学书馆刊行。

林传甲纂《大中华河南省地理志》由北京武学书馆刊行。

丁詧盦编《世界改造分国地图》由上海中华书局刊行。

卜益绘《江苏扬州城厢市图》由江苏扬州徐青云斋印刷馆刊行。

温州务本石印公司编《雁荡山图》由编者刊行。

欧阳缨编制《中国历代疆域战争合图》由湖北武昌亚新地学社刊行。

苏海若主编《人生万事秘诀》(初集1—5卷)由明华书局刊行。

苏海若主编《人生万事秘诀》(初集6—16卷)由明华书局刊行。

中华书局编《妇女宝鉴》由上海中华书局刊行。

[日]高小林次郎著,刘仁航译《近世美学》由上海商务印书馆刊行。

按:此书蒋维乔、黄忏华校订,商务印书馆1920年2月初版,分为上下两篇,上篇主要介绍从希腊以来美学的变迁,以此作为考察近世美学的预备;下篇专门论述近世美学。作者在序中称,本书对美学并无创见,目的只在概要介绍近世的诸家美学理论。(参见贺昌盛主编《中国现代文学基础理论与批评著译辑要(1912—1949)》,厦门大学出版社2009年版)

[日]远藤隆吉著,覃寿公译《近世社会学》由上海泰东图书局刊行。

[日]生田长江、本间久雄著,周佛海译《社会问题概观》由上海中华书局刊行。

按:是书包括人类解放运动的法国革命,产业革命与劳动阶级之发生,资本主义的解剖,空想的社会主义和科学的社会主义,马克思主义的概观,德谟克拉西的研究等12章。

[日]小林照朗著,刘光藜编译《欧美之社会与日本之社会》由北京内务部编译处刊行。

[日]星一著,吴源瀚译《官吏学》(第一卷)由内务部编译处刊行。

[日]卖文社编,冯飞译述《劳动问题概论》由北京华星印书社刊行。

[日]信夫淳平著,王岫庐译《国际联盟讲评》由上海群益书社刊行。

[日]植原悦三郎著,陈谪生译,上海群益书社讲《欧美各国改造问题》由上海群益书社伊文思图书公司刊行

[日]河上肇著,李培天译《近世经济思想史论》由上海泰东书局刊行。

按：是书为学术研究会丛书之一。

［日］河上肇著，李凤亭译《贫乏论》由上海泰东图书局刊行。

［日］河上肇著，杨山木译《救贫丛谈》由上海商务印书馆刊行。

［日］迁听花著《中国剧》由北京顺天时报社刊行，有陈宝琛、章炳麟、严修、姚华等人的序。

［日］大川义行著，杨树达译《儿童个性之研究》由北京新中国杂志社刊行，由胡适序。

［英］凯恩斯著，陶孟和、沈性仁译《欧洲和议后之经济》由上海新青年社刊行。

［英］麦累（原题莫越）著，方东美译《实验主义》由上海中华书局刊行。

［英］泰罗（原题铁聂尔）著，刘国钧（原题刘衡如）译《亚里士多德》由上海中华书局刊行，书前有译者序。

按：是书介绍亚里士多德的生平事迹，论述他的学术成就及其主要观点。全书分传略及著作、科学之分类与科学方法、第一哲学、物理学、实用哲学等5章。

［英］罗素著，余家菊译《社会改造原理》由北京晨报社刊行。

［英］克卡朴著，［英］辟司增订，李季译《社会主义史》由上海新青年社刊行，有蔡元培序、译者序、增订者序。

按：蔡元培《社会主义史序》说："西洋的社会主义，二十年前才输入这个。一方面是留日学生从日本间接输入的，译有《近世社会主义》等书。一方面是留法学生从法国直接输入的，载在《新世纪》周刊上。后来有《民声》周刊简单的介绍一点。俄国广义派政府成立以后，介绍马克思学说的人多起来了，在日刊、月刊中，常常看见这一类的题目。但是切切实实把欧洲社会主义发起以来，一切经过的情形，叙述出来的还没有。我友李君懋猷取英国辟司所增订的克卡朴《社会主义史》，用白话译出，可以算是最适用的书了。"（陈独秀、李大钊、瞿秋白主编《新青年》第8卷，中国书店刊行社2011年版）

［英］罗素著，刘衡如、吴蔚人译《政治理想》由上海中央书局刊行。

［英］罗素著，李季、黄凌、雁冰译《到自由之路》由上海新青年社刊行。

［英］罗宾生著，张尔云译述《英律摘要》由上海商务印书馆刊行。

［英］巴德雷著，陆懋德译《战后教育论》由上海商务印书馆刊行。

［英］杨支著，林纾、陈家麟译《戎马书生》由上海商务印书馆刊行。

［英］哈葛德著，林纾、陈家麟译《金梭神女再生缘》（上下卷）由上海商务印书馆刊行。

［英］柯南达里著，常觉、小蝶译《恐怖窟》由上海中华图书馆刊行。

［英］柯南道尔著，周大猷、李定夷译《急富党》由上海国华书局刊行。

［英］高桑斯著，林纾、陈家麟译《欧战春闺梦》由上海商务印书馆刊行。

［英］高桑斯著，林纾、陈家麟译《欧战春闺梦续集》由上海商务印书馆刊行。

［英］美森著，林纾、陈家麟译《妄言妄听》由上海商务印书馆刊行。

［英］亚波倭得著，林纾、陈家麟译《赂史》（上下册）由上海商务印书馆刊行。

［英］Charles Sarolea（萨罗里亚）著，张邦铭、郑阳和译《托尔斯泰传》由上海泰东图书局刊行。

［美］杜威讲《杜威五大讲演》由北京晨报社刊行。

［美］杜威演讲，刘伯明译《哲学史》由上海泰东图书局刊行。

按：是书乃作者在南京高等师范学校的演讲录，主要讲述古代希腊哲学，分为欧洲思想的起源，希腊最初的哲学，柏拉图的学说；亚里士多德的学说等部分。

［美］鲍立孟著，缪秋笙、于化龙译《培养少年人格》由上海广学会刊行。

［美］杜威著,刘伯明口译,沈振声笔述《试验论理学》由上海泰东图书局刊行。

按:是书乃杜威在南京高等师范学校的讲演。内容有:论理学的性质和重要性,思想的起源、历程、阶段、缺点及其补救方法,论理的方法之归纳、演绎、证实的历程,判断的重要、性质、功用,判断和动作,论理学上的三种命题,事实属性的注意等。

［美］希耳(原题海尔)著,胡霆锐、胡贻穀译《基督传》由上海青年协会书报部刊行。

［美］孛拉克福著,沈有乾译《新相术》由上海中华书局刊行。

［美］爱尔乌德、耶尔吾特著,黄尊三译《释社会问题》由内务部编译处刊行。

按:是书分社会问题之历史要素、物质的及生物的要素、经济的要素、精神的及理想的要素、社会问题之解决等 6 章。

［美］爱尔乌德著,赵作雄译《社会学及现代社会问题》由上海商务印书馆刊行。

按:是书包括演进学说与社会问题的关系,家庭的起源,体制,发达史,人口增加,都市问题等 5 章。孙本文说:"国人之稍知社会学,在初期此书的影响甚大。"(《当代中国社会》,胜利出版公司 1948 年版)

［美］古力基著,王岫庐、郑次川译《科学泛论》由上海群益书社刊行。

［美］费波著,韩人独立报社译《韩国真相》刊行。

［英］罗素著,黄凌霜译《哲学问题》由上海新青年社刊行。

［美］麦姆黎著,叶劲风译《欧战地理志》由上海王岫庐刊行。

［美］塞利格曼著,陈石浮译《经济史观》由上海商务印书馆刊行。

［美］狄丁编《风琴谱》由上海美华书馆刊行。

［美］杜威演讲,刘伯明口述,沈振东笔记《杜威三大演讲》由泰东图书馆刊行。

［美］堪伯路著,林纾、陈家麟译《还珠艳史》由上海商务印书馆刊行。

［美］尼可拉司著,林纾、陈家麟译《焦头烂额》由上海商务印书馆刊行。

［法］黎明著,吴旭初、杜师业译《群众心理》由上海商务印书馆刊行。

［法］孟司铎著《苦民大荣》由山东兖州天主堂印书馆刊行。

［法］孟司铎著《圣心临格》由河北献县张家庄刊行,有自序。

［法］季特著,陶乐勤译《协力主义政治经济学》由上海泰东图书局刊行。

［法］塞纽博(原题沙尔·塞纽坡)著,王道译《欧洲现代文明史》由内务部编译处刊行。

［法］大仲马著,万国奇术研究会译《万国奇术全书》由译者刊行。

［德］海克尔(原题赫克尔)著,马君武译《赫克尔一元哲学》(一名《世界疑谜(上下册)》)上海中华书局刊行,书末附有《认识论》《心理学在生物科学系中之位置》《一元主义及二元主义之冲突》。

［德］沙穆著,［英］瑞思义译,虞家惺述《教会历史》由上海广学会刊行。

［德］马克思、恩格斯著,［苏］萨科夫斯基编,高希圣等译《马克思学体系》由上海平凡书局刊行。

［德］恩格斯著,郑次川译《科学的社会主义》由上海群益书社刊行。

［德］马克思、恩格斯合著,陈望道译《共产党宣言》由上海社会主义研究社刊行。

［德］考茨基著,陈溥贤译《马克思经济学说》由上海商务印书馆刊行。

按:是书为解释《资本论》的专著。

［德］Friedrich Rotte 编《(教科及自用修用)德华对照读本》第 2 卷由上海商务印书馆刊行。

［德］施米德著,P. Ch. Ming 译《寡妇传》(宗教小说)由河北献县张家庄天主堂刊行。

［俄］贝尔斯著，贡少芹译《变相之宰相》（奇情侦探小说）由上海国华书局刊行。

［意］福拉西乃狄著，李西满译《司铎金鉴》由河北献县张家庄胜世堂刊行。

［意］托马斯·阿奎那著，利类思译《论万物原始》由公教教育联合会刊行。

［丹麦］米勒著，张谔译《米勒氏十五分钟体操》由上海商务印书馆刊行，有译者序。

［瑞士］鲁斗威斯著，林纾、陈家麟译《鹤巢记上编》（上下册）由上海商务印书馆刊行。

［瑞士］鲁斗威斯著，林纾、陈家麟译《鹤巢记续编》由上海商务印书馆刊行。

［挪威］易卜生著，杨熙初译《海上夫人》由上海商务印书馆刊行。

［希腊］柏拉图著，吴献书译《柏拉图之理想国》（上下册）由上海商务印书馆刊行。

［印］泰谷儿著，王靖译《（英汉合璧）泰谷儿小说》（第1辑上册）由上海泰东图书局刊行。

［朝］朴殷植著《韩国独立运动之血史》由上海维新社刊行。

［苏］马尔西著，李汉俊译《马格思资本论入门》由文化印务局刊行。

P. Henry More 著，R. P. Liou 译《默想主著》由河北献县张家庄胜世堂刊行。

兰姆塞著，兼生译《旅俄六周见闻记》刊行。

缪刀澄译《千里眼实验奇谈》由上海国华书局刊行。

易家钺编译《家庭问题》由上海商务印书馆刊行。

杜国庠编译《英国劳动组合法》由北京内务部编译处刊行。

邹敬芳译述《劳动总同盟之研究》由上海泰东图书局刊行。

何炳松译述《美国教育制度》由上海商务印书馆刊行。

柴润之译《童子军体操图说》由上海中华书局刊行。

达威生辑，林纾、陈家麟译述《泰西古剧》（上中下卷）由上海商务印书馆刊行。

廖鸣韶编译《菱镜秋痕》由上海商务印书馆刊行。

蒋炳然、廖鸣韶编译《苦海双星》由上海商务印书馆刊行。

汪启塈编译《欧战舻乘》由天津南洋公论报出版部刊行。

李煜堂口述，余仲刚笔记《欧战后十一国游历记》刊行。储儿学编《马可尼》由上海大众书局刊行。

沈颖等译《俄罗斯名家短篇小说》（第1集）由北京新中国杂志社刊行。

Hantschau 译《黑太子》由山东兖州济宁中西中学校刊行。

《圣罗格行实》由河北献县张家庄胜世堂刊行。

《圣若望伯尔各满传》由河北献县天主堂刊行。

《圣亚尔方骚行实》由河北献县胜世堂刊行。

《拯救劝言》由河北献县胜世堂刊行。

《要经略解》刊行。

《主日圣经讲解》刊行。

《主日瞻礼圣经》刊行。

五、学者生卒

陈作霖（1837—1920）。作霖字雨生，号伯雨，晚号可园，人称可园先生，江苏南京人。

先后肄业于钟山、惜阴书院。1868 年随汪士铎学习古文。其间参加由汪士铎主持的金陵官书局校勘刊刻经史书籍的工作。1875 年中举,此后应进士试不第,就放弃科考,专心于教育和研究。历任崇文经塾教习、奎光书院山长(校长)、上元、江宁两县学堂堂长等职。1878 年 7 月开始《金陵通传》的编纂工作,前后历时 30 年始成书 45 卷。另著有《金陵通纪》《江苏兵事纪略》《凤麓小志》《东城志略》《江宁物产风土志》《可园文存》《可园诗存》28 卷、《可园诗话》8 卷、《可园词存》4 卷及《迎春室词》《可园备忘录》等。辑有《国朝金陵文抄》16 卷、《四朝金陵词钞》等。

陈遹声(1846—1920)。遹声字毓骏,又字蓉曙,号骏公,又号畸园老人,浙江诸暨人。早年师从俞樾。1886 年中进士,改翰林院庶吉士,授编修,出为松江知府。创立融斋精舍,以课学子。1898 年父丧回家,主纂《国朝三修诸暨县志》,翌年创办景紫书院。服满,复职江苏,因功迁道员,入参政务,主练兵、税务诸政。1907 年授川东兵备道。后引疾归里。民国大总统徐世昌数次招聘,均谢而不出。建私家园林畸园,在园中授经堂内藏有古典书籍和名人字画数万卷(后增为 30 万卷),孤本珍品很多。著有《玉溪生诗类编》《历代题画丛录》《逸民诗选》《畸庐秤说》《畸园老人诗集》及《鉴藏要略》等。

刘笃敬(1848—1920)。笃敬字缉臣,号筱渠,山西太平人。1875 年中举人。曾三次进京应考进士,但皆名落孙山。由杨深秀推荐任刑部主事。后被派赴日本神户考察工商业,四年后回国,在太原成立王封磺矿公司。1905 年任山西商会会长。1906 年在冶峪开办庆成煤窑,继又开办永春煤窑。1909 年任山西咨政局副议长。1911 年任保晋公司经理。1916 年兴办闻名三晋的南高私立高级小学。喜收藏古书、字画、金石碑帖。著有《金石录》,可惜已散失。

陆恢(1851—1920)。恢原名友恢,一名友奎,字廉夫,号狷叟,一字狷盦,自号破佛盦主人,原籍江苏吴江,久居吴县。书工汉隶。画则山水、人物、花鸟、果品,无一不能。代表作品有《陆廉夫山水八景》《陆廉夫冷香居记事图册》《陆廉夫先生编年画册》等。1896 年张之洞任江督,集海内名画家补绘王元恽所进承华事略,以总其事。图中衣冠、彝器悉准历代制度。中年归苏州,潜心绘事,考订金石文字,垂三十年。为清末民初江南老画师,从游者数十人。

石德芬(1852—1920)。德芬字星巢,号惺庵,一名柄枢,广东番禺人。1873 年举人,以纳资捐官,任广西、四川道员。民国前后,先后在广东、北京设学馆,授徒讲学,任惠州丰湖书院讲习。嗜藏书,收书颇富,家有“石室”“徂徕山馆”等藏书室,自称“藏书四部略备”,宋本元刊亦有数种,曾对学子提供阅览,梁启超、康有为曾到其藏书楼阅书。晚年立学馆,与陈石樵、吴玉臣合作,建有“陈石吴馆”学馆,从学者众多。通考据训诂之学,工于诗文,著有《惺庵诗词》。

震钧(1857—1920)。震钧,姓爪尔佳氏,字在廷(亭),满族,汉姓名唐晏。曾任江苏江都知县。1910 年执教于京师大学堂。旋入江宁将军铁良幕府,并任江宁八旗学堂总办。辛亥革命后长住南方。博学多闻,善画墨梅及兰竹。著有《天咫偶闻》10 卷、《西汉三国学案》《渤海国志》《庚子西行纪事》《八旗诗媛小传》《国朝书人辑略》《大愚堂诗》《涉江词》等。

易顺鼎(1858—1920)。顺鼎字实甫,又字中实(一作中硕),自号眉伽,晚号哭庵,湖南龙阳人。1888 年以进呈三省河图,加按察使衔。1900 年被委任督办江阴江防。后又被调驻陕西,督办江楚转运。1912 年到北京任印铸局参事兼帮办。1914 年任政事堂印铸局代局长。翌年与湖南官绅及立宪派人士 61 人上书参政院,要求复辟帝制。1916 年被袁世凯正式任命为印铸局局长。擅长考据、经济、诗文、辞赋,尤工诗,与宁乡程颂万、湘乡曾广钧称"湖南三诗人"。著有《经义莛撞》《读老札记》《淮南许注钩沉》《国朝文苑传》《国朝孝子小传》《高州存牍》《龙州杂俎》《己酉日记》《丁戊之间行卷》《四魂集》《丁戊之间行卷》《眉心室悔存稿》等20种,及经史、杂记等共100余卷。

按:范志鹏《易顺鼎年谱长编》说:"易顺鼎是一位天才的诗人,晚清诗坛分汉魏六朝诗派、宋诗派、中晚唐诗派三大主要流派。他是汉魏六朝诗派代表人物王闿运的晚辈,王闿运呼其为'仙童',数十年间交往频繁;他与宋诗派的主将陈三立是世交,总角相契,至老不渝;他自己是中晚唐诗派的两位代表人物之一,另一位是他的晚年密友樊增祥。"(华东师范大学博士学位论文,2013年)

李瑞清(1867—1920)。瑞清字仲麟,号梅庵,入民国署"清道人",江西临川人。1893年恩科举人,1895年进士,授翰林院庶吉士。曾任江宁提学使、江宁布政使、学部侍郎,官居二品。1905—1911年任两江师范学堂监督。著名学者秉忠、胡小石,国画大师张大千,美术教育家吕凤子以及抚州书法家李仲乾、何砚青、黄鸿图等,均出其门下。著有《清道人遗集》4卷、《围城记》1卷等。

刘善涵(1867—1920)。善涵字淞芙,亦作松芙,湖南浏阳人。早年考入武昌两湖书院,常与谭嗣同、唐才常共商维新救国之道。1895年与唐才常回浏阳,自筹经费开办算学社,创湖南新学之始。1897年参与创办《湘学新报》。1898年与黎宗銮、李闰在浏阳设立"不缠足会",倡导废除妇女缠足陋习。1903年赴开封应礼部试,举贡,以直隶州同知候补湖北试用三年。1906年参与编修《浏阳乡土志》。1908年至1911年,随奉天盐运使熊希龄到吉林清理财政。1913年在县城迎佛寺创办浏阳第一所女子学校,请谭嗣同遗孀李闰任学监。诗文、书法均佳,著作有经史、文集、诗词、联语等,共汇为《蛰云雷斋》15卷,大多散失。1982年由其女豫旋搜集所存诗文,编辑《蛰云雷斋诗文集》。

陶葆霖(1870—1920)。葆霖字惺存,号景藏,浙江嘉兴人。1895年补嘉兴府学生员,后纳资为候选主事,居嘉兴,任邑学校长。1902年留学日本法政大学。归国后应张元济邀请,入商务印书馆任编辑。1904年创办嘉郡图书馆。1911年任商务印书馆创办的《政法杂志》主编。1919年接替杜亚泉任《东方杂志》主编。著有《调查户口章程释义》《共和国教科书·法制概要》《惺存遗著》等。

杨昌济(1871—1920)。昌济又名怀中,字华生,湖南长沙县人。早年两次乡试不中,后在家设馆授徒,常与密友杨守仁讨论国事。1898年就读于岳麓书院,积极参加谭嗣同、唐才常等在湖南组织的维新改良活动,加入"南学会",成为通讯会友。1903年东渡日本留学,先后入弘文学院、东京高等师范学校学习,主攻教育学。参与创立中国学会。1909年经章士钊、杨守仁举荐,应欧洲留学生监督蒯光典之召,入苏格兰北淀大学哲学系,专攻哲学、伦理学。1912年获文学学士学位。1913年回国后任教于湖南省立高等师范学校、省立第四师范、第一师范、商专、一中等校,主讲哲学、伦理学、教育学等课程。支持新文化运动,宣传《新青年》的主张。1918年6月应蔡元培之聘,任北京大学伦理学教授。曾为赴法勤工俭学学生筹措经费,推荐毛泽东到北京大学图书馆工作,促成其爱女杨开慧与毛泽东的婚恋关系。五四运动时,参与发起北京大学哲学研究会。1920年1月17日病逝。著有《论语类钞》《伦理学之根本问题》《达化斋日记》《杨昌济文集》,译有《西洋伦理学史》等。

按:蔡元培、范源濂、章士钊、杨度、黎锦熙、朱剑凡、毛泽东等29人联名在1月22日《北京大学日刊》发表《启示》,曰:"敬启者:湖南杨怀中先生以本年一月十七日午前五时病殁于北京德国医院。先生操行纯洁,笃志嗜学,同人等闻其逝世,相与悼惜。溯自先生留学日本东京弘文学院及高等师范学校,复留学于英国苏格兰大学,既毕业,赴柏林考察教育亦逾一年。辛亥冬季,全国兴革命之师,先生于是时归国,即回长沙任高等师范及第一师范各校教授,雍容讲坛,寒暑相继,勤恳不倦,学生景从,如是者七年有余。戊午岁,长沙被兵事,师范学校亦驻兵,教育事业将隳弃无可为,先生乃来北京,任国立北京大学伦理学教授。参稽群籍,口讲之暇复有译述。精神过劳,因遂致病,始为胃病,继以浮肿,养疾西山,逾夏、秋两季。入冬以后,病势日剧,居德国医院受诊治,医者谓其脏腑俱有伤损,医疗匪易,而先生之病亦竟以不治,以吾国学术之不发达,绩学之士廖落如晨星,先生固将以嗜学终身,天不假年,生平所志百末逮一,为教育,为个人均重可伤也。先生既无意于富贵利达,薪资所储,仅具薄田数亩,平日生计仍恃修俸。殁后遗族尚无以自存。先生服务教育亦近十年,揆诸优待教员及尊重学者之意,同人等拟对其遗族谋集资以裨生活,积有成数,或为储蓄,或营生产,俾其遗孤子女略有所依恃。伏冀诸君子知交,慨加赙助,此则同人等所感盼者也。诸推亮察,不尽。"

　　按:《民国学案》第六卷《杨昌济学案》说:"杨昌济精研国学数十年,还去日、英两国苦学十年,广涉欧西伦理,兼收并蓄,学贯中西,在哲学、伦理学、教育学诸方面都有较深造诣。"

　　王瀛宰(1872—1920)。瀛宰字抱一,浙江会稽人。1891年拟上皇帝书80篇,主张革新。著有《文心楼经解》《〈说文〉补遗》《皇朝掌故辑要》《愤语》《中国灭亡论》《越史补亡》等。自编《王太玄年谱》。

　　孙翼中(1872—1920)。翼中字耦耕,号江东,浙江钱塘人。早年在浙江求是书院任教。1902年赴日本留学,参加革命团体青年会,主编《浙江潮》。1903年回国,加入光复会,任《杭州白话报》总编辑。1906年后任杭州县立高等小学校长,旋去职。

　　雷铁崖(1873—1920)。铁崖原名昭性,字泽皆,后改詟皆,四川富顺人。1905年留学日本,先后入大成学校、宏文书院就读。同年加入同盟会。1906年与董修武、李擎甫等筹办《鹃声》杂志,并任主笔。1907年12月在吴玉章于东京创办的《四川》杂志中任编辑和撰述工作。1908年初奉派回国,在上海主办新中国公学,宣传革命,发校会员,先后介绍王云武、任鹤年、杨杏佛、胡适之等人加入同盟会。1909年11月参加柳亚子、高旭等在苏州发起成立的"南社"。1910年在马来半岛核桃屿办《光华日报》,任主笔及总编辑。1912年回国,在北京被民国政府举为稽勋局审议员,兼任国民党驻北京喉舌《民主报》主笔,为袁世凯妒恨欲加陷害,逃至新加坡,为《国民日报》主笔,从事反袁宣传。1913年"宋案"后亡命南洋。

　　按:吴宇《鹃因口瘁啼衔赤,烛为心多泪坠红——革命报人雷铁崖生平及思想述论》说:"雷铁崖是辛亥革命时期著名的报刊宣传家、资产阶级民主革命家。他长期以报刊为阵地,致力于中国的民主革命事业,在思想战线上作出了令人瞩目的贡献,并且逐步形成了自己的思想体系。与同时期其他革命家相比,有他独到之处。"(湖南师范大学硕士学位论文,2006年)

　　刘善渥(1879—1920)。善渥字雨人,湖南浏阳人。刘善泽的胞兄。青年时为县学附生,曾留学日本。回国后,任湖南咨议局议员。民国成立后,先后任湖南省政府都督参事、湖南图书馆馆长、省长谭延闿公署秘书长等职。诗书画印俱佳。著有《雨人诗词集》3卷。

　　孙景贤(1881—1920)。景贤字希孟,号龙尾,笔名阿员,化名藤谷古香,江苏常熟人。1902年创作完成小说《轰天雷》。1907年其师张鸿任驻日本,读于日本明治大学法律科,任职长崎领事馆。归,赐举人出身。1912年受同盟会本部委托,筹组常熟支部。后就职于外交部。著有《龙吟草》《海边乐府》。

　　朱执信(1885—1920)。执信名大符,以字行,笔名蛰伸、去非等,广东番禺人。1902年入广州教忠学堂。1904年留学日本东京法政速成科攻读经济学。1905年加入同盟会。曾在《民报》上介绍马克思、恩格斯及《共产党宣言》部分内容。次年回国,在广州高等学堂、法政学堂及方言学堂任教。1908年后先后参与策应指挥巡防营新军起义、广州新军起义、黄花岗之役。1914年在日本参加中华革命党。五四运动前后在上海协助孙中山撰写《革命方略》,在《建设杂志》《民国日报》任编辑。1920年9月被桂系守军杀害。著有《朱执信集》。

按:林家有说:"朱执信无愧为中国杰出的民主主义者、文武兼备的革命家,也是革命的理论家和宣传鼓动家。他不仅是孙中山的忠实追随者,也是他领导的民主主义革命的忠诚的活动家、思想家,反对封建主义的英勇战士;他不仅能在革命的实践中不断探索民主革命的理论和思想,也能与时俱进,不断创新,不断进步,积极讴歌俄国社会主义革命,同情和支持社会主义建设。正如有论者指出的那样,'执信先生一生,不断地努力于政治改造与社会改造。他的精到的思想,深刻的理论,伴着他那一生他人不可企及的高纯洁的精神,在近代人中是不可多得的'。他对中国的贡献是多方面的、巨大的。""诚如孙中山所言:'先生不止为文武兼备之革命实行家,论其一生行为,算是中国之明星''朱执信是最好的同志,为中国有数之人才','惟君之死乃以身殉国今,树永久之模范于将来!'"(林家有著《朱执信·引言》,团结出版社2011年版)

王天柱(1890—1920)。天柱原名毗,字任之,甘肃陇西人。十六岁中秀才后,进入甘肃文高等学堂学习。1909年选拔贡,旋在兰州从求教育。辛亥革命后,曾任甘肃省临时参议会议员,甘肃省教育厅第三科科长,创办《通俗日报》,提倡普及白话。1919年11月与水梓两人赴欧美考察教育,因盲肠炎延误治疗时间病逝于伦敦。

陈子涛(—1948)、周璇(—1957)、施济美(—1968)、上官云珠(—1968)、罗麦(—1976)、郭钧(—1978)、芦芒(—1979)、华山(—1985)、赖敬程(—1986)、魏泉深(—1986)、周和桐(—1986)、江圣华(—1987)、孔新晟(—1988)、杜重划(—1990)、唐祈(—1990)、傅天仇(—1990)、康濯(—1991)、朱德熙(—1992)、鲜灵霞(—1993)、曹恩爵(—1994)、张爱玲(—1995)、朱佩君(—1995)、白杨(—1996)、汪曾祺(—1997)、张君秋(—1997)、王元化(—2008)、魏巍(—2008)、唐德刚(—2009)、郭预衡(—2010)生。

六、学术评述

本年处于"五四"与中共"一大"之间的中间节点,在政治上依然继续着南北与中外以及各自内部之间的角力。其中作为"五四"运动的重要成果以及"一大"会议的组织准备,便是马克思主义的政党化以及共产国际代表来华指导筹建中国共产党。于是原来的南北与中外角力,逐步演变为国内的国共与北洋政府以及国际的中国与西方列强、共产国际的多重复杂关系。其中最大的变数是中俄关系的强化与深入:先是3月,共产国际派远东局局长维经斯基一行来华,经与李大钊的深入交谈,对筹建中国共产党取得一致意见。5月,经李大钊介绍,维经斯基到上海会见陈独秀,两人会谈后,决定开始在上海筹备建党。11月中旬,维经斯基接受陈独秀建议,在上海拜会孙中山,孙中山表达了要把中国南方(广州)的斗争与俄国联系起来的急切愿望。而在马克思主义传播与马克思主义政党筹建的互动中,需要重点关注一下五大要素:一是北京—上海的核心地位与辐射效应。其中,北京是从3月31日李大钊在北京大学秘密发起成立马克思学说研究会,到10月4日李大钊、张申府等发起成立北京第一个共产主义小组;上海是从5月陈独秀、李汉俊等发起成立马克思主义研究会,到8月上海的共产党早期组织"中国共产党"在上海法租界老渔阳里2号《新青年》编辑部正式成立。这是中国的第一个共产党组织,其成员主要是马克思主义研究会的骨干,陈独秀为书记。于是形成南北呼应之格局,所谓"南陈北李"也就是对这一格局领袖的共同认可。然后重点向湖南、湖北与山东、广东辐射,正与次年"一大"代表的区域分布高度契合。二是8月陈望道译完《共产党宣言》,经陈独秀、李汉俊校核后,由上海社会主义研究社出版,此为《共产党宣言》第一个中文全译本,从而为当时刚刚诞生的中国共产党及时提供了最为重要的批判武器。三是9月1日《新青年》编辑部从北京迁移到上海法租界,出版第8卷第1期,自此成为中国共产党上海发起组的公开机关刊物,大量登载介绍马克思主义及苏俄情况的文章。四是11月7日中国共产党上海发起组创办的《共产党》月刊在上海出版,李达主编,新青年社供稿。此为中国共产党成立初期创办的宣传马克思主义、进行党的基本知识教育的理论性的机关刊物,第一次打出"共产主义"的旗帜。五是马克思主义政党化程度的提升。无论是10月4日李大钊、张申府等发起成立北京第一个共产主义小组,还是8月上海的共产党早期组织"中国共产党"在上海法租界正式成立,都已基本实现了马克思主义政党化。由上可见,在"五四"与"一大"之间,马克思主义在中国的传播进入一个最为重要的关键节点,可以大致概括为:"学说臻于信仰,理论走向实践。"上述由南北与中外角力演变而来的多重复杂关系,都不同程度地在本年及今后一段时期的学术研究上打下深刻的烙印。

　　本年度教育部长有调整。年初继续由傅嶽棻次长代理。8月11日,北洋政府大总统徐世昌任命范源濂为教育总长。就有关教育文化政策观之,既有官方传统观念的延续,也承接部分新文化运动的成果:1月12日,教育部采纳1919年全国教育会联合会及国语统一筹备会的建议,训令各省区:全国各国民学校,自本年秋季起,先将一、二年级的国文改为语体文,"以期收言文一致之效"。此为我国学校废弃文言,采用国语之第一个法令。胡适在《国语讲习所同学录序》中评价这一变革时说:"这一道命令,把中国教育的革新,至少提早了二十年。"24日,教育部发布《教育部令第七号》,通令全国各国民学校先将一二年级的国文改为语体文。同月,教育部国语统一筹备委员会举行第二次大会,成立国语辞典委员会,主持国语辞典的编纂工作。2月2日,教育部发布第53号训令——《通令采用新式标点符号文》,我国第一套法定的新式标点符号从此诞生。这个颁行新式标点符号12种的议案(修正案)是由钱玄同、朱希祖、马裕藻、周作人、刘复、胡适等6人提出的。10月20日,全国教育会联合会在江苏召开第六届年会,安徽、奉天、云南、福建四省教育提出议案,要求改革学制。11月11日,教育部公布《修正教育调查会规程》16条。12月24日,教育部颁布《国音字典》,规定"嗣后教授字音,均以该书为准绳"。由上可见,北洋政府教育部在实施和推进国文改为语体文方面还是相当积极的。

　　与以往相比,本年度的学术版图结构承中有变。北京轴心中依然由北京大学发挥着策源地与动力泵的作用。1月12日,北京政府对北京高校教职员所提要求完全承认,教职员联合会遂发表回复职务宣言,蔡元培第四次辞职风潮至此终告结束,北京大学的教学科研行政秩序也走向正常。就蔡元培校长本人的重点学术活动而言,主要有:一是7月30日蔡元培批准公布评议会通过的北大《研究所简章》,将北京大学原有9个研究所调整重组为4个研究所,即国学研究所、外国文学研究所、社会科学研究所、自然科学研究所。研究所的研究科目与各系的教学科研挂钩。在蔡元培的大力扶持和精心培育下,国学研究所很快取得了一系列引人注目的研究成果,北京大学不仅成为五四新文化运动的摇篮,而且成为蜚声中外的全国国学研究中心。二是5月4日蔡元培应北京《晨报》"五四纪念增刊"之请而发表《去年五月四日以来的回顾与今后的希望》一文,从而引发了学界对"五四运动"周年的回顾与总结的高度关注与重视;三是亲自陪同杜威与罗素两大哲学巨头到湖南联袂讲学,他本人也作了《何谓文化》《美术的价值》《美学的进化》《美术与科学的关系》《美学的研究法》《美化的都市》等讲演,其《何谓文化》讲演对于文化概念内涵的探讨具有理论前沿意义。然而在新旧文化阵营趋于急剧的分化与重组之际,北京轴心的重要变数是陈独秀、胡适、李大钊"三驾马车"的分流与分化,以及9月1日《新青年》编辑部从北京迁移到上海。胡适依然兼顾思想批判与学术研究两个方面,尤其在巩固新文化运动成果方面作出了新的努力:一是在去年提案的基础上继续重视国语问题。此与政府尚能达成高度共识和默契。5月21—24日,"国语统一筹备会"在北京召开大会,胡适为"国语统一筹备会"的大会主席,主持各项议案得以顺利通过。二是捍卫学术自由。8月1日,胡适与陶孟和、蒋梦麟、王征、张祖训、李大钊、高一涵等7人联名在《晨报》上发表《争自由的宣言》,是对民国的"假共和政治"尤其是民国新闻报律的反对和抗争。三是出版《尝试集》。作为中国现代文学史上第一部白话诗集,《尝试集》开新文学运动之风气,也是胡适里程碑式的著作,问世以后引起文学界、理论界的广泛争论,学界对此书毁誉交加。《尝试集》出版本身就表明了胡适的坚定态度。四是与梅光迪为代表的批判新文化运动阵营的论争交流与沟通,但成效并不显著(详见下文)。五是探索中西融合建构新考据学。其中的重要成果是7月27日著成《〈水浒传〉考证》。这是胡适第一篇重要的小说考证,为次年进而撰写《红楼梦考证》从而开创新红学作了成功的尝试。11月,又作《吴敬梓传》,为吴敬梓第一部传记,是胡适对于小说由"考"而"传"的重要成果。六是计划编刊《国故丛书》,尤其致力于指导培养年轻一代学者。比如顾颉刚11月24日致信胡适,得知胡适计划编刊《国故丛书》,极为兴奋,自愿担任"伪书考"一类的编辑工作,并提出"伪书"名目不甚确,应列为"伪书疑书目"。自是月起,胡适就古书辨伪的问题与顾颉刚往复讨论。12月15日,顾颉刚致信胡适,提出要打破三皇五帝绵延4000年的历史统系,要"从四千年的历史跌到二千年的历史"的想法,颇有青年大家之气度,胡适对此表示赞许,建议他重点读《伪书考》做起,辑录古来辨伪文字,刊行于世,由此深刻影响着顾颉刚"层累说"的提出乃至"古史辨派"的形成。而在陈独秀、胡适、李大钊"三驾马车"的分流与分化中,李大钊显然与陈独秀站到了一起,尤其在传播马克思主义及其组织化的进程中形成"南陈北李"的两大领袖。诚然,北京学术活动中心依然在北京大学,举其要者有:鲁迅、周作人、刘半农1月筹划《近代文艺丛书》。同月18日,周作人在《新村运动的解说——对胡适先生的演说》中与胡适交流了新村运动,因为周作人所介绍的"新村主义"在当时知识界和一些早期共产党人中颇有影响。8月2日,北京大学中国文学系主任马裕藻代表学校聘请鲁迅兼任北京大学讲师,教授《中国小说史略》。12月24日,鲁迅到北京大学授课,讲授《中国小说史略》,后又讲授文艺理论。从此鲁迅正式任教北大。毛泽东4月在北京组织驱张活动期间,同李大钊、邓中夏、罗章龙等有密切联系,用心阅读他们介绍的马克思主义的书刊,较多地受到马克思主义理论和俄国革命历史的影响。同月7日,毛泽东为了解新村运动专门拜访了周作人。梁漱溟是年秋在北京大学开始于课外作《东西文化及其哲学》讲演,最先发现和阐释中、印、西方三大体系。马叙伦10月15日在《北京大学日刊》发表《北京大学研究所整理国学计划书》,提出从系统整理各类学术资料和研治传统学术两方面入手清理文化遗产的计划,并规定了搜集文献和文物古器实物材料的具体步骤方法。沈兼士、钱玄同、周作人12月14日在《北京大学日刊》第767号署名发表《发起歌谣研究会征求会员》的启事。18日,北京大学歌谣研究会正式成立,周作人与沈兼士共同担任主任。任鸿隽妻子陈衡哲9月应蔡元培之聘,分别任北京大学化学系教授,同时被聘为北京大学历史系教授。陈衡哲在北大讲授"西洋近百年史""欧亚交通史",为北京大学也是中国第一位女教授。至于在北大内外联动的重要事件则当推郑振铎与周作人、朱希祖、蒋百里、耿济之、瞿世英、郭绍虞、孙伏园、沈雁冰、叶圣陶、许地山、王统照等12人名义发起筹备文学研究会。该研究会以"研究介绍世界文学,整理中国旧文学,创造新文学"为宗旨,是新文学运动中成立最早、影响和贡献最大的文学社团,所以具有特别重要的意义。

其他高校中,清华还是处于外交部的控制之下并经历校长的更换。令人可喜的是语言学大师赵元任9月任职清华。同月11日,赵元任到胡适家喝茶,第一次会见了"国语研究会"的汪怡、钱玄同、黎锦熙等人,一见如故。彼此广泛深入地讨论中国语言问题。赵元任对他们研究问题既充分又彻底表示钦佩,他们有些想法竟与自己几年前的想法不谋而合,认为中国有了像他所见到的学者,中国语言大有希望。国语研究会的先生们当时即表示希望能吸收赵元任为他们的一员。下半年,赵元任主要做罗素的翻译,陪罗素讲学大约一年左右(1920年10月到1921年7月),辗转上海、杭州、南京、长沙、北京、保定等地(主要在北京)。当时美国著名哲学家杜威也在中国讲学,胡适担任翻译。当胡适因事不能出场翻译时也请赵元任代译。陪同罗素来华的勃拉克(Dora Black)女士的讲演多系妇女、社会改革等问题,也由赵元任翻译。相比之下,北京高师则有不少亮点,当时由陈映璜继续任代理校长。至12月,教育部派邓萃英代理北京高师校长。北京高等师范学校1月经北京政府教育部核准开办教育研究科,以教授高深教育学术养成教育界专门人才为宗旨。学科有教育原理、教育史、教育制度、教授法、心理学、哲学、美学、社会学等。这是我国高等师范学校招收研究生的开始。自"五四运动"以后至是年,北京高师陆续增聘了黎锦熙、李建勋、林砺儒、高步瀛、张贻侗、张耀翔、查良钊等知名教授来校任教。钱玄同继续兼任北京大学与北京高师教授。9月25日,钱玄同《致周作人函》,对于新文化论争反省道:"仔细想来,我们实在中孔老爹'学术思想专制'之毒太深,所以对于主张不同的论调,往往有孔老爹骂宰我,孟二哥骂杨、墨,骂盆成括之风。其实我们对于主张不同之论调,如其对方面所主张,也是二十世纪所可有,我们总该平心静气和他辩论。我近来很觉得要是拿骂王敬轩的态度来骂人,纵使所主张新到极点,终之不脱'圣人之徒'的恶习,所以颇惮于下笔撰文。"黎锦熙是年春与同仁在北京开办第一届国语讲习所,并将自己所撰《国文文法系统表》改编为《国语文法系统表草案》,之后又改为《国语文学》。其他重要学术活动尚有:陈垣5月因政府拟用法国退还的庚子赔款影印文津阁本《四库全书》,接受委托主持全书的清点调查工作。6月15日,由陈垣主持开始对文津阁《四库全书》作全面清点,参与其事的有樊守执、杨韶、王若璧、李倬均、李宏业、张宗祥、王冷斋等人;徐世昌总统10月9日下令影印《四库全书》,由朱启钤督理相关事宜;柯劭忞以《元史》为底本,斟酌损益,重加编撰,前后历时三十年终于完成《新元史》的纂修。

上海轴心因为"三驾马车"之首的陈独秀的南下,不仅极大地提升了上海轴心的地位,而且改变了上海学术版图的整体格局。陈独秀激情似火的鲜明个性,恰好与共产国际代表维经斯基的一把火相遇,然后一同把上海打造为了一个"秘密红都"。就在5月维经斯基南下上海与陈独秀会谈后,上海筹备建党的进度明显加快,至8月完成。于是以陈独秀为旗帜,以马克思主义学会与共产党发起组为中心,以《新青年》《共产党》杂志为阵地,一个基于而又超越新文化阵营的特定群体凝聚而成,包括:马克思主义研究会的李汉俊、陈望道、俞秀松、李季、戴季陶、沈玄庐、施存统、邵力子、陈公培、袁振英、沈雁冰、周佛海、刘大白、张东荪、沈仲九等；中国共产党上海发起组的李汉俊、戴季陶、沈玄庐、陈望道、施存统、李达、俞秀松、陈公培、杨明斋、叶天底、袁振英、金家凤等；《新青年》编辑部的陈望道、茅盾、李达、李汉俊；《劳动界》杂志编辑李汉俊、戴季陶、沈玄庐、陈望道、李震瀛、吴秀、李少穆、陈为人、袁笃实等；中国社会主义青年团的俞秀松、施存统、沈玄庐、陈望道、李汉俊、金家凤、袁振英、叶天底等。以上名单有交叉和重复。在此，还需特别提到在以维经斯基为代表的共产国际工作组担任翻译和协调工作、以华侨负责人的公开身份从事党的秘密工作的杨明斋作为"牵线人"的重要贡献。诚然，上海轴心本是一个大熔炉，这里继续汇聚着诸如章炳麟、张静江这样的民国元勋，康有为、王国维、沈曾植这样的旧朝遗老，章士钊、张东荪、杜亚泉这样的非马克思主义的社会主义者，黄炎培、晏阳初这样的著名教育家，以及以张元济商务印书馆、陆费逵中华书局的两大出版中心与众多社团报刊的学者群体。而在教育界中，尤可称道的是李登辉校长经略复旦大学的卓越业绩。6月，李登辉校长利用两次赴南洋所筹巨款在江湾购得土地共计已达70亩，开始动工兴建校舍。当时上海市区与江湾之间，尚未通公路。从市区到江湾校址，只能乘淞沪铁路至江湾镇，再乘独轮手推车，行半小时，方能到达。校址周围，荒冢累累，极为荒凉。时人以为此蒿莱之地，不宜兴建黉宇，颇有非议者，而李登辉校长不为所动，终成气象恢弘之学府，为日后杨浦成为沪上学术重镇奠定了基础。是年，李登辉收到美国哈佛大学、耶鲁大学、加利福尼亚大学、密歇根大学、华盛顿大学等大学来函：凡复旦大学毕业生，得有大学文凭者，可直接升入上述美国各院校有关系科深造，勿须再进行考试。复旦大学声誉的快速上升，的确与李登辉校长的不懈努力密不可分。总体而论，章炳麟、康有为、王国维作为学术领袖的影响正在减弱，章士钊与张东荪则继续着有关新旧文化调和论与社会主义的论争，尤其是张东荪在3月5日与从法国回到上海的梁启超等人进行了多次商谈后雄心勃勃，按照梁启超在欧洲时的设想和要求，张东荪与梁启超、蒋方震、张君劢等人在北京石达子庙成立共学社，以培养新人才，宣传新文化，开拓新政治为宗旨，主要工作为编辑新书，奖励名著，出版杂志，选送留学生。共学社成立后，专门组织翻译国外各种新思潮的著作，尤以编译新书为共学社最大成就。比较而言，上海轴心的多元性、包容性要超过北京轴心。

在各省板块中也有一些升降变化。最为引人注目的是大致形成了两大高地、四个红区。两大高地就是天津与江苏，堪与北京—上海两大轴心相呼应。天津学术高地的快速形成与梁启超游欧归来退出政界、居于天津专心著述以及张伯苓、严修创办南开大学息息相关。梁启超在1月返国行前在欧洲商定归国后办事方针：一为办中比贸易公司，二为办中比轮船公司，三为办月报及印刷所，四为办大学，五为派学生留学德国。历史地看，民初梁启超醉心于参加政府，并担任了一些重要职位。一战结束后，他借旁观巴黎和会的机会游历欧洲，发现一战之后的欧洲满目疮痍、民不聊生，于是相信中国文化是解救西方资本主义文明弊病的良药，加上政坛上的失意，他决定今后的行动方针将以学术活动为主。本年刊于《时事新报》的《欧游心影录》，某种程度上可视为晚年梁启超重回学术界的宣言。此后，他和与自己志同道合的知识分子，如张东荪、蒋百里、张君劢、林宰平等人，开始商议讲学、著书、译书、介入大学管理权等事项，成为当时学术界一支重要的力量。梁启超作为学术领袖的地位以及退出政坛专注于学术研究的抉择，无疑为天津学术注入了强大动力。是年10月著成《清代学术概论》这部经典名著，即再次充分彰显了梁启超的学术实力及其政学转型之后的广阔前景。加之罗振玉的学术支撑,尤其是著名教育家张伯苓、严修的创办南开大学及其对人才的集聚效应,皆对天津区域中心具有正向拉升和推动作用。其中重要成果即是1月20日周恩来担任主编的《觉悟》在天津创刊。至8月,又邀请北京少年中国学会、青年工读互助团、曙光社、人道社等四个团体的代表共20多人,商讨今后救国运动的方向问题,进而倡议与会各进步团体联合起来,共同进行挽救中国、改造社会的斗争,李大钊代表少年中国学会与会并发言,提议各团体有标明主义之必要。江苏学术高地盛势依然,除了得益于张謇的长期登高引领、联络四方之外,则与南京高师升级为东南大学密不可分。9月中下旬,张謇偕蔡元培、王正廷、蒋梦麟、沈恩孚、黄炎培、江谦、袁希涛、穆湘玥、郭秉文拟文呈教育部,建议将南京高等师范学校改办国立东南大学。12月25日,张謇于《申报》发表《国立东南大学缘起》,蔡元培、江谦、王正廷、袁希涛、穆湘玥、蒋梦麟、郭秉文、沈恩孚、黄炎培等共同具名。这些举措确非一般人所能为,但在张謇做来得心应手。所以南京高师能在高起点上快速汇聚了一大批知名学者,包括南京高等师范及东南大学校长郭秉文以及梅光迪、陶行知、柳诒徵、竺可桢、唐文治、胡先骕、诸葛麒、陈训慈等。何况张謇还拥有立足江苏,联通上海、北京的高端学术平台。四个红区主要指"两湖""两东",即湖南、湖北、山东、广东,在马克思主义传播与党组织建立方面走在全国前列。总之,上海、北京、湖南、湖北、山东、广东党团组织的相继建立,实与次年一大代表的地理分布高度契合。

海外板块中,"出"的方面,依然是美、欧、日三足鼎立,但也有所变化。欧洲中最为突出的变化是赴法勤工俭学的快速增加以及留学性质的变化,蔡和森、周恩来、邓希贤(小平)、萧子升、许德珩、林文铮、林风眠、李金发、张昆弟、李维汉、李富春、王若飞、罗学瓒、任理、贺果、张增益、冉钧、郭隆真、萧三、张梦九,以及陈独秀儿子陈延年和陈乔年赴法国留学。而张申府则于12月27日到达法国,受陈独秀、李大钊委托,旅欧期间负有在旅法华人中发展党员、建立组织的任务。此外,刘半农3月17日抵达英国伦敦,进入伦敦大学学习,并在伦敦大学语音实验室工作。瞿秋白偕俞颂华、李宗武10月以北京《晨报》特派记者身份访苏,在苏写成报告文学《饿乡纪程》《赤都心史》等访苏见闻,发表后曾在国内风行一时。在美国,汇聚了吴宓、林语堂、罗家伦、冯友兰、袁同礼、洪业、朱经农、李济、金岳霖、刘国钧、陈岱孙、萧公权、钱端升、洪业等等,他们后来都成长为学术大师和名家。其中,罗家伦反省五四得失,拿定主意"专门研究学问",而与段锡朋、汪敬熙、周炳琳、康白情等人赴美国留学,在一定意义上标示了五四青年一代的转向。在日本,则有郭沫若、成仿吾、郁达夫、张资平、施存统、康白情、徐彦之、孟寿椿、方豪、黄日葵、何思敬、夏衍、彭康等。是年,郭沫若、成仿吾、郁达夫、张资平等酝酿创办同仁杂志。施存统则另负重要使命,与上海的陈独秀、李达保持通信联系,商讨建党的有关问题。陈独秀、李达还介绍施存统与在日本鹿儿岛第七高等学校读书的周佛海联系,建立中国共产党日本小组,即旅日共产主义小组,陈独秀指定施存统为该小组的负责人。"进"的方面,主要有:美国著名哲学家、教育家、心理学家杜威继续在华各地讲学,杜威热依然在持续。4月22日,北京大学打电报给哥伦比亚大学请求该校批准杜威留校再任哲学教授一年;英国著名哲学家伯特兰·阿瑟·威廉·罗素10月4日应讲学社的邀请来华演讲,梁启超令张东荪负责接待。两人曾于10月由蔡元培、章炳麟等大佬陪同同时讲学于长沙,极一时之盛。另有共产国际派远东局局长维经斯基率共产党国际工作组马迈耶夫、萨赫雅诺娃3月来华,研究和推动中国建立共产党组织;法国前总理、现国会议员班乐卫5月来华,建议退还庚子赔款影印《四库全书》,影印《四库全书》的庞大工程自此开始酝酿。前者具有改变中国现代历史进程的特殊意义。

　　通观和总结本年度的学术思潮与论争,大致有以下八个方面:

　　1. 关于五四运动周年的回顾与总结。先是1月1日作为五四运动的亲历者周炳琳在《少年世界》第1卷第1期发表《"五四"以后的北京学生》,指出:"北京学生对旧社会、旧制度、旧势力的怀疑不自五四起,但是五四是北京学生思想变迁的大关键。"然后是1月29日,孙中山在《与海外同志募款筹办印刷机关书》中热烈赞扬新文化运动,说:"自北京大学学生发生五四运动以来,一般爱国青年,无不以革新思想为将来革新事业之预备;于是蓬蓬勃勃,发抒言论,国内各界奥论,一致同倡,各种新出版物,为热心青年所举办者,纷纷之应时而出,扬葩吐艳,各极其致。社会遂蒙绝大之影响。虽以顽劣之伪政府,犹且不敢撄其锋。此种新文化运动,在我国今日,诚思想界空前之大变动,推原其故,不过由于出版界一二觉悟者,从事提倡,遂至奥论放大异彩,学潮弥漫,全国人皆激发天,暂死为爱国之运动。倘能继长增高,其将来收效之伟大且久远者,可无疑也。吾党欲收革命之成功,必有赖于思想之变化,兵法攻心,语曰革心,皆此之故;故此种新文化运动,实为最有价值之事。"再至3月23日,罗家伦受研究系《晨报》委托致信胡适,相告《晨报副刊》将出五四运动一周年纪念专号,请其撰文。同时也向蔡元培校长约稿。5月1日,罗家伦为配合五四学运周年纪念,先行在《新潮》第2卷第4号上发表了《一年来我们学生运动底成功失败和将来应取的方针》,全面总结了五四学生运动的得失,大致反映了罗家伦这位五四学生先锋对于五四运动价值评判的重大变化。5月4日,《晨报副刊》专设"五四纪念专号",刊载梁启超《"五四纪念日"感言》、蔡元培《去年五月四日以来的回顾与今后的希望》、胡适和蒋梦麟《我们对于学生的希望》、黄炎培《五四纪念日获告青年》、陶孟和《评学生运动》、顾颉刚《我们最要紧着手的两种运动》、罗家伦《一年来我们学生运动底成功失败和将来应取的方针》、郭绍虞《文化运动与大学移植事业》、朱希祖《五四运动周年纪念感言》等文,作者阵容强大,充分显示了《晨报》对五四的高度重视及其特有的影响力。梁启超《"五四纪念日"感言》置于首篇,自然具有起调与引领的作用。文中重点谈了对五四运动的价值判断和思考,开篇便有一问:五四运动"价值安在"? 答案是:"国人自觉自动之一表征是已。"作者认定"此次政治运动,实以文化运动为原动力,故机缘于此,而效果乃现于彼""今后若愿保持增长'五四'之价值,宜以文化运动为主而以政治运动为辅"。寄望"今日之青年,宜萃全力以从事于文化运动,则将来之有效的政治运动,自孕育于其中,青年诚能于此点得大彻大悟,则'五四纪念'庶为不虚矣"。蔡元培《去年五月四日以来的回顾与今后的希望》主要从学者与校长双重身份回顾和总结"五四运动":一方面充分肯定学生在"五四"运动中发挥的先锋作用:"自去年五四运动以后,一般青年学生,抱着一种空前的奋斗精神,牺牲他们的可宝贵的光阴,忍受多少的痛苦,作种种警觉国人的工夫。这些努力,已有成效可观。"另一方面,蔡元培又以为学生罢课损失不小,现在最要紧的是回归学术:"全国五十万中学以上的学生,罢了一日课,减少了将来学术上的效能,当有几何? 要是从一日到十日,到一月,他的损失,还好计算么?""至于因群众运动的缘故,引起虚荣心、倚赖心,精神上的损失,也着实不小。""依我看来,学生对于政治的运动,只是唤醒国民注意。他们运动所能收到的效果,不过如此,不能再有所增加了。他们的责任已经到了。现在一般社会也都知道政治问题的重要,到了必要的时候,他们也会对付的,不必要学生独担其任。现在学生方面最要紧的是专心研究学问。"胡适、蒋梦麟在联名发表的《我们对于学生的希望》一文中对五四期间学生运动的成绩作了高度评价,但同时又强调指出:"但是我们不要忘记,这种运动是非常的事,是变态的社会里不得已的事。但是他又是很不经济的不幸事,因为是不得已,故他的发生是可以原谅的;因为是很不经济的不幸事,故这种运动是暂时不得已的救急办法,却不可长期存在的。"与蔡元培一文相呼应。与此同时,《晨报副刊》第二版"论评"栏刊有主笔陈博生(笔名渊泉)的"社评"《五四运动底文化的使命》,此文从文化使命的视角定位五四运动:"世人往往把'五四运动'看作政治的运动或且是国家的运动,我以为是社会的运动、国际的运动。'五四运动'是社会的运动、国际的运动,所以在文化上才有很重大的意义和很重要的使命""要求社会的解放和实现国际的公正,就是'五四运动'底文化的两大使命。""社评"反对流行的两大观念,"'五四运动'绝不是褊狭的爱国运动,也绝不是无聊的政治运动",其笔锋所指的是激进的学生运动和他背后的国民党、国家主义派。显然与梁启超《"五四纪念日"感言》相互呼应,表达了研究系的基本定位,即"五四运动"是文化运动,负有文化建设的重大使命。而在上海,《民国日报》也在5月4日刊出总编辑邵力子的随感录《五四纪念日的感想》,以纪念五四一周年,作者表示:"'五四纪念'到了,我想各报馆都要有几句敷衍的文字,但在实际上,对于新理想,仍是怀疑,对于旧势力,依然承认。"与上述不同的是,时在上海的陈独秀则于3月20日在青年会征求会员大会闭幕典礼上发表题为《新文化运动是什么》的演讲,强调新文化运动的精神是创造的精神,后刊于《新青年》第7卷第5号。4月21日,陈独秀在中国公学演讲《五四运动的精神是什么》,对"五四运动"予以充分肯定,称"五四运动"不同于过去爱国运动的"特有精神"有二:(一)直接行动;(二)牺牲的精神。同时"希望诸君努力发挥这两种精神,不但特殊势力和代议员不是好东西,就是工商界也不可依赖。不但工商界不可依赖,就是学界之中,都不可依赖。最后只有自己可靠,只好依赖自己"。此外,6月25日上海《东方杂志》第17卷第12号刊出金兆梓《我之社会改造观》一文,说:"自世界大战之结果,产生思想界之革新。此种新思潮,挟其澎湃汹涌之势,沛然直卷入于吾国而莫之能御。吾国有志之士,久苦于政治之黑暗,社会之消沉,本来已有迎新之机。至是遂如响斯应,树之风声。不崇朝而波靡全国。五四之后,更如春雷一震,万蛰皆惊。无在而不呈其怒苗之象。与吾墨守习俗礼制之旧社会,处处觉其扞格不相入,于是改造改造之声,几令人耳欲聋。"同样的五四,不一样的阐释。在此五四周年之际的纪念与阐释,为"流动的五四"首开端绪。

2. 关于《新青年》杂志的南迁与分化。五四以后新文化阵营内部的分化,的确在《新青年》杂志得到了集中的反映,尤其是《新青年》编辑部从北京迁移到上海之后,则新文化阵营固有的矛盾便进一步走向公开化了。9月1日,陈独秀将编辑部回迁至上海渔阳里二号陈独秀寓所,成立新青年社,出版《新青年》第8卷第1号,自此《新青年》成为中国共产党的机关刊物,系统地介绍马克思主义和苏联革命与建设的经验,批判各种反马克思主义的思潮。陈独秀又在《新青年》发表《谈政治》,对无政府主义进行反驳,拉开了马克思主义者对无政府主义批判的序幕。12月1日,《新青年》第8卷第4号出版后,陈独秀写信给北京的《新青年》同人,报告现在编辑部新加入沈雁冰、李达、李汉俊,主要编辑工作由陈望道负责,并告他本人不久将南下广州。从此开始了胡适与陈独秀及《新青年》同人进一步分裂的争论。16日,陈独秀为《新青年》事再致函胡适、高一涵,谓"《新青年》色彩过于鲜明,弟近亦不以为然。陈望道君亦主张稍改变内容,以后仍以趋重哲学、文学为是。但如此办法,非北京同人多作文章不可。近几册内容稍稍与前不同,京中同人来文太少也是一个重大原因"。信末提到:"南方颇传适之兄与孟和兄与研究系接近,且有恶评。"对此,胡适大不满意。在回信中详辩与研究系首领梁启超等近年思想见解一直相左,颇怪陈独秀竟相信谣传。对于《新青年》事,胡适于12月27日另作回信,提出三条办法:(1)另办一个哲学文学的杂志;(2)将《新青年》移回北京编辑,发表宣言不再谈政治;(3)停办(此为陶孟和提出)。诚然,围绕《新青年》的南迁与分化的问题并未就此止步,此后还有新的变化与进展。

3. 关于新文化论战的再次兴起。继续反对文学革命、攻击白话文主要来自留学美国的梅光迪、吴宓、胡先骕三位学者,也是后来"论衡派"的开创者。三人中,本是植物学家的胡先骕最先于1918年回国,但对新文化运动一直耿耿于怀,因而先于梅光迪、吴宓在国内发起对文学革命的攻击。再至是年5月底,胡先骕继续在《公正周报》第1卷第5号发表《新文化之真相》,公开反对五四新文化运动。9月,又在《东方杂志》第17卷第18期发表《欧美新文学最近之趋势》一文。作者因写实主义在中国盛行之现实,即述欧美近世小说发展的历史为鉴,以说明写实主义、自然主义终非文学之极致,要紧的是树立起"美术之价值也"。梅光迪、吴宓面对国内新文学运动的汹汹大势,曾相约学成回国后与胡适、陈独秀等相对为垒,大战一场。梅光迪自去年11月回国后,至是年1月中旬在《民心》周报第1卷第7期发表《自觉与盲从》。此为梅光迪回国之后公开表示对新文化运动中不良现象的抵制态度。3月2日,梅光迪致信胡适,批评"主张新潮之人""凡倡一说,动称世界趋势如是,为人人所必崇仰者。此新式之学术专制岂可行于今日之中国乎?"又批评"倡新潮者尤喜言近效""趋于极端之功利主义"。至于继续就读于哈佛大学比较文学系的吴宓,则同样念念不忘与国内新文化阵营的决战。3月,当杨伯钦邀请吴宓回国到四川任教时,吴宓断然拒绝,表示回国后要就职于北京师范大学,居京师这所全国所瞻系的高校,好与新文学阵营交战。4月30日,吴宓在日记中写道:"编发《民心》稿件等。目今,沧海横流,豺狼当道。胡适、陈独秀之伦,盘踞京都,势焰熏天。专以推锄异己为事。宓将来至京,未知能否容身。出处进退,大费商量。能洁自保,犹为幸事。梅君即宓之前车也。"此类说法不无意气用事的意味,况且五四新文化运动已深入人心,成就斐然,所以胡适没有予以更多的辩解与回击。值得注意的是,对此一贯秉持着稳健的思想理路来调和各派不同的意见的张东荪也参与进来了,大致对梅光迪持同情态度。而当时与吴宓同在美国哈佛大学留学的林语堂则将梅光迪观点归因于哈佛大学白璧德教授。本次论争相关论文还有:陈独秀《新文化运动是什么》、朱希祖《敬告新的青年》、陈启天《什么是新文化的真精神?》、坚瓠《文化运动之第二步》、昔尘《文化运动之分功》、姜琦《新文化运动和教育》、蒋善国《我的新旧文学观》、百里《新思潮之来源与背景》、雁冰《为新文学研究者进一解》、周作人《新村的精神》、田汉《新罗曼主义及其他》、吴康《我的白话文学研究》、李思纯《汉字与今后的中国文字》、郑伯奇《补充白话文的方法》、徐民谋《通俗文与白话文》、俞平伯《诗的自由和普遍》、李思纯《诗体革新之形式及我的意见》、宗白华《新诗略谈》、康白情《新诗底我见》、戴岳《说美术之真价值及革新中国美术之根本之方法》,等等。

4. 关于东西文化论战的阶段递进。张泓林《五四时期东西文化问题论战》(《中国社会科学报》2016年8月23日)将五四时期东西文化问题论战概括为主张中西调和的文化保守派与主张西化、摒弃传统文化的激进派之间的冲突,并划分为三个阶段:一是1915年至1919年"中西文化差异与优劣之争";二是1919年至1920年"东西文化调合之争";三是20世纪20年代的"如何对待中西文明之争"。本年度处于第二、三阶段的重要转折点上:一方面是第二阶段"东西文化调合之争"的延续。这一论战自去年的激烈渐趋平和。其中如常乃惪在《国民》杂志第 2 卷第 3 号发表《东方文明与西方文明》依然崇尚西方文明,旗帜鲜明地反对调和论,认为世界文明是多元的,而不是二元的,因此,决不能把世界文明仅划为东方文明和西方文明两大类,也从来不存在这两种文明的对峙。东方文明事实上是古代文明,西方文明事实上是现代文明,而古代文明与现代文明之间绝对不能调和互补。比较而言,朱调孙在上海《东方杂志》第 17 卷第 4 号发表的《研究新旧思想调和之必要及其方法论》一文显得相对平和。正如吴雁泽等主编的《中国近代社会思潮》(湖南教育出版社 2011年版)第 3 卷所总结的:"新旧思想间不可能由一条鸿沟隔绝,其间不可能没有接触关系;新真理的出现并不能证明其他一切真理都完全丧失了存在的价值。因此,他一方面'忠告'守旧派对新文化、新思想不要一概排斥,要努力输入西洋'活的新思想',而后对这些新思想必须加以暂时的修正;另一方面,他又奉劝新派要认真研究昔日风驭中国至今仍旧存在的旧思想。虽然朱也承认新旧思想因性质不同实际上无法调和,但为了避免新旧冲突,他主张有必要采取'调和之方法'。这样,调孙既批判了章行严等调和论者,又指责了张东荪等反调和论者。"由此看来,这篇评价调和论的文章本身就带有调和论的色彩。另一方面,则是第三阶段"如何对待中西文明之争"开始兴起。春夏间,梁启超所著《欧游心影录》分别在《晨报》和《时事新报》上连载了 108 期和 107 期,声称西方物质文明破产,而中国文化优越,是调剂西方文化的良药,表示我们应综合东方文明,吸取西方研究方法,构建新文化,拯救世界文明。这是梁启超对五四新文化运动价值观的再颠覆,也是梁启超游历欧洲一战废墟之后对于中西文化的再反思。于是再次引发东西方文化的论战并与后来的"科学人生观问题"大论战相贯通。与此同时,梁漱溟在北京大学开始于课外作《东西文化及其哲学》讲演,不仅为"文化"给出了新的定义,并以此划分文化发展阶段,而且首创东西文化比较研究法,最先发现和阐释了中、印、西方三大体系,同时批评了"东方化是未进的文化,西方化是既进的文化""未进文化大可不必提起,单采用既进的文化好了",以及中外人士中又有要将"东西文化调和融通,另开一种局面作为世界的新文化"论调,然后引证中外著名学者的有关论述,阐明中国文化为人类的贡献,指出东方文明才是拯救世界的唯一正确的"路向"。梁漱溟演讲时还提出再倡中国古人讲学之风与近代的社会运动结合为一的主张。由此可见梁漱溟关于《东西文化及其哲学》讲演,实际上也是对当时中西文化之争以及新文化运动的回应,大致与梁启超、张东荪等相呼应。表面看来,梁启超《欧游心影录》,尤其是梁漱溟关于《东西文化及其哲学》讲演,都不同于有些学者剑拔弩张式的直接论战,而是以深刻学理支撑的理论辨析与回应,从而将五四时期东西文化问题论战推向新的阶段、新的境界,而梁启超、梁漱溟也就成为中西文化之争第三期的代表人物。只是当时梁漱溟的《东西文化及其哲学》讲演毕竟局限于较小范围,直至次年出版后才引发强烈的反响。

5. 关于社会主义论战的最新走向。从一定意义上说,这是上年新文化阵营内部有关"问题与主义"的分歧与论争的延续、外化与转向,但彼此在内涵上异大于同。在社会主义思潮传播于中国的早期阶段,时人所理解的社会主义,绝非只限于马克思列宁主义,而是包括了无政府主义、基尔特社会主义,以及第二国际的社会主义。在梁启超及其追随者创办的《改造》杂志中,张东荪等人就介绍了基尔特社会主义。此举至少证明,由李大钊等人宣扬的社会主义理念,已经成为各派学者必须正视的问题,否则就很难在主流的舆论场中发出自己的声音。然而梁启超、张东荪所积极宣扬并引发大论战的社会主义前后发生了重要变化。9月1日,梁启超与张东荪等人将《解放与改造》从第3卷第1号开始易名为《改造》,此后,《改造》与陈独秀等马克思主义者的"社会主义论战"中,相继发表了张东荪、梁启超、蒋百里等人许多反驳马克思主义者的文章,积极鼓吹基尔特社会主义,成为研究系重要的舆论阵地。11月6日,张东荪回到上海后在《时事新报》上发表《由内地旅行而得之又一教训》的时评,表明张东荪的思想突然发生了转折,由大力宣传社会主义一下子变为发展实业,由大谈社会主义变为攻击社会主义,因而受到李达、陈望道、邵力子等马克思主义者的猛烈批评,由此引发了一场社会主义论战。就在张东荪在《时事新报》上发表《由内地旅行而得之又一教训》的次日,李达、陈望道在《民国日报》副刊《觉悟》分别发表《张东荪现原形》《评东荪君底〈又一教训〉》,对张东荪攻击社会主义予以回击。8日,邵力子在《觉悟》上发表《再评东荪君〈又一教训〉》,除了批评张东荪的观点之外,明确提出了马克思主义者与张东荪分歧的关键问题,并对张东荪提出的用资本主义的方法开发实业的观点进行了激烈批评。28日,李达在《劳动界》第16号发表《劳动者与社会主义》一文,进一步阐述了马克思主义的社会主义思想和主张。总之,李达、陈望道、邵力子三人对张东荪的批评,表明了马克思主义者的立场,使他们与张东荪关于社会主义问题的分歧公开化。他们所以要对张东荪进行批评,旨在坚持社会主义宣传的必要性,坚持只有社会主义能够救中国。此后张东荪在《新青年》第8卷第4号发表《大家须切记罗素先生给我们的忠告》,一则补充说明他在上文中的意见,二则作为对李达、陈望道、邵力子等批评者的答复。陈独秀12月1日在《新青年》第8卷第4号上开辟"关于社会主义的讨论"专栏,刊出了讨论社会主义的文章和通信13篇,并结集为《关于社会主义的讨论》由新青年社出版,旨在集中批判罗素及研究系张东荪、梁启超宣扬的"基尔特社会主义",扩大了马克思主义的影响,马克思主义者与张东荪社会改良主义者关于社会主义的论战由此全面展开。12月15日,张东荪在《改造》第3卷第4号上发表了《现在与将来》的长文,以答复陈独秀等马克思主义者的批评和质问。此文的结论是:中国要发展实业必须采用资本主义方式,目前最急要的问题是如何打倒军阀,发展实业。除了上述直接论争之外,还有诸多论说社会主义与马克思主义的论著问世。包括对马克思主义与社会主义本身的论说以及运用马克思主义与社会主义的学术阐释。其中冯自由著《社会主义与中国》(社会主义研究所)则重在研究各派社会主义及其对中国的意义,认为民生主义和西方社会主义有相似之处,虽有学术辨析的总结性意义,但实际上是模糊了社会主义和三民主义的界限。译著方面,蔡元培友人李君懋猷取英国辟司所增订的克卡朴《社会主义史》用白话译出,在蔡元培看来"可以算是最适当的书了",于是为此译本撰写序言——《社会主义史序》,刊于《新青年》第8卷第1号。序中充分肯定了此书作为第一本社会主义史的重要价值。

6. 关于井田制的学术论争。相对而言,这一论争学术性大于思想性,但同样与马克思主义的传播密切相关。根据杨宽《重评一九二〇年关于井田制的辩论》(《江海学刊》1982年第3期)、陈峰《1920年井田制辩论:唯物史观派与史料派的初次交锋》(《文史哲》2003年第3期)等文的梳理,先是在1919年2月,胡适的代表作《中国哲学史大纲》问世,由于哲学史理念、方法的重大创新,同时携带着蔡元培校长所作序言的高度评价,一时间洛阳纸贵,两个月内竟能再版,到1922年已出至第8版。然而就在《中国哲学史大纲》出版后的下半年10月,胡汉民在《建设》第1卷第3—4号连载《中国哲学史之唯物的研究》,开宗明义地指出:"我这篇文章,是拿唯物史观应用到中国哲学史上。"文中列举了以唯物史观考察哲学史的六条要义，然后据此集中批评胡适《中国哲学史大纲》中的"时势说"，并对胡适列举的求因的三个方面逐一进行解剖。但胡汉民并未停留在"时势"上，而是进一步追索："时势是什么力量造成的呢？求其最初原因，总在物质的关系""思想家哲学家的精神状态，往往受社会物质的影响而不自知，其学说有绝对不承认物质关系者，亦不能因此而忘却他思想触发之起点。至一种哲学，何故而合于社会的兴趣，构成一时代的倾向，就更与经济事情有不易之关系。"具体到先秦哲学的发生，他认为井田制度的崩坏是最重要的原因。胡汉民此文为第一篇批评胡适名著《中国哲学史大纲》的论文，其中涉及井田制的问题，所以开启了井田制辩论的先声。但其主旨不在井田制之有无，而在以唯物史观通释中国哲学史。如果胡汉民只谈论井田制不涉及哲学史，可能根本不会引起胡适的注意，辩论自然也就不会发生了。胡适著《中国哲学史大纲》旨在立法度、定规范，而胡汉民却与他背道而驰。胡适认为治史的首要任务是文籍辨伪，史料考证。胡汉民却舍此不顾，独辟蹊径，以唯物史观解释哲学史，这仿佛是存心与胡适立异，向其"典范"和"科学方法"公开挑战。胡适不能置之不理，终于起而回应。由于本次论争由胡汉民在《建设》杂志发文而引发，所以后续的论争亦以《建设》杂志为载体，一直持续至本年5月结束，相关讨论文章共刊出4期，即《建设》第2卷第1号"井田制度有无之研究"发表《胡适之先生寄廖仲恺先生的信》《廖仲恺先生答胡适之先生的信》《胡适之先生答廖仲恺胡汉民先生的信》《胡汉民先生答胡适之先生的信》，《建设》第2卷第2号"井田制度有无之研究（二）"发表《适之先生再答汉民仲恺两先生书》《朱执信先生致胡适之先生书》，《建设》第2卷第5号"井田制度有无之研究（三）"发表季融五的文章，附胡汉民、朱执信后记各一则，《建设》第2卷第6号发表吕思勉的《论货币与井田》。1930年，上海华通书局综合各文编行《井田制度有无之研究》一书。双方关于井田制的核心观点即在于《建设》讨论所取的专题命名："井田制度有无之研究"。依据观点的不同，在《建设》上著文参与辩论的学者可分为两派：一派是取肯定态度的胡汉民、廖仲恺、朱执信和吕思勉；另一派是持否定意见的胡适、季融五。胡适从怀疑史料的真实性入手，其核心观点是认为井田制乃是孟子为"托古改制"而构建的乌托邦，汉代有心救世的学者，依据孟子的话，逐渐补添，演绎成井田论。胡适进而建立起"井田论沿革史"的假设，并谓"井田论的史料沿革弄白了，一切无谓的争论都可以没有了"。因为胡适是"实验主义"史学的主角，自然应归属史料学派；胡汉民，廖仲恺并非职业史学家，他们在这次争论中取唯物史观立场，同时借鉴西方人类学、社会学理论与方法来证明中国井田制度的存在。因之，双方的差异不只是具体观点上的，更是治史理念、研究方法上的；它不仅是个别学者之间的冲突，而且是史观、史料两派的争锋。陈峰《1920年井田制辩论：唯物史观派与史料派的初次交锋》（《文史哲》2003年第3期）对此总结道："1920年井田制辩论不仅在经济史上有重要意义，更是20世纪中国史学史上的一件大事，它代表着唯物史观派与史料派的初次交锋。辩论根源于治史理念上的歧异：史观派的胡汉民、廖仲恺视史实重建为中心任务，史料派的胡适以史料整理为首要工作。针对井田制问题，双方的立论角度和研究门径截然异趣：前者侧重于井田制的经济史分析，努力借取西方社会科学的成果和方法；后者着眼于井田的史料沿革，谨守广搜精考、穷源毕流的清儒成法。作为方法之争的井田制辩论，史观派最终占了上风。其后史观、史料两派的命运却大为不同。"值得一提的另一外收获是"古史辨"派的主将顾颉刚则从中受到意外的启示，顾颉刚曾说："适之先生在《建设》上发表的辩论井田的文字，方法正和《水浒》的考证一样，可见研究古史也尽可应用研究故事的方法。"这点明了其著名的"层累地造成古史说"的渊源所自。童书业即认为,"井田辨"是七大册《古史辨》的前驱,在"古史辨"中充满着胡适"井田辨"的精神。

7. 关于杜威、罗素哲学论说。杜威、罗素继续在中国讲学。4月22日,经北京大学打电报联系,哥伦比亚大学批准杜威留校再任哲学教授1年,自此杜威先后在江苏、上海、浙江、北京、湖南、湖北讲学。8月1日,晨报社出版《杜威五大讲演》,即《社会哲学及政治哲学》《教育哲学》《思想之派别》《现代三大哲学家》与《伦理学》。10月15日,杜威在上海中国公学作《社会改造原理》演讲,呼吁中国人在改造社会的过程中,应以助长每个社会个体的自由创造为社会改造的最高原则。21日,杜威访问南京,受中国科学社之邀作《爱因斯坦引力新说》的演讲。下旬,张东荪陪同罗素先后在杭州、南京、长沙等地讲演。罗素在长沙时演讲《布尔什维克与世界政治》,认为社会主义优于资本主义,并终将代替资本主义制度。罗素既为苏俄布尔什维克的经济模式辩护,又批评了布尔什维克的政治体制。毛泽东当时也在座,对罗素演讲题目尤感兴趣。但听完之后颇为失望,他致函在法国勤工俭学的蔡和森:"理论上说得通,事实上做不到。"由于杜威旋风已经持续一段时间,加之罗素讲演往往与苏俄以及社会主义话题联系在一起,所以后来居上,更受学界关注,相关论文有:罗素著、李季译《能够造成的世界》,罗素著、郑振铎译《自叙》,罗素著、张崧年译《民主与革命》,罗素著、何思源译《布尔塞维克主义》,高一涵《罗素的社会哲学》,张崧年《罗素》《罗素与人口问题》,袁振英译《罗素——一个失望的游客》,雁冰译《罗素论苏维埃俄罗斯》,震瀛译《批评罗素论苏维埃俄罗斯》,愈之《罗素之新俄观》,杨端六《和罗素先生的谈话》《罗素之哲学研究法》《罗素之哲学研究法》,坚瓠《罗素之科学观》,刘国钧《罗素之当初和现在》,潘公展《罗素论哲学问题》等。

8. 关于俄罗斯的讨论与研究。由于十月革命的影响以及"五四运动"的推动,苏俄研究快速兴起。《新青年》第8卷第1—4号专门开设"俄罗斯研究",其他相关论文业已拓展到各个不同领域,成为学术研究的一个新的增长点。举其要者有:张慰慈译《俄罗斯研究》、李霁初《苏维脱共和国各方面的观察》、福同《俄国之新教育制》《苏维埃俄国之妇女与儿童》《苏维埃劳工是否失却自由之正反两种意见》、雁冰《俄国人民及苏维埃政府》《托尔斯泰的文学》、蔼庐《俄罗斯的政党》、罗罗《劳农俄罗斯之改造状况》、赵叔愚《新俄罗斯建设之初步》、心暝《俄国之真相及其将来》、明权《俄国产业组合法》、瞿秋白《托尔斯泰告妇女文》、沈性存译《俄国苏维埃政治下的教育》、徐彦之《俄国学生对世界学生的宣言》、方珣《一九一九年之俄罗斯》、郑振铎《俄国文学发达的原因与影响》、愈之《托尔斯泰的莎士比亚论》、西曼《俄国诗豪朴思砸传》等。其中郑振铎、茅盾、瞿秋白在译介、报道与研究苏俄文学方面贡献尤著。

此外,《新青年》关注人口问题,其中第7卷第4号集中刊载了顾孟余《人口问题,社会问题的锁钥》《贫穷与人口问题》《中国人口论》,陈独秀《马尔塞斯人口论与中国人口问题》,马寅初《计算人口的数学》,T. S.《人口论底学说变迁》,张崧年《罗素与人口问题》,严智钟《数要多,质要好》,彭一湖《论人口有增加于生活资料以上的恒常倾向》等文,具有准专号性质。而《新潮》第3卷第2期专门刊出"名著介绍特号",载有[德]爱因斯坦著、饶毓泰译《相对原理》,威尔斯著、朱经译《世界史大纲》,[美]杜威著、罗家伦译《哲学改造》,柏格森著、冯友兰译《心力》,华特生著、汪敬熙译《行为主义的心理学》,谭嗣锐著、杨振声译《新心理学》,[英]罗素著、何思源译《布尔塞维克主义》,韦勃著、刘光一译《大不列颠社会民主国宪法》,

戴荣延纳著、冯友兰译《美国人的品性与意见》,劳斯著、何思源译《社会学原理》,柯耳著、金岳霖译《社会通论》,潘铁著、金岳霖译《行为主义家之历史观》,华克海著、江绍原译《印度宗教书籍大纲》,袁同礼《一九二零重要书籍表》,内容丰富多彩而又富有学术含量。

　　关于本年度聚焦重要学术论题的论著,上文时有涉及,现再略作补充,主要有:罗家伦《批评的研究——三 W 主义》(《新潮》第 2 卷第 3 期),罗敦伟《我国学术思想的解放》(《东方杂志》第 17 卷第 13 号),杨贤江《中国现有的学术团体》(《少年世界》第 1 卷第 2 期),马叙伦《北京大学研究所整理国学计划书》(《新教育》第 3 卷第 4 期),白华《学者的态度与精神》(《解放与改造》第 2 卷第 1 号),顾复《科学论》(《太平洋》第 2 卷第 8 号),胡适著《墨家哲学》,梁漱溟著《唯识述义》(第 1 册),太虚讲、胡赓支和胡任支笔述《佛乘宗要论》,王岫庐(云五)编《社会改造原理》,何思源《社会学中的科学方法》(《新潮》第 2 卷第 4 期),汪敬熙《社会学方法论》(《新潮》第 2 卷第 3 期),高一涵编《欧洲政治思想小史》,高政治、曹聚仁编辑《现代思潮》,朱谦之《现代思潮批评》(北京新中国杂志社),易家钺著《西洋氏族制度研究》,冯飞编《女性论》,李大钊《由经济上解释中国近代思想变动的原因》(《新青年》第 7 卷第 2 号),君实《新文化之内容》(《东方杂志》第 17 卷第 19 号),坚瓠《文化运动之第二步》(《东方杂志》第 17 卷第 19 号),姜琦《新文化运动和教育》(《解放与改造》第 2 卷第 5 号),王文培《教育三大问题》(《教育丛刊》第 1 卷第 2 集),邵飘萍编著《新俄国之研究》,王襄著《簠室殷契类纂》,杨树达编纂《中国语法纲要》,佩韦《现在文学家的责任是什么?》(《东方杂志》第 17 卷第 1 号),刘师培遗著《中国中古文学史讲义》,戴渭清、吕云彪著《新文学研究法》(上下册),王世栋选辑《新文学评论》(上下册),李思纯《诗体革新之形式及我的意见》(《少年中国》第 2 卷第 6 期),周作人著《儿童的文学》,蔡元培《美术的起源》(《绘学杂志》第 1 期),陶孟和《新历史》(《新青年》第 8 卷第 1 期),李泰棻著《史学研究法大纲》,连横《台湾通史》上、中册,等等。罗家伦《批评的研究——三 W 主义》对中国学术和社会发展提出了尖锐的批评,提出从事批评的“三 W 主义”:我们批评第一步应当注意的就是“What”,就是“什么”? 我们批评第二步应当注意就是“Why”,就是“为什么”? 第三步应当注意的就是“how”,就是“要怎么”? 杨贤江《中国现有的学术团体》主要介绍了中国科学社和中国学群两个学术团体。朱谦之《现代思潮批评》旨在批判实验主义、布尔什维主义、无政府主义、新庶民主义等流行思潮。高一涵编《欧洲政治思想小史》基于当时对于社会主义认知与论争的需要,重点探讨了欧洲近现代的社会契约、社会主义、无政府主义等思想。杨树达编纂《中国语法纲要》分词类、名词的种类、名词的三位、代名词的三种、动词的四种等 16 章,是我国的一部关于现代汉语语法的著作,在语法史上有重要的意义。王襄编纂《簠室殷契类纂》为中国第一部甲骨文字典,将文字分门别类,按部排列,方便检索,具有开创性意义,其编辑体例基本为后来同类著作所沿用。刘师培遗著《中国中古文学史讲义》为刘师培讲授“中国文学”和“中国古代文学史”的讲稿,第一课为“概论”,第二课为“文学辨体”,第三课为“论汉魏之际文学变迁”,第四课为“魏晋文学之变迁”,第五课为“宋齐梁陈文学概略”,至今依然是经典名著。戴渭清、吕云彪著《新文学研究法》分上、下两册,共五编,作者在自序中声明此书是“文学革命”的一个小结,意在系统、具体地论述总结新文学运动的理论主张,既是对新文学倡导者诸多观点的梳理,也为以后的文学道路指点方向,初具新文学理论草创阶段的构想。王世栋选辑《新文学评论》(上下册)选辑《新青年》《新潮》《新教育》等期刊在“五四”前后发表的有关新旧文学论争的文章 20 篇,作者有胡适、陈独秀、傅斯年、罗家伦、蔡元培等。李泰棻《史学研究法大纲》由原史、读史、作史三部分组成,此书大量引用西方学者言论,综合融合了当时所能见到的各种旧学新知,对梁启超《中国历史研究法》产生一定影响。连横《台湾通史》仿《史记》《汉书》体例,记载隋大业元年(605)至清光绪二十一年(1895)共1290年的台湾史事,有纪四、志二十四、传六十及附录。次年出版下册,为首部台湾通史之作。

聚焦于学术史方面的论著主要有:王崇植《世界科学史大纲》(《少年中国》第2卷第5期),陈启修《现代之经济思潮与经济学派》(《北京大学月刊》第1卷第6号),刘国钧《欧战后美国哲学界思想的变迁》(《少年世界》第1卷第4期),愈之《近代文学上之写实主义》(《东方杂志》第17卷第1期),梁启超《佛教东来之历史地理的研究》(《史地丛刊》第2期),杨贤江《美国学术界现在的趋势》(《少年世界》第1卷第1期),罗家伦《近代中国文学思想之变迁》(《新潮》第2卷第5号),新潮社编《蔡孑民先生言行录》,叶德辉《书林清话》,等等。罗家伦《近代中国文学思想之变迁》鉴于当时新文学运动尚在进行中,罗家伦率先把新文学置于中国文学史的发展流程中予以定位考察,从文学思想变迁的角度描述新文学的发生过程。作者的一个基本思路是:"文学的思想最足以代表时代的精神,因为文学的思想,也决不是无缘无故生出来的,必定有种人类的生活,做他的背景。"从这个思路出发,他认为同一时期的近代中国社会和文学的特征是对应的。他把近代中国社会分为四个时代(闭关时代、兵工时代、政法路矿时代、文化运动时代),每个时代都有与之对应的文学,分别是:尊华攘夷文学、策士文学、逻辑文学和国语文学。罗家伦叙述的重点,在于"文化运动时代"及"国语文学"。由于罗家伦在论述中贯穿了进化论史观,前三个时代自然成为第四个时代的铺垫,似乎它们的存在只为证明文化运动和国语文学的必然性。这种写作思路,被后来的新文学史写作吸收。可见此文虽然不是"文学史",却在许多方面为后来的新文学史写作作了准备。新潮社编《蔡孑民先生言行录》,收录了蔡元培口述,其夫人之弟黄世晖记录的《蔡元培口述传略》,所记内容至1919年止。后收入1943年高叔平编《蔡孑民先生传略》。此为目前所能见到蔡元培传记的最可靠最重要的史料,未尝不可以视为蔡元培的学术史。叶德辉《书林清话》共126篇,用笔记体裁对我国版刻图书的发展进行了梳理,每篇先阐明作者自己的见解、观点,也记载了各时代的著名刻本,刻书、钞书、卖书、藏书的许多掌故,被认为是中国第一部系统的书史,为中国古典版本学的压卷之作。此外,梁启超12月2日到本校开始长期演讲,题为"中国学术小史",大约需用30个课时讲完。此为典型的学术史论。

(以上参见本书"学术背景""学术活动""学术著作""学者生卒"栏所引文献与出处,以及章恒忠、王亚夫主编《中国学术界大事记(1919—1985)》,上海社会科学出版社1988年版;中央教育科学研究所编《中国现代教育大事记1919—1949》,教育科学出版社1988年版;王学典《20世纪史学编年(1900—1949)》,商务印书馆2014年版;付喜祥《20世纪前期中国文学史写作编年史》,北京师范大学出版社2013年版;中国大百科全书总编辑委员会编《中国大百科全书·考古学》,中国大百科全书出版社2002年版;王学珍等编《北京大学纪事(1898—1997)》,北京大学出版社1998年版;清华大学校史研究室编《清华大学一百年》,清华大学出版社2011年版;北京师范大学党委办公室、北京师范大学校长办公室《北京师范大学纪事》,北京师范大学出版社2012年版;南京大学高教研究所编《南京大学大事记(1902—1988)》,南京大学出版社1989年版;沈卫威编《学衡派编年文事》,南京大学出版社2015年版;吴永贵《国民出版史编年:1912—1949》,社会科学文献出版社2018年版;汪晖《文化与政治的变奏——战争、革命与1910年代的"思想战"》,《中国社会科学》2009年第4期;欧阳哲生《纪念"五四"的政治文化探幽——一九四九年以前各大党派报刊纪念五四运动的历史图景》,《中共党史研究》2019年第4期;商金林《几代人的"五四"(1919—

1949)》,《新文学史料》2009年第3期;吴雁南、冯祖贻等主编《中国近代社会思潮(1840—1949)》第三卷,湖南教育出版社1998年版;陈镱文、亢小玉、姚远《杜亚泉先生年谱(1912—1933)》,《西北大学学报(自然科学版)》2008年第6期;周月峰编《中国近代思想家文库·杜亚泉卷》及附录《杜亚泉年谱简编》,中国人民大学出版社2014年版;左玉河编《张东荪年谱》,群言出版社2014年版;左玉河《上海:五四新文化运动不容忽视的另一个中心——以五四时期张东荪在上海的文化活动为例》,《安徽大学学报(哲学社会科学版)》2013年第1期;李丽《孙中山与五四运动》,《联合时报》2019年5月14日;王代莉《五四前后文化调和论研究——以杜亚泉和〈东方杂志〉为中心的考察》,中国社会科学院研究生院博士学位论文,2009年;王天根《五四前后北大学术纷争与胡适"整理国故"缘起》,《"近代中国与近代文化"学术研讨会》,2007年;陈来《启蒙批判与学术研究的双重变奏——整理国故运动中的胡适》,《清华大学学报(哲学社会科学版)》2010年第4期;吴民祥《"悖论"中的统一——蔡元培与学生运动的离合及其困顿调适》,《教育文化论坛》2020年第4期;庄森《〈新青年〉社团研究》,复旦大学博士后论文,2005年;朱文通《李大钊与近代中国社团》,河北师范大学博士学位论文,2013年;冯建军《杜威中国之行与南高师—东南大学教育学科的发展》,《东南大学学报(哲学社会科学版)》2019年第4期;许小青《首都迁移与"最高学府"之争——以北大、中央大为中心的探讨(1919—1937)》,中山大学博士后论文,2008年;戴薇《张东荪早期政治思想论略(1912—1922)》,厦门大学硕士学位论文,2008年;唐宝林、林茂生《陈独秀年谱》,上海人民出版社1988年版;丁文江、赵丰田编著《梁启超年谱长编》,上海人民出版社2009年版;李渊庭、阎秉华编著《梁漱溟年谱》,广西师范大学出版社2003年版;耿云志《胡适年谱》,四川人民出版社1989年版;沈卫威《学衡派编年文事》,南京大学出版社2015年版;袁景华编《章士钊先生年谱》,吉林人民出版社2001年版;高大同《高一涵先生年谱》,上海文化出版社2011年版;胡晓《蔡元培与北京大学研究所的创办》,《中国社会科学报》2015年2月4日)

1921 年　民国十年　辛酉

一、学术背景

1月1日,新民学会召开新年大会,会议由何叔衡主持,毛泽东报告开会理由及学会经过。会议讨论"新民学会应以什么作共同目的""达到目的须用什么方法""方法进行即刻如何着手"三个问题。

按:1月3日,新民学会继续开会,首先讨论"方法进行即刻如何着手"问题,结果一致赞同以研究及修养(主义、各项学术)、组织(社会主义青年团)、宣传(报及小册、演说)、联络同志、基金会(组织储金会)、基本事业(学校、文化书社、印刷局、编辑社、通俗报、讲演团、菜园)等六项为着手方法,并决定以4月17日为学会成立纪念日,各地会员是日分别集会。此次为期3天的聚会,讨论了巴黎会友提出的各问题,直接推动了湖南及全国建党的思想准备和组织准备工作。(李永春编著《蔡和森年谱》,湘潭大学出版社2008年版)

是日,长辛店劳动补习学校正式开学。此为北京共产主义小组为组织工会派邓中夏筹备建立的一所工人学校。(参见中央教育科学研究所编《中国现代教育大事记 1919—1949》,教育科学出版社1988年版)

1月4日,沈雁冰、郑振铎、叶绍钧、周作人、许地山、王统照、郭绍虞、孙伏园、朱希祖、瞿世英、蒋百里、耿济之、易家钺、黄英、郭梦良、范用余、许光迪、白镛、江小鹣、苏宗武、李晋、宋介、王星汉、杨伟业等人在北京中山公园正式成立文学研究会。推蒋百里为会议主席,郑振铎报告发起筹备经过。会议选举郑振铎为书记干事。

按:文学研究会是新文学运动中成立最早、影响和贡献最大的文学社团。1921年1月4日,由周作人、郑振铎、沈雁冰、郭绍虞、朱希祖、瞿世英、蒋百里、孙伏园、耿济之、王统照、叶绍钧、许地山等12人发起,文学研究会在北京中山公园来今雨轩成立.与会者21人。数日后,发表了《文学研究会宣言》及《文学研究会章程》。前者将成立的理由概括为"联络感情""增进知识""建立著作工会的基础";后者将其宗旨概括为"研究介绍世界文学""整理中国旧文学""创造新文学"。文学研究会成立后,先后加入文学研究会的在册有172人,成员遍布北京、上海、广州、宁波等大中城市。刊物方面,先以沈雁冰接编改组的《小说月报》为其代用机关刊物;后又相继创办了《文学旬刊》(先后改名《文学》周刊、《文学周报》)及《诗》《戏剧》月刊等刊物;编印了《文学研究会丛书》《文学研究会创作丛书》《文学周报丛书》《文学研究会·世界文学名著丛书》《文学研究会·通俗戏剧丛书》和《小说月报丛刊》等六类丛书近三百种。其总部后来迁至上海,并在北京、广州、宁波等地设立分会。"五卅"后,该会活动减少。1932年"一·二八"战事发生,因商务印书馆编译所、印刷厂被炸,导致《小说月报》停刊,该会无形解散。(周晓明主编《现代中国文学史》修订版,华中师范大学出版社2011年版)

1月8日,北洋政府教育部通令各省教育厅:赴法勤工俭学学生谋生不易,"嗣后有学生赴法者须暂缓起程"。

按:1月21日,教育部通咨湖南、四川等17个省从速酌量救济赴法勤工俭学学生生活费断绝者。2月16日,教育部电驻法使馆,请酌量资送无力自给志愿回国学生回国。当时赴法勤工俭学学生以湖南为最多,有330人,四川次之,270人,直隶150人,浙江89人,江苏、安徽、福建、湖北、江西等省各有20—50人,山东、贵州、陕西、山西、云南、奉天、广西各有3—15人。(参见中央教育科学研究所编《中国现代教育大事记1919—1949》,教育科学出版社1988年版)

1月9日,经济研究会在上海成立,推举徐沧水为主席,马寅初、徐沧水、杨端六等为干事。

1月12日,广州非常国会参、众两院开联合席会议,到会的有全国20省两院议会200人。

是月,经北洋政府教育部审定,商务印书馆正式发行师范学校新教科书。新教科书包括心理学、论理学、哲学、教育学、教授法、教育史、管理法、中国文学史、历史、地理、簿记、手工、农业、商业、乐典、体操等。

按:新教科书由商务印书馆请身任教育、积有经验之专家,按照教育部颁发的师范学校规程编成。(参见中央教育科学研究所编《中国现代教育大事记1919—1949》,教育科学出版社1988年版)

2月9日,外蒙古再次宣布独立。

2月11日,上海法捕房以《新青年》社出售《阶级斗争》等书,"言词激烈",将该社强行封闭。改在广州出版。

3月14日,北京北大、北高师、女高师、法专、农专、工专、医专、美校八校教职员向北京政府索薪、罢教,相持半年。湖北、江西、安徽、四川、陕西等省,均有索薪斗争。

3月30日,广州千余名妇女集会,要求男女平等和选举权。

是月,上海商会、教育会、农会、工会、银行、律师、报界、省议会八团体联合在上海召开。会议依据联邦分权的原则,拟定"国宪大纲",主张通过宪法把政权分给地方自治团体,以谋取全国和平统一。

4月7日,广州非常国会召开两院联合席会议,决议建立正式政府,通过《中华民国政府组织大纲》,选举孙中山为中华民国政府非常大总统。

4月8日,因北京高校教职员工资又被拖欠三月之久,激起国立北大、北高师、女高师、法专、农专、工专、医专、美校八校教师全体辞职。

4月12日,北京国立八校2000余学生赴总统府和国务院请愿。

是日,广东省政府颁布男女同校令。

4月21日,《湖南省宪法草案》公布。

是月,北京大学等8校教职员因北洋政府克扣教育经费,全体辞职并通电全国。

4月25日,孙中山为英文本《实业计划》作自序,谓"余以为舍国际共同发展中国实业外,殆无他策""弥缝补苴,使成尽善尽美之伟大计划,是所望于未来之专门家矣"。

按:孙中山英文本《实业计划自序》落款:"中华民国十年四月二十五日孙文序于广州",曰:

世界大战宣告停止之日,余即从事研究国际共同发展中国实业,而次第成此六种计划。余之所以如是其亟亟者,盖欲倾竭绵薄,利用此绝无仅有之机会,以谋世界永久和平之实现也。夫以中国幅员之广,达四百二十八万九千平方英里;人口之众,号四万万;益以埋藏地下之无量数矿产与夫广大雄厚之各种农产,乃不能雄飞独立,与世界各国互相提携,共同开发;而反以谩藏诲盗,致成列强政治、经济侵略之俎上肉,斯诚不独中国之耻,抑亦世界各国之忧也。

不观夫巴尔干之往事乎?暴徒之弹朝发,世界之战夕起。今后中国问题,其严重殆十倍于巴尔干,此问题一日不解决,则世界第二次大战之危机一日不能消除;且其战区之扩大及战斗之猛烈,尤非第一次所可比拟。吾人试闭目一思,当有不寒而栗者矣。顾欲解决此问题,其道果安在乎?余以为舍国际共同发展中国实业外,殆无他策。此政策果能实现,则大而世界,小而中国,无不受其利益。余理想中之结果,至少可以打破现在之所谓列强势力范围,可以消灭现在之国际商业战争与资本竞争,最后且可以消除今后最大问题之劳资阶级斗争。如是则关于中国问题之世界祸根可以永远消灭,而世界人类生活之需要,亦可得一绝大之供给源流,销兵气为日月之光,化凶厉于祯祥之域,顾不懿欤!

余之所为计划,材料单薄,不足为具体之根据,不过就鄙见所及,贡其粗疏之大略而已;增损而变更之,非待专门家加以科学之考查与实测,不可遽臻实用也。比如余所计划之北方大港,将出现于青河、滦河之间者,在余之意见,以为港口必须设于东面,乃一经工程师实行测量之后,则港口应在西方。举此一例,可以证明余之粗疏。弥缝补苴,使成尽善尽美之伟大计划,是所望于未来之专门家矣。

余书著成后,助予校阅稿本者为蒋梦麟博士、余日章先生、朱友涣博士、顾子仁先生、李耀邦博士,例应于此致谢。

5月1日,北京长辛店一千多工人举行纪念劳动节大会,并示威游行。5日,长辛店工人俱乐部成立。

5月5日,中华民国正式政府在广州成立,孙中山就任中华民国非常大总统,在广州重组军政府。

5月6日,《北京民报》创刊,旋被奉系军阀张作霖封闭。

5月10日,安徽省会警察厅查获皖省流通的《社会主义史》《到自由之路》《社会改造原理》《过激党真相》《劳动总同盟之研究》《劳动界》《新安徽省》等进步书籍,省长聂宪藩决定查禁,并咨请内务部通电各省一并查禁。

5月14日,北京政府内阁改组,靳云鹏复任国务总理,此为靳云鹏第三次任总理。教育总长仍为范源濂。

5月22日,北京国立八校教职员联名发布《全体辞职宣言书》和《敬告国人书》,谴责政府的失信行为,号召全体国民保卫教育,捍卫全民族的生命。

5月30日至6月4日,第五届远东运动会在上海举行,中国成绩第二。

是日,北京国立八校八50余名教职员代表赴教育部索薪,无果。

5月31日,北京各界联合会召集学生联合会、女界联合会、报界联合会、北京教育会等8团体代表召开紧急会议,讨论维持国内教育办法,决定举行北京市民维持国内教育大会。

是月,北京政府内务部修正《褒扬条例施行细则》。

6月3日,共产国际执行委员和民族殖民地问题委员会书记马林到达中国上海,与从西伯利亚南下的共产国际远东书记处代表尼科尔斯基会合,建议及早召开党的代表大会,宣告中国共产党的正式成立。

按:6月3日,马林取道欧洲抵达上海,化名安德莱森(Andresen),公开身份是记者,先是住进了永安公司楼上大东旅社,不久搬到公共租界麦根路(现淮安路32号)后又迁到汇山路(现霍山路6号)。马林抵达上海后,与另一位从西伯利亚南下的共产国际远东书记处代表尼科尔斯基会合,并与上海的共产党早期组织成员李达、李汉俊建立了联系。经过几次交谈,他们一致认为应尽快召开全国代表大会,正式成立中国共产党。李达、李汉俊同当时在广州的陈独秀、在北京的李大钊通过书信商议,决定在上海召开中国共产党第一次全国代表大会。随即他们写信通知北京、武汉、长沙、济南、广州和旅日的党组织,各派两名代表到上海出席会议。(参见中共中央党史研究室《中国共产党历史》第一卷(1921—1949),中央党史

出版社 2002 年版)

同日,北京国立八校校长、教职员和学生聚集在教育部门前,几千人冒雨簇拥着教育部次长马邻翼前往总统府请愿,要求发放欠薪,教育经费独立,行至新华门惨遭总统府卫队毒打,马叙伦和李大钊分别以八校教职员会联合会主席和书记的身份走在队伍的前头,马叙伦被打成重伤,李大钊与教育次长马邻翼、北大代校长蒋梦麟、法政大学校长王家驹以及多名教职员和师生受伤,酿成"六三惨案",亦称"新华门事件"。《申报》《晨报》《大公报》等报刊对此作了大幅报道,震动全国。

6月7日,孙中山在广州的致电"北京国立八校辞职教员",表示声援:"在伪政府之下,决无教育发展希望,况复摧残至此。欢迎全体来粤,共商进行。"

6月8日,郭沫若、成仿吾、郁达夫、张资平、田汉、郑伯奇等在日本东京发起组织创造社。后在上海出版《创造社丛书》。

6月18日,孙中山下令讨伐桂系军阀陆荣廷。

6月22日至7月12日,共产国际第三次代表大会在莫斯科召开,中国共产党派遣张太雷等出席。中共代表张太雷在会上呼吁共产国际和西方各国共产党给予远东的民族革命运动更大的支持。

7月1—4日,少年中国学会第二届年会在南京召开,出席会员 23 人。会议围绕是否采用主义和参加政治活动的问题展开激烈的争执,因分歧过大而使少年中国学会开始出现分裂的趋势。

7月3日,北京政府公布《市自治制》《乡自治制》,并通令制止各省制定宪法。

7月12日,教育部通令各地速设女子中学或于相当学校附设女子中学部。

7月21日,赵恒惕下援鄂总动员令,湘鄂战争爆发。

7月23日晚,中国共产党第一次全国代表大会在上海法租界望志路 106 号(现兴业路 76 号)李汉俊之兄李书城的住宅内举行。国内各地的党组织和旅日的党组织共派出 13 名代表出席党的第一次全国代表大会。他们是:上海的李达、李汉俊,武汉的董必武、陈潭秋,长沙的毛泽东、何叔衡,济南的王尽美、邓恩铭,北京的张国焘、刘仁静,广州的陈公博,旅日的周佛海,以及由陈独秀指定的代表包惠僧。共产国际代表马林和尼克尔斯基出席大会。

　　按:两位共产国际代表出席了一大开幕会议,共产国际代表马林首先致词,对中国共产党成立表示祝贺,指出中国共产党的成立具有重大的世界意义,第三国际增加了一个东方支部,苏俄布尔什维克又多了一个亲密战友,并对中共提出了建议和希望。尼科尔斯基介绍了共产国际远东局的情况,要求中共把工作进程及时报告远东局。

7月24日,"一大"各地代表向大会报告本地区党、团组织的情况。

7月25—26日,"一大"休会两天,由张国焘、李达、董必武起草供会议讨论的党纲和今后实际工作计划。

7月27—29日,"一大"连续三天举行三次会议,对党的纲领和决议作了较为详尽的讨论。

7月下旬,北京政府迫于压力,派出汪大燮、王芝祥等人出面调解,答应向国立八校师生谢罪,慰问伤者,医药费由教育部承担,又承诺落实经费,补发欠薪。28日上午 9 时,北京国立八校教职员代表联席会会议讨论通过复职宣言。至此,历时四个月的"索薪"风潮暂时告一段落。

7月30日晚,"一大"代表们正在开会时,一名陌生的中年男子突然闯入会场,环视一周后又匆忙离去。具有长期秘密工作经验的马林立即断定此人是敌探,建议马上中止会议。大部分代表迅速转移。(参见中共中央党史研究室《中国共产党历史》第一卷(1921—1949),中央党史出版社 2002 年版)

7月31日,中国共产党第一次全国代表大会从上海转移到浙江嘉兴南湖闭幕。大会通过《中国共产党的第一个党纲》。会议制定了党纲,通过工作决议,选举党的机构。大会选举陈独秀、张国焘、李达三人组成中央局,选举陈独秀为总书记,张国焘为组织主任,李达为宣传主任。

按:中国共产党成立以后,中国出现了完全新式、以共产主义为目的、以马列主义为行动指南、统一的工人阶级政党。《中国共产党第一个决议》的宣传部分说:"一切书籍、日报、标语和传单的出版工作,均应受中央执行委员会或临时中央执行委员会的监督。每个地方组织均有权出版地方通报、日报、周刊、传单和通告。不论中央或地方出版的一切出版物,其出版工作均应受党员的领导。任何出版物,无论是中央的或地方的,均不得刊登违背党的原则、政策和决议的文章。"(《中共中央文件选集》,中共中央党校出版社 1982 年版)(以上参见中共中央党史研究室《中国共产党历史》第一卷(1921—1949),中央党史出版社 2002 年版)

8月10日,广州国会非常会议通过出师北伐决议。

8月11日,中国劳动组合书记部(即中国工会办事处)在上海成立,张国焘、邓中夏为总部负责人。

8月17日,中华职业教育社发起组织全国职业学校联合会,是日在上海召开成立会。

8月19日,北京国立八校教职员组织太平洋问题研究会,推举蔡元培、蒋梦麟为正副会长,李大钊、胡适、谭熙鸿为干事。

8月20日,中国科学社在北京清华园举行全国科学大会。

9月1日,中共中央在上海创办人民出版社,由李达主持。

按:该出版社曾刊印《共产党宣言》《老农会之建立》《俄国共产党党纲》《两个工人谈话》等。1923 年并入广州新青年社。中华人民共和国成立后设于北京。

9月9日,广州国会发出通电,反对吴佩孚倡议的庐山"国是会议"。

是日,浙江省宪法会议制订的《中华民国浙江省宪法》正式公布,但未实施。

9月15日,由美国洛克菲勒基金会集资创办的协和医学校在北京举行开幕典礼。

9月17日,各地勤工俭学学生代表会议在巴黎召开,由蔡和森、赵世炎等人主持,正式成立"各地勤工俭学学生联合委员会",选举李维汉、王若飞、向警予、赵世炎等 10 人为委员,亦称"十人代表团"。

9月20日,北京各界联合会、国民外交协会、太平洋问题研究会、华盛顿会议中国后援会、北京教育会、北京学生联合会、全国报界联合会、国民外交共进会、留学同志会等 20 余团体,发起成立北京各团体国民外交联合会。

是月,南京东南大学正式成立,郭秉文任校长。

秋,汪钟霖、邓彦远、孙德谦等一批老辈学人在上海成立亚洲学术研究会,其宗旨是愤心时流,攻斥骛新者不遗余力,欲借此拯救世道人心,出版《亚洲学术杂志》,原定月刊,实为季刊,计划每月开讲书会两三次,任稿会员有王国维、罗振玉、曹元弼、张尔田等。

10月6日,全国教育联合会在上海开会,讨论华盛顿会议及国内教育问题。

10月10日,孙中山为中文本《实业计划》作自序,强调"中国存亡之关键"在于是否能够发展实业。

按:孙中山中文本《实业计划自序》落款:"民国十年十月十日孙文序于粤京",曰:

欧战甫完之夕,作者始从事于研究国际共同发展中国实业,而成此六种计划。盖欲利用战时宏大规模之机器,及完全组织之人工,以助长中国实业之发达,而成我国民一突飞之进步;且以助各国战后工人问题之解决。无如各国人民久苦战争,朝闻和议,夕则懈志,立欲复战前原状,不独战地兵员陆续解散,而后路工厂亦同时休息。大势所趋,无可如何。故虽有三数之明达政治家,欲赞成吾之计划,亦无从保留其战时之工业,以为中国效劳也。我固失一速进之良机,而彼则竟陷于经济之恐慌,至今未已。其所受痛苦,较之战时尤甚。将来各国欲恢复其战前经济之原状,尤非发展中国之富源,以补救各国之穷困不可也。然则中国富源之发展,已成为今日世界人类之至大问题,不独为中国之利害而已也。惟发展之权,操之在我则存,操之在人则亡,此后中国存亡之关键,则在此实业发展之一事也。吾欲操此发展之权,则非有此知识不可。吾国人欲有此知识,则当读此书,尤当熟读此书。从此触类旁通,举一反三,以推求众理。庶几操纵在我,不致因噎废食,方能泛应曲当,驰骤于今日世界经济之场,以化彼族竞争之性,而达我大同之治也。

此书为实业计划之大方针,为国家经济之大政策而已。至其实施之细密计划,必当再经一度专门名家之调查,科学实验之审定,乃可从事。故所举之计划,当有种种之变更改良,读者幸毋以此书为一成不易之论,庶乎可。

此书原稿为英文,其篇首及第二、第三计划及第四之大部分为朱执信所译,其第一计划为廖仲恺所译,其第四之一部分及第六计划及结论为林云陔所译,其第五计划为马君武所译。特此志之。

10月12日,全国商会联合会与全国教育联合会在上海召开联席会议。会议就华盛顿会议问题发表对外宣言和对内宣言,并推举余日章、蒋梦麟为代表,赴美宣传民意。

10月17日,台湾文化协会在台北成立,蒋渭水任专务理事,林献堂任总理。

10月20日,《东方杂志》将第18卷第18和19号合并出版,定为"太平洋会议号",集中刊登分析和讨论太平洋会议以及其与中国的关系的文章,为国内民众提供许多第一手的消息。

10月27日,第七届全国教育会联合会在广州召开年会,决定将学制草案公开征求意见。

按:学制草案公布后,立即引起教育界的热议。《教育杂志》《中华教育界》以及《新教育》等教育期刊,或发行"学制研究专号",或辟"学制研究"专栏,把对新学制草案的研究推向高潮。如《新教育》于1922年1月第4卷第2号推出"学制研究号",蔡元培、胡适、陶行知、廖世承、俞子夷、沈恩孚、袁希涛等教育名流均在这一专号上发表文章。1922年第5期《教育杂志》(《学制课程研究号》)发表了李石岑、黄炎培、庄启、俞子夷、舒新城、程时煃、杨鄂聊、余家菊、陆殿扬、庄俞、常导之、吴研因、郑宗海、廖世承、王岫庐、潘文安、解中苏、周予同、周越然等人关于学制和课程改革方面的文章。《中华教育界》同样于1922年第11卷第7、8期特辟"新学制研究"专栏。《教育与职业》1922年3月第33期推出了"新学制职业教育研究号"。《云南教育杂志》于1923年3月推出"新学制课程特号"。

11月5日,苏俄与外蒙古当局签订《苏蒙友好协定》,承认蒙古为完全独立国。

11月11日,全国国民外交联合大会在上海召开成立大会。

11月12日,英、美、日、法、意、中、荷、葡、比九国在美国华盛顿举行"华盛顿会议"(亦称太平洋会议)。中国代表在会上提出各国应尊重中国领土完整及政治、行政独立的10项原则,但未能实现。

12月4日,北洋政府总统徐世昌颁令柯劭忞《新元史》列入正史。

按:徐世昌令文为:"教育部呈:柯劭忞所著《新元史》,精审完善,请特颁明令,列入正史,以广流传,等语。《元史》原书,由宋濂、王祎仓促蒇事,疆域姓氏,舛漏滋多。前代通儒,屡纠其失,间有述作,均未成书。柯劭忞博极群言,搜采金石,旁译外史,远补遗文,罗一代之旧闻,萃毕生之精力,洵属诠采宏富,体大思精,应准仿照《新唐书》《新五代史》前例,一并列入正史,以饷士林。此令。"《新元史》乃与前二十四史合称为二十五史。

12月18日,靳云鹏内阁倒台,内阁总理由颜惠庆代理。

12月22日,段祺瑞派徐树铮赴粤与孙中山商谈合作对抗直系曹、吴事宜。

12月23日,孙中山在广西桂林会见经李大钊介绍的共产国际殖民地问题委员会秘书马林,就承认并联合苏俄以及国共合作的可能性进行了三次会谈。

按:马林在会谈中与孙中山探讨中国共产党与国民党合作的可能性,并介绍了苏俄的新经济政策。孙中山听后马上兴奋地表示,这与他的民生主义原则相符合,表示自己虽不信奉马克思主义,思想却基本一致。马林此行以及三次会谈对后来孙中山确定"联俄容共"政策产生重要影响。

是日,新教育共进社、新教育杂志社、实际教育调查社合并,成立中华教育改进社,以"调查教育实况,研究教育学术,力谋教育改进"为宗旨。蔡元培、黄炎培、汪精卫、张伯苓、范源濂、郭秉文、陶行知等9人为董事,杜威和孟禄为名誉理事。

12月24日,梁士诒在北京任内阁总理。

12月25日,北洋政府梁士诒组阁,任黄炎培为教育总长,黄炎培到任前,由齐耀珊兼署教育总长。

是年,瑞典学者安特生在河南渑池县仰韶村发现以彩陶为显著特征的新石器时代遗存。史称"仰韶文化"。

按:仰韶文化是以首次发现地仰韶村命名的新石器时代晚期文化,是分布在黄河中下游地区影响最大、最为重要的考古文化,年代约为5000年至7000年前,展示了中国母系氏族社会由盛到衰的历史变迁,表面绘制有图案的彩陶是这个时期的重要特征之一。仰韶文化首次发现地在渑池县仰韶村。1920年秋,中国地质研究所刘长山根据渑池人王某提供的线索,在渑池仰韶村采集到613件器物。1921年10月,经中国政府批准,受聘于中国政府任矿业顾问的瑞典地质学者安特生和中国学者袁复礼、陈德光等对仰韶村遗址进行首次发掘,证实此处为新石器时代的文化遗存。遗址先后经过3次发掘,出土大量的陶器和石器等,在国际上引起极大轰动。仰韶村遗址成为中外史学界、考古界向往的"文化圣地"。依据考古惯例,以首次发现地命名为"仰韶文化"。(三门峡市地方史志编纂委员会编《三门峡市志》第四册,方志出版社2010年版)

是年,《南开周刊》《集美周刊》《清华通俗周报》《同济杂志》《史地学报季刊》《政法月刊》《求是月刊》《明灯》《劳动界》《社会主义研究》《曲江工潮》《齐鲁医刊》《济南劳动周刊》《新山东》《道德杂志》《科学与教育》《山东劝业汇刊》《劳动者》《劳动音》《工人周刊》《劳动周刊》《劳工》《劳工周刊》《妇女声》《新时代》《共进》《医学杂志》《中西医学杂志》《工业杂志》《工学丛刊》《工商月刊》《中国矿业纪要》《福建实业月报》《地质专报》《纺织年刊》《河南教育公报》《教育世界》《广东省教育会杂志》《义务教育》《云南教育月刊》《中等教育》《陕西教育月刊》《宜章之光》《学林杂志》《新共和》《新世纪》《飞行杂志》《世风杂志》《半月》《外交公报》《四存月刊》《江苏军事月刊》《省宪周报》《芜湖》《鹭江旬报》《末世牧声》《哲学》《罗素月刊》《上海总商会月报》《劳动与妇女》《文艺杂志》《文艺丛编》《戏剧》《影戏杂志》《游戏世界》《饭后钟》《忧乐杂志》《消闲月刊》《乐天报》《谷声》《明灯》《文学周报》《新晚报》《北京夕报》《民报夕刊》《广州市政公报》《云南基督教青年会会刊》《新天地》《仰光日报》《钱业月报》等报刊创刊。

二、学术活动

蔡元培1—8月以北京大学校长的身份在法国、瑞士、德国、奥地利、匈牙利、荷兰、英国、美国进行考察、访问。1月2日,蔡元培在巴黎参加华法教育会学生事业委员会的会议。5日,蔡元培与罗文幹一同由巴黎前往瑞士。12日和16日,在法国巴黎先后发布两个"华法教育会通告",宣布华法教育会与留法勤工俭学学生脱离经济关系。3月8日,与李圣章在巴黎访晤居里夫人。16日,在柏林与夏元瑮、林宰平访晤爱因斯坦,并当面邀请他来华讲学。21日,访晤哲学家倭铿。4月22日,参观梵蒂冈教皇宫。5月,被法国里昂大学授以文学博士荣誉学位。6月8日,被美国纽约大学授以法学博士荣誉学位。14日,在华盛顿乔治城大学发表题为《东西文化结合》的演说。8月1日,周太玄访问蔡元培的《关于宗教问题的谈话》记录稿,在该日出版的《少年中国》杂志第3卷第1期发表。2日,蔡元培在船上草拟《教育独立议》演说词。3日,蔡元培在船上草拟向太平洋教育会议提出的议案。6日,蔡元培受北京政府教育部委托赴檀香山出席太平洋教育会议。19日,北京国立八校教职员太平洋问题研究会在北京美术学校召开成立大会,公推法专王兆荣为临时主席,通过会章,票选蔡元培为会长,李大钊、胡适、谭鸿熙、王世泽、陈亚牧、王兆荣、许绳祖、李贻燕等为干事。

按:代理北大校务的蒋梦麟在9月8日《北京大学日刊》刊登启事,谓"因事赴沪,于六日出京,校务已托顾孟余先生代为执行。待蔡先生到沪后,同回北京。"

蔡元培、张謇、王正廷、袁希涛、黄炎培、蒋梦麟等15人3月28日被北京教育部聘为国立东南大学校董,教育部教育司司长任鸿隽为校董会教育部代表。5月,蔡元培、胡适、王宠惠、梁漱溟、王征、丁文江、蒋梦麟、王云五、任鸿隽、陈衡哲、朱经农等人在北京发起成立"努力会",以共同努力,再造中国为宗旨。

按:胡适起草《努力会章程》,主要内容有:一、在会的人共同信守下列四项信条:(1)我们当尽我们的能力谋我们所做的职业的进步。(2)我们当互相联络,互相帮助,并当极力使我们所做的各种职业也互相联络,互相帮助。(3)我们当尽我们的能力——或单独的或互助的——谋中国政治的改善与社会的进步。(4)我们当随时随地援助有用的人才。二、凡具有下列资格的,得会员三人的介绍,经本会会员审查会审查后,复经当地全体会员可决,皆得为会员。(1)有正当的职业,或有职业的能力。(2)有忠实可靠的人格。三、本会由创始人公推理事秘书一人主持会务。以后凡有本会会员三人以上之地方,得组织分会,公推理事秘书一人。四、本会的总会与分会皆应有会员审查会,以入会最早的会员三人组织之。此外遇必要时,理事得组织长期的或临时的委员会,或委任长期的或临时的职员。五、有关经费(略)。六、本会的性质为秘密的。(后王云五建议改作"此会暂时为不公开的")七、本会会员每月至少须聚会一次。分会理事每月至少与总会通信一次。不在一处的会员,每月至少与本会理事通信一次。八、本会会议时,概用西洋通行的议会法规。九、本会的第一年为试办期。十、本会以中华民国十年六月一日为成立日期。(耿云志编《胡适年谱》,福建教育出版社2012年版)

蔡元培9月14日晨抵达上海。15日中午,黄炎培、穆藕初、穆抒斋、沈恩孚等在大东酒楼设宴,邀上海商、学两界名流作陪。下午,到商务印书馆,晤张菊生、高梦旦、杜亚泉、寿孝天、庄伯俞等。晚间,胡敦复、胡刚复、杨杏佛、周仁等代表中国科学社设晚宴招待,亦在大东酒楼。18日,蔡元培返抵北京。19日,蔡元培到北京法专访王家驹,到教育部访所识诸人。午后,任鸿隽、范源濂、陈仲骞、马衡来访。20日午后3时,北大全体教职员在第三院大礼堂举行欢迎蔡校长回国的大会,教务长顾孟余任主席,致欢迎词后,蔡元培发表演说。21

日午后,蔡元培访国立各校校长。23日,通告北大数学等七系主任选举结果,当选主任者:数学系:冯祖荀。化学系:陈世璋。地质学系:何杰。哲学系:陶履恭。德文学系:杨震文。史学系:朱希祖。经济系:顾孟余;北京孔德学校教职员及学生举行欢迎蔡校长归国的大会,蔡元培发表演说。同日中午,蔡元培赴教育部在中央公园举行的午宴,在座有刚来中国进行教育调研工作的孟禄博士及英美教育考察团的团员。24日上午10时,北大全体学生在法科大礼堂举行欢迎蔡校长考察归国的大会,到1000余人。主席邹祥提致欢迎词后,蔡元培发表演说。同日,通告改选教务长的投票结果,宣布顾孟余获9票,当选北大教务长。下午5时半,蔡元培往见北京政府的总统徐世昌。25日下午3时,中国科学社北京社员在中央公园行健会举行欢迎蔡元培考察归国的会。

按:蔡元培报告在欧洲与爱因斯坦、居里夫人接洽经过之后,略谓“现在欧洲人民生计极难,食物皆不自由,而研究科学仍日求进步,不遗余力”。

蔡元培9月27日访沈士远、沈尹默、沈兼士、马裕藻、马鉴、马衡,于马衡处见汉陶器。9月前后,蔡元培本学期在北大讲授“美学”课程,至10月中旬因足病进医院停止,为此撰写了《美学讲稿》《美学的趋向》《美学的对象》三份讲稿,并着手编著《美学通论》一书。10月4日,蔡元培作《节译柏格森玄学导言》毕。6日晚,接胡适电话,说陈独秀被捕,请蔡元培向法使馆设法交涉。7日晨,蔡元培为陈独秀被逮事,访李石曾以及法国友人、兼任北京大学教授铎尔孟。然后回胡适电话,已和铎尔孟商议,将直接同上海法领事交涉。10日,经里昂大学校长儒班等推动法国陆军部、教育部,将圣底勒兵营捐作里昂中法大学校址,至此由国内招生130余人赴法,正式开学,吴稚晖任中方校长,里昂大学医学院长 Lepine 任法方校长,并设里昂中法大学协会(即该大学董事会),推蔡元培为中方董事长(协会中方会长),推赫里欧(历任法国国务总理,协会法方会长)为法方董事长。11日上午10时,北大全体师生齐集于第三院大礼堂,行开学礼,蔡元培和教务长顾孟余致词后,介绍新聘教员朱经农、程瀛章、吴又陵、徐炳昶等演说。11月7日,《北京大学日刊》刊登启事,公布北大本届评议员当选者16人为谭熙鸿、顾孟余、胡适、王星拱、陈世璋、何育杰、陶履恭、沈士远、朱锡龄、李大钊、俞同奎、冯祖荀、马裕藻、夏元瑮、贺之才、张大椿。

蔡元培11月11日为北大教授张一志所编《山东问题汇刊》撰序,谓“近年来,我全国国民所最注意者,殆莫过于山东问题矣”。17日,蔡元培应北大学生罗章龙等之请,同意在《北京大学日刊》上刊登发起马克思学说研究会启事,又出席借北大会议厅召开的马克思学说研究会成立大会,并在会上致辞。28日,蔡元培向北大评议会第2次会议提出《北京大学研究所组织大纲》的提案,以“研究所为毕业生继续研究专门学术之所”,分自然科学、社会科学、国学、外国文学四门。所长由大学校长兼任。各门设主任一人,由校长于本校教授中指任之。12月14日,蔡元培向北大评议会提出“北大各种会议进行办法”的提案。16日,蔡元培由欧美考察归国后,曾向北京政府总统及内阁提交说帖,请给年费十万元,为留法勤工生在法组设技术传习所,经阁议通过。特组设华法学务协会,经理其事。推举汪大燮、范源濂、朱启钤、林长民、袁希涛、王章祜等为干事,复由干事中推举熊希龄、蔡元培、铎尔孟、李石曾、张弧为常务干事。其在法国,则指定留法学生监督高鲁及驻法中国使馆顾问于格儒主持该技术传习所的事务。23日,经数月改组与筹备的中华教育改进社召开成立大会,通过简章草案,并决定总事务所设于北京,推举蔡元培、范源濂、张伯苓、袁希涛、熊希龄、李建勋、黄炎培、汪精卫、郭秉文9人为董事,严修、张謇、梁启超、张一麐、李石曾、杜威、孟禄7

人为名誉董事。（参见高平叔编著《蔡元培年谱长编》，人民教育出版社 1996 年版；王世儒编撰《蔡元培先生年谱》，北京大学出版社 1998 年版；耿云志《胡适年谱》，四川人民出版社 1989 年版）

范源濂继续任教育总长。1 月 8 日，北京政府教育部通令各省教育厅：赴法勤工俭学学生谋生不易，"嗣后有学生赴法者须暂缓起程。"21 日，教育部通咨湖南、四川等 17 省从速酌量救济赴法勤工俭学学生生活费断绝者。同月，经北京政府教育部审定，商务印书馆正式发行师范学校新教科书。新教科书包括心理学、论理学、哲学、教育学、教授法、教育史、管理法、中国文学史、历史、地理、簿记、手工、农业、商业、乐典、体操等。新教科书是由商务印书馆请身任教育、积有经验之专家，按照教育部颁发的师范学校规程编成的。2 月 4 日，全国急募赈款大会学界委员会成立，推举教育总长范源濂为委员长，燕京大学校长司徒雷登为副委员长，并制定了学生劝捐办法。16 日，教育部电驻法使馆，请酌量资送无力自给志愿回国学生回国。3 月 1 日，北京政府教育部咨各省区："自本年下学期起，凡师范学校及高等师范学校均应酌减国文钟点，加授国语，以为国语教育之准备相应。"14 日，北京国立专门以上八校（北京大学、北京高师、女子高等师范、法政专门、工业专门、农业专门、医学专门、美术专门）教职员向北京政府索薪，相继罢教。后因政府当局拒绝，教职员愤然辞职，相持半年。北京教职员的罢课索薪斗争，影响及于各省。武昌、江西、安徽、陕西、四川各处，均有索薪事件发生。4 月 9 日，北京政府教育部订定《教会所设中等学校请求立案办法》咨行各省区施行。12 日，北京政府教育部公布《颁给文杏章条例》。《条例》规定，凡办理教育成绩卓著及有功学术者，得依本条例之规定给予教育部文杏章。文杏章分四等，每等分三级，由教育总长分别给予。

范源濂 5 月 14 日在靳云鹏内阁改组中仍为教育总长。6 月 3 日，北京国立八校教职员因教育经费事和学生一起赴总统府请愿，遭卫兵殴打，数十人受伤。此事引起社会各界的强烈不满。社会舆论发出"京中已无教育"的呼声，马叙伦曾为此愤而绝食。后经教育总长范源濂等出面调停，八校教职员于 7 月 28 日议决复课。7 月 16 日，北京政府教育部通知本年选派留学生办法。其中提出：广东、福建、湖南、四川、江苏、陕西六省因积欠留学经费太多，暂停选派留学生。10 月 27 日至 11 月 7 日，全国教育会联合会在广州举行第七届年会。到会的有 17 个省区的代表 35 人。通过议案 15 件。计有学制系统草案、改革地方教育行政制度案、组织客观测验法研究会案、推行小学设计教学法案、暂行限制课本采用名词及度量衡案、编辑地理教科书应将本国流域改为四大流域案、拟订儿童教育标准案、创办职工教育案、将年来国耻事项插入国民学校三四年级教材案、增加小学教员薪俸案、学校经济公开案、促进教育经费实行独立案、将世界语加入师范学校课程案、以停付德俄赔款拨为教育专款案、援助华侨教育案等。12 月 19—21 日，实际教育调查社范源濂等在北京约集教育界人士七十余人与美国教育家孟禄开教育讨论会。与会者有各专门大学代表朱经农、李建勋等，北京中小学代表张鸿来等，各省教育界代表马叙伦、方永蒸等，教育部代表陈延龄，特邀人士熊希龄、胡适，会后由实际教育调查社出版《孟禄的中国教育讨论集》一书（中华书局印行）。23 日，中华教育改进社成立并推举董事。该社系由新教育共进社、新教育杂志社、实际教育调查社三团体合并改组而成，以调查教育实况，研究教育学术，力谋教育进行为宗旨。董事：蔡元培、范源濂、郭秉文、黄炎培、汪精卫、熊秉三、张伯苓、李建勋、袁观澜。该社总事务所设在北京。25 日，北京政府梁士诒组阁，任黄炎培为教育总长，黄炎培未到任前，任齐耀珊兼署教育总长。是年，科学教育思潮在我国盛行；教育界开始重视智力测验、教育测验、学务调查、社会调查等。（参见中央教育科学研究所编《中国现代教育大事记1919—1949》，教育科学出版社1988年版）

　　蒋梦麟在蔡元培出访欧美期间代理北京大学校长，主持北京大学的日常工作，并领衔北京国立八校的"索薪"斗争。3月28日，蒋梦麟与蔡元培、张謇、王正廷、袁希涛、黄炎培、蒋梦麟等十五人被北京教育部聘请为国立东南大学校董。夏，蒋梦麟与范源濂、蔡元培、梁启超、张伯苓、严修、陶行知、黄炎培、张一麐、郭秉文、陈宝泉、金邦正、凌冰、邓萃英等在北京发起实际教育调查社。5月21日，蒋梦麟参与胡适、王宠惠、梁漱溟、王征、丁文江、王云五、任鸿隽、陈衡哲、朱经农等人在北京发起成立"努力会"。9月8日，代理北大校务的蒋梦麟在《北京大学日刊》刊登启事，谓"因事赴沪，于六日出京，校务已托顾孟余先生代为执行。待蔡先生到沪后，同回北京"。同月，主要负责筹划聘请美国教育家孟禄来华调查与讲学事宜，共调查20个城市，对"壬戌学制"的制定和当时新教育运动的开展有重要影响。由北高师校长邓萃英担任临时主任，主持一切事务，教育科教员王文培、汪愚祖等协助其工作。同月7日，蒋梦麟受上海总商会等团体推举，以北大代校长身份至广州晋谒孙中山，征询对太平洋会议的意见。10月12日，蒋梦麟以北大代校长身份在上海出席全国商会联合会、全国教育会议联席会议，并与余日章一起被推选为两联合会代表，赴美为华盛顿会议事宜宣传民意。两代表之任务为：一是监督政府代表之工作；二是从事宣传工作，以影响美国之舆论。以蒋廷黻、何思源为秘书，襄办各项事务。15日，离沪赴美。11月12日，华盛顿会议开幕。29日，与余日章及山东代表徐树人、唐恩良等，建议中国代表施肇基：山东问题"拒绝直接交涉，提出大会公决"，如被拒绝，中国代表宜宣告脱会。12月，实际教育调查社与中华新教育共进社、《新教育》杂志社在北京召开联合会议，决定合并成立中华教育改进社。（参见马勇、黄令坦编《中国近代思想家文库·蒋梦麟卷》附录《蒋梦麟年谱简编》，中国人民大学出版社2015年版；高平叔编著《蔡元培年谱长编》，人民教育出版社1996年版）

　　胡适1月22日致信《新青年》在京李大钊等8人，提出修正方案。一是明确取消"停办"一条；二是放弃"宣言不谈政治"一说；只主张《新青年》移回北京编辑。陈独秀写信给胡适说："现在《新青年》已被封禁，非移粤不能出版，移京已不成问题了。你们另外办一个报，我十分赞成。……但我却没有工夫帮助文章。而且在北京出版，我也不宜作文章。"《新青年》没有移回北京编辑，北京的《新青年》同人也没有另办起一个刊物。但从此在政治上，胡适与陈独秀分道扬镳。

　　按：胡适信中说道："独秀对于第一办法，另办一杂志也有一层大误解。他以为这个提议是反对他个人。我并不反对他个人，亦不反对《新青年》。不过我认为今日有一个文学哲学的杂志的必要。今《新青年》差不多成了Soviet Russia的汉译本，故我想另创一个专关学术艺文的杂志。今独秀既如此生气，并且认为反对他个人的表示，我很愿意取消此议，专提出'移回北京编辑'一个办法。"《新青年》分裂后，胡适等人也未能很快另办起杂志。他有些文艺方面的稿子，仍不时寄送《新青年》刊登。

　　胡适1月26日整理《新青年》北京同人表决结果：赞成移北京编辑者：慰慈、一涵、守常；赞成北京编辑，但不必强求，可任他分裂成两个杂志，也不必争《新青年》这个名目：豫才、启明、玄同；赞成移北京，如实不能则停办，万不可分为两个杂志，致破坏《新青年》精神之团结：抚和、孟和。28日，胡适撰《自述古史观书》，就其古史观提出"缩短""拉长"两阶段理论，谓"现在先把古史缩短二三千年，从诗三百篇做起。将来等到金石学、考古学发达上了轨道以后，然后用地底下掘出的史料，慢慢地拉长东周以前的古史。至于东周以下的史料，亦须严密评判，'宁疑古而失之，不可信古而失之'"。29日，胡适发表《转致玄同先生论崔述书》。2月14日,胡适致信周作人,请他考虑是否肯到燕京大学去担任国文系的主任。22日,撰成《发起〈读书杂志〉的缘起》。26日,为梁启超《墨经校释》作序。3月2日,胡适致信周作人,告诉他发起《读书杂志》的事。请他帮忙撰稿,并请他转达鲁迅,也希望他加入。5日,胡适给钱玄同之子开列必读书目,其中包括18种文学书刊。同月,胡适开始撰写《红楼梦考证》。春,养病期间作《章实斋年谱》,立意"不但要记载他的一生事迹,还要写出他的学问思想的历史"。4月27日,商务印书馆的编译所长高梦旦来辞行。

按:高梦旦此次来京,力劝胡适辞去北大教职,去上海主持商务印书馆的编译工作。胡以"自己的事业"至少还须做10年20年,故不肯放弃北大教职,去专做"为别人"的事业。但答应今夏去商务帮助做一点有助于改革的调查研究工作。

胡适4月28日上午10时到燕京大学讲演《诗经的研究》。30日,赴天津。因得顾颉刚26日来信告天津图书馆有《楝亭全集》(曹雪芹祖父曹寅的集子),特亲往查阅。当晚,出席旅津全国校友联合会成立会,发表演说《个人与他的环境》。5月1日上午,访严修。下午,到天津图书馆查阅《楝亭全集》,所得考证《红楼梦》的材料甚多。夜,撰成《四烈士塚上的没字碑歌》,歌颂辛亥革命之年在北京牺牲的烈士们。2日,胡适回京。途中读梁启超新著《清代学术概论》,甚表推许。5日,胡适致函黎锦熙,谈国语运动的过去与将来。9日,胡适在清华学校演讲,提出废止国耻纪念。21日,胡适与王徵、丁文江、蒋梦麟讨论组织一个小会的事,会名拟叫"努力会",由胡适起草章程。27日,胡适在北大教职员会议上提出两项议案:一、组织学术讲演会;二、假如政府用日本借款来收买教育界,应严词拒绝。30日,胡适写信给顾颉刚,谈曹雪芹的身世、谱系。6月11日,胡适作《水浒传后考》。16日,胡适为《吴虞文录》作序。

按:胡适在《吴虞文录序》中称颂吴虞是"中国思想界的一个清道夫",是"只手打孔家店的老英雄",并指出他批评孔教的方法也是可取的。此文载1921年6月20日至21日《晨报副刊》,曰:

凡是到过北京的人,总忘不了北京街道上的清道夫。那望不尽头的大街上,迷漫扑人的尘土里,他们抬着一桶水,慢慢的歇下来,一勺一勺的洒到地上去,洒的又远又均匀。水洒着的地方,尘土果然不起了。但那酷烈可怕的太阳光,偏偏不肯帮忙,他只管火也似的晒在那望不尽头的大街上。那水洒过的地方,一会儿便晒干了;一会儿风吹过来或汽车走过来,那迷漫扑人的尘土又飞扬起来了!洒的尽管洒,晒的尽管晒。但那些蓝袄蓝裤露着胸脯的清道夫,并不因为太阳和他们作对就不洒水了。他们依旧一勺一勺的洒将去,洒的又远又均匀,直到日落了,天黑了,他们才抬着空桶,慢慢的走回去,心里都想道,"今天的事做完了!"

吴又陵先生是中国思想界的一个清道夫。他站在那望不尽头的长路上,眼睛里,嘴里,鼻子里,头颈里,都是那迷漫扑人的孔渣孔滓的尘土,他自己受不住了,又不忍见那无数行人在那孔渣孔滓的尘雾里撞来撞去,撞的破头折脚。因此,他发愤做一个清道夫,常常挑着一担辛辛苦苦挑来的水,一勺一勺的洒向那孔尘迷漫的大街上。他洒他的水,不但拿不着工钱,还时时被那无数吃惯孔尘的老头子们跳着脚痛骂,怪他不识货,怪他不认得这种孔渣孔滓的美味,怪他挑着水拿着勺子在大路上妨碍行人!他们常常用石头掷他,他们哀求那些吃孔尘羹饭的大人老爷们,禁止他挑水,禁止他清道。但他毫不在意,他仍旧做他清道的事。有时候,他洒的疲乏了,失望了,忽然远远的觑见那望不尽头的大路的那一头好像也有几个人在那里洒水清道,他的心里又高兴起来了,他的精神又鼓舞起来了。于是他仍旧挑了水来,一勺一勺的洒向那旋洒旋干的长街上去。

这是吴先生的精神。吴先生和我的朋友陈独秀是近年来攻击孔教最有力的两位健将。他们两人,一个在上海,一个在成都,相隔那么远,但精神上很有相同之点。独秀攻击孔丘的许多文章(多载在《新青年》第二卷)专注重"孔子之道不合现代生活"的一个主要观念。当那个时候,吴先生在四川也做了许多非孔的文章,他的主要观念也只是"孔子之道不合现代生活"的一个观念。吴先生是学过法政的人,故他的方法与独秀稍不同。吴先生自己说他的方法道:

不佞丙午游东京,曾有数诗,注中多非儒之说。归蜀后,常以"六经""五礼通考""唐律疏义""满清律例",及诸史中议礼议狱之文,与老、庄、孟德斯鸠、甄克思、穆勒约翰、斯宾塞尔、远藤隆吉、久保天随诸家之著作,及欧美各国宪法、民法、刑法,比较对勘。十年以来,粗有所见。

吴先生用这个方法的结果,他的非孔文章大体都注重那些根据孔道的种种礼教、法律、制度、风俗。他先证明这些礼法制度都是根据于儒家的基本教条的,然后证明这种种礼法制度都是一些吃人的礼教和一些坑陷人的法律制度。他又从思想史的方面,指出自老子以来也有许多古人不满意于这些欺人吃人的礼制,使我们知道儒教所极力拥护的礼制在千百年前早已受思想家的批评与攻击了,何况在现今这种大变而特变的社会生活之中呢?

吴先生的方法,我觉得是很不错的。我们对于一种学说或一种宗教,应该研究他在实际上发生了什么影响:"他产生了什么样子的礼法制度?他所产生的礼法制度发生了什么效果?增长了或是损害了人生多少幸福?造成了什么样子的国民性?助长了进步吗?阻碍了进步吗?"这些问题都是批评一种学说或一种宗教的标准。用这种实际的效果去批评学说与宗教,是最严厉又最平允的方法。吴先生虽不曾明说他用的是这种实际主义的标准,但我想他一定很赞成我这个解释。

那些"卫道"的老先生们也知道这种实际标准的厉害,所以他们想出一个躲避的法子来。他们说:"这种种实际的流弊都不是孔老先生的本旨,都是叔孙通、董仲舒、刘歆、程颢、朱熹……等人误解孔道的结果。你们骂来骂去,只骂着叔孙通、董仲舒、刘歆、程颢、朱熹一班人,却骂不着孔老先生。"于是有人说《礼运》大同说是真孔教(康有为先生);又有人说四教,四绝,三慎,是真孔教(顾实先生)。关于这种遁辞,独秀说的最痛快:

足下分汉宋儒者以及今之孔道、孔教诸会之孔教,与真正孔子之教为二,且谓孔教为后人所坏。愚今所欲问者,汉唐以来诸儒,何以不依傍道、法、杨、墨,而人亦不以道、法、杨、墨称之?何以独与孔子为缘而复败坏之也?足下可深思其故矣。(《新青年》二卷四号)

这个道理最明显:何以那种种吃人的礼教制度都不挂别的招牌,偏爱挂孔老先生的招牌呢?正因为二千年吃人的礼教法制都挂着孔丘的招牌,故这块孔丘的招牌——无论是老店,是冒牌——不能不拿下来,捶碎,烧去!

我给各位中国少年介绍这位"四川省只手打孔家店"的老英雄——吴又陵先生!

胡适6月30日出席北京大学、北京高等师范、北京女子高等师范、尚志学会及新学会五团体为杜威饯行的公宴,并代表北大演说,主要强调杜威的方法,即所谓历史的方法和实验的方法。当晚,胡适与丁文江同为杜威夫妇及罗素与勃拉克女士饯行。7月8日,主持"努力会"聚会,酝酿要组织一个小周报。11日,杜威将回国,胡适特作一文《杜威先生与中国》,谓"自从中国与西洋文化接触以来,没有一个外国学者在中国思想界的影响有杜威先生这样大的"。强调杜威留下的最有久远影响的是他的方法,即所谓历史的方法和实验的方法。15日,胡适赴上海,与同车从欧洲归来不久的徐新六谈起蔡元培领导的赴法勤工俭学运动所发生的困难和问题,认为"留法俭学"运动,是一种无意识的盲动。途中,写信给北大代理校长蒋梦麟及教授顾孟余、陶孟和、李大钊、王星拱等,提议两事:一、实行捐出一个月的薪俸给北大图书馆。二、实行不放假。22日,胡适在沪与沈雁冰、郑振铎谈文学问题,主张提倡写实主义,不赞成新浪漫主义。23日,到国语讲习所讲演《中国哲学的线索》,说哲学内部的线索就是哲学方法的变迁。31日,到南京暑期学校讲演《研究国故的方法》,枕薪记录,8月4日刊登于上海《民国日报·觉悟》副刊。

按:胡适说:"'国故'的名词,比'国粹'好得多。自从章太炎著了一本《国故论衡》之后,这'国故'的名词于是成立。如果讲是'国粹',就有人讲是'国渣','国故'(National Past)这个名词是中立的。我们要明了现社会的情况,就得去研究国故。古人讲,知道过去才能知道现在。国故专讲国家过去的文化,要研究它,就不得不注意以下四种方法:一、历史的观念。现在一般青年,所以对于国故没有研究兴趣的缘故,就是没有历史的观念。……二、疑古的态度。疑古的态度,简要言之,就是'宁可疑而错,不可信而错'十个字。譬如《书经》,有《今文尚书》和《古文尚书》之别。有人说,《古文尚书》是假的,《今文尚书》有一部分是真的,余外一部分,到了清时,才有人把它证明是假的。但是现在学校里边,并没把假的删去,仍旧读它全书,这是我们应该怀疑的。至于《诗经》,本有三千篇,被孔子删剩十分之一,只得了三百篇。……所以疑古的态度有两方面好讲:一、疑古书的真伪。二、疑真书被那山东老学究弄伪的地方。我们疑古的目的,是在得其'真',就是疑错了,亦没有什么要紧。我们知道,哪一个科学家是没有错误的。假使信而错,那就上当不浅了! 自己固然一味迷信,情愿做古人的奴隶,但是还要引旁人亦入于迷途呢! 我们一方面研究,一方面就要怀疑,庶能不上老当呢! ……三、系统的研究。古时的书籍,没有一部书是'著'的。中国的书籍虽多,但有系统的著作,竟找不到十部。我们研究无论什么书籍,都宜要寻出它的脉络,研究它的系统。所以我们无论研究什么东西,就须从历史方面着手。要研究文学和哲学,就得先研究文学史和哲学史。政治亦然。研究社会制度,亦宜先研究其制度沿革史,寻出因果的关系,前后的关键,要从没有系统的文学、哲学、政治等等里边,去寻出系统来。……四、整理。整理国故,能使后人研究起来,不感受痛苦。整理国故的目的,就是要使从前少数人懂得的,现在变为人人能解的。整理的条件,可分形式内容二方面讲:(一)形式方面:加上标点和符号,替它分开段落来。(二)内容方面:加上新的注解,折中旧有的注解。并且加上新的序跋和考证,还要讲明书的历史和价值。"(胡适《胡适思想录》(7),中国城市出版社2013年版)

胡适8月1日离南京到安庆。3日起,胡适在安庆第一中学连续讲演《实验主义》《科学的人生观》《女子问题》《国语运动与国语教育》《好政府主义》《对于安徽教育的一点意见》等。这些讲演,都有较详的提纲保存在《胡适的日记》中。7日晚,胡适到上海,在沪继续勾留一个月。14日,到国语专修学校讲演《好政府主义》。又与黄炎培、沈信卿、穆抒斋等谈太平洋会议事。29日,胡适到上海总商会,参加太平洋会议协会的第二次会议。胡适在沪一月间,大部分时间是到商务印书馆作调查,最后写成报告,提供了一些改革的意见。同时推荐请王云五到馆任编译所长。是月,胡适读了孙德谦的《诸子通考》,虽然觉得小疵不少,但认为"孙君当时能主张诸子之学之当重视,其识力自可钦佩""此书确有许多独立的见解""很有见地的议论",因而许为"此书究竟可算是近年一部有见地的书,条理略逊江瑔的《读子卮言》,而见解远胜于张尔田的《史微》"。

按:此与胡适归国时对国内学术界的看法有所不同。(参见曹伯言整理《胡适日记全编》(3),安徽教育出版社2001年版;桑兵《民国学界的老辈(之一)》,《历史研究》2005年第6期)

胡适9月7日离沪北返。19日晚,胡适在蔡元培家谈大学事,议定图书募捐,主任、教务长改选,组织教育维持会等事。同日,胡适接蔡元培信,称"《红楼梦》考证已读过。所考曹雪芹家世及高兰墅轶事等甚佩。然于索隐一派,概以附会二字抹杀之,弟尚未能赞同"。28日晚,康奈尔大学同学会在银行公会公宴美国新任驻华公使前康奈尔大学校长休曼,胡适演说20分钟。10月6日夜,胡适得悉陈独秀于昨夜在上海法租界被捕,禁不住骂道:"法国人真不要脸。"当即打电话给蔡元培,请他向法使馆设法交涉。次日得蔡回话,将直接同上海法领事交涉。10日,胡适访北京大学俄籍教授钢和泰(钢和泰于梵文及印度佛教史极有造诣),答应本学年为他的古印度宗教史担任译述,并允设法谋求《全藏经》。11日,北大举行开学礼,胡适发表讲演。从本学期开始,胡适在北京大学开设"杜威著作选读课"。21日,美国的赛勒来访,谈及对中国教育制度的意见时,胡适主张先从高等教育下手,因为高等教育办不好,低等教育也办不好。22日下午,胡适到中国大学演说《好政府主义》。31

日,蔡晓舟致信胡适,谈筹建安徽大学事。11月3日,胡适写定《清代学者的治学方法》。此文的第一至第六部分是1919年8月作,第七部分是1920年春作,第八部分至1921年11月才告竣,最后将清代学者的治学方法归结为"大胆的假设,小心的求证"十个字。

按:《清代学者的治学方法》(八)总结道:"我想上文举的例很可以使读者懂得清代学者的治学方法了。他们用的方法,总括起来,只是两点。(1)大胆的假设,(2)小心的求证。假设不大胆,不能有新发明。证据不充足,不能使人信仰。"又作附记:"此篇第一至第六章是民国八年八月作的,第七章是九年春间作的,第八章是十年十一月作的。相隔日久,中间定有不贯串之处。将来有暇时,当细细修正。"胡适于详论清代学者的治学方法后,概括出"大胆的假设,小心的求证"十个字,这不仅成为其终生不倦地加以宣扬的所谓科学的治学方法,而且在学界产生了广泛、持续与深远的影响,是胡适治学方法论的精华所在。

胡适11月5日到砺群学校讲演《什么是哲学》。晚上,到北城基督教学生事业联合会讲演《青年与社会》。12日,胡适改定《〈红楼梦〉考证》,旨在批评一向很流行的"附会的红学"的种种谬误,注意从作者身世、版本、时代背景上作考证的研究,第一次明确确定了《红楼梦》的作者是曹雪芹。曹雪芹是清代没落贵族,作《红楼梦》以感怀身世,所以《红楼梦》是他的一部自叙传。《〈红楼梦〉考证》为红学研究划出了一个时代,称之为"新红学"。从此,红学研究被真正纳入学术研究的轨道,而不再是一种文人的消遣,但"自传说"后来多受红学界的批评。

按:《〈红楼梦〉考证》初稿写于3月,似曾在朋友间传阅过,至11月12日改定。《红楼梦考证》说:"总结上文关于'著者'的材料,凡得六条结论:(1)《红楼梦》的著者是曹雪芹。(2)曹雪芹是汉军正白旗人,曹寅的孙子,曹𬒈的儿子,生于极富贵之家,身经极繁华绮丽的生活,又带有文学与美术的遗传与环境。他会做诗,也能画,与一班八旗名士往来。但他的生活非常贫苦,他因为不得志,故流为一种纵酒放浪的生活。(3)曹寅死于康熙五十一年。曹雪芹大概即生于此时,或稍后。(4)曹家极盛时,曾办过四次以上的接驾的阔差;但后来家渐衰败,大概因亏空得罪被抄没。(5)《红楼梦》一书是曹雪芹破产倾家之后,在贫困之中做的。做书的年代大概当乾隆初年到乾隆三十年左右,书未完而曹雪芹死了。(6)《红楼梦》是一部隐去真事的自叙:里面的甄、贾两宝玉,即是曹雪芹自己的化身;甄、贾两府即是当日曹家的影子。(故贾府在"长安"都中,而甄府始终在江南。)"

胡适11月作《论墨学》。同月19日,撰写《胡适文存·序例》,此为《文存》第一集,于是年底由亚东图书馆出版。从11月起,胡适在国语讲习所讲《国语文学史》八个星期。12月,胡适《三国六朝的平民文学》连载于2、3、5日《晨报副镌》。同月31日,胡适在国语讲习所同乐会讲演《国语运动与文学》。是年,尚有《国语文法的研究法》(《新青年》第9卷第3—4期)《记费密的学说》(《晨报副镌》10月12—15日、17日)、《国语运动的历史》(《教育杂志》第13卷第11期)等文。(以上参见耿云志《胡适年谱》,四川人民出版社1989年版;耿云志编《中国近代思想家文库·胡适卷》及附录《胡适年谱简编》,中国人民大学出版社2015年版;胡颂平编《胡适之先生年谱长编初稿》,台北联经出版事业公司1984年版;唐宝林、林茂生《陈独秀年谱》,上海人民出版社1988年版;袁英光、刘寅生《王国维年谱长编(1877—1927)》,天津人民出版社1996年版)

李大钊领导的北京共产党支部在长辛店机车厂创办的劳动补习学校1月1日正式开学。15日,李大钊在《少年中国》第2卷第7期上发表《自由与秩序》一文。21日,针对罗素学说研究会发起关于"社会主义何以不能实行于现在的中国"的讨论,马克思学说研究会组织了题为"社会主义是否适合于中国"的大辩论。这次辩论会连续举行数日,参加者都是北京各大学和专门学校的教员和学生,李大钊被邀请为大会裁判员。

按:李大钊在大家热烈争论之后作了发言,指出:由资本主义社会到社会主义社会,正如由封建社会转变为资本主义社会一样,是不以人们意志为转移的人类社会的发展规律,犹如"雏鸡在孵卵以前,尚在蛋壳以内,到孵化成熟后,雏鸡必破卵而出,这是必然的道理"。同时又指出,"这并不意味着工人阶级不经过斗争就会有社会主义的到来"。他满腔热情地号召人们,为社会主义事业而献身。

李大钊1月27日出席少年中国学会在北大图书馆主任室召开的临时会议,决定月刊编辑部迁沪。同月,李大钊写信给胡适,反对改编《新青年》的编辑方针。2月19日,李大钊在北京《益世报》"女子周刊"栏发表《各国的妇女参政运动》。同日,李大钊出席少年中国学会在北大图书馆主任室召开的常会。会议讨论了邓中夏所提出的四个问题并作出相应的决定。3月上旬,李大钊到郑州等地视察工人运动。12日下午4时,李大钊出席在北大第二院召开的北京大学教职员大会。会议讨论了教育经费问题,决定自14日起暂行停止职务,要求政府于直辖各铁路收入项下,拨付积欠及国立八校常年经费。会议选出李大钊、郑寿仁、马叙伦等11个委员,执行上述决议。13日,李大钊出席少年中国学会举行的改选会。因邓中夏赴保定任省立高师语文教员,改推苏甲荣任执行部主任,另推左舜生任评议部通信员。15日上午10时,李大钊出席在北京美术学校召开的国立八校教职员代表会议。会上决定组织北京国立专门以上各校教职员代表联席会,当场选举马叙伦为主席并成立了办事机构,确定了各股人选,李大钊被推选为新闻股干事。16日下午2时,李大钊出席在北大二院召开的社会主义青年团特别会议,选举何孟雄为华京代表,出席于本年4月召开的少年共产国际大会。

按:会议并通过了《北京社会主义青年团致国际少年共产党大会书》。

李大钊是春帮助天津的共产主义知识分子建立社会主义青年团。3月20日,在《评论之评论》第1卷第2号上发表《中国的社会主义与世界的资本主义》,主要从经济上驳斥"社会主义不适合中国"的论点,回应梁启超、张东荪等发起的关于"社会主义的论战"。21日下午1时半,李大钊出席北京国立八校教职员代表联席会第四次会议,会议决定出版《半周刊》,设发行、印刷两部于北京大学,李大钊等3人担任编辑。同日,李大钊在《民国日报》副刊"觉悟"上发表《俄罗斯革命之过去现在及将来》。23日下午1时半,李大钊出席北京国立八校教职员代表联席会第五次会议,通过了本会组织大纲。30日,李大钊参加北京社会主义青年团第四次大会,当选为执行委员。提议建立"事务所",并在所内设油印机,开展宣传工作。同月,李大钊在《曙光》第2卷第2号上发表《社会主义下之实业》《团体的训练与革新的事业》两文。

李大钊4—8月,李大钊担任北京"八校教职员代表联席会议"代理主席,开展索薪斗争。4月14日,李大钊出席新知书社在乾面胡同三号总社召开的创立会,当选为监事。24日下午2时,李大钊出席在北大二院召开的社会主义青年团第五次大会,张国焘报告前三次执行委员会所议决的事项,最后会议推出7人组成五一运动委员会,分头办理有关事项。30日下午1时,李大钊出席北京大学社会主义研究会在北河沿法科大礼堂举办的讲演大会并发表演讲。担任演讲者还有陈启修、高一涵诸人。5月1日,在李大钊直接关怀下,长辛店一千多工人隆重举行纪念五一劳动节大会,正式成立工人俱乐部。4日上午10时,女学界联合会在女高师大礼堂开会,纪念五四运动二周年,李大钊到会并发表演说。20日,少年中国学会北京会员在李大钊住宅举行临时会议,李大钊、黄日葵、高尚德、刘仁静等8人出席。31日,李大钊出席少年中国学会北京会员在城南公园召开的饯别会,为赴德留学会员沈怡、赴美留学会员孟寿椿送行。6月3日,李大钊、马叙伦、沈士远等率北京国立八校教职员及学生代表数百人冒雨前往教育部,然后赴总统府其请愿,在新华门遭军警毒打,当场受伤数十人,马叙伦与沈士远受重伤,李大钊亦受伤,酿成"六三惨案",震惊了全国,亦称"新华门事件"。

按:"六三惨案"爆发后惊动了全国,一时群情激愤,纷纷通电声援。上海复旦大学、南京国立高等师范学校等学校,以及各地学界联合会发出通电,痛斥北京政府的暴行,要求严惩滋事卫兵,维护教育界权利。《申报》《晨报》《大公报》等报刊对事件大肆报道,扩大社会影响。不少社会名流也大力支持北京师生的行动。6月7日,孙中山在广州致电"北京国立八校辞职教员",表示声援:"在伪政府之下,决无教育发展希望,况复摧残至此。欢迎全体来粤,共商进行。"八校校长及八校教职员联席会也不断开会商量对策,正式向检厅控告总理靳云鹏、警察厅长殷洪寿、教育部次长马邻翼。在这种情况下,逼使军阀政府不得不考虑一个善后办法以结束这一风潮。

李大钊主编的《半周刊》所载《最悲痛的最紧要的一件事实》6月13日被《晨报》转载,报道马叙伦自受伤入院遭严重监守之事。26日,李大钊为编辑《新时代丛书》与陈独秀等15人联名在《晨报》发表启事。28日,出席北京国立八校教职员代表联席会第五十一次会议。会上被推为出席29日各团体联席会的代表。29日,原定在北京高师召开的各团体联席会,因军警干涉而移至某校开会,到会十一个团体,李大钊在会上发言。

按:李大钊在会上指出:"教职员前因所处地位关系,以索欠为一种手段,社会一部分人的观察,对于此点,颇不明了,马邻翼亦误会教职员为争欠薪,而不知此外尚有教育经费巩固之一大目的。至于六三事件,所以在法庭起诉,实因政府欲假法律为利器,教职员不得已而以此手段对付之。在现政治下之法律,非国民起而拥护之,难望其有独立精神,今日多数团体主张从法律解决,应当注意。"(《晨报》6月30日)

李大钊6月30日上午9时至11时在北京美术学校作题为《社会与个人》的讲演。7月1日,李大钊在《新青年》第9卷第3号上发表《俄罗斯革命的过去及现在》,介绍俄国革命的历史与现状,特别详细地介绍了列宁的生平与著作。4日,李大钊出席并主持北京国立八校教职员代表联席会第五十四次会议。15日上午9时,李大钊出席北京国立八校教职员代表联席会会议。7月23日,中国共产党成立大会在上海法租界举行,李大钊此时正领导北京教育界的索薪斗争,未能出席这次会议,但他对建党的贡献为党内公认,故与陈独秀一起被誉为"南陈北李,相约建党",是中国共产党的主要创始人。24日上午10时,北京政府派王芝祥在化石桥尚志学会正式慰问教育界,到会者有:八校教职员代表李大钊等26人;学生联合会代表何玉书等28人;蒋梦麟等7名校长;调停人范源濂、汪大燮、张一麐,各方都有代表发言。随后去医院慰问马叙伦等。28日上午9时,李大钊出席北京国立八校教职员代表联席会会议,讨论通过复职宣言。同日,八校校长通电全国,自本日起八校恢复原状,9月1日开学并即招考新生。至此,历时四个月的"索薪"风潮,暂时告一段落。李大钊一直辛勤操劳在斗争第一线。

按:7月28日,教育部训令第二二一号:以二百万元的盐余作学校准备金,为应急之用。教育部函复调停人;国务院4月30日阁议第一条:自4月份起,各校每月经常临时各费二十二万元,本部即查照办理。(《晨报》7月29日)

李大钊8月16日在北京长美轩与蒋梦麟、吴虞、马叙伦等晤谈。19日下午3时,李大钊等25人发起的北京国立八校教职员太平洋问题研究会举行成立大会。会议通过了章程,选举了职员。李大钊出席会议,并被推举为中文干事和研究员。同月,中国劳动组合书记部在上海成立,李大钊担任不久后成立的中国劳动组合书记部北京分部主任。9月1日,北京国立八校教职员代表各向本校教职员大会辞去代表职务。由新当选的代表继续工作。14日,李大钊出席少年中国学会在中央公园来今雨轩召开的谈话会,会上宣布第三届评议会选举结果,李大钊被选为评议员。11月2日下午4时,北大该届(1921—1922)评议员选举结果在第二院揭晓,李大钊继续当选为评议员。9日下午4时,在北大第一院接待室参加本届第一次评议会,并当选为评议会书记。会议通过了有关议案。13日,李大钊出席在中央公园召开的少年中国学会常会。会议宣布社会主义研究会、文学研究会不日即可成立。17日,北京大学马克思学说研究会在《北京大学日刊》刊登《发起马克思学说研究会启事》,公开声明"本会叫马克思学说研究会,以研究关于马克思派的著述为目的",明确提出将马克思学说研究会作为公开宣传马克思主义、团结进步学生和培养先进分子的机构。12月16日,李大钊出席北京大学马克思学说研究会公开成立大会并讲话。年底,根据中共中央的通令,召开党员大会,成立中共北京地方委员会,由李大钊任书记、罗章龙任组织委员,高君宇任宣传委员。

　　按:北京大学马克思学说研究会于1920年3月由邓中夏、罗章龙、刘仁静、范鸿劼、高尚德、何孟雄等19人发起成立。至此,北京大学马克思学说研究会这个组织在中国共产党领导下,作为宣传马克思主义的机关公开化了,后来由中共北方区委领导,活动时间持续七、八年之久。(参见朱文通主编《李大钊年谱长编》,中国社会科学出版社2009年版;杨琥编《中国近代思想家文库·李大钊卷》附《李大钊年谱简编》,中国人民大学出版社2015年版;鲁迅博物馆、鲁迅研究室编《鲁迅年谱》,人民文学出版社1981年版;唐宝林、林茂生《陈独秀年谱》,上海人民出版社1988年版;杨实生《1921年"六三事件"始末》,《兰台世界》2013年19期)

　　马叙伦《读书续记》卷四1月14日开始连载于《北京大学日刊》,至8月10日载毕。26日,马叙伦在《北京大学日刊》发表启事,称"拙纂《庄子札记》下册刻自他处收回二十余册,仍交本校旧书处矣"。2月4日,发表《马叙伦启事》,继辞去北京小学以上学校教职员联合会总务干事、主席之后,又声明本月起再辞去本校出席该会"代表"一职,只负责"结束以前在该会经办文牍会计两项事务"。4月20日,患病。5月12日,约新同事吴虞午饭。13日,胡适与吴虞谈话,点评马叙伦与马裕藻两人。14日,吴君毅差人持赠《费氏遗书》《秋水集》,付与收条。19日,吴虞发信约请马叙伦周六南园饭庄晚餐。20日,马叙伦访吴虞约周日聚会。21日,马叙伦赴南园饭庄,吴虞兄弟做东。22日,马叙伦设宴于中央公园长美轩。6月3日,马叙伦与李大钊诸人会集教育部,再往总统府索薪,在新华门外遭军警毒打,马叙伦与沈士远被打成重伤,后由医专学生和行人送入首善医院。此即"六三惨案",震动全国。学生代表杨四穆前往慰问。6月4日,吴虞入院看望马叙伦与沈士远。

　　按:吴虞日记六月三日:"午后文光归,言今日教育界往国务院请愿,马夷初、沈士远被兵打伤甚重,已抬入首善医院。学生派四穆任代表往慰问。闻教育部,自次长起全体辞职,风潮扩大矣。"(《吴虞日记》上册,604页)余绍宋日记民国十年六月三日:"今日教职员为教育基金事入新华门请愿,闻为卫队殴伤多人,马夷初、王维白、毛子震辈皆在内,并闻受伤均甚重,此事又须使司法界为难,而卫兵殊不宜出此。教职员、学生纵无理,而以兵器伤人,虽理直亦不取也。"(《余绍宋日记》第二册,227页)按马叙伦受伤住院照片,马运增、陈申等编著《中国摄影史》(中国摄影出版社1987年8月版,135页)选做插图。许宝蘅日记辛酉四月廿七日(六月三日):"六时半入府,闻昨日有学生十八人到院求见总理,经秘书夏清贻延见于纯一斋,至今日尚未散,内有女生七人。……闻各校学生又至新华门请见,总理拒不见,遂拥至教育部,马次长邻翼方与教职各员坐谈,见诸生至,次长方与演说,忽马叙伦声言:'何必在此空讲,可捉马次长到新华门见总理。'乃簇拥而出,至新华门,门者闭拒,乃由诸生哄打,马次长受伤,马叙伦亦受伤,守卫军见马次长受伤,乃传呼拿人,诸教职员、学生遂哄散。又闻已拿到一人,又闻昨留踞纯一斋之诸生已扶出。学校风纪至此,极散矣!真世道之忧也。"(《许宝蘅日记》第二册,822页)钱玄同日记六月五日:"今日底《京报》上有国务院底通电二件,完全是颠倒是非,混淆黑白之谈。第一电说教员、学生打伤马邻翼并伤军警,第二电说欠薪(原文未完)。"(《钱玄同日记》上册,376页)顾颉刚日记六月六号(五月初一,星期一):"报载新华门军警打伤教职员学生等。认识人有守常、幼渔、士远、彝初诸人。政府无赖至此!"(《顾颉刚日记》第一卷,129页)

马叙伦6月5日想移至法国医院,警察不放行,胡适请客座教授杜威帮助,杜威答应"去办"。7日,继续住院。10日,周作人就教职员索薪事件在《晨报》刊文表示声援。上旬,马叙伦因行动失去自由,绝食抗议。13日,《晨报》转载李大钊主编的《半周刊》文章,报导该会主席马叙伦"自受伤入院后,愤政府之摧残教育,虐待士类,刀刺枪打之不足,复以医院为囹圄,断绝交通,严重监守,待同人等受伤代表俨同已决之死囚。已于前数日起断绝饮食,决心自杀。"14日,《晨报》发表《马叙伦绝食访问记》。同日,马叙伦从首善医院转移至东交民巷法国医院。16日,马叙伦在北京《晨报》第二版发表《马叙伦启事》。

按:《启事》称:"叙伦办事无状,深辜委托,以致同人共罹新华门之惨劫。叙伦被伤后,就疗于首善医院,反劳同人枉驾存视,实深惭感。兼承各界人士及戚友,或亲临慰问,或函电相询,因受军警非法监视,致多未能聆教,抱歉之至。兹于十四号移出首善医院,伤病未愈,尚待疗养。特先登报,敬申谢忱,诸祈亮鉴为幸。"《张黻卿王家驹共同启事》《沈士远启事》同日见报。

马叙伦6月中旬因徐世昌总统起诉犯有"毁坏名誉罪",被北京地方检察厅票传。八校教职员方面向地方检察厅控告国务总理靳云鹏、警察厅长殷洪寿、教育部次长马邻翼。北京政府慑于社会舆论,于本月中旬拨发部分欠薪。随后原教育总长范源濂出面斡旋。7月24日上午10时,北京政府派王芝祥、汪大燮等在化石桥尚志学会正式慰问教育界,各方都有代表发言。随后去医院慰问马叙伦等。下旬,地方检察厅派员商谈。随后马叙伦出院。8月2日,余绍宋来访。16日,马叙伦至中央公园长美轩与蒋梦麟、李大钊、吴虞等晤谈。17日,马叙伦与谭熙鸿、蒋梦麟、李大钊、王兆荣、王家驹、黄人望、许璇等发起国立八校教职员太平洋问题研究会。22日,马叙伦赴北大第三院讨论复课办法。下旬,为解决北京八校经费提出两项意见,因与蒋梦麟、胡适相左,马叙伦负气出走上海。9月初,马叙伦请假回杭州。9月26日,蔡元培致函马叙伦。(参见卢礼阳《马叙伦年谱》,浙江古籍出版社2021年版;朱文通主编《李大钊年谱长编》,中国社会科学出版社2009年版)

高一涵1月赞成胡适意见,主张把《新青年》重新移回北京编辑(此前该刊已随陈独秀南下上海),并"稍改变内容,以后仍以趋重哲学、文学为是"。5月14日,高一涵在清华大学政治研究会讲演《共产主义之历史》。6月1日,高一涵在《新青年》第9卷第2号上发表《共产主义历史上的变迁》。20日,高一涵在《评论之评论》第1卷第3号上发表《关于资本主义和社会主义的争论之我见》,提出"我的结论是什么呢?就是历史的变化是可以人力修补或改变他的趋向;换句话说:就是不从资本主义的时代经过也可以达到社会主义的时代",强调"欧美从前的经济学只注重生产,所以造成贫穷的阶级;我们现在注重生产,同时就应当注重分配,千万不要把欧美的资本主义罪恶史重演一遍。以人力改变历史的趋向,不要问他能不能,只要看他的方法善不善。所以我认定我们改造资本主义没有发达的社会,只要研究改造的方法,不当武断或抄袭的下:'世界上并没有不经过此(资本)阶段而能达到社会主义'的断言。"8月5日,应四川东川道属教育研究会等学会邀请,与陶孟和抵重庆,同月10日开始讲演,主张四川应办大学。在川期间,并受全川自治联合会主席吴玉章邀请,希其参与起草四川省宪。8月19日,高一涵参加太平洋问题研究会成立会,被公推为研究员。9月1日,高一涵在《新青年》第9卷第5号发表《省宪法中的民权问题》。9月20日,高一涵搬往钟鼓寺7号与胡适毗邻而居。11月17日,《北京大学日刊》刊载"马克思学说研究会"

成立启事,高一涵曾参加研究会活动并讲演。20日,高一涵在北京政治研究会上的讲演《共产主义历史的变迁》刊于《华北新闻》副刊《微明》。12月25日,高一涵出席《晨光》杂志社成立会,与王统照担任编辑部正、副主任,随后任"晨光社丛书委员会"委员。是年,高一涵在《新青年》上发表《废止工钱制度》《共产主义历史上的变迁》《省宪法中的民权问题》;所译日本小林丑三郎著《经济思潮史》由新知书社出版。(参见高大同《高一涵先生年谱》,上海文化出版社2011年版;郭双林、高波编《中国近代思想家文库·李大钊卷》附录《高一涵年谱简编》,中国人民大学出版社2015年版)

梁漱溟继续在北京大学执教。夏,梁漱溟从北京来杭州首次拜访马一浮,向马氏求教。马氏以《先圣大训》和《盯坛直诠》两书相赠。暑假,应山东省教育厅再次邀请讲学,梁漱溟应聘到山东讲演《东西文化及其哲学》,为期40天,此次讲演由罗常培记录,在山东首次铅印出版,同年又由财政部印刷局刊行。梁漱溟称"《东西文化及其哲学》就是解决一个问题,对人类的文化、文明指出有三大体系"。是书首创运用比较法研究东西文化及其哲学,率先发现和阐述三大文明体系,在学界引起强烈震撼。

> 按:《东西文化及其哲学》内容计五章:第一章,绪论;第二、第三章,如何是东方化,如何是西方化(上、下);第四章,西洋、中国、印度三方哲学之比观;第五章,世界未来之文化与我们今日应持的态度。最后为"时论汇录",其中有陈独秀的《东西民族根本思想之差异》(《新青年》一卷四号);李大钊的《东西文明根本之异点》(一九一八年七月《言治》季刊);梁启超的《欧游心影录》(一九二〇年三月上海《时事新报》)、《与印度泰戈尔谈话》等十篇文章。全书约十二万九千字。《东西文化及其哲学》一书,是梁漱溟个人学术见解走向成熟之开始,是一部重要著作,蒋百里称"此亦迩来震古铄今之著作"。五十年代后,胡秋原认为该书"有独创的意义和可惊叹的深刻思想力"。熊十力先生讲:"在五四运动那个时期,在反对孔学,反对中国古老文化那么厉害的气氛中,梁先生提出未来世界文化是中国文化的复兴这话,是很有胆识的。"此书一九二一年印第一版,至一九二九年即印刷第八版,可见其为学术界人士所重视。

梁漱溟是年在伍庸伯先生的讲座上认识李济深,并结为好友。介绍熊十力先生到北大讲授佛家唯识学。因彭翼仲病故,又重视《京话日报》的历史,接办《京话日报》,但为时不久。先后在上海《中华新报》发表《对于罗素之不满》一文;在《民铎》杂志发表《唯识家与柏格森》一文。(参见刘定祥《梁漱溟著述年谱》,载《社会科学家》1989年第1期;李渊庭、阎秉华编著《梁漱溟先生年谱》,广西师范大学出版社2003年版;张雨晴《马一浮学术年谱整理(1911—1949)及其儒学践履活动研究》,贵州大学硕士学位论文,2019年)

顾颉刚任北京大学图书馆职,兼管国文系参考室。1月25日,顾颉刚撰《论伪史及〈辨伪丛刊〉书》。27日,钱玄同与顾颉刚通信,主张将辨"伪书"的范围扩大至辨"伪事",辨"伪事"比辨"伪书"尤为重要。自此以后,胡适、钱玄同、顾颉刚三位"疑古"运动的发起者将辨伪的目标集中到"伪史"。顾颉刚迅速制定了《伪史源》《伪史对鞫》《伪史例》三册笔记簿,并以《伪史考》总题之,着手收集材料,始有推翻古史的明了的意识和清楚的计划。29日,顾颉刚撰《论辨伪工作书》。2月初,因祖母骤病中风,返归苏州。3月1日,还京。4月2日,接胡适来信,谓"近作《红楼梦考证》,甚盼你为我一校读。如有遗漏的材料,请你为我笺出。"顾颉刚得以阅读此文,并为之到京师图书馆,从各种志书及清初诗文集寻觅曹家的故实,搜集到了许多材料,于是曹家的情形更清楚了。正在北京的俞平伯向来喜欢《红楼梦》,也受此感染,开始精心阅读《红楼梦》,又经常到顾颉刚寓所,探寻其搜访的材料。月底,胡适、俞平伯不断来信与顾颉刚讨论《红楼梦》,因相与应和,或彼此驳辩,前后历时半年多,成就了胡适的《红楼梦考证》改定稿和俞平伯的《红楼梦辨》。顾颉刚后将此次与胡、俞二人的往来信件各订成二册。6月9日，顾颉刚致函王伯祥《自述整理中国历史意见书》，提出"东周以上只好说无史。现在所谓很灿烂的古史，所谓很有荣誉的四千年的历史，自三皇以至夏商，整整齐齐的统系和年岁，精密的考来，都是伪书的结晶"。是秋，兼任北京大学预科国文讲师，授作文课，旋辞职。10月，任北大预科国文讲师，旋辞。11月，北大研究所国学门开办，任助教。阅罗振玉、王国维著述，得知他们以实物材料研究古史的成绩，眼界又得一广。记笔记《琼东杂记》第二册、《侍养录》四册、《景西杂记》五册。同月，顾颉刚致信钱玄同，认为"六经"皆孔子作品的观念已可推倒，并认为战国时不但随便编造"伪事"，也开始造"伪书"，《尧典》即是伪造，并希望"把古史分析开来，每一事列一表，每表分若干格，格上纪事以著书时代为次，看他如何渐渐地转变"，并主张依"现在的眼光"编排史目，例如置《虞夏书》于东周，置《易传》《竹书纪年》于战国秦汉间等。顾颉刚将初步排列的几个表比较看时，"便立刻显出冲突的剧烈和渐次增高的可惊了"，至此"层累地造成中国古史说"之思想酝酿成型。顾颉刚还计划编辑《辨伪丛刊》，标点《四部正讹》《诸子辨》等，辑录《诗辨妄》。常听钱玄同谈论经学问题，对今古文经学有了深入认识。助胡适搜集曹雪芹家世资料，与胡适、俞平伯讨论《红楼梦》。自是年起，始记《颉刚日程》，历六十年。（参见顾潮编著《顾颉刚年谱》，中国社会科学出版社1993年版；顾潮编《中国近代思想家文库·顾颉刚卷》附录《顾颉刚年谱简编》，中国人民大学出版社2015年版；袁英光、刘寅生《王国维年谱长编（1877—1927）》，天津人民出版社1996年版；王学典《20世纪史学编年（1900—1949）》，商务印书馆2014年版）

俞平伯年初受胡适之托，为其删定第四版本《尝试集》。又经郑振铎介绍，俞平伯加入文学研究会，并成为骨干成员。2月，由杭州回到北京。3月27日，胡适的《红楼梦考证》初稿完成，至11月12日改定。4月27日至7月间，俞平伯受胡适的《红楼梦考证》和顾颉刚研究《红楼梦》的意兴的感染，开始和顾颉刚通信讨论《红楼梦》，在"京事一切沉闷"的日子里，俞平伯以读论《红楼梦》的信为祛病的真药石，以剧谈《红楼梦》为消夏神方。不足四个月，信稿已订几大本。5月4日，俞平伯致顾颉刚信，讨论《红楼梦》，提出后四十回的回目定是高鹗补的，理由有三：一、和第一回自叙的话都不合；二、史湘云的丢开；三、不合作文时的程序。顾颉刚觉得他的理由很充足，于5月9日将他的信寄给了胡适，于是引起胡适的重视。7月上旬，俞平伯为研究《红楼梦》，到清史馆去查阅有关《红楼梦》的资料。

俞平伯7月12日由北京回到上海，看到了上海社会的堕落，将少年时代对上海所留的很可爱的印象完全打破了。中旬，由上海回到杭州。8月7日，致顾颉刚信，谈拟徐徐着手作《红楼梦》多种版本校勘的工作。他认为若不办到这一步，以后工夫都像筑室沙上，无有是处。8日，致顾颉刚信，谈"想办一研究《红楼梦》的月刊"，并拟出所刊的内容。9日，《石头记底风格与作者底态度》一文在杭州写讫，力图以这篇文章"祛除社会上对于《红楼梦》底谬见"。朱自清读了此文手稿后，认为论文"平实而精到；许多人极易忽略而极重要的地方，文章里都一一拈出以见原书底真价值。——正可医从前一班红学家太看高了原书，反损了原书底价值的毛病。"9月下旬，用铜元八枚在书摊上买得嘉庆乙丑年刊本《红楼复梦》一部。10月2日，用小洋三角在杭州城站书店买到《读〈红楼梦〉杂记》等六本书。10月28日，撰成《诗底进化的还原论》一文，刊于次年1月15日《诗》月刊创刊号上。此文受托尔斯泰《艺术论》的影响很深，发表以后，引起了反响。11月7日，所撰《与佩弦讨论"民众文学"》发表在本年11月12日《时事新报·文学旬刊》第19号，对朱自清的观点提出了异议。28日，由杭州起程，回北京探亲。12月1日，抵达京寓。31日，叶绍钧、朱自清、许宝驹为俞平伯赴

美国留学送行，并在杭州合影留念。（参见孙玉蓉编《俞平伯年谱》，天津人民出版社 2006 年版）

郑振铎 1 月 2 日致周作人信，通知后天开文学研究会成立会等事。4 日，在中央公园来今雨轩召开文学研究会成立大会，郑振铎、周作人、耿济之、孙伏园、瞿世英、许地山、蒋百里、朱希祖、王统照、易家钺、黄英、郭梦良、范用余、许光迪、白镛、江小鹣、苏宗武、李晋、宋介、王星汉、杨伟业等 21 人到会。推蒋百里为会议主席。首由郑振铎报告发起筹备经过；次讨论郑振铎起草的会章，逐条表决通过；继无记名投票选举职员，郑振铎被选为书记干事；选举毕摄影留念；继讨论该会活动方式，决定成立"读书会"，并推朱希祖、蒋百里、郑振铎、许地山四君为读书会简章起草员。郑振铎参加读书会的小说组、戏剧组、批评文学组等；又决定各会员把自己所藏之书开一目录交给郑振铎，汇齐后付印，以便互相借阅；还讨论了会报、丛书、讲演诸问题；决定以郑振铎的寓所为接洽一切会务之处。至此，继承《新青年》文学革命传统的我国最早最大的这一新文学社团宣告正式成立。

按：叶圣陶后来多次指出："其中郑振铎是最初的发起人，各方面联络接洽，他费心最多，成立会上，他当选为书记干事，以后一直由他经营会务。"（《略叙文学研究会》）孙伏园后来说，"那时郑振铎先生奔走文学研究会最热心"（《怀耿济之》）。郭绍虞后来也说，"文学研究会之成立以振铎为骨干"（《关于文学研究会的成立》）。

郑振铎年初与许地山、瞿世英等人在文学研究会内组织"太戈尔研究会"，为我国最早的专门研究一个文学家的学会。1 月 10 日，《小说月报》第 12 卷第 1 期出版，在沈雁冰主编下全盘革新，郑振铎负责为它在北京组稿和审稿，该期内容的十分之六七为郑振铎组织或自撰。因当时文学研究会尚未创办相应的刊物，《小说月报》实际成为文学研究会的代用会刊。同月，郑振铎主编的《俄国戏曲集》（共 10 种）开始由商务印书馆出版，前有郑振铎所作《叙》；瞿秋白开始在北京《晨报》、上海《时事新报》上发表旅俄通讯，郑振铎几乎不断的读着他的游记和通信，发生了无限的向往之情。2 月 10 日，郑振铎在《小说月报》第 12 卷第 2 期上发表翻译高尔基小说《木筏之上》，并在附记中介绍了高尔基的生平与文学活动。3 月 3 日，郑振铎致周作人信，谈及文学研究会已有 48 名会员，并同意今后发展会员须从严。10 日，郑振铎在《小说月报》第 12 卷第 3 期上发表长篇论文《译文学书的三个问题》。

按：此文论述三个问题：一、文学书能够译么？二、译文学书的方法如何？三、"重译"的问题。

郑振铎 3 月 21 日主持文学研究会假石达子庙欧美同学会大礼堂开临时会。首由郑振铎报告已与上海商务印书馆谈妥出版《文学研究会丛书》事，并通过契约；郑振铎继提出他要于月底出京，因此需另选代理书记干事，结果瞿世英当选。会后，小说组（郑振铎为组长）活动。同月，郑振铎应张元济聘请抵上海任职与商务印书馆。

按：郑振铎《欧行日记》5 月 21 日写道："北京乎，上海乎的问题，曾使我迟疑了一月二月。要不是菊农、济之他们硬替我作主张，上海是几乎去不成的。"（参见陈福康《郑振铎年谱》，三晋出版社 2008 年版）

朱希祖 1 月 4 日出席在中央公园来今雨轩召开文学研究会成立大会，入会编号为第一号，为文学研究会读书会诗歌组成员。26 日，出席北大评议会常会，讨论《职员待遇规划草案》等议案，并与蒋梦麟、陶孟和、李大钊、马裕藻一道被推举为修改北大从前各种章程委员。2 月 1 日，发布《史学系派遣学生学习史学地理学办法》。3 月 2 日，朱希祖出席北大评议会常会，讨论设立音乐系问题以及沈尹默续假两年以便在京都大学继续研究等问题。4 月，北京大学公布各系主任名单，朱希祖续任史学系主任。5 月 9 日晚，鲁迅来访。7 月 8 日，朱希祖作《中国古代文学上的社会心理》。8 月 10 日，朱希祖为何炳松译鲁滨逊《新史学》作序。9 月 23 日，《北京大学日刊》公布各系主任改选结果，朱希祖继续当为史学系主任。24日,作《与胡适论曹寅及〈全唐诗〉书》。10月2日,朱希祖与马裕藻访鲁迅、周作人,当时周作人因病,在香山碧云寺养病三月新回。3日,在北大研究所与顾颉刚发生矛盾。10日,朱希祖撰《邓析子考证序》。12日,朱希祖撰《北京大学史学系编辑中国史条例》。

按:《北京大学史学系编辑中国史条例》将中国史分为四期,"拟分编中国上古史、中古史、近古史、近世史四种,划分时代,以专责任"。

朱希祖10月18日出席评议会,讨论预科委员会组织大纲等问题,并任预科委员会委员。11月2日,北京大学举行1921—1922学年度评议会评议员选举,朱希祖未当选。同日,朱希祖与李大钊、叶瀚、顾颉刚等谈编书目事。11日,朱希祖任本年度北大图书委员会委员。25日,朱希祖访胡适,邀胡适所著《章实斋年谱》稿本,并借《栋亭诗抄》一部与胡适。12月30日,为何炳松《〈文史通义〉札记》作序,载1922年《史地丛刊》第1卷第3号。是年,朱希祖为北京大学接收历史博物馆残存内阁大库档案1502麻袋,于研究所国学门设明清档案整理会,拟定整理办法,领导史学系学生整理研究。(以上参见朱元曙、朱乐川《朱希祖先生年谱长编》,中华书局2013年版)

何炳松2月应朱希祖之请,开始着手翻译美国鲁滨逊的名作《新史学》,至8月完成初稿。何炳松因此译作为《新史学》全本的最早中译者而声名鹊起。然何炳松在《新史学》的《译者导言》中如此概括"新史学"的要义:"研究历史的人,应该知道人类是很古的,人类是进步的。历史的目的在于明白现在的状况,改良现在的社会。当以将来为球门,不当以过去为标准。'古今一辙'的观念同'盲从古人'的习惯统应该打破的,因为古今的状况,断不是相同的。"其以"进化论"对"新史学"片面解读正与胡适提倡的实验主义方法异曲同工。(参见陈峰《错位的"新史学":何炳松学术路向辨析》,《文史哲》2020年第4期)

周作人1月4日出席在北京中央公园来今雨轩举行的文学研究会成立大会。2月10日,周作人在《小说月报》第12卷第2号发表《翻译文学书的讨论——致沈雁冰》。14日,胡适致信周作人,说燕京大学校长司徒雷登等"决议要大大的整顿他们的'中国文'一门。他们要请一位懂得外国文学的中国学者去做国文门的主任,给他全权做改革的计划与实行。"朱我农和我都以为周作人是最适当的人。3月2日,胡适致信周作人,说他正发起办《读书杂志》,请周帮助并代向鲁迅致意,请他加入。20日,周作人作《日本的诗歌》,载5月10日《小说月报》第12卷第5号,文中介绍了日本诸种形式的诗歌,长歌:旋头歌、片歌、连歌;短诗:俳句、川柳、俗曲等等,以及它们的兴盛、发展。29日,周作人因病势恶化,移住山本医院,至5月31日出院。5日,周作人发表所录绍兴歌谣《群玉班》,载《晨报·副刊》。10日,周作人作《批评的问题》,载5月14日《晨报·副刊》,提出"批评家的确也是清道夫""将路上的烂泥马粪,一铲一铲的掘去"。15日,周作人在《少年中国》第2卷第11号发表《宗教问题》,阐述了宗教与文学的关系。同月,周作人在《小说月报》第12卷增刊(俄国文学研究特刊)发表《俄国的战争文学》。6月5日,周作人作《山中杂信(一)·致孙伏园》,载6月7日《晨报·副刊》。

按:周作人在信中坦露了当时他自己思想深处的矛盾:"我近来的思想动摇与混乱,可谓以至其极了,托尔斯太的无我爱与尼采的超人,共产主义与善种学,耶佛孔老的教训与科学的例证,我都一样的喜欢尊重,却又不能调和统一起来,造成一条可以行的大路。我只将这各种思想,凌乱的堆在头里,真是乡间的杂货一料店了。"

周作人6月8日在《晨报·副刊》及6月16日《时事新报·学灯》发表《美文》,文中号召"治新文学的人",用"现代的国语"写出"美文"——艺术性的散文,以"给新文学开辟出一块新的土地来""美文"这一概念,在日本明治20年代(19世纪后期)开始流行,周作人首次将其引入中国。9日,周作人当时有感于新诗坛的沉寂,在《晨报·副刊》发表《新诗》,谓"新诗提倡已经五六年了,论理至少应该有一个会,或有一种杂志,专门研究这个问题的了"。《晨报》在该文后面的编者按语中也提出:"诗社及杂志的进行,还是老诗人们赶紧出来提倡和赞助才好。"

按:周作人的这篇文章很快产生了反响,新诗人俞平伯就在《新诗》发表的当天写了《秋蝉底辩解》,以一公的笔名,发表在1921年6月12日《晨报》上。文章也中肯地分析了新诗坛消沉的原因,并说明这种停顿,"暗暗地正预备后来的猛进呢"。因为诗人们想到了要把诗作得"稍有意思才发表""这样于社会少给些恶影响"。1922年1月,由俞平伯、朱自清、叶圣陶、刘延陵等创办的新文学史上的第一个新诗杂志《诗》月刊便在上海创刊了。

周作人6月10日在《小说月报》第12卷第6号上发表《文学研究会读书会各组名单》,将周作人列入小说组与诗歌组。同日,周作人《晨报·副刊》发表《碰伤》,就6月3日国立八校教职员向政府索薪在新华门前遭军警殴击,发生"六三惨案"表示声援,讽刺和抨击了军阀政府殴伤教职员和学生的罪行,并指出中国请愿应"此停止"。

按:周作人著《呐喊衍义》之七六《索薪》回忆:"本文中说:'凄风冷雨这一天,教员们因为向政府去索欠薪,在新华门前烂泥里被国军打得头破血流。'这是一个有名的事件,出在民国十年六月三日,地点是大总统府的中南海前门,只可惜那东西马路上的铁门现在没有了。代表受伤的有马夷初和沈士远,钱玄同曾到首善医院去慰问,看见他们头包白布躺在那里,所以是的确的,别的人大概也有,但已记不清了,其未受伤的代表中只知道有一位黄君,喜说大话,同人们便称他诨名为'中交票'。其时大总统是徐世昌,他于次日下命令切责教员,说他们自己在新华门外是自己碰伤的,虽然后来到底在形式上由警察道歉了事,但那番说话是尽够可恶的了。我正在西山养病,写了一篇小文题云《碰伤》,在六月十日的《晨报》上发表,说起来是三十年以前的事情了。"(周作人《关于鲁迅》,新疆人民出版社1997年版,第267—268页)

周作人12日接钱玄同信。8日,邓中夏、刘仁静来访。24日,周作人在《晨报·副刊》及《民国日报·觉悟》发表《山中杂信(二)·致孙伏园》,再一次表述了他内心的矛盾。

按:周作人在信中说:"心底里有一种矛盾,一面承认苍蝇是与我同具生命的众生之一,但一面又总当他是脚上带着许多有害的细菌,在头上面上爬得痒痒的,一种可恶的小虫,心想除灭他。这个情与知的冲突,实在是无法调和,因为我笃信'赛老先生'的话,但也不想拿了他的解剖刀去破坏诗人的美的世界,所以在这一点上,大约只好甘心且做蝙蝠派罢了。"

周作人7月21日作《欧洲古代文学上的妇女观》,载10月《妇女杂志》第7卷第10号。26日,周作人在《晨报·副刊》发表《新文学的非难》,对《改造》第3卷第10号上一位法国留学生对新文学者的非难,表示异议。9月1日,周作人在《小说月报》第12卷第9期发表《语体文欧化讨论——致沈雁冰》,信中认为国语欧化问题"应容许个人自由的发展",这一讨论,"只是各表意见,不能多数取决"。29日,周作人在《晨报·副刊》发表《新希腊与中国》,赞扬了希腊人"热烈的求生的欲望"的特性。10月7日,周作人在《民国日报·觉悟》发表《关于〈悲惨世界〉来历的两封信——致钱玄同》。8日,周作人赴新潮社之会。11日,周作人作《三个文学家的纪念》,载11月14日《晨报副镌》。

按:1921年值法国弗罗倍尔、俄国陀思妥也夫斯奇、法国波特莱耳诞辰一百周年,本文即为纪念这三个文学家而写。文中略述了这三个作家的主要精神,指出:"在现在中国萧条的新文学界上,这三个人所代表的各派思想,实在是一服极有力的兴奋剂,所以值得纪念而且提倡。"

周作人11月推荐俄国学者马耶所夫到北京大学讲授《欧洲哲学史》,经过蔡元培同意后,提交聘任委员会讨论,未获同意。同月 30 日,周作人接郁达夫来函,附寄《沉沦》一本。12 月 10 日,周作人复函。17 日,周作人赴新潮社会。22 日,周作人作《现代小说译丛第一集·序言》,收《现代小说译丛》第一集。是年,《域外小说集》第 1 集、第 2 集增订改版合为一册,由上海群益书社出版。

按:《现代小说译丛第一集·序言》曰:"我们生活的传奇时代——青年期——很受了本国的革命思想的冲激;我们现在虽然几乎忘却了《民报》上的文章,但那种同情于'被侮辱与损害'的人与民族的心情,却已经沁进精神里去;我们当时希望波兰及东欧诸小国的复兴,实在不下于章先生的期望印度,直到现在,这种影响大约还很深,终于使我们有了一国传奇的异域趣味,因此历来所译的便大半是偏僻的国度的作品。"(参见张菊香、张铁荣主编《周作人年谱》,南开大学出版社 1985 年版;卢礼阳《马叙伦年谱》,浙江古籍出版社 2021 年版)

鲁迅 1 月 3 日接胡适信,随即复函,不赞同胡适信中所言要《新青年》改变内容,不谈政治的意见,说"发表新宣言说明不谈政治,我却以为不必,这固然小半在'不愿示人以弱',其实则凡《新青年》同人所作的作品,无论如何宣言,官场总是头痛,不会优容的"。12 日,鲁迅首次到北京高等师范学校讲课,兼任该校讲师,讲授中国小说史。25 日,鲁迅又得 1 月 22 日胡适给李大钊、鲁迅等 8 人传阅之信,提出"今《新青年》差不多成了 Soviet Russia(《苏俄》)的汉译本,故我想另创一个专关学术艺文的杂志",鲁迅阅后认为"《新青年》的趋势是倾于分裂的,不容易勉强调和统一""所以索性任它分裂"。同月,鲁迅作小说《故乡》,塑造了闰土这一典型形象。载于 5 月 1 日《新青年》第 9 卷第 1 号。2 月 15 日,陈独秀又致函鲁迅和周作人,谓"《新青年》风浪想必先生已知道了,此时除移粤出版,无他法。北京同人料无人肯做文章,唯有求助于你们两位"。9 月 4 日,鲁迅译完捷克凯拉绥克的《近代捷克文学概观》,次日作《译后记》,9 日,鲁迅译完德国凯尔沛来斯的论文《小俄罗斯文学略说》并作《译后附记》,均载 10 月 10 日《小说月报》第 12 卷第 10 号"被损害民族的文学号"。为《小俄罗斯文学略说》所撰《译后附记》称赞乌克兰作家德拉戈玛罗夫、弗兰柯、斯杰法尼克、科贝梁斯卡娅、卡布连斯卡娅等是近代"铮铮的作家"。12 日,《晨报》第 7 版独立印行,改出四开单张,鲁迅取名为《晨报副刊》。

按:据编者孙伏园说:"原来'附刊'这名字是鲁迅先生取的。他认为《晨报》登载学术文艺的第七版既然独立地另出一页四开小张,随同《晨报》附送,那么就叫《晨报副刊》吧!'附刊'也就是另外一张的意思。《晨报》总编辑蒲伯英的字写得不错,他亲自写了一个汉砖字体的版头,把'附刊'写成了'副镌'。为了尊重鲁迅先生的原意,所以报眉仍用'晨报附刊'几个字。"《晨报副刊》独立发行后,鲁迅在该刊发表《阿Q正传》等作品五十余篇。一九二五年十月以后,《晨报副刊》为新月派所把持,至一九二八年六月停刊。

鲁迅 10 月 23 日在《晨报副刊》"开心话"栏发表《智识即罪恶》,系针对当时提倡虚无主义哲学的朱谦之而发。12 月 4 日起,鲁迅所作中篇小说《阿Q正传》以巴人笔名在北京《晨报副刊》上分章发表,至 1922 年 2 月 12 日毕。小说塑造了阿Q"精神胜利法"的典型性格,具有重大的现实意义和深刻的历史意义,发表后引起了强烈的反响。16 日,鲁迅与教育部 15 名科长、主任因薪金拖欠半载联呈府院。21 日,教育部开全体职员大会,决定一面通电全国,申明北京政府摧残教育之罪;一面上呈府、院,全体辞职并索还欠薪。19 日,鲁迅作《〈一个青年的梦〉后记》,叙述自 1919 年 8 月 2 日以来翻译、印行该剧的周折。(参见鲁迅博物馆、鲁迅研究室编《鲁迅年谱》,人民文学出版社 1981 年版)

沈尹默 3 月 2 日获北京大学评议会会议讨论同意续假两年,继续在日本京都大学进修的请求。6 月 24 日,吴虞从钱玄同处得知,北大聘其任教,沈尹默起主要作用。26 日,吴虞来访,借走诗词各一册。同日,沈尹默赴中央公园长美轩马裕藻宴席,同座有吴虞、钱玄同、单不厂、马衡、郑奠(介石)。7 月 8 日,沈尹默马裕藻同访吴虞,吴虞归还诗词各一册。11 日,吴虞诗赠寄沈尹默。22 日,沈尹默、吴虞、马裕藻晤谈,后同至青年会食堂午餐。31 日,沈尹默与沈士远、沈兼士、钱秣陵访周作人。8 月 1 日,与沈士远在甘露旅馆宴请周作人。22 日,沈尹默在中央公公园宴请鲁迅、沈士远、钱玄同、马裕藻、沈兼士和张凤举,并介绍张凤举与鲁迅相识。25 日,鲁迅致周作人信,谈及沈尹默介绍认识的张凤举。26 日,沈尹默与沈士远、张凤举访周作人,同往甘露饭店午餐。29 日,鲁迅寄沈尹默《新村》七册。

沈尹默 9 月 1 日赴宴宾楼马裕藻晚宴,同席有鲁迅、张凤举、萧友梅、钱玄同、沈士远、沈兼士等。13 日,吴虞托马裕藻来约于中秋节前一天赴广和居宴席。17 日,沈尹默赴广和居吴虞宴席,同座有马裕藻、沈士远、沈兼士、钱玄同。18 日下午 3 时,沈尹默与沈士远、钱玄同一起到中央公园,晤胡适。同日,沈尹默、沈士远同访蔡元培。28 日,沈尹默赴骡马市通商号沈兼士招待夜饭,同座有马裕藻、沈士远、郑奠、顾颉刚、朱希祖等。29 日,吴虞接朱希祖、沈士远、马裕藻约,次日参加聚会。30 日,沈尹默访蔡元培。同日,沈尹默赴南河沿射阳春马裕藻、朱希祖、沈士远晚宴,同席有吴虞、朱希祖、马裕藻、沈士远、钱玄同、沈兼士、马衡、经亨颐等。10 月 1 日,沈尹默与方梦超同访蔡元培。2 日,沈尹默赴京汉车站食堂钱玄同宴会,同席有沈士远、沈兼士、马裕藻、马衡、马季明、单不庵。下午召来钱玄同等到家中商议北大研究所国学门事。3 日,与叶恭绰、陈垣、方梦超、沈士远、沈兼士访蔡元培,商谈教育基金公债事。6 日,沈尹默与沈士远访蔡元培。8 日,蔡元培来访。10 日,钱玄同来访是年,沈尹默在日本京都张凤举寓所结识郭沫若。(参见郦千明《沈尹默年谱》,上海书画出版社 2018 年版;张菊香、张铁荣主编《周作人年谱》,南开大学出版社 1985 年版;朱元曙、朱乐川《朱希祖先生年谱长编》,中华书局 2013 年版)

沈兼士为新知书社募股经收人之一。1 月 12 日,《北京大学日刊》刊登《新知书社招股广告》。13、14 日,沈兼士为广东岭南大学聘请一国文、历史教授,连续发布启事。3 月 3 日,《北京大学日刊》刊登成舍我(成平)拟定的《新知书社计划书》,内附该书社已入股人员清单,其中沈兼士股款 50 元。4 月 1 日,在《新青年》第 8 卷第 6 号发表新诗《小孩和小鸽——八年秋天在香山旅馆》。6 月 3 日,赴新华门向北洋政府请愿。当请愿队伍走到新华门时,遭到总统府卫队的毒打,酿成"六三惨案",亦称"六三事件"。沈兼士被军警毒打致伤。6 月 4 日,在首善医院养伤,接受全国报界联合会代表采访,介绍受伤情形。9 月 13 日,北京大学考试委员会发布启事,推定沈兼士等为本年第二次新生入学考试出题人。22 日,作致北京大学入学考试委员会函,提出汇印分送北大历届各科入学试卷,把入学考试国文卷存入国文系参考室两条建议。27、28 日,在《北京大学日刊》发表《中学国文之选授方法》一文,后被《共进》1921 年第 4 号、5 号转载。此文针对当时中学国文(指古体文)教学中存在的问题,从选文的范围及方法和国文教授的方法两方面,详细论述应如何加以改进和实施。30 日,北京大学发布校长启事,决定组织预科委员会,并请沈兼士等担任该委员会委员。10 月 13 日,北京大学公布《中国文学系课程指导书》,沈兼士的科目为"文字学概要"和"文字学形义",时间分别为 4 课时和 3 课时。18 日,北京大学召开评议会会议,讨论通过沈兼士等为预科委员会委员。11 月 7 日,北京大学校长蔡元培作致沈兼士函,邀请其担任北大研究所国学门主任。11 日,北京大学公布各行政委员会委员名单,沈兼士为聘任委员会、出版委员会委员。12 月 24 日,与胡适、谭仲逵等陪同美国教育家孟禄博士到北京大学第三院大礼堂,由孟博士讲演"大学之职务"问题。(参见郦千明、汪素梅《沈兼士年谱简编》,《湖州师范学院学报》2021 年第 3 期)

马衡年初受北京大学委托,再次来书邀王国维出任北大文科教授。2 月 6 日,王国维复函婉拒。函中又言"顷有一事足为兄陈者,华阳王君叔漪(闻诸秦中旧人)言及克钟、克鼎出土之地,乃在宝鸡县相对之渭河南岸。又其南即古大散关,而克鼎与散盘地理大有关系,可知散氏盘出土之处亦去彼不远;又可知散氏之散即后世之大散关矣。《水经注·渭水篇》:大散关之南有周道谷。而散氏盘亦有周道一地,从此克、散二器可著手研究,此殆兄所极乐闻者也"。王国维同时复函马衡兄马裕藻言无法就任北大的缘由。4 月,北京大学公布各系主任名单,马裕藻新任中国文学系主任。同月 26 日,马裕藻出席北大评议会常会,并与蒋梦麟、陶孟和、李大钊等一道被推举为修改北大从前各种章程委员。6 月 24 日,马衡赴中央公园长美轩马裕藻宴席,同座有沈尹默、吴虞、钱玄同、单不厂、郑奠(介石)。9 月 1 日晚,马裕藻于宴宾楼设宴,沈尹默、鲁迅、张凤举、萧友梅、钱玄同、沈士远、沈兼士等赴席。19 日午后,马衡来访蔡元培。27 日,蔡元培访沈士远、沈尹默、沈兼士、马裕藻、马鉴、马衡,于马衡处见汉陶器,有小麦万石、大豆万石、粟巨万石、白米万石等朱文八分书。29 日晚,马衡设宴招待沈尹默、钱玄同。30 日,马衡赴南河沿射阳春马裕藻、朱希祖、沈士远晚宴,同席有沈尹默、吴虞、朱希祖、马裕藻、沈士远、钱玄同、沈兼士、经亨颐等。11 月 2 日,北京大学举行1921—1922 学年度评议会评议员选举,马裕藻当选。9 日,王国维致函马衡,告以所撰《切韵》一书的内容。12 月 8 日,致函马衡,商《切韵》出版事。

按:王国维致马衡函曰:信说:"《切韵》事,前与商务印书馆商印,竟无成议,刻向中华局人商印书之价,此书共六十纸,据云印五百部不及二百元。因思大学人数既众,欲先睹此书者必多,兄能于大学集有印资,则当以四百部奉寄,余一百部则罗君与弟留以赠人(因思阅此书者颇多,如欲印,则二十日中可以告成。)如公以此举为然,当令估印价,奉闻。若印千部,则所增者仅纸费而已,请示。能于月内付印,则年内尚可出书也。"(参见郦千明《沈尹默年谱》,上海书画出版社 2018 年版;朱元曙、朱乐川《朱希祖先生年谱长编》,中华书局 2013 年版;高平叔编著《蔡元培年谱长编》,人民教育出版社 1996 年版;袁英光、刘寅生《王国维年谱长编(1877—1927)》,天津人民出版社 1996 年版)

刘文典 6 月 15 日完成《淮南鸿烈集解》,并撰自序:"予少好校书,长而弥笃,讲诵多暇,有怀综缉,聊以锥指,增演前修。采拓清代先儒注语,构会甄实,取其要指,豫是有益,并皆钞内。其有穿凿形声,竞逐新异,乱真越理,以是为非,随文纠正,用祛疑惑。若乃务出游辞,苟为泛说,徒滋秽滥,只增烦冗,今之所集,又以忽诸。管窥所及,时见微意,物有发明,亦附其末。虽往滞前疑未尽通解,而正讹苦佚,必有凭依,一循途轨,未详则阙。名为《集解》,合二十一卷,庶世之君子或裨观览焉。"9 月 21 日,致函胡适,"为告编讫《淮南鸿烈集解》事,并述七项优点,请指正",并"另询可由商务印书馆代为出版否"。此函未见于耿云志主编《胡适遗稿及秘藏书信》。24 日,刘文典携新著《淮南鸿烈集解》书稿访胡适,赢得赞誉。同日,胡适向商务印书馆张元济介绍此书。10 月 9 日,刘文典委托胡适将《淮南鸿烈集解》稿送北大校长蔡元培一阅。16 日,致函胡适,恳请他向商务印书馆代为申请预支稿费。22 日,致函胡适,再谈《淮南子》垫款事,并抱怨北大"对于有益文化的事,却是吝啬到万分"。24 日,为译著《生命之不可思议》作序。《生命之不可思议》是德国哲学家海克尔的名著,刘文典曾以《生命论》为题,译过部分章节,刊登在《新中国》杂志上。此书结集后更为此名,由商务印书馆出版,收入蒋百里主编的"共学社丛书"之"哲学丛书"。11 月 24 日,因生计艰难,刘文典致函胡适,萌生辞职之意,"务请你替典想想法子"。12 月 12 日,商务印书馆出版部部长高梦旦致函胡适,商谈先生《淮南鸿烈集解》稿酬事宜。（参见章玉政编著《刘文典年谱》,安徽大学出版社 2011 年版）

刘贞晦时任北京大学教授。12 月,与沈雁冰合著的《中国文学变迁史》列为"新文学丛书之一",由上海新文化书社出版,新文学研究会发行。版权页署"闻野鹤校","鲁承庄、抱恨生"校订。此书由两部分组成,正文著者为"北京大学教授刘贞晦",这一部分为《中国文学变迁史略》,共十一编,上始唐虞,下迄民国,分篇叙述;附录部分《近代文学体系的研究》著者为沈雁冰,分两章。书中"民国成立以来的文学"涉及白话文运动尤其是新旧文学之争,也可能是最早书写新文学的史著,比胡适《五十年来中国之文学》要早近两年。在清代文学之后讲述新文学,必须面对旧文学如何向新文学转变。刘贞晦特别强调清末废除科举、西学东渐在其中起到的"思想解放"作用,又从清末思想变迁与学理维度阐释新文学的出现。作者明确把民国以后的新文学纳入了整个中国文学史的框架,指出新文学"是中国文学变迁史上一种进步的现象",对于新文学的成绩以及小说、新诗、戏曲和话剧（文明新戏）等新的文学形式都给出了肯定的评价,而且对这些新形式的发展持有比较清醒的认识。可见已充分吸取了新文学运动的重要成果,且与 20 世纪 20 年代初期新旧文学两大阵营用偏激的言辞互相攻讦不同。沈雁冰的《近代文学体系的研究》,其实是世界近代文学概论。作者指出,近代文学因为关注、反映平民及其生活而重要。书中以烂漫主义和写实主义界定近代文学,这在当时也算得上是不俗的见识。（参见付祥喜《20 世纪前期中国文学史写作编年研究》,北京师范大学出版社 2013 年版）

吴虞 2 月 14 日接堂弟吴君毅寄来北大聘书。4 月 6 日上午 8 时,吴虞坐船由江楼出发,离川赴京。5 月 7 日早 6 点 23 分,到北京前门。8 日,马裕藻来访,言下学期吴虞可担任诸子文及诗之一部。23 日,吴虞访胡适,以《文录》一册交适之,请其一看,以便作序,适之言须加标点。31 日,杨四穆来,约入四川旬刊社。6 月 17 日,胡适为《吴虞文录》作序,谓吴虞为"中国思想界之清道夫"。30 日,吴虞作《辨胡适之〈解老〉〈喻老〉说》。7 月 9 日,钱玄同将《吴虞文录》标点后交与吴虞,吴虞即双挂号寄与亚东图书馆汪原放。8 月 9 日,吴虞开始编写《荀子文讲录》。9 月 15 日,胡适之为《吴虞文录》写封面。10 月 5 日,北京高等师范学校校长李建勋函请吴虞任兼职教员,担任国文部四年级国文。11 日 9 时,吴虞至第三院大礼堂,演讲《新文化再进一步之希望》,此为吴虞来北大后第一次登台讲演。14 日 9 时,吴虞雇车过高师,10 时至 12 时在第一教室四年级讲《李斯上书》,此为吴虞来京后所讲之第一课。18 日,吴虞开始在北大正式授课。27 日,吴虞寄日本青木迷阳《秋水集》。29 日,吴虞收到汪原放来信,言《吴虞文录》已出版,并由邮局挂号寄来三百册。31 日,吴虞寄青木迷阳《吴虞文录》十册。12 月 7 日,吴虞作《墨子的劳农主义》。16 日,青木迷阳寄来《支那学》第 2 卷第 1 号一册。（参见朱玉、孙文周《吴虞年谱简编》,《吴虞诗词研究与整理》附录一,河南文艺出版社 2016 年版）

马寅初告假一年后返北大,但仍往返于京沪之间。1 月,在上海浙江兴业银行发表演讲《吾国币制之整理》。2 月,在上海吴淞公学发表演讲《上海交易所前途的推测》。3 月,在吴淞中国公学发表演讲《经济学中之重要哲理》。4 月 1 日、8 日、10 日,在上海纱布交易所发表演讲《银行及交易所与社会之关系》《批评普通人对于银行与钱庄之心理》《吾国商界与银行界须注意于商业票据》。5 月 7 日,偕马幼渔、蒋梦麟于中央公园来今雨轩饮茶,遇吴虞等共谈北大校务。同月,在上海纱布交易所发表演讲《通货派与银行派之学说》;在上海暨南学校商科发表演讲《中外汇兑之缺点》。6月,在吴淞中国公学发表演讲《货币之起源》,在上海浙江兴业银行与暨南学校商科发表演讲《信托公司》。7月14日,筹划上海商科大学。东南大学商科拟联合暨南学校成立上海商科大学,于上海尚贤堂设筹备处,邀马寅初、黄任之、朱进之、柯篴心、刘树梅、高践四、张子高、周启邦、王祉祎诸君商订章程。24日,于沪上偕胡适、王云五、宋春舫、张云雷、高梦旦、江伯训等聚餐,商谈编著教科书诸事宜。31日上午,于上海商务印书馆附设国语演习所演讲《中国的经济问题——评"资本万恶,劳动神圣"说》。同月,在上海浙江兴业银行发表演讲《吾国信托公司前途之推测》,在上海中国银行学社发表演讲《中国公债问题》。8月20日,北京大学招考新生,借上海第二师范学校地点考试,胡适之、马寅初任主考。同月21日,在上海商务印书馆暑期国语讲习所发表演讲《中国的经济问题》。9月28日,就任上海商科大学教务长,参与主持上海商科大学开学典礼。同月,为上海商科大学授开讲"经济学"课程。11月5日,在北京《法政学报》第2卷第12期发表《美国新旧银行制度之研究》。10日,出任北京大学组织委员会委员长、预算委员会委员。16日,在北京大学演讲《国钞挤兑不合乎经济原则》。20日,在北京大学和北京政法专门学校发表演讲《世界最大之国家银行如何维持》。29日,在北京中国大学发表演讲《太平洋会议与吾国关税问题》。12月5日,在北京清华学校发表演讲《今日洋银行之势力》。27日,在北京大学经济学会发表演讲《上海一百四十个交易所》。12月5日,在北京清华学校演讲《今日洋商银行之势力》。同月,在北京平民大学商学研究会发表演讲《好政府与好商人》,在北京税务专门学校发表演讲《吾国关税与币制的关系》。是年,马寅初任浙江兴业银行顾问。(参见彭华《马寅初年谱简编》,《淮阴师范学院学报》2005年第1期;徐斌、马大成编著《马寅初年谱长编》,商务印书馆2012年版)

辜鸿铭5月以英文作《宪法与中国》一文。6月,在美国《纽约时报》上转发《未开化的美国》一文。8月,孙德谦主编的《亚洲学术杂志》创刊,第一、二期刊登了《宪法与中国》一文和《春秋大义》的序言。是年,辜鸿铭所著《中国反对欧洲观念的辩护:批判论文集》在德国重印;英国大文豪毛姆专程拜访。(参见黄兴涛编《中国近代思想家文库·辜鸿铭卷》附录《辜鸿铭年谱简编》,中国人民大学出版社2015年版)

邵飘萍经过精心设计安排,以1921年元旦《京报》特刊刊登祸国殃民的军阀的照片,且每张照片都标以触目惊心的标题,如:"奉民公敌张作霖""直民公敌李景林""鲁民公敌张宗昌"等等,使受者切齿,读者快意。特刊一出版,即被抢购一空。7月中国共产党成立之后,《京报》与李大钊等有紧密联系,已负有在北方宣传革命的神圣职责。是年,邵飘萍应聘担任北京大学新闻学教授。(参见郭佐唐《邵飘萍年谱》,《浙江师范大学学报》1986年第4期)

王世杰1月14日被北京大学代理校长蒋梦麟聘为教授,主要讲授行政法与比较宪法。4月25日,在《东方杂志》第18卷第8号发表《议院制与社会主义》。7月25日,在《东方杂志》第18卷第14号发表《德谟克拉西与代议制》。8月16日,与蔡元培、蒋梦麟等人发起成立国立八校太平洋会议研究会,并担任组织大纲起草委员。10月27日,被北京大学校长蔡元培续聘为教授。11月25日,在《东方杂志》第18卷第22号发表《华盛顿会议与国际裁兵》。是年,与丁西林、周鲠生等6人联名提出"联区自治论",主张把全中国分为若干个大区,每一大区管辖几个省,实行联区自治。所著《女子参政之研究》在北京大学新知书社出版。(参见薛毅《王世杰传》及附录《王世杰生平大事年表》,武汉大学出版社2010年版)

李四光5月19日参加由李大钊等人领导的北京国立专门以上八校教职员联合组织的

索薪团,属李大钊、马寅初、何杰等74人的第一组,首先向反动的军阀政府教育部进行索薪斗争。接着第二组、第三组、第四组依次出发,轮换进行。6月3日,第一组索薪团(李四光所在的这组索薪团)到新华门总统府请愿,遭到荷枪持刀的军警阻拦殴打,造成"六·三"惨案。7月,李四光除了地质学的专门研究外,还和丁文江、翁文灏、安特生、德日进(法国科学家、传教士)等一起发掘、整理新石器时代的资料,使中国成为新石器时代的一个研究中心。8月30日,索薪斗争没有取得什么结果,"六·三"李大钊还遭到军警的殴打,头部受伤。李四光对军阀政府的无理行为十分愤慨,因此同王世杰、丁燮林一道辞北京大学教授职。并联名在《北京大学日刊》上发表启事。9月11日,晚上胡适来访,劝李四光和丁巽甫(即丁燮林)、王世杰不要辞职。18日,李四光和丁巽甫、王世杰去到胡适处谈当时时局等。中旬,经刚筹薪回国返校的北京大学校长蔡元培解说,撤回辞呈。25日,李四光接受蔡元培校长聘请兼任北京大学预科委员会委员。9—10月,应北京美术学校之邀请,作《地球的年龄》学术讲座,共十五次,全文载《北京大学月刊》。

李四光与丁燮林、王世杰、胡适等五教授10月8日至函北京大学教务长,提出"我等以为编定课程之详细纲要,意在厘定本校各项科目教授及试验标准,确是本校切要之图。欲达到此项目的,自不能仅以指定教科书为代替,因不论何种教科书,其内容的范围,次序及程度,总难与本校各项科目的内容恰恰一致。就令一致,亦宜将该教科书内容写出,俾本校各项科目有具体的纲目作标准"。在信中还提出"各项科目,经由教授编定后,应分由各系教授会审定,此项审定的主要目的,在免除本系各项课程有互相掩应之弊"。11月2日,李四光在《北京大学月刊》上发表《读书与读自然书》一文。该文前部分是针对提倡"读死书"的异议,后部分则议论了学科割据的传统教育,即单学科占统治地位的教育,培养出来的是单学科或有狭隘专长和技能的人才。11日,兼任北京大学本年度聘任委员会委员。同月,在英国《地质学杂志》(Geolgical Magazine)发表《中国地质概要》等文。(参见马胜云、马兰编著《李四光年谱》,地质出版社1999年版)

任鸿隽1月参与接待英国哲学家罗素来华讲学的工作,并翻译其讲稿《物之分析》。约6月,参与由胡适、丁文江等发动组织"努力会"(后称"努力社"),谋求中国的政治的改善和社会进步。后为筹办刊物,按丁文江建议,所有会员连续三个月交出每月工资的5%作为创刊资金。9月1—3日,主持在北京清华大学举行的科学社第六次年会。是年,任鸿隽、胡明复、赵元任、孙洪芬、杨孝述、胡刚复、杨铨、金邦正、王琎、张准、王伯秋当选为中国科学社理事。(参见赵慧芝《任鸿隽年谱》,《中国科技史杂志》1989年第3期;樊洪业、潘涛、王勇忠编《中国近代思想家文库·任鸿隽卷》附录《任鸿隽年谱简编》,中国人民大学出版社2015年版)

徐旭生作为河南留学欧美预备学校赴京请愿代表,受到河南当局的阻挠遂留居北京,受聘担任北京大学哲学系教授。

张竞生仍任金山中学代理校长。在任期间,进行教学改革,并为金山中学争回了校产,为金山中学保留了办学的经济基础。夏。任职务九个月后被迫而辞职。10月,受北京大学校长蔡元培之聘,任北京大学哲学教授,曾专门开设性心理和爱情问题讲座。

李泰棻至武昌,任湖北国立高等师范学校文史地部主任,完成该校学制改革后,仍回北京大学。

邓中夏1月11日赴长辛店主持"劳动补习学校"开学仪式,并代表中国共产党北京支部主持该校教务。15日下午四时,赴北京大学三院礼堂,出席北京大学社会主义研究会举行的"名人演讲大会",英国学者罗素在会上发表演说。16 日出席"少年中国学会"北京总部常会,欢迎南京会员赵叔愚来京及萧子升、张范卿归国。21 日,"北京大学马克思学说研究会"针对罗素关于"社会主义不能在现在的中国实现"谬论,在校内召开"社会主义是否适合中国"的大讨论,在北京各大高校引起轰动,不少师生参与讨论。讨论直至 23 日结束。李大钊被邀请为大会裁判员。他在争论即将结束时指出:由资本主义社会进化到社会主义社会,正如由封建社会转变为资本主义社会一样,是不以人们意志为转移的,犹如"雏鸡在孵卵以前,尚在蛋壳以内,到孵化成熟后,雏鸡必破卵而出,这是必然的道理",同时又指出,"这并不意味着工人阶级不经过斗争就会有社会主义的到来"。26 日,邀请梁漱溟在少年中国学会宗教问题讲演会演讲。27 日,"少年中国学会"北京总部举行临时会议,讨论《少年中国》月刊社迁址上海、推举陈仲瑜为执行部代理主任等事项。邓中夏因临时有事请假赴西山,缺席此会。同月,中国共产党北京小组在北京大学图书馆召开多次会议,并与由广州到北京的共产国际代表魏金斯基多次座谈。座谈的内容有党的基本信念、党的组织原则、共产国际的成立及其作用、俄国社会主义革命的现状与中国革命的发展等。邓中夏代表中国共产党北京小组赴上海,参加中共上海小组发起召开的座谈会,讨论《共产党宣言》和共产国际大会的几个决议文件。会前会晤了上海小组的李达、李启汉、李汉俊、林伯渠等人,并与他们交换了意见。

邓中夏 2 月 4 日晚 7 时出席在北京大学二院校长办公室召开的"平民教育讲演团"全体团员大会,会上经充分讨论,通过了新修改的《平民教育讲演团会章》14 条。19 日,赴北京大学图书馆李大钊办公室,主持召开"少年中国学会"北京总部常会,并代表执行部在会上提出四个讨论题,提请会员讨论。同月,接到保定直隶高等师范学校长靳瀛旭签发的聘书,被聘为该校国文系新文学教授,每月薪酬柒拾肆元。3 月 5 日,北京大学新知书社成立,与杨钟健等入股书社,成为该社股东。6 日下午 1 时,新知书社在北大二院召开股东大会。会上成立筹备委员会,当场推定成舍我为筹委主任,李辛白、钱秣陵、李大钊为总务股委员,李正翰、蒋希曾为庶务委员,邱益祥、郭梦良、孙芳为文书股委员,傅铜、易家钺、罗敦伟为编辑股委员,姚文林、汪选为营业股委员。叶志芳、杨钟健为印刷股委员。7 日,"平民教育讲演团"讲演所及附设的书报阅览处正式开张。原定晚上由总务干事邓中夏主持致辞,因临时有事请假,改为张国焘主持。13 日,主持召开"少年中国学会"北京总部常会。邓中夏在会上提出,因为已经接受保定直隶高等师范学校国文教授一职,不日离京,无暇顾及学会执行部庶务,请求辞去执行部代理主任职务。会上改选苏甲荣为执行部代理主任,另推左舜生任评议部通信员。16 日下午 2 时,出席北京社会主义青年团在北京大学的召开特别会议,高君宇报告少共国际代表格林来华活动情况,会上选出何孟雄代表北京社会主义青年团,赴苏出席 4 月即将召开的远东少年共产国际代表大会。会上通过《北京社会主义青年团致国际少年共产党大会书》。(参见冯资荣、何培香编著《邓中夏年谱》,中国文史出版社 2014 年版)

杨钟健加入学术性政治团体"少年中国学会",并成为主要领导人之一。后来杨钟健在《关于少年中国学会的回忆》一文中曾说:"学会标榜要创立一个少年中国,换言之,就是新中国。但究竟要创造什么样的新中国,也是意见不一。但是,在当时学会初成立时,确有一些共同之点,这共同之点就是:(1)不满于旧现状;(2)要创造一个新局面;(3)入会的人不管其出身如何,所学如何,都具有一种向上的革新的意志。至少就我来说,我就是抱着这样的想法加入少年中国学会的。"在少年中国的会员终身志业调查表上,杨钟健就曾写过"终身欲研究地质学,偏重于古生物学"的话。7月,以《共进》半月刊为基础,成立以"提倡文化,改造社会"为宗旨的进步社团————共进社。社址设在北京吉安所左巷六号,沙滩一带是社员集中居住的地区。社员多为陕西旅京进步学生。杨钟健和赵国宾同为共进社的领导人和活动分子,一时有"杨龙赵虎"之称。他们给考生免费认真补课,接济贫寒学生,组织青年参加党领导的各项群众运动,在团结和领导陕西学生参加革命活动方面,起了重要的作用。(参见王仰之《杨钟健年谱》,载《西北大学学报(自然科学版)》1983年第2期)

朱谦之1月在北京出狱,离开北大。5月,发表《自叙》宣扬自己要在佛教界里进行虚无革命。离京南下,至杭州兜串寺从太虚大师出家。后不满意于佛家生活,离开杭州,去南京支那内学院向欧阳竟无请教唯识论,经过出家体验后,他认为佛教不能实现自己的夙愿,遂发表《反教》诗,宣布与佛门断绝关系。此后往返于京、沪、杭各地,遁迹于江湖之间,过着"飘零身世托轻飘,浪漫生涯亦自豪"的生活。所著《革命哲学》由上海泰东书局出版,系统阐述虚无主义。10月,梁漱溟《东西文化及其哲学》(财政部印刷局版)有梁漱溟与朱谦之、黄庆、叶石荪四人的合影,朱谦之受其影响,由怀疑转向信仰。(参见黄夏年编《中国近代思想家文库·朱谦之卷》附录《朱谦之年谱简编》,中国人民大学出版社2015年版)

金邦正继续任清华大学校长。2月14日,新学期开学,校长金邦正发表演讲。他鼓励学生静心求学,注重道德和学风,努力保存清华学生素有的清洁名誉和完美人格。3月,金邦正在对《清华周刊》记者谈话中表示:"于校中学科,力求完备,并将使自然科学之程度加高。俾吾校同学之习实科者,亦能不劣于文科生,而插入美国大学三年级。同月,'本校'已定设大学一年级",下学年起,高等科四年级即为大学一年级。"大致分文、实两科。文科有:政治学科、社会学科、经济学科、银行学科等;实科有:医学预备科、农林科及工程科。"本校制订《外国教员、本国教员任用规则》《职员书记任用规则》《本国教职员游学规则》。经外交部批准,本年8月起施行。4月16日,曾任国务总理的熊希龄应本校政治学研究会邀请,到校演讲。5月1日,本校举行建校10周年纪念并大礼堂落成典礼。金邦正校长致开会辞,外交总长颜惠庆、美国驻华公使柯兰发表演说。还举行了成绩展览、毕业生宴会、体育表演、音乐会。冀朝鼎等编辑出版《清华通俗周刊》增刊,分发给学校附近的工人、农民、市民。6月3日,北京15所学校400多名学生及8校教职员工至新华门请愿索薪,被卫兵击伤10余人。11日,清华全体学生大会议决全体罢课,以声援北京8校教职员索薪斗争,声讨"六三惨案"。

金邦正6月协同清华学校董事会决定凡届时不赴大考者,一律留级1年,但大多数学生仍于13日罢考,并于14日议决"罢课终止后要求学校实行补考",后虽经多方调处,校方仍坚持原议。7月20日,北京8校教职员联席会发表声明:"此次清华罢课,实为援助8校而起,暑假后清华风潮若不幸扩大,至万不得已时,同人等亦必采罢课手段,以援助之。"8月20—31日,中国科学社在清华举行全国科学大会。9月11日,清华举行开学典礼,因金邦正仍坚持参加罢考学生实行留级1年的决定,全体学生相约拒绝出席金邦正召集的开学典礼。23日,菲律宾总督吴德将军及前任总督富司氏到校参观并演说。30日,美国教育家孟禄博士来校演讲。同月,本学期新聘教职员:张自立(授地质学)、徐国祥(任体育助教)、崔思让(任教务员)、郑微祥(授经济学)、韩组康(任化学、物理助教)、克利忙(Ella V. Clemans,女,授英文)、林美德(Myra Beaucroft Olive,女,授音乐)、张名艺(授地质)、陈隽人(授生物学)、塔美(George W. Twomey,任校医)、江之泳(授社会学)、姚尔昌(任副校医)、孙继丁(授物理)、门罗(Geannette Monrole,授英文)、樊际昌(授心理学)、王调英(任教务员)、魁格利(Harold Srott Quigley,授近世文化)、陈绍唐(任斋务主任)、王启湘(任法制教员)等。10月12日,金邦正借故作为出席太平洋会议的中国代表团的随员离校赴美,所有校务由教务主任王文显兼代。12月18日,学生会致函在美国的金邦正,请其不必作卷土重来之梦想。(参见清华大学校史研究室编《清华大学一百年》,清华大学出版社2011年版)

王文显时任清华学校教务长。1月2日,《清华周刊》记者采访护送毕业生赴美归来的教务长王文显,王文显谈美国大学情形。他说:清华与美国大学情形相比,全美各大学有清华设备完美者实不多见。如清华之体育馆,全美只有三所大学具备。10月12日,金邦正校长离校赴美,王文显以教务主任兼代所有校务。11月11日,《清华周刊》报道:据教务处统计本年高等科(大学在内)学生为247人,中等科学生为168人,共计415人。12月2日,本校进益委员会讨论"学生罢考留级案"。12日,本校全体学生参加北京万名学生在天安门的游行示威,向政府提出"尊重民意",要求日本无条件归还山东等4项提案。16日,美国教育家孟禄博士再次来校并与学生代表谈话。(参见清华大学校史研究室编《清华大学一百年》,清华大学出版社2011年版)

赵元任继续任清华大学教授。上半年仍为罗素与勃拉克女士讲演做翻译,同时继续推动国语统一工作,并参加中国科学社各项活动。1—3月,丁文江与赵元任多次会晤,敦促其研究中国音韵学,并转赠瑞典汉学家高本汉(Bernhard Karlgren)所赠著作 Etudes sur la Phonologie Chinoise(法文《中国音韵学研究》)。5月中旬,完成《阿丽思漫游奇境记》译稿。17日,交上海商务印书馆,次年出版。6月1日下午3点,赵元任与杨步伟举行结婚仪式,证婚人为朱徵、胡适。30日下午,梁启超举行大型宴会为杜威饯行,会上梁启超致辞,赵元任翻译。同日晚,胡适与丁文江在罗素寓处设宴为罗素与勃拉克女士饯行,赵元任夫妇、杜威夫妇在座。7月7日,梁启超在中央公园举行宴会为罗素及勃拉克女士饯行,席上赵元任为梁、罗素和勃拉克女士翻译。11日上午,赵元任送杜威博士,下午送罗素与勃拉克女士。罗素在华讲学活动至此结束,但元任与罗素建立起来的友谊却延续终生。(参见赵新那、黄培云编《赵元任年谱》,商务印书馆2001年版)

闻一多2月任《清华周刊》集稿部委员会主席。11月上旬,与时昭泽、钱宗堡、罗隆基、何浩若、吴泽霖、沈宗濂被推举为清华学校大二级委员会委员。11月20日,与梁秋实等人发起的清华文学社召开成立大会,闻一多任书记与诗组领袖,梁实秋任干事。(参见闻黎明编著《闻一多年谱》,群言出版社2014年版)

梁实秋3月与同学顾毓秀、张忠绂、翟恒等组织"小说研究社",后改为"清华文学社",有闻一多等高年级同学参加。是年,开始新诗写作,5月28日,在《晨报》第7版发表第一篇散文诗《荷水池畔》。(参见万直纯《梁实秋年谱》,《阜阳教育学院学报》,1994年第3、4期)

钱玄同继续兼任北京高师与北京大学教授。1月11日,致信鲁迅周作人,谈到胡适要求《新青年》"不谈政治",以及胡适与陈独秀的对立,感叹"初不料陈、胡已到短兵相接的时候",表明"我对于此事,绝不愿为左右祖。若问我的良心,则以为适之所主张者较为近是。……至于仲甫疑心适之受了贤人系(研究系——引者)的运动,甚至谓北大已入贤掌之中,这是他神经过敏之"。15日,钱玄同致信胡适,谈胡适的《诗经新注》的注音方法问题(胡适曾发愿作《诗经新注》并写有部分草稿)及编辑从王充到崔适的"辨伪丛书"事。27日,钱玄同与顾颉刚通信,主张将辨"伪书"的范围扩大至辨"伪事",认为崔述、康有为、崔适被"伪事"所蔽,故其辨伪书不能取得更大成绩,所以辨"伪事"比辨"伪书"尤为重要。

　　按:钱玄同认为崔述、康有为、崔适被"伪事"所蔽,故其辨伪书不能取得更大成绩,所以辨"伪事"尤为重要。自此以后,胡适、钱玄同、顾颉刚三位"疑古"运动的发起者将辨伪的目标集中到"伪史"。顾颉刚迅速制定了《伪史源》《伪史对鞫》《伪史例》三册笔记簿,并以《伪史考》总题之,着手收集材料。

　　钱玄同6月26日赴中央公园长美轩马裕藻宴席,同座有吴虞、沈尹默、单不厂、马衡、郑奠(介石)。7月9日,钱玄同将《吴虞文录》标点后交与吴虞,吴虞即双挂号寄与亚东图书馆汪原放。12月7日,钱玄同致信胡适,说胡适的《国语文学史》编得非常之好。建议国语文学应该从《诗经》的《国风》讲起。是年,钱玄同除了作与顾颉刚《论近人辨伪见解书》,《论今古文经学及〈辨伪丛书〉书》,《论编纂经部辨伪文字书》(以上见《古史辨》第一册上编)。又与黎锦熙商定以"寒来暑往"四字的首笔"、一丨丿"(点横直撇)为现行楷书字之新部首的基本四大系。这对后来各种字典、辞书的单字按新部首分部排列是很有影响的。(参见曹述敬《钱玄同年谱》,齐鲁书社1986年版;耿云志《胡适年谱》,四川人民出版社1989年版;朱玉、孙文周《吴虞年谱简编》,《吴虞诗词研究与整理》附录一,河南文艺出版社2016年版;张菊香、张铁荣主编《周作人年谱》,南开大学出版社1985年版;郦千明《沈尹默年谱》,上海书画出版社2018年版;唐宝林、林茂生《陈独秀年谱》,上海人民出版社1988年版;袁英光、刘寅生《王国维年谱长编(1877—1927)》,天津人民出版社1996年版;王学典《20世纪史学编年(1900—1949)》,商务印书馆2014年版)

　　余家菊年初前往北京高师,校长邓芝园(萃英)鼓励他完成研究科学业,并聘请他兼任校刊编辑。3月,应聘往开封,任河南第一师范教员,留学欧美预备学校教员。省教育厅长李步青(廉方)来访,聘请兼任教育厅编辑。7月,回鄂迎家眷,至武昌参加湖北省留学考试,试毕即赴汴。往北京参加公费留学考试复试。后陈哲衡函告考列第一名,8月,乃准备出国。是年,译密勒博士(Dr. Miller)所著《儿童论》,由中华书局印行。发表《游戏教育》于《中华教育界》第10卷第9期。从游戏是最好的教育机会、游戏的价值、游戏的特质、游戏教育的实施四个方面论述了游戏教育理论。《乡村教育运动的涵义和方向》刊于《中华教育界》第10卷第10期。在文中对乡村教育运动的涵义和运动应持的方针进行了一番探讨。(参见余子侠、郑刚编《中国近代思想家文库·余家菊卷》,中国人民大学出版社2013年版)

　　楚图南继续就读于北高师。4月,在《教育声》第2期发表《心理学上人性善之研究》。6月,在《教育声》第4期发表《教育之目的与原理》;在《史地丛刊》第1卷第2—3期以及第2卷第1期连载《云南土人状况》。9月,在《星期三》第19—20号连载《河图洛书新说》,在《教育声》第6—7期连载《美学新论》。9—10月,北京高师史地部三年级学生到明十三陵、居庸关、八达岭长城进行风景古迹考查,楚图南任古迹组编辑组长。(参见麻星甫编著《楚图南年谱》,群言出版社2008年版)

　　胡小石继续在北京女子高等师范学校任教。7月,南京成立了国立东南大学。仲夏,陈中凡回南京至东南大学任国文系教授兼主任,秋,由陈中凡推荐,已得到当局的首肯,胡小石准备赴南京东南大学就教,中途遭忌者所阻,未能如愿。继续在北京女高师任教。其间,致力于楚辞之学,综合旧闻,择善而从,复自出手眼,独创新说,有论《招魂》、论《离骚》、论《九歌》等文章。此后,开始钻研甲骨文字。初冬,执笔起草了《北京女高师国文部同窗会章程草稿》共十二条。(参见谢建华《胡小石先生年表(1888—1962年)》,载《胡小石文史论丛》南京大学出版社2008年版)

　　萧友梅时为北京女子高等师范音乐系主任。1—2月,萧友梅两次来晤赵元任,讨论创办音乐学校及音乐课程设置计划。赵元任多次到北京女子高等师范学校,讲视唱课程。(参见赵新那、黄培云编《赵元任年谱》,商务印书馆 2001 年版)

王正廷被选为海牙国际常设公断法院公断员。是年,王正廷就任中国大学校长,大力倡导体育教育,使该校的体育活动迅速开展起来,还培养出许多体育人才。

许地山仍在燕京大学神学院就学。1 月 4 日,参与发起的"文学研究会"在北京中山公园来今雨轩成立。郑振铎为最初的发起人,被推选为书记干事。机关物有沈雁冰主编的《小说月报》及上海《时事新报》附出的《文学旬刊》。10 日,许地山处女作短篇小说《命命鸟》发表于《小说月报》第 12 卷第 1 号。小说的背景在缅甸仰光,描写了一对青年男女为争取婚姻自由而双双殉情的故事,被称为新文学第一篇充满异域情调的作品,引起文坛注目。此后连续发表了《商人妇》《换巢鸾风》《黄昏后》等短篇小说。同时在《小说月报》第 12 卷第 4 号上发表所译印度泰戈尔《在加尔各答途中》一文;在《小说月报》第 12 卷第 7 号上"创作讨论"栏内发表文章《创作的三宝和鉴赏底四依》。4 月 10 日,许地山从发表第二篇小说《商人妇》开始使用笔名"落华生",表明他的平民主义、人道主义思想。他提倡做对人民有用、于社会有益、甘于默默无闻的人,并以此作为自己立身处世的基本态度,其散文小品集《空山灵雨》中的《落花生》一文即是这种思想的集中反映。8 月,所编著《语体文法大纲》一书由上海中华书局出版。是年,燕京大学成立"燕大文学研究会",由瞿世英、许地山等主持,参加者有富汝培、谢婉莹(冰心)、凌瑞棠(淑华)、李勋刚(颖柔)等。燕大同仁对泰戈尔作品极感兴趣,许地山主持召开座谈会,邀徐志摩介绍泰戈尔生平。又与郑振铎等组织"泰戈尔研究会",为文学研究会所属之读书会。(参见周俟松、王盛《许地山年表》,《世界华文文学论坛》1992年第 2 期)

老舍是夏被推为京师劝学会成立的京师私立小学教员夏期国语补习会"经理",总揽一切事宜。同时在缸瓦市基督教堂兼任"西北城地方服务团附设铭贤高等小学及国民学校"校务主任。7 月 27 日,撰写《京师私立小学教员夏期国语补习会纪事〈弁言〉》,刊于《京师学务局教育行政月刊》第 2 卷第 4 号。10 月 19 日,京师学务局下达训令,批准根据舒庆春上呈建议,成立郊北区公立马甸清真教国民学校。(参见甘海岚编撰《老舍年谱》,书目文献出版社1989 年版)

章鸿钊是年秋兼任北京女子高等师范学校博物系地质学矿物学讲师。是年,著作《石雅》初版告成。此书具有极高的学术价值,至今依然被当作中国岩石矿物学的经典著作。(参见冯晔、马翠凤《章鸿钊年表》,中国地质图书馆编《第三届地学文献学术研讨会暨纪念章鸿钊学术思想研讨会论文集》,地质出版社 2016 年版)

丁文江辞去地质调查所所长职务后,兼任名誉所长。1—3 月,丁文江与赵元任多次会晤,并敦促元任研究中国音韵学,并将瑞典汉学家高本汉(Bernhard Karlgren)所赠著作 Etudes sur la Phonologie Chinoise(法文《中国音韵学研究》)转送赵元任。自春夏之交开始,丁文江即提出组织小团体研究政治,评论政治,之后又提议创办《努力周报》。6 月,丁文江始任北票煤矿公司总经理。同月,丁文江发表《北京马路石料之研究》,这是中国最早研究工程地质的文章;丁文江、翁文灏合编《中国矿业纪要》,作为《地质专报》丙种第 1 号由地质调查所印行。7 月 7 日,梁启超、丁文江等设宴为罗素饯行,并感谢他对中国的帮助。夏,丁文江为《徐霞客游记》"作一总图,加以先生游历之路线",并在北京文友会中,宣读英文论文,介绍徐霞客生平;又听从胡适劝告,作《徐霞客年谱》。9 月 1—3 日,丁文江在清华学校出席中国科学社第六次年会。17 日,大总统令称:给予丁文江三等宝光嘉禾章。是年,丁文江移家天津,但经常往来于北京、天津及北票之间。(参见宋广播编《中国近代思想家文库·丁文江卷》附录《丁文江年谱简编》,中国人民大学出版社2015年版;赵新那、黄培云编《赵元任年谱》,商务印书馆2001年版)

翁文灏4月15日率地震调查组离京赴甘肃地震灾区调查。北京政府由内务、教育、农商三部组成联合调查组,派翁文灏负责,率谢家荣(农商部),王烈、杨警吾(教育部),苏本如、易受楷(内务部)等赴甘肃地震灾区调查。9月1日,在中国科学社于清华学校举行的讨论会上,发表题为"甘肃地震考"的演说。因身体未愈,由丁文江代读。翁文灏参考中国史籍和地方志上记载的大量有关地震的材料,做出统计,揭示了自公元前8世纪以来甘肃地震发生和发展的规律,并认识到甘肃地震是有周期性和震中迁移的规律性的。黄汲清认为:"翁氏是研究中国地震地质的第一人。"9月7日,因丁文江辞去矿政司第四科科长职,奉农商部令,由农商部矿政司第一科科长改任第四科科长。9日,农商部还委任翁文灏"兼充地质调查所会办"(副所长)。9月,与丁文江等筹划建筑的地质调查所新建图书馆落成开馆。10月19日,奉农商部令,会同农商部(气候)观测所所长对观测所进行整理,并要求"至关于天文、地震等事如能一并议及,亦各畅言无隐"。是年,与丁文江合编的《中国矿业纪要》以《地质专报》丙种第1号发表。书中详列民国元年至民国五年中国矿业方面的有关纪录和统计,是为中国第一次系统发布有关国家矿业情况的报告。该纪要并对中国石油矿产寄予希望,认为:中国"产油区域究属甚广,调查探勘亦究未详尽。石油固自不失为中国有希望之矿产"。(参见李学通《翁文灏年谱》,山东教育出版社2005年版)

林纾选评古文集《古文辞类纂选本》后五卷1月由上海商务印书馆出版。2月,梁启超在上海商务印书馆出版的《清代学术概论》中,对晚清时代林琴南的翻译有相应的评价:"亦有林纾者,译小说百数十种,颇风行于时;然所译本,率皆欧洲第二三流作者。纾治桐城派古文,每译一书,辄'因文见道',于新思想无与焉。"同月,林纾收到门生江祖绹寄来台湾王松(1866~1930,字友竹,又字寄生,号沧海遗民)的《沧海遗民剩稿》,阅后为此诗稿写下《〈沧海遗民剩稿〉跋》,表达了对日人据台的悲愤心情。3月,选评古文集《左传撷华》二卷二册由商务印书馆出版。春,参加北京法源寺诗社雅集;高梦旦赴京,商请胡适到沪接替自己出任商务印书馆编译所所长之职。林纾对此大为恼火,高梦旦闻讯后立即给林纾写了一封信解释原委。10月27日,林纾七十寿辰。寿庆由杨道郁主持,康有为、陈宝琛、樊增祥、陈衍、左绍佐、周树模、陈三立、柯劭忞、郭曾炘、严复、马其昶、姚永朴、傅增湘、张元奇、王允哲、卓孝复、高向瀛、王式通、王葆心、李宣龚、孙雄、罗惇曧、秦树声、三多、江瀚、朱益藩、徐世昌、陈三立等人皆投以诗文,为其祝寿。著名艺人齐白石、陈师曾、梅兰芳、尚小云、程砚秋等均各以绘画祝寿。11月20日,为光绪忌辰,林纾十谒崇陵。礼毕赋诗,表明憧憬理想,无愧于心,不顾世人毁誉而一意孤行的心怀。12月4日至1922年2月12日,鲁迅在《晨报副刊》连载小说《阿Q正传》,其中针对林纾《致蔡鹤卿书》斥白话文为"都下引车卖浆之徒所操之语",鲁迅以讽刺的笔法写道:"这一篇也便是'本传',但从我的文章着想,因为文体卑下,是'引车卖浆者流'所用的话,所以不敢僭称。"是年,选明代大文学家归有光的散文共84篇,逐篇加以评语,成《震川集选》,又名《归震川集》。有林纾序文一篇,作于辛酉嘉平。又著《庄子浅说》四卷。此书系自1919年至本年在文学讲习会讲授《庄子》时陆续完成的。内收《庄子》文七篇,逐篇进行疏解。是年林纾为此书作序,次年6月由商务印书馆出版。(参见张旭、车树异编著《林纾年谱长编:1852—1924》,福建教育出版社2014年版)

　　章士钊1月在《改造》杂志发表《造邦》一文，重谈联邦制，主张"由造邦而邦联，由邦联而联邦，由联邦而统一"，全面改造中国。2月，章士钊有感于革命形势日益发展，自己言行又和时代不合，于是回到北京，检讨以往政治主张，对曾鼓吹过的资产阶级代议制，表示怀疑。同月17日，章士钊得黎元洪资助，自上海乘船出发，赴欧洲考察，拟对欧战后的西方政治进行考察。途中写信给章炳麟，讨论代议制之然否，对章炳麟的"先识巨胆"佩服得五体投地，对自己过去"浮慕政党政治"的所作所为十分懊悔，还说他此番赴欧是要寻找取代代议制的方案，希望章炳麟继续阐发其非代议的理论。夏，章士钊在英国拜访萧伯纳、威尔斯、潘梯等人，请教救治中国之道。受其影响，逐渐形成以农立国和联业自治思想。不久写成英文著作《联业救国论》一书，寄回国内交上海商务印书馆出版。9月16日，章士钊得知家父去世后。归国奔丧，先抵上海，随即回湖南料理丧事。11月13日，胡适写信给章士钊，就章炳麟说他"未知说诸子之法与说经有异"进行解释。同月，胡适致信章士钊，对章炳麟所谓"经多陈事实，而诸子多明义理"之论，提出商榷。

　　按：胡适11月13日致章士钊函曰："我是浅学的人，实在不知说诸子之法与说经有何异点。我只晓得经与子同为古书，治学之法只有一途，即是用校勘学与训诂学的方法，以求本子的订正与古义的考定，此意在高邮王氏父子及俞曲园、孙仲容诸老辈的书中，都很明白。试问《读书杂志》与《经义述闻》，《群经平议》与《诸子平议》在治学方法上有什么不同？先生倘看见太炎先生，千万代为一问：究竟说诸子之法，与说经有什么不同？这一点是治学方法上的根本问题，故不敢轻易放过。"

　　按：同月胡适致章士钊函曰："其实经中明义理者，何止《周易》一部？而诸子所明义理，亦何一非史家所谓事实？盖某一学派特何种义理，此正是一种极重要的事实。至于治古书之法，无论治经治子，要皆当以校勘训诂之法为初步。校勘已审，然后本子可读，然后训诂可明；训诂明，然后义理可定。"（参见袁景华编《章士钊先生年谱》，吉林人民出版社2001年版；郭双林编《中国近代思想家文库·章士钊卷》附录《章士钊年谱简编》，中国人民大学出版社2015年版）

　　吴承仕撰成《经籍旧音序录》1卷出版，主要是对汉魏六朝作音人生平及其有关注音着述的考订，目的是辨明各家的时代及其使用的注音方式，以便于排比征用，可以算是汉语语音学史的"外编"。书中大量凡例性的东西谈及如何处理语音学资料，也有一定的参考价值。章炳麟为其题辞。（参见庄华峰编纂《吴承仕研究资料集》，黄山书社1990年版）

　　王宠惠被选为国际联合会盟约修订人之一，全球只有10人荣膺此席位。在前往日内瓦途中，经加拿大温哥华时发表公开声明，中国目前有三大敌人：国际盟约第二十一条；英日同盟；蓝辛石井协定（1917年美国国务卿Lansing与日本代表石井签订）。6月，任中国出席国联首席代表，以全权代表身份出席华盛顿太平洋会议，一同出席者有施肇基、顾维钧等，王宠惠专门分工负责收回外国租界、废除领事裁判权问题，会上临时提出废除日本《二十一条》，表示此种苛刻条款，若竟任其存在，则国际间无从协调，太平洋上将永无太平。当时日本代表驻华盛顿大使币原喜重郎、海军大臣加藤友三郎及德川家达等，对于此意外提案毫无准备，无所应对，只得以向本国政府请示为由，暂时搪塞。次年2月，日本在国际舆论压力下，不得不放弃在东三省的特权。会上，委员会还决定将王宠惠有关中国对二十一条的声明，列入备忘录，英日同盟及蓝辛石井协定也告取消。王宠惠、施肇基、顾维钧等还在太平洋会议上坚决主张收回胶济铁路，由中国自办。对于收回治外法权之请求，列强未予决议，只答应会后成立中国法权调查委员会来华调查，而后再做决定。1926年1月，由13个相关国家组成的法权调查委员会方组织成行。是年12月，梁士诒组阁，王宠惠再度出任司法总长。（参见王宠惠著、张仁善编《王宠惠法学文集》附录《王宠惠先生年谱》，法律出版社2008

年版)

叶恭绰 3 月因交通部将原有北京铁路管理学校、上海工业专门学校、唐山工业专门学校合并,改为交通大学,以交通部总长兼校长。5 月,辞任交通总长。9 月,叶恭绰在上海交通大学开学演讲时提出"修学当以三事为准衡":第一即"研究学术,当以学术本身为前提,不受外力支配以达于学术独立境界",第二即"人类生存世界贵有贡献,必能尽力致用方不负一生岁月",第三即"学术独立斯不难应用,学术愈精,应用愈广"。10 月,农具改良研究会在北京成立,以"研究改良本国固有农具,并参酌新法制新式农具及介绍适用于本国之新式农具"为宗旨,叶恭绰为会长,陈振先为副会长。11 月 1 日,叶恭绰等发起成立敦煌经籍辑存会。12 月,叶恭绰任梁士诒内阁交通总长。(叶恭绰《退庵汇稿》,上海人民出版社 1950 年版)。

陈垣 2 月主持北京孤儿工读园,任园长;创办平民中学,并任校长,亲自讲授文史课程。12 月 27 日署理教育部次长,暂时代理部务。(参见刘乃和、周少川、王明泽《陈垣年谱配图长编》,辽海出版社 2000 年版)

易孺居北京,曾与当地金石学者及印人四十余人组成冰社,以作开展学术研究之所,参加者有罗振玉、丁佛言、姚茫父、柯劭忞、马衡、陈宝琛、寿石工、陈汉第、徐森玉、陈半丁、冯心恕等。易孺任社长,周康元副之,柯昌泗任秘书,周必聚会,各携新得金石文物至,考释文字,鉴别年代,以收切磋之益;嗜印者更广作交流,北方篆刻之学,一时蔚成风气,论者谓可与南方西泠印社媲美。

傅铜、吴康、张毓桂、宗锡钧、杨震文等人 2 月 22 日在北京发起成立哲学社,通过《哲学社简章》13 条,以"共同研究哲学为宗旨",设立干事会,"凡有相当学力愿意与本社共同研究哲学者,经本社社员介绍,干事会通过得为本社社员"。5 月 1 日,傅铜、吴康等人在北京创办《哲学》杂志,由哲学社编辑发行。以介绍及研究西方哲学为主,同时亦发表一些以西方哲学观念和方法研究中国哲学史的文章。

按:是年 5 月出版的《哲学》第 1 期刊载《哲学社简章》,谓"哲学社"是五四以后第一个"以共同研究哲学为宗旨"的学术团体。它设立干事会,"凡有相当学力愿与本社共同研究哲学者,经本社社员介绍,干事会通过得为本社社员"。8 月出版的《哲学》第 2 期所载《哲学杂志及哲学字典之绍介》自豪地称:"我国自开国以来未曾有过哲学杂志,现在有了。无论好不好,总是破天荒。"然因"哲学社"成员并不多,《哲学》杂志的存在时间也不长,故并未在当时学术思想界产生太大反响。(参见左玉河编《张东荪年谱》,群言出版社 2014 年版)

范鸿劼参加马克思学说研究会,常与邓中夏、罗章龙等共产党人满怀深情深入工人中开展工人运动,是北京早期工人运动的组织者之一。

谷钟秀、李长生、陈宝泉、焦莹等人为理事的直隶自治讨论会 9 月 11 日在北京成立。

刘天章、杨明轩、李子洲、杨钟健等 10 月 10 日在北京大学发起成立共进会,创办《共进》半月刊。

王芝祥等 1 月 18 日在北京发起成立群学会,以研究实学,辅助国计民生,提倡教育实业为宗旨。

王泽际、黄攻素、巫启瑞等江西人组织的赣社于 4 月 3 日在北京成立,该社以"研究学术,促进自治,维持公益"为宗旨。

高曰采为会长,葛毓楷为副会长的益友会 3 月 20 日在北京成立。

曾鲲化任会长的中华统计学会 9 月在北京成立,以研究统计学术,发展统计事业为宗旨。

卓定谋等组织的会计学会 5 月被教育部批准立案,该学会以研究会计学术为宗旨,会员以学习会计专业或从事会计职业的人士组成。

俞汝良、成应举、凌普、梅恕曾、王政等人 11 月月 30 日参加北京大学经济学会成立大会。

夏校、周书、万葆黄、李明炎等人 1 月 23 日在北京发起成立湖北旅京学界共进会。

晏屏如等人 1 月 31 日在北京发起成立辛酉学会,以集合同志,研究学术,交换知识为宗旨。刘蓬瀛任社长。

邱醒旦、关卫公、陈燕卿、黄紫卿等人 5 月 5 日在北京发起成立全国报界联合会。

汪立元、辛博森为主任的万国报界协会 6 月成立于北京。该会以"联络中外新闻家之感情,以增进国际上之友谊,交换新闻及意见,以解除国际间之误会"为宗旨。

廖昌平、陈道焜、王芳镇等 10 人 3 月在北京发起成立剧学研究会。

朱彭寿、钟锷、顾光宾等人 2 月在北京高等师范附中发起成立中国电学会,以"增进电学,发展电业及联络电界同人之感情"为宗旨。

陈大悲与李健吾等人组织北京实验剧社。

林白水 3 月 1 日和胡政之合作创办了《新社会报》,林白水任社长,胡政之为总编辑。因揭露军阀黑幕,《新社会报》被警察厅勒令停刊三个月。复刊后,林白水将《新社会报》改为《社会日报》,林白水又因刊登出揭露曹锟贿选总统以及诸多议员受贿的报道,被"请"去囚禁了三个月。

夏承焘到北京任《民意报》副刊编辑。

孙伏园在北京大学毕业后,任北京《晨报》副刊主编。

刘成禺 5 月奉派为总统府宣传局主任。

贺培新春离开郑口,移居北平,拜吴北江为师攻读文学,又师从秦树声学书法,跟随齐白石学篆刻。

尚钺考入北京大学英国文学预科,师从鲁迅、李大钊、郑奠等。并与高长虹等创办《狂飙》《弦上》等刊物。

庐隐就读于北京女子高等师范学校,成为文学研究会首批会员,开始发表小说。

萧一山在山西大学预科毕业,考入国立北京大学政治系,受教于明清史专家朱希祖、孟森等人。

郑天挺考入北京大学研究所国学门,专攻古文字学。

冯至考入北京大学预科。

张荫麟考入清华学堂。

李方桂考入清华学堂医学预科。

周谷城考入北京高等师范学校英语部。

林徽因随父游欧回国,仍到北京培华女中续学,开始进行文学创作。

李健吾考入国立北京师范大学附中。

韩清净等在北京发起成立法相研究会。

赵紫宸仍居北京。是年,参加中华基督教青年会在庐山举办的夏令会,讲授宗教问题。发表"Christian Cooperative Organization"《圣经在近世文化中的地位》《罗素的基督教观念的批评》《我为什么要读圣经》《基督徒的人格》《耶稣的上帝观》等文章。(参见赵晓阳编《中国

近代思想家文库·赵紫宸卷》及附录《赵紫宸年谱简编》,中国人民大学出版社2014年版)

陈独秀上半年任广东教育厅长,9月,返回上海专任中共中央书记。1月2日,在广州高等师范学校发表演说《新教育是什么》。月初,陈独秀提出刷新教育三种法案:《广东全省教育委员会组织》《全省学校系统图》《每年教育经费概算表》,被孙中山总裁、陈炯明省长等完全通过;共产国际代表维经斯基到广州,由陈独秀陪同会见孙中山,以便就近行细观察陈炯明。同月9日,陈独秀针对去年12月27日复函提出的三条办法:(1)另办一个哲学文学的杂志;(2)将《新青年》移回北京编辑,发表宣言不再谈政治;(3)停办(此为陶孟和提出),深感不满,于是给北京编辑群8人的回信说:"适之先生来信所说关于《新青年》办法,兹答复如下:第三条办法,孟和先生言之甚易。此次《新青年》续出,弟为之太难;且官厅禁寄,吾辈仍有他法寄出,与之奋斗(销数并不减少)。自己停刊,不知孟和先生主张如此办法的理由何在? 阅适之先生的信,北京同人主张停刊的并没有多少人,此层可不成问题。第二条办法,弟虽在沪,却不是死了。弟在世一日,绝对不赞成第二条办法,因为我们不是无政府党人,便没有理由宣言可以不谈政治。第一条办法,诸君尽可为之。此事与《新青年》无关,更不必商之于弟。若以为别办一杂志便无力再为《新青年》做文章,此层亦请诸君自决。弟甚希望诸君中仍有几位能继续为《新青年》做点文章,因为反对弟个人,便牵连到《新青年》杂志,似乎不大好。"中旬,广东省长公署设立广东全省教育委员会,陈独秀任委员长,主持一切教育行政事宜。陈独秀、汪精卫、戴传贤、许崇清被委任为"政务委员"。1月16日,陈独秀在公立法政学校演讲《社会主义批评》,后发表于7月1日《新青年》第9卷第3号。

按:陈独秀集中论述了为什么要讲社会主义、为什么能讲社会主义、应讲什么样的社会主义三个问题,指出"社会主义"有五派:无政府主义、共产主义、国家社会主义、工团主义、行会社会主义。明确主张采取共产主义,反对德国式国家社会主义。除该校全体学生听讲外,各界参加者亦甚踊跃。

陈独秀1月29日应邀在广东省女界联合会作题为《女子问题与社会主义》的演讲,论证了妇女问题与社会主义的关系。同月,《共产党》月刊因经费困难,第2期后停刊。2月4日,新青年社发行部遭法租界巡捕房搜捕,当场被搜去《新青年》《工团主义》《阶级争斗》《社会主义史》等出版物。经理周少伯被罚洋50元,并限3日内迁出租界。承印这些书刊的华丰印刷所经理乔雨亭和印刷公会经理孙诒康亦各罚洋100元。11日,新青年社被查封。13日,谭平山、沈玄庐等人在陈独秀的指导下,创办《劳动与妇女》周报,陈独秀经常为其撰稿。2月15日,陈独秀复函胡适说:"我当时不赞成《新青年》移北京,……因为近来大学空气不大好;现在《新青年》已封禁,非移粤不能出版""你们另外办一个报,我十分赞成"。同月,陈独秀致函赵世炎,嘱其与张申府联系,在巴黎组织共产党支部。3、4月,陈独秀与谭平山、谭植棠、陈公博等人酝酿创建广东共产党。4月1日,《新青年》社迁至广州昌兴路26号,出版第8卷第6号,实际编辑部仍留上海。同月,陈独秀接见由李汉俊派来广州的包惠僧。包惠僧转述李汉俊要陈独秀回上海主持党务或把党的机关搬到广州来的提议;在广州看云楼撰《〈红楼梦〉(我以为用〈石头记〉好)新叙》。

陈独秀5月2日在广东高师主持杜威演讲会,介绍杜威略历。中旬,因李汉俊急电催返和粤省教育经费延拨及省署屡次干涉教育事务等原因,提出辞呈,准备返沪。6月3日,共产国际执行委员会委员马林来华,到达上海,催促召开中共第一次全国代表大会。24日,陈独秀与李大钊和上海共产主义小组成员以及一些进步人士联名登报发起组织新时代丛书社,由陈独秀、李大钊联合李达、周作人、李季、李汉俊、沈玄庐、周佛海、邵力子、沈雁冰、陈望道、戴季陶、周建人、夏丏尊、经亨颐等15位知名人士筹建。这是上海共产党早期组织创办的出版机构。其该社的目的是"普及新文化运动,为有志研究高深学问的人提供下手的途径"。所出丛书内容包括文艺、科学、哲学、社会问题及其他日常生活所不可缺少的知识,由商务印书馆发行。该丛书共出版9种。26日,《晨报》刊登陈独秀、李大钊等人署名的启事《新时代丛书编辑缘起》。同月,李汉俊等函电交弛,屡催陈独秀及广东代表赴沪参加"一大"。陈独秀在谭植棠家召集广东党员开会,表示自己不能去沪,指派陈公博和包惠僧出席"一大",并要包惠僧"一大"后回湖北工作。

按:包惠僧到沪,还携带陈独秀致各代表的信及向大会提出的关于组织与政策的四点意见,要求大会在讨论党纲党章时予以注意:1.党员的发展与教育;2.党的民主集中制的运用;3.党的纪律;4.群众的路线。

陈独秀7月1日发表随感录《政治改造与政党改造》。2日、19日,鲁迅两次致函陈独秀并寄文稿(由李季代收)。23—31日,中国共产党第一次全国代表大会在上海—嘉兴举行,张国焘、李达、李汉俊、毛泽东、何叔衡、董必武、陈潭秋、王尽美、邓恩铭、刘仁静、陈公博、周佛海以及陈独秀的代表包惠僧13人作为"一大"代表出席会议,张国焘为主席。会议讨论了陈独秀所拟的《党纲》,通过工作决议,选举党的机构,由陈独秀、李达、张国焘组成的中央局,推选陈独秀为中央局书记,张国焘为组织主任,李达为宣传主任。中共"一大"后,马林召集张国焘、李达、周佛海和包惠僧开会,指出陈独秀当选为中国共产党书记,应尽到责任,不能由别人代替。一个国家的共产党领导人,不能在资产阶级政府里做官,决定包惠僧到广州接陈独秀。7月27日,旅沪粤人之"广肇公所"领衔致电广东,激烈攻击陈独秀在广东的教育革新。8月1日,陈独秀发表通信《答蔡和森(马克思学说与中国无产阶级)》。17日,陈独秀致电陈炯明,请辞教育委员长职。27日,陈独秀致函胡适,建议胡回皖任教育厅长,说旅沪皖事改进会同人"主张专力在教育上用功夫"。30日,鲁迅致函陈独秀并寄周建人和刘半农的文稿。9月1日,陈独秀发表《太平洋会议与太平洋弱小民族》,批评中国人对华盛顿会议的迷梦,指出美国决不会主张正义人道帮助中国抵抗日本。9日,陈独秀参加广东教育委员会教职员举行的欢送祖饯大会。10日,鲁迅寄陈独秀稿二篇。11日,陈独秀在包惠僧陪同下启程返沪。因陈炯明不同意陈独秀辞职,乃请假离粤。在返程船上,陈独秀与包惠僧一路谈论中国革命问题,认为既然投身革命,就要坚持到底,"作为共产党首先要信仰马克思主义,其次是发动工人,组织工人,武装工人,推翻资产阶级政权,消灭剥削制度,建立无产阶级专政",指出"共产主义运动是国际的潮流,共产主义在中国怎样进行还要摸索",认为"由于各个国家情况不同,马克思主义的发展形态也各异,在中国是什么样子还要看发展"。在如何处理与共产国际关系的问题上,陈独秀反感马林所谓"中国共产党从成立起就编入了第三国际,是国际的一个支部,你们承认与否没有用"的说法。他对包惠僧说:"我们没有必要靠它,现在我们还没有阵地,以后工作开展了再找第三国际联系。"回沪后,陈独秀专任中共中央书记。10月1日,《新青年》出至第9卷第6号后停刊,新青年社解散。

按:陈独秀回沪后,专任中共中央书记,得知马林傲蛮作风及不征求中共中央意见,密派张太雷赴日本联络社会主义者参加即将举行的远东劳苦人民大会(又称"远东各国无产阶级革命组织代表大会")一事,极为不满,声言决不与马林见面,并拟要求国际撤换马林的代表职务。还对张国焘向马林提出的劳动组合书记部计划和预算及给工作人员薪金的规定十分气愤,斥之为"雇佣革命",强调:"中国革命一切要我们自己负责的,所有党员都应无报酬的为党服务,这是我们所要坚持的立场。"

陈独秀10月4日在渔阳里2号住宅被法巡捕房搜捕,搜出《新青年》《劳动界》《共产党》各杂志及印刷品多种。妻高君曼及杨明斋、包惠僧、柯庆施同时被捕。在捕房内,嘱咐包惠僧等人,不可说出共产党的真情,一切都推在他(陈独秀)身上,以争取陈一人在狱,其余人先行获释,并望从此应与共产国际建立更密切的关系。6日,陈独秀到公堂接受宣判,由法付领事宣读堂谕,谓"搜获书籍虽多,尚无激烈言论。惟查出新青年有违前次堂谕,判罚洋一百元了案"。7日,陈独秀劝说沈雁冰继续主编《小说月报》,但需改革。22—24日,连续三天在《民国日报》显著位置刊登《陈独秀启事》。

按:《启事》声明:"今后各处倘有印刷物公然传载此类谣言者,即认为有意损害鄙人名誉,立即诉诸法庭,以儆邪僻,决不取从前置之不理态度。"

陈独秀10月底正式辞去广东教育长的职务,接受沈雁冰和王云五之请,任商务印书馆名誉编辑。以中共中央书记身份,首次召集中央会议,提出了一些中央工作和会议的规范,确定工人运动的计划,决定继续出版《共产党》、复刊《新青年》,并筹备"人民出版社",出版马克思、列宁著作。会后,旋与马林会晤。马林表示,一切工作完全由中央负责领导,作为共产国际代表,他只与中共最高负责人保持经常接触,商谈一般政策。陈独秀表示中共拥护共产国际,对其代表在政策上的建议自应尊重。12月5日,陈独秀应邀参加安徽省教育会代表高语罕及光明甫在上海一品香餐馆宴请记者会,并与高、光一起,发言介绍皖省政情,揭露军阀张文生勾结省议会,挟兵迫召议会,兼欲自为省长,呼吁各界注意并援助皖人。21日,陈独秀撰《〈西游记〉新叙》。23日,马林到桂林与孙中山会谈,向孙中山提出两点建议:组织一个能联合各阶层尤其是工农群众的政党;建立革命的武装核心,应先创办军官学校以培养革命骨干。孙中山表示赞同。(以上参见唐宝林、林茂生《陈独秀年谱》,上海人民出版社1988年版;左玉河编《张东荪年谱》,群言出版社2014年版;徐光寿《包惠僧与陈独秀的终身友谊》,《党史纵览》2013年第4期;吴永贵《民国图书出版史编年:1912—1949》,社会科学文献出版社2018年版)

李汉俊于上年12月陈独秀赴粤后遂代理党的书记,因而在党内地位仅次于陈独秀。年初,李汉俊与陈独秀等组织筹划中国共产党第一次全国代表大会,并就一些问题与李大钊、陈独秀通信讨论。1、2月间,李汉俊在解决经费困难以及起草党章规定中央与地方权限上与陈独秀发生明显分歧。陈独秀主张党的组织采取中央集权制,而李汉俊则主张地方分权,中央只不过是一个有职无权的机关。4月,李汉俊派包惠僧赴广州,请其转述要陈独秀回上海主持党务或把党的机关搬到广州来的提议,陈独秀未予同意。于是李汉俊便与陈望道、李达等卖稿筹款,甚至当掉亡妻首饰以补经费不足。

按:陈独秀表示广州到处是无政府主义,地理上不适中,不同意党的机关搬广州;主张革命要靠自己的力量尽力而为,不要第三国际的钱。拿人家的钱,就要跟人家走。又说中国的无产阶级革命还早得很,可能要一百年上下。

李汉俊5月中旬再发急电催陈独秀返沪,陈独秀向广东提出辞呈,准备返沪。6月3日,共产国际执行委员会委员马林来华,到达上海,催促召开中共第一次全国代表大会,向李汉俊要《工作报告》《工作计划和预算》,并表示共产国际将予经济支持。李汉俊以党的负责人身份对马林表示了党同共产国际的关系及关于共产国际对中共资助的态度,随后与先期到沪的张国焘商讨有关建党等问题,就召开"一大"具体事项进行筹划,并建议张国焘同马林晤谈。大会日期、地点确定后,李汉俊与李达分头或联名通知外地和日本党小组各派两名代表来沪出席会议。同月,李汉俊等函电交驰,屡催陈独秀及广东代表赴沪参加"一大"。陈独秀指派陈公博和包惠僧出席。7月23日,中国共产党第一次全国代表大会在李汉俊与其兄李书城的寓所上海法租界望志路106号(今兴业路76号)召开,李汉俊作为上海地区代表参加了大会。因李汉俊在讨论党纲、工作计划等方面提出不同意见,其观点被批评为"右倾机会主义的观点"。7月30日晚,李汉俊机智摆脱巡捕的纠缠,随后"一大"转移到嘉兴南湖游船上继续举行。会后,李汉俊与董必武负责起草向共产国际的报告。(参见唐宝林、林茂生《陈独秀年谱》,上海人民出版社1988年版;姚松蛟《中共"一大"代表李汉俊的功与过》,《炎黄春秋》1996年第2期;张同《所谓李汉俊"屡遭"陈独秀"打击"并非历史真实——与姚松蛟先生商榷》,《天津党校学刊》1996年第3期)

李达1月在《新青年》第8卷第5号发表《马克思还原》。2月,李达主持中国共产党上海发起组工作,负责中国共产党第一次全国代表大会的筹备工作。3月,李达与陈独秀、李大钊、李汉俊、陈望道、沈雁冰、夏丏尊等创办新时代丛书社,编辑出版《新时代丛书》。4月,李达所译日本高畠素之的《社会问题总览》、俄国考茨基的《马克思经济学说》由中华书局出版。又在《新青年》第8卷第6号发表日本佐野等著《俄国农民阶级斗争史》、山川菊荣著《劳农俄国底结婚制度》的译文;在《共产党》第3号上发表《全欧共产党及独立社会党之联席会议》《劳农俄国之劳工会议》等30则报道国际共运的消息。5月,李达在《新青年》第9卷第1号发表《讨论社会主义并质梁任公》以及所译日本山川均著《从科学的社会主义到行动的社会主义》。前文认为梁启超的观点集中起来有三点:一是"提倡资本主义,反对社会主义";二是"高唱爱国主义,排斥外国资本家";三是"提倡温情主义,主张社会政策",然后对此进行了分析和批判,强调要扫灭全世界的资本主义,资产阶级温情主义的社会政策是不能达到社会主义的。同月,又在《共产党》第4号发表《无政府主义之解剖》;在上海《民国日报》副刊《觉悟》发表《五一运动》;在《少年中国》第11期发表所译Hermana Gorter著的《唯物史观的宗教观》。又有所译郭泰的《唯物史观解说》一书由中华书局出版。

按:《唯物史观解说》出版后风行一时,至1936年8月共印行14版。

李达6月在《新青年》第9卷第2号发表《马克思派社会主义》和转译的《列宁的妇人解放论》。同月初,李达与李汉俊同共产国际代表马林、共产国际远东局书记处代表尼克尔斯基洽谈,并与陈独秀、李大钊商议决定及早召开党的全国代表大会,李达与李汉俊担负了大会的筹备和组织工作。7月23日,中国共产党第一次全国代表大会在上海举行,李达以上海共产主义小组的代理书记出席会议,并负责大会的组织与会务工作。24日,举行第二次会议,李达代表上海发起组报告了自成立以来所进行的工作。25—26日休会两天,由张国焘、李达等起草党的纲领及以后的工作方案。31日,与会代表在浙江嘉兴南湖的一条游船上继续开会,会议选举了由陈独秀、李达、张国焘组成的中央局,李达当选为中央局成员、宣传主任。同月,李达在《新青年》第9卷第3号发表所译山川菊荣著《劳农俄国底妇女解放》,并由商务印书馆出版所译界利彦著《女性中心说》。9月1日,李达在上海创办并主持人民出版社,其宗旨是:"在指示新潮底趋向,测定潮势底迟速,一面为信仰不坚者去除根本上的疑惑,一面和海内外同志图谋精神上的团结。"李达任社长,并担任撰稿、译稿、组稿、编辑、校对和发行工作,这是中国共产党创办的第一个地下出版社,社址实际设在上海,因为是秘密出版的,为确保安全,编辑出版的书籍标明由"广州人民出版社"出版,社址写作"广州昌兴马路二十六号"。人民出版社曾经有过一套相当宏大的出书计划,拟出版《马克思全书》15种、《列宁全书》14种,《康民尼斯特丛书》11种和其他理论书籍9种。终因各种条件的不许,计划未能全部实现。同月,李达在上海《民国日报》副刊《妇女评论》发表《告诋毁男女社交的新乡愿》。10月,李达和陈独秀商定筹办上海平民女学;在上海《民国日报》副刊《妇女评论》第10期、第11期发表所译山川菊荣著《社会主义底妇女观》和《介绍几个女社会革命家》。12月13日,李达、王会悟、王剑虹等编辑的《妇女声》半月刊在上海创刊,陈独秀、沈泽民、沈雁冰、邵力子等撰稿。(参见宋俭、宋景明编《中国近代思想家文库·李达卷》附录《李达年谱简编》,中国人民大学出版社2015年版;吴永贵《民国图书出版史编年:1912—1949》,社会科学文献出版社2018年版;左玉河编《张东荪年谱》,群言出版社2014年版)

邵力子6月接受第三国际委托,大力协助苏联塔斯分社在上海礼查饭店成立。7月,李达、李汉俊与邵力子等为中共一大在沪召开,在渔阳里二号进行紧张的筹备工作,邵力子以中国国民党党员的身份跨党参加上海共产主义小组,为筹备一大会议和中国共产党的创建及早期发展做了大量工作,不仅参与起草了一大文件,而且参加了会议组织联络和总务工作,成为党的历史上一名重要而又特殊的中共党员。"一大"上海会场遭搜查之后,大会转往嘉兴南湖续开,邵力子又是大会最后一天迁嘉兴南湖续开的提议者之一。因报社事务难以脱身,邵力子本人没有与会,但在《觉悟》上呼应这次会议,刊发了署名"光亮"的文章,文中发出极其鲜明的宣言:"我所信的马克思主义就是布尔什维克主义,彼的最后目的就是'各尽所能,各取所需'的共产社会,彼的最近手段是'劳农专政'。"10月24日,邵力子在《民国日报》发表《中国公学风潮平议》一文,对风潮和8位教员的通告提出不同看法。(参见晨朵《邵力子生平大事纪要》,《浙江师范学院学报》1983年第1期;董振声、吴江通《邵力子与中国共产党的传奇情缘》;姜建、吴为公编著《朱自清年谱》,光明日报出版社2010年版)

张国焘1月在长辛店工人补习学校正式开学后,常与邓中夏等人去讲演授课。3月,张国焘受北京小组委派,与邓中夏等多次前往唐山,找邓培研究如何在工人中开展工作,建立党的组织。5月,张国焘以北京共产主义小组身份,到上海出席中国共产党第一次全国代表大会,并参加大会筹备工作。途中路过济南,与王尽美等济南共产党早期组织成员交换建党意见。下旬,张国焘由张太雷陪同,拜访已到上海的共产国际代表马林,交流了北方工人运动和有关大会筹备问题。从而奠定了其与国际代表进一步联系的基础。从此,张国焘成为中共方面与共产国际代表马林经常接触的代表。7月23—31日,中国共产党第一次全国代表大会在上海召开,张国焘因带来了李大钊的意见,被推举为会议主席,主持会议。张国焘在会上作了《北京共产主义组织》的报告。会议选举产生了党的领导机构,张国焘当选为中央政治局成员、组织主任。会后,张国焘留在上海党中央机关工作。8月,党在上海成立了"中国劳动组合书记部",作为党公开领导工人运动的机关,并出版《劳动周刊》,张国焘任劳动组合书记部主任兼《劳动周刊》主编,李启汉、包惠僧、李震瀛等参加了编辑工作。张国焘等以"张特立等二十六人"的名义,领衔发表了《中国劳动组合书记部宣言》,号召劳动者组织起来,做成一个产业组合。随后,中国劳动组合书记部在北京、武汉、济南等地建立了分部。10月中旬,张国焘受中共中央委派,前往苏联伊尔库茨克出席远东各国共产主义及民族革命团体第一次代表大会,张国焘是中国代表团负责人之一。其间,上海劳动组合书记部由李启汉负责。11月上旬,张国焘到达伊尔库茨克。12月底,会议改在莫斯科举行。(参见盛仁学编《张国焘年谱及言论》,解放军出版社1985年版;路海江《张国焘传记和年谱》,中共党史出版社2003年版;阎化川、李丹莹《杨明斋及其文化观的再研究》,2013年第2期)

陈望道4月17日出席上海共产主义小组商讨纪念"五一节"筹备会议,决定5月1日在上海公共体育场召开纪念"五一"大会,后因当局严密封锁未能实现。6月24日,共产主义小组成员陈独秀、李大钊、李达、李汉俊、陈望道、邵力子、沈雁冰、沈玄庐等同文化界知名人士经亨颐、夏丏尊、周建人共15人在《觉悟》上刊载《新时代丛书编辑缘起》,筹备出版"新时代丛书"。8月3日,陈望道主编的《国民日报》副刊《妇女评论》在上海创刊,发表创刊宣言。沈雁冰、邵力子、杨之华等撰稿。9月26日,陈望道所撰《作文法讲义》开始在《国民日报》副刊《觉悟》连载,至1922年2月13日毕。11月,陈望道任中共上海地方委员会第一任书记。是年,陈望道在《东方杂志》第11号上刊载了所译日本高畠素之的《社会主义底意义及其类别》,并在译文中指出:"世上盛传的与马克思同称为近世社会主义两大鼻祖的恩格斯。"又在《新青年》发表所译《劳农俄国底劳动联合》;在《新妇女》发表《妇女劳动和劳工劳动》;在《妇女评论》发表《婚姻问题与人口问题》《男女社交底自由》《恋爱论发凡》;在《觉悟》发表《文章底美质》《文字漫谈》《语体文欧化底我观》以及所译《文章概观》等。(上海鲁迅纪念馆编《陈望道先生纪念集》,复旦大学出版社2006年版)

　　杨明斋年初任党的上海发起组教育委员会任副主任,该委员会旨在为加强对青年运动的指导。春,杨明斋与张太雷作为中共代表赴伊尔库次克,向共产国际远东书记处汇报中共建党情况及与共产国际建立关系等问题,并起草了关于建立共产党国际远东书记处中国支部的报告,提交共产国际第三次代表大会。6月,与张太雷赴莫斯科出席了共产国际第三次代表大会。大会通过了决议,认为中国共产党的成立已经具备了条件,决定派马林等人赴中国协助建党。7月,中共召开"一大"以后,杨明斋主要从事党的理论教育工作,曾在上海党内讲授过《马克思主义浅说》《阶级斗争》《帝国主义》等。9月,陈独秀由广州回到上海任中共中央局书记,成立党的支部,杨明斋为支部成员。10月,杨明斋和陈独秀、包惠僧、柯庆施、高君曼一起,在陈独秀住处被捕,后经党营救出狱。(参见余世诚、张升善编《杨明斋》,中共党史资料出版社1988年版;唐宝林、林茂生《陈独秀年谱》,上海人民出版社1988年版)

　　蔡和森、陈公培、罗学瓒、张昆弟等被法国遣送的留法勤工俭学生11月18日乘法国轮船抵达香港,登岸去广州,进行救助宣传和募捐工作,同时寻找中国共产党和陈独秀。在会见粤区党组织负责人后,得知陈独秀已去上海主持党中央工作,蔡和森等即返香港,乘船去上海。11月23日,除沿途下船或回家的27人外,被遣回国勤工俭学生77人抵达上海,开始向上海各界及地方当局、南北政府呼吁救助。12月11日,蔡和森由陈公培介绍会见陈独秀,向陈独秀汇报了在法国的斗争情况和本人的思想以及在法国成立旅法党组织的问题。党中央当即批准他入党,介绍人是陈独秀、陈公博,并留在党中央宣传部工作。(参见李永春编著《蔡和森年谱》,湘潭大学出版社2008年版;唐宝林、林茂生《陈独秀年谱》,上海人民出版社1988年版)

　　林纾造访康有为,康问他为何学桐城。林纾回答:"纾生平读书寥寥,左庄马班韩柳欧曾外,不敢问津。于归震川则数周其集。方姚二氏,略为寓目而已。"康不禁怃然。是年,张元济与高凤谦约请林纾选编《林氏选评名家文集》丛书,选定《刘子政集选》《方望溪集选》等15种。自本年冬始,历两年毕其事,1924年7至8月由商务印书馆陆续出版。

　　按:《林氏选评名家文集》丛书共十五种:《震川集》《刘子政集》《谯东父子集》《柳河东集》《刘宾客集》《欧孙集》《嘉祐集》《后山文集》《元丰类稿》《淮海集》《虞道园集》《唐荆川集》《汪尧峰集》《方望溪集》《蔡中郎集》。历时两年始成,陆续由商务印书馆刊行。(薛绥之、张俊才《林纾研究资料》,福建人民出版社1982年版;张人凤、柳和城编著《张元济年谱长编》,上海交通大学出版社2011年版)

　　章炳麟仍居上海。1月3日,发表《与各省区自治联合会电》,主张以各省自治为第一步,联省自治为第二步,联省政府为第三步。1月至2月,支持四川刘湘、但懋辛实行川省自治。4月7日,广东国会开会,议决中华民国政府组织大纲,选孙中山为非常总统。5月1日,孙中山致书章炳麟,邀其赴粤相助,章炳麟坚持联省自治主张,以为孙中山当选为非常总统非法,未应聘。6月,浙江督军卢永祥宣布自治,章炳麟认为卢永祥只宜宣布自主,唯有浙人方可昌言自治。因为章炳麟认为,卢永祥并无真正进取之心。同月20日,吴齐仁(实为张静庐)编《章太炎的白话文》一册由上海泰东图书馆出版,系将《教育今语杂识》上所发表的演讲汇集编成,收《留学的目的和方法》《中国文化的根源和近代学术的发达》《常识与教育》《经的大意》《教育的根本要从自国自心发出来》《论诸子的大概》《中国文字略说》。夏,撰《与吴检斋论说文书》《吊易白沙》。是年,《太炎学说》上、下卷由四川观鉴庐印行,上卷为章氏1918年在四川讲演记录,包括《说新文化与旧文化》《说今日青年的弱点》《说求学》《说真如》《说忠恕之道》《说道德高于仁义》《说职位》《说音韵》《说自心之思想迁变》;下卷为一批书札。(参见姜义华编《中国近代思想家文库·章太炎卷》附录《章太炎年谱简编》,中国人民大学出版社2015年版)

　　王国维年初婉拒北京大学教授的聘任。1月28日,王国维致书罗振玉,谈应聘北京大学教授事,谓:"马叔翁(衡)及大学雅意,与公相劝勉之厚,敢不敬承。惟旅沪日久,与各处关系甚多,经手未了之件与日俱增,儿辈学业多在南方,维亦有怀土之意,以迁地为畏事。前言已与马叔翁面言,而近岁与外界关系较前尤多,更觉难以摆脱。仍希将此情形转告叔翁为荷。"2月6日,王国维致信马衡,谓:"来书述及大学函授之约,孟劬南来亦转述令兄雅意,惟近体稍屡,而沪事又复烦赜,是以一时尚(不)得暇晷,俟南方诸家书略整顿后再北上,略酬诸君雅意耳。"又致马裕藻信亦谓:"去夏奉教,又隔一年,每以为念。初夏,令弟叔平兄到沪,具述尊旨及鹤老厚意,敢不承命。只以素性疏懒,惮于迁徙,又家人不惯北上,儿辈职业姻事多在南方,年事尚幼,均须照料,是以不能应召。当将以上情形请叔平兄转达,亮荷鉴及。昨叔平兄又出手书,词意殷拳,并及鹤老与学校中诸君相爱之雅,且感且愧。惟弟不能赴北情形既如前陈,故应召之期一二年中恐未能预定。"

　　按:王国维致罗振玉函有"马叔翁(衡)及大学雅意,与公相劝勉之厚"云云,后者盖因在此之前罗振玉曾致函王国维言日本大学聘任事,曰:"再此间东西大学皆托弟转聘公任嘱托教授,一教支那文学史,一教韵学小学,岁修皆三千元,每星期钟点甚少,大约均两点钟。弟以公在沪甚安,至今未尝以此语奉商。昨东京林博士又来问此事,且言明岁教授目即须编定,宜在阳历年内,故飞函奉商。弟前风闻哈同明岁停止学报,不知信否?已函询景叔兄,尚未得复。报合先商公,以便复前途。至北京大学公谢不就,弟甚谓然。鄙意若哈同停报,公复来此,得(?)将冬沪上亦有托。弟聘公者(姑暂不言其人),就沪就东请自酌。私意时盼公来此,仍可续往岁赏析之乐也,即请迅复。"又说:"林博士言东京人欲得《学术丛刊》者极多,苦无购处。又此间人亦想汇文堂托弟索数部,弟告以可径函沪上,不知已购否?"王国维亦已婉拒。

　　王国维2月4日撰《刘氏金石苑稿本跋》。3月2日,假某氏所藏内阁大库旧藏残宋本《大唐六典》,以校明正德中重刊宋绍兴本,补第三卷佚文数百字,精加校勘,允称善本。是春,应姚虞琴之请,为查慎行《敬业堂文集》撰序。又撰成《与友人论〈诗〉〈书〉中成语书》。5月22日,王国维写定这数年来所为文字刊于《学术丛编》及旧作之刊于雪堂、广仓二丛刊者,删繁挹华,为《观堂集林》20卷。去取至严,凡一切酬应之作,及少作之无关弘旨者,悉淘去不存。旧作如《魏石经考》《汉魏博士考》《〈尔雅〉草木虫鱼鸟兽释例》,亦只存一部分而已。同时对所收各学术论著,多有改订,较前尤为精密严谨。友人乌程蒋汝藻出资以仿聚珍板印行。6月25日,撰《段懋堂手迹跋》。10月22日,撰《切韵》成。11月9日,致函马衡,告以所撰《切韵》一书的内容。

按：王国维致马衡函曰："敦煌出唐写本《切韵》,巴黎所藏,伯希和教授所寄者计三种：一存上声海至铣,似陆法言原本；一存平声东至鱼,前有陆法言及长孙讷言二序,并平声上分目,有长孙增字及增注,乃长孙讷言笺注本；一存一二四五共四卷,卷一首与卷五尾又有阙,有长孙所增字及类似长孙之注,疑是长孙注节本,此种最完,且多原影本。一时未能印行,弟故竭二十日之力,照其行款写一副本,颇拟将此副本付书坊先以行世,而字太小且率,恐不易明了,故尚与书坊交涉。(原本误字极多。)又思作一校记,亦虑篇幅太巨,须增于原书数倍,而近又鲜暇,故亦尚未着手。尊属觅人录副,然此间写官亦不易觅,俟与书坊商议能印与否,再行奉闻。其分部之法尚可窥见,次第具如《唐韵》,而平声无移、谆、桓、戈四部；上声无准、缓、果三部；入声无术、曷二部。弟见此书后已将前所撰《续声韵考》改削小半矣。弟前疑《切韵》次第必如《唐韵》,而以正齐划一之功归之李舟,今乃得见陆氏原书证之,诚为大幸。近日学术界有新发现否？"

按：是年,法人伯希和以敦煌古卷中陆法言《切韵》凡三种影本寄罗振玉,未及精印。夏历十月初一日起,王国维为临写一本,至二十三日录毕,石印以行世,因增订旧文,为跋尾,附于写本后。

王国维11月应陈乃乾请为其所辑《金石丛书》作序。11月17日,致书陈乃乾,谓"委撰尊辑《金石丛书》序,顷始脱稿,附呈,请察收。《丛书》何时可出,销路可望佳否？如能赓续出书,亦一大佳事"。同月,王国维撰《明太傅朱文恪公手定册立光宗仪注稿本跋》。12月8日,因《切韵》事前与商务印书馆商印,竟无成议,遂致函马衡,商"能于大学集有印资,则当以四百部奉寄,余一百部则罗君与弟留以赠人"。同月,王国维撰《汉南吕编磬跋》(又名《汉四时嘉至磬跋》)。是年,撰《明拓石鼓文跋》《唐广韵宋雍熙广韵考》《唐写本摩诃般若波罗密经残卷跋》《连绵字谱》。又撰《释辟》上、下及《释昱》《释旬》《释西》《释物》《释牡》《释礼》等,收入《观堂集林》卷六。(以上参见袁英光、刘寅生《王国维年谱长编(1877—1927)》,天津人民出版社1996年版)

汪钟霖、邓彦远、孙德谦、张尔田等一批老辈学人是秋在上海成立亚洲学术研究会,计划每月开讲书会两三次,发行《亚洲学术杂志》(原定月刊,实为季刊),理事汪钟霖、邓彦远、孙德谦为杂志编辑人,任稿会员有王国维、罗振玉、曹元弼、张尔田、刘承干等。该会宗旨愤心时流,攻斥骛新者不遗余力,欲借此拯救世道人心。罗振玉看到杂志后,认为其中佳作不少,特嘱咐王国维："深愿同人能合力作,发挥正论,以振狂愚。"张尔田在该杂志发表《论六经为经世之学》(第1期),《章氏遗书序》《汉书艺文志举例序》(第2期),《答梁任公论史学书》《昭明太子赞》(第3期),《与人论学术书》《清史乐志序》(第4期)等。所撰《梁昭明太子赞》刊于5月《宗圣学报》第25号第3卷第3册。

按：《亚洲研究会简章》曰："本会以亚洲学术与世道人心,有极大关系,须加以研究,故名曰亚洲学术研究会。"拟定宗旨是："本会大纲,以六条为体,八项为用。六条有目,曰主忠信以修身,尊周孔以明教,敦睦亲以保种,讲经训以善世,崇忠孝以靖乱,明礼让以弭兵。八项有目,曰亚人之性情,亚人之政治,亚人之道德,亚人之法律,亚人之礼俗,亚人之和平,亚人之教学,亚人之文化。将来在会讲书及发行杂志,悉本此旨。"

按：该会及其所办杂志引起东南大学史地学会的注意,希望其对于学术有所贡献。1923年1月《史地学报》第2卷第2号有载《亚洲学术研究会及其刊物》。(参见桑兵《民国学界的老辈(之一)》,《历史研究》2005年第6期；孙文阁、张笑川编《中国近代思想家文库·张尔田、柳诒徵卷》及附录《张尔田年谱简编》,中国人民大学出版社2015年版)

张东荪在上海继续主持《时事新报》及其副刊《学灯》,并代理任中国公学校长。1月1日,张东荪在《时事新报》副刊《学灯》上发表启事。2月15日,张东荪在《民铎》第2卷第5期发表《论精神分析》一文,向中国知识界介绍弗洛伊德的精神分析理论。同日,在《改造》第3卷第6号上特别推出经过精心策划的"社会主义研究"专栏,张东荪发表《一个申说》,

就其此前发表的《现在与将来》进一步阐发他对社会主义问题的意见,基本形成了关于社会主义的两个两个观点:一是重申了所谓"始终固守的阶段说",主张现在应该采用资本主义,将来实行社会主义;二是社会主义必兴,但社会主义派别很多,究竟选择哪种社会主义? 张东荪公开主张只有基尔特社会主义适合于中国。

　　按:张东荪所理解的社会主义,不是具体的哪种社会主义,而是一种趋势;社会主义是一种正在发展中的学说,其中有"比较上最圆满的社会主义"。鉴此,张东荪将社会主义分为"学问上的社会主义"与"信仰上的社会主义",信仰上的社会主义等于各种宗教本不需有真理为其根据,只是一种热烈的感情;学说上的社会主义则尚在"创造修改"之中。一般人往往把两个混谈,遂变成了一个学说与信仰相混合的社会主义,马克思主义实际上就是两者混合的产物。张东荪所推崇的,实际上就是所谓"学问上的社会主义"。他说,"我以为我们非把学理上的社会主义推进一步,换言之,即不能创造出来一种更圆满的社会主义",也就是"基尔特社会主义","不但基尔特社会主义如此,其他一切社会主义都是正在研究修正中"。这是张东荪首次公开赞美基尔特社会主义是"比较上圆满的社会主义"。这便为以后他"修正"并发展社会主义提供了理论基础。张东荪、梁启超等人的观点,立即引起了当时思想界的热烈讨论。研究系的骨干分子们对张东荪的观点纷纷表示同意,而马克思主义者则对张东荪、梁启超的观点进行了更加激烈的批评。

　　张东荪7月中旬对罗素离开北京经天津赴日本临行前发表《中国往自由之路》的演讲,最后竟建议中国仿效苏俄走"国家社会主义"的道路非常不满。张东荪在发表《中国往自由之路》的同时又专门写了一篇《后言》加以批评:"罗先生的这一篇《中国往自由之路》上有许多地方和他向来的主张相矛盾。"指责罗素"自己的思想还未确定,如何能指导我们呢?"9月,张东荪创办《时事新报》副刊《社会主义研究》,将主张基尔特社会主义的同人集合起来,公开打出了"基尔特社会主义"的旗帜,提出"我们怀抱基尔特社会主义的思想,竖起基尔特社会主义的旗帜,在《社会主义研究》发刊的第一天,宣言我们是基尔特社会主义者"。11月间,中国公学发生风潮,张东荪、舒新城与王敬芳一起和平解决了公学的风波。12月1日,张东荪在《民铎》第3卷第1期"柏格森"上发表《柏格森哲学与罗素的批评》,批评罗素对柏格森的批评,进一步介绍西方非理性主义思潮。

　　按:《民铎》第3卷第1号为"柏格森号",刊载了严既澄的《柏格森传》、李石岑的《柏格森哲学之解释与批判》等11篇论文。(以上参见左玉河编《张东荪年谱》,群言出版社2014年版;左玉河编《中国近代思想家文库·张东荪卷》附录《张东荪年谱简编》,中国人民大学出版社2015年版)

　　蓝公武、蒋百里、彭一湖、蓝公彦、费觉天等研究系干将2月15日在《改造》第3卷第6号"社会主义研究"专栏刊文参加了社会主义论战,支持张东荪的观点。除了梁启超《复张东荪书论社会主义运动》外,依次为:蓝公武《社会主义与中国》,蒋百里《我的社会主义讨论》,彭一湖《我对于张东荪和陈独秀两先生所争论的意见》,费觉天《对于社会主义争论问题提出两大关键》,蓝公彦《社会主义与资本制度》。蒋百里、费觉天又分别在《改造》第4卷第2号、第3卷第10号上发表《社会主义怎样宣传》《关于社会主义运动致蓝志先生书》。蒋百里两文指出:中国要实行社会主义,必须具备三个条件:工业能不能社会化,劳动者"精神上的自觉"和"能力上的锻炼"是否具备。所以社会主义在中国的实行是将来的事,目前是"怎样"宣传社会主义的问题。彭一湖《我对于张东荪和陈独秀两先生所争论的意见》认为,张东荪的根本意见是先发展实业,再讲社会主义;陈独秀的根本意见是用革命手段,集中资本,来实行社会主义,发展实业。他公开表示赞成张东荪的意见。费觉天《关于社会主义运动致蓝志先生书》不同意张东荪等的"越阶"说,指出中国"既有资本主义,则实行社会主义,便不能谓越阶",但仍认为社会主义的实行,不在今日,而在未来。随后引发共产党阵营的

反驳,于是将社会主义论争推向新的高潮。(参见左玉河编《张东荪年谱》,群言出版社2014年版)

郑振铎主编《共学社丛书》之一的《俄国戏曲集》共10本,1—4月由商务印务馆出齐。4月17日,郑振铎致信瞿世英,讨论泰戈尔的作品与思想,后发表于4月19—21日《时事新报·学灯》。当时郑振铎已应张东荪之邀为《时事新报》编辑《学灯》副刊。23日,《时事新报》头版刊载《本报特别启事》,宣告将出《文学旬刊》,并刊载《文学旬刊宣言》与《文学旬刊体例》。《文学旬刊》为文学研究会机关刊,由郑振铎主编。《文学旬刊宣言》强调"为中国文学的再生而奋斗,一面努力介绍世界文学到中国,一面努力创造中国的文学,以贡献于世界的文学界中"。24日,郑振铎邀郭沫若在半淞园会面并共进午餐,由郑振铎作东,茅盾、柯一岑在座。

> 按:这是郑振铎与郭沫若第一次会面,郑振铎再次请郭沫若参加文学研究会,被婉辞谢绝。最后郑振铎热情地陪送郭沫若一段路。此后,郑振铎还先后陪同叶圣陶、朱谦之等人到郭沫若在马霍路的住所访问。朱谦之后来回忆:"在这时我却交了许多海内知名之士,最为我爱重的是两位文学家郭沫若和郑振铎,……他俩性情思想不同,却都是我的顶好朋友。"(《荷心》《回忆》《世界观的转变》)

郑振铎5月9日作《现在的戏剧翻译界》,载6月30日《戏剧》月刊第1卷第2期。10日,郑振铎主编的《文学旬刊》作为《时事新报》副刊创刊;发表文艺短论《文学的定义》,认为"我们可以归纳出一个文学的定义来就是:文学是人们的情绪与最高思想联合的'想象'的'表现',而它的本身又是具有永久的艺术的价值与兴趣的。"5月11日,经高梦旦介绍,郑振铎进商务印书馆编译所国文部工作。16日,郑振铎在《时事新报·学灯》发表《文学的危机》,批判"《礼拜六》式的小说的流行"。同月,在《民国日报·觉悟》发表《文学研究会丛书缘起》《文学研究会丛书编例》《文学研究会丛书目录》以及与耿济之合作、从俄文译的《第三国际党颂歌》(即《国际歌》歌词)。

郑振铎、沈雁冰、陈大悲、欧阳予倩、汪仲贤、徐半梅、张聿光、柯一岑、陆冰心、沈冰血、滕若渠、熊佛西、张静庐等共13人5月发起组织"民众戏剧社",并写有宣言,于5月31日创刊《戏剧》月刊,这是我国新文学运动中第一个戏剧专刊。6月10日,郑振铎在《小说月报》第12卷第6期上发表《审定文学上名辞的提议》,讨论外国文学术语译名统一问题。20日,郑振铎在《文学旬刊》第5期上发表论文《文学的使命》。7月10日,《小说月报》第12卷第7期开展"创作的讨论",参加者均为文学研究会成员,郑振铎发表《平凡与纤巧》。同日,郑振铎在《文学旬刊》第7期上开展"语体文欧化的讨论"。

郑振铎7月17日在《时事新报·学灯》发表《李石岑启事》,宣布由郑振铎正式接替李石岑任《学灯》主编。又发表《西谛启事》,表示在该刊体例上将有所改变。中旬,郑振铎两次托李石岑写信给郭沫若,邀请郭沫若参加文学研究会,均遭谢绝。24日,郑振铎在《时事新报·学灯》上开辟"儿童文学"专栏,刊载儿歌、童话等,为我国最早的儿童文学副刊。30日,郑振铎在《文学旬刊》第9期上发表重要论文《文学与革命》。又在《戏剧》第1卷第3期上发表重要论文《光明运动的开始》。8月1日,郑振铎在《时事新报·学灯》上发表《今后的学灯》,表示《学灯》将新增"现代学术界""俄国研究""社会主义研究""社会运动家""读书录""书报介绍""国内学术界消息"等专栏。3日,郑振铎在《时事新报·学灯》上发表《但丁的六百年纪念》。16日,在《时事新报·学灯》开始连载《文齐斯特的〈文学批评原理〉》,至22日载完,介绍评述美国C. T. Winchester的《文学批评原理》一书。21日,郑振铎在《时事新报·学灯》上发表郑伯奇《批评郭沫若君底处女诗集〈女神〉》。22日,作《儿童世界宣言》。

9月,《小说月报》第12卷增刊《俄国文学研究》出版。"论文"栏第一篇为郑振铎写的《俄国文学的启源时代》,论述了普希金以前即十九世纪以前的俄国文学。

郑振铎主编的《文学研究会丛书》10月起开始由商务印书馆出版,包括文学理论、文学史、创作、翻译等,内容全面、丰富,连续出版时间很久,在中国文学史上影响很大。11月5日,郑振铎在《时事新报·学灯》上发表从1921年9月《苏俄》(Soviet Russia)月刊上翻译的《李宁的宣言》(列宁告全世界工农书),郑振铎为作短序。9日,在《时事新报·学灯》上发表《介绍小说月报"被损害民族的文学号"》。11日,郑振铎在《文学旬刊》上发表《陀思妥以夫斯基的百年纪念》。12月15日,《评论之评论》第1卷第4期以显著标题开辟"提倡革命的文学"专栏,重载郑振铎的《生命之火燃了!》和《文学与革命》,以及费觉天、瞿世英等人与郑振铎讨论革命文学的文章,产生了较大的声势和影响。(参见陈福康《郑振铎年谱》,三晋出版社2008年版)

易家钺为文学研究会会员,因李凤亭推荐来上海泰东图书局工作,暂居郑振铎处。是年,易家钺与罗敦伟等人主编的《家庭研究》第1卷第3期上刊登《青年自立会简章及缘起》,该会的发起人为易家钺、周长宪、杨璠、郭梦良、徐其湘、胡淑光、罗敦伟、成舍我、谢楚桢、郑振铎、杨逵夫、罗宗翰、陈大悲、陈顾远等。罗敦伟、易家钺又有所著《中国家庭问题》由北平北京大学家庭研究社刊行,主张废除婚制,消灭家庭,是五四前后家庭问题研究中激进派理论的代表。(参见陈福康《郑振铎年谱》,三晋出版社2008年版)

茅盾为1月4日在北京中央公园来今雨轩宣告成立的"文学研究会"12位发起人之一。10日,主编并全面革新的《小说月报》第12卷第1号出版,深受社会欢迎。同日,发表《〈小说月报〉改革宣言》与《文学与人的关系及中国古来对于文学者身份的误认》。2月10日,在《小说月报》第12卷第2号发表《新文学研究者的责任与努力》《翻译文学书的讨论——复周作人》。下旬,茅盾与自京赴沪的郑振铎见面,商谈组稿及创作等事。月底,与第一次赴沪的叶绍钧见面,并同游半淞园,同游者尚有郑振铎、沈泽民。4月7日,在《共产党》第3号发表《自治运动与社会革命》以及所译霍格松(Hodgson)著《共产党的出发点》,前文批判当时的自治运动者鼓吹的资产阶级的民主,指出中国的前途只有无产阶级革命。上旬,致函鲁迅,约请鲁迅为《小说月报》撰稿。11日,据鲁迅日记记载,茅盾与鲁迅自此开始通信。5月初,听说郭沫若于4月初到了上海,由郑振铎发请柬,与《时事新报》副刊《青光》的编辑柯一岑一起请郭沫若在半淞园便饭。7日,从英文转译的列宁《国家与革命》第一章,发表于《共产党》第4号。10日,发表《百年纪念祭的济慈》《中国文学不发达的原因》。同月,与欧阳予倩、郑振铎、陈大悲、徐半梅、熊佛西、张聿光、沈冰血等13人是春在上海成立民众戏剧社,"以非营业的性质,提倡艺术的新剧为宗旨",并创办《戏剧》月刊。

按:民众戏剧社发起人共8人:沈雁冰、柯一岑、陈大悲、徐丰梅、张韦光、汪仲贤、沈冰旦、滕若渠。社员还有:陆冰心、熊佛西、张静庐、欧阳予倩、郑振铎5人。《宣言》谓"当看戏是清闲的时代已经过去了,戏院在现代社会中确是占着重要的地位,是推动社会前进的一个轮子,又是搜寻社会病根的X光镜"。

茅盾6月10日在《新青年》第9卷第2、3号发表《十九世纪及其后的匈牙利文学》;在《小说月报》第12卷第6号发表《〈审定文学上的名辞的提议〉附注》。7月11日,茅盾在《民国日报·觉悟》发表《文学批评的效力》。13日,在《民国日报·觉悟》发表《"唯美"》,谈了对王尔德、邓南遮和梭罗古勃三位近代唯美派文学家的看法。16日,茅盾获悉胡适抵沪,意在视察商务印书馆。18日,偕郑振铎、叶圣陶、李石岑等与胡适谈商务印书馆有关业务。22

日，茅盾与郑振铎一起和胡适就商务编译所和有关《小说月报》的事进行交谈，胡适强调了创作方面的现实主义主张。同月，茅盾即成为中国共产党最早的一批党员。

　　按：党中央派茅盾为中央直属联络员，利用在商务印书馆编辑《小说月报》的身份，为中央转交信件和接待外地来访人员。这项工作一直做到1925年底他离沪赴穗为止。

　　茅盾8月31日在《戏剧》第1卷第4期发表《中国旧戏改良我见》，认为中国的旧戏改良势在必行。9月4日，在《民国日报·觉悟》发表《"中国式无政府主义"质疑》。10日，茅盾作《俄罗斯文学录》，载《小说月报》第12卷号外"俄国文学研究专号"。10月1日，在《新青年》第9卷第6期发表所译布哈林著《俄国的新经济政策》。10日，在《小说月报》第12卷第10号发表《〈被损害民族的文学号〉引言》《〈被损害民族的文学背景〉的缩图》《新犹太文学概观》以及所译Hermione Ramsden原著《芬兰的文学》与《〈芬兰的文学〉译后记》。约在下旬，茅盾阅《南京高等师范日刊》，发现该刊最近大肆吹捧旧诗创作，为这所代表东南文明的大学，其思想之陈旧而气愤，拟与郑振铎、叶圣陶在《文学旬刊》上撰文"大骂他们一顿"。11月上旬，茅盾与郑振铎商议出版"文学小丛书"事，建议归入《新时代丛书》出版。12月10日，在《小说月报》第12卷第12号发表《一年来的感想与明年的计划》《纪念佛罗贝尔的百年生日》，后文介绍法国自然主义派著名作家佛罗贝尔（福楼拜）的生平及创作。12月，《小说月报》印数增至一万册。是年，编辑"俄国文学研究专号"（《小说月报》增刊），并发表《近代俄国文学家三十人合传》；编辑"法国文学研究专号"（《小说月报》增刊），并发表《佛罗贝尔》《法国文学对于欧洲文学的影响》（沈雁冰、郑振铎合作）；与刘贞晦合著《中国文学变迁史》，由上海新文化出版社出版；编纂《俄国文学研究》，由商务印书馆出版；《近代文学体系的研究》，由上海新文化出版社出版。（参见唐金海、刘长鼎主编《茅盾年谱》，山西高校联合出版社1996年版）

　　夏丏尊2月离开湖南第一师范学校。3月10日至4月21日，与李继桢合译日本高畠素之著《社会主义与进化论》分17期在《民国日报》《觉悟》副刊连载。6月15日，介绍修辞知识的组文《描写》《暗面描写》《周围描写》《象征》《高级象征》《情调象征》《象征主义》等7篇，刊《民国日报》《觉悟》副刊。6月24日，夏丏尊参与发起的新时代丛书社成立，由商务印书馆发行。同日，《民国日报》《觉悟》副刊登载《新时代丛书》编辑缘起。夏丏尊为编辑人之一。6月26日，陈独秀、夏丏尊等15人联名在《晨报》发表《编辑〈新时代丛书〉启事》。7月10日，《缺陷的美》刊《民国日报》《觉悟》副刊。8月3日至1922年5月17日，译自日本利彦达惟（美国瓦特原著）的《女性中心说》，分31期在《民国日报》《妇女评论》副刊上连载。文章阐述了男性中心说形成与发展的历史过程，列举大量事例，提出"女性中心"的观点。其目的是以理论唤醒民众的女性意识，改革社会结构。

　　夏丏尊是年秋加入文学研究会，入会编号55号。该会发起人为：郑振铎、沈雁冰、叶绍钧、许地山、王统照、耿济之、郭绍虞、周作人、孙伏园、朱希祖、瞿世英、蒋百里。后来陆续发展的会员有谢婉莹（冰心）、黄庐隐、朱自清、王鲁彦、夏丏尊、老舍、胡愈之、刘半农、刘大白、朱湘、徐志摩、彭家煌等，共170余人。成立时发表有《文学研究会宣言》及《文学研究会简章》。会址设在北京。9月，译自日本白鸟省吾《俄国底诗坛》、日本西川勉《俄国底童话文学》、俄国克鲁泡特金《阿蒲罗摩夫主义》等三篇译作，同时载《小说月报》第12卷号外《俄国文学研究专号》。12月10日，翻译日本国木田独步小说《女难》，在《小说月报》第12卷12号上发表。国木田独步是日本自然主义的先驱，中国对日本自然主义的译介便始于国木田独步的作品。是年,与朱自清在上海吴淞公学,由首创中国新诗刊物的刘延陵介绍认识,两人一见如故。夏丏尊十分欣赏比自己小12岁的朱自清,认为他为人朴实诚恳,又才华横溢。(参见葛晓燕、何家炜《夏丏尊年谱》,中国文史出版社2012年版)

郁达夫是春与考取日本高等师范的孙百刚相识。6月8日,郭沫若、田汉等在东京第二改盛馆郁达夫寓所会商成立创造社。会议同意郭沫若关于文学社团"创造社"的命名,决定出版季刊及丛书。7月1日,郭沫若从日本回到上海,向泰东书局经理赵南公提出创办杂志计划,赵南公表示同意,并向他说安庆政法学校校长光明甫委托自己聘请一位英文教习,月薪200大洋,希望郭沫若担任。郭沫若当即推荐郁达夫。12日,得郭沫若信,信中希望郁达夫在创作方面"多作努力"。21日,郁达夫作《〈茵梦湖〉的序引》,介绍德国近代著名诗人施笃姆的生平、创作道路及其诗歌的艺术风格,刊于10月1日《文学周报》第15期。29日,由郁达夫撰写的《纯文学季刊〈创造〉出版预告》刊载于《时事新报》,告示《创造》第1期将于1922年1月1日出版。9月初,郁达夫应郭沫若之邀,返回上海负责《创造季刊》的编辑出版事宜。5日,致函郭沫若,告之即去安庆任教。

按:预告曰:"自新文化运动发生后,我国新文艺为一、二偶像所垄断,以致艺术之新兴气运,渐灭将近,创造社同仁奋然兴起,打破社会因袭,主张艺术独立,愿与天下之无名作家,共兴起而造成中国未来之国民文学。"预告还列名创造社同人:田汉、郁达夫、张资平、穆木天、成仿吾、郭沫若、郑伯奇。由于文中指摘"我国文艺为一、二偶像所垄断",遂引起文学研究会部分成员的不满,茅盾于1922年4月以"损"的笔名在《时事新报·文学旬刊》第37期发表《〈创造〉给我的印象》,对"创造社"的文艺主张、文艺作品以及郁达夫的《艺文私见》提出批评。创造社部分成员又纷纷撰文予以反批评,形成创造社与文学研究会的文艺论争,致使双方一度隔阂。郭沫若在《创造十年》中回顾这段历史后说:"在我们现在看来,那时候的无聊的对立只是在封建社会中培养成的旧式的文人相轻,更具体地说,便是行帮意识的表现而已。"

郁达夫10月初为解决季刊的经费和生活问题,去安徽省立法政学校任教,并兼英文科主任。15日,郁达夫小说集《沉沦》由上海泰东图书局初版,列为"创造社丛书第三种"。此为郁达夫第一个短篇小说集,收入其最初写的三篇小说:《沉沦》《南迁》《银灰色的死》。次年1月返回上海。(参见陈其强《郁达夫年谱》,浙江大学出版社1989年版)

戴季陶1月4日收到蒋介石致歉书一封,盖因上年12月25日抵浙江奉化劝蒋介石赴粤,未遂愿。是年,戴季陶受孙中山之托,往返沪穗间,起草粤省法律案数万言;所营证券物品交易所停业。(参见桑兵、朱凤林编《中国近代思想家文库·戴季陶卷》附录《戴季陶年谱简编》,中国人民大学出版社2015年版)

沈钧儒自去岁返沪后,生活拮据,多次几至绝粮。4月24日,被推举为"家庭日新会"编辑员。6月4日,浙江督军卢永祥发电。主张各省制定省宪,实现地方自治。16日组织省宪起草委员会,以制定浙江省宪法。沈钧儒参加省宪起草委员会工作。在确定参加制定人选方面,沈钧儒及褚辅成主张应由各职业团体各选若干人参加。6月3日,为节省开支,全家移居嘉兴。自己则居上海,奔波于沪、禾、杭之间。自12月始,作《家庭新论》连载于《中华新报》,每月稿费仅10元。是年,为寻求救国之道,广泛阅读并研究各种学说和思想。同时研究佛教、道教,与弘一法师(李叔同)等有来往。(参见沈谱、沈人骅编《沈钧儒年谱》,中国文史出版社1992年版)

谢无量8月间在胡适到上海时专程拜访,彼此在新文化与古代文化的传播和发展上,曾有不同的看法。谢无量主张:古文学在文字上对群众不通俗,但古文学现存者精华者俱多,应特别重视文言改白话;胡适以为宣扬旧道德旧文化,会影响新思想新文化的开拓。(参

见刘长荣、何兴明编《谢无量年谱》,《文教资料》2001年第3期;彭华《谢无量年谱》,《儒藏论坛》2009年第1辑)

黄炎培1月30日午后3时偕职教社王志莘乘"Empress of Rus"轮离沪,前往南洋等地提倡职业教育,并携有书籍、幻灯片等。同月,为《教育与职业》杂志《农业教育号》写弁言,谓教育宜视社会生活状况以立方针,以重视农业教育为宜。6月28日,中华职业教育社举行第四届年会,黄炎培出席报告社务概况及南洋职业教育之新趋势。7月22日,黄炎培在商务印书馆所办国语讲习所中讲《职业教育》。根据世界教育趋势、杜威的意见及我国的情况,极言职业教育为自救救国之道。28日,江苏省义务教育期成会成立,黄炎培被选为副会长。该会以推行义务教育为宗旨。9月8日,黄炎培代表中华职业教育社,假上海一品香饭店欢迎美国哥伦比亚大学教育院士主任孟禄博士,提出我国教育之二大问题请孟禄指导:(一)中国教育之弊为统一,各校教务不能因地变通;(二)青年学生多喜研究社会人生互助问题。二者宜如何指导之。10月30日,黄炎培听美国孟禄博士演说《共和国之教育》。当晚,约与孟禄长谈。(参见余子侠编《中国近代思想家文库·黄炎培卷》附录《黄炎培年谱简编》,中国人民大学出版社2015年版)

李登辉继续任复旦大学校长。5月,中南银行总经理、华侨银行家黄奕柱向复旦捐款一万元,用于建筑办公楼一座,建成后命名为"奕柱堂",即今校史馆中间部分。1929年,添建两翼,改称"仙舟图书馆",以纪念合作运动导师薛仙舟。9月中旬,应北京协和医校邀请,李登辉参加该校新校舍落成典礼。11月11日,全国国民外交大会成立大会在四川路青年会召开,118个团体的300余名代表与会。李登辉被推选为主席,并发表演说,云:"今日吾人在此开会,即美国开太平洋会议之时,亦即世界休战纪念之日。吾人主张,与太平洋会议相同。太平洋会议之意志,要使世界觉悟交战之危害、和平之福利,吾人亦然。""山东问题,固为我国之重要问题,然英、美、意等国,亦知将来如有决裂事情,必发生于远东。故山东问题,不仅关系中国,乃关系全世界之大问题也。山东问题能解决,则世界可达和平之道,反之则战争之导线潜伏,和平无望。此次提交大会公道主张,希冀有美满之结果。此次吾人在此开会,系代表四万万民意,希望达到和平之目的。"华盛顿会议期间,上海基督教青年会干事晏阳初、朱懋澄来复旦,请李登辉发动学生组织一次群众大会以壮声势。李登辉授意章益在老西门体育场召开万人大会,为历来群众大会人数最多的一次。12月,赴法勤工俭学学生团归国,生活、求学陷入困境,派代表陈毅与李登辉会晤。李设法帮助解决经费并吸收入学。是年,李登辉任教科目有哲学、心理学、法文、英文。教务长改由薛仙舟担任。(参见钱益民《李登辉传》及附录四《李登辉年谱简编》,复旦大学出版社2005年版)

舒新城时任上海吴淞中国公学中学部主任。7月,舒新城在上海吴淞中国公学中学部坚持进行教学改革,继续实验1920年他在湖南第一师范学校任教时推行的选科制与能力分组制,在训育上采取辅导制(即由教师辅导学生自治)。体育上采取工作制(即以生产劳动代替体操),并实行男女同学。秋,中国公学的旧派教员煽动学生闹风潮,驱逐张东荪和舒新城,攻击叶圣陶、朱自清、刘延陵、吴有训、常乃惪、刘建阳、陈兼善(即陈达夫)、许郭谷等8位教师。11月,在胡适的调停下,中国公学风潮结束。胡适《胡适的日记》(《新文学史料》第五辑,人民文学出版社1979年版)载:"四时,到水榭,赴中国公学同学会。上海中国公学此次有风潮,赶去张东荪。内容甚复杂;而旧人把持学校,攻击新人,自是一个重要原因。这班旧人乃想抬出北京的旧同学,拉我出来做招牌,岂非大笑话! 他们攻击的新教员,如叶圣陶,如朱自清,都是很好的人。这种学校,这种学生,不如解散了为妙!"11月9日,中国公学同人朱自清、叶圣陶、吴有训、舒新城、陈达夫、常乃惪等人游上海半淞园,并合影留念。(参见中央教育科学研究所编《中国现代教育大事记1919—1949》,教育科学出版社1988年版;姜建、吴为公编著《朱自清年谱》,光明日报出版社2010年版;商金林编《叶圣陶年谱》,江苏教育出版社1986年版)

叶圣陶1月4日参与发起成立文学研究会。《小说月报》革新,由沈雁冰主编。被邀为《小说日报》和《晨报副刊》的撰稿人。3月,到上海鸿兴坊沈雁冰寓所访沈雁冰,又约会沈泽民、郑振铎,共商文学研究会会刊《文学旬刊》创刊事宜(该刊5月10日创刊)。文学研究会成立读书会,为诗歌组成员。5月30日,有致顾颉刚书。7月,应上海中国公学代理校长张东荪和中学部主任舒新城的邀请,到中国公学中学部教国文,初识朱自清、刘延陵、吴有训、周予同、陈达夫等,始与陈望道往来。7月18日,在商务印书馆编译所见到胡适。胡适在商务印书馆编译所期间,曾到苏州讲演。叶圣陶前往听讲,并以胡适“在苏州的演说作一个影子”,写作了小说《脆弱的心》。秋,中国公学的旧派教员煽动学生闹风潮,驱逐张东荪和舒新城,攻击叶圣陶、朱自清、刘延陵、吴有训、常乃惪、刘建阳、陈兼善(即陈达夫)、许郭谷等8位教师。叶圣陶针锋相对地与旧派教员作了斗争。这次风潮迁延一个月才结束。风潮结束后,叶圣陶辞职回苏州。10月21日,叶圣陶执笔起草并与常乃惪、刘建阳、陈兼善、吴有训、刘延陵、许敦谷在《时事新报》联名发表《中国公学中学部教员宣告这次风潮之因果始末》。同月,与朱自清、刘延陵筹备《诗》月刊,作《〈诗〉底出版底预告》,刊于10月20日《时事新报·学灯》。(参见商金林编《叶圣陶年谱》,江苏教育出版社1986年版)

朱自清9月由刘延陵介绍,只身赴上海吴淞中国公学中学部任教。同月,与叶绍钧(圣陶)相识订交。10月10日,《民众文学谈》刊于《时事新报》附刊《文学旬刊》(双十增刊)。文中认为,民众文学包含两层意思:一是民众化的文学,即以民众的生活理想为中心的通俗化的文学,民众化外,便无文学;二是为民众的文学,即文学者所写的为民众喜闻乐见的、旨在提高改善民众知识和精神的文学。这两种文学中,所可能实现的,只有后者。21日,与叶圣陶、常乃惪、刘建阳、陈兼善、吴有训、刘延陵、许敦谷在《时事新报》联名发表《中国公学中学部教员宣告这次风潮之因果始末》。为表示对中国公学旧派教员煽动学生闹风潮的抗议,经朱自清提议中学部停课,得到叶圣陶等人赞同,于是一起离开吴淞,返回上海。29日,朱自清致俞平伯信,谈读俞平伯诗的感受,及对《诗》的版式装帧的设想。同月,作新诗《自从》,刊于次年2月15日《诗》第1卷第2号,诗中抒发了“五四”退潮后的一种失落彷徨的情绪。同月,与叶圣陶、刘延陵等筹办《诗》月刊。(参见姜建、吴为公编著《朱自清年谱》,光明日报出版社2010年版)

常乃惪是夏返回太原结婚,婚后接受上海吴淞中国公学中学部的聘请,南行赴任,讲授“西洋史”等课,发表多篇论教育改革的文章。中国公学附中学生想组织自治会,其组织设想与常乃惪的意见相左,双方在校刊上打起笔墨官司。当时常乃惪信仰基尔特组织,要求学生照基尔特方式组织自治会,部分学生不赞成,要用英美式的民主国会办法。自治会终因同学间意见不合而未能组成。10月21日,参与签名发表《中国公学中学部教员宣告这次风潮之因果始末》。(参见查晓英编《中国近代思想家文库·常乃惪卷》附录《常乃惪年谱简编》,中国人民大学出版社2015年版)

刘延陵9月介绍好友朱自清到上海吴淞的中国公学任教。与朱自清、叶圣陶等在工作之余,常常写诗作文,成为文学研究会的会员。10月的一天下午,刘延陵与朱自清、叶圣陶在校外散步闲谈,他们想编印一种专载新诗的月刊。随后,三人就跟当时上海中华书局编辑部商谈，由他们编辑，中华书局印行，编者不受酬报，也不负经济责任。双方一拍即合，于是开始筹备《诗》月刊。终于在次年1月1日创刊，编者除了他们三人还有俞平伯。刘延陵在《诗》月刊不但发表诗篇，还译介西洋新诗和写了一些有关诗的理论文章。

按：据刘延陵《〈诗〉月刊影印本序》（《诗》（影印本），上海书局1987年版）回忆："我们初到此地的一个月里，几乎每天下午都同往海边去游逛一番。有时还一同踏上由巨石杂乱地铺垫而成，像一只手臂般伸进海面的'半岛'，然后一颠一拐地彳亍到它的极端，试寻美丽的贝壳，或者静听着比在岸上听得更清楚的神秘的涛声。有一天下午，我们从海边回学校时，云淡风清，不冷不热，显得比往日尤其秋高气爽。因此，我们一路上谈兴很浓；现在我已不记得怎么一来，我们便从学校里的国文课谈到新诗，谈到当时缺少专载它们的定期刊，并且主张由我们来试办一个了。那时我们都才二十几岁，回到学校后，马上写了一封信寄给上海中华书局的经理，征求该书局为我们计画中的刊物担任印刷与发行。几天后接到回信。邀我们于某一时刻，访问该书局编辑部的左先生，谈商一切。我们如约而往，谈了一小时就达成协议"。（参见汪胜《刘延陵：中国新诗的早期倡导者》，《中华读书报》2018年2月27日；姜建、吴为公编著《朱自清年谱》，光明日报出版社2010年版）

刘海粟继续任上海美术专科学校校长。2月6日，上海美术学校举行开学仪式。首由校长刘海粟讲话，次由教务长吕秋逸报告校中本年改革情况。3月14日，刘海粟、吕凤子在《申报》发表《上海教育部长范静生函》，建议举办全国美术展览会。7月5日，上海美术专门学校十周年纪念画展在该校举行，除展出历年学生成绩三百余件，又展出征集书画五千余件作为赠品。中有陈师曾、王一亭、刘海粟、李超士、汪亚尘、王济远、周淑静、程虚白、洪野等人的作品。分两部二十五室陈列，展品二百四十件。9月9日，上海美专教务会议在该校举行，出席者有刘海粟、汪亚尘、姜般若、吕凤子、程虚白、周勤豪、杨久鸿、谈炳仁、杨桂松、褚禹臣、张道宗、施梅僧、梁潮楷、陈策轩、洪禹仇、刘利宾、王济远、刘洪、王春山、李超士。议决事件摘要如下：（1）推定汪亚尘、吕凤子、姜般若、周勤豪、程虚白、王济远、王春山、丁慕琴、褚禹臣、刘利宾为美专十周年纪念筹备委员会委员。（2）本学年聘请吕凤子为教务主任，兼高等师范科主任，姜般若为总务主任，周勤豪为西洋画科主任兼西洋画科二年甲级主任。汪亚尘为西洋画科三年级主任。（参见袁志煌、陈祖恩《刘海粟年谱》，上海人民出版社1992年版；王震《20世纪上海美术年表》，上海书画出版社2005年版）

吴梦非继续任上海专科师范学校校长。2月27日，上海专科师范开学。3月1日上课。除校长吴梦非外，另聘郭伯宽、吕秋逸、李超士、周淑静、杨东山、汪仲山、沙辅卿、张联辉、刘质平、张湘眉、何连琴、萧蜕、胡寄尘等20余人。6月26日，上海专科师范普通师范科第一届举行毕业礼，校长吴梦非致词。（参见王震《20世纪上海美术年表》，上海书画出版社2005年版）

曹聚仁是年夏毕业于浙江省立第一师范学校。去南京投考南京高师，未第。去武汉报考武昌高师，因患疟疾只考了国文，其他考试未能参加。回浙江途经上海。9月，经陈望道师介绍，认识邵力子，并由邵力子推荐，在川沙县立小学做高小一年级级任老师。12月，在邵力子主编的《民国日报》副刊《觉悟》上发表第一篇文章《失望的旅行》，刊登于16日、18日、19日、20日、22日、23日各期上，未完。（参见曹雷编订《曹聚仁年谱》，《上海文史资料选辑》2000年第1期）

鲍咸昌继续任商务印书馆总经理。1月25日，《申报》广告，商务印书馆《中国医学大辞典》开始发售预约。该书于同年7月正式出版。谢观主编，分病名、药名、方名、身体、医家、医学、医术七大类编辑，共7万条，350余万言，分订两厚册。26日，《申报》广告，商务印书馆为创立 25 周年，提倡国语，赠送书券。3 月 13 日，《申报》载，商务印书馆附设国语讲习所。24 日《申报》，商务印书馆附设国语讲习所修正章程。5 月 14 日，《申报》载，商务印书馆股东年会。所有被选姓名如下：董事：高翰卿、李拔可、张菊生、鲍咸昌、王仙华、郑苏、丁斐章、金伯屏、黄韧之、吴嶙书、张季直等计 11 人；监察人：周梅泉、谭海秋、曹雪庚等 3 人。12 月 31 日，商务印书馆与中华书局签订关于销售小学教科书协议，后经双方议妥修改，于 1923 年 4 月 19 日议定，续约三年。协议共 21 条，内容有发售折扣、回佣、赠品，对分局补贴数额的限制，以及违约罚款等。（参见吴永贵《民国图书出版史编年：1912—1949》，社会科学文献出版社 2018 年版）

张元济 1 月 6 日晚在寓以西菜招待潘宗周、王国维、蒋汝藻、张石铭、葛嗣浵、刘承幹。席散后，张元济出示在北京所购之书，有宋椠《文选》，颇不易得，共同鉴赏，良久而去。1 月 26 日，鲍咸昌、郭秉文来访，谈西书部负责人人事，又介绍杨杏佛来馆讲习有关公司改良之事。同月，张元济撰《夷坚志》跋。2 月 11 日，新聘德国技师 3 人到馆办事。是月，《续古逸丛书》第二种《宋刊南华真经》出版。3 月 13 日下午，张元济于都益处宴傅增湘、王雪岑、朱祖谋、徐乃昌、潘宗周、蒋汝藻、赵从蕃、刘承幹。24 日，收购缪荃孙藏书，张元济将所拟办法告高凤谦、李宣龚。4 月，《涵芬楼秘笈》第 10 集由商务印书馆出版，全书出齐。同月 27 日，张元济等委托高凤谦进京访胡适，力劝胡适辞去北京大学的事，到商务印书馆去办编辑部。胡适几次婉辞后，高凤谦提出一个调停的办法，请胡适今年到上海"做他们的客人，替他们看看他们的办事情形，和他们的人物谈谈"，胡适应允。7 月 11 日，张元济致浙江图书馆陈宜慈（尚颎）书，请其在杭为《槜李文系》收辑稿件。18 日、19 日，胡适到商务印书馆编译所，晤高凤谦、傅运森、李石岑、郑振铎、沈雁冰、叶圣陶、郑贞文、邝富灼、杨端六、胡愈之等人。8 月，张元济撰《刊印槜李文系征集遗文启》。

按：文曰："嘉兴忻君虞卿辑成《槜李文系》四十六卷，久未刊行。同人以乡邦文献攸关，怂恿付梓。原书起自汉，迄光绪中。虑犹有阙，亟思增补，并拟广至宣统季年，继代为书。海内宏达，同州诸彦，藏有旧嘉兴府属先正文字，无论已否成集，咸请录副见示。篇帙较繁，则择其尤者。更乞编次仕履，附采言行，作为小传，以识生平。分任收稿者：京师金君筱孙、杭州陈君尚颎、龚君未生、嘉兴王君蔀昀、嘉善钱君铭伯、海盐谈君麟祥、平湖张君厚艻、石门陈君瀛客、桐乡沈君耆（洛），并于各省及上海商务印书馆设代收稿处，转寄上海葛词蔚、张菊生两君汇成。如蒙代辑遗文，即祈就近送交各处。但截至辛酉年终为止。原书凡例及姓氏总目已编印成册，分赠同志。如承索阅，望函致各收稿处，即当寄奉。伏维公鉴。嘉郡同人谨启。"

张元济 9 月 6 日致朱希祖书，述《槜李文系》集稿情形，并请其在北京广为搜辑。7 日，胡适离沪返京，张元济、高凤谦、王显华、庄俞、李宣龚等到火车站送别。8 日，张元济与叶恭绰、黄郛、黄炎培、陈垣等太平洋问题讨论会理事 36 人联名致电北京政府徐世昌、靳云鹏，广州政府孙中山、唐绍仪、伍廷芳、陈炯明等，以"太平洋会议日期迫促，我国应付之法，诸待积极进行"，吁请南北双方"共同策进，一致主张"。9 月 19 日，张元济访孙壮、张廷桂、孙道修，并到京华印书局。晤郭秉文，与商邀请美国教育家孟罗任顾问事。20 日，张元济再与郭秉文商聘请孟罗事。同日，于旅店晤张伯苓。21 日午后，张元济偕邝富灼、郭秉文往北京饭店访孟罗，待至三点钟始返。同日，傅增湘来访，商印《道藏》事。23 日，访梁启超，商梁启超在南开大学讲授中国历史之讲义印行出版等事。24 日，访胡适，见其友刘文典所辑《淮南子集注佚文》。同日，尝访汪大燮、李家驹、颜惠庆、王少峘、俞阶青、陶孟和等。25 日，王峄山来访，拟将所著《东洋史讲义》《近世史》《东方调查》交商务出版。同日，访梁启超，商威尔士

《通史》译稿出版事。28 日,张元济因臀痛住院。其间,蒋维乔、徐蔚如、金任甫、王式通、戴雨农、李家驹、叶景葵、许厚基、李石曾、叶德辉、夏元瑮、蔡元培、傅增湘、朱希祖、金兆蕃、夏曾佑、林纾、陈宝琛、陈汉第、陈懋鼎、伊见思等先后至医院探望。10 月 1 日,胡适探视张元济,送交商务印书馆考察报告书,分设备、待遇、政策、组织四部分约,万余字。11 月,是月《四部丛刊》出第 4 期书,共 46 种,327 册。12 月 27 日,晚应蒋汝藻约,至西摩路蒋宅晚饭,同座有傅增湘、王国维、陈叔通、刘厚生、刘承幹等。30 日,张元济致吕在廷书,提出《檇李文系》稿收集、编辑办法。(参见张人凤、柳和城编著《张元济年谱长编》,上海交通大学出版社 2011年版;吴永贵《民国图书出版史编年:1912—1949》,社会科学文献出版社 2018 年版)

胡愈之是年接替杜亚泉为商务印书馆《东方杂志》主编。1 月 10 日,胡愈之在《东方杂志》第 18 卷第 1 号上发表《联邦主义与省界》《文学批评——其意义及方法》《威尔士的新历史》《现代哲学的厄运》等文。25 日,在《东方杂志》第 18 卷第 2 号上发表《近代英国文学概观》等文。2 月 10 日,在《东方杂志》第 18 卷第 3 号上发表《近代法国文学概观》《哲学的改造》《得诺贝尔奖金的两个文学家》。25 日,在《东方杂志》第 18 卷第 4 号上发表《克鲁泡特金与无治主义》《克鲁泡特金的道德观》等文。3 月 10 日,在《东方杂志》第 18 卷第 5 号上发表《迷信与近代思想》《亚美尼亚文学》等文。25 日,在《东方杂志》第 18 卷第 6 号上发表《马克思主义的最近辩论》《南非女作家须林娜》等文。4 月 10 日,在《东方杂志》第 18 卷第 7 号上发表《近代德国文学概观》《法兰西诗坛的近况》《一个漫游新大陆的著作家》等文。25 日,在《东方杂志》第 18 卷第 8 号上发表《罗素新俄观的反响》《英国诗人克次的百年纪念》等文。5 月 10 日,在《东方杂志》第 18 卷第 9 号上发表《劳动文化》《新希腊的新诗人》等文。25 日,在《东方杂志》第 18 卷第 10 号上发表《文明之曙光——南非女文学家须林娜的遗著》《德国的劳动诗与劳动剧》等文。6 月 10 日,在《东方杂志》第 18 卷第 11 号上发表《俄国的自由诗》《法国历史画家罗冷斯的去世》《傀儡剧》等文。25 日,在《东方杂志》第 18 卷第 12号上发表《新字创设之管见》《法国的儿童小说》《乐天主义的思想家卜罗斯》等文。7 月 10日,在《东方杂志》第 18 卷第 13 号上发表《历史大纲(Outline of History)》。25 日,在《东方杂志》第 18 卷第 14 号上发表《勃拉斯近代民治论》《现代英国诗坛的二老》等文。8 月 10日,在《东方杂志》第 18 卷第 15 号上发表《但底——诗人及其诗》《但底的政治理想》等文。25 日,在《东方杂志》第 18 卷第 16 号上发表《鲍尔希维克下的俄罗斯文学》《一个十四岁的著名女画家》等文。9 月 10 日,在《东方杂志》第 18 卷第 17 号上发表《台莪尔与东西文化之批判》一文。25 日,在《东方杂志》第 18 卷第 20 号上发表《意大利歌者喀露莎》等文。秋,在上海最早和俄国盲诗人爱罗先柯取得联系,记录了他用世界语创作的诗歌等文学作品,并协助出版。12 月 10 日,在《东方杂志》第 18 卷第 23 号上发表《陀斯妥以夫斯基的一生》一文。25 日,在《东方杂志》第 18 卷第 24 号上发表《意大利大歌剧家的新著》一文。是年,胡愈之与许多国家的世界语者建立了通讯联系,被聘任为《环球世界语》上海代理员。和上海世界语者共同重建了上海世界语学会。(参见朱顺佐、金普森《胡愈之传》及附录《胡愈之生平大事年表》,杭州大学出版社 1991 年版)

陈嘉异 1 月在《东方杂志》第 18 卷第 12 号发表《东方文化与吾人之大任》一文,宣布自己是东方文化的崇拜者,明确反对一切赞扬西方文化以及融合东西文明之论。他列举了东方文化所独特的优点,认为将来的世界文化必然是中国的东方文化。当时梁漱溟在北大的哲学讲稿《东西文化及其哲学》已有部分刊载在《少年中国》上。陈嘉异读后对梁赞叹不已,他在自己文章的注释中写道:"此关于社会组织与生活一问题,于东方文化前途之影响,实为至巨。今人能洞瞩及此者,以余之陋,殆仅见有梁漱溟君一人,观其《东西文化及其哲学》导言中,言之至为惊心怵目。"(参见吴雁南、冯祖贻等主编《中国近代社会思潮(1840—1949)》第三卷,湖南教育出版社1998年版)

高梦旦4月中旬受张元济等委托赴北京,力劝胡适辞去北京大学教职,来沪任商务印书馆编译所长。胡适几次婉辞不成,答应夏天到上海考察三个月,"做他们的客人,替他们看看他们的办事情形,和他们的人物谈谈"。同年7月16日,胡适抵沪,先后多次参观商务印书馆编译所各部及涵芬楼,又列席编译会议,与郑振铎、沈雁冰、叶圣陶、郑贞文、杨端六、华超、钱经宇等商讨改革计划。郑贞文、杨端六、郑振铎、华超等还提出编译所改革的具体方案,受到胡适称赞。不久,胡适即推荐王云五以自代。10月下旬,高梦旦在京中访胡适,言曾致江翰经一信,请转致张元济二事:一本人欲脱离编译所,二举王云五接任所长。(参见钱益民《李登辉传》及附录四《李登辉年谱简编》,复旦大学出版社2005年版)

王云五8月23日参观商务印书馆编译所,系由胡适有心促成。胡适当时在北京大学任教,商务印书馆编译所所长高梦旦希望胡适接替自己的职务,胡适碍于情面,乃于暑假由北京至上海,答应先在商务印书馆做客两个月,以便观察,再做决定。后胡适觉得自己"性情和训练都不配做这件事",于是推荐了王云五以自代,并且介绍他与馆中各位前辈相见。31日,张元济与王审约谈王云五。9月1日,王云五答应胡适中秋前回话。6日,王云五访胡适,允入商务印书馆任事。16日,王云五始入商务印书馆编译所,当时并无名义,每日与编译所所长高梦旦相处,高梦旦将编译所情形详细与王云五说明。最初,王云五不敢接受编译所所长之位,只愿任副所长,仍由高梦旦为所长。11月13日,王云五提出一份改进编译所意见书,请高梦旦与张元济考虑是否妥当。高、张详加考虑并转告若干董事后,决定接纳,并表示将极力支持改进计划。王云五乃正式接受聘为商务印书馆编译所所长,高梦旦则自愿屈就编译所出版部部长之职,从技术方面上协助王云五。王云五就任后以"教育普及""学术独立"为方针,组织编译了一批介绍中外古籍名著的丛书,颇受社会重视。

按:胡适在《高梦旦先生小传》(《商务印书馆九十年》)中,概述此期间来商务印书馆编译所作调查,并荐王云五自代之经过:

民国十年的春末夏初,高梦旦先生从上海到北京来看我。他说,他现在决定辞去商务印书馆编译所所长的事,他希望我肯去做他的继任者。当时我答应他夏天到上海商务印书馆去住一两个月,看看里面的工作,并且看看我自己配不配接受高先生的付托。

那年暑假期中,我在上海住了四十五天,天天到商务印书馆编译所去,高先生每天把他编译所各部分的工作指示给我看,把所中的同事介绍和我谈话。每天他家中送饭来,我若没有外面的约会,总是和他同吃午饭。

我知道他和馆中的老辈张菊生先生、鲍咸昌先生、李拔可先生,对我的意思都很诚恳。但是我研究的结果,我始终承认我的性情和训练都不配做这件事。我很诚恳的辞谢了高先生。他问我意中有谁可任这事。我推荐王云五先生,并且介绍他和馆中各位老辈相见。他们会见了两次之后,我就回北京去了。

我走后,高先生就请王云五先生每天到编译所去,把所中的工作指示给他看,和他从前指示给我看一样。一个月之后,高先生就辞去了编译所所长,请王先生继他的任,他自己退居出版部部长,尽心尽力的襄助王先生做改革的事业。(参见王寿南《王云五先生年谱初稿》,商务印书馆1987年版;张人凤、柳和城编著《张元济年谱长编》,上海交通大学出版社2011年版;吴永贵《民国图书出版史编年:1912—1949》,社会科学文献出版社2018年版)

臧励龢等编辑的《中国人名大辞典》由商务印书馆出版。2月14日,《申报》广告,商务印书馆开始发售预约。7月,正式出版。全书1200余页,约400万言,收录上自远古下迄清末的中国历史人物4万多个,是迄今中国人名辞典中内容最为丰富的一种。人名按姓名笔画顺序排列,同一姓氏的按名字笔画顺序排列。每个人名下面,注明朝代、籍贯、字号、著作、历任官职及简单事迹,但未注生卒年和史料出处。书前列《姓氏检字表》;书后附《异名表》《补遗》《姓氏考略》《中国历代纪元嘉》等。(参见吴永贵《民国图书出版史编年:1912—1949》,社会科学文献出版社2018年版)

叶德辉1月在长沙。4月,至北京。在京曾为京城要人算命,传闻甚广。9月,编本年诗文为《郎园北游文存》。又在京编本年诗作为《北征集》。10月,至上海,与张元济商印《四部丛刊》。是年,所著《郎园北游文存》1卷、《孝慈堂书目》4卷刊行。(参见王维江、李鹮哲、黄田编《中国近代思想家文库·王先谦、叶德辉卷》及附录《叶德辉年谱简编》,中国人民大学出版社2015年版)

周予同年初入厦门大学任教半年。夏,入商务印书馆国文部,编辑国文教科书。与李石岑、顾颉刚等讨论文史之学。受杨贤江主编商务印书馆《学生杂志》影响,方知无政府主义与共产主义有别。来上海后,住闸北永兴路永兴坊,与郑振铎、谢六逸、顾颉刚、王伯祥、叶圣陶、杨贤江、俞平伯等同坊,结下友谊。(参见成棣《周予同先生年谱》,载上海社会科学院《传统中国研究集刊》编辑委员会编《传统中国研究集刊》第20辑,上海社会科学院出版社2019年版)

周鲠生回国后,入上海商务印书馆编辑所,任法制经济部主任。

周建人到上海商务印书馆任编辑。

陆费逵仍任中华书局总经理。1月1日,《申报》广告,中华书局《新教育教科书》,称有八大特色。2月12日,《申报》载,中华书局为创立十周年纪念大赠送六个星期。3月16日,中华书局董事会制定奖励金分配办法:(一)共分十一成,总经理二成,总公司三成,编辑、印刷、发行三所各二成;(二)三所主任,得该所二成中之二成,副主任一成,其余由主任会商总经理酌派;(三)在上届结账期到局未满三个月及现在已离局者,概不派给。同月,中华书局总经理陆费逵等发起创办"国语专修学校",其讲义归中华书局印行,每年贴费1200元。5月,《新游记汇刊》由中华书局出版。本书分50卷,按当时行政省区分类编排,介绍全国各地重要名山大川、名胜古迹之游览,分装8册。

按:1923年12月,中华书局又有《新游记汇刊续编》出版,姚祝萱编,编辑方式与前编相同,40卷,分装6册。

陆费逵针对商务印书馆的《四部丛刊》,另辟蹊径,编印自成特色的《四部备要》。7月29日,《申报》广告,中华书局聚珍仿宋版印《四部读本》预约,称预约详细办法容后布告。《四部读本》后改名为《四部备要》。9月6日,《申报》载,中华书局《式古堂书画汇考》原本影印,发售预约。同月,中华书局开始出版"少年中国学会丛书"。收录柏格森等著、李璜译《法兰西学术史略》(1921年9月),李璜编《法国文学史》(1922年12月),杨钟健编译《古生物学通论》(1926年9月)等。10月6日,《申报》载,聚珍仿宋印书局启事:"本局创制仿宋欧体聚珍版,业经呈准内务部注册,于九年八月二十六日领到文字第一千零六十四号执照,又于九年十一月五日将商标呈准农商部备案。近闻外间有人仿制,特将注册备案情形披露,伏希公鉴再本局已并入中华书局总厂,以后关于法律上之权利义务,完全由中华书局代表,合并声明。"同月,《中华书局月报》创刊。该刊为中华书局同人互通消息交流经验的园地;中华书局编辑所同人发起组织"同人进德会",以"砥砺品德,增进学识"为宗旨。次年1月1日开成立大会。12月1日,中华书局发售《四部备要》(一名《四部读本》)预约。第一集选四部最要之书48种,共405册,分4期出书。《四部备要》之辑印,乃仿《四库全书荟要》行之。陆费逵撰有《校印四部备要缘起》。3日,中华书局召开股东常会。选举陆费逵、范静生、俞仲还、沈俊范、高欣木、吴镜涧、严慈约、戴懋哉、李平书为董事,徐可亭、黄毅云当选监察。

按:陆费逵《校印四部备要缘起》曰:"吾国学术,统于四部。然四库著录之书浩如烟海,坊肆流传之籍梦若乱丝。承学之士,别择维艰;善本价昂,购置匪易。本局同人有鉴于此,爰于前年择吾人应读之书,求通行善本,汇而集之,颜曰《四部备要》。提纲挈领,取便研求;廉价发行,以广传布。惟是普通铅字,既欠美观;照相影印,更难清晰。适杭州丁氏创制聚珍仿宋版,归诸本局,方形欧体,古雅动人,以之刊行古书,当可与宋椠元刊媲美。兹将第一集至第五集分年校刊,共计二千余册;经、史、子、集最要之书,大略备矣。"陆费逵又在《重印〈四部备要〉缘起》中说:"选辑之谨严,校对之精审,字体之优美,印刷之精良,早为艺林所共赏;前辈严范孙、梁任公诸先生无不赞许,甚至称为旷古所无。"

按:《四部备要》选书精要,普及适用。茅盾称《四部丛刊》为"善本派",《四部备要》为"实用派",彼此各有特色,相得益彰。1921年,杭县藏书家丁氏创制的聚珍仿宋版式归诸中华书局,于是始用仿宋版排印《四部备要》。到1934年,共出2500册,收书351种,计11305卷。《四部备要》初版为6开本,1934年重印为5开大本,天地放宽,书品阔大,1935年起改印"洋装本",至1936年出齐。《四部备要》前后出版3种版本,并编印有《四部备要提要》。(参见王学典《20世纪史学编年(1900—1949)》,商务印书馆2014年版)

黎锦晖9月应中华书局总经理陆费逵之聘,由北平赴上海,任中华书局编辑所教科书部编辑,开始编写适合小学第一学年用的《新教育教科书国语课本》(不带注音符号的教本)。中华书局旋设国语部(后改称国语文学部),黎锦晖与陆依言、马国英、蒋镜芙等编辑国音、国语书籍,陆续出版国语讲义、国音国语教科书及参考书四五十种,字典和辞典10余种,拼音练习盘和积木牌等多种。11月,被聘为上海国语专修学校教务主任兼教员。(参见吴永贵《民国图书出版史编年:1912—1949》,社会科学文献出版社2018年版)

张闻天1月与沈泽民一起从日本东京返回上海,并与他同住南成都路新乐里117号。在这里他还与住在附近的李达交往密切,并结识了郭沫若、成仿吾等,又曾同汪馥泉到离住处不远的平民女校去看望过蒋冰之(丁玲)、王一知等。同月,与在上海的少年中国学会会员一起实行向学会交"自由储金",并提出储金用于办学的主张。3月27日,同沈泽民、左舜生、杨贤江、恽震、吴保丰等少年中国学会会员在上海市郊龙华聚会,经商讨决定成立少年中国学会上海分会。4月9日,应沈雁冰(茅盾)之约,根据托尔斯泰的《艺术论》英文译本"What is art?"译成《托尔斯泰的艺术观》,发表于9月出版的《小说月报》第3卷号外"俄国文学研究"上。7月1—3日,出席少年中国学会南京大会。10日,作《读〈红楼梦〉后的一点感想》,发表于7月12日《民国日报·觉悟》。23日,在上海写成关于"少年中国学会问题"的书面意见,发表于9月1日出版的《少年中国》第3卷第2期。

按:意见共分八点,标题分别为:(一)少年中国学会之诞生;(二)少年中国学会之少年期;(三)少年中国学会之未来的壮年期;(四)少年中国学会会员与道德问题;(五)少年中国学会会员与政治活动问题;(六)少年中国学会会员与恋爱问题;(七)少年中国学会会员与宗教徒问题;(八)介绍少年中国学会会员问题。

张闻天8月10日为少年中国学会会员方东美、沈君怡、王崇植、恽震4人赴美、德留学,上海会员举行聚餐会,张闻天出席聚会,同时出席的还有杨贤江、左舜生、郑伯奇。同月,经左舜生介绍,到中华书局任"新文化丛书"编辑。"丛书"的总编辑为左舜生,当时李达也在中华书局工作,对张闻天多有指点。沈泽民和田汉同为丛书编辑,与张闻天同室办公,朝夕相处。自此张闻天研究志趣从哲学趋向文学,并与文学研究会、创造社两文学团体成员均有交往。12月,译毕柏格森的《笑之研究》,并作短序,交商务印书馆出版。(参见张培森主编《张闻天年谱》,中共党史出版社 2000 版)

赵南公 2 月至 4 月准备改组泰东编辑部,并在日记中记下了他的改革计划:"首重文学、哲学及经济,渐推及法政及各种科学",同时打算介入中小学教科书的出版。他请来了湖南人李风亭,并聘请了李风亭推荐的尚在日本留学的成仿吾。4 月,成仿吾抵达上海,与成仿吾同行的还有不请自来的郭沫若。成、郭二人原本为他们的同人刊物寻找出版单位而来,恰好急需用人的泰东图书局给了他们一个接触出版界和施展才华的机会。然而因为泰东老板既没有给他们聘书,更没有提起薪水的事,成仿吾在上海呆了两个星期后,看到书局没有容纳下他们两人的位置,就决心回长沙的一个兵工厂,把上海的事留给郭沫若。对于这次不愉快的最初接触,泰东说是"误会",而成仿吾则认为是一场"骗局"。郭沫若却被赵南公极力挽留下来,在 4 月 3 日至 5 月 27 日一个半月的时间里,为泰东编定了自己的新诗集《女神》,改译了德国小说《茵湖梦》,标点了元代著名杂剧《西厢记》。这三本书都称得上是出手不凡。仅一年时间里,《女神》便印了 3 版,《茵湖梦》印了 6 版,《西厢记》也印了 3 版。郭沫若富有成效的出色工作,赢得了赵南公的首肯,同意为创造社出版同人刊物。这对当时的创造社同人来说,真是一个莫大的收获。创造社当初酝酿时,同人们为寻找刊物的出版合作者,可谓是费尽了周折。泰东给了他们新生的机会,郭沫若称其为"创造社的摇篮",并在后来的回忆录中写道:"当时我也暗暗感谢赵南公,因为我听了左舜生的那一番话,像那时还未成型的创造社,要想出杂志,在上海滩上是不可能的。在不可能之中有泰东来印,这当然是可以感谢的事。"刊物找到了婆家,社团便有了基础。1921 年 6 月 8 日,"五四"新文学时期最为著名的社团之一——创造社宣告成立了。7 月 28 日,赵南公在日记中写道:"即沫若暂返福冈,一切审定权仍归彼,月薪照旧,此间一人不留,否则宁同归于尽。"10 月,郁达夫的小说集《沉沦》由泰东图书局出版,这是创造社出版的第一本小说集,列为"创造社丛书第三种"。(参见陈福康《创造社元老与泰东图书局——关于赵南公 1921 年日记的研究报告》,《中华文学史料》1991 年第 1 辑)

汪孟邹继续任亚东图书馆总经理。5 月 5 日,亚东图书馆出版标点本《红楼梦》,以程甲本系列中的双清仙馆本(道光年间版本)为底本,选用其他几种好的版本作为校本,主要校本为有正书局本、日本明治三十八年铅印本等。卷首附有程伟元的《红楼梦》序、胡适的《红楼梦考证》、陈独秀的《红楼梦新叙》及汪原放的《校读后记》。有精装本和平装本两个系列,印了四千部。精装本全书共三册,定价 42 元。平装本全书共六册,定价 33 元。亚东标点本《红楼梦》很快销售一空。12 月 15 日,《胡适文存》初集由亚东图书馆出版,本集分 4 卷《胡适文存》二集于 1924 年 11 月出版,仍分 4 卷。三集于 1930 年 9 月出版,分为 9 卷。胡适的《红楼梦考证》的问世,成为新红学开端的标志。(参见吴永贵《民国图书出版史编年:1912—1949》,社会科学文献出版社 2018 年版)

沈知方 8 月得友人之助,筹得股金 2.5 万元,将世界书局从独资企业改组为股份有限公司,任总经理。8 月 10 日,《申报》广告,世界书局开幕纪念,新书大竞买:"上海四马路中市世界书局新屋落成,开幕纪念,只限卅天,过期涨价,决不通融,要买赶快来。"9 月 4 日,《申报》载,雷声布大律师代表上海世界书局通告:本律师受上海世界书局聘为常年法律顾问,嗣后如有人对于该局之书籍名称与版权,冒名翻印暨戏名影射,希图蒙混渔利,及一切妨害营业之行为者,本律师当即依法尽保障之职,追偿损失,特此通告。

按:世界书局曾出版"侦探小丛书""福尔摩斯探案大全集""儿童文艺丛书""大时代文艺丛书""霍桑探案袖珍丛刊""罗曼·罗兰戏剧丛刊""剧本丛刊""红皮小丛书"和大型丛书"世界少年文库"等。(参见吴永贵《民国图书出版史编年:1912—1949》,社会科学文献出版社2018年版)

吴虞公、孙雪泥7月任新创刊的《世界》杂志编辑主任,上海世界书局出版兼发行。封面上注明"世界书局开幕纪念日发行"。仅出版"第一号"。该刊实际编辑工作由孙雪泥主持。刊物设有美术画、表情画、时事画、历史画、风景画、寓意画、调整画和小说画等八个专栏。作者有丁讷、谢之光、张光宇、但杜宇、吴虞公、万古蟾等。(参见王震《20世纪上海美术年表》,上海书画出版社2005年版)

戈公振与曹谷冰、潘公展、严谔声、周孝庵、胡仲持等20余人11月9日发起组织的"上海新闻记者联欢会"成立。戈公振任第一届会长。该会"以研究新闻知识,增进德智体群四育为宗旨"。《章程》规定:"每半年之第一月第一星期日,开全体大会一次,其余每月第一星期日,开全体常会一次,遇有必要时,得由中西文书记召集临时大会。"该会会址暂设中文书记处。

按:狄楚青积劳成疾,《时报》馆由黄承恩(伯惠)接办。(参见洪惟杰《戈公振年谱》,江苏人民出版社1990年版)

洪野、黎锦晖、田汉、朱应鹏、丁衍镛、陈望道等3月27日出席上海各艺术团体假中华歌舞学校举行的上海艺术协会成立大会,到会团体有中华艺大、晨光美术会、上海音乐研究会、上海艺大、中华美术会、实验剧社、太平洋画会、南国剧社、明月音乐会、中华歌舞学校、戏剧协社、东方画会、国大艺术研究会、演剧杂志社、上海音乐会、漫画会、中国美术摄影会等十余团体。会上通过组织大纲,推举洪野、黎锦晖、田汉、朱应鹏、丁衍镛、陈望道、傅彦长、仲子通、欧阳予倩等9人为执行委员,周大融、陈抱一、周一舟为监察委员。(参见王震《20世纪上海美术年表》,上海书画出版社2005年版)

马寅初、聂慎余、瞿季刚、吴希之、夏帮辅、余啸秋、朱彬元、尹任先、朱博泉、黄翊俭、蒋惠仙、施济元、张纳川、赵师复、陈健庵、蔡竟平等20余人7月31日在上海参加中国银行学社成立大会,该会由上海各行号、学校任职的归国留学生组成,学社会长为吴希之,副会长为聂慎余,书记为施济元,会计为周启帮,并由马寅初、蔡竟平、尹任先、朱博泉、陈健庵组成银行学社夜校筹备委员会。

马相伯将家产尽数捐去,于是上海天主教会决定,马相伯个人生活费用由震旦大学补助。(参见李天纲编《中国近代思想家文库·马相伯卷》及附录《马相伯年谱简编》,中国人民大学出版社2015年版)

范文澜仍在河南省汲县中学任教。后经叔父介绍在上海浙江兴业银行任统计员,因不满意此职业,不久即辞退。(参见范文澜《中国通史简编》下附录《范文澜先生学术年表》,商务印书馆2010年版)

狄葆贤主办的《妇女时报》6月11日在上海创刊,包天笑、陈冷血轮流编辑,汪杰梁、江纫兰、吴征兰、朱惠贞、冰心、恽代英、汤修慧、汤剑我等主要撰稿。

胡政之任总编辑的国闻通讯社9月1日在上海成立。

曹聚仁在上海创办沧笙公学,并任教于爱国女中,同时为《民国日报》撰稿。

李涵秋任上海《小时报》《小说时报》编辑。

秦润卿、田祈原创办的《钱业月报》在上海创刊。

　　熊佛西加入文学研究会和民众戏剧社,编辑《戏剧》杂志,创作具有反封建意义的话剧《青春底悲哀》。

　　胡仲持任《商报》编辑,同年加入文学研究会。

　　应修人创办上海通讯图书馆,传播新思想。

　　周瘦鹃1月9日在《自由谈》开辟"小说特刊"专栏,每期约请张舍我介绍有关短篇小说创作诸问题。又每期介绍一位外国小说名家,依次被介绍的作家有莫泊桑、巴尔扎克、柯南道尔、大仲马、雨果、狄更斯、皮琴生、华盛顿·欧文、史蒂芬生、萧伯纳、施土活、哈葛德、高尔基、亚伦坡、屈恩白、安徒生、柯贝、马克·吐温等。6月与赵苕狂合编《游戏世界》月刊。

　　张是公与忏余、守梅、恕遣、瘦兰、雏隐、灵蕠等7人在上海创立词社,因仰慕董氏姊妹3人皆以莲为字,故取社名为白莲社。有《白莲社梨云集》刊行。

　　丁甘仁、夏应堂创立上海中医学会,定期组织学术讨论会,相互切磋中医学理医道,共商解决疑难病症之法,借以提高会员的学术水平和临床诊疗技能,以促进中医学术的发展。

　　萧公权、汪英宾、朱应鹏、张幸光、谢之光、陈抱一、张光宇、胡亚光、胡伯翔等30余人等发起创办的晨光美术会1月选择上海西门方斜路崇庆里为会址。后因会务的发展,将会址迁至上海静安寺路福源里,并增设画室以供会员到会作画。6月,在四川路怀恩堂举办了第一届展览会。10月,在会内开设研究所,作为会员研究、切磋西画技艺的场所。

　　按:至1922年,晨光美术会会员已达100余人,并于2月间开设雇佣女模特儿进行写生。同年6月,在上海半淞园举办第二届展览会后,会址又迁到上海凤阳路。1923年5月举办第三届画展,画家乌叔养、倪贻德、张眉孙、许敦谷等人纷纷入会。1925年会址再度迁至上海静安寺路。1927年1月1日,晨光美术会改名"晨光艺术会",下设绘画、音乐、雕塑、戏剧四部。朱应鹏、陈南苏、宋志钦、鲁少飞、张眉孙、唐宗高、季小波、郑青骑、翁元春等人担任首届"晨光艺术会"常务委员。(参见蒋云柯《近代上海西画社团之改革先锋——晨光美术会的成立与兴起概述》,《文艺生活·下旬刊》2017年第9期)

　　刘天华到上海参加"开明剧社"乐队;在江阴组织暑期国乐研究会,授《病中吟》《月夜》《空山鸟语》等曲。

　　吴新吾从法国回国,任上海美术专门学校教授。

　　陈抱一初夏偕新婚妻子从日本回到上海,构筑画室于江湾。

　　任堇在上海与吕十千等人创办停云书画社,发行《停云社社刊》。

　　余日章赴美国华盛顿,参加裁军与远东问题国际会议。又任上海工部局顾问、赎回山东铁路协会书记等职。是年获上海圣约翰大学文科博士学位。

　　巴金4月以芾甘为笔名发表第一篇文章《怎样建设真正自由平等的社会》。

　　钱穆在李石岑主编的上海《时事新报》副刊《学灯》上发表第一篇文稿。

　　曹靖华到上海渔阳里六号外语学社学习俄语,此为当时社会主义青年团的基地,只有一名教师杨明斋。(参见冷柯、毛粹《曹靖华年谱简编》,《河南大学学报》,1984年第5期)

　　聂绀弩考入上海高等英文学校。

　　来楚生考入上海美术专科学校。

　　庞薰琹考入上海震旦大学学医,课余学绘画。

　　贺昌群在成都联合中学毕业后,考取上海沪江大学,因家庭经济困难而辍学另谋出路。

　　梁启超仍居天津,张东荪将所作《现在与将来》寄给在天津的梁启超征求意见。梁启超阅后表示赞成。20日,梁启超曾发数函慰问海外旧日宪政会同志,这大概是其自民国元年归国以来头一次与旧日海外同志的联络运动。2 月，梁启超致力于墨子研究。10 日，梁启超将《墨经校释》送胡适评阅，请其作序。18 日，又送《墨经校释序》和《读墨经余记》。后来出书时，梁氏把胡适的序放在后面，而把自己对胡适的批评放在前面，胡适说这"是任公不通情理处"。2 月 15 日，梁启超在上海《改造》第 3 卷第 6 号发表《复张东荪书论社会主义运动》的长文，详细阐述他对社会主义问题的意见。

　　　　按：左玉河编《张东荪年谱》（群言出版社 2014 年版）认为：从总体上看，梁启超的观点与张东荪互为表里：张东荪主张发展资本主义用以救穷，梁启超也强调"不能不奖励生产事业以图救死"；张东荪主张发展资本主义的同时必须注意劳动者利益，梁启超也强调"借资本阶级以养成劳动阶级"；张东荪认为中国工人阶级还很幼稚、劳资对立并不突出，梁启超则提出中国目前不是阶级对立问题，不是"有产"与"无产"问题，而是"有业"与"无业"的问题。他们都主张中国的当务之急是用资本主义方式发展实业。

　　梁启超是春著《墨子学案》，是书系由梁启超去冬在清华学校所讲国学小史讲义之一部删订而成。8 月，梁启超致函张东荪，报告平津时局："数年来天津极现活气，黄坡宅为中心，吾不愿直接参预（吾始终未列一次会），但事多与闻，捉刀之文不少。此等事于大局无甚裨益，但亦仍须鼓舞之，使助呐喊耳（讨厌问题已发生不少）。今最要者使湘与吴勿决裂，别致立诚、时若一书，请即交去，并望务以此意达湘军。"当时湘、鄂战事起，梁启超除数次代人捉刀外，并亲致吴子玉一书，劝停止战事，召集国是会议。秋，应天津南开大学之聘，在该校主讲中国文化史。10 月 4 日，梁启超为翻译韦尔思《史纲》事，致陈叔通一书。10 日以后，梁启超应京、津各学校之邀，公开讲演达 7 次之多：第一次应双十节天津学界全体庆祝会之请，讲演《辛亥革命之意义之乐观》；第二次在 11 月 12 日应北京国立法政专门学校之请，讲演《无枪阶级对有枪阶级》；第三次在 11 月 21 日应南开大学之请，讲演《市民与银行》；第四次在 11 月 26 日应天津青年会之请，讲演《太平洋会议议中两种外论辟谬》；第五次在 12 月 17 日应北京朝阳大学经济研究会之请，讲演《续论市民与银行》；第六次在 12 月 20 日应北京高平民教育社之请，讲演《外交欤内政欤》；第七次在 12 月 21 日应北京哲学社之请，讲题为《"知不可而为"与"为而不有"主义》。这 7 篇演说稿于次年以单行本问世，题为《梁任公先生最近讲演集》。

　　梁启超 11 月 19 日致蒋百里、张东荪、舒新城书，论中国公学风潮事，主张勉强办下去，不宜放弃。23 日，舒新城致书梁启超，报告解决中国公学风潮情形和以后努力教育事业的计划。26 日，蒋百里致书梁启超，论对中国公学办法和自立中学问题。同月，梁启超是春著《墨子学案》由商务印书馆出版。有关墨学的文章，尚有《复胡适之论墨经》及《墨子讲义摘要》两篇，前篇《墨经校释》和《墨子学案》都已录入，后者则见《改造》杂志第 3 卷第 10 号。又著《中国历史研究法》一书，此书系合集梁启超在南开大学所讲《中国文化史稿》而成者，所撰自序有论此书及治史的缘起和经过。相关重要论文还有《自由讲座制之教育》《时事新报五千号纪念辞》《从发音上研究中国文字之源》《阴阳五行说之来历》《新太平洋发刊辞》《辨论术之实习与学理序》等。（参见丁文江、赵丰田编著《梁启超年谱长编》，上海人民出版社 2009年版；耿云志《胡适年谱》四川人民出版社 1989 年版；左玉河编《张东荪年谱》，群言出版社 2014 年版）

　　张伯苓 1 月 27 日当选为天津基督教青年会选举董事会会长。2 月 18 日，出席参加远东运动会委员会会议，张伯苓与穆藕初被选为副会长，会长为王正廷。3 月 4 日，张伯苓在南开学校全体教职员会上致开会辞，提出办教育要自问是否与教育宗旨相合，是否与教育学生的目的相合，学校设施是否符合国家的需要，学生毕业后是否适应社会需求。造就的人才是否将来有转移风俗、刷新思潮、改良社会的能力。19 日，张伯苓在南开学校青年会纪念会演说,称"吾信社会主义将来必能成功于世界,然纯物质的则不能长久,必须加以精神基督之社会主义"。27日,南开校董会常会召开会议,王潜明、李琴湘、严慈约、孙子文、卞傲成出席,张伯苓列席,提出大、中两部章程。4月8日,赴上海出席中华基督教青年会全国协会会议。22日邀请美国新银行团代表斯蒂芬到校讲演。26日上午,张伯苓见严修。30日,张伯苓邀请胡适来校演讲。5月3日,黄炎培访见张伯苓。

张伯苓5月4日召集大学和中学部全体职教员开会,约请北京高等师范教授李襄目演讲《中西中等教育之比较》,讲毕又互相讨论。7日,全校师生素食一日,各项运动及娱乐游戏亦皆停止。召开全校师生纪念五七国耻日大会。张伯苓演说表示,中国一日不亡,吾人当尽责一日,努力奋斗。25日,北洋大学土木工程学门建筑工程教授美国人艾乐斯致函张伯苓及中国各大学,提议共同发起"斐陶斐"学会组织。6月12日,南开学校董事会常会召开,范源濂、李琴湘、孙子文、陶孟和、卞傲成出席。张伯苓列席,报告大学、中学事项,特别讨论女中问题。7月,张伯苓与梁启超、严修、黄炎培、张謇、张一麐、陈宝泉、郭秉文、袁希涛、蒋梦麟、金邦正、凌冰等在北京组织实际教育调查社,并请美国教育家孟禄博士讲学,协调调查九省科学教育实际情况。

张伯苓9月1日在开学典礼上致开会辞,邀请梁启超演讲《大学之责任》。12日,特聘梁启超讲授中国史,开设"中国历史研究法",为文、理、商三科必修课。每周一、三、五下午授课3小时。10月30日,学校董事会常会召开,严慈约、孙子文、陶孟和、卞傲成出席。张伯苓报告学校情况。董事会决定学校筹款事由校长计划之,捐款报告书请梁启超拟序。11月21日,邀请梁启超在南开大学演讲《市民与银行》,就中国银行、交通银行停止兑现影响市面金融问题发表见解。12月10日,张伯苓与严修陪袁述之参观南开中学和南开大学,袁述之为南开大学科学馆捐资2万元。15日,张伯苓在北京高等师范学校出席实际教育调查社预备会议。16日,张伯苓发表《实际教育调查社启事》,发起人为黄炎培、张一麐、范源濂、严修、梁启超、张謇、袁希涛、郭秉文、张谨、孙凤藻、陈宝泉、张伯苓、蒋梦麟、金邦正、凌冰、邓萃英。19日至22日,实际调查社邀集各省代表70余人与孟禄博士讨论中国教育问题。21日,张伯苓就大学预科和中学改良发表意见。23日,由新教育共进社、新教育杂志社、实际教育调查社合并改组而成的中华教育改进社成立,以调查教育实际,研究教育学术,谋求教育进行为宗旨,总部设在北京。张伯苓、蔡元培、范源濂、郭秉文、黄炎培、汪精卫、熊希龄、李建勋、袁观澜等9人为董事。(参见龚克主编《张伯苓全集》第十卷附编《张伯苓年谱》,南开大学出版社2015年版)

严修3月13日复叶恭绰信,再辞交通大学董事;收李福景、周恩来信。16日,为南开增设大学经费事,去岁至京至宁,奔走多次。4月,严修撰《子女唯心法序》。5月1日,胡适来谈,以新著之《红楼梦考证》见示,遂留阅。5月,撰《张文襄骈文笺注序》。6月7日,收周恩来信。10月10日,南开学校因共和纪念日,请黎前总统演说,严修往陪。15日,严修到美术学校,北京各校代表与门罗博士讨论,严修旁听约一小时,语胡适、朱经农、陶孟和、毛子龙、郑纲裳。(参见严修自订、高凌雯补、严仁曾增编、王承礼辑注、张平宇参校《严修年谱》,齐鲁书社1990年版)

罗振玉自去冬奔走南北,匍匐赈灾四阅月,几废读书。2月,尘劳小憩,乃取殷虚文字可识者,三日夕集为百联,佐临池之需。8月,作《补宋书宗室世系表》。以汪容甫有此表,不传,惟一序见《述学》,故为补之。又以小盂鼎器久佚,惟潍县陈氏有精拓本,罗振玉借其本影印百本行世。9月,番禺商承祚从受业。是年,撰《说文古籀补跋》,举其五失:一、古籀文字不宜下及货币陶玺;二、正编附录有时倒置;三、所见古文字尚少,误释不免;四、附录中有确可识者应入正编;五、说解有误。又撰《宋拓苏帖》跋。(参见罗继祖《永丰乡人行年录(罗振玉年谱)》,江苏人民出版社1980年版)

商承祚9月以罗振玉为师,研习甲骨文、金文。

吴南如北洋大学毕业后,任天津英文《华北明星报》记者。

罗常培北京大学毕业后,在北京及天津的中学任教。

张謇1月1日在《南通杂志》载《〈自治会报告书〉序》。5日,在国立东南大学筹备处南京全体职员会议上,与蔡元培、王正廷、袁希涛、聂云台、穆湘玥、陈光甫、余日章、严家炽、江谦、沈恩孚、黄炎培、蒋梦麟13人被推为董事。3月11日,在苏社在无锡梅园举行的第二届大会上,与荣宗铨、韩国钧、方还、沈恩孚、钱崇固、黄以霖、黄炎培、张一麐、张怡祖、王清穆、马士杰、穆湘瑶、唐文治、储南强、吴兆曾、孙儆、朱绍文、张謇被推为理事。28日,张謇与蔡元培、王正廷、袁希涛、聂云台、穆湘玥、陈光甫、余日章、严家炽、江谦、沈恩孚、黄炎培、蒋梦麟由教育部聘任东南大学董事会董事。稍后又有钱永铭、荣宗敬被聘任董事。任鸿隽任校董会教育部代表。5月5日,张謇在中华全国道路建设协会在上海青年会举行的成立会上,被推为名誉会长。6日起,在《新闻报》连载《南通实业、教育、慈善风景册出版广告》。30日,张謇受聘担任第五届中日菲远东运动会名誉会长。王正廷、穆湘玥、张伯苓分任正、副会长。

张謇6月6日嘱黄炎培参加国立东南大学于江苏教育会举行的董事会成立会。6—7月,张謇筹办南通商科大学。8月24日—25日,在江苏省教育会在上海举行的常会上当选为会长,黄炎培为副会长,谭廉、吴家煦、蒋昂、朱亮、沈恩孚、张世鎏、林文钧、刘海粟、潘文安、范祥善、杨鄂联、章慰高、穆湘玥等为干事员。10月,张謇致函王瑚:拟"集合湘、鄂、赣、皖、苏五省明达水利之士绅三数人,合设一长江委员讨论会",负责治理长江水患。11月11日,在俱乐部宾馆举行长江下游治江会筹备会。12月23日,张謇在中华教育改进社在北京举行的成立会上与严修、梁启超、孟禄、张一麐、李煜瀛被推为名誉董事。是年,张謇拟《南通县图志·杂纪》,历述南通历史上贤吏、名彦、义士、俊才,如范仲淹、岳飞、胡瑗、文天祥、明万里、苏如辙、孙云锦、陈谟、王仁东、李定明、李联琇、单林、周家禄、刘鹤龄、彭宝荣、彭鼎等生平事迹。

按:是年1月1日《申报》载《民国十年我之十大希望》,其中有论:"欲谋社会之发达,图事业之发展,俱惟资本家是赖。厦门大学之创立,实由陈嘉庚毁家兴学;南通之得为模范县,全赖张季直一人之运筹擘画。"3月26日《密勒氏评论报》载《张謇:中国的城市建造师》,谓"以实业为核心,张謇开始了他的梦想之城——南通模范城镇的建设。南通不仅作为工业中心,同时也是慈善事业与教育汇集之地"。(以上参见庄安正《张謇年谱长编(民国篇)》,上海交通大学出版社2018年版)

陈去病7月28日闻孙中山于5月5日在广州就任大总统,乃重入粤,作《重游广州放洋口号》一首,诗中意气风发,欲效搏鹏之六月征。陈去病谋营葬苏曼殊于西湖孤山,专谒孙中山,呈诗六绝以请,孙中山甚为感动,慨赠千金以助。秋,陈去病登观音山,与孙中山话别,将归吴门,老友辛卓人为陈去病钱别,并以越南犀杖相赠。陈去病自粤返乡,途经瓜泾,遇暴风雨舟阻,夜泊郊外,浮想三楚峰火,意不能释。翌日抵家。11月6日,陈去病应嘉善西塘社友余十眉之邀,宴集于乐国酒家,同席有社友柳亚子、王德钟、沈昌眉、沈德镛等,相互唱和,陈去病有《坠地和柳亚子韵》等诗,后合辑为《乐国吟》。是年重印《笠泽词征》30卷,附《词学》2 卷、《乐府指迷》1 卷、《词品》1 卷、《问花楼词话》1 卷。（参见俞前、殷安如《陈去病年谱简编》，吴江市政协和文史委员会编《吴江文史资料》第十八辑）

汪东 5 月 14 日以高燮、金松岑游黄山，道过余杭，夜至县署造访，乃出示近作，由是与高燮订交。金松岑亦有《余杭赠汪旭初大令（东宝）》之作。8 月，汪东卸任余杭知事，归苏州。在苏里居时，尝奉亲命贺某巨室纳妇，席间曹元弼辱章炳麟，汪东为辩。秋，汪东请章炳麟为堂兄汪森宝之女汪华熙遗集《璞庐诗草》作序。（参见薛玉坤《汪东年谱》，河南文艺出版社2016 年版）

郭秉文继续任南高师校长，全力筹办东南大学。1 月 14 日，教育部训令，一、同意高师除派遣教员出国留学外，也可选派优秀毕业生出国；二、批准高师增设各科研究科及采用选课制；三、通令各省区，凡民国学校自民国 9 年秋季始，一律改用国语；四、同意高师属设专班，录取女生，进行试办。2 月，校务会议议决，商科设于上海，与暨南大学合办。租上海尚贤堂房屋为校舍。在沪另组筹备处。文理科增设政治经济系与西洋文学系，同时农科之生物系、教育科之心理系兼属文理科。3 月 25 日，中央观象台准将测候所江宁一所拨归南高师。28 日，教育部指令批准国立东南大学组织大纲及董事会简章等各项议案，函聘张謇、蔡元培、王正廷、袁希涛、聂其杰、穆湘玥、陈辉德、余日章、严家炽、钱永铭、荣宗锦、江谦、沈恩孚、黄炎培、蒋梦麟为国立东南大学校董，并委派司长任鸿隽为校董会教育部代表。14 日，南高师与崇德公司订立建筑大学校舍的合同。6 月 6 日，国立东南大学在江苏教育会举行董事会成立会，通过董事会章程，任郭秉文为校长，定本日为校庆日，并制定组织大纲与经费预算。7 月，重组行政委员会，正式成立评议会。凡校中一切要务，悉由评议会议决，再由行政委员会执行。同月 13 日，东南大学与暨南大学合设上海商科大学筹备方案，报教育部审批。9 月 4 日，中华全国道路建设协会正式在上海成立，以"专谋全国道路之早日建设完成"为宗旨，郭秉文为会长，许秋枫、史量才为副会长。同月，东南大学正式成立，教育部委任郭秉文兼任东南大学校长，并由国务会议核准，以苏省承认之拨款数 18 万余元，定为东南大学 1921 年度预算。23 日，东南大学与暨南大学合办的上海商科大学经教育部核准备案。10 月 11 日，成立教授会，议决章程及议事细则。其后相继成立运动、卫生、筹账、图书馆各委员会。12 月 13 日，南京大专学生在本校操场集会，反对太平洋会议的议决。会后，在市区游行，并向驻南京各领事馆递交抗议书。20 日，东大评议会、教授会联谊会议，一致通过南高师并入东大。是年，《新教育》杂志策划"民国十年之教育"专题，郭秉文撰写《十年度之高等教育》（第 4 卷第 2 期）、《十年之教育调查》（第 4 卷第 3 期）。6 日，南京高师、东南大学两校评议会、教授会联席会议通过，南京高师归入国立东南大学。（参见郭秉文著、耿有权编《郭秉文教育文集》附录《郭秉文学术年谱》，东南大学出版社 2018 年版；南京大学高教研究所编《南京大学大事记 1902—1988》，南京大学出版社 1989 年版；沈卫威《学衡派编年文事》，南京大学出版社 2015年版）

陶行知 3 月在《教育汇刊》第 2 卷第 1 集发表《地方教育行政为一种专门事业》。7 月，欢送杜威回国。夏，与范源濂、蔡元培、张伯苓、严修、袁希涛等在北京组织"实际教育调查社"，推范为社长，蔡为副社长，决定聘请美国教育家孟禄来华调查科学教育实际情况，并讲学。9 月 5 日，与黄炎培、郭秉文到上海码头，欢迎孟禄来华作科学教育之调查与讲学。随后陪同孟禄在上海、南京、苏州、杭州、广州等地调查、讲演，并任口译。11 月，被推为第七届全国教育联合会"中国新学制"起草委员之一。11 月中旬，《新教育》杂志主干（主编）蒋梦麟赴美，陶行知接手该刊第 4 卷第 1 期的实际主编工作。12 月初，被聘为《新教育》杂志主干，着手整顿该刊组织机构、筹划增添内容。中旬,在北京支持新教育共进社、《新教育》杂志社、实际教育调查社合并成立中华教育改进社,并与马叙伦等为起草社章委员。23日,出席实际教育调查社为孟禄举行的饯别会。会上,中华教育改进社宣布正式成立。(参见余子侠编《中国近代思想家文库·陶行知卷》附录《陶行知年谱简编》,中国人民大学出版社2015年版)

陈鹤琴继续任教于南高师。4月8日,陈鹤琴《学生婚姻问题之研究》在《东方杂志》连载后,李大钊在与少年中国学会会员座谈时,肯定其研究价值,要求会员学习并推广陈鹤琴所用之研究方法。同日,在《新教育》杂志发表《儿童心理及教育儿童之方法》,在《教育汇刊》发表《儿童之好问心与教育》,在《教育杂志》发表《心理测验》等文。7月,与廖世承合著的《智力测验法》出版。8月,中华心理学会在南京成立,任学会总务股主任。9月,由陶行知推荐,主持接待来华考察之美国哥伦比亚大学师范学院院长孟禄教授。12月5日,陪同孟禄在奉天(沈阳)见张作霖。同月,与陶行知等支持由新教育共进社、实际教育调查社、《新教育》编辑社等合并组成中华教育改进社,介绍欧美教育学说,并根据中国国情大力提倡新教育。是年,南京高等师范学校的教育、农、工、商科改为东南大学,任学校行政委员会委员、教务部主任;为发展家乡教育事业,与胡愈之共同发起在上虞城内节孝祠创办昌明国民学校;支持胡愈之主编的《上虞声》报,为该报撰稿。(参见陈鹤琴《陈鹤琴全集》附录《陈鹤琴生平年表》,江苏教育出版社2008年版)

梅光迪因南京高等师范学校改名为国立东南大学,任西洋文学系主任。4月11日在《时事新报》发表《文学之界说》。16—17日,在《时事新报》发表《戏曲原理》。5月中旬,梅光迪致信吴宓,聘其为东南大学英国文学教授,并请其主持《学衡》。24日,吴宓在致他的老师白璧德的信中写道:"梅君的策略是我们能在中国的高等教育机构站稳脚跟,而不是在北京大学。他强烈地反对我们中的任何人去北京大学,或受北大影响控制的北京其他大学。梅君为了实施他的策略,催促我们迅速回国。他写到,不应错失任何机会,不应继续允许文化革命者占有有利的文化阵地。"9月,吴宓抵达东南大学,梅光迪与之相见,并商议课程。11月初,梅光迪率先倡议并与吴宓、胡先骕等筹办《学衡》杂志。梅光迪在《学衡》杂志社本月第一次会议上,宣布其清高之主张,谓《学衡》杂志应脱尽俗氛,不立社长、总编辑、撰述员等名目,以免有争夺职位之事。甚至社员亦不必确定:凡有文章登载于《学衡》杂志中者,其人即是社员;原是社员而久不作文者,则亦不复为社员矣。(参见眉睫《梅光迪年谱初稿》,海豚出版社2017年版;胡宗刚编著《胡先骕先生年谱长编》,江西教育出版社,2008年版;吴宓著、吴学昭整理《吴宓自编年谱:1894—1925》,生活·读书·新知三联书店1995版;沈卫威《学衡派编年文事》,南京大学出版社2015年版)

吴宓6月毕业于哈佛大学研究生院,获文学硕士学位。应南京东南大学梅光迪之邀,提前回国应聘任教。同年秋冬,与梅光迪(西洋系主任)、刘伯明(副校长兼文科主任)、柳诒徵(历史系教授)、胡先骕(生物系主任)等筹办《学衡》杂志。

按:胡先骕《梅庵忆语》说:"五四运动乃北京大学一大事,《学衡》杂志之刊行则东南大学一大事也。蔡孑民先生以革命元勋主持北京大学,遂以革命精神领导北大,先后聘陈独秀、胡适诸人为教授,发刊《新青年》,打倒孔家店,加以五四运动竟奠定外交上之胜利,于是革命精神弥漫全校,偏激诡异之言论,风起云涌,不通蟹行文字之老师宿儒如林琴南辈竟无以应敌,然非举国风从草偃也。余曾单独发表一文论文学改良于南高校刊,不久梅光迪、吴宓诸先生联翩来校,与伯明先生皆感五四以后全国之学风,有越常轨,谋有以匡救之,乃编纂发行《学衡》杂志,求以大公至正不偏不激之态度以发扬国学介绍西学。刊行之后,大为学术界所称道,于是北大学派乃遇旗鼓相当之劲敌矣。""当三数友朋集议编刊《学衡》,殊无结社之意,不过志同道合之人共谋有一刊物发表其主张而已。此刊之能维持六年之久者,则吴雨生(宓)先生之功。创办之初由吴雨生任总编辑,执笔者有刘伯明、柳翼谋、梅迪生、徐则陵及余,高材生如缪凤林、吴景昌、张荫麟、郭斌龢等亦常作文,外稿亦时有之,大体皆精湛。当《学衡》初出之时,周树人曾作《估〈学衡〉》一文,预言此刊物之无甚前途,不谓竟刊行六年七十二期之久,《新青年》《新潮》停刊已久,而《学衡》尚能按期出版,不能不佩服吴雨生之毅力过人也。""南高东大在创办之初,即受郭校长之领导,养成一种平正质朴之精神。自刘伯明、梅迪生、吴雨生、张歆海、楼光来、汤用彤诸先生联翩来校讲学,学生对于欧西之文化,益有明确之认识,同时对于本国之文化,亦能为公正之评价,既不守旧,亦不骛新,于北方各大学之风气,迥然自异,加以学生皆不参加政治运动,咸能屹立于政潮之外,故校中学术空气特浓。此种精神,自《学衡》刊布以后益加强化,流风遗韵尚存于今日焉。"(胡宗刚编著《胡先骕先生年谱长编》,江西教育出版社 2008 年版;沈卫威《学衡派编年文事》,南京大学出版社 2015 年版)

柳诒徵继续任教于南京高等师范学校。夏,赴湖南讲学,同行者有刘伯明、竺可桢等。8月,柳诒徵、徐则陵、陈训慈、缪凤林、张其昀等人参与创办史地研究会会刊《史地学报》,设有评论、通论、史地教学、研究、古书新评、读书录、史地界消息、史地家传记、史传、地志、论文摘述、表解等栏目,柳诒徵为创刊号撰写发刊词。冬,南京高等师范学校正式改名为东南大学,柳诒徵担任历史系教授,开讲各家文选、中国文化史、东南亚各国史、印度史、中国政治制度史及沿革地理等,亲自起草历史沿革地理挂图,筹设史地陈列室,以配合教学。编有《中国文化史》《东南亚各国史》等讲义。

按:其中《中国文化史》旨在阐述中国文化的源流,抉择中国文化的特点,以勉励青年学习、继承和发扬中国文化的优良传统。全书七十余万字,引用资料自六经、廿五史、历代各家著述,旁及国外汉学家论著和近代报章杂志统计资料,无不详为搜辑,达六百余种之多,为一部完备、系统的中国文化史著作。(参见孙文阁、张笑川编《中国近代思想家文库·柳诒徵、张尔田卷》附录《柳诒徵年谱简编》,中国人民大学出版社 2015 年版)

胡焕庸 1 月 8 日任南京高等师范学校第三届史地研究会总干事,王学素、陈旦为干事,张其昀为总编辑,王庸、陈训慈等为书记。史地研究会 3 月 15 日请徐则陵教授演讲《新史学》;5 月 25 日请北京高等师范地理教授白眉初演讲《直隶水旱之原因》;5 月 26 日请竺可桢演讲《欧洲之形势》;10 月 27 日请东吴大学地质学教授摩尔演讲《苏州之地质》;12 月 30 日请北京大学史学系教授陈衡哲演讲《中国史学家之责任及机会》。(参见沈卫威《学衡派编年文事》,南京大学出版社 2015 年版)

胡先骕春夏间又率队往江西进行植物采集。自南昌往吉安,经赣州,而宁都、建昌、广信,共六府所属之地域。11 月初,与梅光迪、吴宓等筹办《学衡》杂志。同月,胡先骕以二十天之力所写《评〈尝试集〉》一长文,刊于次年 1 月出版的《学衡》杂志创刊号,第 2 期续载。是年,吴宓叹服胡先骕诗学之造诣,乃相与切磋。

按:吴宓《空轩诗话》(吴学昭整理《吴宓诗话》,商务印书馆 2005 年版)曰:"胡先骕君为《学衡》社友,与予同道同志,而论诗恒不合。步曾主宋诗,身隶江西派;而予则尚唐诗,去取另有标准,异乎步曾。步曾尝强劝予学为宋诗,予虽未如其言以致力,然于宋诗之精到处,及诗中工力技术之重要,固极端承认,且步曾中诗学之知识及其作诗之造诣皆远过于我,我深倾服,并感其指教之刳切率直,益我良多。予虽为《学衡》杂志之主编,然"诗录"一门,由步曾主持编选,予毋能改动丝毫。步曾出洋,则以授邵祖平。其后邵君与予午,予乃改请李思纯君。"(参见胡宗刚《胡先骕先生年谱长编》,江西教育出版社 2007 年版;沈卫威《学衡派编年文事》,南京大学出版社 2015 年版)

竺可桢 1 月 8 日被选为东南大学(东大)文理科分科筹备员。在筹备过程中,提出在南高地理系的基础上扩大充实成立地学系,被采纳。在 2 月提出的《东南大学组织大纲》中即列有"地学系"。1—2月间,在中国科学社举行的科学演讲会上演讲《南京地质》。2月,在地理课程教学中,指导学生分工阅览中西书报,对所见地理学上最新发现进行编译,其中包括国界变动、种族分布、地形测量、风俗观察、人口密度、交通发展、贸易比较、产业统计等,既可补充教材之不足,亦可供研究之参考。所摄之材料,一方结集成《地理周刊》,同时《史地学报》从第1卷第2期起,专辟"世界新闻"栏目予以刊载。春,在校内创设气象测候所,为气象班练习之用。约此时,在六朝松旁亲自栽植一棵"地理大树",后根深叶茂。5月26日,为南高史地研究会演讲《欧洲之现势》。7月4日,致函杨铨,述《地文学》稿业已编就,惟插图尚未竣事。并催促杨与科学社董事会商量组织《科学丛书》编辑委员会事。同月,在《科学》上发表《我国地学家之责任》,号召地学学家组织起来,以"调查全国之地形、气候、人种及动植物、矿产为己任,设立调查之标准,定进行先后之次序,择暑假或其他相当时期,结队考察"。8月10日,在《东方杂志》发表《论我国应多设气象台》,强调设气象台与农业、航海航空和国家形象之利害关系,"制气象图,乃一国政府之事,而劳外国教会(指徐家汇和香港等外人在华所设气象台)之代谋亦大可耻也"。9月2日,在中国科学社第六次年会上,所撰《中国对于气象学之贡献》一文由胡刚复代为宣读。23日,东南大学正式开学,东大共有5科23系。其中地学系是由地质、地文、气象、古生物、政治、地理各课组成,隶属于文理科中。竺可桢任地学系主任。亲自担任地学通论、气象学、世界地理、世界气候等课程的教学,主讲地文学和气象学。

竺可桢10月11日提出派遣地学学生赴欧美留学的建议。22日,在中国科学社职员会上被推为讲演股委员。23日,当选为中国科学社南京社友会理事长。27日,与南高史地研究会会员多人偕同东吴大学地质学教授摩尔赴紫金山考察南京地质。秋,聘鲁直厚为南高气象测候所测候员,参与观测实习,每日按时观测气压、温度、雨量、晴雨天气情况,无复间断。要求观测训练严守时间,严格执行操作规程,经常亲自监督恶劣天气及夜间等容易失误情况下的观测记录。在取得完整资料的基础上,亲自分析数据,撰写报告。翌年即编发《气象月报》,与徐家汇等其他气象机构进行资源交换。11月5日,出席中国科学社南京社友会为社长任鸿隽举行的欢迎会,任主席。30日,以地学系教授名义向东大评议会提交《本校急应在北极阁上建筑观象台意见书》,从历史、地理、教育和实用4个角度论证急需在南京北极阁建立气象台。此事于12月7日经东大评议会通过。其后与柳诒徵、王伯秋三人被推为所特组的一委员会的委员。是年,发表文章还有《欧洲之现势与将来之危机》《本月江浙滨海之两台风》《彗星》《欧洲战后之新形势》等。约是年,所编线装本《地理学通论》(讲义)刊印面世,其中《天文地理学》部分又另有单独刊印的线装本。这本花了约两年时间编写的讲义,引入了西方现代地理学的概念和新的教学内容,全面、系统地阐述了天文地理学和地文学的基本内容和基本理论,阐述了地球表面各种地理现象之分布、成因及相互作用关系,涵盖了近代地理学、地质学、天文学、气象学等学科的基本内容。资料翔实,内容丰富,文图并茂,自成体系,可谓我国高等学校讲授现代自然地理学的发端。又有所编线装本《气象学》讲义刊印面世,全书除"总论"外分八章,全面介绍了空气组成、太阳与空气之关系、各种大气现象及其成因、各种气象要素及其测定。比其1923年正式出版的《气象学》一书在内容上更丰富,在物理概念和理论性阐述方面更为深刻。(参见李玉海编《竺可桢年谱简编》,气象出版社2010年版;南京大学高教研究所编《南京大学大事记1902—1988》,南京大学出版社1989年版)

杨杏佛1月参加中国科学社举行的科普教育系列讲座,演讲《科学与社会主义》。2月,获介绍相对论金奖的《爱因斯坦相对说》一文载于2月5日出刊的《科学美国人》杂志,杨杏佛见后即将其译成中文,刊于8月20日出刊的《科学》第6卷第8期,前后仅一个半月。该译文是国内介绍相对论最早的文章之一。9月1—3日,中国科学社第六次年会在北京清华学校举行。杨杏佛与会演说,并被推举为募集基金筹备委员。20日,《科学》第6卷第9期出刊。这是他主编的最后一期月刊,自第10期起由王接任编辑部长,杨杏佛改任编辑员。10月4日,应邀到南高附中补习班作《科学的人生观》演讲,指出:科学的人生观应具有民主、实事求是、淡泊的精神。"科学家之淡泊精神,就吾国目前状况论,尤当竭力提倡之,培养之。""惟国内有学问家、有事业家出,于世界之幸福与真理有所贡献,然后可以得人敬助,然后可以不受人侮。吾人当知武力之威权虽可以亡人国,而不能灭人格,惟学术之破产,则人虽不亡我,而我且自亡矣。"是年,在南高商科讲授经济学、工商管理等课程,深受同学欢迎。年内,国立东南大学正式开始招生,杨杏佛同时受聘任该校工科经济学教授兼校办工场主任。(参见许为民《杨杏佛年谱》,《中国科技史料》1991第2期)

孟宪承11月从英国伦敦大学教育研究所留学归来后,任教于东南大学。他积极关注西方各国中等教育的发展趋势,不仅翻译出版了《现代教育学说》《教育哲学大意》《教育心理学辨歧》等西方现代教育学名著,还通过译文、译著,及时介绍国外中等教育的新趋势,不遗余力地将西方现代中等教育的新思潮导入到我国的中等教育中来。(参见盛玲《孟宪承中等教育思想初探》,《教学月刊(中学版下)》2008年第5期)

陈中凡上半年仍在北京女高师任教。2月5日,接乡友张延寿信,请为乡友陶然撰一行状。3月初,接周作人信,因患肋膜炎,兼任女高师之课程仍需请假。8月,应聘赴南京,任东南大学国文系主任兼教授。曾经"荐胡小石南行,已得到当局的首肯,中途为忌者所阻",未果。(参见姚柯夫编著《陈中凡年谱》,书目文献出版社1989年版)

刘国钧南京金陵大学文学院毕业后留校图书馆工作。是年,在《金陵光》第12卷第2期发表《近代图书馆之性质及功用》,认为近代图书馆的特征有8种,即公立、自由阅览、自由出入书库、儿童阅览部之特设、与学校协作、支部与巡回图书馆之设立、科学的管理、推广之运动。

张世禄考入南京国立东南大学中文系,师从胡小石、陈中凡、顾实、柳诒徵、竺可桢、梅光迪、吴宓诸老师。

周世钊抱定"教育救国"的宗旨,谢绝参加毛泽东、蔡和森创建的社会主义青年团的组建发展工作,赴南京考入国立东南大学教育学院教育系研究教育。

陈恭禄考入金陵大学,由化学而农科,后又入历史系学习。

欧阳竟无是秋作成《瑜伽真实品叙》,谈十义:一辨教,二出体,三所诠别,四法相唯识非一,五真如正智非一,六虚妄分别有,七世间相违过,八圣言量,九修证,十异门。《瑜伽真实品》纲要为之概出。10月,欧阳渐在南京高师哲学会作讲演《佛法非宗教非哲学而为今时所必需》,以对比的方法,把佛法和宗教、哲学一一作了比较,认为佛法既非宗教,又非哲学。(参见徐清祥《欧阳竟无评传》及附录一《欧阳渐学术行年简表》,百花洲文艺出版社2010年版;徐清祥编《欧阳竟无先生学术年表》,载欧阳竟无《欧阳竟无内外学》,商务印书馆2017年版)

夏敬观仍任浙江省教育厅厅长。2月3日,夏敬观偕胡暗仲、陶叔惠、徐肖研访康有为于丁家山人天庐。午宴于孤山楼外楼。登西冷印社观乐楼,赏雪联句。康有为《游存庐诗集》卷十五载此诗,序云:"庚申腊不尽四日西湖大雪为廿年所无,越日立春。剑丞厅长偕胡偕仲阁丞、陶叔惠厅长、徐肖砚局长,泛舟渡湖,访吾丁家山人天庐。踏雪上山,寻蕉石鸣琴。邀饮于孤山楼外楼,登西泠印社观乐楼,赏雪联句。"4月,夏敬观赴湖州、嘉兴、绍兴视学。8月7日,访郑孝胥于上海。(参见陈谊《夏敬观年谱》,黄山书社2007年版)

马叙伦9月下旬就任浙江第一师范学校校长。事先夏敬观通过诸宗元劝驾。12月20日,《申报》杭州快信:"一师校长马叙伦代表赴京,参与实际教育调查社会议,昨函告到浙,该社于十六日开会,准十九至二十二日等日,各省代表与孟禄博士讨论全国教育问题。"同月,中华教育改进社成立于北京,与陶知行(行知)任起草社章委员。是年,杭州第一中学校长出缺,马叙伦向省教育厅长夏敬观推荐旧同事黄人望接任。(参见卢礼阳《马叙伦年谱》,浙江古籍出版社2021年版)

朱自清11月在胡适调停中国公学风潮结束后,与刘延陵返回杭州浙江省立第一师范任教。同月,朱自清和叶圣陶担任浙一师学生汪静之、潘漠华、冯雪峰等发起成立的晨光文学社顾问。冯雪峰《〈应修人潘漠华选集〉序》(《应修人潘漠华选集》,人民文学出版社1957年版)说:"活动是常常在星期日到西湖西泠印社或三潭印月等处聚会,一边喝茶,一边相互观摩各人的习作,有时也讨论国内外的文学名著;出版过作为《浙江日报》的副刊之一的《晨光》文学周刊,发表的大都是社员的作品。""尤其是朱先生是我们从事文学习作的热烈的鼓舞者,同时也是'晨光社'的领导者。"同月,因俞平伯准备赴美留学而辞职,受校长马叙伦委托,邀叶圣陶来浙江一师任教,叶圣陶欣然首肯;由邓中夏、陈政、刘仁静、苏甲荣、左舜生介绍,加入少年中国学会。12月4日,作新诗《挽歌》,刊于次年1月1日《少年中国》第3卷第6期,此诗为悼念浙江一师学生范尧深而作。诗前有序曰:"尧深死后,有一缕轻烟似的悲哀盘旋在我心上,久久不灭。昨日读了《楚辞·招魂》,更恻恻不能自已。因略参《招魂》之意,写成此歌,以抒伤逝的情怀。"(参见姜建、吴为公编著《朱自清年谱》,光明日报出版社2010年版)

叶圣陶10月因浙江第一师范委托朱自清邀请,前来任教。11月初,到浙江第一师范,与朱自清联床共灯,多次泛舟西湖,并一起担任晨光文学社的顾问。11月12日,叶圣陶,郑振铎,胡愈之代表文学研究会邀请俄国盲诗人爱罗先珂在上海静安寺路环球中国学生会讲演,题为《现代的忧虑》。(参见商金林编《叶圣陶年谱》,江苏教育出版社1986年版)

冯雪峰春季因参加反对学监的风潮,被学校当局开除。秋,考入浙江第一师范学校,开始写作新诗。由于对新诗的共同志趣,他很快与先入学的潘训(漠华)、汪静之成了诗友。不久,潘、汪发起成立文学团体晨光社,冯雪峰加入了晨光社,主办《晨光》旬刊。11月19日,作《到省议会旁听》,刊于22日《时事新报·学灯》。这是迄今所知冯雪峰最早公开发表的作品。

汪静之考入浙江省第一师范学校,由于深受"五四"运动新思潮的影响,与潘漠华发起成立有柔石、魏金枝、冯雪峰等参加的,由叶圣陶、朱自清为顾问的"晨光文学社"。

　　按:汪静之《自传》(徐州师范编《中国现代作家传略》第三辑)曰:"一九二一年下半年,潘漠华和我发起,邀魏金枝、赵平福(柔石)、冯雪峰等同学和杭州其他几个中学的学生成立了'晨光文学社',请叶圣陶(绍钧)、朱佩弦(自清)两位国文老师为顾问。"(参见商金林编《叶圣陶年谱》,江苏教育出版社1986年版)

经亨颐在上虞创办著名的春晖中学,民营资本家陈春澜捐资,使其在学校建设和施教方面不再受制于当时的政府。学校位于浙江上虞县象山脚下白马湖畔,经亨颐为其首任校长。经亨颐把春晖视为落实其教育思想的实验田,所以从校舍的选址设计,到教员的聘请,再到《春晖中学计划书》的完成,都亲力亲为。经亨颐反思中国的教育是一种"铸型教育",所以确立其兴学目标是:发展平民教育,培养有健全人格的国民。"什么是人格? 人格是做人的格式。""求学何为? 学为人而已。"在《春晖中学校学则》中,经亨颐阐明了学校以"实施基础训练,发展个性,增进知能,预备研究高深学问,并适应社会生活为宗旨"。由于春晖中学依其"以哲人统治之精神自谋进行"的思路办学,所以能"一洗从来铸型教育之积弊"。经亨颐还为教师提供了优越的教学环境和优厚的待遇,所以很快吸引了大批人才。春晖中学迅速成为举世瞩目的名校。(参见毕唐书《远去的中学历史名校——经亨颐的春晖中学》;葛晓燕、何家炜《夏丏尊年谱》,中国文史出版社 2012 年版)

夏丏尊是年冬接受经亨颐之邀,赴上虞协助创办春晖中学。春晖中学的教师大多是由人脉丰沛的夏丏尊邀请来的。其中相当一部分是夏丏尊在浙一师和湖南一师的同事或学生。如王任叔、刘薰宇、丰子恺、朱光潜、张孟闻、张同光、杨贤江、刘叔琴等。是年,张闻天慕夏丏尊之名,带弟张健尔赴春晖中学求学。(参见葛晓燕、何家炜《夏丏尊年谱》,中国文史出版社 2012 年版)

马一浮 3 月 12 日致书金蓉镜,发表了一些对时局学术的看法,谓:"夫民治盖贵公之余谈,科学特艺成之曲事。殊方累译,义每失伦。滔滔者匪唯求璞得鼠,亦乃以矛陷盾。名实无当,展转增惑。学校虽设道德之科,犹不得比梵诵。议会虽话民选之制,孰则不由货取? 即今欧美谈者,风动一世。考其持说,乍称去尊,又以尚势。方陈均富,复羡货殖。樊然杂出,固有攸准。稷下逊其迂怪,六师无其矫乱。至若本之恻怛,傅与经术,盖或有之,憾未得见。"夏,梁漱溟来访,得先生赠《先圣大训》《盱坛直诠》二书。(参见张雨晴《马一浮学术年谱整理(1911—1949)及其儒学践履活动研究》,贵州大学硕士学位论文,2019 年)

丁善之的遗作《丁子居剩草》刊印成书,缪荃孙、周庆云、徐珂、柳亚子、高燮、张焘、王毓岱等当时名流皆为之作序、作跋。

李笠曾与同乡金嵊轩、周予同、伍叔傥、薛祀光、李孟楚、洪特民、陈逸人、林炜然、林镜平等创立"知行社",联络青年知识分子,进行教育普及工作。

林鹍翔在浙江永嘉创立瓯社,任社长,社友有梅冷生、夏承焘、郑猷、王渡、龚均、黄光、郑岳、曾廷贤、徐锡昌、严琴隐共 10 人。

弘一法师 5 月初自杭州经上海,搭船前往温州永嘉驻锡。夏丏尊、杨白民、李鸿梁、朱贤英等去黄浦江码头送行。9 月 28 日,弘一法师从温州南门外庆福寺致信夏丏尊,言及自己将掩室谢客,一心念佛,用两年时间圆其心愿。告诫夏丏尊:衰老将至,宜早自努力。而努力的途径不是穷讨渊微的义海,而是念佛一法。建议他多体味印光大师的文钞,以经为下手处。

太虚新春鉴于僧寺内外交困,实为佛教复兴之大碍,乃唱"僧自治说"。3 月 23 日,任西湖净慈寺住持。随后于幽冀会馆讲唯识三十论,成《唯识三十论讲录》。5 月,朱谦之来兜率寺,拟从大师出家。朱氏以"将所有佛书,批评一过,从新整理建设起"为目的。大师告以不必出家,为介绍往从欧阳竟无游。8 月 23 日,太虚应北京辛酉讲经会请,离杭北上。9 月 6 日,开讲法华经于北京弘慈广济寺,11 月 7 日结束。太虚依窥基法华经玄赞为讲义,周少如(秉清)录其口说,成《法华讲演录》,逐日载诸亚东新闻。参与法会者有释远参、庄思缄、夏仲膺、蒋维乔、胡瑞霖、马冀平、林宰平、龚缉熙(后出家名能海)、朱芾煌、王虚亭等,极一时之盛。11 月 9 日,太虚离京返杭,徐大总统颁赠"南屏正觉"匾额,讲经会公推倪谱香陪送。

因同年张仲仁以梁漱溟新著《东西文化及其哲学》供阅，太虚遂作《论梁漱溟东西文化及其哲学》。

> 按：梁漱溟此年已回佛入儒，虽犹称许佛法为最究竟，而目下不赞同提倡佛法，欲以孔家文化救中国，太虚以为梁君拘于三乘共法，前遗五乘共之人天法，后遗大乘不共之菩萨法。回佛入儒，正由其所见佛法之浅狭。然其"眇目曲见"之唾余，每为时人所掇拾，障碍佛法不浅！评曰：

> 梁君视佛法但为三乘的共法，前遗五乘的共法，后遗大或共法，故划然以为佛法犹未能适用于今世，且虑反以延长人之。其理由，盖谓东方人民犹未能战胜天行，当用乱，乃决意排斥之。其理由，盖谓东方人民犹未（排除物质之障碍；西洋人犹未能得尝人生之真味，当用中华化以融洽自然之乐趣。待物质之障碍尽而人生之觉悟到与生活俱有的无常之苦，以求根本的解脱生活一之需要。若现时，则仅为少数处特殊地度化的佛法，始为人生唯一之需要。若现时，则仅广位者之所能，非一般人之所能也。

> 余则视今世为最宜宣扬佛法的时代，一则菩提所缘缘苦众生，今正五浊恶世之焦点故。二则全地球人类皆已被西洋化同化，外驰之极，反之以究其内情。下者可渐之以五乘的佛法，除恶行善，以增进人世之福乐。中者可渐之以三乘的共佛法，断妄证真，以解脱人生之苦恼。上者可顿之以大乘的不共法，即人而佛，以圆满人性之妙觉故。而对于中国，排斥混沌为本的孔老化，受用西洋的科学，同时即施行完全的佛法。以混沌之本拔，则鬼神之迷信破故。若对西洋，则直顺时机以施行完全的佛法可也。余所谓完全的佛法，亦未尝不以三乘的共佛法为中坚，但前不遗五乘的共法，后不遗大乘的不共佛法耳！……明正因果以破迷事无明之异熟愚，则中华宗极混沌、乐为自然之感祛，而西洋逐物追求、欲得满足之迷亦除。于是先获世人之安乐，渐进了生脱死之域，以蕲达乎究竟圆满之地。（以上释印顺编著《太虚法师年谱》，宗教文化出版社 1995 年版）

毛泽东、何叔衡、彭璜、周世钊、熊瑾玎、陶毅、陈书农、易礼容等十余人 1 月 1 日在长沙潮宗街文化书社召开新民学会会员新年大会，主席何叔衡。会议主要讨论三个问题：一、新民学会应以什么作共同目的？二、达到目的需采用什么方法？三、方法进行即刻如何着手？毛泽东首先向会议介绍巴黎会友对这三个问题讨论的结果：对第一个问题，主张以"改造中国与世界"为共同目的；对第二个问题，一部分人主张用急进方法，一部分人主张用缓进方法；对第三个问题，一部分人主张组织共产党，一部分人主张实行工学主义及教育改造。毛泽东在大会中发言：坚持用俄国劳农专政的方法实现改造中国和世界的目的。3 月 14 日，毛泽东、萧子升、何叔衡等发起成立长沙中韩互助社，以联络与发展中韩两国人民之感情，计划两国国民之事业为目的。同月，毛泽东在长沙船山学社同从巴黎回国的萧子升会面。此后，两人多次讨论社会主义革命问题，发生根本分歧。4 月 2—27 日，毛泽东在长沙《大公报》连续发表《省宪法草案的最大缺点》。7 月 23—31 日，毛泽东与何叔衡作为湖南共产主义组织的代表出席中国共产党第一次全国代表大会，毛泽东和周佛海任记录。8 月 11 日，中国劳动组合书记部在上海成立。不久，在北京、武汉、长沙、广州、济南设立分部。毛泽东任湖南分部主任。

毛泽东 8 月中旬回到长沙，住船山学社。在文化书社和清水塘同何叔衡、易礼容多次商量在湖南成立共产党支部的问题。同月，毛泽东、何叔衡、贺民范等在长沙船山学社创办湖南自修大学，取书院与学校二者之长，进行自由研究，传播马克思主义，培养革命人才。贺民范任校长，毛泽东任指导主任。16 日，长沙《大公报》发表毛泽东起草的《湖南自修大学组织大纲》。夏秋间，毛泽东被聘任湖南第一师范二十二班国文教员，推荐何叔衡接任一师附小主事职务。10 月 10 日，毛泽东在长沙建立中共湖南支部，并任支部书记，成员有何叔衡、易礼容等。同月，毛泽东在湖南第一师范出席马克思主义学术研究会，作关于剩余价值的讲演。12 月中旬，毛泽东与易礼容、黄爱、庞人铨等在长沙会见由上海前往桂林同孙中山会谈途经长沙的共产国际代表马林,马林向工人和青年介绍了俄国革命的情况。(参见中共中央文献研究室编撰、逄先知主编《毛泽东年谱(1893—1949)》,人民出版社、中央文献出版社1993年版)

成仿吾 4月1日,乘船抵门司时,和郭沫若会合后一同回国。3日船抵上海,成仿吾与郭一同来到马霍路泰东书局的编译所。21日,在上海改作《一个流浪人的新年》,流浪人的形象也是流浪异国多年的作者自身的写照。5月,成仿吾见泰东没有容下两个人的位置,考虑到郭沫若有家眷,便决定把泰东的位置留给郭沫若,并把上海出版刊物的事情也留郭办理,自己则回湖南,先在楚怡工业学校任教,继又兼长沙兵工厂技正(总工程师)。29日,上海《时事新报》刊载郭沫若、田汉、成仿吾、郁达夫、张资平、郑伯奇、穆木天共同署名发表的《纯文学季刊〈创造〉出版预告》。远在长沙的成仿吾,有意作一点关于创造社各丛书的评论。11月中旬,作《长沙寄沫若》(组诗),倾诉"长沙的生活倦了,生命的琴弦疲极了。我想要痛哭一场,哭到生命的琴弦复活"。(参见张傲卉、宋彬玉《成仿吾年谱》,《东北师大学报》1985年第5期)

蒋百里参与湖南、浙江两省制宪。成立"湖南自治根本法起草委员会",发表《论军事与联省自治》演说(后收入其《裁兵计画书》)。受邀调停湘直战争,与吴佩孚建立联系。(参见皮民勇、侯昂妤编《中国近代思想家文库·蒋百里、杨杰卷》及附录《蒋百里年谱简编》,中国人民大学出版社2015年版)

李剑农 12月担任湖南省省务院院长兼湖南省教育司司长,后因与当局政见分歧,愤而辞职。

夏明翰受中共湖南支部和省学联的指派,以教师身份协助陈昌开办浏西文化社,建立浏西文化促进会和教师联合会,陈昌任会长。

黄侃继续任教于武昌师范。1月14日,章炳麟致吴承仕信,谓:"季刚在武昌师范,两次过汉,皆匆促未与相见,不知近有何等著撰耶?"2月,侄子黄焯自蕲春来问学,授以《说文》《文选》《文心雕龙》诸书。春,龙榆生执贽称弟子,授以声韵、文字及词章之学。10月,应山西大学聘。11月,从太原出发,返回武昌。12月11日,论冯登府《金石综例》:"其书未善。"13日,论王芑孙《碑板广例》:"门户之见太深,而文笔亦非安雅。"17日,收到山西大学文科诸生及黄文弼来信。是年,黄侃复许仁信。首论前人治经之得失,介绍治经之方法;次叙文章之大要,指出新文学之症结。

按:黄侃复许仁信函曰:来书以治经、为文二事垂问,侃敢有言。清师治经之勤劳,诚予吾侪以莫大之益,惟或则琐碎而无精微,宏通而蔑弃师法,考据而只成臆说,辩驳而徒长浮词,意者有汉人所讥章句之儒之病。然则吾侪所务,必在去繁求简,去妄存真,果能如此用心,则旧说有不可不存,而孔、贾、陆、扬之疏,未可尽束于高阁。年来点校孙仲翁《周礼》新疏,见其攻驳郑、贾,略无愧容,一简之中,诋诃杂出,由此见唐人之于王《易》、孔《书》爱护甚至,虽乏宏通之美,亦庶几不违矩矱者已。足下有志经术,所宜先求注疏,进览汉师之说,补其阙遗,而推其未备。纵令众说岐互,各令如其故常,譬诸奏乐,不以琴瑟而废琵琶;譬诸制衣,不以深衣而贱常祖,斯亦可矣。至于训诂、声音,在小学之家自为要业,若在专家治经之士,正以笃守师说为宜。与其创新说以正前文,不若守故闻而乏奇识。大抵少年锐气,无往不形独到,董理旧文,则无事乎此。侃六七年前,每事好为新说,自事仪征而后,乃恍然于所尚之非,而已驷不及舌矣。因君恳挚,故不恤自露其情。若乃不守师承,多创新义,苟取盈卷,不顾复重,则禹域之大,何患无才,亦奚劳足下远来相问耶?

文章之事,不可空言,必有思致而后能立言,必善辞令而后能命笔。而思致不可妄致也,读诵多,采取众,校核精,则其思必不凡近。以不凡近之思,求可观采之文,犹以脾臄为嘉肴,取锦缯为美服也。不此之务,而较量汉唐,争执骈散,鏖战不休,同于可笑,孰有志而为此哉?盖文章之事,无过叙事、论理、抒情三端,诚使叙不必叙之事,论不必谈之理,足下试思其文何若? 此无论规摹姚、曾,抑或宗法汪、李,要未足陈于通人之前。而世之浅夫,徒以彼法便于不学者而信道之,吾党之士,又不悟其症结所在,而苟与对垒,自失身分,侃冈笑之久矣(今之新文新诗,即彼法为之作俑,又等于重僮矣)。正告足下,无学之文不必为,无用之文不必为,则文章之大已得。字句之妍媸,宁待斟酌而后晓哉? (参见司马朝军、王文晖合撰《黄侃年谱》,湖北人民出版社2005年版)

　　包惠僧1月由武汉到上海准备去苏俄留学,因为缺少路费而滞留上海。上海共产主义小组代理书记李汉俊执意让他留沪工作,就任共产党教育委员会主任之职,专事负责选派优秀青年赴莫斯科留学事务。4月,包惠僧遴选了刘少奇、萧劲光等一批先进青年赴苏留学。春夏之交,包惠僧奉李汉俊指派,赴广州向陈独秀汇报工作。6月,陈独秀指派陈公博和包惠僧出席"一大",并要包惠僧在"一大"后回湖北工作。7月,包惠僧受陈独秀指派与陈公博一道前往上海,全程参加了"一大"会议。之后,由于陈独秀尚在广州,中央局暂由李达、张国焘二人负责,决定派包惠僧去广州,迎接陈独秀返沪主持中共中央局工作。9月11日,包惠僧陪同陈独秀回到上海,先后见证了陈独秀与马林唇枪舌剑、不欢而散的两次会面,也听过陈独秀对李达、张国焘和上海其他一些党员说:"我们不能靠马林,要靠我们自己来组织党。中国革命要靠中国人自己干,我们可以一面工作,一面革命。"甚至还亲耳聆听了陈独秀训斥马林的翻译张太雷所说的话:"各国革命有各国国情,我们中国是个生产事业落后的国家,我们要保留独立自主的权利,要有独立自主的做法,我们有多大的能力干多大的事,决不能让任何人牵着鼻子走。我可以不干这个书记,但中国共产党决不能戴第三国际这顶大帽子!"10月4日,陈独秀在渔阳里2号住宅被法巡捕房搜捕,搜出《新青年》《劳动界》《共产党》各杂志及印刷品多种。包惠僧与陈独秀妻高君曼及杨明斋、柯庆施同时被捕。包惠僧出狱后,奉陈独秀之派回到武汉,担任中共武汉支部书记。不久又兼任刚成立的中国劳动组合书记部长江支部的主任,并和张国焘、李登瀛、李启汉等一起创办《劳动周刊》。(参见徐光寿《包惠僧与陈独秀的终身友谊》,《党史纵览》2013年第4期;唐宝林、林茂生《陈独秀年谱》,上海人民出版社1988年版)

　　董必武继续在武汉中学任教。2月,董必武陈潭秋、黄负生、刘子通、李书渠等创办《武汉星期评论》,并为该刊写评论。5月4日,董必武组织青年学生、青年工人和农民在武昌阅马厂举行"五四"周年纪念大会,并在大会上讲话。会后与陈潭秋等人率领群众举行游行示威。7月23日,董必武与陈潭秋代表湖北省共产主义研究小组出席中共"一大"会议。董必武向大会全面汇报了武汉共产主义小组的筹建和本地区党团的活动情况,得到了与会代表的肯定。会后,董必武和李汉俊起草了给共产国际的报告。8月,董必武返回武汉,与陈潭秋一起进一步发展党的组织。12月,根据中央政治局发出的《通告》,正式成立了中共武汉区执行委员会,董必武为委员,负责财务。(参见《董必武年谱》编辑组编《董必武年谱》,中央文献出版社1991年版)

　　陈潭秋、恽代英、林育南、黄负生、刘子通、施洋等发起成立武汉马克思学说研究会,出版《我们的》《武汉星期评论》,创办书社、组织读书会、同乡会等团结教育青年知识分子。7月16—21日,恽代英与林育南等人在湖北黄冈浚新小学举行会议,宣布成立具有共产主义小组性质的组织——"共存社",并确立"共存社""以积极切实的预备,祈求阶级斗争、劳农政治的实现,以达到圆满的人类共存为目的"。年底,恽代英与林育南、林育英、李求实等人先后加入了中国共产党。刘子通由陈潭秋介绍加入中国共产党,协助编辑《武汉星期评论》。(参见刘辉编《中国近代思想家文库·恽代英卷》附录《恽代英年谱简编》,中国人民大学出版社

2015年版)

恽代英1月由其所译考茨基的《阶级争斗》一书,由新青年社作为新青年丛书第八种在上海出版,产生重要影响。同月,恽代英利用寒假到芜湖、南京、上海等地旅行。4月20日,恽代英在《中华教育界》第10卷第10期上发表《教育改造与社会改造》一文,认为"要改造教育,必须同时改造社会。要改造社会,必须同时改造教育"。6月15日,恽代英在《少年中国》第2卷第12期上发表《致王光祈》一文,抒发了因个人理想与现实之间的冲突而导致的苦闷心态以及寻求新出路的强烈愿望。7月1—4日,在南京参加少年中国学会第二次年会。会议围绕学会的宗旨及主义等问题,展开了激烈的争论。16—21日,与林育南等人在湖北黄冈浚新小学举行会议,宣布成立"共存社"。10月,恽代英应少年中国学会会员、泸州川南师范学校校长王德熙聘请,去四川泸州川南师范学校任教。年底,与林育南、林育英、李求实等人先后加入了中国共产党。(参见刘辉编《中国近代思想家文库·恽代英卷》附录《恽代英年谱简编》,中国人民大学出版社2015年版)

龙榆生由堂兄沐光介绍,前往武昌高等师范学校从黄侃学习声韵、文字及辞章之学,兼做家庭教师,教黄氏次子读书。

法尊在北京法源寺受戒。后入武昌佛学院学习。

王尽美、邓恩铭在山东济南发起成立山东共产主义小组。7月23日,王尽美、邓恩铭作为济南代表出席了中国共产党第一次全国代表大会。行前张国焘路过济南,王尽美便约集了几名济南共产党早期组织成员,在大明湖上与张国焘畅谈了一天,就建党问题交换了意见。中共"一大"后,王尽美把从上海带回的《共产党宣言》《马克思资本论入门》等宣传社会主义、共产主义的书籍和册子带回济南;又取"尽善尽美"之意,将自己的名字王瑞俊改为王尽美。随后与邓恩铭等人组建了中国共产党山东区支部。

林群贤任《泗水新闻》主编。

陈公博3月与陈独秀、谭平山、谭植棠等经过几次酝酿,组建了新的共产党广州支部,谭平山任书记,谭植棠管组织,陈公博负责宣传。共产党广州支部成立后,陈公博继续任《群报》主编,同时又主持宣传员养成所,招收进步青年入所学习马克思主义,参与广州马克思主义研究会的组织工作。7月23日,陈公博作为共产党广州支部的代表出席中国共产党第一次全国代表大会,但未出席在嘉兴南湖游船上举行的中共一大的最后一次会议。(参见唐宝林、林茂生《陈独秀年谱》,上海人民出版社1988年版)

胡汉民4月应孙中山电召由沪回粤。5月,孙中山任非常大总统。胡汉民被任命为总参议兼文官长、政治部长。7月25日,广州市民大学开学,胡汉民任教授,讲授"社会主义伦理学"。8月7日,胡汉民奉孙中山命到南宁与陈炯明商讨北伐事宜。10月15日,胡汉民随孙中山巡广西。12月4日,孙中山在桂林设大本营,胡汉民任大本营文官长兼政务处长。(参见陈红民、方勇编《中国近代思想家文库·胡汉民卷》附录《胡汉民年谱简编》,中国人民大学出版社2015年版)

易白沙接孙中山2月8日函,称颂其所著"《帝王春秋》从历史事实唤起知识阶级,以诛锄独夫民贼,可谓严于斧钺"。又说广州局势,百废未举,望易白沙来相助:"弟甚欲得一能文者,与共昕夕,以素所怀抱主义、政策,见之文章,勤为条教。"而陈独秀等"俱在此间,不患无侣"。4月底,易白沙只身一人潜赴北京,暗杀北洋军阀头目。但因军警戒备森严,难以得手。易白沙又南下广州,面见孙中山,要求"组队赴北方杀贼",国民党人劝他"宜文章报国,不必赴险"。易白沙顿感绝望,遂于是年端午节渡船赴明代名儒陈献章故乡新会县陈村,蹈海自杀,以死报国,终年35岁。6月23日,陈独秀致函易培基,报告其弟易白沙南下言行及蹈海经过。(参见唐宝林、林茂生《陈独秀年谱》,上海人民出版社1988年版)

杜定友获教育学和图书馆学学士学位,同年回国,任广东图书馆馆长、高等师范学校教授。

梁宗岱是冬接郑振铎与沈雁冰二人函,对他的诗歌创作表示赞赏和鼓励,并邀请他加入文学研究会。梁宗岱遂成为广州第一个会员,入会号为92。(参见陈福康《郑振铎年谱》,三晋出版社2008年版)

容庚9月与三弟容肇祖同任东莞中学国文教员。6月,被选为东莞县议会议员。是年,编《东莞印人传》(附印谱)。(参见容庚《颂斋自订年谱》,东莞市政协编《容庚容肇祖学记》,广东人民出版社2004年版)

容肇祖在高师毕业例行观摩教学时,曾到上海、南通、杭州、天津、北京等地参观,思想受到很大的启发和震动,产生要到北京继续学习的要求。由于北京大学罢课运动尚未结束,被迫返乡,任东莞中学教员。半年后,东莞中学校长因主张男女同受教育,招收女生,被县长撤换。容肇祖和容庚支持校长主张,斗争失败,坚决辞去中学教席,共同北上升学。(参见莞城图书馆编《容肇祖全集》(一)《自传》,齐鲁书社2013年版)

简又文以父病从美国芝加哥大学辍学返国回粤。

吴耀宗5月10日加入唯爱社(The Fellowship of Reconciliation),起草该社中文宣言书。后任唯爱社中国分部主席。7月,参加青年会全国协会在庐山举办的夏日学校。8月25日,与广州基督教圣公会教徒杨素兰女士结婚。(参见赵晓阳编《中国近代思想家文库·吴耀宗卷》附录《吴耀宗年谱简编》,中国人民大学出版社2015年版)

朱光潜7月在香港大学发表白话处女作《福鲁德的隐意识说与心理分析》,11月,发表《行为派心理学之概略及其批评》以及美学处女作《无言之美》,初步形成自己对治学和学术研究活动的看法。(参见廖小平《朱光潜年谱长编》,安徽大学出版社2019年版)

李大明在香港协同徐勤、伍宪子等创办《大同日报》。

赵少昂入高奇峰办的美学馆学画。

吴玉章1月30日在全川二十余县代表和四川学生联合会代表筹备会被推举负责总务部,后又推为主席。2月,接见专程来渝的成都学生联合会代表刘弄潮等人,希望学生们联合群众共同奋斗,并电告京、沪各界请求援助。3月3日,拟定《全川自治联合会宣言》,在《国民公报》《新蜀报》等报发表。4月3日,吴玉章主持在重庆总商会举行的全川自治联合会成立大会,作主题报告。各县代表百余人,中外来宾和各界群众千余人出席。叶秉诚、熊克武、张澜、刘湘、但懋辛、秦德君、陈竹影、刘泗英等人和湖南省代表欧阳振声等先后在大会上讲话。15日,在全川自治联合会国民委员会第一次会议上以全票当选为主席。下旬,吴虞应邀赴北京大学任教,途次重庆北上,吴玉章与其多次晤谈,并资助吴虞在法国俭学的女儿吴楷(若膺)。同月,吴玉章在重庆联中自治成立大会上发表题为《政治思想的无政府主义和独裁主义》的演讲。

吴玉章5月24日主持全川自治联合会会议,决定将全川自治联合会迁移成都。是月底,因拒绝刘湘要求以及全川自治联合会决定迁移成都,遭军阀忌恨,受到逮捕和暗杀的威胁。29日,《新蜀报》被迫停刊改组。6月16日,在成都通电揭露、抨击军阀破坏和利用自治运动。8月4日,吴玉章致电高一涵、李剑农等学者,请来川制定省宪。是夏,吴玉章为成都青年作暑期主要讲科学社会主义问题。秋,将《政治思想的无政府主义和独裁主义》演说提纲交重庆联中《友声》发表。9—10月，吴玉章应张澜邀请，到南充担任"川北自治讲习会"讲师，为南充各中学师生及小学教师作题为《建设平民政治，改造社会经济，以反对军阀专制》及《中国青年之曙光》的演讲。又应南充中学学生会邀请，在县中大礼堂举办"马克思主义政治经济学"讲座。（参见刘文耀、杨世元《吴玉章年谱》，四川人民出版社1998年版；谢增寿编著《张澜年谱》，群言出版社2013年版）

张澜1月20日认为要搞四川自治，应先从川北着手，把南充作为试点，然后推广其他地方。遂与南充绅、学界等人士在南充通俗教育社宣布正式成立"南充自治筹备处"。22日，公推县绅盛克勤为筹备处主任，并推定县人胡汉民、何先觉等12人为参议员。又创办《民治日报》周双刊与《实业半月刊》。张澜根据各地代表关于自治的意见，主持拟订并颁布了《四川南充县暂行自治大纲》22条，由此拉开了以"民治主义"为指导的南充县地方自治运动的序幕。4月3—15日，张澜出席在重庆召开的四川自治联合会成立大会，各县代表百余人、中外来宾及各界群众千余人出席。吴玉章作主题报告，张澜与熊克武、刘湘、但懋辛和湖南省代表欧阳振声先后在大会上讲话。4月中旬，为响应"全川自治联合会"的主张，张澜在南充召开了有24县代表参加的"川北善后会议"，对南充地方自治作了进一步的发动。张澜被推为会长，卢廷栋任副会长。同月，张澜出任南充县立中学校长，仿效蔡元培办理北京大学的方针，继承"五四"新文化运动精神，对学校的体制和教学方针进行了改革。5月29日，《新蜀报》被迫停刊，经张澜多方疏通得以继续出版。9—10月，张澜邀请吴玉章担任南充"川北自治讲习会"讲师，为该会和南充各界人士讲学，主讲人民权利的理论，宣讲全川自治联合会的宗旨和纲领，强调实行地方自治对改良经济、普及教育，振兴实业、反对军阀专制的重要意义。（参见谢增寿编著《张澜年谱》，群言出版社2013年版）

廖平在国学专门学校任校长。以六变说成，自号六译老人。2月初九日为生日，门人黄熔、杨兢、李光珠、黄炳彝等为文以寿。寿文为黄熔所撰，于廖平四十年中学说变迁，言之颇详。是年，廖平自订新旧著作为《六译馆丛书》，由存古书局印行。（参见廖幼平编《廖季平年谱》，巴蜀书社1985年版）

卢作孚年初应川军第二军第九师师长兼永宁道尹杨森的邀请，前往泸县，任永宁道尹公署教育科科长，协助杨森开展泸县新政。下半年，经由陈愚生陆续相邀少年中国学会会员王德熙、恽代英、穆济波、周晓和等人从北京、上海、南京、华中汇聚到泸县，以川南师范学校为中心，积极开展新文化运动。12月至次年1月之间，加入少年中国学会。（参见王果编《中国近代思想家文库·卢作孚卷》附录《卢作孚年谱简编》，中国人民大学出版社2015年版）

巴金2月上旬从《半月》第14期上读到转载的《"适社"的旨趣和大纲》，了解了该社的旨趣在于"铲除统治权力""灭绝经济制度""建设互助—博爱—平等—自由底世界""冲破恶劣的环境……改造美善的新环境，来适应人类全体生存的要求"，建立一个"各尽所能，各取所需"的社会。巴金当时很激动，认为"那意见和那组织正是我朝夕所梦想的"。随后与《半月》编辑章戬相约见面，与《半月》创办人之一的吴先忧等三四个青年见面，敞开心扉，谈自己的痛苦和渴望，他们答应将来吸收巴金加入他们的秘密组织。4月1日，在《半月》第17号发表《怎样建设真正自由平等的社会》，这是目前发现的巴金最早公开发表的一篇文章。5月15日，在《半月》第20号发表《世界语（Esperanto）之特点》。6月1日，参加讨论袁诗尧起草的《均社宣言》。（参见唐金海、张晓云《巴金年谱》，四川文艺出版社1989年版）

蒙文通上半年先生仍任教成都联中，下半年转任重庆联中国文教师。同去者有彭云

生、杨叔明、唐迪风,同校任教者还有恽代英。(参见王承军撰《蒙文通先生年谱长编》,中华书局 2012年版)

王右木在成都创建四川社会主义青年团,创办《新四川旬报》,任社长和主笔。

姜亮夫从省立第二中学毕业后,官费进入成都高等师范学校(四川大学前身)。

艾芜考入四川成都省立第一师范学校。

严复10月3日自觉病重,手书遗嘱,中云:(一)中国不灭,旧法可损益,必不可叛;(二)新知无尽,真理无穷,人生一世,宜励业益知;(三)两害相权:己轻,群重。10月23日,于福州郎官巷寓所逝世。12月20日,与原配王氏合葬于阳崎鳌头山。(参见黄克武编《中国近代思想家文库·严复卷》附录《严复年谱简编》,中国人民大学出版社2015年版)

邓萃英1月由北京南下,就任厦门大学首任校长。校训定为"自强不息";校歌由郑贞文作词,赵元任作曲。延聘刘树杞、陈灿、周辨明、林淑敏等教授。4月6日,厦门大学举行开学典礼。校长邓芝园(萃英)报告该校成立经过,邓说本大学目的有三:一研究学术,二培养人材,三指导社会。并请杜威到会演讲《大学之旨趣》。邓萃英又邀请杜威南下福建,到厦门大学演讲《大学之旨趣》,认为中国所以不能发达的原因,就是无教育的缘故。5月3日,首任校长邓萃英辞职。(参见洪永宏编著《厦门大学校史》,厦门大学出版社1990年版;中央教育科学研究所编《中国现代教育大事记1919—1949》,教育科学出版社1988年版;黎洁华《杜威在华活动年表(中)》,《华东师范大学学报:教育科学版》1985年第2期)

林文庆7月4日就任厦门大学校长。改厦大校训为"止于至善",亲自为厦大拟订《校旨》及有关章程,绘制校徽,设校评议会为最高议事机关,强调要"使本校之学生虽足不出国外,而其所受之教育,能与世界各大学相颉颃"。8—9月,在上海、厦门两处继续招收预科正式生44名,预科特别生10名,旁听生7名,计61名。旧生返校者80名,新生报到者56名,全校学生数秋季开学时136名。11月,师范部改为教育学部,原属师范学部之文、理两科分设为文学部、理学部,连同商学部,全校共设四个学部。是年,黎烈文任厦门大学校长秘书。(参见洪永宏编著《厦门大学校史》,厦门大学出版社1990年版;中央教育科学研究所编《中国现代教育大事记1919—1949》,教育科学出版社1988年版)

郑贞文5月任厦门大学教务主任兼秘书长,负责处理日常事务。8月,郑贞文离开厦大,仍回商务印书馆编译所工作。(参见洪永宏编著《厦门大学校史》,厦门大学出版社1990年版)

徐声金主持厦门大学新设立的历史社会学系,是为国人自办大学社会学系之始。

庄希泉从新加坡回国,次年在厦门创办厦南女子师范学校。

林惠祥以同等学力考取厦门大学文科社会学系,为厦门大学招收的第一批学生之一。

蔡森为会长,舒伟元、徐步垣为副会长的江西省自治研究会5月26日成立。

方志敏因领导江西省立甲种工业学校学生反对腐败教育,要求教育改革而被校方开除。不久,加入江西"改造社",为《新江西》季刊的主要撰稿人。秋,考入教会学校九江南伟烈大学(同文书院)。

杨秀峰北京高等师范学校毕业,到江西省立鄱阳中学任教,开始教书生涯。

陈东原去安庆,入省立第一师范学习。在革命党人蔡晓舟主持下,安徽省教育厅举办暑期讲演会。请本省著名文人胡适之、陶行知、王抚五等回省会安庆做学术讲演,选派他和张友鸾做记录。

方豪是年8月到1924年2月在安徽省立第一中学任校长。

阿英在安徽省立第三甲种农业学校任教。

徐中舒经人介绍，到安徽桐城方家任家庭教师。

陈撄宁应潜道人王聘之请作《〈黄庭经〉讲义》。王聘为该讲义作《题辞》曰："撄宁子于丹经无不读也，无不解也。其讲《黄庭》，盖有得于《黄庭》之先者，而《黄庭》皆为之注脚。"（参见郭武编《中国近代思想家文库·陈撄宁卷》附录《陈撄宁年谱简编》，中国人民大学出版社 2015 年版）

王尽美、邓恩铭在山东济南发起成立山东共产主义小组。7 月 23 日，王尽美、邓恩铭作为济南代表出席了中国共产党第一次全国代表大会。行前张国焘路过济南，王尽美便约集了几名济南共产党早期组织成员，在大明湖上与张国焘畅谈了一天，就建党问题交换了意见。中共"一大"后，王尽美把从上海带回的《共产党宣言》《马克思资本论入门》等宣传社会主义、共产主义的书籍和册子带回济南；又取"尽善尽美"之意，将自己的名字王瑞俊改为王尽美。随后与邓恩铭等人组建了中国共产党山东区支部。

郭绍虞为署名发起成立文学研究会的 12 人之一。1 月 10 日，在《小说月报》第 12 卷第 1 号联名发表《文学研究会宣言》。是年，到济南第一师范学校任教。后被胡适、顾颉刚两位学者推荐到福建协和大学任教。仍与文学研究会保持紧密的联系，并积极为文学研究会的《文学旬刊》撰稿。又在《解放与改造》杂志发表《社会改造家刊传》；在《小说月报》第 12 卷发表《谚语的研究》；翻译日本汉学家盐谷温《支那文学概论讲话》第六章，编译为《中国小说史略》，由上海中国书局出版。（参见何旺生《郭绍虞学术年表》，《中国韵文学刊》2008 年第 1 期）

王献唐在济南继续任《山东日报》《山东商务日报》编辑。记《三禅室日记》，撰《人生之疑问》等。治佛学法相宗，常打坐修行。（参见张书学、李勇慧撰《王献唐年谱长编》，华东师范大学出版社 2017 年版）

林群贤任《泗水新闻》主编。

王重民进河北保定直隶第六中学学习。

张凤台时任河南省长，积极提倡续修河南通志。12 月 19 日，河南咨议局通过省长张凤台提交的《河南通志局组织章程》，宣告河南通志局正式成立，开始续修 150 余年失修的《河南通志》。督军赵倜、省长张凤台为总裁，总纂为萧惠卿，提调范寿铭，实际纂修人员有秦树声、周云、蒋藩、陈嘉桓、赵金鉴、王佩箴、赵国光、刘海涵等。

按：《河南通志》计划四年修完，分图、纪、表、考、传、略六大类，舆地、风俗、物产等二十六门，但因政府更迭等原因，并未实现，只留下了一些手稿。1923 年 6 月，总纂萧惠卿辞职，改聘北京四存学会会长李见荃为总纂。1929 年国民政府通令兴修志书后，韩复榘再次改组通志馆，留用一部分旧人，增聘一部分新人，此馆虽然一直存在，但亦未编成完整的通志。1942、1943 年，敌伪政权的通志馆编印出版了舆地志、大事记等。虽然《河南通志》未能成稿，但蒋藩等人《重修河南通志意见书》《修志义例》《河南通志初稿例言三则》等都对方志学理论的发展做出了贡献。（参见王学典《20 世纪史学编年（1900—1949）》，商务印书馆 2014 年版）

刘盼遂考入山西大学国文系，曾受业于郭象升、黄侃。

吕思勉 4 月 16 日在沈阳高师丽泽周会特别讲演会上，讲演《整理旧籍的方法》，下鸿儒记录，讲稿刊于《沈阳高师周刊》上。5 月，吕思勉演讲稿《中国古代哲学与道德的关系》，刘永溥记录，刊于《沈阳高师周刊》第 31、32 期。所撰《答程鹭于书》刊于《沈阳高师周刊》第 35、36、37、38、39 号。其论经学部分，业经析出，改名《论经学今古文之别》；其论国文教学部分，改称《答程鹭于论国文教学书》。（参见李永圻、张耕华编撰《吕思勉先生年谱长编》，上海古籍出版社 2012 年版）

叶元宰为社长的《东三省商报》11 月 29 日在哈尔滨创刊。

林锡光任甘肃省教育厅厅长。

蔡元培 1—8 月以北京大学校长的身份在法国、瑞士、德国、奥地利、匈牙利、荷兰、英国、美国进行考察、访问。1 月 2 日，蔡元培在巴黎参加华法教育会学生事业委员会的会议。同日，妻子黄仲玉于子时在北京法国医院去世。9 日，获知噩耗，作祭文。同月 5 日，蔡元培与罗文幹一同由巴黎前往瑞士。12 日和 16 日，在法国巴黎先后发布两个"华法教育会通告"，宣布华法教育会与留法勤工俭学学生脱离经济关系。3 月 8 日，与李圣章在巴黎访晤居里夫人。16 日，在柏林与夏元瑮、林宰平访晤爱因斯坦，并当面邀请他来华讲学。21 日，访晤哲学家倭铿。4 月 22 日，参观梵蒂冈教皇宫。5 月，被法国里昂大学授以文学博士荣誉学位。6 月 8 日，被美国纽约大学授以法学博士荣誉学位。14 日，在华盛顿乔治城大学发表题为《东西文化结合》的演说。8 月 1 日，周太玄访问蔡先生《关于宗教问题的谈话》记录稿，在本日出版的《少年中国》杂志第 3 卷 1 期。2 日，蔡元培在船上草拟《教育独立议》演说词稿。3 日，蔡元培在船上草拟向太平洋教育会议提出的议案。6 日，蔡元培受北京政府教育部委托赴檀香山出席太平洋教育会议。19 日，北京国立八校教职员太平洋问题研究会在北京美术学校召开成立大会，公推法专王兆荣为临时主席，通过会章，票选蔡元培为会长，李大钊、胡适、谭廉鸿、王世泽、陈亚牧、王兆荣、许绳祖、李贻燕等为干事。（参见高平叔编著《蔡元培年谱长编》，人民教育出版社 1996 年版）

刘半农 6 月由伦敦大学转入法国巴黎大学学习。11 月 16 日，在《北京大学日刊》第 893 号上发表《提议创设中国语音学实验室计划》，署名刘复。对该室创建后在归属、组成、经费、调查、收蓄、保藏、分析、解释、发表、应用、置购等方面，都做了极为详尽的规划和明确的说明。是年加入文学研究会。

吴稚晖 6 月在中法两国代表签订里昂中法大学协议之后，担任中国学校校长。9 月 12 日，里昂中法大学建成。里昂中法大学招收新生，校长吴稚晖拒招勤工俭学学生。24 日，吴稚晖抵达马赛，勤工俭学生派两名代表前往迎接，并商议恢复被捕学生自由等问题。25 日，被捕学生派 10 名代表到里昂车站欢迎吴稚晖和李骏。下午，吴稚晖和李骏到兵营慰问，参加勤工俭学生为他们组织的欢迎会。蔡和森等为解决在法勤工俭学生的生存与求学问题，推举徐特立、王若飞、黄齐生等为代表，与吴稚晖交涉入校，但无效果。10 月 3 日，驻法公使馆邀集吴稚晖、章士钊、高鲁等人在使馆讨论最后解决办法。16 日，吴稚晖与章士钊同去使馆商议解决被拘勤工俭学生的办法，议决分四步进行，但学生委员会不承认立据作为释放被拘学生的条件，谈判遂破裂。10 日，吴稚晖带领的中法里昂大学新生举行开学典礼。是年，吴稚晖参与讨论"翻译应取直译还是意译"，力主意译，甚至主张不译，仅加以注释。曾计划在上海办出版机关，聘请海外中国学者，将中国著作的大意介绍到国外，而不直译，但这种想法最终未能实现。还曾为刘半农所著《四声实验录》撰写序言，表彰其历史意义，但也明言四声已无多少时代价值。因里昂中法大学经济困难，引发学潮，辞校长职，返回伦敦。（参见金以林、马思宇编《中国近代思想家文库·吴稚晖卷》附录《吴稚晖年谱简编》，中国人民大学出版社 2015 年版；李永春编著《蔡和森年谱》，湘潭大学出版社 2008 年；《徐特立年谱》编纂委员会《徐特立年谱》，人民出版社 2017 年版）

徐特立年初与李卓然、王若飞来到法国南部的圣侠门钢铁厂，一边做工，兼替中国工人做饭，一边自学。做工主要学习钳工，自学主要学法文。李立三等随后来到该厂。30 日，上海《时事新报》载，蔡元培和中国驻巴黎总领事廖世功、中国留欧学生监督高鲁联名致电北京政府教育部总长,认为赴法勤工俭学学生多不合所定条件,又无勤工之志,造成经费困难,要求阻止各省遣送勤工俭学学生。同月,华法教育会发出通知,宣布与勤工俭学学生脱离经济关系。2月28日,400多名留法勤工俭学学生在巴黎举行游行示威,到驻法公使馆要求解决入学和救济金问题。同月,发表《致留法湖南勤工俭学学生书》,通报全国赴法勤工俭学学生公举的六代表向华法教育会索款未果等事,建议大家不要再寄希望于华法教育会,并应该注意多种事项,尤其必须减少一切可以节省的开支以渡过难关。3月8—20日,徐特立在湖南《大公报》连续发表《我的勤工俭学观》,提出学习法国的社会制度,或者"输入学问","一切问题都有解决的希望"。

徐特立与李富春等数十人5月30日联合署名的《致湖南省教育会公开信》在湖南《大公报》刊载。该文介绍了湖南留法勤工俭学学生的基本情况,如工作难找、生活十分困难、原来提倡勤工俭学的"中坚人物"大多撒手不管等等。文章发表后,社会反响很大,湘督谭延闿拨款3万元,委托章士钊和蔡元培转交湘籍留法勤工俭学学生。徐特立与在巴黎考察的湖南商专校长汤松,偕同学生临时代表领取由蔡元培带来的1万元,并负责管理和分配事宜,自己分文不取,为穷困学生解燃眉之急。6—8月,留法勤工俭学学生发动旅法华人,反对北洋政府来法代表团向法国政府借款3亿(后增至5亿)法郎。9月15—20日,湖南《大公报》连载《徐懋恂致朱剑凡书》,主要讨论中小学教育和女子教育问题。9月21日,被里昂中法大学拒之门外的留法勤工俭学学生,在派代表交涉未果的情况下,由蔡和森、李立三、陈毅等发动,各地代表125人组成"先发队"进驻里昂中法大学。22日,进驻里昂中法大学的勤工俭学学生遭警察逮捕,其中的104人被遣返回国。徐特立与黄齐生受周恩来、王若飞等人委托,赴里昂要求吴稚晖设法援助被捕和遭受饥饿的学生,遭拒。是年,徐特立考入巴黎大学,选学数学和物理。(参见《徐特立年谱》编纂委员会《徐特立年谱》,人民出版社2017年版)

张申府在法国先介绍刘清扬入党。春,经张申府、刘清扬介绍,周恩来加入中国共产党八个发起组之一的巴黎共产主义小组。此后,在国内已经入党的赵世炎、吴明(陈公培)相继赴法,成立了旅法支部(又称"五人小组"),创办《少年》刊物,张申府任旅法共产主义小组早期负责人。为抗议法国政府强迫遣送中国留学生回国,张申府拒赴里昂大学任教,被停发生活费,靠稿费为生。陈独秀汇款两次,分别是《新青年》稿酬和《北京晨报》稿酬;商务印书馆汇去《相对论》的翻译稿酬。7月1日,张申府在《新青年》第9卷第3号发表《英法共产党——中国改造》,认为到法后感到欧洲一时无望,寄希望于东方,"最好的希望是中俄之联合"。认为中国改造的程序是革命、"开明专制"。解释说此处所谓"开明专制"是"劳农专政",因为"以今日中国之一般知识阶级而言代议政治,讲选举,纯粹是欺人之谈""政治上事切忌客气",要学习列宁,"能认事实是列宁一大长处"。是年,章士钊得知张申府、周恩来等在法国组织旅欧共产党巴黎小组,准备要出版一个刊物却无力出印刷费,即捐助一千法郎。
(参见雷颐编《中国近代思想家文库·张申府卷》附录《张申府年谱简编》,中国人民大学出版社2015年版;袁景华编《章士钊先生年谱》,吉林人民出版社2001年版)

蔡和森、向警予、蔡畅、汪泽楷、钟巍、李维汉等13人1月18日散发《蒙达尼勤工俭学同人意见书》,提出"作工不能达到求学的目的""要求生存权、求学权""请补官费"等要求,号召勤工俭学学生掀起一个争取"生存权"和"读书权"的运动。2月11日,蔡和森在蒙达尼给陈独秀写信,表明自己为极端马克思派,极端主张唯物史观、阶级战争与无产阶级专政,并指出马克思主义的精髓在于综合革命说与进化说,马克思的学理由三点出发:在历史上发明他的唯物史观;在经济上发明他的资本论;在政治上发明他的阶级战争说。"三者一以贯之,遂成为革命的马克思主义。"还向陈独秀表示准备以读书阅报之所得,"做一种有系统、有主张、极鲜明强固的文化运动"择要发表。陈独秀将此文冠以《马克思学说与中国共产党》在《新青年》第9卷第4号发表,并回信表示希望与赞成或反对马克思主义的人详加讨论。2月17日,驻法使馆邀集蔡元培、李圣章、高鲁等人召开紧急会议,决议宣布教育部16日来电关于安插无工勤工俭学生之办法,由华法教育会、留学监督处及使馆、领事馆四机关各派委员1人组织"留法勤工俭学生善后委员会",办理勤工俭学生事宜以及自愿回国学生之手续等事。会议特别讨论了"特别待遇女生"和"处置湘款办法"。19日,《旅欧周刊》第67号公布了由华法教育会与公使馆会商并经教育部认可的安插无工勤工俭学生之办法。28日,蔡和森、向警予、李维汉、王若飞、蔡畅等因不满华法教育会决定不再资助留法勤工俭学生,北洋军阀政府也回电拒绝给予救济,领导四百余名勤工俭学生,到中国驻法公使馆请愿,要求解决求学和发放救济金等问题。法国当局派出上百名警察,出动马队驱赶请愿学生,并逮捕了学生代表。5月30日,向警予、蔡畅等联络留法勤工俭学女学生组织"开放海外大学生请愿团",并写了《致女界全体书》寄回国内在长沙《大公报》、上海《时事新报》、北京《晨报》等刊发。6月6日,王若飞等25人开会议决,要求将里昂中法大学、中比大学都改建工学院,收容勤工俭学生,函请使馆主持赞助。

赵世炎、李立三、刘伯坚、刘伯庄、陈公培、罗汉、周钦岳等人2月在巴黎发起成立劳动学会,以组织工人群众以革命手段解决中国的问题为宗旨,积极从事勤工俭学学生的工作。3月28日,又以劳动学会为核心,成立"勤工俭学学会",以"本工学主义及互助精神,实行勤工俭学,以谋社会之改革,而劳动与互助为勤工俭学会会员共同的信仰"为宗旨。是年,劳动学会与工学世界社等革命团体一起成立统一的共产主义组织"中国少年共产党"。4月,李立三、赵世炎写信给蔡和森,建议共同创建共产主义同盟。7月,蔡和森收到赵世炎、李立三主张在法国成立共产主义同盟会的来信后,复信表示同意,并主张定名"中国少年共产党",后因郭春涛反对,暂未成立组织。

赵世炎、李立三、陈毅、徐特立、刘清扬、周恩来、袁子贞等300多人6月30日参加由旅法华人各团体在巴黎哲人厅召开的拒款大会。8月13日,赵世炎、周恩来等领导旅法华人各团体在巴黎哲人厅召开第二次拒款大会,要求驻法公使陈箓当众说明借款真相。9月15日,中、法政府当局不满勤工俭学生发起拒款斗争的爱国行动,指使中国少年监护委员会宣告从本日起,停发勤工俭学生的维持费。此前里昂中法大学也发出通告,拒绝勤工俭学生入学,另从国内招收新生。9月17日,各地勤工俭学生代表会议在巴黎召开,由蔡和森、赵世炎等人主持,正式成立"各地勤工俭学生联合委员会",选举李维汉、王若飞、向警予、赵世炎等10人为委员,亦称"十人代表团"。17—19日,留法勤工俭学生联合会连日召开会议,讨论对策,一致决定"争回里大"。21日清晨,由赵世炎、蔡和森、李立三、陈毅、陈公培、王若飞、张昆弟、颜昌颐、罗学瓒等100余人组成的"先发队"冲进里昂中法大学,推选赵世炎为总代表继续与校方交涉。22日,法国当局出动武装警察把"先发队"100余名成员押到法国兵营中囚禁。10月10日,与陈毅等人组织被拘学生绝食。13日,在中法政府当局策划下,李立三、蔡和森、陈毅等104名代表被强行遣送回国,王若飞则留在法国继续斗争。下旬,被遣回国学生在船上成立"被迫归国勤工俭学生团",蔡和森、陈毅等20多人被选为干事会成员。(以上参见中央文献研究室《周恩来年谱1898—1976》,中央文献出版社1998年;李永春编著《蔡

和森年谱》,湘潭大学出版社 2008 年)

　　周恩来因病延至 1 月 5 日赴伦敦,决定投考苏格兰首府的爱丁堡大学,并开始对英国作"社会实况之考查"。2 月 1 日,为天津《益世报》撰写第一篇旅欧通讯《欧战后之欧洲危机》。中旬,因爱丁堡大学的入学考试在秋天,而英国生活费用昂贵,故从伦敦回到巴黎,住拉丁区,在巴黎近郊的阿利昂法语学校补习法文。不久,同天津的四名勤工俭学生一起,转到法国中部的布卢瓦镇继续学习法文。3 月 21 日,在对留法勤工俭学生"二·二八"事件原委进行详细调查后,撰写长篇通讯《留法勤工俭学生之大波澜》,报道"二·二八"斗争始末。6 月 30 日、8 月 13 日,与赵世炎等领导旅法华人各团体拒款大会。9 月 21 日,当时留在巴黎的周恩来得知赵世炎、蔡和森等被捕消息后,立即和聂荣臻、王若飞、徐特立等四处奔走,进行营救。周恩来随后含愤撰写长篇通讯《勤工俭学生在法最后之运命》,向国内详细报道中法政府当局对勤工俭学生的迫害。年底或次年初,周恩来和赵世炎托人带信约在蒙达尼的李维汉到巴黎会面,商议成立旅欧青年共产主义组织事。议后决定分头进行筹备。(参见中央文献研究室《周恩来年谱 1898—1976》,中央文献出版社 1998 年)

　　朱启钤作为徐世昌总统私人代表赴法国,代徐接受巴黎大学博士学位,旅欧期间,他捐巨款支持勤工俭学学生。2 月 23 日,《申报》载,《四库全书目录》已由财政部印刷局印竣,朱启钤拟携百部赴法,催局装订成书。24 日,《申报》报道《四库全书目录》将印发:政府为发扬文化起见,拟将《四库全书》刊印,公之世人,曾以明令派朱启钤督办其事。嗣以兹事体大,而又难于经费,故对于全书之印行,目下尚在筹划。但《四库全书目录》则已交财政部印刷局妥慎印制,现下业将印发,不日即可装订成书。据闻《四库全书目录》全系李文达亲笔所书,现经印刷局精密影印,毫不失真,财政方面现正统计印刷资本之费,拟定将来发售价格,装潢最精者拟售八十元,其次者则为便于学者购买起见,略廉,共价为三十元及十元两种。此次朱启钤之赴法,将俟该书装成携与共行,送于法国政府,以践原约。(参见吴永贵《民国图书出版史编年:1912—1949》,社会科学文献出版社 2018 年版)

　　吴经熊获美国密西根大学法学博士学位。受资助开始游学于欧洲。曾在法国巴黎大学、德国柏林大学等欧洲著名学府从事哲学和法学的研究。游学法国期间,著有法语论文《国际法方法论》《成文国际法》和《论自然法》。

　　李劼人在法国勤工俭学。是年起主要致力于法国文学研究与翻译。

　　苏雪林考入吴稚晖、李石曾在法国里昂创办的海外中法学院,先学西方文学,后学绘画艺术。

　　尹宽参与组织"工学世界社",参加留法中国学生爱国请愿斗争。

　　杨堃以名列甲等第三的成绩留学法国里昂的中法大学。

　　林文铮考取巴黎大学,主修法国文学,选修西洋美术史。

　　张君劢因讲学社委托聘请欧洲闻名之哲学家访华,倭伊铿与法国哲学家柏格森均因故未能受聘,后由倭伊铿介绍杜里舒以自代。12 月自欧洲起程返国。(参见翁贺凯编《中国近代思想家文库·张君劢卷》附录《张君劢年谱简编》,中国人民大学出版社 2015 年版)

　　陈寅恪离开美国,9 月转往德国柏林大学研究院,随路德施教授攻读东方古文字学,同时向缪勤学习中亚古文字,向黑尼士学习蒙古语。

　　按:陈寅恪在留学期间,勤奋学习,具备了阅读梵、巴利、波斯、突厥、西夏、英、法、德八种语言的能力,尤以梵文和巴利文特精。

　　徐志摩入英国留学剑桥大学当特别生,研究政治经济学。

袁昌英毕业于苏格兰爱丁堡大学,获文学硕士学位。同年回国,与杨端六结婚。

黄建中赴爱丁堡大学留学,攻读教育、伦理学。

金岳霖到英国学习,在伦敦大学经济学院听课。

陈大齐赴德国柏林大学研究西洋哲学。

江亢虎 4 月 24 日偕夫人卢岫霓从北京出发,乘火车经东北赴俄国,拟实地考察苏俄的政治、经济、社会等各方面情况。行前,曾应孙中山的邀请,南下广州,小住十日,公开讲学五次。孙中山多次派车接江到府中会谈,每次达数小时。江亢虎婉拒了孙拟请他作联络苏俄代表的要求。4 月 27 日,到达哈尔滨。6 月 21 日晨,抵达莫斯科。6 月 22 日至 7 月 12 日,共产国际在莫斯科召开第三次代表大会,江亢虎以社会党人资格列席,曾三次聆听"新俄第一要人"列宁的演说,并两次同列宁举行"特别会晤"。列宁殷切地询问江亢虎的旅途行程和中国的近况,"并致慰劳企望之意"。6 月到苏后,在同列宁、托洛茨基、齐切林等党政军要人会见时,提出"征蒙计划"。

按:江亢虎提出组建数万人的华侨义勇军,在苏俄政府和红军的支持下,驱除白党,收复蒙疆,使外蒙"仍合并为中华民国之一部"。但 8 月中旬时因时局有变,苏俄独自派红军入蒙,让外蒙宣布独立。江的征蒙计划流产。这一事件,成为后来江认为新俄是"新帝国主义"的由来。

江亢虎 9 月 6 日在莫斯科参观俄国中央行政委员会会议。7 日晚,乘火车快车去圣彼得堡,次日上午 11 点多抵达。在圣彼得堡,参观、游览了街市、教堂、港口、科学院、人类博物馆、冬宫等,并同高尔基进行了会晤。会见中,江问高尔基,读他的作品应先读哪一本。高尔基答:"先读《儿时》(Childhood)可也。"10 月 10 日,江亢虎在俄国发表《三十节国庆在俄感言》。12 月 23—29 日,在莫斯科参加全俄苏维埃第九次代表大会,聆听了列宁所做的行政报告、托洛茨基所做的军事报告,以及日本共产党代表团团长片山潜在会上的演说。是年,江亢虎在《石苍石〈政论〉序》中表示:"往余唱社会主义时,颇斟酌马克思、恩格尔之著书,而附益以吾国诸哲学说,间参己见,以期折中。"又因《新闻报》创刊 30 年,发专刊以纪念,撰写了《忽忽三十年》,叹曰:"回顾吾国此三十年间,不啻一卷痛心史""静言思之,不寒而栗"。(参见江佩伟编《中国近代思想家文库·江亢虎卷》附录《江亢虎年谱简编》,中国人民大学出版社 2015 年版)

瞿秋白 1 月 25 日抵达莫斯科。2 月 5 日,参加全俄华工代表大会,即席发表谈话。2 月上旬,会见《真理报》主笔美史赤略夸夫,结识俄友郭质生,参加克鲁泡特金送葬仪式。14 日,会见诗人马雅可夫斯基。16 日,开始撰写《赤都心史》。2 月中旬,与李仲武、俞颂华到克里姆林宫,采访苏俄教育人民委员卢那察尔斯基。3 月 31 日至 4 月 15 日,撰写长篇通讯《共产主义之人间化——第十次全俄共产党大会》,评述苏俄开始实行新经济政策。6 月 22 日至 7 月 12 日,以记者身份采访共产国际第三次代表大会,并与列宁相遇,简短交谈;采访托洛茨基。6 月,张太雷来莫斯科出席共产国际三大,介绍瞿秋白加入共产党。7 月 13 日,瞿秋白被青年共产国际(少共国际)邀为译员。同月,肺病加重,吐血。9 月下旬,到莫斯科东方劳动者共产主义大学中国班任译员兼助教,研究马克思主义理论。10 月,撰《俄乡纪程》跋语,稍后又写附言和序言。11 月 7 日,出席莫斯科第三电力劳工工厂十月革命 4 周年庆祝晚会,又见列宁。12 月 15 日,肺病严重,入莫斯科郊外高山疗养院疗养,病中撰写《中国之"多余的人"》,剖析自身既是浪漫派又是现实派的心结,宣示"宁可我溅血以偿'社会',毋使'社会'杀吾'感觉'"。是年,受苏俄用拉丁字母创制少数民族文字启示,开始探索中国

文字拉丁化。(参见陈铁健编《中国近代思想家文库·瞿秋白卷》附录《瞿秋白年谱简编》,中国人民大学出版社2015年版)

黄文山是夏北京大学毕业,获文学学士学位。应广东机器工会马超俊邀请,代表广东机器工会赴莫斯科参加"东方劳苦大众大会",即1921年底共产国际决定在苏俄召开的远东各被压迫民族代表大会(苏联文献称为"远东革命组织第一次代表大会"),出席代表有中共党员张太雷、邓培、张国焘等10人,以及国民党党员张秋白等10多人。同行有广东女界代表黄碧魂(化名黄丽魂)。秋末,黄文山自广州北上启行,经满洲里进入苏俄。(参见赵立彬编《中国近代思想家文库·黄文山卷》附录《黄文山年谱简编》,中国人民大学出版社2015年版)

罗亦农、刘少奇、任弼时、肖劲光、汪寿华等一行十几人夏初由上海外国语学社负责人杨明斋介绍,从上海出发赴俄留学。7月9日,到达莫斯科。适逢共产国际举行第三次代表大会,中国同学轮流参加大会旁听。8月3日,进莫斯科东方劳动者共产主义大学(简称东方大学)学习,编入中国班,主要学习《共产党宣言》、国际工人运动史、《共产主义ABC》、政治经济学等课程。冬,罗亦农、彭述之、卜士奇等先后由中国社会主义青年团团员转为中国共产党党员。刘少奇由罗亦农介绍转为中国共产党员。东方大学中国班的党员和团员组成中国共产党旅莫支部,罗亦农为支部书记,刘少奇任支部委员。(参见中共中央文献研究室编《刘少奇年谱(1898—1969)》,中央文献出版社1996年版)

彭述之8月进莫斯科东方劳动者共产主义大学学习,同年冬转为中国共产党党员,是中共莫斯科支部负责人之一。

卜士奇5月被上海共产党早期组织选派到苏联学习。8月初,抵达莫斯科,入东方劳动者共产主义大学学习。

蒋光慈赴苏联留学。5月,至莫斯科共产主义劳动大学学习,同时开始文学创作。

赵元任因下半年康奈尔大学准假一年期将满,经与哈佛大学Woods教授联系,复函告拟聘元任为讲师,讲授哲学和中文。赵元任决定接受哈佛大学聘约,再度赴美。8月20日,赵元任由东站出发乘火车到天津,后转乘轮船到上海。送行者有胡适,商务印书馆高梦旦等。30日,乘远洋轮S. S. Siberia Maru经日本赴美国旧金山。9月26日,船抵旧金山。赴美前,北京大学蒋梦麟校长答应赵元任以赴美进修身份发给工资,赵元任亦申请到教育部的旅费补贴。但到美后得知,由于经济困难,教育部已开始扣发工资,甚至连月扣发,原来垫付的旅费,显然也无法领到,赵元任困顿已极,从西岸乘火车赴东岸波士顿前,不得不致电当时在哈佛大学医学院实习的胡正祥,携款到车站迎接。当时在美中国留学生经济并不宽裕。胡正祥接电后料到元任夫妇经济上有难,携仅有的30美元到车站迎接。赵元任夫妇下火车时,两人身边一共只有几元。为节省旅馆开支,又靠胡正祥的安排,在学友住所腾出小房一间暂时安顿下来。后在赵元任老师英国人麦克道格教授(William Mc Dougall)住处,佛兰西司大街7号(7 Francis Avenue),分租到住所一层,房租60美元一月。

按:当时赵元任妻子杨步伟已经怀孕,更需钱用。为此赵元任急于按商务印书馆合同去纽约哥伦比亚唱片公司录制《国语留声片》,从而可以拿到九百元美金酬金,但去纽约路费以及在纽约的旅馆费至少需四五十元,一时难以凑足,只得将带来的皮衣到中国城当铺当了45元,拼拼凑凑勉强乘船成行。胡正祥又帮助杨天步伟用分期付款(每月三美元)办法买到缝纫机一架。杨彻夜不眠,将自己所带中国丝绸刺绣衣物裁剪缝制成手袋、靠椅坐垫等。第二天清早房东太太Mc Dougall教授夫人来打听为何机声彻夜不停,发现这些中国丝绸刺绣制品,大加赞赏。此时正值叶企孙来访。通过叶企孙翻译,房东太太告明晚教授将举行茶会,愿意帮助在茶会上向客人推销;又看到赵步伟室内放着由中国带来的灰鼠皮衣,询问是否愿意出售,结果以 240 美元成交。茶会上丝绣手袋等制品被抢购一空,杨又得约 240 美元。第三天赵元任赶回家报告录制留声机唱片任务已经完成,并已在纽约电催商务印书馆按合同电汇酬金,几天后可到。这样,初到美国所遭遇的一场经济危机就此渡过。(参见赵新那、黄培云编《赵元任年谱》,商务印书馆 2001 年版)

邱昌渭留学哥伦比亚大学。12 月,在《留美学生季报》第 8 卷第 4 号上发表《论新文化运动——答吴宓君》,认为吴宓骂新文化运动是"非牛非马",与其维持"圣道"的苦心相印。说他把文学的意义和用途误解了。同期发表吴宓的反批评文章《再论新文化运动》。对于邱昌渭的批评,吴宓表示他对邱昌渭说他维持"圣道"的话,感到"此其名如何之美。此其事如何之大"。他认为要维持的"圣道",不单是孔子之圣道,耶稣、释迦、柏拉图、亚里士多德之所教,从根本上说都是圣道。他要一并维持,不分中西门户之见。

按:邱昌渭质问吴宓"以我国数千年的文字专制,始有今日新文化来开放。就进化上而论,英人已远我国百年有余。我国的新进化,恰如呱呱坠地的小孩,带着一团的新生气。你不独不为这新生命作保姆,反来摧残他,置他于死地。你真是一个忍人呵!"同时,邱昌渭也承认,在欧洲,"浪漫派"文学的流弊甚大,但有 18 世纪 Pope 的专制,始有 19 世纪的"浪漫"来开放。浪漫派在英国以外的国家的势力很大,并促进了这些国家文化、艺术、教育的开放和发展。如今,我们决不能因其有流弊而完全否认其历史作用。最后邱昌渭向吴宓进言:"所有不能采取的学说,或你以为不可采取的学说,请勿目为'邪说'。因为西洋学说不是'白莲教''张天师'类的学说。"邱昌渭后来一直追随胡适,研究政治学,成为自由主义学人,同时积极参政。(参见沈卫威《学衡派编年文事》,南京大学出版社 2015 年版)

汤用彤 1 月 17 日写作课业论文《叔本华天才哲学述评》。此文之妙,不仅在于详尽分析了叔本华天才哲学的理论来源,准确阐述了叔本华天才哲学的内涵及其特征,更在于以敏锐的眼光和哲人的洞察,指出叔本华天才哲学的内在的、深刻的矛盾。2 月 1 日,《吴宓日记》载:"巴师(白璧德)谓于中国事,至切关心。东西各国之儒者(Humanist)应联为一气,协力行事,则淑世易俗之功或可冀成。故渠于中国学生在此者,如张(鑫海)、汤(锡予)、楼(光来)、陈(寅恪)及宓等,期望至殷云云。"2 月 28 日,汤用彤获哈佛大学哲学硕士学位。12月,汤用彤用英文写成的论文"Oriental Elements in Schopenhauer"(《叔本华思想中的东方因素》),发表在《留美学生月报》,与《叔本华天才哲学述评》专门分析叔本华思想中西方思想因素正相呼应,合而观之正得其全。1921—1922 学年,汤用彤选修的哲学类课程,从哲学到宗教学有一个逐渐的重心转移过程。(参见汤一介编《中国近代思想家文库·汤用彤卷》附录《汤用彤年谱简编》,中国人民大学出版社 2015 年版)

罗家伦 6 月赴纽约接待来美国接受纽约大学荣誉学位的蔡元培,又随其赴华盛顿安排蔡元培参加乔治·华盛顿大学毕业典礼事宜。暑假,参加康乃尔大学暑期学校学习。夏,发起组织"留美中国学生华盛顿会议后援会",计划在 11 月华盛顿会议开会期间,展开对中国代表的监督及游说工作,并向各国代表团和记者递送通讯,说明中国民意。8 月,撰成《华盛顿会议与中国之命运》一文。10 月初在《东方杂志》刊出。秋,罗家伦转入哥伦比亚大学研究院,攻读教育哲学及思想史。华盛顿会议期间,罗家伦负责撰写通讯寄送国内各大报,并为美国、加拿大华文报纸撰写时事短评。年底,罗家伦在美国历史学会年会中宣读论文。(参见张晓京编《中国近代思想家文库·罗家伦卷》附录《罗家伦年谱简编》,中国人民大学出版社 2015 年版)

冯友兰 3 月 12 日撰成《评柏格森的〈心力〉》。6 月 3 日,冯友兰与其他北大校友一起,在哥伦比亚大学与在美国访问的蔡元培校长合影,曾陪同蔡校长在纽约访问,并请其在扇面题词。10 月,冯友兰在《新潮》第 3 卷第 1 期发表《柏格森的哲学方法》《与印度泰戈尔谈话(中西文明之比较观)》。秋,在哥伦比亚大学哲学会宣读"Why China Has No Science——An Interpretation of the History and Consequences of Chinese Philosophy"(《为什么中国没有科学——对中国哲学的历史及其后果的一种解释》),"诸教授皆赞成其说"。在此深受伍德布里奇院长和杜威教授的影响。是年,冯友兰与杨振声、邓以蛰、周炳琳共同协助日本人小畑熏良英译李白诗集。(参见李中华编《中国近代思想家文库·冯友兰卷》附录《冯友兰年谱简编》,中国人民大学出版社 2015 年版)

袁同礼 1 月 6 日自纽约致函蒋梦麟,并及胡适、梁漱溟。介绍泰戈尔(Mon Rabindranath Tagore,函内作台峨尔)来华讲学。暑假,袁同礼开始在华盛顿国会图书馆总编目部工作,帮助制作中文书目卡片。8 月 25 日,袁同礼自华盛顿致蔡元培函,附函件 8 月 13 日条,报告国会图书馆目录片事。9 月至次年 2 月,袁同礼在哥大期间,应我国参加"华盛顿会议"代表团顾问黄郛之邀请任其秘书。9 月 29 日,致信《清华周刊》,讲述在对华盛顿国会图书馆印象和初涉目录学。10 月 11 日,蔡元培致函袁同礼,补付北大津贴四百八十金,寄代北大在美办理图书仪器的"委任书",及办事经费美金一千元。(参见张光润《袁同礼先生年谱初编(1895—1965)》,载张光润《袁同礼研究(1895—1949)》,华东师范大学博士学位论文,2018 年)

林语堂 1 月申请入读德国耶拿大学。3 月 7 日,撰写《为罗马字可以独立使用一辩》。7 月,林语堂在耶拿大学取得硕士学位证明。9 月,林语堂转入莱比锡大学就读,主修语文学(Philology)。(参见郑锦怀《林语堂学术年谱》,厦门大学出版社 2018 年版)

梅贻琦 3 月任大一课程工业部主席。秋,利用学校轮番出国休假的机会,再度赴美进修,入芝加哥大学研究物理一年,其间曾一度担任纽约大学物理讲师。(参见黄延复、钟秀斌《清华校长梅贻琦》,九州出版社 2011 年版)

钱端升暑假至佛蒙特州立大学习拉丁语、西班牙语。11 月,参与组织留美学生华盛顿会议后援会,拟影响舆论及监督与援助中国代表。是年,发表"Rider Legislation in Congress"(《国会中立法的附加条款》)、"The Open Door Policy of China"(《中国的门户开放政策》)、"The United States Commerce Court"(《美国的贸易法庭》)、《告提倡联邦制者》等 4 篇论文。(参见孙红云编《中国近代思想家文库·钱端升卷》附录《钱端升年谱简编》,中国人民大学出版社 2015 年版)

金岳霖 1 月至 5 月继续在乔治城大学讲课。6 月,获悉母亲去世,回国。居丧期间,"绕棺悲歌",还写下了《金家外史》,讲述了金家的故事。12 月,离美赴英,在伦敦大学经济学院听讲。(参见王中江编《中国近代思想家文库·金岳霖卷》附录《金岳霖年谱简编》,中国人民大学出版社 2015 年版)

许建屏由上海日报公会推举出席檀香山万国报界大会,后又出席华盛顿会议。

孙本文与江苏宜兴潘菽、江西吴有训结伴留学美国,获纽约大学哲学博士学位。

潘菽在美国加利福尼亚大学就读,一学期后转入生活费用较低的印第安纳大学,在康托教授的指导下作了关于汉字心理学方面的研究,获得硕士学位。

陈翰笙获美国芝加哥大学硕士学位。

罗隆基公费留美,先入威斯康星大学,继而到哥伦比亚大学攻读政治学。

徐谟充任华盛顿会议中国代表随员,其间在华盛顿大学攻读法律。

李小缘赴美国入纽约州图书馆学校留学。

刘芦隐任旧金山《少年中国晨报》总编辑兼中国国民党加拿大总支部总干事。

施存统为旅日共产主义小组负责人,当时成员只有施存统与周佛海二人。上海共产主义小组李达、李汉俊寄来信要求派代表参加中共"一大",施存统与周佛海二人就互相推选对方担任代表,因为周佛海已多年没有回国,最后决定由周佛海代表日本共产主义小组出席中共"一大"。8月,共产国际为召开远东各国共产党及民族革命团体第一次代表大会,共产国际派张太雷来到了东京,由施存统介绍与日本共产党员取得了联系。12月,施存统与部分日本共产党员一起被捕。(参见何民胜《施复亮年谱》,商务印书馆2019年版)

周佛海7月在日本鹿儿岛接到赴上海参加中国共产党成立大会的信件,成为唯一从境外赶回来的海外"一大"代表。陈独秀回沪后,周佛海奉党的指示,参加了上海劳动组合书记部的领导工作。不久因《时事新报》揭出其婚姻负面信息,于11月初离沪,返回日本读书。(参见何民胜编《施复亮年谱》,商务印书馆2019年版)

杨杰任云南青年军官和讲武堂学员赴日军事留学生监督,入日本陆军士官学校。自降军衔,以中校身份自费考入日本陆军大学学习。学习刻苦,军事见解超群,受到日本军界和来访的法国霞飞将军赞誉,享战略战术家称号。(参见皮民勇、侯昂妤编《中国近代思想家文库·蒋百里、杨杰卷》及附录《杨杰年谱简编》,中国人民大学出版社2015年版)

郭沫若1月11日作《儿童文学之管见》,发表于《民铎》杂志第2卷第4期,论述文学特别是儿童文学的功能,以及儿童文学的本质和如何建设儿童文学。18日,致信田汉谈国内文坛形势,并征询其对于参加创办新文艺杂志的意见。中旬,致信郑伯奇,商量欲转学京都帝国大学改学文科;以生病为由,向医学部提出休学三个月的申请,得到批准,休学时间为从本月25日起的三个月内。24日,复信张资平,再次婉谢参加丙辰学社之邀,并详述写作《我国思想史上之澎湃城》一文之大纲。2月下旬,致信郑伯奇,谈组织文艺社团事。31晚,乘车赴门司,欲会合成仿吾,同回上海,看在泰东图书局有无发展机会。

郭沫若4月1日在门司与成仿吾会齐,同船回上海。与成仿吾同往马霍路(今黄陂北路)德福里320号泰东图书局编辑所。书局经理赵南公在同兴楼设宴招待,陪同的编辑部同人有张静庐、王靖、沈松泉。16日,确定被留在泰东图书局。4、5月间加入丙辰学社。5月2日,作《西厢艺术上之批判与其作者之性格》,载上海泰东图书局9月初版《西厢》。上旬,郭沫若应郑振铎之邀,与沈雁冰、郑振铎、柯一岑在半淞园会晤,并午餐,再次婉拒彼等邀约参加文学研究会之请,应允"尽力地帮助"。11日,与赵南公商定出版《创造》季刊。27日,乘"八幡丸"起程往日本。30日,在上海《学艺》月刊第3卷第1期发表重要论文《我国思想史上之澎湃城》,又以《周秦以前古代思想之蠡测》为题,删去"导言",刊《国故论丛》1933年3月第1期。同月,郑振铎陪同叶圣陶来访,得识叶圣陶。

郭沫若6月1日上午抵达京都,即去第三高等学校访郑伯奇。第一次见面,彼此均感意外。下午,郭沫若与郑伯奇访穆木天、李希贤。2日上午,与郑伯奇、李希贤同往李希贤寓所。午饭后,与郑伯奇、李希贤同往张凤举处,与张凤举张定钊兄弟、傅堂迈、沈尹默、苏民生等人晤谈,初识沈尹默。5日晨,郭沫若抵达东京。即去东京帝国大学宿舍找郁达夫,知其生病住院,转去医院探视。与其交谈回国的情况及筹办文学刊物之事,一同在代代木松林盘桓。晚,宿医院看护处。6日,往东京郊外月印精舍访田汉。晚,宿田汉处。8日上午,去东京帝国大学学生宿舍改盛二馆郁达夫处,偕郁达夫去地质学研究室找张资平。下午,在郁达夫寓所与田汉、张资平、何畏、徐祖正等一起聚谈成立文学社团,创办同人刊物之事。确定刊物名《创造》,出季刊,分派各人供稿篇目,并初定几种丛书。此次聚会实际上意味着创造社的正式成立。

按：郭沫若《创造十年》回忆道："这一次的重逢才会见了好些朋友。会见了资平和何畏,是东大同学们在学校里把他们找来的。无心之间也会见了徐祖正,他在我到京都的时候,已到了东京,那时他好像是和达夫同住在一个馆子里。就在那天下午,在达夫的房间里聚谈了一次,大家的意思也都赞成用'创造'的名目,暂出季刊,将来能力充足时再用别的形式。出版的时期愈早愈好,创刊号的材料,就在暑假期中准备起来。这个会议或者可以说是创造社的正式成立。"

郭沫若7月1日从福冈回到上海。3日,经赵南公介绍,与陈布雷相识。4日下午,与赵南公、张静庐商讨编辑所事务,得赵南公授予图书出版审定权。中旬,接李石岑来信,转述郑振铎再次邀请加入文学研究会之意,并要求一日内答复,仍婉拒;替王独清修改所译印度诗人泰戈尔的《新月集》;初识来编辑部造访的朱谦之,商量出版其所著《革命哲学》之事,后一同住编辑所。下旬,开始翻译歌德所著小说《少年维特之烦恼》。8月5日,《女神》由上海泰东图书局作为"创造社丛书"第一种出版发行,为中国第一部具有真正现代意义的新诗集。9日,应周颂九、郑心南请于一枝香午餐,席间初见胡适。12日,与朱谦之往商务印书馆编译所,与胡适交谈。23日,为朱谦之《革命哲学》一书作序诗,题为《宇宙革命底狂歌》。9月14日下午,与郁达夫、郑伯奇同访赵南公,商《创造》季刊和"创造社丛书"事。16日中午,郭沫若启航返日,郁达夫、郑伯奇、张静庐、邓均吾、毕瑞生等到汇山码头送行。29日,郭沫若、田汉、成仿吾、郁达夫、张资平、郑伯奇、穆木天等"创造社同人"在上海《时事新报》共同署名发表《纯文学季刊〈创造〉出版预告》,宣布《创造》第1期将于1922年1月1日元旦出版,并声称"创造社同人奋然兴起打破社会因袭,主张艺术独立,愿与天下之无名作家共兴起而造成中国未来之国民文学"。

按：创造社,前期主办的刊物有《创造》季刊、《创造周报》《创造日》(《中华新报》副刊)、《洪水》半月刊;后期的刊物主要有《创造月刊》《文化批判》《流沙》半月刊、《思想》月刊、《新思潮》月刊等。(参见林甘泉、蔡震主编《郭沫若年谱长编》,中国社会科学出版社2017年版;谢保成、魏红潘素龙编《中国近代思想家文库·郭沫若卷》附录《郭沫若年谱简编》,中国人民大学出版社2015年版)

田汉1月与郁达夫、成仿吾、张资平等在郁达夫住处开会共商"出一种纯文艺的杂志"事,自告奋勇"在国内找出版处,并要邀约些国内的朋友来参加"。2月,致信国内的朱谦之,委托他为杂志"找出版处"。6月8日,在郁达夫寓所东京第二改盛馆举行会议,田汉与郭沫若、郁达夫、张资平等聚商办刊物的具体问题,一致赞同用《创造》的名目,并定暂出季刊。8月11日,为方光焘所译之日本菊池宽的独幕剧《父之回家》发表写《附记》。21日,撰成《恶魔诗人波陀雷尔的百年祭》一文。夏,在"可思母俱乐部"于一桥学士会召开的第一次讲演会上,首次会见日本著名戏剧家秋田雨雀。9月29日,田汉与"创造社同人"郁达夫、张资平、穆木天、成仿吾、郭沫若、郑伯奇联名发表《〈创造季刊〉出版预告》。10月16日午后,应约赴上目黑五九三访日本著名作家佐藤春夫。是年,执导未成脚本的话剧《不朽之爱》,上演于东京中国青年会剧场。(参见张向华编《田汉年谱》,中国戏剧出版社1992年版)

成仿吾1月中旬给郭沫若信,谈酝酿出版文艺刊物之事。此间,郭拟二月往京都,想转学进那儿的文科大学,成仿吾表示反对,认为"研究文学没有进文科的必要,我们也在谈文学,但我们和别人不同的地方是有科学上的基础知识。"2、3月间,同乡李凤亭在二月毕业回到上海,时值上海泰东书局改组编辑部,分法学、文学、哲学三科,李凤亭任法学科主任,并推荐成仿吾就任文学科主任。为了在上海能够找到一个出版自己刊物的机构,成仿吾毅然放弃了已经临到头上的毕业考试,决定回国就任。(参见张傲卉、宋彬玉《成仿吾年谱》,《东北师大学报》1985年第5期)

夏衍2月考入日本北九州户畑町明治专门学校电机科，读预科一年。(参见沈宁、沈旦华、沈芸编《夏衍全集·书信日记》，浙江文艺出版社2005年版)

顾品珍执掌云南政权后，委任杨杰为留学监督，率领一批青年军官和讲武堂学员，前往日本陆军士官学校学习。

丰子恺东渡日本短期考察，学习绘画、音乐和外语。行前与李叔同话别。

李剑华赴日本留学，在东京日本大学进修社会学。

大勇法师随同觉随阿阇黎赴日本修习密宗。

达浦生赴印度及东南亚，考察穆斯林教育。

英国著名哲学家罗素结束在华讲学归国。罗素为上年9月梁启超与蔡元培、汪大燮等人正式成立讲学社之后聘请来华讲学的第一位学者，被誉为"现代三大哲学家"之一。自上年10月12日抵达上海，罗素在中国停留的10个月里走遍各地，进行了63场公开讲学，由赵元任翻译，继杜威访华后，再次引起中国知识界的轰动，同时也引发了不少争议，有力推动了当时有关社会主义的论争。其间在3月15日，罗素去保定育德中学人作报告，听众千人。当日十分寒冷，讲演厅又无取暖设备，罗素出于礼节与保持英国绅士风度，不肯穿着大衣讲演，返回北京即发高烧病倒。3月26日，经北京德国医院狄勃医生诊断为严重肺炎，几乎丧命。直至4月17日，医生才宣布脱离危险，5月出院，继续学术活动。6月30日，就在北京大学、男女两高师、尚志学会、新学会五团体午间在中央公园来今雨轩公饯杜威夫妇及女儿的当晚，胡适与丁文江同为杜威夫妇及罗素与勃拉克女士饯行。7月6日，罗素在北京教育部会场举行告别讲演，继续由赵元任翻译。讲题是《中国通向自由之路》(China's Road to Freedom，当时译为"中国到自由之路")，一口气为中国提出了十几条建议，强调必须打破中国传统，必须以现代教育为长远之计，必须发展爱国主义，必须从政治改革入手，必须依靠一万果敢坚毅之士，俄国的方法适合于中国，国家社会主义为中国之出路，社会主义必须保护自由。7日，梁启超在中央公园举行宴会为罗素及勃拉克女士饯行。席上赵元任为梁、罗素和勃拉克女士翻译，丁文江做了精彩的演说。中旬，罗素离开北京经天津赴日本。次年，罗素自己在中国讲演稿加以提炼总结，撰成《中国问题》一书，从此成为西方著名中国问题专家。

按：罗素在《中国问题》中剖析中国的社会现实，并对中国前景作出预测。尽管国内学界对此毁誉不一，争议不断，但尤为难得的是，就在中国最屏弱的时候，书中就预言中国必将崛起，并且能一跃成为仅次于美国的世界强国。他期待梁启超笔下的"少年中国"，在把强敌扫地出门时，也能留住中华民族特有的"温文尔雅，恭敬有礼之风，率真平和之气"。(参见孙家祥、袁刚、任丙强《中国到自由之路：罗素在华讲演集》北京大学出版社2004年版；赵新那、黄培云编《赵元任年谱》，商务印书馆1998年版)

美国著名哲学家、教育家、心理学家杜威结束在华讲学归国。6月22日上午9时，杜威应北京高师学生自治会之请，在北京厂甸高等师范礼堂作归国之前的最后讲演，讲题是《教师职业的现在机会》。30日，北京大学、男女两高师、尚志学会、新学会五团体于午间在中央公园来今雨轩公饯杜威夫妇及女儿，到会者约80人。席间，五团体各代表范源濂、梁启超、胡适等人均致词，杜威夫妇及女儿也分别讲了话。杜威希望中国的青年人与年长的人，既要有渴望容纳新思想的精神，又要有实行的精神。7月11日上午10时，杜威离京回国。历时近两年的"杜威旋风"至此告一段落，但对中国学界尤其是教育界却影响深远。

按：胡适出席6月30日北京大学、北京高等师范、北京女子高等师范、尚志学会及新学会五团体为杜威饯行的公宴，并代表北大演说，主要强调杜威的方法，即所谓历史的方法和实验的方法。7月11日，杜威将回国,胡适特作一文《杜威先生与中国》,极力渲染杜威的影响。说:"自从中国与西洋文化接触以来,没有一个外国学者在中国思想界的影响有杜威先生这样大的。"他强调说,杜威留下的最有久远影响的是他的方法,即所谓历史的方法和实验的方法。

　　按:6月3日,北京大学等高校教职员为请愿索取欠薪,在新华门被卫兵殴打。北大教授马叙伦被打成重伤。胡适曾请杜威协助将马氏由兵警监护的首善医院转送美国医院,事未办成。胡适将此次事件经过撰成英文通讯发表。6月11日,杜威就教职员罢教索薪问题给北京各高等学校联席会议写信,大意说:"据私信和公报的材料推测,我觉得政府的计谋是想愚弄教职员,使教职员自取不智的下策,他好趁此挽回从前对于教育问题处置的悖谬,并离间学生和公众对于教职员的同情。……我大胆奉劝诸位,若是政府和你们讲和,你们须把学校的利益放在第一,把个人的痛苦放在第二。就是说,你们须先要求政府发还积欠,保障从前力争的各校未来经费和开支。只要政府实行公布了他的方法,教员诸君就可以表示自己对于教育和学生的诚意,从速开讲。但是一面又要宣言:学校一开,政府便当赔偿各受伤教员的损失,而且对于教职员任何人都不再追究。若是政府有不守信的形迹,诸君可取一种行动,表示你们对于马叙伦君和各位负伤代表的共同责任。"杜威说,这样做,可以保持学生和公众的同情,可以塞政府的口,可以保护受伤的教员。若不这样做,"若是诸君不先论教育问题,而先论个人的痛苦问题,恐怕这种谅解和援助就要和诸君离开了"。杜威的主张与胡适一致,不赞成为欠薪问题长期罢教。我们从此信可以推知,当时杜威已同我国教育界上层人士建立了相当密切的关系。(参见黎洁华《杜威在华活动年表(中)》,《华东师范大学学报:教育科学版》1985年第2期;陈文彬《五四时期杜威来华讲学与中国知识界的反应》,复旦大学博士学位论文,2006年;耿云志《胡适年谱》,四川人民出版社1989年版)

　　保罗·孟禄9月应实际教育调查社聘请,来华进行大规模教育调查与讲学。9月5日,孟禄抵沪,东南大学校长郭秉文协同陶行知、黄炎培等到码头迎接。孟禄在华的四个多月里,先后访问考察上海、北京、保定、石家庄、太原、开封、徐州、南京、无锡、苏州、杭州、南通、福州、厦门、广州、济南、天津、奉天(今沈阳)等9省18市的教育情况,1922年1月7日回国。这是孟禄在华活动时间最长、活动范围最广、产生直接影响最大的一次,是调查结束后,在北京召开了盛大的教育讨论会。

　　按:保罗·孟禄(Paul Monroe,1869—1947),美国著名教育史家、比较教育学家,时为哥伦比亚大学师范学院院长。20世纪初,张伯苓、凌冰、陶行知、陈鹤琴、郑晓沧等许多教育名家在美国留学深造时,都曾受教于他的门下。为配合孟禄的中国之行,严修、范源濂、蒋梦麟、黄炎培、郭秉文、陶行知等早在1921年8月就在北京发起组织了实际教育调查社。孟禄来华前夕,《新教育》在第4卷第1期刊发庄泽宣的《介绍门罗博士》一文,详细介绍孟禄的生平、教育经历和特点、著作篇目和上次来华在江苏省教育会的演讲。孟禄来华后,《新教育》对其活动进行全程、全方位的报道。并在1922年4月《新教育》第4卷第4期策划"孟禄号",刊发《孟禄先生来华调查教育的缘起》《孟禄调查教育行程表》《孟禄在华日记》《讨论会到会人名表》等背景性资料,还介绍孟禄的有关著作,如《孟禄总纂教育大辞典》《孟禄教授古代教育史原著会纂》《孟禄中等教育之原则》等,便于人们解读孟禄的思想和了解孟禄的在华行踪。此外,还有胡适、陈宝泉、陶行知等人整理的《孟禄的中国教育讨论》,以及孟禄在华的演讲,如《教育与实业之关系》《共和与教育》《影响教育问题之新势力》《学生的机会与责任》《旧教育与新教育的差异》等13篇。至年底,孟禄到过北京、保定、太原、开封、南京、无锡、苏州、上海、杭州、南通、福州、厦门、广州、济南、曲阜、天津、奉天等地。在此期间,孟禄从教育制度、教育行政、教授法及德育诸方面传播平民主义教育思想。他认为"今日中国教育应取共和自由之教育","取平民主义"。他在调查报告中认为"中国教育,中学最坏"。

　　按:保罗·孟禄又是管理美国第二次退还庚款的中华教育文化基金董事会的发起人和组织者之一,从1924年9月至1941年一直担任该会副董事长,并于1924—37年间多次来华参加其年会、常会等参与领导该会工作,曾先后于1913、1921—1922、1924、1925、1926、1927、1928—1929、1931、1935、1937年10余次来中国调查教育、讲学和从事文化交流活动,对于改进中国科学教育和科学研究,推动"六·三·三"

学制颁行,促进文化教育事业的发展起到了积极的作用,对中国教育理论与实践的发展产生了较为深远的影响,是近现代中美文化教育交流史上十分重要的一页。(参见周洪宇、陈竞蓉《孟禄在华活动年表(1913年5月——1937年6月)》,《华东师范大学学报》2003年第3期;龚克主编《张伯苓全集》第十卷附编《张伯苓年谱》,南开大学出版社2015年版;中央教育科学研究所编《中国现代教育大事记1919—1949》,教育科学出版社1988年版)

　　按:孟禄在华进行教育调查与讲学的年终最后一站是南开大学,得到了张伯苓校长热情隆重的接待,兹稍作梳理如下:12月1日,张伯苓校长与严修等在天津西站迎美国哥伦比亚大学师范学院主任孟禄博士。12月2日,张伯苓校长在女子师范学校听孟禄讲演。12月3日,张伯苓校长接待孟禄参观南开大学及中学各部,孟禄与张伯苓交谈欧美四种教授法,并说来华游历南北,参观各地学校,以南开为最善。上午,还与孟禄出席湘鄂川黔四省赈灾游艺会并讲话。中午在南开大学留孟禄用餐,饭后严修、张伯苓及南京高等师范学校教务部主任陈鹤琴等陪同到俱乐部书画慈善会,后同往参观广北小学、官北女学,又同往工业观摩会。12月8日,张伯苓校长应严修约赴严宅陪孟禄吃饭,陪客还有曹锐、杨以德、梁启超、卢木斋、孙子文、凌冰、张见安、陈鹤琴、王回波、汤梦如、武问泉、冯仲文等14人。12月9日下午,张伯苓校长出席孟禄在工业专门学校召开的教育讨论会。12月19日至22日,张伯苓校长实际调查社邀集各省代表70余人与孟禄博士讨论中国教育问题。12月23日,由新教育共进社、新教育杂志社、实际教育调查社合并改组成立成中华教育改进社,以调查教育实际,研究教育学术,谋求教育进行为宗旨,总部设在北京。张伯苓、蔡元培、范源濂、郭秉文、黄炎培、汪精卫、熊希龄、李建勋、袁观澜等9人为董事。同日,实际教育社为即将离京返美的孟禄博士设宴饯别。席间张伯苓校长致辞,高度评价孟禄考察中国教育的成果,并表示针对孟禄对中学教育的批评,率先在南开中学进行改革。12月27日,孙子文、梁启超、严修、张伯苓、凌冰到天津新车站与孟禄作别。(参见龚克主编《张伯苓全集》第十卷附编《张伯苓年谱》,南开大学出版社2015年版)

　　美国芝加哥大学副校长、神学教授巴顿博士为团长的巴顿调查团一行七人9月13日到达北京,与调查团在华成员张伯苓、郭秉文、司徒雷登等9人会合,并召开预备会议,就考察目的、范围及方式等进行磋商,提出详细了解教会教育在整个中国中的地位,以"指示一种对将来教育上改良之计划"。30日,巴顿调查团来津。教育厅长孙子文等人到车站欢迎,并在英租界皇家饭店开会欢迎。后由张伯苓导观南开大学。该团从本月起到1922年1月止,分两路到中国各省市进行调查,最后写成题为《中国基督教教育事业》的调查报告。这个报告系统地提出了加强教会学校权化教育的各项建议,认为在中国的基督教应该"更基督教化,更中国化,更有效化"。(参见龚克主编《张伯苓全集》第十卷附编《张伯苓年谱》,南开大学出版社2015年版;中央教育科学研究所编《中国现代教育大事记1919—1949》,教育科学出版社1988年版)

　　美国传教士鲍引登(Charles Luther Boynton)和司德敷(Milton Theobald Stauffer)主持的基督教在华传教事业调查完成,其成果汇集成为大型调查资料书《中华归主》一书(The Christian Occupation of China: A General Survey of the Numerical Strength and Geographical Distribution of the Christian Forces in China)(1922)。(参见赵晓阳编《中国近代思想家文库·吴耀宗卷》附录《吴耀宗年谱简编》,中国人民大学出版社2015年版)

　　美国司徒雷登继续任燕京大学校长。欧美教会各差会派遣特别调查团访华,与中国教会教育界联合组成中国教会教育调查团。以芝加哥大学希腊文教授,后任校长之包登博士为主席,故称包登调查团,司徒被聘为团员,在中国各处调查研究。为基督教在中国教育事业,定百年大计。各种学校,各种教育,及其应行改造之方向,博赅无遗。在北京西郊海淀镇之北,成府村之西,购地三百余亩为校址。原为明朝米万钟勺园旧址。售主陕督陈树藩,以三分之一价捐助大学。建筑工程开始。12月,伦敦会韩懿德全时教数学,包贵思、步多马为英语系教师,女校增音乐、英语、家政教师,文科速记及簿记班设立。(参见张玮瑛、王百强、钱辛波主编《燕京大学史稿》,北京人民中国出版社 2000 年版)

瑞典学者安特生 4 月 18 日在河南渑池县仰韶村发现以彩陶为显著特征的新石器时代遗存。10 月底,安特生开始田野发掘工作,得到了丁文江的支持,袁复礼参加了发掘。后古文化遗址所在地仰韶村命名为“仰韶文化”。

　　按:仰韶文化是以首次发现地仰韶村命名的新石器时代晚期文化,是分布在黄河中下游地区影响最大、最为重要的考古文化,年代约为 5000 年至 7000 年前,展示了中国母系氏族社会由盛到衰的历史变迁,表面绘制有图案的彩陶是这个时期的重要特征之一。仰韶文化首次发现地在渑池县仰韶村。1920年秋,中国地质研究所刘长山根据渑池人王某提供的线索,在渑池仰韶村采集到 613 件器物。1921 年 10月,经中国政府批准,受聘于中国政府任矿业顾问的瑞典地质学者安特生和中国学者袁复礼、陈德光等对仰韶村遗址进行首次发掘,证实此处为新石器时代的文化遗存。遗址先后经过 3 次发掘,出土大量的陶器和石器等,在国际上引起极大轰动。仰韶村遗址成为中外史学界、考古界向往的“文化圣地”。依据考古惯例,以首次发现地命名为“仰韶文化”。(三门峡市地方史志编纂委员会编《三门峡市志》第四册,方志出版社 2010 年版)

　　按:由于当时尚未掌握层位学的方法,所以安特生所称之“仰韶文化”,实际上是龙山文化和仰韶文化的混合。同时,还得出了单色陶器早于着色陶器的错误结论。安特生对仰韶村遗址的发掘,是中国近代新石器时代考古的开端,也是中国近代田野考古学的开端。(参见王学典《20 世纪史学编年(1900—1949)》,商务印书馆 2014 年版)

奥地利地质学家师丹斯基(Otto Zdansky)应安特生之邀是年初夏来华,开始参与周口店化石的发掘与研究。(参见李学通《翁文灏年谱》,山东教育出版社 2005 年版)

日本学者青木正儿 2 月 17 日致信胡适,告访求《水浒传》百回本和百二十回本,都不易得,但表示继续访求。信中谈他的看法说,金圣叹改书时,把原适于讲说的韵语、骈句都删去了。4 月 8 日,青木正儿致信胡适,告拟写论述《水浒传》在日本文学史上的位置一文。信中谓《水浒》不但在中国文学史上是重要作品,即在日本文学史上的影响也很大。6 月 1 日,青木正儿致信胡适,说读过《〈红楼梦〉考证》,认为是“用科学方法,论调公正,研究精细,真正有价值的一篇考证”。拟在《支那学》上加以介绍。对代购浙江图书馆所刊印的《章氏遗书》甚表感谢。

新加坡华侨陈嘉庚所聘厦门大学首任校长邓萃英 1 月由北京南来,按照陈嘉庚意见先设师范、商学两部,师范部下分文、理两科。校舍先借用集美学校即温楼。2 月 1 日,开始招生,录取预科生 112 名。4 月初,报到注册 98 名。至此,厦大正式开学的各项条件均已具备。4 月 6 日,厦门大学举行开学典礼。5 月 3 日,首任校长邓萃英辞职。陈嘉庚照准,即请大学秘书兼理科主任刘树杞暂代校长职务,并电邀新加坡挚友林文庆博士为厦大校长。5 月 9 日,国耻纪念日,陈嘉庚亲率全校师生由集美来到厦门演武场,为首批校舍开工奠基。(参见洪永宏编著《厦门大学校史》,厦门大学出版社 1990 年版;中央教育科学研究所编《中国现代教育大事记 1919—1949》,教育科学出版社 1988 年版)

三、学术论文

周建人《达尔文主义》刊于《新青年》第 8 卷第 5 号。

周佛海《实行社会主义与发展实业》刊于《新青年》第 8 卷第 5 号。

周作人《文学上的俄国与中国》刊于《新青年》第 8 卷第 5 号。

[英]哈列著,李季译《到工团主义的路》刊于《新青年》第 8 卷第 5 号。

李达《马克思还原》刊于《新青年》第 8 卷第 5 号。

《俄罗斯研究》刊于《新青年》第 8 卷第 5 号。

陈独秀《新教育是什么》刊于《新青年》第 8 卷第 6 号。

李季《社会主义与中国》刊于《新青年》第 8 卷第 6 号。

张慰慈《最近德国政治变迁(续第四期)》刊于《新青年》第 8 卷第 6 号。

高铦《性之生物学》刊于《新青年》第 8 卷第 6 号。

高一涵译《废止工钱制度》刊于《新青年》第 8 卷第 6 号。

《俄罗斯研究》刊于《新青年》第 8 卷第 6 号。

[日]山川均作,陈望道译《从科学的社会主义到行动的社会主义》刊于《新青年》第 9 卷第 1 号。

李达《讨论社会主义并质梁任公》刊于《新青年》第 9 卷第 1 号。

按:是文认为:"近来讨论社会主义的人渐渐多了,这确是一个好现象。因为社会主义的真谛若能充分的开发出来,批评者就不会流于谩骂,信仰者就不会陷于盲从。而且知识阶级中表同情于资本家的与表同情于劳动者的两派,旗帜越发鲜明,竭智尽力,各为其主,而社会主义与反社会主义两方面,皆可同时发展,以待最后之决胜。所以我说现时讨论的人越多,越是好现象。"在反对社会主义的人中,作者认为"梁任公这篇文字是最有力的论敌,所以借着这篇文字作一个 X 光线,窥察梁任公自身和梁任公所代表的知识阶级中一部分人总括的心理状态,试作一个疑问质询梁任公"。是文认为梁任公文中的主要的旨趣,约分五层:"(一)误解社会主义。梁任公首先误解社会主义为社会政策派的劳动运动,所以说,'吾以为中国今日之社会主义运动,有与欧美最不相同之一点焉。欧美目前最迫切之问题,在如何而能使多数之劳动者地位得以改善。中国目前最迫切之问题在如何而能使多数人民得以变为劳动者'";"(二)提倡资本主义,反对社会主义。梁任公又以为中国生产事业极其衰落幼稚,中国人消费所需之生产品,皆仰外人供给。而制造此类消费品的资本家、劳动者和工厂,均在外国而不在中国。……'欲行社会主义生产方法,必须先以国内有许多现行之生产机关为前提。若如今日之中国,生产事业,一无所有,虽欲交劳动者管理,试问将何物交去?'";"(三)高唱爱国主义,排斥外国资本家。梁任公看见国内无业游民过多,贫困日甚。加以受外国产业革命影响,'我国人之职业直接为外国劳动阶级之所蚕食,而我国人衣食之资,间接为外国资产阶级之所掠夺。'所以中国生产事业,必须由中国资本家自己开发,以便造成多数生产机关,吸收本国多数无业游民使为劳动者";"(四)提倡温情主义,主张社会政策。梁任公既然主张用资本主义开发本国产业,而资本制度发生的恶果,当然要循外国资本制度的旧经,发出无穷的弊害。要想补救此种弊害,只有采矫正态度与疏泄态度,不可抗阻,亦不可坐视。所以说,'惟当设法使彼辈(资本家)有深切著明之觉悟,知剩余利益断不容全部掠夺;掠夺太过,必生反动,殊非彼辈之福。对于劳力者生计之培养,体力之爱惜,智识之给与皆须十分注意。质言之,则务取劳资协调主义,使两阶级之距离,不至太甚也。至所用矫正之手段,则若政府的立法,若社会的监督,各因其力之所能及而已'";"(五)误会社会主义运动。梁任公误解社会主义运动为劳动者地位改善,所以反对;又误解为均产,所以反对;又误解为专争分配,所以也反对。又误解社会主义运动为利用游民,所以说,'劳动阶级运动之结果,能产出神圣之劳动者。游民阶级运动之结果,只有增加游民。'又说,'游民阶级假借名义之运动,对于真主义之前途,无益而有害。'这是梁任公反对中国社会主义运动最精刻的地方。'"

周佛海《近代文明底下的一种怪现象》刊于《新青年》第 9 卷第 1 号。

戴季陶《我所起草的三法案》刊于《新青年》第 9 卷第 1 号。

戴季陶《广东省商会法草案及理由书》刊于《新青年》第 9 卷第 1 号。

戴季陶《产业协作社法草案及理由书》刊于《新青年》第9卷第1号。

戴季陶《广东省工会法草案及理由书》刊于《新青年》第9卷第1号。

玄庐、公博《关于广东工会法草案的讨论》刊于《新青年》第9卷第1号。

雁冰《哈姆生和斯劈脱尔——新的诺贝尔文学奖的两文豪》刊于《新青年》第9卷第1号。

陈望道《文章的美质》刊于《新青年》第9卷第1号。

周佛海《从资本主义组织到社会主义组织的两条路——进化与革命》刊于《新青年》第9卷第2号。

高一涵《共产主义历史上的变迁》刊于《新青年》第9卷第2号。

李达《马克思派社会主义》刊于《新青年》第9卷第2号。

沈雁冰《十九世纪及其后的匈牙利文学》刊于《新青年》第9卷第2号。

山川均著,周佛海译《社会主义国家与劳动组合》刊于《新青年》第9卷第2号。

列宁著,成舍我译《无产阶级政治》刊于《新青年》第9卷第2号。

李达转译《列宁的妇人解放论》刊于《新青年》第9卷第2号。

胡适《国语文法的研究法》刊于《新青年》第9卷第3号。

陈独秀《社会主义批评》刊于《新青年》第9卷第3号。

王星拱《生物进化与球面沿革之概说》刊于《新青年》第9卷第3号。

沈雁冰《十九世纪及其后的匈牙利文学(续前号)》刊于《新青年》第9卷第3号。

吴敬恒《答君"广韵注音字母的格问"》刊于《新青年》第9卷第3号。

《俄罗斯研究》刊于《新青年》第9卷第3号。

胡适《国语文法的研究法(续前号)》刊于《新青年》第9卷第4号。

区声白,陈独秀《讨论无政府主义》刊于《新青年》第9卷第4号。

高铦《性之生理学》刊于《新青年》第9卷第4号。

存统《马克思的共产主义》刊于《新青年》第9卷第4号。

张东民《华文横行的商榷》刊于《新青年》第9卷第4号。

陈独秀《太平洋会议与太平洋弱小民族》刊于《新青年》第9卷第5号。

张椿年译《对于华盛顿太平洋会议》刊于《新青年》第9卷第5号。

[日]山川均《对于太平洋会议的我见》刊于《新青年》第9卷第5号。

[日]堺利彦《太平洋会议》刊于《新青年》第9卷第5号。

高铦《"是什么"和"为什么"》刊于《新青年》第9卷第5号。

存统《第四阶级解放呢? 全人类解放呢?》刊于《新青年》第9卷第5号。

朱希祖《中国古代文学上的社会心理》刊于《新青年》第9卷第5号。

高一涵《省宪法中的民权问题》刊于《新青年》第9卷第5号。

陈公博《我对于交易所的意见》刊于《新青年》第9卷第5号。

玄庐《农民自决》刊于《新青年》第9卷第5号。

[英]戈尔敦著,周建人译《结群性与奴隶性》刊于《新青年》第9卷第5号。

何育杰《安斯顿相对论》刊于《北京大学月刊》第1卷第8号。

李书华《科学定律与事实》刊于《北京大学月刊》第1卷第8号。

袁弼《教育进化史摘要》刊于《北京大学月刊》第1卷第8号。

曹杰《领事裁判制度之滥觞及吾国撤销此制之方法》刊于《北京大学月刊》第1卷第8号。

沈兼士《研究文字学"形"和"义的几个方法"》刊于《北京大学月刊》第1卷第8号。

陈良猷《戏剧与小说》刊于《北京大学月刊》第1卷第8号。

余瑞瑜《注音字母速记术的商榷》刊于《北京大学月刊》第1卷第8号。

沈兼士《文论集要叙》刊于《北京大学月刊》第1卷第8号。

沈兼士《广韵声系叙及凡例》刊于《北京大学月刊》第1卷第8号。

顾孟余《外资,外债,国家破产,监督财政》刊于《北京大学月刊》第1卷第9号。

柳诒徵《序》刊于《史地学报》第1卷第1期。

按:《史地学报》由南京高等师范学校史地研究会创办,该研究会以"研究史学地学为宗旨。凡本校史学系、地学系或其他各科系同学有志研究史地者,皆得为本会会员。本校毕业同学入会者亦为会员"。诸葛麒、陈训慈、胡焕庸、向达等先后担任总干事;张其昀、陈训慈、缪凤林、陆维钊等人相继担任编辑主任或总编辑;柳诒徵、竺可桢、白眉初、王毓湘、朱进之、梁启超、徐则陵、陈衡哲、顾泰来、萧纯锦、曾膺联、杜景辉等担任指导员。据《史地研究会第四届纪事》(刊于《史地学报》第1卷第2期)记载:"本会组织,导源于地学会,地学会成立于八年十月一日,至九年一月十九日改为史地研究会。""本会自上届(第三届)三月十五日议决发行《史地学报》季刊,至七月,第一期集稿竣事,由商务书馆承印。乃八月一日出后,该馆以印刷冗繁,迭催未出,至十一月始行出版。十二月八日,学报第一期寄到,分赠指导员教员及会员外,并赠送外界团体及名人二三十处。"

柳诒徵为《史地学报》创刊号作《序》称:"清季迄今,校有史地之科,人知图表之目,其学宜蒸蒸日进矣。顾师不善教,弟不悦学。尽教科讲义为封畛,计年毕之,他匪所及,于是历史地理之知识,几乎由小而降于零,国有珍闻,家有瑰宝,叩之学者,举之不知,而惟震眩于殊方绝国钜人硕学之浩博,即沾溉于殊方绝国者,亦不外教科讲义之常识,甚且掇拾剽末稗贩糟粕,并教科讲义之常识而不全,则吾国遂以无学闻于世。呜呼,今世人之所知者,已至于有史以前之史,大地以外之地,而吾所知,如此,匪惟不能争衡于并世,且举先民之已知者,而失坠之,而犹侈然自居于学者,其可耻孰甚。吾尝以此晓诸生,诸生亦耻之。于是又史地学报之刊。是刊也,非以鸣其学,所以鸣其学之不迫人,而策吾之耻也。"指出了史学研究与历史教育存在着的种种弊端,寄创办专门史学刊物予以纠正。

《史地学报》于1926年10月停刊,共出版四卷二十一期。《史地学报》可以说是20世纪20年代一份出版时间较长、影响较大的历史学类学术刊物。南高史地研究会的成员及弟子以《史地学报》为平台,形成了一个强大的学术群体,为中国历史学、地理学的发展作出了巨大贡献,学界称为"南高史地学派"。

徐则陵《史之一种解释》刊于《史地学报》第1卷第1期。

陈训慈《史学观念之变迁及其趋势》刊于《史地学报》第1卷第1期。

竺可桢《我国地学家之责任》刊于《史地学报》第1卷第1期。

缪凤林《历史与哲学》刊于《史地学报》第1卷第1期。

柳翼谋(诒徵)《论近人讲诸子之学者之失》刊于《史地学报》第1卷第1期。

按:此文驳章太炎《诸子略说》、胡适《中国哲学史大纲》、梁启超《中国古代思潮篇》等论先秦诸子的观点,因而具有学术史意义和价值。文中提及三人皆举"客观"之大旗,逞主观之勇,于历史取舍有强古人以就我的取向。但三人之书却为学术大众所争相诵说,因此柳氏撰文揭穿其中谬误。柳氏举证说明:"章氏好诋孔子,笃信汉儒《七略》之说。……胡适之好诋孔子与章同""胡氏论学之大病,在诬古而武断""以诸子之学之失传,归罪于董仲舒请汉武帝罢黜百家,其说盖倡于日本人,日本人久保天随等著东洋历史多言之。梁氏撰《新民丛报》时,拾其说而大张之"。

按：章太炎在阅读此文后，致信柳诒徵，不仅接受柳诒徵的批评，坦承"云孔子窃取老子藏书，恐被发覆者，乃十数年前狂妄逆诈之论"，《民报》时期的一些言论皆已刊削，并认为"胡适所说《周礼》为伪作，本于汉世今文诸师；《尚书》非信史，取于日本人；六籍皆儒家托古，直窃康长素之余唾。此种议论，但可哗世，本无实证""长素之为是说，本以成立孔教；胡适之为是说，则在抹杀历史"。此信及柳诒徵的复信刊载于《史地学报》1922年第4期。也有其他读者致函《史地学报》，认为柳氏此文"独具只眼，道人之所未道，读之深为畅快"，并认为"斯篇一出，吾知国中学术界当呈一大变化也"。（参见王学典《20世纪史学编年（1900—1949）》，商务印书馆2014年版）

张其昀《柏拉图理想国与周官》刊于《史地学报》第1卷第1期。

缪凤林《三代海权考证》刊于《史地学报》第1卷第1期。

姜子润《我国古代金属器物之起源》刊于《史地学报》第1卷第1期。

顾实《孔子适周见老子年月考》刊于《史地学报》第1卷第1期。

王玉章《菲尼基通商殖民史》刊于《史地学报》第1卷第1期。

［美］葛立芬著，张其昀译《美国人之东方史观》刊于《史地学报》第1卷第1期。

竺可桢教授讲，范希曾记《欧洲战后之新形势》刊于《史地学报》第1卷第1期。

诸葛麒译《芬兰述略》刊于《史地学报》第1卷第1期。

胡焕庸《欧战大事记》刊于《史地学报》第1卷第1期。

王庸《欧史举要》刊于《史地学报》第1卷第1期。

陈训慈译述《美国史学协会年会记》刊于《史地学报》第1卷第1期。

梁绳筠《历史谈》刊于《史地丛刊》第1卷第2期。

按：作者把旧史书从体例角度分为编年法、纪传年表法、志书法、纪事法四种，认为传统编史法指导下的史书体例，没有一种完全适合现代史学、能为新的历史所用的。所以，他主张要对传统史书体例进行改造。（参见王学典《20世纪史学编年（1900—1949）》，商务印书馆2014年版）

梁任公《佛教东来之历史地理的研究》刊于《史地丛刊》第1卷第2期。

萧澄《中国史学思想发达史略》刊于《史地丛刊》第1卷第2期。

金兆梓《编纂本国史材料的商榷》刊于《史地丛刊》第1卷第2期。

何炳松译《从历史到哲学》刊于《史地丛刊》第1卷第2期。

章鸿钊《中国铜器铁器时代沿革考》刊于《科学》第6卷第7期。

按：章鸿钊认为中国"春秋战国之间，即西元前五世纪"就进入铁器时代，"吴楚诸国，冶炼渐精，始制铁兵，惟仍以用铜为多"；自战国至汉初是中国"铁器渐盛时代""是时农具及日用诸器已盛用铁，惟兵器尚兼用铜"；东汉以降，中国进入"铁器全盛时代""东汉兵器已盛用铁，其后铜愈乏，甚乃禁用铜器"。文章重点考察兵器用铁的过程，而对农具用铁和冶铁业论述非常简略，此为近代第一篇考察铁器史的文字。（参见王学典《20世纪史学编年（1900—1949）》，商务印书馆2014年版）

李大钊《自由与秩序》刊于《少年中国》第2卷第7期。

王光祈《分工与互助》刊于《少年中国》第2卷第7期。

恽代英《少年中国学会的问题》刊于《少年中国》第2卷第7期。

沈怡译《恩司坦的新世界观》刊于《少年中国》第2卷第7期。

谢循初译《美国急进的共产主义》刊于《少年中国》第2卷第7期。

宗白华《艺术生活》刊于《少年中国》第2卷第7期。

王独清译《戴歌尔诗》刊于《少年中国》第2卷第7期。

朱镜宙《南洋问题与吾华民族》刊于《少年中国》第2卷第7期。

王星拱《王星拱先生的讲演》刊于《少年中国》第 2 卷第 8 期。

梁漱溟《梁漱溟先生的讲演(未完)》刊于《少年中国》第 2 卷第 8 期。

屠孝实《屠孝实先生的讲演》刊于《少年中国》第 2 卷第 8 期。

李煜瀛《李煜瀛先生的讲演》刊于《少年中国》第 2 卷第 8 期。

章廷谦记《罗素先生的讲演》刊于《少年中国》第 2 卷第 8 期。

恽代英《我的宗教观》刊于《少年中国》第 2 卷 8 期。

田汉《少年中国与宗教问题》刊于《少年中国》第 2 卷第 8 期。

王光祈《旅欧杂感》刊于《少年中国》第 2 卷第 8 期。

周太玄《纯洁与内心生活》刊于《少年中国》第 2 卷第 9 期。

宗白华《看了罗丹雕刻以后》刊于《少年中国》第 2 卷第 9 期。

魏嗣銮《空间时间今昔的比较观》刊于《少年中国》第 2 卷第 9 期。

李璜《法兰西哲学思潮》刊于《少年中国》第 2 卷第 10 期。

李思纯《平民画家米勒传》刊于《少年中国》第 2 卷第 10 期。

魏嗣銮《自然科学的进步与数学的将来》刊于《少年中国》第 2 卷第 10 期。

邓仲澥《游工人之窟》刊于《少年中国》第 2 卷第 10 期。

黄仲苏《美国劳动运动之实况》刊于《少年中国》第 2 卷第 10 期。

刘伯明《宗教哲学》刊于《少年中国》第 2 卷第 11 期。

周作人《宗教问题》刊于《少年中国》第 2 卷第 11 期。

陆志韦《宗教与科学》刊于《少年中国》第 2 卷第 11 期。

方东美《詹姆士底宗教哲学》刊于《少年中国》第 2 卷第 11 期。

刘国钧《海甫定宗教经验观》刊于《少年中国》第 2 卷第 11 期。

李达《唯物史的宗教观》刊于《少年中国》第 2 卷第 11 期。

雁冰《罗曼罗兰的宗教观》刊于《少年中国》第 2 卷第 11 期。

太朴《时代观之宗教》刊于《少年中国》第 2 卷第 11 期。

李璜《法兰西诗之格律及其解放》刊于《少年中国》第 2 卷第 12 期。

李思纯《抒情小诗的性德及作用》刊于《少年中国》第 2 卷第 12 期。

田汉《哈孟雷德》刊于《少年中国》第 2 卷第 12 期。

恽震《比爱情还重大》刊于《少年中国》第 2 卷第 12 期。

周太玄《宗教与人类的将来》刊于《少年中国》第 3 卷第 1 期。

周太玄《宗教与中国之将来》刊于《少年中国》第 3 卷第 1 期。

李璜译《法兰西学者的通信》刊于《少年中国》第 3 卷第 1 期。

李璜译《该当要一个宗教为平民么》刊于《少年中国》第 3 卷第 1 期。

李璜《社会主义与宗教》刊于《少年中国》第 3 卷第 1 期。

李璜《社会学与宗教》刊于《少年中国》第 3 卷第 1 期。

李润章《宗教与科学》刊于《少年中国》第 3 卷第 1 期。

周太玄《宗教与进化原理》刊于《少年中国》第 3 卷第 1 期。

李思纯《信仰与宗教》刊于《少年中国》第 3 卷第 1 期。

李思纯《宗教问题杂评》刊于《少年中国》第 3 卷第 1 期。

周太玄记《蔡孑民先生关于宗教问题之谭话》刊于《少年中国》第 3 卷第 1 期。

汪颂鲁译《我从未见过上帝》刊于《少年中国》第 3 卷第 1 期。

李璜《智识界的责任》刊于《少年中国》第 3 卷第 3 期。

黄仲苏《一九八〇年以来法国抒情诗之一斑》刊于《少年中国》第 3 卷第 3 期。

田汉《恶魔诗人波陀雷尔的百年祭》刊于《少年中国》第 3 卷第 4 期。

周太玄《古动物学上的物种原始和变迁》刊于《少年中国》第 3 卷第 4 期。

谢循初译《原人心理》刊于《少年中国》第 3 卷第 4 期。

沈怡译《科学杂俎》刊于《少年中国》第 3 卷第 4 期。

魏时珍《旅德日记》刊于《少年中国》第 3 卷第 4 期。

余家菊《教育学是科学了》刊于《少年中国》第 3 卷第 5 期。

杨效春《教育上注意的研究》刊于《少年中国》第 3 卷第 5 期。

田汉《恶魔诗人波陀雷尔的百年祭》刊于《少年中国》第 3 卷第 5 期。

刘国钧《演进中的心》刊于《少年中国》第 3 卷第 5 期。

孟寿椿《横渡太平洋的经过及杂感》刊于《少年中国》第 3 卷第 5 期。

胡助《参观法国第四十三次全国运动会记》刊于《少年中国》第 3 卷第 5 期。

康符《冯德之生平及其学说》刊于《东方杂志》第 18 卷第 1 号。

范寿康《马克思的唯物史观》刊于《东方杂志》第 18 卷第 1 号。

按：此文重在介绍马克思主义的唯物主义学说，作者在辩证唯物主义思想指导下，指出对于中国文化与西方文化，既不能因为是国粹就一味接收，也不能因为是"洋货"就全盘摒弃，"一定要分清外国学术思想何者与中国有益，何者与中国有损，采用外国学术之时务宜取长舍短"。

愈之《文学批评——其意义及方法》刊于《东方杂志》第 18 卷第 1 号。

愈之《威尔士的新历史》刊于《东方杂志》第 18 卷第 1 号。

愈之《现代哲学的厄运》刊于《东方杂志》第 18 卷第 1 号。

汪胡桢《中国煤矿业小史》刊于《东方杂志》第 18 卷第 1 号。

陈嘉异《东方文化与吾人之大任》刊于《东方杂志》第 18 卷第 1 号。

坚瓠《文化发展之径路》刊于《东方杂志》第 18 卷第 2 号。

端六《对于言论界之希望》刊于《东方杂志》第 18 卷第 2 号。

欧阳光《一九二〇年之世界观》刊于《东方杂志》第 18 卷第 2 号。

康符《德国哲学家文得尔班之学说》刊于《东方杂志》第 18 卷第 2 号。

周建人《善种学的理论与实施》刊于《东方杂志》第 18 卷第 2 号。

愈之《近代英国文学概观》刊于《东方杂志》第 18 卷第 2 号。

愈之《桑泰耶拿的理性生活观》刊于《东方杂志》第 18 卷第 2 号。

邓初民《自治单位问题与其实施之初步》刊于《东方杂志》第 18 卷第 2 号。

沙影《论端六先生关册汉译正误并论译文》刊于《东方杂志》第 18 卷第 2 号。

坚瓠《学问家之生活问题》刊于《东方杂志》第 18 卷第 3 号。

于树德《产业协济会之经营》刊于《东方杂志》第 18 卷第 3 号。

关素人《实验主义的哲学》刊于《东方杂志》第 18 卷第 3 号。

愈之《近代法国文学概观》刊于《东方杂志》第 18 卷第 3 号。

愈之《哲学的改造》刊于《东方杂志》第 18 卷第 3 号。

马鹿《戏剧上的表现主义运动》刊于《东方杂志》第 18 卷第 3 号。

马鹿《新俄国的宣传画》刊于《东方杂志》第18卷第3号。

潘公展《近代社会主义及其批评》刊于《东方杂志》第18卷第4号。

愈之《克鲁泡特金与无治主义》刊于《东方杂志》第18卷第4号。

愈之《克鲁泡特金的道德观》刊于《东方杂志》第18卷第4号。

化鲁《克鲁泡特金与俄国文学家》刊于《东方杂志》第18卷第4号。

幼雄《克鲁泡特金的艺术观》刊于《东方杂志》第18卷第4号。

马鹿《克鲁泡特金著作一览》刊于《东方杂志》第18卷第4号。

陈鹤琴《学生婚姻问题之研究》刊于《东方杂志》第18卷第4号。

杨祥荫《中国社会文化之特质》刊于《东方杂志》第18卷第5号。

周建人《色觉的进化》刊于《东方杂志》第18卷第5号。

滕若渠《梵文学》刊于《东方杂志》第18卷第5号。

愈之《迷信与近代思想》刊于《东方杂志》第18卷第5号。

化鲁《亚美尼亚文学》刊于《东方杂志》第18卷第5号。

马鹿《巴奈德的艺术建筑物》刊于《东方杂志》第18卷第5号。

坚瓠《民间政治》刊于《东方杂志》第18卷第6号。

坚瓠《劳动问题之根本解决法》刊于《东方杂志》第18卷第6号。

卢鸿堉《交易所之经济上的机能》刊于《东方杂志》第18卷第6号。

浦薛凤译《高丽问题》刊于《东方杂志》第18卷第6号。

树德《自由货币运动》刊于《东方杂志》第18卷第6号。

俞寄凡《法国近代的绘画》刊于《东方杂志》第18卷第6号。

汪胡桢《恩斯登相对说浅释》刊于《东方杂志》第18卷第6号。

化鲁《马克思主义的最近辩论》刊于《东方杂志》第18卷第6号。

坚瓠《学术之商业化》刊于《东方杂志》第18卷第7号。

罗罗《农民生活之改造》刊于《东方杂志》第18卷第7号。

三无《产业战争世界中之英美地位》刊于《东方杂志》第18卷第7号。

愈之《近代德国文学概观》刊于《东方杂志》第18卷第7号。

化鲁《法兰西诗坛的近况》刊于《东方杂志》第18卷第7号。

马鹿《触觉的艺术》刊于《东方杂志》第18卷第7号。

马鹿《俄国的学术界》刊于《东方杂志》第18卷第7号。

郑筹伯《广州劳工状况调查录》刊于《东方杂志》第18卷第7号。

陈无我《赔款问题与欧洲危机》刊于《东方杂志》第18卷第8号。

幼雄《劳农俄国的文化设施》刊于《东方杂志》第18卷第8号。

衡如《杜威论哲学改造》刊于《东方杂志》第18卷第8号。

泽民《俄国文学内所见的俄国国民性》刊于《东方杂志》第18卷第8号。

滕若渠《柯洛斯美学上的新学说》刊于《东方杂志》第18卷第8号。

愈之《罗素新俄观的反响》刊于《东方杂志》第18卷第8号。

幼雄《表现主义的艺术》刊于《东方杂志》第18卷第8号。

竺可桢《欧洲之现势与将来之危机》刊于《东方杂志》第18卷第9号。

文元模《实验和假说的价值》刊于《东方杂志》第18卷第9号。

[日]贺川丰彦作,陈嘉异译《社会主义与进化论之关系》刊于《东方杂志》第18卷第9号。

邓演存《戏曲家之托尔斯泰》刊于《东方杂志》第18卷第9号。

化鲁《劳动文化》刊于《东方杂志》第18卷第9号。

化鲁《新希腊的新诗人》刊于《东方杂志》第18卷第9号。

马鹿《未来派跳舞》刊于《东方杂志》第18卷第9号。

罗罗《教育与政府》刊于《东方杂志》第18卷第10号。

刘庄《美日战争何时实现乎》刊于《东方杂志》第18卷第10号。

润青《工业国有问题》刊于《东方杂志》第18卷第10号。

镜湖《时间及空间底相对性》刊于《东方杂志》第18卷第10号。

俞寄凡《德国近代的绘画》刊于《东方杂志》第18卷第10号。

愈之《文明之曙光——南非女文学家须林娜的遗著》刊于《东方杂志》第18卷第10号。

化鲁《德国的劳动诗与劳动剧》刊于《东方杂志》第18卷第10号。

端六《教育与实业》刊于《东方杂志》第18卷第11号。

陈震异《内乱损害赔偿与国际法》刊于《东方杂志》第18卷第11号。

梅光羲《相宗新旧两译不同论》刊于《东方杂志》第18卷第11号。

望道《社会主义底意义及其类别》刊于《东方杂志》第18卷第11号。

化鲁《俄国的自由诗》刊于《东方杂志》第18卷第11号。

幼雄《音乐界的新运动》刊于《东方杂志》第18卷第11号。

化鲁《傀儡剧》刊于《东方杂志》第18卷第11号。

坚瓠《自治进行之步骤》刊于《东方杂志》第18卷第12号。

卢鸿堉《战后世界币制之革命》刊于《东方杂志》第18卷第12号。

幼雄《犹太民族之现状及其潜势力》刊于《东方杂志》第18卷第12号。

镜湖《相对论底法则绝对性》刊于《东方杂志》第18卷第12号。

缪凤林《文学上之模仿与创造》刊于《东方杂志》第18卷第12号。

愈之《法国的儿童小说》刊于《东方杂志》第18卷第12号。

坚瓠《中国式之资本主义》刊于《东方杂志》第18卷第13号。

罗罗《爱尔兰民族运动之成功》刊于《东方杂志》第18卷第13号。

罗罗《战后新兴国之研究(一)波兰共和国》刊于《东方杂志》第18卷第13号。

杨端六《罗素先生去华感言》刊于《东方杂志》第18卷第13号。

昔尘《农业之社会主义化》刊于《东方杂志》第18卷第13号。

鸣田《维新后之日本小说界述概》刊于《东方杂志》第18卷第13号。

杨端六《中国改造的方法》刊于《东方杂志》第18卷第14号。

于树德《中国古代之农荒预防策——常平仓义仓和社仓》刊于《东方杂志》第18卷第14号。

[日]佐野学作,君实译《劳力绞取制度之考察》刊于《东方杂志》第18卷第14号。

朱光潜《福鲁德的隐意识说与心理分析》刊于《东方杂志》第18卷第14号。

化鲁《勃拉斯的近代民治论》刊于《东方杂志》第18卷第14号。

坚瓠《现代生活之机械化》刊于《东方杂志》第18卷第15号。

罗罗《战后新兴国之研究(二)捷克斯洛伐克新共和国》刊于《东方杂志》第 18 卷第 15 号。

孔常《英国劳工运动史》刊于《东方杂志》第 18 卷第 15 号。

愈之《但底——诗人及其诗》刊于《东方杂志》第 18 卷第 15 号。

按:1921 年 9 月是意大利诗圣但丁(《东方杂志》译为"但底")逝世 600 周年纪念日,世界各地举行了多场盛大的典礼(英国已经于 1921 年 5 月但丁生辰日举行了纪念典礼),并有数十国的大学代表,到意大利但丁墓前敬献花圈。《东方杂志》在第 18 卷第 15 号,特设"但底六百年纪念"专栏,刊发了愈之《但底——诗人及其诗》、化鲁《但底的政治理想》、惟志《但底神曲的梗概》这几篇文章。并以"记者"的名义配发了《祝但底去世六百年纪念》的文章,说明了设置这个专栏的目的,并对但丁的贡献做了高度的评价:"但底是意大利国民文学之父,是欧洲文艺复兴的前驱,是语体文平民文学的革新者,是在罗马帝国崩离丧乱的时代而能以'艺术之光'照耀民众的大诗人。"

化鲁《但底的政治理想》刊于《东方杂志》第 18 卷第 15 号。

惟志《但底神曲的梗概》刊于《东方杂志》第 18 卷第 15 号。

陈震异《兵变与联市自治》刊于《东方杂志》第 18 卷第 16 号。

董贞柯《中国与西洋》刊于《东方杂志》第 18 卷第 16 号。

方孝岳《近代法律思想之进化》刊于《东方杂志》第 18 卷第 16 号。

宋春舫《德国之表现派戏剧》刊于《东方杂志》第 18 卷第 16 号。

愈之《鲍尔希维克下的俄罗斯文学》刊于《东方杂志》第 18 卷第 16 号。

文元模《自牛顿时代至恩斯登时代宇宙观念之变迁》刊于《东方杂志》第 18 卷第 16—17 号。

慧心《新政治之价值》刊于《东方杂志》第 18 卷第 17 号。

坚瓠《都市集中与农村改造》刊于《东方杂志》第 18 卷第 17 号。

三无《文明进步之原动力及物质文明与精神文明之关系》刊于《东方杂志》第 18 卷第 17 号。

汉俊《英国煤矿罢工底缘由及其社会革命的意义》刊于《东方杂志》第 18 卷第 17 号。

唐隽《艺术独立论和艺术人生论底批判》刊于《东方杂志》第 18 卷第 17 号。

愈之《台莪尔与东西文化之批判》刊于《东方杂志》第 18 卷第 17 号。

惟志《希尔台勃兰的美学》刊于《东方杂志》第 18 卷第 17 号。

陈仲弘《学术团体组织中的一件紧要事项》刊于《东方杂志》第 18 卷第 17 号。

孙几伊《太平洋会议之面面观》刊于《东方杂志》第 18 卷第 18—19 号(太平洋会议号)。

陈嘉异《太平洋会议之观察与其先决问题——中国之新使命》刊于《东方杂志》第 18 卷第 18—19 号(太平洋会议号)。

武堉干《太平洋会议与中国》刊于《东方杂志》第 18 卷第 18—19 号(太平洋会议号)。

朱朴《太平洋会议与中国之准备》刊于《东方杂志》第 18 卷第 18—19 号(太平洋会议号)。

济民《太平洋会议之性质及其与中国之关系》刊于《东方杂志》第 18 卷第 18—19 号(太平洋会议号)。

瞿世英《太平洋问题与太平洋会议》刊于《东方杂志》第 18 卷第 18—19 号(太平洋会议号)。

李培天《太平洋会议与太平洋战争》刊于《东方杂志》第 18 卷第 18—19 号(太平洋会议

号）。

朱经农《废止一九一五年中日条约及其附属文件之研究》刊于《东方杂志》第 18 卷第 18—19 号（太平洋会议号）。

朱经农《各国在华租界地性质之研究及请求取消之理由》刊于《东方杂志》第 18 卷第 18—19 号（太平洋会议号）。

何海鸣《太平洋会议保侨案提出之旨趣与华侨之觉醒》刊于《东方杂志》第 18 卷第 18—19 号（太平洋会议号）。

谢芳桂《门户开放主义》刊于《东方杂志》第 18 卷第 18—19 号（太平洋会议号）。

罗罗《太平洋会与太平洋委任统治问题》刊于《东方杂志》第 18 卷第 18—19 号（太平洋会议号）。

吴之椿《英日续盟与美国之舆论》刊于《东方杂志》第 18 卷第 18—19 号（太平洋会议号）。

寿彭《太平洋会议结果之推测》刊于《东方杂志》第 18 卷第 18—19 号（太平洋会议号）。

健孟《科学与道德律》刊于《东方杂志》第 18 卷第 20 号。

于树德《资本之研究》刊于《东方杂志》第 18 卷第 20 号。

六几《基尔特社会主义之历史的基础》刊于《东方杂志》第 18 卷第 20 号。

宋春舫《现代意大利戏剧之特点》刊于《东方杂志》第 18 卷第 20 号。

松山《讬尔斯泰与鲍尔希维主义》刊于《东方杂志》第 18 卷第 20 号。

健孟《民族之衰颓》刊于《东方杂志》第 18 卷第 21 号。

望道《职业的劳工联合论（上）》刊于《东方杂志》第 18 卷第 21 号。

颂皋《英日同盟之解剖》刊于《东方杂志》第 18 卷第 21 号。

周建人《自然与人生》刊于《东方杂志》第 18 卷第 21 号。

俞寄凡《英国近代的绘画》刊于《东方杂志》第 18 卷第 21 号。

宋春舫《法兰西战时之戏曲及今后之趋势》刊于《东方杂志》第 18 卷第 21 号。

君左《社会学的研究法》刊于《东方杂志》第 18 卷第 21 号。

松山《苏维埃俄国下的艺术》刊于《东方杂志》第 18 卷第 21 号。

罗罗《日本政局之将来》刊于《东方杂志》第 18 卷第 22 号。

健孟《竞争与社会进化》刊于《东方杂志》第 18 卷第 22 号。

六几《基尔特社会主义原理》刊于《东方杂志》第 18 卷第 22 号。

惟志《俄国近时的经济地位》刊于《东方杂志》第 18 卷第 22 号。

蒋维乔《三论宗之宇宙观》刊于《东方杂志》第 18 卷第 22 号。

俞寄凡《俄国近代的绘画》刊于《东方杂志》第 18 卷第 22 号。

王靖《美国的文学——现在与将来（上）》刊于《东方杂志》第 18 卷第 22 号。

建人《两性伦理的基础》刊于《东方杂志》第 18 卷第 22 号。

百如《巴黎会议与华盛顿会议》刊于《东方杂志》第 18 卷第 23 号。

润青《国际联盟与华盛顿会议》刊于《东方杂志》第 18 卷第 23 号。

Y. D.《八时间劳动制的沿革史》刊于《东方杂志》第 18 卷第 23 号。

周建人《达尔文以后的进化思想》刊于《东方杂志》第 18 卷第 23 号。

健孟《社会选择》刊于《东方杂志》第 18 卷第 24 号。

陈宰均《中国农业革命论》刊于《东方杂志》第 18 卷第 24 号。

朱朴《远东经济状况之考察》刊于《东方杂志》第 18 卷第 24 号。

袁舜达《人类社会反淘汰之现象及其救济法》刊于《东方杂志》第 18 卷第 24 号。

费德朗《论中国度量衡制之单位》刊于《东方杂志》第 18 卷第 24 号。

王靖译《唐珊南文学作风评》刊于《东方杂志》第 18 卷第 24 号。

乔峰《洛奇的自杀论》刊于《东方杂志》第 18 卷第 24 号。

化鲁《意大利大歌剧家的新著》刊于《东方杂志》第 18 卷第 24 号。

胡文楝《欧洲生产制度之历史及我国应取之方针》刊于《东方杂志》第 18 卷第 24 号。

瑟庐《到妇女解放的途径》刊于《妇女杂志》第 7 卷第 1 号。

瑟庐《俄罗斯革命与妇女的地位》刊于《妇女杂志》第 7 卷第 1 号。

Y. D.《日本妇女状况》刊于《妇女杂志》第 7 卷第 1 号。

Y. D.《优生学和美国婚姻法》刊于《妇女杂志》第 7 卷第 1 号。

宗良《未来之科学发达观》刊于《妇女杂志》第 7 卷第 1 号。

愈之《论民间文学》刊于《妇女杂志》第 7 卷第 1 号。

美国 Charles Sarver 原著，程小青译《影戏作法的研究》刊于《妇女杂志》第 7 卷第 1 号。

瑟《离婚殖民地》刊于《妇女杂志》第 7 卷第 1 号。

小青《从握手上观察品性》刊于《妇女杂志》第 7 卷第 1 号。

心齐《京兆霸县妇女风俗职业谈》刊于《妇女杂志》第 7 卷第 1 号。

鞠式中《四川新都风俗志》刊于《妇女杂志》第 7 卷第 1 号。

左学训《结婚问题》刊于《妇女杂志》第 7 卷第 1 号。

陈其善《家庭同居与分居制的利害》刊于《妇女杂志》第 7 卷第 1 号。

赵乃谦《实施妇女义务教育的方法》刊于《妇女杂志》第 7 卷第 1 号。

李光业《家庭之民本化》刊于《妇女杂志》第 7 卷第 2 号。

冯飞《妇人问题概论》刊于《妇女杂志》第 7 卷第 2 号。

爱尔华特原著，胡若愚译《家庭在社会上的功用》刊于《妇女杂志》第 7 卷第 2 号。

瑟庐《爱伦凯女士与其思想》刊于《妇女杂志》第 7 卷第 2 号。

半禅《美国近世女文学家小史》刊于《妇女杂志》第 7 卷第 2 号。

朱黄慧君、朱素颐《天津婚嫁风俗》刊于《妇女杂志》第 7 卷第 2 号。

李佩兰《新妇女的储蓄观》刊于《妇女杂志》第 7 卷第 2 号。

马毓英《对于中国女子之希望》刊于《妇女杂志》第 7 卷第 2 号。

素英《警告女学生》刊于《妇女杂志》第 7 卷第 2 号。

奚能《妇女解放尚早论》刊于《妇女杂志》第 7 卷第 2 号。

石冠英《女性研究的目的》刊于《妇女杂志》第 7 卷第 3 号。

冯飞《妇人问题概论（续）》刊于《妇女杂志》第 7 卷第 3 号。

幼雄《俄罗斯的母亲与儿童》刊于《妇女杂志》第 7 卷第 3 号。

半禅《美国近世女文学家小史（续）》刊于《妇女杂志》第 7 卷第 3 号。

戈登黎夫原著，恽代英译《妇女之弱》刊于《妇女杂志》第 7 卷第 3 号。

克《巴朗丁堡的婚姻迷信》刊于《妇女杂志》第 7 卷第 3 号。

心《现时代之穴居者》刊于《妇女杂志》第 7 卷第 3 号。

艾耆《对于儿童恐怖心之注意》刊于《妇女杂志》第 7 卷第 3 号。

许榴芳《汀州妇女之状况》刊于《妇女杂志》第 7 卷第 3 号。

许黄尚智《浙江瑞安岁时记》刊于《妇女杂志》第 7 卷第 3 号。

王警涛《女子职业问题的历史观》刊于《妇女杂志》第 7 卷第 3 号。

钱如尔《婚制的研究》刊于《妇女杂志》第 7 卷第 3 号。

周作人《欧洲古代文学上的妇女观》刊于《妇女杂志》第 7 卷第 4 号。

[日]野上键夫原著,李三无译《两性之分业》刊于《妇女杂志》第 7 卷第 4 号。

成玉《美国女子的新公民练习》刊于《妇女杂志》第 7 卷第 4 号。

半禅《美国近世女文学家小史》刊于《妇女杂志》第 7 卷第 4 号。

味蘖《妇女之社会的地位与文艺》刊于《妇女杂志》第 7 卷第 4 号。

[美]维德谍原著,成玉译《训练低能儿的实验》刊于《妇女杂志》第 7 卷第 4 号。

克斋《生殖原理与原人之见解》刊于《妇女杂志》第 7 卷第 4 号。

茧翁《饮酒是举杯相触的历史》刊于《妇女杂志》第 7 卷第 4 号。

许黄尚智《浙江瑞安婚嫁礼俗谈》刊于《妇女杂志》第 7 卷第 4 号。

陈其善《女子在改造时代的自觉》刊于《妇女杂志》第 7 卷第 4 号。

马志超《多子女的害处》刊于《妇女杂志》第 7 卷第 4 号。

缪程淑仪《离婚的预防》刊于《妇女杂志》第 7 卷第 4 号。

曹乐澄《人生与职业》刊于《妇女杂志》第 7 卷第 4 号。

周建人《家庭生活的进化》刊于《妇女杂志》第 7 卷第 5 号。

陈德徵《家族制度的破产观》刊于《妇女杂志》第 7 卷第 5 号。

勃拉克女士原著,伯西译《婚姻问题》刊于《妇女杂志》第 7 卷第 5 号。

SV《日本妇女之拒婚同盟》刊于《妇女杂志》第 7 卷第 5 号。

半禅《美国近世女文学家小史(续)》刊于《妇女杂志》第 7 卷第 5 号。

成玉《训练低能儿的实验谈》刊于《妇女杂志》第 7 卷第 5 号。

封熙卿《非洲结婚奇俗》刊于《妇女杂志》第 7 卷第 5 号。

小青《欧西社交礼节》刊于《妇女杂志》第 7 卷第 5 号。

茧翁《衣服经济谈》刊于《妇女杂志》第 7 卷第 5 号。

竹侯《安徽寿县婚丧礼俗谈》刊于《妇女杂志》第 7 卷第 5 号。

罗元善《广东大埔婚俗谈》刊于《妇女杂志》第 7 卷第 5 号。

曹锡纶《直隶天津妇女求子的陋俗》刊于《妇女杂志》第 7 卷第 5 号。

严慎予《妇女解放运动的普遍化》刊于《妇女杂志》第 7 卷第 5 号。

周建人《中国旧家庭制度的变动》刊于《妇女杂志》第 7 卷第 6 号。

[日]山川菊荣原著,李达译《绅士阀与妇女解放》刊于《妇女杂志》第 7 卷第 6 号。

[日]本间久雄原著,幼雄译《爱伦凯之更新教化论》刊于《妇女杂志》第 7 卷第 6 号。

勃拉克女士原著,伯西译《婚姻问题(完)》刊于《妇女杂志》第 7 卷第 6 号。

味蘖《俄国妇女的近状》刊于《妇女杂志》第 7 卷第 6 号。

[日]吉江孤雁原著,幼雄译《法国的女学生生活》刊于《妇女杂志》第 7 卷第 6 号。

半禅《美国近世女文学家小史(完)》刊于《妇女杂志》第 7 卷第 6 号。

惠民《婚姻之起源》刊于《妇女杂志》第 7 卷第 6 号。

俞寄凡《恋爱和性欲的关系》刊于《妇女杂志》第 7 卷第 6 号。

克斋《希腊婚俗谈》刊于《妇女杂志》第 7 卷第 6 号。

茧翁《植物呼吸和人类的关系》刊于《妇女杂志》第 7 卷第 6 号。

马毓英《饮酒是神经昏乱的原因》刊于《妇女杂志》第 7 卷第 6 号。

属相《云南婚俗谈》刊于《妇女杂志》第 7 卷第 6 号。

寿铭《关于丧失的风俗》刊于《妇女杂志》第 7 卷第 6 号。

雨桐《杭县妇女生化状况》刊于《妇女杂志》第 7 卷第 6 号。

冠英《妇人之新道德》刊于《妇女杂志》第 7 卷第 6 号。

书嗒《女子解放与婚姻问题》刊于《妇女杂志》第 7 卷第 6 号。

李佩兰《妇女与国音》刊于《妇女杂志》第 7 卷第 6 号。

李光业《世界改造与妇女》刊于《妇女杂志》第 7 卷第 7 号。

［日］帆足理一郎原著,杨贤江译《新时代之新贞操论》刊于《妇女杂志》第 7 卷第 7 号。

俞长源《现代妇女问题剧的三大作家》刊于《妇女杂志》第 7 卷第 7 号。

宛扬《天才的妇女》刊于《妇女杂志》第 7 卷第 7 号。

［日］羽太锐治原著,幼雄译《新马尔塞斯主义与性的道德》刊于《妇女杂志》第 7 卷第 7 号。

Dr. A. Myerson 原著,小青译《儿童与游戏》刊于《妇女杂志》第 7 卷第 7 号。

张梓生《论童话》刊于《妇女杂志》第 7 卷第 7 号。

小柳《妇女议院的主张》刊于《妇女杂志》第 7 卷第 7 号。

P《儿童智力的试验》刊于《妇女杂志》第 7 卷第 7 号。

高石麟《我们为什么要运动》刊于《妇女杂志》第 7 卷第 7 号。

伍介石《广东合浦风俗志》刊于《妇女杂志》第 7 卷第 7 号。

DS《道士参与婚礼》刊于《妇女杂志》第 7 卷第 7 号。

林伯均《贵县女子出嫁的痛哭》刊于《妇女杂志》第 7 卷第 7 号。

DS《绍兴报丧的风俗》刊于《妇女杂志》第 7 卷第 7 号。

YS《提倡妇女解放是趋时髦么》刊于《妇女杂志》第 7 卷第 7 号。

李宗武《独身问题之研究》刊于《妇女杂志》第 7 卷第 8 号。

陈文涛《提倡独立性的女子职业》刊于《妇女杂志》第 7 卷第 8 号。

绍先《妇女与社会事业》刊于《妇女杂志》第 7 卷第 8 号。

程宛扬《男女人格平等论》刊于《妇女杂志》第 7 卷第 8 号。

幼雄《人类退化说》刊于《妇女杂志》第 7 卷第 8 号。

姚之《为父母者须研究儿童学》刊于《妇女杂志》第 7 卷第 8 号。

杨贤江《男女精神上特征的比较》刊于《妇女杂志》第 7 卷第 8 号。

沈瘦梅《江苏浦东风俗谈》刊于《妇女杂志》第 7 卷第 8 号。

陈复《我乡的农民生活》刊于《妇女杂志》第 7 卷第 8 号。

钱翼民《新家庭与旧家庭》刊于《妇女杂志》第 7 卷第 8 号。

冠英《女子贞操的科学观》刊于《妇女杂志》第 7 卷第 8 号。

钱如南《怎样使夫妇爱情永久》刊于《妇女杂志》第 7 卷第 8 号。

张希达《实际上的旧妇女观》刊于《妇女杂志》第 7 卷第 8 号。

周建人《妇女与社会》刊于《妇女杂志》第 7 卷第 9 号。

黄泽人《中国妇女运动的将来》刊于《妇女杂志》第 7 卷第 9 号。

[日]增井光藏原著,李三无译《男女职业之分野》刊于《妇女杂志》第 7 卷第 9 号。

Y. D.《谷本氏的婚姻问题观》刊于《妇女杂志》第 7 卷第 9 号。

程小青《科学界的伟人居里夫人》刊于《妇女杂志》第 7 卷第 9 号。

幼雄《关于相对论的常识》刊于《妇女杂志》第 7 卷第 9 号。

胡哲夅《遗传概说》刊于《妇女杂志》第 7 卷第 9 号。

庄开伯《女子服装的改良(一)》刊于《妇女杂志》第 7 卷第 9 号。

罴士《女子服装的改良(二)》刊于《妇女杂志》第 7 卷第 9 号。

纫茝《女子服装的改良(三)》刊于《妇女杂志》第 7 卷第 9 号。

黄泽人《女子服装的改良(四)》刊于《妇女杂志》第 7 卷第 9 号。

徐鹿坡《女子服装的改良(五)》刊于《妇女杂志》第 7 卷第 9 号。

鞠式中《女子服装的改良(六)》刊于《妇女杂志》第 7 卷第 9 号。

顾伯英《女子服装的改良(七)》刊于《妇女杂志》第 7 卷第 9 号。

雷雅兰《武昌风俗谈》刊于《妇女杂志》第 7 卷第 9 号。

纫茝《我邑乡村的妇女生活》刊于《妇女杂志》第 7 卷第 9 号。

寒螿《兰溪女界观察谈》刊于《妇女杂志》第 7 卷第 9 号。

周作人《欧洲古代文学上的妇女观》刊于《妇女杂志》第 7 卷第 10 号。

王平陵《新妇女人格问题》刊于《妇女杂志》第 7 卷第 10 号。

[日]伊藤野枝原著,亶素译《贞操观念的变迁和经济的价值》刊于《妇女杂志》第 7 卷第 10 号。

紫瑚《日本妇女运动的新倾向》刊于《妇女杂志》第 7 卷第 10 号。

小柳《大学妇女之国际同盟》刊于《妇女杂志》第 7 卷第 10 号。

小青《美国欢迎居里夫人的盛况》刊于《妇女杂志》第 7 卷第 10 号。

Y. D.《一个自杀的日本女青年》刊于《妇女杂志》第 7 卷第 10 号。

愈之《但底与比德丽淑》刊于《妇女杂志》第 7 卷第 10 号。

Dr. Frank Crane 原著,戴景素译《美满婚姻的要件》刊于《妇女杂志》第 7 卷第 10 号。

韶先《女子职业教育之必要》刊于《妇女杂志》第 7 卷第 10 号。

素涯《读梓生君妇女教育的困难点》刊于《妇女杂志》第 7 卷第 10 号。

陈东原《我之祭礼改革谈》刊于《妇女杂志》第 7 卷第 10 号。

吕聪民《婚姻问题之社交公开观》刊于《妇女杂志》第 7 卷第 10 号。

劳秋英《告第三阶级妇女》刊于《妇女杂志》第 7 卷第 10 号。

瑟庐《国际妇女劳动会与中国妇女》刊于《妇女杂志》第 7 卷第 11 号。

李光业《女性的再兴》刊于《妇女杂志》第 7 卷第 11 号。

Y. D.《职业与妇女》刊于《妇女杂志》第 7 卷第 11 号。

[日]兴谢野晶子原著,幼雄译《妇女的经济独立与家庭》刊于《妇女杂志》第 7 卷第 11 号。

费达生《女子教育和文化》刊于《妇女杂志》第 7 卷第 11 号。

[日]武田丰四郎原著,傝常译《印度民族之性的生活与贞操》刊于《妇女杂志》第 7 卷第

11 号。

幼雄《美国的女学生》刊于《妇女杂志》第 7 卷第 11 号。

李宗武《结婚革命之提案》刊于《妇女杂志》第 7 卷第 11 号。

李征《美学略述》刊于《妇女杂志》第 7 卷第 11 号。

幼雄《家庭中的儿童货币教育》刊于《妇女杂志》第 7 卷第 11 号。

青《波斯的丧礼》刊于《妇女杂志》第 7 卷第 11 号。

青《缅甸人的迷信》刊于《妇女杂志》第 7 卷第 11 号。

新才《安徽六安婚俗》刊于《妇女杂志》第 7 卷第 11 号。

杜鹃《湖北黄陵婚俗》刊于《妇女杂志》第 7 卷第 11 号。

慎之《浙江遂昌迷信谈》刊于《妇女杂志》第 7 卷第 11 号。

世廉《菲律宾风俗略述》刊于《妇女杂志》第 7 卷第 11 号。

黄泽人《女子服装改良的谈论》刊于《妇女杂志》第 7 卷第 11 号。

绍先《男女人格平等观》刊于《妇女杂志》第 7 卷第 11 号。

黄新吾《妇女经济独立问题》刊于《妇女杂志》第 7 卷第 11 号。

紫瑚《男女交际俱乐部创设之必要》刊于《妇女杂志》第 7 卷第 12 号。

劳泽人《女子的心理解放》刊于《妇女杂志》第 7 卷第 12 号。

Y. D.《妇女问题与劳动问题的共同点》刊于《妇女杂志》第 7 卷第 12 号。

[日]山田わか女史著,拙庵译《科学在人生上的地位与现代妇女》刊于《妇女杂志》第 7 卷第 12 号。

[美]Chur Lotte C. West 著,梁鋆立译《妇女在医学界的位置》刊于《妇女杂志》第 7 卷第 12 号。

壬唯《瑞典的妇女作家》刊于《妇女杂志》第 7 卷第 12 号。

倪文宙《杜威女士之新教育论》刊于《妇女杂志》第 7 卷第 12 号。

[美]蒙忒原著,乔峰译《延长寿命的生活质》刊于《妇女杂志》第 7 卷第 12 号。

周鲠生《万国联盟与强制和解》刊于《太平洋》第 2 卷第 9 号。

刘彦《论第四届之日英同盟》刊于《太平洋》第 2 卷第 9 号。

陈震异《外国学说与中国社会问题》刊于《太平洋》第 2 卷第 9 号。

按:梁启超先生等人创办的讲学会,每年都邀请外国名人来讲学,不过在作者看来"过于偏重哲学",而"救中国危机的经济——尤以应用经济——的名家,也须请几个来讲,方才适用于中国。不然,终日研究和中国还不太要紧的劳动哲学,弄得人人都尚清谈,甚么人来生产给清谈人去吃去用呢?……我们还在讲罗素的'创造说',忙得不可开交,大家毫不在经济上用点力",在作者看来是大有问题的。是文认为:"西欧劳动哲学是从农工商时代看出来的对症药,中国还在农业时代,不可不讲求生产经济学。……人家在二十世纪生活,我们在十六世纪生活,当中隔了几百年,想马上和他并驾齐驱,是一会子做不到的。"是文结束处有杨六端先生的一段按语:"罗素的学说是极合于实用的,我有《和罗素先生的谈话》一文,载在《东方杂志》第十七卷第二十二号,可资参考。罗素的社会改造学说,是替英国人做的,不是替中国人做的。他对我说,若是问他对于中国的意见,他就要主张政府有权,强制教育,发达实业,等等。我希望他不就可以发表这种意见,并且希望听罗素的讲和看罗素的书的人不要误会了。"从这个按语看,杨六端先生也是赞成上文的观点,在引进外国学说谈中国问题时,既要看外国学说产生的背景,更要看中国自身的实际情况。

胡庶华《振兴铁业意见书》刊于《太平洋》第 2 卷第 9 号。

刘秉麟《中国租税史略》刊于《太平洋》第 2 卷第 9 号。

杨端六《布尔札维主义与共产主义之异同》刊于《太平洋》第 2 卷第 9 号。

松子《记万国联盟代议会第一次开会事》刊于《太平洋》第 2 卷第 9 号。

沧海《对于湖南制定自治根本法的私议》刊于《太平洋》第 2 卷第 10 号。

王世杰《议院制与社会主义》刊于《太平洋》第 2 卷第 10 号。

鲠生《国际裁判院草案评议》刊于《太平洋》第 2 卷第 10 号。

杨端六《欧战后之经济界》刊于《太平洋》第 2 卷第 10 号。

梁雲池《日英同盟继续问题》刊于《太平洋》第 2 卷第 10 号。

盛俊《上海物价指数表编制之经过》刊于《太平洋》第 2 卷第 10 号。

刘秉麟《中国租税史略（续前期完）》刊于《太平洋》第 2 卷第 10 号。

[法]P. Georges Payen 著，冠生译《伦理学》刊于《太平洋》第 2 卷第 10 号。

杨端六《英日同盟与中国之将来》刊于《太平洋》第 3 卷第 1 号。

李凤亭《爱新性与爱古性》刊于《太平洋》第 3 卷第 1 号。

复庵《对于湘省改组银行以调剂全省金融之意见》刊于《太平洋》第 3 卷第 1 号。

松子《普鲁士之新宪法》刊于《太平洋》第 3 卷第 1 号。

黄耀武《日美战争与中国前途》刊于《太平洋》第 3 卷第 1 号。

杨端六《论记账单位》刊于《太平洋》第 3 卷第 1 号。

杨端六《太平洋会议问题》刊于《太平洋》第 3 卷第 2 号。

刘彦《太平洋会议与我国提案》刊于《太平洋》第 3 卷第 2 号。

柳敏《太平洋会议与各国关系》刊于《太平洋》第 3 卷第 2 号。

鲠生《读狄骥宪法学》刊于《太平洋》第 3 卷第 2 号。

许仕廉《万国联盟预算案问题》刊于《太平洋》第 3 卷第 2 号。

杨璠《女子工读互助团之经过与其失败之原因》刊于《太平洋》第 3 卷第 2 号。

李敬思《湖南省宪法问题》刊于《太平洋》第 3 卷第 2 号。

梁云池《劳工神圣的真义》刊于《太平洋》第 3 卷第 2 号。

鲠生《修正后之国际裁判院组织案》刊于《太平洋》第 3 卷第 2 号。

松子《捷克斯拉夫共和国宪法》刊于《太平洋》第 3 卷第 2 号。

王世杰《女子参政的理论历史与经验》刊于《太平洋》第 3 卷第 3 号。

鲠生《读狄骥宪法学（二）》刊于《太平洋》第 3 卷第 3 号。

曹杰《领事裁判制度之滥觞及吾国撤销此制之方法》刊于《太平洋》第 3 卷第 3 号。

杨端六《联合准备银行与中英准备银行》刊于《太平洋》第 3 卷第 3 号。

复庵《学制改革商榷书》刊于《太平洋》第 3 卷第 3 号。

杨端六《民国九年海关统计之改编》刊于《太平洋》第 3 卷第 3 号。

梁启超《前清一代中国思想界之蜕变（二续）》刊于《改造》第 3 卷第 5 号。

丁文江《哲嗣学与谱牒（续）》刊于《改造》第 3 卷第 5 号。

蓝公武《我的联邦论》刊于《改造》第 3 卷第 5 号。

行严、弱男《造邦》刊于《改造》第 3 卷第 5 号。

张慰慈《德国新宪法中的联邦制度》刊于《改造》第 3 卷第 5 号。

孙几伊《自治运动与联邦》刊于《改造》第 3 卷第 5 号。

刘麟生《柯思基所著无产阶级之狄克推多制述要》刊于《改造》第3卷第5号。

［德］伯伯尔著，瞿秋白译《社会之社会化（续）》刊于《改造》第3卷第5号。

三无《国际劳动问题与中国之劳动状况》刊于《改造》第3卷第5号。

君劢《政治活动果足以救中国耶》刊于《改造》第3卷第6号。

丁文江《哲嗣学与谱牒（续）》刊于《改造》第3卷第6号。

梁启超《复张东荪书论社会主义运动》刊于《改造》第3卷第6号（社会主义研究专号）。

按：1920年《改造》在第3卷第4号刊发了张东荪《现在与将来》一文，后《新青年》第8卷第4号又刊登了陈独秀辑《关于社会主义的讨论》，掀起了关于社会主义的大讨论。《改造》第3卷第6号特开"社会主义研究"专栏，当时知名人士如梁启超、蓝公武、蒋百里、彭一湖、蓝公彦、费觉天等人纷纷撰文，发表观点。是文是梁启超先生以复张东荪书的形式而论社会主义运动，对于这篇文章的观点，李达在《新青年》第9卷第1号上刊登了《讨论社会主义并质梁任公》一文，认为："《复东荪书论社会主义运动》的一篇文字，虽然明明主张资本主义反对社会主义，而立论似多近理，评议又复周到，凡是对于社会主义无甚研究的人，看了这篇文字，就不免被其感动，望洋兴叹，裹足不前。"

蓝公武《社会主义与中国》刊于《改造》第3卷第6号（社会主义研究专号）。

蒋百里《我的社会主义讨论》刊于《改造》第3卷第6号（社会主义研究专号）。

彭一湖《我对于张东荪和陈独秀两先生所争论的意见》刊于《改造》第3卷第6号（社会主义研究专号）。

费觉天《对于社会主义争论问题提出两大关键》刊于《改造》第3卷第6号（社会主义研究专号）。

蓝公彦《社会主义与资本制度》刊于《改造》第3卷第6号（社会主义研究专号）。

张东荪《一个申说》刊于《改造》第3卷第6号（社会主义研究专号）。

G. D. H. Colo原著，延陵译《基尔特解决法》刊于《改造》第3卷第6号（社会主义研究专号）。

柯罗原著，赤笑译《劳动与权力》刊于《改造》第3卷第6号（社会主义研究专号）。

［德］伯伯尔著，瞿秋白译《社会之社会化（续）》刊于《改造》第3卷第6号（社会主义研究专号）。

张延祥译《个人能率增进法》刊于《新教育》第4卷第1期。

徐甘棠译《中学学生忠爱之动力》刊于《新教育》第4卷第1期。

徐甘棠译《教员考绩法（续前期）》刊于《新教育》第4卷第1期。

俞寄凡《日本东京盲学校的手工教育》刊于《新教育》第4卷第1期。

俞寄凡《欧美的手工教育（续前期）》刊于《新教育》第4卷第1期。

凌冰《儿童智力的发达》刊于《新教育》第4卷第1期。

庄泽宣《介绍门罗博士》刊于《新教育》第4卷第1期。

金搏《孟荀贾谊董仲舒诸子性说》刊于《新教育》第4卷第1期。

朱仲琴《中国教育实际问题数则》刊于《新教育》第4卷第1期。

刘聪强《清华图书节》刊于《新教育》第4卷第1期。

张耀翔《心理学贡献》刊于《教育丛刊》第2卷第1集。

汪慰祖《美国公民教育新趋势》刊于《教育丛刊》第2卷第1集。

余家菊《儿童心灵的教育》刊于《教育丛刊》第2卷第1集。

常道直《教育问题之社会学的解决法》刊于《教育丛刊》第2卷第1集。

余家菊《论中学附设师范科》刊于《教育丛刊》第2卷第1集。

［美］杜威作，张佐时译《教育上的兴味与努力（续）》刊于《教育丛刊》第2卷第1集。

夏宇众、叔衡《罗素哲学内的科学方法（续）》刊于《教育丛刊》第2卷第1集。

张耀翔《心理学贡献（续）》刊于《教育丛刊》第2卷第2集。

余家菊《提倡见习式的留学》刊于《教育丛刊》第2卷第2集。

王卓然《青年人的心理与卫生》刊于《教育丛刊》第2卷第2集。

邬翰芳《男女同校的原理》刊于《教育丛刊》第2卷第2集。

杨鸿烈《戏剧论》刊于《教育丛刊》第2卷第2集。

苏耀祖《新入学儿童的教养法》刊于《教育丛刊》第2卷第2集。

汪懋祖《美国公民教育新趋势（续）》刊于《教育丛刊》第2卷第2集。

经亨颐《高师教育与学生自治》刊于《教育丛刊》第2卷第2集。

张耀翔《Binet-Simon的智慧测量法》刊于《教育丛刊》第2卷第2集。

苏耀祖《附小试验班注音字母片说明书》刊于《教育丛刊》第2卷第2集。

汪懋祖《现行视学制度改革刍议》刊于《教育丛刊》第2卷第3集。

张耀翔《心理学贡献（续）》刊于《教育丛刊》第2卷第3集。

陈兆蘅《人类能力差别之研究和教育法》刊于《教育丛刊》第2卷第3集。

常道直《教育目的之研究》刊于《教育丛刊》第2卷第3集。

余绍仁《北京高师改组大学的管见》刊于《教育丛刊》第2卷第3集。

冯克书《中学英语教授之研究》刊于《教育丛刊》第2卷第3集。

汪懋祖《美国公民教育新趋势》刊于《教育丛刊》第2卷第3集。

夷初《弥近理而大乱真的政府维持教育的办法》刊于《教育丛刊》第2卷第3集。

源瑞《告同业》刊于《教育丛刊》第2卷第3集。

汪懋祖《教潮之分析及所从得之教训》刊于《教育丛刊》第2卷第4集。

张耀翔《心理学贡献（续）》刊于《教育丛刊》第2卷第4集。

王卓然《青年人的心理与卫生》刊于《教育丛刊》第2卷第4集。

常道直《孟罗氏论中等教育及我国中等教育上之问题》刊于《教育丛刊》第2卷第4集。

钟道缵《美国辛辛拿地大学之工读协作制》刊于《教育丛刊》第2卷第4集。

常道直《美国最近试验学校之状况》刊于《教育丛刊》第2卷第4集。

邓萃英《学制改革案》刊于《教育丛刊》第2卷第5集。

程时煃《四二制的学校系统》刊于《教育丛刊》第2卷第5集。

汪懋祖《改革学制要求之一斑》刊于《教育丛刊》第2卷第5集。

常道直《英美德法四国小学教育制度之比较》刊于《教育丛刊》第2卷第5集。

陈兆蘅《美国的学校组织》刊于《教育丛刊》第2卷第5集。

汪懋祖《对于江苏省立中学校采用选科制贡议》刊于《教育丛刊》第2卷第5集。

钟道缵《中国实业教育改善之商榷》刊于《教育丛刊》第2卷第5集。

常道直《全国各高等专门以上学校应设法扩充学额之意见》刊于《教育丛刊》第2卷第5集。

王文培《改革学制的第一步》刊于《教育丛刊》第2卷第5集。

云甫《高等师范应改师范大学之理由及办法》刊于《教育丛刊》第2卷第5集。

庄泽宣《改革学制的建议》刊于《教育丛刊》第 2 卷第 5 集。

余家菊《论师范学制书》刊于《教育丛刊》第 2 卷第 5 集。

导之《对于主张废除师范学制者之质疑》刊于《教育丛刊》第 2 卷第 5 集。

王文培《关于改革学制第一步之介绍物》刊于《教育丛刊》第 2 卷第 5 集。

邱祖铭《德国教育平民化之倾向》刊于《教育丛刊》第 2 卷第 5 集。

曾作忠《男女同校之在美国》刊于《教育丛刊》第 2 卷第 5 集。

王文培《我国师范教育尚未注意之点》刊于《教育丛刊》第 2 卷第 6 集。

朱文熊《位置字》刊于《教育丛刊》第 2 卷第 6 集。

李昂译《教育度计之性质目的与方法》刊于《教育丛刊》第 2 卷第 6 集。

程时煃《新德国之教育改革》刊于《教育丛刊》第 2 卷第 6 集。

薛鸿志《教育统计学述要》刊于《教育丛刊》第 2 卷第 6 集。

陈兆蘅《根据心理学的道德教授法》刊于《教育丛刊》第 2 卷第 6 集。

汪懋祖《教育经费的根本运动》刊于《教育杂志》第 13 卷第 5 期。

慈心《日本教育家之中日亲善论》刊于《教育杂志》第 13 卷第 5 期。

何仲英《教育究竟是为什么?》刊于《教育杂志》第 13 卷第 5 期。

姜琦《女子教育问题之研究》刊于《教育杂志》第 13 卷第 5 期。

厚生《设计法是什么?》刊于《教育杂志》第 13 卷第 5 期。

太玄《亚克斯布利基士分数式测定法的解释》刊于《教育杂志》第 13 卷第 5 期。

李勉韶《学业成绩考查法和升级标准》刊于《教育杂志》第 13 卷第 5 期。

余尚同《罗特氏图画教授法》刊于《教育杂志》第 13 卷第 5 期。

卓呆《老教育家底书信》刊于《教育杂志》第 13 卷第 5 期。

赵欲仁《常识测验的报告》刊于《教育杂志》第 13 卷第 5 期。

庄启《战后之欧洲》刊于《教育杂志》第 13 卷第 5 期。

慈心《标准语问题》刊于《教育杂志》第 13 卷第 6 期。

云六《国语教育的过去与将来》刊于《教育杂志》第 13 卷第 6 期。

黎锦熙《国语的标准语与"话法"》刊于《教育杂志》第 13 卷第 6 期。

范祥善《教学国语的先决问题》刊于《教育杂志》第 13 卷第 6 期。

陈承泽《"得"字的用法》刊于《教育杂志》第 13 卷第 6 期。

何仲英《水浒传释词》刊于《教育杂志》第 13 卷第 6 期。

华超《什么叫做语言学》刊于《教育杂志》第 13 卷第 6 期。

刘孟晋《注意字母问题》刊于《教育杂志》第 13 卷第 6 期。

方毅《注意字母决疑》刊于《教育杂志》第 13 卷第 6 期。

杨世恩《国音与京音异同考》刊于《教育杂志》第 13 卷第 6 期。

何仲英《介绍修正国音的两个建议》刊于《教育杂志》第 13 卷第 6 期。

沈复初《学习国音之测验》刊于《教育杂志》第 13 卷第 6 期。

刘儒《考察国语教育笔记》刊于《教育杂志》第 13 卷第 6 期。

沈圻《如何可为小学国语教师》刊于《教育杂志》第 13 卷第 6 期。

刘伯明《教师之人生哲学》刊于《教育杂志》第 13 卷第 8 期。

倪文宙《异常心理述概》刊于《教育杂志》第 13 卷第 8 期。

太玄《从教育学上所观之环境》刊于《教育杂志》第 13 卷第 8 期。

杨贤江《近代史的设计教学法》刊于《教育杂志》第 13 卷第 8 期。

胡哲敷《记忆之研究与教育》刊于《教育杂志》第 13 卷第 8 期。

超我《小学训话问题》刊于《教育杂志》第 13 卷第 8 期。

赵欲仁《测验式的学业成绩考查法》刊于《教育杂志》第 13 卷第 8 期。

何仲英《水浒传释词》刊于《教育杂志》第 13 卷第 8 期。

胡枕欧《注音字母之由来及功用》刊于《教育杂志》第 13 卷第 11 期。

郭秉文《暑假讲习所及国语统一之重要》刊于《教育杂志》第 13 卷第 11 期。

吴敬恒《注音字母本身的价值》刊于《教育杂志》第 13 卷第 11 期。

胡适《国语运动的历史》刊于《教育杂志》第 13 卷第 11 期。

周越然《语音学的定义》刊于《教育杂志》第 13 卷第 11 期。

贾丰臻《考察欧美教育的心得》刊于《教育杂志》第 13 卷第 11 期。

袁希涛《战后之欧美教育》刊于《教育杂志》第 13 卷第 11 期。

庄启《战后欧洲教育之实况》刊于《教育杂志》第 13 卷第 11 期。

胡适《中国哲学的线索》刊于《教育杂志》第 13 卷第 11 期。

张准《科学与人生》刊于《教育杂志》第 13 卷第 11 期。

周昌寿《理科教育之革新》刊于《教育杂志》第 13 卷第 11 期。

凌昌焕《小学理科教授法》刊于《教育杂志》第 13 卷第 11 期。

郑贞文《最近之物质观》刊于《教育杂志》第 13 卷第 11 期。

严既澄《儿童文学在儿童教育上之价值》刊于《教育杂志》第 13 卷第 11 期。

陈鹤琴《心理测验》刊于《教育杂志》第 13 卷第 11 期。

黄炎培《职业教育》刊于《教育杂志》第 13 卷第 11 期。

朱进《中国社会问题》刊于《教育杂志》第 13 卷第 11 期。

马寅初《中国经济问题》刊于《教育杂志》第 13 卷第 11 期。

膺公《在国语讲习所暑假班听讲记》刊于《教育杂志》第 13 卷第 11 期。

祝其乐《"未入学校时期"的家庭教育》刊于《教育杂志》第 13 卷第 12 期。

小青《幼稚园之现在与过去》刊于《教育杂志》第 13 卷第 12 期。

姜超我《小学训话问题中之"个别训话"》刊于《教育杂志》第 13 卷第 12 期。

无我《主情意的读法教学底原理》刊于《教育杂志》第 13 卷第 12 期。

太玄《学习表现的种类》刊于《教育杂志》第 13 卷第 12 期。

见洪《朗读的研究》刊于《教育杂志》第 13 卷第 12 期。

太玄《学校剧指导的实际》刊于《教育杂志》第 13 卷第 12 期。

王家鳌《我第一次试行"设计教学"的情形》刊于《教育杂志》第 13 卷第 12 期。

姜超我《报告实行"国语教学"后所发现的问题》刊于《教育杂志》第 13 卷第 12 期。

高元《学理的系统的闰母符号》刊于《教育杂志》第 13 卷第 12 期。

云六《国语修辞法述概》刊于《教育杂志》第 13 卷第 12 期。

刘儒《国语的体用》刊于《教育杂志》第 13 卷第 12 期。

卓呆《老教育家的书信》刊于《教育杂志》第 13 卷第 12 期。

王菩生《再读何仲英先生的水浒传释词》刊于《教育杂志》第 13 卷第 12 期。

孙德谦《中国学术要略》刊于《亚洲学术杂志》第1期。

按：是文曰："我中国之学术其广博也哉，溯自书契既作，文字肇兴其后，百家学术，枝分派别，各崇所长，以明其指盖无乎不备矣。昔者司马迁作《史记》，特传儒林，所以述儒者之说经，自有渊源也。至后汉创立《文苑》，元修《宋史》，又别出《道学》一传，凡此皆以阐明学术，非第仅记一人，详其事实已耳。然三者以外，一切学术，则概乎未之有闻。且如史家之学，有父子世业，如迁、固、延寿是也；有私家撰著，如蔚宗、承祚是也；有设官监修，如唐以后诸史是也。并可依类为编，申明家学，而载笔之士，迄无专录，此非其憾事哉！余往者尝有志为中国学术史矣，兹事体大，未敢操觚率尔。今撮举纲要，以著于篇，其诸阅览嗜古之君子，亦有乐乎是与？昔孔子圣德在庶，不能得位行道，归而删述六经，将以为万古治法也。遭秦灭学刮语烧书，而学者秘藏之，多置之山崖屋壁，及汉兴而书稍稍出，又为设立博士，其通经之儒，《易》有施孟梁邱，《诗》有齐鲁毛韩，《书》有夏侯欧阳，《礼》有高堂生大小戴，《春秋》有胡母生董仲舒，咸能治其章句，究其微言大义，中国于是乎有经学。六书之制，一曰象形，二曰假借，三曰指事，四曰会意，五曰转注，六曰谐声。始造于伏羲，而大备于仓颉。厥后史籀所作，谓之大篆。李斯所作，谓之小篆。秦时复有隶书，起于官狱多事，苟趋省易，施之徒隶者也。至其言字义者，则有《尔雅》，言字形者，则有《说文》，言字音者，则有声类，其流别在此矣。中国于是乎有小学。史官者，前言往行，无不识也，天文地理，无不察也，人事之纪，无不达也。书美以彰善，记恶以垂戒，是故《隋志》有言，必求博闻强识，疏通知远之士。子长氏之撰史也，究天地之际，通古今之变，成一家之言，诚不愧千古良史哉。孟坚而后，或断代为书，或编年为纪，刘知几独归重二体，盖谓后人无能越其范围也，中国于是乎有史学。书录禹别九州，定其山川，分其圻界，条其物产，辨其贡赋，而周官职方氏，掌天下之地图，辨四夷八蛮九貉五戎六狄之人，与其财用九谷六畜之数，周知利害，辨九州之国，使同其贯，是地理者古所重也。故自《山海经》以下，周处则为《风土记》矣，杨孚则为《异物志》矣，其他张华神异之注，师知聘游之录，无不著有专书。考之隋唐史志，殆不可胜举矣。中国于是乎有舆地之学。刘向校理中秘，每一书已，辄条其篇目，撮其指意，遂成《别录》二十卷。子歆继之，更造《七略》，班固因其书，爱删辑略，而名之为《艺文志》。自是以降，王俭、阮孝绪并有撰述。至唐人分立四部，后世奉为不祧之祖。其实则仿自晋秘书监荀勖，盖勖据郑默中经，别著新簿，始取甲乙部目，总括群书，创通其例者也，中国于是乎有簿录之学。三代鼎彝，与历朝碑刻，传于今者，正复不少，彼不知者，徒取为玩好之资；其知者，则以为足证史籍。闻之宋赵明诚云，诗书以后，君臣行事之迹，悉载于史，传诸既久，理当依据。若夫岁月地理官爵世次，其抵牾十常三四。盖史牒出后人之手，不能无失，刻词当时所立，可信不疑，则金石者，可以纠史之谬者也。自欧阳文忠为《集古录》，顺流而作者，实繁有徒，中国于是乎有金石之学。周之盛时，学统于官，天下所以同文称治也。东迁而降，天子失官，私师并起，儒墨道法，以及纵横小说，各自名家，论其要归，皆六经之支与流裔也。虽末流之弊，儒家失之违离道本，道家失之绝去礼学，墨家则推兼爱之意，不知别亲疏，法家至于残害至亲，伤恩薄厚，其余纵横诸家，莫不有然。顾其各引一端，驰说诸侯，皆思本其所学，出而救世之急。故班氏有曰：舍短取长，可以通万方之略。中国于是乎有诸子之学。古之儒者，孟子言仁义，荀子言礼，固各有其宗旨，万变而不离者也。汉则董子以正谊明道之说，救正人心；唐则韩子以仁义道德之说，攘斥佛老，是皆有功于卫道者也。宋儒继起，周子言止静，程子言主敬，盖将上接洙泗之传，而学者亦有其从入之路。南渡后，朱子绍周程之统，而立说为尤详，同时有陆象山者，偏于尊德性，与朱子之道问学异，其失也，或流于禅，一言蔽之，皆天人性命之微也，中国于是乎有理学。语曰，兵可百年不用，不可一日不备。故孙武、吴起之书，至今犹存，语其大要，任宏序书，盖尝言之矣。权谋者，以正治国，以奇用兵，先计而后战，兼形势，包阴阳，用技巧者也。形势者，雷动风举，后发而先至，离合背乡，变化无常，以轻疾制胜者也。阴阳者，顺时而发，推刑德，随斗击，因五胜，假鬼神而为助者也。技巧者，习手足，便器械，积机关，以立攻守之胜者也。综是四者，兵家之道，不外乎是矣，中国于是乎有兵学。医家之祖，托始神农，古者民有疾病，未知药石，神农乃味草木之滋，察其寒温平热之性，辨其君臣佐使之义，尝一日遇七十毒，神而化之，遂作方书，以疗民疾，及黄帝则欲俞跗岐伯。研讨益精，今所传《内经》《素问》，是其遗制也。迨后治伤寒者，则称汉张仲景，论脉诀者，则为晋王叔和。此外小儿经，养胎经，疗妇人产后杂方，见之著录者，亦足征唐宋以前诸科悉备矣，中国于是乎有医学。昔有熊氏之世，帝受河图,得其五要,乃设灵台,立五官以叙五事,命鬼史蓝占星,开苞授规,正日月五星之象,自此有星官之书。又命羲和占日,尚仪占月,车区占风,命大挠作甲子,命容成作盖天,及调历,命隶首作数,知天文占验之学,肇端于此。战国时,邹衍、乘邱、杜文公等,号为阴阳家,然观之班志,则以历谱五行诸目,次之数术略中,将一则虚论其理,一则实征诸事,自不同科乎,中国于是乎有术数之学。佛经之入中土,始自《四十二章经》。汉桓灵时,安息国沙门安静,月支沙门支识,天竺沙门竺佛朔,并为翻译,逮晋太始中,有月支沙门竺法护,西游诸国,大得佛经,至洛译之,部数最多,说者谓佛教东流,至此为极盛焉。道流者,其初黄老庄列之言,清净无为,欲以措之治术者也,赤松子、魏伯阳,则言炼养矣;卢生、李少君,则言服食矣,张道陵、寇谦之辈,则又言符箓矣。自杜光庭以来,至近世黄冠,独言经典科教,不免去古愈远,然此二氏者,其流传寖广,实与吾儒角立而并存,中国于是乎有释老之学。诗有六义,其一曰赋,楚臣屈原,离谗忧国,作赋以刺当世,有恻隐古诗之意。其徒宋玉、唐勒、景差和之,刘彦和所谓爱锡名号,与诗画境,六义附庸,蔚成大国者也。汉则司马相如、杨子云,竞为艳丽之词,而曲终奏雅,深得讽谕之义焉,以文选言之,或述都邑,或志江海,或考音乐,或评文辞,固各有攸长矣。诗者所以感物吟志,尧有大唐,舜有南风,由来者远。汉初为四言,至建安初,五言腾踊,文帝陈思,王徐应刘,皆慷慨任气,磊落使才,迫正始明道,诗杂仙心,江左篇制,则溺乎玄风矣。有唐之世,以诗赋设科,群士向臻,彬彬称盛焉,中国于是乎有诗赋之学。文章为不朽盛业,故古人处世,其达而在上,则为章表奏启,以规谏时君,苟不得志,则抒其所见,作为论说,与碑志有用之文,并欲留贻天壤,使不致姓名磨没耳。间尝核其体制,大抵所归,不出骈散二者,骈偶之辞,以六代为极轨,铺采托之比兴,炼字通乎仓雅,气韵隽逸,则其美也。自昌黎创为古文,而承学之士,趋重单行,亦自持之有故,乃必是此而非彼,斯乌可哉?夫骈散俱有专长,不可偏重者也,中国于是乎有词章之学。词者诗余,梁武帝《江南弄》,陶宏景《寒夜怨》,陆琼《饮酒乐》,徐孝穆《长相思》,已具词体,至太白《菩萨蛮》《忆秦娥》,其繁情促节,长吟远慕,遂使前此诸家,悉归环内矣。两宋词人,细密如耆卿,豪放如东坡,用律精审如美成,琢句警炼如邦卿,各擅其胜,虽至文正之忠义,文山之节烈,亦优为之。曲者远本古乐府,而为词之变,复有南北之别。金元之际,白仁甫、贯酸齐、马束篱、王和卿、关汉卿、张小山、乔梦符、郑德辉,其尤著者也,中国于是乎有词曲之学。由是观之,我国之学术,岂不广博而无乎不备哉。呜呼!今天下学术衰颓,诚有岌岌可危之势矣。学校废经,群籍真可束阁,其猖狂无忌者,抑复造为新说,将我中国旧有之文字,与夫名教纲常,使之扫地而皆尽,秦政焚坑之祸,不谓及吾身而亲见之,可不惧哉!虽然自来绝续之交,必有一二人焉,为之守先待后,作砥柱于中流,《法言》云,古者杨墨塞路,孟子辞而辟之,廓如也,然则圣道复明,孟子之功,所以不在禹下者,其在斯乎!今者老师宿儒,犹未尽亡,中国相传之学术,岂无博览多闻,而以继往开来为己任者,彼谬妄者流,虽使竭尽其力,从而诋毁之,摧残之,亦岂遂至于澌灭哉!世有希向学术者乎,愿取如上所述,或兼治焉,或专精焉,相与发挥而光大之,此则余之所厚望也夫。

　　张尔田《论六经为经世之学》刊于《亚洲学术杂志》第1期。

　　孙德谦《史权论》刊于《亚洲学术杂志》第1期。

　　孙德谦《诸子通考序》刊于《亚洲学术杂志》第1期。

　　敬庵《中国法律生于礼》刊于《亚洲学术杂志》第1期。

　　达庵《中国之弭兵学说》刊于《亚洲学术杂志》第1期。

　　曹元弼《孝经学》刊于《亚洲学术杂志》第1期。

　　孙德谦《诸子要略》刊于《亚洲学术杂志》第1期。

　　王国维《西胡考》刊于《亚洲学术杂志》第1期。

　　罗福双《西夏国书略说》刊于《亚洲学术杂志》第1期。

　　孙德谦《中国四部书阐原》刊于《亚洲学术杂志》第2期。

　　曹元弼《礼经纂疏序》刊于《亚洲学术杂志》第2期。

　　张尔田《张氏遗书序》刊于《亚洲学术杂志》第2期。

　　敬庵《台莪儿自我扩大与赫尔褒兹自然征服论争辩书后》刊于《亚洲学术杂志》第2期。

达庵《中国之弭兵学说(续)》刊于《亚洲学术杂志》第2期。

曹元弼《孝经学(续)》刊于《亚洲学术杂志》第2期。

孙德谦《诸子要略(续)》刊于《亚洲学术杂志》第2期。

罗振玉《补宋书宗室世系表》刊于《亚洲学术杂志》第2期。

释持《和林三唐碑跋》刊于《亚洲学术杂志》第2期。

陈教友《长春道教源流》刊于《亚洲学术杂志》第2期。

王国维《摩尼教流行中国考》刊于《亚洲学术杂志》第2期。

罗福苌《西夏国图书略说》刊于《亚洲学术杂志》第2期。

王星拱《物和我》刊于《新潮》第3卷第1期。

冯友兰《柏格森的哲学方法》刊于《新潮》第3卷第1期。

吴康《从思想改造到社会改造》刊于《新潮》第3卷第1期。

[英]达微思著,江绍原译《古佛教》刊于《新潮》第3卷第1期。

俞平伯《诗的自由和普遍》刊于《新潮》第3卷第1期。

冯友兰《与印度泰谷尔谈话》刊于《新潮》第3卷第1期。

孙伏熙《赴法途中漫画》刊于《新潮》第3卷第1期。

何思源《社会共同化》刊于《新潮》第3卷第1期。

俞平伯《现行婚制的片面批评》刊于《新潮》第3卷第1期。

忏华《佛教的人生观》刊于《佛学月刊》第1期。

竹庄《佛学大要》刊于《佛学月刊》第1期。

法轮《释大乘起信论裂纲疏题目》刊于《佛学月刊》第1期。

道阶《心经悬示》刊于《佛学月刊》第1期。

黄建译义《七佛赞呗伽陀》刊于《佛学月刊》第1期。

南吕译《印度佛教略史(崛谦德原著)》刊于《佛学月刊》第1期。

普明《南五台山圆光寺观音菩萨示迹之记》刊于《佛学月刊》第1期。

印光《复丁福保居士论臂香书》刊于《佛学月刊》第1期。

湛祐《广济寺赋》刊于《佛学月刊》第1期。

悲华《行为主义之佛乘》刊于《海潮音》第2年第2期。

慧音《佛学绪言》刊于《海潮音》第2年第2期。

悲华《佛教之僧自治》刊于《海潮音》第2年第2期。

圆瑛《宁波佛教孤儿院第二届报告序》刊于《海潮音》第2年第2期。

释善因造、慧觉居士校《唯性论》刊于《海潮音》第2年第2期。

慧满《湖北庚申讲经会纪略》刊于《海潮音》第2年第2期。

太虚《荀子论》刊于《海潮音》第2年第2期。

弘愿《读一行居集》刊于《海潮音》第2年第2期。

弘愿、太虚《复黄谦六书》刊于《海潮音》第2年第2期。

丁福保《佛学大辞典例言》刊于《海潮音》第2年第2期。

圆五居士《日本密教高祖弘法大师传》刊于《海潮音》第2年第2期。

释志圆《佛教救苦会演剧演说》刊于《海潮音》第2年第2期。

章太炎《儆十方弟子启》刊于《海潮音》第2年第2期。

太虚《震旦佛教衰落原因论》刊于《海潮音》第2年第3期。

悲华《拟修改管理寺庙条例私议》刊于《海潮音》第2年第3期。

杨卓《佛学次第统编》刊于《海潮音》第2年第3期。

悲华《伍博士演讲通神学之评判》刊于《海潮音》第2年第3期。

王尚菩《检余齐佛学颐说》刊于《海潮音》第2年第3期。

空也《南岳智嵘上人传》刊于《海潮音》第2年第3期。

张伯烈《南岳南台寺妙见和尚传》刊于《海潮音》第2年第3期。

徐星《湖北归元寺开祖白光禅师行由及塔铭》刊于《海潮音》第2年第3期。

太虚《王阳明格竹衍论》刊于《海潮音》第2年第3期。

太虚《佛学大系》刊于《海潮音》第2年第4期。

空也《妙法莲华经断疑生信论》刊于《海潮音》第2年第4期。

刘子通《答熊子真书》刊于《海潮音》第2年第4期。

丁福保《敬告注佛经之居士》刊于《海潮音》第2年第4期。

丁福保《重刻法华经句解序》刊于《海潮音》第2年第4期。

太虚《中兴佛教寄禅安和尚传》刊于《海潮音》第2年第4期。

汤雪筠《篆经和尚被刺记》刊于《海潮音》第2年第4期。

大心录《居士参禅举要（续）》刊于《海潮音》第2年第4期。

培修《普劝速成政教并行书》刊于《海潮音》第2年第4期。

王森甫《梦后感觉》刊于《海潮音》第2年第4期。

笠居众生《佛学浅说》刊于《海潮音》第2年第4期。

含虚《我之种种的我》刊于《海潮音》第2年第4期。

笠居众生《地震感言》刊于《海潮音》第2年第4期。

杨文会、释善因《佛教初学入道歌》刊于《海潮音》第2年第5期。

刘珠源《唯识学讲义》刊于《海潮音》第2年第5期。

交卢《非韩愈》刊于《海潮音》第2年第5期。

唐大圆《性相约义訇问》刊于《海潮音》第2年第5期。

熊希龄《重修京师天宁寺募捐引》刊于《海潮音》第2年第5期。

隐尘《武昌文华大学毕业演说》刊于《海潮音》第2年第5期。

慧融居士录《湖北两年新闻》刊于《海潮音》第2年第5期。

笠居众生《真学道者》刊于《海潮音》第2年第5期。

慧明《创设安庆念佛林启》刊于《海潮音》第2年第5期。

仁慧《七俱胝佛母准提大明忏悔行法》刊于《海潮音》第2年第5期。

慧融《诸佛菩萨殊胜因缘》刊于《海潮音》第2年第5期。

雪行《佛学浅说》刊于《海潮音》第2年第5期。

笠居众生《真正之佛法》刊于《海潮音》第2年第6期。

汤雪筠《佛学学佛无师自通说》刊于《海潮音》第2年第6期。

邢定云《真我论》刊于《海潮音》第2年第6期。

笠居众生《创办宝庆佛教慈儿院的经过》刊于《海潮音》第2年第6期。

王弘愿《曼荼罗通解（续）》刊于《海潮音》第2年第6期。

唐佛隐造、笠居众生校《本性论》刊于《海潮音》第2年第6期。

禅定《四明观宗讲寺募请藏经疏》刊于《海潮音》第2年第6期。

显荫《天台山国清寺辛酉同戒录序》刊于《海潮音》第2年第6期。

显荫《古杭凤凰山梵天寺重修启》刊于《海潮音》第2年第6期。

何为我生《讲演法私议》刊于《海潮音》第2年第6期。

吴敬轩《朱谦之不是为厌世而出家》刊于《海潮音》第2年第6期。

吴敬轩《王慧兰王若娥二童女净土问答》刊于《海潮音》第2年第6期。

吴敬轩《王慧兰童女演说佛学》刊于《海潮音》第2年第6期。

吴敬轩《王若娥童女演说词》刊于《海潮音》第2年第6期。

雪行《佛学浅说》刊于《海潮音》第2年第6期。

笠居众生《实验的人生观之三》刊于《海潮音》第2年第7期。

铎如《新神不灭论》刊于《海潮音》第2年第7期。

鹏南《敬告奉耶教诸史弟姊妹书》刊于《海潮音》第2年第7期。

悦梵《庆祝我佛出家日的讨论》刊于《海潮音》第2年第7期。

太虚法师说、如如居士笔记《唯识三十论纪闻》刊于《海潮音》第2年第7期。

笠居众生《柏格森哲学杂评之杂评》刊于《海潮音》第2年第7期。

悲华《复弘愿居士书》刊于《海潮音》第2年第7期。

太虚《复仰西居士书》刊于《海潮音》第2年第7期。

善因《答仰西居士书》刊于《海潮音》第2年第7期。

汤瑛《致刘福谦先生书》刊于《海潮音》第2年第7期。

弘愿《近世岭表三僧传》刊于《海潮音》第2年第7期。

叶玉森《重建琅琊山开化禅寺藏经楼记》刊于《海潮音》第2年第7期。

怀宁金永《圆照庵记》刊于《海潮音》第2年第7期。

了然《心佛圆通说》刊于《海潮音》第2年第7期。

丁福保《翻译名义集新编序》刊于《海潮音》第2年第7期。

解根《天童谛真大师自焚记》刊于《海潮音》第2年第7期。

弘愿《圆五居读书录》刊于《海潮音》第2年第7期。

心觉《我之佛教观》刊于《海潮音》第2年第7期。

化声《出世观》刊于《海潮音》第2年第8期。

笠居众生《为主张社会主义者进一解》刊于《海潮音》第2年第8期。

蜀僧超一《愿大家把四川的佛法振兴起来》刊于《海潮音》第2年第8期。

密林《摄大乘论义记卷一》刊于《海潮音》第2年第8期。

杨卓《佛学次第统编(续)》刊于《海潮音》第2年第8期。

啸岩录《长沙佛教讲习所成立纪事》刊于《海潮音》第2年第8期。

杨仁山《阐教编》刊于《海潮音》第2年第8期。

陆觉《中国佛教小史》刊于《海潮音》第2年第8期。

显鉴《佛经四大洲记》刊于《海潮音》第2年第8期。

夏寿康《发愿断淫文》刊于《海潮音》第2年第9期。

杨卓《佛学次第统编(续)》刊于《海潮音》第2年第9期。

智图居士《武汉辛酉消除灾难超度亡魂水陆大道场及千僧齐纪事》刊于《海潮音》第 2 年第 9 期。

笠居众生《评蔡孑民君之世界观与人生观》刊于《海潮音》第 2 年第 9 期。

希声《记读法华经之经过》刊于《海潮音》第 2 年第 9 期。

邹希远《转奉答北京唐仁慧君之四大问题》刊于《海潮音》第 2 年第 9 期。

殷仁《答唐仁慧君提出之四大问题》刊于《海潮音》第 2 年第 9 期。

园五居士《答唐仁慧君四大问题》刊于《海潮音》第 2 年第 9 期。

清秋《四川江北监狱讲演之缘起及近况》刊于《海潮音》第 2 年第 9 期。

天渡《香山通讯》刊于《海潮音》第 2 年第 9 期。

南萍抄《某禅师之遗著》刊于《海潮音》第 2 年第 9 期。

丁福保《佛教宗派详注序》刊于《海潮音》第 2 年第 9 期。

大壑《跋宏模和尚血书妙法莲华经》刊于《海潮音》第 2 年第 9 期。

贯公《跋宏模和尚血书妙法莲华经》刊于《海潮音》第 2 年第 9 期。

刘玄达《论上慢》刊于《海潮音》第 2 年第 9 期。

刘玄达《禅学与理学之区别》刊于《海潮音》第 2 年第 9 期。

随喜道人《王慧兰王若娥邢惠昭三童女合说四大皆空平等谈》刊于《海潮音》第 2 年第 9 期。

许丹《印度大菩提社成立记》刊于《海潮音》第 2 年第 9 期。

太虚《论佛学次第统编》刊于《海潮音》第 2 年第 10 期。

蒋维乔《三论宗之宇宙观》刊于《海潮音》第 2 年第 10 期。

释太虚讲、周秉清录《妙法莲华经讲演录》刊于《海潮音》第 2 年第 10 期。

刘洙源《唯识学讲义(续)》刊于《海潮音》第 2 年第 10 期。

野云《纪北京龙泉寺孤儿院》刊于《海潮音》第 2 年第 10 期。

昧昧《倭铿赫克尔哲学短评》刊于《海潮音》第 2 年第 10 期。

黄觉《念佛灵感二则》刊于《海潮音》第 2 年第 10 期。

吴葆真《佛学大辞典序》刊于《海潮音》第 2 年第 10 期。

见心《和归去来词》刊于《海潮音》第 2 年第 10 期。

寂照编述、慧圆参校《西行演真记》刊于《海潮音》第 2 年第 10 期。

太虚演说录《对治中国人通病的佛法》刊于《海潮音》第 2 年第 11 期。

希声《上太虚法师研究俱舍论书》刊于《海潮音》第 2 年第 11 期。

太虚《复希声开士研究俱舍论书》刊于《海潮音》第 2 年第 11 期。

方光《上陈省长论保护佛教书》刊于《海潮音》第 2 年第 11 期。

释太虚讲、周秉清录《妙法莲华经讲演录(续)》刊于《海潮音》第 2 年第 11 期。

慧音《八识规矩颂释补注》刊于《海潮音》第 2 年第 11 期。

昧昧《评梁漱溟君之东西文化及其哲学》刊于《海潮音》第 2 年第 11 期。

世晋编译,慧圆校订《释迦牟尼佛传》刊于《海潮音》第 2 年第 11 期。

大壑《雪宝潬禅和尚塔铭》刊于《海潮音》第 2 年第 11 期。

玄达《念佛速效》刊于《海潮音》第 2 年第 11 期。

寂照编述、慧圆参校《西行演真记(续)》刊于《海潮音》第 2 年第 11 期。

莘哉编述、慧圆参订《佛化东盛记》刊于《海潮音》第 2 年第 11 期。

许以复《观无念室杂缀》刊于《海潮音》第 2 年第 11 期。

随喜道人《平等谈(续)》刊于《海潮音》第 2 年第 11 期。

四、学术著作

(明)王守仁著《(新式标点)王阳明书牍》由上海中华图书馆刊行。

(明)刘伯温辑《神秘预觉术》(上下册)由中国奇术研究会刊行。

(清)金缨辑《格言联璧》由上海佛山书局刊行。

(清)周梦颜(安士)著《安士全书》(上册)由江苏苏州弘化社刊行。

(清)周梦颜(安士)著《安士全书》(下册)由江苏苏州弘化社刊行。

梁启超著《墨子学案》由上海商务印书馆刊行。

王献唐著《公孙龙子悬解》由上海中华书局刊行。

卢锡荣校订《读淮南子》由云南昆明云南东陆大学刊行。

齐燮元编《颜李语要》刊行。

梁启超著《清代学术概论》由上海商务印书馆刊行。

按:是书乃梁启超为好友蒋方震《欧洲文艺复兴史》所写序言,其先以《前清一代思想界之蜕变》为题,连载于 1920 年出版的《改造》第 3 卷第 3、4、5 期。因长达 25 万余字,无法作为序言使用,1921 年由商务印书馆刊行单行本,后收入中华书局刊行的《饮冰室合集》。全书与欧洲文艺复兴时期的历史相比附,系统地论述明末至清末中国学术思想发展的概况。

《清代学术概论》分启蒙、全盛、蜕分、衰落等 4 个阶段,叙述清朝一代学术演变过程,探寻各个时期学术思想的起因、特点和衰落,对每一时期每一学科的代表人物及其著作加以剖析,并给以历史评价。此书不同于以往学术史论著的一个显著特点,就是着力打突破传统"学案"体的局限,而以新型章节体论述"学术思潮"之变迁,与梁启超的另一学术史名著《中国近三百年学术史》分别以"论"与"史"见长,都是关于清代学术思想史研究的开拓性著作。但《清代学术概论》以欧洲文艺复兴为参照系,提出"综观二百余年之学史,其影响及于全思想界者,一言蔽之,曰:'以复古为解放。'第一步,复宋之古,对于王学而得解放;第二步,复汉、唐之古,对于程、朱而得解放;第三步,复西汉之古,对于许、郑而得解放;第四步,复先秦之古,对于一切传注而得解放。夫既已复先秦之古,则非至对于孔孟而得解放焉不止矣。然其所以能著奏解放之效者,则科学的研究精神实启之。"所谓"以复古为解放""科学的研究精神",与清代学术的本质特征本不完全相契合。

梁漱溟演讲,陈政、罗常培编录《东西文化及其哲学》由财政部印刷局刊行。

按:在五四运动期间,就如何对待东西文化以及中国文化的出路问题,学界发生了论争。陈独秀、李大钊、胡适为一方,梁启超、梁漱溟等为另一方。陈独秀在《东西民族根本思想之差异》中认为中国固有的旧思想已经不适应今日之社会;李大钊在《东西文明根本之差异》中认为中国要生存,必须吸取西方文明,而核心是科学与民主。梁漱溟在《东西文化及其哲学》一书中,不仅用比较的方法论述了东西方文化和哲学,最先发现和建构起了世界三大文明体系,而且认为"世界未来文化就是中国文化的复兴",主张在维护中国传统文化基础上吸收西方的科学与民主,由此回答与解决当前中国文化的困境与出路,所以此书一经面世,便立即引起思想学术界的高度关注和激烈争论,从而与梁启超《欧游心影录》一同将五四时期的中西文化论争推向高潮,同时对"新儒家"的形成具有开创性意义。

按:《东西文化及其哲学》是由梁漱溟 1920、1921 年在北京、山东等地所作"东西文化及其哲学"的演讲词整理而成,于1921年10月出版。在该书中,梁漱溟"评判东西文化各家学说而独发挥孔子哲学",从文化源流(路向)和人生哲学上对"五四"新文化运动作了全面的清算,指出中国文化乃至世界文化的出路必然是"新孔学"和"东方化"。书中还多次点名批评了胡适及其出版不久的《中国哲学史大纲》(上卷)一书,认为胡适对于孔子学说的解释和评价纯属主观"臆造",至于陈独秀、胡适、李大钊所提倡的新"人生观",在梁看来,更是荒诞无稽,没有一点价值。梁漱溟对新文化运动唱反调,其理论却富有创见性,所以在思想界引起极大的震撼。仅1922年,此书就连续出版了五次,反响可见一斑。关于此书的笔墨官司亦打了五年之久。《东西文化及其哲学》一书的基本观点是东方化还是西方化,对于中国来说,已经成为一个急迫的问题,必须在这两条路之间做出选择,而这两条路因不能调和和通融,故只能择其一。……梁的理论无疑宣布了新文化运动走错了方向,重新找回了中国传统儒家文化的自尊。这对于那些因传统断裂而蹙额顿足的文化保守人士来说,的确是一种极大的精神安慰,赞叹声一时不绝于耳。严既澄撰文认为,梁的著作坚持了自己的信念,论证了只有"中国化"才是世界的"救时良药""只有以孔子思想为正宗"才能建立起"合理的人生"。对此,"我差不多全体赞同"。恶石认为梁漱溟的理论是"继绝学,升太平"的大发明。《学衡》主编吴宓则把新文化运动说成是传播西学的糟粕,"今新文化运动之流,乃专取外国吐弃之余屑,以飨我国之人",还说此种谬误流传,"国将不国"。东南大学教授柳诒徵提出了"中学西被"的文化命题,他不无夸张地认为,中国文化是"极中和之道德,极高尚之文学",此乃"西方个人主义之药石",因此中国人应当致力于研究中国文化如何"西被",如何向外发展的问题。原先曾为章行严的新旧调和论辩护的陈嘉异,此时连调和论也不屑一顾。文化保守主义者对《东西文化及其哲学》大唱赞词的同时,也对梁漱溟的某些观点提出了疑问甚至批评。不过这种批评均以商讨的口气表达,并无影响他们对《东西文化及其哲学》的基本态度。严既澄就认为梁漱溟把中国人"太恭维过分"了。他坚持认为东西文化"非调和不可",当然并非把双方等同看待。他承认现今世界"中国化是救时良药",但将来必是"印度化之复兴"。《学衡》杂志创始人之一刘伯明亦不赞成梁氏反调和的主张。他认为,西方重视科学的精神应当保持和发扬,调和中西是必行的。"侈谈西化",视中国固有文化"与敝屣同"的"今之学者"固然荒谬,但梁漱溟以"佛学的成见"来评论西方化和中国化亦不足为信。(吴雁南、冯祖贻等主编《中国近代社会思潮(1840—1949)》第三卷,湖南教育出版社1998年版)

按:李善峰《中西文化差异与梁漱溟的文化路向说》(《文摘报》1990年7月8日)曰:中西文化差异为何存在,长期以来人们争论不休。在梁漱溟看来,中西文化走的是三种不同的文化路向。即"向前要求""调和持中"和"反身向后要求",这三种路向的代表则是西方、中国和印度。他首次将东西文化分成中国、印度和西方三大系统,坚持文化发展的多元论,反对以西方为中心的一元论。肯定中国文化和西方文化各有自己的价值。这不但使东西文化论战跃入一个新的高度,而且给整个后发展国家的现代化提出了一个难于回答的问题,即如何处理民族传统文化和现代化的关系。在梁氏看来,只有在对传统文化价值认同的基础上,才谈得上对西方思潮的适应。他强调要正视自己的民族传统,并在现代化的实践中化解它,以重建符合本民族发展要求的新文化。他实际上指出了现代化与传统之间的关系是一种历史的张力。梁氏站在对人情价值肯定的人文精神以及忧患意识的特殊立场上,企图从传统的人文价值、道德存在的追寻中挖掘民族文化的源头活水,以作为传统文化向现代转化的基础。现在,越来越多的人认为任何国家的现代化都不可能抛弃传统而重新开始。因此,站在一个新的角度,通过调整传统的内部结构来创造适应现代化的"新中有旧"的文化,就成为各个民族选择自己的现代化道路时必须进行的学术工作。正是在这个意义上,梁漱溟比陈独秀、胡适、梁启超等人高出了一个层次。那种认为他肯定了传统文化的价值而把他看成反现代化的思想家的观点,是一个相当大的历史误会。

刘经庶(原题刘伯明)述,缪凤林记《近代西洋哲学史大纲》由上海中华书局刊行。

按:是书原系刘伯明(刘经庶)1920年在南京高等师范暑期学校的讲演,经缪凤林整理而成。全书分绪论及本论两篇,共8章。叙述英国经验派,大陆理性派,启蒙哲学,德国之理想主义,19世纪初叶英法哲学,最近欧美哲学派别等。

陆翔著《现代新思想集》(上下册)由北京新文化编辑社刊行。

朱谦之著《革命哲学》由上海泰东图书局刊行,郭沫若作序。

按:是书主张要从根本上解决社会问题就必须用群众运动的办法进行革命,社会革命史从社会主义革命进至无政府革命,再进至宇宙革命。此书出版后,作者就决定皈依佛法,到西湖出家。但不久又厌倦了佛门的空虚,重新回到了世俗社会。

张静庐编辑《杜威、罗素演讲录合刊》由上海泰东书局刊行。

朱谦之著《国民革命与世界大同》由上海泰东图书局刊行。

陈安仁编著《人类进化观》由上海泰东图书局刊行,有自序。

谢介子辑译《西方格言(初辑)》由上海申报馆刊行。

郁慕侠编《格言丛辑》由上海格言丛辑社刊行。

吴康著《心理学原理》由上海商务印书馆刊行,有张东荪序;书末附有《教育心理学》。

蔡元培编《催眠术讲义》由上海商务印书馆刊行,有自序。

按:是书论述催眠术的原理、暗示、现象、预备、观察法,以及催眠术、醒觉术、特别催眠术、医理等。

余萍客口述,杨萍子笔记《电镜催眠法》由上海中国心灵研究总会刊行。

陈鹤琴、廖世承著《智力测验法》由上海商务印书馆刊行,有郭秉文序,著者自序,书末附有参考书目及中西名词对照表。

蔡慎鸣著《心筏》由涅槃学社刊行。

陈全三辑,戴怡天、刘明光校正《阿弥陀经通解》由北京道德学社刊行。

杜万空著《佛说般若波罗蜜多心经实践哲学纲要》由北京佛经流通处刊行。

李问渔著《天梯》由上海土山湾印书馆刊行。

刘赖孟多著《默想全书》(6 册)由河北献县天主堂刊行。

吕咸熙编《训女宝箴》由人文印书馆代印。

宁波青年会编《宁波青年会会务报告、建筑计划》由宁波编者刊行。

浦化人著(增订)《半生之回顾》由上海青年协会书报部刊行。

中华续行委办会编《中华基督教会年鉴》(第 6 期)由上海编者刊行。

时兆报馆编《安息日辩缪(官话)》由上海编者刊行。

沈则宽(原题沈容斋)编译《新史像解》由上海土山湾印书馆刊行。

时兆报馆编《什一之定制》由上海编者刊行。

兴慈著《重订二课合解》7 卷由上海法云印经会刊行。

杨敬修著《古兰天经摘册·亥帖注解》由上海秀真精舍刊行。

张纯一著《仲如先生弘道书》刊行。

灵学会编《仙灵照相(附鬼灵照相)》由上海中华书局刊行。

太虚讲,胡赓支、胡任支笔述《佛乘宗要论》由广东佛学社刊行。

王岫庐编《社会改造原理》由上海公民书局刊行。

易家钺著《社会学史要》由上海商务印书馆刊行。

按:是书以孔德的社会学说为中心,阐述了西方社会学的诸多派别与发展趋势。

邵振青编著,陶保霖校订《(综合研究)各国社会思潮》由上海商务印书馆刊行。

山东教育厅著《山东夏期学术讲习稿丛刊》(上下册)由济南编者刊行。

赵素珠著《情书指南(男女必读)》由上海世界书局刊行。

罗敦伟、易家钺著《中国家庭问题》由北平北京大学家庭研究社刊行。

按：是书既猛烈地抨击中国传统的大家族制度，提出根本解决中国家庭问题的办法首先在于"反对家族制度""打破男性中心观念"，同时也不满足于欧美社会当时所通行的小家庭制度，主张废除婚制，消灭家庭。书中所阐述的观点，是五四前后家庭问题研究中激进派理论的代表(《民国学案》第五卷《易君左学案》)。

飘萍吉人著《失业者问题》由京报馆刊行。

花洋图书馆编《花界姊妹风月史》由上海华洋图书馆刊行。

唐云著《马尔萨斯人口论之解决》由云南开智公司刊行。

王道著，吴贯因校阅《原国》由北京内务部编译处刊行。

陈新政演述《华侨革命小史》刊行。

陆世益著《中国改造之先驱者》由著者刊行。

按：是书论述山西省的资源、人才、政治、经济、教育等方面的优势，并提出改造山西的计划与建议。英汉对照。

杨祖泰著《自治曙光》由大成自治研究会刊行。

林修梅著《林修梅遗著》由著者刊行。

王灿著《挈瓶斋笔记》由著者刊行。

李汉俊编译《妇女之过去与将来》由上海商务印书馆刊行。

王世杰著《女子参政之研究》由北京大学新知书社刊行。

外交部总务厅统计科编《第五次外交统计表》由编者刊行。

王鸿翱著《警察训练概要》刊行。

张武著《国际侵略之末运》由北京著者刊行。

徐树铮著《建国诠真》由上海公民书局刊行。

吴品今著《国际联盟及其趋势》由上海商务印书馆刊行。

周鲠生著《万国联盟》由上海商务印书馆刊行。

王觐编《法学通论》由北京公慎书局刊行。

按：是书论述法学的范围，法学与其他科学的关系，法律的定义、渊源、效力、分类，以及法律上的权利与义务等，共14章。

愚厂编《省宪辑览》由上海德记印刷局刊行。

陈益轩编《浙江制宪史》由杭州浙江制宪史发行所刊行。

浙江省宪法会议编《中华民国浙江省宪法》由杭州编者刊行。

江苏公民监视选举团编《选举法规》由上海中华书局刊行。

朱德明译《德意志民法》由北京司法部参事厅刊行。

武学书局编辑部修正《(修正)作战命令范式(及细则)》由北京武学书局刊行。

曲同丰著《军士之职责》由北京武学书局刊行。

刘耀扬著《战术作业》刊行。

陆军部编《教练新兵射击法》由北京武学书局刊行。

金永炎、高佐国著，全敬存增订《最近战术》由北京武学书局刊行。

饶景星著《步兵指挥法》由北京武学书局刊行。

吕孟著《政治学经济学概论》由中央军事政治学校第一分校刊行。

吴贯因著《经济制度私有与公有之得失》由一真中外印字行刊行。

张鹏编《中西簿记会通法》由上海文明书局刊行。

张援编著《大中华农业史》由上海商务印书馆刊行。

按:是书分 3 编,概述我国自神农皇帝时代至清代的农业史。

云南省长官公署政务厅第三科编《云南牧业之近况》由编者刊行。

高秉坊编《山东森林问题》由山东济南启明印刷社刊行。

丁文江、翁文灏著《中国矿业纪要》由农商部地址调查所刊行。

按:是书也称为《第一次中国矿业纪要》,内分十三部分,介绍各种矿的产地、产量、产额、价值及经营情形。全书大部分为表格。

翁文灏著《中国矿法要义》由著者刊行。

太原学生会编辑《晋矿归公记》由太原晋矿公有临时管理处刊行。

交通部编译处编《交通译粹》(上下卷)由编译者刊行。

华凤章辑述《各国交通职员养恤制度大纲》由北京交通部编译处刊行。

交通部铁路联运事务处编《第九次中日联运会议协定书》由编者刊行。

按:会议于 1921 年在大连召开。

交通部铁路运输会议编《中华国有铁路第三次运输会议记录》由编者刊行。

交通部铁路联运事务处编《中华国有铁路联运第九次会议记录》由编者刊行。

陆世益编著《山西修路记》由编者刊行。

航空署编《京沪通航纪略》由北京京华印书馆刊行。

李天注编《中华英汉商业词典》由上海商务印书馆刊行。

大东书局编《商店学生须知》由编者刊行。

景学钤编《盐政丛刊》由盐政杂志社刊行。

徐沧水编《中国今日之货币问题》由编者刊行。

晏才杰著《公债论》由北京新华学社刊行。

于树德著,王宣补订《信用合作经营论》由上海中华书局刊行。

王恩良编《交易所大全》由上海交易所所员暑期养成所刊行。

丘鹤俦著《琴学新编》(粤调)由香港正昌隆号刊行。

江天一编《(实验)小曲工尺谱》由上海世界书局刊行。

江天一编《(实验)京曲工尺谱》由上海世界书局刊行。

吴恩淇编著《幻术说明书》由江苏苏州万国魔术会附设幻术研究社刊行。

教育部编《中华民国国歌》由编者刊行。

缪序宾、吕云彪编《动的教育学》由上海商务印书馆刊行,有朱亮、曾文虞序。

徐松石编纂《新的教育理论》由上海广学书局刊行。

吴家镇著《世界教育改造之新潮》由山东济南启明印刷社刊行。

袁希涛编《义务教育之商榷》由上海商务印书馆刊行。

江苏省立第一师范学校编《葛雷学校之组织》由江苏苏州编者刊行。

柴恩重著《智力测量法》由天津劝学所刊行。

芮佳瑞编《学生自治须知》由上海商务印书馆刊行。

贾丰臻编辑《视察教育世界一周记》由上海商务印书馆刊行。

袁观澜讲《袁观澜先生考察欧典教育讲演录》刊行。

周靖等编《新教育教科书国文教案》(1)由上海中华书局刊行。

江苏省教育会编《全国教育会联合会历届大会议决案汇编》由编者刊行。

全国教育会联合会编《第七次全国教育会联合会会务纪要》由编者刊行。

浙江省教育会编《第七次全国教育会联合会议决案》由编者刊行。

山西省长公署统计处编《山西省第三次教育统计》（民国七年度）由编者刊行。

吉林教育厅编《吉林教育近三年间概况》由编者刊行。

马鸣鸾编述《江苏教育视察记》由山西芮城编者刊行。

福建省教育厅编《教育行政人员讲习会讲演会刊》由编者刊行。

宝山县教育会编《宝山县教育会年刊》（第 2 刊）由江苏宝山编者刊行。

湖南省教育会编《湖南省教育会民国十年会务概况》由编者刊行。

广东全省教育委员会编《广东全省分年推广义务教育计划》（广东全省教育委员会出版物）由编者刊行。

王寅清、柴藏湘编《上海求学指南》（上册）由上海天一书局刊行。

王寅清、柴藏湘编《上海求学指南》（下册）由上海天一书局刊行。

凌冰著《儿童学概论》由上海商务印书馆刊行。

按：是书分 8 篇，论述什么叫做儿童学、儿童学的历史、儿童学的方法、儿童学与遗传、儿童各种天性的发达、儿童教育的目的等。

薛钟泰著《小学地理教学法》（教育小丛书）由上海中华书局刊行。

李步青著《新式国民学校计划书》由开封河南教育公报社刊行。

周懋中编著《视察京津江浙教育日记》由辽宁安东县立元宝山小学校刊行。

浙江省教育厅编《浙江省小学会议纪事录》（中华民国十年）由杭州编者刊行。

上海县立第二高等小学校编《上海县立第二高等小学校十五周纪念录》由江苏上海县编者刊行。

上海南洋中学编《南洋中学辛酉级纪念册》由上海编者刊行。

上海私立爱群女校编《上海私立爱群女学校章程》由上海编者刊行。

上海养性女学校编《上海养性女学校十周纪念特刊》由上海编者刊行。

庄希泉等著《南洋英属华侨教育之危机》由上海南洋教育社刊行。

南高体育科辛酉级编《体育研究》由上海商务印书馆刊行。

孙网球编《行进游技法讲义》由杭州浙江体育专门学校刊行，有王卓天序。

吴志青编著《叠罗汉团体游戏合刊》（教育游戏丛书）由上海编者刊行。

许霤厚著《太极拳势图解》由北平体育研究社刊行，有向恺然等 4 人序及著者自序。

刘殿琛著《形意拳术抉微》由京师第一监狱刊行，有王道元等人序。

朱麟公编《国语问题讨论集》由上海中国书局刊行。

按：此书收文 47 篇，按国语国音、国语文法、国语教材、国语教学、国语统一等专题编排。作者有周铭三、朱希祖、胡适、黎锦熙、燊元培、劳泽人、洪北平、张士一、易作霖、陆基、陆费逵、王蕴山、陆殿扬、何仲央、吴研因等。书末附当时教育部颁布的"公布注音字母令""国民学校一二年级改授国语令""练习语言办法""国语研究会简章"等，书前有编者的"本书提要"。

周盘编《注音国语课本》由编者刊行。

中华书局编《注音新辞林》由上海中华书局刊行。

中华书局编《国音普通字典》由上海中华书局刊行。

郑天心编《国音问答》由上海商务印书馆刊行。

陆衣言主编《国音小字典》由上海中华书局刊行。

按:此书收五千多字。只有注音没有解释。按部首编排。书末附国音字母发音法等。封面加题:"照民国九年十二月教育部公布改正的。"

陆衣言原编,蒋镜芙重订《新教育国语会话》由上海中华书局刊行。

陆衣言编《中华国音新字典》由上海中华书局刊行。

按:此书收字八千多个,分上下两编。根据1919年12月教育部公布的标准国音注音。除多音字外,不注字义。

王璞编《王璞的国语会话》由上海中华书局刊行。

王璞编《国音京音对照表》由上海商务印书馆刊行。

孙樾编《(中华)注音国语字典》由上海中华书局刊行。

沈彬编著《万国语音学大意》由上海中华书局刊行。

按:是书乃研究世界语的字母及发音法的专著,内容分人类的发音机关、万国语音字母、语音的研究和分类等17章。

陆衣言编《新定国音发音法》由上海中华书局刊行。

陆衣言编《黎锦熙的国语讲坛》由上海中华书局刊行。

按:此书分概论国语、讨论学理、国语教育三个方面辑录黎氏1919年9月至11月在江浙一带讲演的笔记共13篇。大都在上海各报纸杂志上发表过。书后附《国语问答一束》《致全国教育会联合会书》等5篇。

陆衣言编《国语发音学大意》由上海中华书局刊行。

陆衣言编《国语常识会话(交通)》由上海中华书局刊行。

陆衣言编《国音熟字表》由上海中华书局刊行。

按:此书选收通俗常用字。"照民国九年十二月教育部公布改正的"国音注音。

陆衣言、陈逸编《国音小检字》由上海中华书局刊行。

按:此书收五千多字。按注音字母音序编排。末附国音字母发音法等。封面加题:"照民国九年十二月教育部公布改正的。"

陆费逵编《国音教本》由上海中华书局刊行。

刘儒著《国音字母教案》由上海商务印书馆刊行。

教育部国音统一筹备会编《国音字典附录》由上海商务印书馆刊行。

按:此书为对1919年"读音统一会"编制的《国音字典》之订正说明和字音校勘记。目的是在正式修订重印《国音字典》前,解决急需。此次修改只限普通常用字。

赵素珠著《(男女必读)情书指南》由上海世界书局刊行。

张九如编辑《国语信范本》由上海中国书局刊行。

杨喆编《作文类典》由上海中华书局刊行。

严渭渔编《书信构造法》由上海中华书局刊行。

孙俍工编《中国语法讲义》由上海亚东图书馆刊行。

许慕羲编《白话文法指南》由上海广益书局刊行。

许地山编著《语体文法大纲》由上海中华书局刊行。

按:是书讲述句法及名词、代名词、形容词、副词、介词、连词、助词、感叹词等。

萧蜕著《小学百问》由上海中国书局刊行。

按:此书讲述中国语言文字学的二百个问题。文言文,旧式圈点。"小学三书"指《小学百问》《字形溯原》《声韵发伏》三书。

吴东园等编《尺牍辞典》(上下册)由上海国华书局刊行。

文明书局编《(通俗应用)写便条法》(上下册)由上海文明书局刊行。

华学涑著《国文探索一斑》由天津博物院刊行。

高语罕编《白话书信》由上海亚东图书馆刊行。

范祥善编《注音字母讲义》由上海商务印书馆刊行。

尔棸编《国语文法讲义》由上海中华书局刊行。

达文社编《白话文速成法》由上海中华书局刊行。

陈振先著《陈氏天然拼音新字》由著者刊行。

曹春涵等总纂《分类字源》由上海鸿宝斋书局刊行。

按:此书分天文、岁时、地理、朝代、职官、政教、礼仪、刑赏、文学等 39 部,按类编排。书前有吴荫培序友分类字源说略、分类字源检目;书末有"补编"。19 版书名前加题"最新"二字。

周锡三编《实用商业会话》由上海商务印书馆刊行。

上海法文学会编《(华英双解)法文辞典》由上海中华书局刊行。

瞿宜冶编《新编法文文法》由上海商务印书馆刊行。

贺之才编《法文名词辨类》由上海商务印书馆刊行。

戴克谐编《(新教育教科书)英文法》(第 1—4 册)由上海中华书局刊行。

中华书局西文编辑部编《短篇英文故事》(1、2 集)由上海中华书局刊行。

《辣丁文句学规话》(第 1 卷)由山东兖州天主教堂印书局刊行。

林纾编《〈古文辞类纂〉选本》5 卷由上海商务印书馆刊行。

林纾选评的古文集《左传撷华》2 卷由上海商务印书馆刊行,并为之作序,共收古文83 篇。

林纾编《震川集选》(又名《归震川集》)成,共选归有光散文 84 篇,逐篇加以评语,并作序。

按:林纾《震川集选序》说:"吴南屏曾选《震川集》,余遍觅之,不可得。而南屏当时有学桐城之目,实则南屏师承震川,不必瓣香桐城也。夫文字安得有派?学古者得其精髓,取途坦正,后生遵其轨辙而趋,不知者遂目为派。然则程、朱学孔子,亦将谓之为曲阜派耶?南屏恶时流之目为桐城,自作文辩白,极为曾文正所讥。辛酉五月,余晤康长素于沪上。长素曰:'足下奈何学桐城?'余笑曰:'纾生平读书寥寥,左、庄、班、马、韩、柳、欧、曾外,不敢问津。于归震川则数周其集,方、姚二氏,略为寓目而已。'长素怃然。余因论《史记》菁华,颇为震川所撷取,长素深以为然。震川之文,多关心时政,《论三区赋役水利书》及《三途并用议》,语语切实,不类文人之言。其最足动人者,无过言情之作,是得于《史记》之《外戚传》。巧于叙悲,自是震川独造之处。墓铭近欧而不近韩,赠序则大有变化,惟不及韩之道练耳。曾文正讥震川无大题目,余读之捧腹。文正官宰相,震川官知县转太仆寺丞。文正收复金陵,震川老死牖下。责村居之人,不审朝廷大政,可乎?虽然,王凤洲以达官执文坛牛耳,震川视之蔑如。果文正之言,与震川同时而发,吾恐安庸巨子之目,将不属之凤洲矣。此集得全集中十分之四,寿序仅录其一。震川存寿序过多,或其后人爱不忍释,究亦不能病震川也。辛酉嘉平闽县林纾识于宣南烟云楼。"(薛绥之、张俊才编《林纾研究资料》,福建人民出版社 1982 年版)

姚联奎等刊印《桐城麻溪姚氏宗谱》,首有姚棻、姚鼐、姚元之、姚莹等序。

伦达如著《文学概论》由广东高等师范学校贸易部刊行。

葛遵礼著《中国文学史》由上海会文堂新记书局刊行。

刘贞晦、沈雁冰著,闻野鹤编《中国文学变迁史》由上海新文化书社刊行。

胡怀琛著《新文学浅说》由上海泰东图书局刊行。

按:是书分文学定义、文法、论理学与文学、修辞学、美的文学、总结等6章。

蒋方震著《欧洲文艺复兴史》由上海商务印书馆刊行。

按:是书共9章,概述意大利、法国、北欧诸国的文艺复兴以及宗教改革运动。

胡寄尘(原题胡怀琛)编《尝试集批评与讨论》由上海泰东图书局刊行。

谢楚桢著《白话诗研究集》由北京大学出版部刊行。

郭希汾编辑《中国小说史略》由上海中国书局刊行。

朱执信著《朱执信集》由建设社刊行。

郁达夫著《沉沦》由上海泰东图书局刊行。

朱宝莹编《诗式》由上海中华书局刊行。

清华小说研究社编《短篇小说作法》由北京清华小说研究社刊行。

陈方镛编辑《楹联新话》由上海中华书局刊行。

闻野鹤编《短篇小说作法》由上海新文学研究会刊行。

张舍我编《戏剧构造法》由上海新文学研究会刊行。

沈雁冰等著《俄国文学研究》(小说月报第12卷号外)由上海商务印书馆刊行。

按:是书收郑振铎、耿济之、陈望道、沈雁冰、周建人、鲁迅、郭绍虞、沈泽民、张闻天等人撰写和翻译的关于俄国文学的论文20篇,其中作家评传和研究9篇;果戈理、屠格涅夫、高尔基等二十余位作家的小说28篇及国际歌1首。附录周作人、沈泽民及明心的论文和作家小传4篇。

常乃惪著《中华民族小史》由上海爱文书局、上海启智书局刊行。

按:是书分为14章,论述何谓中华民族、黄河流域之开化、长江上下流之同化、满洲之同化、珠江之同化、蒙古之加入中国版图、西北至开拓、西藏之加入中国版图、朝日与中国历史上的关系、中华民族在印支半岛及南洋群岛之发展、历史上之中国与西亚文明之交换、白人之东渐与中华民族之危机等问题。

许指严著《民国十周纪事本末》(上下册)由上海交通图书馆刊行。

周渤著《解决时局意见书》刊行。

张一志编《山东问题汇刊》(上下卷)由上海欧美同学会刊行。

国史编辑社编《湘军援都战史》由上海神州书局刊行。

张鼎彝编辑《绥乘》由上海泰东图书馆刊行。

赵天锡等纂《新宁县志》刊行。

刘彦著《中国近时外交史》由上海商务印书馆刊行。

按:是书初版共14章,介绍鸦片战争至民国前外交失败的历史。再版本增补民国成立后的外交,三版本增补老西开事件、西藏及外蒙问题、中俄及中德关系等共20章。

清华学校政治学研究会编《现下中国之内政与外交》北京编者刊行。

朱镜宙著《太平洋会议面面观》刊行。

陈震异著《太平洋会议与中美俄同盟》由北京编者刊行。

项衡方编《太平洋会议之参考资料》由上海申报馆刊行。

王华隆编《战后世界新形势纪要》由上海商务印书馆刊行。

李翰章著《日本三S视察记》由著者刊行。

按:三S指社会主义、社会政策、社会教育。

杨歧械编《古今名贤全史》由上海大陆图书公司刊行。

按:是书收录从商周到民国时期的 100 位名贤小传,其中有箕铠、秦伯、颜回、曾参、冉求、孟轲、司马光、周敦颐、程颢、程颐、朱熹、王守仁、黄宗羲、顾炎武等。

杨歧械编《古今名臣全史》由上海大陆图书公司刊行。

杨歧械编《古今名将全史》由上海大陆图书公司刊行。

陈光定著《历代名将事略》由北京武学书局刊行。

谢无量著《孔子》由上海中华书局刊行。

姚联奎等刊印《桐城麻溪姚氏宗谱》,首有姚棻、姚鼐、姚元之、姚莹等序。

杨公道编《慈禧轶事》由上海中华书局刊行。

广文书局编辑所编辑《吴佩孚全传》由上海世界书局刊行。

董坚志著《张作霖》由上海新华书局刊行。

梁士诒等著《陈玉苍尚书七十寿序》刊行。

顾曲周郎著《男女名伶小史》由上海中外书局刊行。

按:是书收录程长庚、杨小楼、梅兰芳、王瑶卿、尚小云、刘菊仙、吴彩霞等戏曲名流小传 102 篇。

世界书局编《中国四大美人全史》由上海编者刊行。

方宾观、臧励和等编《中国人名大辞典》由上海商务印书馆刊行。

按:臧励和《中国人名大辞典缘起》曰:"是书经始于乙卯,藏事于庚申,历时六载。引其绪者为陆炜士先生,从事编纂者二十余人。其时群材毕集,斠画考校,久而后定,良非一手一足之烈。丙辰秋,余归自蜀。时书成未半。高梦旦先生以整理之役相属,乃日与诸君子更迭探讨,斟酌规制,以底于成。……脱稿而后,校订审阅,又三复焉。"此书所收中国人名,上起古代,下迄清末,约四万多个,凡经史志书、私家著述、金石文字所载人名.无论善恶忠奸,全部采录;其余经史上没有记述,而以著作、书画或技艺闻名,有逸事流传的也酌量收录。至于清代人物,因为当时《清史稿》和一些地方志没有编写出版,所以遗漏很多。此书条目按姓名笔画多少排列,每人注明姓名、字号、时代、籍贯、生平事迹,有著作的列出书名。不足之处是,对于人物仅注时代,不注生卒年代;在籍贯项,有的因亲属关系仅注在父兄名下,子孙的名下则不注出,需要转折才能查到。书末附有姓氏考略、异名表、中国历代纪元表。张执之等《中国历代人名大辞典前言》(上海古籍出版社 1999 年 12 版《中国历代人名大辞典》书前)谓"至于近现代人编纂的古代人名辞典,刊行最早、规模最大的则是臧励和等编纂的《中国人名大辞典》。该书收录历代人物约四万余人,由商务印书馆于 1921 年出版,至今尚无可取代者"。

中央图书馆编著《中外名人历史大观》(1—4 册)由上海编者刊行。

按:是书辑录历代中外名人、帝王、学者、艺人的传记。

张静庐编辑《杜威、罗素演讲录合刊》由上海泰东书局刊行。

杨尘因著《华伦·哈定历史》由上海大陆图书公司刊行。

中央图书馆编著《中外名人历史大观》(1—4 册)由上海编者刊行。

顾冠英编《中华全国名胜古迹大观》由上海大陆图书公司刊行。

唐忍庵著《留园风景》由江苏无锡编者刊行。

徐振新编《无锡大观》由江苏无锡书院刊行。

孙绍康著《欧亚环游记》由哈尔滨商业印书局刊行。

徐珂编《北戴河指南》由上海商务印书馆刊行。

冯延铸著《东游鸿爪录》由山西大冈县署刊行。

梁绍文著《南洋旅行漫记》由上海中华书局刊行。

中华书局编《新游记汇刊》由编者刊行。

津浦铁路管理局总务局编《津浦铁路旅行指南》由天津编者刊行。

王靖先编《津厦铁路旅行指南》刊行。

林传甲编《大中华吉林省地理志》由吉林教育厅刊行。

丁詧盦著《中华民国分省地图》由上海中华书局刊行。

葛绥成编制,许仁生绘《上海全埠地图》由上海中华书局刊行。

扬州振新书局制《江都县城市图》由编者刊行。

黄忏华著《学术丛话》由上海泰东图书局刊行。

廖平著《六译馆丛书》由四川存古书局刊行。

杜定友著《图书馆与市民教育》由广东广州市民大学出版部刊行。

教育图书馆编《学生百科大全》由编者刊行。

[日]生田长江著,毛咏棠等译《社会改造之八思想家》由上海商务印书馆刊行。

[日]生田长江、本间久雄著,周佛海译《社会问题概观》由上海中华书局刊行。

[日]高畠素之著,李达译《社会问题总览》由上海中华书局刊行。

按:是书分总说、社会问题的意义及由来、社会政策、社会主义、工会、妇女问题等4编。

[日]栀口秀雄著,商务印书馆编译馆译《近代思想解剖》(上下卷)由上海商务印书馆刊行。

按:是书分思潮变迁之概观、卢梭与近代思潮、自由平等之思想、科学的精神之支配、近代生活与近代思想、女子解放之思想、自然主义之思潮、世纪末之怀疑与悲哀、新思想之曙光等12章。

[日]小林丑三郎著,高一涵译《经济思潮史》由北京大学新知书社刊行。

按:是书包括贵金主义及重商政策、自然主义及重农学派、自由贸易政策、人口论、地租论、劳金基本说及救贫说、社会主义、历史派、国家社会主义、社会改良主义、国际经济主义等。

[日]植原悦三郎著,陈适译《欧美各国改造问题》由上海公民书局刊行。

[日]山川均著,王文俊译《苏维埃研究》由北京新知书社刊行。

按:著者为日本社会主义研究社社长。本书阐述苏维埃的思想起源,发展过程和组织情况。

[日]中岛半次郎著,陈适译《教育之改造》(公民丛书)由上海公民书局刊行。

[日]厨川白村著,罗迪先译述《近代文学十讲》(上下卷)由上海学术研究会总会刊行。

[日]小野庄造著,王作新编译《各国机关枪战术》由北京武学书馆刊行。

[日]宪藤原治著,郑次川译,王岫庐校阅《波斯问题》由上海公民书局刊行。

[日]桑田熊藏著,刘景译,吴贯因校《欧洲劳佣问题之大势》由北京内务部编译处刊行。

[英]濮尔文原编,王完白译评《五十轶事译评》由上海协和书局刊行。

[英]王尔德著,王靖、孔襄我译《同名异娶》由上海泰东图书局刊行。

[英]德林瓦脱著,沈性仁译《林肯》由上海商务印书馆刊行。

[英]达孚著,严叔平译《鲁滨孙漂流记》(上下卷)由上海崇文书局刊行。

[英]斐鲁丁著,林纾、陈家麟译《洞冥记》由上海商务印书馆刊行。

[英]安司倭司著,林纾、毛文钟译《厉鬼犯跸记》由上海商务印书馆刊行。

[英]Mrs. Gaskell 著,林家枢译述《女儿国》由译者刊行。

[英]伯明罕著,林纾、毛文钟译《沙利沙女王小纪》由上海商务印书馆刊行。

[英]威而司著,林纾、毛文钟译《鬼悟》由上海商务印书馆刊行。

［英］威尔士著,定九、霭庐译《人耶非耶》由上海进步书局刊行。

［英］伯鲁夫因支著,林纾、陈家麟译《怪董》由上海商务印书馆刊行。

［英］玛克斯·潘姆白吞著,茗狂译《死死生生》由上海进步书局刊行。

［英］道因著,林纾、林凯译《情海疑波》由上海商务印书馆刊行。

［英］卡文著,林纾、毛文钟译《沧波淹谍记》由上海商务印书馆刊行。

［英］高尔武著,林纾、毛文钟译《马妒》由上海商务印书馆刊行。

［英］路易著,林纾、毛文钟译《埃及异闻录》由上海商务印书馆刊行。

［英］哈葛德著,林纾、陈家麟译《炸鬼记》由上海商务印书馆刊行。

［英］罗素讲,伏庐记《社会结构学五讲(送别罗素先生之纪念特刊)》由北平晨报社刊行。

［英］罗素讲,罗敦伟、陈顾远记《社会结构学(罗素五大讲演)》由北平北京大学新知书社刊行。

［英］杜葛赉斯著,李天白编译《致富密钥》由上海中华新教育社刊行。

［英］罗素讲,宗锡钧、李小峰笔记《心的分析》由北京惟一日报社刊行。

［英］罗素著,孙伏庐记录《心之分析》由北京大学新知书社刊行。

［英］罗素著,吴范寰记录《数理逻辑》由北京大学新知书社刊行。

［英］罗素著,［美］勃拉克讲《罗素及勃拉克演讲集》由北京惟一日报社刊行。

［英］罗素著,章廷谦记《哲学问题》由北京北京大学新知书社刊行。

［英］罗素著,王星拱译《哲学中之科学方法》由上海商务印书馆刊行,有著者原序。

［英］Pitman 著,马润卿编辑,中华书局西文编辑部注释《(袖珍)(附注释)英华商业尺牍范本》(1—8 集)由上海中华书局刊行。

［英］D. Jones 著,陆费执、瞿桐岗译订《英华正音词典》由上海中华书局刊行。

［英］列仑斯基著,陈适译《财产起源论》由上海公民书局刊行。

［英］泰晤士报社编,张庭英译《凡尔登战记》由上海商务印书馆刊行。

［英］富克司著,朱清华译《太平洋现在及将来》由北京自觉社刊行。

［英］罗素著,程振基译《政治理想》由上海商务印书馆刊行。

［英］葛琼珊著,董景安译《穆民始值福音记》由上海穆民向道会刊行。

［英］希蓝麦沁著,林文庆译《基督教辟谬》刊行。

［俄］歌郭里著,贺启明译《巡按》由上海商务印书馆刊行。

［俄］屠格涅夫著,耿济之译《村中之月》由上海商务印书馆刊行。

［俄］阿史德洛夫斯基著,耿济之译《雷雨》由上海商务印书馆刊行。

［俄］托尔斯泰著,耿济之译《黑暗之势力》由上海商务印书馆刊行。

［俄］托尔斯泰著,沈颖译《教育之果》由上海商务印书馆刊行。

［俄］托尔斯泰著,张默池、景梅九译《救赎》由上海公民书局刊行。

［俄］托尔斯泰著,文范村译《活尸》由上海商务印书馆刊行。

［俄］米哈·柴霍甫著,郑振铎译《海鸥》由上海商务印书馆刊行。

［俄］米哈·柴霍甫著,耿式之译《伊凡诺夫》由上海商务印书馆刊行。

［俄］米哈·柴霍夫著,耿式之译《万尼亚叔父》由上海商务印书馆刊行。

［俄］米哈·柴霍甫著,耿式之译《樱桃园》由上海商务印书馆刊行。

［俄］史拉美克著，郑振铎译《六月》由上海商务印书馆刊行。

［俄］普希金著，安寿颐译《甲必丹之女》由上海商务印书馆刊行。

［俄］屠格涅夫著，沈颖译《前夜》由上海商务印书馆刊行。

［俄］托尔斯泰著，新人社编译《托尔斯泰小说集》由上海泰东书局刊行。

［俄］L·托尔斯泰著，瞿秋白、耿济之译《托尔斯泰短篇小说集》由上海商务印书馆刊行。

［俄］魁特著，林纾、陈家麟译《俄宫秘史》由上海商务印书馆刊行。

［俄］托尔斯泰著，刘灵华译《托尔斯泰短篇》由上海公民书局刊行。

［俄］L.托尔斯泰著，耿济之译《艺术论》由上海商务印书馆刊行。

［俄］米哈·柴霍甫著，王靖译《（汉英合璧）柴霍甫小说》由上海泰东图书局刊行。

［俄］克鲁泡特金著，凌霜译《近代科学和安那其主义》由广东广州平民书社刊行。

［苏］列宁著，沈泽民译《论无产阶级在这次革命中的任务》刊行。

［苏］考茨基著，恽代英译《阶级争斗》由上海新青年社刊行。

［美］富司迪著，胡贻穀译《信仰的意义》由上海青年协会书局刊行。

［美］因大信译《旧约纲目》由广东广州美华浸会印书局刊行。

［美］因大信译《基督教宗教历史》由上海中华浸会书局刊行。

［美］狄隆著，秦翰才译《巴黎和会秘史》上海世界书局刊行。

［美］孟罗著，朱毓芬译《英德法美比较都市自治论》由上海中华书局刊行。

［美］施罢戈著，陈国榘译《布尔什维主义底心理》由上海商务印书馆刊行。

［美］古力基著，王岫庐、郑次川译《科学泛论》由上海公民书局刊行。

［美］勃拉克讲演，李小峰记《政治思想与经济状况》由北京大学新知书社刊行。

［美］勃拉克讲演，宗锡钧、李小峰笔记《经济影响下之政治思想》由北京惟一日报社刊行。

按：是书内容与《政治思想与经济状况》相同。

［美］凯查姆（原题克契门）著，费培杰译《辩论术之实习与学理》刊行。

［美］柯尔文、巴格莱著，廖世承译《教育心理学大意》（教育丛书）由上海中华书局刊行。

按：是书分动作的普通原理、机械式的动作、为意识所支配的动作3集。讲述动作与学习、感情、感觉、思维等之间的关系。

［美］韦伯尔著，郑宗海译《修学效能增进法》由上海商务印书馆刊行。

［美］克雷夫人著，林纾、毛文钟译《僵桃记》由上海商务印书馆刊行。

［美］杜威著，刘衡如译《学校与社会》（教育小丛书）由上海中华书局刊行。

［美］杜威讲演，金海观等笔记《杜威教育哲学》（南京高等师范学校丛书）由上海商务印书馆刊行。

［美］杜威著，元尚仁译《德育原理》（教育小丛书）由上海中华书局刊行。

按：是书分学校的道德的意义、学校中所定的道德的训练、从教授法上论道德的训练、课程的社会的性质、德育的心理学上的状况五部分。

［美］濮墨著，王克仁、邰爽秋译《德育问题》（教育小丛书）由上海中华书局刊行。

［美］亮乐月授意，许耐庐述词《静妙园甲、乙种琴歌》（甲、乙册）由上海广学书局刊行。

［法］柏格森著，杨正宇译《形而上学序论》由上海商务印书馆刊行。

［法］布里安著，陈良猷译《红衣记》由上海泰东书局刊行。

［法］雨果著，林纾、毛文钟译《双雄义死录》由上海商务印书馆刊行。

［德］施笃谟著，郭沫若、钱君胥译《茵梦湖》由上海泰东书局刊行。

［德］马克思著，袁让译《工钱劳动与资本》由上海人民出版社刊行。

［德］柯祖基著，李达译《马克思经济学说》由上海中华书局刊行。

［荷］郭泰著，李达译《唯物史观解说》由上海中华书局刊行。

［挪威］易卜生著，潘家洵译，胡适校《易卜生集》（一）由上海商务印书馆刊行。

［挪威］易卜生著，周瘦鹃译《社会柱石》（上下卷）由上海商务印书馆刊行。

［挪威］伊卜森著，林纾、毛文钟译《梅孽》由上海商务印书馆刊行。

［印度］泰戈尔著，景梅九、张墨池译《人格》由上海大同图书馆刊行。

［印度］太谷儿著，王靖、钱家骧译《人生之实现》由上海泰东图书馆刊行。

密勒著，郑宗海、俞子夷编译《（密勒氏）人生教育》（南京高等师范学校丛书）由上海商务印书馆刊行。

施米德著，P. Ch. Ming 译《羔羊记》由河北献县张家庄天主堂刊行。

I. T. Thurston 著，福幼报社译《贫孩得胜》由上海广学会刊行。

傅利门著，徐松石译《实用儿童教育学》由上海广学书局刊行。

樊南摩著，郑次川译《意大利一瞥》由上海商务印书馆刊行。

密鲁著，余家菊译《儿童论》（教育小丛书）由上海中华书局刊行。

按：是书叙述儿童教育问题。

萧志仁编述《各国经济思潮之变迁》由北京内务部编译部刊行。

陈望道译《空想的和科学的社会主义》由人民出版社刊行。

李璜译《法兰西学术史略》（第 1 集）由上海亚东图书馆刊行，有译者序。

姜琦编译《西洋教育史大纲》（上下册）由上海商务印书馆刊行。

按：是书共 2 卷，分审美的教育、宗教的教育、人文的教育、实利的教育、社会的教育等 14 章。附：西洋教育学史 3 章。

易家钺编译《家庭问题》由上海商务印书馆刊行。

陈适生编译《罗素评传》由上海文明书局刊行，有作者原序，译者序，金邦正及梁启超序。

方考岳编译《大陆近代法律思想小史》由上海商务印书馆刊行。

陈言编译《菲律宾花边刺绣术图说》由上海大东书局刊行。

董瑞椿译《世界实业大王》由上海中华书局刊行。

按：是书收录《金刚钻石王赛希儿罗特》《石碱王威廉姆勒伐》《铜王威良姆库洛克》《杂货商王约翰纳迈卡》《新铁道王介姆斯舍儿》《航业王萨托马斯撒他楞特》《钢炮王克虏伯》《海上王岩崎弥太郎》等 18 篇文章，卷首有蒋贻孙序。

天笑生译《琼岛仙葩》（奇情小说）由上海进步书局刊行。

士杰卜多禄著《群圣流芳》（1—4 册）由香港纳匝肋静院刊行。

又天编，海清氏校正《复真十要》由上海明善书局刊行。

赫士译著《以弗所书注释》由上海广学会刊行。

R. F. Cottrell 著《末世警钟》由上海时兆报馆刊行。

《刘董二位致命真福合传》(湖北襄属教史记略)由上海土山湾印书馆刊行。

《使徒行传》由上海大美国圣经会刊行。

《天主十诫劝论圣迹》刊行。

《要道集》由上海时兆报馆刊行。

《要理歌》由上海土山湾印书馆刊行。

《中西齐家谱》由上海土山湾印书馆刊行。

《圣心训言》由河北献县刊行。

《圣月心》刊行。

五、学者生卒

郑观应(1842—1921)。观应本名官应,字正翔,号陶斋,别号杞忧生、慕雍山人、待鹤山人,广东香山人。1858 年应童子试未中,即弃学从商,在任上海新德洋行买办的叔父郑廷江处"供走奔之劳"。次年,由亲友介绍进入上海英商宝顺洋行任职。同年冬,被派赴天津考察商务。1860 年返回上海后,掌管洋行的丝楼,并兼管轮船揽载事项。同时进入英国人傅兰雅所办的英华书馆夜校学习英语。1868 年转任生祥茶栈的通事,并出资合伙经营公正轮船公司。1873 年参与创办太古轮船公司。次年,受聘为该公司总理之职并兼管账房、栈房等事。1880 年为织布局总办,旋又为上海电报局总办。1882 年接受李鸿章之聘,出任轮船招商局帮办。1884 年奉命赴粤总办湘军营务处。1896 年任汉阳铁厂总办。1900 年任上海自立会首席干事。1906 年任粤汉铁路总办。1908 年入上海预备立宪公会。民国以后,主要精力办教育,并兼招商局公学住校董事、主任、上海商务中学名誉董事等职。著有《易言》(《盛世危言》)《罗浮待鹤仙人诗草》《郑观应集》等。

按:姜义华《郑观应与近代中国启蒙运动发端》说:"郑观应在众多中国近代史与中国近代思想史著作中,都被作为早期改良主义思潮代表人物之一而加以历史定位。如果转换一个视角,就会发现,在中国早期现代化进程中,郑观应名副其实地是一位从事近代实业开拓、经营、管理的实业界前驱;在中国启蒙运动发展中,郑观应又名副其实地是一位最先全面触及启蒙思潮各项基本问题的启蒙运动前驱。作为实业家,郑观应的启蒙思想酝酿、成形和发展,便具有自己亲身实践的丰富经验与坚实基础;作为启蒙思想家,郑观应的实业活动便具有明晰的目标与开阔的视野。这二者紧密结合,构成郑观应独树一帜的鲜明个性和明显区别于他人的独特的历史地位。"(《岭南文史》2002 年第 3 期)

劳乃宣(1843—1921)。乃宣字季瑄,号玉初,浙江桐乡人。1871 年中进士。曾任直隶知县。1908 年奉诏进京,任宪政编查馆参议、政务处提调,授江宁提学使。1911 年任京师大学堂总监督,袁世凯内阁学部副大臣。张勋复辟,被任命为法部尚书,借口年老未就职。1914 年与德国人尉礼贤在山东尊孔文社内建立藏书楼,为青岛第一座图书馆。著有《各国约章汇录》《义和拳教门源流考》《简字丛录》《合声简字谱》《筹算浅释》《古筹算考释》《共和正解》《续共和正解》等。

按:郭婕《劳乃宣法律思想略论》说:"劳乃宣一生以儒学为宗,受中国封建正统思想的影响颇深,在清末修律中他坚决主张维护纲常伦理,被称为礼教派的代表人物。从变法思想上来看,劳乃宣是清廷修律的忠诚拥护者,他对法律的起源和分类进行了探讨,提出了循序渐进、立足本国国情的变法修律主张。另一方面,劳乃宣主张部分保留秦汉以来的封建正统法律思想的核心内容,继续维护'亲亲''尊尊'的宗法思想,提倡儒家的'德治',强调人在法律中的重要作用。'更向广场争礼律,任他举国目为狂'。他是清末继曾国藩、张之洞等之后的'中体西用'的又一位代表人物。"(《史学月刊》2000年第2期)

丁以此(1849—1921)。以此字竹筠,一字竹君,山东日照人。丁惟汾之父。早年从学于许瀚入奎峰书院,专治音韵训诂。曾参考王念孙、孔广森所订古韵部,定古韵二十二部,经界益明,条理更密。31岁治毛诗,并教授弟子。创"经韵""纬韵""间句韵""连章韵""起韵""收韵""线韵""正射韵"等条例。后以教私塾谋生,以资助其子从事革命活动。著有《毛诗正韵》4卷,深受章太炎、刘师培、黄侃等人赞赏。

潘振镛(1852—1921)。振镛字承伯,号亚笙,又号雅声,自称壶琴主,晚署讱钝老人、钝叟、钝老人,浙江嘉兴人。出身于绘画世家,祖父潘楷工花卉;父潘大临工仕女。幼年即染家学,六七岁时便能画人物。后从师钱塘名画家戴以恒,画艺日臻精妙,尤工人物仕女。民国初年在上海偕弟振节与高邕之等发起组织豫园书画善会,以鬻画所得,半充义举,一时响应者甚众。其人物画与沙山春、吴嘉猷并为三绝。传世作品甚多,著名的有《贵妃图》(长卷)、《明妃出塞》《西施浣纱》《霸桥风雪》《寒江独钓》等。

沈曾桐(1853—1921)。曾桐字子封,号同叔,浙江嘉兴人。沈曾植弟。1886年进士,选庶吉士,授翰林院编修。曾任湖北考官,甲午后忧愤国事,主张变法维新,提倡西学,支持康有为开强学会,列名为发起人。曾任广东提学使,对岭南大学的西式教育极为称道。1909年奏请在广雅书局旧址设立广东图书馆,拨款5万元兴建广东图书馆。

严复(1854—1921)。复初名体乾、传初,改名宗光,字又陵,后又易名复,字几道,晚号愈野老人,别号尊疑,又署天演哲学家,福建侯官人。出身于名医世家。长期从事教育工作。1866年考入马尾船政后学堂,主要学习驾驶专业。五年后以优等成绩毕业,毕业后在军舰上工作。1877年到1879年被公派到英国留学,先入普茨茅斯大学,后转到格林尼治海军学院。1879年毕业回国,到福州船厂船政学任教习,次年调任天津北洋水师学堂总教习(教务长)。1889年后捐得选用知府衔,并升为会办、总办(校长)。曾任过京师大学堂译局总办、上海复旦公学校长、安庆高等师范学堂校长,清朝学部名辞馆总编辑等职。甲午海战后作《论世变之亟》《原强》《辟韩》《救亡决论》等文,发表在康有为的"公车上书"之前,于当时思想界产生巨大影响。1905年任皖江中学堂监督(即校长),积极倡导西学的启蒙教育,完成著名的《天演论》的翻译工作。主办《国闻报》和《国闻汇编》。1912年受袁世凯之命任北京大学校长。1915年参与袁世凯帝制运动,为筹安会之发起人之一。反对辛亥革命,拥护袁世凯复辟,反对"五四"新文化运动,主张读经尊孔。1921年10月27日在福州病逝。著有《严几道文集》《愈懋堂诗集》《严几道诗文钞》等。著译编为《侯官严氏丛刊》《严译名著丛刊》。事迹见《清史稿》卷四八六、皮后锋《严复评传》,王蘧常编著有《严几道年谱》;孙应祥著《严复年谱》;钱履周遗稿、何桂春整理《严复年表》;王栻、孙应祥编有《严复生平大事年表》;林保淳编有《严复翻译年表》。

按:《清史稿》本传曰:"严复,初名宗光,字又陵,一字几道,侯官人。早慧,嗜为文。闽督沈葆桢初创船政,招试英俊,储海军将才,得复文,奇之,用冠其曹,则年十四也。既卒业,从军舰练习,周历南洋、黄海。日本窥台湾,葆桢奉命筹防,挈之东渡诇敌,勘测各海口。光绪二年,派赴英国海军学校肄战术及炮台建筑诸学,每试辄最。侍郎郭嵩焘使英,赏其才,时引与论析中西学术同异。学成归,北洋大臣李鸿章方大治海军,以复总学堂。二十四年,诏求人才,复被荐,召对称旨。谕缮所拟万言书以进,未及用,而政局猝变。越二年,避拳乱南归。是时人士渐倾向西人学说,复以为自由、平等、权利诸说,由之未尝无利,脱靡所折衷,则流荡放佚,害且不可胜言,常于广众中陈之。复久以海军积劳叙副将,尽弃去,入赀为同知,累保道员。宣统元年,海军部立,特授协都统,寻赐文科进士,充学部名词馆总纂。以硕学通儒徵为资政院议员。三年,授海军一等参谋官。复殚心著述,于学无所不窥,举中外治术学理,靡不究极原委,抉其失得,证明而会通之。精欧西文字,所译书以揭辞达奥旨。……世谓纾以中文沟通西文,复以西文沟通中文,并称'林严'。辛酉秋,卒,年六十有九。著有《文集》及译《天演论》《原富》《群学肄言》《穆勒名学》《法意》《群己权界论》《社会通诠》等。"

按:刘声木在《桐城文学渊源考》中,没有罗列严复、林纾的名字。但从俩人的古文创作看,现代学者都把他们当做桐城派作家。如胡适《五十年来中国之文学》说:"严复、林纾是桐城派的嫡传,康有为、梁启超是桐城派的变种。"(姜义华编《胡适学术文集》,中华书局1998年版)钱基博《现代中国文学史》下编说:"(严复)自以生平师事服膺者,厥惟桐城吴汝纶……"陈柱《中国散文史》说:"(严复)从吴汝纶学为古文。"陈子展《最近三十年中国文学史》说:"严复、林纾同出吴汝纶门下,世称严、林。他们的古文都可以说是桐城派的嫡传……"姜书阁《桐城文派评述》说:"严、林皆受古文法于吴汝纶,故为桐城派人。"

按:任访秋《严复》说:"严复在十九世纪末中国的思想界和文艺界,的确是一个非常重要的人物。尽管他的文艺观从今天看来是不够正确的,但他的杂文同译著,对当时读者都产生了不可估量的巨大影响。他的杂文同译著中的'按语',一面大力提倡科学同民主,一面用资产阶级的思想武器,对中国封建文化进行了多方面的批判,应该说他已给五四时期提倡'德''赛'二先生,同批判封建文化的思想革命、作了先导。至于他的译著,对西方资产阶级学术思想政治制度以及治学方法作了比较系统的介绍,尤其是在'按语'中往往是苦口婆心,语重心长,不惜反复的强调科学与民主为救国的必由之路,这不仅对国人收到了发聋振聩的效果,就是在整个思想界也产生了启蒙作用。"(《任访秋文集·近代文学研究》,河南大学出版社2013年版)

屠寄(1856—1921)。寄原名庚,字敬山,一作静山,又字归甫,别字师虞,字号结一宦主人,晚更号无闷居士,江苏武进人。1892年进士。授庶吉士,散馆,历任工部主事、电报局总办、奉天大学总教习、淳安知县、淳安县知事、国史馆总纂等。长期从事史地研究。著有《蒙兀儿史记》《黑龙江舆地图》《舆图说》《结一宦骈文》《结一宦诗略》《京师大学堂中国史讲义》等。屠孝宦编有《先君年谱》(《屠寄年谱》)1卷;董寀撰有《屠敬山先生年表》。

黄宗仰(1864—1921)。宗仰俗名黄浩舜,别号乌目山僧,笔名黄中央,江苏常熟人。1884年在镇江江天寺受戒。1899年前往上海。1901年受犹太富商哈同的华籍夫人罗迦陵聘请,设计建造爱俪园,并在其内讲授佛经。1902年春联络章太炎、蔡元培、叶瀚等发起中国教育会,拟编订教科书,改良教育,挽救国家危亡。次年成立爱国学社,收容南洋公学等因反对学校当局压制而退学的学生。《苏报》案发后,因营救章太炎、邹容未成,避往日本。访孙中山于横滨;募资捐赠留日学生革命刊物《江苏》。1904回到上海,专事重刻日本宏教书院佛藏,历多年始成。1909年主编《商务日报》。1914年充江天寺首座。1920年任栖霞寺主持,为众拥戴之"禅师"。

彭翼仲(1864—1921)。翼仲名诒孙,字翼仲,号子嘉,江苏常州人。1902年在北京创办《启蒙画报》。1904年8月16日在北京创办《京话时报》,自任主编。1906年因报道著名的南昌教案,被清廷以"妄议朝政,容留匪人"的罪名将该报查封,彭翼仲被流放新疆十年。1913年从新疆回京后,复刊《京话时报》直至逝世。另外还创办《中华报》。

曹佐熙(1867—1921)。佐熙字摅沧,号毅庵,湖南益阳人。曾官知县,辛亥革命后弃官归湘,任省议会议员。师从杜贵墀,受古文法,其为文高简有法。精通经史,亦工于诗文。曾参与创办《船山学报》。著有《海园诗残》《毅庵类稿》《岭南诗草》《清史商例质疑》《湖南益阳三峰曹氏通谱》《史学通论》等。

狄葆贤(1873—1921)。葆贤字楚青,又字楚卿,别号平子、平等阁主、平等阁主人、慈石、六根清净人,江苏溧阳人。光绪举人。戊戌变法失败后逃亡日本。1900年回国,参与唐才常组织的自立军汉口起义。1904年在上海创办《时报》。后又创办《小说时报》《妇女时报》《佛学时报》和有正书局。1908年任江苏咨议局议员。晚年奉佛。曾撰写论文《论文学上小说之位置》,追随梁启超,极力鼓吹新小说。著有《平等阁诗话》《平等阁笔记》《平等阁琐言》等。

刘鸿声(1879—1921)。鸿声原名鸿升、鸿生,字子余,号泽滨,直隶顺义人。早年得京剧花脸穆凤山指教,后入翠凤庵票房,习花脸。拜常二庄为师,又得金秀山指点。1895年正式下海,为职业演员。初入同春班,为谭心培配戏。后搭玉成班。1909年至上海新舞台演唱,曾获"第一花面"之誉。后改习老生。1912年组建鸿庆班。1918年任北京正乐化会会长。所编剧目有《苏武牧羊》《打窦瑶》等。

易白沙(1886—1921)。白沙本名坤,号越村,湖南长沙人。早年研究郑思肖《心史》及黄宗羲、顾炎武、王夫之等人遗书,萌发反清思想。武昌起义时,曾游说皖中将领应援武昌。1913年参加孙中山发动的"二次革命",失败后到日本。1916年2月在《新青年》上发表《孔子平议》(上),成为新文化运动中第一个出来批评孔子和儒学的人,在当时的思想界具有很大的影响。1917年至1918年曾任湖南第一师范学校教员,天津南开大学、上海复旦大学教授。1921年行刺北洋军阀未果,蹈海自尽。著有《帝王春秋》。

按:钟慧林《易白沙生平及思想研究》说:"易白沙是近代著名的资产阶级民主革命者,也是新文化运动的重要代表人物。他在积极开展革命活动的同时,从文化学者的视角对中国前途进行了诸多的思考,并以学理的语言给以阐释,以此探寻救国救民道路,形成了鲜明的思想特色。他的学术著作包含了丰富的思想内容:政治的,文化的,哲学的思想。易白沙的政治思想包括民主主义思想和民族主义思想。他批判封建专制主义政治,提倡民主法治。高扬爱国主义旗帜,反对不义战争。他从传统学说中寻找能为现实服务的资源,以之作为对抗封建专制主义、宣传民主、平等、法治的思想武器。易白沙推崇墨学,批判儒家,反对学术专制,就正确处理国学与孔学、传统文化与近代文化、东方文化与西方文化的关系,提出了有价值的见解和主张,足为今天的文化建设提供借鉴。他的思想具有鲜明的唯物倾向和思辨色彩,他高举'个性解放'大旗,提倡个体意识的觉醒,宣传人的自由,认同个体价值,试图把人从各种人身依附关系中解放出来,确立了资产阶级个人本位主义价值观。他的思想也存在一定的局限,最终因看不到革命的前途而自杀。但从他身上所体现出来的强烈的政治责任感、高度的社会关怀意识和可贵的探索精神,是值得肯定的。"(湖南师范大学硕士学位论文,2010年)

彭璜(1896—1921)。璜字殷柏,又称荫柏,湖南湘乡人。早年就读于长沙湖南商业专门学校。1919年5月下旬,作为商专学生代表与毛泽东等发起成立湖南学生联合会,被推选为副会长,旋任会长。加入毛泽东等创办的新民学会。7月主持开会成立湖南各界联合会,组织举行长沙焚毁日货游行示威大会。8月赴上海进行驱张运动的宣传联络,12月参与组织湖南旅沪各界联合会,并任全国各界联合会干事。1920年2月创办《天问》周刊,任主编,明确提出"民众自决"的口号,公开揭露张敬尧的反动罪行。同时倡议发起成立上海工读互助团筹备会。8月协助毛泽东创办成立长沙文化书社,任筹备员。同时与毛泽东倡议组织留俄勤工俭学团,发起成立湖南俄罗斯研究会,被推举为会计干事。9月与毛泽东联合教育、新闻、工,商、政各界进步人士,发起湖南自治运动,主张实行民主政治。10月10日与毛泽东、何叔衡等组织长沙工人、学生、市民游行示威,遭到反动当局镇压。11月前后参加毛泽东、何叔衡、萧铮、贺民范等6人发起成立湖南共产党组织的签字活动,成为长沙共产主义小组最早成员之一。

郑造(—1966)、姚溱(—1966)、窦宗默(—1968)、孙维世(—1968)、萧珊(—1972)、赵连喜(—1979)、裴正义(—1983)、袁克夫(—1984)、康师尧(—1985)、胡华(—1987)、杨公骥(—1989)、李国香(—1990)、王道乾(—1993)、冯先铭(—1993)、沈湘(—1993)、毛世来(—1994)、谢景兰(—1995)、韩不言(—1997)、刘炽(—1998)、王汶石(—1999)、李和曾(—2001)、穆青(—2003)、菡子(—2003)、林焘(—2006)、孙道临(—2007)、程十发(—2007)、高鸿业(—2007)、王照华(—2009)、钱春绮(—2010)、何任(—2012)、吕恩(—2012)、葛家澍(—2013)、黄枬森(—2013)、赵无极(—2013)、薄冰(—2013)、周梦蝶(—2014)、黄济(—2015)生。

六、学术评述

本年度是中国共产党的创立之年,中共的创立堪称"开天辟地"的重大事件,在中国革命历史上具有划时代意义。尽管这在当时并未引起世人的普遍关注,但历史已经充分证明,中国共产党诞生之后,经过不断的发展壮大,直到最后取得革命胜利,不仅彻底改变了中国的历史进程,而且深刻影响着世界的发展趋势。历史地看,从"五四"运动到"一大"会议,彼此具有必然的逻辑关联,前者为后者作好了舆论、理论、思想、阵地、人才诸方面的必要准备,而介于二者之间的1920年,则实现了"学说臻于信仰,理论走向实践"的历史转折,特别是共产国际代表维经斯基到来后,经与"南陈北李"协商,一致认为建立共产党组织的条件业已成熟,对于促进马克思主义的"政党化"发挥了重要作用。之后的1921年6月3日,共产国际代表马林取道欧洲来到上海,然后化名安德莱森(Andresen)以记者的公开身份,具体帮助和指导中国共产党的建立,同样发挥了重要的推动作用。诚然,这仅仅是"外因"的作用,关键还是"五四"以来中国先进知识分子群体的觉醒与探索。从7月23—31日出席"一大"党代表的地理分布图来看,主要有上海小组的李达、李汉俊,北京小组的张国焘、刘仁静,长沙小组的毛泽东、何叔衡,武汉小组的董必武、陈潭秋,济南小组的王尽美、邓恩铭,广州小组的陈公博,旅日小组的周佛海,还有陈独秀的代表包惠僧。这既反映了此时全国各地建党活动的重要进展,同时也是对各位代表以及所在区域业绩的高度肯定。不无遗憾的是,李大钊正在领导北京大学等八高校向北洋政府的"索薪"斗争,陈独秀则在广东教育厅长任上推进教育改革和筹办大学,所以作为思想领袖的"南陈北李"都缺席了"一大"。作为弥补,李大钊委托张国焘带来了他的意见,远在广东的陈独秀则一直与上海党组织处于热线联系之中,并委托包惠僧为私人代表出席。"一大"最终选举陈独秀、张国焘、李达三人组成中央局,陈独秀为总书记,张国焘为组织主任,李达为宣传主任,由此可见上海、北京小组的主导作用以及"南陈北李"的核心作用。

与此同时,本年依然交织着南北、中外诸多方面的激烈冲突与分合,而且随着中国共产党的正式成立以及强势登上历史舞台,国、共与北洋政府以及中国与共产国际、西方列强的多重关系日趋复杂。就国内而言,南北矛盾依然属于主要矛盾,但主导权已逐渐转向孙中山这边,主要表现在:5月5日,中华民国政府在广州正式成立,孙中山就任中华民国非常大总统,在广州重组军政府。6月18日,孙中山下令讨伐桂系军阀陆荣廷。8月10日,广州国会非常会议通过出师北伐决议。10月10日,孙中山为中文本《实业计划》作自序,强调"中国存亡之关键"在于是否能够发展实业。12月22日,段祺瑞派徐树铮赴粤与孙中山商谈合作对抗直系曹、吴事宜。而中西方的矛盾则集中在 11 月 12 日英、美、日、法、意、中、荷、葡、比九国在美国华盛顿举行"华盛顿会议"（亦称太平洋会议），中国代表在会上提出各国应尊重中国领土完整及政治、行政独立的 10 项原则，但未能实现。其中"华盛顿会议"在学术界受到广泛关注。另一方面，在新成立的中国共产党内部以及与共产国际之间，也同样不可避免地出现分歧甚至论争。9 月 11 日，就在包惠僧迎接陈独秀返沪的船上，陈独秀与包惠僧一路谈论中国革命问题，指出"共产主义运动是国际的潮流，共产主义在中国怎样进行还要摸索"，认为"由于各个国家情况不同，马克思主义的发展形态也各异，在中国是什么样子还要看发展"。陈独秀的上述观点不排除与其刚烈个性有关，但即便在今天看来依然具有一定的预见性与深刻性。所有这些，都对当时学界产生不同程度的影响。

在京沪双都轴心以及各省、海外四大学术板块中，北京国立北大、北高师、女高师、法专、农专、工专、医专、美校八校声势浩大的"索薪"斗争的确耗费了上述八校的大量精力，北京高校尤其是北京大学再次成为全国注目的中心。当时蔡元培校长正在欧美访问，"索薪"斗争主要由北京大学马叙伦与李大钊领导，分别担任北京"八校教职员代表联席会议"主席和代理主席。由于李大钊一直辛勤操劳在斗争第一线，因而错过了 7 月 23—31 日在上海举行的"一大"会议。当然从全局来看，北京八校的"索薪"斗争尚未从根本上影响到以北大为主导的北京轴心的实力与地位。在 1 至 8 月以北京大学校长的身份在法国、瑞士、德国、奥地利、匈牙利、荷兰、英国、美国进行考察，访问期间，与欧美著名高校、学者多有交流，为北京大学获取了诸多优质学术资源。9 月 18 日，蔡元培返抵北京。此后至年底有四件事关乎北大的发展：一是 9 月 23 日北大通告北大数学等七系主任选举结果，当选主任者：数学系：冯祖荀；化学系：陈世璋；地质学系：何杰；哲学系：陶履恭；德文学系：杨震文；史学系：朱希祖；经济系：顾孟余。二是 11 月 28 日蔡元培向北大评议会第二次会议提出《北京大学研究所组织大纲》的提案，以"研究所为毕业生继续研究专门学术之所"，分自然科学、社会科学、国学、外国文学四门。所长由大学校长兼任。各门设主任一人，由校长于本校教授中指任之。由此进一步完善了现代研究机构的组织体系，在北京大学学术史上具有重要意义。三是 11 月 7 日《北京大学日刊》刊登启事，公布北大本届评议员当选者 16 人为谭熙鸿、顾孟余、胡适、王星拱、陈世璋、何育杰、陶履恭、沈士远、朱锡龄、李大钊、俞同奎、冯祖荀、马裕藻、夏元瑮、贺之才、张大椿。四是 12 月 23 日经数月改组与筹备的中华教育改进社召开成立大会，通过简章草案，并决定总事务所设于北京，推举蔡元培、范源濂、张伯苓、袁希涛、熊希龄、李建勋、黄炎培、汪精卫、郭秉文等 9 人为董事，严修、张謇、梁启超、张一麐、李石曾、杜威、孟禄等 7 人为名誉董事。此外，还有二事可见蔡元培的道义担当与开放襟怀：一是 10 月 4 日陈独秀在上海渔阳里 2 号住宅被法巡捕房搜捕后，胡适于 6 日晚打电话给蔡元培，请向法使馆设法交涉。7 日晨，蔡元培为陈独秀被逮事，访李石曾以及法国友人、兼任北京大学教授的铎尔孟。然后回胡适电话，已和铎尔孟商议，将直接同上海法领事交涉；二是由李大钊指导并于去年 3 月在北京大学秘密成立的马克斯学说研究会至 11 月 17 日公开，蔡元培应北大学生罗章龙等之请，同意在《北京大学日刊》上刊登"发起马克斯学说研究会启事"，又出席借北大会议厅召开的马克斯学说研究会成立大会，并在会上致辞，有利于马克思主义研究会在北大的"合法化"与马克思主义学说的传播。然而在陈独秀与《新青年》南迁之后，胡适与李大钊之间的分化也呈明显加剧趋势。胡适一方面纠结于《新青年》南迁上海之后"色彩"问题，并与陈独秀以及北京同仁协商相应的处理方案，另一方面又想另起炉灶创办新刊,先是于5月21日与蒋梦麟、王宠惠、梁漱溟、王征、丁文江、王云五、任鸿隽、陈衡哲、朱经农等人在北京发起成立"努力会",由胡适起草章程。然后至7月8日,主持"努力会"聚会,酝酿要组织一个小周报。至次年5月7日,在北京创刊《努力周报》。总体而论,一是在政治主张上,胡适倡导"好政府主义",在安庆第一中学、上海国语专修学校、中国大学等地反复讲演《好政府主义》,这从另一个侧面表达了胡适与陈独秀分道扬镳之后的新政治观。二是在文化批判上,胡适旨在巩固新文化运动的成果,主要体现在对国语的持续关注,包括致函黎锦熙讨论国语运动的过去与将来、在安庆第一中学讲演《国语运动与国语教育》以及发表《国语文法的研究法》《国语运动的历史》等;又在6月20—21日《晨报副刊》发表为《吴虞文录》所作序,称颂吴虞是"中国思想界的一个清道夫",是"只手打孔家店的老英雄",并指出他批评孔教的方法也是可取的,究其宗旨也在于巩固新文化运动的成果。三是在学术研究上,胡适继续重点关注和倡导新研究方法,除了《研究国故的方法》《清代学者的治学方法》(八)《国语文法的研究法》等直接标示"研究法"之外,甚至如《杜威先生与中国》也同样强调杜威留下的最有久远影响的是他的方法,即所谓历史的方法和实验的方法。其中《清代学者的治学方法》(八)最后归结为"大胆的假设,小心的求证"十个字,在学界产生重要影响。而作为开启"新红学"的《红楼梦考证》即是其融合杜威的实验主义方法论与传统考据学的标志性成果。此外,胡适7月15日赴上海,与同车从欧洲归来不久的徐新六谈起蔡元培领导的赴法勤工俭学运动所发生的困难和问题,认为"留法俭学"运动,是一种无意识的盲动,显然与蔡元培的积极倡导支持迥然有异。而对李大钊来说,前期主要投入领导北京国立八校的"索薪"斗争,同时积极筹划并参与"社会主义"论战,发表《俄罗斯革命之过去现在及将来》介绍俄国革命的历史与现状,特别详细地介绍了列宁的生平与著作,但重点是投入党团组织建设,包括帮助天津的共产主义知识分子建立社会主义青年团;担任中国劳动组合书记部北京分部主任;出席北京大学马克思学说研究会公开成立大会并讲话;根据中共中央的通令,成立中共北京地方委员会,由李大钊任书记,罗章龙任组织委员,高君宇任宣传委员。此外,高一涵在清华大学政治研究会讲演《共产主义之历史》以及在北京政治研究会上的讲演《共产主义历史的变迁》;梁漱溟应聘到山东讲演《东西文化及其哲学》,由罗常培记录整理在山东首次铅印出版,同年又由财政部印刷局刊行;鲁迅所作中篇小说《阿Q正传》以巴人笔名在北京《晨报副刊》上分章发表,引起了强烈的反响;周作人在《晨报·副刊》及6月16日《时事新报·学灯》发表《美文》,首次开始流行于日本明治20年代(19世纪后期)"美文"这一概念引入中国;朱希祖请何炳松译成美国鲁滨逊的名作《新史学》并作序;顾颉刚致信钱玄同论古史辨伪,认为将初步排列的几个表比较看时,"便立刻显出冲突的剧烈和渐次增高的可惊了",至此"层累地造成中国古史说"之思想酝酿成型;刘海粟应蔡元培之邀到北京大学画法研究会讲授《欧洲近代艺术思潮》……这些都是聚焦于北大的亮点所在,值得加以关注。其他高校中,金邦正继续任清华大学校长。2月14日,新学期开学,金邦正校长发表演讲,鼓励学生静心求学,注重道德和学风,努力保存清华学生素有的清洁名誉和完美人格。5月1日,清华举行建校10周年纪念并大礼堂落成典礼,金邦正校长致开会辞,外交总长颜惠庆、美国驻华公使柯兰发表演说。9月11日,清华举行开学典礼,因金邦正仍坚持参加罢考学生实行留级1年的决定,全体学生相约拒绝出席金邦正召集的开学典礼。10月12日,金邦正借故作为出席太平洋会议的中国代表团的随员离校赴美,所有校务由教务主任王文显兼代。12月18日,学生会致函在美国的金邦正,请其不必作卷土重来之梦想。以上表明清华依然还在内耗之中。赵元任继续任清华大学教授。上半年仍为罗素与勃拉克女士讲演做翻译,同时继续推动国语统一工作,并参加中国科学社各项活动。6月30日下午,梁启超举行大型宴会为杜威饯行,会上梁启超致辞,赵元任翻译。同日晚,胡适与丁文江在罗素寓处设宴为罗素与勃拉克女士饯行,赵元任夫妇、杜威夫妇在座。7月7日,梁启超在中央公园举行宴会为罗素及勃拉克女士饯行,席上赵元任为梁、罗素和勃拉克女士翻译。11日上午,赵元任送杜威博士。下午,送罗素与勃拉克女士。罗素在华讲学活动至此结束,但赵元任与罗素建立起来的友谊却延续终生。钱玄同与顾颉刚作《论近人辨伪见解书》《论今古文经学及〈辨伪丛书〉书》《论编纂经部辨伪文字书》(以上见《古史辨》第一册上编)。又与黎锦熙商定以"寒来暑往"四字的首笔"、一丨丿"(点横直撇)为现行楷书字之新部首的基本四大系。这对后来各种字典、辞书的单字按新部首分部排列产生重要影响。郑振铎、王统照、沈雁冰、叶绍钧、郭绍虞、周作人、孙伏园、朱希祖、瞿世英、蒋百里、耿济之、许地山等12人发起的文学研究会1月4日在北京中山公园来今轩正式成立,数日后发表了《文学研究会宣言》及《文学研究会章程》。此为新文学运动中成立最早、影响和贡献最大的文学社团。会议选举郑振铎为书记干事。此外,任鸿隽主持在北京清华大学举行的科学社第六次年会,任鸿隽、胡明复、赵元任、孙洪芬、杨孝述、胡刚复、杨铨、金邦正、王琎、张准、王伯秋当选为中国科学社理事;傅铜、吴康、张毓桂、宗锡钧、杨震文等人在北京发起成立第一个哲学研究团体哲学社;北洋政府总统徐世昌颁令柯劭忞《新元史》列入正史;等等,也都值得关注。

上海轴心中,一方面是红色资源的快速集聚。陈独秀于去年12月赴任广东教育厅长,行前把党的书记职务交给李汉俊(1921年2月后由李达代理书记),《共产党》主编任务交给李达,《新青年》交由陈望道主编之后,主要通过通讯方式保持与北京、上海的联系。然而共产国际代表马林坚持认为陈独秀当选为中国共产党书记,应尽到责任,不能由别人代替。一个国家的共产党领导人,不能在资产阶级政府里做官,决定包惠僧到广州接陈独秀。11日,陈独秀在包惠僧陪同下启程返沪,专任中共中央书记。10月4日,陈独秀在渔阳里2号住宅被法巡捕房搜捕,搜出《新青年》《劳动界》《共产党》各杂志及印刷品多种。26日,经各方营救出狱。10月底,陈独秀正式辞去广东教育长的职务,接受沈雁冰和王云五之请,任商务印书馆名誉编辑;以中共中央书记身份,首次召集中央会议,提出了一些中央工作和会议的规范,确定工人运动的计划,决定继续出版《共产党》、复刊《新青年》,并筹备"人民出版社",出版马克思、列宁著作。11月23日,蔡和森、李立三等人由法回国。陈独秀与陈公培介绍他们入党,并留蔡在中央宣传部工作。总之,以"一大"为标志,以《新青年》《劳动界》《共产党》为纽带,上海红都地位由此确立。另一方面,上海作为汇聚各方人士的"大熔炉"性质没有根本改变。在与五四大佬、民国元老、前朝遗老的共处中继续开展马克思主义的传播、"社会主义"的论争,以及相关论著的著述与发表。其中2月15日张东荪等在《改造》第3卷第6号推出"社会主义研究"专号,继续掀起社会主义的激烈论争;5月22日王国维写定这数年来所为文字刊于《学术丛编》及旧作之刊于雪堂、广仓二丛刊者,删繁挹华,为《观堂集林》20卷,可以视为王国维对于自己此前学术成果的一次总结。此外商务印书馆极力聘请胡适加盟,胡适最终推荐王云五自代,陈独秀接受沈雁冰和王云五之请,任商务印书馆名誉编辑,以及郑振铎南迁亦加入商务印书馆等,则为商务印书馆这一学术出版中心带来了新的气象。

各省板块中,依然大体呈现为天津、江苏两大高地以及湖南、湖北、山东、广东四个红区的基本结构。天津高地在于梁启超这一学术领袖的引领,以及张伯苓、严修、罗振玉与南开大学的支撑。梁启超与在上海的张东荪继续发起有关社会主义的论争。2月15日,上海《改造》第3卷第6号集中推出了"社会主义研究"专号,梁启超发表《复张东荪书论社会主义运动》的长文,详细阐述他对社会主义问题的意见,对张东荪《现在与将来》的观点作了进一步的发挥。在学术研究上,除了《清代学术概论》这部经典名著出版之外,又有《墨子学案》由商务印书馆出版,并著成《墨经校释》《中国历史研究法》,皆为学术经典之作,代表了天津高地的学术高度。与此同时,南开大学张伯苓校长于3月19日在南开学校青年会纪念会发表演说,称"吾信社会主义将来必能成功于世界,然纯物质的则不能长久,必须加以精神基督之社会主义"。这是对梁启超等发起的社会主义论战的呼应,但更为重要的是,张伯苓借助南开大学的平台,连续不断地邀请中外学术名流前来讲学研讨,可谓不遗余力,风生水起,为天津的学术高地作出了独特的贡献。江苏学术高地则在于其宽度,自南京创办东南大学以来更是人才荟萃,外有蔡元培、张謇、王正廷、袁希涛、聂云台、穆湘玥、陈光甫、余日章、严家炽、江谦、沈恩孚、黄炎培、蒋梦麟等13人被推为东南大学董事,内有东南大学校长郭秉文以及著名学者陶行知、柳诒徵、胡焕庸、胡先骕、刘国钧、吴宓、梅光迪、陈中凡、孟宪承等。而且前有8月柳诒徵、徐则陵、陈训慈、缪凤林、张其昀等人参与创办史地研究会会刊《史地学报》,设有评论、通论、史地教学、研究、古书新评、读书录、史地界消息、史地家传记、史传、地志、论文摘述、表解等栏目,柳诒徵为创刊号撰写发刊词。《史地学报》的创刊既为全国史地学界研究提供了重要阵地,同时也大幅提升了东南大学的学术地位与声望。后有秋冬间吴宓与梅光迪(西洋系主任)、刘伯明(副校长兼文科主任)、柳诒徵(历史系教授)、胡先骕(生物系主任)等筹办《学衡》杂志,同样都有助于大幅提升东南大学的学术影响力,但也因此引发新旧文化的新一轮论战。此外,与江苏相邻的浙江则因为马叙伦、朱自清、俞平伯等一度回归和加盟提升了学术分量,但历时比较短暂。还有福建因为陈嘉庚创办厦门大学而更有作为。4月6日,厦门大学举行开学典礼之际,校长邓艺园报告该校成立经过,邓说本大学目的有三:一研究学术,二培养人材,三指导社会。邓芝园又邀请杜威南下福建,到厦门大学演讲《大学之旨趣》。所以福建学术高地的形成,主要依赖于厦门大学。

海外板块中,"出"的方面,大致呈现为法、俄、日、美四大区系。在法国,既有刘半农6月由伦敦大学转入法国巴黎大学学习;林文铮考取巴黎大学,主修法国文学,选修西洋美术史。但其主体是勤工俭学群体,张申府在法国先介绍刘清扬入党。然后又由张申府、刘清扬介绍周恩来加入巴黎共产主义小组。此后,在国内已经入党的赵世炎、吴明(陈公培)相继赴法,成立了旅法支部(又称"五人小组"),创办《少年》刊物,张申府任旅法共产主义小组早期负责人。与此同时,蔡和森、赵世炎、李立三、陈毅、刘清扬、周恩来、向警予、蔡畅、汪泽楷、钟巍、李维汉、刘伯坚、刘伯庄、陈公培、罗汉、周钦岳、袁子贞等为争取"生存权"和"读书权"开展坚强的抗争。10月13日,在中法政府当局策划下,李立三、蔡和森、陈毅等104名代表被强行遣送回国,王若飞则留在法国继续斗争。在苏联,主要有江亢虎以社会党领导人赴苏出席6月22日至7月12日在莫斯科召开的共产国际第三次代表大会,会上三次聆听列宁的演说,并两次同列宁举行"特别会晤";瞿秋白以记者身份采访共产国际第三次代表大会,与列宁相遇,简短交谈。在俄期间,瞿秋白由来莫斯科出席共产国际三大的张太雷介绍加入共产党,又撰写长篇通讯《共产主义之人间化——第十次全俄共产党大会》以及

《赤都心史》；罗亦农、彭述之、卜士奇、刘少奇、任弼时、萧劲光、汪寿华、蒋光慈等先后进莫斯科东方劳动者共产主义大学学习,罗亦农介绍刘少奇转为中国共产党员。在日本,主要有郭沫若、田汉、郁达夫、成仿吾、穆木天、郑伯奇、张资平、施存统、丰子恺、李剑华等。6月8日下午,郭沫若与田汉、张资平、何畏、徐祖正等在郁达夫寓所一起聚谈成立文学社团,筹办同人刊物之事,议定创办《创造》季刊以及出版丛书等。此次聚会实际上意味着创造社的正式成立。此外,周佛海7月在日本鹿儿岛接到赴上海参加中国共产党成立大会的信件,成为唯一从境外赶回来的海外"一大"代表。"一大"后,周佛海奉党的指示,参加了上海劳动组合书记部的领导工作。因不久《时事新报》揭出其婚姻负面信息,于11月初离沪,返回日本读书;张太雷受共产国际委派来到东京,由施存统介绍与日本共产党员取得了联系。同年12月,施存统与部分日本共产党员一起被捕,在东京监狱里关了10多天后,被日本驱逐出境,遣送回国。在美国,依然人才济济,主要有梅贻琦、林语堂、汤用彤、罗家伦、冯友兰、钱端升、许建屏、孙本文、潘菽、陈翰笙、罗隆基等,日后多成长为学术大师与名家。另外赵元任在上半年完成为罗素与勃拉克女士讲演做翻译之后,赴美任哈佛大学讲师。关于"进"的方面,主要有杜威、罗素来华讲学结束归国,由两人来华讲学掀起的"杜威旋风""罗素旋风"在中国学界留下了深刻的以印记。另有美国著名教育史家、比较教育学家、哥伦比亚大学师范学院教授保罗·孟禄应实际教育调查社聘请,于9月来华进行了大规模教育调查与讲学;瑞典学者安特生4月18日在河南渑池县仰韶村发现以彩陶为显著特征的新石器时代遗存。

　　总观本年度的学术思潮与论争,可以重点关注以下七个方面:

　　1. 关于"社会主义"论战的进一步升级。1月16日,陈独秀在公立法政学校演讲《社会主义批评》,后刊于7月1日《新青年》第9卷第3号。此文集中论述了为什么要讲社会主义、为什么能讲社会主义、应讲什么样的社会主义三个问题,指出"社会主义"有五派:无政府主义、共产主义、国家社会主义、工团主义,行会社会主义。明确主张采取共产主义,反对德国式国家社会主义。这是对社会主义的内涵定义,也是为社会主义论战定调。21日,李大钊针对罗素学说研究会发起关于"社会主义何以不能实行于现在的中国"的讨论,由马克思学说研究会组织了题为"社会主义是否适合于中国"的大辩论。这次辩论会连续举行数日,参加者都是北京各大学和专门学校的教员和学生,李大钊被邀请为大会裁判员,并在热烈争论之后作了发言,指出由资本主义社会到社会主义社会,正如由封建社会转变为资本主义社会一样,是不以人们意志为转移的人类社会的发展规律,同时又指出:"这并不意味着工人阶级不经过斗争就会有社会主义的到来。"他满腔热情地号召人们,为社会主义事业而献身。而此时前后仍居天津梁启超在接到张东荪所寄《现在与将来》征求意见后表示赞成。1月19日,梁启超有《复张东荪论社会主义运动》的长文,读此文可见梁氏对于当时新兴的社会主义思潮之态度和主张。2月15日,此前由研究系干将张东荪、蓝公武、蒋百里、彭一湖、蓝公彦、费觉天等策划的"社会主义研究"专栏于《改造》杂志第3卷第6号特别推出,集中刊发梁启超《复张东荪书论社会主义运动》、张东荪《一个申说》、蓝公武《社会主义与中国》、蒋百里《我的社会主义讨论》、彭一湖《我对于张东荪和陈独秀两先生所争论的意见》、费觉天《对于社会主义争论问题提出两大关键》、蓝公彦《社会主义与资本制度》等文。梁文详细阐述他对社会主义问题的意见,对张东荪观点的《现在与将来》的作了进一步的发挥。张文就已发表的《现在与将来》进一步阐发他对社会主义问题的意见,基本形成了关于社会主义的两个观点:一是重申了所谓"始终固守的阶段说",主张现在应该采用资本主义,将来实行社会主义;二是社会主义必兴,但社会主义派别很多,究竟选择哪种社会主义？张东荪公开主张只有基尔特社会主义适合于中国。从总体上看,梁启超的观点与张东荪互为表里,他们都主张中国的当务之急是用资本主义方式发展实业。此后,李大钊、李达、高一涵、陈嘉异等开展反击。3月20日,李大钊在《评论之评论》第1卷第2号上发表《中国的社会主义与世界的资本主义》,主要从经济上驳斥"社会主义不适合中国"的论点,强调"中国实业之振兴,必在社会主义之实行",以此回应梁启超、张东荪等发起的关于"社会主义的论战"。5月,李达在《新青年》第9卷第1号发表《讨论社会主义并质梁任公》,重点对梁启超的观点进行了分析和批判,认为梁启超的观点集中起来有三点:一是"提倡资本主义,反对社会主义";二是"高唱爱国主义,排斥外国资本家";三是"提倡温情主义,主张社会政策"。强调要扫灭全世界的资本主义,资产阶级温情主义的社会政策是不能达到社会主义的。6月20日,高一涵在《评论之评论》第1卷第3号上发表《关于资本主义和社会主义的争论之我见》,提出"我的结论是什么呢？ 就是历史的变化是可以人力修补或改变他的趋向;换句话说:就是不从资本主义的时代经过也可以达到社会主义的时代"。此外,陈嘉异在《东方杂志》第18卷第9号发表《社会主义与进化论之关系》,以进化论开展驳论。9月,张东荪创办《时事新报》副刊《社会主义研究》,将主张基尔特社会主义的同人集合起来,公开打出了"基尔特社会主义"的旗帜,提出"我们怀抱基尔特社会主义的思想,竖起基尔特社会主义的旗帜,在《社会主义研究》发刊的第一天,宣言我们是基尔特社会主义者"。其实,社会主义不仅仅是理论问题,更重要的是实践问题,正如李达《讨论社会主义并质梁任公》所承认的:"《复东荪书论社会主义运动》的一篇文字,虽然明明主张资本主义反对社会主义,而立论似多近理,评议又复周到,凡是对于社会主义无甚研究的人,看了这篇文字,就不免被其感动,望洋兴叹,裹足不前。"在当时这种理论很有市场的背景下,社会主义一方辩论的难度可想而知。所以这一论战还会持续下去。

2. 关于《新青年》内部分化的加剧。针对去年12月27日胡适复函提出的三条办法:(1)另办一个哲学文学的杂志;(2)将《新青年》移回北京编辑,发表宣言不再谈政治;(3)停办(此为陶孟和提出),陈独秀深感不满,遂于1月9日给北京编辑同仁的回信,明确表示对此三条的不同意见,并说:"弟甚希望诸君中仍有几位能继续为《新青年》做点文章,因为反对弟个人,便牵连到《新青年》杂志,似乎不大好。"11日,钱玄同致信鲁迅、周作人,谈到胡适要求《新青年》"不谈政治",以及胡适与陈独秀的对立,感叹"初不料陈、胡已到短兵相接的时候"。此时李大钊则致函胡适,建议跟陈独秀"和和气气商量"。鉴于陈独秀对于先前的三条建议大动肝气,胡适于1月22日向北京的编辑群同仁提出了一个修正案。同月26日,胡适整理《新青年》北京同人表决结果:赞成移北京编辑者:慰慈、一涵、守常;赞成北京编辑,但不必强求,可任他分裂成两个杂志,也不必争《新青年》这个名目:豫才、启明、玄同;赞成移北京,如实不能则停办,万不可分为两个杂志,致破坏《新青年》精神之团结:抚和、孟和。然后反馈给陈独秀。2月6日,胡适致函陈独秀,辩明与研究系关系问题,说陈"卤莽""竟深信外间那种绝对无稽的谣言",并说:"我究竟不深怪你,因为你是一个心直口快的好朋友。"同月上旬,《新青年》编辑部在法租界被搜查,并被勒令停办。13日,陈望道致函周作人,对胡适分裂《新青年》、排斥上海编辑部事表明态度:"我也并不想要在《新青年》上占一段时间的历史,并且我是一个不信实验主义的人,对于招牌,无意留恋。不过适之先生的态度,我却敢断定说,不能信任。""这便因为他的态度使人怀疑。怀疑的重要资料:《改造》上梁先生某序文、《中学国文教授》《少谈主义》《争自由》。"信中还指出胡适不做文章,又企图支配《新青年》,表示与胡适等人"早已分裂,不能弥缝"。当时胡适还曾给陈望道寄了一张明信片,表示:"我不是反对你编辑《新青年》,而是反对你把《新青年》作宣传共产主义之用。"15日,陈独秀复函胡适说:"我当时不赞成《新青年》移北京,⋯⋯因为近来大学空气不大好;现在《新青年》已封禁,非移粤不能出版。""你们另外办一个报,我十分赞成。⋯⋯但我却没有工夫帮助文章。而且在北京出版,我也不宜作文章。"同日,陈独秀又致函鲁迅和周作人:"《新青年》风浪想必先生已知道了,此时除移粤出版,无他法。北京同人料无人肯做文章,唯有求助于你们两位。"《新青年》没有移回北京编辑,北京的《新青年》同人也没有另办起一个刊物。他们有些文艺方面的稿子,仍不时寄送《新青年》刊登。但从此在政治上,胡适与陈独秀分道扬镳。4月1日,《新青年》社迁至广州昌兴路26号,出版第8卷第6号,实际编辑部仍留上海。10月1日,《新青年》出至第9卷第6号后停刊,新青年社解散。14日,陈独秀在渔阳里2号住宅被法巡捕房搜捕,搜出《新青年》《劳动界》《共产党》各杂志及印刷品多种。月底,陈独秀召集中央会议,决定继续出版《共产党》、复刊《新青年》。其实,此时的《新青年》已非当年的《新青年》,此时的陈独秀与胡适亦非当年的陈独秀与胡适,彼此不仅无法避免分道扬镳,而且只会越走越远。用钱玄同致鲁迅、周作人信的话来说,就是"陈、胡已到短兵相接的时候"。其中原因归根到底即是李大钊所归结的:"还是主义及主张有点不同的缘故。"

3.关于新旧文化阵营的暗流涌动。本年度新旧文化论战似乎逐渐趋于平缓,这一方面是因为新文化阵营内部分化加剧(详见下文),而且陈独秀、李大钊已将更多的精力转向传播马克思主义与筹建中国共产党;另一方面则是新旧文化阵营双方都需要打扫战场,积蓄能量,以利再战。对于胡适而言,除了极力巩固新文学运动成果之外,一个重要活动是于6月20日至21日在《晨报副刊》发表为《吴虞文录》所作序,称颂吴虞是"中国思想界的一个清道夫",是"只手打孔家店的老英雄",并以其与陈独秀相提并论。胡适此序最后这样写道:"这个道理最明显:何以那种种吃人的礼教制度都不挂别的招牌,偏爱挂孔老先生的招牌呢?正因为二千年吃人的礼教法制都挂着孔丘的招牌,故这块孔丘的招牌——无论是老店,是冒牌——不能不拿下来,捶碎,烧去!我给各位中国少年介绍这位'四川省只手打孔家店'的老英雄——吴又陵先生!"再次重现了胡适作为五四新文化运动领袖的风范。就此而论,胡适此序固然主要是为了总结与评价,但实际上不无挑起新一轮论战的意味。而在东南大学,则有梅光迪、吴宓、刘伯明、柳诒徵、胡先骕等正在筹办《学衡》杂志,以此作为维护旧文化大本营,而向北大《新青年》这一新文化阵营叫板。胡先骕《梅庵忆语》说:"五四运动乃北京大学一大事,《学衡》杂志之刊行则东南大学一大事也。蔡孑民先生以革命元勋主持北京大学,遂以革命精神领导北大,先后聘陈独秀、胡适诸人为教授,发刊《新青年》,打倒孔家店,加以"五四运动"竟奠定外交上之胜利,于是革命精神弥漫全校,偏激诡异之言论,风起云涌,不通蟹行文字之老师宿儒如林琴南辈竟无以应敌,然非举国风从草偃也。余曾单独发表一文论文学改良于南高校刊,不久梅光迪、吴宓诸先生联翩来校,与伯明先生皆感五四以后全国之学风,有越常轨,谋有以匡救之,乃编纂发行《学衡》杂志,求以大公至正不偏不激之态度以发扬国学介绍西学。刊行之后,大为学术界所称道,于是北大学派乃遇旗鼓相当之劲敌矣。"诚然,真正拉开新一轮新旧文化大论战是在次年1月1日《学衡》正式创刊之后,但大论战的战前氛围业已形成。再环顾一下海外,当时留学哥伦比亚大学的邱昌渭于年底 12 月在《留美学生季报》第 8 卷第 4 号上发表《论新文化运动——答吴宓君》,最后邱昌渭向吴宓进言:"所有不能采取的学说,或你以为不可采取的学说,请勿目为'邪说'。因为西洋学说不是'白莲教''张天师'类的学说。"同期《留美学生季报》也发表了吴宓的反批评文章《再论新文化运动》。上述两文为本年的新旧文化论争增添了海外元素。此后,邱昌渭后来一直追随胡适,研究政治学,成为自由主义学人,同时积极参政。

4. 关于东西文化论战的后续影响。梁漱溟先于去年在北大讲授《东西文化及其哲学》,后将部分讲稿刊载在《少年中国》上。到了暑假,又应山东省教育厅再次邀请,到山东讲演《东西文化及其哲学》,此次讲演由罗常培记录,在山东首次铅印出版,同年又由财政部印刷局刊行。此书出版后连续重版,仅 1922 年就重版五次,可见其学术影响力之强。梁漱溟称"《东西文化及其哲学》就是解决一个问题,对人类的文化、文明指出有三大体系"。是书首创运用比较法研究东西文化及其哲学,率先发现和阐述三大文明体系。但以此为核心的学术铺陈还是相当丰厚的,包括以"生活的样法"对"文化"作了重新界说,用比较的方法论述了东西方文化和哲学,最先发现和建构起了世界三大文明体系,认为"世界未来文化就是中国文化的复兴",主张在维护中国传统文化基础上吸收西方的科学与民主,由此回答与解决当前中国文化的困境与出路,同时涉及对陈独秀、胡适、李大钊所提倡的新学术观与人生观的批评。所以此书一经面世,便立即引起思想学术界的极大震撼和激烈争论,从而与梁启超《欧游心影录》一同将东西文化论争推向第三阶段,同时对"新儒家"的形成具有开创性意义。由其引发的后续反响,可从以下三个案例得以佐证:一是陈嘉异 1 月在《东方杂志》第 18 卷第 12 号发表《东方文化与吾人之大任》一文,宣布自己是东方文化的崇拜者,明确反对一切赞扬西方文化以及融合东西文明之论。他列举了东方文化所独特的优点,认为将来的世界文化必然是中国的东方文化。当从《少年中国》读到梁漱溟在北大的哲学讲稿《东西文化及其哲学》后便对梁漱溟赞叹不已,他在自己文章的注释中写道:"此关于社会组织与生活一问题,于东方文化前途之影响,实为至巨。今人能洞瞩及此者,以余之陋,殆仅见有梁漱溟君一人,观其《东西文化及其哲学》导言中,言之至为惊心怵目。"二是朱谦之 5 月发表《自叙》宣扬自己要在佛教界里进行虚无革命。10 月,朱谦之受梁漱溟《东西文化及其哲学》(财政部印刷局版),由怀疑转向信仰。《东西文化及其哲学》载有梁漱溟与朱谦之、黄庆、叶石荪 4 人的合影。三是太虚在阅读同年张仲仁推荐的梁漱溟新著《东西文化及其哲学》之后,撰写《论梁漱溟东西文化及其哲学》,以为梁君比年已回佛入儒,虽犹称许佛法为最究竟,而目下不赞同提倡佛法,欲以孔家文化救中国,谓"梁君拘于三乘共法,前遗五乘共之人天法,后遗大乘不共之菩萨法。回佛入儒,正由其所见佛法之浅狭。然其'眇目曲见'之唾余,每为时人所摭拾,障碍佛法不浅!"则代表了佛教界之于《东西文化及其哲学》的某种负面评价。此外,范寿康在上海《东方杂志》上发表《马克思的唯物史观》一文,介绍马克思主义的唯物主义学说,文中涉及对于东西方文化的态度,指出对于中国文化与西方文化,既不能因为是国粹就一味接收,也不能因为是"洋货"就全盘摒弃,"一定要分清外国学术思想何者与中国有益,何者与中国有损,采用外国学术之时务宜取长舍短",值得重点参考。

5. 关于"五四运动"2 周年的纪念与评阐释。北京研究系《晨报》与上海《民国日报》继续于 5 月 4 日刊文纪念五四。《晨报》5 月 4 日特辟"第三个五四"专栏,载有胡适《黄梨洲论学生运动》、瞿世英《五四与学生》、高一涵《将来学生运动的责任》、孙几伊《五四的回顾与希望》、孟寿椿《"五四纪念"与"精神劳动纪念"》、李大钊《中国学生界的"May Day"》、陶玄《我底五四纪念观》、章廷谦《"五四"的我感》、鲁士毅《一九二一年的五四》、钱用和《"五四"的精神》、冯淑兰《五四纪念的杂感》、平心《一年来我们学生界的回顾》、太空《五四运动之回顾》、伏庐《五四纪念日的些许感想》等文章。编辑部为此说明:"今天是五四运动第二个纪念日,学界的人自然是耿耿不忘的,就是非学界的人,也不能忘记,并且也不可忘记。本社因为这个意思,所以把今天的报特别变个体裁,所有对于五四纪念的言论,都排印在二、三、六版,使大家揭开纸就看见。其余新闻排在六、七版,并且把比较不十分紧要的都省略去,请读者注意!"上述诸文作者多为知名学者,但纪念五四的主旨与倾向各有不同。胡适《黄梨洲论学生运动》借明末思想家黄宗羲对学生起事的看法,表示"理想的学校应该是一个造成天下公是公非的所在",肯定学生运动,表示这是保国的上策,是谋政治清明的唯一方法。李大钊《中国学生界的"May Day"》提出:"我盼望中国学生界,把这种精神光大起来,依人类自由的精神扑灭一切强权;使正义人道,一天比一天的昌明于全世界;不要把他看狭小了,把他仅仅看做一个狭义的爱国运动的纪念日。我更盼望从今以后,每年在这一天举行纪念的时候,都加上些新意义。"瞿世英《五四与学生》指出:"五四已经过去了两年了。想不到'五四'两个字竟成了历史上一个最神圣、最鲜明的名词,他至少给我们以一种新刺激和新印象""五四运动的功绩不独在拒签德约,不独是罢免国贼,不独是街上添了几次学生的游行,也不独是多发了几次传单——他的功绩是给中土以一个有力的新文化运动的动机""五四是奉着新文化运动的使命来的"。章廷谦《"五四"的我感》的观点略有不同,强调"五四"的"群众运动"一面,"就当时的运动而论,不过是一种群众运动;群众运动是一时性的,是有惰性的,想使之永久的进行是很难的;所以为了青岛问题而发生的运动,虽当时拒签了德约,到如今还是没有解决",尽管如此,虽然许多人都说"五四运动"是文化运动,但"所谓'文化运动'的成绩,比我以上所说群众运动的成绩还少""我们历来的失败,都因为文化运动基础太薄弱的缘故"。可见此文更具反思的意味。太空《五四运动之回顾》则首次把"五四运动"的精神概括为"民主"精神:"五四运动的动机,就是山东问题,外交问题;但是说到五四运动的精神,决不如此单简,五四运动的精神到底什么? 就是发挥'德谟克拉西'(Democracy)的精神,拿出最大的努力,斩断奴隶索子,打破黑暗势力,创造我们的新生命。"相比之下,上海《民国日报》只刊出署名"心如"的《"五四运动"的二周年感想》,似乎有点应付性质。

6. 关于诸子研究得失的论争。首先是由柳诒徵(署名柳翼谋)刊于《史地学报》第1卷第1期的《论近人言诸子之学者之失》一文引起的,此文驳章太炎《诸子略说》、胡适《中国哲学史大纲》、梁启超《中国古代思潮篇》等论先秦诸子的观点,因而具有学术史意义和价值。文中提及三人皆举"客观"之大旗,逞主观之勇,于历史取舍有强古人以就我的取向。但三人之书却为学术大众所争相诵说,因此柳氏撰文揭穿其中谬误。文中举证说明:"章氏好诋孔子,笃信汉儒《七略》之说。……胡适之好诋孔子与章同""胡氏论学之大病,在诬古而武断""以诸子之学之失传,归罪于董仲舒请汉武帝罢黜百家,其说盖倡于日本人,日本人久保天随等著东洋历史多言之。梁氏撰《新民丛报》时,拾其说而大张之。"章太炎在阅读此文后,致信柳诒徵,不仅接受柳诒徵的批评,坦承"云孔子窃取老子藏书,恐被发覆者,乃十数年前狂妄逆诈之论",《民报》时期的一些言论皆已刊削,并认为"胡适所说《周礼》为伪作,本于汉世今文诸师;《尚书》非信史,取于日本人;六籍皆儒家托古,直窃康长素之余唾。此种议论,但可哗世,本无实证""长素之为是说,本以成立孔教;胡适之为是说,则在抹杀历史"。

此信及柳诒徵的复信刊于《史地学报》1922年第4期。也有其他读者致函《史地学报》,认为柳氏此文"独具只眼,道人之所未道,读之深为畅快",并认为"斯篇一出,吾知国中学术界当呈一大变化也"。

7. 关于新红学的讨论与创立。胡适《〈红楼梦〉考证》先于3月27日完成初稿,至11月12日改定,明显受到杜威来华讲学所掀起的"杜威旋风"的激发和启示。此文旨在纠正盛行于世的"附会红学"的种种谬误,注重从作者身世、版本上作考证的研究,第一次明确考定了《红楼梦》的作者是曹雪芹,认为曹雪芹为清代没落贵族,作《红楼梦》以感怀身世,所以《红楼梦》是他的一部自叙传。于是以《〈红楼梦〉考证》为标志,为红学研究划出了一个时代,称之为"新红学"。顾颉刚既协助胡适查找文献,又与俞平伯频繁讨论,因相与应和,或彼此驳辩,发挥了特别重要的中介作用。4月27日至7月间,俞平伯受胡适的《红楼梦考证》和顾颉刚研究《红楼梦》的意兴的感染,开始和顾颉刚通信讨论《红楼梦》。至次年7月8日,俞平伯所著《红楼梦辨》告竣。1923年3月5日,顾颉刚应俞平伯约为作序,顾颉刚在序中提出了"新红学""旧红学"的学术概念,这一概念一直延续至今,对红学乃至中国现代学术的发展产生了深远影响。

相对上年而言,杜威、罗素研究热度有所下降,代之而兴的是美国著名教育史家、比较教育学家、哥伦比亚大学师范学院教授保罗·孟禄应实际教育调查社聘请来华进行大规模教育调查与讲学,1922年《新教育》第4卷第4期因此特别推出"孟禄号",相当于学术专题讨论。

鉴于上文对本年度的重要学术论题多有涉及,这里再略作补充,主要有:李达《马克思派社会主义》(《新青年》第9卷第2期),范寿康《马克思的唯物史观》(《东方杂志》第18卷第1号),存统《马克思的共产主义》(《新青年》第9卷第4期)和《第四阶级解放呢? 全人类解放呢?》(《新青年》第9卷第5期),李达转译《马克思派社会主义》(《新青年》第9卷第2期),高一涵《共产主义历史上的变迁》(《新青年》第9卷第2期),化鲁《马克思主义的最近辩论》(《东方杂志》第18卷第6号),杨端六《布尔札维主义与共产主义之异同》(《太平洋》第2卷第9期),常乃惪《中华民族小史》(上海爱文书局,上海启智书局版),朱谦之著《革命哲学》(上海泰东图书局版),梁启超著《墨子学案》(上海商务印书馆版),王献唐著《公孙龙子悬解》(上海中华书局版),张静庐编辑《杜威,罗素演讲录合刊》(上海泰东书局版),王岫庐编《社会改造原理》(上海公民书局版),陈震异《外国学说与中国社会问题》(《太平洋》第2卷第9期),胡适《国语文法的研究法》(《新青年》第9卷第3期)和《国语运动的历史》(《教育杂志》第13卷第11期),沈兼士《研究文字学"形"和"义的几个方法"》(《北京大学月刊》第1卷第8期)和《广韵声系叙及凡例》(《北京大学月刊》第1卷第8期),吴敬恒《注音字母本身的价值》(《教育杂志》第13卷第11期)和《答"君广韵注音字母的格间"》(《新青年》第9卷第3期),余瑞瑜《注音字母速记术的商榷》(《北京大学月刊》第1卷第8期),朱麟公编《国语问题讨论集》(上海中国书局版),陆衣言编《黎锦熙的国语讲坛》(上海中华书局版),许地山编著《语体文法大纲》(上海中华书局版),顾曲周郎著《男女名伶小史》(上海中外书局版),蒋方震(百里)著《欧洲文艺复兴史》(上海商务印书馆版),马鹿《俄国的学术界》(《东方杂志》第18卷第7号),沈雁冰等著《俄国文学研究》(上海商务印书馆版),缪凤林《历史与哲学》(《史地学报》第1卷第1期)和《研究历史之方法》(《史地学报》第1卷第2期),朱希祖《中国古代文学上的社会心理》(《新青年》第9卷第5期),何炳松译《从历史到哲学》(《史地丛刊》

第 2 期),章鸿钊《中国铜器铁器时代沿革考》(《科学》第 6 卷第 7 期)等等。常乃惪《中华民族小史》侧重与民族地理学研究,全书分为 14 章,论述何谓中华民族、黄河流域之开化、长江上下流之同化、满洲之同化、珠江之同化、蒙古之加入中国版图、西北至开拓、西藏之加入中国版图、朝日与中国历史上的关系、中华民族在印支半岛及南洋群岛之发展、历史上之中国与西亚文明之交换、白人之东渐与中华民族之危机等问题。朱麟公编《国语问题讨论集》收文 47 篇,按国语国音、国语文法、国语教材、国语教学、国语统一等专题编排。作者有周铭三、朱希祖、胡适、黎锦熙、燊元培、劳泽人、洪北平、张士一、易作霖、陆基、陆费逵、王蕴山、陆殿扬、何仲央、吴研因等。蒋方震《欧洲文艺复兴史》一书是"民国学术文化名著系列"之一的"欧洲文艺复兴史"专著,全书共 9 章:总论、意大利之文艺复兴、法国之文艺复兴、北欧之文艺复兴、宗教改革、文艺复兴之结束。其核心思想在于:文艺复兴者,由复古得解放也。所谓复古者,断非恢复古制也,乃是找寻文艺所以存在发展之根本也。沈雁冰等著《俄国文学研究》收郑振铎、耿济之、陈望道、沈雁冰、周建人、鲁迅、郭绍虞、沈泽民、张闻天等人撰写和翻译的关于俄国文学的论文 20 篇,其中作家评传和研究 9 篇。

学术史论著以梁启超《清代学术概论》为代表,此乃梁启超为好友蒋方震《欧洲文艺复兴史》所写序言,其先以《前清一代思想界之蜕变》为题,连载于 1920 年出版的《改造》第 3 卷第 3—5 期。因长达 25 万余字,无法作为序言使用,1921 年由商务印书馆刊行单行本。全书以欧洲文艺复兴为参照系,提出"综观二百余年之学史,其影响及于全思想界者,一言蔽之,曰:'以复古为解放'""然其所以能著奏解放之效者,则科学的研究精神实启之"。然后分启蒙、全盛、蜕分、衰落等 4 个阶段,叙述清朝一代学术演变过程,探寻各个时期学术思想的起因、特点和衰落,对每一时期每一学科的代表人物及其著作加以剖析,并给以历史评价。此书不同于以往学术史论著的一个显著特点,就是着力打突破传统"学案"体的局限,而以新型章节体论述"学术思潮"之变迁,与梁启超的另一学术史名著《中国近三百年学术史》分别以"论"与"史"见长,都是关于清代学术思想史研究的开拓性著作。所谓"以复古为解放""科学的研究精神",与清代学术的本质特征本不完全相契合。其他尚有:柳翼谋(诒徵)《论近人言诸子之学者之失》(《史地学报》第 1 卷第 1 期),陈训慈《史学观念之变迁及其趋势》(《史地学报》第 1 卷第 1 期),梁启超《中国印度之交通》(又名《一千五百年前之中国留学生》,《改造》第 4 卷第 1 期),田汉《恶魔诗人波陀雷尔的百年祭》(《少年中国》第 3 卷第 4—5 期)。其中《论近人言诸子之学者之失》具有学术史总结与争鸣的双重意义。(以上参见本书"学术背景""学术活动""学术著作""学者生卒"栏所引文献与出处,以及章恒忠、王亚夫主编《中国学术界大事记(1919—1985)》,上海社会科学出版社 1988 年版;中央教育科学研究所编《中国现代教育大事记 1919—1949》,教育科学出版社 1988 年版;王学典《20 世纪史学编年(1900—1949)》,商务印书馆 2014 年版;付喜祥《20 世纪前期中国文学史写作编年史》,北京师范大学出版社 2013 年版;中国大百科全书总编辑委员会编《中国大百科全书·考古学》,中国大百科全书出版社 2002 年版;王学珍等编《北京大学纪事(1898—1997)》,北京大学出版社 1998 年版;清华大学校史研究室编《清华大学一百年》,清华大学出版社 2011 年版;北京师范大学党委办公室、北京师范大学校长办公室《北京师范大学纪事》,北京师范大学出版社 2012 年版;南京大学高教研究所编《南京大学大事记(1902—1988)》,南京大学出版社 1989 年版;沈卫威编《学衡派编年文事》,南京大学出版社 2015 年版;吴永贵《国民出版史编年:1912—1949》,社会科学文献出版社 2018 年版;欧阳哲生《纪念"五四"的政治文化探幽———一九四九年以前各大党派报刊纪念五四运动的历史图景》,《中共党史研究》2019 年第 4 期;商金林《几代人的"五四"(1919—1949)》,《新文学史料》2009 年第 3 期;杨实生《1921 年"六三事件"始末》,《兰台世界》2013 年 19 期;吴雁南、冯祖贻等主编《中国近代社会思潮(1840—1949)》第三卷,湖南教育出版社 1998 年版;耿云志《〈新青年〉同人分裂过程中的一个重要细节》,《广东社会科学》2018 年第 5 期;徐光寿《包惠僧与陈独秀的终身友谊》,《党史纵览》2013 年第 4 期;陈镱文、亢小玉、姚远《杜亚泉先生年谱(1912—1933)》,《西北大学学报(自然科学版)》2008 年第 6 期;周月峰编《中国近代思想家文库·杜亚泉卷》及附录《杜亚泉年谱简编》,中国人民大学出版社 2014 年版;左玉河编《张东荪年谱》,群言出版社 2014 年版;左玉河《上海:五四新文化运动不容忽视的另一个中心——以五四时期张东荪在上海的文化活动为例》,《安徽大学学报(哲学社会科学版)》2013 年第 1 期;陈峰《1920 年井田制辩论:唯物史观派与史料派的初次交锋》,《文史哲》2003 年第 3 期;朱文通主编《李大钊年谱长编》,中国社会科学出版社 2009 年版;唐宝林、林茂生《陈独秀年谱》,上海人民出版社 1988 年版;高大同《高一涵先生年谱》,上海文化出版社 2011 年版;卢礼阳《马叙伦年谱》,浙江古籍出版社 2021 年版;黄夏年编《中国近代思想家文库·朱谦之卷》附录《朱谦之年谱简编》,中国人民大学出版社 2015 年版;释印顺编著《太虚法师年谱》,宗教文化出版社 1995 年版;耿云志《胡适年谱》,四川人民出版社 1989 年版;曹述敬《钱玄同年谱》,齐鲁书社 1986 年版)

1922 年　民国十一年　壬戌

一、学术背景

1月1日，中国第一部《刑事诉讼法典》开始试行。

是日，湖南总督赵恒惕公布《湖南省宪法》，该省议会选举事务所暨法制编纂会成立。

1月4日，参加华盛顿会议的中国代表与日本就胶济铁路问题进行会外谈判，但谈判陷入僵局。

是日，上海国民外交大会召开代表大会，要求废除《二十一条》，解决山东问题，反对四国协定。国内各界纷纷抗议，掀起筹款赎路和追究梁士诒责任的运动。

1月5日，吴佩孚通电反对奉系支持之梁士诒内阁借日款赎路，继之，奉系督军先后通电响应。

1月7日清晨4时，《劳工周刊》创办人黄爱、庞人铨被湖南军阀赵恒惕杀害，刊物被军阀政府查封，立即震动全国，舆论哗然。湖南党组织发起驱逐赵恒惕运动，得到湖南人民和全国各地群众与各界人士的广泛支持与强烈声讨。

　　按：此时全国各地掀起追悼黄、庞，反抗赵恒惕的运动。上海、天津、北京、广州等地召开追悼会，中国劳动组合书记部、中国社会主义青年团分别为黄、庞被害发表宣言。孙中山也在广州下令讨伐；蔡元培当即发出电报，向湖南省长赵恒惕提出严重抗议，并于3月26日撰写《黄庞流血感言》；李大钊在北京为《黄庞流血记》一书写序。（参见中共中央文献研究室编撰、逢先知主编《毛泽东年谱(1893—1949)》人民出版社、中央文献出版社1993年版；高平叔编著《蔡元培年谱长编》，人民教育出版社1996年版）

1月8日，上海《民国日报》发表时评《讨伐徐世昌就是救国》。

1月9日，孙中山以大总统名义发表《宣布徐世昌、梁士诒罪状通告》，号召"共诛危害民国者"。

是日，上海国民外交大会召开紧急会议，议决否认北京政府，主张暂由广州政府代行职权，并于13日通电华盛顿会议和各国政府，各国驻华公使。

1月12日，香港海员6000多人在苏兆征、邓发等领导下，为增加工资开始举行大罢工。

1月13日，上海留日学生救国团等7团体通电，痛斥徐世昌身兼"帝制、复辟、内乱、卖国、僭窃"五罪，理应推倒。

1月15日，中国第一份新诗杂志《诗》在上海创刊。由叶圣陶、朱自清、俞平伯、刘延陵等人编辑，中华书局印刷发行。该刊从第1卷第5号起改为文学研究会刊物。

是日，中国社会主义青年团的机关刊物《先驱》半月刊在北京创刊，主编为刘仁静、邓中夏。1923 年 8 月 15 日停刊,共出 25 期。

是日,上海社会主义研究会、中国社会主义青年团、科学讨论会、马克思学说研究会、新文化研究社等团体假宁波同乡会召开纪念李卜克内西大会,与会者 500 余人。

1 月 17 日,共产国际在莫斯科召开东方民族大会,王尽美、瞿秋白代表中国共产党参加。

1 月 21 日至 2 月 2 日,共产国际在莫斯科召开远东各国共产党及民族革命团体第一次代表大会。列宁在会议期间接见中国代表张国焘、张秋白和邓培等人。

1 月 22 日,中华书局工人罢工。

1 月 23 日,北京学界赎路集金惠成立,蔡元培、王家驹任会长。

1 月 27 日,中国地质学会在北京成立。

是月,世界基督教学生同盟发布了将于 4 月在中国北京的清华学校召开第十一届大会的消息,由此而引发了一场声势浩大的非基督教运动,全国各地爱国学生和教育界爱国人士积极响应,反对帝国主义利用宗教进行精神侵略。非基督教学生运动是五四运动以后一次大规模的学生运动,为以后的反帝运动起了重要的思想发动作用。

按:关于非基督教运动的相关文献,见唐晓峰、王帅编《民国时期非基督教运动重要文献汇编》(社会科学文献出版社 2015 年版)。王思睿、何家栋《自由民主主义在中国》(《博览群书》2004 年第 6 期)回溯道:"1922 年 1 月,世界基督教学生同盟发布了将于 4 月在中国北京的清华学校召开第十一届大会的消息,由此而引发了一场声势浩大的非基督教运动。3 月 9 日,社会主义青年团机关刊物《先驱》发表了由部分上海学生组成的'非基督教学生同盟'的宣言。3 月 11 日,北京学生成立'非宗教大同盟',在北京大学召开成立大会,到会五百余人,选举李大钊、蔡元培、陈独秀、汪精卫、邓中夏等三十余人为干事。会后发表《非宗教者宣言》。3 月 21 日,七十七名学者以该同盟的名义联署发表宣言和电文。4 月 9 日,在世界基督教学生同盟大会闭幕的当天,北京大学举行非宗教演讲大会,有三千多人参加,不少著名学者上台发表演说。"贾兴权、唐伽编著《科教文化卷　百年中国大事要览》(党建读物出版社 2002 年版)则作了如下梳理:"1922 年 3 月,世界基督教学生同盟会拟在中国北京召开第十一次大会。消息传出后,中国社会主义青年团发起非基督教运动,在全国范围内反对帝国主义利用宗教进行精神侵略。3 月 15 日,中国社会主义青年团机关刊物《先驱》第 4 号刊出《非基督教学生同盟》专号,发表非基督教学生同盟宣言、非基督教学生同盟通电、非基督教学生同盟章程,揭露了帝国主义利用基督教对外侵略的本质,指出各国资本家在中国设立教会,无非要诱惑中国人民欢迎资本主义;在中国设立基督教青年会,无非要养成资本家善良走狗,目的在吸取中国人民膏血。因此,我们反对资本主义,同时必须反对这拥护资本主义、欺骗一般平民的现代基督教及基督教会。《非基督教学生同盟》专号刊出后,在全国形成规模空前的非基督教运动。3 月 17 日,李大钊、邓中夏等人发起成立非宗教大同盟;与此同时,一些青年也组织了非基督教同盟。旋即这两个组织合并为非宗教同盟。4 月 4 日,李大钊、邓中夏等人发表《非基督教者宣言》,明确指出在宗教的迷信之下,真理不能昌明,自由不能确保。继北京之后,上海、武汉、天津、广东、直隶、杭州、保定、唐山、厦门、南昌等地成立各种非宗教同盟、非基督教同盟。4 月 4 日,世界基督教学生同盟会在北京清华学校开会,500 多名代表代表 40 余国家学生出席会议。4 月 8 日闭会。4 月 9 日,北京大学召开非宗教同盟第一次大会,到会中外人士千余人,蔡元培、李大钊等发表演说。5 月 10 日,北京非宗教同盟在北京大学召开成立大会,通过了非宗教同盟章程,推举蔡元培、李大钊、邓中夏等 30 余人为干事。6 月 18 日,非宗教同盟第一次干事会决定召集全国非宗教团体总同盟大会。不久,北京非宗教同盟编辑出版《非宗教论》,收录李大钊、陈独秀、罗章龙等人文章,介绍马克思关于宗教的论述。非基督教学生运动是五四运动以后一次大规模的学生运动,为以后的反帝运动起了重要的思想发动作用。"

是月,东南大学梅光迪、吴宓、柳诒徵、胡先骕等发起的《学衡》杂志在南京创刊,以"论究学术,阐明真理,昌明国粹,融化新知,以中正之眼光,行批评之职事"为宗旨,以反对五四新文化、发扬中国文化为己任,致力于翻译或介绍西方古代重要学术文艺及近世学者论学论文之作。由此形成"学衡派"。

按:《学衡》杂志于1933年7月停刊,共出79期。

2月4日,中国签订《解决山东悬案条约》及《附约》。

2月6日,美、英、比、法、意、日、荷、葡和中国北洋军阀政府在华盛顿会议上签订"九国公约"。全称为《九国关于中国事件应适用各原则及政策之条约》。

2月7日,上海青年学生率先组织"非基督教学生同盟",由此揭开了一场全国性非基督教运动的序幕。

2月12日,全国教育独立运动会在北京高等师范学校礼堂召开成立大会。会议发表教育独立宣言,谋求教育经费、制度、教育思想等独立,以使教育脱离政党与宗教。

按:全国教育独立运动会2月20日发表教育独立宣言,宣言指出:"近年以来,兵燹频仍,政潮迭起,神圣之教育事业,竞飘摇摇荡漾于此卑污龌龊之政治军事之旋涡中,风雨飘摇,几经破产。此同人所以不能不作教育独立呼声以期重新建设精神生活之基也。揆其大旨,约有三端:(一)教育经费应急谋独立;(二)教育基金应急谋指定;(三)教育制度应急谋独立。"李石曾在会上演说,他说:"余以为教育之独立,当以学制独立及思想独立二者为最要。"他主张教育独立可参考法国之学制。(曹义孙、胡晓进编著《三十年中国法学教育大事记1919—1949》,中国政法大学出版社2011年版)

2月20日,中华民国国语研究会主办的《国语月刊》在上海创刊,主要介绍国语概况。

按:1925年5月停刊。

2月24日,上海国民外交大会发表对外宣言,反对华盛顿会议所订《九国公约》。

2月26日,中国社会主义青年团广东省委机关刊《青年周刊》在广州创刊,以宣传马克思主义,提高青年的阶级觉悟,彻底改造旧制度为宗旨。

是月,北洋政府教育部成立庚款兴学委员会。

是月,中国社会学会会刊《社会学杂志》在上海创刊,主编余天休,主要发表国内外社会学论著及社会问题评价。1932年12月停刊。

是月,新加坡华侨陈嘉庚筹组的私立厦门大学董事会正式成立,陈嘉庚为永久董事,陈嘉庚胞弟陈敬贤为董事,林文庆校长为当然董事。董事会成立后,陈嘉庚于3月间再次出洋到新加坡。(参见洪永宏编著《厦门大学校史》,厦门大学出版社1990年版)

3月1日,香港全港邮电、银行、造船等各行业工人联合举行总同盟罢工,人数增至10万人以上。这是自1月份以来香港罢工的最高潮。

3月3日,北京教育博物馆筹办处与北京大学附设之教育博物馆合并为筹设教育博物馆委员会,拟订协同约定办法4条,经北京政府教育部核准进行。

3月4日,香港罢工工人步行回广州,途经沙田村时,遭英军警开枪袭击,打死6人,伤数百人,制造了震惊全国的"沙田惨案"。

3月8日,港英当局被迫于接受海员提出的增加工资、抚恤死难工人家属的要求,罢工取得胜利。中国共产党领导下的工人运动从此形成高潮。

3月9日,中国社会主义青年团机关刊物《先驱》半月刊公开发表上海各校"非基督教学生同盟"宣言,抗议世界基督教学生同盟在中国召开第十一次大会,声讨帝国主义利用宗教侵略中国的罪行,号召广大青年学生和工人起来反对帝国主义的这种"学生同盟",全国各地爱国学生和教育界爱国人士积极响应。

3 月 15 日,由全国商教联席会议发起的国是会议在上海正式开会,定名为中华民国八团体国是会议。

是日,郭沫若、郁达夫、成仿吾主编的创造社社刊《创造》在上海创刊,以发表文学作品为主,兼刊文学评论和翻译作品。1924 年 11 月停刊。

3 月 17 日,蔡元培、李大钊、陈独秀等人组织北京大学学生成立"非宗教大同盟",并在《晨报》上发表反宗教公电及宣言。28 日颁布《非基督教同盟简章》。

按:北京非宗教大同盟在《晨报》发表通电宣言,宣言指出:"近闻世界耶教学生第 11 次开会,今年 4 月,又欲举行于我北京首都之地,亦将于我中国宣传迷信,继长增高,同人等特发起组织非宗教大同盟,依良心之知觉,扫人群之障雾",要求教育必须"依科学之精神,吐进化之光华"。北京非宗教大同盟,是北京各学校非宗教同人李大钊、刘仁静、李石曾、杨钟健、何孟雄等 70 余人发起组织的。

3 月 31 日,北京大学周作人、钱玄同、沈兼士、沈士远、马裕藻 5 位教授联名发表《主张信教自由宣言》,公开反对非基督教运动。陈独秀致函予以批评,彼此之间发生论争。

是月,北京大学《新潮》第 3 卷第 2 号刊出"1920 年世界学术专号",介绍世界最新科学成就,如爱因斯坦的《相对论原理》、杜威的《哲学改造》、柏格森的《心力》、威尔斯的《世界史大纲》、华特生《行为主义心理学》、劳斯《社会学原理》等 14 种。

4 月 4 日,世界基督教学生同盟大会在北京清华大学召开,500 多名代表代表 40 余国家学生出席会议,会议以"基督教与世界改造"为主题,全国各地掀起反基督教运动。4 月 8 日闭会。

同日,李大钊、邓中夏等人发表《非基督教者宣言》,明确指出在宗教的迷信之下,真理不能昌明,自由不能确保。继北京之后,上海、武汉、天津、广东、直隶、杭州、保定、唐山、厦门、南昌等地成立各种非宗教同盟、非基督教同盟。

4 月 8 日,徐世昌任命周自齐署理教育总长。

4 月 9 日,非宗教大同盟在北京大学召开第一次大会,到会中外人士千余人,蔡元培、李大钊等发表演说。

4 月 12 日,长江下游治江会在上海成立。

是日,中国劳动组合书记部向全国各地劳工团体发出召开全国第一次劳动大会的正式通知,开会宗旨为纪念五一节、联络全国工界感情、讨论改良生活问题及各代表提议事项。

4 月上旬,中共中央在上海决定由达林、张太雷、蔡和森 3 人组成委员会,拟定社会主义青年团的纲领和章程草案。

4 月 29 日,奉军向直军发起进攻,第一次直奉战争爆发。结果奉军 5 月初失败,奉军撤回关外。直奉两系军阀共同掌握北京政府的局面由此结束,直系军阀窃据北京中央政权。

是月,《中外论坛》在北京创刊,主要报道国内外时事。1927 年停刊。

5 月 1 日,第一次全国劳动大会在广州举行。大会接受中国共产党提出的"打倒帝国主义""打倒封建军阀"的政治口号,通过《八小时工作制》《罢工援助》和《全国总工会组织原则》等决议案,并决定在全国总工会成立以前,中国劳动组合书记部为全国工人组织的总通讯机关。

是日,《创造》季刊第 1 卷第 1 期在上海出版,由上海泰东图书局出版发行(刊物上作 3 月 15 日)。初为竖排,7 月改版为横排,开同行业刊物横排之先。

5 月 4 日,孙中山以大元帅名义声讨徐世昌,下令北伐。

5月5日,中国社会主义青年团第一次全国代表大会在广州召开。陈独秀、张国焘和蔡和森、张太雷等出席会议。会议讨论通过《中国社会主义青年团纲领》《中国社会主义青年团章程》《青年工人、农人生活状况改良的议决案》《中国社会主义青年团与中国各团体的关系之决议案》。选举高君宇、施存统、张太雷、蔡和森、俞秀松为中央执行委员会委员,林育南、张秋人、冯菊坡为候补委员,施存统为团中央书记。蔡和森负责团机关报《先驱》的编辑工作。

是日,湖南长沙马克思学说研究社会召开马克思诞辰104周年纪念大会,毛泽东在会上发表《共产主义与中国》的演讲。同日《民国日报》副刊专载《马克思学说》;上海学界在民强中学举行纪念马克思诞辰大会。

5月7日,胡适主编的《努力周报》在北京创刊,重点宣传改良主义思想。

5月8日,孙中山再次下令挥师北伐。北伐军分三路进入江西。

5月10日,北京政府教育部公布增订注音字母四声点法。

是日,北京非宗教同盟在北京大学召开成立大会,通过了非宗教同盟章程,推举蔡元培、李大钊、邓中夏等30余人为干事。

5月13日,蔡元培、胡适、梁漱溟、王宠惠、罗文干、汤尔和、陶行知、王伯秋、朱经农、高一涵、丁文江、李大钊、陶孟和、张慰慈、徐宝璜、王征等北京大学16名教授联名在《努力周报》第2期上发表《我们的政治主张》一文,提出建立"好政府"的主张,并进而提出了国内政治势力和解、裁兵、裁官、改革选举和财政等多项具体措施,当时被称为好政府主义。由于联署者大多具英美留学经历,此文可以视为近代中国自由主义知识分子的第一篇参政宣言。

按:《我们的政治主张》曰:我们为供给大家一个讨论的底子起见,先提出我们对于中国政治的主张,要求大家的批评、讨论、或赞助。

(一)政治改革的目标:我们以为现在不谈政治则已,若谈政治,应该有一个切实的、明了的、人人都能了解的目标。我们以为国内的优秀分子,无论他们理想中的政治组织是什么,(全民政治主义也罢,基尔特社会主义也罢,无政府主义也罢。)现在都应该平心降格的公认"好政府"一个目标,作为现在改革中国政治的最低限度的要求。我们应该同心协力的拿这共同目标来向国中的恶势力作战。

(二)好政府的至少涵义:我们所谓"好政府",在消极的方面是要有正当的机关可以监督、防止一切营私舞弊的不法官吏。在积极的方面是两点:(1)充分运用政治的机关为社会全体谋充分的福利。(2)充分容纳个人的自由,爱护个性的发展。

(三)政治改革的三个基本原则:我们对于今后政治的改革,有三个基本的要求:第一,我们要求一个"宪政的政府",因为这是使政治上轨道的第一步。第二,我们要求一个"公开的政府",包括财政的公开与公开考试式的用人等等。因为我们深信"公开"(Publicity)是打破一切黑幕的唯一武器。第三,我们要求一种"有计划的政治",因为我们深信,中国的大病在于无计划的漂泊。因为我们深信计划是效率的源头。因为我们深信,一个平庸的计划胜于无计划的瞎摸索。

(四)政治改革的唯一下手工夫:我们深信中国所以败坏到这步田地,虽然有种种原因,但"好人自命清高"确是一个重要的原因。"好人笼着手,恶人背着走。"因此我们深信,今日政治改革的第一步在于好人须寓有奋斗的精神。凡是社会上的优秀分子,应该为自卫计,为社会国家计,出来和恶势力奋斗。我们应该回想,民国初元的新气象,岂不是因为国中优秀分子加入政治运动的效果吗?当时的旧官僚很多跑到青岛、天津、上海,拿出钱来做生意,不想出来做官了。听说那时的曹汝霖,每天在家关起门来研究宪法。后来好人渐渐地厌倦政治了,跑的跑了,退隐的退隐了;于是曹汝霖丢下他的宪法书本,开门出来了;于是青岛、天津、上海的旧官僚,也就一个一个的跑回来做参政、咨议、总长、次长了。民国五六年以来,好人袖手看着中国分裂，看着讨伐西南，看着安福系的成立与猖獗，看着蒙古的失掉，看着山东的卖掉，看着军阀的横行，看着国家破产丢脸到这步田地。够了！罪魁祸首的好人现在可以起来了！做好人是不够的，须要做奋斗的好人；消极的舆论是不够的，须要有决战的舆论。这是政治改革的第一步下手工夫。

（五）我们对于现在的政治问题的意见：我们既已表示我们的几项普通的主张了，现在我们提出我们的具体主张，供大家讨论。

第一，我们深信南北问题若不解决，一切裁兵、国会、宪法、财政等等问题，都无从下手。但我们不承认南北的统一是可以用武力做到的。我们主张，由南北两方早日开始正式议和。一切暗地的勾结，都不是我们国民应承认的。我们要求一种公开的、可以代表民意的南北和会。暗中的勾结与排挤是可耻的，对于同胞讲和并不是可耻的。

第二，我们深信南北没有不可和解的问题二。但像前三年的分赃和会是我们不能承认的。我们应该预备一种决战的舆论做这个和会的监督。我们对于议和的条件，也有好几个要求：(1)南北协商召集民国六年解散的国会，因为这是解决国会问题的最简易方法。(2)和会应责成国会克期完成宪法。(3)和会应协商一个裁兵的办法，议定后双方限期实行。(4)和会一切会议都应该公开。

第三，我们对于裁兵问题，提出下列的主张：(1)规定分期裁去的兵队，克期实行。(2)裁废虚额，缺额不准补。(3)绝对的不准招募新兵。(4)筹划裁撤之兵的安置办法。

第四，我们主张裁兵之计，还应该有一个"裁官"的办法。我们深信现在官吏实在太多了，国民担负不起。我们主张：(1)严定中央与各省的官制，严定各机关的员数。如中央各部，大部若干人（如交通部），中部若干人（如农商部），小部若干人（如教育部）。(2)废止一切谘议、顾问等等"干薪"的官吏。各机关、各省的外国顾问，除极少数必需的专家之外，一律裁撤。(3)参酌外国的"文官考试法"，规定"考试任官"与"非考试任官"的范围、升级办法。凡属于"考试任官"的，非经考试，不得委任。

第五，我们主张现在的选举制度有急行改良的必要。我们主张：(1)废止现行的复选制，采用直接选举制。(2)严定选举舞弊的法律，应参考西洋各国的选举舞弊法(Corrupt Practice Laws)，详定细目，明定科罚，切实执行。(3)大大地减少国会与省议会的议员额数。

第六，我们对于财政的问题，先提出两个简单的主张：(1)彻底的会计公开。(2)根据国家的收入，统筹国家的支出。以上是我们对于中国政治的几个主张。我们很诚恳地提出，很诚恳的请求全国的人的考虑、批评、或赞助与口传。

提议人职业：蔡元培国立北京大学校长、王宠惠国立北京大学教员、罗文斡国立北京大学教员、汤尔和医学博士、陶行知国立东南大学教育科主任、王伯秋国立东南大学政法经济科主任、梁漱溟国立北京大学教员、李大钊国立北京大学图书馆主任、陶孟和国立北京大学哲学系主任、朱经农国立北京大学教授、张慰慈国立北京大学教员、高一涵国立北京大学教员、徐宝璜国立北京大学教授、王征美国新银行团秘书、丁文江前地质调查所所长、胡适国立北京大学教务长。（据《东方杂志》第 19 卷第 8 号，1922 年 4 月 25 日出版）

5 月 15 日，《先驱》第 9 号发表《批评"好政府"主义及其主张者》，对《我们的政治主张》的"好政府主义"予以批驳。

5 月 18 日，孙传芳领衔通电，主张恢复旧国会，推举黎元洪复职，补选副总统，请孙中山、徐世昌退位。

5 月 19 日，奉天省议会宣布东三省实行联省自治，举张作霖为三省总司令。

5 月 25 日，北京午门历史博物馆所藏明末及前清内阁档案、试卷等移交北京大学收管。

5 月 27 日，胡适在《努力周报》第 4 期答复王伯秋、傅斯积两人对《努力周报》的批评，认为"我们当日不谈政治，正是想要从思想文艺的方面替中国政治建筑一个非政治的基础""现在中国最大的病根，并不是军阀与恶官僚，乃是懒惰的心理，浅薄的思想，靠天吃饭的迷信，隔岸观火的态度，这些东西是我们的真仇敌"。

6月1日，《劳动周刊》负责人、劳动组合书记部干事陈启汉被上海公共租界巡捕房以"在《劳动周刊》上发表可能引起骚乱及破坏治安的文章"为罪名加以逮捕。

6月2日，徐世昌发布辞职令。

6月3日，孙中山通电反对黎元洪复任总统，表示应由护法政府承继法统。

6月9日，中国劳动组合书记部机关报《劳动周刊》被上海公共租界工部局勒令停刊。

6月11日，黎元洪入京就职，暂行大总统职权，召集旧国会。

6月15日，中共中央发表《中共中央第一次对于时局的主张》，明确提出为了实现当前十一项奋斗目标，"中国共产党的方法是要邀请国民党等革命的民主派及革命的社会主义各团体，开一个联席会议""共同建立一个民主主义的联合战线，向封建式的军阀继续战争"。这是中国共产党第一次明确宣布与中国国民党建立"联合战线"的意愿，也是中国共产党成立后第一次公开发表的关于时局问题的声明。

按：《中共中央第一次对于时局的主张》总结了辛亥革命以来的经验教训，批判了当时国内流行的诸如"联省自治""恢复国会""依靠吴佩孚解决时局"以及"好人政府"等错误主张，阐释了中国社会的性质、革命对象和革命动力，指出军阀与国际帝国主义互相勾结是中国内忧外患的源泉，提出依中国政治经济的现状，依历史进化的过程，无产阶级在目前最切要的工作，还应该联络民主派共同对封建式的军阀革命，以达到军阀覆灭能够建设民主政治为止。《中共中央第一次对于时局的主张》对于蔡元培、胡适等《我们的政治主张》中的"好政府主义"观点，作了如下尖锐的批评："好政府主义者诸君呵！你们刚才发出'努力''奋斗''向恶势力作战'的呼声，北京城里仅仅去了一个徐世昌，你们马上就电阻北伐军，据中外古今革命史上的教训，你们这种妥协的和平主义，小资产阶级的和平主义，正都是'努力''奋斗''向恶势力作战'的障碍物。军阀势力之下能实现你们所谓好政府的涵义吗？你们试观察现时京津保的空气，能实现你们政治改革的三个基本原则和六个具体主张吗？清室倒了，统一党章秉〔炳〕麟等便急急主张和袁世凯妥协，反对继续战争；袁世凯死了，流步党梁，启起〔超〕等便急急主张和段祺瑞妥协，反对继续战争，结果都造成了反动的变乱。你们（小资〈产〉阶级的和平主义者）又那能不蹈此覆辙！"（参见中共中央党史研究室《中国共产党历史》第一卷（1921—1949），中央党史出版社2002年版）

6月16日，陈炯明在广州叛变，所部4000余人围攻总统府，轰击孙中山的住所。孙中山逃离广州，于8月14日安抵上海。孙中山永丰舰蒙难逃亡，蒋介石随身护卫有功，从此青云直上。

6月18日，北京政府司法部宣布取消《报纸条例》。

是日，非宗教同盟第一次干事会决定召集全国非宗教团体总同盟大会。

是月，非宗教同盟编辑出版罗章龙编辑的《非宗教论》一书，辑录了蔡元培、陈独秀、李大钊、吴虞、李石曾、萧子升、周太玄、朱执信、罗章龙等人撰写的31篇批判和否定基督教的文章。之后，第一阶段非基督教运动逐渐趋于平淡。

7月1日，无政府主义团体主办的《民钟》在广东新会创刊，旋迁往上海出版。宣传无政府主义主张，反对无产阶级专政。1927年7月终刊。

7月3—8日，中华教育改进社在山东济南举行第一届年会，讨论教育革新问题。到会370余人，议决案122件。蔡元培致开幕词，梁启超、黄炎培、邓萃英、蒋梦麟、张默君、胡适、麦柯乐、推士等人担任各门教育之演讲。

按：这次会议到会代表370人，按学科分组讨论。国民音乐组到会9人，提出议案8件，经过三次会议讨论，议决案有：1.提倡国民音乐教育应以世界能通行者为限；2.各省应派员来京讲习；3.请各省到会代表回籍征集民歌歌词；4.请设法筹款办管弦大乐队；5.征集各地原有之歌词曲谱及乐器；6.建议各高等师范学校添设唱歌教员养成科;7.各小学唱歌应用林美德女士新制音阶组成表教授初学识谱法。(孙继南编著《中国近代音乐教育史纪年1840—2000》新版,上海音乐学院出版社2012年版)

　　按:蔡元培《中华教育改进社第一次年会开幕词》说:"山东教育界诸先生诚恳招待,竭力赞助,今日开会,又蒙教育部代表、山东省行政长官暨教育厅长光临,本会非常感谢,亦非常荣幸。中国古有教育,惟不进步。近年来,欧美教育,日新月异,以中国现况较之,实相差远甚。(一)义务教育。欧美义务教育之年限日增,向之望国民教育普及者,今则欲提高至人人有中学及高等知识。中国则四年之国民义务教育,且不能实行,其他如成人教育、盲哑教育,无论已。(二)上进教育。西洋一方普及,一方提高,大学之上,有研究院,罗置图书,广设仪器,供上进者之研究,中国则缺如。此二者乃荦荦大者,其他不如人者,正不知多少也。现中国教育部、教育厅,皆注意教育,热心提倡。但仅赖行政机关,收效甚小,最要在办教育者自动。中华教育改进社,即合各县教育实行家研究切身问题,共同讨论,共同解决,计画,设施,以谋教育自身之发展。教育改进社所欲解决者有数问题:(一)学制问题。究其是否适合于各地方。(二)方法。昔日所教授者,如理化、历史、地理等科,皆为前人研究之结果,言进程及方法者极少,今当注意方法问题。(三)教育经费问题。今日教育之摇动者,类为经济不足。解决经费困难,实一最大而最要之事。以上三者,本会皆有分组会详细讨论之,但事贵合作,尚希诸君赐教。"(高平叔编《蔡元培教育论著选》,人民教育出版社2011年版)

　　7月10日,上海《东方杂志》第19卷第13号出版"国际时事问题号"(上)。

　　7月12日,北京成立女权同盟会,要求宪法上明文规定男女完全平等。

　　7月16—23日,中国共产党第二次全国代表大会在上海举行,陈独秀、张国焘、李达、杨明斋、罗章龙、王尽美、许白昊、蔡和森、谭平山,李震瀛、施存统等12人(尚有一人姓名不详)出席了会议。大会通过了《中国共产党第二次全国代表大会宣言》《中国共产党章程》以及《关于"世界大势与中国共产党"的议决案》《关于"国际帝国主义与中国和中国共产党"的决议案》《关于"民主的联合战线"的议决案》《中国共产党加入第三国际决议案》《关于议会行动议决案》《关于"工会运动与共产党"的议决案》《关于少年运动问题的决议案》《关于妇女运动的决议案》《关于共产党的组织章程决议案》等9个决议案,决定出版中央机关刊物《向导》周刊。选举陈独秀、蔡和森、张国焘、高君宇、邓中夏等为中央执行委员,陈独秀为委员长,蔡和森、张国焘分别负责党的宣传、组织工作。

　　按:中共二大根据世界革命形势和中国政治经济状况,正确地分析了中国的社会性质,中国革命的性质、对象、动力和前途,指出了中国革命要分两步走,并制定了党的最高纲领和最低纲领,在中国近代史上第一次明确地提出了彻底的反帝反封建的民主革命纲领,为中国各民族人民的革命斗争指明了方向,对中国革命具有重大的深远意义。(参见中共中央党史研究室《中国共产党历史》第一卷(1921—1949),中央党史出版社2002年版)

　　7月18日,共产国际执委会主席团正式决定中国共产党与孙中山领导的中国国民党建立革命联合路线,并指示中共中央立即迁至广州,所有工作必须在与马林密切联系下进行。

　　7月25日,上海《东方杂志》第19卷第14号出版"国际时事问题号"(下)。

　　8月1日,中共旅欧支部在巴黎创办《少年》月刊,为中共在海外出版的第一份刊物。约一年后改名《赤光》,以宣传共产主义、批驳无政府主义思潮为重点。

　　按:赵世炎、周恩来等发起成立"旅欧中国少年共产党",中共旅欧支部在巴黎创办《少年》月刊,为中共在海外出版的第一份刊物。宗旨是:宣传马克思主义学说及建党、建团的重要意义;解释共产国际和中共中央的文件精神,报道世界工运、青运和中国的青年运动消息;论证中国走共产主义、改良主义等思想。

　　是日,第一届旧国会在北京集会。

　　8月3日,北京女子参政协进会在中国大学正式成立。

8月12日，中华民国宪法草案修正请愿团在北京召开成立大会，并发表宣言，要求贯彻信教自由，教育独立。

8月13日，北京政府国务院发布严禁七种书籍之禁令：《平民宝鉴》《官场揭秘》《政府秘密大观》《新知识》《民国正义》《治世要诀》《下士衣食》。

8月17日，北京国立八校校长蔡元培等为争取教育独立而通电全国宣布辞职。

8月18日，中国科学社生物研究所在南京成立，推秉志主持，所内设动物、植物两部，由秉志、胡先骕各司其事。

8月20日，缪伯英、邓飞黄、范鸿劼等十余人发起"民权运动大同盟"，以扩充人民权利，保障宪法，扫除民权障碍，贯彻民主政治为宗旨。是日在北京大学第二院召开筹备会议，讨论名称、宗旨、组织等事项，最后推定杨廉为筹备主任，邓飞黄、缪伯英、范鸿劼、刘仁静、高尚德、蔡和森等8人为筹备员，起草章程，筹备下星期三开成立大会。

是日，中国科学社在江苏南通召开第七届年会，张謇致开幕词，梁启超、马相伯演说。会议再次修改章程，产生新一届董事会，而原董事会易名为理事会。理事会是实际的领导机构，决策中国科学社的政策、方案、组织办事机关等事宜。为方便社员间的交流和更加有组织性的开展活动，设立分社和社友会，在同一地有社员40人以上，便可设立分社，20人以上可设立社友会，后来在北京、上海、南京、广州、杭州、苏州、青岛等地都有社友会。

8月21日，青年团北京地委、马克思学说研究会、少年中国学会等14个团体700余人，在北京大学第三院召开欢迎苏俄政府代表越飞的大会。

8月23日，孙中山在上海与南下出席中国共产党第二届中央执行委员会在杭州西湖召开特别会议（"西湖会议"）的李大钊多次晤谈，讨论了"振兴国民党以振兴中国"的"种种问题"。

是日，女权运动同盟会成立。

8月25日，孙中山在上海与苏俄全权大使越飞的代表会晤，越飞向孙中山提出改组国民党的建议。同时，中国共产党领导人李大钊等人多次拜访孙中山，商谈国共合作问题。

是日，上海《东方杂志》第19卷第16号出版"农业及农民运动号"。

8月28—30日，中国共产党第二届中央执行委员会在杭州西湖召开特别会议（即"西湖会议"）讨论共产党员加入国民党的问题，陈独秀、李大钊、蔡和森、张国焘、高君宇及马林、张太雷出席会议。马林根据共产国际的指示，建议中国共产党党员以个人资格加入国民党，实现国共合作。这次会议是中国共产党关于国共合作政策由"党外联合"方针向"党内合作"的转折点，加快了第一次国共合作的步伐。

按："西湖会议"刚开始，与会的中央执行委员不赞成马林的建议。经过马林的解释和说服，并经过充分讨论，会议决定在孙中山改组国民党的条件下，由共产党少数负责人先加入国民党，同时劝说全体共产党员以个人名义加入国民党。西湖会议后不久，李大钊、陈独秀、蔡和森、张国焘等首先以个人身份加入国民党。但是党内大多数人对于这种做法仍有疑虑。直到一年以后，西湖会议的决定才得到贯彻执行。（参见中共中央党史研究室《中国共产党历史》第一卷(1921—1949)，中央党史出版社2002年版）

是月，中国劳动组合书记部发布《劳动法大纲》19条，要求承认劳动者有集会、结社、罢工等权利，及应合理规定工时、工资、劳动保护等制度，要求将劳动法大纲纳入宪法。

9月4日，孙中山在上海召集各省国民党负责者会议，讨论国民党改组事宜，并指定专人草拟国民党改组的宣言、党纲、党章。陈独秀等共产党人出席会议。会议一致赞成孙中山改组国民党的计划。

9 月 13 日，中共中央的第一份机关报《向导周刊》在上海创刊，主要宣传中国共产党政治主张。

　　按：《向导周刊》由蔡和森、彭述之、瞿秋白、高君宇、张太雷、向警予、罗章龙、郑绍麟、赵世炎等先后任主编。陈独秀领导刊物的出版，并题写刊名。该报为 16 开本，设有"中国一周""世界一周""通信""读者之声""什么话"等专栏。主要发表时事政治评论文章，以宣传党的纲领、路线、方针、政策、指导群众斗争为主要任务。《向导周刊》在创刊号《本报宣言》中鲜明地提出了中国共产党的奋斗目标："反抗国际帝国主义""推倒军阀"，建立"统一、和平、自由、独立"的中国。在国民党"一大"以前，《向导周刊》集中精力宣传中国共产党的反帝反封建的革命纲领，积极帮助孙中山进行国民党的改组，推动革命统一战线的建立。在国共合作形成后，《向导周刊》除继续宣传党的统一战线政策外，还对孙中山先生提出的联俄、联共、扶助农工三大政策作了重点宣传。同时，它热情宣传和支持工农革命运动，促进了工农革命运动和国民革命的迅速发展。

9 月 14 日，安源路矿（江西萍乡的安源煤矿和湖南株洲到萍乡的株萍铁路合称安源路矿）的一万七千多名工人，在湖南党组织和毛泽东、李立三、刘少奇等的组织领导下，举行罢工。经过五天的激烈斗争，路矿当局被迫接受工人们提出的要求，承认工人俱乐部有代表工人的权利，罢工取得了重大胜利。（参见中共中央党史研究室《中国共产党历史》第一卷（1921—1949），中央党史出版社 2002 年版；中共中央文献研究室编撰、逄先知主编《毛泽东年谱（1893—1949）》人民出版社、中央文献出版社 1993 年版）

9 月 19 日，黎元洪以王宠惠为内阁总理，正式组阁，主要成员有内务总长孙丹林，财政总长罗文干，陆军总长张绍曾，外交总长顾维钧，海军总长李鼎新，司法总长徐谦，教育总长汤尔和，农商总长高凌蔚，交通总长高恩洪。王宠惠主张"好人政治"，其内阁被称为"好人内阁"。

9 月 20 日，北京政府教育部召开学制会议，确定壬戌学制。

9 月 30 日，北京政府教育部在京召开的全国学制会议结束，蔡元培任会议主席，讨论《全国教育会联合会》第七次会议提出的新学制问题，并形成《学制系统改革案》的议决案。

　　按：新学制确定教育宗旨为：适应社会进化之需要；发挥平民教育精神；谋个性之发展；注意国民经济力；注意生活教育；使教育易于普及；多留各地方伸缩余地。新学制采用美国六三三制，即初级小学四年，高级小学二年，共六年小学教育；初中三年；高中三年。新学制对初等、中等、高等教育作了相应规定。关于初等教育，新学制规定：小学修业年限六年，初级四年，高级二年；幼稚园列为初等教育范畴，收受六岁以下儿童入学。关于中等教育，新学制规定：中学修业年限为六年，初级三年，高级三年；中等教育采用选科制；推广职业教育，职业学校分初、高两级并取代原先的实业学校系统；师范学校修业年限为六年。关于高等教育，新学制规定：大学设数科或一种均可；大学修业年限为四至六年；大学采用选科制；因学科及地方特别情形，设专门学校；大学及专门学校附设专修科，修业年限不等，为补初级中学之不足，设二年师范专修科；取消大学预科，使其不再担负中等教育的任务。附则规定，注重天才教育，得变通年限及教程，使优异之智能尽量发展；对于精神上或身体上有缺陷者，应施以相当之特种教育。新学制的颁布，缩短了小学年限，有利于初等教育的普及；延长了中学年限，取消了大学预科，提高了中等教育的水平，减轻了大学负担，更加符合中国社会状况及教育自身发展的规律，标志着中国现代资本主义教育体制的基本确立。（贾兴权、唐伽编著《科教文化卷　百年中国大事要览》，党建读物出版社，2002 年版）

10 月 16 日至 11 月 19 日，在中国劳动组合书记部的发动和领导下，开滦五矿的工人举行大规模的同盟罢工，罢工人数近五万人，是继香港海员罢工之后，又一次规模很大的直接反对帝国主义的斗争，在国内国外都产生了重大影响。

10 月 21 日，全国教育会联合会在山东济南举行的第八次会议结束。议决案《学校系统案》《新学制课程案》《实行教育经费独立案》等 27 件。同时组织胡适、袁希涛、黄炎培、经亨颐、金曾澄等 5 人组成"新学制课程标准起草委员会",委员会又聘请 50 余名专家,共同经营新课程,完成《新学制课程标准纲要》的制定。

10 月 23 日,在私立东南高等专科师范学校基础上,由中国共产党与国民党联合主办的上海大学成立。校长为于右任,由邵力子代理,邓中夏任总务长,瞿秋白为社会学系主任,教员有瞿秋白、邓中夏、张太雷、萧楚女、恽代英等。该校成为中国共产党培养革命干部的高等学校。

10 月 30 日,中国天文学会成立大会在北京中央观象台召开,选出第一届评议会,高鲁为会长,秦汾为副会长。该会以"求专门天文学之进步及通俗天文学之普及"为宗旨。

是月,教育部批准北京美术学校升级为北京美术专门学校。

11 月 1 日,北京政府公布《学校系统改革案》,建立壬戌学制。

11 月 2 日,北洋政府以大总统令颁布《学校系统改革案》,所规定的学制系统,史称"壬戌学制",又称新学制。

按:《学校系统改革案》确定的改革标准为:一、适应社会进化之需要。二、发挥平民教育精神。三、谋个性之发展。四、注意国民经济力。五、注意生活教育。六、使教育易于普及。七、多留各地方伸缩余地。这七项标准鲜明地反映了当时欧美新教育运动,尤其是美国实用主义教育思想和进步主义教育运动的精神实质,对中国社会教育发展和人才培养影响极其深远。这次公布的壬戌学制与 1912—1913 年的壬子、癸丑学制的不同点有:一、小学由七年缩短为六年,取消"国民"、"高等"名目,称"高级"(二年)、"初级"(四年)。义务教育年限暂以四年为准。小学课程得于较高年级斟酌地方情形,增置职业准备之教育。对年长失学者宜设补习学校。二、中学由四年延长为六年,分初高两级,各三年,选科。初级中学得设职业科。高级中学分普通、农、工商、师范、家事等科。三、师范由五年改为六年。北京高等师范学校改为北京师范大学。四、以职业教育系统代替实业教育系统。五、高等教育:大学设数科或一科均可。大学四至六年。大学不设预科。六、蒙养园改为幼稚园,收受六岁以下儿童。《改革案》并提出"注意天才教育,得变通年期及教程,使优异之智能尽量发展"。"对于精神上或身体上有缺陷者应施以相当之特种教育"。此后二十余年,基本沿用此学制。(参见中央教育科学研究所编《中国现代教育大事记 1919—1949》,教育科学出版社 1988 年版;付祥喜《20 世纪前期中国文学史写作编年研究》,北京师范大学出版社 2013 年版)

11 月 5 日至 12 月 5 日,共产国际第四次代表大会,由陈独秀、刘仁静、王俊等 3 人组成的中共代表团出席了会议。刘仁静在会上介绍了中国的情况和党成立后所开展的工作。陈独秀当选为共产国际执行委员。

11 月 10 日,北京言论自由期成会成立,以向国会请愿、废止妨害言论自由一切法规、另定保护言论自由条例为宗旨。推举林天木、蔡元培、胡适、李大钊、梁启超等 60 人为评议员。

是日,上海《东方杂志》第 19 卷第 21 号出版"宪法研究号"(上)。

11 月 15 日,孙中山在上海再度召开会议,审议中国国民党改组的宣言、党纲和党章。

11 月 25 日,众议院通过查办王宠惠、顾维钧案,王宠惠王被迫宣布辞职。"好人政府"仅存 70 余天即告垮台。

是日,上海《东方杂志》第 19 卷第 22 号出版"宪法研究号"(下)。

11 月 29 日,汪大燮继王宠惠署理内阁总理。

是月,北京各进步团体在北京大学三院联合召开"十月革命节纪念会",李大钊发表《苏俄革命的历史及对中国的影响》的演讲。

12 月 8 日,私立东陆大学(今云南大学)宣布成立,由时任云南省省长唐继尧创办,唐继尧为名誉校长,董泽为校长,为我国西南边疆地区第一所综合性正规私立大学。

12 月 16—18 日,孙中山再次在上海召集有国民党各省代表参加的会议,审查中国国民党改进案宣言及党纲、党章。

12 月 17 日,《北大经济学会半月刊》出版第 1 号,徐兆荪为编辑主任。

按:该刊《发刊词》说:"中国今日苟不欲自立于世界则已,如欲于各国比肩对立,并驾齐驱,则经济之繁盛,学术之发展,诚不可视为缓图。举凡关税之厘定,币制之改革,内外债之整理,各种实业之提倡,商法之修订等等,皆经济学者所当研究之事。"

12 月 20 日,南京高等师范学校并入东南大学。

12 月 24 日,北京成立救国联合会,推举冯玉祥、徐谦等为董事。

是日,国会蒙藏议员组成蒙藏经济协进会,推举那彦图为名誉会长,贡桑诺尔布为会长,是为国会中之蒙藏独立团体。

12 月 25 日,上海《东方杂志》第 19 卷第 24 号出版"爱因斯坦号"。

12 月 30 日,黎元洪公布《教育基金委员会条例》,凡 13 条。

是日晚,苏维埃社会主义共和国联盟首次苏维埃代表大会在莫斯科召开,斯大林在会上作关于成立苏联的报告。列宁因病未出席大会,被推为大会的名誉主席。根据列宁的提议,俄罗斯联邦、南高加索联邦、乌克兰、白俄罗斯 4 个苏维埃社会主义共和国结成联盟,成立苏维埃社会主义共和国联盟(简称苏联)。联盟苏维埃代表大会为国家最高权力机关,苏联人民委员会为执行机关。

12 月 31 日,黎元洪特派熊希龄、蔡元培等人,派张伯苓等 18 人为教育基金委员会委员。

冬,北京教育部将北京农专、工专、法专分别改组为北京农业大学、北京工业大学、北京法政大学。

是年,北京大学国学研究所成立,成为中国大学最早出现的学术研究机构,首开大学学术研究风气之先。

按:1919 年年底,胡适吸收毛子水和傅斯年的概念,肯定"整理国故"。那时胡适的影响很大,遂于 1922 年成立了北京大学研究所国学门,俗称北京大学国学研究所,后有东南大学成立国学院,然后有清华大学国学研究院(当时的正式名称是清华研究院国学门),接着有厦门大学成立国学研究院,还有燕京大学成立国学研究所。整理国故运动催生了这些研究组织和教学机构。(李英华《国学复兴论》,中央编译出版社 2013 年版)

是年,以北京高等师范学校校长李建勋为代表组成"中华民国宪法草案修正请愿团"向众议院请愿,要求把教育列入宪法。在北京政府教育部召集的"学制会议"上,李建勋又向北京政府教育部召开的学制会议提出"请改全国国立高等师范为师范大学案",从师范教育之目的、方向、训练等 9 个方面论述师范教育不宜与其他院校合办。会议经过讨论、争辩,最后通过此案。

是年,《向导》《创造季刊》《国粹杂志》《努力周报》《学衡》《山东劳动周刊》《劳动周报》《红杂志》《国立东南大学南京高师日刊》《平民声》《儿童世界》《小朋友》《工人声》《工人旬报》《工余》《先驱》《青年周刊》《少年》《国际公报》《清心钟》《厦大周刊》《社会科学季刊》《农话》《法学季刊》《批评》《明达旬刊》《新农业》《晨光》《交通大学月刊》《齐鲁新声》《社会学杂志》《新医人》《心理》《实业来复报》《陕西劝农浅说》《经济之研究》《经济汇报》《农业丛刊》《农民月刊》《道理月刊》《中国地质学会志》《河南实业周刊》《实业周刊》《浙江教育杂志》《绍兴教育公报》《山东教育月刊》《琼崖旬报》《经世报》《青年友》《责任》《哲报》《岩声》《海员月刊》《孤军》《最小报》《民钟》《华西边疆》《读书杂志》《台湾》《歌谣》《文学旬报》《电影杂志》《戏杂志》《家庭杂志》《快乐世界》《快活》《星期》《红杂志》《中华归主》《女青年报》《京都晚报》《吉林新报》《大北新报》《哈尔滨日日新闻》《东北文化月报》《东北文化》《东三省民报》《满洲报》《地质学会志》等报刊创刊。

二、学术活动

蔡元培1月4日致函胡适,谓:"承赐大著《胡适文存》四册,拜领,谢谢。虽未遑即全读,亟检《红楼梦考证》读之,材料更增,排比亦更顺矣。弟对于'附会'之辨,须俟出院后始能为之。"又谓:"公所觅而未得之《四松堂集》与《懋斋诗钞》,似可托人向晚晴荩诗社一询;弟如有便,亦当询之。"14日,蔡元培撰发《介绍画家刘海粟》一文,谓"希望我国艺术界里,多产几个象他那样有毅力的作者"。16日,蔡元培复以《介绍艺术家刘海粟》为题,刊载于北京《黄报》,加列袁希涛、经亨颐、张耀翔、王文培、汪懋祖等人之名。21日和23日,《北京大学日刊》发布公告,北京大学研究所国学门成立,设研究所国学门委员会,蔡元培兼任委员长,委员有顾孟余、沈兼士、李大钊、马裕藻、朱希祖、胡适、钱玄同、周作人等。沈兼士任国学门主任。后歌谣研究会归并入国学门。30日,蔡元培撰写《石头记索隐》第六版"自序",副标题为"对于胡适之先生《红楼梦考证》之商榷",针对胡适的观点展开争辩。

按:蔡元培"自序"曰:"余之为此索隐也,实为《郎潜二笔》中徐柳泉之说所引起。柳泉谓:宝钗影高澹人,妙玉影姜西溟。余观《石头记》中,写宝钗之阴柔,妙玉之孤高,与高、姜二人之品性相合。而澹人之贿金豆,以金锁影之,……西溟之热中科举,以妙玉走魔入火影之。……知其所寄托之人物,可用三法推求:一、品性相类者;二、轶事有征者;三、姓名相关者。于是以湘云之豪放而推为其年,以惜春之冷僻而推为苏友,用第一法也。以宝玉曾逢魔魇而推为允礽,以凤姐哭向金陵而推为余国柱,用第二法也。以探春之名,与探花有关,而推为健庵;以宝琴之名,与孔子学琴于师襄之故事有关,而推为辟疆,用第三法也。然每举一人,率兼用三法或两法,有可推证,始质言之。……自以为审慎之至,与随意附会者不同。近读胡适之先生之《红楼梦考证》,列拙著于'附会的红学'之中,谓之'走错了道路',谓之'大笨伯''笨谜',谓之'很牵强的附会',我实不敢承认。意者我亦不免有敝帚千金之俗见。然胡先生之言,实有不能强我以承认者。"然后从四个方面展开质疑和批评。其中最后批评胡适的"自传说",谓"胡先生以曹雪芹生平,大端考定,遂断定《石头记》'是曾雪芹的自叙传''是一部将真事隐去的自叙的书''曹雪芹即是《红楼梦》开端时那个深自忏悔的我,即是书里甄贾(真假)两个宝玉的底本'。案书中既云真事隐去,并非仅隐去真名,则不得以书中所叙之事为真。又使宝玉为作者自身影子,则何必有甄、假两个宝玉?若因赵嬷嬷有甄家接驾四次之说,而曹寅适亦接驾四次,为甄家即曹家之确证;则赵嬷嬷又说贾府只预备接驾一次,明在甄家四次以外,安得谓贾府亦即曹家乎?胡先生因贾政为员外郎,适与员外郎曹頫相应,遂谓贾政即影曹頫。然《石头记》第三十七回有贾政任学差之说,曹頫固未闻曾放学差也。……故鄙意《石头记》原本,必为经曹雪芹增删,或亦许插入曹家故事,要未可以全书属之曹氏也"。

蔡元培2月拟订《教授制大纲》,草案共为7条。同月3日,蔡元培领衔具呈北京政府总统、国务总理及教育总长,请拨德国赔款为国立北京八校基金,谓"现在从事教育人员,为筹措经费,心力交瘁,一切进行计划,反致无所顾及,长此因循,教育绝无进步之望。……为今之计,亟应筹画切实办法"。2月7日,蔡元培因病未能出席在上海举行的中华教育改进社董事会,派谭熙鸿为代表与会,会议选举范源濂为董事长,聘请陶行知为主任干事。会议决定组织筹划全国教育经费委员会,推定蔡元培、范源濂、梁启超、汪大燮、聂云台、张謇、严修、穆藕初、张公权、周作民等为委员。11日,北大评议会举行第五次会议,蔡元培以便条手书《提议北大研究所国学门委员会名单》:"所长(当然委员长),教务长、本门主任、图书馆主任(均当然委员),马裕藻、朱希祖、胡适、钱玄同、周作人,请评议会承认。"18日,蔡元培出席并主持北大研究所国学门委员会第一次会议,全体委员均出席。蔡元培提议以研究所四学门为基本,每一学门出一种杂志,议决由研究所四学门分任编辑,国学门公推胡适为主任编辑。20日,蔡元培在《国语月刊》第1卷1期发表《国语的应用》一文。22日,蔡元培尚在家养病,中华教育改进社特在蔡寓开谈话会,范源濂、张伯苓、李建勋、陈宝泉、汤尔和、谭熙鸿、李石曾、胡适、马寅初、顾孟余等与会,由范源濂报告该社在上海召开董事会经过。27日,蔡元培与熊希龄、黎元洪、颜惠庆、王芝祥、叶恭绰、潘复、张弧、王正廷、汪大燮、李大钊、吴耀宗、姚憾、周作民、梅贻宝、朱谦之、吴康、高一涵、胡适、王葆真、钱用和(女)、丁淑静(女)等172人联名发布《俄国灾荒赈济会募捐启事》。同日,蔡元培为杨昭悊所著《图书馆学》撰序。3月20日,蔡元培在《新教育》第4卷第3期发表《教育独立议》一文。

　　按:孟令战《民国时期教学自由权研究》(武汉大学博士学位论文,2011年)说:"教育独立运动的兴起起源于教育界的讨薪运动。1919年,由于北洋军阀的连年内战,导致当时国内政局动荡,军费开支的加大使得国家财政匮乏。对教育界的直接影响就是使得原本就十分紧张的教育经费问题更加捉襟见肘。受此困扰,北方各类学校教师工资拖欠现象严重。各地学校都兴起了声势浩大的讨薪运动,学校内的罢教罢课风潮此起彼伏。在这种环境下,大学教育的发展受到了极大地桎梏。为了摆脱这一局面,教育界内有识之士联合起来,提出了'教育独立'的主张。这种独立即包括教育经费独立,也包括教育体制独立,多种主张混合到一起就形成了一股'教育独立'的思潮。在教育理论界,教育思想家们也发表许多篇文章和专著来讨论'教育独立'的理论依据、具体措施等等,为'教育独立'运动的开展和兴盛提供理论支撑。李石岑、郭梦良、周鲠生等人,在《教育杂志》《新教育》等期刊上就先后发表了探讨'教育独立'问题的文章,在诸多文章中,蔡元培的《教育独立议》尤为突出。蔡元培通过对北大多年办学实践的总结,明确提出了:'教育事业应当完全交与教育家,保有独立的资格,毫不受各派政党或各派教会的影响。'他认为政党为了维护集体的利益,需要塑造利于其统治的共性,这不利于个体个性的发展和培育。此外,政党往往更重视追求近期的功利性目标,这导致它同教育的长远目标不相符。因此,如果把教育权交给政党,那么随着政党更迭,教育政策也必将跟着改变,教育的发展必然受到影响;而教会则由于必须信守教义,其他的不同信仰和思想主张很难接纳,如果教会掌握了教育权,那么教育的发展必然会受到教会教义的影响,很难得到真正自由。因此,他主张效仿法国,在中国建立大学区制,让教育独立于行政、教会等势力而独立发展。当时,教学界、政治界中,主张'教育独立'的人士颇多。其中以胡适比较突出,他认为'教育独立':'其涵义有三:1.现任官吏不得做公、私立大学校长、董事长;更不得滥用政治势力以国家公款津贴所长的学校。2.政治的势力(党派的势力)不得侵入学校。中小学校长的选择与中小学教员的聘任,皆不得受党派势力的影响。3.中央应禁止无知疆吏用他的偏见干涉教育,如提倡小学读经之类。'"

　　蔡元培3月16日下午4时,主持召开《北京大学月刊》编辑部会议,决议废止《月刊》,另出《国学季刊》《文艺季刊》《自然科学季刊》《社会科学季刊》四个季刊。21日,北大研究所国学门委员会开第二次会议,委员长蔡元培及全体委员均出席,讨论并通过胡适起草的《国立北京大学助学金及奖学金条例》。4月9日,非宗教大同盟在北大举行第一次大会,中外人士到会者二千余人,蔡元培发表《非宗教运动》的演说。15日,蔡元培出席国立北京美术学校创立四周年纪念会,并发表演说。25日,北大发布通告,谓物理学、中国文学、英文学、法文学、政治学、法律学六系改选主任,物理学系:颜任光,中国文学系:马裕藻,英文学系:胡适,法文学系:李景忠,政治学系:陈启修,法律系:何基鸿。26日,北大发布通告,谓教务长改选,胡适当选。29日,召开北大全体教职员大会,蔡元培发表长篇演说。5月4日,蔡元培出席中华教育改进社国民音乐研究部的会,到会者有梁启超、萧友梅、杨仲子、易意、杨昭恕、胡适、周作人、陶知行及林美德女士。该部主任萧友梅发言,谓国民音乐可分三部进行,第一编作,第二出版,第三传播。当即推定蔡、梁、胡、周、易担作歌词的著作,推定萧、杨、林美德及赵元任担任乐谱的制作。歌词著成后,即交该社总事务所转送制谱,然后在北京各学校中实验,逐步传播。同日,蔡元培在北京《晨报》上发表《五四运动最重要的纪念》一文。

按:《五四运动最重要的纪念》一文略谓:"五四运动,为的是山东问题。山东问题,现在总算告一段落,但是运动的结果,还不能算圆满。必要集股赎路,确有成绩,把胶济路很简单的赎回,其他问题,自然'迎刃而解'了。所以集股赎路是我们最重要的纪念,大家不可不努力。""五四运动以后,学生有两种觉悟是最可宝贵的:一是自己觉得学问不足,所以自动的用功;二是觉得教育不普及的苦痛,所以尽力于平民教育。这两种觉悟,三年来,很见得与前不同;不能不算是五四运动的纪念。"

蔡元培5月12日具呈北京教育部,请将清代内阁档案拨为北大史学材料。13日,蔡元培、胡适、梁漱溟、王宠惠、罗文干、汤尔和、陶行知、王伯秋、朱经农、高一涵、丁文江、李大钊、陶孟和、张慰慈、徐宝璜、王征等北京大学16名教授联名在《努力周报》第2期上发表《我们的政治主张》一文,提出建立"好政府"的主张。20日,北京教育部以第270号批复蔡元培呈送华法学务协会组织情形。22日,蔡元培与梁启超、熊希龄、汪大燮、孙宝琦、王芝祥、钱能训、王宠惠、谷缚秀、林长民、梁善济、张耀曾等在石驸马大街熊宅集会,商议如何答复曹锟、吴佩孚的来电,会后联名发出解决时局意见的通电。同日,教育部批准北大呈文,同意北大整理清内阁档案。6月3日下午2时,北京教育界在国立美术学校举行"六三"纪念会,各校教职员到会者二百余人,尹炎武为主席,蔡元培、李建勋、胡适、沈士远、高一涵等演说。4日下午2时,蔡元培邀集北大本年毕业同学,在第三院大礼堂举行茶话会,发表演说。11日,北京政府拟将农商部地质调查所裁撤,蔡元培闻讯,立即致函当局,请继续维持。20日,蔡元培、王宠惠、顾维钧、罗文干等发起的谈话会,在颜惠庆宅第一次聚会讨论政治问题。参加座谈会的还有丁文江、张君劢、秦景阳、陈聘丞、严据、王长信、周诒春、蒋百里、林长民、陶孟和、李石曾、高鲁、叶叔衡等,讨论的总题是"统一"。胡适与罗文幹提议继续定期举行谈话会。同日,蔡元培在《教育杂志》第14卷第6号发表《美育实施的方法》一文。

按:《美育实施的方法》指出:"我国初办新式教育的时候,止提出体育、智育、德育三条件,称为三育。十年来,渐渐的提到美育,现在教育界已经公认了。……照现在教育状况,可分为三个范围:一、家庭教育;二、学校教育;三、社会教育。我们所说的美育,当然也有这三方面。"

蔡元培6月26日致函陈汉章、何炳松、马衡、马裕藻、黎稚鹤、胡文玉、单不庵、杨适夷、朱希祖、黄仲良、沈兼士、沈士远、李大钊、胡适、谭熙鸿等,为历史博物馆所藏内阁档案,业经移交本校,急须整理,拟于28日开会讨论整理方法。29日,蔡元培又致函陈汉章、何炳松等(并增列刘文典、钱玄同、沈尹默、李革痴)谓历史博物馆所藏内阁档案,业经全数移校,敬请先生指导整理。7月2日,蔡元培由北京赴济南,出席中华教育改进社年会。3日,中华教育改进社在济南山东省议会举行第一次年会开幕式,董事长蔡元培任大会主席,致开会词。同日,蔡元培向中华教育改进社第一次年会提出《国立大学与省立大学分别设立议》的提案。

按:提案所述理由与办法曰:大学分为国立大学与省立大学两种。国立大学,为全国高深学术之总枢,全设文、理、农、工、医、商、法、美术、音乐各科,并设大学院及观象台、动植物园、历史、美术、科学诸博物院等。依元年教育部计划,全国共设五校:除北京大学及南京之东南大学粗具规模、更求完备外,当更设西南大学于广东,西部大学于成都,中部大学于武汉。

省立或区立大学,采法国大学区制,以大学为本省或本区各种教育事业之总机关。于特设高等学术机关外,凡本省或本区各种教育事业之计划、布置、监督,均担任之,即以代现有之教育厅。

各国立大学,当设国立大学联合会,其办法别有议案。省立或区立大学所设之高等学术机关,先设地质学、生物学研究所,以考求本地原料。设物理学、化学研究所,以促进本地工艺。设心理学、社会学研究所,以考察本地之人情、风俗、历史,而促其进步。设教育学研究所,以指导本地教育家。皆须有相当之实验室、图书馆、陈列所。招大学毕业生为研究员;本省本区人不足,则以他省区之人补充之。延本国宿学为导师,不足则以外国学者补充之。

省区大学,于建设上列各研究所外,得因本地之需要与能力,而设特种研究所与分科大学。

省区大学于本地导师及研究员中,得互推若干人组织本地教育之行政机关。

凡一省中已有国立大学者,其省立大学可设于省城以外之都市。如南京有东南大学,则可设江苏省立大学于苏州;成都有国立大学,则四川省立大学可设于重庆,其他类推。

蔡元培7月4日晚8时主持中华教育改进社在年会会所举行的董事会第一次会议,梁启超、袁希涛、黄炎培、李建勋、张伯苓、张一麐与会,由蔡元培主席,致开会词,主任干事陶知行报告社务。议决向社务会议提议修改社章、提议于南京、长沙二处中选一处为明年大会地点、通过新加入的机关社员等事。8日下午2时,中华教育改进社举行董事会第二次会议,熊希龄、张伯苓、袁希涛、张一麐、李建勋、黄炎培、蔡元培主席等到会。议决事项:致谢名誉董事孟禄博士资送美国专家推士及麦柯尔来华工作。推士实地考察各地各校科学教育实况后,应向各校及相当机关陈述其改良意见。麦柯尔进行工作的地点,先在南京,后来北京,各为半年。同日,蔡元培在《新教育》第5卷第3期发表《中华教育改进社第一次年会告别词》。22日,在《新教育》第5卷第3期发表《中华教育改进社第一次年会报告叙》。8月1日,蔡元培手订《北大季刊编辑员讨论会议决之条件》,附列已经延订的编辑员名单:自然科学组:冯祖荀(主任),秦汾等11人。社会科学组:王世杰(主任),陶孟和等20人。国学组:胡适(主任),沈兼士等12人。文艺组:蔡元培(主任),鲁迅等15人。同日,蔡元培手书提案二件,提交本日召开的北大评议会第九次会议通过,其中定为教授的名单:国文系由讲师改为教授者单不庵、刘毓盘。史学系由讲师改为教授者杨栋林、马衡。生物系定为教授者汤尔和。8月10日,蔡元培出席并主持中华教育改进社在香山森玉笏举行的董事会会议,熊希龄、张伯苓、李建勋、张一麐等董事及主任干事陶知行等与会。8月17日,因政府欠薪且侮辱校长,蔡元培领衔与北京各国立学校校长一同发辞职通电,此为蔡元培第五次辞北大校长职。19日,蔡元培领衔与北京国立各校校长撰拟呈总统府、国务院、教育部文稿,详述在交通部受辱经过。

按:呈文长达三千余字,刊于8月26日《北京大学日刊》,末段云:"窃思校长等及教职员代表,应交通总长之约而来,始则闭门不纳,继则一去不返,自朝至暮,困守一室,饥不得食,渴不得饮,非特受该部员之揶揄侮辱,兵警检巡,更番监视,甚至宪兵亦来盘诘,直欲法外示威。校长等为国服务,自信无他,乃至疲精劳神,焦头烂额,而尚得〔不〕免于意外之耻辱!在政府感想如何,不能悬揣;而在校长等实不能常任此无足轻重之职务。为此,恳切呈请立予罢斥,另任贤能,庶几教育事业不至扫地以尽。而校长等德薄能鲜,至不得已而辞职,何事哓哓。惟闻高总长及该部二员有种种诬蔑之词,在彼不过为卸责固位之计,而在校长等认为有伤人格,因是不揣冒渎,据实胪陈。除恳请准予辞职外,并祈彻查真相,以明曲直。"

蔡元培8月20日在《国语月刊》发表《汉字改革说》,主张汉字改用拉丁字拼音。9月11日,北京国立八校校长因教育经费无着,发出宣言,声明不负责任,蔡元培亦随之刊发与北大脱离关系的启事,谓"自九月十一日起,元培与国立北京大学脱离关系,凡北大一时不能停止之事务,概请蒋梦麟总务长酌量办理,俟政府派定继任校长,即由蒋总务长克期交代。"20日上午10时15分,北京教育部召集的全国学制会议在教育部会场举行开会式,公推蔡元培为临时主席,主持审订新学制。同日晚9时,蔡元培主持召开中华教育改进社开董事会,董事熊希龄、黄炎培、张伯苓、袁希涛、李建勋、郭秉文以及主任干事陶知行,研究员推士、麦柯尔到会。21日,蔡元培出席并主持全国学制会议第二次大会,讨论学习系统案。先后发言者有经亨颐、张鹤浦、黄炎培、杨汝觉、郭葆珍、邓萃英、李建勋、袁希涛、张伯苓、张佐汉、秦汾、王卓然、武绍程、俞同奎、陈任中、杜耀箕、王义周、吴树楠、王震良、程时煃、陈宝泉、王家驹、陈启修、戴应观、许寿裳等人。同日,北京政府拨给两个月费用,答应月底前再给半个月,八校长们复职。蔡元培领衔与许寿裳、李建勋、周颂声、王家驹、吴宗拭、俞同奎、郑锦联名刊登《北京国立八校校务讨论会启事》致谢各界援助。24日,蔡元培领衔与李大钊、李石曾、胡适、蒋梦麟、刘仁静、张国焘、黄日葵、蔡和森等在本日北京《晨报》上刊登《为陈独秀君募集讼费启事》。

按:《启事》曰:"陈独秀君为社会教育思想自由之故被捕,案虽了结,而关于讼费及销毁书籍纸版,损失在二千元以上。陈君清贫,同人深悉,遭此厄运,其何以堪。凡表同情于社会教育思想有〔自〕由、及与陈君有旧,愿解囊相助者,上海希交环龙路铭德里二号高君曼,北京希交北京大学图书馆李大钊收转为荷。"

蔡元培10月2日上午9时在北大1922年秋季始业式上致开学词,教务长胡适、总务长蒋梦麟及新聘教员发表演说,前任美国驻华公使芮恩施出席演讲。10月19日,蔡元培愤于北大少数学生反对征收讲义费,肆意喧闹,提出辞职,此为蔡元培第六次辞职。同日,北大总务长蒋梦麟、庶务部主任沈士远、图书馆主任李大钊、出版部主任李辛白、数学系主任及教授冯祖荀,均刊登启事,宣布"随同蔡校长辞职,即日离校。"北大全体职员发布《暂时停止职务宣言》,《北京大学日刊》亦宣告"自明日起停止出版"。北大全体学生相顾惊骇,于本日上午9时、中午及下午4时,先后召开全体紧急大会,决定派代表至蔡宅挽留蔡校长,并至教育部、总统府声明此系少数学生所为,请代为挽留。同时发表宣言,谓"为保存最高学府计,一致议决挽留我们平日所信仰的蔡校长。如有再行捣乱者,誓当全体一致驱逐败类。"24日,蔡元培发致北大"辞职教职员"函,谓"元培现已回校视事,敬请诸先生亦即取消辞意,俾全校恢复原状,不胜企祷"。25日下午4时,蔡元培召集北大全体教职员及全体学生在第三大礼堂开大会,并发表长篇演说,宣布复职。同日,《北京大学日刊》刊登蔡元培及北大教职员的复职启事。同月,北京大学附设音乐传习所成立,以养成乐学人才为宗旨,蔡元培兼所长,萧友梅主持,刘天华、杨仲子、赵丽莲、郑颖、孙嘉祉等导师。

按:此为中国最早的高等音乐教育机构之一。

蔡元培是秋为《英汉双解韦氏大学字典》撰序,序由商务印书馆该字典编译员之一陈布雷代作。11月3日,《北京大学日刊》刊登启事,公布本届本校评议员13人当选:谭熙鸿、王星拱(均42票),胡适(41票),顾孟余(30票),李四光(29票),陶孟和、马裕藻(均28票),陈启修(26票),丁燮林、李石曾(均25票),李大钊(24票),朱希祖、冯祖荀(均23票)。7日,苏俄代表越飞为纪念十月革命五周年,特设宴招待中国新闻、教育各界人士,到60余人。越飞因病缺席,由新自莫斯科来华之敌德夫代为主持,最后由蔡元培发表演说。8日,蔡元培为召开世界语联合会议,向全国有关机关发致快邮代电。10日,国立北京美术学校升格为国立北京美术专门学校,下午1时在前京畿道该校礼堂举行庆祝会,校长郑锦作简单报告,教育总长汤尔和训词后,请蔡元培发表演说。11月14日,蔡元培在《北京大学日刊》发表《安斯坦(Albert Einstein,通译爱因斯坦)博士来华之准备》一文。15日,蔡元培出席北大学生组织的史学会成立会,并发表演说,后以《在北京大学史学研究会成立会之演说词》为题刊于11月24日《北京大学日刊》。

> 按:蔡元培《演说词》略谓:"诸君须知世界上一切事物的进化,离不开历史,并且是没有止境的。从前欧洲的人以欧洲为天下,中国的人以中国为天下,所以研究历史的,也只是一部分,不是全世界的。后来渐渐进化,知道空间有五大洲,时间有四五千年,历史的范围,是大而无边的。而有人类以前的历史,还是不能知道。有人类以后的历史虽是很多,但是他的内容,也有许多真伪难明的地方。譬如我国自有《尚书》以来,数千年的历史是连续不断,历史的品类是很多的,真伪难明的地方也是不少。……现在吾们要想补这种缺点,最要是发掘地中所埋没的史料,考察地质上的事实,拿来证明过去历史的真伪和补充历史的不足,这就是史学家的责任。""现在史学会成立了,吾希望诸君集合多数的力量,来整理数千年的历史,得寸进寸,得尺进尺,做些实实在在的事情。这是吾的意见。"

蔡元培11月15日下午4时出席并主持北大25年纪念筹备委员会第一次会议,罗惠侨、丁燮林、萧友梅、李大钊、马衡、李四光、苏甲荣、谭熙鸿等委员出席,议决纪念会设学术讲演、展览、游艺三部。讲演的范围为最近25年来学术史,由各科教授、讲师自由认定担任。19日,蔡元培应京师市民会之邀,到东珠市口天津会馆讲演《市民对于教育之义务》。21日,蔡元培出席北大学生所组经济学会开成立会,并致演说词。23日下午5时,蔡元培主持召开北大25年纪念筹备委员会第二次会议,蒋梦麟、钱稻孙、沈兼士等委员到会,通过庆祝日程。12月5日,刊发聘李大钊为北大校长室秘书的通告。10日,蔡元培与李石曾及法人铎尔孟、贝勒士同往西山碧云寺中法大学西山学院,蔡、李、铎均对该校师生讲话。15日下午4时,蔡元培发起的世界语联合大会在北大第三院大礼堂举行,到会者2000余人,首唱世界语颂《希望》,蔡元培任世界语联合大会会议主席并致开会词,孙国璋报告柴门霍甫博士的生平及其始创世界语经过。会议通过"师范学校实行规定世界语课程"及"筹办世界语专门学校"等议案9件。17日上午9时,北大成立25年纪念大会开幕,全校师生及来宾齐集于第三院大礼堂,蔡元培致开会词,教务长胡适、总务长蒋梦麟报告校务。教育部代表及前京师大学堂总监督李家驹、来宾汤尔和相继演说,苏俄驻华代表越飞符派希瓦罗到会。22日,蔡元培出席并主持中华教育改进社董事会的会议,熊希龄、张伯苓、李建勋、黄炎培等与会。12月23日,蔡元培致函越飞鸣谢。

> 按:函曰:"本校成立第二十五年纪念日,承贵代表派员莅会,并致祝词,倾闻之下,曷胜欣感。本校同人甚望中俄人民日益亲善,并愿竭尽心力,以企图学术上之建树,为自由真理而奋进,以副贵代表备极奖掖之希望。谨此鸣谢。"

蔡元培12月23日下午2时出席中华教育改进社在新会所举行成立一周年纪念大会,社员与教育界人士以及来宾汪大燮、汤尔和、顾维钧、冯玉祥、陈宝泉、蒋梦麟等110余人到会。蔡元培以董事长任主席并致开会词,陶知行以主任干事报告社务,继请顾维钧作题为《应否设置科学馆》,邓萃英作题为《世界教育三大趋势》的讲演。30日,浙江省议会选举蔡元培先生等10人为筹办杭州大学的董事。同日,北京政府特派蔡元培、汪大燮、熊希龄、孙宝琦、章士钊、黄炎培等为教育基金委员会委员。冬,中国科学社根据修改会章,设立"主持全社经济及大政方针"的董事会,正式举出蔡元培、马相伯、张謇、梁启超、严修、范源濂、熊希龄、汪精卫等为董事。(以上参见高平叔编著《蔡元培年谱长编》,人民教育出版社

1996 年版）

周自齐 4 月 8 日由北京政府大总统徐世昌任命为教育总长。25 日，北京政府教育部咨各省区派科员、视学参加教育部开设的教育行政讲习会，以"促进教育行政人员学识思想。"讲习会讲习的科目有教育统计、教育表册、教育行政、学校视察、地方教育制度、最近教育史、教育思潮、教育心理、最新教学法等。讲习时间为一个月。29 日，北京政府教育部因"近畿战事发生，各学校经费益形竭蹶"，"加以人心恐慌，亦难安心执务"，本日训令京师国立各校提前结束。训令云："一俟军事解决，经费稍可维持，仍应恢复原状。"5 月 10 日，北京政府教育部咨各省区并布告公布《增定注音字母四声点法》。6 月 12 日，北京政府大总统黎元洪任命黄炎培为教育总长，黄炎培未到任前由交通总长高恩洪兼代。黄炎培辞不就。8 月 5 日，北京政府大总统黎元洪任命代理国务总理王宠惠兼教育总长。9 月 7 日，北京政府大总统黎元洪令："九月二十六日为秋丁祀孔之期，本大总统亲诣行礼，着内务部敬谨预备。"（参见中央教育科学研究所编《中国现代教育大事记 1919—1949》，教育科学出版社 1988 年版）

汤尔和 9 月 19 日由北京政府大总统黎元洪任命为教育总长。20—30 日，北京政府教育部召开学制会议，到会 78 人，蔡元培任主席。会议议决案除学校系统改革案外，尚有：县教育行政机关组织大纲，特别市教育行政机关组织大纲，省区教育行政机关设立参议会议，兴办蒙藏教育办法，请教育部组织教材要目编审建议，扩充省视学员建议等案。10 月 11—21 日，全国教育会联合会在济南举行第八届会议。出席代表 44 人。议决的提案，计有关于学校系统、新学制课程、改革地方教育行政制度、建议国会将教育一项加入宪法列为专章、实行教育经费独立、促进女子教育、建设蒙藏回教育、推广幼稚园、组织义务教育委员会、建议教育部从速规定优待教员条件、中等学校应仍以学生自治为训练方针等，共 27 件。另议决：组织新学制课程标准起草委员会，并推定袁希涛、黄炎培、胡适、经亨颐、金曾澄为起草委员。10 月 23 日，北京政府教育部训令北京大学：应即"整顿校风，匡救士习"。11 月 1 日，教育部指令北京法政专门学校：不准学生派代表加入学校评议会，并应整饬校风。2 日，北京政府大总统黎元洪令公布《学校系统改革案》。29 日，北京政府大总统黎元洪任命彭允彝为教育总长。12 月 30 日，北京政府大总统黎元洪令公布《教育基金委员会条例》13 条，规定教育基金委员会"掌等划全国教育基金事宜"。次日，特派熊希龄、汪大燮、蔡元培、黄炎培、章士钊、张伯苓、郭秉文等 29 人为教育基金委员会委员。（参见中央教育科学研究所编《中国现代教育大事记 1919—1949》，教育科学出版社 1988 年版）

胡适 1 月 12 日在上海为高元的《国音学》作序。21 日，撰《章实斋年谱自序》，是书于同月由商务印书馆出版。2 月 4 日，面对东南大学《学衡》杂志主动挑起新旧文化的论战，《胡适日记》记有："东南大学梅迪生等出的《学衡》，几乎专是攻击我的。"同时写有打油诗，讽刺《学衡》杂志是"一本《学骂》"。同日，胡适写信给梁启超，纠正其《历史研究法》中一处把 Herodotus 与 Homer 误认作一人的错误。是时，胡适与同仁正积极筹办《努力周报》。18 日，中华教育改进社致函通知胡适，推其为筹画全国教育经费委员会赔款部部员。19 日，胡适在平民中学演说《学生与社会》。同月，美国哥伦比亚大学校长致信，请胡适到该校讲授中国文学和中国哲学史，未允。同时，美使馆中人运动请胡适出任清华学校校长，亦未允。3 月 3 日，胡适为上海《申报》50 周年纪念册而作《五十年来中国之文学》，目的是记载当时50 年新旧文学过渡时期的历史。

按：《五十年来中国之文学》探讨了桐城派的源流、特点、地位等："平心而论，古文学之中，自然要算

'古文'(自韩愈至曾国藩以下的古文)是最正当最有用的文体……唐宋八家的古文和桐城派古文的长处只是他们甘心做通顺清淡的文章,不妄做假古董。学桐城古文的人,大多数还可以做到一个'通'字;再进一步的,还可以做到应用的文字。故桐城派的中兴,虽然没有什么大贡献,但也没有什么大害处。他们有时自命为'卫道'的圣贤,如方东树的攻击汉学,如林纾的攻击新思潮,那就是中了'文以载道'的话的毒,未免不知分量。但桐城派的影响,使古文做通顺了,为后来二三十年勉强应用的预备,这一功劳是不可埋没的。"文中还断言:"《学衡》的议论,大概是反对文学革命的尾声了。我可以大胆说,文学革命已过了讨论的时期,反对党已破产了。从此以后,完全是新文学的创造时期。"

按:据《胡适的日记》3月11日记述:"孑民先生有信,他很赞许我的《五十年的中国文学》,但他说吴稚晖是新旧文学一个过渡人物,似可加入。此意甚是。"

胡适3月4日会燕京大学校长司徒雷登与刘廷芳来访,司徒雷登为其国文部推荐主任人选,胡适荐周作人,故是日邀周作人来一起相见。3月4—5日,梁启超应北大哲学社之请到北大讲演《评胡适的〈中国哲学史大纲〉》。5日,胡适亲临会场作主持人,并作讲话,谓中国哲学史尚处于草创阶段,观点不嫌多。并申明自己的意见说,孔子、庄子都受了2000多年的崇拜,我来做个小小的advocatus diaboli(意即魔鬼的辩护士),大概总还是可以的。又说他这部书的特点是时代分明、宗派分明。3月16日,《北大月刊》编辑部会议,决定废止月刊,改为四种季刊,其中《国学季刊》由胡适负责筹备。21日,《国学季刊》编辑部开会成立,编辑人为胡适、沈兼士、钱玄同、周作人、马裕藻、朱遏先、李大钊、单不庵、刘叔雅、郑奠、王伯祥,胡适为主任。会议决定《国学季刊》横排版,作英文提要,这些都是中国杂志史上的创例。23日,胡适赴天津讲演《国语文学史》。24日,返京。25日,胡适在北京法政专门学校讲演《科学的人生观》。

按:胡适概括"科学的人生观"为:"第一个字是'疑',第二个字是'思想',第三个字是'干'"。

胡适3月30日代蔡元培主持召开《文艺季刊》编辑会议。31日,《努力周报》立案事终获批准,警厅批文有谓:"慎重将事,勿宣传偏激之言论。"4月2日,胡适访熊希龄,熊氏于清末民初之政治内幕知之甚多,胡劝其自作年谱或自传。8日,胡适赴天津。次日在直隶教育厅讲演《道德教育》。15日,胡适得《四松堂集》稿本,其中关于曹雪芹材料甚多,自谓是"近来最得意的事"。21日,蔡元培代借得《四松堂集》刻本,与所得稿本校勘,益觉稿本之可贵。同日,为归还《四松堂集》刻本,写信给蔡元培。信中提到,数日前林长民来访,谓拟与王宠惠、罗文干等组织一团体,要求加入,不曾答允,说明俟与蔡先生一谈再说。因问蔡元培意见如何,盼告。当日蔡即复信,亦表不允。24日,胡适以Q·V的笔名在《晨报副镌》上发表《读仲密君的〈思想界的倾向〉》,就周作人昨日在《晨报副镌》以仲密的笔名发表《思想界的倾向》一文作出回应。

按:周作人《思想界的倾向》一文,以《学衡》的出版,章太炎的讲学,以及参禅、扶乩之类的抬头为例,认为有复古主义猖獗的倾向。胡适批评他太悲观了。认为他所举的例:《学衡》的攻击新文化运动,章太炎的攻击白话文,其实都代表着已经过去和行将过去的倾向,并不代表将来的倾向。至于参禅、扶乩之类,本来就当不起思想界的雅号,更不能代表思想界的倾向。文章说:"我们不能叫梅(光迪)、胡(先骕)诸君不办《学衡》,也不能禁止太炎先生的讲学。我们固然希望新种子的传播,却也不必希望胡椒变甜,甘草变苦。现在的情形并无'国粹主义勃兴'的事实。仲密君所举的许多例,都只是退潮的一点回波,乐终的一点尾声。"又说:"文学革命若禁不起一个或十个百个章太炎的讲学,那还成个革命军吗?"

胡适4月25日被举为北大教务长,辞不获。29日,接任。5月7日,胡适、丁文江任主编的《努力周报》在北京大学创刊,以"研究政治,讨论政治,作为公开的批评政治或提倡政治革新的准备"为宗旨,宣传"好人政府"的改良主义。10日,胡适撰《跋红楼梦考证(二)》一篇,答复蔡先生的《石头记索隐》第六版自序——《对于胡适之先生红楼梦考证之商榷》。11日,胡适撰成《我们的政治主张》。此文本为《努力周报》而写,但想可做一公开的宣言,遂于半夜脱稿时打电话给李大钊商议,决定次日到蔡先生家会议。次日会议结果,共得16人赞成并愿签名。13日,交记者发电至上海,并交通讯社传布。14日,在《努力周报》第2号上,以《我们的政治主张》为题发表。签名者有蔡元培、王宠惠、罗文干、汤尔和、陶知行、王伯秋、梁漱溟、李大钊、陶孟和、朱经农、张慰慈、高一涵、徐宝璜、王征、丁文江、胡适,计16人。《我们的政治主张》中心意思是要建立一个"好政府",一个"宪政的政府",一个"公开的政府",实行计划政治的政府。此外,并对南北统一、裁兵、裁官、改革选举制度等问题提出具体意见。此文可以视为近代中国自由主义知识分子的第一篇参政宣言。

　　按:《我们的政治主张》是胡适要求改良政治的第一个具体纲领,周恩来曾在当年《少年中国》第2号上批评其政治态度,认为胡适"太缺乏了革命的精神"。但在文学革命问题上一直是胡适的老对手的梅光迪,却写信表示"兄谈政治不趋极端,不涉妄想,大可有功社会,较之谈白话文与实验主义胜万万矣"。

　　胡适5月19日晚在北京协和医院礼堂讲演《中国究竟进步了没有?》。23日,胡适应在京的外国妇女组织"中国事物研究会"之请,讲演《中国诗中的社会问题诗》。26日,胡适到北京女子高等师范学校讲演《宋元的白话韵文》。30日,胡适入清宫见溥仪,事后撰《宣统与胡适》一文登在《努力周报》第12号上。当时许多进步人士都很鄙夷胡适入宫见溥仪的行为。6月3日,胡适联署于蔡元培致孙中山电,劝其结束护法之役,以国民身份为国尽力。此电遭到张继、张难先等国民党人的激烈批评。同日,为赵元任《国语留声片》作序。8日,孙伏庐致信胡适,希望胡适不要去谈政治。10下午,蔡元培邀集一些人座谈高等教育问题。胡适提议:一、组织国立大学联合会;二、北京国立各校合并。18日,胡适在《努力周报》第7号上发表《我的歧路》一文,述说他开始谈论政治的缘由。同时刊出《〈学衡〉杂志社梅光迪君来信》,梅光迪信中认为胡适谈政治胜过谈文学。

　　按:胡适在文中说,自从1919年7月发表《多研究些问题,少谈些主义》以后,"我等了两年零八个月,中国的舆论界仍然使我大失望。一班'新'分子天天高谈基尔特社会主义与马克思社会主义,高谈'阶级战争'与'赢余价值';……他们索性把'社论''时评'都取消了,拿那马克思、克洛泡特金、爱罗先珂的附张来做挡箭牌、掩眼法!"又说:"我现在出来谈政治,虽是国内的腐败政治激出来的,其实大部分是这几年的'高谈主义而不研究问题'的'新舆论界'把我激出来的。我现在的谈政治,只是实行我那'多研究问题,少谈主义'的主张。……我谈政治,只是实行我的实验主义。"

　　胡适6月20日参与由蔡元培、王宠惠、顾维钧、罗文干等发起的谈话会,在颜惠庆宅第一次聚会讨论政治问题。胡适与罗文干提议将此变为经常性的谈话会。21日,胡适参加萃文学校毕业式,演说《教会学校与中国文化》。24日晚,到曾任北京大学英语教授和英文《北京导报》总主笔的美国人柯乐文家聚餐,席间大谈宗教问题。25日,胡适在《努力周报》第8号的《这一周》时评栏,就广东陈炯明反对孙中山一事发表评论。国民党人对胡适偏袒陈炯明极为不满,发表许多批评的文字。7月1日,胡适赴山东济南参加中华教育改进社第一次年会;30日赴天津讲学,主要讲《国语文学史》及《国语文法》。8月4日,在天津学生同志会讲演《女子问题》。9日,胡适得悉陈独秀在上海被捕,致信请署外长顾维钧与法使馆接洽释陈。16日,胡适写信给顾维钧,请其务必敦促上海法租界当局释放陈独秀。18日晚,胡适赴李大钊招待苏俄代表越飞的餐会,同席者蔡元培、陶孟和、李石曾、蒋梦麟。蔡元培与胡适均有演说。

按：此前数日，因闻北洋政府下令严密监视越飞的行动，胡适曾写信给顾维钧，告诉他，越飞乃苏俄正式代表，对他必须表示相当的敬意和礼遇。

胡适8月18日发愿动手整理《诗经》，先写《关雎》一篇。次日续作，发现《诗经》中"于以"及"于"字的用法的规律，兴更浓。乃拟作《胡适试作的〈诗经〉新解》一书。26日，胡适到北京平民自治协会讲演《平民自治的精神》。28日，胡适在日记中感叹道："现今的中国学术界真凋敝零落极了。旧式学者只剩王国维、罗振玉、叶德辉、章炳麟四人；其次则半新半旧的过渡学者，也只有梁启超和我们几个人。内中章炳麟是在学术上已半僵了，罗与叶没有条理系统，只有王国维最有希望。"（《胡适的日记》，中华书局1985年版）29日，撰成《五十年来之世界哲学》。9月3日，《读书杂志》附于《努力周报》出版，提倡整理国故。胡适在第1号上发表《读〈楚辞〉》一文，否认屈原真有其人。同期发表胡适《一千九百年前的一个社会主义者——王莽》，认为"王莽确是一个大政治家，他的魄力和手腕远在王安石之上"，又说"王莽一班人确是社会主义者"。4日，罗文干代表王宠惠访胡适，请他出任教育次长，胡表示"决不干"。事后与蔡元培商量，劝汤尔和出任。10日，胡适在《努力周报》第19号上发表《联省自治与军阀割据》，反对陈独秀的《对于现在中国政治问题的我见》。15日，胡适赴顾维钧邀餐于外交部，谈俄国问题。17日，胡适在《努力周报》第20号上发表《假如我们做了今日的国务总理》一文，主张由政府出面调停奉直两系军阀的战争，认为这是解决一切时局问题的第一个大前提。18日，致函陈独秀，彼此就联省自治问题有所辩驳。

按：据陈独秀9月23日复信可知，此信中曾就联省自治问题与陈独秀有所辩驳，并疑怪陈独秀有攻击他的意思。陈在23日的复信中说，无论反对联治或主张联治，都有被别人利用的可能。"中国事，无论统一、联治、集权、分权，无论民主的政治或社会主义的政治，不取革命手段，都只是一场滑稽剧。这是我牢不可破的迷信。"

胡适9月22日出席颜宅茶话会，批评王宠惠内阁的无所作为，力倡召开各省会议和消除奉直私斗两项建议。30日，胡适在张慰慈家里见到张作霖的英文秘书王之奇，张作霖奉派其筹办东北大学，胡适劝谓大学不易办，不如拿已筹的50万作基金，于三年之内办三个好的高级中学。10月1日，胡适在《努力周报》第22号上发表《国际的中国》，第一次公开地直接地批评中国共产党的政治纲领。

按：是年7月，中国共产党在上海召开第二次全国代表大会，通过了反帝反封建的政治纲领。会后，本此纲领发表了宣言。胡适就是见了宣言而后写这篇文章的。他宣称现在"只须向民主主义的一个简单目标上做去，不必在这个时候牵涉到什么国际帝国主义的问题"（耿云志编《胡适年谱》，福建教育出版社2012年版）。

胡适10月9日离京赴山东济南参加第八届全国教育会联合会会议，会议期间被推主拟学制草案。经会议通过后，此案于11月2日以总统教令公布施行，从而奠定了整个民国时期学制的基础。

按：胡适草成的学制案原则有七条：一、适应社会进化之需要；二、发挥平民教育精神；三、谋个性之发展；四、注意国民经济力；五、注重生活教育；六、使教育易于普及；七、多留各地方伸缩余地。学制案规定：小学分初小四年，高小二年，以初小为普及教育的目标。中学定为六年，以三二制为基础，以二四或四二为变例。大学四到六年，实行选科制。草案中置职业教育以极重要的地位。这个学制案奠定了整个民国时期学制的基础，甚至一直沿用到1950年代初期。（耿云志编《胡适年谱》，福建教育出版社2012年版）

胡适11月3日撰成《吴敬梓年谱》。7日，胡适应清华学校校长曹云祥之邀，前往出席清华学生法庭职员就职仪式并发表讲话。10日，北京言论自由期成会成立，以"向国会请愿,废止妨害言论自由一切法规,并另立保护言论自由条例"为宗旨,林天木、蔡元培、胡适、李大钊、梁启超等60人被推为评议员。该会成立后,即为争取言论自由等民主权利而斗争,推动了反对封建军阀专制统治的革命活动。12月12日,胡适在第四期国语讲习所讲《国语文学史》。自17日起,请假一年,离校休养。是年,胡适博士论文《先秦名学史》(The Development of the Logical Method in Ancient China)由亚东图书馆出版。

　　按:胡适一段时期以来,即以身体不好,朋友多劝其休养,自是始决。24日,在《努力》第34号上登出离校休养的启事,竟引起时人许多猜测。邵力子在《民国日报》上撰文《胡适先生到底怎样?》,以为胡适离校与北方政治空气有关。张国焘在《向导》周报上撰文,更有声有色地说,胡适是因为北洋政府有《取缔新思想》的议案,恐惧而托病以求躲避。实则,胡适此次离校,确是因身体状况不佳,奈不过许多朋友的谏劝。此外可能还想借此推掉屡辞不获的教务长的苦差。(以上参见耿云志《胡适年谱》,四川人民出版社1989年版;胡颂平编《胡适之先生年谱长编初稿》,台北联经出版事业公司1984年版;沈卫威《学衡派编年文事》,南京大学出版社2015年版)

　　李大钊1月8日在《晨报》副刊上发表《今与古》一文,为其在北京孔德学校所作的讲演,重点批评了崇古派的所谓古代是"黄金时代"的论点,分析了怀古思想产生的原因,鼓励青年要进行新的创造。18日,李大钊在《民国日报》副刊"妇女评论"上发表《现代的女权运动》一文。30日,李大钊在《学艺》第3卷第8号发表长篇论文《论自杀》。2月9日上午9时至11时,李大钊在北大第一院第三教室继续讲"工人的国际运动"。11日,李大钊出席北大评议会第五次会议,讨论北大研究所国学门委员会的规划。12日上午,李大钊应邀出席北大新闻记者同志会成立会并发表讲演。19日下午1时,在北大二院大礼堂,马克思学说研究会举办的第一次公开讲演会上,李大钊作题为《马克思经济学说》的讲演。

　　按:这篇讲演刊登在2月21日至23日的《晨报》上,该文首先指出:"各位能于读书之余去研究马克思的学说,使中国能够产出几位真正能够了解马克思学说的,真正能够在中国放点光彩的,这实在是我最大的希望。"接着他介绍了马克思的剩余价值学说,说明了社会主义革命的不可避免性,最后他表示盼望通过马克思主义学说的介绍,引起大家研究的兴趣,"将来把研究结果发表出来,指导社会"。

　　李大钊2月25日下午2时在北大一院接待室出席校评议会会议。3月2日,李大钊在北大第一院第三教室继续讲"工人的国际运动"。这一专题于本日结束。5日,李大钊在《新生活》第55期上发表《胶济铁路略史》一文,系为配合当时全国捐款赎路的运动而作。22日,李大钊、邓中夏等人在北京成立的非宗教大同盟会上发表《非宗教者宣言》。4月4日,《晨报》三版刊登由李大钊起草以及12人署名的《非宗教者宣言》。9日下午1至5时,李大钊出席非宗教同盟在北大第三院大礼堂召开的讲演大会,到会中外人士1000余人。肖子升主持会议并致词,李大钊等相继发表演说。同日,李大钊在《北京周报》第12号上发表《宗教妨碍进步》一文。5月1日下午2时,北京高师工学会、北大马克思学说研究会、北京学生联合会三团体,共同在北京高师举行五一纪念大会,到会500余人。李大钊出席并在会上发表演说。同日,李大钊在《晨报》副刊"五一纪念号"上发表《五一纪念日于现在中国劳动界的意义》。4日下午4时,北京高师举行纪念五四运动3周年大会,到会1000余人,李大钊出席等在会上发表了演说。5日下午1时,李大钊出席北大马克思学说研究会在北大第三院大礼堂举行的马克思诞辰104周年纪念会并发表演说。6日,李大钊在《晨报》副刊"马克思纪念号"上发表《马克思与第一国际》一文。

　　按:该文介绍了马克思创立第一国际的经过及第一国际的始末。

　　李大钊5月10日出席在北京大学第三院召开的非宗教同盟成立大会,到会500余人。会议通过了章程,李大钊、蔡元培、汪精卫、邓中夏等三十几人被推举为干事。14 日,《努力周报》刊登胡适执笔的《我们的政治主张》一文。李大钊亦是签名者之一。15 日,中共中央发表《中国共产党对于时局的主张》(载《先驱》第 9 号),主张建立民主主义的联合战线,共同反对列强和封建军阀的双重压迫,同时批判了胡适等人提出"好政府主义"的错误主张,李大钊接到文件后当即表示拥护中央的方针并向有关人士分发了这个文件,取得多数人的谅解和支持。6 月 6 日,李大钊与邓中夏、黄日葵、刘仁静、沈昌、陈仲瑜 6 人因不能出席即将在杭州召开的少年中国学会第三次年会,于是联名为提出了一个书面提案《为革命的德漠克拉西》,主张"要以革命的手段实现民主主义"。19 日,蔡元培、胡适、李石曾等在李大钊家与吴佩孚的高参孙丹林晤谈。7 月 1 日,李大钊在《新青年》第 9 卷第 6 号上发表《平民政治与工人政治》一文。2—3 日,少年中国学会在杭州召开的第三次年会通过了李大钊等提交的《为革命的德莫克拉西》的书面提案。14 日,李大钊出席北京教育会召开的临时评议会。会议专门讨论京都自治问题。16—23 日,中国共产党第二次全国代表大会在上海召开,李大钊未能出席大会,但被选为中央委员。8 月 1 日,李大钊出席北京大学季刊编辑员讨论会,参加社会科学和国学两个组的编辑工作。中旬,北大等校师生召开欢迎会,欢迎苏俄代表越飞来华,李大钊出席并发表演说;李大钊赴上海,致书胡适述孙中山抵沪后愿结束护法之事。14 日晚,李大钊与蔡元培、蒋梦麟在大陆饭店与吴佩孚的高参孙丹林谈政局。30 日,胡适收到李大钊信函。

按:李大钊致胡适函曰:"中山抵沪后,态度极冷静,愿结束护法主张,收军权于中央,发展县自治以打破分省割据之局,洛阳对此可表示一致。中山命议员即日返京。昨与海泉、仲甫商结合民主的联合战线 Democratic Front 与反动派决战。伯兰稍迟亦当来京为政治而奋斗。《努力》对中山的态度似宜赞助之。"

李大钊 8 月 20 日前后出席中共中央在杭州召开的一次特别会议,集中讨论共产党员加入国民党的问题,陈独秀、蔡和森、张国焘、高君宇和张太雷等以及共产国际代表马林参加了会议。会上经过反复讨论,通过了共产党员以个人身份加入国民党的决定。23 日,李大钊与林伯渠一起会见孙中山,随后又进行多次交谈,讨论"振兴国民党以振兴中国的种种问题",会谈结果十分圆满。24 日,民权运动大同盟在北京湖南会馆举行成立大会,出席 400 余人,李大钊等 15 人当选为执行委员。会议决定发行《民权》周刊。25 日,李大钊介绍苏联特使越飞与孙中山会晤。下旬,李大钊应邀在上海中华职业学校职工教育馆,作《关于青年问题》的公开讲演。9 月初,同陈独秀、张太雷等一起由张继介绍,孙中山亲自主盟,正式加入中国国民党。同月 3 日,李大钊应上海社会主义青年团之邀,在国际少年日纪念会上发表演说,后刊登在《学生杂志》第 9 卷第 11 期。24 日,《晨报》六版刊登李大钊等 14 人署名的"为陈独秀君募集讼费启事"。

按:该启事指出:"陈独秀君为社会教育思想自由之故被捕案虽了结,而关于讼费及销毁书籍版费损失在二千元以上。陈君清贫,同人深悉,遭此厄运,其何以堪,凡表同情于社会教育思想自由及与陈君有旧,愿解囊相助者,上海希交环龙路铭德里二号高君曼,北京希交北京大学图书馆李大钊收转为荷。"署名者还有蔡元培、李石曾、蒋梦麟、胡适、邓中夏、刘仁静、张国焘、高尚德、林素园、范鸿劼、黄日葵、蔡和森、缪伯英等。

李大钊 11 月 2 日下午 4 时在北大二院大礼堂公布的该届(1922 年—1923 年)评议员选举结果名单中,继续当选为评议员。7 日下午 3 时,北京各进步团体在北大三院联合举行"十月革命节纪念会",李大钊被推为大会主席,并演讲《苏俄革命的历史及对中国的影响》。12 月 1 日,李大钊在《晨报》副刊"创刊三周年纪念号"上,发表《国际资本主义下的中国》一文。2 日,李大钊在《北京大学日刊》刊登启事,告知已辞图书主任职,由皮皓白接任。5 日,李大钊被聘为北大校长室秘书。8 日下午 4 时半,出席北大 25 周年纪念筹备会第三次会议,被推为招待股主任。16日上午10时,李大钊在中国大学哲学读书会,作题为《社会问题与政治》的讲演。17日,在《北京大学日刊》发表《本校成立第二十五年纪念感言》,强调"只有学术上的发展值得作大学的纪念,只有学术上的建树值得'北京大学万万岁!'的欢呼"。29日下午4时半,李大钊在北大经济学会第六次公开讲演会上,作题为《社会主义的将来》的讲演。同日,李大钊在《民国日报》副刊上发表《社会问题与政治》一文。(以上参见朱文通主编《李大钊年谱长编》,中国社会科学出版社2009年版;耿云志《胡适年谱》,四川人民出版社1989年版)

高一涵2月6日在《生命》第2卷第7期上发表《我对于宗教的态度》,指出:"中国人现在应该极力讲求欧洲的科学,倒不必生吞活剥的去崇拜欧洲人所崇拜的宗教。"7日起,《北京大学日刊》第951、952、956期连载克鲁泡特金著、郑德高译、高一涵校阅的《"无政府主义"在"社会主义"进化中之地》。2月28日,高一涵在《法政学报》第3卷第1期上发表《一百三十年来联邦论的势趋》,详细介绍了联邦论各时期的主要主张。4月,高一涵与北京各界人士200余人共同发起反宗教运动,得到广泛响应。5月10日,北京各界《非宗教运动大同盟》在北京大学第三院召开成立大会,后又在上海、汉口、天津、长沙、成都等处都设立分会,对帝国主义利用宗教进行侵略予以揭露,迫使一些教会学校不得不改变一下那种强迫学生做礼拜及禁止学生参加爱国运动的状况。4月15日,高一涵主编刊物《晨光》正式创刊,并在创刊号发表《个人对于社会的责任》一文。5月5日,高一涵与李大钊、顾孟余、陈启修在马克思学说研究会所举办的"马克思诞生一百零四周年纪念大会"上发表讲演。7日,《努力周报》第1期出版,胡适作发刊词《努力歌》,高一涵为该刊核心成员之一。14日,高一涵与蔡元培、王宠惠、罗文干、汤尔和、陶行知、王实秋、梁漱溟、李大钊、陶孟和、朱经农、张慰慈、徐宝璜、王征、丁文江、胡适在《努力周报》第2期发表联名签署的《我们的政治主张》,主张"好政府主义"。5月21日,高一涵在《努力周报》第3期上发表《政治与社会》——答《晨报》《益世报》记者长文。

按:该文指出:政治与社会两者绝对不能分离的。《我们的政治主张》的宣言,并不是抛弃我们多年"改良政治必先从改良社会下手"的主张,实在只是贯彻我们多年主张的一种办法。《我们的政治主张》只想"平心降格"的要求一个容许不妨害我们办社会事业的政府,并不是痴心妄想的在这里做什么"政治一好什么事都好"的一场春梦!《我们的政治主张》的内容不只要求人的变更,并且要求制度的变更。"宪法的政府""公开的政府""有计划的政府"都要用法律定为制度,并不是换汤不换药便可了事的。

高一涵5月20日与尹炎武、何炳松、张鼎乾、马裕藻、何基鸿作为教职员联席会议代表,在国立八校教职员联席会代表与八校校长、交通部次长、教育部次长关于拖欠八校经费谈话在会议记录上签字。5月31日下午,高一涵与胡适谈联邦制,胡适请高一涵作一文登《努力》。6月1日,王星拱南下前与胡适、高一涵及旅京同乡讨论安徽大学事。11日,高一涵在《努力周刊》第6期发表《省制的讨论》。7月14日,北京教育会召开临时评议会,讨论京都市自治问题,会长顾孟余提议:"自治施行,对于教育前途关系甚大,极宜由本会,组织研究编著及执行两部,约集教界同人共同办理。"经讨论决定,研究编著部定为高一涵与李大钊等九人,执行部定为祝椿年、顾兆麟等11人。27日,高一涵与王文伯、张春霆(继煦,武昌高师校长)、女学生周敏等往胡适处谈女子参政事。8月1日,高一涵与王雪艇、陶孟和、胡适之、蒋梦麟、朱经农、张竞生、朱遏先、黄辅馨、何海秋、周更生、燕召亭、陈惺农、张慰慈、李大钊、顾孟余、马寅初为社会科学组编辑员。15日,高一涵与李石曾、李大钊、邓中夏、刘相臣、刘华等北京各界30余人发起组织"民权大同盟",进行广泛的争取民权运动。

按:8月15日"民权运动大同盟"在湖南会馆成立。作为该同盟的一项重大活动,高一涵撰写文章,列举了《治安警察法》对人民集会、结社、言论、出版及示威游行等的无理限制,是违反"约法"的,是民国不应该有的恶法,要求废止该法。大同盟还参与劳动立法运动,声援"二七"罢工等。

高一涵8月在武昌暑期学校发表《女子参政问题》演讲,一一驳斥反对女子参政的各种论调。9月2日,《北京大学日刊》第三版本校纪事栏刊登"本校出席八校教职员联合会议新代表名单",高一涵以64票当选。10月,高一涵在《晨光》第1卷第3期上发表《联邦与割据》。同月29日,高一涵到吴虞处交谈。11月25日,高一涵在《东方杂志》第19卷第22期上发表《我国宪法与欧洲新宪法之比较》。12月24日,高一涵在《努力周报》第34期发表《学风》。是年,在《努力周报》上发表时评凡20篇。(参见高大同《高一涵先生年谱》,上海文化出版社2011年版)

蒋梦麟2月6日在华盛顿会议闭幕、《九国公约》签订后取道欧洲回国,途经英法时,与吴稚晖、傅斯年、徐志摩、罗素、凯恩斯、拉斯基等多次面谈。7月6日,在济南与胡适等联合拟定英日两国庚款用途计划。12月2日,在《晨报副刊》发表《〈晨报〉四周纪念日之感想》,开篇即云:"《晨报》对于教育界,时时有好意的批评,热诚的帮助。今日是四周的纪念,引起我对于中国教育无限的感想。"其实是作者回顾以往相当悲观:"我们办教育的人,近来真觉得日暮途穷了。从前我们以为政治不良,要从教育上用功夫,养成人才,去改良政治。近年以来,政治愈趋愈纷乱,教育界经济上和心理上,都因此受莫大打击,不但经济破产,精神上破产的征象,已渐渐暴露了。于是数年前'只讲教育,不谈政治'的迷信,渐渐儿打破。"文中又谈到"文化运动"的问题:"自民国六七年间至九年,大家所抱的信仰,就是'文化运动'。那个时候,讲起文化运动',大家都抱无穷的希望。现在又渐渐儿消灭了,那里还能以文化运动'四个字来唤起精神? 究竟我们共同的精神在那里? 这个问题,实在无人能作一个正确的答复。"又论"提高学术"的问题:"现在我们所能勉强提出的一个办法,就是'提高学术'。但这个办法,实行很不容易。一来是提高学术不是短促时期内所能办得到的。二来是不能马上用来出风头。三来是要在图书馆、试验室里用苦功,那里能耐烦呢! 所以要把"提高学术"来唤醒精神,养成一个学术化的学风,谈何容易?"

蒋梦麟12月17日在《北京大学日刊》发表《本校第二十五年成立纪念日的感言》,文中对北大25年曲折历程作了如下高度概括的总结:"本校今天是过第二十五诞辰的日子。本校生存了二十四个年,将占一世纪的四分之一了,这二十四年内,正是中国生活剧烈变迁的时代。他在北京首都城内,真所谓'饱经世故'! 出世不久,就遇着戊戌政变。继遇着拳匪变乱,管理本校之管学大臣许景澄,因极谏清廷,勿妄信拳匪,而处极刑。生徒纷散,校舍封闭。又过辛亥革命,清帝退位,袁氏称帝,张勋复辟。种种变故,本校均身列其境。以上变故,均是先一新动机,联接一反动。戊戌政变是新动机,拳匪变乱是反动。辛亥革命是新动机,袁氏称帝,张勋复辟,是反动。世界进化,原来如此。'进化'从来没有一帆风顺的。近几年来,学生运动是新动机。现在又遇一反动,这反动就是教育破产。本校过第二十五生日的日子,刚遇着教育破产的时期。我们还要庆祝什么呢! 我们不是庆祝这破产的反动。我们庆祝的,是这反动之后,'极而复反',将来未来的,一个新动机。这新动机是什么? 这是我们的希望,因我们的希望而努力。希望什么? 努力什么? 这要我们全校师生的反省。今日是本校第二十五年的生日,是我们全体师生反省的日子。"是年,在《新教育》第5卷第3期发表《英美德法四国人民之特性与大学之特点》,已见明确的比较教育研究路径和方法。(参见马勇、黄令坦编《中国近代思想家文库·蒋梦麟卷》附录《蒋梦麟年谱简编》,中国人民大学出版社2015年版)

陶孟和5月14日与蔡元培、胡适等北大教授16人共同联名在《努力周报》第2号上发表《我们的政治主张》宣言。10月,李季翻译、陶孟和校阅《价值、价格及利润》中译本收入"世界丛书",由商务印书馆出版。这部论著是在中国出版的第一个中译本,也是最早在中国出版传播的马克思原著中的重要一部。

陶孟和与王世杰等人创办校刊《国立北京大学社会科学季刊》,共同致力于社会科学的研究。同时辗转于《新青年》《努力周报》《现代评论》各杂志时,陶孟和除进行思想文化启蒙,关心政治生活外,也致力于中国社会问题的调查研究工作,就中国的人口、经济、劳资、女子等问题进行了探讨。所著《社会与教育》为我国最早的一部教育社会学专著,书中对社会学与教育社会学的内涵、范畴、功能及社会与教育的关系、个人与社会的关系、家庭与教育、职业与教育、游戏与教育、邻里与教育、国家与教育、民治与教育、社会的演化遗传与教育等问题进行了系统论述。(参见暴玉谨《陶孟和的早期活动及思想研究(1887—1926)》,河北大学硕士学位论文,2011年)

马寅初1月1日在《新闻报》(元旦增刊)发表《中外信用制度之异同》。5日,在北京政法专门学校经济学会演讲《中国之九大经济问题》。就外债、内债、币制、银行、国际贸易、交易所、信托公司、会计、关税等关乎经济命脉问题——论及,点明利害,望经济学会同仁关注、研究。后刊于《银行月刊》第2卷第1号。2月22日,出席中华教育改进社座谈会。中华教育改进社特在蔡元培寓所开谈话会,到者范源濂、张伯苓、李建勋、陈宝泉、汤尔和、谭熙鸿、李石曾、胡适、马寅初、顾孟余等,由范报告该社在上海召开董事会经过。就组织筹画教育经费委员会,内分计画、关税、赔款(各国退还庚子赔款用以兴学)、公债四部等问题,详加讨论。28日,在《法政学报》(北京)第3卷第1期发表《兑换纸币》,文中深入研究、比较西方通货学派与银行学派各自主张。同月,在北京大学发表演讲《一千四百万盐余国库券之利息如何计算》;在北京交通大学演讲《上海金融状况》。3月5日,在北京大学发表演讲《上海金融紧缩之原因》;在北京朝阳大学发表演讲《评今日我国之讲社会主义者》。10日,在北京法政专门学校经济学会发表演讲《中国国际贸易之真相》。同月,在北京政法专门学校经济学会演讲《中国国际贸易之真相》。5月,在北京中国大学商学研究会发表演讲《马克思学说与李斯特学说二者孰宜于中国》。6月20日,在《法政学报》(北京)第3卷第2期发表《不换纸币》。

马寅初6月27日就任上海商科大学教务主任。28日北京大学发文:致函马寅初赴上海主持招考事宜。7月3日,受邀加入监督财政委员会。八团体国是会议组织成立监督财政委员会,函请马寅初、陈光甫、周作民等7人为委员。7日,就职中国银行总行发行部长。11日,全国财政讨论委员会成立,就职专门调查员。18日,离沪赴京就职。9月1日,担任中国银行学社银行夜校长。30日,赴天津南开大学演讲。10月10日,于"双十节"演讲《十一年公债之市价如何计算》。同月,在北京农工银行讲习所发表演讲《创设农工银行之必要》;在北京平民大学发表演讲《地方财政》;在天津南开大学发表演讲《裁厘加税问题》。11月21日,主持北京大学经济学会秋季常会并演讲。25日,在《银行月刊》第2卷第11号发表《中国重利问题》。同月,在北京中国银行同仁会发表演讲《中国银行所居之地位》;在上海圣约翰大学经济学会发表演讲《金融界应注意之要点》。12月14日,在北京大学演讲《何谓经济》。同月,在北京大学演讲《吾国银行发行钞票困难之原因》。又为《申报》创刊50周年纪念刊《最近五十年》撰文《英法财政与金融之比较》。(参见彭华《马寅初年谱简编》,《淮阴师范学院学报》2005年第1期;徐斌、马大成编著《马寅初年谱长编》,商务印书馆2012年版)

马叙伦1月赴京出席实业教育调查社会议,提出整顿教育意见大纲十一条。4月17

日,蔡元培复信,谈教育经费与旅外游学问题。7月11日上午10时,马叙伦接任浙江教育厅长。9月25日,大总统令:任命马叙伦为教育次长,免教育厅长职。10月8日,马叙伦拜访许宝蘅。11日,大总统令:刘崇杰、马叙伦、吴兆麟等均给予二等大绶嘉禾章。20日,出席马裕藻、马衡、马鉴、马廉四兄弟在东华饭店的接风宴会。11月19日,马叙伦以教育次长兼馆长身份到京师图书馆出席茶话会并致辞。29日,马叙伦抗议当局迫害财政总长罗文干,与汤尔和离开教育部,仍回北大教书。12月6日,马叙伦辞职获准。同日,改派全国财政讨论委员会委员。同月,马叙伦与钱玄同谈及叶水心《习学记言》光绪十一年黄体芳重刻本。同月,北京地检厅宣告罗文干一案证据不足,免予起诉。是年,与罗案辩护律师刘崧生结交,开始同刘、余绍宋(司法次长)、汤尔和、郑天锡、黄节、蒋梦麟、陈仲恕每月一会,轮流作东;在《新教育》杂志发表《北京大学研究所整理国学计画》,提出欲整理吾国固有之学术,宜分两步办法。(一)整理学术;(二)整理学术之材料。题下括注:"本校研究所分为国学、外国文学、社会科学、自然科学四门,此为国学门之计画书。"(参见卢礼阳《马叙伦年谱》,浙江古籍出版社2021年版)

鲁迅1月14日任北京大学研究所国学门委员会第一届委员。27日,从许寿裳处借得石印南星精舍本《嵇中散集》一本,对《嵇中散集》加以整理。28日,编定《爱罗先珂童话集》,并作序。2月9日,鲁迅化名"风声"在《晨报》副刊上发表《估"学衡"》一文,批评自诩学贯中西、反对新文化运动的学衡派,"实不过聚在'聚宝之门'左近的几个假古董所放的假毫光""于新文化无伤,于国粹也差得远"。24日,俄国盲诗人爱罗先珂由郑振铎、耿济之陪同,自上海抵京,应北大之聘,前来教授世界语,住进八道湾鲁迅家中。都得到了鲁迅的热情赞助,彼此在密切的交往中结下了深挚的友谊。3月4日,与胡适、周作人谈翻译问题,深感现在搞文学创作的人太少,劝胡适多写文学作品。6月4日,《孔乙己》日译文发表于日本人在北京发行的日文报纸《北京周报》,译文前有用记者名义写的一段关于鲁迅的简介。7月,所译《爱罗先珂童话集》由商务印书馆出版,为《文学研究会丛书》之一。

鲁迅8月21日致信胡适,认为胡适的《五十年来之中国文学》"警辟之至,大快人心""很希望早日印成。因为这种历史的提示,胜于许多空理论。但白话的生长,总当以《新青年》主张以后为大关键。因为态度很平正。若夫以文豪之偶用白话入诗文者,看起来总觉得有和运用'辟典'有同等之精神也"。9月,往北京大学,听日本文艺评论家片上伸讲《北欧文学的原理》。同月20日,在《晨报副刊》发表《"以震其艰深"》,讽刺鸳鸯蝴蝶派李涵秋。10月3日,在《晨报副刊》发表《破〈唐人说荟〉》。4日,在《晨报副刊》发表《所谓"国学"》。9日,在《晨报副刊》发表《儿歌的"反动"》,讽刺鸳鸯蝴蝶派作家胡怀琛。11月3日,在《晨报副刊》发表《"一是之学说"》,继续批判学衡派。9日,在《晨报副刊》发表《对于批评家的希望》,对一些"道学家"诋毁郁达夫的小说《沉沦》和汪静之的新诗集《蕙的风》为"不道德的文学"进行反击。

按:当时一些"道学家"诋毁郁达夫的小说《沉沦》和汪静之的新诗集《蕙的风》为"不道德的文学",文坛上因此发生了关于"文艺与道德"问题的论战。本文分析了文艺批评的现状,认为凡是善意地批评新文学不完善的,应该欢迎;但如学衡派吴宓等人"靠了一两本'西方'的旧批评论,或则捞一点头脑板滞的先生们的唾余,或则仗着中国固有的什么天经地义之类的,也到文坛上来践踏",则"委实太滥用了批评的权威"。鲁迅还希望批评家至少要"有一点常识",不可信口胡说。对于那种把翻译诋为不足齿数的劳力,而责怪译者为何不去创作的"批评家",鲁迅指出,这就等于吃菜的不去品尝菜的味道,却责怪厨子"何以不去做裁缝或造房子"一样"痴迷心窍"。

鲁迅11月17日发表《反对"含泪"的批评家》，批评胡梦华对汪静之的《蕙的风》的攻击。后来，鲁迅在《不周山》《〈故事新编〉序言》和《我怎样做起小说来》等文章中，对胡梦华的假道学又多次进行过批判。22日午后，赴南横街10号出席人艺戏剧学校开学式。该校为新文化运动以来在北京成立的第一所新戏剧专门学校，提倡"爱美的"艺术，主要成员有陈大悲、蒲伯英等。12月3日，作《呐喊自序》，叙述自己的生平、思想和开始创作的原因。（参见鲁迅博物馆、鲁迅研究室编《鲁迅年谱》，人民文学出版社1981年版；沈卫威《学衡派编年文事》，南京大学出版社2015年版）

周作人1月16日作《文艺的讨论》，刊于1月20日《晨报副刊》。25日，周作人发表《童话的讨论——答赵景深》，刊于《晨报副刊》，信中回答了1月9日赵景深来信中所谈对童话的解释及童话与神话、传说的区别等。同月，北京大学研究所国学门正式成立，设研究所国学门委员会，委员长由校长兼任，委员有顾孟余、沈兼士、李大钊、马裕藻、朱希祖、胡适、钱玄同、周作人等。国学门主任为沈兼士。歌谣研究会归并入国学门。2月4日，周作人化名"式芬"在《晨报副刊》发表《〈评尝试集〉匡谬》一文，反驳胡先骕在新创刊的《学衡》杂志上发文对《尝试集》的攻击。

按：此文为回应南京高师教员胡先骕在《学衡》杂志第1期中发表《评〈尝试集〉》一文，对新文学大加讨伐，周作人遂写此文加以驳斥。文章发表后，《民国日报》副刊《学灯》《小说月报》均予转载。

周作人2月5日作《童话的讨论（二）——致赵景深》，刊于2月12日《晨报副刊》，信中回答了2月1日赵景深来信中对"Fairy"一词理解上的疑问。同日，周作人在《晨报副刊》发表《文艺上的宽容》。12日，周作人在《晨报副刊》发表《国粹与欧化》。18日下午，周作人在北大一院研究所参加国学门全体委员会。会议由蔡元培主持，讨论设立特别阅览室问题。出席会议的委员还有胡适、钱玄同、李大钊、顾孟余等。19日，周作人在《晨报副刊》发表《贵族的与平民的》。23日，周作人应沈兼士之约，去孔德学校讲演。24日，俄国盲诗人爱罗先珂由郑振铎、耿济之陪同来周家。3月3日，周作人陪同爱罗先珂至女子高等师范学校讲演，任翻译。

按：爱罗先珂是从日本到北京，应北京大学之聘，教授世界语来的。蔡孑民托鲁迅、周作人家里照顾爱罗先珂。周家便安排爱罗先珂住在后院东头的三间房子里。次日，周作人带引爱罗先珂去见蔡元培。在此后一段时间里，爱罗先珂在各处的讲演，均用世界语，多由周作人做翻译兼向导。2月26日，日人永持德一来访爱罗先珂，同时拜访鲁迅、周作人兄弟。鲁迅、周作人赠以他们合译的《域外小说集》一本，又《点滴》一本。永持德一为爱罗先珂的朋友，当时是北京税务专门学校的教员。

周作人2月26日在《晨报副刊》发表《诗的效用》，对《诗》第1号载俞平伯《诗底进化的还原论》一文中说"好的诗的效用是能深刻地感多数人向善的"提出不同意见。同日，在日文《北京周报》第6号发表《中国的新思想界》。4日，周作人到胡适住处，与燕京大学校长司徒雷登及刘廷芳相见，约定从下学年起担任该校新文学系主任。3月6日，接到燕大来信，即签订了合同。5日，周作人在《晨报副刊》发表《古文学》。同日，周作人陪同爱罗先珂至北京大学三院讲演，讲题为《世界语及其文学》，由胡适之翻译。中午，蔡元培宴爱罗先珂，同座有胡适、鲁迅、钱玄同、孙国璋、马裕藻、沈士远、周作人等。16日，《北大月刊》编辑部会议决定改为四种季刊后，周作人被延聘为北京大学《文艺季刊》和《国学季刊》编委。25日，周作人作《童话的讨论（三）·答赵景深》，刊于3月29日在《晨报副刊》，信中举例说明神话和童话的差别，并谈到童话的改作与翻译问题。26日，周作人在《晨报副刊》发表《〈沉沦〉》一文，回击对郁达夫的小说集《沉沦》的道德批评。27日，周作人致函俞平伯，谈文学的感化力问题。同月,周作人在《戏剧》第3期发表《对于戏剧的两条意见》。

　　按:《〈沉沦〉》批评了那些说郁达夫的小说集《沉沦》是"不道德的小说"的意见,说它"虽然有猥亵的分子而并无不道德的性质"。又说:"这集内所描写是青年的现代的苦闷","生的意志与现实之冲突是这一切苦闷的基本",小说"艺术地写出这个冲突",所以"《沉沦》是一件艺术的作品"。

　　周作人、钱玄同、沈兼士、沈士远、马裕藻五教授3月31日联名在《晨报》上发表《主张信教自由者的宣言》,提出:"我们不拥护任何宗教,也不赞成挑战的反对任何宗教。我们认为人们的信仰,应当有绝对的自由,不受任何人的干涉,除去法律的制裁以外,信教自由,载在约法,知识阶级的人应首先遵守,至少也不应首先破坏。我们因此对于现在非基督教同盟的运动表示反对,特此宣言。"同月,周作人发表《我对于基督教的感想》,刊于《生命》第2卷第7期。4月1日,周作人作《拥护宗教的嫌疑》,刊于4月5日《晨报》,回答了"非宗教同盟"对于周作人、钱玄同等人发表的《主张信教自由者的宣言》的批驳。6日,周作人作《周作人复陈仲甫先生信》,刊于4月20日《民国日报·觉悟》。7日,上海《民国日报》副刊《觉悟》发表陈独秀函,批评周作人、钱玄同、沈兼士、沈士远、马裕藻五教授的《主张信教自由者的宣言》。11日,周作人在《晨报》发表《信教自由的讨论——致陈独秀》《思想压迫的黎明》两文作了反批评,认为"对于宗教的声讨,即为日后取缔信仰以外的思想的第一步",是"思想取缔的黎明";而"思想自由的压迫不必一定要用政府的力,人民用了多数的力来干涉少数的异己者也即是压迫"。而他们这几个教授是"少数之少数",是真正的弱者。所以,"请尊重弱者的自由"这句话应该是由他们几位向陈独秀说的。随后陈独秀又发表《再致周作人先生信》,坚持认为:"先生们五人固然是少数弱者,但先生们所拥护的基督教及他的后盾,是不是多数强者"呢? 陈独秀呼吁:"快来帮助我们少数弱者,勿向他们多数强者献媚!'"

　　周作人4月2日在《晨报副刊》发表《古今中外派》。9日,周作人在《晨报副刊》发表《童话的讨论(四)·致赵景深》,信中略述了安徒生与王尔德童话的差别。16日,周作人在《晨报副刊》发表《文艺上的异物》。20日,周作人与沈兼士、沈士远、单不庵、马裕藻、朱希祖、马衡、钱玄同等在《北京大学日刊》列名发表《为清室盗卖四库全书敬告国人速起交涉启》。

　　按:据上海《时事新报》3月26日载:清逊帝溥仪本年秋间举行结婚大礼。因措办经费,拟将储存奉天之《四库全书》以120万元之价售给日本国,正在秘密交涉中。周作人等得知此事后,遂发表该文。文中称:"今爱新觉罗溥仪竟胆敢私行盗卖与外国人,不但毁弃宝书贻民国之耻辱,抑且盗窃公产干刑律之条文;同人等身属民国国民,为保存我国文献起见,断不容坐视不问。兹拟请北京大学速函教育部,请其将此事提出国务会议,派员彻底清查,务须将盗卖主名者,向法厅提起诉讼.科以应得之罪。并将原书全部移交适当机关,妥为保管。"

　　周作人4月23日在《晨报副刊》发表《思想界的倾向》,重点抨击了当时社会上的复古倾向:"我看现在思想界的情形推测将来的趋势,不禁使我深抱杞忧,因为据我看来,这是一个国粹主义勃兴的局面,他的必然的两种倾向是复古与排外",并预言"不出两年大家将投身于国粹,著古衣冠,用古文字,制礼作乐,或参禅炼丹,或习技击,或治乩卜,或作骈律,共臻东方文化之至治"。30日,周作人着手编辑《现代日本小说集》,至5月17日毕。30日,周作人在北京女子高等师范学校学生自治会讲演《女子与文学》,讲稿载6月3日《晨报副刊》及6月7日《民国日报·妇女评论》。讲演中认为女子与男子"一样的有文学的需要","今后的女子应当利用自由的文艺,表现自己的真实的情思,解除几千年来的误会与疑惑"。6月2日,周作人在《晨报副刊》发表《丑的字句》,批评梁实秋的一篇文章中认为"无产阶级、共产主义、革命、电报、社会改造、基督教青年会、北京电灯公司、军警弹压处、兰二太太、入厕以及洋楼、小火轮"等字句,"丑不堪言","不能入诗"之论。13日,周作人作《论小诗》,载6月21日至22日《晨报副刊》、6月29日《民国日报·觉悟》。26日,周作人在《晨报副刊》发表《神话与传说》。

按:此文批评了"神话是荒唐无稽的话,不但没有研究的价值,而且还有排斥的必要"的意见,论述了神话传说在文学上和文学史上的意义。

周作人6月30日在《晨报副刊》发表《小杂感》,是对梁实秋刊于6月2日《晨报副刊》的《丑的字句》一文答辩的回答。同月,文学研究会丛书《雪潮》,由北京新潮社出版,内收朱自清、叶绍钧、郑振铎、周作人等人的诗作。7月1日,周作人在《晨报副刊》发表《谜语》,略述谜语的种类及意义。是月起,周作人兼任燕京大学副教授。8月1日,周作人与胡愈之、周建人等共17人发起组织妇女问题研究会,在《晨报副刊》上发表《妇女问题研究宣言》。15、18日上午,赴国语统一筹备会年会。周作人与钱玄同、陆基、黎锦熙、杨树达、胡适、沈兼士等会员任国语统一筹备会汉字省体委员会委员。同月,汪静之的诗集《蕙的风》由亚东图书馆出版,周作人题写封面书。9月10日,周作人在《东方杂志》第19卷第17号发表《国语改造的意见》,略述关于国语改造的意见。

按:周作人在文章中提出:一、"现代国语须是合古今中外的分子融合而成的一种中国语";二、"建设这种现代的国语,须得就通用的普通语上加以改造","采纳古语","采纳方言","采纳新名词";三、"实行的办法":"从国语学家方面,编著完备的语法修辞学与字典";"从文学家方面……使国语因文艺的运用而渐臻完善";"从教育家方面,实际的在中小学建立国语的基本"。11月20日,周作人《国语改造的意见》刊于《国语月刊》第10期。

周作人9月28日在《晨报副刊》发表《复古的反对》。10月2日,周作人在《晨报副刊》发表《恶趣味的毒害》,文中抨击了对于新文化反动的"恶趣味"即在文学上表现的"污毁一切的玩世与纵欲的人生观"。16日,周作人在《晨报副刊》发表《新诗的评价》。11月1日,周作人在《晨报副刊》发表《我的复古的经验》《什么是不道德的文学》,后文又载11月5日《时事新报·学灯》及《民国日报·觉悟》。

按:汪静之的诗集《蕙的风》出版以后,颇引起文坛上旧派的反对,南京东南大学学生、汪静之的安徽同乡胡梦华于10月4日在《时事新报·学灯》上发表了长文《读了〈蕙的风〉以后》,抨击《蕙的风》"有不道德的嫌疑","故意公布自己兽性冲动","变相的提倡淫业","应当严格取缔"。周作人在本文中驳斥了胡梦华的这种谬说,指出:"无论凭了道德或法律的神圣的名去干涉艺术,都是法利赛人的行为。"

周作人12月16日上午至燕京大学女校讲演。17日,北京大学《歌谣周刊》创刊,由歌谣研究会主编,主要编辑者为常惠、顾颉刚、魏建功、董作宾等。周作人撰写的《发刊词》曰:"本会搜集歌谣的目的共有两种,一是学术的,一是文艺的。我们相信民俗学的研究在现今的中国确是很重要的一件事业,虽然还没有学者注意及此,只靠几个有志未逮的人是做不出什么来的,但是也不能不各尽一分的力,至少去供给多少材料或引起一点兴味。歌谣是民俗学上的一种重要资料,我们把它辑录起来,以备专门的研究;这是第一个目的。因此我们希望投稿者不必自己先加甄别,尽量的录寄,因为在学术上是无所谓卑猥或粗鄙的。从这学术的资料之中,再由文艺批评的眼光加以选择,编成一部国民心声的选集。意大利的卫太尔曾说'根据这些在歌谣之上,根据在人民的真感情之上,一种新的'民族的诗'也许能产生出来'。所以这种工作不仅是在表彰现在隐藏着的光辉,还在引起未来的民族的诗的发展:这是第二个目的。汇编与选录即是这两方面的预定的结果的名目。"12月31日,周作人在《国语月刊》(汉字改革号特刊)第7期发表《汉字改革的我见》,此文系应钱玄同之邀而作,论述了对汉字改革的意见:主张用罗马字拼音。实现这一改革前,应减省汉字笔划,这"乃是为了全国人民","尤其是后来的小孩子们"。(以上参见张菊香、张铁荣主编《周作人年谱》,南开大学出版社1985年版;张菊香、张铁荣主编《周作人年谱》,南开大学出版社1985年版;倪墨炎《苦雨斋主人周作人》,上海人民出版社2003年版;王思睿、何家栋《自由民主主义在中国》,《博览群书》2004年第6期;张钦士编《国内近十年来之宗教思潮》,燕京华文学校1927年版;沈卫威《学衡派编年文事》,南京大学出版社2015年版;任建树等编《陈独秀著作选》第二卷,上海人民出版社1993年版)

周作人、钱玄同、沈兼士、沈士远、马裕藻五教授3月31日联名在《晨报》上发表《主张信教自由者的宣言》,提出:"我们不拥护任何宗教,也不赞成挑战的反对任何宗教。我们认为人们的信仰,应当有绝对的自由,不受任何人的干涉,除去法律的制裁以外,信教自由,载在约法,知识阶级的人应首先遵守,至少也不应首先破坏。我们因此对于现在非基督教同盟的运动表示反对,特此宣言。"(转引自张钦士编《国内近十年来之宗教思潮》,燕京华文学校1927年版)4月7日,上海《民国日报》副刊《觉悟》发表陈独秀函,批评周作人、钱玄同、沈兼士、沈士远、马裕藻五教授的《主张信教自由者的宣言》。4月11日,周作人在《晨报》发表《信教自由的讨论——致陈独秀》《思想压迫的黎明》两文作了反批评,认为:"对于宗教的声讨,即为日后取缔信仰以外的思想的第一步";是"思想取缔的黎明";而"思想自由的压迫不必一定要用政府的力,人民用了多数的力来干涉少数的异己者也即是压迫"。而他们这几个教授是"少数之少数",是真正的弱者。所以,"请尊重弱者的自由"这句话应该是由他们几位向陈独秀说的(《周作人与"五四"巨人》,转引自倪墨炎《苦雨斋主人周作人》,上海人民出版社2003年版)。随后陈独秀又发表《再致周作人先生信》,坚持认为:"先生们五人固然是少数弱者,但先生们所拥护的基督教及他的后盾,是不是多数强者"呢?陈独秀呼吁:"快来帮助我们少数弱者,勿向他们多数强者献媚!"(任建树等编《陈独秀著作选》,第二卷)(参见王思睿、何家栋《自由民主主义在中国》,《博览群书》2004年第6期;张菊香、张铁荣主编《周作人年谱》,南开大学出版社1985年版;张钦士编《国内近十年来之宗教思潮》,燕京华文学校1927年版)

顾颉刚1月拟研究所国学门各种章程;应蔡元培嘱,审查胡朴安《俗语典》。2月,由郑樵《诗》说启发了对《诗经》的怀疑,并敢于以歌谣去研究《诗经》。搜集郑樵事迹,作《郑樵著述考》《郑樵传》,均刊《国学季刊》。3月,为照顾其病重的祖母,顾颉刚请假从北京归苏州。经由胡适介绍为上海商务印书馆编中学历史教科书,由此研究《诗经》《尚书》《论语》中古史资料。4—6月,从尧、舜、禹的地位的演变发现了"古史是层累地造成的,发生的次序和排列的系统恰是一个反背"的假设,此即"层累说"之发轫。4月7日,顾颉刚致李石岑信,谈学术界生活独立问题,明确提出建立学术社会的迫切需求。他一方面认识到现时的学术"只做了教育社会的附庸而已",生计压力已是学术独立的一个根本障碍,目前急务在于思考"如何可以打出一个专心治学的境遇来",及"如何鼓吹,使得真有学术社会出来"。李石岑后将此信转郑振铎、沈雁冰、胡愈之、严既澄等人,共同讨论。后此文以《通讯·学术界生活独立问题》为题摘刊于5月20日《教育杂志》第14卷第5号。18日,顾颉刚拜访王国维,后与之通信讨论《尚书》。始标点《崔东壁遗书》。12月,常惠、顾颉刚、魏建功、董作宾编辑《歌谣周刊》由北京大学歌谣研究会创刊,周作人撰写《发刊词》。

按:《歌谣周刊》1925年6月28日停刊。(参见顾潮编著《顾颉刚年谱》,中国社会科学出版社1993年版;袁英光、刘寅生《王国维年谱长编(1877—1927)》,天津人民出版社1996年版;陈福康《郑振铎年谱》,三晋出版社2008年版)

沈尹默3月11日为蔡元培校长聘为《北京大学月刊》文科编辑员。4月5日,沈士远致函陈垣,提及弟沈尹默赴日本学习报销经费事。6 日,沈尹默在日本京都大学进修结束,于上午回到北京。钱玄同来访,委托代为购买《法文字典》。8 日,吴虞、马裕藻来访。晚上赴马衡家宴,同席有钱玄同。此后与钱玄同多有往还。9 日,周作人来访。11 日,沈尹默访吴虞。25 日晚,胡适来访。5 月 26 日下午孔德学校召开校务讨论会议,与蒋梦麟、胡适、钱玄同等七人定为该校常务董事。6 月 18 日,鲁迅、周作人来访。29 日,沈尹默、沈士远、沈兼士等接蔡元培函,定于 7 月 3 日开始整理历史博物馆所藏内阁档案。9 月 14 日,沈尹默在家宴请沈士远、沈兼士、钱玄同、马裕藻、马衡、黎稚鹤、徐耀辰、张凤举等。11 月 2 日,北京大学评议会评议员选举揭晓,沈尹默落选。12 月 25 日,与陈启修、顾孟余、马叙论等共 7 人,被北京大学公布为校组织委员会委员。(参见郦千明《沈尹默年谱》,上海书画出版社 2018 年版)

沈兼士接蔡元培 1 月 4 日函,言及闻研究〈所〉中有《西域考古图录》,敬请检赐一读,因马衡言,中有人首蛇身象。14 日,北京大学评议会开会通过《研究所组织大纲》,正式成立研究所,由校长兼任所长,内设自然科学、社会科学、国学、外国文学 4 门,各设主任 1 名。沈兼士为国学门主任,主持北京大学研究所国学门。蔡元培兼任研究所国学门委员会委员长,委员有顾孟余、沈兼士、李大钊、马裕藻、朱希祖、胡适、钱玄同、周作人等。2 月 11 日,北京大学评议会召开第五次会议,讨论通过研究所国学门委员会全体委员名单,国学门主任沈兼士为该委员会当然委员。18 日,沈兼士出席研究所国学门第一次委员会会议,会上沈兼士报告特别阅览室、歌谣研究会、考古研究室有关事项,讨论并议决"研究所国学门研究规则"、奖学金、办杂志等事项。同日,在《北京大学日刊》发表《整理国故的几个题目》。此文概述整理国故的五个问题:一、诸子所用学术专门名词索引;二、分类书目提要;三、方言和方音之调查与研究;四、古代民族语言之调查与研究;五、日本吴汉音与中国古音之关系。19 日,参加北京大学研究所国学门歌谣研究会第二次会议,讨论研究会任务及当时应做事项等。3 月 11 日,蔡元培致函冯祖荀、丁燮林、王星拱、李四光、谭熙鸿、胡适、沈兼士、朱希祖、陶孟和、顾孟余、王世杰、陈启修、朱经农等人,定于本月 15 日午后四时到第一院接待室商议组织一编辑部,皆为蔡元培校长聘为《北京大学月刊》文科编辑员。13 日,沈兼士参加北京大学研究所国学门委员会第二次会议,讨论并通过胡适起草的《国立北京大学助学金及奖学金条例》。21 日,北京大学《国学季刊》编辑部召开会议,议决编辑人员、使用标点符号等事项。沈兼士为编辑之一。27 日,蔡元培致函,聘徐炳昶、叶浩吾、陈衡恪、宋春舫、顾孟余、胡适、马衡、周作人、萧友梅、沈兼士等为《文艺季刊》编辑员。31 日,与周作人、钱玄同、沈士远、马裕藻联名在《晨报》发表《主张信教自由者的宣言》。此文后于 6 月由《生命》第 2 卷第 9、10 号合刊转载。4 月 1 日,沈兼士与沈士远、单不庵、马裕藻、马衡、钱玄同、周作人、朱希祖等北大八教授作《为清室盗卖四库全书敬告国人速起交涉启》,要求北京大学速函教育部,提出于国务会议,速派员彻底查清真相,惩治盗犯,保存图书。

按:是年 3 月 26 日,上海《时事新报》和北京各报登载了清室准备将奉天的《四库全书》以 120 万元的价格卖给日本的消息,马上就受到了各界的舆论谴责。4 月 1 日,北京大学八教授作《为清室盗卖四库全书敬告国人速起交涉启》,刊载于 4 月 20 日《北京大学日刊》,谓"今爱新觉罗·溥仪,竟胆敢私行盗卖与外国人,不但毁弃宝书贻民国之耻辱,抑且盗窃公产干刑律之条文。同人等身属民国国民,断不容坐视不问。兹拟请北京大学速函教育部,请其将此事提请国务会议,派员彻底清查,务须将盗卖主者,向法厅提起诉讼,科以应得之罪。"强烈要求政府迅速派人查明此事,并将《四库全书》从保和殿内转移至其他适当的部门,妥善保管。由于各界人士的强烈反对,逊清皇室迫于社会舆论的压力,欲将奉天的《四库全书》卖给日本以筹集经费的企图未能得逞。

沈兼士4月22日与同人等致北京政府教育部函,反对将文溯阁藏《四库全书》售于日本人。26日,以北京大学研究所国学门主任名义发布启事,要求国学门本学年研究员于暑假前将研究经过及成绩上报,以便汇齐交委员会审查。29日,北京大学教职员临时代表团召开第一次会议,议决轮流出席各校教职员联席会议名单,沈兼士列名其中。5月25日,北京大学作致历史博物馆函,称将派朱希祖、沈兼士、马衡等前去接收该馆所藏明末及清代档案,请予接洽。沈兼士与朱希祖、马衡三人前往历史博物馆办理接收事宜。6月17日,沈兼士、朱希祖、杨栋林、马衡、单不庵等及研究所同人清点搬运故宫清代档案完毕,由沈兼士呈文蔡元培校长,并建议集合学者整理这批档案。6月19日《北京大学日刊》谓:"兼士偕同朱遏先(希祖)、杨适夷(栋林)、马叔平(衡)、单不庵诸先生及研究所同人搬运历史博物馆档案,已于今日下午搬运完毕。共计装61箱,1502袋,分庋于第一院及第三院(详另单)。此外,尚有殿试卷及誊黄中之已经该馆编有草目者,尚未搬运。已商准该馆,将草目借与本校抄一副本。查此次搬运来校之内阁档案,卷帙极繁,非集合具学识、有兴会之人,共同整理,颇难克期奏效。以后关于此事之进行方法,尚祈先生酌夺,或另行召集一会议,共同商量办理,统候尊裁。"26日,沈士远、沈兼士等接蔡元培函,请出席28日在第一院接待室开会,讨论历史博物馆所藏内阁档案整理方法。29日,沈士远、沈兼士等接蔡元培函,请指导整理历史博物馆所藏内阁档案,定于7月3日上午9时到第三院教员休息室接洽。

沈兼士与朱希祖、马衡、单不庵、沈士远、马裕藻等7月4日开始整理从历史博物馆接收的清内阁大库档案。8月15日,教育部国语统一筹备委员会召开会议,其中讨论通过组织汉字省体委员会,拟定沈兼士等13人为委员。16日,沈兼士作为北京八校教职员代表,与八校校长及其他教职员代表共赴教育部,要求教育总长王宠惠同往交通部,追索所欠教育经费。19日,北京大学发布季刊编辑员会议消息,沈兼士为国学组和文艺组编辑。22日,撰成《国语问题之历史的研究》,后发表于北京大学《国学季刊》第1卷第1号。此文认为要想"统一国语"就应该注意中国文字和语言的关系,弄清致弊的原因,所以应先论述文字的源流变迁及它与语言的关系,再说在这个情况下自然发生的弊病,最后提出补救的方法。30日,被选为北京大学出席八校教职员联合会议新代表之一。同月,北社编《新诗年选(1919年)》由上海亚东图书馆印行,内收沈兼士新诗《寄生虫》。9月,撰成《筹划北京大学研究所国学门经费建议书》。12月14日,被选为北京大学成立25周年纪念会历史展览部四室负责人。16日,为北京大学研究所国学门主办的《歌谣周刊》撰写《歌谣周刊缘起》,介绍北大从事歌谣征集工作进程。23日,沈尹默、沈士远、沈兼士、钱玄同、马裕藻、朱希祖、马衡等11人,约回国的陈大齐在沈士远家中谈天,共进晚餐。是年,沈兼士决定筹设考古学研究室,委托正在日本京都留学的张凤举、沈尹默,拜访和咨询滨田耕作。(参见郦千明、汪素梅《沈兼士年谱简编》,《湖州师范学院学报》2021年第3期;高平叔编著《蔡元培年谱长编》,人民教育出版社1996年版;郦千明《沈尹默年谱》,上海书画出版社2018年版;朱元曙、朱乐川《朱希祖先生年谱长编》,中华书局2013年版;王学典《20世纪史学编年(1900—1949)》,商务印书馆2014年版)

朱希祖1月任新成立的北京大学研究所国学门委员会委员长,委员有顾孟余、沈兼士、李大钊、马裕藻、朱希祖、胡适、钱玄同、周作人等。2月18日,朱希祖出席研究所国学门第一次委员会会议。22日,朱希祖与马裕藻、钱玄同、周作人、刘文典、孙国璋等6人提出"本校中国文学系应先列入世界语课程"的议案。25日,本届评议会第六次会议讨论通过。3月11日,为蔡元培校长聘为《北京大学月刊》文科编辑员。6月8日,史学系发布《史学系派遣学生学习史学地理办法》。26 日,蔡元培致函陈汉章、何炳松、马衡、马裕藻、黎稚鹤、胡文玉、单不庵、杨适夷、朱希祖、黄仲良、沈兼士、沈士远、李大钊、胡适、谭熙鸿等,定于 28 日在第一院接待室开会,讨论历史博物馆所藏内阁档案整理方法。29 日,蔡元培致函朱希祖、陈汉章、沈士远、沈兼士、胡适、马衡、何炳松、杨栋林、刘文典、钱玄同、沈尹默、马裕藻、李革痴等,请指导整理历史博物馆所藏内阁档案,定于 7 月 3 日上午 9 时到第三院教员休息室接洽。7 月 4 日,明清内阁案整理工作正式开始,并成立明清档案整理会,由朱希祖具体主持。8 月 1 日,参加北京大学季刊编辑员会议。9 月 8 日,致函张元济,谈近年学术研究情况及今后计划。10 月 7 日,与胡适联名提出《关于本科第一外过语的提案》。9 月 30 日,朱希祖先后摘编膳黄、题本、报销册、金榜等类已近万件。11 月 2 日,朱希祖当选为本届本校评议员。11 月 15 日,北京大学史学会成立,朱希祖与蔡元培、蒋梦麟、胡适、马衡、叶瀚、杨栋林等出席,并与蔡元培等发表讲演。(参见朱元曙、朱乐川《朱希祖先生年谱长编》,中华书局 2013 年版)

　　沈尹默 3 月 11 日为蔡元培校长聘为《北京大学月刊》文科编辑员。4 月 5 日,沈士远致函陈垣,提及弟沈尹默赴日本学习报销经费事。6 日,沈尹默在日本京都大学进修结束,于上午回到北京。钱玄同来访,委托代为购买《法文字典》。8 日,吴虞、马裕藻来访。晚上赴马衡家宴,同席有钱玄同。此后与钱玄同多有往还。9 日,周作人来访。11 日,沈尹默访吴虞。25 日晚,胡适来访。5 月 26 日下午,孔德学校召开校务讨论会议,与蒋梦麟、胡适、钱玄同等 7 人定为该校常务董事。6 月 18 日,鲁迅、周作人来访。29 日,沈尹默、沈士远、沈兼士等接蔡元培函,定于 7 月 3 日开始整理历史博物馆所藏内阁档案。9 月 14 日,沈尹默在家宴请沈士远、沈兼士、钱玄同、马裕藻、马衡、黎稚鹤、徐耀辰、张凤举等。11 月 2 日,北京大学评议会评议员选举揭晓,沈尹默落选。12 月 25 日,与陈启修、顾孟余、马叙伦等共 7 人,被北京大学公布为校组织委员会委员。(参见郦千明《沈尹默年谱》,上海书画出版社 2018 年版)

　　马裕藻 2 月 11 日在北大评议会第五次会议上经蔡元培提议北大研究所国学门委员会名单,朱希祖,胡适,钱玄同,周作人为委员会委员,所长(当然委员长),教务长、本门主任、图书馆主任均当然委员。22 日,马裕藻与朱希祖、钱玄同、周作人、刘文典、孙国璋等 6 人提出"本校中国文学系应先列入世界语课程"的议案。25 日,本届评议会第六次会议讨论通过。26 日,马裕藻与朱希祖、吴虞、沈兼士、胡适、陈汉章等在王府井大街东华饭店公宴日本学者小柳司气太、藤塚邻、井上以智伟、西田耕一、酒井忠道等人。3 月 27 日,马衡等被蔡元培聘为《文艺季刊》编辑员。4 月 1 日,马裕藻、马衡两兄弟参与北大八教授所作《为清室盗卖四库全书敬告国人速起交涉启》。马衡参与历史博物馆档案整理。26 日,马衡、马裕藻接蔡元培函,请出席定于 28 日在第一院接待室开会,讨论历史博物馆所藏内阁档案整理方法。29 日,马衡、马裕藻等又接蔡元培函,请指导整理历史博物馆所藏内阁档案。10 月 20 日晚,马裕藻、马衡、马鉴、马廉兄弟在东华饭店为回京新任教育次长马叙伦接风,沈尹默、李大钊、邵裴子、钱玄同、沈士远、沈兼士等出席。11 月 2 日,北京大学奉行 1922—1923 学年度评议会评议员选举,马裕藻当选为评议员。15 日,马衡出席北京大学史学会成立会议。是年,马衡被聘为北京大学研究所国学门考古研究室主任兼导师,同时在清华大学、北京师范大学、北京女子师范大学兼课。(参见高平叔编著《蔡元培年谱长编》,人民教育出版社 1996 年版;参见朱元曙、朱乐川《朱希祖先生年谱长编》,中华书局 2013 年版;郦千明《沈尹默年谱》,上海书画出版社 2018 年版)

梁漱溟1月应邀到山西太原讲演《东西人的教育之不同》。又于太原参观德国人卫西琴(中)主办的"外国文言学校",与卫中交谈后,结为好友。春,在北京高等师范学校讲演《合理的人生态度》与《评谢著阳明学派》。与李大钊就倡议裁兵运动同访蔡元培,5月,在蔡元培家讨论由胡适齐起草的题为《我们的政治主张》的政治宣言,倡导"好政府主义",并作为提议人之一在宣言上签名。10月,《东西文化及其哲学》第三版刊行,撰写自序。同月,介绍熊十力到北京大学执教。12月,在《中华新报》上发表《曲阜大学发起和进行的情形并我所怀意见之略述》一文。

按:《东西文化及其哲学》自上年出版后在学界影响巨大,并引发激烈论争。是年,李石岑在《民铎》第3卷3号发表《评〈东西文化及其哲学〉》,认为梁漱溟断言世界未来的文化必走孔子的路,"不免有变更事实迁就学理的毛病",刘伯明也在《学衡》第3期发表《评梁漱溟著〈东西文化及其哲学〉》,认为《东西文化及其哲学》论西洋文化及其哲学,其谬误之处,较为易见,最大的问题是以偏概全,表明梁漱溟著《东西文化及其哲学》以及东西文化论争的持续影响力。(参见李渊庭、阎秉华编著《梁漱溟年谱》,广西师范大学出版社2003年版)

熊十力继续在南京学佛,起草《唯识学概论》。10月,梁漱溟在北大哲学系先讲授印度哲学,又添讲佛家唯识学,自觉对于唯识学不全明白,于是邀熊十力讲主讲唯识学,蔡元培校长始聘熊十力为北京大学特约讲师,讲授选修课《唯识学概论》。冬,熊十力到北大任教,与梁漱溟师弟住地安门吉安所,同住共学的还有当时北京大学学生陈亚三、黄艮庸、朱谦之、王显珠等。(参见郭齐勇《天地间一个读书人:熊十力传》附录《熊十力年表》,上海文艺出版社1994年版)

刘文典2月20日联合马裕藻、钱玄同、周作人等人,建议"本校中国文学系应先列入世界语课程"。经民国2月25日北大评议会第六次会议议决,"缓议"。2月22日,致函胡适,谈蔡元培《石头记索隐第六版自序》:"今天在《晨报》的副刊上看见蔡先生的《石头记索隐第六版自序》,间接看着了你对于这部书的批评,心里十二分快活。典对于这部书的意见,完全和你的一致。你对于众人所认为'句皆韶夏,言尽琳琅'、'徒惊其浩旷,但嗟其峻极'的著作,能下这样严格的批评,真有仲任《问孔》、子玄《惑经》的气概,这一层实在令典对于你生无限的崇仰心啊!"3月21日,《北大月刊》改出季刊,成立《国学季刊》编辑部。编辑人:胡适、沈兼士、钱玄同、周作人、马裕藻、朱希祖、李大钊、单不庵、刘文典、郑奠、王伯祥。3月26日,胡适拜访刘文典,借读戴震《孟子字义疏证》。6月29日,收到蔡元培通知函,应邀指导整理历史博物馆所藏内阁档案。6—7月,刘文典忙于校对《淮南鸿烈集解》,因学校欠薪,生活窘迫,再度致信胡适,恳请其斡旋稿酬一事。11月,北京高等师范学校国文系《国文学会丛刊》第一卷第一期出版,刊有会员录,其中包括刘文典,可见其任职北大期间,曾在北京高师兼职授课。(参见章玉政编著《刘文典年谱》,安徽大学出版社2011年版)

辜鸿铭在《亚洲学术杂志》第3—4期发表英文论文《君子之道》《中国人将变成布尔什维克吗?》以及陈曾谷汉译的《春秋大义》部分译文。是年,罗振玉代选并作序的汉文《读易草堂文集》一书出版;英文小册子《所有受过英语教育的中国人应读之文》一书在北京出版;《中国人的精神》一书英文本由商务印书馆重版。又作《硕儒沈子培先生行略》。(参见黄兴涛等译《辜鸿铭文集(下)》附录《辜鸿铭著译年表》,海南出版社1996年版;黄兴涛编《中国近代思想家文库·辜鸿铭卷》附录《辜鸿铭年谱简编》,中国人民大学出版社2015年版)

吴虞1月22日会日本学者小柳司气太、藤冢邻来访。23日,《支那学》二卷三号一册寄到,中有青木所著《吴虞之儒教破坏论》一文。3月26日,赴四川旬刊社,讨论四川教育之事。4月9日下午1时,在北大三院大礼堂参加非宗教大同盟讲演大会。10日,三女吴楷致信吴虞,已正式考入外国里昂大学文科哲学门。5月30日,作函致北大注册部请假。6月8日,由京回国探视。7月3日,下午六时后抵家。8月28日,离川赴京。9月12日,晨六时抵京。10月31日,吴虞《日记》透露,蔡元培主持下的北京大学评议会当时是由"少数人垄断",这些人主要是指与蔡元培同为浙江籍的"某籍某系"即沈尹默、沈兼士、沈士远、马幼渔、马叙伦、朱希祖、陈百年、周作人等人的"垄断"。11月30日,作《荀子之政治论》。(参见吴虞《吴虞日记》下册,四川人民出版社1984年版;朱玉、孙文周《吴虞年谱简编》,《吴虞诗词研究与整理》附录一,河南文艺出版社2016年版)

邵飘萍参与中共在北方发起非宗教运动,刊印《非宗教论》一书,该项印刷、铸版均由其所主办的昭明印刷厂承印办理,义务援助。飘萍主张联俄反帝,倡议中俄建交,以"早达中俄两国互相携手,共维远东大局之目的。"是年,邵飘萍在《北京厂甸春节会调查与研究》序言中,提出"欲改造现实之社会,宜先明现实社会中事物之真相"等进步主张。(参见郭佐唐《邵飘萍年谱》,《浙江师范大学学报》1986年第4期)

李四光1月初在英国《地质杂志》发表《华北挽近冰川作用的遗迹》。中旬,为团结地质工作者,交流学术经验,促进我国地质科学工作的发展,发起成立了中国地质学会筹备会,地质调查所的章鸿钊、翁文灏,北京大学的王烈、李四光、葛利普五人被推选为筹备委员。27日,在北京政府农商部地质调查所新建图书馆与章鸿钊、翁文灏、王烈、丁文江、葛利普等26名创始会员举行中国地质学会成立大会。会上李四光当选为首届评议会(理事会)副会长。2月5日,应邀在北京大学地质研究会上作题为《中国地势之沿革》的演讲,后刊于2月15日《北京大学月刊》上。5月26日,在中国地质学会第三次全体会员大会上作题为《中国第四纪冰川作用的证据》的演讲,他根据太行山东麓及大同盆地发现的冰川作用的遗迹事实为证据,提出在近地质时期,华北地区和欧美一样,曾发生过第四纪冰川。11月6日,主持中国地质学会第四次全体会员大会,在会上作题为《寒武奥陶纪地层分类之关系》的演讲。15日,兼任国立京师图书馆(今北京图书馆之前身)副馆长。当时梁启超任馆长,袁复礼任第二副馆长。12月,担任北大二院庶务主任和校庶务委员会委员。(参见马胜云、马兰编著《李四光年谱》,地质出版社1999年版)

王世杰10月12日在《北京大学社会科学季刊》第1卷第1号上发表《公民票决制之比较研究》和《暹逻收回领事裁判权之经过与暹美新约》。11月25日,在《东方杂志》第19卷第22号上发表《新近宪法的趋势——代议制之改造》。(参见薛毅《王世杰传》及附录《王世杰生平大事年表》,武汉大学出版社2010年版)

李泰棻被蔡元培破格升为北京大学教授。兼任北京女子师范大学史学系主任及师大讲师。

周鲠生任省议会议员、湘军总司令部秘书长、江西省政务委员会主任和国民党江西省党部执行委员。同年任北京大学政治系教授。教学之余,开始研究国际法和外交史,整理发表《不平等条约十讲》等系列论文,力陈不平等条约对中国主权的危害。

刘天华先后任北京大学音乐传习所国乐导师、北京女子高师和国立艺专音乐系科的二胡、琵琶、小提琴教授,他的学生有曹安和、王君仪、韩权华、萧伯青、吴伯超等。

陈大齐回北京大学,任哲学系系主任。是年所著《迷信与心理》收入《新潮丛书》出版。

邓中夏主编的"宜章青年励进会"会刊《宜章之光》第1卷第3期1月1日由新知书社出版。同日,在《少年中国》第3卷第6期发表《少年中国学会社会主义研究会研究计划》,研究计划共拟定十四个研究专题,除"马克思社会主义"的"唯物史观、阶级斗争、剩余价值、无产阶级专政"外,还列有"社会民主党""社会主义发达史""布尔扎维克""吉尔特社会主义""第三国际共产党""德谟克拉西与社会主义""中国救亡与社会主义""世界观改造与社会主义"等。15日,邓中夏主编的中国社会主义青年团临时中央局机关报《先驱》半月刊创刊,作《发刊词》,并在《先驱》创刊号上发表《共产主义与无政府主义》一文,以马克思主义阶级分析的方法,深入分析了共产主义与无政府主义的异同。2月15日,在《先驱》第3号发表《共产党宣言的后序》一文,指出:"马克思主义的精髓""就是唯物史观、阶级争斗和无产阶级专政","而其目的在归纳于无产阶级革命、专政、集产,取消阶级,实现消灭国家政权的共产主义社会"。19日下午2时,"马克思学说研究会"在北大二院举行第一次公开讲演大会,李大钊应邀到会作《马克思经济学说史》演讲。3月9日,与李大钊、朱务善等人发起筹备"非基督教学生大同盟"。15日,主编的《先驱》第4号出版。该期为"非基督教学生同盟专号",全文登载《非基督教学生同盟章程》及《非基督教学生同盟宣言》。从第5期开始,《先驱》编辑部迁址上海,交由社会主义青年团临时中央局编辑出版,正式成为团中央机关刊物。20日,与李大钊、高君宇、张昆弟等商讨在"非基督教学生同盟"的基础上,筹备发起全国"非宗教运动大同盟"。21日,与李石曾、陈独秀、李大钊、汪精卫、朱执信、蔡元培、戴季陶、吴稚晖等77人联名发表宣言通电全国。

邓中夏4月4日与王星拱,吴虞、李大钊、李石曾、萧子升、阮永钊、金家凤、张佐汉、钟继璜、颜燮夫等12人联名在《晨报》发表《非宗教同盟二次宣言》。16日,出席在北大三院举行的"非宗教运动大同盟"成立大会。5月10日,"非宗教运动大同盟"成立大会在北京大学第二院隆重召开。正在广州的邓中夏与李大钊、李石曾、谭熙鸿、彭邦栋、刘仁静、胡鄂公等15人被推举为"非宗教运动大同盟"干事会干事。同月,由毛泽东任书记的中共湘区委员会成立。应毛泽东的邀请,由广州北上路经长沙时,先后在中共湘区委员会所在地清水塘、文化书社和区委党校等处召开的党员大会上发表演讲,引导湖南的党团员努力学习马克思理论,积极投入到革命的实践中去。6月18日,邓中夏出席"非宗教大同盟"在北京大学第二院召开的第一次干事会。会上议决召开全国非宗教团体总同盟大会、出版月刊、定期讲演等五项会务。李大钊等8人当选为常务干事。同月,邓中夏编辑的《非宗教论》正式出版,收入李大钊、蔡元培、萧子升、罗素、陈独秀、汪精卫、朱执信、罗章龙等人批判和否定基督教的论文33篇,10万多字。7月16日,出席在上海南成都路辅德里625号召开了中国共产党第二次全国代表大会第一次会议。8月24日下午,邓中夏主持民权运动大同盟在北京大学大礼堂举行的成立大会,会上通过大会宣言,并通电全国。会后,选出各股职员:主席邓中夏,副主席杨廉。

　　按:北京民权运动大同盟成立后,得到全国各地社会团体的热烈响应,大同盟的组织遂波及全国。是年底,长沙、南京、武汉、广州,太原、济南、成都、重庆、陕西等地先后组织了民权运动大同盟,与北京民权运动大同盟取得一致行动。(参见冯资荣、何培香编著《邓中夏年谱》,中国文史出版社2014年版)

容庚6月23日与容肇祖同往北京学习。7月3日,至天津谒罗振玉,以所著《金文编》稿就正,颇蒙奖饰,并与商承祚定交。7月,入注音字母传习所国语讲习班毕业。投考入朝阳大学。经罗振玉介绍识马衡并介绍入北京大学研究所国学门为研究生。容肇祖受教于胡适、陈垣等名师。由于学习勤奋和才识,得到师长们的赏识。(参见容庚《颂斋自订年谱》,东莞市政协编《容庚容肇祖学记》,广东人民出版社2004年版)

　　金邦正继续任清华学校校长,仍由其王文显教务长代理清华学校校务。2月,清华聘请梁启超为特别讲师,来校教授史学,课本除梁启超所著《中国历史研究法》外,另有讲义。3月5日,清华戏剧社召开成立大会,通过章程,选举职员。10日,梁启超在本校文学社进行演讲,计划每周一次,每次演讲2小时,需4—5星期才可讲完。19日,在清华服务十余年的庶务长唐孟伦逝世。22日,本校学生会的学生法庭召开成立大会,选举审判员、检察员。4月4—8日,世界基督教学生同盟第11届代表大会在清华园召开。参加大会的有39个国家700余名代表,其中中国代表550人。本校高年级学生负责会议的招待工作。大会讨论如何向现代学生宣传基督、学生生活基督化等专题。由此引起一场全国范围的“非宗教运动”。11日,外交部迫于社会舆论,对参加声援北京8校教职员索薪而罢课的清华学生,决定“将留级办法暂缓执行,以观后效”。学校要求“日后诸生务须束身自爱,以励前修,勿负外交部培植之至意”。4月18日,校长金邦正辞职。(参见清华大学校史研究室编《清华大学一百年》,清华大学出版社2011年版)

　　曹云祥时任外交部参事。4月18日,外交部派曹云祥暂兼代理清华学校校长。22日,又派王文显暂行兼代清华学校副校长。5月19日,《清华周刊》刊载曹云祥的谈话,他表示“立意改革”,“以后教授之选择最堪注意”,希望学生“平时于讲求学问之外善能于道德上加功”。随后,本校成立调查委员会,曹云祥亲自负责,以收集师生对于学校的改良意见。7月16日,原应于1921年毕业、因同情罢考而被董事会和校长金邦正给予留级处分的大二级学生闻一多等29人,启程赴美留学。月底,本校组织“国学课程委员会”,由戴梦松、李奎耀、汪鸾翔、朱洪、陆懋德、吴在等6人任委员。8月1日起,国学课程委员会讨论国学改良问题,8月底,将讨论结果提交职教员会议审议。其主要内容为:(1)原有国文部改为国学部;(2)中英文成绩并重;(3)本年国学方面课时钟点,并无增减,须待英文方面负担再略为减轻之后,始可改进国学内容;(4)国学教材的选择,等等。9月11日,本校举行秋季开学典礼,曹云祥发表演说,提出:(1)改良教务。(2)改良管理,管理方法上拟修改章程,使清华成一法治之学校;另设教职员顾问制,“以消除师生之隔阂,而收至相扶助之益”。(3)组织调查委员会,调查一切事务,为改良校务之预备。同月,本学期新聘教职员:朱洪(授国文外交史学)、陆懋德(授法制哲史)、吴在(授周秦理学)、祖吴春(授国文)、庄泽宣(授心理学)、冯执中(授法文)、李冈(授生理学及任副校医)、李宝銮(授经济学)、梁传铃(授化学)、蔡竞平(授经济学)、曹霖生(授体育及指导童子军)、贺尔(L. T. Hull,教木工)、贺尔夫人(Mrs. L. T. Hull,授英文)、江斯(T. C. Jones,授英文)、罗雷(S. G. Lowrie,授政治科学及任演讲员)。10月7日,本校学生会评议部举行第三次会议。议案中希望实行男女同校。27日,本校教育学社召开成立会。选王书麟任社长,请庄泽宣、陆懋德、王芳荃任顾问。11月3日,清华数学研究会成立,区嘉炜任会长。

　　曹云祥11月8日出席清华学生法庭第二任职员就职典礼,并发表演说,北京大学教授胡适进行演讲,内容为道德教育、学生自治与学生法庭之关系。25日,曹云祥对《清华周刊》记者发表谈话,表示“首先改人治为法治”,“罗致人才,务求高明”,希望学生、教职员对校务提出改革建议。对学校规划、即将公布的调查委员会的报告提出“变更学制”,“十年后扩成正式大学”,以及筹划经费改组董事会等规划。12月5日,清华国学部组织的国学教授研究会召开成立大会,该研究会目的为改良国学教学方法,分国文、哲学、史地三组。15日,《清华周刊》报道:本校为节省经费,呈请裁撤副校长一职,已得董事会通过,并获外交部照准。

故自本星期起、校务由校长一人负责。21日,清华学生会评议部提出议案,改组《清华周刊》社,改集稿制为总编制。本校教育学社邀请陶行知到校做"活的教育"的演讲。29日,清华文学社邀请徐志摩到校做"艺术与人生"的讲演。(参见清华大学校史研究室编《清华大学一百年》,清华大学出版社2011年版)

梅贻琦是年夏由芝校毕业,获机械工程硕士学位。赴欧洲大陆各国作短期游历、考察。9月,返国,回到清华园担任物理首席教授。同月,被委为改革学校(主要是筹设大学部)调查委员会委员。(参见黄延复、钟秀斌《清华校长梅贻琦》,九州出版社2011年版)

闻一多3月8日作诗《蜜月著〈律诗底研究〉稿脱赋感》。这里所说的《律诗底研究》,全文七章二十一节,与《诗底音节的研究》似为姊妹篇,有人称此文"可能是五四运动以后,较早用新的方法,系统研究中国诗歌的民族传统的长篇著作"。4月21日,闻一多等4人在《清华周刊》上发表《取消留级部令之研究》一文,指出外交部"污辱(学生)人格""捏造罪名",是"滑头手段""威压政策",并说学生的同情罢考是"主动的""光明正大"的行动,无过可悔,更无"束身自爱""以观后效"的必要。5月12日,《美国化的清华》刊于《清华周刊》第二四七期。此文是闻一多在清华读书时发表的最后一篇文章,也是先生对这所学习和生活了十年的学校的感想。文中对一般美国教授认为清华学生"太不懂美国,太没受着美国文化底好处"的抱怨,愤愤不平,有受侮之感。21日晚,清华文学社开召送旧迎新会,欢送闻一多、时昭瀛、陈华寅三人离校,欢迎饶孟侃、万卓恒、郭协邦、马杰、程瀛元、高瀚、梁思永7人入社。(参见闻黎明编著《闻一多年谱》,群言出版社2014年版;清华大学校史研究室编《清华大学一百年》,清华大学出版社2011年版)

林同济北京崇德中学毕业,入清华学校高等科。在清华四年中,既有对中国传统历史与文化的学习,如国文、修身、通史、上古史、中古史等,也有地理、生理、物理、化学、平面几何、手工、音乐、体操、英文等新式课程。与后来作为"战国策"派重要成员的贺麟、陈铨是前后届同学。(参见江沛、刘忠良编《中国近代思想家文库·雷海宗、林同济卷》及附录《林同济年谱简编》,中国人民大学出版社2014年版)

李建勋继续任北京高等师范学校校长。2月12日,全国教育独立运动会在北京高等师范学校开成立大会。20日,发表教育独立宣言,宣言指出:"近年以来,兵燹频仍,政潮迭起,神圣之教育事业,竟飘摇荡漾于此卑污龌龊之政治军事之旋涡中,风雨飘摇,几经破产。此同人所以不能不作教育独立呼声以期重新建设精神生活之基也。撮其大旨,约有三端:(一)教育经费应急谋独立;(二)教育基金应急谋指定;(三)教育制度应急谋独立。"4月3日,北京高等师范学校为教育研究科第一期研究生举行毕业典礼,授予毕业生常道直、王卓然、薛鸿志、殷祖英、陈兆蒂、康绍言、邵松如、胡国钰、万永蒸等16人"教育学士"学位。此为我国高等师范学校研究生授予教育学士学位之始。10月,北京高等师范学校同人组成以校长李建勋为代表的"中华民国宪法草案修正请愿团",拟具请于宪法中增加有关"教育及学校"条文的"请愿书",向众议院请愿,要求把教育列入宪法。其后经议员袁麟阁等将原案于宪法会议上提出。(参见北京师范大学校史编写组编《北京师范大学校史》,北京师范大学出版社1982年版;中央教育科学研究所《中国现代教育大事记1919—1949》,教育科学出版社1988年版)

钱玄同任2月20日在上海创刊的《国语月刊》主编,由中华民国国语研究会主办。钱玄同所撰《注音字母与现代国音》连载于《国语周刊》第1卷第1至4号,认为"汉字形体之难识难写","要解决这个难题,就非另制拼音新字不可"。相关论文尚有《国语问题中的一个大争点附记一》(第4期)、《国语字母二种》(第7期)、《减省现行汉字的笔画案》(第7期),

《国文的进化》(第9期)，《"他"和"他们"两个词儿的分化之讨论》(第10期)，《一封最紧要的信》(写信给黎锦晖，批评萧景忠的《辟破坏国语教育的谬说》，第10期)。

钱玄同与黎锦熙年初在北京西单牌楼小羊肉馆雨花春楼上商量决定，将他们主编的《国语月刊》第1卷第7期，刊发为《汉字改革号》，"放一大炮"，"除各同志都精写一篇论文外，并把历年讨论这个问题的文字综合起来。"8月，本期《国语月刊·汉字改革号》由钱玄同编辑、盖章签字、发稿，登载了胡适、钱玄同、黎锦熙、蔡元培、周作人、沈兼士、赵元任、傅斯年、后觉等十几位文化名人的精心力作，涉及到文字改革的所有方面。由钱玄同撰成《汉字革命》的长文，既态度鲜明地大声疾呼"汉字的罪恶"及汉字应该革命的理由，又从汉字的变迁史上研究，说明汉字革命，改用拼音，是绝对的可能的事。并且提出十项筹备工作，和在筹备期内对于汉字的"补偏救弊"的办法，要求同志们积极去做。根据钱玄同当时主张：汉语拼音文字应采用"罗马字母式的字母"国际音标，故其所拟之国语字母有两种，甲式即以国际音标为准。

　　按：《国语月刊》封面钱玄同盖"疑古"印章，用毛笔批写"一九二二、八"，这是发稿时间。封底、封衬印有广告。封面为洋兵操刀赶人彩图，注音字母和汉字标明书名，出版单位用英文标注。

钱玄同与陆基、黎锦熙、杨树达联署在教育部国语统一筹备会第四次常年大会上提了一个《减省现行汉字的笔画案》，当时议决通过，组织"汉字省体委员会"，钱玄同为首席委员。《减省现行汉字的笔画案》原案刊于《国语月刊》第7期以及《新青年》第7卷第3期。12月29日，钱玄同在日记中写道："看见一本第十二期的《学衡》，第一篇题为《读墨微言》，是柳诒徵做的，居然在今日还要吹孟老爹的死灰期使复燃；说什么'无父无君是禽兽也'的话，这真只配合张尔田们去谈学了。孟老爹的话，二十年前的梁任公已经将它驳倒。而今日尚有学校中人拾其唾余，以为瑰宝。呜呼！人们知识之相差，抑何其远到如此！即此标题亦甚不通。微言者，深邃(邃)幼渺之言也。此篇之言，即出于柳氏自己，亦尚不配称微言，而况拾人唾余乎！"(参见曹述敬《钱玄同年谱》，齐鲁书社1986年版；张菊香、张铁荣主编《周作人年谱》，南开大学出版社1985年版；沈卫威《学衡派编年文事》，南京大学出版社2015年版)

黎锦熙在《国语月刊》特刊《汉字改革号》发表《汉字革命军前进的一条大路》长文，强调词类连书对汉语拼音文字的重要性。另有《京音入声字谱》等文。又与钱玄同、陆基、杨树达联署等人在国语统一筹备会上提出简省现行汉字笔画案，把中国的新文字定名为国语罗马字。并开始改用注音字母语体记日记，以亲自检验其优劣。又与他人共组"汉字省体委员会"，被推选为委员。是年，黎锦熙兼任天津、济南、上海、长沙暑期国语讲习所讲师。

　　按：黎锦熙在《钱玄同先生传》里说："民国十一年，钱先生和我在西单牌楼一家小羊肉馆雨花春楼上，共同决定，开始放一大炮，在当时的《国语月刊》里，发刊一大册'汉字改革号'，除各同志都精写一篇论文外，并把历年讨论这个问题的文字都综合起来，他写首篇，题为《汉字革命》那年我们才把中国的新文字定名'国语罗马字'。"(参见曹述敬《钱玄同年谱》，齐鲁书社1986年版；黎泽渝《黎锦熙先生年谱》，《汉字文化》1995年第2期)

许寿裳是年夏任国立北京女子高等师范学校长。上任后，许寿裳发现女高师复旧势力强大、教学设备简陋、经费少、师资差，于是决心对学校加以整顿，尽力排除封建教育的陋规，推行西方教育体制。同时致力于提高师资力量，多方延聘专家学者，并邀请北大教授来校兼课，聘请鲁迅担任第三届国文部课程，讲授《中国小说史》，影响甚远。(参见倪墨炎、陈九英编《许寿裳文集》下卷附录二《许寿裳先生年谱》，百家出版社2003年版)

胡小石年初担任第二届国文部课程及主任。其间，胡小石晚上常步行去住石驸马大街后宅的李大钊先生家闲谈。7月,因与校当局不合,决定辞职南返。女师大部分留京的毕业生,与第二届国文部部分同学欢送胡小石,请李大钊作陪,并在学校大礼堂前假山上摄影留念。胡小石手执鲜花一束,站在中央,李大钊立其旁,其余同学、老师分立于前。8月,胡小石由张子高介绍去武昌高等师范学校任教授兼系主任,教散文、文学史、诗选。与国民政府监察委员、同盟会会员刘禺生先生和黄侃为同事。(参见谢建华《胡小石先生年表(1888—1962年)》,载《胡小石文史论丛》,南京大学出版社2008年版)

章士钊年初继续在欧洲大陆考察,其间受本不相识的周恩来之托,利用自己的外交免验权把一台印刷机和一批革命宣传学习材料从法国带往德国给留学生。后来周恩来说,行老那次给我们当了义务交通员。章士钊到柏林后,原计划准备写一本书,系统地清理基尔特社会主义的起源与流派,后因归国奔丧没有写成。但渐悟农业国与工业国之不同,中国政治不宜强学西方,于是提出了他的农业立国之本的主张,明农救国思想,并设计了一个新湖南的发展方案,准备回国后付诸实践。兴奋之余作了一首《草新湖南案成放歌》,诗序里说"草治湖南新案,拟返里试行之"。1月,章士钊在政学系办的《中华新报》上,重新发表了《论败律》一文,表明他对于几年从政失败的态度。8月,因父丧结束考察回到上海,旋即返湘办理丧事。同月,章士钊回到北京,积极宣传农业立国主张,李大钊曾与他谈起共产主义,并约他共同奋斗。8月25日,苏俄代表越飞来到北京,李大钊约章士钊与越飞在东交民巷会见。10月8日,在湖南教育会作了《文化运动与农村改良》讲演。

按:章士钊讲演重新界定新文化运动,尤其高度关注农业问题,曰:"近来新文化三字风靡全国,人谓文化运动发生于北京大学。""觉得实非文化运动,其原因以愤于曹陆卖国而起,此只可谓为政治运动,或又谓胡适之等提倡白话文字为文化运动,亦是非。白话文字不过文化一种工具,何能即谓为文化运动也。""前之言运动,不过青年之一种觉悟而已。文化运动四字,似来自日本,日本又译自德国。近年德国文化运动最盛,实由工业发达而来。因工业发达之结果,将人类区分为资本、劳动两阶级。此种文化运动可适用于中国否耶? 以我观之,此中应有斟酌。近有人向工业上宣传社会主义,殊为错误。我以为应该向农业方面去作工夫,因为中国尚无所谓工业,向以农立国,农民十居八九。……设法改良。即以湖南而论,五年之后,亦可与世界争衡。"又云:"改良湖南的第一步须改良农村,还设想了改良农村的方法。没有一种基础,空口去讲文化,此种运动非打消不可。"

章士钊10月13日在湖南学术研究会上作了题为《农村自治》的讲演。14日,在湖南甲种农业学校就农村生活作讲演,鼓吹以农立国论。21日,在湖南长沙第一师范讲演。12月12日,因章士钊联系中国是农业大国的国情鼓吹以农业为立国之本,当时受到舆论界的重视。教育部发表训令,批准原校长吴季青辞职,委任刚从欧洲回国不久的章士钊担任北京农业大学的校长。章士钊也想以此为基地,为实现基尔特主义的农治理想造就人才。21日,章士钊受北洋政府教育部之聘出任北京农业大学校长。(参见袁景华编《章士钊先生年谱》,吉林人民出版社2001年版)

赵紫宸1月16日被司徒雷登任命为宗教学院院长。5月,参加在上海举行的全国基督教大会,作题为《中国教会的强点与弱点》的长篇演说。大会委任赵紫宸、燕京大学宗教学院院长刘廷芳、中华基督教女青年会丁淑静三人组成大会宣言委员会。同月,出任东吴大学校务长。中华基督教协进会(National Christian Council of China)成立,当选为执行委员。发表"Can Christian be the Basis of Social Reconstruction in China?""My Impressions of the National Christian Conference""Christian and Non-Christian Reply to the Anti-Christian Movement"《宣教师与真理》《中国教会前途的一大问题》等文章。(参见赵晓阳编

《中国近代思想家文库1赵紫宸卷》及附录《赵紫宸年谱简编》,中国人民大学出版社2015年版;张玮瑛、王百强、钱辛波主编《燕京大学史稿》,北京人民中国出版社2000年版)

许地山仍在燕京大学神学院就读。2月10日,在《小说月报》第13卷第2号发表短篇小说《缀网劳蛛》,是为许地山早期小说之代表作。该期《小说月报》"最后一页"有编者的一段议论,指出主人公的"命运观里蕴含着奋斗不懈的精神"。3月,在《民铎》第3卷第3号发表《粤讴在文学上的地位》,在俗文学方面,填补了学术的空白。4月10日、5月10日、6月10日、8月10日,在《小说月报》第13卷第4、5、6、8号连载散文《空山灵丽》43篇,连同《爱流汐涨》,共44篇,为"五四"以来最初成册的散文小品集。6月,从燕京大学宗教学院,得神学学士学位,受司徒雷登聘,在燕京大学教授现代汉语。曾协助周作人教学,给谢冰心等学生讲课。又兼任私立平民大学教员。是年,在《戏剧》杂志第2卷第2期上发表论文《我对于〈孔雀东南飞〉的提议》;在《文学周报》第27期上发表论文《古希伯来诗的特质》;在《东方杂志》第19卷第10期上发表论文《宗教的生长与灭亡》;在《民铎》月刊第3卷第3期上发表论文《粤讴在文学上底地位》。(参见周俟松、王盛《许地山年表》,《世界华文文学论坛》1992年第2期;张玮瑛、王百强、钱辛波主编《燕京大学史稿》,北京人民中国出版社2000年版)

林纾是年应邀出任孔教大学讲席。3月,胡适为纪念上海《申报》创刊50周年纪念特刊《最近之五十年》撰写《五十年来中国之文学》。文中叙述自1872年至1922年间中国文学的发展,其中论及林纾。文中一方面臆测当年林纾是如何"想利用安福部的武人政客来压制这种新运动",另一方面对林纾一生的翻译事业作出了正面评价:"林纾是介绍西洋近世西洋文学的第一人……林纾译小仲马的《茶花女》,用古文叙事写情,也可以算是一种尝试。自有古文以来,从不曾有这样长篇的叙事写情的文章。《茶花女》的成绩,遂替古文开辟一个新殖民地。……能读原书的自然总觉得这种译法不很满意。但平心而论,林译的小说,往往有他自己的风味;他对于原书的诙谐风趣,往往有一种深刻的领会,故他对于这种地方,往往更用气力更见精彩!他的大缺陷在于不能读原文;但他究竟是一个有点文学天才的人,故他若有了好助手,他了解原书的文学趣味,往往比现在许多粗能读原文的人高的多。现在有许多人,对于原书既不能完全了解,他们运用白话的能力又远不如林纾运用古文的能力,他们也要批评林译的书,那就未免太冤枉他了。"

按:胡适又说:"平心而论,林纾用古文做翻译小说的试验,总算是很有成绩的了。古文不曾做过长篇的小说,林纾居然用古文译了一百多种长篇的小说,还使许多学他的人也用古文译了许多长篇小说,古文里有很少滑稽的风味,林纾居然用古文译了欧文和迭更司的作品。古文不长于写情,林纾居然用古文译了《茶花女》与《迦茵小传》等书。古文的应用,自司马迁以来,从没有这种大的成绩。……但这种成绩终归于失败!这实在不是林纾一般人的错处,乃是古文本身的毛病。……"胡适说林纾的翻译"终归于失败",是有明显的"五四标准"的,即所谓古文是"半死"的或"死"的文字。

林纾是年春即严复安葬三个月之后,林纾从北京归来致奠亡友之灵,"为文以告之曰:呜呼!君才之大,实北溟之鹏。其振翼也,若垂天之云,水击三千里。顾乃无厚风之积,虽未即于天阏,然亦不复逍遥矣。图南之不终,其责在风,宁复在鹏之翼耶?呜呼!彼东人自所谓元勋者,勒崇垂鸿,视吾神州如培塿焉。恃其漂锐,肆彼残蒎,君实与此辈同学。前四十年,已痛苦陈述于枢近之臣,发其悖计,顾乃居积薪之上而不知。君虽欲前剔抉摩,求毕其议而莫可。呜呼!此宜君之抱疴伏息,恢恢于乡间也。呜呼!当涂篡窃神器之时,乃宠槛及君,君惸然却其千金,不署劝进之表。顾乃以中国不宜共和一语,竟窜名入党籍中,使君抑抑,无可自伸。一腔之冤,不能敌万众之口,而吾独知君者,以君假吾柳州之文,手加丹铅,知君之属意于柳州,盖自方也。……君著述满天下而生平不能一试其长,此至可哀也。"4月5日,为清明节,林纾第十一次也是最后一次拜谒光绪陵,从此结束了他整整10年的悲怆之举。后作《御书记》表心。

林纾编《康南海林琴南尺牍》6月由上海文明书局出版,系"近代十大家尺牍"之一。内收康有为书信三封,林纾书信八封。8月,自编笔记集《畏庐琐记》,由上海商务印书馆出版,自署林纾。是书以笔记形式,记录林纾于读书、或闲聊、或亲身经历的奇闻轶事,其中多涉及清末民初官场和民间社会的遗风流俗,文章短小精悍,语言简练洒脱,颇为生动有趣。10月,笔记小说集《畏庐漫录》,由上海商务印书馆出版。是年,接清朝遗老郑孝胥的来信。信中谈到有人认为林纾以布衣之身谒陵,僭越了礼数。林纾当即作《答郑孝胥书》予以表白:"弟自始至终,为我大清举人。谓我好名,听之;谓我作伪,听之;谓我中落之家奴,念念不忘故主,则吾心也。如刘廷琛、陈曾寿之假名复辟,图一身之富贵,事极少衄,即行辞职,逍遥江湖。此等人以国家为孤注,大事既去,无一伏节死义之臣,较之梁节庵一味墨守常经,窃谓逊之。故弟到死未敢赞成复辟之举,亦度吾才力之所不能,故不敢冒从以败大局。"他认为自己十年如一日谒陵,乃"犬马恋恩之心不死也"。同年,上海商务印书馆出版了蒋瑞藻编纂的《新古文辞类纂》(稿本24册),收有薛福成、吴汝纶、黄遵宪、孙诒让、谭嗣同、康有为、林纾、章炳麟、梁启超等百余人的文章百数十篇。(参见张旭、车树昇编著《林纾年谱长编:1852—1924》,福建教育出版社2014年版)

陈三立11月9日"七十诞辰,远近好友沈曾植、郑孝胥、冯煦、夏敬观、陈衍等皆以诗来贺,极一时之盛。陈曾寿、胡嗣瑗等且亲赴南京为公祝寿,陈宝琛亦摹古松尺幅为寿,叶玉麟撰为寿序"。林纾亦作《散原校诗图寄祝陈伯严同年七十寿》:"天与冰雪怀,乃出凌寒笔。啬神复挫镜,如奏哑霫篥。意亢声愈寥,求泯致则逸。清风激淮甸,上与郊岛匹。石城美松篁,绿暗窗户密。万象自扁镉,据梧日抱膝。乾坤苦分裂,斯人一蓬荜。新诗积逾寸,萧晨检残帙。澹然忘老至,孰者蹑高跶。吸吐日练臧,期颐我所必。"(参见张旭、车树昇编著《林纾年谱长编:1852—1924》,福建教育出版社2014年版)

章鸿钊原在张相文创建的中国地学会任干事部长,与张相文相处甚善。是年在张相文的鼓励下,积极倡议成立中国第一个"中国地质学会"。1月27日(除夕),出席在新启用的地质调查所图书馆举行的中国地质学会创立大会。参加会议的共26人,即为中国地质学会创始会员(Charter Members),其中外籍会员3人。会议一致赞同成立中国地质学会,并经丁文江提议,推举翁文灏、章鸿钊、王烈、李四光和葛利普为该会筹备委员会成员,负责推举学会职员候选人等筹备工作。2月3日,出席在地质调查所图书馆举行的中国地质学会成立大会,会议宣告中国地质学会正式成立,并通过了学会章程(英文),以"促成地质学及其他与地质学有关系科之进步"为宗旨。选举章鸿钊为会长,翁文灏、李四光为副会长,谢家荣为书记,李学清为会计(以上5人为当然评议员),丁文江、王烈、王宠佑、董常、葛利普、安特生为评议员,并决定出版《中国地质学会志》为学会刊物。这一学术团体为中国地质事业的发展起到了重要的推动作用。3月2日,出席中国地质学会第1次常会(general meeting),并作题为《中国研究地质学之历史》的会长演说。5月26日,主持中国地质学会第3次常会,步达生、安特生、李四光等发表了学术演讲。6月26日,奉农商部令,免去翁文灏地质调查所会办一职。但部令又命,所长丁文江不在所时,所内事务责成翁文灏以股长名义代理。翁文灏出差未回以前,由股长章鸿钊代理。冬,亲自率领女高学生赴山东济南、泰安一带实地考察，这是中国女生首次参加野外地质实习。是年，在《中国地质学会志》上发表《玉于中国历史上之价值与其名称》一文。（参见冯晔、马翠凤《章鸿钊年表》，中国地质图书馆编《第三届地学文献学术研讨会暨纪念章鸿钊学术思想研讨会论文集》，地质出版社 2016 年版；李学通《翁文灏年谱》，山东教育出版社 2005 年版；马胜云、马兰编著《李四光年谱》，地质出版社 1999 年版）

丁文江 1 月 27 日召集和主持 26 名中外地质学家在北京兵马司 9 号地质调查所图书馆集会，讨论成立中国地质学会事宜，是为中国地质学会"创立会"。2 月 3 日，中国地质学会在北京举行成立大会。丁文江被选为评议员。同月，申报馆成立 50 周年纪念特刊《最近之五十年》出版，丁文江应邀撰写了《五十年来中国之矿业》。4 月 8 日，中国科学社南京社友会在文德里社所开欢迎会，欢迎途经南京的丁文江。5 月 7 日，《努力周报》创刊，丁文江在创刊号上发表《中国北方军队的概略》和《奉直两军的形势》二文。14 日，由丁文江、蔡元培、胡适、李大钊、陶行知、陶孟和、梁漱溟等 16 人共同列名的《我们的政治主张》，在《努力周报》第 2 期发表。6 月 1 日，丁文江作《答关于〈我们的政治主张〉的讨论》，就关于《我们的政治主张》的讨论作答复。23 日，丁文江致函胡适，赞同蔡元培加入努力会。

丁文江 7 月 2 日发表《忠告旧国会议员》一文。同月上旬，丁文江去济南参加中华教育改进社第一次年会。14 日下午，丁文江等参加顾维钧住宅举行的茶话会。17 日下午，地质调查所举行图书馆、陈列馆开幕典礼，大总统黎元洪，农商总长张国淦、次长江天铎等出席。典礼开始，首由丁文江报告。26 日，丁文江作成《裁兵计划的讨论》一文，评述蒋百里的《裁兵计划书》。8 月 20—24 日，中国科学社第 7 次年会在南通举行，丁文江出席了 20—22 日的会议。8 月 23 日晚间，丁文江拜访张元济，谈修改地图事，又谈为调查殷墟募捐事。9 月 8 日，丁文江、胡适等参加顾维钧家的茶会。29 日，中国地质学会第四次常会在北京地质调查所举行。此次常会是为了欢迎在蒙古考察的美国地质学家而举行的。章鸿钊主持，丁文江致欢迎词。R. C. Andres、C. P. Berkey、F. K. Morrs、W. Granger 相继发言。10 月，丁文江在《地质汇报》第 4 期发表《京兆昌平县西湖村锰矿》。11 月 15 日，丁文江被"晋给二等大绥嘉禾章"。同日，丁文江完成《历史人物与地理的关系》。12 月 28 日，丁文江、翁文灏就次年举办古生物化石展览呈文农商部备案（落款是"所长丁文江、翁文灏"）。是年，丁文江始结识凌鸿勋。（参见欧阳哲生主编《丁文江文集》第七卷附编《丁文江先生年谱》，湖南教育出版社 2008 年版；宋广播编《中国近代思想家文库·丁文江卷》附录《丁文江年谱简编》，中国人民大学出版社 2015 年版）

翁文灏 1 月 27 日参与筹办中国地质学会。先由谢家荣与袁复礼向翁文灏建议成立中国地质学会，得到翁文灏的支持，并委托他二人草拟学会章程。翁文灏将章程草案进行修改并译成英文后，征求了葛利普的意见，并与丁文江、章鸿钊进行了商议，讨论了组织计划等。2 月 3 日，在地质调查所图书馆举行的中国地质学会成立大会上，翁文灏当选为副会长。4 月 15 日，出席并主持中国地质学会专为欢迎日本古生物学家早坂一郎而举行的第 2 次常会，并做了题为《中国某些地质构造对地震之影响》的学术演讲。6 月 5 日，出席北京高等师范学校为其赴欧出席国际地质学大会举行的欢送会，并在会上发表演说，概述了国际地质学会之历史及中国以前参加国际地质学会情形。10 日，因农商部有裁减地质调查所之议，经翁文灏等积极奔走，本日蔡元培等联名上书呼吁，请予维持。8 月 10—19 日，翁文灏作为中国惟一代表，出席在比利时布鲁塞尔召开的第 13 届国际地质学大会，并被举为学会副会长及评议员。会议期间，翁文灏发表了《中国某些地质构造对地震之影响》和《中国之石炭纪》（与葛利普合著）的论文，并向各国学者广泛宣传介绍了中国从事地质学研究的组织及其成果,散发了所带去的地质调查所出版的各种刊物,使国际地质学界了解到中国地质学研究的状况。这也是中国地质学家第一次参加国际地质学大会。会后,翁文灏经法国,由马赛登船返国,10月返抵上海。《中国某些地质构造对地震之影响》后以中文《中国地震区分布简说》,节要发表于《科学》1923年第8卷第8期。

按:翁文灏将地质构造的研究与地震史的研究相结合,总结了中国境内地震带的位置,及其与地质构造之关系。还把中国地震的分布划分为若干带,从今天的眼光来看,大体上仍是正确的。虽然由于当时对中国地质构造知之甚少,一些具体内容并不十分恰当,但翁文灏于中国地震地质研究中的独创性和先驱作用,为以后的研究奠定了基础,指明了方向。

翁文灏10月22日出席中国科学社在南京为其自国际地质大会归来举行的欢迎大会。科学社干事长杨杏佛在会上致词表示:"日来各国学者来华讲演者颇多,诚为国人幸事,然吾国例绝少国际闻名之学者,以其心得饷外人。今得翁君为吾人吐气不少。"杨杏佛并对翁文灏热心会务,深表感谢。据《科学》杂志报道:"翁君在比国备受各国代表之欢迎,所读论文尤为到会学者所叹服。因被举为彼会副会长。中国科学家受国际殊荣者,当以翁君为第一人。"23日,受中国科学社邀,在该社做题为《地质构造之研究》的演讲。会议由竺可桢主持。竺可桢首先表示,翁文灏为中国学者得世界荣誉之第一人,并概要叙述了翁文灏研究中国地质之成绩。随后,由翁文灏做学术讲演。11月5日,出席北京学术界为其自国际地质学大会归来而举行的欢迎大会。同日,受大总统黎元洪传令嘉奖。令曰:"翁文灏卓宏谋均,著传令嘉奖。"此前,丁文江、章鸿钊于9月30日联名呈报农商部,翁文灏在国际地质大学上"被选为副会长及评议员"情形,农商部于10月18日颁发部令,命将翁文灏被选为布鲁塞尔万国地质协会副会长及评议员等情,予以备案。6日,出席中国地质学会在地质调查所举行的第5次常会,报告参加第13届国际地质学大会的情况。李四光主持了会议,并强调翁文灏的赴会是中国政府第1次派地质学家参加地质学大会。是年,发表《中国地史浅说》,从中国海岸的变迁、黄河的泛滥与迁移、地形的变化等方面,最先探讨了中国地貌的发育史。(参见李学通《翁文灏年谱》,山东教育出版社2005年版)

吴承仕发议,尹炎武、朱师辙、程炎震、洪汝闿、邵瑞彭、杨树达、孙人和等8人5月在北京的歙县会馆结成"思误社",每两周会集一次,主要校订古书,以养成学术风气。同月25日,思误社第一次集会,吴承仕等在会上唱昆曲。后"思误社"改名"思辨社",陆续加入者有陈垣、高步瀛、陈世宜、席启、邵章、徐鸿宝、孟森、黄节、伦明、谭祖任、张尔田等。8月27日,吴承仕致函胡适,就"除非"一词提出异议。

按:吴承仕信中说:八月二十七日《晨报》副刊载《中学的国文教学》,内有数语:"有许多国语文是不通的,比如'除非过半数会员出席,大会才开得成。'这一句上半句用'除非',下半句不能用'肯定',所以应改为'除非过半数会员出席,大会是开不成的。'我谓前语不误,后语误也。例如京戏曲词'要相见,除非是,梦里团圆',换言之,即'除非梦里团圆,方能相见',其文意与文法与前语同,并无谬误之处。盖'非'是否定,'除'亦'否定','除非'犹言'非非','非非'即等于'是'矣。以'是'代'除非',即可改为'是过半数会员出席,才能开会',文异而意同也。又如佛典常语:众生皆能成佛,除'一阐提',犹云唯'一阐提'不能成佛耳。此'除'字亦可改作'非','除非'二字,其用同。故'除非'之意,等于'非非'。吾意如是,兄试一勘之。此上适之兄。"

吴承仕10月初撰写《通语释词》手稿。21日,约同杨树达将王引之、俞樾书加标点印行。(参见庄华峰编纂《吴承仕研究资料集》,黄山书社1909年版)

王宠惠6月在颜惠庆组阁中蝉联司法总长。8月5日,经总统黎元洪提名,在唐绍仪到任前,兼代国务总理,临时组阁,王宠惠兼任教育总长。5月13日,与蔡元培、胡适、丁文江、罗文干、梁漱溟、陶孟和、高一涵、李大钊、陶行知、王伯秋等诸多学界名流联名发表胡适起草的《我们的政治主张》,刊于胡适的《努力周报》上。9月19日,唐绍仪明确拒绝出任总理后,黎元洪下令改组内阁,王宠惠任总理,汤尔和任教育总长。因入阁的王宠惠、罗文干、汤尔和3人都曾签署《我们的政治主张》,故时人称之为"好人内阁"或"好人政府"。王宠惠内阁组成不久,国会与内阁之间就发生摩擦,国会与财政部之间亦有摩擦,财政总长罗文干被污蔑受贿,随后被逮捕,王宠惠内阁不得不提出总辞职。是年,王宠惠被推选为出席荷兰海牙国际法庭会议代表,发表《太平洋会议之经过》,膺选为国际永久法庭候补法官,并被美国人在上海办的《密勒氏评论报》评为"中国当今十二位大人物"(the twelve greatest living Chinese),排在孙中山、冯玉祥、顾维钧之后,位列第四。(参见王宠惠著、张仁善编《王宠惠法学文集》附录《王宠惠先生年谱》,法律出版社2008年版)

沈钧儒6月13日离沪北上,15日抵津,次日抵京。16日,被委任为参议院秘书厅秘书长。任命状由参议院议长王家襄签署。20日,与袁荣叟同电全浙公会,请于"开会时提议速组省宪法执行委员会"。23日,电全浙公会,就废督裁兵提出建议。8月,参议院第三期常务委员会正式开会。国会开始制定宪法,被推为宪法起草委员会委员。下旬,全家自沪迁京,同住于东栓马桩。10月10日,黎元洪国庆授勋。沈钧儒受二等大绶嘉禾章。同月,与何基鸿合编的《宪法要览》一书由商务印书馆出版发行。该书分上、下两册:上册有"国法"及"州法"两部分,介绍欧美12个国家及4个州的宪法;下册有"国宪"及"省宪"两部分,"国宪"主要为"中华民国临时约法与宪法草案对照表","省宪"主要介绍了湖南、浙江、四川、湖北四省的宪法。其中除多种选举法等外并有市、乡自治法。(参见沈谱、沈人骅编《沈钧儒年谱》,中国文史出版社1992年版)

张慰慈5月7日与胡适、梁漱溟、王宠惠、汤尔和等16位学者、政要联合签名在胡适创办《努力周报》第2期发表《我们的政治主张》,提出"好人政府"主张。后胡适南下,张慰慈与高一涵成为该杂志的主要负责人。张慰慈为《努力周报》主要撰稿人之一,在该刊发表的文章有:《制宪问题》《市政问题》(连载)、《城市在文化史上所占的地位》(连载)等。(参见编《中国近代思想家文库·张慰慈卷》附录《张慰慈年谱简编》,中国人民大学出版社2015年版)

刘仁静主编的《先驱》1月15日在北京创刊,是中国社会主义青年团机关刊物。1923年8月15日停刊。

张志清、赵雨琴等2月发起成立北京新闻记者联欢社,以"联络同志、报馆、通讯社,提倡道德,发扬文化,促进社会改良"为宗旨。

余天休等人2月在北京发起成立中国社会学会,出版《社会学杂志》,余天休自任总编辑。

按:此为中国社会学史上第一个以"中国社会学"命名的社会学团体。

杨荫榆回国后在上海教书,不久便被北洋政府教育部召至北京。

周敏、孙继绪、陶云、张天珏等北京女子高等师范学校学生8月23日发起成立女权运动同盟,创刊《女权运动号》。

陈大悲将民众戏剧社由上海迁到北京,并改名为新中华戏剧协社,同年与蒲伯英等人创办人艺戏剧专门学校,任教务长。

戴乐仁组织北平9所大学学生61人,对全国5个省的240个村庄进行调查,并以此写成《中国农村经济之调查》。

张绍曾任会长的国是商榷会6月在北京成立,宋伯鲁、陈华任副会长。

周克昌再任众议院议员,兼任北京修订法律馆副总裁。

谢钟灵、沈钧儒等12人7月5日在北京发起成立浙事讨论会,赵德馨、沈宗周等8人为评议。

王孝英、石淑卿、周潘、万璞等8月3日发起成立北京女子参政协进会。

王焕、袁克伦、鲁省三、王受禄、章弃材等人11月28日在北京发起成立旅京豫人自卫促进会。

梅九10月10日在北京创办《国风日报》副刊《学汇》,宣扬无政府主义。

范鸿劼加入中国共产党,曾任中共北方区委宣传部长、《政治生活》主编。

吴南如任中美通讯社编辑,与林白水等人在北京创办《新社会日报》。

龚德柏在北京主编《外交杂志》。

王正廷6月担任国际奥委会委员。

陈师曾与金城、吴镜汀携北京、上海画家的400余幅作品,其中包括齐白石的作品若干幅,赴日本参加第二次中日绘画联合展览会。

容庚6月23日与容肇祖同往北京学习。7月3日至天津谒罗振玉,以所著《金文编》稿就正,颇蒙奖饰,并与商承祚定交。7月,入注音字母传习所国语讲习班毕业。投考入朝阳大学。经罗振玉介绍识马衡并介绍入北京大学研究所国学门为研究生。(参见容庚《颂斋自订年谱》,东莞市政协编《容庚容肇祖学记》,广东人民出版社2004年版)

容肇祖在北京大学哲学系学习。受教于胡适、陈垣等名师。由于学习勤奋和才识,得到师长们的赏识。(参见恭尔钜《容肇祖年谱简编》,东莞市政协编《容庚容肇祖学记》,广东人民出版社2004年版)

陈东原在上海考区以第一名成绩考入北京大学。

按:是年8月至1926年12月,陈东原在北京大学读预科两年,教育系本科两年。崇敬安徽同乡陈独秀,深受《新青年》杂志影响。

孙楷第考入北平高等师范(即今北京师范大学)国文系。

按:在杨树达指导下,孙楷第著有《王先慎韩非子集解补正》《刘子新论校释》《读庄子淮南子札记》。

李苦禅转入北京国立艺术专门学校西画系。

杨没累入北京大学音乐传习所学习。

许广平考入北京女子高等师范学校国文系。

王雪涛入北京艺术专科学校,初入西画系,后转国画系。

孙大雨考入清华学校高等科。

凌叔华考入燕京大学预科。

杨兆龙就学于燕京大学哲学系。

冯沅君考入北京大学国学研究所。

陆侃如考入北京大学。

容肇祖考入北京大学哲学系。

缪钺考入北京大学文科。

陈独秀1月1日提议上海共产党全部党员李达、陈望道、沈雁冰、李汉俊等与中国、朝鲜社会主义青年团团员100余人，工人50人，上午在上海市内散发"贺年帖"6万张。1月15日，上海社会主义研究会、中国青年团、科学讨论会、马克思学说研究会、新文化研究社诸团体假宁波同乡会馆召开纪念会，纪念李卜克内西、卢森堡殉难两周年。大会主席李启汉、沈玄庐、陈独秀、陈望道等先后发表演说。2月7日，上海青年学生率先组织"非基督教学生同盟"，由此揭开了一场全国性非基督教运动的序幕。9日，陈独秀发表《工人们勿忘了马克思的教训》，号召"世界劳工团结起来啊！"3月5日，陈独秀在《妇女声》"平民女校特刊号"上发表《平民教育》，认为"教育是改造社会重要工具之一""希望新成立的平民女校作一个风雨晦冥中的晨鸡"。15日，发表《基督教与基督教会》，提出我们批评基督教，应该分基督教（即基督教教义）与基督教教会两面观察，综观基督教教会底历史过去的横暴和现在的堕落，都足以令人悲愤而且战栗，实在没有什么庄严神圣之可言。同时又提到戴季陶坚说基督教教会之外没有基督教，不知道教会中人对此两说作何感想？下旬，"少共国际"代表达林到达上海，与中共中央局讨论召开青年团代表大会的问题，包括议程与大会有关的组织事宜。陈独秀会见少共国际代表达林以及社会主义青年团全国代表大会筹备处的成员张太雷、刘仁静等，讨论团的"一大"议程和有关组织事项。同月，中共中央局决定在广州召开全国第一次劳动大会，由陈独秀、张国焘到会进行指导；陈独秀听取回国的张国焘关于远东劳苦人民大会及会见列宁情况的汇报。

按：陈独秀表示共产国际、世界革命和苏俄是不可分割的，须相依为命，互为声援，共同发展；目前中国革命不是什么工人阶级反对资产阶级，只是反对侵略和反对军阀。环顾全国，除国民党可以勉强说得上革命外，并无别的可观的革命势力。对列宁强调国共合作."深表同意"，但"总觉得国民党有很多毛病，如注重上层，勾结土匪，投机取巧，易于妥协，内部分子复杂，明争暗斗等"。

陈独秀4月2日致函周作人、钱玄同等人，指责他们主张"信教自由"，但对于反对宗教者自由却"不加赞许"。同日，陈独秀应上海各学校组织的"星期演讲会"之邀，在毓贤高小，就"世界基督教学生同盟"及"非宗教大同盟"的斗争问题，发表题为《宗教问题》的演讲；马林由北京回到上海，分别与中共及国民党中央领导人多次会谈，国民党领导人表示允许中共在国民党内进行"共产主义宣传"。陈独秀等中共领导人一致反对马林提出的"到国民党中去进行政治活动"的建议。4月6日，陈独秀致函共产国际东方部部长维经斯基，说明中共反对马林的共产党及社会主义青年团加入国民党提议的六条理由。

按：六条理由如下：（一）共产党与国民党革命之宗旨及所据之基础不同。（二）国民党联美国，联张作霖、段祺瑞等政策和共产主义太不相容。（三）国民党未曾发表党纲，在广东以外之各省人民视之，仍是一争权夺利之政党，共产党倘加入该党，则在社会上信仰全失（尤其是青年社会），永无发展之机会。（四）广东实力派之陈炯明，名为国民党，实则反对孙逸仙派甚烈，我们倘加入国民党，立即受陈派之敌视，即在广东亦不能活动。（五）国民党孙逸仙派向来对于新加入之分子，绝对不能容纳其意见及假以权柄。（六）广东、北京、上海、长沙、武昌各区同志对于加入国民党一事，均已开会议决绝不赞成，在事实上亦已无加入之可能。陈独秀希望吴向第三国际代陈。6月30日，再函吴廷康，重申上述意见。

陈独秀4月9日为芜湖科学图书社20周年纪念册题词，回忆当年创办《安徽俗话报》时的抱负及艰难，称"这二十年中，孟邹办了个亚东图书馆，我做了几本《新青年》，此外都无所成就。惟彼此未曾做十分无人格的事，还可以对得起死友"。12日，陈独秀应邀于上海专科师范学校演讲社会主义与普及教育问题，社会主义与妇女问题。4月21日，陈独秀再函周作人，批评周反对非基督教运动。23日，在吴淞中国公学演说，题为《马克思学说》。同月，会见由北京回上海的少共国际代表达林。月底,陈独秀与张国焘一起赴粤,筹划第一次劳动大会与青年团全国代表大会。5月1日,陈独秀发表《告做劳动运动的人》;在中国劳动组合书记部发起的第一次全国劳动大会上发表演讲——《劳动节的由来与意义》。5日,中国社会主义青年团第一次代表大会开幕,陈独秀在会上发表题为《马克思主义两大精神》的讲演。强调我们研究马克思的学说,"不能仅仅研究其学说,还须将其学说实际去活动,干社会主义革命"。

> 按:陈独秀在青年团一大开会期间,陈独秀多次出席会议,为大会起草及修改文件;中旬,应陈炯明之邀,偕陈公博等前往惠州与之晤谈,企图劝说陈炯明与孙中山避免火并,结果因未获成果而率青年团大会代表回上海。

陈独秀5月22日发表《对于非宗教同盟的怀疑及非基督教学生同盟的警告》。23日,发表《马克思的两大精神》《共产党在目前劳动运动中应取的态度》。月底,召集中共中央会议,讨论时局及李大钊与一些从事新文化运动的党外朋友要求中共支持"好人政府"的意见。决定不必顾虑到与蔡元培、胡适等好人政府派的原有友谊,即应公开我们的主张,推陈独秀起草宣言。同月,陈独秀接待黄凌霜来访于《新青年》社,说无政府主义者与共产主义者,都是今天改造社会之健将,只可联合并进,不可分离排挤。6月1日,中国劳动组合书记部干事李启汉在上海公共租界被捕,因煽动邮局职工罢工,在《劳动周刊》上发表可能引起骚乱及破坏的文章,被判刑三个月,期满后又递解给军阀何丰林处监禁二年又四个月。9日,《劳动周刊》被租界工部局勒令停刊。15日,陈独秀就第一次直奉战争结束,起草并发表《中国共产党对于时局的主张》,总结了辛亥革命以来的经验教训,指出军阀与国际帝国主义互相勾结是中国内忧外患的源泉,宣布与中国国民党共同建立一个民主主义的联合战线,向封建式的军阀继续战争,此为中国共产党成立后第一次公开发表的关于时局问题的声明。

> 按:这个宣言在中共中央会议上讨论,"没有经过很多的修改就通过了"。在七月中共"二大"上通过后,这个文件又送交孙中山的国民党中央,表示了建立(党外)联合战线的愿望。

陈独秀6月中旬派张国焘携带《中国共产党对于时局的主张》赴北京,与李大钊等同志谋得政治上的协调。6月16日,陈炯明叛变,炮轰孙中山总统府,陈独秀就此向上海的国民党要人张继表示,陈炯明现既已背叛革命,中共即与之断绝关系,并一致声讨。同时,中共中央致函广州支部,指示立即脱离与陈炯明的一切关系,转而支持孙中山,但陈公博、谭植棠继续在《广东群报》工作,并发表文章支持陈炯明。在7月中共"二大"期间,中共中央开除了谭植棠,严重警告陈公博(陈因此退党),谭平山因优容二人,遭谴责后暂时离职。30日,陈独秀以中共中央执委会书记名义,向共产国际报告党的"现在状况"和"将来计划"。同月,陈独秀筹备中国共产党第二次全国代表大会,与张国焘商定,"二大"代表不经各地民主选举,而由"从莫斯科回国的是那省的人就作为那省的代表"。7月1日,陈独秀发表《马克思学说》及与黄凌霜的通信。

> 按:黄凌霜致陈独秀函说,未去苏以前,对于"无产阶级专政"当未表示可否,"现在已确信此种方法,乃今日社会革命唯一之手段,此后惟有随先生之后,为人道尽力而已"。陈独秀复函黄凌霜,对"精研笃信安其那"(即无政府主义)在中国为"第一人"的黄凌霜,"今竟翻然有所觉悟,真算是社会改造之大幸,捧读来信,很喜。"说要实行"各尽所能各取所需""非经过无产阶级专政不可""而实行无产阶级革命与专政,……非有一个强大的共产党做无产阶级底先锋队与指导者不可"。

陈独秀7月16—23日出席在上海成都路一所房子里举行的中共"二大",在大会上作中央工作及六月十五日《宣言》的报告,并被推举起草大会宣言初稿。初稿由起草委员会(陈独秀、蔡和森、张国焘组成)几次讨论,蔡和森提了许多补充和修改意见,最后通过了起草委员会提出的宣言草案。会议推选陈独秀为中共中央委员长,蔡和森负责宣传,张国焘负责组织。16日,"中国劳动组合书记部"被租界捕房查抄,25日被封闭,中共中央决定将其迁往北京。8月9日,陈独秀在家中被租界侦探拘捕,住宅被搜查,搜出《新青年》纸版共产党书籍等多件。

按:事后,陈独秀夫人高君曼及陈之挚友多人,四出营救。中共中央曾通报各地组织派人到上海来活动,还曾电请孙中山设法营救,孙曾打电报给上海法领事。北京方面,有少年中国学会自治同志会、新中国学会、改造同盟、非宗教大同盟、中国社会主义青年团等十团体,也有所主张,并发表营救宣言。蔡和森、李石曾等亦联名致电法领事,并面访法公使询问,务使嫌疑冰释,恢复陈独秀之自由。蔡元培并在北京面质法国大使,请其转令驻沪领事释放。又,长辛店工会亦通电营救。18日,最后中法会审官互相商议以后,判决罚洋四百元,交保释放。下午五时后,即有汽车数辆,停于捕房前,陈之挚友多人,握手慰藉,迎之出狱。

陈独秀8月18日出狱后,即同李大钊与国民党代表张继商结"民主的联合战线"。李大钊因营救陈独秀及与国民党协商联合事于同月中旬由京抵沪。22—26日,陈独秀连续在《民国日报》显著位置发表内容相同的《陈独秀启事》。25日,马林拜访孙中山,提议不要单靠军事行动去收复广州,而要注重群众运动,并告以共产国际关于中共加入国民党的提议。孙中山接受此议,并表示加入国民党可取消打手模和宣誓服从他的旧办法。马林又代表正在北京与北洋政府谈判的苏联外交事务委员会代表越飞,与孙中山接洽,以求苏联政府对孙中山国民党的合作与援助,议订协议。孙中山鉴于陈炯明叛变,表示愿意与苏联建立更紧密的联系。28—30日,中国共产党第二届中央执行委员会在杭州西湖召开特别会议(即"西湖会议")讨论共产党员加入国民党的问题。马林根据共产国际的指示,建议中国共产党员以个人资格加入国民党,实现国共合作。陈独秀、李大钊、张国焘、蔡和森都反对马林要求共产党员加入国民党的意见。经过马林的解释和说服,并经过充分讨论,会议决定在孙中山改组国民党的条件下,由共产党少数负责人先加入国民党,同时劝说全体共产党员以个人名义加入国民党。几天以后,陈独秀、李大钊、张国焘、蔡和森、张太雷拜会孙中山,并由张继介绍,孙中山亲自主盟,皆以个人身份加入国民党。

按:"西湖会议"结束后,陈独秀提议李大钊留在上海一些时候,与国民党建立联系,还选派张国焘为中央代表,到北京、武汉、长沙等地传达"二大"及西湖会议精神。这次会议成为中国共产党关于国共合作政策由"党外联合"方针向"党内合作"的转折点,加快了第一次国共合作的步伐。

陈独秀8月26日发表《对于现在中国政治问题的我见》。同月,陈独秀撰《〈独秀文存〉自序》。9月4日,孙中山在上海召集各省市国民党负责人开会,商讨改组中国国民党问题,陈独秀与张太雷等共产党人出席了会议。会议一致赞成孙中山改组国民党的计划。6日,陈独秀被孙中山指定为"国民党改组方案起草委员会"9个成员之一。同日,与汪孟邹商谈出版《向导》周报事。9月13日,为《向导》创刊撰《发刊词——本报宣言》,宣称"本报同人依据……全国真正的民意及政治经济的事实所要求,谨以统一、和平、自由、独立四个标语呼号于国民之前!"又发表《联省自治与中国政象》,批判"联省自治"的主张。17日,发表《答张东荪〈联省自治与国家社会主义〉》。9月20日,发表《造国论》,认为中国此时算不得一个"独立的国家",中国还在"造国"时代。9月24日,蔡元培、李石曾、蒋梦麟、胡适、邓中夏、刘仁静、张国焘、高尚德、李大钊、林素园、范鸿劼、黄日葵、蔡和森、缪伯英等14人署名发表

《为陈独秀君募集讼费启事》。

　　按:《造国论》指出"造国"的程序是:"第一步组织国民军;第二步以国民革命解除国内国外的一切压迫;第三步建设民主的全国统一政府;第四步采用国家社会主义开发实业"。批判了"恢复法统""制宪""地方分权""国会选举""整理财政"等政治主张;认为"资产阶级未壮大,无产阶级也自然不能壮大""中国产业之发达还没有到使阶级壮大而显然分裂的程度,所以无产阶级革命的时期尚未成熟,只有两阶级联合的国民革命的时期已经成熟了"。从本文开始,中国共产党"改用'国民革命'来代替'民主革命'这个口号",并且后来"成了全国普遍的口号"。陈独秀后来说明为什么有这个改变;因为"民主革命这个口号,未免偏于纯资产阶级的,在殖民地半殖民地的经济地位,决没有欧洲十八世纪资产阶级的革命之可能"。

　　陈独秀10月初与刘仁静一起赴苏,出席共产国际第四次代表大会;中共中央机构迁移北京,张国焘代理中央书记。同月4日,发表《英国帝国主义者所谓退回威海卫》《议员学者跑到美国帝国主义者家里讨论宪法问题吗》《请看国际帝国主义怎样宰割中东路》。11月5日—12月5日,陈独秀与刘仁静等人参加共产国际"四大"。刘仁静因能讲俄语代表中共在会上报告了中国形势和工人运动。11月,陈独秀从莫斯科致函赵世炎,劝赵世炎迅速回国工作,勿留恋于法国的华工运动,指出国内工作同志稀少,而拿国内的工人同旅法华工相比,国内工人运动更需要干部。12月11日,陈独秀致函蒋梦麟、胡适,告"中山近日颇有觉悟,已切言专力军事之错误,方努力谋党之改造"。同月,陈独秀在莫斯科复函"旅欧少年共产党",答"少共"加入国内青年团的事宜,提议"旅欧少年共产党"改名为"中国共产主义青年团旅欧支部""中央执行委员会"应改名为"执行委员会",同时指示旅欧同志对于共青团纲领的两点误解和在欧行动的方略。(以上参见唐宝林、林茂生《陈独秀年谱》,上海人民出版社1988年版;李永春编著《蔡和森年谱》,湘潭大学出版社2008年版;中共中央党史研究室《中国共产党历史》第一卷(1921—1949),中央党史出版社2002年版)

　　张国焘1月上旬随中国代表团到达莫斯科。21日,大会正式在莫斯科开幕,会议期间,列宁抱病接见了包括张国焘在内的中国代表团的负责人,明确指出,中国现阶段的革命是资产阶级民主革命,革命的任务是反帝反封建,勉励中国工人阶级要团结其他革命阶级,领导他们共同前进。3月间,张国焘由莫斯科返回上海,向中央汇报大会情况。7月中旬,出席在上海举行中国共产党第二次全国代表大会,在会上报告了远东各国共产党及民族革命团体第一次代表大会经过,工人运动状况及第一次全国劳动大会的情况。会后,当选为第二届中央委员,并负责组织工作。9月下旬,陈独秀率领中共代表团出席共产国际第四次代表大会,赴莫斯科期间,中央工作委托张国焘主持。10月10日,张国焘在《向导》第1卷5期上发表《国庆裁兵运动》一文。18日,张国焘在《向导》第1卷第6期上发表《中国已脱离了国际侵略危险吗?》一文,批驳胡适的《国际的中国》的观点,揭露胡适是帝国主义的忠实代言人。11月2日,在《向导》第1卷第8期上发表《还是赞助新蒙古罢》。8日,在《向导》第1卷第9期上发表《庆祝海参崴工人》一文。15日,在《向导》第10期上发表《国民党应否复建革命政府》。16日,在《向导》第1卷第10期上发表《向导周报与珠江评论》一文。12月2日,在《向导》第12期上发表《知识阶级在政治上的地位及其责任》一文。6日,在《向导》第12期上发表《不要忘记了山东问题》。23日,在《向导》第13期上发表《我们对小资产阶级和平派的劝告》。24日,在《工人周刊》第58号上以特立笔名发表《铁路工人之大联合——全国铁路总工会》一文,向工人群众宣传在民主集中制基础上建立全国统一的工人组织——总工会,号召工人阶级进一步团结起来。27日,在《向导》第15期上发表《革命党的"否认"病》。(参见盛仁学编《张国焘年谱及言论》,解放军出版社1985年版;路海江《张国焘传记和年谱》中共党史出版社 2003 年版;阎化川、李丹莹《杨明斋及其文化观的再研究》,2013 年第 2 期;李永春编著《蔡和森年谱》,湘潭大学出版社 2008 年版;唐宝林、林茂生《陈独秀年谱》,上海人民出版社 1988 年版)

　　蔡和森年初以其深厚的马克思主义理论修养,积极参加与以李汉俊为代表的党内合法马克思主义的斗争。2 月 10 日,中共中央局领导的上海平民女校正式开学,蔡和森兼任上海平民女子学校教授,讲授"社会进化史"。20 日,华盛顿会议签订《九国公约》,重申"门户开放"政策。蔡和森在《中国国际地位与承认苏维埃俄罗斯》文中指出:"最近华盛顿会议,承美帝国主义者特别关照,教中国代表自己提出宰割中国的十大纲,由此中国殖民地的国际地位就铁证如山了。"同月,上海大学成立反基督教同盟。蔡和森撰写了《近代的基督教》一文,以简明通俗的文字,揭露基督教是帝国主义侵略中国的一种工具。

　　按:该文分"资产阶级反对基督教时代""资产阶级利用基督教时代""资产阶级信仰上帝的根源""文明时代的基督教与科学""资产阶级的社会学与基督教""无产阶级的进化论与基督教""无产阶级不信上帝和基督教之成为侵略主义的先锋队""基督教、美国、中国"等专题。最后指出:"基督教与资本主义是狼狈相依的东西;唯一能征服这两个阻碍人类进步的妖魔,就是科学的社会主义。"号召误入迷途的青年学生"倒戈攻击这种无耻的世界资本主义的走狗大同盟"。此文初载于《非基督教》旬刊,后编入《反对基督教运动》一书,1924 年由上海书局出版。

　　蔡和森 3 月 26 日在上海出席因劳工运动被湖南总司令赵恒惕惨杀的黄爱、庞人铨追悼大会举行,李启汉主持会议,毛泽东作报告,陈独秀、蔡和森等发表演说。蔡和森演说刊登于 1922 年 4 月 1 日出版的《劳工周刊》第 20 期,这是迄今发现的蔡和森自留法归国后发表的第一篇文章,也是他在党中央工作期间最早发表的一篇文章。5 月 1 日,蔡和森在《先驱》第 7 期上发表《中国劳动运动应取的方针》。又发表《法兰西工人运动的最近趋势》一文。6 月 6 日,孙中山提出解决国内问题的路径在于恢复约法,并于 7 日发表《工兵计划宣言》。蔡和森撰写了《统一借债与国民党》一文,对该计划提出批评。16 日,陈炯明在广州发动叛乱,蔡和森在《国人应当共弃的陈炯明》一文中指出,自从陈炯明反对孙中山北伐计划之初,我们就断定他不是一个进步的革命党。7 月 16—23 日,蔡和森以留法中共支部代表的名义出席在上海召开的中国共产党第二次全国代表大会,当选为中央执行委员,与张国焘分掌"青年运动"。8 月 9 日,陈独秀在上海被捕,蔡和森、李石曾等亦联名致电法国驻沪领事,并面访法国驻华公使,务使嫌疑冰释,恢复陈独秀的自由。9 月 13 日,中央机关报《向导》周刊在上海创刊,蔡和森为主编。10 月 4 日,蔡和森在《向导》第 4 期发表蔡和森的《中德俄三联盟与国际帝国主义及陈炯明之反对》一文,分析了美、日、英、法帝国主义仇视孙中山与俄、德缔结经济联盟的外交方针。同月,中共中央决定将机关迁至北京,蔡和森随迁北京。

　　按:《向导》在《本报宣言》中称:"现在大多数人民所要求的什么? 我们敢说是要统一与和平。为什么要和平? 因为和平的反面就是战乱,全国因连年战乱的缘故,学生不能求学,工业家渐渐减少了制造品的销路,商人不能安心做买卖,工人农民感受物价昂贵及失业的痛苦,兵士无故丧失了无数的性命,所以大家都要和平。为什么要统一? 因为在军阀割据、互争地盘、互争雄长、互相猜忌的现状之下,战乱是必不可免的,只有将军权统一、政权统一,构成一个力量能够统一全国的中央政府,然后国内和平才能实现,所以大家要统一。我们敢说:为了要和平要统一而推倒为和平统一之障碍的军阀,乃是中国大多数人的真正民意。……现在本报同仁依据以上全国真正的民意及政治、经济的事实所要求,谨以统一、和平、自由、独立四个标语,呼号于国民之前!"(参见李永春编著《蔡和森年谱》,湘潭大学出版社 2008 年版;唐宝林、林茂生《陈独秀年谱》,上海人民出版社 1988 年版)

李达1月在上海《民国日报》副刊《觉悟》发表《李卜克内西传》；在《先驱》第1、2期发表《俄国的新经济政策》，此文与8月编译出版的《劳农俄国研究》一书，较全面地介绍了苏维埃俄国的情况。2月，成立上海平民女学，任校长。3月，在上海《妇女声》第6期发表《平民女学是到新社会的第一步》《说明本校工作部之内容》；在《妇女杂志》第7卷第6号发表《绅士阀与妇女解放》。5月，应毛泽东的邀请到湖南自修大学讲授马列主义；在《先驱》第7号发表《对于全国劳动大会的希望》。7月，在《新青年》第9卷第6号发表《评第四国际》，重点围绕要不要党的指导、退不退出黄色工会、参加不参加资产阶级议会、应不应当联合农民、如何看待俄国的新经济政策等问题，对国际极左思潮的错误理论与策略作了系统的批判。9月，在上海《民国日报》副刊《觉悟》发表《劳动立法运动》；在《向导》周刊第1卷第1号发表《日本政党改造之趋势》；在上海《民国日报》副刊《妇女评论》第59期发表《妇女运动史》。10月，在上海《民国日报》副刊《妇女评论》第61、63、64期连载《妇女运动史》；所译《产儿制限论》（安部矶雄著）一书由商务印书馆出版。11月，应毛泽东函邀，到长沙担任湖南自修大学学长，在此期间发表《湖南自修大学创立宣言》。11月1、8、15、22日，在上海《民国日报》副刊《妇女评论》连载《女权运动史》。（参见宋俭、宋景明编《中国近代思想家文库·李达卷》附录《李达年谱简编》，中国人民大学出版社2015年版）

陈望道1月15日出席上海地方党组织在宁波会馆召开的"德社会学者纪念会"，纪念李卜克内西、卢森堡被害3周年，并在会上发表演说。3月，所著《作文法讲义》成书，由上海民智书局出版。4月23日，陈望道随同中央书记陈独秀前往吴淞出席中国公学马克思学说讲演会，并在会上发表了演说。5月5日，陈望道出席中共上海地方委员会以上海学界名义假座北四川路怀恩堂举行的马克思诞生104周年纪念会，并在会上发表演说，介绍马克思的学说。8月16日，在《国民日报》副刊《觉悟》发表《女性觉醒的辉光》（给邵力子的信）。11月12日，陈望道在《民国日报·觉悟》上发表《讨论文学的一封信——整理中国文学和普及文学常识》（致沈雁冰信），认为郑振铎"提议先输入文学原理和文学常识""很有理由""尤其是目下的急务"。是年，加入由茅盾等人发起的"文学研究会"。又发表《平民艺术和平民的艺术》《文学与生活》《茶话》（小说）《国学不宜于公众讲演（答曹聚仁君）》《讨论文学的一封信》《"了"字的用法》等文。（上海鲁迅纪念馆编《陈望道先生纪念集》，复旦大学出版社2006年版；陈福康《郑振铎年谱》，三晋出版社2008年版）

施存统年初接任中国社会主义青年团机关刊物《先驱》主编。《先驱》于1月15日在北京创刊，由刘仁静、邓中夏主编，创刊号至第3期由团北京地方执委会组织出版，从第4期起迁至上海，改由青年团临时中央局出版。同月9日，上海社会主义青年团首先发起组织非基督教学生同盟，并在《先驱》上发表带有反资本主义倾向的政治宣言。5月11日，青年团中央执行委员会在广州召开第一次会议，推选施存统为书记，蔡和森负责团机关报《先驱》的编辑工作。7月1日，施存统在《新青年》第9卷第6号发表《读新凯先生底"共产主义与基尔特社会主义"》，认为张东荪主张基尔特主义是"主张资本主义底别名""因为主张基尔特社会主义的结果，势必要去赞助资本主义，延长资本主义的寿命，不然，不但无可食的东西，而且无食东西的'蚕'。"（参见何民胜《施复亮年谱》商务印书馆2019年版；李永春编著《蔡和森年谱》，湘潭大学出版社2008年版；左玉河编《张东荪年谱》，群言出版社2014年版）

张闻天1月2日作《中国底乱源及其解决》，发表于同月5、6日《民国日报·觉悟》，为读李汉俊关于中国社会纷乱问题论文有感而作。2月10日，《小说月报》第13卷第2号同时发表《太戈尔之"诗与哲学观"》《太戈尔的妇女观》《太戈尔对印度和世界的使命》三篇译介文章。14日,致信李汉俊,以《给汉俊先生底一封信》为题发表于1922年2月16日《民国日报·觉悟》"通信"栏内,对李汉俊的《读张闻天先生底〈中国底乱源及其解决〉》一文表示了不同意见。同月,与左舜生、康白情、孟寿椿、王崇植一起介绍郝坤巽、童启泰、康纪鸿加入少年中国学会。3月24日,与汪馥泉合作《王尔德介绍——为介绍〈狱中记〉而作》写毕。4月5日,所译罗素的论文《中国之国际的地位》刊于《东方杂志》第19卷第6号。6日,在《民国日报·觉悟》上发表《非宗教运动杂谈》,于同月16日续完。

按:此文认为在当时国内基督教的传播中渗透着一种势力,这就是"鼓吹金钱万能和伪道德"的资本主义。他们利用教会"把中国人完全资本主义化,使得中国人做资本家底奴隶而同时心悦诚服",因此必须加以反对。文章同时阐述了自己的真理观。就是个人的思想自由! 文章最后指出:"非宗教运动是中国人的科学态度的有意识的觉醒的一方面的表示"。拿这种科学态度来考察现社会的组织,那末,"打破现社会,实行社会革命",也是必然的结论。

张闻天5月13日致函在日本东京的田汉,约请他为王尔德《狱中记》中译本作序。7月19日,译毕伊达源一郎著《近代文学》。同月,为赴美做出国准备。8月1日,将德国史笃姆著《波特来尔研究》译毕,发表于1924年4月《小说月报》第15卷号外"法国文学研究"。10日,在《东方杂志》第19卷第15、17、18号上连载文艺论文《哥德的浮士德》。(参见张培森主编《张闻天年谱》,中共党史出版社2000版)

江亢虎1月16日作为来宾应邀参加莫斯科市苏维埃代表大会。21日,以社会党人的身份,应邀列席在莫斯科举行的远东劳动者代表大会。中国共产党代表团团长张国焘、国民党代表团团长张秋白、日本代表团团长片山潜等均发表演讲。8月初,江亢虎从欧洲回到国内。6日,在北京怀幼学校演说,详细介绍了自己在苏俄参观考察的经过。8日,发布《第二次欧游回国宣言》,提出"今后惟一希望"是实行自己提出的新社会主义和新民主主义。14日,又在北京大学爱智学会发表演讲,简述在俄国的经历。16日,在山西太原自省堂,从赴俄的缘起、旅途、俄国的现状及对俄国的批评等方面,讲述游俄的心得。25日,发表《新民主主义、新社会主义说明书》,载《东方杂志》第19卷第16号。10月30日,在东南大学讲演《战后俄、德二国之现状》。同月,出任上海南方大学校长。10月至12月,在东南大学讲演《社会问题》以及《中国古哲学家之社会思想》。是年,江亢虎在《游湘留别书》里,公开申明:"佞深信新民主主义、新社会主义,大之可举世界而理想化,小之可假一省为试验场。凡旬日间所敷陈,悉廿年来之心得。"又在《对上海劳工各团体演说之大要》一文中公开表示:"鄙人提倡社会主义,廿年来初志不变""任何主义可自由宣传,公同研究。鄙人敢预料宣传与研究之结果,社会主义必占优胜"。(参见江佩伟编《中国近代思想家文库·江亢虎卷》附录《江亢虎年谱简编》,中国人民大学出版社2015年版)

茅盾1月10日在《小说月报》第13卷第1号发表《陀思妥以夫斯基的思想》《陀思妥以夫斯基在俄国文学史上的地位》。同日,鲁迅、周作人、朱自清、叶圣陶、许地山、王统照、冰心、庐隐等被《小说月报》聘为"本刊特约文稿担任者",即特约撰稿。2月21日,在《时事新报·文学旬刊》第29期发表《评梅光迪之所评》,针对梅光迪《评提倡新文化者》一文而发,驳斥他以错误的根据来立论反对文学进化论的观点,公开对学衡派进行批判。3月1日,在《时事新报·文学旬刊》第30期发表《近代文明与近代文学》。11日,在《时事新报·文学旬刊》第31期发表《驳反对白话诗者》,针对反对白话诗者提出所谓白话诗不能"运用声调格律以泽其思想"、白话诗拾自由诗的唾余、白话诗"迎合少年心理"三条议论,逐一反驳。上旬,与创造社郁达夫和郭沫若等展开辩论。

按:3 月上旬一日,茅盾阅《创造季刊》创刊号郁达夫发表的《艺文私见》和郭沫若发表的《海外归鸿》,获悉创造社的代表成员郁达夫和郭沫若在指责"现在的那些在新闻杂志上主持文艺"的都是"假批评家",是搞"党同伐异""压制天才""要拿一种主义来整齐天下的作家"。认为这两篇文章是创造社在影射文学研究会的主张及创作,遂作文展开辩论。

茅盾是春接任陈望道,任中共上海地方执行委员会委员长,至 1923 年 7 月为止。4 月 10 日,茅盾在《小说月报》第 13 卷第 4 号发表《语体文欧化问题和文学主义问题的讨论——复徐秋冲》(书信),讨论文学中不同"主义"的问题。5 月 10 日,发表《自然主义的论战》,讨论自然主义文学问题。11 日,针对郁达夫《艺文私见》一文,在《文学旬刊》第 37—39 期上以笔名"损"发表《〈创造〉给我的印象》,认为创造社同人的文章"不能竟说可与世界不朽的作品比肩",并批评郭沫若、郁达夫以"想当然的猜想"指摘别人。自此,创造社与文学研究会的论争开始。同日,在《民国日报·觉悟》发表《五四运动与青年们底思想》。12 日,茅盾在《文学周报》第 121 期上发表《文学界的反动运动》,批评《学衡》的文学主张。同月,在《教育杂志》第 14 卷第 5 号发表《学术界生活独立问题》。7 月 7 日,出席文学研究会在上海"一品香"召开的"南方会员年会",讨论会务及其他重要问题,并欢送俞平伯赴美。10 日,发表《自然主义与中国现代小说》。

茅盾 7 月 27 日阅《时事新报·学灯》,见郭沫若发表的《论文学的研究和介绍》一文,此文系郭沫若针对茅盾与郑振铎先后在《文学旬刊》《文学周报》上的文章中的认为翻译《浮士德》等书"不经济""不是现在切要的事"等观点,进行了辩论。8 月 4 日,阅《时事新报·学灯》,见郭沫若发表的《论国内的评坛及我对于创作上的态度》,文中仍指责谱主与郑振铎等为"隐姓匿名,含沙射影"的批评家;并自认自己"偏于主观""冲动",愿"纠正与锻炼",最后表示"不承认艺术中可以划分出甚么人生派与艺术派的人"。约同日晚,茅盾获悉郭沫若偕郁达夫抵郑振铎家,邀请郑振铎与文学研究会的同人出席次日纪念《女神》出版一周年会活动。5 日,应约与郑振铎、谢六逸、庐隐等赴一品香旅社,出席创造社郁达夫发起的为郭沫若举行的《女神》纪念会》。9 月 10 日,在《小说月报》第 13 卷第 9 号发表《文学与政治社会》。21 日,发表《"左拉主义"的危险性》。11 月 1 日,在《时事新报·文学旬刊》第 54 期发表《"写实小说之流弊"?》,针对"学衡派"吴宓在反对白话文中,还把矛头指向新文学中的写实主义而作,于是重点驳斥了吴宓把欧洲的写实小说同中国的黑幕派小说和"礼拜六派"小说相提并论。同月,茅盾主编《小说月报》已历时两年,终因商务印书馆保守势力对全面革新的《小说月报》不满,而且当初尽力挽留茅盾的高梦旦于年初已卸任,遂于第 13 卷出齐后辞去主编职务,转到国文部编注古典文学作品,仍担任《海外文坛消息》专栏撰稿人。(参见唐金海、刘长鼎主编《茅盾年谱》,山西高校联合出版社 1996 年版)

郑振铎 1 月 1 日鼎力支持叶圣陶、刘延陵、俞平伯等创办《诗》月刊;在《文学旬刊》第 24 期上发表《论散文诗》,此为我国新文学史上较早研究和提倡散文诗的重要论文,发表后滕固、梁实秋等人又撰文讨论,影响较大。7 日,郑振铎主编的我国第一本儿童文学专刊《儿童世界》周刊创刊,由商务印书馆出版。又邀请叶圣陶、赵景深等人为《儿童世界》撰稿,又曾组织儿童文学研究会。10 日,在发表有关《儿童世界》周刊的广告中提出"以儿童为本位"。21 日,在《文学旬刊》第 26 期开辟专栏《民众文学的讨论》,作前言。3 月 23 日,在《时事新报·学灯》"歌德纪念号"发表《歌德的死辰纪念》。5 月 1 日,创造社主办的第一个刊物《创造》季刊创刊,郁达夫在该刊发表的《艺文私见》中影射文学研究会中人是"假批评家",压制天才,应当送"到清水粪坑里去和蛆虫争食物去";郭沫若发表的《海外归鸿》中也影射文学研究会"党同伐异"。郑振铎等人读后颇觉惊异和不满。11 日,郑振铎在《文学旬刊》第 37 期上发表文学论文《新文学观的建设》,批判了中国旧有的主张"文以载道"和"供人娱乐"的二大旧文学观。20 日,郑振铎致李石岑信,读李石岑转来顾颉刚 4 月 9 日信,讨论"学术独立"问题。

按:郑振铎认为学术独立"只有四条路可以走":一、"把现在的社会组织根本改造过";二、"改造现在的中国政府";三、"奖掖资本家去供给学术社会的需要";四、"淡泊自守,躬耕自给"。李石岑后将此信发表于 20 日(延期)《教育杂志》月刊第 5 期,同期还发表沈雁冰(同日)、胡愈之(同日)、严既澄(22 日)、常道直(11 日)的来信,沈、胡、严基本同意郑振铎的看法。

郑振铎 6 月主编的诗集《雪朝》由商务印书馆出版,有自序,周作人题笺。为文学研究会早期代表诗选。同月 26 日,为所译印度泰戈尔诗集《飞鸟集》作例言和序。7 月 8 日下午,在一品香旅社召开文学研究会南方会员年会,讨论会务及其他重要问题,并欢送会员俞平伯赴美留学。8 月 10 日,在《小说月报》第 13 卷第 8 期上发表重要论文《文学的统一观》,大力倡导"以文学为一个整体,为一个独立的研究的对象,通时与地与人与种类一以贯之,而作彻底的全部的研究"。10 月 1 日,在《文学旬刊》第 51 期上发表重要论文《整理中国文学的提议》。11 月,郑振铎所译《飞鸟集》(印度泰戈尔作)由商务印书馆印行。12 月,郑振铎继茅盾接续主编《小说月报》。7 日,郑振铎致周作人信,向鲁迅与周作人约稿,并提及鲁迅的小说"上海方面喜欢读的人极多"。下半年,创造社郭沫若、郁达夫、成仿吾等人,与文学研究会茅盾、郑振铎等人展开争论,主要围绕着文学创作和翻译的目的等论题。是年,郑振铎参与编辑商务印书馆出版共学社《俄罗斯文学丛书》,该丛书收入郑振铎译的《贫非罪》及作序的《甲必丹之女》《父与子》等;介绍王鲁彦到长沙岳云中学和第一师范学校教书;王任叔开始发表散文、诗作、小说,由郑振铎介绍加入文学研究会。(参见陈其强《郁达夫年谱》,浙江大学出版社 1989 年版;陈福康《郑振铎年谱》,三晋出版社 2008 年版)

汪馥泉 11 月 10 日在《文学旬刊》第 55 期上发表读者《"中国文学史研究会"底提议》,该文批评了创造社郁达夫等人"故意别解"郑振铎提出的"血和泪的文学"口号等事,并建议双方团结起来研究中国文学史。茅盾与郑振铎都在文末加了附记。(参见陈福康《郑振铎年谱》,三晋出版社 2008 年版)

郭沫若 1 月 23 日作《少年维特之烦恼序引》讫,后发表于上海《创造》季刊 5 月第 1 卷第 1 期。3 月 10 日,作《歌德对于自然科学之贡献》,发表于 3 月 23 日上海《时事新报·学灯》歌德纪念号。4 月 10 日,译著《少年维特之烦恼》(德国歌德原作)由泰东图书局作为"创造社丛书·世界名家小说"之第二种出版发行。5 月 1 日,郭沫若与郁达夫先后编辑完成之《创造》季刊第 1 卷第 1 期,由上海泰东图书局出版发行(刊物上作 3 月 15 日)。6 月 24 日,作《批判意门湖译本及其他》,发表于上海《创造》季刊 8 月第 1 卷第 2 期,文中就长沙青年学会的《青年文艺》杂志与中国新诗社的两卷《诗》做评论,同时针对茅盾批评《创造》的文章,给予反驳。7 月 2 日,郭沫若为创造社社务,从日本返回上海。11 日夜,作《编辑余谈》,阐述创造社宗旨,发表于上海《创造》季刊 8 月第 1 卷第 2 期。

按:《编辑余谈》曰:"但是我们这个小社,并没有固定的组织,我们没有章程,没有机关,也没有划一的主义。我们是由几个朋友随意合拢来的。我们的主义,我们的思想,并不相同,也并不必强求相同。我们所同的,只是本着我们内心的要求,从事于文艺的活动罢了。朋友们! 你们如是赞同我们这种活动,那就请来,请来我们手儿携着手儿走罢! 我们也不要甚么介绍,也不经甚么评议,朋友们的优秀的作品,便是朋友超飞过时空之限的黄金翅儿,你们飞来,飞来同我们一块儿翱翔罢!"

　　郭沫若 7 月 27 日在上海《时事新报·学灯》上发表《论文学的研究与介绍》,针对郑振铎、沈雁冰先后在《文学旬刊》和《文学周报》上说翻译《浮士德》等书"不经济""不是现在切要的事",文学研究与介绍"是完全不相同的两件"事,发表意见,从自己的体会出发,具体阐述文学的翻译、研究与介绍的关系及价值。8 月 4 日,在上海《时事新报·学灯》发表《论国内的评坛及我对于创作上的态度》,指责茅盾、郑振铎等人"隐姓匿名,含沙射影"。同日晚,郭沫若与郁达夫登门邀请郑振铎等参加《女神》纪念会,以消除新文学团体间的隔阂,增强彼此间的团结,共同致力于中国新文学的发展。5 日,郭沫若赴西藏路一品香旅社出席《女神》纪念会,参加纪念会的有郁达夫、郑振铎、沈雁冰、谢六逸、庐隐、汪静之、应修人等人。纪念会后邀汪静之、应修人同往寓所畅谈。14 日,作《〈卷耳集〉序》。9 月 3 日,乘船离沪返福冈,继续学业。12 月 4 日夜,作《〈雪莱的诗〉小序》,发表于上海《创造》季刊 1923 年 2 月第 1 卷第 4 期。同月,郭沫若致信梁实秋,称赞他和闻一多的《〈冬夜〉评论》和《〈草儿〉评论》二文,"如在沉黑的夜里得见两颗明星,如在蒸热的炎天得饮两杯清水……在海外得读两君评论,如逃荒者得闻人足音之是然"。(参见林甘泉、蔡震主编《郭沫若年谱长编》,中国社会科学出版社 2017 年版;陈福康《郑振铎年谱》,三晋出版社 2008 年版)

　　成仿吾年初在长沙兵工厂任职。10 月初旬,应郭沫若等召,辞去长沙兵工厂技正的职务,返回上海,开始接编《创造季刊》第 1 卷第 3 期。从此成仿吾的文学活动进入了一个活跃时期。13 日,作《学者的态度——胡适之先生"骂人"的批评》,刊《创造季刊》第 1 卷第 3 期,文章针对胡适对郁达夫所作《夕阳楼日记》的批评,进行了反批评,指出胡适的错误有三:第一"胡适先生所取的不是学者的态度",第二"胡先生对于一个德文的问题,应就德文去研究",第三"胡先生的译文由英文看起来,也错得太厉害"。11 月 19 日,作《创造社和文学研究会》。30 日,作《评冰心女士的〈超人〉》。12 月 24 日,作《〈沉沦〉的评论》。30 日,作《〈残春〉的批评》。以上均刊于《创造季刊》第 1 卷第 4 期。《〈沉沦〉的评论》指出"郁达夫的《沉沦》是新文学运动以来的第一部小说集,它不仅在出世的年月上是第一,它那惊人的取材与大胆的描写,就是一年后的今天,也还不能不说是第一。"年底,给在焦岭矿山工作的张资平信中谈"要重振季刊,并拟办一种周刊"。(参见张傲卉、宋彬玉《成仿吾年谱》,《东北师大学报》1985 年第 5 期)

　　郁达夫 1 月为筹编《创造季刊》创刊号,自安庆返回上海。3 月 1 日,赴日本帝国大学参加毕业考试。3 日,到达日本。15 日,在《创造季刊》第 1 卷第 1 期发表《艺文私见》,提出文艺批评有"真假的两种"。31 日,在东京帝大经济学科毕业。4 月 25 日,领取文凭,获经济学士学位。5 月 1 日,作为回乡留学生代表,为留日学生的官费之事回国请愿,是日抵达上海。2 日,到杭州,为留学生的经理员和增加官费问题与浙江教育当局交涉二十余天。30 日,由杭州动身回上海,打算仍返日本进东京帝国大学文学部深造,但未入学。同月由郁达夫编辑的《创造》季刊创刊号第 1 卷第 1 期正式出版。

　　按:《创造》季刊原定元月 1 日出版,因故延期。此刊为大型纯文艺刊物,出至第 2 卷第 2 期,于 1924 年 2 月停刊,共六期。

　　郁达夫是夏在上海泰东书局编辑所与陈翔鹤相识。6 月 3 日,回返日本东京。22 日,在《时事新报·学灯》发表评论《〈茫茫夜〉发表以后》。7 月 19 日,郁达夫结束十年留学生活回国,从东京上火车去神户,乘 20 日的轮船回上海。返沪后,与郭沫若同住泰东图书局编辑所新址。不久,又去安庆。暑假后回上海主持创造社工作。8 月 8 日、12 日、13 日在《时事新报·学灯》上连载所写的小说《血泪》，影射攻击郑振铎等提倡的"血和泪的文学"。同月，在《创造》季刊第 1 卷第 2 期发表《夕阳楼日记》，指摘余文菊自英文转译德国威铿所著《人生之意义与价值》一书的错误，引起胡适派与创造社的一场笔战。胡适即在《努力周报》第 12 期发表《骂人》一文，攻击郁达夫和创造社其他成员；郁达夫则于 10 月 3 日《时事新报·学灯》发表《答胡适之先生》一文，严词予以回击。接着，双方的其他成员亦纷纷参战。

按：郁达夫《答胡适之先生》作于 9 月 21 日，针对《骂人》痛斥、讥讽郁达夫为"初出学堂门的学生，世故人情全不通晓""浅薄""无聊"。郁达夫为此予以反驳。他说，自中国新文化运动以来，胡适仿佛只认为《胡适文存》《尝试集》《中国哲学史大纲》（卷上）的三本著作不是"浅薄"，不是"无聊"的，其他现代人的创作均为"浅薄无聊"之作，那么，这"怕也未免过于独断了"，这是"暴君的态度，是我们现代人所不应该取的"。

郁达夫 9 月再度去安庆省立专门法政学校任教，至 1923 年春离职。31 日，作独幕剧《孤独的悲哀》，此为郁达夫唯一的剧本。（参见陈其强《郁达夫年谱》，浙江大学出版社 1989 年版；林甘泉、蔡震主编《郭沫若年谱长编》，中国社会科学出版社 2017 年版；陈福康《郑振铎年谱》，三晋出版社 2008 年版）

叶圣陶 1 月与刘延陵、朱自清、俞平伯创办《诗》月刊出版，这是我国新文坛上第一个诗刊。《诗》月刊由叶圣陶和刘延陵主编。第 1 卷第 4 号起改为文学研究会出版物，出至第 2 卷 2 号停刊。2 月，应北京大学校长蔡元培和中文系主任马裕藻的聘请，与郑振铎及俄国诗人爱罗先珂结伴到京，任北大预科讲师，主讲作文课。初识潘家洵、周作人、孙伏园等。3 月 5 日，陪同爱罗先珂到北京大学第三院大讲堂讲《世界语与文学》。7 月 8 日，出席文学研究会在上海一品香开"南方会员会"讨论会务，并欢送俞平伯赴美。秋，叶圣陶把家迁回苏州，诗人白采到苏州访叶圣陶，同游沧浪亭和文庙。是年，叶圣陶应邀到上海神州女学任教。（参见商金林编《叶圣陶年谱》，江苏教育出版社 1986 年版）

田汉 4 月 1 日发表《日本学者对"非宗教运动"的批评》一文，系统介绍日本吉野造作、稻叶君山、秋田雨雀、小川未明和长谷川如是闲等学者对于在中国兴起的"非宗教运动"的意见，连载于《少年中国》第 3 卷第 9—10 期。5 月 1 日，所著《蔷薇之路》一书由上海泰东图书局出版，内收 1921 年 10 月 10—31 日日记。9 月，田汉与妻子易漱瑜一起由日本回国，住上海哈同路民厚北里 409 号。经左舜生介绍，在中华书局上海编辑所任编辑，同时从事写作和翻译，兼为书局职员上日文课。11 月 9 日，为译著《哈孟雷特》出版单行本撰写《译叙》，认为莎翁的作者生涯略可分为四期：（一）习作期，（二）喜剧期，（三）悲剧期，（四）老成期。同月，译著《哈孟雷特》一书由中华书局出版，为《少年中国学会丛书》之一。秋，由于与成仿吾个人间的隔阂与矛盾，两人"决裂"，并因此逐步脱离创造社。秋冬间，在一次宴会上与梅兰芳初次结识。是年，田汉居东京时，开始翻译莎士比亚的名剧《罗蜜欧与朱丽叶》，并完成初稿，归国后边整理边发表。由梁绍文介绍，与欧阳予倩相识。（参见张向华编《田汉年谱》，中国戏剧出版社 1992 年版）

王国维 1 月作《宋刊后汉书·郡国志残叶跋》《宋韶州木造像刻字跋》《兮甲盘跋》《晋开运刻毗沙门天王像跋》。2 月上旬，将毗沙门天王像拓片及《切韵》印本赠送友人徐乃昌。13 日，以所辑之《唐写本切韵残卷三种》被北京大学马衡集资影印，致函马衡感谢。3 月，撰《两浙古刊本考》及序，并校《水经注》。同月，罗振玉以事至北京，于市肆偶见洪承畴揭帖及朝鲜国王贡物表，识为内阁大库旧藏文书，新自历史博物馆售于故纸商以为造还魂纸的原料。罗振玉急追踪之，得其全部九千袋，十五万斤，因以三倍其原值的价钱买回，移贮彰义门之善果堂,乃致函王国维告其事;王国维于蒋氏传书堂见《永乐大典》四册,全载《水经注》河水至丹水 20 卷,乃据之校武英殿聚珍本。春,北京大学研究所成立,以校长蔡元培兼所长,内分自然科学、社会科学、国学、外国文学四学门,其国学门,由教授沈兼士兼主任,函聘其为通讯导师,强之乃就。

按:北大《国学季刊》第 1 卷第 1 期附录研究所国学门重要记事说:"研究所国学门内部现分文字学、文学、哲学、史学、考古学五个研究室,请本校教授讲师分任指导。至于校外学者,则已聘请罗振玉、王国维两先生为函授导师。"

王国维 4—5 月撰《宋刊〈汉书〉残叶跋》。春夏间,王国维考定历代尺度,撰成《王复斋款识中晋前尺跋》《日本奈良正仓院所藏六唐尺摹本跋》《宋钜鹿故城所出三木尺拓本跋》《宋三司布帛尺摹本跋》《记现存历代尺度》《匈奴相邦印跋》《元刊本〈资治通鉴音注〉跋》《元刊本西夏文〈华严经〉残卷跋》等。6 月 15 日,撰《宋抚州本〈周易〉跋》。8 月,《观堂集林》刻毕,包括文 200 篇,诗词 67 首,并代友人蒋汝藻撰《序》。

按:序曰:"海宁王静安征君,著书刊于上虞罗氏云窗、雪堂两丛刻及英伦哈氏广仓学窘丛书者不下数十种,世甚重之。岁在辛酉,君复荟萃前所刊书,删繁挹华,益以未刊诸作,为艺林八卷、史林十卷、缀林二卷,名曰《观堂集林》。余亟请于君,以活字板印行。越二年,癸亥,校印斯竟。窃谓君书才厚数寸,在近世诸家中,著书不为多,然新得之多,未有如君书者也。君新得之多,固由于近日所出新史料之多,然非君之学识,则亦无以理董之。盖君于乾嘉诸儒之学术方法无不通,于古书无不贯串。其术甚精,其识甚锐,故能以旧史料释新史料,复以新史料释旧史料,辗转相生,所得乃如是之夥也。此书之成,余实任校勘之役,比年以来,牵于人事,百务之锤诿,宾朋之谈宴,辄夜分始得休,休则检理书画,或为君校此书,往往漏尽始就枕。顾以为一日之乐莫逾于此时者。此非余之私好,凡读君书者意必与余有同况也。昔施北研先生《元遗山诗注》,汪刚木太夫《子长术》诸书,皆先大夫为之刊刻。严铁桥先生《全上古三代汉魏六朝文》,先叔祖季卿先生校刊未竟,黄冈王氏得其校本始刊成于粤东。不佞薄劣,未足绍先烈,顾君之书,实不在施、严、汪三先生下也。君年未艾,而学日新,他日有作,尚能为君刊之,姑书此以为嚆矢云。"

王国维 8 月 7 日,因撰《古监本五代两宋正经正史考经》,致函王秉恩借阅毛钞《五经文字》等书。同月,撰《五代两宋监本考》;为友人为蒋汝藻撰《传书堂记》;撰《库书楼记》,述内阁大库档案之源流。

按:罗振玉将内阁大库档案文书购归以后,存于天津北京两地。1924 年,罗氏略加整理,编成史料丛刊册二十二种,由东方文化学会印刷局出版,其后李盛锋复以一万六千元的代价,从罗振玉处购去。后中央研究院成立,历史语言研究所于 1929 年迁往北京,所长傅斯年经马衡介绍,复由李盛铎处购回内阁大库档案全卷,乃成立明清史料编刊会,由傅斯年、陈寅恪、朱希祖、陈垣等总其事。陆续编撰和出版明清史料,每编十册。现档案资料保存于台湾南港历史语言研究所,继续编撰和出版明清史料。

王国维 8—9 月间撰《显德刊本〈宝箧印陀罗尼经〉跋》。11 月,北京大学研究所国学门要求王国维为研究生提出研究的问题,王国维遂为之提出研究题四目:一曰《诗》《书》中成语之研究,二曰古字母之研究,三曰古文学中连绵字之研究,四曰共和以前年代之研究。以此寄示北京大学研究所主任沈兼士。12 月 12 日,致书马衡,建议北京大学研究所设置满、蒙、藏文讲座。是年,王国维成《梁虞思美造象跋》《书某氏所藏金石墨本后》《宋刊〈分类集注杜工部诗〉跋》《〈乾隆诸贤送曾南邮守郴州诗卷〉跋》等(以上参见袁英光、刘寅生《王国维年谱长编(1877—1927)》,天津人民出版社 1996 年版;彭林编《中国近代思想家文库·王国维卷》附录《王国维年谱简编》,中国人民大学出版社 2015 年版)

抗父是春在《东方杂志》第 19 卷第 3 期发表《最近二十年间中国旧学之进步》,谓:"最近二十年中,我国旧学之进步,求之前古,盖未有如此之亟者。……至近旧学之进步,则以罗、王二君为中心。罗君以学者之身，百方搜求新出之材料，而为近百年文化之结集，其研究之功，乃为其保存流通之功所掩。王君以精密之分析力与奇异之综合力，发见旧材料与新材料间之关系，而为中国文化第二步之贡献，遂使群众旧学退步之近二十年中，为从古未有之进步。"

　　按：关于"抗父"，有人认为是王国维，有人认为是樊炳清。（参见袁英光、刘寅生《王国维年谱长编（1877—1927）》，天津人民出版社1996年版；王学典《20世纪史学编年（1900—1949）》，商务印书馆2014年版）

　　章炳麟4月至6月应江苏教育会之邀，主讲国学，每周1次，共10次，讲题为《国学大概》《治国学之法》《经学之派别》《哲学之派别》《文学之派别》《国学之进步》。听讲者多至三四百人，最少时亦七八十人。讲演记录有两个版本，一为曹聚仁所编《国学概论》，一为张冥飞所编《章太炎先生国学讲演集》。5月至6月，直系军阀曹锟、吴佩孚为反对徐世昌，拟让黎元洪复大总统职。章炳麟致电曹、吴，指出他们不毅然废巡阅使，以自治还付省民，拥护黎元洪复位，"是谓囚尧"。又秘密致书黎元洪，要黎坚持以废督裁军为复位条件。但黎很快就宣布复总统职。6月，章炳麟通电反对以法统已恢复为名压迫南方各省，支持孙中山为南方自争生存而北伐。6月15日，章炳麟致书柳诒徵，感谢柳对自己先前诋孔之论所作的批评。25日，章炳麟提出《大改革议》，建议以联省自治取代中央集权，以联省参议院取代国会，以委员制取代总统制。7月，章炳麟参加上海八团体国是会议国宪草议委员会，力谋在宪法草案中贯彻自己的主张。7月至8月，章炳麟筹备建立联省自治促进会，负责宣言及章程等修改定稿事宜。8月29日，黎元洪发布大总统令，授章炳麟勋章一枚。10月，章炳麟发表《时学箴言》。（参见汤志钧编《章太炎年谱长编》，中华书局2013年版）

　　张君劢1月抵达上海，随同杜里舒到各地演讲、编译讲稿。5月，八团体国是会议在上海召开，与章炳麟同为八团体国是会议起草宪法。秋，被张东荪聘为中国公学筹办大学主任。是年，所著《国宪议》《新德国社会民主政象记》分别由上海时事新报社、上海商务印书馆出版，另有与倭伊铿合著之《中国与欧洲的人生问题》(Das Lebensproblem in China und Europa)出版。（参见翁贺凯编《中国近代思想家文库·张君劢卷》附录《张君劢年谱简编》，中国人民大学出版社2014年版）

　　杨度是年夏受孙中山委托，作为中山特使游说曹锟，制止吴佩孚援助陈炯明，帮助孙中山渡过政治危机。9月，杨度到上海会晤孙中山，实现当年东京约定，开始跟随孙中山走上民主革命道路，并认识了李大钊等人。（参见左玉河编《中国近代思想家文库·杨度卷》及附录《杨度年谱简编》，中国人民大学出版社2014年版）

　　胡汉民3月26日因陈炯明阻挠北伐，大本营决定班师回粤，于是随大本营回广州。5月6日，胡汉民随孙中山及大本营到韶关。6月1日，孙中山回驻广州总统府，胡汉民奉命留守韶关大本营。27日，陈炯明叛乱，胡汉民到赣州前线召集各军将领会议，决定回师救难。8月，胡汉民回师不成，由江西经福建到上海。11月15日，被推与汪精卫起草国民党改进宣言。（参见陈红民、方勇编《中国近代思想家文库·胡汉民卷》及附录《胡汉民年谱简编》，中国人民大学出版社2015年版）

　　蒋百里发表《裁兵计画书》，呼吁废督裁军，加强国民自卫力量，使国内永久不复出现或真或伪之军阀。推行义务民兵制，使教育与军事调和一致，使军事生活与民事生活融成一片。在《申报》上发表《中国五十年来军事变迁史》，远溯到曾国藩之办团练，概述五十年中各个时期建军之特点，及外交、政治之联系与变化。（参见皮民勇、侯昂妤编《中国近代思想家文

库·蒋百里、杨杰卷》及附录《蒋百里年谱简编》,中国人民大学出版社2015年版)

张东荪在上海继续主持《时事新报》及其副刊《学灯》。1月6日,在《时事新报·社会主义研究》第12号上发表《社会改造与政治的势力——答新凯君》,继续从理论上讨论英国基尔特社会主义问题。3月19日,张东荪在《时事新报》副刊《学灯》上发表《读〈东西文化及其哲学〉》,系统阐发了自己的中西文化观,对梁漱溟的文化观进行批评,反对梁漱溟把中国文化归结为孔子哲学,认为"孔子的思想可以代表中国的思想之大部分,然不能说中国文化就是孔子的哲学"。此文可视为五四时期张东荪系统阐发中西文化观的代表作。4月10日,张东荪在《时事新报》上发表《对于中国共产派及其反对者的忠告》,主张政府划一块"试验区",让共产党进行共产主义试验,使共产党尝试失败而自行取消共产主义。6月23日,张东荪在《时事新报》副刊《学灯》上发表《思想问题》,对"五四"以来的中西文化观进行思考。9月10日,张东荪在《东方杂志》第19卷第17号上发表《新实在论的论理主义》,开始向中国思想界系统介绍新实在论。9月17日,张东荪与陈独秀通信,继续讨论社会主义问题,双方观点均发生了微妙变化。

> 按:在社会主义论战中,陈独秀等人所暴露的问题是:在中国这样一个无产阶级力量弱小、资本主义没有充分发展、经济和社会落后、军阀横行、帝国主义压迫日益严重的国度里,如何才能实行社会主义?如何才能用社会主义方式发展实业?这场论战后,陈独秀等人开始重视对中国国情问题的研究,开始关注现实的政治和社会问题,开始考虑如何在中国具体地进行社会主义革命。中共"二大"制定了最低纲领和最高纲领,提出了"打倒军阀""驱逐帝国主义"和"建立统一的民主共和国"三大纲领,确立了目前所进行的革命是"民主革命",而不是"社会主义革命";认为发展实业不需要资本主义,但可以用国家社会主义,或国家资本主义方式。这样,张东荪与陈独秀都调整了自己的政治视角,双方的意见虽未根本改变,但都丰富发展了。这种变化,在他们1922年9月的通信中得到体现。

张东荪接梁启超10月1日函,询问著述情形及杂志报纸文章各事,并敦促张东荪为其即将在沪出版的《梁任公学术讲演集》撰序。秋,张东荪在中国公学风潮平息后继续改革教育制度,将中国公学改造为大学,同时筹办高中,兼顾两方面人才的培养。张东荪推举自国外回到上海的张君劢为筹办大学主任,因中学部主任舒新城推行新学制受到部分师生抵制而被迫辞职,于是邀请恰值从美国学成回到上海的陈筑山主持中学部。是年,张东荪与吴献书合译的柯尔名著《社会论》,由上海商务印书馆出版。(以上参见左玉河编《张东荪年谱》,群言出版社2014年版;左玉河编《中国近代思想家文库·张东荪卷》附录《张东荪年谱简编》,中国人民大学出版社2015年版)

许新凯7月1日《新青年》第9卷第6号发表《再论共产主义与基尔特社会主义》,认为基尔特社会主义"在英国的特殊国情之下,或者若干年后,能以实现也未可知",但"在中国,则是一定办不到",应以"革命为第一步""打破资本家底国家,破坏资本家的帮手,解除资产阶级的武装,没收资本家的财产,以转付于全体劳工阶级的公共管理之下",为达此目的必须实行无产阶级专政和权力集中的手段。(参见左玉河编《张东荪年谱》,群言出版社2014年版)

沈钧儒年初开始担任上海《中华新报》主笔,撰写社论及政论性文章,间或以个人名义发表报导性文章。2月,应余姚县教育会之邀,赴余姚作学术讲演。3月6日,所著《家庭新论》全书脱稿。该书论述家庭及社会问题,当时颇具独到见解及思想。蔡元培、朱希祖等均为该书作序。4月17日,与张謇、张元济、陈敬第、黄炎培等江浙知名人士18人共同发表《江浙人民紧安宣言》,申言:"不以一官一职供政事,不以一兵一饷助暴行。"6月上旬,褚辅成在沪发起组织全浙公会,团结浙人奖兴工业,倡导地方自治事业。沈钧儒参加。褚辅成在成立大会

上发表《裁军运动》演说。(参见沈谱、沈人骅编《沈钧儒年谱》,中国文史出版社1992年版)

黄炎培1月22日作《我所希望孟禄来华的效果》一文,载于《新教育》第4卷第4期。2月8日,在上海参加中华教育改进社和共进社合并后之会议,被选为三年任期之董事。并被推为董事会议所决定组织之"全国教育经费委员会"委员。6月12日,为总统黎元洪特任教育总长之职,坚辞不就。7月3日,出席中华教育改进社开幕式。11月,应河南教育厅长凌冰之约,草拟《河南职业教育计划》。(参见余子侠编《中国近代思想家文库·黄炎培卷》附录《黄炎培年谱简编》,中国人民大学出版社2015年版)

晏阳初研究平民教育"推行的方法",认为必先创造教育气氛。2月,与傅若愚、黄沧渔共同编辑的《平民千字课》由中华基督教青年会全国协会的青年协会书局刊行,全书共96课,每课生字旁,附注注音字母,每课前配图画一幅。同月,到长沙从事平民扫盲教育实验,提出"除文盲,作新民"的口号。3月,晏阳初在长沙召集各界开全城大会动员民众参加扫盲教育活动并组织委员会。组织成立湖南平民教育委员会,邀约地方官吏及文教绅商各界领袖人物推举70人组成平民教育委员总会,下设经济、教员、学生、公布、校舍5个委员会,宣传发动平民教育运动。春,晏阳初完成19个省的游历调查,随即开办两届为期4个月的平民教育识字班。7月20日,举行毕业典礼,湖南省去向学生颁发《识字国民证书》。秋,从长沙回到上海,积极筹备在山东烟台、浙江嘉兴继续推行平民教育运动。12月,在《新教育》杂志第5卷第5期发表《平民教育新运动》,倡导平民教育。(参见杜学元、郭明蓉、彭雪明《晏阳初年谱长编》,上海交通大学出版社2017年版;宋恩荣编《中国近代思想家文库·晏阳初卷》附录《晏阳初年谱简编》,中国人民大学出版社2015年版)

顾颉刚1月拟研究所国学门各种章程;应蔡元培嘱,审查胡扑安《俗语典》。2月,由郑樵《诗》说启发了对《诗经》的怀疑,并敢于以歌谣去研究《诗经》。搜集郑樵事迹,作《郑樵著述考》《郑樵传》,均刊《国学季刊》。3月,为照顾其病重的祖母,顾颉刚请假从北京归苏州。经由胡适介绍为上海商务印书馆编中学历史教科书,由此研究《诗经》《尚书》《论语》中古史资料。4—6月,从尧、舜、禹的地位的演变发现了"古史是层累地造成的,发生的次序和排列的系统恰是一个反背"的假设,此即"层累说"之发轫。4月7日,顾颉刚致李石岑信,谈学术界生活独立问题,明确提出建立学术社会的迫切需求。他一方面认识到现时的学术"只做了教育社会的附庸而已",生计压力已是学术独立的一个根本障碍,目前急务在于思考"如何可以打出一个专心治学的境遇来",及"如何鼓吹,使得真有学术社会出来"。李石岑后将此信转郑振铎、沈雁冰、胡愈之、严既澄等人,共同讨论。后此文以《通讯·学术界生活独立问题》为题摘刊于5月20日《教育杂志》第14卷第5号。18日,拜访王国维,后与之通信讨论《尚书》。始标点《崔东壁遗书》。12月3日,到沪,任商务印书馆编译所史地部专任编辑。记笔记《景西杂记》第六、七册,《纂史随笔》三册。(参见顾潮编著《顾颉刚年谱》,中国社会科学出版社1993年版;袁英光、刘寅生《王国维年谱长编(1877—1927)》,天津人民出版社1996年版;陈福康《郑振铎年谱》,三晋出版社2008年版)

李石岑等陆续在《教育杂志》第14卷第2、4、5号上发表多篇文章,围绕教育和学术独立的问题展开广泛的讨论。参加讨论的尚有周鲠生、郭梦良、顾颉刚、茅盾、郑振铎、常乃惪、严既澄、胡愈之等。

按:李石岑指出"教育经费独立,固属要务;但徒经费独立,教育机关隶诸政府管辖之下,结果仍等于零",故主张"首在教育行政机关根本改造",即废除中央至地方的传统教育机构,以从事专业教育或与教育事业有直接关系之人选举产生教育组织,谋取教育立法、行政的独立(李石岑《教育独立建议》,《教育杂志》第 14 卷第 2 号,1922 年 2 月 20 日)。顾颉刚则明确提出建立学术社会的迫切需求。他一方面认识到现时的学术"只做了教育社会的附庸而已",生计压力已是学术独立的一个根本障碍,目前急务在于思考"如何可以打出一个专心治学的境遇来",及"如何鼓吹,使得真有学术社会出来"(《通讯·学术界生活独立问题》,《教育杂志》第 14 卷第 5 号,1922 年 5 月 20 日)。

李石岑仍任《民铎》杂志主编。1 月,上年组织的《民铎》第 3 卷第 1 号"柏格森专号"出版,该专号敦请梁漱溟、张东荪等名人撰文,吸引了中国学界对柏格森思想的关注。该专号共收入 10 余篇文章介绍和研究柏格森的思想,包括柯一岑《柏格森精神能力说》、蔡元培《柏格森玄学导言》、瞿世英《柏格森与现代哲学之趋势》、范寿康《直观主义哲学的地位》、李石岑《柏格森哲学之解释与批判》、梁漱溟《唯识家与柏格森》、吕澂《柏格森哲学与唯识》、严既澄《绵延与自我》、杨正宇《柏格森哲学与现代之要求》、张东荪《柏格森哲学与罗素的批判》、章太炎《与吕黎两君论佛理书》、柯一岑《梦》、严既澄《柏格森传》。李石岑还撰写了《柏格森之著述与关于柏格森研究之参考书》。3 月,李石岑在《民铎》第 3 卷 3 号发表《评〈东西文化及其哲学〉》,认为梁漱溟断言世界未来的文化必走孔子的路,"不免有变更事实迁就学理的毛病"。4 月,《民铎》第 3 卷第 4 号刊出"进化论号"上,发表常乃惪《读 Baldwin 发展与进化》、张作人《突然变异说》、陈兼善《进化之方法》、瞿世英《社会进化论》、胡嘉《赫克尔对于进化论上之贡献》、严既澄《进化论与历史》、周建人《死的进化》、朱光潜《进化论证》等文。5 月,《民铎》第 3 卷第 5 号刊出"进化论号"下,发表陈兼善《达尔文年谱》、常道直《达尔文主义与社会学》、陈兼善《达尔文以后之进化论》与《进化论发达略史》、天警《达尔文以前之进化论》、杨人杞《达尔文学说与唯物论底关系》、聂耦庚《以佛法诠进化》等文。

按:茅盾在 1922 年 1 月 17 日出版的《民国日报·觉悟》上以《介绍〈民铎〉的〈柏格森号〉》为题向读者推荐"专号",并称那些留心现代哲学对此"都已望眼欲穿了"。

朱谦之 2 月在上海《民铎》第 3 卷第 2 号发表《论柏格森哲学》,提倡"无知",自称"虚无学者"。3 月,在《民铎》杂志第 3 卷第 3 号发表《唯情哲学发端》《信仰与怀疑》(通讯),成为他由虚无哲学转向唯情哲学的标志,两文均收入《周易哲学》。10 月,反映其思想转变的论文集《无元哲学》由泰东书局出版。11 月,将读法预科时所写的《太极新图说》《政微书》《周秦诸子学统述》集成《古学卮言》由泰东书局出版。年底,回福州养病。(参见黄夏年编《中国近代思想家文库·朱谦之卷》附录《朱谦之年谱简编》,中国人民大学出版社 2015 年版)

李登辉继续任复旦大学校长。2 月,江湾校园教学楼简公堂、办公楼奕柱堂、学生第一宿舍(毁于战火,今相辉堂所在地)、教师宿舍南舍次第建成,寒假后大学部由徐家汇迁入江湾上课,中学部仍在徐家汇李公祠。前总统黎元洪赠匾额"道富海流"一方,庆贺复旦新校舍落成。9 月,在李登辉支持下,复旦学生会改组为学生自治会。是年,李登辉当选治淮委员会名誉主席;李登辉兼任文科教务长,任教科目有哲学、心理学、法文、英文。商科教务长由蔡竞平担任。(参见钱益民《李登辉传》及附录四《李登辉年谱简编》,复旦大学出版社 2005 年版)

于右任 10 月 23 日出任上海大学校长,邵力子任副校长,于右任亲书校牌。同日,《民国日报》刊登启事:"本校原名东南高等师范专科学校,因东南两字与国立东南大学相同,兹从改组会议议决变更学制,定名'上海大学'。公举于右任先生为本大学校长。"于右任、邵力子前往学校视察。全体同学及军乐队排着整齐的队伍冒雨迎接校长的到来。于右任在欢迎大会致词说:"余自陕西回沪,极欲投身教育,但余是以小学生研究教育,非好为人师,因余自审学力不足……余不敢担任校长,但诸君如此诚意,自当尽其所能,辅助诸君。"他看到学生在风雨中精神振奋,十分感动,说:"少年时代自己做过小爆竹,今后要制造炸弹、地雷,不仅在中国落地开花,而且要在全世界开花结果,希望上大师生都成为建设祖国的栋梁之才。"于右任校长上任伊始,面对百事待举的局面,认为"教育是一把双刃剑","如果将现在敷衍现在,教育将成为误人子弟的陷阱",当前头等大事是确定办学宗旨,这是办好一个学校的纲领和关键,也是校长办学的动机和全体师生的工作方向,于是将"养成建国人才,促进文化事业"作为上海大学的办学方针。然后从整顿教师队伍入手,解聘了一批不合格的教师。又请北京大学教授、共产党人李大钊为上大荐举人才。

按:上海大学为中国共产党与国民党合作创建的综合性文科大学,设有社会学系、中国文学系、英国文学系、美术系等。后来李大钊应于右任要求,相继介绍邓中夏、瞿秋白到上海大学任教,邓、瞿到任后,蔡和森、张太雷、任弼时、恽代英等也陆续来校。邓中夏出任教务长兼授伦理学,瞿秋白任社会学系主任兼授中国哲学史及社会运动史,恽代英主讲帝国主义侵略中国史,陈望道任中国文学系主任,讲授文法及修辞学,沈雁冰(茅盾)主讲中国文学史,任弼时教俄文,还经常作专题讲座,高语罕讲黑格尔哲学,何世桢任英文系主任并讲授政治学,方光焘教中国文学。他们思想先进、学识渊博、功底深厚,教学认真。另有田汉、俞平伯、周建人、李季、丰子恺、沈泽民、杨贤江、胡朴安等都应邀到上大任教,一时,上海大学名家荟萃,群星灿烂,成了我国东南地区著名高等学府,吸引了全国各地四百多位优秀学子不远千里来上大求学。(参见赵守仁、陈艳军《于右任与上海大学》,《辽宁师范大学学报》1997年第2期)

按:1927年,蒋介石发动"四·一二"政变,该校被查封,旋解散。(参见晨朵《邵力子生平大事纪要》,《浙江师范学院学报》1983年第1期;王震《20世纪上海美术年表》,上海书画出版社2005年版)

常乃惪应上海吴淞中国公学中学部之聘,随即南行。其间,曾与沈仲九、舒新城试验由美国帕克斯特在马萨诸塞州中学实行的"道尔顿制",并翻译了《"道尔顿制"功课指定的一个实例——伦敦Streathem女学历史教员E. I. Sidley著》,发表在《教育杂志》上,对中学历史教育提出自己的看法。4月5、10日,在《学灯》上发表《讨论佛教问题的两封信》。12日,在《学灯》上发表《对于非宗教大同盟之争》。5月9日,在《学灯》上发表《反动中之思想界》。6月2日,作《给胡适之的一封信》,后以《常乃惪君来信》刊于《努力周报》1922年第7期。6月22日,在《学灯》上发表《虚无主义与中国青年》。(参见顾友谷《常乃德学术思想评述》及《常乃德先生年谱》,云南大学出版社2013年版)

舒新城等主持上海吴淞中学(原中国公学中学部)先在国文和社会常识两科进行道尔顿制试验。这是我国试验道尔顿制之始。试验的主要措施有:改教室为各种作业室,按学科性质陈列参考图书和实验仪器,作业室兼备旧日教室、自修室、图书馆、实验室的作用。每室由教师一人或数人作指导员。学生在规定时间内,按照自己的兴趣,自由选择到作业室研究问题。废除课堂讲授,教师把各学科的学习内容制成分月、分周的作业大纲,规定需要完成的各项作业,由学生自行学习。制定学习进度表格,学生把各科学习进程及所费时间记录表上,以便教师检查学习成绩,考核其是否达到某种程度。舒新城推行道尔顿制最力。他为《教育杂志》的"道尔顿制"专号撰文,并经常发表论著和讲演,介绍、研究道尔顿制及其在我国各地中小学试验情况。(参见中央教育科学研究所编《中国现代教育大事记1919—1949》,教育科学出版社1988年版)

刘海粟继续任上海美术专科学校校长。1月15日,刘海粟画展在北京高等师范学校举行,展品有油画、水彩共36幅。2月20日,上海美术专门学校举行春季始业式,由校长刘海粟演说该校十年来经过及去年旅宁(南京)写生之感想,西洋画科教师汪亚尘演讲《近五十年西洋画之新趋势》。同日,上海美专自本学期将美专分为三院:白云观对门为第一院,为造就纯正美术专门人才,培养及表现个人高尚人格,设西洋画科,分一、二、三年级甲乙组共六班。林荫路女子美术学校为第二院，为造就实施美术教育人才，直接培养及表现国人高尚人格，设高等师范科。上海美专因各年级对女生全部开放，不另设女子美术学校。新辟斜桥南首为第三院，设普通师范科。为谋普及美术而设函授学校（即以前附设之函授部）、暑期学校、星期日半日学校。6月27日，刘海粟任会长的中日美术协会在上海虹口日本人俱乐部举行"中日美术展览"，展出王一亭、康有为、吴杏芬、钱瘦铁等人的书画作品，以及日本画家宅野田夫、山田春甫、木村政子等人的绘画作品。8月12日，上海美术专门学校筹建校舍募金委员会，假一品斋举行欢迎各委员大会，到会有梁启超、袁观澜、黄炎培、沈信卿、张君功、王一亭、庄百俞、贾季英、谢介子等50余人。刘海粟致欢迎词，梁启超、黄炎培、沈信卿即席演说，核心皆为提倡美术教育。是年，诸乐三应刘海粟之邀，在上海美术专门学校讲授中国画。倪贻德毕业于上海美术专科学校，留校任教。（参见袁志煌、陈祖恩《刘海粟年谱》，上海人民出版社1992年版；王震《20世纪上海美术年表》，上海书画出版社2005年版）

吴梦非继续任上海专科师范学校校长。2月16日，上海专科师范开学，聘计始复为教务主任兼伦理、教育教师。傅益修为会务主任，丰子恺为图画主任，刘质平为音乐主任，张联辉为手工主任，吕凤子、沙辅卿为中国画教师，李超士为西洋画教师，姜敬庐为手工教师等。4月12日，上海艺术专科师范邀陈独秀到校讲演，演讲内容为：一、社会主义与普及教育；二、社会主义与妇女问题；三、平民教育及妇女问题，除用社会主义解决外，有无其他较特之方法？13日，上海艺术专科师范邀李石岑到校演讲《现代之艺术与哲学》，大意为将近代艺术与哲学之共通点，举要讲解，并解析现代艺术与哲学之特质。（参见王震《20世纪上海美术年表》，上海书画出版社2005年版）

施淑仪任教于崇明尚志女校。10月，施淑仪《清代闺阁诗人徵略》铅印线装本四册由崇明女子师范讲习所发行。卷首有易顺鼎序，童大年题写书名。此书以叙述女诗人事迹为主，偏重文艺，而兼顾词赋、书画及其考证。所采录的诗文以有专集行世或作品入选文集、总集者为限，书画家则以已经论定者为限，杂著以有传本者为限。全书十卷，共录入清代女诗人等1200余人，其年限，由顺治至光绪。书末为补遗，另附作者小传两篇。（参见付祥喜《20世纪前期中国文学史写作编年研究》，北京师范大学出版社2013年版）

曹聚仁从川沙回上海，经邵力子介绍，在新闸路陕西盐商吴怀琛家做家庭教师。前后三年。4月至6月章太炎在上海作国学研究的公开讲学，共十讲。曹记录，并将记录整理为《国学概论》一书，交由上海泰东图书局出版。曹聚仁以故被章太炎收为入门弟子。（参见曹雷编订《曹聚仁年谱》，《上海文史资料选辑》2000年第1期）

鲍咸昌继续任商务印书馆总经理。1月7日，《申报》广告，商务印书馆出版"新教育教科书"，称其有十四大特色。2月23日，《申报》载，商务印书馆征集各省区特别教材。25日，《申报》广告，商务印书馆发行各种字书、辞书，最近编辑的有《新字典》《学生字典》《实用学生字典》《国音字典》《国音学生字典》《白话字典》《辞源》《国文成语辞典》《人名大辞典》《医学大辞典》《动物学大辞典》。影印旧书的有《说文解字》（四册）、《王氏说文句读》（十四册）、《说文通检》（二册）、《说文易检》（十册）、《康熙字典》。4月30日，商务印书馆召开股东大会，选出董事及监察人如下：董事：高翰卿、郑苏裁、鲍咸昌、李拔可、王仙华、金伯屏、张菊生、丁斐章、郭秉文、陈叔通、童季通等11人；监察人：叶揆初、吴麟书、黄任之等3人。5月7日，《申报》广告，商务印书馆影印各种丛书预告：《顾氏文房小说》《汉魏丛书》（明刻三十八种本）《别下斋丛书》（连涉闻梓旧本）《指海二》（十集足本）《抱经堂丛书》《粤雅堂丛书》（三十集足本）《日本活字本佚存丛书》（六集足本）。

　　鲍咸昌 6 月 13 日出席商务印书馆特别董事会议,并报告广州设印刷分厂事宜。29 日,《申报》广告,商务印书馆《动物学大辞典》开始发售预约。该书由杜亚泉、杜就田、吴德亮、凌昌焕、许家庆等编著,全书 10300 余条、插图 3600 余方,并附彩画,洋装一册,3000 余页,布面金字,卷首附有《动物界之概略》《动物学术语图解之一斑》。7 月 2 日,商务印书馆在《申报》刊登广告,介绍商务印书馆印行丛书"旧学海之巨观",包括《四部丛刊》《学海类编》《学津讨原》《涵芬楼秘籍》;"新文化之明星",包括《世界丛书》《续古逸丛书》(蔡孑民、胡适之、蒋梦麟、陶孟和诸君校阅)、《共学社丛书》(梁任公、张东荪、蒋百里、张君劢主干)、《尚志学会丛书》(张东荪、周宏业诸君著译)、《新时代丛书》(周作人、陈独秀、沈雁冰诸君著译)、《文学研究会丛书》(叶绍钧、瞿世英诸君著译)、《北京大学丛书》(胡适之、梁漱溟诸君著译)、《南京高等师范学校丛书》(陈鹤琴、郑宗海、金观海、赵士德诸君著译)、《武昌高等师范学校丛书》(薛德熵君著)、《新智识丛书》(过耀根、黄士恒、黄理中诸君译著)、《儿童文学丛书》(严既澄、计志中、徐半梅诸君编辑);另有《说部丛书》《文艺丛刊》《体育丛书》《医学小丛书》《商业丛书》《少年丛书》《妇女丛书》《教育丛书》《职业教育丛书》《通俗教育丛书》《英文学丛刻》《惜阴英文选刻》《英汉合璧小说丛刊》。8 月 10 日,商务印书馆刊登"新文化之明星"丛书广告:蔡元培、胡适之、蒋梦麟、陶孟和等校阅的《世界丛书》已出 9 种;梁启超、张东荪、蒋百里、张君劢等主编的《共学社丛书》已出 45 种;张东荪、周宏业等著译的《尚志学会丛书》已出 11 种;周作人、陈独秀、沈雁冰等著译的《新时代丛书》已出 4 种;叶绍钧、瞿世英等著译的《文学研究会丛书》已出 3 种;胡适之、梁漱溟等著的《北京大学丛书》已出 5 种。此外,尚有《南京高等师范学校丛书》《武昌高等师范学校丛书》《新知识丛书》《儿童文学丛书》等,均出书多种。10 月 5 日,《申报》载,商务印书馆将影印《续藏经》。11 月 24 日,《申报》载,商务印书馆发售赵元任灌制的《国语留声机片》八张。(参见吴永贵《民国图书出版史编年:1912—1949》,社会科学文献出版社 2018 年版;张人凤、柳和城编著《张元济年谱长编》,上海交通大学出版社 2011 年版)

　　张元济继续任商务印书馆监理。3 月 3 日,致蔡元培书,谓"瑞典斯德哥尔摩大学美术教授 Osvald Siren 云专程来华考察吾国美术,曾在英人俱乐部演讲中国图画,报纸极为称美不置。友人有往听者,亦倾倒之至。渠亟欲晋谒左右,嘱为介绍。谨奉一函,伏祈延接。此君在本国专授美术,且于吾国美术亦研究有素。倘能留其在京,在各学校演讲,似于交换东西文明之道不无裨益。未知尊见以为何如?"14 日,赴港。20 日,汪精卫陪同游览黄花岗 72 烈士墓。4 月 17 日,与张謇、陈敬第、王清穆、沈钧儒、黄炎培等共 18 人电浙江、江苏两省当局,请对时局表白。18 日,高凤谦来商,《四部丛刊》将竣,拟印《粤雅堂丛书》。21 日,张元济公宴陈宝琛。在座有沈曾植、何维朴、王秉恩、朱祖谋、左孝同、郑孝胥、王乃徵、章稷、李经迈、李宣龚、陈宝玙、刘承幹等。7 月 1 日,访沈曾植,晤王国维。同日,张元济偕庄俞赴济南出席中华教育改进社第一次年会。3 日,年会假省议会举行,蔡元培被推为大会主席,致开幕词。午后四时至石泰岩旅馆访胡适、汤爱理、蒋维乔、胡敦复、陶孟和、秦景阳、丁文江。随后赴京、津访书购书。10 月 12 日,张元济致梁启超书,谈其《大乘起信论考证》出版事。11 月 30 日,由张元济等发起流动图书馆,曾至浙东、浙西各邑大镇流动展览,颇受欢迎。初冬,张元济参与发起补抄杭州文澜阁《四库全书》,张宗祥时任浙江省教育厅厅长,有《补抄文澜阁〈四库全书〉史实》一文记之。12 月 14 日,与赵尔巽、康有为、李盛铎、张謇、田文烈、董康、熊希龄、钱能训、江朝宗、梁启超、黄炎培、张元济、傅增湘等共 13 人撰发《重印正统

〈道藏〉缘起》。是年，撰《影印续古逸丛书二十种缘起》；商务印书馆出版共学社《俄罗斯文学丛书》。（参见张人凤、柳和城编著《张元济年谱长编》，上海交通大学出版社 2011 年版）

　　按：《重印正统〈道藏〉缘起》曰："道家之书荟粹成藏，始自六朝。历唐、宋、金、元，递有增辑。卷帙繁夥，靡可弹究。其详见于至元十二年《道藏尊经历代纲目》刻石。至明正统十年，重辑全藏，以千文编次，自天字至英字。万历三十五年《续藏》自杜字至缨字，三洞四辅十二类，都五百二十函，五千四百八十五册。经厂刊版，率用旧规。传至有清，旧度于大光明殿，日有损缺。迨庚子之乱，存版尽毁。各省道观藏本亦稀。京师白云观乃长春真人祖庭，为北宗灵宇，独存全藏，几成孤帙。虽经、篆、符、图，类属晚出，而地志、传记，旁及医药、占卜之书，或出晋、宋以前，或为唐人所撰。清代《四库》既未甄收，藏书家亦鲜传录。其中周秦诸子，半据宋刊，金元专集，尤多秘笈。乾嘉学者研索及斯，只义单辞，珍侔星凤，采辑未竟，有待方来。至若琼简琳文，玄言毕萃，非资博览，曷阐真源。宗教学术，所系重已。仆等远怀神契，近闵颓波，深惧古籍就湮，幽诠终闷。因议重印，用广流传。经东海徐公慨出俸钱，成斯宏举。特与商务印书馆订约，专承印事。合并梵夹，改为线装。摹影校勘，三载克毕。海内闳达，尚垂察焉。"

　　按：《影印续古逸丛书二十种缘起》曰："涵芬楼前印蜀大字本《孟子》、北宋本《南华真经》，早已见重艺林。近又访得秘笈二十种，仍遵前式，影印流通。并谋购求者之便利，同时付印，开售预约。念此版本之罕见与纸墨之精审，惟《古逸丛书》堪相比拟。因取丛刊之体，以续黎氏之书。预约之方，具如别纸。兹举其目如左。夫天水旧椠已不易觌，矧兹二十种者，皆四部之要书、不传之秘册。历经宋元明清名家弆藏、题识，具有渊源，动瞩骇心，可宝孰甚。摄影传神，无异真迹，与旧时仿宋写样上板、辗转失真者，不可以道里计。海内同志，必以先睹为快也。"（《续古逸丛书样本》，商务印书馆 1922 年排印线装本）

　　高凤谦 2 月 7 日在京访胡适，极劝胡适不要办报。胡适谓在上海时，与王云五、张元济、陈叔通三位谈起此事，都不赞成他办报，认为应该专心著书，那是上策，教授是中策，办报是下策。10 月 8 日，梁启超致先生与高凤谦书，曰："一、寄上《大乘起信论考证》稿本一册，请分两期登《东方杂志》。此文颇极得意，初时本拟作数千言，卒乃成此巨帙，甚可笑也。一、此文登杂志后，最好另印单行本，因爱读佛典之人，不必皆阅《东方杂志》也。"（参见《胡适日记》，山西教育出版社 1997 年版；张人凤、柳和城编著《张元济年谱长编》，上海交通大学出版社 2011 年版；吴永贵《民国图书出版史编年：1912—1949》，社会科学文献出版社 2018 年版）

　　王云五时任商务印书馆编译所所长。9 月 14 日，王云五致胡适书，告以拟编《国故丛书》之构想。又言："我个人对于这部丛书，以为纵不能办得美满，总该尝试尝试。但是菊生等对于旧学研究较深的，却稍存慎重怀疑的态度。"是年，王云五在《科学》月刊上发表《中学科学教育》一文，专门论述"中学校科学教育之关系、中学校科学教育之方法、中学校科学教育之课程"。是年，商务印书馆编译所所长王云五实施初步整顿及编辑计划。该计划分为三部分：一为按学科设部，延聘朱经农任哲学教育部部长（后转任国文部部长，主持小学教科书及中学国语文之编辑），唐钺为总编辑部编辑（后转任哲学教育部部长），竺可桢为史地部部长，段育华为算学部部长，任叔永为理化部部长，周鲠生为法制经济部部长，陶孟和为总编辑部编辑（后转任法制经济部长），又聘胡明复、胡刚复、杨杏佛、秉志为馆外特约编辑。二为创编各科小丛书。此前，商务印书馆有关新学之书籍零零星星，缺乏系统，王云五入馆后，及编印各科入门之小丛书，计有《百科小丛书》《学生国学小丛书》《新时代史地丛书》《农业小丛书》《工业小丛书》《商业小丛书》《师范小丛书》《算学小丛书》《医学小丛书》《体育小丛书》等。各种小丛书系以深入浅出之方法，分请各该科专家执笔，以二万字为一单册，四万字为一复册。三为将编译所原附设之英文函授科扩充，改为函授学社，原有之英文为一科，另增设算术与商业专科，并任李培恩（后任私立之江大学校长）为商业科主任。商业专科采用英文讲义，分约国内各大学商学院名教授编撰讲义。因此，商业专科之程度，与一般商学院相似。(参见吴永贵《民国图书出版史编年：1912—1949》，社会科学文献出版社 2018 年版；张人凤、柳和城编著《张元济年谱长编》，上海交通大学出版社 2011 年版)

顾颉刚 3 月为照顾其病重的祖母，顾颉刚请假从北京归苏州。经由胡适介绍为上海商务印书馆编中学历史教科书。12 月 3 日，到沪，顾颉刚任商务印书馆编译所史地部专任编辑。是年，记笔记《景西杂记》第六、七册，《纂史随笔》三册。(参见顾潮编著《顾颉刚年谱》，中国社会科学出版社 1993 年版；袁英光、刘寅生《王国维年谱长编(1877—1927)》，天津人民出版社 1996 年版；陈福康《郑振铎年谱》，三晋出版社 2008 年版)

任鸿隽 2 月 5 日被正式免去教育部专门教育司司长职，前此已于年初携眷回到南京。4 月 29 日，在科学社于南京社所举办的春季演讲会上，作题为“科学与近世文化”的开篇演讲。5 月 3 日，拟赴四川寻找发展实业或教育的机会，科学社南京社友会举行宴会欢送。25 日，携妻女抵重庆。任氏家族商定，从江北香国寺优恤任鸿年的用地中购置中心地段的七十余亩，作为整个家族今后的居住中心，称“任家花园”。任陈夫妇后来为此陆续投资约八万元。8 月，因战事交通受阻未能由重庆赴南通参加科学社第七次年会。与胡明复、孙洪芬、胡刚复、杨铨、金邦正、王琎、张准、王伯秋、丁文江、秉志当选为中国科学社理事。11 月，携妻女离重庆回上海。12 月，被聘为商务印书馆编辑。(参见赵慧芝《任鸿隽年谱》，《中国科技史杂志》1989 年第 3 期；樊洪业、潘涛、王勇忠编《中国近代思想家文库·任鸿隽卷》附录《任鸿隽年谱简编》，中国人民大学出版社 2015 年版)

陈衡哲任商务印书馆编辑，并被聘为南京高等师范学校史地研究会的指导老师，4 月 29 日为南京高等师范学校史地研究会演讲《中国与欧洲交通史大纲》。后又有多次讲演，每次演讲都深受史地研究会年轻会员的关注，与会员交流，“讨论久之”。6 月，陈衡哲所作《四川为什么糟到这个地步》发表于胡适主编的《努力周报》，因其少女时期在成都生活过一段时间，对军阀统治下的四川观感一直不佳。(参见史建国《陈衡哲传》，上海远东出版社 2010 年版)

杨端六“提出的新会计制度 1 月始付诸实施，改革获得成功。从此，商务原来混乱的财会工作走上了正轨”。(参见杨静远《杨端六、袁昌英与商务印书馆》，载《商务印书馆九十年》，商务印书馆 1987 年版；张人凤、柳和城编著《张元济年谱长编》，上海交通大学出版社 2011 年版)

贺昌群入上海商务印书馆编译所，从此开始编译生涯。

黎烈文进上海商务印书馆，任古籍部助理编辑。

陆费逵继续任中华书局局长。1 月 1 日，中华书局同人进德会开成立大会。关于中华书局同人进德会，《申报》本年度多有报道。4 日，《申报》载，中华书局同人进德会成立大会纪：“中华书局同人进德会，系该局职工同人所组织，以增进智识，高尚人格为宗旨。发起未久，会员已达千余人。爰于元旦日上午九时，在静安寺路该局总厂，开成立大会。首由会长陆费伯鸿君致开会词，副会长沈问梅君报告经过情形，继由陆费伯鸿、左舜生、黎锦晖诸君，及来宾翁国勋君，相继演说，词多恳切，而于劳工尤为奖勉。”2 月 21 日，《申报》载，中华书局征求中等国文、本国史讲义。6 月 7 日，《申报》载，中华书局中小学教科书征求意见及教材。10 月 22 日，中华书局发售竹简斋本《二十四史》预约，计 200 册，预约实价连史纸 90 元，有光纸 56 元，加印书根不另取资。书箱两只，连架 14 元。12 月 9 日，中华书局召开股东常会，陆费逵、俞仲还、戴燃哉、李平书、高欣木、吴镜渊、范静生、严慈约、沈峻范当选董事，徐可亭、黄毅之当选监察。(参见吴永贵《民国图书出版史编年：1912—1949》，社会科学文献出版社 2018 年版)

黎锦晖任上海国语专修学校校长，曾组织宣传队，到江苏、浙江、安徽等省的大中城市，用国语音调唱白话文的歌曲及表演"琴语",以宣传、推广白话文和注音字母的优越性。同年,黎氏被调兼任中华书局新创设的国语文学部部长。

金兆梓到上海,入中华书局编辑所任文史编辑。编辑《新中学初级本国历史》教科书和《新中学教科书初级本国历史参考书》等。

汪孟邹继续任亚东图书馆总经理。3月,康白情的诗集《草儿》、汪静之的诗集《蕙的风》,由亚东图书馆出版。9月,中共中央机关报《向导》在上海创刊。陈独秀找到汪孟邹,让亚东筹措最好的纸张,以作《向导》印刷用。《向导》印好后,亚东图书馆还承担了它的发行工作。随后,亚东图书馆抓紧赶排《独秀文存》。这时,陈独秀作为社会主义的领袖,受到反动势力的忌恨和迫害,亚东图书馆还能出他的书,是要有一定的胆量的。《独秀文存》有一、二两集,第一集的内容多为民主与科学,第二集却有社会主义的倾向。亚东印了第一集,便再也没有胆量印第二集了。当有人催问时,汪孟邹谨慎地说:"这可不是小事,不能不看一看风头再动手。出了事,可就吃不消了。"11月,《独秀文存》第一集由亚东图书馆出版,分三卷。卷一,论文;卷二,随感录;卷三,通信。原准备出第二集,后因时局紧张,陈独秀几次被捕,未能出版。(参见吴永贵《民国图书出版史编年:1912—1949》,社会科学文献出版社2018年版)

黄咏台任民智书局经理。2月11日,民智书局在上海开幕。次日《申报》有报道:民智书局开幕:归国华侨因欲提倡新文化、新思想于国内外,特于本埠棋盘街,组织民智书局,以为传布机关,业于昨日正式开幕。其店面陈设装饰,多别出心裁。该局经理为黄咏台。是日备有茶点,以饷来宾,并请中华音乐会会员合奏军乐助兴。各界往贺者甚众,参观者亦络绎不绝。12月18日,《申报》载,民智书局发行世界语讲义:民智书局之昨闻:世界语为联结民族促进和平之利器,故在欧美各国推行甚速,国际联盟则于今年大会议决,承认世界语为国际公用语文。吾国全国教育会联合会,亦于去年通过议案,将世界语加入师范学校课程,以次加入于中小学校。惟吾国谙世界语之人数甚少,而教授自修用书,尤极缺乏。本埠东方世界语传播社现先刊印自修适用世界语讲义,书归棋盘街民智书局发行云。(参见吴永贵《民国图书出版史编年:1912—1949》,社会科学文献出版社2018年版)

赵南公主持泰东书局继续与创造社合作。2月,张资平的长篇小说《冲积期化石》由泰东图书局出版。4月23日,《申报》广告,泰东图书局发行创造社世界名家小说《少年维特之烦恼》,歌德原著,郭沫若译。5月1日,《创造》季刊正式出版。一年后,泰东又出版了《创造周报》。"创造社丛书"的出版一直在进行。(参见吴永贵《民国图书出版史编年:1912—1949》,社会科学文献出版社2018年版)

唐豪时任中华救国十人团联合会理事长。4月7日,中华救国十人团联合会另设通俗阅书社。同日,《申报》载:"南阳桥中华救国十人团联合会,经前次理事会议决,另设通俗阅书社,借以推行社会教育。兹悉该会理事长唐豪,与中华书局经理陆费伯鸿接洽,已允捐助大批书籍,日前送到该会陈列、书架亦已制就,业经布置就绪。从植树节起,即任人阅览,其阅书须知如下……闻该会干事乐嗣炳,尚须向各书局接洽,以期将范围扩大云。"(参见吴永贵《民国图书出版史编年:1912—1949》,社会科学文献出版社2018年版)

王琎任改组后的《科学》杂志编辑部编辑长,赵元任、胡先骕任副编辑长,陈瀛章任书记,编辑有丁文江、竺可桢、曹梁厦、黄昌穀、董时、梅贻琦、何鲁以及《科学》的创始人杨铨、胡明复、任鸿隽、金邦正,共11人。

张宗武、沈雁冰、周作人、周建人、胡愈之、程婉珍、蒋风子等人7月在上海发起成立妇女问题研究会。8月1日,在《晨报副刊》上发表《妇女问题研究宣言》。与中华节育问题研究会合办《现代妇女》杂志。

按:《现代妇女发刊词》曰:在过去时代,占人类半数的妇女,受男子种种的压抑,束缚,支配,被密闭在狭窄的小天地中。所得的结果,遂致世界的人类,成为半身不遂的人类,社会的文化,成为偏枯不全的文化;历史上黑暗的阴影,丑恶的姿态,残酷的惨象,直到现在,还不能洗刷一个净尽。这是何等的耻辱呵!雪这历史上无上的耻辱,化黑暗为光明,变丑恶为美丽,易残酷为仁爱,使人类成为健全的人类,文化成为完整的文化,这是现代妇女的责任!这只有使过去的妇女都成功[为]现代的妇女,才可以做得到!

现代的妇女,乃是自由的妇女。她们要从过去的一切压抑中抬头,从过去的一切束缚中解放,从过去的一切支配中独立。他们要有学习的自由,事业的自由,肉体和心灵的自由,做妻和做母的自由;在自由的天空中翱翔,在自由的大地上歌舞。然而她们的自由,并非专为她们自己的一部分,实是为全世界的人类,为全社会的文化。她们自由了,一切的人也都真正自由了。

我们妇女问题研究会和中华节育研究社这两个团体,发刊这小小的出版物"现代妇女",就是希望帮助过去的妇女成为现代的妇女,取得妇女所应有的一切自由。在这发刊的第一天,谨以此旨敷陈于读者诸君。愿全国有志帮助现代妇女者,有志为现代妇女者,以及取得了自由的现代妇女,大家都肯指导教诲;我们不敢不竭尽微力,跟在诸位的后面,共雪历史上莫大的耻辱!

钱病鹤、李祝萱、王一亭、萧蜕公等人发起组织的上海书画会是年春成立于上海,钱病鹤任会长。该会以"挽救国粹之沉沦,表彰名人之书画"为宗旨,会员有吴昌硕、王一亭、田桓、张聿光、蒋锡曾、吴彦臣、叶伯常、赵半跛、钱化佛、陈益之等。画会的主要活动是定期举办各种书画展览会,供同行观摩,进行书画艺术的讨论和交流。10月,为满足更多书画爱好者的要求,画会曾编辑出版专刊展览会陈列佳作的缩小影印专刊《神州吉光集》期刊,由钱病鹤主编,仅见到的第7期于1924年11月出版。(参见王震《20世纪上海美术年表》,上海书画出版社2005年版)

关良、俞寄凡、汪亚尘、周勤豪、陈晓江等人11月17日在上海发起成立东方艺术研究会,汪亚尘主持会务。设有西洋画科和中国画科等,延聘专家分科指导。该会该会成员大多是上海艺术师范大学的教师和学生,主要会员有倪贻德、丰子恺、李超士、潘天寿、诸乐三、姜丹书、诸闻韵、汪仲山、沈天白、李毅士、陈抱一等。(参见王震《20世纪上海美术年表》,上海书画出版社2005年版)

张石川与郑正秋、周剑云、郑介诚、任矜苹3月在上海集资创办明星影片股份有限公司,同时成立明星影戏学校,并拍摄第一部故事短片《滑稽大王游华记》。李涵秋、张云石主编的《快活》文艺旬刊1月在上海创刊。

严独鹤、施济群主编的《红杂志》8月在上海创刊。严独鹤同时兼任世界书局杂志总编辑。

林焕廷、黄泳台主持的民智书局在上海创办。曾出版《全民政治》《建国方略》《孙大总统广州蒙难记》《三民主义》《社会进化史》《孙中山演讲集》《汪精卫文存》《朱执信集》《胡汉民言论集》等。

沈仪彬为理事长的上海女权运动同盟会10月29日在上海成立。

周全平在上海参加创造社。

谈杜英参与发起上海女权运动同盟,主编《妇女与家庭》杂志。

徐中舒又到上海李家任教,均讲授《左传》。

陈师曾组织"罗园雅集",纪念苏东坡诞辰885周年,陈师曾与齐白石、陈半丁、凌文渊、姚茫父、金城合作《花卉卷》。

赵景深任《新民意报》社文学副刊编辑,并任文学团体绿波社社长,同焦菊隐、万曼等编《微波》《蚊纹》《绿波周报》等刊物,并向郑振铎编的《儿童世界》《文学旬刊》投稿。(参见赵易林编《赵景深的学术道路》,山西古籍出版社2004年版)

张天翼开始写作滑稽和侦探小说,在《礼拜六》杂志发表短篇《新诗》。

周瘦鹃3月30日被上海《晶报》评为上海100名人之一。7月参加由徐卓呆、胡寄尘、张舍我、严芙孙、张枕绿等发起成立的青社,出版《长青》刊物。参与者尚有包天笑、何海鸣、许廑父、江红蕉、程小青、张碧梧、王西神、严独鹤、王钝根、朱瘦菊、赵苕狂、程瞻庐、沈禹钟、李涵秋、毕倚虹等。

许敦谷、胡根天、关良、陈抱一联合举办艺术社绘画展。

林如稷与陈翔鹤等发起成立浅草社,创办社刊《浅草》季刊。

许建屏回国后,任上海《大陆报》主编。

汤国梨出席上海女权同盟会,任临时主席。

沙孟海到上海担任家庭教师期间,与康有为、吴昌硕等相识。

李涵秋任《小说时报》主编。

王一仁、秦伯末等编辑的《中医杂志》12月在上海创刊。

李健吾与同学塞先艾、朱大枬等组织文学团体曦社,创办文学刊物《国风日报》副刊《爝火》,开始发表小说、剧本。

邵醉翁与张石川、郑正秋等合伙经营笑舞台,演出文明戏。

张石川3月中旬创办明星电影公司。

洪深组设戏剧改进社。

徐伯昕毕业于上海中华职业学校。

谭正璧经邵力子介绍,入上海大学中文系学习。

钱亚新从江苏省立第一师范学校毕业后,先后就读于上海大夏大学、国民大学。

潘思同考入上海美术专门学校西洋画科。

关絅之与周舜卿、沈心师、谢泗亭等人发起成立佛教居士林,这是全国第一个居士林团体。关絅之等又创办净业社,施省之任董事长,关絅之任副会长。

穆德5月在上海召开全国基督教大会,成立中华基督教协进会,发表《教会的宣言》,提出建立"中国本色的教会"。

马相伯11月因教宗驻华代表刚恒毅主教(Cardinal Contantini)到达中国,直接管理中国教务,遂与英敛之、廖辅仁等人发动集资,购赠北京定阜大街三号为宗座代表临时公署。后又买定乃兹府甲六号的恭王府为正式公署。(参见李天纲编《中国近代思想家文库·马相伯卷》及附录《马相伯年谱简编》,中国人民大学出版社2014年版)

简又文任上海中国基督教青年会协会编辑部干事。

梁启超1月《中国历史研究法》出版,颇风行一时,在学术界尤其是史学界的产生巨大反响。2月,《梁任公先生最近讲演集》出版,系杨维新辑上年10月至12月两月中先生在各处讲演7篇而成,书首有杨君序文一篇,叙述辑印该书的缘起和经过。同月3日,梁启超有致高梦旦凤谦、陈叔通一书,论译《世界史纲》事。22日,梁启超50寿日,熊秉三以《湖南时务学堂遗编》一书为梁启超寿,梁启超并因熊氏之请,为序文一篇。文中追述时务学堂时代之事迹甚详。3月4—5日,梁启超应北京大学哲学社之请,到北大作题为《评胡适的〈中国哲学史大纲〉》的演讲,胡适到场主持会议,并发表讲话。同月,《孟禄讲演集》出版,梁启超为草序文一篇。

按:梁启超自谓此次闻孟禄博士所讨论之教育问题,为去年所受刺激中最剧要者之一。

梁启超从4月起应各学校和团体之请,开始在北京、上海、南京、济南、武昌、长沙、南通等城市进行二十多次学术演讲活动,内容涉及教育、美术、文化、宗教等多方面,尤以先秦政治思想史和屈原、杜甫研究、女子教育、美术与科学等题目引人注目。同月1日,梁启超为北京女子高等师范学校讲演《我对于女子高等教育希望特别注意的几种学科》。10日,为直隶教育联合研究会讲演《趣味教育与教育趣味》。15日,为北京美术学校演讲《美术与科学》。16日,为哲学社作公开讲演《评非宗教同盟》。21日,为诗学研究会讲演《情圣杜甫》。5月间,为北京法政专门学校作四次五四讲演,题目是《先秦政治思想》。6月3日,为心理学会讲演《佛教心理学浅测》(一名《从学理上解释“五蕴皆空”义》)。7月初,梁启超游济南。3日,为济南中华教育改进社年会讲演《教育与政治》。8月初旬,梁启超赴南京。5日、6日,为东南大学暑期学校学员讲演《教育家的自家田地》和《学问之趣味》。中旬,梁启超至上海。13日,为上海美专门学校讲演《美术与生活》。14日,为上海中华职业学校讲演《敬业与乐业》。18日,为南京科学社生物研究所开幕讲演《生物学在学术界之位置》。末旬至南通。20日,在南通为中国科学社年会讲演《科学精神与东西文化》。31日,赴武昌,并讲演于长沙,讲演毕,经河南返天津。10月10日,为天津青年会讲演《市民的群众运动之意义及价值》(一名《对于双十节北京国民裁兵运动大会所感》)。11月,梁启超再赴南京讲演。3日,为东南大学文哲学会讲演《屈原研究》。6日,为南京女子师范学校讲演《人权与女权》。10日,为东南大学史地学会讲演《历史统计学》。21日,因讲学过劳及酒醉后伤风得病,但讲演迄未全停。12月25日,为南京学界全体公开讲演《护国之役回顾谈》。27日,为苏州学生联合会公开讲演《为学与做人》。至明年一月寒假课毕始返津。

按:此外尚有为南京金陵大学第一中学所讲《什么是文化》一篇,《研究文化史的几个重要问题》(对于旧著《中国历史研究法》之修补及修正)一篇,至于《治国学的两条大路》《东南大学课毕告别辞》《教育应用的道德公准》三篇,便是明年一月间在南京所讲的论题。以上各篇讲演,都收录在《梁任公学术讲演集》第一、二、三辑里面。

梁启超5月于奉、直战终之际与熊秉三等十余人应曹、吴征询,致电提出解决时局意见。6月10日,梁启超致黄溯初、张东荪、张君劢书,商时局问题并及《晨报》、公学各事。10月1日,梁启超致张东荪一书,言著述情形及杂志报纸文章各事说。7日,梁启超著《大乘起信论考证》一书成,在自序中述著该书的缘起和经过。8日,梁启超致张元济、高梦旦一书,商印《大乘起信论考证》各事。10日,《梁任公近著第一辑》编定成书。该书分上、中、下三卷,上卷本年12月出版,中、下两卷次年6月出版。

按:梁启超自序有论其两年来的著述情形和该书的大概内容,曰:“民国九年春,归自欧洲,重理旧业,除在清华、南开诸校担任功课,及在各地巡回讲演外,以全力从事著述。已仰布者有《清代学术概论》约五万言,《墨子学案》约六万言,《墨经校释》约四万言,《中国历史研究法》约十万言,《大乘起信论考证》约三万言。又三次所辑讲演集约共十余万言。其余未成或待改之稿有《中国韵文里头所表示的情感》约五万言,《国文教学法》约三万言,《孔子学案》约四万言,又《国学小史稿》及《中国佛学史稿》全部弃却者各约四万言,其余曾经登载各日报及杂志之文,约三十余万言,辑辑为此编,都合不满百万言,两年有半之精力,尽在是矣。本编殊芜杂,不足齿录,过而存之,借觇异时学力之进退云尔。上卷即《欧游心影录》之一部分,彼书既中辍,录其可存者,分别标题凡八篇。中卷专为研究佛典之著作,内中有《中国佛教史》之一部分,都凡十二篇。下卷研究国史及其他国学之著作,及政治问题诸论文,与夫无可归类者,凡二十七篇,与三次所编讲演集无一从同焉。十一年双十节编定。"(《合集·文集》之三十九)

梁启超11月每日下午在东南大学讲《中国政治思想史》。又日日往听欧阳竟无讲佛学。是月,《梁任公学术讲演集》出版,盖辑梁启超一年来在各地所作学术讲演而成者。书分一、二、三辑。第一、二辑本月出版,第三辑次年9月始出版。三书共有讲演26篇,此外尚有未经收录及整理者甚多。其第三辑自序里已经提到,在其10月间为汇印是书致张东荪的书里,也曾道及。同月10日,梁启超为南京高等师范学校史地研究会演讲"历史统计学"。21日,梁启超因酒醉后伤风得病,原先讲题《中国政治思想史》于汉以后部分尚付阙如。冬,梁启超将此项讲义整理后,成《先秦政治思想史》一书。

按:梁启超是冬在东南大学所其自序中述著该书之缘起及经过甚详,曰:"启超治中国政治思想,盖在二十年前,于所为《新民丛报》《国风报》等,常作断片的发表,虽大致无以甚异于今日之所怀,然粗疏偏宕,恒所弗免。今春承北京法政专门学校之招,讲先秦政治思想,四次而毕,略赓前绪而已。秋冬间,讲席移秣陵,为东南大学及法政专门讲此本,讲义且讲且编,起十月二十三日,迄十二月二十日,凡两阅月成。初题为《中国政治思想史》,分序论、前论、本论、后论之四部,其后论则自汉迄今也。中途婴小极,医者谓心脏病初起,既有征矣,宜辍讲且省思虑,不则将增剧而难治。自念斯讲既已始业,终不能戛然遽止,使学子觖望,卒黾勉成之。幸病尚不增,能将本论之部编讲完竣,其后论只得俟诸异日矣。因所讲仍至先秦而止,故改题今名。启超讲述斯稿之两月间,以余力从欧阳竟无先生学大乘法相宗之教理。又值德人杜里舒博士同在金陵讲学,而张君劢董其译事,因与君劢同居,日夕上下其议论。兹二事者,皆足以牖吾之灵,而坚其所自信,还治所业,乃益感叹吾先哲之教之所以极高明而道中庸者,其气象为不可及也。书成后,徐志摩拟译为英文,刘文岛及其夫人廖世劭女士拟译为法文。倘足以药现代时敝于万一,斯则启超所以报先哲之恩我也已。民国十一年十二月二十八日梁启超自序于南京成贤学舍。"(民国十一年十二月二十八日《先秦政治思想史》自序,见《合集·专集》之五十第一页)

按:是书中阐发先秦政治哲学之余,深赞中国古代哲学之精深博大,并殷殷然以如何发挥而光大之之业期待于将来。其结论一章专讨论此点,及与西洋现代政治思想之比较问题,归结为"今当提出两问题以与普天下人士共讨论焉":其一,精神生活与物质生活之调和问题;其二,个性与社会性之调和问题。

梁启超是年所撰发的论文尚有《中国韵文里头所表现的情感》《地理及年代》《中学以上作文教学法》《中国历史上民族之研究》《五十年中国进化概论》《中学国史教本改造案并目录》等文章。梁启超又曾得到一本重新出版的800多年前宋朝颁布的一部建筑书《营造法式》,当即托人带交给梁思成与林徽因,以作纪念。(以上参见丁文江、赵丰田编著《梁启超年谱长编》,上海人民出版社2009年版)

张伯苓1月17日会晤拟在南开大学筹建东方文化研究院的梁启超及张君劢、张东荪、蒋百里等。梁启超发表《为创设文化学院事求助于国中同志》书。该学院主要学习和研究中国传统文化,采用半学校半书院的组织。院舍在南开大学,"一切学课与南开保相当之联络关系"。2月1日,中国第一届职业学校出品展览会在上海陆家浜中华职业学校举行,张伯苓在展览会演讲。6日,主持南开学校开学典礼,并发表讲话。邀请梁启超演讲,讲毕,梁启超到大学与学生讨论研究学术方法。20日,邀请东南大学体育科主任、中华业余运动联合会书记麦克乐来南开学校指导体育运动。22日,邀前《北京晚报》社长美国人李佳白(Gilbert Reid)在南开中学讲"教育救国"。月底,南开教职员成立赎路集金委员会,张伯苓、华午晴、孟琴襄、张见安、陈赏谷等5人为委员,张伯苓认捐500元,全校集金约8000元。3

月9日邀请胡适来南开讲授《国语文学史》。12日,南开校董事会常会召开,范源濂、严慈约、孙子文、陶孟和、卞傲成和张伯苓出席。16日,顾临(Greene)在《南开学校和东南大学》的信中,对张伯苓指出,委员会很高兴的推荐资助南开大学的理科发展,希望尽快与祁天锡(N. G. Gee)接洽,在他回美国之前帮助你们准备好有关申请资料。23日,邀胡适来南开讲授《国语文学史》。26日,中华教育改进社主任干事陶行知来南开大学召开谈话会。同月,与美国哈佛大学及理工科学生委员会接洽援助南开大学设立工科事。

张伯苓4月1日在北京出席世界基督教学生大同盟国际董事会。4日,参加世界基督教学生大同盟第十一届代表大会。8日,胡适来南开学校,晚预备演讲。11日,听范源濂演讲《公民教育》。12日,出席中华教育改进社事务所成立会,到会者有熊希龄、蔡元培、胡适、陶行知、范源濂等20余人,主席范源濂。胡适、张伯苓、蔡元培、陈宝泉、李襄臣等先后发言。13日,与严修、范源濂回天津。4月,直隶教育厅中小学教育会议召开,张伯苓在南开学校招待出席会议代表。5月2日,因直奉战事,南开中学暂行停课一周。4日,斐陶斐(Phi Tau Phi)学会第一次全国大会在上海举行,通过会章,并选举职员及全国执行委员共8人,会长郭秉文(国立东南大学校长),副会长李斐英(唐山交通大学教授)、司徒雷登(燕京大学校长),总干事牛惠生(圣约翰大学),副总干事张廷金(上海交通大学),委员包文(金陵大学)、张伯苓(私立南开大学)、卜舫济(圣约翰大学)。13日,陶行知从北京来南开大学。张伯苓与陶行知、范源濂、严修、凌冰议事。21日,南开学校董会常会召开特别会议,范源濂、孙子文、卞傲成、王潜明出席,张伯苓列席。因范源濂去美国留学,辞去董事,推周自齐为董事。同月,南开大学在八里台新校址动工起建校舍。

张伯苓6月7日约天津各银行、洋行及各大公司经理讨论大学生毕业后服务办法。10日,因北京政府农商部有裁撤地质调查所之议,张伯苓与蔡元培、梁启超、张謇、张国淦、冯熙运(北洋大学校长)、俞同奎(北京工业专门学校校长)、郭秉文(东南大学校长)等上书,指出"该所办理有年,成绩昭著,似不应在裁减之列"。14日,赴车站迎接顾维钧公使。晚,为南开学生演讲。27日,张伯苓复函安布瑞,对罗氏驻华医社代表洛克菲勒基金会给予南开大学理科资助表示感谢,同时在信中明确对其承诺的项目资助。7月3日,中华教育改进社第一次年会在济南召开,与蔡元培、陶行知、胡适、黄炎培、张元济、张仲仁、汤尔和、陶孟和、黎锦熙、蒋梦麟、丁文江、胡敦复等出席。会见美国新到科学专家推士博士(G R. Tuiss)。8日,南开暑期学校开学,分为四组,请梁启超、范源濂为校董,并邀梁启超、胡适、范源濂、凌冰、陶孟和、董守义、陆礼华、罗素等讲课。9日,张伯苓与胡适、丁文江、陶孟和等同车离开济南。11日,拜访来天津的张元济。30日,胡适抵达天津,住南开大学。31日及8月1日,为南开大学暑期学校讲课。8月1日,张默君女士来南开学校见访张伯苓。2日,与严修同访靳云鹏、陈秀峰、王子春。5日,胡适为南开大学暑期学校授课全部结束,共计6天,先后讲授"国语文学史""国语文法""国文源流"。23日,胡恒德就资助南开大学和东南大学事写信给顾临。

张伯苓9月4日在南开中学始业式上,向全校介绍舒舍予(老舍)、范文澜等19位新聘教师。10日,召开校董会例会,严慈约、孙子文、李琴湘、卞傲成和张伯苓出席。18日,在南开大学第四学年始业式上演讲,主要谈办大学三年来所遇的困难和经验。认为南开大学能在竞争中生存下来并有发展,教师是重要因素。21日,在教育部召开的学制会议第二次大会发言。25日,在南开大学会晤日本经济学家福田德三及同文书院江藤,主持福田学术报告会,并请梁启超介绍。10月10日,主持南开大中学校全体师生国庆纪念会。请中学国文教员老舍发表题为《愿将"双十"解释作两个十字架》的演讲。13日,欢迎美国讲演家艾迪博士(Dr. Sherwood Eddy)一行来南开大学演讲,并请晏阳初翻译。15日,艾迪在天津安徽会馆演讲,张伯苓在其演讲前致辞介绍。17日,南开学校十八周年校庆,邀请梁启超来校讲演《母校纪念及祖国观念》。27日,陪同美国科学教育家推士博士参观天津各学校。29日,主持科学教育研究讨论会,请推士博士发表讲演。11月4日,约请美国科学教育家推士在南开大学讲演教学方法。5日,主持天津市科学教育研究讨论会,邀请天津各校科学教员参加,并在会上提议成立天津市科学教育研究讨论会。13日,邀请农商部地质调查所所长翁文灏来校演讲《地震》,外有幻灯片数张,以助讲解。12月18日,祁天锡给顾临写信谈南开科学馆。22日,出席中华教育改进社董事会会议。参加者还有蔡元培、熊希龄、李建勋、黄炎培、张彭春等人。同月,为《圣经全书汇编》作序。是年,张伯苓受聘为《新教育》杂志社教育普通问题组编辑,同时受聘为该组编辑的还有余日章、沈信卿、汪精卫、汪懋祖、孟宪承、徐甘棠、郭秉文、陈宝泉、刘廷芳、蒋梦麟、郑晓沧、罗世真。(参见龚克主编《张伯苓全集》第十卷附编《张伯苓年谱》,南开大学出版社2015年版)

严修1月17日至南开学校晤吴金彪、范旭东。又晤梁任公、张君劢、蒋百里、张东荪。27日,阅梁任公新著《中国历史研究法》。2月11日,访梁漱溟,梁寓社会教育办事处。阅梁漱溟所著《东西文化及其哲学》。4月12日,偕范源濂、张伯苓去京。是日,中华教育改进社事务所开成立会,到者二十馀人,熊秉三、蔡元培、胡适俱到美术学校与会。主席范源濂、主任干事陶知行先后报告;胡适、李襄臣、张伯苓、陈小庄、蔡元培先后发言。下午五时半散会。4月13日自京返津。13日自京返津。(参见严修自订、高凌雯补、严仁曾增编、王承礼辑注、张平宇参校《严修年谱》,齐鲁书社1990年版)

范文澜夏季应聘到由张伯苓任校长的南开学校任教。先是担任中学部教员,又在大学部兼课。(参见范文澜《中国通史简编》下册附录《范文澜先生学术年表》,商务印书馆2010年版)

徐谟从美国回国,任天津南开大学政治系教授。

罗振玉极力保存内阁大库史料。内阁大库史料于辛亥后移于午门楼上,即历史博物馆。越十年,馆中资绌,且以为旧史料无用,斥其四之三鬻诸故纸商。2月间,罗振玉以事至京师,于市肆见洪承畴揭帖及《朝鲜国王贡物表》,识为大库物,何以流落市廛? 急踪迹之,得诸纸铺,则库藏具在,将毁之,以造俗所谓还魂纸者,已载数车赴西山。罗振玉三倍其值偿之,称贷京津间,得银万三千元,遂以易之。于是此九千袋十五万斤之文书,卒归于罗振玉。而历史博物馆之剩馀,则为北京大学取去。罗振玉既得此,无从得庋置之屋,乃权赁彰义门之善果寺贮之,充闾塞栋,不可展阅。而四方友好闻讯,多书询中何所有,无以应,乃运其少半至津寓,分置天井四周廊下,仅得整理其十之一,编成《史料丛刊初编》。7月,王国维为作《库书楼记》。

按:《库书楼记》略曰:"余谓此书濒毁者再,而参事再存之,其事不可谓不偶然。元明以来史事之至赜至隐,固万万无亡理,天特假手于参事以存之耳。然非笃古如参事者,又乌足以与于斯役也? 今兹所得,又将以十年之力检校编录,而择其尤重要者,次第刊行,事诚至艰且巨,然以前事徵之,余信参事之必能办此也。"文成,静安颇自得意,谓非此文不足以记此事,亦非此事无以发此文也。

罗振玉以金息侯为介,得高邮王氏手稿一箱。辑石臞、文简两世遗文共得8卷,石臞遗著可写定者得三种,他皆未竟之绪。已而又见咸丰间所刊家集,与新辑本有出入,复重为厘定。王静安则作《王怀祖先生训诂音韵书稿叙录》一文,专述其中韵书各稿,"以为书虽未成,然大家之书,足以启迪来学,固不以完阙异"。又谓"清人治古韵始于昆山,至婺源、休宁、金坛而剖析益精。先生与曲阜出,此学乃不备。此六家虽疏密不同,说亦不能强合,然要为百世不祧之宗则一也。"10月3日,沈子培卒于沪,年73。翌月,罗振玉赴沪吊之。王国维书言:"其遗著,书眉及废纸所记,颇可纂辑成数卷,其成书亦有数卷,诗文大致已有清本,合之可得二十卷。此事维当任之,刊刻之资,刘翰怡当能任之"。未几,王国维应召北上,所预计未能实现。是年,乌程刘承干重刊诸城刘喜海《海东金石苑》,罗振玉为辑《补遗》6卷,以名归翰怡;东莞容庚以所著《金文编》请业,罗振玉甚赏之,出所藏金文拓本,恣其搜补,且为制序。(参见罗继祖《永丰乡人行年录(罗振玉年谱)》,江苏人民出版社1980年版)

老舍 1—7月间在北京缸瓦市基督教堂正式接受洗礼,加入基督教。7月,为北京缸瓦市中华基督教会起草"规约草案"。9月4日,天津南开学校中学部开学,老舍应聘任国文教员。9日,南开中学校务会议决定组成本校出版组织,老舍被委为教职工代表。10月10日,老舍在南开学校举行的"双十"庆祝会上演说。13日,南开学校出版委员会成立,老舍被推举为委员。12月,所译宝广林著《基督教的大同主义》发表在《生命》月刊第3卷第4期,为老舍最早的译文。

按:宝广林(乐山)曾留学英国伦敦大学神学系,回国后任北京基督教青年会干事,老舍常与之交往。(参见甘海岚编撰《老舍年谱》,书目文献出版社1989年版)

王昆仑毕业于北京大学哲学系。8月应聘为天津南开中学国文教员,与老舍、范文澜等同事,学生有曹禺、冯至和王瑞骧等。

张謇 1月4日邀孟禄抵通,参观、调查学校。2月8日,张謇在中华教育改进社在上海举行的董事会上被推为筹画全国教育经费委员会委员。另有蔡元培、范源濂、梁启超、汪大燮、聂云台、严修、穆湘玥、张嘉璈、周作民、张一麐、史量才、汤尔和、郭秉文、余日章、谭熙鸿、袁希涛、沈恩孚、熊希龄、黄炎培、陶行知等为委员。范源濂为董事长,陶行知为主任干事。2月15日,嘱黄炎培参加筹画全国教育经费委员会于上海举行的会议,另有张一麐、史量才、范源濂、汤尔和、郭秉文、穆湘玥、余日章、谭熙鸿、袁希涛、沈恩孚、熊希龄、黄炎培、陶行知、蔡元培等与会。同日,致函谢强公,谓"德、智、体、群四育,自为社会成德之基"。2月23日,在俄国灾荒赈济会上海部在一品香饭馆举行的会议上被推为董事会董事。另有朱葆三、宋汉章、钱永铭、余日章、郭秉文、李登辉、史量才、陈光甫、邵力之、王震、何丰林、虞和德、张一麐、叶楚沧、许沅、沈恩孚、穆湘玥、穆湘瑶、朱庆澜、劳敬修、马相伯、李平书、谭延闿、马玉山、简照南、王赓廷、姚煜、任传榜、田时霖、钮永建、赵正平等为董事。聂云台、王正廷、黄炎培分别为正、副董事长。

按:该赈济会"以赈济俄灾,敦睦邻谊,发扬国际间之人道主义为宗旨"。

张謇 3月11—12日于苏社在上海中华职业教育学校、爱俪园举行的第三届大会上,被推为理事。另有黄炎培、张一麐、沈恩孚、黄以霖、方还、韩国钧、王清穆、钱崇固、张怡祖、荣宗铨、马士杰、储南强、朱绍文、穆湘瑶、吴兆曾、唐文治、徐隽、张继高为理事。3月19日,在暨南学校在上海一品香饭馆举行的第一届董事会议上被推为"新校舍筹备会"成员。另有林文庆、袁希涛、黄炎培、范源濂、简照南、李登辉、史量才、严家炽、钱永铭、郑洪年、赵正平等校董担任此职。4月前后,拟《〈申报〉五十年纪念序》。5月15日,在《北京大学日刊》所载《国立东南大学孟芳图书馆募捐图书启及募捐图书办法》署名行列。另有蔡元培、王正廷、袁希涛、聂云台、穆湘玥、陈光甫、余日章、严家炽、钱永铭、荣宗敬、沈恩孚、江谦、蒋梦麟、黄炎培、郭秉文、齐燮元等在署名行列。8月7—9日,张謇在《通海新报》所载《国立东南大学孟芳图书馆募捐图书启》署名行列。8日,梁启超于东南大学发表演说:江苏省教育会可谓"中国最有声名之团体,而早年举会长是张謇,及至现今仍是张謇,其实早应居指导地位矣,此先辈所当觉悟者也",载8月10日《申报》。

张謇8月11日嘱张怡祖、陈端任中国科学社南通第七次年会筹备委员会正、副委员。同日,《通海新报》载文,谓中国科学社为"缔造于留美学员中之优美分子,组合数年,成绩卓著。国外硕学通儒咸耳其名,到社演讲被推为名誉社员者,不一而足。今则国内先觉者,若张啬公、蔡子民、汪精卫诸先生皆与焉"。18日,嘱张怡祖参加中国科学社于南京举行的生物研究所开幕仪式,获赠新建生物研究所。20日下午,张謇往通崇海泰商务总会大厦,参加中国科学社第七次年会开幕式。梁启超、马相伯、胡敦复、胡明复、胡刚复、沈元鼎、谭熙鸿、陶行知、王纯焘、胡先骕、邹秉文、柳诒徵、竺可桢、丁文江、杨杏佛、过探先、席德炯、秉志、徐南骅、何鲁、钱天鹤,以及外籍社员、美国俄亥俄州立大学教授推士等与会,梁思成、梁思永亦作为来宾与会。会议选举蔡元培、马良、张謇、汪精卫、熊希龄、梁启超、严修、范源濂、胡敦复为中国科学社董事,任鸿隽、竺可桢、胡明复、王琎、任鸿隽、丁文江、秦汾、杨杏佛、赵元任、孙洪芬、秉志、胡刚复为理事。

按:张謇在开幕式上首先致辞:欢迎诸君莅通,"发见其阙失而指导之,则获益良非浅鲜,盖今日为科学发达时代,科学愈进步,则事业愈发展""可见科学与地方事业关系之重要""次张孝若致欢迎辞,继由社员代表谭仲逵(熙鸿)答谢。次梁启超、马相伯先后登台演讲,讲题为'科学之精神与东西之文化'及'科学与大学之需要'"。中国科学社与会代表以及南通代表约七百余人,城南马路一带车水马龙,颇极一时之盛。晚,于通崇海泰庙务总会大厦,主持欢迎宴会并"致招待之诚意""梁启超和推土博士均有答词""南通军政长官镇守使县长耀莘备(鸿宾),以及地方自治会、商会、农会、教育会各代表陪席酬酢,相对尽欢"。

郭秉文继续任东南大学校长。2月15日,致函国务院外交、财政、教育各部,请将德、法两国退还庚子赔款作东南大学经费。25日,浙江督军、省长致函本校,告以因经费困难,无款可筹。江西亦以同样理由拒出经费。4月17日,南京各校代表在常府街学生联合会会址开会,决定游行示威。19日,东大等校800余名学生上街游行。26日,安徽省省长致函本校,因财政支出,筹款无着。5月5日,中国社会主义青年团"一大"在广州召开。同日,南京团组织在本校梅庵召开团员大会,通过了《南京社会主义青年团章程》,并决定组织马克思学说研究会。会后,到后湖(即玄武湖)举行马克思纪念会,请本校教授杨杏佛讲演"马克思传略"。是时,南京团组织的负责人是本校学生吴肃、侯曜。6月,上海商科大学改由本校独办,更名东南大学分设上海商科大学。夏,招考新生。仅招大学预科,高师停止招生。10月30日,陶行知赴北京筹措经费。11月26日,工科全体学生致书校长,请任茅以升为工科主任。12月26日,南师评议会、教授会联谊会议,通过高师归并东大办法。高师学生依照所学科目科类归入东大各科。已毕业各届学生补修部分课程后,承认为东大毕业生。(参见南京大学高教研究所编《南京大学大事记1902—1988》,南京大学出版社1989年版)

梅光迪、吴宓、胡先骕、刘伯明、萧纯锦、徐则陵、马承堃、柳诒徵、邵祖平等留洋回国的东南大学教授等创办的《学衡》杂志1月1日开始发行,编辑部设在南京东南大学,由上海中华书局出版发行,分设辩言、通论、述学、文苑、杂缀、书评等栏目。刊首刊登孔子和亚里士多德画像,反映了《学衡》的宗旨。经常为该刊撰稿的著名学者有刘伯明、柳诒徵、王国维、景昌极、缪凤林、汤用彤、张荫麟、孙德谦、郭秉龢等20余人。著名历史学家柳诒徵为《学衡》杂志起草《学衡杂志简章》,开宗明义地提出《学衡》的宗旨:"论究学术,阐求真理,昌明国粹,融化新知。以中正之眼光,行批判之职事,无偏无党,不激不随。"此后,以《学衡》为中心,以反对五四新文化、发扬中国文化为己任,同时致力于翻译或介绍西方古代重要学术文艺及近世学者论学论文之作,形成了一个在中国近代历史上独具特色的思想流派,史称"学衡派"。在当时《学衡》被认为是"复古派杂志""国粹派杂志"。发起者有三分之一留学美国和法国。梅光迪、吴宓都曾在美国哈佛大学研究院攻读西洋文学,受业于美国人文主义的倡导者白璧德。因之,他们评判文学的标准受到人文主义思想的影响。

按:《学衡》从1922年创刊到1933年停刊,前后坚持了11年之久,共出79期。因出版《学衡》而形成的"学衡派"最初都是东南大学的教授,如发起者梅光迪、胡先骕,主编吴宓。此外尚有刘伯明、吴芳吉、刘扑、易峻、曹慕管、张鑫海、李思纯、浦江清、张荫麟、赵万里、郭斌龢、马宗霍、汤用彤、黄华、萧纯棉、柳诒徵、徐则陵、张其昀、王焕酥、徐镇颚、束世澂、向达、刘永济、刘盼遂、林损、王易、王浩、黄节、刘善择等。杂志常设6个栏目:辩言、通论、述学、文苑、杂缀、书评,内容涵盖文学、哲学、史学、宗教、伦理、教育、时事等诸多领域。《学衡》对新文化运动进行了不遗余力的抨击。在创刊号里,梅光迪就以《评提倡新文化者》对新文化运动的倡导者们进行攻击,言其"非思想家,乃诡辩家也""非创造家,乃模仿家也""非学问家,乃功名之士也""非教育家,乃政客也",措辞辛辣尖锐。刘伯明的《论学者之精神》对新文化派"于新知之来不加别择,贸然信之"的做法进行批评。如此,《学衡》刚出版,就遭到包括鲁迅先生在内的新文化派的攻击。1922年2月9日,鲁迅以笔名"风声"在《晨报副刊》上发表著名杂文《估"学衡"》,对《学衡》杂志进行全面否定。

按:《学衡》创刊号"通论"部分中的刘伯明《学者之精神》、梅光迪《评提倡新文化者》、萧纯锦《中国提倡社会主义之商榷》,以及"书评"部分的胡先骕《评〈尝试集〉》,皆是针对新文化运动的。1922年2月4日,胡适在日记中说,《学衡》"出版之后,《中华新报》有赞成的论调,《时事新报》有谩骂的批评,多无价值。"(曹伯言整理《胡适日记全编》第3册,安徽教育出版社2001年版)

按:吴宓《吴宓自编年谱》说:"与《学衡》杂志敌对者为:(一)上海'文学研究会'之茅盾(沈雁冰)一派。茅盾时在商务印书馆,任《小说月报》总编辑。(二)上海《民国日报》副刊《学灯》之编辑邵力子一派。"而"若其赞同《学衡》者,首有上海《中华新报》主笔张季鸾君,在其《报》中著论,且更进一解,谓今全国青年所彷徨纷扰者,厥为人生观问题,盼《学衡》社诸君,能于此有所主张,有所启示。云云。"

按:梅光迪说:"和美国的人文主义者一样,中国的人文主义运动的支持者也是大学里的学者。他们的文学机构主要是《学衡》,一本创办于1922年的中文月刊。其主编是清华大学的教授吴宓先生。他是中国人文主义运动最热忱而忠诚的捍卫者。前两年,他又接管了被公认为中国最好的日报天津《大公报》的文学增补周刊编辑工作;从而佐证了他那过人的体力。中国人文运动另一重要出版物是《史地学报》,由著名作家、历史学家柳诒徵先生主编;他目前正在南京的国立图书馆担任主管。与这两位有交情的朋友和他们的学生都是这场运动的推动力。需要指出的是,这当中许多人,像柳先生一样,都是在中国这片土地上,完全在中国文化熏陶之下成长起来的。"(罗岗、陈春艳编《梅光迪文录》,辽宁教育出版社2001年版)(参见沈卫威《学衡派编年文事》,南京大学出版社2015年版)

梅光迪在《学衡》杂志创刊号发表《评提倡新文化者》一文,全面抨击新文化运动的提倡者,舆论界为之哗然。新文化运动的倡导者立即发表文章予以反驳。双方在对待中国传统文化、对待五四新文化等问题上展开了激烈论争。是年,还在《学衡》杂志发表《评今人提倡学术之方法》《论今日吾国学术界之需要》《现今西洋人文主义》等论文。(参见沈卫威《学衡派编年文事》,南京大学出版社2015年版)

吴宓1月1日与梅光迪、吴宓、胡先骕、柳诒徵等一同创办《学衡》,任总编辑,兼"书评"责任人。2月,吴宓的清华学校同学、好友吴芳吉自长沙明德学校到南京东南大学访吴宓。当年在清华学校,吴宓等人与吴芳吉一同闹学潮。关键时刻,和吴宓一起闹学潮的其他官宦子弟被校方收买,私通校长,结果使吴芳吉一人被清华学校开除。吴宓对此抱愧终生,后来为吴芳吉及家属所做的一切,都是在支付欠朋友的这份感情、道义之责。3月,吴宓为《学衡》本期卷首撰写《学衡》杂志简章。

按:自第3期始,《学衡》杂志简章中署"总编辑兼干事吴宓"。《学衡》杂志简章全文如下:

(一)宗旨:论究学术,阐求真理,昌明国粹,融化新知。以中正之眼光,行批评之职事。无偏无党,不激不随。

(二)体裁及办法:(甲)本杂志于国学则主以切实之工夫,为精确之研究,然后整理而条析之,明其源流,著其旨要,以见吾国文化有可与日月争光之价值,而后来学者,得有研究之津梁,探索之正轨,不至望洋兴叹,劳而无功,或盲肆攻击,专图毁弃,而自以为得也。(乙)本杂志于西学则主博极群书,深窥底奥,然后明白辨析,审慎取择,庶使吾国学子,潜心研究,兼收并览,不至道听途说,呼号标榜,陷于一偏而昧于大体也。(丙)本杂志行文则力求明畅雅洁,既不敢堆积饾饤,古字连篇,甘为学究,尤不敢故尚奇诡,妄矜创造。总期以吾国文字,表西来之思想,既达且雅,以见文字之效用,实系于作者之才力。苟能运用得宜,则吾国文字,自可适时达意,固无须更张其一定之文法,摧残其优美之形质也。

(三)组织:本杂志由散在各地之同志若干人,担任撰述。文字各由作者个人负责,与所任事之学校及隶属之团体,毫无关系。

(四)投稿:本杂志于投稿者,极为欢迎。投稿祈径寄南京鼓楼北二条巷二十四号《学衡》杂志社收。不登之稿,定即退还,但采登之稿,暂无报酬。

(五)印刷发行:本杂志由上海中华书局印刷发行,每月一册,阳历朔日出版,每册二角五分。凡欲购本杂志或望登广告者,径与中华书局总分局接洽可也。

附:本杂志职员表总编辑兼干事吴宓,撰述员人多不具录。

吴宓7月6日接待《学衡》社社员华桂馨、缪凤林、景昌极来访。7日,吴宓拜访刘伯明、杨铨。8日,吴芳吉、周光午到南京拜访吴宓。吴芳吉推荐周光午为吴宓助手,协助吴宓编辑《学衡》杂志。10日,吴宓陪同吴芳吉、胡子靖拜访胡先骕、刘伯明。13日,吴宓拜访梅光迪、柳诒徵、欧阳竟无。9月5日,吴宓致函吴芳吉,谈论他与先生别后一年来的情况。9月17日,白璧德复函吴宓,为《学衡》出谋划策,并推荐先生所撰叔本华哲学及佛教方面的文章。同月,东南大学西洋文学系正式成立,梅光迪为系主任,吴宓为教授;吴宓、梅光迪推荐同学、好友汤用彤为东南大学哲学系教授。吴宓推荐同学、好友顾泰来(? — 1928)为东南大学历史系教授。吴宓推荐同学、好友、清华学校"天人学会"同仁黄华为东南大学法律系教授。(参见沈卫威《学衡派编年文事》,南京大学出版社2015年版)

柳诒徵为《学衡》杂志起草《学衡杂志简章》,1月1日刊于《学衡》杂志创刊号。5月12日,柳诒徵为南京高等师范学校史地研究会演讲"中国近世之史料"。10月25日,南通张謇在收到柳诒徵寄赠的《学衡》杂志后有一封回信,盛赞《学衡》及东南大学,谓《学衡》杂志"论新教育、论白话诗,乃无一非吾意所欲言。不意近日白门乃有此胜流,群口之乐也。望更寄全分三部,欲分与中学、师范诸校,为流行病之药。吾恶知恶风之不已侵吾域耶? 得此庶以为自证,以同自卫"。12月18日,柳诒徵为南京高等师范学校史地研究会演讲"正史之史料"。冬,梁启超在东南大学讲授先秦政治思想史,当时相与商讨研史心得。是年,论著《汉人生计之研究》《钦天山重建观象台议》《清史刍议》发表于《史地学报》另有《汉官议史》《梁氏佛教史评》《论中国近世之病原》《选举阐微》《顾氏学述》《论大学生之责任》《华化渐被史》《论今之办学者》《读墨微言》发表于《学衡》。(参见孙文阁、张笑川编《中国近代思想家文库·张尔田、柳诒徵卷》附录《柳诒徵年谱简编》,中国人民大学出版社2015年版;沈卫威《学衡派编年文事》,南京大学出版社2015年版)

胡先骕以20天之力所撰长文《评〈尝试集〉》1月1日刊于《学衡》杂志创刊号,第2期续载。文中以中外文学史实和理论,批驳胡适新诗和文学革命之说,最终得出《尝试集》不仅了无价值,而且还将扰乱思想之论断。胡先骕《评尝试集·尝试集之价值及其效用》:"《尝试集》之价值与效用,为负性的。夫我国青年既与欧洲文化接触,势不能不受其影响,而青年识力浅薄,对于他国文化之优劣无抉择之能力,势不能不于各派皆有模仿。然以模仿颓废之故,至有如是之失败,则入迷途之少年,或能憬悟主张偏激之非而知中道之可贵,洞悉溃决一切法度之学说之谬妄,而知韵文自有其天然之规律,庶能按部就班力求上达也,且同时表示现时代之文学尚未产生。……是胡君者,真正新诗人之前锋,亦犹创乱者为陈胜、吴广而享其成者为汉高,此或《尝试集》真正价值之所在欤。"是年,吴宓叹服胡先骕诗学之造诣,乃相与切磋。

　　按:胡先骕《梅庵忆语》曰:"七刊物之发行在余个人亦为一有意义精神活动,在《学衡》之第一、二两期即发表长二万言《评〈尝试集〉》一文,博引中外文学批评家之语以证胡适之主张之不当,此文出后《新青年》《新潮》两刊物中迄无人作一文以批评之,仅罗家伦曾作一讥讽口吻之短评而已。以后余曾作评论明清诗词家之文多篇,同时主编诗词选,颇引起外来婴鸣以感,亦快事也。"

　　胡先骕1月译《白璧德中西人文教育谈》刊入3月《学衡》第3期,吴宓于文前作题识介绍。2月4日,北京《晨报副刊》"杂感"栏发表式芬《〈评尝试集〉匡谬》一文。2月,鲁迅撰文《估〈学衡〉》,对《学衡》第一期所载诸文之造句用词等加以评说,于胡先骕之文,有云:"还有《浙江采集植物游记》,连题目都不通了。采集有所务,并非漫游,所以古人作记,务与游不并举,地与游才相连,匡庐峨眉,山也,则曰记游;采疏访碑,务也,则曰日记。虽说采集时候,也兼游览,但这应该包举在主要的事务里,一列举便不'古'了。例如这记中也说吃饭睡觉的事,而题目不可作《浙江采集植物游食眠记》。"3月11日,《时事新报·文学旬刊》第31期刊载郎损(沈雁冰)《驳反对白话诗者》一文,反驳胡先骕《评〈尝试集〉》一文。"其后同刊第33期刊载钱鹅湖《驳郎损〈驳反对白话诗者〉》一文,为胡先骕辩解,认为诗须有格律,有质有形,认为"白话诗,自由诗亦非诗也,无诗之形也"。

　　胡先骕4月返赣,携东南大学校长郭秉文3月11日致江西省长公函,与省教育厅联系,欲得经济上予东南大学以相当之援助。8月,胡先骕与东南大学植物病理学教授邹秉文、东南大学植物生理学教授钱崇澍合作编著之《高等植物学》由商务印书馆出版,此为我国植物学第一部教科书,许多植物学术语由此书译定,并沿用至今。同月18日,中国科学社生物研究所在南京成立,举行开幕典礼。生物研究所成立,推定秉志主持。所内设动物、植物两部,由秉志、胡先骕各司其事。20日,胡先骕出席中国科学社在南通举行的第七次年会。是年,胡先骕在《学衡》上刊出评论清诗论文多篇,即有《评赵尧生香宋词》《评阮大铖咏怀堂诗集》《读郑子尹巢经巢诗集》《评金亚匋秋嬉吟馆诗》《评朱古微彊村乐府》《评俞恪士觚庵诗存》等,开清诗研究之先河,并奠定其在近代文学批评史地位。(参见胡宗刚编著《胡先骕先生年谱长编》,江西教育出版社2008年版;沈卫威《学衡派编年文事》,南京大学出版社2015年版)

　　陶行知1月在上海送孟禄回国。同月3日至8日,中华教育改进社第一届年会在济南举行,陶行知作社务报告,学术部内又分研究、调查、编译、推广四科。此次年会,首倡科学教育。2月,受聘为中华教育改进社主任干事。4月,陶行知与胡适、凌冰合作编译的《孟禄的中国教育讨论》出版。5月,与蔡元培、王宠惠、李大钊、胡适等16人联名发表《我们的政治主张》。因蒋梦麟赴美,自《新教育》第4卷第2期起接任主编,并定为中华教育改进社机关刊物。延聘中外教育家42人担任编辑,特约各国教育界代表报告最新教育消息。在"学制研究专号"上发表《我们对于新学制草案应持之态度》《评学制草案标准》《中国建设新学制的历史》等文。12月6日,南京高等师范并入东南大学。任东南大学教授、教育科主任和教育系主任。(参见江苏省陶行知研究会、南京晓庄师范学校编《陶行知文集》下附录《陶行知生平年表》,江苏教育出版社2008年版;余子侠编《中国近代思想家文库·陶行知卷》附录《陶行知年谱简编》,中国人民大学出版社2015年版)

陈鹤琴是年春赴上海及江浙各地公私立学校作教育测验。4月,东南大学校长郭秉文呈文教育部并函请浙江省教育厅派陈鹤琴赴美研究儿童心理,并附陈之志愿书。志愿书称:"初等教育为教育之基础,儿童心理与幼稚教育为初等教育之基础,盖教育基础之基础也。故欲改革中国前途,教育非从初等教育入手不可,尤非从儿童心理与幼稚教育入手不可。所谓植树培本、筑室固基之谋也。区区之志,即在于斯。"后因浙江省教育厅将名额另行安排,未成。9月,与廖世承、陆志韦等同美国教育心理学家麦柯尔博士一起,在东南大学共促我国测验运动的发展。12月,南京高等师范学校全部并入东南大学,继续任教务部主任兼教授。是年,经两年多的研究工作,编成我国第一本汉字查频资料《语体文应用字汇》,发表于《新教育》杂志。此研究成果对编写小学课本和普及教育起了推动作用,并为陶行知、朱经农编写《平民千字课》课本提供了用字依据;与廖世承合编的《比奈－西蒙智力测验法》和《比奈-西蒙智力测验材料》,由商务印书馆出版。编写的多种中小学教育和智力测验材料和文章陆续发表。在《教育汇刊》发表《我对儿童惧怕心之研究》,在《心理》杂志发表《智力测验的用处》《研究儿童知识之方法》《理解性之学习法》等文。(参见陈鹤琴《陈鹤琴全集》附录《陈鹤琴生平年表》,江苏教育出版社2008年版)

竺可桢1月11日在南高史地研究会全体会员茶话会上致辞,并报告北极阁建设观象台之计划及希望。3月,在《科学》发表《南京之气候》,从季风的角度讨论南京气候的特征,并注意地区的气候变化对农业的影响。是为中国最早关于地方性气候志的研究。4月2日,带领东大地学系学生考察江宁岩山12洞。8日,主持中国科学社南京社友会欢迎工文江由上海回北京途经南京,同时欢迎来南京任事的新社员熊庆来等。14日,在中国科学社董事会上被推为年会论文委员会委员。21日,在南高史地学会举行的演讲会上介绍美国情况,并以幻灯演示,出席会员及旁听者达220余人。5月3日,主持中国科学社南京社友欢送宴会并致欢送辞,为任鸿隽社长夫妇为实业教育事回四川送行。6日,在中国科学社举办的春季演讲会中,演讲地理与人生的关系,采用图表多张,所论极具兴趣。后以《地理对于人生之影响》为题刊于《史地学报》。文章论述了气候与地理环境对于人类生活、农业生产、交通、人口分布、人类文明和文化发展的影响,以及水旱、台风等天气灾害的危害。从地理学的角度阐述了人类与自然环境的关系及灾害性天气的危害。

竺可桢7月1日偕柳诒徵、王伯秋、白眉初、韦润珊至浦口乘专车北上济南,参加中华教育改进社年会。2日晨,至济南。晚,共商地理教学组议案事宜。3—8日,在济南出席中华教育改进社年会,为地理教学组分组会议主席,主持3次分组会议,到会有高鲁、蒋丙然、白眉初、韦润珊等。讨论通过8项议案,其中包括由竺可桢提出的"拟请教育部或中华教育改进社管理青岛观象台并加以扩充案"和他与白眉初联名提出的"地理教学法案"与"调查蒙藏地理案"。会议期间参观了图书馆历史博物展览会。4日晚,出席科学谈话会,讨论有关如何进行调查及组织一科学委员会事宜,到会者有推士(美国俄亥俄大学教授)、胡敦复、朱经农、吴承洛、胡适、丁文江、秦汾、汤孟若、何鲁。9日,离济南,途中游泰山和曲阜。12日,抵南京。同月,在《科学》上发表《气象与农业之关系》一文。8月20—24日,在南通出席中国科学社第七次年会,当选司选委员,作题为"台风"的演讲。会议通过修改社章草案,改原有的董事会为理事会,专司执行事务。另设董事会,主持全社经济及大政方针。

竺可桢8月被推为正在筹办的杭州大学董事候选人之一。9月23日,在中国科学社成贤街社所主持翁文灏演讲会。10月11日,致函郭秉文,鉴于地理学人才的缺乏,建议从南高明年毕业人东大的6人中,择优选派赴欧美留学,专习地理。同月,在《科学》上发表《地理教学法之商榷》,批评国内中小学地理教学只注重记忆山川物产名物的死板方法,指出地理环境对人类生活的影响是地理学的重要内容,应注意安排学生在课堂之外进行野外旅游、观察地形和气候观测。冬,中国科学社正式选举出第一任董事与第一任理事,马相伯、张謇、蔡元培等9人当选为董事;丁文江、竺可桢、胡明复、王琎、任鸿隽等11人当选为理事。12月10—13日,应山东省长兼督办熊炳崎电邀,赴青岛襄助接收观象台。虽然尽力为之进言献策,但事未果,自谓原因有三:"政府事前无充分之准备,青岛住民之饱受惊慌,与夫日本人之用意太深是也。"后发表《青岛接收之情形》。13或14日晚,出席东大史地学会,报告去青岛接收测候所之经过,也旁及于其他方面之观察。19日,出席中国科学社第四次董事会,被推定春季演讲委员会委员。29日,出席中国科学社第五次董事会。被推举为演讲委员会主任。是年,发表文章还有《欧战后世界各国新形势》《改良阳历之商榷》等。(参见李玉海编《竺可桢年谱简编》,气象出版社2010年版)

杨杏佛4月受命组织中国科学社第二届春季系列演讲,并作《中国人口统计与人口问题》讲演。5月5日,马克思104周年诞辰纪念日。南京市社会主义青年团第一次代表会议在东南大学梅庵召开,会后代表们齐集玄武湖举行马克思纪念会。杨杏佛应邀作《马克思传》的演说,着重介绍马克思阶级斗争学说和剩余价值理论,并支持成立"马克思学说研究会",对马克思主义在东南大学传播产生了重要影响,被誉为"播火者"。8月20—24日,中国科学社第七次年会在南通召开。会上决定成立理事会,与董事会分立。董事会由社会名达组成,负责方针大计,原董事会大部分成员改任理事,负责日常社务。杨为第一届理事会理事。会议期间应南通文数团体邀请演讲《科学的办事方法》。11月,给在唐山交通大学任职的茅以升写信,请他到东南大学任工科主任。茅以升到东大后,常到杨家抵掌纵谈,受到汤及夫人赵志道热情接待,杨、茅成为过从最密的至交。是年,在《科学》上发表《最不注意之工业激育》《科学管理法之要素》《工商业组织》《成本会计》等文,并撰写了长达40页的《中国科学社第七次年会记事》。(参见许为民《杨杏佛年谱》,《中国科技史料》1991第2期)

汤用彤6月由梅光迪、吴宓推荐,应东南大学副校长刘伯明之聘,准备回国出任哲学系教授、系主任。7月初,汤用彤乘火车离开波士顿,前往加拿大西部海港城市温哥华,再乘船返回上海。汤用彤在起程不久的途中寄了一张明信片给兰曼告知其回国的消息。27日,刚从欧洲回到家的兰曼在晚上开始读信,并在日记中记录下汤用彤和陈寅恪来信之事。9月5日,吴宓致函吴芳吉,谈论他与汤用彤别后一年来的情况。17日,白璧德复函吴宓,为《学衡》出谋划策,并推荐汤用彤所撰叔本华哲学及佛教方面的文章。12月1日,汤用彤在《学衡》杂志第12期发表《评近人文化之研究》,有针对地批评了当时三种不良倾向:第一种是"诽薄国学者",第二种是"输入欧化者",第三种是"主张保守旧文化者"。(参见汤一介、赵建永编《中国近代思想家文库·汤用彤卷》及附录《汤用彤年谱简编》,中国人民大学出版社2015年版;沈卫威《学衡派编年文事》,南京大学出版社2015年版)

陈中凡继续在东南大学任教。继承蔡元培提倡学术思想自由,兼收并蓄的办学方针,课外开展多种活动。3月,在《文哲学报》第1期发表《中国文学演进之趋势》,文中在黄人已在《中国文学史》的模糊的进化论思想,以及胡适提出"历史的文学观念""文学进化观念"的基础上,开始明确用进化论分析中国文学。通过对诸夏文学演进趋势的考察,陈中凡指出:"诸夏文学,原于风谣,进为诗歌,更进而为散体,斯固世界文学演进之趋势,无间瀛海内外,莫能外是例也。"作者不但对中国古代文学文体演进进行宏观描述,开创了运用进化史观宏观分析中国文学的先河,而且体现出了把中国文学纳入世界文学演进趋势的自觉意识。秋,与同人发起组织"国学研究会",编辑出版《国学丛刊》,力求以科学方法"整理国故,增进文化",与盲目复古之学衡派相抗衡。指导员为陈中凡、吴梅、陈去病、柳翼谋等人。总干事为李万育,会员有余秉春、张世禄、赵万里、田世昌、吴江冷等一百余人。曾邀请梁启超等著名学者举行了十次演讲会。从北大聘请吴梅前来讲授词曲,为东南大学开创了重视通俗文学的风气,培养了一批著名的从事词曲教学和研究的人才。(参见姚柯夫编著《陈中凡年谱》,书目文献出版社1989年版;付祥喜《20世纪前期中国文学史写作编年研究》,北京师范大学出版社2013年版)

胡焕庸2月任南京高等师范学校史地研究会第五届总干事,陈训慈任编辑主任,向达等任编辑,周光倬、缪凤林为干事。指导员白眉初负责中国地理,竺可桢负责世界地理,柳诒徵负责中国史,徐则陵负责西洋史,陈衡哲负责中国历史。

刘伯明时任东南大学办公室副主任。6月6日,致函在上海的校长郭秉文,建议请王国维到东大执教。8日,郭秉文致函沈信卿,请介绍王国维为词曲诗赋教授。(参见沈卫威《学衡派编年文事》,南京大学出版社2015年版)

曾膺联教授3月24日为南京高等师范学校史地研究会演讲《南洋风土情形》。3月26日,率领该校文史地部郑鹤声等70余名学生考察南京城东南的汤山。

陈训慈4月在《史地学报》第1卷第2期上发表《组织中国史学会问题》一文,呼吁成立全国性的史学会。

吴梅9月自北京大学转入东南大学国文系任教。10月13日,东南大学、南京高师国文系同人发起成立的"东南大学南京高师国学研究会"召开成立大会,并确立"指导员职员录"和具体的工作机构,吴梅与陈中凡、顾实、陈去病、柳诒徵等为指导员。(参见沈卫威《学衡派编年文事》,南京大学出版社2015年版)

向达、诸葛麟9月任南京高等师范学校史地研究会第六届总干事,王庸、全文晟任干事,张其昀任总编辑。

卜凯指导金陵大学学生陶研桥对安徽宪湖的102个农户的经济状况进行调查,并将调查结果以《中国安徽宪湖近郊102农家之社会的及经济的调查》为名发表在金陵大学《农林丛刊》第42号上。

胡梦华为南京东南大学学生、汪静之的安徽同乡。10月4日,在《时事新报·学灯》上发表了长文《读了〈蕙的风〉以后》,抨击汪静之所著《蕙的风》"有不道德嫌疑""故意公布自己兽性冲动""变相的提倡淫业""应当严格取缔"。11月5日,周作人在《时事新报·学灯》上发表《什么是不道德的文学》,驳斥了胡梦华的这种谬说,指出"无论凭了道德或法律的神圣的名去干涉艺术,都是法利赛人的行为"。

沈曾植、冯煦、郑孝胥、诸宗元、夏敬观、姚华等人9月21日皆以诗贺陈三立70寿辰。

李今英毕业于国立东南大学外语系。

唐圭璋考进国立东南大学中国文学系,从师吴梅学习词曲,撰写的一篇论文《诗三百篇的修辞》，与任中敏、卢前，合称"吴门三杰"。

卢前入南京东南大学国文系，受业于吴梅。

李平书为会长，丁甘仁、吴子周为副会长的江苏省中医联合会 7 月 14 日在上海正式成立，创办《江苏中医学会月刊》。

汪东 1 月 31 日（正月初四）在苏度岁，曾往顾颉刚家贺年。2 月 21 日，有桐乡知事之命，未赴任。10 月，伯兄汪荣宝卸任驻瑞士公使，回国述职。顺道回苏州省亲，其间与汪东常以诗文自娱。是年，汪东有诗寄时在北京兼任国立北京美术专门学校中国画教授的陈师曾。（参见薛玉坤《汪东年谱》，河南文艺出版社 2016 年版）

范烟桥在苏州与赵眠云组织文学团体"星社"，共同谈论文艺，发行三日刊《星报》，"星社"从开始的 9 人发展至 100 余人，其中有蒋吟秋、屠守拙、黄转陶、周瘦鹃、程小青、周克襄、范菊高、金季鹤、范君博、顾明道、范佩萸等。

颜文梁与胡粹中、朱士杰创办苏州美术专科学校。

欧阳竟无 8 月在南京创设支那内学院，自任院长，以"阐扬佛学，育材利世"为宗旨。9 月，支那内学院在南京正式开学，院址设在南京市半边街。周少猷主事务，邱晞明主编校，吕澂主教务。初设学科、事科，分别从事佛学研究、教学和藏经整理刊印。后改设问学、研究二部和学务、事务、编校流通三处。主要讲授唯识宗，开展汉、藏、梵、巴利文教典的比较研究，搜求图书，校刻编印藏经 50 多种，300 余卷。开创居士道场，并出版院刊《内学》。10 月，梁漱溟来南京内院问学，并商请吕澂入北大执教事，欧阳渐不允，后熊十力经梁漱溟推荐入北大。是年，梁启超、张君劢到南京支那内学院演讲，欧阳竟无的弟子陈铭枢、熊十力、聂耦庚、王恩洋等亦咸聚内院，欧阳竟无主讲《唯识抉择谈》，学人毕至，群情踊跃，激动一时。欧阳竟无的南京支那内学院与太虚法师的武昌佛学院就《大乘起信论》展开论战。

按：1937 年，院舍及图书被战火焚毁，经版迁往四川江津，设内学院蜀院，一仍"讲学以刻经"之旧规。1952 年停办，经版等移交金陵刻经处。（参见徐清祥《欧阳竟无评传》及附录一《欧阳渐学术行年简表》，百花洲文艺出版社 2010 年版；徐清祥编《欧阳竟无先生学术年表》，载欧阳竟无《欧阳竟无内外学》，商务印书馆 2017 年版；吴永贵《民国图书出版史编年：1912—1949》，社会科学文献出版社 2018 年版）

夏敬观继续任浙江教育厅厅长。其间，屡问文津阁钞补《四库全书》事。夏敬观《为周梦坡题文澜补阙图》云："纯庙南巡建三阁，杭书散失镇扬废。寇火乃与典籍仇，不独神尧遭犬吠。庚辛后再更甲子，国力不充人事瘁。文澜补葺殊艰辛，二丁（原注：丁申、丁丙）九仞亏一篑。石屏袁君（原注：嘉谷）钞阙目，殆将集事逢厄会。钱叟负谤谁解纷，而我当官烦责对（原注：归安钱念劬恂用省帑补钞文津阁书，经数岁始得二百六十八卷，予方司浙教育，议会屡以质问）。冷僧（原注：张宗祥）继兹得君助，急促藏功良足贵。我怀疑案未冰释，窃揣官司前甚蔽。精既出天禄藏，四方贡献复捡汰。善书好写存其真，中不尽符吁可怪。似闻当日追程期，写官谨异石建辈。坊刊取给便传钞，上既不察辄欺伪。又疑文渊所度藏，宸览常亲异于外。是时中秘许外假，持校提要将是赖。神奸竟欲周鼎私，臣蠹能为石渠祟。蒲博珍奇尽归己，虽不解读岂容乞。君独勤勤事补阙，此勋益在凌烟绘。"10 月 27 日，罢任浙江教育厅厅长，由马叙伦继任，改任北京图书馆馆长，未上任。（参见陈谊《夏敬观年谱》，黄山书社 2007 年版）

马叙伦年初继续任北京大学教授。5 月 11 日，《申报》消息："浙一师校长马叙伦赴美考察，许寿裳接任。"下旬，因改组校评议会，一师发生风潮，马叙伦为此向教育厅提出辞职。经学生大会"一致挽留"后，马叙伦回校视事。六月中旬，蔡元培等致电浙江省长公署，保举马叙伦为教育厅长。浙江省长沈金鉴回电婉拒。6月23日，省教育厅长夏敬观辞职，朱国桢代理。27日，大总统令：任命马叙伦为浙江教育厅厅长。28日，蔡元培复函，希望马叙伦牺牲出洋机会，为浙江教育立一基础。6月底，马叙伦声请回避本籍。上半年，出差上海，顺道拜访张孟劬。张赠以敦煌出土《天请问经》一卷。7月11日上午10时，马叙伦接任浙江教育厅长。同日，谒见浙江督军卢永祥、省长沈金鉴。26日，马叙伦出席浙江教育行政研究会，并致词。8月15日，马叙伦为凌独见《新著国语文学史》作序。该书次年初由商务印书馆出版。9月25日，大总统令：任命马叙伦为教育次长，免教育厅长职。张宗祥接任浙江教育厅厅长。（参见卢礼阳《马叙伦年谱》，浙江古籍出版社2021年版）

何炳松1月在《教育丛刊》第二卷第七集发表《西洋中小学中的史学研究法》。2月，在《史地丛刊》第一卷第三期发表《读章学诚〈文史通义〉札记》。同期又刊载口译美国德却尔（Dutcher）的讲演稿《美国政府建设之经过》，原拟分三期连载，后仅刊二期，未完。春，经胡适提议，北大出版委员会决定将《新史学》译本作为《北大丛书》之一出版。6月，在《史地丛刊》第二卷第一期发表《新史学导言》。接蔡元培通知，参与整理北大所得的部分清内阁档案。7月，参加中华教育改进社第一届年会。分组讨论时，历史教学组决定成立中小学历史教学研究委员会，与南京高师的徐则陵一起被推举为筹备员并拟定组织简章，分别负责北京和南京的筹备工作通信。后与梁启超、柳诒徵、徐则陵、朱希祖、陈汉章等人被选为该会委员。9月，出任浙江省立第一师范学校校长。11月，为《浙江第一师范学校学生自治会会刊》创刊三周年作《对于浙江省立第一师范学校学生自治会三周年纪念之感想》。本年，与蔡元培、蒋梦麟等被浙江省省长聘为杭州大学筹备委员。（参见房鑫亮《忠信笃敬：何炳松传》，浙江人民出版社2006年版）

冯雪峰、应修人、潘漠华、汪静之3月在杭州第一师范学校组织湖畔诗社，出版《湖畔》诗集。同月30日，在上海工作的应修人到杭州春游，冯雪峰与潘漠华、汪静之陪同他游览名胜古迹。他们诗文唱和，并决定编选一本四人诗作的合集，题名《湖畔》。由于出版这本集子，后来又有了"湖畔诗社"的名义。5月9日，《湖畔》印成。此书为《湖畔诗集》第一集，共收新诗61首，内冯雪峰所作17首。夏季，与应修人、潘漠华、汪静之等加入由北京的王忘我（鲁彦）、章铁民、章洪熙（衣萍）、台静农、党家斌等发起组织的文学团体明天社。6月19日，在《民国日报·觉悟》上发表宣言，随后不久即无形消散。

按：鲁迅收到汪静之寄赠的《湖畔》诗集一册，书面副页有钢笔题字："鲁迅先生请批评漠华、雪峰、修人、静之敬赠"。（参见鲁迅博物馆、鲁迅研究室编《鲁迅年谱》，人民文学出版社1981年版）

俞平伯继续在浙江第一师范学校任教。1月15日，与刘延陵、叶圣陶、朱自清创办的《诗》月刊创刊，由上海中华书局印刷发行。这是"五四"以来出现最早的一个新诗刊物。25日，俞平伯在杭州城头巷寓所作《冬夜自序》，文中既谈了他做诗的信念，又谈了做人与做诗的关系。下旬，致函已回苏州家乡休养的顾颉刚。2月2日，顾颉刚自苏州致函俞平伯。上旬，俞平伯收到此信。2月9日，俞平伯在杭州作新诗《春底一回头时》后，曾给朱自清看，朱自清认为末节颇不易了解，俞平伯承认"这正是我表现力薄弱底一证"。同月，俞平伯读了蔡元培所发表的《〈石头记索隐〉第六版自序——对于胡适之先生〈红楼梦考证〉之商榷》一文后，受到触动，又产生了讨论《红楼梦》的兴致。于是撰写《对于〈石头记索隐第六版自序〉的批评》，发表在本年3月7日上海《时事新报·学灯》。3月上旬，第一部新诗集《冬夜》由上海亚东图书馆出版，朱自清作序。

按：内收 1918 至 1921 年所作新诗一百零一首，分为四辑。3 月 18 日，俞平伯赠送周作入《冬夜》一册，请孙伏园转交。

俞平伯是春受朱自清刹那主义思想的影响，因而产生了刹那主义思想的萌芽，常和朱自清说："我们要求生活刹那间的充实。我们的生活要如灯火集中于一点，瀑流倾注于一刹那。"3 月 27 日，周作人来函与俞平伯继续讨论《诗底进化的还原论》中的观点。31 日，俞平伯自杭州复周作人长信。此信后经修改补充，与周作人来信一同发表在本年 4 月 15 日《诗》月刊第 1 卷第 4 期。4 月中旬，俞平伯从杭州去苏州，看望顾颉刚，与之商谈合作把 1921 年的通信整理成一部《红楼梦》辨证的书。顾颉刚因为自己太忙，劝俞平伯独立担当此事。俞平伯"答应回去后立刻起草，到五月底已经做成了一半"。28 日，俞平伯收到郑振铎来信。

按：郑振铎信中说："我们底泪流了，但人间是顽石，是美的悲惨的雕刻呀！"是夜，俞平伯梦见自己似俯首在不识者底墓前，慨然高歌《红楼梦》祭晴雯文中语："天何如是之苍苍兮？……地何如是之茫茫兮？"热痛的泪一时倾泻，浪浪然不可止。醒后犹有余哀，却不知其所从来。他以为"因人间底冷酷，故泪改流向温馨的梦中"。遂于 4 月 30 日，在杭州作第二首以《梦》名篇的诗，发表在本年 5 月 11 日《时事新报·文学旬刊》第 37 期。这对俞平伯阅读《红楼梦》与著述《红楼梦辨》产生潜在的重要影响。

俞平伯 5 月 30 日上午应顾颉刚邀请，与王伯祥、叶圣陶同游石湖，游石佛、治平两寺。下午，顾颉刚、王伯祥和叶圣陶送俞平伯乘马车去火车站，回杭州。在乘马车的途中，发生了《红楼梦辨》手稿失而复得的奇迹。顾颉刚在为《红楼梦辨》写的《序》文初稿中，略有记述。6 月，俞平伯与朱自清、周作人、徐玉诺、郭绍虞、叶绍钧、刘延陵、郑振铎 8 人的新诗合集《雪朝》，作为"文学研究会丛书"之一，由上海商务印书馆出版。7 月 8 日下午，与顾颉刚、叶圣陶、朱自清偕往一品香，出席文学研究会召开的"南方会员年会"，讨论会务，并为俞平伯赴美钱行。同日，《红楼梦辨·引论》作讫。作者详谈自己进入"红学"之门和《红楼梦辨》成书的经过。他希望由于《红楼梦辨》的刊行，渐渐把读者的眼光"从高鹗的意思，回到曹雪芹的意思"，使《红楼梦》的本来面目得以显露，开辟出一条还原的道路。至此，《红楼梦辨》全书完稿，共 3 卷 17 篇。9 日晨，郑振铎、潘家洵、刘延陵来访。下午，与顾颉刚、叶圣陶辞行，并将《红楼梦辨》手稿交给顾颉刚，请他代觅抄写人。晚，乘坐吴淞中国号船，作为浙江省视学，受浙江省教育厅委派赴美国考察教育。刘延陵、朱自清、郑振铎送行。（参见孙玉蓉编《俞平伯年谱》，天津人民出版社 2006 年版）

朱自清继续在浙江一师任教。1 月 10 日，与鲁迅、周作人、沈雁冰、叶绍钧、许地山、王统照、冰心、庐隐等 17 人一道被《小说月报》聘为"本刊特约文稿担任者"。15 日，与刘延陵、俞平伯、叶圣陶发起的《诗》月刊创刊。这是"五四"以来第一家专门登载新诗和新诗评论的刊物。《诗》创刊号发表朱自清新诗四首。此外还发表了刘半农、王统照、郑振铎、郭绍虞、徐玉诺、汪静之以及编者叶绍钧、俞平伯、刘延陵的诗和周作人、茅盾等人的译诗译文。《诗》创刊号不久即售罄，于两个月后再版。《诗》月刊共出 7 期，后因稿件短缺和编者分散而自动终刊。18 日，作评论《民众文学的讨论》，刊于 1 月 21 日《时事新报》副刊《文学旬刊》第 26 期，2 月 1 日《文学旬刊》第 27 期续完。朱自清发表《民众文学谈》后，俞平伯不同意他的观点，作《与佩弦讨论"民众文学"》一文进行商榷，朱自清遂作此文予以答复。二人争论的核心是如何看待民众文学，这在当时具有现实意义，故引起文学研究会诸作家的兴趣，郑振铎遂在他主编的《文学旬刊》中辟出专号组织讨论，叶绍钧、许宝驹、郑振铎等人均撰文加入讨论。20 日，《教育经费独立》刊于《教育杂志》第 14 卷第 1 号。23 日，朱自清为俞平伯新诗集《冬夜》作《〈冬夜〉序》。

朱自清 2 月 1 日为浙江一师学生汪静之的第一部新诗集《蕙的风》作《〈蕙的风〉序》。在"序"中,朱自清对汪静之的诗作了客观评价和热情鼓励。同时给诗集作序的还有胡适和刘延陵。该诗集出版后,引起社会瞩目。道学先生攻击它"堕落轻薄",有"不道德的嫌疑"。为保护"五四"文学的新生力量,捍卫新文学的方向,新文化运动的领导者们纷纷撰文,周作人肯定诗集张扬人性解放、恋爱自由的精神,胡适赞许它稚气而清新的风调,鲁迅不仅写了杂文《反对含泪的批评家》,而且中途改变小说《不周山》的构思,刻划了一个猥琐可笑的小东西形象,对道学先生的"可怜的阴险"予以痛击。2 月中旬,应台州浙江省立第六师范校长郑鹤春之邀,只身赴六师任教。3 月 26 日,致俞平伯信,谈对若干作品的感受、自己的创作及对生命匆匆流逝的惶惑之感。4 月 15 日,诗论《短诗与长诗》刊于《诗》第一卷第四号。文中针对当时诗坛短诗泛滥而长诗奇缺的现状,朱自清具体分析了短诗和长诗各自的艺术特点,鼓励诗人涵养新鲜的趣味,以丰富的生活和强大的力量多写长诗。26 日,动身离开台州,返回杭州。因朱自清还未与杭州浙江一师完全脱离关系,在一师校长马叙伦的要求和同学们的请求下,朱自清返回杭州。5 月 18 日,作书评《读〈湖畔〉诗集》,刊于 6 月 11《时事新报》副刊《文学旬刊》第四十期,从内容和艺术两方面进行对"湖畔诗社"出版的四人诗歌合集《湖畔》进行评价和鼓励。6 月,朱自清、周作人、俞平伯、徐玉诺、郭绍虞、叶绍钧、刘延陵、郑振铎等 8 人的诗歌合集《雪朝》,作为"文学研究会丛书"第 9 种,由商务印书馆出版。其中第 1 集为朱自清作品,内收新诗 19 首。

朱自清 7 月 1—3 日在杭州西湖船中参加少年中国学会第四次会员大会,并担任大会书记,负责记录。参加会议的有高君宇、杨贤江、左舜生、陈启天等共 10 人。大会通过了《本会对于时局的主张》。7 月 8 日,参加文学研究会在上海"一品香"召开的"南方会员会",讨论会务,并欢送俞平伯赴美。9 月,携眷乘船赴台州浙江省立第六师范任教。与夏丏尊常有书信往来。夏丏尊将自己主编的《春晖》半月刊径寄朱自清,朱自清看后"觉得很是喜欢";朱自清也将自己教学之余写作的诗文寄给夏丏尊,夏丏尊读了这些清新朴素平和自然的诗文后更添爱慕之情。11 月 7 日,致俞平伯信,刊于《我们的七月》。信中讨论人生哲学和对生活的态度。12 月 9 日,作新诗《毁灭》毕,费时近半年,刊于次年 3 月 10 日《小说月报》第十四卷第三号。该诗是新诗运动以来,利用了中国传统诗歌技巧的第一首长诗,一发表即引起诗坛广泛注意,被时人誉为新文学中的《离骚》《七发》,由此朱自清奠定了他在新诗发展史上的地位。俞平伯曾作长文《读〈毁灭〉》对该诗作细致分析。叶圣陶《新诗零话》说:"这种入世的实际的刹那主义,当时有些人颇受感动。这诗与他的两篇散文《海阔天空与古今中外》《哪里走》充分表现出近几年知识分子的意识形态,不是他一个人如是想,如是说,是他说了一般知识分子所想的。这所以引起多数的共鸣,这所以有他的不低的价值。"(参见葛晓燕、何家炜《夏丏尊年谱》,中国文史出版社 2012 年版)

经亨颐继续任春晖中学校长。3 月,春晖中学校舍落成。8 月,春晖中学在杭州、宁波、本校三处招生,录取中学生一年级 57 人,高小学生 7 人。春晖中学开校前,经亨颐先聘了夏丏尊、刘薰宇等为首席教师,又委托夏丏尊等招聘教职员工。夏丏尊想到一师时的"高足"叶天底,深知他的人品和学识,特别是那一手清丽秀气而又遒劲挺拔的书法,和曾得到过李叔同亲炙的绘画技艺,即决定聘请叶天底来春晖中学教务处,负责刻蜡纸、印讲义。叶天底闻言,欣然答应。9 月 10 日,春晖中学开学。12 日,春晖中学举行开学典礼。10 月 7

日,为扩大学生眼界,帮助学生打开知识的"无门之门",春晖中学举行课外讲演,并一直坚持下来,后改称"五夜讲话"。夏丏尊率先垂范,一年里共讲了 7 次,分别题为《都市与近代人》《月夜的美感》《送一九二二年》《小别赠言》《怎样过这寒假》《中国的实用主义》《观世音菩萨现身说法解》等。11 月下旬,主持春晖中学课外讲演会,由校长经亨颐主讲。12 月 2 日,春晖中学举行学校成立纪念会,来宾 400 余人参加。12 月 27 日,春晖中学白马湖图书馆开馆。12 月,春晖中学校董会追念故校主陈春澜出资兴学之诚,特集资在校侧建筑"春社",中祀校主。蔡元培为春社题匾。（参见董郁奎《一代师表——经亨颐传》,浙江人民出版社 2007 年版;葛晓燕、何家炜《夏丏尊年谱》,中国文史出版社 2012 年版）

夏丏尊仍在春晖中学任教。1 月 10 日和 25 日,分两期在《东方杂志》第 19 卷第 1 号和第 2 号上发表《近代文学与儿童问题》。这是一篇关于儿童问题的论文。文中对儿童是人类保存和进化唯一的手段说、儿童是性的更新产果说等五种学说进行了阐述。2 月 25 日,翻译俄国盲诗人瓦西里爱罗先珂的童话故事《幸福的船》,刊于《东方杂志》第 19 卷第 4 号。3 月,与李继桢合译日本高畠素之著《社会主义与进化论》,由上海商务印书馆出版,被列为《新时代丛书》第十种。4 月 10 日,翻译爱罗先珂的童话《恩宠的滥费》,刊于《东方杂志》第 19 卷第 7 号。26 日,《生殖的节制》刊于《民国日报》《妇女评论》副刊第 38 期。夏丏尊认为自觉地节制生育是把人类引向幸福的途径。5 月 23 日,《女性中心说（译述）》刊于《民国日报》《觉悟》副刊。25 日,《误用的并存和折中》刊于《东方杂志》第 19 期第 10 号。7 月 29 日晚,访陈望道。夏丏尊提出"女天下"的论点,各人略有辩论。8 月 2 日,《"女天下"底社会学的解说》,刊于《民国日报》《妇女评论》副刊第 52 期。8 月 25 日,翻译日本高山樗牛的推理散文《月夜底美感》,刊于《东方杂志》第 19 卷第 16 号。9 月 6 日,《论单方面的自由离婚》刊于《民国日报》《妇女评论》副刊第 57 期。文中就如何实现真正的自由离婚提出了看法。

夏丏尊 10 月 31 日与刘薰宇、赵友三等创办《春晖》半月刊。夏丏尊是《春晖》的首任出版主任,也是重要撰稿人。丰子恺负责插图,赵友三主管发行。刊登内容为老师撰稿和学生习作,以赠阅为主。《春晖》校刊第 1 期上刊登经亨颐《春晖中学旨趣》、夏丏尊《我们将使我们底学生成怎样》、丰子恺《艺术底慰安》等文章。11 月 17 日,夏丏尊被推选为春晖中学消费合作社副经理。12 月 1 日,在《春晖》校刊第 3 期上登载《读书与冥想》以及与刘薰宇合写之《对于本校改进的一个提议》。后文提出了把学校"组成一个较近理想的社会雏形"的想法。夏丏尊、刘薰宇对成立学校自治会提出了"学校自治会以教职员和学生全体为主,以全体大会为最高机关"等四项改革意见。距春晖中学二里许的西徐岙村有农户 20 余户,全村农民一字不识。夏丏尊等提议建立农民夜校。教课分为读、写、算、常识。教师由本校教职员和中学部学生自由报名担任,全系义务性质。20 日,《汉字所表现的女性的地位》刊于《民国日报》《妇女评论》副刊第 72 期。同日,按照日本建筑风格自行设计建造的四间平房在春晖中学落成。随即把家从杭州湾井巷迁此。取名"平屋",既是写实,又寓含平民、平凡、平淡、平易之意。这几间平屋,结构简单,用料单薄,论规模和质量,连祖屋的厨房都比不上。可对夏丏尊及家人来说,却有特殊的意义。（参见葛晓燕、何家炜《夏丏尊年谱》,中国文史出版社 2012 年版）

丰子恺初秋应夏丏尊之邀,离开上海专科师范,赴白马湖执教。此前,夏丏尊曾给丰子恺写过邀请信。信中说:知你已于去年底归国,目下正在上海任职。你若乐意,不妨举家迁白马湖。春晖中学乃经亨颐先生创办,学生也老实。加上白马湖环境幽静,人间烟火极少,谅亦合你口味。三思尔后,盼速回玉。这里已替你觅得建屋之地,与吾家毗邻也。春晖中学规模虽不比一师,但也颇可观。丰子恺在春晖中学教授图画和音乐,与朱自清、朱光潜等人结为好友。12月1日,在夏丏尊的鼓励指导下,丰子恺的散文处女作《青年与自然》在校刊发表。(参见葛晓燕、何家炜《夏丏尊年谱》,中国文史出版社2012年版)

施蛰存考入杭州之江大学,在杭州结识戴望舒、张天翼、叶秋原、杜衡等,成立兰社。

沈玄庐、宣中华等人十一月在杭州组织"任社",创办《责任》周刊,鼓动革命。

许杰在浙江省立第五师范读书时与同学发起成立微光文学社,出版《微光》半月刊,开始发表新诗和小说。

朱复戡年初辞去上海交易所职务。4月,为湖南省军政府督军、书法家谭延闿刻上好鸡血石"谭延闿印"印。为袁世凯家臣步林屋刻"林屋山人"肖形印。10月,与沙孟海等人为宁波大咸乡赈灾捐书画多幅。

马一浮应杭州湖墅香积寺肇安法师请,撰《重修祥峰禅师塔铭》一文,以刻于石。冬,致书陶吉生,应其请撰《重修绍兴县文庙记》。是年,谢无量来访,后有《简谢啬庵五十韵》诗;刘崧申寄发传单,指责马一浮破坏佛性。此事应是刘崧申与马一浮关于禅修方式和内容而产生了意见相悖的争论,刘崧申因此自杀未遂,便印发传单抹黑马一浮及印光法师等人。

按:陈永革《佛教弘化的现代转型:民国浙江佛教研究(1912—1949)》(宗教文化出版社2003年版)一书中载:"民国初期的禅修参究法7,并未提出超出传统范围的新内容,仍希望能够秉持丛林禅修的传统规范……同时也隐埋着专意禅修者与推崇净土者之间的冲突,以至于1922年引发了杭城曾沸扬一时的宗禅居士刘大心(刘崧申)与归宗净土的居士马一浮之间关于禅净异同问题的论争,在民国佛教界引起了较大关注。尽管个中详情难以皆知,但这一事件的发生,表明禅行究竟论者(追随法一禅师而专意宗门参究的刘大心)与主张应修净土者(印光、谛闲、马一浮、范古农)的意见分歧。"

李叔同2月12日为夏丏尊书写晋王乔之《念佛三昧诗》。同月,李叔同出家后,在温州庆福寺破例刻印5方,赠与夏丏尊,并于8日作《赠夏丏尊篆刻题记》。所刻五印皆白文,分别为"大兹""弘裔""胜月""大心凡夫""僧胤"。夏,李叔同手书莲池大师法语赠夏丏尊。题记曰:"壬戌夏写付丏尊居士,弘裔沙门僧胤居温岭。"8月,李叔同手书苏轼画阿弥陀佛像题偈。跋曰:"于时逊国后十一年岁次玄默秋孟之节,写付丏尊居士。弘裔僧胤"。11月,李叔同集灵峰蕅益大师"万古是非浑短梦,一句弥陀作大舟"诗句,书赠夏丏尊。(参见葛晓燕、何家炜《夏丏尊年谱》,中国文史出版社2012年版)

叶德辉1月在苏州,撰《郋园六十自叙》。2月,回长沙,编本年诗作为《浮湘集》。约6月中旬,德辉口述此前学行大端,命杨树谷等门生记录,成《郋园学行记》。是年,所著《郋园山居文录》2卷发刊行;《午梦堂全集》大部刊竣。(参见王维江、李骛哲、黄田编《中国近代思想家文库·王先谦、叶德辉卷》及附录《叶德辉年谱简编》,中国人民大学出版社2015年版)

毛泽东1月17日得知黄爱、庞人铨因领导湖南第一纱厂工人罢工,被赵恒惕杀害,立即从板仓杨开慧家中返回长沙城。在一师校长易培基家召开会议,决定开展一个悼念黄爱、庞人铨,控诉和反抗赵恒惕的运动,同时派正在安源的李立三到常德动员黄爱父亲同去上海,向社会各界控诉赵恒惕的暴行。3月,到达上海,出席追悼黄爱、庞人铨大会。4月中旬,毛泽东回到长沙。5月底,中共湘区执行委员会成立。毛泽东任书记,何叔衡、易礼容、李立三等为委员。6月17日,毛泽东主持召开中国社会主义青年团长沙执行委员会改组大会。

按:大会通过由毛泽东修改定稿的《长沙S.Y执行委员会细则》,规定执行委员会设三个部:书记部、经济部、宣传部。还组织学生、劳工、社会教育、妇女、农民、政治、非宗教等各种特别委员会,各委员会设委员长一人。毛泽东为书记,李立三为经济部主任,罗君强为宣传部主任。

毛泽东6月20日以长沙社会主义青年团执行委员会书记名义,写信给社会主义青年团中央方国昌(施存统),并转社会主义青年团中央。8月17日,湖南省学联发起的湖南工学商各公团联合会召开成立大会。会议选举易礼容、李立三、刘少奇等为联合会干事。9月11日,中共湘区委员会创办的湖南自修大学附设补习学校开学。办学宗旨是:"为年长失学之人、私塾改图之人,及乡校课程不够升学之人,及时补习英文、数学、国文、历史、地理五科而设,男女兼收"。主事何叔衡,指导主任毛泽东,教导主任夏明翰,事务主任易礼容。10月10日,湖南学生联合会组织长沙市"双十节"游行请愿大会,有四十多个学校和团体共二万五千多人参加,向省议会和省政府要求实现言论、出版、集会、结社四大自由。11月5日,全省各工团召开第二次代表会议,正式成立全省工团联合会。11月7日,中共湘区委组织工、学两界召开俄国革命纪念大会。12月7日中共湘区委为加强对湖南学生联合会的领导,通过学联评议部第二次会议,对学联会务活动提出新的方针和计划。经过改选,夏曦为学联主任,毛泽民为庶务,夏明翰为《湖南学生联合会周刊》主编。学联会址设在湖南自修大学内,经常得到毛泽东的指导。12月21日,应毛泽东之邀任自修大学学长的李达,到达长沙。22日,自修大学为李达开欢迎会。冬,在中共湘区委领导下,湖南工人和学生运动蓬勃发展。(参见中共中央文献研究室编撰、逄先知主编《毛泽东年谱(1893—1949)》,人民出版社、中央文献出版社1993年版)

刘少奇是春根据组织决定,带领一部分同学回国。回到上海后,经组织分配,到中国劳动组合书记部工作。7月,中国共产党在上海召开第二次全国代表大会。会后,陈独秀接见了刘少奇,并派他回湖南工作,临行前还把中共第二次全国代表大会通过的文件交给他带给中共湘区执行委员会。夏,刘少奇回到湖南。在长沙清水塘会见了中共湘区执行委员会书记毛泽东。两人进行了长谈,毛泽东介绍了湘区中共组织的情况;刘少奇谈了去苏俄学习的经历。刘少奇当即被任命为中共湘区执行委员会委员。8月17日,湖南省学联发起成立湖南工学商各公团联合会,选举李立三、易礼容、刘少奇、夏明翰、李六如等为联合会干事。20日,湖南工学商各公团联合会组织游行大会,公推李立三、易礼容、刘少奇等为代表,向省议会进行交涉,递交请愿书,声明省长选举,要尊重民意,反对武人军阀为第一任省长。9月11日,刘少奇受中共湘区执行委员会和毛泽东委派,到安源路矿领导工人运动。14日凌晨,安源路矿一万三千多名工人举行大罢工。18日,工人俱乐部和路矿两局的全权代表签定协议。下午,路矿工人举行罢工胜利庆祝大会,李立三、刘少奇在会上讲话。年末,刘少奇应邀担任中国劳动组合书记部北方分部机关报《工人周刊》特约通讯员。(参见中共中央文献研究室编《刘少奇年谱(1898—1969)》,中央文献出版社1996年版)

曹典球任湖南高等工业学校校长。

张知本任湖北法科大学校长。

郭泰祺任武汉商科大学校长。

李汉俊1月1日在上海《民国日报》上发表了《中国的乱源及其归宿》《我们如何使中国的混乱赶快终止》两文,以唯物辩证法的观点,对中国的政治经济作了深刻地剖析,指出"中国要进化到社会主义,只有直接向社会主义走去的一条路""中国的混乱又要中国进化到社会主义才能终止。"6日,在《民国日报·觉悟》发表《读张闻天先生底〈中国底乱源及其解决〉》一文,提出不同意见。年初,李汉俊提倡合法马克思主义,被党内视为机会主义派别受到批评。蔡和森归纳合法马克思主义派的政治主张为:第一,专门宣传学生;第二,反对作劳动运动;第三,认为学生是党的基本势力;第四,反对政治运动和宣传;第五,反对有政治机关报;第六,反对中央集权制;第七,怕工人入党;第八,反对加入国民党;第九,反对领薪水。春,李汉俊因与陈独秀、张国焘意见分歧回到武昌,从事教学工作,同时继续积极投身到革命洪流之中,在中共武汉市委机关报《武汉星期评论》上发表妇女解放的文章,推动了湖北女师学潮。(参见李永春编著《蔡和森年谱》,湘潭大学出版社 2008 年版;张培森主编《张闻天年谱》,中共党史出版社 2000 版)

董必武、陈潭秋年初负责新成立中共武汉区委领导工作,地方党务多由陈潭秋负责。3月,董必武和陈潭秋一起,指导湖北女子师范学生为反对校方开除进步教师刘子通而举行的罢课,学潮持续达半年之久,终于取得了胜利。5月,董必武、钱亦石(介磐)、陈荫林等大批进步人士到第一师范任教,使一师成为革命者的重要阵地。6月,积极发动武汉中学师生联合学界举行了大规模的游行示威,反对曹锟军阀政府任命汤芗铭为湖北省省长。曹锟政府在群众压力下,被迫收回成命。(参见《董必武年谱》编辑组编《董必武年谱》,中央文献出版社 1991 年版)

陈天 9 月任湖北省工团联合会委员长,林育南任总务委员会主任,李汉俊任教育顾问。

郭祖贲任社长,郭寄生任总编辑的《真报》10 月 10 日在汉口创刊。

张资平毕业于东京帝国大学地质学系,回国后在武昌师范大学教地质学。

王亚南是秋考入武汉中华大学教育系,认真刻苦,成绩优秀。课余在校外兼任英语教员,以补贴生活费用。其时,董必武在武汉兼任中小学教员、党政练训处负责人,王常去听课,接受进步思想。(参见夏明方、杨双利编《中国近代思想家文库·卷》附录《年谱简编》,中国人民大学出版社 2015 年版)

太虚提出佛学院计划,柬邀武汉政商各界集议其事,决进行筹备。2 月 17 日,应汉阳归元寺请,启讲圆觉经。3 月 13 日,于归元寺召开佛学院筹备会,得李隐尘、王森甫、胡子笏、汤铸新、皮剑农、陈元白、萧止因、熊云程、萧觉天、赵子中、孙自平、王韵香,及长沙佛教正信会周可均等卅余人鼎立,自认为创办人。5 月 30 日,挪威大学哲学教授希尔达,闻大师名德,特自北京来汉口请晤,大师为论佛法,林震东、陈维东译语。又与挪威哲学博士希尔达论哲学。6 月,太虚回甬。8 月回武昌,适中华大学举办暑期讲习会,应陈叔澄校长约,于 20 日开讲因明入正理论。手编讲义,名《因明大纲》。参与讲学会者,有梁启超、高一涵、傅佩青等。太虚始与梁启超晤交。武汉佛教会假中华大学礼堂,请太虚、梁启超、傅佩青,作佛学讲演,集听者千人以上。26 日,佛学院开董事会成立会,举梁启超为院董长(陈元白代),李隐尘为院护。9 月 1 日,武昌佛学院开学,太虚任院长。(以上释印顺编著《太虚法师年谱》,宗教文化出版社 1995 年版)

宋育仁鉴于欧美学会"成专门有用之学,皆成于学会,非成于学校",遂在成都开国学会,创办《国学月刊》,提出该刊的四项特色:一是于学说发前人所未经道,二是于时论道国人所未及知,三是艺文谈苑取于国家掌故有关,四是社记选言必于人群心理有益,"抱定宗旨,述先圣先师之言,非从己出"。另出版四期"国学特刊""取消杂志性质,专为发皇内圣外王之道,以见国学之博大精深"。

按:《国学月刊》出至 1924 年,共出版 23 期。

宋育仁是年在第 1 期《国学月刊》发表《学战概括论》《古篆沿革隶古写经序》《陈北京总统府国务院保定会议曹吴巡阅使意见书》《函授社史学讲义》《庚子国变记(连载)》;在第 2

期发表《君子、小人界说》《君子、小人界说与经术政治直接关系》《国是原理论》;在第 3 期发表《中国政治原则讲义引论》《国是原理论(续)》《致总统意见质问书》;在第 4 期发表《论中国学源》《同文解字序》《同文解字释例(上)》;在第 5 期发表《概论孔子以前学术缘起》《正论孔学之统系》《国学会致北京总统府国务院保定议会书》《箴旧砭时》《同文解字释例(下)》等。(参见王东杰、陈阳编《中国近代思想家文库•宋育仁卷》附录《宋育仁年谱简编》,中国人民大学出版社 2015 年版)

廖平继续任国学专门学校校长。2 月,撰《文学处士严君家传》。7 月,辞去四川国学专门学校校长,由骆成骧继任校长。(参见廖幼平编《廖季平年谱》,巴蜀书社 1985 年版)

戴季陶 10 月 23 日奉孙中山之命离沪返四川劝各将领息战兴业,途中因悲观厌世,投江自杀,被救未遂。11 月间,抵四川成都,与别离 18 年之亲人相见。在川期间,为川制订省宪草案。与杨吉甫、刘大元秘密组织国民党组织。(参见桑兵、朱凤林编《中国近代思想家文库•戴季陶卷》附录《戴季陶年谱简编》,中国人民大学出版社 2015 年版)

张澜仍在南充办中小学教育,并进行地方自治试验。2 月 12 日,全国教育独立运动会在北京成立,提出教育经费独立,教育基金指定,教育制度独立三大口号,这对四川教育经费独立是极大的鼓舞和支持。3 月 1 日,四川教职工联合会召开紧急会议,要求补发欠薪,成都教师首先于本日开展索薪罢教活动,四川教育经费独立运动由此发端,由成都波及全省,迫使当时川军总司令兼任四川省长的刘湘同意,拨全川肉税作教育经费,并从 1922 年 4 月 1 日起实行,独立专支,由各县教育机关直接征收,通令各防区照办。4 月,张澜与嘉陵道尹黄金鳌等人邀请吴玉章赴南充讲学,主讲政治经济学,宣传社会主义。

按:2 月 13 日《晨报》发表"重庆通讯"《川北实行自治之成绩》,文章认为,四川实行自治"稍具规模者,惟川北数县"。张澜先生在南充实行自治有以下几大成绩,第一,创新教育,科学教授,校内设置完备,从学之徒日渐增多。第二,建修模范街道,补筑沿河堤坎。第三,改良监狱,改善监狱生活。第四,顺庆县公署采取合议制度。第五,司法改革,司法处由知事聘承审二人,书记长一人。凡初审及轻微案件,由承审一人单独审讯,凡复审及重要案件,由知事及承审会同审讯,并采取"公开主义,任人旁听"。4 月 6 日,《晨报》第二版发表鄢祥提的文章《评四川底自治运动》,认为四川宣布自治转瞬两年了,自治运动失败,效果令"做自治运动的人羞愧",但"政治前途一线底光明就是南充底自治""假使南充底人民继续地照这样做去,南充将来必定要成为四川各县县自治底模范,假使四川各县底人民都照南充这样做去,四川将来必定要成为中国各省自治底模范""这真是四川前途一线底光明啊!"(参见谢增寿编著《张澜年谱》,群言出版社 2013 年版)

吴玉章年初去北京,与于维舟往来甚密,从王维舟处了解十月革命后苏俄的情况。3 月上旬,回到成都。4 月,应嘉陵道道尹黄金鳌和张澜等人的邀请,赴南充讲学。主讲政治经济学,宣传社会主义。5 月 1 日,应邀出席成都西南公学开学典礼并发表讲话。8 月,吴玉章在四川省议会第八次临时会上当选为四川省宪法起草委员。同时当选的还有谢无量、薛仲良、程伯皋、杨庶堪、潘江、廖泽宽、杨伯谦、谭其蓁、蒲伯英、陈启修、戴季陶、陈独秀等 12 人。8 月 9 日,四川省宪筹备处布告成立。12 日,四川省宪筹条处通电敦聘省宪起草委员杨庶堪、谢无量、戴季陶、陈独秀、潘式尼、蒲伯英、陈萃农请速莅川。8 月中旬,在社会各界的推举之下,川军总司令兼临时省长刘成勋决定任命吴玉章为高师校长。9 月 4 日,吴玉章正式就任成都高等师范学校校长。聘物理学家郭鸣銮为高师教务主任。是年,吴玉章读到李大钊的《由经济上解释中国近代思想变动的原因》《五一运动史》,瞿秋白的《帝国主义侵略中国之各种方式》以及北京马克思主义学说研究会翻译出版的《震撼世界的十日》等著

作,探讨无产阶级革命问题,注意苏俄革命经验。(参见刘文耀、杨世元《吴玉章年谱》,四川人民出版社1998年版)

恽代英1月利用寒假,组织川南师范学校师生旅行讲演团,历时一个多月,步行考察了川南诸县,沿途发表讲演20余次。4月底,出任川南师范学校校长一职。6月1日,在《少年中国》第3卷第11期上发表《为少年中国学会同人进一解》。7月,担任少年中国学会第四届候补评议员,任期为1922年7月至1923年7月。8月,利用暑假抵上海,为川南师范学校购置图书仪器,并拜访在上海的邓中夏、高君宇等人。9月25日,在《东方杂志》第19卷第18号上发表《民治运动》一文,认为要救治中国,只有实施真正的民治运动。10月中旬,因在川南师范学校秘密组织马克思主义研究小组,并实施一系列管理改革,遭到军阀和旧势力的嫉恨而被扣押。后在成都高等师范学校校长吴玉章等知名人士的保释和舆论的支持下被释放。(参见刘辉编《中国近代思想家文库·恽代英卷》附录《恽代英年谱简编》,中国人民大学出版社2015年版)

巴金是年春又和吴先忧等创办《平民之声》周刊,并主持编务,通讯处设在自己家中。刊物封面扉页上印了"奋斗就是生活,人生只有前进"作为生活目标,印行一千份。送审后,警察厅认为"对于国家安宁恐怕妨害",不允许发行。巴金等编者只得半公开地在外面零卖。终刊号出《师复纪念号》,刊载刘师复制定的"心社"的十二戒律:一不食肉;二不饮酒;三不吸烟;四不用仆役;五不乘轿及人力车;六不婚姻;七不称族姓;八不作官吏;九不作义员;十不入政党;十一不作海陆军人;十二不奉宗教。3月,在成都《平民之声》周刊第四至第六期发表《托尔斯泰的生平和学说》。6月,从《晨报》上读到冰心的《繁星》和《春水》,开始模仿写新诗,投寄《文学旬刊》和《妇女杂志》。8月23日,作《致〈文学旬刊〉编者的信》,刊于9月11日《时事新报》副刊《文学旬刊》第四十九期"通讯"栏,对当时专门发表鸳鸯蝴蝶派作品的刊物作了批评。(参见唐金海、张晓云《巴金年谱》,四川文艺出版社1989年版)

蒙文通是年仍任重庆联中国文教师,唐君毅即是时学生。秋,重庆发生战乱,蒙文通身陷匪窟,稽滞峡中,乃作《经学导言》,略陈今古之未可据,当别求之齐、鲁而寻其根,以扬师门之意。然《经学导言》初应杨效春之邀为《友声》征文而作,本来的题目是《近二十年来汉学之平议》,刊于《友声》双十增刊上,大得友人唐迪风、师廖季平的赞赏。后来"因为内容多半是发表自己的意见,和《平议》这个题目名实不甚相符,便将里面的评语删去许多,把题目也就改做《经学导言》。"(参见王承军《蒙文通先生年谱长编》,中华书局2012年版)

王右木主持建立马克思学会,并任成都青年团执行委员。

张静江以陈炯明炮轰总统府,孙中山处于危难之中,让蒋介石到广州中山舰上侍奉孙中山40余日,从而取得孙中山的信任。之后蒋介石撰写《孙大总统广州蒙难记》一书,该书由孙中山题名、张静江作序并资助出版。

胡朴安曾应孙中山之请,准备去广州,后因陈炯明叛乱而告吹。

查光佛任广州孙中山大本营秘书。

青主从德国回到广州,任陈炯明司令部秘书。

黎健民、李太一7月1日在广东新会创办《民钟》月刊。

商承祚与广东东莞人容庚相识,自此两人来往甚密,尤以1952年院、系调整后,同在中山大学,不久又同在古文字研究室工作。

杜定友在广州建立广东省图书馆管理员养成所。

冯钢百自美国回国,负责筹办广州美术专科学校,并与胡根天等创办美术团体——赤社。

陈秋霖去香港创办《新闻报》。

林文庆继续任厦门大学校长。2月,演武场新校舍映雪楼竣工,全校由集美迁入。3月28日,为反对帝国主义的文化侵略,厦大学生在全省率先成立"非宗教同志团",推举倪文亚为主席。7月,增设工学、新闻两学部。8月,在厦门、福州、上海、北京、广州、新加坡、马尼拉等处招收新生152名,内有女生2名。年底,集美、群贤、同安、囊萤等楼陆续竣工,厦大首批校舍五幢大楼全部落成。(参见洪永宏编著《厦门大学校史》,厦门大学出版社1990年版)

朱谦之2月在《民铎》第3卷第2号发表《论柏格森哲学》,还提倡"无知",自称"虚无学者"。3月,在《民铎》杂志第3卷第3号发表《唯情哲学发端》《信仰与怀疑》(通讯),成为他由虚无哲学转向唯情哲学的标志,两文均收入《周易哲学》。10月,出版反映思想转变的论文集《无元哲学》(泰东书局)。11月,将读法预科时所写的《太极新图说》《政微书》《周秦诸子学统述》集成《古学后言》,由泰东书局出版。年底,回福州养病。(参见黄夏年编《中国近代思想家文库·朱谦之卷》及附录《朱谦之年谱简编》,中国人民大学出版社2015年版)

曾文英为社长,黄桂华为总事务所所长,黄祖泽为干事主任的华南文学研究社8月在福建泉州成立,以"研究文学,保存国粹,造就人才,促进文化"为宗旨。

聂绀弩参加国民党,到福建泉州国民革命军"东路讨贼军"前敌总指挥部任文书;后出国到马来亚吉隆坡,在任运怀义学担任教员。

钱穆秋季辞去后宅泰伯市立初级小学校长及泰伯市立图书馆长职,转至县立第一高等小学任教。于中秋节后转赴福建省厦门集美学校任国文教师。此为钱穆任教中学之始。(参见韩复智编著《钱穆先生学术年谱》,中央编译出版社2012年版)

赵醒侬在江西南昌创办文化书社和平民图书馆。

姚永朴自京师南归安徽桐城。

易君左去安徽公立政法专科学校任教,与郁达夫同事。

陶希圣是年夏北大毕业,受聘为安徽省立法政专科学校教员,讲授亲属法及继承法等课程。(参见陈峰编《中国近代思想家文库·陶希圣卷》及附录《陶希圣年谱简编》,中国人民大学出版社2015年版)

熊炳奇时任山东省长。11月,北京政府派兼任胶澳商埠督办,会同鲁案善后督办王正廷办理接收青岛事宜。12月10日,中国代表王正廷、熊炳琦与日本守备军最后一任司令官由比光卫、青岛民政署委员长秋山雅之介,在守备军司令部(后为青岛市政府大楼)举行青岛接收仪式。至此,结束了日本对青岛八年的殖民统治。(参见张书学、李勇慧撰《王献唐年谱长编》,华东师范大学出版社2017年版)

王献唐在济南《山东日报》《商务日报》任编辑,编辑新闻稿件。10月起,兼任山东法政学校国文教员。12月4日,至青岛,后任职胶澳商埠督办公署。12月4日至次年1月4,以《山东日报》记者身份赴青,参与接收青岛事。(参见张书学、李勇慧撰《王献唐年谱长编》,华东师范大学出版社2017年版)

陈鸿飞任齐鲁大学图书馆主任。

李震瀛被中共中央派到河南郑州开展铁路工人运动,建立发展中共组织。7月到上海出席中共第二次全国代表大会。

李时灿当选为众议院议员。并在洛阳、北京创办河洛学社,继续搜编河南文献资料,编成《中州学系考》《中州艺文录》。

郭宝钧毕业于北京师范大学国文系,在河南省立南阳中学任教。

邓初民参与组织山西学术研究会,创办《新觉路》半月刊。

范旭东 8 月在塘沽创办黄海化学工业研究社。

宋大章、赵锄非、罗廷栋、陈渊泉、赵雨时先后任社长的《东三省民报》在沈阳创刊。

朱霁青在哈尔滨主办《平民周报》。

冯广民任奉天教育会会长。

陈半丁在大连两次举办个人画展,卖画款数十万(旧币),全部用作肃亲王灵柩返京的费用。

金毓黻仍在黑龙江教育厅任职。4 月 24 日,阅《学衡》杂志,对胡先骕之文有所评论。其《静晤室日记》曰:"此志以梅光迪、胡先骕二君为主干,所著之文皆抨击新文化运动之失当,偏激失中之谈,触处皆是。所谓齐固失之,楚亦未为得也。特梅氏之文笔犀利,锐不可当,深文周内,故入人罪,亦政有不可及者在耳。胡氏云:'自清末袁氏植党营私以来,其汲引者,皆为机巧变诈内行不检之士,结果乃将曾、胡诸公正人心挽颓俗之功,完全颠覆。又复厚拥兵力,遍布羽翼,结果乃酿成今日武人跋扈、政客纵横之时局。是乱中国者,袁氏也。'此段议论,可谓洞中症结,慨乎其言之矣。"(参见胡宗刚编著《胡先骕先生年谱长编》,江西教育出版社 2008 年版)

刘半农继续在巴黎学习。3 月 22 日,在《北京大学日刊》第 988 号上发表论文《国语问题中一个大争点》,系针对当时已争论两年之久的"国语""京语"问题而作。3 月,致书钱玄同(已佚),讨论语言教育中的四声问题。春,为进行学术考察,曾去德国柏林搜集资料和学习 3 个多月。4 月 20 日,在《北京大学日刊》第 1005 号上发表《刘复教授致校长函》,恳请蔡元培代呈教育部,请准延期年半,至十二年年底止,以便在欧全面地研究实验语音学。27—30 日,在《晨报·副镌》连载《四声实验录提要》。夏,撰《四声实验录·序赞》。初收在《四声实验录》。9 月 9 日,在《北京大学日刊》第 1072 号上发表《刘复教授致校长函》,在信中就北大建立语音学实验室一事,恳请蔡元培再在校务会议上讨论一次,以切实创立。冬,经巴黎大学之特种试验,许应法国国家文学博士试。是年,曾着手起草《语音学纲要》一书,拟上编为应用语音学,下编为实验语音学,后未成,亦未再提及此书;作《南方语中的清浊音》一文,因后来想把南方清浊和北方阴阳合论,重新进行增改,遂搁置。(以上参见徐瑞岳编《刘半农年谱》,中国矿业大学出版社 1989 年版;曹波、万兵《刘半农小说著译学术年谱(1913—1920)》,《广西社会科学》2020 年第 1 期)

余家菊 1 月离汉口至南京,与少年中国学会的一些朋友相聚甚欢。留一日赴沪。3 月 18 日,乘法国邮轮"安德拉朋号",从上海吴淞口出发,南行经香港,转西行过西贡、新加坡、锡兰、亚丁、波赛等地。记有《海行日记》,对沿途各国情形以及各地的风光有简单的记载,曾刊诸由杨贤江主编的《学生杂志》。4 月 26 日,船抵法国马赛。登岸后换车经里昂、巴黎。在巴黎会见何鲁之、李幼椿(李璜)、黄仲苏等。春,撰《人格之动力》一文,刊诸《中华教育界》。29 日抵英伦,定居于伦敦西南十一区克莱芬公场马林逊路的来丁格巷邻街,遂入伦敦政治经济学院。夏,暑期留居巴黎近郊哥伦坡,习法文,并专心写作。7 月 9 日,作《基督教与感情生活》一文,刊在《少年中国》第 3 卷第 11 期,指出西方基督教以传教的名义对我国进行文化侵略,提倡废除宗教业。8月13日,作《民族性的教育与退款兴学问题》(即《民族主义的教育》)一文刊在《中华教育界》第12卷第2期。9月,承伦敦大学心理学院教授史皮尔曼教授推荐,入伦敦大学研究生院学习,作硕士预备人。12月,到巴黎,和李璜商量合出一本论文集,将性质接近的文章合在一起。正值曾琦来巴黎,于是三人商定该书名为《国家主义的教育》。书成后寄回上海,交左舜生付印。中华书局于次年2月出版。(参见余子侠、郑刚编《中国近代思想家文库·余家菊卷》附录《余家菊年谱简编》,中国人民大学出版社2015年版)

吴稚晖参与讨论"翻译应取直译还是意译",力主意译,甚至主张不译,仅加以注释。曾计划在上海办出版机关,聘请海外中国学者,将中国著作的大意介绍到国外,而不直译,但这种想法最终未能实现。还曾为刘半农所著《四声实验录》撰写序言,表彰其历史意义,但也明言四声已无多少时代价值。是年,里昂中法大学经济困难,引发学潮,辞校长职,返回伦敦。(参见金以林、马思宇编《中国近代思想家文库·吴稚晖卷》及附录《吴稚晖年谱简编》,中国人民大学出版社2015年版)

徐特立仍在法国勤工俭学。2月15日,湖南教育界陈润霖、曹典球等人致书省教育会,吁请呈文省长派徐特立为驻法教育专员,每年拨给考察经费1200元。理由有二:其一,徐出身贫寒,以教育为天职,孜孜向学;其二,徐系留法400余名学生中学识经历兼备之突出者。21日,湖南省教育会第十七届干事会议讨论,提出应对徐特立优予奖励的五点理由,呈请省长任命徐特立为教育考察员。3月3日,省长赵恒惕拟委任徐特立为湘省驻法教育专员,每年拨给经费1000元,期限3年。6月24日,湖南省署电委徐特立为法国教育考察员,期定4月,共支出赀洋1000元,要求"悉月将考学所得,造报备核",同时致电法国大使帮助介绍考察。8月2日,徐特立接到省署驻法教育专员的委任状。5日,致书湖南《大公报》主持人李抱一、张平子等人,请求公开发表所寄信件,并"代特立向省长交涉,请其致函使馆取消原案,使特立恢复勤工俭学生资格"。同月,撰《湖南自治制草案评议》寄湖南《大公报》,现仅存续篇,续篇对《湖南乡自治制草案》中的部分条款提出评议。9月29日,湖南《大公报》发表《徐君懋恂自法来函报告归国原因》。10月,撰写《请湘教育界诸公注意》寄湖南《大公报》发表,现仅存续篇。文中指出国内教育界存在"毕业考试成绩不公开""教法不良""教科书不良""视学制度不良""女子小学太少"等5个问题,并提出相应的解决办法。是年,在湖南《教育杂志》第2卷第1号发表《公园建设管见》,介绍法国公园建设和植树造林等经验。(参见雷颐《徐特立年谱》编纂委员会《徐特立年谱》,人民出版社2017年版)

张申府初春因支持留法学生抗议中国学院院长吴稚晖拒收勤工俭学的中国留学生入学而毅然辞去教授之职,与刘清扬、周恩来一同乘车转往德国柏林。在旅德学生中发展党组织。中国共产党旅欧支部成立于柏林,下辖旅法(国)、旅德(国)、旅比(利时)三个支部。张申府任旅欧支部书记兼中共中央驻柏林通讯员。11月,在《新青年》第9卷第6号发表给陈独秀的《巴黎通信》,又以笔名"赤"发表《共产主义之界说》一文;在《少年》第2号发表《今日共产党之真谛何在》。(参见雷颐编《中国近代思想家文库·张申府卷》附录《张申府年谱简编》,中国人民大学出版社2015年版)

周恩来1月赴伦敦采访国际新闻,住南开同学常策欧寓所,为《益世报》撰写《一九二二年开幕后之欧洲》等。2月6日,为《益世报》撰写通讯《劳动世界立新变动》。3月初,因德国生活费用低廉,由巴黎迁到柏林。旅德期间,和张申府、刘清扬以及原在柏林的共产党员张伯简组成旅德中共党组织,积极开展党的活动,经常来往于柏林、巴黎之间,联络勤工俭学生和进步华工,举行报告会,作过多次演讲,宣传无产阶级革命的思想,推动旅欧共产主义组织的筹备工作。4月下旬,周恩来和张申府、刘清扬等联名致信在法国的赵世炎,商议五一节成立旅欧共产主义青年组织的问题。6月,出席在巴黎西郊布伦森林中的小空场召开的旅欧共产主义青年组织成立大会,会议由赵世炎主持,通过周恩来起草的组织章程,确定组织名称为旅欧中国少年共产党,选出中央执行委员会,赵世炎为书记,周恩来负责宣传,李维汉负责组织。会议还决定出版机关刊物《少年》。会后,周恩来返回柏林。8月1日,旅欧中国少年共产党机关刊物《少年》创刊。

周恩来8月16日为《少年》撰写《共产主义与中国》一文,批判了国家社会主义、无政府主义、工团主义、基尔特社会主义等思潮,阐述只有共产主义才能救中国的真理。同月,周恩来为驳斥无政府主义者把共产党人的信仰比作宗教迷信的言论,撰写《宗教精神与共产主义》一文。10月,周恩来赴巴黎,参加旅欧中国少年共产党召开的会议。会议举行总投票,决议加入中国社会主义青年团、并改选中央执行委员会,赵世炎、王若飞、周恩来、尹宽、陈延年5人当选。同月下旬,周恩来在柏林住所接待为寻找救国真理和共产党组织而来的朱德,在倾听朱德陈述自己的身世和要求加入中国共产党的愿望后,同意他的申请。11月20日,周恩来和赵世炎一起,以旅欧中国少年共产党的名义写信给国内的中国社会主义青年团中央,要求"附属于国内青年团为其旅欧之部",并委派李维汉为代表携信回国,与团中央接洽。同月,周恩来和张申府介绍朱德以及一同赴欧的孙炳文加入中国共产党。12月1日,周恩来在《少年》第5号上发表《十月革命》一文。15日在《少年》第6号上发表《论工会运动》《俄国革命是失败了么?》和《评胡适的"努力"》三篇文章。

> 按:在《评胡适的"努力"》一文中批驳胡适宣扬的"好人政府"主张,指出:"在世界帝国资本主义和军阀的支配之下"的中国,不打倒帝国主义和封建军阀的统治,而想"建立'好人政府',实现其政治主张,这不是做梦么?"文章强调革命军队的重要性,说:"真正革命非要有极坚强有组织的革命军不可。没有革命军,军阀是打不倒的。"(参见中央文献研究室《周恩来年谱1898—1976》,中央文献出版社1998年)

朱德7、8月间由川来沪会见陈独秀,提出入党申请,陈独秀回答说:要参加共产党的话,必须以工人事业为自己的事业,并且准备为它献出生命。认为对于像朱德这样的人来说,就需要长时间的学习和真诚的申请。朱德感到失望。9月初,离华赴欧。10月,到达德国柏林。11月,由张申府与周恩来一同介绍,朱德加入中国共产党,其申请书寄回国内,被中共中央批准为秘密党员。

王若飞6月参与组织旅欧中国少年共产党,后被补选为旅欧中国少年共产党执行委员,并参加《少年》杂志的编辑工作,撰写向华工宣传马克思主义的文章。不久根据共产国际的有关规定,中共中央批准他由法共党员转为共产党员。

胡国伟、张子柱、黄晃、周燮元等编辑的《先声》在法国巴黎创刊,是中国青年党机关刊物,鼓吹国家主义,反对国共合作,攻击中共的革命统一战线政策。

孙炳文赴法国勤工俭学,经周恩来介绍加入中国共产党。

陈延年参与发起成立旅欧中国少年共产党,任中央执行委员、宣传部长。

陈乔年参加中国少年共产党的筹建工作,年底由法国共产党转入中国共产党,成为中共旅欧支部成员。

尹宽6月参与组织旅欧中国少年共产党。

华林、李卓、李合林等人在法国巴黎成立工余社,宣扬无政府主义,创办《工余》杂志,攻击马克思主义和布尔什维克,并攻击当时在巴黎的中国社会主义青年团旅欧总支部和中共旅欧支部,与《少年》《赤光》杂志展开论战。

李金发入巴黎美术大学学习雕塑,并开始创作象征派新诗。

林文铮被留法中国学生推为海外艺术运动社社长,并由他负责草拟学会宗旨。

谢冠生赴法国巴黎大学法学研究院学习,获法学博士学位。

王光祈1月撰写《开恩斯会议之前因后果》的系列报道,连载于上海《申报》。同月,在加拿大华人工会刊物发表《读了社会主义者傅立叶学说后的感想》。3月1日,在《少年中国》第三卷第八期发表《社会的政治改革与社会的社会改革》。文中推崇托尔斯泰"为吾党社会活动唯一无二之良师也。"4月10日,热那亚国际经济会议在意大利召开,参加这次会议的共有三十四国的代表,还有近七百名各国新闻记者,这是欧洲各国代表举行的一次最大的欧洲会议。王光祈及时地向国内作了报道。冬,在柏林随一德国私人音乐教师学习小提琴和音乐理论。"放弃研究经济之愿,改习音乐历史。"(参见韩立文、毕兴编《王光祈年谱》,人民音乐出版社1987年版)

章伯钧留学德国,先后加入中国共产党和中国国民党。

王光祈改学音乐,在柏林从私人教师学小提琴和音乐理论。

姚从吾由北京大学选派赴德国柏林大学留学,专攻历史方法论、匈奴史、蒙古史及中西交通史。

陈翰笙到德国柏林大学攻读博士学位。

钱昌照进英国牛津大学深造。同时参加北洋政府派出的考察团到英国、美国、日本考察。

黄文山年初进入苏俄欧洲部分,经乌拉尔山,见欧洲、亚洲分界之碑,对东西文化分界岭留下深刻印象,此后多次记载过经过乌拉尔山脉时所带来的心灵上的震撼。1月,以广州机器工会代表的身份向远东革命组织第一次代表大会报告该工会的情况。在俄期间,与俄国无政府主义者有多次往来,拜见克鲁泡特金夫人。春,在从苏俄回国路上,执笔写了一封信给陈独秀。7月,陈独秀把它公开刊登于《新青年》第9卷第6号上,信中黄文山表示认可"无产阶级专政"为社会革命的唯一手段。夏,赴美留学,先后入哥伦比亚大学、克拉克大学研究院与纽约"新社会科学学院"(即"新学院")从文化人类学大师鲍亚士(Franz Boas)等专攻社会学、哲学、史学、文化人类学。在美国留学期间,政治上转向国民党,成为国民党党员。开始深入研究三民主义理论,先后任纽约《民气日报》总编辑和旧金山《国民日报》总编辑,这两份报纸在侨界中都很有影响。这是黄文山投身于国民党的宣传工作的开始。(参见赵立彬编《中国近代思想家文库·黄文山卷》及附录《黄文山年谱简编》,中国人民大学出版社2013年版)

瞿秋白1月21日至2月2日抱病随中国代表团参加共产国际在莫斯科、圣彼得堡召开远东各国共产党及民族革命团体第一次代表大会,并任译员。2月,正式加入中国共产党。同月7日,病重,又入高山疗养院。3月,《赤都心史》竣稿,1924年6月由商务印书馆出版。4月中旬,出高山疗养院。9月,瞿秋白《饿乡纪程》一书由郑振铎编入"文学研究会丛书",本月由商务印书馆出版,书名被改为《新俄国游记》。11月5日至12月5日,共产国际在圣彼得堡(后移莫斯科)召开第四次代表大会。作为中共代表团工作人员参加会议,为陈独秀作译员。12月7日,在东方大学,与陈独秀等参加旅俄中共党员会议,通过王一飞、彭述之、任弼时转为正式党员,吸收蒋光慈、抱朴、许之桢等为候补党员。18日,参加中共旅莫(斯科)支部会议并讲话。21日,随陈独秀离俄回国。是年,完成《俄罗斯革命论》《俄国文学史》两部书稿。1932年"一二八"事变,前者与商务印书馆编辑部同毁于战火。(参见陈铁健编《中国近代思想家文库·瞿秋白卷》附录《瞿秋白年谱简编》,中国人民大学出版社2015年版;陈福康《郑振铎年谱》,三晋出版社2008年版)

马哲民以新闻界代表赴苏俄出席远东各国共产党和各民族团体大会。

高君宇赴莫斯科参加远东各国共产党和民族革命团体第一次代表大会。

萧三赴苏联,入莫斯科东方劳动者大学学习。

赵元任译著《阿丽思漫游奇境记》1月由商务印书馆出版。春季开学,始在哈佛大学开设中国语言课,此为其在国外第一次讲授中国语言课,而后工作重点逐渐转向语言学与语音学。4月,所编《国语留声片课本》与在美国灌制国语留声片由商务印书馆正式出版,有自序与胡适所作序。

按:赵元任自序说:"(1)人说'耳闻不如目见'。我说未必尽然。就比如说学国语这件事情:看了无数的教科书,记了无数的注音的拼法,总不如自己亲耳听听,到底哪个字是哪个音,哪句话是哪种口气,才会真明白。但是耳朵听了未必口就能说,必定要自己读出声音来,和耳朵所听见的比较起来,才能知道学的对不对,才能有长进的机会。所以学语言的,第一样要记得的就是'耳闻不如口读'。假如能照这两句实行起来,就胜过看十本教科书,看一百段说明,看一千遍序了。(2)用留声机片教授言语,这种法子不是新鲜花样。在美国早就有好几种教授德、法等文的机片。在中国也有过,此处不再赘述。现在这新片所注重的是活用的国语,不是单念的国音字。所以不叫'国音留声机片'而叫'国语留声机片'。"

按:胡适在序中说:"我敢说:如果我们要用留声机片来教学国语,全中国没有一个人比赵元任先生更配做这件事情的了。他有几种特别天才:第一,他是天生的一个方言学者。他除了英、法、德三国语言之外还懂得许多中国方言。他学方言的天才确是很惊异的。前年他回到中国,跟着罗素先生旅行,他在路上就学会了几种方言。他不但能说许多方言,并且能在短时间之中辨别出各种方言的特别之点。……第二,他又是一个天生的音乐家。他在音乐上的创作,曾得美国音乐大家的赞赏。他的创作的能力我们不配谈;我们只知道他有两支特别精细的音乐耳朵能够辨别那极微细的,普通人多不注意的种种发音上的区别;他又有一副最会模仿的发声机官(原文如此),能够模仿那极困难的,普通人多学不会的种种声音。第三,他又是一个科学的语言学者。单靠天生的才能,是不够用的,至多不过学一个绝顶聪明的'口技家'罢了。但是赵先生依着他的天才的引诱,用他的余力去研究发音的学理;他在这里面的成就是很高深的。所以无论怎么杂乱没有条理的对象,到了他的手里,都成了有系统的分类,都成了有线索的变迁。"

赵先生有了这几种特别长处,所以最适宜于做国音留声机片的编著者和发音人。他这课本就可以证明我们对他的期望是不虚的。他自己用两句包括他这部书的用处:"目见不如耳闻,耳闻不如口读。"这两句话说尽我们平常用的种种模糊影响的,非科学的国音教学法。我们的大病在于偏重目见,偏重纸上的字形。例如"他借去了三本书,至今还不曾还我",上"还"字与下"还"字在纸上是一样的,在国音字典上也是一样的,但是耳朵里听起来,嘴上说起来,可是两样的了……

赵先生的最大贡献就在论声调的第七、八两课。这两虽很简单,却包含着许多重要的学理。第一,他的分别五声的方法,用音乐来说明"阴阳赏去入"的腔调,又发明个"赏半"的变声。第二,他对于"赏"声的研究最有价。他整理出两条通则来:(1)赏声下连阴阳去入声或轻音字,就成"赏半";(2)赏声下连赏声,第一赏声变阳声。故赏声在句子的里头,几乎不存在了。第三,他又指出凡五声的字,在不应该重读的地位,一概为"轻音"。故"张家外头屋里藏过贼的"的"家,头,里,过,的"五字竟无"声",只是一种轻声。……以上三条都是很重要的,因为这三条都可以教大家了解"声"究竟是什么东西;又可以教我们知道"声"不是呆板的,是活用的;不是用机械的点声符号来死记的,是要随着语言的自然变动的。……

赵元任是年致黎锦熙《讨论国音字母的两封信》(通信),刊于《国语周刊》第1卷第7期。又在《国语周刊》第1卷第8期发表《五声的标准》,在《科学》第7卷第9期发表《中国言

语字调的实验研究法》。(参见赵新那、黄培云编《赵元任年谱》,商务印书馆1998年版)

　　林语堂2月以自己在耶拿大学取得的学分相抵,顺利地缺席获得了哈佛大学文学硕士学位,仍然留在莱比锡大学攻读博士学位,选择研究中国古代音韵学,深入研读《汉学师承记》《皇清经解》《皇清经解续编》等书,以及高邮王氏父子(王念孙、王引之),段玉裁、顾炎武等名家考证的注释。(参见郑锦怀《林语堂学术年谱》,厦门大学出版社2018年版)

　　汤用彤在哈佛大学做研究生期间,接续以往的研究,深入系统学习宗教学。本年上半年写成《宗教学专辑》一册,专门研讨各种宗教学理论,征引相关文献多逾百种。汤用彤回国前,吴宓邮寄《学衡》各期至哈佛寓所。4月28日,《兰曼日记》载其审阅汤用彤的梵文文章。6月2日,汤用彤参加兰曼主持的巴利文考试。16日,汤用彤与其他两位学生去兰曼家拜访。17日,《兰曼日记》载他到储藏室查找汤用彤所需要的图书。兰曼对汤用彤的学习和生活多有照料,令其感念不已。(参见汤一介、赵建永编《中国近代思想家文库·汤用彤卷》及附录《汤用彤年谱简编》,中国人民大学出版社2015年版)

　　张闻天8月20日乘中国邮船公司的"南京号"邮船赴美留学。9月中旬,到达美国旧金山,住伯克利。9月23日午后2时,美洲中国文化同盟伯克利总部为欢迎张闻天,特邀华侨致公总堂与大同报社工作人员在旧金山唐人街杏花楼举行茶话会,开始由会议主席康白情致辞,接着请张闻天演说,公堂代表王孙卓也发表演说。24日,从英国 The Manchester Guardian Commercial 特刊 Reconstruction in Europe 上翻译经列宁审定的苏俄人民外交部新闻股主任梅斯克著《苏维埃俄罗斯政策之发展——苏维埃共和国经济计划自白之一》,然后寄回国内连载于1923年1月18日、19日、21日《民国日报·觉悟》。

　　按:译文前面还载有译者附白,称英国的这个载梅斯克文章的特刊为"英国经济学大家"John Maynard Keyner所主持,"其内容底丰富,见解底精到,均为其他杂志所不及"。

　　张闻天9月27日在《大同晨报》上发表署名社论《知识阶级与民众势力》。10月1日,在《大同晨报》的"星期评论"栏内同时发表《自强与公理》《日俄会议之破裂》。21日,翻译德国社会学者米勒莱尔(Dr. F. Müller Lyer)的《社会发达史》末节结论《文化与幸福》,发表于10月25日《东方杂志》第19卷第20号。11月11日,复郁达夫信,诉说自己来美国后的失望和胸中的苦闷。12月,与汪馥泉合译的王尔德《狱中记》由商务印书馆出版,田汉所作序改定为《王尔德介绍》。(参见张培森主编《张闻天年谱》,中共党史出版社2000版)

　　冯友兰1月18日撰成《论"比较中西"》。约在1月,将中译"Why China Has No Science——An Interpretation of the History and Consequences of Chinese Philosophy"(《为什么中国没有科学——对中国哲学的历史及其后果的一种解释》)寄《新潮》编辑部并致函周作人,请其于发表此稿前送梁漱溟一阅。收到梁漱溟所赠《东西文化及其哲学》一书。3月4日致函梁漱溟,评论其《东西文化及其哲学》。

　　按:函中提出数点商榷意见后说:"先生之有真知灼见者,在佛孔二家之学。若只为谈二家之学之一书,则真推倒一切。惟因此而及东西文化及其哲学,则范围太广,问题太大太复杂,抽象之论未足令人即信。……尤有言者,先生聪明绝顶,不患不能创作,而患有过于自恃直觉之弊。学而不思则罔,思而不学则殆。关于西洋科学之书总以多看为宜。以所望于先生者厚,又辱见爱,故敢随意乱谈,无论有当与否,知先生必不见罪也。至于友兰,近来亦找出一中国以后应取之态度。大约以为东方之长在能阐明物我一体之理,有精神的大我以笼罩一切个体,而其弊在抑制欲望冲动;西洋在满足欲望冲动,而其弊在只有个体而不知有大我,人与人之间只有外的关系而无内的关系。……故今日之务即是满足欲望,不过因物我一体之故,故满足欲望时不应专为自己一人打算耳。"

冯友兰 3 月译介《评柏格森的〈心力〉》及桑塔延纳《美国人的品性与意见》刊于《新潮》第 3 卷第 2 期。4 月,所撰"Why China Has No Science——An Interpretation of the History and Consequences of Chinese Philosophy"(《为什么中国没有科学——对中国哲学的历史及其后果的一种解释》)刊于美国芝加哥《国际伦理学杂志》(International Journal of Ethics)第 32 卷第 3 号,文章发挥去年 9 月 2 日之心得,认为中国原有三大学派,道家主张自然,墨家主张人为,儒家主张中道,而墨家失败,人为路线消亡,从此民族思想注重人伦日用,只在人心之内寻求善与幸福,此即中国没有科学的原因。5 月,所撰《论"比较中西"(为谈中西文化及民族论者进一解)》刊于《学艺》第 3 卷第 10 期。9 月 26 日夜,俞平伯来访。10 月 24 日夜,俞平伯来访。25 日,俞平伯赠其由上海亚东图书馆出版的白话诗集《冬夜》。26 日,所撰书评"Liang Shu-ming:Eastern and Western Culture and their Philosophies"(梁漱溟著《东西文化及其哲学》)刊于哥伦比亚大学《哲学杂志》第 19 卷第 22 期。12 月 23 日,小畑熏良赠其英译《李白诗集》。

按:《梁漱溟著〈东西文化及其哲学〉》认为"梁先生的书是第一个自觉的、严肃的尝试,试图抓住中心观念,在欧洲文化、印度文化的比较中说明中国旧文化的优点和缺点",但对梁著关于欧、中、印三种文化代表人类发展中三个阶段的观点提出异议,说"我仍然不大懂,为什么西方人应当彻底改信孔子,为什么将来全人类应当都是佛陀信徒"。文中又论及新文化运动,说有些人"认为,这场运动意味着中国古代文化的全部毁灭,太急进了。但是事实上它无宁意味着中国文化的进化,而非革命。说到底,'新'文化运动也许不过是旧文化的自我觉悟和自我检讨"(据涂又光 1987 年译文)。

罗家伦译著《平民政治的基本原理》(Paul Reinsch:The Fundamental Principles of Government)1 月由上海商务印书馆出版。(参见张晓京编《中国近代思想家文库·罗家伦卷》附录《罗家伦年谱简编》,中国人民大学出版社 2015 年版)

钱端升 1 月发表"Thomas Hart Benton and the Public Lands"(《托马斯·哈特·本顿和公共土地》)。春,赴美国国会图书馆查阅资料,并向参、众两院书记长及若干委员会的主席请教国会委员会的权力与运作之具体情况。4 月,发表"James Harrington"(《詹姆斯·哈林顿》)一文。6 月,获哈佛大学文学硕士学位。秋,继续在哈佛攻读博士学位。(参见孙宏云编《中国近代思想家文库·钱端升卷》及附录《钱端升年谱简编》,中国人民大学出版社 2014 年版)

金岳霖 1 月至 5 月,继续在乔治城大学讲课。6 月,获悉母亲去世,回国。居丧期间,"绕棺悲歌",还写下了《金家外史》,讲述了金家的故事。12 月,离美赴英,在伦敦大学经济学院听讲。(参见王中江编《中国近代思想家文库·金岳霖卷》及附录《金岳霖年谱简编》中国人民大学出版社 2015 年版)

潘光旦 7 月作《冯小青考》,作为"中国历史研究法"课程作业上交,受到梁启超的肯定和鼓励。梁批语为:"对于部分的善为精密观察,持此法以治百学,蔑不济矣。以吾弟头脑之莹澈,可以为科学家;以吾弟情绪之深刻,可以为文学家。望将趣味集中,务成就其一,勿如鄙人之泛滥无归耳。"此文于 1924 年 11 月刊发在《妇女杂志》第 10 卷第 11 号。9 月,入美国新罕布什尔州达特茅斯学院插班学习生物学。(参见吕文浩编《中国近代思想家文库·潘光旦卷》及附录《潘光旦年谱简编》,中国人民大学出版社 2015 年版)

闻一多 7 月 16 日乘 Key Stone State 号海轮离沪赴美,入美国芝加哥美术学院习。年底出版与梁实秋合著的《冬夜草儿评论》,代表闻一多早期对新诗的看法。12 月 4 日晚,《女神之时代精神与地方色彩》付邮。后分为《女神之时代精神》与《女神之地方色彩》发表。文中对郭沫若诗集《女神》予以高度赞扬:"若讲新诗,郭沫若君的诗才配称新呢,不独艺术上他的作品与旧诗词相去最远，最要紧的是他的精神完全是时代的精神——二十世纪底时代的精神。有人讲文艺作品是时代底产儿。《女神》真不愧为时代底一个肖子。"作者从五个方面评述了《女神》的时代特点，并且特别强调指出"革新者的责任"。（参见闻黎明编著《闻一多年谱》，群言出版社2014年版；清华大学校史研究室编《清华大学一百年》，清华大学出版社2011年版）

雷海宗从清华学校毕业，获得公费赴美留学资格。9月，入芝加哥大学历史学系，主修历史，副科学习哲学。（参见江沛、刘忠良编《中国近代思想家文库·雷海宗、林同济卷》及附录《雷海宗年谱简编》，中国人民大学出版社2014年版）

张彭春获哥伦比亚大学教育学博士学位。是年7月至12月间应中华教育改进社之邀赴欧考察各国教育制度。

林景润在哥伦比亚大学、耶鲁大学担任研究工作。

吴泽霖从清华学堂毕业后，留学美国，后在威斯康星大学、密苏里大学、俄亥俄州大学获学士、硕士、博士学位。

吴贻芳赴美国密执根大学留学，获生物学博士学位。

张景钺考入芝加哥大学研究生院当研究生，师从著名植物形态学家张伯伦，从事研究工作。

张纯明赴美国伊里诺州立大学、耶鲁大学攻读社会政治学。

诚静怡任中华全国基督教协进会总干事，旋赴美国纽约协和神学院进修。

张凤举、沈尹默正在日本京都留学，受北京大学国学门主任沈兼士委托，就筹设考古学研究室，拜访和咨询滨田耕作。

按：日本京都大学首位考古学讲座教授滨田耕作详细介绍了日本东西两京考古学的状况，对中国同行提出了意见和建议。滨田还推荐对东方考古素有研究的美国芝加哥大学教授劳佛来华任教，并开列了总价千余元的考古学应备书目，还赠送京都大学出版的两册考古学报告。后来该研究室的规划设施显然采纳了这些提议，对国学门日后发展考古学发生了重要影响。（参见王学典《20世纪史学编年（1900—1949）》，商务印书馆2014年版）

夏衍4月入日本北九州户畑町明治专门学校本科，除学习专业外，对欧洲文学发生兴趣，阅读史蒂文生、狄更斯、莫泊桑、左拉、屠格涅夫、托尔斯泰、契诃夫、高尔基等人的作品。早期创作的文学作品有《船上》《童心颂赞》《新月之下》《圣诞之夜》《残樱》等，多以沈宰白、宰白署名见诸报端。（参见沈宁、沈旦华、沈芸编《夏衍全集·书信日记》，浙江文艺出版社2005年版）

大勇法师从日本返回杭州，邀约常熟兴福寺住持持松同往东京，入高野山密宗大学（日本大宗之根本道场）专修密教，后师从金山穆昭阿阇黎修习金刚、胎藏二部曼荼罗大法，受传法大灌顶，获大阿阇黎学位。

吴文佛任经理，林籁馀任总编辑的《华侨公报》3月25日在菲律宾创刊。

美国司徒雷登继续任燕京大学校长。年初，司徒雷登为校务第一次赴美国（募捐）为考查齐鲁大学（校长为美人巴慕德）所建议与燕京协作成立基督教在华北唯一大学事。在华在美同时进行接触，赴美亦为了了解进度如何。新校址开工建筑，正在需款，而副校长路思驻美三载，募捐未见大成效，司徒此行专为研究募款方法。雇任美国募捐专家，开展大规模运动，擘划大计。初夏返华。新址建筑之第一座宁德楼行奠基礼。该楼为美国美以美宗前会督宁德伟廉博士与其夫人费氏家族所捐。30日，上海甘维尔博士夫妇（Dr. &Mrs. Gamewell）捐款40,000美金，建宗教楼以纪念其父宁德牧师（BishopNinde），建议命名为宁德楼。2月20日，杰伯（Gibb）代表燕大建筑委员会致信诺斯博士，谈男校及女部买地事。

最初建筑之宁德楼及适楼建成,并在楼角基础上刻有建于 1922 年字样。同月,根据中国政府要求,改变了学校制度,取消了预科;女部仍有主任一人。改良国文系。改组国文系为新旧两部。聘周作人为新部主任。废除强迫学生参加宗教仪式旧例。通过中西教职员均等待遇。订定教职员等级资格标准,分:正教授、副教授、襄教授、讲师、助教、助理共六级。全校教职员等级重新厘订。为正教授者仅四人。标准谨严,开全国基督教大学先声。开始与协和医学院正式讨论合作问题。秋,司徒雷登二次赴美,继续募捐工作。2 月,请 D. C. Bess 来新闻系教学三年。3 月,与普林斯顿社会科学院联系,请胡适来讲中国教育运动。11 月,高厚德为大学会议主席。12 月,毕范理为行政委员会主席。(参见张玮瑛、王百强、钱辛波主编《燕京大学史稿》,北京人民中国出版社 2000 年版)

美国教育家孟禄在我国考察教育四个月,行将返国。1 月 4 日、5 日,江苏省教育会、东南大学乘机分别在上海、南京召开谈话会。孟禄就中国一般教育、教育行政、职业教育等谈了看法。他说:中国教育的不发达,一因政府不良,一因各地方缺乏人材。各地的劝学所和视学员,大多为绅士,不能真正为一地方的教育领袖人材。建议变视学员为教育指导员。中国教育最弱点在中学,其弊在教授方法不善,不能使学生应用;课程也未尽注意科学。他认为苏州第二女师附小是中国最好的小学。孟禄还与到会的教育界人士讨论了教育改进之方法。1 月 7 日,孟禄返美。(参见中央教育科学研究所编《中国现代教育大事记 1919—1949》,教育科学出版社 1988 年版)

美国教育家麦柯尔应中华教育改进社聘请,来中国帮助编制各种教育测验和训练有关人员。麦柯尔在华期间,与广州、上海、苏州、南京、武昌、天津、北京等地的教育专家交换意见,编制各种测验 40 余种,包括智力测验 10 种、教育测验 23 种、特别测验及有关材料 9 种,最为著名的 TBCF 制也在此期间得以完善,并撰有《中国教育的科学测量》一书。9 月 10 日、18 日,麦柯尔和在中华教育改进社的组织下,麦柯尔分别在东南大学和中华教育改进社的总事务所,与中国心理教育测验界著名人士进行学术讨论,共同商讨教育心理测验的编制问题及其进行计划。会务的组织与委员的召集均由中华教育改进社总干事、国立东南大学教育科主任陶行知主持。

按:参加讨论会的南京委员会的代表是东南大学教授张士一、陈鹤琴、廖世承、朱斌魁、俞子夷等,北京委员会代表是查良钊、张耀祥等。9 月 20 日,《麦柯尔之研究调查计划》经中华教育改进社总董事会协商通过,并且分别以南京、北京为南北两大测验中心,由两地教育心理统计教授协同麦柯尔到各地调查研究。我国专家陆志韦、俞子夷、廖世承、陈鹤琴、刘廷芳等订正皮奈西门智力量表,编制中小学各种测验的工作,也于这期间完成。1924 年,廖世承、陈鹤琴合著《测验概要》出版。此后几年内,我国研究教育测验与统计者日众。(参见中央教育科学研究所编《中国现代教育大事记 1919—1949》,教育科学出版社 1988 年版)

美国科学专家推士(G. R. Tuiss)6 月应中华教育改进社之请来华考察科学教育。推士为美国阿海阿大学教授,长于科学教学法。此后两年间,推士到过 10 省,24 个城市,248 所学校,讲演 276 次,除组织科学研究会外,草拟了《考查及改进中国自然科教学之计划》,并将考察所得著成《科学教育与中国》刊登于《民国日报》。作者论述科学教育之重要,介绍美国研究科学教育之方法,对中国教育之改进、科学教师之训练建议颇多。(参见中央教育科学研究所编《中国现代教育大事记 1919—1949》,教育科学出版社 1988 年版)

美国提倡生育控制(Birth-control)最力的山格夫人(Mrs. Margaret Sanger)4 月 12 日到达北京,4 月 15 日,胡适到北京饭店访美国山格夫人。19 日下午 4 时在第三院大礼堂讲演《生育制裁的什么与怎样》,由胡适之教授担任译述,听者约二千人。

> 按:4月18日《北京大学日刊》为美国山格夫人来北大讲演刊登启事,曰:"无限制的生育,使人口之增加超过教养的能力,小之可致一身一家之贫篓,大之实为世界文化与和平之一大危机。西洋自马尔图斯以来,学者多有提倡'生育制裁'(Birth Control)之论者。但社会习于成见,往往认此事为不道德。实则与其生而不能养,与其生而杀之以贫病,何如预为制裁而不生之为愈乎? 美国女士山格夫人(Mrs. Margaret Sanger)为提倡'生育制裁'最力之人,八年以来,为此事入狱数次。至最近一年中,始能成立生育制裁协会(The Birth Control League),赞成者已有五万人之多。此次山格夫人到日本讲演,便道来中国游历。本校特请夫人于本月十九日(星期三)下午四时在第三院大礼堂,讲演《生育制裁的什么与怎样》,由胡适之教授担任译述。"

俄国盲诗人爱罗先珂2月从日本到北京。在周作人推动下,应北京大学之聘,教授世界语。蔡元培托鲁迅、周作人照顾爱罗先珂。2月24日,爱罗先珂由郑振铎、耿济之陪同来周氏兄弟八道湾住宅里。此后爱罗先珂到各地演讲世界语,大多由周作人做翻译兼向导。3月5日中午蔡元培宴请爱罗先珂,同座有胡适、鲁迅、钱玄同、孙国璋、马幼渔、沈士远、周作人等。次年4月,爱罗先珂回国。(参见高平叔编著《蔡元培年谱长编》,人民教育出版社1996年版张菊香、张铁荣主编《周作人年谱》,南开大学出版社1985年版;鲁迅博物馆、鲁迅研究室编《鲁迅年谱》,人民文学出版社1981年版)

日本早稻田大学俄国文学教授片上伸受蔡元培之邀,9月20日到北京大学作题为《北欧文学的原理》的讲演,周作人陪同并担任翻译。(参见高平叔编著《蔡元培年谱长编》,人民教育出版社1996年版)

万国考古学会会长、瑞典皇太子10月来华访问。22日,北京相关学术机构举行欢迎会,梁启超参会并作《中国考古学之过去及将来》演讲。

> 按:为欢迎万国考古学会会长、瑞典皇太子来华访问,地质调查所、北京大学等学术机构联合举办了此次欢迎会。受聘于中国农商部地质调查所的瑞典人安特生在欢迎会上宣布了周口店猿人化石研究的最新成果。时任清华国学院导师的梁启超参会,作《中国考古学之过去及将来》的讲演,提出今后努力的方向:一是加强田野考古发掘,并圈定中国几处最有潜力的发掘地区(新疆、黄河上游、下游以及古代坟墓、大城名都、废墟等);二是方法的进步,包括继承传统金石学研究方法,引进西方考古学新理论(如地质学、古生物学、人类学等)。最后,梁启超希望不久的将来,全国高等教育机关均设考古学科,以期开辟中国考古学的新纪元。(参见王学典《20世纪史学编年(1900—1949)》,商务印书馆2014年版)

三、学术论文

陈独秀《马克思学说》刊于《新青年》第9卷第6号。

[德]贝尔著,赭选译《马克思学说之两节》刊于《新青年》第9卷第6号。

李达《评第四国际》刊于《新青年》第9卷第6号。

存统《评新凯先生的〈共产主义与基尔特社会主义〉》刊于《新青年》第9卷第6号。

新凯《再论共产主义与基尔特社会主义》刊于《新青年》第9卷第6号。

李守常《平民政治与工人政治》刊于《新青年》第9卷第6号。

周佛海《自由和强制——平等和独裁》刊于《新青年》第9卷第6号。

[俄]布哈林演讲,雁冰译《俄国的新经济政策》刊于《新青年》第9卷第6号。

孙德谦《六经为万世治法其实行自汉始论》刊于《亚洲学术杂志》第3期。

孙德谦《存伦篇補义》刊于《亚洲学术杂志》第3期。

张尔田《答梁任公论史学书》刊于《亚洲学术杂志》第3期。

达庵《战国策士论》刊于《亚洲学术杂志》第3期。

曹元弼《孝经学(续)》刊于《亚洲学术杂志》第3期。

罗振玉《补宋书宗室世系表(续)》刊于《亚洲学术杂志》第3期。

陈曾毂《春秋大义译节录》刊于《亚洲学术杂志》第3期。

释持《穆天子传书后》刊于《亚洲学术杂志》第3期。

罗振玉《高昌麴斌造寺碑释文并跋》刊于《亚洲学术杂志》第3期。

王国维《高昌宁朔将军麴斌造寺碑跋》刊于《亚洲学术杂志》第3期。

陈教友《长春道教源流(续)》刊于《亚洲学术杂志》第3期。

罗福苌《西夏国图书略说》刊于《亚洲学术杂志》第3期。

宋文蔚《读太史公书》刊于《亚洲学术杂志》第3期。

孙德谦《儒家道术于四时属夏故其教重学而明礼说》刊于《亚洲学术杂志》第4期。

张尔田《与人论学术书》刊于《亚洲学术杂志》第4期。

刘承幹《章氏遗书序列》刊于《亚洲学术杂志》第4期。

[日]西本省三《德意志青年与中国文化》刊于《亚洲学术杂志》第4期。

达庵《续战国策士论》刊于《亚洲学术杂志》第4期。

曹元弼《孝经学(续)》刊于《亚洲学术杂志》第4期。

孙德谦《四库提要校订》刊于《亚洲学术杂志》第4期。

释持《书司马温公切韵指南后》刊于《亚洲学术杂志》第4期。

陈曾毂《春秋大义译本节录(续)》刊于《亚洲学术杂志》第4期。

罗福苌《西夏国图书略说(续)》刊于《亚洲学术杂志》第4期。

陈教友《长春道教源流(续)》刊于《亚洲学术杂志》第4期。

鲍心增《蜕斋讲义》刊于《亚洲学术杂志》第4期。

黄右昌《太平洋会议与我国人口政策》刊于《北京大学月刊》第1卷第9号。

陈汉章《秦人兵力已及欧洲说》刊于《北京大学月刊》第1卷第9号。

宁协万《国际法学发达史论》刊于《北京大学月刊》第1卷第9号。

孔庆宗《史记货殖列传在我国古代经济思想上之价值》刊于《北京大学月刊》第1卷第9号。

王渐磐《价值发生之原因若何》刊于《北京大学月刊》第1卷第9号。

景昌极《评近今群籍说理文之失》刊于《文哲学报》第1期。

钱堃新译《白芬论文》刊于《文哲学报》第1期。

[英]罗素著,缪凤林译《哲学之价值》刊于《文哲学报》第1期。

景昌极《文学与真与美》刊于《文哲学报》第1期。

缪凤林《文哲与内外》刊于《文哲学报》第1期。

钱堃新《理想之中国文学家》刊于《文哲学报》第1期。

王恩洋记《欧阳竟无先生说佛法》刊于《文哲学报》第1期。

陈中凡《中国文学演进之趋势》刊于《文哲学报》第1期。

缪凤林《老子》刊于《文哲学报》第1期。

徐景铨《桐城古文学说与白话文学说之比较》刊于《文哲学报》第1期。

刘文翮《希腊哲学的趋势》刊于《文哲学报》第 1 期。

梅光迪讲,何惟科记《中国文学在现在西洋之情形》刊于《文哲学报》第 2 期。

温采斯特原著,景昌极、钱堃新译《文学评论之原理第一章》刊于《文哲学报》第 2 期。

柳翼谋讲,钱堃新记《文学家之世界》刊于《文哲学报》第 2 期。

姜子润《何谓真理》刊于《文哲学报》第 2 期。

王恩洋《研究佛法者应当注意的三个问题》刊于《文哲学报》第 2 期。

王恩洋《自杀论》刊于《文哲学报》第 2 期。

缪凤林《非耶教》刊于《文哲学报》第 2 期。

缪凤林《希腊精神与希伯来精神》刊于《文哲学报》第 2 期。

陈训慈《托尔斯泰》刊于《文哲学报》第 2 期。

刘文翮《孔易之研究》刊于《文哲学报》第 2 期。

缪凤林《孟荀之言性》刊于《文哲学报》第 2 期。

范希曾《韩昌黎古文学说》刊于《文哲学报》第 2 期。

陈中凡《豳风七月为夏代文学证》刊于《文哲学报》第 2 期。

《学衡杂志简章》刊于《学衡》第 1 期。

按:《学衡》于 1922 年 1 月正式创刊,由梅光迪发起,刘伯明、柳诒徵、胡先骕等人支持。分为通论、述学、文苑、杂俎、书评、附录 6 门,吴宓为杂志总编辑兼干事。其后充任编辑的还有柳诒徵、汤用彤、缪凤林、景昌极等。《学衡杂志简章》分"宗旨、体裁及办法、编辑、投稿"四部分,简章中的"宗旨"指出了《学衡》的办刊宗旨:"论究学术,阐求真理,昌明国粹,融化新知,以中正之眼光兴批评之职事,无偏无党,不激不随。"而"体裁及办法"则很好阐述了《学衡》杂志对国学、西学及本国语言的看法:"本杂志于国学,则主以切实之工夫,为精确之研究,然后整理而条析之。明其源流,著其旨要,以见吾国文化,有可与日月争光之价值。而后来学者,得有研究之津梁,探索之正轨,不至望洋兴叹、劳而无功""本杂志于西学则主博极群书,深窥底奥,然后明白辨析,审慎取择。庶使吾国学子,潜心研究,兼收并览。不至于道听途说、呼号标榜""本杂志行文,则力求明畅雅洁,既不敢堆积饾饤,古字连篇,甘为学究。尤不敢故尚奇诡,妄矜创造。总期以吾国文字,表西来之思想,既达且雅,以见文字之效用,实系于作者之才力。苟能运用得宜,则吾国文字,自可适时达意,固无须更张其一定之文法,摧残其优美之形质也。"正是基于这样的认识,《学衡》杂志坚持不用白话、新式标点,因此在语言形式上守"吾国文字"之旧,但其内容却是中西学并重。《学衡》杂志到 1933 年 7 月停刊,共出 79 期,是学衡派重要的学术阵地。

刘伯明《学者之精神》刊于《学衡》第 1 期。

梅光迪《评提倡新文化者》刊于《学衡》第 1 期。

萧纯锦《中国提倡社会主义之商榷》刊于《学衡》第 1 期。

马承堃《国学摭谭》刊于《学衡》第 1 期。

柳诒徵《汉官议史》刊于《学衡》第 1 期。

钟歆《老子旧说》刊于《学衡》第 1 期。

徐则陵《近今西洋史学之发展》刊于《学衡》第 1 期。

刘伯明《再论学者之精神》刊于《学衡》第 2 期。

梅光迪《评今人提倡学术之方法》刊于《学衡》第 2 期。

按:是文开头曰:"吾国今日,国民性中之弱点,可谓发露无遗,为有史以来所罕睹。投身社会与用世之上,愈能利用其弱点者,则成功愈速。盖彼志在成功,至所用成功方法之当否,则不计及也。循此不返,吾恐非政客滑头之流,不能有所措施于社会,而社会亦为彼等之功利竞争场。其洁身自好温恭谦让之君子,惟有遁迹远飏,终老山林,或杜门不出,赍志以没,久且以社会之不容,无观摩继续之效,潜势消灭。此等人将绝迹于社会,而吾民族之真精神,亦且随之而亡。思之宁不悚然。夫不当之方法,用之于他种事业犹有可恕,独不解夫今之所谓提倡学术者,亦不问其方法当否,而惟以成功为目的,甘自侪于政客滑头之流。……夫今之所谓提倡学术者,其学术之多谬误,早为识者所洞悉。青年学子,无审择之能,受害已为不少,若有健者起,辞而辟之,亦苏格拉底孟轲之徒也。然其学术之内容,非本篇所可及,故且言其提倡之方法。盖其学术与其提倡之方法,实有同等之缺憾,欲为补救,二者难分轻重。或曰,惟其学术不满人意,故其取以提倡之方法,亦多可议之处。然则纠正其方法之失,宁非今日急务乎?"

在正文中,是文主要指出了"吾国今日"学术研究领域中的诸多问题,特别是对所谓"时髦学术家"进行了尖锐的批评:

1. 彼等固言学术思想之自由者也,故于周秦诸子及近世西洋学者,皆知推重,以期破除吾国二千年来学术一尊之陋习。然观其排斥异己,入主出奴,门户党派之见,牢不可破,实有不容他人讲学,而欲养成新式学术专制之势。其于文学也,则斥作文言者为"桐城谬种""选学妖孽",又有"贵族文学"与"平民文学""死文学"与"活文学"之分。妄造名词,横加罪戾,而与吾国文学史上事实抵牾,则不问也。

2. 彼等不容纳他人,故有上下古今,唯我独尊之概。其论学也,未尝平心静气,使反对者毕其词,又不问反对者所持之理由,即肆行谩骂,令人难堪。……自十七八世纪法人提倡社交,以学者与君子合一Scholar and gentleman,欧洲士习,渐趋礼让,再防之于法律(凡涉及作者本身作者可向法庭起诉),故今之欧美学术界,涉及作者本身者固无,即谩骂者亦绝迹也。而今之吾国提倡学术者,方以欧化相号召,奈何不以今之欧美学者与君子合一者为法乎?

3. 吾国学者,素以自夸为其特权,乡里学究,咿唔斗室,其自许亦管乐之流也,文人尤然。今试取二千年来之诗文集观之,其不染睥睨一世好为大言之恶习者,有几人乎?……夫学术之目的,在求真理,而真理乃超脱私人万众公有之物,与求之者本身无关。学者阐发真理,贡献于世,世之所欲知者,乃其真理,非其人也。后之人追怀前贤,因其学以慕其人,故于其平生事迹遗像,多有起而记载保存之者。此乃社会报恩之意,若由学者自为之,则非但伤雅,亦于义无当矣。今之学者,自登广告之法,实足令人失笑。

4. 彼等以群众之愚昧易欺也,故一面施其神道设教之术,使其本身发生一种深幻莫测之魔力,一面揣摩群众心理,投其所好。……今之学者,以神道设教,已如上段所述,其所主张鼓吹,有一不投时好,不迎合多数心理者乎?吾国近年以来,崇拜欧化,智识精神上,已惟欧西之马首是瞻,甘处于被征服地位。欧化之威权魔力,深印入国人脑中,故凡为"西洋货",不问其良窳,即可"畅销"。然欧化之真髓,以有文字与国情民性之隔膜,实无能知者,于是作伪者乃易售其术矣。……彼等之言曰,"顺应世界潮流""应时势需要",其表白心迹,亦可谓直言无讳矣。豪杰之士,每喜逆流而行,与举世为敌,所谓"顺应世界潮流""应时势需要"者,即窥时俯仰,与世浮沉之意。乃懦夫乡愿成功之秘术,岂豪杰之士所屑道哉?今之"世界潮流""时势需要",在社会主义白话文学之类,故彼等皆言社会主义白话文学。使彼等生数十年前,必且竭力于八股与"黄帝尧舜"之馆阁文章,以应当时之潮流与需要矣。夫使举世皆以"顺应"为美德,则服从附和效臣妾奴婢之行,谁能为之领袖,以创造进化之业自任者乎?

5. 彼等既以功利名誉为目的,作其新科举梦,故假学术为进身之阶。昔日科举之权,操于帝王,今日科举之权,操于群众。……故彼等以群众运动之法,提倡学术,垄断舆论,号召党徒,无所不用其极,而尤借重于团体机关,以推广其势力。彼等之学校,则指为最高学府,竭力揄扬,以显其声势之赫奕,根据地之深固重大,甚且利用西洋学者,为之傀儡,以便依附取荣,凌傲于国人之前矣。

6. 今之学者,非但以迎合群众为能,其欲所取悦者,尤在群众中幼稚分子,如中小学生之类。吾国现在过渡时代,旧智识阶级,渐趋消灭,而新智识阶级,尚未成立。青年学生,为将来之新智识阶级,然在目前则否也。而政客式之学术家,正利用其智识浅薄,无鉴别审择之力,得以传播伪学,使之先入为主。然青年学生,最不可恃者也,以其智识经验,无日不在变迁进化之中,现时所信从之学说与人物,数年以后,视如土苴矣。

吴宓《文学研究法》刊于《学衡》第2期。

马承堃《国学摭谭(续)》刊于《学衡》第 2 期。

张文澍《许书述微》刊于《学衡》第 2 期。

缪凤林《四书所启示之人生观》刊于《学衡》第 2 期。

萧纯锦《马克思学说及其批评》刊于《学衡》第 2 期。

[美]白璧德教授撰,胡先骕译《白璧德中西人文教育谈》刊于《学衡》第 3 期。

柳诒徵《论中国近世之病源》刊于《学衡》第 3 期。

缪凤林《文德篇》刊于《学衡》第 3 期。

胡先骕《论批评家之责任》刊于《学衡》第 3 期。

马承堃《国学摭谈(续)》刊于《学衡》第 3 期。

景昌极《苏格拉底自辨文》刊于《学衡》第 3 期。

刘伯明《评梁漱溟著东西文化及其哲学》刊于《学衡》第 3 期。

按:梁漱溟所著《东西文化及其哲学》,"为梁漱溟先生在山东之讲演。计二百八十余页。共分五章。首绪论,次论如何是北方化,如何是西方化,又次论西洋、中国、印度三方哲学之比观。最后论世界未来之文化,与我们今日应持的态度。"是文认为:"就其全体而观之,是书确有贡献于今日,其影响之及于今日学术界者,必甚健全。盖今之学者,率喜侈谈西化,其所谓西化,又往往限于最新而一时流行者,而视吾国固有者,与敝屣同。其估定文化的价值,往往一概相量,凡及格者,称道弗衰,其不及之者,则摈弃之,以为不屑研究,梁君主张,则与是迥殊,其意谓欧美、中国、印度文化,不可绳以共同程准,其发展也,率循三途,不可固执成见,而品弟其高下也。其于三种文化之特色,略谓欧美文化偏于自然方面,其于自然之征服不遗余力,而又富于向外要求之精神,职是之由,其科学及德谟克拉西皆甚发达。中国文化则偏于人与人之关系,其于自然,力求融和无间,故重安分、知足、寡欲诸德。印度文化则又进一步,既不如西人之向外发展,亦不若中国人之安分知足,其所求者,根本取消意欲,所谓禁欲主义是也。此三者种类不同,故各有特长,不能谓其中有先进后进之分也。"

是文也指出了《东西文化及其哲学》存在的问题:"梁君论西洋文化及其哲学,其谬误之处,较为易见。其谓西洋文化,通是科学与德谟克拉西,厥后又缩小范围,而以希腊罗马及近世文化不同也。西洋思想之沿革史,审而观之,其中有极显著之三种倾向,曰科学的倾向(Scientific Tendency);曰神秘的倾向(Mystic Tendency);曰人本的倾向(Humanistic Tendengcy)。此三种倾向,自希腊以来,即已有之。而梁君谓希腊人仅有科学之精神,重视现世,优游以乐生,故走第一路向,此故通常之说,然偏而不全者也。……故吾以为梁君所述,率皆偏而不全,易滋误解。其所述西人之向外逐物,虽由培根一系而来,但在美国势力最大,此亦其历史地理所致。若在欧陆,则又稍异。然即在美国,反对此种倾向者亦非无人。且吾人论西洋文化,不宜取一时流行者为准,若以此施诸吾国,则现时之可以表示吾国文化精神者必甚鲜。"

梅光迪《论今日吾国学术界之需要》刊于《学衡》第 4 期。

胡先骕《说今日教育之危机》刊于《学衡》第 4 期。

华桂馨《论戏曲与社会改良》刊于《学衡》第 4 期。

吴宓《论新文化运动》刊于《学衡》第 4 期。

柳诒徵《选举阐微》刊于《学衡》第 4 期。

刘伯明《杜威论中国思想》刊于《学衡》第 5 期。

萧纯锦《平等真诠》刊于《学衡》第 5 期。

柳诒徵《顾氏学述》刊于《学衡》第 5 期。

张其昀《刘知几与章实斋之史学》刊于《学衡》第 5 期。

[美]葛兰坚教授撰,吴宓、陈训慈合译《葛兰坚论新》刊于《学衡》第 6 期。

刘伯明《非宗教运动平议》刊于《学衡》第 6 期。

景昌极《论学生拥护宗教之必要》刊于《学衡》第6期。

柳诒徵《论大学生之责任》刊于《学衡》第6期。

按:文章指出:大学学生之责任为何如,以余所见,当分三部论之。一则对于今人之责任也。大学学者对于今人之责任,约有二事:一曰改革,二曰建设。二则对于前人之责任也。大学学生对于前人之责任,亦有二义:一曰继续,二曰扩充。三则对于世界之责任也。今之学者,对于世界应负之责任有二:一曰报酬,二曰共进。何以谓之报酬,即学术上之贡献是也。吾人今日所治之学术,自得之于中国先民者外,皆食世界各国学者之赐也。"总右所举三目六项,皆对人之责任也。对人之责任明,而对己之责任不待言矣。曾子曰:士不可以不弘毅,任重而道远,仁以为己任,不亦重乎?人惟不仁,方视世界国家于己无异,而惟汲汲焉以个人之生计问题、职业问题、婚姻问题,为须取得大学学者之资格而后解决,否则广宇长宙之重责,皆在一身,惟有努力强学,开拓万古之心胸,以肩其任,而个人之问题不暇计矣。吾国学者恒言:平生志不在温饱;又曰:先天下之忧而忧,后天下之乐而乐。是虽迂儒之言乎?然鄙见以为今日吾民族生死存亡之关头,即在此迂阔之谈能否复见于学者之心目为断,吾大国民、吾大学者,勉之!勉之!"

马承堃《国学摭谭(续)》刊于《学衡》第6期。

陈茹玄《旧德意志独裁政治发展之基础》刊于《学衡》第6期。

吴宓《西洋文学精要书目》刊于《学衡》第6期。

邵祖平《论新旧道德与文艺》刊于《学衡》第7期。

缪凤林《文情篇》刊于《学衡》第7期。

柳诒徵《华化渐被史》刊于《学衡》第7期。

吴宓《西洋文学精要书目(续)》刊于《学衡》第7期。

王焕镳《论周代婚制》刊于《学衡》第8期。

柳诒徵《华化渐被史(续)》刊于《学衡》第8期。

景昌极《中国心理学大纲》刊于《学衡》第8期。

梅光迪《现今西洋人文主义 第一章 绪言》刊于《学衡》第8期。

缪凤林《希腊之精神》刊于《学衡》第8期。

柳诒徵《论今之办学者》刊于《学衡》第9期。

吴宓《诗学总论》刊于《学衡》第9期。

刘永济《中国文学通论》刊于《学衡》第9期。

夏崇璞《明代复古派与唐宋文派之潮流》刊于《学衡》第9期。

吴宓《英诗浅释》刊于《学衡》第9期。

刘伯明《共和国民之精神》刊于《学衡》第10期。

马承堃《国学摭谭(续第六期)》刊于《学衡》第10期。

柳诒徵《华化渐被史(续第八期)》刊于《学衡》第10期。

缪凤林《文义篇》刊于《学衡》第11期。

王庸《李二曲学述》刊于《学衡》第11期。

柳诒徵《华化渐被史(续第十期)》刊于《学衡》第11期。

吴宓《西洋文学精要书目(续第七期)》刊于《学衡》第11期。

柳诒徵《读墨微言》刊于《学衡》第12期。

汤用彤《评近人之文化研究(录中华新报)》刊于《学衡》第12期。

邹卓立《社会主义平议》刊于《学衡》第12期。

刘善泽《说周官媒氏奔者不禁》刊于《学衡》第12期。

陈柱《诗说》刊于《学衡》第 12 期。

程俊英《诗之修辞》刊于《学衡》第 12 期。

邵祖平《唐诗通论》刊于《学衡》第 12 期。

谷凤池《历史研究法的管见》刊于《史地丛刊》第 1 卷第 3 期。

朱希祖《文史通义札记序》刊于《史地丛刊》第 1 卷第 3 期。

何炳松《读章学诚文史通义札记》刊于《史地丛刊》第 1 卷第 3 期。

董蔚滋《研究历史应当注意的三点》刊于《史地丛刊》第 2 卷第 1 期。

缪凤林《中国史之宣传》刊于《史地学报》第 1 卷第 2 期。

陈训慈《组织中国史学会问题》刊于《史地学报》第 1 卷第 2 期。

胡焕荣《纪元问题》刊于《史地学报》第 1 卷第 2 期。

陈训慈《历史之社会的价值》刊于《史地学报》第 1 卷第 2 期。

陈训慈《对于吾国最近经济变迁之观察》刊于《史地学报》第 1 卷第 2 期。

徐则陵《近今史学之发展》刊于《史地学报》第 1 卷第 2 期。

缪凤林《研究历史之方法》刊于《史地学报》第 1 卷第 2 期。

胡焕荣《不列颠帝国》刊于《史地学报》第 1 卷第 2 期。

姜子润《吾国古代金属器物之起源（完）》刊于《史地学报》第 1 卷第 2 期。

白眉初《少山多水之江苏之利害谈》刊于《史地学报》第 1 卷第 2 期。

景昌极《易之国家观》刊于《史地学报》第 1 卷第 2 期。

诸葛麒《周幽王时代国家社会概况（未完）》刊于《史地学报》第 1 卷第 2 期。

柳翼谋《汉人生计之研究》刊于《史地学报》第 1 卷第 2 期。

张其昀《火之起源》刊于《史地学报》第 1 卷第 2 期。

吴文照《地质学上之三大问题》刊于《史地学报》第 1 卷第 2 期。

陈训慈译《史之过去与将来》刊于《史地学报》第 1 卷第 2 期。

张其昀译《关于华府会议之表计数种》刊于《史地学报》第 1 卷第 2 期。

陈训慈《清史感言》刊于《史地学报》第 1 卷第 3 期。

张其昀译《世界今日之重大问题》刊于《史地学报》第 1 卷第 3 期。

柳翼谋《钦天山重建观象台议》刊于《史地学报》第 1 卷第 3 期。

陆维昭《中等中国历史教科书编辑商例》刊于《史地学报》第 1 卷第 3 期。

徐则陵《历史教学之设备问题及其解决之方法》刊于《史地学报》第 1 卷第 3 期。

束世澂《蜀汉开辟南蛮考（未完）》刊于《史地学报》第 1 卷第 3 期。

向达《朝鲜亡国之原因及其能否复兴之推测（未完）》刊于《史地学报》第 1 卷第 3 期。

黄应欢《李考格（Lyeurgus）之法制》刊于《史地学报》第 1 卷第 3 期。

仇良虎《波罗的三国述概》刊于《史地学报》第 1 卷第 3 期。

王学川《世界气候分区法》刊于《史地学报》第 1 卷第 3 期。

王玉章《车战之制之起源及其变迁（未完）》刊于《史地学报》第 1 卷第 3 期。

诸葛麒《周幽王时国家社会概况（续完）》刊于《史地学报》第 1 卷第 3 期。

全文晟《唐虞夏商祭祀考（未完）》刊于《史地学报》第 1 卷第 3 期。

张其昀《读史通与文史通义校仇通义》刊于《史地学报》第 1 卷第 3 期。

陆鸿图《三月分恒星之概说》刊于《史地学报》第 1 卷第 3 期。

曾膺联讲,吴文照记《南洋风土情形》刊于《史地学报》第 1 卷第 3 期。

胡焕庸《日本之海上政策与殖民政策》刊于《史地学报》第 1 卷第 3 期。

［美］拉多黎作,陈训慈译《美人研究中国史之倡导》刊于《史地学报》第 1 卷第 3 期。

郑鹤声《地学考察报告——汤山》刊于《史地学报》第 1 卷第 3 期。

［英］洛斯裴教授讲,龚登朝记《近世之地理观念》刊于《史地学报》第 1 卷第 3 期。

王学川《地名译名统一问题》刊于《史地学报》第 1 卷第 4 期。

竺可桢《改良阳历之商榷》刊于《史地学报》第 1 卷第 4 期。

柳翼谋《清史刍议(附修史私议)》刊于《史地学报》第 1 卷第 4 期。

柳翼谋《近世史料之一》刊于《史地学报》第 1 卷第 4 期。

向达《朝鲜亡国之原因及其能否复兴之推测(完)》刊于《史地学报》第 1 卷第 4 期。

束世澂《蜀汉开辟南蛮考(完)》刊于《史地学报》第 1 卷第 4 期。

王玉章《车战之制之起源及其变迁(完)》刊于《史地学报》第 1 卷第 4 期。

何惟科《管老学说之比较》刊于《史地学报》第 1 卷第 4 期。

F. G. Clapp 原著,张其昀译《黄河游记》刊于《史地学报》第 1 卷第 4 期。

张其昀《读史通与文史通义校仇通义(完)》刊于《史地学报》第 1 卷第 4 期。

J. Fairgrieve 原著,胡焕庸译《各国历史所受地理之支配》刊于《史地学报》第 1 卷第 4 期。

陈训慈译《史学书五种》刊于《史地学报》第 1 卷第 4 期。

张其昀译《地学书七种》刊于《史地学报》第 1 卷第 4 期。

郑鹤声《地学考察报告(岩山)》刊于《史地学报》第 1 卷第 4 期。

陈训慈《南京古物保存所访问记》刊于《史地学报》第 1 卷第 4 期。

竺可桢《地理对于人生之影响》刊于《史地学报》第 2 卷第 1 期。

柳翼谋《近世史料之一(续完)》刊于《史地学报》第 2 卷第 1 期。

张廷休《欧洲大学起源考》刊于《史地学报》第 2 卷第 1 期。

徐则陵《历史教育上之心理问题》刊于《史地学报》第 2 卷第 1 期。

王学素《地质学发达史》刊于《史地学报》第 2 卷第 1 期。

张其昀《上海之地理》刊于《史地学报》第 2 卷第 1 期。

郑鹤声《地学考察报告:紫金山》刊于《史地学报》第 2 卷第 1 期。

孙逢吉《地学考察报告:高资,香山,朝凰山》刊于《史地学报》第 2 卷第 1 期。

张其昀《最近欧洲各国地理学进步之概况》刊于《史地学报》第 2 卷第 1 期。

［日］柳泽健原著,周作人译《儿童的世界(论童谣)》刊于《诗》第 1 卷第 1 号。

罗家伦《精神破产之民族》刊于《东方杂志》第 19 卷第 1 号。

孙几伊《改造中国底途径》刊于《东方杂志》第 19 卷第 1 号。

愈之《中国国民性的几个特点》刊于《东方杂志》第 19 卷第 1 号。

冯飞《都市发达之历史的考察》刊于《东方杂志》第 19 卷第 1 号。

丏尊《近代文学与儿童问题》刊于《东方杂志》第 19 卷第 1 号。

高山《近世的太阳崇拜》刊于《东方杂志》第 19 卷第 1 号。

彭一湖《我之无识的自白与对于今后时局的真觉悟》刊于《东方杂志》第 19 卷第 2 号。

罗家伦《我对于中国在华盛顿会议之观察》刊于《东方杂志》第 19 卷第 2 号。

何思源《华盛顿会议中山东问题之经过》刊于《东方杂志》第 19 卷第 2 号。

金侣琴《从基尔特到工厂制度》刊于《东方杂志》第 19 卷第 2 号。

郑超麟《佛朗西的非战争主义》刊于《东方杂志》第 19 卷第 2 号。

化鲁《布兰兑斯的时代心理观》刊于《东方杂志》第 19 卷第 2 号。

马鹿《威尔士的世界联邦论》刊于《东方杂志》第 19 卷第 2 号。

薇生《一九二一年日本小说界》刊于《东方杂志》第 19 卷第 2 号。

建人《兑佛黎斯的骤变说》刊于《东方杂志》第 19 卷第 2 号。

周建人《达尔文百十三年纪念感言》刊于《东方杂志》第 19 卷第 3 号。

武堉干《华会闭幕后世界经济之概观》刊于《东方杂志》第 19 卷第 3 号。

愈之《中国人的人生哲学》（美国杜威原著）刊于《东方杂志》第 19 卷第 3 号。

抗父《最近二十年间中国旧学之进步》刊于《东方杂志》第 19 卷第 3 号。

俞寄凡《意大利近代的绘画》刊于《东方杂志》第 19 卷第 3 号。

鸣田《生与死之研究》刊于《东方杂志》第 19 卷第 3 号。

化鲁《文明人与野蛮人的迷信》刊于《东方杂志》第 19 卷第 3 号。

高山《科学与迷信的冲突》刊于《东方杂志》第 19 卷第 3 号。

建人《对于物类生死起源的迷信》刊于《东方杂志》第 19 卷第 3 号。

坚瓠《知识阶级的自身改造》刊于《东方杂志》第 19 卷第 4 号。

化鲁《回教民族复兴的感想》刊于《东方杂志》第 19 卷第 4 号。

陈震异《民有山东铁路之经营》刊于《东方杂志》第 19 卷第 4 号。

孙锡麟《消费者之希望》刊于《东方杂志》第 19 卷第 4 号。

陈启天《中国古代名学论略》刊于《东方杂志》第 19 卷第 4 号。

俞寄凡《斯干狄那维亚近代的绘画》刊于《东方杂志》第 19 卷第 4 号。

愈之《俄国新文学的一斑》刊于《东方杂志》第 19 卷第 4 号。

化鲁《新俄国的剧场》刊于《东方杂志》第 19 卷第 4 号。

健孟《俄国最近物理科学的进步》刊于《东方杂志》第 19 卷第 4 号。

建人《新俄国的教育》刊于《东方杂志》第 19 卷第 4 号。

蒋维乔《三论宗之人生观》刊于《东方杂志》第 19 卷第 5 号。

［日］升曙萝作，馥泉译《俄罗斯文学和社会改造运动》刊于《东方杂志》第 19 卷第 5 号。

愈之《黑种文学家马兰及其著作》刊于《东方杂志》第 19 卷第 5 号。

硙碡《战后法国新艺术及其批评》刊于《东方杂志》第 19 卷第 5 号。

化鲁《地方自治与乡村运动》刊于《东方杂志》第 19 卷第 6 号。

施存统《马克思底理想及其实现底过程（日本河上肇著）》刊于《东方杂志》第 19 卷第 6 号。

俞寄凡《西班牙近代的绘画》刊于《东方杂志》第 19 卷第 6 号。

化鲁《新德意志及其文艺》刊于《东方杂志》第 19 卷第 6 号。

健孟《生命的星云的起源说》刊于《东方杂志》第 19 卷第 6 号。

华林《美学随谈》刊于《东方杂志》第 19 卷第 7 号。

周建人《产儿限制概说》刊于《东方杂志》第 19 卷第 7 号。

邓飞黄《个人主义的由来及其影响》刊于《东方杂志》第 19 卷第 7 号。

关相华《空间解放之思想的经过》刊于《东方杂志》第 19 卷第 7 号。

俞寄凡《比利时近代的绘画》刊于《东方杂志》第 19 卷第 7 号。

周鲠生《领事裁判权问题》刊于《东方杂志》第 19 卷第 8 号。

于树德《劳动之一研究》刊于《东方杂志》第 19 卷第 8 号。

济澂译《今日伦理学理论之趋势》刊于《东方杂志》第 19 卷第 8 号。

查夷平《中国声律之调停与琴之声律》刊于《东方杂志》第 19 卷第 8 号。

俞寄凡《匈牙利近代的绘画》刊于《东方杂志》第 19 卷第 8 号。

祁森焕《日本最近五十年来的哲学和伦理》刊于《东方杂志》第 19 卷第 8 号。

祁森焕《日本的阶级文学问题》刊于《东方杂志》第 19 卷第 8 号。

高山《性格之生物学的基础》刊于《东方杂志》第 19 卷第 8 号。

济澂《从出版界窥见的知识界》刊于《东方杂志》第 19 卷第 9 号。

陈定谟《直觉与理智》刊于《东方杂志》第 19 卷第 9 号。

马洗凡《英法两系地方自治制度及其相对的改造趋势》刊于《东方杂志》第 19 卷第 9 号。

叶元龙《劳动价值论之研究》刊于《东方杂志》第 19 卷第 9 号。

侣樵《劳力报酬法之研究》刊于《东方杂志》第 19 卷第 9 号。

化鲁《俄国的革命诗歌》刊于《东方杂志》第 19 卷第 9 号。

弗亢《世界语的国际地位观》刊于《东方杂志》第 19 卷第 9 号。

健孟《科学上的新教训》刊于《东方杂志》第 19 卷第 9 号。

丏尊《误用的并存和折衷》刊于《东方杂志》第 19 卷第 10 号。

许地山《宗教的生长与灭亡》刊于《东方杂志》第 19 卷第 10 号。

周建人《个体与种族的衰老》刊于《东方杂志》第 19 卷第 10 号。

馥泉《荷马史诗"伊丽雅"底研究》刊于《东方杂志》第 19 卷第 10 号。

俞寄凡《荷兰近代的绘画》刊于《东方杂志》第 19 卷第 10 号。

康白情《自治的统一与统一的自治》刊于《东方杂志》第 19 卷第 11 号。

化鲁《欧洲新局势与未来之祸机》刊于《东方杂志》第 19 卷第 11 号。

费觉天《中国政治不能上正轨底真因及今后应走的道路》刊于《东方杂志》第 19 卷第 11 号。

朱枕薪《苏维埃俄罗斯底过去与现在》刊于《东方杂志》第 19 卷第 11 号。

存统《唯物史观在马克思学上底位置(日本栉田民藏著)》刊于《东方杂志》第 19 卷第 11 号。

衡如《新历史之精神》刊于《东方杂志》第 19 卷第 11 号。

俞寄凡《丹麦近代的绘画》刊于《东方杂志》第 19 卷第 11 号。

坚瓠《统一和公开》刊于《东方杂志》第 19 卷第 12 号。

说难《政治上游离分子的问题》刊于《东方杂志》第 19 卷第 12 号。

王宣《美国城市自治的三大经验》刊于《东方杂志》第 19 卷第 12 号。

子贻译《文艺复兴研究集序(英国华尔德配德著)》刊于《东方杂志》第 19 卷第 12 号。

张梓生《黎元洪复职记》刊于《东方杂志》第 19 卷第 12 号。

蠢材《新表现主义的艺术》刊于《东方杂志》第 19 卷第 12 号。

克士《遗传研究的应用》刊于《东方杂志》第 19 卷第 12 号。

祁森焕《日本各大学的思想和人物》刊于《东方杂志》第 19 卷第 12 号。

化鲁《最近国际关系与世界的新形势》刊于《东方杂志》第 19 卷第 13 号 国际时事问题号（上）。

潘公展《德国赔偿问题之纠纷》刊于《东方杂志》第 19 卷第 13 号 国际时事问题号（上）。

幼雄《爱尔兰自由邦的成立及其现状》刊于《东方杂志》第 19 卷第 13 号 国际时事问题号（上）。

世平《近东问题及其最近的转变》刊于《东方杂志》第 19 卷第 13 号 国际时事问题号（上）。

梓生《回教民族复兴运动——世界之一大问题》刊于《东方杂志》第 19 卷第 13 号 国际时事问题号（上）。

化鲁《西伯利亚的现状及其问题》刊于《东方杂志》第 19 卷第 13 号 国际时事问题号（上）。

刘麟生《世界地图中之乌克兰》刊于《东方杂志》第 19 卷第 13 号 国际时事问题号（上）。

罗罗《英法冲突与欧洲外交之大错误》刊于《东方杂志》第 19 卷第 13 号 国际时事问题号（上）。

邓飞黄《欧洲经济改造与各国对俄之政策》刊于《东方杂志》第 19 卷第 14 号 国际时事问题号（下）。

潘公展《俄德条约之酝酿与成立》刊于《东方杂志》第 19 卷第 14 号 国际时事问题号（下）。

化鲁《小协约与中南欧的新局面》刊于《东方杂志》第 19 卷第 14 号 国际时事问题号（下）。

幼雄《奥匈国崩坏后诸国之关系如何》刊于《东方杂志》第 19 卷第 14 号 国际时事问题号（下）。

潘公展《印度独立运动之解剖》刊于《东方杂志》第 19 卷第 14 号 国际时事问题号（下）。

罗罗《埃及问题》刊于《东方杂志》第 19 卷第 14 号 国际时事问题号（下）。

张梓生《菲律宾独立运动之推移》刊于《东方杂志》第 19 卷第 14 号 国际时事问题号（下）。

子贻《国际现状之历史观》刊于《东方杂志》第 19 卷第 14 号 国际时事问题号（下）。

武堉干《由经济的帝国主义到经济的民主主义》刊于《东方杂志》第 19 卷第 15 号。

林可彝《俄国为什么改行新经济政策》刊于《东方杂志》第 19 卷第 15 号。

瞿世英《研究哲学之管见》刊于《东方杂志》第 19 卷第 15 号。

闻天《歌德的浮士德》刊于《东方杂志》第 19 卷第 15 号。

曾仲鸣《微生物学略史》刊于《东方杂志》第 19 卷第 15 号。

愈之《国际语的理想与现实》刊于《东方杂志》第 19 卷第 15 号。

尚一《国际语普及的概况》刊于《东方杂志》第 19 卷第 15 号。

吴觉农《中国的农民问题》刊于《东方杂志》第 19 卷第 16 号"农业及农民运动号"。

邹秉文《农业与公民》刊于《东方杂志》第 19 卷第 16 号"农业及农民运动号"。

董时进《世界和平与农业》刊于《东方杂志》第 19 卷第 16 号"农业及农民运动号"。

康启宇《农场管理及农业经济》刊于《东方杂志》第 19 卷第 16 号"农业及农民运动号"。

吴觉农《日本农民运动的趋势》刊于《东方杂志》第 19 卷第 16 号"农业及农民运动号"。

仲持《英国的农业劳动者》刊于《东方杂志》第 19 卷第 16 号"农业及农民运动号"。

方乐胥译《意大利最近的农民运动》刊于《东方杂志》第 19 卷第 16 号"农业及农民运动号"。

薇生《德国农民运动》刊于《东方杂志》第 19 卷第 16 号"农业及农民运动号"。

方乐胥《俄国的农民》刊于《东方杂志》第 19 卷第 16 号"农业及农民运动号"。

曾愚公《法国政治之趋势与青年之思潮》刊于《东方杂志》第 19 卷第 16 号"农业及农民运动号"。

周作人《国语改造的意见》刊于《东方杂志》第 19 卷第 17 号。

张东荪《新实在论的论理主义》刊于《东方杂志》第 19 卷第 17 号。

汤鹤逸译《中国社会之本质及其作用》刊于《东方杂志》第 19 卷第 17 号。

曾仲鸣《自认发生说》刊于《东方杂志》第 19 卷第 17 号。

高山《德国青年运动的两面观》刊于《东方杂志》第 19 卷第 17 号。

化鲁《德国青年与社会主义》刊于《东方杂志》第 19 卷第 17 号。

乔峰《德国青年的道德改造》刊于《东方杂志》第 19 卷第 17 号。

克士《德国青年对于老派的反叛》刊于《东方杂志》第 19 卷第 17 号。

坚瓠《阶级意识与政治运动》刊于《东方杂志》第 19 卷第 18 号。

恽代英《民治运动》刊于《东方杂志》第 19 卷第 18 号。

朱朴《社会制度论(罗素著)》刊于《东方杂志》第 19 卷第 18 号。

谢晋青《日本民族性底研究》刊于《东方杂志》第 19 卷第 18 号。

尚一《近代妇女运动发生的途径》刊于《东方杂志》第 19 卷第 18 号。

化鲁《妇女参政运动的过去及现在》刊于《东方杂志》第 19 卷第 18 号。

健孟《女权运动的根本要素》刊于《东方杂志》第 19 卷第 18 号。

高山《中国的女权运动》刊于《东方杂志》第 19 卷第 18 号。

陆世益《蒋百里裁兵计划书批评》刊于《东方杂志》第 19 卷第 19 号。

梁启超《大乘起信论考证》刊于《东方杂志》第 19 卷第 19 号。

王平陵《现代心理学底派别及其研究法》刊于《东方杂志》第 19 卷第 19 号。

王靖《论现代的小说》刊于《东方杂志》第 19 卷第 19 号。

张闻天《文化与幸福》刊于《东方杂志》第 19 卷第 20 号。

尚一《意大利政潮之解剖》刊于《东方杂志》第 19 卷第 20 号。

周建人《人类多源说》刊于《东方杂志》第 19 卷第 20 号。

化鲁《最近之英文学》刊于《东方杂志》第 19 卷第 20 号。

幼雄《美国革命文学与贵族精神的崩坏》刊于《东方杂志》第 19 卷第 20 号。

化鲁《俄国文学与革命》刊于《东方杂志》第 19 卷第 20 号。

幼雄《法国反军国主义的文学》刊于《东方杂志》第 19 卷第 20 号。

亚鸣《留法勤工俭学生与中国实业之前途》刊于《东方杂志》第 19 卷第 20 号。

芮恩施著,钱智修译《中国宪法问题》刊于《东方杂志》第 19 卷第 21 号 宪法研究号(上)。

　　鲍惠尔著，钱智修译《中国之制宪》刊于《东方杂志》第 19 卷第 21 号　宪法研究号（上）。

　　陈起修《我理想中之中国国宪及省宪》刊于《东方杂志》第 19 卷第 21 号　宪法研究号（上）。

　　孙几伊《制宪问题底理论和实际》刊于《东方杂志》第 19 卷第 21 号　宪法研究号（上）。

　　徐谦《依基督救国主义拟商榷之宪法要点》刊于《东方杂志》第 19 卷第 21 号　宪法研究号（上）。

　　刘文海《关于中国国宪之建议》刊于《东方杂志》第 19 卷第 21 号　宪法研究号（上）。

　　董修甲《联邦制及委员会制之研究》刊于《东方杂志》第 19 卷第 21 号　宪法研究号（上）。

　　徐六几《中华基尔特社会主义国宪法导言》刊于《东方杂志》第 19 卷第 21 号　宪法研究号（上）。

　　张东荪《宪法上的议会问题》刊于《东方杂志》第 19 卷第 21 号　宪法研究号（上）。

　　周鲠生《国宪上之外交权问题》刊于《东方杂志》第 19 卷第 21 号　宪法研究号（上）。

　　邓飞黄《我对于国宪的三个建议》刊于《东方杂志》第 19 卷第 21 号　宪法研究号（上）。

　　史维焕《我国宪法应明定国民之生存权》刊于《东方杂志》第 19 卷第 21 号　宪法研究号（上）。

　　高一涵《我国宪法与欧洲宪法之比较》刊于《东方杂志》第 19 卷第 22 号　宪法研究号（下）。

　　王世杰《新近宪法的趋势——代议制之改造》刊于《东方杂志》第 19 卷第 22 号　宪法研究号（下）。

　　潘公展《柔性宪法与刚性宪法》刊于《东方杂志》第 19 卷第 22 号　宪法研究号（下）。

　　李三无《宪法上民主政治种类之选择》刊于《东方杂志》第 19 卷第 22 号　宪法研究号（下）。

　　彭学沛《各国新宪法中之比例代表法》刊于《东方杂志》第 19 卷第 22 号　宪法研究号（下）。

　　张慰慈《欧洲的新宪法》刊于《东方杂志》第 19 卷第 22 号　宪法研究号（下）。

　　狄侃《欧洲四新兴国宪法之比较观》刊于《东方杂志》第 19 卷第 22 号　宪法研究号（下）。

　　程学愉《德意志之新宪法》刊于《东方杂志》第 19 卷第 22 号　宪法研究号（下）。

　　王敦常译《普鲁士新宪法述评》刊于《东方杂志》第 19 卷第 22 号　宪法研究号（下）。

　　江显之《波兰共和国宪法述评》刊于《东方杂志》第 19 卷第 22 号　宪法研究号（下）。

　　狄侃《南美新宪法之倾向》刊于《东方杂志》第 19 卷第 22 号　宪法研究号（下）。

　　狄侃《省宪中之行政机关》刊于《东方杂志》第 19 卷第 22 号　宪法研究号（下）。

　　李愚厂《省宪问题（一）》刊于《东方杂志》第 19 卷第 22 号　宪法研究号（下）。

　　储国珍《省宪问题（二）》刊于《东方杂志》第 19 卷第 22 号　宪法研究号（下）。

　　罗敦伟《湖南省宪法批评》刊于《东方杂志》第 19 卷第 22 号　宪法研究号（下）。

　　贤江《什么是学校教育的特色》刊于《东方杂志》第 19 卷第 23 号。

　　李培恩《马克跌价之原因及其前途之豫测》刊于《东方杂志》第 19 卷第 23 号。

　　［日］大塚保治著，鸿译《美学所研究的问题及其研究法》刊于《东方杂志》第 19 卷第 23 号。

　　胡梦华《安诺德评传》刊于《东方杂志》第 19 卷第 23 号。

胡梦华《安诺德和他的时代之关系》刊于《东方杂志》第 19 卷第 23 号。

华林一《安诺德文学批评原理》刊于《东方杂志》第 19 卷第 23 号。

顾挹香《安诺德的诗歌研究》刊于《东方杂志》第 19 卷第 23 号。

高鲁《爱因斯坦与相对论》刊于《东方杂志》第 19 卷第 24 号"爱因斯坦号"。

心南《爱因斯坦和科学的精神》刊于《东方杂志》第 19 卷第 24 号 爱因斯坦号。

周昌寿《相对性原理概观》刊于《东方杂志》第 19 卷第 24 号 爱因斯坦号。

李润章《相对论及其产生前后之科学状况》刊于《东方杂志》第 19 卷第 24 号 爱因斯坦号。

心南《能媒万有引力和相对性原理》刊于《东方杂志》第 19 卷第 24 号"爱因斯坦号"。

段育华《相对论在物理学上之位置》刊于《东方杂志》第 19 卷第 24 号"爱因斯坦号"。

关桐华《罗素的相对性原理观》刊于《东方杂志》第 19 卷第 24 号"爱因斯坦号"。

一声《爱因斯坦之相对性原理》刊于《东方杂志》第 19 卷第 24 号"爱因斯坦号"。

行余译《普遍相对性原理和观测事实的比较》刊于《东方杂志》第 19 卷第 24 号"爱因斯坦号"。

鲠生《华盛顿会议结果》刊于《太平洋》第 3 卷第 5 号。

杨少荻《世界煤量之多寡与中国煤矿之将来》刊于《太平洋》第 3 卷第 5 号。

阎《政府破产可否适用商人破产之制裁》刊于《太平洋》第 3 卷第 5 号。

余籍傅《美国之公路财政》刊于《太平洋》第 3 卷第 5 号。

周鲠生《湖南大学组织令草案及说明书》刊于《太平洋》第 3 卷第 5 号。

一士《论国民宜急选择政府》刊于《太平洋》第 3 卷第 5 号。

松子《万国联盟第二次代议会》刊于《太平洋》第 3 卷第 5 号。

松子《南斯拉夫国宪法》刊于《太平洋》第 3 卷第 5 号。

剑农《由湖南制宪法所得的教训》刊于《太平洋》第 3 卷第 6 号。

鲠生《政治哲学(一)》刊于《太平洋》第 3 卷第 6 号。

松子《英国两大政学家》刊于《太平洋》第 3 卷第 6 号。

杨袁昌英《创作与批评》刊于《太平洋》第 3 卷第 6 号。

杨端六《再论记账单位》刊于《太平洋》第 3 卷第 6 号。

李剑农《民国统一问题》刊于《太平洋》第 3 卷第 7 号。

杨端六《中国统一之过去现在及将来》刊于《太平洋》第 3 卷第 7 号。

松子《释联省自治》刊于《太平洋》第 3 卷第 7 号。

周鲠生《省宪与国宪》刊于《太平洋》第 3 卷第 7 号。

唐德昌《联省自治与现在之中国》刊于《太平洋》第 3 卷第 7 号。

王祉伟《联省自治与中国政局》刊于《太平洋》第 3 卷第 7 号。

张季鸾《关于联治问题之断片的感想》刊于《太平洋》第 3 卷第 7 号。

向复菴《读分治与统一商榷书》刊于《太平洋》第 3 卷第 7 号。

武堉干《联省自治与职业主义》刊于《太平洋》第 3 卷第 7 号。

北大六教授《分治与统一商榷书》刊于《太平洋》第 3 卷第 7 号。

王世杰《论联邦与邦联书》刊于《太平洋》第 3 卷第 7 号。

赵恒惕《与曹吴商榷国是书》刊于《太平洋》第 3 卷第 7 号。

朱希祖《联省自治商榷书》刊于《太平洋》第 3 卷第 7 号。

张君劢《国宪中之省宪大纲》刊于《太平洋》第 3 卷第 7 号。

杨端六《时局问题之根本的讨论》刊于《太平洋》第 3 卷第 8 号。

周鲠生《万国联盟与委托治理》刊于《太平洋》第 3 卷第 8 号。

杨袁昌英《公意之源》刊于《太平洋》第 3 卷第 8 号。

杨端六《民国九十两年华洋贸易统计比较》刊于《太平洋》第 3 卷第 8 号。

麦克杜尔原著,吴颂皋译《心理学》刊于《太平洋》第 3 卷第 8 号。

方君璧《我之中国画改良观》刊于《太平洋》第 3 卷第 8 号。

梁云池《"华盛顿会议之中国议案"勘误》刊于《太平洋》第 3 卷第 8 号。

郁达夫《艺文私见》刊于《创造季刊》第 1 卷第 1 号。

谢康《读了女神以后》刊于《创造季刊》第 1 卷第 2 号。

郭沫若《批判意门湖译本及其他》刊于《创造季刊》第 1 卷第 2 号。

郭沫若《反响之反响》刊于《创造季刊》第 1 卷第 3 号。

仿吾《学者的态度》刊于《创造季刊》第 1 卷第 3 号。

郭沫若《波斯诗人莪默伽亚谟》刊于《创造季刊》第 1 卷第 3 号。

仿吾《歧路》刊于《创造季刊》第 1 卷第 3 号。

君劢《德国哲学家杜里舒氏东来之报告及其学说大略》刊于《改造》第 4 卷第 6 号。

梁启超《中国的韵文里头所表现的情感》刊于《改造》第 4 卷第 6 号。

蒋方震《裁兵计划书——导言三—》刊于《改造》第 4 卷第 6 号。

蓝公武《国民努力之方向》刊于《改造》第 4 卷第 6 号。

吴继熊《法律的基本概念》刊于《改造》第 4 卷第 6 号。

吴统续《对于当代政治家之总弹劾与希望》刊于《改造》第 4 卷第 7 号。

君劢《英德美三国市制及广州市制上之观察》刊于《改造》第 4 卷第 7 号。

刘文岛《中国军备与世界和平》刊于《改造》第 4 卷第 7 号。

罗素原著,傅岩译《敬告欧罗巴之知识阶级》刊于《改造》第 4 卷第 7 号。

梁启超《五千年史势鸟瞰》刊于《改造》第 4 卷第 7 号。

李思纯《言语写方法论》刊于《改造》第 4 卷第 7 号。

梁启超《中国韵文里头所表现的情感》刊于《改造》第 4 卷第 8 号。

夏元琛《安斯坦相对论及安斯坦传》刊于《改造》第 4 卷第 8 号。

梁启超《先秦政治思想》刊于《改造》第 4 卷第 8 号。

Orth 原著,秩彝译《法国的社会党》刊于《改造》第 4 卷第 8 号。

高卓《宗教与道德》刊于《改造》第 4 卷第 8 号。

梁启超《中学以上作文教学法》刊于《改造》第 4 卷第 9 号。

刘文岛《中国军备与世界和平》刊于《改造》第 4 卷第 9 号。

李三无《物价腾贵与中流阶级问题》刊于《改造》第 4 卷第 9 号。

Orth 原著,秩彝译《法国的社会党(续)》刊于《改造》第 4 卷第 9 号。

金灿《今之所谓社会》刊于《改造》第 4 卷第 9 号。

张原絜译《社会学之成功与失败》刊于《改造》第 4 卷第 9 号。

蒋百里《联省自治制辨惑》刊于《改造》第 4 卷第 10 号。

李三无《妇女参政运动研究》刊于《改造》第4卷第10号。

陈国榘《第三种民主政治——瑞士之联省制》刊于《改造》第4卷第10号。

刘文岛《中国军备与世界和平(续)》刊于《改造》第4卷第10号。

金灿《今之所谓社会(续)》刊于《改造》第4卷第10号。

[日]室伏高信原著,伯隽译《无政府主义之批判》刊于《改造》第4卷第10号。

[法]昔司倍根原著,大泉译《乌托邦业谈》刊于《改造》第4卷第10号。

汪懋祖《对于新学制草案高等教育段质疑之点》刊于《教育丛刊》第2卷第7集。

经亨颐《祝学校自立》刊于《教育丛刊》第2卷第7集。

陈兆蘅《男女学生学力差别之科学的研究》刊于《教育丛刊》第2卷第7集。

常道直《职业教育之目的与范围》刊于《教育丛刊》第2卷第7集。

曹配言《两月间之教育的参观旅行》刊于《教育丛刊》第2卷第7集。

李石岑《美育之原理》刊于《教育杂志》第14卷第1期。

周予同《对于普通中学国文课程与教材的建议》刊于《教育杂志》第14卷第1期。

叶绍钧《小学国文教授的诸问题》刊于《教育杂志》第14卷第1期。

舒新城《中学学制改革问题》刊于《教育杂志》第14卷第1期。

王克仁《施行中等教育新制之参考》刊于《教育杂志》第14卷第1期。

杨鄂联《义务教育期成之第一步》刊于《教育杂志》第14卷第1期。

俞子夷《和李步青先生讨论新式国民学校计划书》刊于《教育杂志》第14卷第1期。

解中苏《测验之种类》刊于《教育杂志》第14卷第1期。

黎锦熙《国语文法表解》刊于《教育杂志》第14卷第1期。

李石岑《教育独立建议》刊于《教育杂志》第14卷第2期。

周鲠生《读李石岑"教育独立建议"》刊于《教育杂志》第14卷第2期。

吕澂《晚近的美学说和"美的原理"》刊于《教育杂志》第14卷第2期。

徐六几《教育基尔特之组织的原理》刊于《教育杂志》第14卷第2期。

俞子夷《视察设计教学的标准》刊于《教育杂志》第14卷第2期。

邰爽秋《特殊教育之实施》刊于《教育杂志》第14卷第2期。

常道直《学校中几个实际问题》刊于《教育杂志》第14卷第2期。

范云六《儿童设计的学习法》刊于《教育杂志》第14卷第2期。

李石岑《教育哲学》刊于《教育杂志》第14卷第3期。

梁漱溟《东西人的教育之不同》刊于《教育杂志》第14卷第3期。

张东荪《文化运动与教育》刊于《教育杂志》第14卷第3期。

吕澂《晚近的美学说和"美的原理"(续完)》刊于《教育杂志》第14卷第3期。

舒新城《编制混合心理学教科书的意见》刊于《教育杂志》第14卷第3期。

吴研因《文字的自然教学法》刊于《教育杂志》第14卷第3期。

钱玄同《汉字改造论其一》刊于《教育杂志》第14卷第3期。

黎锦熙《汉字改造论其二》刊于《教育杂志》第14卷第3期。

胡适《汉字改造论其三》刊于《教育杂志》第14卷第3期。

郭梦良《基尔特社会主义与教育独立》刊于《教育杂志》第14卷第4期。

陈兼善《遗传与环境》刊于《教育杂志》第14卷第4期。

顾颉刚《中学校本国史教科书编纂法》刊于《教育杂志》第 14 卷第 4 期。

王钟麒《对于中等教育地理教科的一点意见》刊于《教育杂志》第 14 卷第 4 期。

刘建阳《教育测验》刊于《教育杂志》第 14 卷第 4 期。

黎锦熙《国语"话法"教学的新案》刊于《教育杂志》第 14 卷第 4 期。

周予同《注音字母原字的形音义》刊于《教育杂志》第 14 卷第 4 期。

华超《英人之注音字母观》刊于《教育杂志》第 14 卷第 4 期。

李石岑《全国体育进行计划》刊于《教育杂志》第 14 卷第 5 期。

刘敦桢《田径游泳竞技运动法》刊于《教育杂志》第 14 卷第 5 期。

陈兼善《遗传与环境》刊于《教育杂志》第 14 卷第 5 期。

李石岑《心理学之派别》刊于《教育杂志》第 14 卷第 5 期。

严既澄《论理学之派别》刊于《教育杂志》第 14 卷第 5 期。

朱光潜《智力测验的标准》刊于《教育杂志》第 14 卷第 5 期。

郝耀东《美国陆军用的智力测验法》刊于《教育杂志》第 14 卷第 5 期。

蔡元培《美育实施的方法》刊于《教育杂志》第 14 卷第 6 期。

常道直《图书馆与教育》刊于《教育杂志》第 14 卷第 6 期。

陈兼善《中学校之博物学教授》刊于《教育杂志》第 14 卷第 6 期。

郑贞文《中等学校理化教授的改进》刊于《教育杂志》第 14 卷第 6 期。

鲍德澂《道尔顿实验室计划》刊于《教育杂志》第 14 卷第 6 期。

常道直《最近美国试验教育之状况》刊于《教育杂志》第 14 卷第 6 期。

王钟麒《东京高等师范附属小学第五部(低能儿)的实施状况》刊于《教育杂志》第 14 卷第 6 期。

沈百英《设计教学法试验报告》刊于《教育杂志》第 14 卷第 6 期。

黄公觉《学习心理概况》刊于《教育杂志》第 14 卷第 7 期。

解中苏《心理学上知情意三分法的研究》刊于《教育杂志》第 14 卷第 7 期。

常乃惪《教育上之理想国》刊于《教育杂志》第 14 卷第 7 期。

刘建阳《教育中之德谟克拉西》刊于《教育杂志》第 14 卷第 7 期。

沈子善《设计教学法之真诠与其发发史》刊于《教育杂志》第 14 卷第 7 期。

严既澄《神仙在儿童读物上之位置》刊于《教育杂志》第 14 卷第 7 期。

俞子夷《小学校的三个问题》刊于《教育杂志》第 14 卷第 7 期。

杨贤江《英国劳动教育之发达》刊于《教育杂志》第 14 卷第 7 期。

常导之《美国纽约省之大学校与工人教育》刊于《教育杂志》第 14 卷第 7 期。

叶圣陶《教师问题》刊于《教育杂志》第 14 卷第 7 期。

祁森焕《新三角同盟》刊于《教育杂志》第 14 卷第 7 期。

俞颂华《俄国教育界现状谭》刊于《教育杂志》第 14 卷第 7 期。

孟禄《特载——论新学制中等教育(王岫卢译)》刊于《教育杂志》第 14 卷第 9 期。

黄公觉《最近教育思潮的趋势》刊于《教育杂志》第 14 卷第 9 期。

钱鹤《日本现代教育之四大思潮》刊于《教育杂志》第 14 卷第 9 期。

杨贤江《日本最近教育思潮概观》刊于《教育杂志》第 14 卷第 9 期。

胡人椿《艺术教育概论》刊于《教育杂志》第 14 卷第 9 期。

王骏声《个性教育概论》刊于《教育杂志》第 14 卷第 9 期。

常道直《社会的教育概论》刊于《教育杂志》第 14 卷第 9 期。

祁森焕《日本自由教育说之介绍(一)》刊于《教育杂志》第 14 卷第 9 期。

刘叔琴《日本自由教育说之介绍(二)》刊于《教育杂志》第 14 卷第 9 期。

章锡琛《爱伦凯的教育思想》刊于《教育杂志》第 14 卷第 9 期。

郭梦良《柯尔氏的教育观》刊于《教育杂志》第 14 卷第 9 期。

常乃惪《蒙台梭利之小学教育方法论》刊于《教育杂志》第 14 卷第 9 期。

黄公觉《嘉木氏之美育论》刊于《教育杂志》第 14 卷第 9 期。

王光祈《德意志之中等教育》刊于《教育杂志》第 14 卷第 9 期。

李石岑《现代教育思潮批判》刊于《教育杂志》第 14 卷第 10 期。

吕澂《艺术和美育》刊于《教育杂志》第 14 卷第 10 期。

刘建阳《教育之社会原理述要(续)》刊于《教育杂志》第 14 卷第 10 期。

刘孟晋《设计教学法概要》刊于《教育杂志》第 14 卷第 10 期。

田韫璞《中等学校校长之自省法》刊于《教育杂志》第 14 卷第 10 期。

沈佩弦、余光藻《小学教材选择与组织之原则》刊于《教育杂志》第 14 卷第 10 期。

常导之《译"美国全国教育联合会"纪事之余谈》刊于《教育杂志》第 14 卷第 10 期。

邱直青《改进小学教育之一个先决问题》刊于《教育杂志》第 14 卷第 10 期。

钱鹤《日本久保氏之皮奈西门智力测验改订法》刊于《教育杂志》第 14 卷第 10 期。

常导之《介绍"教育标的之社会的裁决"》刊于《教育杂志》第 14 卷第 10 期。

李石岑《人生哲学大要》刊于《教育杂志》第 14 卷第 12 期。

李石岑《现代教育思潮批判(续)》刊于《教育杂志》第 14 卷第 12 期。

鲍德澂《"道尔顿实验室计划"之原始及其现状》刊于《教育杂志》第 14 卷第 12 期。

钱鹤《儿童大学施行"道尔顿制"之实际》刊于《教育杂志》第 14 卷第 12 期。

高卓《实行"道尔顿制"所应注意之点》刊于《教育杂志》第 14 卷第 12 期。

朱光潜《在"道尔顿制"中怎样应用设计教学法?》刊于《教育杂志》第 14 卷第 12 期。

余家菊《"道尔顿制"与中国之教育》刊于《教育杂志》第 14 卷第 12 期。

孙俍工《文艺在中等教育中的位置与"道尔顿制"》刊于《教育杂志》第 14 卷第 12 期。

钱鹤《日本久保氏之皮奈西门智力测验改订法(续)》刊于《教育杂志》第 14 卷第 12 期。

蔡元培《全国教育会联合会所议决之学制系统草案评》刊于《新教育》第 4 卷第 2 期。

沈恩孚《准备施行新学制之意见》刊于《新教育》第 4 卷第 2 期。

陶知行《我们对于新学制草案应持之态度》刊于《新教育》第 4 卷第 2 期。

陶知行《评学制草案标准》刊于《新教育》第 4 卷第 2 期。

[美]孟禄著,徐则陵译《论中国新学制草案》刊于《新教育》第 4 卷第 2 期。

袁希涛《新学制草案与各国学制之比较》刊于《新教育》第 4 卷第 2 期。

金曾澄《广东提出学制系统草案之经过及其成立》刊于《新教育》第 4 卷第 2 期。

胡适《对于新学制的感想》刊于《新教育》第 4 卷第 2 期。

陶孟和《论学制系统》刊于《新教育》第 4 卷第 2 期。

汪懋祖《对于新学制草案高等教育段质疑之点》刊于《新教育》第 4 卷第 2 期。

廖世承《新学制与中学教育》刊于《新教育》第 4 卷第 2 期。

俞子夷《关于全国教育会联合会议决学制系统草案初等教育段的问题》刊于《新教育》第4卷第2期"学制研究号"。

袁希涛《民国十年之义务教育》刊于《新教育》第4卷第2期"学制研究号"。

陆殿扬《民国十年之中学教育》刊于《新教育》第4卷第2期"学制研究号"。

俞子夷《中华民国十年的初等教育》刊于《新教育》第4卷第2期"学制研究号"。

郭秉文《民国十年之高等教育》刊于《新教育》第4卷第2期"学制研究号"。

黄炎培《民国十年之职业教育》刊于《新教育》第4卷第2期"学制研究号"。

邹秉文《民国十年之农业教育》刊于《新教育》第4卷第2期"学制研究号"。

唐昌言《民国十年之童子军教育》刊于《新教育》第4卷第2期"学制研究号"。

陶知行《中国建设新学制的历史》刊于《新教育》第4卷第2期"学制研究号"。

朱家治《欧美各国目录学举要》刊于《新教育》第4卷第2期"学制研究号"。

夏承枫《民国十年度教育大事纪》刊于《新教育》第4卷第2期"学制研究号"。

夏承枫《国内教育要闻》刊于《新教育》第4卷第2期"学制研究号"。

徐则陵《国外教育要闻》刊于《新教育》第4卷第2期"学制研究号"。

蔡元培《教育独立议》刊于《新教育》第4卷第3期。

按：文章指出："教育是帮助被教育的人，给他能发展自己的能力，完成他的人格，于人类文化尽一份的责任。而不是把被教育的人，造成一种特别器具，给抱有他种目的的人去应用的。所以，教育事业应当完全交给教育家，保持独立的资格，毫不受各派政党或各派教会的影响。""教育是要个性与群性平均发展的。政党是要制造一种特别的群体，抹杀个性的。例如，鼓动人民亲善某国，仇视某国；或用甲民族的文化，去同化乙民族。今日的政党，往往有此等政策，若参入教育，便是大害。教育是求远效的，政党的政策是求近功的。中国古书说：'一年之计树谷，十年之计树木，百年之计树人。'可见教育的成效，不是一时能达到的。政党如能掌握政权，往往不出数年，便要更迭。若把教育权也交与政党，两党更迭的时候，教育方针也要跟着改变，教育就没有成效，所以教育事业不可不超然于各派政党以外。""教育是进步的，教会是保守的，无论如何尊重科学，一到《圣经》的成语，便绝对不许批评，便是加了一个限制。教育是公同的，英国的学生，可以读阿拉伯人所作的文学；印度的学生，可以用德国人所造的仪器。教会是差别的，基督教与回教不同；回教又与佛教不同。彼此谁真谁伪，永远没有定论，只好让成年的人自由选择，所以各国宪法中，都有'信仰自由'一条。若是把教育权交与教会，便恐不能绝对自由。所以，教育事业不可不超然于各派教会以外。"

庄泽宣《中国的成人教育》刊于《新教育》第4卷第3期。

邹秉文《吾国新学学与此后之农业教育》刊于《新教育》第4卷第3期。

俞子夷《小学校初年级读法教科书急应改革的问题》刊于《新教育》第4卷第3期。

朱经农《基督教学校在中国教育系统中所占地位》刊于《新教育》第4卷第3期。

郑宗海《十年之实验教育》刊于《新教育》第4卷第3期。

麦克乐《十年之体育》刊于《新教育》第4卷第3期。

郭秉文《十年之教育调查》刊于《新教育》第4卷第3期。

陶知行《新学制与师范教育》刊于《新教育》第4卷第3期。

陈鹤琴《一个算学测验》刊于《新教育》第4卷第3期。

程湘帆《公民教育之宗旨与目标》刊于《新教育》第4卷第3期。

刘伯明《哲学与教育》刊于《新教育》第4卷第3期。

贾丰臻《欧美教育之特点》刊于《新教育》第4卷第3期。

李石曾《法国教育与我国教育前途之关系》刊于《新教育》第4卷第3期。

汤尔和《对于设立生物学研究所之意见》刊于《新教育》第4卷第3期。

朱公振《测验式的试验的报告》刊于《新教育》第4卷第3期。

苏二女师附小《社会研究科的一个设计》刊于《新教育》第4卷第3期。

陆志韦《研究教育心理学的途径》刊于《新教育》第4卷第3期。

程湘帆、郑宗海《教育画报之介绍》刊于《新教育》第4卷第3期。

朱家治、夏承枫《国内之部》刊于《新教育》第4卷第3期。

朱家治、夏承枫《国外之部》刊于《新教育》第4卷第3期。

黄炎培《一个全国教育界的大问题》刊于《新教育》第4卷第3期。

陶知行《对于参与国际教育运动的意见》刊于《新教育》第4卷第3期。

陶知行《女子教育在学制上占领地位之十五周纪念》刊于《新教育》第4卷第3期。

陶知行口译《共和与教育》刊于《新教育》第4卷第4期"孟禄号"。

余日韦口译《教育与实业之关系》刊于《新教育》第4卷第4期"孟禄号"。

王仲达口译,王卓然笔记《影响教育问题之新势力》刊于《新教育》第4卷第4期"孟禄号"。

王文培口译《学生的机会与责任》刊于《新教育》第4卷第4期"孟禄号"。

刘伯明口译,沈振声笔记《中国之学生运动》刊于《新教育》第4卷第4期"孟禄号"。

陶知行口译,瞿雪野笔记《旧教育与新教育的差异》刊于《新教育》第4卷第4期"孟禄号"。

陶知行口译,朱怗生、李绍光笔记《学理与应用》刊于《新教育》第4卷第4期"孟禄号"。

凌冰口译,江源民笔记《好的教员》刊于《新教育》第4卷第4期"孟禄号"。

关振玉笔记《女子教育》刊于《新教育》第4卷第4期"孟禄号"。

胡适口译,晓峰品清谷记《教育在政治上的社会上的重要》刊于《新教育》第4卷第4期"孟禄号"。

胡适口译,廷谦笔记《大学之职务》刊于《新教育》第4卷第4期"孟禄号"。

廖世承译《对于学制改进方面之意见数则》刊于《新教育》第4卷第4期"孟禄号"。

凌冰《孟禄博士来华调查的缘起》刊于《新教育》第4卷第4期"孟禄号"。

按:孟禄是美国著名教育家,《新教育》第4卷第1期上曾发表过庄泽宣先生《介绍门罗博士》一文。从该文我们可以得知,早在民国初年,孟禄就曾到过中国,"对于中国教育的进步,很称赞,对于中国教育的缺点也很研究",而其1921年来华的主要目的为:"考察中国教育状况""帮助中国办教育的研究改良"及"演讲"。孟禄来华后,《新教育》对其活动全程进行报道,1922年第4卷第4期出版的"孟禄号",更是集中了关于孟禄的40多篇专题文章,成为宣传孟禄的主要刊物。"孟禄号"的文章主要有以下四大类:(1)孟禄的中国教育讨论。孟禄于1921年9月5日到中国,24日开始调查中国教育,到1921年12月14日为止,前后游历9省18都市和邻近的乡村,参观学校及其他机关200余处。回京后,实际教育调查社邀集各省代表70余人和他共同讨论中国教育问题和改进的方法。"孟禄号"上《孟禄的中国教育讨论》就是当时讨论的结果。在这篇文章中,孟禄从学校系统、教学法、科学课程等11个方面谈了对中国教育的看法。其中实施"共和之教育"、学制改革建议、中学教学方法的改革建议、科学教育的提倡等意见反映了当时西方教育的发展趋势,对当时中国教育改革影响巨大。(2)孟禄的演讲。专号集中刊登了孟禄来华后《共和与教育》《教育与实业之关系》《旧教育与新教育的差异》等13篇演讲。(3)孟禄与中国各地人士的谈话。有《到华时在上海与教育界之谈话》《到京后与北京教育界之谈话》《与山西教育界之谈话》《与江苏王瑚之谈话》等10多篇谈话记录。主要介绍了孟禄到中国后,与各地各界人士交流的内容。(4)介绍孟禄博士来华缘由及其感想。王文培《随同孟禄博士调查教育个人之感想》、郭秉文《对于孟禄中国教育讨论之感想》、黄炎培《我所希望孟禄来华的效果》等论文,是《新教育》编辑中的一些教育界人士对孟禄教育思想,以及对孟禄所提出的中国教育改革建议的一些思考。从这期专号看,其对孟禄的宣传和传播十分全面和深入:从《孟禄先生来华调查的缘起》的介绍,到对其在华活动的全面描述,还有《新教育》重要的教育家编辑对孟禄来华的体会和评价,全面而深入地反映了孟禄的教育思想及其与中国教育界的互动。加上"孟禄号"中《孟禄的著作的介绍》《孟禄在华日记》《孟禄调查教育行程表》《讨论会到会人名表》等内容,构成了一个非常严密的传播链。很明显,"孟禄号"所体现出的传播孟禄教育思想的全面性、全程性和深入性,与《新教育》编辑部对孟禄访华报道的精心筹划、全面跟踪有很大关系,同时也反映出《新教育》杂志社不同一般的组织能力和编辑实力。如果我们留意的话,的确可以发现,孟禄访华期间,从其陪同到口译人员,以及对他的演讲、论著的翻译者中,随处都可以发现《新教育》杂志及相关编辑人员活动的身影。正是《新教育》杂志强大的编辑实力和良好的编辑意识成就了"孟禄号",使其成为当时宣传孟禄教育思想的主要刊物。

王文培《随同孟禄博士调查教育个人之感想》刊于《新教育》第4卷第4期"孟禄号"。

郭秉文《对于孟禄的中国教育讨论之感想》刊于《新教育》第4卷第4期"孟禄号"。

汤茂如《孟禄看的得意的学校》刊于《新教育》第4卷第4期"孟禄号"。

黄炎培《我所希望孟禄来华的效果》刊于《新教育》第4卷第4期"孟禄号"。

郑宗海《孟禄总纂教育大辞典》刊于《新教育》第4卷第4期"孟禄号"。

徐则陵《孟禄教授古代教育史原著会纂》刊于《新教育》第4卷第4期"孟禄号"。

徐则陵《孟禄中等教育之原则》刊于《新教育》第4卷第4期"孟禄号"。

杨鄂联《毛臻云女士事略》刊于《新教育》第4卷第4期"孟禄号"。

王卓然《孟禄在华日记》刊于《新教育》第4卷第4期"孟禄号"。

庄泽宣《中国的言文问题》刊于《新教育》第4卷第5期。

过探先《什么是初等农业教育》刊于《新教育》第4卷第5期。

俞子夷《小学校初年级读法教科书急应改革的问题》刊于《新教育》第4卷第5期。

张默君《十年度之女子教育》刊于《新教育》第4卷第5期。

陆志韦《教会教育与国家政策》刊于《新教育》第4卷第5期。

孟宪承《所谓美育与群育》刊于《新教育》第4卷第5期。

朱家治《师范教育与图书馆》刊于《新教育》第4卷第5期。

陈鹤琴《一种国文测验:词句重组》刊于《新教育》第4卷第5期。

杨鄂联《师范学校教生实习之商榷》刊于《新教育》第4卷第5期。

徐甘棠《何故乐为教员》刊于《新教育》第4卷第5期。

徐甘棠《近世地理教员之目的》刊于《新教育》第4卷第5期。

杜定友《学校图书馆管理法》刊于《新教育》第4卷第5期。

郑宗海《吾国学校精神卫生之几个问题》刊于《新教育》第4卷第5期。

秉志《动物学讲习法》刊于《新教育》第4卷第5期。

王文培《青年职业指导》刊于《新教育》第4卷第5期。

刘伯明《教育与调练》刊于《新教育》第4卷第5期。

廖世承《美国最近编制课程的目标》刊于《新教育》第4卷第5期。

喻鉴《南开学校之三三课程》刊于《新教育》第4卷第5期。

凌冰《天津县小学教育现状》刊于《新教育》第4卷第5期。

陈宝泉《对于设计教学法辑要的感想》刊于《新教育》第4卷第5期。

洪有丰《介绍欧美杂志》刊于《新教育》第 4 卷第 5 期。

郑宗海《教育画报之介绍》刊于《新教育》第 4 卷第 5 期。

贡沛诚《我对于中学级任制之疑问及研究》刊于《新教育》第 4 卷第 5 期。

吴研因《新学制建设中小学儿童用书的编辑问题》刊于《新教育》第 5 卷第 1—2 期合刊。

陆殿扬《一个新学制初级中学的学程标准》刊于《新教育》第 5 卷第 1—2 期合刊。

程湘帆《休闲时间之教育》刊于《新教育》第 5 卷第 1—2 期合刊。

李三无《性欲教育研究》刊于《新教育》第 5 卷第 1—2 期合刊。

张士一《我国中等学校英语教授的改良》刊于《新教育》第 5 卷第 1—2 期合刊。

程允煜《废止高小入学试验的建议》刊于《新教育》第 5 卷第 1—2 期合刊。

马饮冰《普及技术教育与急需建设技术博物馆》刊于《新教育》第 5 卷第 1—2 期合刊。

梁启超《趣味教育与教育趣味》刊于《新教育》第 5 卷第 1—2 期合刊。

麦克乐《体育为人格教育的实验》刊于《新教育》第 5 卷第 1—2 期合刊。

蔡元培《湖南自修大学的介绍与说明》刊于《新教育》第 5 卷第 1—2 期合刊。

陶孟和《公民学之内容》刊于《新教育》第 5 卷第 1—2 期合刊。

程湘帆《新制中师范学校课程编制之意见》刊于《新教育》第 5 卷第 1—2 期合刊。

朱家治《图书馆参考部之目的》刊于《新教育》第 5 卷第 1—2 期合刊。

郑宗海《"怎样做父亲?"的一个商榷》刊于《新教育》第 5 卷第 1—2 期合刊。

王文培《青年职业指导》刊于《新教育》第 5 卷第 1—2 期合刊。

过探先《农科大学的推广任务》刊于《新教育》第 5 卷第 1—2 期合刊。

俞子夷《小学校毛笔书法标准》刊于《新教育》第 5 卷第 1—2 期合刊。

朱经农《德国的少年运动》刊于《新教育》第 5 卷第 1—2 期合刊。

徐则陵《战后欧洲学校教学法之新发展》刊于《新教育》第 5 卷第 1—2 期合刊。

陈友松《斐利宾教育的指导方法》刊于《新教育》第 5 卷第 1—2 期合刊。

沈祖荣《中国各省图书馆调查表》刊于《新教育》第 5 卷第 1—2 期合刊。

夏承枫《日人在鲁设学之调查》刊于《新教育》第 5 卷第 1—2 期合刊。

廖世承《复贡君沛诚论中学级任制事》刊于《新教育》第 5 卷第 1—2 期合刊。

李步青《与贡沛诚君讨论中学级任制》刊于《新教育》第 5 卷第 1—2 期合刊。

沈恩孚《对于中等教育中国历史之意见》刊于《新教育》第 5 卷第 1—2 期合刊。

章洪熙《社务报告》刊于《新教育》第 5 卷第 1—2 期合刊。

蔡元培《中华教育改进社第一次年会报告叙》刊于《新教育》第 5 卷第 3 期。

陶知行《中华教育改进社第一次年会报告叙》刊于《新教育》第 5 卷第 3 期。

汪懋祖《年会报告编辑叙言》刊于《新教育》第 5 卷第 3 期。

汪懋祖《中华教育改进社缘起及章程》刊于《新教育》第 5 卷第 3 期。

梁任公《教育与政治》刊于《新教育》第 5 卷第 3 期。

黄任之《职业教育》刊于《新教育》第 5 卷第 3 期。

麦克乐《中国体育应有之改革》刊于《新教育》第 5 卷第 3 期。

邓萃英《美国教育之状况》刊于《新教育》第 5 卷第 3 期。

推士《科学与教育》刊于《新教育》第 5 卷第 3 期。

蒋梦麟《英美德法四国人民之特性与大学之特点》刊于《新教育》第 5 卷第 3 期。

张默君《欧美女子现今在社会地位》刊于《新教育》第 5 卷第 3 期。

胡适《中学的国文教学》刊于《新教育》第 5 卷第 3 期。

潘舜宾、叶兆林《总务组报告》刊于《新教育》第 5 卷第 3 期。

潘舜宾《注册组报告》刊于《新教育》第 5 卷第 3 期。

杨可大《议案组报告》刊于《新教育》第 5 卷第 3 期。

汪懋祖《编辑组报告》刊于《新教育》第 5 卷第 3 期。

章洪熙《招待组报告》刊于《新教育》第 5 卷第 3 期。

章洪熙《交通组报告》刊于《新教育》第 5 卷第 3 期。

章洪熙《交际组报告》刊于《新教育》第 5 卷第 3 期。

夏承枫《卫生组报告》刊于《新教育》第 5 卷第 3 期。

潘舜宾《讯问组报告》刊于《新教育》第 5 卷第 3 期。

廖世承《关于新学制一个紧急的问题》刊于《新教育》第 5 卷第 4 期。

俞子夷《小学教员该注重理论,还是注重经验?》刊于《新教育》第 5 卷第 4 期。

吴研因《国语文教学法概要》刊于《新教育》第 5 卷第 4 期。

顾树森《职业教育种种问题的研究》刊于《新教育》第 5 卷第 4 期。

贾丰臻《小学教科之商榷》刊于《新教育》第 5 卷第 4 期。

沈祖荣《民国十年之图书馆》刊于《新教育》第 5 卷第 4 期。

邹恩润《美国的职业指导运动》刊于《新教育》第 5 卷第 4 期。

杨鄂联《小学教师的几个问题》刊于《新教育》第 5 卷第 4 期。

程湘帆《小学读法教学的三个问题》刊于《新教育》第 5 卷第 4 期。

贡沛诚《复李步青先生〈与贡沛诚君讨论中学级任制〉》刊于《新教育》第 5 卷第 4 期。

朱公振《五育化的儿童教育法》刊于《新教育》第 5 卷第 4 期。

孟宪承《教育哲学之一解》刊于《新教育》第 5 卷第 5 期。

陈宗岳《广东教育行政改良刍议》刊于《新教育》第 5 卷第 5 期。

陶孟和《财政公开的一个条件——预算》刊于《新教育》第 5 卷第 5 期。

麦克乐《学校中之饮食问题》刊于《新教育》第 5 卷第 5 期。

凌柯《教育科学》刊于《新教育》第 5 卷第 5 期。

陆殿扬《全国中学校状况调查统计》刊于《新教育》第 5 卷第 5 期。

晏阳初《平民教育新运动》刊于《新教育》第 5 卷第 5 期。

杜里舒《生机主义与教育》刊于《新教育》第 5 卷第 5 期。

胡适《第八届全国教育会联合会讨论新学制的经过》刊于《新教育》第 5 卷第 5 期。

李建勋《请改全国国立高等师范为师范大学案》刊于《新教育》第 5 卷第 5 期。

俞子夷《中小学讲通问题关于算术方面第二次的报告》刊于《新教育》第 5 卷第 5 期。

沈恩孚《学风三变化》刊于《新教育》第 5 卷第 5 期。

黄立《今日当注重乡村农业教育》刊于《教育与职业》第 4 卷 38 期。

邹恩润《农业学校与社会》刊于《教育与职业》第 4 卷 38 期。

原颂周《理想中之乡村学校教员》刊于《教育与职业》第 4 卷 38 期。

储劲《江苏第三师范小学农科之训育教学与实习概况》刊于《教育与职业》第 4 卷

38 期。

　　黄勤怡《我的乡村式职业学校》刊于《教育与职业》第 4 卷 38 期。

　　余竹籁《装饰与人格的关系》刊于《妇女杂志》第 8 卷第 1 号。

　　Y. D.《日本家族制度的破坏》刊于《妇女杂志》第 8 卷第 1 号。

　　王锡珍《妇女解放的我见》刊于《妇女杂志》第 8 卷第 1 号。

　　钱如南《打破大家族制度》刊于《妇女杂志》第 8 卷第 1 号。

　　华觉我《女学生的家事教育》刊于《妇女杂志》第 8 卷第 1 号。

　　龚冠英《争婚姻自由的一个方法》刊于《妇女杂志》第 8 卷第 1 号。

　　高山《中国现代的女子》刊于《妇女杂志》第 8 卷第 1 号。

　　亶素《英美的职业妇女自治机关》刊于《妇女杂志》第 8 卷第 1 号。

　　云孙《改造顽童之农场》刊于《妇女杂志》第 8 卷第 1 号。

　　朱厚锟《世界各国男女同学状况》刊于《妇女杂志》第 8 卷第 1 号。

　　喆生《女青年会及其征求大会》刊于《妇女杂志》第 8 卷第 1 号。

　　Y. D.《妇女的精神生活》刊于《妇女杂志》第 8 卷第 1 号。

　　钱钰孙《关于儿童本能的教育》刊于《妇女杂志》第 8 卷第 1 号。

　　周建人《恋爱结婚与将来的人种问题》刊于《妇女杂志》第 8 卷第 3 号。

　　李宗武《再嫁与人生》刊于《妇女杂志》第 8 卷第 3 号。

　　鲁伯《两性的强弱》刊于《妇女杂志》第 8 卷第 3 号。

　　吕一鸣《救济失学妇女的根本方法》刊于《妇女杂志》第 8 卷第 3 号。

　　君勉《从宗教心理上救济失学的女子》刊于《妇女杂志》第 8 卷第 3 号。

　　黎守淑《失学妇女的救济》刊于《妇女杂志》第 8 卷第 3 号。

　　意庐《农村妇女教育的实施》刊于《妇女杂志》第 8 卷第 3 号。

　　王一方《救济失学妇女的治标方法》刊于《妇女杂志》第 8 卷第 3 号。

　　祁森焕《一九二一年日本之妇女界》刊于《妇女杂志》第 8 卷第 3 号。

　　程婉珍《第二次国际女子劳工会议的经过》刊于《妇女杂志》第 8 卷第 3 号。

　　李光业《乌托邦里妇女的生活》刊于《妇女杂志》第 8 卷第 3 号。

　　枕石《大家庭的惨史》刊于《妇女杂志》第 8 卷第 3 号。

　　高山《妇女前途的曙光》刊于《妇女杂志》第 8 卷第 3 号。

　　晏始《对于中华女界联合会的希望》刊于《妇女杂志》第 8 卷第 3 号。

　　紫瑚《夫妇有别的意义》刊于《妇女杂志》第 8 卷第 3 号。

　　紫瑚《学历和择偶》刊于《妇女杂志》第 8 卷第 3 号。

　　克士《广义的买卖婚》刊于《妇女杂志》第 8 卷第 3 号。

　　高山《李宁夫人》刊于《妇女杂志》第 8 卷第 3 号。

　　程小青《威尔逊夫人》刊于《妇女杂志》第 8 卷第 3 号。

　　建人《世界妇女的过胜》刊于《妇女杂志》第 8 卷第 3 号。

　　高山《战争与妇女》刊于《妇女杂志》第 8 卷第 3 号。

　　李昭实《国光星影录》刊于《妇女杂志》第 8 卷第 3 号。

　　钱钰孙《家庭的艺术教育》刊于《妇女杂志》第 8 卷第 3 号。

　　味辛《生命之物质的基础》刊于《妇女杂志》第 8 卷第 3 号。

心南《怎样安放我们的心》刊于《妇女杂志》第 8 卷第 3 号。

周建人《离婚问题释疑》刊于《妇女杂志》第 8 卷第 4 号。

紫瑚《中国目前之离婚难及救济策》刊于《妇女杂志》第 8 卷第 4 号。

沈雁冰《离婚与道德问题》刊于《妇女杂志》第 8 卷第 4 号。

夏梅《自由离婚论》刊于《妇女杂志》第 8 卷第 4 号。

饶上达《离婚问题的究竟观》刊于《妇女杂志》第 8 卷第 4 号。

知白《离婚问题与将来的人生》刊于《妇女杂志》第 8 卷第 4 号。

Ｂ Ｌ《离婚问题的实际和理论》刊于《妇女杂志》第 8 卷第 4 号。

陈友琴《经济上的离婚观》刊于《妇女杂志》第 8 卷第 4 号。

赵济东《离婚问题的研究》刊于《妇女杂志》第 8 卷第 4 号。

季谷《离婚问题对话》刊于《妇女杂志》第 8 卷第 4 号。

吴觉农《爱伦凯的自由离婚论》刊于《妇女杂志》第 8 卷第 4 号。

瑟庐《福斯德博士的离婚反对论》刊于《妇女杂志》第 8 卷第 4 号。

卢文光《自由结婚与自由离婚》刊于《妇女杂志》第 8 卷第 4 号。

庸棠《结婚与离婚》刊于《妇女杂志》第 8 卷第 4 号。

周作人《现代戏剧上的离婚问题》刊于《妇女杂志》第 8 卷第 4 号。

幼彤《离婚问题的悲剧》刊于《妇女杂志》第 8 卷第 4 号。

乔峰《中国的离婚法》刊于《妇女杂志》第 8 卷第 4 号。

周建人《中国离婚法上的三绝》刊于《妇女杂志》第 8 卷第 4 号。

瑟庐《从七出上看来中国妇女的地位》刊于《妇女杂志》第 8 卷第 4 号。

陈问涛《农民社会的离婚和再嫁》刊于《妇女杂志》第 8 卷第 4 号。

味辛《离婚的进化》刊于《妇女杂志》第 8 卷第 4 号。

高山、紫瑚《欧洲各国的离婚法》刊于《妇女杂志》第 8 卷第 4 号。

无竞《瑙威的新离婚法》刊于《妇女杂志》第 8 卷第 4 号。

高山《美国近年离婚的增加》刊于《妇女杂志》第 8 卷第 4 号。

幼雄《德国最近之离婚调查》刊于《妇女杂志》第 8 卷第 4 号。

味辛《战后英国家庭动摇的趋势》刊于《妇女杂志》第 8 卷第 4 号。

Y. D.《白莲女史离婚记》刊于《妇女杂志》第 8 卷第 4 号。

凤子《我的离婚》刊于《妇女杂志》第 8 卷第 4 号。

Y. D.《一件妥协的离婚》刊于《妇女杂志》第 8 卷第 4 号。

下天《一件离婚的报告》刊于《妇女杂志》第 8 卷第 4 号。

臻悟《关于离婚的小调查》刊于《妇女杂志》第 8 卷第 4 号。

明星《评一个离婚者》刊于《妇女杂志》第 8 卷第 4 号。

乔思廉《专制家庭的强迫离婚》刊于《妇女杂志》第 8 卷第 4 号。

王思玷《离婚与男女的经济平等》刊于《妇女杂志》第 8 卷第 4 号。

高伯非《江西人现在离婚的事迹》刊于《妇女杂志》第 8 卷第 4 号。

吴末狂《一段离婚的事实》刊于《妇女杂志》第 8 卷第 4 号。

钱如南《离婚与弃妻》刊于《妇女杂志》第 8 卷第 4 号。

方民耘《一个不敢离婚的女子》刊于《妇女杂志》第 8 卷第 4 号。

子甘《从离婚难发生的悲剧》刊于《妇女杂志》第 8 卷第 4 号。

李邦典《关于离婚的两件事实》刊于《妇女杂志》第 8 卷第 4 号。

李季诚《离婚与贞节及子女》刊于《妇女杂志》第 8 卷第 4 号。

梦苇《离婚问题》刊于《妇女杂志》第 8 卷第 4 号。

C. N.《离婚的意义与价值》刊于《妇女杂志》第 8 卷第 4 号。

顾绮仲《自由离婚的价值》刊于《妇女杂志》第 8 卷第 4 号。

董子臧《关于反对离婚的谬论》刊于《妇女杂志》第 8 卷第 4 号。

陆疋光《离婚与爱情》刊于《妇女杂志》第 8 卷第 4 号。

J. M.《离婚的我观》刊于《妇女杂志》第 8 卷第 4 号。

徐学文《女子的离婚权》刊于《妇女杂志》第 8 卷第 4 号。

胡希《离婚的两个劲敌》刊于《妇女杂志》第 8 卷第 4 号。

吕聪民《资本制度下的离婚问题》刊于《妇女杂志》第 8 卷第 4 号。

吴守中《人生的离婚》刊于《妇女杂志》第 8 卷第 4 号。

张友鹤《离婚问题之我观》刊于《妇女杂志》第 8 卷第 4 号。

严君篇《离婚的三种方式》刊于《妇女杂志》第 8 卷第 4 号。

缪金源《闺阁的平民教育与离婚》刊于《妇女杂志》第 8 卷第 4 号。

戴秉衡《离婚之准则》刊于《妇女杂志》第 8 卷第 4 号。

李相杰《离婚之标准——爱情和人道》刊于《妇女杂志》第 8 卷第 4 号。

T. D.《情理中的离婚》刊于《妇女杂志》第 8 卷第 4 号。

陈耀东《离婚与结婚》刊于《妇女杂志》第 8 卷第 4 号。

李树庭《离婚问题商榷》刊于《妇女杂志》第 8 卷第 4 号。

仲持《玩偶家庭(瑞典斯德林褒作)》刊于《妇女杂志》第 8 卷第 4 号。

朔一《易卜生名剧"娜拉"本事》刊于《妇女杂志》第 8 卷第 4 号。

建《生物学的离婚反对论》刊于《妇女杂志》第 8 卷第 4 号。

朔《离婚与妇女问题》刊于《妇女杂志》第 8 卷第 4 号。

瑟《司法部限制离婚》刊于《妇女杂志》第 8 卷第 4 号。

瑟《离婚法的过失主义和目的主义》刊于《妇女杂志》第 8 卷第 4 号。

洪为法《叶蕙芳》刊于《妇女杂志》第 8 卷第 4 号。

曾琦《妇女问题的由来》刊于《妇女杂志》第 8 卷第 7 号。

杨袁晶英《敬告新当选之女议员》刊于《妇女杂志》第 8 卷第 7 号。

幼彤《德国之妇女参政权》刊于《妇女杂志》第 8 卷第 7 号。

高山《记英国女议员的谈话》刊于《妇女杂志》第 8 卷第 7 号。

晏始《对于女子参政的希望》刊于《妇女杂志》第 8 卷第 7 号。

晏始《奢侈与女性》刊于《妇女杂志》第 8 卷第 7 号。

克士《性的新道德之建设》刊于《妇女杂志》第 8 卷第 7 号。

高山《妇女运动的发展》刊于《妇女杂志》第 8 卷第 7 号。

健孟《当婢仆民族的进化》刊于《妇女杂志》第 8 卷第 7 号。

董香白《爱伦凯的妇人道德》刊于《妇女杂志》第 8 卷第 7 号。

黄肃仪《恋爱结婚之真义》刊于《妇女杂志》第 8 卷第 7 号。

张娴《贤母良妻与愚母恶妻》刊于《妇女杂志》第 8 卷第 7 号。

张娴《女性的本质》刊于《妇女杂志》第 8 卷第 7 号。

张娴《妇女自身的觉悟》刊于《妇女杂志》第 8 卷第 7 号。

冯飞《童话与空想》刊于《妇女杂志》第 8 卷第 7 号。

温崇信《儿童为什么说诳》刊于《妇女杂志》第 8 卷第 7 号。

梓生《物质文明的将来》刊于《妇女杂志》第 8 卷第 7 号。

周作人《女子与文学》刊于《妇女杂志》第 8 卷第 8 号。

乔峰《妇女运动中的思想解放》刊于《妇女杂志》第 8 卷第 8 号。

克士《妇女在进化中的任务》刊于《妇女杂志》第 8 卷第 8 号。

乔峰《旧妇女的任务是什么》刊于《妇女杂志》第 8 卷第 8 号。

晏始《中国向来有贞节的女子吗》刊于《妇女杂志》第 8 卷第 8 号。

健孟《人间相互关系的认识》刊于《妇女杂志》第 8 卷第 8 号。

紫瑚《恋爱与人生》刊于《妇女杂志》第 8 卷第 8 号。

晏始《中国女子救国会》刊于《妇女杂志》第 8 卷第 8 号。

凤子《恋爱自由解答客问》刊于《妇女杂志》第 8 卷第 8 号。

董香白《妇人道德（续）》刊于《妇女杂志》第 8 卷第 8 号。

李任之《男女应有互助的精神》刊于《妇女杂志》第 8 卷第 8 号。

宁《女子应当作什么》刊于《妇女杂志》第 8 卷第 8 号。

矫凤《我们为什么要蓄婢呢》刊于《妇女杂志》第 8 卷第 8 号。

朱枕薪《俄国革命中的妇女》刊于《妇女杂志》第 8 卷第 8 号。

无竞《新德国的妇女生活》刊于《妇女杂志》第 8 卷第 8 号。

无竞《挪威的母性保护》刊于《妇女杂志》第 8 卷第 8 号。

无竞《日本女子教育革新的曙光》刊于《妇女杂志》第 8 卷第 8 号。

松寿《英美女子的图书馆事业》刊于《妇女杂志》第 8 卷第 8 号。

沈秀珠《我校对于教育上的新设施》刊于《妇女杂志》第 8 卷第 8 号。

申之《南苑参观飞机学校记》刊于《妇女杂志》第 8 卷第 8 号。

馥泉《欧洲神话和传说中的恋爱》刊于《妇女杂志》第 8 卷第 8 号。

冯飞《童话与空想（续）》刊于《妇女杂志》第 8 卷第 8 号。

周建人《性教育与家庭关系的重要》刊于《妇女杂志》第 8 卷第 9 号。

味辛《珊格尔夫人的〈我子之性教育〉》刊于《妇女杂志》第 8 卷第 9 号。

文宙《瓦尔氏儿童性教育之三时期》刊于《妇女杂志》第 8 卷第 9 号。

弥弼《性教育之历史及其研究者》刊于《妇女杂志》第 8 卷第 9 号。

晏始《最近的女子参政运动》刊于《妇女杂志》第 8 卷第 9 号。

紫瑚《伍廷芳博士的女子参政论》刊于《妇女杂志》第 8 卷第 9 号。

克士《教育与性教育》刊于《妇女杂志》第 8 卷第 9 号。

乔峰《女子教育的倾向》刊于《妇女杂志》第 8 卷第 9 号。

高山《妇女的服从》刊于《妇女杂志》第 8 卷第 9 号。

陈德澂《性爱的价值》刊于《妇女杂志》第 8 卷第 9 号。

Y. D.《恋爱之力》刊于《妇女杂志》第 8 卷第 9 号。

Y. D.《恋爱的移动性与一夫一妇制的改造》刊于《妇女杂志》第 8 卷第 9 号。

薇生《托尔斯泰的恋爱观与结婚观》刊于《妇女杂志》第 8 卷第 9 号。

建人《曼兑尔的教训》刊于《妇女杂志》第 8 卷第 9 号。

建人《善种学的先躯戈尔登》刊于《妇女杂志》第 8 卷第 9 号。

克士《遗传说的历史》刊于《妇女杂志》第 8 卷第 9 号。

香白《未来的女子》刊于《妇女杂志》第 8 卷第 9 号。

文宙《听孟加拉歌以后》刊于《妇女杂志》第 8 卷第 9 号。

王平陵、章锡臻《恋爱问题的讨论》刊于《妇女杂志》第 8 卷第 9 号。

张德华、晏始《关于奢侈的讨论》刊于《妇女杂志》第 8 卷第 9 号。

瑟庐《文明与独身》刊于《妇女杂志》第 8 卷第 10 号。

周建人《中国女子的觉醒与独身》刊于《妇女杂志》第 8 卷第 10 号。

孔襄我《独身的我见》刊于《妇女杂志》第 8 卷第 10 号。

幼彤《爱伦凯为什么独身》刊于《妇女杂志》第 8 卷第 10 号。

健孟《从丝厂女工罢工中得来的教训》刊于《妇女杂志》第 8 卷第 10 号。

克士《女子参政会与女子劝进团》刊于《妇女杂志》第 8 卷第 10 号。

晏始《孔子的妇人观》刊于《妇女杂志》第 8 卷第 10 号。

克士《家庭制度的应当改革》刊于《妇女杂志》第 8 卷第 10 号。

王平陵《东方妇人在法律上的地位》刊于《妇女杂志》第 8 卷第 10 号。

朱枕薪《女子之悲哀》刊于《妇女杂志》第 8 卷第 10 号。

杨俊婀《女性的胜利》刊于《妇女杂志》第 8 卷第 10 号。

醒女士《读了〈妇女之敌是谁〉以后》刊于《妇女杂志》第 8 卷第 10 号。

敏女士《女权不振之原因》刊于《妇女杂志》第 8 卷第 10 号。

何慧心《旧妇女的求乐方法》刊于《妇女杂志》第 8 卷第 10 号。

克士《珊格尔夫人的中国观察记》刊于《妇女杂志》第 8 卷第 10 号。

吴觉农《爱伦凯的世界改造与新妇女责任论》刊于《妇女杂志》第 8 卷第 10 号。

薇生译《新俄罗斯的建设与妇女》刊于《妇女杂志》第 8 卷第 10 号。

晏始《最近的女权运动》刊于《妇女杂志》第 8 卷第 10 号。

弥弭《上海丝厂女工的同盟罢工》刊于《妇女杂志》第 8 卷第 10 号。

松山《德国"新妇女"的要求》刊于《妇女杂志》第 8 卷第 10 号。

松山《美国政界中的妇女》刊于《妇女杂志》第 8 卷第 10 号。

J. F.《美国女界的伟人》刊于《妇女杂志》第 8 卷第 10 号。

克士《印度的妇女生活》刊于《妇女杂志》第 8 卷第 10 号。

露珊《约翰生女士的演剧式教授法》刊于《妇女杂志》第 8 卷第 10 号。

赵景深记《女子问题的开端》刊于《妇女杂志》第 8 卷第 10 号。

瑟庐《对于女子参政运动的舆论和我见》刊于《妇女杂志》第 8 卷第 11 号。

平谷《妇女参政问题》刊于《妇女杂志》第 8 卷第 11 号。

沈志坚《妇女主义与妇女参政》刊于《妇女杂志》第 8 卷第 11 号。

克士《妇女运动与民族的进步》刊于《妇女杂志》第 8 卷第 11 号。

韦文《近世的恋爱》刊于《妇女杂志》第 8 卷第 11 号。

高山《妇女才力低浅的原因》刊于《妇女杂志》第 8 卷第 11 号。

朱枕薪《妇女之将来》刊于《妇女杂志》第 8 卷第 11 号。

薇生《俄国文学上之代表的女性》刊于《妇女杂志》第 8 卷第 11 号。

顾密《妇女问题与妇女劳动问题》刊于《妇女杂志》第 8 卷第 11 号。

鲁星《劳动立法中的妇女劳动法》刊于《妇女杂志》第 8 卷第 11 号。

伯西《妇女劳动者的工资问题》刊于《妇女杂志》第 8 卷第 11 号。

次常《女子工业进德会与妇女劳动组合问题》刊于《妇女杂志》第 8 卷第 11 号。

程婉珍《丝厂女工生活的状况》刊于《妇女杂志》第 8 卷第 11 号。

苏斐《英国妇女劳动者的现状》刊于《妇女杂志》第 8 卷第 11 号。

苏斐《美国妇女劳动的一斑》刊于《妇女杂志》第 8 卷第 11 号。

程婉珍《新工业研究》刊于《妇女杂志》第 8 卷第 11 号。

C. K.《妇女问题与中国妇女运动》刊于《妇女杂志》第 8 卷第 11 号。

茜荪《论妇女问题研究会宣言》刊于《妇女杂志》第 8 卷第 11 号。

黄运初《废娼运动》刊于《妇女杂志》第 8 卷第 11 号。

李璜《法兰西近代历史学》刊于《少年中国》第 3 卷第 6 期。

李璜《评莫泊桑的小说》刊于《少年中国》第 3 卷第 6 期。

刘国钧《动的心理学》刊于《少年中国》第 3 卷第 6 期。

陈启天《科学的教育与教育统计》刊于《少年中国》第 3 卷第 6 期。

余家菊《乡村教育的实际问题》刊于《少年中国》第 3 卷第 6 期。

刘慎德《从一奥国监狱寄出来的信》刊于《少年中国》第 3 卷第 6 期。

魏嗣銮《相对论》刊于《少年中国》第 3 卷第 7 期。

魏嗣銮《读国内相对论著述以后的批评》刊于《少年中国》第 3 卷第 7 期。

王光祈《我所知道的安斯坦》刊于《少年中国》第 3 卷第 7 期。

王光祈《政治活动与社会活动》刊于《少年中国》第 3 卷第 8 期。

曾琦《政治运动之前车与社会活动之先导》刊于《少年中国》第 3 卷第 8 期。

周太玄《学会的四种特性》刊于《少年中国》第 3 卷第 8 期。

李璜《破坏与建设及其预备工夫》刊于《少年中国》第 3 卷第 8 期。

李璜《再谈对于少年中国的预备工夫》刊于《少年中国》第 3 卷第 8 期。

曾琦《彻底主义与妥协主义》刊于《少年中国》第 3 卷第 8 期。

王光祈《"社会的政治改革"与"社会的社会改革"》刊于《少年中国》第 3 卷第 8 期。

张梦九《主义问题与活动问题》刊于《少年中国》第 3 卷第 8 期。

曾琦《学会问题杂谈》刊于《少年中国》第 3 卷第 8 期。

曾琦《中国少年歌》刊于《少年中国》第 3 卷第 8 期。

康白情《团结论》刊于《少年中国》第 3 卷第 9 期。

王光祈《傅立叶的理想组织》刊于《少年中国》第 3 卷第 9 期。

田汉《日本学者对"非宗教运动"的批评》刊于《少年中国》第 3 卷第 9 期。

陈启天《我们不该反对耶教与其运动吗?》刊于《少年中国》第 3 卷第 9 期。

沈怡《读书录》刊于《少年中国》第 3 卷第 9 期。

魏时珍《旅德日记》刊于《少年中国》第 3 卷第 9 期。

李璜《社会主义与社会》刊于《少年中国》第 3 卷第 10 期。

许德珩《社会学与社会的科学》刊于《少年中国》第 3 卷第 10 期。

孟寿椿《总同盟罢工》刊于《少年中国》第 3 卷第 10 期。

李璜《记巴尔比斯与罗曼罗兰的笔战》刊于《少年中国》第 3 卷第 10 期。

刘英士《世界产业工人总会宣言》刊于《少年中国》第 3 卷第 10 期。

田汉《日本学者对"非宗教运动"的批评》刊于《少年中国》第 3 卷第 10 期。

李劼人《法兰西自然主义以后的小说》刊于《少年中国》第 3 卷第 10 期。

余家菊《基督教与感情生活》刊于《少年中国》第 3 卷第 11 期。

恽震《科学的产儿》刊于《少年中国》第 3 卷第 11 期。

恽代英《为少年中国学会同人进一解》刊于《少年中国》第 3 卷第 11 期。

沈怡《战后德国之真相》刊于《少年中国》第 3 卷第 11 期。

恽震《旅美工学杂谭》刊于《少年中国》第 3 卷第 11 期。

田汉译《海之勇者》刊于《少年中国》第 3 卷第 11 期。

魏嗣銮《摄力论》刊于《少年中国》第 3 卷第 12 期。

李璜《德模克拉西的由来》刊于《少年中国》第 3 卷第 12 期。

田汉译《屋上的狂人》刊于《少年中国》第 3 卷第 12 期。

魏时珍《旅德日记》刊于《少年中国》第 3 卷第 12 期。

[德]爱因斯坦著,饶毓泰译《相对原理》刊于《新潮》第 3 卷第 2 期"名著介绍特号"。

威尔斯著,朱经译《世界史大纲》刊于《新潮》第 3 卷第 2 期"名著介绍特号"。

[美]杜威著,罗家伦译《哲学改造》刊于《新潮》第 3 卷第 2 期"名著介绍特号"。

柏格森著,冯友兰译《心力》刊于《新潮》第 3 卷第 2 期"名著介绍特号"。

华特生著,汪敬熙译《行为主义的心理学》刊于《新潮》第 3 卷第 2 期"名著介绍特号"。

谭嗣锐著,杨振声译《新心理学》刊于《新潮》第 3 卷第 2 期"名著介绍特号"。

[英]罗素著,何思源译《布尔塞维克主义》刊于《新潮》第 3 卷第 2 期"名著介绍特号"。

韦勃著,刘光一译《大不列颠社会民主国宪法》刊于《新潮》第 3 卷第 2 期"名著介绍特号"。

戴荣延纳著,冯友兰译《美国人的品性与意见》刊于《新潮》第 3 卷第 2 期"名著介绍特号"。

劳斯著,何思源译《社会学原理》刊于《新潮》第 3 卷第 2 期"名著介绍特号"。

柯耳著,金岳霖译《社会通论》刊于《新潮》第 3 卷第 2 期"名著介绍特号"。

潘铁著,金岳霖译《行为主义家之历史观》刊于《新潮》第 3 卷第 2 期"名著介绍特号"。

华克海著,江绍原译《印度宗教书籍大纲》刊于《新潮》第 3 卷第 2 期"名著介绍特号"。

袁同礼《一九二〇重要书籍表》刊于《新潮》第 3 卷第 2 期"名著介绍特号"。

太虚讲演录《佛教的人生观》刊于《海潮音》第 2 年第 12 期。

赵世晋《生物学说的变迁与其究竟》刊于《海潮音》第 2 年第 12 期。

邢定云《续真我论》刊于《海潮音》第 2 年第 12 期。

释太虚讲,周秉清录《妙法莲华经讲演录(续)》刊于《海潮音》第 2 年第 12 期。

释太虚讲,门人大勇记《金刚般若波罗密经义脉》刊于《海潮音》第 2 年第 12 期。

刘洙源《唯识学讲义(续)》刊于《海潮音》第 2 年第 12 期。

大壑《评某君辩难念佛及妄解涅槃说》刊于《海潮音》第 2 年第 12 期。

化声《对于逻辑派攻击佛学的驳义》刊于《海潮音》第 2 年第 12 期。

世晋编译，慧圆校订《释迦牟尼佛传(续)》刊于《海潮音》第 2 年第 12 期。

大壑《雪宝澹禅和尚塔铭》刊于《海潮音》第 2 年第 12 期。

李春新《暹罗佛教之一斑》刊于《海潮音》第 2 年第 12 期。

法念《纪念佛感应》刊于《海潮音》第 2 年第 12 期。

丁福保《佛学大辞典序(一)》刊于《海潮音》第 2 年第 12 期。

太虚《佛教讲演录序》刊于《海潮音》第 3 年第 1 期。

梁家义《法源寺同戒录序》刊于《海潮音》第 3 年第 1 期。

王心三《我之世界观》刊于《海潮音》第 3 年第 1 期。

雪筠《广州佛教阅经社宣言书》刊于《海潮音》第 3 年第 1 期。

释太虚讲、周秉清录《妙法莲华经讲演录(续)》刊于《海潮音》第 3 年第 1 期。

希声《观俱舍论记》刊于《海潮音》第 3 年第 1 期。

石扶持《与善因法师函》刊于《海潮音》第 3 年第 1 期。

缪篆《与太虚法师函》刊于《海潮音》第 3 年第 1 期。

候丰山《与慧融居士函》刊于《海潮音》第 3 年第 1 期。

笠居众生《湖南新化佛学研究会之设立》刊于《海潮音》第 3 年第 1 期。

释善因《求静修者鉴》刊于《海潮音》第 3 年第 1 期。

世晋编译、慧圆校订《释迦牟尼佛传》刊于《海潮音》第 3 年第 1 期。

显荫《佛学大辞典序》刊于《海潮音》第 3 年第 1 期。

邹幾极《写金刚般若经序》刊于《海潮音》第 3 年第 1 期。

化声《南华索隐》刊于《海潮音》第 3 年第 1 期。

胡渊如《复章绍烈论鬼神书》刊于《海潮音》第 3 年第 1 期。

法念《新年在念佛会演说词》刊于《海潮音》第 3 年第 1 期。

慧音《结壇礼观音法》刊于《海潮音》第 3 年第 1 期。

慧音《奉持华严经简易仪轨》刊于《海潮音》第 3 年第 1 期。

太虚讲演录《求学之目的和方法》刊于《海潮音》第 3 年第 2 期。

化声《轮化论与不生不灭之研究》刊于《海潮音》第 3 年第 2 期。

慧因《佛法浅说》刊于《海潮音》第 3 年第 2 期。

释太虚讲，周秉清录《妙法莲华经讲演录(续)》刊于《海潮音》第 3 年第 2 期。

希声《观俱舍论记(续)》刊于《海潮音》第 3 年第 2 期。

印光《致超一大师函》刊于《海潮音》第 3 年第 2 期。

超一《复印光法师函》刊于《海潮音》第 3 年第 2 期。

舒儒僧《致慧融居士函》刊于《海潮音》第 3 年第 2 期。

王弘愿《复陈子略居士论日本真宗书》刊于《海潮音》第 3 年第 2 期。

世晋编译，慧圆校订《释迦牟尼佛传(续)》刊于《海潮音》第 3 年第 2 期。

慧满《佛教讲演集序》刊于《海潮音》第 3 年第 2 期。

倪谱香《净慈寺路祭汪曼锋居士文》刊于《海潮音》第 3 年第 2 期。

邹幾极《写华严行愿品跋》刊于《海潮音》第 3 年第 2 期。

邹幾极《写观无量寿佛经跋》刊于《海潮音》第3年第2期。

澹园《辛酉除夕杂感》刊于《海潮音》第3年第2期。

许以复《观无念室杂缀》刊于《海潮音》第3年第2期。

太虚《对辨大乘一乘》刊于《海潮音》第3年第3期。

蒋维乔《三论宗之人生观》刊于《海潮音》第3年第3期。

慧妙《印度哲学之笔记》刊于《海潮音》第3年第3期。

显觉《普愿人人皆闻佛法》刊于《海潮音》第3年第3期。

宝觉《南洋星洲沉沉精舍宣言书》刊于《海潮音》第3年第3期。

邹幾极《法门教义略谭》刊于《海潮音》第3年第3期。

释太虚讲、周秉清录《妙法莲华经讲演录(续)》刊于《海潮音》第3年第3期。

希声《观俱舍论记(续)》刊于《海潮音》第3年第3期。

慧满《对于"批评佛学者"之批评》刊于《海潮音》第3年第3期。

沈彭龄《答友人问带业往生书》刊于《海潮音》第3年第3期。

王弘愿《复何剑菁居士书》刊于《海潮音》第3年第3期。

王弘愿《广州发现舍利记》刊于《海潮音》第3年第3期。

杨澹园《易复初念佛应验事实》刊于《海潮音》第3年第3期。

释祖印《新采高僧传四集翻译第一》刊于《海潮音》第3年第3期。

显荫《奉化雪宝寺净土会碑记》刊于《海潮音》第3年第3期。

邹幾极《金刚经疗病灵验记》刊于《海潮音》第3年第3期。

太虚《三重法界观》刊于《海潮音》第3年第4期。

昧然《论印度行德化主义者甘地之言行》刊于《海潮音》第3年第4期。

大圆《论能秀两大师》刊于《海潮音》第3年第4期。

释太虚讲、周秉清录《妙法莲华经讲演录(续)》刊于《海潮音》第3年第4期。

希声《观俱舍论记(续)》刊于《海潮音》第3年第4期。

密林《摄大乘论义记(续)》刊于《海潮音》第3年第4期。

世晋编译,慧圆校订《释迦牟尼佛传(续)》刊于《海潮音》第3年第4期。

王弘愿《澄海佛诞放生会序》刊于《海潮音》第3年第4期。

俞雪僧《游沃洲山大佛寺记》刊于《海潮音》第3年第4期。

太虚《对辨唯识圆觉宗》刊于《海潮音》第3年第5期。

邓高镜讲,蒋维乔记《释摩诃衍论讲演》刊于《海潮音》第3年第5期。

赵子仪《未出轮回而辩圆觉彼圆觉性即同流转说》刊于《海潮音》第3年第5期。

释太虚讲,周秉清录《妙法莲华经讲演录(续)》刊于《海潮音》第3年第5期。

希声《观俱舍论记(续)》刊于《海潮音》第3年第5期。

释太虚讲、倪德薰录《般若波罗密多心经讲录》刊于《海潮音》第3年第5期。

王弘愿《复刘大心居士书》刊于《海潮音》第3年第5期。

刘洙源《复但怒刚居士书》刊于《海潮音》第3年第5期。

王容子《募修智悲阁启》刊于《海潮音》第3年第5期。

太虚《示慧纶皈土法言》刊于《海潮音》第3年第6期。

化声《世界新文化的标准》刊于《海潮音》第3年第6期。

张炳桢《佛学小乘之概要》刊于《海潮音》第 3 年第 6 期。

希声《观俱舍论记(续)》刊于《海潮音》第 3 年第 6 期。

密林《摄影大乘论义记(续)》刊于《海潮音》第 3 年第 6 期。

邢定云《上谛闲法师书及复书》刊于《海潮音》第 3 年第 6 期。

慈霞《上印光法师书及复书》刊于《海潮音》第 3 年第 6 期。

罗澜《缅甸佛教之近况》刊于《海潮音》第 3 年第 6 期。

蒋维乔《张克诚先生传》刊于《海潮音》第 3 年第 6 期。

曾因《卢黄氏念佛生西记》刊于《海潮音》第 3 年第 6 期。

张慰西《佛与孔子并世考》刊于《海潮音》第 3 年第 6 期。

石扶持《石浮屠山记》刊于《海潮音》第 3 年第 6 期。

陈维栋记《太虚法师与哪威哲学博士希尔达论佛学》刊于《海潮音》第 3 年第 7 期。

化声《佛化前途与我国的国民性》刊于《海潮音》第 3 年第 7 期。

刘洙源《唯识学讲义卷三(续)》刊于《海潮音》第 3 年第 7 期。

希声《观俱舍论记(续)》刊于《海潮音》第 3 年第 7 期。

密林《摄大乘论义记卷四(续)》刊于《海潮音》第 3 年第 7 期。

慧音《复汉西居士书》刊于《海潮音》第 3 年第 7 期。

刘大心《复王弘愿居士书》刊于《海潮音》第 3 年第 7 期。

慧融《书法华经感应记》刊于《海潮音》第 3 年第 7 期。

觉三《青原山思祖道场之近况》刊于《海潮音》第 3 年第 7 期。

觉三《吉安佛化之近概》刊于《海潮音》第 3 年第 7 期。

王弘愿《林节母颜氏传》刊于《海潮音》第 3 年第 7 期。

慧圆参订《佛化东盛记(续)》刊于《海潮音》第 3 年第 7 期。

王邑《故李居士墓碣》刊于《海潮音》第 3 年第 7 期。

月华《快乐烦恼与欲望》刊于《海潮音》第 3 年第 7 期。

月华《素华凤珠二女士出家缘起》刊于《海潮音》第 3 年第 7 期。

太虚《在安徽佛教会之演说》刊于《海潮音》第 3 年第 8 期。

杨卓《佛化进行计划》刊于《海潮音》第 3 年第 8 期。

靖如《论素食之利益》刊于《海潮音》第 3 年第 8 期。

唐大圆《正念三昧论》刊于《海潮音》第 3 年第 8 期。

希声《观俱舍论记(续)》刊于《海潮音》第 3 年第 8 期。

密林《摄大乘论义记(续)》刊于《海潮音》第 3 年第 8 期。

章廷谦译《英爱佛教会之通讯》刊于《海潮音》第 3 年第 8 期。

圆五居士《飓风后之因果谈》刊于《海潮音》第 3 年第 8 期。

汤雪筠《微笑齐随笔》刊于《海潮音》第 3 年第 8 期。

王弘愿《李律云居士死难记》刊于《海潮音》第 3 年第 8 期。

狄葆贤《汪观定女居士行略》刊于《海潮音》第 3 年第 8 期。

定慈《四种观音像赞》刊于《海潮音》第 3 年第 8 期。

王容子《重修云集寺启》刊于《海潮音》第 3 年第 8 期。

范古农《讼杀蝇》刊于《海潮音》第 3 年第 8 期。

傅子杨《行军省世歌》刊于《海潮音》第 3 年第 8 期。

蔡心觉《读广州发现舍利记》刊于《海潮音》第 3 年第 8 期。

圆瑛《佛教寿赈汕头风灾演说词》刊于《海潮音》第 3 年第 8 期。

太虚《论佛法为救时之必要》刊于《海潮音》第 3 年第 9 期。

空也《我的佛化观》刊于《海潮音》第 3 年第 9 期。

康寄遥《自述学佛之因缘》刊于《海潮音》第 3 年第 9 期。

希声《观俱舍论记(续)》刊于《海潮音》第 3 年第 9 期。

密林《摄大乘论义记(续)》刊于《海潮音》第 3 年第 9 期。

太虚《再答黄景炎居士》刊于《海潮音》第 3 年第 9 期。

太虚《再答潘圆音居士》刊于《海潮音》第 3 年第 9 期。

大勇《留学日本真言宗之报告》刊于《海潮音》第 3 年第 9 期。

郑太朴《赴德留学经过锡兰之通讯》刊于《海潮音》第 3 年第 9 期。

汤雪筠《微笑齐随笔二则》刊于《海潮音》第 3 年第 9 期。

善馨《生西纪闻二则》刊于《海潮音》第 3 年第 9 期。

罗傑《南岳仁祥师传赞》刊于《海潮音》第 3 年第 9 期。

默庵《南岳海岸禅师塔铭》刊于《海潮音》第 3 年第 9 期。

罗傑《明果大师往生传》刊于《海潮音》第 3 年第 9 期。

显荫《血书金刚经跋》刊于《海潮音》第 3 年第 9 期。

郑维翰《送妙阔法师主兴教寺序》刊于《海潮音》第 3 年第 9 期。

瑞生《圆音一演异类等解义》刊于《海潮音》第 3 年第 9 期。

能守《报告听讲大乘起信论之心得》刊于《海潮音》第 3 年第 9 期。

智常《报告听讲小乘佛学概要之心得》刊于《海潮音》第 3 年第 9 期。

善达《我为什么要学佛》刊于《海潮音》第 3 年第 9 期。

严定《读佛学院缘起书后》刊于《海潮音》第 3 年第 9 期。

珍惜《中秋节对于佛教之新帐触》刊于《海潮音》第 3 年第 9 期。

唐蔚鸿《佛学与教育之关系》刊于《海潮音》第 3 年第 10 期。

笠居众生《为趋新潮流者进一解》刊于《海潮音》第 3 年第 10 期。

林胡森《对于厦门佛教慈儿院之感言》刊于《海潮音》第 3 年第 10 期。

希声《观俱舍论记(续)》刊于《海潮音》第 3 年第 10 期。

密林《摄大乘论义记(续)》刊于《海潮音》第 3 年第 10 期。

显荫《世界佛教居士林征求图书启》刊于《海潮音》第 3 年第 10 期。

显荫《翻译名义集新编序》刊于《海潮音》第 3 年第 10 期。

俞雪僧《游九曲洞记》刊于《海潮音》第 3 年第 10 期。

大圆《普劝戒杀救劫文》刊于《海潮音》第 3 年第 10 期。

孙澍霖《佛教讲演录序》刊于《海潮音》第 3 年第 10 期。

能守《报告听讲因明论之心得》刊于《海潮音》第 3 年第 10 期。

瑞生《体相用三大是一是三义》刊于《海潮音》第 3 年第 10 期。

念佛行者《放鱼浅说》刊于《海潮音》第 3 年第 10 期。

刘玄达《痛告开士示现夫妻子女之非》刊于《海潮音》第 3 年第 10 期。

格非《念佛往生之理》刊于《佛学旬刊》第 1 年第 13 期。

仁云《开讲楞严经定期》刊于《佛学旬刊》第 1 年第 13 期。

渠《佛学研究会成立》刊于《佛学旬刊》第 1 年第 13 期。

普明《川南居士林规约》刊于《佛学旬刊》第 1 年第 13 期。

常悟《大佛顶首楞严经》刊于《佛学旬刊》第 1 年第 13 期。

一心《昭觉开讲地藏经》刊于《佛学旬刊》第 1 年第 15 期。

大云《为女宾讲地藏经》刊于《佛学旬刊》第 1 年第 15 期。

大云《欲提僧产办学之又一反响》刊于《佛学旬刊》第 1 年第 15 期。

欧阳渐《支那内学院叙》刊于《佛学旬刊》第 1 年第 15 期。

欧阳渐《支那内学院叙》刊于《佛学旬刊》第 1 年第 17 期。

圣译《佛法之宗派》刊于《佛学旬刊》第 1 年第 18 期。

大云《欲提僧产办学之又一反响》刊于《佛学旬刊》第 1 年第 18 期。

欧阳渐《支那内学院叙》刊于《佛学旬刊》第 1 年第 18 期。

圣译《佛学之宗派"贤首宗"》刊于《佛学旬刊》第 1 年第 19 期。

大心《武昌佛学院立案呈文》刊于《佛学旬刊》第 1 年第 19 期。

法云《流通处设立戒学班》刊于《佛学旬刊》第 1 年第 19 期。

知幻《湖南成立佛学会》刊于《佛学旬刊》第 1 年第 19 期。

蒋纶《念佛为人生必要无可怀疑之故》刊于《佛学旬刊》第 1 年第 20 期。

知幻《保护宗教财产令》刊于《佛学旬刊》第 1 年第 20 期。

知幻《新都建水陆道场》刊于《佛学旬刊》第 1 年第 20 期。

大云《开讲梵刚经志略》刊于《佛学旬刊》第 1 年第 20 期。

月仁《极乐世界游记》刊于《佛学旬刊》第 1 年第 20 期。

蒋纶《念佛为人生必要无可怀疑之故（续）》刊于《佛学旬刊》第 1 年第 21 期。

圣译《佛法之宗派"真言宗"》刊于《佛学旬刊》第 1 年第 21 期。

圣译《佛法之宗派"真言宗一名密宗"（续）》刊于《佛学旬刊》第 1 年第 22 期。

潮音《太虚法师之答词》刊于《佛学旬刊》第 1 年第 22 期。

仁云《湘西成立佛教会》刊于《佛学旬刊》第 1 年第 22 期。

大云《欲购校外讲义者注意》刊于《佛学旬刊》第 1 年第 22 期。

殷仁《极乐世界游记》刊于《佛学旬刊》第 1 年第 22 期。

圣译《佛法之宗派"真言宗"（续）》刊于《佛学旬刊》第 1 年第 23 期。

殷仁《极乐世界游记》刊于《佛学旬刊》第 1 年第 23 期。

圣译《佛法之宗派"真言宗"（续）》刊于《佛学旬刊》第 1 年第 24 期。

殷仁《极乐世界游记》刊于《佛学旬刊》第 1 年第 24 期。

圣译《佛法之宗派"真言宗"（续）》刊于《佛学旬刊》第 1 年第 25 期。

殷仁《极乐世界游记》刊于《佛学旬刊》第 1 年第 25 期。

心觉《怎样改造和尚?》刊于《新佛化旬刊》第 11 期。

宁达蕴《大乘佛学应先由小乘佛学入手》刊于《新佛化旬刊》第 11 期。

善雄《大爱主义之真谛》刊于《新佛化旬刊》第 11 期。

悟幻《我自"出家"后之感想》刊于《新佛化旬刊》第 11 期。

宁达蕴《我为什么要学佛?》刊于《新佛化旬刊》第12期。

释空也《我的佛化观》刊于《新佛化旬刊》第12期。

能守《武昌佛学院学人的成绩》刊于《新佛化旬刊》第12期。

严定《读佛学院缘起书后》刊于《新佛化旬刊》第12期。

四、学术著作

(唐)李靖著,刁广孚编《李卫公兵词选》由北京武学书馆刊行。

(唐)吕洞宾著,(明)张三丰订,龙虎老人编《点金奇术》由江西道学研究社刊行。

(宋)苏轼书《(清内府藏)东坡居士洞庭春色赋墨迹》由上海有正书局刊行。有跋。

(宋)苏轼书《(清宫藏)东坡墨迹三种合册》由上海有正书局刊行。

(明)方密之绘《明方密之画四妙图》由上海有正书局刊行。

(明)黄道周著,刁广孚编《历代名将断》由北京武学书馆刊行。

(清)王夫之著《俟解》由上海泰东图书局刊行,有王夫之《俟解题词》。

(清)刘智注,马宏校阅《正教真诠》由清真书报社刊行。

(清)傅清野编《色戒录》由北京文益印刷局刊行。

(清)王建章著《仙术秘库》由上海万国长寿学会刊行。

章太炎著,曹聚仁编《国学概论》由上海泰东图书局刊行。

陈燕方著《经学源流浅说》由上海文明书局刊行。

按:是书卷上为总说,述诸经的形成和尊经的原因,卷中论汉学流派,卷下分述易学、尚书、诗学的传授源流。

梁启超著《梁任公学术讲演集》(第1辑)由上海商务印书馆刊行。

梁启超著《梁任公学术讲演集》(第2辑)由上海商务印书馆刊行。

广文书局编辑所编《当代名人新演讲录》由上海世界书局刊行。

广文书局编辑所编《当代名人新演讲录》由上海世界书局刊行。

胡适著《先秦名学史》由上海亚东书局刊行。

按:作者撰写是书的目的,是"回顾九百年来的中国哲学史,不能不深感哲学的发展受到逻辑方法的制约影响",中国哲学不如西方哲学发达的原因,是"逻辑方法的制约"。因此,"我们的责任是借鉴和借助于现代西方哲学去研究这些久已被忽略了的本国的学派。如何用现代哲学去重新解释中国古代哲学,又用中国固有的哲学去解释现代哲学,这样,也只是这样,才能使中国的哲学家和哲学研究用思考与研究的方法与工具时感到心安理得"。

康有为著《孔子改制考》由广州万木草堂刊行。

按:卢连章说:"康有为有意撇开春秋公羊学中许多对当时斗争无用的部分(如灾异迷信、书法义例等),尽量利用公羊学解说'微言大义'素来的灵活性和神秘性,偷偷地变换了原来封建思想的内容,从历史进化到婚姻自主,从立宪民主到个人自由,全面地输入资产阶级的社会政治思想和变法维新主张,来为改良派的现实政治活动服务。于是康有为的公羊今文学就具有了与众不同的鲜明的先进的政治意义。正如梁启超所说:'以改制言《春秋》,以三世言《春秋》者,自南海始也。改制之义立,则以为春秋者,绌君威而申人权,夷贵族而尚平等''南海以其所怀抱,思以易天下,而知国人之思想束缚既久,不可以猝易,则以其所尊信之人为鹄,就其所能解者而导之,此南海说经之微意也。'(《论中国学术变迁之大势》)。康有为既要利用孔子'托古改制'，又要利用孔子'创教立法'。梁启超说：'有为谓孔子之改制，上掩百世，下掩百世，故尊之为教主；误认欧洲之尊景教为治强之本，故恒侪孔子于基督，乃杂引谶纬之言以实之；于是有为心目中之孔子，又带有神秘性矣。《孔子改制考》之内容，大略如此。'（《清代学术概论》二三）很显然，康有为就是企图借用这个长久支配封建士大夫们的孔圣人名号，通过某些带有宗教色彩的形式，如奉孔子为教主，用'孔子纪年'等，使儒学宗教化，让封建知识分子在这准宗教式的信仰和激情中紧密团结，共同行动。这样康有为便找到了一种使其'托古改制'的学术理论变为群众（士大夫）性的行动纲领的途径和方法。他在公羊经学中尽量利用孔子改制论与孔子为素王的怪异理论，作为自己政治性组织活动（立教）的护身符。这种孔教的内容是什么呢？这一点梁启超说得比较清楚：'先生之言宗教也，主信仰自由，不专崇一家，排斥外道，常持三圣一体诸教平等之论。然以为生于中国，当先救中国，欲救中国，不可不因中国人之历史习惯而制导之。又以为中国人公德缺乏，团体散涣，将不可以立于大地，欲从而统一之，非择一举国人所同戴而诚服者，则不足以结合其感情，而光大其本性，于是乎以孔教复原为第一著手。先生者，孔教之马丁路德也。'所以，康有为认为'求孔子之道，不可不于《易》与《春秋》'，治《春秋》，应首先发明改制之义。于是康有为'乃著《孔子改制考》，以大畅斯旨，此为孔教复原之第一段。'次则论三世之义，康有为乃'著《春秋三世义》《大同学说》等书，以发明孔子之真意，此为孔教复原之第二段'（《康南海传》）。很明显，康有为的'孔教'，实际上是提倡'改制世化''三世大同'与封建圣人正相背道而驰的资产阶级化的'孔教'，是符合新兴地主资产阶级经济政治利益的改革了的新宗教。因此，梁启超称此：'盖学术之争，延为政争矣。'"（《清代学术概论》二五）（卢连章《中国新儒学史》，中州古籍出版社1993年版）

陈焕章著《孔教教规》由北京孔教总会经世报社刊行。

陈焕章著《存伦篇》由北京经世报社刊行。

陈顾远著《孟子政治哲学》由上海泰东图书局刊行。

梁启超著《墨经校释》由上海商务印书馆刊行。

王桐龄著《儒墨之异同》由北京高等师范学校图书馆刊行。

朱谦之著《无元哲学》由上海泰东图书局刊行。

朱谦之著《古学厄言》由上海泰东图书局刊行。

梁漱溟著《东西文化及其哲学》由上海商务印书馆刊行。

梁漱溟著《印度哲学概论》由上海商务印书馆刊行。

刘经庶（原题刘伯明）、缪凤林记《西洋古代中世哲学史大纲》由上海中华书局刊行。

按：是书由刘伯明（刘经庶）讲授，缪凤林整理而成。讲述了古希腊罗马至中世纪的欧洲哲学。全书分9章：希腊民族及其特质，希腊之初期哲学及其背景，启蒙时代，苏格拉底及其后继，亚里士多德以后希腊哲学之变迁，罗马法，自古代至中世，中世哲学。书中附：《基督教精神与希腊精神之同点》《中世之精神》。

冯叔雅编《国民智育宝鉴》由上海大陆图书公司刊行。

刘绍复著《处世学理》由北京武学书局刊行。

王凤喈等编《国民必读》由上海商务印书馆刊行。

王立谦编《社会鉴》由上海商务印书馆刊行。

知非子编《格言类编》由张子竹刊行。

庞靖著《实用催眠术》由上海中华书局刊行，有著者自序，刘笑佛、徐敏序。

余萍客编《灵力发显术》由上海中国心灵研究会刊行。

张子和著《广心理学（中册）》由上海商务印书馆刊行，有日本松本孝次郎序及著者自序。

丁福宝编撰《佛学大辞典》由上海医学书局刊行。

按：这是中国第一部新式佛学辞典,此书辑录佛学词条三万余,360 多万字,内容广泛,基本上囊括了佛教各种专门名词、术语、典故、典籍、专著、名僧、史迹。

陈垣著《火祆教传入中国考》刊行。

马相伯著《五十年来之世界宗教》由著者刊行。

欧阳竟无讲,王恩洋记《佛法非宗教非哲学》由广东广州即庐刊行。

欧阳竟无著《唯识抉择谈》由江苏南京支那内学院刊行。

蔼克德著,女青年会协会译《耶稣是我的唯一良友》由上海中华基督教女青年会全国协会书报部刊行。

艾儒略著《天主降生引义》由上海土山湾印书馆刊行。

基督教全国大会筹备委员会编《颂主诗集》由上海编者刊行。

简又文编《新宗教观》由上海中华基督教青年会刊行。

李问渔编《圣日辣尔传》由上海土山湾印书馆刊行。

李问渔著《砭傲金针》由上海土山湾印书馆刊行。

李问渔著《弥撒小言》由上海土山湾印书馆刊行。

马魁眉斩、马魁退山著《指迷考证》由北平清真书报社刊行。

默禅编《佛说金刚神咒》刊行。

全绍武编《中华归主》由上海中华续行委办会调查特委会刊行。

榕垣抱一子著《二关指迷》,并作序。

若望禄德著,蒋升译《默想正则》由上海土山湾印书馆刊行。

世界基督教学生同盟大会事务处编《各国基督教学生事业汇录》由编者刊行。

司徒雷登著《启示录新注释》由上海广学会刊行。

苏里和辑,陈雅各译《圣多玛斯小传》由上海土山湾印书馆刊行。

苏州基督教青年会编《第二次征求会员会特号》由江苏苏州编者刊行。

萧子升编《近世界非宗教大家》由上海求实学社刊行。

按：是书介绍培根、狄德罗、达尔文、克鲁泡特金、马克思等 18 位人物的生平及言论。

徐谦著,林肇烈笔录《基督救国主义刊行之十（天国福音）》由基督救国会刊行。

杨卓编《佛学次第统编》由北京弘化社刊行。

印光著《不可录》由上海明善书局刊行。

中华基督教青年会全国协会编《中华基督教育年会全年报告（民国十一年）》由上海编者刊行。

陈安仁著《社会观》由上海泰东图书局刊行。

易家钺著《社会学史要》由上海商务印书馆刊行。

陶孟和著《社会与教育》由上海商务印书馆刊行。

按：作者是最早把教育社会学引进中国的学者。此书是我国最早的一部教育社会学专著,书中对社会学与教育社会学的内涵、范畴、功能及社会与教育的关系、个人与社会的关系、家庭与教育、职业与教育、游戏与教育、邻里与教育、国家与教育、民治与教育、社会的演化遗传与教育等问题进行了系统论述。作者认为,教育是人类进化的主要工具。

易家钺著《西洋家族制度研究》由上海商务印书馆刊行。

按：是书认为,社会组织的进化,是由种族的结合、氏族的结合、大家族的结合、小家族的结合转到个人的结合,实现“我们理想中一种最好的制度”,即社会主义。

易家钺著《妇女职业问题》由上海泰东图书局刊行。

黎世衡著《历代户口通论》由上海世界书局刊行。

按：是书共7编，分别论述马尔萨斯主义、新马尔萨斯主义等有关人口问题、户籍的意义和目的、历代户口统计的比较、变身及质疑、清代户口概数、关于人口概数的学说等。

新青年社编辑部编辑《社会主义讨论集》由新青年社刊行。

按：是书共25篇文章。有陈独秀《谈政治》《关于社会主义的讨论》，李达《马克思派社会主义》《评第四国际》，周佛海《实行社会主义与发展实业》《进化与革命》，李季《社会主义与中国》，施存统《马克思底共产主义》等。

李宗黄编著《新广东观察记》由上海商务印书馆刊行，有林森和著者序。

内务部民治司编《选举类纂》由编者刊行。

苏社刊行部编辑《地方自治》由上海苏社刊行部刊行。

陈顾远著《地方自治通论》由上海泰东图书局刊行。

黄维时编《新市政论》由上海公民书局刊行。

张佩芬编《妇女问题》由上海商务印书馆刊行。

周起鹏编译《女童军教练法》由上海商务印书馆刊行。

王春生、师雅各著《女工童工之研究》由广东广州美华浸会印书局刊行。

程季枚编《童子军组织法》由上海中华书局刊行。

顾倬著《学潮研究》由上海中华书局刊行。

孙中山著《建国方略》由上海民智书局刊行。

北京国际统一救灾总会编《北京国际统一救灾总会报告书》由编者刊行。

张嘉森著《新德国社会民主政象记》由上海商务印书馆刊行，书前有柏吕斯书札及自序。

赵蕴琦编纂，张慰兹校订《法国政府大纲》由上海商务印书馆刊行。

按：是书介绍法国共和政府成立经过，中央及地方政府组织机构及法国政党概况。有校订者序。

泰东图书局编《世界联邦共和国宪法》由上海泰东图书局刊行。

邓毓怡编《欧战后各国新宪法》由北京宪法学会刊行。

商务印书馆编译所编《中华民国根本法及草案》由上海商务印书馆刊行。

宁协万著《国宪修正论》由上海中华书局刊行。

张君劢著《国宪议》由上海著者刊行。

吴昆吾译《德国新宪法》由北京译注者刊行。

吕复著《制宪管窥》由北京著者刊行。

李炘著《法形论》由北京公慎书局刊行。

银行周报社编《票据法研究》由上海银行周报社刊行。

王敦常编《票据法原理》由上海商务印书馆刊行。

谭焯宏编著《国际公法原论》由广东广州南越大学刊行。

按：是书共3编。第1编总论，论述国际公法的由来、定义、性质、分类、渊源、学派等；第2编平时国际公法，概述国际法权利义务主体的国家，包括国家的成立、灭亡、权利义务、版图、国际机关、条约，以及国际纷争和解决方法等；余编战时法，概论战争及陆、海、空战法规、中立法规等。

孙中山演讲《孙大总统演讲军人精神教育》由上海民智书局刊行。

武学书局编辑部修正《战术学问答》由北京武学书局刊行。

参谋部行营参谋厅编《武宁督战纪》由编者刊行。

张武著《缩小军备问题》由北京编者刊行。

蒋百里著《裁兵计划书》由上海商务印书馆刊行。

包凯著《中国裁兵主张》由湖南长沙文化书社刊行。

中国银行总管理处调查室编《新加坡调查报告》由编者刊行。

谪仙后裔编,古棠醉夫校《中国复式簿记》由上海中国簿记研究社刊行。

杨端六著《记账单位论》由上海商务印书馆刊行。

黎世衡著《中国古代公产制度考》由上海世界书局刊行。

按:是书为新时代经济丛书之一。是书专论述了周朝以前之土地制度,卷首有著者序。

袁民宝著《中国农业制度考》由上海震旦大学院刊行。

按:是书论述了我国古代各时期的土地分配、田赋制度及农业学说等内容。

王汝通著《全国农产地理新书》由上海国华书局刊行。

徐正铿编《美国农业教育推广之调查》由江苏省立第一农校农业推广部刊行。

梁宗鼎著《钢铁之研究》由作新印刷局刊行。

何慨之编《全国兵工总厂考察革新书》(第1册)由广东警备游击队第四司令部秘书处刊行。

何慨之编《全国兵工总厂考察革新书》(第2册)由广东警备游击队第四司令部秘书处刊行。

何慨之编《全国兵工总厂考察革新书》(第3册)由广东警备游击队第四司令部秘书处刊行。

廖骁编辑《江南造船所纪要》由上海江南造船所刊行。

按:是书概述了该所自清同治四年至民国十年的发展历史。

交通部铁路联运事务处编《第十次中日联运会议协定书》由编者刊行。

按:会议于1922年在北京召开。

交通部路政司营业科编《中华国有铁路第四次运输会议记录》由编者刊行。

王景春、林则燕、张恩锽编《中国铁路借款合同全集》(上下册)由交通部刊行。

张恩锽编《铁路借款提要》由京汉铁路印刷所刊行。

交通部铁路联运事务处清算所编《中华国有铁路联运货物适用之特别运价》由编者刊行。

新华日报社编《最近京汉路局燃犀录》由编者刊行。

交通部编译处辑述《路政提纲》由交通部刊行。

姚仲拔著《经济论集》由上海银行周报社刊行。

上海书业商会编《邮电加价抗议》由编者刊行。

穆湘玥著《中国商务与太平洋》由上海商务印书馆刊行。

按:是书简述中国对进出口贸易概况,日美两国及太平洋地区其他国家对华贸易的情况。

陈灿编《欧战财政纪要》由上海商务印书馆刊行。

晏才杰著《租税论》由北京新华书社刊行。

通易信托公司编《公债纪要》由编者刊行。

韦伯胜编《投资常识》由上海商务印书馆刊行。

杨端六著《信托公司概论》由上海商务印书馆刊行。

银行周报社编《银行年鉴》由银行周报社刊行。

任白涛著《应用新闻学》由杭州中国新闻学社刊行。

按：是书分总论、搜材、制稿、编辑4编，另有附编"欧美报纸史略"。三版本卷首有王拱璧的《写在任著新闻学的上头》及著者再版的话、三版的话等，共4篇。

杜定友著《世界图书分类法》由广东全省教育委员会刊行。

蔡莹编《图书馆简说》由上海中华书局刊行。

北京女学界联合会编《北京女学界联合会汇刊》由编者刊行。

漱石山人著《隐遁术秘笈》（一名《忍术》）由上海学海书局刊行。

吕澂著《西洋美术史》由上海商务印书馆刊行。

黄忏华编述《近代美术思潮》由上海商务印书馆刊行。

寒匏簃编《画萃》由编者刊行。

《（稀世之宝）唐贤首国师墨宝》由上海有正书局刊行。

大东书局编译所编绘《水彩画百法》由上海大东书局刊行，有凌善清序。

叶伯和著《中国音乐史》（上卷）由著者刊行。

江苏省立第三中学国乐科编《国乐集》由上海中华图书馆刊行，有杨鼎复等人的序。

辍玉轩著《百花亭》（梅兰芳秘本）由香港同乐会刊行。

辍玉轩著《佳期拷红》（梅兰芳秘本）由香港同乐会刊行。

《协和颂主圣诗琴谱》刊行。

辍玉轩著《玉堂春》（梅兰芳秘本）由香港同乐会刊行。

郭秉文著《中国教育制度沿革史》由上海商务印书馆刊行。

周维城、林壬著《实用教育学讲义》由上海中华书局刊行。

张子和编《实用教育学》由上海商务印书馆刊行。

王炽昌编《教育学》由上海中华书局刊行。

按：是书分绪论、教育之目的、儿童、课程、教学、训育、美育、养护、教师、学校等10章。

南京高等师范教育研究会编《教育汇刊》（第3集）由编者刊行。

南京高等师范教育研究会编《教育汇刊》（第4集）由编者刊行。

陆费逵著《教育文存》由上海中华书局刊行。

按：是书收有关学制、修养、国语及女子教育方面的文章30篇。有《国民教育的疑问》《缩短在学年限》《孝道正义》《整理汉字的意见》《男女共学问题》等。

薛鸿志著《教育统计学大纲》（北京高师教育丛书）由北京高等师范编译部刊行，有陶行知等人的序。

王南邱编著《人格教育》（总分论合刊）（需要供给社丛书）由湖南长沙需要供给社刊行。

陶行知等编《孟禄的中国教育讨论》由上海中华书局刊行。

程昌祺编《孟禄教育调查讨论录》由编者刊行。

孙世庆编纂《设计式的教学法》由北京女子高等师范附属小学校出版部刊行，有毛帮伟、编者序。

赵宗预编《新著设计教学法》由上海商务印书馆刊行。

舒新城编《教育心理学纲要》由上海商务印书馆刊行。

张秉洁、胡国钰编《教育测量》(北京高师丛书)由北京高等师范刊行。

内务部编《教育行政讲义》由上海泰东图书局刊行。

张崇玖著《平等教育计画》由上海源记书庄刊行。

曾恩蔚编《巴色会梅江教育汇刊》(临时号)由广东梅县新群印刷公司刊行。

顾倬著《学潮研究》由上海中华书局刊行。

按:是书分绪言、学潮之原因、学潮之状况、学潮之救济方法和结论等5章。

李石岑编《学制课程研究号》(教育杂志第十四卷号外)由上海商务印书馆刊行。

王国元等编撰《新法国语教授书》(1)由上海商务印书馆刊行。

王国元等编撰《新法国语教授书》(5)由上海商务印书馆刊行。

《江苏义务教育期成会会长袁观澜先生演讲录》刊行。

中华教育改进社编《中华教育改进社第一次常年大会议决案之一部》由北京编者刊行。

中华教育改进社编《中华教育改进社同社录》由北京编者刊行。

中华教育改进社编《中华教育改进社简章》(民国十一年修正本)由北京编者刊行。

中华教育改进社编《京师教育概况》(民国十年七月至十一年六月)由北京编者刊行,有陶行知序。

山西省长公署统计处编《山西省第四次教育统计》(民国八年度)由编者刊行。

山西省长公署统计处编《全省学务历年比较》由编者刊行。

陕西全省第一次教育行政会议编《陕西全省第一次教育行政会议汇编》由编者刊行。

江苏省教育厅编《江苏六十县八年度教育状况表》由编者刊行。

江苏省教育会编《江苏省教育会年鉴》(第7期)由编者刊行。

王颂文编《昆山县劝学所九年度学事年报》由江苏崑山县劝学所刊行。

熊梦宾编《山东省立各校概况调查特号》(山东教育月刊第一卷号外)由济南山东教育月刊经理处刊行。

汪懋祖著《美国教育彻览》由上海中华书局刊行。

按:是书分美国教育进化考、现行学制系统、教育行政系统、公民教育、职业教育、乡村教育、健康教育等9章。

常熟第六七区教育会编《暑期讲习会讲演录》由江苏无锡锡成印刷公司刊行。

杨鄂联编《初等教育》由江苏南京高师附属小学、第一女师附属小学刊行。

沈百英编《设计教学试验实况》由上海商务印书馆刊行,有吴研因序。

蔡松筠编著《自然研究校外教授实施法》(理科丛刊)由上海商务印书馆刊行。

上海万竹小学校编译《全世界的小孩子》(儿童常识丛书)由上海中华书局刊行。

杨彬如编《设计的儿童游戏》由上海商务印书馆刊行,有吴研因序和沈百英的引言。

李光业著《小学教师之友》由浙江书局刊行,有马叙伦等序。

丁訾盦编《新编普通教育法令》由上海中华书局刊行。

方蔚编《(增订)办学指南》由江苏南京宜春阁印刷局刊行。

尚公学校编《尚公学校概况》由上海商务印书馆刊行。

江苏省立第四师范附属小学校编《江苏省立第四师范附属小学校十周纪念册》由江苏南京编者刊行,有钱体纯的弁言。

秦任、奚学周编《无锡市立第十一国民学校十五年纪念录》由江苏无锡市第十一国民学校刊行。

　　徐汇公学校校友会编《徐汇公学校校友会报告》由上海编者刊行。

　　陈启天编《中学训练问题》(教育丛书)由上海中华书局刊行。

　　周廷珍、欧济甫编《国文测验举例》由上海中华书局刊行。

　　范作乘等编校《新中学算术教科书习题详解》由上海中华书局刊行。

　　沪江大学中学部辑《沪江大学中学部简章》由上海编者刊行。

　　上海晏摩氏女学校编《上海晏摩氏女学校章程》由上海编者刊行。

　　上海立群女学编《立群女学章程》由上海编者刊行。

　　中华职业教育社编《实施职业教育要览》由上海编者刊行。

　　杨彬如编《设计的模仿操》由上海商务印书馆刊行。

　　王秋如编《体操教授新论》由上海商务印书馆刊行,有吴光祖、编者序。

　　王怀琪编《国旗体操》由上海商务印书馆刊行。

　　潘知本编《棒球》(体育丛书)由上海商务印书馆刊行。

　　李石岑著《游泳新术》(体育小丛书)由上海商务印书馆刊行。

　　何仲英编《新著中国文字学大纲》由上海商务印书馆刊行。

　　何仲英编《新著中国文字学大纲参考书》由上海商务印书馆刊行。

　　周盘编《国语词典》由上海商务印书馆刊行。

　　钟寿昌著《古今文法会通》由上海进化书局刊行。

　　赵元任编著《国语留声片课本》(甲种)由上海商务印书馆刊行。

　　张兆麟编绘《国音指掌图》由上海商务印书馆刊行。

　　张士一著《小学"国语话"教学法》(国语丛书)由上海中华书局刊行。

　　按:是书分"国语话"的标准、口语的性质、口语教学法的基本原理、语言教学法的派别、"国语话"的教材等8章。

　　王峻著《迭语》由著者刊行。

　　按:迭语今称迭字即重言,是由两个相同的字组成词语。本书是跌语辞典,收迭字3081个。有注音和注释。按部首编排。

　　李育彬编《字别一览》由编者刊行。

　　马国英编《新式标点符号使用法》由上海中华书局刊行。

　　按:是书讲述当时教育部颁行的12种标点符号的使用法。

　　秦凤翔著《(比较实验)国语正音法》由上海中华书局刊行。

　　黎明编《国语文法》(国语讲义第8种;中华文库初中第1集)由上海中华书局刊行。

　　乐嗣炳著《国语旗语》由上海中华书局刊行。

　　金兆梓著《国文法之研究》由上海中华书局刊行。

　　按:是书分导言、文法之研究、名学现象与文法现象等3章。

　　教育部国语统一筹备会编《国音分韵检字》由上海中华书局刊行。

　　按:此书据《国音字典》并参酌《音韵阐微》(清李光地著)和《华英字典》及其他字书、词典、韵书等编辑。收一万四千余字。分韵编排并检字。书前有字母声韵对照表、拼音一览表;书末有国音分韵检字表。

　　高元著《高元国音学》由上海商务印书馆刊行。

　　陈承泽著《国文法草创》由上海商务印书馆刊行。

方宾观编《(新标准)国音指掌图》由上海商务印书馆刊行。

马国英编《国语文》由上海中华书局刊行。

马国英编《国语交际会话》由上海中华书局刊行。

陆衣言等编《中华国音新检字》由上海中华书局刊行。

按：此书分上中下3编。上为单音字；中为双拼音字；下为三拼音字。由音检字。封面加题："照民国九年十二月教育部公布改正的"。

刘儒编《国语教学法讲义》由上海商务印书馆刊行。

后觉编《国语发音学》由上海中华书局刊行。

按：是书分发音的机关、语音的音素、辅音的分析、元音的分析等15讲。

国语专修学校编《国语教育》由上海中华书局刊行，有黎锦晖序。

按：是书收录蔡元培、王璞、黎锦熙等人有关国语的应用和教学法等方面的文章7篇。

赫永襄编《国音初阶》由上海商务印书馆刊行。

怀恩光编《官话初阶》由上海雷斯赉刊行。

胡韫玉、胡怀琛编《俗语典》(1—4册)由上海广益书局刊行。

张廷华评选，邹有梅等注释《(评注)唐文读本》(上下册)由上海大东书局刊行。

张廷华评选，沈镕等注释《(评注)南北朝文读本》(上下册)由上海大东书局刊行。

张廷华评选，沈镕、张廷华、黄兴洛注释《(评注)宋元明文读本》(上下册)由上海大东书局刊行。

谢无量编，朱宝瑜评注《(新制)国文教本评注》(第4册)由上海中华书局刊行。

胡宏纶编译《解颐集》(第1卷)由上海中华书局刊行。

葛天爵、孔宪彭、张瑞年编校《(中华民国)最新字典》(上下册)由上海会文堂新记书局刊行。

按：此书约收常见字一万余。按干支分12部。分切注音。有释义。笔画检字。书前有序，书末有补遗。

葆光子编著《简便作联法》由上海大东书局刊行。

高语罕编《国文作法》由上海亚东图书局刊行。

陈望道著《作文法讲义》由上海民智书局刊行。

陈孟缉编《新文法浅说》由上海美术印书馆刊行。

薛传薪编《作文虚字用法》由上海大东书局刊行。

吴荣桂著《作文范本》由吉林长春省立第二中学校国文研究社刊行。

胡怀琛著《中等简易作文法》由上海崇文书局刊行。

蒋昂编著《应用文件举要》由上海商务印书馆刊行。

潘文安、叶公夐编《职业应用文》由上海中华职业教育社刊行。

文明书局编《普通写信法》(1—4册)由上海文明书局刊行。

文明书局编《工人写信法》由上海文明书局刊行。

朱诗隐等编《尺牍辞典》(补编)由上海国华书局刊行。

许德厚编《尺牍大全答函》由上海中华书局刊行。

韬园著，姚禅东纳注释《花月尺牍》(1—4册)由上海小说丛报社刊行。

王有珐编《(音注分类)交际尺牍大全》(上下册)由上海大东书局刊行。

商务印书馆编译所编《英文尺牍》由上海商务印书馆刊行。

周由廑编《英语语音学纲要》由上海商务印书馆刊行。

张士一讲演《英语教学法》由上海中华书局刊行。

徐志诚编《英文会话文法》由上海中华书局刊行。

盛国成编著《(自修适用)世界语讲义》由上海东方世界语传播社刊行。

商务印书馆编译所编,郁德基增订《(增广)英华新字典》由上海商务印书馆刊行。

桑德满著《德文入门》由上海德商璧恒图书公司刊行。

南满洲铁道株式会社运输部编《日华铁道会话》由编者刊行。

林天阑编《英文修辞学》由上海中华书局刊行。

李虞杰编注《(附国文注释)井外仙源》(小本英文说苑第9种)由上海中华书局刊行。

广文书局编辑所编《新文学作法入门》由上海世界书局刊行。

刘永济述论《文学论》(附古今论文名著选)由湖南长沙湘鄂印刷公司刊行。

按:是书分别论述何为文学、文学的分类、文学的工具、文学与艺术、文学与人生等问题。

周作人著《欧洲文学史》由上海商务印书馆刊行。

按:是书介绍古希腊、罗马、中古与文艺复兴及十七、十八世纪欧洲文学概况。

瞿秋白著《新俄国游记》由上海商务印书馆刊行。

章士钊著《甲寅杂志存稿》由上海商务印书馆刊行。

闻一多、梁秋实著《冬夜草儿评论》由北京清华文学社刊行。

蒋瑞藻编《小说考证拾遗》由上海商务印书馆刊行。

陈大悲编述《爱美的戏剧》由北京晨报社刊行。

史一盦著,方桐梧编《最新改正戏评》由集益公司刊行。

古书流通处原辑,圣湖正音学会增校《增补曲苑金集》由上海六艺书局刊行。

古书流通处原辑,圣湖正音学会增校《增补曲苑石集》由上海六艺书局刊行。

古书流通处原辑,圣湖正音学会增校《增补曲苑丝集》由上海六艺书局刊行。

古书流通处原辑,圣湖正音学会增校《增补曲苑竹集》由上海六艺书局刊行。

古书流通处原辑,圣湖正音学会增校《增补曲苑匏集》由上海六艺书局刊行。

古书流通处原辑,圣湖正音学会增校《增补曲苑土集》由上海六艺书局刊行。

古书流通处原辑,圣湖正音学会增校《增补曲苑革集》由上海六艺书局刊行。

古书流通处原辑,圣湖正音学会增校《增补曲苑木集》由上海六艺书局刊行。

王桐龄著《东洋史》由上海商务印书馆刊行。

王传燮编《白话中国历史》由上海文明书局刊行。

梁启超著《中国历史研究法》由上海商务印书馆、重庆中华书局刊行。

按:梁启超在《中国历史研究法·自序》中说:"近今史学之进步有两特征。其一,为客观的资料之整理,畴昔不认为史迹者,今则认之;畴昔认为史迹者,今或不认。举从前弃置散佚之迹,钩稽而比观之;其夙所因袭者,则重加鉴别,以估定其价值。如此则史学立于'真'的基础之上,而推论之功,乃不至枉施也。其二,为主观的观念之革新。以史为人类活态之再现,而非其僵迹之展览。为全社会之业影,而非一人一家之谱录。如此,然后历史与吾侪生活相密接,读之能亲切有味。如此,然后能使读者领会团体生活之意义,以助成其为一国民为一世界人之资格也。欧美近百数十年之史学界,全向于此两种方向以行。今虽仅见其进,未见其止,顾所成就则既斐然矣。"

李泰棻著《中国史纲》(第1—3卷)由北京武学书馆刊行。

王桐龄著《中国历代党争史》由北京高等师范学校图书馆、北平文化学社刊行。

按：是书记述先秦学派之争，东汉末年党锢之祸，两晋南北朝时期门第之见与方舆之见，唐代牛李二党之倾轧，北宋中叶以后的庆历党争，新旧党之争，朔、蜀、洛各党之争，北宋末年、南宋初年的和、战两派之争，南宋中期对伪学的庆元党禁，明末的东林党祸及清末帝、后党之争。

独醒主人著，费有容评注《评注读史随笔》由上海观文社刊行。

王景濂、唐乃需编《中华民国法统递嬗史》由江苏无锡民视社刊行。

俞印民著《民国十一周全史》(上下册)由上海新华书局刊行。

正群社辑纂《北京官僚罪恶史》第1册由北京正群社刊行。

吴佩孚著，中央新闻社编《吴佩孚政书》由上海世界书局刊行。

竞智图书馆编《直奉大战史》由上海竞智图书馆刊行。

陈冠雄著《直奉战云录》由天津新中国广告社刊行。

王小隐编《直奉大秘密》由上海中国第一书局刊行。

伤心人编《吴张战记》由上海捷闻社刊行。

苏从武著《五台县小志》由五台县川至中学校刊行。

无名氏编《台湾全志》由台北台湾经世新报社刊行。

赵玉森著《新著本国史》上册由上海商务印书馆刊行。

按：是书将中国历史划分为三个时期：太古至周，为文化发育的时代；自秦至明代的中叶，为文化推衍的时代；自明中叶以后至今，为中国文化与世界文化融洽的时代。

李泰棻编《新著世界史》由上海商务印书馆刊行。

周守一著《华盛顿会议小史》由上海中华书局刊行。

晨报社编《华盛顿会议》由北京编者刊行。

王桐龄著(新著)《东洋史》(上下册)由上海商务印书馆刊行。

陈崇祖编《外蒙古近世史》由上海商务印书馆刊行。

汪了翁著《上海六十年花界史》由时新书局刊行。

周庆云著《历代两浙词人小传》由周氏梦坡室刊行。

孙毓修著《苏秦》由上海商务印书馆刊行。

孙毓修著《信陵君》由上海商务印书馆刊行。

孙毓修著《诸葛亮》由上海商务印书馆刊行。

孙毓修著《朱子》由上海商务印书馆刊行。

罗振玉著《万年少先生年谱》由永丰乡人杂著本刊行。

罗振玉著《徐俟斋先生年谱》由永丰乡人杂著本刊行。

施淑仪编著《清代闺阁诗人征略》由上海崇明女子师范讲习所刊行。

黄维翰著《黑水先民传》由崇仁黄氏刊行。

刘海涵著《何大复先生年谱》由龙潭精舍丛刊本刊行。

胡适、姚名达编著《章实斋先生年谱》由上海商务印书馆刊行。

胡适著《吴敬梓年谱》由著者刊行。

邹鲁编《黄花岗七十二烈士事略》刊行，卷首有孙中山、胡汉民等序。

苏生著《革命党小传》出版。

蜚荫馆主编，钟觉民校《黎元洪近事记》由上海新华印书社刊行。

辽鹤著《曹锟张作霖轶事》由俄洋印刷公司刊行。

国史编辑社编《吴佩孚正传》由编者刊行。

得一斋主人编《吴佩孚战史》由编者刊行。

中外新闻社编《吴佩孚全史》由上海世界书局刊行。

李睡仙等编《陈炯明叛国史》由编者刊行。

蒋介石著《孙大总统广州蒙难记》由上海民智书局刊行。

按：1921年3月，陈炯明与北洋军阀勾结，于6月叛变革命，当时孙中山在总统府中，形势危急，脱险后与蒋介石讲述其中的经历，于是蒋介石就撰写了此书，在1922年10月出版，传记写作的实效性很强。

张克诚著《张克诚自传》刊行。

陈此生编著《伍廷芳轶事》由上海宏文图书馆刊行。

鲁云奇著《一百名人家政史》由上海中华图书集成公司刊行。

萧子升编《近世界非宗教大家》由上海求实学社刊行。

按：是书介绍培根、狄德罗、达尔文、克鲁泡特金、马克思等18位人物的生平及言论。

顾冠英编《中华名胜古迹》由上海大陆图书公司刊行。

新华书局编《法国名将霞飞将军历史》由上海编者刊行。

庄启编《战后欧游见闻记》由上海商务印书馆刊行。

李法端著《欧行杂录》由北京怀幼学校董事会刊行。

王桐龄著《东游杂感》由北京干等师范学校图书馆刊行。

王桐龄著《日本视察记》由北京文化学社刊行。

司徒赞编著《南洋荷领东印度地理》由江苏南京暨南学校刊行。

商务印书馆编译所编《上海指南》由编者刊行。

海上老江湖著《上海秘密大观》由上海曼丽书局刊行。

吴灵园编《西湖》由上海编者刊行。

双黛馆主编《西湖名胜指南》由上海新华书局刊行。

孙学谦著《天津指南》由天津新华书局刊行。

殷仙蜂编《哈尔滨指南》由哈尔滨东睡商报馆刊行。

朱瑾如、童西蘋编《镇江指南》由江苏镇江指南编辑社刊行。

高语罕编《广州纪游》由上海亚东图书馆刊行。

叶春墀著《青岛概要》由上海商务印书馆刊行。

善后事宜公署编辑处编《青岛督办鲁案》由编者刊行。

徐寿卿编《金陵杂志续集》（一名《游览大全》）由江苏南京共和书局刊行。

陆璇卿著《旅苏必读》由江苏苏州吴县市乡公报社刊行。

沪宁沪杭甬铁路编查课编《沪宁沪杭甬铁路第三期旅行指南》由编者刊行。

侯鸿鉴编《晋江乡土志》由明新学校刊行。

陈镐基编《实用世界新地图》由上海商务印书馆刊行。

上海浚浦总局制《黄浦江总图》由制者刊行。

苏甲荣编《中国地理沿革图》由北京新体中华地图发行处刊行。

广文书局编辑所编《常识百科全书》由上海世界书局刊行。

教育图书馆编《学生百科大全》由编者刊行。

武汉大学图书馆编《国立武汉大学图书馆中文(新书)图书目录》(卷一)由编者刊行。

广文书局编辑所编《常识百科全书》由上海世界书局刊行。

教育图书馆编《学生百科大全》由编者刊行。

[日]高畠素之著,施存统译《马克思学说概要》由上海商务印书馆刊行。

[日]黑田鹏信著,俞寄凡译《美学纲要》由上海商务印书馆刊行。

[日]桑木严翼著,南庶熙译《现代思潮》由上海商务印书馆刊行。

[日]高畠素之著,夏丏尊、李维桢译《社会主义与进化论》由上海商务印书馆刊行。

[日]生田长江、本间久雄著,周佛海译《社会问题概观》由上海中华书局刊行。

[日]安部正雄著,李达译《产儿制限论》由上海商务印书馆刊行。

[日]堺利彦著,李达译《女性中心说》由上海商务印书馆刊行。

[日]堺利彦著,康伯焜译《妇女问题》由上海民智书局刊行。

[日]高畠素之著,夏丏尊、李维桢译《社会主义与进化论》由上海商务印书馆刊行。

[日]生田长江、本间久雄著,周佛海译《社会问题概观》由上海中华书局刊行。

[日]北泽新次郎、河上肇等著,施存统编译《社会经济丛刊》由上海大东图书局刊行。

[日]小林丑三郎著,邝摩汉、徐冠译《最新经济思潮史》由北京舆论报社刊行。

按:是书为经济丛书之一。内分28章,论述古代至俄德革命时期经济思潮的变迁、经济状况的沿革,经济学上重要学说,社会主义思潮及运动等问题。

[日]中岛半次郎著,郑次川译《教育思潮大观》(新知识丛书)由上海商务印书馆刊行。

[日]关宽之著,王雪萼译《儿童学概论》(公民丛书)由上海公民书局刊行。

[日]关宽之著,朱孟迁、邵人模、范尧深译《儿童学》(师范丛书)由上海商务印书馆刊行。有姜琦、陈成仁及著者序。

按:是书分儿童的身体、儿童的精神、儿童的异常等5编。附:《儿童的游戏的发达》等2篇。

[日]武者小路实笃著,毛咏堂、李宗武译《人的生活》由上海中华书局刊行。

[日]武者小路实笃著,鲁迅译《一个青年的梦》由上海商务印书馆刊行。

[英]罗素著,陈与漪译《德国社会民主党》由上海商务印书馆刊行。

[英]罗素著,傅钟孙、张邦铭译《算理哲学》由上海商务印书馆刊行。

[英]罗素著,任鸿隽译记《物的分析》由上海商务印书馆刊行。

[英]罗素著,瞿世英译《哲学问题》由上海商务印书馆刊行。

[英]马歇尔(原题马霞尔)著,萧石君译《美学原理》由上海泰东图书局刊行。

[英]桑代克著,舒新城译《个性论》由上海中华书局刊行。

[英]拔柯著,孟宪承译述《鬼语》由上海商务印书馆刊行。

[英]鲍康宁译述《戴氏遗范》由湖北汉口中国基督圣教书会刊行。

[英]葛尔珊著,董景安译《回经论麦西哈》由上海穆民问道会刊行。

[英]柯尔著,张东荪、吴献书译《社会论》由上海商务印书馆刊行。

[英]罗素讲,伏庐记《社会结构学》(罗素讲演录之四)由上海商务印书馆刊行。

[英]韩莎著,内务部编译处译述《歧路中之民主政治》由北京内务部编译处刊行。

[英]马歇尔著,刘秉麟译《分配论》由上海商务印书馆刊行。

[英]泰罗著,沈泽民译《基尔特的国家》由上海商务印书馆刊行。

［英］柯尔著,郭梦良、郭刚中译《基尔特社会主义与劳动》由上海商务印书馆刊行。

［英］潘俤著,黄卓译《基尔特于农业的复兴》由上海商务印书馆刊行。

［英］I. Pitman 著,马润卿注释《袖珍商业尺牍概论》由上海中华书局刊行。

［英］拜伦著,苏曼殊译《拜伦诗选》由上海泰东图书局刊行。

［英］极姆斯包尔文著,高振陆译述《泰西五十故事》由译者刊行。

［英］高斯倭绥著,邓演存译《长子》由上海商务印书馆刊行。

［英］泊恩著,林纾、毛文钟译《曜目英雄》由上海商务印书馆刊行。

［英］巴达克礼著,息影庐主译《红泪影》由上海世界书局刊行。

［英］白来潘恩著,周瘦鸥译《鲁滨孙归航记》由上海大东书局刊行。

［英］王尔德著,张闻天、汪馥泉译《狱中记》由上海商务印书馆刊行。

［英］L·卡罗尔著,赵元任译《阿丽思漫游奇境记》由上海商务印书馆刊行。

［英］王尔德著,穆木天译《王尔德童话》由上海泰东书局刊行。

［英］史特林堡著,张毓桂译《史特林堡戏剧》由上海商务印书馆刊行。

［英］马可尼著,邵挺译《喜士定侵略印度记》由北京一五一公司刊行。

［美］顾西曼著,瞿世英译《西洋哲学史》(上下册)由上海商务印书馆刊行。

［美］法瑞尔著,范用余译《政治哲学导言》由上海商务印书馆刊行。

［美］怀爱伦著,时兆报馆编辑部译《万事元始》由上海时兆报馆刊行。

［美］姚尔吉著,简又文、高为雄译《谈道录》由上海青年协会书局刊行。

［美］爱尔乌特著,金本基等译《社会心理学》由上海商务印书馆刊行。

按:是书包括社会心理学及他的关系与方法,生物进化与社会进化,人类天性与人类社会,社会单元的性质,社会生活中的本能与智慧,社会的秩序、社会的进步,社会的性质等 14 章。

［美］爱尔乌德著,赵廷为、王造时译《社会问题——改造的分析》由上海商务印书馆刊行。

［美］桑格著,封熙卿译《家庭性教育实施法》由上海商务印书馆刊行。

［美］勃拉克讲演,伏庐笔记《经济状况与政治思想》由上海商务印书馆刊行。

按:是书分 7 讲。阐述经济对政治思想及社会制度变革的影响,列举欧洲各历史时期主要国家的经济状况如何影响其政治思想及社会制度的变革。同时论及中国在相应历史时期的经济、政治状况。

［美］芮恩施著,罗志希译,蒋梦麟校《平民政治的基本原理》由上海商务印书馆刊行。

［美］伊利、威葛著,邵光谟译《人类经济进化史略》由上海泰东图书局刊行。

［美］白德斐著,傅焕光译《改进中国农业与农业教育意见书》由北京教育部刊行。

［美］格莱夫斯著,吴致觉译《近代教育史》由上海商务印书馆刊行。

［美］斯达奇著,戴应观译《教育心理的实验》(尚志学会丛书)由上海商务印书馆刊行。

［美］亚克斯·普列基士著,孙世庆修订《分数式的智力测验法》由北京女子高等师范附小学校刊行。

［美］杜威讲述,常道直编译《平民主义与教育》由上海商务印书馆刊行。

［美］斐思客著,王克仁译《幼稚之意义》由上海中华书局刊行,书前有亨利·史沙乐导言。

［美］杜威著,郑宗海译《儿童与教材》(教育丛书)由上海中华书局刊行。

［美］求利克著,张寿仁编译《发达肌肉法》由上海商务印书馆刊行。

［美］沙司卫甫夫人著,林纾、毛文钟译《以德报怨》由上海商务印书馆刊行。

［美］鲁兰司著,林纾、毛文钟译《情骄》由上海商务印书馆刊行。

［俄］阿史特洛夫斯基著,郑振铎译《贫非罪》由上海商务印书馆刊行。

［俄］阿史特洛夫斯基著,柯一岑译《罪与愁》由上海商务印书馆刊行。

［俄］托尔斯泰著,邓演存译《黑暗之光》由上海商务印书馆刊行。

［俄］安东列夫著,沈琳译《比利时的悲哀》由上海商务印书馆刊行。

［俄］屠格涅夫著,耿济之译《父与子》由上海商务印书馆刊行。

［俄］托尔斯泰著,新人社编译《托尔斯泰小说集》由上海泰东书局刊行。

［俄］托尔斯泰著,侯述先译《托尔斯泰小说》由广东广州美华浸会印书局刊行。

［俄］托尔斯泰著,杨明斋译《假利券》由上海商务印书馆刊行。

［俄］托尔斯泰著,耿济之译《复活》由上海商务印书馆刊行。

［俄］安特里夫著,耿式之译《小人物的忏悔》由上海商务印书馆刊行。

［俄］阿尔志跋绥夫著,鲁迅译《工人绥惠略夫》由上海商务印书馆刊行。

［俄］托尔斯泰著,张默池、景梅九译《忏悔》由上海大同书局刊行。

［俄］爱罗先珂著,鲁迅译《爱罗先珂》由上海商务印书馆刊行。

［苏］托洛次基著,周诠译《俄国革命纪实》由广东广州人民出版社刊行。

［法］柏格森著,张东荪译《物质与记忆》由上海商务印书馆刊行。

［法］约·索洛蒙著《柏格森》由上海泰东图书馆刊行。

［法］黎朋著,冯承钧译《意见及信仰》由上海商务印书馆刊行。

［法］卓莱著,刘文岛、廖世邵译《新军论》由上海商务印书馆刊行。

［法］比奈、欣蒙著《儿童心智发达测量法》(教育丛书)由上海商务印书馆刊行。

［法］大仲马著,公短译《情场大侠客》由上海开智译书社刊行。

［法］都德著,李劼人译《小物件》由上海中华书局刊行。

［法］莫泊桑著,李劼人译《人心》由上海少年中国学会刊行。

［法］古尔孟著,郑伯奇译《卢森堡之一夜》由上海泰东图书局刊行。

［德］马克思著,李季译《价值价格及利润》由上海商务印书馆刊行。

［德］余柏威著,张秉洁、陶德怡译《西洋哲学史纲要》由北京永明印书局刊行。

［德］海克尔(原题赫克尔)著,刘文典译《生命之不可思议》由上海商务印书馆刊行。

［德］歌德著,郭沫若译《少年维特之烦恼》由上海泰东图书局刊行。

［德］斯托尔姆著,唐性天译《意门湖》由上海商务印书馆刊行。

［德］卡尔·弗尔伦得著,商承祖、罗璇阶译《康德传》由上海中华书局刊行

［西班牙］塞万提斯著,林纾、陈家麟译《魔侠传》(上下卷)由上海商务印书馆刊行。

［意］罗利亚著,陈震异译《社会之经济基础》由上海商务印书馆刊行。

［奥地利］显尼志劳著,郭绍虞译《阿那托尔》由上海商务印书馆刊行。

［奥地利］菲里波维著,马君武译《工业政策》由上海中华书局刊行。

按:是书系《国民生计政策》第二本。内分工业生产之组织、工业之生产政策两部分。前者论述现代生产组织的基础、工业经营系统、手工业振兴政策、工业团体、工人在工业生产组织中的地位、雇员等;后者论述促进工业生产的国家设施、工业信用等。

［波兰］显克微支著,徐旭生、乔曾劬译《你往何处去》由上海商务印书馆刊行。

［比］华里阿·华斯孔遂洛著,陈能虑译《比利时之新学校》由上海商务印书馆刊行。

［印度］泰戈尔(原题塔果尔著),冯飞编译《塔果尔及其森林哲学》由上海商务印书馆刊行。

［印度］赖哈麦图拉著,王文清译《回耶辨真》由北京清真书报社刊行。

［印度］太戈尔著,郑振铎译《飞鸟集》由上海商务印书馆刊行。

George Hodges 著,朱友渔译《教会名人传》由上海中华圣公会刊行。

G. Schurhammer 著,J. WANG 译《圣方济格沙勿略小传》由上海土山湾印书馆刊行。

苏里和辑,陈雅各译《圣多玛斯小传》由上海土山湾印书馆刊行。

慕元父著,李泰棻译《希腊埃及时代的棺铭考释》刊行。

陈锡符、萨孟武译《世界新宪法》由上海商务印书馆刊行。

徐傅霖译《生育节制论》由上海中华书局刊行。

周沈刚编译《证券买卖秘术》由上海文明书局刊行。

朱士方编译《最新游戏教材》由上海东南公学刊行。

王凤喈编译《西洋教育史纲要》由上海商务印书馆刊行。

按:是书概述西洋教育的发展。分教育起源和民族习惯的教育、破除民族习惯的教育、建立大民族习惯的教育、近代教育的产生、近代教育问题等 5 编。

唐珏译《幼稚园课程研究》(教育丛书)由上海中华书局刊行。

中国体育社编译《(最新注释)三十种球戏规则》(新时代体育丛书)由上海三民公司刊行。

倪灏森译《槌球运动法》由上海商务印书馆刊行。

李泰棻编译《新著西洋近百年史》(上下卷)由上海商务印书馆刊行。

《避静小引》由上海土山湾印书馆刊行。

《避静小引》由河北献县张家庄天主堂刊行。

《回教考·据理质证合刊》由北京清真书报社刊行。

《内修模范》由河北献县张家庄天主堂刊行。

《圣类思公撒格学生主保小传》由上海土山湾印书馆刊行。

《训蒙十二德》由上海土山湾印书馆刊行。

《幼童日领圣体之问题》由上海土山湾印书馆刊行。

《拉丁文句学课本》由山东兖州天主教堂印书局刊行。

五、学者生卒

伍廷芳(1842—1922)。廷芳本名叙,字文爵,号秩庸,后改名廷芳,祖籍广东新会,出生于新加坡,3 岁随父回广州芳村定居。1874 年自费留学英国,入伦敦学院攻读法学,获博士学位及大律师资格,成为中国近代第一个法学博士,后回香港任律师,成为香港立法局第一位华人议员。洋务运动开始后,1882 年进入李鸿章幕府出任法律顾问,参与中法谈判、马关谈判等,1896 年被清政府任命为驻美国、西班牙、秘鲁公使,签订中国第一个平等条约《中墨通商条约》。辛亥革命爆发后,任中华民国军政府外交总长,主持南北议和,达成迫清室退位。南京临时政府成立后,出任司法总长。临时政府北迁,退居上海,先后被国民共进会、国民公党推为首领,并被共和党列为理事,未就职。1916 年出任段祺瑞内阁外交总长,次年代总理,旋因拒绝副署解散国会令解职出京。1917 年赴广州参加护法运动,任护法军政府外交总长、财政总长、广东省长。1922 年陈炯明叛变时,因惊愤成疾,逝世于广州。著有《伍延芳集》《中华民国图治刍议》《美国视察记》《伍秩庸先生公牍》等。

按:熊秋良《论伍廷芳的法律思想》说:"伍廷芳是中国近代著名的法学家,深谙西律,毕生致力于推动中国法制改革。在主持清末法制改革之时,他以西方资本主义法系的'轻刑'原则对《大清刑律》进行了重大改革,首次将实体法与程序法分离,并制定了较为完整的商律。辛亥革命后,他积极投入到中华民国的法制建设工作中,在尚法、争取司法独立、采文明审判制度等方面贡献良多,使他的资产阶级法制思想得以充分体现。"(《四川师范大学学报》1994 年第 4 期)

沈曾植(1850—1922)。曾植字子培,号巽斋,别号乙盦,晚号寐叟,晚称巽斋老人、东轩居士,又自号逊斋居士、瞿禅、寐翁、姚埭老民、乙盦、余斋、持卿、李乡农、城西睡庵老人、乙僧、乙庵、睡翁、东轩支离叟等,浙江嘉兴人。光绪六年进士,历任刑部主事、员外郎、郎中、江西广信、南昌府知府,督粮、盐法等道、按察使、安徽提学使、布政使,并一度护理皖抚。辛亥革命后,坚持"忠清"立场。曾任上海南洋公学监督。著有《晋书·刑法志补》《元秘史笺注》《元秘史蒙语原文十五功臣名》《元圣武亲征录校注》及校本《女贞考略》《蒙鞑备录注》《鞑事注略》《蒙古源流笺证》《蛮书校注》《异域说注》《岛夷注广证》《汉律辑存》《东轩温故录》《月爱老人客话》《护德瓶斋涉笔札记》《道家笔记》《海日楼书牍》等。

按:王国维《沈乙庵先生七十寿序》说:"今者时势又剧变矣,学术之必变,盖不待言,世之言学者辄作怅怅无所归,顾莫不推嘉兴沈先生,以为亭林、东原、竹汀者俦也。先生少年固已尽通国初及乾嘉诸家之学,中年治辽金元三史,治四裔地理,又为道咸以降之学,然一秉先正成法,无咸逾越,其于人心世道之污隆、政事之利病,必穷其源委,似国初诸老;其视经史为独立之学,而益探其奥窔、拓其区宇,不让乾嘉诸先生;至于综览百家,旁及二氏,一以治经史之法治之,则又为自来学者所未及。若夫缅想在昔,达观时变,有先知之哲,有不可解之情,知天而不任天,遗世而不忘世,为古圣哲之所感者,则仅以其一二见于歌诗,发为口说,言之不能以详,世所得而窥见者,其为学之方法而已。夫学问之品类不同,而其方法则一。国初诸老,用此治经世之学;乾嘉诸老,用之以经史之学;先生复广之以治一切诸学,趣博而旨约,识高而议平,其忧世之深,有过于龚、魏;而择术之慎,不后于戴、钱。学者得其片言,具其一体,犹足以名一家,立一说,其所以继承前哲者以此,其所以开创来学者亦以此,使后之学术变而不失其正鹄者,其必由先生之道矣。"(傅杰编《王国维论学集》,中国社会科学出版社 1997 年版)

施士洁(1856—1922)。士洁字沄舫,讳应嘉,号耐公,晚署定惠老人,福建晋江人,移居台南。1876 年中三甲进士,钦点内阁中书。旋辞官回归,受聘为海东书院山长(院长)。1878 年与陈省三、汪春源等参加许南英(许地山的父亲)发起的旧诗社团组织崇正社。1886 年参加唐景崧巡抚创设的旧诗社团组织斐亭吟社。1893 年参与唐景崧另创立的牡丹诗社。中日甲午战争前夕,应台湾巡抚刘铭传之聘请入幕参赞政事。1894 年与台南团练局统领许南英积极进行募招义勇,走上抗日第一线。1911 年任福建同安马尾厅长。1917 年受聘入福建修志局。著有《后苏龛诗抄》《后苏龛词草》《后苏龛文稿》。

陈荣衮(1862—1922)。荣衮字子褒,号耐庵,别号妇孺之仆,广东新会人。1878 年中秀才,后在广州六榕寺附近设馆教学。1893 年应乡试,中式第五名,名列康有为之前。后读康有为的文章,自愧不及,遂拜康有为为师,与邑人梁启超、卢湖父等人在万木草堂攻读。1895 年春上京会试,参加康有为、梁启超发动的"公车上书"签名活动。又参加"强学会",倡导维新。1898 年春在京参加康有为、梁启超组织的"保国会"。在"百日维新"时期,任译书局干事。变法失败,东渡日本,考察教育,决心进行教育救国。1899 年初回国,撰文指出"文言之祸亡中国",提倡报纸宜改用白话文,是我国提倡白话文的第一人。是年又组织"教育学会"(后改"蒙学会"),废止初级学生读四书五经,使用改良的白话文课本。1900 年编印多种妇孺读本为教学教材,主要有《妇孺三字书》《妇孺四字书》《妇孺五字经》等。同时编辑《妇孺报》《妇孺杂志》等。1903 年起创办灌根学塾,兼收女生,为我国男女同校最早的学校之一。1918 年迁灌根学堂至香港,后改称子褒学校。次年与基督教友创办"联爱会工读义学""联爱女校""圣士提反义学"等。著有《陈子褒先生教育遗议》。

张荆野(1864—1922)。荆野字凤巢,号石渠、翼轸,湖北团风人。1897 年擢为拔贡,赴京任八旗官学教习。同年由教习考取同文馆第一名,授俄文馆汉文教习。1909 年放江苏候补知县,差委南京下关、四洲、北河口等地厘金局局长。加入同盟会。1912 年任中华民国临时政府总统府秘书。1913 年"二次革命"失败,由江苏南京迁居武汉,随任宜昌、青滩口征收局局长。1915 年袁世凯复辟帝制,遂辞职回乡,设帐授徒。其卒,孙中山特派人送来亲笔题书的挽联:"革命尚未成国步艰难谁与孙策;同胞还剩几楚天噩耗又坠张星。"善辞章,尤以书法著名,真草篆隶均有独到之处。

李元勋(1865—1922)。元勋号午樵,河南南召人。肄业于宛南书院。喜治数学,曾向善天文历算的南阳进士张集梧问学。后任南阳中学堂数学教师。全国读音统一分开会,被举为河南代表,参加注音字母。著有《山庄记言》《天文勾股》《圆率引》《招差引》等。

吴隐(1867—1922)。隐原名金培,字石潜、遯盒,号潜泉,浙江绍兴人。工书画,善刻印、篆、隶,尤以精制印泥著名。更创制仿宋聚珍排印书籍。1904 年与丁仁、王福庵、王褆等创设西泠印社于西湖孤山,而自设分社于上海。尝集古今名人楹帖缩刻于石,名《古今楹联汇刻》,又集所藏印为《遯盒集古印存》。又有《遯盒印话》《铁书》《遯盒古陶存》《遯盒古泉存》《遯盒古砖存》,编《遯盒金石丛书》《籑籀簃古玺选》等。

胡思敬(1870—1922)。思敬字漱唐,号退庐,江西新昌人。1895 年进士,次年补殿试,选翰林院庶吉士。历任吏部考功司主事、辽沈道监察御史、广东道监察御史。1911 年挂冠离京,定居南昌,潜心著作,校辑图书。将藏书处命名为"退庐图书馆",公开供人阅览。著有《退庐疏稿》4 卷、《驴背集》4 卷、《丙午厘定官制刍论》2 卷、《戊戌履霜录》4 卷、《王船山〈读通鉴论〉辨正》2 卷、《盐乘》16 卷、《国闻备乘》4 卷、《大盗窃国记》1 卷等。又与友人魏元旷校辑《豫章丛书》110 卷。

范寿铭(1871—1922)。寿铭字鼎卿,晚号循园,浙江山阴人。范文澜叔父。1893 年举人。任河南安阳、内黄等县知县,先后 7 年。又曾佐名公幕府,赞襄机要。民国后,授河北道道尹。后为河南道志局长、江苏公署机要秘书。著有《河朔古迹志》80 卷、《图像》1 卷、《安阳金石目》1 卷、《元氏志录》1 卷、《循园金石文字跋尾》2 卷、《循园古冢遗文跋尾》2 卷。又有文集及《钟山忆语》藏稿于家。

孙毓修(1971—1922)。毓修字星如,一字恂如,号留庵,自署小渌天主人,江苏无锡人。早年就读于江阴南菁书院,曾随缪荃孙习版本目录学。1895 年中秀才。1902 年春在苏州从美国牧师赖昂女士学英文,将学习心得写成《中英文字比较论》1 卷。1907 年进上海商务印书馆编译所,任高级编辑,编辑中小学教科书。1909 年在国文部主编《童话》丛书。陆续主编童话达 102 种,其中由他自己编写的有 77 种,从而使儿童文学成为独立的图书类目。

先后主编出版《少年杂志》《少年丛书》。笃好版本目录学，著有《永乐大典考》4卷、《事略》2卷，翻译美国汉学家卡特所著《中国雕版源流考》等。1915年起在商务印书馆涵芬楼从事善本古籍的搜集和鉴定。1919年主持影印《四部丛刊》，先后出版《四部丛刊初编》《四部丛刊续编》《四部丛刊三编》。著有《重印四部丛刊书录》等。

按：张雪梅《试论孙毓修对中国近代图书馆学的贡献》说："孙毓修先生是商务印书馆早年的一位高级编辑，版本目录学家、古籍整理学者和著名的藏书家。他进入商务印书馆后，协助张元济创办涵芬楼，主持涵芬楼古籍的鉴定和整理工作，并写出《图书馆》一文，为中国近代图书馆学的发展做出了重要贡献，是中国近代图书馆学的奠基人。"(《图书馆》2009年第2期)

按：孙毓修被称为中国童话开山祖师，他对中国儿童文学的开拓性贡献，不仅表现为其主持编辑了中国第一套大型儿童文学系列读物《童话》，而且是中国近代儿童文学理论史上的第一人，是中国介绍安徒生的第一人。

刘青霞(1872—1922)。青霞原名马青霞，直隶人。1980年随兄赴日本观光，在日本加入同盟会。1909年回国后，创办莫华女校。1911年辛亥革命后，任北京政法学校校长、北京女子学会维持会长、北京女子参政同盟会会长。1922年将全部家财交给冯玉祥兴办教育事业。同年卒于河南安阳。

徐一冰(1881—1922)。一冰原名益彬，又名逸宾，浙江吴兴南浔人。1901年秀才。1905年赴日本大森体操专门学校学习。1907年回国，先后在上海爱国女校、中国公学、湖州旅沪公学等校任体育教习。并与徐傅霖、王季鲁等在上海创办中国体操学校。曾主编《体育杂志》。1914年因办学有方，成绩卓越，被大总统黎元洪颁给《教思无穷》匾额，北洋政府教育部颁给他一等文虎章和七等嘉禾章。著有《徐氏体育学》《体育原理》等。

龚宝铨(1886—1922)。宝铨原名国元，字未生，号薇生、味荪、味生，别号独念和尚，浙江秀水人。1902年留学日本，先后在清华、振武两校读书。1903年在东京与黄兴、陶成章、钮永建、杨笃生等成立拒俄义勇队，后改组为军国民教育会。1904年回国在上海发起组织暗杀团，与蔡元培、陶成章等创立光复会。1905年参加同盟会。与陶成章、徐锡麟等建立绍兴大通学堂，以之作为据点培养革命骨干力量。1906年与陶成章去安徽芜湖中学堂，以教员身份为掩护进行革命活动。1907年与陶成章同赴日本，又与李柱中等去荷属南洋群岛联络侨领，创办学校，集聚革命力量。1912年任浙江图书馆副馆长、馆长，刊印章太炎的《章氏丛书》，派人赴京抄录《四库全书》。同年与俞炜、徐则恂奉委为浙江稽勋分局负责人。1916年参与谋划驱逐拥护袁世凯的浙江都督朱瑞。浙江宣布独立后，任都督府外交顾问，并当选为省议员、副议长。1921年春被聘为省自治筹备处评议员，同年夏当选省宪法会议议员。晚年精研佛学，与范古农等组织嘉兴佛学研究会。

黄爱(1897—1922)。爱原名正品，号建中，湖南常德人。1913年秋考入湖南甲种工业学校机械科，毕业后到湖南电灯公司当技工。又考入天津直隶专门工业学校。五四运动爆发后，在天津学联执行部、《天津学生联合会报》工作，与周恩来一同战斗。1920年9月回到长沙，与庞人铨等组织湖南劳工会，以"团结工人，改造物质的生活，增进劳工的知识，谋求工人福利"为宗旨，发动工人起来为争取自己的权利和自由而斗争。曾任湖南劳工会驻会干事和教育部主任。1921年中共一大之后，在毛泽东的帮助下，与庞人铨由倾向无政府主义转而信仰马克思主义，加入中国社会主义青年团，并接受毛泽东的建议，对湖南劳工会进行改组，任执行委员会书记部委员。1922年1月13日因支持湖南第一纱厂工人大罢工，遭到反动军阀赵恒惕的逮捕。未经审讯，即于17日清晨将其与庞人铨杀害于浏阳门外。其卒后,毛泽东立即在长沙举行两次追悼会,发行纪念特刊。中国社会主义青年团发表《为黄、庞被害事对中国无产阶级宣言》。1922年5月1日第一次全国劳动大会特作出决议,把每年1月17日定为黄爱、庞人铨殉难纪念日。中国社会主义青年团的机关报《先驱》连续发表文章,称颂黄爱"是中国无产阶级最能奋斗的指导者""是中国学生的先觉"。

吴朴堂(—1966)、杨必(—1968)、吴廷捷(—1974)、张茜(—1974)、钟子芒(—1978)、李季(—1980)、尹树春(—1981)、张维垣(—1983)、傅乐成(—1984)、苏永民(—1989)、樊大畏(—1989)、杜鹏程(—1991)、童芷苓(—1995)、蒋孔阳(—1999)、叶盛长(—2001)、方去疾(—2001)、西戎(—2001)、裴广铎(—2004)、马烽(—2004)、史树青(—2007)、舒芜(—2009)、绿原(—2009)、袁雪芬(—2011)、尹世杰(—2013)、祁龙威(—2013)、爱新觉罗·瀛生(—2013)、黄伯荣(—2013)、吴小如(—2014)、邵荣芬(—2015)、岑才生(—2016)生。

六、学术评述

本年度是孙中山下令北伐之年。其间,南北、中外的政治角力又出现了新的变化。南北之间固有矛盾的激化,集中体现在1月9日孙中山以大总统名义发表《宣布徐世昌、梁士诒罪状通告》。5月8日,孙中山再次下令挥师北伐,北伐军分三路进入江西。6月3日,孙中山通电反对黎元洪复任总统,表示应由护法政府承继法统。然而南北矛盾的复杂性还在于南北双方各自的矛盾也同样趋于白热化:在"北方"内部,奉军4月29日向直军发起进攻,第一次直奉战争爆发。结果奉军失败,撤回关外。直奉两系军阀共同掌握北京政府的局面由此结束,直系军阀占据北京中央政权。9月19日,黎元洪以王宠惠为内阁总理,正式组阁,王宠惠主张"好人政治",其内阁被称为"好人内阁"。11月25日,众议院通过查办王宠惠、顾维钧案,王宠惠被迫宣布辞职。"好人政府"仅存70余天即告垮台。11月29日,汪大燮继王宠惠署理内阁总理。而在"南方"内部,则有6月16日陈炯明在广州叛变,所部4000余人围攻总统府,轰击孙中山的住所。孙中山逃离广州,于8月14日安抵上海。孙中山永丰舰蒙难逃亡,蒋介石随身护卫,从此进入国民党的权力核心。与上述相互交织的是与西方列强以及共产国际的关系。1月4日,参加华盛顿会议的中国代表与日本就胶济铁路问题进行会外谈判,陷入僵局。2月4日,中、日代表签订《解决山东悬案条约》及《附约》。2月6日,美、英、比、法、意、日、荷、葡和中国北洋军阀政府在华盛顿会议上签订"九国公约",引起了全国各界的反对与抗议。再就与共产国际的关系而言,主要是共产国际指导并帮助推进中国共产党政党建设以及国共合作。当然,更为重要的是中国共产党的建设与成长,尤其是7月16—23日在上海举行的中国共产党第二次全国代表大会,通过了《关于民主的联合战线的决议案》《关于共产党的组织章程决议案》《中国共产党加入第三国际决议案》等文件,并发表了《大会宣言》,以及创办《先驱》半月刊、《青年》周刊、《向导》周刊,连续发起与领导香港各界工人、安源路矿工人、开滦煤矿工人大罢工……以上都已初显中国共产党诞生之初的强大生命力与领导力。

相对而言,与学界关系更为密切、影响更为直接的重大事件则有:一是非基督教运动。1月27日,世界基督教学生同盟发布了将于4月在中国北京的清华学校召开第十一届大会的消息。2月7日,上海青年学生率先组织"非基督教学生同盟",由此揭开了一场全国性非基督教运动的序幕。3月9日,中国社会主义青年团机关刊物《先驱》半月刊公开发表上海各校"非基督教学生同盟"宣言,抗议世界基督教学生同盟在中国召开第十一次大会,声讨帝国主义利用宗教侵略中国的罪行,号召广大青年学生和工人起来反对帝国主义的这种"学生同盟",由此而引发了一场声势浩大的非基督教运动。全国各地爱国学生和教育界爱国人士积极响应,反对帝国主义利用宗教进行精神侵略。非基督教学生运动是"五四运动"以后爆发的一次大规模的学生运动,为以后的反帝运动起了重要的思想发动作用。二是"民权运动"。8月20日,缪伯英、邓飞黄、范鸿劼等10余人发起"民权运动大同盟",以扩充人民权利,保障宪法,扫除民权障碍,贯彻民主政治为宗旨,邓飞黄、缪伯英、范鸿劼、刘仁静、高尚德、蔡和森等8人为筹备员,起草章程,筹备下星期三开成立大会。11月10日,北京言论自由期成会成立,以向国会请愿、废止妨害言论自由一切法规、另定保护言论自由条例为宗旨,推举林天木、蔡元培、胡适、李大钊、梁启超等60人为评议员。三是确定"壬戌学制"。7月3—8日,中华教育改进社在山东济南举行第一届年会,蔡元培主持讨论教育革新问题,议决案122件。9月30日,教育部在京召开的全国学制会议结束,蔡元培任会议主席,讨论《全国教育会联合会》第七次会议提出的新学制问题,并形成《学制系统改革案》的议决案。11月1日,北京政府公布《学校系统改革案》,建立壬戌学制。以上三个方面在学界相关领域都留下了深刻的烙印。

就全国学术版图观之,依然呈现为京沪双都轴心以及各省、海外四大板块结构。北京轴心中仍以北京大学校长蔡元培为领袖。1月21、23日,《北京大学日刊》发布公告,北京大学研究所国学门成立,设立研究所国学门委员会,蔡元培兼任委员长,委员有顾孟余、沈兼士、李大钊、马裕藻、朱希祖、胡适、钱玄同、周作人等,沈兼士任国学门主任。此为中国大学最早出现的学术研究机构,首开大学学术研究风气之先。2月18日,蔡元培出席并主持北大研究所国学门委员会第一次会议,全体委员均出席。蔡元培提议以研究所四学门为基本,每一学门出一种杂志,议决由研究所四学门分任编辑。3月16日下午4时,蔡元培主持召开《北京大学月刊》编辑部会议,决议废止《月刊》,另出《国学季刊》《文艺季刊》《自然科学季刊》《社会科学季刊》四个季刊。这为北大相关学科的分科发展与研究提供了更多的载体。然而困扰蔡元培校长,使其投入更多精力甚至不惜再次提出辞职的是教育经费问题,该问题引发了他对于教育独立的思考与呼吁。2月3日,蔡元培领衔具呈北京政府总统、国务总理及教育总长,请拨德国赔款为国立北京八校基金。8月17日,因政府欠薪且侮辱校长,蔡元培领衔与北京各国立学校校长一同发辞职通电,此为蔡元培第五次辞北大校长职。10月19日,蔡元培愤于北大少数学生反对征收讲义费,肆意喧闹,提出辞职,此为蔡元培第六次辞职。后者似乎有点"小题大做",但因其触动了蔡元培办学经费不足的敏感神经,故而以小博大,终于取得预期效果。关于教育独立的思考与呼吁,主要见于3月20日蔡元培在《新教育》第4卷第3期发表的《教育独立议》一文。蔡元培主张效仿法国,在中国建立大学区制,让教育独立于行政、教会等势力而独立发展,得到了京沪不少学者的响应。此外,蔡元培主持教育部在京召开的全国学制会议,讨论并形成《学制系统改革案》的议决案,积极推动建立壬戌学制;在中华教育改进社第一次年会提出《国立大学与省立大学分别设立议》的提案,提议大学分为国立大学与省立大学两种,全国共设五校:除北京大学及南京之东南大学初具规模、更求完备外,当更设西南大学于广东,西部大学于成都,中部大学于武汉。受此鼓舞,浙江省议会选举蔡元培等10人为筹办杭州大学的董事。此后蔡元培呈文教育部,请求将历史博物馆余下的档案全数拨归该校整理,获批准后组织力量进行精心整理;筹备和主持北大25年纪念会,组织学术讲演最近25年来学术史,由各科教授、讲师自由认定担任;发起在北大召开世界语联合大会,通过"师范学校实行规定世界语课程"及"筹办世界语专门学校"等议案九件;支持非宗教运动,在北大举行的非宗教大同盟第一次大会上发表《非宗教运动》的演说;与胡适等北京大学16名教授联名在《努力周报》第2期上发表《我们的政治主张》一文,提出建立"好人政府"的主张;领衔与李大钊、李石曾、胡适、蒋梦麟、刘仁静、张国焘、黄日葵、蔡和森等在北京《晨报》上刊登《为陈独秀君募集讼费启事》,向被捕出狱的陈独秀伸出援手;领衔与熊希龄、黎元洪、颜惠庆、王芝祥、叶恭绰、潘复、张弧、王正廷、汪大燮、李大钊、吴耀宗、姚憾、周作民、梅贻宝、朱谦之、吴康、高一涵、胡适、王葆真、钱用和(女)、丁淑静(女)等172人联名发布《俄国灾荒赈济会募捐启事》,为俄国灾荒提供捐款;在5月4日北京《晨报》上发表《五四运动最重要的纪念》一文,总结五四运动以后学生最可宝贵的两种觉悟。这些尽显蔡元培基于北大而又超越北大的责任担当。在蔡元培的旗帜下,胡适与李大钊的左右分合具有重要意义。在刚刚结束留学生涯返回国内时,胡适曾经许愿在一段时间内不谈政治,而是致力于中国的新文化建设。然而随着时局的变化,特别是马克思列宁主义在中国的迅速传播,胡适先是与李大钊就"问题与主义"展开论战,背后显现出他们对于中国未来政治发展的不同立场。再到中国共产党成立以及《新青年》成为中国共产党的机关刊物之后,胡适便与丁文江等人致力于创办《努力周报》,借此发表自己及同仁关于政治问题的见解。就此而论,《努力周报》的创刊,标志着胡适正式开始介入政治,具有现代中国自由主义者较有组织的介入政治的某种象征意义。胡适的重磅文章即是与蔡元培、李大钊等16人签名发表在5月14日的《努力周报》第2号上的《我们的政治主张》。该文极力主张建立一个"好人政府",一个"宪政的政府",一个"公开的政府",实行计划政治的政府,同时就国内政治势力和解、裁兵、裁官、改革选举和财政等提出了多项具体措施,可以视为近代中国自由主义知识分子的第一篇参政宣言。其中一个重要细节是:当5月11日胡适撰成《我们的政治主张》后,遂于半夜脱稿时打电话给李大钊商议,决定次日到蔡元培家开会。次日会议结果,共得16人赞成并愿签名。但此文却受到中共中央发表于5月15日《先驱》的《中国共产党对于时局的主张》的批评,李大钊接此文件后表示接受和拥护。10月1日,胡适在《努力周报》第22号上发表《国际的中国》,第一次公开地直接地批评中国共产党的政治纲领。另一方面,胡适于6月3日联合蔡元培致电孙中山,劝其结束护法之役,以国民身份为国尽力。此电遭到张继、张难先等国民党人的激烈批评。同月25日,胡适在《努力周报》第8号的"这一周"时评栏,就广东陈炯明反对孙中山一事发表评论。国民党人对胡适偏袒陈炯明极为不满,发表许多批评的文字。此外,胡适于5月30日入清宫见溥仪,事后撰《宣统与胡适》一文刊于《努力周报》第12号上,则受到当时许多进步人士的鄙夷。在此"政治—学术"二元冲突的风险考验中,胡适因为受到左右夹击而显得特别尴尬,故而不得不在5月18日《努力周报》第7号上发表《我的歧路》一文,为自己开始谈论政治进行自我辩护。然而胡适于8月积极营救在上海被捕的陈独秀,在北京出席李大钊招待苏俄代表越飞的餐会,并发表演说;9月批评"好人政府"王宠惠内阁的无所作为;11月参与发起成立北京言论自由期成会,等等,则从其他维度显示了胡适政治立场的多元性。与此同时,胡适先于3月负责筹备北大《国学季刊》时,决定《国学季刊》采用横排版,作英文提要,这些都是中国杂志史上的创例。后于4月对北大教务长的接任表明胡适从本年开始在北大承担更多的学术管理责任,亦是其日后成长为北京大学校长的预演。与上述政治主张引起论争与非议有所不同,胡适本年度在学术上则可圈可点,其著述与演讲广泛涉及国语、哲学、文学、教育等问题,既有与《学衡》派继续开展有关新文化的激烈论战,又有与梁启超、蔡元培开展的有关哲学史、红学的君子之争。8 月 28 日,胡适在日记(《胡适的日记》,中华书局 1985 年版)中感叹道:"现今的中国学术界真凋敝零落极了。旧式学者只剩王国维、罗振玉、叶德辉、章炳麟四人;其次则半新半旧的过渡学者,也只有梁启超和我们几个人。内中章炳麟是在学术上已半僵了,罗与叶没有条理系统,只有王国维最有希望。"由此可见胡适在学术上自我期许之高。李大钊除了北大的行政(北大图书馆主任、办公室秘书)、学术活动之外,主要致力于党的建设与活动,诸如:5 月 5 日下午 1 时,出席北大马克思学说研究会在北大第三院大礼堂举行的马克思诞辰 104 周年纪念会并发表演说;同月 6 日,在《晨报》副刊"马克思纪念号"上发表《马克思与第一国际》一文;8 月 20 日前后,出席中共中央在杭州召开的一次特别会议,集中讨论共产党员加入国民党的问题;23 日,与林伯渠一起会见孙中山,随后又进行多次交谈,讨论振兴国民党以振兴中国的种种问题,会谈结果十分圆满;25 日,介绍苏联特使越飞与孙中山会晤;9 月初,同陈独秀、张太雷等一起正式加入中国国民党;24 日,在《晨报》第六版刊登与他人联合署名的"为陈独秀君募集讼费启事";11 月 7 日,主持北京各进步团体在北大三院联合举行"十月革命节纪念会",并演讲《苏俄革命的历史及对中国的影响》;12 月 5 日,被聘为北大校长室秘书后参与北大 25 周年纪念筹备会;17 日,在《北京大学日刊》发表《本校成立第二十五年纪念感言》,强调"只有学术上的发展值得作大学的纪念,只有学术上的建树值得'北京大学万万岁!'的欢呼";同月 29 日下午,在北大经济学会第六次公开讲演会上作题为《社会主义的将来》的讲演。李大钊在联络孙中山与苏联特使、促成国共合作方面同样贡献卓著。总体而言,北京轴心的学术重镇依然是北京大学,尤其在与《学衡》派的新旧文化论战中,北京大学再次发挥了强大的战斗力。

在其他高校中,金邦正是春继续任清华学校校长,仍由王文显教务长代理清华学校校务。2 月,清华聘请梁启超为特别讲师,来校教授史学,课本除梁启超所著《中国历史研究法》外,另有讲义。4 月 4—8 日,世界基督教学生同盟第 11 届代表大会在清华园召开。参加大会的有 39 个国家 700 余名代表,其中中国代表 550 人。大会讨论如何向现代学生宣传基督、学生生活基督化等专题,由此引起一场全国范围的"非宗教运动"。4 月 18 日,校长金邦正辞职。同日,外交部派曹云祥暂兼代理清华学校校长。5 月 19 日,《清华周刊》刊载曹云祥的谈话,表示"立意改革""以后教授之选择最堪注意"。12 月 5 日,清华国学部组织的国学教授研究会召开成立大会,该研究会目的为改良国学教学方法,分国文、哲学、史地三组。李建勋继续任北京高等师范学校校长。2 月 12 日,全国教育独立运动会在北京高等师范学校开成立大会,于 20 日发表教育独立宣言。4 月 3 日,北京高等师范学校为教育研究科第一期研究生举行毕业典礼,授予毕业生常道直、王卓然、薛鸿志、殷祖英、陈兆蒂、康绍言、邵松如、胡国钰、万永蒸等 16 人"教育学士"学位。此为我国高等师范学校研究生授予教育学士学位之始。钱玄同任 2 月 20 日在上海创刊的《国语月刊》主编。钱玄同与黎锦熙年初在北京西单牌楼小羊肉馆雨花春楼上商量决定,将他们主编的《国语月刊》第 1 卷第 7 期刊发为"汉字改革号","放一大炮""除各同志都精写一篇论文外,并把历年讨论这个问题的文字综合起来"。8 月,《国语月刊》"汉字改革号"由钱玄同编辑、盖章签字、发稿,登载了胡适、钱玄同、黎锦熙、蔡元培、周作人、沈兼士、赵元任、傅斯年、后觉等十几位文化名人的精心力作,涉及到文字改革的所有方面,以此协同推进汉字改革。许寿裳是年夏任国立北京女子高等师范学校校长。上任后,许寿裳发现女高师复旧势力强大、教学设备简陋、经费少、师资差,于是决心对学校加以整顿,尽力排除封建教育的陋规,推行西方教育体制。同时致力于提高师资力量,多方延聘专家学者,并邀请北大教授来校兼课,聘请鲁迅担任第三届国文部课程,讲授“中国小说史”,影响甚远。章士钊 12 月 12 日鉴于中国是农业大国的国情而鼓吹以农业为立国之本,当时受到舆论界的重视。教育部发表训令,批准原校长吴季青辞职,委任刚从欧洲回国不久的章士钊担任北京农业大学的校长。21 日,章士钊出任北京农业大学校长。其他值得关注的还有:由王宠惠组阁的“好人政府”因国会与内阁之间发生摩擦迅速垮台。是年,王宠惠被推选为出席荷兰海牙国际法庭会议代表,发表《太平洋会议之经过》,膺选为国际永久法庭候补法官,并被美国人在上海创办的《密勒氏评论报》评为“中国当今十二位大人物”;陈垣以教育部次长兼任京师图书馆馆长,开始清查馆藏敦煌经卷,同时受聘为北京大学研究所国学门导师和明清史料整理会委员,撰成名著《火祆教入中国考》和《摩尼教入中国考》;章鸿钊、丁文江、翁文灏等倡议成立的中国第一个“中国地质学会”正式成立,并通过了学会章程(英文),以“促成地质学及其他与地质学有关系科之进步”为宗旨,决定出版《中国地质学会志》为学会刊物。这一学术团体对中国地质事业的发展起到了重要的推动作用。

　　上海轴心中,依然延续着“政—学”交融、多元并进之局面。较之以往最为显著的变化是“红色阵营”的快速壮大与文学革命的再度兴起,前者以陈独秀为旗帜,汇聚了张国焘、蔡和森、李达、陈望道、施存统、茅盾、瞿秋白、邓中夏、张太雷、萧楚女、恽代英等早期中共精英以及社会党领袖江亢虎。其中作为国共合作重要成果的是 10 月 23 日中国共产党与国民党联合创办了上海大学,于右任为校长,由邵力子代理,邓中夏任总务长,瞿秋白为社会学系主任,教员有瞿秋白、邓中夏、张太雷、萧楚女、恽代英等,上海大学成为中国共产党的重要活动场所。陈独秀作为新文化运动领袖与中国共产党总书记,在此双重角色中承担着组织领导党务活动、理论建设与思想批判三重使命。同样,蔡和森、李达、陈望道、瞿秋白、张闻天、恽代英也在理论建设与思想批判方面承担起了更大的责任,对于一些重大问题与论争都及时发出了自己的声音。文学革命的再度兴起,集中体现在 20 年代中国新文学运动史上的“双子星座”——以郑振铎、茅盾为核心的文学研究会与以郭沫若、成仿吾、郁达夫、田汉为代表的创造社同时汇聚于上海,彼此在文学观念与主张上时有论争,但都致力于新文学建设,并与旧文学阵营展开论战,尤其是创造社主办的第一个刊物《创造》季刊创刊,由上海泰东图书局出版发行,文学研究会创办我国第一本儿童文学专刊《儿童世界》周刊,由商务印书馆出版,参与编辑商务印书馆出版的共学社《俄罗斯文学丛书》,都具有重要意义。此外,值得重点关注的尚有:一是章炳麟、王国维的国学研究。章炳麟 4 月至 6 月应江苏教育会之邀,主讲国学,每周 1 次,共 10 次,讲题为《国学大概》《治国学之法》《经学之派别》《哲学之派别》《文学之派别》《国学之进步》。听讲者多至三四百人,最少时亦七八十人。讲演记录有两个版本,一为曹聚仁所编《国学概论》,一为张冥飞所编《章太炎先生国学讲演集》。而王国维最为重要的成果是刻成《观堂集林》与《切韵》,以及撰有《五代两宋监本考》等。又北京大学研究所成立后,国学门主任沈兼士函聘王国维为通讯导师,王国维强之乃就,终于与北京大学发生了学术关联。二是张东荪在上海继续主持《时事新报》及其副刊《学灯》。1 月 6 日,在《时事新报·社会主义研究》第 12 号上发表《社会改造与政治的势力——答新凯君》,继续从理论上讨论英国基尔特社会主义问题。三是黄炎培、晏阳初继续致力于倡导与推进职业教育与平民教育,尤其是晏阳初在研究平民教育"推行的方法"方面取得了重要突破。四是李石岑、顾颉刚等陆续在《教育杂志》第14卷第2、5、6号上发表多篇文章,围绕教育和学术独立的问题展开广泛的讨论。参加讨论的尚有茅盾、郑振铎、常乃惪、严既澄、胡愈之等。五是顾颉刚3月间为照顾其病重的祖母,请假从北京归苏州,然后经由胡适介绍为上海商务印书馆编中学历史教科书,由此研究《诗经》《尚书》《论语》中古史资料。4—6月,从尧、舜、禹的地位的演变发现了"古史是层累地造成的,发生的次序和排列的系统恰是一个反背"的假设,此即"层累说"之发轫。

各省板块中,天津与江苏的学术地位更为凸显。前者主要有梁启超从4月起应各学校和团体之请,开始在北京、上海、南京、济南、武昌、长沙、南通等城市进行20多次学术演讲活动,内容涉及教育、美术、文化、宗教等多方面,所著《中国历史研究法》出版后,更是风行一时,在学术界尤其是史学界产生巨大反响。而罗振玉以三倍价钱购回九千袋十五万斤之内阁大库史料,则对于保存这批珍贵文献可谓功德无量;后者既有张謇的持续贡献,比如8月20日,中国科学社第七次年会在南通举行,会议选举蔡元培、马良、张謇、汪精卫、熊希龄、梁启超、严修、范源濂、胡敦复为中国科学社董事,任鸿隽、竺可桢、胡明复、王琎、任鸿隽、丁文江、秦汾、杨杏佛、赵元任、孙洪芬、秉志、胡刚复为理事,可谓极一时之盛!但更为重要的是梅光迪、吴宓、胡先骕、刘伯明、萧纯锦、徐则陵、马承堃、柳诒徵、邵祖平等留洋回国的东南大学教授等创办的《学衡》杂志1月1日开始发行,编辑部设在南京东南大学,由上海中华书局出版,分设辩言、通论、述学、文苑、杂缀、书评等栏目。刊首刊登孔子和亚里士多德画像,反映了《学衡》的宗旨。经常为该刊撰稿的著名学者有刘伯明、柳诒徵、王国维、景昌极、缪凤林、汤用彤、张荫麟、孙德谦、郭秉龢等20余人。著名历史学家柳诒徵为《学衡》杂志起草《学衡杂志简章》,开宗明义地提出《学衡》的宗旨:"论究学术,阐求真理,昌明国粹,融化新知。以中正之眼光,行批判之职事,无偏无党,不激不随。"此后,以《学衡》为中心,以反对五四新文化、发扬中国文化为己任,同时致力于翻译或介绍西方古代重要学术文艺及近世学者论学论文之作,形成了一个在中国近代历史上独具特色的思想流派,史称"学衡派"。发起者梅光迪、吴宓都曾在美国哈佛大学研究院攻读西洋文学,受业于美国人文主义的倡导者白璧德,因而他们评判文学的标准受到人文主义思想的影响。就此而论,《学衡》虽然反对胡适等人,但却不能说它的支持者都是恪守旧章、不谙世事之辈。不过也正因为如此,吴宓、梅光迪等人对胡适、陈独秀思想的批判,与其说是从中国传统的立场出发,不如说是与后者相较,继承的西学资源大不相同。而且《学衡》的作者群还包括了东南大学的师生,特别是柳诒徵及其门生,他们更为熟悉中国的历史与现实问题,许多文章很"接地气",极具学术与现实价值。因此,考察《学衡》的历史,不能只注意到吴宓、梅光迪、胡先骕等直接批评新思潮、白话文的学者,还应关注这份刊物上发表的其他深入研究中国历史与文化的文章。此外,欧阳竟无为院长的南京支那内学院9月在南京正式开学后,梁启超、张君劢到南京支那内学院演讲,欧阳竟无的弟子陈铭枢、熊十力、聂耦庚、王恩洋等亦咸聚内院,欧阳竟无主讲《唯识抉择谈》,学人毕至,群情踊跃,激动一时。欧阳竟无的南京支那内学院与太虚法师的武昌佛学院就《大乘起信论》展开论战,其影响业已超越佛教界。至于天津、江苏之外的其他区域,毛泽东、刘少奇所在的湖南,董必武、陈潭秋、李汉俊所在的湖北,恽代英所在的四川,与京沪形成相互呼应之势。而在学术研究方面,尤可注意的是宋育仁鉴于欧美学会"成专门有用之学,皆成于学会,非成于学校",遂在成都开国学会,创办

《国学月刊》，并发表了一大批重要论文；俞平伯、朱自清任教浙江，俞平伯、朱自清、刘延陵、叶圣陶创办的《诗》月刊1月15日创刊，由上海中华书局印刷发行，这是"五四"以来出现最早的一个新诗刊物。4月中旬，俞平伯从杭州去苏州，看望顾颉刚，与之商谈合作把1921年的通信整理成一部《红楼梦》辨证的书。顾颉刚因为自己太忙，劝俞平伯独立担当此事。而后俞平伯将先后撰成的17篇红学论文汇成《红楼梦辨》一书，成为与胡适《红楼梦考证》一同开创新红学的奠基之作，其中也有顾颉刚的重要贡献。此外，私立东陆大学（今云南大学）12月8日宣布成立，由时任云南省省长唐继尧创办，唐继尧为名誉校长，董泽为校长，为我国西南边疆地区第一所综合性正规私立大学。此对云南区域学术的兴起具有决定性意义。

海外板块中，"出"的方面以美国为冠，陆续汇聚了赵元任、林语堂、张闻天、冯友兰、罗家伦、许地山、潘光旦、张彭春、雷海宗、闻一多等。其中赵元任所编《国语留声片课本》与在美国灌制的国语留声片由商务印书馆正式出版，有自序与胡适所作序。冯友兰所撰《为什么中国没有科学——对中国哲学的历史及其后果的一种解释》刊于美国芝加哥《国际伦理学杂志》第32卷第3号，文中发挥去年9月2日之心得，认为中国原有三大学派，道家主张自然，墨家主张人为，儒家主张中道，而墨家失败，人为路线消亡，从此民族思想注重人伦日用，只在人心之内寻求善与幸福，此即中国没有科学的原因。又撰《论"比较中西"（为谈中西文化及民族论者进一解）》刊于《学艺》第3卷第10期，体现了作者对这一问题的持续关注和思考。欧洲区域中依然以法国为中心，既有张申府、周恩来、王若飞、陈延年、陈乔年勤工俭学群体的党务活动与思想批判，又有刘半农、余家菊的学术研究。关于"进"的方面，主要有：美国教育家麦柯尔应中华教育改进社聘请，来中国帮助编制各种教育测验和训练有关人员；美国提倡生育控制最力的山格夫人（Mrs. Margaret Sanger）应邀来华讲演生育限制问题；俄国盲诗人爱罗先珂应北京大学之聘，来华教授世界语；日本早稻田大学俄国文学教授片上伸受蔡元培之邀，到北京大学作题为《北欧文学的原理》的讲演；万国考古学会会长、瑞典皇太子10月来华访问。22日，北京相关学术机构举行欢迎会，梁启超参会并作《中国考古学之过去及将来》演讲；等等。

总体而言，本年度的学术论争更趋多元与复杂，主要围绕以下三个不同层面而展开：第一个层面是偏重政治的论争。包括"好人政府主义"、无政府主义以及非基督教运动的论争。第二个层面是兼容"政—学"的论争，主要有关于社会主义的论争以及教育—学术独立的讨论。第三个层面是偏重学术的论争。主要包括新旧文化的论争、文艺与道德问题的论争、文学研究会与创造社的论争、胡适与创造社的论争、胡适与梁启超的哲学史论争、胡适与蔡元培红学论争以及关于汉字改革与改进历史教育的讨论等。现重点讨论第二、三层面的学术论争或讨论。

1. 关于社会主义论争的延续。张东荪在上海继续主持《时事新报》及其副刊《学灯》。1月6日，在《时事新报·社会主义研究》第12号上发表《社会改造与政治的势力——答新凯君》，再次从理论上探讨了英国基尔特社会主义问题。7月1日，许新凯在《新青年》第9卷第6号发表《再论共产主义与基尔特社会主义》，认为基尔特社会主义"在英国的特殊国情之下，或者若干年后，能以实现也未可知"，但"在中国，则是一定办不到"，应以"革命为第一步""打破资本家底国家，破坏资本家的帮手，解除资产阶级的武装，没收资本家的财产，以转付于全体劳工阶级的公共管理之下"，为达此目的必须实行无产阶级专政和权力集中的手段。同期《新青年》还发表了施存统《读新凯先生底"共产主义与基尔特社会主义"》，认为张东荪主张基尔特主义是"主张资本主义底别名"，"因为主张基尔特社会主义的结果，势必要去赞助资本主义，延长资本主义的寿命，不然，不但无可食的东西，而且无食东西的'蚕'"。9月17日，张东荪与陈独秀通信，继续讨论社会主义问题，双方观点均发生了微妙变化。经过前段时间的论战，陈独秀等开始重视对中国国情问题的研究，开始关注现实的政治和社会问题，开始考虑如何在中国具体地进行社会主义革命。这样，张东荪与陈独秀都调整了自己的政治视角，双方的意见虽未根本改变，但都有所丰富和发展。同月，陈独秀编辑的《社会主义讨论集》作为"新青年丛书"第2种，由新青年社出版，共收录25篇文章，包括陈独秀《谈政治》《关于社会主义的讨论》，李达《马克思派社会主义》《评第四国际》，周佛海《实行社会主义与发展实业》《进化与革命》，李季《社会主义与中国》，施存统《马克思底共产主义》等，可谓第一代中国共产党人应用马列主义与中国革命结合的最初经典。

2. 关于教育—学术独立的讨论。这一问题系由严重困扰北京高校的经费问题引出。先是2月3日蔡元培领衔具呈北京政府总统、国务总理及教育总长，请拨德国赔款为国立北京八校基金。同月12日，全国教育独立运动会在北京高等师范学校礼堂召开成立大会。20日，会议发表教育独立宣言，谋求教育经费、制度、教育思想等独立，以使教育脱离政党与宗教。《宣言》指出："近年以来，兵燹频仍，政潮迭起，神圣之教育事业，竞飘摇荡漾于此卑污龌龊之政治军事之旋涡中，风雨飘摇，几经破产。此同人所以不能不作教育独立呼声以期重新建设精神生活之基也。揆其大旨，约有三端：（一）教育经费应急谋独立；（二）教育基金应急谋指定；（三）教育制度应急谋独立。"李石曾在会上发表演说，提出"余以为教育之独立，当以学制独立及思想独立二者为最要"。主张教育独立可参考法国之学制。同日，李石岑在刊于《教育杂志》第14卷第2号的《教育独立建议》一文中主张"首在教育行政机关根本改造"，即废除中央至地方的传统教育机构，以从事专业教育或与教育事业有直接关系之人选举产生教育组织，谋取教育立法、行政的独立。3月20日，蔡元培在《新教育》第4卷第3期发表《教育独立议》一文，明确提出"教育事业应当完全交与教育家，保有独立的资格，毫不受各派政党或各派教会的影响"，主张效仿法国，在中国建立大学区制，让教育独立于行政、教会等势力而独立发展。参与讨论教育独立的论文尚有周鲠生《读李石岑"教育独立建议"》（《教育杂志》第14卷第2期）、郭梦良《基尔特社会主义与教育独立》（《教育杂志》第14卷第4期）等文。与上述有所不同，顾颉刚、茅盾、郑振铎、常乃惪、严既澄、胡愈之等则偏重于学术独立问题。4月7日，顾颉刚致李石岑信，谈学术界生活独立问题，明确提出建立学术社会的迫切需求。他一方面认识到现时的学术"只做了教育社会的附庸而已"，生计压力已是学术独立的一个根本障碍，目前急务在于思考"如何可以打出一个专心治学的境遇来"，以及"如何鼓吹，使得真有学术社会出来"。李石岑后将此信转郑振铎、沈雁冰、胡愈之、严既澄等人，共同讨论学术独立问题。5月20日，此文及郑振铎、茅盾、胡愈之、严既澄、常乃惪致李石岑信以《通讯·学术界生活独立问题》为题刊于《教育杂志》第14卷第5号。郑振铎认为学术独立"只有四条路可以走"：一、"把现在的社会组织根本改造过"；二、"改造现在的中国政府"；三、"奖掖资本家去供给学术社会的需要"；四、"淡泊自守，躬耕自给"。沈、胡、严基本同意郑振铎的看法。

3. 关于新旧与中西文化的论争。新旧文化的论争的烽烟再起，缘于1月1日东南大学梅光迪、吴宓、胡先骕、刘伯明、萧纯锦、徐则陵、马承堃、柳诒徵、邵祖平等留洋回国教授发起的《学衡》杂志的创办以及以此为标志"学衡派"的崛起。《学衡》以反对五四新文化、发扬中国文化为己任,因而在当时被认为是"复古派杂志""国粹派杂志"。《学衡》创刊号所载刘伯明《学者之精神》、梅光迪《评提倡新文化者》、萧纯锦《中国提倡社会主义之商榷》,以及"书评"部分的胡先骕《评〈尝试集〉》,皆是针对新文化运动发起的批评与反击。尤其是梅光迪《评提倡新文化者》一文,全面抨击了新文化运动的提倡者,舆论界为之哗然。新文化运动的倡导者立即发表文章予以反驳,双方在对待中国传统文化、对待五四新文化等问题上展开了激烈论争。而梅光迪的《评今人提倡学术之办法》《论今日吾国学术界之需要》两文则将矛头集中到针对胡适个人,但多为偏激之论。吴宓《吴宓自编年谱》说:"与《学衡》杂志敌对者,为:(一)上海'文学研究会'之茅盾(沈雁冰)一派。茅盾时在商务印书馆,任《小说月报》总编辑。(二)上海《民国日报》副刊《学灯》之编辑邵力子一派。"而"若其赞同《学衡》者,首有上海《中华新报》主笔张季鸾君,在其《报》中著论,且更进一解,谓今全国青年所彷徨纷扰者,厥为人生观问题,盼《学衡》社诸君,能于此有所主张,有所启示。云云。"可见彼此阵营分明。但实际情况似乎要复杂得多,面对"学衡派"对于新文化的主动挑战,原先新文化阵营的主将纷纷放下分歧,团结一致,发出强烈的反击。而其中涉及对胡适个人的批评与否定,则主要由胡适本人及同仁加以回应。3月3日,胡适为上海《申报》50周年纪念册而作《五十年来中国之文学》中断言:"《学衡》的议论,大概是反对文学革命的尾声了。我可以大胆说,文学革命已过了讨论的时期,反对党已破产了。从此以后,完全是新文学的创造时期。"24日,胡适以"Q·V"的笔名在《晨报副镌》上发表《读仲密君的〈思想界的倾向〉》,就周作人昨日在《晨报副镌》发表《思想界的倾向》一文作出回应,又说:"文学革命若禁不起一个或十个百个章太炎的讲学,那还成个革命军吗?"与此同时,是鲁迅、周作人、茅盾等对《学衡》派的连续批判。周作人2月4日化名"式芬"在《晨报》副刊上发表《评〈尝试集〉匡谬》一文,反驳胡先骕在新创刊的《学衡》杂志上发文对《尝试集》的攻击。4月23日,周作人又在《晨报副镌》以"仲密"的笔名发表《思想界的倾向》一文,重点抨击了当时社会上的复古倾向。鲁迅2月9日化名"风声",也在《晨报》副刊上发表《估"学衡"》一文,批评自诩学贯中西、反对新文化运动的学衡派,"实不过聚在'聚宝之门'左近的几个假古董所放的假毫光""于新文化无伤,于国粹也差得远"。由于周氏兄弟巨大的影响力,这两篇文章对日后学衡派文化保守主义的形象产生了很大的影响。茅盾2月21日在《时事新报》的《文学旬刊》第29号发表《评梅光迪之所评》,严厉批评梅光迪,代表了文学研究会及《小说月报》的茅盾表现出了与《学衡》杂志不共文坛的立场态度。5月12日,茅盾在《文学周报》第121期上发表《文学界的反动运动》,批评《学衡》的文学主张。11月1日,茅盾在《文学旬刊》第54期发表《写实小说之流弊》,针对"学衡派"吴宓在反对白话文中还把矛头指向新文学中的写实主义而作,重点驳斥了吴宓把欧洲的写实小说同中国的黑幕派小说和"礼拜六派"小说相提并论的做法。4月24日,金毓黻在《静晤室日记》中记有:"阅《学衡》杂志。此志以梅光迪、胡先骕二君为主干,所著之文皆抨击新文化运动之失当,偏激失中之谈,触处皆是。所谓齐固失之,楚亦未必得也。"力图以客观态度公断之。与上述新旧文化之争密切相关的是中西文化的论争,主要有张君劢《欧洲文化之危机及中国新文化之趋向》、张东荪《读〈东西文化及其哲学〉》、严既澄《评〈东西文化及其哲学〉》等。张君劢《欧洲文化之危机及中国新文化之趋向》原为在中华教育改进社的讲演稿,刊于3月《东方杂志》第19卷第3号。此文将新旧与中西文化问题融合为一体加以思考,就中国文化方针提出四点意见:一是"吾国今后新文化之方针,当由我自决,由我民族精神上自行提出要求";二是"中国旧文化腐败已极,应有外来的血清剂来注射他一番。故西方人生观中如个人独立之精神,如政治上之民主主义加科学上之实验方法,应尽量输入。如不输入,则中国文化必无活力";三是"现时人对于吾国旧学说,如对孔教之类,好以批评的精神对待之,然对于西方文化鲜有以批评的眼光对待之者。吾以为尽量输入,与批评其得失,应同时并行";四是"文化有总根源,有条理,此后不可笼笼统统说西洋文化东洋文化。应将西洋文化在物质上精神上应采取者一一列举出来。中国文化上应保存者亦一一列举出来。然东西文化之本末各不同,如西洋人好言彻底,中国人好言兼容,或中庸;西洋好界限分明,中国好言包容,此两种精神,以后必有一场大激战。胜负分明之日,即中国文化根本精神决定之日"。"此四项既经过以后,乃有所谓新中国文化,乃再说中国新文化与世界之关系如何,究竟中国文化胜耶,抑西洋文化胜耶,抑二者相合之新文化胜耶,此皆不可以今日臆测者也。"张东荪《读〈东西文化及其哲学〉》、严既澄《评〈东西文化及其哲学〉》分别刊于3月19日《时事新报》副刊《学灯》与3月《民铎》杂志第3卷第3号。皆为评论梁漱溟名著《东西文化及其哲学》,大体赞赏多于批评。

4. 关于"五四运动"3周年的纪念与阐释。北京研究系《晨报》与上海国民党《民国日报》一如既往地继续纪念五四运动。5月4日,《晨报》再辟"第四个五四"专栏,刊有蔡元培《五四运动最重要的纪念》、谭熙鸿《纪念"五四"》、张维周《我主张学生要干预政治》、甘蛰仙《"第四个五四"底感言》、费觉天《追怀旧五四,努力新五四》、周长宪《五四运动底价值和平民阶级的觉悟》、黄日葵《怎样纪念"五四"?》、鄢祥禩《五四值得再纪念吗?》、钱用和《这次"五四纪念"的社会心理》、王仲宸《"五四"—"武士"—"无事"》。蔡元培在《五四运动最重要的纪念》一文指出:"五四运动,为的是山东问题。山东问题,现在总算告一段落,但是运动的结果,还不能算圆满。必要集股赎路,确有成绩,把胶济路很简单的赎回,其他问题,自然'迎刃而解'了。所以集股赎路是我们最重要的纪念,大家不可不努力。""五四运动以后,学生有两种觉悟是最可宝贵的:一是自己觉得学问不足,所以自动的用功;二是觉得教育不普及的苦痛,所以尽力于平民教育。这两种觉悟,三年来,很见得与前不同;不能不算是五四运动的纪念。"5日,《晨报》刊载章廷谦《纪念"五四"》。6日,《晨报》刊载陈国榘《五四运动底精神那里去了》。总的来看,《晨报》刊文所用篇幅量与前两年相当,但作者名气似不如从前。章廷谦强调"纪念五四"的现实价值就是"使任何人都知道五四纪念日比无论什么的纪念日也都光荣,而且使任何人都以为纪念'五四'比纪念无论什么也都值得",这就对五四运动的价值作了最大程度的肯定,表达了各位作者纪念"五四"的心声和共识。同在5月4日,上海《民国日报》总编辑邵力子在《民国日报》发表《五四运动的精神》,批评"五四"三年后的学生忘却甚至背离了"五四运动"的精神,强调"五四运动"的精神乃是为民众而牺牲,号召"到民间去吧,这一条坦途是永能保持这个精神的"。所惜文章篇幅太短,未能充分展开。

5. 关于文艺与道德问题的论争。由于当时一些"道学家"诋毁郁达夫的小说《沉沦》和汪静之的新诗集《蕙的风》为"不道德的文学",文坛上因此发生了关于"文艺与道德"问题的论战。3月26日,周作人在《晨报副镌》发表《〈沉沦〉》,批评了那些说郁达夫的小说集《沉沦》是"不道德的小说"的意见,说它"虽然有猥亵的分子而并无不道德的性质",又说"这集内所描写是青年的现代的苦闷""生的意志与现实之冲突是这一切苦闷的基本",小说"艺术地写出这个冲突",所以"《沉沦》是一件艺术的作品"。7月,湖畔诗社诗人汪静之的诗集《蕙的风》由亚东图书馆出版,周作人题写封面书。《蕙的风》出版以后,颇引起文坛上旧派的反对,南京东南大学学生、汪静之的安徽同乡胡梦华于 10 月 4 日在《时事新报·学灯》上发表长文《读了〈蕙的风〉以后》,抨击《蕙的风》"有不道德的嫌疑""故意公布自己兽性冲动""变相的提倡淫业""应当严格取缔"。11 月 1 日,周作人在《晨报副镌》发表《什么是不道德的文学》,又载同月 5 日《时事新报·学灯》及《民国日报·觉悟》,文中驳斥了胡梦华的这种谬说,指出"无论凭了道德或法律的神圣的名去干涉艺术,都是法利赛人的行为"。同月 9 日,鲁迅在《晨报副刊》发表《对于批评家的希望》,对一些"道学家"诋毁郁达夫的小说《沉沦》和汪静之的新诗集《蕙的风》为"不道德的文学"进行反击,文中分析了文艺批评的现状,认为凡是善意地批评新文学不完善的,应该欢迎;但如学衡派吴宓等人"靠了一两本'西方'的旧批评论,或则捞一点头脑板滞的先生们的唾余,或则仗着中国固有的什么天经地义之类的,也到文坛上来践踏",则"委实太滥用了批评的权威"。鲁迅还希望批评家至少要"有一点常识",不可信口胡说。对于那种把翻译诋为不足齿数的劳力,而责怪译者为何不去创作的"批评家",鲁迅指出,这就等于吃菜的不去品尝菜的味道,却责怪厨子"何以不去做起裁缝或造房子"一样"痰迷心窍"。17 日,鲁迅发表《反对"含泪"的批评家》,再次批评胡梦华对汪静之的《蕙的风》的攻击。后来,鲁迅在《不周山》《〈故事新编〉序言》和《我怎样做起小说来》等文章中,对胡梦华的假道学又多次进行过批判。由此可见此次文艺与道德问题的论争,与东南大学《学衡》派发起的新旧文化论争不无关系。

6. 关于文学研究会与创造社的论争。5 月 1 日,创造社主办的第一个刊物《创造》季刊创刊,郁达夫在该刊发表的《艺文私见》中影射文学研究会中人是"假批评家",压制天才,应当送"到清水粪坑里去和蛆虫争食物去";郭沫若发表的《海外归鸿》中也影射文学研究会"党同伐异""压制天才""要拿一种主义来整齐天下的作家"。茅盾认为这两篇文章是创造社在影射文学研究会的主张及创作,读后颇觉惊异和不满。5 月 11 日,茅盾针对郁达夫《艺文私见》一文,在《文学旬刊》第 37—39 期上发表《〈创造〉给我的印象》,认为创造社同人的文章"不能竟说可与世界不朽的作品比肩",并批评郭沫若、郁达夫以"想当然的猜想"指摘别人。自此,创造社与文学研究会的论争开始。6 月 24 日,郭沫若作《批判意门湖译本及其他》,刊于上海《创造》季刊 8 月第 1 卷第 2 期,文中就长沙青年学会的《青年文艺》杂志与中国新诗社的两卷《诗》作出评论,同时针对茅盾批评《创造》的文章,给予反驳。7 月 27 日,郭沫若在上海《时事新报·学灯》上发表《论文学的研究与介绍》,针对郑振铎、沈雁冰先后在《文学旬刊》和《文学周报》上说翻译《浮士德》等书"不经济""不是现在切要的事",文学研究与介绍"是完全不相同的两件"事发表意见,从自己的体会出发,具体阐述文学的翻译、研究与介绍的关系及价值。8 月 4 日,郭沫若在上海《时事新报·学灯》发表《论国内的评坛及我对于创作上的态度》,指责茅盾、郑振铎等人"隐姓匿名,含沙射影"。同日晚,郭沫若与郁达夫登门邀请郑振铎等参加《女神》纪念会,以消除新文学团体间的隔阂,增强彼此间的团结,共同致力于中国新文学的发展。5 日,郭沫若赴西藏路一品香旅社出席《女神》纪念会,参加纪念会的有郁达夫、郑振铎、沈雁冰、谢六逸、庐隐、汪静之、应修人等人。纪念会后邀汪静之、应修人同往寓所畅谈。8 月 8 日、12 日、13 日,郁达夫在《时事新报·学灯》上连载 4 日所作的小说《血泪》,影射攻击郑振铎等提倡的"血和泪的文学"。11 月 10 日,汪馥泉在《文学旬刊》第 55 期上发表读者《"中国文学史研究会"底提议》,此文批评了创造社郁达夫等人"故意别解"郑振铎提出的"血和泪的文学"口号等事,并建议双方团结起来研究中国文学史。茅盾与郑振铎都在文末加了附记。下半年,创造社郭沫若、郁达夫、成仿吾等人,与文学研究会茅盾、郑振铎等人继续展开争论,主要围绕着文学创作和翻译的目的等论题。

7. 关于胡适与创造社的论争。先是郁达夫8月在《创造》季刊第1卷第2期发表《夕阳楼日记》,指摘余文菊自英文转译德国威铿所著《人生之意义与价值》一书的错误,引起胡适派与创造社的一场笔战,双方的其他成员亦纷纷参战。胡适即在《努力周报》12期发表《骂人》一文,抨击郁达夫和创造社其他成员。9月21日,郁达夫撰《答胡适之先生》一文,刊于10月3日《时事新报·学灯》,对胡适的《骂人》严词予以回击。郁达夫针对《骂人》痛斥、讥讽其为"初出学堂门的学生,世故人情全不通晓""浅薄""无聊",反驳道:自中国新文化运动以来,胡适仿佛只认为《胡适文存》《尝试集》《中国哲学史大纲》(卷上)的三本著作不是"浅薄",不是"无聊"的,其他现代人的创作均为"浅薄无聊"之作,那么,这"怕也未免过于独断了",这是"暴君的态度,是我们现代人所不应该取的"。13日,成仿吾作《学者的态度——胡适之先生〈骂人〉的批评》,刊于《创造季刊》第1卷第3期,就胡适郁达夫所作《夕阳楼日记》的批评进行了反批评,指出胡适的错误有三:第一"胡适先生所取的不是学者的态度",第二"胡先生对于一个德文的问题,应就德文去研究",第三"胡先生的译文由英文看起来,也错得太厉害"。

8. 关于胡适与梁启超的哲学史论争。是年3月4—5日,梁启超应北大哲学社邀请到北大讲演《评胡适的〈中国哲学史大纲〉》。5日,胡适亲临会场作主持人,并作讲话,谓中国哲学史尚处于草创阶段,观点不嫌多。同月13—17日,梁启超《评〈中国哲学史大纲〉——在北京大学为哲学社讲演》连载于《晨报副刊》,其主要观点有:(1)"把思想的来源抹杀得太过了"。《大纲》撇开夏、商、周三代,直接从老子、孔子讲起,不免让人觉得老子、孔子是"从天上掉下来的"。(2)"写时代的背景太不对了"。《大纲》疑古太过,只拿《诗经》的资料作唯一的时代背景,这"岂不是拿明末清初的社会来做现在的背景吗"? (3)从老子讲起是不对的,因为《老子》成书的年代是在战国之末。(4)以"知识论"来讲孔子,是"弃菁华而取糟粕",因为知识论在孔子哲学上只占得第二、第三的位置。(5)相信孔子杀少正卯一事,是厚诬孔子,是对孔子人格的不敬。(6)以生物进化论来比附庄子哲学不可取。总之,"这部书讲墨子、荀子最好,讲孔子、庄子最不好""凡关于知识论方面,到处发见石破天惊的伟论,凡关于宇宙观人生观方面,什有九很浅薄或谬误"。胡适在当日的日记中对梁启超的公开批评略作回答:梁启超关于孔子、庄子的见解,"未免太奇特了!""他讲孔子,完全是卫道的话。""孔子的学说受了二千年的尊崇,有了那么多的护法神了,这个时候,我来做一个小小的advocatus diaboli(魔鬼的辩护士),大概总还是可以的吧?"在次日的日记中,胡适逐条反驳了梁启超关于《老子》一书是战国末作品的理由。胡适从梁启超讲演中得到的教训是:"哲学史上学派的解释是可以有种种不同的观点的。"

9. 关于蔡元培与胡适的红学论争。先是蔡元培于1月4日致函胡适,谓"承赐大著《胡适文存》四册,拜领,谢谢。虽未遑即全读,亟检《红楼梦考证》读之,材料更增,排比亦更顺矣。弟对于'附会'之辨,须俟出院后始能为之"。又谓"公所觅而未得之《四松堂集》与《懋斋诗钞》,似可托人向晚晴荐诗社一询;弟如有便,亦当询之"。同月30日,蔡元培撰写《石头记索隐》第六版"自序",副标题为"对于胡适之先生《红楼梦考证》之商榷",针对胡适的观点展开争辩,谓"近读胡适之先生之《红楼梦考证》,列拙著于'附会的红学'之中,谓之'走错了道路',谓之'大笨伯''笨谜',谓之'很牵强的附会',我殊不敢承认。或者我亦不免有敝帚千金之俗见。然胡先生之言,实有不能强我以承认者"。然后从四个方面展开质疑和批评,其中最后重点批评胡适的"自传说"。3 月 15 日,胡适得蔡元培《四松堂集》稿本,其中关于曹雪芹材料甚多,自谓是"近来最得意的事"。21 日,蔡元培代借得《四松堂集》刻本,与所得稿本勘,益觉稿本之可贵。同日,为归还《四松堂集》刻本,写信给蔡元培。4 月 10 日,胡适撰《跋红楼梦考证(二)》一篇,答复蔡元培的《石头记索隐第六版自序——对于胡适之先生红楼梦考证之商榷》。此次论争还有一个插曲是:俞平伯 2 月间读了蔡元培所发表的《〈石头记索隐〉第六版自序——对于胡适之先生〈红楼梦考证〉之商榷》一文后,受到触动,又产生了讨论《红楼梦》的兴致,于是撰写《对于〈石头记索隐第六版自序〉的批评》,发表在本年 3 月 7 日上海《时事新报·学灯》。年底将先后撰成的 17 篇论文汇成《红楼梦辨》三卷,从而成为开创新红学的另一奠基之作。

10. 关于汉字改革的讨论。钱玄同与黎锦熙年初在北京西单牌楼小羊肉馆雨花春楼上商量决定,将他们主编的《国语月刊》第 1 卷第 7 期刊发为《汉字改革号》,"放一大炮""除各同志都精写一篇论文外,并把历年讨论这个问题的文字综合起来"。8 月,本期《国语月刊·汉字改革号》由钱玄同编辑、盖章签字、发稿,刊载了胡适、钱玄同、黎锦熙、蔡元培、周作人、沈兼士、赵元任、傅斯年、后觉等十几位文化名人的精心力作,涉及到文字改革的所有重要方面。由钱玄同撰成《汉字革命》的长文,既态度鲜明地大声疾呼"汉字的罪恶"及汉字应该革命的理由,又从汉字的变迁史上研究,说明汉字革命,改用拼音,是绝对的可能的事。并且提出十项筹备工作,和在筹备期内对于汉字的"补偏救弊"的办法,要求同志们积极去做。根据钱玄同当时主张:汉语拼音文字应采用"罗马字母式的字母"国际音标,故其所拟之国语字母有两种,甲式即以国际音标为准。后来钱玄同与陆基、黎锦熙、杨树达联署在教育部国语统一筹备会第四次常年大会上提了一个《减省现行汉字的笔画案》,当时议决通过,组织"汉字省体委员会",钱玄同为首席委员。《减省现行汉字的笔画案》刊载于《国语月刊》第 7 期《汉字改革号》以及《新青年》第 7 卷第 3 期。

11. 关于改进历史教育的讨论。7 月 3 日,中华教育改进社第一届年会在济南召开,8 日结束。历史教学组讨论改进历史教育问题,梁启超、何炳松、徐则陵、陈衡哲、柳诒徵、朱经农等参与了讨论。梁启超的议案提出改造国史旧教本的两条主要方针:第一,以文化史代政治史;第二,以纵断史代横断史。即加强国史教科书的系统性和综合性。据此,他把中国全史纵断为年代、地理、民族、政治、社会及经济、文化等六部,又在国史教本目录里把六部分细分为 192 课。在这份目录中,社会及经济和文化两部,占全书一半的篇幅。朱希祖、何炳松、徐则陵也都提出了各自的议案。朱希祖的议案主要是从历史教学内容讲授顺序的角度来论述的,且得到了何炳松的"附议"。何炳松的议案主要讨论历史教科书编写依何种标准来选择历史教科书内容,认为应以说明历代社会进化过程,使学生明白现代社会所由来。徐则陵的议案主要关注中小学历史教学之目的、宗旨的设定,选择历史教材之标准、教学法,大中小历史教育衔接问题等。陈衡哲的议案是从教学方法角度论述的,且得到了其先生任鸿隽的"附议"。《史地学报》第 2 卷第 1 期刊载了徐则陵整理的《今夏中华教育改进社关于史地教育之提案及历史教育组地理教学组之会议记录》。

本年度一些刊物继续刊出若干专号,诸如:《东方杂志》刊出的"国际时事问题号"(上、下)、"宪法研究号"(上、下)、"农业及农民运动号"、"爱因斯坦号",《民铎》杂志第 3 卷 1 号、第 3 卷 4 号刊出的"柏格森专号"与"进化论号",《教育杂志》第 14 卷第 12 期刊出的"道尔顿制"研究专题,《新教育》第4卷第2期刊出的"学制研究号",以及《新教育》第4卷第3期刊载郑宗海《十年之实验教育》、麦克乐《十年之体育》、郭秉文《十年之教育调查》等,也多有学术专题研究的性质与意义。《民铎》杂志第3卷第1号"柏格森专号"刊出后,在学界掀起了一股"柏格森热"。郑振铎则在《文学旬刊》第26期开辟专栏《民众文学的讨论》,由此推动了儿童文学与大众文学研究的发展。

除了上述所论之外,本年度聚焦于重要学术论题的论题还有:孙德谦《中国学术要略》(《亚洲学术杂志》第1期),陈独秀《马克思学说》(《新青年》第9卷第6号),萧纯锦《马克思学说及其批评》(《学衡》第2期),陶孟和著《社会与教育》(商务印书馆),张东荪《文化运动与教育》(《教育杂志》第14卷第3期),梅光迪《论今日吾国学术界之需要》(《学衡》第4期),胡先骕《论批评家之责任》(《学衡》第3期)和《说今日教育之危机》(《学衡》第4期),柳诒徵《论大学生之责任》(《学衡》第6期),刘伯明《学者之精神》(《学衡》第1期)和《再论学者之精神》(《学衡》第2期),陈启天《中国古代名学论略》(《东方杂志》第19卷第4号),曹元弼《孝经学》(《亚洲学术杂志》第1期),梅光迪《评今人提倡学术之方法》(《学衡》第2期),刘永济《文学论》(湖南长沙湘鄂印刷公司)和《中国文学通论》(《学衡》第9期),吴宓《诗学总论》(《学衡》第9期)和《文学研究法》(《学衡》第2期),衡如《新历史之精神》(《东方杂志》第11号),邝摩汉《唯物的中国史观》(《今日》第2卷第1号),孙德谦《史权论》(《亚洲学术杂志》第1期),朱希祖《中国史学之起源》(《社会科学季刊》创刊号),梁启超著《中国历史研究法》(商务印书馆)和《地理及年代》(《改造》第4卷第7号),谷凤池《历史研究法之管见》(《史地丛刊》第1卷第3期),顾颉刚《中学校本国史教科书编纂法的商榷》(《教育杂志》第4期),等等。陶孟和著《社会与教育》为我国最早的一部教育社会学专著。梁启超《中国历史研究法》为一部史学方法论的创新之作,出版后风行一时,作者《自序》谓近今史学之进步有两特征。其一,为客观的资料之整理;其二,为主观的观念之革新。欧美近百数十年之史学界,全向于此两种方向以行。张荫麟认为梁著"虽未达西洋史学方法,然实为中国此学之奠基石"。陈训慈以为梁著"长于融会西说,以适合本国,虽非精绝之创作,要为时代之名著"。刘永济《文学论》分别论述何为文学、文学的分类、文学的工具、文学与艺术、文学与人生等问题。

聚焦于学术史的论著由于学术史总结意识的强化而明显增多,或许此与北京大学25年校庆有关,因为蔡元培校长筹备和主持北大25年纪念会,组织学术讲演最近25年来学术史,由各科教授、讲师自由认定担任,由此激发了强烈的学术史意识。同时这也与综合交错的学术论争相互促进,处于学术论争中心的胡适在这方面起了示范与引领作用。是年3月3日,胡适为上海《申报》50周年纪念册而作《五十年来中国之文学》,目的是回顾当时50年新旧文学过渡时期的历史进程,并加以系统梳理与总结。鲁迅8月21日致信胡适,认为其《五十年来之中国文学》"警辟之至,大快人心""很希望早日印成。因为这种历史的提示,胜于许多空理论。但白话的生长,总当以《新青年》主张以后为大关键。因为态度很平正。若夫以文豪之偶用白话入诗文者,看起来总觉得和运用'僻典'有同等之精神也"。8月29日,胡适又撰成《五十年来之世界哲学》,同样具有学术史总结的意义。胡适的《先秦名学史》则由上海亚东图书馆出版英文本。此书为胡适著于美国哥伦比亚大学的博士论文,作者撰写是书的原因,是"回顾九百年来的中国哲学史,不能不深感哲学的发展受到逻辑方法的制约影响",而中国哲学不如西方哲学发达的原因,即是基于"逻辑方法的制约"。鉴此,

"我们的责任是借鉴和借助于现代西方哲学去研究这些久已被忽略了的本国的学派。如何用现代哲学去重新解释中国古代哲学，又用中国固有的哲学去解释现代哲学，这样，也只是这样，才能使中国的哲学家和哲学研究用思考与研究的方法与工具时感到心安理得"。重要的学术史之作尚有抗父《最近二十年间中国旧学之进步》（《东方杂志》第3号）、蒙文通《近二十年来汉学之平议》（《友声》双十增刊）等。前文认为"最近二十年中，我国旧学之进步，求之前古，盖未有如此之亟者。……至近旧学之进步，则以罗、王二君为中心。罗君以学者之身，百方搜求新出之材料，而为近百年文化之结集，其研究之功，乃为其保存流通之功所掩，王君以精密之分析力与奇异之综合力，发见旧材料与新材料间之关系，而为中国文化第二步之贡献，遂使群众旧学退步之近二十年中，为从古未有之进步。"关于"抗父"，有王国维与樊炳清二说。鉴于此文与王国维后来发表于《科学》杂志1926年第6期的《最近二三十年新发见之学问》学术理路相近，也有学者认为出自王国维之手。后文上半部分发表于《友声》双十增刊，后半底稿在编辑部散失。后因友人唐迪风催促而重新写就，更名《经学导言》。文中提出"近二十年间汉学的派别很多。可说是清朝一代的缩影，就说他是中国几千年学术的缩影亦无不可。一部分是陈兰甫、桂文烁的余波，是主张汉宋兼治的，一部分是不辨别今古的，却还有乾嘉风流，这两派都是前时代的余韵，也不甚惹人注意。最风行一世的，前十年是今文派，后十年便是古文派。什么教科书、新闻纸，一说到国学，便出不得这两派的范围。两派的领袖，今文家便是广东的康先生，古文家便是浙江的章先生。二十年间，只是他们的两家新陈代谢，争辩不休，他们的争议便占了汉学的大部分了"。此文作为对中国传统学术进行宏观性梳理的重要成果之一，不免带有乃师廖平经学史观的烙印，但同时又融入了新的时代精神与理论方法，可与抗父《最近二十年间中国旧学之进步》相参看。10月22日，北京相关学术机构举行万国考古学会会长、瑞典皇太子访问中国欢迎会，梁启超参会并作《中国考古学之过去及将来》演讲。梁启超首先回顾了中国考古学的历史进程，然后提出今后的努力方向，重点是加强田野考古发掘与方法的进步。最后，梁启超希望不久的将来，全国高等教育机关均设考古学科，以期开辟中国考古学的新纪元。这一演讲可以视为考古学的学术史总结。相比之下，海外乃至世界的学术史论文比较稀缺，诸如李璜《法兰西近代历史学》（《少年中国》第3卷第1期）、徐则陵《近今西洋史学之发展》（《学衡》第1期）、祺森焕《日本最近五十年来的哲学和伦理》（《东方杂志》第19卷第8号）、黄公觉《最近教育思潮的趋势》（《教育杂志》第14卷第9期）、李石岑《现代教育思潮批判》（《教育杂志》第14卷第10期）、张其昀《最近欧洲各国地理学进步之概况》（《史地学报》第2卷第1期）、周建人《达尔文百十三年纪念感言》（《东方杂志》第19卷第3号）等，多少可以弥补这方面的缺陷。（以上参见本书"学术背景""学术活动""学术著作""学者生卒"栏所引文献与出处，以及章恒忠、王亚夫主编《中国学术界大事记（1919—1985）》，上海社会科学出版社1988年版；中央教育科学研究所编《中国现代教育大事记1919—1949》，教育科学出版社1988年版；曹义孙、胡晓进编著《三十年中国法学教育大事记1919—1949》，中国政法大学出版社2011年版；王学典《20世纪史学编年（1900—1949）》，商务印书馆2014年版；付喜祥《20世纪前期中国文学史写作编年史》，北京师范大学出版社2013年版；中国大百科全书总编辑委员会编《中国大百科全书·考古学》，中国大百科全书出版社2002年版；王学珍等编《北京大学纪事（1898—1997）》，北京大学出版社1998年版；清华大学校史研究室编《清华大学一百年》，清华大学出版社2011年版；北京师范大学党委办公室、北京师范大学校长办公室《北京师范大学纪事》，北京师范大学出版社2012年版；南京大学高教研究所编《南京大学大事记（1902—1988）》，南京大学出版社1989年版；沈卫威编《学衡派编年文事》，南京大学出版社2015年版；吴永贵《国民出版史编年:1912—1949》,社会科学文献出版社 2018 年版;欧阳哲生《纪念"五四"的政治文化探幽——一九四九年以前各大党派报刊纪念五四运动的历史图景》,《中共党史研究》2019 年第 4 期;左玉河《思想分歧与道路选择:重新认识五四时期的"社会主义论战"》,《安徽大学学报(哲学社会科学版)》2017 年第 1 期;李来容《院士制度与民国学术——1948 年院士制度的确立与运作》,南开大学博士学位论文,2010 年;皮学军《民国学人的学术史研究》,《南京社会科学》2013 年第 8 期;张凯《"义与制不相遗":蒙文通与民国学界》,中山大学博士学位论文,2009 年;王润泽、徐诚《从"国故之争"到"王国维之死":近代报刊空间中的五四新文化思想转型》,《大连理工大学学报(社会科学版)》2019 年第 3 期;陈镱文、亢小玉、姚远《杜亚泉先生年谱(1912—1933)》,《西北大学学报(自然科学版)》2008 年第 6 期;周月峰编《中国近代思想家文库·杜亚泉卷》及附录《杜亚泉年谱简编》,中国人民大学出版社 2014 年版;左玉河编《张东荪年谱》,群言出版社 2014 年版;曹述敬《钱玄同年谱》,齐鲁书社 1986 年版;张菊香、张铁荣主编《周作人年谱》,南开大学出版社 1985 年版;何民胜《施复亮年谱》,商务印书馆 2019 年版;唐金海、刘长鼎主编《茅盾年谱》,山西高校联合出版社 1996 年版;陈福康《郑振铎年谱》,三晋出版社 2008 年版;林甘泉、蔡震主编《郭沫若年谱长编》,中国社会科学出版社 2017 年版;陈其强《郁达夫年谱》,浙江大学出版社 1989 年版)